天水市

麦积区志

（1985—2007）

（上卷）

天水市麦积区地方志编纂委员会 编

方志出版社
Publishing House of Local Records

图书在版编目（CIP）数据

天水市麦积区志 ：1985—2007/天水市麦积区地方志编纂委员会编. --北京 ： 方志出版社，2019.9
ISBN 978-7-5144-3565-8

Ⅰ.①天… Ⅱ. ①天… Ⅲ. ①区（城市）-地方志-天水-1985-2007 Ⅳ. ①K295.24

中国版本图书馆CIP数据核字(2019)第279162号

天水市麦积区志（1985—2007）

编　　者： 天水市麦积区地方志编纂委员会

责任编辑： 刘方圆

出 版 者： 方志出版社

地址　北京市朝阳区潘家园东里9号（国家方志馆4层）

邮编　100021

网址　http://www.fzph.org

发　　行： 方志出版社图书经销中心

电话（010）67110500

经　　销： 各地新华书店

印　　刷： 天水中核复兴科工贸公司印刷厂

开　　本： 787×1092　1/16

印　　张： 97.563

字　　数： 1659千字

版　　次： 2019年9月第1版　　2019年9月第1次印刷

印　　数： 0001～3000册

ISBN　978-7-5144-3565-8　　定价：310.00 元

天水市麦积区地方志编纂委员会

名誉主任： 张智明　市政协副主席、区委书记

主　　任： 成少平　区委副书记、区人民政府区长

副 主 任： 阎小鹏　区委常委、宣传部长

赵双喜　区人大常委会副主任

成红梅（女）　区人民政府副区长

胡桂琳（女）　区政协副主席

委　　员： 钟慧杰　区人民武装部政委

余　翔　区人民法院院长

张国仓　区人民检察院检察长

李世和　天水市公安局麦积分局局长

汪晓平　区委办公室主任

南光明　区人大常委会办公室主任

温建军　区人民政府办公室主任

张福元　区政协秘书长

张存善　区纪律检查委员会副书记、监察委员会副主任

温绪祖　区委组织部常务副部长

刘亚斌　区委宣传部常务副部长

赵　宏　区委政法委常务副书记

唐海明　区委组织部副部长、机构编制委员会办公室主任

王卫东　区委农村工作部部长

刘世清　区地方志办公室主任

严晓东　区委统战部副部长、宗教局局长

蔡　甦　区委党史办公室主任

裴子本　区发展和改革局局长

庞　龙　区工业和信息化局局长

闫金川　区财政局局长

陈宝林　区教育体育局局长

兰春梅(女)　区文化广播影视局局长

王黎平(女)　区统计局局长

曹福兴　区科学技术局局长

张敬忠　区民政局局长

朱满春　区司法局局长

高炳蔚　区人力资源和社会保障局局长

汪旭东　天水市国土资源局麦积分局局长

李　杰　区住房和城乡建设局局长

王学文　区城市管理行政执法局局长

赵进才　区交通运输局局长

谢崇太　区商务局局长

田　强　区卫生和计划生育局局长

孙紫剑　区环境保护局局长

石永慎　区农业局局长

邵海云(女)　区畜牧兽医局局长

杨晓东　区林业局局长

史永国　区果品产业局局长

雷建平　区水务局局长

潘志强　区安全生产监督管理局局长

徐　峰　区质量技术监督局局长

雷晓利　区食品药品监督管理局局长

常瑞奇　区工商行政管理局局长

吴炜安　区供销合作社联合社主任

裴志超　区文化广播影视局副局长、旅游局局长

王　谦　区档案局局长

侯新平　区地方志办公室副主任

宋立平　天水国家农业科技园区管理委员会党工委副书记

苏　敏　麦积山风景名胜区管理委员会办公室主任
樊　荣　小陇山林业实验局科技教育宣传处处长
强永斌　花牛镇党委书记
卢军辉　马跑泉镇党委副书记、镇长
贾　珩　社棠镇党委书记
陈书田　甘泉镇党委书记
董小社　麦积镇党委书记
雷晓勇　渭南镇党委书记
曹　恒　中滩镇党委书记
陈继忠　石佛镇党委书记
蒲海滨　新阳镇党委书记
潘新龙　五龙镇党委书记
刘向东　琥珀镇党委书记
叶永明　伯阳镇党委书记
赵　明　元龙镇党委书记
裴利杰　三岔镇党委书记
王　萍(女)　东岔镇党委书记
田　平　党川镇党委书记
刘　亮　利桥镇党委书记
张　辉　桥南街道党工委书记
靳国栋　北道埠街道党工委书记
李应志　道北街道党工委书记

天水市麦积区地方志编纂委员会成员(历届)

（2007年12月13日成立）

名誉主任： 蒋晓强

主　　任： 张克强

副 主 任： 杨保珍　王晓琴(女)　赵宏全　汪怀定　杨仁义
刘克宁　杨根林　苏志航　蔡　甦

委　　员： (按姓氏笔画为序)

于剑锋　马改宁　马顺祥　王　琛　王　德　王全仁　王全定　王进孝
王保康　王彦军　韦彩娥(女)　文具科　方明太　尹锦源　石永慎
石胜利　叶　扬　田　彬　成映平　师雷现　吕建平　任长军　刘　宇
刘世平　刘海鹰　严锡钧　杜作明　李继明　杨世珍　杨树棠　杨恒堤
杨晓东　杨跃进　吴全通　吴建武　何世珍　何吉洲　佘撒利　张天禄
张元生　张福元　陈国栋　陈润和　陈维林　房日坤　赵双喜　赵延祺
赵得钦　高志强　高炳蔚　曹亚玲(女)　曹福兴　韩　华　韩义长
程　鹏　富元宏　谢建明　雷满义　窦顺良　裴子本　潘志强　霍建中

（2011年5月16日成立）

名誉主任： 蒲　军

主　　任： 何　东

副 主 任： 杨续祥　李小敏(女)　程　鹏　王曙辉(女)　汪怀定

委　　员： (按姓氏笔画为序)

于剑锋　马顺祥　王　琛　王　德　王卫东　王立武　王宁中　王志军
王启峰　王佩春　王春芳(女)　王晚清　韦彩娥(女)　文具科　方西马
方明太　石　峰　石永慎　卢恩忠　叶　扬　巩效杰　成映平　刘世平
刘克宁　刘海生　刘海鹰　孙紫剑　苏　敏　李　刚　李　峰　李小林

李智荣　杨少平　杨世珍　杨树棠　杨恒堤　杨根林　杨晓东　杨晓峰
杨高勇　吴建武　余金龙　余撒利　宋心涛　张元生　张生军　张存善
张怀福　张敬忠　张福元　汪丽萍（女）　陈书田　陈国栋　陈润和
陈维林　房日坤　孟小龙　赵　宏　赵双喜　赵延祺　赵进才　南光明
洪彦军　秦安太　贾　珩　徐　峰　高志强　高炳蔚　唐海明　曹淑红（女）
逯国文　韩　华　鲁国玺　温建军　温居顺　温绪祖　富元宏　谢小兰（女）
谢红娟（女）　谢崇太　雷建平　雷晓明　雷满义　窦顺良　蔡　甦
裴子本　裴仓海　熊向阳　潘志强

（2012 年 1 月 13 日成立）

名誉主任：张智明

主　　任：何　东

副 主 任：张思佳　王曙辉（女）　程　鹏　杨铁森　汪怀定

委　　员：（按姓氏笔画为序）

于剑锋　马顺祥　王　琛　王卫东　王立武　王宁中　王启峰　王佩春
王春芳（女）　王晚清　韦彩娥（女）　文具科　方西马　方明太　石永慎
卢恩忠　叶　扬　巩效杰　成映平　刘世平　刘世清　刘宗太　刘海生
刘海鹰　孙紫剑　苏　敏　李　刚　李　峰　李小林　李智荣　肖　勇
杨少平　杨世珍　杨树棠　杨恒堤　杨贵峰　杨根林　杨晓峰　杨高勇
吴建武　吴炜安　余金龙　余撒利　张　钊　张元生　张生军　张存善
张怀福　张敬忠　张福元　汪丽萍（女）　汪晓平　陈书田　陈国栋
陈润和　房日坤　赵　宏　赵小平　赵双喜　赵延祺　赵进才　南光明
洪彦军　秦安太　贾　珩　徐　峰　高志强　高炳蔚　唐海明　曹淑红（女）
曹福兴　逯国文　韩　华　温建军　温居顺　温绪祖　谢小兰（女）
谢红娟（女）　谢建民　谢崇太　富元宏　强永斌　雷晓明　雷满义
蒲海滨　窦顺良　蔡　甦　裴子本　裴仓海　熊向阳　潘志强　魏君武

（2015 年 3 月 30 日成立）

名誉主任：张智明

《天水市麦积区志(1985—2007)》编辑部

总　编：张智明　成少平

副总编：阎小鹏　成红梅(女)

主　编：刘世清　李　峰

副主编：侯新平　王立武

总　纂：潘守正

编　撰：尤九成　温耀文　蒲　平　季会东　黄永强　汪　明　闫朝杰
田玲玲(女)　张红霞(女)　杜学军　吴　霞(女)　赵明霞(女)

序一

天水市政协副主席、中共天水市麦积区委书记　张智明

在全区上下全面贯彻落实党的十九大精神的开局之年,《天水市麦积区志(1985—2007)》付梓问世,这是全区文化建设的又一重大成果,可喜可贺。在此,我谨代表区委、区政府对《天水市麦积区志(1985—2007)》全体编纂人员及关心、支持、帮助该志书的社会各界人士表示衷心的感谢!

"治天下者以史为鉴,治郡国者以志为鉴。"读史使人明智,鉴往可以知今。麦积区是羲皇故里、先秦故地,历史悠久,文化底蕴深厚。区志作为地方史书详尽记述辖域内地理民俗、风物名胜,反映区内社会历史的沿革变迁、经济文化的发展历程、邑人乡贤的精神风貌,提供认识和研究区情的资料,服务经济、服务社会。而整理典籍,保存文献,其人文意义更加长远。

"欲知大道,必先为史。"《天水市麦积区志(1985—2007)》内容丰富、包罗万象,是社会各界全面了解麦积地情的窗口,是向外界宣传、推介麦积不可或缺的珍贵资料,是全区各级党政领导研究过去、把握未来、科学决策的重要依据,其借鉴意义和参考价值为其他史籍所不及。党的十九大报告明确指出,"没有高度的文化自信,没有文化的繁荣兴盛,就没有中华民族的伟大复兴。"习近平总书记关于地方志工作指出:"把历史智慧告诉人们,激发我们的民族自豪感和自信心,坚定全体人民振兴中华、实现中国梦的信心和决心。"因此,全区各级领导干部,要善于从历史经验中汲取营养,尤其要重视读史用史,通过方志这一地情信息宝库深入了解历史,准确把握现实,从而作出切实

合理、富有前瞻性的科学决策，推动全区各项工作又好又快发展。

回顾过去，我们深感自豪；展望未来，我们满怀信心。让我们紧密团结在以习近平同志为核心的党中央周围，高举习近平新时代中国特色社会主义思想伟大旗帜，团结和带领全区广大干部群众，不忘初心、牢记使命，锐意进取、埋头苦干，为全面建成小康社会，实现人民对美好生活的向往努力奋斗！

是为序。

2018 年 12 月

序二

中共天水市麦积区委副书记、区人民政府区长 成少平

《天水市麦积区志(1985—2007)》在全区上下大力支持和全体编纂人员的辛勤努力下,即将印刷出版,这是我区建设文化大区的又一丰硕成果。该志书不仅是一部“存史、资政、育人”的百科全书,也是社会各界进一步了解和研究麦积的一扇窗口。

《天水市麦积区志(1985—2007)》以马克思列宁主义、毛泽东思想、邓小平理论、“三个代表”重要思想、科学发展观、习近平新时代中国特色社会主义思想为指导,坚持辩证唯物主义和历史唯物主义的立场、观点和方法,采用新观点、新方法、新体例,突出特色,全面记述了1985年建区至2007年全区建置区划、自然环境、政治、基础设施建设、经济、风景旅游、麦积山石窟、教科文卫体、社会、人民生活、镇乡街道、人物、附录等,全书共12篇86章366节165万多字,还有反映地方特色、名胜古迹的图片资料,是一部建区以来全面系统、内容丰富的新方志。该志的发行,不仅在资政育人、服务现实、促进经济社会发展中发挥重要作用,而且为传承历史、垂鉴后世留下了宝贵的文化遗产。

记录伟大时代,撰写壮丽史章,是历史赋予我们的光荣使命。建区以来,在市委、市政府的坚强领导下,区委、区政府高举邓小平理论、“三个代表”重要思想、科学发展观、习近平新时代中国特色社会主义思想伟大旗帜, 面对错综复杂的国内外环境和艰巨繁重的改革

发展稳定任务，紧密结合麦积区情，积极适应从严治党新要求、经济发展新常态，紧扣建设幸福美好新麦积的目标，以"稳中求进、好中求快"为主基调，按照"一枢纽、一中心、四高地"①的总体发展构想，团结带领全区广大干部群众，抢抓发展机遇、发挥区域优势，统筹推进经济建设、政治建设、文化建设、社会建设、生态文明建设，经济社会发生了历史性巨变。全区生产总值由1985年的3.82亿元上升到2017年的175.3亿元，规模以上工业增加值由2.83亿元上升到52.9亿元，农业总产值由0.6亿元上升到13.6亿元，社会消费品零售总额由0.8亿元上升到101.2亿元，一般公共预算收入由0.14亿元上升到5.4亿元，城镇居民人均年收入由520元上升到24973.1元(可支配收入)，农村居民人均收入由257元上升到7056.7元(可支配收入)。教育、科技、文化、卫生等社会事业全面推进，基础设施建设日趋完善，城乡面貌日新月异，人民日益增长的美好生活需求不断实现，呈现出政治安定、社会和谐、经济繁荣、人民幸福、欣欣向荣的祥和景象。

从来稼穑艰难，笔耕不易。《天水市麦积区志(1985—2007)》历时数载，六定篇目，潜心编撰，数易文稿，既凝聚了编纂人员的心血，又是区内外参与、关心、支持这项工作的全体同志共同的劳动成果。在此，我谨代表区委、区政府向《天水市麦积区志(1985—2007)》全体编纂人员及所有参与、支持区志的社会各界人士表示衷心的感谢！《天水市麦积区志(1985—2007)》资料真实可靠、体例完备严谨、篇目结构合理、内容充实深刻，行文准确、朴实、简练、流畅，审查校正严格认真，装帧印刷符合要求，志书质量有待于读者评判。恳请区内外方志界贤达和各界朋友多予批评指正，提出宝贵意见。也衷心地希望《天

①将麦积区建成陇东南重要交通枢纽、现代商贸物流中心和区域工业集群发展高地、优质农产品生产加工高地、文化旅游发展高地、开放开发高地。

水市麦积区志（1985—2007）》的面世，能给全区人民扬帆奋进、开拓未来鼓劲助力；给区内工作人员尊重历史，服务现实提供借鉴；给外地客商和游客了解麦积和观景问俗提供向导；给全区青少年一代爱祖国、爱家乡教育提供教材；也给后来编志者存留一段较完整的历史记录。

“千淘万漉虽辛苦，吹尽狂沙始到金。”麦积区已进入转型跨越发展最好的历史机遇期，新的机遇、令人鼓舞，新的挑战、催人奋进。我们要在市委、市政府和区委的坚强领导下，在区人大、区政协的大力支持下，团结带领全区人民，不忘初心、牢记使命，负重奋进、主动作为，打赢打好脱贫攻坚战，为决胜全面建成小康社会、建设幸福美好新麦积，再续新华章！

2018 年 12 月

凡 例

一、《天水市麦积区志(1985—2007)》以马克思列宁主义、毛泽东思想、邓小平理论、“三个代表”重要思想、科学发展观、习近平新时代中国特色社会主义思想为指导,坚持辩证唯物主义和历史唯物主义观点、立场和方法,坚持实事求是原则,力求客观、真实、准确、全面地反映设区以来政治、经济、文化、社会等各方面发展过程与现状。

二、本志上限起于 1985 年 7 月,即由天水县改设为北道区时,下限至 2007 年底,重在全面记述设为市辖区后 23 年的史事。唯在记述工商等企业、事业单位(学校、医院等)和名胜古迹时有追溯 1985 年前史事内容,部分图片资料下延至 2018 年底。

三、本志分类为大篇制,篇以下为章,再下设节,以至目。总计 12 篇,86 章,366 节。大篇以事物归类分设,如政治、经济、基础设施建设、风景旅游、教科文卫体、社会、人民生活等。鉴于麦积山石窟为全国四大石窟之一,前志(《北道区志》)记述简略,升格特设专篇,全面记述其历史与现状。

四、1985 年初设区时,称“北道区”,2005 年改称“麦积区”。凡记事时,均以当时名称记述。

五、全志采用语体文、记述体。除古籍引文沿用旧文体、特定用字采用繁体字外,其余均以语体文、标准简化字书写。坚持直书其事,叙而不论,除序言、概述外,其余均直书史实,尽力通过资料反映区内生产力发展和生产关系变革过程。

六、本志采用述、记、志、传、图、表、录等体裁,以志为主。志前列图片、序言、凡例、概述、大事记,志后缀附录、后记,图表分附各篇之中,照片集于卷首。

七、鉴于区内企、事业单位隶属关系复杂,本志为全面反映区情概貌,不论其隶属关系，全面收录。

八、本志记述史事凡涉及区域建置、机关名称时，均以当时称谓记述，必要时加注现今称谓。

九、为节省篇幅，本志记述时采用一些简称。除各篇中分别注明的外，涉及全志的，中华民国简称“民国”，1978 年 12 月中共中央召开的第十一届中央委员会第三次全体会议简称“十一届三中全会”。甘肃省、天水市、麦积（北道）区在不产生歧义的情况下，一律简称省、市、区。单位名称第一次用全称，后出现时用简称。

十、本志采用公元记年，用阿拉伯数字书写。时间记述中的月、日，一律用公历月、日，必要时加注农历月、日。

十一、本志中计量单位，一律使用国家现行规定通用公制单位。唯土地面积记述在涉及农作物种植、农田水利等内容时，为照顾多年习惯，仍用“亩”，其余地方用“公顷”或“平方公里”。

十二、本志附表中数字栏，凡没有发生的，划“—”号；应有发生但未收集到的，划“…”号；数字过小不足计算单位无法列入的，划“……”号。

十三、本志各项数据，一律采用区统计局年报数字。区统计局缺项，采用相关单位、论文、文献或社会调查数据。数字表述，五位数以上用“万”作单位（表册例外），小数点后保留两位有效数字。比值数用“%”或“‰”表示。本志资料，采用部门（专业）志、部门（单位）档案、资料、文献、社会调查和口碑资料，一般不再注明出处。

十四、大事记采用编年体和记事本末体相结合的方法，以编年体为主。纵记区境内自然、社会方面的新事、大事、要事。为便于了解设区前历史，志后附有《天水市麦积区历史大事记》。

十五、本志人物，分传记、简介、表录三部分。传记坚持“生不立传”原则，记述 1985—2007 年间去世或牺牲人物；简介记述在世的区境著名人物；表录收录烈士、境内外担任相当职务的公务人员和技术人员，以及获得省、部级及以上各种表彰奖励人员。由于篇幅所限，同一人多次获多级别奖励的只表列最高级别一次；鉴于前志详今略古过甚，补入了 12 名古代人物和 7 名近代人物。人物排列均以生年为序，籍贯以 2007 年区划为准。

翠湖公园

翠湖之夜

翠湖音乐喷泉

区政府办公楼

天水市公安局麦积分局

埠南路

成纪新城天秀桥

羲皇大道

麦积至甘谷公路中滩镇段

宝鸡至天水高速公路东岔立交桥

宝鸡至天水高速公路天水东入口城区过境段

天水机场

天水火车站

宝鸡至兰州高速铁路客运专线东岔镇段

2017年7月9日宝鸡至兰州高速铁路客运专线开通运营

宝鸡至兰州高速铁路客运专线天水南站

麦积山石窟

仙人崖石窟

仙人湖

净土寺

石门山

石莲谷

龙园成纪殿

曲溪秋色

秦岭云海

龟凤山

凤凰山

卦台山之春

马跑泉公园

马跑泉公园游乐场

甘泉镇吴家寺村国槐

甘泉镇双玉兰堂

甘泉镇花羊村紫玉兰

麦积山温泉

麦积山植物园

利桥镇红崖河漂流

天水经济技术开发区

天水科技企业孵化中心

甘肃成纪生物药业有限公司

天水卷烟厂全貌

天水锻压机床厂

星火机床厂数控重型卧式车床

天水国家农业科技园区

下曲葡萄

元龙大红袍花椒

新阳红杏

花牛苹果

SOHO中国董事长潘石屹为花牛苹果公益代言

2010年9月19日花牛苹果北京推介会

花牛苹果集团苹果分拣车间及冷链仓储库

天水国家农业科技园区航天育种辣椒

天水国家农业科技园区航天育种豇豆

天水国家农业科技园区连栋温室立柱种植

天水盛龙果园三阳川有机葡萄基地

中滩镇缑杨村设施蔬菜

中滩镇大蒜

永川河流域综合开发果品建园

利桥镇木耳种植

党川镇石咀村散养鸡

天水众兴菌业科技股份有限公司包装车间

天水嘉信畜牧有限公司挤乳车间

天水君太华远养殖有限责任公司种猪繁育基地猪舍

天水九龙山禽业养殖有限公司蛋鸡养殖

党川风光

新阳镇胡大村

麦积镇后川村农家乐

伯阳镇曹石村新农村

花牛镇峡口村城乡一体化建设双龙嘉园

麦积镇陈山村美丽乡村建设

花牛镇白家河村美丽乡村建设

成纪新城夜景

成纪新城天水会展中心

盛达广场

麦积景园城

金都商厦

丝路万利酒店

桥南服装小商品城

桥南家居建材城

天水市第二人民医院

天水三阳医院

天水市第二中学

天水市第一中学麦积校区

天润学校

天水市启升中学

甘泉镇吴家寺小学

新阳镇温集初中

实验小学

天水市体育中心一场两馆全景（在建）

天水市体育中心体育场

道北体育馆

翠山全国山地自行车锦标赛

翠湖公园全国龙舟公开赛

甘泉镇九华山渔园全国钓鱼邀请赛

东岔镇码头村综合服务中心及村民健身广场

区博物馆新馆展厅

麦积皮影

石佛镇竹编手工艺品蚂蚱笼

麦积高抬

石佛挂面

天水汉唐陶艺仿古雕塑

麦积山石窟艺术研究所仿古陶俑

麦积根雕

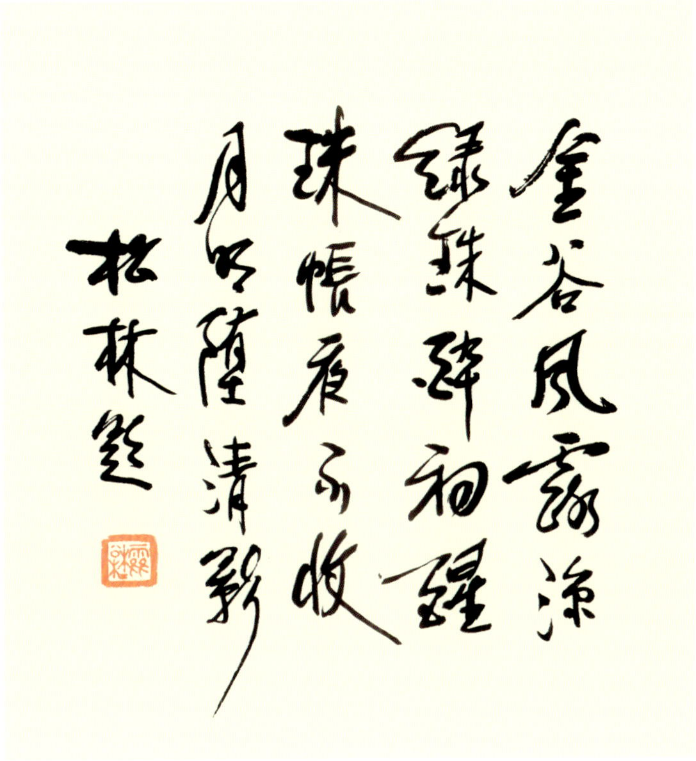

霍松林　书法

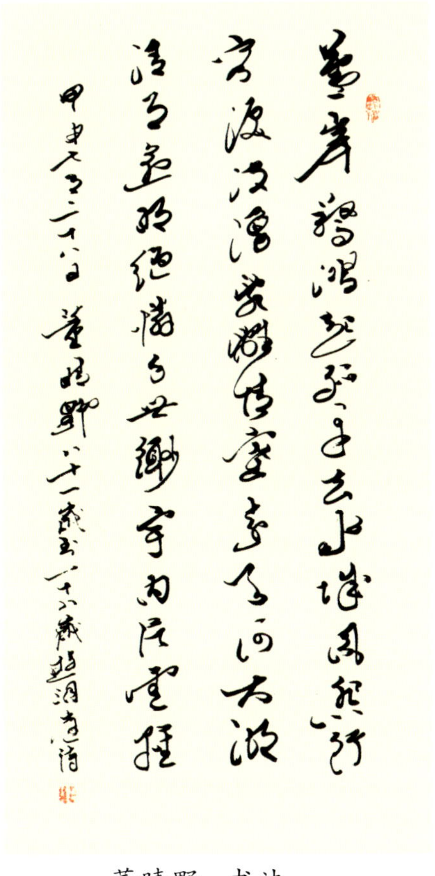

董晴野　书法

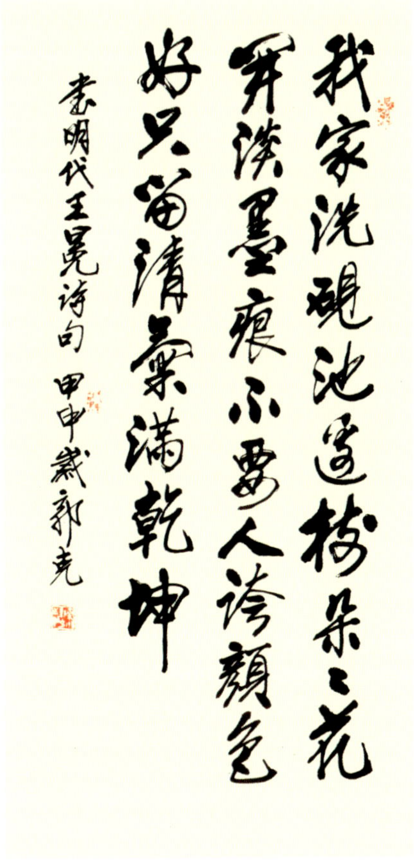

郭克　书法

任法融　书法

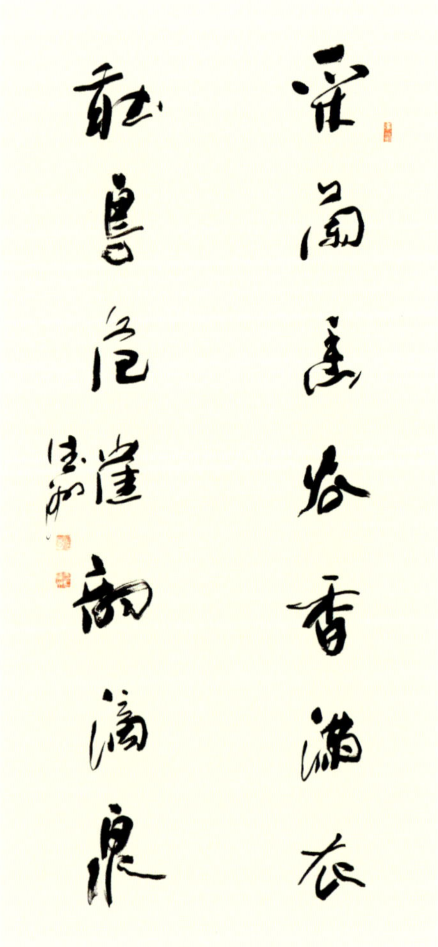

屈德洲　书法

毛惠民　书法

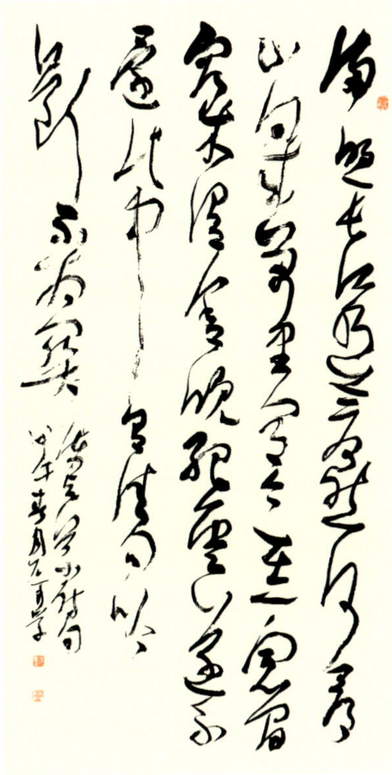

石炜先　书法

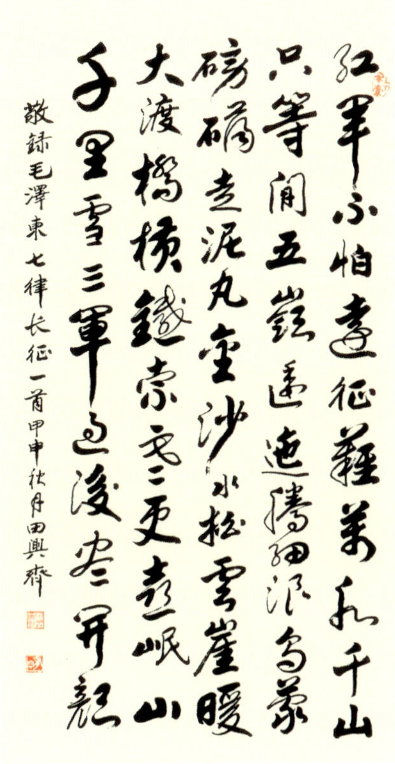

田兴齐　书法

裴尚仁　书法

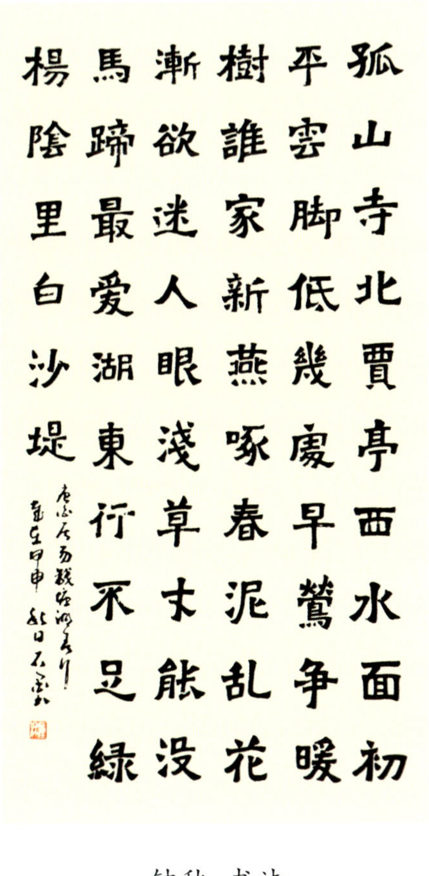

钟秋　书法

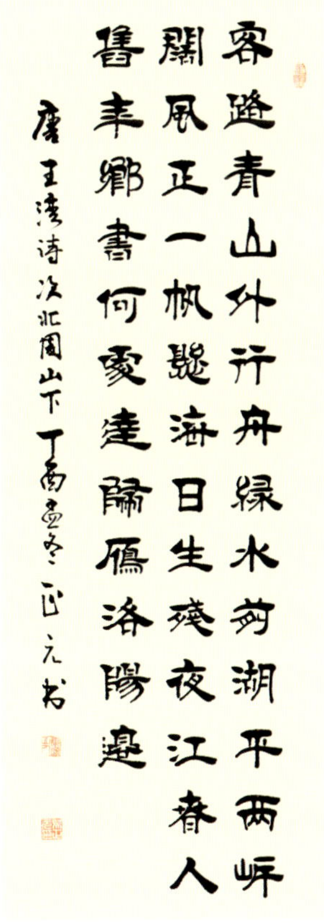

吴正元　书法

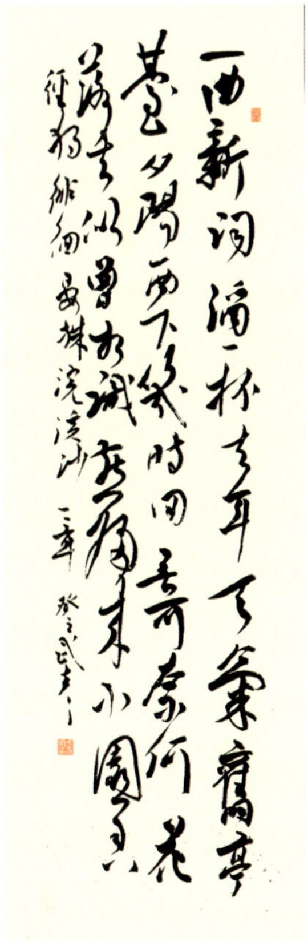

武彦　书法

石胜利 书法

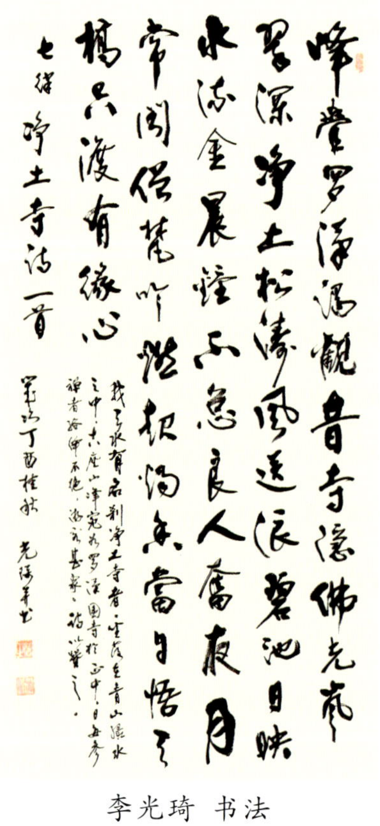

李光琦 书法

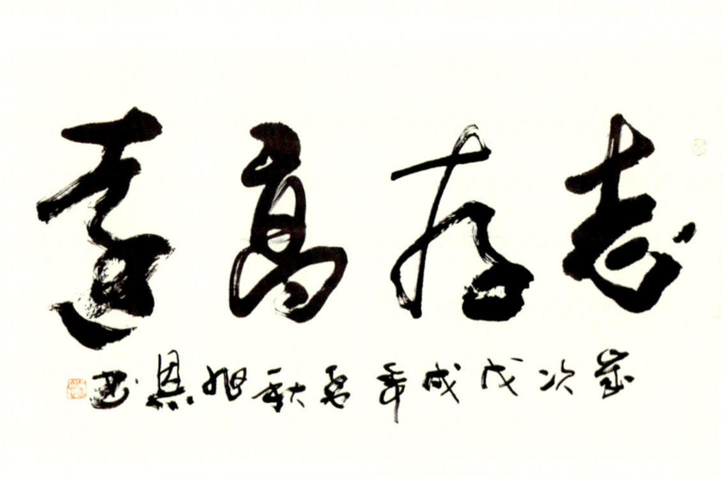

尹旭恩 书法

牧歌　国画

徐利贞　国画

李冰 年画

丁楹慧　国画

邵金瑞 国画

杜廷楹 国画

吴全通 国画

仰韶文化·红陶人面像

马家窑文化·网格漩涡纹彩陶壶

齐家文化·三角网纹单耳彩陶罐

西周·兽面纹铜簋

战国·放马滩木板地图

秦·放马滩竹简

西汉·放马滩纸质地图

汉·铜灶釜

汉·昭明镜

三国·夔龙纹铭文镜

西魏·石佛镇石佛寺石佛立像

唐·鸾雀菱花铜镜

北宋·耀州窑绿黄釉刻花瓷碗

北宋·磁州窑白釉黑彩缠枝牡丹纹梅瓶

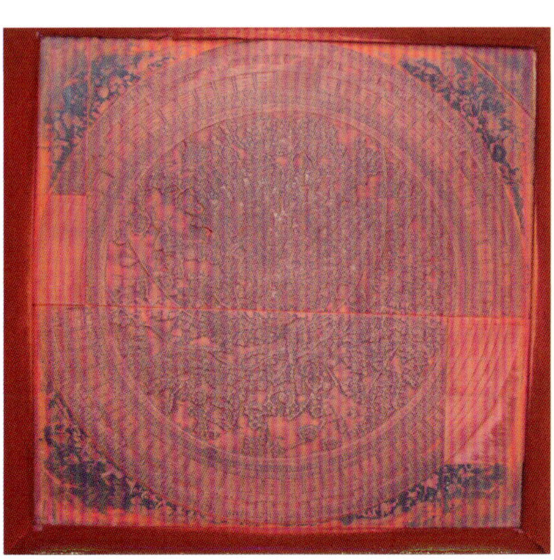

明·卦台山木刻八卦

元·凤凰山岳庙碑

明·秦州画卦台新建伏羲庙记碑

明·麦积崖佛龛铭并序碑

放马滩碑记

卦台山伏羲坐像

2018年9月20日《天水市麦积区志（1985—2007）》复审会议

2018年12月26日《天水市麦积区志（1985—2007）》终审会议

2018年12月26日《天水市麦积区志（1985—2007）》终审会议评审委员会与会人员合影

第1排右起:成红梅(麦积区副区长)、张有信（市政府副秘书长、外事侨务办主任）、刘来生（市人大常委会原副主任）、王志荣（市政协原主席）、逯克宗（副市长）、蒋晓强（市人大常委会主任、市委秘书长）、李世荣（市人大常委会原主任）、张续善（市政协原副主席）、汪聚应（天水师范学院副院长）、李宽余（市地方志办公室主任）、刘世清（麦积区地方志办公室主任）

总 目 录

上 卷

第一篇 建置区划

第二篇 自然环境

第三篇 政 治

第四篇 基础设施建设

第五篇 经济

下卷

第六篇　风景旅游

第七篇 麦积山石窟

第八篇 教科文卫体

第九篇　社会

第十篇 人民生活

第十一篇 镇乡街道

第十二篇 人物

附 录

概　述

自然概况 天水市麦积区中华人民共和国成立前为天水县。1949年8月，天水县解放。1950年2月，析天水县置天水市（县级建制）。1958年12月，天水县并入天水市。1961年12月，天水市、县分设，恢复天水县建制。1962年7月县治迁北道埠。1985年7月，经国务院批准，撤销天水地区和天水县，实行市管县体制，天水市升为地级市，设立北道、秦城两个县级区。2005年1月，因境内有驰名中外的麦积山石窟，北道区更名为麦积区，仍隶甘肃省天水市。

天水市麦积区是甘肃省和天水市的“东大门”。地处陕、甘、川之要冲，东接陕西省宝鸡市，南邻陇南市两当县、徽县，西靠秦州区、甘谷县，北连清水县、秦安县。地处北纬34°06′～34°48′，东经105°25′～106°43′之间。全境总面积3483平方公里，东西长123公里，南北最宽处50公里，最窄处不足5公里，横跨黄河、长江两大流域。东南部绵亘百余里秦岭山峦叠翠，西北部黄土高原川梁沟峁纵横交错，林地面积占全区总面积的65.2%。

天水市麦积区属温带大陆性半湿润季风气候，日照充足，降水适中，全年平均气温11.3℃左右，年降水量324.7～768.2毫米（以马跑泉观测点计），从南向北依次减少。年平均日照2008.4小时，每天平均5.6小时，日照地域间差别大，北部山区较多，东南部林区较少。无霜期年均236天。夏无酷暑，冬无严寒，四季分明，景色秀美，资源丰富，民风淳朴，是名副其实的陇上“小江南”。

天水市麦积区地跨长江、黄河流域，以秦岭为分水岭，岭北为黄河支流渭河水系，流域面积2183平方公里，占全区总面积的62.7%。渭河水系在境内主要支流有耤河、葫芦河、牛头河、永川河、东柯河、东岔河等。岭南为长江支流嘉陵江水系，流域面积1300平方公里，占全区总面积37.3%。嘉陵江水系在境内主要支流有红崖河、花庙河和白家河。土壤以褐土、红土居多。独特的地形、土壤、气候，使麦积区不仅农特产品质优品繁、名优荟萃，而且物华天宝、资源丰富。花牛苹果、下曲葡萄、元龙花椒、立远板栗、伯阳鲜桃、新阳杏子、甘泉大樱桃以及猕猴桃、核桃、木耳、生漆、食用菌等优质干鲜土特产品和蒜薹等蔬菜畅销全国；区内森林资源丰富，林种共83科、221属、973种，其中白皮松、粗榧、武当玉兰、杜仲、白檀、铁橡、银杏、金钱槭、红豆杉等珍稀树种分布较多。有中药材274种，主要有党参、当归、黄芪、天麻、柴胡、桔梗等；珍稀动物羚牛、大鲵、猕猴、金猫、水獭、白臀鹿、鬣羚、红腹锦鸡、鸳鸯等常出没于山谷丛林间；麦积区矿产资源丰富，现有矿产地98处，已探明储量的矿产有30多种，主要有铅、锌、金、钼、黏土、石灰石、钾长石、矿泉水、地热水等，尤以非金属矿产资源储量较大。

天水市麦积区历史悠久，是中华民族的发祥地之一。相传伏羲在卦台山演绎八卦，炎帝神农在神农山尝百草，轩辕黄帝诞生于轩辕谷并在刑马山活动，大禹在导流山疏渭导流治水，秦人在放马滩屯兵牧马，设置华夏第一县—邽县，老子在伯阳老子讲经台传经授道，三国时境内成为魏、蜀军队争夺的地域之一，东晋十六国起历代能工巧匠在麦积山开窟造像建成举世闻名的麦积山石窟，杜甫流寓东柯谷结草堂而居，吴璘在吴砦安营筑寨抗金，明清时三阳川、新阳镇手工纺织业兴起，红二十五军长征途经区境向陕北进军等重大历史事件，皆在境内发生。从夏至清，境内设过邽县、上邽、新阳、绵诸、伯阳、秦岭、陇城等县及三岔厅，孕育发华了祖脉文化、先秦文化、老子文化、石窟文化、三国文化、杜甫文化、民俗文化等地域文化。

天水市麦积区是中国四大石窟之一、“东方雕塑陈列馆”麦积山石窟所在地，境内环境优美、奇峰竞秀、深谷流韵，旅游资源得天独厚，景区景点星罗棋布，有人文始祖伏羲创画八卦的卦台山、天水“第一洞天福地”仙人崖、享有“小黄山”美誉石门、九曲清幽曲溪胜景、荟萃珍奇物种麦积山植物园,还有许多天酿佳泉和古遗址、古建筑、古墓葬。

天水市麦积区是羲皇故里、先秦故地,人杰地灵,人才辈出。众多英雄豪杰、志士仁人均留有历史痕迹,涌现出前秦天王苻坚、陇上名儒王尚概、现代教育的先驱潘世俊、进步人士王汝翼、实业家胡汝翼、爱国将军邓宝珊、革命先驱王承舜、北伐名将胡文斗、抗日名将王治岐、布衣将军徐国珍、革命烈士岳景宗等历史文化名人。

天水市麦积区是陇东南的交通枢纽和商埠"旱码头"。早在汉唐时期,就是货通南北、物济东西的地方,有"丝路商贸明珠"之美誉。陇海铁路横贯东西,310、316国道等公路干线四通八达,天(水)宝(鸡)高速公路正在建设。天水军民合用机场改建工程正式开工。

行政区划 2007年,全区辖11个镇、6个乡、3个街道,即马跑泉镇、甘泉镇、社棠镇、渭南镇、东岔镇、花牛镇、中滩镇、新阳镇、元龙镇、伯阳镇、麦积镇、石佛乡、五龙乡、琥珀乡、党川乡、利桥乡、三岔乡,桥南、北道埠、道北3个街道。有379个村,28个社区。

人口民族 2007年,全区总人口59.26万人,男性30.81万人,女性28.45万人。

区境内古代是多民族杂居地区。西周时,有邽戎、冀戎、绵诸戎等。后秦人兴起,与戎族融合,成为汉族的一部分。两汉时,陇右以西的羌、氐族人不断迁入,形成以汉族为主,与羌、氐杂居状况。东晋时,迁入少数屠各、休官、丁零人。至隋唐间,境内汉、羌、氐等族逐渐融合,形成以汉族为主体民族结构。元明之际,始迁入少量回族人口。1986年,少数民族人口2786人,占总人口0.59%,其余为汉族。2007年,区内有少数民族34个,总人口5764人,占全区总人口的1%,回族居多,有4123人。

工业经济 麦积区是甘肃省的老工业基地,工业基础雄厚,区内有部、省、市属企业94家,区属限额以上工业企业27家,乡镇企业5000多家,省级工业园区——天水经济开发区、二十里铺工业示范区、天水高新技术工业园均在麦积区。抢抓国家振兴装备制造业历史机遇，大力推进区域工业一体化，积极实施“工业强区”战略，逐步形成以机械制造、建筑建材、生化制药、电子电器、农副产品加工为主的五大工业体系。星火机床、风动工具、长城果汁、兰州香烟、汉唐陶艺等一批名优产品在国内外享有盛誉。星火机床大型数控产品荣获“国家名牌产品”称号，星火机床有限责任公司被科技部命名为首批“创新型企业”。长城果汁公司晋升为国家级农业产业化龙头企业。社棠工业集中区建设全面启动，园区工业发展持续升温，区域内市列“10强50户”企业达到20户。全区工业经济总量不断提升。1985年实现工业总产值2.83亿元，2000年实现工业总产值5.95亿元，2007年实现工业总产值29.62亿元。

农业经济　麦积区是农业大区，也是“花牛”苹果的故乡，境内气候温润，土壤肥沃，2007有耕地71.82万亩，适宜于多种农作物、果树、牧草、蔬菜、花卉生长。积极实施“产业富民”战略，倾全区之力，建设城郊南山万亩优质花牛苹果基地和三阳川、新阳地区全市最大高效农业主产区、全市最大畜禽养殖示范基地，苹果、葡萄、花椒、大樱桃、设施蔬菜、规模养殖业快速发展，果品、蔬菜、畜牧已成为全区农业三大支柱产业。“元龙花椒”“伯阳蜜桃”“新阳红杏”等7个农产品获得国家A级绿色食品认证，8个农产品完成名牌产品商标注册。花牛苹果荣膺第五届国际农产品博览会金奖和“中国优质农产品”金奖，“下曲”葡萄通过国家AA级绿色食品认证，获“中华名果”称号。麦积区已成为全省绿色食品示范县区。全区农业产业规模持续扩张。全区农业总产值1985年0.6亿元，2000年增至4.17亿元，2007年达到8.19亿元。

商贸流通　积极实施“商贸兴埠”战略，大力发展连锁经营、物流配送等新型现代服务业，甘泉物流园区启动建设，商埠路步行街、桥南家居建材城、金都商城、景园大厦、东方宾馆、华龙酒店、绿岛大酒店、天嘉宾馆等建成运营，提升了城市综合服务功能，全方位满足人民群众吃、住、行、购、娱等多种消费需求。全区城乡社会消费水平大幅度提高。全区社会消费品零售总额 1985 年 0.8 亿元，2000 年实现 7.31 亿元，2007 年达到 24.49 亿元。

城区建设　积极实施"城市带动"战略，城市建设突飞猛进，基础设施日趋完善。1985 年，城区渭河新桥建成。1989 年，天水火车站新站建成。旧城改造和新城建设全面推进，城区面积迅速扩张。2000 年，城市建成区面积 12 平方公里，人均公共绿地面积 1.8 平方米、建成区绿化覆盖率 20%。2007 年，城市建成区面积 18.94 平方公里，人均公共绿地面积 7.92 平方米、建成区绿化覆盖率 35.02%。城市基础设施建设成效显著，新建和拓宽改造羲皇大道、商埠路步行街、泉湖路、天河南路、埠南路、渭滨北路、区府路、前进路、北社路城区段等城市道路。城市开发建设步伐明显加快，先后建成天禧苑小区、天乐苑小区、麦积佳苑、现代银座等一大批城市开发建设项目，重建城区渭河人行桥，完成渭河北堤一期治理、桥北及桥南集中供热等工程。

交通通信　配合完成宝(鸡)兰(州)铁路二线、310 国道过境段建设任务，打通麦(积)甘(谷)公路，建成中(滩)卦(台山)公路、北(道埠)贾(河)公路、风动厂至南崖公路、中(滩)石(佛)公路和城区渭河 1 号、2 号大桥等交通干道；新修和改造一批通乡、通村公路，乡村公路通达深度和等级标准明显提高。1985 年，全区公路里程 954.9 公里。2000 年，全区公路里程 1271.53 公里。2007 年，全区公路里程达到 1508.39 公里。

通信事业迅速发展，实现城乡电话交换程控化、传输数字化、通讯网络化。1995 年，全区市话达到数 7360 户，其中，住宅电话 4050 户，有移动电话 488 户。2000 年，程控电话达到数 2.61 万户，其中，城市电话 1.98 万户、农村电话 6299 户，有移动电话 3988 户。2007 年，全区程控电话达到数 8.7 万户，其中，城市住宅电话 2.5 万户，农村住宅电话 4.3 万户，还有移动电话 10 余万部。

财政金融　财政收支较快增长，综合实力显著提升，财政金融对经济社会发展的保障能力明显增强。财政收入，1985 年 0.14 亿元，2000

年 1.35 亿元，2007 年实现大口径财政收入 6.9 亿元；财政支出，1985 年 0.19 亿元，2000 年 1.33 亿元，2007 年为 6.79 亿元。

1985 年，区内有人民、建设、农业、中国、工商、农村合作等金融机构，年末存款余额 1.55 亿元，年末贷款余额 2.77 亿元。2000 年区内银行年末存款余额 19.36 亿元，年末贷款余额 14.77 亿元。2007 年，区内银行年末存款余额 58.25 亿元，年末贷款余额 18.08 亿元。

科技教育 坚持实施科教兴区战略，加速科技成果转化，完善科技服务网络体系，稳步推进科技特派员试点，顺利通过全国科技先进县区考评验收。2007 年共取得各项科技成果 11 项，组织实施各类科技试验、示范、推广项目 42 项，科技对经济增长的贡献率达到 46%。坚持把教育放在优先发展的战略地位，认真落实农村义务教育“两免一补”政策，大力实施城乡校舍建设和危房改造，“两基”水平不断提高。

医疗卫生 努力改善城乡卫生设施和医疗条件，群众看病难、看病贵的问题得到有效缓解。市第二人民医院成为全省第一家中西医结合医院和西北五省唯一的全国重点中西医结合医院。1985 年，全区共有医疗卫生机构 475 个，卫生技术人员 1537 人，床位数 1071 张。2000 年，全区有医疗卫生机构 510 个，卫生技术人员 1888 人，床位数 1619 张。2007 年，全区医疗卫生机构 520 个，卫生技术人员 2338 人，床位 1824 张，全区参加农村新型合作医疗 41.29 万人，参合率达到 91.23%。

文化旅游 以建设特色文化大区为目标，先后举办“羲皇故里”赴京风情艺术展、“麦积情韵”赴沪书画展等一系列文化宣传活动，天水皮影、麦积风筝等 35 个项目被列入麦积区第一批非物质文化遗产保护名录，麦积山石窟入选甘肃省丝绸之路申遗范围，仙人崖石窟归入第一批全国重点文物保护单位麦积山石窟。至 2007 年全区新建村级健身场所 112 个，农家书屋 101 个，乡镇文化站 17 个。广播电视事业快速发展，有线电视覆盖城区。

积极实施“旅游拉动”战略，形成多层次发展格局。麦积区旅游资源丰富，寻根问祖旅游有人文始祖伏羲创画八卦的卦台山，伏羲给部族成员封姓氏的封姓石（亦称分心石，1958年被毁，现存残根），伏羲、女娲生活地龙马洞，以纪念伏羲等当地历史名人而修建的龙园等。风景名胜旅游有麦积山风景名胜区，包括麦积山、仙人崖、石门、曲溪、街亭5大子景区，麦积烟雨、仙人送灯、净土松涛、石门夜月、香积积雪、曲溪燕舞、玉兰花香、东柯积翠等自然景观让人流连忘返，叹为观止。生态旅游有甘肃麦积国家森林公园，东岔镇桃花沟省级森林公园，三岔乡碧峪省级森林公园、金龙山省级森林公园，党川乡麦草沟自然保护区，利桥乡百花景区、龙门景区。现代农业旅游有中滩镇天水农业科技示范园区。温泉洗浴旅游有街亭温泉。农家乐旅游有以麦积镇后川村为代表的国家级农家乐知名品牌。节会、庙会旅游有伯阳镇桃花节，卦台山、麦积山、净土寺、崇福寺、柏林观、龟凤山、导流山、凤凰山庙会等一年数十起文化交流会。旅游业对全区经济社会发展的推动作用逐步增强，日益成为全区经济发展和富民兴区的重要组成部分。1985年，全区各景点共接待国内外游客12.1万人次，创旅游综合收入12万元。2000年，全区各景点共接待国内外游客93.3万人次，创旅游综合收入1200万元。2007年，全区各景点共接待国内外游客165万人次，创旅游综合收入5.1亿元。

社会保障 社会保障体系逐步健全。2007年，全区参加城镇基本养老保险6804人，参加失业保险12368人，参加城镇职工医疗保险16074人。全区城镇新增就业人员9028人，6442名下岗失业人员实现再就业。全面提高城市低保和农村五保户供养标准，城市低保由人均每月157元提高到173元，农村五保户供养由人均每年800元提高到1452元，全年共发放城乡最低生活保障金3043.35万元。启动实施城镇居民医疗保险和农村困难群众低保，8.15万城镇居民参加基本医疗保险，1.87万农村困难群众纳入低保，覆盖全区城乡居民的社会保障体系初步形成。

在市委、市人民政府领导下，麦积区以科学发展观为统领，全力实施“工业强区、产业富民、商贸兴埠、旅游拉动、城市带动”五大战略，全区经济社会持续全面提速发展，综合实力显著增强，对外形象明显改善，迎来经济发展最快、城乡面貌变化最大、人民群众得到实惠最多、干部群众精神状态最好的时期。1985 年全区实现社会总产值 3.82 亿元，2000 年全区实现国内生产总值 17.72 亿元，2007 年全区实现生产总值 52.61 亿元。先后获得“全国科技进步先进区”“全国农田水利建设先进县区”“全国优质苹果重点县区”“全国体育先进区”“全省文明区”“全省文化先进区”“全省双拥模范区”“全省卫生城市”等众多荣誉称号。随着西部大开发战略的深入推进，区委、区人民政府审时度势，提出“打造经济强区、构建和谐麦积”的奋斗目标，在区委、区人民政府的坚强领导下，全区上下同心同德，振奋精神，攻坚克难，锐意进取，必将谱写出麦积区更加辉煌灿烂的历史新篇章。

大 事 记

1985 年

7 月 8 日，国务院决定撤销天水县，以原县属中、东部和西北部 22 个乡、1 个镇设为北道区，西部和南部 17 个乡划归新设的秦城区。

8 月 5 日，甘肃省人民政府决定，在撤县设区的同时，撤销北道镇，将其区域划分为道南、道北两个街道。

8 月，天水—兰州民航飞机开通。后因客源不足，运营 8 个航班后中止。

9 月，中国共产党天水市北道区委员会（简称中共北道区委、区委）成立。王全忠任区委书记，区人民政府筹备组同时成立。区党政机关驻原天水县治，即城区西北张家村东（今区府路西）。

△区人民武装部、区人民法院、区人民检察院成立。

△原县级机关和企、事业单位纷纷改名，以“北道区”代替“天水县”。

△位于城区东、贯通今天河路南北的渭河新公路桥竣工通车（今称渭河 1 号桥），长 378 米。

10 月，区委任命区属各部门党政负责人。区属党、政机关各部门正式办公。

△区人民政府筹备组制定《关于城区市容管理的暂行规定》。为设区后颁布的第一个地方性法规，亦为城区市容管理的第一个法规。

△天水风动工具厂研制出全国首台全液压履带式掘进钻车。

11 月 12 日，区委、区人民政府筹备组制定《经济体制综合改革试行方案》。

11 月，举行北道区第一届人民代表大会代表选举。以直选方式，145 个选区选出 330 名代表。

△联通北道埠至社棠的牛头河公路桥竣工通车，长 238.8 米。

△机关、事业单位职工进行工资改革，长期执行的等级工资制改为结构工资制。

12 月 1–9 日，中国人民政治协商会议天水市北道区（简称区政协）第一届委员会第一次会议在北道埠召开，温如春当选主席。

12 月 2–8 日，天水市北道区第一届人民代表大会第一次会议在北道埠召开，选举区人民代表大会常务委员会（简称区人大常委会）、区人民政府、区人民法院、区人民检察院负责人，王炳元为区人大常委会主任，张俭成为区人民政府区长。区人大常委会、区人民政府正式成立。

当年，改粮食、油料征购为合同定购。至此，除生猪外，沿袭 30 多年的农产品征购制度全部取消。

△在区内高氟区开始兴建改水工程。至 1990 年建 19 处，三阳川各乡 4 万人用上卫生水。

△首次利用世界银行贷款为区人民医院（今天水市第二人民医院）等医疗单位购置新式医疗设备。至 1990 年共购入近 400 台（件）。

△开通北道埠至兰州电缆电话线路。

△在城区和城郊马跑泉、社棠、二十里铺 3 个乡推行火葬。

1986 年

1 月，调整区以下区划，马跑泉、社棠 2 个乡改为镇；寨子农业管理区改为寨子街道；将道南街道所属桥南片区析出，另设桥南街道。至此，区以下设 4 个街道、2 个镇、20 个乡。

△开展第二次全国工业普查。

3 月，党川乡放马滩发现秦、汉古墓，出土战国木板地图和西汉纸质地图及竹简等珍贵文物。木板地图后被认为是世界上最早的实物地形图，西汉纸质地图把国内制纸史推前数百年。

4 月，境内所产“花牛”苹果获农牧渔业部“优质产品”奖杯。

5 月 1 日，位于城区东南今马跑泉路的马跑泉公园一期工程竣工，正式对游人开放。

6 月，天水麦积山石窟艺术研究所成立。

7 月 11 日，区人大常委会一届三次会议作出《关于加快花牛苹果基地建设的决定》。

9 月 26 日，第一铁路工程局在元龙乡码头村附近铁路桥施工中因坑壁坍塌，导致 4 人遇难。

10 月，卦台山开始重建伏羲大殿，1988 年竣工。

△成立区老龄问题委员会(后改老龄工作委员会)。是为首次将老年人养老生活问题纳入议事日程。

12 月,东岔至牛背村段公路竣工,国道 310 公路贯通。其道从东岔入境,经利桥、党川、麦积、甘泉、马跑泉至城区。

是年，区人民武装部由军队现役编制改归地方建制；城区各街道设武装部(此前只设于乡、镇)。

△为促进计划生育工作,区人民政府开始与乡、镇、街道签订《目标管理责任书》,并在工作中实行计划生育“一票否决”制。

△重新调整扶贫工作规划,开始有计划、大规模区域性扶贫。

△城区南、北两山绿化工程开始。

△立远乡关庄村、吴砦乡桑家门村分别建成通往渭河北岸的全钢结构吊桥,长 143 米和 163 米。

△省、市拨款维修仙人崖、石门山。此后持续多年。

△开始为 16 岁以上居民颁发居民身份证。至 1989 年完成。

△区佛教协会、区道教协会、区伊斯兰教协会、区基督教三自爱国运动委员会、天主教爱国委员会分别成立。

△全年干旱,城郊川区降水仅 337.5 毫米,夏、秋田均减产。

1987 年

3 月 1–4 日,中共天水市北道区第一次代表大会在北道埠举行,区委书记王全忠作题为《坚持四项基本原则,争取两个文明建设新胜利》的报告。选出区委委员 25 人,区纪律检查委员会委员 13 人。在接着举行的区委委员会议上,王全忠当选区委书记。

3 月,为专业技术人员评定职称工作开始。至结束,全区为 3000 余名教师、医护人员、技术人员等评定职称。

4 月,全区文物普查开始,至 1989 年结束。

6 月,元龙乡境内葡萄园至码头滩两跨渭河、总长 1780 米的陇海铁路大型桥建成,原易发生塌方的渭河北段废弃。

△城区各界欢迎驻区解放军某部队参加中越边境反击战归来。

7 月,东岔乡东岔村水电站建成投产,装机容量 250 千瓦。

8月，全国第十七届“翔宇杯”暨“工商杯”篮球赛在北道埠举行。

9月8日，街子乡遭雹灾。

9月，区人民政府颁布《殡葬管理细则》，进一步推动火葬。

秋，区劳动部门组织1200名农民赴新疆拾棉花，开区内农村剩余劳动力外出务工先河。此后逐年增多，90年代初每年达四五万人。

10月23日，区委发出《开展遵纪守法“三光荣”活动的通知》（“三光荣”即光荣户、光荣院、光荣村）。

10月，城区桥南商贸市场建成开业，设百货、文化、食品3条街，建筑面积2.55万平方米，有474间铺面。

11月，区人民政府决定对区属国营工厂推行承包经营。此前，区塑料厂已实行租赁经营。

是年，强调农村大办乡镇企业，增加农民收入。

△通过3年实施，农村90%以上旧式灶改建为通风、通烟良好、节柴省煤的新式灶。

△加高城区渭河南堤，使之达到50年一遇标准。

△放开黑白电视机、自行车、棉针织品等商品价格。至此，绝大部分商品不再由国家规定价格。

△城区居民风传将提高商品价格，不时出现抢购风潮。

△城区和马跑泉、社棠率先废止旧计量制，使用米、公斤（千克）等公制单位。

△区妇幼保健所利用联合国人口活动基金在社棠镇下曲村建成新所址。

△《甘肃省天水市北道区农业资源调查和区划报告汇编》编成。

△继上年大旱之后，春、夏继续干旱，粮食减产。

1988年

1月，林业部将花牛苹果原产地北道区列为全国经济林名特优商品生产基地。

2月，区委作出《关于苦战三年，力争基本解决温饱的决定》，提出1990年人均有粮650斤（325公斤）、人均纯收入达到400元的目标。

△北道卫星地面接收站建成，开始转播中央电视台第二套节目。

3月，区属国营天水玻璃厂（后改天水医药玻璃厂）在下曲村建成投产；10月，另一区属国营天水罐头食品厂在张家村东北原砖瓦厂址建成投产。两厂兴办时，均设计为区属最大国营工厂。

5月，北道埠贯通渭河南路和渭河北路的旧公路桥拆除后，在其址上新建的渭河人行桥竣工，长353米。

6–8月，城区居民出现抢购工业品风潮，其势胜于上年，人民日用消费品价格普遍大幅度上涨。综合计算，是年物价指数上涨20.6%。

7月，鉴于参加高考人数逐年增多，在正式高考前实行预选。预选过关者，始可参加正式高考。后沿用至1993年停止。

10月，区委作出《加强深化企业领导体制改革的安排意见》，强化厂长（经理）的中心地位，落实其负责制。

△马跑泉镇在崖湾村建成全区首家敬老院。

11月，区人民政府决定清理整顿各类公司。

12月，乡、镇人民代表大会始设人大主席团，街道设人大工作联络组（1990年改称人大工作联络处）。

是年，企业和重点乡、镇成立民兵应急分队，以完成急、难、险、重任务和应付突发事件。全区共编入1800人。

△区人民医院（今天水市第二人民医院）住院部大楼（六层）建成，有病床312张。

△改革长期推行的职工医疗费全额报销办法，改为门诊按年龄分档次包干，住院费报销90%，个人负担10%。

△区审计局审计中查出区农机公司收款员贪污3万余元案。

△开展禁毒斗争。此后两年，抓获毒贩780人，缴获海洛因5.87公斤。

1989年

1月，区人民政府批准开放伊斯兰教、基督教、天主教38处宗教活动场所。

△省、市电视台联合拍摄的6集电视剧《麦积烟雨》举行首播式。

△天水市运输公司兼并区第一汽车运输公司。

2月，区委发出《关于深化农村改革的通知》，要求调整农村经济结构，由以种植业为主向农、林、牧各业全面发展，整个农村经济由以农业为主向第二、第三产业发展。

3月12–19日，区政协第二届委员会第一次会议召开，张国兴当选主席。

3 月 14–18 日，天水市北道区第二届人民代表大会第一次会议在北道埠举行，王炳元当选人大常委会主任，张俭成当选区长。

3–5 月，区委抽调 2000 多名干部在农村开展形势教育。

5 月，麦积山风景名胜区管理局投资在街子乡温家峡（今属麦积镇）建成温泉理疗浴所。此前 1986 年其地探出暖水层。

△邮电部门开通北道埠与全国各大城市直拨长途电话。此后，城区居民家庭安装固定电话者逐年增多。

9 月，二十里铺乡（今花牛镇）峡口村建成渭峡耤河吊桥，长 216 米。

11 月，区人民武装部被国防部表彰为“全国民兵、预备役工作先进单位”。

△开展扫除社会“六害”（卖淫嫖娼、赌博、吸毒贩毒、拐卖妇女儿童、传播淫秽物品、利用封建迷信骗钱害人）斗争。

12 月，联结秦南公路（秦安至南河川）的背湾葫芦河公路桥竣工，长 167 米。

△天水火车站客运新站投入营运。

是年，农村颁发集体土地建设用地（含宅基地）使用证。

△天水橡胶化工厂生产的三角带出口国外。

△省水利厅投资，在仙人崖景区兴建仙人湖。

△对重要农业生产资料和彩色电视机实行专营，执行统一定价。

1990 年

1 月，开始执行《甘肃省计划生育条例》规定，一对夫妇只生一个子女，严格控制生育第二胎，不允许生育第三胎；一、二胎的间隔期 5 年以上；对计划外生育者，征收社会抚养费。

2 月，区政协下设 5 个组改为委员会。

4 月 4–7 日，中共天水市北道区第二次代表大会在北道埠举行，区委书记王全忠作题为《加强党的建设，为实现政治、经济、社会稳定发展而努力奋斗》的报告。选出区委委员 27 人，区纪律检查委员会委员 15 人。在接着召开的区委委员会议上，王全忠继续当选为书记。

5 月，市委、区委在甘泉乡开展简政放权试点，后推及全区。原由区级部门所属的中心学区、卫生院、兽医站等单位改为由乡、镇管理。

6 月 28 日，区人大常委会二届七次会议作出《关于加强城市管理，治理城市脏、乱、差的决定》。

7月，开展第四次全国人口普查，全区总人口50.65万。

8月11日，城区及附近乡、镇降特大暴雨，2小时降雨110.5毫米，道南积水1米多深。雨中，北道埠西部北山大滑坡，农村倒房千余间。

9月4日，第十一届亚洲运动会圣火途径区境，万余城乡居民迎送。

9月12日，区委作出《贯彻<中共中央关于加强党同人民群众联系的决定>的决定》。

9月，针对境内社会治安状况，公安机关开展扫除"四害"(赌博、吸毒贩毒、卖淫、城市养狗)斗争。

△纠正行业不正之风工作开始。

10月，区残疾人联合会成立。

11月，秦南(秦安至南河川)公路竣工通车，境内长24.8公里。

12月，区文化中心楼(四层)、区政协办公楼(四层)建成。

△《北道年鉴(1990年)》出版。

是年，农村开始大规模兴建以苹果为主的果园。年内完成低产园改造，使全区果园面积增至7万亩。

△山区普遍推广塑料薄膜覆盖栽培玉米。数年后，全区扩至10余万亩，玉米亩产量成倍增长。

△由区供销合作联社筹资兴建的天水供销大厦(七层)、天水百货批发公司兴建的秦州商场(四层)开业。均在城区道南商业中心地带。

△区人民政府决定对少数民族小学生免除学费。

△是年起，居民身份证作为个人证件在社会活动中使用，原由机关开具证明形式终止。

1991年

2月，黄河流域治理工程境内小流域治理开始。

6月24日，南河川、三阳川两地4个乡、56个村遭受特大雹灾，9万亩农作物受灾，9人被冰雹击伤。

6月，中共天水市委通知，赵文华任区委书记，王全忠另有任用。

△天水火车站广场拓建工程竣工。

8月，区人大常委会下设5个科改为工作委员会。

9月，区委成立计划生育"三集中"活动指挥部，区、乡（镇）调集近千人赴农村开展计划生育突击活动。

10月，民主评议党员活动完成，全区有198名党员不合格，予以劝退。

△在全区划定重点农田保护区，并竖立保护标志。

11月，天水轧钢厂（在社棠）与重庆物资贸易中心联营兴办天水秦川冶炼厂。

12月，区委、区人民政府制定党政机关领导干部交流、回避制度。

△国家教育委员会表彰北道区为"基本扫除文盲单位"。

是年，天水锻压机床厂在城区道南西部向南圈围河滩90亩重建厂区，同时兴修渭河北堤1.32公里。

△天水市第九中学（在社棠）和马跑泉、二十里铺、石佛中学撤销高中部。

△成立城市管理委员会，组建市容监察中队；在4个街道和马跑泉、社棠两镇设城管所。

△是年起，全区各学区、小学按适龄儿童全部入学的原则招收新生，不再由上级下达招生计划。

1992年

1月，为加强党的统一领导，是月起各乡、镇乡、镇长和街道办事处主任由党委副书记兼任（此前从20世纪80年代初起实行党、政分任制）。

1–4月，在国家文化部支持下，"中国麦积山石窟艺术展"在日本东京、大阪等4城市展出。

3月，开展打击假冒伪劣商品活动。

5月，农村开展土地小调整工作。

6月，成立区关心下一代工作委员会。

7月14日，在城区桥南街道东部成立北道商贸旅游开发区，为市级开发区，对进入开发区的企业给予政策优惠。

7月，区人民医院与天水市第二人民医院（在社棠）合并，于城区原区人民医院址重设天水市第二人民医院，成为境内规模最大的医院。

8月11–12日，境内东部甘泉、利桥等地普降暴雨，2.3万亩农作物受灾。

8月13日，中共中央总书记、中央军委主席江泽民视察驻区解放军某部队。

9月15–19日，首届天水"花牛"苹果节在桥南北道商贸旅游开发区举办。

11月2日，区人民政府决定再开放28处佛教、道教活动场所。

11月，省委、省人民政府、省军区授予北道区"双拥模范区"称号。

△区委决定，在区经济委员会、农牧局、交通局等共产党员人数较多的区直单位设立党的委员会(原均设支部)。

当年，在农村开展社会主义思想教育活动。

△取消生猪派购。至此，国家对农民征派农产品的任务全部取消。

△二十里铺乡(今花牛镇)水眼寨村发生滑坡。区人民政府决定将其村300多户居民全部迁移耤河北岸平坦地。后至1995年搬迁完毕。

△城区道南街道拆除127户居民住房，打通长期未能建成的渭滨北路(今成纪大道东路)断头段。

△开始为城区外来暂住人口办理《暂住证》。

1993年

1月，区生产资料门市部主任马金翠(女，回族)在甘肃省第八届人民代表大会第一次会议上当选全国人大代表。后于3月参加第八届全国人民代表大会第一次会议。

2月16–19日，中共天水市北道区第三次代表大会在北道埠举行，区委书记赵文华作题为《解放思想，开拓进取，为全区经济建设再上新台阶而努力奋斗》的报告。选出区委委员31人，区纪律检查委员会委员15人。在接着举行的区委委员会议上，赵文华当选书记。

3月1–7日，区政协第三届委员会第一次会议召开，张国兴当选主席。

3月2–6日，天水市北道区第三届人民代表大会第一次会议召开，秦俊杰当选人大常委会主任，冯沙驼当选区长。

4月，区红十字会成立。

5月，西北部9个乡开通程控电话。

6月，区委、区人民政府作出关于科教兴区的决定。

11月，区委作出关于党政机关副县级以上领导干部廉洁自律的8条规定。

△区属18栋住宅楼计577套作为第一批出售直管公房，向住户出售。此后，逐渐取消机关和企、事业单位福利分房。

是年，北道区获“全国乡镇企业先进县（区）”称号。

△北道商贸旅游开发区建设的高9层、建筑面积2万多平方米的综合楼竣工，一时成为城区标志性建筑。

△马跑泉镇吴家崖村、伯阳乡下坪村等地开始兴建高效节能日光温室（又称“冬暖棚”），开始种植反季节蔬菜。后推广至河谷蔬菜区。

△在泰国曼谷举办的优质农产品展览会上，区园艺局选送的“花牛”苹果获金奖。

△位于城区北孤山山麓的北山公园建成。

△除少数资源性商品和部分经营服务价格外，其余全部商品和服务均放开价格，由市场根据供需情况议定。

△僧人海正筹资开始重建净土寺（在麦积镇）。后至2006年筹资1.3亿元兴建殿宇88间，形成一处宏大的仿古建筑群。

1994年

3月，推行国家公务员制度，长期沿称的“国家干部”一词改为“国家公务员”。

△成立区见义勇为基金会。

4月，进行工资改革。原结构工资构成中的奖励工资取消，改为由职务工资、级别工资、基础工资、工龄工资构成（套改后工资自1993年10月起施行）。改革后，平均增资42%。

△全区开展打击盗窃、破坏铁路、电力、通信设备和扫荡社会流氓恶势力的专项斗争。

4–7月，连续4个月无有效降雨，渭河北部2.8万人饮水困难。

5月14日，市第八中学学生何亮在渭河中抢救落水小学生时牺牲。市、区两级追授“英雄少年”称号。

5月，区内第一家股份合作制工业企业——天水华丰绒线厂在石佛乡建成投产。

△城区开始普及九年义务教育。

△农村开展“道路建设月”活动，整修、新修农村道路。

6月，农村开展村民自治宣传活动。

7月，连接北道、秦城两区的天北高速公路建成通车（今称秦麦高速公路），长 13.2 公里。时为省内首条高速公路。

8 月，国家实行分税制，区税务局分设为区国税局和区地税局。

9 月，开展“严打”斗争，整治农村社会治安。

10 月，全区开展爱国主义教育活动。

12 月，成立二十里铺工业示范区，为乡镇企业示范区。

是年，北道商贸旅游开发区升格为省级开发区，改称甘肃省天水经济技术开发区，享受省级开发区政策优惠。

△省委、省人民政府授予北道区“全省体育先进县”荣誉。

△全区开展学习《邓小平文选》、解放思想大讨论。

△全区扶贫中推行领导包乡、干部包村制度，层层强化责任制，并且一定 3 年不变。

△位于道南街道天水火车站南的羲皇大厦建成开业。

△空军天水场站飞行团在境内飞播造林。

△“126”无线人工寻呼台在北道开通，模拟移动电话“大哥大”开始使用。

△城区桥南蔬菜批发市场建成使用。

1995 年

1 月，区人民武装部划归军队建制，称中国人民解放军天水市北道区人民武装部。

春，开展“双爱一创”（爱我中华，爱我天水，开拓创业）活动。

4 月，城区渭水苑商场建成开业。

5 月 1 日，开始实行周五工作制。

6 月，北道电视节目并入天水有线电视台北道有线网，北道区自办有线电视节目。

8 月，省列“北道区星火技术密集区”开发建设项目升格为国家级星火科技项目。

9 月 14 日，区人民政府发布《关于企业全面实行劳动合同制的实施意见》。

9 月，成立秋季计划生育集中活动指挥部，区机关抽调 160 人赴乡、镇协助工作。此后连续多年开展春、秋两季计划生育集中活动。

△全区首次私营企业代表大会召开。

10月1日，城区1.3万人在火车站广场举行升国旗仪式,500名年满18岁的青年在国旗下举行成人宣誓仪式。

10月,核工业西北地质局二一九大队从礼县迁驻二十里铺乡(今花牛镇)高家湾西(不久改甘肃省核地质二一九大队)。

11月,省人民政府授予北道区“科学技术工作先进县(市)”称号。

12月,中共天水市委通知王玺玉为区委书记,赵文华另有任用。

当年,区委、区人民政府命名驻区部队某部团史馆、麦积山植物园等5家单位为区内第一批爱国主义教育基地。

△农林特产税征收任务大幅度增加。

△天水经济技术开发区在桥南伯阳路中段建成青牛园。

1996年

2月9日,省委、省人民政府命名北道区为“社会治安综合治理模范区”。

3月,开展“献策兴区”活动。

4月9日,省委、省人民政府授予北道区“二五”普法先进区称号。

4月30日,中滩乡张白村渭河人行桥竣工,长204米。

5月,保险公司财产保险与人寿保险分开,分别成立北道支公司。

6月,全区开展党纪政纪条规教育,5个月后结束。

6月30日,中共中央政治局常委、国务院副总理朱镕基参观麦积山石窟。

7月12日,城区、城郊和新阳一带发生严重雹灾,持续40多分钟,冰雹大者如核桃,农作物受损严重。

8月,长江流域治理工程小流域治理在区境东南部开展。

△马跑泉镇被列为全省小城镇综合改革试点。

△天水市第十中学在渭南镇原师范学校址成立。

△全面整理农村户口,推行门牌管理制度。

8月22日,中共中央政治局常委,全国人大常委会委员乔石参观麦积山石窟。

8–10月,在全区宗教界开展爱国主义、社会主义教育。

9月,天水拖拉机厂经营维艰,为兰州手扶拖拉机厂兼并。

11月,区直属机关进行机构改革,原区人民政府所设50个机构减为36个(含序列机构29个,事业单位7个)。

△吴砦乡前进村渭河人行桥竣工,长150米。

12月13日,中国农业发展银行成立天水市北道支行。是为扶持农业经济发展的专门银行。

12月,12个乡、镇农村普及九年义务教育通过省、市验收。

1997年

2月19–25日,区内举行各种仪式活动,悼念中国改革开放的设计师邓小平。

2月,对乱建庙宇和露天塑像行为进行专项治理。

△位于桥南街道泉湖路(今马跑泉路)的亚太大酒店竣工开业。

4月,陇鑫综合交易市场在道南街道建成开业。

4–5月,在林区、林缘区开展铲除罂粟行动。

6月,天水市公路运输服务中心在北道埠建成并投入运营。

7月,区人民政府颁布开发“四荒地”、发展家庭小林场的意见。

8月5日,区委、区人民政府作出《在全区开展讲文明、树新风活动的安排意见》。

8月,小学招收一年级学生开始实行通知书制度。《入学通知书》由乡、镇或授权学校颁发。

10月,中共天水市委通知,徐世英任区委书记,王玺玉另有任用。

是年,在天水农业机械制造厂等7户区属国有企业开展股份合作制改革试点。

△天水啤酒厂被兰州黄河企业集团兼并,使其由国有企业转变为乡镇企业的集体所有制。

△偏僻边远的党川乡马家村、火吉村通电,从而实现建制村村村通电。

△发生全区性罕见大旱,夏粮大幅度减产,秋田部分绝收。全区粮食总产仅及上年的一半。

△调整区属职业技术学校,原区职业技术中学、渭南农业职业中学、市第九中学(在社棠)分别改为区第一、第二、第三职业高级中学。

△街子乡八槐村(今属甘泉镇)重建杜甫草堂。

△台湾人俞红儒在甘泉乡租赁农民承包地300亩,栽植从国外引进的大樱桃(后再租赁900亩),开农村承包地大面积流转先河。

1998 年

1 月，城区居民开始实行最低生活保障（简称“城市低保”）制度，凡月人均收入低于 100 元的家庭由财政给以补贴（其后补贴标准不断提高）。

2 月 12–14 日，中共天水市北道区第四次代表大会在北道埠举行，区委书记徐世英作题为《高举旗帜，团结奋斗，抢抓机遇，求实创新，尽快实现由经济弱区向经济强区的跨越》的报告。选出区委委员 29 人，候补委员 4 人，区纪律检查委员会委员 13 人。在接着举行的区委委员会议上，徐世英当选书记。

2 月 24–28 日，区政协第四届委员会第一次会议召开，徐利贞当选主席。

2 月 25 日 –3 月 1 日，天水市北道区第四届人民代表大会第一次会议召开，阎如林当选区人大常委会主任，王世华当选区长。

2 月，成立区环境保护局，彰显环境保护更被重视。

4 月，成立甘泉乡镇企业示范区（2005 年改称甘泉科技园区）。

6 月 10 日，区委、区人民政府作出《关于大力发展个体私营经济的决定》。

7 月，对农民中难以维持最低生活标准的困难户实行最低生活保障（简称“农村低保”）制度，由区、乡（镇）、村承担费用（2002 年因资金筹措困难中止）。

8 月，国家计划委员会批准立项在社棠扩建大型现代化中央储备粮库，设计库容 30 万吨。

9 月，开展推广、使用普通话宣传周活动。

△区邮电局分设为邮政局、电信局。

10 月，耤河流域治理示范工程立项实施。

11 月，省民政厅批复甘泉乡改设为镇，次年 1 月正式改名。

12 月，国道 310 公路改道工程竣工，由原从东南部林区通行改为沿渭河河谷通行。

是年，天水星火机床厂研制成全功能数控车床，为具国际先进水平的高新技术产品。

△城区陇昌、区府两路东头铁道下立交桥竣工。

△甘泉元店至街子温泉的元温公路拓建工程竣工。

△通过窄带拨号方式，始有互联网业务。

△党川乡吊坝子发现金矿，外地矿商以及部分机关单位蜂拥开采。

1999 年

1 月，农村进行承包土地小调整工作，并宣布延长土地承包期 30 年。7 月结束。

5 月，甘泉镇列入全省小城镇综合改革试点。

6 月，区委制定《党风廉政建设责任制实施办法》，落实公务接待规定，制止公款吃喝玩乐。

△成立三阳川乡镇企业工业示范区（2002 年升为省级示范区）。

△开征蔬菜农业特产税。

7 月，村村通广播电视工程开始。

8 月，农村电网大规模改造开始。后至 2005 年完成。

△天水移动分公司北道经营部成立，并建通讯基站，开通无线电话业务。

9 月，清理农村非法转让土地使用权、炒卖土地问题。

12 月，天水经济技术开发区在桥南泉湖路（今马跑泉路）建成龙园，其中成纪殿为规模宏大的仿古型重檐歇山顶建筑。

是年，成立东岔生态旅游开发小区（2003 年升省级示范区）。

△东岔乡东岔河水电站建成，装机容量 125 千瓦。

△城区居民开始使用灌装液化气。

△农村开始改水、改厕，并开展健康教育活动。

△从 90 年代开始，农村建房普遍采用砖木结构建筑。

△城区小学开始开设计算机和英语课。

△是年开始至次年，对全区 1600 多名民办教师中除 1984 年以后聘用者外，全部转为公办教师。

2000 年

1 月 10 日，陇海铁路宝鸡至兰州段增设二线工程开工建设（2003 年 7 月境内段全线竣工通车），其线从东岔镇后峪川入境，从琥珀乡魏家磨出境。

1 月，中共天水市委通知，王世华任区委书记，徐世英另有任用。

5 月，全区开始“三讲”（讲学习、讲政治、讲正气）教育活动，半年后结束。

6 月，区电信局开通无线市话“小灵通”（一种微型无线手机）业务，城区职工和工商业经营者首先使用，“大哥大”被淘汰。

△全区开展“爱心献功臣”活动。

7 月，股票交易市场在道南信福商城开业。

8 月，城区部分路段开始实行机动车单向行驶。

△天水铁路职工子弟第一中学足球队在甘肃省“足协杯”比赛中夺得冠军。

8 月 31 日 –9 月 1 日，全国中等城市经济研究会第十一次年会暨“实施西部大开发，推动城市经济发展”研讨会在道南羲皇宾馆举行，全国 34 个城市领导、专家、教授出席。

9 月 3 日，陇海铁路元龙渭滩至伯阳段山体发生大面积滑坡，导致正在运行的 503 次列车脱轨，部分人员受伤，中断行车 45 小时。

9 月 10 日，区委发出《关于加强和改进全区思想政治工作的意见》。

9 月 24 日，北道房地产交易中心成立。此前已停止职工福利分配住房，原分住房普遍折价卖给个人。

9 月，中国联通天水市分公司在城区设经营部，开通无线话路业务。由此形成电信局、移动公司、联通公司 3 家竞争电信业务局面，促使城区和城郊无线电话和网络的发展，使用手机人数迅速增加。

10 月，麦积山石窟文物监控系统启用。

△天水锻压机床厂研制成国内首台钢管端头扩径机。

11 月，开展第五次全国人口普查，全区总人口 56.75 万人。

是年，开始退耕还林，国家对退耕还林农户给以补助，亩补粮食 150 公斤，现金 20 元。

△卦台山绿化工程开始(后至 2007 年，共绿化山体 3000 亩)。

△火车站广场改造竣工，建成花坛广场 2500 多平方米。

△区妇幼保健所对 7 岁以下儿童进行健康状况普查。

△马跑泉、甘泉始有外来新型小麦联合收割机收割小麦。

2001 年

1 月，区人民政府将城市建设与管理职能分开，设区城市管理局。

3 月，民办启升学校在马跑泉镇崖湾新庄原省地质职工中等专业学校址创办，设有高中班，由天水政和商贸有限公司出资创办。

4 月 5 日，区委、区人民政府下达招商引资、引进项目任务指标。年内为 91 个单位下达 1.2 亿元，并制定考核奖励办法。

4月，在社棠镇下曲村成立甘肃省天水高新技术工业园，为全省第一个以非公有制经济为主体的工业园区。

5月，天水华圆制药设备科技有限责任公司在二十里铺工业示范区成立，为民营企业（2004年改制为港商独资企业）。

△福建莆田人赵金凤在城区桥南创办桥南建材综合批发市场，占地300亩，后成为天水最大建材市场。

6月，区人民政府决定出资为农村计划生育两女结扎户办理养老保险（2003年改为一次性养老储蓄）。

7月，市人民政府确定并更改城区路名，原天北公路重建后定名羲皇大道，一马路改陇昌路，二马路改商埠路，渭河南、北路分别改埠南路、埠北路。

△天水神舟绿鹏农业科技有限公司在中滩乡成立。

8月，推行新的城镇职工医疗保险制度，由单位和个人缴纳基本医疗保险费，住院治病按费用额以比例报销。

9月，羲皇大道竣工，境内从马跑泉镇潘集寨至二十里铺乡（今花牛镇）曹埂村，长16公里，宽40~50米，成为北道、秦城两区间高等级公路。

△对农村家庭困难学生开始免费提供教科书。

△桥南天河南路建成通车，长1513米，宽40米。

秋，机关开展“三个代表”学习教育。至冬，再在农村开展。

10月，国务院批复天水市与陕西省间勘定的界限。至此，从1995年开始的省际、市际、县区间以至乡、镇间界线勘定结束。

12月，东岔、渭南2个乡改置为镇，二十里铺乡改为花牛镇。

△天巉公路建成通车，境内南北向通过三阳川，长15.5公里。

是年，天水长城果汁饮料有限公司在天水高新技术工业园建成投产，为国家级农业产业化重点龙头企业，日可加工苹果120吨。

△争取到西部扶贫世界银行贷款项目，对9个乡、75个村进行开发性扶贫（至2006年累计投入5184万元）。

△实施“母亲水窖”资助项目，每个集水水窖补贴1000元，在五龙、西山坪、凤凰3乡实施。

△新阳至五龙公路建成通车，长34公里。

△新阳镇连通渭河两岸的公路桥建成，长270米。

△取消农业户口转非农业户口的计划管理制度，凡符合条件（在城区有住房、有职业，或有直系亲属）的，由公安户籍部门直接办理。

△省林业学校改为甘肃省林业职业技术学院，西北工业学校改为甘肃省工业职业技术学院。

△电信宽带入网，网吧大量出现，上网人数渐增。

△解放军第五七二二工厂（俗称航修厂）移交中国航空工业第二集团公司，后改名中航工业天水飞机工业有限责任公司（简称航空工业天飞公司），仍属国有独资公司。

2002年

4月，区级直属机构改革，区委下设6个机构，区人民政府设24个，行政编制压缩1/4。

7月，天水市人民政府决定在中滩乡成立天水高新农业科技示范园，流转土地2300亩，次年正式开园。是为科学技术部批准成立的科技园区。

△区属国有企业天水医药玻璃厂破产。

8月，农村进行税费改革，取消向农民征收的乡级统筹费和村征收的“两金两费”，并大幅度降低农林特产税征收任务，20世纪90年代以来不断加重的农民负担大为减轻。

△区水泥厂在改制中将资产转让，改为民营，重设天水麦积水泥有限责任公司。其他区属国有和集体所有制工业单位在此前后均以资产转让形式改为民营的股份制企业。

△是年秋开始，农村小学向六年制过渡（次年全部改为六年制）。城区小学此前已由五年制改为六年制；取消小学生升初中考试，改为直入初中。

11月，中共天水市委通知，付振伟为区委书记，王世华另有任用。

△《北道区志（远古—1990）》出版。

12月7日，农业部组织的科技下乡活动莅临区境。

12月11–13日，中共天水市北道区第五次代表大会在北道埠举行，区委书记付振伟作题为《团结一心，与时俱进，为努力开创北道改革与经济建设的新局面而奋斗》的报告。选出区委委员25人，候补委员4人，区纪律检查委员会委员13人。在接着召开的区委委员会议上，付振伟当选书记。

12 月 15–19 日，区政协第五届委员会第一次会议召开，张广禄当选主席。

12 月 16–20 日，天水市北道区第五届人民代表大会第一次会议召开，胡福林当选区人大常委会主任，蒋晓强为区长。

12 月，全区教育布局调整方案确定，决定撤并办学条件差、师资力量弱、学生人数少的小学。

△基层供销社改为合营企业。

△天水卷烟厂并入兰州卷烟厂，称兰州卷烟厂天水分厂，仍为国有企业。

是年，北道区被列入国家扶贫县区。

△天水星火机床厂、天水锻压机床厂等省属国有企业改制为公司。

△农业部将北道区列为全国第三批科教兴农与可持续发展综合示范区县区。

△在天水焦化厂址兴建天水典盛热力有限公司，当年向城区渭河北部分单位、住户输供暖气。

△农村用电开始与城区同价计收。

△城区街道以下成立社区，设社区委员会代替原居民委员会。

2003 年

2 月，推行教育人事制度改革，实行校长、教师聘任制，校内实行与教绩挂钩的工资制。

3 月，开始为期半年的农村保持共产党员先进性教育活动试点。次年机关全面开展，2005 年农村全面开展。

△设在城区桥南的龙园中学成立，为初级中学。市第二中学撤销初中班，成为完全高中。

4 月，麦积、中滩、新阳、伯阳、元龙 5 个乡改为镇。

△区委、区人民政府调集医务人员和相关部门职工，全力防止非典型性肺炎传入。

△农村小学管理体制中撤销学区，设中心学校。

6 月 6 日，区投资服务中心（又称招商局）成立，专主招商引资。

6 月，5 个供销系统公司进行体制改革，成立新的有限公司。

8–10 月，连续阴雨，多处出现滑坡险情，倒房 857 间。

9 月 5 日，与陕西省宝鸡市金台区结为友好区。

9月7日，改革区、乡（镇）财政收入体制，将原区、乡（镇）共享的地税收入和国税超收部分改为全部留归乡、镇。

10月，主要为秦州区市区供水的马跑泉镇慕家滩水厂投入使用。

12月，城区渭河北堤重建工程竣工，防洪标准由20年一遇提高为50年一遇。

是年，城区道路建设全面动工，开始拓宽埠南路、商埠路，兴建北外环路。

△是年起，开始对林区交通不便、灾害多发地区自然村整体搬迁。

△马跑泉镇潘集寨附中和小学合并，设为九年一贯制学校。此后，农村附中均改称九年一贯制学校。

△区人民政府组织麦积镇后川村村民赴陇南考察“农家乐”。接着，后川等村兴起办“农家乐”热。

△开始对90岁以上高龄老人发放特殊生活补贴。按年龄段，每人年发300~1000元，由区财政支付。

△居民开始使用电磁炉做饭。先为城区使用，后扩及农村。

2004年

1月，撤销街子（原所辖村并入麦积镇、甘泉镇）、南河川（原所辖村并入花牛镇、渭南镇、石佛乡）、西山坪（原所辖村并入中滩镇、五龙乡）、凤凰（原所辖村并入琥珀乡、新阳镇）、立远（原所辖村并入东岔镇、三岔乡）5个乡和寨子街道（原所辖村、社区并入道北街道），原吴砦乡改称三岔乡。

△北道埠至甘谷公路（后称麦甘公路）全线通车。其道沿渭河而行，境内长58.6公里。

2月，医务人员总动员，预防高致病性禽流感传入。

3月10日，区人大常委会五届十次会议通过《关于进一步加快畜牧养殖业发展的决议》。

4月，城区商埠路改造工程竣工。其中，中、西段（埠北路两边）用花岗岩铺设为步行街。

6月，渭滨北路（今成纪大道东路）东段（城区渭河2号公路桥以东）拓建工程竣工，长3.4公里，宽34米。两年后西段竣工，长3.1公里，宽24米。

8月，天水市梅兰中学成立，为境内继启升学校后又一所民办高中。

△天水市传染病医院在社棠镇原市第二人民医院址成立（两年后又加挂天

水市第五人民医院牌子）。

9月，国务院批准，北道区改称麦积区。

10月，在北京举办“羲皇故里赴京风情艺术展”。

12月，位于今马跑泉路北渭河上兴建的公路桥（今称渭河2号桥）建成通车，长335米，宽24米。

△马跑泉至麦积镇贾家河的麦贾公路建成，长23.8公里，投资2.27亿元，为天水境内第一条由地方筹资改建的高标准公路。

是年，城区继续大规模拓建街路，开始拓建区府路、前进北路，兴建东环路（陇昌路东至今成纪大道东路）。

△国家宣布取消向农民征收的农林特产税。

△国家财政以直补形式开始向种粮农民发放种粮补贴，每亩补2.1元，同时发放农业生产资料（化肥、农药、塑料地膜、柴油）补贴。

△天水锻压机床有限公司研制出14×12000规格的数控剪切中心（液压闸式剪板机），属国际先进水平。

△中车集团天水七四五二工厂（原解放军第七四五二工厂）生产出“福乐牛”牌山地拖拉机，填补国内无山地拖拉机空白。

△天水铁路职工子弟第一中学划归区属。

2005年

1月1日，新改名的天水市麦积区正式挂牌。各机关、企事业单位过去以“北道区”称名的，统改为“麦积区”。

1月14日，中外合资企业——甘肃天水奔马啤酒有限公司成立。公司由黄河企业集团与丹麦嘉士伯啤酒有限公司、丹麦发展中国家工业化基金会共同合资。

2月，合并乡、镇以下所设建制村，撤销97个，使之减为379个。

△开始对农村贫困家庭上小学和初中的学生免除学杂费，补助住宿生生活费。连同先前已免费提供的教科书，统称“两免一补”。

3月，设在城区区府路的兰州铁路局天水医院改称天水市第四人民医院（医院上年移交天水市）。

△天水华建混凝土工程有限公司在天水高新技术工业园成立，拥有臂架式汽车泵，开高层建筑直接浇筑先河。

5月11日,区委、区人民政府下发《关于进一步加快扶贫开发工作的实施意见》,要求抓好整村推进、社会帮扶,加大劳务输出,培植主导产业。

6月15日,辽宁一装载危险易燃易爆化学品的载重汽车在东岔镇牛背村东滑出公路,区、镇紧急疏散群众,以防爆炸。后顺利拖回路面。

6月30日–7月1日,境内东部暴雨,国道310公路发生60多处滑坡,1000多辆车受困,2000多辆被阻外围。

6月,中共天水市委通知,蒋晓强任区委书记,付振伟另有任用。

△天水恒顺面业有限公司在二十里铺工业示范区成立,属民营企业,年加工能力10万吨。

8月14日,区境暴雨,引发洪水、泥石流,3人遇难,倒房1478间。

8月23日,区委、区人民政府发出《关于维护社会和谐稳定工作的意见》,要求从源头上化解矛盾,减少上访,深化"严打"整治斗争。

8月31日,天水至宝鸡高速公路动工兴建,境内历经东岔、利桥、党川、麦积、甘泉五地。

△天水铁路职工子弟第一中学改称天水市第九中学,并与市第七中学重新整合,九中设为高中,七中设为初中。

10月25日10时,渭南镇发生3.7级地震,城区有震感。

10月,城区南山万亩花牛苹果基地开始建设。

△开展"关爱女孩"行动。

12月,区委决定,将城区街道党委改称工作委员会(简称"党工委")。

△区党政机关办公大楼竣工,主体10层,建筑面积1.12万平方米。

是年,国家宣布取消针对农民征收的农业税、牧业税等。

△花牛镇花牛村被中央精神文明建设委员会命名为"全国文明村"。

△省发展改革委员会将麦积区列为易地扶贫搬迁试点区。

△天水经济技术开发区、二十里铺工业示范区、天水高新技术工业园合并,统称甘肃天水经济开发区。

△天水众兴菌业有限责任公司在天水农业高新科技示范园成立,设计日产金针菇20吨。

△调整城区道北街道小学布局,寨子中心小学、吕家村小学并入道北小学,张家村小学并入区府路小学,何家村小学并入实验小学。

△国家财政开始为农民发放良种补贴,种小麦者每亩补助10元。

△马跑泉镇、甘泉镇始有农民购买联合收割机。此前后,农村购买旋耕机、耕耘机、三轮运输车者逐渐增多,长期用于田间耕、运的牛、驴、骡、马开始减少。

△经多次协商,中国粮油食品进出口公司甘肃分公司先前抢注的“花牛”苹果商标转让给花牛镇花牛村。

2006年

1月,农村开始推行新型合作医疗(简称“新农合”),由各级财政承担基金大部,农民年人缴10元即可参加。生病住院按医院档次以比例报销。

△位于道南渭河畔的景园大厦开业,建筑面积3.3万平方米,为当时最大购物商场。

△甘肃棉纺织厂破产,其后资产转让民营企业天水金驼工贸有限公司。

2月,对小学、初中生的“两免一补”由农村贫困家庭扩大到农村全部学生和城市享受低保家庭的学生,其费用国家财政承担80%。

3月,在火车站广场举行“知荣辱,树新风,建和谐,促发展”倡议活动启动仪式。

△甘泉镇吴河村村民反映村旁工厂污染损害村民身体健康。区人民政府决定为其做身体检查,确认249人血样铅超标,当即给予治疗。

4月8日,区人民政府决定关闭污染甘泉镇吴河村的天水和鑫工贸有限责任公司、天水秦川锌品有限责任公司两家冶炼厂。

4月,省委、省人民政府授予花牛镇高家湾村“全省民族团结进步模范集体”称号。

△天水嘉诚实业有限公司在天水高新技术工业园成立,为境内第二家大型混凝土配送公司。

6月,道南街道改称北道埠街道。

△甘肃慈善总会天水广济医院在马跑泉西原解放军第29医院址创办。解放军第29医院先前已撤销。

7月2日,首届官民同祭伏羲典礼在渭南镇卦台山举行。

7月,机关、事业单位工资改革,原4项工资结构改为职务与级别工资两项。改后全区人均增资235元,增长26%。

8月7日,省委、省人民政府、省军区授予麦积区“双拥模范城”称号。

8 月 11 日，区委、区人民政府作出《在全区深入开展平安建设的实施意见》，提出以人民满意为目标，营造和谐稳定的社会环境。

9 月，农村五保户供养费用开始全部纳入区财政支付，人月补助 121 元。

10 月，开始在农村推行居民最低生活保障制度，对低于当地最低生活标准的贫困家庭由省、市、区财政共同筹资给以资助。

△甘泉镇至礼县盐官什字路的甘什公路建成。境内段取原董甘公路旧基，长 16 公里。

△天水市公布第一批非物质文化遗产名录，麦积区皮影、风筝制作工艺、卦台山伏羲祭祀典礼列入其中。

△天水中石油昆仑燃气有限公司在二十里铺工业示范区成立，旋铺设管道，为城区输送天然气。

11 月 13–15 日，中共天水市麦积区第六次代表大会在区机关办公大楼会议室召开，区委书记蒋晓强作题为《团结拼搏，乘势而上，科学发展，持续提速，为建设富裕和谐新麦积努力奋斗》的报告。选出区委委员 41 人，候补委员 8 人，区纪律检查委员会委员 19 人。在接着召开的区委委员会议上，蒋晓强当选书记。

是年，马跑泉镇龙槐村李家湾 68 户农民采用土地入股形式组建起果品专业合作社。

△党川乡石咀村至麦积镇贾河村的石贾公路建成。

2007 年

1 月 7–11 日，区政协第六届委员会第一次会议举行，贾应珍当选主席。

1 月 9–12 日，天水市麦积区第六届人民代表大会第一次会议举行，胡福林继续当选区人大常委会主任，张克强为区长。

1 月 19 日，国道 310 公路潘集寨附近 2 辆从宝鸡发往兰州的大货车追尾，一车上 10 多桶苯甲酰氯洒于路，致在场 9 村民眼睛严重灼伤，堵塞道路近 20 小时。

2 月，省委、省人民政府命名元龙镇为“省级文明乡镇”。

3 月，市总工会麦积区办事处改名麦积区总工会。

6 月 27 日，中滩镇漆家坪 8 名学生因食用被“毒鼠强”污染的雪糕、杏子，1 人死亡，其余 7 人经抢救脱险。

6 月，高等院校录取新生考试中，全区参加 6272 人，创历年最高，最后 3876

人超过最低录取分数线。

△开展万名干部下基层集中排查、调处矛盾纠纷活动。

7月14日,市公安局麦积分局禁毒大队破获特大贩毒案,缴获海洛因172.6克。

8月,为城区此前未纳入医疗保险的居民、学生办理医疗保险。居民按规定缴纳医疗保险基金后,住院治疗按比例报销。

△开始为城区全部小学、初中生免费提供教科书。费用由国家财政提供;为全部小学生、初中生补助营养餐。小学生每天2元,初中生3元。

9月12日,区人民政府公布第一批非物质文化遗产名录,计4大类、13项。

11月,桥南华瑞热力有限公司建成,向桥南片区机关、居民楼输供暖气。

12月,天水拖拉机厂破产。

△天水机场开始兴建民航所需设施,准备再次开通民航线路。

是年,城乡开展和谐村镇、和谐社区、和谐校园、和谐单位、和谐家庭创建活动。

△区财政出资扶持三阳、新阳地区建设高效农田,其中建造1个日光温室补助2000元。

△在山东栖霞举办的全国优质苹果评选中,"花牛"苹果获中国著名苹果品牌奖,"首红""新红星"等4个品种获金奖。

△天水星火机床有限责任公司研制出大型数控超精密菲涅尔透镜加工设备。

△成纪生物药业有限公司在二十里铺工业示范区成立。

△甘肃省航天育种工程技术研究中心在天水农业科技示范园区成立。

△市城市投资公司在城区桥南动工兴建市政广场和中心大道,马跑泉片区大规模城建工程开始。

△社棠镇原省、市属国营工厂自办子弟学校全部移交地方。

△全区边远地区355户、1434人通电后,实现全区户户通电。

△年内食品价格大幅度上涨,以8月份最高,其中猪肉价上涨65.1%。

△居民换发身份证工作结束(称第二代身份证)。

△第二次全国土地调查完成,得出全区总面积为3483平方公里。

第一篇　建 置 区 划

第一章　位置区域

第一节　位　置

天水市麦积区地处甘肃省东南部，在秦岭西段山脉两麓和黄土高原南缘、渭河中上游和嘉陵江支流上游，扼陕、甘之要冲，被誉为甘肃省和天水市的“东大门”。位于北纬34°06′～34°48′、东经105°25′～106°43′之间。东接陕西省宝鸡市陈仓区和凤县，南邻陇南市徽县、两当县，西靠秦州区、甘谷县，北接秦安县、清水县。

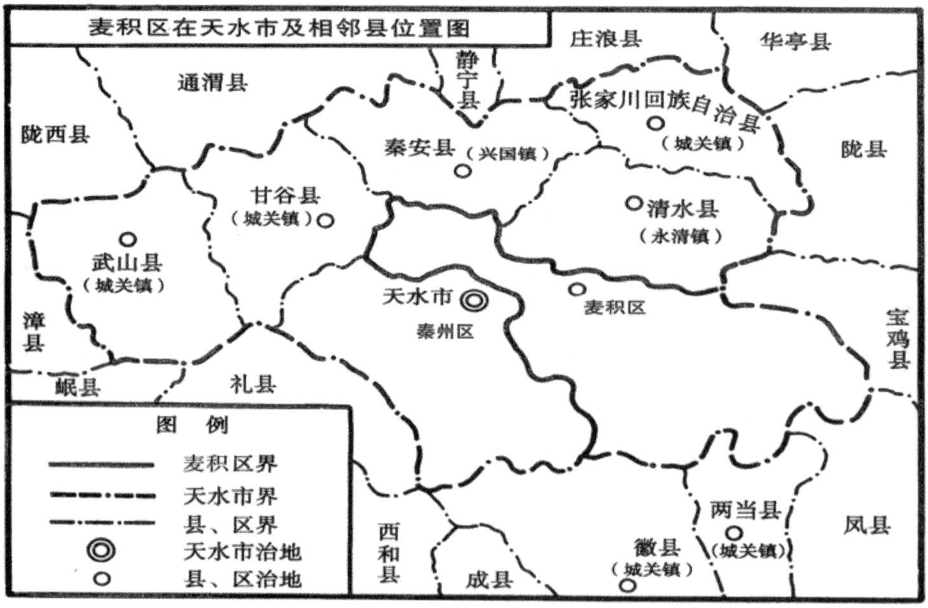

麦积区在天水市及相邻县位置图

城区北道埠距最东端东岔镇牛背村79公里(直线距离,以下同),最南端党川乡马家坪村53公里,最西边琥珀乡韩家沟44公里,最北部五龙乡上石沟42公里;距天水市秦州区16公里,距清水县城30公里,秦安县城38公里,甘谷县城55公里,徽县县城90公里,两当县城80公里;距省会兰州市区260公里(铁路里程348公里);距陕西省宝鸡市区117公里,距西安市区280公里;距首都北京市1100公里(铁路经陇海、京广线1465公里)。

第二节 面 积

1985年北道区初置,总面积3480平方公里(设区前原天水县总面积5488平方公里,划给当时的秦城区即今秦州区2008平方公里)。

2007年,全国第二次土地调查中,查得麦积区总面积3483平方公里(比1990年土地详查数多出3平方公里,为勘界时个别调整变动)。占全市总面积的24.3%,在天水市辖2区5县中面积为最大。

各乡、镇、街道面积

乡、镇、街道名	公　顷	合平方公里	乡、镇、街道名	公　顷	合平方公里
马跑泉	10099.5	101.0	东岔	39674.2	396.7
社棠	4941.6	49.4	石佛	10210.7	102.1
花牛	11897.7	119.0	琥珀	4681.3	46.8
甘泉	21300.6	213.0	五龙	7602.0	76.0
麦积	19300.3	193.0	三岔	30205.2	302.1
渭南	9883.5	98.8	利桥	54653.2	546.5
中滩	4939.6	49.4	党川	72710.9	727.1
新阳	9859.2	98.6	北道埠	230.1	2.3
伯阳	14170.8	141.7	道北	1381.1	13.8
元龙	20344.7	203.4	桥南	221.2	2.2

说明:据2007年第二次土地调查得出面积,甘泉镇186.9平方公里,麦积镇248.4平方公里,伯阳镇112.4平方公里,均与1990年土地详查面积有较大差异。甘泉镇1990年详查数189.4平方公里,后街子乡撤销时西北部6村约24平方公里划入;麦积镇1990年详查为132.6平方公里,街子乡撤销时划入60余平方公里,别无增加面积;伯阳镇1990年详查为140.2平方

公里，后并无变更。故 3 乡面积为综合详查、调查面积，并据 2008 年区民政局绘制《天水市麦积区地图》测计后重新得出面积。其余乡、镇、街道均为 2007 年土地调查得出面积。

第三节 勘 界

1990 年，遵照国家统一安排，国务院、民政部开始勘界试点，对省际间、市际间、县区间以及乡、镇、街道间疆界进行勘定。1992–1998 年，完成县、区间和乡、镇、街道间疆界勘定，1995 年完成与陇南市之间勘定，1998–2000 年完成省际间即与陕西省宝鸡和凤县间勘定。至 2001 年 10 月国务院批复同意与陕西省勘定界域为止，全部勘界结束。

一、省际界线 省际界线 2 条，长 136 公里，分别为麦积—宝鸡 88 公里、麦积—凤县 48 公里。在本区辖域内立设单立双面型钢筋混凝土 15 号和 16 号界桩。15 号界桩在宝鸡市陈仓区凤阁岭镇建河村与本区三岔乡北峪村接壤处。由 15 号界桩起，界线下到渭河中心，拐向东偏东南沿渭河主航道中心线顺流而行，经渭河沿岸宝鸡属凤阁岭镇、拓石镇、胡店乡河段，达四方头南岸 310 国道北边沿 16 号界桩。是段界线长 65.4 公里。16 号界桩在陈仓区胡店乡仙龙村与东岔镇牛背村接壤处的 310 国道北边沿上。由 16 号界桩起，界线向正南上梁，经 1122 米高程点，过四门下至赵家湾的小路，拐向西南，沿分水岭经 1454 米高程点拐向南偏东南，经过 1705、1702、1990、2051 米高程点，转向西南沿着山脊线，经过 2286.5、2221、2185、1743 米高程点，拐向西偏西北经 2283、2207、2343 米高程点，过付家滩至唐藏简易公路，过 2380、2342、2296、2225、2261、2311 米高程点，转向西南，经过 2298、2259.6、庙儿梁 2341.7、2440 米高程点，继续沿山脊线经过 2502、2545、2686、2665、2609、2254、2492、2472、2643、2582 米高程点下到石沟，过窑坪至场口小路，沿山坡曲行到 17 号界桩。是段界线长 69.3 公里。

二、市际界线 市际界线 2 条，长 98.2 公里，分别为麦积—两当线 67.9 公里、麦积—徽县线 30.3 公里。共埋界桩 8 根(其中麦积—两当界 5 根，麦积—徽县界 2 根，麦积—两当—徽县界 1 根)。与两当边界线西起麦、徽、两 0 号界桩，东至麦积、两当、陕西省凤县 0 号界桩，涉及两地 4 乡、11 村。其中区内 2 乡、5 村，即党川乡夏坪、火吉村和利桥乡蔚民、吴河、杨河村。麦积区与徽县边界线西起秦州、麦积、徽县 3 地交会点(0 号界桩)，东至麦积、徽县、两当 3 地交会点(0 号界桩)。区内涉及党川乡观音、新庄、马坪、火吉4村。

三、县际界线　县际界线4条,长308.9公里,分别为麦积—秦州线、麦积—清水线、麦积—甘谷线、麦积—秦安线。其中麦积与秦州线148.1公里,与清水线94.1公里,与甘谷线27.1公里,与秦安线39.6公里。共埋界桩30根,其中麦积—秦州界13根,麦积—秦州—甘谷界1根,麦积—秦州—徽县界1根,麦积—清水界6根,麦积—清水—秦安界1根,麦积—甘谷界3根,麦积—秦安—甘谷界1根,麦积—秦安界4根。

四、乡镇界线　全区共58条,长450.85公里。

第二章　沿革区划

第一节 沿 革

1985年7月,国务院批准调整天水区划,撤销天水地区和天水县,成立天水市(地级市),原天水县和天水市(县级)调整,新设北道、秦城2区(县级区);将原天水县西部和南部划归秦城区,中部、东部和西北部连同原天水县治北道埠组建北道区,治地仍设北道埠原县治内。

2005年1月,为展示区内人文古迹内涵,北道区更名麦积区。与此同时,秦城区更名秦州区。更名后,行政区划未变,仍上隶甘肃省天水市。

麦积区历代隶属关系一览

朝代(国)名	起止年份(公元)	共隶年份	朝代(国)名	起止年份(公元)	共隶年份
秦	前688–前207	482	后赵	329–350	22
西汉	前206–9	215	前秦	350–385	36
新	9–23	15	仇池等	385–394	10
西州上将军	23–34	12	姜乳(刺史)	394–396	3
东汉	34–220	187	后秦	396–417	22
魏	220–265	46	西秦	417–419(?)	3
晋	265–320	56	夏	419(?)–431	13
前赵	320–329	10	仇池	431–436	6

续表

朝代（国）名	起止年份（公元）	共隶年份	朝代（国）名	起止年份（公元）	共隶年份
北魏	436–524	89	前蜀	915–925	11
莫折氏(秦王)	524–527	4	后唐	925–936	12
北魏	527–535	9	后晋	936–946	11
西魏	535–556	22	后蜀	947–955	9
北周	557–581	25	后周	955–960	6
隋	581–617	37	宋	960–1130	171
西秦(霸王)	617–618	2	南宋·金	1130–1236	107
唐	618–762	145	元（蒙古）	1236–1369	134
吐蕃	762–849	88	明	1369–1646	278
唐	849–907	59	清	1646–1912	267
岐(王)	907–915	9	中华民国	1912–1949.9.30	38

麦积区历代县级建置一览

朝代（国）名	建置起止年份（公元）	治设区境内的县级建置		治设区境外辖及区境的县	
		县级建置名	上隶	县级建置名	上隶
春秋、战国	前 688– 前 221	邽县	秦王室	冀县、陈仓（秦孝公置）	秦王室
秦	前 221– 前 207	上邽	陇西郡	陈仓	内史
西汉	前 206– 武帝时	上邽	陇西郡	陈仓	内史
	武帝时 –9	上邽	陇西郡	望垣、罕幵、故道、陈仓	分属天水、武都 2 郡和右扶风
新（王莽）	天凤年间 –23	上邽	厌戎郡(陇西郡改名）	望亭、罕幵、善治、陈仓	分属填戎、乐平 2 郡和右扶风
西州上将军（隗嚣）	23–34	上邽	陇西郡	望垣、罕幵、故道、陈仓	分属天水、武都 2 郡和右扶风

续表

朝代(国)名	建置起止年份(公元)	治设区境内的县级建置		治设区境外辖及区境的县	
		县级建置名	上隶	县级建置名	上隶
东汉	34–220	上邽	天水郡（74 年改称汉阳郡）	望垣(或望恒)、故道、陈仓	同上
三国	220–265	上邽、新阳	天水郡	临渭、故道、陈仓	分属广魏、武都、扶风 3 郡
晋	265–320	上邽、新阳	天水郡	临渭、故道、陈仓	分属略阳、武都、扶风 3 郡
十六国	320–436	上邽、新阳	天水郡	（待考）	
北魏	前、中期	绵诸	略阳郡	上封、南田	分属天水、武都郡
北魏、西魏、北周	北魏后期至北周末	绵诸、伯阳	略阳郡、清水郡	上封、南田	分属天水、武都郡
隋	581–583	伯阳	清水郡	上封	天水郡
	583–607	伯阳(开皇中改秦岭）	秦州	上封	秦州
	607–617	秦岭	天水郡	上邽(大业初上封改上邽）	天水郡
唐	618–643	秦岭	秦州	上邽	秦州
	643–907	（秦岭并入清水）	——	上邽(后撤销)、清水	秦州
五代	907–932	——	——	成纪、清水	秦州
	932–960	陇城	秦州	成纪	秦州
宋	960–1142	陇城	秦州	成纪(1130 年后属金）	秦州

续表

朝代(国)名	建置起止年份(公元)	治设区境内的县级建置		治设区境外辖及区境的县	
		县级建置名	上隶	县级建置名	上隶
宋·金	1142–1163(?)	陇城(属宋)	成州	成纪(属金)	秦州
	1163(?)–1236	(陇城县撤销,地并天水县)	——	成纪、秦安(属金)、天水(属宋)	分属秦州(金)和成州(宋,后改天水军)
元(蒙古)	1236–1270	——	——	成纪、天水、秦安	分属秦州、成州
	1270–1369	——	——	成纪、秦安	秦州
明	1369–1646	——	——	秦州直属地、秦安	秦州
清	1646–1761	——	——	秦州直属地、秦安	秦州
	1761–1912	三岔厅	秦州	秦州直属地、秦安	秦州
民国	1913–1949.9.30	——	——	天水县、秦安县	陇南道(后改渭川道,省第四督察区)
中华人民共和国	1949.10.1–1956	——	——	天水县、秦安县	天水专区
	1956–1958	——	——	天水县(治天水郡)	天水专区
	1958–1961	——	——	天水市(县市合并)	天水专区
	1962–1964	天水县	天水专区	天水市(辖今花牛镇地)	天水专区
	1964–1984	天水县	天水专区(后称地区)	——	——
	1984–1985	天水县、北道区	天水市	——	——
	1985–2004	北道区	天水市	——	——
	2005	麦积区	天水市	——	——

第二节 区 划

1985 年撤县设区前，天水县辖 39 乡、1 镇和 1 个农业管理区。撤县设区时，将西南部耤(读 xí)口、中梁、关子、铁炉、杨家寺、秦岭、牡丹、店镇、华岐、平南、齐寿、天水、娘娘坝、汪川、大门、李子、苏成 17 乡划归秦城区。马跑泉、社棠、二十里铺、甘泉、街子、麦积、伯阳、元龙、渭南、中滩、石佛、南河川、琥珀、凤凰、新阳、五龙、西山坪、吴砦、立远、东岔、利桥、党川 22 乡和北道镇、寨子农业管理区设为北道区。

北道区成立后，即行调整部分区划。同年 8 月，撤销北道镇，将其地分为道南、道北 2 街道。

1986 年 1 月，马跑泉乡改称马跑泉镇，社棠乡改称社棠镇。从道北街道划出 4 个居民委员会与寨子农业管理区合并，新置寨子街道；从道南街道划出 9 个居民委员会另置桥南街道。至此，区辖 20 乡、2 镇、4 街道。

1999 年，甘泉乡改称甘泉镇。

2001 年，东岔乡改称东岔镇，渭南乡改称渭南镇，二十里铺乡改设为花牛镇。

2003 年，中滩、新阳、元龙、伯阳、麦积 5 乡分别改称中滩镇、新阳镇、元龙镇、伯阳镇、麦积镇。

2004 年，为精简机构，撤并 5 乡、1 街道，将西山坪乡分并入五龙乡、中滩镇，凤凰乡分并入新阳镇、琥珀乡，南河川乡分并入渭南镇、花牛镇、石佛乡，街子乡分并入麦积镇、甘泉镇，立远乡分并入东岔镇、吴砦乡，寨子街道并入道北街道。同时，吴砦乡更名三岔乡。至此，区辖 11 镇、6 乡、3 街道。11 镇为马跑泉、花牛、社棠、甘泉、麦积、渭南、中滩、新阳、伯阳、元龙、东岔，6 乡为石佛、琥珀、五龙、三岔、利桥、党川，3 街道为道南、道北、桥南。

2006 年，为保留旧时“北道埠”称名，将道南街道改名北道埠街道。

第三章 社区 村

乡、镇、街道以下所辖建置，为社区、村，即街道下辖社区(唯道北街道另辖有 4 村)，乡、镇下辖村。2007 年，全区计 28 个社区，379 个村。

第一节 社 区

1985年8月初置街道,以下设置只称居民委员会(简称居委会),时道南街道辖及桥南,设人民路、反帝路、反修路、革命路、下曲、东风、花牛、东泉、桥南9个居委会;道北街道设建设路、寨子、青年路、劳动路、红旗路、老工房、老二院、六工房、新工房、机务村、团结11个居委会。城区非农业人口居民区共设20个居委会。

同年9月,2街道划小居委会设置,其中道南增复兴路、天掩、建新、陇林、桥头、渭东、渭西、桥南8个,并将东泉改育才,桥南改分路口;道北增建设西路、镇四院、镇二院、滨河、锻压厂南、锻压厂北6个。时2街道共设34个居委会(各17个)。

1986年,从道南街道分出花牛、建新、陇林、育才、分路口、桥头、渭东、渭西、桥南9个居委会设桥南街道,从道北街道分出寨子、青年路、镇四院、镇二院4个居委会设寨子街道。划出后,道南街道辖8个,道北街道辖13个。不久,道南街道将反帝路、反修路2居委会分别更名二马路、自由路居委会。

1990–2000年间,各街道又分别对居委会作过调整。道南街道陆续新设一马路、新桥、东工房、东北大院、铁路新村5个;桥南街道新设建南、林水、商场、开发区4个;道北街道新设道北、铁西园、同乐3个,并将锻压厂南、锻压厂北并为铸锻。至2000年,4街道共设45个居委会。

2002年,对居委会建置进行改革,将居委会重新整合,设社区。

道南街道:新一院、铁路新村并为铁路社区,西货场、东北大院并为渭滨社区,一马路、自由路并为羲皇社区,二马路、人民路并为商埠社区,新桥、东工房并为大桥社区,东风、下曲并为下曲社区,天掩称工业园社区,共计7个。

道北街道:滨河、劳动、铸锻、团结并为滨河路社区,红旗路、机务村、道北并为红旗路社区,新工房、同乐并为北山路社区,老工房、老二院、六工房并为前进社区,建设东路、建设西路并为道北社区,铁西园改为铁西园社区,共计6个。

寨子街道:寨子、镇四院并为寨子社区,青年路、镇二院并为育才社区,共计2个。

桥南街道:花牛、建新、建南并为花牛社区,陇林、分路口、育才并为陇林社区,林水、渭西、桥南并为埠南社区,渭东、桥头并为天河社区,商场、开发区并为龙园社区,共计5个。

此后,社区确立,其区域至2007年不曾变更,唯2004年将寨子2个社区并入道北街道,使道北街道所辖社区增至8个。此外,道北街道还辖有4村(详见下节)

2007年街道所辖社区一览

街道	社区	所在区域	主要居住单位、小区	户数	人口
北道埠	渭滨	东起前进南路，西至典盛供热公司，南至成纪大道东路，北至陇昌西路	市第二人民院、焦化厂、典盛热力有限责任公司、区文化馆、博物馆、图书馆、区总工会、区工商联、北道埠街道办事处	1380	3900
	铁路	东至民政大厦，西至供电所，南至陇昌路，北至陇海铁路	区民政大厦、区道南幼儿园、区军供站以及天安园、家和园、天宁园住宅小区	1065	2039
	羲皇	东起埠北路，西至前进南路，南临渭河北堤，北靠铁路线	区卫生局、环保局、粮食局、公安分局巡逻防暴大队、区秦剧团及麦积大酒店、景园商厦、花园酒店、天水民达房地产公司等，有14个居民小区	1092	2933
	商埠	西起埠北路，东至天河北路，南至成纪大道东路，北至陇昌路	天水火车站、新华书店、道南小学、金都商城等11家单位，个体商业网点500多个，为商贸繁盛区	879	3725
	大桥	东至东排洪渠，西至天河北路，南至渭河，北邻陇海铁路	天水水文水资源勘测局、区环境卫生管理局、天嘉集团麦积运输有限公司、中国人寿保险麦积支公司、天水同仁医院以及25个居民小区，个体经商点300多个	2142	4425
	下曲	在东排洪渠以东至原肉联厂排洪渠以西，北至陇海线，南至成纪大道东路	天水风动机械有限责任公司、小陇山林业局规划院、区妇幼保健院、甘肃省万达实业总公司等	2116	5347
	工业园	东至渭水家园小区，西至原天拖厂，南至麦社路，北至北社路	天水拖拉机厂、天水医药玻璃厂、省建五公司加工厂和省农机站，物流市场，天成学校，渭水家园、省建五公司家属院等	1646	3708
道北	滨河路	东起天水焦化厂，北临张家村，西南环绕渭河北堤	天水锻压机床有限公司、市第八中学、幼儿园以及渭水园、锻压福利区等小区	1932	5996
	红旗路	东起道北体育场，西至锻压厂老厂区，南临铁路线，北至张家村	区人民政府、市第四人民医院、体育发展中心、区府路小学、兰铁天水晨光建筑公司、机务段和部分铁路居民户。	2734	4074
	北山路	东起北山路，西接张家村，南至天乐苑小区，北至建材厂家属院	西北永新化工有限公司、区建材厂、区广播局和天乐苑小区	1408	3364
	前进	东起前进北路，西至北山路，南至天水工务材料段，北至北外环路	天水工务材料段、市第九中学、铁路幼儿园及天工居、天公寓、天禧苑、机务楼、工人巷等居民点	729	1766

续表

街道	社区	所在区域	主要居住单位、小区	户数	人口
道北	道北	东起风动厂铁路桥，西至道北十字，南靠陇海线，北临寨子村、何家村	区实验小学、粮食转运站、道北卫生院、铁通公司及天工、粮食转运站2居民小区	938	2200
	铁西园	东临街道，北、西面为锻压厂环绕，南靠陇海铁路线	兰州铁路土地管理分局及铁西园小区	584	1680
	寨子	东接何家村，西至为民路，北至育才路，南至区府路东段	区人民检察院、天水金苹果商贸有限公司、劳动路幼儿园及镇建一、二、三、四院等	426	1438
	育才	东接寨子村，西至前进北路，南至为民路口，北接吕家村	区人民武装部，市第七中学，道北小学，市救助站，戒毒所，看守所，武警中队，市医药供应站及天通苑、欣荣、安康、前进、为民园等小区	987	2980
桥南	花牛	东起地质巷，西至成纪药业，北至羲皇大道，南至南山根。	烟草公司、卷烟厂、华圆科技有限公司、桥南联中、供电局分部、市职业技术学校及一勘院小区、华圆小区、陇林西院、烟草公司家属院等	2100	6322
	陇林	东至陇林路、埠南路，西至地质巷、书苑路，北至建材市场，南接马跑泉镇黑王村	小陇山林业实验局、市第二中学、广济医院、市种子管理站、桥南街道办事处及金江花园、百货站、陇林佳园、金兴等小区	1980	5168
	埠南	东起埠南路，西至桥南家居建材城西界，南至建材市场东西向主干道，北至高速公路	区委党校、区水务局、区林业局、区建设局、区城市管理局、区交通运输局、桥南街道办事处、区体育发展中心、建新路幼儿园及10多个家属院	2012	7038
	天河	东起天河南路，西至埠南路，南至羲皇大道东路，北至兴陇路	区财政局、区商务局、区国土资源局、区教育体育局、区邮政局、工商银行、保险公司、农村合作银行、交通银行、中石油公司、新华书店、桥南小学及宏达新花苑、新建巷小区等20个小区	1200	3628
	龙园	东起永川河，西至天河南路，北至渭河南岸兴陇路，南至中心大道	区司法局、区工商行政管理局、区行政审批中心、残疾人联合会、龙园中学、龙园小学、华瑞供热公司，建行麦积支行、农行麦积支行及龙泉佳苑、天泉佳苑、天辰花园等小区	2800	8200

第二节 村

1985年，全区22乡和寨子农业管理区下设475个村（建制村）。其中：马跑泉32个，社棠20个，二十里铺36个，甘泉30个，街子14个，麦积10个，南河川19个，渭南40个，中滩18个，石佛39个，新阳19个，凤凰17个，琥珀13个，五龙31个，西山坪25个，伯阳26个，元龙28个，吴砦18个，立远9个，东岔9个，利桥8个，党川10个，寨子农业管理区4个。

1988年，麦积乡从贾河村析设文何村。

1989年，五龙乡雷家湾并入雷上村。

1990年，西山坪乡从汪山村析设泉坡村。

2005年，全区对村级建制进行较大面的调整，撤并97个村。其中：

马跑泉镇红花咀并入慕滩村，刘家堡并入大沟村，孟家山并入石咀村，莫家寺、韩家庄合并为东柯村，漫湾、李家湾合并为龙槐村。

社棠镇税湾、柳沟合并为税柳村，新堡并入槐荫村，石咀并入柏林村。

花牛镇赵集寨并入高集村，郭家窑并入九峪村，杨集寨并入纸碾村，陈家湾并入崔山村，八土河村并入杨家河村，巧儿河并入白家河村。

甘泉镇桦林并入峡门村，架岭并入胡沟村，中庄并入黄庄村，安家庄并入甘江村，胡庄并入云雾村，白石并入吴河村，梁家山并入包沟村，赵家河、文家庄并入阳湾村，邓河、西湾并入归凤村，并称名归凤山，花羊村并入庙沟村，胡沟村之刘家沟改属高庄村。

麦积镇文何、孟家山并入贾河村，康崖①并入后川村，董家湾并入杨何村。

渭南镇蒲家湾、石山合并为蒲石村，柳滩、马营合并为张石村，刘家山并入汝季村，富家坪、景家山合并为苏景村，崔家集、范家湾合并为崔范村，李家嫛岘、王家新庄合并为王李村，苏家山、王集寨合并为王集村。

中滩镇漆家坪、李家坪合并为漆李村，杨岘并入刘阳村，陈家窑并入后川村，张家沟并入渠刘村，樊枣并入蒲甸村，高家磨、熊家合并为演营村，牛家并入毛家村，陈那并入汪李村，丁家坪、赵家湾合并为丁赵村。

新阳镇上蒲池、下蒲池合并为蒲池村，王家坡、田家坡合并为王田村，霍家坪并入胡大村，下曲、胡家湾合并为沿河村，郭家寨子、仲家能干、蒋家坡合并为新寨村，阴洼里并入肖王村，杜家阳洼、廖家岘合并为杨岘村，席东、席西合并为席寨村。

---

①崖："崖"为多音字，本志中作地名用均读ái。

伯阳镇南阳并入伯阳村，上河并入下坪村，湾岘并入西坪村，梁子树并入红崖村，刘家河沟并入南河村。

元龙镇腰崖、格牙合并为花石崖村，涝池、堡坪合并为桑渠村，下石咀并入园子村，兴坪并入井儿村，刘家坪并入杜家坪村，王家沟并入后庄村。

东岔镇割漆村并入东岔村。

石佛乡西石、东石、中石、田家庄合并为石佛村，赵家团庄、李家半坡合并为团半村，西坡并入黄新村，郭家老庄并入三阳村，郭家寺并入杨庄村，陶新与陶老合并为陶家村。

琥珀乡郭家窑、文家山、关家咀合并为郭文关村，高家、方家合并为高方村。

五龙乡裴家老湾并入小窑村，安下、安家湾里、安家坪合并为安家山村，孟家沟并入中石村，巩家沟、刘家窑并入上石村，蒲李家并入石洞村；泉坡、王家窑并入汪山村，陈家山并入陈家湾村，强家、张家沟合并为张强村，小李家并入常渠村，山王家、岳家咀合并为岳王村，雷上、雷下合并为雷家湾村。

三岔乡鹤峰并入吴砦村，桑家门并入黄龙村，史家窝、松木台并入太碌村，野岔村更名新岔村。

撤并后，全区计 379 个村，后至 2007 年不曾变更。

2007 年乡、镇、街道建制村、自然村统计

乡、镇、街道名	村（建制村）数	村名小组数	自然镇	自然村	乡、镇、街道名	村（建制村）数	村名小组数	自然镇	自然村
马跑泉	27	167	1	79	东岔	14	88	_	91
社棠	17	70	1	29	石佛	34	203	1	66
花牛	38	164	_	82	琥珀	13	74	_	43
甘泉	24	163	1	115	五龙	28	127	_	67
麦积	15	88	1	75	三岔	17	88	1	62
渭南	40	179	1	63	利桥	8	51	_	49
中滩	23	136	1	42	党川	10	54	_	53
新阳	24	155	1	42	道北	4	14	_	4
伯阳	21	85	1	54					
元龙	22	91	1	56	合计	379	1997	11	1072

2007年乡、镇、街道所辖村一览①

乡、镇、街名	村(建制村)名	所辖自然村名	户数	人口	村民小组(个)
马跑泉镇	马跑泉	马跑泉(自然镇)、胡家崖	775	3150	5
	团　庄	团庄	1345	5100	8
	什字坪	什字坪、二台子、宁家崖	720	3012	8
	胡　王	胡家庄、王家庄、胡家庄门、后坪、二碱子、何家山	920	3460	8
	黑　王	黑王寨	363	1292	2
	甸　子	三十甸子	902	3612	8
	慕　滩	慕家滩、红花咀	1160	4276	12
	大　沟	大沟、刘家堡	418	1568	4
	潘集寨	潘集寨	608	2210	5
	石　咀	石咀子、孟家山、新庄、潘家堡子	456	1919	6
	南　崖	新村、南崖、柳巷、椿树崖	255	960	5
	杨　湾	杨湾里、黄家庄、周家庄	247	823	4
	李家坪	李家坪、红土坡	257	823	4
	大穆湾	大穆家湾	169	640	3
	傲子坡	傲子坡	143	359	2
	东　柯	莫家寺、韩家庄、董家川子、周家小庄	452	1752	7
	沽　沱	王家沽沱	307	1272	4
	余家山	余家山、高家山	132	545	3
	阮家山	阮家山	144	593	2
	东　山	沈家山、张家山、李家山	392	1420	6
	崖　湾	崖湾、朱家山、新庄、王家磨	813	3133	9
	大柳树	大柳树、张家庄、河湾、聂家庄、枣湾	514	2865	7
	吴家崖	吴家崖、崖窝子、刘家山	474	1837	7
	余刘湾	刘家湾、余家湾、季家湾	242	980	5
	闫家庄	闫家上庄、闫家下庄、新庄、汤湾、柿园地、陈家庄、强家沟、夏家湾	487	1860	11
	新　胜	刘家窑、安家庄、杜家庄、向家庄、周家湾、庙咀	466	1820	8
	龙　槐	闫家咀、李家湾、周家咀、漫湾、阴湾里、周家小庄	562	2106	10

①户数、人口项为2017年底数据。

续表

乡、镇、街名	村(建制村)名	所辖自然村名	户数	人口	村民小组(个)
社棠镇	社 棠	社棠镇(自然镇)	297	1198	4
	俊 林	俊林	298	1260	4
	绵 诸	绵诸	370	1484	4
	柏 林	沙湾里、石咀、大湾里	430	1986	7
	下 曲	下曲湾、白草洼	816	3523	7
	槐 荫	刘家庄、后庄、新堡子	378	1586	8
	白家庄	白家庄、黄家咀	242	1040	4
	刘 窑	刘家窑	136	589	2
	步 沟	步沟	205	878	4
	向 阳	桑园里、新庄	248	1140	3
	李家渠	李家渠、东咀梁、后坪里	229	1022	4
	石 岭	石岭寺、张家水泉、张河湾	352	1521	7
	郭 坪	郭家坪	108	501	2
	东家山	东家山	113	486	2
	税 柳	税家湾、柳沟	138	687	2
	半 山	半山	109	437	2
	咀 头	咀头、湾儿里	75	315	3
花牛镇	二十里铺	二十里铺	505	2493	6
	高 湾	高家湾	315	1425	3
	曹 埂	曹家埂子	246	1165	3
	董 沟	董家沟	218	1035	3
	白 崖	白家崖	340	1678	5
	赵 崖	赵家崖	417	1917	3
	花 牛	花牛寨	522	2508	8
	安 坪	安家坪	248	1073	4
	九 峪	田家庄、白家庄、火神庙、郭家窑、窑庄	327	1459	8
	兴旺山	兴旺山、赵家湾、连家庄	132	572	3
	田 窑	窝坨庄、田家窑、师家庄、马家窑	150	710	4
	翟 山	翟家山、蒋家山、高家沟、张家湾	237	1060	4
	毛 集	毛集寨、凉水泉、园子沟	154	715	4

续表

乡、镇、街名	村(建制村)名	所辖自然村名	户数	人口	村民小组(个)
花牛镇	纸　碾	纸碾东、纸碾西、郭家河、上杨集寨、下杨集寨	280	1334	6
	卜　王	卜王寨、曹家窑	215	941	3
	张　河	张家河	168	773	3
	罗　沟	罗家沟	298	1440	4
	巷　口	巷口、东坪、张家咀、大坪、北湾里	224	1031	5
	元　柳	元柳树、孙家湾	137	633	3
	罗　集	罗集寨、孙家山、杨家上沟	200	922	5
	崔　山	卜家山、崔家山、石家沟、陈家湾、庄窠	237	1060	5
	上　湾	上湾里、元土、立石子、药泉下	189	716	4
	峡　口	张家庄、刘家庄	368	1809	5
	吴　庄	吴家庄	418	1830	6
	靳　庄	靳家庄	348	1615	4
	阳　坡	阳坡	224	1097	3
	邓　庄	油房下、邓家庄	228	1126	3
	肖　庄	肖家庄	206	1165	4
	水　眼	水眼寨	510	2017	4
	沽　沱	叶家沽沱	187	947	4
	高　集	高集寨、赵集寨、岗家寨	225	1027	4
	董　塬	董家塬	200	989	4
	东　缑	东胡家湾、缑家窑	89	377	2
	白家河	白家河、巧儿河	231	1034	7
	河　湾	董家河湾、马坑	110	568	5
	师　白	白家庄、师家河、漩窝下	191	874	5
	杨家河	杨家河、八土河	162	702	4
	沈家河	沈家河	239	1030	6
甘泉镇	甘　泉	甘泉寺(自然镇)南半部、何家门、窑湾子、寺坪	556	2340	7
	玉　兰	甘泉寺北半部、聂家庄、罐罐窑	675	3089	9
	屈　坪	屈家坪、潘家磨	629	3051	10
	甘　江	彭家庄、桂家庄、安家庄	328	1532	5
	吴　河	白石里、吴家河、季家阳湾、陈家河	395	1828	6

续表

乡、镇、街名	村(建制村)名	所辖自然村名	户数	人口	村民小组(个)
甘泉镇	包沟	包家沟、高家庄、黄集寨、梁家山、李家山	316	1430	7
	阳湾	阳湾里、赵家河、陈家坡、上文家庄、下文家庄	386	1520	9
	归凤山	上老王河、下老王河、窦家庄、柴家山、安家山、海家湾、杨家山、邓家河、罗家台子、阮家河、王家窑、石庄下、西湾里、胡家庄	438	1830	13
	谢崖	谢家崖、水沟、郑家沟门、铺子庄、李子沟	407	1760	7
	庙沟	庙沟门、冯家坪、四方湾、龙咀山、江祥、花羊峪、土台子、桦树坪、沙塄子	217	1031	4
	云雾	朱家庄、朱家岭、刘家山、胡家庄、景家山、上河	572	2679	8
	黄庄	黄家庄、中庄、马家台子、胡家窑	353	1572	6
	石沟	石家沟	220	961	3
	高庄	高家庄、刘家沟	345	1460	5
	廖庄	廖家庄、莫家庄	319	1335	5
	胡沟	胡家沟、架岭山、柳滩、清凉寺、王家咀、花石崖、双长沟、对面子	209	896	6
	西枝	元店、熊家窑、阳湾里	280	1204	4
	峡门	店子、新庄、郭家坪、柳树坪、桦林沟门、杨家鞍子、上庄里、高家梁、花家洼、酒池梁、孙家磨、石灰台、王家门、杨湾里	339	1538	4
	朝阳	柳家坪、徐家湾、尹家店子、贾庄	546	2283	9
	八槐	柳家河、北坪、贺家寨、曹家庄、刘家沟、南家山	526	2280	8
	毛集	毛集寨	238	1010	4
	金胡	刘家渠、金家山、胡家山、王家垭壑	262	1120	3
	吴寺	吴家寺、何家上庄、老湾里	526	2280	9
	窑庄	窑庄、窑湾里、史家窑、西南家山、武家梁	217	880	5
麦积镇	贾河	贾家河、文家村、何家村、孟家山、吴家沟、阎家沟	435	2010	6
	街亭	街亭(自然镇)、北川、南川、南坪、焦家磨、莫家庄	850	3907	11
	北湾	范家坑、窝坨、柳家坟园、贾沟里	170	740	4
	宏罗	温家庄、焦家山、柳家庄、武家庄	465	1935	8

续表

乡、镇、街名	村（建制村）名	所辖自然村名	户数	人口	村民小组（个）
麦积镇	永　庆	阳洼庄、王家磨、神林沟、小山、大剪子	268	1196	6
	滩　子	滩子头、桑家山、赵家窑、杨家坪、张家沟门、庵房下	192	826	5
	冯　王	冯家大湾、王家庄子、黄家山、树林子、吊子沟、半山、大地里	228	1033	5
	草　滩	草滩、阮家大庄、土桥子、李家山、宋家庄、关岭河	205	1010	4
	红　崖	阴坡、阳坡、吊沟	176	769	4
	卧　虎	刘家坪、陈家庄、台子、西沟、松林	148	710	5
	麦　积	寨子里上、寨子里下、阮家沟、侯家庄、孙家山、寺沟里、上河	315	1335	7
	后　川	朱家后川、前川、解放沟、康家崖、上沟、王家大沟、沙滩	298	1356	8
	陈　山	陈家山、小庄、大咀下、山转弯、山那面、九垧地	198	967	4
	刘　坪	刘家坪	136	616	3
	杨　何	杨何（道悔沟）、董家湾、南贾沟里	260	1347	4
渭南镇	渭　东	熊集寨（自然镇）东半部	502	2252	3
	渭　西	熊集寨西半部	660	2827	6
	张　石	马营、柳滩	312	1437	8
	张　新	张家新庄	241	1060	5
	吴　庄	吴家庄	558	2342	8
	霍　卢	霍卢	307	1347	4
	程　家	程家村	317	1500	8
	左　李	李家寨、左家庄	225	1034	4
	青　宁	青宁	196	922	3
	沈　家	沈家村	218	979	4
	张　园	张家园、赵家新庄、杨家崖	339	1635	5
	于　园	于家园	164	810	4
	景　湾	景家湾	141	733	4
	杨　赵	杨赵（毛集寨）	210	905	5
	苏　景	景家山、富家坪	193	831	5
	汝　季	汝季、刘家山	329	1429	7
	马　咀	马咀山	139	617	4

续表

乡、镇、街名	村(建制村)名	所辖自然村名	户数	人口	村民小组(个)
渭南镇	团　庄	崔家团庄、崔家染坊	184	855	5
	崔　范	崔家集、范家湾	284	1256	6
	曹　家	曹家湾	242	1297	8
	王　新	王新	192	947	5
	杨　王	杨王家	409	1803	7
	毛　家	毛家底下	284	1304	3
	窦　峡	窦家峡、吕家山	152	724	3
	刘家庄	刘家庄、王家滩	283	1389	5
	渭　红	孙家庄、董家咀	104	498	3
	麻家坪	麻家坪	102	534	3
	西湖湾	西湖家湾、陈家山、罗圈湾	162	869	3
	缑家庄	缑家庄、何家山	162	869	3
	能　干	庞家能干、石沟湾	166	779	3
	营　房	营房、王家湾	109	548	3
	马　王	马家山、王家窑	141	644	3
	雷　尹	雷家咀、尹家山	126	522	3
	雷　下	雷家下庄、王家上庄	156	734	3
	王　李	王家新庄、李家壑岘、刘家窑、大湾里	178	821	8
	黄　坪	黄家坪、曳湾里	91	499	5
	刘　沟	刘家沟	249	1213	3
	左　窑	左家窑	82	380	2
	王　集	王家集、苏家山	252	1238	5
	蒲　石	蒲家湾、石山下	75	378	2
中滩镇	雷　王	雷王集(自然镇)	503	2498	11
	四　合	上陈家、蒋家庄、王家庄、李家庄	512	2350	6
	陈　大	陈家大庄	450	2280	6
	毛　家	毛家村、牛家村	370	1640	5
	演　营	高家磨、熊家村	307	1483	5
	缑　杨	缑家村、河里杨	495	2275	10
	蒲　甸	蒲家甸子、樊家寨子、枣湾里	506	2269	7

续表

乡、镇、街名	村(建制村)名	所辖自然村名	户数	人口	村民小组(个)
中滩镇	张　白	张家底下、白家底下	838	3772	10
	渠　刘	渠刘、张家沟、刘家坪	924	4425	13
	背　湾	背湾里	241	1124	4
	汪　李	汪家坪、李家坪、陈家那面	223	998	5
	后　川	后川、陈家窑	359	1627	5
	丁　赵	丁家坪、赵家湾	313	1379	6
	霍　坪	霍家坪	153	662	3
	漆　李	漆家坪、李家坪	338	1448	5
	谢　坪	谢家坪	496	2016	10
	余　峡	余家峡	161	705	3
	种　田	种田湾、漆家湾	102	428	3
	赵　崖	赵家崖	248	1043	4
	刘　阳	刘家寨子阳山、刘家寨子阴山、杨家岘	283	1198	6
	文　岔	文家岔	113	512	3
	文　沟	文家沟、核桃树湾	117	534	3
	杨　成	杨成家	78	366	3
新阳镇	温家集	温家集(自然镇)	956	4051	18
	胡　大	胡家大庄、霍家坪、吴家山庄	905	3565	15
	裴家峡	裴家峡	235	1060	4
	王家庄	王家庄	858	3044	16
	赵家庄	赵家庄、小川子	412	2016	8
	沿　河	下曲、胡家湾、丁家上面	406	1600	7
	周家湾	周家湾	165	648	4
	张家坪	张家坪	270	1110	8
	石家坡	石家坡	202	765	6
	王　田	王家坡、田家坡	230	1000	2
	新　寨	郭家寨子、仲家塄干、蒋家坡	230	1020	5
	温　铗	温铗(温家套)	190	850	7
	赵　胡	赵家湾、胡家沟	112	550	3
	席　寨	席家寨东、席家寨西	283	1330	2

续表

乡、镇、街名	村（建制村）名	所辖自然村名	户数	人口	村民小组（个）
新阳镇	肖王	肖王、阴洼里	174	819	2
	杨岘	廖家岘、杜家阳洼、杜家河	206	960	8
	桥沟	桥子沟	95	442	4
	姚沟	姚家沟、张家门、川子地	172	815	5
	坚山	坚家山	189	888	4
	张家阳洼	张家阳洼	113	478	5
	蒲池	下蒲池、上蒲池、谢家窑	267	1150	7
	凌窑	凌家窑、何家山	183	818	4
	郭王	郭家阳山、王家湾	183	805	6
	蚰蜒咀	蚰蜒咀	105	450	3
伯阳镇	伯阳	伯阳镇（自然镇）	640	3089	8
	复兴	冯家庄、六房崖	286	1298	3
	虎头	虎头	401	1808	3
	保安	下渠、新坪、蔡阳坡	310	1428	3
	兴仁	兴仁	430	2166	8
	半坡	半坡	95	428	1
	南集	南集	245	1145	2
	西坪	西坪、西坡、馒头咀	440	2121	10
	下坪	下坪、下河	330	1570	6
	花南	花南埠	140	684	2
	曹石	石家山、曹家湾、新庄	126	516	3
	马岘	马岘、张家庄、莫家庄	154	825	4
	韩河	杨家磨、上川里、刘家磨、李家磨、马家后湾、马家沟、柳滩里	150	750	3
	高坪	高家坪	154	705	2
	巩坪	巩家坪、冯家寺	158	780	4
	王坪	马家庄子、王家坪、南山湾、保安山、下沟里、上湾里	154	665	3
	范河	范家河上、下，棵槽里上、下，马家沟，阳湾里	192	921	4
	红崖	红崖、师家磨、老碾下、梁子树	130	613	4
	石门	杨家山、九亩园	208	1024	4
	南河	南河、刘家河沟	206	856	2
	穆湾	小穆家湾、张家湾、恶雨山	136	530	3

续表

乡、镇、街名	村(建制村)名	所辖自然村名	户数	人口	村民小组(个)
元龙镇	元龙	元龙镇(自然镇)、吴家崖	278	771	3
	青崖	青崖、窑下	232	952	4
	渭滩	渭滩	179	734	4
	白家庄	白家庄	234	955	4
	上崖	上崖	317	1192	5
	后庄	后庄、王家沟、窝坨里	360	1399	5
	李家沟	李家沟	165	683	2
	杜家坪	杜家坪、刘家坪	340	1321	4
	石谷川	石谷川、水沟下	230	968	3
	花石崖	腰崖、格牙里	184	745	4
	冯川	冯川、丰台、上坪	163	650	3
	佃儿下	佃儿下、搬过渡、庙坪	246	988	3
	园子	下园子、中园子、上园子、各河口、下石咀、棋盘石、骆驼巷、窠老里	202	791	7
	底川	底川、坪上	344	1337	5
	码头口	码头口、腰巴、阎家坪、王家庙	234	1022	4
	关峡	关峡	119	489	2
	桑渠	桑渠新村、涝池、堡坪	612	2580	8
	石家湾	石家湾	151	562	2
	井儿	兴坪、庄窠里、大套口、后庄里	493	1933	4
	和平	西沟、大坪、火盆沟、瓦子沟	131	558	4
	红星	五龙、新庄里、小坪里	269	1072	3
	青龙	杜家坪、窦家沟、莲花池、麻家坪	167	592	3
东岔镇	码头	付家滩、窑上庄、四坪、后峪川	271	1009	6
	牛背	牛背庄	58	223	2
	东岔	东岔老街、虎子坪、兰家院、董家沟、放马场、李家庄、立远坪新村	245	1002	9
	曹坪	曹家坪新村、凉水泉、上庄	156	622	6
	土桥	土桥子、张家门、大岔下	180	703	6
	桃花坪	桃花坪、桃花坪新村、石房坪、得食下、白杨林、白石沟、道江、道江新村	268	1038	9

续表

乡、镇、街名	村(建制村)名	所辖自然村名	户数	人口	村民小组(个)
东岔镇	乍岭	上沟、庵儿下、酒房、石庵滩、堡子滩、上庄、下院	182	776	5
	月林	沙川、银杏树、苟家庄、月口下、月口下新村	210	889	7
	龙凤	金龙、玉凤、月亮坝、底川、阳山上、四家坪、火烧洼	371	1535	10
	交川	交川、后滩、大塬上、桃园下、岭上、白青里	168	716	7
	立远	黄土坡、杨川、立远、园园上、下窖里、阳坡里、砖台上、底下院、刘家槽、瓦舍沟、官底下、平道、崖底下、竹园下	190	785	6
	腰庄	柳口下、太白殿、塬上、腰庄、酒坊坪、阎家地、万家山、九股水、牟家台、阳坡里、和平里、碾子坪、腰庄新村	152	645	6
	盘龙	盘龙新村(麻子山口)	93	411	3
	大沟里	三岔、胡家坪、周家坪、石家坪、汪家坪、马家沟口下、乱石窖、唐家店、中坪里、土北沟、车场下、唐家坪	145	537	6
石佛乡	石佛	石佛镇(自然镇,分东石、中石、西石)、田家庄	1172	5390	23
	杨庄	杨家庄、郭家寺	535	2260	8
	裴家滩	裴家滩	510	2200	6
	黄庄	黄家庄	370	1590	8
	三阳	裴家沟、郭家老庄	506	2210	9
	峪口	峪口、朱家庄	644	2900	13
	咀王	咀王、王家崖湾	347	1665	7
	陶家	陶家新庄、陶家老庄、张家寨	498	2300	10
	夏家	夏家村	302	1311	6
	石崖	石崖	231	1013	4
	樊家湾	樊家湾	120	427	2
	董家河	董家河	365	1789	7
	马家山	马家山、马家漩涡	206	904	6
	张湾	张家湾	235	1010	4
	严山	严家山	137	535	1
	赵沟	赵家沟、陶家沟、王新、下王、上王	287	1365	6
	陶小	陶家小庄	93	388	1
	洩山	张家洩山	181	745	4

续表

乡、镇、街名	村（建制村）名	所辖自然村名	户数	人口	村民小组（个）
石佛乡	陶崖	陶家崖湾	109	454	2
	张坪	张家下坪、张家上坪	149	638	3
	窝驮	赵家窝驮	115	510	3
	王窑	王家窑	176	730	3
	康庄	康家庄子、杨家湾、柳家山、裴家老庄	249	1004	7
	团半	赵家团庄、李家半坡	217	932	5
	刘庄	刘家庄子	129	485	2
	腰庄	裴家腰庄、平路上、何家庄	90	324	3
	朱家河	朱家河、东坡	103	416	4
	黄新	黄家新庄、西坡、毛家崖、李家庙、窑店	268	1125	6
	涧沟	涧沟	219	1048	6
	于堡	于堡、杨家咀	134	520	2
	周半	周家半山、杨家半山、公王	234	980	4
	大坪	大坪、杨家坪、陈家湾、夏家湾	327	1585	11
	龙池	下龙池、上龙池、九土河（苏家河湾）	290	1250	9
	黄堡	黄家堡、刘缑家	208	911	6
五龙乡	凌温	凌家庄、温家庄	218	1041	4
	雷家湾	雷下、雷上	267	1206	6
	刘家湾	刘家湾	223	1036	6
	温家坪	温家坪、贾沟里	285	1356	6
	安家山	安家坪、安家湾、安家山、石门沟	349	1575	8
	小窑	小窑、裴家老湾	195	986	4
	大窑	大窑	222	1086	4
	杨王	杨王、杨家湾、岳家吊地	103	506	6
	梁家庄	梁家庄、桌儿洼、陈家河	155	718	4
	岳王	岳家咀、山王	258	1180	4
	岳家湾	岳家坪、岳家湾、岳家新庄、巩家大山	137	606	4
	舍鞍子	舍鞍子	130	566	4
	上石	巩家沟、上石沟、刘家窑、王家小庄	252	1166	9
	陈山	陈家山、山坪里	174	844	5

续表

乡、镇、街名	村(建制村)名	所辖自然村名	户数	人口	村民小组(个)
五龙乡	石　洞	石洞沟、蒲李家	183	827	4
	张　湾	张家湾里	189	796	4
	中石沟	中石沟、孟家沟、漆树岘	172	881	4
	柏树王	柏树王、榆树坪	129	626	5
	周家山	周家山、上大地、柳滩里	170	757	5
	温家湾	温家湾	117	517	4
	谢家咀	谢家咀	176	813	4
	中　庄	中庄、旧庄、上庄、李家小湾、塬上、场里	409	1785	12
	汪　山	汪家山、泉坡、王家窑、雷家门	304	1363	8
	张　强	张家沟、强家庄	142	676	4
	常　渠	常家渠、小李家	189	846	4
	王家咀	王家咀、陶家门、前山里、王家坟	74	363	4
	雷　窑	雷家窑	107	510	4
	陈家湾	陈家湾、陈家山	215	1086	6
琥珀乡	罗家村	罗家大庄、窑上、西山上	478	2380	15
	霍家川	霍家川、安家坟	325	1337	7
	马家坡	马家坡	206	862	6
	高　方	高家庄、高家山庄、方家那面、魏窝庄、寨子咀、烂山湾	297	1399	8
	霍家沟	阳坡里、阴坡里、下河里、王家山、闲沟洼、荒地里、黄家沟	325	1337	9
	康　李	康家沟、李家山、霍家山庄、韩家沟、让家洼	315	1399	6
	西　山	大庄里、周家山、胡家湾、窑门、大地里	192	847	5
	郭文关	郭家窑、文家山、关家咀、生地湾	309	1348	6
	张家寺	张家寺、李家沟	195	833	5
	唐　温	旧庄里、新庄里、唐家庄	134	583	3
	新军沟	新军沟、那坡里	107	443	4
	杨家湾	杨家湾	57	295	1
	庆　胡	庆家湾、王家窑	179	742	4
三岔乡	吴　砦	吴砦(自然镇)、缑家崖、磨湾里、下川里、水泉湾	450	1865	10
	阎　西	阎西庄	160	730	3
	太　碌	太碌、史家窝、松木台、王家门、林檎树下	298	1307	9

续表

乡、镇、街名	村(建制村)名	所辖自然村名	户数	人口	村民小组(个)
三岔乡	北　峪	北峪、庙坪、北峪沟里、大山	160	705	4
	新　岔	野岔、西野岔、核桃湾	150	630	3
	水　关	水关	199	865	3
	葡　萄	葡萄园	103	443	1
	黄　龙	黄龙、桑家门、猫窝里	293	1270	7
	佘家门	佘家门、三园子	111	513	4
	墁　坪	山底下、山上	33	106	2
	秦　岭	大家坪、秦家台子、圪岔沟里、阴沟里、上沟里、石碑下	95	375	4
	小　坪	小家坪、阎家磨、石沟门下	65	255	2
	王　山	王家山、鹦鸽岘、立家山、小沟里、河沟、化家山	225	1025	9
	前　进	鳖盖下、管家山、巨寺庄、圆柏树、岭西、大地坪、塄干里、瓦屋山、虎朝湾、东沟门下、马家山、瓦窑上、石庵沟口、上阳坡、石板沟口、青枫里	564	2560	9
	集　村	集村	320	1380	10
	关　庄	关庄	234	1060	3
	咀　头	咀头川、腰场下、庙沟滩	130	590	4
利桥乡	利　桥	利桥、王家坪、下张家坪、上张家坪、龙王庙、白家园、胡家院、王家门、下川里、秦家湾	320	975	10
	杨　河	杨河、王家庄、太子石、阎家地、下仙坪	101	395	5
	吴　河	吴家河、吕家集、庄子、周家沟、西沟、八垧坪	124	459	6
	蔚　民	蔚民、焦园子、高庄子、庄家坪、姚家坝、黄蛟鱼、磨扇沟	107	377	7
	百　花	百花川、魏家庄、枣儿坪、戴家沟、阳湾、板桥、阴崖、卫山寺	217	856	8
	三　岔	东岔门、西岔、散岔、泥河子、东沟	148	642	5
	秦　岭	董家村、苗家川、磨轮、秦岭	103	420	5
	墁　坪	上阳山、墁坪、上沟、上仙坪	112	442	4
党川乡	党　川	党家川、酒店子、胭粉坝、龙保沟、龙衣沟、龙王沟、下滩、大坪	228	842	10
	石　咀	石咀头、焦家庄、阎家川、蜜槽沟	119	510	5
	花　庙	花庙、黄家坪、庙川、瓜流沟、阳山、八角坪	174	657	6
	夏　坪	夏家坪、庄子、寺沟街、旧庄、董家坪、小寺沟	124	494	6
	马　坪	马家坪、松咀、尖坪山、马圈沟	61	221	4

续表

乡、镇、街名	村(建制村)名	所辖自然村名	户数	人口	村民小组(个)
党川乡	火　吉	火吉、红庙子河、梨树湾	50	181	2
	观　音	花园坝、观音殿、河口、磨坝、胡家庄	148	566	5
	刘　坪	刘坪、麻松头、徐家磨、林家庄、大滩、上磨、西沟	122	526	6
	新　庄	王家庄、新庄、阮家坑、子庙沟、上马场坝、下马场坝、沙湾	185	824	6
	冷水河	腰庄、上王庄、上河	85	312	3
道北街道	寨　子	寨子里	455	2112	3
	张　家	张家村	572	2369	3
	吕　家	吕家村	605	2664	4
	何　家	何家村	405	1796	4

第四章　村落　地名

第一节　村　落

20世纪80年代初，天水县进行地名普查，全县有1992个自然居民点，其中自然镇13个，自然村1979个。撤县设区后，近900个自然村、镇划归秦城区(今秦州区)。20世纪80年代中、后期，一些偏僻小村庄向大村迁居，如元龙镇石谷川高家坪、伯阳镇湾岘老庄、五龙乡陈山村红家洼、马跑泉镇余刘湾村裴家梁等村住户均迁往邻近村庄，使自然村消失。《北道区志》载，截止1990年，全区有自然村1118个，自然镇11个。

1992年开始，二十里铺乡(今花牛镇)水眼寨村因村庄周围山体出现裂缝，全村340户、1418人整体迁至山下耤河北岸平坦处，政府为每户补助搬迁费700元，还拨付33.5万元用于饮水、防洪渠和电力线路架设等建设。马跑泉镇沽沱村、社棠镇刘窑村等村亦在1998年因山体出现裂缝搬迁部分居民。2002年，元龙乡渭滩村韩家山、糖房沟因发生泥石流，两地50户居民全迁至山下渭河北岸的渭滩村。此前后因居民迁移消失的村还有新阳镇张家阳洼村属安家林、五龙乡汪山村属狼窝下、党川乡石咀村属包家沟等。

2005年开始，对一些地处边远、环境恶劣、居民不多、供电修路困难的村实行有计划的生态移民。是年开始首先在东岔镇盘龙村和元龙镇井儿村属兴坪实施。盘龙村总计只70多户人，分布在数十里范围内的10多个居住点，最大者7户，小者两三户。遂将全部居民集中在麻子山口建成新的村落，称盘龙新村。为了搬迁，政府为每户补助8000元。井儿村则是将居住边远的兴坪自然村全部70多户迁至河谷，辟建新村。政府亦为每户补助8000元。与此同时，一些村自发搬迁，如麦积镇街亭村小坡湾，17户居民2006年全部迁往位处河谷的莫家庄。而同年党川乡石咀村花石山6户人的搬迁，则因于宝天高速公路的建设。2007年，已有伯阳镇曹石村、甘泉镇窑庄村、高家庄刘家沟开始实施移民搬迁，尚在建设中。

至2007年，全区有自然居民点1083个，其中自然镇11个，自然村1072个。

第二节 地 名

一、命名

1986年，报市人民政府批准，对部分街、巷、道路名称作出更改。

(一)重新命名

火车站——渭河便桥，原称解放北路，改为渭河北路；

渭河便桥——分路口，原名解放南路，改为渭河南路；

省建五公司一处——社棠路，原名滨河路，改为渭滨北路；

前进路——东闸口，原名建设路，改为道北路；

东货厂——新大桥，原名交通巷，改为交通路；

吕家村砖瓦厂——铁路医院，原名新华路，改为北山路；

北山路经砖瓦厂——红旗路，原名工农路，改为同乐路；

前进路经武装部——东排洪沟，原名青年路，改为育才路；

育才路经检察院——前进路，原名劳动路，改为为民路；

储木厂——永川河口，命名渭滨南路；

渭滨南路经公园——马跑泉镇，命名泉湖路；

分路口——变电站，命名陇林路。

(二)维持原名

一马路：西闸口——东排洪渠；

二马路：区文化馆门口——东排洪渠；

前进路：渭滨北路经区文化馆、立交桥、医药站到看守所；

寨子路:道北路——道北小学;

红旗路:前进北路向西经区人民政府——西闸口;

峡口路:宝兰南院——锻压机床厂门口;

社棠路:东排洪渠——社棠镇;

花牛路:分路口——白崖村;

马跑泉路:分路口——永川河口。

2001 年,经市人民政府批准,再次对部分街路更改或命名。

(三)两区共有道路

秦城区天水郡十字路口东端至北道区潘集寨接 310 国道处在建道路, 命名羲皇大道,并以分路口和七里墩为界,分为东路、中路、西路;

秦城区天水郡耤河大桥北端至北道区社棠镇柏林村大坝头处道路, 命名成纪大道,其中秦城区现北外环路为西路,北道区现建成段为东路,峡口至罗玉河北桥处(待建)为中路;

天北高速公路更名为秦北高速公路(东起高速公路北道收费站,西至七里墩大桥)。

(四)区内地名

一马路更名陇昌路(东起区建三公司,西至西货场);

二马路更名商埠路(东起排洪渠,西至区文化馆);

渭河南路更名埠南路(北起渭河人行便桥南端,南至分路口);

渭河北路更名埠北路(北起火车站广场,南至渭河人行便桥北端);

红旗路、建设路合并,仍为红旗路;

渭滨南路更名兴陇路(东起泉湖路北口,西至天北高速公路收费站);

泉湖路更名马跑泉路(原马跑泉路改为羲皇大道东路);

交通路更名天河北路;

正建中的市第二中学门口至渭河大桥处道路,命名天河南路;

陇昌路与社棠路相交的火车涵洞处起向北、向西新修段至北山路相交处,命名环城北路。

(五)变更

乡镇名 2001 年,二十里铺乡建镇后更名花牛镇;2004 年,吴砦乡更名三岔乡。

村名(括号外为自然村名,括号内为别名)

马跑泉镇:后坪(王家后坪),潘集寨(潘旗寨,潘家大庄)。

社棠镇:社棠镇(社树坪),向阳(桑园里)。

花牛镇:东坪(狼窝),元土村(元子旮旯)。

甘泉镇:白石里(白石峪)、元店(园店、盐店)、甘江(甘涧峪)。

麦积镇:街亭(街子口,改龙镇),杨何(道悔沟)。

伯阳镇:伯阳镇(伯阳渠),复兴(冯家庄),虎头(闫马庄),保安(下渠),兴仁(伯阳北),下坪(柴家坪),下磨里(师家磨)。

元龙镇:元龙(圆嘴头),石谷川(石滚川),下石咀(石咀)。

渭南镇:渭南镇(熊集寨),青宁(窠老里),杨赵(毛集寨),南河川(兰渠川)。

中滩镇:中滩镇(雷王集),后川(王家后川,后川里),种田湾(种地湾)。

新阳镇:新阳镇(温家集,沿河城),席家寨(新寨),温缑(温家套)。

五龙乡:中石沟(石沟里),中庄(扁坡里,扁坡砦),汪家山(湫池寺),张家沟(沟儿里)。

石佛乡:三阳(裴家沟),公王(雷家底下)。

琥珀乡:庆家湾(大庄里),张家寺(大庄里),胡家坪(胡家湾),罗家村(大庄里)。

三岔乡:吴砦(三岔城),黄龙(黄碌砫),阎西(阎家川,西沟里),太碌(大路沟),新岔(野岔),集村(七贤村)。

东岔镇:立远(栗园),金龙(楞上,底庄),玉凤(窑上),岭上(窨窝里),阳坡里(偏桃下)。

党川乡:上河(大房山沟门)。

利桥乡:吴河(龙门),蔚明(静寺),百花(白花川)。

二、由来

三阳川　川名。渭南、中滩、石佛3乡、镇川区的总称,以太阳终天照射而起名。元至正七年(1347年)普奕的《伏羲画卦台记》中说:“其川三阳……广袤四隅,渭水回旋,朝辉夕阳,变态靡时,陇右为甲。”胡缵宗的《卦台记》则以“朝阳启明”“太阳中天”“夕阳返照”说明三阳。现多以其川有早阳(渭南镇青宁村禅家寺称早阳寺)、正阳(渭南镇崔家集,又称正阳集,附近有正阳寺)、晚阳(石佛乡张家寨有晚阳寺)合称三阳。

马跑泉　镇、街、村名。因镇东街泉水得名。传说兴唐大将尉迟恭领兵至其地,军士拴马找水,战马渴急用蹄刨地,其地流出泉水,遂称马刨泉,后转音称马跑泉。

甘泉寺　自然镇名。因下街泉水得名。早在唐代,镇内太平寺有一泉,诗人杜甫盛赞其水“香美胜牛乳”。后将太平寺改为甘泉寺,沿用至今。

石佛 乡、自然镇、村名。因乡内所建寺庙中有一尊后周时石雕佛像(20 世纪 50 年代寺毁,佛像一度存麦积山文物保管所),便称石佛镇。

吴砦 自然镇、村名。古代为通川陕要地,宋代抗金名将吴璘曾屯兵筑砦抵御金兵南侵,后取名吴砦。清乾隆年间设三岔厅,民国时改称三岔镇,1951 年复名吴砦。

新阳 镇名。三国曹魏时曾设新阳县。县治在今新阳镇渭河南,早在清乾隆时因渭水南侵,其城已被淹没。但名字流传至今。

社棠 镇、自然镇、村名。明、清时因山麓树木茂盛而取名"社树坪"。后人有感"甘棠遗爱"的典故,取名社棠,沿用至今。

伯阳 镇、自然镇、村名。南北朝时,连年战乱,人民渴望平静生活,便在渭河北修柏林观、渭河南建兴福寺,均供老子李耳(字伯阳)塑像。北魏末设县时以李耳字取名伯阳。后县撤销,但其名沿用。

元龙 镇、自然镇、村名。相传在渭河南岸五龙山下设有集镇,清代中期迁渭河北岸,称圆嘴镇。民国 26 年(1937 年)设镇时,以其音义称元龙镇。

琥珀 乡名。传说在渭河南岸谷地发现有琥珀,便取为地名(旧有琥珀镇,在今罗家村东)。

五龙 乡名。因其地有五条山脉呈放射状向外延伸,犹如"五龙聚会",故将五龙汇集最高处称五龙山。

利桥 乡、村名。《水经注》中称其地为利乔山,清代又称丽桥。民国设镇时,综合旧名,取桥梁通达之义,称利桥镇。

党川 乡、村名。以姓氏名与地形名结合而成。

东柯 村名,在马跑泉镇。因东柯河流经其村,又因民国时至中华人民共和国成立初设过东柯乡而称名。

龙槐 村名,在马跑泉镇。因村内寺庙中有古龙槐树得名。

玉兰 村名,在甘泉镇。因村内有两株古玉兰树得名。

演营 村名,在中滩镇。因村内有演营寺得名。

沿河 村名,在新阳镇。因其地古时称沿河城得名。

石门 村名,在伯阳镇。因村南有著名风景胜境石门山得名。

立远 村名,在东岔镇。交川河流域大沟一带盛产板栗,1951 年设乡时,将乡名音义取名"栗园",但为书写方便,用"立远"2 字。后乡撤销,其村名沿用。

花石崖 村名,在元龙镇。邻近风景区花石崖得名(2005 年腰崖、格牙村合并,以此命名)。

第二篇 自然环境

第一章 地 质

第一节 地 层

境内出露地层以第四系和第三系为主,东南部和中部局部地段出露泥盆系、火山岩和下古生界牛头河群。由新到老依次为:

一、第四系

第四系分布较广,按其成因主要有河流相堆积物、泥石流堆积物、滑坡堆积物和风成黄土等。

河流相堆积物 分布于河(沟)谷的河床、漫滩和一、二级阶地上,具二元结构,上部为浅黄色黄土状亚黏土,下部为砂砾卵石层,厚度一般为15~30米。渭河河谷社棠一带沉积厚度最大,达35~45米。

泥石流堆积物 主要分布在渭河支流沟口,形似扇形。泥石流堆积物混杂,多见巨型漂砾。

滑坡堆积物 零星分布于全区,滑坡总面积120平方公里。岩性一般以泥岩、砂质泥岩和黄土为主,泥岩多呈团块状,钙质结核较多,堆积厚度各地不一,一般为5~40米。

风成黄土 广泛分布于河谷三级以上阶地及黄土梁峁区,其岩性为浅黄色粉土质亚黏土。其中上部马兰黄土结构疏松,具大孔隙,垂直节理发育,透水性强,具湿陷性。下部离石、午城黄土结构较致密,夹数层古土壤。一般厚度5~30米,最大60米,呈不整合披覆于所有老地层之上。

二、第三系

新第三系 分布于渭河、耤河河谷两侧及河谷底部，并构成黄土丘陵基底，岩性以灰绿、红色泥岩、砂质泥岩为主，是一套内陆盆地河湖相沉积物。与老第三系及其他地层呈不整合接触，厚度 350~1130 米。

老第三系 分布于凤凰山两侧和甘泉寺东南，为棕红色、紫红色砾岩。砂砾岩，为一套内陆河湖相沉积，厚度为 450 ~ 900 米。

三、泥盆系

中、上统，集中分布于区境南部，与上覆地层呈不整合和断层接触。岩性主要为变质砂岩、板岩夹薄层灰岩、泥灰岩等，区域厚度达数千米。

四、前寒武系牛头河群

出露于渭河峡谷南河川——北道段和牛头河峡谷。岩性为黑云母片麻岩，黑云母斜长片麻岩夹石英岩、大理岩。与上覆地层呈不整合接触。

五、侵入岩

境内出露印支燕山期的黑云母斑状花岗岩，中粗、中细粒花岗岩等，主要呈片状分布于区境南部的温家峡、望天峡以及东部三岔、东岔等地。

第二节 构 造

一、构造体系

境内地处祁吕贺兰山字型构造体系前弧与秦岭纬向构造体系的复合部位，属秦岭地槽和陇西陆台两大地质构造过渡带，受陇西旋卷构造体系和渭河谷地隐伏断裂带的影响，地质构造非常复杂，断裂、褶皱十分发育。

二、新构造运动

晚近时期开始，由于地球内应力不平衡，使一些构造体系具继承性活动的特点。总体上区内新构造运动是以大面积不均匀间歇性升降为主，表现为河谷多形成深切峡谷以及渭河高阶地形成。全新世时期，境内处于相对稳定和下降阶段，河谷内沉积一定厚度的第四系沉积物。

三、岩土体类型及特征

据甘肃省工程地质图，境内属阿尼玛卿山——西秦岭工程地质区，西秦岭中部高山、中山山地较不稳定——不稳定工程地质亚区，南部党川——利桥一带属火炎山中山山地稳定工程地质亚区。

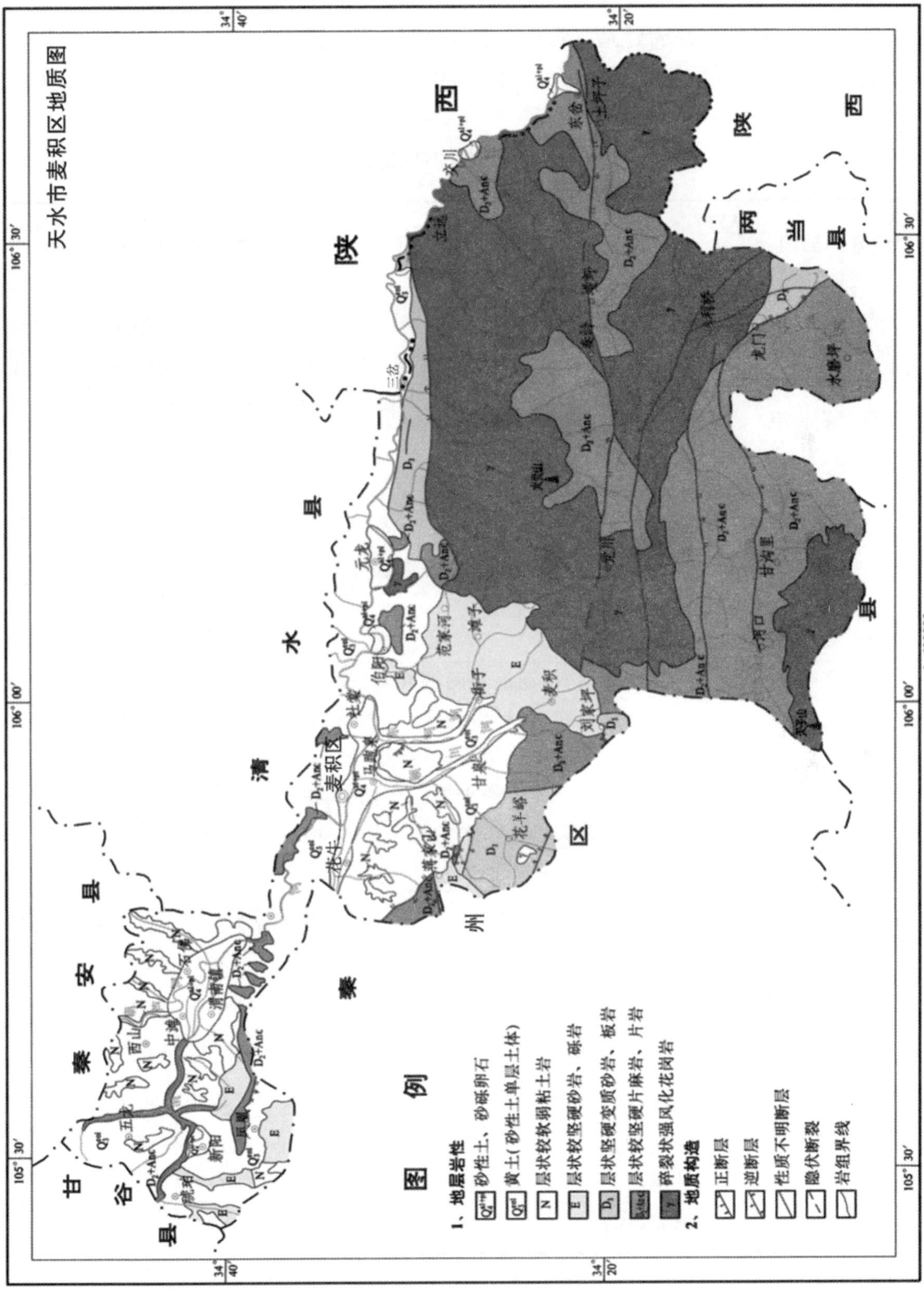
天水市麦积区地质图
图　例
1、地层岩性
砂性土、砂砾卵石
黄土(砂性土单层土体)
层状较软弱粘土岩
层状较坚硬砂岩、砾岩
层状坚硬变质砂岩、板岩
层状较坚硬片麻岩、片岩
碎裂状强风化花岗岩
2、地质构造
正断层
逆断层
性质不明断层
隐伏断裂
岩组界线
1: 600000

岩体类型及其工程地质特征　依据区内岩体的形成条件、岩相、岩性特征，将区内岩体划分为岩浆岩建造、碎屑岩建造及变质岩建造3种类型。根据岩体结构、岩性组合、力学性质又划分为5个工程地质岩组。

境内岩体工程地质类型一览

建造	岩组	地层单位	分布及基本特征	物理力学性质指标
岩浆岩建造	块状坚硬侵入岩岩组	γ	分布于南部温家峡以及东部三岔、东岔等地，岩性为花岗岩，除表层及构造破碎带处裂隙发育较破碎外，一般呈块状，致密坚硬。	干容重2.30～2.80克/立方厘米，干抗208～205兆帕，软化系0.87～0.9，内聚力0.03兆帕，内摩擦角70°～80°
碎屑岩建造	层状较坚硬砂岩、砾岩岩组	E	分布于凤凰山两侧和甘泉寺南，岩性为棕红色、紫红色厚层砾岩、砂砾岩，透水性差，较坚硬。	干容重2.2～2.5克/立方厘米，干抗21.5～60兆帕，软化系数0.33～0.68。内聚力0.047兆帕，内摩擦角27°～45°
	层状软弱黏土岩岩组	N	分布于渭河、耤河河谷两侧，构成黄土丘陵区基底，岩性以灰绿、红色泥岩、砂质泥岩为主，固结程度低，抗风化能力弱，泥岩遇水极易软化崩解，使岩体失稳，在水的长期作用下，软化、泥化易产生滑动。	干抗700～1200千帕，软化系数0.3～0.6，内聚力0.045～0.36兆帕，天然含水量3.9%～13.1%，内摩擦角19.2°～20.8°
变质岩建造	层状较坚硬砂岩、板岩岩组	D	分布于南部、东部，岩性为紫红色砂岩、板岩互层夹砾岩。	干容重2.2～2.8克/立方米，干抗87～180兆帕，软化系数0.69～0.84，内聚力0.01～0.013兆帕，摩擦角80°～87°
	块状坚硬片麻岩类石英岩组	P_{Zntl}	出露于渭河南河川——北道埠的峡谷区和牛头河峡谷。岩性为黑云母片麻岩、黑云母斜长片麻岩夹石英岩、大理岩。	干容重2.5～2.8克/立方厘米，干抗87～180兆帕，软化系数0.69～0.84，内聚力0.1～0.013兆帕，摩擦角80°～87°

土体类型及其工程地质特征 根据土体的粒度成分和工程地质特征，境内土体分为：卵砾石土、砂性土、黄土类土、淤泥质土、人工填土5类。根据不同岩性土体在垂向上的组合关系，又将土体划分为3种基本结构类型，即单层结构、双层结构和多层结构。卵砾石土、砂性土、人工填土、淤泥质土和黄土类土中的次生黄土分布于三级阶地以下河谷区。除漫滩外，其他均为双层或多层结构类型，其物理力学性质变化较大。以上土体与滑坡、泥石流的形成关系不大。其中与滑坡和泥石流形成关系密切的主要是黄土，广泛分布于三至七级阶地及丘陵区，为典型的单一结构类型，包括马兰黄土、离石黄土、午成黄土。无层理，质地均一，垂直节理发育，具粒状架空接触式结构，其中午城、离石黄土大孔隙结构已压密，不具湿陷性。马兰黄土粒度成分以粉粒为主，平均含量61.38%。易溶盐含量较高，为0.24%。湿陷性是马兰黄土最主要的工程地质特征。大部分具中—强湿陷性和自重湿陷性，湿陷系数为0.025～0.137，自重湿陷系数为0.009～0.0395。其次是松散混杂土，分布点多，面广。由滑坡堆积物组成，结构松散，物理力学性质极不稳定。

第二章 地 貌

第一节 类 型

境内渭河由西向东穿越北部，秦岭自东向西横亘南部，为渭河流域与嘉陵江流域的分水岭。地形从分水岭开始向南北两侧逐渐降低。西北部从琥珀、五龙起东延至南河川，呈“V”形，东部除渭河北少部分地方外，渭河南呈“∧”形。区内最高点火炎山，海拔2559.7米；最低处东岔渭河入陕西处，海拔748.5米，相对高差1811.2米。地形分为秦岭山地、河谷盆地和黄土梁峁沟壑山地3种类型。

一、秦岭山地 秦岭山地分布于区内东南部党川、利桥、东岔、三岔、麦积、元龙、伯阳、甘泉等乡镇，面积2172平方公里，占全区总面积的62.4%。海拔最高2559.7米（火炎山），最低800多米(东岔镇临河谷处)。区内30多座海拔2000米以上的山峰都分布在秦岭山地。在全部面积中，约有260平方公里海拔在2000米以上，100平方公里海拔在800～1200米间，其余海拔为1200～2000米。因久经侵蚀，整个山地土层薄，沙砾多，一些基岩外露，大部分地方山体陡峭，脊轴部分坡度大于45度。现绝大部分为林地和灌丛地。

二、河谷盆地 渭河干流及主要支流流经处，由于河水冲积，形成一些互不相连、大小不一的河谷盆地，面积 193 平方公里，占全区总面积的 5.6%。主要有城郊盆地、三阳川盆地、新阳盆地、永川河谷、东柯谷、伯阳盆地、元龙谷地、底川——黄龙谷地等。海拔最高 1250 米(新阳盆地)，最低 748.5 米(东岔镇牛背村渭河入陕西处)，大部分在 1100 米左右。由于周围有高山屏障，气候温和，土层深厚，水量充足，又可引水灌溉，是区内发展农业的主要基地。

三、黄土梁峁沟壑山地 渭河两岸山地，在渭河各支流的冲刷切割下，形成梁、峁、沟、壑相间地形，面积 1118 平方公里，占全区总面积的 32%。主要分布在西北部和花牛、甘泉、伯阳、元龙等乡镇及马跑泉镇、社棠镇、道北街道农业区。海拔 1000 ~ 1600 米。由于长期垦殖，除沟壑外，梁、峁等可垦处全为耕地。沟壑密度每平方公里 2.1 公里，切割深度 20 ~ 150 米。水土流失严重，渭河北又干旱少雨，农作物产量低而不稳。

第二节 山 脉

境内主导山脉为秦岭西段山脉。其山从陕西省凤县与东岔镇交界的人洞子梁(海拔 2286 米)入境，向西至东岔镇、利桥乡交界处转向西北，至三岔乡、利桥乡交界处又蜿蜒向西，达伯阳镇、麦积镇、党川乡交界处后又转为西南方向，再至麦积镇南部复向西，经甘泉镇南部，在庙沟门村冯家坪南与秦州区齐寿乡交界处出境。全长近 100 公里，是渭河水系和嘉陵江水系分水岭。海拔 2000 米以上的山峰，从东至西有庙儿梁(海拔 2341 米，在利桥乡东部近陕西交界处)、牛毛山(2308 米，在东岔镇西邻利桥乡处)、秦岭大堡(2498 米，在东岔镇、三岔乡、利桥乡交界处)、笔架山(2217 米，在三岔乡南部)、火炎山(2559.7 米，在党川乡东北部)、锦鸡岭(2341 米，在党川乡东北)、进家山(2234 米，在党川乡与伯阳镇交界处)、石门山(2095 米，在伯阳镇南端近党川乡处)、五子山(2095 米，在党川乡北部与伯阳镇、麦积镇交界处)、二沟山(2187 米)、天子坪山(2197 米)、香子山(2044 米，上 3 峰均在党川乡西北与麦积镇东南一带交界处)、火铁沟梁(2126 米)、妖魔山(2191 米，上 2 峰在麦积镇西南部)、光坡梁(2089 米)、老殿(即云雾山，2147.7 米)、三皇咀(2153 米)、龙咀山(2164 米，上 4 峰在甘泉镇南部)，共 18 座。

秦岭支脉，南坡从东到西有寨子岭(利桥乡与陕西凤县和陇南市两当县分界线)、仙坪梁(利桥乡境红崖河上游仙坪河两支流分界线。其中有堡子山,2100米)、墁坪梁(利桥乡境内中北部红崖河两支流分水岭。其中有三朵云,2361米;羊头山,2377米)、五龙山(为墁坪梁南延山脉,从秦岭大堡稍东向南直至吴河村各河口,长25公里,其中八架子梁2009米)、冯家场山(为利桥乡境内秦岭沟与百花河分水岭。其中有快活岭,2041米)、阴崖山(利桥乡与党川乡的分界山脉)、铁岭关山、倒白杨山(上2山皆在党川乡北部,为花庙河上游支流的分水岭)、麻葛蔓山(其中有从北向南分布于党川乡中部的炮房梁、松坪梁、仰班山,分别为2155米、2281米和2023米)、罗家山(在党川乡西部,为冷水河与麻松头河分水岭,最高处2077米)、大房山(党川乡与麦积镇的分界山脉)。

北坡从东岔至元龙有白云山(东岔镇与宝鸡市分界山脉)、导江峪梁(在东岔镇境内,为东岔河与交川河分水岭)、往来山(为交川河与前进沟分水岭)、王家山梁、老鹤山(为秦岭沟与阎西沟分水岭)、大路山(太碌沟与阎西沟分水岭。上4山均在三岔乡境内)、骆驼山(为元龙镇与三岔乡分界线)、麦磊石山(码头河与五龙沟分水岭)、五龙山(上3山均在元龙镇境内)。

元龙以西,秦岭北坡支脉展布较远,且大支分小支,直延至渭河或耤河附近。元龙镇与伯阳镇交界的山脉,南部称保安山,北部称蔡阳山。保安山向西,有虎头山,为伯阳盆地南部屏障。伯阳镇南部从石门山分出一支(其中莲花石2101米,黑鹰咀2012米),向西北延伸,由东南向西北依次称圣湫山、恶雨山、大坪岭、宋家岭,延至渭水附近,总长20余公里,为毛峪河与东柯河分水岭。从麦积镇东部二沟山分出一支,向西北延伸,直抵马跑泉东部渭河附近,长25公里。《秦州直隶州新志》统称秦亭山,后北部称马房山,南部仍称秦亭山,为东柯河与永川河分水岭。秦亭山西南,依次有九华山(俗称录家山,为永川河与支流小峡河分水岭)、赞公土室山(又称酒池梁、胡家沟梁,为小峡河与胡家沟分水岭)、烂泥滩山(为胡家沟与董水沟河分水岭)、马家台子山(为董水沟河与甘江峪河分水岭)、彭家山(为甘江峪河与谢家河分水岭),均在甘泉镇南,余脉皆延至永川河附近。

秦岭西入秦州区后,从甘泉镇与秦州区皂郊镇交界附近向北分出一支,最高处称太阳山(2059米)。太阳山东出一支,长13公里,西南部称王家山,东北部称梁家山,为谢家河与大江河分水岭。太阳山向北延伸,分出一山称卧牛山(1775米)。卧牛山分出3支,向东一支称牡丹塄干山,余脉达马跑泉镇崖湾村,为大江河与小江河(稠泥河)分水岭;中部伸向东北一支,《秦州直隶州新志》称盘龙山,《天水县志》称楚阳山,绵延15公里,其北麓即马跑泉,今为城区南部屏障,楚阳

(盘龙)山中部向北分出一支,称兴旺山,为九峪沟与横峪河分水岭;西部一支称塄干梁,余脉延至花牛镇南部。太阳山余脉向西北方向在秦州区境内延伸,先后有咀头山、石家山,至立石山又达区境花牛镇西部,向北延伸至巷口村,渐达耤河附近,大致为麦积、秦州两区的分界线。

利桥、党川两乡南部与两当县、徽县交界处,分布着一些被河流切割的秦岭余脉。海拔2000米以上的高峰有明山(2201米,在利桥乡与两当县交界处)、断石山(2041米,在利桥乡南部姚家坝西)、五坪山(2014米)、岔岔石(2273米)、天子山(2330米,上3山在党川乡南部与徽县和两当县交界处)。

渭水北为陇山支脉。主要有元龙镇北部的喇嘛山(1800米)、老湾里梁,伯阳镇北部的柏林山、马嘛山(1544米),社棠镇境内的东咀梁、龟山,城区北部的北道埠山(为城区北部屏障),石佛乡东南部的马家山、导流山、石佛乡东部的乱孤堆山(又称黑孤堆梁,为麦积区与清水县分界线),石佛乡以北的革家堡梁(在秦安县境内,为石佛乡北部屏障)、王家半山,中滩镇西北的中正山、长山,五龙乡中部的五龙山(1886米,为麦积区渭河以北最高峰)。

西北部渭河南有凤凰山,位于新阳镇南部,海拔1895米,为区内西北部最高处,被誉为"秦州镇山"。其支脉西部有狼烟山,再向西进入甘谷县界,向北延伸者称盘龙山(在琥珀乡中部,直延至渭水附近)。东部支脉分两支,南部一支称飞来山(旧名天靖山,或称钟梁,现书为"中梁"),从新阳镇东南入秦州区中梁乡,止于秦州区以北;北部一支先称北照山,向东称古寺坡山,沿渭南镇与秦州区中梁乡交界向东,依次又有营房梁、见河梁(旧称仁寿山),至花牛镇北部因山顶平坦,地势广阔,称百顷塬(海拔1400~1500米),均为渭河、耤河分水岭,再向东至耤河与渭河交汇处终止。

第三节 盆 地

境内盆地主要有城郊盆地、三阳川盆地、新阳盆地、永川河谷、东柯河谷、伯阳盆地、元龙谷地、底川——黄龙谷地等。

一、城郊盆地 由渭河及其支流耤河、永川河、牛头河冲积形成,包括城区及马跑泉川、社棠川和花牛川。西部起自与秦州区交界的花牛镇曹埂村,东部至社棠镇刘家窑村和伯阳镇属花南村,东西长21公里,南北中部最宽4公里,两端

1.5 公里左右，总面积 70 平方公里。内有耤河、牛头河、永川河、东柯河 4 条支流汇入渭河。盆地内地势平坦，耕地土层深厚，地下水丰富，有花牛、马跑泉、社棠等镇，中部和北部党政机关、企事业单位密布，交通便利，陇海铁路从盆地北部通过，公路交错，花牛川东部有飞机场，是麦积区的政治、经济、文化中心所在。

二、三阳川盆地 在区内西北部，是由渭河与葫芦河冲积、侵蚀形成的河谷盆地。西起中滩镇余峡村，东南至渭南镇窦峡村西，全长 14 公里，宽度除渭南镇东部稍窄外，大都在 4～6 公里间。其河北属于黄土高原南缘，河南属西秦岭北支山脉。三阳川川区海拔在 1130～1200 米之间（石佛乡郭家寺附近河床处 1173 米），盆地两侧山区海拔高度在 1300～1800 米之间。整个盆地大致呈三角形，由于渭河和葫芦河的分割，成为 3 部分。北部为石佛乡川地，主要由葫芦河冲积而成；南部为渭南镇川地，由渭河冲积而成；中部为中滩镇川地，由两条河共同冲积而成。总面积 60 平方公里。渭河从中滩镇最西端的余峡村进入三阳川，历卦台山北，达三阳川腹地。葫芦河从石佛乡峪口村汇入渭河。盆地内地势平坦开阔，耕地土层深，土质肥沃，灌溉条件好。包括中滩、渭南、石佛 3 个乡镇。陇海铁路从盆地南部东西向横穿全境，天巉公路由卦台山隧道出南山进入三阳川，纵贯渭南、中滩两镇。

三、新阳盆地 在新阳镇境内，由渭河冲积而成。西自裴家峡村起，东至小川子（赵家庄村东），中呈弓型。东西长 7 公里，南北宽 1～2 公里，总面积 9 平方公里。北部为新冲击川地，南部为形成较早的台地。海拔 1190～1250 米（王家庄附近河床处 1195 米）。耕地土层深，土质肥沃。渭河自西向东流经全境，陇海铁路从盆地北部纵贯东西。新阳镇渭河桥连接南北，麦甘公路（北道埠到甘谷）穿越盆地南部。

四、永川河谷 位于甘泉镇东北部与马跑泉镇东南部，由永川河及支流冲积而成。东南部从甘泉镇峡门村起，西北至马跑泉镇什字坪村接城郊盆地，上游属甘泉镇，下游属马跑泉镇。全长 15 公里，宽度 1 公里左右，是一、二级阶地构成的带状谷地，总面积 12 平方公里。土层较深，主要种植小麦、玉米、蔬菜、瓜果。永川河由东南向西北流经全境，是通往麦积山风景旅游区的必经之地，麦贾公路贯穿全境，交通便捷，区位优势明显。

五、东柯河谷 位于区境中部，由东柯河冲积而成，北起马跑泉镇石咀子村，东南止于麦积镇街亭镇（自然镇），全长 12 公里，宽为 0.5～1.6 公里，总面积 10 平方公里。现上游属麦积镇，中游属甘泉镇，下游属马跑泉镇。土层较深，主要种植小麦、玉米、瓜果。东柯河从南向北流经全境，石街公路、元温公路穿越谷地，交通便利。

六、伯阳盆地 在伯阳镇，由渭河冲积而成。西从南集村起，东至兴仁村东北峡谷处，呈半月形。东西长3.5公里，南北宽2～3公里，总面积8平方公里。土层深厚，土质肥沃。渭河南耕地多栽植果树，为区内桃、苹果主要产地之一。陇海铁路穿越北部，310国道贯穿全镇，交通便利。

七、元龙谷地 位于元龙镇，是渭河冲积而成的高低不一谷地，西起青崖村，东至石谷川村，东西长9公里，南北宽数百米至2公里，总面积8平方公里。土层深浅不一，主要种植小麦、玉米和栽植花椒、苹果等果树。310国道和陇海铁路贯穿全境。

八、底川——黄龙谷地 西从元龙镇底川村起，向东延至三岔乡黄龙村，是由渭河冲积而成的狭长谷地，东西长4公里，南北宽数百米至1.5公里，总面积4平方公里。土层较深，主要种植小麦、玉米。陇海铁路、310国道纵贯全境，交通便捷。

此外，还有琥珀乡罗家村、霍家川村，渭南镇东刘庄村，三岔乡水关村、阎西村、鹤峰村、关庄村、咀头村等谷地，皆为小块川地，面积大都1～2平方公里。

第三章 土壤植被

第一节 土 壤

一、土类 境内土壤由第三、第四纪红色黏土和黄土母质发育而成。大部地区，土质较好。在土壤地理带上，地处暖温带落叶阔叶林褐土带。全区总面积3483平方公里。根据土壤成因特征，大体分7个土类、15个亚类、38个土属、55个土种。主要土类有褐土、棕壤、垆土、绵土、红土、淀土和潮土。因母质成因差异，呈块状镶嵌分布。褐土为林区、灌丛、草地地区主要土壤，多在林区海拔1500～2000米的地带。土层薄，自然肥力较高；棕壤土分布在区境南部秦岭山地温带落叶林和针叶林地带，海拔2000米以上山区；垆土又称黑垆土，为黄土高原分布最广的古老耕种土壤。土层深厚，质地适中，耕性良好；绵土发育在黄土梁峁区和河谷台地上，土层深厚，黏性良好，但供水、供肥性差，水土流失严重，主要分布在渭河流域海拔在1350米以上的黄土梁峁沟壑地带；红土为岩性土壤，多直接发育在第三系泥岩和砂砾岩的风化层上，分布在渭河流域1350米以下的白蚀沟坡、湾地、切沟、沟谷两岸。一般质地黏重，呈块状或粒状结构，渗水性差，遇水易饱和，抗侵蚀力差，水土流失严重；淀土主要分布在渭河支流的葫芦河、耤河、永川河、东柯河、牛头河及嘉陵江支流的花庙河、利桥河的冲击平坦区；潮土分布在地下水位较高的渭河、耤河及其支流的河漫滩、地下水露头的泉水线地带。总面积中，褐土约占2/3，红土约1/10，垆土、绵土、淀土各占5%～7%，棕壤不到4%，潮土更少。

二、分布　区境北部和南部的山地、坪地、梁峁多为绵土、黑垆土和红土。西部和东南部山地为褐色土和山地棕壤土，河谷川区及沙滩冲积扇多为淀土和潮土。土壤大部分为粗骨质山地褐色土和粗骨质山地棕壤土，土层较厚，土壤沙性大，排水良好，但熟化程度较低，质地较粗，结构和耕性都较差，有机质0.29%～8.81%，含氮0.024%～0.76%，含磷0.069%～0.23%，含钾0.047%～0.26%，酸碱度6.2～8.2。

土壤垂直分布因自然环境不同而有所不同，大致为：海拔1800～2000米左右的山地，主要为山地棕壤土，土壤有机质丰富，植被以落叶阔叶混交林与针叶混交林为主。海拔1500～2300米，主要为山地褐色土。在渭北黄土丘陵沟壑区分布有山地灰褐土类和黄绵土类，二者时有相间分布，主要特点是有机质含量低，风蚀、水蚀严重。林区自然土壤有侵蚀黑垆土、褐色土、棕壤，约328.77万亩，占总面积的62.9%。农区耕种土壤有绵土、红土、黑垆土、淀土和潮土5个土类35个土种，约71.47万亩，占总面积的13.7%（均为标准亩）。通过土壤养分化验，总的来说钾有余，氮不足，磷极缺。

三、农用地土壤　农用地即种植作物的土地，全区计71.82万亩（统计面积），其中以绵土分布最多，其次为淀土、垆土、红土，还有少量潮土，计5个土类。

农业耕地土壤分类

土壤种类	分布	面积（万亩）	占总面积（%）
绵土	主要分布于渭北干旱山区、耤河流域两面山地。	30.24	42.1
淀土	主要分布于川塬、河谷川坝地。	16.10	22.4
潮土	主要分布于花牛、马跑泉川区低洼地带。	0.06	0.1
红土	主要分布于沟上部、侵蚀严重和曳山烂湾的坡地上。	11.02	15.3
垆土	主要分布于渭、耤河流域两面的坪地、梁顶、梁坡。	14.40	20.1

第二节 植 被

一、植被分布

境内属较湿润的暖温带森林与半湿润温带森林草原过渡地区,地形复杂,自然条件多样。森林植被受纬度、海拔高度、气候、土壤和地形等生态因子的制约。影响其分布的主要因素是热量和降水,热量和降水量随纬度增高而递减,植被种类覆盖度也由南向北依次减少,形成以渭河为界的植被带,渭河以南为阔叶落叶、针阔混交森林,渭河以北为森林草原。

东南部阔叶落叶和针阔混交森林　包括东岔、三岔、元龙、伯阳、甘泉、麦积、党川、利桥等乡镇,属秦岭石质山地,气候温凉湿润,乔、灌、草茂盛,是境内植被最好的地区,覆盖度在80%以上。大部分地区生长着以栎林为主的天然阔叶落叶和针阔混交林,以锐齿栎优势树种,与油松、山杨、华山松、桦、榆、侧伯、刺楸、漆树、山核桃、冬瓜杨等树种混交。局部植被垂直分布明显,海拔1800米以下以锐齿栎为优势树种,与华山松、油松、山杨、白桦等树种混交;海拔1800~2000米间以辽东栎为优势树种,与山杨、红桦、华山松等树种混交;海拔2000米以上地区山杨和桦占优势,人工栽培树种主要以优树、日本落叶松、华山松等为主。

中、西、北部森林草原带　位于中、西、北部的所有地域。境内原生植被屡遭破坏,天然植被残存无几。除高山峡谷等地有零散生的油松、侧伯等乔木外,天然植被大都是次生灌丛型和草木型。

中部:灌木以沙棘占优势,多是斑块和散生,并与锦鸡儿、多花胡枝子等混生。草本以短柄草、白羊草最多,伴生羊茅、乔草、蒿类等杂草。该区水热适宜,土地资源丰富,人工植被分布较广,在低山河谷地带多为散生和人工栽培的林种。如杨、柳、榆、刺槐、泡桐、侧柏、桧柏,经济果树有枣、梨、杏、苹果、核桃、柿子、花椒、樱桃、葡萄等。

西部:森林屡遭破坏,林线后移,种群退化演替发育形成乔灌植被。乔木类型少,主要是残存的小片栎林及山杨、桦、油松、侧柏;灌草型分布较广,以沙棘、虎榛子、蔷薇、胡颓子等为主;草本以黄背草、短柄草、羊茅、野青茅为主,混生地榆、蒿类、草莓、秃头菜等。

北部:气温高,水分少,环境干燥,天然森林绝迹,旱生、半旱生植物递增,植被类型以针茅、长苕草、半生苕草、茫茫草等草本为主,混生耐旱的小灌木为沙棘、枸杞，并散生锦鸡儿等。其地大部分地面已被人工栽培植被所代替，尤以农作物占优势，人工森林群落少且多分布在低山沟壑，以刺槐、花椒为主，侧柏、杨、柳、泡桐次之。

二、植被类型

自然植被　东南部林区和林缘区为自然植被分布地带。由于秦岭山地海拔高差悬殊，随着海拔的增高，演替成不同的植被带，植被的垂直分布明显。秦岭山地分水岭以北，海拔 2000 米以上的山区，分布的主要是寒温性针叶林（冷杉、云杉等）和温性针叶林（主要是油松、华山松），在天然森林已毁的地方，覆盖着杜鹃灌丛；海拔 1000~2000 米的谷坡地带，分布着落叶阔叶林（主要是栎林及其他杂木林）和落叶阔叶灌丛（主要有沙棘、胡枝子、榛子等）；海拔 1000 米以下的山脚，主要是典型的温暖带植物。秦岭分水岭以南，地势稍平缓，降雨量充沛，分布的主要是落叶阔叶林（以栎为主）和竹林（主要是箭竹、淡竹），林中空地及林缘带生长着较茂密的落叶阔叶灌丛。在林缘区森林已经绝迹的地带，分布着一些草丛。整个林区和林缘区，除裸露的石质地外，全被森林、竹林、灌丛、草丛覆盖，植被良好。黄土梁峁沟壑区，渭河南部坡度 35 度以上的山坡和沟帮，呈斑状分布着沙棘、胡颓子（剪子刺）、胡枝子、酸枣共生的低矮灌丛和小片草丛；渭河北部坡度 45 度以上的深沟坡地零星分布着一些草丛。渭河川区已没有自然植被。

人工植被　中部和西北部，除少量沟帮、山坡分布有稀疏草丛、低矮灌丛外，均为人工植被。人工植被中，粮食作物占主要部分。此外，还有人工林、经济果树、人工草地等。1986 年，城区南北两山绿化工程开始实施。树种主要为刺槐、泡桐、榆树、侧柏，间有果树。至 1990 年，全区有已成林的人工林 20 万亩，零星植树 600 余万株，果树 5.4 万亩，种草 9.6 万亩。1999 年开始，将生态环境建设作为促进可持续发展的根本举措，全力实施退耕还林、天然林保护、防护林等国家林业重点工程。至 2007 年，累计造林和封山育林 89.43 万亩，先后建成千亩以上工程点 59 处。

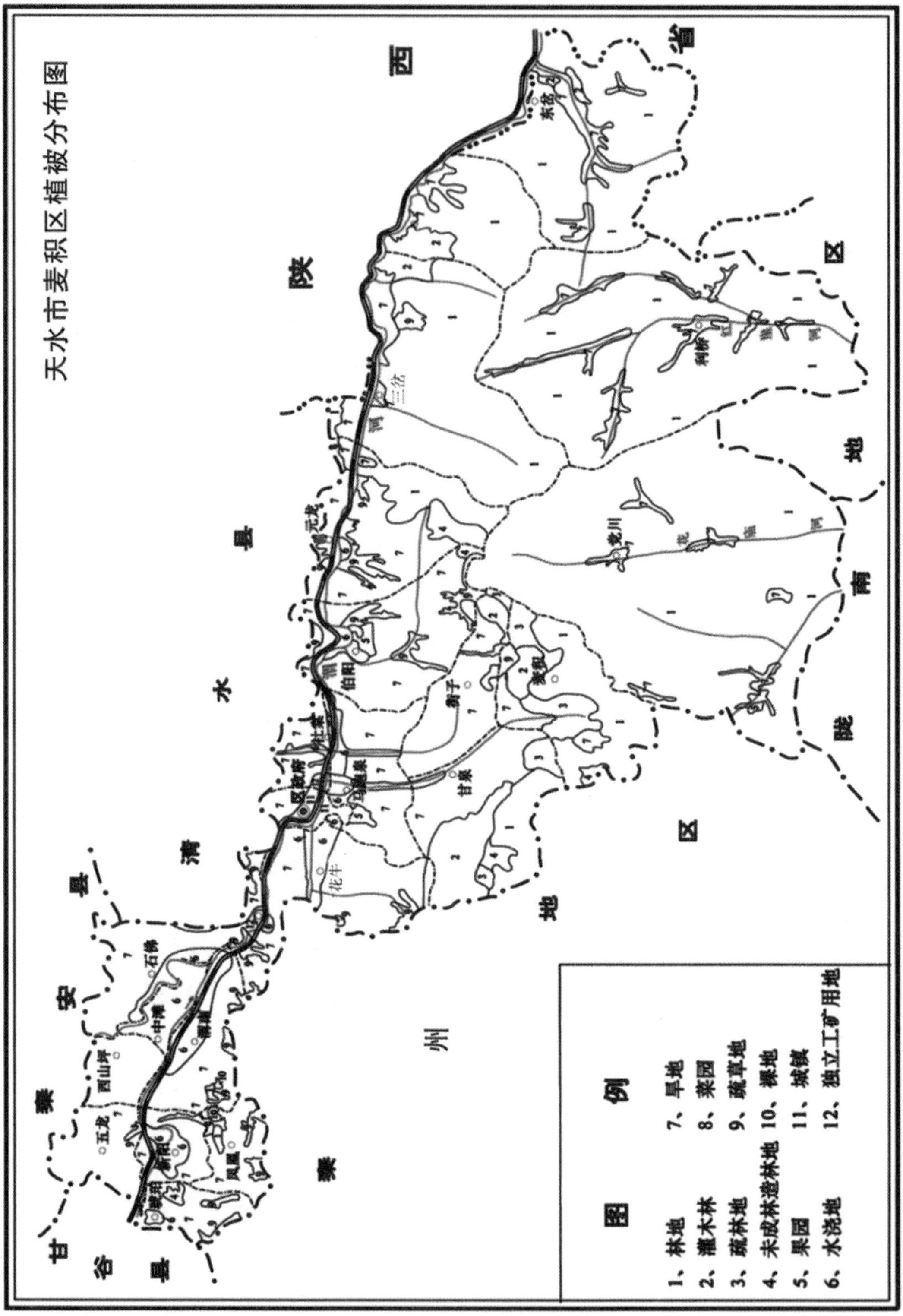
天水市麦积区植被分布图
甘谷县
秦安县
清水县
陕西省
陇南地区
秦州区
1: 600000
图例
1、林地
2、灌木林
3、疏林地
4、未成林造林地
5、果园
6、水浇地
7、旱地
8、菜园
9、疏草地
10、裸地
11、城镇
12、独立工矿用地

第四章　水　文

第一节　河　流

境内以秦岭为分水岭。岭北为黄河支流渭河水系，流域面积 2183 平方公里，占全区总面积的 62.7%；岭南属长江支流嘉陵江水系，流域面积 1300 平方公里，占全区总面积 37.3%。

主要河道，一级河流有渭河 1 条，总长 181 公里；二级河流属渭河的由西向东依次有霍家沟、琥珀沟、葫芦河、寺下河、耤河、永川河、牛头河、东柯河、别川河、西坡河、毛峪河、五龙沟、码头河、二流水、太碌河、秦岭沟、巨寺沟、交川河、乍岭沟、东岔沟等，属嘉陵江的有白家河、花庙河、红崖河，总长 552.7 公里。三级河流有罗玉沟、横峪河、稠泥河、谢家河、董水沟、胡家沟、骆驼巷沟、三流水、四流水、罗家沟、夏家沟、火吉沟、龙潭沟、谢家磨沟、红庙子沟、坪河沟、秦岭沟、马家沟、周家沟、麦草沟、割漆沟、坪沟河、桃花沟等，总长 321.7 公里。加上遍布境内的四级河流、沟谷，总计河流长度 1961.5 公里，河网密度每平方公里 0.56 公里。

一、渭河水系

渭河　古称渭水，俗称禹河，为境内最大河流。发源于渭源县西南，经陇西、武山 2 县，从甘谷县牛家湾附近进入琥珀乡，自西北向东南径流，经新阳、中滩、渭南、石佛、花牛等乡镇进入北道埠，再经马跑泉、社棠、伯阳、元龙、三岔至东岔牛背村流出区境。区内干流长 181 公里，其中从三岔乡北峪村至东岔乡牛背村 62 公里为本区与宝鸡市陈仓区的界河，河北属宝鸡市陈仓区，河南属天水市麦积区。入境

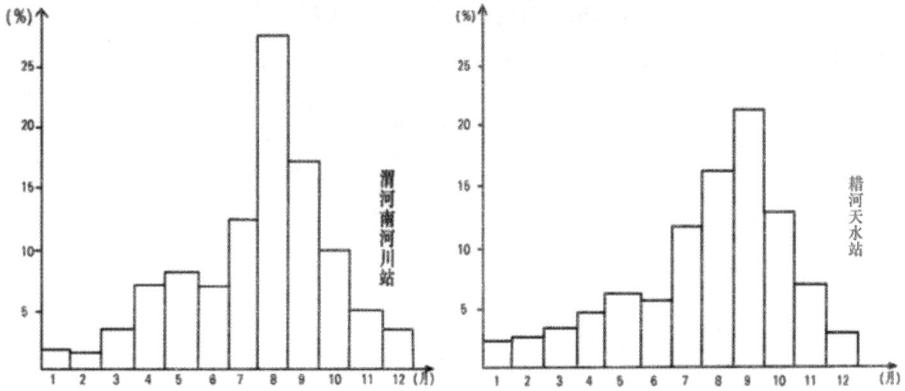

渭河、耤河年内径流量分配图

处海拔 1219 米,出境处海拔 748.5 米,平均每公里落差 2.6 米。伯阳以上水势平缓,落差小;伯阳以下水势湍急,落差大。据 1985–2007 年观测记录,年均每秒流量 20.7 立方米,年均径流总量 6.5 亿立方米,最大 14.6 亿立方米,最小 1.29 亿立方米。流量季节变化明显,丰水期流量猛增,最大每秒流量 2030 立方米(1992 年 8 月 12 日),枯水期流量骤减。渭河含砂量较大,年均输砂 4830 万吨,最大 1.56 亿吨,最小 1310 万吨,年平均含砂量每立方米 83.7 公斤,最大 757 公斤(1992 年 6 月 11 日)。结冰日期最早在 11 月上旬。主要支流有葫芦河、耤河、永川河、牛头河、东柯河、毛峪河、秦岭沟、交川河、东岔河等。随着经济的发展,人口的增加,沿途大量工业废水和生活污水未经处理或处理不彻底直接排放于河道中,使渭河天然水质受到污染。渭河流域气候、地形地貌、地质结构、土壤等自然状态复杂多样,降水时空分布不均。气候从北向南有干旱区、半干旱区、半湿润区,水系呈非对称分布。北岸流域绝大部分为黄土丘陵区,支流多,干旱少雨,植被差,土质松软,坡度陡缓多变,沟壑纵横发育,水少沙多,是渭河上游重要的水土流失区。南岸背靠秦岭,流域内多为森林或林缘区,降水相对较多,植被相对较好,支流少,地形陡峻,水多沙少。

葫芦河　古称陇水、长离水、瓦亭水,后又称苦水、长源河。因河床狭窄多曲折,形似"葫芦"而得名。发源于宁夏回族自治区西吉县与海原县交界处的月亮山西南麓,经秦安县南流,从石佛乡苏家河湾入境,为石佛乡与中滩镇的界河,在石佛乡峪口村南入渭河,是渭河上游第一大支流。区内长 18 公里,流域面积 104 平方公里。上世纪 70 年代后,多次断流,1980 年后径流量急剧减少,特别是从 1986 年开始,长期低于平均流量,减少趋势明显。据 1985–2007 年观测记录,年平均每秒流量 5 立方米,年均径流总量 1.58 亿立方米,最大 4.36 亿立方米,最小 3200 万立方米。含泥砂多,年输砂 1780 万吨,最大年份 8430 万吨,最小年份 286 万吨。

耤河　《水经注》中称耤(读 xí)水,古又称洋水、乌油江,后来《秦州直隶州新志》和《天水县志》中称耤水,属渭河一级支流。发源于甘谷县古坡乡龙台山瘦驴岭,自西向东经秦州区流入花牛镇后,有横峪河由南向北汇入,又东流至北道埠西端峡口汇入渭河,区内流长 10 公里。1985–2007 年观测,年均每秒流量 1.44 立方米,年均径流总量 4540 万立方米,最大为 1.1 亿立方米,最小 170 万立方米。河水流量季节性变化大,枯水期几乎断流,丰水期流量剧增,最大洪峰流量 896 立方米 / 秒(1988 年 8 月 7 日),河谷两侧剥蚀强烈,多年平均侵蚀模数每平方公里 1580 吨。耤河含砂量较大,年输砂 161 万吨,最大年份 617 万吨,年平均含砂

量每立方米 58 公斤，最大 891 公斤（1992 年 5 月 30 日）。

永川河　今有人转音为“颖川河”，乡民俗称“天河”。发源于麦积镇香积山西北麓，向北流入甘泉镇，依次汇入小峡河、胡家沟河、董水河、甘江河、谢家河、大江河、稠泥河(小江河)，在马跑泉镇北汇入渭河。干流全长 27.5 公里，落差 480 米，流域面积 283 平方公里。年平均每秒流量 1.36 立方米，年均径流总量 4300 万立方米，年输砂 50 万吨。

牛头河　古称桥水、东亭水，又称西江、清水河。发源于清水县东南部林区牛头山下芦子滩，从清水县南流入社棠镇石岭村，在社棠镇西南汇入渭河。整个干流呈弓形，区内长 6 公里。流域上游为森林或林缘区，植被情况较好，其余地区大部分为黄土丘陵区，土质疏松，植被稀少，沟壑纵横发育。据 1985-2007 年社棠站观测资料，年平均每秒流量 3.21 立方米，最大 1190 立方米(1987 年 4 月 19 日)，曾多次断流。年均径流总量 1.01 亿立方米，最大 2.42 亿立方米，最小 2288 万立方米，年均输砂 242 万吨，年平均含砂量每立方米 24.5 公斤。

东柯河　古称泾谷水。发源于伯阳镇石门山西侧，西北流，在麦积镇街亭村汇入南河(即古轩辕溪水，发源于麦积镇与党川乡交界的二沟山东麓)后，仍西北流转北流，历甘泉镇东部，至马跑泉镇潘集寨东注入渭河。主流长 24 公里，落差 320 米，流域面积 184 平方公里。年平均每秒流量 1.07 立方米，年均径流总量 3370 万立方米，年输砂 47 万吨。

毛峪河　古称伯阳谷水。发源于伯阳镇石门山北麓，自南向北流经伯阳镇境内，从柴家坪断崖下注入渭河。落差 400 米，流域面积 71 平方公里。年平均每秒流量 0.38 立方米，年均径流总量 1200 万立方米，年输砂 7 万吨。

大沟水　三岔乡碧峪沟河流，发源于秦岭北麓蜿蜒北流 20 多公里，于三岔乡佘家门村汇入渭河。河水在碧峪峡谷中常年奔流，形成多处水潭和小瀑，两岸山青水秀，风景优美。

交川河　发源于东岔镇西部与利桥乡交界处秦岭山脉东北麓，向东北流经东岔镇东北部汇入渭河。主流长 15 公里，落差 390 米，流域面积 104 平方公里。年平均每秒流量 0.82 立方米，年均径流总量 2600 万立方米，年输砂 7 万吨。

东岔河　发源于东岔镇西南与利桥乡交界的秦岭山脉东麓，向东流经东岔镇南部，至东岔村转向东北入渭河。长 24 公里，落差 550 米，流域面积 217 平方公里。年平均每秒流量 2.34 立方米，年均径流总量 7400 万立方米，年输砂 8 万多吨。

二、嘉陵江水系

嘉陵江支流主要有白家河、花庙河、红崖河，皆蜿蜒于南秦岭山区，属常年性河流。因流经林区，河水清澈，含沙量小，季节变化不大。

红崖河 嘉陵江上游一级支流，古称广香川水。发源于利桥乡北部秦岭梁南坡，南流至吴河村南纳仙坪河(发源于利桥乡东北部)，仍向南，从徐家坪稍东流入两当县境内。区内主流长44公里，落差380米，流域面积540平方公里。年平均每秒流量4.66立方米，年平均径流总量1.47亿立方米。流域内森林覆盖，植被良好，水量丰富，沿河上下水清潭深，风景优美。年输砂20万吨。

花庙河 《水经注》中称黄卢山水。发源于党川乡与伯阳镇交界的秦岭南麓，纵贯党川乡中部，在火鸡村张家山以西入徽县。主流长46公里，落差560米，流域面积476平方公里。年平均每秒流量3.68立方米，年平均径流总量1.16亿立方米，年输砂19万吨。

白家河 发源于天水市秦州区娘娘坝镇西南大山梁（坝），由娘娘坝镇下台子村入境，经党川乡西南部，历观音殿，从马家坪村南入徽县。区内流长26公里，河道曲折弯转，观音村以西一段已辟为曲溪风景区。年平均每秒流量5.7立方米，年平均径流总量1.8亿立方米，年输砂57万吨。

第二节 地下水

一、类型及分布 境内地下水按地貌特征，分山区地下水和河谷潜水两大类。山区地下水主要靠天然降水补给和泉水、溪水排泄。全区多年平均天然补给量，平水年1.52亿立方米，枯水年1.27亿立方米。河谷潜水、耤河河谷冲击平原全新统砂砾、卵石含水岩层，分布在河漫滩，一、二级阶地及冲积扇组成的河谷平原。河谷盆地平水年潜水总动流量1073万立方米，偏枯水年977万立方米。

根据地下水的赋存、埋藏特征，地下水分为松散岩类孔隙水、碎屑岩类孔隙裂隙水和基岩裂隙水。松散岩类孔隙水又分为河谷地下水、沟谷地下水和黄土孔隙裂隙潜水，后者与滑坡发育关系密切。河沟谷地下水分布于耤河、渭河及其两侧较大支沟中，具有水位埋深浅、含水层厚度大、透水性好、富水性强的特点。黄土孔隙裂隙潜水分布于黄土丘陵区，水量小、单泉流量每秒小于0.1公升。碎屑岩类孔隙裂隙水主要分布在低山丘陵区，赋存于老第三系砂砾岩、砾岩风化裂隙中和新第

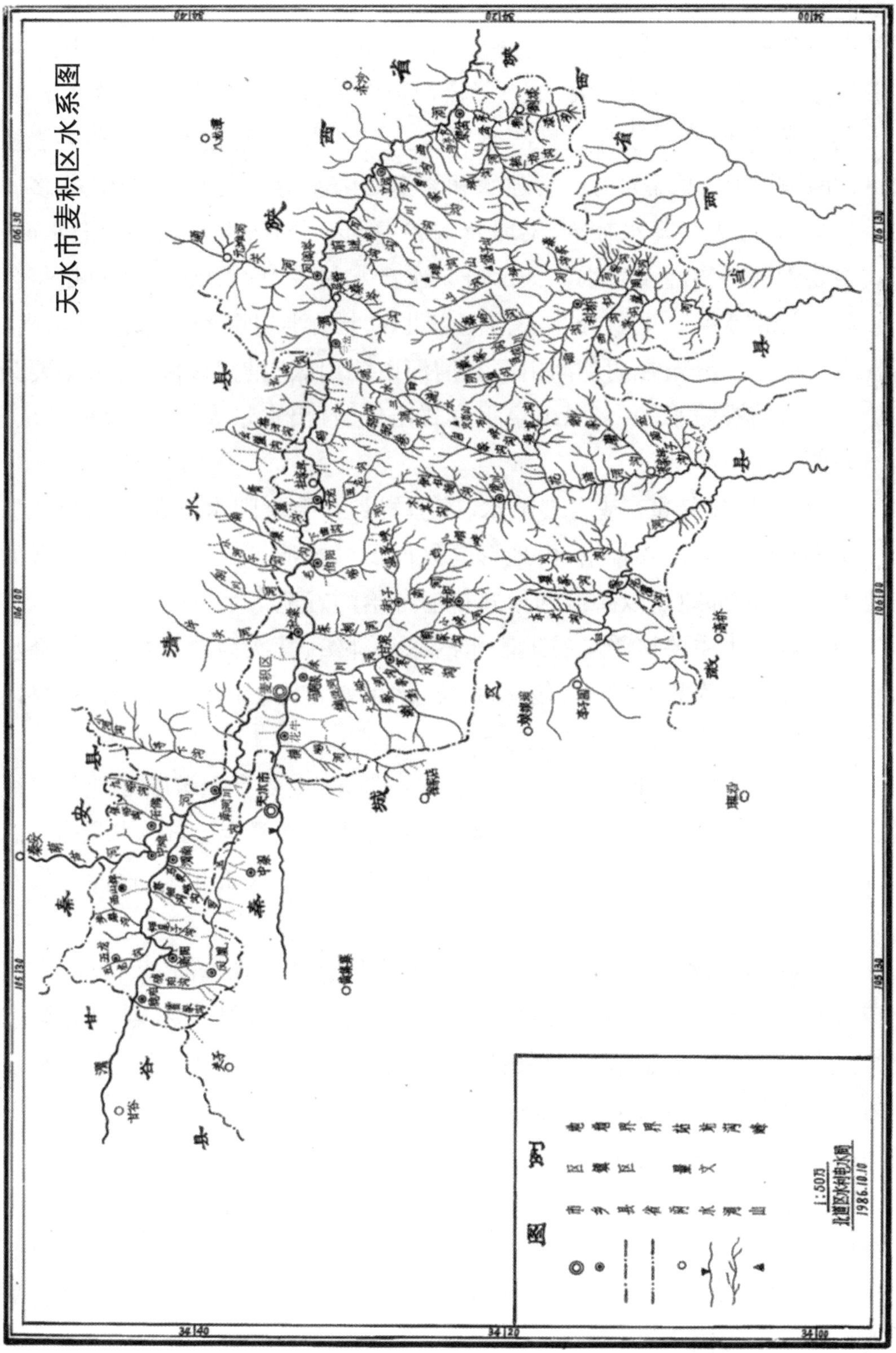
天水市麦积区水系图

三系泥岩中，砂砾岩、砾岩中地下水单泉流量每秒 0.1～0.3 公升，泥岩中水量贫乏或基本不含水。基岩裂隙水主要分布于南部的基岩山区，赋存于基岩风化裂隙或构造裂隙中，富水性差异较大，地下径流模数以每秒每平方公里计，为 1～3 公升。

地下水分布，在黄土丘陵区表现为黄土层潜水、河谷盆地潜水和第三系承压水等，在秦岭山区表现为构造裂隙水和岩溶裂隙水等。渭北干旱山区，多属黄土层潜水，主要靠大气降水补给，梁峁及沟谷中均有分布，没有统一的潜水面，出露形式主要为河谷渗漏及泉水。大部分泉水产水量少，且水质差，含氟量每公升在 2 毫克以上的高氟区主要分布在渭河以北的半山半川区和东部渭河以南山区，苦咸水区域主要分布在葫芦河川区和渭河以北川区。渭河以南山区，主要为构造裂隙水和岩溶裂隙水等，多以山泉水形式出现，且出水量大，但多离村庄较远，饮用不方便。

二、补、径、排特征　基岩裂隙水、碎屑岩类孔隙裂隙水及黄土孔隙裂隙水主要接受大气降水的入渗补给，由地形高处向低处径流，于地形低洼处以泉的形式向地表排泄，局部地段以潜流的形式排泄补给沟谷地下水。

沟谷地下水主要接受沟谷地表水的入渗补给，其次为灌溉水、大气降水等补给。每条沟谷均为相对独立的运动系统，地下水自沟脑向沟口径流，最终以泉或地下潜流的方式排泄，补给河谷地下水。

河谷地下水的补排关系复杂，补给方式各异，主要有上游断面地下水径流补给、河水入渗补给、沟谷潜流侧向补给、大气降水及灌溉等方式入渗补给。总的径流方向是顺河谷方向自上而下径流，排泄方式主要有人工开采、地面蒸发及地下径流等。

三、水环境与水质　境内地下水补给完全依靠渭河和耤河、永川河、东柯河等支流。由于社会经济的发展，农业、工业、生活用水逐年增加。邻县、区生活及工业废水经葫芦河、牛头河、耤河及其他各支流汇入渭河，使区内河谷地带水质均受到污染，河流水质恶化，造成生态环境的破坏。再加上水资源管理体制不完善，环境污染和生态破坏现象日趋严重。

区内慕滩水源地、峡口水源地，以及机关、企事业单位自备水源均处于渭河河谷川道区域。峡口水源地处慕滩——潘集寨水源地上游 4.5 公里的准保护区，而自备水源大部分处慕滩——潘集寨水源地一级保护区或二级保护区，故其水源地水质基本大同小异。

按照国家现行地下水水质评价标准——《生活饮用水卫生标准》和《地下水质量标准》,采用单项组分评价和综合评价相结合的评价方法,将慕滩地下水水源地水质指标分为一般化学指标或细菌学指标、毒理学、放射性指标和地方特定项目 4 大类。通过水质分析资料与评价标对比，慕滩——潘集寨水源地地下水中,矿化度、总硬度、硫酸盐、铁都有不同程度的超标,超标率分别为 25.7%、15.7%、18.7%和 32.8%。又据《天水市农村饮水现状调查评估报告》,2004 年全区农村居民生活供水量 635 万立方米,人均 14.41 立方米。供水水质都符合国家饮用水二级标准以上,农村自来水普及率 26.6%,农村人畜饮水安全程度 35.2%。农村饮水安全人口 15.03 万，占全区农村总人口的 34%，其中饮用正规自来水者 4.76 万人，饮用简易自来水者 6.6 万人，人饮水窖基本安全的饮水人口 3.07 万人。农村饮水不安全者 27.67 万人,占农村总人口 64.8%。

第五章 气 候

境内位于北半球中纬地带，地处西北内陆黄土高原与西秦岭山地交会处,海拔高度 900~2000 米,属温带大陆性半湿润季风气候,冬冷夏热,气候温和,日照充足,降水集中,夏无酷暑、冬无严寒。总的特点是四季分明。春季:暖气团势力北进,冷气团势力减弱,是冷暖气团相持季节,气温缓慢回升,降水少,有时在北方强冷空气侵入时,易出现倒春寒。夏季:受西太平洋副热带高压影响,多东南季风,气温高,降水较多。且因局部地方强对流天气影响,多雷雨和冰雹。秋季:冷暖气团交替,降水较多,而且多阴雨连绵天气。晚秋降温快,暖湿气团南移,多晴朗天气。冬季:受蒙古高压和极地变性大陆气团影响,多严寒干燥的西北风气候,气温低,雨雪稀少。综合全年气候特点是:日照较短,热量稍欠,降水不均,多干旱灾害。

第一节 光 照

一、日照时数

据 1985-2007 年观测资料,全区年平均日照时数 2008.4 小时,平均每天 5.6 小时,年平均日照时数总体呈减少趋势。月变化以春末 5 月最多,仲秋 10 月最少。其中春季 570.4 小时,夏季 615.7 小时,秋季 408.3 小时,冬季 414 小时。地域间差别大，东部多于西部，川区、山区较多，林区较少。同纬度地区由于地形和云量的不同，日照时间也有差异。

20 世纪 90 年代后，渭北干旱区仍呈减少趋势，半湿润区和河谷川区则明显增多，累计日照时数分别较历年同期偏多 60%和 28%。平均累计日照时数春、夏、秋三季分别较历年同期偏多 20%、21%和 10%，冬季则减少 67%。以半湿润区为甚，四季分别偏多 67%、74%、73%和 15%，渭北干旱区偏少最多，四季分别偏少 49%、57%、84%和 138%。

各旬、月、季、年日照时数

月份	旬月	小时	月份	旬月	小时	月份	旬月	小时	月份	旬月	小时
1 月	上	46.4	4 月	上	58.8	7 月	上	66.6	10 月	上	40.2
	中	44.3		中	65.0		中	71.1		中	38.2
	下	49.8		下	68.4		下	77.3		下	52.4
	月	140.5		月	192.1		月	215.1		月	130.7
2 月	上	46.8	5 月	上	71.9	8 月	上	69.8	11 月	上	50.1
	中	45.2		中	68.8		中	59.9		中	45.2
	下	38.0		下	78.9		下	66.9		下	42.1
	月	130.0		月	219.7		月	196.4		月	137.3
3 月	上	55.5	6 月	上	69.4	9 月	上	49.2	12 月	上	46.2
	中	46.8		中	65.7		中	47.7		中	47.0
	下	56.4		下	69.1		下	43.1		下	50.2
	月	158.6		月	204.2		月	140.3		月	143.5

二、太阳辐射量

太阳总辐射是太阳直接辐射和散射辐射的总和。境内全年总辐射量为 126.76 千卡 / 平方厘米，以 6 月最高，12 月最小；各月总辐射的变化，是从 1 月开始逐月递增到 6 月达到峰值，尔后又逐月递减。

逐月太阳辐射量

单位：千卡 / 平方厘米

月份	1	2	3	4	5	6	7	8	9	10	11	12
辐射量	7.38	7.30	10.45	12.78	14.50	15.61	14.12	14.30	9.16	8.28	6.59	6.29

第二节　气　温

一、平均气温

据1985–2007年观测资料，境内年平均气温11.3℃（摄氏度），月平均温度以1月最低，平均–1.7℃；最热月7月平均23.2℃。各月温度变化趋势为1～7月逐渐升高，7月达到峰值，7～12月逐渐降低。最低月均–8.3℃（2002年12月），最高月均32.7℃（2000年7月）。各季节平均气温，春季12.3℃，夏季22.1℃，秋季11.1℃，冬季–0.3℃。平均气温年较差24.9℃，最大日较差25.5℃（2004年4月17日）。大于10℃的活动积温3666℃。植物生长期年均255天，无霜期年均193天，最长211天，最短176天。

各月平均温度

单位：摄氏度

月份	1	2	3	4	5	6	7	8	9	10	11	12
温度	–1.7	1.8	6.8	12.8	17.3	21.0	23.2	22.0	17.2	11.3	4.7	–0.9

二、年度变化

上世纪90年代，气候变暖。1991–2005年，气温骤升，年均升温0.4℃，以冬、春季升温最大，年均升温0.8℃，秋季最小为0.2℃。

1985–2007年区内历年温度一览

年份	平均气温（℃）	极端最高		极端最低	
		温度（℃）	日期（月.日）	温度（℃）	日期（月.日）
1985	11.0	37.5	8.7	–16.5	12.15
1986	11.5	38.0	8.8	–16.5	1.5
1987	11.7	36.0	7.6/7.31	–19.9	11.29
1988	10.6	34.0	7.21	–11.0	1.18
1989	10.6	35.5	6.29	–15.9	1.14
1990	11.2	38.5	7.15	–11.0	12.1
1991	11.4	37.5	7.17–7.18	–18.7	12.28
1992	10.9	36.0	6.9	–11.4	1.14

续表

年份	平均气温（℃）	极端最高		极端最低	
		温度（℃）	日期（月.日）	温度（℃）	日期（月.日）
1993	10.9	35.0	7.9	–13.7	1.15
1994	12.1	37.6	8.4	–17.0	1.18
1995	11.8	39.0	6.27	–13.8	2.3
1996	11.1	38.0	7.5	–13.7	1.19
1997	12.1	41.5	7.21	–15.3	1.23
1998	12.0	39.5	6.21	–14.6	1.17
1999	11.9	39.0	7.31	–12.9	12.21
2000	12.2	41.5	7.22	–11.5	2.1
2001	11.7	39.0	7.8/7.21	–10.5	12.6/12.20
2002	12.3	41.0	7.8	–16.0	12.26
2003	11.3	39.0	7.4	–13.0	1.5
2004	11.9	40.0	7.6	–16.3	12.31
2005	11.2	34.9	6.13	–15.5	1.2
2006	12.1	36.3	6.17	–13.0	1.6
2007	11.7	34.1	6.24	–12.7	1.8

三、气温较差

日较差　境内气温的日变化受云量影响较大，晴天高、低波幅明显，分布规则；阴天或多云天常出现复杂的波动型，波幅变化平缓。日最高气温约出现在下午15–16时，日最低气温出现在清晨日出前后。四季气温日较差以春季最大，秋季最小。

四季气温日较差分布

季节	春　季（2–4月）	夏　季（5–7月）	秋　季（8–10月）	冬　季（11–1月）
日较差变化（℃）	11.6~13.7	10.7~11.8	8.7~10.5	8.8~10.7

季节差　四季分布以夏季最高,为 27.9℃~29.6℃,冬季最低,为 -7.0℃~-5.7℃。年平均最低气温河谷川区最大约为 5℃~7℃,高山区最低约为 3℃~4℃。

最高气温分布

季节	春 季(2–4 月)	夏 季(5–7 月)	秋 季(8–10 月)	冬 季(11–1 月)
最高气温(℃)	17.8~20.1	27.9~29.6	14.8~17.2	2.1~4.4
最低气温(℃)	5.8~7.5	16.6~18.2	6.1~7.4	–7.0~–5.7

四、极端气温

境内极端最高气温呈升高趋势，年均升温 0.08℃，以半湿润区升幅最大,为 0.17℃;渭北干旱区最小,为 -0.01℃。20 世纪 90 年代后,呈明显升温趋势,年均升温 0.61℃,以半湿润区最大,为 0.79℃;河谷区最小,为 0.51℃。极端最高气温大于 35℃以上高温日数 90 年代后迅速增加,年均增加 2 天,大于 30℃以上的日数 43.2 天。

极端最低气温的变化呈升高趋势，年均升温 0.15℃，以半湿润区最大,为 0.22℃;河谷区最小,为 0.07℃。20 世纪 90 年代后,升温趋势加快,以河谷区最大,为 0.32℃;半湿润区最小,为 0.25℃。极端最低气温小于 -10.0℃日数平均 3.8 天,减少 8.3 天。

极端气温情况

最高气温		最低气温		平均最高日数		平均最低日数	
极值	出现日期	极值	出现日期	≥35℃	≥30℃	≤0℃	≤-10℃
41.5	1997.7.21 2000.7.22	–19.9	1987.11.29	1.9	43.2	115.9	9.8

五、界限温度及活动积温

界限温度是植物某一生育阶段的初始和终止的温度，目前通用的有农业意义的界限温度是 0℃、5℃、10℃和 15℃。

0℃界限温度　日平均气温稳定通过 0℃,冰雪开始融化,土壤开始解冻,农事活动及早春喜凉作物的播种即将开始。秋季日平均气温稳定通过 0℃,田间农事活动结束,越冬植物开始进入休眠阶段。平均初日为 2 月 20 日,终日 11 月 30 日,持续日数 284 天,活动积温 4134 度。

5℃界限温度　日平均气温稳定通过 5℃,标志着农作物和自然植物活动季节已经开始,要求热量不高而且较耐寒的作物开始播种。平均初日为 3 月 17 日,

终日 11 月 8 日，持续日数 236 天，活动积温 3942 度。

10℃界限温度　日平均气温稳定通过 10℃，在农业生产中是一个关键性的重要热量指标，是喜温作物玉米播种和发芽的起始温度，也是耐寒作物冬小麦快速生长时期。平均初日为 4 月 15 日，终日 10 月 19 日，持续日数 188 天，活动积温 3513 度。

15℃界限温度　日平均气温稳定在 15℃以上，各种作物进入活跃生长期。平均初日为 5 月 13 日，终日 9 月 17 日，持续日数 128 天，活动积温 2677 度。

六、热量地域分布

根据气候特点及主要栽培作物，以≥0℃的积温为主导指标，再辅以海拔高度为辅助指标，境内分为暖热、温暖、温和、温凉和高寒 5 个农业气候区。

农业气候区	暖热区	温暖区	温和区	温凉区	高寒区
农业意义	冬小麦、茬玉米，一年二熟区。	冬小麦、茬黄豆、茬谷子，一年二熟；玉米二年三熟。晚熟玉米、谷子均能正常成熟。	中熟玉米可正常成熟，麦茬可复种荞、洋芋、油菜等。部分地区晚熟玉米、谷子能正常成熟。	麦、杂、油一年一熟，复种一般不能正常成熟，少数地区可种早熟、中熟玉米。	农林牧混交区，部分地区可种洋芋、油菜、蚕豆等喜凉和耐寒作物。
主导指标年≥0℃的积温	≥4200	3800～4200	3200～3800	2200～3200	≤2200
辅助指标海拔高度(米)	<1100～1250	1100～1500	1200～1800	1600～2400	>2100～2400

七、无霜期

由于每年的气候情况不同，境内出现初霜和终霜的日期有早有晚，每年的无霜期不一致。按多年平均，初霜日为 11 月 8 日，终霜日为 3 月 17 日，无霜期 236 天。晚霜冻危害大于早霜冻。早霜冻出现愈早，晚霜冻结束愈迟，对农作物及经济林果的危害就愈重。早霜冻出现时正值大秋作物灌浆、乳熟和黄熟期，会造成大幅度减产。晚霜冻结束时正值小麦拔节、孕穗期和大秋作物出苗生长期，果树开花授粉坐果期，亦会造成不同程度的危害，轻则冻伤农作物的茎叶组织，重则植株被冻死，果树花、果受冻大量脱落，造成严重减产。

八、寒潮

秋季西风急流逐渐增强南压，500（hPa）百帕中高纬度的环流形势由夏季盛行的四波向冬季盛行三波过渡，环流变化较大。春季西风急流逐渐减弱北撤，由冬季盛行的三波向夏季盛行的四波过渡，西风带移动性槽脊明显增多。两个季节由于亚洲大陆东海岸有一个准常定的东亚大槽，境内常处于东亚大槽后受西北气流控制，北部常有冷空气沿高空槽后西北气流向东南移动，导致寒潮或强降温频繁发生。

九、四季

使用公历前，以农历正、二、三月为春季，四、五、六月为夏季，七、八、九月为秋季，十、十一、腊月为冬季。有的又以立春、立夏、立秋、立冬为四季的开始。使用公历后，又以2、3、4月为春季，5、6、7月为夏季，8、9、10月为秋季，11、12、1月为冬季。按气象学界候均气温划法（即日平均气温10度以下为冬季，10～22度为春季和秋季，22度以上为夏季）。根据马跑泉观测平均数据，春季始于4月1日，终于6月20日，共81天；夏季始于6月21日，终于8月20日，共61天；秋季始于8月21日，终于10月20日，共61天；冬季始于10月21日，终于翌年3月31日，共162天。川区和海拔1400米以下渭北山区夏季60多天；海拔1400～1700米的渭北山区和1400米以下林缘区夏季30天左右；海拔1700米以上山区和海拔1400米以上林区几乎无夏天。

按候均气温划法不同地区四季划分

地点	季节 / 项目	春	夏	秋	冬
马跑泉	起止月日	4.1–6.20	6.21–8.20	8.21–10.20	10.21–3.31
	天数	81	61	61	162
石佛	起止月日	4.1–6.20	6.21–8.20	8.21–10.25	10.26–3.31
	天数	81	61	66	157
立远	起止月日	4.1–6.10	6.11–8.20	8.21–10.31	11.1–3.31
	天数	71	71	72	151
西山坪	起止月日	4.1–7.15	7.16–8.15	8.16–10.20	10.21–4.5
	天数	101	31	66	167
凤凰	起止月日	4.19–10.7（春－秋）			10.8–4.18
	天数	172（无夏天）			193

第三节 地 温

一、地面温度 境内地温与气温变化基本一致，总体呈上升趋势，但变幅不大，年平均升温 0.04℃。1991–2005 年升温明显加快，半湿润区年均升温 0.5℃ 、渭北干旱区 0.4℃、河谷区 0.1℃。各季升温幅度以春、夏季最大，年均分别升温 0.4℃和 0.5℃。春季渭北干旱区升温最大，为 0.6℃；夏季半湿润区最大，为 0.8℃；秋、冬季各类地区差异较大，升、降温趋势极不规律，秋季半湿润区升温 0.2℃，河谷区则降温 –0.1℃；冬季半湿润区和渭北干旱区分别降温 –0.2℃和 –0.3℃，河谷区则升温 0.3℃。

极端最高地温呈升高趋势，年平均升温 0.36℃ ，以半湿润区最大，为 0.44℃；河谷川区最小，为 –0.03℃ 。

极端最低地温变化呈升高趋势，年均升温 0.26℃，以半湿润区最大，为 0.52℃ ；河谷区最小，为 0.1℃ 。90 年代后，增温趋势减缓，除河谷区年均升温 0.55℃，半湿润区升温 0.22℃，渭北干旱区年平均极端地面最低温度则较历年下降 –1.27℃。

全区年平均地面温度 13.6℃，月变化以盛夏 7 月最高，隆冬 1 月最低。

地下 5~320 厘米年平均温度

深度（厘米）	5	10	15	20	40	80	160	320
温度（℃）	12.7	12.8	13.2	13.1	13.3	13.4	13.5	13.4

地面与地下温度逐月比较

单位：℃

深度 \ 月份	1	2	3	4	5	6	7	8	9	10	11	12
0 厘米	–1.2	2.8	8.4	16.1	21.6	25.3	27.4	25.6	19.6	12.6	5.4	–0.5
5 ~ 20 厘米	0.1	2.8	7.5	13.7	18.9	22.4	24.7	24.0	19.4	13.3	6.9	1.5

二、地中温度 土壤浅层（5 ~ 20 厘米）年平均温度 13.0℃。时间分布以隆冬 1 月最低，盛夏 7 月最高。土壤深层（40 ~ 320 厘米）平均温度约 13.4℃。时间分布随着土壤深度的增大，最低温度出现时间逐渐推后，40、80 厘米仍出现在 1 月，160 厘米在 2 月，320 厘米推迟至 3、4 月；160 厘米以上层最高温度出现时间为 8 月，以下层推迟至 9、10 月。

一般冬季 11–2 月呈升高趋势;春末 5 月至夏季 8 月呈减小趋势;春季 3–4 月深层先降后升,秋季 9–10 月深层先升后降,浅层均无较大变化。

三、冻土　境内土壤一般从 10 月开始由北向南,由山区向河谷川道地区逐步冻结。土壤 0 厘米冻结日期一般在 10 月下旬至 11 月上旬,10 厘米冻结日期出现在 12 月底。最大冻土深度出现时间一般在隆冬 1 月。最大冻土深度为 34 厘米,出现在 1983 年 1 月 26 日。

第四节　降　水

一、降水量　境内夏秋季受西南和东南暖湿气流共同影响,湿润多雨。全区年均降水总量为 21.96 亿立方米,丰水年为 26.42 亿立方米,枯水年 18.78 亿立方米。各地降水分布不均,秦岭以南年降水 650 ~ 700 毫米,东部东岔镇年降雨量可达 800 毫米,中、北部年降水量 500 多毫米。全区降水量从东南向西北依次递减。

降水年际变化大。年平均降雨日数 130 天,最多 141 天(2003 年),最少 121 天(2005 年)。以马跑泉观测点计,极端年最大雨量 768.2 毫米(2003 年),极端年最少 324.7 毫米(1996 年)。

一年内降水分配不均。降雨集中在每年 5–9 月,7 月和 8 月最多。据逐年观测资料,全区年平均降水量为 502.5 毫米。而 7、8、9 月为多雨期,平均降水 261.1 毫米,占年均降水量的一半以上。12、1、2 月为贫水期,平均降水 12.3 毫米,仅占年均降水量的 2.4%。连续最大 3 个月(7、8、9 月)降水量 317.9 毫米,占年降水量的 61.9%。一次连续最大降水量 103.7 毫米,一日降水量 110.5 毫米,小时最大 57.3 毫米。月降水量以 8 月最多,为 91.8 毫米;12 月最少,为 3.3 毫米;降水量逐月变化趋势为 1–8 月逐渐增多,之后逐渐减少。有水热同季的气候特点,对农业生产十分有利。同时,也往往因各月降水年际变率大,而发生旱涝现象,给农业生产带来威胁。

1985 年后,区内降水总体呈减少趋势。90 年代,随着全球气候变暖,降水量锐减,导致全区少雨时段明显延长,降水量在 447 ~ 491 毫米

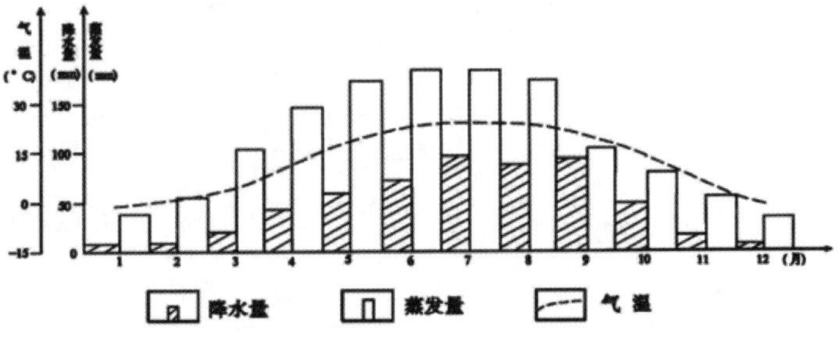

之间，总降水量较历年同期偏少 63%。以渭北干旱区减少最多，河谷川区次之，半湿润区最少；尤以春、夏、秋三季偏少最多。

境内降水分布不均，总的分布趋势是由北向南逐渐增加，西北部及渭河以北干旱少雨，东南部及渭河以南年降雨量较多，特别是小陇山林区为多雨中心区。多年平均降水量在三阳川一带为 510 毫米，至南部的党川、利桥递增为 800 毫米以上。降水量年际变化比较显著。

年、月、旬平均降水量

单位:毫米

月份	1月				2月				3月			
旬、月	上	中	下	月	上	中	下	月	上	中	下	月
降水量	0.8	1.1	1.6	3.5	1.2	2.0	2.3	5.5	3.5	4.9	8.0	16.4
月份	4月				5月				6月			
旬、月	上	中	下	月	上	中	下	月	上	中	下	月
降水量	9.1	10.8	12.4	32.3	12.3	24.4	20.1	56.8	20.0	20.7	27.9	68.6
月份	7月				8月				9月			
旬、月	上	中	下	月	上	中	下	月	上	中	下	月
降水量	33.6	23.5	32.9	90.0	20.8	36.3	34.7	91.8	31.2	24.1	24.0	79.3
月份	10月				11月				12月			
旬、月	上	中	下	月	上	中	下	月	上	中	下	月
降水量	20.4	16.0	8.4	44.8	4.8	3.3	2.1	10.2	1.2	0.9	1.2	3.3

1985–2007 年境内历年降水一览

单位:毫米

年份	全年降雨量		最大降雨			最长连续降雨			最长连续无雨		
	各观测点平均	马跑泉点	观测地点	日期（月.日）	降雨量	观测地点	日期（月.日）	降雨量	观测地点	日期（月.日）	无雨天数
1985	617.2	595.7	马跑泉	7.1	43.6	街子	9.4–9.16	103.7	石佛	10.8–1.23	108
1986	411.4	337.5	立远	7.9	61.7	立远	10.16–10.21	26.9	石佛	11.8–1.23	77
1987	470.8	428.3	马跑泉	6.25	42.6	立远	10.12–10.17	21.9	马跑泉	11.29–12.31	33
1988	658.6	624.4	石佛	7.8	78.0	街子	10.12–10.16	56.9	各点	12.1–12.31	31
1989	587.2	504.4	立远	7.23	92.2	街子	9.22–9.27	74.8	各点	11.21–12.18	28

续表

年份	全年降雨量		最大降雨			最长连续降雨			最长连续无雨		
	各观测点平均	马跑泉点	观测地点	日期（月.日）	降雨量	观测地点	日期（月.日）	降雨量	观测地点	日期(月.日)	无雨天数
1990	705.8	749.2	马跑泉	8.11	110.5	立远	8.10–8.17	96.7	各点	11.30–12.29	30
1991	435.2	392.3	石佛	7.5	40.7	立远	4.16–4.19	30.1	街子	7.6–7.27	22
1992	625.0	567.7	街子	6.11	83.9	立远	9.5–9.23	96.9	石佛	11.7–12.31	55
1993	602.9	572.0	石佛	7.21	61.7	立远	3.15–3.20	26.0	马跑泉、立远	11.29–12.31	33
1994	428.2	374.3	立远	6.24	48.7	马跑泉	6.10–6.16	26.3	马跑泉	11.29–1.6	39
1995	430.25	438.3	马跑泉	9.7	40.3	街子	7.13–7.18	26.1	立远	1.11–2.16	37
1996	395.33	324.7	立远	7.28	42.8	立远	5.30–6.8	87.5	马跑泉、街子	11.17–12.31	45
1997	404.45	412.3	立远	9.12	72.1	立远	6.29–7.5	61.6	马跑泉	上年11.17–2.15	45
1998	515.65	482.3	立远	7.7	37.2	立远	7.4–7.12	108.7	立远	10.31–12.28	59
1999	446.3	446.3	立远	7.4	47.7	马跑泉	9.26–10.4	33.7	立远	1.1–2.28	59
2000	532.3	546.6	街子	8.7	64.2	马跑泉	6.14–6.20	51.2	石佛、街子	11.11–1.10	61
2001	483.98	436.6	街子	8.13	51.3	立远	9.18–9.25	129.7	街子	2.23–4.3	40
2002	418.05	408.3	立远	8.8	43.1	马跑泉	5.18–5.25	27.4	立远	1.19–2.23	35
2003	681.4	768.2	立远	7.15	75.5	街子	9.26–10.4	106.5	立远	2.11–2.27	27
2004	421.5	374.7	石佛	8.19	489	立远	7.26–7.30	34.3	立远	1.18–2.19	33
2005	646.7	615.7	石佛	7.1	569	马跑泉	9.28–10.2	65.9	马跑泉	11.28–12.31	34
2006	—	547.1	马跑泉	8.27	66.7	马跑泉	9.22–9.30	43.9	马跑泉	11.28–2.1	64
2007	—	594.8	马跑泉	7.27	59.4	马跑泉	10.5–10.12	46.2	马跑泉	1.3–2.5	34

二、降雪和积雪

降雪日数　10 月至次年 5 月均有降雪，平均降雪期为 130~160 天。高山区降雪期较长，可达 200 天左右。年平均降雪日数 26~30 天。

积雪日数及初终期　年积雪日数为 15~23 天，积雪初日山区比降雪初日迟 11~15 天，川区迟 20~30 天；山区积雪终日比降雪终日早 15~20 天，川区早 10~15 天。

三、湿度和蒸发　境内年均相对湿度 69%，夏秋 7–11 月相对湿度较大，以 10 月最大；冬春季相对湿度较小，其最小月一般出现在 3、4 月。

逐月相对湿度分布

月份	1	2	3	4	5	6	7	8	9	10	11	12
湿度（%）	66	63	61	61	65	68	70	73	77	78	74	69

境内年蒸发量 1295.9 毫米。月变化以 4–8 月较大，其中以 7 月最大，秋季至初春次之，12 月最小。

逐月蒸发量分布

月份	1	2	3	4	5	6	7	8	9	10	11	12
蒸发量（毫米）	32.2	54.5	98.7	138.0	169.1	178.4	197.4	175.4	108.5	68.9	43.9	30.9

第五节　气压　风

一、气压　境内属大陆型气压系统。受海拔高度及地形影响，渭河流域东部谷地较高。一年中，冬季高，夏季低，春秋持平。一日中，夜间高，白天低。1985–2007 年，平均气压为 894.1 百帕，其中春季 892.4 百帕，夏季 887.4 百帕，秋季 897.6 百帕，冬季 898.9 百帕。

月平均气压　　单位：百帕

月份	气压	月份	气压	月份	气压
1	899.3	5	890.5	9	894.0
2	896.6	6	887.4	10	898.4
3	894.3	7	886.0	11	900.1
4	892.3	8	888.8	12	900.9

二、风　全年主导风为东风，其次是东南风。深秋至冬季，山区间有西北风。春季，西北风、东南风交替。夏季，雷雨前常发生局部阵性大风。境内年平均风速每秒 1.4 米，年最大风速每秒 17.7 米，出现在 1992 年 8 月 20 日。逐月最大风速排序为 8 月、7 月、6 月，其次在春季。秋季风速最小，一般每秒 1.1 ~ 1.3 米。

第六节 物 候

受海拔高度影响，同一物候在各地差异较大。大致可分为河谷地区、浅山区（海拔 1200 ~ 1600 米）、高寒阴湿地区 3 个类型。

冬小麦，山区 9 月上旬白露前后播种，河谷川区 10 月上旬至中旬寒露前后播种，12 月上旬至中旬开始越冬，3 月上旬至中旬返青，6 月中下旬至 7 月上旬收获。

玉米，4 月中旬至下旬谷雨前后开始播种，5 月上中旬至 6 月下旬拔节，8 月中旬乳熟，9 月上旬成熟收获。

油菜，9 月中旬播种，12 月上旬至中旬开始越冬，2 月中旬返青，盛花期 4 月上旬，5 月中旬成熟。

苹果，芽膨大期 3 月下旬，芽开放期 4 月上旬，展叶期 4 月上旬，盛花期 4 月下旬，果实成熟 8 月下旬，叶变色始期 10 月中旬，落叶末期 11 月中旬。

桃，芽膨大期 3 月中旬，芽开放期 3 月下旬，展叶期 4 月中旬，盛花期 4 月上旬，果实成熟 6 月中旬，叶变色始期 10 月中旬，落叶末期 11 月中旬。

葡萄，芽膨大期 4 月中旬，芽开放期 4 月下旬，展叶始期 4 月中旬，盛花期 5 月中旬，果实成熟 8 月中旬，叶变色始期 9 月下旬，落叶末期 10 月下旬。

不同地区物候出现时期对照

物候名称	河谷地区	浅山地区	高寒阴湿地区
青蛙出现	2 月下旬	3 月上旬	3 月下旬
柳展嫩叶	3 月上旬	3 月中旬	4 月上旬
小麦返青	3 月上旬	3 月中旬	4 月上旬
青蛙鸣	3 月中旬	3 月下旬	4 月中旬
杏树叶芽开放	3 月中旬	3 月下旬	4 月中旬
柳枝挂絮	3 月下旬	4 月上旬	4 月下旬

续表

物候名称	河谷地区	浅山地区	高寒阴湿地区
杏花绽蕾	3月下旬	4月上旬	4月下旬
燕子初叫	4月上旬	4月中旬	5月上旬
桃花开放	4月上旬	4月中旬	5月上旬
小麦拔节	4月上旬	4月中旬	4月下旬
玉米播种	4月中旬	4月下旬	5月上旬
油菜花黄	4月中旬	4月下旬	5月上旬
小麦抽穗	5月初	5月中旬	5月下旬
玉米拔节	5月上旬	5月中旬	6月上旬
小麦灌浆	5月中旬	5月下旬	6月中旬
小麦成熟	6月中旬	6月下旬	7月中旬
杏 熟	6月中旬	6月下旬	7月中旬
玉米抽穗	7月上旬	7月中旬	8月上旬
蟋蟀始鸣	8月上旬	8月中旬	8月下旬
玉米成熟	9月上旬	9月中旬	10月上旬
小麦播种	10月上旬	9月下旬	9月中旬
青蛙匿迹	10月中旬	10月上旬	9月下旬
杏叶飘落	11月初	10月下旬	10月中旬
小麦分蘖	11月中旬	11月上旬	10月下旬

说明：浅山地区指渭河北海拔1200～1600米、渭河南1100～1500米的地区；高寒阴湿地区指渭河北海拔1600米以上、渭河南1500米以上的地区；河谷地区指马跑泉川区。

第六章　自然资源

第一节　土　地

一、土地类别　据2007年第二次土地调查资料，全区土地总面积348301公顷，合522.45万亩。各类土地列表如下：

土地类别	面积		占全部土地%	备注
	公顷	折合亩数		
耕地	59922	898830	17.2	其中基本农田 40226 公顷,合 603390 亩
园地	20921	313815	6.0	
林地	227077	3406155	65.2	
草地	15608	234120	4.5	
居民住宅、机关、工矿用地	8969	134535	2.6	
交通设施占地	2875	43125	0.8	
水域	4613	69195	1.3	
其他土地	8316	124740	2.4	包括荒草地、裸地、石砾地等
合计	348301	5224515		

二、耕地质量　境内由于山多川少,且沟壑纵横,大部耕地属山坡地。据第二次土地调查资料,全区耕地按坡度划分为:2 度以下 65570 亩,占 7.3 %;2～6 度 48659 亩, 占 5.4%;6～15 度 294198 亩, 占 32.7%;15～25 度 338408 亩,占 37.7%;25 度以上(含梯田)151995 亩,占 16.9%。

耕地面积中,有灌溉设施的 59996 亩,占总耕地的 6.7%,主要分布在渭河、葫芦河、永川河、东柯河等流域的河谷地区;无灌溉设施的 838834 亩,占 93.3%。加之受土、肥、水、气候等自然因素的约束和社会、经济、科技等条件的制约,全区耕地总体质量不高。

第二节　水

一、总量　境内水资源主要包括天然降水、自产地表水、入境水、地下水 4 部分,水资源结构为自产地表水、地下水、河谷潜水。全区当地自产水资源总量每年 5.42 亿立方米, 其中自产地表水按偏枯年为 4.01 亿立方米,其中渭河流域 2.19 亿立方米,嘉陵江流域 1.82 亿立方米。平水年人均水资源拥有量 931 立方米,接近全省平均水平,但不足全国人均水资源占有量的 1/2。但由于降水年际变化大,且比较集中,大部分自产水以洪水形式流失。入境水资源量相对比较大,年流量

9.29 亿立方米，因区域内缺少相应的拦蓄工程，致使自产水和入境水严重流失，水资源利用率低，经计算，出境水资源量每年为 10.19 亿立方米。

二、地下水 境内地下水按地貌特征，分山区地下水和河谷潜水两大类。山区地下水主要靠降水补给，泉水、溪水排泄，山区地下水资源总量按偏枯年为 1.27 亿立方米，其中渭河流域 6060 万立方米，嘉陵江流域 6680 万立方米。河谷潜水主要为耤河河谷冲积平原全新统砂砾、卵石含水岩层，分布在河漫滩和一、二级阶地及洪积扇组成的河谷平原，年河谷潜水总量 1288 万立方米，区内地下水资源总量为 1.4 亿立方米。

全区年地下水可采资源量为 2.25 亿立方米，属相对缺水地区，特别是淡水资源更为缺乏。2004 年，全区地下水开采量 4790 万立方米，开采程度 21.3%，低于全市平均开采程度。

三、地表水 由天然降水产生的地表径流，区境东部、秦岭南部丰富，其地雨量偏多，年降水约 700 毫米，地表大都有森林覆盖，植被良好，年径流深达 300 毫米。西北部年降水偏少，约 500 毫米，地表黄土覆盖，植被稀少，年径流深仅 50 毫米。经计算，全区多年平均自产径流量 2.06 亿立方米。

由于区内降雨具有强度大、历时短等特点，水量难以有效利用，所以必须通过完善工程措施，发挥水库拦蓄功能，蓄住天然降水，加以充分利用，再一方面由于地理条件限制，在岭南南山区有兴建水库等拦蓄工程的条件，但由于居民比较少，要实行南水北调供水成本太高，而在岭北由于陇海线、310 国道等大交通要道的限制，没有修建拦蓄工程的条件，所以地表水的开发利用率低，只有渭惠渠、中惠渠、泽民渠等 3 个万亩灌区和一些小型自流渠道、水电站及一些小型生活供水工程，采用拦截供水，没有调节能力。

四、水力 秦岭南部河流，水量稳定，流径长，落差较大，水力蕴藏量丰富。秦岭北坡河流，由于流径短，水量较小，水力蕴藏量小。入境的葫芦河、耤河、牛头河，流径短，落差小，几乎无利用水力。过境的渭河虽然流径长，但季节性强，水量不稳定，亦难开发利用。

第三节 动 物

一、人工饲养动物

人工饲养动物有牛（分役用牛、肉牛、奶牛，以役用牛为多）、骡、马、驴、羊（分绵羊、青山羊、奶山羊)、猪、猫、狗、鸡、鸭、鹅、兔、貂、鹿(分梅花鹿和马鹿)、狐狸、鸽子、鹌鹑、鸵鸟、鱼、蜜蜂、蚕、蝎子等。其中牛、猪、鸡饲养量最多,骡、马、驴、羊、狗为次,其他较少。20世纪80年代,人民政府扶持发展养殖专业村、专业户,家禽养殖业得到空前发展。除传统饲养的鸡、鸭、鹅、蜂外,有从外地引进鹌鹑、貂、蚕、兔的专业户,但饲养量不多,不几年,大都中止。2002年后,随着小型农业机械的逐步普及,牛、骡、马、驴等役用家畜饲养量渐次下降。

二、野生动物

哺乳动物　主要分布于林区的有黑熊(又称狗熊,瞎熊)、豹、羚牛(俗称盘羊、山羊、野牛)、鬣羚(俗称山驴、野驴、山牛、四不像、明鬃羊)、斑羚(又称青羊、岩羊、野山羊)、猕猴、金猫(俗称土豹子、芝麻豹)、果子狸(又称花面狸)、猪獾、林麝(俗称香子、香獐)、麂、狍、毛冠鹿(俗称黑麂)、白臀鹿(又称马鹿)、貂、水獭等;主要分布于林缘区的有野猪、狼、豺、狐狸、獾(俗称穿猪)、刺猬、黄鼬(黄鼠狼)、青鼬(黄喉貂)、松鼠、花鼠(俗称聚狸猫)、中华鼯鼠(又名催生子、飞鼠、寒号鸟);主要见于农区和村庄附近的有兔、田鼠、仓鼠、大家鼠、中华鼢鼠(俗称瞎瞎)、蝙蝠等。

鸟类　分布林区的留鸟有鸳鸯、鹦鹉、红腹锦鸡(俗称金鸡)、苍鹭;分布林区和林缘区的有雉(俗称野鸡)、石鸡(又称山鸡,俗称过哪鸡、嘎哪鸡)、画眉等;林区、农区均有的有大山雀、喜鹊、灰喜鹊、啄木鸟、麻雀、乌鸦(俗称老哇)、山鸦、凤头百灵、云雀、鹡鸰(又名点水雀)、斑鸠(俗称斑斑)、岩鸽(俗称扑鸽)、鹌鹑、翠鸟、戴胜、金翅雀、猫头鹰、鹞(俗称鹞子)、秃鹫、老鹰(鸢)等。分布在河谷、池塘、泽地的有赤麻鸭、针尾鸭、罗纹鸭。候鸟有家燕(火红燕)、楼燕、大雁(鸿雁)、金翅、黄鹂(黄莺)、柳莺、大杜鹃(又称布谷鸟)、四声杜鹃、麻鹩(多为人工饲养)。

两栖类　青蛙、金线蛙、秦岭雨蛙、树蛙、林蛙、泽蛙、蟾蜍(癞蛤蟆)、大鲵(俗称娃娃鱼)。

爬行类　黑脊蛇、白条锦蛇(又称枕纹锦蛇、麻蛇)、草游蛇、黄脊游蛇、蝮蛇、壁虎、蜥蜴、鳖(甲鱼)、乌龟。

鱼类　主要有鳙鱼、鲫鱼、鲤鱼、鲢鱼、马口鱼、拉氏(俗称面鱼)、餐条、麦穗鱼、似铜鮈、棒花鱼、秦岭细鳞鲑(俗称梅花鱼)、渭河裸重唇鱼、北方花鳅、花泥鳅、斑纹副鳅、泥鳅、黄鳝、达里湖高原鳅、背斑高原鳅等。

昆虫类　蝶类、蛾类、蜻蜓、萤火虫、螳螂、蟋蟀(俗称黑羊)、蝗虫、蝼蛄、苍蝇、蚊子、臭虫(俗称壁虱)、跳蚤(俗称虼蚤)、蚂蚁(俗称蚍蜉蚂)、蝉(俗称麦蝉)、屎壳螂(俗称屎爬牛)、黄蜂、马蜂、蜜蜂、潮虫(俗称麻鞋底)、蟑螂。

无脊椎类 虾、蚯蚓(俗称蛐蟮)、蜗牛、蛐蜒、马陆(俗称马百岁)、蝎子、蜘蛛等。

在野生动物中,属国家一级、二级重点保护的珍贵野生动物,有3纲、6目、13种,主要分布在南部小陇山林区,林缘地带也有少量分布。珍稀动物主要有羚牛、大鲵、猕猴、金猫、水獭、鬣羚、斑羚、白臀鹿、猞猁、红腹锦鸡、鸳鸯等,其中羚牛、林麝属一级保护野生动物,大鲵、猕猴、金猫、水獭、鬣羚、斑羚、白臀鹿、猞猁、红腹锦鸡、鸳鸯属二级保护野生动物。由于人为毁林、滥伐、滥杀及大量猎捕,珍贵稀有动物锐减,羚牛、金猫、猕猴、鸳鸯等珍稀类,已难觅其踪迹。

境内水生野生动物共约40多种,其中渭河流域分布有34种,包括在其支流分布的国家二级保护水生野生动物大鲵、秦岭细鳞鲑、水獭等。省级重点保护水生野生动物分布有渭河裸重唇鱼,被列入《中国濒危动物红皮书》。

其中可入药的动物或动物产品有蜂蜜、全蝎、蝉蜕、地龙、鸡内金、龟甲、鳖甲、穿山甲、牛黄、麝香、马宝、鹿角、鹿茸、鹿血、鹿胎、鹿鞭、熊掌、熊胆、蛇胆、水蛭等。

区境野生珍贵动物一览

保护类别	名称	所属 纲	所属 目	所属 科	分布地区	现存数量(只)
一级	羚牛	哺乳	偶蹄	牛	利桥乡阴崖沟,党川乡子庙沟、乱石窖一带	7只一群
	大鲵	两栖	有尾	隐鳃鲵	党川乡花庙河、冷水河一带	170
二级	猕猴	哺乳	灵长	猴	党川乡马家坪、火鸡山,活动在白家河、花庙河沿岸	40
	金猫	哺乳	食肉	猫	利桥墁坪,党川石咀、花庙一带	20
	水獭	哺乳	食肉	鼬	三岔太碌沟,利桥墁坪河,党川花庙河	140
	鬣羚	哺乳	偶蹄	牛	三岔,利桥墁坪、百花,党川石咀等地	135
	斑羚	哺乳	偶蹄	鹿	东岔,三岔,利桥墁坪,党川观音、新庄一带	1000
	林麝	哺乳	偶蹄	麝	林区、半林区广有分布	2513
	毛冠鹿	哺乳	偶蹄	鹿	林区广有分布	253
	白臀鹿	哺乳	偶蹄	鹿	东岔、三岔、利桥、党川等地	180
	红腹锦鸡	鸟	鸡形	雉	林区、半林区广有分布	107
	鸳鸯	鸟	雁形	鸭	党川花庙、观音、新庄、冷水河一带溪流中	10

第四节 植　物

境内自然条件复杂，又地处较湿润的森林和半湿润的森林草原过渡地带，森林植被种类十分丰富，有“植物宝库”之誉。据《小陇山林区木本植物名录》，计有木本植物83科、221属、973种。其中：乔木树种278种，灌木337种，木质藤本57种。农业区主要林木树种也有36科、70属、123种。其中连香树、庙台槭、白皮松、粗榧（水柏子）、武当玉兰、杜仲、白檀、铁橡、银杏、金钱槭、红豆杉、水杉、秦岭冷杉等珍稀濒危树种分布较多。中药材达247种。草场植被分为106科、405属、720余种。

一、人工栽培植物

粮食　主要有20余种类，260多个品种。谷类有小麦、大麦、青稞、玉米（俗称先麦、包谷）、荞麦、高粱（俗称秫秫）、水稻、谷子、糜子、莜麦、洋麦、燕麦12种，以小麦、玉米为主；豆类有大豆（俗称黄豆）、小豆、豌豆、扁豆、蚕豆（俗称大豌豆）、黑豆、绿豆等7种，以大豆为主；薯类有马铃薯（俗称洋芋）、红薯2种，以马铃薯最多。

蔬菜　叶菜类有白菜、油白菜、番白菜（结球甘蓝、卷心菜）、芫荽（香菜）、菠菜、芹菜、茴香等；根菜类有萝卜、水萝卜、胡萝卜（黄萝卜）、山药等；茎菜类有马铃薯（洋芋）、葱、洋葱、大蒜、莴笋（又称莴苣，俗称笋子）、百合；花菜类有金针菜、花椰菜（菜花）、蒜薹、韭薹、芜菁等；果菜类有番茄（西红柿）、茄子、辣椒、黄瓜、南瓜、丝瓜、冬瓜、菜瓜（西葫芦）、苦瓜、笋瓜、菜豆（俗称刀豆）、豇豆（带子豆）、豌豆、红豆、赤小豆。瓜类有西瓜、甜瓜、脆瓜、梨瓜等。

油料　胡麻（俗称红麻）、荏子（紫苏）、油菜子、大麻（麻子）、葵花（向日葵）、核桃（俗称壳头）、芝麻、花生。粮食中大豆（黄豆）亦可以榨油。工业用油料蓖麻。

经济作物　茴香、烟叶（晒烟、烧烟）、草莓。

人工牧草　有苜蓿、草木樨、红豆草、禾草、野牛草、沙打旺、毛苕子、聚合草等。

果树　果树有苹果、桃、梨、杏、葡萄、樱桃、核桃、李、楸子、大枣、山楂、石榴、柿子。

经济树　花椒、板栗、毛栗、桑树。

用材树　国槐、刺槐、柳、白杨、榆、楸、椿、红豆杉、玉兰、银杏、泡桐、侧柏、落叶松、油松、华山松、樟子松、山杏、山杨、云杉等。

观赏植物　花卉名目繁多，野生可观赏植物200余种。传统木本花卉有牡丹、月季、长春藤、南天竹、细叶黄杨、素心腊梅、狗天腊梅、锦带花、苏铁、金银花、木绣球、桂香柳、大叶冬青、合欢、金雀花、紫藤、白玉兰、紫玉兰、木槿、无花果、连翘、探春、迎春、女贞、紫丁香、棕榈、夹竹桃、海石梅、棣棠、海棠花、贴梗海棠、木瓜海棠、木瓜、绣球、八仙花、雪球、红梅、榆叶梅、蔷薇、木香、七姊妹、玫瑰、栀子花、六月雪、碧桃、笑靥花、枳壳(越桔)、龙爪柳、甘肃溲疏、枸杞、扶桑、橡皮树等。引进种有米兰、桂花、紫荆、茶花、杜鹃、樱花、巴西橡胶树等。草本花卉种有吊兰、君子兰、萱草、百合、文竹、中国石竹、紫罗兰、雏菊、金盏菊、大波斯菊、翠菊、矢车菊、秋菊、欧洲野菊、金鸡菊、蛇月菊、千日菊、万寿菊、六月菊、瓜叶菊、凤仙花、勿忘草、美人蕉、康乃馨(香石竹)、鸡冠花、慈菇、雁来红、千日红、石蒜、剪秋罗、大丽花、红花、百日草、茑萝、高山积雪(银翠)、射干、唐菖蒲、鸢尾、龙头花、薄荷、一串红、含羞草、石刁柏(凤尾草)、玉簪、卷丹、水仙、海葱、半枝莲、蜀葵、锦葵、酢浆草、万年青、文殊兰、龙舌兰、蒲包花、仙客来(萝卜海棠)、夜来香 (待宵月见草)、凤船葛、三花(蝴蝶花)、虎耳草、荷包牡丹、虞美人、芍药、黑种草、莲、睡莲、地肤(扫帚草)、龟背竹、鸡蛋花、秋海棠、玻璃海棠(玻璃脆)、仙人掌、昙花、令箭荷花、虎刺、蟹爪、量天树、燕子掌、伞竹、一品红、香叶天竺葵、天竺葵(绣球)、虎皮掌、金柑、珊瑚、心不甘、葫芦、香蒲(毛蜡)、吉祥草、飞燕草、吊钟海棠(吊金钟)、马蹄莲、春兰、对红(并蒂莲)、朱砂兰、紫茉莉(金线吊葫芦)、巴蕉、醉蝶、花菱草、芫花、西蕃莲等。

药材　人工栽培药材有党参、当归、黄芪、红芪、生地、天麻、柴胡、桔梗、板蓝根、半夏、甘草、益母草、猪苓、女贞子、花椒、桑椹、山楂、白果、小茴香、绿豆、赤小豆、白扁豆、大枣、桃仁、杏仁等。

食用菌　主栽有平菇、双孢菇、香菇、金针菇、鸡腿菇,林区的东岔、党川、利桥、麦积以种植黑木耳和天麻为主。

以上人工栽培植物中,属地方特产的主要有:“花牛”苹果、“下曲”葡萄、元龙花椒、伯阳鲜桃、甘泉大樱桃、麦积核桃、东岔板栗、元龙柿子、新阳“新跃”红杏、马跑泉蒜薹、三阳川大豆、党川药材、“羲皇”双孢菇、“福果思”水果和蔬菜、屈坪白皮笋、“麦积山”山野菜等。

二、野生植物及天然植被

(一)用材树　秦岭冷杉、云杉、红豆杉、日本落叶松、华山松、油松、白皮松、胡桃、水楸、锐齿栎、侧柏、国槐、白桦、青杆、苦木、梨、枣、杜仲、少脉椴、漆树、红桦、泡桐。其中水楸、锐齿栎、侧柏、白皮松、梨、枣、少脉椴、漆树、红桦、国槐等为优质用材树种。

(二)珍贵稀有濒危树　境内孑遗树种较多,有名的有银杏、红豆杉、三尖杉、白皮松、粗榧、水青树、杜仲、白檀、连香树、武当玉兰、山白树及常见的构树、文冠果、栾树、山拐枣、鸡麻、棣棠花。珍稀树种有白皮松、粗榧、银杏、武当玉兰、杜仲、白檀、金钱槭、红豆杉、水杉、秦岭冷杉。中国特有的银杏、红豆杉、铁坚杉、巴山榧在小陇山林区广泛分布。白皮松是东亚植物区系中唯一的三针松，连香树、三尖杉和粗榧是东亚植物区系中的单属科种类，在区境内分布范围广。

地区特产树种有黄花杠柳(麦积山杠柳)、天水合欢、粉皮河北杨等。

(三)经济树　有可提取油漆、单宁、木栓的植物如漆、五倍子(盐肤木)、栎、栗、枫、栓皮栎以及松、柏、杉、桦、槭等。

(四)野菜　有苦苣菜(败浆草)、灰菜、荠菜、黄花菜(金针菜)、鸡娃菜、蕹蒿、马齿苋、蒲公英、苜蓿、蕨菜、茨蒿、石芥菜、水芹菜、地肤、野小蒜(薤白)、麦瓶、香椿、五加芽(五爪叠)、国槐芽、漆树芽、花椒芽、刺槐花、核桃花、榆钱、野苋、乌龙头、五月点、木耳、野蘑菇、地软(地耳)等。

(五)野果　有核桃、山核桃、毛栗、松子、软枣、楸子、酸梨、毛桃、樱桃、野葡萄、山瓜、文冠果(龙瓜)、莓子、山杏等。

(六)牧草　有佛子茅、早熟禾、多种早熟禾、野燕麦、雀麦、羊茅、鹅冠草、长芒草、狗尾草、野豌豆、三齿草藤、天蓝苜蓿等。

(七)花卉　野生植物列入花卉的有牵牛花(喇叭花)、高山绣线菊、戚氏绣线菊、珍珠梅、乌头、野芍药、天目琼花、天南星、盘叶忍冬、蝟实、黑弹树、秦岭小蘖、雏花小蘖、铁线莲、锦鸡儿、葛藤、卫矛、紫苑、铃兰等。

(八)药用植物

全草类：地丁草、车前草(大车前)、益母草、夏枯草、谷精草、旱莲草、败浆草(苦苣)、凤眼草、仙鹤草、透骨草、豨莶草、老鹳草、伸筋草、地锦草、龙眼草、鱼腥草、龙牙草、灯心草、茵陈、艾蒿、青蒿、马齿苋、石苇、萹蓄、鬼骨针、瞿麦、荆芥、薄荷、麻黄、紫苏、香薷、佩兰、泽兰、藿香、细辛、问荆、大蓟、小蓟(刺儿菜、刺盖草)、淫羊藿(又称仙灵脾)、刘寄奴、卷柏、祖师麻、一支蒿、浮萍、半边莲、芫荽、地椒(百里香)、辣蓼、西河柳、八爪龙、龙葵、木贼、紫花地丁、一支箭、铁扁担、七叶一枝花、瓦松、毛茛。

根茎类：当归、生地、半夏、白芷、白茅根、白芨、白附子、白头翁、白芍、赤芍、甘草、茜草、甘遂、蒲公英、麦冬、天冬、天麻、天南星、天花粉、山药、山豆根、远志、玉竹、党参、沙参、丹参、苦参、黄芪、红芪、黄精、黄芩、防风、防己、大黄、大蒜、青木香、毛姜、麻黄根、苍术、独活、羌活、威灵仙、土三七、土桔梗、土贝母、川芎、穿地龙、川乌、草乌、秦艽、野棉花根、菖蒲、知母、龙胆草、板蓝根、紫菀、续断、地榆、藁本、萆薢、牛膝、芦根、射干、升麻、柴胡、前胡、葛根、狼毒、泽泻、香附、薤白(野小蒜)、何首乌、百合、贯仲、商陆、葱白、漏芦、黎芦、虎杖。

果实类:莱菔子、白芥子、五倍子、五味子、牵牛子、菟丝子、天仙子、苍耳子、蛇床子、牛蒡子、苦楝子、葶苈子、车前子、地肤子、覆盆子、女贞子、韭菜子、楮实子、金樱子、桑椹子、青箱子、急性子、茺蔚子、苏子、王不留行、槐米、绿豆、赤小豆、白扁豆、白果、锦灯笼、马兜铃、连翘、蓖麻、鹤虱、枸杞、山楂、乌梅、大枣、瓜蒌、木瓜、麦芽、浮小麦、皂角、槐角、小茴香、花椒、桃仁、杏仁、酸枣仁、柏子仁、麻仁、核桃仁、山茱萸、玉米须。

藤木类:夜交藤、鸡屎藤、天仙藤、桑枝、桑寄生(槲寄生)、钩丁、木通、通草、皂刺、竹茹等。

树皮树脂类:杜仲、厚朴、黄柏、石榴根皮、桑白皮、地骨皮、秦皮、牡丹皮、椿根皮、苦楝根皮、五加皮、白藓皮、合欢皮、松节。

花叶类:桃花、槐花、野菊花、金银花(二花)、合欢花、冬花、芫花、葛花、凤仙花、旋复花、洋金花(曼陀罗)、鸡冠花、秃疮花、密蒙花、辛夷、竹叶、桑叶、侧柏叶、大青叶、苏叶、功劳叶、银杏叶、蒲黄。

菌类:猪苓、茯苓、茯神、木耳、银耳。

第五节　矿藏

一、矿产种类

境内地质构造具备一定的成矿环境,资源相对比较丰富。全区有 17 个乡镇发现矿种,有铁、锰、铜、铅、锌、金、银、花岗岩、透辉石、地下热水、热矿泉水等 30 多个矿种。已探明储量的矿产主要有铅、锌、金、钼、黏土、透辉石、石灰石、钾长石、矿泉水、地热水等,尤以非金属矿产资源储量最大。以铁为主的黑色金属矿点有 3 处,有色金属矿床(点)7 处,金矿 22 处,煤矿 1 处,非金属矿床(点)54 处。

金属矿　有铁、锰、铜、铅、锌、金、银、钼、钨、钴、铬、镁、铋、汞、锑等,主要有金、银、铁、铜、铅、锌、镁等,零星分布有钼、锰、铬,已发现铜、钨、铋、汞、锑金属矿床等均为共生矿,未发现独立矿床。

非金属矿　资源较丰富,全区已发现非金属矿产 20 多种,有白云岩、石灰岩、蛇纹岩、白云母、大理岩、石英岩、硫铁、钾长石、花岗岩、凝灰岩、透辉石、硅石、石膏、石棉、石榴石、柘榴石、片石、白土矿、黏土、陶土等。主要有石灰岩、蛇纹岩、白云岩等，零星分布有白云母、石膏、硅石等，其中石灰岩、辉绿岩、热矿泉水、钾长石矿、白云母矿、透辉石矿为区境特色矿产。

其他矿产 能源矿产主要为煤和地热等。放射性矿主要有铀、钍矿。

二、矿床、矿(化)点

全区共发现矿床、矿(化)点87处，其中大型矿床4处，中型矿床2处，小型矿床11处，另外还有大量的矿(化)点和一些物、化探异常。全区有矿产地98处，已发现主要矿床，有党川乡吊坝子金矿、中滩镇余家峡大型白云岩矿床和秦岭分水岭铅锌银矿等，以及规模不等的石灰岩矿床。

铁矿 甘泉——贾河(在麦积镇)一带已发现铁矿，含量一般低于40%，品味低，规模小；麦积镇拐石沟有镜铁矿，矿体长250米，宽40米，品味较高；党川乡夏家坪村以东小寺沟赤铁矿，属沉积变质型铁矿，储量达万吨，但品味低；利桥乡下宽滩、麦积镇东长沟、党川乡包家沟有磁铁矿，但品味均不高；麦积镇大通沟还有褐铁矿。

铜矿 甘泉——贾河一带虽有发现，但无独立矿床，多为共生的铜钼或铜多金属矿化点，品味低，规模小；甘泉镇邓家河村至太阳山铜钼矿，有矿点83处，其中铜矿体73处，钼矿体8处，钴矿体2处。各矿体规模都较小；党川乡场坝石沟及小寺沟铜矿，品味较好，但规模小；党川乡石咀头村银洞沟等地铜铅矿，品味高，规模小；利桥乡利桥村北杨家湾有铜铅金矿。

钼矿 甘泉——贾河一带已发现矿点，但品味低，规模小；利桥乡磨扇沟矿点，有3个矿化带，其中磁盘沟带断续长1000米，宽3～7米，品味0.016%～0.077%。

铅锌矿 主要分布在贾河——党川一带，多为矿点和矿化点；甘泉分水岭铅锌矿为小型矿床；麦积镇大通沟、甘泉镇董水沟铅锌矿，品味较高，但矿体小；甘泉镇金家山村附近铅锌银矿，储量约96万吨。

金矿 主要分布在甘泉、党川、利桥一带，以党川吊坝子金矿为典型代表，具有矿石品味高、矿带延伸长、矿化范围大的特点。党川乡石咀头村以东花石山、桦林沟，利桥乡墁坪村有金矿，其中花石山金矿有3个矿点，矿床属含矿石英脉型，有6个含金石英脉(体)，长100～600米，宽3～35米，品味1～27.5克/吨；甘泉、麦积、伯阳等乡镇的沟岔零星分布有砂金矿，含量极微。

银矿 主要分布在秦岭分水岭及党川一带，多以金、铜、铅锌等矿床的伴生

矿出现,尚未发现独立银矿床。

铬矿　利桥乡西沟铬矿,储量约1000吨,含铬量11%～26%。

锰矿　伯阳镇梁子树有锰矿,品味较低。

放射性矿　党川、甘泉、三岔等乡镇有铀矿,东岔、党川、利桥、三岔、元龙等乡镇有钍矿。各有10余处矿点和矿化点,储量不详。

煤矿　麦积镇草滩村的土桥子附近有煤矿,煤层厚2米以上,走向延伸500余米,属长焰煤。

白土矿　也称漂白土。境内分布最为广泛,以马跑泉等地质量较佳。

硅质原料　党川乡包家沟有1处矿点,矿脉以石英为主,长2公里,宽80米,厚40米。品味为二氧化硅94.88%,铁2.05%,氧化钛0.08%,三氧化二铝1.41%。

石灰岩　分布广,储量大,甘泉镇、花牛镇、新阳镇等乡镇均有出露,主要分布在甘泉镇青榈咀,品味为氧化钙52.42%,氧化镁0.67%,三氧化二铝0.51%,工业储量674万吨,1970年开始被天水县水泥厂开采。

大理岩　主要分布在甘泉镇、东岔镇,品味为氧化钙53.67%,氧化镁0.36%,工业储量661万吨。

白云岩　渭河两岸广有分布,品味较高,主要分布于中滩镇余家峡和社棠镇石岭村等地。余家峡白云岩矿为大型矿体,长4665米,宽12～131.5米,垂深189.45米。矿石品味为氧化镁20.1%,氧化钙30%,二氧化硅0.30%,磷0.02%,硫0.1%,远景储量1.36亿吨;石岭村白云岩矿,矿层长约200米,厚度大于50米。品味为氧化镁21.29%～21.95%,氧化钙30.14%～30.81%,三氧化二铝0.056%～0.074%,三氧化二铁0.085%～0.143%,二氧化硅0.49%～1.42%,烧失量45.71%～46.44%。

透辉石矿　分布于东岔镇后裕沟,长2200米,厚35～45米。矿石品味为二氧化硅60.31%～66.76%,氧化钙20.06%～25.25%,氧化镁14.13%～16.73%,三氧化二铁0.75%～1.55%,氧化亚铁0.32%～1.23%,二氧化碳1.92%～4.78%,远景储量1000万吨。

大理石矿　主要分布在东岔镇,以东岔镇桃花沟斑状花岗岩最优,呈赭红——桃红色,色美质优。

云母矿　东岔镇胡子沟、党川乡夏家坪村东小寺沟有矿体分布。

石英　党川乡包家沟有出露的小矿床。

石棉　新阳镇凤凰山东凌家沟有分布,矿体长1000米,宽80米,厚100米,纤

维长度 2～3 毫米。

陶土　麦积镇草滩村土桥子有分布，藏量约 100 万吨。

长石　境内东部各地均有。

柘榴石　社棠镇牛头河流域有分布。

地热　地热资源丰富，主要分布在中滩镇和麦积镇街子、贾河等地，其中街子温泉的开发已形成规模。

此外，境内有分布的非金属矿还有石膏（俗称老鸹银）、片石、石英砂、黏土等。

第七章　自然灾害

境内地质性灾害主要有地震、滑坡、泥石流、崩塌、地裂缝等，气象性灾害主要是旱灾、水涝、风雹和霜冻，生物性灾害有病害、虫害、鸟兽害等。

第一节　地质灾害

境内位于秦岭巨型纬向带和南北地震带交汇处，属地震多发地区。且因黄土分布面积广，土层较厚，加之黄土垂直节理、裂隙发育，地质构造复杂，生态环境脆弱，故为地质灾害多发地区。特殊的地质环境，常常造成崩塌、滑坡、泥石流等地质灾害。

一、地震

1987 年 1 月 8 日，甘南藏族自治州迭部县发生里氏 6.2 级地震，境内震感强烈。

2005 年 10 月 25 日 10 时，区境渭南镇发生 3.7 级地震，城区震感明显。

二、滑坡

1985 年 5 月 13 日，暴雨导致元龙乡冯川村山体滑坡，造成 2 人死亡。是年区内共有 17 处地段发生滑坡，死 5 人，受伤 6 人，其中重伤 3 人，危及 9 个村、416 户、2122 人。

1990 年 8 月 11 日上午，境内突降暴雨，天水锻压机床厂厂区北侧山体滑坡，下塌土方约 200 万立方米，将锻压机床厂 6 个车间、24 个站房、2 个库房、300 米铁路专用线压埋，7 人死亡，4 人受伤，直接经济损失 2100 多万元。

1992 年，二十里铺乡水眼寨（今属花牛镇）发生滑坡。区人民政府决定用 3

年时间将居住在滑坡地段的居民全部搬迁。

1996年7月27-31日，境内局部地区骤降暴雨，五龙乡与秦安、甘谷两县交汇处半径约10公里区域内出现滑坡险情，涉及5个村、149户、694人，有1169间房屋受到威胁。

2001年9月，寨子街道吕家村（今属道北街道）后堡子发生局部滑坡。

2003年8月，区内连续出现3次强降雨，其后两月又连续阴雨，造成许多乡镇山体滑坡，居民被迫临时转移。

2003年9月7日下午，国道310公路249公里处山体突然滑塌，2万余立方米的巨石阻断道路，致使天水至宝鸡段交通中断数日。

2003年10月14日晚，东岔镇乍岭村内发生大面积山体滑坡，造成5人死亡，25人受伤。滑坡产生的泥石流将途经其地的1辆大客车推翻，近一半车体被泥土掩埋。

2005年6月30日晚，境内骤降暴雨，伯阳至元龙路段公路发生山体滑坡，致国道310公路中断并造成堵车。7月1日凌晨，310公路发生60多处山体滑坡。在50多公里的遇险路段上，受困车辆1000多辆，外围受阻2000多辆。

2007年9月26日-10月11日，连续降雨导致渭南镇王旗村滑坡，40余间房屋受损，158间成为危房，影响21户、100余人。

三、崩塌、裂缝

1985年6月17日凌晨，南河川乡马家山村（今属石佛乡）山崖突然崩塌，两户民房被埋，死3人，重伤3人。

1998年6-7月，石佛乡与秦安县交界的山体因暴雨产生裂缝，网状裂缝危及124户、591人安全。

2001年9月29日，寨子街道吕家村（今属道北街道）发生山崖崩塌，2户村民房屋财产被埋没，损失4.6万元。

2004年8月由于连续阴雨，石佛乡峪口村雷家崖出现较大范围山体滑坡，阻断道路。马跑泉镇杨湾村出现山体裂缝，宽4厘米，威胁崖下18户居民安全。

2007年8月8日，连续近4小时强降雨，导致石佛、渭南两镇山体出现多处裂缝。渭南镇缑家庄村山崖形成长440米、宽5～50厘米、平面呈弧形的大裂缝，可见深度约3米，裂缝走向为50度的大面积裂缝塌陷区，沿裂缝走向分布多个陷坑。

第二节 气象性灾害

区境地处内陆，远离海洋，植被稀疏，水汽条件差，尤其秦岭以北，由于秦岭山脉阻隔，暖湿气流经过爬升下降后力量明显减弱，很难形成降雨，因此大部地方处于干旱、半干旱地区，旱灾发生频率较高，大致每隔 5 年左右会发生一次大旱。此外，较长时间的阴雨天气，一般间隔四五年发生一次，但全区性的相对较少。风雹灾害发生频率很高，时间主要在 6–7 月。霜冻皆因西伯利亚寒潮所致，主要受灾地区在高寒山区。20 世纪 80 年代起，随着全球气候变暖，区内气象性灾害呈现出发生频率高、破坏力强、持续时间长、发生规律愈发难以掌握的趋势。

影响冬小麦产量的主要是 9–11 月播种前后的秋旱、4–5 月拔节期的春旱和倒春寒；影响玉米产量的主要是 4–5 月春旱、6 月初夏旱和 7–8 月伏期连阴雨。20 世纪 90 年代始，随着暖干气候加剧，每年不同程度出现干旱灾害，冬干冬暖并日益加剧的春夏干旱危害和春夏与伏秋干旱交替并频繁发生，成为制约粮食生产的主要气象灾害。1997 年严重干旱，使全区粮食减产将近 5 成，其中玉米减产 6 成，渭河以北阳山坡地几乎绝收。1992 年 7 月 20 日出现 7 ~ 8 级大风和 2004 年 4 月 29 日大风雷阵雨天气，使 5.6 万亩待收经济作物和大棚蔬菜遭到严重损失。

一、旱灾

1986 年，春旱、伏秋旱，城郊川区年降水仅 337.5 毫米，因旱受灾 18.76 万亩，夏秋田严重减产。

1987 年，春夏连续大旱，受灾农田 38.36 万亩，小麦受灾面积占全区总面积的 65%。

1988 年，全区旱灾，粮田受灾 17.7 万亩，比上年减产 1 成多。

1989 年，个别乡镇出现旱情，受灾面积 9000 亩。

1991 年，干旱，粮田受灾 21.9 万亩。

1992 年，春旱，小麦受灾 8.3 万亩。

1994 年，从 4 月起连续 4 个月无有效降雨，降雨量比历史同期减少 6 ~ 8 成。延至 7 月，连续 30℃以上高温天气持续 28 天。全区除林区外其余地方全部受灾，粮田受灾 503 万亩，减产 1000 余万公斤，渭北山区 126 村、7000 多户、2.8 万人发生饮水困难。

1995 年干旱，渭北浅山区持续干旱，粮田受灾 33 万亩，3.86 万亩绝收。

1996年干旱，粮田受灾45万亩。

1997年，全区遭受罕见干旱，夏粮大幅减产，秋粮大面积绝收，计受灾24万亩，经济作物损失惨重。

1998年，全区冬小麦受旱28万亩，渭北14个乡镇的109个村、1.46万户、7.3万人和2.5万头大牲畜发生饮水困难。

2000年，全区粮田受旱48.66万亩，成灾4.1万亩。

2003年，春旱、伏旱。

2004年，春旱、伏旱。

2006年，境内连续干旱80余天，粮田受灾16.54万亩。

2007年，前半年全区遭受干旱，小麦受灾27.5万亩，其中2.5万亩绝收；7.5万人和3000多头大家畜饮水发生困难，30头家畜因缺水死亡，造成损失6250万元。

二、暴雨

1985年5月2日、11日甘泉、二十里铺、元龙、吴砦等乡发生暴雨，引发山洪，死7人，农作物受灾3万亩。8月5日，全区普降暴雨，11万人受灾，5万亩农田被淹。

1986年6月22日，西山坪、五龙、琥珀等乡暴雨引发山洪，死2人。

1987年6月4日下午，街子乡暴雨，北河河水上涨，冲走街亭村沿河居民住房3间，6户人临时转移。9月8日，街子乡再次暴雨引发洪灾，农作物受灾7980亩。

1988年5月4日、7月1日、8月8日暴雨，作物受灾7187亩。8月8日暴雨使石佛、立远两乡受灾，元东公路塌方严重。

1989年7月22日，立远乡降暴雨，受灾400亩。

1990年7月5–6日，东部乡镇遭受洪灾，受灾5629亩，死2人，损失25.6万元。

1990年8月11日上午9–12时，境内突降暴雨，雨量达110.5毫米，导致城区和乡镇普遍受灾，城区道路积水1米多，处于低地的机关、居民院落普遍进水，交通中断，多处地段出现滑坡、毁堤险情。大雨中，天水锻压机床厂以北山体滑坡，压毁车间6个，城区直接损失2500万元；农村倒房1014间，淹田4万亩，直接损失682万元。城乡死14人，伤2人。

1991年6月7–8日，全区连降暴雨，渭河猛涨，最高洪峰达每秒1280立方米，沿岸6乡镇、38个村、1263户、6454人受灾，冲毁堤防55米、石坝6座，直接损失80万元。

1992年6月11日，暴雨，街子等5乡受灾，直接损失177.7万元；8月11–12

日，暴雨，利桥、甘泉等10乡受灾，农作物受灾2.3万亩，死8人，直接损失605.4万元；8月30日，二十里铺乡出现暴雨，造成损失137.7万元。

1993年4月30日，暴雨使立远乡受灾；6月23日，暴雨使凤凰、琥珀、利桥乡受灾，造成损失245.9万元；7月13日，街子暴雨，造成损失24万元。

1995年，区境遭受3次暴雨袭击，伯阳、街子、马跑泉、凤凰4乡镇23个村、2501户、1.2万人受灾，损失180万元。

2000年6月16日、6月18日、6月20日暴雨造成全区10乡镇受灾，损失1176万元。

2001年7月4日，暴雨将社棠镇良种场淹没，积水最深1.5米，直接损失31.2万元。

2002年7月4日，暴雨持续将近1个小时，社棠、马跑泉、伯阳3镇受灾最为严重。8月5日，南河川乡遭暴雨袭击，农作物受灾502亩，造成损失14.49万元。

2003年8月28日，马跑泉、社棠两镇遭暴雨袭击，农作物受灾2580亩，损失137.5万元。

2005年6月30日–7月3日，区境出现连续强降雨，8月14日夜再次暴雨，导致洪水、泥石流、山体滑坡频发，全区11个乡镇和1个街道43个村、576户农民的1478间房屋倒塌，公路塌方22处、40公里，损坏农路172条，冲毁桥梁32座，10.7万亩粮食作物、6.29万亩经济作物受灾，死3人。7月1–2日暴雨，造成全区14乡镇、87个村受灾，5284户、22895人受灾，直接损失千余万元。

2006年7月21日，全区部分地方短时强暴雨引发山洪，琥珀、花牛、新阳的部分村受灾严重，直接损失100万元。

2007年7月24日，遭暴雨、冰雹袭击，五龙乡4村受灾，受灾1530亩，损失14.7万元。7月27日，暴雨，东岔、三岔、渭南3乡镇、11村受灾，受灾粮田7100亩，损失926万元。8月8日至9日凌晨，普降暴雨，造成琥珀、新阳、石佛、渭南、甘泉、东岔、三岔、利桥等17乡镇及道北街道116个村、1.13万户、6.84万人受灾，倒塌房屋301间，冲毁各种道路108条，桥梁及涵洞17座，受灾农田7.5万亩，失踪1人，各种损失约1200万元。9月2日，渭南大暴雨，直接损失22万元。

三、冰雹

冰雹灾害发生频率较高，较大雹灾年平均0.6次，发生时间主要在6–7月，最早发生日期为5月6日（1999年），最迟9月8日（1987年）。

1986年6月22日雹灾，农作物受灾1万亩。

1987 年 9 月 8 日下午，街子乡遭遇冰雹袭击，降雹厚度 6 厘米，局部院落、洼地积水近深 1 米，洪水冲走 2 人，冰雹砸伤 5 人，9 间房屋被冲毁。

1990 年 6 月 22 日，北部琥珀、新阳、凤凰、五龙及中部马跑泉等地 10 个乡镇发生雹灾，大者直径 4 厘米，农作物受灾 8.6 万亩，造成损失 314 万元。

1991 年麦熟之际，石佛、渭南、新阳、琥珀、南河川、东岔 7 乡发生雹灾，遭受不同程度损失。

1991 年 6 月 24 日，南河川等乡镇雹灾，作物受灾 9 万亩，损失 556 万元，打伤 9 人。

1993 年 6 月 23 日下午，琥珀、凤凰、伯阳、立远、吴砦、东岔 6 乡遭受雹灾，67 个村不同程度受灾，受灾农田 1.6 万亩，因伴有大风，个别地方高压电杆被吹倒，农电线路被吹断，伯阳学校围墙倒塌 1500 米，立远一吊桥被吹断，整个损失 480 万元。

1994 年 8 月 5 日晚，东岔乡发生冰雹、暴雨，冰雹持续 10 分钟，暴雨持续近 1 小时，5 个村、451 户、2480 人受灾，农田受灾 2718 亩，损失 27.87 万元。

1996 年 7 月 12 日下午，五龙、西坪、新阳、凤凰 4 乡遭受特大雹灾。降雹持续 15~45 分钟，直径 0.5 ~ 2 厘米，最大形如乒乓球，平均厚度 7 ~ 11 厘米，最厚处 15 厘米。农作物、果园受灾 5.5 万亩，造成损失 1800 万元。

同日，马跑泉、社棠、二十里铺、伯阳及城区发生雹灾，降雹时间 20 分钟，个别地方 40 分钟以上，雹粒大者如核桃，小的似蚕豆，地面雹积厚度 20 厘米，低洼处达 1 米以上，所过处秋田被毁严重。

1999 年 5 月 6 日，吴砦、元龙、党川、利桥、渭南遭受特大冰雹袭击，降雹约 40 分钟，冰雹最大直径 5 ~ 6 厘米，6.5 万亩粮食作物、1.1 万亩经济果园受灾，直接损失 1000 余万元。5 月 24 日，新阳、凤凰、元龙雹灾，冰雹直径 3 厘米，农作物受灾 5 万亩。

2000 年 6 月 16 日、18 日、20 日，连发雹灾，其中最大冰雹直径 2 厘米，10 乡镇 2.4 万亩农田受灾。

2002 年 6 月 2 日，吴砦、元龙、东岔、党川 4 乡镇遭受冰雹袭击。

2005 年 6 月 27 日晚，元龙镇在遭受持续暴雨期间又遭冰雹袭击，持续 30 多分钟，导致大面积减产、绝收。

2007 年 7 月 22 日，新阳、凤凰两乡 9 村遭冰雹袭击，农作物受灾 2500 亩，损失 26 万元。同年，三岔乡遭受雹灾，6 人受伤。

四、连阴雨

1988 年 3 月 13 日 -4 月 6 日，境内出现长达 25 天的连阴雨，推迟小麦生长发育和春播。

2003 年 8–10 月，连续阴雨，导致全区多处山体出现滑坡险情，多处农路被毁，将近 6 公里的河堤被冲垮，一座便桥被冲毁，倒塌房屋 857 间，千余间成为危房。

2006 年 8 月 27 日 -9 月 4 日、9 月 22–29 日出现的连阴雨，对作物生长产生不利影响。

五、低温冻害

1986–1988 年，区内连续 3 年遭受较重霜冻灾害。

1987 年 11 月 27–28 日强寒潮入境，小麦死亡严重。

1990 年，区内部分地方出现霜冻，农田受灾。

1991 年 5 月出现低温，小麦受灾 13.7 万亩、玉米受灾 3 万亩。

1994 年春小麦返青季节，寒流袭入境内，持续 5~6 天，致东部林缘区的 1.4 万亩小麦遭受低温冻害。

1995 年，东岔、立远、吴砦、元龙、麦积、党川、利桥 7 乡、26 村在小麦返青生长季节遭寒潮，1.5 万亩小麦受灾。

2000 年 4 月 13–17 日连续倒春寒天气和霜冻，使河谷川区北部和渭北旱区阳坡地带 32%～46%麦田受冻死亡。

2001 年 4 月 8–11 日，境内气温骤降，出现大雪，并伴有 7～8 级大风，有些地方积雪达 10 厘米，连续 3 天的霜冻灾害使各种作物均遭受巨大影响。

2004 年 5 月 1–5 日，境内发生强霜冻天气，并伴有大风，社棠、甘泉、党川、利桥 4 乡镇大部分作物减产 3～5 成，有的绝收。

2006 年 4 月 10–12 日出现寒潮，4.61 万亩果树受灾，损失 2000 万元。

第三节　生物性灾害

1985 年 5–6 月，石佛乡粘虫危害玉米。

1986 年，境内 31 万亩小麦发生蚜虫，造成减产。

1987 年，红蜘蛛大面积危害小麦，造成减产。

1988 年，蚜虫危害小麦 21.5 万亩。

1989 年，玉米螟危害玉米 13.3 万亩，造成减产，损失 800 万公斤。

1990年,玉米螟危害玉米10万亩,造成减产,损失320万公斤。

1991年,红蜘蛛危害小麦23.5万亩,小地老虎危害玉米5.6万亩,玉米螟危害面积20万亩;小麦条锈病中度偏重发生,侵及28万亩。

1992年,小麦红蜘蛛中度偏重发生。

1993年,35.47万亩小麦普遍发生蚜虫,造成减产;红蜘蛛普遍发生,危害小麦16.4万亩。

1994年,蚜虫危害小麦;玉米矮花叶病在中单二号品种上普遍发生,危害农田10万亩。

1995年,麦长管蚜、麦红蜘蛛危害小麦,番茄晚疫病发生较重。

1996年,小麦条锈病暴发流行,蚜虫危害小麦。

1997年,蚜虫、红蜘蛛危害小麦。

1998年,粘虫在高山区暴发,危害玉米,为近10年所罕见。小麦白粉病、红蜘蛛、吸浆虫普遍发生;玉米螟危害玉米。

1999年,小麦条锈病、白粉病、黄矮病、红蜘蛛先后发生。

2000年,蚜虫、红蜘蛛普遍危害小麦。

2001年,小麦条锈病、白粉病普遍发生。

2002年,小麦条锈病普遍流行,几乎侵及所有小麦;蚜虫、红蜘蛛危害小麦。

2003年,小麦普遍发生白粉病、红蜘蛛、蚜虫。

2004年,小麦条锈病流行,侵及农田28.6万亩;蚜虫大面积发生。

2005年,小麦条锈病、小麦白粉病、小麦蚜虫、小麦红蜘蛛轮番发生。

2006年,小麦白粉病、蚜虫、红蜘蛛先后发生。

2007年,小麦条锈病、白粉病、蚜虫、红蜘蛛发生。

第八章 环 境

第一节 环境评价

一、环境变化 20世纪60年代,随着天水风动工具厂、甘肃棉纺织厂、天水焦化厂等较大工业企业的兴建或迁入,境内开始出现工业污染。20世纪80年代,工业污染渐次扩大。20世纪90年代,由于粗放型经济增长方式并没有得到根本改变,工业污染源呈递增趋势。2000 年后，随着工业经济规模持续扩大和人民生活水平的提高，工业污染、生活污染源增多，对环境造成较大影响，环境污染和生态破坏问题较为突出，保护环境的压力加大。据统计，2002 年全区各类污染物排放总量为：烟尘排放量 1503 吨，工业粉尘排放量 1154 吨，二氧化硫（SO2）排放量 1102 吨，化学需氧量（COD）排放量 8026 吨，重金属排放量 0.18 吨，工业固体废物排放量 724 吨。2007 年全区共有污染源 632 户，其中工业源 195 户（包括重点污染源 147 家，一般污染源 48 家），生活源 437 户（其中餐饮住宿服务业 259 户，医院 16 户，居民服务和其他服务业 109 户，独立燃烧设施 41 户，城镇居民生活污染源 12 户）。还有农业污染源 1430 户。

二、工业污染 1986 年调查，全区工业用水量每年 1500 万吨，工业废水排放量每年 1000 万吨，处理率 6.3%，达标率 60%；工业耗煤量每年 12 万吨，工业耗油量（不包括车辆用油）每年 1200 吨，工业废气排放量每年约 13 亿标立方米，净化处理率仅 55%。

2001 年，对二十里铺辖区锡龙冶炼厂、马跑泉海泉轴承厂等 6 家工业企业进行劳动卫生保护执法检查，对一线接触毒害作业的工人进行尿铅化验，结果发现，尿铅超标 27%，其中大部分已出现临床症状。2006 年，政府招商引资兴建在甘泉镇吴河村的天水和鑫工贸公司铅冶炼厂、天水秦川锌品有限责任公司两家企业排放出的污染物造成邻近村庄水源污染。吴河村的 220 多名村民分批到西安医院检测，结果 90%以上的村民铅超标，其中 68 名村民铅中毒。

三、农村环境污染 境内农村环境污染物主要为内源型污染，包括现代化农业生产造成的各类面源污染、乡镇企业和集约化养殖场造成的点源污染和农民聚居点生活污染。3 类污染都是在农村现代化进程中形成的，并在农村造成“小污易成大污、小污已成大害”的局面。

20 世纪 80 年代，乡镇企业和集约化养殖场高速增长，因粗放经营，污染物处理不当，对农村环境造成直接污染。尤其养殖场，由于畜禽粪便、生产地点离人们聚居点近或者处于同一个水资源循环体系中，造成地表水的有机污染和富营养化并危及地下水源，甚者出现恶臭味。

农业实行家庭承包经营后，农田化肥、农药施用量猛增，并在果蔬生产中大量使用，加之施肥结构不合理，导致化肥利用率低、流失率高，造成土壤污染，还通过农田径流形成水体有机污染和富营养化污染，甚至影响到地下水和空气。20 世纪 90 年代，被誉为“白色革命”的粮食作物地膜覆盖技术大力推广。随着大棚农业的普及和地膜大量使用,地膜污染也在加剧。全区每年地膜用量在4.5吨以上。与此同时,随着煤炭作为燃料在农村渐次使用,部分地方农民焚烧秸秆产生的空气污染,对农村和城市环境造成一定影响,甚至影响飞机起降。

2000年后,农村居民点规模迅速扩大。但在“新镇、新村、新房”建设中,由于规划和配套基础设施建设未能跟上,环境规划缺位或规划之间不协调,使城镇和农村聚居点或者沿公路带状发展,或者与工业区混杂。小城镇和农村聚居点的生活污染物则因为基础设施和管制的缺失直接排入周边环境中,造成严重的“脏、乱、差”现象。农村生活垃圾几乎全部露天堆放,农村生活污水几乎全部直排,使农村居民点周围的环境质量严重恶化。全区96%的村庄没有排水沟渠和污水处理系统,89%的村庄将垃圾堆放在房前屋后、坑边路旁甚至水源地、泄洪道、村内外池塘,无人负责垃圾收集与处理。至2007年,城郊一些地区的面源污染占污染负荷的比例超过工业污染。污染源主要来自生活污水和农田的氮、磷流失。化肥和农药已经使城郊地区的水环境污染从常规的点源污染型转向面源与点源结合的复合污染型,还直接破坏农业伴随型生态系统,对水源地形成巨大的威胁。粮食作物地膜覆盖面积全区已达17.5万亩,但地膜残留物则成农村环境污染源之一。

四、大气污染 境内大气污染主要来自能源的燃烧,以煤烟型污染为主。工业污染源即冶炼非金属矿物制品及化工行业等企业排放的烟尘、粉尘、二氧化硫及无机物所造成的大气污染;生活污染源,指居民、机关和服务行业由于餐饮、取暖等生活需要,燃烧矿物质燃料排放烟气造成的低空大气污染;交通污染源,全区机动车排放的尾气含一氧化碳、氮氧化物、碳氧化合物和铅所造成的大气污染源。2001年,全区工业废气排放总量58.79亿标立方米。2006年起,天水市环境保护监测站连续3年对麦积城区进行监测结果显示,二氧化硫、二氧化氮均未超过国家标准,总悬浮颗粒物为主要污染物,但是呈逐年下降的趋势,空气质量有明显改善。

城区大气质量年平均值

单位:毫克/升

年份	二氧化硫		二氧化氮		总悬浮颗粒物	
	监测值	国家标准	监测值	国家标准	监测值	国家标准
2006	0.014	0.06	0.022	0.08	0.32	0.2
2007	0.021	0.06	0.022	0.08	0.24	0.2

五、水污染 1985年后，随着城区人口迅速增加，城区以及城区下游水质加剧恶化，从而影响渭河水质安全。全区废水排放以工业、生活污水为主，主要污染物为化学需氧量，其次为氨氮，属有机型或生活型污染，重点污染河段为渭河城区河段。2001年，全区工业废水排放总量达31.8万吨。2006年起，天水市环境监测站连续3年对全区地表水、饮用水水质进行监测结果显示，城区渭河公路桥断面地表水水质达标率偏低，全区地表水水质达标率均未低于目标值，饮用水水质达标率合格，达到国家标准。

水环境质量达标率

单位：%

年份	地表水水质达标率				饮用水水质达标率
	城区桥断面	伯阳桥断面	葡萄园断面	目标值	
2006	68	76	88	60	99.3
2007	84	88	100	60	100

六、噪声污染 20世纪80年代开始，由于城市化进程的加快，城市总体规划落后于城市发展，基础设施落后，城市道路使用功能不清，管理不到位，造成噪声污染指标居高不下。全区社会生活噪声所占比例最大，其次为交通噪声、工业和建筑施工噪声，以交通噪声和建筑施工噪声扰民现象最为突出。2006年起，天水市环境监测站连续3年对全区区域噪声和交通噪声监测显示，城市区域噪声和交通噪声监测值尚在国家规定标准值以内。

城区噪声和交通噪声监测值

年份	城区噪声		交通噪声	
	监测值	国家标准	监测值	国家标准
2006	55.4	55	69.4	70
2007	51.1	55	68.5	70

七、固体废弃物污染 固体废弃物分为生活垃圾、一般工业固体废物和危险废物3种。此外还有农业固体废物、建筑废料及弃土。生活垃圾包括食物残渣、纸屑、灰土、塑料袋、包装物、废品等；工业固体废物主要有冶炼废渣、粉煤灰、炉渣、尾矿、煤矿石、化工废渣及工业粉尘等；危险废物包括易燃、易爆、腐蚀性、传染性、放射性等有毒有害固态废物，半固态、液态危险废物。工业固体废物综合利用

率低,除煤渣多被利用外,其余废渣多露天堆放,造成二次扬尘污染,有害物质随地表径流流入水体或渗入地下,污染土壤和地下水。

20 世纪 80 年代,随着经济社会的发展,城乡居民产生的生活垃圾及工业生产排出的固体废弃物与日俱增。20 世纪 90 年代,城市化进程加快,在生产建设、日常生活和其他活动中产生的污染环境的固态、半固态废弃物增多,生活垃圾、医疗垃圾、商业垃圾,建设施工单位产生的渣土、弃土、淤泥等废弃物及建筑废料,数量急剧增加。1995 年,全区年产生活垃圾 3 万多吨。2001 年增至 4.2 万吨,2007 年再增加到 5.4 万吨。全区工业固体废物产生量 8.68 万吨。

第二节 污染治理

一、政策、规定 20 世纪 80 年代,开始重视对污染的防治。按照“预防为主,防治结合”的原则,相继制定《环境保护总量控制规划》等文件,并开始开展污染防治和生态保护,改善环境质量。1985 年,区人民政府发出《关于城区市容管理的暂行规定》,决定城区卫生由城乡建设环境保护局、工商行政管理局、街道办事处共同负责,并实行门前三包(即包卫生、包绿化、包秩序)制度。20 世纪 90 年代,编制《环境保护“九五”规划和 2010 年长远目标规划》。1995 年 2 月,开始对辖区内新建、改建、扩建、续建的公共建筑设计、选址、施工、竣工进行预防性卫生监督,并实行卫生许可证制度。2000 年,编制完成《环境保护“十五”规划》。2001 年,对工业污染源主要污染物达标排放进行限期治理,年内全区实现达标排放的企业 69 家,达标率上升到 98%。2004 年,区人民政府审议通过《危险化学品事故应急救援预案》。2006 年,区人民政府制定《突发环境事件应急预案》和《饮用水源突发环境事件应急预案》。2007 年,麦积区被列为全省 4 个市、县(区)国家第二批生态环境监察试点区,编制《“十一五”资源利用和环境保护规划》等政策及地方性规章,在全区范围内开展第一次污染源普查。

二、工业污染治理 1985 年,全区工业污染防治工作开始起步,摸排污染源底数,监测工业污染源,对重点污染源进行治理,对城区老工业污染源实施搬迁,加强对乡镇企业的环境管理。

1989 年,区防疫站贯彻执行国家《职业病范围和职业病患者处理办法规定》和《甘肃省职业病报告办法实施细则》,对职业病进行专门医治。1992 年,对 42

个有毒有害工种企业进行执法检查，结果落实防护措施者仅占21%，有79 %未落实，通过检查，督促其实施。1993年起，对全区金属矿乱采滥挖问题、小铅锌选矿厂乱建问题进行重点检查，关闭马跑泉镇三十甸子村小青瓦窑和党川、利桥乡黄金矿区。

1996年第四次全国环境保护工作会议后，对所有工业污染源进行全面清理整顿，开展达标治理；对新建项目开始执行环境影响评价和排污总量控制制度，推行项目审批政务公开、建设项目预审制，拒绝批准国家明令淘汰的落后生产工艺、产品设备项目，否决一批与城区性质不相符的重污染工业项目，从源头上控制环境污染。1997年，完成全区小绒线行业的印染废水治理，关闭甘肃棉纺织厂印染车间。

1999年，区人民政府下发《关于下达超标工业污染源实施限期治理项目的决定》，把天水东方造纸实业有限公司等15家超标排污企业定为1999年第一批限期治理单位。1999–2001年间，全区关闭污染严重、治理无望的工业企业33家。2001年开始，连续4年开展查处环境违法行为专项行动，对全区矿山、水泥、绒线行业进行重点检查，对已实现达标排放而污染处理设施有停运现象的天水焦化厂、华丰绒线厂作出处罚。对治理无望的玉祥、丰源、青花绒线厂依法关闭染色车间。对水源保护区内有污染隐患的13家已停产企业的尾矿点进行清查，责成有关单位专门管理，同时对尾矿内建材原料逐步进行综合利用，减少尾矿对环境的污染。2004年，职业病鉴定专家库人员在全区范围内清查放射源；为保护矿区生态平衡，关闭全区黄金矿探采点，减轻选矿废水的污染；对未达标企业污染进行治理改造，重点对建材、机械、电子、轻纺等行业和医院污染进行治理。2005年，对全区2001年后所有新、扩、改建项目进行拉网式清理检查。检查后，对存在污染较重的天水和鑫工贸公司、天水东方纸业有限公司高强度楞纸生产线、天水永昌化工厂责令停产，限期整改。2006年7月，区人民政府决定关停整顿一些污染严重的企业，对甘泉镇吴河村村民血铅筛查采样送检，有临床症状者住院治疗。2007年，市委、市人民政府对仍然制造污染的天水啤酒有限公司作出责令立即停产、解决排污问题的决定。

三、水污染治理　1985年，区防疫站对城区和马跑泉不同类型生活饮用水源进行选点，按季节采样监测4次32份，采厂矿企事业单位自用井水15份，得出数据814个。检测结果是，理化合格率82%，细菌指标合格率76%。同年，对10所医院污水排放情况进行卫生监测建档管理。1987 年,对城区生活用水水质进行普查,共查水源 34 处,其中符合国家卫生标准的 15 处。

1992 年,为加强对居民用水的监督和改造,区人民政府成立区农村卫生改水项目办公室。1993 年,引进世界银行贷款,开始在全区施行贷款农村卫生改水项目。1998 年,区防疫站对全区城乡 571 个水源监测采样 96 份,检验合格者 74 份。1999 年,区防疫站对全区生活饮用水源进行调查建档。

2000 年,对华丰绒线厂、玉祥绒线厂、丰源绒线厂、青花绒线厂、福祥绒线厂、明星绒线厂 7 家印染废水和东方造纸实业有限公司废水、花牛山选矿厂废水进行限期治理。2001 年, 全区共有工业废水处理设施 4 套, 工业废水处理量 58.18 万吨,工业废水排放达标量 29.52 万吨。2002 年,污水处理工程项目启动实施,开始实施农村人畜饮水解困和农村氟病区改水项目。2006 年,区人民政府成立"涉及饮用水源突发环境事件应急指挥部",组织协调、指导重、特大涉及饮用水源突发应急医疗卫生救助,为乡镇卫生院提供技术援助支持。

四、水源地环境保护 1999 年,天水市完成东部水源地保护区划,在马跑泉镇慕滩、大沟、潘集寨 3 村建成天水市东部水源地。水源地设取水井 21 口,设计日供水量 5 万吨,建成供水管网 42.44 公里,规划保护面积 19.7 平方公里,实现麦积、秦州西城区供水管网和东水西调,有效缓解秦州区城区供水不足问题。

与此同时,市、区两级环保部门加强水源地执法检查力度,对东部水源地周边的小陇山纤维板厂、中车集团天水七四五二工厂、红梅绒线有限公司、天水风动工具厂、明星绒线厂、长城果汁责任有限公司等污染企业下达限期治理规定。2000 年,市人民政府下发《东部水源地环境保护管理办法》,明确划分各级政府、各相关部门在慕滩水源地地下水防护的管理、监督职责和法律责任,划分了保护范围,分为一级、二级保护和准保护区。2002 年,限期取缔滞留在永川河流域的非法采砂点,彻底清理滞留在河堤上的垃圾。2006 年,区人民政府制定《饮用水源突发环境事件应急预案》和《关于清理整改天水市东部水源地保护区内所有直接排污口实施方案》,组织开展全区饮用水源专项执法检查,对天水市东部水源地保护区内所有排污口进行全面清理整顿。2006–2007 年,先后召开 4 次水源地清理整顿工作会议, 集中对水源地进行综合整治。对水源地内违法建筑进行清理,清运河道和水源地内的垃圾,搬迁一级水源保护区内畜禽养殖场。规范渭河流域采砂行为,依法取缔非法采砂点 7 个,回填河坑 14 个,拆除污水拦载坝,疏通河道，防止积聚污水对水源地形成影响。2007年，搬迁一级水源地内养殖场和建材厂，取缔水源地保护区内直接排污口和一切与水源地保护无关的各类企业，教育农民规范耕种行为，防止因大量施用农药、化肥对水质带来的影响。

五、大气污染治理 1986年，开始建设烟尘控制区，每年对炉、窑、灶进行年检，对不符合标准的炉窑进行治理。1998-1999年，对锅炉、茶炉进行年检。由于1993年以前建成的锅炉大部分为风式干法除尘器，已严重老化，除尘效果不佳。1999年，区人民政府责令区电信局、区人民法院、区电力局等10家单位锅炉除尘器限期更新改造，使用新的可减少污染的锅炉。2002年，开始发展城市集中供热，建成桥北集中供热工程（即典盛热力公司），随后关停桥北企业和机关采暖锅炉45台，烟尘和二氧化硫的排放量减少，大气质量明显好转。

2003年开始，加强餐饮服务业管理，严格控制办理《临时排污许可证》，坚持谁审批、谁负责、谁办证、谁治理的制度。先后对油烟扰民严重的17家餐饮业进行整治，下发限期改正通知书；对新华楼火锅等9户业主吊销《排污许可证》，对商埠西路西段的餐饮业进行烟道改造；加强露天烧烤管理，推广无烟烧烤机8台。同时，下发《关于加强餐饮业环境管理的通知》，明确大、中型餐饮业店按要求安装油烟净化设备。对东安饭店、醉八仙酒店、康源川味香民俗酒楼等6家大型餐饮店安装油烟净化设备。2005年，建成桥南集中供热一期工程（即华瑞热力公司）后，关闭供热覆区内89台分散锅炉，集中面积达到110万平方米，城区集中供热率达到70%以上。随着两个供热工程管网延伸和覆盖面的扩大，分散供热的小锅炉逐步得到取缔，全区城区环境质量大有提高。

六、噪声治理 1998年12月，区人民政府下发《噪声达标小区环境保护管理办法》，在开展环保专项行动的同时，开始创建噪声达标区，改善城区噪声环境质量；推行施工噪声申报登记制度，限定施工作业时间，严禁使用高噪声设备；对生活噪声特别是营业歌舞厅等噪声源进行治理，要求密闭，限时营业，以防噪声扰民；对建筑业要求企业文明施工，严禁夜间施工。1999年，先后建成桥南片、道南片噪声达标小区。2000年7月，区人民政府决定，对兰州拖拉机厂天水分厂、北道区东风农业机械厂超标噪声实行限期治理，对道南、道北片的亚太歌舞厅等14个噪声超标单位实行限期治理。2002年，开展查处环保违法行为专项行动，共查处污染案件和污染纠纷16起，处罚超时作工建筑工地4家，超时营业歌舞厅2家。2003年，查处噪声扰民事件20起，处罚超时作业建筑工地6家，超时营业的歌舞厅4家；对沿街招揽性音响等偶发性噪声进行突击整顿，吊销天河川菜馆和新华楼火锅店的排污许可证。2003年起，每年高考和中考期间，加强噪声监督管理，安排环境监察人员夜间巡查，对辖区内各考点进行集中检查。为此，先后检查施工单位160余家，处罚违规作业单位30余家。同时，对沿街商业招揽型音响、乱放鞭炮、汽车乱鸣喇叭等行为开展集中行动，噪声扰民投诉明显减少。

七、固体废弃物治理 1998年11月，区环保局对149家单位的210台炉窑的排污设施和污染物排放情况进行检查。1999年9月，区人民政府决定对马跑泉镇三十甸子村9户农民所办18眼小青瓦窑停业关闭。2000年4月，区人民政府在全区范围内开展清理非法冶炼活动，对零星非法矿产品选冶点进行全面清理。7月，经区人民政府决定，对区林业局、区百货公司等10家单位锅炉除尘设施实行限期治理。2003年，位于伯阳镇上坪的老虎沟垃圾填埋场被列为市医疗垃圾处理的定点场所，并投资90万元购进医疗垃圾清运车、焚烧炉等专用设备。2005年7月，区人民政府决定，在全区范围内联合开展整治违法排污企业保障群众健康环保专项行动。2006年3月，区人民政府印发《全面整顿和规范矿产资源开发秩序工作实施方案》，并成立协调领导小组。2006年，市、区决定对铅污染严重的天水市麦积区锡龙冶炼厂实施关闭，同时关停整顿一些污染村庄的有毒有害企业。

第三节 环境卫生

一、垃圾清运 20世纪80年代开始，随着经济社会的发展和城市化进程的加快，城区产生的生活垃圾量与日俱增，垃圾清运量也不断增加。1991年开始，沿街人行道、居民住宅区和巷道的垃圾由沿街门店和各街道负责清扫、清运、保洁，按区域收取清扫代运费。时城区环境卫生管理所（简称环卫所，后改环卫处）有垃圾清运架子车37辆，垃圾清运车1辆，道路清扫保洁面积29.3万平方米。1995年，为满足居民区及辖区各单位生活垃圾的正常倾倒，是年起分别在道南五公司、风动工具厂后，道北粮食转运站、吕家村，桥南党校、分路口、桥南商场建设垃圾中转站7处。建成后，由环卫部门指定专人看管，并制订垃圾站倾倒作业制度，按规定时间段入库并清运，做到日产日清。1996年，环卫所对城区建筑垃圾实行办理准排证制度，指定地点进行合理排放。1998年，区环卫处在社棠镇石林村租赁荒滩地修建垃圾场（至2001年5月使用到期）。

1999年，在城区张家村北山麻地沟建成北山生活垃圾填埋处理场，采用简单的黄土卫生填埋技术作业，占地1.05万平方米。2000年起，随着城市面积不断扩大，城市主干道、次干道不断修建，城区由环卫部门负责清扫、保洁面积逐年增加。是年，增加城区人行道清扫保洁面积11万平方米，共有清扫保洁面积40.3万平方米。2001年，购进扫路车1辆，在城区繁华地段增设垃圾箱80多处。由区城市管理局制定《城市市容和环境卫生管理实施细则》。同年，在马跑泉镇团庄村东部蔬菜批发市场续建工程地段选址建设临时建筑垃圾填埋场，面积15亩；在道南渭滨北路西（锻压机床厂附近）和陇昌路东（风动工具厂对面）修建2处垃圾中转站。2002年，在伯阳镇上坪村老虎沟建设垃圾填埋场。一期工程占地6.7万平方米，容积126万立方米，可容纳垃圾203万吨；二期工程占地6.32万平方米，容积114万立方米，可容纳垃圾182万吨。为促进垃圾处理产业化，环卫部门还全面推行城市生活垃圾处理收费制度，严格生活垃圾、建筑垃圾准排放制度，凡居民个人或单位，必须持有环卫部门颁发的准排放证后方可按指定时间、地点、方式排放倾倒垃圾。是年，环卫处购进洒水车1辆。2003年，增加桥南天河南路、泉湖路清扫保洁面积14万平方米，共有清扫保洁面积54万平方米。10月，购进环卫管理车3辆。2004年，桥南开发区北外环路、南外环路、凤凰路、新阳路、伯阳西路等路段道路清扫保洁、垃圾清运、沿路门店摊位垃圾费收取全部移交到环卫处进行管理。2005年，购进自卸式垃圾清运车1辆，增加羲皇大道清扫保洁面积78万平方米，总计清扫保洁面积达到132万平方米。2006年，购进东风环卫工具车1辆、自卸式5吨垃圾清运车2辆。区劳动和社会保障局在环卫处开发清扫保洁公益性岗位345个。至此，全区环卫清扫保洁用工全部为公益性岗位人员。2007年，城区道路清扫面积135万平方米，共有垃圾中转站7座、沿街垃圾池48个、沿街垃圾桶99个、果皮箱45个，有环卫车12辆。道南中心城区实行全天保洁，其他主要路段实行晚上一扫，白天不间断保洁的作业制度。2辆洒水车5-10月每天出车两次，主要对陇昌路、埠南路、埠北路、渭滨北路、红旗路、天河路、前进南路等路段循环洒水。各环卫所负责各自片区单位、小区垃圾清运处置的监管工作，配合清运管理队对城区生活、建筑垃圾的清运处置进行管理。

部分年份城区垃圾清运量统计

单位:万吨

年份	年垃圾清运量		年份	年垃圾清运量	
	代运	自运		代运	自运
1990	2.1	0.24	1999	3.6	0.5
1991	2.2	0.28	2000	3.7	0.5
1992	2.5	0.31	2001	3.8	0.6
1993	2.8	0.32	2002	4.0	0.7
1994	2.9	0.33	2003	4.2	0.75
1995	3.0	0.33	2004	4.2	0.8
1996	3.1	0.34	2005	4.3	0.85
1997	3.1	0.35	2006	4.4	0.9
1998	3.4	0.36	2007	4.5	0.9

二、公厕建设及管理　1985 年,城区仅有二马路(今商埠路)西部和渭河桥北端(今埠北路南起点)东侧 2 处公共厕所,面积 221 平方米,由环境卫生管理所(简称环卫所)派专人进行管理,负责清扫,用出售粪便收回的现金作为报酬。1987 年,区财政投资,在道北路(今区府路)东部、二马路(今商埠路)东部、渭河人行桥南端(今埠南路北端)建成钢筋混凝土结构、水磨石地面、内墙和便池均为瓷砖贴面的水冲式公厕 3 处,面积 273 平方米。新建成的水冲式公共厕所实行收费制度,所收现金作为管理人员工资。1988–1989 年,又在镇建二院、镇建三院、镇建四院、前进路北部、桥南分路口建砖木结构厕所 5 处,面积 240 平方米。1991 年,在城区主要街道增设公厕,城区共有公共厕所 19 处,其中水冲式 5 处,旱厕 14 处,分布于城区各居民区。对水冲式公厕,化粪池粪便当天由运输车辆拉运干净,旱公厕每天清扫两次。1995 年,建成便桥北头水冲式公厕 1 处,面积 66 平方米。次年又建成陇昌路水冲式公厕,面积 60 平方米。1997 年,建成信福商城水冲式公厕,面积 74 平方米。1998 年,建成桥南小学西侧水冲式公厕,面积 40 平方米。

2000 年,区环卫处在社棠石岭建造 1 座有防尘、防臭、封闭式贮粪池,采用综合处理技术,粪便处理后达到有关卫生标准,并与城郊农户签订协议,运输车辆按约定直接运输至农田。2001 年,建成商埠路轻工厂公厕,面积 85 平方米。

2004年,由于道路拆迁改造,拆除商埠路东段公厕和道北什字公厕。2005年,对便桥北头公厕和陇昌路公厕进行改造,安装立式小便器、衣帽钩等设施。2006年,建成分路口水冲式公厕,面积65平方米。2007年,在市第九中学门口南端、车辆段门口西段、渭河1号桥东环道下、桥南体育场新建水冲式公厕4处,改造便桥头南端公厕1处。2007年底,城区共有水冲式公厕17处,旱厕6处,流动人群"入厕难"的问题基本解决。

三、废水、污水处理 城区废水排放以工业、生活污水为主,主要污染物为化学需氧量,其次为氨氮,属有机型或生活型污染,重点污染河段为渭河城区河段。

1997–2000年,完成全区小绒线行业的印染废水治理,关闭甘肃棉纺织厂印染车间。2001年,区财政投资30多万元为排污渠加盖2000多米,清理污渠2200多米。2004年起,对东方纸业,明星绒线、奔马啤酒、天虹化工等企业加大投资建设污水处理设施,使生产污水直排现象得到控制。2007年,配合省、市环保部门,督促天水奔马啤酒有限公司投资390万元建成污水处理站,并新设污水排污管3.7公里,由原来经过一级水源保护区排入渭河改为沿羲皇大道通过密闭式管道排至东柯河,远离一级水源地保护区。

第四节 管理监督

一、机构设置

环境保护 1985年设区后,区人民政府设有区城乡建设环境保护局,内设环境保护办公室。1988年,区人民政府成立环境保护委员会。1991年,成立区环境监理站(股级事业单位,1995年升格副科级),与区环境保护办公室合署办公。1992年,成立市容监察中队(科级事业单位),隶属区城乡建设环境保护局。1998年,环境保护办公室升格为环境保护局,从区城乡建设环境保护局分出专设,为科级事业单位,行使行政职能,内设环境监理站和监测站。2002年,区环境保护局内设办公室、综合管理股、城市环境监察股3个股室。全局事业编制11名,其中局长1名,副局长2名,人员依照公务员管理。监理站更名为区环境监察大队,职能未变。

环境卫生 1985年,区城乡建设环境保护局下设环境卫生管理所,有管理人员20人。1997年,改设为环境卫生管理处。1999年,成立区环卫监察分队,隶区环境卫生管理处。2001 年,设区城市管理局,环境卫生管理处、城建监察大队、火车站广场管理处划隶城市管理局(副科级事业单位),增设麦积景区城管所。由此,城市建设与管理分离,城区内环境卫生、市容市貌和城市公用设施管理均归区城市管理局。2003 年,区环境卫生管理处改隶天水市城市管理综合行政执法局北道分局,成立桥南、桥北、道南 3 个环卫所。至 2003 年,区环境卫生管理处下设建筑垃圾管理队、后勤管理队 、清运管理队、清运收费队和环境卫生管理队,有正式职工 54 人,清洁工 72 人。2005 年,区环境卫生管理处更名为区环境卫生管理局,正科级建制,全额拨款事业单位,归口区建设局管理,核定编制 80 名。2006 年成立羲皇大道环境卫生管理所。至此,共设 4 个城区环卫所。

二、职能履行

1998 年,区环境保护局对天水公路段煤焦油池漏油污染农田案做出处理决定。1999 年,对社棠镇下曲村一家水涮石厂粉尘外排污染农作物一案进行处理,对红旗餐厅和马记牛肉面馆拒缴排污费行为申请法院强制执行。

2000 年,在北道华丰绒线厂召开全区超标工业污染治理现场会,对兰州拖拉机厂天水分厂、北道区东风农业机械厂超标排放噪声实行限期治理,对道南、道北片的亚太歌舞厅等 14 个噪声超标单位实行限期治理,对区林业局、区百货公司等 10 家单位锅炉除尘设施实行限期治理。2002 年,对全区餐饮娱乐服务企业开展综合整治,对 7 家餐饮业油烟污染环境行为进行处罚,对集中供热覆盖区内分散的天水百货站等 42 家采暖锅炉进行无条件关闭。2003 年,在全区范围内开展清理整顿不法排污企业保障群众健康环保行动、非煤矿山安全生产专项整治,对怡欣阁大酒店等 30 家大中型餐饮业开展油烟治理工作。同年,区环境保护局还开通环保投诉热线。2004 年, 在全区范围内开展城市环境综合治理活动、“清查放射源让百姓放心”专项行动、整治违法排污企业保障群众健康环保专项行动。2005 年,市、区环境保护局在天虹化工有限责任公司、天水奔马啤酒有限公司分别召开污染治理现场办公会, 对麦积水泥有限责任公司进行限期治理督办, 对桥南片区省有色地勘局天水总队等 27 家单位分散的采暖锅炉实行关闭,对天虹化工有限责任公司落实停产治理措施。2006 年,在全区范围内开展整治违法排污企业保障群众健康环保专项行动,开展全区饮用水源专项执法检查,对天水市东部水源地保护区内所有排污口进行全面清理整顿。2007 年,在全区范围内开展第一次全国污染源普查和矿产资源整合, 责令天水奔马啤酒有限公司立即停产整治，对桥南集中供热第二批的核地质二一三大队、天水亚太大酒店等13家采暖锅炉予以关闭。

三、创卫活动

1986年，成立北道区市容整顿领导小组，城区开展“市容整顿突击月”活动。1989年起，每年开展“爱国卫生宣传月”活动，组织群众开展大规模的环境卫生清扫活动。1991年起，加强城市环境卫生的综合治理，对城区各街道实行门前“三包”。1995年，区委、区人民政府召开全区创建卫生城市动员大会，开始创建省级卫生城市，划定各街道、环卫处清扫地段，明确清扫保洁界线，开展争创卫生城市活动。1998年，巩固“省级卫生城市”通过省爱卫会的检查验收。2003年，在全区开展绿色学校创建活动，市第二中学、省林业学院等8所学校被区环境保护局、区教育局命名为全区第一批“绿色学校”。2004年，在甘肃省工业职业技术学院、麦积山风景管理局、二十里铺工业示范区万达电器公司等5家单位企业、学校开展“绿色单位”创建试点工作，甘肃省林业职业技术学院、市第二中学等7家单位被确定为全市首批“绿色单位”创建示范单位。2006年，市环保局决定命名甘肃林业职业技术学院、天水农业高新技术示范园区为首批“天水市环境教育基地”。

四、环保宣传

1985–1992年，环境保护以广播和放映环保影片为主要宣传方式。之后，每年召开环保工作会议，宣传环境保护法律法规。同时，还开设环保讲座、举办环保法制教育学习班，对重点污染企业厂长、经理进行环保法规培训。

20世纪90年代，每年宣传《环境保护法》等环保法律法规和知识。1994年起，先后开展陇原环保世纪行活动，组织参加“天水市青少年生物百项”“走进大自然”环保徒步拉练，“为了地球的生命”“拯救地球就是拯救人类”等环保征文，清除“白色污染”“科普展览”“环保夏令营”“环保知识竞赛”等多项活动，组织开展环保讲座、知识竞赛、报告会、少儿书画比赛等，宣传党和国家有关环保工作的法律和法规、方针政策及经济与环境协调发展，保护环境就是保护生产力的观点。对环境违法行为进行集中曝光，维护群众环境权益，促进产业结构调整，促使经济社会全面、协调、可持续发展。

2000年起，每年利用“3·22”水日、“4·22”地球日、爱鸟周、“6·5”世界环境日等重大纪念日进行宣传活动，宣传环境保护与经济建设协调发展关系，宣传环保法律、法规和科普知识。至2007年，全区共开展世界环境日、地球日等活动18

次，出动车辆宣传240余次，发放各类环保宣传资料20余万份，张贴宣传标语1600余条，悬挂各类环保条幅60余幅，展示环境警示教育图片260余幅，现场接待群众咨询700余人次。

五、环保教育

2002年，区环境保护局会同区教育局、区团委、区广播局等单位在道南小学举行全区中小学生环境监护周启动仪式，现场发放“我是环保小公民”宣传手册及玩具30套。2004年，在全区范围内开展绿色单位创建工作，以培养公众良好道德规范、绿色文明生活观念和环境价值观。全区共创建国家级绿色单位1家、省级5家、市级25家、区级45家。2005年，区环境保护局、区教育局联合行动，在全区开展“清除白色污染、创建绿色家园”月活动和评选“环保小卫士”“绿色小天使”活动。同年，还在马跑泉公园举行麦积区纪念“6·5”世界环境日暨清除白色污染，创建绿色家园总结大会。2007年，参加省、市环保软件制作和环境保护征文活动，全区共有29件作品获得省、市奖励，其中获得省级奖2件、市级27件。环保系统人员除参加省、市各类环保培训班外，还举办各种类型的环保系统人员培训班18期，接受培训的干部职工600多人(次)。

第三篇 政 治

1985 年北道区成立后，政治体制沿袭中国共产党领导的人民民主专政体制，坚持党委领导的中心位置，由党委决策区内重大事项。区人民代表大会常务委员会、区人民政府、区人民武装部、区人民法院、区人民检察院在中国共产党天水市麦积区（2005 年前称北道区）委员会（简称区委）领导下开展工作。区委通过在各机关成立党组或党委，贯彻区委意志，实行统一领导。

区人民代表大会是地方国家权力机关，由境内全体有选举权的人民选出的代表组成，选举区人民政府、区人民法院、区人民检察院领导人，并听取各机关的工作报告，实施监督。区人民政府、区人民法院、区人民检察院在区委领导下，在区人民代表大会及其常务委员会监督下分别开展行政、审判、检察工作。

区人民政协是中国共产党领导的多党合作的爱国统一战线组织，以服务大局为中心，通过政治协商、视察调查，向区委提出工作建议。并通过其工作，调动一切积极因素，团结一切可以团结的力量，努力维护和发展经济和社会各项事业建设的良好局面。

区人民武装部在区委和上级军事部门的领导下开展工作。主要职责是组建民兵并对其进行训练，以及义务兵员征集等工作。

第一章 中国共产党

第一节 区代表大会

一、中共天水市北道区第一次代表大会 1987 年 3 月 1–4 日在北道埠召开。

出席代表250人,特邀代表5人,代表全区近1.5万名党员,列席40人。会议听取和审议区委书记王全忠作的题为《坚持四项基本原则,夺取两个文明建设新胜利》的报告和纪律检查委员会书记文珏作的工作报告。选出区委委员25人,区纪律检查委员会委员13人。在接着召开的区第一届委员会第一次全委会议上,选举王全忠为书记,张俭成、严成亮、于震峰、贾天祥为副书记,徐正孝、文珏、阎如林为常务委员。

二、中共天水市北道区第二次代表大会 1990年4月4–7日在北道埠召开。出席代表260人,特邀老干部2人,代表全区1.56万名党员,列席51人。会议听取和审议区委书记王全忠作的《加强党的建设,为实现政治、经济、社会稳定发展而努力奋斗》的报告和纪律检查委员会书记文珏作的《严肃执纪,惩治腐败,保证全区各项任务的完成》的报告。大会选出区委委员27人,区纪律检查委员会委员15人。在二届一次全委会议上,王全忠当选为书记,张俭成、严成亮、于震峰、贾天祥为副书记,秦俊杰、文珏、徐正孝、阎如林为常务委员。

三、中共天水市北道区第三次代表大会 1993年2月16–19日在北道埠召开,出席代表265人,特邀代表7人,列席51人。会议听取和审议区委书记赵文华作的《解放思想,开拓进取,为全区经济建设再上新台阶而努力奋斗》的报告,以及区纪委书记文珏作的《认真贯彻从严治党方针,大力加强党风廉政建设》的报告。大会选出区委委员31人,区纪律检查委员会委员15人。在三届一次全委会议上,选举赵文华为书记,冯沙驼、程田禄、阎如林、王世华、段生彦为副书记,石盈禄、冯诠、文珏为常务委员。

四、中共天水市北道区第四次代表大会 1998年2月12–15日在北道埠召开,出席代表258人,特邀代表8人。会议听取和审议区委书记徐世英作的《高举旗帜,团结奋斗,抢抓机遇,求实创新,尽快实现由经济弱区向经济强区的跨越》的报告。选出区委委员29人,纪律检查委员会委员13人。在四届一次全委会议上,选举徐世英为书记,王世华、王凤保、胡福林、王虹为副书记,董银喜、张钰、刘俊杰、蒋晓立、文月平为常务委员。

五、中共天水市北道区第五次代表大会 2002年12月11–13日在北道埠召开,出席代表268人。会议听取和审议区委书记付振伟作的《团结一心,与时俱进,为努力开创北道改革与经济建设的新局面而奋斗》的报告。大会选出区委委员25人,纪律检查委员会委员13人。在五届一次全委会议上,选举付振伟为书记,蒋晓强、巩玉保、温晓东、贾应珍、刘新全、王宝麟为副书记,刘俊杰、王俊才、王晓琴(女)、汪怀定、申君明为常务委员。

六、中共天水市麦积区第六次代表大会 2006年11月13-15日在北道埠召开,出席代表310名。会议听取和审议区委书记蒋晓强作的《团结拼搏,乘势而上,科学发展,持续提速,为建设富裕和谐新麦积努力奋斗》的报告。大会选出区委委员41人,纪律检查委员会委员19人。在六届一次全委会议上,选举蒋晓强为书记,张克强、杨保珍为副书记,马兆让、王晓琴(女)、谢国成、杨续祥、赵晓东、马军党、尹守奎、李小敏(女)、臧志军为常务委员。

第二节 区委员会

一、领导机构 1985年7月北道区成立后,原中国共产党天水县委员会工作中止。9月,成立中国共产党(以下简称中共)天水市北道区委员会(简称北道区委,或区委)。区委驻北道埠(即原天水县治),设书记、副书记、常务委员、委员、候补委员,实行集体领导体制,受中共天水市委员会(简称市委)领导。区委的职责是贯彻执行中国共产党中央委员会(简称中共中央)及各上级机关(省委、市委)的决定、决议、指示,统一领导全区工作,决策全区重大工作事项。2005年北道区改名为麦积区后,区委机构设置、领导体制和隶属关系不变。

区委由书记、副书记、常务委员组成区委常务委员会(简称常委会),作为区委核心机构,决策日常工作。除常设1名书记作为区委主要领导人外,1985-2006年间,历届设副书记4~6名,常务委员(不计书记、副书记)设4~5名;2006年后,压缩区委副书记编制人数,只设2名(包括1名兼任区长者),但除书记、副书记外的常务委员增至7~9人。

区委成员的产生,书记、副书记、常委先由市委任命,再在其后召开的党员代表大会上选举;区委委员、候补委员则先由组织部门提出拟选名单,再经区委常委会议讨论后,提交区党员代表大会选举。每届所选委员人数,除常委会成员外,15~30人不等,候补委员第一至第三届未选,1998年和2002年分别召开的第四、第五届大会上各选4名,2006年召开的六届大会上选8名。区党员代表大会1993年以前为3年1届,1993年后为5年1届。

1985–2007年区委历任书记

姓名	文化程度	籍贯	任职年份	备注
王全忠	大学	马跑泉镇胡王村	1985–1991	
赵文华	高中	三岔乡前进村	1991–1995	
王玺玉	大专	甘肃省秦安县	1995–1997	
徐世英	大学	浙江省宁波市	1997–2000	
王世华	研究生	秦州区牡丹镇	2000–2002	
付振伟	研究生	甘肃省甘谷县	2002–2005	
蒋晓强	研究生	甘肃省甘谷县	2005–	

1985–2007年区委历任副书记

姓名	文化程度	籍贯	任职年份	备注
张俭成	大学	陕西省礼泉县	1985–1990	
严成亮	大学	甘肃省甘谷县	1985–1992	
于震峰	大专	渭南镇于园村	1985–1992	
贾全豹	大学	山西省闻喜县	1985–1986	
贾天祥	大学	甘肃省甘谷县	1985–1993	
徐正孝	高中	庆阳市西峰区	1991	
阎如林	初中	麦积镇街亭村	1991–1996	
冯沙驼	大专	山西省忻县	1992–1995	
程田禄	大专	甘肃省甘谷县	1992–1997	
王世华	研究生	秦州区牡丹镇	1992–2000	其中1996年1月至1997年11月调外任
段生彦	大专	兰州市	1993–1995	
王玺玉	大专	甘肃省秦安县	1995	
石盈禄	初中	庆阳市正宁县	1996–1997	
王明珍	高中	陕西省旬邑县	1996–1997	女
王凤保	大专	马跑泉镇胡王村	1996–2000	
胡福林	初中	新阳镇胡大村	1996–2002	
王　虹	大学	秦州区关子镇	1997–2001	
巩玉保	大学	甘肃省武山县	1998–2005	
郭明卿	大专	秦州区秦岭乡	2000–2002	
温晓东	大专	花牛镇卜王村	2000–2006	

续表

姓 名	文化程度	籍　贯	任职年份	备注
蒋晓强	研究生	甘肃省甘谷县	2002–2005	
文月平	大学	中滩镇文岔村	2002	
贾应珍	研究生	甘肃省秦安县	2002–2006	
刘新全	大学	花牛镇高家湾村	2002–2006	
王宝麟	大学	兰州市	2002–2004	挂职
李　允	大学	庆阳市	2004–2005	挂职
张克强	大学	甘肃省秦安县	2005–	
王晓琴	研究生	陕西省延安市	2005–2006	女
杨宝珍	大学	甘肃省甘谷县	2006–	

1985–2007 年区委历任常务委员(同时任书记、副书记者略)

姓 名	文化程度	籍　贯	任职年份	备注
王炳元	大专	甘肃省秦安县	1985–1987	
魏致中	中专	兰州市	1985–1986	
杨逢春	中专	陇南市成县	1985–1986	
文　珏	中专	秦州区华岐乡	1985–1994	
阎如林	初中	麦积镇街亭村	1985–1991	
徐正孝	高中	庆阳市	1986–1991	
秦俊杰		秦州区耤口镇	1990–1993	
石盈禄	初中	庆阳市正宁县	1991–1996	
冯　诠	大学	山西省绛县	1993–1996	
胡福林	初中	新阳镇胡大村	1994–1996	
李耀辉	中专	甘泉镇峡门村	1994–1997	
黄国琮		石佛乡黄庄村	1994–1995	
张　钰	大专	秦州区齐寿乡	1996–2002	
温晓东	大专	花牛镇卜王村	1996–1997	
张怀仁	研究生	湖南省郴州市	1996–1997	
刘俊杰	大学	秦州区齐寿乡	1997–2000 2002–2005	

续表

姓 名	文化程度	籍　贯	任职年份	备注
蒋晓立	大学	安徽省砀山市	1997–2001	
文月平	大专	中滩镇文岔村	1997–2002	
董银喜		麦积镇街亭村	1998–2000	
李加峰	大专	黑龙江省双城市	1999–2002	
王俊才		陇南市西和县	2000–2004	
汪怀定	研究生	五龙乡汪山村	2001–2006	
张广禄	大学	元龙镇上崖村	2001–2002	
王晓琴	研究生	陕西省延安市	2002–2005 2006–2007	女
申君明	大学	甘肃省清水县	2002–2005	
谢国成	大学	湖南省常宁市	2004–2007	
杨续祥	研究生	甘肃省甘谷县	2005–	
杨宝珍	大学	甘肃省甘谷县	2005–2006	
赵晓东	研究生	三岔乡前进村	2005–	
马兆让	研究生	天水市张家川回族自治县	2006–	回族
马军党	研究生	白银市会宁县	2006–	挂职
尹守奎	大专	秦州区太京镇	2006–	
李小敏	大学	甘肃省甘谷县	2006–	女
臧志军	大学	石佛乡石佛村	2006–	
王　宏	大学	安徽省安庆市	2006–	挂职

二、工作制度　区委重大事项决策实行民主集中制，具体日常工作实行书记领导下的分工负责制。每凡需要做出重要决定，先由区委相关部门提出草案，经区委常委会议讨论修改，再提交区委全体会议，由全体委员酝酿讨论，最后提交表决，获得多数委员支持，即为通过，发布执行。表决时，一般采用举手表决的形式。若为重大决策，包括整体工作规划、重要决定，由区委向全体党员代表大会提出，经全体代表审议后，再表决通过。全体代表会议表决时，决定、决议一般采用举手表决的形式，唯选举区委委员、候补委员须采用不记名投票形式，获得过半数代表支持者始当选。

一般日常性工作,由区委书记负总责,副书记、常委分工,各管理某一项或数项工作,督促基层落实。凡需集体讨论决定的事项,即召开区委常委会议,集体讨论决定。常委会议由书记主持召开,有时也由书记指定副书记主持。

三、工作机构　1985年,北道区委工作机构设办公室、组织部、宣传部、统一战线工作部、农村工作部、机关党委、党校、档案馆、政法委员会、党史资料征集办公室、老干部局(初设为科,1986年改为局)、信访办公室12个工作机构。1988年,成立政治体制改革办公室。1989年,撤销农村工作部,设立政策研究室。1990年,撤销政治体制改革办公室。1996年机构改革中,政策研究室并入办公室,信访办公室职能亦并入区委办公室,保留名称;党史资料征集办公室与区地方志办公室合并,称史志办,隶属区政府。1996年老干部局归口组织部。1998年,成立直属机关工作委员会,与机关党委一套班子两块牌子。2002年机构改革中,直属机关工作委员会和机关党委职能并入组织部,档案局划归区政府领导。至此,区委工作机构设办公室、组织部、宣传部、统一战线工作部、政法委员会、党校6个。而室、部、委又设有下属机构。办公室下设信访办公室、后勤服务中心,组织部下设机关党委(直属机关工委)、绩效考核中心、人才办公室,老干部工作局下设关心下一代工作委员会,宣传部下设精神文明办公室、对外宣传工作办公室,统一战线工作部下设台湾工作办公室、民族宗教事务局,政法委下设社会治安综合治理办公室、防范和处理邪教问题领导小组办公室,党校下设行政干部学校。

第三节　主要决策

1985年11月,区委制定《经济体制综合改革试行方案》,决定实行开放、搞活政策,利用现有基础,挖掘资源,敞开大门,内引外联,走城乡结合途径,以乡镇企业和城镇集体企业为突破口,带动农副业生产和第三产业,建立具有特色的充满活力的社会主义经济体制;改革经济管理体制,简政放权,转变职能;以增强企业活力为中心,全面改革城市经济,加快城市改造和建设步伐;以调整产业结构为中心,深入进行农业经济改革;围绕经济改革,改革劳动人事制度,改进计划、财政、税收、信贷、工商、物价管理工作;改革文化、教育、卫生、科技工作;加快引进步伐,开展经济协作。

1986年1月,区委、区人民政府制定《结合整党开展农村财务大检查的安排意见》。3月，区委为充实完善《商品基地建设方案》，决定建设苹果、畜牧、蔬菜3个商品基地和粮食、干鲜果、林业3个重点产区。5月，区委作出《关于集中时间整顿纪律的安排》，提出严守党纪国法是每个党员、干部必须履行的基本义务，端正党风、严明纪律是实现党的路线的重要保证。8月，发出《关于区委常委会及区委常委个人带头端正党风责任书的通知》。9月，作出《纠正行业不正之风的安排意见》。10月，发出《关于加强党委工作，严格党政分工的意见》。11月，成立北道区政治体制改革领导小组，并制定《北道区机构改革方案》。

1987年3月，区委、区人民政府决定在城区桥南东部兴建商贸市场。7月，发出《关于进一步搞活全民所有制企业若干问题的试行规定》，允许企业推行全员承包、集体承包、经营者承包等形式的承包责任制，或实行租赁经营和"一厂两制"（即一厂内国营和集体所有制并存）的体制。同月还制定《关于加强城市集体经济发展的若干规定》《关于加快发展乡镇企业的若干政策规定的实施意见》。

1988年1月，区委、区人民政府制定《苦战三年，力争基本解决温饱的决定》，提出1990年人均占有粮食达到650斤（325公斤）、人均纯收入达到400元的目标。3月，决定进一步完善企业承包、租赁经营责任制，把竞争机制引入企业管理。5月，制定《关于加强党员教育工作的意见》。9月，召开区党员代表会议，选举11名市党代表大会代表和4名出席省七次党代表大会代表。10月，作出《加强深化企业领导体制改革的安排意见》，改革内容包括企业所有权、经营权分开，党政、政企分开；强化厂长（经理）的中心地位，落实厂长（经理）各项职权，完善厂长（经理）负责制。11月，发出《关于清理整顿公司的通知》，解决一些公司政企不分，官商不分，转手倒卖，牟取暴利，扰乱经济秩序的问题。

1989年2月，区委发出《关于深化农村改革的通知》，要求进一步调整农村经济结构，使种植业由单一经营型向多种经营型转变，农业经营由以种植业为主向农、林、牧各业全面发展，整个农业经济由农业为主向第二、第三产业发展。3–5月，抽调干部组成工作组，在农村开展形势教育。4–9月，在深化改革的具体工作中，系统解决农村第一步改革中遗留的土地划等定级、联产承包、专业承包、集体提留和积累、干部报酬等问题。6月，成立区维护社会治安、防止动乱领导小组。11月，区委召开动员会议，部署扫除"六害"（指卖淫嫖娼，制造贩卖传播淫秽物品，拐卖妇女儿童，私种吸食贩运毒品，聚众赌博，利用封建迷信骗财害人）工作，决定严厉打击卖淫嫖娼，制作、贩卖、传播淫秽物品，拐卖妇女儿童，私种、贩卖、吸食毒品，聚众赌博，利用封建迷信骗钱害人等社会丑恶现象。

1990年5月,市委、区委组成联合工作组,在甘泉乡进行简政放权试点,对区直属部门的半脱产人员(农财员、农税员、企业专干、计划生育专干、文化专干、农经员、广播员等)实行用人指标在区,编制使用在乡的管理办法;区直属部门所设的分支机构(调频广播放大站、兽医站、中心学区、卫生院)等实行以乡为主,双层领导,经费拨乡,为乡服务的管理办法;专业性较强的税务所、工商行政管理所、粮管所、营业所、邮电所、供销社、食品组、林业工作站、派出所、中学等,实行条块结合,以条为主,适当放权,受乡监督的管理办法。试点后在各乡推行。7月,区委组成工作组,在二十里铺乡开展建立和完善农村合作经济组织,建立健全农村服务体系的深化农村改革试点。9月,区委、区人民政府转发试点经验,要求农村承包经营中重点解决好各种承包租金的上缴,劳动积累工、义务工的完成,村干部报酬、民办教师工资补助、烈军属优抚款、五保户赡养费的兑现及民主理财等问题,并建立健全土地资源、承包合同、集体提留、财务、劳动积累、土地投入、机动地等管理制度。10月,区委发出《关于今冬抓好农村基层党的建设安排意见》。11月,区委发出《关于今冬明春整顿后进村建立示范村的安排意见》。

1991年5月,区委下发《在全区农村广泛深入开展社会主义思想教育的安排意见》。10月,下发《关于加强和改善党对工会、共青团、妇联工作领导的意见》,要求各级党组织把健全基层群团组织当做加强基层党的建设、政权建设的大事抓好。12月,区委作出《关于全区开展解放思想大讨论的安排意见》。同月区委制定《关于选拔任用领导干部组织程序的暂行规定》和《关于实行党政机关领导干部交流、回避制度的意见》。

1992年1月,区委作出《加强农业和农村工作领导的决定》,并制定全区农业和农村经济发展目标及措施,要求毫不放松粮食生产,积极开展多种经营;发展乡镇企业,振兴农村经济;继续打好扶贫攻坚战,促进全区稳定解决温饱。4月,区委、区人民政府制定《关于进一步解放思想,加快企业改革步伐的意见》,要求推动横向联合和企业兼并,彻底打破"一大"(大锅饭)"三铁"(铁交椅、铁饭碗、铁工资),转换企业经营机制;深化企业领导体制改革,适应商品经济发展。6月,区委制定《关于加强领导班子思想作风建设的意见》《关于培养教育青年干部的意见》。

1993年4月,区委作出《区上领导包项目办点的决定》,要求"八五"后3年(1993–1995年)区四大组织领导都要围绕农业、林果业、畜牧业和乡镇企业四大支柱产业,包项目,树样板,真正把点办好。7月,区委批转《全区开展严厉打击毒品犯罪专项斗争实施方案》。9月,区委作出《贯彻中共中央反腐败斗争工作部署的安排意见》,强调要提高思想认识,搞好县处级干部自查自纠,解决突出问题;

狠抓乱收费、乱罚款、公费出境旅游、行业不正之风等歪风。

1994 年 3 月,区委下发《区直单位帮扶贫困村和奔小康示范村的通知》。要求各单位确定专人,深入农村、调查研究、制定规划、落实项目、提出措施、找出脱贫致富门路,一帮到底。5 月,区委作出深入持久开展反腐败斗争的实施意见。6 月,区委、区人民政府决定在全区各乡镇全面开展村民自治活动。10 月,区委、区人民政府下发《全区六年扶贫攻坚计划的通知》。要求用 6 年的时间,基本解决 6.8 万贫困人口的温饱问题。同月,区委、区人民政府制定《北道区农村小康建设规划》。

1995 年 2 月,区委、区人民政府制定《种植业结构调整实施方案》,计划到 1997 年,粮食作物减少到 52 万亩,经济作物扩展为 24 万亩;夏粮面积减少为 28 万亩,秋粮面积增加到 24 万亩。调整后,重点突出支柱产业,适应发展市场农业需求。同月,区委、区人民政府作出《进一步加强分级办学、分级管理的决定》。5 月,区委、区人民政府提出《1995–1998 年北道区发展农村经济'12345'工程(指强化一个基础,坚持两项改革,落实三个基地,抓好四项建设,实现五个突破)建设方案》。即坚持种植业结构和农村经济结构一个调整;突出农村小康建设和扶贫攻坚两项重点;搞好完善农村统分结合的双层经营体制、完善科技服务网络、完善公司加农户的服务体系三个完善;抓好农田水利,农村道路,农村集贸市场,农村村镇建设四项建设;形成乡镇企业,林果业,畜牧业、蔬菜业和旅游业五大支柱产业。9 月,区委、区人民政府决定开展秋季大规模的计划生育集中活动。

1996 年 1 月,区委、区人民政府作出《结合整党开展农村财务大检查的意见》。3 月,区委下发《关于在全区广泛开展"献策兴区"活动的实施意见》。5 月,区委、区政府决定:在全区范围内开展为期 3 个月的"百日严打"斗争,重点打击杀人抢劫、抢车等严重暴力犯罪,坚决打击带有黑社会性质的犯罪团伙和流氓恶势力;整顿一批治安混乱的乡镇、部门和路段;严厉查禁制贩吸食毒品、卖淫嫖娼、制黄贩黄、赌博等违法犯罪和社会丑恶行为;大力收缴非法枪支弹药、爆炸物品、管制刀具,严厉打击非法制贩枪支活动。9 月,区委、区人民政府安排全区清房工作。11 月,区委制定《1996–2000 年干部培训计划》。

1997 年 6 月,区委印发《科教兴区"九五"计划及 2010 年长远规划纲要和实施意见》。8 月,区委制定《关于在全区县级单位深入开展"三讲"教育的安排意见》。10 月,召开中共天水市北道区代表会议,选举出席中共天水市第三次代表大会代表 33 名(其中各级领导 22 名,专业技术人员 7 名,先进模范 4 名;女代表

7 名,少数民族代表 1 名)。11 月,区委制定《计划生育“三结合”工作实施方案》,要求采取各种鼓励和优惠措施,建立导向机制抓好计划生育;组织实施对计划生育重点户的具体帮扶。

1998 年 1 月,区委、区人民政府决定在全区开展“学理论、转观念、理思路、促发展”大讨论,着力解决完善所有制结构,公有制形式、非公有制的经济发展,实施农业产业化经营、发展支柱产业,对外开放等问题。8 月,区委制定《关于进一步在全区兴起学习邓小平理论新高潮的安排意见》。9 月,区委、区人民政府决定,进一步稳定和完善农村土地承包延期工作,要求切实做好土地经营权证书的发放和土地承包合同的续签。

1999 年 1 月,区委、区人民政府制定《农村第二轮土地承包及土地小调整工作方案》。同月,区委制定《关于在区级四大组织领导班子、领导干部中深入开展以“讲学习、讲政治、讲正气”为主要内容的党性党风教育的实施意见》。4 月,区委作出《关于认真贯彻落实省、市反腐败工作会议精神的安排意见》。

2000 年 1 月,区委制定《贯彻〈中共中央关于国有企业改革和发展若干重大问题的决定〉的实施意见》。同月,区委、区人民政府召开全区教育工作会议,讨论和制定《关于深化教育改革全面推进素质教育的实施意见》《关于教育人事制度改革的意见》《关于切实加大教育投入,加快教育改革和发展的意见》等政策性文件。5 月,区委组织的“三讲”(讲学习,讲政治,讲正气)教育活动开始,要求把学习理论、武装头脑贯穿于教育活动的始终。

2001 年 3 月,区委决定从冬天开始到明年春天,在全区各部门、乡镇、村级班子和基层干部中,有计划、有步骤地开展“三个代表”(代表先进生产力的发展要求,代表先进文化的前进方向,代表最广大人民的根本利益)重要思想学习教育活动。要求各部门、乡镇要从各自的实际出发,认真学习,切实转变作风。

2002 年 4 月,区委、区人民政府制定《机构改革方案实施意见》,决定区级党政机构设 28 个(其中区委 6 个,区政府 22 个),行政编制精简 25%。8 月,区委、区人民政府制定《农村税费改革试点工作方案》。9 月,召开中共天水市北道区代表大会,选举出席中共天水市第四次代表大会代表 35 名(其中各级领导 25 名,专业技术人员 7 名,先进模范 3 名;女代表 6 名,少数民族代表 1 名)。

2003 年 4 月,区委召开保持共产党员先进性教育活动试点工作动员大会,启动为期半年的全区保持共产党员先进性教育试点工作。

2004年4月，按照国家发改委及省发改委对以工代赈易地扶贫搬迁试点工作安排，决定成立区以工代赈易地扶贫搬迁工作领导小组。9月，区委、区人民政府编制《国民经济和社会发展"十一五"(2006-2010年)规划》。

2005年1月，区委、区人民政府制定《人民政府机构改革实施意见》。同月，召开全区第二批保持共产党员先进性教育活动动员大会。

2006年3月，区委召开常委会议，学习中共中央总书记胡锦涛关于社会主义荣辱观的重要论述，并就全区开展社会主义荣辱观学习宣传教育活动作出安排。4月，区委印发《区委常委会议事决策规则》《全委会议事决策规则》。7月，区委召开常委会议，学习胡锦涛在庆祝中国共产党成立85周年暨总结先进性教育活动大会上的讲话，讨论全区公开选拔科级后备干部有关事宜。

2007年2月，区委、区人民政府发布《新型农村合作医疗实施方案(修订)》，要求各乡、镇、街道认真组织实施。3月，召开全区农村工作暨农村基层组织建设会议。9月，为加快三阳、新阳片区产业开发步伐，区委、区人民政府决定成立"三新阳片区现代农业开发工作领导小组"。10月，区委、区人民政府下发《关于加强诚信麦积建设的意见》。

第四节　组织建设

一、党员　1985年北道区成立时，共有党员14269名。在此前后开展的以党性、党纪和党风教育为主要内容的整党中，揭露和查处一些以权谋私和严重违法乱纪的党员，同时又吸收一批知识分子、改革和经济建设的优秀分子入党，并注重发展女党员。党员人数逐年增加，1987年达到15590名。2000年再增至17525名，比1985年增加3256名，其中女党员增加415名，大中专以上文化程度增加2243名。大中专以上程度党员占总党员人数比例由1985年的5.1%增为17%，使党员文化素质有较大提高。2001年起，按照中共中央总书记江泽民在庆祝建党80周年大会上讲话中提出的吸收党员的新标准，在发展党员的对象上开拓视野，注重从青年、妇女、少数民族、致富能手、科技骨干、乡镇企业从业人员中发展新党员，加大培养力度，保证发展新党员质量。2007年，全区共有党员19353名，比1985年增加5084名，增35.6%。全部党员中，研究生学历的52名、大学本科1709名、大学专科2551名、中专1495名、高中3446名，初中及以下10100名。党员人数占全区总人口的3.27%。

全区部分年份共产党员统计表

年份	党员总数	其中		学历			
		女	少数民族	大专及以上	中专	高中	初中及以下
1985	14269	1830	78	271	464	1003	12531
1990	15627	1821	97	451	750	1530	12896
1995	16720	2043	111	771	1148	2272	12529
2000	17525	2245	100	1493	1485	2572	11975
2007	19353	2508	111	4312	1495	3446	10100

二、党员教育　1985年8月，全区基层组织开始全面整党，至1987年结束。期间对全区28个党委，6个党组，14个党总支，773个党支部14311名党员分三期四批开展，最终基本达到“统一思想，整顿作风，加强纪律，纯洁组织”的要求。1990年4月，区委下发《关于深入开展“我为党建做贡献”活动的通知》，以贯彻《中共中央关于加强党的建设的通知》为主要内容，紧密结合本地、本单位党建工作实际，突出党的思想建设、作风建设和组织建设，并以办实事、做贡献为主题，采取多种形式，从自身做起。1991年10月，全区全面完成民主评议党员工作。在全部参评的15661名党员中，最终确定为合格的9952人，基本合格5209人，基本不合格302人，不合格198人。对不合格的予以劝退，基本不合格者由个人定出改进计划，待后观察。同年区委决定，今后每年进行一次民主评议活动。2000年9月，区委在党员中开展警示教育。同年12月，区委决定，在区委党校设农村党员干部教育培训基地。同时还成立“党员干部教育培训中心”，统一管理协调区委党校、区行政学院和农村党员干部教育培训基地的党员干部培训工作。其后，区委又决定开展党员示范带农户，积极发挥农村党员的先锋模范作用，倡导农村党员培育创办示范点，发挥其辐射、引导、示范作用。至2000年底，全区共建成党员示范户443个，联系农户5000多户。2001年，开展“三个代表”重要思想学习教育活动，要求党员干部树立创先争优、无私奉献、勤正廉洁意识，在各行各业及全体党员干部中形成讲学习、讲政治、讲正气的良好风尚。2003年，进行为期半年的农村保持共产党员先进性教育活动。5月26日，中共中央政治局委员、书记处书记、中央组织部部长贺国强在伯阳镇曹石村与区、乡、村干部、党员群众座谈，并了解开展党员先进性教育活动情况。2005年1月，区委决定在城区开展为

期半年的第二批保持共产党员先进性教育活动。2006 年,农村开展党员编组设岗定责、发挥党员的先锋模范作用活动。2007 年,开展关爱困难党员行动,实施党内“温暖工程”,探索建立高龄无固定收入贫困党员月生活补助、党员去世慰问亲属、帮扶贫困党员的方式方法,解决生活困难党员的实际问题。

三、干部考察 为提高机关工作效率,促进公务人员的工作积极性,区委、区政府组织考察组于 2003 年初赴福建长泰县考察学习其效能建设经验后,区委决定在全区开展效能建设。3 月,成立区效能建设领导小组,召开全区效能建设动员大会,并制定《加强党政机关实施效能建设工程的安排意见》《关于进一步推行政务公开的实施意见》《关于在乡镇机关实施效能建设工程安排意见》以及《加强党政机关效能建设的暂行规定》《加强乡镇机关效能建设的暂行规定》《党政机关工作人员行为规范》等文件。同时成立投诉中心,配设投诉电话,开始受理投诉。“投诉中心”在区效能建设领导小组的领导下,组织调查、协调处理机关工作人员不履行或不正确履行职责的行为,组织、协调、督促各机关、单位依法调查、处理涉及本部门、本单位的效能投诉问题,为绩效考评中心综合考评各单位、领导班子成员及工作人员提供依据。

在效能建设过程中,区效能建设领导小组督促行政执法部门严格实行执法依据公开、执法过错责任追究和执法行为考核制度,规范行政行为。各单位普遍建立健全各种行政问责制度,累计制定配套规章制度 1088 个,其中职责类 976 个,服务承诺类 60 个,其他制度、办法 52 个。将办事依据、收费标准、办事程序及办事结果向社会公布,公开群众关心的热点,难点和机关运作的敏感点。乡镇、部门、单位还制作公示框、公示栏、监督台和工作牌及胸卡,对办事人员身份、岗位责任、办事流程、办事时限、服务承诺等内容全面进行公开公示。至 2007 年,区效能投诉中心受理办结各种效能投诉案件 480 件, 其中 2003 年当年受理 147 件,2004 年 114 件,2005 年 97 件,2006 年 72 件,2007 年 50 余件。又通过明察暗访、督察检查、社会监督、责任追究等措施,对个别单位管理松散、纪律松懈、办事效率低下等突出问题进行整顿,严肃查处一批作风粗暴、严重违规的案件,给予效能告诫 7 人,通报批评 20 人,诫勉谈话 32 人,涉及处理的副科级以上干部 14 人。

四、基层组织 1985 年设区后,全区设 22 个中共乡委员会(简称乡委)和 1 个镇委员会(简称镇委)。不久,撤销北道镇委,设道南、道北、桥南 3 个街道党委和寨子农业管理区党委。1986 年初, 寨子农业管理区党委改为寨子街道党委。

2004年，随区划变动，撤销中共凤凰、西山坪、南河川、立远、街子乡委和寨子街道党委。2005年，3个街道党委均更名为中共街道工作委员会（简称工委），2006年道南街道工委更名为北道埠街道工委。

2007年，全区共有中共基层组织884个，其中乡、镇委17个，总支21个，支部725个；工委5个（区直机关工委、区非公企业工委和3个街道工委），政权系统党组4个（区人大常委会、区人民政府、区法院、区检察院党组）；政府工作部门党委23个，总支4个，支部94个（其中区属27个，局属67个）；军事系统党委2个，支部3个。

党支部、党总支和党委设书记1人，副书记1～2人，委员2～4人。党支部（总支）书记、副书记、委员或由党员直接选举，或由党员选出委员，再由委员选举书记，副书记。选举后，报上一级党委任命。也有先由上级任命，而后再补选者。

全区部分年份基层组织统计

年份	总计			其中											
				企业			事业			机关			其他		
	党委	总支	支部	党委	总支	支部	党委	总支	支部	党委	总支	支部	党委	总支	支部
1985	28	14	764	1	—	98	—	—	69	24	14	80	3	—	517
1991	28	16	825	1	6	102	—	4	82	27	3	95	—	3	546
1995	30	9	896	1	—	145	—	—	91	29	9	126	—	—	534
2000	44	6	878	1	1	89	1	1	81	42	4	137	—	—	571
2007	40	25	819	—	2	80	4	3	136	36	5	166	—	15	437

五、机构　区委设组织部，作为区委管理党员和干部的机构。现组织部内设办公室、组织组、干部组，核定公务员编制14人、机关后勤事业编制2人。其中领导职数4人，实配正职1人，由区委常委兼任，副职4人，其中1名副部长兼老干局局长。区直机关工委和区绩效考核中心为正科级事业单位，归口组织部。区直机关工委核定事业编制7人，参照公务员管理，其中领导2人，设书记1人，副书记1人；区绩效考核中心核定事业编制4人，其中领导职数1人，设主任1人。区远程教育办公室亦归口组织部，为副科级事业单位，核定编制5人。

第五节 纪律检查

一、机构

1985年北道区成立后,设有区纪律检查委员会。区纪律检查委员会委员由区党员代表大会选举产生,区纪律检查委员会全体会议,选举常务委员会和书记、副书记,并由区党的委员会通过,报市委批准。区纪委书记届中调整时,由中共天水市委任命。区纪律检查委员会的职责是,维护党的章程和其他党内法规,检查党的路线、方针、政策和决议的执行情况,协助同级党的委员会加强党风建设和组织协调反腐败工作。区纪律检查委员会接受中共天水市纪律检查委员会和区委的双重领导,并向区党员代表大会报告工作。

2005年改称麦积区后,设麦积区纪律检查委员会,其组成、隶属关系未变。

1985-2007年区纪律检查委员会历任书记

姓 名	文化程度	籍 贯	任职年份	备注
文 珏	中专	秦州区华岐乡	1985-1994	
李耀辉	中专	甘泉镇峡门村	1994-1997	
文月平	大学	中滩镇文岔村	1997-2002	
刘新全	大学	花牛镇高家湾村	2002-2006	
李小敏	大学	甘肃省甘谷县	2006-	女

区纪律检查委员会内设机构,1989年设办公室、纪律检查室、案件审理室3个内设机构;1993年,再增设案件检查室、执法监察室、党风廉政建设室3个机构;2001年,区纠正行业不正之风领导小组所设纠风办公室亦归口区纪律检查委员会;2003年,再设效能建设领导小组办公室和效能投诉中心。至此,区纪律检查委员会下设9个办事机构。另外,1995年政府隶属的监察局与区纪律检查委员会合署办公,成为一个机构,但对外仍挂纪律检查委员会和监察局牌子。

2007年,区纪律检查委员会(含区监察局)下设机构仍为9个,编制18名,其中区纪律检查委员会11名,监察局7名,事业编制3名,领导职数有区纪委常委7名,书记1名,副书记3名(包括1名兼职),监察局长1名,副局长2名。

二、违纪查处

1985年,区纪律检查委员会共接待受理来信、来访284件(次),其中122件转基层查处,90件直接查处,检查处理党员违纪案件13件,处理12人,其中开除党籍4人,留党察看2人,撤销党内职务1人,严重警告3人,免予处分和通报批评2人。1986年,检查处理违纪案件14件,给予党纪处分10人,其中开除党籍3人,依法追究刑事责任5人;来信来访131件(次),办结129件(次)。1987年,受理来信、来访124件(次),处理违纪案件34件,开除党籍10人,留党察看4人,严重警告13人,警告7人。1988年,收到来信、来访81件(次),自查21件,查结20件,处理违纪案件3件,复查申诉1件,处理6人,通报批评3人,撤销职务2人,严重警告1人,另外复查撤销党内警告处分1人。1989年,查处各种违纪案件8件,处理12人,其中科级5人,一般干部4人,工人和农村党员3人,处理结果为严重警告5人,警告5人,免于处分1人,取消预备党员资格1人。1990年,重点检查处理贪污盗窃、工作严重失职和违反财经纪律案件,受理群众来信、来访85件,共处理19件、20人,其中科级干部4人,一般党员干部4人,农村党员12人。其违纪行为包括种植吸食毒品2人,贪污盗窃2人,官僚主义失职4人,违反组织纪律4人,违反财经纪律1人,违反计划生育政策3人,抢占、多占宅基地4人。处理结果为开除党籍3人,留党察看2人,严重警告4人,警告10人,免予处分1人。1991年,受理群众来信、来访66件(次),查处违纪案件20件、22人,其中科级干部2人,一般党员干部4人,农村党员16人。违纪行为包括丧失原则包庇违法犯罪活动4人,贪污盗窃9人,违反组织纪律2人,违反计划生育政策4人,泄露国家秘密1人,道德败坏1人,虐待和不赡养父母1人。处理结果为开除党籍6人,留党察看5人,严重警告2人,警告9人。1992年,受理来信56件,来访5人(次),计61件(次),立案9件,查结8件,处分党员8人,其中开除党籍3人,留党察看4人,严重警告1人。内有科级干部2人,一般党员4人,农村党员2人。是年,省纪律检查委员会对区信访办干部雷××将举报信件抄转给当事人,造成举报人受到迫害致死一案通报全省。1993年,接到来信、来访117件(次),涉及县处级干部5件,科级13件,立案查处12件。给予党纪处分7人,政纪处分4人,指出错误免予处分3人,开除公职1人,开除党籍并撤销行政职务处分1人,撤销党内职务1人,留党察看3人,党内严重警告、行政纪过1人。1995年,受理群众来信、来访107件(次),转办61件(次),自办46件(次)。立案15件,结案13件,给予党纪政纪处分12人。其中党纪处分10人(开除党籍6人,留党察看2人,警告2人),政纪处分2人(开除公职1人,撤职1人)。1996年,受理群众来信、来访120件(次),按照分级负责、归口办理的原则,转办61件(次),自查处理59件(次),其中以权谋私、贪污受贿等经济方面的问题和反映亏损企业经理经济问题的较突出。立案15件、18人,给予党纪政纪处分13件、16人,其中党纪处分11人,政纪处分5人。处理复议申诉案件3件、3人。1997年,受理来信、来访99件,转办29件,自查处理43件,立案11件、11人,给予党政纪处分10件、10人。1998年,收到来信、来访123件(次),直接查处38件,转基层查处36件。直接查处者中立案16件,批评教育20件,处分16人,其中科级干部7人,有10人被移送司法机关追究刑事责任,通过办案挽回经济损失20万元。1999年,查处共产党员及干部、职工违反计划生育政策超生问题。计查处违纪超生者223人,其中超生二胎的148人,全部给以经济处罚,其中对21名党员、干部、职工分别给予党纪或政纪处分,对1名农村党员干部给予开除党籍、撤销村党支部书记职务处分。同年,受理群众来信、来访98件(次),转办56件,直接查处42件,立案7件,给予党纪、政纪处分6人,移送司法机关2人,挽回经济损失5.78万元。

2000年,接待来信、来访141件(次),办结49件,立案查处7人,2人被开除党籍,5人移送司法机关处理。2001年,受理群众来信、来访91件(次),立案查处17案、18人,其中科级干部1人,一般干部4人,农村党员13人,村干部违纪违法案件明显上升。2002年,受理群众来信、来访183件(次),立案查处4案、9人,给予党内警告处分1人,留党察看3人。信访诉求集中在乱收费,吃、拿、卡、要等方面,反映出担任村级干部的农村党员中有相当一些人有违反纪律的问题。2003年,受理群众来信、来访88件(次),立案7件、11人,给予党纪处分8人,政纪处分4人。2004年,受理群众来信、来访46件(次),查办2案、5人,给予党内警告2人,严重警告2人。2005年,加强办案力度,全年在案件查处中给予党纪、政纪处分126案、127人。2006年,受理群众来信、来访举报71件,立案查处11案、13人,全部查结,给予党内警告12人,行政撤职1人。2007年,受理群众信访举报44件(次),其中来信37件,来访5次,来电2次;上级交办41件,初核违纪案件线索30件,立案查处3件,结案1件,处分1人,挽回经济损失11.3万元。

三、执法监察

1985年,区纪律检查委员会开展党风党纪大检查,并参与全区财税大检查,查出偷漏税款和违纪金额15万元。1987年,配合教育部门对违反规定参加区内高考的 69 名外省籍学生进行清退纠正，对出具假证明的二十里铺乡文书进行通报批评，对单位存在官僚主义的马跑泉粮管所主任给以处理。1988 年，开展财税物价大检查，在普遍自查的基础上，重点检查 851 户，查出违纪金额 52 万元。1989 年北京发生动乱时，区纪律检查委员会严密监察区内党员干部的思想动态。最终全体党员干部都经受住考验，坚守工作岗位，没有人参加游行、声援和其他非法活动。1990 年，参与财税大检查、清理整顿公司以及招生、招干、招工、征兵等方面的监督检查。并成立清房领导小组和办公室，开展住房清查，计清出建私房的 8 个单位、16 户，其中违规新建 12 户，新建房屋出售、出租牟利 2 户，农村违法建房 2 户。1993 年，开展减轻农民负担执法监察，取消 28 项加重农民负担的收费项目。1996 年，对建筑市场、清房、征兵、“三乱”反弹等问题进行执法检查和清理整顿。1997 年，加强农民负担监察，严格审批全区提留统筹预算方案，严把提取比例关，减轻农民负担。1998 年，清理出多占住房 192 人、197 套，清退 57 套，其余作过户处理，同年还清理出公款安装电话和购买移动电话 153 部。1999 年，继续落实中央减轻农民和企业负担工作，加强收支两条线管理。2000 年执法监察重点：一是粮食执法监察，加强市场监管，查出无照和非法贩运等问题 29 户，查扣原粮 72.8 吨，成品粮 172.5 吨，大米 130 吨，处罚 6.6 万元；二是对国有企业下岗职工基本生活保障金、失业保险基金、基本养老保险基金和城市低保开展专项检查；三是对扶贫资金进行执法监察。2001–2003 年，连续开展对退耕还林资金、国债资金和社保资金管理使用的监督检查。还查处噪声扰民事件 15 起，破坏生态环境违法案件 6 件。2004 年，开展道路安全执法监督，分 3 个组对全区交通安全进行为期半月的专项整治。2005 年，重点对《行政许可法》等法律法规的贯彻执行情况的监督检查和对农民工工资追讨进行专项检查，查处 45 起拖欠、克扣农民工工资案件，追回资金 69.5 万元。2006–2007 年，在继续开展专项资金使用和追讨农民工工资监察检查的同时，组织开展治理商业贿赂专项活动，查处商业贿赂案件 3 起，给予撤职处分 1 人，挽回经济损失 14 万余元。

四、廉政建设

制度建设　1986 年，区纪律检查委员会组织机关干部，对领导干部落实抓党风政治责任制、思想政治工作制度的情况开展民主测评。1987 年，对各基层党组织、召开民主生活会情况进行检查，并对各单位、乡、镇、街道主要领导干部进行民主评议。1988 年，检查区委《常委廉洁规定》落实情况。1989 年，在城建、人事、工商等单位开展建立“两公开、一监督”(公开办事制度、公开办事结果,依靠群众监督)制度的廉政建设试点,接着又在相关单位推广。1994年,印发《关于严禁年终突击花钱、滥发钱物和春节期间公款请客送礼的通知》,并清理党政机关及其工作人员利用职权无偿占用企业钱物问题。1995年4月,召开全区反腐败工作会议。接着,与区委组织部一起认真抓以党委成员民主生活会为主要内容的领导干部廉洁自律工作。1996年4月,再次召开全区反腐败大会,区委、区政府主要领导与各乡、镇、街道和区直12个大口牵头单位负责人签订廉洁责任书。1996年,加强对收入申报制度,礼品登记制度、企业招待费向职代会报告制度的落实。1997年,区委、区政府主要领导与乡、镇、街道、部门签订《党风廉政建设和反腐败工作目标管理责任书》,在全区形成党政主要领导负总责,主要领导亲自抓,分管领导集中精力抓,其他领导按照分工结合抓,各方面力量互相协调,层层实行严格的抓反腐败斗争责任制。1999年6月,区委制定《北道区党风廉政建设责任制实施办法》,成立党风廉政建设责任制考核领导小组。接着,有49个单位建立会议审批和公费预算包干制度,制止公款吃喝玩乐,严格落实公务接待规定。2000年,在全区科级以上领导中开展学习廉洁自律规范和廉洁自律考核活动,下发《关于加强党风廉政建设专项工作部门牵头负责制》。并继续清理领导干部公费装配通讯工具工作。2001年,开展县级领导干部配偶、子女从业情况登记工作,全面建立领导干部廉洁档案,同年完成清理领导干部接受赠送的现金、有价证券和支付凭证的集中清理,被清理的县级干部51人,科级435人。2002年,以贯彻落实责任制为主线,加强制度建设,相继完善党风廉政建设责任制民主测评、执行情况报告、监督检查、责任追究实施细则和廉政档案制度等5个配套制度。2003年,以效能建设为突破口,推动反腐倡廉各项工作的开展。2004年,认真贯彻“为民、务实、清廉”的要求,廉政建设中坚持标本兼治、综合治理的方针,加强领导廉洁自律工作,落实各项规定,进一步贯彻执行党风廉政建设责任制。2006年,以惩治和预防腐败体系建设为重点,健全责任网络,加强督促检查和考核,促进领导干部廉洁自律。2007年,主要抓干部廉洁从政教育,加强对领导干部执行党内监督条例和廉政准则及坚持民主集中制情况的监督检查,增强党员领导干部拒腐防变和廉洁从政意识。开展“告别不良作风,提升行政效能”集中教育整顿活动。

廉政教育　1985年,区纪律检查委员会从党性教育入手,从严要求,教育党员关心政治形势,增强组织纪律观念,提高政治思想素质,抵制资本主义腐朽思想和各种歪风邪气的侵蚀,发挥先锋模范作用。1987年,运用选择典型违纪案件进行通报的形式开展廉政教育。1988年，在党员尤其领导干部中放映有关党性党风教育的录像片。1990年，在各乡镇和区直单位巡回放映《飘扬共和国的旗帜》和《钱惑》等录像片，参与观看党员干部1.5万人。1991年，定购《党内条规选编》900册，发放基层支部，并印发天水毛针织厂供销股私分公款问题的案情介绍，让各基层组织和党员通过事例，加深对条规的理解和认识，还开设党风党纪建设问题讲座4期。1993年，为促进廉政建设，区纪律检查委员会向社会公布举报电话号码，在城乡设举报箱6个，并向各单位印发征求意见书。1995年，下发通报2期，对两起严重违纪违法被开除党籍的案件进行通报。同年冬，在全区组织《廉洁守则》教育问答活动。1996年，在全区开展党纪政纪条规知识教育，巡回播出党风廉政教育专题40多场，近千人接受教育。1997年，结合《廉政准则》等法规的相继颁布，在全区党员干部中开展法规学习为主要内容的教育，组织全区6540名党员干部、37名县级干部参加学习法规的考试。2000年，在全区党员干部中开展利用胡长清（江西省原省长，因受贿被判刑）等重大典型案件进行警示教育活动。2001年，重点开展"权力关、市场关、家庭关"的教育，给领导干部发放《警钟再次响起》等书籍。2003年，深入开展"两个务必"（务必保持谦虚、谨慎、不骄不躁的作风，务必保持艰苦奋斗的作风）作风教育，营造反腐倡廉的社会氛围。2004年，以《中国共产党党内监督条例（试行）》和《中国共产党纪律处分条例》为主要内容，开展专题教育活动，同时以先进人物为主进行正面教育，以反面典型为辅开展警示教育。2005年，与宣传、组织部门共同搭建廉政教育平台，在党校培训课中，增加廉政教育课程，重点抓好领导干部民主集中制、群众观念、廉洁自律教育，部署开展廉政文化进社区、进家庭、进校园、进企业、进农村的"五进"活动，营造全民促廉的氛围。2006年，在区委党校举办廉政培训班5期，推进以社会主义荣誉观为主要内容的廉政建设。开展廉政电影进农村，廉政文化进校园，廉政短信来拜年等活动。开展党务公开，深化政务公开。

第六节　宣传与精神文明建设

一、宣传　1985年，学习和宣传《中共中央关于经济体制改革的决定》。1987年，以党中央提出的在思想战线上反对资产阶级自由化和在经济战线开展增产节约、增收节支两大任务为宣传重点。至冬，又利用报刊、广播、电视宣传中共十三大会议精神。1988年，围绕加快和深化改革主题，宣传9年改革成就和理论上的发展,宣传改革的社会主义性质、现行政策的正确性和连续性,宣传国情和区情以及改革的必要性、迫切性、艰巨性。1989年,开展形势教育,区、乡两级抽调500多名干部,培训宣传骨干2000多人,利用录音、录像、广播、墙报等形式,从群众关心的问题入手开展宣传。还编印《北道区农村形势教育选编》,宣讲10年改革带来的变化,增强干部群众改革开放的信心和决心。1991年,宣传贯彻中共十三届七中、八中全会精神。1992年,突出经济建设、改革开放的宣传,增强全民科技意识宣传和提高北道知名度的对外宣传。1993年,宣传中共十四大精神,用建设有中国特色的社会主义的理论统一思想,加强党的基本路线教育和爱国主义、集体主义、社会主义教育。1994年在"西部交易会"期间,制作宣传北道区的专题录像片《羲皇故里——北道区》,编印全面介绍北道经济、文化、旅游、矿产资源、社会发展等情况的专刊4000册,彩色折页8000册。

1995年,在天水火车站广场举办1.3万人参加的国庆万人升旗仪式,500名年满18周岁的青年学生在国旗下举行成人宣誓仪式。至冬,又组织全区干部职工参加全市"爱我中华,爱我天水,心系国防"有奖知识竞赛活动。1996年,创办《宣传思想动态》。1998年3月开始,在区广播电视上开办特别节目《改革开放20年》和《春天的故事》,宣传中共十一届三中全会的重大历史意义和改革开放20年中区内各方面取得的巨大成就。1999年9月,在庆祝建国50周年之际,举办"高歌喜迎五十庆大型合唱会"和"祖国颂"文艺晚会,同时还举办千人升国旗等活动。2000年,拍摄专辑录像带《北道风光》,编写《北道揽胜》和《北道景点介绍》,广泛向外宣传北道。2001年,组织全区机关、企事业单位干部职工举办"崇尚科学、反对迷信、抵制邪教电影展映"活动,开展反邪教宣传。还举办优秀共产党员先进事迹报告会和纪念建党80周年座谈会。2002年,学习宣传"三个代表"重要思想。至冬,开展中共十六大精神的宣讲。2003年,组织300多名党员干部举办"三个代表"重要思想知识竞赛活动。2005年,宣传保持共产党员先进性教育活动。2006年,开通《麦积党建》宣传网站,向外展示麦积的发展成就和党员干部群众的精神风貌。

二、理论学习 1985年,组织党员学习中共中央关于《整党的决定》和《中国共产党章程》以及中共十二届三中全会文件。1986年,组织干部学习《政治经济学》、马克思主义基本理论和《领导科学概论》《国民经济管理学》。1987年,除普遍学习《建设有中国特色的社会主义》和《坚持四项基本原则,反对资产阶级自由化》2书外,按照党员干部文化程度的不同,具有高中文化程度的干部学习《简明马克思主义哲学原理》,具有初中文化程度的干部学习《辩证唯物主义常识》。学习时间为6个月,以自学为主结合有组织教学,最后进行考试,由省委讲师团统一命题和制卷,市委统一阅卷、评分。1988年,区委印发《关于加强党员教育工作的意见》,教育的内容为进行社会主义初级阶段理论和党的基本路线、现行政策、党的基本知识和党员标准、理想、宗旨、纪律、科学文化技术、国防6个方面的教育。干部正规化理论教育主要学习党的十三大报告,并完成《科学社会主义原理》学习。1990年,主要是党的基本路线学习,重点进行坚持四项基本原则,反对资产阶级自由化文件的学习。1991年,以"三个基本"(马克思主义基本理论、党的基本知识、文化业务知识)学习为主,采取脱产轮训和半脱产轮训的方式进行。农村则利用冬训,对农民党员进行社会主义思想教育的学习。1993年,干部学习以"两论"(马克思的唯物论、无神论)为主,党校举办领导干部学习"两论"培训班,年终组织全区党员干部参加集中考试。1994年,在全区范围内开展深入学习《邓小平文选》、解放思想大讨论活动。1995–1997年,理论学习主要以《邓小平建设有中国特色社会主义理论学习纲要》为基本教材,通读《邓小平文选》一、二、三卷,要求县、科级干部能精读《邓小平文选》,一般干部和有阅读能力的党员以《纲要》为基本教材,能通读《邓小平文选》。2001年,干部理论学习仍以《邓小平文选》《建设有中国特色社会主义若干理论问题学习纲要》为主,同时学习中共中央总书记江泽民关于"三个代表"重要思想论述。2003–2005年,对党员开展理论培训,市、区两级党校举办"三个代表"重要思想理论培训班5期,300多人参加。各系统、各单位、各民主党派召开"三个代表"重要思想学习座谈会38次,200多人参加。组织辅导8次,交流心得40篇,宣读论文10篇。2006年,理论学习重点是邓小平理论、"三个代表"重要思想、科学发展观、和谐社会等。2007年,理论学习重点是"党的理论创新成果"和"党的十七大精神"两大主题,开展理论宣讲"进乡镇、入社区",先后作大型宣讲报告35场,其中省委宣讲团宣讲4场,市委宣讲团宣讲15场,区委宣讲团宣讲16场。各乡、镇、街道党(工)委和各单位党委选调2~3名宣讲员在区委党校集中培训后,深入到所在乡镇和基层,把党的十七大精神与基层实际结合起来进行宣讲辅导,使党的十七大精神家喻户晓、人人皆知。

三、精神文明建设　1985年,在创建文明城镇、文明乡村、文明单位活动中,全区出动2.76万人(次),清理垃圾2376吨,整修道路5660米,植树7万株。1986年,全区开展"五讲四美三热爱"("五讲":讲文明、讲道德、讲礼貌、讲卫生、讲秩序;“四美”:心灵美、语言美、行为美、环境美;“三热爱”:热爱祖国、热爱社会主义、热爱中国共产党)和创建文明单位的活动。还在工交、财贸、文教等系统开展“双文明”竞赛活动。1987–1988年,在全区农村开展评“遵纪守法光荣户”“光荣院”“光荣村”活动。1988年还以“政治安定、经济繁荣、文化发达、环境优美、生活方便”为目标,开展文明城市建设活动。活动中坚持抓城市,带农村。区委重点抓两镇(马跑泉镇、社棠镇)1乡(二十里铺乡)和4个街道以及各乡、镇政府所在村。同时,深化创建 “文明单位”“文明村镇”“五好家庭”“双文明户”“遵纪守法光荣户” 的活动。1990年,区委把精神文明建设列入各单位目标责任书,作为工作考核重要内容。1994年,在团员、青年中开展“学雷锋,树新风,送温暖”活动。1995年,城区4街道建立文明学校14所、分校44所、教学班79个,全年培训干部居民5738人。至1996年3年中,全区建成省级文明单位2个,市级文明单位(村)18个,区级文明单位(村)49个。同时创建各类文明市民学校58个,开展培训168期,1万多人。1997年,在全区乡、镇、街道和12个窗口行业系统开展“争当行业模范”活动。各系统评选出130多位行业模范。对被评选为全国“十大杰出青年”的赵满堂,“全国助残模范”何桂花以及教育系统的熊登峰,政法系统的刘蕴玉,商业系统的雷玉梅,粮食系统的王守奎,金融系统的张淑媛、夏琪,城建系统的王玉兰、陶和平,工交系统的张全兴等11位行业标兵表彰奖励。还开展以“四文明、一满意”(即做文明市民、当文明家庭、创文明单位、建文明城市和满意在北道)活动,坚持开展“学习张家港、创建文明城”活动。全区农村评选出“十星级文明户”28585户,占全区总户数的35%。1998年,为创建省级文明区,巩固卫生城市成果,开展“讲文明、树新风”活动。同年,在全区窗口服务行业普遍开展“优质服务竞赛”和“百城万店无假货”活动。还举办 “讲文明、树新风”演讲比赛,推荐20名优胜者参加全市演讲大赛,其中1人参加省“讲文明、树新风”演讲大赛。1999年,开展省级文化先进区创建活动,开展思想道德教育, 推进群众性精神文明,提高全民素质和思想道德教育;开展创建一马路市民文明一条街等活动,并先后通过国家、省的考核验收;开展创建文明村镇、文明单位、文明农户和“美德在农家”等活动。区妇联还组织开展“五好文明奉献月”活动。

2000年,为巩固文明建设成果,对全区已经建成的1个国家级文明村、1个省级文明单位、49个市级文明单位(村)、324个区级文明单位进行自查自纠和考核复查。2001年,开展文明城市创建活动,重点抓“文明一条街”“百城万店无假货”和文明社区创建工作。文明村镇创建活动中，则狠抓勤劳致富、崇尚科学、反对迷信、移风易俗等。还开展“塑造北道新形象，优化发展软环境”活动。2002年，在天兰铁路、310国道和麦积山风景区旅游线上选择基础较好的乡村，开展文明乡村建设活动。2003年5月，在麦积镇、甘泉镇举办“崇尚健康文明生活方式、共建绿色美好家园”“保持环境、从我做起”的环境保护宣传。区妇联又组织开展“弘扬雷锋精神，参与志愿服务”活动。2004年，文明城市创建以1个窗口、5条街道为重点，集中精力，清理垃圾死角，清除城市“牛皮癣”，实施净化、美化、绿化、亮化工程。以生态环境建设、村容村貌整治、社会治安综合治理为重点，启动实施“天兰双拥文明线建设工程”。2006年3月，在火车站广场隆重举行“知荣辱，树新风，建和谐，促发展”倡议活动启动仪式。同时开始“八荣八耻”（热爱祖国为荣、危害祖国为耻；服务人民为荣、背离人民为耻；崇尚科学为荣、愚昧无知为耻；辛勤劳动为荣、好逸恶劳为耻；团结互助为荣、损人利己为耻；诚实守信为荣、见利忘义为耻；遵纪守法为荣、违法乱纪为耻；艰苦奋斗为荣、骄奢淫逸为耻）为主要内容的社会主义荣辱观教育。5月，区文明办与区妇联、区教育局在影剧院举办以“知荣辱、树新风、促发展”为主题的大型文艺晚会。同年还开展社会公德、职业道德、家庭美德教育，倡导“爱国守法、明礼诚信、团结友善、敬业奉献”的基本道德规范；开展以诚信单位、城信行业为主题的“共筑城信”创建活动。2007年，在全区城乡开展和谐村镇、和谐社区、和谐校园、和谐单位、和谐家庭创建活动和开展文明城市、文明单位、文明村镇、文明行业、文明市民标兵、文明家庭等群众性精神文明创建活动。市第九中学被授予“全国绿色学校”称号，伯阳镇曹石村获全国“绿色小康村”称号，有4户群众获全国“绿色小康户”称号。至2007年，全区共有国家级文明单位3个，省级24个，市级78个，区级351个。

四、机构　宣传部是区委主管宣传工作的机构。1987年，区委报道组归口宣传部。同年，成立区精神文明建设协调委员会，下设办公室。1991年更名为精神文明建设委员会，办事机构相应更名为北道区精神文明建设委员会办公室。1996年，精神文明建设委员会办公室职能并入宣传部，保留精神文明建设委员会办公室牌子。2000年，成立区委对外宣传工作办公室，归口宣传部。2006年，报道组并入对外宣传工作办公室。此后，下设机构有精神文明办公室和对外宣传工作办公室。2007年编制15人，实任14人，其中部长由区委常委兼任，副部长4人（包括兼任精神文明建设办公室主任1人）。

第七节 统一战线

一、多党合作 1985年设区后的第一届区人民代表大会和政协天水市北道区第一届委员会中,有6名民主党派和无党派人士被选为区人民代表,5名被推荐为区政协委员。次年,其中3名被推荐为市政协委员。1989年区第二届政协委员中,有民主党派人士10名。1991年,区民主建国会主委尹正当选区政协副主席,还首次在各民主党派中选派7名人士分别担任特邀监察员、特邀审计员、特邀教育督导员,特邀陪审员,特邀检察员职务。1996年,区民主建国会主委杨发元当选区人民政府副区长。1998年区政协第四届委员中,有民主党派委员17名,区民主同盟主委安志宏当选区人大常委会副主任。2000年,首次建立党外后备干部人才库,有28名党外人士被选入,其中向市委统战部推荐党外副县级后备干部3名。2001年,向市委统战部推荐安志宏等人为市政协委员。还选举区民主建国会总支主委马丽宏(女)为区政协副主席。同年,区民主同盟主委安志宏被选为区人民政府副区长。2002年,区民主促进会副主委屈光平被选为区政协副主席。2006年,推荐屈光平等24人为市政协委员。2007年,第六届区人大、区政协会议上,区民主建国会主委马丽宏(女)被选为区人大副主任,无党派人士杨铁森选为区人民政府副区长,区国民党革命委员会(简称"民革")主委张国平、区民主促进会主委屈光平、区农工民主党主委毛莲香(女)被选为区政协副主席。2007年,全区6个民主党派组织有成员394人,其中担任县级职务的5名,担任科级职务的15名。区委每年召开各种形式的座谈会、协商会、恳谈会等,就事关全区发展和重大决策以及重要人士安排征求各民主党派和无党派代表人士的意见或建议;民主党派组织每年都组织各自成员就社会热点、难点问题开展调查研究,以议案或建议的形式积极向区委反映社情民意。区委亦就解决民主党派办公条件、经费投入等问题经常进行研究,帮助各民主党派开展活动。

二、民族团结 1985年北道区成立后,区委、区人民政府继续坚持党的民族政策,尊重少数民族习惯,帮助解决少数民族群众生产、生活困难,加强各民族间团结,和睦相处,提高少数民族人士参政议政能力。是年,恢复清真寺6处,房65间,还在回族居民集中的地方落实坟地7处,面积1公顷。1986年,开展民族政策执行情况大检查。1989年,花牛镇高家湾村被省委、省人民政府授予甘肃省民族团结模范村称号。1990年4月,区人民政府将位于秦州商场南面西侧原天水县医院的300平方米土地划拨为北道清真寺址,并由省、市、区资助15万元兴建。同年,区政府决定对全区少数民族中小学校学生免收学费。1999 年,对党川、利桥等 6 个少数民族杂居乡镇经济社会发展情况进行调研。

回族干部、知识分子马霄石于 1980 年 12 月任政协天水县第三届、1985 年 12 月任政协北道区第一届委员会副主席。1991 年 3 月回族干部马福堂在区政协二届三次会议上当选为副主席。2001 年,回族干部海安民、马丽宏(女)被选为区第四届政协副主席。2004 年,开展民族团结进步宣传月活动。同年,全市第四次民族团结进步表彰大会召开,花牛镇高家湾村和北道清真寺被表彰为全市民族团结模范集体。2005 年,全省民族团结进步表彰大会召开,花牛镇高家湾村被授予全省民族团结进步先进集体称号。2007 年,马丽宏(女)又当选区人大常委会副主任,回族干部马兆让当选区人民政府副区长。同年,开展民族团结进步宣传月"三下乡"活动。期间,区人民政府每年都拨专款,由区四大组织领导分赴全区 8 处清真寺对阿訇、民主管理委员会成员、贫困少数民族群众进行慰问。至 2007 年,全区有少数民族干部 24 名,其中县级 3 名,科级 8 名;有 20 名少数民族担任区人大代表,22 名担任政协委员,有 8 名少数民族担任村级领导职务。

三、宗教工作 1985 年区政协第一届会议时,有 3 名宗教界委员。1986 年,区伊斯兰教协会、基督教"三自"爱国运动委员会、天主教爱国委员会、佛教协会和道教协会等爱国宗教团体相继成立,并召开第一次代表会议。1989 年,决定开放天主教、基督教和伊斯兰教的 38 处宗教活动场所。开放后,各宗教场所成立民主管理委员会(简称"民管会"),实行自我管理。1990 年,区人民政府安排 3.5 万元专项经费为天主教、基督教落实政策,修建教堂。还分别拨付 7000 元和 6500 元落实政策专项经费,落实马跑泉和北道天主教堂教产。至 1990年,全区恢复开放宗教场所 50 多处,有宗教职业者 55 人,信教群众 9000 余人。1992 年,又开放灵应寺、净土寺、交龙寺、五阳观、观音山等 28 处佛、道教场所。1999 年,区政府决定取消仙人崖佛教僧人售票,由景区每年拨出 4.5 万元作为僧人生活补助费。2000 年,组织全区各清真寺阿訇和民管会主任 20 余人赴清水县参观学习。2001 年,组织伊斯兰教上层人士和少数民族代表赴秦州区清真寺参观交流;8–9 月,在全区伊斯兰教界开展政策法制教育活动。2002 年,对全区 70 余名正一派道士进行政策法制培训,并妥善处理甘泉天主教堂与甘泉中学房产遗留问题。2005 年国务院《宗教事务条例》颁布实施后,对全区宗教团体和教职人员分批进行培训。2006 年,甘泉天主教堂非法开展天水教区教堂 100 周年庆典活动,社棠 300 余名信教群众在天主教教职人员带领下打砸、抢占社棠畜牧站。为此,市、区启动应急预案，予以妥善处理，并解决社棠天主教教产遗留问题。同年，区佛教协会会长释悟空，道教协会会长杨恩子、区伊斯兰教协会会长马福堂、北道清真寺阿訇何其昌，区基督教“三自”爱委会主席李玉珍被推荐为市政协委员。2007 年，有 19 名宗教职业者被提名为区政协第六届委员，并为每位委员月人均发放 430 元生活补助费。至 2007 年，全区共开放宗教场所 76 处，教职人员 250 名，信教群众约 5 万人。

四、台胞侨胞工作　1986 年，成立区归侨侨眷联合会。1987 年，成立区政府台湾同胞接待办公室，同年首次接待回乡探亲的两名台湾同胞。1989 年，接待办公室更名为区政府台湾事务办公室。1991 年，区台胞台属联谊会成立，时调查全区有台属 213 户、513 人，去台人员（台胞）169 人。1992 年，区委成立台湾工作办公室，与区政府台湾事务办公室两块牌子，一套人员。1998 年，开始办理赴台人员有关涉台事务及归口管理工作。1999 年，重新对全区台胞台属进行调查，经核实全区去台人员（台胞）212 人，其中有通信联系 179 人，台属 265 户、716 人。2002 年，接待观光台胞 48 团队、882 人（次），办理赴台手续 4 人。同时还在台属、台胞中开展批判中国台湾地区领导人陈水扁“一边一国”和“公投立法”等台独言论。2004 年，成立区海外联谊会。2007 年，全区有 3 名台属被提名为区政协委员，其中 1 名还当选市人大代表。同年台商捐资 80 万元，帮助花牛镇花牛村和高家湾村建成两所“明德希望小学”。期间每年由区台湾事务办公室组织台胞、台属开展爱国主义教育和中秋节联谊活动，全区共接待观光旅游、项目考察及探亲台胞 1 万余人（次）。2007 年，全区有台胞 203 人，台属 183 户、528 人，归侨 29 人，华侨 47 人，侨眷 235 人。台资企业有甘泉大樱桃基地、秦龙涂料厂、天森药业公司等 3 户。

五、起义投诚人员工作　1985 年调查，全区有国民党起义、投诚军政人员 127 人，其中有 81 人被落实政策，包括重新处理 21 人，恢复公职按退职处理 16 人，另为 44 人发放生活补助费，为 17 人颁发起义证明书。1991 年，成立黄埔同学会天水市北道区联络组，有黄埔军校同学 40 人。1998 年，联络组负责人胡良琈、雷升华被提名为区政协委员。2004 年，联络组组织全区健在的 14 名黄埔同学纪念黄埔军校建校 80 周年庆典。是年起，区委决定为每位黄埔同学免费订阅《民主团结报》和《黄埔杂志》及《天水日报》。至 2007 年，全区健在的黄埔同学尚有 6 名，年龄最大的 90 岁，最小的 87 岁，区委统战部每年中秋和春节期间都组织慰问。

六、机构　1985 年设区后，区委仍设统一战线工作部（简称“统战部”），为区委工作机构，主管民主党派、民族、宗教、台胞、侨胞及国民党起义、投诚人员工作。1996年,政府所属的民族宗教事务局并入(对外仍挂民族宗教事务局牌子)。2007年区委统战部编制10人,设部长1人,副部长2人,归口单位有台湾工作办公室(与政府所属台湾事务办公室合署办公)。

第八节　政法工作

一、政法队伍建设

队伍建设　1985年7月撤县设区后,区委设政法委员会(简称区委政法委,设立于1978年)及其办公室,领导全区政法工作。其后区委政法委落实教育培训、技能练兵和作风建设"三项制度",加强政法系统领导班子建设和派出所、司法所、人民法庭建设。2002年区委政法委书记进入区委常委班子。此后,区委出台《关于进一步加强和改善党对政法工作领导的实施意见》《关于进一步加强政法队伍的决定》《关于进一步加强公安工作的决定》《关于进一步加强人民法院、人民检察院工作的实施意见》等文件,研究解决政法队伍建设中的重大问题。2003年,组织实施区政法部门中层领导干部竞争上岗。

组织协调　1985年后,区委政法委组织落实全区政法工作重大部署、专项斗争和集中打击统一行动。每年组织区公、检、法、司主要领导参加案件协调会,受理各类疑难案件。2001年,建立健全矛盾纠纷排查调处领导责任制、定期排查协调制度、信息报告制度、挂牌督办制度、"零报告"制度等,全区共排查矛盾纠纷154起,其中重大矛盾纠纷7起。2005年后,制定《关于在全区开展集中处理涉法上访问题活动的实施意见》,在全区实行《领导包案制度》《党委、政府定期研究信访工作制度》《领导批阅来信制度》《信访情况通报制度》《信访案件督办制度》《信访工作部门协作制度》《信访工作考核办法》等六项制度一个办法,促进信访工作。当年共排查矛盾633件,调成624件,调成率98.6%,16起重点涉法上访案件,其中14起彻底解决。2006年,依照《天水市政法系统集中处理信访突出问题及群体性事件工作实施方案》,开展涉法上访专项治理,制定《麦积区开展集中处理涉法上访问题实施意见》,排摸出3起重点涉法上访案件,解决2起。同时按照《天水市委政法委案件评查工作方案》《天水市委政法委关于进一步加强和规范案件评查工作的通知》,落实领导包案办理责任制,建立健全信访工作机构,推行"区长联合接访"制度。2007年从全区各乡镇、各部门抽调222名干部,到基层各乡镇、各部门集中开展矛盾纠纷排查工作，开展“万名干部下基层集中排查调处矛盾纠纷活动”。

二、“严打”整治

1985年7月后，继续开展第一阶段“严打”斗争。1987年7月至9月，重点开展“破大案、抓团伙、端窝子”斗争。1988年1月开展打击“反盗窃、反扒窃、查禁社会丑恶现象”斗争；6月至10月又开展“破大案、挖团伙、端窝子、打现行、严管理”和“打击严重刑事犯罪和解决突出治安问题”斗争。1989年开展6次专项斗争，5次较大集中统一行动。1990年在“严打”斗争第二阶段开展“反盗窃、挖团伙专项行动”“打击暴力性犯罪、扫荡社会流氓恶势力专项斗争”和“打击盗窃、破坏铁路、电力、市政、通讯器材设备等犯罪活动专项斗争”“抓禁毒、反盗窃、打流窜、挖团伙、整顿社会治安秩序的专项斗争”“严打整治专项斗争”和“农村社会治安整治专项斗争”“打击拐卖妇女儿童犯罪专项斗争”和“打击盗挖古墓、倒贩文物专项斗争”。1991年，开展4次专项斗争、2次统一行动。1993年，组织5次专项斗争、4次统一行动。1995年，开展“严打整治”“集中整治农村社会治安”“春季严打攻势”“打拐解救”“禁毒”和“两打一禁一迫”专项斗争。1996年，组织开展春季“严打”、夏季农村治安整治、禁毒除“六害”战役及“百日严打”专项斗争。2000年，开展“打击拐卖妇女儿童犯罪”、清理公共娱乐场所、“百日缉毒破案”“冬季严打整治”。2001年9月，组织开展“打黑除恶”“缉枪治暴”“打击经济犯罪”“侦破命案专项行动”“百日扫毒”和“打击两抢一盗”等专项行动。2003年，重点打击“黑、恶、毒、盗”行为，加大网上逃犯追缉力度，制定禁毒工作新三年规划。2005年，开展打击“两抢一盗”、打击“盗抢汽车”犯罪专项斗争和“破命案，攻积案，打两抢，追逃犯”为主要内容的百日攻坚破案战役。2007年，组织开展“打黑除恶”“命案侦破”“打击‘两抢一盗’”“百日‘猎鹰’”“打击拐卖妇女儿童犯罪”等专项行动。1988年至2007年底，破获各类刑事案件3.59万起，抓获各类犯罪嫌疑人3.56万人，摧毁各类犯罪团伙20多个，涉案成员863人；立案查处贿赂、贪污等职务犯罪案件782件，为国家、集体和企业挽回经济损失1.01亿元。1990年至2010年立经济案件522起，侦破案件484起，为国家、企业和客商挽回经济损失2120余万元。

三、禁毒工作

1989年10月市政府发布《全民参与，全警动员大打禁毒人民战争通告》(第一号)后，区委政法委组织开展禁种、禁吸、禁制、禁贩为内容的禁毒斗争，当年查获吸、贩毒分子204人。1990年,抓获贩、制、种、运毒品分子576名,破获毒品案件60起,缴获毒品3033克,铲除罂粟14242株;成立戒烟所,强制戒毒116名。同年5月，在道北召开禁毒坦白动员大会，当日7名吸毒人员主动登记。1991年,成立区禁毒委员会及其禁毒领导小组办公室,集中开展5个多月的“禁毒”专项斗争,共捣毁吸、贩毒窝点15个,抓获吸、贩毒人员82名,缴获毒品海洛因883克,毒资8万元,铲除私种的罂粟300余株,送戒烟所强制戒毒40人。1992年6月,成立缉毒队。1993年,破获毒品案件68起(其中重大案件18起、特大案件9起),摧毁吸贩毒窝点15处涉及71人,抓获案犯67名,强制戒毒368人;缴获毒品海洛因144.3克,黄皮1018克,杜冷丁15支,铲除罂粟453株,缴获毒资0.30万元。同年8月,抓获最大在逃毒品犯申××、黄××(夫妻),缴获毒品黄皮1018克、海洛因5.1克。1997年,开展全区范围内的禁毒斗争,4–5月在林区、林源区开展铲除罂粟工作。2000年,组织开展“百日缉毒破案战役”“百日扫毒统一行动”,积极创建“无毒社区”,开展3次较大规模禁毒宣传活动,并于“6·26”(国际禁毒日)召开万人公捕公判大会。2001年,以“破大案、挖毒枭、端毒窝、打团伙、查网络、断通道”为主攻目标,打击毒品犯罪。2002–2007年,破获毒品案件118起,缴获毒品海洛因2.43千克,强戒吸毒548人,劳教复吸毒104人。2003年,北道区跨入“无毒县”行列。2004年,麦积公安分局被表彰为全省禁毒工作先进单位,麦积公安分局强制戒毒所晋升全国一级戒毒所。

四、社会治安综合治理

1991年4月市委、市政府出台《天水市社会治安综合治理(1991–1995年)五年规划》,7月印发《关于加强社会治安综合治理的规定》。1992年起区综治办层层签订社会治安综合治理目标管理责任书。1991–2007年,综合整治乡镇46个(次),涉及58个村和社区、42处场所、9个行业、8处路段、4个单位。1995年,区委、区政府出台《天水市麦积区社会治安综合治理领导责任制试行办法》《天水市麦积区社会治安综合治理(1995–2000年)五年规划》,实行“一票否决”“黄牌警告”、整改通知、司法建议、经济处罚等检查监督措施。2001年,按照“团结教育挽救绝大多数,依法打击极少数”方针,开展“法轮功”邪教组织人员教育转化工作。2001–2007年,排查因道路拓宽、铁路二线改建、旧城改造拆迁、项目征地、民族宗教、家庭、婚姻、职工工资拖欠等矛盾纠纷2973件,调处成功2767件,及时化解各种民间矛盾纠纷8310件，化解由市、区领导挂牌督办的重大矛盾纠纷30多件。2002年,区委、区政府转发市委、市政府《关于进一步加强社会治安综合治理实施办法》和《市委政法委员会关于进一步做好维护社会稳定工作意见》。2003年冬，开展“无邪教乡镇（街道）、村（社区）”创建活动，19个乡镇（街道）创建为市级“无邪教乡镇（街道）”；专项整治“门徒会”“实际神”“生命会”等冒用宗教名义的邪教组织。2004年，制定《建设“平安麦积”工程，营造和谐社会环境2005-2007年工作规划》，率先开展平安创建工作，把“平安创建”工作纳入社会经济发展总体规划，层层签订目标责任书，开展“平安街道”“平安乡镇”“平安单位”“平安校园”“平安社区”“平安道路”“平安家庭”等“平安麦积”创建活动。区公安机关下派民警20多名，充实社区警务室，全区各社区设立综治室，选派综治员40多名长期进驻社区。加强对城区街面、主要路段和重点部位的巡逻控制，形成派出所、110机动中队、火车站广场治安室为依托的治安巡逻网络，巡警大队提高巡逻频率，遏制社会面发案，巡逻大队和各派出所累计接处警2110起。

第九节 党校培训

一、干部培训、轮训

机关干部培训班 1985年开始，区委党校实行正规化教育，举办以机关干部中专班为主的多层次干部培训。1985-1991年，招机关干部中专班5届、165人；1988-1991年，招一年制中专进修班2届、64人。期间还轮训科级干部740人（次），一般干部628人（次）。1992-1995年，轮训科级干部510人（次），青年干部250人（次）。1996-2007年，举办科级干部理论进修班20期，累计培训1353人。每期进修班学制15天，培训对象为各乡、镇、街道和区直各部门正副科级干部。学习内容，乡、镇干部主要是侧重实践性，区直部门干部侧重理论性，突出对马列主义基本问题、毛泽东思想基本问题和邓小平理论基本问题的研究和学习以及对当代世界经济、政治、科技、法制和军事思潮的学习。

村干部培训班 1985-1995年，培训村党支部书记等村干部1500多人。1996-2007年，举办村党支部书记、村委会主任培训班16期，培训1681人。培训多在农闲时间，每期12天左右。村干部参加培训时免费提供吃住、报销往返车费（经费由区财政支付），培训内容为马列主义、毛泽东思想、邓小平理论和“三个代表”重要思想；党在农村的各项方针、政策和农村实用技术，农村精神文明建设和计划生育等。培训中重视经验介绍和实地参观，每期村干部班安排1~2次集体讨论，就农村存在的热点、难点问题请区委主要领导和乡镇负责人以及部门专家、党校教师共同谋划,提出解决方案和办法。

优秀中青年干部培训班　1996–2007 年，举办列入科级后备的优秀中青年干部培训班 10 期,每期 30 天,共计培训 567 人。学习内容是马克思主义哲学原理、科学社会主义原理、党史、法律知识、邓小平理论、“三个代表”重要思想、社会主义市场经济理论、领导科学等。培训方式采用面授、自学、讨论相结合的方式,针对学员年龄结构比较轻、思想比较活跃的特点,适当安排讨论课,教师与学员加强双向交流,共同提高。同时严格考试和考核,对参训学员的学习情况、在校表现和考试成绩等情况,及时向区委组织部和各主管部门通报,为部门提拔任用干部提供依据。

入党积极分子培训班　1992–2007 年,每年“7.1”建党节前举办 1 期入党积极分子培训班,共培训 12 期,培训区直各部门、驻区各单位培养选拔的入党积极分子 2300 人(次),学制 6 天,主要学习党章、党的基本知识。培训结束后组织闭卷考试,对考勤达不到预定天数或未参加考试者不发结业证书。

轮训班　1996 年,举办妇女干部培训班 1 期,参训 28 人;《行政处罚法》学习班 1 期,参训 120 人;纪检监察干部培训班 1 期,参训 86 人。1997 年,举办财政干部培训班两期,参训 85 人。1998 年,举办文档人员培训班 1 期,参训 180 人;人大代表培训班 1 期,参训 47 人;工商人员持证上岗培训班 3 期,参训 275 人。1999 年,行政执法人员持证上岗培训班 1 期,参训 127 人。2000 年以后,按照中央关于“大规模培训干部,大幅度提高干部素质”的精神,区委党校多渠道办学,扩大培训规模,先后举办全区人大代表培训班 3 期,全区妇女干部培训班 3 期,以及公务员过渡培训班、公务员和专业技术人员知识培训班、工人等级晋级培训班、财政培训班、村干部法制政策教育培训班、农村农税工作业务培训班等计 300 多期,共培训 2.6 万余人。

基地“流动党校”培训　2000 年,区委党校被中央组织部确定为陇东南地区干部教育培训“基地”。次年在元龙、社棠、甘泉、花牛、渭南、新阳建立 6 个“乡镇党校教学点”,确定天水农业科技示范园区、二十里铺工业示范区、甘泉小城镇建设示范镇和花牛、盘龙、曹石 3 个示范村计 6 个“教学实践基地”,组建由党校教员和纪检、监察、司法干部以及农、林、畜牧、水电等方面组成专兼结合的教师队伍。此后,“基地”每年在各教学点至少开展 3 次培训,参训人数年均 5000 人左右。2004 年,党校筹资 10 万元,为教学实践基地配备了投影仪、笔记本电脑、数码摄像机、多功能扫描仪、车辆等设备,“基地”组建“流动党校”,在原来 6 个教学点的基础上，根据各乡村经济社会发展的不同情况，点下设点，开展送政策、送理论、送法律、送科学技术下乡活动，直接面对农民群众，集中宣讲，帮助乡镇、村组发挥发展优势，理清发展思路，找准加快发展的切入点和突破口。2005年，“流动党校”在花牛、甘泉、麦积等7个乡、镇，盘龙、曹石、渭峡等18个村、组宣讲20余场，听众5000多人(次)，现场接受农民有关咨询1000多人(次)，散发《农友》等宣传资料1万多份。

二、函授教育

1989年，区委党校开始举办函授教育，成立中央党校函授学院北道辅导站。1990年开始招生，大专班学制3年，本科班学制2年半；是年招收党政管理大专班学员36人，1993年增为56人。1994年，招收经济管理大专班学员88人。1996年，招收西北师大企业管理大专班学员18人。2001年，开办省委党校函授教育天水学区下延本科班，北道辅导站首届下延本科班招收法律专业学员90人。2004年，开办村干部教育工程，共招收农村经济管理大专班191人。至2007年，累计毕业人数分别为，党政管理大专班552人，经济管理大专班1329人，政法大专班750人，财会大专班145人，文秘大专班47人，总计2823人。

三、机构

1985年设区后，区委仍设党校，驻城区桥南西，有教员6名，设办公室、教务处、后勤处。1989年成立函授辅导站办公室。1995年，成立区行政干部学校，与党校一套机构、两块牌子。至2007年，党校有教职工30人，其中专职教师16人，管理人员4人，图书管理、文秘打印以及后勤服务人员10人。专任教师有高级讲师4人、讲师9人、助理讲师1人。

校园占地22亩，总建筑面积5600平方米，有综合办公楼、教学楼、住宅楼各1幢，设有图书阅览室、多媒体礼堂、多媒体小教室等，有8个教室(其中两个安装有空调)、学员宿舍15间，可供600多人同时上课，160多人住宿就餐，并有数码照相机1部、摄像机1部、笔记本电脑3台、复印机1台、打印机3台、扫描仪1台、电视机27台。

1998年创办校内刊物《教研园地》，至2000年出版5期。2004年与农业广播学校联办《农友》小报，在全区农村赠发，主要宣传党的农村政策、农村法律知识、农业科技知识等。

第十节　其他工作

一、老干部工作　1985年前，已设有离休干部活动中心，负责全区离休干部(1949年10月1日前参加工作的干部)的管理和服务工作。1986年区老干部工作科改为老干部工作局。主要职责是帮助落实离休干部的政治待遇和生活待遇。同年还成立老干部自我管理委员会，职责是每月召开两次老干部例会，传达学习党的方针、政策、路线及老干部会议精神，并组织离休干部的参观视察活动，举办离休干部运动会，以及中秋、春节慰问活动。

1987–1989年，对全区离休干部进行摸底，计300多名。接着建立离休干部档案，依照"生活待遇略为从优，政治待遇基本不变"的精神，落实调整离休干部政治生活待遇。1997年，接管国营企业离休干部20多人，纳入区财政支付。2003年，对离休干部医药费支付进行改革，实行财政兜底办法，并建立离休费、医药费保障机制。2004年，随着退休干部的逐年增多，为满足其中一些人期盼学习新的知识的需要，成立区老年大学，归口区老干部工作局。区老年大学设书画、音乐、舞蹈等专业。2007年全区春节晚会上，区老年大学创作的大合唱《天河热土》荣获优秀表演奖，舞蹈《家乡美》在兰州举办的中国艺术新秀甘肃组比赛中被评为"中国艺术节系列活动甘肃赛区老年组金奖"。

2007年，区老干部工作局有工作人员15人，其中领导5人，主任科员3人，一般干部5人，工人2人。下设关心下一代工作委员会(简称"关工委")办公室、老年大学和老干部活动中心。其中关工委办公室主任1名(兼职)，副主任1名，干事3人，老年大学聘请教师8人，学员310余人。计有健在离休干部110名。老干部工作局在全省创立"麦积模式"管理经验，对生活困难离休干部进行帮扶，将离休干部的下岗子女纳入城市低保范围，安置公益岗位，并在新增的就业岗位中优先安排。凡老干部生活待遇所需经费在财政预算上均优先安排，老干部工作和开展活动所需经费及时足额保证。

二、关心下一代工作　1992年，区关心下一代工作委员会(简称"关工委")成立，办公地点设区老干部工作局。关工委设普法帮教委员会、校外辅导委员会、宣传督导委员会、青少年研究委员会和教育青少年报告团。接着，各乡、镇、街道先后亦成立相关组织，一些村、社区也成立"关工"小组。关工委是以"五老"(老干部、老战士、老专家、老教师、老模范)为主体，有党政在职领导和有关部门、群众团体负责人参与，吸收部分专家学者组成的群众性工作组织，动员"五老"和社会各界人士参与关心下一代事业，教育青少年提高思想道德素养，组织青少年开展社会实践活动，开展对青少年的法制教育，探索“学校、家庭、社会”三位一体的教育模式，关注青少年弱势群体，开展青少年调查研究。2007年，倡导开展“关工进社区”活动，在桥南街道天河社区率先创办“朝阳饭桌”“四点半学校”“模拟法庭”等群团活动，并在全区筛选30多个基层示范点开展活动。同年还对全区4000多名农村留守儿童调查摸底，并开展爱心捐赠活动，向全区357所小学每校捐赠9套、183册，总价值42万元的课外教育图书，并启动建设麦积区青少年校外活动中心。

第二章 人民代表大会

第一节 选 举

人民代表大会制度，是国家政权制度中最重要的组织形式。人民代表大会是由人民选举出的代表组成的。1985年撤县设区后，设有区、乡（镇）两级人民代表大会。至2006年，共举行过6次区、乡（镇）代表选举。

一、选举制度

区、乡（镇）两级人民代表选举，根据宪法和选举法的有关规定，实行直接选举。每次选举过程大致相同。

准备 区人大常委会向区委提出换届选举工作实施意见，制定区、乡两级人大换届选举实施方案；区委成立人大换届选举工作领导小组，各乡、镇、街道成立选举委员会。各乡、镇、街道党(工)委同时成立换届选举领导小组。选区划分后，各选区成立选举工作领导小组并划分选民小组，任命选举委员会组成成员；召开区、乡选举工作培训会议，培训各村、组、社区和区直机关选举工作骨干，进行宣传动员；按照本行政区域内各选区每1名代表所代表的人口数大体相等、每1选区选举1～3名代表的原则，本着便于组织选民参加选举、便于选民了解代表和代表联系选民、开展活动、接受监督等因素划分选区；区人大常委会按照每名代表所代表的城乡人口数相同的原则分配各选区代表名额。乡、镇人大代表名额由区人大常委会确定后，由各乡、镇人大按照选举法有关规定和相关结构比例分配到选区。

选民登记 按选区以选举日为准，凡年满18周岁公民均予以登记，对依照法律被剥夺政治权利的公民不予登记。选民只能在一个选区登记。登记选民时填写《选民分户登记表》《选民登记情况统计表》，报区选举委员会备案；核对选民名单。组织各选区对登记的选民资格进行检查核对;公布选民。选举委员会确认选民资格后,在选举日前 20 日,按选区或选民小组张榜公布选民名单,发给区选举委员会统一印制的《选民证》。

确定代表候选人　初步代表候选人按选区推荐产生。各政党、各人民团体可以联合或单独书面推荐提出区、乡两级人大代表初步候选人,选民 10 人以上联名亦可以推荐初步候选人;选举委员会将各选区上报的代表候选人情况汇总后,将代表初步候选人名单及代表候选人基本情况在选举日前 15 日于各选区公布;代表初步候选人公布后,由选区选民小组酝酿、讨论、协商,根据较多数选民的意见,或经过预选确定正式代表候选人名单。正式代表候选人名额多于应选代表名额的 1/3 至 1 倍。正式代表候选人确定后,按选区在选举日前 7 日公布名单,并公告选举时间、地点及投票方式;选举委员会组织代表候选人与选民见面,向选民介绍代表候选人情况。

投票选举　区、乡两级人大代表的选举在同一日期进行,实行差额、无记名投票的选举方式。选区根据选民居住状况设投票站或者召开选举大会。选民凭《选民证》领取选票。选举大会由选举委员会委派人员主持。经选区选举工作领导小组提名,征得多数选民同意后确定监票人、计票人。选票由选举委员会监制。选票上代表候选人名单按姓名笔画排列;选举人在填写选票时,对代表候选人可以投赞成票、反对票,或另选其他任何选民,也可弃权。选民不能写选票的,可按照本人意志委托他人代写。选民在选举期间外出不能参加选举的,可书面委托有选举权的亲属或者其他选民代为投票。选民因患有疾病等原因行动不便或者居住分散不能到选举大会现场或投票站投票的,选区可派监票人 2 名以上和选举工作人员,带选举委员会统一制作的流动票箱登门接受投票;投票结束后,由监票人封好投票口并签名后送选区统一计票。然后在选区选举工作领导小组主持下,将投票人数和收回选票数加以核对,计出有效票数、无效票数,做出记录,计票结果由监票人、计票人签字,于当日向选民公布,并上报选举委员会审核。选举委员会依法确定选举结果有效后,向社会公布当选代表名单,接受人民群众监督。

二、选举和代表构成

区第一届人大代表选举　1985 年 9 月中旬开始,11 月下旬结束。是次选举为北道区成立后举行的首次选举,全区划 145 个选区(城区 31 个,农村 114 个),24.05 万选民参加投票,选举产生区人大代表 330 名,其中工人 23 名,农民 129 名,解放军 5 名,干部 108 名,知识分子 48 名,民主党派和无党派人士 6 名,其他劳动者 11 名。同时选举乡人大代表 2453 名。

区第二届人大代表选举 1988 年 12 月开始,1989 年 1 月中下旬结束。是次选举全区划 143 个选区(城镇 44 个,农村 99 个),选举产生区人大代表 240 名,其中农民 78 名,工人 18 名,干部 107 名,知识分子 25 名,解放军 4 名,民主党派 3 名,其他劳动者 5 名。总人数中,少数民族 6 名,非党群众 92 名,妇女 45 名。

区第三届人大代表选举 1992 年冬开始, 1993 年 2 月结束。通过选民登记, 全区 18 周岁以上人口为 319260 人, 占总人口的 63.1%, 有选民资格的 315591 人,无法行使选举权的 3383 人,暂停行使选举权的 207 人,被剥夺选举权的 79 人。经过各政党、各人民团体和 10 人以上选民联合提名,第一次公布代表候选人 588 人,经过协商,确定正式代表候选人 413 名。最终选举产生区人大代表 270 名,其中农民 77 名,工人 34 名,解放军 5 名,干部 154 名。总人数中,中共党员 174 名,妇女 48 名,少数民族 10 名。

区第四届人大代表选举 1997 年 11 开始,1998 年 1 月中上旬结束。经登记,全区 18 周岁以上人口 345097 人,占总人口的 64.8%,有选民资格的 342716 人,无法行使选举权的 2294 人,暂停行使选举权的 58 人,被剥夺选举权的 29 人。经过各政党、各人民团体和 10 人以上选民联合提名,第一次公布代表候选人 379 人,经过酝酿讨论,协商确定正式代表候选人 347 名。最终选举产生区人大代表 229 名,其中农民 71 名,工人 20 名,解放军 2 名,干部 87 名,知识分子 36 名,归侨侨属 1 名,其他劳动者 12 名。总人数中,妇女 53 名,少数民族 7 名。

区第五届人大代表选举 2002 年 10 月开始, 11 月结束, 共登记选民 32.68 万人。各政党、各人民团体和 10 人以上选民联合提出代表候选人 405 名,经过酝酿讨论,确定正式代表候选人 381 名,有 298554 名选民参加投票,参选率 91%,选举产生区五届人大代表 229 名。

区第六届人大代表选举 2006 年 11 月开始,12 月 5 日结束,选举产生区六届人大代表 229 名,其中农民 60 名,工人 21 名,解放军 2 名,干部 92 名,知识分子 18 名,其他劳动者 36 名。总人数中,中共党员 138 名,非党员 86 名,民主党派 5 名,妇女 61 名,少数民族 7 名。

第二节 区人民代表大会

区人民代表大会每年召开 1 次,除个别特殊情况外,均在春季召开。

1985–2007年，区人民代表大会共历经六届，计举行22次大会。每次会议，均听取和审议区人大常委会、区人民政府、区人民法院、区人民检察院工作报告，审查和批准国民经济和社会发展计划执行情况及区财政预算执行情况，并作出相应决议，选举或补选区人大常委会组成人员，区人民政府区长、副区长，区人民法院院长，区人民检察院检察长，选举天水市人民代表大会代表，决定其他重大事项。

一、北道区第一届人民代表大会 共举行3次会议。1985年12月2–8日，在区政府招待所举行第一次会议，出席代表330名，列席96人。大会除组成主席团、代表资格审查委员会、议案审查委员会外，还设国民经济和社会发展计划、预算决算审查两个委员会。会议听取和审议了区人民政府筹备组组长张俭成作的《关于1986年国民经济计划和工作任务的报告》，区财政局局长安维钧作的《关于1986年财政概算(草案)的报告》；审查和批准北道区1986年国民经济计划和1986年财政概算。选举王炳元为人大常委会主任，刘兴林、柳世芳、王德成、刘恒昌、秦虎生为副主任，选举区人大常委会委员13名；选举张俭成为区人民政府区长，魏致中、王庆田、张玉(女)、冯诠、王海潮、秦俊杰为副区长；选举张圭为人民法院院长，刘彦昌为人民检察院检察长。选举出席天水市第一届人民代表大会代表89名。

1987年3月27–30日，在区政府招待所召开第二次会议，出席代表330人，特邀和列席210人。会议听取和审议区长张俭成作的《北道区国民经济和社会发展第七个五年计划的报告》，区计划委员会主任余作民作的《北道区1986年国民经济和社会发展计划执行情况及1987年国民经济和社会发展计划（草案）的报告》，区财政局局长安维钧作的《1986年财政决算和1987年财政预算(草案)的报告》，人大常委会主任王炳元作的《人大常委会工作报告》以及区法院院长张圭、区检察院检察长刘彦昌分别作的法院和检察院工作报告，会议批准以上报告，并作出相应决议。

1988年3月22–25日，在区政府招待所召开第三次会议，出席代表330名，邀请和列席80人。会议听取和审议区长张俭成作的《政府工作报告》，人大常委会主任王炳元作的《人大常委会工作报告》，区法院院长张圭作的《法院工作报告》，区检察院检察长刘彦昌作的《检察院工作报告》，人大常委会副主任柳世芳作的《国民经济和社会发展计划、财政决算审查报告》。会议批准以上报告，并作出相应决议。

二、北道区第二届人民代表大会 共举行4次会议。1989年3月14–18日，在区政府招待所举行第一次会议，出席代表240名，列席159人。会议听取和审议区长张俭成作的《政府工作报告》，区计划委员会主任余作民作的《关于天水市北道区1988年国民经济和社会发展计划的执行情况及1989年计划(草案)的报告》，区财政局局长安维钧作的《关于1988年财政预算执行情况和1989年财政预算(草案)的报告》，区人大常委会主任王炳元作的《人大常委会工作报告》，区法院院长张圭作的《法院工作报告》，区检察院检察长刘彦昌作的《检察院工作报告》。会议批准以上报告，并作出相应决议。大会选举王炳元为人大常委会主任，刘兴林、柳世芳、王德成、秦虎生为副主任，选举区人大常委会委员17名；选举张俭成为区人民政府区长，秦俊杰、张玉(女)、冯诠、王海潮为副区长；选举张圭为区人民法院院长；选举刘彦昌为区人民检察院检察长。

1990年3月27–30日，在区政府招待所召开第二次会议，出席代表240名，邀请和列席166人。会议听取和审议区长张俭成作的《政府工作报告》，区计划委员会主任余作民作的《关于天水市北道区1989年国民经济和社会发展计划的执行情况及1990年计划(草案)的报告》，区财政局局长安维钧作的《关于1989年财政预算执行情况和1990年财政预算(草案)的报告》，区人大常委会主任王炳元作的《人大常委会工作报告》，区法院院长张圭作的《法院工作报告》，区检察院检察长刘彦昌作的《检察院工作报告》，会议批准以上报告，并作出相应决议。

第三次会议于1991年3月12–15日在区政府招待所召开，应到代表237名，出席214名，因事因病请假23名，列席179名。会议听取和审议区人民政府代区长严成亮作的《政府工作报告》，区计划委员会主任余作民作的《关于1990年国民经济和社会发展计划的执行情况及1991年计划(草案)的报告》，区财政局局长安维钧作的《关于1990年财政预算执行情况和1991年财政预算(草案)的报告》，区人大常委会副主任刘兴林作的《人大常委会工作报告》，区法院院长张圭作的《法院工作报告》，区检察院检察长刘彦昌作的《检察院工作报告》。会议批准以上报告，并作出相应决议。会议补选严成亮为区人民政府区长，选举出席天水市第二届人民代表大会代表69名。

第四次会议于1992年3月16–19日在区政府招待所召开，应到代表233名，出席223名，因事因故请假10名，邀请和列席196人。会议听取和审议区长严成亮作的《政府工作报告》，区计划委员会主任余作民作的《关于天水市北道区1991年国民经济和社会发展计划的执行情况及1992年计划(草案)的报告》，区财政局局长张光华作的《关于1991年财政预算执行情况和1992年财政预算(草案)的报告》，区人大常委会主任王炳元作的《人大常委会工作报告》，区法院院长张圭作的《法院工作报告》，区检察院检察长刘彦昌作的《检察院工作报告》。会议批准以上报告，并作出相应决议。

三、北道区第三届人民代表大会　共举行5次会议。1993年3月2–6日在区政府招待所召开第一次会议，应到代表270名，出席270名，邀请5人，列席159人。会议听取和审议区人民政府代区长冯沙驼作的《政府工作报告》，区计划委员会主任吴俊杰作的《关于天水市北道区1992年国民经济和社会发展计划执行情况及1993年国民经济和社会发展计划（草案）的报告》，区财政局局长张光华作的《关于天水市北道区1992年财政预算执行情况和1993年财政预算（草案）的报告》，区人大常委会主任王炳元作的《人大常委会工作报告》，区法院院长张圭作的《法院工作报告》，区检察院检察长刘彦昌作的《检察院工作报告》。会议批准以上报告，并作出相应决议。会议选举秦俊杰为区人大常委会主任，秦虎生、张玉（女）、徐登瑞、董敦为副主任，选举区人大常委会委员18名；选举冯沙驼为区人民政府区长，王凤保、王合作、王明珍（女）、安永、郑俭华、徐利贞为副区长；选举何武魁为区人民法院院长；杜振华为区人民检察院检察长。

第二次会议于1994年3月8–11日在区政府招待所召开，出席代表268名，列席176人。会议听取和审议区长冯沙驼作的《政府工作报告》，区计划委员会主任吴俊杰作的《关于北道区1993年国民经济和社会发展计划执行情况及1994年国民经济和社会发展计划（草案）的报告》，区财政局局长张光华作的《关于天水市北道区1993年财政预算执行情况和1994年财政预算（草案）的报告》，区人大常委会主任秦俊杰作的《人大常委会工作报告》，区法院院长何武魁作的《人民法院工作报告》，区检察院检察长杜振华作的《检察院工作报告》。会议批准以上报告，并作出相应决议。会议补选王海潮为区人大常委会副主任。

第三次会议于1995年3月7–10日在羲皇宾馆召开，出席代表261名，列席197人。会议听取和审议区长冯沙驼作的《政府工作报告》，区计划委员会主任吴俊杰作的《关于天水市北道区1994年国民经济和社会发展计划执行情况及1995年国民经济和社会发展计划（草案）的报告》，区财政局局长张光华作的《关于天水市北道区1994年财政预算执行情况和1995年财政预算（草案）的报告》，区人大常委会主任秦俊杰作的《人大常委会工作报告》，区法院院长何武魁作的《人民法院工作报告》，区检察院检察长杜振华作的《检察院工作报告》。会议批准以上报告，并作出相应决议。

第四次会议于1996年3月6–10日在羲皇宾馆召开，应到代表268名，出席代表266名,列席239人。会议听取和审议区人民政府代区长程田禄作的《政府工作报告》,区计划委员会主任吴俊杰作的《关于天水市北道区1995年国民经济和社会发展计划执行情况及1996年国民经济和社会发展计划(草案)的报告》,区财政局局长张光华作的《关于天水市北道区1995年财政预算执行情况和1996年财政预算(草案)的报告》,区人大常委会主任秦俊杰作的《人大常委会工作报告》,区法院院长何武魁作的《法院工作报告》,区检察院检察长杜振华作的《检察院工作报告》。会议补选张国珍、张万录、肖其兰(女)为区人大常委会副主任,补选7名区人大常委会委员;选举程田禄为区人民政府区长,巩玉保、韩莉(女)、张广录、蒋晓立为副区长;选举出席天水市第三届人民代表大会代表69名。

第五次会议于1997年3月4–7日在羲皇宾馆召开,出席代表268名,列席228人。会议听取和审议区长程田禄作的《政府工作报告》;听取和审议区计划委员会主任文月平作的《关于天水市北道区1996年国民经济和社会发展计划执行情况及1997年国民经济和社会发展计划(草案)的报告》,区财政局局长张光华作的《关于北道区1996年财政预算执行情况和1997年财政预算(草案)的报告》,听取和审议区人大常委会主任秦俊杰作的《人大常委会工作报告》,区法院院长何武魁作的《法院工作报告》,区检察院检察长杜振华作的《检察院工作报告》。会议选举阎如林为区人大常委会主任,补选缑思忠为区人大常委会副主任。

四、北道区第四届人民代表大会 共举行5次会议。1998年2月25日–3月1日在羲皇宾馆召开第一次会议,出席代表229名,邀请和列席226人。会议听取和审议代区长王世华作的《政府工作报告》,区计划经贸局局长文月平作的《关于天水市北道区1997年国民经济和社会发展计划的执行情况及1998年计划(草案)安排的报告》,区财政局局长梁栋作的《关于天水市北道区1997年财政决算和1998年财政预算(草案)的报告》,区人大主任阎如林作的《人大常委会工作报告》,区法院院长何武魁作的《法院工作报告》,区检察院检察长杜振华作的《检察院工作报告》。会议选举阎如林为区人大常委会主任,王明珍(女)、徐登瑞、缑思忠、余正川、安志宏为副主任,选举区人大常委会委员15人;选举王世华为区人民政府区长,蒋晓立、温晓东、韩莉(女)、张广禄、杨发元为副区长;选举何武魁为区人民法院院长;杜振华为区人民检察院检察长。

第二次会议于1999年3月8–11日在羲皇宾馆召开,出席代表229名,邀请和列席226人。会议听取和审议区长王世华作的《政府工作报告》,区计划经贸局局长陈新宇作的《关于天水市北道区1998年国民经济和社会发展计划的执行情况及1999年计划(草案)的报告》,区财政局局长梁栋作的《关于天水市北道区1998年财政决算和1999年财政预算(草案)的报告》,区人大主任阎如林作的《人大常委会工作报告》,区法院院长何武魁作的《法院工作报告》,区检察院检察长杜振华作的《检察院工作报告》。会议补选杜振华为区人大常委会副主任,刘天红为区人民检察院检察长。

第三次会议于2000年3月2-5日在羲皇宾馆召开,出席代表229名,邀请和列席264人。会议听取和审议区人民政府代区长郭明卿作的《政府工作报告》,区计划经贸局局长陈新宇作的《关于天水市北道区1999年国民经济和社会发展计划的执行情况及2000年计划(草案)的报告》,区财政局局长梁栋作的《关于天水市北道区1999年财政决算和2000年财政预算(草案)的报告》,区人大常委会副主任王明珍作的《人大常委会工作报告》,区法院代院长张诚作的《法院工作报告》,区检察院检察长刘天红作的《检察院工作报告》。会议选举郭明卿为区人民政府区长,张诚为区人民法院院长,补选2名区人大常委会委员。

第四次会议于2001年3月20-24日在羲皇宾馆召开, 出席代表229名,邀请和列席315人。会议听取和审议区人民政府副区长蒋晓立作的《关于天水市北道区国民经济和社会发展第十个五年计划纲要的报告》,区计划经贸局局长陈新宇作的《关于天水市北道区2000年国民经济和社会发展计划的执行情况及2001年计划(草案)的报告》,区财政局局长梁栋作的《关于天水市北道区2000年财政决算和2001年财政预算(草案)的报告》,区人大常委会副主任王明珍作的《人大常委会工作报告》,区法院院长张诚作的《法院工作报告》,区检察院检察长刘天红作的《检察院工作报告》。会议选举王世华为区人大常委会主任,于震峰、杨世琮、程光汉、张建宗、张秀玲(女)为副主任;选举出席天水市第四届人民代表大会代表68名。

第五次会议于2002年3月12-16日在麦积大酒店召开, 出席代表229名,邀请和列席176人。会议听取和审议区长郭明卿作的《政府工作报告》,区计划经贸局局长陈新宇作的《关于天水市北道区2001年国民经济和社会发展计划的执行情况及2002年计划(草案)的报告》,区财政局局长梁栋作的《关于天水市北道区2001年财政决算和2002年财政预算(草案)的报告》,区人大常委会副主任于震峰作的《人大常委会工作报告》,区法院院长张诚作的《法院工作报告》,区检察院检察长刘天红作的《检察院工作报告》。会议补选赵宏全、梁栋为区人大常委会副主任,选举5名区人大常委会委员;选举王勇谋为区人民法院院长。

五、麦积区(北道区)第五届人民代表大会 共举行4次会议。2002年12月16–20日在麦积大酒店召开第一次会议,出席代表229名,邀请和列席363人。会议听取和审议区人民政府代区长蒋晓强作的《政府工作报告》,区发展计划局局长陈新宇作的《关于天水市北道区2002年国民经济和社会发展计划的执行情况及2003年国民经济和社会发展计划(草案)的报告》,区财政局局长张进尚作的《关于天水市北道区2002年财政预算执行情况和2003年财政预算(草案)的报告》,区人大常委会副主任赵宏全作的《人大常委会工作报告》,区法院院长王勇谋作的《法院工作报告》,区检察院代检察长武给保作的《检察院工作报告》。会议选举胡福林为区人大常委会主任,张钰、李加峰、赵宏全、张秀玲(女)、梁栋为副主任,选举人大常委会委员15名;选举蒋晓强为区人民政府区长,刘俊杰、杨保珍、安志宏、任丽华(女)、成少平、鲁涛为副区长;王勇谋为区人民法院院长;武给保为区人民检察院检察长。

第二次会议于2004年2月3–6日在区政府礼堂召开, 出席代表229名,邀请和列席281人。会议听取和审议区长蒋晓强作的《政府工作报告》,区发展计划局局长王想明作的《关于天水市北道区2003年国民经济和社会发展计划的执行情况及2004年国民经济和社会发展计划(草案)的报告》,区财政局局长张进尚作的《关于天水市北道区2003年财政决算和2004年财政预算(草案)的报告》,区法院院长王勇谋作的《法院工作报告》,区检察院检察长武给保作的《检察院工作报告》。会议批准以上报告,并通过相应决议。会议通过了《关于进一步加快城市开发建设议案的决议》。

第三次会议是在北道区更名麦积区后,于2005年2月18–22日在区政府礼堂召开,出席代表229名,邀请和列席312人。会议作出《关于天水市北道区更名为麦积区后,北道区人民代表大会更名为麦积区人民代表大会的决定》的备案报告。会议听取和审议区长蒋晓强作的《政府工作报告》,区发展和改革局局长王想明的《关于天水市北道区2004年国民经济和社会发展计划的执行情况及2005年国民经济和社会发展计划(草案)的报告》(书面),区财政局局长张进尚的《关于天水市北道区2004年财政决算和2005年财政预算(草案)的报告》(书面),区人大常委会主任胡福林作的《人大常委会工作报告》,区法院院长王勇谋作的《法院工作报告》,区检察院检察长武给保作的《检察院工作报告》。会议补选崔德祥为区人大常委会副主任,补选3名区人大常委会委员。

第四次会议于2006年2月7–11日在区政府礼堂召开,出席代表229名,邀请和列席 309 人。会议听取和审议区人民政府代区长张克强作的《政府工作报告》，审查批准《天水市麦积区国民经济和社会发展第十一个五年规划纲要》，审议区人民政府《关于执行区五届人大二次会议作出的〈关于进一步加快城市开发建设议案的决议〉情况的报告》。听取和审议发展和改革局局长杨仁义作的《关于天水市麦积区 2005 年国民经济和社会发展计划的执行情况及 2006 年国民经济和社会发展计划（草案）的报告》，区财政局局长赵双喜作的《关于天水市麦积区 2005 年财政决算和 2006 年财政预算（草案）的报告》，区人大常委会主任胡福林作的《人大常委会工作报告》，区法院代院长赵世和作的《法院工作报告》，区检察院检察长武给保作的《检察院工作报告》。会议选举张克强为区人民政府区长，赵世和为区人民法院院长，还补选 1 名区人大常委会委员。

六、麦积区第六届人民代表大会　2007 年 1 月 9–12 日在区政府礼堂召开第一次会议，应到代表 229 名，出席代表 220 名，邀请和列席 286 人。会议听取和审议区长张克强作的《政府工作报告》，区发展和改革局局长杜作明作的《关于天水市麦积区 2006 年国民经济和社会发展计划的执行情况及 2007 年国民经济和社会发展计划（草案）的报告》，区财政局局长赵双喜作的《关于天水市麦积区 2006 年财政决算和 2007 年财政预算（草案）的报告》，区人大常委会主任胡福林作的《人大常委会工作报告》，区人民法院代院长陈维林作《区人民法院工作报告》，区人民检察院代检察长王德作的《区人民检察院工作报告》。并作出相应的决议。会议选举胡福林为区人大常委会主任，李加峰、赵宏全、屈光健、马丽宏（女）、崔德祥、朱怀林为副主任，选举区人大常委会委员 16 名；选举张克强为区人民政府区长，马兆让、王晓琴（女）、马军党、谢筱会、高林忠、邵长锋、杨铁森为区人民政府副区长；陈维林为区人民法院院长，王德为区人民检察院检察长。选举出席天水市人民代表大会代表 67 名。

第三节　区人大常委会

一、领导机关

1985 年 12 月，天水市北道区第一届人民代表大会第一次会议选举成立天水市北道区人民代表大会常务委员会（简称区人大常委会）。区人大常委会为区人民代表大会的常设机关，由区人民代表大会选举的主任、副主任和常务委员组成，行使区人民代表大会闭会期间的地方国家权力，向区人民代表大会负责并报告工作，接受区人民代表大会的监督。每届任期 3 年，1995 年开始，改为 5 年。

1985–2007 年区人大常委会主任

姓　名	籍　贯	任职年份	备注
王炳元	甘肃省秦安县	1985–1993	
秦俊杰	秦州区耤口镇	1993–1997	
阎如林	麦积镇街亭村	1997–2001	
王世华	秦州区牡丹镇	2001–2002	
胡福林	新阳镇胡大村	2002–	

1985–2007 年区人大常委会副主任

姓　名	籍　贯	任职年份	备注
刘兴林	渭南镇左窑村	1985–1993	
王德成	秦州区耤口镇	1985–1993	
柳世芳	秦州区关子镇	1985–1993	
刘恒昌	社棠镇槐荫村	1985–1989	
秦虎生	秦州区平南镇	1985–1996	
张　玉	河南省郑州市	1993–1996	女
徐登瑞	秦州区娘娘坝镇	1993–1999	
董　敩	秦州区关子镇	1993–1998	
王海潮	秦州区关子镇	1994–1997	
张国珍	秦州区平南镇	1996–1998	
张万录	定西市通渭县	1996–1998	
肖其兰	湖北省荆门市	1996–1998	女
缑思忠	中滩镇缑杨村	1997–2001	
王明珍	陕西省旬邑县	1998–2002	女
余正川	中滩镇余峡村	1998–2001	
安志宏	秦州区华岐乡	1998–2001	
杜振华	秦州区牡丹镇	1999–2001	
于震峰	渭南镇于园村	2001–2002	
杨世琮	秦州区齐寿乡	2001–2002	

续表

姓 名	籍　贯	任职年份	备注
程光汉	河北省献县	2001-2002	
张建宗	石佛乡石佛村	2001-2002	
张秀玲	秦州区皂郊镇	2001-2007	女
赵宏全	石佛乡团半村	2002-	
梁　栋	麦积镇街亭村	2002-2007	
张　钰	秦州区齐寿乡	2002-2007	
李加峰	黑龙江省双城市	2002-	
崔德祥	渭南镇崔范村	2005-	
屈光健	甘泉镇屈坪村	2007-	
马丽宏	甘肃省秦安县	2007-	回族,女
朱怀林	石佛乡峪口村	2007-	

二、工作机构

1985 年,区人大常委会下设办公室、人事科、经济计划科、政法科、教科文卫科。1989 年 6 月增设城乡建设科。1991 年 8 月,区人大常委会机关各科室更名为工作委员会,工作机构设办公室、信访室、代表联络工作委员会、教科文卫工作委员会、财政经济工作委员会、法制工作委员会、农业工作委员会(原城乡建设科改)。1993 年 3 月代表联络工作委员会更名代表人事工作委员会。至 2007 年,区人大常委会内设工作机构有办公室、财政经济工作委员会、法制工作委员会、农业工作委员会、教科文卫工作委员会、代表人事工作委员会和信访室,常委会机关共 38 人。

第四节　决定决议

1985 年 12 月至 1989 年 3 月,北道区第一届人大常委会任期内共举行常委会议 21 次,作出的主要决定、决议有:1986 年 7 月 11 日第三次会议作出《关于加快花牛苹果基地建设的决定》《关于严加管理水利工程设施的决定》。1987 年 6 月 17 日第八次会议作出《关于大力加强农业科学技术服务工作的决议》。8 月 19 日第九次会议作出《关于认真执行 < 中华人民共和国土地管理法 > 的决议》。12

月15日第十一次会议作出《关于扶贫开发的决议》。1988年5月13日第十四次会议作出《关于深入搞好卫生改革,发展农村医疗卫生事业的决议》。7月14日第十五次会议作出《关于贯彻省人大常委会<关于全省进行执法检查的决定>的决定》。11月22日第十八次会议作出《关于认真做好区、乡镇两级换届选举工作的决定》《关于1988年财政收支预算部分变更的决议》。

1989年3月至1993年3月,北道区第二届人大常委会任期内共举行常委会议27次。作出的主要决定、决议有:1989年6月23日第二次会议作出《关于加快花牛苹果基地建设的决议》。1989年10月25日第四次会议作出《关于行使质询权的决定》。1990年5月9日第七次会议作出《关于进一步发动群众,彻底扫除"六害"的决议》。6月28日第八次会议作出《关于加强城市管理,治理城市脏、乱、差的决定》。1991年8月17日第十五次会议作出《关于在全区公民中深入开展法制宣传教育的决议》《关于设立区人大常委会办事机构的决定》。10月16日第十六次会议作出《关于进一步做好计划生育工作的决议》《关于区二届人大到期换届的决定》。

1993年3月至1998年3月,北道区第三届人大常委会任期内共举行常委会议35次,作出的主要决定、决议有:1993年6月9日第二次会议作出《关于加快实施"12345工程",发展"两高一优"农业的决议》[1]。8月7日第三次会议作出《关于1993年组织各级人民代表开展评议活动的决定》。1994年2月2日第七次会议作出《关于调整北道区1993年财政预算的决定》。1995年2月16日第十四次会议作出《关于调整1994年财政预算的决定》。11月16日第五次会议作出《关于暂停邓××代表职务的决定》。10月19日第十八次会议作出《关于进一步贯彻实施<农业法>的决议》。12月19日第十九次会议作出《关于调整1995年财政预算的决定》。1996年12月25日第二十六次会议作出《关于继续开展法制宣传教育的决定》《关于批准1996年财政预算部分变更的决定》。1997年6月23日第三十一次会议作出《进一步实施税收征管法的决定》。

1998年3月至2002年12月,北道区第四届人大常委会任期内共举行常委会议36次,作出的主要决定、决议有:1998年4月16日第一次会议作出《关于区人民政府换届后各局局长、委办主任任命前有关问题的决定》。12月15日第

① "12345工程":强化一个基础,坚持两项改革,落实三个基地,抓好四项建设,实现五个突破。"两高一优"农业:是指优质的高产量高效益农业。

五次会议作出《关于1998年区级财政收支预算变更的决定》。1999年2月5日第六次会议作出《关于西山坪乡人民代表大会换届选举工作中有关问题的决定》。12月15日第十二次会议作出《关于1999年财政预算部分变更的决定》。2000年12月19日第二十次会议作出《关于批准2000年财政预算部分变更的决定》《关于取消李××区四届人大代表资格的决定》。2002年2月5日第二十八次会议作出《关于追认主任会议<关于调整2001年度财政预算的决定>的决定》。4月24日第三十次会议作出《关于开展第四个五年法制宣传教育，进一步推动依法治区工作的决议》。

2002年12月至2007年1月，麦积区（北道区）第五届人大常委会任期内共举行常委会议36次，作出的主要决定、决议有：2003年4月23日第二次会议作出《关于进一步加强小城镇建设工作的决议》《关于切实加强林木管护的决定》《关于加强区第五届人民代表大会代表作风建设的决议》。6月19日第三次会议作出《关于对任命区"一府两院"组成人员加强监督的暂行办法》。8月19日第四次会议作出《关于进一步深化教育人事制度改革的决议》。12月23日第七次会议日作出《关于2003年财政预算部分变更的决定》。2004年3月10日第十次会议作出《关于进一步加快畜牧养殖业发展的决议》。4月27日第十一次会议作出《关于切实加强网吧管理的决定》。12月22日第十五次会议作出《关于2004年财政预算部分变更的决定》《关于天水市北道区更名为天水市麦积区和天水市北道区人民代表大会更名为天水市麦积区人民代表大会及更名后区人民政府、区人民法院、区人民检察院等组成人员选举任命问题的决定》。2005年7月6日第二十次会议作出《关于进一步加强农村中小学危房改造工作的决议》。8月29日第二十一次会议作出《关于切实加强农村公路管护的决定》。2006年1月6日第二十五次会议作出《关于2005年财政预算部分变更的决定》。4月11日第二十八次会议审议通过《区人大常委会关于对垂直部门和政府其他职能部门实施法律监督的暂行办法》。9月8日第三十一次会议作出《关于进一步加强城市管理工作的决议》。12月29日第三十六次会议作出《关于2006年财政预算部分变更的决定》。

麦积区第六届人大常委会在2007年共举行6次会议，作出的决定、决议有：3月22日第一次会议作出《关于进一步加强法制宣传教育，推动依法治区工作的决议》。5月18日第二次会议作出《关于加快城市小巷道建设步伐的决议》。6月20日第三次会议作出《关于麦积区2006年财政预算的决议》。

第五节 人事任免

一、任免范围

人事任免是人大常委会主要职责之一。任免范围包括:决定区人民政府副区长的个别任免;在区长出缺时,决定代理人选;根据区长的提名,任免政府序列部门的局长、主任;根据人民法院院长提名,任免人民法院副院长、审判委员会委员、审判庭庭长、审判员;根据人民检察院检察长提名,任免人民检察院副检察长、检察委员会委员、检察员;根据人大常委会主任提名,任免常委会工作部门负责人。任免采取无记名投票(用于政府组成人员和两院副院长)或举手(用于人大工作人员及两院除副院长外的工作人员)的方式,获得超过人大常委会委员总数半数票为通过,然后由常委会任命。

二、任免实施

区第一届人大常委会1985–1989年共依法任免副区长1人, 任免政府部门各委、办、局主任、局长60人(次);任免区人大常委会办公室主任、副主任、各科科长、副科长11人(次),街道人大联络组组长4人(次);任免区人民法院副院长、审判委员会委员、庭长、审判员66人(次);任免区人民检察院副检察长、检察委员会委员、检察员29人(次)。其中1987年3月13日第七次会议通过,免去魏致中区人民政府副区长职务(外调)。

区第二届人大常委会1989年3月至1993年3月共依法接受区人民政府区长辞去区长职务2人(次),决定代理区长2人(次),任免副区长1人(次),任免政府部门各委、办、局主任、局长103人(次);任免区人大常委会办公室主任、副主任、各工委(科)主任、副主任(科长、副科长)31人(次),街道人大联络处主任14人(次);任免区人民法院副院长、审判委员会委员、庭长、审判员40人(次);任免区人民检察院副检察长、检察委员会委员、检察员11人(次)。其中,1990年8月24–25日第九次会议上,决定接受张俭成辞去区人民政府区长职务请求,任命严成亮为区人民政府副区长、代理区长职务。1992年11月13日第二十四次会议上,决定接受严成亮辞去区人民政府区长职务的请求,任命冯沙驼为区人民政府副区长、代理区长职务,免去王海潮区人民政府副区长职务(外调)。

区第三届人大常会1993年3月至1998年3月共依法接受区人民政府区长辞去区长职务2人(次),决定代理区长3人(次),任免副区长11人(次),任免政府部门各委、办、局主任、局长110人(次);任免区人大常委会办公室主任、副主任、各工委主任、副主任 16 人(次),街道人大联络处主任 5 人(次);任免区人民法院副院长、审判委员会委员、庭长、审判员 87 人(次);任免区人民检察院副检察长、检察委员会委员、检察员 14 人(次)。其中,1993 年 10 月 9 日第四次会议决定任命石盈禄为区人民政府副区长;1994 年 12 月 16 日第十三次会议决定接受王合作辞去区人民政府副区长职务的请求。1995 年 4 月 21 日第十五次会议决定接受冯沙驼辞去区人民政府区长职务的请求，任命王玺玉为区人民政府副区长、代理区长职务;1995 年 12 月 19 日第十九次会议决定接受王玺玉辞去区人民政府副区长、代理区长职务的请求,任命程田禄为区人民政府副区长,代理区人民政府区长职务；1996 年 2 月 12 日第二十次会议接受郑俭华、石盈禄辞去区人民政府副区长职务;2 月 29 日第二十一次会议根据代理区长程田禄的提请,任命张怀仁、杨发元为区人民政府副区长;1997 年 3 月 21 日第二十九次会议根据区长程田禄的提请,任命温晓东为区人民政府副区长,免去徐利贞区人民政府副区长职务(调别职);11 月 7 日第三十三次会议决定接受程田禄辞去区人民政府区长职务的请求,任命王世华为区人民政府副区长、代理区长职务;1997 年 12 月 26 日第三十四次会议决定接受张怀仁、安永、巩玉保辞去区人民政府副区长职务的请求。

区第四届人大常委会 1998 年 3 月至 2002 年 12 月共依法接受区人民政府区长辞去区长职务 2 人(次),决定代理区长 2 人(次),任免副区长 15 人(次),任免政府部门各委、办、局主任、局长 71 人(次);任免区人大常委会办公室主任、副主任、各工委主任、副主任 33 人(次),街道人大联络处主任 17 人(次);任免区人民法院副院长、审判委员会委员、庭长、审判员 74 人(次);任免区人民检察院副检察长、检察委员会委员、检察员 14 人(次)。其中 2000 年 1 月 11 日第十四次会议接受王世华辞去人民政府区长职务,任命郭明卿为区人民政府副区长、代理区长职务;2000 年 8 月 22 日第十八次会议任命王晓梅(女)为区人民政府副区长;12 月 19 日第二十次会议任命刘俊杰为区人民政府副区长，免去温晓东区人民政府副区长职务(外调);2001 年 5 月 18 日第二十三次会议任命宋建平、安志宏为区人民政府副区长;接受蒋晓立、韩莉(女)、杨发元辞去区人民政府副区长职务;2001 年 6 月 5 日第二十四次会议任命任丽华(女)、成少平为区人民政府副区长;2002 年 8 月 23 日第三十二次会议接受王晓梅辞去区人民政府副区长职务。2002 年 10 月 18 日第三十三次会议任命鲁涛为区人民政府副区长；11 月 8 日第三十四次会议通过决定,接受郭明卿辞去区人民政府区长职务,张广禄、宋建平辞去区人民政府副区长职务，任命蒋晓强为区人民政府副区长、代理区长职务，杨保珍为区人民政府副区长；2002年11月8日第三十四次会议决定，接受刘天红辞去区人民检察院检察长职务，任命武给保为区人民检察院副检察长、代理检察长职务。

区第五届人大常员会2002年12月至2007年1月共依法接受区人民政府区长辞去区长职务1人(次)，决定代理区长1人(次)，任免副区长21人(次)，任免政府部门各委、办、局主任、局长50人(次)；任免区人大常委会办公室主任、副主任、各工委主任、副主任47人(次)，街道人大联络处主任5人(次)；任免区人民法院副院长、审判委员会委员、庭长、审判员86人(次)；任免区人民检察院副检察长、检察委员会委员、检察员29人(次)。其中2003年6月19日第三次会议任命刘庆元为区人民政府副区长；2004年9月16日第十三次会议任命肖左会为区人民政府副区长，免去鲁涛的区人民政府副区长职务(外调)；12月22日第十五次会议任命李千军为区人民政府副区长；2005年7月6日第二十次会议接受蒋晓强辞去区人民政府区长职务的请求，任命张克强为区人民政府副区长、代理区长，并任命张进尚为区人民政府副区长，免去成少平的区人民政府副区长职务（外调)；9月29日第二十二次会议任命高林忠为区人民政府副区长，免去肖左会的区人民政府副区长职务(外调)。同时接受王勇谋辞去区人民法院院长、审判委员会委员职务的请求，决定赵世和为区人民法院副院长、审判委员会委员、代理院长；2006年1月6日第二十五次会议任命谢筱会为区人民政府副区长，免去刘俊杰的区人民政府副区长职务(外调)；6月2日第二十九次会议任命马兆让为区人民政府副区长，免去杨保珍的区人民政府副区长职务(外调)；7月19日第三十次会议任命马军党为区人民政府副区长；9月29日第三十二次会议任命邵长锋、杨铁森为区人民政府副区长，免去安志宏、任丽华、刘庆元、张进尚区人民政府副区长职务(俱外调)。同时接受赵世和辞去区人民法院院长、审判委员会委员，接受武给保辞去区人民检察院检察长、检察委员会委员职务的请求。决定陈维林任区人民法院副院长、审判委员会委员、代理院长，决定王德任区人民检察院副检察长、检察委员会委员、代理检察长；10月31日第三十三次会议任命王晓琴(女)为区人民政府副区长。

区第六届人大常委会2007年共依法任免副区长1人(次)，任免政府部门各委、办、局主任、局长21人(次)；任免区人大常委会办公室主任、副主任、各工委主任、副主任4人(次)，街道人大联络处主任6人(次)；任免区人民法院副院长、审判委员会委员、庭长、审判员8人(次),人民陪审员20人(次);任免区人民检察院副检察长、检察委员会委员、检察员8人(次)。其中8月28日第四次会议任命王宏为区人民政府副区长。

第六节 施政监督

人大常委会召开会议,听取"一府两院"的工作报告,是人大依法行使监督权的主要形式。

1985年12月至1989年3月,区第一届人大常委会召开会议21次,听取和审议区人民政府、区人民法院、区人民检察院工作汇报50次,先后审议农业生产、工业和商业改革,人民群众关心的物价、社会治安、农村群众生活和扶贫、教育工作情况等方面报告。审议中,常委会组成人员在肯定成绩的同时,指出问题,提出建议意见。对一些列入会议审议的问题,常委会会前还组织调查研究,如对生猪产购销、农村第二步改革、中学教育、土地管理、药品管理等首先由相关人员做专题调查,向常委会作出调查报告,以确保审议意见合理,督促整改落实有效。

1989年3月至1993年3月,区第二届人大常委会共召开常委会议27次,主任会议50次,听取和审议"一府两院"工作报告和汇报78次。常委会依法加强对有关重大事项的事前、事中、事后监督。期间,执法检查、普法教育、抓好群众反映强烈的问题是法律监督的重点,每年对"一府两院"执法检查作出要求,安排审议议题,及时作出执法检查的决议或决定。在第一个5年普法教育基础上,1991年作出《关于在全区公民中深入开展法制宣传教育的决议》,部署第二个5年普法教育,督促有关部门查处带有普遍性和群众反映强烈的强占宅基地、买卖婚姻、乱砍森林、早婚私婚、打架斗殴、赌博盗窃等违法违纪问题,认真实施有关法律法规,狠抓社会治安综合治理。

1993年3月至1998年2月,区第三届人大常委会共召开常委会议35次,主任会议105次,听取和审议"一府两院"工作报告和汇报68次,作出决定、决议12项,审议意见15件。期间注重加强对农业和农村工作的监督,常委会每年把农业生产和农村经济发展作为重点,多次听取和审议农村支柱产业建设、发展"两高一优"农业、科技兴农、扶贫开发、减轻农民负担、发展乡镇企业等方面的汇报,作出审议意见4件、决议2项;对国民经济计划和财政预算执行情况监督,在国民经济和社会发展"九五"计划、年度计划和财政预算编制中,提前介入,加强初审，及时提出调整意见和建议；定期听取和审议财政预算执行情况的汇报，结合实际，对财政预算执行过程中的部分变更进行调整。1997年实行同级财政审计后，第三十二次常委会议及时听取和审议关于同级财政审计情况汇报，进一步增强财政预算执行过程中的监督。同期还开始对任命干部任职情况的监督，先后对区劳动人事局、统计局、粮食局、物资局、民族宗教局、教育局、文化局、林业局、公安分局局长和物委、体委、科委主任等14名政府组成人员及法院、检察院62名干部进行述职评议。

1998年3月至2002年12月，区第四届人大常委会共召开36次会议，审议“一府两院”工作60次，作出决议、决定22项，审议、评议意见26项。期间，着眼全区经济和社会事业发展的全局，重点监督社会发展计划及财政预算执行情况，听取政府半年工作汇报并向全体代表通报，将征求的意见反馈给政府，督促整改；对区经济发展重大决策、重点项目建设进行监督，围绕实施西部大开发战略，分别在第十一次、第十九次、第二十六次常委会上，听取和审议区政府关于农业综合开发、交通道路建设、旅游发展、退耕还林工作汇报，分析工作中存在的困难和问题，作出相应的审议意见、提出要求和建议；加强对社会生活中结构性、体制性问题调查研究与监督，分别于2000年8月、2001年1月和8月就乡镇财政建设、乡镇卫生院建设和农税工作组织调查，进行分析和探讨，对如何适应新形势，理顺区乡财政体制，深化农村医疗卫生体制改革和农税改革提出建设性意见和建议；加强对选举和任命干部的监督。干部任命前，召开主任会议讨论通过后再提交常委会表决。任命后，开展述职评议。5年中共开展述职评议5次，评议干部17人，其中副区长1人、政府部门负责人11人，法院院长1人、副院长4人。开展述职评议时，常委会组织调查组征求群众意见，进行民主评议，向常委会议提交调查报告。再在常委会上听取述职人员报告，对其进行评议和量化测评，作出评议意见。

2002年12月至2007年1月，区第五届人大常委会共召开常委会议36次，听取和审议关于农业、教育、科技、文化、卫生、商贸、社会治安、医疗改革、国有企业改革以及审判、检察方面的工作报告或汇报53次，先后作出关于小城镇建设、林木管护、林果业发展、教育人事制度改革、畜牧业发展、网吧管理、中小学危房改造、农村公路养护、城市管理等13项决议决定。突出监督重点，就新农村合作医疗、中小学危房改造、麦甘公路、工业园区、新农村建设、城市重点项目建设、教育人事制度改革、农村卫生体制改革、不同阶段重点项目建设推进等方面，要求

“一府两院”及工作部门作出专题汇报,通过日常督查和代表实地视察,促进重点项目建设和为民办实事项目的完成。任免干部时,实行任前民意调查、法律考试、到会供职承诺、表决颁发任命书,任后供职评议和述职评议的方式进行监督。

2007 年,区第六届人大常委会高度重视宏观经济运行监督,听取审议“一府两院”半年工作汇报、半年预算执行情况和财政同级审计报告,分析计划和预算执行中存在的突出问题,提出有针对性和前瞻性意见建议,督促政府认真执行;对全年的重点工作、重大项目,采取调查、视察、审议、执法检查等多种形式进行监督。常委会针对新农村建设“十村示范,百村带动”工程建设、财源建设、退耕还林后续产业建设展开调研,在常委会议上听取政府专项报告,讨论并作出相应的审议意见。在社会事业发展上,常委会在调研的基础上,先后听取和审议区政府关于文化市场管理、安全生产管理和中小学危房改造等专项报告,作出审议意见。常委会还根据《监督法》的规定,对垂直直管部门开展监督,组织两个调查组对天水市国土资源局麦积分局和天水市卫生监督所麦积分所执法情况进行调查,在常委会议上听取两部门执法工作报告,并进行评议,增强垂直部门依法行政和服务意识。

第七节 议案意见建议办理

1985–2007 年,区人民代表大会历经 6 届,共召开 22 次代表大会。在代表大会上,代表提出议案(10 人以上联名提出)、建议、意见是会议内容之一。所提议案、建议、意见,经大会议案审查委员会审查,按其内容分别处理,交相关部门办理。代表议案在大会召开期间的规定时间内提交,并须具备法律所规定的代表附议人数,必须属于大会职权范围内的重大事项,有明确主题,一事一案。所提议案如属政府工作方面之事,经大会主席团讨论通过,把议案转作建议、批评和意见由政府部门处理。

1985 年 12 月区第一届人大第一次会议期间,代表提出议案 24 件,其中要求维修校舍、增加智力投资、改善农村小学条件、发展教育方面 5 件,架设农电线路、治理河堤、改善人畜饮水方面 9 件,修建区、乡公路、桥涵 2 件,发展农牧业 1 件,解决老干部生活待遇方面 5 件,设立镇级机构 1 件,建立电视差转台 1 件。经议案审查委员会审查,全部转为重点意见、建议处理。大会还收到代表提出的意见、建议 67 件,连同转为意见、建议的 24 件议案,共 91 件,会后均转交由区人大常委会、区人民政府和相关部门办理。

1987年3月区第一届人大第二次会议期间，代表提出议案22件，其中社会治安方面1件，内容是要求政法部门提高盗窃案件的侦破率，禁止赌博、迷信活动；工业交通方面1件，内容是增设交通岗哨，加强交通秩序管理；农林牧水方面9件，包括治理沟河险段，维修水利工程设施，增强抗旱能力，解决人畜饮水，架设农电线路等；科教文卫方面4件，包括维修基层卫生院，兴办初级中学解决上学难的问题以及重视农村教学质量等；工商财贸方面1件，内容是加强城区市场管理，制止欺行霸市、哄抬物价；城市建设、环境保护方面6件，包括城市规划、排洪、住宅区供水、废水污染治理等。经议案审查委员会审查，全部议案虽均不作为议案列入大会议程，但要求区人民政府应根据情况作为重点意见，逐件研究，提出切实可行的措施，付诸实施，将其结果直接答复提案代表。大会还收到代表提出的意见、建议92件，会后均转交区人民政府和相关部门办理，至第三次会议前办理结束。

1988年3月区第一届人大第三次会议期间，代表提出议案15件，其中社会治安方面2件，主要是要求在新大桥北段十字路口设立交通岗卡，建议整顿台球营业摊点、制止变相赌博；工商财贸方面2件，主要是发展生猪生产、保证肉食供应，制止个体户哄抬物价、短斤少两行为；农电水利方面4件，主要是增强抗旱能力，解决人畜饮水和群众照明的问题；交通方面3件；科教文卫方面2件；城市建设方面1件；劳动工资待遇方面1件。经议案审查委员会审查，认为所提问题虽涉及面广、群众普遍关心，但均属政府和职能部门要解决的问题，应作为意见、建议处理。大会还收到代表提出的意见、建议58件，连同议案转为意见建议的共73件，会后转交区人民政府和相关部门办理，1988年10月办理结束。

1989年3月区第二届人大第一次会议期间，代表提出议案13件，其中属于环境污染方面1件，治理河堤和防洪工程6件，医疗卫生2件，粮食供应方面1件，治安管理1件，教育方面2件。经议案审查委员会审查，均作为意见、建议交有关部门办理。大会还收到代表提出的意见、建议101件，会后转交区人民政府和有关部门办理，至1990年1月办理结束，并向代表本人答复。

1990年3月区第二届人大第二次会议期间，代表提出议案25件，其中焦化厂污染、石佛设立粮食店、打通三马路东段公路、整修农机厂至风动厂公路解决积水等问题4件，已提交天水市第一届人大第七次会议列入议案、意见办理外，不符合法定程序8件，属于政府职能部门具体办理的13件，均转为意见、建议，连同大会收到的代表意见、建议 78 件，计 99 件，会后转交区人民政府、区人民检察院和有关部门办理，至 1990 年 10 月办理结束。

1991 年 3 月区第二届人大第三次会议期间，代表提出议案 6 件，其中要求解决生活用水困难 1 件，解决乡村通电 2 件，要求在街子、党川、利桥 3 乡设立派出所 1 件，治理河堤 1 件，取消有价肉票 1 件。经议案审查委员会审查，均不列入议案，作为代表意见、建议，连同大会收到的意见、建议 63 件，转交区“一府两院”按归口管理原则，落实承办单位，征求代表意见，进行办理。至 1991 年 10 月办理结束。

1992 年 3 月区第二届人大第四次会议期间，代表提出议案 14 件。经审查，其中 2 件不属人代会职权范围，退回提案人，另 12 件均属政府工作方面问题，作为代表意见、建议，连同大会收到意见、建议 66 件，会后交有关单位办理。至 1992 年 10 月办理结束。

1993 年 3 月区第三届人大第一次会议期间，代表提出议案 17 件，经审查，所有议案均按意见、建议办理，连同提出的意见、建议 69 件，会后提出 25 件，总计 111 件，会后转交区人民政府和有关单位办理。至 1993 年 10 月办理结束。

1994 年 3 月区第三届人大第二次会议期间，代表提出议案 18 件。经审查，所提议案均属政府及其职能部门正常工作应该解决的问题，作为代表意见、建议，连同代表提出的 82 件意见、建议，会后转交区人民政府和有关单位办理。至 1994 年 10 月办理结束。

1995 年 3 月区第三届人大第三次会议期间，代表提出议案 6 件。经审查，其中《关于积极培植财源，强化税收征管》1 件列为议案，其余 5 件作为意见、建议，连同会上所提 38 件意见、建议，会后交区有关部门办理。为落实大会作出的《关于积极培植财源，强化税收征管的议案的决议》，区人民政府结合区情，充分利用区域自然资源和经济条件，确定财源主攻方向；解放思想，更新观念，寻找新的经济增长点和财源建设突破口；加强国有资产管理，深化企业改革；积极宣传《预算法》《税法》《税收征管法》，增强公民的纳税意识和财税干部依法理财、依法治税观念；采取有力措施，进一步完善乡财政管理体制。

1996 年 3 月区第三届人大第四次会议期间，代表提出议案 13 件。经审查，所提议案均属政府及其职能部门工作解决的问题，作为意见、建议办理。大会还收到意见、建议 59 件，连同转为意见建议的议案共 72 件，由区人民政府办理 70 件，区人民法院办理 1 件，区人民检察院办理 1 件，至 1996 年 12 月办理结束。

1997 年 3 月区第三届人大第五次会议期间，代表提出议案 3 件。经审查，其中《关于加强水利建设的议案》列入大会议案，其余2件转为重点意见、建议，连同会上所提51件意见、建议均交有关部门办理。对大会通过的《关于加强水利建设的议案的决议》，区人民政府制定并颁布《水利工程分级管理办法》《建立水利发展基金的决定》《水利工程产权改造的意见》3个文件，加快水利建设的速度、效益和规模；动员群众集资办水利，是年全区投入办水利资金计844.55万元；狠抓抗旱生产，先后给群众供应抗旱设备280多台套；深化水利改革，形成“多成分集资投入，多方式参与共办”的水利发展新机制；通过区四大组织领导抓点促面，推动农田基本建设。

1998年2月区第四届人大第一次会议期间，代表提出议案6件。经审查，所提议案均作为重点意见、建议由区人民政府交有关部门办理。大会还收到意见、建议85件，会后转区人大常委会、区人民政府和区人民法院办理，至1998年12月办理结束。

1999年3月区第四届人大第二次会议期间，代表提出议案8件，经审查均作为重点意见、建议由区人民政府交有关部门办理。大会还收到意见、建议96件，会后转区人大常委会、区人民政府和有关部门办理，至1999年11月办理结束。

2000年3月区第四届人大第三次会议期间，代表提出议案5件，经审查，均作为重点意见、建议由区人民政府交有关部门办理。大会还收到意见、建议59件，会后转区人民政府、区人民法院和有关部门办理，至2000年11月办理结束。

2001年3月区第四届人大第四次会议期间，代表提出议案5件，经审查均作为重点意见、建议由区政府交有关部门办理。大会还收到意见、建议81件，会后转交区人民政府、区人民法院办理，至2001年11月办理结束。

2002年3月区第四届人大第五次会议期间，代表提出议案11件，经审查均作为重点意见、建议，连同大会收到63件意见、建议，会后由区人民政府负责办理，至2002年12月办理结束。

2002年12月区第五届人大第一次会议期间，代表提出议案12件。经审查，所提议案涉及的问题有些在全区国民经济和社会发展计划中已作安排，有些不属本级人代会的职权范围，均作为意见、建议，连同93件代表提出的意见、建议，会后由区人民政府、区法院和相关部门办理，至2003年11月办理结束。

2004年2月区第五届人大第二次会议期间，代表提出议案13件，经审查全部按意见、建议，连同大会收到的意见、建议57件，会后由区人民政府、区人民法院和相关部门办理，至2004年11月办理结束。

2005年2月区第五届人大第三次会议期间,代表提出议案11件。经审查全部按意见、建议,连同大会收到代表提出的61件意见、建议,会后转区人民政府和相关部门办理,至2005年12月办理结束。

2006年2月区第五届人大第四次会议期间,代表提出议案16件,经审查全部按意见、建议办理。连同收到代表提出的意见、建议49件,会后转区人民政府和相关部门办理,至2006年12月办理结束。

2007年1月区第六届人大第一次会议期间,代表提出议案20件,经审查全部按意见、建议办理,还收到代表提出的意见、建议76件,会后又收到2件,计98件,转区人民政府和相关部门办理,至2007年12月办理结束。

第八节　代表视察

1985年12月至1989年3月区第一届人大会议期间, 区人大常委会组织区人大代表围绕改革和人民群众普遍关心的问题,多次采取集中与分散相结合的方式,开展视察活动。1986年5月,组织98名区人大代表和16名乡镇人大代表,以乡镇为单位分组视察898项水利工程和922处、2057亩花牛苹果基地建设。针对水利工程不能发挥作用和苹果基地建设缓慢问题提出建议意见。1987年7月,组织部分人大代表视察160多户国营、集体食品生产、经营单位和个体食品摊点,检查《食品卫生法》贯彻执行情况,并就宣传法律、纠正违法经营食品的问题及维护消费者利益等提出7条建议。11月,组织179名代表,以代表组为单位,就地视察扶贫开发、农村教育、道路建设和群众关心的问题,走访260多所农村中小学和330多村的1500多户贫困户,就地解决各种问题150多条。1987年3月,组织省六届人大代表,视察全区国民经济计划和财政预算执行情况,检查贯彻执行《中华人民共和国经济合同法》《关于维护妇女儿童合法权益若干问题的决议的情况》,走访麦积乡麦积村、甘泉乡甘泉村小学和部分农户。1988年1月,组织省七届人大代表,就区内工农业生产、乡镇企业发展、经济体制改革及群众生活安排等问题到甘肃棉纺厂、天水风动工具厂、省供销社天水联营贸易公司、区农牧局、供销联社以及石佛乡和马跑泉镇视察。还组织4次市人大代表的视察,先后视察区社会治安、普法教育和肉食、蔬菜产、购、销情况,分析刑事犯罪多的原因,对社会治安、普法教育和肉食、蔬菜方面存在的问题,提出相应建议 。

1989年3月至1993年3月区第二届人大会议期间, 区人大常委会有计划地组织代表,围绕人大及常委会的工作议题,每年开展几次代表视察,为监督“一府两院”工作,确定常委会议题提供依据。1989年3月换届后,将240名区人大代表和89名市人大代表根据代表分布情况,分成27个代表组,开展视察。元龙代表组视察小麦病虫害情况时,建议采取集中喷雾器连片防治办法,并协调解决农药销售点价格不一问题;石佛代表组协助政府解决群众吃水和食盐、煤油供应问题;南河川代表组视察中解决化肥供应中存在的问题,建议实行指标公开、分配公开、一次供应的办法,将60吨化肥如数及时供应到农民手中;二十里铺代表组对贯彻《婚姻法》、扶贫资金使用、脱贫致富等工作视察,发现早婚、私婚、近亲结婚、暂住人口超计划生育等问题,建议政府加强婚姻法宣传教育,提高群众执法自觉性,严把登记关,从管理上制止违法问题出现。1990年7月,组织区人大代表对区罐头厂、玻璃厂、农机厂等11个国营、集体、承包租赁企业视察,了解全区工业生产情况,提出进一步加强思想政治工作、企业改革、企业管理、安全生产等建议和意见。1991年4月,组织区人大代表视察小麦防锈灭蚜工作,区乡政府及时采纳代表“集中连片防治办法”的意见,提高了防治效果。11月,组织市、区、乡代表全面视察农田水利建设,视察中,代表们指出水利设施管理不善、损失破坏严重、效益不高等问题,并提出加强领导、依法管理、严厉打击破坏水利设施的犯罪行为、增加投资、落实水保员待遇等意见。对城区居民生活视察后,根据群众要求取消城镇居民有价肉票和解决城区供水等问题,常委会将意见建议报市人大常委会列入议案并得到解决。

1993年3月至1998年3月区第三届人大会议期间,区人大常委会一方面配合省、市人大常委会组织代表对国民经济和社会事业发展计划及财政预算执行、农业生产、社会治安综合治理、廉政建设等方面工作视察,另一方面围绕不同时期全区重点工作组织9次视察。1996年7-8月,组织区人大代表161名,邀请驻区全国、省、市人大代表35名,吸收乡镇人大代表108名,对全区水利设施建设和管理情况进行视察,实地查看各类水利工程132处,提出意见、建议119条。

1998年3月至2002年12月区第四届人大会议期间,区人大常委会按照居住相对集中、便于视察调研活动原则,将区人大代表分成26个代表小组,由代表小组或个人持证视察。1998年6、7月间,组织全区人大代表到各乡、镇和部分厂矿企业视察个体私营经济发展情况,常委会听取审议视察汇报后,作出关于加快个体经济发展的审议意见,并将视察情况向区委提出书面报告和建议。2000年7月,组织代表视察农村电网改造工程,对视察中发现的问题,向区委提交专题报告。

2002年12月至2007年1月区第五届人大会议期间,区人大常委会先后组织代表,就麦甘公路、渭河风情线、商埠路建设、道南片区开发、渭河二号桥、桥南建材市场、园区经济发展、新农村建设、果品基地建设等28项全区重点工程和重大项目建设组织4次集中视察,并将视察中调研了解的情况、意见、建议反馈给区人民政府,为政府宏观决策提供参考。5年中,各代表小组就人民群众关心的热点、难点问题,结合实际组织开展专题视察278次,对促进地方经济建设和社会发展提出大量建设性意见、建议。

2007年4月,区人大常委会组织对全区"农家乐"旅游、农村交通道路建设视察,听取基层干部群众意见,结合外地经验,分析工作中存在的困难和问题,探索解决途径和办法,向政府提出工作建议。年内还分别组织常委会组成人员和部分人大代表,视察花牛镇南山万亩苹果基地建设,向区委提交《关于做大做强"花牛"苹果的建议》,从体制机制建设、投资管理、宣传促销、奖惩兑现、示范带动等方面提出12条建议,引起区委重视,批转区人民政府落实。

第九节 执法检查

1988年7-10月,根据省人大常委会通过的《关于全省进行执法大检查的决定》,区人大常委会用4个月时间在全区进行执法大检查。检查内容主要是全国人大及常委会和国务院制定、颁布的与区内工作较为密切的法律、法规以及省人大及其常委会制定的地方性法规和省人民政府的行政法规执行情况,重点检查《宪法》《选举法》《组织法》《刑法》《刑事诉讼法》《民事诉讼法(试行)》《经济合同法》《森林法》《土地管理法》《环境保护法(试行)》《食品卫生法(试行)》《药品管理法》《义务教育法》《婚姻法》《文物保护法》《治安处罚条例》《兵役法》以及人民法院、人民检察院《组织法》等19个法律及有关部门法规。检查按宣传动员、自查自纠、分片重点检查和抽查及总结4个阶段进行。人大常委会对宪法、地方组织法、选举法贯彻实施情况自查,纠正了9个方面问题;政府部门查处违法案件6259件,其中违法案件2492件、执法不严3666件、文书处理不符合规定101件。法院、检察院依照刑法、刑事诉讼法、民法通则、民事诉讼法(试行)、经济合同法、婚姻法等法律,集中检查1987年后各类案件的办理情况,对刑事审判、民事审判和审查批捕、起诉工作中的违法问题及干警违法违纪案件的纠正处理。

1989年3月至1993年3月区第二届人大会议期间,区人大常委会对"一府两院”执法检查作出要求，安排审议议题，及时作出执法检查决议或决定。执法检查中，采取自查、重点查为主，先后检查宪法、刑法、婚姻法、企业法、森林法、土地法、义务教育法、文物保护法和关于社会治安综合治理、严打、禁毒决定及计划生育条例，禁止痴呆傻人生育的规定等40多个法律法规的实施情况。通过执法检查，纠正和处理5100多件违法案件。1992年3月，常委会组织干部和人大代表16名，历时2个多月检查司法机关工作，并介入群众反映强烈的一些案件，对检查出的有法不依、执法不严、违法不究的问题，提出批评和建议，责成司法机关依法按期复查纠正。

1993年3月至1998年3月区第三届人大会议期间，区人大常委会组织开展全区范围的年度执法检查，按照“少而精、重深入、求实效”的原则，先后组织25个执法检查组，深入部门、学校、乡镇村户分别对农业法、企业法、代表法、税收管理法、教育法、预算法、环境保护法、劳动法、文物保护法、妇女权益保障法、全国人大常委会关于禁毒的决定等50部法律、法规执行情况进行检查，对执法检查中查出的问题和案件，及时反馈有关执法部门，督促整改。同时，每年督促“一府两院”安排执法检查，在常务会议上6次听取和审议区人民政府、区人民法院、区人民检察院年度执法检查的进展和对查出问题的纠正处理情况。5年中，政府系统共查处各类违法违纪案件和问题2429件，法院、检察院也分别查处和纠正程序、法律文书不规范，定性不准，处理不当等问题。在1997年度执法检查安排中，要求司法部门认真对照检查有无办案不公、先入为主、诱供逼供等违法行为。常委会计列入25个议题，听取和审议区人民政府对有关法律贯彻实施情况汇报，针对存在的问题，提出意见建议，作出决议1项、决定1项、审议意见4项，坚持听取落实整改反馈汇报，促进严格执法。

1998年3月至2002年12月区第四届人大会议期间，区人大常委会组织开展5次全区范围的执法检查，先后共组织21个执法检查组，分别对农业法、食品卫生法、代表法、村委会组织法、义务教育法、预算法等25部法律、法规执行情况进行检查。结合全区民主法治建设大局以及社会热点、焦点问题相关的法律法规进行执法检查，从群众反映强烈、社会反响大的违法现象入手，检查在执法行为和执法制度上存在的突出问题。检查中，实行执法部门检查与对法律的执行检查相结合、听取汇报与走访查看相结合、区人大常委会执法检查与省市人大常委会执法检查相结合的办法。对查出的问题和案件，及时反馈有关执法部门，督促整改，将整改结果提交主任会议或常委会议审议，跟踪监督检查。1998年3月至

2002年12月，在执法检查中共查出54个方面的问题和37件违法案件，经常委会跟踪监督，大部分得到处理和解决。5年中，共听取和审议“一府两院”执法检查工作汇报5次，对“一府两院”执行行政处罚法等57部法律法规执行情况进行监督。还审议政府贯彻实施全民所有制工业企业法、体育法、水土保持法、义务教育法、食品卫生法、科技进步法、促进科技成果转化法、农业技术推广法8部法律执行情况，针对存在的问题，提出意见建议，作出审议意见5项，督促政府整改，严格执法。

2002年12月至2007年1月区第五届人大会议期间，区人大常委会组织开展4次全区范围的执法检查，先后对城市规划法、电力法、体育法、劳动法、妇女权益保障法、防洪法、文物保护法、环境保护法、种子法、道路安全法、科技进步法、植物检疫条例、治安管理处罚条例、公共场所卫生管理条例、看守所条例等16部法律、法规贯彻实施及执行情况进行检查。检查中，查找执法过程中的缺陷和执法程序中存在的问题，提出执法建议64条，查处违法案件37起，以书面形式反馈有关执法部门，并跟踪监督整改落实，督促执法部门进一步完善执法制度，落实执法责任，纠正重大违法案件，促进相关法律法规贯彻执行。

2007年，区六届人大常委会针对《治安处罚法》《审计法》《药品管理法》《甘肃省全民义务植树条例》等法律法规执行情况进行检查，以查找执法工作中的薄弱环节和查处重大违法案件相结合，提出针对性整改意见，督促政府及执法部门整改。要求在治安管理处罚法执行中，依法规范执法行为，加大对入室盗窃案件查处力度；在审计法执行中要求加大对预算外资金和延伸审计单位的审计力度；执行药品管理法，加大对药品生产销售企业监管力度；在全民义务植树条例执行中，落实城区干部绿化费的收缴，加大对北山绿化树木和城区绿化树木的管护。常委会还听取审议“一府两院”年度执法检查报告，对加强和改进整体执法工作提出意见和要求。另外，还配合省人大对《甘肃省农业生态环境保护条例》的立法调研，结合实际提出立法建议；配合市人大对《甘肃省村务公开条例》执行情况检查。

第三章 人民政府

第一节 领导机构

1985年7月撤县设区后,原天水县人民政府改置为北道区人民政府。同年9月,中共天水市委通知任命区人民政府筹备组组长、副组长,接着在12月召开的区第一届人民代表大会上正式选举区长、副区长。2005年更名为麦积区后,区人民政府设置沿袭不变。办公地点仍设原北道区人民政府办公地址,即道北街道区府路西段。

区人民政府实行区长负责制,由区长主持全区政务,领导区政府各直属部门,乡、镇人民政府和街道办事处开展工作。同时设有副区长协助工作。副区长名额或多或少,最少时4名,2007年7名。

区长由区人民代表大会选举产生,副区长或由区人民代表大会选举产生,或由区人大常委会任命。人选皆由中共天水市委推荐,再按程序选举或任命。1990年后,由于区长人选变动频繁,在市委确定人选后又不逢召开区人民代表会议时,由区人大常委会先任命为副区长、代理区长职务,待召开区人民代表大会时正式选举。区长、副区长调任别职,须由本人向区人大常委会提出辞职请求,由人大常委会批准。

区人民政府接受天水市人民政府和区委领导,在区人民代表大会及其常委会监督下开展工作。每凡召开区人民代表大会,区长须作政府工作报告,并提出年度工作计划,经人民代表大会通过,再行实施。

1985–2007年区人民政府历任区长

姓 名	文化程度	籍 贯	任职年份	备 注
张俭成	大学	陕西省礼泉县	1985–1990	
严成亮	大学	甘肃省甘谷县	1990–1992	初任代区长
冯沙驼	大专	山西省忻县	1992–1995	初任代区长
王玺玉	大专	甘肃省秦安县	1995	任代区长
程田禄	大专	甘肃省甘谷县	1995–1997	初任代区长
王世华	研究生	秦州区牡丹镇	1997–2000	初任代区长
郭明卿	大专	秦州区秦岭乡	2000–2002	初任代区长
蒋晓强	研究生	甘肃省甘谷县	2002–2005	初任代区长
张克强	大学	甘肃省秦安县	2005–	初任代区长

1985–2007年区人民政府历任副区长

姓 名	文化程度	籍 贯	任职年份	备注
魏致中	大学	兰州市	1985–1986	
张 玉	大专	河南省郑州市	1985–1993	女
冯 诠	大专	山西省绛县	1985–1993	
王海潮	大专	秦州区关子镇	1985–1992	
秦俊杰		秦州区耤口镇	1985–1993	
王庆田	大学	四川省宜宾市	1985–1989	
王明珍	大专	陕西省旬邑县	1992–1996	女
郑剑华	研究生	天水市秦州区	1992–1996	
安 永	大专	山西省翼城县	1992–1997	
王合作	大专	陇南市武都区	1992–1994	
王凤保	大专	马跑泉镇胡王村	1993–1996	
徐利贞	大专	秦州区平南镇	1993–1997	
石盈禄	初中	庆阳市正宁县	1993–1996	
张怀仁	研究生	湖南省郴州市	1996–1997	
巩玉保	大学	甘肃省武山县	1996–1997	
韩 莉	大学	陕西省横山县	1996–2001	女
张广禄	本科	元龙镇上崖村	1996–2002	
杨发元	大学	石佛乡杨庄村	1996–2001	
温晓东	大专	花牛镇卜王村	1997–2000	
蒋晓立	大学	安徽省砀山县	1996–2001	初为挂职
王晓梅	大学	陕西省临潼市	2000–2002	女，挂职
刘俊杰	大学	秦州区齐寿乡	2000–2006	
宋建平	大学	甘肃省清水县	2001–2002	
安志宏	大学	秦州区华岐乡	2001–2006	
任丽华	大学	天水市秦州区	2001–2006	女
成少平	本科	甘肃省秦安县	2001–2005	
鲁 涛	大学	山东省莒南县	2002–2004	挂职
杨保珍	大学	甘肃省甘谷县	2002–2006	

续表

姓 名	文化程度	籍 贯	任职年份	备 注
刘庆元	大学	陇南市	2003-2006	
肖左会	大专	河北省唐山市	2004-2005	挂职
李千军	大学	陕西省汉中市	2004-2005	挂职
张进尚	大学	中滩镇张白村	2005-2006	
高林忠	大学	山西省汾阳市	2005-2007	挂职
马兆让	研究生	甘肃省张家川回族自治县	2006-	回族
王晓琴	大学	陕西省延安市	2006-	女
谢筱会	大学	江苏省淮阴市	2006-	
马军党	研究生	白银市会宁县	2006-	挂职
邵长锋	大学	庆阳市	2006-	
杨铁森	大学	河南省夏邑县	2006-	
王 宏	大学	安徽省安庆市	2007-	

第二节 直属部门

1985年区人民政府成立初，有下属机构45个，按工作性质分为三类：列入政府序列的有政府办公室、计划委员会、经济委员会、科学技术委员会、物价委员会、市公安局北道分局、民政局、司法局、财政局、劳动人事局、城乡建设环境保护局、轻工业局、交通管理局、农牧局、水利电力局、林业局、乡镇企业管理局、商业局、物资局、粮食局、审计局、统计局、工商行政管理局、教育局、文化局、广播电视局、卫生局、外事办公室、民族宗教事务局、体育运动委员会、计划生育办公室等32个；属于工作部门的有信访办公室、农业区划办公室、对外经济协作办公室、地震办公室、人民防空办公室、供销合作联社6个；具有政府部门性质，业务直隶上级管理的有税务局、邮电局、气象局、农业银行、建设银行、工商银行、保险公司7个。1986年增设能源办公室、经济体制改革办公室、区地方志编纂委员会办公室、农业委员会，复设人民银行。1987年，增设扶贫办公室；复设档案局为政府序列；计划生育办公室改称计划生育委员会。1988年，增设土地管理局、监察局、商贸市场管理委员会，外事办公室改称外事旅游局。1991年，增设区园艺局，地震办公室更名为地震局。1992年,区园艺局划属区林业局,外事旅游局改为旅游局,另设外事办公室(隶属区政府办公室)。1993年,水利电力局更名为水利水保局,电力业务另设农电管理所。1994年,区工商行政管理局改称市工商行政管理局北道分局,税务局分设为国家税务局和地方税务局,成立地质矿产管理局。1995年,增设二十铺工业示范区,归口区乡镇企业管理局;增设区电力局,与区农电公司一套班子,两块牌子。

1995年底,列入政府序列的有政府办公室、经济体制改革办公室、计划委员会、经济委员会、农业委员会、科学技术委员会、物价委员会、公安分局、监察局、民政局、司法局、财政局、劳动人事局、城乡建设环境保护局、轻工业局、交通管理局、农牧局、林业局、水利水保局、电力局、乡镇企业管理局、商业局、物资局、粮食局、审计局、统计局、市工商行政管理局北道分局、教育局、文化局、广播电视局、卫生局、档案局、土地管理局、地质矿产管理局、旅游局、民族宗教事务局、扶贫办公室、计划生育委员会、体育运动委员会等39个;属工作部门的有:信访办公室、农业区划办公室、对外经济协作办公室、能源办公室、区地方志编纂委员会办公室、外事办公室、地震局、人民防空办公室、商贸市场管理委员会、供销联社、二十铺工业示范区11个;具有政府部门性质,业务直隶上级管理的有邮电局、气象局、地方税务局、国家税务局、人民银行、农业银行、建设银行、工商银行、保险公司9个。总计59个。

1996年,按市场经济发展的需要和精简政府机构的要求,对区人民政府所属机构进行改革。改革中,合并一些单位,撤销一些单位。改革后,区政府序列部门和工作部门由原50个(不计9个业务直隶上级单位)减为36个。其中保留机构22个:区政府办公室、经济体制改革委员会、教育局、市公安局北道分局、监察局、民政局、司法局、财政局、人事劳动局、机构编制委员会办公室、城乡建设环境保护局、交通管理局、农牧局、林业局、水利局、卫生局、审计局、统计局、商业局、土地管理局、乡镇企业管理局、粮食局。撤销和新组建机构7个:撤销计划委员会、经济委员会,组建计划经贸局;撤销农业委员会,组建农业办公室;撤销物价委员会,组建物价局;撤销计划生育委员会,组建计划生育局;撤销文化局、体育运动委员会,组建文化体育局;撤销科学技术委员会,组建科学技术局;组建地方税务局。职能并入机构有:信访办公室、扶贫办公室并入区政府办公室,人民防空办公室并入城乡建设环境保护局,农业区划办公室、能源办公室并入计划经贸局,民族宗教事务局职能并入区委统一战线工作部,撤销轻工业局,组建轻工业总公司,有关职能交计划经贸局。改为事业机构的2个:区地方志办公室、党史办公室合并为史志办公室,外事办公室和旅游局合并为外事旅游局。保留事业机构4个:地震局、地质矿产管理局、农村供水与环境卫生项目办公室(新设)、质量技术监督局(副科级单位)。

改革后政府序列机构有:政府办公室、经济体制改革委员会、计划经贸局、农业办公室、市公安局北道分局、监察局、民政局、司法局、财政局、地方税务局、国家税务局、人事劳动局、机构编制委员会办公室、城乡建设环境保护局、交通管理局、农牧局、林业局、水利局、审计局、统计局、商业局、土地管理局、乡镇企业管理局、粮食局、物价局、教育局、文化体育局、科学技术局、卫生局、计划生育局,计30个;区直事业机构有:史志办公室、地震局、地质矿产管理局、外事旅游局、农村供水与环境卫生项目办公室、质量技术监督局(副科级单位),计5个。

1997年,城乡建设与环境保护局改为城乡建设局,劳动人事局更名人事劳动局,水利水保局更名水利局;从城乡建设环境保护局分出人民防空办公室,为区政府办事机构。1998年,成立区环境保护局、甘泉乡镇企业示范区(后改称甘泉科技园区)。1999年,成立三阳川乡镇企业示范区(后改工业示范区)。2001年,城乡建设局更名建设局,增设城市管理局、天水市高新技术工业园、食品药品监督管理局,区质量技术监督局改为市质量技术监督局北道分局。至此,区直属部门共42个(不计业务上隶单位)。

2002年,再次进行政府机构改革。改革中,保留机构有:政府办公室、科学技术局、公安分局、民政局、司法局、财政局、交通管理局、农牧局、林业局、水利局、审计局、统计局、计划生育局、教育局、卫生局、文化体育局、机构编制委员会办公室、建设局,土地管理局更名国土资源局。监察局仍与区纪律检查委员会机关合署办公。农业办公室仍为政府办事机构。撤并和新组建机构有:撤销计划经贸局,组建发展计划局、经济贸易局;撤销人事劳动局,组建人事局、劳动和社会保障局;撤销商业局,职能并入经济贸易局;撤销物价局,职能并入发展计划局;人民防空办公室职能并入建设局。新设扶贫开发办公室(原机构1996年并入农业办公室)为办事机构。保留政府直属事业单位有:档案局、史志办公室、广播电视局、外事旅游局、地震局、环境保护局。改革后,区政府共设35个直属部门。

2003年,设市城市管理综合行政执法局北道分局。2005年,发展计划局改称发展改革局;撤销经济贸易局,成立中小企业发展局,乡镇企业管理局归其管理;成立商务局,粮食局归其管理;计划生育局改称人口和计划生育局,广播电视局改为广播电影电视局;地质矿产管理局与国土资源局合并,成立市国土资源管理局麦积分局。

2007年,区人民政府工作部门和工作机构有政府办公室、发展和改革局(加挂物价局牌子)、商务局、中小企业发展局、教育局、科学技术局、市公安局麦积分局、监察局、民政局、司法局、财政局、税务局、人事局、劳动和社会保障局、市国土资源管理局麦积分局、建设局、交通管理局、水利局、农牧局、林业局、文化体育局、卫生局、人口和计划生育局、审计局、统计局、机构编制委员会办公室、市城市管理综合行政执法局麦积分局、市工商行政管理局麦积分局、市质量技术监督局麦积分局、食品药品监督管理局、扶贫开发领导小组办公室、农业办公室、档案局、史志办公室、广播电影电视局、外事旅游局、地震局、环境保护局、供销联社、安全生产监督管理局、人民防空办公室、招商局、二十铺工业示范区、天水高新技术工业园、三阳工业示范区、甘泉科技园等46个。

第三节 工作制度

区人民政府实行首长负责制,由区长领导区人民政府工作。区长同时担任中共北道(麦积)区人民政府党组书记。按照上级人民政府和区委的工作部署,根据工作需要,主持召开区人民政府全体会议、区人民政府党组会议、区人民政府常务会议、区长办公会议和其他专题会议,决定职权范围内应该决定的事项。决定重大事项时,须经有关会议讨论决定。

副区长协助区长工作。区长按照经济中工、农、商、运各业和城乡建设、财政税务,社会事业中教、科、文、卫、体、旅游以及社会保险、劳动人事、民政等工作,为副区长分工,各负其责。按照分工负责原则,区直属部门工作,先与主管副区长联系汇报,若有重大事项,由副区长请示区长解决。受区长委托,副区长可代表区人民政府进行外事活动。

副区长中,设1名常务副区长,除主持日常事务性工作外,在区长外出或患病治疗期间,主持区人民政府工作。

区人民政府组成部门,实行主任或局长负责制。由其主任、局长在区长领导下,主持本部门工作,根据法律、法规和区人民政府的决定、命令,履行工作职责。各部门设副主任、副局长,协助主任、局长工作。

区人民政府全体会议由区长、副区长、区人民政府组成部门主要负责人组成,由区长召集并主持。主要任务是传达上级党委、人民政府和区委的指示、决定，通报重要工作情况，部署重要工作，讨论决定重大事项。

区人民政府常务会议由区长、副区长组成，由区长召集并主持。主要任务是研究讨论向市人民政府和区委报告请示的事项，讨论工作中重要事项，审议文件草案，听取有关部门工作汇报，决定人事任免，通报和讨论其他重要事项。

区长办公会议由区长或区长委托的副区长召集并主持，政府相关部门负责人参加。主要任务是研究分管工作范围内的重大事项或不需要提请区人民政府常务会议研究讨论的专项事宜。

区人民政府专题会议由区长或副区长召集并主持，相关副区长、部门和单位主要负责人参加，主要研究专项工作事宜。

第四节 政务纪要

1985 年 10 月 3 日，区人民政府筹备组发出《关于城区市容管理的暂行规定》。12 月 15 日，区人民政府颁布《关于保护水利电力工程的布告》。

1986 年 1 月，决定将马跑泉、社棠 2 乡改为镇，寨子农业管理区改为街道。5 月 5 日，就制止向企业乱摊派问题作出决定。9 月 6 日，对加强麦积山风景名胜区管理作出决定。

1987 年 1 月，颁布《1987 年目标管理奖惩办法》。3 月 20 日，决定开展专业技术职务评定工作。4 月，决定区塑料厂实行租赁经营。7 月 20 日，发布《关于整顿夏季社会治安的通告》。9 月 21 日，转发《国务院 < 关于坚决制止乱捕滥猎和倒卖、走私珍稀野生动物的紧急通知 >》，要求保护好区内野生动物资源及其栖息环境，杜绝任何偷猎及其他骚扰行为的发生。同月，决定拍卖区商业局所属糖果饮料厂。11 月 23 日，发出《关于加强社会治安联防的暂行规定》。同月，决定天水农业机械制造厂、区水泥厂、区印刷厂等区属国营工厂实行承包经营。同年，在经济部门开展增产节约、增收节支活动。

1988 年春夏间，组织执法情况检查。4 月 20 日，发出《关于土地投入和当年增产颁发奖励的通知》。7 月 2 日，下发《关于农村征收教育附加费的通知》。4 日，制定《关于鼓励科技人员承包、租赁企业和科研推广项目的规定》。11 月 4 日，决定对全区各类公司进行清查和整顿。

1989 年 1 月 14 日，决定开放 10 处天主教徒聚会点，20 处基督教徒聚会点，

8处清真寺礼拜点。同月,决定继续开展多渠道集资办学活动。4月10日,发出《关于加强保险工作的通知》。5月25日,发出严禁早婚、私婚的通知。7月,决定全面清理整顿图书、报刊和影像市场。9月23日,决定在农村颁发《集体土地建设用地使用证》。11月19日,作出《关于加强农村扫盲工作的安排意见》。12月,决定开展扫除"六害"行动。

1990年2月17日,作出《关于第四次人口普查工作安排意见》。5月5日,决定在全区范围内开展禁毒斗争。9月17日,决定纠正行业不正之风。10月22日,决定清理违纪修建私房问题。11月,决定开展农村星火技术培训活动。

1991年2月4日,发出关于切实减轻农民负担的通知。3月26日,决定开展质量品种效益年活动。4月,编制并实施国民经济和社会发展十年规划和"八五"计划。7月4日,发出关于贯彻实施《行政复议条例》的通知。9月20日,制定《"八五"期间发展农业生产实施"12345工程方案"》(12345工程:强化一个基础,坚持两项改革,落实三个基地,抓好四项建设,实现五个突破)。10月18日,发出关于开展1991年税收财务物价大检查的通知。10月23日,发出关于开展划定重点农田保护区工作的意见安排。

1992年4月21日,成立扭亏增盈清理三角债工作领导小组,开展三角债清理。4月28日,印发《直管公房管理暂行办法》。5月,开始农村承包户土地小调整工作。7月16日,印发《残疾人优惠办法》。8月27日,印发《军人抚恤优待办法》。9月10日,印发《加强行政执法监督检查的暂行规定》。9月15-19日在北道商贸旅游开发区农贸商场举办首届天水花牛苹果节。10月21日,发出《关于清理整顿城镇国有土地隐形市场的通知》。11月2日,决定开放28处佛、道教寺观。

1993年3月10日,作出《区、乡领导兴办造林绿化点的决定》。5月11日,召开关于蒜薹销售工作协调会。6月28日,召开全区禁毒电话会议。9月29日,印发赴川考察乡镇企业情况报告,要求借鉴外地经验,在全区超常规式、跳跃式、高速发展乡镇企业。

1994年4月,推行国家公务员制度。进行机构改革和工资制度改革;在全区开展打击盗窃、破坏铁路、电力、通讯等设备,伪造、倒卖、盗窃发票和暴力犯罪,扫荡社会流氓势力专项斗争。12日,转发《1994年全区经济体制改革要点》,要求转换企业经营机制、转变政府职能、培育市场体系。5月24日,召开表彰大会,授予舍己救人的何亮"英雄少年"称号。同月,城区开始普及九年义务教育。7月,编制"九五"及到2010年经济和社会发展规划。9月,开展严打斗争,集中整治农村社会治安。

1995年1月20日,作出《建设卦台山旅游景点的报告》。2月23日,颁布《种植业结构调整方案》。3月25日,发出《关于开展农民“状元”评选活动的通知》,开始评选在发展农村经济中作出突出贡献的先进典型人物。4月20日,开始全区农业特产税税源普查。9月14日,制定《关于企业全面实行劳动合同制的实施意见》。11月,制定依法治区5年规划。

1996年3月27日,成立黄河中游防护林治理领导小组。5月7日,在全区开展为期3个月的“百日严打”斗争。7月,下发《关于儿童、少年依法就学的暂行规定》。8月,开始全面整顿农村户口,实行门牌管理制度。9月23日,印发《全省林果支柱产业暨山区林业综合开发现场会议转达提纲》。11月6日,制定《区机构改革方案》。

1997年2月,对乱建庙宇和露天佛像进行专项治理。5月4日,制定《加强全区农村文化体育工作的意见》及《小康文化建设规则》。7月,颁布《开发“四荒地”,发展家庭小林场意见》。8月,在农村开始办理养老保险。10月,综合治理天主教地下势力。

1998年1月21日,决定在全区开展“学理论、转观念、理思路、促发展”大讨论。3月30日,追认渭南正阳中学原教师范永杰为“优秀人民教师”。4月,制定《关于大力发展非公有制经济的决定》。20日,成立甘泉乡镇企业示范区。6月30日,颁布《农村村民最低生活保障试行办法》。7月21日,制定《农村推行财务公开和民主管理的实施意见》。8月13日,印发《村民议事制度》。9月9日,发出关于减轻农民负担的紧急通知。11月5日,制定《天然林资源保护工程实施方案》。

1999年1月11日,制定颁布农村第二轮土地承包及小调整方案。20日,决定清理整顿金融“三乱”(指乱集资、乱批设金融机构和乱办金融业务)。6月28日,下达超标工业污染源实施限期治理项目的决定。7月6日,决定实施村村通广播电视工程。8月27日,决定启动农村电网建设与改造工程。9月22日,开始全面清理用地秩序混乱,非法转让土地使用权、炒卖土地等问题。12月,启动生态环境综合治理工程,进行农村改水、改厕和健康教育。

2000年3月19日,决定开始集中整治城区市容市貌。9月24日,决定成立房地产交易中心。10月8日,制定《救灾救济款物使用管理办法》和《生态环境建设工程资金管理办法》。

2001年1月15日,决定将社棠下曲与河争地的481亩河滩地由天水市高新技术园筹委会管理。17日,印发《动物防疫暂行管理办法》。3月,制定《城市市容和环境管理实施细则》。5月31日,上报《关于请求将北道区列入国扶、省扶县的报告》。6月6-15日,在桥南商场举办商品交易大会。7月,制定《推进城市社区建设的实施意见》;26日,开展公共聚众场所消防安全专项治理。8月14日,制定《城镇职工基本医疗保险实施细则(试行)》。9月27日,决定整顿天水火车站广场营运秩序。12月13日,决定二十里铺、东岔、渭南3乡撤乡建镇,同时将二十里铺更名为花牛。

2002年4月12日,决定在道北筹建社区老年福利服务中心,道北路、前进路、铁西园、滨河路、天乐园、红旗路筹建老年福利服务站。5月16日,决定实施为期10天的安全生产大检查。8月23日,向市政府申请变更北道区区名为麦积区。9月18日,向省文物局申请将仙人崖石窟、石门山古建筑群和卦台山古文化遗址纳入省级文物保护单位。

2003年3月13日,下发《关于在全区机关事业单位实施基本医疗保险的通知》及《实施办法》。4月14日,将麦积、中滩、元龙、新阳、伯阳5乡改设为镇。4月21日,成立非典型肺炎防治工作指挥部。9月7日,下发关于调整和完善区对乡镇财政管理体制的决定,将原区、乡(镇)共享的地税和国税超收部分改为全留乡镇。12月2日,印发《预防道路交通事故工作方案》。

2004年1月决定撤并南河川、立远、街子、凤凰、西山坪5乡和寨子街道。2月9日,下发关于切实做好高致病禽流感防治工作的紧急通知。3月31日,下发《关于做好第一次全国经济普查工作的通知》。4月4日,印发《会计集中核算工作实施方案》,同时成立会计集中核算工作领导小组。4月10日,向市政府上报关于北道区更名的请示。4月25日-5月7日,在桥南体育场举办"麦积情韵"明星演唱会和桥南商场百货街商品展示展销暨商品交易会。4月27日,制定《城市居民最低生活保障金社会发放管理办法》。8月11日,下发关于重新划定省级文物保护单位仙人崖石窟古建筑保护范围的通知。20-24日,在渭滨路举办2004年中国天水伏羲文化旅游节暨农机产品展示展销会。12月29日,印发《防治传染性非典型肺炎应急预案》。

2005年1月6日,向省林业厅上报《重点公益林区划界的报告》。2月3日,下发关于全区村组撤并实施方案,决定全区476个村委会撤并97个,撤并后为379个。4月27日,印发《2005年地质灾害防灾预案》。5月25日,印发《防洪预案》和《抗旱预案》。7月1日,因降特大暴雨,组织开展防汛救灾工作。12月14

日，印发城市标准地名标志设置实施方案。12 月 31 日，印发《突发公共事件总体应急预案》。

2006 年 3 月 8 日，下发《关于农村义务教育经费保障机制改革的实施意见》。3 月 14 日，下发《关于做好第二次全国农业普查的通知》。3 月 27 日，决定从 4 月 1 日起提高城市低保标准，由原来的每人每月 143 元提高为 157 元。3 月，处理甘泉镇吴家河村部分村民反映环境污染问题，决定关闭天水和鑫工贸有限公司等两家冶炼厂。4 月 10 日，因天巉公路发生特大交通事故，决定开展道路交通安全专项整治行动。6 月 7 日，印发《地震应急预案》。7 月 5 日，印发《突发性公共事件地质灾害应急预案》。10 月 23 日，印发《全面推进依法行政五年规划（2006–2010 年）》。

2007 年 2 月 1 日，制定完善新型农村合作医疗实施方案。3 月 30 日，下发《关于下达 2007–2010 年特色林果工程建设任务的通知》，分解“三个百万亩”特色林果建设工程任务。7 月 20 日，决定关闭桥南集中供热区域内分散采暖锅炉。同日，下发《城市医疗救助实施办法》（试行）。9 月 12 日，发出《关于公布第一批非物质文化遗产名录的通知》。10 月 8 日，发出关于对 27 项科技成果授予区科技进步奖的决定。12 月 7 日，向省文物局提出关于将石门山古建筑群确定为省级文物保护单位的请示。12 月 29 日，下发重新划定仙人崖石窟保护范围的通知。

第五节 综合政务

一、经济决策

“七五”期间（1986–1990 年），区人民政府全面推行经济体制改革，大力发展商品经济，确保工农业生产进一步持续、协调、稳步发展。农村工作中，树立“无农不稳”思想，种草种树，改造山河，大力发展乡镇企业；工业方面，服从和适应宏观调控、微观搞活的方针，把提高经济效益和产品质量作为重中之重，投资重点放在企业技术改造方面；大力推进经济体制改革，重点放在扩大企业自主权，增强企业活力上。

“八五”期间（1991–1995 年），按照建立社会主义市场经济体制的要求，坚持“强农、重工、活商”的发展思路，城乡一体，以城带乡，以商促工，以工补农，农工商并举；深化经济体制改革，不断完善家庭联产承包责任制，推进企业经营机制转换，完善流通体系建设，积极发展个体私营经济，深化政府机构改革，推动政府职能转变，实现全区经济社会协调稳定发展。

“九五”期间（1996–2000 年），确立以建立社会主义市场经济体制为目标，以深化改革扩大开放为动力，以提高经济效益为中心的思路，强化第一产业，大力发展第三产业，发挥区域优势，带动整体发展。以支柱产业开发为重点，促进农村经济发展；以挖潜改造为重点，提高工商企业整体水平；以旧城改造为重点，加快基础设施建设；以实用技术推广为重点，全面实施科教兴区战略；以财源培植为重点，实现财政状况根本好转。

“十五”期间（2001–2005 年），确立抢抓西部大开发、天水发展大城市、天宝高速公路建设的机遇，实施工业强区、产业富民、商贸兴埠、旅游拉动、城市带动五大战略，走好依托项目振兴、面向市场发展、深化改革增效 3 条路子，加快 310 国道、天宝高速公路“两线”和工业园区、三阳新区、风景名胜区重点区域建设，实现市委、市政府提出的麦积区在全省县区综合实力排序每年前移一位，在全市县区发展速度力争第一的目标。工业方面，积极实施工业强区战略，走区域工业一体化发展之路，大力发展二十里铺工业示范区、天水高新技术工业园和甘泉、三阳工业示范区为主的园区经济，全力扶持驻区企业经济快速发展；农业方面，加快经济结构调整，壮大林果、蔬菜、畜牧三大支柱产业，大力扶持发展龙头企业，积极推进农业产业化经营，努力改善农业基础条件，新农村建设步伐加快；坚持项目兴区战略，严格项目工作责任制，瞄准国家农业用地产业政策，加强项目争取力度。优化发展环境，创新招商引资方式，提高项目工作水平；城市发展方面，坚持经营城市的理念，加大城市建设力度，全力实施以道路、旧城改造、城乡公路、小城镇建设和旅游开发为主的基础设施建设，拍卖东环道、红旗旅社等片区，建成商埠路步行街、招商引资建成金都商城、景园大厦、渭滨新城等一批现代化的商场。

“十一五”头两年（2006–2007 年），以打造经济强区、构建和谐麦积为目标，大力推进新型工业化、农业现代化、旅游产业化和城乡一体化，协调发展社会事业，提高人民生活。工业方面，抢抓甘肃省将天水列为振兴装备制造业基地的机遇，走区域工业一体思路，加大扶持力度，壮大星火、风动、锻压等企业实力，大力发展以二十里铺工业示范区为主的 4 大园区经济，增强企业自主创新能力，加快社棠工业园建设，培育新的工业经济增长点；农业方面，启动城郊南山万亩花牛苹果基地建设，在中滩实施国家农业综合开发支持新农村建设示范区项目，积极推进土地流转，加快农业结构调整，扶持龙头企业发展，大力发展劳务经济，努力增加农民收入，推进新农村建设；城市开发建设方面，以北道埠为中心，积极实施“东扩、南伸、西进”发展战略，重点建设渭北老城区、社棠工业区、桥南渭滨新城区和二十里铺工业区；项目方面，全力支持天宝高速公路及过境段等重大项目的协调保障工作。

二、对外交流

1988 年 6 月，区人民政府组织各乡镇、区直机关单位的负责人 50 多人，赴庆阳正宁县参观学习养兔经验。

1993 年 9 月，由区委书记、区长率团，赴四川考察乡镇企业。

1994 年 6 月，区四大组织成立考察组，赴陕西关中考察，学习交流关中地区先进经验。

1995 年 4 月，区人民政府分管教育的副区长、教育局长参加市委、市政府组织的教育考察团，在河北唐山市考察教育综合改革及兴办职业教育情况。随后又到教育发展迅速、教育质量稳步提高的陕西省渭南市、宝鸡市考察。

1998 年 4 月，区委、区人民政府组团赴浙江温州学习考察非公有制经济发展。

2002 年 3-4 月，由 1 名副区长率区直相关部门和马跑泉镇、社棠镇、花牛镇负责人及城区外环沿线 10 多村的村干部赴河南、山东两省 9 个市县就城乡规划、建设、管理及城市市政、园林绿化、环境卫生管理、社区管理，尤其是小城镇开发建设等方面进行考察学习。

2003 年 9 月，区人民政府与陕西宝鸡市金台区签订协议，互结为友好区。

同年还与兰州市西固区结为友好区，并在上海浦东新区成功举办北道“麦积情韵”书画展。

2007 年 9 月，区人民政府与陕西宝鸡市陈仓区人民政府签订缔结友好区协议书。

第六节 信访处理

一、来信来访

1985 年，区信访办公室受理来信来访案件 1033 件(次)。反映的主要问题包括：要求落实政策的 302 件，检举揭发问题的 207 件，不服刑事处分的 44 件，要求就业调动的 32 件，关于精简下放的 49 件，有关工资福利的 54 件，属民事纠纷的67件，要求落实户口的17件，要求解决生活困难的62件。最后得到解决或答复的占96.6%。当时正值拨乱反正后继续落实政策时期，因而要求落实政策的来信来访最多。此后，来信来访案件逐年下降，1987年为716件(次)，1988年再降为463件(次)，其中来信337件，来访126件。反映的主要问题有：关于改革方面的41件，检举揭发问题的92件，要求解决工资福利、户口问题、生活困难、劳动就业方面的96件，解决精简下放、落实知识分子政策方面的9件，关于房产方面的93件，民事纠纷37件，不服各种处理的32件，查抄财物8件，统战问题2件，还有批评建议24件。信访特点是群众反映现实问题的信访量明显增加，检举揭发、批评建议和改革方面的问题已占较大比重。信访工作重点从原来的处理历史遗留问题转到重点处理检举揭发、批评建议和改革方面等问题的查处上。与此同时，继续解决"四清"运动与"文化大革命"运动中遗留问题，落实政策、扫清尾巴。

1990年后，来信来访案件不断上升，1991年799件(次)，1992年844件，其中来信468件，来访376次，计469人。反映的主要问题有：检举揭发问题的239件，属民事纠纷方面的104件，不服各种处理的76件，房地产问题67件，农村生产生活方面67件，计划生育25件，户口问题43件，劳动就业34件，落实政策33件，批评建议28件。其中重信重访96件。信访特点是，来信相对减少，来访大幅度增加。其内容以检举揭发问题的有较大幅度增加。一些乡镇所设治安联防队队员随意动用刑具等违法乱纪的问题比较突出，反映者尤多。群众来访人数增加，主要是城区三马路拆迁、全区土地小调整及农业税费征收等方面引起的矛盾纠纷问题比较多。

此后两年，来信来访逐年有所减少。至1995年减为427件(次)，1996年508件(次)，其中来信345件，来访163件。集体上访年内猛增，共接待14批、376人(次)，且情绪激烈、行为过激。来信来访内容中，要求解决问题的223件，检举揭发问题的153件，申诉案91件，另外还有反映建议20件。其特点是反映各种现实问题的信访量大面宽，解决难度普遍增大，包括企业拖欠职工工资问题，农村生产生活中的各种纠纷等。反映村组干部以权谋私，贪污受贿，侵占国家集体资产，多占宅基地等问题和反映执法机关执法不严、判决不公或执行不力的问题的信访件较多。1997年，受理来信来访488件。其中接待集体上访计19批、525人(次)。

1998年，受理来信来访666件(次)，其中来信406件，来访260件(次)。信访问题有：检举揭发类226件，申诉类86件，要求解决问题的274件。集体来访比较突出，共发生60批、930人(次)。反映各种现实问题要求解决的计274件，占全年来信来访案件的 4 成以上,涉及面广,解决难度相对也比较大。检举揭发类信访 226 件,特点是数量多,联名人数多,重复信件多。

此后,由于社会矛盾焦点多,来信来访持续增加,尤以集体上访案最为突出。2000 年来信来访 890 件(次),其中集体上访 138 批、2028 人(次)。2001 年,受理来信来访案件 831 件,其中来信 322 件,来访 509 件。来访中,集体上访 145 批、1610 人(次),群体访 99 批、294 人(次)。来信来访内容包括,要求解决问题的 379 件,检举揭发问题的 253 件,两项占来信来访案件总数的 76%,另外有申诉类 27 件,反映建议类 14 件,其他 158 件。特点是集体访、重复访和群体访呈大幅度增长趋势,大多数集体访和群体访都有组织、有计划、有行动、有目的。异常上访、突发事件增多。反映问题以企业长期拖欠职工工资、学校拖欠教师工资,城市建设中拆迁安置补偿不落实及反映乡村、企业干部以权谋私,政务、财务不公开等问题最突出。一些群众反映的切身利益的问题较长时间得不到妥善解决,造成重复上访。

2002 年,受理来信来访案件 657 件,来访中集体访 106 批、1578 人(次),群体访 58 批、174 人(次)。信访内容仍以要求解决问题和检举揭发类的信访件所占比例较大。城镇主要反映企业改制及拖欠退休职工工资问题,农村主要反映村干部以权谋私,不依法行政,工作作风简单粗暴问题。信访人员中,除农民、居民、离退休和下岗职工外,还出现教师、半脱产和离退休干部及村组干部带领群众上访的情况。尤其是越级集体上访,人数多、情绪激愤,行为偏激,对抗性明显加剧。

2003 年,受理来信 223 件(次),接待来访 457 件(次),其中集体访 159 批、3137 人(次)。立案 109 件,结案 106 件,自办 210 件(其中直接答复 166 件,协调处理 44 件)。反映的问题相对集中,农村主要是反映村务不公开、不依法行政以及村干部的经济问题或工作作风问题, 城市主要是企业改制中出现的资产评估及受让人问题、企业改制后退休人员的养老保险金问题、贫困居民社会最低保障金问题和城市拆迁户安置问题。其间发生 7 月 24 日社棠镇绵诸村村民以村务、财务以及小城镇建设中存在问题为由到区政府上访,围堵区政府大门、殴打门卫人员事件。对此区政府责成社棠镇政府、检察院、公安局联合区信访局就群众反映的问题进行调查处理,并依法处置组织闹事者。

2004 年,受理来信来访 664 件(次),其中来访 446 件(次),内有集体访 141 批、1796 人(次),群体访 102 批、300 人(次),重信重访 128 件。在全部案件中,要求解决问题者 487 件,近占 3/4,其他有申诉类 43 件,检举揭发类 64 件,反映建议类9件。特点是信访主体除工人、农民、城市居民外，还有大中专毕业生、中小学生、国家干部、打工者、乘客；集体访、群体访呈现明显的择机性、组织性、对抗性。信访事项主要集中在城市拆迁改造、企业改制、农村土地征用等方面。3月29日，马跑泉镇三十甸子村120多名村民因天水卷烟厂征地问题，赴市上访，为尽快安抚群众，稳定情绪，31日晚区委、区政府召开区直部门负责人紧急会议，组织全区区直部门的科级干部赴三十甸子村逐人逐户上门做思想工作，稳定群众情绪，并专门成立工作组深入农户、卷烟厂协调其事，最终得以彻底解决。

2005年，受理来信来访686件(次)，其中来信166件(次)，来访520件(次)，重信重访率达35.2%。来访者中，个人访290人(次)，群体访113批、309人(次)，集体访117批、1629人(次)。特点是重访比例增大，缠访、闹访的案件增多，并且上访次数频繁；上访主体中又增加复转军人、退休工人、精简下放干部等；信访方式由信访向来访转变，由多数人参加的集体上访向5人以下的群体访转变。信访问题集中体现在城市拆迁安置、下岗企业职工再就业、改制企业拖欠“三金”(包括住房公积金、养老保险金和医疗金)、复转军人安置、大中专学生毕业分配等方面。

2006年，受理来信来访603件(次)，其中来信108件，来访495件(次)。来访中，个人访230件(次)，群体访152批，集体访113批、1730人(次)。反映问题仍主要集中在城市拆迁改造和小城镇建设中的安置补偿、大中专毕业生和转业士官就业安置、企业改制及村级班子领导作风问题等方面。

是年3月，甘泉镇吴河村村民反映村旁冶炼工厂造成严重铅污染问题，引起区委、区政府高度重视，多次召开会议，听取各部门意见，筹措10多万元用于治疗污染造成的病人，并采集疑似病人样本，进行全面检测，最后于4月8日对天水市和鑫工贸有限公司和天水秦川锌品有限责任公司两个冶炼厂下达关闭决定。

2007年，受理来信来访589件，其中来信129件，来访460件。来访中，个人访246件，群体访103批，集体访111批、1547人(次)。此外还有因越级上访，省、市交办的要结果重点案件11件。信访特点是重复访、越级访下降，非正常上访仍呈上升趋势。上访因素依然集中在城市拆迁改造和小城镇建设中的安置补偿、大中专毕业生和转业士官就业安置、企业改制、村级班子成员工作作风、社会保障、物价上涨等方面。

二、机构与工作制度

1985年，设区信访办公室，属政府工作部门，1996年职能并入政府办公室，保留机构和牌子。2003 年,信访办公室改设为区信访局,隶属区委办公室。2005 年改为区委办公室、区人民政府办公室共同管理,以政府管理为主,在区人民政府办公室加挂信访局牌子。2007 年信访局现有干部 11 人,局长由政府办公室副主任兼任,副局长 2 人,工作人员 8 人。

针对群体性上访事件频发,部分上访事件已造成一定社会危害的形势,为便于及时处理上访问题,2004 年还成立集中处理信访突出问题及涉访群众性事件联席会议,由区委办公室、政府办公室负责人任联席会议办公室负责人,负责处理重大突发性上访案件。为了使信访工作规范有序,2005 年国务院颁布《信访条例》后,区信访局会同政法部门共同在火车站广场举办宣传活动,接待群众咨询和来访群众。区委、区人民政府还制定《领导包案制度》《党委、政府定期研究信访工作制度》《领导批阅来信制度》《信访情况通报制度》《信访案件督办制度》《信访工作部门协作制度》《信访工作考核办法》等,进一步规范信访工作。2007 年,为解决社会矛盾,减少上访,从全区各乡镇、各部门抽调 222 名干部组成工作组会同乡镇和村组干部,深入基层各乡镇、各部门集中开展矛盾纠纷排查工作,开展“万名干部下基层集中排查调处矛盾纠纷活动”。

第四章 政 协

第一节 政协委员

一、委员确定

区政协委员采用由区委统战部会同组织部提名推荐,区政协常委会协商通过的方式确定。提名推荐时由统战部与各党派、无党派人士、各人民团体、各个界别等协商提出建议名单。之后,由中共麦积区委组织有关部门进行综合平衡,反复同各推荐方面协商,形成正式建议名单后,交由区政协常务委员会通过。区政协常务委员会召开会议对建议名单协商和表决,最后经全体常务委员过半数同意即成为政协委员。再由区政协办公室分别通知推荐单位和个人,通过新闻媒介向社会公布,并向委员颁发证书。增补政协委员的程序,亦须经过提名、协商、常务委员会会议通过和公布等程序。

政协委员年龄一般不超过 60 岁,继续提名年龄不超过 57 岁,新提名年龄不超过55岁;政协委员中党员领导干部任期不超过两届,已超过退休年龄的不再继续提名;党外人士和党内专家学者任期一般不超过3届。

区人大代表和区政协委员不交叉;已安排为省政协委员,或被选为省人大代表的一般不再提名;已被选为中共甘肃省委、天水市委委员、纪委委员的原则上不再提名。

委员中,中共党内人选主要是有突出贡献和成就的代表人士,因工作需要参加政协的有关方面现职领导干部,从政协领导岗位退下来的领导干部和有关人民团体负责人。

党外人选主要是各民主党派、工商联和无党派代表人士,在经济、政治、文化、社会建设中有突出贡献的代表人士;在祖国统一事业中有影响、有作为的人士;在维护民族团结、社会稳定中作出积极贡献的少数民族和宗教界人士;各社会阶层爱国、敬业、诚信、守法、贡献突出的优秀代表人士;其他方面对巩固和发展统一战线有突出作用的代表人士。

二、委员结构

1985年区政协第一届委员共74名,其中中国共产党10名,中国国民党革命委员会(简称“民革”)1名,中国民主同盟(简称“民盟”)2名,中国民主建国会(简称“民建”)1名,共青团、工会、妇女联合会(简称“妇联”)、工商界、无党派人士各1名,农民3名,文艺界3名,科技界10名,教育界5名,体育界3名,医卫界8名,少数民族5名,归侨1名 ,宗教界4名,特邀委员13名。

1989年区政协第二届委员共90名,其中中国共产党11名,民革、民建、中国民主促进会(简称“民进”)、九三学社各1名,民盟2名,共青团、工会、妇联各1名,工商界2名,农林界8名,文艺界3名,科技界10名,教育界7名,体育界3名,医卫界8名,少数民族6名,归侨2名 ,宗教界4名,特邀委员17名。

1993年区政协第三届委员共100名,其中中国共产党14名,民革、民盟、民建、民进、九三学社各1名,共青团、工会、妇联、工商联、科协各1名,农林界6名,新闻、文艺界4名,科技界10名,教育界6名,体育界3名,医卫界6名,少数民族界7名,区回归华侨联合会(简称“侨联”)3名 ,区台湾同胞联谊会(简称“台联”)3名,宗教界6名,经济界10名,特邀委员12名。三届委员会期间,退出委员8名,增补14名。

1998年区政协第四届委员共115名,其中中国共产党15名,民革2名,民盟3名,民建3名,民进2名,九三学社2名,无党派人士2名,工商联3名,共青团、工会、妇联、科协各1名，农林界6名，文艺界2名，科技界9名，教界育7名，体育界2名，医卫界6名，少数民族8名，侨联2名，台联2名，宗教界10名，经济界13名，特邀委员12名。四届委员会期间，增补委员31名。

2002年区政协第五届委员共160名，其中中国共产党、工会、共青团、妇联18名，民革、民盟、民建、民进、九三学社、工商联、无党派、侨联、台联33名，农林、科协、科技界30名，文艺、教育、体育、医卫界24名，少数民族、宗教界24名，经济、特邀界31名。五届委员会期间，增补委员25名。

2007年区政协第六届委员会委员共171人，其中党派界23名，经济界21名，科技界、工商联界21名，民族宗教界23名，文化艺术体育界20名，教育界21名，农林界、无党派、人民团体、台联、侨联21名，医药卫生界、特邀界21名。

第二节 全委会议

一、第一届委员会会议 1985年12月1–9日，第一次会议在区政府招待所召开，本届政协委员74名，参加会议73名。会议学习中共十二届四中、五中全会文件，列席区人大一届一次会议，审议通过会议决议。会议选举温如春为主席，寇宝荣、张毓政、马霄石、夏耀中为副主席，马福堂为秘书长，还选出常委19名。会议收到提案50件，经审议立案8件，其余转有关部门作为建议供工作中参考。1987年3月召开第二次会议。1988年3月召开第三次会议。

二、第二届委员会会议 1989年3月12–19日，第一次会议在区政府招待所召开，本届政协委员90名。会议听取和审议区政协常委会工作报告和提案工作情况的报告，列席区人大二届一次会议，审议通过相关决议。选举张国兴为主席，张毓政、夏耀中、蒋耀昌为副主席，马福堂为秘书长。还选出17名常委。会议共收到提案51件，立案22件。1990年3月召开第二次会议。1991年3月召开第三次会议，增选罗忠武、尹正、马福堂为副主席，刘毓为秘书长。1992年3月召开第四次会议，增选颉克礼为副主席。

三、第三届委员会会议 1993年3月1–7日，第一次会议在区政府招待所召开，本届政协委员100名，会议听取和审议区政协常务委员会工作报告和提案工作报告，列席区人大三届一次会议，通过有关决议。选举张国兴为主席，贾天祥、罗忠武、蒋耀昌、尹正、马福堂、颉克礼为副主席，李正明为秘书长。选出常委23名。1994年3月召开第二次会议。1995年3月召开第三次会议。1996年3月召开第四次会议，补选阎如林为主席，增选张光华（女）、唐根堂为副主席。1997年3月召开第五次会议，补选徐利贞为主席，增选杨平定、余正川为副主席。

四、第四届委员会会议 1998年2月24–28日，第一次会议在羲皇宾馆召开。本届政协委员115名。会议听取和审议常委会工作报告和提案工作情况报告，列席区人大四届一次会议。会议选举徐利贞为主席，张光华（女）、唐根堂、肖其兰（女）、杨平定、程光汉为副主席，刘继祖为秘书长。还选出23名常委。会议收到提案63件，立案47件。1999年3月召开第二次会议，增选李耀辉为副主席。2000年3月召开第三次会议。2001年3月召开第四次会议，增选马丽宏（女）、海安民为副主席，苏志航为秘书长。2002年3月召开第五次会议，增选屈光健为副主席。

五、第五届委员会会议 2002年12月15–19日，第一次会议在麦积大酒店召开。本届政协委员160人。会议听取和审议区政协常委会工作报告和提案工作情况报告，列席区人民代表大会，听取和讨论《政府工作报告》。会议选举张广禄为主席，李耀辉、唐根堂、马丽宏（女）、海安民、屈光健、屈光平为副主席，苏志航为秘书长。选出常委24名。2004年2月召开第二次会议。2005年2月召开第三次会议，增选陈新宇为副主席。2006年2月，召开第四次会议。

六、第六届委员会会议 2007年1月7–11日，第一次会议在区机关礼堂召开。本届政协委员171人。会议听取和审议区政协常委会工作报告和提案工作情况报告，列席区第六届人民代表大会第一次会议，听取和讨论《政府工作报告》和其他报告。会议选举贾应珍为主席，汪怀定、海安民、屈光平、陈新宇、毛莲香（女）、张国平为副主席，苏志航为秘书长。还选出常委27名。会议收到提案141件，立案99件。

第三节　常设机构

一、领导机关

1985年12月，北道区第一届政协委员会第一次会议选举产生常设机关——天水市北道区人民政治协商会议常务委员会（简称“区政协常委会”）。区政协常委会由主席、副主席、秘书长和常务委员组成。

区政协常委会的职权是：解释人民政治协商会议章程，监督章程的实施；召集区政治协商会议全委会议，选举主席团主持；执行区政协全委会议的决议；全委会议闭会期间，审查通过提交区人民代表大会及其常委会或区政府的重要建议案；根据秘书长提议，任免副秘书长；决定区政协常委会工作机构的设置和变动，任免其领导成员。

区政协常委会的任务是：讨论决定区政协会务和工作中的重大问题；协商讨论区委和区人民政府重大方针政策及社会生活中的重大问题，听取区委、区人民政府以及有关部门负责人对有关重要问题的报告或说明，提出建议和意见；审议提交区政协全体会议的文件；审议重要建议案、提案、视察报告、调查报告、考察报告和其他报告。

区政协常委会任期，第一届为3年，第二届4年，从第三届起为5年。

1985–2007年区政协主席

姓 名	籍 贯	任职年份	备注
温如春	琥珀乡唐温村	1984–1989	
张国兴	秦州区耤口镇	1989–1996	
阎如林	麦积镇街亭村	1996–1997	
徐利贞	秦州区平南镇	1997–2002	
张广禄	元龙镇上崖村	2002–2007	
贾应珍	甘肃省秦安县	2007–	

1985–2007年区政协副主席

姓 名	籍 贯	任职年份	备注
马霄石	陇南市徽县	1982–1989	
张毓政	秦州区皂郊镇	1984–1993	
夏耀中	河北省巨鹿县	1984–1993	
寇宝荣	甘肃省秦安县	1984–1989	
蒋耀昌	中滩镇四合村	1989–1997	
罗忠武	陕西省蓝田县	1991–1998	
尹 正	重庆市万州区	1991–1998	
马福堂	马跑泉镇闫家庄村	1991–1996	回族
颉克礼	甘肃省甘谷县	1992–1998	

续表

姓 名	籍　贯	任职年份	备注
贾天祥	甘肃省甘谷县	1993–1996	
张光华	渭南镇张石村	1996–2002	女
唐根堂	花牛镇上湾村	1996–2005	
杨平定	新阳镇沿河村	1997–2002	
余正川	中滩镇余峡村	1997–1998	
肖其兰	湖北省荆门市	1998–2001	女
程光汉	河北省献县	1998–2002	
李耀辉	甘泉镇峡门村	1998–2007	
海安民	河南省西平县	2001–	回族
马丽宏	甘肃省秦安县	2001–2007	回族,女
屈光健	甘泉镇屈坪村	2002–2007	
屈光平	甘泉镇屈坪村	2002–	
陈新宇	五龙乡陈山村	2005–	
汪怀定	五龙乡汪山村	2007–	
毛莲香	中滩镇毛家村	2007–	女
张国平	中滩镇张白村	2007–	

二、工作机构和人员

1985 年,区政协机关下设办公室和政治、经济、科教、民族宗教侨务、文史资料 5 个办事组。1990 年,下设办事机构的组,改为委员会,设有学习宣传妇女青年、经济科技、教文卫体、文史资料、民族宗教祖国统一联谊 5 个委员会。1992 年,增设提案法制委员会(位次在原 5 个委员会之前)。1997 年,将原 6 个委员会改设为 5 个委员会,即提案法制委员会、经济委员会、科教文卫体委员会、学习宣传文史资料委员会和民族宗教祖国统一联谊委员会。2003 年,学习宣传文史资料委员会更名为文史资料和人口资源环境委员会,民族宗教祖国统一联谊委员会更名为民族宗教和港澳台侨联络委员会。2007 年,区政协下设机构有:办公室、提案法制委员会、经济委员会、科教文卫体委员会、文史资料和人口资源环境委员会、民族宗教和港澳台侨联络委员会。计有工作人员(包括主席)39 人。

第四节 提案 视察

一、提案

区政协自成立后，每年通过召开全委会列席区人民代表大会之机，听取和讨论政府工作报告和有关计划、财政的报告以及法院、检察院报告，利用政协例会和专题会议等分别就政府工作、经济和社会事业发展、人民群众普遍关心的热点、难点问题进行协商讨论，提交提案建言献策。

1985-1988 年，区政协第一届委员会共召开 3 次全委会议。会上，政协委员提交提案、建议 124 件，立案办理 26 件，作为工作参考 95 件。提案、建议主要涉及农村改革，完善家庭联产承包责任制，建立统分结合的双层经营责任制；农业科技推广，建立农业社会化服务体系以及土地的开发利用和管理，农产品价格；经济体制改革，扩大企业自主权、转换经营机制，乡镇企业优惠政策落实；工业、商业、交通运输业、服务业、建筑业中实行承包经营责任制，在企业内实行厂长（经理）负责制，完善企业内部各项配套改革增强企业活力；商贸流通领域扩大购销、支持生产、满足消费，深化流通体制改革，完善市场体系，开辟多层次、多领域供货渠道，保持市场繁荣等。

1989-1992 年，区政协第二届委员会共召开 4 次全委会议，委员提出提案 195 件，经提案委员会审查，立案 83 件，涉及农林水电、科教文体卫、社会治安、工交邮电、工商财粮贸、城建环保、外事旅游等。

1993-1997 年，区政协第三届委员会共召开 5 次全委会议，委员提案立案 167 件。其中包括关于解决卦台山饮水上山问题、下曲冶炼厂废水排放污染严重急待解决、尽快办理所售公房交易手续把房产证发给购房者、关于调减伯阳乡等乡镇农林特产税、建议区人民政府协调有关单位帮助交通公司解决难题等有关社会发展和人民生活的问题。

1998-2002 年，区政协第四届委员会共召开 5 次全委会议，委员提交立案提案 426 件。其中有加强公路管理、治理脏乱差，整顿北道城区交通混乱，开发香积山溶洞，各级领导应关心支持桥南商场，加强北道渭河河堤环境卫生管理，让北道城区市民都能看到清晰的电视节目，继续解决立远乡大沟里村架设农电线路负债补助款，动员社会力量、建立责任机制、加快市区南北二山绿化，建立非公有制经济保护区、推动全区经济快速发展以及加强地方政府与政协委员广泛联系，使委员们积极有效地参政议政，充分发挥政协委员的职能等提案。

2002–2006年,区政协第五届委员会共召开4次全委会议,委员提交立案提案343件,其中经济方面的提案202件。其中有关于建立北道区首批无公害蔬菜生产基地,关于成立执法检查组、减轻企业负担,关于加强对行政机关及行政执法人员法律培训、提高行政执法水平,关于大力发展畜牧业和饲草业、种植高蛋白饲草美国籽粒苋,关于加强群防群治、杜绝小区盗窃案件发生,关于解决农产品销售难问题,关于全面普及和应用无公害果品生产技术,关于建立北道区无公害农产品、绿色食品销售市场、提高农产品质量、解决农产品卖难问题,引进太空蔬菜籽种、提高无公害蔬菜产量,关于公开收费许可项目,关于建立非公有制经济激励机制,关于加强网吧管理、预防和减少青少年犯罪,关于在社区建设一些群众健身体育场所和体育设施,关于解决门牌号的问题,关于严查以娱乐为名的变相赌博活动,关于清理整顿假冒伪劣食品,关于以人为本、关爱弱势群体,关于扭转中小学教育教学质量下滑,关于在区农广校挂牌成立农民科技教育培训中心,关于应加大力度整顿市容市貌、清理墙壁广告、规范城市宣传行为,关于建设公厕,关于净化客运行业、提高招商旅游软环境,关于规范供热市场、争取供暖达标,关于推进新农村建设等提案。其中关于推行新型合作医疗的提案,引起市委、市人民政府和区委、区人民政府高度重视,2006年将麦积区确定为实行农村新合作医疗试点。

2007年1月召开的区政协第六届第一次会议上,收到提案141件,立案99件。立案提案中,有关经济建设方面52件,科技、教育、文化、卫生、体育方面32件,政治、法律、劳动、人事方面13件,统战、政协、民族、宗教等其他方面2件。其中有关于把新型农村合作医疗就诊卫生机构扩大到村级卫生所,关于尽快启动实施区城镇居民基本医疗保险制度,关于大力发展农家乐旅游项目,关于整治马路上乱涂广告,关于严厉打击各种非法小广告,建议高度重视城市公厕建设与管理,关于整治天河南路、桥南小区环境卫生、增设公共厕所等设施,关于提高中小学教师队伍水平,关于城郊、农村网吧急需依法管理,尽快搞好渭河麦积城区段北岸绿化工程,关于在城区桥南片区新建一所小学,关于加强交通管理、设立交通标志,关于禁止区电信局强行推行彩铃,关于在城区桥南兴建物资储备仓库,关于退还天主教旧教堂等提案。

二、视察调研

开展视察,倾听民声民意,反映社会情况,提出建议和意见,是政协工作的主要职责。区政协常委会围绕区委、区人民政府中心工作,充分发挥位置超脱、人才荟萃的优势,确定重点,选择主题,组织委员开展视察活动。1987 年,区政协常委会组织视察凤凰乡及北部高寒山区地膜玉米种植情况,作出《关于凤凰乡膜盖玉米的调查报告》,被天水市贫困地区经济开发指挥部转发给全市乡镇以上单位,号召全市推广膜盖玉米科技项目。1990 年视察区水泥厂和罐头食品厂; 1991 年,视察全区轻工业经济运行情况,调研科技兴牧情况;1992 年调研推动科技兴农、振兴农村经济情况,调研商贸市场,为办成天水陇东南商品集散地提出合理化建议;1993 年调研全区林果业生产情况和党川、利桥村集体经济发展情况;1994 年视察调研乡镇企业,调查发展个体私营经济情况,调研党川、利桥两乡以养牛为主的畜牧业发展情况。1996 年政协常委和部分委员视察国道 310 公路牛北段建设及沿线 5 乡经济发展情况,视察地膜小麦、地膜玉米种植情况;1998 年调研国有企业下岗职工基本生活保障和再就业情况;1999 年视察全区果业生产建设情况;2000 年视察全区畜牧养殖业发展情况,视察农机路建设,视察三阳农业综合开发情况;2001 年视察全区乡镇企业发展情况, 视察全区城市建设和管理工作;2002 年视察农业重点项目建设及农业特色项目;2003 年视察农业生态建设情况, 视察全区旅游产业发展情况; 2004 年调研发展果品产业情况, 提出《关于做大做强果品产业的调研报告》;2005 年调研退耕还林管护工作与政策兑现中存在的问题,调研全区农村普及九年义务教育情况。2006 年,区政协常委会通过调研,作出《关于推进我区社会主义新农村建设的几点建议》《关于全区新型农村合作医疗试点工作情况的调研报告》。2007 年,调研全区职业技术教育发展情况,还就农业综合开发项目立项后进展情况,部分政协常委到中滩、渭南、新阳、琥珀 4 乡镇调研,常委会作出《关于开展全区农业综合开发项目实施情况的调研报告》。在视察、调研过程中,历年共提出意见、建议 900 余条,得到区委、区政府及相关部门的重视,不少意见建议被采纳。

第五节 文史资料编辑

区政协发挥文史资料“存史资政、团结育人”的作用,多方征集、抢救、挖掘整理历史资料,用大量客观翔实的史料,真实反映麦积区历史沿革、风俗风貌和改革开放取得的成就。从 1985 年起,每期《政协简报》(不定期内部刊物)上登载两篇左右文史资料,内容包含自然资源、人物、地方史事、文物介绍等,并向上级政协选送文史资料。至 1996 年,共刊登和选送文史资料 151 篇,33 万余字。1997 年开始,编印

《文史资料》专辑。其中第5辑为碑文选,第7辑为介绍民族和党派的专辑,第11辑为非物质文化遗产专辑。计刊登史料210余篇,约69万字,发行5100多册。此外,1999年为纪念中国人民政治协商会议成立50周年,出版《光辉的历程》一书;还出版发行书画匾联、地方史等专集,刊登图片200余幅,文章80余篇,30余万字。

第六节　联谊活动

区政协发挥联系面广的优势,在与各民主党派、工商联、人民团体和社会各界人士联络工作中,多领域、多渠道、多形式地开展联谊交流,组织民族宗教界、各民主党派人士,在农历端午、中秋、春节或新年前夕,以“三胞”座谈会、联谊会和迎春茶话会等形式,建立友好关系,增进友谊,促进工作。1987年,在马跑泉公园举办全区归侨、侨眷中秋赏月茶话会。1989年6月,组织全区归侨、侨眷联谊活动,参观武山水帘洞、甘谷大像山等地。1990年中秋、国庆期间,又组织旅游联谊活动。1991年端阳节,举行区归侨、侨眷联谊活动。1997年1月,举办归侨、侨眷迎香港回归联谊活动。6月,组织举办有区四大组织领导、市区有关部门负责同志和归侨侨眷80余人参加的归侨侨眷迎香港回归座谈联谊会,还开展香港回归知识竞赛、击鼓传花等有趣的游戏活动。

第五章　公　安

第一节　社会治安

一、秩序整治　1985年之前已开展的严厉打击严重危害社会治安的杀人、放火、抢劫、强奸、爆炸、投毒及贩卖人口犯罪活动(简称“严打”)以及由此坚持的“从重从快,一网打尽”方针在设区后继续施行。至1987年1月,市公安局北道分局(2005年改麦积分局,以下简称分局)共收审各类犯罪嫌疑人1542人,其中逮捕876人,打掉犯罪团伙87个,涉及成员388人,社会秩序明显好转。1988年,全区开展禁毒斗争,至1990年抓获毒贩780名,缴获毒品5.87公斤。期间并开办戒烟所,强制戒毒。为加强各机关单位共管责任,1989年成立区社会治安综合治理领导小组,同各部门、单位签订内部治安承包责任书。1990年,组织3次"严打"斗争,加大刑事案件侦破力度。同年9月,全国开展扫除社会"六害"(卖淫嫖娼、制造贩卖传播淫秽物品、拐卖妇女儿童、私种吸食贩运毒品、聚众赌博、利用封建述信骗财害人)活动,区内则分两个阶段重点打击赌博、吸贩毒品、卖淫和禁止城市养狗的"四害"斗争。至1990年两年间,计收审犯罪嫌疑人1520人,其中逮捕437人,拘留129人。仅1990年发生各类治安案件416起,查处368起,处罚756人,罚款8.93万元。分局巡警队和联防队员坚持昼夜值班巡逻,受理和查处各类治安案件312起,查处违法人员510名,处罚104人。

1991年,开展4次专项斗争,即保卫春节安全的社会治安专项斗争,打击盗窃自行车的专项斗争,以"三禁"(禁吸、禁贩、禁种)为重点组织铲除罂粟的统一行动,反盗窃专项斗争。年内发生治安案件403起,查处358起,查处各类违法人员576人,行政拘留33人,处罚397人,罚款46.06万元。1992年,发生治安案件243起,查处231起,处罚各类违法人员318人。其中移交预审1人,劳教27人,行政拘留9人,治安处罚271人,罚款9.24万元。是年加强基层基础工作,健全基层治保组织和乡、镇治安联防队,计有治保组织563个,治安联防队26个、196人。1993年,查破各类治安案件439起(其中非正常死亡案16件),处理违法人员875名。期间先后开展打击偷盗自行车、打击车匪路霸、打击盗割通讯线路和禁毒专项斗争。摸排掌管重点人90名,重新审定要害部位120处,查处隐患56处,提出整改建议51条。是年为加强城区治安防范,将城区64名联防队员由巡警队统一编队指挥,在城区治安案件多发地段增设3个治安岗亭、2个治安室、24个报警点,开通5部报警电话,形成城区治安防范网络。巡警队仅年内处理各类违法犯罪人员753人,追回赃款赃物折价及罚没款21万余元。1994年,查处治安案件710起,处罚各类违法人员1267人,罚款28.22万元,呈报劳教47案、51人。其中查处"六害"案件173起,违法者505人;治安巡逻接警案件535起,查处380起,处罚违法人员730人。1995年,以"抓禁毒,破大案,打团伙,追逃犯"为重点,突出打击"黄、毒、赌、盗"4类犯罪活动,对铁路沿线货盗问题进行集中整治,对渭南、新阳、马跑泉等乡镇实施重点整治。在整顿310国道工程沿线治安中,逮捕2人、收审8人、拘留3人、罚款10余人。1996年,开展春季"严打"、夏季农村治安整治、禁毒除"六害"斗争。年内受理查处案件673起,处罚违法人员1224人,劳动教养8人,治安拘留12人,罚款816人、40余万元。

1997 年，以“一点（城区和马跑泉、社棠镇）三线（310 国道线、麦积山风景旅游线及铁路沿线）”为重点，对马跑泉、甘泉、党川吊坝子、利桥墁坪金矿点进行 5 次集中整治。4–5 月，在林区、林缘区铲除罂粟。是年受理、查处治安案件 658 起，处理违法人员 1256 人，处罚金额 43.7 万元，没收财产价值 7.9 万元；查处“六害”案件 240 起，处罚违法成员 681 名。1998 年，组织开展 8 次集中整治斗争，对治安突出地区进行专项整治，并按照“三禁并举、堵源截流、严格执法、标本兼治”的方针，开展宣传预防活动。年内查处治安案件 660 起，处理违法人员 1072 人，罚款 33.29 万元。另外还检查大中型企业 201 次，发现隐患 116 条，对 9 个单位发整改通知，与 250 个单位签订《治安管理承包责任书》。1999 年，全区开展“禁毒、治暴、铲黑、反盗、扫黄、追逃”专项斗争，集中开展统一“严打”行动 5 次，加强重点人口、暂住人口管理，严格社会面的控制，强化治安防范管理措施。共受理查处治安案件 368 起，查处违法人员 536 人，罚款 3.48 万元；查处“六害”案件 113 起，查处违法成员 194 人。2000 年，把禁毒作为首要任务，组织开展 “百日缉毒破案战役”和“百日扫毒统一行动”；继续开展严打整治、打拐解救等专项斗争，加大公共娱乐场所清理整顿。年内计查处治安案件 615 起，违法人员 894 人。

2001 年，开展“打黑除恶”专项斗争和“百日扫毒”“缉枪治暴”“追逃”破案“大会战”，并以打击金融、财税、商贸领域犯罪为重点，有效整顿和规范市场经济秩序。年内受理治安案件 1044 起，查处 873 起，调解纠纷 87 起。2002 年，以“打黑除恶”“严打整治” “两抢一盗”为重点，开展“无毒区”创建，严格落实接茬帮教措施，建立帮教小组。年内受理治安案件 1217 起，查处 1103 起，查处违法人员 1370 人，调解各类纠纷 121 起。还根据治安实际，部署重点区域排查整治，当年新列治安重点区域 73 处；强化巡逻城区街面、主要路段和重点部位，提高巡警大队巡逻频率，遏制社会面发案。2003 年，重点打击“黑、恶、毒、盗”，加大网上逃犯追缉力度，受理治安案件 990 起，查处各类违法人员 1199 人，调解各类纠纷 133 起。对 9 处重点区域集中整治，破获刑事案件 67 起，查处治安案件 23 起，打击处理违法犯罪人员 47 人。2004 年，重点打击有组织犯罪、车匪路霸、流氓恶势力、杀人、抢劫等严重暴力犯罪，追查网上逃犯，继续扩大“无毒区”创建成果，对吸毒人员和出狱、出所人员落实帮教措施。建立火车站周边 3 条街和桥南商场 57 个责任区两大防范板块，通过治安巡逻，抓获并刑事拘留 72 人，占刑事拘留总人数的 1／3。年内总计查处治安案件 1354 起。

2005年，开展黑恶势力犯罪和爆炸、投毒、杀人、绑架等严重暴力犯罪专项斗争，受理治安案件636起，查处613起，查处违法嫌疑人740人，其中警告130人，拘留14人，作其他处理164人，劳教1人，罚款480人、4.27万元。2006年，以打击有组织犯罪、车匪路霸、流氓恶势力、杀人、抢劫等严重暴力犯罪为重点，年内受理治安案件1755起，查处1726起，查处违法嫌疑人2001人，其中警告199人，拘留99人，作其他处理204人，罚款1469人、28.19万元。打掉“310国道”盗窃车辆货物犯罪团伙1个，破获盗卸货物案件8起。结合“平安麦积”创建，组织内保单位、社区居委会、物业公司、治保会、保安队、守楼护院等群防群治组织和治安积极分子，落实整改不安全隐患183起。2007年，受理治安案件1810起，查处1777起，年内除重点打击各类严重违法案件外，还注重强化校园内部和周边治安管理，整治校园周边的文化娱乐场所，破获校园及周边地区发生的刑事案件44起，查处治安案件27起。

二、矛盾调处　1985年，全区从改变社会风气、化解人民内部矛盾入手，加强文明村（镇）和文明单位的建设，制定和完善乡规民约，普遍开展“文明单位”“五好家庭”“好媳妇”“好婆婆”评选活动。1989年，整顿三类基层调解组织，配备基层调解干部，建立民调信息联络点，确定信息员。1990年，针对农村各类纠纷激化现象上升的趋势和职能部门职责不清、群众告状难的情况，及时研究解决民事纠纷、治安案件发生后受理单位处理程序，发挥基层派出所、司法所和司法助理员的职能，防止推诿扯皮，完善分级管理制度。1991年开始，把重视信访，消除不安定因素作为基层工作重要内容之一，对群众来信来访做到事事有回答，件件有着落，有效防止矛盾激化和集体上访。1993年，进一步强化基层组织建设，并采取集中培训和以会代培等方式，全区培训调解干部、调解员和信息员2810名，调解主任461名。1996年，以把问题解决在萌芽状态作为工作重点，有效地预防民转刑案件发生，全年发生民事纠纷3170起，成功调处3109起。1998年广泛开展动态调查，有效制止和解决部分职工和群众因企业亏损发不出工资、土地征用等问题引发的越级上访活动。1999年，区维护稳定工作领导小组3次召开会议，安排部署集中开展矛盾纠纷排查调处活动。2000年，重点对农业受灾、粮食减产、群众生活困难、工商业不景气、下岗职工多、旧城改造等引发的各类矛盾进行排查化解，同时还实行重大矛盾纠纷挂牌督办销号制度，把敏感时期的重大矛盾纠纷化解在基层，消除在萌芽状态。全区共排查调处矛盾纠纷446起，调处成功

444起。2001年,全区共排查矛盾纠纷154起,其中重大矛盾纠纷7起。特别是对什字坪村民与驻军某部队因征地问题引发的群体性纠纷,黄河企业集团天水啤酒有限公司、天水石油公司、区供销合作联社等单位因职工内退引发群体性上访,中车集团天水七四五二工厂因工资和养老金拖欠等问题引发的上访,新阳镇赵家庄村因铁路二线工程征地款发放问题引发阻拦工程建设和围攻行政执法人员的群体性事件,原立远乡龙凤村与铁路二线工程民工群体性械斗事件,元龙镇葡萄园附中因接种乙脑疫苗引发群体性癔症事件等矛盾纠纷时,区委、区人民政府抽调300名干部组成工作组,深入事发现场,及时理顺群众情绪,化解矛盾。2002年,排查矛盾纠纷916件,调解成功883件,对18起群体性事件和集体上访事件全部进行稳妥处置。中滩镇雷王村民因市场建设上访市人民政府、原南河川乡人民政府与董家河村村民矛盾激化事件、宝鸡市三运公司与中铁十八局民工因交通事故需维修装载机引发群体性事件,均在区委、区人民政府及时处置下,得以化解。2004年,为充分发挥基层组织作用,积极构建矛盾纠纷排查调处"四道防线",完善登记、定期排查会议、处置突发事件应急预案等制度,健全多层次、全方位的情报信息网络。是年12月22日起,出租车司机罢工,导致车辆停运,分局调集警力和车辆分3组昼夜坚守城区主要交通路口、城区渭河大桥及街面,加强巡逻、控制局面,严防刑事及治安问题的发生,全力维护社会治安秩序,并积极协助交警部门疏导交通,并向其耐心细致地做宣传教育、法律解释工作。对个别组织者、骨干人员及行为过激的人员依法传唤和训诫,防止可能发生更大冲突及准备在节日期间游行示威等问题的发生。2005年,坚持"可散不可聚、可解不可结、可疏不可堵、可顺不可激"的原则,高度重视涉法上访问题。年内共排查矛盾633件,调解成功624件。16起重点涉法上访案件中,有14起得到彻底解决。2006年,对社棠镇原甘肃棉纺厂职工因身份置换而引发的群体性上访、甘泉镇吴河村因企业污染造成村民铅超标、元龙镇白家庄村民因使用铁轨建桥引发的围堵镇政府并阻止铁路公安民警执行公务、铁路幼儿园教师因移交地方遗留问题、天宝高速公路麦积街亭段村民因土地征用补偿问题引发的集体阻止施工等6起群体性事件,坚持教育疏导和开展法制宣传,进行依法妥善处置。

第二节 案件侦查

一、刑事侦查 刑侦的重点是打击危害社会的刑事犯罪。境内案件,以盗窃、抢劫为最多。1985年,刑事发案249起,当年侦破231起,抓捕涉案人员316人,逮捕263人,拘留53人。1986年,刑事发案239起,当年侦破222起,抓捕涉案人员473人,逮捕139人,拘留39人,其中拘转捕25人,缴获违法现金及财物合人民币28万元。1987年,刑事发案220起,当年侦破203起,抓捕涉案人员324人,逮捕177人,拘留46人,其中拘转捕26人,缴获违法现金及财物合11万元。1988年,刑事案件较上年猛增,发案349起,当年侦破312起,抓捕涉案人员405人,逮捕158人,拘留69人,其中拘转捕48人,缴获违法现金及财物合51万元。1989年,刑事发案309起,当年侦破234起,其中大案146起,侦破107起,抓捕涉案人员395人,逮捕209人,拘留39人,其中拘转捕25人,缴获现金及财物合54万元。1990年,各类刑事案件立案503起,破358起,抓获涉案人员1006名,打掉犯罪团伙39个,成员144人,缴获现金及财物合56万元。全部拘审人员中,提请逮捕259人,批捕229人。1991年全区共发生刑事案件387起,破获333起,重、特大案186起,破获153起。此外,破获历年未报未立的积案和隐案517起,协助外地破案33起。因刑事损害死亡9人,伤21人,财产损失1520万元,破案后退回财物价值81万元,抓获刑事违法犯罪人员459名,摧毁犯罪团伙55个,涉及案犯22名。1992年,刑事案件立案415起,破获329起,其中重、特大案162起,破获123起。此外,破积、隐案件274起,协助外地破案37起。共破获各类案件640起,抓获各类违法犯罪人员585名,摧毁犯罪团伙37个、143人,涉及案犯142名。抓获批捕在逃犯罪嫌疑人8名,负案在逃者70名。

1993年,全区共立刑事案件432起,破获382起,其中重、特大案件发生198起,破166起。另外破获积案37起,隐案195起,协助外地破案186起,抓获批捕在逃者20名、负案在逃者49名,破获各类犯罪团伙54个、成员208名。1994年全区共发生各类刑事案件379起,破获345起,其中重、特大案件发生194起,破获170起,共抓获各类刑事犯罪嫌疑人387名,捣毁犯罪团伙43个、154人,追获赃款、赃物折价168万元。1995年,共立各类刑事案件331起,破获301起,其中重、特大案189起,破获163起(内贩卖毒品案77起),抓获各类案犯321人,打掉各类犯罪团伙31个、105人,追回赃款赃物总价值达93万元。1996年,各类刑事案件立案341起,破获329起,其中重、特大案159起,破获153起(内毒品案66起),抓获各类犯罪嫌疑人361名,打掉各类犯罪团伙34个、123人,追回赃款赃物折价计186万元。另外破各类积、隐案件354起,协助外地破案53起,抓获11人。1997年,共发生各类刑事案件314起,破获310起,其中重、特大案145起,破获141起,抓获各类犯罪嫌疑人398名,捣毁犯罪团伙43个、163人,追缴赃款、赃物折价计65万元。另外破获积、隐案件337起,协助外地破获案件85起。1998年起,刑事案件大幅度上升,当年立案755起(含积、隐案件),其中特大案138起,摧毁犯罪团伙28个、128人,追缴赃款赃物折价计320万元,缉捕在逃犯罪嫌疑人26名。

1999年,破获各类刑事案件(包括积、隐案件)754起,其中破获重、特大案95起,抓获各类犯罪嫌疑人247人,摧毁犯罪团伙16个、77人,追缴赃款赃物总价值58万元。先后妥善处理"三二"重大爆炸事件,"六一九"强奸杀人案和特大强奸、轮奸、拐卖、强迫妇女卖淫团伙案。2001年,共立各类刑事案件738起,当年破获403起,连同破获历年积案173起,外省区市案件121起,总计破案697起,摧毁犯罪团伙28个、128人,追缴赃款赃物折价计183万元。2002年,共立各类刑事案件879起,破获510起,破年前积案189起,破获外省区市案件135起,摧毁犯罪团伙30个、106人,追缴赃款赃物折价计180万元。是年破案中,上网追逃犯83人,抓获54名,其中分局上网41名,协外13名。期间,成功破获桥南建安公司爆炸案,追回仙人崖被劫的国家一级文物、明代铜铸佛像1尊。是年还受理经济案件33起,经过案前调查,正式立案9起,破获7起,抓获犯罪嫌疑人7人,为国家和受害群众挽回经济损失42万元。2003年起,刑事案件略有下降,当年各类刑事案立案763起,破获571起,摧毁犯罪团伙17个、67人,追缴赃款赃物折价计174万元。2004年,破获各类刑事案件746起,当年发生刑事案件546起,破案457起;其中杀人案4起,打掉犯罪团伙12个、40人,其中涉恶团伙2个、9人,抓获逃犯75人。此外,破获经济案件3起,挽回经济损失340万元。2005年后,刑事案件进一步下降,是年各类刑事案件立案540起,破获353起,另外破获年前案件205起,破获外省区市案件67起。2006年,各类刑事案件立案467起,破获377起,另外破获年前案件120起,破获外省区市案件19起,摧毁各类犯罪团伙27个、成员108人,追回损失共折计230万元。2007年,共发生刑事案件479起,破案320起,另外破获年前积、隐案件79起,协助外地破案13起。逮捕134案、209人,打掉团伙22个、112人。

二、预审　分局设预审股,负责对各类刑事案件的预审和向检察机关的报捕,为公安机关办理刑事案件的最后程序。1989年,审查报捕材料133案、298人,提请逮捕129案、222人，批捕209人。1991年，提请逮捕各类犯罪嫌疑人301名，检察机关批准230名。移送后退查8名。1992年，预审工作坚持“从重从快”方针，预审各类违法犯罪嫌疑人282人中，转捕98人，作其他处理48人，解除收审110人；拘留人犯64人，转捕54人，作其他处理10人；提请检察院批捕256名，批捕221名，待批捕8名，不批捕27名。另有移送后退查的11人。1993年，提请逮捕各类犯罪嫌疑人149案、252人，批捕141案、226人；其中七类案件（个人极端暴力犯罪、涉枪涉暴犯罪、黑恶势力犯罪，群众反映强烈的电信诈骗犯罪、拐卖妇女儿童犯罪、“两抢一盗”犯罪和黄赌毒等）在20天时限内审结的23案、45人，及时审结18案、36人。1994年，提请逮捕各类刑事案件154案、250人，批捕141案、228人。1995年受理预审移送起诉案件191案、257人，审结192案、261人（含上年1案4人）。受理“七类案件”29案、45人，在20天内及时审结24案、38人。预审过程中，挖出犯罪线索55条，破获刑事案件5起，一般案件32起，追加犯罪嫌疑人16名，追回赃款赃物折价计2.5万元。

1996年，预审各类案件168案、228人，其中提请检察院批捕143案、184人，已批准逮捕125案、151人。受理“七类案件”24案、30人，20天时限内及时审案21案、27人。预审中，深挖犯罪线索57条，案件23件，追加犯罪嫌疑人11人，追回赃款赃物折价计2.4万元。1997年，向检察机关提请逮捕刑事案件150案、210人，批捕146案、193人，审结移送检察机关169案、245人。1998年，向检察机关提请逮捕各类犯罪嫌疑人146案、229人，批捕126案、187人，审结移送检察机关119案、179人。1999年，向检察机关提请逮捕各类犯罪嫌疑人170案、249人，批捕129案、204人，审结移送检察机关127案、201人，查退5案、10人。2001年，向检察机关提请逮捕各类犯罪嫌疑人143案、188人，批捕123案、154人，审结移送检察机关121案、152人。2002年，刑事拘留各类犯罪嫌疑人311人，向检查机关提请逮捕各类犯罪嫌疑人149案、187人，审结移送检察机关160案、202人。2003年，刑事拘留各类犯罪嫌疑人292人，向检察机关提请逮捕各类犯罪嫌疑人135案、219人，批捕126案、196人，审结移送检察机关124案、194人。2004年，刑事拘留221人，转外27人，作其他处理50人，提请逮捕144人，逮捕138人，移送起诉98案、140人（直诉2人）。2006年，依法处理违法犯罪嫌疑人248人，其中逮捕103案、175人，起诉104案、176人（含直诉3案、6人）。2007年，刑拘各类犯罪嫌疑人287名，其中逮捕134案、209人，移送起诉134案、209人。

第三节 户政管理

一、户籍制度 境内户籍制度与全国其他各地一样，从20世纪50年代起，即根据地域和家庭成员关系将户籍属性分为农业户口和非农业户口。重在利用其制度限定人口自由流动，特别是城乡之间的流动，以避免非农业人口过多，给国家增加负担。80年代前期，迁徙限制有所放宽，但只允许农民自理口粮进入集镇落户。对将农业人口转为非农业人口仍限制较严，1985年公安部颁布《关于城镇人口管理的暂行规定》中，将“农转非”（即农业人口转为非农业人口）内部指标定在每年万分之二以内。1997年，国务院批转公安部《小城镇户籍管理制度改革试点方案和关于完善农村户籍管理制度的意见》，其中规定，从农村到小城镇务工或者兴办第二、三产业的人员，小城镇的机关、团体、企业和事业单位聘用的管理人员、专业技术人员，在小城镇购买有商品房或者有合法自建房的居民，以及其共同居住的直系亲属，可以办理城镇常住户口。2001年，国务院批转公安部《关于推进小城镇户籍管理制度改革的意见》中，对办理小城镇常住户口的人员，不再实行计划指标管理。

二、户口管理 1986年开始，对全区16周岁以上人口由公安机关颁发居民身份证。身份证上注明姓名、性别、民族、出生年月日、住址、使用年限、编号、颁证单位及日期等项目，并印有照片。至1989年，全区颁发31.4万份，占当时全区总人口的62%。同时整理农村户籍，发放农村户口本90500册（城镇非农业人口早已有家庭户口本）。户口本以农村住户为单位，登记全家人口的相关信息，要求与身份证上一致。从此，农村户口亦纳入公安机关统一管理。1990年，随着居民身份证在社会活动中作为个人证件的正式使用，相沿很久的由公社（乡）、大队管理人口，人们社会交往中由地方政府（或大队）开具证明的历史结束。1992年，开始清理暂住人口，为其办理《暂住证》。按其规定，离开常住户口所在地跨市、县的暂住人员，凭本人《居民身份证》或原籍乡、镇人民政府和派出所出具的身份证明，持近期1寸照片两张，在本区暂住7日以上、30日以下的，在到达暂住地3日内向流动人口管理服务分站申报登记；暂住1个月以上且年满16周岁的公民，在申报登记的同时申领《暂住证》。暂住在本市居民或者农民户内的人员，由户主带领或者由本人持户主的户口簿，向暂住地派出所申报暂住登记，申领《暂住证》。同时，对年龄到达16岁以上的居民或遗失身份证的人随时经本人申请，补办身份证。1995年,对常住人口和暂住人口,建立口卡管理。道北、道南、桥南3派出所完成人口信息微机管理。至1996年,录入人口信息53428户,199739人。1997年开始,对农业户口实行"三位一体"化管理模式。至1999年,换发户口簿100311册,装订门牌99893户,绘制乡、镇平面图23份,平面图392份,登记农村暂住人口2254人,办理暂住证2182人。2001年,清理整顿出租房屋和暂住人口,对出租房屋实行证照管理,与房主签订《租赁房屋治安责任书》,结合整顿出租房屋共清理暂住人口6802人,其中居住一月以上人员3072人,办暂住证3011人。有8个派出所实现人口信息管理微机化,并与分局户政部门联网。2002年,清理流动人口5万余人,登记暂住人口4502人,其中宝兰铁路二线建设施工人员1438人,务工1800人,经商659人,服务业从业人员605人。2005年,全面核查户籍人口,上门核对165387户、430878人。2006年,登记流动人口6800人,补办暂住证7328人,发调查函98封,清理"三无"人员49人,清理出租房屋508户,清查建筑施工工地127个,查验人员1898人。2007年,全面换发第二代居民身份证,总计发证27.4万份,期间为在外地就业不能亲自办证者实行互联网传输、亲属代办或互联网传输办理方式。是年,登记暂住人口8210名,办证7480件。

三、重点人口监控 1985年,境内有重点列管人口300余人,主要是刑释、假释、保外就医、缓刑管制等人员。为便于监控和教育,成立有帮教小组198个。1991年,重点列管人口886人。为加强监管,选建治安耳目80名,提供各类线索68条。1993年,考核撤销管理106名,新增列管205名。1994年,重点列管人口763名,建立143个违法青少年帮教小组,帮教违法青少年270人,其中247人有所好转。2000年以后,重点列管人口猛增,2001年达1566人,2002年更达1902人,2003年仍有1677人。为此,各级加强帮教人员力量,尤其注重帮教违法青少年。基层派出所则全部实现重点人口信息管理。2006年,对辖区内1625名重点人口和监管对象登记造册,落实监控工作。2007年,新增重点列管者170人,撤管168人,年末尚有1627名。

四、"农转非" 即将农业人口转为非农业人口,过去一直控制很严。1985–1990年,城乡户口流动管理略有放宽。1985年公安部作出"农转非"每年可限定在总人口万分之二的控制线以内后,当时的"两半户"(一户中一半非农户口,一半农业户口)家庭经本人申报,由区计划委员会在严格指标控制下审批,时只限于夫妻投靠和子女投靠父母的农业户口,由于全区指标每年总计不到100

名，尚难解决“两半户”存在的突出问题。1992 年，为解决城镇建设资金缺口，向社会集资，区政府规定凡捐资 5000～6000 元者奖励“农转非”指标 1 人，是年有 500 余户（人）农业人口通过捐资转为非农业人口。1996 年后，“农转非”政策进一步放宽，每年约有 600（户）人左右“农转非”，“两半户”问题逐渐得到解决。1997 年起，凡从农村到小城镇务工或者兴办第二、三产业的人员，只要在小城镇购买有商品房或者有合法自建房的居民，以及其共同居住的直系亲属，都办理城镇常住户口。此后，“农转非”人员增多。2001 年，取消“农转非”户口计划管理制度，废止由计划部门审批办理“农转非”的办法，凡符合条件的，由公安户籍管理部门直接办理。2004 年，又取消凭计划生育部门的《准生证》入户制度，原有随母入户制度改为可随父、随母自愿入户。

第四节　交通管理

一、机构　1985 年，分局设有交通民警队。1992 年，改名天水市公安局交通警察支队北道大队。2005 年随区改名，称麦积区大队。内设办公室、安全股、事故股、车管股、城区中队和道路中队，下辖元龙（2006 年设）、城区、道路等 3 个中队。

二、秩序整顿　1986 年 4 月，开展“交通秩序整顿月”活动，全区抽调 50 名干警上街整顿交通和治安秩序。1990 年 6 月，分局开展打击车匪路霸统一行动。年度车辆审检验车 1789 辆，审验换证 3107 人。当年全区发生一般以上交通事故 120 起，死 10 人，伤 68 人。1991 年，上路检查 787 人次，夜查 113 人次，检查车辆 3.7 万余辆（次），查获违章车辆 2100 余辆（次），罚款总额 2.3 万余元，技术、治安处理违章人员 65 名。1992 年，全区发生道路交通事故 391 起，处理结案 352 起，死亡 11 人，伤 53 人，经济损失 11.2 万元，因交通事故处理责任者 44 人，其中技术处分驾驶人员 38 名，治安处罚 4 名，依法追究刑事责任的 2 名。1994 年，加强社会治安管理，整顿交通秩序 25 次。1998 年，开展对报废机动车辆及“三无”车辆、保安服务行业、铁路沿线治安问题较多的南河川等乡、村专项治理。1999 年，出动 542 人（次），上路查车 1.63 万台，查处违章事件 854 起，处理违章驾驶员 220 人（次）；处理肇事驾驶员 48 人，追究刑事责任 2 人，吊销驾照 4 人，吊扣驾照 22 人，警告 2 人。2001 年，大小交通事故 353 起；2002 年，交通事故 53 起，死亡 40 人，受伤 36 人，直接经济损失 23.77 万元；2003 年，交通事故 24 起，死亡15 人，受伤 20 人，直接经济损失 4.25 万元；2004 年，交通事故 31 起，死亡 21 人，受伤 22 人，直接经济损失7.6万元;2005年,道路交通事故21起,死亡15人,受伤10人,经济损失1.9万元。2006年4月10日,国道310天巉公路特大恶性交通事故发生后,由市安全委员会牵头,抽调安监、交通、交警、质监等部门人员组成工作组,对全市过境的国、省道和乡村道路进行安全隐患的专项整治和督查。主要是检查车辆的带病运营、无证驾驶、超速超载和“三品”检查以及事故多发点段的综合治理。2007年,发生道路交通事故14起,死亡16人,受伤14人,经济损失7.1万元。

三、事故 1987年2月12日,境内华双公路南河川境内1辆客车颠覆,7人遇难,伤14人。10月27日,天北公路省建八0一处门口发生一起交通肇事,死亡1人,肇事车逃跑。11月12日晚,天北公路天水供电局门口发生肇事,死亡1人,肇事车逃跑。

2004年4月1日,元龙乡底川村国道310公路上,一辆货车发生火灾,所载家用电器、电脑主机箱等全部烧毁,财产损失41.4万元。

2005年4月6日,一货车行至东岔镇时发生火灾,财产损失36.4万元。

2006年4月10日中午,一辆开往兰州的安徽重型厢式货车在国道310天巉公路上驶至渭南镇青宁村段下坡转弯时失控,与相向驶来的区客运分公司客车正面相撞,又前行约50米,再与相向行驶的兰州运输集团有限责任公司大客车相撞,导致24人当场死亡,1人在送往医院途中死亡,连同在医院抢救无效死亡者总计有28人死亡,23人受伤(其中5人重伤)。

2007年1月19日,国道310公路潘集寨附近,两辆从宝鸡发往兰州的大货车追尾,1辆载19吨苯甲酰氯的大货车爆胎翻车,造成10多桶苯甲酰氯洒落于路面,导致9名村民眼睛严重灼伤,堵塞路段近20小时。

第五节 消防管理

一、机构 1985年,设有天水市公安消防支队北道中队。2005年改称麦积中队,由市消防支队直接领导。

二、火灾与管理 1986年1月14日,马跑泉木器厂发生重大火灾,烧毁厂房10间,波及群众5家,损失3万余元。1989年7–8月,马跑泉镇刘家堡村麦场发生两次火灾,损失1.5万元。1990年,开展消防宣传,修订和完善各项安全防范措施,最大限度减少火灾事故的发生。是年全区发生火灾7起,损失8.2万元。1991年贯彻“预防为主、防消结合”方针,依靠群众,充分发挥消防监督机关的职能。

1994 年，消防监督大检查 4 次，发现整改消防隐患 82 处。12 月，区轻工供销公司门市部电器线路老化发生火灾，烧毁电器损失 14.2 万元。1995 年，对 43 个一、二级消防重点单位进行 3 次安全检查。1996 年，开展各种形式消防检查 113 次，查出整改各类火灾隐患 83 条。1998 年，对全区 183 家一、二级单位和公共娱乐场所消防监督检查，举办消防知识宣传培训班 4 期。1999 年，对辖区消防重点和一、二级单位 83 家，进行 4 次安全检查，消除火灾隐患，还取缔 26 家私自经营液化气站（点）。2001 年，举办消防培训班 5 期，参加培训 600 人；60 人参加省消防总队培训班。开展"119"大型消防宣传 10 余次，帮助单位制定火灾预案 60 次，检查单位 600 家（次），查处火灾隐患 532 条，整改 421 条，打开消防通道 11 处，拆除铁闸门 8 处。处罚单位 17 家，个人 3 人，其中停产停业 2 家，停止使用 1 家，罚款 2.4 万元。2002 年，消防安全监督检查单位 185 家（次），查处各类火灾隐患 715 条，下发《重大火灾隐患整改通知书》6 份，《责令限期改正通知书》10 份，处罚单位 1 家，罚款 1 万元，消除火灾隐患 285 条，一般隐患 410 条，举办消防培训班 4 期。2003 年，消防安全监督检查单位 167 家（次），查处各类火灾隐患 316 条。2005 年，全区开展 5 次消防安全大检查，检查单位 43 家，发现火灾隐患 86 条，责令当场整改 76 条，限期整改 10 条。2006 年，检查各类单位及歌厅、网吧、批发商店、饭店、旅店等各类场所 312 家，易燃易爆场所 21 家。开展夜检、夜查 7 次，发现隐患 15 处。查处消防行政案件 15 起，处罚单位 13 家，罚款 6.5 元。2007 年，检查重点单位及公众聚集场所 168 次。

1985–2007 年发生火灾统计

单位：起、万元

年份	火灾事故	事故财产损失	年份	火灾事故	事故财产损失
1990	7	8.2	1999	26	11.1
1991	11	6.8	2000	34	22.9
1992	9	7.8	2001	40	5.7
1993	9	6.4	2002	53	10.5
1994	14	15.6	2003	19	9.7
1995	13	16.2	2004	37	64.9
1996	12	14.3	2005	35	46
1997	24	23.4	2006	31	93.8
1998	26	21.3	2007	50	2.7

第六节　专项管理

一、森林管理　1986 年，分局设元龙和麦积两个专门林业公安派出所，编制分别为 8 人和 15 人。1991 年分局又成立林业公安股，有民警 5 人。股、所主要任务是护林防火，查处、办理各类破坏森林资源案件。1997 年，改设为分局林业派出所，有民警 6 人(后增至 15 人)。2005 年，再成立区林业综合行政执法大队，与林业派出所合署办公，干警增至 20 人。 2006 年，为提高森林管护级别，成立天水市森林公安局麦积分局，执法人员 45 名，下辖元龙、麦积、三阳 3 个森林派出所，一个刑事治安队和消防中队。森林公安局成立后，先后组织开展 “天保”“猎鹰”“绿盾”“飞鹰”“抓逃犯破大案”、治爆缉枪专项行动和一系列破坏森林资源行动，共查处林业刑事案件 4 起，涉案 4 人，判处 2 起，查处林业行政案件 838 起，行政处罚 1071 人，罚款 33.8 万元，没收木材 130 立方米。在查处案件中，毁林案件 830 起，毁林 139.6 亩，盗伐林木 1.24 万株，盗运、盗售林木 1779 株；查获盗猎野生动物案 4 起，盗猎黄麂 3 只，青麂 5 只；盗运、盗售野生动物 5 起，查处盗运野鸡 52 只，野兔 169 只，青麂产品 6 只；救助放生国家二级保护动物红腹锦鸡 3 只，猫头鹰 5 只，省级保护动物黄羊 2 只，麂子 38 只，蛇 1 条，益鸟 260 只，恢复林地 2219 亩，责令违法人补栽树木 13 万株，挽回经济损失近亿元。

二、监所管理　1985 年 6 月 27 日，分局看守所在押重大流窜盗窃集团首犯杨 × × 乘放风之机越墙逃跑，分局立即组织干警追捕，于当日下午在陇西火车站将杨抓获。事发后，看守所进一步贯彻落实管教干警岗位责任制，确保监所安全，开展监所“三无”(无罪犯脱逃、无罪犯非正常死亡、无狱内重特大案件)活动，开展监规法制教育，并加强人犯生活、卫生等方面管理。1991 年，羁押人犯 357 名，代管收审人员 517 名，未发生任何等级事故。1992 年 6 月，看守所召开宽严政策兑现会，对 8 名牢头狱霸给予加刑处理。1993 年，对发生的牢头狱霸打死人事故进行认真检查，深刻吸取教训。是年为加强防范，完成牢房钢门钢窗的更换，坚持每月检查监号，依法管教、纠正体罚人犯等行为。1995 年，清查留所服刑人员狱费、羁押人员期限，保障被监管人员合法权益。2000 年，为加强对犯人教育，看守所举办法制教育图片展览，督促在押人员观看，接受教育。2002 年，从在押人员中，深挖犯案线索 105 条，核实破获案件 15 起，抓获案犯 1 名。2003 年，深挖违法犯罪线索 196 条，查证落实 58 条，破获案件 9 起，抓获犯罪嫌疑人 10 名。2005

年，管教民警得知在押死刑犯米××，有未供述人命案，遂与其进行长达45天思想攻坚，终使其交代6年前在酒泉市肃州区一租房内杀人藏尸后潜逃案件。2007年，看守所内部进行安全检查20次，回访监督考察68名监外执行和13名保外就医罪犯。

三、特种行业管理　1986年，分局对全区录音录像及文化市场进行清理整顿，收缴黄色书刊2000余册，淫秽录像74盒。1989年，清查旅社369家，内部单位172个，查获淫秽物品46件，查获卖淫嫖娼、容留妇女卖淫、流氓等违法人员18名，打掉赌博团伙8个，查获赌博人员185名，没收赌具6副，赌资4.5万元，收审11名违法犯罪嫌疑人。1990年，清理整顿特种行业175家，重点对城区87家进行整顿，对7家饭店、旅社给予治安处罚。1992年清理整顿旅店105家，废旧收购业66家，依法取缔和停业13家，对检查验收合格的53家，核发《特种行业安全许可证》。1993年，对全区105家旅店、73个废旧收购点、84处文化娱乐场所进行整顿，共查处治安案件36起，依法限期整改旅店1家，停业1家，培训旅店从业人员759人(次)；取缔非法收购点5处，吊销《特种行业安全许可证》2家，处罚违法人员29名，限期整改18家娱乐业，取缔15处乱摆摊设点并有赌博行为的台球桌。1994年，对全区181家文化娱乐场所、旅社、电子游戏室、录像带出租点进行清理整顿，抓获各类犯罪嫌疑人101人。1995年，查获卖淫妇女10人，嫖娼人员18人，介绍、容留妇女卖淫案件1人、1起，赌博案件9起、72人，其他案件26起、56人。1996年，查封5家私人黑店，取缔非法刻字点6处，停业整顿8家超时经营的歌舞厅，查封3家无证经营的电子游戏厅。1998年，捣毁利用电子游戏机赌博窝点8处，收缴麻将机、跑马机机芯58块，查封"开心天地"电脑游戏机125台，"钻石舞台"电子游戏机12台。1999年，清理印刷业、音响制品及出租网点300余家，改造57家按摩服务场所，取缔洗脚房4家，查缴淫秽光盘238盘、淫秽书刊380册，收缴麻将机130台。2001年，检查电子游戏厅25家，强制关闭22家，整顿无证经营的网吧9家。2002年，开展互联网有害信息专项清理整治，本着"保护合法、打击违法、取缔非法"的原则，加强对互联网搜索监控，加大网上侦查力度，打击网上各种违法犯罪活动，及时发现和阻断互联网上反动有害信息，清理整顿"网吧"互联网营业场所等23家、940余台，删除有害信息170余条，取缔"黑吧"3家。2003年，清理整顿互联网营业场所31家，取缔1家，删除和阻断反动有害信息145条。2006年，进一步加强对辖区旅店、刻字印章店及收购、印刷复制、音响制品放映和歌舞厅、音乐茶座、桑拿、浴足、棋牌茶园等行业场所的管理,落实安全防范措施,规范合法经营;会同教育、文化、工商、交警、消防等部门,对校园及周边开展10余次清查,共查处赌博案件4起,治安行政处罚2人,取缔无证电子游戏厅6家,收缴带赌博性质的电子游戏机6台和电脑板672块;查处违规接纳未成年人上网的网吧3家,取缔无证录像厅1家。2007年,继续加大对宾馆、饭店、网吧、出租房屋以及废旧物品收购、机动车修理、二手手机市场等公共复杂场所的监督管理,并通过守法经营教育,提高特种行业人员学法、守法意识。

四、危险物品管理 1989年,分局组成由内保、消防、治安为主的检查组,对内部单位要害、重点部位及存放爆炸物品进行安全检查。1990年,抽调专人对全区配备有枪支弹药的46个单位和存放、使用爆炸物品的所有单位进行清理整顿。1992年加强对枪支弹药、易燃易爆物品的管理,并对易爆物品销售办理销售许可证,禁止个人销售烟花爆竹等易燃易爆物品。同时对民用猎枪购买加强限制,对现有民用猎枪逐人、逐枪进行清理审验。1996年严打中,分局组织专人对"310"国道、甘泉黑金子沟、党川各矿点、林区及缘林区周边10余乡的爆炸物品、剧毒物品进行全面清理整顿,共收缴各类非法枪支219支,查封炸药1056公斤,没收雷管76枚,导火索6000余米,收缴各类管制刀具83把。还摧毁街子乡八槐村制贩枪支窝点,缴获非法制造的土枪3枝,黑火药165公斤。1997年,收缴各类枪支942支,查封非法经销炸药4000公斤。1998年,6次集中统一整治党川、利桥、甘泉等矿点,全面清理矿区爆炸物品、枪支,清理矿洞和场所119个,收缴各类枪支6支。1999年,南河川派出所查获一起非法制造、买卖炸药窝点,查封自制炸药1吨;国庆前夕开展"收枪治爆"专项行动,整治石佛、中滩、南河川、渭南等重点地区,清理整顿19家采石厂、8家砖瓦厂,收缴各种枪支10支(猎枪2支、小口径1支、土枪5支、气枪2支)、雷管200枚、导火索500米、子弹41发。2001年,开展治爆缉枪行动,出动警力685人(次),收缴各类枪支1006支,子弹140发,炸药2010公斤,雷管3449发,导火线2038米,群众主动上交枪9支;查处非法制造、买卖、使用爆炸物案件3起,处理涉爆、涉枪犯罪嫌疑人7人,捣毁1处非法制造炸药窝点。2002年,继续开展治爆、缉枪等专项工作,收缴各类枪支517支,子弹265发,炸药480公斤,雷管1473枚,导火索605米。对涉危、涉爆单位和党川、利桥矿区进行多次安全大检查和不定期安全防范检查,发现隐患及时整改,防止发生重大恶性事故和涉爆案件。2003年,开展毒鼠强专项整治,收集毒鼠强33公斤,其他剧毒物品1.5公斤。2007年,针对重点工程多、新农村建设等民爆物品使用量大的情况,对民用爆炸物品运输、储存、使用、保管环节的安全大检查,落实安全责任。是年收缴违法使用枪支10支,子弹130余发,管制刀具15把,非法贮存炸药72公斤,雷管230枚。

五、出入境管理　1985年,境内被确定为国家乙类对外开放地区,受理入境外国人的出境签证、入境签证延期、出入境签证、居留签证及延期、旅行证加签证延期等外事管理业务。1991年,到北道旅游、观光和洽谈贸易的外国人480人,接待住宿54人。境内公民因私出境申请6起、11人。1992年,公民出境9起、10人,接待日本、丹麦等13个国家的外国居民515人(次),其中接待住宿的81人。1997年,出境人员19起、19人。1988年,办理个人因私出境手续28人(次),临时入境人员506人(次),办理边境通行证623人。1999年,审核办理公民因私出境手续29人(次),接待境外来华人员1398人(次)。2001年,办理边境通行证602人,受理公民因私出境申请62人。2002年,办理边境通行证565人。2003年,办理边境通行证408人。2005年,上半年共受理上报因私出境人员312人,其中,出国279人,涉及5大洲32个国家和地区。接待境外人员来区旅游者315人,其中登记住宿3批、18人。至2007年,均未发生涉外案件。

第七节 机 构

一、分局机构　1985年改县设区,原天水县公安局改为天水市公安局北道分局。后随区改名,又称天水市公安局麦积分局。分局接受市公安局和区委、区人民政府的双重领导。

分局初期,下设秘书、政保、内保、治安、预审、技术、消防7个股室和刑警、交通、巡警3个队以及政治办公室、看守所。2007年,分局内设政工监督室、法制室、警务保障室3个综合管理机构;安全保卫大队、治安管理大队、刑事侦查大队、禁毒大队、巡逻防暴大队、经济犯罪侦查大队6个具体执法机构。

分局设局长(兼党委书记)1人,政委1人,副局长4人,副政委1人,纪委书记1人,政工监督室主任1人。下辖21个基层派出所和看守所、拘留所、强制戒毒所。

二、基层派出所 1985年分局更名初，有11个基层派出所和一个看守所。后陆续增设，至2007年计有21个基层派出所。

三、警衔制度 1992年建立人民警察警衔制度。1992–1993年，分局有一级警督18名、二级警督17名、三级警督7名，一级警司50名、二级警司68名、三级警司61名，一级警员19名、二级警员19名。后又数次补授，至2007年，有一级警督31名、二级警督67名、三级警督129名，一级警司41名、二级警司19名、三级警司33名，二级警员14名。

第六章　检　察

第一节　区人民检察院

一、机构 1985年，原天水县人民检察院更名为北道区人民检察院。2005年随区名更改，又为麦积区人民检察院。区人民检察院在区委领导下，在区人民代表大会及其常委会监督下，独立行使检察职责。

1985–2007年区人民检察院历任检察长

姓名	文化程度	籍贯	任职年份
刘彦昌	初中	中滩镇渠刘村	1985–1993
杜振华	初中	秦州区牡丹乡	1993–1999
刘天红	中专	甘泉镇谢崖村	1999–2002
武给保	大专	秦州区天水镇	2002–2006
王　德	本科	甘肃省甘谷县	2006–

二、内设机构 1985年，区人民检察院下设刑事、经济、法纪、申诉控告、监所5个检察组和办公室。1988年，成立调查研究室、税务检察室。1991年，各检察组改称为科，其中经济检察组改名反贪污贿赂检察科。1993年，成立民事行政检察科。1995年，撤销反贪污贿赂检察科，改设为反贪污贿赂工作局。1996年，刑事检察科分设为批捕科（后改称侦查监督科）和审查起诉科（后改称公诉科）。1997年，撤销税务检察科。1999年，设纪检组和监察科。2003年，法纪检察科改为反渎职侵权局。2007年，

检察院下设侦查监督科、公诉科、反贪污贿赂工作局、反渎职侵权局、职务犯罪预防科、民事行政检察科、控告申诉检察科、检察技术科、政工科、监所科和办公室、研究室等12个科、局、室。有检察长1人,副检察长3人,检察委员会委员7人。

各内设机构职责：侦查监督科负责受理公安机关提请批捕和起诉的各类刑事案件,对照《刑法》衡量构成犯罪的犯罪嫌疑人,依法作出批捕决定;公诉科负责受理公安机关和本院侦查部门移送审查起诉的各类刑事案中决定提起公诉或不起诉,并对法院的审判活动是否合法进行监督;反贪污贿赂工作局主要是查处国家工作人员利用职务之便，贪污公款和行贿受贿等给国家财产造成一定损失的犯罪行为;反渎职侵权局任务是对非法侵害公民的人身权利、民主权利和其他权利,情节严重的行为和由于玩忽职守,致使公共财产,国家和人民利益遭受重大损失的违法犯罪行为进行立案查处;监所科职责是对监狱、看守所、劳动改造机关的活动是否合法,实行监督,协助管教人员对犯人进行教育,发现不安全因素后对看守所提出改进的意见和建议;控告申诉检察科负责接待群众来信来访、检举、申诉、控告,通过接待群众来信来访,保护公民的民主权利和人身权利,为贪污贿赂检察及法纪检察工作提供案件线索；办公室职责是保障办案各种需要和后勤保障、文秘等工作;调查研究室任务是根据每年形势需要,结合本地区、本院的工作实际,完成各级指定和自己拟定的调研文章,不定期地编写《情况反映》《简报》以及向人大所做的报告等。

第二节　刑事检察

一、批捕　1985年,政法机关开展严厉打击刑事犯罪专项行动(简称“严打”),检察院对一些重大案件提前介入,配合公安机关侦查,加快侦破速度,受理提请批捕刑事犯罪嫌疑人249人,经审查批准逮捕182人,不批捕47人,退查16人,公安机关撤销提请4人。经这次严厉打击,刑事犯罪率比上年有所下降。1986年,继续保持“严打”势头,受理提请批捕刑事犯罪嫌疑人206人,经审查批准逮捕136人,不批捕39人,退查19人。1987年,受理公安机关提请批捕251人,批准逮捕172人,不批捕49人。1988年,受理公安机关和本院自侦部门提请批捕各类刑事犯罪嫌疑人235人,经审查批准逮捕164人,不批捕47人,退查24人。同时还建议公安机关追加嫌疑人9人。1989年,受理公安机关和本院自侦部门提请各类刑事案件142件,涉案嫌疑人277人,审查后批捕245人,不批捕

15 人,退查 14 人,公安机关撤销 2 人。当年批捕总数比前几年有所上升,特点是大、要案件多,其中杀人、抢劫、强奸、伤害等恶性案件 96 人,盗窃 135 人。总人数中青少年案件人数增加,计批捕 172 人,占批捕总数的 70%。1990 年,受理公安机关和本院自侦部门提请的各类刑事案件 166 件,涉案嫌疑人 324 人,审查后批捕 138 案、248 人,不批捕 45 人,退查 14 案、30 人。全部案件中,故意杀人 7 案、9 人,抢劫 9 案、25 人,强奸 4 案、4 人,故意伤害 4 案、6 人,严重流氓犯罪 1 案、8 人,放火 1 案、2 人。盗窃案持续上升,共批捕 69 案、137 人。其特点是杀人、抢劫、强奸等案件增多,重大恶性案件上升,盗窃案件突出。1991 年,重大恶性案件突出,所批捕 128 案、249 人中,故意杀人、抢劫、强奸、流氓、故意伤害 39 案、95 人,占案件总数的 38%;盗窃案件增加,共批捕 55 案、106 人,占案件总数的 43%。犯罪主体呈现低龄化、文化素质差的特点,动机以非法谋取财物为目的,实施抢劫、盗窃、诈骗、贩毒犯罪。1992 年,审查批捕刑事案件 159 件,涉案嫌疑人 274 人,审查起诉 178 案、307 人。1993 年,开展 5 次集中专项打击活动,从快办理杀人、伤害致死、抢劫、强奸的恶性案件 29 案、59 人,起诉 18 案、28 人,移送市院 12 案、25 人。从速批办毒品案件,配合禁毒专项斗争,批捕毒品犯罪 36 案、39 人,起诉 29 案、30 人;反盗窃专项斗争批捕 49 案、100 人,起诉 44 案、87 人,移送市院 2 案、4 人;破坏电力设施和破坏通讯设备案批捕 5 案、12 人,起诉 1 案、3 人,移送市院 2 案、6 人。1994 年,继续坚持“从重从快”和“严打”,共参与 8 次集中严打活动,从快批捕各类刑事犯罪案件 121 案,涉案嫌疑人 210 人。1995 年,严重暴力犯罪案件仍突出,批捕杀人、强奸、流氓、伤害致死、绑架勒索 21 案、39 人,占批捕总案数 12.1%;批捕毒品案 78 案、81 人,占总数 45%;青少年犯罪严重,批捕 129 人,占犯罪总人数的 55%,其中未成年人 12 人,在校学生 6 人。1996 年,先后参加 4 次“严打”统一行动公捕公判大会,仅大会上批捕各类犯罪分子 81 案、107 人。

1997 年,新的《刑事诉讼法》执行,对于批捕条件,既没有适之过宽,也没有用之过严。1998 年,刑诉案件涉嫌重大暴力犯罪案上升,仅此批捕 42 案、69 人;涉毒、盗窃案件比例增大,且两类犯罪相互交织转化,批捕两类案件 65 案、89 人。1999 年,受理提请批捕刑事案件 174 件,涉案嫌疑人 251 人,批捕 153 案、215 人。2000 年,批捕受理立案监督线索 14 件,办理立案监督案件 6 件、8 人,纠正不批捕而释放犯罪嫌疑人或者随意变更强制措施等问题,发书面补查提纲 13 份。当年审查起诉科开展主诉检察官办案责任制,办案速度、质量提高,平均每个主诉检察官办案 9.6 案、11.4 人，起诉准确率 100%。2001 年，贩毒、伤害、盗窃 3 类案件位居犯罪之首，严重影响人民群众人身安全和财产安全，坚持从重从快方针，受理提请批捕刑事案件 173 件，涉案嫌疑人 228 人，批捕 145 案、186 人。

2002 年，检察院开展"案件质量年"活动，落实检察环节社会治安综合治理的要求，严把案件质量，确保"严打"效果，坚持检察环节综合治理，从源头上减少违法犯罪。2003 年，突出"强化监督、公正执法"主题。检察院批捕、起诉从快从重集中打击危害人民群众生命、财产安全和影响治安秩序犯罪。2004 年，刑事案件有所下降，治安形势好转。2005 年，落实检察环节社会治安综合治理措施，突出办案重点，增强打击效果，提高批捕和公诉案件质量。受理提请批捕刑事案件 140 件，涉案嫌疑人 218 人，批捕 132 件、206 人；受理移送审查案件 150 件、233 人，移送市检察院 16 件、25 人。2006 年，突出打击重点，增强打击实效，快捕快诉影响社会治安的"两抢一盗"等侵财型犯罪以及杀人、故意伤害、强奸等暴力犯罪。2007 年，受理提请批捕刑事犯罪案件 145 件，涉案嫌疑人 229 人，审查批准逮捕 135 件、208 人，批捕案件准确率 100%。立案监督 9 件、12 人。

历年批捕及不批捕犯罪嫌疑人统计

年份	提请批捕数		批捕数		不批捕数		其他
	案数	人数	案数	人数	案数	人数	
1985	……	249	……	182	……	47	退查 16 人，撤销 4 人
1986	……	206	……	136	……	39	退查 19 人
1987	……	251	……	172	……	49	
1988	……	235	……	164	……	47	退查 24 人
1989	142	277	……	245	……	15	退查 14 人，撤销 2 人
1990	166	324	138	248	……	45	退查 14 件 30 人
1991	156	306	128	249	18	43	退查 3 件 3 人，撤销 2 件 6 人
1992	159	274	141	235	12	29	退查 3 件 5 人
1993	160	273	153	250	6	15	退查 1 件 1 人
1994	174	281	167	263	4	10	退查 1 件 3 人，撤销 2 件 5 人
1995	186	260	174	235	6	9	退查 5 件 6 人，撤销 9 人
1996	171	221	156	192	7	11	退查 4 件 6 人，撤销 3 件 4 人

续表

年份	提请批捕数		批捕数		不批捕数		其他
	案数	人数	案数	人数	案数	人数	
1997	143	199	137	180	6	19	
1998	142	219	129	190	13	29	
1999	174	251	153	215	21	36	
2000	160	238	147	207	……	31	
2001	173	228	145	186	28	42	
2002	170	248	140	197	……	51	
2003	149	238	139	217	……	21	
2004	130	292	123	179	……	13	
2005	140	218	132	206	8	12	
2006	122	206	115	193	7	13	
2007	145	229	135	208	9	21	

二、公诉 犯罪嫌疑人经侦查监督科(先前为刑事检察组、刑事检察科、批捕科)审查批准逮捕后,经过进一步侦查,在认为犯罪嫌疑人罪证确凿后,移送公诉科(先前为审查起诉科)向人民法院提起诉讼,请求人民法院判决,给以刑罚处理。凡属重要案件,在审判时均有公诉科派公诉人出庭,支持起诉。

1985–2007 年,历年累计提起公诉案件 2737 件,涉及犯罪嫌疑人 4208 人。

历年起诉、公诉犯罪嫌疑人统计

年份	提请审查起诉		提起公诉		移 送		免于起诉和不起诉
	案 数	人 数	案 数	人 数	案 数	人 数	人数
1985	…	166	…	127	…	…	33
1986	107	172	84	134	…	…	20
1987	106	193	89	158	…	…	24
1988	…	174	76	126	…	…	26
1989	136	263	105	189	5	21	32
1990	151	268	123	206	10	32	……
1991	143	250	115	183	9	24	19

续表

年份	提请审查起诉		提起公诉		移 送		免于起诉和不起诉
	案 数	人 数	案 数	人 数	案 数	人 数	人数
1992	178	307	154	262	_	_	
1993	151	248	134	220	_	_	
1994	158	250	128	185	23	50	
1995	206	282	163	225	33	41	
1996	152	185	125	154	18	19	
1997	141	187	117	151	11	16	
1998	122	167	105	144	4	7	
1999	153	230	133	190	15	31	
2000	150	280	133	153	12	19	
2001	163	243	139	193	13	33	
2002	160	207	144	180	9	13	
2003	168	244	151	225	11	16	
2004	163	241	141	203	10	16	
2005	150	233	127	199	16	25	
2006	150	244	119	185	13	25	
2007	161	268	132	216	17	26	

三、抗诉　人民检察院对人民法院作出的判决、裁定认为有错误时，依法向人民法院提出抗诉，要求重新审理。在刑事审判中，检察院参与批捕和诉讼审判，抗诉案件相对较少。1986 年核查法院已审结宣判案件，发现 23 案超期宣判，督促其改进。1988 年，依法抗诉 4 案、5 人。1992 年，全面监督审判法定程序、法庭组成人员、被告人和其他诉讼参与人合法权益，以及判决和裁定合法性等，提出 5 条意见；对判决和认定事实不准，判决量刑过轻的 5 案，依法提请抗诉和建议法院纠正。

第三节　其他检察

一、经济检察　1985 年，经济检察主要查处贪污和盗伐、滥伐森林两类案件，计受理 21 案，侦结 8 案、10 人，起诉 5 人，挽回经济损失 6.8 万元。1986 年，受理经济案件 19 案、23 人，立案侦查 8 案、11 人，起诉 7 案、9 人，免诉 1 案、2 人，挽回经济损失25.6万元。1987年，受理13案、14人，立案7案、8人，逮捕经济犯罪嫌疑人6人，起诉2案、2人，免予起诉2案、3人，挽回经济损失6.3万元。1988年，受理经济案件23件，涉及28人，立案5案、7人，逮捕3人，挽回经济损失60.5万元。1989年，受理经济案件46件、72人，立案17案，其中贪污12件，逮捕24人，挽回经济损失57.2万元。1990年，受理经济案件31件、40人，立案18案、26人，其中贪污11案、19人，受贿2案、2人，偷税3案、3人，挪用公款1案、1人，投机倒把1案、1人。决定逮捕10人，挽回经济损失44万元。1991年，受理各类经济案件32件、36人，立案18件、20人，其中贪污10件、11人，偷税漏税7案、8人，挪用公款1件、1人，挽回经济损失101.4万元。1992年，受理贪污5件、9人，贿赂5件、5人，偷税5件、5人，挪用公款3件、5人；其中万元以上重大案件13件、17人，46万元特大案件1件、3人，挽回经济损失95.7万元。1993年，立案13案、15人，其中贪污2件、2人，受贿2件、3人，挪用公款6案、7人，偷税3案、3人，万元以上大案12案、14人，挽回经济损失107万元。1994年所立案件中，涉及党政机关干部的案件4件、4人，经济管理部门案件4件、4人，占立案总数57%，万元以上案12件、15人，占立案总数85%，追回和挽回各种经济损失120万元。1995年，查办挪用公款、偷税5万元以上大案11件、14人，占立案57%；国有、集体企业单位经济犯罪13件、18人。1996年，立案18件、19人，其中党政机关、经济管理部门案件10件、10人，查办窝案、串案13件、13人，占立案总数72%；行贿、受贿案件有所上升，占立案总数60%。1997年，立案侦查万元以上经济案件14件、17人，占立案数78%；查办金融系统最大犯罪金额达75.5万元。还妥善解决四川绵阳市企业与天水土特产品公司500万元家电销售经济纠纷。1998年，查办天水市中级人民法院5名法官受贿案，查办原寨子街道何家村村干部贪污案。针对发案单位存在的问题，发出书面检察建议3份，口头建议20份。1999年，侦查立案8案、9人，其中金融案件3件、4人，涉案金额73万余元。所立案件除1件、1人不起诉外，其余起诉法院，无撤诉案。2000年，侦查立案10案、13人，其中贪污4件、4人，受贿2件、2人，挪用公款4件、7人。2001年，侦查立案9案、10人，其中国有企业职工犯罪案件5件、5人，犯罪金额42万余元。为加强预防职务犯罪，发书面检察建议14份，口头建议20余条。2002年，立案侦查国有企业工作人员3件、4人，农村基层组织工作人员4件、5人，挽回经济损失45万余元。2003年，立案侦查5件、5人，挽回经济损失10.8万元。其中党政机关副科级干部贪污1件、1人，行政执法部门工作人员贪污1件、1

人。2004年,立案侦查的8件、9人中,占用农村征地补偿费案6件、7人,涉案金额45.4万元。2005年,受理24件,立案10件、11人。2006年,规范办案线索初查、立案、侦查、结案等自侦工作各个环节,对部分自侦案件审讯实行全程录音录像,完善人民监督员制度,办案质量和效率明显提高。

历年办理反贪污贿赂案件统计

年份	受理		立案		其中大要案		挽回经济损失(单位:万元)
	案数	人数	案数	人数	案数	人数	
1989	46	72	17	33	10	19	57.2
1990	31	40	18	26	6	6	44
1991	32	36	18	20	10	11	101.4
1992	25	28	18	24	14	20	95.7
1993	38	…	13	15	12	14	107
1994	43	…	14	17	12	15	120
1995	46	…	19	24	11	11	120
1996	24	25	18	19	_	_	50
1997	28	35	18	23	16	19	110
1998	28	28	7	7	4	4	15
1999	32		8	9	3	4	48
2000	28	33	10	13	5	7	40
2001	23	29	9	10	_	_	140
2002	33	…	7	9	_	_	45
2003	26	…	5	5	_	_	10.8
2004	18	…	8	9	_	_	46.7
2005	24	…	10	11	_	_	14
2006	15	…	4	7	_	_	40
2007	8	…	9	11	_	_	30

二、法纪检察　1987年,法纪检察科和调研室组织法制宣传队,选择17类法纪案件,到8个乡、镇、20个村,宣传法纪检察受理案件的范围,为开展法纪检查作准备。至1989年法纪检察科受理法纪案件83件,依法对8人追究刑事责任。1991年,受理各类法纪案件10件、11人。其中直接查处4件、4人,转有关单位处

历年办理法纪案件统计

年份	受理		立案		起诉		免诉		撤诉		转办		挽回经济损失(万元)
	案数	人数	案数	人数	案数	人数	案数	人数	案数	人数	案数	人数	
1989	11	20	4	8	…	…	…	…	…	…	…	…	–
1990	–	–	–	–	–	–	–	–	–	–	–	–	–
1991	10	11	2	2	1	1	1	1	–	–	4	4	–
1992	7	14	4	11	2	2	–	–	1	3	–	–	–
1993	16	31	3	4	1	1	1	1	1	2	–	–	3.2
1994	19	38	2	6	1	2	1	1	1	3	–	–	–
1995	13	28	1	3	…	…	…	…	…	…	…	…	–
1996	10	11	1	1	…	…	…	…	…	…	…	…	1.4
1997	8	16	2	6	1	3	1	3	–	–	–	–	–
1998	2	6	–	–	–	–	–	–	–	–	–	–	–
1999	12	…	–	–	–	–	–	–	–	–	–	–	–
2000	10	…	3	5	2	3	–	–	1	2	–	–	4
2001	10	…	1	4	1	4	–	–	–	–	–	–	–
2002	5	…	–	–	–	–	–	–	–	–	–	–	–
2003	3	…	1	…	1	–	–	–	–	–	–	–	–
2004	7	…	1	…	1	–	–	–	–	–	–	–	–
2005	10	…	2	…	–	–	–	–	–	–	–	–	14
2006	6	…	1	1	–	–	–	–	–	–	–	–	–
2007	9	…	1	…	–	–	–	–	–	–	–	–	–

理4件、4人,立案侦查2件、2人(包括玩忽职守案1件、1人,泄露国家机密案1件、1人),移送起诉1案、1人,免予起诉1案、1人。1992年,受理各类法纪案件中,立案侦查4案、11人。立案侦查的案件中,非法拘禁3案、10人,诬告陷害1案、1人。移送起诉2案、4人,另案处理1人,撤销案件1案、3人,被告外逃未结案1案3人。1993年受理案件中,立案3案、4人,其中非法拘禁2案、2人,玩忽职守

1 案、2 人，挽回经济损失 3.3 万元。1994 年，受理案件线索 19 件、38 人。其中非法拘禁 12 件、29 人；重大责任事故 5 件、7 人，玩忽职守 1 件、1 人，非法侵入他人住宅 1 件、1 人。法纪检察科直接处理 17 件、36 人，转有关部门处理 2 件、2 人。立案侦查非法拘禁 2 件、6 人，移送起诉 1 案、2 人，免诉 1 人，撤销 1 案、3 人。1995 年受理法纪案件线索中，非法拘禁 5 案、9 人，重大责任事故 5 案、9 人，刑讯逼供 2 案、8 人，玩忽职守 1 案、1 人。1996 年，受理法纪案件线索 10 件、11 人，立案侦查 1 件、1 人，为非法拘禁；处理 1994 年疑难积案 1 件，挽回经济损失 1.4 万元。1997 年，受理法纪案件线索中，伪证案 2 件、6 人，非法拘禁 3 件、6 人，责任事故 2 件、3 人，玩忽职守 1 件、1 人。立案侦查 2 件、6 人，均属伪证罪，起诉 1 件、3 人，并依法妥善处理 6 件、10 人不构成犯罪案件。1998 年，受理法纪案件线索 2 件、6 人，其中非法拘禁 1 件、3 人，非法搜查 1 件、3 人。1999 年，受理案件线索 12 件，移送公安机关 4 件，移送区法院 1 件，转本院有关部门 1 件。2000 年，受理涉嫌侵权、渎职案件线索 10 件。立案侦查 3 件、5 人，其中涉嫌失职 1 案、2 人，滥用职权 1 案、1 人，玩忽职守 1 案、2 人(其中含滥伐林木 1 人)。审查起诉 2 案、3 人，撤销案件 1 案、2 人，挽回经济损失 4 万元。2001 年，受理各类案件线索 10 件，初查后未构成犯罪 7 件，立案侦查破坏选举案 1 件、4 人，起诉法院做有罪判决。2005 年，受理渎职侵权案件线索 10 件，决定立案初查 2 件，其中玩忽职守 1 案、1 人，环境监管失职 1 案、1 人，挽回经济损失 14 万余元。2006-2007 年，每年法纪案立案只 1 件，较 90 年代已大幅度减少。

三、监所检察 1985 年，监所检察组对实行管制、假释、保外就医、监外执行、缓刑人员(简称“五种人”)作回访考察，使其认真改造。至 1988 年，教育启发人犯检举揭发 46 人次，涉及 54 案、76 人，纠正不安全因素 16 件，发现不服管教问题 47 件，查处重新犯罪 7 案、8 人，总计回访“五种人”199 人，建立帮教小组 32 个。1989 年，提出改进和落实管理人犯、防范的建议 8 次。1991 年，区看守所有在押人员 160 人，其中未判决人员 143 人，已判决者 17 人，内有留所服刑者 9 人；关押收审人员 95 人，刑事拘留 1 人，羁押 2 人。共计 258 人。是年起，监所科(原称监所检察组)坚持每月检查监号，促其依法管教、纠正体罚人犯等行为。并建立“一见面、二接头、三参与、四检察、五及时”制度，填写“八表一志”。1994 年，检查监号 18 次，做思想教育工作 24 人次，纠正违纪行为 4 起，处理牢头狱霸苗头及不安全因素 5 起。1995 年，清查留所服刑人员、狱费和超期羁押。在安全检查中，提出建议 12

条。1996 年，看守所收押 178 人。市、区两级人民法院经判决和裁定已发生法律效力 184 人中，除死刑犯执行枪决 9 人、留所服刑 9 人、因病无法投牢 2 人外，其余 164 名人犯均在法定时限内送劳改场所服刑。当年，监所科检查人犯生活卫生 4 次，检查监号 5 次，与重点人犯谈话 23 人（次），监督考察监外执行刑罚罪犯 35 名，受理、督办处理在押犯控告申诉信件 2 件。1998 年，监所安全检查 12 次，考察监外执行人员 42 人。1999 年，全面检查所收押 268 人的关押合法性，检查 124 名判处徒刑罪犯投牢后情况，督办和建议纠正超期关押问题，考察回访监外执行 50 多名罪犯。与此同时，打击牢头狱霸，整顿监舍秩序。

2000 年，北道区看守所在押 161 人，其中男 153 人，女 8 人；已判决罪犯 16 人，未判决 120 人，刑事拘留 25 人。当年，监所科受理在押人员控告信件 5 件，与在押人员进行谈话教育 70 人（次），巡回展出法制教育宣传图片 20 余幅，受教育人员 300 余人，防范检查监管活动场所 12 次，查处违禁物品 24 件，参加狱情分析会 4 次，催办羁押期限较长、案件退查不及时换押的 9 案、14 人，回访考察保外就医罪犯 8 人、缓刑监外执行 42 人。2001 年，检查看守所收押的 329 人和 146 名释放人员常规手续，对留所服刑期满释放的 66 人在释放前进行法制教育，安全防范检查 4 次，参加狱情分析 7 次，打击牢头狱霸活动 3 次，检查和回访考察 14 名职务犯罪罪犯和 43 名监外执行罪犯。还办理在押人员控告信件 5 件，催办羁押期限较长拖办案件 6 件、9 人，纠正违法超期拘留 8 人。2002 年，参加狱情分析会 11 次，打击牢头狱霸活动 3 次，回访考察监外执行刑罚罪犯 39 名。办理在押犯控告信件 9 件，催办羁押期限较长的案件 12 件、16 人，向看守所和办案单位提建议 17 次，以解决超期羁押问题。2003 年，看守所羁押各类犯罪嫌疑人、被告人 499 人，其中新收押 344 人（男 317 人，女 27 人）。通过检查，发现不符合法定羁押条件者 3 人（精神病 1 人、怀孕妇女 2 人），清理纠正超期羁押 3 人，督促催办羁押时间较长的案件 9 件、12 人。还进行安全检查 15 次，其中重大节日检查 5 次，对在押犯学习教育、宣传谈话 200 余人（次），向看守所及办案单位发书面纠正违法通知 4 份、建议 7 次，回访监督 46 名监外考察对象。2004 年，对看守所新收押 335 人（男 307 人，女 28 人）进行收押合法性检查，证实收押法律文书齐全，手续符合规定。还发现身体检查不符合法定收押 3 人，对重型人犯谈话教育 11 人（次），进行法律、法规、政策、监规学习宣传谈话 50 人（次），回访考察监外执行 52 名罪犯。2005 年，回访监督考察 73 名监外执行和 8 名保外就医罪犯，办理在押犯控告信件 5 件，催办羁押期限较长的案件 3 件。2007 年，进行安全检查 20 次，参加狱情分析 19 次,回访监督考察监外执行和保外就医罪犯 81 人,办理在押犯控告信件 2 件,催办羁押期限较长的案件 3 件、18 人。

四、民事行政检察　1994 年,民事行政检察科开展法制宣传,提高民事行政检察工作的社会认知度,进行审判监督。1995 年,对 5 件确有错误的民事案件提出抗诉建议。1996 年,受理民事案件 4 件,经济案件 6 件,直接答复 3 件,转法院处理 3 件,息诉、撤诉 2 件,非诉讼调解 1 件,提请市检察院抗诉 1 件;接待群众咨询上访 17 人(次)。1997 年,受理民事、经济、行政申诉案件 12 件,其中损害赔偿 5 件,经营纠纷 2 件,借款纠纷 2 件,土地使用权纠纷 1 件,合伙纠纷 1 件,其他经济纠纷 1 件。直接答复 6 件,转法院处理 1 件,规劝撤诉 3 件。1998 年,受理各类民事、经济、行政案件 7 件,其中婚姻家庭 1 件,遗产继承 1 件,转让纠纷 1 件,拖欠货款 1 件,行政案件 2 件。直接答复 4 件,转有关单位 1 件,撤诉 1 件,抗诉 1 件,建议抗诉 1 件。1999 年,受理案件 13 件,其中民事赔偿 2 件,经济纠纷 7 件,房屋纠纷 2 件,行政案件 1 件,婚姻纠纷 1 件。提请抗诉 1 件,息诉 10 件,直接答复 2 件;接待群众来访 35 人(次)。

2000 年,受理申诉案件 9 件,其中提请抗诉 2 件,息诉 3 件,终止审查 1 件,转有关机关 2 件;接待群众法律咨询 30 余人(次)。2001 年,受理申诉案件 10 件,其中合同纠纷 2 件,人身损害赔偿 2 件,合伙纠纷 2 件,债务纠纷 2 件,经济赔偿纠纷 1 件,运输合同纠纷 1 件。提请抗诉 3 件,建议提请抗诉 2 件,发检察建议处理 1 件,终止审查 4 件;接待群众来访 40 人(次)。2002 年,受理案件 11 件,提请抗诉 3 件,建议市检察院提请抗诉 2 件,转有关单位处理 1 件,终止审查 5 件。市人民检察院委派出庭支持抗诉 3 件,改判 3 件。2003 年,受理申诉案件 8 件,提请抗诉 2 件,建议提请抗诉 3 件,终止审查 3 件。市人民检察院指派出庭支持抗诉 1 件,改判 1 件;接待群众来访 50 余人(次)。2004 年,受理申诉案件 10 件,合同纠纷 4 件,人身损害赔偿纠纷 2 件,商品房买卖纠纷 1 件,财产损害赔偿纠纷 1 件,医疗事故赔偿纠纷 1 件,租赁纠纷 1 件。提请抗诉 6 件,建议提请抗诉 1 件,发检察建议处理 1 件,终止审查 2 件;接待来访 50 余人(次)。2005 年,受理民事行政案件 10 件,通过审查、调查,提请抗诉 5 件,建议提请抗诉 2 件,终止审查 3 件;接待来访 50 余人(次)。2006 年,受理申诉案件 10 件,提请抗诉 6 件,建议提请抗诉 1 件, 终止审查 3 件。市人民检察院指派出庭支持抗诉 9 件。2007 年,受理民事行政申诉案件 8 件,立案审查 7 件,提请抗诉 6 件,建议提请抗诉 1 件。市人民检察院指派出庭支持抗诉 5 件。

第四节 控告申诉

1987年,申诉控告检察组深入农村,妥善解决8起告急案件。1989年,受理申诉案件116件,查办56件。当年有12名经济违法犯罪嫌疑人在最高人民法院和最高人民检察院《通告》的威慑下投案自首,缴回赃款13万元。1991年,受理来信来访55件(次),其中来信51件,来访4次,内有控告类52件,申诉类3件。转有关部门查处17件,自查27件,答复7件,移送其他检察院1件。1992年,受理来信来访76件(次),其中控告类64件,申诉类12件。转有关单位查处31件,转院内各科室13件,自查20件,直接答复12件。1993年,受理来信来访83件,其中控告类68件,申诉类15件,转有关单位查处26件,直接答复6件,控告申诉检察科自查自办22件。此后1994–1998年间,每年受理来信来访40~70件,仍以来信和控告类居多,均转本院其他科室和控告申诉检察科办理,或转有关部门办理。

1999年,受理来信来访大幅度上升,计99件(次),其中来信65件,来访34人(次),属控告类82件,申诉类17件。转本院有关部门57件,转其他有关单位28件,控告申诉科自查自办14件。2000年,受理来信来访79件(次),来信37件,来访42人(次)。属控告类59件,申诉类20件。其中举报案件线索56件,涉嫌贪污贿赂48件,挪用公款4件,法纪4件。2001年,受理来信来访45件(次),来信33件,来访12人(次),内属控告类33件,申诉类12件。受理举报案件线索32件,涉嫌贪污贿赂30件,法纪案件2件。转本院有关业务部门33件,控告申诉科自查自办12件。2002年起,来信来访减少。至2007年,总计210件,其中来信140件,来访70人(次),内属控告类170件,申诉类40件,均按归口办理原则,或转送有关单位,或转检察院其他科室,或由控告申诉科办理。

第七章 审 判

第一节 区人民法院

一、机构

1985年随改县设区,原天水县人民法院更名为北道区人民法院。2005年随区名更改,又为麦积区人民法院。区人民法院在区委领导下,在区人民代表大会及其常委会监督下,依法独立行使审判职责。

二、内设机构

1985 年,区人民法院下设刑事、民事、经济 3 个审判庭和执行庭及办公室。1987 年,设研究室(调研室)。1989 年,成立行政审判庭。历经调整,至 1990 年设刑事第一、第二庭,民事第一、第二庭及行政审判庭计 5 个审判庭以及执行庭,还有办公室、政治(政工)科、研究室。1994 年,成立法医技术室。1995 年,组建司法警察大队。2000 年,法院内设机构和职能重新划分调整。至 2007 年,法院内设机构及职能为:刑事审判庭,审理由国家公诉机关提起公诉的各类刑事案件,上级人民法院指定管辖的刑事案件以及刑事诉讼法规定的应由区人民法院直接管辖的刑事案件,由自诉人提起自诉的刑事案件;民事审判第一庭受理较复杂一审婚姻家庭、财产继承、劳动争议、损害赔偿、债权债务、人身权利等纠纷案件及各基层人民法庭上诉后发回重审案件, 同时还受理基层人民法庭因法定事由申请回避的案件;民事审判第二庭 主要采取去企业上门服务、答疑解惑,挖掘案件来源的办法解决经济纠纷案数量少的问题;民事审判第三庭受理管辖北道埠、桥南 2 街道和开发区范围内民事案件; 行政审判庭主要审理不服行政机关处罚的各类行政案件,依法审查非诉行政执行案件,办理国家赔偿案件;执行局 2007 年由执行庭改名, 职责是依法执行由区人民法院作出的发生法律效力且具有给付内容的判决、裁定、调解协议以及上级人民法院终审裁判中关于财产的决定,执行法律规定应由法院执行的其他法律文书;立案庭统一管理案件的立案工作(除刑事公诉案件由刑事审判庭直接立案外,其余民商事案件,包括申请、移送、执行案件均由立案庭统一挂号立案);审判监督庭,职责是对已发生法律效力的判决、裁定

1985–2007 年区人民法院历任院长

姓 名	文化程度	籍 贯	法官等级	任职年份
张 圭	初 中	秦州区杨家寺乡	–	1984–1993
何武魁	大 专	石佛乡康庄村	四级高级法官	1993–1999
张 诚	高 中	麦积镇街亭村	四级高级法官	1999–2002
王勇谋	研究生	山西省运城市	四级高级法官	2002–2005
赵世和	大学	甘肃省清水县	四级高级法官	2005–2006
陈维林	大学	甘肃省甘谷县	四级高级法官	2006–

注:张圭因当时《中华人民共和国法官法》未实施,未授予法官等级。

依照法定程序实行监督，对当事人申诉案件、依法决定再审的案件进行审判，履行监督职责；办公室职责是为审判工作服务，主要是职工的后勤、福利、财务会计、工资发放、办公用品的采购发放以及文件的上报下达，对外联络、沟通；政治科职责是负责法官和其他工作人员的政治思想工作及教育培训工作，负责干警的政治业务学习和考勤；研究室职责是办理审判委员会会议事务，参与国家和地方有关法律、法规、规章制定、研究和修改，对审判过程中如何适用法律的有关问题起草司法解释或提出需要作出司法解释的建议，参与对疑难案件的研究、讨论；法医技术室主要负责刑事、民事案件中由法院审判庭委托的或由当事人申请的人体损伤的伤情鉴定及伤残等级评定。

此外，设有司法警察大队。司法警察是人民警察的一个独立警种，是人民法院直接领导的武装力量，主要担负警卫值庭、维护审判秩序、送达法律文书、看管提押人犯，参与执行重大民商事案件、行政案件、协助中级法院执行死刑，执行其他生效法律文书以及保卫审判机关安全，处置突发事件等任务。2007 年有法警 11 人(其中女 1 人)。

三、基层法庭

2007 年，区法院下设 7 个基层人民法庭。

北道埠人民法庭　1985 年成立，曾辖北道埠铁路以北东起下曲、西至西闸口的区域。法庭成立初，同法院一起办公，后在外借用地点办公，曾在区蔬菜公司仓库、道北体育场老干部局一楼、道北派出所办公，现迁址桥南五龙路供电所南侧，建有上下两层办公楼，业务管辖城区桥南、北道埠、道北 3 个办事处区域。北道埠法庭 2007 年有审判员 4 人，助理审判员 1 人，书记员 1 人，配备汽车 1 辆。

马跑泉人民法庭　1981 年成立时，称东泉人民法庭，1984 年更名马跑泉人民法庭，下辖马跑泉、花牛 2 镇。起初借用乡人民政府院内 3 间平房办公，后借团庄大队一家企业二楼办公。1996 年在桥南分路口西侧路北天水烟草公司对面，建起上下共 12 间的二层楼，面积 400 平方米(含门卫房 1 间)。2002 年因拓宽公路，法庭拆除，又在花牛镇花牛新村辟地建成占地 2.4 亩、建筑面积 780 平方米、上下两层的楼房。现有审判员 6 人，配备汽车 1 辆。

社棠人民法庭　1988 年成立，下辖社棠镇及镇内企、事业单位。初建时在社棠镇人民政府院内办公，1995 年建起两层小楼 1 处，2006 年重新建成占地 2.8 亩、建筑面积 843 平方米的三层楼房，有办公用房及审判庭用房共 30 间，现有审判员 3 人，配备汽车 1 辆。

甘泉人民法庭　1973年成立,辖甘泉镇、麦积镇、党川乡、利桥乡。初借甘泉乡(镇)人民政府房屋办公,后借甘泉供销社房屋办公。再后在甘泉镇高家庄麦贾公路东侧辟地3亩,建成七开间两层小楼,面积584平方米。现有审判员3人,另聘用司机1人,配备汽车1辆。

元龙人民法庭　1973年成立,辖元龙、伯阳、东岔、三岔4乡、镇。成立初,在元龙乡借民房办公,后移至元龙乡政府旧房办公。2000年后,建起七开间两层小楼,自成一院,现有审判人员3名,并配备汽车1辆。

渭南人民法庭　1973年成立,现辖渭南、中滩、石佛3乡、镇。初设至2006年间,借用渭南乡(镇)人民政府办公用房。2006年在中滩镇三阳工业园内建成占地2.5亩、带有小院两层楼房、建筑面积584平方米的办公用房。现有审判员4人,书记员2人,另有人民陪审员2人,配备汽车1辆。

新阳人民法庭　1981年成立,辖新阳镇和五龙乡、琥珀乡。初在新阳乡人民政府对面平房内与新阳派出所同居一院,后搬迁至铁路以北赵家庄原新阳粮管所空闲平房内。2006年在新阳中心地带建起占地2亩、建筑面积570平方米的办公房。现有审判员3人,人民陪审员1名,配备汽车1辆。

此外基层法庭还设过石佛、西山坪、吴砦、党川4个人民法庭。各庭皆因案件少而撤销。

四、人员及法官衔级

1990年,区人民法院有审判人员43名。2007年,法官61人(其中女21人),设院长1人,副院长3人,审判委员会委员7人。

1997年后,根据《中华人民共和国法官等级暂行规定》,为法院司法人员评定法官等级。至2007年,区人民法院在职法官61人。其中高级四级法官14人,一级法官16人,二级法官18人,三级法官6人,四级法官7人。另有离退休法官22名,其中高级四级14人、一级法官4人、二级法官4人。

第二节　审判制度

一、审理制度

区人民法院审判刑事、民事和行政案件的第一审案件。对所受理的案件,凡认为案情重大应由上级人民法院审判时,请求移送上级人民法院审判。

为便利诉讼,区人民法院设人民法庭,作为派出机构,但人民法庭不属一个审级，其职权是审理一般民事和轻微刑事案件，其判决和裁定就是区人民法院的判决和裁定。

二、审判组织

人民法院的审判组织有3种形式。

独任庭　由审判员1人审判简易案件的组织形式。独任庭审判的案件包括第一审的刑事自诉案件和其他轻微的刑事案件、简单的民事案件和经济纠纷案件。

合议庭　由3名以上审判员或者审判员和人民陪审员集体审判案件的组织形式。人民法院对第一审刑事、民事和经济纠纷案件，除一部分简易案件实行独任审判外，其余案件都由审判员3人组成合议庭进行审判；第一审行政案件和第二审案件、再审案件和死刑复核案件全部由合议庭审判。合议庭成员临时组成，由院长或者庭长指定审判员1人担任审判长。院长或庭长参加审判案件的时候则自己担任审判长。合议庭评议案件时，如意见分歧，则少数服从多数。

审判委员会　区人民法院设审判委员会，委员由法院院长提请同级人民代表大会常务委员会任免。审判委员会由院长主持，主要任务是讨论重大或者疑难案件，总结审判经验，讨论其他涉及审判工作的问题。

三、陪审员制度

人民陪审员制度是人民法院审判中一项制度。除被剥夺过政治权利的人员外，凡年满23岁的公民都可以被选为人民陪审员。其选任方式或由区人民代表大会选出，或经人民法院向机关、企业、学校、团体邀请，由各相关单位临时推选代表充当。人民陪审员依法参加人民法院的审判活动，除不得担任审判长外，同法官有同等权利。人民法院审判社会影响较大的案件，刑事案件被告人、民事案件原告或者被告、行政案件原告申请由人民陪审员参加合议庭审判的第一审案件，由人民陪审员和法官组成合议庭审理。

人民陪审员的名额，由区人民法院根据所审案件的需要，提请区人民代表大会常务委员会确定。2005年5月，区人大常委会五届十九次会议任命18名陪审员。2007年10月，区人大常委会六届五次会议再任命20名陪审员。

四、公开审判制度

人民法院审理案件，除法律规定的特殊情况外，一律公开进行。对依法不公开审理的案件也要公开宣判，对社会公开，对于开庭审判的全过程，除合议庭评议外，都允许公民旁听，允许新闻记者采访和报道。对依法应予公开审理的案件，法院在开庭前公布案由、当事人姓名、开庭时间和地点。不公开审理案件包括涉及国家机密、涉及个人隐私和未成年人犯罪的案件以及离婚当事人和涉及商业秘密案件的当事人申请不公开审理的案件。

五、内部监督

区人民法院院长对本院已终结发生法律效力的判决、裁定发现确有错误、认为需要再审的，提交审判委员会决定，如审判委员会讨论通过，可提起再审。上级人民法院对区人民法院已经发生法律效力的判决、裁定发现确有错误时，有权提审或者指令区人民法院再审。当事人对已经发生法律效力的判决、裁定，认为有错误的，向区人民法院或上一级人民法院申请再审。再审期间，不停止原判决、裁定的执行；如果再审判决推翻原判决则按再审的判决执行。

第三节　刑事审判

刑事审判在不同时期侧重点有所不同。1985–1996 年的刑事审判，依据 1979 年颁布的《中华人民共和国刑法》《中华人民共和国刑事诉讼法》审判，其中 1985–1989 年间，重点打击故意杀人、抢劫、强奸、奸淫幼女、流氓、伤害致人死亡、拐卖人口 7 类犯罪，依照全国人大常委会决定从重判处。其他案件则按照罪刑法定、罪刑相适应原则判处。针对刑事案件构成中强奸、盗窃、伤害、青少年犯罪案件多的特点，在审判中加强对强奸、盗窃、伤害犯罪的从重处理，对大案、要案，公安、检察、人民法院密切配合，审判人员提前介入侦查、起诉阶段，从快惩治犯罪，缩短结案时间。对拐卖人口，利用封建迷信骗财，卖淫嫖娼，制造、贩卖、运送及吸食毒品，赌博，传播、制造、贩卖淫秽物品等六类（“六害”）案件，依照中共中央、国务院严厉打击“六害”犯罪的方针政策、最高人民法院《关于严厉打击“六害”犯罪的通知》，组成两个合议庭，提前介入，坚持“基本事实清楚，基本证据确凿”的原则，严谨执法，随到随审。为震慑犯罪、鼓舞群众，区法院还会同公安、检察机关多次在农村集贸市场、城区火车站广场、看守所等地召开公捕公判大会。1992 年，召开公捕公判大会 7 次，公开宣判 43 案、85 人，参加公判大会人员 5 万余人（次）。1993 年，先后在北道、新阳、社棠、花牛镇等地召开公捕公判大会 8 次，公开宣判 49 案 77 人。同时注意对青少年犯罪的挽救。1993 年 5 月，刑事审判第一庭组建少年刑事案件合议庭，专门审理未成年人刑事犯罪案件。审理中坚持“寓教于审、惩教结合”的原则和“教育、感化、挽救”方针，坚持“庭前调查了解，庭审教育挽救，庭后回访帮教”3 个环节，采取“圆桌式”审判，营造平和庭审氛围,使其与未成年被告人心理承受能力相适应。庭审结束后,联系少年犯管教所等有关单位,进行回访、帮教、考察工作。对判处管制、拘役、缓刑、免于刑事处分的未成年罪犯,协助公安机关同原所在单位、学校、居委会、村委会、监护人制定帮教措施,并按季度定期回访考察。几年中,建立青少年帮教点13个,回访考察少年被告人157人(次),落实帮教措施28项, 17名少年犯重返校园完成学业。期间刑事审判二庭还对1958–1961年国民经济严重困难时期所判处的反革命及其他政治性质的案件和与度荒有关的案件, 调阅案卷复查, 重新审理。共复查1162件,审理后作无罪处理的88件,改判117件,对需补助对象给予补助。此外,刑事审判庭与人民检察院工作人员对免于刑事处罚、管制、缓刑及在劳动改造的过程中假释、保外就医等5种人,不时回访考察。建立监督小组,落实管教措施,消除被回访人消极抵触情绪。

1997年,重新修订的《中华人民共和国刑法》《中华人民共和国刑事诉讼法》施行。《刑法》进一步明确罪刑法定、法律面前人人平等、罪刑相适应3个基本原则。取消1979年《刑法》中规定的"类推"制度,将反革命罪改为危害国家安全罪,将破坏社会主义经济秩序罪改为破坏社会主义市场经济秩序罪,并增加许多新内容,如增设"贪污贿赂罪"。新的《刑事诉讼法》确立人民法院统一定罪原则;改革刑事辩护制度、刑事强制措施制度,放宽逮捕条件,完善取保候审和监视居住适用程序;改革刑事审判程序,取消开庭前实体审查,改革法庭调查程序,扩大控、辩各方参与权;加强对刑事被告人的权利保障,使其拥有当事人的地位和诉讼权利。并规定对一些罪行较轻、情节简单的案件由合议庭或独任审判员设简易程序直接判处。在刑罚方法上,由注重适用自由刑向综合适用自由刑、财产刑转变,刑罚惩治功能更为全面。

1985–2007年刑事案件审结一览

年度	受理件数	人数	结案件数	人数
1985	102	161	101	160
1986	100	158	94	148
1987	102	169	101	158
1988	95	157	93	155
1989	118	206	117	205
1990	143	236	143	236
1991	110	172	110	172
1992	170	291	169	290

续表

年度	受理件数	人数	结案件数	人数
1993	134	215	132	212
1994	146	206	144	204
1995	187	259	185	257
1996	167	201	165	199
1997	154	197	151	192
1998	157	211	154	206
1999	155	220	154	219
2000	172	219	170	216
2001	153	213	152	214
2002	202	246	181	218
2003	165	247	164	234
2004	157	233	152	227
2005	202	246	181	218
2006	137	214	137	214
2007	132	243	130	241

第四节　民事商事审判

一、民事审判　1986年,《中华人民共和国民法通则》颁布实施，一系列民事单行法律相继制定,成为民事审判基本准则。区人民法院民事审判工作由民事审判庭和各基层人民法庭承担。主要包括:婚姻家庭纠纷,继承案件,分家析产案件,地产案件,不动产纠纷案件,人身损害赔偿案件,债权、债务案件,劳动争议案件,财产侵权赔偿案件,农业承包案件,经济纠纷(合同纠纷)案件,上级交办的案件和刑事自诉案件等。同时承担指导、培训农村和社区人民调解组织的工作,参加社会治安综合治理工作等。1991年,《中华人民共和国民事诉讼法》颁布实施,案件审理程序按法律规定进行,确保诉讼程序合法。审判中,加强合议庭的职责,发挥职权。决定离婚、解除非法同居关系、财物纠纷、抚养、赡养、收费、债务等案件由合议庭直接行使,不再提交审委会讨论。缩短办案时间,减轻审判委员会压力。按《中华人民共和国民事诉讼法》要求,案件由立案庭受理转入审判庭,由审判庭按法定程序，确定办案人员、决定开庭时间，向原被告送达开庭传票或通知（被告有答辩的在开庭前将答辩状副本送达原告），原被告在开庭时直接见面，当面举证据、质证，当面摆理，提高审判透明度和办案效率。

法院每年均要受理大量的各种类型的民事案件，案由构成复杂，涵盖民法通则所涉及的各个领域，如婚姻家庭关系中的离婚、解除非法同居、因婚约引起的财物纠纷，因人身关系形成的收养、抚养、赡养、继承、财产分割等案件，因相邻关系形成的道路、采光、通水、界墙等案件，因农村土地承包引起的果园、林园等案件，债务案件，人身损害赔偿案件等等。法院在民事诉讼法中，制定出一整套诉讼文书格式，严格执行民事诉讼法规定的时效、期间。还请上级法院、兄弟法院领导观摩旁听，提出意见，指出需要改进地方。为全面提升法院庭审水平，决定在各审判庭及各人民法庭轮流进行观摩开庭。由院长或主管副院长、院内其他审判庭的庭长及审判人员轮流观摩旁听。同时，为提高审判人员驾驭庭审的能力，除观摩合议庭审判外，还观摩独任审理简易程序案子，检阅审判员执法能力。1999 年 4 月，全省法院审判方式改革现场会召开，决定观摩北道区法院开庭审理人身损害赔偿案件。对法官提高庭审驾驭能力、质证认证能力、当庭宣判能力作了提升。之后，根据最高人民法院关于民事、经济审判方式改革若干问题的决定，结合观摩与会代表意见和建议，结合实际，修改完善民事、经济案件庭审程序，突出围绕案件争议焦点，由当事人举证、质证、法庭认证，法官居中裁判，使确认案件事实和适用法律更便捷，适用简易程序上注重庭审功能和调解作用，尽快审结。

人民法院审理的民事案件中，婚姻家庭案件居各类案件之首，约占整个案件总数的 60%。仅 1988 年 525 件民事案件中，离婚案 318 件，占 70%以上。在审理婚姻家庭纠纷的案件中，对在 1985–1987 年的离婚案件调查研究，分析离婚原因进行分类，针对不同情况在处理案件中有针对性地审理，有针对性地做工作。2001 年 4 月 28 日，新的《中华人民共和国婚姻法》颁布实施，规定有过错方应当承担赔偿责任。法院审理中，妥善处理婚姻关系、子女抚养、财产分割问题，教育引导当事人树立正确的婚姻家庭观和道德观，注重保护妇女、儿童和老人的合法权益，维护无过错一方权益，下大力做好婚姻家庭案件审理工作。2002 年后，婚姻家庭案件的比例有所下降。2002 年民事案件结案总数 1839 件，其中婚姻家庭 683 件，占 37.1%；2003 年总数 1574 件，其中婚姻家庭 623 件，占 39%；2004 年总数 1314 件，其中婚姻家庭 572 件，占 43.5%；2005 年总数 1400 件，其中婚姻家庭 503 件，占 35.9%；2006 年总数 964 件，其中婚姻家庭 436 件，占 45.2%；2007 年总数920件,其中婚姻家庭473件,占51.4%。

法院所受理的民事案件中涉及农民、农村、农业的“三农”案件约占民事案件总数的80%左右,案件涉及到社会生活各个方面,从邻里关系和邻里纠纷,直至土地兑换纠纷、土地承包权纠纷、生产自主权和经营权益纠纷等等。这些纠纷牵涉当事人切身利益,牵涉党和国家农村政策的贯彻实施。区人民法院把三农案件审理摆在首位,在农村设立基层人民法庭,专门审理包括三农纠纷在内的民事案件。并根据需要不断调整法庭布局,充实法庭审判力量,发挥人民法庭作用。法庭根据在农村整天接触的是农民,所受理的案件无不与“农”字有关的特点,法庭的法官除了经常性地向农民群众进行法制宣传,讲解法律知识外,对于人民群众的各项咨询一律“有问必答”。对于诉诸法庭的案件,不管难度大小,一律是有诉必理,在审理中坚持以调解为主,以稳定社会秩序为目的,及时化解矛盾,解决纠纷,促进社会公正、健康地向前发展。对于牵涉到国家在农村的政策,如果园承包、土地经营权等方面的纠纷,不管案子再难,再复杂,涉案时间再长,也要“审清问明”,按照法律和政策做出公正的处理。法院曾审理一桩常达10余年的果园承包纠纷(见附案例),用法律的手段维护了农民、农村合法经营者的合法权益,保障党在农村的各项政策,尤其是土地政策的稳定。对于在全区影响较大,涉案人员众多的群体案件做到快审快结, 如2003年审结涉及数10人的马跑泉镇农民土地补偿纠纷案,防止了群体纠纷的发生。

1985–2007年受理审结民事案件一览(审结案件含旧存)

年度	受理案件数	审结案件数	年度	受理案件数	审结案件数
1985	652	649	1997	1137	1111
1986	443	391	1998	1157	1118
1987	393	339	1999	1386	1360
1988	571	508	2000	1458	1424
1989	648	587	2001	895	724
1990	752	715	2002	1860	1839
1991	766	716	2003	1598	1574
1992	734	691	2004	1324	1314
1993	949	926	2005	1391	1401
1994	968	945	2006	924	964
1995	1092	1049	2007	943	920
1996	1178	1157			

附：民事审判案例

渭南镇沈家村村民沈×堂诉该村村委会、第三人沈×军、沈×兴、沈×海苹果园承包合同一案

原告渭南镇沈家村村民沈×堂；被告该村村委会；第三人沈×军、沈×兴、沈×海；案由苹果园承包合同。1992年3月2日，原被告双方签订苹果园承包合同一份，被告村委会将面积50亩（有苹果树287棵）的果园一处，以大包干方式承包给原告沈×堂经营。双方约定承包费1992年为6500元，1993–1995年每年8500元，合同期限4年，至1995年10月30日终止；又约定如原告拖欠一个月以上承包费，被告村委会有权提出终止合同；承包期内的税收及管理部门收费由原告沈×堂承担。合同签订后同年11月25日双方又签订一份补充协议，将果园承包期由原来的4年延长为15年，履行期限延长至2007年。补充协议又将承包费重新作了约定，即1993–1998年6年间每年承包费8500元，1999–2002年每年承包费13000元，2003–2007年每年承包费15600元。补充协议还约定：从1993年春季由果园承包人在空闲地一次性栽培新品种苹果树2500株，苗木按每株2.6元计，总计6500元。由村委会在1993–2002年10年间每年付给原告沈×堂苗木成本款650元。合同签订后双方开始履行，原告在空闲地种植苹果树2500株及其他树种，并从1992–2001年向被告村委会交纳承包费共计83000元。2002年初，沈家村村委会换届，选举新村委会主任，原告向新一届村委会交纳2002年承包费时遭到拒绝。同年12月22日，被告又向原告发出终止合同通知书，遭到原告拒绝。在双方合同尚未协商终止的情况下，被告村委会公开张贴公告，欲另行招标产生新的果园承包人。次日被告村委会单方对果园进行清点，12月27日对该果园承包进行公开招标。2003年1月6日，第三人沈×军以8350元中标（承包费4990元，农林特产税3360元），村委会与其重新签订了新的果园承包合同。同年1月11日，村委会向原告沈×堂及沈×军发出果园清交通知书，要求原告移交果园，但原告未在移交清单上签字。第三人沈×军给被告村委会交付承包费14970元，再未进行实际投入。2003年2月10日，沈×军以委托经营之名将果园实际转包第三人沈×海。2003年村委会向法院起诉，要求解除其与被告沈×海签订的承包合同，并要求被告沈×海支付拖欠的承包费和农林特产税。同年5月16日区法院经依法公开审理后，判决合同有效，继续履行。判决后双方均未在法定期限内提起上诉。判决书已发生法律效力，但原告并未实际收回占有果园。2003年6月1日，沈家村村委会将果园从沈×军、沈×海处收回，又与第三人沈×兴签订一份“果园看护管理委托书”，约定由沈×兴

交付村委会2000元,“由果园果子自付”。当年果园已由沈×兴收益。2004年1月12日,被告沈家村村委会又与沈×军签订协议书,将果园继续承包给沈×军,沈×军又转包给沈×海,果园实际上归沈×海经营管理(未实际投入)。2004年、2005年果园由沈×海收益。原告2004年7月向天水市人民检察院提出申诉,要求检察院对该案进行监督。2004年12月15日,市人民检察院对区人民法院判决书提起抗诉,区人民法院依法重新审理该案。2005年6月20日,法院在再审中反复向当事人作调解工作,被告沈家村委会与原告双方自愿达成调解协议:一、原告沈×堂与被告沈家村村委会原签订的承包合同及补充协议继续有效,双方按合同约定条款履行。二、原告沈×堂2002–2007年向被告交纳的承包费变更为每年交纳5200元,6年共计31200元。三、原告沈×堂所拖欠的2000–2005年的承包费20800元于2005年年底前一次性交清。至此,虽然原、被告之间所签订的合同双方确认有效,继续履行。但由于被告先后两次违约将果园承包给沈×军,沈×军又转包沈×海,还将果园交由沈×兴管理,这期间苹果园的收益被他人所得,被告的行为还导致沈×军、沈×海组织他人哄抢果园的事实发生,以致原告沈×堂及原告家人与沈×海、沈×军、沈×兴数次发生打架纠纷,第三人沈×海之妻因犯故意伤害罪被法院依法追究刑事责任。2005年,原告沈×海以被告违约,应对自己所遭受的财产损失承担违约责任诉至法院,要求被告沈家村村委会承担其果园损失129548元,并送来2005年12月6日麦积区果品产业局对果园的评估报告,结论为该果园损失实际为114548元。区人民法院在开庭公开审理后,依法判决沈家村村委会与第三人沈×军所签订的两份果园承包合同,与第三人沈×兴所签订的“果园看护委托书”,第三人沈×海与沈×军签订的委托书均为无效合同。判决被告沈家村村委会赔偿原告沈×堂果园损失114598元,在判决生效后十日内履行,并承担案件诉讼费用7382元。判决生效后,因被告沈家村村委会未在判决规定的期限内自觉履行义务。原告沈×堂申请法院执行,法院按期向沈家村村委会送达了执行通知,并多次催促村委会履行给付义务但仍未履行。原告的权利未能兑现。原告人同意以每年5200元的承包费继续经营。为了依法维护果园承包人的合法权益,法院作出裁定,将该果园交由原告沈×堂继续经营19年(自2008年2月1日至2027年2月1日)拆抵被告应付给原告的赔偿款121932元(扣除原告拖欠应付被告的承包费20800元)。为保护双方合法权益及农业政策的稳定,并裁定原告不能以任何理由要求终止经营而由村委会给付赔偿款,否则视为自动放弃获赔权益。并要求原告不得改变果园用途。经营期满后无偿将果园及地上附着物归还村委会，不得损毁果园，在原告经营期间，被执行人不得收回果园经营权。至此，一桩长达10余年的果园承包纠纷最终结案。

二、商事(经济)审判　经济审判主要审理各类经济合同纠纷案件(包括法人之间、法人与个体经营户、专业户、农村社员之间、公民与公民之间的经济合同纠纷案件)，经济损害纠纷案件(法人或法人为一方当事人在生产、流通领域因侵权行为发生的损害赔偿纠纷案件)，经济行政案件(当事人不服行政机关处分向法院起诉的案件)，企业内部承包纠纷案件，农业承包合同纠纷案件，金融借贷纠纷案件，公示催告案件，劳动争议案件，联营、合伙、股份纠纷等案件。

1985年审理经济案件33件，其中调解结案23件，占70%。1985–1990年，随着社会经济发展，经济纠纷也逐年增加。90年代，区法院转变单纯办案到主动服务，经济审判人员到辖区内企业单位给企业负责人、供销、财务人员进行法律咨询服务。对涉及大中型企业案件，特别是争议数额大案件，做到“优先收案，优先审理，优先结案，优先执行”四个优先。仅1991年，为国家、企业和公民挽回经济损失242.5万元。1993年审理三角债案件14起，标的158万元，使8家企业起死回生。受理农业银行及二十里铺信用社的62件支付令申请书，使用催促程序协助银行收回呆滞贷款42万元。1994年，法院派出巡回法庭在礼县集中审理天水百货站、天水啤酒厂等企业债权债务案件7件，诉讼标的41万元。1995年，派出4个巡回法庭，审理经济纠纷案件50件，为企业挽回经济损失180万元。1997年法院在天水造纸厂、农业银行北道办事处、城市信用社设巡回法庭帮助收回逾期贷款，帮助区财政收回资金39万元。2001年，受理北道区东岔、党川、利桥、吴砦、元龙、伯阳、甘泉、麦积、社棠等10个农村信用合作社借款案件50件，涉案标的100多万元，经济审判庭配合执行庭派专车专人向债务人送达了支付令，清缴欠款。

审理企业破产案件，始于1997年。是年，天水罐头食品厂负债6000多万元，固定资产变现仅1500多万元，法院受理后，组成合议庭经几个月的认真清算，发现全厂固定资产变现后尚不足以偿付职工工资和社会保险金，因此决定不再召开债权人会议，并向社会公告，终结破产清偿债务程序，对该厂的国有土地、财产公开向社会招标，进行转让，转让金首先用来偿付职工工资和社会保险金。最后甘谷油墨厂中标，顺利地实现了企业破产财产的整体接收。2003年，受理并审结天水医药玻璃厂破产案件；2004年，审结羲皇大厦破产案件；2006年，审结马跑泉粮管所破产案件；2007年，审结天水麦积水泥有限公司破产案件。

1989–2007 年商事(经济)案件收结一览表

单位:件

年度	收案	在收案中,其中:	结案
1989	63		57
1990	35	大中型企业 1 件	31
1991	51	大中型企业 3 件	47
1992	45	支付令 3 件	44
1993	144	支付令 63 件,大中型企业 3 件	134
1994	120	支付令 15 件,大中型企业 6 件	104
1995	64	大中型企业 5 件	59
1996	43	大中型企业 2 件	41
1997	55	大中型企业 2 件	50
1998	51	大中型企业 1 件	47
1999	73	大中型企业 7 件	66
2000	248	支付令 146 件,电信移动索话费 49 件	239
2001	125	大中型企业 2 件	118
2002	270	电信移动追费 91 件,信用社收贷 25 件	258
2003	161	电信移动话费 81 件,大中型企业 2 件	149
2004	100	大中型企业 8 件	96
2005	102	大中型企业 5 件	96
2006	42	大中型企业 3 件	40
2007	66	大中型企业 4 件	58

注:当年未结案即转入下年收案数内。

第五节 行政审判

1986 年，法院受理首件行政案件。此后至 1989 年未受理行政案件，1990 年,行政案件开始增多,当年受理 3 件,按普通程序组成合议庭审理。1991 年受理行政案件 5 件，1992 年受理 10 件,其中对土地确权、土地处罚决定不服的 2 件,治安处罚案件 2 件,行政赔偿 1 件,其他 5 件。通过审理,维持原行政机关裁决 3 件,撤销原裁决 2 件,准许原告撤诉 5 件。1993 年受理行政案件 4 件,全部审结。判决维持原行政行为 1 件,判决撤销原行政行为 1 件,原告撤诉 1 件,被告在诉讼中主动改变原具体行政行为1件。1996年前,法院行政案件主要集中在土地类行政案件上,比较单一,其余案件可划分为两大类,一类是治安行政案件(如扰乱公共秩序,妨害公共安全,侵犯人身权利,侵犯公私财物,妨害社会管理秩序,传播淫秽物品、嫖宿、暗娼、赌博等);另一类是经济类案件(如林业、矿产资源、邮电、交通运输等)。2000年后,行政案件的类型趋向多元化,除治安行政案件外,其他类型案件,如不履行法定职责案件,民政登记行为案件,土地行政行为登记案,水利行政行为强制违法案件等各个行政领域均有涉及。2005-2007年所受理审结的8个行政案件中,区人民政府作为被告的2件,区城建局、水利局、民政局、卫生局各1件,乡人民政府1件。

1990-2007年历年审结行政案件表

单位:件

年度	当年审结	年度	当年审结
1990	3	1999	3
1991	5	2000	5
1992	10	2001	3
1993	4	2002	4
1994	7	2003	5
1995	3	2004	3
1996	5	2005	9
1997	3	2006	11
1998	2	2007	9

附:行政审判案例

花牛镇吴家庄村委会不服北道区人民政府、第三人花牛镇供销社土地行政登记一案

1972年,时任花牛镇供销社主任李×秋与时任吴靳大队党支部书记田×清口头协议修建渭峡分销店,由村上无偿提供分销店土地,当年9月分销店建成投入营业。1990年6月,天水市北道区人民政府在登记渭峡分销店的权属时将分销店所占土地确定为国有土地。2004年4月,吴庄村拓宽道路,当时花牛镇人民政府召开了有村委会、供销社分销店代表参加的协调会并产生会议记录,决定渭峡

分销店退线 2 米,在新公路拓宽后再建分销店。2007 年 9 月,吴庄村委会以不承认该土地为国有土地为名在拆除的旧址上修建 2 层楼,花牛镇供销社即以吴庄村委会侵权为由起诉至法院,法院要求吴庄村委会立即停工,恢复原状,村委会遂向法院提起行政诉讼,请求撤销北道区国用(1996)字第 118 号《国有土地使用证》。

法院经审理认为:村委会、供销社口头约定建造渭峡分销店时土地由分销店无偿占用,但对该土地权属未明确约定。1990 年 6 月区人民政府在土地产权登记中所发给花牛供销社的土地使用证书中无四至邻居签名;土地来源按征用登记,但又缺乏征用手续加以证明;修建渭峡分销店的行为发生在 1972 年,而区人民政府的登记行为发生在 1990 年,当时区人民政府的登记执法依据应是 1989 年 7 月 5 日国家土地管理局发布的《关于确定土地权属问题的若干意见》,而被告区人民政府却错误地引用当时还未出台的 1995 年国家土地管理局的有关规定为自己的行为来辩解,显属适用法律错误。

法院判决:撤销天水市北道区人民政府于 1990 年 6 月颁发给花牛供销社渭峡分销店的北区国用(1990)字第 118 号《国有土地使用证》并由区人民政府承担案件受理费 100 元。

第六节 判决执行

《中华人民共和国民事诉讼法》规定,发生法律效力的判决、裁定(调解书),当事人必须履行,一方拒绝履行的,对方当事人可以向人民法院申请执行。此外,一些行政机关作出的处罚决定在生效后当事人不履行的,行政机关也可以作为申请人申请人民法院执行;公证机关依法赋予强制执行效力的债权文书,一方当事人不履行的,对方当事人亦可以向有管辖权的人民法院申请执行。

1985 年区人民法院设立执行庭,当年收案 30 件,执行结案 28 件。此后几年,每年受理二三十件。1989 年受理案件增至 58 件,执行结案 48 件,执行标的 43 万元。1991 年受理案件再增为 87 件。1992 年后,每年受理 90 件左右,执行结案率均在 95%以上。1996 年后,受理执行案件大幅度上升。1997 年受理 147 件,结案 124 件。1998 年受理 247 件,结案 211 件。2000 年,受理执行案件达到 372 件,结案 280 件。之后,每年受理 400 件以上,2003 年达 605 件(含上年积存 80 件),执行结案 516 件,执结标的 4024.9 万元。2004 年受理 524 件,结案 441 件,执结标的 2346 万元。在案件中,金融部门的收贷案件占一定比重,同时拖欠税款的案件开始显现。2004年最高人民法院制定专门针对执行工作的《关于人民法院民事执行中拍卖、变卖财产的规定》和《关于民事执行中查封、扣押、冻结财产的规定》,对部分强制执行权的实施更加明确和细化,减少了执行行为的随意性。2005年,中央政法委员会决定在全国政法机关开展规范执法行为,促进执法公正专项整改活动。区人民法院在活动开展的一个半月里,执行结案122件,执结标的1553万元。对清理出尚未执结24件案件,均落实到组,分配到人,保证案件的执行。对在执行中需要中止、终结执行的案件,严格按照法定事由审批。对必须采取强制措施的先请示经批准后再行动。对委托评估、拍卖的由执行庭和主管院长严格把关。同年12月,最高人民法院针对判决执行难问题,发出《关于人民法院执行抵押的房屋的规定》、中央政法委员会下发《关于切实解决人民法院执行难问题的通知》。区法院成立解决"执行难"工作领导小组,建立由区委政法委牵头的全区"执行难"工作联动机制,协调处理法院执行工作与金融、工商、税务等部门关系,清理历年未结积案130件。2006年,受理执行案件341件,结案288件,结案标的514万元。2007年,新收执行案件195件,上年积存47件,执结案件213件,结案标的676.87万元。

附:执行案例

申请执行人:廖××(女),胡××(女),系母女,甘泉镇某村村民。

被执行人:徐××,张××(女),系夫妻,住址职业同上。

当事人因人身损害赔偿一案向法院提起诉讼,经法院2006年判决:徐××、张××连带赔偿廖××医疗费等各项损失23444.48元,赔偿胡××医疗费3152.77元。判决书生效后因被执行人未履行判决书确定的义务,廖××,胡××申请法院强制执行。执行中,由于徐××在监狱服刑,执行法官就徐××、张××的家庭情况进行了解,得知二被执行人家庭困难,又有两未成年子女正在上初中,家庭生活来源仅靠张××一人在马跑泉打临工挣钱维持,且收入不固定,无能力履行判决书所确定的义务,致案件执行无结果。后廖××向甘肃省人大常委会反映情况,省人大常委会批转麦积区人大常委会后,2007年1月,区人大常委会以专函批转法院要求尽快执结本案。法院执行人员2007年3月对徐××、张××的住所进行搜查,亦未发现可供执行的财产,执行法官将搜查情况告知廖××、胡××并耐心地向其宣讲执行程序方面的法律规定,廖、胡于5月领取"债权凭证",并告知其可继续向法院提供相关的财产线索,待有财产可供执行时,再申请恢复执行。

2007年6月,徐××刑满释放。9月3日,经廖、胡再次申请,本案恢复执行。执行法官给二被执行人耐心做工作,宣讲法律规定,但二被申请执行人均表示无能力履行判决书确定的义务,且态度恶劣,法院对张××拘留15天。但徐××、张×英确无可供执行财产,执行措施已穷尽。故法院决定再次终结执行程序。

次后,廖××不间断地上访,麦积区政法委决定实施执行救济措施,在给申请人廖、胡反复做思想工作后,二人同意由被执行人赔偿11000元,其余赔偿款放弃。之后法院配合甘泉镇政府等部门共同给被执行人及其亲属做工作,被执行人最终给付了4000元,由麦积区政府、甘泉镇政府共同拿出7000元。二申请人领取了11000元执行款。其案执行完结。

第七节 申诉复查

1985年,区人民法院接受申诉案件296件,经审查,符合立案条件的87件、139人,复查处理85件、135人。其中,维持原判38件、44人,免于刑事处罚7人,无罪7件、7人,另外由市中级人民法院二审的10件、30人。1986年,遵照上级统一部署,维持落实统战对象的扫尾工作,发现线索34案(人),查找出统战对象17案(人)。并对"严打"以后缠诉、申诉案件审查登记,复查26案、53人,改判16件、26人,其中减刑6件、16人,免刑3件、3人,无罪7件、7人。从9月开始,按照中共甘肃省委和全省法院会议精神,对1958-1961年3年所有判处的刑事案件,不论有无申诉一律复查,共复查1368件。1987年,立案复查刑事案件65件,其中维持原判54件,改判11件,免刑1人,宣告无罪7人。1988年,受理复查42件、106人,结案33件、87人。在结案中,其中维持原判27件,改判3件、3人,在改判中免于刑事处分1件、1人,无罪2件、2人。1989-1992年,在审理刑事申诉案件时,注意深入调查研究,到申诉人所在地或劳动农场,面对面地给申诉人或其家属做思想工作,改变告状难现象,申诉案件从数量上逐年减少,每年受理刑事申诉案件20件左右,接待来访二三百人(次),接到群众来信100余件。

2000年,受理申诉案件28件,驳回2件,交经济审判庭审理2案,移送4案。2001年,收案34件,其中再审6件(院长发现提起再审2案,抗诉2案,当事人申诉2案),当事人申诉案件28件,驳回23件,移送公安机关处理1件,撤销原裁定1件,移送法院其他庭室1件,发回重审2案。2002年,当事人申诉案件33件,驳回31件,当事人撤诉1件,移送有关机关处理1件。2003年,受理申诉案件36件,驳回31件,当事人撤诉1件,移送有关单位处理的4件。2004-2006年,每年受理申诉案件20件左右。2007年,未受理当事人申诉案件,只受理人民检察院抗诉案3件,法院提起再审案2件。当年还评查本年度已审结和上年未评查的案件1199件,评查结果为优秀的1168件,良好16件,合格5件,存在一般问题4件,较多问题4件,全案不得分案2件,对存在问题的案件及全案不得分的案件按法定程序纠正、补正,并通报追究。

第八章 司法行政

第一节 法制宣传教育

1985年,为贯彻全国人大常委会《关于在全体公民中基本普及法律常识的决议》,成立区普法领导小组,由区委、区人民政府主要领导任正副组长,制定普法计划。区以下机关和企事业单位成立105个普法领导小组,配备宣传员1360人,通过组织报告会、办展览、出墙报、设咨询站等形式,使10余万群众受到教育。

1986年,区人民政府组织实施第一个五年(1986-1990年)法制宣传教育规划,以宣传学习《宪法》为核心,专业法律、法规为重点,同时结合实际,学习与本职工作密切相关的法律、法规知识,宣传教育对象重点是科级以上领导干部、执法人员、经济管理部门领导和企业管理人员、宣传教育工作者、青少年和中学在校学生。1987年,城区各企、事业单位利用集中学习、组织法律知识竞赛等形式,对1万余人进行法律常识考核。检察院还派干部到中、小学校,向5000余名师生讲课,法院在城区中学举办模拟法庭。1988年开始,普及法律常识活动重点转向农村,在10个主要集镇巡回宣传,组织干部到农村,用召开会议、举办夜校方式,结合查处早婚、私婚,清理非农业用地,调解民事纠纷等开展宣传。还组织1.2万多名农民参加全国首届农民法律知识竞赛。1990年,全区法制宣传以确立公民守法、护法意识为重点,先后开展《宪法》《集会游行示威法》《行政诉讼法》的宣传。

1991年,区人民政府制定第二个五年(1991-1995年)法制宣传教育规划。此后几年,利用广播、闭路电视、板报、专栏、标语、幻灯等各种宣传工具,广泛宣传中央、省、市、区社会治安综合治理、禁毒、重点地区整顿、反盗窃斗争会议精神,开展社会治安综合治理大讨论和“讲、摆、揭、查”活动。共召开会议1216次,张贴标语13267条,绘制法制板面340块,举办法制讲座35次,闭路电视宣传19次。

1994年,随社会主义市场经济制度的确立,组织干部学习《企业法》《公司法》《反不正当竞争法》《全民所有制工业企业经营转换条例》《企业国有资产监管条例》等,在此基础上,抓好金融、劳务、房地产、技术、信息市场法律法规学习,农村则突出《农业法》《农业技术推广法》《国务院关于农民承担费用和劳务管理条例》等"两法一例"的宣传。1995年,大力宣传修改后的《刑事诉讼法》和新颁布的《律师法》《行政处罚法》《甘肃省公证工作条例》等法律法规。

1996年,区委、区人民政府下发《依法治区五年规划》,计划在1996–2000年实现全区政治、经济、文化及社会生活的规范化、制度化、法制化。1997年,深入开展禁毒宣传。1998年,举办区人大代表、科级干部、后备干部法制学习班和全区执法干部上岗学习班法制讲座计8期,参学1686人,有1000名干部参加全省举办的干部法律知识竞赛。1999年,继续重点抓好领导干部、行政执法人员、企业经营管理人员的学法、用法。开办法制讲座(报告)56场(次),参加1215人,举办科级干部、优秀中青年干部法制培训班3期,参学299人。乡、镇、街道举办法制宣传报告90场(次),受教育者7万人(次)。2000年,建立40个依法治理示范点,30个法制教育基地,在58所中、小学配备法制副校长。

2001年,按区委、区人民政府部署,开始实施"四五"(2001–2005年)普法。2002年,举办大型禁毒展览6场,直接受教育人数11万人。区教育局、司法局、依法治区办公室联合举办"四五"普法知识竞赛,全区63个学校的29个代表队,4.1万名学生参与活动。2004年,邀请法学专家对政府部门领导及组成人员、行政执法人员就新颁布的《行政许可法》、新修订《宪法》做专题法制讲座。还组织城区800多名学生参加"安全知识咨询日"活动。2005年,全区8000名干部参加全市法律知识考试。为掀起普法声势,在"四五"普法期间,每年有由区司法局、区有关单位和各乡、镇、街道组织的宣传队伍,采取出动宣传车辆、悬挂过街横幅、书写固定标语、办板报专栏、设立咨询点等各种形式进行宣传。2005年还精心制作7块有关"平安麦积"建设的彩绘标语牌,分别树立在高速公路、羲皇大道、甘泉镇、麦积镇、社棠镇、街子温泉等地段。

2006年,开始全面实施"五五"普法规划,成立麦积区"五五"普法讲师团,根据依法治区的总体部署和"五五"普法规划确定的目标、任务、要求,开展普法宣传。至2007年,主要宣讲宪法和国家基本法律制度及群众关注的法律法规,开展"民主法制示范村"和"民主法制社区"创建活动,组织综治、禁毒、反邪教宣传月活动。2007年还组织全区5000名干部、企业经营管理人员参加全市干部法律知识考试。

第二节 人民调解

20世纪80年代中期,农村建立调解委员会,城区建立调解小组。乡、镇设司法助理员,负责民事调解并指导基层调解工作。职工较多的企、事业单位建立调解组织。1986年,甘泉、马跑泉、中滩3乡、镇成立司法所(不久改称法律服务所),为乡级司法事务机构,除调解民事纠纷外,还承担解答法律询问、代写法律文书等事宜。1988年,社棠镇、二十里铺乡亦成立法律服务所。区司法局还成立信息组,了解民事纠纷动态,按照"调防结合,以防为主"的方针,通过信息反馈,做到及时介入调解,防止矛盾激化。1990年,区司法局在全区500人以上的16个厂矿企业设司法科。1991年,乡、镇、街道配齐专职司法助理员。1999年,开通"148"法律服务热线电话,至年底接到法律服务热线电话268起,接待来访70人(次),其中咨询259起,求助3起,紧急出警3起,上门服务3起,防止民转刑案件3起。2001年,大部分乡、镇、街道建立司法调解中心,区司法局先后培训调解人员2263人(次),在具体工作中,开展矛盾排查156次,排查重大纠纷107起。2003年,撤销乡、镇司法调解中心,建立乡、镇人民调解委员会。人民调解工作充分发挥"第一道防线"的积极作用,排查矛盾纠纷,防止重大矛盾纠纷。数年中,全区调解委员会受理矛盾纠纷565起,调成548起。2006年,还开展"万名干部下基层调处矛盾纠纷"活动,共调处矛盾纠纷314起,调成307起。2007年,全区共有546个调解委员会。

第三节 律师事务

1988年,区法律顾问处改称区律师事务所。1990年有律师7人。在1990–1998年间,律师事务所共参与296件刑事案件的辩护,通过辩护,21名当事人被减轻刑罚,3名宣告无罪。还办理民事案件245件,解答法律咨询1300多人次,代写法律文书200余份,为25家企、事业单位担任法律顾问。1993年区经济律师事务所成立。2007年,两所律师共办理诉讼案件400余件,代理非诉讼事务12件,解答咨询2500多人(次),担任法律顾问9家,完成业务收费41万元。

第四节　公证服务

1985年,区公证处有干部4名,并聘请联络员54人,全年办结经济合同公证1076件,公证合同履约率99.8%。公证中揭露、制止违约和欺诈合同4件,挽回损失31万元。1986年,办理各类公证业务1500件。1987年后,每年办理各类公证业务2200件左右,为企、事业单位担任公证法律顾问56家(次)。1992年,公证业务在建筑工程招标、计划生育合同中开展。1993年完善内部管理机制,扩大公证自主权。为加强服务意识,扩大公证业务,2003年,开展"公正执法树形象"活动及"规范执法行为,促进执法公正"活动,拓宽证源。2007年,公证处办理公证事项2406件,其中经济2159件,民事247件,业务收费20万元。

第五节　刑释解教及安置帮教

1996年,区综合治理委员会成立刑释解教安置帮教工作领导小组,具体由区司法局主持。至1999年,司法局和有关部门联合,将52名刑释解教人员安置重新就业。2000年,乡、镇司法所加挂"刑释解教安置帮教办公室"牌子。2001年,全区547个村(居)委会成立安置帮教小组。2002年,"刑释解教人员过渡性安置帮教中心"成立和过渡性安置帮教实体天水昱华商贸有限公司开业,标志着区内刑释解教工作与企业"挂钩",妥善安置进入实质阶段。司法局在"中心"设办公室,在安置帮教中心咨询和登记的刑释解教人员22人(次)。2006年,又创建一个刑释解教安置帮教实体天水达新冶炼有限公司。公司已过渡性安置刑释解教人员17人(次)。到2007年,对前11个月回归的104名刑释解教人员全部得到帮教,84人得到安置。

第六节　法律援助

1999年,律师事务所开始法律援助业务,办理援助案5件。2000年区法律援助中心成立,对全区的法律援助业务进行管理、登记、分配,并对各法律服务机构起监督和调控作用。2007年,建立桥南等法律援助工作站4个,援助中心有工作人员5人,专职律师4人,在中心注册法律援助志愿者9人。年内共办理法律援助事务 241 件，其中诉讼案 85 件（民事案 56 件，刑事案 28 件，行政案 1 件），非诉讼案 156 件，代写法律文书 100 多份，咨询 320 人（次），受援者 220 人，为求助者节省 119 万元。

1999 年还开通“148”法律服务热线，当年接到法律服务热线电话 268 起，接受来访 70 人（次），其中咨询 259 起，求助 3 起，紧急出警 3 起，上门服务 3 起，防止民转刑案件 3 起。后每年解答各类咨询 500 起左右。

第七节 机 构

1985 年，天水县司法局改为北道区司法局，为区人民政府的司法行政机关。其主要职责是负责法制宣传教育、人民调解，提供律师、公证等法律服务和法律保障，参与社会治安综合治理。2005 年，改为麦积区司法局。2007 年，在职司法行政人员 111 人，执业律师 30 人，法律服务工作者 40 人。局机关设办公室、法制宣传教育股、基层工作股、法律援助中心。局属机构有依法治区办公室、公证处、律师事务所，基层机构司法所、法律服务所。

一、依法治区办公室 1996 年，区委、区政府制定《北道区依法治区五年规划》。成立党政一把手任正副组长的依法治区领导小组，办公室设司法局。1999 年，核定机构编制，正式成立区依法治区领导小组办公室，为区依法治区领导小组的办事机构，科级建制，设专职副主任，与区司法局合署办公。

二、公证处 1985 年，县公证处改设为区公证处。2007 年，有公证员 5 人。

三、律师事务所 原称法律顾问处，主要参与宣传法律常识。1988 年，改名区律师事务所。1993 年，区经济律师事务所成立。1995 年，区律师事务所更名天水恒通律师事务所，区经济律师事务所更名天水通融律师事务所。2003 年，两个律师事务所分别更名甘肃鑫盾律师事务所和甘肃通融律师事务所。2007 年，两所共有律师 26 人，其中专职律师 24 人，兼职律师 2 人。

四、法律援助中心 2000 年成立，是国家为经济困难或特殊案件当事人免费提供法律服务的组织。2007 年底，成立桥南等 4 个法律援助工作站。中心有工作人员 5 名，其中有专职律师 4 名，注册法律援助志愿者 9 名。

五、司法所 司法所是区司法局派出机构。1986 年，甘泉、马跑泉、中滩 3 乡、镇首先成立。至 1995 年，全区乡、镇全部成立司法所。司法所和乡、镇社会治安综合治理办公室一套班子、两块牌子。2006年,区司法局收编20个基层司法所的44名司法干警,实行立户列编,垂直管理。2007年,配齐20个基层司法所所长(副科建制)。其职责是:管理人民调解委员会,指导检查民间调解工作,调解疑难纠纷;强化法制宣教,推动基层法治;加强法律服务;流动人口管理;帮教、安置刑释解教人员等。

六、人民调解委员会 为调解民间纠纷的群众性组织。至2007年,全区先后共建各级调解组织546个,其中区级1个,乡、镇、街道20个,村级525个,调解人员2646人。

七、法律服务所 是设在乡、镇和城市街道,面向社会开展法律服务业务的市场中介组织。1986-1988年,先后有甘泉、马跑泉、中滩、社棠等乡、镇建立法律服务所。后经增减变化,2006年全区注册的法律服务所计7个,即麦积、东岔、新阳、石佛、马跑泉、甘泉和开发区。业务是法律顾问,代理参与民事、经济、行政诉讼活动,代理非诉讼事务,主持调解纠纷,解答法律咨询,代写法律文书,协办公证事宜,开展法制宣传教育及其他工作。现有法律服务工作人员13人。

第九章　军　事

第一节　人民武装

一、区人民武装部　1985年,天水县人民武装部改称北道区人民武装部。1986年,人民武装部由部队现役编制改归地方建制,1995年仍收归军队建制。武装部设部长、政治委员各1人,下设军事科、政工科、后勤科。2005年,北道区更名为麦积区,武装部改称麦积区人民武装部。

区人民武装部属区级军事领导和指挥机关,既是区委的军事部,又是区人民政府的兵役机关,接受区委、区人民政府和天水军分区的双重领导。职责是:负责兵役登记、兵员征集和民兵组织建设、政治教育、军事训练;带领民兵参军参战、支援前线和维护社会治安,保卫重要设施;管理民兵武器;制定本地区战防预案;负责战时民兵动员、输送;协同有关部门开展学生军训、退役军人安置、烈军属优抚、人民防空和交通战备等。

1985–2007 年区武装部历任部长

姓　名	籍　　贯	任职年份
徐正孝	庆阳市西峰区	1985–1990
黄国琮	石佛乡黄庄村	1991–1994
朱汉泽	山东省临沂县	1995–1997
吴生河	宁夏回族自治区固原县	1997–1999
刘真子	甘肃省武山县	1999–
王俊才	陇南市西和县	1999–2004
张陇平	甘肃省武山县	2004–2006
任长军	陕西省商南县	2006–

1985–2007 年区武装部历任政委

姓　名	籍　贯	任职年份
杨逢春	陇南市成县	1985–1986
石盈禄	庆阳市正宁县	1986–1993
赵生祯	临夏回族自治州积石山县	1994–1995
董银喜	麦积镇街亭村	1995–2000
谢国成	湖南省衡阳市	2000–

二、人民武装委员会　设区后，原县人民武装委员会改为区人民武装委员会，由区委书记、副书记和武装部长、政委及有关部门负责人组成。此后，人民武装委员会形成制度，并随成员的更换而调整。主要职责是：研究决定人民武装工作中的重大问题，组织与协调各方面的力量，确保国防后备力量动员，民兵、预备役工作的开展，完成中共中央、中央军委下达的人民武装工作的各项任务。

三、国防动员委员会　1997 年，成立区国防动员委员会，由区委书记、区长、副区长和武装部长及有关单位负责人组成。主要职责是战时国防动员。

四、基层人民武装部　1985 年设区后，所属乡、镇继续设武装部。1986 年，城区街道成立武装部。1990 年，全区共有 26 个乡、镇、街道武装部。2004 年，随着乡、镇、街道的撤并，全区设 17 个乡、镇武装部，3 个街道武装部。武装部长、干事一般乡镇 1～2 人，3 万人以上的乡镇 3～4 人。另外，航空工业天飞公司、中车集团天水七四五二工厂、风动工具厂、星火机床厂、锻压机床厂、天水拖拉机厂、甘肃棉纺织厂、甘肃绒线厂等较大工厂均设武装部。部长由工厂领导兼任，保卫干事兼任武装干部。

第二节 兵　役

一、兵役制度　建区后，兵役制度按照1984年颁布的新《兵役法》规定，实行义务兵役制为主体的义务兵与志愿兵相结合、民兵与预备役相结合的兵役制度。义务兵服役期为：陆军3年，海、空军4年 。预备役年龄为18至35岁。对义务兵役期满、超期服役满5年、有专业技术的，经本人申请，部队师以上机关批准，转为志愿兵。1998年修改的《中华人民共和国兵役法》，规定义务兵服役期限陆、海、空均为2年。志愿兵实行分期服役，至少3年，一般不超过30年，年龄不超过55岁。根据部队需要，志愿兵可直接从非军事部门具有专业技能的公民中招收。志愿兵服现役不满10年的，按义务兵退伍政策安置；满10年退役的，由国家负责安置。2001年，对志愿兵又有新的规定，服现役满5年的义务兵，已成为部队专业技术骨干的，改为志愿兵，服役期限至少8年，一般不超过12年，年龄不超过35岁。

二、征集与人数　《兵役法》颁布后，每年兵员征集工作的方法、步骤基本相同，细节、具体操作略有差异。一般程序为：宣传动员、报名登记、健康体检、政治审查。审定合格后，批准入伍，颁发《入伍通知书》，按预定日期由部队接兵者带队入伍。每凡征兵开始，区政府、武装部召开全区征兵工作会议成立征兵工作领导小组，下设办公室，并下达各乡、镇、街道兵员征集任务和实施计划，做好兵员征集前的准备工作。同时，利用广播、电视、电影、板报、版画、标语等宣传媒体和形式，向人民群众和征集对象进行宣传，鼓励有技术专长的青年踊跃参军。区征兵办公室与区卫生局协调成立体检站，组织应征对象进行体格检查。要求男性青年身高不低于162厘米，女性身高不低于155厘米，并进行肝功能化验表面抗原检查。1990年，城市青年增加性病检查。2003年，国务院、中央军委重新颁发《应征公民体格检查标准》，增加B超检查，并将性病检查由城市改为城乡均检。对体检合格青年，由区征兵办公室政审组组织人员到所在单位和公安派出所审查其政治表现、家庭主要成员和社会关系是否有重大政治问题。在校学生应征入伍的，会同教育部门审查其在校表现。政治审查结束后，由区征兵领导小组、征兵办公室工作人员、接兵部队干部召开定兵会议，对应征合格青年逐个审查，全面衡量，择优确定。兵员确定后，区征兵办公室向接兵部队人员办理新兵交接手续，遂完成新兵交接工作。1997年，征集程序上增加预征对象登记，每年9月底前，由基层单位对当年12月31日前年满18～20岁的男性公民进行登记。区武装部确定预征对象数额，并将任务下达到基层。经过逐级推荐、筛选，严格把关，根据上年征兵任务的4～5倍，确定当年预征对象数额，区武装部还下发《预征对象审定表》《预征对象体检表》《预征对象病史调查表》，协调公安、卫生等部门，确定预征对象，再下发《预征对象通知书》。同时，各基层单位对预征对象张榜公布，接受群众监督。

第三节 民兵 预备役

一、民兵

组织 20世纪80年代，国防建设的指导思想转到和平建设上，民兵建设服从国家经济建设大局，按照“减少数量、提高质量、抓好重点、打好基础”的方针和民兵组织要“便于生产、便于管理、便于活动、因地制宜、均衡负担”的原则，对全区民兵组织进行调整压缩，普通民兵以自然村编班或排，村委会编连或排；基干民兵农村以村委会编排或班，乡、镇编营或连；城区以企业分别编班、排、连或营。专业技术分队在兵源充足、经济条件好、交通方便的单位按一套装备，2～3套人员编组。取消县民兵团机关和机关、学校民兵编组。1988年，为完成急、难、险、重任务和应付突发事件，在企业和重点乡、镇成立民兵应急分队（连或排）。全区组建民兵应急分队2个，排34个，共有民兵1800人。1990年，随民兵整组，应急分队亦调整为3个，56个排，共1824人。1991年，组建军分区应急连一个，100人；区应急连1个，120人；乡、镇、街道治安分队24个，610人。1992年，本着与生产、行政组织相适应，便于领导，便于执行任务的原则，农村普通民兵以村委会编连，规模较大，人员、生产稳定的乡镇企业，视人员多少编营或连、排。城区以厂矿企业为单位，视人员多少编营或连、排。基干民兵农村编排或班，乡镇编营或连，城区企业按大小编营、连、排或班。专业分队按一套装备，2～3套人员编组；应急分队按区1个连、重点乡镇1个排编组。调整后，全区基干民兵共编6500人，其中预备役部队战士1885人。此后，民兵编组人数趋于稳定。1998年，以加强民兵应急分队、专业分队骨干力量建设为重点，调整民兵规模布局。全区基干民兵压缩到2924人，其中应急分队240人，专业分队2684人。1999年，按照有利于领导、有利于提高质量、有利于开展活动、有利于执行任务、有利于平衡负担的原则，对一些小企业以街道为单位，网编统管，农村则以乡镇所在地为中心，连同交通便利、经济条件较好、适龄人员相对集中的村编组，居住分散、交通不便、人口稀少的村不编基干民兵。此后，至2007年，民兵总数基本保持不变。

教育 1986年，全区基于民兵实行每月一堂政治教育课制度，建立民兵政治教育三级负责制,普通民兵的政治教育利用重大节日进行,开展民兵国防知识答题竞赛活动。1990年,全区民兵中开展坚持四项基本原则、反对资产阶级自由化教育以及国情教育、东欧形势教育,参加学习教育活动的民兵万人以上,为群众做好事1.6万多件(次)。举办国防知识电视大奖赛,全区民兵组成400个代表队,参赛民兵4600余名。2003年,采取广播讲座、刊授作业等形式,开展“学习实践‘三个代表’重要思想,为全面建设小康社会做贡献”教育。2006年,民兵政治教育以党的创新理论为指导,以科学发展观为统揽,以全面建设小康社会为主要内容,以参训民兵为重点,突出抓民兵应急分队和专业技术分队的集中教育,以青年民兵之家为阵地、以信息网络为平台,增强教育的时效性和覆盖面。

训练　1985年后,为减轻群众负担,民兵训练减少。是年组织一次有120名迫击炮、高炮专业技术分队民兵参加的训练。1986–1990年,每年只组织一次数十人参加的民兵小型比武活动和专职武装干部培训。1991年,训练民兵、预备役人员500人,还组织126人参加民兵空军地勤业务训练。1992年,对150名基干民兵进行12.7毫米高射机枪规范化训练。1993年,组织步兵侦察、防爆分队140人进行训练。1997年,对应急分队190人、专业分队50人进行规范化军事训练。1998年,组织230名应急分队和基干民兵高炮分队进行为期一月的规范化训练。1999年,组织民兵高炮分队222人参加年度军事训练。此后,每年组织专职武装干部培训,各乡、镇和街道民兵数十人参加的轮流训练及小型比武活动。

活动　1986年,全区1149名民兵干部和专职武干自选对象,对全区1352户贫困户开始为期4年的包户扶贫济困活动。1987年开始,区武装部在每年3月组织城区民兵开展学雷锋、便民服务月活动。1989年,区武装部干部率50名基干民兵赴麦积山风景区,驻扎110天,把守隘口,巡山护林。同年,120名基干民兵配合公安部门,进行夏季社会治安整顿。1990年,城区遭受罕见暴雨、洪水灾害,区武装部紧急动员7000多民兵投入抢险救灾。同年,组织民兵1502人,配合公安机关开展禁毒专项斗争。1992年,组织民兵执勤小分队16个,280人(次)维护公共场所社会秩序。1996年“百日严打”中,270名民兵防暴分队队员参加安保、警戒任务。2003年,区武装部组织民兵应急分队120人,在马跑泉镇三十甸子村村民与兰州卷烟厂天水分厂征地冲突中,执行警戒巡逻任务。2006年,甘肃棉纺厂600多名职工,因企业破产,为求自身利益而罢工、阻碍铁路交通,造成运输中断,麦积民兵应急分队火速赶往现场,劝解疏散,其后又昼夜执勤巡逻,以维护社会稳定。

二、预备役

预备役是青年在正规军队以外所服的兵役。《兵役法》规定公民有服现役的义务,同时有服预备役的义务。在编入预备役后,要参加规定的军事训练,国家一旦需要,即应招到军队服现役。《兵役法》规定,士兵预备役分为两类:18~28岁的退伍士兵和通过军事训练的人员,编为基干民兵,服一类预备役;29~35岁符合条件的公民编为普通民兵,服二类预备役。1999年又规定:经过登记服士兵预备役的35岁以下退出现役的士兵,地方与军事专业对口的技术人员以及其他28岁以下编入预备役部队的预备役士兵,编入一类预备役,其他符合士兵服预备役条件的男性公民编为二类预备役。军官预备役是指预备役人员中担任军官职务的人员,为预备役的指挥力量,包括:退出现役转服预备役的军官,确定服预备役的退伍士兵、专职人民武装部干部、民兵干部和经过军事训练、考核合格的军事院校毕业学生,以及确定服军官预备役的非军事部门的干部和专业技术员。各类预备役军官,按照规定服预备役达到最高年龄者,即退出预备役。

部队　预备役部队是以现役军官为骨干,以预备军官、士兵为基础,按野战部队师、旅、团编制而成的部队,是中国人民解放军的组成部分,为战时实施成建制动员的重要组织形式。预备役部队平时隶属省军区领导,战时归野战部队指挥。1983年5月,在北道埠组建中国人民解放军天水预备役步兵师炮兵团和师直属分队,授有番号、军旗,实行统一编制,隶属省军区。炮兵团下辖通讯营、工兵营、高炮营和独立连、警卫连、指挥连。师直属分队辖师医院、汽车连、修理连、勤务连、担架连。不久取消师直属分队编制。初建时与原县人民武装部合署办公,1987年迁城区渭河南新营地。1998年,天水预备役步兵师缩编为天水预备役步兵旅,炮兵团不变,上隶步兵旅。炮兵团的任务是随时准备转为现役部队,执行作战任务。炮兵团成立后,组织士兵训练,完善战备,加强管理和基层建设,多次完成抢险救灾、抗震救灾等急难险重任务。

第四节　驻军

一、区内驻防部队

驻区解放军陆军某部队　从1975年开始驻防今麦积区。1985年,奉命赴云南执行对越防御作战任务,荣立集体二等功,1987年返回营地。

驻区解放军空军某部队　从1981年起，中国人民解放军空军某部队驻防今麦积区。1989年，由空军航空兵某部队进驻。

武装警察部队天水市麦积区中队　中国人民解放军公安部队原肃北县中队1969年调防天水县，改为天水县中队，驻城区北前进路。1975年，改建为中国人民武装警察部队天水县中队。1986年又改称武装警察部队天水市北道区中队，2005年再更名天水市麦积区中队。中队享有人民解放军同等待遇，执行部队条令、条例，实行义务兵和志愿兵相结合的兵役制度。主要担负看守、押解及看守所外围武装警戒任务，并配合正规部队和公安部门执勤、巡逻，维护社会治安。迁入后，中队多次执行重大侦察、警卫、押解、逮捕、执勤、处理突发事件等任务。

武警天水市支队教导队　1982年初在秦州区组建，同年迁今麦积区兴陇路，占地0.7公顷。有教学楼1座，办公室、学员宿舍33间，可供150人训练和住宿。设营职队长、教导员，连排职教员，士兵5至7人。任务是训练支队入伍新兵和连队干部，负责本区基干民兵短期轮训。1988年起，历年共训练4000多人次。

天水市公安消防支队麦积中队　前身为1971年成立的天水县公安消防中队。1983年编制及领导关系划归武装警察部队，隶属甘肃省武警总队天水地区消防支队，1985年改称北道中队，2005年更名为麦积中队。编制干部战士38人，4个建制班，配备4台水罐消防车，1台排烟照明车，1辆行政车辆，主要担负区境内灭火救援任务。仅1985年后，成功扑救1986年1月14日马跑泉木器厂大火、1987年4月10日天水拖拉机厂火灾、1990年10月6日天水公路段露天仓库火灾、1993年7月12日驻区某部队油罐火灾、1995年2月4日小陇山林业局基建队日杂门市部火灾、2000年4月12日天水精表厂火灾、2003年8月7日天水市迎宾馆火灾、2004年4月22日天水市亚都商城火灾、2007年10月25日310国道恶性交通事故引起的火灾，并成功处置2001年7月9日长城开关厂硝酸爆炸事故、2002年5月11日北道埠渭河少儿溺水事故、2005年6月22日麦积区东岔镇牛背村二硫化碳泄露事故等。

二、驻区军事单位

中国人民解放军陆军第二十九军医院　隶属兰州军区后勤部第二十七分部，驻马跑泉镇西，占地132亩，建筑面积2.45万平方米。主要服务对象是天水及周边驻军和附近群众。临床科室有内科、外科、传染科、妇产科、儿科、眼科等。医技科室有检验科、放射科、病理科、特检科、药械科等。2006年撤销，同年在原址成立甘肃省慈善总会天水广济医院。

天水飞机场 在花牛镇东耤河南部川原。最早由驻天水国民军调集役力于民国27年(1938年)建成,后遭日本飞机轰炸,长期被弃置。1950年春,天水分区专员公署动员民工整修。1958年后,一度将一部分机场用地交地方使用。1975-1980年,由兰州军区空军单位组织修复。占地扩至100公顷,设有指挥塔和航管塔台及导航设施。1985年,天水市交通局、甘肃兰天航空联运服务公司和军方签署开办天水至兰州民间客运协议,每周二、五往返1次,运营8个航班后中止。2002年,再次实行军民合用。2007年6月,天水市政府与西部机场集团公司签署协议,将天水机场项目建设及运营管理整体移交西部机场集团公司,同年12月正式开工。

第五节 拥政爱民

1985年,区人民武装部组织民兵预备役人员,开展"军民共扶、脱贫致富"活动。1986年汛期前,驻区部队、区武装部、预备役炮兵团、武警中队等出动兵力460人、民兵150人,车辆10台,清运淤泥2万立方,清运垃圾150多立方。1987年,驻区部队开展"智力助民、扶贫致富"拥政爱民活动,普遍成立扶贫领导小组,以扶贫帮困为重点,支援地方经济建设。1989年,区武装部在实施智力、科技扶贫上,建立民兵科普站28个、科普小组356个、民兵示范点3082个、扶持乡镇企业3个、联系包贫困户1437户、帮助5800人脱贫。1991年,驻区部队先后出动2700多名官兵、车辆200多台(次),参加天水火车站广场建设工程。同年,出动兵力3620多人(次),清挖城区北山防洪渠污泥和土石方6000多立方,疏通渠道1200米。1992年,驻区部队出动兵力5400人(次)、车辆140台(次),在花牛镇高家湾村造林500亩,植树5.4万株。兰州空军天水场站投资60万元,在驻地修筑"爱民堤"3000米。驻区部队出动官兵4760人次,车辆186台次,参加城区北山公园管沟开挖、管道铺设和路面整修,作业土方1.9万立方,搬运输水管、钢材、水泥等物资1300吨,修成长800米、宽7.5米的北山公路主干道。1993年,驻区部队投入兵力500多人,车辆100多台次,预备役人员600多人,参加天北高速公路建设。天水场站官兵为二十里铺村、高家湾村、花牛村义务植树600亩、3.8万株。1994年,天水场站飞行团在境内飞播造林,大面积绿化荒山荒坡。区武装部和预备役炮团组织民兵、预备役人员成建制地参加310国道境内东段改建工程。1995年,驻区各部队为雨水集流工程捐款7万元,为特困户捐衣物7600多件、捐款10.4万元。陆军第二十九医院为地方病人减免医药费10万元,为地方病员治病5600人(次)。驻军各单位还对区内478名失学儿童开展军队干部结对帮扶救助活动。1996年,驻区部队出动兵力3000多人(次),开挖慕滩至秦城供水管道1000米。同年还以开展扶贫帮困、塑造"家门口"优秀军官和创建全国双拥模范城为重点,建立帮扶小组250个,2400余人,为军烈属、贫困户帮耕帮种1000多人(次),整修农路3000多米。1998年,驻区官兵2000多人次、车辆20台次,义务植树200亩、2万余株,疏通城区3条防洪渠道,共清淤泥、垃圾2600多立方。次年,又完成城区东西防洪渠1600米的淤泥清挖。2000年4月,马跑泉镇黑王村砖厂山体滑坡,区武装部组织民兵会同驻军官兵600余人,抢险救灾,救治伤员;9月,陇海铁路天水至宝鸡段伯阳镇境内山体滑坡,将正在运行的503次列车部分车厢埋没,铁路中断,驻区部队紧急出动,启封5台运输车,调拨战备锹和抢险救灾物资,抢救安置受伤旅客,连续奋战两昼夜,打通铁路线。

2001–2007年,驻区部队和民兵组织积极参与国家西部大开发,深入开展扶贫帮困、援助"希望工程"、植树造林、农田基建等各项公益活动,共帮扶327个贫困乡镇(村、户)。驻区部队为原立远乡立远小学拉运建筑材料及砖块10多万块,水泥20多吨;300名官兵多次参加南北二山绿化工程,为花牛镇靳家村开挖育林坑5000多个,整修梯田10多亩,出动车辆200余台(次),完成防洪渠清淤3万立方、清运垃圾3000余立方。预备役炮团投入兵力8500多人次,解决石佛乡涧沟村吃水困难,提供苗木栽植经济林300亩,在伯阳镇植树25亩。区武装部给扶贫点贫困户捐款4000多元、衣物200多件,并请技术员传授经济林果栽培技术,捐赠科技书刊480多册,机关干部捐款救助14名失学儿童入学。陆军第二十九医院发挥自身优势,服务地方,常年为共建点帮扶,提供医助,下乡义务巡诊150多人(次),为边远乡村培训医务人员48人,为乡镇卫生院开办内科、检验科、制剂科培训班,培训技术人才200多人,成功实施300多例患小儿麻痹症者的矫正手术、500多例农村妇女节育手术。还为伯阳镇九亩园小学捐款10万元。

第六节 人民防空

一、设施

人防工程 区内人防工程除火车站广场人防工程为1986年新建外,其余均为20世纪70年代所建。人防工程中,除区人防办公室管理6处外,其余均为单位管理工程。

通信警报无线电建设 20世纪80年代,区人民防空办公室(简称区人防办)配备1台单边带老式电台,用以呼叫联络,但信号弱,噪音大,频率低,联络效果不好。90年代,区人防办更换新式电台,确定1名工作人员,每天早上9点–9点半,下午3点–3点半与天水市人民防空办公室联络,并将情况登记备案。

音响警报 20世纪80年代,区人防办有9台手动警报器,时间误差大,音响效果不好,覆盖面小。2003年由市投资16万元,对全区原有警报器进行更新,同时增安5台新点,利用寻呼信号实现警报鸣响的统一控制。2007年,市又投资25万元,配合市人防通信站,对12台警报器进行短波数控信号全面升级改造,在区人民政府院内新装了1台CWTKII型JDS—2000W电声警报器,确保鸣响率都在95%以上。人防音响警报信号分预先警报、空袭警报、解除警报3种。预先警报为鸣35秒,停24秒,反复3遍为1个周期,时间3分钟。空袭警报为鸣6秒,停6秒,反复15遍为1个周期,时间3分钟。解除警报为连续鸣3分钟。

二、教育

1985年,区人防办以学习《人民防空条例》为主,书写标语、下发宣传资料1500分,开展《条例》知识学习问卷。此后每年通过学习贯彻落实《人民防空法》,树立防空法规意识,加强人防工事管理和维修。1990年,在全区中小学以及驻区大中专院校中,开展“三防”(防核武器、防化学武器、防生物武器)知识教育,下发“三防”知识材料,引导广大青少年了解、掌握和运用“三防”知识,增强国防观念和战时自我防护措施。1996年,开展《人民防空法》宣传月活动,全区乡、镇、街道、区直部门、驻区省市单位、铁路系统等广泛参与,开展社会宣传,加强人防工作法制化建设。市第二中学还进行“三防”知识实际演练,聘请驻军部队指战员现场示范讲解。2000年,为增强中学生防空意识,提高防空技能,在城区7所中学开展人民防空教育课程,下发教材2400本,配备专职教师,制定教学计划,落实课时安排。同年,在全国人防会议期间,在火车站悬挂横幅10条,散发宣传材料3000多份,在全区范围举办人防工作50年成就图片展。2002年,城区7所中学成立防空知识领导小组，配备专职教师，制定教学计划和落实课时安排，下发教材 2160 本，教学光盘 10 套，防毒面具 5 套。2005 年，为加强城区中学防空知识教育，对专职教师进行培训，下发教材 2400 本。每年 6 月 19 日人民防空日，人防办在火车站广场、人口稠密的乡镇集市设点现场发放资料，悬挂宣传横幅，开展人防法律、法规、知识宣传。

三、应急预案

1986 年，区人防办制定出第一部《防空袭预案》。《预案》分基本方案、各项保障计划、各种图表 3 部分，规定各项保障计划由政府赋予人防办公室以及军事、交通、公安、邮政、城建、商业、电力、物资、卫生、粮食等有关部门实施。1998 年、2000 年，根据平战结合的原则，从平时应付突发事件和维护国家安全稳定、经济繁荣入手，对《防空袭预案》进行了修订。

四、机构

1985 年，原天水县人民防空委员会改称北道区人民防空委员会，下设办公室，编制 5 人，为区人民政府办事机构，使用事业编制。2002–2004 年一度与区建设局合并。2005 年分设，改称麦积区人民防空办公室。在区人民政府院内办公，为区直事业单位，人员参照公务员管理。

第十章　民主党派和工商联

第一节　国民党革命委员会

一、机构、人员　中国国民党革命委员会简称民革。1981 年，境内始有民革党员。1985 年，成立民革天水市第四支部。1986 年，改称北道区支部，受民革天水市委员会领导，时有党员 10 人。1990 年，党员增至 22 人，支部下设北道、分路口、市第二中学 3 个组。2001 年党员 49 人，改设为道北、桥南、市第二中学 3 个组。2006 年党员 70 人，支部下设教育、综合 2 个组。成员主要分布在教育、卫生等部门。

二、活动　1986 年改设北道区支部后，召开全体党员会议，选举产生第一届领导班子，王田（河北省徐水县人）任主委。1990 年第二届大会上，王田仍选为主委。1995 年第三届党员大会上，程光汉（河北省献县人）当选为主委。2001 年第四届全体党员大会上，仍选程光汉为主委。2006 年 10 月召开的第五次党员代表大会上，选举张国平（中滩镇人）为主委。

设区后，历届区人民代表大会和政协均有民革党员参加，程光汉还任区政协副主席、区人大常委会副主任。2007年张国平又当选为区政协副主席。当选为人大代表和政协委员的民革党员，参加视察、调研、考察等社会活动，先后在政协会议上提出《关于整顿城市夜市书摊的提案》《关于修建杜甫草堂的建议》《关于合理规范农村务工人员有序流动的建议》等。全体党员还注重服务社会，奉献人民。2001年向张家川县贫困户捐款400多元，2003年抗击"非典"期间捐款620元。同时，积极参加市、区两级"三下乡"活动，参加海外联谊等促进祖国统一活动的座谈、调研、研讨活动。2006年举办纪念孙中山诞辰140周年活动。

第二节　民主同盟

一、机构、人员　中国民主同盟简称民盟。民盟在境内活动历史较久，早在1950年就成立有隶属于天水市民盟的支部、小组，后又成立天水县支部。至1985年，有盟员近20人。1986年，成立北道区支部，下设三阳、社棠、街子、北道、马跑泉5个小组，支部设组织、宣传、社会服务员各1人。1992年，盟员增至35人，再设市第二中学、市第七中学、市第八中学和省林业学校4个小组。1995年，增水文地质小组。1998年，有盟员52人，遂成立民盟北道区总支，下设桥南、道南、道北、省林业学校4个支部和水文地质小组。2007年，有盟员82人，设市第二中学、桥南综合、道南、道北、省林业职业学院5个支部和水文地质小组。成员主要分布在教育系统。

二、活动　1986年，召开北道区第一届盟员大会，成立民盟北道区支部，选毛润章（陕西省富平县人）为主委。1989年，召开第二届盟员大会，仍选毛润章为主委。1992年，第三次盟员大会上，选董敩（秦州区关子镇人）为主委。1995年，召开第四次盟员大会，仍选董敩为主委。1998年，民盟北道区总支成立，并召开第一届总支代表大会，选董敩为总支主委。2002年，召开第二届总支盟员代表大会，选安志宏（秦州区华岐乡人）为主委。2004年，召开第三届盟员大会，选丁喜林（中滩镇人）为主委。其后2007年，召开的第四届盟员代表大会上，仍选丁喜林为主委。

1985年开始，历届区人大和区政协领导班子中，都有民盟成员担任领导职务。1985–1989年马霄石（回族，陇南市徽县人）任区政协副主席，1993–1998年董敩任区人大常委会副主任，1998–2001年安志宏任区人大常委会副主任，

2001–2006 年安志宏又任区人民政府副区长。

民盟成员在参加区人民代表大会和区政协会议时，先后提出《关于切实减轻中小学生课业负担，推进素质教育的建议》《关于新形势下加强中小学生德育的几点建议》和《关于加快南北两山绿化的提案》等 100 余件提案、建议，为区党政决策机关所重视。此外，还立志于社会服务活动，举办各种实用技术培训班、高考补习班。每年都组织盟员开展学习交流、教学支边、书画下乡等活动。

第三节 民主建国会

一、机构、人员　中国民主建国会简称民建。境内 1953 年即有人加入民建。80 年代成立支部，1985 年称北道区支部，时有会员 16 人。1989 年，会员增至 35 人，遂成立北道区总支。1996 年，增设道南、风动厂和民营 3 个支部，有会员 50 人。2001 年，增设桥南、退休 2 个支部。2007 年，有会员 90 人，主要分布在企事业单位。

二、活动　1985 年，召开北道区支部首次全体会员大会，选夏耀中（河北巨鹿县人）为主委。1989 年，第二次会员大会上，选尹正（重庆市人）为主委。1995 年，召开第三次会员代表大会，仍选尹正为主委。2003 年，召开第四次会员大会，选马丽宏（女，回族，甘肃省秦安县人）为主委。2005 年，召开第五次会员大会，仍选马丽宏为主委。

设区后，历届区政协或区人民政府有民建人士参加。夏耀中 1985–1993 年任区政协副主席，尹正 1991–1998 年任区政协副主席，杨发元 1996–2001 年任区人民政府副区长，马丽宏 2001–2007 年任区政协副主席，2007 年又改任区人大常委会副主任。参加区人大和区政协的民建会员，先后在区政协会议上提出《关于加快发展北道区生态旅游的建议》《关于严格治理整顿网吧的建议》《关于对改制后的企业加强监管的建议》等提案。

民建总支重视对会员的学习教育，每年组织学习中央、省、市、区各种重要文件，加强对会员的理论指导，提高会员的政治素质，坚定理想信念。1996 年和 1997 年组织举办香港和澳门问题知识竞赛活动。2005 年，在全体会员中开展《反分裂国家法》学习讨论。针对会员大多分布在经济领域的优势，积极引导会员开展"献爱心"活动，历年为教育和社会公益事业捐款计 30 余万元。

第四节 民主促进会

一、机构、人员 中国民主促进会简称民进。境内1983年始有7名民进会员,次年成立民进北道小组,上隶天水市支部。1986年,成立北道区支部,时有会员10人。1997年,成立北道区总支部,下设区直、市第二中学、二十里铺中学(今花牛中学)3个支部,有会员26人。2007年,有会员53名,主要分布在文化、教育部门的知识分子中。

二、活动 1986年,召开民进北道区第一次全体会员大会,选杜廷楹(秦州区齐寿乡人)为主委。1989年,召开第二次全体会员大会,仍选杜廷楹为主委。1997年,全区民进会员发展到26人,遂成立总支部,并召开总支部第一次会员大会,杜廷楹为主委。2002年,召开第二次全体会员大会,时有会员36人,仍选杜廷楹为主委。2006年,召开第三次全体会员大会,选屈光平(甘泉镇屈坪村人)为主委。

民进会员中先后有4人当选省、市、区人大代表,任过省、市、区政协委员的8人,屈光平2002年起担任区政协副主席,还有6人分别被聘为区审计局特邀审计员、区检察院特邀检察员、区监察局特邀监察员、区教育局特邀督导员、麦积公安分局特邀监督员等。

民进会员中的人大代表、政协委员,深入实际,调查研究,积极参加人大和政协的各种会议,先后在市、区两级人大、政协会议上提出《关于北道集中供热的提案》《关于尽快建设北道渭河2号大桥的议案》《关于建立北道垃圾处理场的议案》等,均被政府采纳实施。2000年,会员羊正宁(定西市渭源县人)投资128万元创办的天水启升中学,开北道区民办公助学校之先例,名列天水市民办学校之首。民进会员还积极参与社会公益事业,先后为省委统战部、区委统战部、区农牧局患重病的同志及边远山区教师捐款1000多元,又多次为灾区捐款捐物。羊正宁为教育等各项事业捐资2.3万元,并为1名特困生资助学费达4年之久。

第五节 农工民主党

一、机构、人员 中国农工民主党简称农工党。境内1988年始有1名农工党成员。次年增至3人,始成立北道区小组。2003年,改设为北道区支部,下设3个小组,共有党员23人。2006年,成立市第二人民医院、区中医院、桥南、道北、退休5个小组,共有党员45人,主要分布在医疗卫生界。

二、活动 2003年，召开第一次党员大会，选刘述涛（四川省德阳市人）为主委。2006年，召开第二次党员大会，选毛莲香（女，中滩镇人）为主委。

农工党成员在本职岗位上尽职尽责，辛勤工作，刘述涛被评为市级优秀科技人才。2004年"非典"期间，多名农工党党员工作在抗击"非典"第一线。2005年，毛莲香被天水市评为创新人才市级学术带头人。2007年，又当选区政协副主席。2007年6月，组织医疗卫生界中高级职称党员赴石佛乡开展义诊，为200余人诊疗，并与石佛卫生院结为友好共建单位。同年还积极开展献爱心活动，为武山独岭村贫困户捐款近1000元。

第六节　九三学社

一、机构、人员 1986年，九三学社北道小组成立，有社员4人。1991年，社员增至11人，成立九三学社北道区支社委员会。2006年，设小陇山、市第二中学、北道3个小组，社员54人，主要分布在科技、文化、教育、卫生界。

二、活动 1993年，九三学社召开第一次社员大会，选马耀华（华亭县人）为主委。1996年，召开第二次社员大会，选陈玉堂为主委。2002年，召开第三次社员大会，选杨继时（湖北省武汉市人）为主委。2006年，召开第四次社员大会，选张海洲（中滩镇人）为主委。

支社成立后，利用社员多在科技和文化领域的优势，认真开展普及科学技术活动，积极向外传播文化艺术成果和开展"三下乡"以及对边远贫困地区的帮扶活动。认真开展调查研究，先后在政协会议上提出《关于以三阳新区为起点，在全区发展生态农业的建议》《关于加强310国道南崖段管理与改造的建议》等，均被政府采纳。

第七节　工商业联合会

一、机构 工商业联合会是工商界组成的人民团体和民间商会，是党和政府联系非公有制经济人士的桥梁和纽带，是政府管理非公有制经济的助手。撤县设区后，成立区工商业联合会（简称区工商联）。2007年，有757名会员，11家基层工商联合分会，3家行业分会。区工商联编制6名，其中主任1名，副主任1名，工作人员均享受公务员待遇。

二、活动 1988 年,召开区工商业联合会第一次会员代表大会,出席代表 36 人,选举第一届执行委员会委员 9 人,其中主任(会长)1 名,副主任(副会长)1 名。此后又分别召开第二、第三、第四次代表大会,选出第二、第三、第四届执行委员会。2006 年,召开第五次代表大会,出席代表 70 人,选举执行委员会委员 45 人。区工商联认真开展调查研究,积极参政议政,大力推动光彩事业,为全区非公有制经济健康快速发展以及构建和谐社会做出贡献。1997 年工商业联合会副主任(副会长)赵满堂荣获全国第八届"中国十大杰出青年"称号,2000 年又被评选为全国劳动模范。2007 年,区工商联副主任张国平当选区政协副主席。

第十一章 人民团体

第一节 工 会

一、机构 1985 年,原天水县总工会改设为天水市总工会北道区办事处,属市工会派出机构,设主任 1 人、副主任 2 人,有基层工会组织 152 个,工会小组 583 个,会员 9386 人。2005 年随区名更改,称天水市总工会麦积区办事处。2007 年调整体制,称天水市麦积区总工会。至年末,有基层组织 406 个,会员 25446 人,其中农民工会员 8830 人。基层组织中,乡、镇、街道工会 20 个,工业园区工会 3 个,机关工会 52 个,事业单位工会 88 个,社区工会 20 个,企业工会 203 个,村级工会 10 个。工会在区委领导下,重在维护职工群众的具体权益,为职工说话、办事。

二、活动 区工会按照国家《工会法》《劳动法》《劳动合同法》《就业促进法》《劳动争议调解仲裁法》等法律法规,制定有关工作方针,重在加强劳动法律法规的执法监督,提供法律保障,维护职工合法权益。同时开展经济技术创新宣传,提升职工素质,引导职工努力学习科学技术知识,爱岗敬业,钻研技术,促进全区高科技人才和创新型职工总量的持续提高,增强企业竞争力;开展"创建学习型组织,争做知识型职工"和一系列提高企业经济效益为中心的群众性经济技术创新及百万职工技能素质提升活动;在企业建立平等协商签订集体合同制度和以职工代表大会为基本形式的机关企事业单位民主管理制度,开展创建劳动关系和谐企业活动。1986

年,全民所有制工业企业建立职工代表大会制度,1994 年集体、乡镇企业、个体及改制后的民营企业也全部建立起职工代表大会制度。2004 年,在非公企业推行厂务公开。2007 年,全区工会职工共提合理性建议 389 条,采纳 151 条,技术革新 30 项,开展优质服务劳动竞赛 8 项、310 人(次),技能比武 33 项、4800 人(次)。

三、帮扶救助　1997 年,区工会将原来开展的职工帮扶救助活动改为送温暖工程,先后成立区送温暖工程及困难职工帮扶中心领导小组及办公室,采取政府拨款补助、工会筹集、企业和职工捐助的办法筹措资金。每年元旦、春节期间慰问困难职工,并为全区 1286 户困难职工和 59 名困难劳模建立电子档案,还开展"金秋助学"、下岗单亲女职工子女小学"爱心班"、特困职工大病救助、困难劳模生活补助等活动。2006 年,为工人文化宫 5 名自收自支人员筹措资金 6.8 万元,办理养老保险。2007 年元旦、春节期间,仅为困难职工发放慰问金达 70.6 万元,人均 300 元。

第二节　共青团

一、机构　中国共产主义青年团(简称共青团),受中国共产党领导,是党的助手和后备军。1985 年设区后,成立共青团天水市北道区委员会(简称团区委),内设组织、宣传等机构。各乡、镇、街道、中学均有团组织。1985 年,全区基层团组织 35 个,团员 16881 名。2007 年,全区基层团组织 53 个,团员 17121 名。

共青团组织和团员发展统计

年份	团组织	团员数	其中:女	年份	团组织	团员数	其中:女
1986	49	16886	5386	2000	52	18481	5729
1990	50	16987	5855	2003	50	17233	5428
1994	50	18021	5745	2007	53	17121	5172
1997	51	18324	5863				

二、代表大会　1985- 2006 年,先后召开 7 次区共青团代表大会,在各次会议上,分别选举团区委委员,常务委员、书记、副书记,并选举出席市团代会代表。

区共青团历次代表大会简况

次别	时间（年、月）	出席代表	选举				
			委员	常委	书记	副书记	团市委代表
第一次	1986.5	300	25	7	1	1	38
第二次	1990.9	291	23	7	1	1	35
第三次	1994.9	282	23	6	1	2	33
第四次	1997.8	267	24	7	1	2	31
第五次	2000.8	242	21	8	1	1	26
第六次	2003.8	225	22	7	1	2	23
第七次	2006.8	200	23	7	1	2	21

三、活动　1987年，团区委组织全区青少年与云南前线51个团支部开展前线将士杀敌立功，后方青年创业立功的“双立功”竞赛活动，组织团员青年与前线战士结对子、搞联谊、比立功，互通信件2000多封，邀请前线归来战士在工厂、学校、单位作报告5场。1988年，开展百户百项为内容的争夺“丰收杯”竞赛活动，进行科技培训，建立示范户106户，树星火带头人94人(户)。1989年，先后举办火炬接力赛、文化艺术节博览会和各界青年座谈会。1990年，与驻区部队团工委开展“两学一创”结对竞赛。

1991–1993年，组织形势教育巡回演讲团，开展以热爱家乡，立足本职，改革奋进，建功立业为主题的演讲活动。还举办青少年书法展览、党团知识竞赛、五四青年座谈会、学雷锋实践活动等。

1994–1997年，组织开展走向社会，学习工农，认识社会，树立理想，注重实践为主题的各类社会实践活动。在农业战线，继续开展“丰收杯”竞赛活动，举办各类实用技术培训班1264期，培训青年4.1万人(次)，树立青年科技示范户1621户，培养星火带头人427人，建立各类青年科技服务组织280多个。工业战线以“创业杯”活动为龙头，以提高企业经济效益，促进青年岗位成才为宗旨，开展学文化、比技术，创一流和“五小”(小发明、小革新、小改造、小设计、小建议)竞赛，技术比武，岗位练兵等活动。还举办团干部培训班78期，建立“青年之家”224个。

1997–2000年，开展以爱国主义教育为主题的各类活动，承办区“百歌颂中华”大型歌咏比赛，开展迎香港回归、兴中华伟业、树文明新风、创一流佳绩为主题的系列教育活动和爱中华、迎回归、建家乡百题知识竞赛活动。在农田基建和抗旱中，成立青年突击队600多个，2万多人(次)；开展植树造林，绿化家乡等为主题的造林绿化活动。

2000–2003 年，以每年 3 月 5 日为学雷锋志愿活动启动日，开展以每周服务两小时、送优质服务，做雷锋传人、“四讲一服务”、岗位练兵、技术比武以及让孩子安全过马路，绿化、美化、净化“四街”等活动。还结合全区普法教育，联合有关部门举办珍爱生命、远离毒品万人签名活动。

2003–2006 年，开展以《未成年人保护法》《预防未成年人犯罪法》为主的青少年法制宣传教育、网络文明教育和珍爱生命、拒绝毒品等宣传教育活动；向少先队员发出保护环境，从我做起的倡议，开展万人清除白色垃圾，建我美好家园活动；实施由团中央、农业部、财政部等 3 部委确定的全国第三批跨世纪青年农民培训工程，与有关部门联合开展青年科技创新行动、下岗青工再就业行动、青工创新增收和帮助青工创业计划等工作；每年 3 月 5 日为青年志愿者服务日，开展绿化、美化、净化千街万巷活动。青年志愿者服务岗以一助一或多助一为形式的结对服务小组，定期或不定期地开展助残疾帮困、义务诊疗。

2006 年，在团员中开展先进性教育活动、增强团员意识教育活动和社会主义荣辱观教育活动。以教育、服务青少年健康成长为宗旨，在全区各中小学开展未成年人思想道德建设巡回演讲、“践行社会主义荣辱观”报告会等活动。在各中小学组织开展中小学学生道德日记月月评活动，在桥南街道龙园社区、北道埠街道商埠社区、道北街道北山路社区开展社区团建创新暨青年文明社区创建活动。至 2007 年的 3 年中，共向团省委等组织申请上报项目、自立建设项目 21 个，已批建 14 个，涉及资金 118.9 万元，已到位 87.4 万元。其中明德奖学金项目的实施，使城乡 8 所中小学 276 名品学兼优、家庭贫困的农村学生得到 12.45 万元资助，有 16 名大学生得到 6.4 万元资助。

第三节 妇女联合会

一、机构

1985 年撤县设区后，原天水县妇女联合会改为北道区妇女联合会（简称区妇联）。区妇联为中华全国妇女联合会县（区）一级地方组织，是区委、区政府联系妇女群众的桥梁和纽带，职责是在区委领导下，团结和教育妇女，维护妇女儿童权益。1995 年区委还成立区妇女儿童工作委员会，办公室设在区妇联。2005 年北道区更名为麦积区后，区妇联改为麦积区妇女联合会，有编制干部 6 人。2007 年，全区 17 个乡、镇，3 个街道皆有妇联组织，此外还有 31 个区直机关妇委会，15 个乡镇企业妇代会，7 个非公有制经济妇委会，1 个妇女创业者联谊会，1 个夕阳红艺术团。各村、社区均有妇代会。

二、妇代会

1988–2007 年，共召开 5 次区妇女代表大会，每次会议均选举区妇女联合会委员、常委、主任、副主任（1996 年改称主席、副主席）及参加市妇女代表大会代表，确定本届工作任务。第一次大会主要任务是以贯彻党的十三大会议精神,围绕全区经济建设,讨论在新形势下如何适应改革发展的要求,充分发挥各级妇联组织和广大妇女在经济建设中的作用，号召妇女树立自尊、自重、自强精神，积极进取，勤劳致富。第二次大会号召妇女在改革开放的新时期进一步发挥半边天的作用，团结奋斗，积极进取，为建设两个文明做出新贡献。第三次大会要求全区妇女展示时代风采，发挥妇女优势，自强不息，开拓进取，为实现跨世纪宏伟目标而努力奋斗。第四次大会要求与时俱进，求实创新，推动全区妇女工作迈上新台阶。第五次大会号召团结力量，发挥优势，为建设和谐富裕新麦积做出新的更大贡献。

区妇女历次代表大会简况

单位：人

次别	时间（年.月）	出席代表	选举				
			委员	常委	主任（主席）	副主任（副主席）	市妇代会代表
第一次	1986.6	154	23	7	1	1	–
第二次	1992.6	190	24	7	1	1	34
第三次	1997.5	194	23	7	1	1	39
第四次	2002.8	197	23	7	1	1	43
第五次	2007.7	229	23	8	1	2	46

三、活动

双学双比　1986 年，在农村妇女中开展我为振兴中华学文化，学科学技术的“双学”活动。1990 年，开展“双学双比”（学文化、学技术，比成绩、比贡献）竞赛活动。同时将巾帼扶贫行动和“三八”绿色工程活动作为“双学双比”活动重要内容贯穿始终。二十里铺乡白崖村妇女、“三利” 服装厂厂长石兰英荣获全国妇联“双学双比”竞赛活动先进标兵称号。1991 年，区妇联创办扶贫技术培训中心，先后举办玉米、蔬菜、地膜覆盖、果树修剪、果蔬病虫害防治、饲养保健、裁剪缝纫、草编等技术培训班585期，有1.8万名妇女学到一至两门实用技术。其后多年，围绕当地推广先进科技成果和农业应用技术，对妇女开展多层次、多门类、多形式的培训，全区有8万名农村妇女接受实用技术培训，200名妇女参加农函大、农广校学习，其中800人获农民技术员职称，创办以妇女为主体的科技示范户900多个。还在林区、林缘区妇女中落实有关优惠政策，新建家庭小林场1131个，面积2.3万亩；"三八"林基地15个，956亩；绿色家园示范户134个，创办"妇"字号种、养、加工基地63个，有50%的种、养女能手经济收入占家庭总收入一半以上。在"双学双比"过程中，区妇联和区直机关妇委会以及乡、镇妇联，结对扶贫帮困620对，输转女劳动力1.2万人。2001年，响应全国妇联"情系西部、共享母爱"倡议，发动全区干部捐款4万元，引进全国妇联"母亲水窖"项目投资20万元，在五龙乡谢家咀、温家湾修建"大地之爱、母亲水窖"250眼，解决1350人、198头大牲畜饮水困难。

巾帼建功竞赛和帮扶活动　1991年，在金融、供销、商业、邮电等行业开展城镇妇女巾帼建功竞赛活动。2003年，开展千名干部帮扶活动和巾帼扶贫活动。每个乡镇选树典型5～10户，以点带面，全面推开，进行技术和资金扶贫，帮助项目，联系业务，做好售后服务工作。其间，发动女党员、女干部和下岗女职工结成对子，一帮一地结对帮扶。2004年，成立区妇女职业介绍所，开展职业技能培训、发证、推荐、就业服务，帮助妇女实现就业和再就业，有序转移农村剩余女劳动力和城镇下岗女工。2005年开始，区妇联先后在元龙、麦积、中滩、五龙、东岔、渭南等乡、镇举办大龄女童培训班，有500人参加培训，还向北京输送家政服务员500多名，月均工资800元以上，创劳务收入500余万元。

五好文明家庭　90年代，在全区开展"五好"（爱国守法，热心公益好；学习进取，爱岗敬业好；男女平等，尊老爱幼好；移风易俗，少生优育好；勤俭持家，保护环境好）文明家庭活动。1997–1998年，举办夫妻婆媳对夸会、勤俭持家博览会。1999年，开展美德在农家活动，引导农民革除旧习陋俗，治理脏、乱、差，增强卫生保健和环境美化意识，提高生活质量。在活动中，倡导"五改"（改水、改沟、改路、改厕、改圈），"四净"（饮水干净、街路干净、家庭干净、居室干净），"三齐"（房室整齐、杂物堆放整齐、居室整齐），推动农村村容村貌、家容家貌的改善。在城镇社区，大搞文明楼栋、爱我社区爱我家、敞开家门迎友邻活动。2002年，举办家庭伦理道德知识大奖赛。2003年，结合新农村建设深入开展美德在农家活动，围绕家家学、家家议、家家做、家家乐、家家评五个环节，倡导健康、文明、科学的现代生活方式。2004年，受省妇联委托，市、区妇联在伯阳镇下坪村举行全省首批美德在农家示范点暨农村妇女文化活动示范点挂牌仪式。2006年，开展家庭书法、绘画、手工艺品展等家庭艺术交流活动。不几年，涌现出全国平安家庭先进示范社区1个，省级平安家庭示范社区1个，平安家庭示范户8个，学习型家庭200户，五好文明家庭320户，绿色家庭80户，美德在农家示范村3个。

妇女维权　1993年，区人民政府颁布《九十年代天水市北道区儿童发展规划》，1997年又颁布《北道区妇女发展规划》。2001年，区妇联联合北道公安分局巡警大队成立家庭暴力报警台。同年，区法院民庭成立维权法庭，区妇联1名副主席和1名维权干部被聘为特邀陪审员，参与维护妇女权益的案件审理。至2007年，共参与审理维护妇女儿童权益案件20起。区妇联还制定家庭维权行动工作方案，动员和引导妇女参与普法、依法治区、禁毒、禁赌、抵制邪教、预防艾滋病、预防和制止家庭暴力等宣传教育活动。

项目实施　2003年，实施省贫困地区劳务输出项目，组织城镇下岗女工、农村剩余女劳动力到北京富平职业培训学校接受1个月的免费家政技能培训，培训后由学校负责安排工作。区妇联共输出下岗职工、农村剩余劳动力526名。2006年，省扶贫办、省妇联安排伯阳镇马岘村实施整村推进项目，计划投入120.7万元（其中国家投资50万元，扶贫信贷资金40万元，群众自筹30.7万元），建设项目涉及机修梯田、新建集雨水窖、果园建设、养殖业、妇女文化培训中心5个子项目。实施1年，新建水窖150眼，新建果园800亩，老果园改造400亩，建成妇女文化培训中心1处、6间、120平方米，沼气池40座，改厨40间，改灶40个，建猪圈40个，养殖良种肉猪900头。2007年，实施"中英贫困地区大龄女童技能培训和能力建设合作伙伴项目"，在元龙、麦积、中滩3镇免费为301名失、辍学贫困大龄女童开展文化知识、职业技能和生活技能参与式培训。

春蕾计划　1995年，开始实施"春蕾计划"①，筹集资金21.6万元，办"春蕾"女童班28个，救助失、辍学女童3000多人（次）。2005年，区妇联开始救助贫困女大学生8名，救助资金10000余元。2006年，"西部开发助学工程活动"救助7名家庭贫困、品学兼优的大学生，每年每人提供2000元助学基金。2007年的中石化春蕾高中生资助项目，资助品学兼优、家庭贫困高中女学生50名，实施2

①"春蕾计划"：是全国妇联、中国儿童少年基金会发起的一项救助贫困女童复学社会行动和专项基金，旨在帮助因生活贫困而辍学或濒临辍学的女童重返校园接受学校教育。

年，每人每学年受助资金 1200 元，共资助 12 万元。

第四节　少先队

一、组织、队员　中国少年先锋队（简称少先队），是中国共产党委托中国共产主义青年团建立和领导的少年儿童组织。职责是团结和教育少年儿童，使其成为爱祖国、爱劳动、爱科学、爱护公共财产、健康、活泼、勇敢、诚实的新一代。1985 年，全区少先队组织有大队 31 个、中队 300 个、小队 523 个，队员 51220 名，辅导员 1524 人。2006 年，有大队 39 个、中队 319 个、小队 1595 个，队员 50214 名，辅导员 1520 人。

少先队组织发展统计

年份	大队（个）	中队（个）	小队（个）	队员（人）	年份	大队（个）	中队（个）	小队（个）	队员（人）
1986	31	300	1523	51220	2000	39	326	1627	52114
1990	32	308	1599	51421	2003	38	314	1570	49964
1994	33	312	1602	51521	2006	39	319	1595	50214
1997	35	316	1613	51721					

二、活动　20 世纪 80 年代，全区少先队组织普遍开展人人争戴新风尚小红花、学习十佳少先队员、劳动实践等教育活动，组织少先队员踊跃参加我们爱科学、红领巾读书读报奖章等活动。

20 世纪 90 年代，少先队活动中关于培养少年儿童素质的内容逐渐增强。1994 年，为配合基础教育从应试教育向素质教育的转变，培养少年儿童健康向上的人格意识和初步的生存、发展技能，共青团中央、全国少工委发起中国少年雏鹰行动。期间以“五爱”为准则，以共产主义教育为核心开展教育，还收到社会捐款 6.5 万多元，救助失学儿童 360 名。1997 年，开展爱国主义教育，号召青少年学习舍己救人的英雄少年何亮及“5·14”英雄群体的活动。1998–1999 年，开展手拉手情系贫困小伙伴、辅导员手拉手互助计划和争做优秀少先队干部、争创雏鹰大队等活动。活动中，城区少年儿童为农村小学生捐款 300 多元，捐赠学习用具

1000多件，衣服6000多件，书籍4000多册，城乡少先队员结成手拉手好朋友对子1625对。至2000年，全区有8名中小学生荣获“陇原好少年”称号，2名荣获全省星火火炬奖，2名荣获全国希望之星书画大赛优秀奖。希望工程项目收到社会捐款6.5万多元，救助失学儿童321名。另外，意大利贝尼托·乔治等15位小麦专家捐款6000多元。2003年，举办环境监护周启动仪式，向全区少先队员发出保护环境，从我做起的倡议，开展万名少先队清除白色垃圾，建我美好家园活动。2005年，少先队组织以手拉手、五自（自学、自理、自护、自强、自律）实践、启明星、百花园及少先队科技文体活动为载体，推动少年儿童素质培养。2006年，组织中小学生参加和开展党是阳光我是花、建设家乡我能行书信大赛活动和古诗诵读活动。

第五节 残疾人联合会

一、机构

1990年10月，首次成立区残疾人联合会（简称区残联），为代表、服务、管理残疾人，依法维护残疾人合法权益的政府直管机构，科级事业单位，设主席、副主席、理事长、副理事长、理事等。主席由区政府分管领导兼任，理事长主持工作。2007年，区残联编制11人，实有工作人员17人（干部11人、工人6人）。区残联下设盲人协会、聋人协会、肢残人协会、智残亲友会、精神病亲友会等。近年为推动残疾人事业协调发展，政府相继成立康复领导小组办公室、残疾人工作协调委员会办公室、残疾人扶贫解困领导小组办公室等。乡、镇、街道均设有残疾人联合会，有执行理事会，理事长由乡、镇、街道主管领导兼任，副理事长由民政助理员兼任，理事由残联专干、各学区校长、卫生院院长和残疾人代表组成，业务受区残联指导。

二、代表大会

1990–2007年，共召开4次区残疾人代表大会，每次大会选举产生区残疾人联合会主席团主席、副主席、理事长、副理事长、理事以及5个专门协会主席。

区残疾人代表大会简况

单位:人

次别	时间(年.月)	参加代表	其中残疾人	选举									
				主席	副主席	理事长	副理事长	理事	专门协会				
									盲人协会	聋人协会	肢残人协会	智残亲友会	精神病亲友会
第一次	1990.12	101	55	1	3	1	1	3	1	1	1	–	–
第二次	1996.4	147	80	1	3	1	1	4	1	1	1	–	–
第三次	2003.2	165	90	1	3	1	2	5	1	1	1	1	1
第四次	2007.10	165	90	1	3	1	2	6	1	1	1	1	1

三、活动

残疾人普查　1991年,全区开展残疾人普查。普查结果,全区有残疾人家庭20912户,各类残疾人22872名,占全区总人口51.65万人的4.25%。其中男性11875人,女性10997人。2006年,进行第二次残疾人调查,全区有各类残疾人40400人,占全区总人口56.95万人的7.09%。其中:视力残疾6779人,听力残疾7947人,语言残疾1232人,肢体残疾12614人,智力残疾3280人,精神残疾2699人,多重残疾5849人。

康复服务　残疾人康复服务项目由残联成立初期开展的白内障复明、儿麻矫治、聋儿语训3项发展到肢体训练、低视力康复、麻风畸残康复、用品用具供应、特殊人群补碘及残疾预防宣传教育等10余类。共计为1860名白内障患者施行复明手术,训练智残儿童、聋儿、肢残儿童356名,为148名低视力患者配备助视器,精防康复服务精神病患者1027名,并给予一次性补助,发放各类辅助用品用具1260件,无偿赠送轮椅530辆、装配假肢56例。部分患者得到功能补偿或全面脱残。

扶贫解困　至2007年,区残联共争取到财政专项资金、以工代赈资金等项目7个,到位资金380万元;残疾人危房改造项目3个,到位资金144万元。有16212名残疾人得到帮扶,其中8273名残疾人达到稳定解决温饱;有6813名残疾人享受城市、农村最低生活保障,城、乡残疾人全部参加医疗保险;有1400名残疾人得到法律援助;配合教育部门,将残疾儿童特殊教育纳入全区普九义务教育规划中;通过“长江新里程计划”,31名低视力儿童及盲童得到香港企业家李嘉诚的救助;彩票公益金助学项目资助87名在读残疾小学生,每名学生给予600元补助,对历年通过高考的33名残疾学生,每人给予2000元救助。至2007年,共扶持残疾学生1628名;残疾人就业采用分散按比例安排为主,集中就业为辅,多渠道扶持4287名残疾人个体就业,288人集中就业,176人分散按比例就业;累计征收残疾人就业保障金200多万元;举办12期残疾人职业技能培训,参加培训1386人(次)。

社会活动 1999年,赵长稳代表甘肃残疾人参加上海庆祝建国50周年活动。区残联选拔推荐近60名有特长运动员,其中12名参加全省、全国运动会,1人获2块银牌,1人获3块铜牌,1人获全省体育道德风尚奖,1名坐式排球运动员在全国残运会获得团体第四名。此外,利用每年的全国助残日(每年5月的第三个星期日)、国际聋人节、盲人节等节日召开各种座谈会、联谊会19次;组织全区党政机关及社会各界5000多人参与《残疾人保障法》颁布10周年知识竞赛2次。每年在火车站广场开展法律宣传咨询,办街头板报、墙报14期,摄制残疾人张燕奎、赵长稳、范天通、刘明礼等自强不息的事迹,在“咱们秦州人”栏目播出。

第六节 科学技术协会

一、机构

1985年设区后,原天水县科学技术协会改设为北道区科学技术协会(简称区科协),2005年改称麦积区科学技术协会。区科协是区委领导下的人民团体和科技工作者的群众组织,是区委和区政府联系科技工作者的桥梁和纽带。职责是团结和动员科学技术工作者实施科教兴区和可持续发展战略,促进科学技术的繁荣和发展,开展学术交流,普及和推广科学技术,开展技术咨询,维护科技工作者的合法权益,并对所属学会(协会)进行协调、指导和管理,对乡、镇科协进行业务指导。区科协是参照公务员法管理的人民团体,正科级,机关编制8人,内设科普部、学会部、办公室,下属有区科技咨询服务中心。

区科学技术协会共召开过3次会议,每次会议听取科协工作报告,审议通过科学技术协会章程;选举本届委员会委员、常委会委员、主席和副主席。

区科协历次代表大会简况

单位：人

次别	时间（年.月）	出席代表	列席代表	选举			
				委员	常委	主席	副主席
第一次	1990.10	190	30	29	9	1	2
第二次	2000.11	148	35	19	9	1	2
第三次	2006.9	113	35	35	7	1	1

乡、镇、街道均设有科学技术协会，并配备兼职科协主席和专职科协专干，村民委员会设有科普分会。至2007年，全区有17个乡、镇科协和3个街道科协，45个区、乡级协会；协会会员7362名。区级协会9个，会员5681名。

二、活动

科普宣传　1985年，区科协创办《科普知识》（至1988年，共编印12.3万份），并与区广播站联办《科学与生活》广播节目，每星期一、三、五早晚播出。其后，又举办科学种田、种子、农药真假识别等方面录音讲座293期，听众达3680余人（次），还组织播放科教电影《地膜覆盖》以及《植林造林》《细胞》《瘦肉猪》等科教录像片。1986年，配合区文化馆举办科技艺术摄影橱窗展览2次，展出科技图片80余幅。1987年，制作实用技术展板40块，开展科普赶集，宣传科技知识，传递科技信息。同年在农村放映《农村养猪成套技术》等影片和录像片。1989年，区科协主办《科技小报》，至1994年共编印13种、27期、3280份。从2001年起，每年举办1次科技周活动。2003年，为花牛镇、社棠镇等8乡、镇148个村配备彩电、VCD、录像机、功放机、音响和科技光盘等电教设备，开展现代科技知识的学习宣传。2005年起，组织科技人员下乡播放高效种植养殖、花牛苹果栽培实用技术系列科技光盘。至2007年，共举办各种科技报告、科普讲座180余次，办科技专栏109处，组织农、林、牧、医等单位科技人员1000余人上街下乡，开展农业种植、种子、秋冬播生产、高效农业、医疗卫生等12个项目的科技咨询和义诊，展出、交易新产品样品313种，发放科技图书3150多本，印发科普资料22000余份。

科技培训　1985年，区科协举办苹果矮化栽培和修剪、长毛兔饲养等3个技术培训班20期，培训3500人。1986年，在区农村干部工作会议上，由科技人员讲授地膜覆盖种植和配方施肥技术，后又派人分片现场传授技术。到1988年，举办培训班500期，培训农民1.5万人次。1989年，开展苹果、生猪、蔬菜、板栗等技术短训班50期，参训5000多人。1993年后，开展“科普之冬春”活动。1994–1996年,开展“金桥工程”活动,举办各类培训班320期,培训7893人次,同时还为682名农民评定技术职称。1997年,中国农村致富技术函授大学天水中心分校区分校成立,乡镇成立辅导站,每乡镇设1～2个班,每班设1～2个专业,首届招生450名,至2007年共毕业学员1500多人。另外,从1999年开始,区科协按照区域化、规模化、特色化、标准化、品牌化的要求,发展区域特色农产品科普示范基地,依托专业技术协会,开展栽培和管理技术培训,引进推广优良品种和新技术,带动区域经济发展。全区较大的科普示范基地有下曲村科普示范基地,东岔镇核桃繁育示范基地,伯阳镇、花牛镇花牛苹果示范基地,花牛镇南山果业科普示范基地,元龙镇花椒产业科普示范基地等。

科技服务　1985年,区科协成立区科技咨询公司。同年,协调农业、农资、农机等部门,建立农技、农药、农机三结合的“三农”服务部。次年,区内20个乡、镇均建起“三农”服务部,向农民提供科技咨询服务3500人次,印发作物栽培、病虫害防治情报和林业、畜牧方面技术资料11期、1000份，推销多种农技手册600套,出租喷雾器1200部(次)。区科技咨询公司还采用广播、墙报等形式开展技术咨询服务,传递科技信息,共办墙报800多期,黑板报500余期,小报800余期、3万份，接受咨询人数1万人（次），实用技术培训会90次、1.5万人（次）。1995–1999年,推广实用技术项目130项。2003年,邀请区内果树专家和组织乡土技术骨干,现场指导果树修剪、护花保果和病虫害综合防治技术,解决万余亩果树长期不挂果的技术难题。另外,组织全区乡、镇农技协会理事长、种植专业户和科协业务人员,往山东寿光、陕西杨陵等地考察、参观,学习高新农业示范园建设、标准化科普示范基地发展、农技协规范运作等方面经验。

第十二章　基层组织

第一节　乡镇街道

乡、镇、街道是区以下基层领导机关。均实行党委统一领导下的分工负责制,其行政机关依照党委决策处理行政事务。在体制上,行政机关乡、镇与街道不同。乡、镇是上级党委部门推荐,由人民代表选举,设人民政府施政,而街道是由区人民政府设办事处，作为派出机关，行使区人民政府赋予的职权。

1985 年设区后，乡、镇、街道党委设书记 1 人，副书记 1~2 人，委员 4~6 人。党委班子成员换届时，由乡、镇、街道召开党员代表大会选举产生，在不逢召开党代表大会时，由区委任命。20 世纪 90 年代初开始，乡、镇、街道实行党委统一领导，各自分工负责制度，党委副书记兼任乡、镇长或街道办事处主任，下设党政综合办公室，办理日常事务。乡、镇、街道设纪律检查委员会，督查党员执行党的纪律和对违纪党员查处。乡、镇、街道纪检委接受区纪检委和乡、镇、街道党委的双重领导，设专职纪检书记 1 名，2002 年后由副书记兼任纪检书记。2005 年，街道党委改设为党工委，仍设书记、副书记、委员。2007 年，全区设 6 个乡党委、11 个镇党委、3 个街道党工委。

乡、镇人民政府设乡长或镇长 1 名，副乡长或副镇长 1~2 名，乡、镇长由同级人民代表大会选举和区人民政府任命方式产生，不在代表会议召开时，由区人民政府任命。街道办事处设主任 1 名，副主任 1~2 名，皆由区人民政府任命。乡、镇、街道下设副科级的经济管理委员会（简称经委）、武装部，经委设主任，武装部设部长。1991 年，在街道设社会治安综合治理委员会（副科级）。1992 年，组建乡、镇、街道计划生育工作站，1997 年升为副科级。2002 年机构改革中，撤销乡、镇、街道经济管理委员会。2004 年，成立乡、镇、街道农业综合服务站（副科级）。2007 年，乡、镇设司法所（副科级）。是年，乡、镇、街道内设机构有办公室、团委办公室、妇女联合会办公室、残疾人联合会办公室、民政所、司法所、财政所、计划生育服务站，各办公室和站所设专干或助理员若干名。区政府职能部门下派到乡镇的有农村经济经营管理站、农机管理服务站、农业技术推广站、水土保持监督管理站、畜牧兽医站、林业工作站、国土资源管理所、广播电视站、公安派出所。

1988 年 12 月，成立乡、镇人大主席团，人大主席团设主席、副主席，由同级人民代表大会选举产生，任期 3 年。人大主席初为专职，2007 年起多由党委书记兼任。街道设人大工作联络组，1990 年改称人大工作联络处，人大工作联络处主任、副主任由区人大任命。

2007 年，全区设 6 个乡人民政府，11 个镇人民政府，3 个街道办事处。

第二节 社区 村

乡、镇、街道以下建置，为社区和村，即街道下辖社区（唯道北街道另辖有4村），乡、镇下辖村。2007年，全区计28个社区，379个村。

一、社区 社区设党支部或党总支，支部或总支委员会由社区党员大会选举产生，委员会设书记、副书记各1名，委员3名，负责社区党建、宣传及督促政策执行等党务工作。社区行政事务，设社区委员会办理。社区委员会由有选举权的全体居民选举产生，选主任1名、副主任1名，委员若干人。社区委员会在支部或总支领导下，根据分工处理日常行政事务，为居民服务。

二、村 村级组织1985年设区时即有党支部和村民委员会。党支部接受乡、镇党委领导，村民委员会则属村民自治组织。党支部由全村党员大会选举，设书记、副书记（较小的村不设）、委员。村民委员会（简称村委会）是村民自我管理、自我教育、自我服务、自我监督的基层性群众组织。设主任1名、副主任1名、委员3～7人，皆由村民选举产生，不脱离生产。按照1988年颁布的《中华人民共和国村民委员会组织法》，村民委员会成员3年选举一次，选举按照直接、差额、公开竞争、秘密写票、过半数当选、及时公开选举结果等原则进行。村委会内设人民调解委员会、治安保卫委员会等组织，在村委会的统一领导下工作。又设村文书，负责文书事务和村账务等工作。

第四篇　基础设施建设

第一章　城市建设

第一节　城市规划

1985 年设区后，城市规划执行的是 1979 年省建设委员会委托中国市政工程西北设计院设计、1983 年省人民政府批准的北道埠总体规划，主要内容是城区发展以工业、交通、物资集散为主，新建城区向东南部延伸。1996 年，甘肃省城乡规划设计研究院编制《天水市城市总体规划（1995–2020 年）》。2002 年，上海同济城市规划设计研究院编制《天水市历史文化名城保护规划》。首次在规划层面对天水市名城保护提出目标和要求，境内卦台山遗址、街亭遗址、麦积山石窟、仙人崖、石门、放马滩古墓群被列为重点保护内容。2004 年，天水市人民政府开始编制《天水市城市总体规划（2005–2020 年）》。规划遵循整体效益最优、区域协调、可持续发展、以人为本、动态有序、保护地区历史特色原则。规划范围包括 3 街道和马跑泉、花牛 2 镇。已编制出《河道堤防规划》《城市交通专项规划》。

第二节　建　筑

一、概述

20 世纪 80 年代后期，有上级拨付项目资金的驻区单位，开始拆除砖木结构办公平房，新建砖混结构办公楼。文化馆楼、天水市第二人民医院住院部先后建成。20世纪90年代初，随商品经济发展，道南借助一马路(今陇昌路)、三马路(渭滨北路，今成纪大道东路)扩延，开始进行旧城改造，桥南片区亦开始开发。1993年，成立区旧城改造管理办公室。是年，区人民政府在桥南建统建楼18栋，577套。1994年，羲皇大厦、天粮饭店、舟林综合大楼、工会大厦等建成竣工。1995年，今成纪大道东路建成4栋点式楼、煤建公司大楼等，当年新建住房5万平方米，有8个房地产公司在境内建房。此时，桥南片一些单位、职工集资或新建办公场所、或进行单位福利房建设，各房地产商也相继在桥南建楼房小区。2000年后，以房地产开发建设大型小区和大型酒店以及步行街改造为主。道北铁三、铁四院整体拆除改造，建起天乐苑、天禧苑、铁西园等15栋以上连片大型园林化小区，道南建渭水家园、渭水苑、锻压机床厂等13栋以上连片小区，地勘院第一矿产家属院、天水卷烟厂、小陇山林业实验局均在桥南建起10栋以上连片小区。商埠路在改造中，建起金都商厦、华联商厦、信福商城、景园商厦等商业建筑，东安饭店、东方宾馆、虹桥宾馆、华龙大酒店、绿岛大酒店、恒利宾馆亦于此前后建成。2007年，城区共有5层以上楼房402栋，172万平方米，其中办公、商业用房约44万平方米，住宅面积128万平方米。

二、主要建筑

区机关综合办公楼　在区府路西，2006年建成，框架结构，十层，建筑面积11207平方米。为区委、区人民政府、区人大常委会、区政协及区委部门、区政府部分单位的办公之地，配有大小型会议室。此前，区委、区人民政府、区人大常委会均在20世纪70、80年代改建的砖木结构马鞍架式房屋中办公(唯区政协有1座四层砖混结构楼)，计38栋，约500间，散布在区机关大院内。新办公楼建成后，除保留原建的区政协办公楼(改由别的单位使用)、档案楼外，其余房屋全部拆除，平整、改造成园林式院落。

区人民检察院办公楼　在为民路北端。1993年10月竣工。高四层，北边楼体呈半圆状，单层双开，每层13间，除去楼梯过道外，有办公房70间。使用面积2000多平方米。

民政大厦　在陇昌路与前进南路交汇处西北角。原为军供站址，2003年拆除旧平房，次年9月建成高八层、拐角梯形状大楼。框架结构，总面积9876平方米。

区卫生防疫综合楼　在商埠路西。1986年，利用世界银行贷款58万元，由蓝天建筑工程队承建，翌年竣工。共五层、高16.8米，建筑面积2660平方米。一层为区预防保健门诊，二层为区卫生局、区爱国卫生运动委员会办公室，三层为区卫生防疫站检验室，四层及五层北面为区卫生防疫站办公室。

国税楼　在桥南兴陇路与五龙路交汇处。1994 年建成，投资 1706 万元。为拐角式大楼，高六层，建筑面积 3925 平方米，楼长 31 米，宽 14 米，外饰玻璃幕墙。一楼为国税大厅，以上为单位办公场所，有办公用房 65 间。

地税楼　在马跑泉路北端。1997 年开工，1999 年 9 月竣工，投资 678 万元。钢混框架结构，地上六层，地下一层，总建筑面积 3563 平方米。一楼为办税大厅，以上为地税局办公场所，有办公房间 80 间。

邮政楼　在桥南埠南路北段西侧，为麦积邮政办公楼。2005 年建成，总投资 500 万。建筑面积 3959 平方米，高四层（局部五层）。

工会大厦　在陇昌路与前进南路交汇处西南角，民政大厦对面。1999 年动工兴建，2001 年 3 月竣工。为梯形拐角形八层楼。总投资 260 万元，建筑面积 4450 平方米，为区工会办公室。内有职工住宅 3073 平方米，地下还有人防设施 326 平方米。

出入境检验检疫局楼　在桥南五龙路与伯阳东路交汇处。1992 年建成。后被抵债以 220 万元卖给天水市出入境检验检疫局作为办公场所。共五层，地下一层，地上四层。框架结构，外覆玻璃幕墙。

区文化馆楼　在前进南路西，东距火车站 480 米。1988 年省文化厅和市、区财政投资 66 万元建，1990 年 12 月竣工。高 16 米，长 52.8 米，宽 12.3 米，建筑面积 2247 平方米。共四层，一层为书库、借书处、采编室；二层是儿童阅览室、成人阅览室、资料室、摄影室、美术创作室；三层美术、音乐、戏剧创作室及文化馆办公室、会议室；四层为会议厅和文化局办公室。

区文化中心楼　在前进南路西，北临区文化馆楼。2003 年投资 210 万元建成。高七层，框架结构，建筑面积 1900 平方米。内设文化馆少儿艺术培训中心和区青少年校外活动中心，其中包括文化馆书画展展厅、舞蹈培训大厅及各类器乐、美术、外语等培训室。

天水市第二人民医院楼　在前进南路南端，南临渭河。1987 年利用世界银行贷款 76 万元，自筹 25 万元兴建，翌年竣工。为“「”形整体砖混结构，建筑面积 4576 平方米，分东楼与西楼，各长 42 米，宽 12 米，主楼六层，高 21 米。楼前面墙面用马赛克贴面，楼内装电梯。一层为妇科与产科，二层为内科和西药房，三层为小儿科、五官科和中心化验室，四层为外科和中心换药房，五层为外科、手术室和麻醉室，六层为教学示范室。

区中医医院综合楼 在桥南兴陇路西，北对渭河，东距渭河人行桥70米。1989年，省卫生厅投资30万元，市、区财政投资36万元，医院自筹5万元兴建，1990年竣工。砖混结构五层，高19米，建筑面积2642平方米。一、二层为门诊部，三、四层为住院部，五层为办公室。

铁路卫生防疫站楼 在陇昌路与前进南路交汇处。1994年建成，投资100万元。砖混结构，总面积2094平方米，五层。上四层为铁路卫生防疫站使用，共有房间72间。

供电局楼 在桥南伯阳路与甘泉路交汇处，仿古街西口。1995年动工，1998年4月建成，投资405万元。框架结构，拐角式，建筑面积5400平方米。拐角处为玻璃幕墙。共七层，一楼为电费收缴大厅，上部为麦积供电分公司办公室。

电信综合楼 在陇昌路中部，与北道影剧院毗邻。2000年动工，当年建成。六层，建筑面积6250平方米。为甘肃电信有限公司北道分公司办公室及通信机房。

人寿麦积分公司综合办公楼 在渭滨北路东段，距渭河1号桥约260米。2000年8月建成，投资469万元。建筑面积2342平米，楼长30米，宽11米。八层，有办公室、会议室29间，外饰玻璃幕墙。一至五层为整体，六至八层为塔式结构，逐层缩减。一楼为人寿大厅，以上为单位办公室。

火车站货运大楼 在火车站东。2001年兴工，2003年9月竣工。共六层。

麦积汽车站 在天河北路南端。建筑面积5796平方米，2006年建成，投资800多万元。一层为售票大厅，上为天水交通运输服务有限公司办公室。

秦州商场 在商埠路中段，东与供销大厦毗邻。1988年，天水百货批发公司筹集396万元兴建，翌年竣工。建筑面积6539平方米。为南北走向的框架、井桩基础结构。由南、北两部分组成，但外观为一体。南楼四层，高25.2米。一、二层为营业厅，三、四层为办公室。楼顶东西两端建仿古型双层四六角亭，一层为六角，二层为四角，高4.4米，黄琉璃瓦盖顶，造型新颖。北楼南北走向，列东、西两侧，高21.3米，三层，一、二层为22个隔离式营业厅，三层为库房。中为天井。

供销大厦 在商埠路中段，秦州商场东侧。1987年，省供销合作联社资助20万元，区供销合作联社自筹60万元，贷款80万元兴建，1990年5月竣工。高七层，一、二层为营业厅，三层为工业品公司、废品物资回收公司，四层农副公司，五层生产资料公司，六、七层为区供销合作联社办公室。楼内有电梯，一、二层阶梯两侧墙壁和营业厅柱子用大理石贴面，楼外正面用瓷砖装饰。

陇鑫综合交易市场楼 在渭滨北路中段(即原三马路)北侧，秦州商场东侧。

1994年开工兴建，占地8.4亩，为小四合院式，南楼高四层，框架结构；东、西、北三面为单面楼，高三层。中部院落为钢架结构，覆以彩钢瓦，总建筑面积9616平方米，其中房屋面积8400平方米，交易大厅1216平方米，各类房屋130间，其中写字房38间、平房铺面18间。1997年4月正式开业。以副食品批发为主，兼营百货、针纺织品、小五金交电、文化用品、餐饮住宿等一体的综合性市场。

桥南家居建材城　在桥南埠南路中段西。2001年创建，占地300余亩。建有家居、陶瓷、卫浴、橱柜等10大卖场、16个专营区。

景园商厦　在埠北路南端西，南临渭河。总投资7800多万，建筑面积3.3万平方米。2006年1月开业。为下商上宅式，共十三层。一至三层为营业区，以上为住宅，分两栋。地下为超市。2007年，三层营业厅和地下超市共有营业商家356家，从业624人。

金都商城　在商埠路中段南侧，与供销大厦毗邻，2004年由盛达集团投资建设，为境内首屈一指的大型综合商城，共五层。东西长116米，南北宽67米，高27米。全框架结构，建筑面积近4万平方米。楼体四周覆以长方形玻璃幕墙。内部装有16部客、货电梯。一楼为单间铺面，二至五楼为商业区。有各类商家约600余家。商城内部还设有中央空调，监控系统等。为境内地标性建筑。

天水锻压机床厂新厂区　1991年，区人民政府在渭滨北路（今成纪大道东路）西端处划拨渭河滩涂地130亩，国家拨款6088万元，开始新建天水锻压机床厂。新厂址呈月牙状，长1050米，最宽处1350米。1992年，新建河堤1324米。1994年厂区竣工，1995年投入生产。厂区建筑总面积3.2万平方米，道路及广场1.2万平方米，围墙2150米，露天库房5834平方米，绿化面积达1.6万平方米。厂区共有4个车间，为排架结构，分别为第一联合车间、第二联合车间、板焊车间、热处理车间，总建筑面积2.06万平方米，为厂区主要生产区域。还建有五层框架科研开发楼和招待所。

天水卷烟厂厂区　在羲皇大道两侧，即马跑泉镇三十甸子北。分南、北厂区。老厂区在羲皇大道南，占地166.8亩。2004年，在老厂区对面，即羲皇大道北新建库房，征地132.4亩，建大型烟草仓储库房5栋，建筑面积约1万平方米。老厂区包括生产用房、办公用房和原料库房。其中生产用房5.4万平方米，包括2006年新建的多层钢混结构厂房2.65万平方米；办公用房6栋，建筑面积1万平方米；原料库房4座，面积达9000平方米。

天水卷烟厂过街天桥　在天水卷烟厂南北厂区之间羲皇大道上，为羲皇大道首座过街人行天桥。2005年建成,全长45.7米,宽4米,全桥平面呈"工"字形,桥墩采用桩柱式,人行梯道与人行坡道对称布置,坡道中间设14米宽踏步,两边各设3米的坡道。

东立交桥 在陇昌路东端,原为火车站东闸口。来往车辆由道口设障碍,由铁路系统派人监管。后随过往车辆增多,影响交通。1997年兰州铁路局投资636万元,修建跨度为16米钢筋砼框架桥,其中车行道8米,净高5米,非机动车道各2.5米,人行道各1.5米,穿越铁路净长24米,含出入口翼墙全长34.9米。1998年12月通车。通车后,区府路与陇昌路东端始相接。

此外,还有中立交桥和西立交桥,均为1985年前兴建。中立交桥在前进南路和前进北路之间,桥上为铁道,桥下设3孔,中孔宽8米,高8.5米,为机动车行道;两侧孔各宽4米,高5.3米,为行人和非机动车道。两端引道长180米,1981年由兰州铁路局投资建成,为城区南北主要通道。西立交桥在城区西北端,宽12米,高4.4米,上为铁道。连接成纪大道东路和铁陇路。

1985-2007年兴建其他公共建筑一览

建设单位和名称	地址	层数	结构	建筑面积(平方米)	投资(万元)	建成年份
天水铁路第一小学教学楼	区府路东段	4	砖混	3450	50	1993
天水火车站第二售票综合楼	火车站广场西侧	8	框架	6556	430	1994
天水风动工具厂科技中心楼	麦社路	6	框架	6107	330	1995
天水市五金站综合楼	商埠路	8	框架	6286	480	1997
天水华联实业公司华联商厦	商埠路	5	砖混	3400	200	1997
区城建开发公司综合楼	渭滨南路	6	砖混	4276	200	1997
市公安局麦积分局办公楼	桥南高速辅道南	5	框架	4047	200	1997
天水市第二中教学实验楼	马跑泉西	4	砖混	3670	250	1997
道北小学教学楼	育才路	4	砖混	2374	120	1998
区轻工厂综合楼	商埠路	6	砖混	4086	204	1998
天水市第九中学宿舍楼	前进北路西	4	混凝框架	1739	180	2000
天水市第九中学教学楼	前进北路西	4	砖混	1350	75	2000
天水火车站东货场货运营业楼	陇昌路东	7	框架	6134	380	2000
市卫生职业技术学校教学综合楼	分路口校内	4	砖混	2086	160	2001
小陇山林业局林勘队办公楼	麦社路	4	砖混	2146	140	2002
天水市第二中学学生公寓楼	马跑泉西	6	砖混	5790	420	2002
省疾病预防控制中心天水监测站	桥南甘泉路	5	框架	995	110	2003

续表

建设单位和名称	地址	层数	结构	建筑面积(平方米)	投资(万元)	建成年份
天水车站行包综合楼	火车站台西端	4	框架	4929	405	2004
天水恒利商贸有限公司商业综合楼	埠南路	6	框架	4968	420	2004
甘肃成纪生物药业有限公司办公楼、科技苑	二十里铺工业示范区	13	框架	9300	721	2004
天水万汇工贸公司住宅综合楼	陇昌路	6	框架	4630	420	2005
天水万汇工贸公司综合楼	陇昌路	6	框架	2993	260	2005
市第二人民医院医技楼	前进南路南端西	5	框架	4323	600	2005
区邮电局北道区邮政生产楼	埠南路	5	框架	3959	485	2005
天水东升粮油有限公司办公楼	埠南路	4	框架	852	110	2005
天水市第二中学综合学生公寓楼	马跑泉西	6	框架	8064	700	2005
龙园中学教学楼	伯阳东路	5	框架	3549	295	2006
教师进修学校培训楼	林水东路	5	框架	6528	630	2006
区交警大队指挥分中心	埠南路	6	框架	3900	300	2006
道南小学教学楼	成纪大道东路	5	框架	3150	260	2006
天水市第七中学教学楼	育才路	5	框架	4135	441	2006
天水欣荣商贸有限公司综合楼	陇昌路	6	框架	1353	110	2006
中石油甘肃天水销售分公司办公楼	羲皇大道东段北侧	6	框架	4517	668	2006

2007年城区较大居住小区一览

面积单位:平方米

现名称	审定标准名称	坐落位置	占地面积	建筑面积	楼层(层)	楼栋数	住户数(户)	绿化和休闲面积	所属单位
宏达小区	宏达佳居	五龙路	5600	11000	6	3	82	1880	宏达房地产公司
天乐苑小区	天乐苑	北山路	11603	73488	5~18	31	1398	4780	天水房建领工区
铁西园小区	铁西园	区府路	28850	60000	6	15	580	3050	天水房建领工区
天禧苑小区	天禧苑	北山路	30000	70000	6	16	704	9000	天水房建领工区
铁路小区	铁路新村	甘泉路	32000	62000	6	19	905	10000	天水房建领工区
锻压厂家属区	锻压家园	成纪大道东路	11000	54010	6	23	943	5000	锻压机床厂
新建巷住宅小区	新建巷小区	新建巷	17926	60000	6	12	514	1600	区城建开发公司
渭水源住宅小区	渭水源小区	成纪大道东路	74994	130000	6~12	28	1400	22498	省建五公司

续表

现名称	审定标准名称	坐落位置	占地面积	建筑面积	楼层(层)	楼栋数	住户数(户)	绿化和休闲面积	所属单位
金兴家园	金兴家园	羲皇大道	14000	40000	5~8	5	280	5000	省建八公司
世纪花园	世纪花园	石佛路	5450	24906	6~16	3	112	4800	金都房产
陇林佳园	陇林佳园	羲皇大道	7870	22977	3~6	4	210	2000	小陇山林业实验局
陇林南园	陇林南园	陇林路	8840	11092	6	6	210	1500	小陇山林业实验局
陇林西园	陇林西园	羲皇大道	18740	22567	6	8	336	1800	小陇山林业实验局
林校家属院	桃李园	新建巷	9042	11020	6	4	78	3000	省林校
清源小区	清源佳居	埠南路	10000	21200	6	7	200	1500	区水利局
地质总队家属院	地勘兴居	甘泉路	10800	13200	7	4	124	2800	地质总队
盛源新区	盛源新区	天河南路	12666	33000	6	13	230	4100	盛源房产
华龙小区	华龙佳居	兴陇路	12020	21000	7	5	202	3000	华龙房产
厂坝家属院	厂坝佳居	琥珀路	12000	15000	7	5	139	2800	厂坝铅厂
天工小区	天工兴居	工人巷	8886	29936	6	4	228	1872	天水工务段
滨河路小区	溪水家园	成纪大道东路	8000	20000	4	9	336	2000	区城建开发公司
吉祥花园	吉祥花园	新阳路	10000	16000	6	4	172	2200	振兴房产
华辰小区	华辰佳居	新建巷	8000	16792	6	4	180	2800	华辰房产
宏达新区	宏达兴居	新建巷	7000	16400	6	4	116	2200	宏达房产
渭水家园小　区	渭水家园	成纪大道东路	3600	60000	6	16	538	14000	区城建开发公司
景园大厦	景园大厦	埠北路	4807	28991	14	1	126	1200	景园房产
为民园小区	为民兴居	为民路	4265	8080	6	3	96	1100	麦积药业公司
欣荣住宅小　区	欣荣名居	育才路	4936	12000	6	4	125	2400	欣荣商贸公司

续表

现名称	审定标准名称	坐落位置	占地面积	建筑面积	楼层(层)	楼栋数	住户数(户)	绿化和休闲面积	所属单位
市二中家属院	育才花园	羲皇大道东段	5333	10118	4~6	4	154	1000	市二中
林水小区	林水苑	林水东路	19804	32000	6	8	408	6000	区城建开发公司
饮食服务公司家属院	滨河园	埠南路	7893	10040	6	4	156	2000	饮食服务公司
恒利小区	恒利兴居	新建巷	8000	11138	6	4	120	2400	恒利商贸公司
天烟家园	润天家园	羲皇大道中段	48883	69790	6	11	505	22000	天水卷烟厂
金穗大厦	金穗名居	前进路	10000	11040	6	4	138	2000	区粮食局
区建一公司	建安名居	商埠路	11000	13000	8	4	156	2020	区建一公司
天水土特产公司家属院	金果家园	商埠路	13500	25600	5	5	236	2400	天水土特产公司
新秀花园	新秀花园	商埠路	21200	31100	6	12	282	5800	成纪公司
十栋楼	十栋楼	商埠路	12800	23330	6	5	217	4000	天水风动厂
兴中小区	兴中名居	成纪大道东	10000	12000	6	4	122	2000	兴中小区物业办
民贸小区	民茂家居	陇昌路	11000	18000	6	4	177	3010	天水外贸公司
前进小区	前进家居	前进路	11020	12300	6	4	120	3500	区城建开发公司
医药站家属院	安康家园	前进路	26700	17599	4~6	5	248	6000	天水医药站
地勘局家属院	地勘家园	羲皇大道中段	50137	42656	6	13	628	5000	地勘总队
天水卷烟厂家属区	润泽花园	三十甸子村北	20296	18000	5	6	200	5000	天水卷烟厂

第三节 街道

1985年,城区有道路20条,总长20多公里。是年起至1987年,区人民政府对道路全面改造,先后改建和拓建红旗路(今区府路)、渭河南路(今埠南路)、前进路、交通路(今天河北路)、社棠路、道北路、北山路及二马路(今商埠路),拓宽一马路(今陇昌路)东段。并在主要街道两侧人行道铺混凝土预制块。1989年,再次拓建改造红旗路。前后计投资695万元,其中财政投资600万元,集资95万元。1990年,城区道路22条,总长26.73公里,面积34万平方米。2002年,区人民政府对城区道路全面改造,商埠路步行街改造整治工程、北外环路扩建工程、渭滨北路(今成纪大道东路)东延段建设工程等相继建成。2005–2007年重点旧城道路综合改造中,再对区府路、埠南路等城区主要道路进行整修、拓建。2007年,城区道路32条,总长35.3公里。

一、主要道路

(一)道北

区府路　东起东立交桥,西至西排洪渠。2004年拓建。全长2124米,宽30米,其中车行道宽16米,人行道宽14米,沥青混凝土路面,路南人行道待完善,现仅有百余米。

前进北路　南起区府路,北至北外环路,全长674米。2004年拓建。拓建后路幅宽30米,其中车行道宽16米,沥青混凝土路面,两侧人行道宽各7米,采用人行道板砖铺设。路南端有立交桥(1981年建成),从铁道下通过,与前进南路相接。

同乐路　东接北山路北段,西至西排洪渠,长约400米。宽13米,其中车行道宽8米,人行道宽5米。水泥路面。

育才路　西起前进北路,东至道北小学。全长374米,宽6.2米。2006年重修,铺设20厘米厚混凝土。

为民路　旧称劳动路。北起育才路,西至前进路,呈半圆形铺设。长400米,宽6.8米。2006年拓建,为20厘米厚混凝土路面。

北外环路　东接区府路,西接北山路。呈环形修建,横穿吕家村。长1525米,宽20米,其中车行道宽12米,人行道宽8米。为水泥混凝土路面。人行道边栽植国槐293株。2000年动工兴建,2003年通车。

北山路　北接北外环路,南接区府路。长610米,宽14米,其中车行道宽8.1

米,人行道宽 3 米。沥青混凝土路面。其路一遇暴雨,路面常为洪水所淹,且农贸市场开设路两面,占道严重。

铁龙路　西起西立交桥,北至区府路西端。呈拐角形,长 1300 米。中间两次横跨火车站北货场车道。

北山公园景区道路　在道北街道吕家村东。原为农机路,后北山公园修建时,辟直加宽。2006 年对南起北环路至恬园水池段 1.5 公里进行重修,宽 6 米,混凝土路面。

(二)道南

埠北路　北起火车站广场,南至成纪大道东路。全长 235.5 米,车行道宽 15.6 米,沥青混凝土路面,两侧人行道各宽 4.5 米,用人行道砖铺设。1992 年,两侧栽植法国梧桐。其路连通陇昌路、商埠路、成纪大道东路三条路之中段,南端头接渭河人行便桥,数十年中为城区最繁华路段。

陇昌路　原称一马路。东起东排洪渠,西至西货场铁道。全长 2453 米,宽 24 米,其中车行道宽 16 米,沥青混凝土路面,人行道两侧各宽 4 米,用人行道砖铺设。1991 年,在道路两边栽植法国梧桐。2002 年重新铺油。

商埠路　原称二马路。东起东排洪渠,西至前进南路即区文化馆门口。全长 1342 米。2003 拓建,2004 年竣工,总投资 2200 万元。全段分东、中、西 3 段。东段(天河北路口—东排洪渠)长 567 米,宽 24 米,其中车行道 18 米,沥青混凝土路面,人行道两侧各 3 米,用人行道砖铺设。人行道两旁栽植法国梧桐。中段(天河北路口—埠北路口)长 419 米,西段(埠北路口—前进南路)长 356 米,均为步行街。

成纪大道东路　原称三马路,后改滨河路,1986 年改渭滨北路,2001 年市人民政府决定再改称成纪大道东路。路分两段。西段西起省建筑第五公司一处,东至渭河 2 号桥北端。东段西起渭河 2 号桥,东延至社棠收费站。全路总长 6551 米。其中西段全长 3141 米,2006 年由市城投公司投资拓宽和重修,宽 24 米,车行道宽 18 米,沥青混凝土路面,人行道宽 6 米。东段 2002 年始建,2004 年 6 月竣工,全长 3410 米,宽 34 米,柏油路面。路北人行道宽 5 米,车行道宽 16 米,路南为宽 13 米护坡带。总投资 4120 万元。2004–2007 年,再筹资 219 万元,在人行道边建护坡绿化带,栽植金丝柳、雪松、红叶李、栾树、国槐、龙柏、丁香等 12 个树种;在渭河 2 号桥北端桥下建花坛 2 个。其西端有立交桥,称西立交桥,宽 12 米,从铁道下通过连接铁陇路。

前进南路　南起成纪大道东路，北至陇昌路。长 250 米，宽 30 米，其中车行道宽 16 米，沥青混凝土路面，两侧人行道各宽 7 米，用人行道板砖铺设。2007 年，重新铺油。

西环路　南起成纪大道东路，北至陇昌路。从原天水焦化厂厂内南、北向新辟而成，2007 年建成。全长 302 米，宽 24 米，其中车行道宽 15 米，沥青混凝土路面，两侧人行道各宽 4.5 米，用人行道板砖铺设。

天河北路　原称交通路。北起陇昌路，南至商埠路南。全长 116 米，车行道宽 24 米，沥青混凝土路面，两侧人行道各宽 3 米，用人行道砖铺设。2001 年重新铺油。

东环路　南起成纪大道东路，北至陇昌路。紧靠东排洪渠。2004 年新建，全长 600 米，宽 15 米，其中车行道宽 12 米，沥青混凝土路面，两侧人行道各宽 1.5 米，用人行道砖铺设。路东侧为东排洪渠。

麦社路（城区段）　原称社棠路。始建于 20 世纪 80 年代，为城区主干道之一。后路面破损严重，排水不畅，2007 年对东起社棠收费站，西至风动西路全长 4863 米段重修，拓宽为 12 米，其中车行道 10 米，沥青混凝土路面，人行道 2 米，用彩色道砖铺设，配套排水和照明设施。

（三）桥南

埠南路　北起兴陇路，南至羲皇大道。长 1458 米，是桥南南北向主干道。最早为民国 36 年（1947 年）修建的天北公路段，后称解放路、渭河南路，2001 年改现名。2003 年拓宽改造。建成后宽 33 米，其中车行道宽 20 米，沥青混凝土路面，两侧人行道各宽 4.5 米，采用人行道砖铺设，路中间设排洪渠，宽 4 米，两侧绿化带各宽 1 米。路北端渭河上有人行桥，与埠北路联通。

天河南路　北起兴陇路，南至羲皇大道即市第二中学门口。为新辟城区主干道之一，2000 年开工，2001 年 9 月通车。总投资 2954 万元。长 1513 米，宽 40 米，采用人行道、非机动车道、机动车道三幅路式，两边人行道各宽 5.5 米，非机动车道各宽 4.5 米，绿化隔离带各宽 2 米，中间双向四车道，宽 16 米，沥青混凝土路面。人行道用砖铺设，绿化隔离带以石榴、冬青为主，有行道树 494 株，为大叶女贞和国槐。

兴陇路　原称渭滨南路，东起马跑泉路北端，西至埠南路北端。长 1538 米，车行道宽 18 米，混凝土路面，人行道东段宽 7 米，1 号桥至埠南路北段宽 3 米，用人行道砖铺设。2006 年由公路段重新硬化。其路为国道 310 公路路段，来往车辆多。

马跑泉路　原称泉湖路。南起马跑泉镇即羲皇大道，北接兴陇路，1986 年新辟，1999 年重建，2001 年 8 月竣工。总投资 1504 万元。为城市一级干道，全长 979 米，宽 35 米，其中车行道宽 22 米，沥青混凝土路面，人行道各宽 4 米，彩色道砖铺设，路中为隔离带，以林荫大道标准设计，宽 5 米，带内周边以红叶小檗、瓜子黄杨、小叶女贞小灌木组成图案，中间为常青草坪。

陇林路　北起分路口羲皇大道，南至小陇山变电站，长 650 米，宽 8 米，水泥混凝土路面。

林水西路　原名林水巷，东起埠南路，西至区委党校。始建于 20 世纪 80 年代。因道路窄小，人车混杂，排水不畅，路面破损不堪。2007 年重修，路面改为沥青砼路面，长 438 米，宽 15 米，其中车行道宽 9 米，两侧人行道各 3 米，用人行道砖铺设。

林水东路　西起埠南路，东至天河南路。2004 年拓宽改建。长 358 米，全宽 18 米，其中车行道宽 9 米，人行道南边宽 3 米，北边宽 6 米，混凝土路面。

健康路　原名健康巷，北起秦麦高速公路附道（桥南体育场），南至林水西路中段，长 386.4 米，始建于 20 世纪 80 年代，2007 年重修。宽 15 米，其中车行道宽 9 米，沥青混凝土路面，两侧人行道各宽 3 米，用道砖铺设。

石佛路　北接兴陇路，向南至 429 米处止。车行道宽 8 米，水泥混凝土路面，人行道宽 6 米，用道砖铺设。1995 年建成。

五龙路　北接兴陇路，向南至 414 米处止。车行道宽 6 米，水泥混凝土路面，人行道两边各宽 3 米，用彩色道砖铺设。1997 年建成。

甘泉路　北接兴陇路，向南至 425 米处止。车行道宽 10 米，为水泥混凝土路面，人行道两边各宽 6 米，用彩色道砖铺设。1996 年建成。

琥珀路　北接兴陇路，向南至 433 米处止。车行道宽 6 米，水泥混凝土路面，人行道两边各宽 3 米，用彩色道砖铺设。1998 年建成。

新阳路　北接兴陇路，向南至 494 米处止。车行道宽 12 米，沥青混凝土路面，人行道两边各宽 4 米，用彩色道砖铺设。1997 年建成。

凤凰路　北接兴陇路，向南至 415 米处止。车行道宽 8 米，水泥混凝土路面，人行道两边各宽 2 米，用彩色道砖铺设。1998 年建成。

伯阳路　分伯阳东路和伯阳西路。西路东起石佛路，西至天河南路，长 346 米，宽 6 ~ 10 米。东路西起青牛园门口，东至仿古街西口，长 356 米，宽 6 ~ 8 米。均为水泥混凝土路面。1997 年建成。

二、步行街

即商埠路中段和西段,总长775米。中段(天河北路口—埠北路口)长419米,宽30米,用花岗岩铺设,禁止车辆通行。西段(埠北路口—前进南路)长356米,宽24米,用花岗岩铺设。2003年6月始建,2004年4月竣工。由市政工程西北设计院设计,兰州市政工程公司施工。建有喷泉、水幕、花架廊等建筑园林,花坛12个,面积230平方米,银杏树52株,各类街景灯103杆。中段以金都商城、供销大厦、鑫汇大厦、东方宾馆为主,为城区主要商业地段,西段以景园商厦、渭滨商城为主,兼有大小饮食铺面68家。共有商业经营面积11.7万平方米,常年就业1.5万人。

三、巷道

20世纪80年代,部分巷道进行整修。1989年投资10万元,对林水巷、体育巷、新建巷全长669米的路段做地砖铺筑。1990年后,分片区对城区巷道进行整治和新建、改建。至2007年,城区有大小巷道42条。其中桥南15条,长5.2公里,主要为水泥路面;道南9条,长5.1公里,为沥青混凝土路面。还有小巷道18条,长4.8公里,多为水泥路面。

四、路灯

1985年,城区桥南新架路灯41盏,使城区路灯总数达到545盏。1987年,增至669盏,线路总长16.4公里。1988年投资7.1万元,更换渭河1号桥路灯。1990年,城区各种照明路灯718盏(汞灯653盏,钠灯65盏),线路总长29.5公里,装配20千伏安专用变压器1台,设道南、桥南、道北3个供电设施控制点。灯的功率在100~250瓦之间。后随着城区道路扩展,新修道路两边均安装路灯。2001年,改造渭河1号大桥和渭埠便桥桥面路灯,在陇昌路东西两侧和分路口架设3处高杆灯。2003年,更新改造陇昌路、成纪大道东路中段、天河北路3条道路的路灯,架设2处高杆灯和15处射灯。2007年,城区以125瓦和250瓦钠灯为主,共有路灯4246盏。同年投资320万元,购置unitech2000型城市路灯亮化无线监控系统,仅需要一两人操作,可遥控城区全部路灯开关。

2007年城区主要巷道(小路)一览

巷道名	长(米)	宽(米)	结构	走向	位置	重修年代
寨子街小胡同	312	10.5	水泥路面	南北	寨子街	2007
道北廉租房巷	400	8.0	水泥路面	东西	民乐苑后	2006
北山公墓小路	185	5.0	水泥路面	东西	北山公墓	2006
西排洪渠西路	220	5.0	水泥路面	南北	西排洪渠旁	2007
中排洪渠西路	120	8.0	水泥路面	南北	中排洪渠旁	2006
区委东小胡同(原影院巷)	230	6.5	水泥路面	南北	区人民政府东侧	1997
张家村中小巷	90	8.0	水泥路面	南北	张家村中	1998
道北体育场小巷	100	12.0	水泥路面	南北	道北体育场前	2007
张家村东巷	126	9.5	水泥路面	南北	张家村东	2007
北山路北段	126	8.1	水泥路面	南北	北山路北侧	2007
道北食品厂北路	150	5.0	水泥路面	南北	道北食品厂	2007
张家村西巷道	135	7.0	水泥路面	南北	张家村西	2007
道北小学路	147	4.0	水泥路面	南北	道北小学	2007
镇建一、四院巷道	350	4.0	水泥路面	南北	镇建一、四院	2007
金都商城西巷道	50	7.0	水泥路面	南北	金都商城西	2000
渭滨新城西路	27	6.0	水泥路面	南北	渭滨新城西	2007
肉联厂路	300	8.0	水泥路面	东西	肉联厂东侧	2007
五金站家属院前巷子	180	5.0	水泥路面	南北	五金站家属院前	2007
拥军路	390	6.0	水泥路面	东西	金都家园后	2007
气象局巷道	179	6.2	水泥路面	东西	气象局	2007
市政处巷道	75	3.0	水泥路面	南北	市政处东侧	2007
工艺厂巷道	195	5.5	水泥路面	南北	区工艺厂	2007
公园东路	300	4.0	公园东侧	南北	公园东侧	2007
小陇山医院路	210	7.5	水泥路面	东西	小陇山医院前	2007

第四节 供水供电

一、供水

渭河北岸早在20世纪70年代已建有水厂。80年代中期,水管所在桥南征地0.8亩,自筹8万元,集资6万元新建第二水厂,1986年建成并投入使用,供水能力每日1440吨。1987年,对渭北水厂进行改造,重新安装深井泵,日供水能力达到7000多吨,供水管道全长9.8公里,集体供水站9个,单位用户158户,供水面积3.5平方公里。1989年,管道总长10.1公里,年售水137万吨。

1994年,市人民政府决定在马跑泉永川河东慕家滩兴建天水市城区供水工程。项目总投资1.7亿元,其中法国政府混合贷款1.32亿元,国内政府贷款4180万元,另外自筹资金4700万元。1996年开工,1999年基本完工,2003年10月投入使用。有井房21座,井深约40米,每座每小时取水能力83立方米。水泵机组36台套,配电变压器13台,配电控制柜78面,加氯系统设备3套,全部从法国进口设备。从慕家滩至秦州区城区设加压站3座,铺设直径0.5米输水管道,每日为秦州城区供水约1.8万吨。

在建设慕家滩水厂的同时,一并建成麦积水厂。2005年,对城区原渗漏严重灰铸铁管、老化管网进行改造。新建管网采用PE塑形管材,在区府路、林水巷、党校路、健康路、环城北路、行人便桥过河管、渭河桥过河管、埠南路、前进路等处新铺设9条直径0.1~0.5米输配水管道,计11.31公里。与此同时,关停58个单位自建水井90口。2007年,出麦积水厂沿桥南林水路至埠南路便桥、桥北(老城区)、桥南(新城区)经两条直径0.5米过河管纵向连通,形成城区供水输配网。城区铺设直径0.15~0.8米输配水管道59公里,架起高低压输电线路4.7公里。2007年,供水700万立方米,加氯4222吨,耗电3.99万度。此外,城区尚有商业、企业单位供水井52口。

道南水厂　1973年政府拨款35万元,在渭滨北路(今成纪大道东路)征地12.9亩,打井两眼,井径均为360毫米(1号井深34米,2号井深32米),建井房两座,安装圃8TD×23和6TD56×8的深井泵各1台,在铸锻厂北山建500吨高位水池1座,1978年8月开始供水。1987年,水厂更换160伏变压器1台,10JD140和10JD230深井泵各1台,日供水7000多吨。1992年,再打井1眼。

麦积水厂　在兴陇路东端,紧靠慕滩水源地,占地6公顷。1994年建成,为西北最先进现代化自控水厂。有井间道路6.67公里,4000立方米纯水池2座,

200立方米吸水井3座,1000立方米高位水池1座。日供水能力5万吨。

慕滩水源地 位于马跑泉镇慕滩村北，东起牛头河铁路东侧与石咀村东面山根边线,西部边界线以耤河与渭河交汇处为界,南部边界线以羲皇大道北侧沿线为界,北部边界以渭河河堤为界,保护面积19.7平方公里,其中一级保护区5.7平方公里,二级保护区6.6平方公里,准保护区7.4平方公里。设计供水能力每日5万立方米,水源为B级储量,属浅层地下水,水质良好。水源补给主要来源为地表径流(即永川河及渭河)和自然降水。2007年,其地每日为秦州和麦积两城区供水2.4万立方米,符合国家生活饮用水卫生标准。

二、供电

1991年,城区进行10千伏配网改造。1998年开始,逐年对城市电网进行改造。2000年,北道110千伏变电站建成,最大负荷达1.4万千瓦。2007年,境内城区主要由麦积、社棠两个110千伏站以及小陇山、寨子两个35千伏变电站供电。城区35千伏线路有社棠至寨子7.1公里，北道至寨子6.2公里，北道至小陇山5.1公里,共18.4公里。城区直接服务用电客户4.09万户,报装容量24.67千伏安,售电量1.32亿千瓦时。

第五节 供暖供气

一、供暖

20世纪80年代末,境内锻压机床厂、风动工具厂、星火机床厂等大型厂矿住宅集中且多楼房,由厂矿自主供暖。城区其余单位、居民均以烧煤取暖。20世纪90年代,各企、事业单位开始修建办公楼房,商品住宅楼亦开始建设,均安装小型采暖炉及茶水炉。1998年,城区有锅炉210台。此后,安装锅炉除尘器老化,冬季取暖其煤烟污染严重。1999年,区电信局等10家单位锅炉除尘器更新改造。2002年,天水焦化厂关停后,原址新建供热中心(天水典盛热力有限责任公司),当年即为渭河以北、陇海线以南区域单位、小区供暖。2003年,渭河以南地域亦成立华瑞热力有限公司,为城区桥南片供暖。以后,随着供暖管道每年延伸,各小区、单位自烧锅炉逐渐淘汰。2007年,华瑞热力有限公司供热管网延伸至分路口以西,关停二一三地质大队等13家单位、18台小锅炉,新增供暖面积32.81万平方米。至此,城区道南东至东排洪渠,西至省建五公司,北至铁路;桥南东至马跑泉路南二一三家属院,北至渭河,西至区委党校,南至醉八仙酒店,均实行集中供暖。集中供暖面积达130万平方米。唯道北、分路口、东排洪渠以东区域仍采用锅炉供暖。

华瑞热力有限公司　在桥南街道五龙路南端。占地约20亩，总投资8410万元，2003年动工，2007年11月完工。分三期施工，分步供暖。建成后，有锅炉房、水处理间、配电室、除渣廊、上煤廊、烟筒等工程，锅炉房有40吨、29兆瓦热水锅炉3台，自动软水器1台，除氧器1台，带式输送机1部，烟筒高38米，出口内径2.8米。供热区域内有12个换热站，供热范围东至马跑泉路，西至武警中队，北起兴陇路，南至羲皇大道。供热半径1.93公里。锅炉房与换热站采用无线传输。2007年，供热面积82万平方米，耗煤3.28万吨。

天水典盛热力有限责任公司　在道南街道西部原天水焦化厂。2002年成立，为市属国有企业。占地面积7.8亩。2007年，有3台14兆瓦燃煤热水锅炉，一次管网2条，长7.4公里，二次管网2条，长13.8公里，供热面积48万平方米，供热区域为境内渭河以北，东排洪渠以西，铁路以南区域。

二、供气

20世纪90年代末，兰州铁路局在城区成立液化气站，铁路居民首先使用液化气，随即扩展至普通居民。先后出现泰和欣、佛光、中车集团七四五二液化气站。2001年，宏安液化气站成立，以提供罐装液化气为主。2006年，天水中石油昆仑燃气有限公司成立(简称“昆仑燃气”)。在二十里铺工业园占地80亩，投资1.23亿元，建储气罐，铺设管道，为区内供应天然气。为扩大用户，市人民政府补贴600万元，为2006年和2007年安装天然气的用户每户补贴300元，昆仑燃气亦为每户补贴130元。至2007年末，昆仑燃气铺设主管道16.32公里，低压入户管道约100公里。境内使用天然气用户约1万户，售气60.65万立方米。

第六节　防洪排水

一、防洪

(一)渭河防洪工程

北岸河堤　1985年设区时，渭河北岸有已建成河堤约4公里。1987年，加固北堤上游330米。1991年，省人民政府批准在上游向南圈围河滩6公顷，由天水锻压机床厂投资140余万元，修建河堤1.32公里，加固0.4公里。1995年，新修下曲河湾河防工程，西起下曲湾渔场河堤，西至今成纪大道东路东端，全长1934米，投资622万元，1997年12月竣工。堤身用黄砂砾石填筑，堤顶宽3米，浇砼护坡。与此同时，投资770万元，改造渭河1号桥东2.6公里，加固河堤，由原来2米深加固至4米，堤身用水泥砂浆砌块石。2003年，自锻压厂新厂区东端至东排洪渠排水口长约3公里处，全部拆旧建新，将原来20年一遇洪水标准提高为50年一遇，部分地方提高为百年一遇。同年竣工。总投资1760万元，其中国家投资320万。建成后，河堤缩入河道约30～40米，堤宽约8米，堤高5米，基础深5.5～6.5米，堤身为砖砾石填筑。至此，渭河北堤城区段，西起锻压厂，东至成纪大道东路东端，全长8.1公里，全部为石块砌筑。

南岸河堤　1985年，渭河南岸有已建成河堤3.5公里。1986年，区财政投资38万元，修筑渭河1号桥以东0.7公里新堤。1987年，区财政再投资13万元，加高西段河堤（即今秦麦高速段河堤）护坡2.3公里，并加固部分河堤基础，使南堤上游达到50年一遇洪水的标准。1992年，加固砌衬南堤500米。

（二）北山防洪工程

城区渭河北岸背靠北山，近10公里内为黄土高原沟壑区，一遇暴雨，山坡洪水都流向城区，极易形成洪水灾害。2005年、2006年、2007年主汛期，多次造成洪水翻堤，地势低洼区住户不同程度进水，西立交桥被淹。为排泄洪水，筑有西、中、东3条排洪渠。

西排洪渠　1965年建成，自吕家村砖瓦厂以北，接北山大湾沟洪水，沿西山脚向南，穿过张家村、铁路材料厂、天水锻压机床厂，向西排入渭河，长2.1公里。1986年，区财政投资16万元，改造加固，渠岸均改为块石护坡。此后1992年，曾进行清淤。

中排洪渠　主要承担吕家村的山沟洪水，沿城区中部进入渭河。1965年改造后由吕家村砖瓦厂，向南沿道北体育场围墙东穿过天水铁路修制厂，至道北路汇入东排洪渠，全长2.25公里，渠深1.5米，宽4米。1986年，将上游洪水口引入西排洪渠。平时主要用于污水排泄，暴雨季节排洪。由于渠小，一遇洪水，排水不畅。1992年，进行清淤。

东排洪渠　即何家村排洪沟，1952年由铁路部门投资兴建，北起吕家村截流洞，经吕家村、何家村、省粮食局天水储运站，后穿过铁路桥，排入渭河，全长2.3公里。渠深2～2.5米，宽14～16米，上游为浆砌块石护坡，下游为土砂埂，排洪能力较强，为城区北部最大排洪道。1992年，进行清淤。

(三)南山排洪工程

城区南部承纳楚阳山(一称盘龙山)北麓洪水,山沟中平时流水较少,一遇山洪,常淹没河谷农田。现修有西、中、东3条排洪渠。

西排洪渠　即三十甸子排洪沟,主要承担刘湾村一带洪水。始建于1950年,长2.3公里,渠深2米,宽4~8米。经三十甸子村、天水卷烟厂,穿越羲皇大道向北流入渭河。一遇大雨常冲淹农田。1992年,进行清淤。

中排洪渠　南起簸箕湾沟,经小陇山林业实验局西墙根,穿分路口公路涵洞,再沿埠南路沟渠排入渭河。原渠长3公里,深1~1.5米,宽2~5米,由于泄洪不畅,泥石流常堵塞分路口,年淤积量达1.5万立方米。1984–1985年,进行改造,修建解放南路(今埠南路)东侧浆砌石排洪渠1.96公里,渠深2米,宽3.5米。并在洪源山坡上植树10公顷,建容积1万立方米蓄泥池1个,防洪坝2条。1992年,进行清淤。2003年,区人民政府又筹资修复加固,由原来的1.5米加深至3米,整体拓宽至4米(原为2~5米)。全部用浆砌石块加固而成。

东排洪渠　南起马跑泉镇胡王村沟,沿天水市第二中学东墙根,穿过羲皇大道涵洞入农田。渠长1.1公里,渠深1.4米,宽1.8米。1950年始修,1985年用水泥浆砌石块加固,并疏通下游段土埂渠道,使洪水进入渭河。1992年,进行清淤。

二、排水

1985年前,已建有3条较长的排水道。一条西起天水焦化厂,沿陇昌路,经前进南路,穿过商埠路西端,至渭河北堤排入渭河,长3公里;一条北起陇昌路,经人民政府招待所的暗沟穿院向南,入建国巷排水干渠,长2.36公里。上两渠均为水泥浆砌块石渠,上覆钢筋混凝土盖板。另一条西起兰州铁路分局天水医院(今天水市第四人民医院),沿区府路向东至天水车辆段院内转向南,穿过铁道至陇昌路污水泵站,然后由泵站提升再向南,经天水百货批发公司转向东至东排洪渠的地下排水道,长4.1公里,安装直径0.36米的铸铁管道。另外还有中立交桥排水系统,从中立交桥至渭河北堤安装长0.4公里,直径0.36米的铸铁管。20世纪80年代中,区城乡建设环境保护局投资89万元,建成道北西起北山路,经体育巷,穿天水工务修制厂及天水车辆段,至东闸口入东排洪渠,长1.7公里的浆砌雨水排水渠。渠深1.5米,宽1米,上覆混凝土盖板。

1986年,铺设地下排水管网和修补加固排水沟渠3.6公里。1990年,城区共有主干排水管道5条,次干排水管道23条,总长25.4公里。由于城区洪水大部分通过泵站排泄，1990 年特大洪水时，泵站排水不及，渭河以北主要街道积水深 50～60 厘米，个别地方达 1 米左右，积水停留数十小时。现城区共建有 4 处泵站（其中 1 处正在拆迁改造），有机泵 11 台，主要排放平时路面积水和洪水。

第七节　园林绿化

一、公园

城区马跑泉公园、青牛园、北山公园、龙园绿化率高，为园林景观。1995 年建成的青牛园，广植银杏、龙柏、红豆杉、合欢、紫薇等，又有圆形草坪造型，且四角有太湖石陪衬，多江南园林之风。北山公园以绿化为主，兼配有北上馆、六角亭、折廊等建筑小品，绿化面积约 300 亩，有 20 多个品种，30 万株以上绿化树，是为市民提供游憩、锻炼、休闲功能一体的游园。马跑泉公园建成后，亦不断改造、绿化，新栽植物造型，围墙四周广植爬山虎，并栽植月季、牡丹、芍药 1200 余株。

二、绿化

20 世纪 80 年代，城区仅有一马路（今陇昌路）、二马路（今商埠路）等零星几条路有行道树。2000 年后新建的住宅小区，注重绿化。小区内广辟草坪，栽植名贵树木，为居民提供舒适的人居环境。道路绿化亦由原来单纯栽植行道树，改为既有行道树，又有隔离绿化带、风景带，树种亦由单纯梧桐、杨柳等变为龙柏、白皮松、金丝柳、合欢等多树种搭配栽植。尤其羲皇大道、马跑泉路、成纪大道东路延伸段，绿化面积广，且多有规划设计造型，为城区道路绿化的典范。与此同时，城市中心、桥头等大片空地亦布置大型花坛，美化环境。

街心花坛　1985 年后，城区始兴建花坛。至 1989 年，已建成 6 处，总面积 1800 平方米。1994 年为迎接第六届西部商品交易会，布置花坛 3 处，置鲜花 5.68 万盆。1995 年投资 40 万元，在渭河桥东西环建 2 个花坛。2000 年天水火车站广场改造中，建成 2589 平方米的广场花坛。花坛内主体为混合型常青草坪，置喷灌设施，园中设小丘，上竖人造仙人掌、仙人球及园林石为点缀。四周巧植冬青、月季、牡丹，设置绿篱。2006–2007 年，城区 2 号渭河桥北端环形桥下建成两处总面积 8840 平方米的花坛，内植草坪 6000 平方米，按小灌木类红叶小檗、小叶女贞、瓜子黄杨的叶片颜色合理搭配，栽植成园林景观。2007 年，城区有火车站广场花坛、2 号桥入口处花坛、潘集寨三角花坛等大小花坛 12 处，总面积 2.17 万平方米。

街路绿化　20 世纪 80 年代，城区主干道仅一马路（今陇昌路）有不足 600 平方米冬青带,两旁有不足百棵法国梧桐。1989 年,种植各种树木 4.14 万株,种花草 1580 平方米。1997 年,渭河桥东、西环道及道路绿化隔离带共有树木 1.9 万株,主要为法桐、泡桐、刺槐等 10 个品种。渭河北岸护堤、麦社路两边闲置地带为驻区各单位职工义务栽植的风景林带,面积 2.6 万平方米,以刺槐、榆树、雪松等为主。1998-2002 年,羲皇大道、天河南路、北外环路、商埠路改扩建工程中,开始高档次、大规模路旁绿化,不仅引进红叶小檗、瓜子黄杨、小叶女贞等新型灌木丛,还在路中设置分车绿化带,在路旁栽植新引进龙柏、白皮松、金丝柳、合欢等品种行道树。2004 年,成纪大道东路东延段工程中,更是大规模修建成块绿色护坡带。至 2007 年,城区道路绿地面积 14.9 万平方米,绿化覆盖面积 30.8 万平方米。

庭院绿化　20 世纪 70 年代,区内一些大、中型工厂厂区绿化面积大,且有人专门养护,但树种单一,随意种植。20 世纪 90 年代,铁路第三小学(今实验小学)、锻压机床厂、铁西园小区等开始设计独具特色的园林小品。2000 年后改建的大部分企、事业单位,在工程中都将庭院绿化列入其中,新建厂区、居民小区更是注重配置绿化区。2001 年建成的天乐苑小区,总占地 7.2 万平方米,绿化投资 300 多万元,小区绿地面积 2.81 万平方米,建成以乔、灌、花、草结合,空地与疏林地、观赏价值与功能价值结合,常青与落叶植物结合的园林区。区委党校总占地 1.33 万平方米,绿化面积 3781 平方米,绿化率 76.65%。2007 年竣工的兰州卷烟厂天水分厂,投入 180 多万元,建成绿化区 2.8 万平方米,占可绿化面积的 100%。2007 年,城区庭院绿化面积占可绿化面积的比例已达 80%以上,草坪基本上达到四季常青的效果。

第八节 市郊改造

1992 年,拆除城区道南 127 户住户旧屋,面积 6976 平方米,打通渭滨北路(今成纪大道东路)中段断头路。1993 年,在渭河桥西环匝道建设中,拆迁 2007 平方米。1994 年,以迎接第六届西部商品交易会为契机,共开建 58 项工程,总建筑面积 16.73 万平方米,拆迁面积 4.7 万平方米,在建面积 4.57 万平方米。

1996-2000 年,结合市容市貌整顿,拆迁房屋面积 1550 平方米;一马路(今陇昌路)拓建改造工程中拆迁房屋 1.91 万平方米,寨子商业街开发建设中拆迁 18.2 万平方米,天河北路拆迁改造中拆迁 1631 平方米。2000 年,渭滨北路(今成纪大道东路)东延段、天河南路、潘集路(今羲皇大道东路)等拓建工程占地871.8亩,拆迁住户162户,拆除3.89万平方米。2001年兴建羲皇大道占地644亩,拆迁单位39家,住户262户,拆除6.51万平方米。2002年,商埠路、埠南路拓建改造中占地119.3亩,拆迁单位32家,住户107户,拆迁建筑1.65万平方米。2003年,东环道片区占地31.8亩,拆迁单位8个,住户85户,拆迁1.28万平方米;红旗旅社片区占地21.5亩,拆迁单位6个,住户42户,面积1.11万平方米;轻工片区占地19.5亩,拆迁单位9个,住户63户,面积1.08万平方米。

2004年,区府路拓建改造工程占地95.5亩,拆迁单位66个,住户621户,面积7.41万平方米;前进路拓建改造工程占地58.8亩,拆迁单位42个,住户92户,面积2.04万平方米;埠南路街景整治工程拆迁占地26.82亩,拆迁单位15个,面积2.62万平方米;林水路东段拓建改造工程占地5.5亩,拆迁单位5个,住户35户,面积3900平方米;商埠路拓建工程占地1.6亩,拆迁单位3个,住户32户,面积8067平方米;西环道拓建改造工程占地10.9亩,拆迁单位4个,住户9个,面积2080平方米;购销站片区改造占地42.3亩,拆迁单位1个,面积1.63万平方米,自拆自建;五金站片区改造占地17.6亩,拆迁单位1个,面积6880平方米,自拆自建。

2005年,区府路道路拓建改造及街景整治工程(拆迁)占地4.32亩,拆迁单位4个,住户35户,面积2855平方米。2006年,林水西路及健康路拓建改造工程占地5.3亩,拆迁单位13个,住户1户,面积3467平方米;天禧苑二期建设占地60亩,拆迁单位1个,住户460户,面积6000平方米。2007年,火车站货运大楼广场及东货场扩建工程占地16亩,拆迁单位2个,住户45户,面积2933平方米。

第九节　机构

一、区建设局　1985年设区时,设有区城乡建设环境保护局。1986年,将区第一建筑工程公司、第三建筑工程公司归口城乡建设环境保护局管理,并成立城市建设综合开发公司。机关内设人秘股、城建管理股、村镇建设管理股、财务股、环境保护办公室,下辖市政设施管理所、自来水管理所、房地产管理所、环境卫生管理所、河道管理所、园林绿化管理所、野生园林植物驯化场、城市建设综合开发公司、第一建筑工程公司、第三建筑工程公司。1987年,成立区城市河道管理所,为股级事业单位,业务划归城市防汛办公室,统一管理包括城市规划范围内的所有河道。同年又成立区城市统建办公室(副科级),隶属城乡建设环境保护局,与天水市北道区城市建设综合开发公司合署办公,一套班子,两块牌子。1988年,将征用土地业务划归土地管理局,将仙人崖野生园林植物驯化场合并于园林绿化管理所。1991年,成立区火车站广场管理处。同年,局属市政设施管理所、房地产管理所、园林绿化管理所、环境卫生管理所、河道管理所均改为处。1992年,成立城市管理股。同时成立区市容监察中队,为科级事业单位,隶属区城乡建设环境保护局。1993年,成立建筑设计室。1997年,园林绿化管理处与北山公园管理处合并,市政设施管理处与河道管理处合并,房地产管理处与房改办公室合并,并与环境卫生管理处、广场管理处共5个单位升为副科级单位。1998年机构改革中,城乡建设与环境保护职能分离,新设为区城乡建设局。2001年,再将城市建设与城市管理职能分离,单位又更名区建设局。2007年,局内设人秘股、城市建设股、重点建设项目股、村镇建设股(后升格为区小城镇建设办公室,正科级事业单位)、计划财务股、督查室、建筑设计所,下属单位有环境卫生管理局、房地产管理处、市政设施管理处、园林管理处、城建综合开发公司、第一建筑工程公司、天水华瑞热力有限公司。

二、区环境卫生管理局 1985年,随区划调整,成立环境卫生管理所,隶属区城乡建设环境保护局。1991年,改为管理处,为副科级单位。2001年,由于城市管理机构变革,划归区城市管理局。2003年,再次划归区建设局,并成立桥南、桥北、道南3所环卫所。2005年,改为区环境卫生管理局,为正科级建制全额拨款事业单位,仍归口区建设局。负责城区垃圾清扫、清运和建筑垃圾管理等职责。2007年,有职工92人。

三、区房地产管理处 1985年,设有区城乡建设环境保护局房管所,为股级事业单位,管理国家公房,负责维修和新建公房等。1991年,改为房地产管理处。2005年,下设办公室、财务室、区物业管理办公室、区廉租住房办公室、区房改办公室、房地产交易中心、日升物业管理公司、民安房屋评估有限公司、公房管理所等10个股室。主要从事城区房管、房改、房屋产权登记、房屋评估、物业管理、廉租住房及经济适用住房建设等事宜。2007年,职工55人。

四、区市政设施管理处 1985年,区城乡建设环境保护局下设市政设施管理所,负责市政设施管理和组织市政工程施工。1991年,改为管理处,下设机电队、桥南管理队、桥北管理队、城市防汛办公室、步行街管理办公室、仿古街管理办公室、天水嘉苑市政工程公司，负责城市道路维护、排水管理、照明维护、城区防洪工作、市政设施管理及维护等。

五、区园林管理处 1985年设区时，区城乡建设环境保护局下设有园林绿化管理所，为股级单位。1991年，改为园林绿化管理处。1997年，改名区园林管理处，隶属关系未变，副科级全额事业单位。机关设办公室、计划财务股、技术室，下设马跑泉公园管理所、北山公园管理所、绿化管理队、绿化养护队、苗木中心、天水佳艺园林建设有限公司，负责城市绿化规划、建设、管理，并管理马跑泉公园、北山公园。2007年，在职95人。

第二章　镇村建设

第一节　建设规划

1987年，区人民政府首次完成19乡、镇的村镇规划和测绘。1994年，甘泉镇被国家建设部列为全国小城镇建设试点。1996年，省体改委同意马跑泉镇为全省小城镇综合改革试点镇。1999年，甘泉镇被列为全省小城镇综合改革试点。2001年，各乡、镇人民政府所在地中心村开始建设规划。2003年，花牛镇、社棠镇再列为甘肃省小城镇综合改革试点，其余11个建制镇进行规划编制。2004年，开始规划元龙镇井儿村整村建设小康村工作。2005年，区人民政府先后委托市规划部门对甘泉、麦积、新阳、琥珀、中滩等8个建制镇进行规划编制。

第二节　集镇建设

一、发展过程

1985年，区内有历史上沿承下来开展商市交易活动的农村集镇17个。街道狭窄，均为土路，集市铺面亦为土木结构，农产品交易等在露天场地，均甚简陋。其后，借助小城镇化试点，甘泉、马跑泉、社棠、二十里铺4乡、镇进行街巷规划，整治、修建排水设施。随着国道310、麦甘、北贾、中石等公路建成，靠近道路各集镇开始整修主巷道并扩建街市。东岔镇借助陇海铁路复线工程建设之机，大规模建设集镇，开设饭店、KTV 等。2000 年后，各驻镇税务所、公安派出所、邮电所、供电所等机构开始修建砖混结构房屋，以至建楼房。尤其各镇中心小学和初级中学，均进行大规模校舍建设，集镇道路亦开始大规模整修、硬化，并修建排水渠，安装路灯，铺设自来水管道等。临街农户亦重修楼房，开设超市、饭馆、药店等。马跑泉、甘泉、社棠、中滩、新阳等集镇，专门辟出场地，修建农贸市场、文娱广场，形成新的文化、经济、政治中心。2007 年，境内 17 个集镇全部通电，大部分通自来水；有 17 个集镇通网络，有楼房 96 栋，硬化铺油道路 14.8 公里。

二、集镇概况

马跑泉镇　在城区南郊，楚阳山北麓，现已与城区连为一体。从 1985 年至 2007 年，镇、村筹集资金 110 万元，硬化主巷道 3 条、支巷道 12 条，总面积 1.98 万平方米；新建蓄水池 2 座，铺设供水管网 2.13 万米；衬砌排洪渠道 580 米。除招商引资改造东泉旅社外，还投资 430 万元兴建马跑泉民族市场，已建成 1 栋 3 层、建筑面积 2000 平方米的商业楼。2007 年，共有驻镇单位 14 个，有楼房 24 栋，面积约 30 万平方米。

社棠镇　位于城区东 7 公里处，西距牛头河约 1 公里，南距渭河约 2 公里，为典型的城乡结合集镇。街道呈“T”形，长 900 米，宽 6~10 米，柏油铺路。镇卫生院、公安派出所、工商行政管理所、区中等职业学校、镇人民政府依次坐落在北社公路两边，有镇人民政府办公楼 4 栋，社棠法庭办公楼 1 栋。临街建二层门店为主的单体建筑 17 幢，面积 9154 平方米；新建农贸市场占地 17 亩，建筑面积 2014 平方米，内设 3 座交易大棚、5 座塑钢大棚，有四川、浙江、河南等地客商。市场内常年从业近 500 人，交易高峰期日平均人流量 1.3 万人，年成交货物 9200 余吨，成交额过亿元；硬化巷道 2000 米。集镇内有个体私营工商户 36 户，村办企业 2 家。集镇所在村农民住房中，砖木结构占 60%。集镇周边有天水星火机床有限公司等 10 余家国有大、中型企业和天水医药站、社棠仓库等 20 余家中、小型加工制造业和仓储业，从业万余人。

甘泉镇　在城区东南，距城区 14 公里。麦贾公路傍集镇而过。街区面积约 2 平方公里。街道呈“丁”字形，南北长约 2000 米，宽约 8 ~ 12 米。2000 年，北段向东辟修宽 12 米、长 260 米水泥硬化新街。有水泥板桥 1 座，长 12 米。集镇两端各建 1 座仿古牌坊，高约 10 米。北牌坊以北建 320 平方米花坛，内立杜甫铜像 1 尊，高 3.2 米。街内有商贸市场 2 处。其中玉兰商贸市场占地 10 余亩，有商铺 30

多间,水泥柜台40多个,摊位110个;甘泉农工商贸综合市场占地54亩,总投资500万元,地面为水泥铺设,有两层楼店铺121间,柜台120个。镇内居民饮水靠自打小水泵压井。街道安装太阳能路灯56盏。

麦积镇　在区境中南部,距城区22公里,是联结麦积山风景名胜区各景点的枢纽。街区呈“丁”字形,街道长654米,宽12米,柏油铺路。围绕“丁”字形,建二层仿古式拐角楼群2栋,建筑面积3万多平方米,有商户30家。集镇沿街还有“农家乐”25家。饮水以井水、河水为主。驻集镇单位4个,有楼房4栋,建筑面积1000平方米。有文娱会演场所(麦积舞台)1处,“农家书屋”1处,各类图书、音像制品1279种、2485册。

中滩镇　在境内西北部三阳川,距城区28公里。集镇所在地雷王集有雷张公路、中石公路衔接,集镇南端天巉公路设出口。集镇呈“丫”形,主街道长1400米。分岔路为旧集镇街区,长600米。主干道两旁有天水农业科技示范园区、汽车站、民达商城、农贸综合市场等。民达商城2005年建成,占地2800平方米,农贸综合市场2004年建成,占地42亩,商铺面积4.3万平方米,日平均人流量2.3万,年交易收入2460万元。主街道硬化扩建长400米、宽12米。镇内现有80座以上酒店4家,50床以上旅店3家,可容纳30人以上洗澡堂3家,从事商贸的个体户3000多人。设垃圾筒4处,购置垃圾清运人力车2辆;安装路灯350盏。镇区农宅总面积12万平方米,栽植各类花木2万多株,绿化率22%。有镇人民政府、中心卫生院等单位26家。

新阳镇　在境内西北部,距城区38公里。集镇所在地温家集。街道呈“十”字形,大致南北走向,主街道全长260米,宽约6米,水泥硬化路面,有太阳能路灯22盏。街道两边有农户自建商铺30余家。完成小巷硬化10条,7600平方米。街北头出街,新建司法所、新阳供电所、新阳法庭有2层建筑3栋;街道南十字路向东拐,有镇人民政府新建3层大楼1栋。已建成的人饮工程,可供集镇居民饮水。

元龙镇　位于城区东22公里。街道呈“一”字型,镇域分布于街道两端,全长约1500米,西为镇人民政府、中心卫生院、元龙中学,东为经济区。2001年建成的综合商贸市场占地60余亩,有5幢二层小楼、289套门店,建筑面积1万多平方米。为区境东部大宗商品物资集散地。

2007年集镇基础设施建设情况

集镇名	面积(万平方米)	街道状况				用电情况		饮水情况	兴建河堤	商贸市场(平方米)	乡镇企业、个体户(个)	住宅楼(栋)	是否通电	是否通气	是否通网络
		街道形状	长度(米)	宽度(米)	路面状况	通电年份	安装路灯(盏)								
马跑泉	64	"丁"字形	2400	7.5	铺油	70年代	32	自来水	无	3800	340	24	已通	否	已通
社棠	27	"T"字形	900	6~10	铺油	70年代	62	自来水、井水	无	12000	205	18	已通	否	已通
花牛	22	"一"字形	400	8	铺油	70年代	18	自来水、井水	无	5500	303	15	已通	否	已通
甘泉	28	"T"字形	2000	8~12	硬化	70年代	56	自来水、井水	无	16000	300	26	已通	否	已通
麦积	10	"T"字形	654	12	铺油	70–80年代	15	自来水、井水	无	–	207	4	已通	否	已通
渭南	23	"ㄅ"字形	400	7~8	硬化	70年代	16	井水	无	1500	82	2	已通	否	已通
中滩	26	"Y"字形	2000	7~12	铺油	70年代	20	自来水、井水	无	14000	296	2	已通	否	已通
新阳	28	"十"字形	1000	8~13	硬化	70年代	22	自来水	无	6200	312	3	已通	否	已通
伯阳	26	"ㄅ"字形	900	6~9	部分硬化	70年代	12	井水	无	2620	190	1	已通	否	已通
元龙	25	"一"字形	1500	8	硬化	70年代	–	井水	无	10000	183	1	已通	否	已通
东岔	12	"一"字形	500	10	铺油	80年代	10	井水	无	–	61	–	已通	否	已通

续表

集镇名	面积(万平方米)	街道状况				用电情况		饮水情况	兴建河堤	商贸市场(平方米)	乡镇企业、个体户(个)	住宅楼(栋)	是否通电	是否通气	是否通网络
		街道形状	长度(米)	宽度(米)	路面状况	通电年份	安装路灯(盏)								
石佛	22	“一”字形	700	7	硬化	70年代	–	自来水	无	5000	173	–	已通	否	已通
五龙	6	“T”字形	500	7	硬化	70年代	–	井水	无	–	4	–	已通	否	已通
琥珀	10	“一”字形	300	8~10	硬化	70年代	–	井水	无	–	7	–	已通	否	已通
三岔	21	“ㄱ”字形	700	10	硬化	70–80年代	–	井水	无	–	94	–	已通	否	已通
利桥	7	“一”字形	700	12	硬化	80年代	–	井水	无	–	15	–	已通	否	已通
党川	5	“一”字形	400	8	硬化	80年代	–	井水	无	–	4	–	已通	否	已通

（注：上表中通电年份均为20世纪）

第三节　农村建设

2000年前，农村村庄建设未有规划，亦无整体安排。即使有规划者，也未实施。农户均杂乱散居。其房屋建造，依照村民传统习俗自由安排形式、方向等。村道皆为土路，垃圾亦在房前屋后低洼处自由填埋。北部山区、半山区饮水困难。2000年后，村庄建设被区人民政府纳入规划。经济富裕的村，开始完善水、电、路等基础设施建设。至2006年，以伯阳镇曹石村、社棠镇下曲村、花牛镇花牛村为代表的20多个经济实力较强的村庄，通过水、电、路硬件建设和实施净化、美化、绿化工程，村容村貌发生重大变化，为全区新农村建设树立起榜样。是年，全区再确定30个示范村，并被列为国家级农业综合开发引导支农资金统筹支持新农村建设试点区，项目涉及中滩镇张白、蒲甸、缑杨、高家、毛家、牛家6个村、2372户、10820人。

2006年,在新农村建设中已取得一定成果的伯阳镇曹石村,花牛镇赵崖村、花牛村、曹埂村,麦积镇后川村,社棠镇下曲村,中滩镇张白村,石佛乡涧沟村又被列为市级第一批新农村建设示范村，曹石村被省委新农村建设工作领导小组确定为省级新农村建设试点村。2007年,麦积区被列为首批国家农业综合开发新农村试点项目区。新阳镇胡大村,马跑泉镇什字坪村、李家湾村、团庄村,社棠镇东山村,琥珀乡霍家川村,甘泉镇包家沟村,石佛乡杨庄村,东岔镇牛背村,元龙镇上崖村被列为第二批市级新农村建设示范村,采用财政扶持和乡、村自筹办法筹集资金,开展新农村示范建设。

至2007年,全区共编制完成乡镇中心村、公路沿线村、三阳川新阳镇片区68个重点村新农村规划。硬化62村村内主巷道,总长97.8公里,计投资744万元。全区25村新建农村"一池三改"2000户,改建农户厕所、厨房、太阳圈各2000间(个),新建垃圾点40个。新建沼气池和"一池三改"全部配套,沼气池使用率98.7%,使用户2000户、8300多人,实现人畜分离和粪便处理的清洁化,从而达到农家卫生清洁,村容整洁文明。

典型村选介

伯阳镇曹石村：在伯阳镇西山梁上，有3个村民小组、113户、516人，耕地2336亩,果园2000亩,林地1600亩,属干旱山区村。2003年,全村筹资45万元,从山下的毛峪河边打井建成三级提灌工程1处,全村通上自来水,改变以往人畜饮水要从沟底肩挑驴驮的历史。接着,村委会又投资 8 万元,对 4 公里长的通村公路加宽和沙化,使之达 6 米宽。2007年,集资500多万元,按照"统一规划、统一设计、统一施工"的要求,建成青砖绿瓦新房96户,其中建成二层小楼 9 栋,85%的群众住上新居。新居普遍达到"一池五改"(一个沼气池、改厕、改圈、改灶、改炕、改水),还有40户村民正在建设太阳能暖房。

第四节 异地搬迁

1985–1989年,石佛、新阳等21乡、镇的37个村发生泥石流灾害49起,危及740户、4066人生命安全,区财政资助180万元,搬迁13村、195户,新建住房1126间。1992年,二十里铺乡(今花牛镇)水眼寨村整村搬迁至川区。1998年7月,马跑泉镇沽沱村,社棠镇刘窑村、新堡村,街子乡窑庄村先后出现山体裂缝,有滑坡迹象。各乡、镇为 4 村、53 户、258 人重新划分宅基地，区财政每户补助 500 元，搬迁至安全区域另建新村。2002 年，新阳安家林 10 户居民搬至张家阳洼，元龙渭滩村韩家山、糖房沟 50 多户整体搬迁至山下。2004 年，五龙乡汪家山村狼窝下 4 户整体搬至山下。2005 年，省发展和改革委员会将麦积区列为易地扶贫搬迁试点。同年 8 月工程开工，各级财政支持 2128 万元(其中国家易地扶贫搬迁试点资金 1516 万元，中央其他专项资金 336 万元，地方财政配套资金 276 万元)，加上群众自筹 2351 万元，总计投入 4480 万元。工程涉及麦积、党川、利桥、东岔、三岔、元龙、伯阳等 7 个乡、镇 21 个村，共 808 户、3791 人，设置 13 个安置区，22 个安置点。至竣工，共建成住宅 6.17 万平方米(人均 13 平方米以上)，建设基本农田 1937 亩，新建农田水利工程 2 处，新建人饮工程 13 处，修建农一级公路 4 处、25.8 公里，修建村道及排水渠 11 公里，修建村委会办公用房 8 处、713 平方米，架设农电线路 32 公里，修建防洪河堤 9 处、3803 米，新建校舍 11 处、3438 平方米，新修桥梁 2 座，建成沼气池 212 座，新建家庭圈舍 738 个，还完成其他投资 217 万元。

搬迁点选介

花牛镇水眼寨村：1992 年，因地处山坡不稳定地带，泥石流、滑坡不断发生，居住在二十里铺乡(今花牛镇)耤河北半山腰的水眼寨村 340 户、1418 人的生存安全受到威胁，区、乡人民政府为彻底解除其患，决定分三年搬迁至耤河北岸川区。区财政每户补助 700 元，计 19.81 万元。选在川地划拨 151 亩土地，重新建村。按新农村形式设计，6 户 1 排，每户占地 2 分，前后各有 1.5 米宽巷道。并投资 36.5 万元，建成排洪渠、防洪堤、人畜饮水管道及农电线路。

第三章　交通建设

第一节　公　路

20 世纪 80 年代，采取“以工代赈”、民办公助、受益单位集资等办法，开展交通设施建设，主要改善华双公路、红社公路、东利公路、秦南公路等，并先后兴建北道埠渭河桥、社棠牛头河桥、三阳川背湾葫芦河桥等。1992 年，天北高速公路(今称秦麦高速公路)动工，1994 年通车，为城区通往天水市(今秦州区)的快速干道。1993–1998 年,沿渭河河谷重建国道 310 公路。1998–2001 年,兴建羲皇大道,为联络天水市两区的一级道路。2000 年,"村村通工程"(村村通公路,村村通水泥路)启动,相继实施国债路网公路、通乡油路、"以工代赈"公路等。2003 年,麦贾高等级公路开工,并修建城区段渭河 2 号桥。2005 年,石贾、甘什公路同时开工。2005 年,天宝高速公路开工。2007 年,境内公路通车总里程 1508 公里,其中二级以上 153 公里、三级 130 公里、四级 450 公里;公路网密度每百平方公里 35 公里,万人占有公路里程 20.6 公里。全区 17 个乡、镇全部通达班车,379 个建制村中有 365 个通班车。

一、跨境公路

羲皇大道 西起秦州区天水郡十字路口,东至麦积区马跑泉镇潘集寨,沿耤、渭河南山麓行,全长 25.6 公里。分东、中、西路,其中东、中路在区境,长 16 公里。中路段取原天北公路路基,东路段取原东利公路(分路口至马跑泉永川河口段)和马东公路(永川河口至潘集寨段)部分路段。天北公路原宽 12 米,1995 年投资 400 多万元,进行二级标准改造,加宽至 16 米,但仍为人车混行。1998 年,市人民政府决定全路重建。从天水郡至马跑泉永川河口,按照一级道路标准设计,路宽增至 50 米,设车行道、人行道、非机动车道,并设分车绿化带 2 条。其中车行道宽 26 米,人行道 11 米,分车绿化带宽 3.75 米,采用沥青混凝土路面,人行道砖铺设。分车绿化带栽植红叶小檗、瓜子黄杨、小叶女贞等。马跑泉永川河口至潘集寨段,长 3.9 公里,宽 40 米,其中车行道宽 24 米,双向四车道,亦为沥青混凝土路面,不设分车绿化带。2001 年 9 月全路竣工。为连接秦州、麦积两区主干道,2007 年日均车流量 5000 辆。

秦麦高速公路 由城区渭河南侧兴陇路西端起,沿渭河、耤河南岸向西溯行,止于秦州区五里铺桥头,全线堤路合一,长 13.2 公里,为连接麦积、秦州两城区的快速干道。其路东段原为 1978 年建成的滨河公路,在二十里铺东与天北公路交会。后决定向西延伸至秦城区(今秦州区)五里铺,兴建天北高速公路。1992 年 8 月开始测量设计,11 月征地拆迁,12 月动工,1994 年 7 月通车。路宽 24.5 米,采用全封闭、全立交、双向四车道,水泥混凝土路面,面层厚 24 厘米。设计车速每小时 120 公里。建有岔线、辅道、匝道 7.9 公里。全线有立交桥 1 座,中桥 3 座,小桥 1 座,涵洞 35 道,立交通道 8 处。主要工程完成路基土方 146 万立方米,石砌护坡 4.34 万立方米,石砌挡墙 3.83 万立米;共耗水泥 4.12 万吨,钢材 1283

吨,木材2061立方米,片石13.4万立方米,碎砾石6.7万立方米,沥青686吨;投资7213万元,平均每公里投资548万元;投劳213.3万个;征用农田537亩,占用河道600多亩,拆除建筑物941间、1.04万平方米。通车时,属全省第一条高速公路。2005年改称秦麦高速公路,2007年日均车流量2200辆。

国道310公路 为江苏连云港至霍尔果斯公路。麦积区境内从东岔镇牛背村入境,经三岔、元龙、伯阳、马跑泉,西至城区桥南渭河1号桥南头,全长114.4公里。其路原从区内东南部林区通过。1985年3月,"310"公路天水至宝鸡段连接工程开始,1986年牛背至东岔段公路竣工后, 全路贯通,12月9日正式通车。其路在境内东起东岔镇与陕西省宝鸡市交界处,先后通过牛背至东岔公路、新胡公路(东岔镇付家滩至利桥乡墁坪村)、散张公路(利桥乡墁坪村至散岔村段)、东利公路(利桥乡散岔村至城区渭河南路段)、天北公路(渭河南路至秦城区交界处段),全长近140公里,沿途经过东岔、利桥、党川、麦积、甘泉、马跑泉、二十里铺等7乡、镇及城区。由于所经地区大部为林区,人口稀少,1992年决定利用原马东公路(马跑泉至东岔付家滩)路基重建。其西段新建马跑泉潘集寨至城区渭河1号桥渭河南段5.7公里,东段改建东岔牛背村至付家滩6.5公里,中段伯阳境内改原沿山通行为沿渭河南岸通行,在立远乡金龙山附近重建隧道740米。全路加宽路面,兴筑桥涵。计征用土地2649亩,拆迁群众住宅300户。1998年12月竣工,总投资3.2亿元。但由于设计标准低,防护排水不完善,水毁、泥石流及公路边塌方时有发生,导致交通中断。加之交通量遽增,车辆超载,路面破损严重。2006年,投资1.8亿元进行整修。现路基宽8.5米,路面宽8米,沥青混凝土面,2车道。全线有桥梁46座,其中大型桥5座、总长634米,中桥14座、876米,小桥27座、559米;涵洞208道,棚洞11座、1042米,中隧道(金龙山隧道)1座、740米,短隧道5座、651米。属国道干线二级公路,设计荷载汽车20吨,挂车100吨,时速每小时60公里。在金龙山设收费站1处。2007年,日均车流量5000辆。

宝鸡至天水高速公路 为连霍国道(江苏连云港至新疆霍尔果斯,亦称"国家高速G30")主干线境内段。东起东岔镇牛背村,向西经东岔、利桥、党川、麦积、甘泉5乡、镇,从甘泉镇归凤山村出境,全长91公里。2005年8月开工。设计为全封闭、全立交、双向四车道,时速80公里;路基宽24.5米。境内段布设特大桥2座、大桥52座、中桥25座,桥梁总长1.86万米,占路线总长20%;特长隧道3座、长隧道8座、中隧道5座,隧道总长3.53万米,占路线总长36.9%。其中麦积山隧道长 12.29 公里，为甘肃省最长公路隧道；李子坪 1 号大桥长 2573 米，为甘肃省最长公路特大桥梁。工程永久占地 5063 亩。

天巉公路　其路起自秦州区城区，至定西市安定区巉口镇，长 193 公里。全线为二级汽车专用公路，宽 12 米。1998 年 8 月开工，2001 年 12 月建成。境内从渭南镇南卦台山隧道南口起，沿山而下，经青宁村，过渭河，历中滩镇渠刘、后川村，穿梭于葫芦河河谷，出葫芦峪隧道往秦安，长 15.5 公里，其中卦台山隧道至葫芦峪隧道间 13.2 公里，卦台山隧道长 2236 米，葫芦峪隧道长 300 米。日均车流量约 6000 辆。

清麦公路　原名红社公路、清北公路。起于境内社棠镇柏林村南（接麦社公路），止于清水县县城，长 32.7 公里。境内从麦社公路起，沿牛头河向北，经郭家坪、石岭村至清水界，长 6.8 公里。1975–1976 年，清水县组织民工始建，时称红社公路。1985–1986 年，用"以工代赈"方式全路改造。1988 年，省交通局定为省道 305 线。1992 年，投资 45 万元，境内段开始铺油。1993 年 5 月境内段塌方，致交通中止。1994 年修筑驳岸工程 1 处，再次开通。2001 年，重新修整路基、铺油，并对宝兰铁路二线接北社公路处 520 米改道，投资 3478 万元，2002 年竣工。修整后，路基宽 7.5 米，行车道宽 7 米，达三级公路标准。

秦南公路　从南河川樊家湾起，沿渭河北岸，进入石佛乡，再经葫芦河峡谷通往秦安。全长 38 公里，境内长 24. 8 公里。20 世纪 70 年代，石佛公社组织劳力修通南河川至石佛段。后经改造，使路基宽 7.5 米，路面宽 6.5 米，砂砾面，部分路段设计路肩硬化和浆砌边沟。1986 年，开始兴建沿葫芦河而下的秦南公路，石佛至南河川段取旧路基。1990 年 11 月，全线竣工通车。1999 年，石佛段路基改建 12.7 公里，铺油 6 公里，投资 330 万元。1998 年兴建天巉公路时，占用中滩镇部分路段。

麦甘公路　城区西（天水锻压机床厂）至甘谷县城公路。其路沿渭河峡谷西溯，经南河川，傍陇海铁路，至渭南镇火车站北拐，过渭河，经余峡村至新阳镇，转而向渭河南，傍裴家峡村，至琥珀乡出境。全长 70.4 公里，境内段 58.6 公里。1993 年起逐段修筑。1995 年，建成余家峡过村段 2 公里。1996 年，修通中滩至新阳段，并打通琥珀至甘谷六峰段。1998 年，采用民办公助办法，修通峡口至南河川段，时称峡南公路。2001 年，按照四级公路设计，重修琥珀乡至中滩镇段 25 公里。2004 年初，全线贯通。2004–2005 年，又对全路按四级公路标准改造，使路基宽 6.5 ~ 7.5 米，行车道宽 6.5 ~ 7 米，路面为砂砾。

甘什公路　起于甘泉镇玉兰村聂家庄（接麦贾公路），从董水沟而上，越秦岭，历秦州区娘娘坝、大门、汪川,止于礼县盐官镇什字路,全长72公里,境内段16.3公里。全段为四级公路,路基宽6.5米,路面宽6米,路面除5公里采用5厘米黑色碎石面外,其余路段采用3厘米厚沥青表面处理。2005年5月开工,2006年10月竣工。境内段投资1080万元,路基为原董甘公路路基(最早1969年建成)。

靖天公路　原称华双公路。改名后,现南起秦州区市区,北至靖远县。境内段仍沿旧华双公路道,从见河梁下山入境,过南河川渭河桥,至石佛乡张湾村东北出境,长7公里。路宽6.5米,沥青路面,属省三级公路。1988年,省交通局确定为省道207线,称靖天公路。

天松公路　原定天公路。由秦州区城区北至关子镇松树湾段,称天松公路,全长39公里。境内从新阳镇坚家山、廖家岘、肖王等村经过,长10公里。民国23年(1934年)始筑,1970年全路改建,1973年铺压油渣,达国家三级公路标准。路基宽8.5米,路面宽7米,沥青路面。

庄北公路　起于平凉市庄浪县石桥乡,止于境内城区西,总长127公里。境内段主要在城区西北山坡,长7公里。原为城区通张家川的天陇公路,1990年因大雨中滑坡而中断,1991年再次整修。沥青表面处理,路面宽6.5米,路基宽7.5米,四级公路标准。

清社公路　起于清水县城,经草川铺南下,至社棠镇刘窑村入境,止于天水星火机床厂东。全长33公里,其中境内3.4公里。2006年由原农机路改建,2007年全线贯通。三级砂砾路面,路基宽6.5米,路面宽6米。

后右公路　起于中滩镇后川村北,西北向行,止于秦安县右树里,全长15公里。路基宽6.5米,路面宽6米,砂砾面。1995–1996年,重修西山坪杨岘至右树里段,长8公里。

二、区乡(镇)公路

麦贾公路　由城区至麦积镇贾家河公路,全长23.8公里。原为东利公路(马跑泉至利桥公路)西段,2004年改现名。2002年,市、区人民政府为改善通往风景旅游区交通状况,决定重建通往麦积山石窟公路。2003年3月开工,2004年12月建成通车。第一段为城区风动厂至马跑泉段,长5公里,按城市主干道I级标准修建;第二段为马跑泉至甘泉段,长8.4公里,按公路一级修建;第三段为甘泉至贾家河段,长10.4公里,按公路二级修建。城区至甘泉段宽24米,双向四车道,中间设隔离带;甘泉至贾家河段宽12米,为不隔离二车道。共投资2.27亿元,其中地方自筹 4700 万元,银行贷款 1.8 亿元。在渭河 2 号桥和吴家崖建有收费站。

石贾公路 为原东利公路中段,1957–1958 年始修,1986–1998 年曾作为国道 310 公路。石贾路起点为党川乡石咀村,途径党川乡阎家川、龙王沟门、下滩、党川、烟粉坝等村和燕子关林区,进入麦积镇,经朱家后川,止于贾家河,全长 41 公里。2004 年在原东利公路基础上重建。2006 年,完成全段路基工程,为四级公路标准,行车速度每小时 20 公里。双车道,路基宽 6.5 米,路宽 6 米,大部为沥青表处路面,仅贾家河至后川村和谐园段 10 公里已铺油。总投资 2460 万元。

石利公路 原东利公路东段,1959 年始修,1986–1998 年曾作为国道 310 公路路段。石利公路起于党川乡石咀村(接石贾公路),止于利桥镇。全长 29.6 公里。路基宽 6.5 米。修建天宝高速公路时,部分路段损毁严重。2007 年,散岔至利桥村段 9.5 公里重修,铺为水泥混凝土路面。路宽拓至 7 米。

麦社公路 原名北社公路。亦称社棠路。西起城区东天水风动工具厂门口,东至社棠镇天水星火机床厂门口,长 9.9 公里,沥青路面,路基宽 7 米,为三级公路。1998 年,在社棠铁道口设抽水泵站。2007 年,投资 770 万元对城区段维修。

石街公路 起于马跑泉镇石咀村,溯东柯河而上,止于甘泉镇朝阳村柳家坪(接元温公路),全长 19.5 公里,路基宽 6.5 米,路面宽 6 米,砂砾面。1958 年始建,80 年代改造,达四级公路标准。

元温公路 西起甘泉镇西枝村元店,东至麦积镇街子温泉。原有元街公路,由元店通至街亭村,长 7.5 公里,1965 年初建。后延至温泉,1998 年 7 月建成,全长 10.2 公里,路面 6.5 米,均铺设沥青,为三级公路。总投资 600 万元。后由于天宝高速建设,大型运输车辆碾压,受损严重。

曲麦公路 起于麦积镇上河村,止于党川乡曲溪,长 15.6 公里。有四级公路 1.8 公里,余为等外公路。

中渭公路 南起渭南镇火车站,过渭河桥抵中滩镇雷王村,长 3.1 公里。1978 年,修成路基宽 6.5 米。1979 年渭河桥建成后通车。1990 年改建中滩段,达三级公路标准。2003 年铺为沥青路面,达四级公路标准。其中中滩农贸市场以西 1 公里多达二级公路标准,路面宽 12 米。

见杨公路 起于渭南镇营房梁,止于渭南镇杨王村,全长 14 公里,为等外公路。

大凤公路 起于新阳镇席家寨南(接天松公路),向北沿山而下至新阳镇,越渭河,再经王家庄、赵家庄,上五龙山,止于五龙乡舍鞍子(与泾甘公路相接),全长34公里。南段(渭河南)原为凤新公路,长17公里,1951年修建天兰铁路时为输送材料始修简易公路，天兰铁路建成后一度废弃,1963年县人委动员民工修复,1989–1990年区财政投资改建全路,按照四级公路标准,扩宽至6.5米。2001年,修通五龙至新阳镇段。路宽5~6.5米,砂砾面,四级公路。

伯红公路　起于伯阳镇伯阳村，止于元龙镇红星村（两端均接国道310公路),全长24公里。1973年建成,曾为马东公路路段,1978年马东公路改道后称伯红公路。其中四级公路7.8公里,余为等外公路。

三、乡(镇)村公路

20世纪80年代末至90年代初,采用民工建勤等方式,各乡每年抽调劳力,进行区乡公路整修;对部分道路涵洞修葺、拓宽、开挖边沟、疏通,并进行铺沙、修复水毁路面,保证公路畅通。每年整修200~300公里。20世纪后期,部分未通农机路的偏远山区自然村,普遍兴修农机路。2000年,全区23个乡、镇全部通汽车,476个建制村均通农机路。农村公路总里程910公里，其中三级公路58公里,四级公里106公里,等外公路746公里。大部分依靠民办公助、民工建勤修建而成,路基未经碾压,密实度低,路基、路面变形坍塌的路段较多。其中3/4的公路都属于晴通雨阻,通行能力极低。2000年开始,乡村公路进行等级化建设,普遍新修、改造、扩建,仅2001年新修、改造、扩建农机路62条、354公里,其中扩建宽至4~6米左右的19条、118公里。2005年起,甘肃省"通达工程"项目实施,部分乡、镇通村公路进行水泥硬化。至2007年,区内有村道477条,总里程1075公里。其中水泥路46条、60公里,砂砾路431条、1015公里。

四、林业专用公路

散张公路　起于利桥乡散岔村,向北至三岔村,折向东行至墁坪村,再直向南,过仙坪、杨河村,又折东南,经寨子岭,止于两当县张家庄。利桥乡境内长31公里。1966年投资90万元建成,路面宽6.5米,达林区二级公路标准。1986–1998年,散岔至墁坪段一度成为国道310公路路段。

散马公路　起于利桥乡散岔村,直线向北沿秦岭沟溯行,至秦岭村,再到营房村,最后至马脚沟,长约10公里,宽6.5米,为林区砂土路。

新胡公路　西起利桥乡墁坪村,接散张公路,沿东岔河向东,止于东岔镇付家滩,长30公里。1969年投资59万元建成,路面最窄4.5米,达林区二级公路标准。1986年部分路段整修后全路一度成国道310公路路段。国道改线后,仍为林

2007年境内各乡、镇、街道通村道路统计

乡镇名	条数(条)	总公里(公里)	通公路建制村(个)	乡镇名	条数(条)	总公里(公里)	通公路建制村(个)
马跑泉	29	70.9	27	元龙	32	94.6	20
社棠	20	43.1	17	东岔	13	29.1	12
花牛	55	133.6	38	石佛	51	123.9	34
甘泉	30	73.4	24	五龙	43	55.4	26
麦积	19	51.9	14	琥珀	19	42.2	12
渭南	45	78.0	39	三岔	15	29.0	15
中滩	33	52.9	23	利桥	8	36.5	7
新阳	25	49.7	24	党川	6	25.9	9
伯阳	31	75.6	20	道北	3	9.8	4

区道路。2000年后,东岔境内段因桃花沟开发被硬化。

野桦公路 起于元龙镇野猪坪,东入三岔镇,经二流水、三流水,止于桦树坝,长15公里,宽4.5米。为四级公路。1977年建成。全线共建小桥1座,涵洞25道,总投资63万元。

石码公路 北起元龙镇码头口村腰巴庄东(接国道310公路),沿码头河,南越野猪坪入党川乡,经包家沟,止于石咀村(接石贾公路),长35公里。1972年建,投资51万元,宽4.5~6.5米。全线建有涵洞65道,建有小桥13座。有19公里达4级路,余为等外路。属林区支线公路。

党左公路 起于党川乡黄家坪,沿花庙河沟向南穿行,经花庙村折东行,至东沟出境,止于两当县左家乡太阳寺,长34公路。1986年,党川林场新建黄家坪至东沟段15公里,属林区二级道路,砂砾面,宽6.5米。

冷水河公路 由麦积山后向东,经草滩村,止于党川乡冷水河村,长17公里,宽6.5米,砂砾路面。为观音林场运输道路。1985年修建。

墁交公路 起于利桥乡墁坪村,沿硬沟、黑沟向东北,至东岔镇大沟村,沿交川沟东行,经过立远村,止于交川村,长32公里。1985年修建。东岔镇立远段11.5公里,为林区三级公路。

五、公路养护

20世纪80–90年代,大部分通乡公路由区人民政府下达任务,各乡、镇在冬

季以“民工建勤”“民办公助”等方法，组织群众，投入劳力整修。1991年，民工建勤任务增加车辆建勤，当年全区103个单位，有1192辆参加道路养护，备砂1.03万吨。1998年，民工建勤改为“以金代劳”，即按全区农业人口每年人均2元收缴，当年全区收缴87.7万元。2000年后，境内主干道养护以麦积公路管理段养护为主，担负国道310线、省道庄北公路、麦贾公路等7条公路的养护。2004年，天水市制定《农村公路养护管理办法》，按照谁受益、谁养护、谁管理的原则，明确养护主体责任，将县乡公路养护责任落实到市、县、乡三级。2007年，新成立甘肃省天水公路总段高等级公路养护管理中心，担负宝天高速公路、天巉公路、秦麦高速公路及辅道等公路养护。

六、路政管理

20世纪80年代，以制止开山取石毁路，或摆摊设点、建房修店占路，尤其公路附近农民在铺渣油的干线公路上打碾、晒粮，阻碍行车等行为为主开展路政管理。1995年，成立区路政管理领导小组，配备专职路政人员8名，兼职20名。当年说服劝阻打场晒粮800起，300人次；拆除违章建筑14处，387平方米。此后，每年查处打场晒粮、违章建筑、蚕食侵占路面、私埋管线等路政案件。1985–2007年，总计清除堆放物825处，清除被挤占路面3586平方，查处违章建筑186处，制止路旁炸石58起，补栽行道树15.68万株。

第二节 桥 梁

2007年，境内有长100米以上桥梁15座。30～80米桥7座，30米以下小桥39座，吊桥11座。

一、中型桥

渭河1号桥　1982年，省交通厅投资在今城区天河北路南端渭河上兴建钢筋混凝土新桥，1983年由省公路工程公司第二工程队始建，1985年9月通车。新桥上部为预应力钢筋混凝土支箱型梁，下部为U桥台、3柱式钻孔灌注桩桥墩，有15孔，孔跨25米，总长378.5米，高10米，净宽12米，两侧人行道各宽2米，两岸引桥797米。荷载汽车20吨，拖拉机100吨。耗钢材540吨，水泥3470吨，总投资632万元。1993年，在桥北端新建东、西闸道，总长246米，可环绕直通渭滨北路(今成纪大道东路)。

渭河2号桥　在今马跑泉路北渭河上，河北接成纪大道东路。2003年动工，

2004年12月通车。由中铁集团承建,为多跨度、多层次互通式桥。全长335米(包括匝道)。主桥采用混凝土连续组合箱梁,跨径30米,桥墩为三柱式墩,柱径1.5米,共24墩。桥面宽24米,车行道宽18米,两边人行道各宽3米。人行道栏板为石制,上刻太极图案。桥上北端建仿古式重檐歇山顶收费站1座,高大宣朗。桥南、北有闸道4条,主干道1条,人行梯桥2座。渭河南有东、西匝道桥,各长125米,一并建有钢筋混凝土整体现浇连续梁28.8米人行梯桥各1座。北侧东、西亦设匝道桥,各长125米。正中为主车道,盘旋而下,长205米。总投资2500万元。

渭河3号桥 在马跑泉镇南崖村北渭河上。2007年5月开工建设,设计全长154米,宽9米,行车道6.5米,为预应力混凝土箱梁式桥梁。

渭河人行桥 在旧北道渭河桥址,接通埠北路和埠南路。原为1955年建成的唯一联结城区南北的公路桥,1986年拆除,1987年重建人行便桥,1988年竣工。全长353米,宽5.6米,总投资159万元,由省水利厅工程地质队施工。

南河川渭河桥 在南河川刘家庄(今属渭南镇)村东北渭河上。原为华双公路通过渭河桥梁,现为靖天公路通过桥梁。1969年,省交通局投资110万元,由省交通局第二工程队施工,建钢筋混凝土大跨径双曲拱桥,次年8月竣工。共4孔,孔跨50米,全长236米,净宽8米,高13米,荷载汽车13吨、拖拉机60吨。2007年,进行维修。

牛头河桥 北社公路建成后,牛头河上无桥,雨期交通受阻。驻社棠各厂集资连同省公路局补助,于1983年修建,1985年11月竣工。为钢筋混凝土T型梁式桥,长238.8米,11孔,跨径总长220米,单孔最大跨径20米。车行道宽9米,两侧人行道各宽1.5米,荷载汽车15吨、拖拉机80吨,桥头引道长近2000米。由天水公路总段工程队施工。

中滩渭河桥 在渭南镇火车站向北通往中滩的渭河上。1987年建成。长219米,宽7米,设计荷载汽车20吨、挂车100吨。上部结构为双曲拱桥,下部结构为多柱式墩。

背湾葫芦河桥 在中滩镇背湾村与石佛乡杨庄村间葫芦河上。由甘谷县交通局工程队施工。长167米,宽7米,上部结构为双曲拱,下部为钻孔灌注桩18根。共4孔,孔径35米。荷载为汽车20吨,挂车100吨。投资98万元。1988年开工,1989年竣工。建有引道。涵洞2道,长34.5米。

张白渭河人行桥 在中滩镇张白村南渭河上。总投资102万元。1995年始建,1996年竣工。全长204米,宽2.8米。跨径总长175米,单孔最大跨径25米。上部结构为钢筋混凝土箱型梁,单跨由一片箱型梁组成;下部结构为桩柱式桥墩。

吴砦前进渭河人行桥 1996年竣工。长150米,宽2.5米。

葫芦河人行桥 在石佛乡石佛村南葫芦河上。1997年始建,1998年建成,为省"以工代赈"项目,投资98万元建成。长179米,宽2.5米,上部结构为钢筋混凝土箱型梁,下部结构为桩柱式桥墩。跨径总长175米,单孔最大跨径25米。

兴仁渭河桥 在伯阳镇兴仁村南渭河上。长158米,跨径总长150米,单孔最大跨径15米,宽3.5米。荷载汽车20吨。1999年建成。

杨家河惠民渭河桥 在花牛镇杨家河村东南渭河上。长128米,宽3.5米。跨径总长100米,单孔最大跨径25米。设计荷载汽车20吨。2001年建成。

新阳渭河桥 在新阳镇王家庄村与温家集村间渭河上。2001年建成,长270米,跨径250米,单孔最大跨径25米,宽8米。上部结构为T型梁,下部结构为重力式墩。总投资500万元。设计荷载汽车20吨,挂车100吨。

元龙渭河桥 在元龙镇杜家坪村东南。2002年建成。长220米。跨径总长180米,箱式结构,单孔最大跨径20米,宽9.5米。设计荷载汽车20吨,挂车100吨。

二、小型桥

东岔河桥 在东岔镇码头村。1985年建成,长58.4米,宽4.5米。上部结构为板拱,下部为重力式墩。

散岔桥 在利桥镇散岔村红崖河上,为原国道310公路桥。1987年建成,长64米,宽7米。上部结构为拱桥,下部为单柱式墩。

阳坡耤河桥 在花牛镇阳坡村北耤河上。全长99米,跨径总长80米,单孔最大跨径40米,净宽2米。荷载汽车20吨。1995年建成。为花牛镇耤河北村民渡渭河通道。

余峡渭河桥 在中滩镇余峡村南渭河上。全长81米,跨径总长80米,单孔最大跨径40米,宽4.5米。设计荷载汽车20吨。1999年建成。

南集渭河桥 在伯阳镇南集村南渭河上。全长84米,跨径总长80米,单孔最大跨径40米,宽3.6米,桥面净宽3米。荷载汽车20吨。2002年建成。

后川公路桥 在中滩镇后川村北后右公路起点处。2002年建成,跨越天巉公路,箱梁式结构,长31米,宽6米,设计荷载汽车20吨。

靳庄耤河便桥 在花牛镇靳庄村南耤河上。2006年建成,桥长30米,宽8

米,高 4.6 米,距水面 3 米,可通汽车。

三、吊桥

新阳渭河“工农”吊桥 在新阳镇王家庄村西寺咀山脚渭河上,东接火车站,西通温家集,为天水境内第一座吊桥。1963 年,中共新阳区工委集资建水泥桥,未及建成,桥基被冲坏。翌年再集资 10 万元,从铁路部门聘请技术员设计和指导修建吊桥。1965 年 9 月建成,取名“工农”。为两侧混凝土塔柱的钢索木桥面,长 113 米,跨径 106 米,净宽 2.5 米,可通小型拖拉机和小型车辆。1987 年补修,并换为钢板桥面。此后,由于大量通行车辆,致使桥面倾斜,钢索断裂。1994 年,为禁止车辆通行,桥两端加水泥墩,并加固钢丝索。

元龙渭河吊桥 在元龙镇东街南渭河上,南连国道 310 公路。1966 年建,混凝土塔柱钢索桥,上铺木面,长 141 米,跨径 134 米,净宽 2 米,可行人、畜和人力车。1987 年,更换为钢板桥面。

伯阳渭河吊桥 又称南集吊桥。在伯阳乡南集村旁渭河上,北接火车站,南距伯阳镇 3.5 公里。1967 年建,投资 4.6 万元,投工 2.1 万个,两边为钢筋混凝土塔柱,钢索为骨架,桥面为木面,长 112 米,跨径 105 米,净宽 2.4 米,可行人、畜及人力车。1987 年,桥面更换为钢板。上世纪为伯阳通往城区唯一要道。2000 年后,由于拖拉机亦通过此桥,桥面变形严重。

吴砦渭河吊桥 在三岔乡佘家门沟口渭河上,处陕西建河火车站西 2 公里,南接国道 310 公路。为桥北北峪村村民经过渭河通道,名曰“安定团结桥”。1975 年建,钢索木面,长 116 米,跨径 106 米,净宽 2.4 米。

交川渭河吊桥 在东岔镇交川村北渭河上,北接陕西石家滩火车站,南连国道 310 公路。1980 年建,简易双链钢索木面,长 136 米,净宽 3 米,可通荷载 2 吨拖拉机。1992 年做过维修。

琥珀渭河吊桥 在新阳镇马家磨火车站旁渭河上,南距琥珀乡罗家村 3 公里。1982 年,琥珀公社利用县财政投资 10 万元,并自筹 9000 元兴建,双链钢索、钢梁、钢板面,长 134.6 米,跨径 110 米,净宽 2.5 米,引桥 23 米,可通荷载 2 吨拖拉机。2004 年拆除。

东岔渭河吊桥 在东岔镇付家滩西约 0.5 公里的渭河上,北接陕西胡店火车站,南接国道 310 公路。1984 年建,双链钢索、钢梁、钢板面,长 147 米,跨径 144 米,净宽 3 米,可通荷载 2 吨拖拉机。后因在其西侧 100 米处建有新桥废弃拆除。

桑家门渭河吊桥　在三岔乡黄龙村桑家门北渭河上，南接国道310公路，北距葡萄园火车站约2公里。1986年建，全钢结构，投资16万元，长163米，跨径110米，宽2.5米，可通小型车辆。

惊龙渭河吊桥　在东岔镇关庄村西北渭河上，南接国道310公路，北至陇海铁路拓石火车站。1986年建，双链钢索、钢梁、钢面，长143米，跨径110米，宽2.25米，可通小型车辆。1993年，区人民政府拨付“以工代赈”款23万元，用于维修。后因建有新桥废弃拆除。

渭峡耤河吊桥　在花牛镇吴庄村南耤河上，南通天北高速桥洞，与高速辅道相接。1989年建成，耗钢材132吨，耗资66.7万元，其中集资50万元。两侧塔柱在河床中，4根钢索悬吊全钢结构桥面，长216米，跨径196米，宽4米，可通小型车辆。

水关渭河吊桥　在三岔乡水关村北渭河上。1992年群众集资3万元兴建，为简易吊桥。

第三节　铁　路

一、线路

陇海线　陇海线横穿境内，境内线路长104.5公里。其中宝天段（三岔乡北峪村东至天水火车站）51公里，最早在民国35年（1946年）通车；天兰段（天水火车站至琥珀乡黄家咀隧道）53.5公里，最早为1952年通车。宝天段1979年开始电气化改造，1980年竣工；天兰段1981年开始电气化改造，1984年竣工。改造后上、下行牵引量均达2800吨。1983年，宝天段开始改造部分路段，将经常塌方、严重威胁行车安全的葡萄园段和底川段改为跨渭河运行的新线。废弃桥梁13座、隧道2座，新增桥梁6座、长3205延米，新增隧道2座、长581延米。1987年竣工。

陇海复线　从东岔镇后峪川入境，琥珀乡魏家磨2号隧道出境，133公里。其中宝天段长83公里，天兰段长50公里。2000年1月动工，先修通天兰段，2003年7月修通宝天段。全路为国家一级双线电气化铁路。穿越境内12个乡、镇的82村，占用土地2500亩。全线桥隧相连，大、中桥87座，桥隧总长82公里，桥隧总长占全线里程的2/3，其中宝天段55次跨越渭河，天兰段16次跨越渭河，是国内目前复线建设中桥隧比例最高的线路。仅天兰段隧道有魏家磨1号、魏家磨2号、琥珀、安林山、鸡儿架、卦台山、窦家峡、董家河、白家河1号、新杨家河2

号、新潘家河、峡口计共12座隧道。

二、车站

天水火车站 位于城区渭河北陇昌路(原一马路)中部,是兰州铁路局东大门。始建于民国34年(1945年),时为三等终端站。1984年进行电气化改造,1985年,有旅客1、2两个站台,供旅客上下车。1站台长530米,宽13.8米,候车雨棚长325米,宽6.5米,顶覆石棉瓦;2站台长526米,宽12米,仅地道口有雨棚38米。1站台与2站台之间有地道相通。地道在1、2站台分别有东西两个出口,地道南端为出站口。1990年晋升为客货运输综合一等站。1989年,建成面积5614平方米的新客运楼,为线下式结构,非对称式建筑。大楼以钟楼为中轴,分为东、中、西部分。东部2层,中部4层,西部1层。中部上为钟楼,高52.6米,为城区地标性建筑。大楼1层东部为行包房和出站地道,中部普通候车室、旅游文化活动室和进站检票口,西部为售票厅和庭院花园。1995年,1站台长度延至504米,棚顶改换玻璃钢瓦。1998年,2站台原雨棚拆除,建长493.5米、宽12米混凝土浇筑雨棚。2000年,1站台雨棚再改为铝塑板,重新铺设站台砖。站前有1.08万平方米广场。车站站场分I场和II场,属二级三场式,设东、西、北3个货场,14条到发线,9条编组线和14条场段专用线。行车、调车设备分别采用R9容错计算机联锁系统和驼峰计算机控制系统。微机制票收费。主要承担天水、陇南2市13县、区的货物、旅客、行包到发业务。2007年,职工565名,到站旅客103.3万人,发送旅客191.8万人,发送货物5.3万吨。有由站始发往西安、兰州、陇西列车3列,途经列车22列。

社棠火车站 民国34年(1945年)建站时,有3股道,为四等小站。1965年,一些大、中型工厂在社棠兴建,客、货运量增加。1968–1976年,站线陆续增至5股道,建400平方米新候车室,延长并硬化一站台。建货物仓库1座、829平方米,辟货场3.96万平方米,装备10吨门吊、5吨叉车和卸煤机各1台。电气化改造中,再增1股站线,并建客运二站台。站东有通天水星火机床厂专用线,站西有通天水土特产公司等商业单位仓库专用线。1989年升三等站。

四等火车站 境内有11个四等火车站。以社棠站为分界,以东有伯阳(在伯阳镇南集村)、渭滩(在元龙镇渭滩村)、元龙(在元龙镇杜家坪村)、葡萄园(在元龙镇佃儿村)4站;以西有槐树湾(在社棠镇咀头村西1.5公里)、杨家河(在花牛镇杨家河东2公里)、南河川(石佛乡樊家湾)、三阳川(渭南镇崔家集)、渭南镇

(渭南镇程家村)、新阳镇(在新阳镇赵家庄)、马家磨(在新阳镇裴家峡村西北2公里)7站。2003年宝兰二线建成后,渭滩、葡萄园站撤销,元龙站由元龙镇杜家坪村迁石谷川村。

三、货场

东货场　在天水火车站东,与火车站旅客1号站台相邻。大致呈长方形,占地6.84万平方米。有股道6股,总长992米,装卸有效长度799米。其中1~5股道为装卸货物,有露天整体货位61个;6股道有4台位洗刷车位。有仓库2座,一为零担发送库,一为零担到达库。有东货1线整车货物货棚1座,总面积2379平方米。有站台3座,上有3座仓库,总面积3296平方米。有双梁门式10吨吊机1座,内燃叉车9台。2001年,东货1线3座旧仓库拆除,新建钢架结构玻璃钢瓦货棚1座,面积4000平方米。在货场南新建6层新货装办公楼1栋,2003年竣工。

西货场　在城区陇昌路西端,占地5.77万平方米。有股道5条,有效长度1727米;仓库2座,面积2817平方米。货棚1座,面积1783平方米;站台仓库2座,面积2071平方米。有双梁门式10吨吊机1台,卸煤机1台,单车装载机2台。2001年,新装120吨不间断电子轨道衡1台。以存置整车贵重货物、焦炭、煤炭、怕湿货物为主。

北货场　又称第二货场。在道北街道区府路西端,占地1.77万平方米。原为天水铁路材料厂场地,1996年铁路材料厂撤销,部分场地作为铁路职工住宅楼建设用地,其余场地和专用线路、房产移交天水火车站,改为第二货场。现有西库3线货物装卸线1条,露天整车货位23个。线路北侧为面积1685平方米的站台,南侧为面积1769平方米的仓库3座。以存置整车怕湿货物、普通货物到发为主。

四、驻区铁路系统机构

天水机务段　驻区府路西。占地9.95万平方米。主要承担天水、陇西、贺家店等站调车作业,及蒸汽机车架修任务。1993年,更换解放型蒸汽机车为国产建设型蒸汽机车,共9台,并建1000平方米3层办公楼1座。1995年,有运转、检修、设备3个车间,36个生产班组,可进行蒸汽机车的洗检、架修。有管线9股道,各类检修设备170余台,年可架修机车双台位190台,职工803人。2005年归兰州铁路局直属。

工务材料段　在前进北路东。原为兰铁天水工务修制厂,2005年改制后与兰铁线上料材料厂合并,称兰州铁路局工务材料段,为铁道部车辆配件定点生产单位,也是西北最大的线路配件生产、供应基地,承担向铁路部门供应整组道岔配件和其他铁路工务配件任务，并生产“天工牌”线路配件、车辆配件、社会产品等3大类260多个种类、1300多种规格的产品。2007年，职工500多人。

第四节 航 空

一、设施

机场　在花牛镇赵崖村北，处羲皇大道北侧，距城区3公里。最早为民国27年(1938年)驻天水国民军征调民工兴建的天水军用飞机场。1975–1980年，由兰州军区空军单位组织修复，1981年建成使用，为空军二级机场。

航运　1985年8月，天水市交通局、甘肃兰天航空联运服务公司和驻地某部队签约开办天水至兰州民间客运。不久，因客源不足停运。2002年，中央军委、国务院批准天水机场实行军民合用，开办天水民航，遂成为军民合用机场。机场有跑道长2800米，宽45米，水泥混凝土道面厚22~24厘米，设指挥塔、航管塔台，有简易的导航设施，单向起降。2007年6月，天水市人民政府与西部机场集团公司签署协议，将天水机场项目的建设及运营管理整体移交西部机场集团公司。同年12月，天水机场改建项目正式开工，计划新建航站楼2158平方米、综合业务楼1400平方米、生产业务用房679平方米、中心变电站264平方米、机坪9300平方米和1条联络道。

二、航线

1985年，开办天水至兰州民间客运，每周二、五往返1次，机型为安—30(35座)。运营8个航班后，由于客源少而中止。此后，随着旅游、经商人数的增多。2007年末，天水机场民营项目建设开工后，预计2008年通航。按协议，天水机场属国内支线机场，能够运行CRJ 200、EMB 145、DON 328等30~70座飞机，先开通天水至西安、天水至兰州2条航线。

第五节 机 构

一、区交通运输局　1985年设区时，原县交通局改为区交通局。局机关内设办公室、财务股、管养股、农路股、工程建设股、征稽股和重点项目协调保障股，下有区公路运输管理所、区公路管理站2个事业机构以及区运通有限责任公司(企业)。2007年，职工89人。

二、麦积公路管理段　1976年始设,隶属天水公路总段。1985年改称北道公路管理段。2005年,随区名变更改麦积公路管理段。单位设桥南街道西,占地3000平方米,其中办公用房1100平方米米。内设办公室、生产股、计财股、机械班、路政大队,担负国道310线、庄北公路等7条线路,共261公里养护任务。2007年,职工83人。

三、高等级公路养护中心　2007年成立。驻花牛镇,占地2530平方米,承担天宝高速、天巉公路、天北高速公路等计333公里道路养护任务,并管养664座桥梁、66座隧道、686道涵洞。2007年,职工83人。

第四章　水利建设

第一节　水利灌溉

一、自流灌区

2007年,全区自流引水灌溉工程49处。其中灌溉万亩以上的有渭惠渠、中惠渠、泽民渠3处,千亩以上的有先锋渠、红旗渠、南渠、四清渠、北渠、永久渠、东干渠7处。各渠大多建于20世纪60–70年代,渠道衬砌率不高,大多采用土渠输水。当年实灌4.35万亩。

泽民渠　在石佛乡。1957年开始兴建,60年代重建,1969年竣工,1981年省水利厅再投资180万元改造,1986年完成。2006年,进行续建配套与节水改造,投资200万元,修建渠首配套电动启备机及闸门板4套,干渠衬砌3公里,支渠衬砌40公里,配套建筑物1054座(其中过路涵洞90座,力车桥60座,陡坡62座,干、支渠节制闸16座,支口26座,分水口800座),架设高低压线路2.3公里。计完成工程量12万立方米,投劳8.4万个工日,改善灌溉面积1.2万亩。2007年,建引水枢纽1处;干渠长15.2公里,全部砌衬;支渠45条,长64.5公里,其中砌衬51.5公里;二级支渠109条,长106.9公里;水闸15座,渡槽8座,跌水陡坡5座,倒虹吸1座,隧洞2座,涵洞5座,农桥20座,泵站1座。当年实灌1.1万亩。

渭惠渠　在渭南镇。1952年兴建,1964–1966年重建,有效灌溉面积1.2万亩。后历年进行砌衬。2005年,改造渠首,采用有坝取水,建滚水坝1座,取水口取水流量每秒4立方米。2007年,有引水枢纽1处;干渠长19.5公里,其中砌衬

18公里;支渠3条,长14.9公里,其中砌衬4.6公里;水闸45座,渡槽8座,跌水陡坡10座,涵洞34座,农桥137座,泵站13座。是年实际灌溉1.37万亩。

中惠渠 在中滩镇。最早为清乾隆年间兴建,民国时期及1950年多次疏浚,1976年重建。2007年,有引水枢纽1处;干渠长10.2公里,其中砌衬7.1公里;支渠4条,长22.5公里,全部砌衬;毛渠41条,长度250公里;水闸33座,渡槽1座,涵洞2座,农桥32座。是年实际灌溉1.06万亩。

二、提灌工程

20世纪70年代,境内先后建成提灌工程200多处,设计灌溉面积数万亩。至20世纪80年代,大多设备老化,或渠系不配套,加之引水多为河水,随雨量减少,诸如琥珀罗家村提灌、中滩刘家坪提灌、石佛西石提灌、石佛三阳提灌、社棠枣儿坪提灌、社棠郭家坪提灌等皆停止运行。其后,一些地方发展小规模提灌泵站。至2007年,共建小提灌54处。期间在2001年,开始摸索在半山区进行渠道防渗处理,埋设低压管道,建田间节水池,开始建喷灌、滴灌工程。当年即建4处。此后,共完成节灌工程36处,装机180台,1058千瓦,铺设管道35公里,喷灌、滴灌面积1.5万亩。其中以社棠镇下曲节灌工程效果最为显著。2007年,境内电力提灌工程252处,装机9052千瓦,有效灌溉面积2.4万亩,保灌面积2万亩。原来修建的千亩以上提灌工程,仅新阳电灌、柴家坪电灌2处仍在运行。

南山万亩苹果基地提灌 在花牛镇南部。2007年竣工,总投资330万。计新打机井2眼,架设10千伏线路1800米,安装变压器2台、潜水电泵3台,建蓄水池2个,调蓄池8个,安装上水管道3200米、供水管4.65万米,可浇地2100亩。且正在扩建中。

下曲提灌 在社棠镇下曲村。是利用机井水完成配套的节灌工程。2001–2004年修建,省水利厅拨款210万元,地方及群众自筹214万元,新打机井2眼,配套水泵4套、变压器4台、10千伏高压线3公里,检井82个,给水栓366个,移动喷灌机50台,蓄水池7个(100立方米3个,50立方米4个),调压池5个,铺设硬聚氯乙烯管24公里。共发展节灌面积5266亩,其中管灌2243亩、喷灌2323亩、滴灌700亩。建成后,灌区由种植小麦改为葡萄。2007年,平均亩产葡萄4000公斤,每亩比种植小麦增收3000多元。

新阳提灌 在新阳镇。包括胡家大庄、周家湾2处,均为提渭河水的3级泵站,1975年竣工,引水流量每秒0.1~0.4立方米。后设备老化,带病运行。2006年,进行改扩建工程,更新机泵10台套、1150千瓦,架设315千伏安变压器5台,衬砌梯形渠道18.5公里,修建渠道工程1座,新增有效灌溉面积1000亩。

2007 年，仅运行胡家大庄 1 处，其余未运行。

柴家坪提灌　在伯阳镇西下坪村。原为 5 级提灌工程，1974 年建成，引水流量每秒 0.3 立方米。现仅一、二级能运行，年运行 480 小时，供水量 2100 万立方米。2000 年曾拨款 5 万元维修。

三、机井

始建于 20 世纪 60–70 年代，至 80 年代中，大部分设备老化、长期失修，已无法发挥作用。90 年代末，由于连年干旱，渭河流域又开始普遍修建机井。2002 年，新阳电灌区、马跑泉镇慕家滩等成为较大机井灌区。2007 年，全区有 698 口机井，其中发挥作用者 570 眼，安装潜水电泵 600 台(套)，9000 千瓦，离心泵、轴流泵 98 台(套)，5390 千瓦，总计有效井灌面积 6.48 万亩，大多由村集体管理。

第二节　防洪工程

一、河道治理　境内河道堤防，大都是 20 世纪 50–70 年代陆续修建的。1985 年，维修渠道及堤防工程 31 处。1992 年，投资 6 万元，建成长 46 米的伯阳渭河防洪工程。1993 年，对社棠镇石岭村段因倾倒白云石废渣阻碍行洪的牛头河河道进行清理，扩宽其河道至 30 米。1994 年，区内新修河堤 1570 米。1995 年，新修河防工程 7 处，修石堤 1764 米；维修堤防 5 处，580 米。1996 年，完成河防工程 5 处，1056 米。此后，由于雨量骤减，河防工程停滞。2000 年后，河道内采砂盛行，主要分布在渭河干流，以城区段及社棠段为主要采砂区，从峡口至鹞子咀分布大小砂厂 14 家，全部用采砂船开采，年采砂量 91 万立方米，弃渣量 9.4 万立方米。农村河段采砂厂 5 家，年采砂量为 9.8 万立方米。还有在河道内乱搭临时建筑、乱倒垃圾、种植高秆作物者，亦屡禁不止，影响行洪。因为采砂，渭河天水锻压机床厂至潘集寨段河床平均下降 2 米。2002 年，宝兰铁路二线工程在渭河峡口隧道附近弃渣 10 万立方米，占用河道，被责成投资 103 万元，筑成挡板；在渭南镇王家滩隧道附近亦倾倒废渣，被责令修筑护坡。2006 年，新阳裴家峡渭河堤防工程完工。

2007 年，区内有堤防工程 155 条，其中规模以上工程 58 条，总长 63.6 公里，其中达标堤防 57.6 公里。在渭河及支流的，城区 4 条，社棠镇 2 条，花牛镇 7 条，甘泉镇 9 条，渭南镇 4 条，东岔镇 6 条，中滩镇 2 条，新阳镇 4 条，元龙镇 1 条，伯阳镇 1 条，麦积镇 7 条，石佛乡 2 条，三岔乡 3 条；在长江支流的，党川乡 3 条，利桥乡 1 条。规模以下堤防工程 97 条，总长 86 公里。防洪标准局部可达 20 年洪水标准，大部分在2~5年常遇洪水标准,多为土堤,浆砌石护面土堤及丁坝,并辅以护岸林带。

二、山洪泥石流治理 境内易发山洪泥石流的地区主要分布在植被稀少、地形破碎、沟道纵横、土质疏松、蓄降水能力差的小流域内,如石佛乡的王家洼坡、河沟边、渡槽边、马家漩涡,花牛镇的药泉,马跑泉镇的四湾地、大沙地、沙坡里、安家庄、永川河东、吴家崖、团庄,社棠镇的大湾里沟,甘泉镇的庙沟门、水沟门、陈家河,麦积镇的前头场、清水沟门,元龙镇的柳沟、西沟 、堡子沟、白家庄沟、渭滩沟,三岔乡北峪沟、小坪村1、2、3组,东岔镇窑湾、大岔、狗窑、交川河。1992年,省水利厅委派区水利局对区内小流域进行治理,规划治理面积417平方公里。此后,以坡地改梯田为重点,发展基本农田,积极营造人工林,控制水土流失和增加群众收入相结合,形成以科技为先导、效益为中心、预防监督为主的治理方式。至2007年,区内36条小流域累计治理水土流失面积693平方公里,完成梯田2.73万亩,营造水土保持林2.6万亩,发展经济林1.46万亩,人工种草2446亩,建设淤地坝5座,谷坊1022座,骨干工程3座,灌排水渠11.1公里。

第三节 农村饮水

一、集中供水

20世纪80年代农村饮水中,渭北干旱地区以雨水集流、泉水为主,海拔低的山间谷地以沟壑水、地下水为主,南部山林地带以山泉、溪水为主。部分地方水质较差。葫芦河流域、渭河部分河谷川道区域及半山区,多饮用苦咸水和高氟水。20世纪80年代中后期,石佛、西山坪等干旱山区,采用自筹加政府补助的形式,利用村域附近山泉、表露地下水头,开挖泉眼,建压力池、蓄水池,集中供水。或建泉引工程,解决人畜饮水困难。1993-1997年,世界银行贷款改水工程启动,投资881万元,建成子项目1871项,其中水厂33处,深井泵3处,雨水收集系统1835处,受益人口8.79万人。区内18个乡、镇有利用其贷款建造的农村供水项目水厂。至2000年,共建成人畜饮水工程164处(其中病改工程49处),解决128村、12.51万人、1.15万头牲畜饮水困难。2001-2005年,区内大部分20世纪80-90年代建成的单村人饮工程管道老化,水位下降,国家财政下拨人饮解困投资1042万元,氟病改水突破性投资1437万元,连同地方自筹1361万元,开始建设集中供水工程,在川区修建大型水厂,实行多村联合供水。至2007年,总投资5228万元(包含建水窖投资),建成中石、麦积、凤凰3个大型水厂,建单村集中供水工程 79 处，解决区内 13.88 万人的饮水困难（其中供水到户 13.79 万人，集中供水点 900 人）。

中石水厂　在石佛乡。打机井两眼（一用一备），设一级泵站，由泵站将水提至水厂清水池，经净化消毒，再通过二级泵站将水提至高位水池，然后由东、中、西 3 条供水管网将水输送到石佛、中滩两地。设计日供水 3118 立方米，解决 25 村、8246 户、3.64 万人的饮水。其中石佛乡 16 村、2.23 万人，中滩镇 9 村、1.41 万人。总投资 1299 万元，其中中央补助 843 万元，地方配套及群众自筹 456 万元。投产后，运行良好。

凤凰水厂　在新阳镇南部山区。水源地位于罗玉河中游坚家山地段，提水至坚家山顶高位蓄水池，供 10 村、6992 人及凤凰中学师生约 400 人的饮水。2003 年任法融筹集、捐资 130 万元，国家投资 256 万元，计 386 万元建成。2007 年，任法融再捐资 170 万元扩建，扩建后解决中梁乡马周等 6 村、955 户、4170 人饮水问题。

麦积水厂　在甘泉镇。建 2 口取水井，先取水至 300 立方米的清水池，再将水提至 200 立方米的两座蓄水池内，分 4 条管网供给 27 村，解决 2.86 万居民和 2000 名在校学生的饮水。麦积水厂属世界银行贷款项目，计贷款 60 万美元，还有市、区配套 300 万元，群众自筹 200 万元。2002 年启动建设，已投入运行。

至 2007 年，区内仍有 27.67 万人尚未彻底解决饮水问题，其中饮用高氟水的有 37 个村、7.71 万人，饮用苦咸水的 124 个村、13.93 万人，用水方便程度不达标的 115 个村、6.03 万人。

二、水窖

20 世纪 80 年代，境内西山坪、五龙等乡，个别农户采用在自家院落打井储水、下雨前扫净院落、落雨自流入井的办法集水，但水质较差。1996 年，区内开始实施“121”雨水集流工程（即每户建 1 处雨水集流场，2 眼蓄水窖，1 亩庭院经济），政府给每户发放水泥，建集水场 100 平方米，自挖 2 个 5 米深圆形混凝土水窖。当年建 450 处，解决 6540 人和 843 头大牲畜的饮水困难。此后，历年都有修建。至 2000 年，全区建水窖 10474 处。其后继续修建，至 2007 年水窖总量达 19504 处，主要分布在石佛、五龙、琥珀、新阳、中滩、马跑泉等乡、镇干旱山区，供水人口 5.5 万人，灌溉面积 1615 亩。

第四节 水土保持

一、梯田修建

20世纪60–70年代,境内大规模修建水平梯田(简称梯田)。20世纪80年代,逐渐形成梁家沟、九峪沟、马家峪沟等一批示范点。至1990年,境内共兴建梯田17.2万亩。20世纪90年代前期,按照“国家补助为辅,群众筹资投劳为主”的原则,利用国家补助资金,收取机修梯田建设补助费,实行以奖代补的方法,调动乡镇、群众的积极性,继续兴修梯田。同时,区人民政府筹集160余万,购置推土机12台、铲车2台,组成机修梯田施工队,常年作业。1996年,国家实施西部大开发,境内实施水土保持国债项目、生态环境县治理项目、耤河示范区项目、长治工程等国家重点项目,梯田建设按照“统一规划、集中连片,合理布局,综合治理”的原则,打破乡界、村界,以小流域为单元,山、水、田、林、路配套,集中连片,规模治理。全区每年新修梯田1.3万亩以上。1998年,在马跑泉镇杨湾村实施500亩机修点。区人民政府筹措1000多万元,购置推土机100多台,组成专业机修队伍,常年开展机修梯田。1999年,新增梯田2.98万亩。2000年后,因农村劳动力减少,农村税费改革中又取消“两工”(基建工和民工建勤工),梯田建设规模减小,甚至中止。2006年,采用补助政策,并以“一事一议”形式召开村民大会,按修地亩数收取一定资金的方式,重新修建梯田。区人民政府拨付150万元,用于梯田建设。2007年,全区有梯田42.94万亩。

二、综合治理

境内横跨黄河、长江两大流域,地形复杂,山高坡陡,沟壑纵横,水土流失严重。尤其渭北黄土丘陵沟壑区,植被稀少,长期的土壤侵蚀,导致土层越种越薄,土地肥力逐年下降,对农业生产影响很大。20世纪80年代,水土保持治理开始由单纯修建梯田向以小流域为单元的山、水、田、林、路综合治理转变。新阳、五龙、渭南、石佛4乡率先进行水土保持治理。1990年,完成小流域治理10.4平方公里。1993年,对8个小流域综合治理,完成造林6.94万亩。其后,又借助国债、扶贫、世界银行贷款等项目,开展黄河流域治理渭河国债工程,“长治”工程,“黄治专项”工程,“耤河示范区生态建设”工程,“十、百、千”工程,“三田”建设,小流域综合治理等项目,以“沟坡兼治、综合治理”的治理方略,大力营造水保林,发展经济林果,荒坡种草,新建治沟工程,在林缘区实行生态修复工程。2006年,又实施黄河水土保持工程(天水耤河重点支流治理二期)。至2007年,完成水土保持综合治理面积858.67

平方公里，占流失面积的75.9%。有60.2%的水土流失面积得到初步治理，营造水保林41.25万亩，经济林46.95万亩，种草28.5万亩，累计建成治沟骨干工程58座，各类小型拦蓄工程（土柳谷坊)11万处(座)，沟头防护2030处，其中有16条示范小流域治理达标，通过验收。

耤河示范区工程 1998年由黄河水利委员会批准实施，包括耤河整个流域和渭河流域部分地区。境内涉及花牛、马跑泉、甘泉、社棠、新阳、渭南、伯阳7镇和道北街道122个村、27.35万人，总面积354.78平方公里，其中水土流失面积266.65平方公里。项目实施6年，2004年结束。期间治理面积共186.84平方公里，总投劳1179万工日，总投资1.02亿元（其中国家投资1080万元，地方配套投资1080万元，群众投劳折资8024万元)，计兴修梯田8.25万亩，营造水保林7.4万亩，发展经济林果10.7万亩，人工种草1.57万亩，新增水利水保工程1127处（座)，修建治沟骨干工程2座、淤地坝4座、谷坊1022道、沟头防护283处、水窖1000眼，配套修建道路402公里，桥涵12处，苗圃2个、240亩。治理结束后，治理区林草覆盖率由1998年的14.47%提高到2004年的54.28%，人均产粮由347公斤提高到396公斤，人均纯收入由896元提高到1333元。

“长治”工程 长江上中游水土保持重点防治工程简称“长治”工程。2001年，在境内开展，涉及利桥乡秦岭沟，党川乡党川沟、冷水河以及麦积镇关陵河4条小流域，总流域面积132平方公里，有4个村、14个村民小组、3718人。2005年完成，共治理34.23平方公里，其中完成坡改梯田3200亩，营造水土保持林1.25万亩，经济林果3070亩，人工种草1600亩，封禁治理2.98万亩，保土耕作1000亩，兴建小型水利水保工程6处。完成工程量156万立方，投工71.7万工日，投资240万元(其中国家投资119万元，地方配套资金86万元，群众自筹35万元)。治理后，粮食亩产由103公斤提高到130公斤，人均纯收入由578元增加到902元，林草覆盖率由67.5%上升到89.1%，年拦蓄径流547.77万立方米，年拦蓄泥沙8.46万吨。

“十、百、千”示范工程 1999年，水利部在全国建设10个水土保持生态环境建设示范城市、100个示范县（市）、1000条示范小流域，简称“十、百、千”示范工程。当年，区内西北部马家峪沟、梁家沟作为“十、百、千”工程的示范小流域区，2000年竣工。治理面积35.12平方公里，含12个村、10128人。总投资1215万元，其中国家投资604万元。治理水土流失面积2.45万亩，其中修梯田9000亩，造林1.44万亩，种草1000亩，建骨干工程3座、谷坊166座。示范流域人均纯收入由1105元增加到1896元。

第五节 机构

1985年设区时,有区水电局。1993年改名区水利水保局,1997年又改名区水利局。下设办公室、经济财务股、计划管理股和水政监察大队、抗旱防汛办公室、水土保持工作站、水政水资源办公室、河道管理所、水利工程管理站、勘测设计队、村镇供水工程管理站、灌溉试验站、物资供应站等10个直属单位。2007年,有职工261人,其中技术干部86人,工程师26人,高级工程师3人。

第五章 电 力

第一节 电 源

一、境外输入

1985-2007年,境内用电量的99%以上依靠从境外输入。位于兰州市永靖县境的刘家峡水电厂电力,在经过天水、秦安两座330千伏变电站降压后,通过天北线(天水—北道)、天社线(天水—社棠)、天秦一回(秦安—中滩)、秦社线(秦安—社棠)等110千伏输电线路分别输入境内,再输送境内城乡各地。此外,天水、秦安两变电站还有通向境内用于电气化铁路运输的专用输电线路,其中天铁一线(天水—北道)连接北道牵引变电站,天铁二线(天水—元龙)连接元龙牵引变电站,秦铁线(秦安—三阳川)连接三阳川牵引变电站。

2007年,全区仅农村电网售电9320.3万千瓦时,其中除东岔镇水电站发电46.67万千瓦时外,均为境外输入电力。

二、水电站

东岔镇水电站　在东岔镇东岔村附近东岔河上。1984年由东岔乡政府投资开始施工,1987年7月发电运行。安装2台水轮发电机组,装机总容量250千瓦,当年发电38.93万千瓦时。所产电力输入东岔变电站,供当地使用部分外,其余并入35千伏电网东岔—社元线路通过关庄变电站、元龙变电站使用。2003年东岔110千伏变电站建成后,水电站生产电在东岔镇10千伏使用一部分,大部分入网送东岔110千伏变电站。2007年,发电46.67万千瓦时。

东岔河水电站　在东岔镇东岔河与其支流割漆河交汇处。由原东岔乡东岔村与宝鸡县电力局入股合办，1999年建成投运，包括引水枢纽、动力渠道、压力前池、压力管道、厂房、尾水及机电设备等。总投资107万元，安装2台水轮发电机组，单台功率125千瓦，年发电40万千瓦时。电量输入东岔变电站，再并入公用电网。2006年，由于建设天水—宝鸡高速公路时水电站址被建设路基占用，遂被拆除。

新庄水电站　在党川乡新庄村附近白家河下游，为低坝径流式电站。2003年始建，2005年并网发电。主要由引水枢纽、输水隧洞、压力管道、电站厂房、尾水道及机电设备等组成。枢纽工程包括滚水坝、冲砂闸、进水闸等，防洪标准按20年一遇洪水设防，隧道总长360米，厂房一座、110平方米，安装电站压力钢管96米，安装水轮发电机2台,装机总容量320千瓦。设备为自动控制，总投资350万元，为股份制企业。2007年发电45万千瓦时，主要输送秦州区娘娘坝镇。

第二节　供电设施

一、概况

1985年，境内35千伏输电线路6条，长124.7公里，变电所7座，主变10台，总容量1.77万千伏安。10千伏配电线路305条，571.4公里。配电变压器647台，5.13万千伏安。乡村低压线路1040条，627.5公里。全区用电负荷中，排灌功率2.81万千瓦，农副加工功率1.26万千瓦，乡镇工业功率2447千瓦，照明功率1238千瓦。35千伏供电量808.51万千瓦时，10千伏售电量1328.68万千瓦时，其中照明159.3万千瓦时，乡镇工业127.8万千瓦时，农副加工999.5万千瓦时，排灌27.9万千瓦时，电费101万元，纳税金5万元。通电乡、镇21个，用电户43362户，占总户数70937户的61.1%。

1986年，新建农电线路8条，14公里。1987年新建农电线路19.8公里。1992年，新建元龙至官庄35千伏高压线路，又建10千伏线路34公里，吴砦(今三岔乡)、立远乡(今分属东岔镇、三岔乡)等境内林区开始通电。1995年，新架农电线路8条，16.7公里，解决8村、465户、2385人用电。1996年，架设10千伏线路40.1公里，解决7村、703户、3298人的生产生活用电。1997年，架通10千伏农电线路26.2公里，最边远的党川乡火鸡、马家坪、夏家坪3村、169户、965人用上了电。至此，境内所有建制村皆通电。1998年，架设高压线23.1公里，有13个自然村通电。是年，境内35千伏线路8条，长164.36公里，10千伏配电线路847

公里，配电变压器886台，容量6.16万千伏安。1999-2005年，农村电网进行一、二期改造，共投资5969万元，大规模新建、改造10千伏、0.4千伏、0.22千伏线路，改造农网户表5.31万户。2006-2007年，国家启动“户户通电”工程，投资39.4万元，新建10千伏线路2.83公里，0.4千伏线路4.69公里，为355户、1434人通电。至此，区境全部住户均通了电。

二、电网改造

城网改造　2000年，建成北道变电站10千伏出线电缆并更换高耗能配电变压器。2001年，完成泉湖路10千伏配电线路等25项城网改造，投资860万元。2006-2007年完成的城区电网(趸售部分)改造，计17个分项工程，其中新建10千伏线路59公里，改造19公里；新建0.4千伏线路0.6公里；新建配变压器5台，共720千伏安；新建箱变4台，共1000千伏安；安装真空开关7台。总投资925万元。

农网改造　1995-1997年，为降损节能，减轻农民负担，连续3年改造高耗能变压器，计367台。1999-2007年，为加快农村电网的发展，由国家投资进行农网一、二期改造和“户户通电”改造，共投资6008万元。计完成1822个分项工程，其中新建10千伏线路246公里，改造10千伏线路436公里；新建0.4千伏线路169公里，改造0.4千伏线路708公里；新建0.22千伏线路280公里，改造0.22千伏线路88公里；新装变压器503台、2.34万千伏安，改造181台、6944千伏安；新增高压无功补偿51台、1200千伏安，安装电压监测仪40台。

三、输电线路

境内电网属天水东部、北部电网。北部电网以秦安330千伏变电站为中心，境内以给陇海线三阳川牵引变电站和中滩变电站供电为主；东部电网以天水330千伏变电站(在秦州区太京镇窝驼村)为中心，境内以给麦积区、陇海线天水、元龙、拓石(宝鸡市陈仓区拓石镇)3座牵引变电站供电为主。

(一)110千伏

北社线　北道至社棠输电线路，1971年建成投运。投运后经过多次改线。2000年110千伏北道变电站建成投运后，线路改造从北道变电站出线至社棠变电站，线路长8公里，采用LGJ-185型导线。

秦社线　秦安至社棠输电线路，1980年建成投运。从秦安变电站出线至社棠变电站，长44.8公里，采用LGJ-240型导线。

社东线　社棠至东岔输电线路，1982年建成投运。自社棠变电站出线，至东岔牵引变电站，全长 81.9 公里。其线为陇海线宝鸡至天水段提供电力，采用 LGJ–120 和 LGJ–240/40 两种型号导线。

秦铁线　秦安至三阳川铁路专用线路，1982 年建成投运。从秦安变电站间隔出线，与甘谷牵引变电站相接，从秦铁线 T 接与三阳川铁路牵引变电站相接。全长 32.6 公里，采用 LGJ–150 型号导线。2005 年，再 T 接三阳川铁路牵引变电站，长 19.9 公里，采用 LGJ–185 型号导线。

北江线　北道至徽县江洛输电线路，2000 年建成投运。其线丰水期调用陇南电网电力，枯水期为陇南供电。总投资 3501 万元。长 83.8 公里，杆塔 232 基，采用 LGJ–240 型导线。

天北线　从天水变电站主送北道变电站的线路。2000 年投资 854 万元，新建七里墩至北道送电线路，长 16.9 公里，杆塔 64 基，采用 LGJ–185 型导线。2002 年，再建天水变电站至七里墩段，长 12.8 公里，全线贯通。

天秦一回　天水至秦安一回输电线路，2002 年建成投运。属优化城市电网、改造农村电网的一条改建线路，即拆除原秦石输电线（1971 年）后段，从天水变电站出线，新架 14 公里线路，闭合于秦石线 110 号杆，形成天秦一回线路。其线在 130 号杆 T 接 9.6 公里，进入中滩变电站。主线长 40.8 公里，采用 LGJ–240/40 和 LGJ–150/25 两种型号导线。

天社线　天水至社棠输电线路，2002 年建成投运。由天水变电站主供社棠变电站，长 32.5 公里，采用 LGJ–300/40 型号导线。

天铁一线　天水至北道埠铁路专用线路，2005 年建成投运。其线由天水变电站出线，进入北道天水铁路牵引变电站，长 30.6 公里，采用 LGJ–120/20 钢芯铝绞导线。

天铁二线　天水至元龙铁路专用线路，2005 年建成投运。其线从天水变电站出线，进入元龙牵引变电站，线路全长 63 公里，采用 LGJ–185/30 型导线。

社拓线　社棠至拓石铁路专用线路，2005 年建成投运。其线从社棠变电站出线，经元龙变电站进入拓石铁路电气化牵引变电站，长 56.7 公里，采用 LGJ–185/30 钢芯铝绞导线。

（二）35 千伏

七航小线　七里墩至航空工业天飞公司再至小陇山变电站线路。1970 年设计施工，小陇山变电站建成后投运，称天小线。航空工业天飞公司变电站接入投运后，又改称天航小线。1986 年七里墩变电站投运后，断开原天水变电站到七里墩变电站之间的天小线路，改由七里墩变电站出线，形成七航小送电线路，长13.1公里，采用LGJ-185型号导线。其中七里墩变电站出线到航空工业天飞变电站长6.6公里，从小陇山变电站出线至航空工业天飞公司长6.5公里。

七渭(中)线 七里墩至渭南变电站线路，1972年始建。长23.6公里，采用LGJ-120、95钢芯铝绞导线。2003年中滩变电站投运后，其线延至中滩变电站。

社元线 社棠至元龙变电站线路，1977年始建。长17.5公里，采用LGJ-70钢芯铝绞导线。

社甘线 社棠至甘泉变电站线路，1980年始建。长13.7公里，采用LGJ-120钢芯铝绞导线。

甘党线 甘泉至党川线，1980年始建。长26.8公里，采用LGJ-50钢芯铝绞导线。

党百线 党川至利桥百花线，1982年建成。长20公里，采用LGJ-50钢芯铝绞导线。

社寨线 1984年建成投运。从社棠变电站出线，至寨子变电站，长7.1公里，采用LGJ-240/40型号导线。

元吴线 元龙至吴砦线路，1992年竣工投运。长23.1公里，采用LGJ-70钢芯铝绞导线。

吴关线 吴砦至官庄线，1992年建成投运。长15.7公里，采用LGJ-70钢芯铝绞导线。

东关线 东岔至关庄线，1992年建成投运。长22.3公里，采用LGJ-70钢芯铝绞导线。

北寨线 2001年建成投运。是电网结构优化、改进、调整的一条线路，利用部分原社棠至小陇山线路(建成于1970年)走廊和杆塔，从北道变电站出线后，进入寨子变电站，长6.2公里，采用LGJ-240/40型号导线。

北小线 2001年建成投运。亦为电网结构优化、调整、改造的一条线路，大部分利用原社小线(建成于1970年)后段走廊和杆塔。从北道变电站出线，至小陇山变电站，长5公里，采用LGJ-240/40型号导线。

中新线 中滩至新阳线路，2001年建成投运。长15.4公里，采用LGJ-70、50钢芯铝绞导线。

新五线 新阳至五龙线。长6.4公里，采用LGJ-70钢芯铝绞导线。

（三）10 千伏

1985 年，区内 10 千伏配电线路 16 条、838.6 公里，导线采用 LGJ-70、50、35 钢芯铝绞线，配变压器 480 台，总容量 2.26 万千伏安。以后逐年拓展线路长度，并增加变压器容量。2000 年，随东岔、吴砦、麦积变电站的建立，境内东南部新建、改造 10 千伏线路 214.1 公里。

2007 年，境内 10 千伏配电线路 33 条、1198.1 公里，导线采用 LGJ-120、95、70、50、35 钢芯铝绞线，配变 1265 台，配变总容量 9.36 万千伏安；0.4 千伏低压配电线路 1032.7 公里。

2007 年 10 千伏配电线路一览

线路名称	长度(公里)	导线型号	供电范围	变压器（台）	配变容量(千伏安)	建设年份
伯阳	54.6	LGJ-95\70\50\35	社棠镇山区	65	3983	1970
中滩	35.1	LGJ-120\95\50\35	中滩镇	69	5340	1973
西坪	41.2	LGJ-120\95\50\35	中滩镇、五龙乡东部	44	1580	1973
渭南	66.8	LGJ-120\95\70	渭南镇	74	4085	1973
石佛	67.8	LGJ-95\70\50\35	石佛乡	87	3445	1973
罗家沟	66.4	LGJ-185\95\50\35	花牛镇山区	81	7200	1977
元青	35.7	LGJ-70\50\35	元龙镇	39	3930	1978
元庙	35.7	LGJ-70\50\35	元龙镇	58	2763	1978
甘麦	59.1	LGJ-95\50\35	麦积镇	58	4920	1979
甘街	56.6	LGJ-95\50\35	甘泉镇西北部	42	4585	1979
甘吴	60.5	LGJ-95\70\50\35	马跑泉镇山区	71	4335	1979
党木	12.6	LGJ-95\50	党川乡部分地区	24	4455	1980
琥珀	42.4	LGJ-95-70\50\35	琥珀乡	38	2508	1982
新阳	34.3	LGJ-95-70\35	新阳镇川区	47	2435	1982
凤凰	31.8	LGJ-95\50\35	新阳镇山区	39	2160	1982
百利	92	LGJ-95\50\35	利桥乡	55	3535	1982
社棠	26	LGJ-95\70\35	社棠镇山区	36	3240	1988
关吴	7.3	LGJ-50\35	三岔乡	2	630	1991

续表

线路名称	长度(公里)	导线型号	供电范围	变压器(台)	配变容量(千伏安)	建设年份
关立	43.7	LGJ-95\50\35	三岔乡东部	28	1235	1991
天宝	87.4	LGJ-120\95\70\50\35	党川乡部分地区、天宝高速	47	4360	1997
东林	15.6	LGJ-70\50\35	东岔镇部分地区	21	1510	2001
吴水	45.2	LGJ-70\50\35	三岔乡部分地区	27	1150	2005
吴虎	32	LGJ-70\50\35	三岔乡部分地区	25	2130	2005
白杨岭	24.1	LGJ-95\50\35	东岔镇部分地区	24	3760	2005
牛背	3.9	LGJ-95	东岔镇部分地区	17	1590	2005
百花	9.8	LGJ-70\50	利桥乡	16	1280	2006
东桃	20.7	LGJ-95\50\35	东岔镇部分地区	21	3820	2006
五柏	26.2	LGJ-95\70\35	五龙乡部分地区	19	630	2006
五刘	26	LGJ-70\50\35	五龙乡部分地区	30	1010	2006
天宝	12.8	LGJ-120\50	党川乡部分地区、天宝高速	32	3990	2007
党花	6.7	LGJ-70\50\35	党川乡部分地区	29	1966	2005
植物园	13.8	LGJ-95	植物园			2007
燕子关	3.3	LGJ-95	天宝高速			2007

四、变电站

(一)110 千伏

社棠变电站　在社棠镇社棠村,1971 年建成投运。安装 2 台主变压器,总容量 6.3 万千伏安,为枢纽变电站。1989 年,主变压器增容到 3.15 万千伏安。2000 年,再次增容改造。现安装 2 台 3.15 万千伏安主变压器。电源来自天水变电站和北道变电站,特殊情况下还可从秦安变电站供电,担负向铁路电气化牵引变电站送电和麦积区工业专线、公网配电线路、农电线路供电任务。

北道变电站　在城区桥南街道,2000 年建成投运,为枢纽变电站。安装 2 台主变压器,单台容量 4 万千伏安,总容量 8 万千伏安。电源来自天水变电站、社棠变电站,担负向区内大中型厂矿企业、农业生产及专线用户供电任务。

中滩变电站　在中滩镇雷王集村西南,2001 年建成投运。总投资 1367 万元,为终端变电站。安装 1 台 2 万千伏安主变压器。电源来自天水变电站和秦安变电站,担负中滩镇天水农业科技示范园区及附近乡镇农电任务。

东岔变电站　在东岔镇码头村,2003 年建成投运,为终端变电站。2006 年增容改造,2007 年再进行扩建。现安装 2 台主变压器,单台容量 2 万千伏安,总容量 4 万千伏安。电源来自社棠变电站,担负着向东岔镇农电 35 千伏变电站、公网线路及农业生产、居民生活用电供电任务。

(二)35 千伏

1985 年,区境有 35 千伏变电站 8 座,城区为寨子、小陇山 2 座,农村为渭南、元龙、甘泉、党川、新阳、百花 6 座。变电总容量 5.66 万千伏安。1991 年,新建关庄变电站。2000 年,渭南变电站(1973 年建成,安装 5000 千伏安主变压器 2 台)随中滩 110 千伏变电站建成而停运,寨子、小陇山变电站增容。2001 年,新建东岔变电站。2002 年,小陇山变电站进行自动化改造。2004 年,建五龙变电站,寨子变电站进行自动化改造。2005 年,再建吴砦变电站。2006 年,建麦积变电站,并对甘泉、百花、党川 3 个变电站进行扩建增容,以保证宝天高速公路的用电需求。2007 年,境内有 35 千伏农村变电站 12 座,变电装机总容量 9.89 万千伏安。

2007 年境内 35 千伏变电站一览

变电站名	容量(千伏安)	占地面积(平方米)	供电范围	投运年份
小陇山	20000x2	…	城区及花牛镇	1970
元龙	2000x2	4225	元龙镇、三岔乡	1977
甘泉	5000x2	3834	甘泉镇、麦积镇	1979
党川	6300x2	2908	党川乡	1980
新阳	4000x2	2200	新阳镇、五龙乡、琥珀乡	1982
百花	3150x2	2215	利桥乡	1982
寨子	20000x2	…	城区及周边	1985
关庄	2000x2	2989	三岔乡部分地区	1991
东岔	4000x2	2068	东岔镇	2001
五龙	1000x2	2056	五龙乡	2004
吴砦	2000x2	1320	三岔乡	2005
麦积	5000x2	2241	麦积镇	2006

第三节 用 电

一、用电量 1985年,境内农村各类用户售电4265.4万千瓦时,其中居民生活用电1722.5万千瓦时,商业用电114.5千瓦时。20世纪90年代,乡镇企业崛起,用电量剧增。至2000年,乡镇企业生产用电由1985年的1657万千瓦时增至2883万千瓦时。此后,居民生活、商业、工业、农业等用电量逐年增加。2007年,境内农村地区供电户数90810户,专变用户613户、公变用户90197户(其中居民照明用户86077户,非居民照明用户4120户)用电9320.3万千瓦时,其中居民生活用电2397.4万千瓦时,非居民生活676.4万千瓦时,商业用电328.2万千瓦时,工业用电5033万千瓦时,农业生产用电886万千瓦时。

二、电费 1985年,实行燃运加价。1987年,为补充甘肃电力建设资金不足问题,每千瓦时加征0.02元电力建设费(1998年停收)。1989年,靖远电厂、兰州第二热电厂为还本付息,实行加价。1993年,为加强天水地区电网建设筹集资金,按照每千瓦时加价0.003元征收(1997年调至每千瓦时0.002元,1998年停收)。此后,电价多次进行调整。1996年,为支持"三峡建设工程",每千瓦时加收0.004元(2006年停收)。2000年,电费中再附加天水市公用事业附加费。本年电费每千瓦时再提高0.017元。2003年,电费中再增加"城市公用事业附加费",按照月电费千分之五收取。2002年,对营业区内的生活照明用户用电量执行"同网同价",每千瓦时0.47元。2003年,甘肃电网销售电价每千瓦提高0.02元,2004年再提高0.002元。2006年,为筹措水库移民后期扶持资金,每千瓦时再提高0.99分,并提取省内小型水库后期扶持资金,按每千瓦时0.02分征收。10月,居民生活用电由每千瓦时0.49元增为0.51元。

三、安全用电 1986年,开始推行由副站长管理安全生产的制度,安全生产管理受到重视。1993年,农电管理所内设安全员,自行购置简易安全工具,负责生产安全和用电安全的具体管理。1996年,安全员调入用电股工作,管理安全用电。用电工具由乡变电站统一购进,每年春、夏两季开展2次用电安全大检查。2002年,建立三级安全管理网络,完善制定安全管理标准、制度34种,安全生产进入规范化管理。2003年,区电力局成立安监股,拨付200万元购买安全器械。2004年后,逐渐改为乡供电所(站)每周向局汇报安全生产情况并报送安全表册。至2007年底,用电安全运行1648天。

四、电力事故

2002 年 2 月 16 日,新阳供电所发生高空坠落人身轻伤事故。

2002 年 4 月 17 日,元龙供电所发生高空坠人致其重伤事故。

2003 年 6 月 26 日,五龙供电所发生高空坠人致其重伤事故。

第四节 管理机构

一、区电力局 1985 年设区后,有区水电局农电管理所。1993 年,水利、电力分设,成立区农电公司,是为区人民政府管理农村用电的职能部门,属国有事业单位,企业管理性质。下设生产技术股、用电管理股、财务股、办公室、电力综合经营部 5 股(室、部),并设渭南、新阳、元龙、甘泉、党川、百花、关庄、中路 8 个供电站。1995 年,成立区电力局,区农电公司并入,一套班子,两块牌子,属正科级事业单位。1997 年,电力局改设为农电局。1998 年,区人民政府委托天水供电局对区农电局实施代管,下设 4 股、1 室、1 部。1999 年,复名区电力局。同年,撤销各乡、镇所设电管站,成立乡、镇供电所,作为区电力局直属基层单位。由此,原由乡镇自管电变改为区电力局统一管理,农村 165 名电工正式编入电力局职工队伍。2006 年,区电力局撤销物资经营部,成立天水天耀电力实业有限责任公司。2007 年,区电力局下设 5 股(生技股、营销股、财务股、审计股、安监股),2 室(局办公室、网改办公室),1 公司(天水天耀电力实业有限责任公司)。下辖 19 个农村供电所,10 个(新阳、甘泉、元龙、关庄、党川、百花、东岔、五龙、吴砦、麦积)农村变电站。职工 399 人,其中正式职工 149 人,农电工 250 人。

二、乡电管站 1985 年,建立麦积、街子、元龙、中滩、新阳、西坪 6 个乡用电管理站。1986 年,全区 21 乡、镇均建立乡用电管理组织,为乡、镇人民政府领导的下属机构,负责乡村电网的维护、电费收缴等。至 1998 年,全区有 17 乡、镇农电管理站。1999 年乡、镇电管站撤销,成立 17 乡、镇供电所,农电由各乡、镇管理改为区电力局统一直辖管理。2003 年,部分基层变电站并入乡、镇供电所管理。2007 年,渭南、中滩供电所合并为渭南供电所。至此,境内设五龙、琥珀、新阳、席西、渭南、石佛、杨岘、花牛、马跑泉、社棠、麦积、伯阳、元龙、三岔、交川、东岔、街亭、党川、利桥 19 个供电所。

三、麦积客户服务中心 前身为1993年成立的北道供电所，为天水供电公司派出机构，主管城区及城郊供电和设施维修、保护。2007年，供电范围东起社棠镇，西至花牛镇二十里铺，南起甘泉镇，北至咀头、半山村。管辖公网线路13条，10千伏配电线路220公里，0.4千伏线路159公里，公网配电变压器172台，农网变压器143台。有管理组室、生产班站、营销班、维护班、修试班、汽车班、客户服务班、电价电费班、用电稽查班等9个，职工82人。

第六章 信息产业

第一节 邮 政

一、网点

1985年，北道支局升一等支局，社棠升二等支局，元龙、中滩、南河川、新阳、二十里铺升三等支局。1987年，降街子所为代办点，次年又撤葡萄园邮政所。1990年，全区有基层邮电机构19个，其中支局9个，邮电所9个，代办点1个。1992年，城区增设区府路、下曲两个邮电所。1998年，邮电所改称邮政所，再设青牛园、分路口、泉湖路、高家湾4个邮政所。2000年，恢复街子邮政所。2004年，设林学院代办所（2005年升邮政所）。2007年，全区有甘泉、街子、麦积、党川、利桥、东岔、吴砦、元龙、南河川、石佛、中滩、渭南、新阳、花牛、航空工业天飞、区府路、泉湖路、伯阳、林学院、道南、下曲、青牛园、分路口、马跑泉、社棠、高家湾计26个邮政所。设19个挂式信箱，8个立式信箱，27个邮筒。城区有综合性营业大厅2处，使用面积8000余平方米；分拣车间1处，火车转运接发站1处。投递车辆38辆，其中小面包4辆，电动车自行车24辆，邮运车辆10辆。

二、投递

城区投递　2007年，城区共有12条投递段道。一段为商埠路、埠北路、渭滨北路东、前进南路、陇昌路中段，二段为天河北路、陇昌路东、社棠路，三段为区府路西段、峡口路、工农巷、影院巷、同乐路、北山路，四段为新建巷、埠南路、花牛路，五段为为民路、育才路、道北路，六段为花中路中段、陇林路，七段为渭滨北路西、前进南路、陇昌路西、三角地，八段为埠南路、林水巷、建新路、健康巷、渭滨南路西，九段为渭滨南路东、五龙路、泉湖路、琥珀路、仿古街，十段为渭滨南路中段、凤凰路、伯阳路西、石佛路、天河南路，十一段为马跑泉路，十二段前进南路、陇昌路中段、北山路、工人巷、区府路中段。

农村投递 1990年，境内农村投递路线63条，单程1529公里。平地、半山地路况比较好的地方采用自行车，山路崎岖、路况差的地方靠邮递员步行。2000年后，随着通村道路的铺油、延伸，农村邮递员开始使用摩托投递，结束步行投递历史，且合并、伸展部分投递线路。2007年，全区农村投递线路52条，单程1599公里，其中一周投递5次12条，3次25条，2次11条，还有4日1次3条，7日1次1条。所有村都实现通邮。

三、邮路

1990年，区邮电局至天水火车站自办汽车邮路每日往返6次，到北道长途汽车站用自行车投送，每日1次；北道埠至利桥自押投送每日1班，社棠至社棠火车站、元龙至元龙火车站为自行车每日2班，渭南镇至中滩、中滩至石佛、伯阳至伯阳火车站、吴砦至凤阁岭火车站、东岔至胡店火车站、甘泉至街子、二十里铺至高家湾邮电所均自行车每日往返1次。邮路单程187公里。2000年，天水市邮区中心局成立，全区邮路调整，北道埠至利桥(其中含甘泉、麦积、党川、街子)改委办为自押、北道埠至新阳改为委代办邮路每日1班，马跑泉、社棠改自办邮路每日1班，其余乡镇邮路都交天水市邮区中心局办理。2007年，马跑泉、社棠邮路改为每日两班。增加城区至东岔镇(其中含伯阳、元龙、吴砦)自办邮路。

此外，还有自办跨市、跨县邮路。跨市邮路有麦积—武都邮路，沿途经成县、康县，至陇南市，单程496公里，计24个交接点；麦积—西和、礼县邮路，单程185公里，沿途设13个交换点，逐日发班。跨县邮路有麦积—龙山(清水、张家川)邮路，沿途设6个交接点；麦积—秦州邮路2条(不同路线)，单程96公里，沿途设7个交接点，逐日发班。

四、邮政业务

1986年，北道支局、桥南营业室及社棠、二十里铺、马跑泉等支局先后办理邮政储蓄业务。1990年，开办集邮业务，销售集邮票、集邮品、集邮用品。2000年，再在新阳、中滩、渭南、元龙、高家湾、甘泉、区府路、分路口、泉湖路、青牛园等邮政所开办邮政储蓄业务。2007年，储蓄总额6.3亿元，邮政业务总量2403万元。

部分年份邮政业务量

年份	函件（万件）	包裹（万件）	汇兑（万件）	报刊发行（万件）	特快专递（万件）	邮政储蓄（万元）	集邮（万元）
1985	87.3	4.7	8.6	35	—	—	30
2000	110.9	5.3	9.2	400	3.38	172.6	180
2007	58.6	6.5	6.0	450	4.47	975.6	85

第二节 通 信

一、电话

长途电话　1985年，区邮电局设有机务站，1982年前使用的单路载波已改制为十二路载波，加装增音机。1986年，超高十二路载波机投入使用，使长途传输能力较前增强。1989年，引进日本纵横制自动交换机，并新建数字微波传输设备，实现北道—秦城市话直拨和长途电话纳入全国自动网，长途电话自动化，从而撤销话务员岗位。2001年，移动等运营商强化发展长话IP业务（网络之间互联协议），甘肃电信也进一步放开IP业务，北道电信IP长话业务的使用人数不断增加。2003年，针对移动、联通等运营商动作，在全区城乡大力发展IP超市，当年新增公话600部。2007年，由于无线通讯工具的普及，长话收入减少。

市区电话　1985年，联合社会力量，集资架设电信局机房至渭河北100×3对架空过桥电缆，为渭河北企、事业单位安装电话200余部，同时有部分个体户、私人陆续开始安装电话。1989年，引进日本纵横制自动交换机3700门，扩容市话交换设备，当年电话用户增至3000多户。同年，为小陇山林业实验局、天水卷烟厂、天水风动工具厂、天水锻压机床厂、天水市石油公司等12家单位内部装设用户交换机。1991年，区邮电局对天水风动工具厂内部用户交换机进行自动化改造，在传输中首次使用全色谱塑料电缆。之后，天水拖拉机厂、小陇山林业实验局、天水锻压机床厂等单位内部交换机相继进行自动化改造。1993年，城区自动电话装机总容量4320门。1994年，建成北道—秦城两区光缆线路，实现传输光缆化,并引进西班牙S1240(3000门)数字程控自动交换机代替纵横制机电交换机,市话交换实现数字程控化。同年,扩容交换机容量4000门,总容量达7000门。由于新装程控交换设备接续速度快、通话质量好、新业务种类多,出现安装电话热,年底用户达5000多户。1995年,引进澳大利亚S1240数字程控交换机1.4万门,市话交换机总容量达到2.1万门,并投资680万元,完成户线工程,对架空电缆进行管道改造,美化市容市貌。同年一次性扩容主杆电缆2万余线。1999年,在新建的一马路电信综合楼开通服务道南、道北的261市话分局,新建HJD04交换机1.2万门,对原有27号段的电话实行整片割接改号。当年,境内固定电话上开放来电显示业务。2000年,新建马跑泉、下曲市话模块局两处,交换容量各为2000门。电信电缆可延伸到城区所有住户。2005年,随着电话普及率的提高,手机等其他通信工具的替代,城区市话业务增速减缓。2007年,城区住宅电话2.5万户,办公电话6000部。

农村电话 1985–1991年,区内有新阳、中滩、渭南、石佛、南河川、二十里铺、甘泉、党川、利桥、元龙、伯阳、社棠12个人工农话交换点,区局与各交换点通过3路、12路、24路载波设备传输。传输线路为架空明线,杆路180.5公里。1992年,建成北道—社棠120路数字微波电路,开通200门程控交换机,首次实现农话交换自动化,旧式手摇式电话机开始被淘汰。1993年,开通北路9乡程控电话。1994年,扩容改造二十里铺交换机,架设农话光缆7.9公里。1995年,再对社棠、二十里铺等地农话扩容,总计扩容线路800对、10.9皮长公里(皮长公里是光缆的长度计量方式)。1997年,区电信局投资1500万元,在社棠、新阳、中滩、渭南、石佛、南河川、二十里铺、甘泉、麦积、元龙、伯阳、吴砦、东岔、航空工业天飞、街子等地16个农话点实施"两化"(交换程控化、传输光缆化)改造,新增交换容量3800门,架设光缆276公里。1998–2004年,再筹资1500万元,在偏远地区和较大自然村新建40个农话点,并实施农话杆线到村工程,在三阳川地区、二十里铺、甘泉、社棠、新阳等交换点进行集镇线路扩容近万线对,在网用户突增2.6万户。此后,全区农话点划分为中滩等6个统包区,每个统包区配备1名经理。农话点以社会代办员为主,负责各项业务营销、用户话费收缴、装移修机和日常维护等。2005年,农话中加来电显示、彩铃等业务。2007年,共有农话点53个,农村住宅电话4.3万部,办公电话5000部。

2007年农话点概况

交换点名称	所在地点	开通年份	交换机容量	实际用户
社棠	社棠镇	1992	4672	3080
二十里铺	花牛镇	1992	3807	2836
马跑泉	中车集团天水七四五二工厂	2000	2448	1626
下曲	天水拖拉机厂	2000	2048	1634
石咀	马跑泉镇石咀村	2005	256	212
南崖	马跑泉镇南崖村	2002	256	172
伯阳	伯阳镇	1996	1392	1159
范家河	伯阳镇范河村	1998	384	342
格牙	元龙镇格牙村	1998	128	79
桑家门	三岔乡桑家门	1998	896	633
吴砦	三岔乡	1996	512	316
前进	三岔乡前进村	1998	176	162
关庄	三岔乡关庄村	1998	256	222
立远	东岔镇立远	1997	256	181
月林	东岔镇月林村	1998	128	89
土桥	东岔镇土桥村	2005	240	151
林校	省林业学院	1998	1392	1136
甘泉	甘泉镇	1996	2464	1707
街子	麦积镇街亭村	1996	1008	593
吴家寺	甘泉镇吴家寺村	1998	1024	895
温泉	麦积镇温泉度假村	1998	256	191
张坪	石佛乡张坪村	1998	512	391
涧沟	石佛乡涧沟村	1998	752	535

续表

交换点名称	所在地点	开通年份	交换机容量	实际用户
中滩	中滩镇	1996	3280	2450
渭南	渭南镇	1996	1776	1326
雷下	渭南镇雷下村	2004	256	250
三阳	渭南镇三阳村	1998	1712	1403
西坪	中滩镇杨岘村	1998	896	751
常渠	中滩镇常渠村	1998	256	190
中庄	中滩镇中庄村	1998	768	709
花羊	甘泉镇花羊村	2007	96	83
百花	利桥乡百花村	2005	128	78
吊坝子	党川乡吊坝子	2005	128	72
白杨林	党川乡白杨林	2005	96	52
航空工业天飞公司	航空工业天飞公司	2000	1952	1544
党川	党川乡党川村	1998	256	119
利桥	利桥乡利桥村	1998	256	120
峪口	石佛乡峪口村	1998	1632	1230
麦积	麦积镇	1996	608	526
仙人崖	麦积镇仙人崖	2000	160	97
五龙	五龙乡	2002	352	235
凤凰	新阳镇凤凰山	2002	672	569
琥珀	琥珀乡	2002	928	735
温集	新阳镇温集村	1996	1896	1239
新阳	新阳镇	1996	960	733
航空工业天飞公司(1)	航空工业天飞公司(1)	2005	544	441
南河川	石佛乡南河川	1996	960	640
河湾	花牛镇河湾村	1998	416	210
石佛	石佛乡	1996	2112	1479
元龙	元龙镇	1996	1440	1002
东岔	东岔镇	1996	384	255
太碌	三岔乡太碌村	1998	320	249

无线寻呼 1994年,“126”无线人工寻呼台在境内开通,由天水统一进行业务处理。1998年,用户增至5421户。时本地各类寻呼台较多,出现市场竞争。2000年,全省电信统一开办的电讯寻呼96126/96127在区内开通,于何家山、凤凰山设两个发射基站。2001年后,随着无线市话的推出和移动业务的发展,寻呼业务逐渐减少,2003年停运。

移动通信 1994年,境内模拟移动手机开始放号,有“大哥大”用户出现。1999年天水移动分公司北道营业部成立后,有基站2座,在网3000户。此后,大规模扩建基站,业务亦由最初语音,扩展到语音、数据、IP电话、增值业务和多媒体互联通信等多项业务。2001年,移动通信设施完成投资3600万元,建成移动通讯基站13个,直放站8个,本地传输网完成200公里。移动基站后又经过12期修建,实现城区、大部分乡村、旅游景点、主要公路、铁路沿线全覆盖,全区移动信号覆盖率达到90%以上。2007年,境内有移动基站142个,移动营业网点62个,移动电话6.2万户。此外,中国联通麦积分公司有CDMA基站14个,亦在网2.8万用户。

小灵通 2000年,小灵通(无线市话)在北道开通。初全区基站仅190个,覆盖范围限于城区。由于资费优惠,用户激增,至2002年在网过万户。后又逐渐增加基站,覆盖范围除城区外,郊区马跑泉、社棠、二十里铺、三阳川等乡镇及甘泉、麦积、街子等旅游景区也陆续建起基站。2004年开始,企、事业单位组建的固定电话虚拟网、小灵通灵群网发展更快。2005–2007年,为保证偏远山区能够接收到小灵通信号,在五龙、何家山(在马跑泉镇南)、东岔、野岔(在三岔乡)、神农山(在麦积镇)、虎头(在伯阳镇)、张坪(在石佛乡)、党川、利桥9处立40~60米村通基站铁塔,使全区90%的村可接收到小灵通信号,当年发展村镇用户2040户。2007年,全区有498个小灵通基站。自开通放号,每年开展小灵通促销活动。2007年,在移动、联通等运营商低资费竞争等因素影响下,小灵通拆机用户迅速增多,在网用户3.1万户。

二、电报

1985年,区邮电局国际国内长途电报业务年去报张数突破5万张,1986年增至6.34万张。由于业务增加,投递范围不断扩大,城区投递线路36公里,电报投递员、营业员各增至4人,兼办早、晚电信业务,报务值机人员增至10人。1987年,开通区委、区人民政府、区公安分局的电传业务。1989年,电报业务去报张数增至9.26万张。1993年,55型电传机改为天津津科厂生产的电子电传机。程控电话开通后，电报业务量逐年减少。1999年因业务量萎缩，北道报房撤销，改由城区营业厅向天水电报机房进行传真收发电报，电报投递由1人兼职，至2005年停办。

三、数据业务

CHINAPAC（中国公用分组交换数据网）　1996年，CHINAPAC分组交换在境内开通，主要为金融、保险行业租用。最多时有分组电路48条。之后，用户逐渐改租速率更高的DDN和帧中继等电路。

DDN（数字数据网）　1998年，DDN数字数据网在境内开通，不久电路达15条。2005年，有DDN电路60条，主要在金融、保险、税务、气象、统计、邮政和电信等行业内部使用。2007年，北道邮政尚在使用，农行等金融机构仅作为备份电路使用。

INTERNET（国际互联网）　1998年，通过窄带拨号方式(163/169)开始向社会提供互联网业务，速率低，用户发展较慢，至年底有50户。2000年，一线通ISDN（综合业务数据网）开通，速率较拨号上网快，有证券、网吧等用户使用，后ADSL（非对称数字用户线路）业务推出后，逐渐淘汰。2002年，宽带ADSL业务在城区和社棠、二十里铺乡率先安装开通。2003年，城区博联、迅达网吧等首先使用光纤端口接入互联网。同年，在甘泉、三阳川地区交换点开通宽带。2005年，新阳等30个农话交换点开通宽带，发展宽带用户800户，年底全区宽带用户达4000多户，网吧用户26家，最大规模的网吧曾达到120台。2007年，在花牛村、天水水文队、马跑泉团庄和邮电器材厂新建宽带下移点，并发展"我的E家""商务领航"等宽带业务，宽带用户增至1.2万户。

宽带城域网　1999年，境内光纤城域网开工，经过先后二期的优化建设，共建成环绕城区的南网和北网两大环路，南网168芯光缆两条，北网72芯两条，共22皮长公里，建成光交接箱20个。2007年，武警、交警、税务、工商、烟草和检察院等28家大客户通过光纤专线接入。

第三节　机　构

一、麦积区邮政局　1985年县改区后，原天水县邮电局改称北道区邮电局，驻埠南路北端（渭河人行便桥头南端），设邮政、电信2个股室，负责全区邮政、通讯业务。1998年，邮政、电信分营，区邮电局分设为邮政局和电信局。邮政局内设综合办公室和计划财务、经营服务、储汇业务、商函业务、集邮业务5个部及报刊发行投递局。2005 年再成立速递业务部。2007 年有正式职工 74 人。

二、甘肃省电信有限公司麦积区分公司(麦积区电信局)　1998 年,从原区邮电局分设区电信局。下设办公室、财务室、经营部、运维部以及程控机房、传输机房、报房、电力室、农话组、机线班、装机班、营业室等生产班组和 14 个农话交换点。经营固定电话、数据通信等业务,职工 173 人。资产 1.57 亿元,其中固定资产 1.01 亿元。2000 年,中国电信业实行公司化运营,随即成立甘肃省电信有限公司北道区分公司,原北道区电信局作为联系地方政府机构继续保留。两个机构,一套班子。同年,在渭河人行便桥南头建成 6250 平方米的电信大楼。2005 年,随区名变更,分别改称甘肃省电信有限公司麦积区分公司和麦积区电信局。分公司下设政企客户、家庭客户、个人客户 3 个营销中心和维护工作站、办公室,在新阳、中滩、甘泉、社棠、花牛、伯阳设 6 个农村支局。员工 108 名。

三、中国移动甘肃有限公司麦积区公司　1999 年,从区电信局分出部分职工,成立天水移动分公司北道营业部。移动和固定通信业务亦分出。2007 年,公司下设市场部和综合部。固定资产 1.6 亿元,业务有 3G 业务、语音、数据、增值业务等多项业务。员工 14 人,另有招聘人员 72 名。

四、中国联通天水市分公司麦积经营部　2000 年,中国联通天水市分公司北道经营部成立,2005 年改称麦积经营部。2007 年,有基站 62 个,遍布区内所有乡、镇,在网用户 2.77 万户,营业收入 1500 万元, 员工 41 人。

第五篇　经　济

第一章　经济综述

第一节　经济规模

1985 年撤县设区时,以工、商业为主的城市经济开始推行体制改革,大力组织商品生产和流通领域的多渠道、多形式经营。尤其驻区中央、省、市属大、中型工业企业,在推行管理体制改革的同时,投入较多资金,扩大生产规模,开发新产品,使产品、产值均成倍增长。农村在全面推行家庭承包经营后,数年间粮食大幅度增产,不仅解决温饱,而且自给有余,绝大部分农户均存有余粮。与此同时,鼓励发展乡镇企业,提倡集体办、个体办、联合办,农村出现较多家庭养殖业、加工业、商业、运输业和饮食服务业,使农村经济向多元化发展。1985 年,区内国民生产总值 3.82 亿元,按当时总人口计算,人均国民生产总值 814 元。在总产值中,工业 2.83 亿元,农业 6034 万元,建筑业 1982 万元,运输业 357 万元,商业、饮食业、服务业 4434 万元;国民收入 1.05 亿元,人均 224 元。

设区后,区委、区人民政府认真贯彻中央"改革、开放、搞活"的方针,坚持以经济建设为中心,坚定不移推进改革开放,坚持强农、重工、活商。在城市,开展以承包经营为主的经济体制改革,侧重大力发展集体经济和个体工、商业。在农村,进一步巩固和完善家庭承包经营体制,在搞好种植业生产的同时,大力发展乡镇企业,坚持乡办、村办、户办一齐上,抓管理,求质量,上效益,走多种经营之路,改变单一注重粮食生产的旧思维。驻区中央、省、市属工业在探索新的管理体制、扩大生产能力、增加新产品、开拓新市场中有较快发展。不几年，境内经济形成区、乡、村、个人和驻区企业单位一齐上，工、农、建、运、商、服全面发展的局面。1990年，区内国民生产总值增至12.28亿元，人均产值2409元。总产值中，工业7.71亿元，农业1.92亿元，建筑业4013万元，运输业3714万元，商业、饮食业、服务业1.56亿元，金融、保险业3144万元；国民收入4.57亿元，人均897元。

20世纪90年代前期，坚持工、农、商、运和旅游业全面发展。农业方面，在改变农业生产基本条件上狠下功夫，突出粮食生产。与此同时，积极开展多种经营，促进乡镇企业发展，振兴农村经济，大力开展农村扶贫，建设小康村，使农村经济实力明显增强。1993年，粮食总产达到14.33万吨，创历史最好水平。按农业人口计，人均产粮350公斤。在工、商企业中，把调整结构、扭亏增盈、提高效益放在首要位置，改革中以打破长期形成的“一大”（大锅饭）“三铁”（铁交椅、铁饭碗、铁工资）为主，转换经营机制，推动横向联合与企业兼并，使之进一步适应商品经济的发展。为提高区内整体经济实力，成立二十里铺工业示范区，征用土地200多公顷，招商引资。城市建设规模扩大，在改造渭河北老城区的同时，在渭河南开辟新城，并形成基本雏形。1995年，区内国民生产总产出34.96亿元，国民生产总值14.2亿元，人均产值2694元。

20世纪90年代中、后期，为实现农村经济的持续发展，进一步完善土地承包期延长工作，鼓励农民积极调整产业结构，压缩粮食作物种植面积，扩大经济作物种植，突出果类等支柱产业的发展。在工业方面，除继续加大二十里铺工业示范区的招商引资力度外，又先后成立甘泉乡镇企业示范区（后改称甘泉科技园区）、三阳工业示范区和东岔生态旅游开发小区，东方纸业有限公司、华丰绒线厂等一些较有规模的工业企业投产。国有大、中型企业，遵照建立社会主义市场经济体制的要求，转换经营机制，面向市场，进一步增强活力，逐渐成为自主经营、自负盈亏、自我发展、自我约束的法人实体和市场竞争主体，在改革中有了新的发展。2000年，区内各类经济总产出36.09亿元，国民生产总值17.72亿元，人均产值3166元。在国民生产总值构成中，劳动者报酬12.62亿元，形成固定资产1.67亿元，税金2.25亿元，盈利1.17亿元。

进入21世纪，区委、区人民政府坚持把经济发展当作头等大事，持续不懈，抢抓机遇，迎难而上，锐意改革。坚持城乡一起抓，农业、工业、建筑业、运输业、商业服务业、旅游业一齐上，并且在改革中，大力发展股份制、合资、私营、外资企业。为进一步创造发展环境，又先后成立天水高新技术工业园、天水农业高新科技示范园。连同20世纪90年代成立的工业园、示范区等,使区内共有6个工业园(区)。通过各类宣介平台,大力招商引资,一批经济实力强的投资者已入住园区,兴建起数十家企业,形成年达10多亿元的工业增加值。其中建于天水高新技术工业园、2001年投产的长城果汁饮料有限公司从业500多人, 年产值1亿多元;位于二十里铺工业示范区的天水电气传动研究所有限责任公司,年产值亦过亿元。原有中央、省、市属大中型工、商企业,按照中央关于企业改革的要求,普遍进行公司制改革,有的破产重组,有的出卖转为私营企业。在重新组合过程中,大都融入新的资金,购置先进设备,扩大生产能力,开发新产品,寻求新市场,成为更加适应市场经济的法人实体,企业有了新的发展。原区属企业,则按照放开搞活国有小型企业的改革思路,分别采用改组、联合、租赁、兼并、出售等形式,转为股份制或私有制企业。在国家提倡发展私有经济的形势下,均重新起步。城市建设中,基础设施建设规模扩大,房地产业兴起,带动建筑业产值迅猛增长。农村经济通过产业结构的调整,苹果等果类和蔬菜生产已形成新的支柱产业。旅游作为一项新的产业在兴起,一批新的旅游项目在开发。

2000年后, 区内国民生产总值几年上一个新台阶。2001年超过20亿元,2004年超30亿元,2006年超40亿元,2007年达到52.61亿元,人均8878元。不计物价上涨因素,2007年国民生产总值是1985年的13.8倍。

2003-2007年区内主要经济指标

年份	国民生产总值(亿元)	粮食总产量(万吨)	全社会固定资产投资(亿元)	规模以上工业增加值(亿元)	社会消费品零售总额(亿元)	财政收入(亿元)	农民人均纯收入(元)	附:总人口(万)
2003	27.59	9.63	5.06	0.65	8.65	1.65	1458	57.83
2004	33.47	10.75	13.07	0.85	15.17	1.60	1566	58.16
2005	38.56	11.94	22.50	13.48	17.15	1.67	1670	58.49
2006	43.95	12.45	31.36	12.38	20.90	2.63	1737	58.87
2007	52.61	12.94	35.59	14.60	24.49	3.02	1830	59.26

说明:2003、2004年规模以上工业增加值中未包括中央、省、市属工业。

2007年全区部分经济指标

项　目	计算单位	2007年实现数	比上年增(%)	上年数
经济总产出	亿元	151.71	14.60	122.70
国民生产总值	亿元	52.61	19.70	43.95
其中:非公有制经济总值	亿元	21.57	30.30	16.55
工业增加值	亿元	20.54	12.00	18.34
其中:规模以上工业增加值	亿元	14.60	17.94	12.38
规模以上工业实现利税	亿元	3.13	54.10	2.03
农业总产值	亿元	8.19	23.00	6.66
农业增加值	亿元	4.88	6.28	4.59
粮食总产量	万吨	12.94	3.94	12.45
乡镇企业总产值	亿元	20.10	…	…
建筑业增加值	亿元	3.69	15.10	3.21
社会固定资产投资总额	亿元	35.59	13.51	31.36
其中:天宝高速公路	亿元	20.35	-7.50	21.98
城镇	亿元	10.94	68.20	6.32
其中:房地产	亿元	1.52	61.70	0.94
农村	亿元	4.30	40.65	3.06
社会消费品零售总额	亿元	24.49	17.20	20.90
其中:餐饮业零售额	亿元	4.31	24.90	3.45
消费品价格总水平	%	+4.9	—	+2.5
旅游业综合收入	亿元	5.06	15.90	4.37
接待游客	万人	164.38	14.30	143.81
城镇居民人均可支配收入	元	7274	5.00	6928
农民人均纯收入	元	1830	5.35	1737

第二节 经济结构

一、产业结构 境内过去长时期以农业为主，兼及手工业，故以第一产业为主，包括工业、建筑业在内的第二产业为辅，而涉及交通运输、电信、商业、饮食业、服务业和金融、保险业的第三产业微乎其微。20世纪80年代，农村在推行家庭承包经营后，改变长期"以粮为纲"的指导方针，发展乡镇企业，鼓励兴办集体和个体工业、建筑业、商业、服务业，使农村经济中第二、第三产业的产值迅速增加；城市经济随着改革开放的深化，发展速度更快。各国营和集体办工厂面向市场，不断开发新产品，产值逐年增加；商业、饮食业、服务业和交通运输业发展尤为迅速，邮电、金融、保险业业务均成倍递增。全区产业结构发生了根本性变化。1990年的12.28亿元国民生产总值中，第一产业1.92亿元，第二产业8.11亿元，第三产业2.25亿元，分别占全部产值的16%、66%和18%。

部分年份产业构成统计

单位：亿元、%

年份	第一产业		第二产业		第三产业		国民生产总值合计
	总值	占有比例	总值	占有比例	总值	占有比例	
1985	0.60	15.7	2.73	71.5	0.49	12.8	3.82
1990	1.92	16.0	8.11	66.0	2.25	18.0	12.28
1995	2.54	17.9	5.47	38.5	6.19	43.6	14.20
2000	2.37	13.4	9.20	51.9	6.15	34.7	17.72
2005	3.67	9.5	18.66	48.4	16.22	42.1	38.55
2007	5.29	10.1	24.23	46.0	23.09	43.9	52.61

20世纪90年代，农业在调整结构中增速减缓，工业在向市场经济转型中进入调整阶段，又遭受亚洲金融危机的影响，亦增速减缓，唯商业、饮食、服务业等第三产业在放开搞活的改革中，转换经营机制，扩大经济领域，拓宽流通市场，使之快速发展。2000年的17.72亿元国民生产总值中，第一产业2.37亿元，第二产业9.2亿元，第三产业6.15亿元，分别占全部产值的13.4%、51.9%和34.7%。较1990年相比，第三产业比值提高了16.7个百分点。

2000年后，区内经济进入一个新的飞速发展时期，各个产业产值均逐年以较快速度增加,尤其随着交通运输、电信、金融、保险业和旅游业的崛起,第三产业发展更快,每年以25%的速度递增,成为与第二产业并驾齐驱的经济支柱产业。2007年的151.71亿元经济总产出中,第一产业8.89亿元,第二产业74.19亿元,第三产业68.63亿元;52.61亿元国民生产总值中,第一产业5.29亿元,第二产业24.23亿元,第三产业23.09亿元,分别占总产值的10.1%、46%和43.9%。由于第三产业的快速发展,使第一、第二产业的占比均有下降。

二、工业结构 1985年,区内共有94个乡办及乡办以上工业单位(不含个体或联户办乡镇企业中工业单位)。按国家确定划分标准,大型工厂有天水星火机床厂、天水风动工具厂和航空工业天飞公司3个,中型工厂有甘肃绒线厂、甘肃棉纺厂、天水啤酒厂、天水锻压机床厂、天水拖拉机厂、中车集团天水七四五二工厂和天水供电局7个,均为中央、省、市属企业,其余84个属小型企业。大、中型工厂是年产值(以当年价计)1.85亿元,占到全部产值的65.4%。其中开拓销售市场最大、产值最多的为市属甘肃绒线厂,是年产值5745万元,占到区内工业总产值的1/5。其次为天水拖拉机厂、甘肃棉纺织厂、天水风动工具厂。后来规模不断扩大的天水卷烟厂,时为小型企业,年产值仅2085万元。按轻、重工业分,有轻工业52个,重工业42个,其产值分别占全部总产值的56.2%和43.8%。此外,还有村办工业289个,其中粮油加工业162个,建材工业49个,土砂石开采业23个,总计产值710万元;个体、私有1162个。

1985年后,随着乡镇企业的发展,农村个体小规模工厂不断增多。到2000年,不计驻区中央、省、市属工厂,仅区及区以下包括乡办、村办、个体办工业单位增至2258个,总产值2.77亿元,其中区属国有、集体所有及股份制企业26个,总产值1.09亿元,以鑫能电冶炼厂规模最大,是年产值3408万元;规模以下集体工业214个,总产值1.07亿元;个体小手工业2018个,总产值6083万元。

2000年后,工业企业在调整、改革中发展,原有中央、省、市属工业普遍改制为股份公司,脱离原有隶属关系,按市场需求自主经营。改制后,大部分较前有新的发展。各工业园(区)通过招商引资,兴办一批新的工业。区以下小型工厂,则在发展过程中不断变化,有的停产,有的转营他业,但随市场需求,又出现新的工厂。2007年统计,区内规模以上工业企业32个,总产值29.6亿元,其中轻工业11个,产值15.3亿元;重工业21个,产值14.3亿元;乡镇及以下工业722个,工业增加值4.67亿元,从业1.64万人。

1985、2007 年区内工业企业结构状况

项目	1985 年区内工业企业类别及产值						2007 年规模以上工业企业	
	个数	总产值（万元）	中央、省、市属		区、乡属		个数	总产值（万元）
			个数	产值（万元）	个数	产值（万元）		
总计	94	28286	35	26161	59	2125	32	296156
其中：轻工业	52	15873	15	14512	37	1361	11	152994
重工业	42	12413	20	11649	22	764	21	143162
农副食品加工业	10	2486	3	2186	7	300	1	6580
饮料制造业	1	420	1	420	—	—	2	31233
烟草制品业	1	2085	1	2085	—	—	1	102041
纺织业	8	8935	4	8582	4	353	2	2360
缝纫业	4	207	—	—	4	207	—	—
木材加工业	14	979	6	889	8	90	1	587
家具制造业	2	72	—	—	2	72	—	—
造纸及纸制品业	2	554	2	554	—	—	1	5487
印刷业	1	43	—	—	1	43	—	—
工艺美术制造业	3	42	—	—	3	42	—	—
医药制造业	1	186	1	186	—	—	1	605
塑料制品业	1	35	—	—	1	35	—	—
橡胶制品业	2	111	1	54	1	57	—	—
非金属制品业	—	—	—	—	—	—	4	6348
石油加工、炼焦业	1	498	1	498	—	—	2	8238
化学制品制造业	1	2	—	—	1	2	1	3584
有色金属冶炼加工业	—	—	—	—	—	—	1	625
通用设备制造业	13	8173	8	7891	5	282	6	90270
专用设备制造业	3	119	2	100	1	19	2	18017
交通运输设备制造业	3	2606	3	2606	—	—	1	8922

续表

<table>
<tr><th rowspan="3">项目</th><th colspan="6">1985 年区内工业企业类别及产值</th><th colspan="2">2007 年规模以上工业企业</th></tr>
<tr><th rowspan="2">个数</th><th rowspan="2">总产值（万元）</th><th colspan="2">中央、省、市属</th><th colspan="2">区、乡属</th><th rowspan="2">个数</th><th rowspan="2">总产值（万元）</th></tr>
<tr><th>个数</th><th>产值（万元）</th><th>个数</th><th>产值（万元）</th></tr>
<tr><td>电气机械及器材制造业</td><td>3</td><td>100</td><td>—</td><td>—</td><td>3</td><td>100</td><td>2</td><td>2748</td></tr>
<tr><td>废旧材料回收加工业</td><td>—</td><td>—</td><td>—</td><td>—</td><td>—</td><td>—</td><td>1</td><td>1106</td></tr>
<tr><td>电力、热力生产供应业</td><td>2</td><td>12</td><td>1</td><td>8</td><td>1</td><td>4</td><td>3</td><td>6336</td></tr>
<tr><td>建筑材料制造业</td><td>4</td><td>449</td><td>1</td><td>99</td><td>3</td><td>350</td><td>—</td><td>—</td></tr>
</table>

说明：2007 年数据中不含规模以下企业。

三、农业结构 20 世纪 80 年代中期，农民为解决温饱，普遍注重粮食生产，尤其是扩大小麦种植面积，提高亩产量，使粮食产量达到空前未有水平，故而农业经济结构中，种粮收入占到农业总产值的绝大部分。林业、牧业产值所占比重不多。1985 年，全区农业总产值 6034 万元，其中种植业 4154 万元，林业 604 万元，牧业 872 万元，副业 403 万元，分别占 68.8%、10%、14.4%和 6.8%。种植业中，粮食作物种植 3500 万元，占 84%，油料种植 140 万元，蔬菜瓜类种植 334 万元，果树栽植 180 万元。时人们尚未重视果园建设，全区果园面积仅存 2.35 万亩(其中苹果 1.91 万亩)，产果 4643 吨。80 年代后期，在粮食生产解决温饱后，开始调整种植业结构，逐渐扩大以苹果为主的果类栽植和蔬菜、瓜类种植面积。至 1995 年，粮食作物种植面积由 1985 年的 71.07 万亩减为 62.48 万亩，果园面积增至 9.2 万亩，其中苹果 7.43 万亩，蔬菜种植面积由 1985 年的 1.76 万亩增至 3.2 万亩。此外，随着粮食的增多，尤其通过塑料薄膜覆盖栽培使玉米亩产量成倍增产后，农民把大部分用于饲料，使生猪、家禽饲养量大幅度增加，牧业产值在农业产值中的比重提高。1995 年农业总产值 3.77 亿元(不计当时统计中计入的家庭兼营工业收入 6460 万元)，其中种植业 2.66 亿元，林业 1295 万元，牧业 9696 万元，渔业 104 万元(90 年代开始，副业收入不再计入农业产值)，分别占 70.6%、34%、25.7%和 0.3%。在种植业收入中，粮食种植 1.71 亿元，果类收入 2331 万元，蔬菜、瓜类收入 3678 万元，其果、菜收入占到种植收入的 22.6%。90 年代后期以至 2000 年后，果园和蔬菜、瓜类面积进一步扩大,此前栽植的果树陆续进入挂果期,使果、菜类收入在种植业中的比重逐年提高。2007 年,农业总产值 8.19 亿元,其中种植业 6.14 亿元,林业 3271 万元,牧业 1.51 亿元,渔业 233 万元,农林牧服务业收入 1912 万元,分别占 75%、4%、18.4%、0.3%和 2.3%。在种植业产值中,粮食等作物种植 1.91 亿元,果类 2 亿元,蔬菜 1.39 亿元,形成农业中三个支柱产业。

1995、2007 年全区农业产值构成

项目	1995 年			2007 年		
	产值(万元)	产量	平均价格(元)	产值(万元)	产量	平均价格(元)
总产值	37655	—	—	81904	—	—
一、农业	26559	—	—	61425	—	—
①粮食作物	17090	97137(吨)	1760	19070	129391(吨)	1474
其中:小麦	7576	43292(吨)	1750	5560	34966(吨)	1590
玉米	5265	35100(吨)	1500	8093	61035(吨)	1326
其他杂粮	771	7154(吨)	1077	1363	19425(吨)	700
大豆	1145	3816(吨)	3000	1281	4814(吨)	2660
马铃薯	2332	7775(吨)	3000	2773	9151(吨)	3030
②经济作物	1645	—	—	2916	—	—
其中:油料	1526	4530(吨)	3370	1673	4915(吨)	3400
药材	29	49(吨)	6000	1220	1835(吨)	6660
③蔬菜	3423	38038(吨)	900	13867	110322(吨)	1257
④瓜类	254	4237(吨)	600	1313	13691(吨)	960
⑤水果	2331	15827(吨)	1470	19985	114291(吨)	1750
其中:苹果	1675	10471(吨)	1600	13959	80224(吨)	1740
葡萄	115	818(吨)	1400	2697	19266(吨)	1400
梨	56	400(吨)	1400	414	4063(吨)	1020
柿子	122	872(吨)	1400	209	872(吨)	2500
桃	220	1997(吨)	1100	481	4370(吨)	1100
⑥饲料、绿肥	151	20990(亩)	70	345	13800(亩)	250
⑦农作物副产品	1290	75.58 万(亩)	17	3267	69.69 万(亩)	47
⑧其他	374	—	—	662	—	—
二、林业	1295	—	—	3271	—	—
①人工造林	524	52400(亩)	100	300	25000(亩)	120

续表

项 目	1995 年			2007 年		
	产值（万元）	产量	平均价格（元）	产值（万元）	产量	平均价格（元）
②林产品	606	807（吨）	7500	2829	1377（吨）	20500
其中：核桃	137	568（吨）	2400	563	512（吨）	1100
花椒	362	181（吨）	20000	1846	655（吨）	28200
木耳	97	32（吨）	30300	—	—	—
③其他	165	—	—	142	—	—
三、牧业	9696	—	—	15063	—	—
①大牲畜饲养	1121	58763（头）	190	1937	46463（头）	417
②猪、羊	4916	108170（头、只）	450	10003	123800（头、只）	808
③家禽产品	582	69.9 万（只）	83	1350	87.5 万（只）	154
④畜禽产品	3052	4063（吨）	7500	1523	2626（吨）	5800
其中：蜂蜜	2989	3736（吨）	8000	1523	2626（吨）	5800
⑤其他	25	—	—	250	—	—
四、渔业	104	130（吨）	8000	233	330（吨）	7060
五、农林牧渔服务业	—	—	—	1912	—	—

说明：①1995 年产值中已剔除当时计入的农民家庭兼营工业收入 6460 万元。②农业收入中其他指采集野生植物收入。③马铃薯产量为折合粮食数（5 公斤折合 1 公斤）。

四、城乡结构 从 1985 年设区起，境内经济以城市经济为主，驻区大、中型工、商企业产值，占到经济总量的相当比例。1985 年全区 3.82 亿元国民生产总值中，城市（含城郊驻区工、商业）2.85 亿元，农村 9700 万元，分别占总产值的 75%和 25%。其后随着乡镇企业的发展，农村经济实力不断增强，在全部经济中比例有所提高。1990 年，全区国民生产总值中，城市 8.51 亿元，农村 3.77 亿元，分别占总产值的 69.3%和 30.7%。其后，城乡经济进入快速发展阶段，尤其 2000 年后各工业园（区）一些新企业的创办，使城市经济发展更快。2007 年，区内经济总产出 151.71 亿元，其中城市占 120.42 亿元，农村 31.29 亿元（其中农业产值 8.19 亿元，乡镇企业产值 20.1 亿元，农民外出劳务收入 3 亿元），分别占全部产出的 79.3%和 20.7%。若以是年统计资料中农业和非农业人口（时主要河谷川区农业人口计入非农业人口）计算，城市人均经济产出值 4.16 万元，农村 1.02 万元。

第三节　经济体制

在较长时期的计划经济体制下，区内经济分为全民所有制（后称国有制）、集体所有制、个体所有制3种类型。在集体所有制中，境内又分为区属集体所有制、国营工厂办集体所有制、乡办集体所有制和村办集体所有制。在商业中，城区各批发公司和商店属全民所有制，农村供销社属集体所有制。农业实行家庭承包经营前，农村经济中除社员家庭副业、家庭养殖业属个体所有制外，其余均属集体所有制。实行家庭承包经营后，农村集体经济只限于部分承包给个人的小作坊、果园和村办小工厂，其余均属个体（家庭）所有制。除农业以外各业，由于提倡集体办、个体办、联合办，农村私有（个体）性质的家庭规模养殖业、加工业、商业、运输业、饮食服务业依次出现，使农村经济中私有经济比例上升。1985年，全区农村经济总收入1.54亿元，其中集体统一经营265万元，乡村集体所有制企业1839万元，新经济联合体（即农户联合办）217万元，家庭个体经营1.31亿元。同年工业普查中统计，区内工业单位1545个，总产值2.94亿元，其中全民所有制33个，产值2.69亿元；集体所有制350个，产值2062万元；个体、私有1162个，产值433万元。在工业、商业、建筑业、运输业中，仍以全民所有制企业占绝对主导地位。

20世纪80年代后期至90年代，农村乡镇企业中开始改变过去以乡、镇和村集体办为主的状况，个体、私营、联户办企业逐渐成为主要形式。1995年全区乡镇企业总产值12.1亿元，其中属乡、村集体办的2.24亿元，个体、私营办9.43亿元，另外还有合作办4226万元。20世纪90年代后期，按照国家对国有（即全民所有）小企业改革的要求，区属工、商等企业普遍进行承包、兼并、租赁、出售和股份合作制改革。商业企业改制中，普遍由原国有企业改为合作制或私营；工业则区分不同情况，有的改为承包经营，性质仍属国有，有的拍卖后改为私营公司或股份合作企业。至2000年，区属原有10个国有企业减为6个。是年区属工业单位26个，总产值1.09亿元。其中：国有工业6个，产值2544万元；股份制工业6个，产值5398万元；集体所有制工业14个，产值2952万元。2000年后，企业全面推进改革，中央、省、市属工业、商业单位都进行公司制改革，打破原有隶属关系，通过公司制改造，使其成为独立自主经营的法人实体。有的成为国家控股的公司，性质仍属国有，有的拍卖，变为私营企业。各园区引入的新办企业，绝大部分为私营或股份合作企业。

2007 年规模以上工业所有制统计

项目	计算单位	国有企业	股份合作企业	股份制和其他企业	中外合资企业	集体企业	合计
企业数	个	8	3	17	1	3	32
总产值	万元	119160	2985	161045	6858	6108	296156
主营业务收入	万元	15180	889	148519	7538	8110	180236
利税	万元	537	105	28761	1229	626	31258
从业人数	人	2863	268	7006	161	216	10514

2007 年乡镇企业所有制统计

项目	计算单位	股份合作企业	联营企业	有限公司企业	私营企业	合计
企业数	个	22	92	13	2460	2587
总产值	万元	611	60277	23743	116367	200998
上缴税金	万元	10	1009	543	2135	3697
利润	万元	33	3235	1220	7869	12357
从业人数	人	278	5248	1409	33029	39964

第四节 管理调控

一、管理

20 世纪 80 年代，区内经济按照隶属关系、经营性质和规模大、小分属不同的管理层次。工业企业中，航空工业天飞公司、中车集团天水七四五二工厂和属于国家专卖行业的天水卷烟厂，以及铁路系统办工务修制厂等为中央属企业，天水星火机床厂、天水风动工具厂、天水锻压机床厂、天水拖拉机厂 4 家骨干机械工业等为省属，甘肃绒线厂、甘肃棉纺织厂等为市属。而区属的，仅限于小型工业企业。在商业企业中，天水百货批发公司、天水糖酒副食采购供应站等 9 个二级批发站为省属企业。银行、保险业以及供电、邮政业因属系统内垂直管理，亦为中央属企业。1985 年工业普查中统计，区内全民所有制工业单位中，中央属 5 个，产值 4703 万元；省属 9 个，产值 8671 万元；市属 9 个，产值 12344 万元；区属 10 个，产值 1216 万元。产值分别占 17.5%、32.2%、45.8%和 4.5%。时在全民所有制工业中区属工业所占比重极小。其后,为发展区属经济,兴办新的区属全民所有制工业,并鼓励发展农村乡镇企业,使区属经济所占比例有所上升。但至1990年,区内国民生产总值中,中央、省、市属经济仍占60%以上,区属及以下不到40%。

20世纪90年代的经济体制改革,主要是由计划体制向市场经济的转变以及企业管理形式的改革,如推行承包经营、租赁经营等,各经济实体的管理体制大致仍延20世纪80年代的隶属关系。2000年后,经济体制改革进一步深化,管理层次向下转移。2003年,省属的天水星火机床厂等3家机械制造工厂下放天水市管理。而此前从2002年开始的新一轮企业改制中,除军办工业和供电、铁路、烟草行业外的其他工业单位,以及所有商业、服务业单位,都实行以公司经营为主的改革。原省、市属工、商各企业,在成立公司后,改为由法人管理的面向市场实行自主经营的经济实体,由地方工商行政管理部门登记管理,不再有明确的隶属关系。至于各园区新办的企业,从一开始就是以法人实体登记的独资经营单位,没有管理级别。

1990年区内经济管理层次构成

项目	中央属	省属	市属	区属	乡镇属	村属	个体、私营
总产值(万元)	21500	20100	31600	6900	5860	14400	19600
构成比例(%)	17.9	16.9	26.4	5.8	4.7	12.0	16.3

说明:村属经济主要指家庭承包经营耕地收益。

二、调控

区内经济,在相当长的一个时期内曾在严格计划管理下经营。在工业单位中,工厂按年初下达的产品项目安排生产,按产量计划向商业部门供货,所需原材料通过计划部门分配,由物资管理部门供应。20世纪80年代改革中,逐渐减少指令性计划,给工厂部分自主权,自己按市场需求安排部分生产;工厂所需原材料,也实行双轨制,即一部分诸如钢材、木材、水泥、焦炭及其他主要金属材料由计划部门分配,物资部门按国家定价供应;另一部分如计划外自己安排产品则从市场寻找供货企业,以市场价购进。其市场价,普遍高于国家定价。20世纪80年代后期,商品销售中大部分商品放开价格,由供、购双方议定价格。唯在1988年前后物价大幅度上涨时,曾对关系人民生活的部分主要商品实行限价管理,不久仍然放开。

20世纪90年代,随着市场经济体制的确立,国家和地方计划只管理宏观调控，不再向具体经济单位下达计划指标。工业单位所产产品由买卖双方自己议供,不再经过商业批发部门。工业生产所需原材料,亦由自己向生产单位订货。设在区内的商业二级批发站(公司),除仍在实行专卖的卷烟、食盐外,其余业务量不断萎缩。

第二章 改革开放

第一节 经济体制改革

一、企业改革

20 世纪 80 年代的企业体制改革,从扩大企业自主权,允许国营工厂提成部分利润用以扩大再生产和职工福利，从允许工厂确定内部机构设置和人员配备开始,再进一步下放权利,工厂在完成国家供货合同后,可自行安排生产,产品可以自销,并规定部分产品价格;实行厂长负责制,工厂副职由厂长聘任,厂内中层干部由厂长任免;国营工厂利润改为征收所得税,税后利润为企业基金归工厂使用支配,实行利润包干,自负盈亏;改革企业经营机制,实行政企分开,从而把原来高度计划管理体制下类似行政管理的模式改为向企业自主经营转变。1987–1988 年,又按照两权分离的原则,在工业企业中全面推行承包、租赁经营责任制,由厂长或经理承包经营企业,从而进一步形成厂长或经理在企业的中心地位和作用。1988 年,在全区工商企业中普遍推行承包经营或租赁经营责任制。全区 56 户区属企业中,除区农机公司、天水罐头厂、天水玻璃厂外,其余 53 户都实行承包经营,其中承包 50 户、租赁经营 2 户、拍卖 1 户。其后,各企业开展以“转机制、抓管理、练内功、增效益”为主要内容的自主管理活动,使企业管理水平和经济效益明显提高。企业积极调整产业结构,加快技术进步,发展消费品工业,在保留地方特色传统工业外,加快调整产品结构,发展新型行业。90 年代前期,由于经济转型，工业企业受到前所未有的挑战，主要表现在计划原材料供应困难,技术工艺落后,土生土长的产品科技含量低,缺乏市场竞争力,以致大量产品积压、滞销,企业开始连年亏损,近一半工业企业处于半停产和停产状态。1997 年,天水农业机械厂、天水橡胶化工厂、天水标准件厂等 7 户企业进行股份合作制的改革试点,初步形成责权明确、相互制约的法人治理结构。2002–2003 年,区深化企业改革办公室组织对区属的天水农业机械厂、区木器厂、区工艺厂、天水标准件厂等15家工业企业进行以企业整体产权转让为形式的改革，将原全民所有制和集体所有制企业改为民营企业。其中区南河川纸箱厂改制为天水东方纸业有限公司，区水泥厂改制为区水泥有限责任公司(后于2006年宣告破产，2007年再改设天水天威水泥有限责任公司)，区工艺厂组建为天水华翔工艺美术责任公司，天水标准件厂改为民营股份合作的天水天通标准件有限公司，区木器厂组建成天水华旭木业有限责任公司(民营股份合作)，天水橡胶化工厂改为民营股份制的天水宝荣橡胶制品有限责任公司，区印刷厂和区塑料厂合并组建成民营股份制的天水佳明塑料彩印有限公司，天水农业机械厂改为民营股份制的天水阳升农机制造有限公司，天水建筑材料厂改为天水泰正建筑材料有限公司，天水华时衬衫厂改制为民营股份合作制的天水华时工贸有限责任公司，区服装厂改制为民营股份合作的天水万汇工贸有限责任公司。区轻工厂则采取解体形式的改制，天水毛针织厂宣告破产。企业改制后，一部分采取租赁经营，一部分利用区域地理优势进行房地产开发。到2007年，15户改制的区属工业企业拥有总资产7576万元，净资产4396万元，资产负债率42%，完成销售收入2450万元，上缴税金146万元，有在职职工769人。区属商业企业也同时普遍改制。其中区百货公司改制为民营的天水兴和商贸有限公司，区糖业烟酒公司改制为天水恒利商贸有限公司，区蔬菜日杂公司改制为天水金苹果商贸有限公司，区饮食服务公司改为天水宏欣饮食服务有限公司，区食品公司改制为天水欣荣商贸有限责任公司，区五金交电化工公司改制为天水鑫天源实业有限公司，区农副公司改制为民营天水瑞荣华农副日杂有限公司，区再生资源回收有限公司改制为民营天水烁鑫华再生资源回收有限公司，区供销联社下属的天水供销大厦改制为天水倞盛华供销有限公司，区陇鑫综合交易市场改为天水龙鑫物业有限责任公司，区供销联社下属的生产资料公司改制成天水硕海华农业生产资料有限公司，北道粮油供应站改为民营天水东升粮油有限公司，区粮食局属天粮饭店改为民营有限公司。

二、境内省、市属企业改制

2000年后，驻区省、市属工业企业陆续进行公司制改造，或者产权转移。

天水星火机床有限责任公司　原为天水星火机床厂，2000年改制为天水星火精密机床大修改造有限责任公司，2002年再改为天水星火机床有限责任公司，保留天水星火机床厂。2004年，天水星火机床厂被列入政策性破产企业，分离优良资产。2006年重新组建天水星火机床有限责任公司。公司设股东会、董事会、监事会。股东会由公司全体股东组成；董事会由7人组成，设董事长1名；监事会由3人组成,其中股东代表2名,职工代表1名。

天水风动机械有限责任公司　原为天水风动工具厂,2002年国有企业改革中组建天水风动机械有限责任公司。2007年第二次改制,近1500名原国有企业职工置换身份,签订新的劳动用工合同,形成股权结构合理、产权关系明晰的公司制企业。

天水锻压机床有限公司　原为天水锻压机床厂,2002年改制为天水锻压机床有限公司,保留天水锻压机床厂。2006年天水锻压机床厂宣告破产,并入天水锻压机床有限公司。

甘肃烟草有限责任公司天水卷烟厂　原为天水卷烟厂,2001年改为由兰州卷烟厂委托管理,次年与兰州卷烟厂合并,改名兰州卷烟厂天水分厂。2007年兰州卷烟厂公司制改制中,甘肃烟草工业有限责任公司成立,天水分厂改名甘肃烟草工业有限责任公司天水卷烟厂。

甘肃棉纺织厂　2006年宣告破产,同年完成产权转让,由天水金驼工贸有限公司受让破产资产,进行重组,改制为民营企业。

天水奔马啤酒有限公司　原为天水啤酒厂。1990年出现亏损。1996年被兰州黄河企业集团(购买式)兼并。原国有企业性质转变为乡镇企业的集体所有制性质,改名兰州黄河企业集团天水啤酒有限公司。2002年二次改制,组建甘肃天水奔马啤酒有限公司。2004年,兰州黄河企业集团与丹麦嘉士伯啤酒集团合资,组建中外合资企业。2005年,成立中外合资甘肃天水奔马啤酒有限公司。

甘肃省天水粮油储备库有限公司　原为甘肃省天水国家粮食储备库,属国有企业。2006年改制为股份制的甘肃省天水粮油储备库有限公司。

天水市第二粮库　是市属国有粮食收储企业,中央储备粮代储库,主要承担中央储备粮的保管和全市粮食的接收、中转任务。1992年由原区粮食局属北道仓库、北道面粉厂合并组建。2003年与原天水市第三粮库重组整合,成立天水市第二粮库。

此外,天水焦化厂因排烟污染城区环境,于2006年破产关闭。

第二节 招商引资

一、机构

2002年,区项目办公室改名区招商局,科级事业单位,归口发展计划局。

2003 年,成立投资服务中心,与招商局一套班子、两块牌子,为区直属科级事业单位,内设办公室、招商部、项目部。主要负责全区招商引资、项目推介工作,受理各类投资项目的申报,协调督办投资商投资生产性、经营性和建设性等项目,受理各类投资政策、税收政策、人才劳动力需求和有关证照申领的咨询、信息发布,按政策规定对涉及投资项目的行政事业性收费进行监督检查,调查了解企业生产经营状况,协调解决投资建设中遇到的困难和问题。

二、优惠政策

1985 年 11 月,区委印发《经济体制综合改革试行方案》,提出利用现有基础,挖掘资源,敞开大门,内引外联,加快引进步伐,开展经济协作。2001 年 4 月,区委办公室、政府办公室制定《招商引资、项目引进工作考核奖励办法》,决定将 2001 年招商引资、项目引进的任务指标分解下达到各乡、镇、街道和区直部门。2002 年,区人民政府实施《天水市实施西部大开发招商引资若干政策规定》,要求全社会树立人人是环境、事事是环境、时时是环境、处处是环境的思想,为实施西部大开发、开展招商引资营造良好环境。2003 年,实施《天水市工业生产用地优惠办法》,决定凡在本区投资新建、扩建工业项目的,投资者可在区内工业园和适宜办工业的地方优先选址,并按生产规模、投资数额、经济与社会效益享受优惠条件。

三、项目推介

为促进区内经济和社会发展,争取外来投资,区委、区人民政府于 2000 年起以全国性、区域性大型经贸展览会议为平台,开展多方位推介活动。每年组团参加中国东西合作洽谈会、中国兰州投资贸易洽谈会(简称“兰洽会”)、厦门中国国际投资贸易洽谈会(简称“厦洽会”)和中国西部商品交易会(简称“西交会”)等国内知名大型节会,并参与筹办历届天水伏羲文化旅游暨经贸洽谈会。几年中,已通过经贸活动、新闻媒体、报刊网络等形式开展项目推介活动 60 余次,推介重点项目 320 个,与 10 余家国内投资中介机构和网络媒体建立信息互通业务,开设投资服务与招商引资专项网页,促使招商引资向纵深领域延伸。

2003–2005 年,在国内知名大型节会和天水伏羲文化旅游暨经贸洽谈会期间,重点对外推介 50 个项目,主要有:投资 6320 万元的防护型生态体系建设工程,投资 1760 万元的区水土流失防护林建设,投资 3060 万元的区退耕还草、节粮养畜产业化生产,投资 3000 万元的肉牛规模化养殖及产业化农牧综合开发,投资 2700 万元的浓缩果汁系列产品,投资 2000 万元的葡萄深加工生产项目,投资 6000 万元的社棠镇下曲果品批发市场建设项目，投资 5600 万元的社棠镇城镇开发改造项目，投资 6000 万元的三阳中心商贸市场开发，投资 1200 万元的党川乡新庄水电站工程，投资 1560 万元的伯阳镇石门水库工程，投资 3545 万元的伏羲卦台山人文景点开发，投资 4800 万元的东岔镇桃花沟自然生态风景旅游项目，投资 5810 万元的西北禅文化艺术研究创作基地项目，投资 3560 万元的天水麦积生态大观园项目，投资 3000 万元的中滩镇樊家城旅游开发及温泉建设项目，投资 1.45 亿元的城区污水处理项目，投资 500 万元的全塑农用多功能大棚生产线等。

2006–2007 年，在国内知名大型节会和天水伏羲文化旅游暨经贸洽谈会间，重点对外推介 62 个项目，主要有：投资 3000 万元的城区马跑泉水上公园扩建工程，投资 4300 万元的城区渭河风情线二期工程，投资 1000 万元的马跑泉官泉旅游开发，投资 500 万元的花牛镇高家湾生态旅游农业示范园，投资 400 万元的新建花牛镇花牛度假生态园，投资 1800 万元的东岔镇桃花沟旅游大道，投资 1500 万元的旅游商品研究开发基地，投资 3 亿元的三阳工贸园区建设，投资 2000 万元的花牛商贸城开发建设，投资 3506 万元的马跑泉镇黑王村分路口宾馆综合楼开发建设，投资 1040 万元的二十里铺工业示范区基础设施集中供热工程，投资 2382 万元的二十里铺工业示范区污水处理工程，投资 1000 万元的三阳手工挂面规模化生产，投资 2700 万元的浓缩果蔬汁系列产品生产，投资 3065 万元的无公害养殖基地建设，投资 264 万元的优质花牛苹果基地建设，投资 2600 万元的万吨果蔬恒温保鲜库建设，投资 650 万元的香椿、刺嫩芽山野菜基地建设，投资 680 万元的二万亩中药材种植基地建设，投资 1400 万元的中滩地热资源开发建设，投资 2100 万元的汽车改装生产，投资 2500 万元的东岔水泥厂开发等。

与此同时，利用新闻媒体，信息网络等各种形式，及时向外宣传推介麦积的建设环境、发展环境和招商引资优惠政策，以提高知名度，扩大影响力，从而吸引更多的客商投资兴业。

四、项目引进

2001 年，区人民政府与甘肃华实高效农业开发有限公司（兰州雁滩工业城实业总公司控股企业）签订开发建设大樱桃等产业化高效农业试验、示范、推广基地（一期）项目协议书，决定在甘泉镇廖家庄、甘泉、高家庄等村建立甘肃华实高效农业开发有限公司大樱桃试验、示范基地，流转土地 301 亩，由华实公司出资，试验、示范基地在 2004 年建成，拟推广面积 5 万亩。

2002 年,落实招商引资项目 133 项,涉及投资 5.73 亿元,到位资金 1.17 亿元。其中强力王果汁保健饮品生产线建设、甘肃天森药业有限公司投资 4800 万元的中草药单味化制剂项目工程基本完工，天水维康生物工程有限公司投资 2000 万元的茶多酚系列生产线扩建项目、省石油公司投资 1000 万元的天河南路大型加油站及配套超市建设等项目正式签约,甘肃省科学院磁性器件研究所在二十里铺工业示范区投资建设磁力驱动全密封离心泵项目签订《意向合同书》。

2003 年在伏羲文化旅游暨经贸洽谈会上，签约招商项目 21 个，涉及资金 3.74 亿元,引进资金 3.52 亿元。包括:投资 1.32 亿元的三阳工贸园二期建设,投资 5800 万元的中药滋养溶液及中药芦荟鼻安软膏项目，投资 5600 万元的 DK 系列大电流低压真空断路器及扩大高低压电器生产,投资 2600 万元的新型中药制药设备生产线,投资 2000 万元的轻质板材开发生产线,投资 1600 万元的自行车组装及配件生产线项目，投资 1073 万元的热交换器用高精度小铝管材项目，投资 1000 万元的桥南陶瓷建材批发市场扩建，投资 1000 万元的东岔镇码头垂钓乐园等。

2004 年在伏羲文化旅游暨经贸洽谈会上，签约招商项目 24 个，涉及资金 3.7 亿元,引进资金 2.9 亿元。包括:天水维康生物工程有限公司与台湾力协科技有限公司签订的投资 2100 万元的茶多酚系列产品生产项目,天水秦风旅游有限公司与天水园林佳艺建设有限公司签订的投资 1500 万元的仙人崖野生植物驯化场扩建项目，二十里铺工业示范区管委会与天水天宝塑业有限责任公司签订的投资 4230 万元的高强度聚烯烃多功能加筋大棚材料生产线项目,天水东方纸业有限公司与四川康得利股份有限公司签订的投资 1200 万元的高强度瓦楞纸生产项目,区招商局与天水长城通用电器厂签订的投资 3000 万元的智能化箱式变电站项目，区农业办公室与天水维亚养殖有限责任公司签订的投资 600 万元的万头无公害标准化瘦肉型商品猪生产基地建设项目，天水高新技术工业园与天水长城果汁厂签订的投资 4500 万元的年产 2.5 万吨果蔬浓缩汁项目,马跑泉镇人民政府与湖北省十堰隆顺达工贸有限公司签订的投资 1500 万元的建设天水新启东风汽车销售服务中心项目等。

同年在第十二届“兰洽会”上,签约项目 4 个,总投资 1.26 亿元,拟引资 1.26 亿元。分别是:投资 2500 万元的系列真空磁线圈和扩大高低压电器部件生产项目，投资 2600 万元的果蔬系列生产线项目，投资 4500 万元的利用小麦提取麦芽、麦芽油、谷朊粉及方便面食品等粮食深加工项目,投资3000万元的桥南建材批发市场物流中心项目。在第十六届“西交会”上,签约项目3个,总投资2850万元。分别是:投资1050万元的东岔优质板栗核桃发育基地项目,投资1100万元的空心微孔轻质墙板、微孔轻质混凝土多排盲孔砌块生产线二期扩建项目,投资700万元的平沟峡旅游度假村项目。

2005年接待国内外投资商48批(次),落实招商引资项目121个,总投资22.3亿元,实际到位资金4.1亿元,其中千万元以上的项目53个。其中有:投资2600万元的华建混凝土生产线项目(已建成试产),投资2100万元的天水保得丽中空玻璃和高档塑钢门窗生产线、投资2650万元正在建设的兰凌电气绝缘材料生产线等。

2006年伏羲文化旅游暨经贸洽谈会上,签约项目27个,总投资9.68亿元,拟引资9.55亿元。包括:投资7800万元的年产2万吨马铃薯变性淀粉生产项目,投资5000万元的三阳工贸园区农产品综合批发市场建设项目,投资3000万元桥南建材综合批发市场四期工程项目,投资5000万元的三阳医院建设项目,投资2600万元的年产5100万平方米BOPP胶粘带及技改工程项目,投资2500万元的高低压开关柜系列产品生产项目,投资1.24亿元的马跑泉镇金团庄新农村住宅小区建设项目,投资9000万元的无公害中药材基地和中药材精加工生产项目,投资5353万元的镁合金摩托车轮毂生产线技改项目,投资3000万元的节能变压器技术改造项目,投资3546万元的油橄榄系列产品开发项目,投资3000万元的天水广济医院建设项目,投资3600万元的区府路市场建设项目,投资3000万元的年产5万吨无铅汽、柴油生产项目,投资1800万元的仙人崖度假山庄建设项目,投资1300万元的麦新庄园旅游开发项目,投资1.2亿元的新亚购物广场建设项目,投资5000万元的新型建筑材料生产项目等。

2007年伏羲文化旅游暨经贸洽谈会上,签约项目44个,总投资11.94亿元,拟引资11.84亿元。包括:投资5629万元的马铃薯淀粉烷基糖苷生产项目,投资1亿元的TSCKMI系列智能化大电流低压高分断式断路器及扩大TSCKMI系列断路套生产线项目,投资4600万元的中药材及农副产品加工基地项目,投资3546万元的矿冶及石化工程机械轴承生产项目,投资2350万元的年产1万吨氧化锌生产项目,投资1500万元的热能设备生产线建设项目,投资5219万元的良种奶牛繁育基地项目,投资3000万元的中滩镇张白村2000亩苹果基地建设项目,投资5800万元的昊峰大厦建设,投资5200的锦江宾馆建设,投资2040万元的怡欣阁花园酒店建设，投资1880万元的天星果品贮藏与购销市场兴建项目,投资1500万元的东岔镇桃花沟旅游度假生态园一期,投资1450万元的金龙山生态旅游度假村,投资1400万元的华龙山庄建设,投资1200万元的瑞丰园休闲会所建设,投资1.66亿元的天禧苑小区二期工程建设,投资5000万元的甘泉疗养院改扩建项目,投资4500万元的民乐园小区建设,投资3560万元的110千伏二十里铺变电站项目,投资3400万元的渭水苑小区一期开发建设,投资2250万元的西环道开发建设等。

截至2007年,全区共引进招商引资项目429项,涉及资金75.5亿元,实际引进资金21.9亿元。

第三节 对外经贸

一、出口

(一)出口产品 1985–1998年,天水外贸部门收购的出口商品有7个大类、90多个品种。

土畜产品 大麻、亚麻、蜂蜜、核桃仁、辣椒干、苦杏仁、肠衣、皮褥子、绵羊肠衣、山羊肠衣、山羊毛、山羊皮、羔皮、狐皮、兔皮、裘皮制品、旱獭皮、骨粉、骨粒、猪鬃、马尾鬃等21个品种。

轻纺类 毛衣、皮鞋、皮箱、劳保手套、围巾、帆布箱、油漆刷、毛巾、浴巾、方巾、腈纶毛衣、腈纶线围巾、纸张、电池、棉织品、棉纱、毛纱、坯布等18个品种。

地毯 地毯、丝毯2个系列10多个品种。

粮油食品 蚕豆、白云豆、扁豆、麻豌豆、荞麦、蕨菜、大蒜、胡麻饼、油渣、杏脯、土豆、苹果、活牛、罐头等14个品种。

工艺品 雕漆器具、草编制品、草帽辫、柳编制品、合编茶垫、玉米皮垫、根雕、软木画、夜光杯等9个品种。

机械矿产类 轴承、凿岩机、钻车、剪板机、三角带、硑石、锑矿石、锑碇、硅铁9个品种。

药材 大黄、党参、冬花、牛蒡子、黄芪、花粉、麻黄、柴胡、贝母、五味子、半夏、党参、蜂王浆等14个品种。

20世纪90年代后期,工业产品出口增多。区内主要出口供货企业有甘肃省绒线厂、甘肃省棉纺织厂、天水风动工具厂、天水星火机床厂、天水锻压机床厂、北道肉联厂、甘肃耐克特蜂产品有限公司、甘肃天虹化工有限公司、天水华圆制药设备科技有限责任公司、甘肃天森药业有限公司、天水市外贸总公司、区橡胶厂、区工艺品厂、区农副公司、东岔供销社、利桥供销社、花牛镇等 17 家。主要出口商品有"花牛"苹果、浓缩果汁、花椒、亚麻、草编制品、中药材、蜂蜜、橡胶、软木画、棉坯、棉纱、绒线、招贴纸、数控机床、端面机床、大型卧式车床、轧辊车床、轧辊磨床、剪板机、折弯机、大口径直缝埋弧焊管、凿岩机、风板机、凿岩钻架等。"花牛"苹果为区内农产品加工出口的"拳头"产品，1986 年出口 1400 吨，2007 年换汇 20 万美元；"星火"牌数控机床被评为"中国名牌产品"，1996 年开始出口；"红双喜" 牌 275 外毛精梳中粗绒线，1990 年出口量为纯羊毛绒线 150 吨，腈纶纱 500 吨；"燎原"牌 YT-24 气脚式凿岩机等多次评为部、省优产品，2007 年出口供货 52 台，换汇 118 万美元。全区年出口供货值 1.5 亿～2.5 亿元，居全市第一位。

（二）收购　外贸部门出口商品收购方式，一是委托基层商业部门代理收购，由基层国营商业和基层供销合作社向乡、村及农民收购农副产品，然后根据签订的购销合同向外贸部门供货。农副土畜产品、粮油食品、中药材等一般均采取委托代理收购方式。二是由外贸部门直接收购。收购前，外贸部门同生产单位签订收购合同，规定收购商品的名称、规格、数量、价格及收购质量标准等。轻纺、地毯、丝毯、雕漆、矿产、机电等产品都采用合同直接收购。

1985-1991 年，外贸收购由省下达计划，各公司按计划向委托收购单位和生产单位下达指标或签订合同。1986 年计划收购 34 个品种，完成或超额完成的 16 个品种，苹果、蜂蜜、猪鬃、山羊毛等 12 个品种未完成，荞麦、兔毛、羊绒、工艺品等 6 个品种完全落空，全年完成收购总值 1976 万元。1987 年计划收购品种 33 个，完成计划的 11 个品种，未完成计划的 9 个品种，落空的有羊绒、裘皮制品等 13 个品种，全年完成收购总值 3083 万元。此后至 1991 年，每年完成收购总值 3000 多万元。1992 年省、地外贸公司脱钩后，首次实行以销定购，收购完成任务的有亚麻饼、棉坯布、棉纱、化纤纱、地毯、丝毯、草编制品等。根据市场需求计划外收购的商品有腈纶衫、整形机、风动钻车、剪板机等，全年收购值 3964 万元。1993 年起实行承包经营后，省上不再下达出口商品收购品种单列计划，只下达收购总值指标，省级各进出口公司与市外贸经营公司之间由原来的统购统销变成贸易合作关系。天水外贸各经营公司根据市场行情自行组织收购，自定销路。从此，外贸经营逐年走向低谷，业务量萎缩。

（三）加工整理　加工整理即按照不同出口商品的标准质量要求，由天水外贸各专业进出口经营公司以及外经贸委直属企业天水皮毛综合加工厂、天水市外贸总公司进行，一般有初加工、深加工和精加工几种类型。初加工产品主要有果品、豆类和中药材。苹果加工分挑选、量尺、套袋、装箱、入库几个环节。先以苹果的果型、色泽、硬度分类，然后按苹果大小装箱。1989 年前按 80 个为一等、96 个为二等、120 个为三等、140 个为等外、每箱净重 17 公斤来装箱。后出口质量标准提高，一等品按 12 个 5 公斤、24 个 10 公斤、60 个 15 公斤套袋装箱，一等品以下大部分转内销。豆类加工主要是对蚕豆、白云豆、扁豆等杂粮风筛、挑捡（残次品）、晾晒、称重、装袋，每袋净重量 50～100 公斤。药材加工主要是按不同品种的出口标准要求，进行分类挑选（去杂质、去除尘）、量尺、扎把、装袋（箱）几个环节。深加工主要是猪鬃和各种皮张的加工。猪鬃加工由天水皮毛综合加工厂负责，先是将从各收购点收购的猪鬃分色、打箩、泡洗、晾晒成半成品，再按出口尺码规格筛选整理成长短相间的捆把，最后经高温水煮、晾晒后装箱。皮张加工由天水皮毛综合加工厂负责，程序有分路、浸泡、铲肉、脱脂、淹制、磨皮、配路、裁制、机缝 9 道工序。精加工主要指地毯、丝毯、雕漆、绒线、棉织品等，由各生产企业自行承担。

（四）区内重点出口企业　天水星火机床有限责任公司原名天水星火机床厂，1977 年开始出口供货。所产 CHOLET（肖莱）550 车床，20 世纪 80 年代首批销往法国。20 世纪 90 年代与美国 CUBIC 公司、S&S 两家公司签订独家代理协议，年出口供货不低于 30 台，出口交货值 800 万元以上。2005–2007 年，累计出口供货 260 台，供货值 1.18 亿元，自营出口 623 万美元，产品销往美国、德国、法国、日本等 20 多个国家。天水锻压机床有限公司原名天水锻压机床厂，1988 年开始出口供货，1993 年开始自营出口，已累计出口供货 1.12 亿元，自营出口大型液压剪板机、折弯机等 1500 多台（套），产品销往俄罗斯、白俄罗斯、美国、德国等 10 多个国家。天水风动机械有限责任公司原为天水风动工具厂，1985 年开始委托代理出口。2007 年，取得进出口经营权后开始自营出口，主要出口凿岩机、气动工具，产品销往欧美、东南亚等近 10 多个国家和地区。西北永新天虹化工有限公司所产铜酞菁 R4300–T 型为美国太阳化学公司在中国指定的专供产品，2004 年开始自营出口，2007 年出口 124 万美元，产品销往泰国、澳大利亚、美国、日本等国家。天水长城果汁饮料有限公司 2002 年开始出口，98%的产品销往欧洲和俄罗斯等 16 个国家和地区，2007 年出口 2209 万美元。

二、进口

1985年后,从国外进口机械设备的工业企业渐多,包括天水星火机床厂、甘肃棉纺织厂、天水啤酒厂、天水塑料厂等,先后从法国、德国、日本、芬兰、瑞士等国家进口机械设备。2000年后,一些部、省、市属重点企业加快企业技术改造和产业升级的步伐,有重点地从国外进口关键单项设备、成套设备以及原辅材料。2007年,累计完成物资进口总值1.41亿美元,其中单项及成套设备1.38亿美元,原辅材料217万美元。

进口主要设备物资有5大类、130多个系列品种。单项机械设备有液化钻车、落地镗铣车床、龙门刨床、导轫磨床、平面磨床等,成套机械设备有数控机床加工设备、五轴联动加工设备、五面体加工中心、博世电液比例阀组设备等。电器类有表面涂饰机、激光切割机、林肯焊机、弧焊机器人、油压冲孔机、立式攻丝机、钻头刃磨机以及属成套设备有电器数控设备、板材柔性加工FMS生产线、断路器计算机检测系统等。电缆通讯类有高速盘式绞线机、高能物理电子加速器、高速星绞机、泡皮串列生产线成套设备等。电子类单项设备有离子注入机、外延炉、压力传感器、电表仪器等,生产线系统设备有塑封集成电路生产线、混合电路(厚膜)生产线、电源(模块)生产线等。果蔬加工类单项设备有五效蒸发器、超滤机、榨汁机、无菌灌装机等,成套设备有全自动浓缩果汁生产线系列设备、微波烘干加工生产线系列设备等。

三、技术引进

1985年后,随着对外经济技术合作与交流的发展,开始出现以进口机械设备和技术引进相结合的国际经济技术合作业务。

1988年,天水星火机床厂与法国H埃尔诺—索米亚公司合作,生产CHCLET(肖莱)550型车床。车床精度高于150国际标准,获国家优秀新产品金龙奖和省优质产品称号。1991-2000年,主要引进的技术合作项目有甘肃棉纺织厂从日本引进丰田JAT500喷气织机4台、村田I—II自动络筒机2台,从瑞典引进阿特拉斯空压机2台,从德国引进祖克浆纱机1台、祖克调浆机2台,共使用外汇230万美元。生产线建成投产后,新增涤棉府绸产量182万米、纯棉防羽绒布131万米,新增产值1707万元。1998年,天水星火机床厂与瑞典SMT公司、美国CUBIC公司和S&S公司合作,引进数控车床制造技术,研发精密型CW61100E数控卧式车床、CK64200数控端面落地车床、CK61160数控重型卧式车床等重点新产品,实现从普通车床到数控车床、从轻型机床到重型机床、从一般机床到精密机床的转变。

2001年，西北永新天虹化工有限公司与德国化工颜料公司合作，投资250万美元,引进国际第四代最新酞菁蓝生产工艺技术与紊流反应器3台关键设备,建成国内第一条完整的“连续式干法—紊流捏合法”酞菁蓝颜料生产线,年生产能力2000吨,产值3200万元。还投资139万美元引进回收处理加工技术,建成全套盐回收系统,使废盐全部得到回收利用。2002年,天水长城果汁饮料有限公司投资426万美元,从德国、瑞典、意大利引进全套自动化浓缩果汁生产设备与工艺技术,建成6条浓缩果汁加工生产线。2003年,天水嘉信畜牧有限公司与意大利签订奶牛饲养与繁殖技术转让合同，引进意大利全日粮混配技术和时控冻精繁殖技术,使所产小牛母犊率达85%以上,年产母牛犊1200头。2007年,天水星火机床有限责任公司与德国亨利安(WMH)传动技术有限公司签约,投资133万美元成立精密传动制造公司，利用德国WMH品牌和技术生产风电齿轮箱。1986–2007年，从国外引进的技术与合作项目共27个。其中技术引进项目11个,投资1003万美元;技术合作项目15个,投资1570万美元。

四、外资

利用外资从20世纪80年代中期开始,最初形式是借用国际金融组织(世界银行、亚洲开发银行)贷款和外国政府贷款。20世纪90年代,随着对外开放的扩大和投资环境的改善,外商投资企业开始落户。利用外资的范围涉及到农业、教育、卫生、交通、电力、通讯、机械、电子、轻纺、化工、地产等多个行业领域。

国际融资　主要有国际金融组织贷款和外国政府贷款，其中以世界银行贷款为主。1986年，区人民医院申请到世界银行贷款106.8万美元（合人民币378万元),修建区人民医院住院大楼。1992年,市疾病控制中心申请世界银行贷款“中国结核病控制”项目90万美元(合人民币540万元)。1993年,市邮电局申请西班牙政府混合贷款“市区程控电话”项目,贷款金额1658万元,开通市区移动电话。1994年,又利用其项目申请澳大利亚政府贷款4491万元,共建成开通程控电话1万台,使包括区境在内的全部区、县实现电话交换程控化。1998年,市供电局申请加拿大政府混合贷款秦城、北道110千伏输变电工程项目,贷款2324万元。1999年,天水市扶贫办公室申请世界银行贷款“中国西部扶贫开发”项目,贷款金额2.38亿元,用于农业基础设施、农田水利灌溉、人畜安全饮水以及种植、养殖业等扶贫开发项目建设。按照先实施后报账的方式,区内项目共报回世界银行回补资金2611万元,有9乡、75村、6831家农户共3.3万人从中受益，人均产粮由项目实施前的179公斤增加到338公斤,人均纯收入由588元提高到1190元。2000年,区城建局申请瑞典政府贷款“桥南集中供热”项目贷款535万美元(合人民币4430万元),建成后供热面积92.4万平方米,受益居民1.3万户、4.6万人。2002年,市卫生局申请德国政府贷款“医疗设备购置”项目贷款385万欧元(合人民币3500万元),从德国进口配置一批具有国际先进水平的医疗设备,配发给包括驻区市第二人民医院在内的4家大医院。同年市疾病控制中心申请世界银行贷款“中国结核病控制”项目,贷款68万美元(合人民币417万元),用于全市全部现有人口(含区内人口)的疾病防控,共发现治疗12248例肺结核病人。市畜牧局申请世界银行贷款“畜牧综合发展”项目贷款2610万元,完成种草31.4公顷,其中扶持天水嘉信畜牧有限公司建成3个百头良种奶牛繁育场和1个挤奶站。2004年,市交通局申请日本政府贷款“麦积至贾河高等级公路建设”项目贷款4100万元,连同其他筹资,总投资2.5亿元,建成全长23.8公里高等级公路,为省内第一条由地方政府筹资为主建成的高等级公路。

外商投资　至1995年,共批准外商投资企业26家,合同利用外资5046万元。1996年后,受亚洲金融危机等各种因素的影响,外商直接投资进展缓慢,投资额下降。至1999年,共批准外商投资企业4家,合同利用外资916万元。2000年起,外商投资环境得到改善,国家、省、市制定的西部大开发战略的优惠政策,对外资产生较强的吸引力。至2007年,天水市商务局会同甘肃省商务厅等有关部门累计审批外商投资企业44家,总投资9.32亿元,注册资本5.1亿元,合同利用外资额2.91亿元。其中中外合资经营企业32家,注册资本3.72亿元,利用外资2.07亿元;中外合作经营企业4家,注册资本1.18亿元,利用外资6519万元;外商独资经营企业8家,注册资本1977万元,利用外资1977万元。共有8个国家和地区的外商到天水投资兴业,美国7家,新加坡5家,日本2家,菲律宾、意大利、澳大利亚、西班牙、丹麦各1家。外商投资行业有12个,其中电子信息5家,农产品加工5家,矿产资源开发5家,电工电器4家,建材4家,房地产开发4家,生物制品3家,饮食娱乐3家,轻纺2家,家具制造2家,工艺品2家,啤酒饮料2家,化工颜料2家,皮革制品1家。区内利用外资企业主要有甘肃天宝电脑针织时装有限公司、甘肃秦龙涂料有限公司、甘肃耐克特蜂产品有限公司、甘肃天立气动工具有限公司、甘肃天水街亭温泉度假村有限公司、甘肃陇赢家具有限公司、天水台联长龄矿业有限公司、甘肃陇东硅业有限公司、甘肃天宝电脑毛衫有限公司、天水黄河桐木制品有限公司、甘肃快乐王食品有限公司、甘肃中联泰维置有限公司、甘肃天水奔马啤酒有限公司、甘肃鑫宝金属矿业有限公司。兰州黄河啤酒股份有限公司为丹麦嘉士伯啤酒有限公司、丹麦发展中国家工业化基金会联合投资 222.8 万美元，与原甘肃天水奔马啤酒有限公司联办的中外合资企业。

五、国际经济技术援助

2003 年，国家农业部与荷兰政府签订《促进中国西部农村可再生能源综合发展应用》（CNO12531）合作项目，区内为甘肃省唯一实施其项目的地方，同年确定社棠镇东山村、伯阳镇曹石村为实施地，计投资 262 万元人民币，其中荷方补助 138 万元，农户自筹 70 万元，地方财政配套 54 万元。至 2006 年实施结束，计建成户用“沼气池＋暖圈”153 户（其中东山村 82 户、曹石村 71 户），户用太阳能热水器 147 台，高效节柴灶 85 户，高效双孔节能气化炉 93 台。建成的示范工程有曹石村面积 100 平方米的被动式太阳房 40 座，东山村占地 5 亩的集雨滴灌 13 处。还建成户用高效架空炕 73 铺，太阳能路灯 2 个，太阳能光电钟 1 个，太阳能助推热泵 1 台，曹石小学太阳房 500 平方米，公用高效节能气化炉 10 台。

1985–2007 年区内接受国际援助项目统计

年份	执行单位	项目名称	受援资金（万元）	项目周期（年）	援助机构与国别
1989	区妇幼保健站	GC/89/YH001/01 中国基层妇幼卫生与计划生育	40	5	联合国人口基金会
2003	区畜牧局	促进中国西部农村可再生能源综合发展应用	137	3	荷兰政府
2004	天水市林业局	中德财政合作造林项目	6000	8	德国政府

六、经贸合作交流

1994 年，天水市人民政府在澳大利亚本迪市举办天水风情艺术展和地方工业产品展览，驻区天水星火机床有限责任公司等企业参展，制作样品图板 34 块、10 个大类，提供产品图样 100 多种。样品实物类有草编、绒线、棉布、仪表、中药材等。2001 年，甘肃省人民政府组团参加国际商品展销会，驻区市对外经济贸易局、市工艺品进出口公司、天水电器传动研究所等单位参展。2006 年，市商务局组织包括天水风动工具有限公司等企业参加由中国国际贸易促进委员会在朝鲜平壤举办的中国商品展览会，签订出口合同 500 万美元。2007 年，市商务局组织天水星火机床有限责任公司等企业先后参加在澳大利亚、哈萨克斯坦、南非举办的中国商品交易会，签订意向出口合同480万美元。同年，天水长城果汁饮料有限公司等企业参加英国伦敦世界食品展览会，长城牌果汁现货成交500万美元。

第四节 机构与政策扶持

一、机构

境内外贸业务长期由驻区市属贸易机构主持。先后有市对外贸易总公司等6家，1998年后调整为1家。

天水市对外贸易总公司 1992年成立，在城区今陇昌路东。上隶天水市对外经济贸易委员会，县级建制，有职工185人，共占地3.5万平方米，有果品冷藏恒温库1座，存储容量1万吨。1998年主营外贸业务退出后内部重组，此后外贸出口业务时有时无，2005年出口值仅17万美元，产品销往美国、日本、俄罗斯、乌克兰等国和东南亚。改制后，主要从事资产租赁和农副产品、中药材、纺织品、工艺品、干鲜果品、工矿产品、化工产品、机电产品、包装材料、润滑油等产品的销售及进出口业务。

甘肃省粮油食品进出口公司天水分公司 在城区今陇昌路东。1987成立省粮油食品进出口公司天水支公司，1989年改为分公司，上隶天水市对外经济贸易委员会，业务归省粮油食品进出口公司，共有职工73人，注册资金57万元。主营苹果、蕨菜、蚕豆等小杂粮商品的收购、粗加工、储存与出口业务。1992年省地外贸脱钩后，业务划归市外经贸委管理，时年出口蚕豆3000吨、苹果1000吨。至1998年连续6年亏损，公司歇业改组，并入天水市对外贸易总公司。

甘肃省土畜产品进出口公司天水分公司 在城区今陇昌路东。1987年成立省土畜产品公司天水支公司，1989年改为分公司，上隶天水市对外经济贸易委员会，业务归省土畜产品进出口公司，有职工49人，注册资金57万元。主营猪鬃、蜂蜜、大麻、肠衣、皮褥子、中药材等商品的收购、加工、储存与出口业务。1992年出口蜂蜜178.5吨、猪鬃2347箱、肠衣9.6万根。1998年歇业改组后并入天水市对外贸易总公司。

甘肃省纺织品进出口公司天水分公司 在城区今陇昌路东。1987年成立天水支公司，1989年改为分公司，上隶天水市对外经济贸易委员会，业务归省纺织品进出口公司，有职工29人，注册资金50万元。主营棉纺织品、矿产品、化工颜料等商品的收购与出口业务。1998年歇业改组后并入天水市对外贸易总公司。

甘肃省地毯进出口公司天水分公司　在城区今陇昌路东。1987年成立天水支公司,1989年改为分公司,上隶市对外经济贸易委员会,业务归省地毯进出口公司,有职工7人,注册资金42万元。主营地毯、丝毯、棉纱、毛纱、羊毛等商品的收购与出口业务。1998年歇业改组后并入市对外贸易总公司。

甘肃省工艺品进出口公司天水分公司　在城区今陇昌路东。1987年成立天水外贸支公司,1989年改为分公司,上隶市对外经济贸易委员会,业务归省工艺品进出口公司,有职工20人,注册资金50万元。主营雕漆、草编等工艺产品的收购、储存与出口业务。1998年歇业改组后并入市对外贸易总公司。

1998年后,进出口贸易放开经营,已不再由贸易总公司独家经营,大部货物由国内外客商直接与生产单位订购。

二、政策

1986年,贯彻国务院制定的《关于鼓励出口商品生产扩大出口创汇的通知》,继续实行出口商品外汇留成办法和超计划出口收汇"倒三七"分成办法,地方留成中分给生产企业和供货单位50%。并对生产企业实行出口奖励制度,以1985年出口收入为基数,在基数内每实现出口1美元,奖励人民币3分;超基数出口1美元,奖励1角。1988年,市人民政府在贯彻执行国务院、省上有关鼓励出口商品生产基地建设扶持政策的基础上,又订出优惠政策:经批准的出口基地、专厂(或专车间),优先减免调节税,其资金用作增加企业流动资金和技术改造资金;基地、专厂(专车间)的留利水平与考核指标挂钩,完成任务好的基地、专厂,其留利水平在原核定留利额的基础上提高5%~10%;基地、专厂(专车间)的职工奖金,根据考核指标的完成情况,可增发1.5个月的平均工资,并免征奖金税。1999年,市人民政府又作出《关于进一步扩大对外开放的决定》,决定市财政每年拿出60万元,设立大宗外销商品奖励基金,鼓励国营、集体、民营、个人推销大宗农副产品。

三、资金扶持

主要有出口商品生产基地建设专项扶持资金、出口工业品生产专厂技术改造专项贷款、出口商品生产基地建设用外汇3项。

出口商品生产基地建设专项扶持资金　1985年,甘肃省计划委员会、外经贸委拨专项扶持资金122万元,其中用于扶持苹果生产11万元、药材生产10万元、青山羊养殖55万元、亚麻生产加工2万元、蕨菜加工2万元、地毯生产10万元。1986年,甘肃省土畜产品进出口公司拨42万元,建立猪鬃出口基地,改造扩建猪鬃生产加工车间1577平方米,新购置安装加工设备13台。1990年,甘肃省外经贸委拨技术改造扶持资金591万元,其中甘肃棉纺织厂48台布机改造80万元,2万锭棉纱设备购置安装500万元。1992年,甘肃省计划委员会批准给甘肃棉纺织厂无偿补贴外汇63.5万美元,合人民币520万元,用于新型喷立织机套生产线建设。1985–1992年,省、市给企业共拨付出口商品生产基地建设专项扶持资金1289万元。

技术改造专项贷款　用于优先安排出口专厂、专矿或重点出口供货企业。1987年,省经委、省外经贸委拨出口创汇企业技术改造项目贷款195万元,其中甘肃棉纺厂改造一套精梳设备贷款50万元。1990年,省粮油进出口公司给天水罐头厂下拨扶持贷款35万元,天水北道肉联厂兔肉生产厂下拨扶持贷款30万元。

出口商品生产基地建设用外汇　为扶持出口商品基地和专厂的专项外汇资金。1986年使用外汇44万美元,其中天水小陇山地板生产线建设购置进口设备24万美元、租赁软包生产线5万美元。1989年使用外汇193万美元,其中城市万门电话机安装设备进口5万美元,地方自有外汇进口183万美元。1992年使用外汇127万美元,主要用于甘肃棉纺织厂新型喷气织机等关键设备的引进。1986–1992年,有6家企业共使用外汇770万美元,折合人民币2960万元人民币。其中5家企业利用外汇进口设备736万美元。期间扶持伯阳、街子2乡建立出口“花牛”苹果生产基地。

第三章　工　业

第一节 概 述

1985年设区时,境内工业产值已占经济主导地位。是年中央、省、市、区属工业企业总计94家,其中全民所有制工业33家,集体所有制工业61家。工业总产值2.83亿元,占全部社会总产值3.82亿元的2/3 。工业单位中,航空工业天飞公司、中车集团天水七四五二工厂、天水卷烟厂、天水工务修制厂、天水供电局5个为部属国营工业,产值3343万元,占境内工业总产值的13.2%。其中天水卷烟厂产值1590万元;天水风动工具厂、天水星火机床厂、天水锻压机床厂、天水拖拉机厂、甘肃省医疗器械厂、天水邮电水泥电杆厂、甘肃省蜂乳厂、省建五公司木材加工厂、省建八公司综合加工厂 9 个为省属国营工业，产值 7325 万元，占境内工业总产值的 29%；甘肃绒线厂、甘肃棉纺织厂、天水啤酒厂、天水造纸厂、北道肉类联合加工厂、北道面粉厂、天水水泥厂、天水焦化厂、天水纤维板厂 9 个为市属国营工业，产值 1.21 亿元，占境内工业总产值的 47.8 %。区属工业中，天水农业机械制造厂、区砖瓦厂、区针织厂、区水泥厂、区印刷厂、天水果脯厂、区食品厂、区屠宰厂、区塑料制品厂、区水管所 10 个属国营工业，天水橡胶化工厂、区灯具厂、区轻工厂、区服装一厂、区服装二厂、区木器厂、区毛纺织厂、区石砂厂、天水标准件厂、区冶炼厂、区鞋厂、区工艺厂、区机电修造厂、区综合加工厂、区地毯加工厂 15 个为集体所有制工业，两类工厂产值 1963 万元，占境内工业总产值的 7.8 %。另外，还有乡办工业 34 个，厂办集体工业 12 个。

1986 年，为改变区属工业基础薄弱，特别是没有骨干工厂的状况，区委、区人民政府决定兴建年产 5000 吨（后改 2750 吨）罐头的天水罐头食品厂和年产 1.2 万吨玻璃制品的天水玻璃厂(后更名天水医药玻璃厂）。两厂投产后，因为均由贷款兴办(过去县属国营工厂由县财政投资)，资金紧缺，加上原材料不足等原因，远未达到原设计生产能力，且形成较大亏损。同期由于大力倡导兴办乡镇企业，农村特别是城郊附近乡、镇建起不少小工厂，有的为大工厂加工配件，有的为其生产包装材料，也有诸如东风农机修造厂、马跑泉海泉轴承厂等具有一定规模的机械工厂。部、省、市骨干工厂在改革中也有新的发展。

1994 年，随着二十里铺工业示范区的成立，先后有入园企业 44 家，其中天水华圆制药设备科技有限责任公司投资建设的医疗器械生产项目，甘肃成纪药业有限公司生物药剂生产项目，天水万达电气有限公司系列封装线圈生产项目，天水长城电工成套设备有限公司新型高、低压配电设备生产项目，甘肃天森药业有限公司中草药单味化制剂生产项目，天水广容电器有限公司系列真空断路器项目，甘肃金维沙药业有限公司制药项目，天水恒顺面粉有限公司粮食深加工项目等 21 个项目已建成投产。

2002 年，区属工业普遍进行产权改制，天水农业机械厂、天水橡胶化工厂、区木器厂、区工艺厂、天水标准件厂等 15 家采用以企业整体产权转让为形式的改革，将原全民所有制和集体所有制企业改为民营企业；区轻工厂采取解体形式的改制；区车辆电器修配厂、区冶炼厂、区毛纺织厂等 5 家因城市拆迁或土地权属不清，或采取租赁经营，或利用区域优势搞房地产开发。

2006 年，全区工业企业 1125 家，从业 29678 人。其中 32 户规模以上工业完成工业总产值26.9亿元，工业增加值12.4亿元，工业销售产值25.8亿元，利税总额6.3亿元。形成以天水星火机床有限责任公司、天水锻压机床有限责任公司、天水风动机械有限责任公司等为主的装备制造工业，分布于各乡、镇的砖瓦厂和天水天威水泥有限责任公司等为主的建材工业，甘肃成纪生物药业有限公司、甘肃天森药业有限公司等为主的生化制药工业，甘肃烟草有限公司天水卷烟厂等为主的烟草工业，天水电器传动研究所有限责任公司、天水万达电器有限公司等为主的电子电器工业，甘肃天水奔马啤酒有限公司、天水长城果汁饮料有限公司等为主的食品加工业，甘肃春风纺织(集团)有限责任公司等为主的轻纺化工业。工业企业中，通过ISO质量体系认证的13户；4户企业建有完善的技术研发机构，其中星火机床有限责任公司研发机构被命名为国家研发机构，其余3家为省级研发机构，拥有自主知识产权，在同行中处于领先地位。到2007年，开发新产品12项，完成新技术成果转化2项、工业高新技术产业化项目1项，新培育和发展高新技术产品2个，2户企业的产品分获“中国名牌产品”和“中国著名品牌”称号，中车集团天水七四五二工厂引进的山地拖拉机被列入国家“星火计划”推广项目。

惟原区属工业因均属小型企业，改制后发展变化不大。2007年计拥有总资产7576万元，净资产4396万元，资产负债率42%，年内完成销售收入2450万元，上缴税金146万元，在职职工769人。

第二节 机械制造

一、天水星火机床有限责任公司 在社棠镇东刘家窑，原名天水星火机床厂，是20世纪60年代建成的国家大型二档机床制造企业和“三线”调迁企业。由沈阳第一机床厂和第三机床厂各抽调部分人员和设备兴办，始建于1967年，隶第一机械工业部，1970年投产。同年下放甘肃省管理，划归甘肃省机械工业局。投产后，继续扩建，至1980年完成。2002年，改制成立天水星火机床有限公司，2003年划归天水市管理。2005年破产重组，成立天水星火机床有限责任公司。公司设股东会、董事会、监事会，有1个研发中心和8个生产分厂，职工1819人，注册资金5000万元，资产总额2.9亿元，占地612亩。现拥有600余台金切及齿形加工设备，有年产铸件8000余吨的树脂砂生产线。主要生产大型数控车床、数控端面车床、大型卧式车床、数控轧辊车床、精密轧辊磨床、双柱立式车床、专用机床、自动精密低压铸造机等12个系列。精密轧辊磨床的制成，使公司跨入精密机床制造行业。产品广泛应用于航天、航空、汽车、军工、石油、轧钢、造纸等行业，覆盖全国各地，还销往美国、德国、法国、日本等40多个国家和地区。大型数控车床国内市场占有率70%，精密数控轧辊磨床占有率50%，大型卧式车床占有率40%。2004年在全国机床工具行业3500多家企业中，销售收入增幅名列第二，为天水市利税三强之一。公司通过ISO9001质量体系认证和欧洲CE安全体系认证，产品执行国际标准和工业发达国家先进标准。拥有自营进出口经营权。有5种新产品连续获甘肃省科技进步一等奖，SPARK被评为全国最具竞争力品牌，星火数控系列机床被评为全国名牌产品。

二、天水锻压机床（集团）有限责任公司 原名天水锻压机床厂，在城区渭滨北路西，是集锻压机械研发、生产、销售为一体的大型二档企业。始建于1966年，属第一机械工业部投资兴建的国有“三线”企业。1970年部分投产，同年由第一机械工业部下划甘肃省，由省机械工业局管理。2002年，进行分离式改制，保留原天水锻压机床厂法人地位，优化资产组合，成立天水锻压机床有限公司。2003年，又由甘肃省下划天水市管理。2007年，完成天水锻压机床厂政策性破产，重新组建有限责任公司。公司以生产液压剪板机、液压板料折弯机和大口径直缝埋弧焊管成套生产设备为主导产品，其中TSD牌W67Y系列液压板料折弯压力机、QC12Y系列液压摆式剪板机和TDJCOE-40/1422X12200制管生产线获甘肃省名牌产品称号，还被评为2007年中国金属加工业机械制造行业自主创新十强企业，所注册商标“TSD”经国家工商行政管理总局认定为中国驰名商标。

天水锻压机床（集团）公司部分年份主要经济指标

单位：万元

年份	工业产值	销售收入	上缴税金	年利润
1985	918	933	44.0	72.0
1990	1469	1307	96.9	-252.7
1995	5112	4198	35.6	-292.8
2000	6803	6305	51.1	4.6
2005	10415	8686	46.4	77.2
2007	30904	19232	97.8	999.9

三、天水风动机械有限责任公司 1965年，沈阳风动工具厂分迁社棠公社，驻今城区社棠路，属国家"三线"调迁企业，占地690亩。原名天水燎原风动工具厂，1981年改为天水风动工具厂。1985年，引进瑞典制造履带式露天全液压钻车全套设备和技术，开始生产全国第一批全液压履带式掘进钻车。1987年晋升省一级企业。2002年，在对资产优化的基础上，成立天水风动机械有限责任公司，成立公司董事会、监事会、职工持股理事会。2006年，原天水风动工具厂依法破产，次年完成二次改制，彻底解决职工身份的置换（由原国有企业固定工改为合同工），明晰产权，完善股权结构。主要产品有凿岩机、气动与液压凿岩钻车、气动工具、凿岩钎具、石油钻杆和空压机等6大类，每年为国内外市场提供19个系列、85个品种、159种规格的产品10万余台，是国内凿岩机械与气动工具行业中产品品种最全的厂家。产品广泛应用于矿山采掘、能源开发、交通、水利水电工程及国防建设、汽车与机械制造等领域，在国内拥有4000多用户，国外远销20多个国家和地区。"天风燎原牌"商标被国家工商行政管理总局认定为中国驰名商标，企业被认定为甘肃省高新技术企业、全国机械工业管理进步示范企业，亦为国内凿岩机械与气动工具的研制生产基地。中国凿岩机械气动工具协会、凿岩机械气动工具研究所、行业产品检测中心和标准化委员会均设在公司。

天水风动机械公司部分年份主要经济指标

单位：万元

年份	工业总产值	销售收入	利润总额	利税总额	工业增加值
1985	2168	2301	300.8	174.3	…
1990	3885	3482	505.7	761.8	…
1995	8369	7995	128.6	1021.4	4233
2000	8123	7237	2.0	571.0	3161
2005	18819	18986	2835.0	5227.0	7079
2007	18016	15054	3288.2	5450.4	8619

四、天水拖拉机厂 在社棠镇下曲村。1971年，在天水市综合机械厂的基础上扩建，1972年于下曲湾选定新厂址。1985年，工厂占地349亩，其中厂区266亩，全厂职工1563人，有3个直属车间，设备973台，固定资产原值3112万元。主要生产15马力小四轮拖拉机，年生产能力1万台，销往12个省、市、自治区。1996年，被兰驼手扶拖拉机厂兼并，改为兰州手扶拖拉机厂天水分厂。至2000

年，因兰拖厂不履行兼并主体和主管单位的职责，致使天拖厂停产。2007 年 12 月，随兰州拖拉机厂一同破产。

五、中航工业天水飞机工业有限责任公司 简称航空工业天飞公司（俗称航修厂），即原解放军第五七二二工厂，在二十里铺工业示范区，紧邻天水飞机场。始建于 1976 年，隶属解放军空军装备部，2001 年移交中国航空工业集团公司，现归属中国航空工业航空装备有限责任公司管理，占地 600 余亩，职工 1261 人。公司主要以飞机修理、无人靶机制造、军品部（附）件制造为主，同时开发民用产品，先后投资建成树脂和陶瓷砂轮生产线，填补西北无一家上规模砂轮生产企业的空白。2007 年，改制为国有独资公司，为中国航空工业集团公司防务公司下属成员单位，年营业收入 1 亿元以上。至 2007 年，大修各型飞机 1300 余架，连续 30 年保证大修质量和飞行安全。

六、中车集团天水七四五二工厂 在马跑泉镇永川河东，是以铸造、机械加工、汽车改装与修理为主的国有独资企业。始建于 1974 年，占地 300 亩，资产总额 6261 万元。工厂有各种机械、加工设备 368 台(套)，现有员工 358 人。原名解放军第七四五二工厂，由兰州军区装备部管理，业务主要是保障军队车辆大修、维护和供给部分军用器材。2001 年，改隶中国化工集团所属蓝星公司。企业政策性改制重组后，更名为中车集团天水七四五二工厂，业务由原来保障军车维护、大修、供给部分军用器材扩展到自主开发 492Q 型发动机、685Q 发动机缸体、“天轮”6470 型越野车、改装自卸专用车、正转链条给煤装置和农用挂车等民用产品，为国内整车厂家生产配套汽缸盖、汽缸体、飞轮壳、刹车鼓等零部件。2004 年，与中国农业大学合作，引进山地拖拉机专利，生产“福乐牛”山地拖拉机，能够在坡度 25 度以内的耕地上实现耕作，可满足山坡地农业生产机械化的要求。其生产填补国内无生产山地农业机械的空白。2007 年，工厂资产总额 6119 万元，总负债 2867 万元，所有者权益 2551 万元，资产负债率 47%，在册职工 382 人。

七、天水华圆制药设备科技有限责任公司 在二十里铺工业示范区。2001 年组建私营天水华圆制药设备科技有限责任公司，2004 年兼并原甘肃省医疗器械厂。公司主要从事中药制丸、微波提取、微波干燥灭菌、自动包装生产线、医用灭菌柜等设备的研制、生产和经营。公司员工 400 名，工程技术人员 27 名，占地 47.5 亩，建筑面积 2.1 万平方米，拥有数控锯床、磨床、冲床等各类加工设备 200 台（套）。中药制丸机系列、微波干燥灭菌机系列产品在国内市场占有率超过 50%，产品广泛装备北京同仁堂、河南宛西、吉林修正、湖南九芝堂、广州中一、兰州佛慈、北京化工大学等近1000家客户，并出口日本、加拿大、澳大利亚、冰岛、东南亚等国家和地区，部分产品填补国内空白。公司承担20余项部、省级科技项目，其中国家火炬计划3项，国家重点产品计划2项，国家科技支撑计划1项。拥有国家授权专利近100项，专利成果产值贡献率在70%以上，在全国制药设备行业领先。被甘肃省委、省人民政府授予“全省发展非公有制经济先进企业”“甘肃省优秀非公有制企业”等称号。2007年，实现产值5000多万元，上缴利税近400万元。

八、天水阳升农机制造有限责任公司 原名天水农业机械制造厂，初为1959年成立的天水市农具厂，1963年迁北道埠，1968年再迁社棠公社下曲湾。占地61亩，主要生产山地步犁、双铧犁(机耕犁)、建筑用钢模板。1985年，研制出新型的12号山地步犁，年产12万部，为此获誉一时，1988年晋升省二级企业。1990年，职工174人，固定资产187万元，生产步犁13万部，产值376万元，上缴税金7万元，利润38万元。2002年改制为民营企业，称现名。改制时，总资产613万元，总负债670万元。改制前有职工279人，其中在职215人，退休64人。改制后，有48名职工领取身份置换费离开企业。

九、天水天盼精工机械有限公司 在城区道北街道吕家村，前身为1985年建厂的民营企业——北道区东风机械厂，1990年晋升省二级企业，2007年改现名。公司占地52亩，固定资产1000多万元，流动资产420万元，主要生产“天盼”牌防盗门、“兴陇”牌农用挂车，时有职工106人，高级工程师2人，助理工程师3人。2004年，“天盼”防盗门生产线迁建，在天水高新技术工业园(今成纪大道东)划拨土地50亩，投资1900万元，兴建年产防盗门5万樘、产值4000万元的防盗门生产线，2005年部分建成投产。2007年，生产防盗门5928樘，拖车595台，工业总产值505万元，工业增加值129万元，上缴税金26.4万元，从业80人。

第三节 建材生产

一、砖瓦工业

20世纪80年代，随着农村经济的发展，各乡、镇在原有一些队办或个体砖瓦厂的基础上，建成一批较大的村办或个体联营砖瓦厂，满足了农村居民以及大中型工厂基础设施建设的用材需求。1990年，全区有41个砖瓦厂，其中村办31个、私营10个，从业者高峰季节达3000多人，年产砖1.5亿块、瓦9700万片。90

年代以后，随着产品质量的优胜劣汰，处于劣势的中小型企业逐渐破产倒闭或自行消亡，又出现一批中型的联营或个体砖瓦厂。现存砖瓦企业有甘泉镇峡门砖瓦厂、屈家坪砖瓦厂，马跑泉镇崖湾砖瓦厂、什字坪砖瓦厂、黑王砖瓦厂，新阳镇胡大砖瓦厂，元龙砖瓦厂，道北砖瓦厂等几十家。

天水泰正建筑材料有限责任公司　原为天水县砖瓦厂，始建于1965年。厂址位于城区西北同乐路，占地190亩，主要产品为机红砖、机红瓦、空心砖。80年代初，由于村办砖瓦厂增多，企业经营维艰，遂于1983年在砖瓦厂厂址筹建天水罐头食品厂，砖瓦生产作为天水罐头食品厂的一个车间继续生产。1995年，天水罐头食品厂的砖瓦车间改为独立的法人单位，自负盈亏，自主经营，企业名称改为天水建筑材料厂。此后经营仍不景气，2000年仅完成工业产值100.8万元，销售收入90.4万元，累计亏损53万元。2002年进行整体产权转让改制后，称名天水泰正建筑材料有限责任公司，成为民营企业。时企业总资产541万元，总负债601万元，职工192人，其中在岗135人。改制后，由于受让人出资不到位，无力经营，2005年二次改制，由天水民达房地产有限公司整体接受公司产权。

二、水泥工业

天水天威水泥有限责任公司　1970年，天水县在距矿山较近的甘泉公社中庄村兴办水泥厂，占地135亩，1971年投产。装备有1.5×7米的土立窑，安装两台1.2×4.5米的球磨机，容积130吨的两个水泥罐，自制提升运输设备两台。1985年贷款120万元，采取边生产边建设的办法进行提升改造，安装1.83×6.4米的球磨机和1.2×12米的烘干机，更换3台提升机，扩大机立窑容量，水泥年产能力扩大到3.2万吨，当年生产2.2万吨，完成产值120万元，利润30万元。同年改名北道区水泥厂。1986–1987年，所产425号、325号普通和矿渣硅酸盐水泥赢得用户好评。1988年，晋升省二级企业。1990年，有职工228人，固定资产369万元，年产水泥3.28万吨，产值425万元，上缴税金68万元，利润21万元。1993年，为进一步扩大生产能力，通过贷款、集资等形式筹集资金1200万元，新建一条年产4.4万吨水泥的生产线，1994年建成投产，使年生产水泥能力达到8万吨。但建成后，由于流动资金不足，至2000年始终未能满负荷生产。2002年企业改制中，转为民营，改名天水麦积水泥有限责任公司。时有职工365人（其中在岗272人，退休47人，长期请假38人，挂名8人），总资产（含土地）1581万元，净负债608万元。改制后，由于历史形成的人员多、负债大、历史包袱沉重，生产经营困难。2004年又转让于浙江客商,至2006年处于停产状态,2007年破产,拍卖变现700万元。

三、水泥制品

1966年,天水县邮电局在北道埠建水泥电杆厂。70年代,省第八建筑工程公司、县建筑工程公司等建筑单位均生产水泥空心楼板、砼块、盖板等。1985年,在二十里铺乡和石佛乡各建水泥预制件厂,亦生产空心楼板和过梁桁条等。1988年,社棠镇也建预制件厂。1990年,全区有企业办和村办水泥制品厂8家,从业200多人,年产4000余吨。

天水邮电水泥电杆厂 1966年,天水邮电局在今渭河南路东建水泥电杆厂,占地36亩,同年投产,生产长4.5米和6米的水泥电杆。1973年归省邮电局管理,1985年后又由天水市邮电局管理。经屡次扩建改造,安装有钢筋拉丝机、调直切断机、混凝土搅拌机、电杆离心机、万能试验机等,除生产水泥电杆外,还生产混凝土排水管、空心楼板等。1990年,职工94名,固定资产107万元,生产水泥电杆8000根,产值106万元,利润7万元,上缴税金6.6万元。90年代,经济效益急剧下降。2007年,改制重组,时有89名职工,连同所有资产并入中国邮政集团公司天水市分公司,原厂消失。

第四节 食品加工

一、天水长城果汁饮料有限公司 2001年,陕西恒兴果汁饮料有限公司和天水长城电器集团合作投资,在天水高新技术工业园区(在城区东下曲村)兴建,占地40.5亩,同年建成年生产能力1万吨浓缩苹果汁生产线,设计年消耗苹果能力8万吨,年产值5000万元。次年调整股权,由管理、技术、融资能力较强的上市公司——兰州长城电工股份有限公司投资控股(占股份70%)。2003年,在原有生产能力基础上又进行扩建和技术改造,扩建新增土地73亩,增加1条每小时生产25吨的生产线,设计能力年可增苹果浓缩汁1.5万吨,新增产值6000万元,新增利润600万元。2004-2005年生产浓缩果汁2.3万吨,销售总值1.27亿元,其中出口值近亿元,出口美国、日本、欧洲等国家。有"国家级农业产业化企业""天水市农业产业化经营重点龙头企业"之誉。2007年工业总产值1.58亿元,实现利润340万元,上缴税金360万元,职工535名。

二、甘肃天水奔马啤酒有限公司　在马跑泉镇永川河东，占地100亩。前身为天水啤酒厂，1981年由天水地区行政公署在原地区氮肥厂旧址上改建，1984年投产。1985年扩建中，新安装6个100立方米的露天发酵罐和2台20万大卡冰机，新增1条罗马尼亚灌装生产线，年生产能力1.5万吨。1990年，职工549名，固定资产1880万元，产量4671吨，产值1049万元，利润2.1万元，上缴税金113.5万元。90代初出现亏损，后一蹶不振，每况愈下。至1996年有资产4127万元，固定资产净值1333万元，流动资产1515万元，土地价值1279万元，负债5416万元（流动负债4144万元，长期负债1272万元），遂停产。同年，由兰州黄河企业集团以2609万元总价收购，重组为兰州黄河企业集团天水啤酒有限公司，企业性质由国有企业改为集体所有制。旋由兰州黄河企业集团投资2000多万元进行设备改造，使生产规模从原来的每年5000吨提升到2万吨，职工500人，产值1910万元。是为省内第一家乡镇企业买断国有企业的案例。2002年，进行二次改制，重组投资3622万元，原固定职工身份置换后，组建成立甘肃天水奔马啤酒有限公司。公司改造扩建后生产的奔马啤酒在天水陇南市场销售逐年拓展。2004年，兰州黄河企业集团与丹麦嘉士伯啤酒集团合资，引入外资。次年中外合资的甘肃天水奔马啤酒有限公司正式运营，生产“黄河嘉宝”“黄河奔马”系列啤酒，年产5万吨，同年公司又投资1300万元新建一条生产线，使年产能力达到6万吨。2007年，啤酒产量3.15万千升，销售收入9882万元，实现利润244万元，上缴利税165万元。

三、天水罐头食品厂　20世纪80年代中，原天水县砖瓦厂、天水果脯厂合并，成立区属全民所有制的天水罐头食品厂。厂区占地320亩，投资1200余万元，建设规模为年产各类果蔬罐头2750吨、果脯500吨。1987年，完成实罐车间、空罐车间、原料库、锅炉房的土建，安装机械化成套设备338台，其中实灌生产设备49台套。建设过程中，投资由拨款改为贷款。1988年试生产，1989年生产罐头800吨，果脯236吨，果脯一度销往台湾。由于生产设施不配套，贷款利息负担重，流动资金短缺，加之管理水平低，远未达到设计生产能力，经营困难，亏损逐年加大，1995年实现销售收入133万元，亏损90万元。同年将果脯车间、纸箱车间、砖瓦车间分出，变为独立单位。其后，由于资金、债务、原料供应等问题，仍不能启动生产，1997年破产。

四、天水美味果脯食品厂　1981年，天水县人民政府在社棠公社下曲湾原天水县化肥厂址兴建县属全民所有制企业——天水县果品综合加工厂,未及建成,改名果脯厂。同年建成年产400吨果脯的生产线,1982年投产,半机械化生产。1983年,增加硬包装罐头生产线。1985年,职工97人,产果脯89吨,水果罐头81吨,蔬菜罐头31吨。1987年,并入天水罐头食品厂。1995年仍改为独立企业,取名天水美味果脯食品厂,址设城区同乐路,主要设备有破瓣机、夹层锅、半自动罐头封口机等,主要产品有各类水果脯类产品及罐头,其中杏脯、黄桃罐头为主导产品。不久,由于资金匮乏,负债严重,企业举步维艰,1997年破产。

第五节 轻纺工业

一、甘肃春风纺织(集团)有限责任公司(原甘肃绒线厂) 在社棠镇槐荫村。1966年由省工业厅投资兴建,占地约20亩。1970年投产,时职工487人,生产腈纶、混纺、纯毛粗线,当年产值700万元。1980年,扩建针织绒车间。1985年划隶天水市。时注册资本2100万元,总资产1.62亿元,职工1250人,有纺锭7200枚,毛针织设备300余台,年产“春风”牌各类绒线3000吨,各类绒衫20万件。1986年开始在今秦州区筹建分厂,主要纺织设备从比利时、意大利、德国进口。1989年,全部销售收入1.32亿元,实现利税3548万元。90年代中期,市场萎缩,产品积压,出现亏损。1996年,进行现代企业制度试点改革,成立甘肃春风绒线纺织集团公司,原绒线厂一厂(在社棠)、二厂(在秦州区)和天水第一毛纺织厂同属其下属子公司。2002年,又在原两厂基础上重组甘肃春风纺织(集团)有限责任公司。改组后,企业在秦州区申请注册,原设在社棠镇的厂房及设备除部分在用外,其余出租或闲置。

二、天水金驼工贸有限公司(原甘肃棉纺织厂) 在社棠镇东路。1966年由省轻工业厅投资兴办,1971年投产,称甘肃棉纺织厂,主要生产纯棉普梳纱、涤棉普梳纱、纯棉精梳纱、涤棉精梳纱、纯棉细布、涤棉细布、涤棉府绸等系列80余种,远销国内外10多个国家和地区。1999年改制,申请注册现名。2007年,有纱锭4.84万枚,线锭7600枚,布机548台,转杯纺360头,PX2精梳机1套,员工1800人。

三、天水华丰绒线厂 在今石佛乡杨庄村,1993年筹建,1995年投产,时为区内第一家股份合作制乡镇企业。占地18亩,总投资380万元,固定资产1000多万元,职工126人,各类技术人员12人,管理人员5人。产品主要有“牡丹”“华荣”“金绒”等品牌的腈纶、混纺、全毛、团绒4个系列30多种产品。年生产能力1600锭,生产各类绒线600吨。2000年,企业年产量达到800多吨,营销值1000多万元。产品行销西北、西南地区城市,并扩及华北、中原市场,一时成为陇东南轻纺行业内驰名的民营企业。后来精纺产品逐渐替代粗纺产品占据市场,企业开始走下坡路。2007年,生产绒线110吨,产值220万元,实现利润10万元,上缴税金1万元,职工46人。

四、天水毛针织厂 在社棠镇庙山下,始建于1970年,原称天水县针织厂,为县属国营企业,占地36亩。安装针织横机104台,1971年投产,职工103人,生产毛衣、毛裤、围巾等。1985年,改名北道区针织厂,当年生产毛衣毛裤30余万件,有60多个花色品种,产值200多万元。1987年,所产棒针毛衣销往香港。1990年改称天水毛针织厂,时职工155人,固定资产115万元,产毛衣、毛裤24.7万件,产值454万元。1992年后,产品滞销,亏损逐年增多,处半停产状态。1998年起完全停产,2003年破产。破产前资产总额159万元,负债1236万元。

五、北道区毛纺厂 在城区西铁路南侧,始建于1970年,占地8.4亩,安装纺织设备82台。1985年改名北道区毛纺厂,有针织、梳纺、染线、缝工、倒线、抽线、整理、剪毛等车间。生产毛衣裤、童装、风雪帽、围巾、毛毯等。所产毛衣裤曾达国家一级产品,远销新疆、青海、宁夏、河南、湖南、湖北等地。1987年,年产毛衣、毛裤7.6万件,完成工业产值95.8万元。1988年开始产品滞销,连年亏损。1992年停产,工人靠削价处理库存产品、生产设备和出租厂房维持生存。2002年,工厂土地使用权转为兰州铁路局所有。

第六节 电器制造

天水电气传动研究所有限责任公司 2006年在二十里铺工业示范区赵崖新区兴建,占地67亩,2007年投产,资产1.9亿元,员工436人。公司实施的石油钻采装备电气传动自动化系统产业化示范工程项目,是由国家发展改革委员会立项的国家高技术产业化发展项目,旨在研发出具有国际领先水平的智能型石油钻机电驱动系统。项目建成后,形成年产20套智能型石油钻机电传动装置能力,同时为研发、生产风力发电电控装置和低压大功率变频器提供基础设施。

第七节　生化制药

一、甘肃成纪生物药业有限公司　在二十里铺工业示范区三十甸子附近。2004年由陕西太阳科技有限公司和西安佳丽机械有限公司合作投资兴建，总投资3.65亿元，占地104亩，是市人民政府引进的投资规模最大的生物制药项目。一期车间设备安装于2007年底完工，可生产各种特色的水针剂、粉针剂，也可生产水针剂引进的粉针剂预灌装注射器，实现水—粉包装一体化、水—粉混合无菌化、水—粉注射简便化。

二、甘肃天森药业有限公司　在二十里铺工业示范区天水飞机场东。始建于1975年，时称天水生化制药厂，隶属北道肉类联合加工厂管理，职工20人，生产胃蛋白酶、糜蛋白酶等生化药品。1994年，实行承包经营，推行全员劳动合同制管理。1999年，从北道肉类联合加工厂划出，通过股份制改造，组建独立法人企业甘肃天森药业有限公司。2002年，实施产权制度改革，由原企业经理个人出资，零资产受让国有企业产权，安置45名职工，成为私营企业。2003年，在花牛镇花牛村征地10亩，投资1200万元，兴建新厂址，次年搬迁至新厂区，并开始生产。2005年，先后在北京、西安、西宁、兰州、银川等地设9个销售办事处。2006年，与利桥乡吴河村签订2000亩柴胡、红芪、黄芪种植收购协议。2007年，职工80人，其中科研人员5人，取得审批国药准字号药品品种27个，上线生产22个。生产片剂、胶囊剂、散剂、颗粒剂、生物原料药、中药饮片6大类，共423吨，产值1386万元，上缴税金32多万元。

第八节　烟草生产

甘肃烟草工业有限责任公司天水卷烟厂　在马跑泉镇三十甸子北，始建于1970年，次年投产，半机械化生产低档卷烟。1972年起不断扩建，1985年年生产能力达10万箱。1990年产值1.66亿元，上缴税金9274万元，职工763人。2002年，与兰州卷烟厂合并，改名兰州卷烟厂天水分厂。此后至2004年，投资1.67亿元进行技术改造，由市人民政府划拨土地68亩，建成新的生产车间，使企业总资产达7.05亿元，年生产能力50万箱，产销规模35万箱。2007年，兰州卷烟厂实行公司制改制，成立甘肃烟草工业有限责任公司，兰州卷烟厂天水分厂改为甘肃烟草工业有限责任公司天水卷烟厂。2007年，正式职工807人，其中从业人员616人，生产软、硬盒红“兰州”等卷烟29.67万箱，上缴税金22.62亿元。

第九节 其他工业

一、服装鞋业

北道区第一服装厂　在城区陇昌路。创立于1955年，时由9名工人自带缝纫机组建北道埠缝纫生产合作社，由县手工业联社管理，属集体企业。1972年改名天水县服装厂。1981年改称县第一服装厂，1985年改北道区第一服装厂。1985年，占地约2亩，固定资产24万元，职工93人。设备主要有高速平缝机、锁边机、电剪、锁眼机、订扣机、蒸汽熨斗等，年产服装10万件。1988年实行为期3年的第一轮承包，1990年完成产值236万元，利润4.2万元，税金2万元。1992年出现亏损，1994年停产，工厂靠削价处理积压产品、出租厂房维持生存。2002年将产权整体出让，改为天水万汇工贸有限责任公司，转入服务行业。

天水华时衬衫厂　1981年，从天水县服装厂分出部分职工及设备在今城区商埠路组建天水县第二服装厂。1984年搬迁桥南建新巷，占地4.2亩。1985年改称北道区第二服装厂。1986年投资36万元，引进衬衫生产线。主要设备有开式压力机、剪裁机、平缝机、网边机、钉扣机、锁眼机、包缝机等110多台，1986–1989年，年加工服装10万件，产值260万元。1990年，改名天水华时衬衫厂，职工增至109人。1992年后生产萎缩，至1995年亏损18.3万元。1997–1998年，订单生产军用手套、棉衣、棉被，年生产7万件。1999年停产，企业以出租房屋生存。2002年改制中，将原集体企业改为民营企业，转入第三产业。

北道区鞋厂　1958年，北道埠制鞋个体户联合成立天水县修鞋合作社，经三次搬迁，最后设址城区道北路东闸口。1985年改称北道区鞋厂，占地1.1亩，有圆盘注塑机、平缝机、上鞋机等制鞋设备34台。1990年职工59人，年产布鞋13.8万双，工业产值50万元。1992年，因产品滞销而停产。1997年在修建东闸口立交桥道路时工厂解体。

二、印刷业

北道区印刷厂　1966年，天水县在北道埠解放路（今渭河北路）筹建国营天水县印刷厂，1969年投产，职工21人，设备有方箱印刷机、圆盘印刷机、四开平台印刷机、对开印刷机等，主要印刷票据、账表等。1982年，迁至二马路（今商埠路)西,占地4.3亩,次年购置彩色印刷设备。1990年,增加自动圆盘机和烫金机等,时有固定资产66万元,职工68人,是年印刷刊物、彩色商标、标签、作业本等计7800万印次,产值79万元,盈利9.9万元。1999年,与区塑料厂合并组建天水佳明彩塑有限责任公司。

三、塑料制品业

北道区塑料厂 1982年,由原天水县仪表厂改建,时称天水县塑料厂,在一马路(今陇昌路)东,占地3.4亩,安装油压机、空压机、注塑机和吸塑机等机械设备29台(套),生产水桶、洗衣盆、洗衣板等。1985年,改为北道区塑料厂。1987年,新增吹膜机2台,生产农用地膜。1990年,职工57人,固定资产55万元,年产农用地膜64吨,塑料制品124吨,产值90万元,盈利2.8万元,上缴税金1.8万元。1999年与区印刷厂合并,组建为天水佳明彩塑有限责任公司。

天水佳明彩塑有限责任公司 1999年,区印刷厂和区塑料厂合并,在城区北山路创办天水佳明彩塑有限责任公司,占地13.8亩,主要生产农用地膜、塑钢门窗、再生塑料制品以及塑料彩色印刷,职工264人。2002年改制中,成为民营企业,时总资产408万元,总负债852万元。改制后,转为从事房地产开发,生产线出租等。

四、玻璃制品业

天水医药玻璃厂 1987年,区人民政府在社棠镇下曲湾原天水县化肥厂址兴办区属国有企业——天水玻璃厂, 投资860万元,生产区占地67亩,1988年投产。安装行列式制瓶机流水生产线2条,设备85台套,设计年产能力1.2万吨日用玻璃制品。初主要为天水啤酒厂配套生产啤酒瓶, 1990年后给兰州黄河啤酒厂和镇原、宝鸡、西安汉斯啤酒厂生产啤酒瓶。1992年,投资96万元进行由烧煤改烧油(重油)的技术改造,又新建燃油池1座。1993年,购置玻璃器皿设备和拉丝机、圆织机等设备,组建玻璃器皿分厂和塑编分厂,生产口杯、酒杯、高脚杯及塑料编织袋。1995年起,主要生产医用输液瓶,厂名改为天水医药玻璃厂,是年生产各类医药玻璃瓶2000万只,产值709万元,销售收入949万元,上缴税金26.4万元,亏损37万元。其后生产下滑,长期亏损, 2002年破产。破产前职工516人,资产总额601万元(不含土地),负债7071万元。

五、木制品制造

甘肃省小陇山林业实验局天水纤维板厂 创办于1976年,在马跑泉镇永川河东,占地91.5亩,次年投产,主要生产马赛克实木地板条、弯曲木椅、“飞鸿”牌中密度纤维板，销往兰州、西安、乌鲁木齐等城市及周边邻近地区。实木地板条曾一度远销东南亚国家。2007年，企业固定资产725万元，当年总产值703万元，亏损360万元，上缴税金32.7万元，职工306人。

天水华旭木业有限责任公司　1954年，北道埠个体木工在二马路(今商埠路)西联合成立木器生产合作社。1962年改名天水县木器合作厂，1981年迁滨河南路。1985年改名北道区木器厂，占地18亩，职工130人，固定资产104万元，有电锯、木工、油漆、烘烤等车间。1986年，安装板式家具生产设备，有各种机械设备70台，生产柜式钢木组合家具、软垫沙发、席梦思床等。是年产值54万元，销售收入39万元，利税11万元。1993年后，随着个体私营木制业的兴起，企业效益下滑，至2000年亏损3.1万元。2002年改制中，由集体企业改为民营企业，名称改为天水华旭木业有限责任公司。2005年，转为土地开发，木器制作停止。

六、工艺美术品制造

天水华翔工艺美术有限公司　1956年，北道埠镇在一马路(今陇昌路)西成立集体所有制的刻字合作社，后迁渭滨南路西，1985年改名北道区工艺厂。占地5亩，职工68人，固定资产39万元，设备有真空镀膜机、玻璃清洗机、电锯、磨花机等40台，年生产民用镜1万平方米，镜框条12.6万米。1990年引进技术，开发礼品镜、磨花镜、羽毛工艺镜新产品。1992年工业产值一度达60万元。其后停止民用镜生产，1999年转入服务行业。2002年企业改为民营，称名天水华翔工艺美术有限公司，经营雕刻印章及招牌、锦旗制作和工艺品销售。

七、橡胶制品工业

天水宝荣橡塑有限责任公司　1972年，天水县将北道镇的车辆修配合作社改建为集体所有性质的橡胶制品厂，职工102人，有仿制的硫化机、压延机等，主要生产人力车内外胎，年产7万套。1976开始生产三角带、橡胶管等。1983年与编织厂合并，改名天水橡胶化工厂，迁渭滨南路，占地10亩。80年代末，所产三角带曾销往巴基斯坦、阿拉伯联合酋长国等地。1990年，产值361万元，利润2.4万元，上缴税金26.7万元。1996年后，由于市场环境变化，产品积压，2000年停产。2003年改制中，成为民营企业，改名天水宝荣橡塑有限责任公司，其后由于原材料上涨，资金匮乏，处停产状态。

八、冶炼

北道区废旧金属冶炼厂　1971年，北道镇在张家村兴办冶炼厂，属集体企业。1981年改为天水县废旧金属冶炼厂，1985年又改北道区废旧金属冶炼厂，有职工37人,固定资产17万元,主要有熔炉、反射炉,利用回收的废旧铝冶炼铝锭并兼炼废旧铜、锌,除冶炼外还生产铝盆、铝锅、民用取暖烤箱等。1990年,产铝锭及日用铸铝制品23吨,产值52万元,上缴税金9.1万元,利润9.8万元。后因污染严重,关停炼铅炉,再后处于停产状态。

天水鑫能电冶炼厂　1985年,天水轻工厂与江苏沛县联营在社棠路组建天沛轧钢厂,1986年投产,占地12.7亩,有高炉1座,设备21台,主要通过回收废旧钢铁,再冶炼轧制成小圆钢。1988年,通过改造电炉,转产冶炼硅铁,年产400吨。1989年,硅铁滞销,至1990年亏损14万元。1991年通过招商引资,又与重庆物资贸易中心联营(轻工厂先前已退出),组建天水秦川冶炼厂,改为年产粗锌锭2200吨、硫酸3300吨。1993年投产后,日产粗锌锭8吨。1995年,产值1262万元,销售收入1200万元,上缴税金35万元。1998年,因亏损等原因,改为租赁经营,由天水电力开发总公司管理,成立天水鑫能电冶炼厂。2004年进入天水市"10强50户"企业。2007年,有固定资产1265万元,职工112人,产量2957吨,产值625万元。

九、金属品制造

天水天通标准件有限公司　1955年,北道埠镇成立集体所有制的铁器生产合作社,后经几次更名,1978年称天水县标准件厂。厂址设城区前进路北,占地8.8亩,固定资产61万元,有机械压力机和车床等各种设备30多台。1989年,年产300万件各种规格紧固件(螺栓、螺母)。2001年后,受市场冲击,产品滞销,处半停产状态。2002年,改为民营企业,更名天水天通标准件有限公司。2006年,在原址开发建设经济适用房,另在道北同乐路租房搞来料加工以维持企业生存。2007年,固定资产50万元,职工30人,工业总产值13万元。

北道区轻工厂　1956年在北道埠二马路(今商埠路)西成立天水县黑白铁生产合作社,1985年改为北道区轻工厂,占地2.6亩,有固定资产75万元,职工101名,主要生产铁皮水桶、水壶、烟筒、农用拖车,设备有车床、空气锤、压力机、铣床、刨床等,年产值98万元。1988年承包经营,1990年工业产值181万元,销售收入190万元,税金10.7万元,利润4.9万元。后生产下滑,到1992年累计亏损7.8万元,企业遂停产,开始出租房屋,转入第三产业。1997年开始筹集资金建造轻工厂综合楼,年收租金38万元,用于企业运转。2004年,因城市建设需要,资产变现360万元,用于支付职工部分身份置换费和社保资金等费用。

天水天亨金属制品有限公司　1970年在今渭滨北路东部建成北道镇小五

金厂，主要生产垫圈。1980年迁至渭滨北路西部，占地4.8亩。至1985年，生产设备已有冲床、车床、钻床、电焊机、剪板机等17台，生产产品除镀锌垫圈外，还生产日光灯架、镇流器等产品。1990年，固定资产21万元，职工64人，实现工业产值138万元，销售收入132万元，上缴税金10.8万元，利润13.2万元，年生产日光灯架和镇流器6万套，为企业发展最好时期，同年更名北道区灯具厂。次年，由于市场出现电子镇流器，企业开始走下坡路，处半停产状态。1997年，引进技术生产节能灯，由于成本较高，市场前景不好，次年停产，靠出租厂房维持生存。2002年，对企业进行产权改制，原集体企业改为民营企业，称名天水天亨金属制品有限公司。2004年，在现址开发建设商品楼，原企业注销。

十、炼焦

天水焦化厂　在城区北道埠街道西。始建于1959年，1970年重建，占地120亩，建成圆形小炼焦窑32个，是年炼焦1935吨。1971年建成1座大籍顶炼焦炉，1974年和1978年又先后建成2座复热式硅砖焦炉，其间省冶金局还投资35万元帮助建煤焦油加工装置，具有年产冶金焦炭6万吨、焦油2700吨的能力。2000年后，因其生产对城区造成严重污染，冶炼生产逐渐减少，经营维艰，决定关停。

第十节　管理体制

一、管理

领导体制　1985年以后，区经济委员会（简称经委）系统工厂厂长、经理为正科级别，由区人民政府任命，副厂长、副经理由厂长、经理提名，经委任命。轻工业系统厂长、经理由区轻工业局任命。按照两权分离原则，工厂生产经营实行厂长、经理负责制，工厂中中共党组织起保障监督作用。1987年，实行承包租赁经营，给经营者以充分的经营自主权。厂长作为承包人，职权进一步扩大，中共党组织负责政治思想工作，配合厂长管理生产。2002年，工厂普遍进行产权制度改革，工厂受让人任经理，依照《公司法》行使职权。

车间班组管理　经委系统工厂都设有车间，车间内设班组；轻工业系统规模大的工厂设有车间，规模小的设班组。车间主任、班组长由厂长、经理任命，按工厂生产计划组织生产。

财务管理　经委、轻工业系统工厂均按照财政部制定的《企业会计准则》《企业财务通则》规定统一建立账簿，设置科目，实行会计、出纳、保管分工负责制。会计核算按照《工业企业会计制度》的规定进行账务处理。经委、轻工业局财务股设有内审会计，定期到工厂进行审计，进行监督；区财政部门设有财务物价大检查办公室，每年年终到工厂进行财务大检查。1998 年后推行的厂务公开中，财务被作为主要公开内容。

人事管理　1985 年后，工厂新增人员主要是接收大、中专毕业生和转业退伍军人，除个别工厂招收少量合同工、集体工外，没有大规模招工。1996 年实行全员劳动合同制，打破长期形成的用人与管理脱节的体制。2002 年工厂普遍改制后，职工大量减少，原有职工中部分另谋职业，或者待业。

社会保障　20 世纪 80 年代中期，国营工厂招收首批合同工，基本养老保险由区社会保障局制定基数，工厂、合同工分别缴纳养老金。1992–1995 年，其养老金基数工厂缴工资额 17%，个人缴 2%；1996–1997 年工厂缴 9%，个人缴 3%；1998 年工厂缴 7%，个人缴 4%；1999–2002 年工厂缴 6%，个人缴 5%；2003–2005 年工厂缴 9%，个人缴 11%；2006–2007 年工厂缴 12%，个人缴 8%。工厂与合同工解除合同后，工厂缴纳养老金的部分，由个人承担。此外，1996 年后工厂正式职工陆续参加社会养老保险和失业保险，效益好的企业还参加医疗保险、工伤保险和生育保险，但一些债务大、没有稳定收入的工厂则无力参保。

工资管理　20 世纪 80 年代，工厂管理人员工资实行等级工资，根据效益好坏适当给予奖金和津贴，车间班组职工实行计件工资和计时工资制。

二、经济效益

1985 年后，境内工业企业产能迅速扩张。进入 20 世纪 90 年代，随社会主义市场经济的确立，在向市场经济转型中，原国有、集体工业设备、产品老化，加之民营工业兴起和市场冲击，1992 年后集体所有制工业效益普遍下滑，出现亏损，部分企业停产。到 1995 年，轻工业系统上缴税金 109 万元，盈亏相抵后仍亏损 114 万元。1996 年后，随世界金融危机的出现，先后有天水星火机床厂、天水风动工具厂、天水锻压机床厂等国营大中型出口企业出现亏损，其中天水星火机床厂、天水风动厂累计亏损达 4000 万元以上，企业生产销售收入又回到 80 年代水平。2000 年后，工业经济又迎来发展的黄金时期，经济效益提高。2007 年，区内规模以上工业利税总额达到 3.13 亿元。

1985-2000年区境内全部工业主要经济指标

单位:万元

年份	全部工业		其中:独立核算工业						
	工业企数(个)	总产值	职工(人)	总产值	增加值	销售产值	销售收入	利税总额	固定资产净值
1985	944	3231	2254	1787	567	1971	…	238	942
1986	1204	4080	3912	2498	973	2282	…	350	1189
1987	1966	5346	3910	2724	853	2427	…	271	1363
1988	2182	7410	4024	3689	1063	3061	…	353	1359
1989	647	10530	4093	4344	1230	1840	…	403	1490
1990	1725	12582	4015	5590	1478	4254	4254	232	2357
1991	1704	14293	5130	5437	1612	4315	4316	192	2044
1992	1692	18567	4345	6691	2026	5003	4774	300	3196
1993	1846	35039	5117	10736	2933	7073	8061	595	3859
1994	2034	44664	5997	12955	5132	10347	7878	459	4816
1995	2134	56500	3048	12603	3712	9985	8396	345	6977
1996	2167	85639	5657	17564	4477	13976	5528	…	5590
1997	2043	87518	6093	18935	4834	16144	5598	…	9721
1998	1338	39483	3912	15498	5182	11852	11405	15061	7139
1999	1276	57406	3140	15499	5772	12512	13765	22908	6197
2000	1244	59544	3145	10894	4032	10033	9940	28872	6628

说明:1993～1997年全部工业企业数和总产值中含乡镇企业全部产值。

2001-2004年区境内限额以上工业主要经济指标

单位:万元

年份	职工人数(人)	工业总产值	工业增加值	销售产值	销售收入
2001	3260	10965	4263	9039	8990
2002	3020	13100	4249	13164	14198
2003	3319	21455	6509	20434	21228
2004	3309	28091	8522	28029	27662

说明:由于统计资料中各个时期统计口径不一,故1985-2007年经济指标按统计口径设为3个表。

2005-2007年区境内规模以上工业主要经济指标

单位:万元

年份	职工人数(人)	工业总产值	工业增加值	销售产值	销售收入	利税总额
2005	13457	266261	134600	261549	258790	81019
2006	11849	268508	123800	258457	252702	63479
2007	10514	296156	146000	278961	180236	31258

1995-2000年区属工业主要经济指标

单位:万元

年份	企业个数(个)	工业总产值	工业增加值	产品销售收入	利润	上缴税金
1995	99	11923	3577	8596	-246	345
1996	105	17564	5401	11977	144	843
1997	91	18935	5681	10742	350	902
1998	42	15498	5186	11405	-293	261
1999	42	14328	5772	13765	-14	605
2000	26	10894	4032	9940	168	653

第四章 农 业

境内农村是传统的农业耕作区,人多地少、山多川少为其特点。2007年,全区耕地面积71.82万亩,其中川地和梯田地16.17万亩,山地55.65万亩,农业人口44.9万人,占总人口59.26万人的72.5%,农业人均耕地1.6亩。

从20世纪80年代初开始,随着农村改革开放政策的不断深入,尤其2005年开始,中央制定"一免三补贴"(免除农业税、粮食补贴、农机补贴、农资综合补贴)等一系列强农惠农政策后,全区农业综合生产能力不断提高,农村基础条件明显改善。全区农业科技现代化技术得到广泛普及,健全了区—乡(镇)—村3级农业服务体系,在全区农村人口增加12万人和人均耕地下降至不足1.6亩的情况下,彻底解决农村人口的温饱,并实现生产自给有余。

到2007年,全区粮食总产量由1985年的9.99万吨增加到12.93万吨,农业总产值由1985年的8143万元增加到88904万元(含农产品提价因素),农民人均纯收入由1985年的257元增加到1830元。农业产业结构逐步优化,经济作物、果蔬生产在农业总产值中的比重增大,种植面积由1985年6.91万亩增加到29.85万亩(含复种套种面积),产量从1985年的1.99万吨增加到24.51万吨(其中蔬菜种植5.92万亩,产量11.03万吨)。

第一节 经营体制

1985年,农业体制在5年前全面开始推行土地农业家庭承包经营的基础上,又进入第二步改革。内容包括:改革粮食统派购制度,扩大农产品市场;搞活农村金融;开拓生产要素市场;调整产业结构,促进农村劳动力转移;发展多种形式的经济联合等。

一、承包地调整及承包期延长

承包地调整 1992年北道区委、区人民政府制定印发了《北道区土地小调整工作实施方案》,全区23个乡、镇全部进行土地小调整。是次调整与设区前1984年开展的一样,仍然坚持“大稳定,小调整和集体个人双兼顾”的原则,按照农村人口的自然增减实际和农村耕地现状实行统抽统补。通过调整,农村土地与人口的矛盾基本化解,农村人均承包土地占有更加平衡。调整后,建立区、乡、村3级农业承包合同管理机构,共签订耕地、机动地、果园地及其他各类农业承包合同10.63万份。

承包期延长 1998年,按照中共十五届三中全会上对农业和农村工作提出的纲领和奋斗目标,坚持长期稳定以家庭承包经营为基础、统分结合的双层经营体制,决定土地承包期再延长30年,全区所有农户承包的耕地承包期延长到2027年。1999年,区委、区人民政府制定《农村第二轮土地承包及土地小调整工作方案》。明确规定,在承包期延长后,承包期内原则上“增人不增地,减人不减地”。土地小调整仍然坚持“大稳定,小调整”的原则。是次小调整和前两次小调整不同的是补地人口明显多于抽地人口,农村人多地少的矛盾日益突出。至2000年,全区实行家庭承包经营的村数100%,实行家庭承包经营的农户数占总户的96.1%,实行家庭承包经营的耕地占总耕地的97.9%,已签订耕地承包合同农户占承包农户的90%,发放土地经营权证书占应发证书的89.5%。全区预留机动耕地的村数占总村数73.4%,预留机动地占总耕地面积的0.7%。

二、土地流转

1990年开始,在改革开放浪潮的推动下,一些农民陆续离开自己承包的土地开始进城务工。务工农民最初大都以口头约定的形式,将承包的土地交给亲戚、朋友代种,由代种方负责上缴承包土地应承担的公粮任务和“三提五统”(指农户上缴的三项村级提留即公积金、公益金、管理费和五项乡镇统筹款即教育费附加〔乡村两级办学〕、计划生育费、民兵训练费、优抚费、修建乡村道路费),其余收成归代种方。

2000年以后,农村土地流转进入新阶段,出现连片大面积的流转。2002年,天水国家农业科技园区在中滩镇集中连片流转土地2300亩。2004年,国务院颁布《关于深化改革严格土地管理的决定》,允许农村集体建设用地可通过土地使用权的合作、入股、联营、转换等方式进行流转,鼓励集体建设土地向城镇和工业园区集中。2005年,国务院制定《农村土地承包经营权流转管理办法》,允许农民承包的土地在“依法、自愿、有偿”的原则下,开展土地承包经营权流转,方式以转包、转让、出租、互换等方式流转经营权,将承包的土地向专业大户、合作农场和农业园区流转,使农业向集约化、规模化、产业化方向发展。至2007年,全区土地流转3.83万亩,占农户耕地总面积的5.44%,涉及农户1.69万户,占承包耕地农户总数的18%,签订土地流转合同7534份。

三、农村经营管理

财务管理　推行家庭承包经营后,由于集体统一经营收支账目大幅度减少,由原来以生产队设会计改为以村设会计。到1985年,全区大部分村民小组(即原生产队),把会计工作交村专业会计或联队会计代管,同时对原来生产队所设的会计账簿、科目、核算办法重新并合。1989年深化农村改革中,对财务管理作出新的规定,管理范畴包括原生产大队、生产队历年积留下来的固定资产、公积金、公益金、生产基金、储备粮基金、集体资产处理折价部分、承包费、机动地租金、集体经济实体的收入等,实行分级分账管理,即原大队财务统归村管理,原生产队即组级财务所有权和使用权仍归组级,实行组由村管,由村会计为各组建立专账。此后,由于村级收入减少,队原积累资金、资产挪用现象甚为普遍。有的用于农村建设,有的用于招待费用,甚至个别干部挪用。2000年,针对农村财务管理混乱、资金流失严重等状况,决定全部清盘关闭产生于80年代的为农业、农民、农村服务的资金互助组织——农村合作基金会。2002年,在立远乡开展村级财务管理规范化试点。2004年,社棠镇下曲村被列为农业部财务管理规范化试点,同年还在甘泉、中滩开展农村会计电算化试点。2005年,为适应农村税费改革新情况,实行《村集体经济组织会计制度》管理,村级财务必须按照会计核算,设置和使用会计科目,登记会计账簿,编制会计报表。

劳动管理　实行家庭承包经营初,普遍约定每个全劳力应参加集体活动的工日，但未作统一规定。1989年，区人民政府决定每个劳动力全年应为国家和集体投入劳动积累工日15个，其中5个为民工建勤工，10个为农建水利、造林工。2002年税费改革时，规定在5年内逐步取消统一规定的劳动积累工和义务工，确需筹劳的，实行一事一议，由村民大会民主讨论决定，但用工实行上限控制。

第二节　农作物种植

一、耕地面积

1985年，境内有耕地78.06万亩，其中山地68.22万亩，川地9.84万亩，农业人均耕地2.04亩（农业人口382764人）。1990年，全区耕地76.91万亩，其中川地9.78万亩，山地67.13万亩。同年完成的土地详查统计，全区耕地122.71万亩（其中果园5.51万亩）。详查面积与习惯统计面积有较大差距。

1990年以后，生态退耕、非农业用地、农业产业结构调整用地使耕地面积逐年减少，另外农村通过土地整理开发、农业综合开发、梯田地改造等项目的实施，境内部分山地逐步得到改造，成为高产梯田地。2007年，全区统计部门上报耕地71.82万亩，其中川地、梯田地16.17万亩，山坡地55.65万亩。人均耕地1.6亩。与1990年相比，减少耕地5.09万亩。

2007年各乡、镇、街道耕地统计

乡 镇	耕地(万亩)	其中(亩)		农业人口(人)	人均耕地(亩)
		山地	川地		
马跑泉镇	6.02	47238	12950	36782	1.64
社棠镇	2.27	13093	9600	2813	8.07
花牛镇	7.80	67502	10433	21713	3.59
甘泉镇	8.03	72475	7805	25006	3.21
麦积镇	4.70	43209	3817	8808	5.34
渭南镇	5.35	24132	29340	27822	1.92
中滩镇	2.76	9634	17939	12489	2.21
新阳镇	4.71	36575	10500	31893	1.48
伯阳镇	5.12	45193	6000	23473	2.18

续表

乡 镇	耕地(万亩)	其中(亩)		农业人口(人)	人均耕地(亩)
		山地	川地		
元龙镇	3.62	22499	13662	20945	1.73
东岔镇	1.67	15990	737	8617	1.94
石佛乡	7.27	39771	32912	20823	3.49
琥珀乡	2.22	19750	2422	13496	1.64
五龙乡	4.70	46974	—	25411	1.85
三岔乡	2.64	23193	3200	15669	1.68
利桥乡	1.22	12210	—	5294	2.31
党川乡	1.18	11769	—	5051	2.33
道北街道	0.57	5388	326	—	—
合计	71.82	556597	161643	306105	2.34

说明:表中农业人口统计,未计境内主要河谷地区人口(其人口近年统计中计入非农业人口)。

二、粮食生产

境内山多川少、降雨偏少。农业生产主要以传统作物的粮食生产为主。家庭承包经营后,产量连年增加。1985 年粮食产量比承包前成倍增长,平均亩产 141 公斤,人均产粮 286 公斤。1990 年,全区粮食总产 13.36 万吨,平均亩产 174 公斤,按全区总人口计算人均产粮 262 公斤,按农业人口计算,人均产粮 323 公斤。粮食生产在种植技术上采用沃土增肥、地膜覆盖、良种培育等先进的科学技术,粮食单产增效显著,农民温饱问题基本解决。1997 年,区内遭受自有气象记录以来的特大干旱,夏粮大幅减产,秋粮大面积绝收。当年的特大旱情受到国家农业部、省、市的高度重视,省人民政府下达抗旱救灾资金,省农牧厅下发秋播种子、拌种补助和贴息贷款。此后至 2000 年,在连年干旱的情况下,由于全面推广旱作农业保墒覆膜增产技术,实现农业生产的恢复性增长。农业生产出现第一个大幅度增产年景。当年,粮食种植面积达 71.03 万亩(含复种),总产量达 7.08 万吨。2000 年后,调整种植结构,粮食作物种植面积下降,经济作物、中药材、花卉、果园、蔬菜等面积大幅上升。2007 年,播种粮食作物 69.69 万亩(含复种),总产量 12.94 万吨,经济作物播种面积 18.36 万亩(含复种),总产量 13.46 万吨。

小麦　境内小麦,均为冬小麦,是区内的主要粮食作物。其种植历史很久,山川均有种植,尤以半山区最多。1985–1986 年,全区种植面积每年 36 万亩左右,占

1985-2007 年全区粮食产量统计

单位:万亩、公斤、万吨

年份	合计			其中;小麦			杂粮		
	面积	亩产	总产	面积	亩产	总产	面积	亩产	总产
1985	71.07	140	9.99	36.91	145	5.34	34.16	136	4.65
1990	76.71	174	13.36	35.77	173	6.19	40.96	175	7.17
1996	75.55	129	9.75	33.32	130	4.33	41.50	127	5.28
2000	71.03	100	7.08	34.31	82	2.82	36.3	116	4.20
2005	70.06	170	11.94	33.14	126	4.20	36.92	209	7.74
2007	69.69	185	12.94	32.36	108	3.49	37.2	253	9.44

到粮食作物总面积的一半以上,总产 5 万余吨,山区亩产高者可达 200 公斤,川区达 300 公斤。大部地区不仅当年自给自足,而且有较多节余。1987-1988 年,虽因大旱面积有所减少,但因加强管理,仍有较好收成。1990-1995 年,全区小麦种植面积仍保持在 34 万亩左右,总产稳定在 6 万吨上下,平均亩产 173 公斤。1996 年开始,在山区推广地膜小麦种植,当年种植 2000 亩,平均亩产 260 公斤,亩增产 40~60 公斤, 1997 年扩大到 1.8 万亩。其后,因种植费工、耗时,种植面积逐年缩减, 2000 年后不再种植。2007 年,全区播种小麦 32.37 万亩,总产 3.5 万吨。

玉米　俗称先麦,是区内粮食播种中仅次于小麦的作物,已有四五百年的种植历史。多种植在二阴山区或川区,产量比其他作物高,每年种植面积在 20 万亩左右。20 世纪 80 年代后期,推广种植“中单 2 号”杂交品种,又在山区推广地膜覆盖种植,使亩产量成倍增长。1990 年,全区种植 20.89 万亩,总产 4.95 万吨,亩产 237 公斤,分别占全部粮田面积的 27%和总产量的 37%。种植面积在全部粮田中的比例,中部及东南部乡、镇在 30%以上,北部乡、镇 20%以下。三阳川地区主要种植茬玉米,但 1995 年后亦改为正茬种植为主,川区平均亩产 400 公斤以上。1998 年播种 23.29 万亩,由于遭受严重干旱,亩产仅 65 公斤,总产 1.51 万吨。1999 年后,全区普遍推广地膜覆盖,地膜玉米一直保持在 19 万亩左右,占全区玉米种植面积的 80%以上。地膜玉米与露地玉米相比, 平均每亩增产 124.6 公斤,增幅在 50%以上。2005-2007 年,全区又推广全膜双垄沟播种植玉米,与半膜平垄栽培相比,平均每亩增产 80~150 公斤。2007 年,全区种植玉米 23.3 万亩,平均亩产 262 公斤,总产 6.1 万吨,亩产和总产均为历年最高。

高粱　俗称秫秫，种植历史很早，是粮饲兼用作物。20 世纪 80 年代后，主要用作饲料。1990 年全区种植 1.03 万亩，总产 2653 吨，亩产 257 公斤。1995 年种植 1.32 万亩，单产 204 公斤，总产 2690 吨。1998 年种植 1.38 万亩，单产 75 公斤，总产 1035 吨。1999–2006 年，面积均在 1 万亩左右。2007 年仅 9500 亩，单产 439 公斤，总产 4180 吨，全作饲料用。

马铃薯　俗名洋芋，即可做菜，又可做粮，是区内粮蔬兼用作物。因其适宜黄土地生长，且产量高，山区广为种植。主要种植区域为五龙、新阳、琥珀等乡镇和中滩镇西部山区，占全区总面积 2/3 左右，亩产 300～400 公斤。1996 年全区种植 6.05 万亩，1998 年 5 万亩。2007 年，全区种植 5.24 万亩，亩产 870 公斤，总产 4.6 万吨。其种植方式已由过去单一正茬种植发展为正茬常规种植、油菜地复种和地膜覆盖种植（主要在川区种植）3 种形式。

谷子　区内种植史可追溯至周代前。相当长时期里，种植面积较大，玉米、马铃薯引入后，面积逐渐减少。1985 年种植 1.7 万亩，1990 年仅 2665 亩，亩产 124 公斤。1998 年出于耐旱，面积扩大到 9625 亩，亩产 33 公斤，总产 3176 吨。2000 年后，面积又逐年减少。2004–2007 年，每年保持在 6000 亩左右，主要分布在五龙、琥珀、新阳、石佛等乡、镇。

糜子　栽培史同谷子一样，因产量低，管理费工，种植面积不大且逐年减少。1990 年种植 249 亩，亩产 90 公斤，总产 22.4 吨。1995 年面积 196 亩，亩产 90 公斤，总产 17 吨。1998 年增加到 4986 亩，亩产仅 74.4 公斤，总产 371 吨。2007 年种植 2660 亩，亩产 425 公斤，总产 1130 吨。

荞麦　是山区、半山区麦后赶茬的主要作物。由于易受晚霜冻害，产量不稳定，种植面积受小麦丰歉的影响，小麦丰收年减少，歉收年增加。另外由于茬荞麦种植过多影响作物倒茬，不利培肥地力，种植面积起伏较大。1990 年种植 4 万亩，亩产 60 公斤，总产 2400 吨。1995 年以后，种植面积在 1 万～2 万亩之间。2007 年种植 2.4 万亩，亩产 44.1 公斤，总产 1 万吨。

豆类　包括黄豆、黑豆、绿豆、扁豆、蚕豆（俗称大豌豆）、小豌豆。各种豆类种植历史很早。1990 年种植 4.47 万亩，亩产 92 公斤，总产 4104 吨。1995 年种植 6 万亩，1998 年 5.69 万亩，2004 年 4.13 万亩。2007 年，种植 4.02 万亩，亩产 119 公斤，总产 4814 吨。黄豆以麦后复种为主，主要分布在中滩、石佛、渭南、新阳等川区。其次为蚕豆。其他豆类面积总计 2000 亩，亩产 87 公斤，总产 174 吨。

青稞、莜麦、大燕麦、水稻因其产量低，20 世纪 80 年代后期已基本淘汰。

三、经济作物

油料　油料种植史较早，主要有胡麻、油菜、荏子、向日葵、麻子，清代后期增加花生。花生种植较小，只200亩左右。1990年后，主要以油菜、荏子和向日葵为主，尤以油菜面积最大。1995年全区油料总面积6.09万亩，其中胡麻2.38万亩，亩产60公斤，总产1430吨；油菜1.79万亩，亩产92公斤，总产1643吨；向日葵1.13万亩，亩产110公斤，总产1245吨；花生95亩，亩产116公斤，总产11吨；其他7841亩，亩产71公斤，总产557吨。1998年开始，由于干旱，胡麻大面积减少，其他油料面积增加。1998年油料种植面积5.93万亩，总产2652吨，其中胡麻1.86万亩，油菜2.5万亩，向日葵6211亩。2000年以后，胡麻和向日葵面积大幅度减少，油菜面积成倍增加。2007年，油料总面积6.25万亩，亩产78公斤，总产4914吨，其中胡麻仅5836亩，亩产66.5公斤，总产388吨；油菜4.77万亩，亩产80公斤，总产3851吨；向日葵1455亩，亩产85公斤，总产124吨；其他油料主要是荏子。荏子境内正茬种植面积较小，主要以麦后移植为主，每年种植7000亩左右，亩产72公斤，总产500多吨。

烟叶　主要是大叶型烤烟叶（俗称旱烟）。1990年全区种植1298亩，亩产87公斤，总产113吨。1995年种植266亩，1998年500亩。2007年，种植300亩，亩产200公斤，总产60吨，主要分布在新阳、琥珀、社棠3乡、镇。

中药材　药材种植史亦久，党川、利桥、麦积、甘泉、东岔、三岔、元龙、伯阳等地种植品种以黄芪、红芪、柴胡、桔梗、板蓝根、天麻、杜仲、猪苓为多，五龙、琥珀、新阳等地以党参、半夏、板蓝根、甘草为多。1985年全区种植党参、黄芪、当归等1200亩，亩产35公斤，总产42吨。1990年全区种植面积降至215亩。1991年后，农技部门推广新技术、新品种，种植面积扩大。1995年种植1360亩，2004年5118亩。2007年，种植7040亩，亩产260公斤，总产1835吨。

四、蔬菜瓜类

蔬菜　种植蔬菜传统虽然很早，但长时期里品种单一，仅有萝卜、大白菜、韭菜、莴笋（笋子）、番白菜、甘蓝、架豆等。1986年开始，河谷川区粮蒜间作套种，除粮食收益外，亩产蒜薹300～500公斤，收入400～500元，比单种粮食的收益高1～2倍。到1997年，蔬菜产业确立为区内农业三大支柱产业之一，蔬菜生产向产业化迈进，形成生产有基地、产品有品牌、质量有档次、销售有市场、加工有企业的产业化发展格局。蔬菜的种类不再单一，引进蔬菜新品种越来越多，种植品种有大白菜、芹菜、菠菜、蒜薹、大葱、黄瓜、西红柿、莴笋、茄子、辣椒、豆角、胡萝卜、香菜(亦称芫荽)、菜花(花椰菜)、豇豆等。2007年,全区种植蔬菜5.92万亩,亩产1863公斤,总产11万吨。按播种品种,有大白菜6772亩,菠菜1321亩,芹菜830亩,甘蓝3292亩,莴笋1055亩,小油菜939亩,香菜5112亩,菜花668亩,黄瓜2493亩,西葫芦(菜瓜)539亩,白萝卜3806亩,胡萝卜3806亩,茄子2398亩,西红柿2913亩,辣椒4385亩。葱蒜类17268亩,豇豆263亩,豆角855亩。另外食用菌总产543吨,其中平菇112吨、蘑菇235吨、金针菇121吨、香菇64吨、黑木耳11吨。蔬菜中,日光温室面积602亩,亩产3266公斤,总产1966吨;塑料大棚2870亩,亩产2481公斤,总产7121吨。

瓜类　境内种植的瓜类有菜瓜、脆瓜、西瓜、甜瓜等。作为蔬菜食用的菜瓜,很早就有种植,多套种在大秋作物地里,用以自食。20世纪90年代后,从早春种植发展为麦后露地复种和大棚种植。1994年,区农技中心在伯阳镇花南村对西瓜通过嫁接试验获得成功,既增强西瓜的抗病性,又增加产量。后来每年嫁接西瓜种植面积在200~500亩间,亩增产200公斤。1995年,全区瓜类种植3760亩,亩产1014公斤,总产3813吨。2004年瓜类面积增加到7411亩,亩产2133公斤,总产1.58万吨。2007年菜瓜种植539亩,亩产1650公斤,总产889吨;西瓜6718亩,亩产2037公斤,总产1.37万吨。

五、绿色认证

2003年,麦积区被甘肃省确定为省级无公害农产品和绿色食品生产示范区。2004年,下曲葡萄、伯阳鲜桃,元龙花椒、马跑泉蒜薹、三阳川大豆、新阳杏、众兴菌业公司的双孢菇7个系列产品获得国家A级绿色食品生产证书,并对"下曲"葡萄、"马跑泉"牌蒜薹、"元龙红袍"牌花椒、"新跃红"牌杏、"羲皇"牌双孢菇、"福果思"牌果蔬、"麦积山"牌山野菜等绿色食品在国家商标局进行注册。到2007年,全区无公害产地认定面积2.42万亩。

第三节 农业技术

20世纪80年代中开始,农业生产上大力改变传统耕作方式,通过地膜覆盖、双垄沟播、"三沼综合利用"、植保工程、航天育种、设施大棚和农业生态环保综合利用等科技兴农措施,农业新技术、新品种、新成果在农业上得到普遍推广应用,在农业增效、农民增收、农村发展方面发挥出巨大作用。

一、地膜覆盖栽培

蔬菜作物　1978年，天水引进地膜覆盖栽培技术，在马跑泉、二十里铺、中滩等河谷川道地区率先推广地膜蔬菜生产，相继引进推广塑料小拱棚、塑料大棚、日光温室、冬暖棚、玻璃钢架大棚、连栋温室等，使蔬菜生产摆脱季节束缚，生产出反季节蔬菜，实现蔬菜的周年供应、均衡上市。1985年，塑料大棚种植的蔬菜由韭菜、水萝卜等发展为黄瓜、西红柿、茄子、辣椒等茄果类蔬菜。1990年以后，固定性水泥桩柱型塑料大棚面积不断增加。塑料大棚种植的蔬菜，一般较露天蔬菜提前上市50-60天，延后生产40-45天，亩收益高达8000元以上。1992年，辖区从山东寿光引进棚架琴弦式结构为主的日光温室栽培技术，先后在马跑泉吴家崖、慕滩、团庄、黑王等村推广应用，栽培品种扩大到辣椒、菜瓜、芹菜、架豆王等10多个品种。1993年，在马跑泉镇吴家崖、伯阳镇下坪村等区域开始兴建高效节能日光温室（也称冬暖棚）。1995年，冬暖棚面积发展到600亩，主要分布在社棠、马跑泉、甘泉、花牛、中滩、石佛和渭南7乡、镇。1999年，社棠良种场建成冬暖棚53座。同年5月，选派农技人员到武山县参加全省日光温室栽培技术培训班。2003年，天水农业科技示范园区引进连栋温室蔬菜生产技术，进行蔬菜育苗、航天育种、花卉栽培和无土栽培生产技术示范，引领蔬菜产业向科技现代化、规模化、产业化方向发展。

粮食作物　1982年，区内开始使用地膜覆盖栽培技术种植玉米，当年在社棠试验获得成功后，开始在全区范围内推广。地膜覆盖栽培的玉米，在提温保墒方面有良好效果，增产优势明显。1996年，区内在不同区域类型的地块进行小麦、马铃薯、高粱、谷子等作物的地膜覆盖种植试验，次年大面积推广。地膜种植粮食作物面积从1991年的3000亩发展到1997年的19万亩，为了应对干旱，区农技人员在原西山坪乡赵崖村开展玉米双垄沟地膜覆盖栽培技术试验、示范、推广工作。2005年又在石佛乡张湾村引进推广玉米全膜双垄沟播技术示范推广并获成功。此后到2007年间，一直保持在20万亩左右。尤其地膜玉米的栽培，增产效益好，推广面积大。2007年，地膜种植玉米已占到全区玉米种植总面积的4/5，与露地玉米相比，平均亩增产124.6公斤，增产幅度53%左右。地膜栽培小麦曾在二阴山区及林缘区推广，1997年600亩，2000年1.8万亩，亩增产40～60公斤。但因过于费工，2002年后不再种植。地膜栽培马铃薯在花牛镇的赵崖、董沟、二十里铺、峡口及马跑泉镇和社棠镇川区种植面积较大，后又发展到三阳川地区。由于能提早上市,经济效益显著,平均亩产 1500 公斤,亩均纯收入 1000 元以上,还可套种玉米蔬菜等。1997 年种植 600 亩,2007 年达 2 万亩左右。地膜栽培高粱和谷子只作过小面积示范推广,虽有增产,但过于费工,几年后放弃。

二、良种繁育

小麦　1985–1988 年,为区内小麦品种第 5 次更新换代期(20 世纪 50 年代至 1985 年前,已进行过 4 次更新换代)。主要繁殖推广品种(系)有中引系、天选系、择优系、社棠系、咸农 4 号、洛夫林 13、里勃留拉,全区 6 年中累计繁育种子 88.3 万公斤。1989–1998 年是第 6 次小麦更新换代期,主要繁殖推广品种是三大系,即清农系、中梁系、临洮系新优品种,如清农 1 号、兰天 1 号、兰天 2 号、兰天 3 号、洮 157、洮 919–18、洮 911–16、中梁 17、中梁 12、兰天 8 号、兰天 11 号、兰天 12 号、兰天 6 号等。特点是产量较高、稳定性强、适应当地生态条件,最具典型的是兰天 1 号(77–69)。期间共繁殖原良种 173 万公斤,基本满足全区用种需求。1999–2007 年,是第 7 次小麦更新换代期,主要种植品种是兰天 14 号、兰天 15 号、兰天 17 号、兰天 18 号、兰天 19 号、兰天 20 号、兰天 21 号、兰天 22 号、兰天 23 号、中梁 23、中梁 24、中梁 25,10 年间累计繁殖原良种 352 万公斤。新优良种的繁育引进,较大限度地满足了全区的用种需求。

玉米　1985–1997 年,区内大田玉米繁育主要以中单 2 号为主,年繁育 1500 亩左右,亩产杂交种约 325 公斤,累计生产原种 660 万公斤,基本满足全区中单 2 号杂交种的需求,还向周边外地调运部分种子。1998–2007 年,区内玉米繁殖以掖单 13 号、掖单 20 号、豫玉 22 号为主,年繁育良种田 1200 ~ 1300 亩,亩产 400 公斤左右,10 年间累计产种 500 万公斤,保证本区的用种需求及周边地区的调运。玉米品种的更新换代,在 20 世纪 80 年代初中单 2 号示范种植后,亩产均在 300 公斤左右,经过三四年推广,中单 2 号以其适应性广、产量稳、病虫害少等特点,到 80 年代中后期逐步代替老品种金皇后、白马牙、白鹤、朝鲜白等。1985 年后引进的新品种掖单 13 号、掖单 20 号及丹玉 13 号,示范成功并获得丰产后,至 90 年代,始改变中单 2 号单一型种植的格局。90 年代中后期,金穗 1 号、金穗 2 号、正大 12 号、陕单 8806、秦单 6 号、张单 251 等的引进,解决不同生态区域种植的需求,春播川水区的有豫玉 22 号,二阴山区的秦单 6 号、正大 12 号,山区的正大 12 号、金穗 1 号、金穗 2 号,油菜地复种的有正大 12 号,小麦地复种的有张单 251。2000 年引进示范种植的豫玉 22 号,平均亩产 700 ~ 800 公斤。2003 年,区种子公司引进玉米新品种正大 12 号试种成功,当年推广 4.78 万亩。此外,1996 年从天津农科院引进的鲜食玉米新品种津鲜1号、津鲜2号，填补区内城郊鲜食玉米的空白。

马铃薯　1991年，在渭南镇青宁村开始品种区域试种。1992年，开展马铃薯脱毒繁育技术推广。当年建成1200亩马铃薯良种繁育田。

油菜　20世纪80年代中，区内主要种植奥罗油菜、74–1、春油菜，亩产在120公斤左右。1986–1994年主要种植秦油2号、延油2号，亩产150公斤左右。1994–2007年，主要种植甘杂1号、秦油7号、天油4号、天油5号，亩产185公斤左右。

高粱　20世纪80年代中，区内种植的有熊岳253、矮高粱、马尾高粱等，亩产一般在300公斤左右。1986年后，主要种植抗4、抗7、晋杂4号、晋杂6号、忻杂52号等品种，亩产500～600公斤。

胡麻　20世纪80年代中后期，区内主要种植天亚2号，亩产100公斤左右。1988–2007年，主要种植天亚4号、天亚5号、天亚6号、定亚系，亩产约比天亚2号增30%。

航天育种　2001年，中国科学院遗传与发育生物学研究所将第一批航天搭载的种子落户天水，在马跑泉团庄村进行品种比较观察，又在社棠良种场的两个日光温室进行试种试验，太空诱变产生的变异效果显著。2002年，天水的辣椒、豇豆、茄子、沙棘、苜蓿等17个地方品种在神舟3号飞船搭载。当年年底，天水的菜豆、韭菜等5个地方品种在神舟4号飞船上搭载。2003年，神舟3号、4号飞船搭载的天水地方品种全部返回，并在天水农业科技示范园区的育种基地展开试验研究。同年，中国西部航天育种基地在天水农业科技示范园成立。航天蔬菜新品种航遗1号黄瓜已通过省级鉴定，其成果达到国际先进水平。2004年，天水绿鹏公司开展航天搭载品种选育，利用返回式卫星搭载种子的机遇丰富种质资源。同年，航天黄瓜、花卉试验示范项目获得省级立项。2005年，航豇2号新品种平均果长92厘米，最长112厘米。航豇2号、航椒3号新品种在中国第十二届杨凌农高会上获“后稷奖”。

三、土壤普查和改良

土壤普查　20世纪80年代中期开展的土壤普查，查清区内土壤的发生、形成、分布规律、剖面形态、理化性状、特性特征、利用现状、数量、质量、限制因素、低产原因、障碍土层和土宜等，摸清“氮不足、钾尚可、磷极缺、微量元素缺乏”的土壤底细。

第二次土壤普查区内土壤统计

土壤类别	分布	面积(万亩)	所占比例(%)
绵土类	主要分布于渭北干旱山区、耤河流域两面山地	30.24	42.1
淀土类	主要分布于所有川地、河谷川坝地	16.10	22.4
潮土类	主要分布于二十里铺、马跑泉川区低洼地带	0.06	0.1
红土类	主要分布沟上部、侵蚀严重和曳山烂湾的坡地上	11.02	15.3
黑垆土类	主要分布于渭、耤河流域两面的坪地、梁顶、梁坡	14.40	20.1

土壤改良　1985年开始,区内根据土壤情况以培肥改土为重点开展中低产田和瘠薄梯田改造以及氮磷配方施肥等项目。1986–1990年,组织实施“冬小麦氮磷初级配方施肥技术推广”和“3万亩中低产田改造”项目。通过深翻改土、增施有机肥、氮磷配方施肥等措施,使所改造农田作物亩产由原来81公斤提高到124公斤,土壤有机质稳中有增,速效磷增加1~3毫克/千克。1987–1989年,开展“10万亩瘠薄梯田改造”项目。改造中采取生物与工程措施相结合办法,广泛开辟农家肥源,以增施有机肥、复种绿肥、秸秆还田、机耕机播、良种配套等措施,使改造田亩产1993年达到178.6公斤,亩增产58.8公斤。1994–1996年,又开展“12万亩低产农田综合技术改造”项目。

四、施肥

化肥　20世纪80年代中,区内化肥的施用开始由单一施用氮素肥料(主要是碳酸氢铵、硝酸铵、尿素)向氮、磷(主要是过磷酸钙)同施发展,并开始使用磷酸二氢钾、锌肥、硼肥、钼肥、液体复合肥等高效肥料。其施用方法由单施到配合施,由撒施到深施,再增加叶面喷施。以施用从美国、罗马尼亚进口的复合肥效果最好。1990年,全区施用化肥2.15万吨,其中氮肥1.15万吨、磷肥7000吨、钾肥400吨、复合肥2500吨,亩均施28公斤(其中氮肥15公斤)。粮食生产中因施用化肥增产的因素在1/3以上。2007年,全区施用化肥4.11万吨,其中氮肥1.98万吨、磷肥1.32万吨、钾肥1639吨、复合肥6594吨,亩均施57公斤。同时由于果园、菜园等面积的增加,磷酸二氢钾、锌肥、硼肥、钼肥等肥料得到普遍推广。效素菌生物肥、微生物磷钾菌肥通过试验、示范,也有较大面积的使用。

沃土工程　1990年,区土肥站组织实施国家农业部的“沃土工程计划”,积极推广罐罐式厕所。至1997年,全区修建罐罐厕所1.3万个、二合一厕所(厕所与猪圈合一)9756个、三合一厕所(厕所与猪圈、畜圈合一)4326个,从而提高有机肥积攒的数量和质量。时经区土肥站采集罐罐厕所有机肥样15个,化验含有机质2.84%、氮0.148%、速效磷25.5毫克/千克。

测土配方施肥　2005年,全国测土配方施肥补贴资金项目在区内实施,化肥的施用向测土施肥的方向发展。当年投资100万元,采集土壤样品3968个,植物样品200个,土壤样品化验大量元素23560项,中微量元素19380项,测试养份600项次。经过土样测试和田间"3414"(指氮、磷、钾3个因素、4个水平、14个处理)试验,安排"3414"类试验15个,示范点10个,示范面积3万亩,推广面积40.5万亩,提供施肥配方6个。在合理施用有机肥的基础上,科学合理地施用化肥,使肥料平均利用率提高9.42个百分点,其中氮肥利用率提高11.44个百分点,磷肥利用率提高6个百分点。平均亩节省肥料成本3.15元。

五、病虫害防治

(一)主要病虫害　区内发生的农作物病虫害,小麦有条锈病、蚜虫、红蜘蛛、白粉病、黄矮病、吸浆虫、异夜蛾,玉米有玉米螟、矮花叶病、黑粉病,马铃薯有晚疫病、环腐病、豆芫菁,油菜有黑缝叶甲、疫病、霜霉病、病毒病、蚜虫、蓝跳甲、茎象甲、甘蓝夜蛾、黄条跳甲、芜菁叶蜂,蔬菜有黄瓜炭疽病、霜霉病、细菌性角斑病、蔬菜疫病、病毒病、灰霉病、菜青虫、瓜类枯霉病、小菜蛾、美洲斑潜蝇,果树有苹果落叶病、腐烂病、白粉病、叶螨、苹小食心虫、蚜虫、红蜘蛛、桃小食心虫、梨茎蜂、梨缩叶病、葡萄霜霉病、葡萄黑痘病。地下害虫主要有金针虫、蛴螬、蝼蛄、粘虫,鼠类主要有中华鼢鼠、小家鼠、黑线姬鼠、黑线仓鼠。

(二)病虫鼠害　1985年5–6月,石佛乡粘虫危害玉米。1986年,境内31万亩小麦发生蚜虫,造成减产。1987年,红蜘蛛大面积危害小麦,造成减产。1988年,蚜虫危害小麦21.5万亩。1989年,玉米螟危害玉米13.3万亩,造成减产,损失玉米约800万公斤。

1990年,玉米螟危害玉米10万亩,造成减产,损失玉米320万公斤。1991年,小麦发生红蜘蛛,危害面积23.5万亩;小地老虎严重发生,危害玉米5.6万亩;玉米螟危害玉米20万亩;小麦条锈病中度偏重发生,侵及28万亩。1992年,小麦红蜘蛛中度偏重发生。1993年,35万亩小麦发生蚜虫,造成减产;红蜘蛛普遍发生,危害小麦16.4万亩。1994年,蚜虫危害小麦34万亩;玉米矮花叶病在中单2号品种上普遍发生,危害10万亩,占播种面积一半以上。

1995年长管蚜危害小麦26.7万亩，麦红蜘蛛危害小麦14.5万亩，番茄晚疫病发生较重。1996年小麦条锈病暴发流行，其流行速度为1989年后最快的一年；蚜虫猖獗发生，危害小麦35万亩，造成减产。1997年蚜虫危害小麦32万亩，经喷药防治挽回部分损失；红蜘蛛危害小麦22万亩。1998年，粘虫在高山区特别是林区暴发，危害玉米，为前10年罕见；小麦白粉病流行侵及28万亩，红蜘蛛危害小麦22万亩，造成减产，小麦吸浆虫发生面积31万亩；玉米螟危害玉米严重。1999年，小麦条锈病发病面积26万亩，小麦白粉病发生21万亩，小麦黄矮病发生28万亩，危害程度为数十年未见，小麦红蜘蛛发生面积34万亩，属大发年。

2000年，蚜虫危害小麦32万亩，红蜘蛛危害小麦30.5万亩。2001年，小麦条锈病发生面积32万亩，小麦白粉病发生面积30万亩。2002年，小麦条锈病发生面积31万亩，占小麦总播面积的99%，为10年所罕见；蚜虫危害小麦32万亩；红蜘蛛危害小麦22万亩。2003年，小麦普遍发生白粉病、红蜘蛛、蚜虫。2004年，小麦条锈病流行面积28万亩，蚜虫发生面积30万亩。

2005年，小麦条锈病发生面积29万亩，小麦白粉病发生面积24万亩，小麦蚜虫发生面积31万亩，小麦红蜘蛛发生面积20万亩。2006年，小麦白粉病发生面积23万亩，蚜虫发生面积28万亩，红蜘蛛发生面积19万亩。2007年，小麦条锈病发生面积27万亩，白粉病发生面积26万亩，小麦蚜虫30万亩，小麦红蜘蛛发生面积28万亩。

（三）防治　农作物病虫鼠害的防治主要是综合运用现代植物保护技术，实行综合防治。综合防治包括：农业防治。一般是采用抗性品种，改进耕作制度，轮作倒茬，调节播期等方法，防避病虫害；科学用药。从20世纪80年代开始，高效、安全、经济的农药发展快，特别是一批新型高效的内吸式杀菌剂，对解决一些难治的重大病害，如小麦条锈病、白粉病、玉米黑穗病以及多种果、蔬病虫害，获得良好效果，还通过改进施药方法，减少施药次数和用药量，提高防治效果和减少农药对环境的污染；利用天敌保护。利用天敌调节害虫种群密度，维持生态平衡，在综合防治中效果明显，无副作用，是重要的防治手段之一。

1990年，区内小麦条锈病防治中采取“打南保北，打山保川、打点保面”的防治策略，实行“政、财、技、物”的配套防治服务，并初步形成区有植保站、乡镇有机防队、村有技术员、组有示范户的4级农作物病虫鼠害防治网络。1993年，在甘泉镇举办全市农田灭鼠现场会。2002年后，区内推广秋播小麦种子用三唑酮和烯唑醇拌种、包衣,有效控制和推迟秋苗期发病,降低越冬菌源,减轻翌年小麦疫病防治压力。随后,玉米包衣种子也得到推广。

常用的农药施用器械,区内有背负式手动喷雾器,背负式机动喷雾器,枪杆式喷粉器,手提式喷粉器,担架式喷雾机(用于林木、果树),微型式喷雾器等。

(四)疫情测报　20世纪90年代,区植保部门在元龙、凤凰、中滩、西山坪、麦积、二十里铺等6乡、镇设农作物病虫鼠害观测点,配备6名专职测报员对区域内农作物病虫鼠害进行预测、预报。其方法主要采取气象预测、品种预测、病虫越冬越夏基数测报、作物布局和地理环境发生范围等因素综合预测。测报对象主要是小麦条锈病、小麦蚜虫、小麦吸浆虫、小麦红蜘蛛、麦秆蝇、玉米螟、玉米粘虫、洋芋坏腐病等病害。1989–1997年,投资18万元在区内建成全国农作物病虫区域性测报站。2001–2003年,完成对全区范围内发生危害的农业植物的种类及其分布范围、发生面积、危害程度、损失等情况的系统普查。2003年,在麦积镇文何村、新阳镇席西村、马跑泉镇甸子村设抗病虫动态观察苗圃,种植29个小麦品种(系)作为观察品种。2004–2006年,投资300多万元建立农业有害生物预警与控制区域站。

(五)植物检疫　1985–1995年,对区种子公司良种繁殖场的小麦、玉米进行产地检疫,并在麦积、甘泉开展毒麦属杂草的调查与防除,对美国白蛾、假高粱的监测,还开展向日葵霜老病发生规律研究与防治及对有无检疫性有害生物的普查。

(六)农药监管　20世纪80年代中,区内停止使用高残留有机氯杀虫剂如六六六、DDT,取而代之的是有机磷和氨基甲酸酯类农药,开始施用拟除虫菊酯及其他杀虫剂。同时,甲霜磷、三唑酮、三环唑、代森锰锌、百菌清等高效杀菌剂也相继使用,有效控制小麦、玉米、蔬菜、果树等各种作物的病虫害。除草剂、植物生长调节剂的用量迅速增加,丁草胺、灭草丹、绿麦隆、草甘磷、灭草松、磺酰脲类除草剂及矮壮素、乙烯利也得到使用。

20世纪90年代,农药残留污染引起社会关注。1997年植保部门依照国家颁布的《农药管理条例》对农药市场实行许可证和资格证制度,并逐步淘汰高毒、高残留农药,农药使用向环保、绿色、无公害方向发展。2005年,国家又通令禁止甲胺磷等5种高毒农药在农业上的使用,大面积推广使用无公害农药。

六、沼气综合利用

2002年,区内被农业部列为"全国第三批科教兴农与可持续发展综合示范县区",主要内容是在农村建设沼气池、改厨、改厕、改圈(称一池三改)的农村能源建设。2004 年,社棠镇下曲村的沼气建设推行“五配套”(沼气 + 改厕 + 养殖圈 + 水窖 + 果园)的先进生态模式,琥珀乡方家村实行“12145”(即 1 口沼气池、2 眼水窖、1 个集雨场、年出栏 4 头猪、5 亩果园)的生态模式,还有元龙镇红星村探索的“猪沼果”生态果园模式和伯阳镇曹石村探索的“猪沼粮”模式,都作为典型经验在部分地方推广。2007 年,全区计建成“一池三改”户用沼气池 5085 个,节柴灶 4000 个,主要分布在伯阳、社棠、元龙、石佛、中滩等 17 个乡镇。

第四节 农业机具

一、田间作业机具 传统的田间作业农具有铁制铁锨、镢头、铁铲、锄头、镰刀、铁耙、犁头等,木制耙、耱、木叉、木锨、木刨、连枷、背篼、箩筐、扁担等,石制石碾、石磙、碌碡等。

1985 年,已有机械化和半机械化农具如手扶拖拉机、打碾机、脱粒机等在田间作业中替代人力、畜力作业。区农机站还有 1 台天津产的铁牛 1/55 型小麦联合收割机和 2 台本省产手扶拖拉机配套敦煌—130 型小麦收割机,机收面积 280 亩。3 年后因不实用,均停止作业。其后,1990 年引进推广山东枣庄农机厂生产自走式 3 马力小型收割机 2 台,在伯阳下坪村示范收割小麦 50 亩。2000 年,天水市投入 1 台新型小麦联合收割机在马跑泉崖湾,甘泉吴家河、屈家坪、玉兰、甘泉等村机械化收割小麦 620 亩。其后,借助国家实施农机具购置补贴政策的扶持,农户农机拥有量逐年增多。旋耕机、微耕机和小型三轮车等运输车辆渐渐替代畜力,牛、马、驴、骡等除在林区或部分边远山区使用外,城郊及大部分乡、镇的大家畜渐渐退出田间耕耘。联合收割机的推广使用,使机收面积逐年加大,赶麦场的“麦客子”的市场越来越小。铺膜机、穴播机、起垄机在田间作业中得到大力推广和使用。

2005 年,马跑泉、甘泉农户购置 3 台小麦联合收割机,连同进入区内的外地收割机,使机收面积增至 2.8 万亩。其后,甘泉镇玉兰村农民自发成立农机跨区作业队,购进联合收割机数台,1 机 2 人合作配合轮换作业,自东向西从陕西一直到新疆从事跨区作业收割小麦,成为新时期赶麦场的“机收麦客子”。至 2007 年,全区有小麦联合收割机 10 台,机动割晒机 2 台,大蒜收获机械 1 台,机收面积 3.8 万亩。全区还拥有小四轮拖拉机 2896 台,大、中型拖拉机 126 台,耕作机械 1422 台套,排灌机械 2733 台,收获机械 26 台,植保机械 896 台,田园管理机械 12 台，半机械农具 10396 台。

二、运输机具　1985 年后，扁担、背篼、箩筐、木制独轮推车、胶轮架子车等传统农业运输机具逐步被农用运输车所取代。木制独轮推车得到改进，轻便、灵活、耐用的钢架胶胎独轮车在农村山区普遍使用。20 世纪 80–90 年代，各种拖拉机成为农村主要运输机具。2000 年后，农用三轮车因省油、快速、操作灵活等优势逐步替代拖拉机。胶轮架子车因劳、畜力流失、效率低下逐步被废弃。

2007 年，全区农业运输机械 3430 辆，其中农用载重汽车 129 辆，农用运输车 3301 辆（其中三轮运输车 2063 辆），农机运输作业量 8614 万吨公里。

三、排灌机具　1985 年，全区排灌机械 19 台套、农用水泵 1308 台，主要属乡镇和大队、村集体所有，机械灌溉面积 11 万亩（次）。其后，水利排灌机具逐步发展演变，由人力到畜力，再由畜力发展到机动（汽柴油发动机）、电动，作业方式由提灌逐步发展水泵提灌、智能控制喷灌、滴灌等。2007 年，全区排灌动力机械 1673 台，农用水泵 1540 台，节水灌溉机械 24 套，灌溉面积 32 万亩（次）。

四、植保机械　1985 年，全区有手动喷雾器 142 台，主要是手动型“工农—16 型”喷雾器，其结构性和技术性能落后，跑、冒、滴、漏现象严重，喷雾效果不理想。90 年代末，开始引进安全可靠、省力高效的机动喷雾器，主要推广泰山牌—18 型背负式喷雾喷粉机、泰山 3WF—2 型背负式喷雾喷粉机、阳洋牌 3WDY—5 型轮压杆式高压喷雾器、没得比超绿 16 型背负式手动喷雾器、3WBD—16 型多功能喷雾器。2000 年后，植保防治机械进一步改进，陆续引进推广卫士牌喷雾器、东方红牌手动喷雾（粉）机、孢子捕捉仪、佳多牌频掀式杀虫灯、黄板诱杀器等新型农药施用机械。2007 年，全区有人力手动喷雾器 59086 台，机动喷雾器 233 台，机械化植保面积 48 万亩（次）。

五、农副产品加工机械　1985 年后，区内原有水磨、石磨、石碾、铡刀、踏窝等农副产品加工工具逐步淘汰、废弃，新型高效的电动、机动农副产品加工机械被推广使用。2007 年，全区加工机械中动力机械 1823 台，加工机械 1923 台，其中脱粒机及粮食加工机械 1355 台、棉花加工机械 15 台、油料加工机械 553 台。年加工粮食 6 万余吨，加工油料 1640 吨，加工棉花 9.3 吨，其他 3427 吨。

第五节 畜牧业

1985年后,畜牧业由农本型向商品型过渡,经营方式由“小而全”向“小而专”发展,出现养殖专业户、专业村、养殖企业。饲养由传统单纯追求畜耕存栏向追求商品率、出栏率、市场经济效益方向转变。养殖种类由单一的大家畜、猪、鸡的传统品种向牧业、渔业、蜂业、特种动物养殖业发展,养殖方式由粗放的散养,向标准化圈舍养殖,再发展到无公害生态林间放养。养殖模式由一家一户的“单打独闹”逐步发展为“公司+基地”和“公司+基地+农户”的规模化产业化养殖模式。

2007年,全区畜禽饲养总量255万头(只),大家畜存栏4.73万头,出栏2.06万头;猪存栏9.01万头,出栏10.8万头;羊存栏2.59万只,出栏1.2万只;鸡鸭存栏87.53万只,出栏67.5万只。规模养殖专业村81个,规模养殖户13844户,规模养殖场172个,较大规模的龙头企业11个,养殖小区22个,规模饲养量108万头(只)。肉、蛋、奶和鲜鱼产量分别为17769吨、8680吨、4110吨和330吨。

一、养殖

区内自古就以水草肥美而著称,境内养殖大家畜的历史悠久。2000年后,供役使的牛、马、驴、骡逐渐被拖拉机和车辆所替代,牧业养殖发展为给人们提供肉食和奶源的产业,牛、马、驴、骡等大家畜的传统养殖逐渐变成历史。

牛 从20世纪80年代开始,以机代畜的局面使耕牛作为农耕动力的作用越来越小,许多农民嫌饲养耕牛费时、费工,养牛范围缩小到饲草资源较丰富的林区或林缘区。另一方面,随着人民对牛肉、牛奶需求量的不断增加,饲养黄牛逐步向肉用型、奶用型发展。肉牛养殖品种主要是秦川牛、鲁西牛、荷兰牛,奶牛养殖以荷斯坦为主。1998年,从外地引进塑料暖棚养殖技术,实行“良种+良料+良法+良医+良舍”五配套养殖措施,从而打破以往房前屋后或路边养殖旧习,饲养方式由粗放的放养改进成塑料暖棚圈舍、秸秆青贮氨化养殖。黄牛的饲养采取舍饲为主、短期放牧、适量补饲的方式,饲料以小麦、玉米、豆类和农作物秸秆为主,辅以红豆草、紫花苜蓿等牧草。饲料经人工或机械铡短后饲喂。集中养殖小区一般采用玉米秸秆青贮饲草喂养,散养户一般在冬春季喂养玉米、麸皮和胡麻饼等农副产品。2000年,在花牛镇赵崖村建成畜牧中心奶牛场。2006年,成立嘉信畜牧有限公司,存栏奶牛1800头,日生产鲜奶18吨,并建成日加工200吨巴氏消毒奶生产线,发展成全市奶牛和鲜牛奶加工的龙头企业。同年,花牛镇赵崖村发展成为全市3个奶牛养殖专业重点村之一。2007 年,全区牛存栏 3.2 万头,年内出栏 1.96 万头。

羊 养殖历史亦久,分为绵羊和山羊两大类。传统养羊以生产皮毛和积肥为主。养羊主要分为放牧饲养和舍饲饲养两种方式,传统养殖依赖天然牧草和农副产品补饲方式分散大群饲养。1985 年,境内先后从新疆和兰州引进新疆细毛羊和甘肃细毛羊 2 个品种推广,主要生产优质羊毛和羊皮。1989–1999 年,从山东梁山县引进养殖小尾寒羊新品种,成为全区羊养殖的主要品种。饲养方式主要采取舍饲一体化羊舍、复种豆科牧草、青贮氨化饲料和“五良”配套养殖技术。2000 年,从陕西省永寿县引进波尔山羊新品种,养殖羊从毛皮兼用型转向肉用、奶用型,羊肉生产从数量型转向质量型发展。2004 年开始,境内因封山禁牧政策的实施,养羊户多以舍养为主。

猪 养殖历史非常悠久,以肉用型养殖为主。传统养猪夏秋季节以青粗饲料为主,适当搭配精料和适量的矿物质微量元素。冬春季节主要以薯类及其秧蔓、葵花头、秕谷、糠麸、饼粕类、糟渣、玉米及豆杆、荞杆、玉米杆等经粉碎、蒸煮发酵,搭配适量矿物质微量元素,调成混合或配合饲料喂饲。1985 年后,有的养猪场开始购置机械设备,饲料加工、蒸煮、搅拌实现机械化作业。有些养猪场和养猪大户,开始利用混合、配合饲料喂饲。规模化养殖小区多采用“一条龙直线育肥法”。即在仔猪断奶后,按其各个生长发育阶段的营养需要,逐步增加精料喂量,促其快速生长增膘,特点是饲养时间短,长得快,出栏率高。仔猪育成出栏(体重达 90 公斤)仅 180 天左右。1997 年,在南河川成立天水维亚养猪实业有限公司。其后多年,公司建成年产 2 万头仔猪生产线 1 条,标准化猪舍 6 栋。2005 年,花牛镇花牛村成立天水陇丰养殖有限公司,建成全封闭式种猪舍 6 栋,存栏猪 348 头,其中成年种猪 140 头(公猪 6 头,母猪 134 头),后备种母猪 58 头。2007 年,公司在中滩镇张白村建成仔猪育肥养殖小区 1 处,标准化猪舍 4 栋,存栏长白、约克、杜洛克种猪及优质三元仔猪饲养量 7000 头。至 2007 年,先后建成年出栏 5000 ~ 6000 头育肥猪的张白 1 号和 2 号小区,年出栏 3000 头的石佛瑞丰和渭南张元养猪小区,年出栏 1500 头的琥珀罗家村和五龙刘家湾养猪小区。同年,还新建石佛杨家庄养猪小区、中石养猪小区、张白 3 号养猪小区、新阳赵家庄养猪小区。

马 境内养马历史很久。饲养采取秋冬舍饲、春夏放牧结合的方式,饲草以麦秸秆和苜蓿为主,辅以少量精料,管理粗放。从 1985 年开始,区内马存栏开始下滑,当年有 2764 匹。至 2007 年,仅存栏 400 匹,多在风景旅游区饲养供游客骑乘。

驴 俗称“毛驴”。长时期里是中、小农家饲养用以运输的最好役畜,以家庭私养为主。1985年以后,以机代畜的发展趋势使驴养殖数量连年下滑,2007年仅存栏11310头。

骡 俗称骡子,是马与驴杂交的后代,分为马骡和驴骡两种,一般马骡较驴骡多。骡子因具有个体大、体型好、力气大、疾病少、寿命长的特点,主要用于运输、犁地或骑乘。农村实行家庭承包经营后,家庭人口较大的户多有饲养。饲养中,农忙时喂精饲料加草料,农闲时以喂牧草和干麦草为主。1985年,全区有骡5883头,仔畜783头,1991年增至8499头。2002年后,由于小型运输机械的普及,骡的饲养量开始下降。2007年,全区存栏2540头。

鸡 有肉鸡和蛋鸡两类,饲养方式分散养、放养和笼养3种,传统上以散养和放养为主,即白天放开,晚上上架或入舍。管理粗放,饲料单一,养殖周期长,品种以当地土鸡为主。1985年后,规模养殖户中开始推广笼养。养鸡场由庭院散养转向采用高床全阶梯三层笼养鸡。鸡舍都有开放式窗户,主要利用自然光照和自然通风,按季节和鸡群需要辅以机械通风和灯光。1987年,区畜牧中心在马跑泉大柳树村新建种鸡场,有鸡舍4栋,雏舍1栋,主要饲养父母代良种鸡,推广优质良种蛋、种雏和商品蛋。至1989年,生产良种蛋43.7万枚,商品蛋13.2万公斤。1990年,饲养伊沙父母代种鸡600只,罗斯父母代种鸡900只,京白父母代种鸡600只,星杂288种鸡330只,商品鸡5200只。1991年以后,将鸡场整体承包私人经营。1992年,推广"千万只良种鸡工程",全区建成养鸡中心1处,养殖专业村6个,养鸡专业户380户,养鸡5.76万只,有一半以上专业户实行笼养。2000年,专业户养鸡规模由90年代的户养1000多只发展到3000多只,单鸡收入由8.5元提高到15元,单只蛋鸡产蛋量年最高达220枚。2002年,天水利东禽业养殖有限公司在天水农业科技示范园区成立,建成节能日光温室38座,育雏鸡舍400平米,种鸡舍3000平米,良种鸡繁育场占地20亩,饲养优良种鸡2万只,其中蛋种鸡1万只。

鸭 鹅 鸭、鹅在境内河谷水源丰富的地区有零星散养,受地域自然条件所限,养殖数量小、无规模。鸭的养殖品种有康贝尔鸭、北京鸭、绍兴鸭、小拍鸭和麻鸭5个品种。鹅的品种有中国白鹅和狮头鹅2个品种。

鱼 主要品种有草鱼、鲤鱼、鲫鱼、鲶鱼、虹鳟鱼等,养殖方式是开塘放水,池塘养殖。养殖区域主要是水源丰富的甘泉、马跑泉、东岔等地河流滩涂区域。1985年,区人民政府拨付水产站2万元专项经费,用于资助开塘和技工工资,聘请浙江菱湖渔技服务公司技工,采取承包合同制,为养鱼户传授水产养殖技术,当年开挖鱼塘112亩。1986年,人工孵化鲤鱼在甘泉乡玉兰村试验成功,培育亲鱼460尾,可繁亲鱼34尾,成活1万尾鲤鱼鱼苗。同年,市人民政府把甘泉作为渔业开发的重点乡,在廖家庄、西枝、屈家坪、峡门等村开挖池塘197亩。同年,在马跑泉镇东山村成立虹鳟鱼场,从甘肃省甘南州玛曲县引进虹鳟发眼卵5万粒开始孵化。次年,又从河北涞源县引进虹鳟发眼卵8万粒。1988年,区水产站在甘泉乡峡门村,建成标准池塘10个,面积15亩,场房6间,成立鱼苗鱼种培育站。1991年,全区养鱼水面807亩,全年每亩产鱼由1986年的226公斤提高到1991年的328公斤,年总产量75.5吨。2006年,全区渔业生产水面524亩,产量291吨。全区3/4的池塘从事休闲型"农家乐"经营。此外,从1980年开始,养鱼爱好者的消费需求逐步催生出观赏鱼市场。观赏鱼养殖品种由金鱼、锦鲤、红鲫鱼等温水性鱼类慢慢发展凤尾、红箭、黑玛丽、金龙、银龙等热带鱼类。

蜂 蜜蜂养殖是一项历史悠久的传统养殖业。境内生态蜜源植物种类多、花期长、资源丰富,养蜂环境适宜,养殖蜜蜂品种主要有中蜂(即土蜂)和意蜂(即外来蜂)两类,以中蜂养殖为主,占80%。蜂产品主要有蜂蜜、蜂王浆、蜂花粉、蜂胶、蜂蜡等。养殖技术已由传统的"杀蜂取蜜、自生自灭"粗放陋习转变为新式科学的"箱式饲养、追花采蜜、转地放蜂、分蜂取蜜"。2007年,境内共有蜂群约3万箱(群),蜂农600多人,养殖区域主要在党川、利桥、甘泉、麦积、东岔等乡、镇。

兔 品种最先是中国白兔,因品种效益差被淘汰。后引进品种有獭兔、哈白兔、新西兰兔、表紫蓝兔、比利时兔等5个皮用、肉用和皮肉兼用兔品种,还有安哥拉兔、西德长毛兔2个毛用兔品种。兔的饲养方式主要是"一兔一笼"的圈舍饲养和"公司+农户"的标准化生产养殖。1985年,国内兔毛市场复苏,价格见涨,区内22个乡、镇中14个乡、镇有专业养兔场,仅城区就有6个养兔场,存栏1.5万只,渭南乡有1084户养兔专业户,存栏1.13万只。1987年,区人民政府把养兔列为农村脱贫致富的"短、平、快"项目,从资金、优质种兔方面重点扶持养兔业发展。但由于缺乏技术,两年后存栏量下降,1990年减至7700只。1999年,天水富隆实业獭兔养殖有限公司和天水郁友种兔养殖公司相继成立。富隆实业獭兔养殖有限公司按照"公司+农户"模式,在区内城郊、街子、甘泉、麦积等乡镇发展养兔专业户2708户,投放种兔4360组,兔肉兔皮由公司统一收购销往河北邯郸。2000年,郁友种兔养殖公司在街子、中滩、石佛、渭南、清水等地投放种兔2000组。

特种养殖 一为鸽子,分为信鸽和肉鸽两大类。1993年,区内个别农户开始饲养肉鸽。2003年,社棠镇肉鸽养殖场成立,养殖规模达到肉鸽存栏2000只。二为鹌鹑。1990年开始有零星养殖户，不成规模。1997年，在城郊的花牛镇、马跑泉镇有专业农户饲养鹌鹑，至2007年仅存花牛镇1户，饲养300多只。三为鹿。境内养鹿是指小陇山林业实验局下属的林场开展的多种经营项目。龙门林场于1997年引进梅花鹿、马鹿30余只，开展繁育生产。至2007年存栏梅花鹿、马鹿170多只。四为蝎子。1999年，始有零星养殖。2000–2002年，马跑泉镇什字坪村开办养蝎场，饲养30万只；甘泉镇中庄村开办养蝎场，饲养12万只。五为鸵鸟。2003年，由个体养殖户在甘泉镇峡门村开办鸵鸟饲养场，饲养种鸵鸟40只，后因市场因素而停止。六为狐狸。2004年，甘泉镇阳湾村开办狐狸养殖场，引进优质狐狸72只，后因繁殖技术和市场因素以失败而告止。七为狗。传统养狗，是农户为看守门户而饲养。80年代，有农户兴办养狗场，以出售狗肉、狗皮取利。2000年开始，境内兴起宠物狗和藏獒养殖热潮，花牛镇养殖户建立1处藏獒养殖中心，引进饲养藏獒20余只，繁育幼犬80余只，后因市场因素，未能扩大养殖规模，至2007年存10余只。

二、品种改良

牛　20世纪80年代，黄牛冻配改良在全区推广，引进肉用品种秦川、夏洛来、利木赞、海福特、西门塔尔等牛与本地黄牛杂交，改良本地黄牛向肉用和兼用方向发展。1985年，区内共有含外血的改良牛1.66万头，约占黄牛总数的2/3。2007年，全区共有冷冻精液改良点22处，年授配改良黄牛7000头。

羊　20世纪80年代中，从内蒙古畜牧科学院引进绵羊冷冻精液技术，此后全面推广。1989年，区畜牧部门的技术人员到山东济宁、荷泽考察小尾寒羊后引进其品种。至2000年，主要养殖品种是小尾寒羊。后又从陕西引进波尔山羊新品种，并加以推广。2007年，全区引进小尾寒羊6781只，波尔山羊7142只。

猪　20世纪80年代中，引进瘦肉型猪杜洛克20头，在马跑泉镇潘集寨村20户养猪专业户进行繁殖改良，1985年养猪286头，出栏136头，繁殖种猪132头。1988年，在今花牛镇赵崖村建成种猪场，引进甘肃白猪50头，杜洛克公猪、长白猪公猪、大约克夏公猪各3头，开展二元母猪的繁育，累计繁育5000多头，供应到全区及周边其他县区。同年，还开展猪常温人工授精和冷冻精液技术推广。1993年，辖区开展塑料暖棚圈舍养猪技术推广，累计推广塑料暖棚圈舍面积120万平方米。

鸡　1985年，区畜牧兽医站建成区孵化中心和乡镇孵化点以后，开始新品种引进和推广。先后引进蛋鸡品种有星杂288、星杂579、罗斯褐、罗曼红(白)、海塞克斯、海兰褐(白)、尼克褐、伊萨褐；肉鸡品种有罗斯1号、星布罗、海布罗、红布罗、明星等。1990–2007年，区畜牧部门从陕西共引进良种鸡罗曼鸡174万只，海兰褐鸡141万只。

鱼　主要引进大宗养殖品种有草、鲢、鲤、鳙、鲂、鲫鱼及其名特优品种虹鳟鱼、金鳟、鳝鱼、大口鲶。在引进常规鲤鱼的同时，还引进建鲤、锦鲤、荷包红鲤、镜鱼，鲫鱼品种中又引进高培鲫、银鲫、澎湖鲫、红鲫。

三、饲草饲料

天然草场　主要分布在林区和林缘区，渭北地区亦有小块草场。1985年，全区产各类饲草、饲料总量8695万公斤，总需要量8861万公斤。2007年，区内共有草原面积84.32万亩，其中可利用者74.92万亩。

人工种草　1985年，全区人工种草面积9.38万亩，产草量4813万公斤。其中多年生牧草面积8.58万亩，一年生牧草8000亩。2000年以后，国家实施西部大开发战略，境内推广退耕还草、人工种草。人工种草品种主要有紫花苜蓿、红豆草、草木樨、草高粱、草谷子等，引进推广的牧草有小冠花、苏丹草、红三叶、老芒麦、饲用油菜、草坪型白三叶、菊苣等品种。

农作物秸秆　1985年，全区农作物秸秆产草量1.66亿公斤，实际利用率85%。2007年，全区农作物秸秆产量3.06亿公斤，实际饲用量1.19亿公斤。农副产品可食性饲料有糠衣、麸皮、油渣、豆渣、粉渣、玉米、葵花盘、豆衣、沼渣等。境内精饲料主要是玉米，其次是豆类、糜谷、燕麦等。粮油加工及酿造副产品饲料主要有麸皮、玉米皮、糜谷糠、各种油渣及酒渣、醋渣、豆渣等。2000年后，养殖新技术推广的饲喂专用复合饲料开始使用添加剂。添加剂虽能节本增效、缩短养殖周期，但因“瘦肉精”和“苏丹红”对食用者有毒副作用而被禁止。

四、疫病防治

(一)疫情　1985–2007年，境内曾发生或流行的动物传染疫病共84种，其中牛传染病有牛蓝舌病、牛坏死杆菌病、牛恶性水肿、牛流行热等14种，羊传染病有羊口蹄疫、羊破伤风、羊炭疽、羊猝疽、羊快疫等13种，猪传染病有猪瘟、猪口蹄疫、猪肺疫、猪伪狂犬病、仔猪副伤寒等24种，禽传染病有鸡新城疫、禽霍乱、禽白血病、鸡痘、鸡曲霉菌病等13种。

牛巴氏杆菌病(俗称锁喉)　1985年在麦积镇发病20头，死亡7头；1996年在马跑泉、甘泉、麦积发病220头，死亡115头。牛气疽病1985年在党川、利桥发病5头，死亡1头。牛流行热病1987年在境内多数乡镇发病，共4538头，死亡11头。1991–2002年，部分乡、镇多有小范围发病。

羊痘病　1990年在马跑泉、花牛、新阳、凤凰发病278只；1992年又在上述4乡、镇及石佛、元龙等地发病274只。其后1994–1997年，个别地方亦有发病。羊羔痢疾2000年在甘泉、元龙发病112只，死亡32只。

猪瘟　1985–1989年在花牛、伯阳、甘泉、寨子等地发病，死亡受损严重。猪丹毒（俗称打火印）2000年在中滩、石佛、渭南、社棠发病71头，死亡32头。猪巴氏杆菌病（又名猪肺病）1986年在元龙、吴砦、东岔、二十里铺发病148头，死亡52头。2002年在马跑泉、甘泉、花牛3个乡镇发病153头，死亡121头。高致病性猪蓝耳病2007年首次在伯阳镇花南村发现从外省引进的猪中发病。仔猪白痢病1990–2003年间几乎每年有发病，且死亡率高。总计发病302头，死亡203头。猪乙型脑炎2007年在马跑泉吴家崖村发病1头，死亡1头。猪流行性腹泻1990年在马跑泉、甘泉、花牛发病116头，死亡70头；1995年又在上述3地发病76头，死亡49头；1999年在中滩、石佛、渭南、社棠发病77头，死亡50头。仔猪副伤寒1986年在二十里铺、麦积发病158头，死亡27头；1988年在马跑泉、甘泉、二十里铺、中滩发病998头，死亡215头。2005年在境内道北街道吕家村发病23头，死亡8头。

鸡瘟（亦称鸡新城疫）　1986–1989年在马跑泉、二十里铺、伯阳、西山坪等地发病5412只，死亡4246只；1995年在甘泉、马跑泉、新阳、琥珀、道北发病830只，死亡660只；1998年在甘泉、马跑泉、新阳、琥珀、道北发病1860只，死亡1480只；2002年在甘泉、石佛2乡镇5村发病2100只，死亡1250只。2004年在甘泉、马跑泉、新阳、琥珀、道北、石佛、麦积发病2010只，死亡1680只。禽霍乱（亦称禽巴氏杆菌病）1989年在南河川、伯阳、二十里铺发病880只，死亡760只；2005年在石佛、甘泉、新阳、花牛发病1830只，死亡1660只。鸡传染性法氏囊病1991年在马跑泉、花牛发病1830只，死亡1260只；1992年在甘泉、马跑泉、花牛、麦积、石佛发病2397只，死亡1350只；1993年在甘泉、马跑泉、麦积发病1850只，死亡500只。鸡白痢病1991–1999年在甘泉、马跑泉、道北、新阳、石佛、琥珀、麦积、街子、渭南发病13570只，死亡8720只；2001–2007年发病6701只，死亡2205只。鸡传染性支气管炎1995–1999年发病2365只，死亡1346只；2000–2006年发病7599只，死亡5039只。

（二）防治　1985年，境内实行免费接种疫苗，开展以猪瘟、鸡新城疫、布鲁氏菌病、炭疽、牛出血性败血症、羊痘、猪肺疫等为主的动物传染病的免疫，每年对牛、羊、猪、鸡免费接种疫苗。1990年开始，实行“因病设防、突出重点、科学免疫、综合防治、分级负责、协同作战、规范管理、讲求效益”和“防、检、诊、治”并重，单病消灭的动物防控措施，对鸡传染性法氏囊炎、禽霍乱、牛出血性败血症、羊痘、炭疽、羊梭菌病、猪肺疫等疫情的防治纳入长期防疫工作计划，实行因病设防。1993年，境内通过农业部对“消灭牛肺炎”标准的考核验收和“马鼻疽病”甘肃省基本消灭标准。1999年起，对猪、牛、羊用O型口蹄疫疫苗预防口蹄疫。2001年，实行一村一本的免疫档案管理。2003年，实行以塑料耳标为免疫标记的强制免疫制度。2004年，对所有家禽实行高致病性禽流感强制免疫。2006年，对全部猪用O型口蹄疫灭活苗以及所有牛、羊用O型—亚洲I型口蹄疫双价灭活苗实行强制免疫。2007年，开始对所有猪开展高致病性猪蓝耳病强制免疫。

至2007年，境内已被消灭的家畜传染病有牛瘟、马鼻疽、马传染性贫血、猪水泡等4种；已控制的畜禽传染病有26种，即牛气肿疽、口蹄疫、炭疽、猪瘟、猪丹毒、猪肺疫、猪链球菌病、猪蓝耳病、仔猪副伤寒、仔猪白痢、猪传染性胃肠炎、牛巴氏杆菌病、牛布鲁氏菌病、牛恶性卡他热、马流行性感冒、马腺疫、羊链球菌病、羊快疫、羊猝疽、羊肠毒血症、羔羊痢疾、鸡新城疫、破伤风、禽霍乱、兔瘟、兔巴氏杆菌；已被稳定控制的有布鲁氏菌病；新发生的畜禽传染病有9种，猪伪狂犬病、猪细小病毒病、猪萎缩性鼻炎、猪流行性腹泻、高致病性猪蓝耳病、猪附红细胞体病、猪圆环病毒病、鸡传染性鼻炎、禽白血病。

（三）屠宰检疫　1985年，屠宰检疫由兽医卫生监督部门实施。1991年，逐步形成“定点屠宰、集中检疫、化验监督、分散经营”的形式。1993年，区动物检疫站在社棠、凤凰、伯阳建立3个定点屠宰点。2002年，在社棠镇建成康晟生猪定点屠宰场，区动物检疫站派出6名工作人员驻厂检疫。

（四）运输检疫　1985年，成立南河川动物检疫站。1986年，铁路运输的动物检疫实行“县管站”管理体制，境内天水火车站由天水市动物检疫站负责、南河川火车站由南河川检疫站负责，渭南火车站、新阳火车站的动物检疫由所在乡镇畜牧兽医站负责。1986年，公路运输的动物检疫开始。1999年，在新修通的国道310公路上成立东岔公路动物防疫监督检查站。

第六节 多种经营

一、采集编织

采集 区内野生资源丰富，采摘中药材、山野菜、野果等是当地林区、林缘区农民的主要副业。党川、利桥、东岔等地采挖的中药材品种主要有柴胡、半夏、猪苓、菖蒲、川地龙、五味子、枸杞子、灯心草等。党川、利桥、东岔等地采摘的山野菜品种主要有野生黑木耳、香椿、乌龙头、鸡娃菜、蕨菜、黄花菜、苦苣菜、苜蓿菜、灰菜、罗汉菜、蒲公英等，特别是香椿 、乌龙头、鸡娃菜皆是麦积、甘泉等地农家乐著名的山野菜。东岔、三岔等地采集的野果主要有板栗、松子、山核桃、五味子、山瓜、山楂果等。板栗产量与规模较大，每年中秋节期间上市，年产近 300 万公斤，产值 100 多万元。

编织 区内编织历来发达，马跑泉、甘泉的农贸市场是著名的编织物集散地。林区适宜编织的藤条、毛竹资源较多，编织物主要有竹编、藤编、草编 3 大类产品。竹编产品主要是鸟笼、蚂蚱笼、炕席、扫帚、竹帘、背篼、篮子、筛子等。石佛乡中石村李福恩制作的各式鸟笼、草虫笼，用料考究、制作精美、美观耐用，被当地赞誉为“石佛三绝”之一。藤编产品主要有背篓、簸箕、箩筐等。草编的产品主要有芦席、草帽、茶垫、坐垫、麻鞋等。但草编、藤编产品未能形成规模，零星生产渐渐萎缩。

二、食品加工

面粉加工 实行家庭承包经营后，遍地开花式的面粉、油料加工的小电磨坊增多，村村都有面磨坊，以及榨油坊。后因农村产业结构调整、市场经济调节等诸多因素，不少村间小面磨坊、榨油坊停业，取而代之的是天水恒顺面粉厂、甘泉龙腾面粉厂、马跑泉雪源面粉厂等农产品加工龙头企业。

手工挂面 甘泉廖家庄、石佛黄家庄等地很早就有制作手工挂面的传统，特别是被当地赞誉为“石佛三绝”之一石佛乡黄家庄挂面。手工挂面制作选用当地出粉率高且筋丝好的优质小麦，经过兑面、醒面、揉制、搓条、上面、下面、切面、包扎等十几道的传统工艺制作而成，纯正地道，粗细均匀，为走亲访友的送礼佳品。

豆腐 豆腐是区内城乡居民常食用的食品，农村的民间豆腐作坊星罗棋布，以甘泉、三阳川区制作的传统工艺小磨浆水豆腐最受民众喜爱，其制作以本地特有的浆水卤制而成，嫩、白、鲜、细是其特点，口感好，品相佳。

粉条 粉条亦为当地主要食品，农村用马铃薯为原料制作粉条的传统很久。

以五龙乡产马铃薯所作粉条品质最好。

三、菌类培育

食用菌 20世纪80年代，马跑泉、社棠等地已有多年试验栽培平菇者。1990年后发展迅速。到2004年，城郊食用菌栽培面积68万平方米，每平方米平均单产0.76公斤，总产600吨。主栽品种有平菇、双孢菇、香菇、金针菇、鸡腿菇，林区的东岔、党川、利桥、麦积以种植黑木耳、天麻为主和零星种植猪苓。2005年后，由于食用菌栽培技术难度高，多数人放弃种植，面积有所下降，特别是双孢菇和天麻生产，只是零星栽培。2007年，全区食用菌栽培面积33万平方米，总产543吨，其中平菇112吨，金针菇235吨，香菇64吨。

黑木耳 1985年后，开始采取科学种植、适时采摘、干燥处理等程序进行人工生产。主要是党川、利桥、东岔等林区的农民利用当地的橡木枝干种植木耳菌种。2007年，全区产量11吨。

四、工艺品加工

根雕 境内主要是东岔、立远、吴砦、甘泉等地的农村民间艺人用当地盛产的崖柏根材进行修剪、打磨、雕刻等工艺，制作的根雕艺术作品有插花座、茶海、笔挂、笔筒、摆件、挂件、手把件等。从20世纪90年代开始受全国文玩市场兴起的影响，当地的香柏根雕市场也渐趋活跃。根雕产品虽有利润丰厚、产品附加值高的优势，但崖柏是不可再生资源，其生长缓慢且物种稀少，而且采挖崖柏对植被的破坏严重，恢复期较长，故人民政府对其始终持禁止态度。

山核桃工艺品 2000年以后，随着文玩山核桃的兴起，以前遍布于林区山间、不被人重视的山核桃有了市场，捡拾和采摘山核桃随之成为山区农民的一项副业，品相好的直接被用作盘玩，品相一般的则被加工成工艺品在景区出售。近几年，东岔、利桥有部分村民还从外地购来人工培育的山核桃接穗，进行成片嫁接，并获得成功。

花卉盆景 境内分布的灌木、乔木植被资源丰富，尤其是迎春花、铺地梅、水柏子等，所制盆景品相好。但采挖野生植被制作盆景对植被破坏严重，亦一直不被提倡。

第七节 管理机构

一、区级机构

区农牧局　是区人民政府所设主管全区农牧业和农村经济发展的职能部门,负责全区农业规划与管理、农牧业生产技术推广与服务、农村沼气能源建设和农牧业系统事业单位管理等工作，承担着为全区广大农民群众提供农牧业新技术、新品种、新机具的引进、推广、应用,以及全区动植物疫病监测、预报、防治,农业机构安全生产的监督管理,农村经营管理,农村能源综合利用,农民实用技术培训、农资市场监管、农牧业政策法规的贯彻执行等服务职能,正科级建制。内设办公室、生产股、科教信息股,局直属事业单位有农业技术推广中心、畜牧兽医服务中心、种子管理站、植保植检站、农村能源办公室、减轻农民负担办公室、农村经营管理站、农业广播电视学校、农业机械学校、农机监理站、农机管理站、农机公司、社棠良种场等 13 个单位,其中正科级单位 2 个,副科级 7 个,股级场、站、所、公司 4 个。2007 年,全局干部职工 586 人,其中在职 514 人,离岗待退人员 12 人,离退休人员 60 人(其中离休干部 4 人),干部 381 人,工人 205 人,男 387 人,女 199 人,中共党员 198 人。有各类专业技术人员 256 人,其中高级职称 9 人,中级职称 80 人,初级职称 167 人。

区畜牧兽医服务中心　初称区畜牧兽医工作站,1987 年改称区畜牧兽医服务中心,副科级事业单位,2002 年改正科级。

区农业技术推广中心　1988 年成立,副科级事业单位,内设农技站、土肥站、经济作物站、植保植检站。2002 年改正科级。

区种子管理站　初称农技种子推广站,1988 年改名区种子管理站，与种子公司设为同一套机构。2007 年,撤销种子公司,保留种子管理站。

区农业广播电视学校　1984 年成立，初称县农村应用技术广播学校,1985 年改名区农业广播电视学校。

区农村经营管理站　初称农村人民公社经营管理站。1989 年改名区农村经营管理站,副科级事业单位。

区动物检疫站　初为天水县动物检疫站。1985 年改名区动物检疫站。

区植保植检站　1991 年从区农技推广中心分设,副科级事业单位。

区农村能源办公室　初为区人民政府直属能源办公室,1997 年并入农牧局，2003年复设区农村能源办公室，为农牧局直属股级事业单位。2004年升为科级事业单位，主任由区农牧局局长担任，设专职副主任两名。

区农业机械技术学校　1990年恢复区农业机械技术学校，副科级事业单位。

区减轻农民负担办公室　2002年成立，科级事业单位，隶属区农牧局。

区农机监理站　1984年成立天水县农机监理站，股所级单位，全额拨款的行政管理、事业编制单位，主管本辖区农业机械及其驾驶操作员档案管理、日常安全监督检查、年度检审验、农机事故现勘验及处理等业务。1985年更名为区农机监理站。

区农机管理站　1983年成立天水县农机管理站，股所级单位建制，主管农业机械普查年报和农机柴油划拨供应等。1985年改称区农机管理站。2007年，全站干部职工16人，其中高级农机工程师1名。

二、乡镇基层机构

1985年起，乡镇基层农业技术服务、农业经营管理、农业机械管理的站、所通过定性、定编、定员，形成区有中心、乡(镇)有站、村有技术员、组有示范户的农业技术推广服务网络。2007年，全区建立乡、镇农业综合服务站18个，技术人员118人。

第五章　林果业

第一节　森林资源

一、森林演变

境内历史上森林茂密，分布面积广。后因人为的过度采伐和开荒，以至近代，由于天水炳兴火柴厂的开办、修建天宝铁路枕木的大量需求，加剧了境内森林资源恶化进程，最终林地退缩、水土流失、生态环境恶化，形成渭河以北森林基本绝迹，渭河以南森林逐渐向南缩小的趋势。

中华人民共和国成立后，人民政府对森林采取了一些保护措施，植树造林被提到议事日程上。1949-1957年，区内森林得到稳定恢复，森林面积长大于消；1958-1960年“大跃进”中，森林破坏严重；1961-1966年，控制无序砍伐，森林面积保持稳定，长大于消；1966-1976年，“文化大革命”运动导致森林管理混乱，森林又遭严重破坏。1976-1988年，经过拨乱反正，林业“三定”，森林消耗得到基本控制。小陇山林区综合生长率 2.64%，消耗率 2.2%(其中林业生产活动消耗 0.74%，破坏率 1.04%，自然枯损率 0.42%)，年增长量净增 50 万～56 万立方米。1988–1998 年，国有林场实行限额采伐，国有林的消耗和生长量基本持平，后备资源丰富，但可利用资源匮乏。1998 年 10 月开始，响应国家号召实施天然林保护工程，停止森林采伐，森林资源向稳定可持续方向发展。

为保护林地不再缩减，保持水土不再流失，区人民政府积极实施国家天然林保护工程、三北防护林建设工程、南北两山绿化工程和贯彻落实封山育林、封山禁牧等政策，在护林、育林方面通过建立苗圃林场、成立护林防火队和森林公安、建立木材检查站等一系列行之有效的政令措施，采取飞播造林、人工植树造林、良种苗木繁育、次生林抚育、防火防病管控等技术手段，使得境内森林面积稳定增长、森林活木蓄积量稳步增长、林区生态进一步优化。期间累计植树造林和封山育林 5.66 万公顷，建成护林带 10 条，总长 89.9 公里，果品总面积达 3.07 万公顷，退耕还林 1.11 万公顷，完成生态林建设 9300 公顷，经济林建设 1800 公顷。2007 年，全区有林地面积 22.71 万公顷①，较 1990 年 21.44 万公顷净增长 1.27 万公顷，林地面积占全区总面积的 65.2%。在林地面积中：有林地 18.32 万公顷(其中防护林 5200 公顷，用材林 17.73 万公顷，薪炭林 97 公顷，特用林 601 公顷)，灌木林 6100 公顷，疏林地 2.06 万公顷，未成林造林地 1.54 万公顷，苗圃 136 公顷，迹地 12 公顷。

按隶属关系分：小陇山林业实验局分布于本辖区内的各林场、麦积山石窟研究所、区属林场和造林站苗圃等国营林业用地 18.72 万公顷，其中有林地 16.59 万公顷(防护林 107 公顷，用材林 16.52 万公顷，特用林 566 公顷)，疏林地 1.91 万公顷，灌木林 633 公顷，未成林造林地 1380 公顷，苗圃 133 公顷，迹地 12 公顷；乡镇集体林业用地 2.68 万公顷，其中有林地 1.69 万公顷(防护林 4840 公顷，用材林 1.19 万公顷，薪炭林 97 公顷，特用林 35 公顷)，疏林地 1474 公顷，灌木林 5467 公顷，未成林造林地 2950 公顷，苗圃 23 公顷；农民个人林业用地 380 公顷(不含果园地)，其中有林地 360 公顷(用材林 107 公顷，防护林 253 公顷)，疏林地 20 公顷。在全部林地中：已成林的人工林 1.31 万公顷，其中分布于本辖区内的小陇山林业实验局所属各林场 9183 公顷，区属街子林场、凤凰造林站 373 公顷，乡镇集体 3127 公顷。此外，村庄周围、道路两旁还有零星植树数百万株。

①上为 2007 年土地详查面积，另有统计为 23.67 万公顷。

二、林木蓄积量

小陇山林业局于1985年、1998年、2000年开展过3次森林资源二类调查。调查结果为(单位:万立方米):

年　份	总蓄积量	有林地蓄积	疏林地蓄积	散生林蓄积
1985年	1302.61	1284.02	8.21	10.37
1998年	1141.31	1129.14	5.44	6.71
2000年	1389.59	1377.34	5.52	6.73

2000年小陇山林业实验局属各林场林木蓄积量

单位:万立方米

林场名称	总蓄积量	有林地蓄积	疏林地蓄积	散生林蓄积
东岔林场	144.09	140.69	2.64	0.75
立远林场	88.42	88.14	—	0.28
太碌林场	105.41	104.26	—	1.15
麦积林场	39.84	36.22	2.82	0.79
党川林场	420.51	418.23	—	2.28
观音林场	179.07	178.62	0.03	0.42
龙门林场	168.78	168.61	—	0.17
百花林场	241.06	240.16	0.03	0.86
植物园	2.37	2.37	—	—

集体和个人林木蓄积量89.95万立方米,其中有林地蓄积84.4万立方米,疏林地蓄积5400立方米,四旁树蓄积4.6万立方米,散生林蓄积4100立方米。

三、树种

境内林区有“植物宝库”之称。据小陇山林业科学研究所安定国主编的《小陇山林区木本植物名录》载,木本植物计83科、221属、973种。其中:乔木278种,灌木337种,木质藤本57种。珍稀树种有白皮松、粗榧、玉兰、杜仲、白檀、铁橡、银杏、金钱槭等。据2000年国家林业局、农业部第四号令暨《国家重点保护野生植物名录(第一批)》,本区国家一级保护树种有银杏、水杉、红豆杉、南方红豆杉4种,国家二级保护树种有秦岭冷杉、大果青杆、巴山榧、连香树、油樟、厚朴、水青树、水曲柳8种。境内引进树种100多种,其中国外引进的有日本落叶松、白云杉、日本樱花、火炬树等40多种,国内引进的有青海云杉、东北红松、二乔玉兰、天目玉兰、垂枝榆、祁连园柏、兰考泡桐等69种。

四、中药材 20世纪80年代以前,全区共有247个药用植物品种。分人工栽培和野生采集两种,以野生采集为主。属于春季采集的有82个品种,夏季采集的有76个品种,秋季采集的有86个品种,冬季采集的有3个品种。除外一年四季可采集的有26个品种。人工栽培主要有党参,其次零星有当归、川芎、天麻、生地、大黄、茴香、紫苏、白术、白芷、荆芥、薄荷等。均分布在林区、林缘地带。1985年,全区药材种植1200亩,年产8.29万公斤。自20世纪90年代起,区境北部五龙、琥珀、新阳等地开始种植党参、半夏、板蓝根等,林区、林缘地带的党川、利桥、麦积、甘泉、东岔、三岔、元龙、伯阳等乡镇则种植黄(红)芪、柴胡、桔梗、板蓝根、天麻、杜仲等,野生采集基本禁止。2007年,全区中药材种植面积2133.3公顷。其中北部乡镇333.3公顷,林区、林缘地带1800公顷(含非耕地)。在种植药材种类中黄(红)芪占1233.3公顷。全部药材总产值3000万元以上。

第二节 造林绿化

一、苗圃育苗

1985年起,由于人工造林的发展,苗木用量越来越大,在发展国营苗圃的同时,鼓励农民群众育苗。育苗树种主要是刺槐、白榆、柳、白杨、臭椿、桃、杏、核桃、侧柏、花椒、杜仲、紫穗槐等。群众育苗坚持"自采、自育、自造"方针,提倡"四舍得"(舍得占好地、舍得投资、舍得花劳力、舍得用肥料)。

小陇山林业实验局育苗 1985–1986年,小陇山林业实验局累计育苗5266亩,育苗树种23个,基本满足局内造林需要。1991年,新育苗835亩,计生产苗木3950万株。党川集约化苗圃日本落叶松两年生苗高平均80厘米。1993年,实验局所属林科所试验日本落叶松扦插育苗成功,当年育苗38万株。此后,实验局每年育苗面积在千亩左右。

区属苗圃育苗 区林业局下属苗圃有三阳、甘泉、元龙、码头4处苗圃。三阳苗圃是国家无检疫对象苗圃,引进繁育桧柏、枇柏、雪松、美国红栌核、栾树、七叶、马卦木等高档绿化苗木30多种,年产各类高档优质绿化苗木50多万株,累计出圃500万株。甘泉苗圃经营面积153亩,引进繁育高档绿化苗木10多种,年产30多万株,累计出圃80多万株。元龙苗圃有美国黑核桃良种繁育基地50亩,速生柳繁育基地50亩。码头苗圃(在东岔镇码头村)经营面积220亩,其中国家级毛白杨基因库占地102亩,猕猴桃引种试验40亩,日本落叶松育苗35亩。至2007年,全区累计育苗2万亩,其中国营苗圃育苗5000亩,专业户15处、7000亩,群众8000亩。出圃苗木9320万株,留床苗1450万株。

二、"南北两山"绿化

1985年秋,天水市委、市人民政府提出天水南北两山绿化工程,为全市重点项目。两山绿化区域以南北山脊为界,东起区内社棠镇牛头河西岸,西至秦城区环城乡西十里铺,长28.6公里,面积14.41万亩。总面积中,1985年前有林地1.14万亩,果园6652亩,宜林地7648亩,地埂1.16万亩,农田8.7万亩,村庄及不便用地1.99万亩,设计绿化面积5.19万亩,其中用材林4625亩,防护林4347亩,灌木林3848亩,经济林3.91万亩。

区内涉及花牛镇、马跑泉镇、社棠镇和道北街道。其后多年,区内连续造林3.45万亩,保存1.95万亩,树种以刺槐、泡桐、榆树、侧柏为主。期间在1985–1991年,栽植泡桐50余万株,营造成泡桐林网,后因管理不善,未及时补植,保存量不多。1998–2002年,两山绿化以大地埂绿化为主,4年间栽植大塔柏7.54万株。由于管理措施到位,长势较好,保存完整,苗木高度已达6米多。2005年,花牛镇北山补植大侧柏5.6万株,绿化面积500亩。2006年,道北街道栽植大侧柏3.98万余株,绿化面积350亩。花牛镇南山林带加宽栽植大香花槐6.48万株,绿化面积590亩;北山补植大侧柏3.55万株,绿化面积320亩。2007年,花牛镇南山林带再次加宽,栽植大香花槐4.43万株,绿化面积400亩;马跑泉镇南山湾栽植大侧柏5.3万株,大塔柏7000株,绿化面积540亩;道北街道栽植大侧柏2.3万株,铅笔柏1200株,绿化面积220亩。至2007年,经济林建设中的南山连片苹果园、北山连片葡萄园也初具规模。

三、义务植树

1985年起,区内全民义务植树活动认真贯彻《全民义务植树条例》,建立健全全民义务植树登记卡制度、属地管理和检查制度,把向面坡绿化、村镇绿化、公路绿化作为全民义务植树的主战场,领导带头,动员全区人民投资投劳,集中力量开展城乡绿化义务植树。"南北两山"绿化是全民义务植树的重点地区,对有绿化任务的工厂、机关、学校、部队都实行计划包干责任制,明确四至,限期完成。至2007年,"南北两山"绿化已营建以苹果为主的经济林12万亩,以油松、雪松为主的生态景观林1759亩,以侧柏、刺槐为主的水保林241亩;完成道路绿化2条、2.9公里,栽植雪松、香花槐、柳树3800株。创建区级义务植树点12处,乡级义务植树点18处,累计完成绿化面积1.8万亩,栽植油松、侧柏等225万株,在各镇栽植以塔柏、速生柳、雪松等为主的行道树368公里。

四、植树造林

植树造林主要依托重点林业生态工程项目,开展营造防护林、丰产林、薪炭林、果树林和荒山造林等。小陇山林业实验局通过植苗、人工播种、飞机播种、人工促进天然更新等多种造林方式,营造大量的用材林、防护林。1985年,立远林场进行154.8亩的栓皮栎直播造林试验,成活率71.4%,同时还进行锐齿栎直播造林试验,亦取得成功。1987年,小陇山林业局在观音林场召开山楂种植推广现场会,并举办山楂栽培技术与管理培训班。1988年,在观音、百花、党川等4林场营造山楂园3603亩,当年采收山楂7000斤。

在至1999年的7年间,小陇山林业局还与区人民政府签订国社合作造林协议,在花牛、甘泉、伯阳、街子等乡镇合作造林,小陇山林业局负责技术指导,并给予每亩10元的补助。2000–2001年,又在党川、麦积、立远、太碌签订国社合作造林协议。至2007年,区内共完成新一轮退耕还林4.12万亩;天然林保护二期工程完成封山育林1.6万亩,人工造林7000亩;三北防护林建设工程完成人工造林115万亩,封山育林19万亩,飞播造林4万亩;退化林分修复3.5万亩。防护林工程沿梁设带,陡地退耕,先后建成凤台梁、迎风梁、东山梁、马岘梁等10条面宽50~150米的防护林带,总长90公里,面积2.55万亩,庇护农田18.4万亩。全区逐步形成"山顶防护林戴帽,沟坡水保林固土,半山经济林围腰,地埂常青树绿化,农路针阔树美化"的多林种、多树种、多效益复合型林业生态体系和观光休闲经济型林果产业化格局。

第三节　退耕还林

一、实施过程

1999年,北道区被国家列为全国首批退耕还林试点示范县(区)。按照"退耕还林,封山绿化,以粮代赈,个体承包"的16字方针和"再造山川秀美的新北道"总体目标开始全面启动实施退耕还林工程。至2007年,全区累计完成退耕还林16.73万亩,其中生态林14.03万亩,经济林2.7万亩。另外荒山造林25.1万亩。

历年退耕还林统计

年份	涉及乡镇个数	村	退耕还林面积(亩)	其中		涉及农户		荒山造林面积(亩)
				生态林	经济林	户	人	
1999	16	110	21283	16994	4289	6921	31149	-
2000	13	105	26000	20855	5145	9345	42009	8000
2001	11	68	10000	9173	827	3092	13916	10000
2002	18	135	30000	26094	3906	6652	29938	60000
2003	17	120	30000	25405	4595	6575	29590	30000
2004	18	154	10000	9184	816	5855	24689	85000
2005	17	123	35000	28608	6392	7438	30389	20000
2006	12	47	5000	4000	1000	2885	13285	13000
2007	14	38	-	-	-	-	-	25000

二、政策兑现

从退耕还林开始，国家即明确规定对退耕还林农户的补助办法，即每亩地每年补助现金 105 元，生活补助每亩每年 20 元。补助期限为：还生态林补助 8 年，还经济林补助 5 年，还草补助 2 年。 2004 年，国家又规定，将补助的粮食改为补助现金，以每公斤粮食(原粮)按 1.4 元折算。

2007 年，国务院又下发《关于完善退耕还林政策的通知》，决定退耕还林粮食和生活费补助期满后，中央财政安排资金，继续对退耕农户给予适当的现金补助，以解决退耕农户生活困难。补助标准为每亩退耕地每年补助现金 70 元。原每亩退耕地每年 20 元生活补助费，继续直接补助给退耕农户，并与管护任务挂钩。补助期限为，还生态林者补助 8 年，还经济林者补助 5 年，还草者补助 2 年。

至 2007 年,全区有退耕还林面积的 18 个乡、镇、街道，331 个村，国家累计投资到位并向退耕农户兑现粮食 2068 万公斤(折合资金 2895 万元)，医疗教育补助现金 2795 万元，粮食改补现金 18187 万元，苗木补助 2262 万元，总计 26141 万元。其中 2007 年国家林业局将麦积区 1999-2000 年度退耕地还林面积按长江流域的标准追加补助 2450 万元(面积 47282.6 亩，每亩追加补助 70 元，补助年限为经济林 5 年，生态林 8 年)。

三、效益成果

退耕还林的实施,使全区生态面貌得到明显改善,并取得良好的经济和社会效益。

生态环境改善　在退耕还林过程中,全区新增林地16.73万亩,连同林地中未成林地的造林,有林地面积由1999年的52.9%提升到2007的65.2%。全区依托退耕还林综合治理水土流失面积49.3万亩,占全区重度水土流失面积129.6万亩的38%,占水土流失总面积180.6万亩的27.3%。

保障农民收入　退耕前,区内坡耕地正常年景粮食亩产平均115公斤左右,不计劳力亩均纯收入50余元,如遇干旱入不敷出。退耕还林后,国家每亩粮款补助折合230元。通过退耕还林,解放了农村劳动力,推动劳务输出和庭院经济以及畜牧养殖业的发展,拓宽了增收门路。

社会效益显现　退耕还林中,全区新修乡村农机路151条、360余公里,解决127个山区村、组物流不畅、行路困难问题;实施生态移民,使林区、景区6个村民小组散居的193户贫困农民向水源、路边、城镇集中,使项目区农村的生活质量和卫生状况有较大提高。依靠退耕还林政策,鼓励吸引下岗职工、个体业主、有识之士个体承包、反租倒包,发展私有林业经济,拓宽全社会办林业的渠道。

第四节　果树生产

1985年起,区内林果业渐成农业支柱产业,被誉为“绿色银行”。根据区内山多川少的特点,林果业按照“适地适树,集中连片”的原则,坚持“成规模、高标准、高起点”的模式发展,重点在海拔1300～1600米的半山区发展优质元帅系苹果、巨峰葡萄、元龙“大红袍”花椒林果基地,在海拔1000～1300米山区发展葡萄、桃、杏等树种,在花牛、马跑泉、甘泉南部浅山区建设万亩花牛苹果基地,在花牛、社棠北山建设万亩葡萄基地;在元龙、三岔、立远、伯阳建设花椒基地,在石佛大阳山、渭南王旗山建设花牛苹果基地,在伯阳川区建设鲜食桃基地,在中石渭河道川区建成威龙公司6万亩鲜食葡萄出口基地,逐步形成“花牛苹果”“下曲葡萄”“新阳新跃红杏”“伯阳蜜桃”“元龙花椒”“麦积核桃”“甘泉大樱桃”“立远板栗”“东岔猕猴桃”等独具特色的品牌果。

截至2007年，全区有万亩以上果园的乡、镇11个，千亩以上果园村60多个，500亩以上重点村100多个，保鲜贮藏气调库3座，恒温库34座，其中千吨级以上贮藏库23座，年贮藏林果产品能力5.1万吨。建成大中型林果批发交易市场5个，村级15个，中介服务组织150多个，营销企业22家，年营销林果15万多吨，先后组建苹果专业合作社8家，苹果协会43家。全区各类经济果树面积28.46万亩，挂果16.67万亩，总产量1.3亿公斤，总产值2.67亿元。农民人均林果收入502元，占农民人均纯收入总数的1/4。其中：苹果12.03万亩，挂果7.51万亩，产量9741万公斤，产值1.27亿元；花椒4.68万亩，挂果3.54万亩，产量141万公斤，产值7092万元；梨6300亩，挂果5300亩，产量398万公斤，产值279万元；核桃2.56万亩，挂果1.84万亩，产量1476万公斤，产值2214万元；桃5960亩，挂果5149亩，产量386万公斤，产值309万元；杏6835亩，挂果5795亩，产量290万公斤，产值12万元；葡萄3.34万亩，挂果1.58万亩，产量2375万公斤，产值4038万元；其他1.16万亩，挂果9500亩，产量74万公斤，产值75万元。

一、下曲葡萄　境内商品葡萄栽培始于社棠镇下曲村。20世纪70年代，社棠公社下曲大队从北京农科院引进并栽植玫瑰香、白玫瑰、京早晶、白香蕉等50余个品种，当时只是零星、分散栽植。20世纪80年代，社棠、马跑泉等乡镇的川区对巨峰、乍娜、玫瑰香等品种示范推广，逐步被农户所接受。但各品种的葡萄有不耐贮藏、成熟期一致的特性。20世纪90年代初，区内又引进红提、秋黑、矢富罗莎等晚、早熟葡萄品种，在社棠的中山、二十里铺东山流域规模建园。1996年，全区有葡萄1710亩，挂果1365亩。1999年，从山东引进极晚熟美国黑、红提品种，其常温下可存放40多天，而一般中晚熟品种如巨峰等仅可存放3～5天。2001年，在社棠、寨子、二十里铺、新阳等乡、镇、街道示范推广1200多亩，其中建立试验样板园70亩，示范园560亩。2003年，在花牛镇北山栽植黑、红提葡萄5300亩，栽植幼苗174.9万株。2004年，从河北引入意大利、红宝石、无核白鸡心、红宝石无核等4个晚熟、耐贮藏新品种。2006年，针对酿酒产业的发展趋势，又从新疆引入赤霞珠、梅鹿辄、西拉、品丽球、霞多利、阿里肯特、山普斯、法国兰等酿酒葡萄品种。从中筛选出适宜区内生长的赤霞珠、梅鹿辄、法国兰3个优良品种，在花牛镇峡口北山，甘泉镇廖家庄东山等地建立酿酒葡萄无公害生产示范基地2000亩。经多年的栽培试验，筛选出以巨峰、红提、黑提为主适宜于本土栽植品种，在花牛镇北山、甘泉镇二阴山区等区域开始连片兴建万亩晚熟山区葡萄基地,逐渐形成规模种植。2002年,“下曲”葡萄通过国家工商行政管理总局的商标审核注册,并获得“下曲”葡萄商标专用权,同年通过农业部绿色食品发展中心检测,获得绿色食品 A 级认证。2003年,社棠下曲巨峰、秋黑获得由中国农学会葡萄分会举办的全国第一届贮藏葡萄质量评比金奖和优质农产品奖。2004年,在深圳国际水果博览会上区内参展的果品被评为“水果状元”和“最受深、港市民欢迎的水果”。

二、伯阳蜜桃 桃树在境内栽培历史很早,属原生地果树。伯阳蜜桃产于区内伯阳镇,由于海拔在1400米以下,气候湿润,土地肥沃,适宜生长,所产“伯阳齐桃”曾是朝廷贡品。民国时,境内约有桃园1200亩,品种有齐桃、蜜桃、水桃、异生桃、秋桃等。其中以伯阳、三阳齐桃最著名。1973年从河南引进蟠桃,1978年从天津引进水蜜桃,1981年从北京引进白凤桃。以中、晚熟品种为主,分布地扩至伯阳、元龙、吴砦、马跑泉、社棠、花牛、中滩、石佛、新阳等地,尤以伯阳栽植面积最广。20世纪80年代初期,伯阳大规模种植桃树,又引进春蕾、早花露、麦香、京红、庆丰、大久保、八月晚等品种。20世纪90年代,伯阳桃已远销新疆、兰州、内蒙古、宁夏等地。1996年,全区桃树栽植面积达4468亩,4388亩挂果。20世纪90年代后期,再次引进突出早、矮、密、丰特点的中华寿桃、九九王、处暑红(又名“蜜桃王”)、中国沙红、北京7号、仓发早生等品种。从5月中旬上市的早熟桃到10月下旬的晚熟桃,销售期长达5个月。特别是山区曹石、马岘千亩处暑红、中华寿桃,以果型大、色泽浓、味醇香,而受到广大消费者的欢迎,7月初上市,10月中旬结束, 价格每公斤4元以上。2003年,伯阳蜜桃通过甘肃省绿色食品 A 级认证。2007年,伯阳镇种植桃5000亩。

三、元龙柿子 柿子在境内栽植历史较早。民国前为河谷川区栽植最多的果树,总株数在3万以上,以渭南、二十里铺(今花牛)、社棠、伯阳、元龙、吴砦(今三岔)、立远等地分布最多。品种有方柿、四楞、磨盘、牛心(尖柿)、社江黄等。后由于砍伐严重,仅渭南、伯阳、元龙分布最广。尤以元龙为盛,约有1万多株,且都进入盛果期,每棵柿树结果800斤以上,所产柿子个大汁蜜,远销省内外。除鲜食外,还制成酒柿子、柿饼、冻柿子销售。2007年收购价比往年有所上涨,每公斤在0.9元至1.1元,经脱涩后的市场零售价每公斤2元左右。

四、新阳红杏 境内栽植史有数百年。农户在房前屋后、自留地多有零星种植。1952年,曾从兰州引进新品种。20世纪90年代起,新阳地区开始大面积栽植。1996年,全区有840亩,全部挂果,主要以“张公园”和“比利时”两种鲜食中熟品种为主。2005年，新阳镇对本地产红杏申报绿色食品A级认证，注册商标为“新跃红”。2007年，栽植面积5500亩，亩产1500公斤，平均单价1元，每年吸引山东、重庆、内蒙古、河南、新疆、青海、辽宁、兰州等地客商云集收购。

五、甘泉大樱桃 樱桃为近年引进栽培品种。2001年，甘肃华实高效农业开发有限公司在甘泉镇建成大樱桃育苗实验示范基地，培育苗木，出售给附近农户栽植，结果后由公司统一收购。至2004年，完成上水提灌、蓄水池、喷灌及配套灌网3168米，架设10千伏高压线路和低压线路1445米，修通园区5米宽道路2582米。共投入资金310万元，占地301亩，栽植19个品种，1.02万株。按照品种成熟期早、中、晚差异及国际市场行情，确定美早、先锋、宾库、拉宾斯、甜心、红灯等6个美国引进品种重点培育。接着，又在甘泉镇白石、吴家河交界处投资556万元，占地892亩，栽植苗木3万株，并注册“天之甘泉”商标。2005年进入结果期，2006年进入盛果期。2007年，甘泉镇早熟大樱桃栽植面积1200亩，产品除销往北京、上海、广州等城市及中国香港、台湾地区外，还远销东南亚等国。

六、元龙花椒 天水花椒又称秦椒，《齐民要术》记载：“蜀椒出武都，秦椒出天水。”《本草纲目》云：花椒为“秦地所产，故言秦椒”。明清时期，境内农户多在房前屋后、地边零星栽植。民国时，元龙、伯阳、二十里铺已有连片椒园。20世纪50年代，元龙、吴砦等地农民在河边沙地大量栽植花椒。20世纪70年代，曾一度伐椒种粮，椒园面积减少。20世纪80年代后，元龙、吴砦、伯阳、甘泉等地农民再次大量栽植大红袍、油椒、豆椒等品种花椒，尤以元龙为盛，成为与陕西韩城、陇南武都齐名的西北三大产椒地之一。1984年，东岔、立远、吴砦、伯阳、元龙、麦积、二十里铺7乡有花椒树40万株,年产量10万斤。20世纪90年代，在以果园建设为主的春季造林中，每年都有花椒的栽植，特别是20世纪90年代中、后期，渭河流域17乡、镇利用“三荒”“四旁”和退耕还林地大力栽植花椒，1994年栽植5千亩，1995年栽植1.2万亩。1996年，全区花椒面积达2.2万亩。2003年，深加工花椒的企业——三发椒业公司在元龙镇建成投产。同年底，元龙花椒通过农业部“绿色产品”认证。2004年，元龙镇人民政府牵头，售椒商户自愿集资建起以花椒购销为主的元龙综合农贸市场，占地120亩，商铺楼14栋260套，平房160间，固定商户400多户，零散商户上千家。每凡花椒购销旺季，青海、新疆、宁夏、四川、湖南、湖北等10余省、区的客商云集收购，日成交50吨以上。尤以“大红袍”最为著名，产品畅销四川、新疆、青海、宁夏、陕西、黑龙江、吉林、辽宁、山东、河南、湖南、湖北及甘肃省各地，远销东南亚诸国。2006年，元龙花椒取得国家绿色无公害认证，并向国家商标局申报“元龙红袍”注册商标和元龙花椒原产地保护商标。2007年，元龙镇种植花椒2万亩，人均1亩花椒园，产值4000万元。

七、东岔板栗 境内野生毛栗分布于东岔、三岔等林区。20世纪80年代，当地居民采集后，进城贩卖。1株成年树年产毛栗10~15公斤左右，共有野生毛栗约4000亩，处于自生自灭的状态。1986年，年产毛栗83吨。1987年，开始从陕西、河北等地引进遭逢、燕奎、短枝、打板红、喜寒二号、柞红、大明、寸栗、河北早丰(3913)、大红等12个优良品种，采取高接换种的办法嫁接栗树。20世纪90年代初，板栗基地建设被确定为区内发展“两高一优”农业、十条农业生产带的主要项目之一。先在东岔、立远2乡植苗建园。虽然扶植力度增大，但毛栗采摘量下降，1992年仅73吨。1994年，立远乡开始新栽板栗，当年即种植2900亩，1995年再种植2948亩。1996年，由于新栽板栗未结果，林区乡镇企业兴盛，农民无心采摘野生毛栗，当年板栗、毛栗产量仅26吨。1997年，“寸栗板栗”获甘肃省首届林果产品展览交易会银奖。2000年，板栗、毛栗总产88吨。此后，随着板栗价格的增长，板栗种植面积逐年递增。2007年，东岔有1万亩板栗育苗基地，栗树50万株，年产板栗600吨，销往本地及兰州、西宁、新疆等地。

八、麦积核桃 核桃，又名胡桃，俗称壳头。境内栽培历史较早，主要栽植于甘泉、麦积、三岔、元龙、伯阳、东岔、利桥等地田间地畔。共和国成立后，大力提倡栽植，境内中部林缘区还曾利用飞机播种。上世纪六七十年代，出售核桃成为林区、林缘区农民的主要收入来源。20世纪80年代中，东岔、立远等7个乡，有核桃树30万株，年产量80万斤。20世纪90年代，采取高接换种技术，加强科学管理。2000年后，引进西林1号和中林1号、3号、5号等早熟核桃，使核桃产量逐年提高。2003年前后，甘泉镇廖家庄发展成为天水乃至陇东南最大的核桃集散交易市场。所产除部分投放本地市场外，大部销往兰州及江苏、陕西、宁夏、青海、内蒙古等10余省、区。尤以“鸡皮核桃”“露仁核桃”为佳。

第五节　森林经营

一、抚育改造

抚育　1985年，小陇山林业局制定《人工林抚育间伐技术细则》，规定抚育办法为砍坏留好，砍侧木留主木，保留木最大距5尺，最小距3尺。在抚育规格上，提出五砍五不砍，即砍小不砍大，砍弯不砍直，砍双不砍单，砍病腐不砍健壮，砍杂灌不砍经济木。在抚育强度上提出“枝对枝，股对股，进林不见天，对面山上不见土”的办法。并根据不同树种采取不同的抚育方法，对栎类采取上层抚育，对山杨林采取下层抚育，对次生林中有抚育前途(一般为萌生阔叶林和小面积针叶林)的幼、中龄树林重点抚育。抚育后的林区一般每亩保留500~600株，郁闭度0.7~0.8。1994年，麦积林场进行人工林经营性采伐试点，当年共采伐油松40亩，亩均出材1.87立方米。1980–1999年，小陇山林业实验局共完成人工林抚育间伐34.76万亩。

改造　为把现有产量低、经济价值不高的林区改造为高产林，本着“改造结合利用，改造中利用，利用中改造”的方针，又结合实际提出“无林改有林，疏林改密林，单纯林改混交林，灌木林改乔木林，单层林改复层林，杂木林改经济林”的办法。小陇山林业实验局对次生林进行综合抚育改造，改造方法主要是带状改造法、“五砍二留两造”改造法和砍灌留乔、去劣存优、全面改造法3种。党川林场综合抚育21万亩，占林场森林面积的56%，其中造林更新保存8万亩。森林覆盖率由87%提高至90%。小陇山次生林综合培育以营林为基础，因林因地制宜为依据，较好地做到育用结合，采育结合，采造结合森工与营林统一，生物效果与经济效果统一。至1987年，小陇山林业实验局完成次生林改造31.8万亩。1988–1998年，又完成低产林分改造22万亩。以日本落叶松为主的速生丰产林长势良好，已郁闭成林，可进行间伐利用。

二、采伐

20世纪80年代，小陇山林业实验局坚持以择伐为主的经营方式。一般择伐要求土层较厚、坡度不大于35度、天然更新良好的异龄林，采伐强度为伐前蓄积量的40%~50%，伐后保留郁闭度0.5以上，保护培育幼小树苗，做到采用结合。1987年，为保护森林，避免过度滥伐，对区属森林实行限额采伐，由市林业局下达采伐限额指标，区林业局制定下达本辖区森林采伐限额指标。限额指标属硬性规定，不得突破，各类指标不得相互挪用。与此同时，小陇山林业实验局所属森林，亦实行限额采伐。1996–1998年，小陇山林业实验局原木产量分别为8.32万立方米、8.24万立方米和7.2万立方米。1998年10月开始，由于国家实施天然林保护工程，境内包括小陇山林业局全面停止天然林采伐、停止木材运输、销售，关闭木材加工厂、林副产品加工点。

三、林产业

小陇山林业实验局（以下简称实验局）的林产业从开办木材加工厂开始，1985年时建有木材加工厂16个。1986年，实验局贮木场又成立综合加工厂，生产木制家具、沙发和其他制品。1988年，实验局麦积林场加工生产鞋楦，年产鞋楦1.5万双，后因缺乏原材料停产。至1991年，实验局的林产业有林副产品加工、人造板制造、家具制造、木材加工、种养殖等。期间，先后建立2000吨硬质纤维板生产线，5000吨山楂加工生产线，3000吨果汁汽水生产线以及软包装饮料、学校课桌、木质算盘、鞋楦生产线等。至1997年，山楂加工、果汁汽水、软包装饮料等，因管理不善，产品缺乏市场，亏损严重，均停产。

四、多种经营

在中央"靠山吃山养山"大政方针的指引下，境内林区开展的多种经营项目很多，主要有编织、中药材种植、经济果木种植、林木种子采集、柴炭等，群众形容为"蚕吐丝，蜂酿蜜，山麻、构皮、树割漆"。1985年，小陇山林业实验局建成陇林饭店。1987年，实验局麦积山植物园正式对外开放，成为旅游景点。1993年，实验局成立大自然旅行社。1997年，林业部批准成立麦积国家森林公园，辖植物园、放马滩、曲溪、净土寺4大景区，森林旅游项目增多。1998年，实验局林业科学研究所组建天彩园艺开发中心，下设园林工程部、盆景部、种苗部、研发部和营业部，生产仙客来、月季、一品红、三角梅、天竺葵等盆花。1999年，实验局党川林场开始种植木耳，龙门林场人工饲养红腹锦鸡。2000年，龙门林场种植黄芪10亩，种植木耳5000袋。

第六节 森林保护

一、护林防火

（一）机构人员　1987年东北大兴安岭发生特大森林火灾后，森林防火工作引起国家高度重视，各级政府都层层签订责任书，充实和设置护林防火机构。区人民政府成立护林防火指挥部，处于林区的党川、利桥、麦积、甘泉、东岔、立远、吴砦、元龙、伯阳9乡、29个村建立护林委员会，确定护林人员236名，成立护林小组144个，人员1171名。

1988 年,在全区重点防护林带所在乡、村聘用护林防火员 30 名,按管护区域任务每个人每月由政府发工资 30~60 元,1997 年因区财政资金困难,供给终止。2000 年,随着退耕还林及重点生态公益林管护等重点林业建设工程的实施,又在社棠、马跑泉、花牛、渭南、新阳 5 个乡、镇成立护林防火组织机构。2002 年,小陇山林业实验局组建森林消防队,驻在麦积镇朱家后川村的木材检查站,属专业森林扑火队伍,配备有森林消防灭火器、消防水车等,有比较完善的消防器材。2003 年,区财政重新拨付经费,所聘 30 名护林防火员继续开展专职管护工作。2004 年,再新增防火员 25 名。2005 年,区林业局组建 45 人的林政综合执法大队,承担防火期扑救林火、森林火警等应急任务,属非专业扑火队伍。旋由护林防火成员单位和麦积区武警消防中队、驻区部队及当地村民为主组建义务森林扑火队伍。至 2007 年,全区 13 个乡、镇组建有护林防火机构,凡有森林村、组都建有护林防火组织。

(二)护林防火设施　1985 年,小陇山林业实验局出资安装护林防火通讯电话 1 部及办公桌、椅、柜等,所需车辆及通讯器材由区护林防火指挥部的成员单位及实验局临时调配使用。1987 年,区护林防火办公室配备办公室及值班室两间,安装值班电话 1 部,省林业厅护林防火指挥部调配三轮摩托车 1 辆、单人摩托车 1 辆,配备对讲机 4 部。1990 年,又配备电台 1 部,国家林业部装备专用吉普车 1 辆。实验局下属 8 个国营林场均配备有风力灭火机、消防水车、灭火弹、消防水袋、铁扫把等。2002 年,由省护林防火指挥部分配出资,区林业局购置森林消防指挥车 1 辆。2005 年,市护林防火指挥部为区护林防火指挥部配备风力灭火机、消防水袋、铁扫把等灭火器材,由区林政综合执法大队统一保管维修使用。至 2007 年,全区有能够正常使用的护林防火房 34 处、72 间。

(三)火灾　1997 年 4 月 5 日,小陇山林区百花林场散岔营林区东岔沟 33 号林班发生火警,百花林场秦岭营林区瓦窑沟 95 号林班发生火警,未查清起火原因。8 月 28 日,仙人崖风景区发生火警,过火面积 12 亩。9 月 7 日,百花林场嫚坪营林区大阴沟 65 号林班发生火警,过火面积 12 亩,成灾 4 亩。

1999 年 12 月 14 日,麦积林场草滩营林区 89 号林班 2 号小班,与农田接壤地带林地起火,过火面积 5 亩,原因不明。

2000 年 5 月 4 日,麦积林场滩子头作业区 101 号林班 11 号小班起火,过火面积 3.5 亩,为游客吸烟所致,因坡陡崖大,扑救困难。区人民政府调动武警消防中队,与驻军某部奋战 3 天,最终将明火、暗火全部扑灭。5 月 19 日,麦积林场后川作业区69号林班7小班仙人崖景区起火，过火面积5.2亩，损失林木15立方米，为游客吸烟所致。5月21日，麦积林场后川营林区解放沟作业区66号林班11小班，草滩营林区58号和62号林班交界处集体林发生火警，过火面积分别为2.5亩、2.8亩，起火原因不明，扑救后曾经二次复燃，再次扑救。6月17日，党川林场花庙营林区108号林班3号小班，农林交界处发生火警，为附近村民烧旧木耳棒引起，过火面积12.1亩。

2001年4月13日，立远乡龙凤村六组（今属东岔镇）队有荒地中发生火情，系村民烧地边引发。

2002年11月13日，立远林场巨寺沟营林区11号林班发生火警，过火面积13亩，为过山人员乱丢烟头所致。12月7日，百花林场阴崖营林区11号、林班7号小班发生火警，过火面积0.34亩。

2003年3月25日，观音林场刘坪营林区发生火情，过火面积13.5亩，起火原因不明。3月26日，观音林场刘坪营林区刘家沟44、45号林班发生火警，过火面积14亩，未形成树冠火，起火原因未查明。5月1日，麦积林场石门管护站101号、林班11号小班发生火警，地类为杂灌，火势为地表火，过火面积5亩，起火原因未查明。12月，花牛镇北山林带内地火，过火面积300多亩，烧毁新栽植的侧柏、塔柏、刺槐等树种，造成较大损失，因晚间起火，原因未查明。

2004年3月3日，麦积林场董水营林区黄家沟附近发生火情，为集体宜林地，过火面积1.5亩，烧死刺槐幼树30株，为过往行人引发。

2005年3月，花牛镇北山绿化区发生火警，过火面积260余亩，花牛镇干部、群众30多人参加扑救，未查出放火者。

2007年3月，元龙镇与伯阳镇马鞍桥梁造林绿化区起火，造成较大损失。元龙镇、伯阳镇部分干部职工30多人参加扑救。后查明为元龙镇井儿村一村民耕地时乱扔火种引发。3月27日，三岔乡水关村周家湾发生火警，过火面积26亩，为集体林，火势蔓延到小陇山国有林区边沿。三岔乡人民政府组织干部群众参加扑救，后经查明为水关村村民挖地时点火取暖引发。4月，麦积区渭南镇迎风梁林带多次起火，过火面积400多亩，所毁幼树不多。林业局部分干部职工及渭南镇人民政府部分干部群众50多人参加扑救。5月1日，三岔乡新岔村发生火警，过火面积60亩，为集体荒山，未查明原因。

二、管护

政策法规　1991 年,区人民政府颁布《关于保护森林树木的通告》。2003 年,区人大常委会作出《关于切实加强林木管护的决定》,区人民政府制定《林木管护办法(暂行)》。

管护机构　1991 年,成立天水市公安局北道分局林业公安股,职责是护林防火和查处、办理各类破坏森林资源的案件。1997 年,成立天水市公安局北道分局林业派出所,职责是加强对全区范围内森林资源的保护管理,查处破坏森林资源的重大林业行政及辖区治安案件。2005 年成立区林业综合行政执法大队,职责是保护全区森林资源安全,负责全区范围内林业行政案件的查处。2006 年,成立天水市森林公安局麦积分局,职责是保护全区的森林资源安全,查办各类林业行政、刑事案件。

执法队伍　1991 年林业公安股成立时,有民警 5 人。1997 年林业派出所成立时,有 6 人,2001 年增至 8 人。2005 年,森林警察增至 15 人,后又与林业综合行政执法大队合署办公,一套人马,两块牌子,人员增至 20 人。2006 年,麦积森林公安分局成立时,有 45 名执法人员(其中已授衔正式民警 16 人,未授衔工作人员 29 人),设元龙、麦积、三阳 3 个森林派出所,1 个刑事治安队和消防中队。

管护执法　2006 年天水市森林公安局麦积分局成立后,在至 2007 年的 1 年多时间里,根据国家、省、市森林公安局的部署安排,按照"打防结合,预防为主,标本兼治,重在治本"的森林资源管护方针,先后组织开展"天保""猎鹰""绿盾""抓逃犯破大案""治爆缉枪专项行动""飞鹰"等一系列打击破坏森林资源的行动,查处林业刑事案 4 起,涉案 4 人,法院判处 2 起;查处林业行政案 838 起,行政处罚 1071 人,罚款 33.8 万元,没收木材 130 平方米,没收省保护野生动物麂子 8 只。其中毁林案件 830 起,累计毁林面积 139.6 亩,盗伐林木 1.24 万株,盗运、盗售林木 1779 株;盗猎野生动物案 4 起,查获盗猎黄麂 3 只,青麂 5 只;盗运、盗售野生动物 5 起,查处盗运野鸡 52 只,野兔 169 只,盗售青麂产品 6 只,救助放生国家二级保护动物红腹锦鸡 3 只,猫头鹰 5 只,省级保护动物黄羊 2 只,麂子 38 只,蛇 1 条,益鸟 260 只,恢复林地 2219 亩,责令违法者补栽树木 13 万株,为国家挽回经济损失近亿元。

三、病虫鼠害防治

1989–1991 年,小陇山林业实验局在全局开展人工林病虫鼠害普查。普查中,汇集林木害虫名录 382 种,10 个树种害虫名录 331 种,林木害虫天敌昆虫名录108种,6个主要树种主要病害名录20种,完成普查面积112.8万亩,查明全局人工林病虫一次发生总面积为5.28万亩,其中病、虫、鼠害分别是1.27万亩、3.21万亩、8025亩;重复发生面积1.02万亩,其中病、虫害面积分别为2607亩、7639亩。1992年,小陇山林业局对天然林林木病虫鼠害情况进行普查,共完成外业线路调查点9112个,标准地调查点1353个,完成调查面积620亩,采集昆虫标本12010号,病害标本520号,害鼠标本14号。全局天然林林木病虫鼠害发生面积28.32万亩,占已查林地面积的4.57%,一次性发生面积27.34万亩,其中病、虫、鼠发生面积分别为13.81万亩、4.83万亩、9.7万亩。

1993年,党川林场放马滩发现叶蜂危害落叶松面积40亩。1998年,党川林场九店子至石峡沟、百花林场阴崖发生叶蜂危害。2000年,党川林场设立国家级中心测报点,主要对象为甘肃鼢鼠,兼测对象为落叶松球蚜、落叶松叶蜂、松落针病和云杉叶锈病。至2007年,区林业局以侧柏枯叶病、落叶松叶蜂等病虫害防治为重点,共防治森林病虫害5.8万亩,防治率为96%。还开展刺槐尺蠖、松叶蜂和松材线虫疫情监测,全区监测面积112万亩,达到监测全覆盖。林业有害生物成灾率控制在4.8‰以下,无公害防治率90%以上,测报准确率90%以上,种苗产地检疫率100%,新造林鼠兔灾害致死率不超过15%,中幼林不超过10%。

第七节 林政管理

一、林权划分

20世纪80年代中,按照中央提出的要稳定山权林权、给社员划定自留山、确定林业生产责任制(简称林业“三定”)的要求,有计划、分步骤地进行稳定山权林权、解决林权遗留问题、划分自留山责任山等工作,并在东岔林场第一次试点。1989年,在麦积林场开展第二次试点。试点后,区人民政府为辖区内权属清楚的林地都陆续颁发林权证,确保林地所有权不变并受法律保护。此后,多种多样的林业生产责任制开始建立。辖区内各国有林场普遍实行村、户、联户和个人承包,按自然范围和森林分布情况分类、划片、分段签订承包合同,实行承包管护。东岔林场与东岔乡人民政府协商,将28.3万亩森林划分成42片,直接承包给63户农民。承包合同规定:承包者在管护森林的同时,可在承包区内搞合理的林副业生产,割竹子、挖药材和采集种子。其他有关乡、镇人民政府也积极动员群众在自留山、房前屋后或指定的地方栽植林木，按照“谁种谁有产品收益权”的原则允许继承。对适宜植树又便于经营的集体所有“三荒地”划分承包到户，并颁发使用证。马跑泉乡莫家寺、韩家庄、沽沱、杨湾4村116户群众联营集资1.5万元，营造杨树丰产林220亩，17万株。街子乡金胡村(今属甘泉镇)一户村民退耕8亩地营造杨树丰产林6600株。乡村林场(原称社队林场)是由所在乡镇、村建立的集体林业生产经营组织，实行独立核算、定额管理和超额奖励的制度。

二、林政管理

林地管理　严格执行征占用林地审核审批制度，完成天宝高速公路等国家重点工程征占用林地的勘验、赔偿兑付及临时占用林地的审批上报。全区木材运输办证率、征占用林地审核率均达100%。

限额采伐　严格按照采伐限额制度，采取抚育采伐和其他采伐相结合的方式，严控采伐量，未出现超限额采伐现象。

运输管理　至2007年，区林业局共查处无证、伪装运输木材、苗木的林业行政案件60余起，挽回经济损失15万元。

野生动植物保护　先后组织开展“天网行动”“利剑行动”等一系列打击破坏野生动植物资源等专项行动，出动警力2980余人次，出动警车2560台次，张贴、散发宣传单2.3万余份，组织开展林业法律法规、野生动植物资源保护等专题宣传活动315场次，林政案件查处率100%。

第八节 林业机构

一、甘肃省小陇山林业实验局

1985年市县领导体制改革时，天水地区小陇山林业实验局改名天水市小陇山林业实验局。1991年，省人民政府将天水市小陇山林业实验局收归省属，改名甘肃省小陇山林业实验局，属事业单位，企业管理，副地级建制。至2007年，小陇山林业实验局下辖21个林场、11个直属单位。在区境的林场有东岔、立远、太碌、麦积、党川、观音、百花、龙门8个。下设森林公安局、职工子弟学校、林业科学研究所、林业勘察队、森林防护站、基建管理中心、后勤管理中心、职工医院、麦积山植物园、汽车队、贮木场、物资站、纤维板厂、林区矿产服务公司、经济开发公司、综合经营公司16个单位，分布在区内马跑泉、麦积和社棠等地。

东岔林场 1958年成立天水县东岔森林经营所，所址在东岔桃花坪村。1961年改称东岔林场。1963年划归小陇山林业实验局管辖。1984年迁虎子坪，1991年再迁付家滩。林场所辖区域位于秦岭北坡、渭水以南的东岔镇境内。北以渭水为界，南靠秦岭梁与百花林场接壤，东临宝鸡辛家山林场，西与立远林场相接。

立远林场 1979年筹建，1980年建成，场址设立远乡交川村，原属东岔林场代管。所辖区域在原立远乡（今分属东岔镇和三岔乡）境内，东临东岔林场，西、南均与百花林场接壤，北以渭河为界。新建310国道通过林场，交通便利，各营林区、作业区均有林道相通。

太碌林场 北以渭水为界，南邻党川、百花林场，西接麦积林场，东连立远林场。地处元龙镇、三岔乡（即原吴砦乡地）境内。310国道从场部通过，渭河以北有陇海复线铁路贯通东西。全场经营面积2.88万公顷，其中国有经营面积2.1万公顷，集体面积7745公顷。活立木总蓄积125.3万立方米。

麦积林场 始建于1961年，场部设甘泉元店村。1963年划归小陇山林业实验局，旋又将太阳山林场并入。所辖区域有部分在秦州区境内。东与太碌、党川林场毗邻，南以秦岭梁为界与李子、观音林场接壤，西接秦州区。

党川林场 1956年，成立天水县党川森林经营所。1962年改为党川林场，并划归小陇山林业实验局管辖，场址设党川村。东与百花、龙门林场毗邻，北与麦积、太碌林场相连，西、南均与观音林场接壤。境内交通便利，有310国道通过，另有黄太公路以及林区三级公路。

观音林场 1979年成立，场址初设党川乡刘坪村。1987年迁王家庄。所辖区域位于党川乡西南部。东临党川林场，南接太白施业区及高桥林场，西连李子林场，北依麦积林场。场部至各营林区有林道相通，与麦积山有麦观公路、与党川有麦党公路相连。

百花林场 1964年，由党川林场分设，场址在利桥乡百花村。所辖区域位于利桥乡北部，北与太碌林场相连，东与东岔林场、立远林场接壤，西与党川林场为界，南与龙门林场毗邻。

龙门林场 1979年由百花林场分设。场辖区域在利桥乡南部。东与两当县张家林场毗邻，北与百花林场相连，西与太阳寺施业区相接，南靠左家林场。

二、区林业局

区林业局是区林业系统的行政管理机构，职责是负责除小陇山林业实验局属地以外的区内林业生产和林业工作。区林业局内设办公室、造林经营股、资源林政股和计划财务股4个职能股室；局属二级局2个，即天水市森林公安局麦积分局和麦积区果品产业局。区林业局下属事业单位13个，甘泉苗圃、码头苗圃、元龙苗圃、三阳苗圃、凤凰园艺场、凤凰造林站、街子林场、林业工作站、林果产品开发公司、林业技术推广中心、元店木材检查站、太碌木材检查站、东岔木材检查站。后又将4个苗圃整合为中心苗圃。1985年，区林业局设有区级专项工作职能办公室2个，即区绿化委员会办公室和区护林防火办公室。2007年，增至7个，即区天然林资源保护工程建设领导小组办公室、区三北防护林工程建设领导小组办公室、区退耕还林工程建设领导小组办公室、区生态公益林管理办公室、区威龙项目办公室、区凯迪生物质能源项目办公室和区集体林权制度改革领导小组办公室。

天水市森林公安局麦积分局　2006年成立，为科级行政执法机构，核定局长1名，副局长1名，经费列入区财政预算。分局实行区林业局和麦积公安分局双重领导，党政工作以区林业局管理为主，公安业务以麦积公安分局管理为主。市公安局（市公安局森林警察支队）对麦积森林公安业务进行监督和指导。分局下设三阳、麦积、元龙3个林业派出所。

果品产业局　1985–1989年，区农业局下设园艺站，作为指导发展果树业机构，为股级单位。1990年划归区林业局。1992年，在园艺站的基础上成立区园艺局，为副科级事业单位，隶属区林业局，编制15人。1996年机构改革中，调整为正科级事业单位，仍归口区林业局。1998年区人民政府决定，在果树面积达到万亩以上的马跑泉、二十里铺（今花牛）、社棠、伯阳、元龙、街子、甘泉、石佛、渭南、伯阳等10乡、镇成立园艺工作站，每站编制4人。2002年，园艺工作站划归乡镇管理，园艺局进行业务指导。2005年，园艺局改名果品产业局。

林业技术推广中心　1985年成立，配备兼职主任（科级），办公地点在区林业局，隶属区林业局管理。

林业工作站　1985年设区初，就有区林业工作站。1986年在原有3个林分站（渭南、元龙、甘泉）的基础上，新成立东岔、党川、凤凰3个林分站。同年，成立区南北二山林业工作站和区南北二山林果技术推广站。两站均为股级事业单位，挂两个牌子，一套机构，人员从林业局内部调剂，隶属林业局领导。1991年成立街子、伯阳、石佛、中滩、新阳、南河川6个林业工作站，原南北二山、渭南、凤凰、元龙、甘泉、党川、东岔等7个林分站均更名为林业工作站。13个站均为股级事业单位,隶属区林业工作站管理。2002年,除南北二山林业工作站继续归区林业工作站管理外,其余12个基层林业工作站划归乡、镇管理,区林业局只进行业务指导。

木材检查站 1995年,成立区东岔、元店和太碌3个木材检查站。

中心苗圃 2002年,成立区中心苗圃,科级建制,属企业化管理的事业单位,隶属区林业局,人员编制20名,设主任1名,副主任2名。下辖甘泉、码头、元龙、三阳4个苗圃。

第六章 花牛苹果

第一节 栽培

一、发展

20世纪80年代农村推行家庭承包经营时,集体经济原经营的苹果园大都采用平分到户、折价处理、轮流承包、以村统管、以村民小组经营等形式经营。但弊端甚多,许多果园失于管理,产量减少,品质下降。数年后,又普遍将村集体苹果园分配到户。时伯阳、马跑泉、街子、甘泉、二十里铺、凤凰、渭南等7乡、镇栽植最多。全区苹果栽植面积1.89万亩,年产量545万公斤。零星栽植苹果114万株。1988年,林业部将花牛苹果原产地北道区列为全国经济林名特优商品生产基地。此后,区委、区人民政府开始重视苹果生产,把发展苹果当作调整农村产业结构、发展农村经济的新路。1990年,区人民政府开始督促进行大规模建园,把苹果产业作为振兴农村经济、加快脱贫致富的突破口。至1990年底,完成低产果园改造3万亩,新建果园1万亩,其中挂果1.4万亩,年产值1500万元。马跑泉、二十里铺、街子、伯阳4乡、镇苹果超过万亩,户均两亩。为鼓励苹果建园,每年在全区开展创“三优果园”活动,对管理精细、产量高、亩产1千公斤以上的二十里铺花牛果园等10个果园命名。为鼓励苹果生产发展,省、市、区每年挑选若干优质样品,就果形、色泽、肉质、汁液、风味等进行鉴评。还对苗木品种优良、采用开挖丰产沟形式栽培、科学化管理的百亩以上优质园进行命名表彰。此后,每年都进行评比。1994年,市、区开始下达任务,在连块苹果园栽植区域确立500、300、100亩示范点,以点带面,大规模建园。当年,12个万亩果园重点乡、镇和其他乡共建优质果园2.59

万亩。1995年,通过狠抓统一规划、集中连片、落实面积、选用优质苗木、整地定植几个关键措施,全区建成优质果园3.66万亩,其中千亩示范园2处,500亩示范园4处,百亩示范园14处;高接换优9300亩。全区苹果面积达7.43万亩,栽植千亩以上的13个村,百亩以上的168个村,种植果树2亩、百株以上的6500户。同期实施由国家科委牵头的“10万亩优质苹果技术开发星火计划”,区内承担5000亩,栽植矮密优良苗木,首先在伯阳、街子、马跑泉、二十里铺、南河川5乡、镇投资6万元,新建果园950亩。其后,园艺站派驻果业干部下乡蹲点,指导果园科学建设及病虫害防治、低产果园改造等。

1996年,全区苹果栽植面积增至7.78万亩,挂果4.2万亩。1996–1998年,借助天水市苹果支柱产业10万亩山地优质果园示范项目,二十里铺、社棠、伯阳、元龙、渭南、甘泉、马跑泉、街子等8乡、镇建成以红富士、元帅系3～5代等优良品种为主的山地优质苹果园2万亩,并高接换优4万亩,苹果平均亩产由470公斤提高到1080公斤。1999年,新建优质果园2.01万亩,老果园改造1.25万亩,同时加强对现有果园的科学管理。2000年后,果园向精细、科学方向发展,管理中开始普及推广套袋技术。2002年,高接换优1.13万亩。2003年,境内果园开始无公害化种植,新建、改造无公害化示范基地3万亩。从2005年开始,在甘泉镇大江峪流域、渭南镇王旗山流域、中滩镇九龙山流域、石佛乡北山流域和九峪沟流域、元龙镇青龙山等乡、镇连片建成6个万亩花牛苹果基地。2007年,城郊南山万亩花牛苹果基地再次流转土地4206亩后,区域面积达到3万亩。全区苹果栽植面积12.03万亩,产量9.74万吨,产值1.27亿元,人均苹果收入300元,苹果收入占农业总产值的17%。果品收入1万元以上的农户5286户,5万元以上655户。

二、品种

20世纪80年代境内栽培苹果品种中,元帅系约占栽植总面积的23%,国光等晚熟品种占58%,金冠系、青香蕉等占14%,其他早、中熟品种如黄奎、红玉、祝光等占5%,计57个品种。稍后,扩大富士系的“长富2号”“秋富1号”“金矮生”“乔纳金”等品种的种植面积。1989年,引进“新红星”及“天汪1号”。90年代,花牛苹果由原来的“老三红”(即“红星”“红冠”“红元帅”)向第三代“新红星”和第四代(即首红、银红、超红、艳红)过渡。1994–1996年,每年高接换优1.2万亩,并引进新优脱毒适宜良种17个,扩大富士系品种惠民短枝富士、宫崎短枝富士、福岛短枝富士的种植面积。2002年,为扶植境内果汁产业发展,引进澳洲青苹果,当年在伯阳、马跑泉、花牛3乡、镇的4个村定植2583亩。2007年,新优良品种“天汪1号”“俄矮2号”“首红”“阿斯”“瓦里短枝”“栽培2号”等元帅系3～5代栽培面积占总栽植面积60%以上。

三、技术

果园管理　20世纪80年代末，虽然大面积发展苹果产业，但均管理粗放，病虫害严重，产量不稳(平均300公斤，最好年份700公斤)。20世纪90年代，果树栽植密度由70年代每亩33株(株距4×5米)改进为56～111株的短枝型。园艺部门组织骨干进园指导，对果园施肥、灌水、高接换优、整形修剪、防虫灭病等进行指导。2000年后，经过区园艺局多次培训，果农基本掌握宽行密植省力栽培、主干形树形修剪、疏花疏果、果形剂使用、果园生草覆草保墒、果实套袋、无公害生产、病虫害综合防治、配方施肥及生物菌肥、土壤调理剂使用等果园科学管理技术。

病虫害　境内苹果病虫害有19种，病害主要有腐烂病、霉心病、轮纹病、白粉病、褐斑病、斑点落叶病等，虫害主要有苹小卷叶蛾、桃小食心虫、叶螨、棉蚜等。1985年，对街子、伯阳等地果园调查，苹果腐烂病发病株在35%～60%，苹果吉丁虫危害率30%～60%，梨蝽蟓危害率70%～80%，食心虫病危害达30%～50%。

防治　20世纪80年代中期，主要采用春秋两季在园内树下喷洒六六六粉或稀释的敌敌畏、辛硫酸、滴滴涕、福美砷等化学方法消灭虫卵，辅以刮削树干、剪除病枝等方法。1985年，在伯阳、街子、二十里铺等乡开展2000亩、6万株果树“三虫一病”(苹果吉丁虫、梨蝽蟓、食心虫和苹果腐烂病)的示范防治。其中省列“三虫一病”防治示范试验2000亩，市列“苹果腐烂病防治示范试验”1000亩。1987年，拨付果树病虫害补助费4000元，防治5000亩。1991年，园艺站对重点成片果园二十里铺乡曹梗、花牛，社棠镇下曲果园补助7986元，用于病虫害防治。90年代，境内先后进行“苹果‘三虫一病’防治试验示范”“万亩苹果主要病虫害综合防治技术示范推广”等示范项目，全力防治“三虫一病”。1997年，灭幼脲3号、万得福等果树高效农药和专用化肥相继使用，每年省、市分配40～50吨。2000年后，病虫害防治主要采用自防自治。

培训　20世纪80年代末，境内苹果种植逐渐成规模，区园艺站在每年末农闲时间组织各乡、镇果树栽植大户进行修剪、病虫害防治和土、肥、水管理等技术的培训。数年中，举办技术培训班19期，参加1124人次，还编写果树培训小册子发放给果农。1990年，为提高优质果园的管理水平，共培训46期，2065人次，其中技术骨干120人。1991年，省、市园艺站在区内举办全省东部六地市果树培训班，150多人参加，主要培训无毒苹果栽培、红富士和元帅系苹果丰产栽培、短枝型苹果新树形修剪等新技术。1994 年,针对果品贮藏保鲜技术落后的实际,举办果品贮藏培训班。1995 年,区园艺局又编写教材,印发果农,并分期培训全区 23 个乡、镇、街道 2 万人次。1996–1998 年,借助天水市苹果支柱产业 10 万亩山地优质果园示范项目,培训具有技师水平农民 100 人,技术员水平农民 1000 人。1998 年,区内果农通过培训,取得农业部颁发的农牧民技术资格证(俗称"绿色证书工程")350 人。之后,计有 1000 多人获得区以上技术部门颁发的技术等级证。至 2007 年,共培训果农 9.6 万人次,发放果树栽培资料近 20 万册,培训果农技术员 1.33 万人。

城郊南山万亩花牛苹果基地　2005 年 10 月，在城郊南山开始实施万亩花牛苹果基地建设工程。基地位于马跑泉镇稠泥河、花牛镇横峪河和甘泉镇大江峪流域,总面积 111.52 平方公里,涉及花牛、马跑泉、甘泉 3 镇、24 村,受益农户 5100 户,2.35 万人。基地按照"山、水、林、田、路综合治理"的要求建设,当年栽植苹果苗 4000 余亩。至 2007 年,共投资 3100 万元,完成绿化造林 1500 亩,新修主干道路 55 公里,农机路网 215 公里,建成上水工程 2 处,整修梯田 2800 亩。计吸引种植龙头企业承包土地 4600 亩新建果园，栽植以"首红""阿斯""俄矮 2 号""天汪 1 号"等元帅系 3 ~ 5 代品种为主的花牛苹果系列,使基地内新老果园总面积达 2.3 万亩,且仍在扩大中。

第二节　商标品牌

一、"花牛"商标　"花牛"苹果因产于区内花牛镇(原称二十里铺乡)花牛村而得名。后被外商作为商标,在国际市场上使用。1985 年,中国粮油食品进出口有限公司经国家工商行政管理总局初审,允许使用"花牛"商标。1996 年,中国粮油进出口公司甘肃分公司抢注"花牛"苹果商标。2005 年经过协商,转让"花牛"苹果商标给花牛村。

二、品牌　20 世纪 80 年代,伯阳乡高坪村果园选出的"高坪 7 号",在全国第二次果品鉴定会上成为全国 5 个单项指标全优的唯一品种,优于美国的"蛇果",荣获省科学大会成果奖。

1993 年,在泰国曼谷优质农产品展会上,由区园艺局选送的"花牛"苹果获金奖。

1994 年,在全国林业名特优新产品博览会上"花牛"苹果获金奖。

1996 年,在甘肃省林业厅、技术监督局举办的甘肃省名优特林果产品鉴评会上获金奖。

2004年在首届中国深圳国际水果及技术展览会上，荣获“水果状元”“最受深港地区消费者喜爱的系列水果品牌”“2004–SFT推荐十大果品品牌”。同年，获得中国绿色食品发展中心绿色食品A级产品认证书。

2006年，“花牛”苹果原产地麦积区被中国果菜专家组委会、中国果菜杂志社评为中国果品产业龙头县区。

同年9月，在北京奥运推荐果品暨中华名果评选活动中，花牛苹果“栽培2号”“阿斯”“超首红”“天汪1号”4个品种被评为北京奥运推荐果品一等奖，同时荣获“中华名果”称号。

同月，在由中央电视台第七套《每日农经》栏目主办的中国农产品挑战吉尼斯—甘肃·天水“花牛苹果”擂台赛上，甘泉镇朝阳村参赛选手柳耀华选送的“花牛”苹果，以其果形、色泽、硬度、口感等指标均达到优秀，被评为挑战吉尼斯“花牛”苹果状元。

2007年，在山东栖霞举办的全国优质苹果评选活动中，“花牛”苹果获中国苹果著名品牌奖，“俄矮2号”“首红”“新红星”“瓦里短枝” 等4个苹果品种获中国优质苹果金奖，“天汪1号”获中国苹果新优品种奖。

同年10月，“花牛”苹果被中国果品流通协会评为中国苹果著名品牌 。国家质量监督检验检疫总局还批准对花牛苹果实施地理标志产品保护。

第三节 经 营

一、储存 20世纪80–90年代，境内果品主要采取庭院式土窖贮藏的办法。果树栽植密集的伯阳、街子等乡，户户有土窖。驻区外贸单位有大型冷库1座，用以贮藏出口果品。1999年，区内果品贮藏能力仅2000吨，占果品总产量的3%。2000年后，商品果贮藏方式逐渐改为冷库贮藏，农户自产自销果品仍为土窖贮藏。2003年，花牛镇吴庄、峡口两村果农获得财政补助8000元，又贷款5000元，建30个微型冷藏库，库体容积分60立方米和120立方米两种。2004年，北车集团帮扶区内果品冷库建设，出资85万元，连同自筹20万元，建成元龙果品保鲜库。2005年，北车集团再出资100万元，帮助马跑泉、花牛、元龙3镇建设100座冷库，其中花牛47座，马跑泉10座，元龙43座，每座净库容64立方米。之后，果品贮藏由小型库容变为大型库容。新建成的天水德盛、万农、憧憬、康鑫等果品公司和伯阳镇曹石村，花牛镇邓家庄、峡口村，中滩镇张白等村均建起大型果品贮藏保鲜库。社棠镇下曲村还建成年贮藏600吨微型冷库30座。2007年，全区建有气调库3座，恒温库34座，其中千吨级以上贮藏库23座，年贮藏果品能力达到5.1万吨。

二、销售　20世纪80年代，区内所产苹果多为自产自销，交易就近在乡、镇集市进行。渭南、伯阳、元龙、立远、东岔靠近铁路沿线的乡、镇，多由农户肩挑乘火车入城区出售。20世纪90年代，外地客商开始在苹果成熟季节，到伯阳、花牛、甘泉等地设临时收购点，果农按照等级交售苹果。1996年，全区有村级贩运、贮销组织12个，连接1.6万农户。2000年后，随果品生产规模扩大，乡村交通条件的改善，马跑泉、花牛、伯阳、渭南4乡、镇各建1处年交易量在3万吨以上的果品交易市场。元龙镇红星、井儿，伯阳镇伯阳、曹石、马岘，甘泉镇白石、包家沟、朝阳，麦积镇宏罗，社棠镇下曲，马跑泉镇新胜、漫湾，花牛镇花牛、赵崖、峡口等15个盛产果品的村建立果品交易区。再后，随着苹果产业的发展，出现联系果农和客户的果品营销公司。初期只为客户收交果品，从中盈利。后有部分营销公司按照客户意愿，先期承包一定果园，投入前期投资，待果品成熟后交付客户。2007年，区内有果品经纪人1.5万多人，果品经销公司56家，其中以花牛苹果公司永兴购销站、德盛土特产品公司、宏源林果开发公司等20多家为最大。订单果园面积3.75万亩，其中马跑泉镇8500亩，伯阳镇6600亩，麦积、甘泉镇8800亩，花牛镇6100亩，渭南、石佛、新阳7500亩。在上海、北京和东南沿海一些大城市设立“花牛”苹果直销点，鼓励和帮助天水红牛商贸有限公司、天水德盛商贸有限公司等11户龙头企业继续拓宽境外市场，销往俄罗斯、印度及东南亚30多个国家和地区。

第四节 机　构

一、果品产业局　1985年设区时，区农业局下设园艺站，为股级事业单位。1990年，园艺站划入林业局，仍为股级事业单位。1992年，区园艺站升格为区园艺局，为副科级事业单位，仍属区林业局，下设果树技术推广站、果树病虫害防治站和办公室。1996年，区园艺局升为正科级事业单位。2005年，改为区果品产业局，主要负责制定全区果品业、花卉业发展规划，新品种、新技术、新成果的引进、试验、示范、推广和科技成果的转化，优质品牌的开发；质量监测及产前、产中、产后的贮藏、加工、促销等服务；指导果业协会实施订单农业以及乡、村级果业协会的组织、建设及管理等。2007年,职工44人,其中技术干部40人(高级农艺师2人,农艺师10人)。此外,还有区园艺实业开发总公司,1993年在花牛村成立,为股份合作企业,隶属区园艺局,注册资金150万元,经营林果产品、农药、器械等。

二、乡镇工作机构 1997年,区人民政府在果树种植面积万亩以上的马跑泉、二十里铺、社棠、伯阳、元龙、街子、甘泉、石佛、渭南、新阳等10个乡、镇成立园艺工作站,每站编制4人(人员从林业系统职工中调剂),负责指导所在乡、镇苹果产业发展和提供技术服务。

第七章 运输业

第一节 公路运输

一、旅客运输

城市公交 境内城市公共交通始于20世纪50年代,时有西北公路运输管理局所辖天水汽车站客运车来往于北道埠至天水市(今秦州区城区)间。20世纪80年代,随着经济和社会发展,来往于两区(北道区和秦城区)间公交车激增。1994年天北高速公路建成后,两区之间又开辟新的客运线。运行车辆以编号计,运行在天北线(今羲皇大道)的称1路车,运行在天北高速公路上的为6路车。此外,开通5路车,从秦城区(今秦州区)至麦积山,初为季节车,时开时停,不久停运。1999年,1路公交车终点公交站由原在城区今成纪大道东路秦州商场南口西延伸至锻压机床厂。2002年,开通秦城区至城区道北街道吕家村的9路车。时仅1路有40辆公交车,全部使用常州产"长江CJ6920G2C6HK型"大客车。2003年开始,逐年将简易公交站牌更换为上有遮雨棚、下设歇息长凳的停靠站。2005年,开通火车站至甘泉镇的30路车、秦州商场至社棠镇(星火机床厂)的31路车、区人民政府至潘集寨的32路车、水上公园至北山公园的33路车,火车站至麦积山的34路车、锻压机床厂至卷烟厂(后改为峡口至航修厂)的35路车,计6条新线路,形成城区公交车客运网。同年还开通境内首条城乡公交旅游线路,即开往中滩农业高科技园区的10路公交车。2007年,又开通下曲至峡口的36路车、城区至净土寺的37路车。至此,境内有公交线路13条,单程营运线路里程282.8公里,有公交车175辆。

出租车 1985年后,一些下岗职工、个人开始购买小型面包车(俗称"面

2007年天水羲通公司城市公交车线路一览

线路名称	起止点	中间站、点数	路长(公里)	首发时间(夏季)	末班时间(夏季)	全程票价(元)	始发年份
1路	秦州区—城区锻压机床厂	38	25	5时45分	22时30分	3.00	1962
5路	秦州区—麦积山	63	45	8时30分	14时30分	10.00	1988
6路	秦州区—天水火车站	20	23.2	5时30分	21时30分	3.00	1995
9路	秦州区—道北张家村	53	23.5	6时整	18时52分	3.00	2002
10路	秦州区—中滩镇农科园	5	23.5	7时30分	19时15分	5.00	2005
30路	火车站—甘泉镇	20	14.0	6时30分	18时50分	3.00	2005
31路	秦州商场—星火机床厂	24	12.3	6时30分	20时30分	1.00	2005
32路	区人民政府—潘集寨	21	10.4	6时10分	20时01分	1.00	2005
33路	北山公园—水上公园	15	8.2	6时10分	20时01分	1.00	2005
34路	火车站—麦积山	38	30.4	6时25分	18时15分	5.00	2005
35路	峡口村—航修厂	25	12.7	6时10分	19时50分	1.00	2005
36路	下曲村—峡口村	14	13	6时40分	19时整	1.00	2007
37路	城区—净土寺	53	39.1	6时20分	17时43分	7.00	2007

的”)及小轿车在秦州、北道两区营运。由于手续简便、起步价低，至1993年已有120辆上路营运。同年，又有夏利出租车亦投入营运。1994年，营运出租车统一悬挂标志，采用计价表计费。2000年，境内营运出租车增至512辆。2002年，对营运10年以上“面的”出租车进行淘汰，一律改为夏利等小轿车。同年，设在城区的重庆玉祥出租车有限公司从拍卖中购得86辆车，成立出租车有限公司，统一车辆外形、价格，由司机承包，每人年上缴承包费1000～3600元。2007年，境内有玉祥、银桥、祥达等3家出租车公司，有营运夏利、富康、上海、桑塔拉、马自达、羚羊世纪星、千里马型号240辆车运营。

短途客运　1986年，短途客运完成客运量40万人次，客运周转量2300万人公里。1988年5月，天水汽车运输公司撤销北道埠和南河川汽车站。部分长短途运输线路被个人、联户承包。至1990年，除东岔、元龙、吴砦、立远、五龙、琥珀外，境内其余乡、镇皆有固定班车。1998年，随国道310公路的修通，元龙、吴砦、立远、东岔亦开通班车。1999年，增开秦城区至街子温泉度假村的旅游线路，又将线路延伸至交龙寺、仙人崖、净土寺等旅游景点，并由原来的每日1趟改为每日3趟6个班次。2001年，北道短途客运公司新增豪华旅游客车10辆，开通天水火车站至麦积山旅游客运专线。2002年，建成东岔汽车站。2007年，建成元龙汽车站。在城区通往汽车站沿线村设招呼站、停靠点。2007年，境内建制村都通行汽车，大部分村通客运班车。营运线路25条，里程796公里，有班车108辆。

长途客运 1995年，北道客运公司购置卧铺大客车，开辟新线路。2000年，天水陇运快速客运有限公司成立，开通天水至宝鸡、天水至西安2条快客班线，投放豪华客车8辆。2007年，天水陇运快速客运公司又开通天水至兰州客运车3辆。还开通天水至深圳、天水至西安包车业务，为境内唯一市际线路。

二、货物运输

1985年，完成公路货运量1500万吨。1996年，天水汽车运输公司货运业务停办，车辆被租赁或拍卖。1999年，境内货运车辆全部由天水市公路汽车运输中心统一调配，当年运输量2301吨。还开辟天水到义乌、绍兴、成都、洛阳、西安、兰州、西宁、拉萨、乌鲁木齐等零担运输专线，并开展公路、铁路联运，货运方可组织、代办货物直接进站进行装卸，方便客户。此后，私营、联营运输业蓬勃发展。桥南滨河饭店、火车站东货场为境内集中货运调配点，负责来境货物、车辆的调配。货车亦由原来低吨位变为大吨位厢式、罐式、集装箱式。2001年桥南建材综合批发市场建成后，入驻货物代办、中转等货运服务业经营者达60多家。

第二节 铁路运输

一、旅客运输

运输 20世纪80年代电气化改造后，天水火车站年发送旅客人员增至80万人左右，日均发送2000多人次。1990年，原天水火车站老站拆除，新客运大楼投入运营，日均发送旅客增至3140人，全年发送旅客114.9万人。站内客运车间设甲、乙、丙、丁4个轮班制班组，有职工116名，班组内分设客运、售票、行包、上水4个作业组，分别担当旅客候车乘降、客票发售、行包托运交付、列车上水等作业。火车站售票厅设3个售票窗口。20世纪90年代,随着打工潮的兴起,外出务工人员突增,车站办理客运业务列车由1991年13对增至2001年20对。此后每年春节、暑期、新老兵入伍、复员等成为季节性运输高峰期。发送旅客人数逐年递增。1991-1993年春运期间,许多四川、贵州、河南、安徽、山东民工涌入新疆、青海。因未有直通车票,大都辗转驻留天水车站,高峰时东、西向旅客日均达4500人。天水火车站为天水至西宁509次客车加挂车厢45节,分流旅客。1999年后,五一、十一的“黄金周”游客突增,天水火车站多次加开天水—兰州、兰州—天水—北京、兰州—天水—张家界、天水—西安、兰州—天水—广州间旅游专列。2007年,天水车站发送旅客191.8万人,为1985-2007年发送旅客最多的年份。

线路　天水火车站有始发列车2列,途经列车23列。始发列车为天水—兰州(编号K9660/9659),发1对列车,路程348公里,途径甘谷等6站,运行5小时21分。自1952年开通后未有间断;另一列为天水—陇西(编号7503/7504),发1对列车,路程146公里,途径南河川等10站,运行2小时52分。其线自20世纪50年代开通后,几经停运,90年代后期再次恢复运营。在麦甘、秦南公路未开通前,为境内西北部三阳、新阳群众进入城区主要交通工具。途径车辆中,由西安始发车辆有西安—兰州、西安—库尔勒、西安—西宁3列。由兰州始发有兰州—北京、兰州—北京西、兰州—上海、兰州—杭州、兰州—深圳西、兰州—青岛、兰州—广州、兰州—成都、兰州—泰州、兰州—汉口10列。另外还有成都—乌鲁木齐、成都—西宁西、乌鲁木齐—汉口、乌鲁木齐—广州、乌鲁木齐南—上海、上海—西宁、重庆北—乌鲁木齐、杭州—乌鲁木齐、郑州—西宁西、西宁—合肥10列。在天水火车站停靠时间为3~19分钟,一般为6分钟。由天水火车站坐车,可直达全国16个城市,其中14个为省会、直辖市。

二、货物运输

天水火车站为天水市两区五县和陇南市西和、礼县、徽县、成县等地主要物资集散地。火车站货运车间担当货运运输组织。车间下设甲、乙、丙、丁4个轮班制班组、1个日勤班组及货运安全室、货运业务室,有职工96名。另有临时雇佣装卸工300名。站内下辖东、西、北3个货场,为主要进、出货物集散地。以整车、零担、集装箱3种铁路货物运输方式为主。20世纪90年代,以铅锌矿产品、粮食、焦炭、木材、鲜活货物与天水各工厂企业生产的机械、电器、轻纺、农副等产品为主的整车货物为主，发送、到达货物皆在到达整体车辆数的87%以上。2000年后，随各地选矿厂“禁采”、小陇山林区“禁伐”，整车货物运量下降。零担货物随公路开通，分流部分货物运输，亦随之减少。1991年，发送货物4.16万吨，装车1437辆；到达货物5.01万吨，卸车2133辆。2001年，发货量减为6700吨，装车571车，到货量1.28万吨，卸车683辆。此前1991年，开始办理10吨集装箱到发业务。1998年，甘肃海关成立铁路海关，开始有少量进出口集装箱到发。2001年接取送达2.83万箱，12.64万吨。2007年，年货物发送量65.3万吨。

第三节 运输单位

一、麦积运管所 1985年7月更名为北道区公路运输管理所，1989年升为副科级事业建制，隶属北道区交通局。区运管所有职工22人。

二、北道公交车站 为境内建立最早的站点。原址在今成纪大道东路秦州商场南门处，有占地0.66亩场院1处，可停放6辆公交车的场院1座，可容百余人的候车室1座。使用近30多年，1990年改造拓宽三马路（今成纪大道东路）时，站址大部被无偿占用，仅剩80平方米的几间站房。2006年拓宽改建道路时全部拆除。拟在成纪大道东路西部（锻压厂东端）重新建站，尚在筹备中。

三、天水市麦积区城乡公交汽车站 在社棠镇下曲村，占地15亩。2007年由天水羲通公交旅游集团投资建设，拟建综合楼1座，以及维修、检测车间、洗车台、调度室等，正在建设中。

四、天水长路运输集团运输服务有限公司 在天河北路南端东。1989年，被天水市运输公司（2005年改制为甘肃天嘉交通运输集团有限公司）兼并，更名区运输公司，下设北道汽车站。1997年，成立甘肃天水公路运输服务中心，2004年企业改制中再改名天水长路运输集团运输服务有限公司。占地19亩，建有办公、候车综合大楼1座，建筑面积5796平方米。有停车场1.2万平方米，停车位39个。日平均客运量2000多人次。

五、天水麦积运通有限公司 在渭河1号桥北端麦积汽车站内。1997年由原麦积公路管理站、区道路运输管理所分别以60%和40%的股份，共投资10万元组建成立，由区交通局派9人管理经营。

六、东岔汽车站 在东岔镇，是国道 310 公路从陕西进入甘肃省境内的第一个客运站。2002 年建成投入使用，占地 10 亩，投资 120 万元，建三层客货两用楼 1 座，从事三级客运兼办货运业务，从业 35 人。2003 年由市交通局移交天水汽车运输总公司。

第四节 运输管理

一、综合治理 1991 年，对天北线客运秩序混乱、偷漏税款和贪污票款进行稽查，实施“营运定额征费”。1992 年，为道路运输业经营者发放《道路运输证》。1993 年、1995 年，整治天北线面包车，使其统一在天水火车站广场发车。1999 年，对境内占路为市维修企业进行整治，清理“三无”企业 17 家。2004 年，先后出动执法人员 1035 人次，稽查货车 2921 辆，查出超载车辆 769 辆，卸载货物 932 吨。2006 年，对车辆进行年度审验制度。2007 年，整顿农村客运市场，取缔农用三轮车、拖拉机、“三无”车辆载客，整治超载、违规乱停、沿街揽客及宰客、倒客、甩客等现象。

二、市场监管 1990 年，划定短途客车停放点，在城区车辆密集线路安排专职监督人员。1991 年，旅客班车实行“四统三定”（统一进站、统一排班、统一售票、统一发车和定线、定班、定点）制度。1994 年，所有营运客车一律悬挂运管部门统一制作的营运标志牌（包括班车线路牌、包车标志牌、出租车标志等）及票价表。1996 年，北道运管所在天北公路等客运比较集中的城区线路，从客车进站、营运证件、规费缴纳、出租车标志等方面，进行全面的检查与处理。2001 年，对国道 310 线天宝客运秩序混乱问题，抽调稽查人员 9 人进驻北道东岔甘陕交界处，对两省跨省线路的客运车辆进行清理整顿，共稽查客车 3260 辆次，查处超班运营的车辆 40 辆。2003 年，注销北道至西和客运班线 1 辆擅自停运车辆的经营权，吊销其《道路运输证》，收回线路牌。

第八章 商 业

第一节 商业市场

一、市场分布

20 世纪 80 年代中期，城区只道南有 1 处市场，其余大多占街为市，交通拥挤。20 世纪 90 年代中期开始，陆续由区财政出资在城区兴建一批便民综合市场，但规模较小。部分乡镇开始兴建固定市场。2000 年后，随着流通市场全面放开，一些企业和民间个人投资参与市场建设。至 2007 年，全区城区有各类市场 36 处，其中综合市场 29 处、批发市场 5 处、社区市场 2 处；农村有市场 28 处。初步形成以城区批发市场为依托，大中小型超市为载体，农村各类零售门市部和集市交易为辐射的商品流通体系。

城区市场　1986 年，城区有商业单位 474 个，其中国营 65 个、集体 42 个、个体和私营 367 个。其后，商贸市场、供销大厦、秦州商场等较大市场先后建成，个体、私营商业放开发展。1987 年，区人民政府筹资 800 万元，建成桥南商贸市场，建筑面积 2.55 万平方米，有铺面 474 间，设百货、文化、食品 3 条街。1990 年城区商业单位达 950 个，其中国营单位 97 个（省属 10 个、市属 13 个、区属 74 个）、集体 47 个（供销系统 21 个、其他 26 个）、个体和私营 806 个。从业 5778 人（占城区总人口的 9%），其中国营单位 4208 人、集体单位 600 人、个体和私营 970 人。全部单位中，批发 31 个、零售 881 个、批零兼营 19 个、收购 8 个、采购和仓储 11 个。全部商品零售 8681 万元，占全区商品零售总额（农贸市场交易和饮食、服务业营业额，下同）的 53%。除固定门市部外，临时进城交易者主要集中在风动工具厂市场、滨河路市场、桥南市场等商贸市场以及渭滨北路（今成纪大道东路）渭河河堤市场（在人行桥西侧，1990 年商户入驻逐渐形成规模）、北山路市场、渭河南路（今埠南路）分路口市场，主要的居民聚居区也有小市场。随市场发展，人们购买力提高，进入 20 世纪 90 年代后，城区商业市场因规模小已不能容纳过多商业客户，有的经营者占街为市，或挤在河堤，以至占路阻塞交通，严重影响市容市貌。不久，将离火车站较远的渭滨夜市搬迁至二马路（今商埠路）西段，道北市场迁至道北体育场。1994 年，区财政投资 429 万元，建成桥南副食品综合市场，建筑面积 8969 平方

2007 年城区主要市场概况

市场名称	地址	经营范围	占地面积（平方米）	建筑面积（平方米）	投资额（万元）	建成年份
桥南副食品综合市场	桥南新阳路	农副产品、大肉、水产、熟食	6060	8969	429	1994
桥南综合商场	桥南新阳路	工业消费品、药品、文化娱乐、百货	68640	25468	800	1987
东部蔬菜批发市场	兴陇路东	蔬菜	53280	9600	…	2001
分路口副食品综合市场	埠南路南端分路口	农副产品、大肉、水产、熟食	13320	7000	300	2004
桥南家居建材城	埠南路西	建材、石材、家具	200000	85000	8000	2003
天水综合生资市场	成纪大道东	钢材、建材、水暖	48000	18500	540	
农林巷社区市场	桥南农林巷	副食、蔬菜、干果	3906			2002
花鸟市场	桥南仿古街	花鸟鱼虫、字画、副食	19980	10500	2010	2003
木材批发市场	桥南贮木场	各种规格木材	23310	3000	1500	2006

米，铺面 2440 平方米，用于经营农副产品、肉类、水产品、熟食等。1997 年，北道区商业局商业总公司利用原北道汽车站场地，新建北道商埠路综合批零商场，占地 5787 平方米，新建和改造铺面 116 间，建筑面积 2996 平方米，接纳经营户 115 家，从业人员 280 余人（2003 年因城区改造，北道商埠路综合批零商场拆除）。2001 年，福建省私营企业主赵金凤在埠南路新建桥南家居建材城，总投资 8000 万元，主营建材、石材、家具等。2003 年，桥南仿古街建成花鸟市场。2004 年，市场建设处北道中心投资 300 万元建成分路口副食品综合市场。至 2007 年，城区有各类市场 36 处，其中有综合市场 29 处、批发市场 5 处、社区市场 2 处，建筑面积 44.1 万平方米。

2007年农村市场概况

市场名称	地址	经营范围	占地面积（平方米）	建筑面积（平方米）	投资额（万元）	建成年份
马跑泉综合市场	马跑泉镇	小吃、百货、蔬菜	7326	3800	430	2002
社棠综合农贸市场	社棠镇	农产品、百货、餐饮	11322	2014	100	2001
花牛镇锐义市场	花牛镇二十里铺村	农产品、百货、餐饮	13320	5500	850	2004
麦积镇街子农贸综合市场	麦积镇街亭村	农产品、百货、餐饮	20316	4300	215	2007
甘泉包家沟村果品市场	甘泉镇包沟村	果品	3330	200	30	2007
甘泉廖家庄核桃批发市场	甘泉镇廖家庄	核桃	3330	800	120	2007
甘泉农工贸综合市场	甘泉镇玉兰村	百货、餐饮、农副产品	36000	16000	300	2004
中滩华浩农产品市场	中滩镇	农产品、果品	28000	8300	1100	2004
渭南镇综合农贸市场	渭南镇渭西村	农产品、餐饮、百货	3800	1200	36	1993
渭南正阳农贸市场	渭南镇崔集村	农产品、餐饮、百货	6600	1100	34	2002
石佛综合农贸市场	石佛乡西石村	农产品、百货	20100	3884	500	1993
新阳综合农贸市场	新阳镇	农产品、百货、餐饮	19980	6200	300	2001
东岔农贸市场	东岔镇	农产品、百货、餐饮	3996	3300	155	2006
伯阳集贸综合市场	伯阳镇	百货、农产品	6667	2620	280	2007
伯阳果品批发市场	伯阳镇	果品	2600	1300	200	2007
保安村果品批发市场	伯阳镇保安村	果品	6600	3000	180	2007
伯阳镇马岘果品市场	伯阳镇马岘村	果品	2664	1200	36	2007
吴砦综合市场	三岔乡吴砦村	百货、餐饮、农副产品	1380	—	75	1996
南河川综合市场	石佛乡樊家湾	百货、农副产品	3400	2500	40	1982
元龙井儿村果品市场	元龙镇井儿村	果品	23310	3000	220	2005
元龙底川果品市场	元龙镇底川村	果品	3000	2000	80	2003
元龙镇综合农贸市场	元龙镇李家沟村	花椒、果品、百货	23334	6000	100	2004

农村市场　1985年，农贸市场交易已占到农村全部商品零售额的1/3左右。1986年起，在乡、镇人民政府和工商行政管理部门组织下，普遍对农贸市场进行改建或扩建，增加市场用地，硬化水泥地面，搭建可以避风防雨的柜台。马跑泉、社棠、甘泉、伯阳、石佛、中滩、新阳、渭南等集镇还辟地建成新的综合市场。与此同时，农村各供销社也对门店进行扩建和改造，旧时的土坯房改建为砖木结构或砖混结构的房屋。集镇之外的乡村，除原有的供销门市部、代销点外，家庭经营的小商店、小卖部也增多。1990年，全区农村商业单位1625个，从业2662人。其中国营单位43个(零售门市部28个、批发单位1个、收购站14个)，313人；集体单位173个(零售门市部139个、批发单位9个、收购站25个)，610人；个体、私营商业(有营业执照)1409个，1739人。农村集贸市场19个，占地9公顷，建筑面积2万多平方米。农村商品零售额7637万元，占全区商品零售总额的47%。其中集贸市场交易额2700万元。1992年，在甘泉、石佛、渭南、新阳等乡镇选址建成农贸市场。1993年，区人民政府分别投资500万元和36万元建成石佛综合农贸市场和渭南综合农贸市场。1996年，区财政投资75万元建成吴砦综合市场。2004年，花牛镇投资850万元建成锐义综合市场，市场建设处北道中心投资100万元建成元龙镇综合农贸市场，天水秦鼎有限公司投资300万元建成甘泉农工贸综合市场。2007年，麦积镇街亭村投资215万元建成街子农贸综合市场，伯阳供销社投资280万元建成伯阳集贸综合市场。其余乡、镇农贸市场均加以改造或扩建。

庙会　20世纪80年代随改革开放，庙会逐渐恢复，各乡、镇寺观庙宇根据固定庙会日期，平时在集镇上开门店的商户和摊贩携带日用零货、饮食面担赶会，为农村商品交易又一场所，年交易金额数百万元。20世纪90年代，庙会场上的交易逐渐转变为以啤酒、烧烤、饮料、儿童玩具、祭祀用品等为主，年交易额随之大幅增长。

二、所有制结构

国营商业　1990年，驻区的省属商业单位有省供销合作联社天水土特产品公司、甘肃省粮食局天水储运站、甘肃省盐业公司天水购销站、甘肃省烟草公司天水分公司、甘肃省医药总公司天水采购供应站、甘肃省粮油食品进出口公司天水分公司、甘肃省地毯公司天水支公司、甘肃省机械工业设备公司天水分部、甘肃省物资局天水综合材料站等10个，共有职工1500余人，全年销售额3.7亿元。市属商业单位有天水百货批发公司、天水五金交电化工采购供应站、天水糖酒副食采购供应站、天水市农业机械公司、天水市木材公司、天水市物资储运公司、天水市物资供销公司等13个，共有职工1300人，全年销售额3.4亿元。区属国营商业单位有百货公司、五金交电化工公司、食品公司、蔬菜日杂公司、石油公司、糖业烟酒公司、医药公司、粮油供应公司、金属品公司、木材公司、建材公司、机电公司、农机公司等13个公司及公司所属的71家零售门市部（城区43、农村28）、14个农村收购站、19个城区采购和仓储单位，共有职工1721人，全年商品零售额5332万元，占全部商业零售额的50%。

集体商业　1990年，全区集体商业单位220个，其中供销系统187个。全部单位中，城区47个、农村173个，职工1210人。全年商品零售额3934万元，占全部商业零售额的37%，其中供销系统零售额3558万元。主要商业单位除供销社系统的农副公司、生产资料公司、工业品公司、再生资源回收公司外，还有乡镇企业供销公司、轻工业供销公司等。

农村基层供销社　随计划经济向市场经济的转型，1985年后因普遍存在传统经营观念，不能适应市场经济的发展，经营运转不正常、商品滞销，致使效益逐年下滑，由原来的盈利转为亏损。进入20世纪90年代，亏损更加严重，企业运转和职工工资等失去保障。1993年前后，部分供销社实行承包和筹资经营，企业除管理费用开支以外，不再为职工发放工资和生活费，大部分职工自动离开岗位。1993–2002年间，各经营门店逐年减少，营业额锐减，甚至资不抵债。2002年，供销系统改制大部实行出租、转让的方式，仅个别供销社采用经理承包形式维持经营。2007年进行二次改制，由区供销联社对系统内职工兑付身份置换费，签署解除劳动关系合同，注销原营业执照。从此，基层供销社彻底退出商业市场。

个体、私营商业　20世纪80年代中，工商管理部门对个体商业经营者审批界线放宽，由改革开放初的控制发展（大集镇3～4户）改为鼓励发展个体商业（当时家庭开办的私营商业称个体商业，雇工经营者称私营商业），并鼓励农民进城经商，取消对经营范围的限制，允许个体商户经营农副产品和二、三类工业品。还为境外经商者和从事长途贩运者颁发营业执照，私营商业迅速发展。1990年，全区有个体、私营商业2215户，从业人员2709人；个体饮食业、服务业、修理业1368户，从业人员1791人。商品零售1443万元，占全部商业零售（不含集贸市场交易额和饮食服务业营业额）的13%。至2007年，全区私营企业2460家，从业33029人，销售总额5.06亿元。国有注册企业218家、集体216家、股份制7家、公司163家、其他形式的注册企业2家，共计606家。注册资金国有2.29亿元、集体1.44亿元、其他3672万元。

1990年全区基层供销社概况

单位：人、个、万元

供销社名称	成立年份	职工人数	营业机构		附设		销售额	其中：农业生产资料	利润
			门市部	分销店	加工厂	饮食单位			
马跑泉	1952	103	7	3	–	–	417.6	154.7	–
社棠	1952	59	6	–	1	–	211.4	51.7	0.04
二十里铺	1952	29	6	–	1	–	119.6	86.5	0.02
甘泉	1952	53	5	2	–	–	221.4	85.1	–6.5
麦积	1956	31	5	1	2	–	69.4	31.1	–5.5
街子	1955	25	4	–	1	–	149.8	71.7	1.0
伯阳	1995	31	5	–	–	–	148.9	66.7	2.7
元龙	1952	44	7	3	–	1	146.0	52.4	0.4
南河川	1956	20	6	1	–	–	98.5	37.2	–1.4
渭南	1952	50	5	2	–	–	236.1	82.7	0.9
中滩	1951	53	7	1	–	–	252.2	98.7	–0.7
石佛	1952	3.9	4	1	–	–	199.0	76.3	0.2
五龙	1956	20	4	1	–	–	71.0	37.4	–4.1
新阳	1951	52	4	2	–	–	232.5	116.3	–4.6
吴砦	1953	30	3	2	–	–	87.9	25.7	–1.2
立远	1956	20	3	1	–	1	66.1	13.5	–2.6
东岔	1956	29	4	3	–	3	60.1	9.6	–3.5
利桥	1955	29	4	3	1	2	47.7	15.2	–8.6
党川	1956	29	5	3	–	1	101.0	22.8	–2.8
合计		746	94	29	6	8	2936.2	1135.3	–36.24

三、主要商业单位

区五金交电化工公司　是一个由5个零售门市部和1个三级批发部组成的专营五金交电化工产品的商业企业，职工158人。1987年商品销售969万元，库存商品237万元，净利润17.8万元。1988年，实行承包经营。2002年改制后，成立天水鑫天源实业有限公司，仍经营五金、交电、化工、家用电器、电脑耗材等，兼营餐饮、住宿。

区百货公司 是批零兼营的国营商业企业,80 年代中有职工 333 人。主要经营百货、针织、纺织及文化 4 大类商品。1987 年商品总购进 1497 万元,总销售 1404 万元,实现利润 46.3 万元,上交利税 21.6 万元。1988 年推行承包责任制,下设 1 个批发部,8 个零售商店,营业面积 3497 平方米,仓库面积 3442 平方米。90 年代经营效益下降,2000 年亏损 42.6 万元。2002 年,改制成立天水兴和商贸有限公司,属民营企业。

区食品公司 1962 年成立天水贸易公司,负责肉、蛋等贸易及城镇居民食品供应,次年改称食品公司。1985 年公司在城区设 1 处经销商店,1 个屠宰加工厂;在农村设 10 个食品收购站、2 个分站,主要负责计划下达的各村生猪、鲜蛋收购。有职工 162 人,年销售 462 万元。随市场发展、计划任务取消,公司业务逐年下降。2002 年改制后,成立天水欣荣商贸有限公司。

区蔬菜日杂公司 是区内最早从事蔬菜、水果经营的国营商业企业,公司辖 8 个营业网点,主要经营蔬菜、食品、干鲜果和杂货。1985 年有职工 144 人。1987 年完成销售 650 万元,利润 12.2 万元。同年实行承包经营。2000 年,全公司销售 145.8 万元。2002 年,公司改制成立天水金苹果商贸有限公司。

区糖业烟酒公司 1980 年从百货公司分设成立, 为区属全民所有制商业企业,主营糖、烟、酒、副食。1988 年职工 115 人,下设 6 个零售商店、1 个批发部和 1 个经理部。2002 年改制后,成立天水恒利商贸有限公司,转向经营住宿、餐饮、商贸。

区饮食服务公司 1984 年由原天水县饮食公司和服务公司合并成立,为区属国营商业企业。1987 年完成营业收入 233.4 万元,利润 14 万元。1988 年有职工 385 人,下设 16 个门店。同年实行承包经营。2000 年,区审计局对公司 1999 年度资产负债损益情况审计中发现,资产负债达 1584 万元。2002 年改制后,成立天水宏欣饮食服务有限公司,改经营饭店、餐饮和住宿。

区农副公司 1985 年,属供销联社所辖的原天水县农副公司分设为区农副公司和区信托贸易公司。分设前职工 299 人(其中干部 49 人,工人 250 人),分设后 143 人,为批零兼营的商业性公司。经营范围为干鲜果品、调味品、茶叶棉麻、畜产品、烟花爆竹、生产日杂、废旧金属、工业品纺织品、百货、烟酒、五金家电。公司分设后,由于传统经营方式不能适应市场经济,经营每况愈下,1988 年出现亏损,其后负债逐年增大。2002 年企业改制前,负债 1695 万元。改制后,于 2003 年更名为天水瑞荣华农副日杂有限公司。改制时职工 69 人, 其中 59 名身份置换, 2007 年有职工 15 人。

区生产资料公司　区生产资料公司为隶属区供销联社的集体所有制企业，在商埠路东，主要为基层供销社采购和批发化肥、农药、小农具兼废旧物资回收等业务。1990年有职工120人，设农资、日用杂品、综合3个经营部和农资系列化服务中心站，有4个城区门市部，全年向基层社调拨化肥近2万吨，农药21吨，销售360万元。1998年后，随农村市场的发展，农业生产资料由专营改为放开经营，批发渠道增多，公司出现亏损。再后，经营业务逐渐消失，处于瘫痪状态。除管理人员外，职工全部自谋职业。2003年改制时，负债1501万元。参加改制职工155人，其中置换身份者126人。2007年，区人民政府成立解决供销社改制遗留问题领导小组，由供销联社一次性兑付职工身份置换费和养老失业保险金；职工与企业签订解除劳动关系合同，不再保留原职工身份。

区再生资源回收公司　成立于1989年，在商埠路东，隶属区供销联社，属集体企业。1989年职工86人，资产107万元，经营范围为废旧物资收购、加工、利用。随经济体制改革，2003年改为天水烁鑫华再生资源回收有限公司。改制时，企业总资产105万元，负债262万元。在册职工57人，参加身份置换的43人，办理退休10人。

天水供销大厦　1990年成立，在商埠路步行街，属集体企业，自负盈亏。开业初，经营情况一度看好，年商品零售近千万元。不久，因民营企业层出不穷，经营状况下降，年年亏损。至1996年，除管理人员外，职工全部下岗，其他人员均自谋生路，管理人员靠房租生活。2003年改制中，从集体企业变为民营企业，新成立天水倞盛华供销有限公司。后来原有职工一次性兑付职工身份置换费，缴清养老失业保险金后，与企业解除劳动合同关系，自谋职业。

陇鑫综合交易市场　在成纪大道东路，1994年开发建设，1997年开业运营，为以副食品批发为主，集百货、针纺织品、小五金交电、文化用品、餐饮住宿等为一体的综合性市场。2002年改制为天水龙鑫物业有限责任公司，时有职工56人，其中应置换职工身份人员50人，后一次性兑付职工身份置换费，职工与企业解除劳动关系。

天水百货批发采购供应站　成立于1955年，在城区商埠路东，前身为中国百货公司甘肃天水批发站，隶属甘肃省商业厅。1985年，下划天水市商业委员会管理，同年更名甘肃天水百货批发公司。1990年，改名甘肃省天水市百货采购供应站。同年，所属秦州商场开业，营业面积2400平方米。1992年，开始在全站推行承包经营。1997年，职工663人，占地5.97万平方米(89.66亩)，有道南库、道北库和社棠库3个库区，共有39幢仓库，18辆货运汽车，下辖12个经营（经销）部。经营范围有百货、针织、文化、丝绸、家电、副食、化工产品、建材、矿产品等14大类，经营品种2300多个，年最高销售额1.5亿元。批发供货业务涵盖天水、陇南、定西、平凉、兰州等21个地区。1998年后，由于批发市场的放开，批发供货业务急剧萎缩，遂实行大类品牌商品买断经营、小类商品单体经营、一般商品抽资经营、矿业产品承包等经营模式。1999年，引进湖北鄂州兴进工业品公司投资500万元，将原办公大楼改造为水芙蓉洗浴餐饮中心，由投资方租赁经营。之后几年间，主业转向资产租赁业务，有400名职工离开企业，自谋职业。2007年，实施企业产权制度改革，按零资产整体转让给个人。改制后，更名为民营企业天水瑞泽实业有限责任公司，主业转向营业场所租赁、货物代理仓储、房地产开发等。

天水五金交电化工采购供应站　1957年成立，在城区陇昌路。前身为中国五金交电公司甘肃省天水批发站，隶属甘肃省五金公司，属省级二级批发企业，1984年12月下划天水地区商业局主管。1985年更名天水五金交电化工采购供应站。1990年，麦积综合零售商场开业，并投资300万元扩建社棠仓库1655平方米、货蓬594平方米、购置货运车9辆。1994年5月，占地13.8亩的麦积家具装饰市场开业。1995年底，有职工286人，主营五金、交电、家电、化工，兼营百货、针织、文体、照相器材等类产品的批发供货业务，年最高供货量4500吨，供货销售额上亿元。1996年，与职工签订劳动用工合同，推行全员劳动合同制管理。2004年改制中，实施国有产权整体转让，由受让人出资364万元后，改制为民营企业天水正隆实业有限公司。主业转为仓储服务、房屋租赁、房地产开发等资产经营服务。

天水糖酒副食采购供应站　1957年成立，位于花牛路（今羲皇大道中路），原名甘肃省天水副食站，主营糖酒副食、食盐、烟草。1984年2月将食盐、烟草经营业务划出，单独成立专卖机构。1985年，更名甘肃天水糖酒副食采购供应站，隶属天水市商业委员会。1994年有职工218人，占地2.33万平方米（合35亩），有仓库19幢。供货区域（铁路代运）涉及张掖、酒泉、天水、陇南等16个地区。年仅糖供货量达5000吨，批发销售额1700万元。1995年，首次出现经营性亏损后，退出糖酒批发业务，转向代理经销四川、安徽、陕西等省生产厂家的各类名牌产品系列类商品。2007年，企业整体歇业，时有在册职工153人，账面资产1586万元，负债6900万元。企业产权改制正在进行中。

天水市木材公司 在商埠路。最早成立于1954年，1985年改称天水市木材公司。公司占地7.37万平方米(合110亩)，有木材存货场3处，即北道埠货场、南河川货场及秦州区货场。主要经营品种有原条木、原木、锯材和纤维板、刨花板、胶合板等。1992年，公司成立天水市木材市场，与市工商银行、清水县物资局3家联合组建股份制企业——清水花园石材有限公司。2000年后，公司相继成立秦城分公司、北道分公司、石佛乡和中滩乡木材经营点、北道圆木加工制材厂和天水矿产品经营公司、北道钢模板租赁站、陇南成县及西和钢模板租赁站等10多个营业网点。2003年产权制度改革中，零资产转让企业国有产权，成为私营企业，更名天水永源洽商贸有限公司。

天水市物资储运公司 位于城区成纪大道东。1985年，由天水市物资总公司下属的北道物资仓库和汽车队合并成立市物资储运公司，隶属天水市物资总公司，是综合性的物资储运企业，负责全市金属材料及制品、建材、五金交电、化工产品等计划物资的储藏与运输。装配有汽车吊、半挂汽车、重型汽车等运输工具，有东西两处仓库，并配有铁路专用线1条164米(1989年拆除)。汽车队有运输汽车14辆，6~8吨吊车3辆，小型机动车6辆。承接吊装较大设备，承运超长、超重等大宗物资的运输。2003年，整体转让企业国有产权，改制后称天水汇洲物资实业有限公司。

天水土特产品公司 位于商埠路东，始建于1950年，为省直综合二级批发企业。1988年更名甘肃省供销合作社天水土特产品公司，经营场所14万平方米，其中大型仓棚2处、仓库3处，年商品购、销量5万多吨。成立之初，业务所辖包括天水等4个地(市)18个县、区的近50个县级公司和300多个基层供销社。主要经营棉麻烟茶、土特产品、干鲜果蔬、副食调料、罐头、酒类、饮料、日杂、厨具、废旧物资、烟花爆竹、农业生产资料、中小型拖拉机、棉短绒、棉纱、绵羊毛、羊绒、皮张、纯碱、五金交电、针棉百货、钢木家具、民用建筑材料、粮油、二三类中药材、木材以及加工串换来的钢材和有色金属产品。公司有业务部门44个，职工746人。2007年，公司准备改制。

甘肃盐业公司天水购销站 又称天水盐业分公司，成立于1984年，在埠南路西，为甘肃省省属国营商业二级批发企业。有4个经营性仓库，使用面积1.3万平方米，食盐年购、销量8.6万吨。主要承担天水市等5个市、州、19个县、区710万人口的食用盐和工业生产用盐的供应。公司下设9个科室、2个仓库，有职工386人。2007年食盐销售3.3万吨，工业盐销售3367吨。

天水医药采购供应站　位于前进北路东，全称甘肃医药集团天水医药采购供应站，1958年成立。1995年与天水医药分公司、北道医药分公司合并成立天水药业公司。1998年，恢复天水医药采购供应站，隶属甘肃医药集团，是甘肃省最早的国家二级医药批发企业之一。天水医药站成立后，主要承担甘肃名牌地产当归、大黄、党参、红芪等中药材的收购、调拨以及天水市等4个地(市)18个县区的西药、中药材(饮片)、中成药、医疗器械、化学试剂、玻璃仪器六大类医药商品的供应。2007年，全站职工334人。

天水市石油公司　在社棠镇下曲村，隶属甘肃省石油公司，是成品石油购销经营的国营二级批发、零售企业，占地166.3亩。1990年下设油库、加油站、劳动服务公司3个直属单位和12个科室。时有各种设备222台(件)，散装容量3.6万立方米，铁路专用线1832米，卸油栈桥144米，卸油泵房、卸油集控室各1座，发油亭2座，微机控制室1座，货位8个，可容纳24辆槽车进行卸油作业。服务范围涉及天水、陇南、平凉3个市、16个县区和394个直供户的供油。经营汽油、柴油、煤油和润滑油4大类53个品种的成品油。运营加油站53个，油库2座，2007年销售成品油20万吨。

天水桥南家居建材城　在埠南路中段西，创建于2001年，初占地300多亩，总投资2.1亿元，初称北道桥南建材综合批发市场，后更名天水桥南家居建材城，是区人民政府重点招商引资项目，由福建省莆田市赵金凤投资创建的私营独资企业。经营家居、建材、百货、五金交电、机电、矿产品、化工产品等上千种与家居建材相关的产品。后逐年提升改扩建，到2007年已拥有名品家居馆、陶瓷馆、名品卫浴生活馆、橱柜大展厅、木门木地板超市、精品灯饰窗帘超市、高档家居馆、精品太阳能展区、厨电馆等10大卖场，16个专营区，1个物流配载中心，1个加工区以及钢材、木材两大专卖场。服务范围辐射天水市5县两区、陇东南及陇中等部分地区20多个县。先后解决零就业家庭上岗100多人，安排下岗失业人员及农村剩余劳动力6000多人。

甘肃省万达实业总公司(天水公铁物流园)　在社棠路北，是甘肃省物产集团的全资子公司，以建筑钢材的现货交易为主，同时为当地及周边地区的钢材、矿产品提供交易平台和仓储服务，代理经销酒钢、龙钢等多个国内知名品牌的钢材，年销售各类钢材50万吨以上，年货物吞吐量160多万吨。前身为甘肃省物资局于1976年设立的天水综合材料站。1994年注册为甘肃省万达实业总公司，属全民所有制企业。公司有总长3361米的4条铁路专用线,占地12.16万平方米,拥有齐全的装卸设备,包括龙门吊5台,叉车3台,装载机3台。露天货场5.3万平方米,半封闭式库房6836平方米,封闭式钢材专用库1万平方米,内设5台20T大跨度航车,可从火车皮上直接卸货入库。2007年,在岗职工139人,年实现营业收入6.33多亿元,利润181万元,上缴税金345万元,销售钢材19.5万吨,装卸火车1.12万节车皮,实现货物吞吐量91.3万吨。钢材市场入驻经营商户100多家,从业人员达1000多人,年交易额超过40亿元。

甘肃省万达实业总公司重要年份主要经济指标完成情况统计表

项目	1990年	1995年	2000年	2005年	2007年
收入(万元)	254	2232	14613	62452	63297
利润(万元)	1.2	1.8	9.1	48.4	181.0
上缴税金(万元)	22.3	26.1	116.0	212.2	345.0
销售钢材(万吨)	0.1	0.4	6.5	21.2	19.5
吞吐量(万吨)	15.6	20.1	43.2	64.7	91.3

金都商城　是由甘肃盛达集团于2004年投资兴建的一座大型综合性商城,位于商埠路中段南侧,总建筑面积近4万平方米。商城共五层,一层有综合超市、医药超市,二层主要经营黄金珠宝首饰、化妆品、精品男女鞋、手机卖场等,三层经营男女品牌服装,四层经营运动休闲、童装童鞋、针织家纺和内衣文胸等,五层主要经营大小家电、羽绒服等。至2007年,引进各类商家和知名品牌600余家,从业1300余人。

桥南综合商场　位于麦积城区1号渭河桥南端东侧,占地面积6.9万平方米(合114亩),建成于1987年10月,建筑面积2.55万平方米,房屋474间,总营业面积1.8万平方米,设有百货、食品、文化3条街,每条街均为二层双内廊带有共享空间交易大厅,为棚顶式"全天候"街道和固定铺面。主要经营百货、成衣、布匹、五金、化工、粮油、中药材、餐饮、农副产品等20多个项目,5000多个品种,有经营者331户,从业864人。至2007年,成为中西药批发、零售一条街和服装鞋帽一条街,多次举办商品交易会暨风味美食节。

第二节 购销体制

一、购进 20世纪80年代,境内国营和供销商业从二级单位购进商品,不久由于流通领域中进货渠道逐渐放宽,可从生产部门直接购进商品。1985年,国营和供销商业收购860万元,从二级单位购进商品4120万元,从生产部门直接购进2400余万元。此后,随着城乡居民商品需求量不断增大,商品购进逐年增加。1990年,全区1.07亿元,其中从二级单位购进4412万元,从生产单位购进3676万元,农副产品收购2612万元。是年全区销售1.63亿元,其中农业生产资料2660万元。

二、收购 20世纪80年代前期,大部分农副产品采用国营商业和供销门市部收购办法,计划收购品种由原来90种减为生猪、鲜蛋和蔬菜3种。同时提高奖售标准,增加供应紧俏的平价化肥指标(每头猪奖售10公斤)。不久,随着产销见面销售办法推广,蔬菜收购计划也随之取消。1985年,中央决定停止生猪、鲜蛋派购办法,生猪改为合同定购,由收购部门直接与农户签订合同;鲜蛋改为市场自由议购。但是省内生猪继续实行派购。由于生猪个体经营户的增多,许多地方派购任务由个体经营户垄断。承担交售任务的农户每头猪付30~60元不等的差价给商业收购部门,由收购部门和个体经营户分配,成为农民的额外负担。粮食收购,从1985年起取消统购派购,改为合同定购。1991年,提出“粮食商品化、经营市场化”目标,城镇取消凭证供应的配给制。之后,商品市场全面放开,不再实行统购统销,进货渠道随市场迅速发展不断扩大,经营户按市场销售状况和需求自由购进商品。

部分年份社会商品零售统计

单位:万元

年份	商业销售	饮食业销售	工业企业直销	其他行业销售	合　计
1985	5469	233	649	99	8084
1990	10709	814	464	58	16318
1995	20882 (批发零售贸易)	5558	1190	24858	52488
2000	22218	8886	2772	39181	73057
2007	196635 (批发、零售)	43130 (餐饮、住宿)	–	5100	244865

三、商品销售量 1985年，全区商品销售8084万元，其中商业零售5469万元、饮食业零售233万元、工业零售649万元、其他行业零售99万元。2007年，社会消费品销售24.49亿元，其中商业批发3.82亿元、零售15.85亿元、饮食和住宿业4.31亿元、其他行业零售5100万元。

第三节　粮油购销

20世纪90年代，国有粮食部门开始向市场经济转轨。1993–2003年，为稳定收购、放开销售的“准市场化”时期。2004年后，进入购销完全市场化时期。

一、粮食市场管理

20世纪90年代初，粮油购销市场和价格逐渐放开。为加强市场管理，维护正常流通秩序，1996年区人民政府成立整顿粮食市场领导小组，清理挂靠企业经营粮油的假国有、假集体户。经清理，共有粮油经营单位34家(户)，其中国有14家、集体7家、个体13家。此后，为搞活粮食零售市场，支持和引导多渠道经营，鼓励超市和便民连锁店发展粮油零售业。1999年，区粮食局依据省发《粮食收购资格证》《粮食批发准入证》等，对国有粮食收储企业颁发收购资格证，并协同工商行政管理部门加强市场监管，检查粮食经营企业13户，查处违法经营粮食案件2起，取缔2户无证经营的私贩。2004年，为实现由管理国有粮食到管理全社会粮食的重大转变，区粮食局开展全社会粮食流通企业(户)的专项清查、登记和建档工作。时全区各类粮食流通经营企业增至44户，其中国有11户、股份制8户、个体私营25户。2007年，全区有粮食经营户81户(国有2户)，其中购销企业19户、加工企业6户、成品粮店56户。同年，对市场粮食质量安全进行专项整治，主要检查粮食经营户的收购资格、执行粮市收购政策、粮食质量、卫生标准、经营台账、统计制度、仓容设施等。

二、粮油收购

粮食定购　1990年起，国家将粮食合同定购改为国家粮食定购，时向农户声明粮食定购既是定购，又是任务，必须保证完成。与此同时，定购任务的落实由协商改为政府层层下达任务，与农户双方签订的合同改为政府下达的定购通知书；奖励办法实行挂钩销售平价化肥、柴油和发放预购定金“三挂钩”政策，对售粮1万斤以上的贡献大户实行工业品奖励；收购价格每百斤小麦由22.14元提高到27.4元。当年局部地方发生自然灾害，但通过各种措施，粮食总体产量仍有

粮食定购(含保护价)收购完成情况统计

单位:吨

项目		1990	1991	1992	1993	1994	1995	1996	1997	1998
定购任务		6150	6150	6150	6150	1980	1980	1980	1980	1980
入库	合计	3105	6523	6493	1382	9900	9900	9900	9900	9900
	小麦	3105	6523	6493	1136	9900	9900	9900	9900	9900

2004-2007 年全区粮食购进统计

单位:吨

2004 年			2005 年			2006 年			2007 年		
合计	其中		合计	其中		合计	其中		合计	其中	
	国有收购企业	非国有收购企业		国有收购企业	非国有收购企业		国有收购企业	非国有收购企业		国有收购企业	非国有收购企业
11735	5214	6521	5068	1583	3485	7572	3404	4168	35124	13824	21300

好的收成。1990-1992 年,全区年入库任务 6150 吨,3 年入库数分别为 3105 吨、6523 吨、6493 吨。1991 年,粮食定购任务保持不变,定购品种只保留了小麦、玉米、稻谷,其余粮食品种退出定购实行市场调节。9 月中旬,全区仅小麦就超额完成全年定购任务,到年底共入库 6523 吨。1992 年 4 月,国家提高粮食定购价格,小麦定购价由每百市斤 25.1 元提高到 31.1 元,玉米由 17.3 元提高到 20.6 元。当年入库任务仍超额完成。1993 年粮食定购中:一是在落实粮食定购任务时,按定购价的 20%付预购定金;二是农业税继续折征实物,并抵预订购任务,农民缴公粮时找补价外价;三是农民交售定购粮时,粮食定购价和挂钩化肥、柴油价外加价一并支付,把定购挂钩化肥、柴油由平价供应实物改为以货币方式把平议差价加在定购粮结算价格中,一次性付给交粮群众。具体计算办法是:每百市斤三等小麦定

购结算价 35.3 元，其中国家定购价 31.1 元，价外加价 4.2 元；玉米定购结算价 24.8 元，其中国家定购价 20.6 元，价外加价 4.2 元。1994 年放开定购价，实行“保质放价”政策，即保留定购数量，收购价格随行就市。继续执行价外加价办法，将“三挂钩”的差价兑现给农民。1995 年尽管夏粮减产，但由于政府把完成定购粮任务当作平衡粮食缺口、稳定市场、保证供应的硬指标和政治任务来抓，层层落实责任，兑现奖罚政策，至 10 月底，仅夏粮一季完成全年定购任务。1996 年，为扭转“谷贱伤农”现象，国家将小麦定购价由每市斤 0.49 元提高到 0.71 元，玉米定购价由 0.41 元提高到 0.57 元，同时对农民完成定购任务后出售的余粮按小麦每市斤 0.64 元、玉米 0.51 元实行保护价敞开收购，不拒收、不限收、不停收、不打白条。区内全年定购任务仍以小麦超额完成。1997 年境内遭 60 年不遇的特大旱灾，夏秋粮严重减产。鉴于部分灾民完成定购任务的确存在困难，进入 9 月，经政府同意对尾欠部分的任务不再催收。1998 年 6 月，国务院颁布《粮食收购条例》。规定粮食只能由承担收购任务的国有粮食收储企业收购，严禁非国有粮食收储企业以及个体经营者、私营企业等到农村直接收购。其后，根据市场供需状况，两次调低粮食定购价格，小麦由每市斤 0.71 元下调为 0.63 元，玉米由 0.57 元调减至 0.43 元。2000 年，玉米退出保护价收购范围，小麦收购价再调减为每市斤 0.55 元。2003 年后半年，全国性粮油价格上涨，区内粮价也全面攀升，市场小麦普遍在每市斤 0.58 元以上。当年国家农业税收缴又改为“钱粮两便，农民自愿”的政策，不少农户，特别是经济比较富裕的农民直接交钱完税。此后，因国内粮食市场渐趋饱和，不再向农户下达收购任务，改为按计划向粮站下达收购指标，农民随量出售。同时，放开粮食市场，非国有企业或个人亦进入市场收购。

油品定购　1990 年，国家对油脂油料价格进行较大调整。收购价格，中等菜籽和中等胡麻比例价均提高为每百市斤 70.4 元。与前相比较，菜籽、胡麻均提高 16.6 元。

1990–1999 年全区油品定购入库统计

单位：吨

年份	1990	1991	1992	1993	1994	1995	1996	1997	1998	1999
定购任务	80	80	80	80	80	80	80	80	80	80
入库数	6.9	82.4	59.6	134.5	231.7	188.7	308.9	191.7	161.7	85.7

1990 年油料、油品收购价格调整

单位:100 市斤 / 元

品名	等级	调整前价格		调整后价格	
		统购价	比例价	统购价	比例价
油菜籽	1	43.03	56.00	56.32	73.20
	2	41.38	53.80	54.15	70.40
	3	39.72	51.60	51.98	67.60
胡麻籽	1	43.04	56.00	56.32	73.20
	2	41.38	53.80	54.15	70.40
	3	39.72	51.60	51.98	67.60
菜籽油	2	121.85	158.40	159.54	207.40
胡麻籽油		125.15	162.70	164.38	213.70
大豆	3	34.50	—	45.00	—
	4	33.50	—	43.70	—
	5	32.40	—	42.30	—
大豆油	2	165.00	—	215.00	—

三、粮油销售

农村返销粮　1985 年后,农村返销对象主要是人均占有量偏低,家庭主要劳力伤、残、傻、呆、痴以及因灾因病家庭生活特别困难的农户。具体办法是在每年 10 月份以后,由县、乡、村逐级进行缺粮摸底调查,经审核后逐级上报,核定返销数量逐级下达返销指标。农户凭粮食部门填制的返销粮供应证到当地粮站购买粮食。1993 年 4 月放开粮食销售价格后,农村返销粮政策终止,对五保户、重灾户和特困户的生活安排直接由民政部门实行救济 。

救灾粮供应　1993 年 4 月起,城乡粮食销售除军粮供应外,城镇居民、菜农口粮和农村粮食销售价同时全面放开。对灾区和缺粮地区农民的生活安排主要由民政部门发放救济款解决,粮食部门按市场价销售。1990–1996 年,全区农村粮食销售数按年份依次为:27608 吨、898 吨、37389 吨、23880 吨、24992 吨、30501 吨、11505 吨。

四、国有粮食企业改制

1996 年,区属北道粮油供应公司、粮贸公司、天粮饭店从国有企业分离。全

区14个城镇国营粮店中,原隶供应公司的航修粮店、社棠粮管所的向阳等供应网点撤销。1998年,区粮食局以原农村粮管所和区中心粮库、社棠粮油储运站为基础,组建成立粮油购销公司,通过改组原区粮贸公司,成立区粮贸中心,与区粮油供应公司和天粮饭店形成以商业经营为主的格局。2002年,北道粮油供应公司以零资产方式转让,改为民营企业。原职工124人,实行全员置换身份的100人,退休10人,内部退养14人。成立天水东升粮油有限责任公司。原公司所属两个粮店,先后于2001年和2003年旧城改造中拆除;另两个粮店对外租赁,仅陇昌路粮店一家维持经营。

2006年8月,区人民政府作出《关于进一步深化粮食流通体制改革的实施意见》。区粮食局将区中心粮库、社棠粮油储运站(原社棠粮管所)、甘泉粮管所、渭南粮管所、区粮油购销公司共同组建成国有控股性质的天水田兴粮油购销有限公司。新阳粮管所因资不抵债提请区法院实施依法破产还债。后由于位置偏僻,无人竞价拍卖,以30万元底价转让给天水田兴粮油购销有限公司;南河川粮管所因资不抵债,以21万元价拍卖给天水天森药业有限公司;元龙粮管所以91.3万元价拍卖给两私人业主;东岔粮管所及下属建河、立远两个粮站,以82.1万元价拍卖给马跑泉镇胡王村村民办餐饮住宿旅游项目;马跑泉粮管所以39万元价拍卖给民营企业天水畅想公司开发民用住宅。此外,党川粮管所下属花庙粮站此前已于2003年将土地及建筑物以1万元价转让给党川乡人民政府,用于改建花庙小学。2005年5月,经区粮食局研究决定党川粮管所亦于2005年撤销,人员、资产、账务并入甘泉粮管所。利桥粮管所及下属百花粮站亦于2000年撤销。

五、粮食储备

中央储备粮天水直属库　是中国储备粮管理总公司直属企业,在社棠镇。1998年立项扩建,为大型现代化储备粮库,有各类储粮仓房22幢,占地8万平方米(合120亩),库内有铁路专用线612米,可同时容纳22节车皮作业,年经营量30万吨以上。库内配备粮情电子测控、机械通风、环流熏蒸远程控制、电子安全监控系统等新技术及设备。

天水市第二粮库　1992年,原市粮食局北道仓库和北道面粉厂合并,组建天水市第二粮库,占地2万平方米(合30亩),有储粮仓库4幢,固定仓容2000万斤,制粉车间1个。1998年,开始大规模扩建,为国家投资的粮库扩建工程,总投资5738万元,由市人民政府划拨和征用原天水百货站、五金站仓库用地7.86万平方米(合118亩),于2002年8月竣工,共建成54×24米高大平房仓17幢,建成铁路专用线612米,以及综合楼、站台、罩粮棚、消防水池等17项附属工程,建筑总面积2.27万平方米,购置各类储粮设备127台(套),新增仓容1.83亿斤。新建粮库具备粮食自动检斤、自动粮温检测、通风自动控制、信息自动管理、仓外环流熏蒸、电子安全监控等现代化粮食储备管理功能。2003年,兼并第三粮库。同年按城区道路拓建规划,拆除库区临东排洪渠35米内的所有建筑,包括制粉车间、粮食仓库、职工住宅楼、单身职工宿舍、锅楼房、集雨下水道及污水池等建筑设施。2004年,经国家粮食局审核,第二粮库具备中央储备粮代储资格。是年,省发展改革委员会确定以第二粮库为依托建设甘肃省陇东南区域粮食现代物流中心。

六、粮食加工

天水恒顺面粉有限责任公司 隶属天水恒顺集团,位于天水市麦积区二十里铺工业示范区,是粮食收购、加工、销售为一体的民营企业,2005年6月注册成立,占地48.6亩。有年加工处理小麦10万吨专用生产线一条,有储存8000吨小麦立筒仓一座,占地2000平方米的成品库一座等配套设施,固定资产6000万元。专用制粉采用国际先进设备和国内最成熟的制粉工艺,全自动电脑控制,有完善的配麦、配粉工艺和严格的品质控制体系,主要生产专用粉、通用粉、普通粉3大系列16个品种。生产的恒顺"吾丹"牌面粉畅销省内外,为陇东南生产规模最大、工艺设备最先进的面粉加工企业。

第四节 生产资料销售

一、农业生产资料 20世纪80年代农村实行家庭承包经营后,农民对土地的投入加大,化肥出现供不应求的局面。国家对生产资料实行计划内(平价)和计划外(议价)两种供应价格后,平价供应量逐年减少,后又对一部分平价化肥改为按交售农产品数量奖售,其余仍用逐级分配办法供应。乡、村、组在分配过程中层层卡扣,农户所得很少,大部分所需用物资靠高价购买。更有一些经营单位钻价格双轨制的空子,把平价转为议价销售,从中渔利。1986年,全区销售化肥1.6万余吨(尿素4694吨、硝酸铵6242吨、碳酸氢铵3509吨、过磷酸钙838吨、复合肥792吨),农用塑料薄膜7.5吨,农药26.5吨,药械4164件,各种小农具12.8万件。1987年起,一度出现国营、供销及个体、私营商业多渠道经营化肥的局面,有的任意加价,造成物价上涨。1989年化肥重新由供销部门专营。1990年,供销社调进化肥2.1万吨,其中计划内平价1.2万吨,计划外议价9000吨;销售1.9万吨(其中定购粮油挂钩销售1281吨)。除化肥外，年内需要销售的农业生产资料还有农药37吨,农用塑料薄膜204吨,喷雾器5188台。2000年,农业生产资料购进1707万元,批发1894万元。2007年,农业生产资料购进986万元,销售726万元。

二、工业生产资料及建筑材料 1985年,通过计划分配,物资管理局销售钢材3106吨,木材4562立方米,水泥7128吨,平板玻璃3872箱,轮胎651套。之后,随着重要物资计划外管理部分的增多和多渠道经营,企业所需的不足部分多从计划外议价购进。因为计划内和计划外差额较大,80年代后期一些投机者(主要是一些企业、事业单位新成立的公司)钻生产资料价格双轨制的空子,倒卖紧缺物资,将计划内商品转计划外卖高价,造成物资市场混乱。1989年整顿经济秩序后好转。1990年,不计从生产单位直接购进数(占绝大多数),仅物资局所属的4个公司总购进437万元,销售572万元,销售钢材1706吨,木材1372立方米,水泥1959吨,平板玻璃2556箱,轮胎32套,汽车1辆。

第五节 工业日用品销售

一、销售制度 1985年后,境内商品货源逐渐充裕,延续30多年凭票供应的棉布、棉花敞开供应。1987–1988年,城区出现抢购风潮时,也没有出现工业品缺货现象。1995年,国家所有统派任务取消,日用工业品销售实行多渠道、开放式流通,扩大购销业务。

二、销售量 20世纪80年代各种电器和高档布料、服装等销售量大幅度增长。1985年,全部销售量达2896万元,其中衣着销售超过2000万元,日用品625万元。此后,由于耐用布料的普及和成衣消费的增加,棉布销量下降。1987年,居民风传商品将全面涨价,引发抢购风波,至1988年6–8月达到高潮,使工业品销售猛增。全年销售8000余万元。之后,部分工业品在一些居民生活中暂时居饱和状态。1990年销售量下降为6360万元,其中衣着3900万元,日用品2460万元。1995年，日用工业品销售2.09亿元，其中批发2652万元，零售1.83亿元 。2007年,日用工业品销售19.66亿元,其中批发3.82亿元,零售15.84亿元。

第六节 副食品销售

一、销售制度 20世纪80年代,城镇居民不再满足于日常定量供应的少量副食品,加之国家取消商品计划派购统销办法,实行市场搞活的竞争机制,商品市场迅速发展壮大。其所需大部分副食品从市场上自行采购,且货源充足、品种繁多,不再存在短缺现象。20世纪90年代以后,随副食品供应充裕,走向完全市场经济时代,各类副食品销售自然放开,物价实行稽查,商品质量由政府主管部门监管、监督。

二、销售量 20世纪80年代,肉、蛋、水产品销量大幅度上升,烟、酒消费也占重要地位。1985年,全区主要副食品销售657万元,其中肉类占18%,烟、酒占49%,其他占33%。2000年,食品、饮料销售1291万元,其中批发335万元、零售956万元。

第七节 燃料销售

一、石油 1985年,全区销售煤油347吨,销售总额27.8万元。1986年,天水市石油公司在社棠、分路口、下曲设加油站,不论机关、民用各种车辆用油均敞开销售。1990年,仅区石油公司销售成品油5161吨,其中汽油2549吨、煤油430吨、柴油2009吨、润滑油173吨。在全部销售中,平价销售2950吨,议价销售2211吨。2000年,仅区石油公司购进石油及制品777万元,销售总额873万元,其中批发798吨、零售753吨。2007年,购进成品油及制品3971吨,价值417万元,其中汽油3559吨、柴油183吨、油制品229吨;销售3971吨,其中汽油3559吨、柴油183吨、润滑油229吨。

二、煤炭 1985年,国家对商品市场实行统一计划管理,煤炭销售紧缺,当年销售量仅3257吨。1990年,全区销售煤炭4380吨,1995年销售5123吨。2000年,全区煤炭销售4856吨。2007年,购进原煤12047吨,价值211万元;焦炭1814吨,价值74万元;销售煤炭12041吨。

第八节 农副产品收购

一、收购制度 20世纪80年代,大部分农副产品采用国营商业和供销部门议价收购的办法，计划收购品种由原90种减为生猪、鲜蛋、蔬菜3种。同时，提高奖售标准，增加供应紧俏的平价化肥指标（每头生猪奖售10公斤）。不久，随着产销见面销售办法的推广，蔬菜的收购计划也随之取消。1985年，中央决定停止生猪、鲜蛋派购办法，生猪改为合同定购，由收购部门直接与农户签订合同；鲜蛋改为市场自由议购。其他农副产品，实行自由购销。

二、收购量　20世纪80年代，农副产品逐渐实行多渠道经营，种类有小麦、玉米、葵花籽、胡麻、油菜籽、豆类、蒜薹、竹帘、蜂蜜、木耳、野生中药材、核桃、胡萝卜、扫帚、笤帚、生漆、羊毛和猪鬃等。1985年，区供销联社收购农副产品2763万元，包括鲜蛋290吨，干鲜果（苹果）1294吨。1990年，农副产品收购2611万元，其中生猪309头，鲜蛋348吨，干鲜果（苹果）545吨，蜂蜜9吨，中药材589.7万元，生漆4吨，绵羊毛2吨，猪鬃800多斤。1995年，全区农副产品收销2930万元。2007年，全区农副产品收购8584万元。

第九节　管理体制

一、体制改革

1985年，正处在社会主义有计划的商品经济向市场经济转型时期，区内国营商贸流通行业开始步入从半封闭到全面开放的转变过程。1985–2002年为行业改革过渡阶段，商业主管部门职能几次调整变更，撤销区商业局，改为区商业总公司，以企代政，实行企业管理（后恢复商业局行政管理职能）。商业中行政管理公司转型，区内国营商业企业行政管理型专业公司通过内部整合重组，转为商业经营型实体公司。政府取消计划管理商品，实行市场调节管理。全区有4家二、三级蔬菜和百货批发企业，打破“三固定”（商品数量固定、进货渠道固定、商品门类固定）式调拨商品流通体制，多渠道流通。小型商贸企业全面放开，小型零售企业和餐饮服务业实行“转、改、租”“国有民营”或“民有民营”等改革。通过改革，使国有商业一统天下的流通管理体制成为历史。2002年以后，国有商业系统推行新一轮改革，重点是以改革企业制度为核心，实现企业真正成为自我生存、自我发展、市场化运作的经营主体。企业依据生产经营状况、产品的市场化需求、企业规模等情况，实行产权改制、破产重组、破产关闭，行内兼并组合。产权改制后分别组建民营有限公司，延续数十年的国有企业牌子全部取消。

二、管理机构

区商业(务)局 1985年设区后,即有区商业局作为政府主管商贸流通的机构,所属商业单位有区五金交电化工公司、区百货公司、区食品公司、区蔬菜日杂货公司、区糖业烟酒公司、区饮食服务公司等。2002年机构改革中,商业局撤销,行政职能交区经济贸易局,新组建商业总公司作为经济实体。2005年撤销商业总公司,成立商务局,作为政府部门。

区供销联社 1985年设区时,有区供销联社,作为管理区内集体所有制商业单位的机关,为政企合一组织,业务重点在农村。下设农副公司、生产资料公司、再生资源回收公司、天水供销大厦4个经营实体,农村设19个供销社。1986年建成亚太购物中心,作为供销系统商品集中销售经营重要场所。1997年成立陇鑫综合交易市场。供销联社机关9人纳入财政编制,为全额拨款事业单位,机关列入参照公务员法管理范围。2007年,供销联社下设合作指导部、财务审计部及党委、行政2个办公室,管理人员10人。

市外贸局 1985年设区时,天水市对外贸易公司设城区今陇昌路东。1987年,改名天水市对外经济贸易委员会,受省外经贸委和天水市人民政府双重领导,下设5个专事外贸进出口业务经营的外贸支公司(后改称分公司)。1992年,在外贸管理体制改革中,省地外贸脱钩,外贸出口财政补贴取消,5个分公司独立核算、自主经营、自负盈亏。1992年6月,天水市对外贸易总公司成立,与天水市对外经济贸易委员会合署办公。1997年,撤销天水市对外经济贸易委员会,成立天水市对外贸易经济局,核定行政编制21名,事业编制4名,内设办公室、政工科、综合业务科、外资外经管理科、财务科。下辖天水市对外贸易总公司及5个进出口分公司,主管全市外贸进出口、外资外经、国际经贸合作等业务。2002年市级行政机构改革中,撤销天水市对外贸易经济局,人员及职能并入天水市贸易经济合作局。

第九章 服务业

1985年,由区饮食服务公司管理全区服务行业。1987年,完成营业收入233.4万元,利润14万元。1988年,有职工385人,下设16个门店。同年6月,公开招标实行承包经营。

20 世纪 80 年代末至 90 年代初，全区服务行业规模尚小。宾馆、饭店、照相、理发、澡堂等仅城区有为数不多的国营、集体所有制企业，农村几乎是空白。城区较大规模的国营、集体宾馆、饭店主要有区人民政府招待所、陇林饭店、滨河饭店、天粮饭店、人民旅社、红旗旅社、轻工一部、轻工二部等。还有一些企业自办对外营业的招待所 10 多家。照相以东方红照相馆为最早，规模最大。道北十字路西北的原铁路理发馆为境内最早、规模最大的国营理发企业，面积 30 多平方米，可为 6 人同时服务，从业 8 人，年收入 3 万余元。澡堂以国营企业内部的铁路系统、锻压机床厂、星火机床厂、风动工具厂等大企业职工澡堂兴办较早，主要服务于内部职工。

20 世纪 90 年代，为适应改革开放后流动人口大量增加的状况，驻境内企、事业单位纷纷兴建饭店或宾馆，原有旅社均进行扩建、改造和重新装修，配装电视，安装暖气，部分宾馆、饭店加装公用电话，以方便顾客，住宿和饮食条件逐渐改善。随市场经济的发展，机关、企、事业单位所设服务行业服务对象不再局限于单位内部职工，渐渐向社会开放。除国营、集体单位外，一些住房较宽敞的居民也办起家庭旅馆，床位从几张到 10 多张不等。各农村集镇也陆续开办集体或私营的饭馆、旅社，并逐渐形成规模。1990 年，城区有旅馆 34 家（不计居民个人开办的家庭旅馆），客房 800 余间，床位 2000 余张；农村集镇旅馆 41 家，客房 200 余间，床位 700 多张。至 2007 年，仅城区就有旅馆 556 家，客房 1.28 万间，床位 3 万张；农村集镇旅馆 170 多家，客房 1150 间，床位 2300 张。

第一节　宾馆饭店

1985 年，区内有 13 家招待所和旅社，床位 2202 张（位），当年共接待 67.4 万人次，收入 128.6 万元。20 世纪 90 年代之前，以区人民政府招待所、滨河饭店、人民旅社、铁路招待所为最大。区人民政府招待所在今陇昌路东，北对火车站广场。主要建筑物为三层楼房，经营旅客住宿、饮食、旅游服务及客运、房屋出租。1989 年，招待所实行承包经营，职工实行聘任制和合同制相结合的办法，注册资本 54 万元。1990 年，有客房 90 间，服务人员 60 人。20 世纪 90 年代末，产权整体出让给个人经营；滨河饭店在埠南路东侧，北临渭河。1985 年 8 月划归市旅游服务公司管理，1986 年撤销市旅游服务公司后仍交区管理。有五层砖混结构的营业楼、三层的办公楼和砖木结构的 9 栋平房。营业楼高 16.5 米，建筑面积 4243 平方米，客房 110 间，20 世纪 80 年代时为设备最好的旅馆；轻工招待所，属集体企业，职工 27 人，房屋 17 间，其中客房 15 间，床位 73 张。1985 年，固定资产 6.8 万元，营业收入 3.5 万元。1997 年，营业收入 16.7 万元，利润 0.8 万元，为企业经济效益最好的一年。2007 年，职工 35 人，营业收入 13.1 万元，上缴税金 1.4 万元，亏损 2 万元；红旗旅社，三层楼房，客房 62 间，床位 206 张，职工 40 人。2003 年大楼改造拆除后随之歇业，职工自谋职业；人民旅社在商埠路与埠北路相交十字东北，四层楼房，1990 年有客房 58 间，床位 186 张，职工 30 人，地处火车站附近，人流量大，经济效益连年创新；红光旅社在成纪大道东路西，原为 1985 年成立的石砂合作社，随采砂形势的变化和河道管理权属的变更，石砂厂停业，其办公楼改为旅店，职工 35 人，企业性质为集体企业，隶属原区经济委员会。1988–1991 年改为承包经营，1998 年又进行股份合作制改造。2002 年企业产权整体出让给个人经营，更名为红光旅社。其中滨河饭店为最大的对外接待宾馆，有住房 126 间（其中 110 间为客房），年接待能力 12 万人。1988 年，旅馆增至 24 家，床位 2690 余张。

1990 年开始，各国营、股份制、集体等企业在城区兴建大、中型宾馆。先后建起城区分路口陇林饭店（分东、西两楼，西楼已拆除重建），陇昌路麦积大酒店等。1999 年，共有宾馆、饭店 13 家，高中低档房间 110 间，床位 380 张，从业 140 人。2000 年后，部分设施老化、装饰陈旧的宾馆、招待所逐步被市场淘汰，新建起一批大型综合性吃住休闲一条龙的高档宾馆。仅城区有火车站东虹桥宾馆，陇昌路东安宾馆，兴陇路天泽宾馆，埠南路北端西恒利宾馆，商埠路东方宾馆，马跑泉路华龙大酒店、绿岛大酒店等。新建宾馆普遍内外装饰考究，客房内普遍配有电视、电话、空调、洗漱间等。至 2007 年，境内有星级饭店 5 家，具有接待能力的宾馆、饭店 20 余家，标准间 2000 余间，床位 4000 张。此外，小陇山林业实验局在林区新建植物园山庄、石门度假村、曲溪避暑山庄等。

餐饮业在 20 世纪 80 年代，仅有区招待所、滨河饭店、人民旅社、铁路招待所、红旗旅社、兰化疗养院等为游者和外来客人提供餐饮，环境简陋，菜品种类也有限。2000 年，餐饮市场消费出现低谷，旅店业床位闲置率居高不下，原因是交通逐年便利，进城出差办事及购物人员基本能当天返回，在外食宿者减少，对餐饮及旅店营业收入造成较大影响。旅店业竞争激烈，仅道南就有大小旅店 76 家。此后，随着大酒店的建成，餐饮、住宿成一体化，各大型宾馆都有规模不等的餐饮服务。此外，境内有用莜麦、荞麦、面粉加工制做的甜醅、凉粉、馓饭、麻食、猪油盒、打卤面、浆水面等独具地方特色的小吃，尤其是凉粉调味品种多达30余种。

第二节　其他服务

1985年设区时，城区除住宿和餐饮两大主体服务行业外，其他服务行业规模很小。据1988年调查，城区从事经营的个体服务业139家，近300人。其中理发烫发23户、钟表修理20多户、车辆修理16户、电器修理8户、钉鞋修鞋13户、弹花网棉絮23户、家具油漆40多人。随市场发展需求，部分服务行业时兴时衰，如钟表修理、电器修理、钉鞋、家具油漆等。1990年，管理全区服务行业的区饮食服务公司，下属理发社2家、从业17人，浴池1个、从业12人。其他单位所属理发社32个，浴池11个。1992年后，国营、集体企业实行政策性改制，企业产权整体出让给个人经营。市场经济发展推动个体和私营经济发展，全区服务行业开始迅速发展。

一、美容美发　1985年，境内有理发店36家，从业72人。乡村店铺分布在沿街，城区店铺分布在一马路（今陇昌路）、二马路（今商埠路）、滨河北路（今成纪大道东路）、劳动路、红旗路（今区府路）、滨河南路（今兴陇路）等繁华路段。店铺营业面积从十几平方米到几十平方米不等。城区理发起初分为男活、女活两个部，比一般大众理发收费高出2元。1988年，根据省商业厅文件要求，对国营美发行业从业人员进行职级评定，大多实行理发计件工资制，促使从业人员探索研修从业技艺，推陈出新速度加快。1996年，二马路出现1家美容店。又随着国家政策鼓励支持个体、私营业主大力发展服务业，个体理发店迅速布满大街小巷，使传统理发向美发经营转变。美容业亦与理发业同步快速发展。2000后，国外流行的理发技艺传入境内，出现美容美发连锁门店，发型由传统简单的理发发展成发型设计，女发由传统直发流行到“热烫”“冷烫”的卷发型和“离子烫”。同时，流行发色的普染和挑染。2007年，全区有各类私营美发、美容店365家，其中设施高档、服务专业、价格高昂的美发店32家、美容店43家。

二、照相摄影　1985年，城区照相馆为数不多，仅很少几家。起步较早的国营照相馆为东方红照相馆，在今埠北路南头西，建筑面积100多平方米，为上下两层楼房，一楼门面，二楼为摄影场所，从业5人。1990年体制改革时，失去原有国营的性质，由私人承转经营。1997年，自筹资金3万元重修照相室，开设当今流行的婚纱摄影服务项目。2003年城市改造中，东方红照相馆所在建筑被拆除。部分乡镇亦建有照相馆，从业1~2人，多为夫妻或师徒。进入20世纪90年代，数码科技日新月异，推动摄影行业不断发展，婚纱摄影渐成时尚，城区出现彩色艺术照相馆。2007年，全区有各类照相馆58家，摄影馆36家，彩色扩印中心4家。

三、澡堂洗浴 20世纪80年代，城区铁路系统有4家大众化浴池，规模小，功能单一，主要为系统内部职工服务。规模较大的为一马路大众浴池，营业面积400多平方米，秋冬旺季日接待顾客近百人。20世纪90年代，较大规模的企业单位内部建成职工洗浴场所，供内部职工使用。2000年后，城区大众洗浴、专业洗浴、高档浴池陆续发展，洗浴功能拓展到疗养、健身等。专业洗浴中心有泡浴、足浴、按摩、修脚等服务项目。规模最大的为位于商埠路东段的水芙蓉洗浴中心，有五层楼房，建筑面积1000多平方米，一楼设大众浴池、单人间、双人间和多人间淋浴，二楼以上为休息室和推、拿、按摩等场所，从业40多人。2007年，各种类型的洗浴企业200多家，从业上千人。

第十章 建筑业

第一节 概况与企业

一、概况

20世纪80–90年代，境内建筑业在改革开放的大环境下，旧的格局渐渐被打破，原有国营、集体性质的建筑单位纷纷改制，从业人员下岗分流，民营建筑企业崛起，成为建筑业的主体，农民工成为建筑业的主力军。随着住房制度的改革，房地产业又促使建筑业蓬勃发展。1997年国家《建筑法》的实施，使境内建筑业走向法制化、规范化。至2007年，境内建筑业已发展到门类齐全、资质等级多样的新格局。各类施工企业从事的范围涉及建筑施工、市政、水利、装修、园林、古建、路政、监理等多个行业领域。其分工越来越细，从设计到施工、监理、竣工、验收等各个环节都有分工，从业人员也分为水暖工、粉刷工、钢筋工、建筑工和工程设计师、装修设计师、工程造价评估师、工程质量监理师、工程安全监理师等。程序化、制度化管理水平明显提高，所有开展的建筑活动在招投标程序、资质审核、质量管控、安全事故防范等方面严格遵循《建筑法》的规定，新开工的建筑工程在质量上有保证,在竞争上更公平,从业人员的安全也更加有保障。技术水平从土木到砖木再到砖混框架,楼层从二三层到七八层再到二三十层,建筑范围从地上发展到地下。2007 年,全区有建筑施工企业 34 个,其中二级资质企业 8 个,三级 15 个。全部企业固定资产 3 亿元,年内完成建筑面积 9.8 万平方米,工程造价约 4 亿元,上缴税金 1497 万元,实现利润 1702 万元。建筑业吸纳进城务工人员约 1.4 万人。

二、建筑企业

天水市达宝建筑工程公司　成立于 1990 年,法人代表喻国新,为建筑施工总承包二级企业,具有承担 28 层以下、单跨度 36 米以下的房屋建筑和 120 米以下的构筑物建设能力以及建筑面积 12 万平方米以下的住宅小区和建筑群体的施工能力。2003 年,通过 ISO9001—2000 国际质量管理体系认证。2007 年,公司下设 8 个建筑施工项目部,注册资金 2000 万元,净资产 2516 万元,流动资金 860 万元,有专业技术人员 151 人,其中高级专业技术人员 3 人。所承建工程累计 28 万多平方米,完成总产值 2.8 亿元,实现利税 3786 万元。所建工程主要有天水四达石化招待所、星火大家园住宅楼、天水麦积佳苑商住楼和住宅楼等。2007 年,被评为"天水市十强建筑施工企业"。

天水永生建筑工程公司　1993 年,区第二建筑工程公司所属第四工程队(最早为 1983 年成立)以入股的形式,组建天水永生建筑工程公司,注册资金 90 万元,法人代表张以诺。其经营体制由集体企业变为民营企业。1995 年,获得四级施工企业资质。1999 年又获三级施工企业资质,2003 年再晋升为房屋建筑施工总承包二级企业。至此,企业注册资金 2142 万元,总资产 5500 万元,有各类获职称的专业技术人员和经济管理人员 151 人,二级项目经理 16 人,二级建造师 13 人,机械设备 300 余台。至 2007 年,企业共承建工程 96 项,总建筑面积 34.2 万平方米,总造价 3.04 亿元,上缴税金 1002 万元。所承建工程获"飞天金奖"2 项、"优质工程"8 项,还先后荣获"全国诚信守法乡镇企业""甘肃省推进新农村建设十强示范企业"等荣誉称号,2007 年被评为"天水市十强建筑施工企业"。

天水市麦积区房地产开发公司　成立于 1993 年,注册资金 110 万元,法人代表刘玉祥,四级资质企业,主要从事房地产开发。先后在城区五龙路、前进路、新建巷等地段开发建设小区及住宅楼,总建筑面积 10.11 万平方米,总投资 3280 万元。

天水宏达房地产开发有限责任公司　成立于 1993 年,注册资金 128 万元,法人代表杨侑仓,四级资质企业,主要从事房地产开发。至2007年,共开发土地4.86万平方米,销售商品房8.27万平方米。开工建设楼盘及小区有宏达兴旺楼、宏达小区、宏达新区、宏达新都市4个商住小区。

天水民达房地产开发有限责任公司　成立于1996年,注册资金800万元,法人代表张争鸣,三级资质企业。至2002年期间,先后开发建设城区华联商厦、桥南开发区住宅楼和陇南市西和工贸商场等,总建筑面积4.5万平方米。2002–2007年,相继开发建设城区陇昌路民贸综合楼、天伦民乐园小区、三阳民达商城和西和县百货大楼、秦安民达商住楼等。其中三阳民达商城建筑面积2万多平方米,投资近1500万元;天伦民乐园小区建筑面积5万多平方米,投资7000多万元,涉及拆迁面积7800多平方米,拆迁户93户,拆迁安置补偿1000多万元。

天水金都房地产有限责任公司　成立于2000年,注册资金3800万元,法人代表王继福,三级资质企业,主要从事房地产开发。至2007年,先后开发建设麦积区世纪花园2座住宅楼、伯阳路金都商住楼、商埠路金都商城、石佛路金都大厦和马跑泉路金都家园小区等。其中商埠路金都商城建筑面积3.57万平方米,投资9000万元;石佛路金都大厦(世纪花园1号楼)建筑面积1.82万平方米,投资2000万元;马跑泉路金都家园小区建筑面积2.94万平方米,投资4706万元。公司曾荣获"天水市非公有制十佳企业"称号。

天水金江房地产开发有限责任公司　成立于2001年,注册资金100万元,法人代表顾治海,四级资质企业,主要从事房地产开发。至2007年,主要开发建设金江花苑商住小区,总建筑面积3.4万平方米,投资5000多万元。金江花苑位于桥南分路口,占地1.5万平方米。2004年建成2栋住宅楼,建筑面积8800平方米,其中商铺3170平方米。2007年建成6栋住宅楼。

天水华龙房地产开发有限责任公司　成立于2001年,注册资金860万元,法人代表唐复勋,三级资质企业,主要从事房地产开发。至2007年,先后开发建设五龙雅苑商住楼、华龙小区等,开发总规模3.1万平方米,完成投资2113万元。其中华龙小区5栋住宅楼建筑面积2.1万平方米,投资1556万元。

天水天北房地产开发有限责任公司　成立于2002年,注册资金160万元,法人代表王天永,四级资质企业。2003年,在城区开发建设住宅小区1处,建筑面积3000多平方米,并建成面积约800平方米的甘泉路社区市场。

天水永生房地产开发有限责任公司 成立于2006年，注册资金800万元，法人代表张欢乐，四级资质企业，主要从事房地产开发。公司成立后，承建永生家园住宅小区。小区占地1.79万平方米，拟建9栋住宅楼，分两期开工建设。其中，一期5座楼正在建设中，设计建筑面积2.2万平方米。

第二节 建筑材料

一、传统建筑使用材料

境内传统建筑为土木结构，使用材料主要有土、石材、石灰、瓦、木材等。

土 主要用作房屋的墙体，采用黄土夯实或土墼子块建造，房中居室土炕也用土墼子块建造。由于土墼子块不经烧煅，怕水、硬度低，现除土炕使用外，建房基本上不再使用。唯黄土夯实墙因有保温隔热性能，农业蔬菜大棚建设中仍采用。

石材 用于建筑者，主要有毛石、料石。毛石用于砌筑河堤、护坡、墙基，石料用于墙身、踏步等。

石灰 主要用以铺垫地基、粉刷墙壁、勾勒灰缝。在现代建筑中，仍有广泛用途，多用于砌筑抹面工程（如墙面涂料、石灰砂浆、石灰水泥砂浆）、拌制灰土（3:7灰土，2:8灰土）、拌和三合土作为房屋地基、道路路基，以及用于制造水泥、碳化石灰板的原料。

瓦 在相当长时期使用的是手工做小灰瓦，用作屋顶铺设材料，以便避雨。但铺设费工，且易破损漏雨。后从外地引进耐用的机制大和瓦（也称平瓦）和水泥瓦、石棉瓦等。1990年后，随着现代建造技术的革新，城乡均已较少使用，改以平顶建筑为主。此外，还有由甘泉耐火材料厂生产的琉璃瓦或从外地购进琉璃瓦主要用于兴建仿古式建筑。

木材 主要用于制作房屋的梁架、柱子、门窗等。1990年以后，随着钢筋混凝土结构的普及，在城市用木材作屋架已经很少，乡村也有减少的趋势。随着钢门钢窗、铝合金门窗的推广，木质门窗也在减少。

二、现代建筑使用材料

砖混、框架等新式建筑，使用材料主要有水泥、砂、石子、砖、钢材、瓷砖、玻璃、PVC塑料管材、涂料、大白粉、纸筋灰、加气砌块和免烧砖等。

水泥 随着现代建筑的不断增多，水泥是境内使用最多的水硬性胶凝建筑材料，主要使用普通硅酸盐水泥，标号有325号、425号两种，品牌是“鸳鸯”“永

固”“麦积山”等,境内生产厂家有永固水泥厂、天祥水泥厂、甘泉水泥厂、新阳水泥厂4家。早在1985年,境内产量已达2.4万吨。水泥广泛应用于修建河堤、桥梁、道路以及各种工业与民用建筑,用钢筋水泥混凝土浇注的建筑构件坚固耐用,已替代过去木质的栋、梁、柱、框等,成为建筑物的主体框架材料。

砂 在建筑中使用的主要是河砂,粒径一般在0.6~5毫米左右。渭河、牛头河河床均有大量分布,可满足建筑市场需要。主要用以与水泥、石子混合制成混凝土,与水泥混合制成泥砂浆,地基中用作砂垫层。凡砖混、框架结构的楼房中,砂均为主要材料之一。

石子 主要来自各河道的沙场。筛沙时,细者为砂,粗者再经筛选,即为石子。主要用于拌制水泥混凝土、沥青混凝土以及路基。

砖 在砖混结构房屋中,为最主要材料,所砌墙体除防护作用外,还有承重作用。在框架结构房屋中,主要用作填充墙体。所使用砖,也由过去机制煅烧红色小砖发展到使用新的免烧砖、大块砖、空心砖等。

钢材 用于建筑的,分钢结构件型材和混凝土钢架用钢筋两类。1985年后,钢材广泛用于工业与民用建筑中,如钢结构、钢筋混凝土结构、钢门、钢窗等。用于钢结构的钢材品种有型钢、钢板、钢管等,用于混凝土钢架结构的品种主要有热轧钢筋、冷拔低碳钢丝、碳素钢丝等。所使用热轧钢筋的Ⅰ、Ⅱ级钢筋如φ6、φ8、φ10、φ12、φ14、φ18等,用于各类楼房建筑的圈梁、构造柱、现浇梁板等。所用冷拔钢丝作为预应力筋,大量用于空心楼板和小型构件的预制。碳素钢丝、刻痕钢丝等也在使用。另外,钢门、钢窗也得到广泛应用。

瓷砖 主要用于建筑物的装饰,按用途分为墙砖或贴面砖、地砖、陶瓷锦砖(又名“马赛克”)及卫浴瓷砖等。墙砖分为全瓷砖、半瓷砖两类,地砖分为釉面砖、镜面砖和耐磨砖3类。1997年开始在室内装修中使用,2000年后广泛用于厨房、卫生间装饰。

玻璃 按用途和性能分为平板、压花、钢化、磨光、彩色等不同类型,靠外地供应。2000年后,工业与民用建筑中,大多采用玻璃门窗。

2000年后,随着桥南建材市场的建立,一些高新技术建筑材料被引进,有石材、防水材料、地板革、铝塑板、墙纸壁纸、石膏吊顶、PVC塑料管材等。新型建材具有美观、持久、体轻、密度高、适温性强、防水、耐酸、隔音、易保养、清洁方便等特点。厨用墙纸、铝箔贴的墙纸,进行过防油污处理,具有耐高温的功能。其他各种涂料、油漆、新型材料也被工业、民用、公共建筑中普遍使用。

第三节 建筑技术

一、地基

20世纪80–90年代，境内大部分民用建筑地基处理基本以换土垫层为主，基坑采用大开挖，垫层材料为素土，以3:7或2:8灰土或砂垫层，部分地基持力层较好的以原状土，住宅楼多采用灰土挤密桩处理地基基础。但灰土挤密桩地基基础适用性有限，桩基成孔困难。1995年开始，大量采用桩基础，其中人工作业成孔灌注桩由于造价低，工艺简单，施工快捷成为首选。部分地下水位较高、成孔困难的工程采用机械成孔灌注桩基础。2003年，由宝鸡引进的复合载体夯扩桩建筑技术特别适用于黄土及免降水的地质条件，具有开挖量少、承载力高的特点，得以迅速推广。甘肃省林业职业技术学院、马跑泉信用社住宅楼都采用夯扩桩技术。至2007年，境内地基工程主要采用钢筋砼条形基础、独立基础、梁板式基础、筏式基础、桩基础、桩筏联合基础等。

二、主体

墙体　20世纪90年代，境内所建楼房多为砖混结构，只个别为框架结构(今商埠路人民旅社、大众饭店即是)和框架剪力墙结构(如天水火车站)。20世纪90年代后期，住宅工程开始较多使用框架结构。按照当时建筑抗震设计规范，砖混结构住宅只能建到六层，因此要建筑超过六层的住宅楼，最经济适用的是采用框架结构。但受条件限制，砖混结构在住宅楼建设中仍占一定比例，尤其是所建小区许多为五六层的砖混结构，如宏达小区、金都小区以及桥南经济开发区的一些小区等。砖混结构和框架结构在造价上每平方米相差150元左右，五六层的砖混结构既能满足人民群众的需求，又相对比较经济实惠。2000年开始，根据国家建筑管理部门制定的《建筑地基基础设施规范》《建筑抗震设计规范》《混凝土结构设计规范》《荷载设计规范》等主要规范要求，尤其是《建筑抗震设计规范》的颁布，境内砖混结构工程日渐减少。因为新的抗震规范将天水的抗震设防烈度定为8度，地震基本的加速度为0.39，抗震分组为第一组，俗称8度半。按此要求，天水的砖混结构工程最多只能设计为四层。而随着城市改造步伐的加快，地价物价上涨，导致砖混结构单方造价反而高于框架结构，有鉴于此，砖混结构除一些小型、临时性建筑外，其余均不采用。与此同时，框架结构和高层的框架剪力墙结构迅速发展。2005年后，越来越多的住宅工程采用七八层框架结构。此外，随着经济的发展，一些大企业使用较多的钢结构房屋。二十里铺工业示范区新建的工业厂房，大多使用钢结构。一些单层和二层的简易房屋和临时用房，也采用钢结构形式。

屋顶　20世纪90年代到21世纪初期，屋顶结构大多采用预应力钢筋混凝土空心楼板（简称“预制板”），少数为钢筋混凝土现浇板。2000年后，随着社会经济的发展和技术更新，预应力混凝土空心楼板基本被淘汰，大多采用钢筋混凝土现浇结构。

三、防水

20世纪80年代，屋顶设防标准低，防水材料单一，几乎所有工业与民用建筑除瓦屋面外，全为一毡二油一砂防水屋面，或二毡三油一砂防水层。90年代，根据国家建设部有关规定，由二毡三油一砂改为三毡四油一砂，耐久年限提高为8年。

1990–2000年前后，屋面防水材料基本上采用的是沥青防水卷材即油毡。2000年后逐渐被SBS改性沥青防水材料所代替，还有部分工程使用多层高分子复合防水卷材、三元乙丙防水卷材、聚乙烯丙纶复合防水卷材、氯化聚乙烯防水卷材等新型防水材料。此外，屋顶保温材料大多数采用在油毡上铺1:8水泥炉渣填充，蛭石保温或珍珠岩保温。设计年限一般为10年。随着技术的革新和新型材料的发展，2000年后，保温材料逐渐被水泥蛭石、水泥膨胀珍珠岩、轻质加气砼块、膨胀珍珠岩板、水泥聚苯板、聚苯板、挤塑板等材料所代替。

四、装饰

1990年前，装饰材料相对简单，主要使用石灰浆、大白浆、油漆、水磨石、水刷石、合成纤维地毯、涂料等。1990年后，随着材料生产工艺的发展，成本的降低，大量高端美观的装饰材料普及到私人住宅之中，陶瓷、大理石、木地板等渐进入普通家庭。2000年后，塑料、金属、环保合成以至纳米装饰材料更多地被运用于日常装饰中。用户选择与应用建筑装饰材料时，更多地注重健康、安全、环保、文化的理念。2005年后，人们喜爱的是具有时尚感、个性化的无毒、无害、无污染的新型饰材，如天然石材、木材和竹、纸纤、棉布等天然原料尤其受宠。

第四节　建筑设备

1985年后，建筑设备不断改进，新设备不时出现。原使用动臂变幅、轨道行走式塔吊逐步被固定基础、小车变幅的自升式塔吊取代。1994年，省建筑工程公司第八公司在展贸大厦工程施工中，首次采用泵送砼，施工使用电梯施工。1995年，在区自来水公司水厂工程施工中，采用振动灌注桩施工，为此获得省科技进步三等奖。在区自来水公司水厂800吨水塔工程中，采用滑模施工。2001年，省建筑工程公司第八公司在社棠国家第二粮库施工中，采用轮胎吊完成24米跨度预应力薄腹梁屋架吊装。2003年，天水市政工程公司在成纪大道改造施工中，使用大型摊铺机、振动压路机、沥青拌合站、液压挖掘机、斯太尔翻斗、推土机、装载机、轮胎吊等设备，完全机械化施工。

现使用建筑机械，土方机械有挖掘机、装载机、自卸翻斗车、推土机，桩工机械有导杆柴油锤、振动锤、强夯，运输机械有自卸汽车、翻斗车、拖板车，起重机械有塔吊、轮胎吊、物料提升机、施工电梯，砼机械有搅拌机、配料机、分料机、输送泵，钢筋加工机械有切断机、弯曲机、调直切断机，焊接机械有对焊机、电焊机、电渣焊，筑路机械有沥青砼搅拌机、摊铺机、平地机、胶轮压路机、振动压路机、洒水车。

第五节　建筑管理

一、基建程序

凡开展建设项目，尤其重大项目，均依一定程序进行。大致是：立项——→项目选址——→土地征用——→土地证办理——→规划批准——→初步设计（或施工图设计）——→审查批准——→工程招投标——→签订施工与监理合同——→缴纳建设工程规费——→办理施工安全备案与委托工程质量监督——→缴纳农民工工资确认书——→办理施工许可证——→安全、质量跟踪监督——→消防、人防、规划、质量、绿化、城建档案等专项验收——→竣工验收——→竣工验收备案。

二、管理机构

区建设局是区人民政府所设建设行政主管部门，内设建设股、项目股、小城镇办公室、设计室，还有属自收自支事业单位的城建开发公司。区建设局主管全区建筑市场，负责建设项目的招标、投标管理，完善工程质量监督检查和监理制度，主持区管建设项目的开发建设和竣工验收。

第十一章 产业园区

第一节 天水经济开发区

一、概况

1992年，天水市人民政府决定成立天水市北道商贸旅游开发区，由北道区人民政府领导，享受市一级审批立项权和省级开发区的各项优惠政策，并在国家法规、政策允许的范围内，制定开发区的有关具体政策、规定。范围包括渭河南岸西起天河南路，向东延3公里至永川河西，北以渭河南岸为界向南推0.4公里，外加马跑泉公园和麦积山风景名胜区管理局，面积120公顷。渭河北岸西起社棠镇下曲村，向东延伸到刘窑村，面积250公顷。1994年，经省人民政府批准，升格为省级开发区，更名甘肃省天水经济技术开发区。

1994年后，随着天水经济的发展，又先后成立天水高新技术工业园、麦积区二十里铺工业示范区以及秦州区东十里和暖和湾工业园区。2005年，在国务院对开发区的清理整顿中，开发区管理体制进行调整，实行“一区多园”的管理模式，将天水经济技术开发区与二十里铺工业示范区、天水高新技术工业园、社棠工业园和秦州区东十里、暖和湾工业园合并，改名甘肃天水经济开发区，为省级开发区，总规划面积2000公顷。其中北道商贸旅游开发区120公顷，二十里铺工业示范区一期建设用地213公顷，天水高新技术工业园一期建设用地29.7公顷，社棠工业园一期建设用地1054公顷，秦州区东十里工业园一期建设用地125.3公顷。二十里铺工业示范区东至天水卷烟厂西侧唐家沟，西至二十里铺村，南至规划南外环路，北至羲皇大道；北道商贸旅游开发区东至永川河，西至天河南路，南至胡王村、马跑泉村，北至渭河南；天水高新技术工业园东至北社路与渭滨北路交汇处，南至渭滨北路，西至天拖厂，北至铁路线；社棠工业园西至牛头河，东、北至山脚，南至310公路；秦州区东十里工业园东至花牛镇曹埂村，西至秦州区七里墩桥洞，南至羲皇大道，北至秦麦高速公路。开发区基础设施全部实现通水、通电、通路、场地平整等“三通一平”，部分区域实现通暖、通网、通天然气“六通一平”，各工业园区交通便利，陇海铁路，国道310、316公路沿边经过，距天水火车站、正在建设的天宝高速公路出口、天水军民合用机场均在5公里范围内。

二、企业

2007年，开发区有入住企业70户，其中规模以上企业27户，高新技术企业6户。全部企业中，农、林、牧、渔业企业2户，采矿行业1户，制造行业54户，批发和零售行业8户，科学研究、技术服务和地质勘查行业2户，其他3户。其中：二十里铺工业示范区40户，下曲工业园9户，东十里工业园13户。已形成以集成电路、数控机床、制管设备、凿岩机械、系列轴承、中高压输配电设备、石油钻机电气传动控制设备、制药设备、车用轮毂、山地拖拉机等产品为主的二十里铺工业园，以开发、研发机床功能部件等中间环节产品、制管成套设备等数控机床、制管设备产品的社棠循环经济产业区，以医药食品产业和农副产品加工业为主的东十里工业园。规模以上企业中，年产值10亿元以上的有天水卷烟厂和天水星火机床有限公司，5亿～10亿元的有天水长城开关厂和天水锻压机床公司，1亿～5亿元的有天水奔马啤酒公司、天水昊峰集团公司、天水娃哈哈食品公司、天水风动机械有限公司、天水电气传动研究所、天水长城果汁饮料公司6户。

2007年，全部企业完成产业增加值18.26亿元，完成工业增加值15.32亿元，完成第三产业增加值4.48亿元，完成工业总产值38.73亿元，其中高新技术企业完成总产值20.2亿元，完成工业产品销售收入38.76亿元，上缴税金5.06亿元。完成出口额6453.7万美元，其中高新技术企业完成出口337万美元；完成进口额936.6万美元，其中高新技术企业完成进口72万美元，全年完成固定资产投资3.38亿元。

天水经济开发区2007年主要产业产品生产量

产品	计算单位	数 量	产品	计算单位	数 量
高压开关板	面	8123	低压开关板	面	2122
金属切屑机床	台	5811	集成电路	千块	350
金属形成机床	台	491	化学药品原药	吨	426
软饮料	吨	45647	啤酒	千升	38399
果汁蔬菜汁饮料	吨	23522	小麦粉	吨	2618
卷烟	亿支	160			

第二节 天水农业科技示范园区

一、概况

2002年，天水市人民政府决定在区内中滩镇成立天水农业高新科技示范园，占地面积333公顷。次年成立示范园管委会办公室，为正县级单位，隶属于市农业局，编制12名。

示范园先后投资3485万元，配套建设水、电、路、暖、话、网等硬件设施，建成4480平方米的科研、专家楼各1栋。建设道路近6公里，输变电线路3公里，铺设水管2.8公里，上水设备3套，供暖管网1.6公里，绿化面积3.3万平方米。生产设施建设总面积4.5万平方米，其中全自动连栋温室3座、1万平方米，西北优化型节能日光温室23座、2.1万平方米，塑料大棚11座、3300平方米，连体塑料大棚6000平方米，网棚设施4800平方米，球体玻璃温室150平方米。2007年，晋升为省级农业科技示范园区，先后被确定为中国西部航天育种基地、全国农业旅游示范点、国家落叶果树脱毒中心实验示范基地、中国农大教学实习基地、西北农林科技大学产学研示范区、甘肃省青少年科技创新基地、甘肃省农民实用技术培训基地、甘肃省科普示范基地。

二、科研

园区科研实力雄厚，设有2个科技创新开发中心，即与甘肃农业大学合作建立的奶牛胚胎移植中心，省科技厅批准成立的甘肃省航天育种工程技术研究中心。1个博士后工作站，即西北农林科技大学食品科学与工程博士后工作站。7个科技创新服务中心，即与市农业局联合建立的农产品检测检验中心，与市气象局联合建立的信息中心，与中国果树所合作建立的苹果脱毒苗木组织中心，与维亚猪业公司建立的畜牧兽药与人工授精服务中心，以及培训中心、天水现代农业服务中心、蔬菜加工配送中心。承担国家、省、市级科研攻关项目35项，获得各级各类科研成果奖励28项。成功引进、示范国内外蔬菜、瓜果、花卉、食用菌等新品种450多个，推广优良果菜品种60多个、花卉60多个、食用菌20多个、果品15个，新技术30多项。与中国科学院遗传所、中国空间技术研究院合作，建立中国西部航天育种基地。至2007年底，有航天农作物9大类、393个品系，选育成功的航辣1～10号，航豇1、2号，航茄2、4、5号，宇航3号番茄等拥有自主知识产权蔬菜新品种18个，太空诱变等2项育种技术获国家发明专利。培育的番茄树最大冠幅81.45平方米，单株挂果2.1万多个。

三、企业

至2007年,园区有企业19家,总资产3.5亿元,产值8958万元,实现利税1150万元。有9家企业获得市级以上龙头企业称号,7家企业获得市级以上扶贫企业称号,培育出“龙果”“羲皇”“宇航天骄”“羲航”“一品红”等品牌,初步形成产业规模。

天水绿鹏农业科技有限公司　2001年成立。公司与中国科学院、中国空间技术研究院合作建立中国西部航天育种基地,成立天水航天育种研究所,开展航天(太空)农作物品种的选育、杂交制种研究和示范推广。拥有中国返回式卫星、飞船搭载和俄罗斯等国交流的蔬菜、花卉、粮食、油料、牧草等航天农作物品种7类、140多个品系。航遗1号黄瓜,航遗2号番茄,航椒1、2、3号辣椒,航豇1、2号豇豆和太空菜豆子8个蔬菜品种以及醉蝶、矮牵牛等7个花卉品种通过国家级鉴定,3个品种达到国际先进水平,5个品种为国内领先,7个达到国内先进,进入推广阶段,还有一批航天茄、椒、黄瓜、葫芦瓜等蔬菜品种及航天海棠、仙客来等花卉正在试验、示范。还从事以仙客来为主的中高档盆花生产,年培育种苗50万株,配套生产一品红、观音莲、黑发师、欧州报春、垂吊牵牛、香豌豆等30多个品种的盆花,销往上海、广州、北京、重庆、兰州等地。2007年有职工48人,生产场地128亩,有现代智能连栋温室6万多平方米、优化节能日光温室3万平方米以及配套的科研、办公、仓储设施,在酒泉、天水、北京建立制种基地,在杭州等地建立9个试点。

天水利东养殖有限公司　是集种鸡繁育、蛋鸡养殖示范、蛋品加工、家禽定点屠宰为一体的农牧企业。2003年成立,建有蛋鸡场1处,育雏鸡舍400平方米,种鸡舍3000平方米,饲养蛋鸡5万只。还有蛋品加工厂,年加工蛋粉600吨、礼品鸡蛋10000多件、保洁蛋1000吨;全自动家禽定点屠宰厂年屠宰淘汰蛋鸡150万只。公司“一品红”无公害鸡蛋畅销天水、兰州、西安等市场。公司还采用“龙头企业+农户+市场”模式,带动当地近1200户养鸡规模户和专业户,年户均收入3100元。2007年,公司总资产2250万元,固定资产1064万元,主营业务收入2083万元,利润278万元。

天水嘉园果蔬有限公司　2007年成立,是绿色蔬菜果品的包装加工、储存保鲜、营销运输的加工企业。公司占地62亩,有库容贮量1500吨和5000吨的恒温冷藏综合保鲜库各1座,年冷藏(冻)周转量2.6万吨。通过贮藏保鲜、反季节销售,实现产品增值。企业推行“公司+基地+农业”的运营模式。2007年,有员工28名。

天水万农果业有限公司　2005年成立，是集苹果产前、产中、产后研发、示范、推广、销售和脱毒苗木繁育的企业，下设新优品种示范基地、苗木脱毒组培中心。年可快繁新品种脱毒苗木100万株；乔砧脱毒节灌生态型苗木繁殖圃30亩，年可繁育乔砧脱毒苗木100万株；节灌生态型脱毒母本采穗园20亩，年可采脱毒接穗50万枝；国家落叶果树脱毒中心节灌生态型新优品种试验示范基地100亩。还有集加工、包装、冷藏保鲜为一体的5000吨果蔬保鲜库1座。在区内和甘谷县有自营苹果示范园3750亩。2006年，又在甘谷县大庄、六峰、八里湾等乡和区内甘泉等处新建果园2万余亩，订立从提供苗木、技术培训、指导到果品回收的合同，涉及农户2万余户。示范品种有天汪一号、阿斯、哈蒂、俄矮-2、首红等，引进新品种有阿佩可斯，授粉新品种有金矮生。2005年，公司基地培育并选送的元帅系（花牛）苹果在中国深圳国际水果及技术展览会上，荣获“深圳、香港地区消费者最喜爱的系列水果品牌”“水果状元”等大奖。

天水星辰农业发展有限公司　2002年成立，为股份制农业企业，主要经营农作物、花卉、苗木种植，农林经济开发，农副产品的销售，蔬菜、花卉冷藏、销售，已建成2000吨的现代化气调库及配套设施。公司采用“公司+基地+农户”的发展模式，在秦州、甘谷等县区设有1000亩的花牛苹果种植示范基地。2007年，销售收入1228万元，实现利润170万元。

天水嘉信畜牧有限公司　2006年成立，是优质奶牛品种繁育、品种改良、饲料生产、畜牧技术推广服务和鲜奶生产为主的大型养殖基地。占地200亩，投资6984万元，已建成钢架结构牛舍、挤奶厅、饲料库、干草大棚、青贮窖、污水处理等配套设施，建筑面积3.8万平方米。公司采用性别控制（性控冻精）技术繁育犊牛，使所产牛犊母犊率在90%以上。从德国引进全自动并列式挤奶台1套，购置直立式牛奶冷却罐，通过配套的测试系统，挤奶检测实现自动化管理与控制。喂养饲料主要采用青贮玉米、苜蓿和自配精饲料，引进意大利自走式饲料配送车配送饲料。公司带动周边地区农业经济发展，引进种植青贮玉米、美国紫花苜蓿等，在麦积、秦州、清水、秦安等县区播种8000亩，定单收购，可为农民增加收入。2007年，有职工106人。

天水洁通农业科技有限公司　2003年成立。公司拥有设计、制造、承建农业设施的能力，可承建各种智能温室、日光温室、养殖棚、拱棚、花廊、花架等，已为新疆、甘肃、内蒙古、宁夏、陕西、河南等地建成日光温室和拱棚30多万平方米，智能温室6万多平方米。公司投资860万元,建成2000亩花牛苹果基地,还有促成栽培(春提早)14亩,延迟栽培(秋延后)36亩,日光温室14座,塑料普通连栋拱棚4座。此外还建成天锦园生态餐厅,是集餐饮、棋牌、茶艺、会议室为一体的亚热带观光园。2007年,通过农民自愿入股和土地流转方式,利用中滩镇渠刘村2500多亩土地,建成九龙山花牛苹果基地,采取"公司+基地+农户连市场"模式,使千余户农民受益,吸纳200多名劳动力就业。还开展技术服务,通过果树栽培、病虫害防治、果园管理的示范作用辐射带动周邻乡镇发展果树业。公司有长期工120人,季节工300多人。

天水咏梅园艺有限公司 2006年成立,为花卉生产企业,有连栋温室1座,节能型日光温室17座,总生产面积超过1.6万平方米,年产凤梨、仙客来、几内亚凤仙、一品红、常春藤等多种盆栽花卉30万盆,远销北京、重庆、上海、武汉、成都、郑州、西安、兰州、乌鲁木齐等大中城市。

天水维亚实业有限责任公司 1997年建立,属民营企业。专门从事生猪饲养,生产基地占地3.65万平方米,建筑面积1.1万平方米。2007年开始,在园区扩建生产线。第一期投资2000万元,建成2万头繁育生产线、1.2万头商品仔猪及2000头扩繁种猪生产线,并建成猪人工授精技术中心及猪业科技服务中心。培育的良种扩繁母猪已向全市周边投放,已设5个县、乡级猪人工授精技术服务站。第二期11月开始建设,计划投资2200万元,建设年产1万头以上的优质商品猪和年产20万头现代化屠宰分割加工生产线。2007年,职工32人。

天水众兴菌业有限责任公司 2005年成立,是集生产、科研、销售为一体的食用菌生产企业。主要产品为优质白色金针菇。厂区占地7万平方米,生产厂房2.8万平方米,日产金针菇20吨,员工300余人,总资产1.2亿,年产值6000万元。2007年从台湾引进全套食用菌生产加工设备,实现流水线作业。

第三节 天水高新技术工业园

一、概况

2001年,经省经贸委批复,成立天水高新技术工业园,以发展股份制、股份合作制、私营、个体和混合所有制企业为主体,以大型工业项目为骨干,发展中小企业,为全省第一个以非公有制经济为主体的工业园区。设有管委会,为区人民政府直属的副县级事业单位。2007年,工作人员15人。园区地处城区以东社棠镇下曲村,距天水火车站2.5公里。园区规划总面积267公顷,一期开发建设31公顷。已投资3100多万元用于基本设施建设,基本实现路通、电通、水通、讯通和土地平整。园区项目建设总投资2.4亿元,除原有企业外,新引进工业生产项目6个,已建成4个。园区一期建设基本完成。

二、企业

至2007年,已入园9户企业,其中8户企业正常运营,1户试生产。全部企业正常运营后,预计年销售值5.8亿元,实现税收5200万元。

天水高新技术工业园主要企业一览

单位:万元

企业名称	总投资	占地(亩)	实际完成投资	投产年份	主要产品	2007年主要经济指标				
						工业总产值	工业增加值	利润总额	税金总额	从业人员(名)
天水长城果汁饮料有限公司	10200	112	10200	2001	农副产品加工	15750	3110	340	360	535
天水华建混凝土工程有限公司	2600	38	2600	2005	商砼	2208	...	12	73	73
天水天盼精工机械有限公司	1900	52	1900	2005	防盗门农用挂车	505	129	−51.2	26.4	80
天水嘉诚实业有限公司	2400	34	2400	2006	商砼	1000	...	51	30	35
天水羲通公交集团有限公司	750	63	750	2007	城市公交运输,定线旅游,车辆维修	260	...	−7.4	35	48
天水高新汽车服务中心	400	3.4	400	2007	成品油销售,汽车维修	—	—	—	—	—
天水长开电气设备有限公司	5600	50	2500	2007	电工电气制造	—	—	—	—	—
北京清研利华能源科技发展有限公司天水分公司	3000	32	1800	2007	汽柴油尘集燃料	—	—	—	—	—

第四节　二十里铺工业示范区

一、概况

二十里铺工业示范区地处城郊花牛镇，东至天水卷烟厂，西至二十里铺村，在羲皇大道以南。规划面积213公顷，其中工业用地130公顷。1994年，省乡镇企业管理局授牌成立工业示范区。次年成立示范区管委会，为科级事业单位。2006年，经国家发展改革委员会审核认定，设为省级开发区。

2004年开始，市、区人民政府对示范区8纵3横11条总长5.6公里路网作出总体设计，计划投资3500万元建造。至2007年，已投资1800万元建成4纵1横5条道路，其余正在招标建设。同时协调架设供电线路8000余米，铺设供水管道3500余米，铺设通信电缆5000余米。

二、企业

至2007年，示范区内共引进各类企业40家，协议总投资16.3亿元，从业1000余人。建成项目和在建项目已累计完成投资4.69亿元。初步形成以甘肃成纪药业有限公司为龙头的生化制药基地，以甘肃金巨龙投资有限公司和天水电气传动研究所为龙头的电器电子生产基地，以甘肃丰收农业科技有限公司和天水恒顺面粉有限公司为龙头的农副产品深加工基地。所有项目建成投产后，年总产值将达30亿元左右，年实现利税4亿元，可安置就业5000余人。其中华圆医疗器械、成纪药业生物药剂、万达电气系列封装线圈、长城电工成套设备新型高低压配电设备、天森制药、广容电器系列真空断路器、金维沙制药、恒顺粮食深加工等22个项目已建成投产。石油钻机电气传动装置项目、兰凌汽车重型汽车改装等11个项目正在建设。另外，鸿卉生物马铃薯淀粉生产烷基糖苷项目、长城电工电器节能变压器技术改造等11个项目即将开工建设。

二十里铺工业示范区部分企业一览

单位：万元、人

企业名称	地址	投产年份	主要产品	2007年主要指标		
				产值及销售收入	上缴税金	从业人员
天水万达电气有限公司	花牛中心区11号	2004	VSI+系列电磁铁、永磁系列封装线圈	1083	30.3	60

续表

企业名称	地址	投产年份	主要产品	2007年主要指标		
				产值及销售收入	上缴税金	从业人员
天水长城电工成套设备有限公司	花牛中心区12号	2004	箱式变、智能化配电设备、电缆桥架、箱体结构	1564	30.4	70
甘肃天森药业有限公司	花牛中心区13号	2004	片剂、硬胶囊剂、散剂、原料药(胰酶、胃蛋白酶、胃膜素)	1386	32	60
花牛果品公司	花牛中心区10号	1999	贮藏各类果品、蔬菜	800	0.7	10
天水广容电器器材有限公司	花牛中心区3号	2006	DK系列产品、高低压电器元部件	927	30.6	80
甘肃金维沙药业有限公司	赵崖新区2号	2005	颗粒剂、胶囊剂、口服液或合剂、酒剂、糖浆剂	314	9.4	50
天水恒顺面粉有限责任公司	赵崖新区6号	2007	面粉、方便食品、麦芽及胚芽油	3236	13.9	65
天水飞翔农机厂	花牛中心区13号	2003	新型挂车、农机配件	1926	2.8	12
天水天道汽车工贸有限公司	花牛中心区9号	2006	汽车箱体	1800	1.5	8
天水宏安气体有限公司	秦麦高速公路辅道南	2001	乙炔瓶、乙炔气	96	5.7	8
天水建新实业有限公司	花牛中心区8号	2006	系列真空磁线圈、KD系列接触器、F系列接触器	110	7.5	55
天水全升门窗制造厂	赵崖新区5号	2007	塑钢、铝合金型材	122	3.8	20
天水维康生物工程有限公司	赵崖新区4号	2007	茶多酚、维康冲剂、维康宝饮料	28	1.1	23
天水电气传动研究所有限责任公司	赵崖新区22号	2007	电气传动及自动化系统与装置	15145	805	436

续表

企业名称	地址	投产年份	主要产品	2007 年主要指标		
				产值及销售收入	上缴税金	从业人员
天水德盛商贸有限责任公司	花牛中心区 19 号	2005	贮藏果品、加工果脯、生产果品套袋、加工处理销售果品	824	1.3	18
天水新旗食品有限公司	花牛中心区 7 号	2007	新旗系列食品	155	14	80
天水华圆制药设备科技有限责任公司	花牛路 37 号	2004	中药制丸机、微波提取机、微波干燥灭菌机、自动包装机、医用灭菌柜等	398	41.4	52

第五节　其他园区

一、三阳工业示范区

位于区境西北部三阳川，成立于 1999 年，2000 年被省乡镇企业管理局批准为省级工业示范区，其开发范围涉及中滩、渭南、石佛 3 乡镇的川区地带。示范区设管委会，为正科级事业单位，2007 年有工作人员 13 人，为区人民政府在示范区内招商引资、发展乡镇企业的派出管理服务机构，主要职责为规划、指导、监督、协调服务区域内乡镇企业；负责区域内新办企业、新上项目的立项申报。至 2007 年，共有企业 32 家，完成总产值 1.78 亿元，其中工业 1.24 亿元，利税 572 万元，从业 1600 多人，人均纯收入 4120 元。有以中滩华浩市场和民达商城为龙头的商贸企业 4 家，以华丰绒线厂为龙头的绒线轻纺业 6 家，传统建材企业 8 家，豆粉、蔬菜、面粉加工和冷藏等农产品深加工企业 10 家。东方造纸实业有限公司为最大工业企业。

三阳工业示范区主要企业一览

单位:万元、人

企业名称	地址	投产年份	主要产品	2007年主要指标		
				产值及销售收入	上缴税金	在职人员
东方纸业有限公司	渭南镇缑家庄	1993	箱板纸、瓦楞纸	9000	270	134
华丰绒线厂	石佛乡杨家庄	1995	腈纶、混纺、全毛、团绒	220	1	46
中滩华浩市场	中滩镇雷王街	2003	农副产品交易	1000	免税	15
民达商城	中滩镇雷王街	2000	交易	700	2.8	50
黄河实业有限公司	中滩镇雷王街	2003		—	—	—
大洋液化气站	中滩镇后川村	2002	液化气销售	110	2	5
区惠民面粉厂	中滩镇缑杨村	2000	粮食收购、加工和面粉销售	…	…	20

二、甘泉科技园区

原名北道区甘泉乡镇企业示范区，始建于1998年，隶属区乡镇企业管理局。1999年天水市人民政府决定将其改为市级乡镇企业示范区,2004年省乡镇企业管理局命名为省级乡镇企业科技园区,2005年更名天水市麦积区甘泉科技园区。园区设管委会,为正科级事业单位,管委会党总支书记由甘泉镇党委书记兼任。2007年在编人员15人，办公室设在甘泉镇玉兰村。园区可供开发面积1500公顷,以甘泉镇为中心,东西走向1.5公里,南北走向6公里,面积900公顷,街子、麦积的川道河谷辐射区面积各600公顷。园区内现有各类企业45户,其中农副产品加工5户,生态农业8户,建筑建材13户,文化旅游6户,科技6户,其他7户。园区累计引进项目25个,建成并投产项目20个,完成技改项目4个,总投资6300万元,到位资金4900万元。

甘泉科技园区主要企业一览

企业名称	性质	投产年份	经营范围	从业人员	资产(万元)		2006年度完成经济指标(万元)			
					固定资产	流动资产	产值	销售收入	利润	税金
天水恒益房地产开发公司	私营	2001	房地产	18	360	200	—	1400	...	69
天水汉唐麦积山陶艺公司	私营	2000	陶艺制品	45	65	95	130	103	3	8.1
天水龙腾实业有限公司	私营	1996	面粉、葛藤纤维	16	160	34	260	220	8	1.2
天水泉通纸业公司	私营	2003	卫生纸	30	80	30	120	...	10	5
麦积区甘泉永恒木材加工厂	私营	1992	木材加工	12	60	12	80	65	0.1	4.5
麦积区甘泉耐火材料厂	集体	1988	耐火材料	14	141	31	20	15	–3	1.2
麦积区甘泉煜鑫建材厂	私营	2004	建筑建材	10	67	10	...	20	8	2
麦积区冶金化工厂	私营	2006	氯锌肥、化工原料	13	48	10	12	9	3	0.73
甘泉甘江砖厂	集体	1993	机砖生产	40	4	6	38	30	0.6	2
甘泉峡门砖厂	集体	1998	机砖生产	14	11	2	...	26	7	1.7
甘泉屈坪砖厂	集体	1998	机砖生产	30	30	5	16	16	4	1
甘泉惠民砖厂	私营	1998	机砖生产	50	26	4	40	36	8	2
甘泉金盛缸瓦厂	私营	1994	特制缸瓦	25	29	4	122	100	16	4
天水伟业生态观光园	私营	2003	生态旅游	8	350	45	—	100	···	4
天水大青山生态农业有限公司	私营	2001	苗木、花卉	12	50	20	—	38	6.4	1.6
麦积区甘泉镇憩园山庄	私营	2007	餐饮服务	35	60	20	—	—	—	—
甘泉休闲度假村	私营	2002	旅游服务	14	64	20	—	24	10	1

续表

企业名称	性质	投产年份	经营范围	从业人员	资产(万元)		2006年度完成经济指标(万元)			
					固定资产	流动资产	产值	销售收入	利润	税金
甘肃华实有限公司大樱桃基地	私营	2001	农林业	7	120	40	—	32	23	9.2
甘泉农业科技园	私营	1994	果树、花卉	11	20	3	—	12	3.3	0.8
天水市中医药研究所	私营	1992	中草药、治疗仪	15	37	51	8.2	8.2	…	0.46
天水科为研究所	私营	2000	太阳能及配套设施	10	80	15	40	32	10	3
甘泉乾元阁酒店	私营	1997	餐饮	16	80	30	—	50	16	1.9

三、东岔生态旅游开发小区

东岔生态旅游开发小区（以下简称东岔开发小区）位于东岔镇，1999年成立，2003年晋升为省级示范区。按照区位和资源优势的特点，东岔开发小区定位为以森林生态旅游业和干鲜果生产基地为主，带动商贸流通、运输、餐饮、休闲度假、娱乐等第三产业发展的中心集镇。

地处甘陕交界处小陇山林缘区，三面临陕，境内天然林覆盖率75%，动植物种类繁多。交通、通讯条件便利，水电资源充足。距麦积城区96公里，距宝鸡市区63公里，国道310公路、宝兰铁路复线及正在修建的宝天高速公路穿境而过。旅游服务业设施有顺达娱乐中心、桃花沟森林公园、金龙山森林公园、东综宾馆、溪源大酒店等企业。镇内有各类个体商业门店、超市150家，从业620人；餐饮28家，从业350人；旅店15家，各种档次客房160间，床位480张，从业120人。桃花沟景区内有“农家乐”、旅游度假村、游泳池、垂钓中心，2007年接待游客5000余人次，旅游服务收入200多万元。

开发小区内核桃、板栗为主干鲜果产业初具规模。已建成优质核桃园1500余亩，优质板栗园500亩，优质花椒园600余亩。2007年，交川村建成500亩优质核桃示范园。桃花坪优质核桃、板栗培育基地产品品质好、质量高，远销西北各省区。

基础设施建设方面，已硬化付家滩中心街主道路和建成街区集中供水工程，解决街区20多个单位和居民饮水；建成付家滩街区排水系统工程，硬化中心广场1064平方米。

开发小区内有小型工业企业29家，从业280人，主要有石英石工厂、透辉石加工厂、采石厂、粉石厂、采砂厂、楼板厂、蜂窝煤厂、制砖厂等。

第十二章　财　政

第一节　财政体制

1985-1993年，区财政体制沿用1985年改革后的“划分税种，核定收支，分级包干”的财政体制。1993年12月，按照中央关于分税制改革的要求，对财政体制进行改革，主要内容包括根据中央和地方事权确定相应财政支出范围，按税种划分中央财政收入与地方财政收入；将一些关系到国家大局和实施宏观调控的税种（如关税、消费税）划归中央，把与地方经济和社会发展关系密切以及适合地方征管的税种划归地方，主要有营业税、屠宰税、筵席税、房产税等，同时把收入稳定、数额较大、具有中性特征的增值税等划作中央和地方共享收入，实行中央对地方的税收返还制度。为解决基层财政收入减少造成基层财政运转困难的问题，中央建立财政转移支付制度，将一些原本由地方负担的保运转、保民生、保稳定的支出转变为由中央财政负担，主要包括税收返还、体制补助和结算补助。其中专项转移支付服务于中央宏观政策目标，用于增加农业、教育、卫生、文化、社会保障、扶贫等方面的专项拨款，主要用于中西部地区；其他转移支付包括调整工资转移支付、农村税费改革转移支付、“三奖一补”转移支付等。1993年，区财政转移支付收入占财政总收入的17.78%。其后转移支付数额不断提高，到2000年占到财政总收入的54.06%。之后随地方财力增长比重有所下降，到2004年占全区大口径财政收入的35.94%。

区财政管理体制经1994年和2003年调整和完善后，确定区财政支出的责任是承担区政权机关运转、经济发展、基础设施建设以及社会保障、救灾、扶贫、农业、教育、科技、卫生、公检法司等区域内各项事业发展所需支出。同时划分市、区收入，区级固定收入为资源税、房产税、印花税、城镇土地使用税、土地增值税、农业各税、国有资产经营收益、纳入预算管理的行政事业性收费、罚没收入、专项收入。市、区共享收入为增值税、营业税、企业所得税、个人所得税、城建税、固定资产投资方向调节税，具体分享比例为：增值税中央75%，地方25%。留地方部分省级分享20%、市级分享30%、区级分享50%；营业税省级30%，其余70%部分市级分享40%、区级60%，省级分享部分在“十五”期间全部返还，返还部分在“十五”期间由市、区按4:6比例分享；公路运输车辆营业税为省、市共享税；企业所得税2003年中央分享60%，省级分享20%，区级分享20%，以后各年度地方部分省与县区各半，兰州卷烟厂天水分厂所得税均为省、市收入；个人所得税（不含银行储蓄存款利息所得税）2003年中央分享60%、省级分享20%、区级分享10%，以后各年度地方部分省与县区各半分享；资源税和城镇土地使用税全部下划市、区，市、区以2002年省、市分成收入为基数，定额上解省财政；城市维护建设税市级40%、区级60%；国有土地有偿使用收入纳入基金预算管理。市对区体制调整后，区内营业税区留成部分由原来60%变为42%，企业所得税和个人所得税中区留成由原来40%变为20%。

同时，按照“属地缴纳”的原则，界定区、乡两级固定收入和共享收入。将税务部门征收的各项工商税收及城市教育费附加的任务收入部分、区财政直接征收的农业各税（耕地占用税含乡镇征收的基本建设征用土地应缴纳的税款）和国有土地出让金、有偿使用费等以及应纳入预算管理的其他收入列为区级预算固定收入；将农业税、牧业税、农业特产税、耕地占用税（宅基地用地、临时用地等）、契税及计划生育社会抚养费等应纳入预算管理的行政性收费收入列为乡级固定收入；区地方税务局征收的工商各税超收的实得财力部分列为区、乡共享收入。区财政对支大于收的乡、镇实行定额补助，对于收大于支的乡、镇实行定额上解，收支基数一定3年不变。对于超收的工商税收，超收在10万元以下的部分（含10万元），按实得财力区、乡按2:8分成，超收在10万元至20万元的部分，按4:6分成，完不成征收任务的，年终从乡、镇补助中扣回。乡、镇增人增资由乡、镇在工商税收超收分成和其他增收中自行消化。同时，应对市对区的体制调整，2003年，对区、乡财政体制亦再次调整，原定区、乡固定收入范围不变，将原区、乡共享的地税和国税收入超过任务的区实得财力部分，由区与乡、镇按比例分享的部分，变为全留乡、镇，主要用于发展乡、镇经济，弥补经费不足，以后年度税收分成实行区、乡分级留用，区上只留用区本级分成，乡、镇超收分成由乡、镇留用，自行支配。从2007年起，不再对乡、镇下达工商税收任务，乡、镇增人增资和政策性增资全部由区级财政承担，乡、镇公用经费按预算列入区预算；省级安排的乡、镇公用经费10万元和村级接待费3万元全部拨付乡、镇，市级下达的5万元以下的专项资金直接拨付乡、镇会计核算服务站报账支付。

第二节 财政改革

一、农业税费 2002年，调整农林特产税征收办法，由原来的按承包土地面积平摊改为按照农林特产种(栽)植面积、产量测算收入，以收入确定税额，使农林特产税纳税对象、课税标准、纳税数额与实际相一致。同时，按照农业税和农林特产税不重复交叉征收的原则，对在农业税计税土地上集中连片形成规模种植应税农林特产品的，只征收农林特产税，不征收农业税；对在农业税计税面积上零星种植应税农林特产品或大田蔬菜的折征农业税，不征收农林特产税。对规模种植农林特产品的在未获得收益前，只征收农业税，进入收益期后改征农林特产税。调整牧业税，将牧业税改为按应税牲畜上年末存栏数量实行存量定额征收，定额税率大牲畜牛、马、驴每头(匹)正税6.5元，附加1.3元；绵羊和山羊每只正税2.5元，附加0.5元，从事商品养殖的规模养殖户按实际饲养量计征牧业税及附加。同年还取消向农民征收的由乡、镇人民政府调配使用的乡村道路维修费、计划生育事业费、军人优抚费、民兵训练费、教育费附加5项统筹，和由村委会提取的公积金、公益金、管理费(统称“三提五统”)。改革前，全区农民负担农业各税1253万元，其中农业税及附加397万元、农林特产税851万元、牧业税5万元；负担乡、村统筹和提留1505万元，总计2758万元。改革后，农民只负担农业类税1435万元，其中农业税880万元、农林特产税302万元、牧业税14万元、三税附加239万元。

“三提五统”取消后，上级财政将减少部分的资金列入转移支付预算，当年下达安排全区转移支付资金1970万元，其中农村义务教育经费1135万元(农村中小学教师工资558万元，农村中小学危房改造资金577万元)、计划生育经费111万元、乡村道路建设补助资金57万元、优抚经费57万元、村级支出缺口补助资金376万元、其他统筹50万元、减收补助184万元。2004年，农业税税率由7%降为6%，取消农林特产税，免征牧业税。农民只负担农业税及其附加，全区是年负担总额减为966万元(其中农业税805万元，附加161万元)。2005年，再取消农业税。从此，农民不再负担历史上已相沿数千年的农业税。农业税全面取消后，乡、镇财力缺口由各级财政通过转移支付的方式给予全额补助。2004年农业税收政策调整后和2005年全面取消农业税后，相应的税收及附加减收部分中央及省上给予补助1393万元。

2002年全区农业类税改革后征收额

单位:亩、公斤、元

乡镇名称	计税面积			常年亩产量	农业税		特产税		牧业税		合计	
	合计	农业税	特产税		正税	附加	正税	附加	正税	附加	正税	附加
马跑泉	62745	54821	7924	193	813368	162674	374815	74963	3784	756	1191967	238393
社棠	24442	18861	5581	160	232394	46479	350002	70000	799	159	583195	116639
花牛	67218	58356	8862	199	894206	178841	386856	77371	49873	9974	1330935	266187
甘泉	66057	62721	3336	180	869204	173841	177857	35571	18244	3648	1065305	213061
麦积	21907	21239	668	134	219157	43831	40580	8116	12239.5	2447	271976	54395
街子	47164	41544	5620	179	572630	114526	224606	44921	1716	343	798952	159790
南河川	25013	23860	1153	138	253545	50709	53043	10609	2010	402	308598	61720
渭南	42337	40806	1531	227	714870	142974	85736	17147	3156	631	803762	160752
中滩	13054	12539	515	413	398746	79749	35691	7138	—	—	434439	86887
新阳	31532	29690	1842	149	340635	68127	110599	22120	1258	251	452492	90498
伯阳	51493	43832	7661	150	506261	101252	406678	81336	2120	424	915059	183012
元龙	38415	33044	5371	133	338398	67680	288333	57667	2574	514	629305	125861
东岔	10095	9425	670	140	101634	20327	45342	9068.4	4811	962	151787	30357
石佛	68688	66708	1980	178	920353	184071	110826	22165	2423	484	1033602	206720
西山坪	26865	26546	319	125	255507	51101	18958	3792	2752	550	277217	55443
琥珀	20163	19702	461	130	197218	39444	27179	5436	370	74	224767	44953
五龙	34364	34069	295	130	341029	68206	18265	3653	1777	355	361071	72214
凤凰	18089	17736	353	128	174811	34962	17727	3545	2441	488	194979	38996
吴砦	22739	20639	2100	125	198650	39730	110179	22036	995	199	309824	61965
立远	12790	11323	1467	139	121193	24239	69864	13973	1120	224	192177	38435
利桥	12213	11682	531	141	126886	25377	22279	4456	10347	2069	159513	31903
党川	13759	13314	445	143	146601	29320	17242	3448	12085	2417	175928	35186
寨子街道	6187	5703	484	155	68065	13613	23759	4752	465	93	92289	18458

二、财政支农资金整合 1985年后,各级财政支农资金投入都按部门提出的项目为主,各自为政,投入分散。2005年,在城郊南山建设万亩花牛苹果基地,支农资金向基地倾斜投入,全面开展地块整理、道路修建、上水工程、苗木栽植等项目建设。几年中,总计投入资金2.24亿元,其中财政支农资金4972万元,吸引农户及社会企业投入1.74亿元,栽植苹果5万亩。2007年,进一步提出财政支农资金整合投入,在三阳、新阳片区建设高效农业主产区和畜禽养殖示范基地,支农资金主要用于果树苗木采购和对种、养业补贴补助支出及农田道路、水利等基础设施建设的投入。当年仅财政支农资金向三阳、新阳片区投入3460万元(其中中央财政引导性资金500万元),吸引群众及企业自筹资金3943万元。年内建成各类高效农田1.45万亩（优质鲜食葡萄基地3620亩，优质花牛苹果基地1.09万亩),标准化养殖小区4个,配套完善部分水利、道路等基础设施。

三、分离企业办社会职能 2003年,为减轻企业负担,中央决定分离企业办社会职能,将中央、省、市属企业及铁路系统所办学校从企业中分离,改由政府承办。此后至2005年,区内共接收各类企业子弟学校12所,幼儿园1所,共接收教职工865人(在职527人,离退休338人)。移交中,兰州铁路局一次性向区财政拨付3年过渡期经费1521万元,过渡期结束后由区财政全额承担人员经费和公用经费。所接收原解放军所属中车集团天水七四五二、航空工业天飞公司学校共122人(在职人员86人、离退休36人),财政部核定每年补助经费323万元,支付方式为在2005–2007年过渡期内由中央财政和企业按比例承担，过渡期结束后由中央财政按基数全额承担并拨付区；省属及省属下划的4个企业办学校共接收203人(在职教职工145人、离退休58人),年移交经费254万元,3年过渡期内由企业与省财政承担,过渡期满后由省财政全额承担。

四、政府采购 2004年,实行政府采购制度,由区人民政府采购办公室对全区使用财政性资金的党政机关、行政事业单位、社会团体的限额物资、设备及办公用品进行统一采购。采购时,先由物资、设备使用部门或单位向采购办公室提出申请,由采购办公室向社会发布采购信息,统一招标,统一采购。

五、国库集中收付 2004年,对全区行政事业单位实行会计集中核算管理,在区财政局成立国库集中收付会计核算中心,撤销各部门和乡、镇在金融系统开设的所有账户,改为在核算中心给各部门和乡、镇开设账户,在区会计核算中心集中核算。区财政按照部门用款计划将资金由国库拨至设在会计核算中心的部门账户中,

2004-2007年政府统一采购统计

单位:万元

年份	询价采购	招标采购	委托省市采购(购车)	竞争性谈判	分散采购	合计
2004	134.71	61.01	209.32	—	—	405.04
2005	138.87	84.19	324.92	—	—	547.98
2006	543.77	265.12	142.80	—	184.75	1136.44
2007	480.00	328.00	175.00	158.00	228.00	1369.00

2004-2007年会计集中核算中心收支数据统计

单位:万元

年份	收入	支出
2004	2966.03	3105.79
2005	16849.17	16437.36
2006	31615.46	29089.40
2007	129833.58	91997.22

由部门确定建设企业对项目进行建设。完工后,向核算中心提交完工验收报告及账单等资料,会计核算服务中心审核无误后,将资金直接付给建设企业。

六、收支两条线 1987年,对预算外资金实行专户管理。但一些地方和执法部门乱罚款、乱收费现象比较严重,对收取的行政收费、罚没收入不及时上缴入库,私设小金库,坐支、挪用、私分或挥霍浪费。1999年,实行行政事业单位"收支两条线"管理。主要是行政事业单位的行政性收费和罚没收入按规定全额上缴国库或预算外资金财政专户;执收执罚单位需要使用资金时,由财政部门根据需要统筹安排核准,从国库或预算外资金财政专户拨付。同时实行行政事业性收费"单位开票、银行代收、财政统管"的罚缴分离制度。改革后,区内共有预算外资金单位64户,收费项目331项,其中行政性收费110项,全年共收行政事业性收费收入1752万元(包括医疗收入931万元),乡镇自筹统筹资金197万元,其他收入30万元。预算外专户储存713万元,罚没收入入库237万元。18个乡、镇建立乡级预算外专户,清理取消收入上解户22个,专户储存资金累计1397万元。

第三节 财政收入

一、预算收入 1990年,全区财政收入3536万元,其中工商税收3251.3万元(产品税收292.3万元,增值税收702.7万元,营业税1611万元,国营企业奖金等其他五税645.3万元),农牧业税及耕地占用税177.6万元,国营企业所得税105.2万元。减去国营企业计划亏损补贴156.6万元、国营企业承包收入退库14.3万元,再加上上级专项补助1090.2万元、各项结算补助374.9万元、上年末结余170.8万元、调入其他资金和粮食补贴基金170.8万元,年内大口径财政收入5423万元。1994年实行中央与地方分税制后,消费税及大部分增值税上划中央,致地方收入大幅度下降,是年区地方财政收入2575万元。为弥补税收上划造成的地方收入短缺,中央和省、市对区财政实行财力性补助,年内补助3755万元。此后,随区内二三产业不断发展,来自工商企业的税收逐年增加,连同农业类税收课税额逐年增长和教育费附加征收,地方财政收入逐年上升,财政收入由原来单一依靠驻区部、省、市属企业税收的格局打破,形成以驻区企业、其他企业、工商企业经营户、农业税收和其他非税收入并举的多元化收入格局。1998年,大口径财政收入达到13241万元,其中地方财政收入6414万元,上级补助5144万元。

2001年,宝兰复线铁路、城区外环路的开工建设使区级财政税收增长,其中宝兰复线铁路建设征收税款6240万元。而"收支两条线"管理的推行,使非税收入有较多增加,使是年区内大口径财政收入达到16527万元,其中区级预算收入完成7450万元(不含基金收入),内有工商税5416万元,农牧业税137万元,农业特产税843万元,耕地占用税和契税107万元,专项收入329万元,罚没和行政事业收费等收入618万元,比2000年超收425万元。2002年,新税制实行,原来全部上划为中央、与省分成收入的营业税省级部分全部返还市、区,企业所得税和个人所得税留地方部分区级参与分成比例提高,区财政收入7844万元,较上年增394万元,上级财政补助收入15437万元,较上年增4503万元。此后,上级财政转移支付数额不断增加。2005年,农业税全面取消,年内仅增加农村税费改革转移支付3385万元,税收返还和市专项补助收入12558万元,大口径财政收入完成34433万元。2007年全区财政收入12697万元,较上年增长3897万元,上级财政转移支付56459万元,减去上年赤字484万元,再加其他收入314万元,年内大口径财政收入68986万元。

2001–2007 年全区财政收入统计

单位:万元

年份	工商各税	农业税	耕地占用税及契税	专款收入	非税收入	基金收入
2001	5416	980	107	329	618	499
2002	5864	1195.8	64	315	518.7	86.5
2003	4257	1148	112	431	487	—
2004	4410	707	276	328	674	—
2005	5385	—	664	459	716	—
2006	6639	—	542	587	1013	—
2007	8336	—	402	727	2978	—

二、预算外收入(非税收入) 1985 年,预算外收入主要是地方财政部门管理的行政事业性收费和国营企业及其主管部门管理的各种专项资金。当年各项预算外收入中,财政局管理收入仅 101 万元,行政事业单位管理收入 268 万元。后逐年增加,主要是交警部门的罚款收入、教育费附加和其他收费收入。至 1990 年,预算外收入主要来源于地方财政部门管理的国有资产资源有偿收入、国有资本金收益等收入,事业单位管理的罚没收入、教育收入及国营企业与主管部门管理的各种专项收入,是年共收入 1635 万元。其中国营企业及其主管部门管理的各种专项资金 567 万元(1993 年其款停征)。1998 年,政府性基金开始征收,年征收 455 万元。是年行政事业单位的收入也大幅增加,达到 1883 万元,年预算外收入达到 2338 万元,是 1985 年的 6.3 倍,为历年最高。20 世纪 90 年代后期,农村乡镇自筹、统筹项目增多,1999 年 169 万元,2000 年 234 万元, 2002 年农业税费改革后停收,但其他类行政事业单位收费仍不断增长。2004 年,非税收入总额达到 4863 万元,占区内地方财政收入的 70%,其中专项收入 46 万元、行政性收费 249 万元、罚没收入 425 万元纳入预算内管理,行政事业性规费收入 4047 万元纳入财政专户管理。2006 年开征残疾人保障基金。2007 年,非税收入总额 7686 万元。

历年全区预算外收入统计

单位:万元

年份	地方财政部门管理的收入	事业和行政单位管理的收入	国营企业及其主管部门管理的各种专项资金	政府性基金收入	乡镇自筹、统筹资金	其他收入(国有资产有偿使用、利息)	合计
1990	25	1043	567	—	—	—	1635
1991	2	30	46	—	—	—	78
1992	28	226	418	—	—	—	672
1993	28	309	—	—	—	—	337
1994	46	420	—	—	—	—	466
1995	44	321	—	—	—	—	365
1996	—	427	—	—	—	—	427
1997	—	829	—	—	—	—	829
1998	—	1883	—	455	—	—	2338
1999	2124	—	—	—	169	—	2293
2000	2247	—	—	—	234	—	2754
2001	2952	—	—	12	209	176	3349
2002	4278	—	—	88	—	513	4879
2003	4464	—	—	473	—	137	5074
2004	4764	—	—	7	—	92	4863
2005	4887	—	—	7	—	118	5012
2006	3894	—	—	91	—	236	4221
2007	6685	—	—	93	—	908	7686

第四节 财政支出

1990年,全区财政总支出4567.5万元,其中基本建设投资105.6万元,企业挖潜改造46.6万元,文教科技卫生费用1550万元,支援农业生产费用661万元,城市维护建设费241.9万元,抚恤救济及社会福利费144.2万元,行政管理费656.7万元,公检法支出183万元,肉、菜、粮油等年价格补贴支出537.2万元。1994年,全区财政年支出6367万元,较上年多支587万元。此后,财政支出涨幅较大,主要是基本建设和支援农业支出增多。2001年,全区财政支出16587万元,其中基本建设支出944万元,文教科技卫生费用7112万元,支援农村生产支出1948万元,行政事业费用2999万元,社会保障及抚恤救济650万元,支援不发达地区111万元。2002年,对老城区改造等基础设施建设项目增加,财政对基本建设支出增大,全年基本建设支出1900万元,较上年增加956万元。同时,因为宝兰二线铁路相继完工和财政负担人员增加过多、财政供给范围过宽,造成财政调度较为困难,是年财政支出总额22011万元,加上上解支出1132万元,当年地方财政总支出23143万元,收支相抵,发生赤字778万元。2003年实行新的财政体制后,财政面临收入结构调整增量不足、资金调度困难、"非典"疫情和政策性减收增支等诸多因素,使当年行政事业经费支出有较大幅度增加,达26897万元,比2002年增加3754万元。全部支出中,经费类占72.4%,建设类占3.3%,保障类占8.7%,体现出"一要吃饭,二要稳定,三要建设"的财力分配原则。是年实行行政事业单位工资统发,并开始发放行政事业单位干部职工第十三个月工资(奖金),使经费类支出猛增。2005年,建立新型合作医疗基金支出820万元,支持乡、镇改善办公条件支出170万元。2006年,建立社会保障服务体系,足额发放企业下岗职工基本生活费和企业离、退休人员基本养老金,社保资金年支出3175万元。另外,全区学校危房改造、支持医疗卫生、新型合作医疗体系建设、开展新农村建设等方面都有较多支出。2007年财政支出的重点,一是保证公务员工资改革中工资大幅度增长后的足额发放,全区工资性支出2.89亿元,占财政支出总量的42.7%,并将农村生活困难户纳入财政保障范围。二是三阳、新阳片区高效农业主产区和畜禽养殖示范基地开始建设,共拨付农业专项资金1.38亿元,其中支农专项8683万元。三是国家农业综合开发新农村建设试点项目在中滩镇启动,当年完成投资765万元,其中区财政配套85万元。四是将乡、镇卫生院人员和中央、省属企业子弟学校578名移交地方人员纳入财政全额供给范围，并将11个乡、镇卫生院建设纳入国债项目建设范围。同时对城市建设支持加大，渭河北堤、北社路及小巷道建设以及城市供热、城市绿化拆迁等城市建设支出3200万元。五是新农村建设正式铺开，全区确定省、市、区级示范村30个，各部门都将本部门的资金向示范村倾斜投放，市级也向每个市级示范村批复专项资金20万元，用以启动建设。是年财政总支出67864万元，比上年增加23384万元。

1990-2007年全区财政支出统计

单位：万元

年份	基本建设	企业挖潜改造	支援农业	城市维护建设	行政费用	文教科技卫生费用	社保抚恤救济	价格补贴	其他支出	合计
1990	106	47	661	242	657	1550	144	537	624	4568
1992	66	68	742	326	789	1931	129	183	598	4832
1993	56	492	714	277	917	2276	148	22	878	5780
1994	9	40	592	330	1301	3309	155	14	617	6367
1995	88	20	836	384	1177	3189	269	—	846	6809
1996	11	25	873	354	1542	4006	257	19	1053	8140
1997	61	3	1301	384	1700	4099	333	19	1898	9798
1998	27	23	1064	348	1861	4620	296	19	1873	10131
1999	109	94	1321	362	2059	5176	330	19	2098	11568
2000	1049	9	1186	381	2425	6249	316	—	1734	13349
2001	944	20	1948	515	2999	7112	650	—	2399	16587
2002	1900	63	2461	505	3440	9585	1245	—	2812	22011
2003	875	51	3976	696	3907	11446	1582	—	4364	26897
2004	522	—	4320	655	4460	12355	1665	—	3815	27792
2005	2137	—	4445	638	4934	13919	2767	—	6107	34947
2006	1522	17	6134	818	5730	17949	3175	—	9135	44480
2007	—	467	11145	4715	14812	24381	11725	—	619	67864

说明：1、1990-2006年行政事业费中包括行政管理费和交通、教育、文化、体育、卫生流通、财税审计等事业费。

2、2007年支出中，行政费用为一般公共服务支出、公共安全及交通等项目；支援农业为农林水事务支出；城市维护建设为城乡社会事务支出及环境保护资金、住房保障支出；企业挖潜改造资金为工业商业金融等事务支出。

第五节 预算管理

一、预算编制 1990年,财政预算编制始有较完整的编制流程,由区人民政府编制后,提交同级人民代表大会审议批准,由区人民政府实施。批准后,随市财政指标的调整,区级预算随之做相应的调整,按调整后的预算实施。2000年后,预算的制定分别在每年初人民代表大会召开前制定,之后1~2个月内随市财政指标的变动进行调整,到年中对各部门的增人增支等项目追加预算,12月31日进行结算,次年3月之前决算完毕。财政预算、决算由区财政局起草编制,局长代表区人民政府在每年初的人民代表大会上报告本年度的预算和上年度的决算,预算经人民代表大会审议通过后实施。调整预算、年中追加预算及国债转贷等其他中途发生的重大财政事项,由区人大常委会审议通过。

二、预算执行 1985年起,每年预算执行基本符合年初的预算,财政略有节余。1992年开始,改革开放步伐加快,财政支出逐渐增多,财政预算之外支出增大,财政开始出现赤字,是年财政赤字即达81万元,以后年度逐年增多,2000年达到2093万元。2000年后赤字有所减少,2007年做到无赤字,并有节余137万元。

预算执行具体由财政部门审查和办理拨款手续,预算期内财政年度终结后,根据预算执行情况编制决算,并报请区人民代表大会审批。

1985–2007年财政决算统计

单位:万元

年份	大口径财政收入	其中				支出			
		本年地方收入	上级补助	上年结余	其他	本年地方支出	上解支出	借中央	年终结余
1985	2201	1421	786	－6	—	1854	29	—	318
1986	2973	1871	807	295	—	2425	244	—	304
1987	3335	2162	864	304	5	2582	436	134	183
1988	3909	2669	1054	183	3	3137	504	125	141
1989	4777	3358	1276	141	2	4009	517	—	251
1990	5423	3536	1465	251	171	4568	582	—	273
1991	5197	3680	1244	273	—	4406	575	—	216
1992	5466	4102	1147	216	1	4832	715	—	－81

续表

年份	大口径财政收入	其中				支出			
		本年地方收入	上级补助	上年结余	其他	本年地方支出	上解支出	借中央	年终结余
1993	6495	5386	1155	–81	35	5780	804	—	– 89
1994	6259	2575	3755	–89	18	6367	220	—	– 328
1995	8184	4218	3543	–328	4	6809	1050	—	– 422
1996	9655	5182	3787	–422	11	8140	956	—	– 538
1997	12109	6371	4227	–538	12	9798	1082	—	– 808
1998	13241	6414	4137	–808	74	10131	1065	—	–1347
1999	12723	6768	5144	–1347	783	11568	1035	330	–1617
2000	13500	6790	6605	–1617	441	13349	963	—	–2093
2001	16527	7450	10934	–1963	106	16587	970	—	–1030
2002	22365	7844	15437	–930	14	22011	1132	—	–778
2003	25260	6471	19478	–778	89	26897	133	—	–1770
2004	26621	6438	21888	–1770	65	27792	324	—	–1495
2005	34433	7259	27312	–1495	1357	34947	477	—	–991
2006	45158	8800	37331	–991	18	44480	1162	—	–484
2007	68986	12697	56459	–484	314	67864	985	—	137

第六节　管理机构及体制

一、区级机构　1985年设区后，有区财政局，为区人民政府管理区级财政收支的机关，下设预算股、农财股、综合股、企业股、会计股、办公室和税收财务物价大检查办公室、国债服务部，职工38人。1990年，区税收财务物价大检查办公室改为区财政监督检查局，隶属区财政局，副科级事业单位（2006年改科级）。1997年，成立区国有资产管理局，正科级事业单位（2002年撤销）。1999年，成立区农业综合开发办公室，正科级事业单位，初隶属区农业办公室，后归口区财政局。2002年，成立区农税局，正科级事业单位，隶属区财政局。2003年，成立区政府采购办公室，副科级事业单位,隶属区财政局。2004年,成立区会计集中核算中心,正科级事业单位,隶属区财政局。2006年,成立区非税收入管理局,科级事业单位,隶属区财政局,人员编制12人,领导职数2职,局长由财政局长或副局长兼任。

二、乡镇机构 1990年,各乡、镇均设立财政所,管理乡、镇财务收支和农业税、牧业税、农林特产税的收缴上解。区对乡、镇采用"定收定支、收入上缴、超收分成、支出下拨、结余留用、超支不补"的管理办法。2006年,将财政所和乡、镇经营管理站职能合并,成立乡、镇财政农经管理服务所和会计集中核算服务站。财政农经管理服务所主要负责契税、耕地占用税、非税收入征管,财政周转金回收,各项涉农补贴资金发放,国有资产、农村集体资产、农村土地承包、农民负担、农村合作医疗管理等工作,归口乡、镇人民政府管理,财政局负责业务指导;会计集中核算服务站负责乡、镇预算内外财政资金的核算和调度,年度收支预决算,办理乡级各预算单位和村级组织的财务收支和会计事项,直接归口区财政局管理。2007年,全区共有乡、镇财政工作人员106人,其中事业编制76人,聘用30人。

乡、镇财政在2002-2005年陆续取消"三提五统"和农业类税收后,固定收入包括在辖区内征收的契税、耕地占用税(宅基地用地、临时用地等)和非税收入,支出范围包括乡、镇人民政府及所属单位职工工资和个人其他支出(不含教育卫生)、公用经费、经济和事业发展支出、农村税费改革转移支付支出和专项资金。专项资金包括各项惠农补贴资金、省市安排每个乡镇10万元的专项公用经费和3万元的村级接待费,以及额度在5万元以下的省、市专项下达乡、镇级经济和事业发展专项资金。乡、镇各类经费和各类建设项目资金等由区财政拨付乡、镇财政基本结算户,各类惠农补贴资金等由区财政直接拨付乡、镇财政惠农专户,由乡、镇财政报账支付或按"一折统"方式兑付农户。

三、会计 1992年,对会计制度进行改革,颁布《企业会计准则》,将原来使用的收付记账和单式记账法改为国际通用的借贷记账法,并使用复式记账原理,即可以一借多贷,也可以多借一贷,以正确记录资金走向。1996年起,随着电子计算机的应用,会计从业资格考试增加电算会计考试。2004年,实行国库集中收付会计统一核算,行政事业单位不再设会计岗位,会计职责由区会计集中核算中心代为行使,单位只设报账员。2007年,要求会计从业人员持证上岗,对会计从业人员进行资格考试,合格的颁发《会计人员从业资格证书》。此外,还推行会计从业人员职称考试,职称分初级会计师、中级会计师、注册会计师,后来改为助理会计师和高级会计师，每年对会计从业人员进行继续教育和集中培训。是年，全区会计从业人员832人，其中会计员734人，助理会计师56人，会计师39人，注册会计师3人。有会计师事务所2个，从业8人。

第十三章　税　务

第一节 国 税

一、税制改革

1994年税制改革前，税制基本框架是1984年第二步利改税和税制改革后确立的，实行以产品税为主体税种的税制。1994年的税制改革，中央与地方的税权划分是改革的重要内容。原统一的税务机构改为国家税收（简称国税）和地方税收（简称地税）两个机构。在分税的同时，对税制也作了改革，经过合并、弃留、改革和新设，使税制体系简化。将原征的国营企业所得税、集体企业所得税和私营企业所得税合并为企业所得税，个人所得税、个人收入调节税和城乡个体工商业户所得税统一为个人所得税，盐税并入资源税，烧油特别税、特别消费税并入消费税。取消的税种主要有国营企业、集体企业和事业单位3个奖金税、国营企业工资调节税、集市交易税、牲畜交易税、国营企业调节税、工商统一税。改革后的新税制体系（除农业税外）包括的税种是：增值税、消费税、营业税、资源税、关税、企业所得税、外商投资企业和外国企业所得税、个人所得税、土地使用税、土地增值税、房产税、车船使用税、船舶吨位税、固定资产投资方向调节税、城市维护建设税、印花税、契税、屠宰税、筵席税、证券交易税、遗产和赠与税（后3项尚未开征）。

二、税务征收

税务登记　纳税人在开业、歇业前以及生产经营期间发生有关变动时，就其生产经营的有关情况向所在地税务机关办理书面登记作为一项管理制度，在原区税务局时即有，是税务管理的基础性工作。1990年后，随着社会主义市场经济的深入发展，国民经济所有制结构从以全民所有制为主的单一公有制结构，发展成为包括国有、集体、个体、股份联营、私营和"三资"企业在内的多种所有制并存的新经济格局。表现在税收管理上，不仅是管理对象剧增，而且由于市场机制和法制不健全，税收管理难度增加。特别是在传统的计划经济条件下采用的"一员进厂，各税统管”“征、管、查合一”的专管员管户制度，已不适应市场经济对税收征管工作的新要求。随着全区国税系统以征管功能为主的机构体系的建立，特别是1997年办税服务厅的建成，实现由专管员逐户上门办理税务登记向办税服务厅统一受理税务登记的转变，在系统内推行管户、管税、管查的“三管”责任制，实行“划片分段，分类管理”，有效解决漏管漏征问题。2000年后，随征管模式的完善，全区国税系统依托信息化强化管理，从根本上解决“淡化责任，疏于管理”问题，开辟新的途径，按《税务登记管理办法》，对纳税人设立、变更、停复业、注销、外出经营报验进行登记管理。2006年，开始使用《税收管理员预警软件》，将其监控结果纳入年度目标责任制考核，通过及时汇总、分析监控出的各类异常数据，从而解决税源管理上存在的职责不清、分工不合理以及税收管理员疏于管理、淡化责任的问题。是年，区内共有各类纳税户3027户，其中企业905户，个体户2122户。

纳税申报　纳税人在发生纳税义务后按照税法规定的期限和内容，就计算缴纳的有关事项向税务机关提交书面报告，是纳税人履行纳税义务、界定纳税人法律责任的重要依据，也是税务机关办理征收业务、核实应征税额、开具完税凭证的主要依据和获取税收管理信息的主要来源。随着社会主义市场经济体制确立和发展，纳税义务人的纳税申报方式经历由税务机关上门征税到纳税人自行申报的转变。其制度始建于1991年。1995年后，国税系统全面推行以纳税人自行申报纳税为基础、集中征收税款的征管模式。2001年修订的《税收征管法》及其实施细则专列“纳税申报”条款，为促进纳税人自觉如实申报纳税提供法律保障。对于纳税申报的方式，《税收征管法》规定，纳税人、扣缴义务人可直接到税务机关办理纳税申报或者报送代扣代缴、代收代缴税款报告表，也可按照规定采取邮寄、数据电文或者其他方式办理上述申报、报送事项。对纳税人、扣缴义务人不能按期办理纳税申报或者报送代扣代缴、代收代缴税款报告表的，经税务机关核准，可以延期申报。经核准延期办理前款规定的申报、报送事项的，应当在纳税期内按照上期实际缴纳的税额或者税务机关核定的税额预缴税款，并在核准的延期内办理税款结算。纳税人不按期办理纳税申报的，应负法律责任，由税务机关责令限期改正，处2000元以下罚款，情节严重的处2000元以上至1万元以下的罚款。1997年区国税局办税服务厅运行后，推行纳税人自主直接申报方式，并完善纳税申报制度，实行ABCD差别申报法，设立“黄色申报”警示制。即A类纳税人为模范纳税户，纳税申报表为绿色；B类纳税人为守法纳税户，纳税申报表白色；C类纳税人为有轻微违章行为以示警告的纳税户，纳税申报表黄色；D类纳税人为有严重税收违章行为的纳税户，纳税申报表红色。从而有效促进由专管员上门催（收）税款到纳税人“自核自缴”，主动到征收大厅申报纳税的转变进程。此后，区国家税务局推行银行网点申报纳税。2001年，确定区国税局与工商银行、农业银行共同合作推行银行网点申报纳税，签订《银行网点申报纳税协议》，举办纳税人培训班，按时完成软件开发和对纳税户的宣传动员，7月银行网点申报纳税顺利运行。2002年，推行电话报税试点，确定电话报税与银行网点报税通用。2003年，又推行多元化申报方式，银行网点报税全部采用万维公司多元化报税系统，纳税人在申报纳税期内，可在银行网点报税方式和电话报税方式中任选一种方式缴纳税款。银行网点和网上申报纳税等多元化申报纳税方式成为纳税人申报纳税的主体模式。

税款征收　税款征收包括核查应缴税款和受理审核纳税申报。对不同方式的纳税申报按不同的规定程序进行核查，对税收会计、统计核算和票证管理，对税收资金运行各环节的监督管理，对税款缴库实施全过程跟踪管理。还要全面对欠税管理和减免税管理，防止税收流失。在税款征收环节，税务机关还采取加收滞纳金、纳税担保、税收保全、税收强制执行、离境清税等措施。1994年前，区税务局采取的征收方式是：建立包片责任制，实行局领导包片、科室联系税务所的工作机制，委派工作组深入税务所蹲点协助基层抓征管、促税款征收；加强重点税源管理，大力清缴欠税；培植税源，促产增收；加强零散税收管理，提出“企业减少市场补、市场减少农村补”的思路，把工作的侧重点放在市场和农村零散税收上；开展“两清三查”专项检查，清理越权减免税，清理漏征漏管户；发挥稽查监督职能，遏制税款流失。1994年后，区国税系统主要采取的征收方式是：实行查账征收，无论纳税人建立的是复式账还是简易账，只要其财务会计制度健全、能准确核算税额并如实申报的，均对其实行查账征收税款；核定征收，对建账后尚不具备查账征收条件的建账户，改过去按定期定额征收的办法为核定征收的方式；定期定额征收，对尚未达到建账标准的中小个体工商户仍然采取定期定额方式征收税款，通过不断完善和规范定期定额征收办法，适时按同行业最高水平调整定额，以平衡建账户与非建账户的税收负担，引导定期定额业户建账建制。1997年，区国税局的多功能办税大厅投入运行。至此，高标准、高要求的征管模式全部转换到位。1998年，推行建账建制查账征收制度，对凡有固定经营场所的个体私营经济业户，要求必须按财务会计制度有关规定设置账簿。把查账征收纳入日常

部分年份区内国税主要税种收入

年 份	增值税(万元)	消费税(万元)
1994	5587	4
2001	8772	8702
2005	22183	49524
2007	31721	58539

说明:2001-2007 年税收收入中含卷烟厂征税。

考核范围,加大基层税务分局检查力度,扩大查账征收面。建账过程中,区别不同业户,分别建立复式账或简易账。对达到一定经营规模的个体工商户和按定期定额征收的私营企业、各类名为国有或集体实为个体或私营的企业、个人租赁承包经营的企业,建立复式账,其他业户建立简易账。2001 年,在推进新一轮税收征管改革中,改革申报方式,建立以区局为中心的集中征收体系。

三、税务稽查

为查处和打击涉税违法犯罪行为,促进依法纳税,从 1985 年起就建立税务稽查制度。1991 年,为适应新的经济形势发展要求,加强税收征管,区税务局增设税务稽查队,负责管辖区内所有纳税户的纳税检查和税务稽查。1995 年,随着税务机构分设,区国税局成立稽查局。稽查局遵从市级稽查部门的业务指导,本着"分工协作,监控制约"的原则,确立选案、稽查、审理、执行 4 个环节,形成人机结合的链条式稽查机制,实行双重稽查制度和三级审理定性制度。对城区稽查对象,由稽查分局稽查、区局业务科(股)复查;对农村稽查对象,由农村分局、中心税务所稽查,稽查分局复查。根据查补税额的大小,分别由审理股、稽查分局和区局审理定性,体现"选案不查案、查案不定案、定案不执行"的原则,形成相对独立、互为配合、分工协作的监控制约机制。稽查中,坚持把增值税纳税人、经营规模较大的个体工商业户和群众举报的偷税案件作为重点,开展常规稽查。同时,结合地方政府组织对成品油、建材、粮食、煤炭、化肥、酒类、食盐、医药等 8 大商品市场的整顿,着力开展对物资系统、粮食行业、家用电器行业、加油站等专项稽查,不断强化执法程序和执法力度,做到边查边处理边入库。2001 年,随着新一轮税收征管改革,实行市局一级稽查,成立市国家税务局直属稽查局,下设 3 科、3 队,即综合执行科、选案科、审理科和稽查一、二、三队,区国税局稽查局予以撤销,由市局稽查局第三队负责区内税务稽查。

区国税局稽查补税罚款统计

单位:万元

年份	增值税			消费税		
	查补税款	查补罚款	查补滞纳金	查补税款	查补罚款	查补滞纳金
2005	37	12	7	—	—	—
2007	245	47	22	3	1	—

四、机构

区国家税务局始建于 1994 年。其前身为区税务局,因税制改革而分设。2007 年全局职工 117 人,男 70 人,女 47 人;局机关 40 人,基层 77 人。内设办公室、人事教育科、收入预算科、政策法规科、征收管理科和监察室,下设管理一分局、管理二分局、管理三分局、管理四分局、社棠分局、甘泉分局、三阳分局、元龙分局 8 个分局,一个办税服务厅。主要负责征收区内增值税、消费税、进口产品消费税、中央企业所得税、金融企业所得税、证券交易税、外商投资企业各项税收、外籍人员、华侨、港澳台同胞缴纳的个人所得税以及按中央税、共享税附征的教育费附加和国家能源交通重点建设基金、国家预算调节基金。

第二节 地 税

一、税制改革

1985 年设区后,税务统一由区税务局征收。时实行财政包干制,每年确定上解数额。1994 年实行税制改革,划为中央税种和地方税种,分别成立国税、地税两个机构,各自按照划分税种征收。由地税机关征收的,作为地方财政收入。征收税种主要有营业税、个人所得税、土地增值税、城市维护建设税、车船使用税、房产税、屠宰税(2002 年停征)、资源税、城镇土地使用税、固定资产投资方向调节税(2000 年起暂停征收)、地方企业所得税(包括地方国有、集体、私营企业)、印花税、教育费附加、文化事业建设费、地方税的滞补罚收入等。

二、税源与征收额

地税重点税源 1994–2007 年主要以基础建设为主，年纳税百万元以上的企业由 1996 年的 3 户增加到 2007 年的 12 户，其纳税总额由 1996 年的 518 万元增加到 2007 年的 4362 万元。主要纳税的基础建设项目包括,国道 310 公路牛背

1994–2007 年地方税征收统计

单位:万元、户

年份	计划征收额	实际征收额	纳税户					
			国有集体企业	股份联营企业	私营企业	外商	个体工商户	合计
1994	1979	2318	301	6	8	3	867	1185
1995	2179	2490	311	8	10	3	768	1100
1996	2638	3243	319	9	12	3	696	1039
1997	3596	4192	729	115	68	3	2210	3125
1998	4449	4487	749	127	76	6	3117	4075
1999	4800	4548	1018	251	95	1	1547	2912
2000	5000	5089	3691	157	238	1	1941	6028
2001	5300	6191	662	217	85	1	2731	3696
2002	6300	7564	1006	65	32	1	2318	3422
2003	7750	8052	510	334	134	1	2070	3049
2004	8806	8255	563	372	102	1	2172	3210
2005	9395	9420	551	406	103	3	2039	3102
2006	10320	11912	272	436	165	4	1222	2099
2007	14000	17000	288	569	165	4	1432	2458

到北道段建设和改造工程,马跑泉至贾河的麦贾公路建设,城区外环路建设,宝鸡至兰州的铁路复线天水段工程建设,天宝高速公路天水段建设工程。5 项基础工程累计缴税 15977 万元,约占同期地税全部收入的 1/4。

三、征收管理

征管模式 从 1994 年建局起,征管模式以查、管分离为主,废除原区税务局一直推行的“一员进户,各税统管”,集征、管、查职能于一身的方式,实行管户交流、岗位轮换。1997 年,征管模式采用以纳税申报和优化服务为基础,以计算机网络为依托,集中征收、重点稽查的方式。随着纳税申报制度的全面推行,专管员由管户向管事转变,并将人与人之间的制约上升为机构间的制约和程序上的制约,实现管理权限的逐步集中统一。2003 年后,以纳税申报和优化服务为基础,以计算机网络为依托,集中征收、重点稽查的新征管模式,加入“强化管理”等新内容,使征管模式更为完善。

业务规程 一是税务登记,包括补办登记、变更登记、注销税务登记、外来经营报验登记和外出经营税收管理、非正常户认定管理等。二是鉴定管理，包括核定征收方式、鉴定申报征收方式、鉴定申报征收与核定征收相结合的方式、鉴定征收方式变更、税种鉴定。三是认定管理，对税源分散，税务机关直接征收难度较大、成本较高的地方零散税收，委托行业主管部门或付款单位源泉控管，实行委托代征办法。四是纳税申报管理，规定全区统一的纳税申报期限为每月的1~10日。土地使用税和自用房产税为半年1次。企业所得税分为按季度预缴和按月预缴、年终汇算两种方式。申报方式采用直接申报方式，申报纳税地点为征收分局和农村税务所。五是税款征收，向纳税人开具完税证明。六是日常检查，包括对停、歇业户的监督检查，新开业户、注销业户、变更登记业户及非正常户的跟踪检查和调查，申报不实、申报异常业户当年生产经营情况及纳税情况的检查，代征、代扣税款情况进行检查等。七是纳税担保及税收保全。对有逃避纳税义务行为者，税务部门要求纳税人在规定时间内提供纳税担保。不能提供纳税担保的，实施税收保全措施。八是税收强制。纳税人被采取税收保全措施后未按照规定期限缴纳或结清税款的，或担保人未按照规定期限缴纳所担保税款的，以及未按规定办理税务登记从事生产、经营又不缴纳税款的，实行强制征收。九是定额核定与停复业管理。定额核定程序是：业户自报、实地调查、行业评定、税务核定、张榜公布、下达通知。十是发布欠税公告。凡欠缴地税部门征收各项税款（含教育费附加、文化事业建设费、甘肃省教育附加等）的，均为公告对象。

信息化建设　1994年地税局成立时，只有1台IBM微型计算机。随着经济的发展，1997年建立征收大厅内部的局域网。2000年新的办公大楼建成后，在楼内建立局域网。根据办公自动化的要求，2003年租用电信局的64KDDN线路和天水市地方税务局进行网络连接。按照金税三期的要求，2005年改用2M光缆和天水市地方税务局以及甘肃省地方税务局进行联网，形成省、市、区三级地税广域网络。2006年使用2M宽带及2M光缆和各个分局、税务所建立联网。至此，形成地税系统由分局（所）、区局、市、省的多级地税广域网络。

四、税务稽查

1985年，成立区税务局稽查队。1994年机构分设后，区地税局仍设稽查队，属于副科级编制。1998年改为区地方税务局稽查局。同年，由区公安分局和区地方税务局联合成立区打击涉税办公室，办公地点设区地方税务局稽查科，专门查处涉税违法案件。2005年，稽查职能上划，由市局管理，区地方税务局稽查局撤销。

五、机构

区地方税务局1994年8月机构分设后成立，局机关内设办公室、人事教育监察股、计划财务股、征收管理股、税政股、农业税征收管理股等6个机关股室，下设1个稽查队和桥南税务所、道南税务所、道北税务所、马跑泉税务所、社棠税务所、二十里铺税务所、新阳税务所、中滩税务所、南河川税务所、甘泉税务所、党川税务所、元龙税务所、东岔税务所等13个派出机构。1995年6月成立北道区地税局工会委员会。1997年3月成立征税服务大厅。

1998年机构调整，局机关内设办公室、人事教育监察科、计划财务科、农税科、征管科、税政科，下设稽查局、直属第一征管分局、直属第二征管分局、集贸市场税务所和甘泉中心税务所、马跑泉中心税务所、三阳中心税务所、元龙中心税务所、新阳中心税务所等5个农村征管机构。1999年7月成立发票管理所。1999年12月成立中共天水市北道区地方税务局党组。

2001年6月机构改革，局机关内设办公室、人教监察科、计划财务科、征管科、税政科、发票所、两金办、工会，下设稽查局、办税服务大厅、征管一分局、征管二分局、集贸市场所和马跑泉中心税务所、甘泉中心税务所、三阳中心税务所、元龙中心税务所、新阳中心税务所等5个农村征管机构。

2002年10月机构改革，局机关内设办公室、人教监察科、计划财务科、征管科、税政科，下设稽查局、基金征收管理局、直属征收管理一分局、直属征收管理二分局、发票管理所等5个直属单位，集贸市场一所、集贸市场二所等2个城区税务所和马跑泉税务所、二十里铺税务所、甘泉税务所、党川税务所、元龙税务所、东岔税务所、中滩税务所、新阳税务所等8个农村税务所。

2004年4月成立天水市北道区地方税务局车辆税收征收管理分局。

2005年机构改革，局机关内设办公室、人事教育科、监察科、计划财务科、征管科、税政科，下设征收分局、管理一分局、管理二分局、管理三分局、基金征收管理分局、发票管理分局、车辆税收征收管理分局等7个直属单位和马跑泉税务所、花牛税务所、中滩税务所、甘泉税务所、元龙税务所、东岔税务所等6个农村征收机构。同年，党川税务所撤销，职能并入甘泉税务所。稽查局稽查职能上划，由天水市地方税务局管理，区地方税务局稽查局撤销。

第十四章　金融保险

第一节 金 融

一、体制变革

金融改革从20世纪80年代开始，随着宏观经济管理由以实物管理为主逐步转向以价值管理为主，银行逐步代替财政在社会资金的集中与分配中居于支配地位,银行贷款范围逐步扩大,并形成中央银行与商业银行分设的二级银行体制。1994年,各专业银行(工商银行、农业银行、中国银行和建设银行)改为国有商业银行,按现代商业银行经营机制运行,实行自主经营、自担风险、自负盈亏、自我约束的经营原则。由此,形成以中国人民银行为领导,各国有商业银行为主体,包括政策性银行、其他商业银行、城乡信用社、非银行金融机构和外资金融机构在内的现代金融机构体系。各类金融机构在资金资源配置中发挥着不同的作用,国有商业银行主要吸收存款和发放贷款;证券公司(或投资银行)主要提供中介服务将一部分资金直接转化为长期资本。

二、货币及金银市场

货币　1985年后，中国人民银行发行的人民币是境内流通的唯一法定货币。1987年4月,国务院决定发行第四套人民币,采取“一次公布,分次发行”的办法。1987年首先发行50元券和5角券,1988年5月发行100元、2元、1元和2角纸币,9月发行10元、5元、1角纸币。为提高人民币防伪能力,1992年发行新版50元、100元纸币。1999年10月,国务院决定发行第五套人民币,计8种面额:100元、50元、20元、10元、5元、1元、5角、1角,仍采取“一次公布,分次发行”的方式。1999年10月,首先发行100元纸币,次年10月发行20元纸币、1元和1角硬币,2001年发行50元、10元纸币,2002年发行5元纸币、5角硬币,2004年发行1元纸币。为提高第五套人民币的印刷工艺和防伪技术水平,2005年发行第五套人民币100元、50元、20元、10元、5元纸币和不锈钢材质1角硬币。至2007年,除1、2、5分三种硬币外,1987年前发行的第一套、第二套和第三套人民币已经退出流通,现流通的人民币是第四套和第五套人民币,以第五套为主,两套人民币同时等值流通。流通的纸币有:1角、5角,1元、5元、10元、20元、

50元、100元8种;金属币有1角、5角和1元3种。此外,中国人民银行从20世纪80年代中开始发行第一套金属纪念币,此后每年均有。至2007年,共发行83种,内容包括政治事件纪念日、已故国家领导人诞辰、世界文化遗产、珍稀野生动物、贺岁生肖等。境内居民多有购买收藏者。

金银　20世纪80年代,恢复出售黄金饰品。时国家对金银实行统一管理,不得计价使用金银,禁止私自买卖和借贷抵押金银。1999年,国家放开白银市场,封闭半个世纪的白银自由交易开禁。

三、机构

中国农业银行麦积支行　1985年,天水地区中心支行改为中国农业银行天水分行,下辖中国农业银行天水市北道办事处,在桥南兴陇路。1990年,农业银行有1个营业室,10个营业所(新阳、三阳、东泉、甘泉、元龙、利桥、二十里铺、北道、寨子、分路口),1个分理处(商贸市场),6个储蓄所(城区4个、农村2个),共有职工162人,固定资产169万元,建筑面积5684平方米。1994年,中国农业银行向新组建的中国农业发展银行划转出绝大部分政策性业务。1996年,根据国务院《关于农村金融体制改革的决定》,农业银行不再领导管理农村信用社,与农村信用社脱离行政隶属关系。其业务领域由最初的农村信贷、结算业务已发展成为本外币结合以及办理国际、国内通行的各类金融业务。主要包括:吸收公众存款,发放短期、中期和长期贷款,办理内外结算,办理票据贴现,发行金融债券,代理发行、代理兑付、承销政府债券,买卖政府债券,从事同业拆借,买卖、代理买卖外汇,提供信用证服务及担保,代理收付款项及代理保险业务等。

中国工商银行股份有限公司天水麦积支行　前身为中国工商银行天水市北道办事处,成立于1984年,在桥南埠南路,辖支行营业室和火车站、道北、道南、社棠、三十甸子5个二级支行及开发区储蓄所。2007年,支行从业人员93人,其中正式员工77人、劳务派遣人员16人。经营范围涉及吸收存款,发放贷款,办理票据贴现,代理发行金融债券,代理发行、代理兑付、销售政府债券,代理收付款项及代理保险业务。其支持重点是区内机械、烟草、石油、电力、交通、地矿、军工等行业。

中国建设银行股份有限公司天水麦积支行　最早为1954年成立的中国人民建设银行天水支行北道埠办事处(后改天水县支行,简称县建设银行),1996年改名中国建设银行。2004年,改制为国家控股的股份制商业银行。次年成立天水北道支行。主要业务是信贷资金贷款、居民储蓄存款、外汇业务、信用卡业务，以及政策性房改金融和个人住房抵押贷款等多种业务。2007年，有正式员工36人，营业室1个，分理处4个。各项存款总量7.78亿元，主要支持当地装备制造、公路、铁路、房地产开发等大型基础设施项目，包括宝兰铁路二线建设、天宝高速过境段等重点工程建设项目。还开拓个人住房贷款业务，已累计发放个人住房贷款1.8亿元，帮助6千多户居民购买住房。

中国银行天水市麦积支行　原为中国银行北道区支行，1986年成立。2005年，北道区支行管辖的分理处由市分行垂直管理。2007年，中国银行天水分行在麦积区设支行营业部、陇昌路分理处、埠北路分理处、羲皇大道分理处4个营业网点。业务主要支持重点出口企业和信誉良好、收汇稳定的中小企业、民营企业。

天水市麦积区农村合作银行　农村合作银行是由农民、农村工商业户、企业法人和其他经济组织入股组成的股份合作制地方金融机构。主要为农民、农业和农村经济发展提供金融服务。1985年成立北道区信用合作社联合社，对全区信用社业务进行指导，属区农业银行管理。时全区有马跑泉、二十里铺、甘泉、街子、麦积、党川、利桥、东岔、立远、吴砦、元龙、伯阳、社棠、南河川、中滩、石佛、渭南、西山坪、新阳、凤凰、五龙、琥珀、寨子23个具有法人资格的信用社以及马跑泉分路口、东柯、利桥百花、渭南正阳、二十里铺渭峡、元龙葡萄园、社棠下曲7个信用分社。1996年，区农村信用合作社联合社与农业银行脱离行政隶属关系，成为具有法人资格的农村金融机构，履行对全区信用社的行业管理。2007年，天水市麦积区农村合作银行成立，全区信用社实行一级法人，基层信用社的法人资格被取消。

中国农业发展银行麦积支行　1996年组建，办公用房和人员均从原农业银行分出，设桥南开发区，机构设有办公室、计划信贷部、财务会计部、营业部。2007年，有职工19人。主要业务是办理各项政策性贷款及批准的其他业务，为政府设立的粮食风险基金开立专户并代理拨付，办理政府支农资金的代理拨付，办理开户企事业单位的存款与结算。2007年，累计发放各类贷款13.72亿元，收回11.11亿元，贷款余额2.62亿元。

第二节 保 险

一、中国人寿保险股份有限公司天水分公司麦积区支公司 1996年成立，是区内业务规模最大、服务网络最全、从业人员最多的人寿保险公司。开办人寿保险、意外伤害保险、健康保险、养老金保险和农村小额意外伤害等100多个险种。设5个农村服务部、3个城区营销分部、1个营业室，员工300余人。业务规模由1996年区保险公司财产、寿险分业时的800万元增加到2007年的8000万元，为全区20多万人次承担各类人身风险保障40多亿元，每年为数以千计的家庭支付各类赔付款1000多万元。

二、中保财产保险有限公司麦积支公司 设桥南新建巷。1985年，设北道区保险公司。1986年，区保险部门落实为生产服务，为群众服务的方针，开展保险宣传，扩大保险业务，帮助边远山区贫困农户减少各种自然灾害、意外事故所造成的经济损失。是年为麦积乡15个村、625户办理家庭财产“两全”险113万元，为马跑泉乡、渭南乡等13个乡、镇861名现役军人家庭120万元财产进行保险。1995年保费收入1632万元。1996年，区保险公司分为财产、人寿二家，遂成立中保财产保险有限公司北道支公司，承担财产保险业务，是年保费收入843万元。1999年，对由区财政拨款的党政机关大小汽车投保，收取保费14万元；城区160辆出租车实行全保，收保费30万元；区交警部门对公务用车实行法定保险，共承保各类机动车辆155辆，收保费417万元。全年收保费955万元。2002年，保费收入1190万元。

1985-2002年财产保险费收支统计

年份	收入(万元)	理赔		
		件数	金额(万元)	赔付率(%)
1985	72	165	22	31
1986	120	334	70	58
1987	162	437	100	62
1988	296	1449	112	39
1989	353	937	217	62
1990	279	1285	107	36

续表

年份	收入(万元)	理　赔		
		件数	金额(万元)	赔付率(%)
1991	524	1694	310	59
1992	831	1703	374	45
1993	1218	2363	622	51
1994	1300	2314	528	41
1995	1632	1929	527	32
1996	843	850	521	62
1997	852	795	560	66
1998	863	775	745	86
1999	955	700	544	57
2000	908	690	512	56
2001	937	500	461	47
2002	1190	1110	612	51

第三节　基　金

一、社保基金　社会保险费有 5 个险种，即企业职工基本养老保险费、企业职工失业保险费、城镇居民基本医疗保险费、企业职工工伤保险费、企业职工生育保险费。2000 年 4 月起，社会保险费改由地税部门征收，实行收支两条线管理，区地方税务局遂成立基金管理中心。2003 年改名区地方税务局基金征收管理局。麦积区地方税务局征收的社会保险费有企业职工基本养老保险费、企业职工失业保险费、城镇居民基本医疗保险费和企业职工生育保险费。

二、残疾人就业保障基金　是对区内安置残疾人就业未达到本单位在职职工总人数的 1.5%的机关、团体、企业事业单位和其他经济组织征收的用于残疾人事业的专项资金。单位缴纳的残疾人就业保障金=(本年度单位在职职工总人数×1.5%—实际安排残疾人就业的人数)×县级以上统计部门公布的上年度职工年人均平均工资。2006 年开始征收，是年征收 30 万元。

三、育林基金　1990 年开始，国家为保护林业资源而开征，征收对象是采伐林木的单位和个人。凡生产、销售木材、竹材的单位和个人均须缴纳育林基金,其缴纳标准为森工企业、煤矿坑道用材,林场分别按20%、21%的标准征收,小规格薪材按销售收入的10%征收。2007年,征收标准改为按照最高不超过林木产品销售收入的10%计征。所得收入主要用于森林资源的培育、保护和管理。

四、地方教育费附加 教育费附加是国家为扶持教育事业发展,用于教育的政府性基金。1986年开征,以各单位和个人实际缴纳的增值税、营业税、消费税总额的2%计征,与增值税、营业税、消费税同时缴纳。1997年全区征收227万元,1998年456万元,1999年540万元。此后降为数十万元。2005年,附加率提高为3%,是年征收81万元,2006年征收91万元。

第四节 证 券

一、国库券等发行 1993年,天水市分配北道区国库券推销任务400万元,3年期利率12.52%,5年期利率14.06%,比同期银行利率高1.72和2个百分点。1995–1999年,每年向社会养老保险基金、失业保险基金发行特种定向债券,期限5年,1995年发行的年利率15.86%,1996年、1997年发行的8.8%,1998年发行的5.85%,1999年发行的3.5%。1997年,向社会发行无记名(一期)国债,期限3年,年利率9.18%;同年还发行3年期凭证式国债。1998年,发行3年期凭证式国债30万元,5年期20万元。2000年起,区财政不再承担债券的发行与兑付业务,其发生与兑付由市财政局国债服务部承担。

二、证券发行 2001年,成立华龙证券天水广场营业部麦积服务部,设二马路步行街。销售证券品种包括A股、开放式基金、封闭式基金、权证、各种债券等。交易手段包括现场委托、电话委托、网上交易、手机交易等。

第十五章 综合管理

第一节 工商行政管理

一、企业登记管理

对辖区内工业、商业、运输、建筑、服务等经营者进行登记,是工商行政管理机关进行管理的形式之一。1999年,按照明晰企业产权归属、甄别企业性质、规范企业经营行为的工作方针,对全区1005户集体企业进行甄别,将其中152户"挂靠"的集体企业,按照企业产权性质,分别不同情况,注销26户,转为私营企业87户,转为个体户39户。2001年,按照产权清晰、权责分明、政企分开、科学管理的要求,支持国有企业改革,先后支持国有企业天水拖拉机厂等4户企业改制、改造、改组、兼并、租赁、承包经营;支持粮食系统企业改革,使粮食收储与经营分离。2002年,取消78户非粮食部门的粮油经营权;支持供销、商业系统筹资经营,职工承包经营。至2003年,全区改制供销、商业企业167户,农资企业23户。在工作过程中,实施"红盾助推工程"、建立三个"绿色通道"、开展"万户企业服务行"等活动,简化办照手续,放宽经营范围,设立服务大厅,方便办事群众,为经济发展服务,为市场主体服务。登记注册过程中,对先进制造业、高新技术产业、现代服务业、现代农业、劳动密集型企业和政府确定重点企业的登记事项纳入绿色通道办理。落实首问首办责任制度、企业登记一次性告知制度、企业登记一审一核管理制度、企业登记管理疑难问题会商制度等。落实政策措施,为下岗失业人员、高校毕业生、城镇退役士兵、残疾人、返乡农民工、零就业家庭等"六类人员"和其他弱势群体、特殊群体自主创业和就业提供服务。运用现代信息手段,建立和运用市场主体、市场经营信息数据库。试行"经济户口"建档工作。"经济户口"主要内容包括:登记注册资料、年检、验照资料,市场主体的合同、商标、广告受理、消费者权益保护状况,其他企业行政受理法规问题的记载和监督检查记录等,一户一档。至2005年,共建经济户口档案4236户。

1985–2007年企业登记注册情况

年份	国有	集体	股份	公司	其它	合计	其中:当年开业	当年注销
1985	148	404	—	—	3	555	—	—
1986	159	445	—	—	3	607	75	23
1987	264	1046	—	—	15	1325	872	154
1989	253	1050	—	—	16	1319	106	111
1990	271	864	—	—	20	1155	141	306
1991	279	918	—	—	21	1218	90	27
1992	436	1024	—	—	20	1480	289	27

续表

年份	国有	集体	股份	公司	其它	合计	其中:当年开业	当年注销
1993	532	1294	—	—	23	1849	416	47
1994	575	1493	—	—	23	2091	287	45
1995	586	1456	113	—	24	2179	199	111
1996	567	1256	110	—	22	1955	166	390
1997	559	1072	109	—	19	1759	135	331
1998	603	1005	94	—	18	1720	104	143
1999	598	853	62	—	16	1529	129	320
2000	564	752	30	—	16	1362	101	268
2001	483	575	7	—	16	1081	39	320
2002	398	501	9	—	15	923	19	177
2003	342	331	9	—	2	684	28	267
2004	323	281	7	152	2	765	132	51
2005	300	261	5	153	2	721	48	92
2006	254	237	5	157	2	655	40	106
2007	218	216	7	163	2	606	16	65

1985–2007 年企业注册资金情况

年份	企业户数	注册资金总额(万元)	户均注册资金(万元)	国有企业		集体企业		其他企业	
				注册资金(万元)	所占比重	注册资金(万元)	所占比重	注册资金(万元)	所占比重
1985	555	51332	92.5	32784	63.9	18439	35.9	145	0.2
1986	607	50488	83.2	29626	58.7	17846	35.3	3016	6.0
1987	1325	111769	84.4	86355	77.2	23503	21.0	1911	1.8
1989	1319	87800	66.5	65097	74.1	22348	25.5	355	0.4
1990	1155	59676	51.7	43291	72.5	15929	26.7	456	0.8

续表

年份	企业户数	注册资金总额(万元)	户均注册资金(万元)	国有企业		集体企业		其他企业	
				注册资金(万元)	所占比重	注册资金(万元)	所占比重	注册资金(万元)	所占比重
1991	1218	81382	66.8	43449	53.4	37782	46.4	151	0.2
1992	1480	74016	50.0	34282	46.3	33583	45.4	6151	8.3
1993	1849	65923	35.7	33793	51.3	31791	48.2	339	0.5
1994	2091	67502	32.3	32820	48.6	34343	50.9	339	0.5
1995	2179	71536	32.8	35081	49.0	32834	45.9	3621	5.1
1996	1955	70054	35.8	34415	49.1	32142	45.9	3497	5.0
1997	1759	68418	38.9	34316	50.2	30754	45.0	3348	4.8
1998	1720	67856	39.5	36211	53.4	28640	42.2	3005	4.4
1999	1529	60169	39.4	31300	52.0	25363	42.2	3506	5.8
2000	1362	57462	42.2	30272	52.7	24377	42.4	2813	4.9
2001	1081	46450	43.0	30235	65.1	13801	29.8	2414	5.1
2002	923	35533	38.5	24867	67.0	9822	27.6	844	5.4
2003	684	40873	59.8	23216	56.8	16135	39.5	1522	3.7
2004	765	42321	55.3	23095	54.6	14804	35.0	4422	10.4
2005	721	41604	57.7	23296	56.0	14582	35.0	3726	9.0
2006	655	41335	63.1	23259	56.3	14445	34.5	3631	9.2
2007	606	40955	67.6	22876	55.8	14407	35.2	3672	9.0

二、个体、私营经济管理

20 世纪 80 年代中，随着经济体制改革的不断深入，全区个体经济、私营经济逐渐恢复和发展。农村富余人员开始务工经商，城市无业人员、待业人员开办小卖部和开设摊位自谋职业，从事手工业、商业、饮食业、居民服务业、修理业等，以农村各集贸市场和城区二马路市场个体工商户经营最为活跃。1986–1988 年，区工商行政管理部门在二马路创办一条街市场，西边一条街主要以饮食服务业为主，从事饮食业个体工商户70多户，主要以牛肉面、水饺、炒菜及富有地方特色的面皮、凉粉、呱呱为主；东边一条街主要以百货经营为主，个体工商户有150余户，主要从事日用百货、服装等。农村集贸市场个体经营者以日用百货、服装经营为主。个体经济的发展推动市场经济的形成和发展，政府部门把市场建设逐步纳入议事日程。一些手工作坊也不断壮大。桥南综合商场分百货、文化和饮食三条街，有个体经营者200多户。1992年中共十四大会议确立社会主义市场经济体制后，个体、私营经济快速发展，全区形成自然人设立有限责任公司、个人独资企业、合伙企业等多类型的私营经济体。商业经营方面有天水永盛五交化家电有限公司、天水矿业公司等，房地产业有天水宏达房地产、华龙房地产等公司。2002年，区属国有、集体企业开始产权重组改制，商业系统百货公司等8户商业公司、经委系统国有工业企业、轻工系统集体工业企业和红旗旅社等改制。2003年，供销系统基层供销社及生产资料公司等进行改制。2004年开始，驻区的省、市大型国有企业天水星火机床厂、风动工具厂、锻压机床厂等亦改制。在改制中，企业通过经营产权出让，成为法律意义上的私营企业。2005年后，个体、私营经济呈现稳定发展的态势，平均每年以600～1000户左右的速度增长，其中私营企业以每年40～60户的速度增长。2007年，全区有个体户7545户，从业2.94万人，注册资金1.01亿元，社会商品零售额3.4亿元，工业产值5891万元；私营企业456户，投资者1824人，从业4809人，注册资本2.49亿元，营业额1.82亿元，工业产值1.39亿元。其中天水经济开发区有个体工商户760户、私营企业120户，二十里铺工业示范区有私营企业30多户，中滩镇天水农业科技示范园区有私营企业30多户，天水高新技术工业园区有私营企业10多户；桥南家居建材市场有个体户300户，私营企业30户，从业者6000多人。

工商管理部门对个体私营企业的监督主要是，监督其是否按规定办理开业、变更、注销登记，是否按照国家法律法规及政策规定开展经营活动，查处其违法经营活动，保护合法经营等。2005年后在个体、私营经济管理中，放宽投资领域和准入条件，鼓励非公有制经济实体参与公有制经济的改制改组，支持非公有资本参与市政公有事业和基础设施的投资、建设与运营，支持非公有资本投资社会事业领域，鼓励创办民办非企业单位和非正规就业劳动组织，允许非公有制企业依法取得矿产资源探矿权和采矿权，设立非公有制经济和中小企业发展专项资金，制定税收优惠政策扶持非公有制经济发展壮大。

1985-2007 年个体工商户基本情况

年份	户数(户)	从业人员(人)	资金数额(万元)	总产值(万元)	销售总额或营业收入(万元)	社会消费品零售额(万元)
1985	2580	3182	477	55	41	20
1986	3041	3811	511	63	51	42
1987	4118	5346	634	100	72	63
1988	4972	6643	847	194	150	80
1989	3400	4601	496	88	166	156
1990	3431	4633	506	98	180	160
1991	4455	6251	1136	639	1067	965
1992	4854	5986	814	820	1271	1081
1993	5630	6875	981	2865	1293	998
1994	6812	8881	1018	3022	3058	2432
1995	7109	9809	1087	3073	5874	5608
1996	8612	10402	3252	3196	8410	7890
1997	9462	12437	5524	3280	10420	9984
1998	10879	12947	8829	3352	16541	15420
1999	12680	20824	10364	3472	17016	16540
2000	6314	20189	6876	3564	18176	17521
2001	7341	22516	7729	4102	24660	22177
2002	7211	21445	7642	4250	25171	22729
2003	8010	23574	8747	4608	27656	23500
2004	5200	25600	5998	4810	28533	24200
2005	5925	26017	6782	5130	31625	27000
2006	7122	29140	9250	5290	33008	29604
2007	7545	29444	10050	5891	34028	34012

1985–2007 年私营企业基本情况

年份	户数				从业人员（人）	注册资本（万元）	总产值（万元）	销售总额或营业收入（万元）	社会消费品零售额（万元）
	合计（个）	独资	合伙	有限公司					
1990	33	5	28	—	581	120	150	110	80
1991	35	5	30	—	601	130	160	130	110
1992	36	6	30	—	551	127	280	156	130
1993	51	9	42	—	620	137	350	321	210
1994	59	10	49	—	680	173	484	390	260
1995	70	15	55	—	786	253	593	480	330
1996	77	16	61	—	872	2111	704	618	536
1997	86	11	75	—	1192	2515	982	731	632
1998	94	24	70	—	1581	8956	1103	1041	974
1999	148	30	118	—	2371	10672	2301	1803	1506
2000	189	48	141	—	2772	11111	8410	7770	7350
2001	195	54	141	—	2329	10600	8560	10756	9252
2002	181	40	141	—	2009	5662	9310	20560	14370
2003	189	36	153	—	1956	5759	9721	19970	10187
2004	235	70	40	125	2018	11030	10120	19021	18131
2005	442	117	51	274	4275	22008	13150	16000	15300
2006	494	117	51	326	4629	25961	14196	18010	17890
2007	456	117	49	290	4809	24953	13896	18310	18196

三、市场与管理

市场　1996 年，全区经工商行政管理部门注册登记的市场 21 处，其中工商行政管理部门自办 6 处，区、乡、村各级与工商行政管理部门联办 7 处，无主管单位的占街、占道市场 7 处，企业独资修建 1 处。1998 年，实施管办脱钩，工商行政管理局自办和区、乡、村联建市场计13处全部由天水市市场建设服务处北道中心管理。

管　理　从1985年起，历年开展市场专项整治，尤其在元旦、春节、五一、国庆、中秋等节日期间，工商管理部门出动执法人员、车辆，查办各类违法违章案件。1988年，重点查处销售冒充名牌西服、假冒名烟名酒、农药等案件。1992年，检查企业、个体摊店1884户及部分集贸市场，查获一批假冒伪劣、过期变质食品、饮料。1994–1996年，查处假冒伪劣商品案18起，查获劣质化肥10吨、农药100公斤，过期药品24盒，假冒卷烟1496条、酒2338瓶，过期、变质食品640公斤、饮料710瓶，录像带13盘，过期滋补品273盒、奶粉40公斤。此外，还不时开展专项整治。在网吧专项整治中，检查网吧经营户31户，查处黑网吧7户，查扣收缴各类电脑主机15台，现场封存18台，查处超范围经营等违规经营的4户；"扫黄、打非"专项整治中，检查各类出版物单位、印刷企业、个体经营户18户、摊点162个(户)，娱乐、卡拉OK厅22户，取缔无证照经营57户、非法经营摊点90个(户)，查处兜售非法出版物的"游商"42名，收缴非法出版物248册，收缴盗版、淫秽光盘120张；电信市场整治中，检查手机超市150户(次)。为服务"三农"，开展"红盾护农"送法下乡集中行动，在乡、镇及农村建立"一会两站"(即红盾护农服务站，12315维权联络站，基层消费者协会)，完善监管制度。至2007年，检查各类农资经营户1242户(次)，检查市场128个(次)，查获假种子29公斤，过期农药160瓶(袋)，假劣化肥8.24吨，取缔无照经营黑窝点、小作坊7处，立案查处假劣农资案件4起，即时处罚220起，受理投诉21起，案值44万元，罚没款13万元，为农民挽回经济损失80余万元。

四、经济合同管理

1990年，推行经济合同示范文本，分两期为企业培训经济合同示范文本管理人员。1995年，开展企业动产和不动产抵押物登记管理，次年办理企业动产、不动产抵押物登记86起，抵押贷款金额1.23亿元。1996–1997年，对165户、1.77万份合同进行检查，对其中不合格和存在潜在隐患的135份提出补救措施，避免经济损失270万元。1999年，再对144户企业的1142份各类合同进行检查，督促当事人履行合同142份，金额1.86亿元；对126份不合格合同和有潜在隐患的合同提出补救措施，避免经济损失236万元。截至2002年，全区累计鉴证合同3770份，金额176万元。同时，还对拍卖、招投标行为监督，依法规范中介机构及经纪人行为，对从事经纪中介机构工作的经过严格考试，颁发《经纪人资格证书》。2007年,全区经纪人82人,中介机构36个。

五、商标广告管理

商标 1985年,开始商标注册业务,全区有注册商标29件。1986–2007年,全区新增商标累计328件,其中现行有效商标100件。麦积区是“花牛”苹果的故乡。“花牛”商标1985年被中国粮油食品进出口公司甘肃分公司注册,由于公司对商标专用权疏于管理,致使“花牛”苹果的盛名每况愈下。2005年,工商行政管理分局得知省粮油食品进出口公司有转让“花牛”商标的意向后,立即与花牛村负责人取得联系,经与商标持有者多次谈判,终使“花牛”商标回归故里。位于麦积镇的净土寺,有泉水清冽甘美,被群众誉为“圣水”。工商行政管理人员帮助其成立矿泉水厂,并于2006年成功注册“曼殊”牌商标,在矿泉水等10个商品中使用。

广告 1985年后,广告业开始恢复和发展。1991年前,区内的户外广告主要以路牌为主。随着大量高新技术入户广告领域,霓虹灯、电子显示屏、立体造型等依靠新材料、新工艺制作的户外广告开始占据主导地位,大型化、灯饰化开始成为户外广告的发展趋势。为促使其规范活动,先后开展广告市场整治。2003年开展规范医疗广告活动,加强医疗广告监管专项整治。2004年开展影片贴片广告管理专项整治,2007年开展非法性药品广告和性病治疗广告的专项整治。先后出动执法人员2458人次,车辆192台次,悬挂横幅116条,散发传单1.2万张,接受咨询服务3000余人次,没收非法印刷品8150份,拆除违法广告56条。2007年,全区有国有、集体、个体、私营广告企业14户。

六、消费者维权

1989年成立天水市北道区消费者协会。2004年天水市工商行政管理局北道分局成立消费者权益保护科,内设“12315”申诉举报指挥中心,并在16个基层工商所设立“12315”工作站。“12315”申诉举报指挥中心全天24小时有专人值守,接受各类申诉、举报、咨询、建议等,并分派到具体的责任辖区进行处理。此后,在城区又建立“12315”维权联络站25处,实施五进工程(即进商场、进社区、进学校、进企业、进军营)。在全区379个村建立红盾护农服务站。是年底,在千人以上的141个村设投诉站,在千人以下的村设投诉点。

1989–2007年,每年3月15日“消费者权益日”开展保护消费者权益的宣传活动。此外,还开展“百城万店无假货”“青少年维权岗”等活动,并组织校园周边环境、食品等产品安全的整治活动。2005年在食品领域安全监管中,先后查获各类不合格食品1.35吨,查处侵害消费者权益案件116件,劣质不合格酒类31

件，饮料1222瓶。2006年，为消费者权益保护科和16个基层所配备食品检测设备17套，重点监控蔬菜、水果的农药残留，让人民吃上放心菜。2007年，查处取缔无照经营162户，查处涉及食品的违法案件136起，查获假冒伪劣食品3008袋(瓶)、不合格猪肉540斤，下架召回食品4大类、80余种，规范“五小”经营户423户。还立案查处销售过期“夏进”牌牛奶的违法案件。在申诉举报案件中，30%涉及食品、服装，21.9%涉及服务质量、计量、价格，11.1%涉及家用电器、手机等，15.9%涉及农资产品质量，5.6%涉及医药化妆品。

2004-2007年消费品维权案件统计

年份	申诉(件)	举报(件)	建议(件)	咨询(件)	查处侵害消费者权益案件(件)	案值(万元)	罚没款(万元)	挽回经济损失(万元)
2004	39	22	—	296	4	0.5	0.9	1.1
2005	81	43	—	2761	36	1.5	2.6	1.3
2006	127	58	—	3102	86	18.6	19.5	20.6
2007	135	75	9	3528	116	35.0	10.3	43.1

七、机构

1985年，设区工商行政管理局，隶属区人民政府，其业务接受天水市工商行政管理局指导，共有干部职工223人。1990年，区工商行政管理局划归市工商行政管理局垂直领导，改为市工商行政管理局北道分局，人事、财务、资产统一由天水市工商行政管理局管理，时有干部职工196人。局机关内设办公室、政工股、财务股、经济合同股、个体私营经济管理股、企业登记管理股、市场管理股、经济检查股、经济检查队9个机构，派出机构有道南、道北、分路口、商贸市场、麦积、伯阳、元龙、南河川、马跑泉、社棠、甘泉、渭南、中滩、石佛、新阳15个工商行政管理所和渭滨市场、北道夜市2个管理所。此外还设区个体劳动者协会和区消费者协会两个挂靠机构。2000年，市工商行政管理局北道分局整体上划甘肃省工商行政管理局，实行省以下垂直管理。2004年，分局核定编制总数165名，其中机关行政编制14名，事业编制30名，基层所行政编制105名，事业编制11名。分局内设办公室、企业登记注册科、个体经济登记注册管理科、消费者权益保护科(含12315投诉举报中心)、市场监督管理科、商标广告管理科、法规科、财务审计科、经济检查大队(科级建制)9个科室，基层设道南一所、道南二所、道北、社棠、桥南、商场、马跑泉、景区、伯阳、元龙、东岔、花牛、渭南、中滩、石佛、新阳16个科级工商所。

第二节 国土管理

1987年4月,由区委农工部组织牵头,区农牧局负责,从全区22个乡镇、4个办事处各抽调1名业务骨干,在社棠镇开展非农业用地清理试点,对试点镇所有机关、事业、企业单位、公路、铁路、公共设施及场所、农民宅院等非农用地逐一进行摸底,明确四至,理清权属,绘制平面图,一宗一案,建立档案,并在工作推进中定期召开座谈会,讨论摸底清理中遇到的各类问题的处理办法,试点工作结束后,根据试点工作梳理出的清理、处理办法,出台《北道区非农业用地管理实施方案》,本"方案"与1986年颁布的《土地法》一道成为之后在全区开展的非农业用地清理颁证工作和非农用地管理的重要法律、政策依据。1988年4月,区人民政府成立区土地管理局,主管全区土地,审查批准或报批建设用地,检查处理违法用地问题。同时,非农业用地清理颁证工作在全区22个乡镇、4个街道办事处全面展开。2002年,区土地管理局改设为区国土资源局。2005年体制改革,设为天水市国土资源局麦积分局。

一、建设用地

1988年,未下达建设用地指标,年内全区非农建设用地185.1亩,其中区土地管理局办理43.6亩,城建局办理141.5亩。1989年,市下达区内非农建设用地计划736亩(其中耕地454亩),其中集体建设用地130亩,农村建房用地606亩。年内批准514.7亩,其中国家建设用地9项、31.9亩,乡镇企业用地18项、18.9亩,农村宅基地1923户、463.9亩。

1990年,在宅基地管理中,将年初下达计划400亩的指标一次分解到村,严格按指标逐级上报。至年末,全区宅基地共批1448户、351.3亩,其中耕地312.1亩,非耕地39.2亩。1991年,办理国家建设用地14宗、面积100.7亩,其中耕地97亩;补办用地手续3宗、面积114.9亩,其中耕地60亩;集体建设用地20宗、面积31.7亩,其中耕地21.5亩;农村个人建房报批1344户、面积323.9亩,其中耕地258.8亩。1992年,办理风动工具厂和锻压机床厂企业挖潜改造所需的土地394亩,连同其他小型项目共办理国家建设征地14宗、507亩;乡镇企业集体用地办理29宗、36.6亩;农村个人建房用地办理2007户,占地482.3亩。1993年,办理国家建设用地13宗、702亩;乡村企业用地45宗、45亩。审批宅基地1879户,用地453亩。1994年,办理国家建设用地14宗、976.5亩。其中公路建设用地1宗、309.7亩,工业企业用地2宗、14亩,其他为行政单位用地。乡镇企业用地审批51宗、102.6亩。宅基地全年审批1450户,用地344亩,其中耕地323.3亩。

1995年,办理国家建设用地11宗、53.6亩;集体、个体企业建设用地13宗、22.2亩;农村宅基地报批1127户、267.5亩。1996年,国家建设用地办理9宗、49.5亩;集体建设用地33宗、27亩;农村宅基地审批1296户、3233亩。1997年,国家建设用地办理13宗、3965.2亩,包括国道310公路建设用地1591亩;乡镇企业及个体企业用地25宗、24.2亩;农村宅基地272宗、69.7亩。1998年,办理国家建设用地8宗、100亩;个体经济用地45宗、42亩;农村宅基地350宗、87.7亩。1999年,国家建设用地报批84.7亩。

2000年,办理电力局东岔、五龙变电站和区国税局用地299.7亩。已收报待批的国家建设用地4宗、1317.2亩。还办理其他建设用地项目8宗、668.6亩;个体企业用地33宗、18.3亩;审批农村宅基地72宗、17.5亩。2001年,报批陇海铁路宝鸡至兰州段增建二线工程用地3309.1亩。2002年,办理国家建设用地11宗、3542.6亩,其中耕地2127.2亩;集体建设用地8宗、8.5亩;审批宅基地333宗、78.4亩。2003年,完成建设项目征地15宗、面积1210.5亩;国家建设用地4宗、2058.6亩。2004年,报批国家建设用地10宗、1458.2亩。2005年,报批国家建设用地6宗、面积4789.5亩;完成项目征地2宗、4511.3亩,临时用地3000多亩。批准集体建设用地11宗、27.9亩;批准宅基地506宗、114.9亩。2006年,完成各类重点建设项目征地15宗、590亩;报批国家建设用地8宗、1380.9亩;批准集体建设用地13宗、35.5亩。2007年,报批国家建设用地3宗、672.9亩,农用地转用114.9亩。

二、土地统征

2000年,完成征用驻军某部队建设用地,并参与城区交通干道扩建征地拆迁工作,包括交通路、天北快速干道C段、潘集路、渭滨北路东段,涉及马跑泉、社棠镇、寨子街道11个村,征地669.3亩。

2001年,陇海铁路宝鸡至兰州段增建二线工程涉及境内12个乡镇、82个村、17个单位,需新征拆迁房屋涉及34个村、500多户,拆迁面积5万平方米,共提供各类用地3309.1亩,其中新征拨地1679.4亩,回收原已征土地743.9亩,临时用地885.8亩,涉及农户5842户。羲皇大道A、B段为城区外环路拓建工程,境内长9.96公里,涉及马跑泉镇和花牛镇14个村,计征地663亩,其中耕地351亩,非耕地312亩。麦积山景区道路建设用地区人民政府采取统征包干的办法,共需用地527.5亩,第一期开工建设的麦贾公路和贾家河停车场工程用地76.8亩。

2003 年,办理各类建设用地 1079.5 亩。其中麦积镇康崖村搬迁建设丈量土地 201.6 亩,麦贯公路建设继续征地 697.5 亩,桥南集中供热工程用地 50 亩,二十里铺工业示范区陕西太阳公司征地 65.4 亩、长城电器公司和万达电器公司征地 25 亩。此外,还为超颖学校建设征地 84.3 亩,兰州卷烟厂天水分厂扩建征地 70 亩。

2004 年,完成各类重点建设项目征地 15 宗、795 亩。其中,天水卷烟厂醇化库建设征用马跑泉镇三十甸子村土地 491.7 亩,二十里铺工业示范区引进的西科电器、广容电器、建新电器、金维沙药业、恒顺面粉 5 家企业征用花牛镇花牛、白崖 2 村土地 164.5 亩,北贾公路服务区征用麦积镇文河村土地 32.6 亩,驻军某部队征用甘泉镇某村土地 26.9 亩,省中石油天水销售分公司建加油站征用马跑泉镇胡王村土地 33.3 亩。2005 年,完成天宝高速公路沿线 5 个乡镇、17 个村征地 4141.5 亩,便道征地 307.7 亩,临时用地 3000 多亩。还为二十里铺工业示范区引进电传所项目征地 62 亩。

2006 年,城区埠南路以东、天河南路以西 261 亩区人民政府土地储备用地经省人民政府正式批复,征地补偿款全部兑付,征地全部移交;完成天宝高速公路建设工程中变更设计永久性征地 488.7 亩,临时用地 1181.4 亩。另外,驻军某部队征用马跑泉镇某村土地 110.5 亩,二十里铺工业示范区项目建设征地 298 亩,小陇山林业实验局经济适用房建设征地 158.7 亩,国道 310 公路改造工程各类征地 148 亩。

2007 年,完成城区渭滨新城马跑泉片区和中心大道土地报批,拟征地 1850 亩。还完成天水市儿童福利院征用花牛镇曹埂村土地 28 亩,区城市建设综合开发公司征用社棠镇下曲村土地 48 亩,西部机场集团公司征用花牛镇花牛村、赵崖村土地 83.3 亩,三阳医院征用中滩镇渠刘村土地 44.4 亩,天宝高速公路建设征地 207.1 亩,又临时用地 70 亩,风动厂至南崖公路征用土地 37.8 亩,驻军某部队征用土地 58 亩,天水市武警支队征用土地 37.5 亩,市特殊学校校址搬迁征用土地 29.4 亩,省林业职业学院校园扩建征用土地 203 亩。

三、地籍管理

1989 年,完成国有土地申报,区内使用国有土地的共 826 个单位,1267 宗土地,总面积 305.25 万亩(含小陇山林业实验局所属林地),其中建设用地 816 个单位,1257 宗,面积 3.55 万亩。同年还开展颁发《集体土地建设用地使用证》工作,至次年,对权属合法、面积准确、四至清楚的 7.96 万宗土地颁发证书。1990 年,开展乡村零星国有土地的登记发证工作,颁发零星国有土地使用证 318 宗、

1410亩。1991年,建立档案室,对现有地籍资料全部归类装订,并制定管理、查阅制度。颁发国有林权证9宗,零星国有土地证4宗,对面积准确、权属合法、四至清楚的236宗集体土地建设用地颁发使用证。1992年,结合水利工程的勘测定界和林权证的发放,颁发水利工程建设用地使用证9宗,林业用地使用证17宗。

1994–1995年,在城区各街道开展城镇国有土地权属调查。调查后,设置界标,绘制宗地草图,填写地籍调查表。调查中,对与铁路用地有争议的遗留问题作出处理,对郑州铁路局在北道辖区铁路用地权属也进行调查,多次与铁路沿线有关单位协商,处理土地纠纷,已调查权属13宗,线路全长46公里,面积8297亩,查实后,全部颁发土地使用证。1996年,完成土地详查数据变更调查,对确定的18个重点乡、镇306个村,以耕地变化为主进行重点调查,并结合全区23个乡、镇建立初始台账,完成以乡、镇为单位的各类面积汇总及全区地类面积汇总。还对陇海铁路马家磨至杨家河站铁路线路用地权属进行调查,确立权属15宗,线路全长44公里,面积5734亩。1997年,配合开展"四荒地"承包、租赁、拍卖、发证和林权证颁发及宗教场所用地清理颁证工作。还调处天水星火机床厂与社棠镇刘窑村已拖多年的土地纠纷,最终得以彻底解决。1998年,开展农村土地利用现状变更调查,并以乡为单位建立土地统计簿。通过调查,全区耕地净减少4.14万亩,园地净增加3.32万亩,林地净减少358亩,牧草地净减少781亩,居民点及工矿用地净增加1.45万亩,交通用地净增加2596亩,水域面积净减少1960亩,未利用土地减少5849亩。1999年,对拍卖承包、租赁的"四荒地"进行登记并颁发使用证。

2000年,完成坡耕地资源调查评价。全区15度以上坡耕地55686.4公顷(835296.4亩),已退耕2813.7公顷(42205.5亩),实有坡耕地52872.6公顷(793089亩),占全区总耕地面积的70.3%。其中15~25度40103.5公顷(601553亩),25度以上12769.1公顷(191536亩)。经评价,在15~25度坡耕地中宜耕面积23450.8公顷(351762亩),其中梯田79003亩,不宜耕面积16652.7公顷(249791亩);25度以上坡耕地全部评价为不宜耕。2002年,在企业改制中配合改制企业做好土地资产处置,给7家改制企业出具土地权属证明,为企业土地资产评估提供依据。2005年,完成城乡土地变更调查,其中退耕还林3500亩,荒山造林1.48万亩,建设用地964亩。

四、执法监察

1988年,清理违法用地。在被清理的779个单位中,有违法占地问题的122

个,面积 709.7 亩。清理后,全部给以处理。1990 年,为城郊土地管理任务较大的马跑泉、社棠、二十里铺 3 乡、镇成立土地管理所,为人多地少的新阳、渭南、中滩等 9 个川区乡、镇配备专职土地管理员。是年,全区发生土地纠纷、违法占地案件 167 起,处理结案 150 起。处理中,拆除房屋 78 间,退出耕地 10.4 亩,没收 1 起,房屋 5 间。1991 年,发生各类违法案件 92 件,处理结案 82 件。处理中,依法拆除 10 件,拆除房屋 22 间,退出土地 12.1 亩,罚款 6316 元,申请法院强制执行 4 件。五龙乡查处大窑村 9 户群众私占宅基地案件,拆除院墙 448 米,房子 5 间,恢复耕地 1.25 亩。1992 年,发生违法占地案件 48 件,占地 14.5 亩,其中擅自占用的 43 件、越权审批的 1 件、买卖和非法转让的 3 件、批新交旧未交回的 1 件,结案 42 件。处理中,没收房屋 74 件,拆除建筑物 448.7 平方米,罚款 7934 元,收回土地 10.5 亩。其中在马跑泉镇查处了大沟村 6 户村民违法占地建住宅和胡王村七组非法抢占买卖国有土地案件。

1993–1999 年,每年查处违法案件 60 ~ 70 起,结案率在 90%以上。期间 1996 年查处新阳乡王家庄村村干部越权批划 107 宗宅基地的违法案件,1997 年查处甘泉乡吴河村、廖庄村两村民在自家责任田中建房办企业和养殖场问题,拆除房屋 4 间。还对中滩乡雷王村一村民违法占地建食堂影响交通案进行行政处罚,限 15 日内拆除房屋,处罚款 465 元,并在天水有线电视台曝光。

2000 年,建立健全土地动态巡查责任制,加大土地执法监督检查力度,严肃查处各类土地违法占地案件。为此,成立区土地执法队,划分巡查区域,明确职责范围,在监察股和执法队的紧密配合下,是年查处违法占地案件 55 件,违法占地 45.7 亩,其中耕地 40 亩,非耕地 5.7 亩,结案 51 件。处理社棠镇柏林村圈占下曲段国有河滩地案和马跑泉镇什字坪村群众强行分征地款案,还参与调查马跑泉镇潘集寨村越权批划宅基地案,依法没收非法收入 4.27 万元。2002 年,重点对城郊及公路沿线的违法占地进行查处,强制拆除面积 1025 平方米。花牛镇赵崖村、罗家沟村 10 户村民未经批准私自在羲皇大道两侧盖房建门店,均作出拆除的处理意见,并申请区人民法院强制执行。

2003 年,对开发区(园区)用地和全区道路两侧及城郊区域用地集中清理整顿,共处理各类违法案件 97 件,面积 59.4 亩。其中租用(或利用自已承包地)改变用途搞各种经营活动的 33 件,占地 44.3 亩;村民违反土地利用总体规划乱建、乱占宅基地 64 件,占地 12 亩。2004 年,立案查处土地违法案件 39 宗,其中乡、村、个人企业用地 17 宗,占地 26.4 亩;未经批准修建宅基地 18 宗,占地 5.6 亩。

2005年,发现违法占地案件42宗,处理结案5宗,收回土地4.2亩,另37宗申请人民法院强制执行。2006年,继续加大国土资源违法案件的查处。通过清查,发现违法占地案件7宗,立案7件,全部结案,面积0.78公顷,完成省信访局交办信访案件1宗。2007年,重点对近年发生的以租代征和未批先用行为进行查处。查出以租代征方式使用农民集体土地案件14宗,收回土地47.2亩,拆除建筑面积0.75亩;查出未批先用案件3宗,其中1宗依法制止,2宗申请区人民法院强制执行。

五、地质灾害防治

2002年,由省第一地质矿产勘查院和区地质矿产管理局共同调查区内地质灾害状况,得出全区有122处灾害隐患点(其中滑坡26处,崩塌3处,不稳定斜坡50处,泥石流42处,地裂缝1处)的结论,预测受威胁人数2.11万人。2003年,根据上年调查后提出的《地质灾害调查与区划报告》,划定全区地质灾害监测区域和重点监测对象,编制2003年地质灾害防治方案和突发性地质灾害应急预案,形成区、乡(镇)、村、组4级监测监控网络。2004年,修订完善《2004年地质灾害防治方案》和《地质灾害防灾预案》,加大地质灾害的预防宣传,进一步完善监测监控网络。2005年,在对全区135个地质灾害点(比前新增13处)详细勘查、合理评估、科学预测的基础上,制定《2005年地质灾害防灾方案》和《地质灾害应急预案》,建立健全地质灾害防治预警网络,协助各乡、镇、街道建立完善地质灾害预防、防治、预警体系,在53个重点危险区设立警示牌,并确定专人,24小时监测、巡查。

此后至2007年,每年下发年度地质灾害防灾方案和应急预案,与各乡、镇、街道签订地质灾害防治责任书,并加强地质灾害防治值班、速报、应急等制度。还为花牛镇水眼寨村、道北街道北山公园等8个重要地质灾害点发放预警器材各1套。

六、耕地保护与土地整治

耕地保护　为切实保护耕地,区土地管理局1988年成立后即会同区计划委员会开始下达非农业用地年度计划,要求各乡、镇、街道必须按计划执行,不允许突破。并收回乡级对宅基地的审批权,改为本人申请,群众评议,村、乡审查,区土地管理局把关审批的办法。与此同时,为保持耕地面积总量不减,每年还通过整修河堤、治理荒滩和废弃地,增加耕地面积,尽力达到占补平衡。1990年,区人民政府制定《关于加强农村宅基地管理的意见》。1991年,又推行宅基地的有偿使用,对占用耕地为宅基地者,征收土地占用税。同年根据甘肃省《重点农田保护管理办法》,全区划分重点农田保护片块4818处,保护面积56.99万亩,占全区总耕地76.91万亩的74.1%。在全部保护面积中,高产稳产田9.26万亩,新修梯田17万亩,名优特稀果园3.7万亩。并按照建设需要,预留建设用地及城市规划用地3.05万亩。重点农田划定后,各乡(镇)、村层层成立保护机构,签订责任书,制订保护措施和乡规民约,对其加强管理。1995年,国务院颁布《基本农田保护条例》,禁止占用重点农田搞基本建设,各乡、镇普遍对乡镇企业建设用地和宅基地用地进行清理整顿。1997年,为保护基本农田不被占用和破坏,统一制作100多块基本农田保护界牌,埋设到划定的基本农田保护区域。1999年,结合乡、镇土地利用总体规划的编制,对基本农田保护规划进行补充和完善,全区划定基本农田增为90.89万亩(按标准亩计)。2000年,在土地开发复垦中,完成凤凰乡坚家山、姚家沟村土地开发治理项目,增加水浇地330余亩。2001年,花牛镇花牛村通过建设新农村,整理增加耕地170多亩。2004年,开展基本农田保护大检查,以区人民政府的名义发布基本农田保护公告,区与乡、镇,乡、镇与村层层签订基本农田保护责任书,并新制作50块基本农田保护牌。1990–2007年,累计通过各种形式,开发复垦土地6000多亩。然自2000年后,由于建设征地面积大增,已远远不能做到耕地的占补平衡,耕地一直呈减少趋势。

土地开发整理　2000–2007年,完成土地整理复垦项目30个,其中国家投资项目10个,省、市级投资20个。建设规模18.38万亩,其中整理17.74万亩、开发6395亩、复垦54亩,新增耕地2.28万亩,复垦耕地283亩,累计投资2.42亿元,涉及新阳、五龙、琥珀、中滩、石佛、渭南、花牛、甘泉等乡、镇。

第三节　矿产资源管理

1993年,成立区地质矿产管理局,隶区人民政府。初与区计划委员会合署办公,1996年分开。2005年,与区国土资源局合并,设为天水市国土资源局麦积分局。

一、矿产资源勘查

境内矿产资源勘查始于20世纪60年代,国家出资先后对东岔后裕沟透辉石矿、甘泉青㭎咀石灰石矿进行勘探,分别提交地质储量1500万吨、673万吨。20世纪80–90年代,地质部门对党川花石山—张家沟金矿、党川夏家坪—火吉金矿开展地质普查,所提交的地质储量现正在被开发利用。2000年起,境内又有金、银、铅、锌等多个项目由国家或个人出资勘查,勘查工作正在进行当中。

截至2007年,共有45个勘查许可证,详查16个,普查29个,均为部、省级探矿权手续。其中金矿探矿权39个,地热2个,铜矿、银矿、铅锌矿、铅矿各1个,2个采矿许可证,涉及23个矿业公司,4个地勘单位。

二、矿产资源开发

矿产资源有规模开发始于20世纪90年代初,开发的矿种主要有金、铁、铅、锌、银、石英岩、水泥灰岩、白云岩等。其中以金矿开发最为活跃,主要在甘泉—党川一带,尤以吊坝子金矿最为著名。一时间,曾有数十个机关、单位和矿商参与开采,工人最多时达数千人,矿洞有开凿至数十米深者,至1999年3月发生重大伤亡事故后停采。铅锌银矿在甘泉分水岭一带进行地质勘查。透辉石、凝灰岩、石英岩、长石等非金属矿产开发未形成规模。白云岩作为建筑材料被开采利用,但镁矿的可利用程度没有进行详细评价。水泥灰岩分布范围广,交通条件较好的矿产均在利用。地热资源已开发利用的有街子温泉。

三、矿政管理

1993–2007年,历年在矿政管理中,重点是查禁黄金矿区的偷采行为,计封堵矿洞5个,拆除工棚2间、机器棚3间,遣散外来务工人员4名,对党川花石山、利桥纸房沟、甘泉百草山重点勘区,与探矿权人落实矿管责任,遏制偷采势头。与此同时,清理勘查非法行为,逐个督查40多个勘查项目,打击勘查单位以采代探、占而不探、伺机炒作矿权的非法行为;结合勘查许可证年度检查,责成探矿权人报送勘查区域开工报告、最低勘查投入及进度等方面资料。对西北地质局二一九大队在党川夏家坪冯家场、水洞沟以采代探行为,甘肃省有色地质勘查局天水总队在甘泉百草山违规出租探矿权行为,甘肃省地矿局第一地质矿产勘查院在利桥散岔等地占而不探行为,均依法作出处理。此外,对无证开采的渭南镇吴家庄等5家砖厂予以查封,对受滑坡威胁的花牛镇曹埂村砖厂下发停产整顿通知,对逃避、拒缴规费的廖凯采石厂吊销《采矿许可证》。

四、监督

1998年,有偿出让采矿权12宗,其中建筑用石9宗,砖瓦用黏土3宗,征收采矿权价款、采矿权使用费、采矿登记费和矿产资源补偿费22.09万元。办理采矿权许可证有偿延续证24个,其中省颁1家、市颁2家、区颁21家,征收采矿权价款4.5万元。同时,还对矿产资源开发秩序进行清理整顿,对违法违规的矿山企业进行严厉处罚,对停产多年的两家企业向市局申请注销采矿权,对长期拖欠规费不服从管理的5家企业吊销采矿权许可证。1999年,延续采矿许可证10个,其中市颁1家,区颁9家,征收采矿权价款2.7万;挂牌出让采矿权1宗,收取采矿权价款1.5万元,征收矿产资源补偿费12万元。2000年,对42个探矿权、52个采矿权进行年检,在矿区开展整顿和规范矿产资源勘查开发秩序"回头看"活动。期间吊销采矿许可证6家,取缔无证开采点1处,没收采挖工具12件;对开采规模小、生产能力低、经济效益差的区永利砖瓦厂、南河川永兴建材厂、甘泉高家庄桦林石厂等5家矿山企业永久性关闭,对生产资金周转困难、管理混乱的石佛陇源建材厂和石佛建材厂进行重组整合,对天水银泉建材有限责任公司等6户企业以各种理由拖、躲、逃矿产资源补偿费的行为吊销其采矿许可证。2001年,注销采矿许可证4家,立案查处无证开采6家,没收采挖工具23件。2002年,区人民政府组织公安、林业、安监等有关部门120余名工作人员对全区黄金矿区进行集中清理整顿,关闭黄金矿区,拆除工棚239间,封堵矿洞18个,切割井架3处、缆车1组,遣返外来务工人员190人。2003年,继续对黄金矿区进行集中清理,拆除工棚42间,炸毁、封堵矿洞28个,遣返外来务工人员80余人。

2005年,为防止非法黄金开采死灰复燃,区矿产资源管理局组成矿山执法队伍,长期驻守党川乡花石山矿区。区人民政府组织相关部门和涉矿乡人民政府工作骨干200余人再次开展矿区联合执法,对党川乡花石山、利桥乡墁坪等矿区乱采滥挖、非法开采的违法行为,进行大规模、拉网式集中清理整顿,共清理非法矿洞61个,捣毁发电机等采矿设备17台(套)、空压机7台、粉碎机1台,拆除工棚91间,没收金精粉57.5吨,金矿石16.6吨,遣散矿区非法盗采人员12人,截断矿运道路3处,封堵掩埋非法矿洞3个。

第四节　审　计

一、政府审计

1985年设区时,即成立区审计局,隶属区人民政府。区审计局根据法律授予的审计监督权对本级政府各部门、下级人民政府、国家金融机构、国有企业事业单位及其他有国有资产的单位的财政、财务收支的真实性、合法性和有效性进行审计监督。

1985年,对市第八中学、区教研室、区水利局所属水土保持局、区农牧局所属农机管理站、农业机械化学校等单位1984年事业费进行审计，查出违纪资金12.96万元，有问题资金65.8万元。又查出区计划生育办公室动用25.2万元计划生育事业费计划外修建办公室、家属院的问题，区人民政府决定没收其所建家属院。还与区纪律检查委员会共同查出区建一公司1982–1983年违纪资金68.44万元，其中偷漏税金和能源交通建设基金18.85万元。1986年，协助省审计局审计区工商行政管理局时，查出私自动用工商费29.74万元超计划修建职工宿舍和擅自发放奖金、挪用市场管理费购置汽车及向民间企业、个体户乱摊派的问题，区委、区人民政府就此通报全区，并没收所建宿舍，收回擅自发放的奖金。同年对区粮食局所属13个粮管所和区物资局1985年经营情况进行审计，查出粮食系统违纪资金33.39万元，其中截留利润11.64万元。1987年，对区民政局1985–1986年拨付乡、镇、街道的民政事业费使用情况进行抽查，查出各类有问题资金47.74万元，占两年总支出的31.67%，其中违纪资金14.4万元，包括截留挪用6.95万元，虚列支出、转移资金7.45万元。1988年，审计区农机公司1985–1987年财务收支，查出违纪资金23.77万元，其中隐瞒利润5万元，滥发钱物1.88万元，挤占成本、挪用专款搞基本建设14.53万元，并查出收款员杜××污销售款3.19万元，移送司法机关后，被判处有期徒刑7年。同年对区经济技术开发公司经营和财务收支进行调查审计，查出公司3年累计负债46.12万元，亏损13.44万元，以及经营中买空卖空、上当受骗、管理混乱等问题。1988–1989年，对区科学技术委员会科技专项资金、基金进行审计，查出违纪资金22.68万元，占同期支出数的73%，其中截留挪用科技专款买汽车5.05万元，伪造单据套取现金用于请客送礼、吃喝招待1.18万元，转移科技事业费私设小金库1.88万元，处理中没收小金库现金1.59万元。1989–1990年，对企业单位承包、租赁经营进行审计，查出违规违纪资金179.89万元。其中区塑料厂、区水泥厂、区百货公司3户承包合同期满企业查出违纪资金83.47万元，包括挤占成本39.53万元，滥发钱物2.25万元，偷漏税款2.77万元，请客送礼挥霍3.24万元。

1991年，审计预算外资金443.41万元，查出违规资金9.92万元。还开展专项审计6项，涉及32个单位，审计资金5888.92万元，查出违纪资金41.12万元。1992年，行政单位定期审计向重点单位、重点资金倾斜，并向下属单位延伸抽审，共审计98个单位，查出违纪资金44.4万元。在金融专项审计中，清理纠正违章拆借资金500万元。1994年，完成市审计局和区人民政府交办的57项审计任务。在农业扶贫专项资金审计中,查出未到位资金 19.8 万元。在对乡镇企业三河口选矿厂审计时,查出原厂长李××1990–1992 年间贪污挪用企业资金 363.19 万元问题,移送司法机关。

1996 年,审计区生产资料公司,查出违反价格政策,加价销售化肥、农药款 4.58 万元,收缴非法所得 2.49 万元;对街子乡、马跑泉镇的乡镇财政审计中,查出违纪资金 25.38 万元;对区属 19 个党政部门及 10 个下属单位 1995–1996 年预算外资金来源、使用、管理审计中,共审计预算外资金 2829.86 万元,查出违纪资金 661.31 万元;对区委、区人民政府交办的桥南商场 1994–1995 年度财务审计中,查出违纪资金 10.92 万元,收缴税金 4.58 万元;对区农机监理站 1995 年度财务审计中,查出私设小金库 43.41 万元,其余额 15.19 万元全部收缴财政。1997 年,首次开展本级财政预算执行审计,主要审计区财政局、区地税局、区国库及区委办公室、政府办公室、乡镇企业局、教育局、城建局、卫生局等 26 个一、二级预算执行单位的财务管理和资金使用情况;对 5 户企业的纳税进行延伸审计,查出违纪资金 98.39 万元,增加财政收入 35.21 万元;对全区 1994–1997 年 3 月底的农业资金投放、拨付、管理、使用进行专项审计,查出挤占挪用、滞留等违纪资金 977.14 万元,追还挤占挪用资金 853.44 万元;对财税部门及预算单位在银行开户情况进行审计调查,29 个部门和单位共设立账户 69 个,其中不合规开户 53 户,年内存入资金 1.76 亿元,违规户金额 4738 万元。结合财政同级审计,查出违纪资金 71.2 万元。1998 年,进行财政同级审计,延伸审计 32 个单位,查出违规违纪金额 357.87 万元;审计 8 个企业,查出违规违纪金额 870.13 万元;审计行政事业单位 14 个,查出违规违纪金额 210.38 万元。1999 年,完成省、市审计计划项目 22 项,区委、区人民政府交办项目 15 项。对使用财政资金多的教育局等 27 个预算单位进行审计,并延伸审计 65 个单位,查出违规金额 245.71 万元,其中财政部门 40.34 万元、地税部门 4.01 万元、延伸审计单位 201.36 万元;对天水橡胶厂审计中,查出违规违纪金额 41.8 万元;对区信用联社、联社营业部及马跑泉、社棠等 8 个基层信用社实施审计,审计资金 2.62 亿元,查出违纪违规资金 123.08 万元,收缴财政 3.4 万元。

2000 年,对马跑泉镇、社棠镇、二十里铺乡、渭南乡 1999 年财政决算审计中,查出违纪资金 88.5 万元,收缴财政 1.24 万元;完成区委、区人民政府交办的审计事项 27 项,其中通过对马跑泉、石佛、伯阳、道南等乡、镇、街道的审计,查出违纪资金 225.36 万元,上缴财政 2.85 万元。还对市第二人民医院进行领导经济责任审计。2001年,完成审计项目58项。在对区财政预算执行情况审计中,分别对区财政局、区地税局、区金库以及教育、卫生、城建、文化、农林水等24个一级财政预算单位和区园艺局、区中医医院等7个二级预算单位以及各银行、城市信用社的5个国库经收处进行延伸审计,查出违纪资金198.08万元,增加财政收入32.5万元;在对利桥、东岔、立远、南河川4乡2000年度财政决算审计中,查出违纪资金9.45万元,收缴区财政资金8800元;在领导干部任期经济责任审计中,审计单位15个,审计领导干部18人,查出违纪资金615.58万元,应缴财政5.87万元。2002年,开展区财政预算执行情况审计,查出违纪资金582.59万元;对马跑泉、元龙、吴砦、石佛等乡、镇财政决算进行审计,查出违纪资金38.9万元。还先后完成区妇女联合会"大地之爱、母亲水窖"资金审计,区农业综合开发办公室农业综合开发项目资金审计, 区生态办公室生态环境综合治理专项资金审计,马跑泉镇马跑泉村群众反映村支部书记经济问题调查,渭南镇于园村群众反映村务财务收支的清理,天水医药玻璃厂破产资金核资、财务清理,伯阳乡党政领导任期三年经济责任离任审计等。

2003年,查出各类违纪资金153.91万元,应收缴财政22.62万元。2004年,查出各类违纪资金222.88万元,应收缴财政10万元。2005年,查出各类违纪资金887.8万元,应收缴财政11.03万元。2006年,查出各类违纪违规资金1820万元,应收缴财政13万元。期间在专项资金审计中,先后对退耕还林资金、"三条保障线"资金、"非典防治"资金、社会保障资金、世界银行卫Ⅱ项目、世界银行贷款VX项目、西部扶贫世界银行贷款项目、农村沼气建设项目、世界银行贷款林业可持续发展项目、长治工程(第五期)、渭河城防河堤项目、农村中小学危房改造项目、区农业综合开发项目进行审计。同期,在任期经济责任审计中,审计领导干部42名, 查出应由领导干部负责的违规违纪资金123.55万元, 收缴财政7.25万元;在对羲皇大厦破产安置债务清理审计中,清理破产期间收入、支出、债权、债务,对涉及安置的301名职工的工龄、安置费、社会保险费、集资款等,逐人逐笔审查,确保破产安置职工的合法权益和政策落实的公平、公正。

2007年,完成审计项目46项,查出违纪违规资金184.79万元,应收缴财政25.7万元。在对2006年度区财政预算执行审计中,延伸审计21个一级预算单位和44个二级预算单位,查出违纪违规资金169.3万元,增加财政收入24.5万元;对花牛镇、新阳镇2006年度财政决算审计中,查出违纪违规资金15.49万元,收缴财政1.2万元;完成区委、区人民政府交办的19件审计任务,包括对花牛镇师白小学新建教师校舍等工程结算审计，中滩镇渠刘村至杨岘公路以工代赈工程决算审计，道北区府路、前进北路拓建工程拆迁补偿费收支审计，元龙中心小学教学楼建设工程决算审计，花牛镇罗集村 5000 亩干果产业基地上水工程竣工决算审计，全区 2005 年测土配方施肥方案试点项目财政补贴资金使用审计，全区 2006 年社会保险基金审计，全区 2006 年农村沼气国债项目竣工决算审计，全区 2003–2005 年农业开发科技推广综合示范项目资金审计，2005 年泽民渠灌区续建配套与节水改造项目资金审计，2006 年农业综合开发土地治理项目资金审计，全区 2004–2006 年阳光工程项目资金审计，2007 年旱作农业项目经费使用情况审计，城区及城郊 15 条巷道道路改造照明绿化工程竣工决算审计等。

1985–2007 年，累计审计项目 1126 项，审计单位 1903 个，审计资金 39.22 亿元，查出违规违纪资金 1.24 亿元，应收缴财政资金 416.88 万元。

二、内部审计

1985 年设区时，区粮食局、区卫生局、区农牧局、区林业局等 11 个单位设有内审机构，配备专职或兼职审计人员，对下属单位开展内部审计。1988–1990 年，内部审计完成 87 个审计项目，查出违纪资金 29.44 万元、损失浪费资金 21.79 万元。1990 年,区属工商企业第一轮承包、租赁经营合同期满，区经济委员会、区商业局、区轻工局等单位内审机构组织 20 多名内审人员，对各企业进行经营期终审计，共审计资金 2429 万元，查出违纪资金 57.53 万元，纠正损失浪费资金 4.65 万元。1991 年，全区工商供销系统内部审计承担所属企业的审计任务，共审计基层企业 34 个，查出违纪资金 5.73 万元，纠正损失浪费资金 4.51 万元，促进增收节支 7.02 万元。1992 年,各内审机构共查出损失浪费资金 9.09 万元，促进增收节支 21.99 万元，纠正违纪违规资金 67.5 万元。1993 年,区乡镇企业局设立审计站，配备 3 名专职审计人员。同年,区水电局内部审计机构对所属 6 站(队)和中惠渠、泽民渠两个水管所开展审计，还对人饮、病改工程实行竣工决算审计。

1994 年，全区组建内部审计机构 17 个，配备 24 名审计人员，年内审计单位 102 个，审计资金总额 3598 万元，查出各类违纪违规资金 15.34 万元，清退乱收费 1.43 万元。1995 年，完成内审项目 60 个，审计资金总额 1904 万元，查出违纪资金 28.4 万元，纠正 24.1 万元。1996 年，完成内审项目 40 个，审计资金总额 5012.2 万元，查处违纪违规资金 18.03 万元。1999 年，完成内审项目 40 个，审计资金总额 7286.5 万元，查出和纠正违规资金 10.24 万元。2002 年以后，随改革开放的深入，区级国有、集体企业大都改制为私营企业，内部审计功能逐年减弱。

三、社会审计

1993年,由区审计局资助,成立区审计事务所,人员、办公用地与区审计局设在一起。至1999年,累计审计、验资收入17万多元,固定资产4万多元。1999年,审计事务所与区审计局在人员、财务、业务方面脱钩,改制为天水天欣会计师事务所,工作人员6名。2001–2005年,共完成业务637项,其中审计业务138户,验资业务499户。

第五节 统 计

一、全面统计

国内生产总值(GDP)核算 1985年,首次建立国民生产总值统计报表制度。在核算当年国民生产总值的同时,还以现行区的区域,以国民收入和其他有关历史资料为基础,计算出全区1952年、1957年、1965年、1978年和1980–1984年各年度的国民生产总值,分列第一、第二、第三产业增加值数据。1989年,按统计制度要求,开始按支出法计算国民生产总值。为此,按增加值的构成设计制定国民生产总值计算表。1992年,根据《国民经济核算体系(试行方案)》的要求,以国内生产总值为主,国民收入降到附属地位。1993年,取消国民收入统计报表,建立国内生产总值支出法年报制度,形成包含16张表的国内生产总值计算表制度,分别按照国内生产总值的3种计算方法,对国民经济各行业增加值的计算依据资料来源进行分组。2003年,增加国内生产总值年报试算表4张,新、旧两种行业分类的国内生产总值报表并存。2005年,正式采用新国民经济行业分类。

工业 1985年,工业统计综合年报表一律以工业普查中的有关规定为准。工业行业大类由15个大部门增为40个行业大类,中部门由44个增为212个,工业总产值分别采用1980年不变价和现行价两种方法统计。90年代,在工业统计年报中建立工业增加值统计,增加企业经济效益方面的部分指标和企业资金流量指标。1992年,工业统计综合年报表有全部乡及乡以上工业企业和生产单位数及工业生产销售总量指标表等21种,工业统计定期报表有工业总产值及主要产品产量表等11种。1998年后,国家统计局对按隶属关系实施的乡及乡以上工业和村及村以下工业的统计体制进行改革。所有国有企业及年产品销售收入在500万元以上的非国有企业列入统计范围;年产品销售收入500万元以下的企业、个体工商户纳入国家直属企业调查机构进行抽样调查。2002 年起，实行以工业品出厂价格指数单缩法试算工业增加值可比价格速度。2004 年，工业年报制度中的年报表由第一次经济普查中的工业普查表代替。修订后的主要工业产品产、销、存目录包括 38 个部分，主要工业产品生产能力目录包括 31 个部分。2005 年，工业年报包括生产、销售总值表，工业企业财务状况表等，月报新增工业中间投入指标补充表。

农业　1985 年，农业统计有农村政社组织情况、耕地面积等 6 种报表。其后，将农林牧渔业统计改为农村统计，并增加价值和社会经济效益方面的指标体系，同时严格管理发往农村基层的统计报表。同时，执行国家统计局和涉农部门共同制发的农村统计一套表制度，作为农业全面统计的基本报表。内容包括 3 部分：第一部分是村组填报的报表，有农村基层组织情况，耕地面积，粮食作物播种面积和产量，牧业、渔业、林业生产情况等；第二部分是乡镇报表，有农业总产值，农村社会总产值总收入、利润、税金、主要产品产量等；第三部分是乡镇主要经济考核指标月报和经济社会计划执行情况公报，有社会商品零售额、财政收入等主要统计指标，作为县对乡镇的考核依据。1992 年，增加现价农村社会总产值表和林业、牧业、副业、渔业产值表。2002 年，增加常用耕地和临时性耕地 2 项指标。

固定资产投资　1985 年，投资月报的统计包括基本建设、更新改造和国有其他投资。投资年报的统计口径为固定资产投资，包括农村集体投资、城镇工矿区个人建房投资、农户投资等。1997 年起，固定资产投资项目的统计起点提高到计划总投资 50 万元。2004 年，投资月报的统计口径为城镇固定资产投资，包括项目投资和房地产开发投资。投资年报的统计口径为全社会固定资产投资，包括城镇固定资产投资、农村非农户投资、农户投资、城镇工矿区个人建房投资（2007 年开始纳入项目统计）。2004–2005 年，年报综合表整合为城镇和工矿私人建房情况表等 3 种。

房地产　1993 年，房地产开发统计制度开始建立，先是在固定资产投资统计报表中增加商品房建设投资统计月报。1994 年，商品房建设投资统计表改为房地产开发投资完成情况表。之后，不断对其表指标进行补充和完善。1999 年，增加房地产开发经营情况表，主要反映房地产企业的资产、负债、损益情况。2005 年，在房地产开发企业（单位）施工、销售和空置情况报表中增加商品房销售 8 个指标，并增加房地产开发中煤、成品油、燃气、电力、水指标的消耗统计。

商贸　1985年的商业统计中，取消全民所有制商业农副产品议价收购和销售表,同时在工业部门商品零售额和主要商品零售量统计报表中,增加对集体商业销售和对个体销售指标。1986年,居民货币收支平衡表和农民生产性货币收支表分别改为非农业居民货币收支平衡表和农民货币收支平衡表,同时由年报改为半年报表;工业部门对集体、个体商业销售和零售,改为工业部门产品销售与库存表。1987年,增加商业、饮食业、居民服务业经营情况年报。1989年,新增社会集团消费品分类零售额月报。1991年,建立以商业企业为核算单位的商品总购进和商品总销售统计指标体系。1993年,商业统计更名为批发零售贸易业统计,首次将对外贸易业、物资供销业纳入贸易统计范围。1995年,恢复单位基本情况统计,并将商品购、销、存统计由大中型批发零售贸易企业扩大到除个体以外的全部批发零售贸易企业。1996年,增加从省外购进、对省外销售指标和居民购买住房指标。1997年，新增个体批发零售贸易业商品销售总额统计和生产资料销售额指标。1998年,对批发零售贸易统计进行整合和分类,将企业的大、中、小型划分规范为限额以上和限额以下两类,制定限额标准。1999年,新增商品交易市场统计和批发零售贸易业、餐饮业网点、人员统计,取消批发零售贸易业商品购进、销售、库存总额月报表。2000年,在消费品零售额统计分组中,增加股份制经济、外商投资及港澳台投资经济分组。2004年,改为属地统计。2004年经济普查中,年报除批发零售贸易业、住宿餐饮业网点、人员情况报表外,其他均由定期报表代替。2005年,取消限额以上批发零售贸易企业商品销售数量季报表。

劳动工资统计　1985年,劳动工资综合统计年报主要有全民所有制单位全部职工人数、工资额、工资总额构成表,城镇集体所有制单位全部职工人数、工资以及个体劳动者人数、城乡劳动力资源与分配平衡等表。计有月报、季报、半年报等定期报表10余种。1986年起,中央、省属单位职工人数与工资一览表和劳保福利费用综合统计年报表移交劳动部门编报,同时增加离休、退休、退职人员年报。1990年,按照国家统计局《关于工资总额组成的规定》,对区内全部独立核算企业、事业、机关的性质重新核定,并以此为准,改变过去以行业定性的做法,劳动工资综合统计年报达到16种。1991年,年报增加单位用工情况表,取消各类专业技术人员情况表。1992年,年报取消单位用工情况等7种表。1994年,将劳动统计报表精减合并为从业人员和劳动报酬情况表等5种。1995年,取消职工个人收入情况表。1996年,定期报表增加职工人数变动情况季报。1997年,年报

中增加劳动统计年报主要指标对比表，取消城乡劳动力资源配置情况表。1999年，将抽样调查方法引入到劳动统计季报制度。2003年，季报报表有单位从业人员和劳动报酬情况表、从业人员工资与工时情况调查表、劳动统计主要指标对比表3种。2004年起，取消从业人员工资与工时情况季报表。

二、普查

第一次全国农业普查　1997年1月进行，登记时点是1996年12月31日，时期标准为1996年1月1日至12月31日，调查项目38个、687个指标。调查后由村至乡镇再区层层汇总，由区审核、上报。主要调查结果为：全区农村住户87356户，农村总人口42.19万人，其中男21.97万人，女20.22万人，家庭户从业人员24.86万人，农作物种植面积71.44万亩，其中粮食作物面积62.75万亩。村476个，已通电村468个。

第五次全国人口普查　2000年11月开展，登记时点为2000年11月1日零时。按户调查项目23个，按人调查项目26个，比1990年开展的第四次人口普查项目增加一倍，主要是为反映和衡量人民生活质量和实现小康水平的状况，增加住房、经济活动、受教育状况和人口素质方面的项目。全区共设普查区542个，普查小区2150个。普查结果，2000年10月底，全区共13.5万户，总人口54.29万人，其中男28.18万人，女26.11万人。

第一次全国经济普查　2005年1月开展，普查标准时点为2004年12月31日，时期资料为2004年度。普查对象为在区内从事第二、第三产业的全部法人单位、产业活动单位和个体经营户。普查主要内容包括单位基本属性、就业人员、财务状况、生产经营情况、生产能力、原材料和能源消耗、科技活动情况等。普查结果：全区共有个体经营户（不含农业户）11394户，从事第二产业的1950户，其中工业1618户、建筑业332户；从事第三产业的9367户，其中交通运输业1998户、商贸业4775户、服务业2594户。总承包和专业承包建筑企业9户，总产值1.51亿元。

第二次全国农业普查　2007年1月开展，普查标准时点为2006年12月31日，时期资料为2006年度。普查对象为在区境内的农村住户、城镇农业生产经营户、农业生产经营单位、村民委员会和乡镇人民政府。普查内容主要包括农业生产条件、农业生产经营活动、土地利用、农村劳动力及就业、农村基础设施、农村社会服务、农村居民生活以及乡镇、村民委员会和社区环境等方面的情况。全区共组织普查员和各级普查机构的工作人员3189人，填报普查表近30万张。普查结果为,全区农村住户9.62万户,其中在农村常住1年以上的家庭户9.6万户。2006年末,全区有农业生产经营户9.52万户,农业生产经营单位101个,农业从业人员22.67万人,农业技术人员1546人;全区农村劳动力资源总量28.52万人,其中男劳动力占51.18%,农村从业人员25.51万人;在农业生产经营户中,以种植业收入为主的户占98.22%;全区农村居民平均每户拥有住宅面积107.82平方米,99%的住户拥有自己的住宅,54.64%的住户使用管道水,76.29%的住户炊事能源以柴草为主。

三、机构

1985年,原天水县统计局改为区统计局,隶属区人民政府,时有职工11人。后随工作量增大,人员增多。2007年,全局职工21人,其中领导7名,专业统计人员13名。

各机关和企、事业单位,均有专门负责统计的人员。其中较大单位有专职统计员,较小单位为兼职统计员。

第六节　物价管理

一、价格调节

1985年前,商品价格中除少量农贸市场交易的农副产品、小型生产资料等由买卖双方议价交易外,凡国营工商业交易产品、主要农业生产资料以及国家收购物资均由国家统一定价。是年开始,国家放宽对商品价格的管理,首先对长期纳入国家计划管理的粮油和重要生产资料价格实行“双轨制”,即计划内部分执行国家定价,计划外部分在规定的浮动范围由生产或经营单位自行定价。又对蔬菜确定最高限价后,放开市场。由此,商品价格形成计划价、指导价(即浮动价)、市场调节价3种体制。1986年,降低碳铵、磷肥价格,棉花收购价由倒三七改为四六(即收购量中,40%按国家定价,60%按浮动价计价),粮食收购分别采取合同定购和国家委派两种形式,执行倒三七比例价和超购加价两种价格。1987年,放开自行车、黑白电视机、电冰箱、洗衣机、收录机、中长纤维布、部分纯棉针织品价格,物价部门只控制进销差率和批发零售差率。至此,除人民生活必需品、重要生产资料中国家计划管理部分和一些由物价部门控制批发零售差率及实行最高限价的商品外,大部分商品价格(包括计划外重要生产资料)由购销双方自由定价。

1988年,由于宏观控制失调,经济过热,生产资料、工业品原材料价格普遍上涨,还有一些企业租赁承包后,片面追求经济效益,致使境内出现一货多价、一天多价的不正常现象,引起连续两年计达4次抢购风潮。一时间,盐、棉布、家用电器及部分日用消费品被抢购一空,价格比国家调整后的价格高出许多。18英寸省产彩色电视机标价1700元左右,市场上卖2500~2800余元;食盐、碘盐牌价每市斤0.15元,市场上卖到0.2~0.3元。当年物价零售总指数比上年上升20.6%。为抑制物价上涨,1989年对重要农业生产资料和彩色电视机实行专营,价格执行国家统一规定,计划外部分实行最高限价。同时收回部分商品企业定价权,对已放开价格的自行车、缝纫机、手表、电视机、收录机等11种主要消费品实行提价申报制度,对放开后价格上涨幅度较大的牛皮鞋等17种商品实行差率控制,禁止同一市场以零售价购进后加价倒卖。1990年,继续整顿商品批发市场,规定在境内市场经营的重要工业消费品不得超过两道批发环节,实行购销差率控制管理商品扩大至120种。对印染布实行国家指导价,并实行按质论价和实行花色差价政策,绵羊毛收购实行保护价政策。1991年,国家放开服装、搪瓷制品和服务价格,实行企业自主定价。1992年,按照"管住少数、放开多数、严管收费、放活商品价格"的原则,对食盐、化肥、黄金饰品、润滑油、自来水、普通商品房以及凭供应证、票证销售的粮食仍然执行国家定价,放开32种商品价格和经营性收费,全部放开县属企业产品出厂价和零售价,放开食油、议价粮油的最高限价和利润率控制办法,取消46种放开商品的提价申报、备案制度。1993年开始,国家经济体制逐步由计划经济过渡为市场经济,绝大多数商品价格和服务价格放开,政府价格主管部门定价仅限少数资源性商品、行政事业收费和少数经营服务收费。是年放开旅店、招待所、浴池、理发、洗染、照相、修理、公园、电影、戏剧、体育、录像厅等收费,由经营单位自主确定;对计划外生产资料、企业自筹资金增加短线产品、需降价销售积压产品实行企业自主定价;调整粮油统销、石油成品油、公路客货运、煤炭销售价格。1994年,《关于商品和服务实行明码标价的规定》颁布实施,物价工作由定价、报价、批价直接管理变为间接宏观调控,区级除少数商品和收费项目报批外,其工作转为以加强价格监督检查为主。是年放开茶叶购销价格;提高成品油出厂价并实行计划内、外价格并轨,实行国家定价;化肥的调拨价和零售价实行差率管理;对面粉、粳米、籼米、食油、猪肉、鲜蛋、豆制品、食盐、食糖、酱油、洗衣粉、石油液化气、房租、民用生活用电、自来水、学杂费、托幼费、医疗费、交通费等24种居民生活必需品和服务价格实行监审制度，对调价行为实行申报和审核的方式进行适度干预。1995年，对个体工商户、私营企业33个收费项目实行《收费监督卡》制度，歌舞厅、酒店类收费实行收费等级评审，理发、照相等服务行业实行统一价目表管理。1996年，商品和服务收费实行平均差价率、利润率管理，全省国家统配进口和超产尿素实行统一销售价格。1998年，粮食销售价格实行顺价销售，不得低价或亏本销售。2000年，改革食盐价格，由省内、省外两种价格实行一县一价，改为实行全省统一零售价；国家取消8个部门20项行政事业性收费。2001年，国家改革药品价格管理体制，对部分药品价格实行通过医疗机构集中招标采购，降低药品价格虚高。2002年，国家取消9项涉及乡镇（集体）企业负担的行政事业性收费项目。2003年，《甘肃省定价目录》颁布，政府定价范围进一步缩小为20项，定价目录范围外的商品和服务价格政府不再实行定价、指导价管理，放开实施市场调节。

1985–2007年，物价变化趋势呈明显周期性。1985–1988年，物价出现连续上涨；1989年，价格稍有回落；1990–1992年，价格总水平基本平稳；1993–1994年，再次出现上涨；1997–1998年，趋于平稳；1999–2000年，价格总水平出现下降；2001年，出现回升现象；2004–2007年价格基本稳定。但总的是上涨，且幅度较大，以食品消费和劳务价格、房价涨幅最大。

2005–2007年原粮购销价格

年份	商品名称	规格等级	单位	收购价格		销售价格	
				国有粮食企业混等平均收购价格	非国有粮食企业混等平均收购价格	国有粮食企业混等平均销售价格	非国有粮食企业混等平均销售价格
2005	小麦	中等（三等）	元/50公斤	—	84	—	85
2006				—	87	—	88
2007				—	89	—	90
2005	玉米	黄牙齿型中等（二等）	元/50公斤	—	69	—	70
2006				—	72	—	73
2007				—	75	—	76

2005–2007 年生猪、鸡蛋出卖(收购)价格

年份	商品名称	规格等级	单 位	出场(收购)平均价格	养殖平均成本
2005	生猪	中等	元/50 公斤	750	690
2006				770	790
2007				810	760
2005	鸡蛋	新鲜完整	元/50 公斤	330	280
2006				280	310
2007				320	295

2007 年重要农业生产资料价格

类别	商品名称	规格型号	单位	价格
化肥	碳酸氢铵	含氮 17%以上、水分≤35%(国产)	元/公斤	0.94
	尿素	含氮 46%(国产)	元/公斤	2.20
	磷酸二铵	国产	元/公斤	1.45
	磷酸二铵	进口	元/公斤	2.00
	过磷酸钙	含磷 12%(国产)	元/公斤	0.24
	氯化钾	含氧化钾 50 %~60%(国产)	元/公斤	3.20
	三元复合肥	含 P.N.K 30%(国产)	元/公斤	2.70
农膜	高压聚乙烯棚膜	折径 1 米、厚 0.10 毫米	元/公斤	17.00
	高压聚乙烯地膜	厚 0.014 毫米	元/公斤	14.30
农药	敌敌畏	80%乳剂	元/公斤	25.00
	氯氰菊酯		元/公斤	20.80
	氧化乐果	40%乳剂	元/公斤	21.70
	百草枯(克芜踪、对草快式)	20%水剂 500 毫升	元/瓶	15.00

2005–2007 年涉农收费及建材价格

项目	规格等级	单位	价格
农村居民用电	到户价、220V	元 / 千瓦时	0.51
地下水排灌用电	100 米以上	元 / 千瓦时	0.21
农村居民生活用水	—	元 / 吨	1.65
农村灌溉用水	—	元 / 亩·次	8.50
农村有线电视收费	模拟电视	元 / 月	8.00
农村电话通话费	本地网营业区内,每次三分钟	元 / 次	0.20
农村高中学费	—	元 / 学期	312.00
宅基用地证照工本费	农业户口使用普通证	元 / 本	20.00
普通硅酸盐水泥	425 号	元 / 吨	420.00
普通硅酸盐水泥	325 号	元 / 吨	365.00
玻璃	浮法 5 毫米	元 / 平方米	25.00
机制砖	当地主销	元 / 块	0.35
机制瓦	当地主销	元 / 片	0.35
挂号费	乡镇医院普通门诊	元 / 次	1.00
注射费	乡镇医院肌肉注射(含一次性材料)	元 / 次	1.00
手术费	乡镇医院阑尾手术	元 / 次	400.00
床位费	乡镇医院普通病房(4 人间)	元 / 床·日	6.00
检验费	乡镇医院尿常规检查	元 / 次	5.00

二、物价核定与收费管理

物价核定　区物价机关定价权限向来较小，只限于部分境内工业产品的价格和服务性等收费标准。1989年，核定棉纺织品和针棉织品、棉絮、食糖、彩色电视机、平价油品销售价格，油脂油料收购价和邮政资费、电影放映冷暖费标准。1990年，调整区百货公司解放鞋、轻便靴、洗衣粉、肥皂销售价格，核定农副公司铁锅、冶炼厂5种铝制品、橡胶厂三角带、马跑泉五金厂4种合页价格，小麦议购指导价格和最低保护价格，烟酒公司、基层供销社食糖价格。1991年，调整国营平价粮油制成品销售价格，平均提高57%，食醋价格提高9.3%，酱油价格提高28.8%。并调整区内部分旅店业收费标准，下放糕点类价格审批权限，执行粮油提价申报制度。1992年，调整麦积山、仙人崖、石门景区门票价格，核定商贸市场管委会采暖费、供销联社招待所收费、红光旅社收费、火车站广场停车收费标准和天水车站货场垃圾煤销售价格，马跑泉公园游乐项目及门票价格。1994年，调整“九二”式机动车牌证收费、户口迁移证工本费、妇幼保健所家庭病房费标准，核定天粮饭店冬季取暖费收费标准。1995年，调整房屋产权证书收费、城镇婚育学校收费、“九二”式拖拉机牌证费、农村电话资费、市第二人民医院新增诊疗费标准和农膜（超薄地膜）、化肥销售价格，核定桥南商场、开元房地产开发公司冬季取暖费和市政工程设施收费标准。1996年，调整市第二人民医院检验治疗项目价格、桥南综合商场经营房（摊位）出租价格；核定桥南体育场游泳票价、广场管理处儿童乐园娱乐设施票价、北山公墓丧葬服务收费标准、公路运输管理所三轮车定额规费标准、塑料厂计划外农膜价格、大地房地产实业公司集中供暖价格以及新阳、渭南、立远、琥珀、伯阳5乡8个水厂水费价格。1999年，核定市第二人民医院胃镜、支气管镜、结肠镜、自配药品及羲皇大厦桑拿收费标准。2000年，核定种子公司小麦零售价格、市场设施租赁费、小陇山植物园景区门票及床位价格。2001年，核定前进小区供热收费、城市管理局临时占道摊点收费、报刊电话厅收费、商业性宣传占道收费标准，玉米种子零售价格，双玉兰堂和净土寺门票价格。2002年，调整机动车停放收费标准，核定卦台山门票、讲解费、停车费价格，玉米种子零售价格，商埠路经济适用住房价格。2003年，核定天水火车站广场停车收费、广电局信息宽带网收费、农牧局沼气工职业技能鉴定培训班收费，定点屠宰厂生猪定点屠宰加工费、市场经营性收费，市第二中学学生公寓收费标准和种子公司杂交玉米种子价格。2004年，核定下曲经济适用住房价格、天水伟业生态观光园门票价格、东部蔬菜果品批发市场服务收费标准、甘泉和石佛中石水厂价格、马跑泉公园洛阳精品牡丹展门票价格。2005年，核定新建巷经济适用住房价格、区中医医院全自动血细胞分析仪收费标准。2006年,调整居民生活用电价格、秋季课本零售价格、城市基础设施配套费,并核定下曲经济适用房价格。2007年,调整公有住房租金、廉租房租金、排污许可证工本费标准,以及天通苑、渭水家园、华旭木业有限责任公司经济适用房价格,乡村道路客运票价标准。

收费管理　1988年,对行政事业性收费实行《收费许可证》管理办法。区物价部门为减轻企业和群众负担,严厉查处乱收费、乱摊派、乱罚款行为,是年对辖区行政事业单位及收费项目进行摸排,督促办理《收费许可证》,做到持证合法收费。1990年,对中小学收费项目进行清理。1993年,办理《收费许可证》216本,年审185证,取消24项涉农不合理收费,取消8个部门收费项目80项,全区41个收费部门核准收费项目235个,清理15个部门自立收费项目45个。1997年,取消83个涉农集资、基金和收费项目,停止执行21个涉农收费项目。此前,行政事业性收费逐年增加，是年年审行政事业收费单位223个，收费项目1400余项。1998年,国家加强行政事业性收费管理,取消工商、建设、交通、公安、税务等8个部门收费项目29项；对207个行政事业收费单位收费项目进行清理整顿,清理出收费项目400余项,收费标准3000多个。2002年,推行价格和收费公示制度,对行政事业性收费、公益性收费、涉农收费、垄断经营服务性收费单位的收费项目、计费单位、收费标准、收费依据、举报电话以公示栏(牌)的形式予以公布,促进收费透明。2004年,规范中介服务收费项目,调整党校、水政资源办、技术监督局、林业局收费标准6项,取消国土资源局收费项目2项,新办农村小学收费许可证20个。还全面清理机关、事业单位收费项目,对无法律政策依据、自立项目、自定标准、超标收费等违法收费予以取消。对义务教育阶段学校实行"一费制"收费管理。2005年,为全区所有中、小学生办理《教育收费明白卡》,详细记载学校收费项目、收费标准及监督举报电话，还推行非公有制企业缴费登记卡制度。2006年,对从事个体经营下岗失业人员及高校毕业生实行收费优惠政策,并开展价格服务进商场、进社区、进企业、进校园、进医院、进景区、进农村的"价格服务进万家"活动。2007年,在继续开展的"价格服务进万家"活动中,聘请义务价格监督员100名,制作各类价费公示牌598块。是年,年审收费单位160个,审验收费许可证204个,执收项目56个大项。

三、物价监督

价格检查　1989年,开展税收、财务、物价大检查,抽调15人组成5个检查组,检查31个单位,查处价格违法单位18个,查出违纪金额185.7万元,处以经济制裁151.2万元。1990年,开展农资价格、中小学学杂费、医疗收费、理发收费、车辆停放收费、行政事业收费、农电价格收费专项检查,抽调180人次,检查230个单位,查处价格违法单位19个,查出非法所得5.89万元,处以经济制裁6.15万元。1991年,开展春季生产资料、医药市场价格、农村电价等收费专项检查,检查商品价格2.45万个,非商品收费732项,检查328个单位,查处价格违法单位16个,查出非法所得4.76万元,处以经济制裁9300元。1992年,开展春季生产资料、邮电收费专项检查,检查345个单位,查处价格违法单位13个,查出非法所得9.25万元,处以经济制裁2300元。1993年,开展生产资料、教育收费大检查,检查单位324个,查处价格违法单位33个,没收非法收入15.15万元,退户13.5万元,上缴国库1.56万元,罚款1万元。1994–1995年,连续开展物价大检查,共查出非法所得15.2万元,没收11.2万元,罚款3.45万元。1996年大检查中,查出非法所得49.26万元,退户3.95万元,没收2.12万元。1997年,开展生产资料、农资价格和涉农收费、餐饮娱乐业收费、电力价格、药品价格、教育收费、建设项目收费、居民生活必需品价格专项检查,检查255个单位,查处价格违法行为和案件207件,查出非法所得305.78万元,退户12.35万元,没收4.7万元,罚款2.25万元。1998–2000年,在历年开展的各类价格专项检查中,共查处价格违法行为和案件293件,查出非法所得359万元,没收70万元,罚款5.8万元。2001年,开展涉农收费、房地产价格、中介服务收费、药品和医疗服务价格、农村电价和农网改造收费、教育收费、旅游价格、土地和住房建设收费专项检查,组织检查组355个,检查单位和个体户4353个,查处价格违法案件行为247起,查出非法所得257.5万元,退户173.68万元,没收81.42万元,罚款19.75万元。此后两年的检查,查处价格违法案件减少,计29起,违纪金额11.7万元。2004年,开展春季涉农价格和收费、药品价格以及医疗收费、电力价格、教育收费、市场明码标价专项检查,查处价格违法行为和案件73件,查出违法所得96.16万元,退户88.54万元,罚没10.48万元。2006年,开展节日市场价格、民用液化气价格、农用物资价格、涉农收费、中小学教育收费、电力价格、出租汽车行业收费、医疗服务和药品价格专项检查,检查417个单位,查处价格违法行为和案件38件,查出违纪金额106.9万元,行政处罚5.8万元。2007年,查处价格违法行为和案件11件,查出违纪金额21.1万元,行政处罚3.7万元。

价格举报　2001年,区物价局设价格投诉举报电话,对群众、企业价格投诉举报问题进行受理查处。

2001–2007 年价格举报受理查处案件

年份	受理案件数	查处案件数	价格违法金额(万元)	经济制裁金额(万元)
2001	60	60	20.00	11.81
2002	45	30	8.00	13.00
2003	24	24	5.00	10.00
2004	30	30	7.00	9.00
2005	11	11	1.50	0.94
2006	51	51	7.50	6.00
2007	17	17	2.30	1.70

四、基金征收

1997 年，按天水市人民政府《副食品价格调节基金实施办法的通知》，全区开始征收价格调节基金。基金是县级以上人民政府通过采取财政投入、社会征收等措施多渠道筹集，用于平抑、调节与人民群众生产、生活密切相关的重要商品价格异常波动的专项资金。征收对象是从事服务业的宾馆、饭店、旅社和行政事业单位。1997–2007 年累计征收 345.7 万元，其中行政事业单位 55.6 万元，经营服务单位 290.1 万元。

1997–2007 年价格调节基金征收统计

单位：万元

年份	行政事业单位	经营服务单位	征收总金额
1997	5.12	40.80	45.92
1998	5.10	33.60	38.70
1999	4.92	27.30	32.22
2000	5.09	23.60	28.69
2001	5.06	22.30	27.36
2002	5.08	24.50	29.58
2003	5.10	21.80	26.90
2004	5.00	23.50	28.50
2005	5.07	24.20	29.27
2006	5.04	23.40	28.44
2007	5.02	25.10	30.12

五、机构

区物价局　1985 年设区时，有区物价委员会，为政府工作部门。职责是贯彻执行和监督实施价格法律、法规、规章、政策，负责制定商品价格和收费标准、作价原则、作价办法，负责对放开价格的商品和收费进行规范和监督检查，指导与监督市场交易中的价格活动，负责依法检查、审理、纠正、处罚价格和收费违法行为或违纪案件等。1996 年改设为区物价局，核定编制 8 人。2002 年机构改革中，物价局职能并入区发展计划局，对外挂物价局牌子。2002 年，区物价局内设办公室、业务股、基金办、法制股、价格监测中心 5 个股室，下辖物价检查所和价格认证中心。

区物价检查所　1985 年设区时，即有物价检查所。职责是依法行使价格和行政事业性收费、经营服务性收费的监督检查，查处区直相关部门的价格以及收费等价格违法行为，查处价格垄断、价格欺诈、价格歧视、牟取暴利、低价倾销以及不执行政府价格干预措施等不正当价格行为，组织开展明码标价和“价格诚信单位”的评选与指导。其编制，1985 年 5 人，2006 年增至 26 人。

区价格认证中心　1997 年成立，初称区价格事务所，2004 年改为区价格认证中心，编制 3 人。职责是受司法机关、行政执法机关和仲裁机构的委托，对案件中涉及的各类标的进行价格鉴定；接受当事人委托，对诉讼案件中涉及的各类标的进行价格认证；接受当事人委托，进行价格纠纷调解；接受市场主体提出的各类有形无形资产、各种商品和服务价格认证；接受单位或当事人委托，对各类中介价格评估机构的结论进行认证等。

第七节　食品药品监督管理

一、管理范围

2001 年，成立天水市药品监督管理局北道区分局。2005 年，改称区食品药品监督管理局。

2007 年，全区共有涉药、涉械单位 1178 家，其中药品生产企业 5 家，医疗器械生产经营企业 25 家，药品批发企业 8 家，零售企业 133 家（城区 41 家，农村 92 家），医疗机构 1007 家（区直医疗单位 7 家，乡、镇卫生院及分院 23 家，厂矿职工医院、卫生所、医务室 42 家，村卫生所 476 所，个体医疗诊所 453 所，社区卫生服务站 6 家）。全区有食品生产经营单位 1771 户，其中生产加工 158 户，食品零售781户，餐饮业382户，集体食堂63户，其他387户。

二、监督管理

2003年，与区整顿办公室、质量技术监督局等部门联合，共同整顿市场秩序，查处群众举报药品案件，于10月30日集中销毁假劣中西药品1048种，94.1万瓶(盒)，中药材饮片76.55公斤，标值16.2万元。2004年，成立区农村基层药品监督管理协查组织及办公室，任命17名乡、镇人民政府主管卫生的副乡、镇长或副书记担任协查组组长，聘请协查员、信息员，并建立全区药品监督管理协查员、信息员档案；建立涉药单位诚信档案，实施诚信管理，对从事药品生产、经营、医疗的单位按"一企一档，一家一档"的要求建立档案，对日常监督检查中发现的不良行为，详细记录在案，使每家的信用情况明晰可查；组织开展"食品药品放心工程"，开展药品、中药材、特殊药品、疫苗、诊断试剂、一次性使用无菌医疗器械、骨科植入器械、避孕套、隐形眼镜的专项整治，打假治劣，规范药械市场秩序。对销售使用量大、有疑点的中西药品、中药材饮片重点抽样送检，共抽验60批，其中西药制剂不合格率9.1%，中成药不合格率7.69 %，中药材饮片不合格率36%，总抽验药品不合格率22.45%。与区卫生局联合开展麻醉药品、一类精神药品专项检查。全年共监督检查涉药单位906家(次)，查出有非法经营行为的14家(次)，共查处药品医疗器械违法案件86起，查处违法涉案的药品179种，2.26万盒(瓶、具、付)，标值2.11万元，全部予以没收，罚没款3.2万元。

2005年，启动医疗机构规范化建设，对一级医疗机构实行合格药房建设，对小型医疗机构实行合格药柜建设，以提高医疗机构管理药品水平，消除农村药品管理混乱现象。同年开展对药品批发企业、零售企业、医疗机构及麻醉药品、精神药品等涉药单位监督检查，查处各种违法案件162起，没收假劣药品743种，6032瓶(盒、支)，中药饮片380.7公斤,标值1.75万元，罚没款5.59万元；监督销毁麻醉药品空安瓿2.67万支，没收一类精神药品品种787支、611片，罚款2219元；没收二类精神药品44盒,标值176元，罚款352元；向麦积公安分局戒毒所报送新增强制戒毒人员91人。2006年，对药品、医疗器械市场清理整顿，查处违法案件123起，没收假劣药品3.06万瓶(盒、支)，中药饮片554.55公斤，案件标值8.18万元，罚没款6.58万元；抽验药品51批次，其中中药饮片36批次，西成药15批次，合格25批，不合格26批；销毁假劣药品440种，32万瓶(盒、支)，中药饮片176.7公斤，标值33万元，不合格医疗器械11种，826具(盒)，标值4122元。2007年，连续4次组织对药品批发企业、医疗机构、城区厂矿医院经营使用“人血白蛋白”、甲氨蝶呤的情况开展拉网式检查，查出“人血白蛋白”2807瓶(支)，查出上海华联制药厂生产的注射用甲氨蝶呤共计160支，未发现假劣甲氨蝶呤；没收假劣药品4438瓶(盒、支、千克)，案件标值1.44万元，罚没款5.17万元。现场销毁假劣药品、医疗器械标值33.5万元；抽验药品66批，不合格42批。还向麦积公安分局戒毒所报送新增强制戒毒人员35人，动员药品经营企业跟踪上报药物不良反应137例。

第八节 质量技术监督

1985年，设有区标准计量管理所，1996年升格为区技术监督局，隶区人民政府。2001年职能上划，设为天水市质量技术监督局北道分局，2005年改称麦积质量技术监督分局。职责是计量监督、质量监督和标准化管理。

一、计量监督管理

计量检定 1985年，对区人民医院等13个医院(所、站)使用和库存的血压计、压力表、人体秤、氧气表等进行检定，对县属32个饮食、食品、粮食等门市部的衡器和城区自由市场木杆秤进行检查，共检定案秤52台、台秤66台、木杆秤3445杆、竹木直尺238杆、量提242个、地中衡28台，全部合格。1986年，检定各类计量器具6825台(件、支)。1987年共检定3134台(件、支)，1988年检定3354台(件、支)，1989年检定4090台(件、支)。1990年，检定台、案、地秤825台，木杆秤1400台，压力、氧气表210块，血压计(表)75块，天平15台，总计2525台，收回检修费1.97万元。此后至2002年，每年鉴定各类计量衡器3000件左右。2002年还修理电能表2318块，新安装出租车计价器8台，检定修理计价器120台。2003年，检定出租车计价器162台，检定单相电能表7770只。2004年，共检定各类衡器2800台，血压计68台，一般压力表72块，单相电能表1.2万块，出租车计价器360台。2005年，除计量器具外，还检定单相电能表6000块，出租车计价器300余台，电话计费器700余台。2006年检定中，加贴商品衡器防作弊签封。2007年，对436家强检计量器具使用单位在用的3123台(件)计量器具建立档案；以餐饮业、加油站、出租车、集贸市场、眼镜配制场所等为重点开展专项检查，强制检定用于贸易结算的计量器具5550台，用于安全防护的计量器具60台，用于医疗卫生的计量器具20台，抽查定量包装商品100批次，检定力学计量仪器

800台件、衡器2000台件、出租车计价器328台件、电能表3000台件。

计量监督　1986年，对计量器具作弊、短斤少两经营者给予处罚，共罚款160多元，没收和废除不合格秤160多支。1987年，对计量器具作弊、短斤少两经营者罚款千余元，没收市制木杆秤300多支、公制木杆秤137支、不合格钢卷尺26把、弹簧秤56个、不符合标准的牙刷800把。1988年，没收市制木杆秤300多支、公制木杆秤137支、不合格钢卷尺26把、弹簧秤56个。1990年，销毁不合格计量器具568支，假冒伪劣商品243件。此后至1994年，每年销毁不合格计量器具600多支，假冒伪劣商品200多件。1996年，全区公共贸易结算中淘汰杆秤3200余支(件)，并对用于贸易结算、安全防护、医疗卫生、环境检测等方面的55项111种计量器具进行长年检定测试。1997年，采取重大节日前集中检查、专项治理、突击抽查、日常计量监督等形式，在流通领域组织14次计量执法大检查。1998年，查处计量违法案件8起，受理投诉57起，依法处理54起，换回经济损失4.2万元。2000年，对食品面粉、农副产(商)品等11大类共226种定量包装商品进行监督检查，检查12家医院的一次性输液器2175套。2002年，检查集贸市场10个，生产、销售企业120家，对与群众生活密切相关的小食品、面粉、农副产(商)品10大类、80多种定量包装商品进行监督检查。2003年，没收集贸市场“黑心秤”55台。2004年，查处违法使用计量器具400余台、“黑心秤”50余台。2005年，共立案查处各类质量技术监督案件85起，受理消费者反映强烈的手机、摩托车、服装、汽车配件、农用车配件、化妆品等投诉40余起，处理解决37起，为消费者挽回经济损失20余万元。2007年，重点查处故意在计量器具上做手脚、破坏计量器具准确度和缺斤少两的行为，还查处净含量不符合国家相关规定、计量偏差超出国家最大允差的生产销售企业6户，均给予处罚。

二、质量监督管理

1986年，抽查区内8个厂家生产的汽水和小香槟酒，销毁社棠饮料厂不合格小香槟酒300多瓶，查封社棠饮料厂库房，勒令停产整顿。1987年，查获假“陇南春”酒1820瓶。1989年，在对陇南购销站批发部检查中，查出过期变质鱼罐头150件。1990–1994年，每年查处违法行为30多起，罚款1000～2000元。1995年，与区有关部门配合，检查企业84户、个体工商户197户，查出制造加工假冒伪劣商品窝点5个，查获13个大类、133个品种，总价值24.2万元的假冒伪劣商品。1996年，共查处制售假冒伪劣案件520起，行政处罚416起，打掉窝点11个，罚款3.8万元。农资市场专项检查中查封私人经销者6户，没收非法经营农药1000余瓶、化肥4吨。查出天水粮食储备库经销的张掖民政福利面粉厂生产的特二粉短斤少两问题(25公斤袋实际为23.5～24公斤),没收违法所得6552元。1997年,查处伪劣商品标值80多万元,销毁伪劣商品标值1.8万元,行政处罚3.7万元。1998年,查处过期、标识不符合食品6000多瓶(袋),不合格饮料300多瓶(袋),劣质食用油100公斤,“三无”农药400瓶(袋),查处水兑酱油、醋900公斤,没收冰醋酸100公斤。

2000年,检查企业48家,抽查9大类、173种商品,查出有问题的6种,标值27万元,经济处罚2万元。元旦春节期间重点检查副食百货、水产品、肉类、烟酒糖果6个专业市场、9处大商场,查处违法案件18起。2001年,接受群众投诉34起,查获假冒商品价值80万元,立案查处14起,经济处罚3.1万元;查获不合格啤酒96箱、1152瓶,劣质醋50桶,酱油490公斤,不合格茶叶15.5吨,洗涤剂200公斤,假蜂蜜260公斤,假冒伪劣饮料212箱,过期小食品9200袋,食品添加剂100多瓶(袋)。在“百日联合打假”活动中,查出“黑心棉”被432床,捣毁制售假酒窝点1处,洗衣剂窝点1处,共查处质量计量违法案件50多件,检查企业200多家,个体门店500多户,药品经销批发店16家,集贸市场10个,商业街3条,查处有问题商品货值42万元,经济处罚5.8万元。2002年,在特种设备专项打假中,普查单位443家,登记设备525台(辆),其中锅炉256台、压力容器91块、起重机148台、电梯28台。棉花专项打假中,检查制售棉产品门店和使用单位25家,处理抽检不合格的经销门店3家,没收劣质棉产品13床(件),查处“黑心棉”被423床。2003年,继续开展棉花专项打假,查获“黑心棉”被306床、褥子102床,查获不合格棉被353床,清理国家明令禁止用于棉花加工的小扎花机4台、打包机2台。2004年,在农资打假中,检查生产企业8家、个体门店25家,查出大部分企业、门店属无证生产,有的所持生产许可证属无效证件。在食品监督中,检查食品生产加工企业30余户、销售门店60余户,立案查处食品生产销售违法案件18起，查出无生产许可证面粉1200袋，无生产日期、无保质期面粉1030袋,不合格面粉200袋。2005年,在农资打假中检查生产、销售企业及商业门店20余家,查获不合格磷肥400多吨、复合肥200余吨、农药200多瓶。在棉制品专项打假中,查出、烧毁某医院使用的“黑心棉”制品270余床。还成立食品质量安全监管工作领导小组,划分责任区域,责任到人,对食品生产加工企业进行地毯式普查，挨家挨户登记造册，全都与其签订了企业质量承诺书；巡查食品生产加工企业（作坊）153户，查处劣质纯牛奶9件。

2006年，检查生产、销售企业及商业门店30余家，查获过期使用生产许可证的硫磷酸铵97吨、货值12余万元，不合格多元微晶肥、甲拌磷、硫酸钾货值3万余元，不合格过磷酸钙120吨、货值4万元。检查农药70批次，不合格20批次；检查农用车50余辆，不合格10余辆；监督检查食品生产企业及门店50余户，接到群众举报查出假冒味精1.02万袋，假冒白酒156瓶。2007年，先后开展特种设备、起重设备、气调库和冷库压力容器、液化石油气气瓶、电梯的安全检查。行政执法中查办案件23起，违法货值45万元，罚款20余万元，受理解决消费者投诉15起，为消费者挽回损失5万余元。

三、标准实施

1987–1988年，对区属针织厂、五金厂等7个单位标准化整顿验收，帮助企业制定标准、修定计划。1989年，区橡胶厂生产的平板带和罐头厂生产的糖水桃采用国际标准。是年，标准化验收从国营、集体企业转入乡镇企业，什字坪砖瓦厂、东风农机厂等通过标准化验收。1990–1995年，检查全区厂矿标准化工作，监督各厂矿实施强制性标准。1995年开始，办理组织机构代码证1993户。1996年，督促14个单位采用国家标准生产，为企业提供标准服务52项。1997年，对全区70多户生产企业的产品标准注册登记。2000年，查处标准化违法案件37起，处罚1.16万元。2002年，帮助区蓄电池厂、福利厂、天水文化用品厂等38家企业采集生产标准，建立标准，给产品提供质量保证。2003年，帮助区永恒皮鞋厂、天水市寿永新型环保烟道厂等25家企业采集生产标准，为辖区各景点、宾馆、饭店、火车站等单位提供公共信息图形符号标识牌314块，交通道路指示牌269块，广告灯箱20块。2004年，完成规模工业企业质量建档35户，建立辖区内省名牌企业和ISO质量认证企业档案，帮助3户企业申报办理甘肃省名牌产品。2005年，启动“质量兴区”活动，产（商）品的质量监督抽查合格率80%以上。推行标准体系认证，90%以上的大、中型企业通过质量、安全、环境等体系认证，企业质量体系评价2户；完成标准、计量、注册登记建档85户，办理组织机构代码证752户，其中新办证100户，换证595户，年检57户。

第九节 安全生产管理

一、监督管理

2002年成立区安全生产监督管理局。至2006年,制定并实施《危险化学品事故应急救援预案》《农用机动车道路交通安全管理办法》《大型文体活动、旅游高峰期安全防范管理办法》等安全生产规章制度。每年和辖区内非煤矿山、危险化学品生产经营单位签订安全生产目标管理责任书,实行一票否决制;与相关区属部门联合,开展道路交通、公众聚集场所消防、易燃易爆品、建筑、旅游等方面的安全生产专项整顿治理45次,发现并整治各类安全隐患1086处;组织道路交通专项整治6次,查处“黑车”上路营运和农用车辆违章载客等安全问题;针对辖区内商场、市场、宾馆、学校、医院、文化娱乐场所等人员密集场所和易燃易爆单位数量多、分布比较集中的特点,对38个易燃易爆单位和150个人员密集场所的消防安全疏散通道、安全出口、消防器材的配备进行专项治理,查封8家(次)不具备消防安全生产条件的生产经营单位;开展建筑安全整顿,对隐患较严重的世纪花园等7个建筑工地进行停产停业整顿、限期整改;营造良好安全的旅游环境,每年元旦、春节、五一、国庆节和天水伏羲文化旅游节等旅游高峰期,对辖区内的麦积山风景区和46家旅游接待单位进行专项治理;不定期组织涉及安全生产的部门举办《安全生产法》《道路交通安全法》《安全生产许可证条例》等法律法规以及道路交通安全、防火、安全自救等方面的知识宣传活动,印发各类资料10万余份,接待咨询1.8万余人次;配合上级举办特种作业人员、生产经营单位从业人员、安全管理人员参加的安全培训班16次,培训人员950余人次。还邀请省级安全评估机构,对区内41家危险化学品生产经营单位评估,有17家单位通过验收达到B类标准以上,其余全部停业整顿;对区内43家非煤矿山企业进行安全评估,8家达到A类标准,35家达到B类标准,通过省上审查验收。给全区8家建筑企业、29家危险化学品生产经营单位、33家非煤矿山企业颁发《安全生产许可证》。

2007年,按照国家、省、市安排,在全区开展为期4个月的安全生产隐患排查专项行动,共排查出各类安全隐患865处,整改824处,其中重大安全隐患16处。在全部安全隐患中,危险化学品安全隐患90处,非煤矿山安全隐患41处,国道、省道安全隐患23处,消防安全隐患239处,特种设备安全隐患212处,建筑安全隐患34处,工商贸易企业安全隐患62处,区乡道路安全隐患118处,学校安全隐患16处,电力安全隐患30处。

二、事故及处理

2003年3月17日,天水奔马啤酒有限公司生产线发生断电事故,区安全生产监督管理局紧急协调供电、交警、城建等部门,经过24小时抢修,次日恢复供电,使公司1200吨正在酿造的啤酒避免报废危险,挽回经济损失300多万元。

2004年6月22日,渭滨北路加油站新建工地两名工人在渭河河道洗澡,不幸溺水身亡,相关部门全力营救,将尸体打捞上岸。

2005年6月15日,1辆从辽宁驶来载有33.5吨危险化学品的重型半挂罐车行至国道310公路东岔镇牛背村附近上坡时发生故障,停车维修间掉入公路路基下,所载危险化学品发生微量泄露。区人民政府组织有关部门赶赴现场救援,东岔镇人民政府紧急疏散牛背村村民。次日,事故车辆被成功拖到安全地带,未发生重大事故。

2002–2007年安全生产事故统计

年份	事故数(起)	死亡(人)	受伤(人)	经济损失(万元)	其中						
					交通事故				火灾事故(起)	工矿事故(起)	农机事故(起)
					起	死亡(人)	受伤(人)	损失(万元)			
2002	94	39	39	35.1	…	…	…	…	…	…	…
2003	59	16	20	69.0	24	15	20	4.3	34	1	—
2004	70	22	22	72.5	31	21	22	7.6	38	1	—
2005	57	19	15	111.9	21	15	10	1.9	35	1	—
2006	59	24	25	130.1	21	15	10	1.9	35	2	1
2007	54	16	14	9.8	14	16	14	7.1	40	—	—

天水市

麦积区志

（1985—2007）

（下卷）

天水市麦积区地方志编纂委员会 编

方志出版社
Publishing House of Local Records

下卷目录

第六篇　风景旅游

第七篇　麦积山石窟

第八篇 教科文卫体

第九篇 社会

第十篇 人民生活

第十一篇 镇乡街道

第十二篇 人物

附 录

第六篇　风景旅游

第一章　景观概要

区境自然景色旖旎，人文底蕴深厚，旅游资源丰富。麦积山风景名胜区为国家AAAA级旅游景区，卦台山、马跑泉公园、龙园为国家AA级旅游景区；总计有自然、人文旅游点108处，国家、省、县级文物保护单位79处。

第一节　自然景观

区境东南部甘泉、麦积、东岔、党川、利桥5个乡、镇，处秦岭山脉西段两麓林区和林缘区，森林覆盖率达63.6%以上，是渭河和嘉陵江的分水岭，也是温带与亚热带两类气候的交替带。山中山峦起伏，奇峰罗列。有峰、谷、岗、岭、崖等形态，或如麦垛、或如石门、或如罗汉、或如天柱、或如五指，天造地设，千姿百态。谷中无处不水，溪、涧、潭、泉、瀑布，或波光粼粼，或溪流潺潺，清澈见底，川流不息。被列为珍稀动物的羚牛、大鲵、斑羚、林麝、猕猴、红腹锦鸡、鸳鸯等，常出没于山林溪水间。林区生长的高等植物达2700多种，珍稀物种和古树名木众多。景区内分布红色砂砾岩、花岗岩、变质岩3种截然不同的地貌单元，有较高科学研究价值。

每当春回大地，万木吐绿，百花争妍，一派蓬勃生机。温暖而湿润多雨的气候，构成美丽的气象景观。雨后初霁，白云飘荡河谷丛林间，高峻巍峨的山峰，岚雾缭绕，宛如仙境。夏、秋之季，细雨霏霏，云雾蒙蒙，形成“麦积烟雨”奇观。季风吹来，林海间山呼海啸，涛声如雷，故又有“净土松涛”。冬季大雪普降，银装素裹，苍崖间悬冰百丈，林壑间仍郁郁苍苍。因其地山峦叠翠，奇峰林秀，飞瀑如练，森林茂密，景色幽雅，其自然景观素称“秦地林泉之冠”。游览区面积130多平方公里，海拔在1400~2200米之间，冬无严寒，夏无酷暑，气候宜人，四时皆景，无时不胜，无处不幽。此外，初春的“玉兰花香”，仲夏的“曲溪燕舞”，八月中秋的“石门夜月”，冬季的“香积积雪”，仙人崖（读 ɑ́i）独有的“仙人送灯”等，均构成一幅幅美妙的自然图画。清乾隆年修《直隶秦州新志》所列“秦州8景”中5处自然景观，区内就有“麦积烟雨”“石门夜月”“净土松涛”3处。

第二节 人文景观

区内古文化遗址、历史遗址、佛龛石窟、寺观庙宇以及现代园林建筑，散布于城乡各处，总计达百余处。传为人文始祖创画八卦的卦台山，建有伏羲庙，为区内历史久远的人文遗址。而以麦积山石窟为中心的麦积山风景名胜区，是供游览、度假、保健和开展历史文化教育为一体的全国著名旅游胜地，也是天水市旅游业的主要依托。全景区包括麦积山、仙人崖、石门、曲溪、街亭5大子景区。20世纪80–90年代陆续建成的马跑泉公园、龙园、街亭温泉浴庄、温泉度假村和麦积国家森林公园，则是以园林风貌为主，由雕塑、亭榭、曲廊构成的新旅游景点。

散布于各乡镇、犹如繁星点缀的寺观庙宇有100多处，是乡村人文景观。其中有的历史悠久，文化底蕴深厚，大部分经20世纪80年代开始历时20多年重建，雕梁画栋，鳞次栉比，皆焕然一新。中部主要有渗金寺、柳林寺、白衣庵（皆在马跑泉镇）、太平寺、云光寺、朝阳寺、云雾山（皆在甘泉镇）、崇福寺、交龙寺（皆在麦积镇）、槐荫寺（在社棠镇）、南武台（在花牛镇），东部有柏林观、七真观、慈恩寺（皆在伯阳镇）、兴国寺（在元龙镇）、城隍庙（在三岔乡）、观音山、金龙山（在东岔镇），西北部有早阳寺、正阳寺（皆在渭南镇）、晚阳寺、石佛寺、真武观、报恩寺（皆在石佛乡）、演营寺、三圣寺（皆在中滩镇）、东岳庙、庆寿寺、清池观（皆在新阳镇）等。

第二章　麦积山风景名胜区

第一节　概　况

麦积山风景名胜区位于区境东南部，以麦积镇为中心，辐射至党川乡西南部（曲溪景区所在）和西北部（石门景区一部）、伯阳镇南端（石门景区）。地跨秦岭南北。分为麦积山、仙人崖、石门、街亭、曲溪5个景区，总面积215平方公里，其中一级保护区42.5平方公里。名胜区平均海拔1400～1800米左右，最高峰约2200米，又是黄河、长江两大流域的分水岭，整个风景区的岩层由红色砂砾岩层和浅色变质岩构成，其中麦积山、仙人崖为典型的丹霞地貌。

风景名胜区地处亚热带至暖温带过渡区，气候温和，雨量充沛，年平均降雨量为800多毫米，最高气温32.5℃，最低-16.8℃，一般冬季低温常在-8℃左右，无霜期230天，日照年为2307小时左右，空气相对湿度74%左右。冬无严寒，夏无酷暑，有“陇上小江南”之誉。

风景名胜区内有丰富的自然景观与人文景观。人文景观有中国四大石窟之一的麦积山石窟和仙人崖等，其中麦积山是闻名世界的艺术宝库，有“东方雕塑陈列馆”之誉，仙人崖为释、道、儒三家共奉地，石门山势险峭，有“小黄山”之称。景区内有国家重点文物保护单位1处，国家级森林公园1处，省级文物保护单位1处，县级5处。

风景名胜区内自然资源丰富，风景秀丽，特殊的地理位置，孕育出丰富的植物资源，保存许多珍稀濒危植物，是全省乃至全国重要森林植物种子资源基因库，有不可估量的生态、经济、文化、科研价值。林区现有木、草本植物224科，945属，近2700种，其中木本植物800种，草本植物近1900种。属国家、省级保护的珍稀树种21种。其中红豆杉、银杏属国家一级保护树种，秦岭冷杉、大果青杆、巴山榧树、连香树、水青树、厚朴、水楸等属国家二级保护树种。还有很多是园林中的珍品，如黄花杠柳、苍松、翠柏、云杉、水杉、白皮松、玉兰树和野生紫竹、野生百合、金背杜鹃、甘肃琼花等。又有熊、黄羊、野猪、麂子、鹿、麝、红腹锦鸡、鹦鹉等珍禽奇兽。

第二节 麦积山景区

麦积山景区在麦积镇南部，其中心点麦积山石窟距城区火车站28公里。景点分布在永川河发源处两道山谷中，有麦积山石窟、瑞应寺、雕窠峪、天池坪、香积山、豆积山、麦积山植物园等。1962年，甘肃省人民政府确定麦积山石窟保护区范围。1982年，麦积山风景名胜区被国务院列为第一批44个国家重点风景名胜区之一。一级保护区东至后崖沟（约500米）、西至上河沟（约500米）、南至小沟门（约700米）、北至小献山（约500米），面积约0.9平方公里；一般保护区东至天池坪—三扇崖（约2500米）、西至四坡梁—豆积山—油笼山（约2500米）、南至香积山（约2500米）、北至四沟河—天河桥（约2500米），面积18.7平方公里，总面积19.6平方公里。

一、麦积山石窟 又称麦积崖（读 ái），俗名麦子崖，系西秦岭支脉向北伸延过程中突起的一座孤峰。山体呈红色，为第三世纪砂砾岩构成，高142米。山体三面临空，除西北部山腰与邻崖连接外，余均悬崖峭壁。远眺其山，下部较小，中部突出，顶部收聚为圆锥状，颇似农家堆起的麦垛，由此而得名。石窟开凿在山崖东、西、南三面高20～80米的崖壁上，悬崖绝壁处，佛龛洞窟，层层相叠，密如蜂房，栈道云梯，凌空盘旋，峰顶绿荫覆盖，崖间古松倒挂，以雄、奇、险、秀而称著。

麦积山石窟始开凿于十六国后秦时期（384–417年）。后秦皇帝姚兴（394–416年在位）大倡佛教时始修，后经北魏、西魏、北周、隋各代增建，形成陇上规模最大的石窟建筑，吸引关中等地佛教徒聚会讲经。西魏文帝元宝炬皇后乙弗氏出家为尼，死后“凿麦积崖为龛而葬，号称‘寂陵’”。北周大都督李允（充）信为追念亡父，在东崖上部造七佛阁，仿木结构，上凿单檐庑殿式大顶，下为游廊，后并排凿7间佛帐式大龛。其阁不仅在全山为最大洞窟，在国内窟廊建筑形式中也属最大。石窟建筑原连为一体，唐开元二十二年（734年）大地震使崖面中部塌毁，整个石窟分为东、西崖两部分，共有洞窟221个。以卧佛洞、千佛廊、散花楼（上七佛阁）、牛儿堂、中七佛阁最为精美。西崖最有价值的洞窟有万佛洞、天堂洞、121窟、123窟、127窟、165窟等。东崖洞窟宏大，但层次较少；西崖有12层洞窟，总高32米。峰顶建高9.4米五级宝塔1座。各洞窟间由凌空飞架的栈道相连。栈道原为木质结构，由于年久失修，至民国时西崖洞窟已难通达。20世纪50年代多次整修，60年代又架通自唐开元后被阻隔的东、西崖间栈道，其道从东崖牛儿堂向西通至西崖天堂洞。20世纪80年代，又改为钢筋水泥桩栈道，现总长1300多米，所有洞窟均能通达。当登临牛儿堂俯视山脚时，犹置虚空，山下行人小如蜂蚁，巡视四周，颇有“一览众山小”之感。

石窟内完整地保存有从后秦到清代1600余年来各个时期泥塑和石雕等10600余尊，壁画1300多平方米。后秦、北魏塑像，高鼻深眼，宽肩细腰；西魏人物秀丽端庄，宽衣博带；北周、隋代塑像优美丰满，衣褶精细；唐代人物面容温和，服饰鲜艳；宋代作品造像更加秀丽纤巧，作风写实流畅；元代作品比较粗犷；明代作品比较细腻繁琐；清代作品则呆板、程式化。东崖和西崖各有一组摩崖大佛，最高的东崖坐佛15.28米，均顺山凿石塑成。麦积山各洞窟泥塑的题材有佛、菩萨、弟子、天王、力士等。各种塑像栩栩如生，表情逼真，喜、怒、哀、乐、虔诚、天真、慈祥等表现得淋漓尽致，极富生活情趣。多采用以形写神、形神兼备的传统手法；上彩不重彩，或者以素泥表示质感。大量石刻和洞窟形制，对研究我国古代泥塑、石雕、建筑以及宗教等历史文化，提供了形象的实物资料。每当夏、秋细雨连绵，低空云层缠绕石窟，摩崖大佛及洞窟、栈道若隐若现，虚幻飘渺，构成“麦积烟雨”奇观。

二、瑞应寺 在石窟东南200米台地上。与麦积山石窟开凿大体同时。据碑碣记载，寺院名称历代皆由朝廷敕赐，东晋称无忧寺，北魏称石岩寺，隋代称净念寺，唐代更名应乾寺。宋徽宗大观元年（1107年）因麦积山顶产灵芝而意为祥瑞兆相，徽宗赵佶赐现名。现存寺院建筑为清嘉庆二十五年（1820年）重建。殿内塑像皆已毁，仅存部分壁画。2001–2002年进行维修，安装电灯，布列玻璃陈列柜，内置碑刻、雕塑等藏品，成为文物陈列室。整座寺院坐北向南，建筑面积701.7平方米。沿中轴线从南向北有山门、天王殿、大雄宝殿和东、西配殿，天王殿左、右两侧隔偏门有钟鼓楼。山门前原有塔院，现已拆除，辟为停车场。山门为牌楼式单檐悬山顶结构，面阔三间、长6.92米，进深两间、宽3.3米，正间面阔2.5米，顶高5米，两次间面阔2.21米，顶高4.08米。前后枋上共有斗拱18攒。正脊两端置琉璃鸱吻，背上插铁戟；灰板瓦覆顶，筒瓦盖边；正间檐前悬冯国瑞书“瑞应寺”匾额。天王殿为单檐悬山顶结构，前出廊，面阔三间9.17米，进深两间6.37米，顶高6.22米。正面辟门，前后贯通，各有四扇格扇门。裙板上刻云纹、莲叶、龙纹等图案。廊前列檐柱4根，上承额枋及斗拱，计有柱科斗拱4攒，平身科斗拱3攒，昂嘴雕龙头、凤头、象头。殿内原有木雕菩萨及韦驮像，两侧有四天王塑像，塑像1966年毁，前檐下悬“寺古云深”匾额。大雄宝殿为单檐悬山顶结构，面阔五间、长 16.8 米，进深三间、宽 9.7 米，高 7.03 米。建在高 80 厘米台基上，前有廊，为明间与两次间开门。裙板浮雕牡丹花、宝相花及琴棋书画等图案。前檐下柱头和枋上置斗拱 7 攒。殿顶正脊两端及四条垂脊下端有鸱吻，脊上有莲花、牡丹、条龙等图案砖雕。屋顶以灰板瓦铺底，灰筒瓦覆盖。殿内原有泥塑坐佛 5 尊，"文化大革命"初期拆除。两侧山墙绘十佛八菩萨及诸罗汉壁画。殿前有清乾隆十三年（1748 年）铸造的塔式焚表炉 1 对，通高 1.9 米，铸工精细。大雄宝殿左、右两侧各为 9 间房舍，形制、大小相同，均为单檐硬山顶结构，前廊后室建筑，屋顶素脊。殿内原有财神、三霄等塑像，均于"文化大革命"初被毁。天王殿东、西两侧门外，建有钟楼、鼓楼，均为平面方形单檐悬山顶两层楼阁，面阔 3.1 米，进深 4 米，通高 5.3 米。钟楼内原置明弘治元年（1488 年）铸铁钟 1 口，高 1.57 米，龙衔钟钮，钟体有铭文，下沿为八角雕饰云纹。现置于大殿廊侧。鼓楼内置皮鼓 1 面，直径 90 厘米，保存完好。

瑞应寺东配殿以东 10 米处台基上，建有单檐硬山顶、前廊后室建筑 1 座。坐东面西，通面宽五间、长 14 米，通进深两间、宽 6.4 米，顶高 6.4 米，三面围墙，正面明间辟四扇格门，两边次间安四扇直棂窗，稍间与次间之间有隔墙和单扇门。檐柱上承额枋及斗拱，共 11 攒。正间檐前悬吴稚晖（江苏人，民国后期任国民党中央监察委员会常委，书法家）书"麦积山馆"匾额。整个建筑古朴典雅，掩映于茂林修竹之间，原为历代寺院主持精舍，民国 35 年（1946 年）改建为宾客接待室，称麦积山馆。2002 年拆除。

三、雕窠峪　位于麦积山东北 1.5 公里处，背靠天池坪，面朝麦积山。因崖壁如倒置三折扇面，又名三扇崖。崖分左、中、右，前后相叠，高低不等，最高者近百米。崖壁上部青松覆盖，中、下部基岩裸露，呈红褐色，如铁水铸就，雄伟峻迈，绚丽多姿。左侧崖面多岩穴，状如鸷鸟所筑巢穴。二峰之间，有清泉飞溅，雨季则喷珠泻玉；入冬冰帘倒挂，形成冰雕。南宋人著《方舆胜览》载："（麦积）山之北曰雕巢峪，又有隗嚣避暑宫，对面瀑布泻出苍崖之间，亦胜景也。"由于避风向阳，冬暖夏凉，是理想的避暑胜地。新莽末和东汉初隗嚣（天水成纪人）割据陇右时，在正面崖前一块较大基石台上建避暑宫。今避暑宫无存，其遗址坐东北面西南，南北长 65 米，东西宽 45 米，偶有古砖、瓦出土。其地流泉丹崖，乔松修篁，为凭吊怀古、探幽揽胜佳境。

四、天池坪　位于麦积山东南 2.5 公里处，因其主峰西北侧山坳有一天然蓄水池而得名。池内生长苔藓、灌木、野草，雨季常有积水。四周为原始次生林。源于其山的冷水河向南流入嘉陵江，永川河向北流入渭河。主峰海拔2197米，雄踞周围群山之首。登其上，可俯瞰麦积山顶。峰顶有乔灌木覆盖，间有青白二色岩石裸露。其东侧有一块天然草坪，行走其上，如履地毯。其山气势磅礴，林壑深邃，日落而银河泻影，阴雨则半入云端，若隐若现，绰约多姿。

五、香积山　又称香子山，在麦积山南2.5公里处，海拔1943米。高度仅次于天池坪，因山顶曾建有香积寺而得名。山之南侧与秦岭主脉相连，山之北侧呈一孤峰，状若金字塔。全山树木覆盖。山下有一大片开阔地带，名曰教武场。山下北侧有一溶岩洞，名玉香洞，又名文殊洞、百福洞。位于悬崖绝壁上，原需系藤攀枝爬坡而上。1997–2000年，修筑山下至洞口道路、台阶。洞为石灰岩山体构造裂隙经雨水长期冲蚀形成，深百米左右。分三段，前洞深40米，高5~8米，宽8~10米，内壁有大小、深浅不同的溶洞，溶岩有石钟、石乳、石阶、石笋等，各具形态，右前壁有楷体刻石"文殊洞"3字，每字高17厘米，宽15厘米，后壁右下侧有一小洞口，需躬身而进，再上一米高石阶，即达中洞。是段长55米，为高低不平、宽窄不一暗沟，最窄处侧身仅可通人，洞壁随处可见倒挂蝙蝠，"百福洞"由此而来。中洞尽头有两米高石阶，上部为直径4~5米，高约20米柱体溶岩洞。洞壁有明清炭书或刻画题记，最早一条为清乾隆三十五年（1770年）书。沿洞壁曾有栈道可达洞顶，已毁。据传洞顶有一侧洞，可达后洞，其长短与中洞相仿，但更狭窄，极少有人通过。洞内多处石隙渗水，虽然潮湿，但无憋闷不适之感，入冬则结为冰幔、冰柱、冰瀑等奇观。山顶香积寺于清代圮废，遗址南北长15米，东西宽9米。

六、豆积山　在麦积山以西偏北2公里处。山呈棱锥形，高百余米，上有苍松覆盖。其形与麦积山相似，惟不如麦积山高峻。山峰东侧有一坡度平缓的山谷，谷底有一高山草甸。崖壁东侧即罗汉崖，形如一罗汉垂手打坐悟禅，崖体下部凹进，深约1.2~6米，横长约70米，崖中腰现存五代悬塑、宋代重塑盘坐三世佛3尊。三尊佛均高2.4米左右，结跏趺坐于莲台上，螺旋髻，肌肉丰满圆润，姿态静穆自若，精美绝伦。坐佛左下侧有高50厘米，宽30厘米窟龛，内塑天王像1尊，横眉怒目，神态生动。还存高1米、宽6米、深1米的方楣平顶敞口大龛，为睡佛洞，造像已毁。原有40余米长的摩崖廊道，廊内遗存窟龛、壁画，均已残落不可辨。相传最早选址造石窟时，先选于罗汉崖，因崖面小，后移凿麦积山，至今仍流传"先有罗汉崖，后有麦积崖"之说。身临其境，其翠波、松涛、鸟鸣、流水让人能充分领略

“蝉噪林愈静，鸟鸣山更幽”的清雅。罗汉崖向西约200米，有两峰突起，一高一低，似僧人之帽，骡马之鞍，故俗称僧帽山、鞍子山，颇为别致。僧帽山西北有峰形似骆驼，故名骆驼峰。罗汉崖南百余米有西应寺，宋时建寺，后改豆积寺，为麦积山瑞应寺下院，原为四合院式，深邃幽静，佛道合一。“文化大革命”时神像被毁，庙宇拆除。20世纪90年代，当地群众集资重修，仍为四合院式，坐北朝南，有大佛殿、天王殿、三霄殿、地藏王菩萨殿等4座殿宇，殿外另建厢房。寺内东北角长有一株西北最大的红豆杉，树围1.4米，高15米，树冠达12米。

七、森林公园　全称麦积国家森林公园。在麦积山石窟东北约1公里的后崖沟。为小陇山林业实验局的树木综合研究基地，秦岭西段森林地带的活标本馆，亦是集科研、教学、生产、游览为一体的园林胜地，被誉为“甘肃的西双版纳”。1983年小陇山林业实验局林业科学研究所始建，时称小陇山树木园，1993年改称小陇山麦积植物园，1998年改现名。植物园既是引种驯化中心和植物种资源库，又是以园林风貌为特色的游览区。全园占地3.7平方公里，分为森林生态区、自然保护区、旅游区和树木园展览区。园门到后园瀑布全长4公里的展览区，是主要游览区。从园西北部公路旁的正门入园，逆溪流向东南方向，依次有《驯鹿姑娘》《神农尝百草》《牡丹仙子》《天女散花》等雕塑。塑像均高2米以上，其中神农像连基座达4米。《牡丹仙子》附近是牡丹园，《天女散花》周围为月季园。月季园东建水榭，旁为鱼池。池中有3条白水泥制昂首喷水鲤鱼。水榭北是用水泥柱做骨架的曲廊，依地势而建，高低宛转长约300米，尽头建清影阁。园东南部溪流上，建1座3孔石拱桥。桥东是高约70米的山崖，上建5米高的八角白质实心塔。塔旁瀑布，直落入桥旁潭中。天气晴朗时，可映出彩虹，故称飞虹桥。瀑布东为广袤森林。

2005年，拆除水榭、曲廊、清影阁等建筑，由小陇山林业实验局投资5000多万元兴建植物园山庄，总占地1万平方米。2006年初竣工。按四星级标准兴建集餐饮、住宿、娱乐为一体的综合大楼及别墅群，包括综合大楼 1 幢、别墅 7 幢，小木屋10座，共有客房142间，床位267张，可同时接纳300人。综合大楼3层，凹字形建筑，仿古式庑殿顶造型，顶覆青色琉璃瓦。别墅、小木屋簇拥在综合大楼周围，随地势高低或建于道旁，或建于溪畔，错落有致。整个山庄四周翠峰环抱，竹木掩映，清幽雅净。

后崖沟两边山地，为自然保护区，荟萃国内南北兼备的1800多种、146个科目的种子植物，千姿百态，一树一枝，皆有特色。西南部建闻涛亭、映松亭，东北部建问津亭、揽胜亭。揽胜亭在植物园最高处，可俯瞰全园景色。从问津亭翻过山梁，即雕窠峪。

第三节　仙人崖景区

仙人崖（读 ái）景区在麦积镇东北部，其中心点仙人崖距城区北道埠约 30 公里，南距麦积山石窟 7 公里，西北部（石莲谷）距街亭镇 6 公里，东距放马滩 12 公里。主要景点有西崖、献珠峰、东崖、玉皇峰、南崖、仙人湖、净土寺、石莲谷，总面积 10 余平方公里。附属景点有罗汉沟、哭祷沟、象鼻崖、火箭山等。其中心景区仙人崖由三崖、六寺、五莲山组成。三崖即东崖、西崖、南崖。六寺即木莲寺、石莲寺、花莲寺、铁莲寺、水莲寺、灵应寺。五莲山即玉皇峰、宝盖峰、献珠峰、东峰、西峰。存有明清殿宇 27 座，房屋 54 间，以及南北朝、宋、明、清各类塑像 197 尊，壁画 84 平方米。

1986 年，区人民政府筹资 18 万元，开始对景区内三官殿、三教殿、喇嘛佛殿、地藏王殿、财神殿、老君殿、观音殿、文殊殿、释迦牟尼殿、毗卢殿（以上在西崖），石莲洞、吉祥洞、罗迦洞（以上在东崖），玉皇殿、睡佛洞进行维修，并重修磨针殿。至 1988 年，共维修建筑 18 座。2003 年，麦积山石窟艺术研究所对仙人崖石窟作详细记录、测绘和摄影工作。2004 年，区人民政府重新确定仙人崖石窟古建筑的保护范围。以东至虎圈湾头，西至石莲谷口，南至仙人湖，北至后川公路为第一保护范围，即绝对保护区；以东至虹门子隧道，西至解放沟检查站，南至天池坪，北至神龙山为第二保护范围，即建设控制区。

景区内山巍水秀，崖峻林密，更以奇著称，是佛、道合一的宗教“圣地”。人行至此，仿佛身临“仙境”一般。寺观初建于北魏宣武帝景明年间（500–503 年），宋代称华严寺。明永乐十四年（1416 年），明成祖朱棣赐名灵应寺，并划归韩开府（朱元璋第二十子韩宪王朱松府邸），成为皇室朱氏家庙。明隆庆四年（1570 年），穆宗朱载垕下诏，划定仙人崖及周围大量土地为庙产，晓谕官民“不许侵扰”。清代后，失于维修，一些建筑圮塌。1982 年开始，整修和兴修殿宇，重新塑像。后又铺设石级步道 4 公里，安装 10 千伏通电线路 4 公里。1987 年，在入山处建高 5.8 米、宽 4.2 米的大理石牌坊。

一、西崖 是座半圆形天然大石窟，长 116.4 米，最深 20.7 米，为仙人崖主要景点。崖下从西至东依次建三官殿、三教殿（三圣殿）、喇嘛佛殿、喇嘛葬场、地藏王殿、财神殿、老君殿、观音殿、文殊殿、释迦牟尼殿、毗卢殿、库房和禅堂，共 14 座、36 间。均建在石崖深处，后壁利用自然崖体，前壁另加木柱、门窗。三官殿为土木结构悬山顶，单开间，高 3.83 米，面宽 3.57 米。殿内有明代三官及供养人塑像 5 尊，两侧墙面绘四大护法神和双龙。左壁山墙中有清顺治七年（1650 年）和道光十四年（1834 年）重修功德碑 2 块。三教殿为三间四柱式，殿高 3.78 米，宽 6 米，深 3.15 米，殿内塑释迦牟尼佛、老子、孔子像，两侧侍奉达摩、慧能像。左壁绘佛、道、儒三教故事，右侧绘涅槃图。喇嘛佛殿建在约 4 米高台基上，有悬廊可入。殿为一面坡顶，单间双开门，内塑泗州大圣（僧伽大师）及两弟子像，均为宋代造像。喇嘛佛殿和地藏王殿之间前方空地，立大清道光十九年（1839 年）《仙人崖现珠山斋田并重建碑记》，记载重修玉皇殿、三官楼、真武殿、灵官宫、磨针洞情况。地藏王殿中为铁质地藏王菩萨造像，高 1.03 米，两侧立道明、闵公像，左右各塑十殿阎罗 5 尊，十殿阎罗后壁有上、下两排悬塑，上排为十方佛，下排为十方菩萨。财神殿亦称五路财神殿，内中间塑关羽，两边分别塑比干、孙思邈，后壁绘关平、周仓，左右壁绘郭巨、刘海两小财神像。老君殿内，中间塑三清像，两边塑知府子、广成子像，左右壁各浮塑道教群仙像，分上、下两排，每排 5 身，山墙上还墨绘四值功曹像。观音殿为前柱单斗悬山顶式，前有长廊和廊柱，出檐较深。殿内正壁台塑观音像 3 尊，左、右壁绘民间神话故事。文殊殿有造像 11 尊，中间主尊为释迦牟尼佛，左、右胁侍文殊、普贤两位菩萨，前方塑供养菩萨 2 尊，左、右壁台塑禅宗 6 位祖师像。规模最大为释迦牟尼殿，亦称大雄宝殿，殿高 7 米，宽 11.6 米，深 5.38 米。悬山顶，三开间单檐，内有明代塑像 9 尊，主尊为三世佛，胁侍 4 位菩萨，最外层各塑金刚 1 尊。释迦牟尼像高 3.69 米，两壁分上、下两层，绘二十四诸天和十八罗汉图。殿廊两侧山墙内，右边嵌明永乐十四年（1416 年）立《大明敕赐灵应寺记》碑，左边嵌明隆庆四年（1570 年）立《钦赐韩府官地碑》。毗卢殿为单檐前柱斗拱悬山顶式，顶高 6.31 米，面宽 9.15 米，进深 5.5 米。殿内中间塑三身佛，胁侍菩萨 2 尊，最外层塑阿难、迦叶像，像后别绘布袋和尚和达摩图，左、右壁绘二十四诸天图。1990 年，在禅堂东新建 1 座砖混结构区佛教协会接待室，为佛教信众聚会处。

西崖向南不远，为 1986 年建的六角形木结构环翠亭。再南即宝盖峰，山势陡峭。峰顶 1 株珍贵稀有的铁杉树，高 20 余米，胸围 2 米多，形似宝塔。峰顶原有木莲寺,建有唐僧殿(已毁)。

二、献珠峰 位于西崖东约50米处,为东西崖之间的一座孤峰,沿羊肠小道可曲折攀登峰顶。峰腰第一平台处建有山门、圣母殿。圣母殿为悬山式人字披顶,三间四柱,高4.2米,宽6.5米,深3.2米,中塑三霄圣母像,左、右各塑1尊送子娘娘,怀抱童子,左、右壁绘封神演义故事图。峰顶开阔处原有清康熙三十二年(1693年)所建望云楼和无量殿,旁建钟楼,内悬明永乐时铸铁钟。现只存无量殿。殿内中间塑无量祖师,像高2.12米,披发跣足坐于坛上,左手掐诀,右手按剑,颇具威猛之势,胁侍立金童、玉女。两侧为天神像4尊,其中1尊为清代塑像,其余为新塑。

三、东崖 又称莲花寺,位于磨针殿东约200米处,亦为天然石窟,长87米,深13米。建有文昌宫、罗汉堂、观音殿、禅院、西洞、尼姑庵、罗迦洞、吉祥洞、石莲洞,均为明代小型建筑。文昌宫、罗汉堂属前堂后厅,紧挨一起。文昌宫为硬山顶单间式,进深局促,中有一木板相隔,隔板前为约1米高文昌君像,后立韦驮像。后室为罗汉堂,歇山顶殿堂式建筑,正中有明代所塑高近2米的鎏金释迦牟尼像,两侧塑菩萨像4尊,弟子像2尊。主佛两侧平台上,各塑9身如真人大小罗汉像。形态各异,造型逼真。左、右壁绘睒子本生图。禅院内现存3尊高0.7米左右的明代铸铜佛,并绘制有观音救度众生图。崖下石穴中,有泉3眼,清澈甘冽,不溢不枯,俗称"神水"。禅院东10余米崖面形成凹穴,为丹霞岩洞,由东向西依次有石莲洞、吉祥洞、罗迦洞(总称梯子洞)。石莲洞又称仙人洞,距地面9.2米,高5.8米,深6.6米,洞口宽10米,原有高梯可通。分前、后两室,前室地面凿石莲,后室坛台塑水月观音及二童子,相传为剑客修炼处,洞旁有插剑崖。吉祥洞又称三佛洞,高3.1米,深6.6米,宽5.6米,为崖阁式长方形窟,内塑三世佛。罗迦洞高5.4米,深8.2米,宽4.2米,为山崖阁楼式建筑。阁中开一长方形大窟,相传为明韩宪王后裔和清康熙年间书法家王了望(或写予望,字菏泽,今甘肃陇西人,明末清初书法家)隐居处。洞内存3尊清代塑像。3洞中共存清代和近代塑像24尊。

四、玉皇峰 在东西崖间,献珠峰南面。山峰拔地而起。峰北山脚平坦处,原七真观(又称集真观)早毁,1986年重建为磨针殿。殿内塑像2尊。磨针殿西沿石级迂回而上,峰顶有称"南天门"的拱形木质重门。其门正对明代所建燃灯殿(又名燃灯阁),殿内塑燃灯佛,两侧壁绘四大天王像。殿后为玉皇殿,内塑玉皇大帝等像7尊,两侧壁有单墨色吕洞宾、汉钟离壁画。由玉皇峰顶向南眺望,罗汉沟群峰参差罗列,若揖若拱,人称"十八罗汉朝玉帝"。由玉皇殿东南下至半山腰路绝处,有睡佛洞(又名涅槃庵),为圆拱形顶,凸字形平面窟,宽 6.4 米,深 3.2 米,高 3.35 米。洞内睡佛(释迦牟尼涅槃像)长 4.74 米,身后塑 1.35 ~ 1.5 米高十弟子像,表情生动,富有人间情趣,均为唐代作(一说北魏作),后代有修复。相传每当天晴午夜,玉皇峰前后荧光点点,若明若暗,时升时降,阁内通明,故有“仙人送灯”之说。

五、南崖　在玉皇峰南麓,因其上有千佛龛,又称千佛崖。在高约 7.5 米、长 23.1 米崖面上,原雕凿上千个小佛龛。整齐划一排为 15 行,每行大致 60 ~ 80 个小佛龛,每个高度约 0.25 米,宽 0.15 米。绝大多数现已不存。整个形制类似麦积山石窟 133 窟千佛造型。保存基本完整的有 2 尊北魏佛像,1 尊宋代净瓶观音像。特别是 2 尊摩崖造像,依崖而建,距地 10 米,为释迦会子造像,释迦像高约 3 米,只存头部、莲花座,罗睺罗造像完整,像高约 1.5 米。依崖建有华严殿、千手千眼菩萨殿(千手观音殿)。华严殿为硬山顶单间建筑,高 5.9 米,面宽 6.1 米,深 5.1 米,原建筑为明修,后毁于大火,1985 年重建。殿内有明代塑像 3 尊,现代贴金彩绘并补塑阿难、迦叶 2 弟子像。左、右壁各有清代彩绘护法天王像 2 幅。千手千眼菩萨殿 1991 年重建,宽 9.3 米,高 9 米,深 5.8 米,硬山式单檐,三间四柱,前廊后殿式结构。廊两侧山墙各绘 1 尊护法力士,殿中塑各种观音造像 3 尊,两边胁侍龙女、善财,左、右壁各绘护法天王 1 尊。1997 年,崖上 2 尊佛头被风吹落破碎。1998 年,区人民政府投资 5.6 万元对 2 尊宋代摩崖修复加固。

六、仙人湖　1989 年,省水利厅投资 70 万元,在宝盖峰南部山谷建起人工湖。拦河坝长 80 米,高 15.4 米,顶宽 2 米。湖水平均深 13 米,最深处 20 米,湖面约 2 万平方米,蓄水量约 17.5 万立方米。拦河坝中部有一高 13 米瀑布。湖北岸建有水榭和观鱼台。同年购游船 2 只,供游人划渡,并在湖内投放鱼苗 12 万尾。

仙人湖上游东北部,称哭祷沟(又名哭倒沟)。据传在明朝灭亡后,皇室后裔为逃避追杀,躲在沟内,伤心痛哭,终年呜咽,泪水汇成小溪西流。

七、净土寺　亦称曼殊寺,在后川村东,沿谷而入一小盆地内,是境内佛教密宗道场。宋代初建,曾称寄骨寺、京都寺、净土寺。相传明太祖朱元璋妹妹曾在此出家。原建有山门、钟鼓楼、韦驮殿、天王殿、地藏殿、三层双塔、大佛殿、菩萨殿等。“文化大革命”期间,除 5 间僧房外,均被拆毁。1993 年起,五台山僧人海正陆续募资 7800 万元重建。至 2006 年,先后建成四柱三间重檐歇山顶石质牌坊楼、普渡桥、山门、钟楼、鼓楼、天王殿、伽蓝殿、祖师殿、文殊殿、古佛殿、大雄宝殿、藏经阁、演法堂、五观堂等殿舍,总面积 6300 多平方米,计 205 间,其中殿宇 88 间。谷口牌坊楼,碧瓦朱甍,雕梁画栋,正中悬蓝底金色“曼殊寺”三字匾额。牌坊楼前,一只硕大赑屃(bì xì)驮着石碑,上有“大般若正宗”字样。沿谷口而入 600 多米,豁然开朗,有长约 300 米、宽 100 米的长方形开阔盆地。寺院坐东北向西南,主要建筑物攒聚在盆地东北,以中轴线形式,分层而建,布局严谨,错落有致,均顶覆琉璃瓦,琼楼金阙,金碧辉煌。盆地内还有面积 2600 平方米放生池 1 座。四周分布 18 座高峻陡峭、奇形怪状的山峰,朝向文殊殿,称“十八罗汉拜文殊”,层峦吐翠,叠峰含秀,山泉泛涌清流,交织成一副有声有色的画卷。寺院背后沟分两岔,悬崖峭壁,形成自然屏障,呈现出及其壮丽的自然景观。每当山风起时,寺周松林犹如江河咆哮、海涛怒吼,故有“净土松涛”之称,州志列入“秦州十景”。

八、石莲谷　在仙人崖西部山谷。向西北延伸,总长约 4 公里。为东柯河支流南河上游。河水清澈见底,平缓处珠溅落盘,声似金石;湍流处顿成飞瀑,如同雷鸣。谷中巨石,因受日光风化和水流冲刷,状若白莲,浸映水中,千姿百态。石上镌刻冯国瑞书“石莲谷”3 字。两边山坡,松杉蔽日,藤蔓交错。逆溪东行,山崖上刻有“峰回路转”“渐入仙境”和“蝉噪林逾静,鸟鸣山更幽”等大字诗句。

九、罗汉沟　在景区南端,北距仙人崖约 3 公里。为一开阔谷地,四周群峰对峙,重峦叠翠,有“十八罗汉朝佛祖”之称。山林风貌极佳。附近还有象鼻崖、峡门崖、火箭山等景观。

第四节　石门景区

石门山景区在伯阳镇和党川乡交界处,距仙人崖景区 15 公里,距城区约 50 公里。景区呈袋状,南北长约 7 公里,南连党川乡北部燕子关(州志中称雁子关),北眺渭水峡谷,东、西分别与麦积镇和元龙镇为邻,总面积 15 平方公里。分石门山和放马滩两组景点。

景区内群峰林立,如劈如削,松柏青翠,浓荫蔽日。石门山雄、险、秀、幽、奇兼备,以其险为最著,兼有泰山之浑厚、华山之雄伟、黄山之奇幽、峨眉之秀丽,被赞为西北的“小黄山”。且山大林深,有麅、鹿、麝、熊、鹦鹉等珍禽异兽,又是一个得天独厚的天然植物园。云杉、水杉、冷杉、红豆杉、辽东栎比比皆是,古松更是一绝。主要景点有石门五峰(麒麟峰、兴隆峰、皇天峰、斗姆峰、玉灵峰)、五阳观、映月湖、双龙峡、天柱峰、放马滩;附属景点有九门九道厢、三响瀑布、九女峰等。其中石门山有八景,即:石门夜月、翠凝仙桥、量天插云、鹫岭卧虎、白鹿映门、盘古洞悬、龙腾峰顶、天门观云等,以“石门夜月”最为称著。

相传石门山很早就有云游道士居住。南宋淳熙年间(1174–1189年),开始修建三清观。元代中、后期,由石门主事的道士,在原基础上扩建,改三清观为五阳观。明、清时,在各峰顶修建殿宇。清乾隆六十年(1795年),秦州知州齐佳士主持大规模重建。光绪年间重修祖师庙后,峰顶维修中止。至民国初,许多殿堂塌圮,塑像损毁。1980–1981年,群众集资维修聚仙桥及部分殿宇。1986年开始,麦积山风景名胜区管理局主持重修钟楼、祖师殿、王母宫、聚仙桥,铺设石级步道4公里。各峰景点存明、清建筑28座,塑像62尊,洞窟2个,壁画2368平方米,铁钟1口。还存石碑3通,分别为明崇祯元年(1628年)立《新建石门兴龙山一会承塑祖师金像》碑、清乾隆五十年(1785年)立《增修石门山祖师洞献殿山门神道碑铭》、乾隆六十年(1795年)立《重修石门山记》碑。

一、麒麟峰 位于石门景区最北部。峰顶建王母宫,八角重檐攒尖顶,三间四柱式,高4.75米,前堂宽4.5米,后殿长4.5米,通深9.2米,为前堂后殿式建筑,内有塑像7尊,其中王母像高2.3米。沿山道自下而上还有三霄殿(又名圣母殿)、桃花庵等。原有明代依崖而建的三层楼,后毁于火灾,现仅存栈道遗迹。在距地面2米处有盘古洞。

二、兴隆峰 又称北峰,在麒麟峰西北。山顶有祖师殿(又称无量宝殿),明崇祯元年(1628年)建,清光绪年间重修,为八卦悬顶重檐歇山式,副阶周匝结构殿堂。殿高7米,宽3.8米,进深1.2米,塑像7尊。殿内祖师像高2.9米,殿外墙壁嵌砖雕山水。沿山道向南下行,依次有赵公殿、三清殿。赵公殿呈方形,高3.6米,宽1.7米,长1.7米,进深1.25米,内塑赵公像,壁画1幅。东部山腰有1洞窟,宽、高、深均2米多,据传唐代医学家孙思邈采药时住过,故称药王洞。

三、斗姆峰 又称小北峰,在麒麟峰南。建有灵官殿、文昌宫、财神殿、钟楼。灵官殿呈长方形,高6.5米,长、宽各4米,进深3.8米,为四角挑檐八柱廊亭式结构,殿外前廊有八柱,殿内塑王灵官像,左右两壁塑白象与青狮,塑像身后背屏结构精巧,保存完好。文昌宫呈方形,长、宽均3米,有塑像3尊。钟楼亦呈方形,内存清康熙二十七年(1688年)铸铁钟1口,铭文记石门山四至:“东至分水岭,南至雁子关河,西至庙儿咀,北至梁子树。”

四、皇天峰 又称小南峰,与斗姆峰对峙。中似门槛,传说为月宫吴刚用大斧所辟。山腰有聚仙桥使两峰相通。聚仙桥为明代所建,长11.8米,高3米,重门启扇式木结构。在晴朗的中秋之夜远眺,明月从聚仙桥下冉冉升起,皎光四射,清莹如镜，有“石门夜月”之称。清末天水名士张世英（今秦州区人）题额“陇月先得”。桥下侧1株古松，约过千年，苍峻挺拔，与峰顶同高，称“等山松”，或誉“量天插云”。雨后初晴，桥下云腾似海，浓雾飘荡山腰，称“石门云海”。

五、玉灵峰 又称南峰，在皇天峰西南。海拔2095米，是石门山最高峰。山腰现存三官殿和灵霄殿(又称玉皇殿)。三官殿高4米，宽4.2米，进深6.7米，为硬山顶建筑。殿内塑像5尊，分别为天、地、水三官像，左右两侧塑金童、玉女像，塑像面形方圆清俊。灵霄殿为硬山顶建筑，高3.3米，宽3.25米，进深3.55米。殿内塑玉皇大帝像，两侧塑太白金星、妙乐天尊、黑鹏、红鹏等道教天神。峰顶西南有卧虎台，地势险峻，誉称“鹫岭卧虎”，据传过去常有虎豹出没歇息。卧虎台南有卧龙台，冈峦如龙，誉称“龙腾峰顶”。在南峰西麓，原有孤魂殿（一称股肱殿）、邱祖殿、祖师殿、戏楼、僧房等，现无存。

六、五阳观 在石门山西麓入山处，地处石门山西北十八盘脚下，因五座相连的山峰在太阳照耀下形成“五羊开泰”之祥瑞，故名（另一说石门山由五峰组成，每峰各有殿宇，总称五阳观），是天水五大道观之一。首建于南宋淳熙年间（1174–1189年），“文化大革命”中殿宇拆除，1981年重建。由主殿真武宫、圣母殿、八仙宫、邱祖殿、泰山殿、古戏楼组成，占地3亩。真武宫为歇山顶式，面阔五间，通长17.2米，进深5.3米。圣母殿为悬山顶式，面阔三间，通长8.65米，进深7.1米。八仙宫为悬山顶式，面阔三间，长8.65米，进深7.1米。戏台为悬山顶式，通长9米，通宽6.55米。观内塑有真武大帝（无量祖师）、雷部八大帅、三霄圣母、送子娘娘、散花娘娘、南极仙翁、道教八仙、东岳大帝及道教全真龙门派创始人丘处机等塑像计34尊。由五阳观东登山，山腰一巨石，形似惊慌奔跑的白鹿，称“白鹿映门”。再向上，攀枝附葛达十八盘，山道险阻，人多望而止步。十八盘北是一悬崖峭壁，名“挂画崖”。过十八盘东绕，即达聚仙桥。

五阳观西有映月湖（原称石门水库），为1960年所修，未成即废。后重修，成为旅游和农业灌溉两用湖。现已干涸。

七、双龙峡 在兴隆峰东北山谷内，最宽处20米，长约500米，传说青、黄两条龙相斗，胜负难分，遂相峙待机，结果化为两峰，中间山谷名为双龙峡。谷中一瀑布，从巨石上飞泻而下，高约百米，流经三弯十八跌，如素练凌空。瀑布在下降中发出三种不同声响，故称“三响瀑布”。冬季流水结冰，巨大冰柱悬空矗立，晶莹透亮。

八、天柱山 在双龙峡左侧，山形如柱，高峻陡峭，有石阶可攀登。传说是神仙去南天门的通道，石阶称“天梯”。由山顶北望，渭水如带，东流而下，近瞰则云海翻腾，犹如置身虚空，称“天门观云”。

九、放马滩 在石门景区南部，地处党川乡北端。海拔1720米。总面积7.8平方公里，地势平坦，水草丰美，传为西周时秦非子牧马地之一。1986年，在其地发掘战国晚期秦墓13座，西汉墓1座，出土400余件文物，其中有战国邽县木板地图和西汉纸质地图。1994年小陇山林业实验局在放马滩立石碑1块，并置8匹石雕马。1997年，被国家林业部批准为麦积国家森林公园放马滩景区。2003年，峡谷腹地建石门度假村，年接待游客5万人次。两旁群峰林立，以九女峰景色最为秀丽。

十、九门九道厢 在映月湖东约2公里一带，北距伯阳镇石门村不远，处东柯河上游，为从街亭往石门山旅游的必经之地。其地峡窄谷深，两旁石崖如削，形似门楹。因连续有九道门状深谷而得名。

第五节 街亭景区

东柯河上游游览点的总称。行政上现分属麦积、甘泉两镇。其中心点街亭镇（自然镇）距北道埠18公里。是以人文景观为主的游览区，又为通往石门、仙人崖的要道。

东柯河上游两支流在街亭镇汇合后，向北流入渭河，其流域主要在麦积镇境内。《水经注》和州志中称上游为轩辕水，有轩辕谷，相传为黄帝诞生地。战国时，东柯河流域（东柯谷）是邽县境内最发达的地方。放马滩秦墓出土的邽县木板图中，东柯谷就有杨里、真里、邸3个县以下单位。今不仅有东柯草堂、街亭古镇、神龙山、千佛洞等古文化景点，还有新建温泉度假村。

一、东柯草堂 在街亭镇西2公里处，即甘泉镇八槐村柳家河（旧称子美村）。唐代诗人杜甫（字子美）于乾元二年（759年）流寓秦州，依侄杜佐在东柯谷结草堂居住，写下有关东柯谷及《示侄佐》等诗篇。不久离开东柯谷。据《元一统志》《古董锁记》《雍大记》等载，草堂始建于北宋哲宗绍圣年间(1094–1098年)，元、明时，皆有草堂供人瞻仰。明崇祯末年(1644年)，毁于战火。后经重建，清同治七年(1868年)又遭兵燹，复毁殆尽。当地流传“九股松，八股槐，仙人场，砚瓦台”，“杜甫淹流地，草堂修起来”民谣，记录草堂周围风貌。九股松高17米，有十人合抱之围，20世纪70年代中，不幸被砍伐；八股槐（又称子美树）由于保护不力，病害加身

(2007年,政府请专家对八股槐实施病虫害处理);砚瓦台由于工程施工被破坏。1996年,原街子乡人民政府筹资9万元在草堂原址修建240米波浪式花围墙,占地475平方米。1999年,再投资12万元,建起3间茅舍。草堂为歇山顶草坡面土木结构建筑,廊柱12根,面阔三间、长12米,进深三间、宽6.75米。左边6米处为硬山顶厨房1间。草堂前有篱笆门1座,四周密林掩映,幽静雅致。

二、街亭古镇 俗称街子镇、街子口。位于东柯河谷东端,地处东柯河两支流交汇的三角洲上。古镇街道呈十字形。南北长约300米,东西长约400米,街道宽约9~12米,占地15.6公顷。街道两旁多为明、清或民国时修建的土木结构两层建筑,亦有典型的四合院形制院落,内有天井、照壁、垂花门等。东西街入口处还保存着二层楼门洞式的古城门。明、清时,其镇为秦州至陕西汉中交通要道之一,商市活跃,店铺密布。街市曾建有山陕会馆,清乾隆已丑年(1769年)修建,坐北朝南,占地583平方米,由山门、财神殿组成。山门为虎座门。财神殿为三开间硬山顶建筑,面阔三间、长9.8米,进深两间、宽7.55米,内有财神塑像1尊。镇西部有诗圣阁,也称子美阁、杜甫祠,建于清乾隆三十七年(1772年)。为悬山顶两层土木结构,面宽三间,一房隔两殿,分祀观音、杜甫。镇东为文昌阁、戏楼。文昌阁单檐木结构,两层,祀文昌帝君,清代数次重建。现文昌阁为清道光三年(1823年)重修,为单开间悬山顶二层楼,面阔一间、长17米,进深宽9.15米。底层为通道,上层有塑像3尊,中为文昌帝君,两旁各塑1书童,均为20世纪90年代重塑。2003年建南厢房,2007年建北厢房。街区中心原有祭祀孔子的文庙,现已破败,碑石横卧。街道两边曾有不少百年以上柏树、槐树,大多已被砍伐。现存明、清古建筑12处,古民居254处,古树12株,古井6眼,碑石20余通。2000年后,由于居民翻建新屋,不少明、清时期建筑被拆除,未拆除者也年久失修,面目全非。

三、神龙山 也称神农山、神灵山。在街亭镇东南约4公里的永庆村。其山突兀孤立,如钟扣地,海拔1605米,高约200米。相传神农尝百草曾居其地。山腰台地发现新石器时代晚期至周代炭灰层、磨制石器、陶纺轮、灰陶罐等遗物。山顶平坦,面积约2~3亩。有近两米厚文化堆积层,曾出土"万"字形方砖及大量明清砖瓦。唐至明、清,其上建有寺庙,屡毁屡建。清同治年间修土堡,今残存夯土城墙。2006年,乡人集资于山顶修建炎黄庙,内塑炎帝、黄帝坐像。

四、千佛洞 在麦积镇滩子村杨家坪北高约50米石崖上。始建于明万历年间。原凿有3孔洞窟,其中两个洞窟已塌毁,现存东边洞窟,深5米,塑3佛4弟子像。洞窟东西侧壁上,塑有上下六排影塑佛像各500身,合称"千佛"。人为毁坏盗窃严重，千佛影塑所剩无几。佛像头被盗，只存残身。窟外西侧石碑刻“明开清竣”4字。附近有10米高的“滴水崖”。

五、温泉　在东柯河上游温家峡。1986年，甘肃省有色金属地质勘探局第二队在峡内发现暖水层，同年钻探（称一号泉），喷水温度34摄氏度。1988年再次钻探（称二号泉，距一号泉40米），喷水温度39摄氏度。1989年，麦积山风景名胜区管理局在二号泉处建成温泉理疗浴所，泉水每日自流量3700吨。经国家地质矿产部科研所鉴定，泉水含氡、硅、硼、钼、钴等微量元素，可疗神经衰弱、失眠、高血压、心脏病及脑溢血后遗症等，尤其对关节炎、皮肤病、脚气等有独特效果。为甘肃省第3个天然热流量较高的的温泉。1997年，整修通往温家峡道路，拆除浴所，扩建为温泉度假村。度假村分前、中、后三院，采用仿古建筑样式，上覆琉璃瓦。前、中院为一不规则四合院，被一水榭阻隔，两边廊亭可通后院，整院辟为一荷花池，内有假山，荷花、金鱼。中院两边为二层住宿客房，有客房57间。后院整院开挖成不规则形游泳池。整体建筑精细小巧，加以游鱼细石，池水氤氲，颇似江南园林。

第六节　曲溪景区

在党川乡西南部，北距麦积山石窟16公里，距城区北道埠44公里。面积6平方公里，海拔1300～1500米。是一处纯自然景色的游览区，被誉为“甘肃的九寨沟”。

发源于秦州区娘娘坝镇的白家河，在流入党川乡境内后，与发源于麦积山东侧附近天子坪山的冷水河汇合，曲折东流，延至观音村。因水路曲折，故名曲溪。1985年被确定为麦积山风景名胜区四个重点景区之一。1997年被国家林业部批准为国家级森林公园。

景区以冷水河口为起点，向东依次有娃娃鱼口、窝窝滩、水獭崖、夹马槽、马场坝、河口、月牙崖、花园坝、乱石窟和观音殿等景点。长16公里，宽1.6～2.2公里。冷水河口两河环洲回合，河面宽阔如湖泊，再收聚东流，有大鲵出没，称“娃娃鱼口”。沿河东行，两崖峭壁耸峙，千峰叠嶂，松杉苍翠，水碧沙明，怪石林立。有若天河陨石撒落溪边，有若水獭跳崖，有若马槽横陈。河水流经月牙崖处，水拍崖底，形若半月，故名“月牙”。

景区河流两岸，林海傍河延展，是天然的动、植物园。林间古树参天，浓荫蔽日，松、杉、栎、桦、枫，岿然矗立；奇花异草，遍地丛生，梅、兰、菊、丹、琼、芍，芳香缕缕。栖息山林和溪水的珍稀动物有羚牛、大鲵、毛冠鹿、白臀鹿、林麝、水獭、猕猴、红腹锦鸡、鸳鸯等。

春夏间,数以千计燕子在绿树、鲜花、河流烘托下,构成"曲溪燕舞"景观。入秋后,细雨霏霏,岚雾环绕,河水时隐时现。隆冬雪后,银装素裹,又成一派"北国风光"。

第三章　卦台山景区

卦台山,又名画卦台、伏羲台。相传伏羲于此"仰则观象于天,俯则察法于地",始作八卦,因此以事命名。其山在渭南镇西北,距镇4公里,距城区北道埠30公里(直径),距天水市秦州区市区15公里。山顶海拔1336米,相对高度166米。山顶台塬南北长160米,东西宽108米,北麓渭水东向绕山而行,南倚白鹿山,远眺状如神龟,凸起于四周。

第一节　历史沿革

1987年区文物普查中,在卦台山发现古文化遗址。由此可证,在距今5000~7000年的仰韶文化时期,已有原始先民在今卦台山一带劳动生息。据清咸丰年间在卦台山麓发现的《伏生墓志铭》,隋代其上为佛家寺院,有僧人居住,称白鹿山。

唐时卦台山的兴建,未见碑石记载。但《旧唐书·玄宗纪》载:"天宝七载(748年)……历代帝王肇迹之处未有祀宇者,所在各置一庙。"卦台山作为伏羲创画八卦之地,自属"肇基之处",当遵令建有庙宇,只是因年代久远,史籍缺失而已。

北宋前期,秦州北部、西部为吐蕃占据,三阳川一带成为重点防御地区。秦州在三阳川设三阳寨,下设十四堡,其中下蜗牛堡在卦台山。北宋中、后期,吐蕃西去,秩序渐静,民间自发重修伏羲庙[①]。

南宋建炎四年(1130年),秦州城(今秦州区市区)及州属北部尽被金人占

①北宋中、后期建庙,目前未见史实证据。但秩序宁静后民间建庙是一种传统。《天水市志·伏羲文化·卦台山伏羲庙》(以下简称《卦台山伏羲庙》)中,有"北宋太平兴国初年,秦州在蜗牛堡创设伏羲庙"的记述,但诸史均载太平兴国初正是宋与吐蕃在三阳寨一带争战时期,似还不可能顾及修庙。北宋若修庙宇,当在中、后期。

领,三阳川一带从此陷于金百余年。金廷对历代帝王祭祀仍袭宋制。《金史·礼志》载:“诸前代帝王,三年一祭,于仲春之月祭伏牺于陈州。”陈州即今河南淮阳,传其地为伏羲去世后安葬之地。此指官祭,民祭未作规定。卦台山原已有伏羲庙,在金据秦州局势渐趋稳定后,民间或集资重修①。元至正七年(1347 年)立普奕撰《伏羲画卦台记》②中,记述当时重建时“民人履其遗址”。是遗址,即指金代所建庙宇遗址(再向前推,或为北宋遗址)。其记所能够证明的,一是元代以前已有庙,二是据“履其遗址”语,年代已相当远。

元元贞元年(1295 年),朝廷命全国州、县通祀三皇(伏羲、神农、黄帝),秦州于州城玉泉观立三皇庙③。而卦台山庙据《伏羲画卦台记》所称“释老之祀者,已复其初,独此地委于榛芜”可知,在至至正初重建前,伏羲庙已经衰败。约在至正初,当地民众集资重建④。旋县尉韩彧申报都部(即巩昌都总帅府),设为官祭之地。至正四年(1344 年),秦州同知周赟为卦台山又确定庙田 145 亩,作为祭祀之资。

---

①《天水市志·卦台山伏羲庙》载:“(金)明昌年间(1190–1196 年),重建伏羲庙。”从现存《伏羲画卦台记》中所存信息,只说元代以前卦台山有庙,未知具体时间。

②《伏羲画卦台记》,其碑已失,文见于《直隶秦州新志·补遗》。伏羲庙现存一块碑首,上有篆书《秦州成纪县伏羲庙记》9 字。金石行家从其石质、镌刻形式上已断定为元代遗物,故其碑首或即普奕撰文之碑首,只是《直隶秦州新志》中引为《伏羲画卦台记》。从字面上看,州志所录碑名不及现存碑首上用词详尽。

③《卦台山伏羲庙》载:“1993 年重建卦台山东朝房时,在先天殿东侧发现黄帝殿基址,与民间传说的元代庙内有三座大殿(即先天殿、神农殿、黄帝殿)……说法吻合。由此可知,元代元贞年间曾建有配殿。”但不论是州志所载《伏羲画卦台记》,还是现存碑首中《秦州成纪县伏羲庙记》,均明确记载元代卦台山上唯有伏羲庙,没有其他庙。再者自唐中命立三皇庙后,三皇一直是并列对等地位,不会将神农、黄帝另外置于配殿。又:据《伏羲画卦台记》,卦台山庙是其后的至正年间所修复,元贞年间尚未建修。

④《卦台山伏羲庙》载:“元初,伏羲庙已成废墟,秦州民众在金伏羲庙旧址基础上集资重建,具体时间当在元世祖至元十七至三十一年(1280–1294 年)间。元成宗元贞元年(1295 年),诏令全国各州、县普遍祭祀三皇,庙宇进一步扩建。”但至正七年(1347 年)所立《伏羲画卦台记》载:“释老之祀者,已复其初,独此地委于荒芜,见者莫不太息。于是民人履其遗址,鸠工抡材……次第一新。”可证至正年间重建前很长时间,已未修建,处于“荒芜”状态。而此时在至元、元贞纪元后数十年。假如至元后期和元贞初有过重建,那么至至正初才五六十年,不会至于“榛芜”状态。

明洪武四年(1371 年),太祖朱元璋鉴于地方祭祀三皇有亵渎之嫌,下诏禁止地方对三皇的祭祀。对卦台山官祭中止,庙宇渐趋陈废。明正德中(约在1511–1515 年),巡按甘肃御史马溥然、冯时雍先后上奏朝廷,提请恢复秦州卦台山伏羲庙祭祀。正德十一年(1516 年),朝议准奏,从而卦台山取得官修并官祭资格。正德十六年(1521 年),新任巡按甘肃御史许翔凤鉴于卦台山远离州治,官祭不便,又上奏朝廷,提议将拟建于卦台山的伏羲庙改建于秦州城,并得获准。从此卦台山伏羲庙的地位下降。

明嘉靖十年(1531 年),巡按甘肃御史方远宜巡察至此地,以为"古圣之迹……宜建祠于此,以祀伏羲",遂令由官府出资重建,并令巩昌府同知李暹、临洮府同知王卿主持营建,于是年二月二十日开工,闰六月二十八日完工。翰林院修撰康海撰《秦州画卦台新建伏羲庙记》。嘉靖十二年,陕西巡察御史刘希龙、秦州知州黄仕隆、同知金光宇组织整修未尽工程,"为龛卦台之上"(见同年立《增修太昊庙记》)。

清顺治十年(1653 年)重修(见现存秦州城区伏羲庙《重修太昊宫碑记》)。次年(1654 年),秦州大地震,卦台山伏羲庙又遭损坏。次年,秦州营游击郭镇都(今甘肃永昌县人,顺治八年任秦州营游击)慨然捐资重修,新建后的格局为:主殿为先天殿,两厢有东、西朝房,前为午门,午门两边钟、鼓楼,午门外为三开间牌坊,为中间高、两边低形制"联手牌坊"。是次重修后,人皆赞其"视前加壮丽焉"(《直隶秦州新志·名宦》语。今庙内存郭镇都重建伏羲庙记石碑,但字迹大部模糊不清)。

清代后期,午门前空地东侧又陆续建财神庙、灵官庙,西侧建娘娘庙、土地庙,午门前正中建戏楼,使伏羲庙前又形成一组祠神建筑群落。清同治元年(1862年)、光绪元年(1875 年)、光绪二十一年民间集资对庙宇进行维修。

民国 9 年(1920 年),海原大地震波及,庙内建筑多有损坏,部分被毁。灾后民众集资,秦州名士任承允还特作《重修卦台山伏羲圣庙化引》,为募捐鼓动宣传,除尚存先天殿、午门、牌坊、钟鼓楼全面修复外,重建被震毁的西朝房、戏楼等,唯东朝房及牌坊外神宇未恢复。

1949 年后,卦台山殿宇再未能修复或装饰,渐趋残破。"文化大革命"开始后,卦台山伏羲庙遭毁,明代大钟、伏羲内铁像被当作废品上缴收购站,许多碑刻下落不明。1982 年,卦台山被列为天水县县级文物保护单位。此后卦台山得以逐渐恢复。1983 年,以吴家村、张新、张石为主的附近村民筹资在卦台山建仿歇山顶式碑亭 2 座,将残存两块石碑(明《秦州画卦台新建伏羲庙记》和清郭镇都重建碑)嵌入其中,加以保护。1984年,建戏楼。1986年10月,群众集资5万余元,省、区文化部门投资8000多元,由蒲成生(中滩镇蒲甸村人,曾为修建麦积山加固工程设计师之一)设计,依原毁座基开始兴建先天殿(时称八卦亭),1988年8月竣工。1992年,建成午门。1994年,甘肃省拨款8万元和台湾伏羲庙主持薛清泉捐助5.3万元,建东朝房。1996年,建玄牝门(卦台山古堡门楼)。1998年,建钟、鼓楼。1999年,筹集16万元,除完成钟鼓楼后续工程外,分别从西安、甘肃永靖定做太平鼓和八卦金钟悬挂钟、鼓楼。2000年,建成西朝房,并立霍松林撰写《卦台山伏羲庙记》碑于其前。至此,除牌坊外,原建筑规模基本恢复。2001年,在午门前建仙女台。2002年,完成大殿壁画绘制。2006年首届卦台山民祭伏羲典礼前,更换殿舍屋顶破损的兽脊瓦等,并进行粉刷;在先天殿前新建60余平方米的祭祀月台。

第二节 庙宇建筑

现建筑群分布在山顶台塬上。主殿先天殿,坐北朝南,建筑面积198平方米,单檐歇山顶,上覆灰瓦,四角翘挑,雕梁画栋,面阔五间、长17.25米,进深三间、宽11.5米,内供伏羲鎏金像1尊,旁塑龙马像,还有明刻"伏羲六十四卦二十八宿全图"1块。主殿前两侧为东、西朝房,建筑规格相同,为挑檐柱廊悬山顶建筑,每座建筑面积124平方米,两边山墙进深6米,高6米。廊前各有12根廊柱。廊道进深4.37米,宽1.67米,长15米。东朝房内塑尧、舜像,西朝房塑禹、后羿像,墙壁彩绘伏羲女娲功绩图。主殿对面,为午门,四檐悬山式,两面墙高4米,中间五开门长15米,内外分别有6根廊柱,深5米。午门两边为钟、鼓楼。两楼均为四面三开间双层歇山顶形制阁楼,高8米,廊柱16根,一楼四墙一门,长、宽均3米,二楼为木结构,四面通透。庙院内,按八卦九宫方位,植柏松17株(7株为80年代补植)。午门前为步道。步道最南端为玄牝门、仙女台。仙女台在玄牝门外,台四周围汉白玉栏杆,登临其台,整个三阳川一览无余。玄牝门由门墙、门洞和门楼三部分组成。门洞和门墙为钢筋砼基础,地上部分用砖砌筑,面贴灰色花岗岩。门楼为仿古式结构,顶端有阳刻"卦台山"3字,苍劲有力,顶覆深蓝色琉璃瓦。穿过门洞,沿台基步道而上,即达午门。

第三节　祭祀活动

元至正初，成纪县（时成纪县治今秦州区城区，三阳川归其辖）尉韩彧上书都部，建议卦台山伏羲庙由官府主持祭祀。其议被准，此后于每年三、九月由官府出资并主持祭祀。至正四年（1344年），秦州同知周赟参谒卦台山伏羲庙，重新厘定庙产，计145亩，规定每亩年租1斗，用以资助祭祀之费。明洪武四年（1371年），太祖朱元璋禁止地方祭祀三皇，卦台山伏羲庙官祭中止，唯民间祭祀不断。明正德中，经巡按甘肃御史马溥然、冯时雍先后上奏，正德十一年（1516年）朝廷允准，卦台山恢复官祭。此后，每年仲春、仲秋之上丙日，即二月初三日和八月初三日由秦州官员到卦台山主持祭祀。明嘉靖二年（1523年）秦州城伏羲庙建成后，对伏羲的官祭改为在州城伏羲庙举行，卦台山由官祭降为民间祭祀，祭祀日改为每年正月十五日、二月十五日两次。清代、民国沿袭。

中华人民共和国成立初，民间祭祀时续时断。“文化大革命”时，山上建筑皆被摧毁，祭祀中止。20世纪80年代，随宗教政策调整和传统活动的恢复，1981年3月20日（农历二月十五日），卦台山周邻群众自发恢复祭祀活动。将农历正月十五日、二月十五日、五月十三日（龙的诞辰日）定为祭祀日。此后历年举行，且日渐隆重。

2006年，天水伏羲文化旅游节会筹委会将卦台山确定为分会场，并举办大型民间祭祀伏羲典礼。民祭活动改为政府主办、官民同祭。祭祀程序规范为鸣鞭炮、献祭品、献箸匙、跪拜、奏乐、击鼓鸣钟、燃烛香、上香、献茶酒、宣读祭文、瞻仰圣像等。祭品为三牲、八样馔、两样羹粥、四样糕点、四样时果、一篮鲜花、茶壶一、茶杯三、酒提一、酒杯三。并有主祭人、陪祭人、击鼓人、鸣钟人。此后，每年邀请境内、外各界领导人、知名人士、专家学者等，齐聚卦台山祭祀伏羲。祭祀期间还举办大型文艺、秦腔演出、书画展览、武术表演、象棋比赛等活动。

第四节　开发建设

一、整体规划　1993年，区委、区人民政府发出《关于加强卦台山人文景点开发建设的通知》，要求“统一规划，突出重点，分步实施和自然资源开发与人文资源开发相结合,工程治理与生物治理相统一”,积极稳妥地开展开发建设。1994年,区人民政府委托甘肃城乡建设规划设计研究院完成总建筑面积2932平方米、年接待能力28万人次、总造价1100万元(不含山体绿化、上水工程)的《伏羲卦台古迹规划设计暨建筑设计方案》。同年,区林业局编制完成《卦台山绿化规划》。1998年,区林业局重新编制《卦台山绿化规划设计》。

二、道路 1993年,建成渭南火车站至卦台山腰停车场,长2.9公里、宽4.5米沙砾路面公路。1996年,建成停车场至古堡门楼间约300米登山石阶道路,宽3米,两旁种植苍松翠柏。1999年,重建停车场至古堡门楼间登山步道,全长384米,宽7米(包括路两边各2米夹道护篱)。步道按先后天八卦排布,第一副台阶阶面阴刻先天八卦卦爻,第二至最后一副台阶阶面阴刻周易六十四卦爻,每一段步道长32米,由横列的8块小方砖与4块大方砖铺成,总投资32.5万元。2003年,重建上山公路,改由天巉公路中滩出口通往卦台山停车场。为三级公路,长4.5公里,路基宽8.5米,路面沥青铺设。其工程共移动土方2.5万立方米,涵洞5道、47延米,浆砌边沟加固3000米,筑路肩墙7000立方米,总投资380万元。2004年,修建城堡内两面步道台阶。

三、供水 卦台山用水,原来一直是从山下吴家村人力肩挑上山。1989年,天水市科委提出引水上山计划,因缺资金未能实施。1995年,区水电局水电勘测设计队完成引水上山工程设计。1996年,区人民政府投资35万元,利用吴家村南侧大口井,引水经吴家村泵房后上山,扬程210米,出水量每小时20立方米(同时解决吴家村3000多人的人畜饮水)。2001年,对原上水工程水源井进行改造,新打机井一口,对上水工程进行配套及调试。2003年,投资30万元延伸原有管网,又对卦台山上水设施进行改造,安装喷灌喷头100多处,使全山绿化林实现喷灌。

四、绿化 1992前,卦台山除山顶堡内有零星松柏树外,唯南部山腰阶地有农民果园200亩。是年在山塬南平缓处规划景区山荒地562亩,开始种植树木。1998年,载植刺槐40亩。2000年开始,按照规划逐年进行大规模栽植,并派专人管护,按期浇水。是年春秋两季,栽植侧柏、塔柏、大叶黄杨等树种600亩,4.5万株。2001年,再载柏油松、侧柏、雪松、梧桐、国槐、樱花等200余亩,1.5万株。2002年春,渭南乡人民政府动员群众投工投劳2000多工日,筹集资金近10万元,栽植樱花、雪松、塔柏等高档风景观赏树种2000余株,侧柏1.8万余株,按照景区规划进行补栽。2003年,由天水市投资10万元,植4米以上云杉、银杏1000株。还投资100

万元，对原山体进行绿化美化，栽植龙柏、笔柏、巨柏、雪松等树种；在城垣西北按太极、乾坤坎三卦图案栽植龙柏与蜀桧，在东北按二十八宿与北斗七星形状栽植雪松，在登山步道两边间插红叶李，在庙院内栽植红叶李，并按先天卦位取乾、坤、坎、离四卦，对仙女台前花园进行重建。2006 年，在山体西北部栽植太极八卦图案树，栽植龙柏、塔柏 3 千多株，新植观赏树垂榆 300 株，花草 2 千多株，使全山由绿化向美化转变。至 2007 年，共投资 1000 多万元，绿化山体 3000 亩。

五、其他 1993 年，在山腰建简易停车场。1999 年，投资 1 万元，在停车场修建厕所 1 座。2002 年创建中国优秀旅游城市期间，投资 8 万元修建环保型旅游公厕 1 座。同时对山下停车场进行拓建，使其面积扩至 1 万平方米。2004 年，投资 66.7 万元，在停车场北侧修建总面积 1100 平方米的游客服务中心。2006 年，改装、更新庙院内电力线路，新装 6 平方电力线路 1 千米，4 平方电力线路 2 千米，新添照明设施 8 处。还新购影碟机、无线接收机与 10 组音箱，安装音响设备，定期播放卦台山简介与背景音乐。又拆除先天殿前砖砌香炉，安置铁香炉 5 组。

第四章　城市景观

第一节　马跑泉公园

马跑泉公园亦称水上公园，位于城区桥南东部马跑泉路中段东侧，南距马跑泉约 0.5 公里，北距火车站约 3 公里。始建于 1985 年，占地面积 120 亩，其中湖体面积约 56 亩，是陇东南地区最大的水上公园。怡仙桥将公园分为南北两区，南区为荷花池、长廊、游泳池等西洋建筑风格景点，北区为翠屏山假山、敬德勒马雕塑、水榭、盆景园、湖心岛等中国古典建筑景点。2004 年被评为国家 AA 级旅游景区。

一、沿革 民国 35 年(1946 年)春，驻马跑泉的国民军中央陆军骑兵军官学校在马跑泉东北约 500 米处的滩地植柳树千余株，因管理森严，成活率极高，遂名“柳林”，不久更名“中山林”。后因树林系蒋介石到学校视察时倡导所植，再改称“中正林”。

1958 年，在原“柳林”处由省兴办渔场，柳树大部分被毁。20 世纪 60 年代，渔场管理权一再下放，后由团庄等队集体经营。不久，鱼苗尽毁，县农业服务站收回管理权，再投放鱼苗。20 世纪 70 年代，划归县食品公司筹办养鸡场，1981 年再划归县城市建设局。1982年，城市建设局平整鱼池，建苗圃2公顷，育云杉、柳树、冬青、梧桐等苗木13万余株。1985年，将1.3公顷划归新设的麦积山风景名胜区管理局为局址。同年，区人民政府决定由区城乡建设环境保护局在麦积山风景名胜区管理局北侧兴建公园。同年冬动工。1986年4月一期工程竣工，建成人工湖、公园大门及1465平方米步道，购进游船25条，于五一节开始接待游人。同年冬至次年又建湖心岛和儿童游乐岛、假山、喷泉、雕像、并在湖心岛建"惠泉亭"；还种植雪松、梧桐、红叶李等风景树及观赏花卉4万余株，植草坪8000多平方米。1988年，建成"怡仙桥"及曲廊。1989年，建成通达湖心岛的三孔平板桥，植荷花1175平方米。1990年，建水榭1座。1993年，公园东北部苗圃改盆景园，后又把公园内步道由鹅卵石改为石板，添置部分快艇游船。1998年，投资15万元，新打机井1口；投资15万元，铺设园湖南环行道路2337平方米。

2002年，为争创国家级旅游景点，开始对公园进行综合改造。除水域清淤、电路改造及亮化、垂直绿化及荷花池绿化、假山前喷泉的修缮外，还投资48万元建成餐饮一条街，投资33万元新建水冲式厕所1处，面积280平方米。同时新建植物造型5处。2005-2006年，栽植牡丹、芍药、月季等花卉1300余株，新购进20条脚踏船。2007年，新引进超级秋千、水上步行球两个游乐项目，投资16万元，对北湖环湖游园道路全面整修，将北湖码头修建成面积20多平方米的仿古建筑，门口旱厕改建为水冲式厕所。

二、景观 公园南北长约600米，东西宽约130米，是一处以园林景观为主的"水上公园"。园门朝西。园内由人工湖、假山、湖心岛、莲花池、金鱼池、曲廊、游泳池、儿童游乐场、盆景园、水榭、草坪组成。

公园大门用大理石砌成，北边直书"马跑泉公园"。公园内门口是小广场，迎面草坪中是座高5米、占地10余平方米的用青石砌成的假山—"翠屏山"（甘肃绒线厂投资兴建）。前有喷泉，喷水高10余米。草坪内有一凌空欲奔的汉白玉石雕马，马北侧不远有鹿童和鸽童像。"翠屏山"后是人工湖，呈椭圆形，面积3.7公顷，平均水深1.6米，湖上建有拱形桥—"怡仙桥"。人工湖水源来自地下水，天旱水位下降时，加注自来水。湖岸列植垂柳、山樱、松、杨、红叶李、日本樱花、紫荆、杏等树。湖面被长20米、宽5米的怡仙桥分为南北两部。北湖近东岸是湖心岛，岛与湖岸由12米长的3孔平板桥相接，岛中部为六角形钢筋混凝土仿木质结构"惠泉亭"（小陇山林业实验局投资兴建）。亭高4米，楣顶彩绘"秦州十景"诗画和当地传说。北湖北岸建有两层结构的水榭,面积120平方米。南湖与游泳池被长8米,宽2.5米的仿桥堤坝分开。在南湖和游泳池的东南曾建儿童游乐岛,后废弃。

1990年后,人工湖西北和南部引进滚动滑梯、弹跳床、奔月飞车、猫戏老鼠、恐怖城、迷宫、森林打靶、海陆空大战等十几个游乐设施,投资107万元。东北原有占地近1公顷的苗圃。1993年改建为盆景园。设30间展廊,100平方米展厅,内有植物盆景、根雕、孔雀、锦鸡等展物。湖东面为麦积区园林管理处办公场地。公园西南是长40米的钢混结构曲廊,廊下有金鱼池,旁有梅、竹、兰、菊和四季花草,各依地势栽植。曲廊北为莲花池。

第二节 龙 园

龙园在城区桥南东部马跑泉路北段西侧。是由天水经济技术开发区投资、为纪念天水名人修建的仿古式文化园林建筑,建于1999年。园长120米,宽60米,占地10.8亩。建筑面积2300平方米,总投资2000万元。整个建筑由大门、双环亭、牌坊、龙马铜塑、成纪殿组成。大门是五开间歇山式仿明清建筑,门前左、右须弥座上踞青石雕麒麟。进入园内,左右各建1座重檐双环亭,园中心建汉白玉底座龙马塑像,后为四方柱三间青石龙头牌坊,坊额中间上楣刻时任中共中央总书记江泽民手书“羲皇故里”4字,中两柱镌刻邑人霍松林以古秦州八大景观和天水历代八位名人事迹撰写的104字长联。园最西为成纪殿,坐西向东,为园内主体建筑。殿前两侧,立一对汉白玉华表。大殿坐落于月台之上,为九开间重檐歇山式明清风格建筑,长45米、高27米,进深13.6米。廊前立十根汉白玉蟠龙柱,檐下九踩斗拱出挑,顶上琉璃瓦覆盖,龙吻高翘,雕梁画栋,金碧辉煌。

殿内陈列天水历代名人铜像19尊,中为伏羲,两旁以生存年代为序,左右各9位。右边依次是石作蜀(春秋时秦人,孔子著名弟子之一)、李广(西汉陇西成纪人,曾任边地7郡太守,屡败匈奴,号“飞将军”)、段会宗(西汉天水上邽人,因平息乌孙叛乱而封关内侯)、苻坚(十六国时略阳临渭氐人,前秦皇帝)、李世民(即唐太宗)、王仁裕(五代天水人,曾任户部、兵部尚书,加太子少保)、夏景和(明秦州卫人,刚直敢言,曾任山西按察司副使)、胡忻(明秦州马跑泉人,曾上书免除秦州矿税银,官至太常寺少卿)、张世英(清秦州城人,任陕西多地知县、甘肃自治巡道道员,以倡新政、兴办学校而著称);左边是纪信(西汉初刘邦将,今秦州区市区有汉忠烈纪将军祠）、赵充国（西汉陇西上邽人，任至后将军，封营平候）、姜维（三国时天水冀县人，官至蜀汉大将军）、姜谟（隋唐秦州上邽人，曾助李渊建国，后任秦州刺史）、权德舆（唐秦州略阳人，历任礼、吏、刑部尚书、中书门下平章事）、刘锜（南宋秦州成纪人，抗金名将，官至太尉、节度使）、胡缵宗（明秦安人，历任知府、左布政使、巡抚加右副都御史）、任其昌（清秦州人，著名学者、诗人、教育家）、安维峻（清秦安人，生性刚直，被誉为“陇上铁汉”，曾任福建道监察御史、内阁侍读）。两侧墙壁配以仿铜群龙浮雕，山墙配有仿红木壁画及麦积飞天壁画和 32 幅发生在古成纪的历史故事木浮雕画。

龙园以北，紧挨建有仿古一条街，东西长 420 米，南北宽 38 米。街两端建四柱三间牌坊，甚华丽。街东头立汉白玉三阳开泰雕像。街两边有颇具古典风格的建筑铺面 364 间，建筑面积 1.05 万平方米，摊位 100 多个，以销售花鸟、字画、文物古玩等为主。2007 年，接待 3.4 万游客。

第三节　北山公园

北山公园在城区北部边缘孤山山麓。属股份制投资新建公园，原寨子街道吕家村以土地入股（其中集体耕地 8.7 公顷，外加荒沟、荒坡 20 公顷），占整个公园股份的 28%。公园占地 31.3 公顷，投资 300 多万元。1992–1993 年，建成六角亭、折廊、宣和中心园、北山馆、台阶及公园办公室等，总建筑面积 480 平方米，铺设游道 1000 多米。并在后沟和腰崖口建蓄水池 2 处。建成后，动员驻军和社会力量修通 3 ~ 9 米宽上山车行道 1500 多米。1999 年，挖运土方 3600 多立方米，填沟、垫院、拓宽平整游人活动场所 700 多平方米，移动土方 1.5 万立方米，平整、扩大停车场两处 600 多平方米。2001 年，架通 310 千伏高压专线 400 米至山顶，拓宽双沟口至办公室的上山土路 300 多米。山脊、山腰历年广植各种柏树、松树、槐树、梧桐等及连翘、迎春、蔷薇、月季、牡丹、红梅、紫金、大叶黄杨、瓜籽黄杨、红叶小柏、竹子等花卉树木。2007 年，有大塔柏 8.2 万株，大侧柏 6.6 万株，小侧柏 44 万株，泡桐 3800 株，迎春花 3656 株，金丝柳 1798 株。每日清晨，多晨练人群。公园后有一天然泉眼，泉水甘洌，常有人食用。

第四节　青牛园

青牛园位于城区桥南石佛路、伯阳路丁字路口，东距仿古一条街西口约360米。由天水经济技术开发区投资160万元兴建，1995年建成，占地3.5亩。园前置大型石雕牛头赑屃驮方碑1座，赑屃高0.55米，宽1.6米，长2.57米。上驮方碑高2.03米，长0.96米，宽0.8米，上镌刻霍松林题“青牛园”3字，背刻太极图。整园按天圆地方式样广植草坪，中心铺设直径10.7米圆形大理石石座，正心置铁铸青牛雕像1座，长5.3米，重8吨；形成园中有圆，圆圆相映之态。园后长廊7间，两边建八角亭各1处，长廊西壁内嵌碑文，中间为《兴建伯阳青牛园记》碑文1块，两侧为老子《道德经》文各3块，每块碑文长2.16米，宽0.8米，碑文均为铜铸，每字约长、宽3厘米。园内广植银杏、龙柏、红豆杉、合欢、紫薇、冬青、侧柏等。四角巧用太湖石堆成四座假山，千姿百态、玲珑剔透，颇有江南园林之风。

第五章　其他景点

第一节　寺观庙宇

一、佛寺

渗金寺　在马跑泉镇东街。创建年代待考，据现存石碑，明万历三年（1575年）、清康熙三年（1664年）、道光十一至十二年（1831–1832年）先后重建。道光年间重建后，分为上、下两院，下院为佛寺，上院为道观。殿宇7座，30余间，内有佛、菩萨、韦驮、无量祖师、灵官、天王等数十尊像，还有钟楼、鼓楼。寺门为叠式牌坊，出寺门下台阶即街道。民国2年（1913年）成立东泉高等小学校时，占用上院大部分建筑。至民国21年，上院全占为学校。民国27年，中央陆军骑兵军官教育班（后改称骑兵军官学校）进驻寺内，小学迁出。并拆毁塑像和部分建筑，牌坊式寺门改建为城垛式军校校门。共和国成立后，东泉小学设寺内。1979年，对仅存6座清代殿宇进行修缮。1992年后开始大规模重修。1994年为落实宗教政策，马跑泉小学（原东泉小学）完全迁出，当年建观音殿、地藏殿。1995年建卧佛殿，1997年建五观堂，2003年建念佛堂，2007年建山门，始形成现规模。寺院坐南面北,依山势分上、下两院,上院大雄宝殿、观音殿、地藏殿、抱厦及配殿共6座建筑。山门雄伟,为二层歇山顶圆拱门。下院两旁建客房,下院后有伽蓝殿,内供奉铜伽蓝像1尊。由伽蓝殿两侧阶梯上约15米左右,可达上院。上院为四合院式,大雄宝殿为五檩悬山顶,面阔三间、宽10米,进深6米,前接卷棚抱厦。左、右侧殿各3间,宽9米,进深4米,均为硬山顶。大雄宝殿西旁为五观堂。循五观堂前小道可达后院,后院为卧佛殿,七檩硬山顶式,面阔五间,两旁两间厢房,中间三间为大殿,连为一体。通长18米,进深8米,殿门有中国佛教协会副会长茗山题“卧佛殿”3字。殿内后坛台塑约9米长卧佛,佛后塑十二大弟子,头戴佛冠,像前供奉玉佛像3尊。卧佛殿西为念佛堂,硬山顶式,面阔五间,内存清代石碑1通。共有塑像40尊,均为新塑。有古柏7株,最大的胸围5米。现寺院占地5亩,建筑面积2240平方米。寺前街道北侧空地塑尉迟敬德骑马像。相传唐开国将尉迟敬德西征路过,战马前蹄刨出涌泉,故名马跑泉。泉边曾建鄂公祠,今已不存。民国初,渗金寺古柏上还架放一支铁鞭,传为尉迟敬德所持用,后亦无存。尉迟敬德像旁曾是著名的马跑泉,北宋游师雄(字景叔,京兆府武功人,曾任提举秦凤等路刑狱公事,诗人)曾游历到寺,煮茶品尝,赋诗赞曰:“清甘一派古祠边,昨日亲烹小凤团。却恨竟陵无品目,烦君精鉴为尝看。”上世纪末,由于水位下降,泉已消失。

龙槐寺　在马跑泉镇龙槐村附近盘龙山山顶。据传始建于北魏前,初建时即栽植龙爪槐1株,后枯死。清乾隆年间补栽1株。《天水县志》载“山门外龙槐一株,高不盈丈,苍老雕疏,枝可合抱,霜皮斑驳若鳞,夭矫大似龙飞,近千年物也。”至今已近300年树龄,仍郁郁葱葱,虬曲盘错。寺内大佛殿为元代建筑,其余均为重修。1987年建韦驮殿,1993年建成观音、地藏王殿,2003年建山门,2005年建圣母殿、方神殿,形成现规模。整体建筑坐西面东,踞于高近8米的山梁阶地上,由36台阶而上达山门。山门为三开间悬山顶垂花门式,悬中国道教协会会长任法融题“龙槐寺”3字。院内分前院、后院、侧院。建筑面积185平方米。前院中轴线上建韦驮殿,硬山顶式,殿内面东塑弥勒佛,背靠塑韦驮,两旁塑四大天王坐像。由韦驮殿左右绕行达后院,主殿为大佛殿,坐西向东,建在高1米台基上,为灰瓦硬山顶前出廊式,三间四柱,通宽9米,进深5米,殿前明柱雕有蟠龙,殿内塑3佛2菩萨像,两侧塑龙女、善财像,共7尊。殿外廊两侧各立塑约2米高护法神1尊。主殿前南、北,为观音、地藏王殿,均为硬山顶殿宇,通宽8.5米,进深4米,观音殿塑文殊、观音、普贤像3尊,观音两侧侍立龙女、善财像。地藏王殿泥塑

3 尊。院内整院蓬覆龙槐绿荫，绿荫呈正方形，长 8 米，宽 7.6 米，有四根水泥柱支撑树枝。由韦驮殿旁月门进入侧院。侧院为一道院，有圣母殿、方神殿，均为硬山顶砖木结构。圣母殿塑像 5 尊，方神殿行像 6 尊。寺院存石灯 1 件，高 80 厘米，直径 20 厘米，顶部为联瓣状。分 3 层。为北魏作品，取名“龙槐石灯”。四块正方形石板，长约 50 厘米，当地人称 “世面”。山门外有戏台，2004 年建。

柳林寺　在马跑泉镇大柳树村东。因旧时村中柳树较多，寺建在柳树之中，故名柳林寺。据寺中石碑记载（石碑毁于“文化大革命”中），始建于唐贞观十九年（645 年），宋、元、明、清各代扩建，解放初亦维修重建。“文化大革命”前，寺院分前、后两院。植柳树 6 株，平均树高 30 米，树龄约 800 年，4 人合抱粗。“文化大革命”期间，4 株柳树连同塑像被毁，寺庙前、后院打通，用作小学校舍。1982 年校舍迁出，地方群众集资重建。1990 年建大佛殿，1994 年建圣母殿，1995 年建财神殿，1997 年建方神殿，2000 年建观音殿、地藏王殿，2004 年建山门及厢房，形成现规模。寺院占地 588 平方米，坐西面东，整体坐于高 3 米土台上。分前、后两院。寺门重檐歇山顶牌楼式，正中悬茗山题“柳林寺”匾。两边为卷棚式二层厢房，山门后正中建一四角攒尖顶亭，一面为两柱，一面铺地塑大象，象鼻遽起，支撑凉亭，构思别致。前院两边，北为方神殿，硬山顶式，内有方神行像 4 尊；南为圣母殿，亦硬山顶式，内有三霄圣母像。两殿均通宽 8 米，进深 4 米。正面为财神殿，悬山顶单间式，通长 5.5 米，宽 5.5 米，殿内中间相隔，面东塑关公等像 3 尊，面西塑韦驮像，两边塑四大天王座像。后院亦为四合院式，正中主殿为大佛殿，坐西向东，通宽 9.2 米，进深 6 米，为五檩硬山顶前出廊式，三间四柱，殿内塑横三世佛 3 尊，后壁悬塑火焰纹光晕，中间释迦牟尼佛火焰纹尤为精巧，上塑数尊小巧天女散花像，两壁绘十八罗汉、二十四诸天图。主殿前两厢，北为观音殿，南为地藏王殿。两殿形制相同，均为前出廊硬山顶式，三间四柱，通宽 9 米，进深 4 米。观音殿内塑观音、普贤、文殊像 3 尊，地藏王殿塑地藏王菩萨和闵公、道明，两旁塑 1 米高十殿阎罗像，墙壁环绕悬塑 50 厘米高菩萨、和尚像 20 尊。观音殿、地藏王殿旁为钟、鼓楼，二层重檐四角攒尖顶式。寺内存 300 年古柏 2 株，胸径 0.5 米。寺门外有胸径 4.4 米和 4.9 米柳树 2 株，高约 12 米。

刚刹寺　在马跑泉镇李家坪村西 2 里处。始建不详。现存城隍殿、方神殿为民国 12 年（1923 年）建造，其余 4 座为 2002 年重建。寺院占地 2.8 亩，坐西南向东北，自东北向西南依次为山门、大佛殿、城隍殿、地藏王殿、观音殿、方神殿等建筑共6座，塑像36尊。山门上有钟鼓楼。大佛殿面阔三间、长12米，进深7.2米，歇山顶建筑；方神殿为三开间硬山顶建筑，通长9.5米，通宽5.9米；城隍殿为单开间硬山顶建筑，通长2.8米，通宽4.6米；地藏王殿、观音殿均为小三开间歇山顶建筑，通长4.7米，通宽4.7米。方神殿内塑像为清末民国初遗存，廊檐两侧嵌有民国12年重建碑记1通。院内有古柏4棵，苍劲挺拔。

蛟龙寺　在马跑泉镇新胜村西北250米处。在两条溪水汇聚处一座小孤山上，溪水恰似两条蛟龙，故名。《天水县志》赞其地“山环水绕，群峰拱峙，地形似龟，寺于其上，真灵境也”。原名同林寺，在庙咀梁牡丹峰。始建于元末明初，明万历八年（1580年）迁建于此。据匾额记载，清、民国曾多次维修。1955年，44尊佛像、匾额、佛器散失。1966年，15间庙宇连同雕刻壁画被毁。所存庙舍充当学校。1986年，开始进行维修新建，1995年始成现规模。占地7.2亩，建筑面积146平方米。坐西北向东南，自东南向西北依次为山门、钟鼓楼、南北配殿、大佛殿。钟鼓楼高15米，楼阁式攒尖顶。配殿均为面阔三间9米、进深4米、四檩硬山顶建筑。佛殿面阔三间、长9.9米，进深5米，为五檩硬山顶建筑。塑像41尊。寺门建有牌坊。寺院后悬崖上，生长繁盛龙冠树，每到春季，香味四溢。

紫金庵　在马跑泉镇东柯村。占地1.3亩，建筑面积167平方米。清乾隆年间（1736–1795年）始建，破“四旧”时将部分建筑及塑像拆毁，2002年开始重建。现存建筑2座，即菩萨殿和财神殿，有塑像36尊。菩萨殿为硬山顶建筑，面阔三间、长11米，通宽7.35米，内奉观音、文殊、普贤及十八罗汉。财神殿为歇山顶建筑，面阔三间、长9.75米，通宽5.4米，内奉财神关羽、关平、周仓、三霄圣母、送子婆婆、张弓爷等像。

经圣寺　在马跑泉镇慕滩村。坐南向北，占地2.3亩，建筑面积764平方米。始建不详。清道光二十年(1840年)重建佛殿、城隍、天王、祖师殿等。民国28年（1939年），骑兵学校练习团入住，一些殿宇被拆毁，1988年维修扩建。现存殿宇6座，山门为前后独立悬山顶。正殿面阔五间、长13.3米，进深9.5米，五檩悬山顶结构。财神殿、城隍殿、圣母殿、韦驮殿均为单间硬山顶建筑。祖师殿面阔5米，进深4米，为歇山顶式。塑像计22尊。现悬挂门匾为道光二十年制，上书“经圣寺”3字。

白衣庵　在马跑泉镇石咀村。据传明代始建。旧址在潘集寨的李家家庙处，因寺内只供奉观音菩萨，故称白衣庵。民国18年（1929年）重建，分上、下两院。

20世纪70年代，庵下建石灰厂，炸山取石，庵址被破坏。1989年，于原址重建。坐南朝北，占地11亩，建筑面积250平方米。正殿面阔三间、长12米，进深二间、宽6米，五檩抬梁造悬山顶。偏殿均为面阔三间、长9米，进深5米，硬山顶。2006年，又建钟、鼓楼、文昌宫、镇江王殿、火帝君殿、秦王宫（牛、马王）、护法殿和山门。塑像计56尊。现存清光绪三十三年（1907年）石碑1通（破损严重），民国12年（1923年）木匾1面。

华藏寺　在社棠镇下曲村。始建不详。1994年重建。由大殿、财神殿、韦驮殿、伽蓝殿组成。大殿为悬山顶建筑，坐东北面西南，面阔三间、长10米，进深8.15米。财神殿、韦驮殿相背靠而坐。共有塑像29尊。寺内有古树1株，高20米。

槐荫寺　在社棠镇白家庄与刘家庄之间老虎沟口。寺内有古槐3株，高大挺拔，绿叶成荫，由此得名。始建于明代，据寺内现存石碑，清乾隆五十九年（1794年）重建，仅佛殿3间。咸丰年间（1851–1861年）再次重建，规模仍不大。光绪二十五年（1899年），重新扩建，“规模一阔，非复旧之鄙陋也”。1964年，殿内塑像被毁，殿宇改为耕读学校。80年代中期，地方集资恢复。1989年塑像11尊，1990年完成彩绘，始成现规模。建筑面积109平方米。坐北朝南，由山门、抱厦、中殿、大佛殿组成。几座殿宇呈中轴线排列，中殿后壁开中门，由山门口视线可达大佛殿，俗称“一眼看三堂”。山门为单开间歇山顶垂花门。门旁石碑上有霍松林书“槐荫寺”3字。山门后紧挨抱厦，为卷棚顶式，三间四柱，开敞宽阔，宽8.65米，进深5米。抱厦后为中殿，悬山顶式，三间四柱，宽8.65米，深10米，左、右坛台各有方神行像3尊。大佛殿为硬山顶式，宽7米，进深3.1米。殿内塑1佛2菩萨，佛两侧侍立童男、童女。两侧壁绘十八罗汉图。寺观内现存清代石碑7通，包括乾隆二十七年立《草坡碑记》，乾隆五十九年立《重修方神庙碑记》，光绪二十七年立《重建槐荫寺碑记》。山门前有舞台，1986年建。

碱峪寺　在花牛镇董沟村，旧时被称为秦州东门外第一大寺院。初建不详，“文化大革命”时被毁，2003年重建。寺院坐西面东，占地2.6亩，建筑面积187平方米，有观音殿、龙王殿、地藏王殿3座殿宇。龙王殿、地藏王殿均为三开间硬山顶建筑，观音殿为三开间歇山顶建筑，塑像计28尊。

太平寺　在甘泉寺下街西。因寺内有一眼甘醇泉水，故又称“甘泉寺”。据《秦州直隶州新志》载：“甘泉寺镇有甘泉寺，泉在寺中厦下，一名春晓泉。”唐乾元二年（759年），诗人杜甫流寓秦州，曾游其寺，赋《太平寺泉眼》诗。后太平寺坍塌。据现存碑石，清康熙十九年（1680年）、乾隆五十九年（1794年）、光绪二年（1876年）三次重建，时称甘泉寺，泉上建八角亭，称“春晓泉”或“八卦井”。至共和国成立后，存有大殿3间，东、西禅房各5间，天王殿3间，钟楼1座（内有1口唐铸巨钟，后移龟形山二郎庙，今轶）。70年代，寺庙渐圮塌，其地改为民居（唯存大殿）。1992年，群众集资重建，是年建成大佛殿、圣母殿、地藏王殿（原为财神殿）。2000年建成甘露亭，2003年建成天王殿，2004年建经堂和山门，2005年建客堂。建成后恢复旧名，复称“太平寺”。2007年，将1998年在原址重建的歇山顶殿宇式双玉兰堂重设为关帝殿（财神殿），形成现规模。整座寺院坐西面东，山门为单开间垂花门，山门后为天王殿，三开间悬山顶式，宽9.5米，深9.6米，殿内中隔，面东为弥勒佛像，面西对大殿为铜制韦驮像，两旁塑四大天王像。主殿大佛殿，为三面出廊歇山顶式，有内、外两圈檐柱。殿内塑华严三圣像，释迦牟尼佛两边还立阿难、迦叶像，两侧壁立塑高2.5米伽蓝、韦驮护法像。大佛殿北为圣母殿，硬山顶三间四柱式，殿内塑圣母、送子娘娘像共5尊。圣母殿东紧挨为地藏王殿，硬山顶前出廊三间四柱式，殿内有地藏王、闵公、道明像。塑像计23尊，其中3尊为铜像。院中建八角攒尖顶式凉亭，条石砌筑，内有泉一口，有观音铜像。泉前古柏两株，其中一株又寄生一株槐树，槐树中曾又寄生一株椿树，被甘肃省省长、邑人邓宝珊称为“柏槐孕椿”。20世纪70年代，槐树被砍，椿树消失。现存槐树为补种。存有清代《重修甘泉寺募化施银碑》《甘泉寺建修布施碑》2通。

云光寺　又名龟凤寺。在甘泉镇归凤山村上老王河西南约2公里处龟凤山。因其山主脉两翼弧形伸展宛若凤凰展翅，中间峭立山峰如同龟首昂然耸立，故名。《秦州直隶州新志》载龟凤山“山环抱如凤翼，中有峰，形如龟”。其山由龟山、凤山组成，森林茂密。凤山又分东山、西山，向南北舒展，势欲飞翔，恰如凤翅。东山峰顶圆而平坦，宛如一台浑圆大鼓，故称“鼓山”；西山峰顶四棱分明，高而奇秀，似钟，名“钟山”，当地人称“四棱子山”。两山对峙，形成峡谷，龟山坐落在二山相夹处。龟山顶为寺院。相传始建于北魏，兴盛于明。1967年，寺庙被毁。20世纪80年代，民间集资在原址重建。原建寺院坐北朝南，正北面建有华严三圣殿，中塑释迦牟尼佛，左右塑文殊菩萨、普贤菩萨像。90年代，由天水市道教协会会长、玉泉观道长赵明玄主持兴建起祖师殿。2000年，四方人士捐资2000多万元重建大雄殿。2004年海光法师入住后，重新规划建设。2005年开始拆除原有殿宇，募资数千万元重建寺宇，同时投资130余万元，修建成一条3.8公里长、4.5米宽的

盘山公路。新建云光寺坐南朝北，与原云光寺坐向正好相反，由大雄宝殿、睡佛殿、财神殿、文殊殿、观音殿、韦驮护法殿（因塑有四大天王，又称“天王殿”）、钟楼、鼓楼、五观堂及客房组成，为一四合院式藏传佛教文化建筑群。南面正殿大雄宝殿，为重檐庑殿顶式建筑，面阔五间，通长 16 米，通宽 9.6 米，内塑释迦牟尼佛、阿弥陀佛、消灾延寿药师佛三尊神像，高 3 米，采用“热贡艺术”塑造，色彩艳丽，造型生动，形神威仪。东侧偏殿睡佛殿，内塑玉石睡佛及十大弟子像，身长 4 米，旁立 10 尊菩萨弟子，喜、怒、忧、思、悲、惊神态各异。西侧偏殿财神殿，正中塑 3 尊黄财神像，左右各塑黄财神的化身度母像，计 5 尊神像。睡佛殿和财神殿均为单檐悬山顶式建筑。东面文殊殿，单檐庑殿顶式建筑，内塑文殊菩萨和六大护法像。西面观音殿，单檐庑殿顶式建筑，正中塑千手观音像，左右两侧塑观音菩萨的化身度母像。北面正中韦驮护法殿，单檐庑殿顶式建筑，中塑韦驮护法像，左右两侧塑四大天王像。韦驮护法殿东侧建有鼓楼，西侧建有钟楼。大雄殿东南侧还建有五观堂，为三层楼阁式建筑，上覆琉璃瓦，内塑弥勒佛像。两个禅院外西边山腰，还建有方神殿及山神、土地庙。寺院存明嘉靖甲寅年（1554 年）题“云光寺”匾，上款小书“泰昌登极”，下款书“肃王世子”。龟山脚下，有九眼泉水，称“香泉”，泉水清冽，被传为“龟涎甘露水”。附近还有“寿龟戏水”“二龙戏珠”“柏响崖”“石门坎”“神仙洞”等风景，为国家 2A 级旅游景区。

朝阳寺 在甘泉镇朝阳村柳家坪东南高约 7 米山嘴上。依靠南山，势如“丹凤朝阳”，故名。相传初建于唐，有人见旧殿梁记有“大周”字样。原建在现址崖坎下，由山门、戏台、3 座过厅、大佛殿、圣母殿、土地庙组成。清乾隆后期，泰山庙由柳家河庙坪迁至现址，遂又建泰山殿，殿内奉泰山、方神等像，始分上、下院。清同治年间整修。民国时，禅房辟为学校。1965 年，沈阳第三重型机械厂搬至下院，1968 年搬走后，寺院拆除。1983 年，开始重建，至 1989 年建成大殿、禅房、六角亭、山门，形成现规模。坐西南向东北，占地 1.4 亩。由山门、护法殿、地藏王殿、方神殿、大殿组成，塑像计 10 尊。山门为重檐歇山顶牌坊式，飞檐上翘，有区文化馆原馆长屈德洲题“朝阳寺”3 字。主殿大佛殿为三开间硬山顶前出廊式，宽 9.65 米，深 7.4 米，殿内塑西方三圣像，像高均在 2 米以上，像后悬塑火焰纹圈晕，中间阿弥陀佛像后圈晕内还悬塑各种花像，精妙绝伦。佛殿对面，即山门后为护法殿，重檐六角攒尖亭式。亭中为六角实心柱，前、后建龛，内奉弥勒佛、韦驮像。院内东为硬山顶土房 3 间，中间辟为地藏殿，内有玉佛 1 尊。西为方神殿，内奉东岳大帝、药王、杨四将军、元君像计4尊。寺内存石造像塔1座和清乾隆三十一年(1766年)立《朝阳寺斋田碑记》,以及光绪五年(1879年)木匾1面。

崇庆寺　在甘泉镇吴家寺村,始建于唐。当地人言始建于东晋十六国时期,称后秦姚兴在位时按秦州胜迹建造寺院,上有刚刹寺,下有崇庆寺,西有崇福寺,因无文字记载,其说难辨真伪。1991年建镇江王殿,2002年重建大佛殿。一进两道院。前院镇江王殿为三开间硬山顶建筑,中间过厅为诵经堂,后院大佛殿为三开间歇山顶建筑,计有塑像27尊。存清代木制对联9幅和木雕底座1块。寺内古柏3株,树围3米。寺门前有古槐3株、古榆1株,甚茁壮,树围3~5米。

云阳寺　在甘泉镇归凤山村西南,卧牛山中腰。始建不详,据现存梁记,清雍正元年(1723年)、乾隆四十三年(1778年)、道光三十年(1850年)及民国时多次重建。1966年塑像被毁,前院由小学占用。2002年,地方集资重建大佛殿,坐西向东,内塑3尊大佛,两侧各塑9尊罗汉。大殿前有财神殿、方神殿等,对面为韦驮殿。一进二院。后院有千枝柏1株。殿院对面中轴线上有戏楼。

象墩寺　在甘泉镇庙沟村北。始建于明末,原址位于庙沟村西龙咀山之巅,清代迁移至庙沟村现址,清乾隆年间重建。坐北朝南,仅有大殿1座,单檐硬山顶式建筑。殿内塑杨四将军、九天圣母(侍后元君)、八海龙王、曹龙大王4尊神像。寺前建有戏楼,与大殿相对。寺中长着3株古柏,高约25米,树龄约200年。1961年秋,陇上文宗冯国瑞因政治避难曾寓居甘泉镇花羊峪庙沟村大庙沟庄窠,考当地风物,撰《象墩寺题榜示徐季宗》律诗1首,诗曰:"花阳出幽谷,石岘隐丛林。开士起龙窟,异才发雷音。眼中霜绚紫,脚底岭连青。题榜淋漓笔,思君放短吟。"

崇福寺　又名杏林观。在麦积镇街亭村东观龙山(又称"改龙山")上。20世纪70年代拆除大殿时,发现一方砖上镌刻有"大唐弘道元年秋七月吉日始建"字样,知其寺为唐代始建,后经多次维修,至清代已有殿阁50多间。1952年,打毁塑像。后学校迁入,70年代中、后期移建学校时,大部建筑被拆除,仅存纪信祠。1985年开始,群众筹资重建,陆续建成灵霄殿、大佛殿、财神殿、娘娘殿等。占地3.8亩,建筑面积415平方米。坐东南面西北,依山势建成3组建筑群。最高处一组,有老母宫、灵霄殿、祖师殿、三官殿、救苦殿、灵官殿,称杏林观;中间一组,有大佛殿、财神殿、地藏王菩萨殿、娘娘殿、方神殿、天王殿、药王殿等,称崇福寺;最下一组,有城隍殿、华佗殿、钟鼓楼、山门等,称城隍庙。共有殿宇30间,塑像计80余尊。各组建筑雕梁画栋,颇具气势,其中大佛殿为三开间重檐庑殿顶建筑,财神殿、娘娘殿为三开间悬山顶建筑。城隍庙内有古树 3 株,其中一株白骨松尤为珍贵。庙内现存清代碑碣甚多,其中有清乾隆四十三年(1778 年)、嘉庆十六年(1811 年)立重建碑 2 通。2004 年,地方人士从西安拓得《玄秘塔碑》,复制后立寺内。

宏罗寺　在麦积镇宏罗村。现存建筑为 20 世纪 90 年代重建。由方神殿、抱厦、大佛殿组成。方神殿为三开间悬山顶建筑,长 6.3 米,宽 3.2 米,塑像 4 尊,大佛殿为三开间歇山顶建筑,长 11.6 米,宽 5.5 米,塑像 3 尊。

永庆寺　又称佛窑,在麦积镇永庆村王家碾北山南麓。原址在村西,距现址约 200 米。现址为清乾隆壬午年(1762 年)始建,光绪乙亥年(1875 年)重建。20 世纪 80 年代开始重修。寺院坐东朝西,占地 1.1 亩,建筑面积 85 平方米。依山开洞,依次建有观音洞、祖师洞(又称无量洞)、佛祖洞、三官洞、地藏王洞、千佛洞、药师洞,有塑像 41 尊,其中地藏王洞、千佛洞、药师洞连为一体,整体为重檐二层楼建筑,长 17 米,宽 5 米,一层有 3 个洞室。寺内存有光绪建元乙亥年(1875 年)木制《重修永庆寺碑记》碑 1 面。

卧虎村竹林寺　在麦积镇卧虎村。20 世纪 70 年代被毁。现寺院为新建,占地 1.2 亩。坐西朝东,由正殿、左右僧房、山门组成,共有塑像 3 尊。寺院内有百年以上五角树 2 株,为珍稀树种。

西应寺　在麦积镇草滩村北豆积山峰腰。始建于宋代,初称胜仙寺,后改豆积寺,为麦积山瑞应寺下院。20 世纪 70 年代被毁。现存建筑为 20 世纪 90 年代重建,布局为四合院式。占地 1.8 亩,建筑面积 200 多平方米。坐北向南,有大佛殿、两厢配殿及天王殿。天王殿一房隔两殿,前殿塑财神和四大天王,后殿塑韦驮像,面阔三间,长 10 米,深 8 米,单檐歇山顶,周围有回廊。两厢配殿分别为三霄圣母殿和地藏王殿。塑像计 34 尊。彩绘精美,造像逼真。其地山峦叠嶂,古木参天,苍松翠绿。寺内有一株西北最大的红豆杉,树围 1.4 米,高 15 米,树冠达 12 米。

交龙寺　在麦积镇贾河村东南。分两组建筑,一组在村后山麓,历史已不可考,后长期失于维修,“文化大革命”时,将所剩建筑拆除。现存建筑为 20 世纪 90 年代初重建,坐东南朝西北,占地 40 亩,建筑面积 400 平方米。由山门、镇江王殿、菩萨殿组成,塑像计 15 尊。山门重檐庑殿顶式,三间四柱,门楣上悬蓝底金字“交龙灵山”匾。门前须弥座上雄踞一对青石狮子,高 3 米。镇江王殿三开间歇山顶式,前有六明柱。菩萨殿宽 10.5 米,深 4.5 米,四檩三开间硬山顶,檐下斗拱彩枋,明柱上蟠龙缠绕,内塑观音、文殊、普贤 3 菩萨和韦驮、护法及二童子。另一组在村后,有一小山峰，突兀崛起，四周绿树掩映，沿山势自下而上，建三圣殿、五帝殿、五贤殿、三皇殿、三母堂，山巅还有三重檐歇山顶八卦亭。在兴建中挖掘地基时，出土大批青砖、彩绘砖、砖饰、石器及陶罐、铜戈等，或为秦汉遗存。

早阳寺　又名青宁寺、单家寺、善家寺、禅家寺。在渭南镇青宁村东口高约30米土崖上。据传始建于隋代，或说为汉末晋初建，皆不可考。明嘉靖十八年（1539年）后，改称早阳寺，与正阳寺、晚阳寺并称“三阳三寺”。1992年，新建大雄宝殿、观音殿、地藏殿。1998年建圣母殿，2003年建山门，形成现规模。其寺坐南朝北，占地1.9亩，建筑面积200平方米。山门为悬山顶式。进山门正对大雄宝殿，两边偏殿分别为观音殿、圣母殿，均为悬山顶前出廊式，宽20.8米，深7.3米。大雄宝殿为六檐五架，内塑华严三圣，释迦牟尼佛两侧立阿难、迦叶像，山墙绘十八罗汉图。华严三圣像后背光火焰纹均为悬塑，佛像下有须弥座，整体高约4米。西为观音殿，佛像3尊，中间观音像为玉制；东为地藏殿，中间塑像3尊，两边立塑1米高十殿阎罗像，造形各异。圣母殿在地藏殿前，为三间四柱悬山顶出廊式，长9.2米，深6.5米，雀替为镂雕龙凤图，内塑像5尊。寺内存北朝风格四面开龛石造像3尊，表面磨损严重，大致轮廓可辨。另存石菩萨1尊、石佛2尊，石经幢2个。菩萨像高1.6米，体型修长，飘带自肩头于胸前交叉，为北魏作品。寺门前土崖处有高30米、茁挺千年古柏1株，胸径3.85米。

正阳寺　在渭南镇崔范村。俗称“天爷庙”。传说建于北魏，详情无考。清早期（一说明嘉靖年间）重建灵霄殿，同治年间遭兵乱被焚，宣统年间又重建，民国初被初级小学占用。破“四旧”时被毁，1990年重建。寺院由山门、大殿组成四合院，占地3.6亩，建筑面积88平方米。大殿坐南朝北，为悬山顶建筑，面阔三间、长9米，进深一间、宽7.65米，有塑像5尊。

晚阳寺　在石佛乡陶家村张家寨西。据传建于北魏，具体无考。原址在今址北2.5公里之庙坪山巅。明正德年间地震后移现址，更名青涧寺。清同治六年（1867年），又连同明代4株古柏尽毁于兵燹，稍后，又建庙宇3座。民国4年（1915年），重建庙宇2座。民国9年（1920年）地震中又尽毁。“文化大革命”时，又连同8株清代古柏尽毁。1988年，地方群众募资重修，1991年建财神殿，1992年建大雄宝殿、韦驮殿，1993年建圣母殿，1994年建镇江王殿，1995年建伽蓝山神殿，2003年建山门，形成现规模。寺院坐北面南，分上、下两院。山门为悬山顶垂花门。进山门为下院，右为伽蓝山神殿，悬山顶式，长3米，深4.1米，塑像1

尊。山神殿旁为圣母殿，对面为镇江王殿，两殿均为悬山顶出廊三间四柱式，长5.8米，深5.6米。圣母殿塑像7尊，山墙绘三霄娘娘故事图；镇江王殿塑像3尊。下院主殿财神殿，悬山顶式前出廊三间四柱式，面阔7.3米，深6.3米，塑像3尊。山墙绘关公故事图，殿后壁绘二龙戏珠图。由财神殿两侧绕入上院，亦四合院式。正北主体建筑大雄宝殿为悬山顶三间四柱前出廊式，长9.15米，深7.6米，内塑西方三圣，全身贴金，背光为悬塑火焰纹，阿弥陀佛背光环绕塑高10厘米七佛，山墙绘十八罗汉像。韦驮殿紧靠财神殿，为单间卷棚硬山顶式。西为地藏王菩萨殿，卷棚式悬山顶前出廊悬山顶，三间四柱，宽12米，深7.5米。占地3.4亩，建筑面积168平方米。财神殿东立花岗岩质圆首碑，阳刻著名书法家启功书"三阳开泰"4字，为1993年题。还存高10厘米清代泥质背龛浮雕佛像1尊。

演营寺　俗称"奄奄寺"。在中滩镇四合村西。相传为羲皇注点启建太极塔，于置塔之处建太极庙，舜时其塔改为太木塔，庙亦称太木庙，西晋时更名灵源观，东晋名梵刹祠，隋名灵源寺。又传净影寺慧远俗姓李，与四合村李姓同族，周武帝灭北齐入邺废佛，慧远当众面斥，后避祸来此，捐银200两重修寺院，称灵源寺。还传唐时女将樊梨花驻军操演兵马，并筑城堡。诸说皆无文字、文物可考。有考者，清光绪八年（1882年）重修，占地10余亩，分前、后两院，9座殿宇，89尊塑像，有"汉柏、唐槐、清堡"及"十柏九座殿，两槐抱一塔"之说。进演营堡门有一砖塔，高3米，称"羲皇注定太极塔"，传为纪念阵亡将士建。"文化大革命"中，拆除殿宇，其址为四合小学占用。1995年，始修菩萨殿，2001年建大佛殿，后又建地藏王殿，形成现规模。寺院坐北朝南。占地4.2亩，四周殿宇高，中间凹陷。正北为主殿大佛殿，重檐庑殿顶式，长19.5米，深9.3米，为三间六柱四面出廊，台柱上金龙缠绕，内塑三世佛，释迦牟尼佛两边立阿难、迦叶，右阿弥陀佛前立观音菩萨、大势至菩萨，左药师佛前立日光菩萨、月光菩萨。西为菩萨殿，为悬山顶三间四柱式，长8.7米，深7.2米，内塑观音、普贤、文殊菩萨像，观音两侧立塑金童、玉女。东为地藏殿，为三间四柱前出廊单檐硬山顶式，长16米，进深9.7米，塑地藏王菩萨像，背光为悬塑火焰纹，两边塑鬼判、夜叉，侧立真人大小十殿阎罗像，山墙上悬塑地狱变相图。中央有一韦驮殿，为木质结构，古朴典雅，工艺精湛。寺内存4株古柏，最粗者树围6.9米，高约17米，冠幅182平方米，树龄约1200年。并存有北朝造像碑、塔各1座。

三圣寺　在中滩镇蒲甸村。据传元代始建三圣殿，清同治年间（1862–1874

年)遭兵乱被燹,光绪八年(1882年)重建,有观音殿、娘娘殿、龙王殿、钟鼓楼。“大跃进”时,拆除塑像,改建成文化室。“文化大革命”前期,殿宇全部拆除。1982年开始恢复,于原址建1间大殿。2003年重建。三圣殿坐南面北,三开间庑殿顶式,长22.9米,宽18.3米。殿前有左、右阶,中间为双龙戏珠雕饰,两边立垂带栏杆,殿内正中塑观世音菩萨,东西为文昌、财神,计塑像27尊。

陇阳寺　在中滩镇漆李村李家坪。原称喇嘛庙,民国时改现名。据传始建于元初,后又重修,2000年重建。寺院坐北面南,由山门、大殿组成四合院,山门为歇山顶四柱建筑。大殿为歇山顶式建筑,面阔三间、长9.87米,进深二间、宽5.95米,建筑面积58.7平方米,内塑西佛嘟刚坐像、赵泥土玄刚大将军。

宝泉寺　在中滩镇张白村北。据传始建于明,毁于“文化大革命”中,1993年重建。四合院形,占地270平方米,建筑面积161平方米,大殿坐东朝西,悬山顶建筑,面阔三间、长8.4米,进深两间、宽6.8米,塑像6尊。大殿前两侧,为三霄殿和三王殿,均为单开间硬山顶建筑,三霄殿塑像5尊,三王殿2尊。

青莲寺　在中滩镇缑杨村。原址在村西,距现址约200米,搬迁年代不详。1987年,重建观音殿,1988年建奎楼,1989年建抱厦。占地295平方米,坐东面西。观音殿为三开间硬山顶式,长8.7米,宽3.16米。抱厦为卷棚顶式,面阔三间、长5.93米,宽3.25米。奎楼为四角阁楼式。还有圣母殿、家神庙。塑像计17尊。残存清乾隆年间募化重修碑1通。

报恩寺　在石佛乡黄家庄村北。始建于元代,或说唐代,皆不可考。据现存砖碑载,清顺治五年(1648年)建地藏王殿,顺治八年(1651年)建观音殿。“文化大革命”中被毁,20世纪80年代重修,至1992年初具现规模,占地5亩,庙宇14间,建筑面积327平方米,由韦驮殿、大雄宝殿、玉皇殿、泰山殿、财神殿、圣母殿及山门和左右厢房组成。大雄宝殿为三开间硬山顶建筑。存清代财神画像、泰山画像各1幅,隋代石经幢1个,上刻释迦乘马、树下思维、维摩变、佛说法故事像。寺门有古槐1株。

护济寺　在石佛乡咀王村南20米。始建不详。清道光二十年(1840年)重建大殿。20世纪80年代,重建祖神宫殿,三开间歇山顶式,坐北朝南。2005年因其不够宏敞而拆除,再建为五开间重檐悬山顶建筑,面阔14.2米,进深11.8米,塑像9尊。寺院占地1.8亩,建筑面积230平方米。院内有古柏2株,古槐1株。

茅庵寺　在石佛乡朱家河村。据传唐代初建,详不可考。20世纪80年代重建。至 1992 年,有殿宇 13 间。2002 年再建钟、鼓楼。现寺院由山门、护法殿、钟鼓楼、双明殿、圣母殿、波澜宫、大雄宝殿组成四合院。占地 653 平方米,建筑面积 265 平方米。山门两侧为双层重檐歇山顶钟、鼓楼。双明殿、圣母殿、波澜宫、大雄宝殿均为三开间悬山顶建筑。大雄宝殿长 12.5 米,宽 5.8 米,塑像 3 尊。双明殿、圣母殿均长 6.8 米,宽 6.1 米,双明殿塑像 2 尊,圣母殿塑像 1 尊,圣母殿塑像据清代样式重塑。波澜宫长 6 米,宽 5.9 米,塑像 1 尊。护法殿为单开间硬山顶建筑,塑像 2 尊。

石佛寺　在石佛乡石佛村北保峪沟边。因明初有石佛沿陇水(今葫芦河)冲至镇西河滩,遂改陈家集为石佛镇,并建佛寺。清同治年间(1862–1874 年)兵乱中被毁,光绪中重修佛殿、钟鼓楼、僧房等。"大跃进"时被毁。1982 年地方群众倡议重建时,因原寺旧址在镇西街,已被占用,遂迁现址与娘娘庙合建。先后建成城隍殿、圣母宫、五圣祠、山门、戏楼。至 1992 年,占地 3 亩,有庙宇 9 间,1997 年又建牌坊,形成现规模。寺院坐北朝南,整体呈扇形分布,城隍殿、圣母宫呈"八"字形,分布于扇弧,均为三开间悬山顶式,长 5.9 米,宽 6.3 米,前廊后殿。城隍殿内奉清塑纪信坐像,右旁为镇江王行像,两边塑黑爷、柳爷像。圣母宫塑三霄娘娘、送子娘娘、送花娘娘,计 5 尊。两殿中间,中轴线位置搭棚,供奉西魏石佛像。院东南建五圣祠,为单开间悬山顶庵房,塑像 5 尊。山门为悬山顶垂花门。山门前牌坊,复制秦州市区城隍庙(纪信祠)形制,为三间四柱重檐歇山式,前后出戗柱,顶覆黄、绿琉璃瓦,起脊建兽,脊上装饰琉璃花纹,悬蓝底金字"汉忠烈纪将军祠"隶书匾。牌坊前正对戏台,为水泥砖石结构,台口上部水泥雕五星太阳,并浮雕"扬清激浊"4 字。2002 年,在原石佛前堡山嘴处扩建,是年建灵霄殿,乡民俗称"天爷庙",坐西面东,重檐歇山顶式,三间六柱,四面出廊,顶悬蓝底金字"灵霄殿"3 字竖匾。前廊两侧立塑千里眼、顺风耳立像,殿内塑玉皇大帝,两边侍立太白金星、托塔天王、哪吒、二郎神、四大天神像。殿内天花藻井图绘繁复,分内、外圈,内圈为八边形,正中绘塑金龙,周匝围绕九条小金龙,外圈为正方形,有小金龙 24 条。灵霄殿后传为"刘伯温斩龙脉"处。寺院供奉西魏恭帝三年(556 年)石佛像 1 尊,乡民俗称"石佛爷"。20 世纪 60 年代拆除庙宇时,造像头部遭到毁坏,后置石佛镇小学花园中,1972 年移存于麦积山文物管理所,1985 年村民又迎回。像高 1.9 米,宽 50 厘米,后背有题记,文字漫漶,造像原头部、手部已失,现为新塑粘接。还保存北朝石龛像 1 尊,红砂岩质,四面开龛,表面风化严重。

光明寺　在石佛乡陶家村北台地上。相传唐玄奘取经途经其地,宿三日,后人遂建造寺院,取其名。1990年,建成大佛殿、山门。1997年建财神殿,1999年建圣母殿,2001年建龙王殿,形成现规模。寺院坐北朝南,狭长四合院式。占地1.2亩,建筑面积180平方米。进山门右为龙王殿,七檩出廊悬山顶,面阔三间、长6.2米,进深两间、宽6.3米,内有镇江王、龙王行像。左为财神殿、圣母殿,均为三开间悬山顶建筑。财神殿塑像3尊,山墙绘关羽故事图;圣母殿中间塑三霄坐像,两边侧立送子娘娘、送花娘娘,山墙绘封神演义故事图。正北为大佛殿,三开间硬山顶,长7.5米,宽7.5米,三座殿门各自独立,殿内塑西方三圣像,阿弥陀佛两边塑约1米高侍女立像。山门前悬著名僧人、辽宁释传印书"香光庄严"红底金字匾。

玉鸣寺　在石佛乡张坪村。初建于清康熙甲子年(1684年),后历3次变迁6次重建。最近一次重建始于1984年,2004年建大殿,2007年建地藏王殿。坐东朝西,由大佛殿、地藏王殿、观音殿、龙王殿、元君殿、韦驮殿组成,塑像共13尊。占地1.9亩,建筑面积108平方米。大佛殿为三开间硬山顶式,长7.15米,宽4.35米,塑像5尊。其他各殿均为简陋窄小的单开间硬山顶式。存北魏背龛石佛像1尊,风化严重。山门外有古柏2株。

水涟寺　在石佛乡杨庄村郭家寺。始建于明,清代重修。现存建筑为1992年重建。寺院坐北朝南,为一进二院,占地2.4亩,由山门、钟鼓楼、文昌殿、韦驮殿、元君殿、玉皇殿、大佛殿组成,建筑面积130平方米,塑像58尊。山门与钟、鼓楼为相同风格建筑,文昌殿、元君殿、玉皇殿均为单开间硬山顶式。文昌、药王同坐一殿,元君殿内塑像2尊,玉皇殿塑像7尊。大佛殿为三开间悬山顶式,长8.3米,宽7米,塑像25尊。

赵庄村竹林寺　在新阳镇赵庄村北赵家堡中。始建不详,"文化大革命"时尽毁,1998年维修重建。以堡门为山门,大殿坐西朝东,占地3.4亩,由大殿、山门组成。大殿为三开门歇山顶式,长7.6米,宽5.5米,塑像3尊。

宝泉寺　在新阳镇姚沟村东北约1公里处。始建不详,清代重修,1997年维修扩建。寺院坐西北朝东南,依山而建,由前殿、观音殿组成。前殿面阔三间、长7米,进深3.08米。观音殿面阔三间、长7.9米,进深3.65米,为歇山顶建筑,塑像3尊。重建时出土石造像1座。

庆寿寺　在新阳镇王家庄北安林山麓突起高台上,渭河萦绕其西。清前期,称娘娘庙。清乾隆四年(1739年)扩建,改称庆寿寺。"文化大革命"中除文昌阁外,均被毁。1983年开始重建,当年建方神殿,1987年整修文昌阁,1988年建圣母殿,1994年建大佛殿、药王殿,1996年建财神殿,2004年建魁星楼,形成现规模。占地1.1亩,建筑面积518平方米。一进二院,坐北面南。山门为安林堡堡门,砖砌拱券形,门洞深4.6米,宽2.1米,通高3.65米,上有砖雕仿王羲之"安林山"3字,山门上建飞檐卷棚式魁星楼,长4.5米,深2.9米。下院进山门循阶而上,左为方神庙,右为文昌阁。文昌阁当地人称"转经楼",始建于清乾隆初,后毁于兵乱,光绪三十三年(1907年)依原式重建,高10米,为单间三重飞檐歇山顶楼阁砖木结构,中、下层四面各有明柱12根,檐柱上置坐斗,中层阁内塑文昌像,下层门上悬清末铁面御史、秦安安维峻书"文运天昌"匾额。上院正中为财神殿,飞檐歇山顶四面出廊式,俗称"四明厅",正中塑财神,背靠背塑韦驮。东西分别为药王殿、圣母殿,硬山顶式。上院主殿大佛殿,悬山顶式,博风板下垂悬鱼。内塑1佛2菩萨像,背光悬塑,前有玉制三世佛3尊。塑像计25尊。

霍家川圣境寺　在琥珀乡霍家川村。"文化大革命"时尽毁,1980年、1996年两次重建。占地2.2亩,建筑面积119平方米。坐东南朝西北,有大佛殿、孔子殿、龙王殿、圣母殿、财神殿。大佛殿为三开间悬山顶式,孔子殿、龙王殿为歇山顶四角楼式,圣母殿、财神殿由抱厦及三开间悬山顶建筑组成。塑像计42尊。山门前有古柏8株,高8～10米,径围1.6～3.2米。

罗家村圣境寺　在琥珀乡罗家村。明代始建。先建于庙坪,后移高家村,清末再移霍家东山,起名圣境寺。1964年尽毁,1992年又移现址重建,1994年竣工,占地592平方米。有大佛殿、关帝殿、龙王殿、三霄殿、圣母殿、文昌阁(孔子阁)和抱厦。坐东朝西,呈对称分布。抱厦即山门,为卷棚顶式,飞檐出挑,面阔三间,长10.1米,宽4.7米。厦亭内悬"神道普化,纯阳子乩书"匾。抱厦后紧挨大佛殿,为重檐硬山顶式,面阔三间,长11.5米,宽5.85米,内塑1佛2菩萨,佛前立迦叶、阿难像。大殿两侧各塑9尊罗汉。殿外悬霍松林题"光辉普照"匾额。大佛殿两边为形制相同的硬山顶出廊三间四柱式建筑,南为关帝殿,北为三霄殿。龙王殿、圣母殿在抱厦两边,均为飞檐歇山顶式,三面出廊,山花为封闭式三角砖雕花纹,面阔一间,通长3.65米,深3.75米。文昌阁(孔子阁)为二层飞檐歇山顶正方形亭式建筑,长宽均6.5米,有廊柱12根。全寺塑像计45尊。除文昌阁外,脊上装饰均为黄、绿相间琉璃件。整体建筑布局紧凑,恢弘大气,颇为壮观。

风静寺　在伯阳镇南集村,距伯阳火车站120米。始建不详,清代重建,"文化大革命"时受损，2001 年在原址维修重建。寺院坐北朝南，占地 2 亩，建筑面积 187 平方米。由大佛殿、戏台、方神殿组成。大佛殿为三开间硬山顶建筑，长 9.6 米，宽 6.65 米。方神殿 1 间。塑像计 26 尊。

保安寺　在伯阳镇保安村北。民国 8 年（1919 年）重建。占地面积 215 平方米，建筑面积 107 平方米。1984 年重建圣母殿，1996 年再建地藏王殿。圣母殿仅 1 间硬山顶建筑，地藏王殿为 3 间硬山顶式。塑像计 24 尊，悬塑 100 尊。在圣母殿廊檐右侧墙嵌有民国 8 年立《圣母碑记》1 通。

保元寺　在伯阳镇下坪村。清光绪十年(1884 年)重建，"文化大革命"时被毁，1995 年重修。坐西朝东，由戏台、山门、菩萨殿组成。占地 571 平方米，狭长形，建筑面积 337.8 平方米。菩萨殿为三开间悬山顶式，长 9.3 米，宽 4.65 米。塑像 5 尊。

圆觉寺　在伯阳镇巩坪村北 1.5 公里处。相传始建于唐，清初重建，占地 3.5 亩，建筑面积 569 平方米。由钟楼、韦驮殿、大雄宝殿组成。钟楼为悬山顶两层式，韦驮殿为单开间悬山顶。大雄宝殿为三开间悬山顶，坐北朝南，长 10.7 米，宽 4.5 米，明次间为六檩抬梁形制。塑像计 25 尊，壁画 27 平方米，为清代所绘，保护较好。现存清代藏文经书 1 卷。

普渡寺　在伯阳镇虎头村。始建不详。2003 年维修，由大殿、山门、影壁组成。山门为虎座门。大殿坐南朝北，面阔三间，长 9.2 米，进深三间，宽 6 米，重檐歇山顶建筑，内有 23 尊塑像。

崇慧寺　在伯阳镇伯阳村。始建不详，"文化大革命"时尽毁。1998 年重建。占地 3.9 亩，建筑面积 295 平方米。大殿坐西朝东，面阔五间，长 16 米，宽 8 米，硬山顶建筑。护法殿面阔三间，长 17.5 米，宽 8.1 米。塑像计 7 尊，其中 6 尊为玉质，1 尊泥塑。

慈恩寺　亦称圣湫寺，在伯阳镇南河村刘家沟南圣湫山。因山脚石脊上有称作圣湫的泉水而得名。始建不详，清乾隆二十七年（1762 年）重修，"文化大革命"时尽毁。1985 年开始重修，至 1991 年建山门后始完竣。占地 14 亩，建筑面积 435 平方米，由山门、钟鼓楼、玉皇殿、方神殿、文昌殿、财神殿、圣母殿、菩萨殿组成，一进二院。山门为垂花门。山门两边为钟、鼓楼，二层四角攒尖顶式，土木结构。山门后正对玉皇殿，单开间悬山顶，土木结构，内塑玉皇等 5 尊。从玉皇殿两边月门进入内院，主殿菩萨殿，坐西北面东南，悬山顶前出廊式，三间四柱，长 8.8 米，深 6.2 米，梁栋上为和玺彩绘，殿内正中塑贴金菩萨像 3 尊。侧壁立护法神 4 尊，门上隔梁板绘十八罗汉像。主殿前两侧,为对等建筑殿宇4座,北为财神殿、方神殿,南为三霄殿、文昌殿。财神殿、三霄殿均为悬山顶前出廊式。财神殿塑像3尊,侧壁绘关羽故事图12幅;三霄殿塑像7尊,侧壁绘百子图。方神殿、文昌殿均为硬山顶式,各有塑像3尊,前为行像,后为坐像。寺后台地上有真武殿,单开间悬山顶土木结构,塑像7尊。顺山梁向上,有五阶台地,1949年前有寺庙,已毁。寺院前正面为二层戏楼,五架梁式。戏楼旁存单开间硬山顶五圣祠,无塑像。山门前有18棵古松。山北侧为悬崖,上密植松柏。

宝莲寺　在元龙镇青龙村莲花池。始建不详,2003年重建。占地307平方米,建筑面积86平方米。由山门、护法殿、观音殿组成。山门为虎座门。护法殿、观音殿均为三开间硬山顶建筑,前者长8.6米,宽4米,后者长8.9米,宽6.1米。计塑像5尊。寺内曾存唐代财神像1幅,玉佛1尊,2006年均失散。

祇园寺　在元龙镇桑渠村西。20世纪90年代陆续重修。坐南朝北,占地2亩,建筑面积340平方米。有菩萨殿、药王殿、地藏王殿、圣母殿、雷神殿、韦驮殿、财神殿,塑像计32尊。菩萨殿为悬山顶建筑,面阔三间,长10米,深7米。两边次间为药王殿和地藏王殿,均为硬山顶建筑。圣母殿为三开间硬山顶建筑;财神殿、韦驮殿为两坡檐单开间硬山顶建筑,以中梁为界分为二殿。雷神殿单开间悬山顶式。现存清咸丰十年(1860年)立《桑渠庄护祖茔柏树碑》1通。

清凉寺　在元龙镇码头口村。始建不详。现有财神殿和韦驮殿、圣母殿、大佛殿,塑像10尊。财神殿和韦驮殿为单间悬山顶,1987年建,中分二殿,分塑财神和韦驮像。圣母殿为三开间硬山顶建筑,1989年建,长7.25米,宽5.4米,内塑3尊圣母及童子像。大佛殿亦三开间硬山顶建筑,1990年建,长8.85米,宽6.83米,内塑3尊佛及童子像。现存佛塔1座,上有"正德十一年"字样(明正德十一年为1516年)。

双龙寺　原名葡昌寺,在元龙镇上崖村。清道光十九年(1839年)初建时设王家沟,因水灾毁于同治五年(1866年),光绪二十七年(1901年)移至元龙镇后庄,1961年又遭毁,1997年重建时迁上崖村。1999年更名双龙寺,并建成财神殿,2003年建圣母宫,2005年建大佛殿。占地3.2亩,建筑面积290平方米,塑像计125尊(其中悬塑100尊)。财神殿三开间悬山顶式,长11米,宽8.25米,塑像9尊。圣母宫三开间硬山顶建筑,长8.22米,宽6.35米,塑像7尊。大佛殿三开间悬山顶式,长9.7米,宽6.1米,内塑佛像3尊及2童子像。

兴国寺　在元龙镇井儿村西北。相传始建于唐。占地约10亩，建筑面积400平方米。1992年，开始维修天王殿，此后历年维修其余殿宇。整体为土木结构，维修时，仅塑新像、山墙包砖，槛窗更换等，梁架均为清代遗存。坐西南向东北，一进三院。山门为重檐庑殿顶三间四柱式，顶覆琉璃瓦，正脊上塑二龙戏珠，垂脊有脊兽5只，门楣悬蓝底金字“兴国寺”匾，旁有照壁。前院正殿天王殿，悬山顶前出廊式，长11米，深9.9米，三间四柱，槛窗为一码三箭式，内背靠背塑关公、韦驮像，两侧坛台塑四大天王，小鬼托足，像高3米以上，面貌狰狞。殿前左侧有方神殿，内为镇江王行像。主殿称中殿，悬山顶前出廊式，长12.2米，宽9.1米，内背靠背供玉佛2尊，即阿弥陀佛和千手千眼观音菩萨，两边山墙绘佛传故事画30幅。中殿前左侧为雷神殿，悬山顶式。后院两侧为菩萨殿和地藏王殿，形制均为三间四柱悬山顶前出廊式，长8.6米，宽6.2米。菩萨殿塑观音菩萨，两边为文殊、普贤，观音菩萨两边塑龙女、善财，两侧各塑约1米高十八罗汉，计23尊。地藏王殿中为玉制地藏王，背光为泥塑火焰纹，两侧立塑闵公、道明。两边塑鬼判、夜叉。两面山墙立塑约1.2米高十殿阎罗像。山墙绘地藏王菩萨显迹图8幅。后院主殿大佛殿，悬山顶三间四柱前出廊式，长12米，宽8米，格门下裙板为如意缠枝莲花纹，上为24幅历史故事图。殿内塑三世佛，全身贴金，背光为悬塑火焰纹，后壁山墙绘卷云纹，释迦牟尼两边立塑阿难、迦叶，两壁山墙绘佛传故事图18幅。全寺像计52尊。后院正中立四角飞檐宝顶焚纸炉，高约4米，顶上还雕莲花童子，莲花下雕麒麟，颇为精巧。寺内存古柏1株。

安怡寺　在元龙镇杜家坪村南200米。相传始建于唐，称安夷寺，明末毁于兵匪，清代重建。“破四旧”时拆除，木料用作小学校舍建设。1989年，重建龙王殿，1997年建圣母殿，1998年建护法殿。占地3.5亩，建筑面积121平方米。坐北向南，龙王殿为悬山顶建筑，面阔三间、长8.7米，宽4.85米，内尚无塑像。护法殿为单开间硬山顶式，以中脊为界南北分坐观音和韦驮像。圣母殿为三开间硬山顶式，长6.8米，宽5.75米，塑像7尊，为圣母及童子，还有百子图悬塑100尊。

永寿寺　在元龙镇底川村东1公里。相传始建于唐，“文化大革命”时尽毁。20世纪90年代重建。坐北向南，占地2.2亩，建筑面积180平方米，有山门、财神和韦驮殿、圣母殿、药王殿、菩萨殿、玉皇殿，塑像计40尊。山门为二级套斗歇山顶建筑。财神殿和韦驮殿单开间悬山顶，中分二殿，塑像相背而坐。圣母殿、药王殿均为三开间硬山顶，长7.75米，宽5.5米；菩萨殿亦三开间硬山顶，长9.1米，宽 5.3 米，内塑 3 尊观音像。主殿玉皇殿，单开间硬山顶，长 3.45 米，宽 5.5 米，塑玉皇及侍从像 5 尊，寺前有宋柏 1 株，围长 3.8 米，高 36 米。

白音寺　在东岔镇立远村。始建不详。清代重修。由观音殿、大佛殿组成，塑像计 12 尊，占地 179 平方米，建筑面积 84 平方米。观音殿为硬山顶建筑，面阔三间、长 5 米，进深 5.1 米，塑像 7 尊。大佛殿亦硬山顶，面阔三间、长 5 米，进深 4.4 米，塑像 5 尊。

铁佛寺　在东岔镇码头村。始建不详，1985 年维修重建。占地 1.8 亩，唯建佛祖殿。其殿为三开间硬山顶，长 8.6 米，宽 5.4 米，塑像 9 尊。重建时所用地基石条、房梁、青砖、木柱为旧殿遗物。

鱼藏寺　在东岔镇龙凤村。上世纪 80 年代重建，由山门、三官殿、菩萨殿组成。三官殿为三开间硬山顶，长 9 米，宽 6 米，塑像 3 尊，即天、地、水三官。菩萨殿亦三开间硬山顶，长 8.6 米，宽 5.8 米，塑像 3 尊。寺内存清道光十年（1830 年）立《当思赌博为耗财之源碑》1 通。

铁瓦寺　在三岔乡太碌村。清康熙三十二年（1693 年）时建于现址东侧山嘴，因地震被毁，搬至山下与柏林观合为一处。铁瓦寺始建于明万历十一年（1583 年），因有铭文铁瓦 1 块，故名。1958 年寺内地藏王殿、圣母宫、山门被毁，仅存玉皇阁、大佛殿、方神殿、戏台。1992 年，新建天王殿，1996–1997 年重建地藏王殿、圣母宫，2005 年翻修大佛殿，形成现规模。占地 2.4 亩。山门为悬山顶垂花门。门后为照壁，照壁后所建地藏王殿、管理房等，将殿宇分为两部分。东为铁瓦寺，西为柏林观。铁瓦寺一进二院，前院东为地藏王菩萨殿、西为圣母宫，均为硬山顶三开间前出廊式，宽 9.9 米和 9 米，进深 5 米和 4 米，地藏殿塑像 1 尊，圣母宫塑像 5 尊。主殿玉皇阁，坐南面北，悬山式二层土木结构阁楼。对面天王殿，硬山顶式样，门扇上镂空八仙图，殿内背靠背立铜铸关公、韦驮，两侧壁画四大天王。由天王殿两侧入后院，主殿大佛殿，五檩出廊硬山顶式，面阔六间、18 米，进深 6 米，内有玉佛 3 尊，铜铸菩萨 2 尊，壁画 24 平方米，内容为佛传故事图。柏林观院内宽敞，南为方神殿，出廊硬山顶建筑，内奉黑池龙王等行像 3 尊。观北为戏楼，正对方神殿，为硬山顶二层土木结构，面阔三间，宽 10.5 米，进深 9.5 米。方神殿梁有光绪十三年(1887 年)重修题记。寺内铁瓦仍存，上有铭文“万历十一年造，太白山玉皇池，信士何邦成”。

水陆寺　在三岔乡吴砦村。据传建于明中期，原名水缘寺，从清水搬迁而来。2006年,除大佛殿为清代遗存外,其余均为重建。坐南朝北,占地1.8亩,建筑面积189平方米。现有山门、娘娘殿、圣母殿、大佛殿。山门为虎座门。娘娘殿、圣母殿为一整体硬山顶式,各分2间为殿。大佛殿为三开间歇山顶建筑,长9.8米,宽9.3米,塑像15尊,梁架为明代遗存。

碧云寺 在利桥乡利桥村大雄山半山山坳处。始建于明万历七年(1579年),清代维修重建,1997年再次维修重建。占地1.4亩,建筑面积148平方米。坐北朝南,四合院形制,有大佛殿、地藏王殿、观音殿、韦驮殿。韦驮殿为悬山顶式,背靠背分塑财神、韦驮像。院内西为地藏王殿,为简易硬山顶土木结构,泥塑3尊;东为观音殿,硬山顶三开间前出廊式,长8米,深4.1米,内塑文殊、普贤、送子观音、善财、龙女像。院北为大佛殿,硬山式三开间前出廊式,长8米,深6米,塑三世佛,释迦牟尼佛两边立塑阿难、迦叶。全寺塑像计15尊。佛殿前偏西有围长1.7米古柏1株,东面立清咸丰三年(1853年)《立出偿助地土疏引碑记》1通。

观音殿 在党川乡观音村胡家庄。清嘉庆八年(1803年)始建,规模较大。破"四旧"时将部分建筑拆除,塑像全部被毁,仅存山门及石碑1通。1989年重建,占地5.6亩,坐西朝东,由山门、雷神庙、观音殿组成。山门为两坡檐木构架建筑,雷神庙为四面提顶建筑,观音殿为三开间悬山顶建筑。塑像计6尊。

华佗寺 在党川乡花庙村。是为纪念三国时华佗医治瘟疫而建。原有建筑多损毁,仅存大殿1座。寺院坐东朝西,占地584平方米。大殿为悬山顶土木结构式,面阔三间、长8.5米,宽5.5米,内无塑像。寺内存清代石碑3通。

龙珠寺 在党川乡石咀村。始建不详。原名太白庙,后因戏楼下有一圆形石头而改名。原建筑俱毁,现寺院占地2亩,坐东朝西,由山门、大殿、财神殿(伽蓝殿)组成四合院,塑像计12尊。山门为两坡檐土木结构建筑。大殿为民国37年(1948年)重建,1999年翻修,三开间悬山顶建筑。寺内现存清道光二十一年(1841年)立《重建太白庙创修乐楼序碑》1通。

中和寺 在党川乡花庙村瓜流沟。始建不详,清乾隆六十年(1795年)重修。占地205平方米,坐东朝西,由山门、大殿组成。山门为虎座门,2004年重修。大殿为硬山顶建筑,面阔三间、长8.6米,宽3.5米,1982年翻修后重新塑像8尊。寺内存乾隆六十年重建碑1通。

法云寺 在道北街道何家村北200米。始建不详,清代重修,"文化大革命"时被毁,1993年重建。占地1亩,建筑面积210平方米。坐北朝南,由山门、财神殿、圣母殿、祖师殿、观音殿组成，观音殿面阔三间、长 9.5 米，深 8.9 米，悬山顶，殿内梁上有清道光十三年(1833 年)墨书题记。其余殿宇均为三开间悬山顶砖木结构建筑。塑像计 23 尊。

龙神寺 在道北街道吕家村。始建不详，清代重建，1966 年被毁，1989–1991 年重建。坐北朝南，占地 1.5 亩，建筑面积 233 平方米。由山门、龙王殿、财神殿组成。龙王殿亦三开间悬山顶式，宽 9.9 米，进深 5 米，内奉八海龙王像等 5 尊。财神殿三开间悬山顶式，长 16 米，进深 8 米。塑像计 8 尊。

弘法寺 在道北街道北山半山坳。原名新阳庵，1993 年重建并改称弘法寺。占地 3.8 亩。坐北朝南，由观音殿、方神殿、大佛殿组成，塑像计 50 尊。观音殿阔三间、16 米，深 8 米，六檀一斗三升歇山顶，塑像 40 尊。方神殿为三开间硬山顶式，塑像 5 尊。大佛殿阔三间、长 9.85 米，深 5.05 米，悬山顶，塑像 5 尊。

田家庄晚阳寺 在石佛乡石佛村田家庄。始建于明代中期，清同治年间被焚毁，光绪年间重建，"文化大革命"中再毁，1999 年重建。坐南朝北，由山门、镇江王殿、土地庙、三霄殿、财神殿组成四合院，占地 393 平方米，建筑面积 98 平方米。财神殿为三开间硬山顶建筑，有关羽及周仓、关平塑像。其余殿宇均为单开间硬山顶式。寺内及周围有古柏 22 株。

二、道观

崇祯观 在社棠镇庙山。始建年代不详，清乾隆二十三年(1758 年)、咸丰九年(1859 年)重建，2003 年维修重建。占地 600 平方米，坐西朝东，有大殿、圣母殿，均为三开间歇山顶式。塑像计 8 尊。存清咸丰九年立《重修北极祖师庙并演戏楼与补缉众神殿□□兼序》碑 1 通。

南武观 又名南武台。在花牛镇曹家埂村南盘龙山山腰。与位于今秦州区属孙家坪北的北武观遥遥相望，明、清时合称"古秦州城东门户"。明嘉靖三十一年(1552 年)始建，清代、民国多次维修。至"文化大革命"前，观宇依然完整。1968 年，观宇尽毁。1992 年重修，至 1993 年建成祖师殿等 6 座殿宇和山门，计 14 间，塑像 25 尊。坐南朝北，分上、下两院，占地 1.5 亩，建筑面积 367 平方米。山门为三开间垂花门，宽 6.3 米，进深 3.5 米，门脊有琉璃福禄寿三像。进山门为下院，东为山神殿，西为龙王殿，均为小单间悬山顶式砖木结构。山神庙有 1 米高泥塑 5 尊，龙王殿泥塑 1 尊、行像 3 尊。中间有台基高约 2.5 米，循阶达上院。上院为四合院形，面对山门建灵官殿，为悬山顶前后出廊式，面北塑王灵官像 1 尊，背靠面南为铁杵磨针塑像2尊。东、西面分别建圣母殿、财神殿，均为三开间硬山顶前出廊式，宽8.4米，进深5.6米。圣母殿有圣母像3尊，两边塑骑龙送子娘娘、送子婆婆像；财神殿塑像3尊，两壁绘关公故事图8幅。上院最南为主殿祖师殿，坐于高1.2米台基上，三间四柱，悬山顶前出廊式，五檩四架，进深7.7米，宽10米，塑无量祖师座像，披发按剑，足踏龟蛇，高约2米，两边侍立周公、桃花。再两侧呈八字形立塑神像4尊，高约2米。门窗均为镂空金钱艾叶图。2006年，在观前阶地再建文昌阁。

净乐宫　原称云雾山寺，又称静乐宫、无量寺，在甘泉镇云雾村西南云雾山。始建于晋代，旧址在老殿山，因山高风大，建筑经常坍塌，北宋迁现址。民国25年（1936年）大地震使建筑部分受损，是年开始重建，至民国28年竣工。1961年6月，陇上文宗冯国瑞因政治避难返回天水，在好友、甘泉镇人张自振帮助下，初居甘泉镇彭家堡子，后寓居于云雾山净乐宫，居住40多日，撰成《云雾山杂诗二十首》，为寺院写下“云深不知处，雾散各有游”的名联。1970年拆毁，木料运县水泥厂用于兴建厂房。1985开始重建，1993年竣工，建成现规模。寺院坐南向北，占地5亩，由山门、祖师殿、地藏王殿、财神殿、三霄圣母殿组成，为一四合院式的建筑群。祖师殿面阔三间、长10米，进深二间、宽8米，四檩硬山顶。财神殿、圣母殿均面阔三间、长7.5米，进深5.35米，硬山顶式。地藏王殿面阔三间、长8.6米，宽5.5米，硬山顶式。塑像计38尊。

北极观　在渭南镇渭西村。始建不详，清光绪十六年（1890年）重建，一进二院。共和国成立初，为第八区区公所占用。后毁于60年代。20世纪90年代搬迁至现址，重建祖师殿、圣母殿、龙王殿和山门，2003年再建泰山殿，2007年建财神殿。坐西朝东，四合院式，占地1.3亩，建筑面积243平方米。山门为虎座门，泰山庙、财神殿为三开间悬山顶，圣母殿、龙王殿为单开间悬山顶。塑像计21尊。存有晚清时祖师、圣母、泰山、财神4幅画像。

真武观　在石佛乡马家山村西南导流山顶。相传夏禹治水在此劈山成渠，导河流东去，遂名导流山。始建于东汉，1985年拆庙时曾发现东汉明帝永平三年（60年）重修禹王庙梁记。明正德年间，建有祖师、三圣母、魁星、文昌等一进四院道观。清顺治十一年（1654年）大地震全毁，康熙三年（1664年）重建，民国9年（1920年）大地震中又毁，震后重建，民国12年（1923年）竣工。1958年除夕夜，被人为拆毁。1982年，当地群众开始重建，1985年建真武殿，1987年建财神殿、三霄殿，

1990年建灵官殿，至2003年建成现规模。观宇占地3.5亩，建筑面积400多平方米。依山势大体呈东北、西南长方形分布，仍一进四院。山门前立重檐歇山顶牌坊，三间四柱，斗拱密密麻麻如蜂房，雄宏精巧，上悬任法融题“导流山”匾，蓝底金字。山门为重檐歇山顶式，七踩斗拱，三间四柱，长7.4米，进深6.4米，有立柱12根。两边出反八字照壁，绕左、右月门入二院。二院长、宽均36米，内植柏树8行，约50余株。坐东面西，为导流山书画院房1间。院中偏东为灵官殿，为歇山顶式，四面出廊，有立柱12根。二院后为过厅门，为三开间重檐庑殿顶式，长9米，进深6米。过厅门两边，建钟、鼓楼，形制一致，均为二层五脊顶亭式，内悬挂铁钟、鼓。由过厅门进入三院。院内两侧，南为龙王殿、北为火神殿，均为硬山顶三开间前出廊式，宽7.2米，进深6.4米，殿内各有塑像3尊，一大两小。院中立二层四角飞檐宝莲攒顶焚纸炉。正面殿宇为三开间硬山顶式，宽10.4米，进深9.5米。中部1间为过厅，北间为真君殿，南间三官殿。真君殿又背靠文昌殿，三官殿背靠药王殿，一房分四殿，为罕见。由中间过厅进入四院。四院亦为四合院形制，南为财神殿，北为三霄殿，均为悬山顶三开间前出廊式。财神殿塑像3尊，两壁绘关羽故事图18幅；三霄殿塑像5尊，两壁绘封神演义故事图18幅。院西为主殿祖师殿，重檐歇山顶式，三面出廊，五间六柱，有檐柱16根，内有柱8根。殿内正中塑真武大帝像、两边立塑周公、桃花，再两边为龟蛇二将，马、赵、温、关四元帅，塑像计9尊。两壁绘真武大帝成道图50幅。半山腰建有禹王庙。观北数百米，有渭滨堡，始建于宋，清光绪二十一年（1895年）和民国4年（1915年）重修。堡呈圆形，占地约30亩，垒土为城，城墙宽丈余，高两丈许，三面绝壁，南有山脊连导流山主峰。群众捐资增建庙宇、戏楼。

清池观　在新阳镇胡家大庄。清乾隆八年（1743年）始建，有无量殿，塑像7尊。同治七年（1868年）遭兵火焚毁，光绪十年（1884年）重修，由大殿、抱厦、山门组成。20世纪50年代初，塑像被毁，庙产被占，1992年重建。占地2.4亩，建筑面积约200平方米。由山门、钟鼓楼、祖师殿、圣母殿组成。祖师殿和抱厦为清代建筑。祖师殿五檩抬梁造三开间悬山顶式，长7.2米，宽6.3米；抱厦为卷棚顶，面阔三间，长7.2米，宽4.8米。圣母殿、魁星殿、大王殿为整体建筑，面阔五间、长13.1米，宽4.35米。塑像计21尊。

龙泽观　在新阳镇沿河村。始建于清嘉庆年间（1796–1820年），2000年重建。大殿坐南朝北，占地1.8亩，建筑面积110平方米。由大殿、山门、戏台组成，塑像1尊，水像3幅，大殿为三开间悬山顶，长7.6米，宽5.5米，内奉墨池龙君像。

柏林观 在伯阳镇兴仁村北山顶平台上。相传为老子讲经炼丹地。始建不详。据传其观兴盛时,四周筑城墙,有老君殿、玉皇殿、三官殿、祖师殿、圣母殿、救苦殿、孤魂殿、财神殿、药王殿9座庙宇,有古柏8棵,存形似巨虎黑体白点奇石、老子形态庞公石、四方屋顶石3块,故民间有"八柏三石九座殿"之说。清康熙五十九年(1720年)、咸丰三年(1853年)再次重修。民国9年(1920年)大地震,观宇尽毁,后重修。1958年全部被拆毁,8株千年古柏亦被砍伐殆尽。90年代初集资重建,1991年建救苦殿、城隍殿,1995年建圣母殿,2003年建三清殿,形成现规模。坐北朝南,四面开敞,占地11亩。东殿为救苦殿、城隍庙,均为硬山顶式。救苦殿无塑像,有龙王行像2尊;城隍庙内奉约20厘米高城隍坐像。西殿为圣母殿,硬山顶三开间前出廊式,长7.5米,进深4.5米,塑像9尊。主殿三清殿,建于高约1米月台上,月台前建御路式踏跺,中间浮雕带云纹二龙戏珠御路。飞檐歇山顶式,长11米,宽9.6米,正脊有二龙戏珠石雕,宝顶为三层楼阁悬戟式。殿前出廊宽阔,达6.4米。内塑三清坐像3尊,均高达3米以上,两边立尹喜等塑像2尊,山墙绘老子八十一化图80幅。观内存清代木匾3块,清道光十年(1830年)立《重修柏林观老君殿序文》、咸丰三年(1853年)立《重修柏林观雷祖殿山门戏楼碑记》等碑石3通。山门南30米处,有一正方形土台,高15米,传为尹喜拜师及老子讲经处,俗称"讲经台"。

七真观 在伯阳镇韩河村毛峪河西高约30米台地上。蒙古中统三年(1262年),全真道士李志坚等于其地结草筑庵修真养性,听闻其地七茅升仙之事,始建朝元观,为全真道在今天水的最早活动。清道光元年(1821年),重修庙宇3座,"文化大革命"时圣母殿被毁。1992年起,陆续维修、彩绘、塑像,2003年重建七真老母殿。坐西南朝东北,占地1.5亩,建筑面积123平方米。由七真老母殿、大佛殿、方神殿组成。七真老母殿为单开间悬山顶前出廊式,砖木结构,长4.4米,深3.6米,内塑七真老母像,靠背塑韦驮,两边有约1.2米高立塑4尊,两壁绘四大天王像。七真老母殿后为大佛殿,背靠悬崖,三开间硬山顶式,长9米,深3.55米,内尚未塑像。方神殿为单开间硬山顶式,有行像3尊。存蒙古中统三年立《朝元观记》碑和民国4年(1915年)《重刊七真碑序》碑2通。

仙人观 在伯阳镇石门村。相传道教始祖老子西行曾在此地居留数日,故又称"留老庵"。始建于明正德年(1506–1521年)间,现存建筑为清康熙四十八年(1709年)重建。坐东朝西,由山门、三清宫、圣母殿、留老庵、龙行祠(方神殿)、鼓楼等组成，计有塑像25尊。西面建有戏楼1座，与三清宫相对。三清宫北侧存明、清石碑2通。龙行祠前长有一株高15米、树围2.2米、直径0.62米的桫椤柏。

祖师殿 在元龙镇井儿村西天柱山峰顶。孤峰独立，形似圆锥。占地2亩，建筑面积232平方米。相传始建于唐，清代重修，"文化大革命"中尽毁。1993年，重建祖师殿，2003年建娘娘殿，2004年建菩萨殿、财神殿、灵官殿，2007年建山门、文昌楼，形成现规模。坐东南朝西北。除文昌楼外，其余建筑均为单开间硬山顶式。山门为垂花门。祖师殿长5.33米，宽5.55米，塑像7尊。文昌楼为二层隔楼建筑，上层依中檩分为观音阁和文昌阁，通长4.95米，通宽6.2米，分别塑观音和文昌像。娘娘殿长5.3米，宽5.5米，塑像7尊。总计塑像34尊。山上古柏7株，古槐1株。

菩萨殿 在东岔镇土桥村西北5公里观音山巅。始建不详，清嘉庆八年(1803年)重建，光绪九年(1883年)大修。"文化大革命"时，建成山门并封山，庙宇得以保存。1995年，拆除祖师殿，其址建太阳菩萨殿，塑像4尊。其余玉皇殿、菩萨殿、灵官殿、财神殿、王母地母殿等均进行补修，并安装玻璃窗对塑像进行保护，殿内塑像及壁画除烟熏严重外，基本完好。主殿玉皇殿内塑像高约2米。庙宇随山势走向，呈"一"字形排布。存清嘉庆八年立《重修菩萨殿碑》及铁钟1口。

玉皇殿 在东岔镇立远村北2.5公里金龙山。金龙山又名"惊龙山"，相传有道仙醉酒其地，惊动当地藏龙，故名之。又因山势曲宛如龙，崖壁色彩斑斓，名金龙山，海拔约2100米。据原铁铸玉皇像后铭文，始建于明正德年间(1506–1521年)，明万历三年(1575年)，清道光、咸丰、光绪年间多次复修。至1949年，有庙宇3处，殿宇18座、39间，加上僧房、灶房、磨房等共27座、53间，塑像108尊，其中玉皇为铁铸、祖师为铜铸。还存4千余斤、3千余斤铁钟2口，铁铸云板1个，石碑4通。1966年，山上殿宇尽毁。1978年，开始重建。1979年建圣母宫，坐西向东，面阔三间，三檩单檐硬山顶，塑像4尊，后有圣母洞，为一天然岩洞，进深15米，内有无头高约1米石玉皇像1尊。还有雷祖殿、灵官殿、娘娘殿、玉皇殿、大佛殿等，除玉皇殿外，均为结构简单的单间硬山顶。玉皇殿三开间硬山顶，长9.3米，宽3.3米。各殿塑像计28尊。存清光绪十五年(1889年)立《皇清恩师苟老真人老大人道教墓碑》1通。

龙林观 在五龙乡中石村东。始建不详。1986年建大殿，1994年建文昌殿、财神殿。坐北朝南，占地365平方米。大殿为三开间硬山顶式，长7米，宽5.4米，内奉九天圣母大厚之君，像之坐轿、虎头牌、十二銮驾均为清代遗存。文昌殿、财神殿各仅一间,两殿塑像6尊。还存清代水像5幅,石造像塔2座。山门前两侧有古柏2株,高7.6米,树围2.3～3.1米。

春台观　在三岔乡吴砦村。始建不详,清代重修,药王殿塑像1968年遗失。占地1.3亩,建筑面积124平方米。由雷祖殿和抱厦,以及药王洞组成。雷祖殿为单间硬山顶式,长3.22米,宽6.9米,内奉塑像在1957年被毁,唯存壁画8平方米。抱厦为三开间硬山顶建筑,长8米,宽4米。药王洞为依山洞窟,长2.4米,宽4.5米,新塑像3尊,为药王和童男童女,内存清代壁画约8平方米。

五龙山　在三岔乡新岔村。相传始建于明万历年间(1573–1620年),清代重建,1963年被毁,1991年后重建。五龙山坐北朝南,占地5.4亩,建筑面积128平方米。有祖师殿、王灵官殿、镇江王殿、药王殿,均为单开间硬山顶建筑。塑像计33尊。还有钟、鼓楼和文昌殿,为同一建筑,将三开间硬山顶建筑各占1间,东、西各1间分别为钟、鼓楼,中间一间上部为文昌宫,下为山门,长9米,宽5.4米。内现存圣母像银质头饰170件。

马莲寺　在渭南镇张石村柳滩里东。始建于清道光三年(1823年)。逢本村生员王充中举,村民捐资修“泰山庙”。后因庙近古道边马莲遍地,遂改名“马莲寺”。整座寺院坐南朝北,共有泰山庙、三霄殿、山神庙3间。1950年被人纵火烧毁。改革开放后历年重修。现寺庙占地约3亩。由娘娘庙、泰山庙、大雄宝殿组成,共有塑像15尊。寺内还建有回廊式凉亭1处,可供人休憩。

三、庙宇

泰山庙　又称洪武寺。在甘泉镇阳湾村东北1.5公里之山坳。始建于明永乐年间,明末、清初均有重建。1988年开始重建,前后两院,占地约2亩,建筑面积300多平方米。有山门、戏楼、钟鼓楼、抱厦、大殿、圣母殿、财神殿、方神殿、老母殿、炳灵殿、阎君殿等。塑像计40尊。戏楼为清代晚期建筑,其余各殿均为1988–2002年维修重建。存有清道光二十五年(1845年)立《重建泰山庙碑》1通。还存道光年间(1821–1850年)、咸丰十一年(1861年)木对联2幅。

西枝庙　又称元店庙、元君庙。在甘泉镇西枝村元店北1公里。相传始建于唐,原址在湫池梁,名元君庙,早期建筑规模较大,占地4亩。清早期迁现址。1995年重建后,由山门、方神殿组成,塑像10尊。山门为虎座门,大殿为悬山顶建筑,面阔三间、长9.2米,宽7米,内奉元君像。

东岳庙　在新阳镇席寨村东北1公里凤凰山巅。民国前又称邽山。海拔高

1895米，相对高度500米，被誉为秦州城"镇山"。 相传有凤凰栖息而得名。《直隶秦州新志》载："娲皇庙传在凤凰山麓，久废。"始建于北魏。唐初，李世民为其远祖李虎修家庙于凤凰山，称唐公庙（"文化大革命"前存《尉迟恭监修凤凰山场记碑》，后失）。宋、元时，其上建岱岳庙，北宋大观三年（1109年）地方官员曾上山祈雨。明万历年间重建，太常寺少卿胡忻撰有《重修凤凰山庙宇记》。清同治三年（1864年），庙毁于兵燹。民国31年（1942年），地方群众集资重建，民国34年（1945年）竣工，建成泰山殿、抱厦、东西配殿、戏楼、僧房院、山门等。共和国成立后破除迷信时，神像尽毁，其址先后为凤凰山园艺场、凤凰山造林站占用。1978年，对东岳殿进行维修，并塑东岳大帝、三霄圣母像。1990年翻修旧戏楼，1992年戏楼前建"八"字形单檐廊亭，1993年重建山门，1997年建抱厦，2007年再建钟、鼓亭，形成现规模。其庙坐北向南，占地1.8亩，一进三院。山门为单间悬山顶式垂花门。山门左右为二层飞檐六角攒尖顶钟、鼓亭，琉璃覆顶。中院东为十殿阎君殿，内塑十殿阎王、黑白无常等像14尊；西为圣母殿，内有塑像3尊。均硬山顶前出廊式。上院正中为东岳殿，为硬山顶出廊式，土木结构五檩抬梁造，长9.3米，宽5米，塑像3尊。殿前抱厦为悬山顶三开间，长9.3米，深4米，土木结构五檩抬梁造。庙前斜对戏楼，庙内存北宋大观三年立《秦风闵雨碑》，明万历四十年（1612年）立《重修凤凰山庙宇记》碑。另存年代未详石质碑首2块，上刻螭龙缠绕，其中一块上有篆书"重修东岳庙碑记"字样。另外，庙内存任法融、王治岐（原国民军将领）、贺敬之（文化部原部长）、李子奇（中共甘肃省委原书记）题匾。庙后石崖1株孤松，距今800多年，仍郁郁苍苍。

太伯庙　又称松柏寺，在东岔镇桃花村。清乾隆五十四年（1789年），修建太伯庙，嘉庆五年（1800年）毁于战乱，嘉庆十八年（1813年）重修。道光三年（1823年），再建三元宫、文昌阁、魁星楼、财神殿、土地祠等建筑。2005年修建天宝高速公路时占其地，遂移村内，利用旧木架重建。坐西朝东，占地3.3亩，建筑面积170平方米。由太白殿、圣母殿、三官殿组成。太白殿为硬山顶建筑，面阔三间、长11.5米，宽6.9米，塑像6尊；圣母殿、三官殿均亦硬山顶建筑，面阔三间、长10米，宽4.9米。均为道教塑像，塑像计20尊。存嘉庆十八年立《重修太伯庙碑记》和道光三年立《创修三元宫碑记》。

广应山元君庙　在渭南镇景湾村。始建不详，清代重建。1962年，从集体款中抽出492元修葺。"文化大革命"时被毁，1987年重建，1996年扩建。坐南面北，四合院式，占地1.8亩，建筑面积243平方米。山门为三开门独立虎座门，大殿为三开间悬山顶建筑，面阔三间、长10.3米，进深5.2米，塑像3尊。

雷祖庙　在渭南镇杨王村南。传为明万历年间（一说元代）所建，清代又重建。1966年，正阳小学扩建校舍时，拆除雷祖庙材料用于修建校舍。1986年重建。坐南朝北，由圣母殿、灵官殿、大殿等组成四合院，占地1.1亩，建筑面积73平方米。圣母殿、灵官殿均为单开间悬山顶。大殿为三开间悬山顶，内有雷祖、无量祖师画像。

三官庙　在甘泉镇吴河村白石里。相传始建于北魏，清道光十三年（1833年）重建。1950年被小学占用，1978年学校迁出。1989年，利用清代梁架重建。占地3亩多。三官殿为悬山顶建筑，面阔三间、长9.8米，宽6米，内塑天、地、水三官及童子像。

马王庙　亦称"东荫庙"，在甘泉镇屈家坪村。清初创建，后多次维修或重建，1957年又整体翻修。"文化大革命"期间，塑像被毁。1998–2000年重建，2006年村民又筹资维修。寺庙坐北朝南，占地230平方米，建筑面积104平方米，由山门、马王殿、娘娘殿（东偏殿）、西偏殿组成。主殿马王殿为三开间单檐歇山顶式建筑，内奉马王像1尊。娘娘殿为硬山顶式，内有娘娘、将军、方神像3尊。庙内共有塑像4尊。门口有4株古槐，树围最大者2.85米。

娘娘庙　又称伏龙寺，在甘泉镇谢崖村铺子庄。始建不详。民国以至60年代，为学校占用。1987年，重建大殿。占地300平方米。山门为虎座门，大殿为悬山顶建筑，坐南朝北，面阔三间、长9.3米，宽5.9米，内塑身跨麒麟的九天圣母四后元君。方神殿为单间悬山顶建筑，大殿对面为戏台。殿外空地，有古槐1株，高30米，腰围达5.2米，较为罕见。塑像8尊。

八海庙　在渭南镇杨王村。旧称宝泉寺，始建于明万历年间，后增修八海龙王神像，改今名。1966年，正阳公社将其拆除，用于修建小学。2007年开始重建，坐东朝西，由菩萨殿，镇江王殿，海龙王殿组成，塑像4尊。占地449平方米，建筑面积112平方米，菩萨殿为三开间硬山顶式，长9米，宽8.2米。

风都庙　在渭南镇王李村李家壑岘东五龙山顶风都堡内。相传始建于汉，晋称风伯庙，建在沈家咀。唐开元年间因地震变为废墟，后屡建屡毁，明嘉靖元年（1522年）改建现址，清光绪二十一年（1895年）、民国13年（1924年）重修。"文化大革命"时全毁，20世纪80年代初利用残存梁架重建，1991年建大殿，2006年建抱厦。坐西朝东，由抱厦、大殿组成。占地11亩，建筑面积326平方米。抱厦为五开间卷棚顶，大殿为三开间悬山顶，内奉伏魔大帝、风伯、雨师塑像等12尊。

其址传为远古居民祭天之所。

丁家坪龙王庙　在中滩镇丁赵村丁家坪。始建年代不详，明清时重修，毁于"文化大革命"中，1996年重修。由山门、钟、鼓楼、大殿组成四合院，坐西朝东，占地248平方米，建筑面积152平方米，大殿为三开间悬山顶建筑，长8.6米，宽7.7米，内奉五湖四海行雨龙王。虎座门式山门，山门房檐下花板雕工精美。

蒲甸村元君庙　在中滩镇蒲甸村。据传为明建，原址在蒲家园庄（故址在石佛镇下堡，今不存），因葫芦河泛滥迁至郭家老庄，1965年再迁蒲甸村。1996年重修大殿，1998年建山门、过廊。坐西朝东，占地176平方米。山门为盔顶式建筑。大殿为三开间悬山顶单坡面建筑，内塑封庐将军、元君像2尊。

漆家坪村龙王庙　在中滩镇漆李村漆家坪。据传始建于明，清代重建，"文化大革命"中被毁，1999年重建。坐北朝南，占地310平方米。由圣母宫、龙王庙组成四合院。龙王庙悬山顶建筑，面阔三间、长9米，宽5.8米，内塑龙王像。圣母宫单檐歇山顶式，面阔一间，内奉九天圣母塑像。

二圣祠　在中滩镇渠刘村北。据传始建于明，原址在现址东约300米。1999年于现址重建，占地470平方米。由大殿和山门组成。大殿为硬山顶式，面阔三间、长9.93米，进深三间、宽8.5米，塑像2尊。

九龙山龙王庙　在中滩镇渠刘村南500米。据碑文载，明万历二年（1574年），始建二帝宫、灵官庙、土地庙，稍后又建磨针洞、菩萨楼。清乾隆年间，再建圣母宫、龙王庙，嘉庆年间又建戏台。至此，形成规模较大建筑群。同治八年（1869年）遭兵乱被焚，仅遗土地庙、磨针洞、龙王庙。光绪三年（1877年），重建二帝宫、灵官庙，光绪二十一年（1895年）再建祖师殿、圣母宫、菩萨楼、戏台、僧房等，并修葺磨针洞、龙王庙，始恢复旧时规模。1956年，庙宇拆除，木材用于修建渠刘村小学。2000年重建，仅有圣母宫和龙王庙，占地560平方米。圣母宫为三开间硬山顶式，龙王庙为单间歇山顶式。塑像计7尊。存有光绪二十一年立《重建九龙山碑记》，庙院周围有18株古柏。

镇江王庙　又称推波寺。在中滩镇张白村南。始建不详。1998年重建，占地226平方米，有山门、大殿。大殿为三开间悬山顶式，长8.79米，宽6.5米，内塑镇江王像。

金龙庙　在石佛乡龙池村。始建于清，毁于"文化大革命"中，1986年重建。占地610平方米，由天王殿、山门组成。天王殿三开间悬山顶式，长11米，宽6.2米，塑像2尊。

赵沟村灵应寺　在石佛乡赵沟村。始建于清,毁于同治七年(1868年)兵乱,1988年重修。由山门和圣母殿组成,虽称寺,并无佛殿。占地211平方米,建筑面积44.5平方米。圣母殿为三开悬山顶建筑,面阔三间、长7.15米,进深两间、宽5.75米,内奉九天圣母塑像。旧址在庙咀王山上,在山体滑坡中出土3尊四面开龛北朝风格石造像,2件完好,1件裂为二半,均存寺内。

杨庄村槐荫寺　在石佛乡杨庄村。因寺院有一大槐树得名。虽名为"寺",但未奉佛,尽为神殿。相传始建于元代,1982年重建财神殿、龙王殿、三霄殿,2003年建方神殿。占地3.1亩,建筑面积110平方米。财神殿、三霄殿、龙王殿均为单开间硬山顶式,塑像计9尊。方神殿单开间悬山顶式,塑像11尊,内奉主神三郎神,元代曾在此为官,因官清廉,勤政爱民,被村民奉为家神。

二郎庙　在伯阳镇下坪村下河。坐北朝南,占地321平方米,有三开间悬山顶式大殿,长7.7米,宽5米,塑像4尊。民国11年(1922年)重修,1988年维修。

田祖庙　在伯阳镇西坪村。清乾隆六十年(1795年)重建。后有损坏,1989年维修。占地2.3亩,建筑面积100多平方米。主殿坐西南朝东北,三开间硬山顶式抬梁造,长9.4米,宽8.7米。

五山庙　在伯阳镇复兴村,1999年重修,坐西朝东,由山门、抱厦和正殿组成。占地2.5亩,建筑面积164平方米。山门为歇山顶式,面阔6米,进深1.4米。抱厦三开间卷棚顶式,长9.85米,宽6.45米。正殿三开间歇山顶式,明次间抬梁结构,一斗套三升,长9.85米,宽9.37米,塑像2尊,两侧墙壁有壁画18平方米,绘五山真君成圣图。遗存清代祭祀用轿1顶,仪仗1套(12件)。山门前靠南有拴马栓、上马墩及7棵古柏、1棵铁岭子树。

关圣庙　在东岔镇东岔村。20世纪90年代重建,占地1.8亩。有关圣帝君大殿,坐东面西,三开间悬山顶,长9.85米,宽6.75米,塑像12尊。周围环山绕水,风光秀美。存清代《重建关圣庙施银碑》等残碑4通。

太白庙　又称交龙寺。在东岔镇交川村。1996年维修,坐南朝北,占地220平方米,有太白殿、六圣宫,塑像计13尊。太白殿硬山顶式,面阔三间、长10米,宽7米,塑像6尊。寺院内有古柏1株,树围1.62米,高约15米。

吴砦城隍庙　在三岔乡吴砦村。清乾隆年间始建,光绪三十二年(1906年)重修,1957年塑像被毁,建筑尚存。20世纪80年代后,陆续补修、彩绘。坐南朝北,占地4.4亩。由山门、厢房、抱厦、城隍殿组成狭长四合院。山门为广亮大门,门内中间为卵石步道，两边为东、西厢房，单檐硬山顶五开间前出廊式，长12.6米，进深3.6米。第一间内塑黑爷、柳爷。其余四间连为一体，后壁绘文、武阎罗像。侧壁上有清代11平方米彩绘，为地狱变相图。步道尽头为庑殿顶式抱厦，长12.6米，深2.76米，周围有立柱8根。抱厦前两个立柱，上塑蟠龙。抱厦后紧挨城隍殿，硬山顶前出廊式土木结构，面阔9.9米，进深4米，内塑汉纪信将军坐、行像各1尊。山门前石碑2通，其中一通可辨清光绪三年（1877年）字样，另一通字迹磨灭，还存胸径3米古槐1株、柏树2株。

利桥城隍庙　在利桥乡利桥村西500米古城堡内。原为利桥营衙署所在，后改城隍庙。占地600平方米，建筑面积99.6平方米。仅存大殿1座，坐南向北，土木结构，双檐悬山顶建筑，面阔三间、长12米，进深四间、宽8.3米，内无塑像。门前古柏2株，树围1.55米和2.35米。

道北龙王庙　在道北街道张家村。始建不详，“文化大革命”中尽毁，1995年重建。坐北朝南，由山门、大殿组成四合院，占地496平方米。山门为歇山顶式，大殿为三开间硬山顶式，面阔9.2米，进深7.15米，内奉中方皇帝龙王。

四、堂室阁祠

双玉兰堂　在甘泉镇甘泉村下街原关帝庙院内。关帝庙清代建，有正殿3间，前有卷棚，左、右为侧房，前为5间大庭。民国31年（1942年）正殿坍塌。50年代前期天水学者冯国瑞（时任省文物管理委员会主任）考察后，建议改名玉兰堂，以保护庙院两株古玉兰树。1955年，甘肃省省长邓宝珊请中国美术家协会主席、国画大师齐白石题“双玉兰堂”匾额，1960年刻成白底蓝字匾额悬挂庙门。1961年，拆除卷棚，兴建3间双玉兰堂。“文化大革命”中，改为公社兽医站。1979年，公社文化站成立，双玉兰堂始交其管理。后双玉兰堂并入太平寺。1998年，市人民政府拨款10万元，建成新的双玉兰堂，歇山顶式，三面出廊，内、外两圈檐柱，长13.6米、深8.7米，门楣悬齐白石题匾。堂前两株玉兰树，当地人称“木莲花”，相距3.5米。树龄测定为1200年，一棵高17米，冠幅13米，一棵高16米，冠幅10米，胸围2～2.4米，在国内玉兰树中也属罕见。树虽年深日久，仍苍健挺拔，树叶茂密，每当“春分”前后，蓓蕾绽放，遍枝兰花，一株白色，另一株粉色，满院缤纷，清香四溢，誉称“玉兰花香”。

赞公土室　在甘泉镇西枝村元店东北。杜甫流寓东柯谷时，与住在西枝村的故友赞公同宿土室，重叙旧谊，并留词3首。土室（土窑）仍存。附近西枝庙有杜甫、赞公塑像。

诗圣阁　又称子美阁、杜甫祠，在麦积镇街亭村西。始建不详，清代重修。坐东朝西，占地156平方米，建筑面积121平方米，为悬山顶二层楼建筑，面阔三间、长11米，进深3.1米。一房隔两殿，东奉观音，西祀杜甫，塑像6尊。第一层东面北侧墙体镶嵌清乾隆三十七年（1772年）立《公建仁明博焦太老爷裁止木税德政碑》。“文化大革命”中拆除塑像时，发现塑像肚内木桩上墨书“崇祯三年重塑”字样，已丢失。杜甫乾元二年（759年）抵秦州，在东柯谷其侄杜佐家暂住。杜佐后裔为纪念杜甫及杜佐便在其地建立宗祠，每年清明节祭祀。2006年，由民间组织、政府参与，举行盛大祭祀仪式。

潘氏宗祠　在马跑泉镇潘集寨村南约12米高山嘴上。2004年，建抱厦、翻修大殿，并建厢房8间，形成现规模。坐南朝北，占地330平方米。为四合院形制，分前、后两院。祠堂门为单间垂花门，进山门前院两侧为厢房，后院左、右各3间，中间为卷棚式抱厦，抱厦后为宗祠主祀殿，悬山顶前出廊式，三间四柱，宽8.4米，深7米，殿内奉八房头宗祠牌位。存清道光时秦州书法家、宗人潘尊贤题“子姓聚一堂虽分族折支宜序左昭右穆，祖灵追百世当展诚抒敬勿忘春露秋霜”黑底金字联2块。

雷氏祠　在石佛乡峪口村。20世纪90年代重建。由山门、抱厦、雷祖祠、老母宫、山神庙组成。占地1.4亩，建筑面积145平方米。抱厦为三开间歇山顶式，长9.7米，宽7.9米。雷祖祠三开间硬山顶式，老母宫、山神庙均单开间硬山顶式。塑像计7尊。存雷氏家谱4册，其中清光绪六年（1880年）修2册。

刘氏祠堂　在伯阳镇兴仁村。始建于明代后期，清嘉庆元年（1796年）重修，同治元年（1862年）维修，民国时期又加修缮，20世纪80年代村民集资修葺，为保存完好的明清建筑。坐北朝南，占地600平方米，建筑面积186平方米，由山门、抱厦、正厅组成一进二院。垂柱式山门。抱厦三开间卷棚悬山顶式，长8.9米，深4.4米。正厅三开间悬山顶式，长8.9米，深6米，塑刘氏先人造像2尊。原存清代先人画像2幅，2001年被盗。刘氏供奉先祖名玉，《明史》有传。院内有石敢当1块。祠外西有明代戏楼1座。

霍氏家祠　在琥珀乡霍家川村西土台上。清道光十一年（1831年），18户霍姓人捐资建“老家宫”，1948年重建时改名“家圣祠”。整座建筑为悬山顶殿宇，长7.6米，深7.6米，三间四柱五檩式样，殿中塑太乙老母元君像1尊。

丁氏家祠　在新阳镇沿河村胡家湾南。始建于明末清初，民国后期重建。庙内曾存两幅画像，1950年和1964年先后被盗。1998年对旧庙维修扩建，坐北朝西，由山门、大殿组成，占地约300平方米。大殿三开间悬山顶式，内墙有彩绘。

第二节 洞 窟

一、龙马洞 又名白马洞。在中滩镇余峡村东龙马山腰，距地面 60 米，洞口隔渭河侧对卦台山。相传龙马负图出洞，羲皇则依之画卦。或传为伏羲、女娲成婚之处。有 3 个天然石洞，主洞高 3 米，深 7 米，宽 4 米。内中塑女娲像，右侧塑龙马像。洞左有 2 个侧洞，内有石槽、石床痕迹。

二、朝阳洞 在利桥乡利桥村北佛洞沟，位于大山半山腰，周围多林木，始建不详，清代重建。坐北朝南，洞阔 2.5 米，深 4 米，洞底有一小洞，只容一人而进，深度无法测定，洞内原有塑像，“文化大革命”时全毁，仅留残迹，山脚下有一硬山顶建筑，无塑像，殿门口有清代石碑 3 通，一为清道光十八年(1838 年)立重建佛洞沟募化施银碑，另 2 通为造像碑，已磨灭难辨。

三、千佛洞 在麦积镇滩子村杨家坪对面高约 50 米石崖上，详见本篇街亭景区。

四、碧莲洞 在五龙乡石洞村西 2.5 公里处，因洞内石块自然成莲花瓣状，故名碧莲洞。 始建不详，清咸丰元年(1851 年)重建。2003-2005 年，附近村民筹资 11.8 万元，维修重建。系天然岩洞，坐西面东，距地面 13 米，有水泥台阶曲折通达。洞内岩石呈莲花瓣状，洞口面积 172 平方米，建菩萨殿，中塑观音菩萨，肋侍善财、龙女。两侧塑 12 生肖像，后塑十八罗汉像。另一天然洞穴中有一石，呈蛤蟆形象，甚逼真。洞深不可测，洞外沟涧，怪石嶙峋，雨天有水自洞顶下流，飞珠溅玉。

五、凤山寺 在元龙镇关峡村。依山在土崖上开窟造像，相传始建于唐。1982 年前后塑像，1990 年建玉皇殿，2003 年再进行维修，形成现规模。占地 648 平方米，建筑面积 124 平方米，有洞窟 10 处，塑像 29 尊。分别为祖师殿、财神殿、菩萨殿、药王洞、三官殿、玉皇殿、圣母殿、大佛殿、文昌殿、千里眼顺风耳殿。祖师殿长 3 米，宽 2.5 米。财神殿长 3.1 米，宽 3 米。

第三节 自然景观

一、金龙山 又名惊龙山，在东岔镇立远村境瓦舍沟内 2 公里。其山由红色岩石组成，其形如彩龙腾空，故名金龙山。属秦岭山系北延支脉，主峰独起，其山蜿蜒盘旋 2.5 公里，峰顶海拔 1703 米。其顶平坦，长 60 米，宽 22 米，覆以 2 米多厚白土层，整座山体覆以乔木、灌木等。乔木以油松、华山松、侧柏、橡树、栎树、漆树、酸梨等为主，灌木有榛子、酸刺、黄栌等，还分布有珍稀树种白皮松。山中常有狗熊、野猪、鹿、锦鸡等出没。距山顶200米处石崖下有天然石洞，名圣母洞，高约6米，宽8.5米，深15米，内有泥塑圣母及侍女像3尊。像前有一泉眼，上立铜质仙鹤像，水自鹤嘴喷出。洞外有卧虎潭，长3.5米，深1.5米、宽2米，潭水清澈，水质甘甜，水从石出，叮咚之声，如乐而作。圣母洞东有一直径数十公分小洞，深不可测。山顶有雷祖殿、大佛殿等观宇数十间，塑像数十尊，原建筑大多已损坏，现多为民间逐年修复。

二、碧峪沟 俗称佘家门大沟。在三岔乡佘家门村。起于佘家门，经朱家房、黑滩沟、大汉地、木堤滩、大骆驼巷、小骆驼巷、二流水，至桦树坝止。沟宽50米左右，长25公里。谷内弯曲蜿蜒，计36弯。沟内两面翠峰叠嶂，峦壑争秀。谷底终年溪水潺潺，或高低落差，银练飞溅，或积水成潭，碧光粼粼。大潭面积有的达数十平方米，潭中有珍奇的梅花鱼。是新开发的自然旅游景区。

三、桃花沟 在东岔镇桃花坪村南。从桃花坪向南即进入沟区。沟深10余公里，海拔在1050～2380米之间，地势自南向北下倾。因桃林遍布，且盛产水桃、毛桃、核桃而得名。景区面积4552公顷，旅游景点89处。景点分布在沟内两侧，分桃花沟、普渡峡2大景区。桃花沟景区因花岗岩和闪长岩类成岩株状出露，多奇峰异石、清泉涧溪，以雄伟和神奇著称，主要景点有飞来石、桃花潭、令牌石、摞摞石、面壁石佛、三柱香、小岭神灯等。普渡峡景区峡天一线，峰回溪转，崖洞深幽，主要景点有燕子洞、三星崖、月亮崖、金童玉女峰、翰墨飘香、梦笔生花及明代观音山庙宇等。景区属温带南部落叶栎树林区林带，动植物资源丰富，森林覆盖率达86%以上，已知植物2700余种，有珍贵植物水柏、云杉、连香、杜仲、厚朴、漆树等，为温带向亚热带过渡的植物基因库。野生动物1000余种，属国家一、二级保护的有红腹锦鸡、林麝、花面狸、中华鲟、水獭、熊、岩羊、秦岭细鳞鲑等58种。

第四节 乡村风情园

区境东南部麦积、东岔等乡镇，地处林区，风光秀丽。2003年，区人民政府组织麦积镇后川村村民30多人，赴陇南徽县、成县考察学习，利用8户农民改建的民宅试点开办“农家乐”，以“吃农家饭、住农家屋、干农家活、看农家景”为主。仅经营半年，8家农户户均增收2千元，个别农户达4千元。2004年，仅麦积镇的

“农家乐”经营户发展到16家，全年接待游客6000余人次，营业收入18万元，户年均收入1.1万元。随后，麦积镇后川、贾河、宏罗、街亭，甘泉镇白石、西枝、高家庄、峡门，花牛镇高家湾，东岔镇码头，以至中滩镇渠刘等村，开始扶持农户修建“农家乐”。后川村100户农民有60户建起“农家乐”。原来收入微薄、住宅简陋的农户，经政府扶持，改建起内外装饰考究的砖房，并在庭院栽植花草、竹子，设置假山，搭设凉亭草棚等。有资金的农户还挖鱼塘，建楼房，开辟停车场。游客可在“农家乐”吃住、休闲、观光、垂钓，或到果园采摘。2006年，区人民政府制定《“农家乐”管理办法》(试行)、《农家乐文明经营公约》《农家乐星级评定标准》等管理制度。2007年，全区5乡镇、10多个村有“农家乐”经营者80多户、生态观光园5家，累计资金投入2370万元，直接从业680多人，间接就业4000多人。接待游客45万人次，收入1357万元。纳税67万元。

第六章 旅游管理与服务

第一节 机构设置

一、行政机构

区旅游局 1985年，区人民政府为接待国外和香港、澳门、台湾旅游者，设外事办公室。1988年，更名外事旅游局。1992年，外事与旅游分开，成立外事办公室(隶区政府办公室)和区旅游局。1996年，外事办公室和旅游局合并为区外事旅游局，为区直属事业单位。1998年，设天水旅游服务接待处。1999年，再设卦台山旅游景点管理处。2007年，区旅游局内设办公室、外事侨务办公室和行业管理、规划建设、市场促销3股及天水旅游服务接待处和卦台山旅游景点管理处2处。设局长1人、副局长1人，在职人员22人。

麦积山风景名胜区管理局 1984年，天水市(即新组成的升半级的市，次年改为地级市)人民政府成立麦积山风景名胜区管理局。内设办公室、建设科、计划财务科、园林科4室(科)。1995年，为理顺管理体制，天水市旅游局与麦积山风景名胜区管理局合并，一套机构，两块牌子，为天水市政府派出机构，正县级单位，负责对麦积山风景名胜区进行综合管理。1999年，市旅游局与麦积山风景名

胜区管理局再次分设。分设后归天水市旅游局管理。2001年,再归天水市建委管理。2005年,成立麦积山风景名胜区管理委员会。局址从开始即设马跑泉路原天水县东泉苗圃地,占地20亩(马跑泉公园南)。机关内设办公室和规划监督科、建设管理科、经营管理科、宣传营销科、驻西安联络处、财务等7科(室、处),下设麦积山、仙人崖、石门3个景区管理所和景区执法大队、旅游接待站5个单位。设主任1人、副主任3人,2007年职工41人。

麦积山景区管理所　1990年,在麦积山景区成立景区管理所,购买当地村委会办公用房作为景区管理所管理和服务用房,建筑面积120平方米。2006年,在景区建游客中心。

仙人崖景区管理所　1986年,麦积山风景名胜区管理局征用后川村土地10亩,新建仙人崖管理所和接待站。景区现有游客中心1处,位于上停车场处,建于1999年,总建筑面积210平方米。世行贷款项目仙人崖景区入口处游客中心新建工程正在实施,建筑面积500平方米。

卦台山旅游景点管理处　1999年成立,为区旅游局下属股级事业单位。办公地点在卦台山,主要负责卦台山保护、管理和开发,搜集整理有关卦台山历史资料、民间传说和文物,管理捐献资金等。设主任1人,副主任2人,其中聘任1名民间管理人员任副主任。

天水旅游服务接待处　1998年成立,1999年定为区旅游局下属股级事业单位。主要负责旅游接待、宣传促销、接受咨询、受理投诉、行业管理等。2007年有工作人员4人。

二、企事业机构

区旅游服务公司　1985年成立, 属外事办公室领导下集体所有制企业,实行自负盈亏,主要负责接待游客、承担食宿、车辆运输、工艺纪念品销售等。设经理1人,管理人员3人,工作人员19人。1987年,改为事业单位。1988年,按精简机构原则,公司人员、财产、业务全部并入区政府招待所。一套机构,挂两块牌子。

区伏羲文化艺术发展中心　1998年成立。主要开展以文化艺术传播、旅游产品的艺术“包装”、宣传广告的策划和制作、旅游产品和旅游商品的开发促销、工程设计、施工和装潢等,隶属区外事旅游局。自筹资金、自主经营、自负盈亏。

第二节　开发建设

一、宣传

1987年,区人民政府开始编写麦积山景区介绍资料并制作旅游线路宣传广告牌、录音带、旅游纪念章。1988年,天水市人民政府在北京举办“天水风情艺术展”,麦积山风景作为主展区,引起首都各界人士关注。1992年,区人民政府争取国家文化部支持,在日本举办“麦积山石窟艺术展览”,引起轰动。电视剧《麦积烟雨》《山道弯弯》《梦绕麦积山》,电视新闻片《羲皇故里名胜多》《麦积游记》《伏羲卦台山》《麦积烟云天水奇》先后在中央和甘肃省电视台播出。《中国旅游报》系列刊载天水人文自然景观资料。还出版发行《天水画册》《天水名胜》《天水览胜》《麦积山石窟志》《伏羲文化》等书刊画册,以及在北京举办全国风景名胜区展览,广泛介绍、宣传天水旅游资源优势。1993年,编写宣传稿件约1万余字,拍摄图片50余幅。在“西交会”专刊和《甘肃日报》上宣传,并协助中国企业报社《羲皇故里》编著组完成人文古迹、风景名胜等资料的拍摄编采。1995年,编撰《北道区旅游名胜景观简介》。1996年,甘肃省人民政府和天水市人民政府将麦积山石窟确定为省级和市级爱国主义教育基地。在参观区内设置中英文洞窟介绍和参观线路图,并出版各类面对专业人员或普通游客的图书、画册、音像等。1997年,在天水火车站立天水旅游景点示意广告牌。当年,中央电视台海外中心《中国旅游》栏目拍摄关于麦积山风光纪录片。1999年,区人民政府投资40万元,在火车站建长18.7米、高8.2米、柱高2.5米、双面面积307平方米的全钢架结构旅游宣传牌。正面绘制反映以太极八卦和麦积山为主伏羲文化、石窟文化图,背面以图文并貌形式展示天水旅游景点、交通线路和全市区划等。2002年,邀甘肃电视台,拍摄制作《北道风光》旅游宣传光碟1部,又配合加拿大《恩雨之声》摄制组,拍摄中国文化系列专题片《中华文化——卦台山》。2003年,通过“文化搭台,经济唱戏”充分展示区内新形象,在桥南商场举办“三阳开泰”商贸旅游节。2005年,在北京举办“羲皇故里风情艺术展”。随着“农家乐”规模的扩大,区人民政府邀请省电视台《项目甘肃》《时尚旅游》《印象甘肃》等栏目对区内旅游景点进行专题报道,并多次组织省、市电视台,报刊记者到后川村采风。2006年,指导农家乐经营户制作项目宣传版面12块,散发宣传资料1万余份。2007年,区旅游局设计印制首版宣传折页。

二、规划

1986年,区委、区人民政府制定甘泉双玉兰堂、马跑泉旅游景点开发计划。麦积山风景名胜区管理局委托东南大学编制《麦积山风景名胜区总体规划》。1993年,拟定《北道区旅游业发展规划》(征求意见稿),发出《关于加强卦台山人文景点开发建设的通知》。1995年,委托甘肃省城乡规划设计研究院完成《卦台山旅游景点开发建设总体规划》。1997年,制定《北道区旅游业发展中长期规划》(草案),并制定《杜甫草堂建设规划方案》。1999年,首次对《麦积山风景名胜区总体规划》进行修改。2001年,完成桃花沟、凤凰山景区规划。2006年,区人民政府制定《"十一五"旅游发展规划》。

三、景区开发

1985年,麦积山石窟正式对外开放,仙人崖、石门也进行维修,陆续对外开放。1992年,根据关于麦积山风景名胜区违章建筑拆迁及有关问题会议的纪要,从麦积乡停车场路口至醉仙楼以下路段两旁所有建筑均属违章建筑,区人民政府和相关单位督促全部无偿拆除。1994年,甘肃省旅游实业发展公司在街子乡进行街亭温泉娱乐村开发建设。1999年,开始对杜甫草堂进行开发。2003年,开始在麦积镇后川村试办农家乐。

四、景区建设

道路　1986年,省交通厅、麦积山风景名胜区管理局投资61万元,新修街亭至石门景区21公里游览专线,铺设10公里景区登山石阶步道。仙人崖也修通上山台阶。麦积山风景名胜区管理局还负责景区60多公里旅游道路养护和维修。1997年,投资19.54万元,修建麦积山景区步道1.6公里;香积山步道100米。2000年,修建麦积山至香积山公路1.21公里,投资52.26万元。2001年,建成仙女台景观和桃花沟景区道路。并通过争取国家资金,实施国债项目,修建贾河至麦积山石窟公路5.2公里,投资900.88万元;仙人崖前川至王家大沟公路3.5公里,投资173.73万元;温泉至映月湖公路　13公里,投资2263.35万元。2002年,通过国债资金1496.72万元,修建滩子至虹门子公路6.5公里。2004年,修建东马公路贾家河至牧马滩段16.9公里,投资602.89万元。修建仙人崖四道岭公路1.9公里,投资60万元。2005年,修建仙人崖景区步道5公里,投资35.97万元;修建石门步道2公里,投资14.6万元。

厕所　2007年，区内各景区（点）有公共厕所25所，其中麦积山景区8所（水冲式6所，旱厕2所），仙人崖景区4所（水冲式1所，旱厕2所，环保式1所），卦台山景点3所（其中旱厕2所，环保式1所），街子温泉、曲溪、净土寺、蛟龙寺、马跑泉公园、龙园等景区（点）计10所（水冲式5所，旱厕5所）。12所水冲式厕所中，4所符合国家旅游景区（点）公厕建设标准，其余标准较低。

附设设施　1986年，省财政厅安排100万元，用于景区规划、建设、维修等，并新建景观亭1座。投资21万元，在仙人崖景区为管理所征地建造接待室、办公用房、宿舍、厕所、供排水、配电等。投资8万元用于通讯供电。1990年，建麦积山、仙人崖景区管理所用房420平方米；同时建麦积山庄、仙人居等招待所。2003年，投资24.6万元，修建麦积山第一座停车场，面积达6000平方米。2005年，在四道岭建观景台，并建石门景区游览步道。后又利用世界银行贷款建麦积山、仙人崖、石门游客中心。还用世界银行贷款项目改造或新建仙人崖、石门景区前山入口处、映月湖处停车场3处，面积分别为5000平方米、3500平方米和500平方米。2006年，投资442万元，再建麦积山第二座停车场，面积1.2万平方米。

五、旅游交通

1988年，开通今秦州区公交站至麦积山旅游线路，全长47.5公里，沿途设26个站点。并开通一日游、两日游、一日三游等路线，每日发往麦积山车辆16辆。90年代初，随着旅游市场的进一步开放，私人车辆准许进入营运市场。1992年，甘肃丝绸之路旅行社推出省内旅游线路，包含兰州—天水—麦积山4日游线路。1993年，区内有30余辆国有、私人面包车从事一日游。1996年，个体从事旅游车辆增至100多辆。2001年，成立麦积旅游专线短客公司，投入快客10辆，另有28辆个体营运车辆。开通火车站至麦积短途线路，沿途共设10站。此外，境内新开办的旅行社也开辟麦积山石窟一日游等旅游线路，并与境外旅行合作开辟省际旅游线路1条（其一是麦积山—炳灵寺—莫高窟三大石窟线路），市际旅游线路3条，包括由麦积山石窟、甘谷大象山、武山水帘洞、拉稍寺、木梯寺等石窟组成的石窟走廊线。2003年，天运总公司交通旅游公司（区内唯一从事旅游专线运营的汽车客运公司，前身为短途客运公司）投资300万元，购进30辆客运车辆，从事旅游运输。

第三节　旅游服务

一、旅行社　1985年,成立天水地区中国旅行社,经营旅游业务。1988年,成立天水羲皇旅行社。1993年,成立海外旅游公司和大自然国际旅行社。1994年,成立连谊旅行社。1999年,成立和平旅行社有限公司。2000年后,又新成立秦之旅、假日风情、陇上江南、开元等4家旅行社。2005年,天水国际旅行社在陇昌路中段设营业部。2006年,甘肃省国际旅行社在埠南路林水巷口设营业部。2007年,中国国际旅行社在天河南路设营业部。同年天水羲皇旅行社、连谊旅行社因经营不善,不能缴纳足额的质量保证金,被强制注销。至年底,境内有旅行社6家,其中国内旅行社5家,国际旅行社1家。从业54人,其中导游23人。另外各景点配有讲解员80人。当年6家旅行社共接1.2万人次,其中海外旅客5648人。

2007年境内旅行社一览

名称	成立年份	办公地址	注册资金(万元)	工作人员	2007年营业额(万元)
大自然国际旅行社	1993	陇林饭店西楼	40	11	320
和平旅行社	1999	五龙路宏达小区	44	8	300
假日风情旅行社	2005	商埠路	…	6	…
陇上江南旅行社有限公司	2007	陇昌路西铁路公寓下	30	5	20
秦之旅旅行社有限责任公司	2003	石佛路	30	6	20
开元旅行社	2007	天河南路	20	5	15

二、住宿　1985年,区内有13家招待所和旅社,床位2202张(位),当年共接待67.4万人次,收入128.6万元。以区政府招待所、滨河饭店、人民旅社、铁路招待所为最大,其中滨河饭店为最大的对外接待宾馆,有126间住房(其中112间为客房),年接待能力12万人。1988年,旅馆增至24家,床位2690余张。

1990年开始,各国营、股份制、集体等企业在城区及旅游景区建大、中型宾馆。1991年,小陇山林业实验局在分路口建陇林饭店,麦积山景区建麦积山庄,仙人崖景区建仙人居等招待所。1993年,在街子温泉建立温泉浴庄。1998年,再建街子温泉度假村,陇昌路建麦积大酒店。各旅游景点也建起吃住一体的宾馆,供游人住宿。有在甘泉镇元店村建的桃园山庄、仙人崖后川村建的仙人居、麦积镇上河村的麦积山庄、麦积山后崖沟有小陇山林业局建植物园招待所(后扩建

2007 年区内主要宾馆(饭店)基本情况一览

名称	所在	从业人数	客房（间）	床位（个）	餐位（个）	会位（个）	车位（个）	建筑面积（平方米）	开业年份
东安饭店	城区道南	40	76	142	180	30	36	4583	2003
麦积大酒店	城区道南	45	116	247	200	100	35	9410	1998
陇林饭店	城区桥南分路口	132	150	300	800	120	25	8000	1991
东方宾馆	城区道南	143	83	130	400	210	30	11000	2007
华龙大酒店	城区桥南东	205	84	119	1000	200	60	18600	2007
虹桥宾馆	城区火车站	22	83	170	…	100	…	4000	2002
绿岛大酒店	城区桥南东	165	79	139	800	260	21	10000	2007
植物园山庄	麦积镇后崖沟	120	142	267	200	300	50	7500	2006
天泽宾馆	城区桥南	45	56	108	…	30	30	8000	2004
甘泉疗养院	甘泉镇甘泉村	50	137	270	180	240	10	13000	1979
恒利宾馆	城区桥南	30	50	100	…	30	18	4000	2005
街子温泉度假村	麦积镇街子温泉	70	36	75	80	100	50	3780	1998

为植物园山庄)。东岔镇住宿餐饮业亦繁盛一时,1999 年,共 13 家,高中低档房间 110 间,床位 380 张,从业 140 人,兼营娱乐、洗浴、桑拿等。2000 年,城区有 17 家大、中型宾馆、饭店和招待所,房间 1206 套,其中豪华间 74 套,标准间 388 套,普通间 744 套,床位 2732 张。

2000 年后,部分设施老化、装饰陈旧的宾馆、招待所逐步被市场淘汰,新建起一批大型综合性吃住休闲一条龙的高档宾馆。2002 年火车站东建起虹桥宾馆, 2003 年陇昌路建起东安宾馆, 2004 年兴陇路建起天泽宾馆, 2005 年桥南便桥头建起恒利宾馆。2007 年,投资 8000 千万元在商埠路建东方宾馆,泉湖路投资 1.1 亿元建华龙大酒店,投资 5800 万元建绿岛大酒店。新建宾馆普遍内外部装饰考究,客房内普遍配有电视、电话、空调、洗漱间等,并配有电梯、餐厅、KTV、棋牌室等娱乐场所。华龙大酒店还配有游泳池。宾馆按档次分豪华套房、高级套房、普通套房等。入住率平均在 70%以上。至年底,境内有旅游星级饭店 5 家,具有接待能力的宾馆、饭店 20 余家,2000 余间标准间,4000 张床位。此外,小陇山林业局在林区新建植物园山庄、石门度假村、曲溪避暑山庄等。

三、餐饮 上世纪 80 年代,仅有区招待所、滨河饭店、人民旅社、铁路招待所、红旗旅社等为旅游者和外来客人提供餐饮,环境简陋,菜品种类也有限。2000 年后,随着各大酒店的建成,餐饮、住宿成为一体化,各大型宾馆都有规模不同的餐饮服务。此外,境内有用莜麦、荞麦、面粉经过加工而成的甜醅、凉粉、馓饭、麻食、猪油盒、打卤面、浆水面等独具地方特色小吃,尤其是凉粉调味品种多达 30 余种。

四、旅游商品 1987 年,区旅游服务公司开始印制旅游纪念册、明信片、导游图,组织、生产具有地方特色的旅游纪念章。并在商贸市场办起旅游工艺美术品门市部,专门经营具有地方特色的根雕、软木画等旅游纪念品。1998 年,天水汉唐麦积山艺术陶瓷有限公司成立,开始仿制麦积山石窟雕塑。1999 年,区亨通工艺印刷厂曾生产仿铸铜狮子、仿玉雕、仿玛瑙工艺品。2000 年后,麦积山、仙人崖等景区有当地农民兜售旅游商品。随着城区仿古街的建成,有部分旅游销售商店入驻。2002 年后,旅游商品累计投资约 3200 万元。2007 年,区内旅游商品生产企业 8 家,分别是天水汉唐麦积山艺术陶瓷有限公司、天水农业高新技术园区、天水维康生物工程有限公司、天水北铃木器厂、天水麦积山文化传播有限公司、天水晨光珠绣工艺画有限公司、小陇山林业实验局下属的部分林场、瑞宝斋工艺品商店等,主要生产经营的旅游商品有 5 大类,10 个系列,1000 多个品种。观赏类有花卉、根雕、木雕画、盆景、工艺花瓶、动物标本、珠绣工艺画、十字绣工艺画等;实用类有旅游帽、旅游体恤衫、旅游纪念雨伞、花卉、古式家具等;收藏类有麦积山陶艺品、玉器、工艺品、根雕、木雕画、字画、盆景、工艺花瓶、动物标本、珠绣工艺画、十字绣工艺画等;食品类有山野菜、菌类等;保健类有茶多酚、蜂蜜、鹿血酒等。商品销售至北京、上海、广东等省市,并远销日本、新加坡、东南亚、美国、德国等地。有旅游商品销售商店 32 家,从业 600 余人。

五、天水汉唐麦积山艺术陶瓷有限公司 在甘泉镇屈家坪村西河川麦贾公路旁。1998 年创办,2000 年投产。以仿制麦积山石窟雕塑、壁画、大地湾彩陶、伏羲文化艺术品、敦煌雕塑等产品为主,有系列艺术品 600 余种。代表泥塑有西魏坐佛、西魏头佛、男女侍童、左右菩萨、北魏菩萨头像、小沙弥、窃窃私语、迦叶祈祷菩萨;陶器有彩陶旋涡纹双耳罐、彩陶鱿鱼纹小口平底双耳瓶、黑彩鱿鱼纹瓶、锯齿纹罐、彩陶方榕纹双耳罐、彩陶钵、彩陶旋纹鸟形壶、单耳提、鬲、红陶鸟形器、面粗陶罐、彩陶旋纹罐等。2001年,“东方微笑”系列作品获第二届北京国际艺术博览会三等奖,作品“小沙弥”被组委会收藏。2003年,在首届中国文物仿制品暨民间工艺品展览评奖中获金奖，同年公司应邀参加日本大阪旅游推介会。2005年,应中国艺术研究院、台湾佛光山文教基金会邀请,参加在台湾高雄博物馆举行的“麦积山石窟雕塑、壁画、摄影展”。2006年,被文化部命名为国家文化产业示范基地。2007年,被商务部、文化部、广电总局、新闻出版总署授予文化产品进出口重点企业。有的作品被国家领导人和外国政要收藏。产品不仅畅销全国各地,而且远销至美国、日本、韩国、法国等国家。

第四节　旅游接待

1985年,区境升为乙类开放地区。随着对外开放,来区境观光旅游的人数日益增加,当年仅麦积山、仙人崖、石门接待游客12万人次,其中外国人956人。随后每年五一节前后,临近区、县及境内机关和企、事业单位职工及城乡居民驱车云集以麦积山为主的各景区,人数日达万人以上。1998–2001年,国内游客的年均增长率为9.7%。2002年,接待国内游客97万人次,旅游收入2.7亿元人民币,接待海外游客3058人次,外汇收入76.5万美元。2000年后,每年五一、十一集中假期期间,四川、陕西、山西、宁夏等省自驾游人数突增。2007年,仅五一节长假期间,共接待游客22万人次,旅游收入6693万元。

1985–2007 年全区旅游经济状况一览

年份	国内游客（万人）	国际游客（万人）	合计（万人）	外汇收入（万美元）	农家乐	
					接待人数（万人）	收入（万元）
1985	12.0	0.1	12.1	8.3	–	–
1986	18.8	0.2	19.0	9.8	–	–
1987	20.5	0.3	20.8	12.4	–	–
1988	21.0	0.7	21.7	22.0	–	–
1989	23.0	1.5	24.5	25.0	–	–
1990	19.0	2.9	21.9	27.0	–	–
1991	21.7	1.2	22.9	30.0	–	–
1992	40.0	1.3	41.3	20.0	–	–
1993	42.0	1.2	43.2	23.0	–	–
1994	46.0	4.9	50.9	34.0	–	–
1995	53.0	3.4	56.4	61.0	–	–
1996	59.0	2.4	61.4	23.0	–	–
1997	64.0	2.1	66.1	17.0	–	–
1998	70.0	0.3	70.3	67.5	–	–
1999	83.0	0.3	83.3	74.9	–	–
2000	93.0	0.3	93.3	82.6	–	–
2001	96.0	0.4	96.4	86.8	–	–
2002	97.0	0.3	97.3	81.5	–	–
2003	60.5	–	60.5	–	3.0	60.0
2004	112.0	0.4	112.4	96.1	12.0	250.0
2005	131.0	0.4	131.4	101.4	24.5	723.0
2006	141.7	0.5	142.2	121.8	38.2	1144.8
2007	164.4	0.6	165.0	141.8	45.3	1357.5

第七篇　麦积山石窟

第一章　概　况

麦积山石窟创修于东晋十六国后秦时期，兴盛于南北朝北魏、西魏至北周，再后经隋、唐、宋、元、明、清历代续修，形成具有221个龛窟、10600身塑像、1300多平方米壁画的艺术宝库。从创修至今，已有1600多年历史，与敦煌莫高窟、山西大同云冈石窟、河南洛阳龙门石窟合称为中国四大石窟，誉为“东方雕塑馆”。1961年3月，国务院公布第一批全国重点文物保护单位时，即名列其中。又因其地素称“秦地林泉之冠”，景色秀丽，1982年又被国务院公布为国家级风景名胜区。

第一节　地理位置

麦积山石窟，又名麦积崖，位于天水火车站（北道埠）东南28公里处。地理坐标在北纬34°21′和东经106°相交处，海拔1671米，山高142米。其山由第三纪砂砾岩构成，在地质运动过程中渐次抬升，径流下切，风雨剥蚀，遂成一座孤峰。山顶棱锥形，有林木覆盖，崖间古松倒挂；其南面和西南面中腰突出，山根凹进，呈85度倒倾角，“望之团团，如民间积麦之状”（《玉堂闲话》语），故称麦积山。

石窟周围，山峦起伏，林木翳荫。秦岭主脉即从南部不远处通过。永川河源头，一从香积山流出经石窟东南山脚而下，一从天池坪流出经石窟西北沟谷而下，两源头在石窟西北合流后向西北方向流去，历28公里流程而汇入渭河。沿永

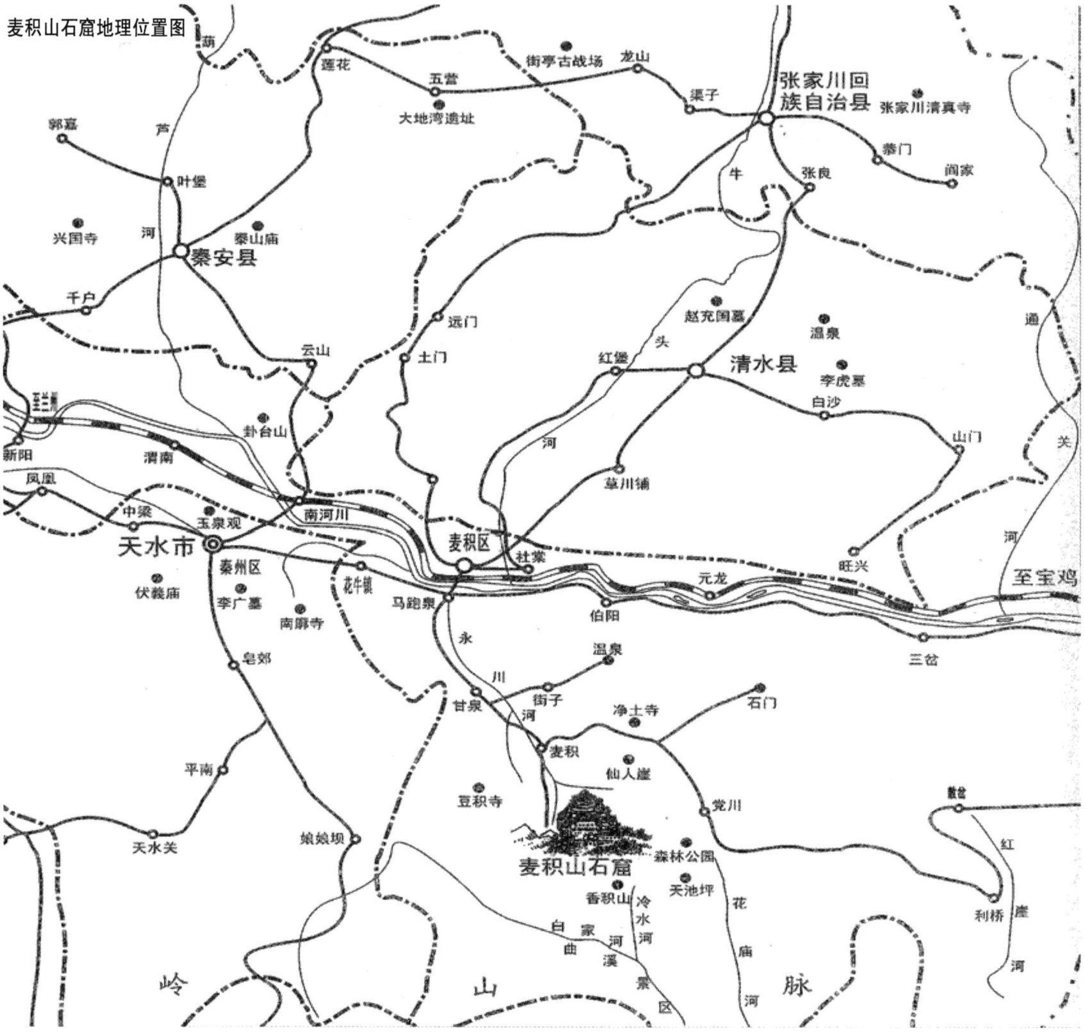

川河道,有高等级公路与天水火车站相接。

据近40年气象记录,麦积山石窟所在地全年日照1200~1600小时,降水量800多毫米,相对湿度74%,极端最高气温32.5摄氏度(1997年7月20日),极端最低气温-16.8摄氏度(1992年1月15日)。由于地处南北分水岭北侧,因此地理环境具有南北过渡地带的特征,南方的妩媚秀丽和北方的豪迈雄浑之自然景色兼而有之。环境幽雅,气候宜人,临崖而凿的石窟佛龛,错落有致的凌空栈道,绝世仅有的彩绘壁画,栩栩如生的泥塑造像,林泉之冠的美誉,且地处祖国版图中心,以致其地成为旅游胜地,吸引着海内外众多游人。

第二节 始凿时代

麦积山石窟最早开凿年代,早年史籍失载。现存碑碣中,述及创修及沿革者,最早为北宋末所立《秦州雄武军陇城县第六保瑞应寺再葬佛舍利记》,其中称:"阿育王始初兴建,号无忧□寺。至我宋乾德四年,计两千年矣。"宋乾德四年为公元966年,推前2000年,即公元前1034年,为西周初期。时佛教未兴,更未东传,显然是一种虚指,不能作为麦积山石窟创兴依据。此前成书的《玉堂闲话》中,引古记之说,称"六国共修"。南宋嘉定年间所立《四川制置使司给田公据》碑中载为:"始自东晋□□起迹,敕赐无尤(忧)寺……次七国重修。"无论六国,还是七国,皆指东晋十六国时期。可见当时考证者已经确认麦积山石窟创修于东晋十六国时期。但东晋十六国时期起于317年,止于420年,其间前赵、后赵、前凉、前秦、仇池、后秦、西秦均统治过秦州,仅此难以确定其确切年代。

石窟千佛廊至上七佛阁栈道旁崖壁的南宋绍兴二十七年(1157年)题记曰:"麦积山阁胜迹,始建于姚秦,成于元魏,约七百余年。"(见金维诺[中央美术学院教授,1962年曾到麦积山石窟考察]《麦积山石窟的兴建及其艺术成就》,收录于2006年出版《麦积山石窟研究论文集》)其后不久成书的祝穆所撰《方舆胜览》亦载:"姚兴凿山而修,千龛万象,转崖为阁。"可见在南宋时,考证者已形成统一认识,即麦积山石窟创修于东晋十六国后期的后秦时期。此后于明崇祯十五年(1642年)所立《麦积山开除常住地粮碑》中,沿用其说,称"自姚秦至今,一千三百余年"。

能够确证麦积山石窟创修于后秦时期的,一是后秦在姚兴为皇帝时,大倡佛教,使关陇间佛教大兴,有创修佛窟的政治环境。《晋书·载记·姚兴》称,姚兴"引诸沙门于澄玄堂,听鸠摩罗什演说佛经……罗什持胡本,(姚)兴执旧经,以相考校……兴既托意于佛道,公卿已下莫不钦附沙门。……州郡化之事佛者,十室而九矣"。《资治通鉴》载其事于东晋义熙元年(405年):"秦王兴以鸠摩罗什为国师,奉元如神。"姚兴还以其弟姚嵩为镇西将军、秦州刺史,驻屯上邽。《十六国春秋》中的姚嵩传,但载其与姚兴谈论佛教事,竟无其他政绩载入。所载姚嵩致姚兴的谢表中,有"先承陛下亲营像事,每专心延望"句①,所言"亲营像事",即指姚嵩亲自主持修造佛像,当为即在麦积山兴造的窟龛。二是第76窟(在西崖东下部)佛座前铭记,称"南燕主安都侯□□□姬□□□后□造"。是记所述,为第76龛窟

①引自崔鸿《十六国春秋》卷60《后秦录·姚嵩》。

的建造者即南燕主安都侯的妻子。史载南燕为东晋时北方十六国之一，建国于东晋隆安二年(398 年)，第一代主为慕容德。慕容德无子，立兄子慕容超为太子。义熙元年(405 年)慕容德卒，慕容超继立为帝。《资治通鉴》义熙元年纪事载，慕容德前秦时任过张掖太守，其兄慕容纳随其居张掖。慕容德从苻坚南征后，慕容纳仍居张掖，不久被杀，其妻段氏逃往羌中，生慕容超。慕容超成长后，娶呼延女为妻。时已是后秦时，慕容超携母和妻子徙长安。后改名换姓，独自逃归南燕，被立为太子。又据义熙三年(407 年)纪事，慕容超继立后，其母、妻仍在长安，遂遣使向后秦主姚兴称藩，并献乐伎 120 人，姚兴遂遣段氏和呼延氏婆媳俩归燕。可知第 76 窟铭记中"南燕主"即慕容超，"姬"即超妻呼延氏，"安都侯"史书无载，当为慕容超向西秦称藩后，姚兴给予的封号。由此可知，第 76 窟为慕容超妻呼延氏离开西秦前，即公元 407 年或稍前命人开凿。另据文物专家多年考证，麦积山现存龛窟中，开凿最早的在后秦时期，在总计 221 个龛窟中，后秦连同相续的西秦时期，总共有 6 个，说明当时开凿规模尚不大。

由上可证，麦积山石窟的最早开凿年代在十六国后秦姚兴弘始七年(405 年)前后。前述南燕主安都侯姬所开现排序第 76 号龛窟，为最早开凿者之一(文物专家考证时，将其列入北魏所开，但从以上辨析可知，应属后秦时凿建)。

第三节　建修沿革

后秦姚兴大倡佛教，始有麦积山石窟的创修。一时间，引得境内外众僧聚集麦积山，弘扬佛法。长安沙门释昙弘和秦地高僧均在其山训经。后秦永和二年(417 年)，后秦为东晋所灭，然陇右则别归西秦。是年十月，西秦趁后秦亡国，遣将攻上邽。后秦上邽镇将姚艾降西秦。西秦与后秦一样，亦倡导佛法。关中石羊寺高僧玄高，遂"杖策西秦，隐居麦积山。山学百余人，崇其义训，禀其禅道"(《梁高僧传·玄高传》语)。一时麦积山寺名扬关陇。

接下来的北魏时期，虽然太武帝拓跋焘曾下令灭佛，但为时不久，兴安元年(452 年)文成帝拓跋濬继立后，即下诏"复佛图"，诏令诸州、郡、县于众人所居之地兴建佛寺，百姓欲出家者听其出家。此后，官民自发在麦积山开窟者接连不断，上邽镇司马张元伯，洛阳沙弥法生，佛教信徒李道生、姜小晖、陈益生、贾伏生等先后在山崖开窟造像，彩绘壁画。在现已考证出建造年代的 176 个洞窟中，属北魏时建造的92个,占一半以上。东崖一些较大龛窟,如第15窟、第28窟、第30窟和西崖第127窟、第133窟、第135窟,均为北魏时建造,高在4.4~6.6米之间,宽6~12米,进深4~10米,属麦积山石窟中中型龛窟。

西魏在历史上存在虽只22年,但亦属麦积山石窟建造的兴盛时期。《瑞应寺再葬佛舍利记》碑称:"西魏大统元年,再修崖阁,重兴寺宇。"据西崖上部第120窟墨书题记,时参与者中,有督龙骧将军、天水太守王宗,武□镇将王胜以及假伏波将军等。据考证,现存龛窟中属西魏时建造的有15个。其中最大者为被考证者认为是乙弗氏墓的第43号窟,高、宽均在6米以上,进深达7米。

北周在历史上延续时间亦不长,却是麦积山石窟兴建史上又一个鼎盛时期。专家已认定46个龛窟属北周兴建,且多为宽敞高大的窟龛。其中第3号窟为长廊式崖阁,有14间,高8.2米,长36.5米;第4号窟即上七佛阁,为大型庑殿顶崖阁,高16米,宽30米,进深8米;第9号窟即中七佛阁,高近5米,宽24米,深4.6米。以第4号窟最为著名,一般认为是窟为大都督李允信为王父(祖父)所建,庾信撰有《秦州天水郡麦积崖佛龛铭并序》,惜无时间记述。《天水市志·大事记》载为北周武帝保定三年(563年)兴建。但据《周书·邵惠公颢等传》,李允信(传中书李充信)为北周蔡国公宇文广的部吏,宇文广保定三年始任秦州总管、刺史。李允信不可能初至秦州即组织兴建,况修建七佛龛是一项浩大工程,不可能一年内完成,故《麦积山石窟志》(2002年出版)中,造七佛龛事载在北周天和年间(566–572年)。

隋文帝杨坚重视佛教,敕令民众出资营造经像,麦积山龛窟得以继续兴建。现存龛窟中,专家考证认为有12处为隋代营造。其中包括位于东崖中部3尊高13~15.7米的大佛和菩萨。东崖最高处高达9米、宽15米、进深6.5米的第5号崖阁牛儿堂亦为隋代兴建。仁寿元年(601年),文帝诏令部分州于佛寺建舍利塔,以安葬神尼智仙舍利。秦州遂在麦积山巅兴建宝塔,安葬舍利。杨坚还敕赐寺名为净念寺。

唐王朝崇道,佛事不及前代兴盛,无论史籍、题记,均无有关麦积山兴建的记述,专家对所有龛窟断代中,亦未发现有唐代兴建者。而开元二十二年(734年)的陇右大地震,致部分崖面坍塌,现分为东、西崖两部的因由,或即是次地震造成。此后,麦积山佛事萧条,再无修建,以致20多年后的乾元二年(759年)诗人杜甫游历时,见到的则是"野寺残僧少"的荒破之状。不久,陇右又为吐蕃占据,直至大中二年(848年),始有迴觉大师至山,按其旧基,进行修复,才得渐以振兴。故至五代初,栈阁仍然完整,著名文学家王仁裕曾登上西崖最高处天堂洞,题诗崖壁。

宋代的兴建，主要是维修和装饰塑像，无新建洞窟。北宋景祐二年(1035年),沙门惠珍及太原王秀等募捐,妆修东、西崖佛像。宋神宗赵顼在位时,因麦积山高僧秀铁壁被召入皇宫讲演宗乘,得土地200余顷,用以供瞻僧众。从此,麦积山佛事又趋兴盛。陕西、秦凤路官员李师中、蒋子奇、游师雄等先后登临其山。元符元年(1098年)发生火灾,毁坏寺宇。旋寺僧募资,再次修复。建中靖国元年(1101年),寺僧智诩等再建宝塔。至大观元年(1107年),因塔旁所产灵芝被敬献于朝廷,徽宗赵佶敕赐寺名为瑞应寺。

南宋时战乱频仍,麦积山石窟也被殃及。南宋绍兴二年(1132年),遭兵火毁劫。至绍兴十三年(1143年)宋金和议后秩序渐静,遂开始修复。是次修复规模较大,一直延续至绍兴二十七年(1157年)始竣工。开禧年间(1205–1207年),战火又起,宋忠义军多次侵扰,屯田官一度将所存寺田收归为军田。寺僧重遇连续多年申告,始判还田产。

明、清两代,主要是地方群众重妆局部塑像,或彩绘贴金。明嘉靖年间,栈道为山火烧毁。不久有巡按陕西御史甄敬等先后登山，督促地方与民众作部分修复。清乾隆九年(1744年),重建山顶舍利塔。瑞应寺庙宇亦多次重建。至光绪年间,惟东崖栈道可通,西崖栈道坍塌,已多年无人登临。

民国前期,麦积山修建无人问津。直至民国35年(1946年),天水著名学者冯国瑞邀第四区行政督察专员胡受谦至山,规划修复事宜。此后聘木工文得权等人整修加固东崖栈道,前后两月完工。又补修瑞应寺院,将其中5间辟为“麦积山馆”,作为游客下榻之处。

1952年,西北军政委员会文化部勘察组勘察时整修西崖部分栈道。次年,国家文化部勘察团勘察时,又新架或整修栈道800多米,从而使绝大部分洞窟均可通达。20世纪60年代,文物保管所再聘文得权率工匠利用数年时间,架通东、西崖间顶端栈道,使隔断千余年的两崖再次连接起来。1976–1984年,甘肃省人民政府和国家文化部投入300万元,对麦积山崖体采用“喷锚粘托”的方法进行加固,并同步架设钢筋混凝土栈道,使栈道更加坚固耐用。

第四节 文物价值与特色

麦积山石窟是全国重点文物保护单位,保存有后秦、西秦、北魏、西魏、北周、隋、唐、五代、宋、元、明、清等历代造像和壁画,各时代均有代表性佳作,尤其是北朝时期作品,历史最久,距今1500年左右,且精美绝伦,表现出当时最高艺术境界。

雕塑是石窟内容的主体。在中国早期四大石窟中,敦煌为壁画,云冈、龙门为石雕,麦积山则以泥塑为主,也有部分石雕。外来形式的佛教雕塑传入中国后,在南北朝时期得到极大发展。麦积山雕塑在发展过程中,形成自己独特的艺术风格,倾注着古代艺术家对社会现实生活的认识和对美好愿望的追求,在很大程度上冲破宗教仪规的束缚,淡化了佛与人的界线,表现出强烈的世俗化特征。所塑造的塑像虽然都是佛国形象,但无论是庄严肃穆的佛、菩萨,还是虔诚恭谨的弟子,以及和蔼可亲的供养人,都栩栩如生,充满着浓郁的生活气息,有着鲜明的地方特色,是完全中国化、地方化、世俗化的艺术品。麦积山的雕塑,代延不断,尤其所存的早期雕塑,特别是泥塑数量之多、艺术水平之高,在国内众多石窟中无出其右者,故有"东方雕塑馆"之誉。

壁画是佛教表现自己的重要艺术形式之一。麦积山石窟开凿的南北朝时期,正是中国绘画史上壁画繁荣发展的重要时期,因而当时开凿的窟龛,都绘制有色彩鲜明的壁画。绘制的形象主要是佛陀、菩萨、天王、力士、弟子、比丘、供养人等,内容有佛传故事、本生故事、经变故事等,最多的是说法图和出行图。一些大型经变故事画规模宏大,绘法娴熟,为早期绘画艺术的精品;第4窟5幅大型"薄肉塑"飞天壁画,标新立异,绘塑结合,显示出当时艺术家的高超技能。由于其地气候潮湿,壁画久经沧桑,大都剥落无存,所剩仅千余平方米,极为珍贵,许多壁画填补中国绘画史上空白。

第二章　建　筑

第一节　洞　窟

麦积山洞窟开凿在地面至80余米高的悬崖峭壁上,星罗棋布,密如蜂房;栈道通达各个洞窟,层层相叠,凌空穿云。洞窟和栈道,形成一个宏伟壮观的立体建筑群。初为一个整体,后分东崖和西崖两部分。现存洞窟221个,依其形制,分窟、龛、崖阁和摩崖四大类,各个时代的洞窟形制都表现出鲜明的时代特征。十六国后秦和西秦洞窟现存6个,以平顶敞口高坛基大型龛为主。北魏现存洞窟92个,以方形平顶和圆拱顶窟龛居多,内有三壁一龛、三龛等形式。

洞窟中的崖阁，是建造于崖壁间的殿堂或屋宇式建筑，形式多样，独具特色。主体部分依壁而凿，有的外部还辅以木构部件等。自北魏至隋代均有开凿。现存庑殿顶崖阁 5 座，平顶型 2 座，廊道式阁 2 座，栈桥式 1 座，浅廊式 1 座。所有崖阁中，以庑殿顶崖阁最为著名。是类崖阁均为前廊后室，上雕正脊、鸱尾、瓦垅、檐椽、额枋、斗拱等，下雕檐柱、长廊、窟龛等。其中第 4 号崖阁（又称“上七佛阁”或“散花楼”），全长 30 米有余，雕刻精美，宏伟壮观，是现存崖阁中的规模最大者。

大型窟龛以西崖上部的 3 个洞窟为最大，且各有特点。第 127 号窟为盝形顶；第 133 号窟（万佛洞）为崖摩式佛窟，结构复杂；第 135 号窟（天堂洞）有明窗 3 个。3 大洞窟保存完整，石雕、泥塑并存，雕塑、壁画俱佳。小型窟龛中，高度在 1 米以下者仅存 22 个。摩崖大小不等，大者高达 17 米，小者仅高 1 米左右，且有的已被喷层覆盖。

第二节 栈 道

栈道是通达各个洞窟的走廊式建筑。由于石窟开凿在数十米高的岩壁上，故必须用凌空栈道联结，才能通达。以建造年代和所用材料不同，有历史上的木栈道和现在的钢筋混凝土新栈道。历史上的木栈道按照我国秦汉以后传统方法建造，由于糟朽以及火灾、兵燹等原因，曾多次损毁，多次重修。现在的新栈道是钢筋混凝土及钢管栏杆混合结构的新型栈道，基本保持原来木栈道的网络走向，与木栈道相比，虽然重量增大，但结构牢靠，不怕虫蛀火烧，使用寿命长。

一、木质栈道 木质栈道随石窟开凿而建，以西崖最密，上下有 12 层，总高 32 米，历来有“十二联架”之称。各层栈道均呈水平状，上下层间由栈梯相连。各层间间距约 2 米。栈道全长 1000 余米。由于山体中部突出，下部略收，故而中部以下栈道由下向上层层突出，成凌空之势。东崖牛儿堂（第 5 窟）至西崖天堂洞（第 135 窟）之间，有上下两层栈道相通，上层长 38 米，距地面 70 余米，惊险至极，称“天桥”。由天桥西端至下部第 135 窟（天堂洞）高 13.1 米，由栈道与栈梯构成多道“之”字形回环联结，因此称“云梯”。

木质栈道主要有挑梁、横梁、栈道板、踏步板、望柱、栏杆、斜撑等构件。木料多选用油松、水楸、漆木、山槐、山榆等耐磨硬木。挑梁长逾 2 米，里端楔入崖壁方形桩孔中。孔径约 50 厘米，深 70 厘米。挑梁外露约 1.5 米，间距 1~4 米不等。桩孔内部略大，用倒楔夹紧以承受栈道荷载。受力较大部位的挑梁，在其下部增设辅助梁,以短柱或斜撑支顶。梁面两端各置平行于崖面的横梁,以大铁钉固定;上面铺设栈道板,以小铁钉固定。挑梁梁头立望柱,柱下有榫头楔入梁头的卯口中。各部之间又以铁件固定。柱间安装栏杆。栏杆多为签子式,也有少量直棂式和栏板式,高约1米。栈道梯斜搭于上下两层的挑梁上,由斜梁、踏步板、栏杆组成,斜度多为45度。

历代架设的木质栈道,因长期暴露在外,受风吹、日晒、雨淋、虫蛀等自然影响,极易腐朽,加之兵燹、火灾,往往数年后即需更换。据崖壁题记,南宋绍兴二年(1132)栈道毁于兵燹。明后期,栈道为野火所烧,人迹遂不能至,乃至于西崖上部洞窟数百年间无人登临。直到1953年文化部勘察团勘察石窟时,才将西崖栈道全部架通。20世纪60年代,又架通东、西两崖顶部间相联通道,即所称"天桥"者。

二、混凝土栈道 1981–1983年,按新的混凝土栈道设计,全部洞窟间架设混凝土及钢管扶栏混合结构的新型栈道。新栈道宽1.5米,全长1000余米,其走向与历史上的木质栈道基本一致。

新栈道由挑梁、斜梁、栈道板、踏步板、栏杆等部件构成。挑梁断面横16厘米,竖32厘米,梁头作向下的斜面。腰部下作凹曲面,根部下呈凸曲面,状如牛腿。主受力钢筋为ф20~ф22的16螺纹锰钢。锚入崖壁深4米,外露部分为使梁头齐整而视崖面凹凸状况而长短不等,一般在2~4米之间。西崖栈道板为连续板,东崖改为简支板,以避免裂隙。望柱立于挑梁梁头,柱体横断面为方形。柱头为八瓣仰莲变形体。望柱间焊接钢管栏杆。西崖望柱高1.6米,栏杆高1.1米,柱体横断面18×18厘米,实心;东崖望柱高1.5米,栏杆高1米,柱体横断面16×16厘米。栈道栏杆为直棂式,上下横杆为直径45毫米钢管,扶手为直径60毫米钢管,两横杆上焊接竖向排列的棂条。棂条为口径20毫米的空心方钢,间距20厘米。两柱间约有13根棂条。扶手和上横梁间焊接装饰性钢铸云拱3个以为支撑。栈道梯呈45度斜搭于上下层挑梁上,宽0.9~1.7米不等。斜梁支模现浇,踏步板预制安装,栏杆与扶手焊接在上下望柱上。仿木质栈道,所有栏杆、扶手均涂防锈漆及土红色调和漆。

为便于管理和安全保卫,在栈道有关区间设置钢门8道:东崖下部前后2道,中七佛阁左右2道,东门口至中七佛阁1道,西崖门口1道,西崖东下部进入东崖下部1道,西崖由西部进入西上部1道。1993年又于万佛洞上部栈道间设简易钢门2道。

新栈道防水、防火、防虫蛀,且载荷大,安全可靠。整体结构简洁明快、美观大方，与山体洞窟谐调，便于维修保养。为防止栈道板及踏步板长期磨损，1985年在板上铺设橡胶板，同时遮挡了栈道及踏步道梯的露空之处，给登临者以安全感。

第三节 古 塔

塔分砖塔和石塔。现存山顶砖塔1座，隋代敕造，清代重修。寺院前广场角的3座砖塔已拆除。石塔残存3座，其中两座镌刻明代高僧塔铭。

一、砖塔

山顶砖塔　称“阿育王塔”或“舍利塔”。隋文帝仁寿元年（601年）敕建佛舍利塔时兴建，后经多次重修，现存为清乾隆九年（1744年）由圆慧和尚等重建。民国9年（1920年）海原大地震波及天水，塔身震裂，1983年加固修复。塔为八角五层密檐式实心塔。顶为八棱覆钵形，上无塔刹。塔座高58厘米，几与塔身平齐。通高9米。下有基座，亦为八角形，高40厘米，各面伸出部分较多，钢筋混凝土结构，为最近一次修复时修筑。塔身整体呈棱锥形，上部略有收分。第一层高2.28米，各面宽1.75~1.85米，正南面有浮雕格扇假门两扇，其余7面有横长方形假窗，窗内光平。二层及以上各层正南面有极小假门，其余7面封闭。各层出浅檐，檐前雕短椽。檐下雕斗拱，有平身科和角科，其中第一、四、五层各有斗拱16攒，二、三两层各有斗拱24攒。斗拱中间出柱头花饰。每攒斗拱规模由下向上逐层变小，小斗逐层减少，一层最多为8小斗，五层最少为2小斗。斗拱下部雕二方连续纹饰，一、三、五层为云纹，二、四层为卷草纹。整体风格浑厚质朴。

寺院砖塔　原有3座，位于寺院山门前东南角，时称“塔院”。其中明塔2座，为归葬本寺高僧处，“俱各六角七层，宝盖玲珑”（《普同塔铭》）。清塔1座，名曰“普同塔”，为清乾隆年间建造的纪念塔。3座砖塔高约4~5米，均为密檐实心塔。1973年拓宽广场时拆除。

二、石塔

宝鉴大禅师石塔　约建于明代中后期。白色大理岩亭阁式。分基座、塔身和塔顶，各部之间有卯榫套合联结。通高1.04米。基座圆形，直径73厘米，周围有浮雕仰莲32瓣，大小相间出现，中心有圆形卯口。塔身为8棱体，4正面较宽。各面均刻铭文，首行为“□（大）明重开山祖师讳成聪号宝□（鉴）大禅师塔”。塔顶方形，光平，4面出短檐，并雕檐椽、博脊、垂脊、瓦垅，较为精致。

寂空大禅师石塔　明嘉靖三十八年（1559年）建造。白色大理岩亭阁式。分基座、塔身和塔顶。各部之间有卯榫套合。通高 1.03 米。基座为平顶单檐 8 面坡式,雕博脊、垂脊、瓦垅,并有翼角起翘。塔身为 8 棱体,4 正面较宽,4 斜面较窄,各面均雕刻铭文。铭文首行为"□□□□山沙门忠寂空大□(禅)□(师)塔铭"。塔顶平面方形,4 面出短檐,雕垂脊、瓦垅、壶门。为研究明代麦积山佛教活动的重要资料。

第三章 雕塑 壁画

第一节 雕 塑

一、概况 雕塑是石窟的主体,在现存 221 个洞窟中,除 60 个为空洞外,其余 161 个均有雕塑,保存着自十六国时期后秦以后历代雕塑 3938 余件(影塑除外),共有大小造像 10632 身(包括库藏雕塑)。按质地可分为泥塑、石胎泥塑、石雕、木雕 4 类,有圆雕、浮雕、影塑和悬塑等 4 种形式。雕塑都是以佛经为依据制作的佛教造像。佛是供奉的重点,因此也是造像的重点,其次是菩萨像和弟子像,再次是天王、力士、飞天、比丘、供养人及其他造像。洞窟内造像的布局一般是,正壁或正、左、右 3 壁前为坐佛,佛两侧是胁侍菩萨或弟子站像。弟子一般为两身,菩萨除多为两身外,也有 4 身、6 身或 8 身的。天王和金刚力士则守护在洞窟内或洞窟外左右两侧。千佛、飞天、比丘等则以影塑或悬塑的形式布列于壁面或雕刻于造像碑中。供养人或穿插于窟内其他造像之间,或以影塑形式贴于壁面。

麦积山石窟雕塑以泥塑为主,除个别洞窟(如第 24 号窟、第 48 号崖阁、第 165 号龛)外,一般都是敷彩泥塑。其中历代圆塑、浮塑、悬塑近 1000 身,影塑 2500 余身。圆塑和一些高浮塑的内部有木骨架,并扎绑谷草等物,先垫以粗泥(内和麦草、麦衣等),再敷细泥(内有棉花、麻刀等),最后涂粉施彩。一般塑像的手指、襟带等细小部位还用铁筋、竹筋、粗布或薄板支撑或提携,所以一些伸出的手指变化自如,衣袖衣摆显得挺直而柔韧。许多高浮雕头像是另外塑制,最后插合而成。影塑是雕塑中的一种技法,通常先用木火陶制成塑像的模,然后再用模将按一定比例和好的泥翻制成塑像,待干后妆彩粘贴于窟龛的墙壁等处。其形体较小,一般在 10~30 厘米之间,通称为影塑。具有制作简单、产量大、成品率高等特点,因而在麦积山北魏中、晚期洞窟中大量出现,主要粘贴在 4 壁、佛龛、门楣、窟顶等部位。

泥塑中,有的塑像外部细泥中掺入料礓石粉,历久而不溃散,具有石质感;有的表层细泥中掺入米汁、蛋清,不仅结实,而且光洁润泽。其创作时代,以早期数量居多,并且大部分未经后代染指,保存亦为完整。自东晋十六国开始,期间经历南北朝、隋、唐、五代、宋、元、明、清,各时代均有代表性佳作,尤其是北朝、隋、唐、宋代作品,是最佳之作,精美绝伦。在全国诸大石窟中首屈一指,其中尤以北朝泥塑最为著名。

石胎泥塑是先在岩壁凿成胚胎雏形,然后上泥敷彩而成,是古代艺术家根据岩体状况,因地制宜地创造的泥塑和石雕相结合的一种雕塑形式。麦积山的岩体由砂砾岩组成,只能雕成粗胚,具备制作石胎泥塑的良好条件,因此制作出不少石胎作品。都是大中型高浮雕造像,其中有的仅雕出大致轮廓,如东、西崖大佛;有的不仅雕出大致轮廓,而且雕出了五官、四肢等细腻部位,如千佛廊千佛。此外有许多大中型坐佛也是石胎泥塑,如上七佛阁和中七佛阁的坐佛。

现存石雕有圆雕和浮雕两种,均为它山之石雕凿而成。石雕造像中,亦有相当数量技艺精湛的佳作。

木雕保存较少,仅有北魏至清代的大小雕像 9 身。

二、时代特征 不同时期的雕塑,具有不同的时代特征。后秦和西秦原作多在魏太武帝灭佛中被毁或致残,在文成帝复法后依旧制重修。在 2 个洞窟中现存泥塑 21 身(包括库藏,下同),石雕 3 身。题材多为三世佛,并有胁侍菩萨、交脚菩萨和思惟菩萨。佛像高大伟岸,庄严肃穆。菩萨多贴壁而塑,体型扁平修长,神情潇洒大度。造像明显地带有西域风格。

北魏造像数量众多,题材多样,内容丰富,技艺精湛。在 76 个洞窟中,现存各种造像 6100 余身,其中石雕 40 余件,内有浮雕小像 3900 多身,还有木雕 1 身。其早期作品有释迦、多宝二佛并坐像和影塑千佛像;中期作品多作一佛二菩萨,影塑供养人像增多,并出现了二胁侍弟子像;晚期作品增加了天王、力士、十大弟子和供养菩萨,同时出现了大量石雕千佛。造型由颈直肩宽,神态温和演变到细颈削肩、形体窈窕、潇洒飘逸的"秀骨清像"。

西魏造像的题材,出现了释迦、文殊、维摩同坐一窟、各占一壁的情形。在 11 个洞窟中,现存泥塑造像 50 余身,石雕造像 1 身。造像沿袭"秀骨清像"风格,并有创新和发展,比例适度,手法写实,简练概括,形象优美,出现一批形神兼备、充满世俗情趣的佳作。

北周造像题材，除单身佛、三世佛外，大量出现七世佛及影塑千佛。在40个洞窟中，保存了大小泥塑造像1270余身，石雕造像1身。造像形体饱满，敦厚壮实，上承两魏余韵，下启隋唐新风，表现出过渡阶段的时代特征。

隋唐造像均为大中型圆雕。其中隋代在11个洞窟中，有泥塑造像33身，石雕造像4身，木雕造像1身。内容多为释迦牟尼佛、阿弥陀佛、三世佛、菩萨、弟子、金刚等。造像体形饱满厚重，造型简洁概括，手法写实洗练，呈现出丰满圆润的艺术风格。隋代造像更趋于写实，略有夸张，稍显厚重质朴，多憨直敦厚之感；唐代造像趋于富丽，更为端庄丰润，有雍容华贵之态。

宋代开凿窟龛极少，在前代窟龛中重修、重塑的情形居多。其题材内容除佛、菩萨、弟子、力士外，尚有供养人和高僧塑像。宋代曾大规模重修东、西两崖，在40多个窟龛中重塑、重修泥塑300余身。其制作技巧参差不齐，重修的大都粗俗平庸，重塑的多为写实洗练、技巧娴熟的优秀作品。

元明清时期再未开凿洞窟，却有重修、重妆造像，但明显程式化，缺乏气质。元代密教盛行，在两个洞窟中有密教塑像3身，较有代表性。明代在10多个洞窟中重修、重妆塑像200余身，有库藏木雕造像2身，色彩艳丽，风格繁缛。此外尚有库藏木雕造像6身，其中亦不乏佳作。

第二节　壁　画

一、概况　麦积山石窟的壁画主要为佛教绘画。所绘题材内容，一是佛像画，主要有说法图、礼佛图、三佛图、五佛图、七佛图、千佛图等；二是故事画，包括本生故事、经变故事等；三是装饰画，包括头光、背光以及花卉、云彩、几何纹和建筑等装饰图案。壁画中有佛、菩萨、弟子、天王、力士、飞天、供养人、比丘、善男信女等人物形象；有龙、凤、象、马、狮、鹤等动物形象；有忍冬、莲花、菊花、卷草等植物纹样；有山石、树木、彩云、流水等自然景观及城池、屋宇、楼阁、台阶、栏杆等建筑图案。

麦积山的岩体为砂砾岩，壁面粗糙，不能直接作画，须先抹以泥层，然后才能作画。为了增加泥层与岩体之间的粘接力，延长壁画寿命，古代匠师们在一些大中型洞窟壁面，均匀地凿出许多小孔，插入木橛，以麻筋相联，牵固泥层；在一些较大的浮塑背光壁画中，还用木条、竹筋扎绑成框，栓在橛上，用以提携泥层，再加工成形，最后绘制各色纹样的壁画。所有洞窟壁面及佛座，都有彩绘，富丽堂皇。但由于阴湿多雨，年深日久，木橛腐朽松动，泥层逐渐变酥，于是造成壁画大面积剥落。

现存壁画，自后秦起，历代皆有。其中有的为原作，有的重绘。早期壁画少许清晰，大部模糊；个别因受烟熏，不辨内容；有的色彩脱光，成为空白。晚期壁画大都线条清晰，色彩鲜艳。壁画保存数量虽少，但都极为珍贵，表现出鲜明的时代特色，体现出当时的绘画特征，从中还可以反映出当时的社会现实，其中尤以北朝壁画为最著。

二、时代特征 后秦和西秦壁画，残存于 3 个洞窟中，约 17 平方米。内容有千佛、弟子、飞天、供养人等，绘有几何纹、花卉等装饰图案。壁画虽经后代重绘，但原作风貌犹存。线条流畅劲健，人物形象古朴而潇洒，颇具两晋画风。

北魏壁画现存较多，约在 60 多个洞窟中有 341 平方米，内容广泛，形式多样，技巧成熟。题材有释迦佛、多宝佛、七佛、千佛、菩萨、弟子、飞天、供养人及本生故事、经变故事等。人物衣饰多为褒衣博带，飞天巾带飘扬，供养人多着时世装，有的穿胡服。保存壁画最多最完整的是第 127 号窟，其余洞窟保存较少，并且多以头光和背光的形式残存。其用线以墨线和朱线居多，遒劲而舒畅；用色以石青、石绿、朱红为主，兼施黄、白、黑等色，庄重热烈。画面构图严谨，人物形神兼备，风格潇洒劲健，具有生活气息，是完全成熟的民族化的绘画艺术。

西魏壁画残存于 11 个洞窟中，约 25 平方米。图案多以忍冬、莲花、火焰纹为主，人物以菩萨、飞天、供养人居多，造型仍沿袭北魏“秀骨清像”，但更丰润端庄，简练流畅，具有自然的韵律感。

北周壁画在 21 个洞窟中存 146 平方米，其中第 4 号崖阁、第 26 号窟和第 27 号窟中保存较多，其余诸洞窟较少。内容有释迦说法、释迦多宝说法、经变故事，还有千佛、伎乐、飞天等。构图形式多变，造型准确生动，用线奔放流畅，施色浓淡相宜，画面清新自然，有的绘塑结合，匠心独具。表现出上承两魏余韵、下启隋唐新风的过渡阶段的特点，更具民族特色，在美术史上占有重要地位。

隋唐壁画仅在 6 个洞窟中存约 41 平方米，所绘多为佛、菩萨、供养人、飞天等内容。线条流畅圆润，色彩浓重热烈，格调雄浑，形神兼备，气韵生动。

宋代虽然中国绘画艺术高度发展，但画坛名家多不从事石窟绘画。石窟壁画多为民间艺匠所为，意境与技巧大不如前代。宋至清代壁画，均属在前代壁画上的重绘。其中宋代在 6 个洞窟中重绘约 23 平方米，技法写实，风格洗练；明代重绘壁画数量最多，在13个洞窟及寺院大殿共存413平方米，色彩浓艳，线条工细，风格繁缛；清代在3个洞窟中重绘约41平方米，一般画风不高，少许色彩鲜明，风格新颖。

瑞应寺大殿左右山墙内壁，有大幅清代壁画，大小及规模相同，各面纵3.35米，横5.55米，绘10佛8菩萨诸罗汉图。其旁又各绘单身天王1幅，纵3.35米，横1.5米。画面场景壮阔，人物众多，线条工细，色彩鲜艳。均以五色祥云为界，分上下两部。上部第一排各平列5佛。佛像低平肉髻，方圆面形，留有小须。内着僧祇支，外披袒右肩红色袈裟，结跏趺坐于莲花座上。手多作禅定印。中间坐佛穿白裙，其余着绿裙。身后各有"凸"字形头光和背光，左右绘彩云。

第二排各平列4菩萨。均为椭圆面型，头戴化佛高冠，眉间有白毫相，发披两肩。内着僧祇支，外披袈裟，下穿裙。左壁一身乘狮，右壁一身骑象，其余跣足而坐。坐势不一，体躯匀称，肌理细腻，容貌端丽。祥云之下为罗汉及侍童群像，呈长卷式。两山墙共绘形形色色人物52身。

第四章　主要洞窟

第一节　后秦西秦时期

一、第74号窟和78号窟

位于西崖东下部。后秦或西秦营造，北魏重修。两窟在同一水平线上，相距数米，中间虽有1北魏小型圆拱龛（第75号龛）相隔，但其形制相同，大小相近，是为"双窟"。

形制　均为大型平顶窟，平面方形。其中第74号窟前部少许坍塌。顶高4.45米，面阔4.6米，残深2.45米。窟内凿一"冂"字型高坛基（高95厘米），几乎将地面占满。正壁左右两侧上部各开1圆拱小窟，大小相近。其中左小龛高60厘米，宽78厘米，深28厘米。第78号窟正壁左右两侧下部各有出水点1处，由于长期被水冲蚀，已出现较大的凹进面。窟顶有横向裂隙两道，已粘结加固。壁面泥层大都剥落。

雕塑　两窟塑像内容及数量相同，风格及大小相近。窟内3壁前作三世佛，造像等高；正壁主佛两侧各作 1 胁侍菩萨；正壁上部左右两小龛分别作思惟菩萨和交脚菩萨，其左右又各有 1 胁侍菩萨。塑像大部完好，少许残损或损毁。虽经北魏重修，后代重妆，但基本保持后秦、西秦原作风貌。

第 78 号窟正壁坐佛 圆塑。身高 2.9 米，肩宽 1.98 米。顶作水波纹高肉髻，面形方圆适中，眉骨微隆，双目平视，眼角细长，鼻梁高直，通于额际，且不露孔，嘴唇微闭，两耳下垂，肩宽腰直。两手屈肘向前，左手已失，右手掌心向外，手指向上（有残损）。内着僧祇支，有菱形网状花饰，斜披袈裟，右襟搭于左肩，结跏趺坐于高坛基上，双脚外露，脚心向上。佛头已接近窟顶，显得高大伟岸，肃穆庄严。衣饰褶襞用较宽的阴刻线表示，转折自如贴体，整体造型呈现出雄奇俊迈、浑厚淳朴的艺术风格，明显地留有印度及西域造像特征。是为麦积山现存时代最早的造像之一。

第 78 号窟右壁坐佛 圆塑。身高 3 米，肩宽 1.7 米。长方形面，顶作水波纹高圆肉髻，双目平视，眼睑突出，大耳下垂，鼻梁高直，通于额际，不露孔。肩宽腰直，内着僧祇支，有方格图案，斜披袈裟。双手置膝上，前后叠加，拇指相对，作禅定印，结跏趺坐于高坛基上，下肢裹于衣饰之内。身后残存浮塑莲瓣形通身大背光。造像体积饱满，高大威严。衣纹为较宽的圆刀阴刻线，疏密相间，平直而贴体。既具传统雕塑风格，又有西域造像特征，是早期彩塑的主要作品。

第 74 号窟正壁左胁侍菩萨 圆塑。身高 2.6 米，肩宽 70 厘米。面形方圆适中，双目平视，眉骨微隆，眼角细长，鼻梁高直，且不露孔，双唇微闭，嘴角内陷。头戴华鬘冠，发披两肩。饰长耳坠，戴项圈、臂钏、腕环。袒胸露臂，斜披络腋，肩搭帔帛，下着羊肠大裙，左手拈花抚胸，右手提瓶下垂，跣足立于半圆形台座上。神情温婉，有亲切之感。衣纹为较宽的圆刀阴刻线及凸圆线相间出现，有薄纱透体之效，充分体现出人体美，是早期彩塑代表作之一。

第 74 号窟正壁右胁侍菩萨 圆塑。高 2.65 米，肩宽 85 厘米，头戴高花冠，其正、左、右 3 面各为圆形花瓣图案，正面饰饕餮纹。面形方圆适中，双目平视，体躯修长。左手拈花抚胸，右手携带下垂，跣足立于半圆形低台座上，亭亭玉立，是一位潇洒健美的妇女形象。造型古朴简练，既具民族特征，又有外来影响，与左侧菩萨为同一风格。

第 78 号窟正壁右胁侍菩萨 隋。圆塑。当从它窟移入。高 1.9 米，面形方圆饱满，头戴三瓣华冠，发披两肩，鼻直嘴平，双眉弯曲，两眼半睁。袒胸露臂，饰宝缯，戴项圈、约腕环。右手提带下垂，左手置于胸际，掌心向外，神态矜持温顺。

壁画 两龛壁画大部剥落,残存共约10平方米。后秦或西秦原作,北魏重绘。

第74号窟壁画 残存约8平方米,有里外两层,里层为后秦或西秦原作,外层为北魏重绘。正、左、右3壁右壁残存浮塑舟形大背光,内绘火焰纹、忍冬纹、联珠纹及化佛等图案,形象古拙,手法淳朴。龛顶全部绘制千佛,现存30余身。完整者身高30厘米,各有石青、石绿2色的圆形头光和背光,均笼袖结痂而坐,身披红色或黑色袈裟。色彩鲜明,形象独特,是成熟的早期人物画。

第78号窟壁画 残存1.5平方米。右壁坐佛身后壁面浮塑舟形大背光,仅残存左侧部分,内绘忍冬纹、云水纹及化佛。化佛残存6身,结跏趺坐,身披红、绿等色袈裟,形象鲜明。1978年清理出土两块壁画,色新如故。

第78号窟仇池镇供养人 1972年在窟内右侧坛基前剥出。其中右壁坛基前绘男供养人两排,计16身,均以巾帻包头,抹额束带于脑后作结,巾脚披肩,手持莲蕾、忍冬等。上穿高领窄袖大衣,其中多为白领黑衣,有的为红领红袖口,腰间束带,下穿长裤,足蹬尖头靴,为当时活动在秦州一带的氐人服饰。在第7身供养人画像旁残存"仇池镇□生王□□□供养十方诸佛时"的墨书题名,是北魏太平真君七年(446年)至太和服饰改制(486年)期间的作品。

二、第165号窟

位于西崖东上部。后秦或西秦营造,宋代重修。

形制 大型平顶窟。前部崩塌。顶高3.85米,面阔4.6米,残深2.48米。正壁前残存较大的束帛座,其两侧及左右壁前,有圆形低台座4个。壁前泥层剥落过半,剥落处有许多分布均匀的小圆孔。窟顶有裂隙几道,已加固粘结。

雕塑 现存北魏菩萨小像1身,宋代重塑菩萨3身,供养人2身。宋塑未施彩,比例准确,结构匀称,塑作手法写实洗练,技巧纯熟。

正壁左右两侧供养人 宋。圆塑。其身高左侧供养人2.1米,右侧2.06米。均束高髻,饰华鬘。椭圆形面,眉毛上挑,鼻若悬胆,口如樱桃。上穿交领宽袖长袍,腰间系带作结下垂至膝,下穿曳地长裙,阶梯式衣褶简练分明。一手屈举于肩,一手屈肘下垂,站在半圆形台座上。身材窈窕,俏丽润秀,个性鲜明,为当时上层社会年轻贵妇形象的写照,是宋塑中的优秀作品。

壁画 现存7平方米。3壁浮塑的舟形大背光内绘火焰、忍冬纹、化佛、伎乐等图案。其余壁面绘千佛及人物建筑图案。其中左壁上部的4身千佛和一些伎乐飞天,衣饰形貌均具北方少数民族特点。靠左侧的1身伎乐天人造型丰满,袒露上身,穿束腰裙,双手抚琴,神情自然,是有代表性的早期人物画。

第二节 北魏至西魏

一、第1号崖阁

俗称"卧佛洞"。位于东崖东部、石窟东门外崖壁。北魏营造,唐、宋、明重修。

形制 大型平顶崖阁。外凿三间四柱式窟檐,内开横长方形平顶窟。顶高2.35米,通面阔7.75米,进深2.27米。前凿八角檐柱4根,柱高1.62米,八面等宽平直,每面宽21厘米,上无明显收分,下有低平圆础,础高9厘米,直径67厘米。柱头上雕大斗,平托通长额枋。斗高40厘米,边长63厘米,无斗口。斗𩓐与习见的内凹者相反,作向外凸出状,在平与斗𩓐分界处仅以阴刻线标示。大斗与柱头交接处有八边形皿板。额枋长7.05米,断面横59厘米,竖25厘米。其上为平顶遮檐,遮檐下与4根檐柱对应有4个方孔,为设置木构檐柱或悬垂花饰之处。遮檐上部1米之外有八字形流水槽,现有木架铁皮防雨棚。窟内不分间。靠里凿通长佛床。保存基本完整,唯柱身泥层脱落,石质略有剥蚀。檐前下部保留木栈道。整个建筑浑厚质朴。

雕塑 有明代重修释迦牟尼涅槃像、10弟子及1供养人。

涅槃像 明。圆塑。即佛于双林树下头北面西横卧之相,俗称"卧佛"。佛像横长6.03米,高1米。头枕长方形枕头,横卧于通长佛床上,右手屈肘衬垫于枕上,左手随身而置,方位、姿态与佛经记载相一致。满头螺髻,前额有肉髻珠,面容丰满,双目微闭,身着通肩袈裟,腰系长裙,袒胸,跣足而卧,安详自若,呈现熟睡状态的恬静神情。

十大弟子 明。圆塑。在卧佛身后一字状排列,除佛枕畔第一身外,其余9身弟子的下肢隐蔽在佛身后。第一身弟子高2.25米,第九身高1.2米,其余8身高均为1.3米。内穿交领衫,斜披袈裟,表情不同,神态各异。首身弟子为青年形象,结跏趺坐,双手合十(手指已失),神态平和。第二身为老者形象,右手抚摸佛头,左手裹衣角并托下颏,若有所思。第三身为青年形象,左手抚摸佛肩,张口欲语。第四身为老者形象,右手抚摸佛肩,左手抚摸佛臂,蹙眉怒目,嘴巴大张,面部肌肉突起,表现出呼天抢地的神情。第五身为青年形象,左手抚摸佛臂,神态端肃。第六身为老者形象,左手抚摸佛臂,似沉入遐想。第七身为青年形象,左手抚摸佛手腕,神态端肃,状若诊脉,嘴角向下,表现出无可奈何的神情。第八身为中年形象,张口怒目,像是呼喊的样子。第九身为青年形象,双手合十(手已残),头微右扭,表情平静。第十身为老者形象,右手抚摸佛脚踝,嘴巴大张,喜笑颜开,表现出诙谐幽默的神情。

男供养人　明。圆塑。在佛足后,高 1.3 米。内穿交领衫,外穿圆领宽袖紫红蟒袍,头戴乌纱帽,跽坐于佛床一端,右手抚摸佛趾,为一神态虔恭的官员形象。衣纹多圆刀弧线,堆金沥粉;有忍冬、莲花、宝相花、牡丹花及龙纹图案。

壁画　原作无存。现存明代重绘壁画约 14 平方米,残破模糊。正壁残存弟子头光,佛床前有装饰图案;左右壁绘云龙;顶部并列 3 个大型团花图案。

二、第 15 号窟

位于东崖西部。北魏营造,宋、明重修。

形制　大型人字披顶窟,平面横长方形。前壁塌毁,顶部严重剥落。顶高 4.4 米,面阔 6.08 米,进深 5 米。顶后坡共有半圆形雕椽 15 根。后檐檩及左右 2 壁山梁、人字形大叉手及替木基本完整。脊檩仅存残迹。后檐边檩下部壁面并列 4 个方孔,前檐下部地面亦有与之对应的方孔,当为架设木构梁柱之处,如此形成三间四柱格局,其所表现的是土墙上架木梁的土木混合结构房屋形象。右壁外下方残存小方孔两个,是为嵌置木构门窗之处。窟顶的破碎岩石,已在 1983 年加固工程中用悬吊锚杆并挂钢筋网喷射混凝土加固。

雕塑　现存泥塑 7 身,均为圆塑。宋代重修,明代重妆。5 身微残,两身严重残损。正壁塑 3 坐佛,中间坐佛高 1.58 米,左侧高 1.08 米,右侧高 0.92 米。3 坐佛顶作低平发髻,丰肩半坦胸,结跏趺坐于须弥座上。左右壁各塑 1 坐佛,身高均为 1.5 米。顶作螺旋髻,削肩袒胸,结跏趺坐。

壁画　宋、明重绘,大都脱落,仅存 7.5 平方米。正壁残存亭台楼阁、牡丹、彩云、卷草等图案,还有力士、怪兽等形象。左壁上部及右壁下部残存背光及装饰图案。画风仍承宋人余韵,色彩尚新。

三、第 28 号崖阁

位于东崖东部,第 29 号窟左侧。北魏营造,宋、明、清重修。

形制　大型庑殿顶崖阁,平面呈横长方形。上凿单檐庑殿顶,下凿三间四柱窟廊,后开 3 个佛龛。通高 6.65 米,通面阔 9.1 米,进深 4.1 米。檐前凿八角柱 4 根,柱体粗壮,上部收分明显。柱体四正面较宽,四斜面较窄,各柱下部均有残缺,用灰泥及砖块填补,柱面光平。柱础呈方形,大都残缺。柱上雕大斗,斗高 43 厘米,口宽 82 厘米,底宽 62 厘米。斗䫜有凹曲面。大斗上置额枋和承檐枋,承檐枋上部与 4 根檐柱对应,有桩孔 4 个,为插置抱头梁木构梁头之处。上部屋面雕正脊、垂脊、鸱尾、瓦垅、檐椽等。檐深1.6米，其右侧保存较完整，左侧残损较重。檐柱后开窟廊，廊深1.6米。廊顶有抱头梁4根。廊后3龛并列，为穹窿顶，平面呈马蹄形，大小相近。龛内均有方形佛座及低平台，龛外左右有半圆形龛柱，龛楣为莲瓣形，并饰火焰宝珠。建筑格调沉稳雄大，颇具汉风。1983年在檐柱间设置钢管栏杆，1985年在檐柱外安装铁纱木门。

雕塑　现存圆塑10身，宋、明、清重修，北魏原作风貌尽失。其中第一龛为1佛、2菩萨，第二龛为1佛、2弟子、2菩萨，第三龛为1佛、1菩萨。佛高1.3~1.43米，均顶作螺髻，方圆形面，身躯粗短。内着僧祇支，外披袈裟，胸半袒，结跏趺坐。菩萨高1.75~1.85米，顶束高髻，面容丰满，颈饰项圈，胸半袒，腰系长裙，身披袈裟，跣足而立。弟子1老1少，为佛弟子迦叶和阿难。

壁画　共残存12.3平方米，烟熏甚重。第一、三龛仅留壁画残迹；第二龛保存壁画较多，圆形头光内为海水纹，外为火焰纹；其余壁面有云彩，左上部的一身供养飞天较完整，如年画中的童子形象，是清代较好作品。

四、第30号崖阁

位于东崖东部，第29号龛右侧。北魏营造，宋、明、清重修。

形制　大型庑殿顶崖阁，平面横长方形。与第28号崖阁形制相同，大小相近，左右对称。上凿单檐庑殿顶，下开三间四柱窟廊，后凿3个佛龛。通高6.65米，通面阔11.2米，进深3.9米。前列八角檐柱4根，收分明显，粗壮有力。柱高2.48米，表面敷泥层并施土红色彩，左角柱内侧部分泥层脱落，露出石质，有规整的边棱。下有方形柱础，上有大斗。斗高44厘米，口宽89厘米，底宽76厘米，斗䫜为凹曲面。各柱头大斗上部凿有方孔，为插置抱头梁木构梁头之处。大斗上承接额枋和承檐枋。其上有26个平列的小方孔，当为插置木构挑檐枋处，再上雕檐椽、瓦垅，椽端雕椽窝，计32个，是为插置木构飞椽处。顶部雕正脊、垂脊、鸱尾。檐出1米。檐柱后为窟廊，深1.5米。顶部与檐柱对应有抱头梁。后壁3龛并列，均为穹窿顶龛，大小相近。正壁均雕方形佛座。建筑格调雄浑有力，与第28号崖阁不仅外形相同，各部比例亦相近，说明当时各建筑已形成固定的比例关系。

雕塑　现存原塑21身，宋、明、清重修或重妆，北魏原作风貌尽失。3个龛内各塑1佛、6菩萨。佛高2.13~2.2米，满头螺髻，短颈削肩，内着僧祇支，外披袈裟，结跏趺坐。菩萨高2.38~2.46米，束发戴冠，方圆面，细颈削肩，身披袈裟，腰系长裙，有的佩戴项饰，有的露出腹脐。跣足而立，大都有残损。

壁画　约20平方米，烟熏甚重。3个龛内分别绘海水纹，有火焰纹头光和背光，第二龛内有迦楼罗、乘云伎乐等，均较模糊。

五、第43号崖阁

俗称“魏后墓”。位于东崖西下部，西魏营造。是一座墓窟与佛龛相结合的崖阁，即为葬西魏文皇后乙弗氏处，称“寂陵”。

形制　大型单檐庑殿顶崖阁。通高6.1米，通面阔6.65米，进深7.3米。外凿三间四柱式窟廊，正间面阔2.9米，两稍间较窄，且两侧微微靠后，使外部略呈弓背形。前凿八角檐柱4根，外敷薄泥，有规整的凸起边棱。上承大斗，下作圆础。大斗上承额枋。檐与柱头间有浮雕花饰，额枋上雕弧形花茎。明间左右柱头各有4朵，角柱上部各有3朵，与一斗三升的斗拱相似。明间额枋正中又雕出1朵花饰，相当于补间铺作的散斗。屋顶残存上半部，有雕出的筒瓦瓦垅，脊上雕出叠瓦作脊的平行线脚。正脊两端平行线脚上翘并内弯，形成鸱尾，两鸱尾间雕树枝状饰物。檐柱后凿窟廊即“拜廊”，深1.6米，顶部雕穿插枋。廊后正中开1平面马蹄形穹窿顶大龛，即为“享堂”，顶高3米，面阔3.7米，进深2.3米，其左右又各开一圆拱壁龛。后壁凿盝顶龛，即为“柩室”，纵深3.4米，横宽2.1米，顶高1.8米，雕壁柱、横楣、梁枋，表示佛帐的形式。整体结构严谨，玲珑别致，为崖阁杰作。

雕塑　现存圆塑5身，石雕1身，浮塑4身，均为五代和宋代重修或重塑。

正壁主佛　宋。圆塑。位于龛内正壁之前，高2.12米。顶作螺髻，额头有肉髻珠。方圆面形，眉间有白毫相，双目微睁俯视，神情静穆。胸部半袒，内着僧祇支，腰间束带作结，外穿双领下垂袈裟，左手抚膝，右手屈举（手指残损），结跏趺坐于须弥座上，两脚各踩座前莲花1朵。身后壁面浮塑龙椅，其上部左右两侧有浮塑龙及供养菩萨各2，龙身合体，昂首向外。

左右2胁侍菩萨　五代。圆塑。位于主佛左右两侧，左菩萨高1.55米，右菩萨高1.7米。2菩萨头束云髻（左菩萨发髻残损），面形圆润，身躯向右微微扭动。上穿甲胄式圆领窄袖短襦，帔帛斜搭于左肩，并由身后缠绕至腹前作结，下穿紧身长裙，外套束膊半臂衣。臂戴钏，腕戴环，侧身扭头，站在方形台座上，双足已失。左菩萨张口露齿，左手向前，右手下垂；右菩萨双手置胸际，手指残损。2菩萨两胸衣纹为凸起的旋涡状，除腹脐微露外，全身均裹于衣饰之内。褶襞重叠交错，繁缛富丽。

左右供养菩萨胸像　五代。高浮塑。位于主佛身后龙椅上部壁面，有斑剥，下身隐蔽于龙椅后。其中左菩萨高54厘米，右菩萨高57厘米。均头戴宝珠华冠，发髻高耸。双眉弯如新月，面形圆润，戴珠玑臂钏、手环。左菩萨左手屈肘托净瓶于

胸前，俯身下视；右菩萨双手合十。2 菩萨肌肤细腻，衣饰华丽，技巧娴熟，有唐人遗风。

前廊两侧金刚力士　宋。圆塑。位于前廊左右两侧。左力士高 2.46 米，右力士高 2.54 米。均头戴小华冠，双目圆睁。鼻孔大张，上身袒露。帔帛搭于双臂，向身后飘扬。腰系战裙，双带于腹前作结下垂。两腿作跨步，腕戴环，脚戴镯，跣脚而立，脚趾抓地。浑身肌肉突起，体躯扭动幅度大。其中左力士左手握金刚杵于肩头，口大张作呵斥状；右力士双唇紧闭，左手拄金刚杵于脚下。2 力士动势各有不同，但都强悍凶猛，气势逼人，是金刚力士中杰作。

壁画　残存 3.3 平方米。正面穹窿顶大龛内的左右 2 壁龛中尚存飞天、莲花、水草等图案，生动自然。左龛外侧壁面残存供养菩萨及部分装饰图案。

六、第 98 号摩崖

位于西崖中部。北魏原作，宋、元重修。20 世纪 80 年代进行过加固修复。1980 年修复加固时，从大佛胸部发现了由钱币组成的幡状璎珞。造像为高浮雕石胎泥塑，其规模仅次于东崖大造像。最初被罩于楼阁之内，后来楼阁塌圮，造像始暴露于外。

造像　内容为“西方三圣”。正中阿弥陀佛，顶作螺髻，额头有肉髻珠。面形方圆适中，耳大鼻高，双目平视，眉间有白毫相。内着僧祇支，外披袈裟，下穿长裙，腰间系带作结。右手屈指下垂，左手屈肘前伸，手掌泥层已掉落，徒剩木板骨架，跣足站在悬出的云朵上。造像显示出雍容大度、深沉恬静的神态。左侧观世音菩萨，残高 7.7 米，外部泥层大部脱落，仅剩石胎及残存木骨架。右侧大势至菩萨，高 8 米，头戴花佛冠，方圆面形。胸部半袒，佩戴项圈、臂钏。左手提璧下垂，右手持花蕾屈举于胸际，头微左扭，侧身向佛。肩搭帔帛，胸挂璎珞串珠，垂于膝下，腰系长裙，跣足站在悬出的云朵之上。形象敦厚健美，神态温婉安详。

七、第 121 号窟

位于西崖西上部。北魏营造。

形制　中型覆斗藻井窟，基本完整。平面呈方形，顶高 2.53 米，面阔 2.36 米，进深 2.13 米，上部略有收分。窟门平顶，高 1.27 米，宽 81 厘米，深 70 厘米。窟内正、左、右 3 壁各开 1 圆拱壁龛，外部有浮塑莲瓣形龛楣，龛内各作 1 须弥座。正壁龛高 1.74 米，宽 1.44 米，深 80 厘米。左右 2 壁龛大小相同，高 1.8 米，宽 1.12 米，深 63 厘米。窟内地面下凹 12 厘米，四周有低平台。

雕塑　现存圆塑 1 佛、4 菩萨、4 弟子、2 力士，及悬塑 8 身听法弟子和 1 身影塑坐佛。其中正壁主佛及前壁左右 2 力士，头为宋代加泥重塑，左右 2 壁的菩萨原为坐佛，宋代改塑为菩萨头饰。其余均为原作，多被熏黑。

正壁佛座两侧弟子　圆塑。左侧弟子高 75 厘米，右侧弟子高 74 厘米。均为落发，内着僧祇支，外披袈裟，腰系长裙，足登云头履，躬身侍立，面带微笑，和蔼可亲，是英俊少年形象。

窟后左右两角菩萨与弟子　圆塑。共 4 身。两组菩萨与弟子塑像，均身躯修长，面容清秀，上身微微前倾，头略低俯，双眉微扬，嘴角上翘，笑容可掬，显示出亲昵、欢悦的神态，富有个性。两组塑像，各占 1 壁壁端，对面恰好成 90 度夹角，从而形成头碰头、肩并肩、交头接耳的生动情态，极富生活情趣。人物组合巧妙，塑造技艺高超，形象生动逼真，是北魏彩塑精品。

听法弟子　悬塑。位于正壁龛内左右 2 壁上部的小平台上。原作共 10 身，左壁的 5 身基本完好，仅靠外 1 身无头；右壁仅存 3 身，靠外 1 身亦无头。单身高 34 厘米。左右 2 壁弟子面型分两类，左壁弟子面相苍老，颧骨隆起，高鼻深目，下颏突出，嘴角内陷，笑容可掬，表现出睿智、坚毅而虔诚的神情。右壁弟子面相较年轻，五官端庄，表现出聪慧而恭谨的神情。所有弟子服饰相同，均内着僧祇支，身披袈裟，结跏而坐，衣摆覆盖座前。手的动作分两类，左右 2 壁靠里 1 身弟子双手作合掌印，其余弟子一手置腹前，一手屈举肩头作施礼状。阴刻衣纹流畅舒展，有柔和之感，下垂的弧形与下摆构成的曲线，富于流动感及装饰性。

八、第 127 号窟

位于西崖西上部最上层。北魏营造，是西崖 3 大洞窟之一。

形制　大型盝顶窟，洞窟完整。平面呈横长方形，顶部正中高 4.5 米，四周高 3.95 米，面阔 8.6 米，进深 5 米，前壁正中开里宽外窄的平顶窟门，高 2.06 米，里宽 2.07 米，外宽 1.88 米，深 2.92 米。窟顶正中为横长方形藻井，其四周有 4 个梯形坡，有石胎泥塑边框，其中梯形坡底为方形边框，其余均为半圆形边框。窟内正壁开 1 圆拱半壁浅龛，高 2.2 米、宽 1.84 米、深 50 厘米。左右 2 壁仍各开 1 圆拱半壁浅龛，其大小与正壁龛相近。

雕塑　北魏原作，宋、元、明重修。共有石雕 3 身，泥塑 9 身，石雕头光中有浮雕飞天等像 23 身。

阿弥陀佛　北魏。圆雕。位于正壁龛内，高 1.03 米。后有莲瓣形头光和舟形背光，同为整块灰岩大理石雕成。佛顶作旋涡纹高肉髻，长方面，弯曲眉，眉间刻白毫相，耳大肩宽，手作施无畏与愿印，结跏趺坐于须弥座上。内着僧祇支，腰间系带作结下垂，外穿通肩袈裟，衣摆披覆座前，呈三瓣式，衣角搭于左臂。形貌和善慈祥，仪态雍容典雅。圆形头光中为浮雕莲瓣1圈，次为缠枝莲花1圈，最外有伎乐飞天1圈12身，上部正中有化佛1身。背光左右两侧有浮雕比丘各1身，散花飞天和供养飞天各4身。飞天的帔帛和裙摆向外飘逸，恰好又组成头光和背光的边缘常有的火焰纹图形，整体效果完美和谐。12身飞天以上部的化佛为中心分列左右两侧，并相互对称，相向飞行，且有天花点缀其间。皆顶束高髻，眉清目秀，身材窈窕，有的抬头挺胸，双腿后翘，有的侧身扭曲，回首反顾，形成各种不同的曲线美。除1身手提飘带、1身手托供品外，其余均手持乐器演奏。有的弹箜篌，有的吹排箫，有的弹阮咸，有的吹胡角，有的吹陶埙，有的击钹，有的敲鼓，相互呼应，顾盼有神，构成了一副美妙的天宫伎乐图。背光中的飞天，除两侧上部的两身飞天倒立并抬头向下飞行外，其余6身均为半蹲半跪姿势。所有飞天造型优美，为北魏浮雕中杰作。

左右2胁侍菩萨 北魏。圆雕。为观世音和大势至，分别侍立于主佛两侧。左菩萨高1.1米，右菩萨高1.08米。造像风格相同。后有莲瓣形头光，内雕大小相同的莲瓣1圈。头戴五梁华冠，余发披肩。面容清俊，两眼半睁，微微俯视，露出笑意。躯体扁平，项戴桃形项圈，下垂花饰。内着僧衹支，腰系长裙。两肩有圆形饰物，帔帛宽大覆盖双肩，至两肘处向外起翘。胸佩璎珞，叠于下垂的帔帛上并于帔帛一起在腹前穿圆璧，然后向两侧分开上卷或搭双臂，或系腰际。一手屈二指举胸际，一手提桃形璧置腹侧，跣足站在圆形覆莲台座上。造型简洁明快，技法细腻精湛，为北魏石雕精品。

左右壁龛4菩萨 北魏。圆塑。分别位于左右壁龛坐佛两侧。其中左壁龛左侧菩萨高1.37米，右侧菩萨高1.39米。均束发戴冠，余发披肩，面容清秀，双目半睁，胆鼻小口，上身微微前倾俯视，嘴角内陷，笑容满面。半袒胸，戴桃形宽项圈，并有花饰下坠，腕戴环，腰系长裙并束带作结下垂。肩头帔帛宽博，覆盖双胸下垂，在膝前交叉上卷，或搭于双臂(左菩萨)，或一端提手中，一端搭肩头(右菩萨)。左菩萨左手示礼，右手掌盘，盘内盛供果；右菩萨左手示礼，右手携带，均跣足立于半圆形台座上，生动传神，妩媚动人。右壁龛内的菩萨亦为同一风格，其中左侧菩萨高1.5米，左臂已失，右手掌盘，内盛供果。右侧菩萨高1.47米，穿交领僧衣三重，左手持莲于胸际，右手下垂提璧。两身菩萨均被熏黑，且风化剥落较重。

壁画 保存最多，有99平方米。除窟中佛座四周约1.21平方米为明代壁画外，均为北魏原作，内容丰富，形式完美，多精品。

正壁上部的涅槃经变图　纵 2.2 米，横 8.22 米，略有残损。中间绘 1 佛 2 菩萨，左右有山水树木，似为佛说《涅槃经》的场面。故事自左至右展开：左侧依次画释迦临终遗教；释迦仰卧在七宝床上，并为迦叶示现双足；人、天与巨禽、走兽来集，劝请释迦莫般涅槃；各国国王率众前来分舍利，对峙在恒河之滨。右侧，首先是各国人众为分舍利而展开的战斗场面；右上为浓密的林木围绕着的荼毗所，幡带飘扬，台上置舍利瓶 8 个；荼毗所以下画众武士护持一轿，似为表现舍利的启运；又画诸国王面向一覆钵形塔礼敬有加，为起塔供养场面。下部画面，左右两侧作对称构图，均为车骑行进场面，浩浩荡荡，旗幡飘飘，戟矛如林，虽形象漫漶，但大致可辨认出与押运舍利有关。壁画气势磅礴，形象生动，是全窟壁画的精品。

左壁上部的维摩诘经变图　纵 2.3 米，横 4.48 米，略有残损。依据《维摩诘所说经》绘制。画面主要绘“问疾品”。文殊和维摩分别坐在左右两侧的绿树丛中。左侧绘文殊，上有五彩缤纷的大华盖，后有数重圆组成的透光，旁有诸菩萨、弟子排列。右侧的维摩隐约可见头部，周围亦有众弟子。画面还绘了“方便品”中的国王、大臣和“香积品”中的菩萨形象。其中画面正中大树前显著地位的 1 身菩萨，形体高大，裙裾飘扬，左手掌盘，盘内盛饭食，右手扬起，是表现香积佛应维摩邀请显化，向广大会众施“香饭”的情节。众菩萨和弟子站像清秀洒脱，风度翩翩，有顾恺之笔下洛神风姿。情节组合巧妙，绘制技艺精湛，是早期经变画中优秀作品。

右壁上部的西方净土变图　纵 1.63 米，横 4.55 米。是我国石窟寺中现存时代最早、规模最大、内容最完备的 1 幅西方净土变图。画面虽有剥落和模糊处，但所绘人物建筑、花卉树木等都清晰可辨。正中无量寿佛（阿弥陀佛）结跏趺坐须弥座上。后有宝盖殿堂，前设高台栏杆，旁及树木，两边城阙高耸。佛左右分列观世音、大势至 2 胁侍菩萨；再两边各有弟子 2 身、圣众 10 余身虔恭侍立。座前正中置大型建鼓 1 面，上有莲花宝顶，两旁各有 1 身伎乐击鼓。再两旁各有 1 伎乐，头戴华鬘冠，内穿紧身小袄，外套广袖对襟衫，腰系曳地长裙，舒袖起舞，体态轻盈，富有韵律感。再向两侧又各有 4 身跽坐的伎乐，手持乐器，正在演奏。乐器有笙、萧、竽、鼓及箜篌等。横隔于壁面上下之间的石绿色带状水面，即西方净土的“七宝池”“八功德水”。其左右各有眷属圣众等徐徐走来。构图错落有致，技法成熟，重点突出而又相互照应，是早期具有特别重要意义的杰作。

前壁上部七佛图　纵 1.47 米，横 8.22 米。七佛即七世佛，以横列 7 铺坐佛说法图构成，每铺主尊后有圆形头光，结跏趺坐于须弥座上。左右各有 2 胁侍菩萨或弟子站于圆形莲座上，体躯修长，神情潇洒。其左右又绘供养比丘数身，身穿各色袈裟，或手托供品，或笼袖而立，体躯形成扭动曲线，身后的树木交杆缠枝，笔力遒劲。衣饰、佛座、宝盖、背光等，多用青绿色加墨色描绘，清新素雅。所画人物形神兼备，继承了汉晋绘画传统，为当时人物画优秀作品。

前壁下部的地狱变及战骑图　有14平方米。前壁右侧绘“地狱变”中的“恶报”，烟熏甚重，隐约可见鬼差数身，其他内容不辨。有墨书榜题10余条，隐约可辨者两条：“此人生时好□□当坠刀山地狱”“此人生时好□□□□令人截臂地狱”。前壁左侧绘“地狱变”中的“善报”，虽被烟熏黑，但阎罗的豪华宫殿楼阁，隐约可辨。有两条墨书榜题十分清晰：“此人行十善得参道时”“诸天罗汉迎去时”。其下部绘庭院1座，轮廓分明，院殿前隐约可见许多人物。院外一侧绘战骑图。画中的飞天体态轻盈，随风飞舞；骑士荷胄贯甲，威风凛凛。其中1匹着甲红马采用夸张技法绘制，纵横驰骋，神态活现，是早期壁画中成功战马形象。

窟顶的帝释天图　纵1.32米，横4.68米。帝释天是“释提恒因”的简称，是忉利天(即三十三天)之主。为了表现其王者的尊贵身份，中国佛教艺术中一般都借用传统神话东王公遨游太空的现成样式。其画绘于窟顶正中。帝释天身穿袍服，端坐于四龙云车上。前有菩萨导引，上有华盖宝幢，旌旗飞扬，旁有诸天相随，后有乘龙羽人、仙人护法。笔法粗犷奔放，构图繁密，活而不乱，造型集夸张、变形、装饰于一体，以无数飘带及流云造成满天飞腾的磅礴气势，是早期浪漫主义绘画杰作。

窟顶后坡的穆天子拜见西王母图　绘制在梯形坡内，大部剥落。梯形坡上底4.75米，下底7.35米，高1.23米，依据《穆天子传》绘制，呈长卷式。其左侧剥落严重；中部残存车马人物、山林建筑等；右侧多绘人物，表现穆天子拜见西王母的情节。画面绘制大规模的出行场面，自左至右有车3乘：第一车，旌旗猎猎，呈疾驰状；第二车，行进已缓，或竟已停止；第三车，乘者下车，似王者身份，束发戴冠，身穿袍服，在众人簇拥下由东向西徐徐前进。上有罗伞宝盖，旁有山水树木，迎面有几个身穿长衫的人物伫立迎候，其中1人手牵红马1匹，当为西王母迎接穆天子的情形。人物形象丰满潇洒，布局疏密相间，是一幅生动的人物山水画。

窟顶左右坡的舍身饲虎图　2坡呈梯形，左坡上底1.34米，下底3.8米，高1.48米；右坡上底1.05米，下底2.5米，高1.1米。依据《贤愚经·摩诃萨埵那以身饲虎缘》绘制。画面以出游、狩猎、饲虎、报信等情节为主线，用连环画的形式绘制在左右2坡上。左坡画1座大城，城内又有内城，内城即国王的宫城。外城城门有人马驰出，当系三太子出发游猎。画面下部有2骑飞速回城，为萨埵那舍身饲虎后，两兄迅速返回报信。城内的宫殿里，王者居中，官吏、侍者分列两侧，有人跪于阶下禀报。国王听到噩耗，立即晕倒，侍者赶忙扶持救护。右坡绘1座大山，山崖下绘虎群两组。其中1组中7只小虎围着1只大虎嗷嗷待哺，另1组中间隐约可见三王子的骨骸。山上画三王子跳崖，另一王子拦阻不及情状。山脚下，国王闻讯后，率领众人已经赶到。壁画构图巧妙，描绘生动，具有强烈的悲剧气氛。

窟顶前坡睒子本生故事画　绘制于梯形坡内，呈长卷式。梯形坡上底4.61米，下底7.35米，高1.3米。依据《佛说菩萨睒子经》绘制。其画分左、中、右3段。左段为故事的开始，画迦夷国王进山狩猎，场面盛大。车乘高大华丽，随从浩浩荡荡。中段是紧张、激烈、快速的追猎，国王及随从纵马奔驰，周围鸟兽惊慌四散，其长度超过了左右两段。道道条状的山峦犹如横向的格线，使一组组追逐形同竞赛，惊心动魄，平面精致的坡壁传达出强烈的运动感。右段为故事的主要矛盾冲突所在，紧凑地描绘了国王误射睒子，国王至盲人夫妇住所，盲人夫妇因睒子遇难而大恸，天神赐药，盲人夫妇复明等复杂而连续的情节，场面生动、自然而富于戏剧性，增强了艺术感染力。画面将人物情节及山水等自然景观融为一体，既是一幅美妙的长卷故事画，又是一幅秀丽的山水人物画，在北朝同类作品中是最优秀、最完备的作品。

九、第133号窟

俗称“万佛洞”。位于西崖东上部。北魏营造，五代、宋重修，是西崖最大的洞窟。

形制　崖摩形窟。窟顶5.8米，面阔12.2米，进深10.83米。前壁凿里宽外窄的竖长方形窟门，高2.4米，内宽1.8米，外宽1.38米，深2米。窟门内侧嵌置木门框，门楣前悬明万历四十一年（1613年）木制匾额，题曰“极乐堂”。窟内复室叠龛，结构复杂。前开宽大的平面横长方形享堂，后开平面竖长方形左右2内室。两内室间有1道岩墙相隔，上雕大斗平托窟顶。岩墙起中心柱作用。窟顶大都光平，仅在前部正中凿半圆形“涡阙”，在其右侧凿覆斗形藻井。窟内依壁开龛，其中前堂左右各有上下两层。诸龛排列，除前堂左右各有6个较为对称外，其余多不对称，大小形状也不尽相同。诸龛多作平顶，大者高2米，小者高80厘米。计有落地龛7个，壁龛4个(其中窟外上部附属龛1个)，叠龛5个，计有大小佛龛16个。窟内除顶部绘制壁画外，其余壁面全部贴满影塑小千佛，现已大都剥落。五代王仁裕所著《玉堂闲话》描述其窟：“将及绝顶，有‘万菩萨堂’，凿石而成，广若今之大殿，其雕梁画栱，绣栋云楣，并就石而成，万躯菩萨列于一堂。”

雕塑　共有圆塑28身，其中除2菩萨、2站佛分别为五代及宋重塑外，余为北魏原作。前壁左侧残存影塑千佛千余身。窟内保存石雕造像最多，有浮雕造像碑18通，造像碑残块5块，浅浮雕头光2件，圆雕、高浮雕佛及菩萨造像4身(佛1、菩萨3，已严重分化)。造像碑内共雕小像3800余身，主要是千佛，也有菩萨、弟子、比丘等，其中以第1、第10、第11、第16号为最著。

第3龛1佛2菩萨　北魏。圆塑。佛居正中，高82厘米，左侧胁侍菩萨高93厘米，右侧胁侍菩萨高95厘米。佛与菩萨均为细颈削肩、身躯修长的“秀骨清像”型造形。保存完好，色彩犹存。佛顶作高肉髻，两臂屈肘向前，一上一下，手已失，结跏趺坐。内着僧祇支，外披双领下垂袈裟，衣角搭于左臂，衣摆下垂覆盖座前呈花瓣式，有厚重感。2菩萨侍立两侧，顶束高髻(左菩萨发髻已失)，微微俯视。身穿交领僧衣，腰系长裙，帔帛绕双臂飘扬下垂，足蹬云头履(云头已失)，站在半圆形台座上。左菩萨右手握花蕾于胸际，左手携带置腹侧。右菩萨右手掌花蕾于肩头，左手提香囊置腹前。佛与菩萨体态优美，潇洒劲健。

左内室左壁龛弥勒佛　北魏。圆塑。高1.87米。作男像，着菩萨装，上身微前倾，略带笑意。束发戴冠，宝缯下垂。方面大耳，眉弯目细，眼角向下，眉间有白毫相。鼻高而尖，且不露孔。颈短、肩宽、腰细，双腿下垂，两脚相交，坐于须弥座上，脚尖落于半圆形覆莲台上。左手屈肘前伸，掌心向前，手指向下(指已残)；右臂朝外(手已失)。颈戴宝珠项圈，胸部袒露，下穿裙，腹前双带下垂。帔帛自双肩搭下，在腹前交叉绕膝上卷搭于双臂并下垂佛座两侧。肩头帔帛宽大，并有花饰。衣纹用较宽而稀疏的阴线划，质感较强，显得宽松而贴体。

第11龛龛楣灵鹫山说法图　北魏。悬塑。高40厘米，宽1.8米。被烟熏黑。塑有山谷及树木。释迦牟尼在山间结跏趺坐，袈裟裹膝，为跪在面前的弟子说法。附近禅窟中有苦修僧，远处1妇人携带两个孩子走来，有2天人在上部左右角飞舞。造像头多无存，惟右上角飞天完整，高20厘米，发髻高耸，面形长圆，穿对襟广袖束腰长袍，两手在胸前相叠，双腿后翘，帔帛、裙裾一同向身后飘扬，使其飞舞的动作具真实感。

窟中大小站佛　宋。圆塑。前堂正中塑大小佛各1尊。其题材是表现释迦牟尼苦修6年后回城见儿子罗睺罗的情景。造像生动逼真，将父子相见时的一往情深，表现得淋漓尽致，充满了世俗情趣，是思想内容与表现形式完美结合的优秀作品。

大站佛释迦牟尼　高3.5米。顶作螺旋髻，额头有肉髻珠。方面大耳，低头俯视。内着僧祇支，外披双领下垂袈裟，双手屈肘伸向小佛头顶，作抚摸状。左手掌心向上，右手掌心向下，手指张开，赤足站在圆形仰莲台座上。衣饰宽博厚重，富于质感，神态既慈祥又威严，具长者之风。

第 1 号造像碑　北魏。浮雕。俗称“千佛碑”。置前堂西。高 1.85 米，上宽 53 厘米，下宽 60 厘米，厚 1 6 厘米。用整块大理岩雕成，石质坚细，保存完好，色彩犹存。碑额为圆拱形，雕刻佛在灵鹫山说法的情景。上部边缘雕莲瓣饰纹，左右两侧下部内收，突出所雕山形。正、背两面内容大致相同，即各雕 1 庐形浅龛，龛内释迦结跏趺坐，右手举于肩部，作施无畏印，后有圆形头光。佛左右各侍立 1 菩萨，后有莲瓣形头光。龛左右雕龛柱，龛柱两侧各雕 1 弟子。正面的弟子左手提香囊，右手掌供品；背面的弟子躬身仰头合掌。正面浅龛龛楣中，又雕 1 结跏而坐的小佛。左侧山峦中有 1 走兽。碑身正、背、左、右 4 面雕千佛，横平竖直，排列有序，布局严谨，雕刻精细。千佛均着色敷彩，有大小雕像 1312 身，是石刻中精品。

第 10 号造像碑　北魏。浮雕。置前堂东。又称“佛传故事碑”，即以佛祖释迦牟尼生平事迹为主要内容的浮雕碑刻。早年曾断为两截，以铁圈箍之，1985 年用环氧树脂等高分子化学材料粘结。通高 1.37 米，上宽 72 厘米，下宽 80 厘米，厚 10 厘米。碑额为圆拱形。全碑正面分上、中、下 3 栏，各栏正中又各雕 1 浅龛，龛外左右又各分 1 ~ 2 小格，每小格内刻 1 ~ 2 个故事情节。以浮雕为主，辅以透雕和圆雕。内容丰富，构图严谨，层次分明，技艺精湛，是石雕中杰作，也是造像碑中佼佼者。

上栏：正中为圆拱浅龛，内雕释迦、多宝 2 佛并坐说法像，身后各有莲瓣形通身背光。龛左右雕帐柱，柱头上有凤鸟站立作回首反顾状。莲瓣形龛楣之上雕小佛 7 身，亦各有莲瓣形背光。左上格右侧刻“阿育王施土”。画面刻 1 站佛，后有圆形头光，右手举于肩头，作施无畏印，上有宝盖，面前 1 小儿双手献土。画面左侧刻树下思惟。菩萨坐菩提树下，右手支颐，低头沉思。

左下格雕“佛入涅槃”，表现释迦在拘尸那城双林树下涅槃的情景。内雕释迦横卧佛床上，后有弟子、天人 5 身围绕。其中有佛母摩耶夫人从忉利天而降，一手抚摸佛头、一手抚摸佛身的情节。

龛右小格内雕“断发出家”，表现太子（释迦）夜半逾城、入山苦修、持刀断发、开始过脱离世俗生活的情节。画面右侧雕山峦丛林，太子坐在山石上，一手持发，一手握刀，左上部有飞天两身。左下方有盘腿打坐的两身比丘，当为原在山中的修行者；站立弟子 5 身，当为净饭王从亲族中挑选的伴随太子的 5 人。

中栏：正中雕亭阁式浅龛，内有 1 菩萨交脚而坐，举右手作施无畏印，束发戴冠，着披肩，搭帔帛。其帔帛自腹前交叉后上卷绕双臂飘扬下垂。内着僧祇支，腰系宽博大裙,褶襞规整简洁,衣饰质感厚重,双脚尖落于圆形莲台上。其左右两侧各雕1胁侍菩萨。右菩萨上身凿损。左菩萨束发戴冠,身着褒衣,足蹬云头履,侧身向佛,笼袖而立,脚踩圆形莲台。为表现功成名就的释迦作为"补处菩萨"住兜率天宫为诸天人说"菩萨行"的情景。龛楣雕宫殿形式,上刻飞天6身,并有宝石、花卉、帷幔等装饰。

龛外左上格雕"乘象入胎"。画面雕1大象,长鼻上卷,背上的宝座中坐1菩萨怀抱小孩,从天空徐徐降落,头顶旌旗飞扬,彩云缭绕,天花乱坠。画面右上方云彩之上有1乘坐鸾凤的菩萨,大象两侧隐约可见几个人物雕像。表现的是摩耶夫人梦见菩萨由兜率天乘白象来投胎的故事。

左下格刻"降魔成道"。画面右侧刻1坐佛,即为释迦,顶作高肉髻,手作禅定印,后有莲瓣形通身背光和圆形头光,周围众魔军张弓引箭进攻,又刻毒蛇猛兽袭击,释迦岿然不动。左侧上部刻飞天2身,下部刻女像,上下两排各3身,为3魔女在释迦面前变为3个老妪的情节。画面生动地表现释迦降魔成道的故事。

龛右上格刻"树下诞生""九龙灌顶"。其右侧雕一枝繁叶茂的无忧树,树下摩耶夫人举手折枝,太子从腋下诞生,夫人右侧为1女侍者搀扶,面前有1女侍者跪地撩起衣襟接生。左上方雕龙数条,作张口喷水状,下方的太子为1敦厚可爱的孩童形象,赤身站在莲台上,后有莲瓣形头光,由2天王伺候沐浴。表现释迦牟尼在蓝毗尼园诞生及进行沐浴的情景,极富生活情趣。

龛右下格刻"燃灯授记"。画面右侧雕燃灯佛善跏而坐,后有圆形头光和莲瓣形背光;上有宝盖,其左右各挂粗大瓔珞3串。儒童解衣铺地,布发掩泥,其身后有1持花女子站立,是买花献佛的情节。

下栏:中间浅龛内刻释迦成道后在王舍城说法的情景。画面正中雕释迦,顶作高肉髻,内着僧祇支,外披双领下垂袈裟,两手向前,左手向下,右手向上(手指残损),结跏趺坐于须弥座上,衣摆覆盖座前。佛左右两侧各刻1胁侍菩萨,后有头光,脚踩莲台,侧身向佛侍立。龛楣莲瓣形,刻波状莲花纹,3个小巧玲珑的化生童子游戏其间。龛左右有八角龛柱,上有莲花柱头,下有覆莲柱础。柱头上各刻1下跪姿势的供养菩萨,柱础下各刻1足踏夜叉、托顶柱础的托重力士。龛内上部左右两角各雕1凤鸟,相向而鸣。龛外左右两侧下部各雕1阙门。门前雕身着帔帛的菩萨和英姿勃勃的天王各1身,相向蹲伏的雄狮各1头。

龛外左上部刻"文殊问疾"。画面刻1殿堂,门楣上雕帷幔及鳞片状网络花饰,顶部刻瓦垅、鸱尾。听法大众穿插于屋顶及正中龛楣以上,还有化生1身,计

7身。殿堂之中，维摩身着褥袍，手执尘尾，踞坐方台上，似侃侃而谈。文殊坐对面，似洗耳恭听，安详自若。

龛外右上方为“初转法轮“。正中刻1结跏坐佛，后有圆形头光，手作说法印，袈裟下垂覆盖座前。座前左右两侧各刻1头卧鹿，鹿角高耸，回首反顾。佛头左上雕飞天4身，临近的龛楣一侧有听法人3身，共7身，与龛左人数对等。刻画匀称生动，是表现释迦成佛后第一次在鹿野苑说法的故事。

第11号造像碑　北魏。浮雕。置前堂前壁东。方额，通高1.84米，宽87厘米，厚13厘米。分上、中、下3栏。上、下两栏各刻千佛3排，下栏栏边又刻小千佛1排，计67身。上栏第三排千佛，除中间1身为正面形象外，左右两旁6身均为侧象，眉清目秀，微露笑意。

中栏：分左、中、右3格，形式多样，内容丰富。中间1格较宽，刻佛帐式浅龛。龛楣并排刻7身莲花化生；龛楣外上部又并排刻莲蕾13朵，其两旁各刻罗汉头像3个。龛左右雕莲花饰龛柱，柱外垂挂硕大瓔珞各1串。龛内刻1佛、2菩萨，佛后有莲瓣形通肩背光，顶作高肉髻，右手向上，作施无畏印，左手向下，作与愿印，结跏趺坐。着双领下垂袈裟，衣摆披覆座前，呈现规整而繁密的褶纹。座下有叠涩形基座，正面雕莲花、忍冬图案。佛左右各侍立1菩萨，束发戴冠，肩搭帔帛，腰系长裙，一手拈花，一手下垂，立圆形覆莲台座上。台座下各刻1蹲狮，张口扬尾，翘首反顾。其下再刻小千佛1排9身。左右两小格较窄，为竖长方形，其上部各刻飞天上下两身，第一身面向内，第二身面向外，形成左右对称的图案。飞天衣带飘扬，姿态优美。左右两格下部各雕1圆拱尖楣浅龛。龛内各刻1结跏坐佛，身穿双领下垂袈裟，低首俯视，神情专注。

第16号造像碑　北魏。浮雕。置前堂前壁西。方额，通高1.8米，宽90厘米，厚10厘米。内容分上、下两栏。

上栏：中间上部雕1竖长方形浅龛。龛内上部刻3坐佛，中间佛较大，两侧较小，侧身向主佛，坐仰覆莲座；下部刻5坐佛，中间佛坐须弥座，四角4佛坐仰覆莲座。左右两侧各刻上下两个方楣龛，其中左右上部两龛均为2佛并坐像，龛楣饰帷幔。左下龛内刻1佛、2菩萨，佛结跏趺坐，后有莲瓣形背光和圆形头光；右下龛内雕1佛、2弟子，佛侧身而立，举手作说法状，后有莲瓣形背光，佛前后各1弟子向佛侍立。上栏下部又有坐佛两排，身后有莲瓣形通身背光，其中上排坐佛穿双领下垂袈裟，坐圆形莲花座；下排坐佛穿圆领袈裟，坐通长座。

下栏：刻一宫殿式圆拱浅龛。龛内雕3坐佛，中间佛略高，佛头凿损，左手抚膝，手指向下，作降魔印；右手向上，作施无畏印，善跏趺坐于束腰座上，双脚外露，其下的基座为须弥座。两侧佛顶作高肉髻，面相丰润，侧身面向主佛，结跏趺坐于通长须弥座两侧。3佛均内着僧祇支，外披双领下垂袈裟。造型清秀，比例匀称，仪态典雅。其中两侧佛衣饰层层重叠，迤逦下垂，褶襞纹饰运用圆刀雕刻，显得柔和优美。龛外下部左右各雕1天王、1蹲狮，天王站狮背上。下栏下部刻小坐佛两排，每排7身。其中上排佛穿双领下垂袈裟，下排佛穿圆领袈裟。整个画面布局得当，错落有致，雕刻精细，具有较强的空间感和浓厚的装饰趣味。雕塑家刘开渠认为是"北朝时代最好的作品之一"。

壁画　大部剥落，现残存23.5平方米。所绘内容有千佛、弟子、飞天等人物形象，有龙、凤、鱼和莲花、忍冬等动植物，以及云水纹、火焰纹等装饰纹样。残存于窟顶右前方覆斗藻井内的壁画较完整，绘千佛及忍冬图案。窟顶左侧残存壁画面积较大，纵约3.5米，横约7米。内容绘诸天普乘，有乘龙、骑虎、跨凤的天人和执幡人、伎乐及散花飞天；又有肩生羽翼、大步流星奔驰的羽人。天花朵朵，灿若星辰，场面壮阔，风格清新，为它处所未见。

十、第135号窟

俗称"天堂洞"。位于西崖东上部。北魏营造，北周、五代、宋重修，是西崖3大洞窟之一。

形制　大型平顶窟，平面呈横长方形，洞窟完整。顶高4.6米，面阔8.86米，进深4.68米。窟内有裂隙。其独特之处在于前壁上部有3个明窗，顶壁前部靠近明窗处有1半圆形涡阙。明窗平列，中间1个略高，两边两个略低。均呈方形，大小相近，外部略呈收口形。中间明窗高1.45米，宽1.25米，深2.25米。涡阙长2.5米，宽1.2米，深88厘米。前壁正中开里宽外窄的平顶窟门，高2.25米，外宽1.8米，里宽2.05米，深2.1米。窟内通风采光俱佳。由于空气流通好，因而在前壁完全被烟熏黑的情况下，其余壁面免遭烟熏，使壁画得以保存。窟内正、左、右3壁各开1莲瓣形半壁浅龛。正壁左右两侧，于五代时增开半壁圆拱深龛各1个。其中左侧壁龛高2.05米，宽1.57米。窟内右前方原有1土炕，上置储藏粮食的竹囤1只，长1.9米，宽85厘米，高1.5米。右壁前置隋代大方木(松木)1根，长3.42米，横断面为40×36厘米。土炕已于1984年铺设地砖时拆除。《玉堂闲话》云："自此室之上，更有一龛，谓之'天堂'。空中倚一独梯，攀缘而上，至此则万中无一人敢登者。于此下顾，其群山皆如培塿。"窟壁泥层剥落过半，西壁题诗遗迹无存。

雕塑　现存造像17身，其中石雕造像4身，泥塑13身。

正壁中龛1佛2菩萨　北魏。圆塑。佛居正中，高1.23米。顶作高肉髻，长方面，细颈削肩。内着僧祇支，腰间束带，外披双领下垂袈裟，衣角搭于左臂，结跏趺坐方形座上，衣摆下垂披覆座前，繁复重叠。手作施无畏与愿印，手指略残。左、右两侧胁侍菩萨，高均为1.38米。体躯扁平，贴壁而塑，上身微微前倾俯视。顶束扇形高髻，脖颈细长，两肩削窄。前额较宽，两颊略瘦，肩头有圆形饰物。双目半睁，嘴唇轻启，微露笑意。身穿交领僧衣3重，腰束带，外着帔帛、披肩，衣摆落地呈喇叭形，足蹬云头履。其中左菩萨左手微屈下垂提桃形器物，右手携带抚胸。右菩萨左手拈花抚胸(花已残)，右手提垂。面容清秀，神情专注，表现出聆听佛法时的虔诚恭谨状，是典型的“秀骨清象”型造像。

左壁龛1佛2菩萨　北魏。圆塑。佛居正中，高1.1米。顶作高肉髻，面容清瘦，细颈削肩，上身微微前倾俯视。内着僧祇支，外穿双领下垂袈裟，衣角搭于左肩，衣摆下垂覆盖座前，繁缛对称。手作施无畏与愿印（手指略残），结跏趺坐于方形座上。左右胁侍菩萨，高1.18米，长方面，体躯扁平，上身微微前倾，侧身向佛。顶作低平发髻，原有小高髻已失。胸佩宽项圈，身穿通肩大衣，双襟在腹际相交，腰系带，肩搭帔帛，交于膝前，披肩翼然。一手屈举胸际，一手提桃形器物置腹侧，足蹬云头履，站在龛底台座上。面部略带笑意，体形有扭动曲线，显得活泼、亲切、自然。

正壁左龛2坐佛　北周。圆塑。其龛为五代所开，2坐佛当为别窟移来。左侧坐佛高65厘米。顶作磨光低平肉髻，为孩童面形，丰满圆润，五官清俊端庄，肌理细腻，两肩浑圆。内着僧祇支，外披双领下垂袈裟，手作禅定印，掩盖于衣饰之下，结跏趺坐。衣纹呈阶梯式圆刀刻线，概括洗练。形象生动逼真，是一个天真英俊少年形象，为北周泥塑杰作。右侧坐佛高80厘米。顶作低平肉髻，亦孩童面形，方圆饱满，端庄润秀。内着僧祇支，外披双领下垂式袈裟，双手抚胸，两腿下垂，善跏趺坐（下肢微残）。塑作技艺精湛，与左侧佛一样，均呈现出珠圆玉润的艺术风格，为北周优秀泥塑作品。

正壁右龛泥塑　五代。圆塑。原为1佛、2菩萨，现存1佛、1菩萨。正壁主佛，高1.2米。顶作螺旋髻珠，方脸，眼角上挑，眉间有白毫相。体形适中，内着僧祇支，双带于腹前作结，外穿通肩袈裟，胸部袒露，手作禅定印，结跏趺坐方形座上，衣摆覆盖座前。风格朴实。左壁胁侍菩萨，高1.45米。顶束高髻，坦胸露臂，胸佩珠玑项链。帔帛绕双肘下垂，腰系卷边裙，腕戴环，两手在胸前上下相叠，跣足而立。衣饰简洁，造型敦厚朴实。

窟中1佛2菩萨　北魏。圆雕。位于窟内左侧地面。各为整块大理岩雕就，石质坚细，雕刻精美，属代表作品。站佛，高1.9米，为麦积山最大的石雕造像。顶作旋涡纹高肉髻，面形方圆适中，双目微睁，鼻高不露孔，两肩较宽。衣饰3重：内着僧祇支，中衣两襟系带作蝴蝶结下垂，外穿双领下垂袈裟，右摆搭左臂。左手亮掌向下，作与愿印。右臂屈肘向前(手已失)，跣足站圆形仰莲台座上。左手拇指与食指间、手背与衣袖间各雕莲蕾1个，构思巧妙，既起支撑受力作用，又有烘托装饰效果，毫无多余累赘感。圆形台座下为覆钵形仰覆莲座，台、座共高38厘米，二者之间有卯榫套合。其下又有长方形基座，高13厘米。莲座上部仰莲，下部覆莲。左右胁侍菩萨均高1.42米。原作头已失，现见者为宋人补塑。顶束高发髻，面容丰满。身躯及四肢均为北魏石雕原作。上身袒露，下着长裙，胸佩项圈，肩搭帔帛，长串璎珞在腹前交叉穿环，着披肩，肩头有圆形饰物；腕戴环，一手提桃形玉璧置腹前，一手拈花屈举，跣足站圆形莲台上。莲台下部为覆钵形仰覆莲座，二者有卯榫套合。莲台直径47厘米，台、座通高30厘米，座下又有方形基座。雕刻精美，动态自然，肌理丰腴秀润，手指纤细，指甲清晰可见。璎珞晶莹饱满，经游人长期抚摸，油光可鉴。

壁画　保存较多，约50平方米。正壁上部绘涅槃经变画，下部左侧壁龛内隐约可见圆形头光和两身伎乐飞天。左右壁上部，分别残存1佛、2菩萨，凡3组，佛结跏趺坐须弥座上，菩萨侍立左右。左右壁下部龛内外残存1佛、2菩萨。其中右壁龛外两侧的1佛、2菩萨较清晰，菩萨体躯修长，帔帛自腹前穿壁，自如而有变化。前壁除右上角隐约可见1佛、2菩萨外，其余均被熏黑。顶部壁画大部剥落。

正壁上部的涅槃经变画　正壁上部正中绘1佛、2菩萨，为释迦说法图。2菩萨较清晰，佛及其余形象模糊不清。左侧画河流，以及相对峙的各国王子和军队，依佛经所说为4种兵：象兵、马兵、车兵、步兵。下方画1辇，以准备载舍利用。右侧画争分舍利，色彩虽然模糊，但主要情节尚能辨认。大部分画面绘争夺舍利的激烈战事，似以骑兵为主，披坚执锐，跃马冲锋，而步兵则各举盾牌抵御。长期生活在战乱中的匠师们，发挥高度的写实技巧，以切身体验成功地绘制出军队和争战场面；同时通过分舍利平息事端的圆满结局，寄托人们厌弃战祸及对和平安定生活的渴望。

第三节 北周至隋

一、第 2 号窟

俗称“狮子洞”。位于东崖东部、东门外卧佛洞西侧崖壁。北周营造，明、清重修。因窟中有泥塑菩萨乘坐的狮子而得名。

形制 大型盝顶窟。平面横长方形，顶高 3.14 米，面阔 6.1 米，进深 3.74 米。窟门平顶，有残损，高 2.35 米，宽 2.1 米。窟顶正中有正方形藻井，四周为石胎泥塑方形边框。顶部四坡各呈梯形，每坡又分左右两栏共 8 栏，内绘八卦图，栏边为凸起的半圆形石胎泥塑。窟内正、左、右 3 壁前作低平台。正壁前平台较宽，左右各作 1 大型须弥座，上叠仰覆莲座。

雕塑 现存 3 菩萨、2 弟子、1 驭者，为明代重塑；窟顶有影塑佛 12 身。另有 10 王像列于左右壁前，为清代塑制。

驭者 明。圆塑。在窟中菩萨坐骑狮子身后，高 1.2 米，为胡人形象，称“昆仑奴”。头戴卷沿帽，颧高鼻隆，呲牙咧嘴，虬髯上翘，眼珠突出，胸腹鼓起。外穿半臂，并于肩部作结，在两肘间衣袖卷起，腰裹腹围，以绳索系之，并于胯部束带。右腿向前，左腿向后，作弓箭步，左膝下置 1 大圆球。左手叉腰，右手向前握宝珠作驱赶状。形貌古怪，为少数民族武士形象。

壁画 原作无存，明、清重绘，残存约 25 平方米。窟顶正中有覆斗小藻井，周围分四坡八栏，内绘表方位的八卦图像。后坡下部两侧各绘天王像 1 身。前坡下部两侧各绘雄狮 1 头。左右坡各栏上部绘菩萨，下部绘龙、凤。各栏均有宝珠、彩云图案。形象俊美，色彩艳丽。正壁背光、头光及人物图像，多已剥落，仅 1 身菩萨较清晰。前壁左右两角上部残存城廓、树木等，绘制“地狱变”。其中右侧壁画中绘刀丛剑树和狰狞的鬼差，有人被当胸穿透，鲜血淋漓，阴森恐怖。左右壁绘地狱十殿阎王，两壁各绘 5 幅。殿前下部绘地狱酷刑图。画风不高。

二、第 3 号崖阁

俗称“千佛廊 ",因其廊道上下有 6 排石胎泥塑贤劫千佛得名。位于东崖东部。北周营造，宋、明、清重修。东起石门，西至大佛旁，是石窟东门至上七佛阁的通道。

形制 大型人字披顶长廊式崖阁。面阔 36.5 米，顶高 8.2 米，廊宽(进深)2.7 米。共 14 间，前檐大都崩塌，唯东侧保存较好。廊顶两端素壁，中间作月梁 13 道，断面横竖各25厘米，是迄今所见最早月梁形象。其上置驼峰、替木、脊槫、檐槫，断面均为方形。上置半圆形椽，每间6～7根，均就石而凿，外敷麻泥。月梁外端曾有悬挑檐柱之设，现已无存。在上部2排千佛与下部4排千佛间壁面，有60厘米宽的间隔，原设木栈道，加固工程中改为钢混结构新栈道。其廊实为木石混合结构建筑形象，是木构长廊形式的表现。前檐崩塌部分，已喷锚加固。廊西通往上七佛阁的栈梯东侧壁面，有雕凿规整并相互连通的方洞两个，其内壁又有一些方孔。方洞、方孔均为素壁，并无彩绘痕迹。其附近壁面有南宋绍兴二十七年（1157年）刻石题记（已在加固工程中喷护）。

雕塑　依壁作高浮雕石胎泥塑贤劫千佛上下6排，现存297身。布局规整，场面壮阔，气势恢宏。由于有栈道通过，所以分为上下两部分。上部2排92身，下部4排205身。造像大小相近，高90~95厘米。顶作低平肉髻，身穿圆领袈裟，结跏趺坐，后有圆形头光。面相浑圆，身躯壮实。两手置膝上，有的外露，有的裹于衣饰之内，手印各不相同，多为禅定式，神情庄重。佛座高10厘米。上部两排千佛虽经宋、明两代重妆，面部及衣纹改变较大，但在体形方面仍留北周造像特征。第一排44身，因距栈道较高，大都保存完好；第二排48身，因距栈道较近，经游人长期手摸，绝大部分严重磨损，个别造像泥层也已剥落，露出石胎。因石质较好，所以石胎的体形轮廓清晰，五官依稀可见。下部4排千佛，一般均保留了北周原作面貌，衣饰贴体，体形敦厚丰满。除第三排残损较重外，大都保存完好。石门外的千佛因长期淋雨，泥层脱落，石胎分化，仅剩残迹。

三、第4号崖阁

俗称“上七佛阁”或“散花楼”，位于东崖上部。北周营造，或即北周大都督李允（充）信为其王父所建“七佛龛”，唐、宋、明重修。

形制　大型庑殿顶崖阁，平面呈横长方形。通高16米，通面阔30.48米，进深8米。上凿单檐庑殿顶，前开七间八柱窟廊，后列7龛。前檐及檐柱6根，早已崩塌，东西稍间的两根角柱尚完好。柱身净高7.25米，圆形覆莲柱础。柱头上雕巨型大斗，略呈侈口状，斗䫜内凹呈圆弧形。大斗上雕断面矩形额枋；其上部又雕齐心斗和散斗；斗之上又雕出替木和橑檐枋；再上部雕互相平行、水平伸出的扁檐椽。檐椽大部崩落，仅剩两侧4根。梁枋、柱头、椽槫、替木与诸斗间的穿插交替关系清晰可见。殿顶上部雕正脊，两端有鸱尾，均素平无线脚。屋面雕筒瓦瓦垄。正脊上部1~4米处壁面有上下3排规整的桩眼，为嵌置遮檐挑梁处。其中上部平列两排大桩眼，上下对齐，计19对；下部平列1排大小相间的小桩眼，计34孔。

檐柱后开窟廊，深4.1米，高8.52米。各间之间有抱头梁，梁长5.3米。廊顶各间原凿竖3横2排列的平棋6块，计42块，现仅残存两稍间6块，其余已随前檐崖壁塌毁。廊后并列7个四角攒尖顶佛帐式大型龛，形制及大小相同，上部略有收分。其中第一龛高5.1米，面阔4米，进深3.9米。顶部及四角各有石胎泥塑八角帐杆、帐楣、帐柱，一半隐入龛壁。顶部正中雕莲花宝顶，四角出莲花饰柱头。正壁前作石胎泥塑须弥座，彩绘精致，装饰富丽。其中第一龛佛座在重修时镶嵌了青石边框。诸龛外部，上有浮塑火焰宝珠及鳞片状网络花饰和帐幔，两端分别为龙、凤、象头，口衔下垂近地流苏。龛外帐幔间有石胎泥塑“天龙八部”。各龛在20世纪60年代安装格扇木门4扇。第一至第四龛龛楣之上悬明制木匾各1块，第四龛龛楣上部有石膏质匾额1方，曰“麦积奇观”。檐柱外原有栈道向西通牛儿堂，前檐坍塌后栈道无存，交通中断。后于明代在西侧檐柱内壁面凿1小洞，可容1人躬身而过，上刊石质匾额1方，曰“小有洞天”，是为通往牛儿堂隧道。整个建筑气势雄伟壮丽，雕造技艺精湛，全国现存同类石窟建筑中无出其右者，真实地表现了南北朝后期中国佛殿的概貌，在石窟发展史上具有重要意义。前廊地面已在1980年以钢筋混凝土重新制作，顶部亦挂钢筋网喷锚加固。

雕塑　共有大小造像842身，其中圆塑77身，浮雕石胎泥塑8身，影塑757身。圆塑均经宋代重修或重塑，明代重妆。7龛内分别塑1佛、2弟子、6菩萨或1佛、8菩萨，第一龛内又有小站佛两身。长廊两端上部耳龛内分别塑维摩、文殊及胁侍菩萨和弟子，下部两侧塑金刚力士。影塑及石胎泥塑虽经重妆，但基本保持原作面貌。

第6龛左壁左侧和右壁右侧2菩萨　宋。圆塑。高均2.96米。头戴高华冠，体态丰盈，椭圆面，眉弯而高，眉间有白毫相，双目下视，眼角上挑，鼻隆且露孔。上穿短襦，两胸有突起的旋涡纹饰，佩璎珞项链，帔帛自双肩经双臂蜿蜒下垂，露出腹脐，下穿羊肠大裙，两手向前，一上一下，跣足站圆形台座上。其中左壁菩萨腰系蹀躞带，双唇紧闭；右壁菩萨腰系双股带并于胸前作结，嘴唇半张，露齿。衣饰褶纹由流畅的曲线和旋转的弧线组成，并在凸起的褶纹上加阴刻线一道，凸凹适度，刚柔相济，具韵律感。经明代沥粉堆金重妆，色彩鲜艳。

第1龛正壁左侧弟子迦叶　宋。圆塑。高2.8米。落发，方面大耳，额头有肉髻珠和波浪形皱纹。颧骨隆起，寿眉下垂，眼窝深陷，双目半闭，嘴唇干瘪，于枯槁的形容中，流露出坚毅沉着的神情。外穿双领下垂袈裟，衣襟搭于左肩，腰系长裙，双带于腹前作结下垂。两手相握，拱于胸前，手臂筋脉清晰可见。两胸肋骨嶙

峋，颈项间筋骨外露，昭示出饱经风霜、备尝艰辛的苦行生涯。造像着重用各种规整而对称的阴刻线作面部刻画。横贯于前额的皱纹，用波浪形曲线表现，舒展大方，寿眉则用直线刻画，刀法密集而劲利；双眉间皱纹及两嘴角松弛的肌肉，使用弧线，细致入微。而颈项间及两胸瘦骨，则直接塑出，形态逼真。表现苦修老僧迦叶信念弥笃、始终不渝的性格特征。

左耳龛维摩诘及侍女　宋。圆塑。与右耳龛文殊及弟子遥相呼应。维摩诘高1.05米。头顶方巾，面相丰硕，脖颈粗壮，眉骨高隆，双目半睁，神态怡然。内穿交领衣衫，外穿对襟宽袖长袍。左手抚膝，右手执尘尾，上身微微前倾，坐于方形高台上，似一德高望重长着。周围有侍从4身，其中右角的侍女，高1.25米。面圆肩宽，体态丰盈，发分两瓣，扎成双髻。内着长裙，外穿宽袖衫，左手轻轻握拳，右手自然下垂，抬头仰视，正在聆听维摩说法，神情专注。布局紧凑集中，主从关系明确，表情生动而有呼应，具有浓郁生活气息。

长廊两端金刚力士　宋。圆塑。左端力士高4米。顶束扇形高髻，上身袒露，肩披帔帛，胸佩璎珞垂花项链。戴绳纹状臂钏、手环、脚镯，腰系战裙，上身前倾左扭，赤脚站石台基上。右手握拳屈肘举过头，左手屈肘向下拄金刚杵，蹙眉怒目，张口作呵斥状，神态勇猛威武。右端力士高4.3米，顶束环状高髻，戴宝珠化佛高冠，昂首挺胸，双唇紧闭，怒视前方。左手屈肘上举，拳头紧握；右手屈肘向左半握拳，作握拳拼搏状，似有万夫不当之勇。两金刚东西呼应，和谐紧凑。其造型坚实有力，技法既写实，又夸张，肌肉起伏变化大，尤其对面部及胸腹肌肉的塑作，十分完美。飞扬的帔帛，后甩接地的战裙，有力地表现人物勇猛向前的动势，又构成一个着力点，使其与粗壮的两腿构成鼎立之势，承载着塑像的全部重量。其背部又有与壁面连接的木桩牵制，使硕大塑像稳如泰山。

天龙八部　浮雕石胎泥塑8身。位于7龛外部左右帷幔间，均以天王或金刚力士形象出现，个个孔武有力，栩栩如生。虽经宋代加泥重塑，但基本保存北周原作风貌。多数造像泥层脱落，仅留石胎。第一、八两身侧身向内，足下各有1半蹲半跪的托重力士托举；其余为正面形象，足下有蹲狮、地神等形象。

第三身天王　北周。石胎泥塑。位于第二、三龛间外部壁面。高2.5米。面相丰圆，形体魁梧。戴虎头盔，着护肩，佩宽项圈，系短裙，跣足站立于蹲狮背上。其左手握剑于腹前，剑之末端下指地神头部；右手戴镯，屈举胸际，拇指与食指相捻。面部表情刻画生动。眉毛上挑高耸，双目圆睁，目斜视，嘴唇半启，上齿清晰可见，似作愤懑填膺状，表现出严酷凌厉神态和勇猛威武性格。

贤劫千佛　北周。影塑。分布于7龛3壁上部，各为3排，均有被剥取者，现存757身。每件影塑高26厘米，其中佛身高12厘米。顶作低平肉髻，内着僧祇支，外穿袈裟，结跏趺坐。后有椭圆形通身大背光，上有大宝盖，其下饰帷幔，左右两侧各有两串璎珞下垂。同一排影塑中，背光和宝盖的色彩红绿相间出现。按佛手印和佛座的不同分为两类，一类为双手抚胸式力士莲花须弥座，一类为禅定式双狮莲花须弥座。每排为同一类型，3排中两种类型多相间出现。排列整齐，规模宏大，极富装饰性。

壁画　保存最多，共256平方米。其中有北周原画约90多平方米，其余为明代重绘。

廊顶的佛经故事画　北周原作，残存于廊顶平棋内，两端各有6方，共约4平方米，都有不同程度的剥落，有的剥落甚重。因阳光不能直接照射，故色彩尚且鲜艳，形象亦较清晰。画面以素泥作底，白粉和墨线勾勒，涂以石青、石绿、朱砂，间施赭石、朱膘、土红、姜黄等色，装饰性强。因位置较高，全用大块面构图，轮廓清晰，透视关系运用巧妙，立体感强，虽在顶部，仰视并无反转倒置之感。右侧靠里偏左1块“母子还宫”，中间骑手乘红马，姿态从容自如，骏马健步行进，栩栩如生，富有神韵。其中车马、人物，由于巧妙运用交点透视和散点透视相结合的构图方法，并适当处理了仰视中错觉关系，因此使中间红马从不同位置观察，其前后方向截然相反，动态亦不相同，至为奇妙。右侧还有两块人物建筑鸟瞰图。有1块剥落较重，右上角残存1庭院，为“建三时殿”，有花草树木围绕，房屋周围有回廊，右下角下部有四五个头戴小冠、身穿短襦、长裙的人物活动。另1块中间少许剥落，画面绘1有门楼的深宅大院。庭院内有10余身各色人物，庭院外有穿短裤、袒上身、跣双足的武士，有的举步欲行，有的翘首窥视，有的手持器械。廊顶左侧所绘菩萨弟子赴会图最为完整。画面共绘菩萨、弟子及天人10余身，其中弟子较多。中间的1身菩萨和1身弟子脚踩莲台，其余菩萨及弟子列于身后。均有圆形头光，穿交领或圆领长衫，个别持花，大都笼袖而立，体型修长，潇洒飘逸。前方的4身飞天，手托杯盘，身着绮罗仙衣，并无长飘带，其飞行全靠本身的动势及流云烘托。另1块一角残存数身持花供养菩萨，体态丰盈。

廊上部正壁飞天壁画　与下部诸龛相对应，一列7幅，均为大型飞天壁画。每幅纵1.5~1.8米，横2.9~3.5米。北周原作。其大小、设色及绘画风格基本相同。各绘身高1.5米、方形排列、相向飞行的飞天4身。自东至西一至五幅为“薄肉塑”（即浅浮雕）壁画，面积24.3平方米。第一幅为伎乐飞天：左上飞天吹胡角（面臂俱残)，右上飞天操琴(面部残损)，左下飞天手持乐器，右下飞天击腰鼓。第二幅为供养飞天：左上飞天手持莲花，右上飞天左手掌盘，盘内盛供果，左右下部两身飞天一手握长柄雀尾炉，一手散花。画面基本完好，左下角略有残损。第三幅为伎乐飞天：左上飞天吹笛，右上飞天抚琴，左下飞天吹笙，右下飞天弹阮咸。上部左右两身飞天略有残损。第四幅为供养飞天：上部左右两身飞天残损，下部左右两身飞天捧炉进香，其左为雀尾炉，右为熏炉。第五幅为伎乐飞天：左上飞天吹胡角，右上飞天敲锣鼓，左下飞天弹箜篌，右下飞天手持乐器模糊不清。四身飞天的浮塑肌肉部分多有残损。第六七两幅平涂。其中第六幅为供养飞天：上部左右两身飞天托盘，盘内盛供果，下部左右两身飞天散花。均较完整。第七幅为伎乐飞天：左上飞天吹埙，右上飞天吹箫，左下飞天弹琵琶，右下飞天手持乐器模糊不清。画面基本完整。7幅壁画，描绘出弦管并奏、鼓乐齐鸣、舞姿翩翩、花雨飞扬、香烟缭绕的大型天宫伎乐图，是北周优秀作品。尤其是前5幅"薄肉塑"飞天壁画，将飞天的脸面、手臂及双脚等肌肉裸露部分，用优质细泥以浅浮塑的形式制作，其余如衣裙、帔帛、乐器、杯盘、香炉、花朵等，全部用绘画手法表现。浮塑部分，手法细腻圆润，表现了飞天的正、侧面形象，其体态肌肤的起伏隐显和手足运动中的透视关系，变化微妙，质感强烈，颇具立体效果，有脱壁欲出之势。绘制部分，线条流畅，晕染细致，层次分明。

各龛顶部壁画　共60平方米。虽经明代重绘，但基本保持北周原作风貌。7个佛龛顶部各有4面坡，坡内多绘说法图、礼佛图或供佛图，也有经变画，如《涅槃经变》和《西方净土变》等。所绘内容，有佛、菩萨、弟子、僧众、供养人，其数量每幅壁画中多少不等。此外绘寺院、树木、山石、云彩等。有的人物面部、树木枝杆及屋宇轮廓，亦用浅浮塑表现，突出地体现原作风貌。绘画线条粗放，内容丰富，人物形象纯朴敦厚。第二、四两龛烟熏甚重，其余大都线条清晰，色彩鲜明。

廊上部正壁说法图　唐代重绘，绘制于薄肉塑飞天壁画之间及两侧，原作8幅，均被后代覆盖，外部覆盖层脱落后露出5幅，每幅纵1.3~1.5米，横0.9~1.1米。东起第一、八幅内容模糊不清，第二、五、七幅比较清晰，均绘1佛、2菩萨，其中第五幅还有听法比丘及供养人8身。人物形象雍容华贵。

各龛外部壁面单身菩萨图　唐代重绘。在浮塑"天龙八部"之上，原作8幅，全被后来的重绘层覆盖，外层剥落后露出5幅，各绘1单身菩萨站像。每幅纵1.5米，横50厘米。东起第五、六幅残存，第二、三、七幅完整。线条刚劲流畅，形象潇洒飘逸，为麦积山唐代壁画杰作。

四、第 5 号崖阁

俗称“牛儿堂”，或“牛耳堂”，以泥塑天王脚下有牛犊而得名。位东崖上部，第 4 号崖阁（上七佛阁）西侧。隋、唐营造，五代、明重修。

形制　大型平顶崖阁，平面呈横长方形。是处距地面 70 余米，位置最高，壁间有北宋陕西转运副使蒋之奇“观悬崖置屋之处”的刻石题记。前开三间四柱窟廊，后列 1 窟 2 龛。顶高 9 米，通面阔 15 米，进深 6.5 米。檐柱断面方形，大部已随前檐崩塌，左侧间角柱尚存（下部残缺），第二根檐柱柱头亦属完好。柱头上置大斗，有斗口斗䫜。额枋保存较多，正间及左侧稍间均较完整。各间额枋长 4.2 米，断面横 50 厘米，竖 1.8 米。额枋穿过斗底嵌入柱头卯口中，是其建筑的一大特色。额枋之上雕斗栱，其中柱头科有泥道栱，平身科有人字栱，其上作散斗，横排 1 列，再上雕通长替木和橑檐枋。廊深 2.6 米，高 8.15 米，廊顶与各檐柱对应有抱头梁，长 3 米，断面横 60 厘米，竖 35 厘米。明间及右侧间廊顶各雕平棋 4 块，框边雕为较宽方条；左侧间廊顶光平。廊下地面每间凿“十”字形方槽两个，计 6 个，廊后壁上部亦凿与之对应方孔 6 个。“十”字形方槽宽度和深度约 35 厘米，里端伸进龛底部崖壁，外端直通廊外，为设置地栿处。是种结构，既能抗压，又能抗拉，受力性能好，宜于高空承重。廊后壁正中开平面马蹄形穹窿顶大型龛 1 个，顶高 5.5 米，面阔 5.9 米，进深 4 米；左右两侧各开 1 平面马蹄形圆拱龛，大小相同，顶高 3.3 米，面阔 2.7 米，进深 1.6 米。各龛都有莲瓣形和圆拱形双重龛楣，左右两侧有龛柱，柱头为火焰宝珠及莲花。中龛内沿窟壁作方形低平台，正中有高大须弥座，左右各有 3 个圆形低台座。廊前额枋已在 1982 年加固工程中用悬吊锚杆锚固。廊左侧上下的大裂缝，已在加固中用长 15 米斜锚杆和水平锚杆交错锚固，将内部的两道裂缝填灌粘结，外部挂钢筋网喷射混凝土加固。危岩下部凹进的崖面作大型喷锚混凝土牛腿（高 3 米、宽 3.5 米、厚 1.5 米）支托，将周围填平补齐并着色罩面，基本与崖壁协调一致。廊前在加固中制作成钢筋混凝土结构新栈道。

雕塑　主塑三世佛，其中中龛 1 佛、2 弟子、4 菩萨为隋代原作；左右两龛各塑 1 佛、2 菩萨，中龛外塑踏牛天王，均为初唐所作。所有塑像均经明代重妆，但原作风貌犹存。

中龛释迦牟尼佛　隋。圆塑。高 5 米。顶作螺髻，额头有肉髻珠。方面大耳，耳坠呈长环状。眉间有白毫相，双目微睁平视。内着僧祇支，外披通肩袈裟，腰间束带作蝴蝶结下垂，左手抚膝，手指向下，作降魔印；右手举于肩部，作施无畏印，结跏趺坐须弥座上。造像形体饱满，神情庄重威严，气势豪迈雄健，是法相庄严的代表作。

中龛左右2弟子　隋。圆塑。位于主佛左右两侧，高均为3.2米，风格相似。落发，半袒胸。内着僧祇支，身披袈裟，下穿裙，跣足站在圆形台座上。其中左侧弟子迦叶，两手屈举胸前，面部肌肉松弛，皱纹突出，张口露齿，笑容满面，是一个刚健矍铄老者形象。右侧弟子阿难，方圆面形，左手屈举，掌心向上，右手牵衣下垂，是一个壮实健美的北方青年形象。

中龛左右4菩萨　隋。圆塑。高3.2~3.4米，分列龛内两侧。均为长方面，嘴角与下颏绘有蝌蚪形胡须，头戴高华冠，手戴镯，下穿翻腰长裙，并于腹前束带作结，跣足站圆形台坐上，大都两肩披发，胸佩项圈，肩搭帔帛并下垂横于膝际一道，其中有的上卷绕一臂下垂，有的上卷绕双臂下垂，有的一手屈举一手下垂，个个形体魁梧壮实。

左右两龛2坐佛　唐。圆塑。右龛迦叶佛，高3米。内着僧祇支，腰间束带作结，外披双领下垂袈裟，两手屈肘向前，一高一低（手指残损），善跏趺坐方形座上，脚踩仰莲台座。左龛弥勒佛，高2.05米。僧衣3重，内着僧祇支，中衣为双领下垂式，外衣为斜披袈裟，结跏趺坐方形座上。左手抚膝，手指向下作降魔印；右手举肩部，掌心向外，手指向上，作施无畏印。衣摆披覆座前之半。2佛顶作螺髻并有肉髻珠，方面大耳，眉弯如细月，眉间有白毫，目半睁，嘴微闭，鼻露孔。颈项粗短，有3道曲纹。胸部微微突起，体躯壮实。衣饰褶襞稀疏，多呈平行阶梯式，表层为明人堆金沥粉的龙、凤及花卉图案，神态质朴温和，衣饰富贵华丽。

左右两龛胁侍菩萨　唐。圆塑。共4身。均高2.65米，头戴华鬘冠（右龛右菩萨冠上有化佛），发披两肩。面目端丽，体态妖娆。胸部半袒，双臂外露，肌肤丰腴。胸佩璎珞项圈，臂饰钏，腕戴环。肩搭帔帛，或横于膝际，或绕臂下垂，系翻腰羊肠大裙，跣足站圆形台座上。4身菩萨姿态服饰有别，但总体风格相同。体形都呈S型扭动曲线，婀娜多姿，充分体现出女性体态美。造型匀称舒展，塑作技艺精湛，呈现出丰满富丽的艺术风格。

中龛外左侧的踏牛天王　唐。圆塑。高3.6米。顶束锥状发髻，面相方圆，耳大鼻高，赤须虬髯，眼球突出，身躯笔直，头微右扭，双拳平握，正视前方。身着长甲、护胸，腰系战裙，穿宽腿扎脚裤，足蹬圆头靴，雄赳赳，气昂昂，稳健地站在牛犊背上，是一位镇定自若的西域将军形象。天王脚下牛犊，身高80厘米，身长1.45米，即为《玉堂闲话》中所称的“金蹄银角犊儿”。牛犊卧地，昂首扭头，两眼圆睁，鼻孔大张，屈膝欲起，颈项下的领呈波浪形。虽背负天王硕大身躯，但显得轻松自若，并无负重感。双角已残，前腿亦有残损，但机警天真的神态仍活灵活现，是一件出神入化之作。

壁画　保存较多，约70余平方米。大部经明代重绘，少部保留唐代原作。

廊顶西侧平棋中天马图　唐。纵80厘米，横1.4米。马居正中，紫红色，昂首扬尾，奔腾前进。前有摩尼宝珠3颗，后有驰象1头，左右散花飞天环绕，流云衬托，天花点缀，裙裾、巾带迎风招展。所绘为佛传故事中的犍陟马及象王。其画为逾城出家的寓意之作。构思奇妙，气氛热烈，意境优美。

长廊西壁地狱变和说法图　唐。约2.5平方米。上为地狱变，下为说法图，均较模糊。说法图上部残存飞天1身，有彩云衬托，花雨点缀。其旁残存大型头光，内有火焰纹及忍冬等图案。构图精巧，人物体态丰满，神采飞动。

长廊正壁上部西侧西方净土变图　唐。纵3.2米，横4.9米。场面壮观，气势宏大。色彩虽有褪变，但佛和菩萨清晰可辨，乐舞场面历历在目。画面中心，阿弥陀佛于帐前结痂趺坐，上有花团锦簇宝盖，下坐束腰莲座。观世音、大势至2菩萨侍立两侧。左右平台上聚集着众多菩萨，围绕着七宝莲池。远处两侧各有廊榭重阁相对，中间以八功德水相隔，其上架设桥梁以通往来。廊阁中是听法会众。经变下方、龛楣两侧绘女供养人。左下方绘女供养人3排，前有比丘尼导引，后有女婢护送；右下方绘女供养人1排，每人前亦有比丘尼导引，后有女仆护送。所有女供养人身躯修长丰满，上穿圆领窄袖衫，下穿宽博长裙，双手持莲蒂，排列成行，彬彬有礼，向佛恭立致敬，展现金碧辉煌的唐画风采。

五、第九号崖阁

俗称“中七佛阁”。位东崖东部。北周营造，宋、明、清重修。

形制　大型栈桥式崖阁。顶高4.95米，通面阔24.1米，进深4.65米。前部原有木构栈阁7间，后壁并列7个大型平面马蹄形圆拱落地龛。除第7龛略小外，其余诸龛大小基本相同。其中第一龛顶高3.7米，面阔3米，进深2米。正壁前作方形佛座。栈阁外残存龛楣壁画，由此可知早期的龛外建筑高于现存栈阁。1980年在加固中，按原来木结构形制，重新建造钢筋混凝土栈阁7间。栈阁底部和顶部平列上下对应的挑梁各8根，在上下对应的两个梁头间作圆形檐柱，高3.95米，仍成七间八柱的形制。正面檐柱间下部作钢筋混凝土裙板，上部安装铁纱窗，左右两扇安装木门。底部与屋顶均为现浇钢混板面。屋面为单檐歇山顶，以板瓦铺底，筒瓦覆盖，只是正脊前移，靠里留出1.5米宽的廊道，且开1天井，便于人们攀梯登临其上，观览千佛廊下部4排千佛。新建屋脊高约1米，又可起防护栏杆作用。檐柱与门窗涂棕红油漆,其余部位为浅灰色。

雕塑 7个龛内分别塑1佛、2菩萨或1佛、2弟子,应为21身,现存19身,其中佛7身、菩萨10身、弟子2身。北周原作,历经重修,既可见原作遗迹,又可见唐宋风貌,则更多的是明清形象。

第4龛左侧弟子迦叶 清。圆塑。高2.65米。落发,方圆面形,尖鼻、锁眉、瘪嘴,两手合抱胸前。内着僧祇支,外披袈裟,下穿长裙,足蹬圆头履,站在圆形仰莲台座上。衣纹粗放,偶有沥粉堆金纹饰,是一件有个性的塑像。

壁画 明清重绘。部分剥落,多被烟熏,约64平方米。诸龛内均绘背光及云纹。第一、三、、五、七龛顶部绘宝盖,第二、四、六龛顶部绘迦楼罗。第四龛壁画约10平方米。正壁绘云水纹背光。背光上绘牡丹,下部左右各绘1化生童子踞坐于莲花上,腹围裹肚,手托花瓶,瓶内插牡丹。其下又各有1雄狮,并绘莲花及栏杆。龛顶绘迦楼罗正面像,人身鸟嘴,双臂张开,臂后有翅,呈剪刀形,两腿弯曲,作飞行状。其左右各绘1迦陵频迦,1身2头,双手合十,童子形象,面如满月,鸟翅鸟爪,色彩富丽,新奇别致,有杨柳青画风。

六、第13号摩崖

位东崖中部。隋代营造,宋、明重修。

形制 为石胎泥塑大造像1佛、2菩萨,1982年在周围喷锚加固后形成现在形状。立面近似方形,通高17米,通面阔17.9米,进深约1米。当初壁面建造楼阁,将造像置于楼阁内,年深日久,楼阁坍塌,造像暴露在外。同第98号北魏摩崖一样,壁面现存许多大小桩眼,即为当年建造楼阁插置挑梁及其他构件处。

雕塑 隋代原作,宋代重修,最近一次在1982年加固修复。在修复打钻时,从主佛右脸内发现宋人墨书《金光明经》1卷,从白毫相中取出书有“绍兴二十七年”(1157年)墨书题记的白瓷碗1个。造像为高浮雕石胎泥塑。造型上大下小,适应仰视错觉的需要,肌肉起伏变化大,转角圆润,变化微妙,气势恢宏壮观,有较强感染力。

毗卢遮那佛 隋。高浮雕。高15.7米,是麦积山最大造像。满头螺发,前额有肉髻珠。额阔颐宏,面如满月。眉长入鬓,眉间有白毫相,鼻隆唇高,双目半睁,俯视前方。颈部有3道曲纹,内着僧祇支,腰间束带,外披通肩袈裟。双手已失,右臂屈肘前伸,善跏趺坐。神情庄严肃穆,深沉凝重。下肢泥层严重剥落,已露出石胎原形及大小不等桩眼。

左右胁侍菩萨 隋。高浮雕。左胁侍文殊菩萨、右胁侍普贤菩萨,高均为13

米，头戴莲花宝冠，面容丰满，略带喜悦之情。眉间有白毫相，颈挂璎珞串珠，佩戴宽项圈，袒胸露臂，帔帛绕膝上卷搭双臂下垂。其中左菩萨腕戴环，左手托花蕾于肩头，右手握花柄于胸际。右菩萨左手提瓶下垂，右手拈花蕾举胸际。2菩萨微微侧身向佛侍立，显示出既雍容大度，又虔恭谦逊的神态。

第五章 碑铭匾额

第一节 碑 碣

麦积山现存碑碣19通。其中记事碑8通，铭序碑2通，诗碑7通，图铭诗碑1通，联碑1通。记事碑中，以北魏法生造像碑时代最早，南宋《秦州雄武军陇城县第六保瑞应寺再葬佛舍利记》和《四川制置使司给田公据》碑，因记载了石窟的历史沿革而具有重要史料价值。铭序碑中，北周庾信撰《秦州天水郡麦积崖佛龛铭并序》，具有很高艺术价值。原碑已不存，现见为明代重刻。诗碑均为明代后期游历官吏所立。图铭诗碑为清道光年间所立。现代碑2通，一为1984年立《麦积山石窟维修记》，一为1993年立于右任撰联碑。

一、记事碑

（一）北魏法生造像碑 现存文物库房。通高43厘米，宽37厘米，厚6厘米，右下角残损。方额，上刻小浅龛一列5个，内有浮雕坐佛。无碑题，文字多有残缺。据可识文字，内容为记述洛阳刘姓沙弥法生在麦积山开窟造像事。据冯国瑞考证，碑中法生与在洛阳龙门古阳洞为北魏孝文皇帝并北海王母子造像的法生为同一人。古阳洞题记中有“景明四年十二月一日比丘法生造像”语。如是麦积山所存造像碑时间当为北魏景明四年（503年）稍后。碑文后段保存较好，文为：“沙弥法生，俗姓刘，洛阳□也。自慨进不值释迦初晖，退不蒙慈氏三会，两宜中间，逢兹季运忝荷，□□冥报贫暗，然出□有由非善不济，故肆力加功，于麦积崖造龛一所，屈请良匠，积……”（以下不清）

（二）瑞应寺再葬佛舍利记碑 现存文物库房。北宋靖康二年（1127年）管勾僧立。碑呈长方形，高42厘米，宽75厘米，左上端残缺。碑文楷书，字形简陋，非大家所书，记述麦积山瑞应寺沿革掌故，颇具史料价值。

秦州雄武军陇城县第六保瑞应寺再葬佛舍利记

阿育王始初兴建，号无忧□寺。至我宋乾德四年，计二千年矣。又至靖康二年，计一百□十年。昔西魏大统元年，再修崖阁，重兴寺宇。至我宋乾德二年，计四百年。又至隋文皇仁寿元年，再□龛窟，敕葬舍利，建此宝塔，赐净念寺。至大中二年，有先师迴觉大师，寻旧基圣迹，构精蓝。至乾德四年，一百二十年，及赐灵芝一十一本，其年一月内，遍山花卉盛开。继至皇祐三年，一百二十八年。又元符元年，沿火爇坏寺宇。于建中靖国元年，寺主僧智诩等再建宝塔。又崇宁□□，□顶产灵芝三十八本。承□□同申州帅，坐□□□□山图进产芝，蒙恩改瑞应寺。免……奖谕。又至靖康元年，管勾僧……彻净台四围地面……请僧众及……(以下不清)

(三)四川制置使司给田公据碑　刊寺院天王殿前檐山墙内。南宋嘉定十五年(1222年)立，通高168厘米，宽98厘米。碑额横刻“四川制置使司给田公据”10字。碑文楷书，47行，满行78字，全文3600余字，书法精美，雕刻细腻。

碑已断为上下两块，经粘结始成原型，但部分文字漫漶。内容详述自南宋开禧年后，由于屯田官将瑞应、胜仙两寺湫池一带常住地拘作屯地，经瑞应寺住持赐紫明觉大师重遇和胜仙寺僧智演10多年反复申诉，始由四川制置使司判准退还，发给《给田公据》经过，其中涉及麦积山的历史沿革。

四川制置使司给田公据

……(前文略)

伏睹本寺，继传名相，历劫胜因，群山围绕，中间突起一峰，镌凿千龛，现垂万像，上下万仞，中有三泉，文殊、普贤、观音圣水，万民祈祷，无不感应。始自东晋□□起迹，敕赐无尤(忧)寺，□□□给田供赡。次七国重修，敕赐石岩寺。大隋敕赐净念寺，大唐敕应乾寺。□圣朝大观元年，于绝顶阿育王塔傍地产芝草三十八本，蒙秦州经略陶龙图具表进上，奉敕改赐瑞应寺。□□籴草诸般，非泛耕率，特许本寺开坛，专一建置祝延圣寿道场。进奏功德疏，□回，赐御香度牒。又奉神宗皇帝宣诏，本寺得道高僧秀铁壁入内，升座讲演宗乘，敕赐圆通禅师，照得本寺□□□□给赐田土贰百余顷，供赡僧众。先缘建炎、绍兴兵火，隔隶彼国三分之二，止□有余□小山田五十余顷。

昨缘开禧兵火之后，于嘉定元年，有忠义首领□□□□李寔、强德、张钧等，前□□寺骚扰，钱物不满私意，便行打劫本寺钟、锅两件，计铁壹万柒百斤，及将□本寺布种二年地利，部领凶徒，各持刃器，强收了当，使本寺僧行，数年无食，逃散外方。于嘉定二年，及更妄申宣抚□□□作屯田。重遇遂赴诸监司陈诉。准大使司钧判：照得李寔等强取麦积寺麦苗、耕牛、钟、锅，委是分晓，合行勒令赔还。下天水军，去着准。本军追到强德、李寔等，止赔得铁叁仟斤。至嘉定七年□□□十一日，再赴安抚司陈诉。□前政刘安抚台判：照得上件二寺田硙，并系给赐田土，准条不应作屯田，使□□下拨还二寺，依旧作佃，牒总领□。至嘉定八年三月二十四日，准总领所坐准朝□□□出给公据，付本寺收执，将前件田硙，准此拘收耕种，充常住施行。不委□□□忠信、何茂等，贪盗官物□□再撰巧词，妄申制置使司，准于四月二十七日行下成州，从实根究申准。本州追张忠□□到官，蒙送直司根究为见。重遇□□□经天水军等田□有给到告示一件，□□□徒杖壹佰。勘断其本人，觉知虚妄分晓，却用银贰铤，买嘱情节。其成州官吏受情，将词理一向灭裂曲法，行移□□□实，将田却判与屯田。以此，重遇□□□至行在阙下告论，准尚书户部符四□总领所主者，□状如已。经本所契勘，即与照祖给还。讫仍下屯田庄照会，毋致再有侵扰，准予嘉定十年八月十□□□下准。使所於嘉定十一年十月廿二日，遵从朝省指挥，准再出给公据，□本寺及下天水军，差雷县尉前来交拨。却缘雷县尉与屯官雷安礼系兄弟，以此迁延，未曾交拨。及金人侵犯大安□□□，嘉定十三年正月二十九日，再赴随军转运司陈□，准合判牒天水军，照诸司指挥施行，即令本寺复业，趁春耕种，免失地利。于二月初四日准告示，兼下天水军，再行差委主簿□□来，于四月十二日又拨□□田土，令本寺截□□□□始□业见于二□□□。本寺自去年秋料收到地利，为见国家调兵未已，遂将物斛尽数赴随军转运司，助献军粮，计贰佰伍拾石，见有□□□附为照。本寺□人上举借钱债，籴买夏秋种□□立下。嘉定十四年夏□□□苗自本地，继准上司指挥拘籍忠勇军，每名免税子叁□陆斗，遂交钱贰佰贯。上非从科率，本寺遂□到穆地□□□充应。忠勇军捍御备敌，功缘本寺乏钱□置，遂于湫池仓开借籴本钱□□□道，置买军器衣甲口食，并逐人老小粮食，每名月计物斛叁石，盐菜钱贰拾□□名，□□计钱壹佰贰拾。道口□□□□石愢办，至今年六月成熟，本寺于所拨田上元不曾收到颗粒物斛，□□□还纳□□。湫池仓官钱不委，有毋丘宣干前来天水军，根括营田，於四月初一日差人追呼出头，收□拨田，因依重遇□□将本寺拨田干照，并省符公据供呈。其毋丘宣干□不批□，直至六□初□日，差委赞佐官主簿、尉前来，于诸庄抄札租子田地，强夺□□□营田，给付佃户韩甫、史全等。管佃将今□夏租□□□张了当有□秋租子，见系马进义播收未曾着落。重遇切见昨□□□元行指挥，据实员白札子数内一须止，具呈屯田官吏。韩甫、韩茂□□□□侵欺青葩寺两年官租事，元不曾该说。麦积寺□□给□拨田土，奉钧判□毋□□官，勘会着落。

韩甫等四年□□□□，其母丘宣干却听从吏人杨钧、魏奂，取受韩甫、韩茂情嘱，便凭逐人分□□□□，更不根究欺隐官租一节，却于状外枝蔓灭诬，□□省及诸监司指挥□□□□□本寺及崇果院等□拨还，田□□□强夺作营□。有此冤屈事情，乞详重遇所陈事□理，乞赐参照朝省及诸□□司已行拨还指挥，仍乞先次行下天水军交拨，□□租子付□□□□□□□□□□□□□宣总□□□□□□□□刑，朝奉判送准照上司，已行本军近准宣司揭榜，降下五州军营，□访闻所委官□□□吏不予。□□□细讨究营田来历，亦不参对□□官产□□□□□□□□□□□□□□明核□□□□□□□集，田户仰令增认租数。其间或有契据不为执用,但要增租,一切不恤委□有□□□□初奏陈本寺,理宜优恤,仰人户将营田具照□□收租□□□□□□□□□□□□□□□□□□□□给议施行，其执出契据。干照昨来根括，不为理用，并仰经州军自陈，仍旧照□，据管□□□□□业务，使边民得安生理。照得瑞应寺僧重遇，□□□□□□□□□□□□□□□□□□□□□□□□田土先来准宣总两司，拘作屯田。至嘉定十三年正月间，准朝省指挥符，四川□□□□□总领所□者，如已经□□契勘，□即与照□□□给还。□□□□□□□照会毋致再有侵扰，及□□总两司、随军转运司指挥，将上件田地给拨与瑞应寺管佃讫。昨于嘉定十四年□□□□月间，准毋丘宣□□差委主簿、尉拘收作□□。今准前项，提刑司指挥备边在前军司，除已告示僧重遇遵从使司揭榜指挥施行外，申乞钧照。并据天水军麦积山瑞应寺□住持、赐紫明觉大师重遇状陈，作缘本寺自东晋历本朝，并□□赐田地。昨来宣抚使司差委毋丘宣干根括□绝，本官更不仰体上司本意，却将本寺并崇果院常住妄行拘占作营田。重遇□当□□时欲行陈诉，缘□宣干以根括为急，不恤无辜□□□，乞今□□抚制置侍郎镂榜约束许在监司并本州，陈乞即与改正。重遇上件冤抑，有所声诉。重遇遂赴提刑司陈状，准判□□□□司已行，并准本军给据付重遇，□依使司榜文指挥，令重遇仍旧管业。□□□田官遵奉具申使司，钧照去讫，本寺未准管业，更合赴使司陈乞给据，乞照本军并屯田官所申。及今来重遇所陈□□□□□□事，因乞赐指挥，给据付田□□□管业，并乞行下本军并屯田官□□□行。据所申寻具呈状司佥厅，拟据僧重遇状诉，根括官毋丘宣干将朝廷已给还常住田占充营田，□□详重遇状。上件田于嘉定□□□□十二年内，制置大使司括充屯田，□□□□朝省陈状符下总领所，照祖给还讫。去年宣司根括官再拘收作营田，缘营田系入总领所赡军。上件田已先据总领所受省符，给还去讫。今欲牒常平司照总领所已行给还本寺，呈奉□□□□□台判牒使司，除已牒利州路提举常平司，遵照台判指挥，并佥厅拟定事理，照总□所已□□还本寺,及移牒总领所□会,并下天水军照应施行外知委。嘉定拾伍年三月二十三日(内有篆书“四川安抚制置使之印”)

(四)麦积山开除常住地粮碑　明崇祯十五年(1642年)立于石窟东崖门口。通高121厘米,宽70厘米。碑面左右线刻2方连续忍冬纹图案。首行刻碑题。碑文楷书,举人姚隆运撰文,保存完好,字迹清晰,记述分巡陇右道范学颜驻寺,闻寺僧生活艰难,令免去常住地粮,并由知州毛凤冠开除详文,乃谕乡里,不得混催等情。

麦积山开除常住地粮碑

按《广舆记》称,麦积山为秦地林泉之冠。其古□系历代敕建者,有碑碣可考。自姚秦至今一千三百余年,香火不绝。林壑幽峭,松桧阴森,有瀑布泻出苍崖之间,天然奇景也。杜甫、李师中俱有题咏。志云:何谷不兰茝,何渊无蛟龙。麦积屡产灵芝,圣灯贝光,照耀林谷,洵一方名胜,可与五岳竞高矣。

旧设常住田三百二十亩,皆脊薄山岗,阴寒陡涧,春回暑季,霜落秋前,所出不过燕麦、小荞等。寥寥山僧,多拾野菜资生。杜诗云:“野寺残僧少。”山田硗确,故僧突不黔耳。各处常住地,原不入粮额,独此寺香火田,乡愚侵占不遂,妄告增粮二石九斗五升。僧输不前,逃窜过半,兼兵荒重困之后,牛种无出,地全荒芜,佃户已填沟壑,而催租者尚打寺门不休,致法堂前草深一丈,良可惜也。

幸巡道范老公祖征寇驻寺,见寺僧菜色未苏,问及香火之资,僧人能信泣诉前因。公慨然曰:“寺田几何,追呼不免,此地方官之羞也。”即准诉察免。又幸值州守毛父母神明慈谅,具有佛种者,欣然愿藉是作一大因缘事,申请开除详文,极剀切垦至。蒙批:“荒粮如议开豁,仍谕里老,不得混催。此缴(檄)。”繇是名刹中兴,僧行安生矣。窃念山地数亩,得其税不足以裨国储,贻其害遂足以累山灵。

范公祖暨毛父母,信是三世诸佛现宰官身护法者乎!理宜勒石,以志二公之德□不朽。如再有乡愚妄讦及里老混催诈骗者,本寺僧禀官,重治不贷。范公,讳学颜,山西万泉县人,辛酉乡进士。毛公,讳凤冠,四川富顺县人,丁卯乡进士。

(五)瑞应寺常住香火田地四至碑　刊寺院大殿前廊山墙内,清乾隆二十九年(1764年)立。通高144厘米,宽63厘米。碑文楷书,记述麦积山瑞应寺常住香火田地四至界域。

麦积山瑞应寺常住香火田地四至碑记

麦积山之创建,由来久矣,历代称为天水第一胜境也。圆慧禅师住锡以来,竭力苦行,殿宇辉煌,丹雘鲜明,皆其功也。至于寺中田地,上以供香火,下以裕僧众,四至最明:东至天池坪高岭为界,南至老庵大梁为界,西至庙沟梁为界,北至前湾石堡为界。乃有借端吞谋辈,始焉偷开一半垧,渐次偷开数十垧,久霸香火为己业,以致鸣官与讼,殊属不雅。今于乾隆二十八年,蒙费太爷将侯贡生与潘了智争地一案,侯生所开常住浪湾银洞山地,仍作荒山,不得霸种。潘了智所租陈姓之地,亦作荒山,不得藉为常住。至二十九年四月内,又蒙费太爷钧谕,着立碑记,并将前任太爷断案亦书入碑内。如乾隆十年潘了智与阮姓争地一案,张太爷酌中取公,永斩讼端。据阮姓佃帖,侯家沟以北,阮姓管业;侯家沟以南,僧人管业。各太爷断案彬彬可凭,第恐年远日久,复生蒙混,垂为碑记,世世清白。则碑载常住田地,上以供香火,下以裕僧众,庶永久不朽云尔。是为记。

(六)麦积山石窟维修记碑　刊石窟东崖门口崖壁,1984年甘肃省人民政府和中华人民共和国文化部立。碑长方形,高100厘米,宽150厘米。碑文楷书,天水书法家张邦彦书,记述麦积山石窟1976–1984年大规模维修加固工程始末。

麦积山石窟维修记

麦积山,位于秦岭山脉西端,距天水市四十五公里。山高一百四十二米,山崖东、南、西三面呈倒坡,崖基裸露,形如麦垛之状。山林奇郁,溪石联映,风景幽美。麦积山石窟开凿于四世纪十六国时期,现存洞窟一百九十四个,泥塑及石雕造像七千二百余身,壁画一千余平方米。这座古代艺术宝窟,在漫长岁月中,历经地震、风化侵蚀和人为的破坏,曾造成中部石窟群全部崩塌。

中华人民共和国成立后,在中国共产党和人民政府关怀下,一九五二年、一九五三年先后经西北行政委员会、文化部两次派遣专家,对麦积山石窟进行勘察、测绘等工作。一九六一年国务院公布为第一批全国重点文物保护单位。一九七四年,国家文物事业管理局、甘肃省人民政府开始对麦积山石窟进行加固维修准备工作,广泛听取专家意见,提出多种治理方案,最后经国家文物事业管理局批准,采用"喷、锚、粘、托"综合治理方案,于一九七六年正式施工。参加科研、设计、施工的单位有甘肃省建筑科研所、甘肃省建筑勘察设计院、甘肃省建工局第五工程公司、麦积山加固工程办公室、文化部文物保护科学技术研究所。全部工程于一九八四年五月竣工,历时八年,工程总投资三百万元。经文化部文物事业管理局、甘肃省文化厅及有关方面专家验收,工程质量合格。今工程告竣,刻石以纪之。

甘肃省人民政府　中华人民共和国文化部

公元一九八四年七月一日

另两块碑,一为明嘉靖八年(1529年)由寺内住持所立,一为崇祯四年(1631年)众会首所立。两碑残损严重,据所存文字,为补修和为佛像贴金记事碑。

二、铭序碑

（一）重刻秦州天水郡麦积崖佛龛铭并序碑　现置寺院东空旷处，与甄敬诗合刻1碑，各占1面。明嘉靖四十三年（1564年）刻，河南布政司右参议、前分巡陇右道冯惟讷（山东临朐人，进士）跋识，分巡陇右道甘茹（四川富顺人，进士）书丹。碑通高386厘米，宽108厘米，厚27厘米，原断为两截，现已重新粘贴完整，字略有损。《秦州天水郡麦积崖佛龛铭并序》，为南北朝时著名文学家庾信于北周武帝宇文邕时（561–578年）撰成，后刻石成碑。《玉堂闲话》称："石室之中，有庾信铭记，刊于岩中。"但原碑已失，明嘉靖年间为重刻。

秦州天水郡麦积崖佛龛铭并序

麦积崖者，乃陇坻之名山，河西之灵岳。高峰寻云，深谷无量。方之鹫岛，迹遁三禅。譬彼鹤鸣，虚飞六甲。鸟道乍穷，羊肠或断。云如鹏翼，忽已垂天。树若桂华，翻能拂日。是以飞锡遥来，乘杯远至；疏山凿洞，郁为净土。拜灯王于石室，乃假驭风；礼花首於山龛，方资控鹤，大都督李允信者，籍以宿植，深悟法门。乃于壁之南崖，梯云凿道，奉为王父造七佛龛。似刻浮檀，如攻水玉，从容满月，照曜青莲。影现须弥，香闻忉利。如斯尘野，还开说法之堂；犹彼香山，更对安居之佛。昔者如来追福，有报恩之经；菩萨去家，有思亲之供。敢缘斯义，乃作铭曰：

镇地郁盘，基乾峻极。石关十上，铜梁九息。百仞崖横，千寻松直。
阴兔假道，阳乌飞翼。载辇疏山，穿龛架岭。纠纷星汉，回旋光景。
壁累经文，龛重佛影。雕轮月殿，刻镜花堂。□镌石壁，暗凿山梁。
雷乘法鼓，树积天香。嗽泉珉谷，吹尘石床。集灵真馆，藏仙册府。
芝洞秋房，檀林春乳。水谷银砂，山楼石柱。异岭共云，同峰别雨。
冀城余俗，河西旧风。水声幽咽，山势崆峒。法云常住，慧日无穷。
方城芥尽，不变天宫。

兹山名胜，独冠陇右。其开创之始不可考，而志籍所存，惟子山是铭是古。观其图写山形，摽扬法界，事综理该，辞义典则，而碑版不传，遗文湮灭。乃命工伐石，刊置山隅，将以□之同好，俾后来者有所考焉。子山，新野人，仕梁，累官右卫将军。聘于西魏，属魏师南讨，遂留长安。江陵□累迁开府仪同三司、司宗中大夫。博学，工文辞，尤长于诗，有集若干卷传于世。

赐进士出身，朝列大夫，河南布政司右参议，前陕西按察司分巡陇右道、佥事北海冯惟讷识

嘉靖岁次甲子孟秋吉日

赐进士出身，奉议大夫，陕西等处提刑按察司分巡陇右道、佥事 甘茹书

（二）天水麦积山西窟万佛洞铭并序碑　现立瑞应寺寺院东殿前廊，民国36年（1947年）天水麦积山建修保管委员会立石，著名学者、邑人冯国瑞撰文并书。其碑通高153厘米，宽60厘米，厚17厘米。内容记述冯国瑞等往游麦积山，约请当地木工文得权系绳攀木，登上西崖万佛洞探险经过，并步庾信韵撰铭。

天水麦积山西窟万佛洞铭并序

麦积山记载，肇始东晋。石窟建造，在后魏大统间，详《北史》文皇后乙弗氏传。北周保定初，秦州大都督李允信造七佛龛，庾信制铭。疏山凿洞之工，称六国共修。隋、唐以来，建塔增窟，五代时王仁裕犹能题诗绝顶，审未遭三武之劫也。宋熙宁、元祐时，李师中、蒋之奇、游师雄先后登览，题名岩壁。道君崇玄，山中叠献灵芝，敕兴寺宇。前代图绘改饰，多在此时。嘉定末，有《四川制置使司给田公据》碑，颇多故实；惟金、元遗迹罕睹。明嘉靖、隆庆时，有冯惟讷、甘茹、胡安诸诗碣，惟讷又补刻庾铭。东窟大佛前阁道，明末尚可通；西窟坠毁特甚，第见槎枒栈架，纵横洞窟而已。国瑞昔尝游焉，始为《山志》，略述胜迹，流传稍广；周览之士，游辙日来。既而勘图石窟部位，著窟百有二十。三十五年秋，与甘肃省第四区行政督察专员胡公受谦信宿山中，规画补葺，更辟山馆，为游憩之所，两阅月工告竣。东窟自卧佛洞，西经石磴、七佛龛达牛堂之阁道梯栏，均加修牢固。昔之履危陟险者，今坦无恐怖矣。行与天水县长方公定中，县人周秉中、李壤、杨克协、李存仁、张如瀚、刘镕等复往游，释本善曰："西窟可穷探矣。昨者木工文得权，架插七佛龛椽栋称能"。乃倩挟长板，架败栈阁，递接而进。至穷处，引索攀援，卒入西窟大佛左之巨洞中。卅六年二月十日事也。洞广阔数丈，环洞二十四佛、十八碑。碑高有五六尺者，多浮雕千佛，隐壁悬塑无数。宋人《玉堂闲话》记，兹山西阁之万菩萨堂甚伟丽，盖即指此洞也。欢喜赞叹，因称"万佛洞"。补修栈阁，端资众力。爰用庾铭原韵，铭曰：

谷毓千春，乘超八级。音沸海潮，响回群息。简润栗蒸，鼎浮烟直。
法相巍峨，总持羽翼。声寂雪山，梦悬鹫岭。不灭心性，无殊风景。
呵壁能雄，窥渊见影。刹那百劫，妙胜一堂。陡骇溪壑，未疲津梁。
龙藏象负，殊国众香。窟通鸟道，栈稳禅床。片石胡灵，贻讯开府。
瑞应紫芝，靖康法乳。崖积来薛，碣支础柱。阁翻贝经，楼散花雨。
光昭震旦，遂起秦风。峙并漢高，剑倚崆峒。中兴仗力，羯运终穷。
维摩稽首，仰瞻闷宫。

民国三十六年四月天水麦积山建修保管委员会立石

三、诗碑

（一）甄敬诗碑　现置瑞应寺院东空旷处，明嘉靖三十八年（1559年）巡按陕西御史甄敬（山西平定人）题诗刻石。螭首方座，通高386厘米，宽108厘米，厚27厘米。碑文楷书，刻《登麦积岩三首》和《麦积山遇雪》。

登麦积岩三首

孤标冠地轴，远眺倚天门。巴蜀东南尽，山河西北□。
□□开色界，水月满灵轩。不识如来意，常瞻灏气存。

法□诸峰外，浮云万里长。乾坤入旷劫，今古共微□。
灵籁鸣虚壑，禅光落上方。我生无着执，梦里到慈航。

鸟道悬青嶂，龙宫宿紫烟。香云飞不着，宝月□守园。
俯仰浮生幻，洪濛象帝先。晚来移仗屦，灯火下诸天。

麦积山遇雪

万象高悬北斗齐，三千世界望中迷。
浮云□住青莲宇，净水常流白虎溪。
风动回檐驯鸽舞，雪凌远嶂□□啼。
招提应为幽人至，遍雨天花待马蹄。

（二）冯惟讷诗碑　刊石窟东崖门口崖壁，明嘉靖三十九年（1560年）立。碑横长方形，高59厘米，宽87厘米。碑文行草，内刻分巡陇右道冯惟讷（山东临朐人）五言律诗4首。

游麦积山四首

山川雄且都，法界盛规模。陇蜀屯灵气，乾坤辟壮图。
天垂云幄近，月照相轮孤。想像昙花现，西来启觉途。

疏山开净土，镂玉写金仙。翠蔼连三积，空香隐四禅。
莲宫长曜日，桂栋欲浮天。不入沈灰劫，灵光独巋然。

鹫岭横西极，祇园复在兹。孤标拔地起，万象入云危。
月殿金芝秀，霜林锦树披。经过未辞数，猿鹤久相期。

千载庚开府，传闻此勒铭。金函沧宝气，玉字秘图经。
日月回三殿，云霞卫百灵。空嗟浮世改，搔首别山庭。

（三）甘茹诗碑 刊石窟东崖门口壁面，明嘉靖四十三年（1564 年）立。碑横长方形，高 73 厘米，宽 127 厘米。四周双边栏，刻卷草纹。碑文行草，内刻分巡陇右道甘茹（四川富顺人）与胡安游历麦积山的唱和诗 6 首及《小有洞》1 首，其中《小有洞》前有序。

重游麦积山六首与乐山胡公同赋

冥搜此灵境，兴比尘游添。群动同禅寂，千山为佛尖。
慧风吹豆甲，法雨唾松髯。吏隐真堪寄，华簪秖自嫌。

宝塔千松绕，云龛万幕悬。丹梯斜有径，青壁峭通天。
混沌神能凿，飞翔鸟尚缘。振衣惊南度，下界等浮烟。

地因庚碣重，寺以杜诗雄。鸟语妨僧定，毫光映日红。
浮生色相外，胜览醉歌中，怀古情无赖，黄蒿没隗宫。

重阁浮高栋，危栏隐曲扉。步生云片片，身共鹤飞飞。
莲宇开丹嶂，经堂俯翠微。百年轻履险，万事解忘机。

牛洞藤阴细，龙湫溜色澄。无云花自语，不夜月传灯。
金粟三千界，琼楼十二层。摩崖未辞数，珍重此山僧。

登临依越客，指点是巴山。萍梗牵吟思，乾坤洗俗颜。
上方诸品静，信宿一官闲。回首追三笑，寥寥不可攀。

小有洞

上界右为牛堂，堂纳雾占，阴雨盖出。巩记云，故有栈绕外而达，代远朽堕，不可缮补，僧始洞之。然低隘，非匍匐莫由也。仍命工稍加高广，众称便。因牛堂遂假五丁甲以例之，再赋五言一律：

小有何年辟？斑斑斧凿新。群生悲觉路，万劫启迷津。

秦蜀金牛隘，阴晴玉洞春。谁知三昧外，彼岸复无垠。

（四）胡安诗碑　刊石窟东门口崖壁，明嘉靖四十三年（1564年）立。碑横长方形，高52厘米，宽80厘米。碑文行草，内容为苑马寺卿胡安（浙江余姚人，进士）与甘茹唱和诗6首。

游麦积山次泰溪甘公韵

一入招提境，能令长昼添。俯临渭水曲，遥数陇山尖。
爱树才留塌，成诗辄捻髯。幽栖吾所好，濡滞复何嫌。

蜂房成户牖，斗绝复孤悬。颇胜楼观日，还期剑倚天。
含恨非夙约，坐石亦前缘。无异匡庐上，晴峰散紫烟。

珠玉忽盈手，翩翩艺苑雄。客来尊尚绿，僧起日初红。
陇蜀驱驰后，蕃戎指授中。伊吾欲鸣剑，感事忆藏宫。

云消初见洞，风满自开扉。曲径人稀到，悬崖鸟倦飞。
暂当挹晴霁，聊复论玄微。尘鞅今如此，何由早息机？

珠林有奇赏，色界本来澄。鸟韵和禅磬，岚光杂佛灯。
门临千树杪，身上五云层。偶及乘除语，萧然愧老僧。

度陇观形胜，今为第一山。勒摹前代姓，谈笑故人颜。
坐卧浑忘暑，登临始觉闲。丹梯分手处，谁与再登攀？

（五）李筳诗碑　刊石窟东门外壁面。明隆庆元年（1567年）立。碑横长方形，高52厘米，宽84厘米。碑文清晰工整。内容为巩昌知府李筳（河南汤阴人）绝句2首。

隆庆元年四月望日登麦积岩小憩二绝

上尽诸天喜未还，归来无力济民艰。
回看垅麦连云起，但愿登场似此山。

万佛千佛洞几崇，不知佛在此心中。
老僧指点云霄上，回首乾坤一笑空。

（六）王君赏诗碑　刊石窟东崖门外崖壁，明万历七年（1579年）立。碑横长方形,高51厘米,宽110厘米。碑文草书,内容为陕西道监察御史王君赏(山东淄川人,进士)律诗及绝句各1首。

宿麦积禅林

风尘伤远道,夜半礼诸天。兰若青云里,瑶华碧落前。
堵藜能作法,贝叶喜忘筌。了悟无生术,心知物外禅。

贫妇艰朝炊,良人苦远征。山茏如许麦,止供往来情。

(七)马应梦诗碑 刊天王殿前廊山墙,明万历十八年(1590年)立。碑高125厘米,宽75厘米,内容为陕西等处提刑按察司佥事、分巡陇右道马应梦(山东曹州人)律诗2首。

麦积山候杨藩伯不至

我与麦山似有缘,浃旬两度上山巅。
间关鸟语迎征□,烂熳花香拂去鞭。
雾锁攒峰新雨后,翠环列嶂晚风前。
迟君不至同游赏,独步青霄意惘然。

麦积山早发游赏用前韵

□是山灵厌俗缘,为何云雾隐峰巅。
诸天怅望空回首,群壑留连懒赠鞭。
飘渺疏钟疑界外,微茫远树傍村前。
山灵应爱清征客,雨滞归途岂偶然。

四、图铭诗碑

(一)麦积崖图铭诗 现置瑞应寺大殿前廊。清道光元年(1821年)立。碑高193厘米,宽78厘米,厚20厘米。四周线刻双边栏及卷草、莲花及流云纹饰。圆额,竖排篆体碑题两行。碑身自上至下分为相等3栏,各栏有刻线边框,上栏图,中栏铭,下栏诗。由于刻纹较浅,经风化磨损,尤其下栏诗,文字多有漫漶。

(二)图 为用阴线雕刻的麦积山石窟立面示意图。纵44厘米,横65厘米。表层虽因损伤,刻线有些模糊,但山形的整体轮廓依然清晰。山顶的舍利砖塔、上七佛阁、牛儿堂、千佛廊等东崖主要洞窟依稀可见,并刻有林木、沟渠和道路等。

(三)铭 题《麦积崖佛龛铭》,落款为"庾信子山撰",即庾信所撰《秦州天水郡麦积崖佛龛铭并序》。但将标题简为6字,其内容与明嘉靖年重刻石碑中序铭基本一致。唯将“李允信”书为“李克信”；序文中“籍以宿植”为“以籍宿檀”；铭文中“百仞崖横”为“百仞崖构”，“千寻松直”为“千寻松植”，“纠纷星汉”为“纠纷星源”，“□镌石壁”为“镌石壁阁”，“暗凿山梁”为“凿山架梁”，“山楼石柱”为“山薮石柱”，“方城芥尽”为“方域芥尽”。

（四）诗　刻七言律诗5首，即时任秦州知州淡士涛（陕西大荔人，进士）与吴江潘炤、刘腾蛟、陈殿纶、牟照□题咏麦积山的唱和之作。

游麦积崖作　大荔淡士涛

直上峰峦朵朵齐，一峰天外引丹梯。
香林栉比浮云幻，贞石镌经浩劫迷。
松岭鸟飞通下界，草川龙伏稳长堤。
来探水玉铜梁路，身在关山西又西。

和淡刺史麦积崖原韵　吴江潘炤

飞盖真堪谢屐齐，危崖依约拾如梯。
半痕□□□月□，一抹□拖积翠迷。
构尽幽昙遗石壁，□□□□□金堤。
何缘绝顶慈云驻，携句惊人压陇西。

和前作　刘腾蛟

飞阁凌霄迴草齐，勾连石磴出□梯。
半拖烟雨缘崖匝，一弄峰峦到眼迷。
竹马依稀迎下界，玉虹约略接长堤。
铭词不数子山妙，绝调阳春陇坂西。

和前作　陈殿纶

环峙居然万笏齐，高擎巨镇耸丹梯。
崖悬阁道虹霓现，人历洞天烟雨迷。
净土山连松作盖，仙岩月偃玉为堤。
等闲不到谢公屐，待借昙云荫陇西。

和前作 牟照□

凌绝丹崖罕与齐，峰回磴转等危梯。
侵衣不碍烟霞冷，扪碣无妨风雨迷。
野雉声喧红叶径，石梁影泻白沙堤。
山灵莫谓徒行少，南国甘棠今在西。

五、联碑

于右任撰联碑 现立石窟东崖下平台上，四周条石墁砌。碑高240厘米，宽100厘米。下有须弥座，高55厘米。1993年9月由旅居台湾的天水籍冯国璘（冯国瑞弟）捐资立石。碑阳竖排两行于右任（陕西三原人，民国元老）民国31年（1942年）于重庆为麦积山撰书的对联。书体为行草，用笔凝重简洁，洒脱大方，雄浑奇伟。碑中双钩阴刻，涂金。联曰："艺并莫高窟，文传庾子山。"落款上刻"于右任"3字及白文篆印1方，下刻"冯国璘立"4字。

碑阴为天水籍学者霍松林所撰碑记，记述于右任麦积山对联撰书、保管和建碑经过。文为：

于右任先生"众香丛里过秦州"诗，久已脍炙人口，而其题麦积石窟对联，则湮没不彰。辛未初春，冯国璘先生自台北来函，追述抗战时期，于翁获睹冯国瑞先生新著《麦积山石窟志》，喜撰"艺并莫高窟，文传庾子山"一联，亲笔书写。其时国璘游学渝州，于谒见请益时取回，远寄故里，中经浩劫，未知存毁。余回书略谓于翁为一代宗师，万国景仰。此联既亲自撰书，洵足与六朝绘塑争辉，倘尚在人间，岂有不刻碑建亭、为麦积添一人文景观者乎？至今未闻刻石，则必早化劫灰无疑矣。因建议国璘代书，并与天水市有关领导函商立碑事宜。时逾数月，国璘以手书联见寄，而麦积山石窟艺研所转寄于翁真迹影片，亦接踵而至，不亦奇乎？盖国瑞先生接国璘寄件，初拟摩崖，因赴兰州讲学，乃存於麦积山馆，遂沉睡至今。因国璘提及，当事者遍发馆藏，而此联俨然尚在。其升沉显晦，亦有时耶？国璘心系家乡，神驰麦积，况卒业南雍，即在于翁门下供职，由秘书而主秘，而参事，时深知遇之感。而于翁此联之撰书，又与其兄之著述攸关；且亲手投邮，渴望刻石。及知此联历劫犹存，喜不自胜，乃捐资两万元谋树丰碑，天水各界亦乐助厥成，诚盛事也。余倩国璘撰书碑记，为乡邦文苑留一佳话；而国璘屡以与余同里、同学、同受知于翁为由，坚以碑记见委。余既不获辞，因粗述崖略，距同侍于翁之时已半世纪矣！

第二节　铭　文

分为塔铭和钟铭。塔铭中又有石塔铭和砖塔铭。现存石塔铭2件，均为明代刻；砖塔铭5件，其中明代2件，清代3件；铁钟铭1件，清铸。铭文记载寺院沿革，为研究明、清时期麦积山佛事活动的实物资料。

一、石塔铭

（一）宝鉴大禅师塔铭　约雕刻于明代中后期。塔为石质亭阁式，塔身八角棱柱体，遍刻铭文，楷书。首尾字迹较清晰，中间正文大都漫漶不清。其文首句为"（大）明重开山祖师，讳成聪，号宝鉴大禅师塔"，次句为"赐进士出身、敕巡山东右副都御史、京兆□□□□曹兰撰"。

（二）寂空大禅师塔铭　雕刻于明嘉靖三十八年（1559年）。塔为亭阁式，塔身八角棱柱体，白色石质。塔身遍刻楷书铭文，大都可识读。文为：

□□□□山沙门忠寂空大□（禅）□（师）塔铭

赐进士出身、敕巡山东都御史、雒州平田翁管□撰

□地开辟以来，混元造化，乾坤定位之□，宇宙明分之后，圆明一点，迥出青霄之外，忽然本地发明，辉天鉴地，□□□□着千圣难测，五十五位法□□□□进□□妙理圣义，□然顿悟。□□□□公寂空大禅师者，乃岐周白□之子，□岁省悟。礼宝鉴大师剃学心印，隐迹终南，禅定悟道，随师同住此山。住世六十有龄，发蜡四旬五夏，禅息静虑，告众曰："吾世缘已尽。"集众参圣沐焚，正念坐逝。孝徒法泉等想师教授之恩，扶祖修蓝之化，亲资运石建塔，□□□觊传扬后世者矣。

二、砖塔铭

（一）明代砖塔铭　两块，均为明正德九年（1514年）刻。一高49厘米，宽33厘米。铭文曰："千古百年复皆昌，九宫八卦察阴阳。诸佛流（留）下安身意，天地日月助三光。"

另一高55厘米，宽34厘米。铭文曰："法乳临济，智寿惠洪。德法普静，妙性圆明。福缘善庆，觉照本宗。"

（二）清代砖塔铭　计3块。其一高49厘米，宽29厘米。圆额，上有浮雕卧鹿1只。约刻于乾隆年前期。铭文为："居麦积岩大佛寺，作主持焚修，复禁步六载，良□已满。异日出关，同本邑缁素人重葺理山崖洞□佛堂、云梯以及大雄殿阁精舍，靡不鼎新革故。乾隆元年冬，师初建法幢在清水县北村，地名大柳树海波寺，

结制安禅，弘演毗尼。复明年，重创法席於本山瑞应禅院。开炉数次，丕振宗风，阐扬法化，承先启后，福德难量，始末七载余矣。次年，合白衣同募诸上善人，绪重修麦积峻岭佛舍利塔一座，递代相传，创自阿育王所造，共襄厥事，晃如初复。明年季冬月望七日，师值辰刻示寂於本刹丈室。”

其二高 52 厘米，宽 35 厘米。圆额，上有浮雕展翅凤鸟 1 只。与其一卧鹿风格相同，大小相近。立碑时间亦在乾隆前期。铭文为：“麦积，天水胜境。闻起自阿育王，降及魏晋六朝，载记纷然。西魏文后削发于此，寂后凿石而葬。山顶旧有浮屠，名曰“舍利塔”。岁远磨灭，遗迹无存，大减名胜色矣。后僧师上圆下慧和尚住锡于此，数年之间，百废俱兴，重修舍利塔于万仞峰头之上。但见落星河于檐前，穿日月于户牖，瞷云雾于槛底，与天竺比峰可以齐观。寺门前院有先师祖与先师宝塔二座，俱各六角七层，宝盖玲珑，是皆福德所致，非大众所可及也。今岁山门看壁工竣，公议又于塔院右边建修普同塔一座。夫空去来一生灭，是将同大众而普之者也，何有于祇园众僧？又何庸空棺如达摩西方必去哉？是为铭。铭曰：塔名普同，事关众僧。供成一……”（以下缺）

其三高 33 厘米，宽 30 厘米，约刻于嘉庆年间，秦安张翀翮撰文，行楷。铭文为：“太虚非虚，法空非空。有大和尚，安禅制龙。肫肫仁慈，渊渊度量。为于无为，妄自无妄。不动至尊，自在无上。人也佛耶？涅槃真相。云山苍苍，水月茫茫。云归月去，山高水长。”

三、铁钟铭

小铁钟铭　小铁钟现存库房，清乾隆十三年（1748 年）铸。钟高 42.5 厘米，口径 44.5 厘米。下沿八角为菊花纹和八卦圆。肩头四栏分别横列“佛日增辉”“法轮常转”“帝道遐昌”“皇图永固”16 字。钟身遍铸铭文。

钟铭□修□序

麦积胜地，为天水□景之冠。名公巨卿登眺其上者，未不叹以为观止也。然而创建之自已不可考矣。其碑记、钟铭尚有存者，则云自阿育王构舍利宝塔于山顶。按阿育王者，不知出自何代，亦不知建国何地。至周穆王选胜遨游，亲历此山，敕赐舍利山灵安寺；其在东晋七国时，敕太石岩寺；隋开皇时，敕赐净念寺；唐开元时，敕赐应乾寺；至宋，敕改麦积寺曰瑞应。则历代之增修褒封者，累累不乏。夫亦曰：无堕先□，无废后观。焉乎由来年深代远，其如风刮雨摧，宝塔、佛龛、殿像、醮□、招提诸道，已将废灭于荒烟蔓草而不可复。□幸迨僧圆慧、惇等乞募众信，焕然亦新，故书钟铭，特表云耳。

第三节 匾 额

麦积山匾额计12幅,分木质、石质及石膏质3类。

"麦积山" 摩崖刻石。位东崖中部,呈竖长方形,高410厘米,宽115厘米,无款识。"麦积山"3字竖排阴刻,楷书。字体端庄凝峻,沉稳雄奇,其字依据仰视观感需要,按照下小上大的倒梯形排列:"麦"字高110厘米,宽88厘米;"积"字高105厘米,宽80厘米;"山"字高85厘米,宽70厘米。虽上大下小,但从下向上仰视,并无轻重倒置之感,反显得协调壮观。

"麦积奇观" 明代摩崖石膏质刻题。位上七佛阁中龛(即第四龛)龛楣上部壁面。万历十年(1582年)刻制。"麦积奇观"4字排列成方形,上下左右各2。楷书,阴刻。字大55厘米,结体方正,法度谨严。落款"天雄赫瀛书"。赫瀛,河南浚县(旧曾为天雄军地)人,进士,官至大理寺丞,善书法。

"小有洞天" 明代石匾。刊上七佛龛西壁通往牛儿堂的隧道之上。分巡陇右道甘茹书。呈横长方形,纵36厘米,横114厘米。当初七佛龛与牛儿堂之间有栈道联结,后塌毁,两处往返曾以绳索牵荡,称之曰"鹞子翻身"。相传明代1县官不敢牵荡,遂命工凿成隧道,仅能匍匐而过。后在嘉靖四十三年(1564年),甘茹"命工稍加高广"并书其匾。至今,其洞仍仅容1人躬身而过。其匾为楷书,每字纵横25~30厘米,双钩阴刻,朴实庄重,雄浑有力。

"菩提场" 明代木匾,悬挂于上七佛阁第一龛龛楣下。匾呈横长方形,纵70厘米,横148厘米,有斗口形边框,四角云头雕饰伸出15厘米。上边框雕二龙戏珠图案,其余边框雕牡丹图案。每字横36厘米,竖42厘米。双钩阴刻,墨色,行楷,笔法刚柔相济,雄浑洒脱。款识已分辨不清。

"极乐堂" 明代木匾。悬挂于万佛洞(即133号窟)窟门内的木门门楣前。万历四十一年(1613年)制。匾竖长方形,纵104厘米,横48厘米,匾加斗口形边框,四角云头饰物向外伸出14厘米。"极乐堂"3字篆书,每字横16厘米,竖26厘米,阴刻双钩线,匀称工稳。上款"时万历四十一年岁次癸丑夏四月吉旦",下款书秦安邑众李汝正等30人姓名。

"是无等等" 清代木匾。王了望书于康熙十四年(1675年)。悬上七佛阁(第4号崖阁)第四龛龛楣下。匾呈横长方形,纵105厘米,横197厘米。四周加外侈斗口形框边,镂雕腾龙宝珠和连枝牡丹图案,四角各出云头饰。每字纵48厘米,横38厘米,行书,墨色,其结构于斜中求正,运笔遒劲豪放,气势磅礴。王了望,又名予望,巩昌府陇西县人。任过知县,博通经籍,好漫游,能诗文,工书法。

“西来圣人” 清代木匾，悬挂上七佛阁第二龛龛楣下。康熙三十四年(1695年)制。匾呈横长方形,纵65厘米,横147厘米。匾加斗口形边框,四角各出云头饰。薄板雕刻为牡丹连枝图案,其中上下边框各雕二龙戏珠图案,钉于边框上。每字横32厘米,竖40厘米,阴刻双钩线,白底黑字,行楷,结构严谨隽秀,运笔沉稳劲健。无书者姓名。

“慧光普照” 清代木匾。悬挂上七佛阁(第4号崖阁)第三龛龛楣下,匾呈横长方形,纵73厘米,横175厘米。匾加斗口形边框,四角各饰云头,薄板镂雕二龙戏珠、云朵和牡丹连枝图案,钉于边框上。每字横21厘米,竖31厘米,双钩阴刻,黑字,行楷,为清代流行的“馆阁体”,章法严谨端庄,丰满圆润。因上下题款无存,不知书者和刻制时间。

“寺古云深” 清代木匾,悬挂瑞应寺大雄宝殿正间前檐下。匾呈横长方形,纵82厘米,横153厘米。黄底黑字,每字横28厘米,竖38厘米,行书,笔画粗细相间,疏密有致,简洁流畅。书者不详。

“麦积山石窟” 木匾,郭沫若1954年书,悬挂瑞应寺山门门额上。匾呈横长方形,纵75厘米,横214厘米,字大35~50厘米。双钩阴刻,线内笔划凸起,白底黑字。其字出笔豪迈,形神兼备,是“郭体”代表作。郭沫若,四川乐山人,著名学者,书法家,时任全国文联主席、中国科学院院长、全国人大常委会副委员长。

“瑞应寺” 木匾。冯国瑞1955年书,悬挂瑞应寺山门内天王殿檐前。匾呈横长方形,纵95厘米,横215厘米。字大60厘米,阴刻,黄底蓝字,行楷,笔力凝重,刚柔并济,既雄且秀。

“天水麦积山文物保管所” 1962年麦积山文物保管所欲挂所牌，遂致书郭沫若,请为书牌,郭沫若遂书后由北京寄所,旋刻制成牌。牌呈竖长条形,长186厘米,宽30厘米,阴刻双钩,中间凸起,白底红字。最大字横15厘米,竖18厘米;最小字横12厘米,竖7厘米,为行书,疏密有致,运笔遒劲有力,沉着稳健。1986年改所名后,为新牌取代。

第六章　诗文 题签 游历

第一节 诗 文

一、诗歌

杜甫(唐诗人,今河南巩县人,乾元二年[759年]曾至麦积山)1首

山寺

野寺残僧少，山原①细路高。麝香眠石竹，鹦鹉啄金桃。
乱水通人过，悬崖置屋牢。上方重阁晚，百里见秋毫。

王仁裕(五代秦州天水人,文学家,诗人,任至后汉尚书)1首

登麦积山

蹑尽悬空万仞梯，等闲身共白云齐。
檐前下视群山小，堂上平分落日低。
绝顶路危人少到，古岩松健鹤频栖。
天边为要留名姓，拂石殷勤手自题。

李师中(北宋楚丘[在今山东]人,进士,知秦州,熙宁三年游山)1首

麦积山

路入青松翠蔼间，斜阳倒映下溪湾。
此中猿鹤休相顾，谢傅东归自有山。

胡缵宗(明秦安人,进士,文学家,诗人,官至巡抚)1首

与麦积山上人

南有香积寺，北有麦积山。
仙人拾瑶草，白云相与还。

王际有(清顺治间进士,江苏丹徒人,曾任秦州州判)1首

登麦积山

寒山烟霭澹朝晖，郁郁千松拥翠微。
环峙诸峰窥佛相，飞来积雪点僧衣。
凌空仄径羊肠绕，入望层霄鸟迹稀。
游罢石云携满袖，一弯流水送予归。

注:①新旧地方志均作“圆”,上从南郭寺现存明刻《老杜诗碑》。原:同“塬”。

毕沅(清江苏镇洋[今太仓]人,乾隆间进士,曾为巩秦阶道,后任至湖广总督)1首

麦积山

碧空形团团,势连汗漫宇。陇西擅富强,封殖属天府。
来麰亿万斛,堆积少仓庾。行近始知山,岩峦秀终古。
下马摄衣登,琳宫开净土。红泉泻石镫,画阁面花坞。
禅房曲且深,老僧约三五。当檐多筼筜,不辨日亭午。
铜鼎凝妙香,冰炉煮春雨。啜茗出松门,陟龛瞻佛祖。
鹫岭现云根,龙天迴八部。知由鬼神功,精微到丝缕。
兰成铭尚存,文字兼媚妩。小憩潭上亭,诸峰青可数。
丁丁不见人,烟树响樵斧。惊起鹤一双,远落夕阳浦。

王宽(清江苏金匮人,乾隆间进士,曾任秦州知州)1首

麦积山

麦积通天栈,悬崖势倒垂。路盘七佛洞,龛蚀六朝碑。
拓掌仙人立,登门石笋奇。寻幽探虎窟,为访杜陵诗。

卫浚都(清山西阳城人,嘉庆间举人,曾主讲天水书院)2首

宿瑞应寺

山寺隐不见,劳劳日暮寻。转身幽境得,倚壁古堂深。
腹餍香厨味,神清梵殿音。林峦浓滴处,一夜雨侵衾。

麦积山

一片玲珑影,人工欲夺天。石棱真峭绝,栈道巧钩连。
幻现如来像,登艰彼岸缘。山灵应笑我,未敢陟层巅。

吴西川(清秦州北乡人,同治间进士,翰林院编修,善诗文)1首

麦积烟雨

麦积峰千丈,凭空欲上天。最宜秋雨后,兼爱暮时烟。
境胜端由险,梯危若未连。钟声落何处,遥想在层巅。

任其昌(清秦州西乡人,同治间进士,曾为户部主事,后主讲陇南书院)3首

出峡望见麦积山

出峡喜平旷,娟娟秋日明。湿云归远岫,洒径微风生。
村柳烟雾积,渠流波沦平。青红水中石,灿灿生光晶。
山果甘可食,累累缀珠璎。丹砂与点漆,杂遝难为名。

秋成无大小，一一见物情。策马问前路，高峰遮峥嵘。
笙箫响天半，知是松风鸣。山灵喜我至，仙乐相招迎。

至麦积山

孤峰立当路，流水绕其足。树密草蒙茸，陂陀随屈曲。
藤枝谁剪伐，石角苦羁束。荨麻秋尚蕃，螫比蜂虿毒。
风泉鸣虚籁，锵锵动寒玉。松顶洪涛翻，浮天洒净绿。
梵钟闻远响，佛阁得近瞩。主僧报客来，出迎如立鹄。
下马入禅宇，山茶烹相属。未惬登陟兴，小坐转烦促。
轻策不可无，便削阶前竹。

登牛儿堂

石室高入云，远瞻不可傍。十寻伟象设，突兀嵌青嶂。
金碧绘事精，吁嗟谁为创？千年足风雨，焰焰朝日上。
洞口呀然开，苍崖犷相抗。石级秘阴惨，直上无回向。
阑干结构牢，厍厍成蔽障。霄霓目不瞬，攀蹑趾用壮。
深庵礼玉毫，端严各殊状。青红画鬼物，宝函蟠龙藏。
万仞危梯悬，蹑足身摇漾。下视临无地，眼花泛春涨。
澒洞石窟深，蛇行失偃仰。顶根亘轇轕，尻背见惩创。
佳哉牛耳堂，小坐拜嘉贶。岩垠莽崩豁，云天杳清旷。
澹澹烟痕低，萧萧谷籁唱。长啸远风至，精神四飞扬。
却忆施手时，般倕应退让。得毋鬼神至，斤斧挥天匠？
履险屡得奇，安行贺无恙。何须寻五岳，空费屐兼缅。

葛汝葆(清秦州城人，光绪间进士，曾为陇南书院讲席)1首

麦积山(集句)

烟雨楼台似画图(张翥)，微茫野径望中无(倪瓒)。
秋花锦石谁能数(杜甫)？竹枝棕鞋不用扶(苏轼)。
满屋异香僧入忏(毛珝)，一窗新绿鸟相呼(陆游)。
回头自爱晴岚好(朱熹)，雨气如秋麦熟初(赵嘏)。

马乾德(清秦州人，光绪间举人，曾为平凉府教授)1首

麦积山

寺游香积任羁栖，麦积山高更好跻。
看遍风云清兴足，飞天烟雨峭峰低。

四周滴翠天疑漏，一带萦青路欲迷。

传道佛龛铭最古，从新细读待燃藜。

李天煦(民国天水县城南人,亦渭学校校长,善歌赋)1 首

麦积烟雨

奇矣麦积峰,石蹬萦委,崖窦玲珑。千佛堂室,满谷松风。

会登绝顶,万丈牛堂入碧空。烟云缥缈,恍与帝座通。

张大千(四川内江人,著名国画家,民国 32 年曾到麦积山)1 首

游麦积山

微霜初欲落,细雨止还蒙。一水牲儿绿,千林柿子红。

踏空礼诸佛,拔地起群龙。钟声朝昏静,无人说赞公。

高一涵(安徽六安人,教授,1943 年与张大千到麦积山)2 首

与张大千同游麦积山

为访灵岩地,清晨涉渭津。云收低度岭,泉迸洁无尘。

霜柿红于火,秋花艳若春。东柯何处是?沿路问樵人。

入峡二三里,奇峰十几重。秋山红著锦,古柏翠蟠龙。

曲径依流水,危崖倒挂松。地偏僧亦俗,对客但敲钟。

聂幼莳(民国天水县城人,天水图书馆馆长,1943 年题)1 首

题壁

诸天法雨洒晴空，震海潮音梦寐通。

灵窿重乐觇祖意，丹梯半火护神工。

十年再到今吾是，众愿欲成善侣同。

游戏预期齐剪纸，散花原不借溪风。

罗家伦(浙江绍兴人,民国时任中央大学校长,1944 年游麦积山)2 首

游麦积山

一

午余乘兴策倦马，酿雪寒云据远峰。

暮色转深溪水黯，石磨蹄铁火星红。

二

陇山东望土成堆，忽见奇峰迤逦开。

松托暮天拂不净，雪光为夺数峰来。

霍松林(麦积区琥珀乡人,现为陕西师范大学教授,文学家)2首

麦积山道中

幽径纵横压古松,行经烟霭亦无僧。
前山隐隐闻清磬,知在云峰第几层?

浴佛前一日晨,偕强华、宝琴由街子口出发,午后登麦积山,遍游诸佛窟,日暮始下山,诗以纪之,得六十四韵

东出街子口,两山若为门。行行入门里,绿草铺如茵。
野花媚幽独,山鸟间关鸣。牧童逐群戏,农夫歌耦耕。
曲径转更幽,双眸豁又新。绕足千溪水,入眼万壑云。
好山争秀异,奇峰竞峥嵘。不辨仙源路,何处问迷津?
停杖正踌躇,忽闻清磬音。前山如麦积,积麦知几层?
夙昔劳梦想,今兹奋登临。石栈凝瑞霭,铁锁湿翠云。
猿猱犹绝迹,鹰隼亦惊魂。探幽心不馁,履险气益增。
攀登万仞梯,问讯六朝僧。石窟敞蜂窝,金相耀鱼鳞。
面壁坐欲化,拈花笑可闻。慈航渡隐隐,爱水波粼粼。
智灯明不夜,慧眼睡犹醒。北朝精绘塑,此中留菁英。
沧桑几变化,光彩尚飞腾。不思良工苦,匠心费经营。
浪传天界物,呵护赖吉神。残碑嵌绝壁,摩娑自转明。
杜甫山寺诗,庾信佛龛铭。照耀足今古,清风资朗吟。
白日灿衣袂,男女来纷纭。香花结贝叶,宝烛动梵声。
如何云雾窟,犹多世俗民。佳节值浴佛,灵湫期洗心。
禅光照觉路,法雨滋善根。欲证罗汉果,来种菩提因。
徙倚立多时,山风吹我襟。飘飘若霞举,抖落万斛尘。
俗怀於焉淡,凡虑为之清。浑欲空色相,真疑无我人。
频穿深深洞,屡过巍巍厅。纵身牛儿堂,俨如立玉京。
下见九霄翼,俯闻三界经。檐前低落日,户外小乾坤。
仙山不易得,如斯更可珍。那能拾瑶草,放旷终此生?
许由耕箕山,严光钓富春。高节傲王侯,脱略谁能驯?
生逢圣明世,岂为避帝秦?仁者乐山水,动静足天真。
及遭丧乱际,至道悲陆沉。大厦势将倒,一木宁可擎!

种桃武陵叟,采芝商山翁。洁身逃泥滓,浩然歌隐沦。
举目观斯世,三岛纵长鲸。毒蛇卷钜野,妖氛动昆仑。
拳岑涂血肉,勺水潜酸辛。纵有高蹈志,奈无乐土存!
兹山冷西鄙,幸免污臊腥。山水钟灵秀,岩壑养凤翎。
倘有垂钓者,俊彦与结邻。回首画卦台,极目清渭滨。
俯仰难忘世,低徊愧多情。良时苦易逝,桑榆隐日轮。
明霞西天散,新月东岭升。松涛涨林莽,浮光耀星辰。
阴森难久留,搔首别山灵。芳草迷归路,幽香不忍行。

常任侠(1953 年文化部麦积山考察团成员)2 首

八月十二日麦积山中作

麦积悬崖上,危栏十二重。飞天散花雨,拔地凿梵宫。
湿雾添山翠,流霞映水红。溪边置笠杖,小憩涤尘踪。

和邓白韵

策杖偕冯邓,扪碑问魏周。松阴当午坐,麦积御风游。
兵气销瀛海,祥云隐寺楼。和平皆所愿,礼佛忘终酬。

邓白(1953 年文化部麦积山考察团成员)2 首

次和任侠麦积山中作并酬仲翔

绝壁何年凿,峰回路几重? 散花庾信碣,避暑隗嚣宫。
栈道悬云上,莲台映日红。宝藏须共惜,珍重此游踪。

再和前韵

秦州遗胜迹,拔地一千重。晓日临飞阁,祥云拥梵宫。
乍疑群岭小,翻喜独岩红。履险浑忘老,天堂数印踪。

冯国瑞(字仲翔,天水市秦州区人,著名学者,1953 年以省文物管理委员会主任职参加文化部考察)2 首

麦积山和常任侠韵

奇迹真层出,千山重复重。飞楼觅鸟道,深窟现龙宫。
漫漶余残碣,青苍夺晚红。相忘同校录,期不负游踪。

和邓白韵

访碣稽南宋,造龛认北周。良朋来少长,胜迹待遨游。
非想三千界,共凭十二楼。插椽星汉近,吟事乐赓酬。

肖华(江西兴国人,解放军上将,1977-1981 年间多次到麦积山)1 首

登麦积山

麦积奇峰秀,窟列绝壁中。攀登栈道梯,壮志凌云空。
精湛古雕塑,艺巧夺天工。人民治江山,万紫更千红。

许嘉璐(江苏淮安人,语言学家,全国人大常委会副委员长,1991 年、2003 年、2005 年 3 次至麦积山)

登麦积山

久闻麦积好,今始一登临。
何当共携手,齐建新艺林。

重登麦积山

拾级重登麦积山，千层万佛九重天。
几经劫火痕犹在，留予唏嘘后世看。

再登麦积山

麦积今三至,千级再攀援。群峰拥宝窟,一水绕苍山。
佛祖来何意,真如到此宣。万古遗瑰宝,人类应同传。

二、文

麦积山

宋《太平广记》引自《玉堂闲话》

麦积山者,北跨清渭,南渐两当;五百里冈峦,麦积处其半。崛起一石块,高百万寻;望之团团,如民间积麦之状,故有此名。其青云之半,峭壁之间,镌石成佛;万龛千室,虽自人力,疑其鬼功。隋文帝分葬神尼舍利函于东阁之下。石室之中,有庾信铭记,刊于岩中。古记云:六国共修,自平地积薪,至于岩巅,从上镌凿其龛室佛像。功毕,旋折薪而下,然后梯空架险而上。其上有散花楼、七佛阁、金蹄银角犊儿。由西阁悬梯而上,其间千房万屋,缘空蹑虚,登之者不敢回顾。将及绝顶,有万菩萨堂,凿石而成,广若今之大殿,其雕梁画栱,绣栋云楣,并就石而成。万躯菩萨,列于一堂。自此室之上,更有一龛,谓之"天堂"。空中倚一独梯,攀缘而上。至此,则万中无一人敢登者。于此下顾,其群山皆如培塿,王仁裕时独能登之,仍题诗于天堂西壁。上曰:"蹑尽悬空万仞梯,等闲身共白云齐。檐前下视群山小,堂上平分落日低。绝顶路危人少到,古岩松健鹤频栖。天边为要留名姓,拂石殷勤手自题。"时前唐末辛未年登此留题,于今三十九载矣。

麦积山记

张翀翮(清秦安人,嘉庆年作)

地之有关于风俗人心者,其地不可多得,而其迹不容终没。怀铅握椠之士,相与铺张而扬厉之,而文章于是乎乃重。麦积为陇坻之名山,河西之灵岳,距州东八十里许。秦岭横于南,清渭环于北,仙岩、石门拱于东,华盖屏于后。其山三面壁立,高入云际。传自阿育王创舍利宝塔于山巅,曾见灵芝三产。大都督李允信造七佛龛于崖南,梯云凿道。周穆敕为灵安寺,东晋名为太石崖,隋为净念寺,唐为应乾寺,在宋时为麦积崖,国朝亦名麦积山。盖其山头大根缩,形如麦积故云。上有古刹名塔,铜梁石柱,碑洞湫窟,羊肠鸟道,紫雾丹霞,互相掩映。牛堂之烟雨落于人间,法界之栈梯列入天际。千佛万佛,神堂与法洞齐开;豆积香积,危峰共宝山并峙。珉谷实金玉之地,天池为变化之区。远岫高峰,层峦叠巘,松竹馀情,烟霞百变。登之若羽化者,不多让终南、太华之巅。及夫游僧院、数禅室、礼佛座、参方丈、绕回廊、历曲槛、阅金经、调玉管,暮鼓晨钟,佛号经声,无丝竹之乱耳,有鱼磬之警心。外而松排山面,云护禅林,异草殊花,珍禽奇兽,凡竹木、薯蓣之属,靡不繁衍,周布其中。且相传王子修行于斯,故上有王子洞,下有教武场,旁及秦公墓,过寻魏后坟。维钟铭碑记、诸王真容图与子山之铭词,于今可考也。岂非以兹山之灵长,胜境之引人,古今无殊哉?夫山水皆起于西北,秦陇之间尤为美。登斯山也,望峪而慕轩辕之风,览台而演伏羲之卦;武侯之军垒,少陵之草堂,皆在指掌。俗情为之顿释,尘襟于焉乍澹,是大有关于人心风俗之盛,诚秦州之尽胜处。于是乎记。

游麦积山记

任其昌(今秦州区人,光绪七年[1881 年]作,时为陇南书院山长)

山在州治东南约百里。由甘泉镇东行十余里,两山环抱,曰“峡门”。峡尽稍平旷,突见孤峰侧立当路,左右无倚,形似农家麦堆。山顶有小浮图,房围松栝,葱茏委积,十余里外即扑人,听之如笙箫鸣于天上,盖松风也。稍近,见石洞如蜂房,栈木似乱麻。至山足,石径屈曲,两垠皆山果。枝挂席帽,侧首乃可过。荨草厕其间,秋尚未萎,人触之辄被螫。数转至瑞应寺门,僧延客入,饮以山茗,移榻天王殿外,面山坐,山色欲滴。久视之,岚光松荫,苍茜静深,殆染人襟袂。僧具午饭。饭已,导上牛耳堂,取道寺南转西,路稍平,旁有山桃,食之甘酸。山半镌佛、菩萨像,长数丈,颜色剥落,略辨眉目,然日光所及,金碧犹灿然。北向入石门,壁间多前人诗碣,诗皆工,惟前明山左冯惟讷最著。又西向石级十余层,缘崖镌罗汉像数百。西上又一石门，亦石级。崖间凿三洞。洞一佛像皆石，洞顶作井干形，墁以灰泥，书《法华经》，绘事极工。再西上又一石门，亦石级，其地则石缺处补以木，洞亦三，像设如其下。再西又一石门，门外木梯三级，宽尺余，又缺漏，怯者多不敢登。入门，崖上洞亦三，地则全木无石矣。再西，无石门，又无外障。崖上架木栈。前人以太险，在崖上凿一石窟，竖裁尺余，横如之，蛇行入约十数步，出则登牛耳堂矣，石崖之最高处也。洞一，佛像亦一。再西，则又渐下，为洞尚十余。前明中，木栈为野火所烧，榱椽间存，人迹绝不能至。闻僧徒有痴者曾入之，云内多石碑，惜不能名其字。吾意庾子山《佛龛铭》真迹，当在其内。寺中碑铭，则后人所摹刻者也。崖上镌字殆遍，然皆不可读，唯宋人蒋之奇、游师雄题名，了了可辨。游书四行，大七八寸，似颜鲁公；蒋书二行，大二寸，反似黄山谷，何耶？第一洞外崖间嵌一断碣，文前十余行尚可读。大略言山上塔为阿育王八万四千宝塔之一，寺即起于其时，此无定辨。至云宋徽宗塔下得舍利数十，灵芝三十本，文即葬舍利记也。君荒臣谄，乃致於此。碑首题曰："秦州雄武军陇城县第六保。"此地迤西南，今尚名新军寨，而陇城县则不能指其处矣。寺东稍平衍，出门即塔院。再东有菩萨殿三楹，已倾圮。稍南而西，山石如象鼻，临涧水上，旁多细松丛筱，障蔽若回栏。若在此筑一小亭，仰看山，俯听泉，亦极佳境。然此地石冈曼衍，而寺僧名之曰"莲花池"，可怪也。次日平明，登石梁。梁在寺北山东，东西横亘约二百武，峭削如城墉，长松排列其上，如栅、如旌杠、如埤堄，根盘石罅，如虬如龙，"作其鳞之而"。由寺门东北行，苦泥潦，盖梁下皆泉眼，常汩汩然。余告寺僧："疏泉开一渠，桥其上，亦由西而东之一曲也。"于草树蒙茸中得小径，攀援而上，有声戛然出草中，翳高树视之，雉也。既上又西向，时日方出，光映松桧，满山皆金翠晃耀。北望众山，参错盘亘；南北两涧，分流其下，水声琤琤，如鸣珩佩。倚树听之，久益清越。前视山上有人在牛耳堂，衣裳飘飘，如挂于削壁之上，视身登时尤奇也。山阴及山顶，树木更茂。因王协亭使君邀往石门，遂不果至。时同游者，苏绍卿统武、张镜堂登第、张荩臣思忠，门人刘子嘉、张育生也。

天水麦积石窟介绍（节录）

冯国瑞

我是天水人，早年没有到过麦积。1941 年避乱家居，和朋友赵尧丞、胡楚白、聂幼莳整理家乡文献，搜集了书本上不少有关麦积的材料，打算做实地调查。那里常常闹土匪，我们乘着农历四月八的庙会前一天由城内出发，住到30公里的甘泉寺，第二天早晨，步行10多公里到麦积，拿“对证古本”的方式，去找古迹，符合了许多，并发现了壁画。这些壁画是从前没有人谈到过的。我们把洞窟编了号，抄了碑文，勘察了地理环境。回天水后，在暑期中写成了《麦积山石窟志》，石印了个小册子，稍稍引起了人们的注意。以后远道来游的人、摄影的人，书刊杂志上，以至于个别的书目上、西文的译本上，都由于这个小册子的介绍。

1946年的灯节①，我同几位朋友又到山里，追寻一位曾经上过西窟碑洞的工人，住了一宵，终于找到了，他叫文得权。他勇敢地答应了探视碑洞的任务，攀木结绳而上，直入洞内，他下来告诉了许多奇迹，大家都高兴得狂欢起来，文得权也发了痴!我认为照文得权所谈的材料，这碑洞无疑就是《玉堂闲话》里面所记载的“兹山西阁之万菩萨堂甚伟丽……”的实证。大家准备了一块石头，要刻石记事，教我撰书，写了一篇《天水麦积山西窟万佛洞铭并序》，里面有这样的一段:

“木工文得权架插七佛龛椽栋称能，乃倩挟长板，架败栈阁，递接而进。至穷处，引索攀援，卒入西窟大佛左之巨洞中。卅六年二月十日事也。洞广阔数丈，环洞二十四佛，十八碑。碑高有五六尺者，多浮雕千佛，隐壁悬塑无数……”

1947年敦煌艺术研究所工作人员李浴，曾到石窟作了麦积山石窟调查报告，全部约万余字，未见出版。他的内容大概可分三项:一是石窟寺创修源流考，说明石窟创修年代及麦积山石窟史地环境。二是石窟内容记略，调查169个洞窟雕塑壁画内容。三是碑记摩崖录识，抄录麦积山各种碑文题记考证，作者事迹及其他著作。有了共同研究这一问题的同志，虽然还没有看到他的原稿，但是好像听见了空谷足音，冲破了古弦独奏的寂寞，使我感到了莫大的愉快。同年美帝国主义驻蒋匪部队的顾问团9人来天水，伪骑兵学校教育长胡竞先强迫当地农民，为他们由马跑泉到麦积山修了20多公里的汽车路，便利他们去参观。这可能是一幕偷盗古物的阴谋。

上述的调查报道，引起了一般社会人士的相当注意，往游的人逐年增多，我们一些人自动地发起保管运动，在1945年作了麦积东窟(即前岩正面石窟)的整理②，当时的报道是这样的:

“麦积东窟范围，包括上中下七佛阁及千佛岩、牛儿堂、散花楼遗迹，史料最

①下文称“卅六年二月十日事也”，当为1947年。

②据《万佛洞铭并序》，应为1946年秋，整理东崖栈道等。

富，大体上也比较完整。上七佛阁，即北周时大都督李允信所建造，和庾子山制佛龛铭的地方，李师中、游师雄、蒋之奇、赵瞻题名均在壁间，诸窟遗像，俱庄严端丽。龛内藻井画惜被宋明人加绘，将旧迹掩没，龛外散花楼遗迹之藻井画及牛儿堂西壁的佛经故事画尚多完好，均系北周旧制。又牛儿堂中窟壁画，窟外供养人，均属杰构，此窟悬崖间之栈阁楯栏，去岁已加修牢固，向之履危陟险者，今已坦无恐怖……”(《和平日报》)

这一补修工程，是太需要了，在崖边加上了低栏，换了栈道上已朽坏的木板，虽然山里的木料容易办，可是完全得到当地农民的大力赞助，才能完成这修补任务。驻在榆林的邓宝珊先生，也曾支持了我们的小小工程，是需要在这里提一下的。我们对所有的古迹原状，丝毫未动。在石磴上装了门，加了锁，也建立了简单的参观规则。和尚本善经过了几次接近，完全了解我们的修建用意，在工程上得到了他的协助不少。鼓动他修补了瑞应寺十间房子，又把他的精舍五间修补了，作为游客下榻的所在，名曰“麦积山馆”。

(选自《文物参考资料》，1951 年第 2 卷 10 期)

麦积山勘察团工作报告(节录)

吴作人(安徽泾县人，考察团团长)

麦积山，在甘肃省天水县的东南。距城 45 公里，是秦岭山脉的西端，系接着大森林的边缘。从天水城出发，过马跑泉、甘泉镇约 35 公里比较平坦的地带，就进入麦积山峡口，缘山溪再走 10 公里的山路就看到了危峰耸立的麦积崖。这个形像奇特的山峰，从西面看过去，山头略带圆锥形，上端比底部大，正像农村场子上堆积的麦秸。农民们从很早就叫它麦积崖。大约在 1500 年前及其以后的历代封建统治王朝驱策千万的百姓在山腰里修凿蜂房似的龛窟，又在窟外的悬壁上建筑起飞阁天桥。就在这样一个巨大的辉煌的创造里，我们的祖先——古代劳动人民，表现了绝顶的勇敢和智慧。

当我们渐走近麦积崖，就看到在崖顶上立着一座小塔(崖顶到地面最洼处，垂直距离是 142 米，塔高 9.4 米)。在半山腰里密布着各种大小的龛窟，上下分层横列。还可以看到龛窟成片地崩塌的痕迹。断崖上面橛眼累累，可以想像当年窟外依悬壁所建筑的满山重楼复殿，飞桥栈阁。可惜这些劳动者的辉煌创造，只剩几根残断的烧焦的木桩子。

这山崖的石质是容易风化的砾岩，雨水冲渗，容易造成山崖的纵断裂缝而崩坠。就全面看来，在东西200多米、上下50多米的幅面，190多个龛窟之间，是以中间部分崩塌的损失为最严重。有些窟龛还残剩着一角留在断崖上，有些连痕迹都不见了。因此就形成了东崖和西崖两部。远在五代的时候，就已有东阁、西阁之称。现在所修成的栈道，也分东西两部分。

正因为这山崖的石质是一种砾岩，不宜于做石刻，因此麦积山的造像，除了极少数的是用别处运来的石料雕凿的以外，绝大多数是泥塑。使我们惊讶不已的，是泥塑能够经这样久远的年代，长期被人遗忘在风雨露天，还能保持屹立。古代艺人用的是什么质料，能使泥土的坚硬胜过容易风化的沙石？不仅如此，更令我们看了惊叹折服的是早在1500年前的雕塑家能创造出这样深刻精微的形象。从北魏起，庄严慈祥的早期佛像和菩萨像，虔诚、恬静的供养童女和童子像（第123号窟），神态生动的、作喁语状的年少的比丘（第121号窟）；隋和初唐，更进一步刻画人物体态的雄强有力（第014号窟左侧天王像）。到了宋代，杰出作品如165号魏窟里宋重塑的菩萨和供养女人像，更感觉到和我们接近。我们看到从早期的造像发展到这个时期，很清楚地看出从神的、理想的，逐渐发展到人的、现实的。

麦积山有数以千计的塑像(无数的小影塑不在内)，如大的高至15.28米的东崖第013号摩崖大佛像和13.88米的西崖第098号摩崖大佛像，以及许多高仅20多厘米的造像，都是泥塑的。集上下1300多年来的民族的优秀的创造一起，像这样一个宝藏，是世界稀有的。可是麦积山石窟屡遭厄运，早先确是“有龛皆是佛，无壁不飞天”，而现存的塑像，很多断颈折臂；壁画也毁损得很厉害。由于各种原因的破坏，如崖石崩坠、气候潮湿、燕雀做窝、松鼠打洞、山蜂钻孔，和避乱人居住时炊烟熏灼，甚至火灾、盗挖，以及历代人的题字、涂抹等等。这些自然的和人为的破坏，使珍贵的石窟艺术遭受了不可计数的损失，有的洞窟已破坏到一无所存了(如东崖的034号窟，西崖的063号、066号、052号、153号等窟)。

通过这些残存的宝藏，我们依然可以看到古代人民在造型艺术上的光辉成就。他们在创造中反映了当时人民生活的形象。这些作品充满了新鲜活泼、飞跃腾动的美感，他们真正继承了汉、晋的优秀的艺术传统，启发了唐、宋的更进一步走向现实主义的道路，在中国美术史上写下了光辉的一页。

麦积山的岩石间纵裂的情形是非常严重的。有个别的表层，和崖身间已有宽达2厘米～3厘米。在第127号窟的内部，洞口和壁角壁画间都看得出有裂纹。第014、015、024、026、100等窟以及许多其他的窟都是崩塌了一半或一角。尽管本地的老百姓对于这座“佛崖”有莫大的信心，但是必然有一天，或者由于再一次的地震，崖石的再一次崩塌是绝对可能的。到那时候的损失就不堪想象了。所以，为了长远的安全，我们建议政府能考虑以现代工程上应用的科学方法(如横穿崖石裂缝，贯以钢筋和灰浆)来巩固这个危崖，以保存我们民族一千四五百年以前所创造的，在艺术上有惊人造诣的人类文化的奇迹。

1953 年 12 月

三、考

麦积山石窟的创建年代（节录）

张学荣(酒泉人，麦积山文物保管所原所长)

关于麦积山石窟的创凿时代，从目前所能找到的资料来看，大致有以下几种说法：

1.据《高僧传·玄高》："(玄高)闻关右有浮驮跋陀禅师，在石羊寺弘法，高往师之，旬日之中，妙通禅法。跋陀叹曰：'善哉佛子，乃能深悟如此!'于是卑颜推逊，不受师礼。高乃杖策西秦，隐居麦积山。山学百余人，崇其义训，禀其禅道。时有长安沙门释昙弘，秦地高僧，隐在此山，与高相会，以同业友善。时乞佛炽磐跨有陇西，西接凉土，有外国禅师昙无毗来入其国，训以禅道，然三昧正受，即深且妙……高乃欲以己率众，即从毗受法……昙无毗既西反舍夷，二僧乃向河南王世子曼谗构玄高，云：蓄聚徒众，将为国灾。曼信谗，便欲加害，其父不许，乃摈高往河北林阳堂山……高徒众三百，往居山舍……"《高僧传》为南朝梁僧慧皎所撰，成书于公元 6 世纪初，所记事迹终于梁天监十八年(519 年)，距玄高在平城被戮时(444 年)70 余年，相隔时间不长，加之该书"辞理可观，且足资考史"(孙星衍手记)，因此，所记应该是可信的。

2.在五代人所撰的《玉堂闲话》中，提到了当时开凿石窟，有"古记云：六国共修"之语。其中"古记"指何书，"六国"指哪 6 国，均未明言。

3.现存南宋宁宗嘉定十五年(1222 年)《四川制置使司给田公据》碑云："伏睹本寺，继传名相，历劫胜因，群山围绕，中间突起一峰，镌凿千龛，现垂万象。上下万仞，中有三泉，文殊、普贤、观音圣水，万民祈祷，无不感应。始自东晋起迹，敕赐无忧寺，□□□给田供赡，次七国重修，敕赐石岩寺……"这里提到了建寺"始自东晋起迹"和"次七国重修"。哪 7 国，碑文也没有具体说明。

4.明崇祯十五年(1642 年)《麦积山开除常住地粮碑》云："其古迹系历代敕建者，有碑碣可考。自姚秦至今一千三百余年，香火不绝。"这里明确提出开凿麦积山石窟是从姚秦开始。在《方舆胜览》中也有记述:“麦积山在秦州东南百里,状如积麦,为秦地林泉之冠,姚秦时建瑞应寺,在山之后,姚兴凿山而修,千龛万象,转崖为阁,乃秦州胜景。”则进一步指明为姚兴所修。

5.在东崖第3窟到第4窟栈道旁边的崖石上,有南宋绍兴年间所刻题记一方,其中提到:“麦积山胜迹,始建于□秦,成于元魏,经七百年。”虽由于字迹漫漶,缺了一个最关键的字,但已明明说是“成于元魏”。所谓始建于□秦的“秦”,必然在元魏以前。而自佛教传入我国以后,元魏以前的秦,自然就是东晋十六国时期的前秦、后秦或西秦了。

综上所述,关于麦积山石窟的创凿年代,大致可归纳为以下3点:

第一,“始自东晋起迹”。

第二,“六国共修”“七国重修”。

第三,“始建于□秦,成于元魏”。此说或以为姚秦所开,或则明确提出为后秦皇帝姚兴所凿。

事实上,这3种提法,并无多大矛盾。但在后来的研究中,往往偏重在对某一记述的考订或推断,未能很好地对照石窟现状和结合当时的历史背景进行全面的分析,因此,便得出不同的结论。

首先,根据《高僧传》记载,玄高隐居麦积山时那里的佛事已有相当规模。玄高一生中所到过的地方,不论是西秦的枹罕,还是北凉的姑臧、北魏的平城,都有开石窟造佛像之举,因此他“杖策西秦,隐居麦积山”时,这里已开凿石窟,也是可能的。为此弄清玄高在麦积山的时间,对研究麦积山石窟的创凿便有了根据。

按冯国瑞《麦积山石窟大事年表》,玄高到麦积山是在公元424年,离开麦积山是在公元427年。事实上,这是值得商榷的。

这里需要说明的是,姚兴死于公元416年。麦积山当时地属秦州上邽,在416年以前,一直是后秦姚兴的国土,玄高如在这以前来麦积山,是不能称“杖策西秦”的。也就是说,玄高到麦积山时,应在416年以后。那么,玄高究竟是在什么时候来麦积山的呢?按《十六国春秋·乞伏炽磐传》,西秦永康五年(416年)夏四月,乞伏炽磐曾派大将昙达与王松寿“率骑一万击秦上邽”。同年10月,后秦“始遣使向西秦称藩”,上邽正式归入西秦的版图,玄高之“杖策西秦”,应在此时以后。

对这一问题,我们从玄高离开麦积山的时间及其徒众人数,也可得到证明。关于玄高离开麦积山的时间,据前引《高僧传》,当在玄高率众去西秦首府枹罕从昙无毗受法,河南王世子曼拟加害之时。考乞伏炽磐在位时间为412年到428

年。按《十六国春秋》,西秦建弘元年(420 年)正月,乞伏炽磐立次子暮末为太子,其时“世子曼”失势,已不可能加害玄高。

以此推断,玄高到枹罕最晚也应在公元 420 年以前。就在这时,玄高已有“徒众三百”。他到枹罕的目的,本来就是从昙无毗受教学禅的,因此,绝不可能在枹罕广招门徒。何况玄高被谗又是所谓“蓄聚徒众,将为国灾”,当时在各族纷争之际,这 300 徒众之所以能够引起西秦统治者的怀疑,也正说明他们大都是从麦积山带来的。由此可知,玄高之来麦积,应在 417 年 10 月以后,离开麦积,当在 419 年底以前。仅仅两年时间,其徒众即达二三百人之多,可见当时麦积山佛教之盛,加上在他来此以前,昙弘等人已“隐在此山”,且又有“山学百余人”,如无相应的石室和寺院,要容纳这么多的坐禅修道之士是不可能的。而天水麦积山一带,一直为后秦姚兴所有,417 年 10 月以后,始正式归入西秦,因此,麦积山石窟之开凿,当在西秦以前。由此可证,明崇祯十五年《麦积山开除常住地粮碑》中“自姚秦至今一千三百余年,香火不绝”的说法基本上是正确的。至于《方舆胜览》中所说的“姚兴凿山而修”,《晋书·载记》云,姚兴笃信佛教,“州郡化之事佛者,十室而九矣”,也说明姚兴在此开窟造像是极有可能的。

其次,关于《四川制置使司给田公据》碑中所说“始自东晋起迹”和南宋绍兴二十七年刻石题记中“始建于□秦”的问题。“始自东晋起迹”的提法是明确的。但是,“始建于□秦”就比较笼统了。按东晋王朝偏居江南一隅,其统治势力从未直接到达天水,在此开窟造像当然是不可能的。以碑和题记互相印证,就可看出,东晋虽不能在此开窟,但在东晋十六国时期的前秦、后秦和西秦都先后统治过天水,因此,这三秦中间不论哪一家开凿了麦积山石窟,从时代上来说,既可直称□秦,也可统称东晋。如前所述,石窟的开凿应在西秦以前,而迄今为止,尚未发现有前秦开凿麦积山石窟的记载,那么,麦积山石窟为姚秦开创的说法仍然是可行的。

第三,关于《玉堂闲话》中所说的“六国共修”和《四川制置使司给田公据》中所说的“七国重修”的问题。从字面上讲,所谓“六国共修”和“七国重修”的提法,应当是说,曾有 6 个或 7 个国家一起创建了麦积山石窟。由于前面所引的《玉堂闲话》是五代人所写,在“六国共修”之前又有“古记云”3 字,可见此“六国”不是五代十国的 6 国。至于《四川制置使司给田公据》碑中“七国重修,敕赐石岩寺”之前,有“始自东晋起迹”一语,后有“大隋敕赐净念寺,大唐敕赐应乾寺”云云,可见此“七国”应在东晋以后,隋、唐以前,当在十六国中间了。

所谓“七国”和“六国”究竟指十六国中的哪几个？按十六国后期，特别是在玄高到麦积山之前，与后秦同时并存的诸国中，有西秦、后凉、北凉、西凉、南凉、仇池、北燕、夏和代(北魏)等9个小王朝。这些小王朝或一度臣服后秦，或一度与后秦结好。据《十六国春秋》记载，后秦皇初元年(394年)，根据后燕慕容垂的意愿，姚兴便曾“遣使与燕结好，送太子慕容宝之子敏于燕”。皇初三年(396年)“杨盛保仇池，遣使请命，拜使持节、镇南将军、仇池公”。弘始三年(401年)，后凉王吕隆“遣使奉贡请降，兴答报嘉美，拜隆镇西大将军、凉州刺史、建康公”。同年，拜南凉王秃发傉檀为车骑将军、广武公，北凉王沮渠蒙逊为镇西将军、沙州刺史、西海侯，西凉王李暠为安西将军、高昌侯。弘始二年(400年)，西秦乞伏乾归“以穷蹙来降，拜镇远将军、都督河南诸军事、河州刺史、归义侯”。至于夏主赫连勃勃，弘始三年与没奕干“奔于秦州”，姚兴因见其“仪貌奇之”，拜为骁骑将军。在此期间，秦主姚兴南和东晋，西结柔然，且与北魏(代)通婚结好。直到弘始九年(407年)赫连勃勃称大夏天王，弘始十二年(410年)乞伏乾归、杨盛等又相继叛乱，那种修和结好的局面始有所改变。在这之前，由于姚兴大兴佛教，麦积山一带“地处关陇之会，介雍凉之间”，风景秀丽，西秦、南凉、北凉、后凉、西凉、仇池诸国来朝长安，多经此地，在诸国友好往来之际，“共修”和“重修”麦积山石窟，不但是完全可能的，也可以说是必然的。因此，所谓“六国”“七国”，应该是指这几国而言。

如上所述，麦积山石窟的开凿，当始于东晋十六国的后秦，时间在公元400年至410年这一阶段。

麦积山石窟的兴建①(节录)

金维诺(中央美术学院教授)

关于麦积山石窟的兴建与沿革，有许多不同的估计。为了弄清这些问题，不能不从实地考察获得直接的资料，以之与文献相印证。

1962年我带领中央美术学院美术史系学生在麦积山实习时，仔细考核了一些铭记，并追寻了一些铭刻的原来所在，这对于了解麦积山洞窟的兴建与变革，多少提供了一些线索。

在攀登第4窟散花楼时，偶然发现上层阶梯转角的崖面有极不清楚的铭刻，

①选自金维诺1998年发表于文物出版社出版《中国石窟·麦积山石窟》中《麦积山石窟的兴建及其艺术成就》一文，标题有删节。

经反复识读，知为1953年麦积山勘察团已经著录过的“登第4窟阶梯石壁刻石”。这崖面残留的极不明显的刻字早为勘察团发现,而我们多次来此参观却未曾注意到,说明勘察团的工作是极为细致的。这次经仔细识读并摹拓,又增补了一些字。兹录当时所能辨认的文字于下:“麦积山阁胜迹,始建于姚秦,成于元魏,约七百余年,四郡名显。绍兴二年岁在壬子,兵火毁□。至十三年,尽境安宁,重修再造,二十七年丁丑,方就绪。此□因□迹□□,阎桂才刻石以记之。”

这一石刻题记虽甚简略,但为我们提供了几个重要的事件年代。阎桂才在南宋绍兴二十七年(公元1157年)刻石记载阁道绍兴二年(公元1132年)曾毁于兵火,到十三年(公元1143年)重新修造,二十七年(公元1157年)方就绪。使我们知道麦积山在南宋时的兴废状况以及再建木构栈道等工程历时近14年。阎桂才称“麦积山阁胜迹,始建于姚秦,成于元魏,约七百余年,四郡名显”。他在南宋时记述这些明确的时代,显然是古代遗迹犹存或有碑刻为依据的。这和《方舆胜览》的记述“麦积山在天水县东南百里,状如麦积,为秦地林泉之冠,上有姚秦所建寺”;“瑞应院在麦积山,后秦姚兴凿山而修,千崖万象,转崖为阁,乃秦州胜境”是相符的。明姚隆运在崇祯十五年《麦积山开除常住地粮碑》上也说:“其古迹系历代敕建者,有碑碣可考。自姚秦至今一千三百余年,香火不绝。林峦幽峭,松桧阴森,有瀑布泻出苍崖之间,天然奇景也。”

关于建寺沿革,宋嘉定十五年(公元1222年)《四川制置使司给田公据》碑上转引瑞应寺主持重遇状称:“伏睹本寺继传名相,历劫胜因,群山围绕,中间突起一峰,镌凿千龛,现垂万象。上下万仞,中有三泉,文殊、普贤、观音圣水。万民祈祷,无不感应。始自东晋起迹,敕赐无忧□□,□□给□供赡;次七国重修,敕赐石岩寺;大隋敕赐净念寺;大唐敕赐应乾寺;圣朝大观元年于绝顶阿育王塔傍地产芝草三十八本。蒙秦州经略陶龙图具表进上。奉敕改赐瑞应寺。”可知东晋时麦积山已建寺。姚兴时,江南仍为东晋,是所记始建时代并无不同。

再从《高僧传·玄高传》可知玄高曾“杖策西秦,隐居麦积山。山学百余人,崇其义训,禀其禅道。时有长安沙门释昙弘、秦地高僧隐在此山。与高相会,以同业友善”。玄高是公元420年左右经此去西秦，当时昙弘及秦地高僧以及山学百余人在此活动,说明在此之前当姚兴时期麦积山已经是禅僧聚集之地了。

羌人姚苌得到西州豪族的支持与北地、新平、安定羌胡10余万户的拥护,于晋太元九年(公元384年)在关中建立了后秦。姚苌在政治上有一定作为。史籍上称他“修德政,布惠化,省非急之费,以救时弊”“立太学,礼先贤之后”,令诸镇“各置学官,考试优劣,随材擢取”。其子姚兴继位,经济、文化上更有发展,关中“俗阜年丰,还安辑”。姚兴大兴儒学。天水姜龛、东平淳于岐、冯翊郭高等都是当时的“耆儒硕德”,教授长安,“诸生自远而至者万数千人”。姚兴“于听之暇,引龛等于东堂讲论道艺,错综名理”。姚兴又大力提倡佛教,请鸠摩罗什于逍遥园澄玄堂演说佛经。姚兴与鸠摩罗什及沙门僧略、僧迁等 800 余人考校佛经。罗什持胡本,姚兴执旧经,以相考校。由于姚兴的支持,鸠摩罗什得以重译诸经。姚兴为了维护后秦的统治,提倡讲学和翻译佛经,对当时的封建文化与佛学的传播,做出了一定的贡献。秦州是其故里,在秦州林泉之冠的麦积山修建佛教寺院是必然的。直到现在,似乎还残留着某些有关的遗迹。

值得注意的还有第 76 窟,1953 年勘察团未能攀上此窟,只从望远镜里窥视到其中有 1 佛 2 菩萨造像,定为魏窟。这是一个 1 米见方的小窟,除主尊佛像与左、右壁 2 菩萨外,壁上部有小龛一周,内皆为坐佛。壁下部尚有影塑供养人数身。窟顶之壁画飞天尤翠丽如新。在主尊方形佛座前面有铭记。表层只有墨线长条空格,已不见字迹(或者是重修时尚未来得及题铭)。在中央剥蚀部分露出底层铭记 2 行:

“南燕主安都侯□□□姬□□□后□造……”

按南燕未曾领有秦州,麦积山如何竟出现南燕题铭,颇值得玩味。根据历史记载:慕容德于东晋隆安二年(公元 398 年)正月率户 4 万徙滑台,称燕王,统府行帝制,改后燕永康三年为元年。次年慕容德引师而南,进据琅邪、莒城,北入广固,即皇帝位于南郊,又改元为建平元年,是为南燕。慕容德在前秦时就任过张掖太守。其兄慕容纳为广武太守,去职后,与母公孙氏就弟德家于张掖。慕容德从苻坚南征,曾留金刀于母处。后慕容纳和德的儿子都被张掖太守苻昌杀害,公孙氏与纳妻段氏得到狱掾呼延平的救助逃入羌中。段氏于羌中生慕容超。慕容超后娶呼延平女,并随凉州民徙于长安,变姓改名后,逃归南燕,于建平五年到达广固,见到叔慕容德“呈以金刀,具宣祖母临终之言”,被封为北海王,拜侍中、骠骑大将军、司隶校尉,开府置佐吏。十一月德立超为太子。德死,超即皇帝位,改建平六年为太上元年(公元 405 年)。

慕容超由于母亲段氏和妻子呼延氏仍在后秦,于是在三年(公元 407 年)七月遣中书令韩范聘秦。姚兴许还超母妻。八月秦使兼员外散骑常侍韦宗还聘。超北面受诏,复遣仆射张华、给事中宗正元入长安,送太乐伎120人。姚兴大悦,还超母妻,十月慕容超遣征虏将军公孙五楼率骑2000迎于境上。超亲率六宫迎于马耳关。四年正月大赦。尊父北海王为穆皇帝,母段氏为皇太后,居长乐宫,妻呼延氏为皇后。

根据以上记载,说明南燕确曾数度报聘于后秦,遣使称藩。铭记称"南燕主安都侯",安都侯可能为后秦所册封。例如:后秦弘始三年(公元401年)凉王吕隆遣使请降于秦,拜为镇西大将军、凉州刺史、建康公;弘始四年秦拜秃发傉檀为车骑将军、广武公;拜北凉王沮渠蒙逊为镇西将军、沙州刺史、西海侯;拜西凉王李暠为安西将军、高昌侯;赫连勃勃奔于秦州,亦拜为安北将军、五原公;弘始十一年(公元409年)秦遣使册拜谯纵为大都督、相国、蜀王;弘始十三年(公元411年)拜西秦乞伏乾归都督陇西、岭北杂胡诸军事、征西大将军、河州牧、单于、河南王。可知南燕称藩于秦,慕容超并北面受诏,同样会受册封。而安都侯封地适在燕领地。汉时文帝四年封齐悼惠王子志为安都侯,安都城当在齐境内。张守节《史记正义》称:安都故城在瀛洲高阳县西南39里,则属涿郡。涿郡在三国魏黄初中改名范阳。慕容垂曾封慕容德为范阳王。后秦可能亦因之封慕容超为安都侯。故有"南燕主安都侯"之称。这正符合在后秦境内题铭不得不写秦封号的情况。

第76窟题虽剥蚀不全,但主要字迹已可显示其内容为南燕主安都侯妻□□□姬的造像铭。弘始九年(公元407年)慕容德遣使迎母妻归国,其妻呼延氏在行将东归之际,命人开龛还愿,按当时情况,亦在情理之中。所以后秦佛教胜地麦积山出现南燕主安都侯妻室造像铭,并非偶然。南燕王慕容超有安都侯封号亦可补史籍之未详。

麦积山第76窟底层铭记既有南燕题铭,此窟当建于弘始九年。但窟中造像与壁画曾经后代重新妆銮。现存壁画供养人部分尚涂有灰浆,似准备重绘,与台座铭记被涂尚未及重题一样。窟顶莲花藻井,四周伎乐飞天一周,色彩明丽,似为北魏晚期所绘。从中部莲心仍可见到底层原有莲花较偏后,重绘时莲心移向前部。此窟虽经重修,但窟内布局以及主要造像仍可窥见初建时之形制,窟建于弘始九年(公元407年),又早于炳灵寺西秦建弘元年(公元420年)龛13年。这一题铭的发现,不仅证实麦积山确实创建于十六国姚秦时期,史称"六国共修"盖亦有所据,而且对于佛教造像形制的发展,又提供了新的研究资料。

第二节 题 签

1953年麦积山文物保管所成立后,设题签簿,供游览者题签。选录如下:

1956年11月北京英国代办处包士敦:"在印度,我参观过'阿珍卡',在中国我参观了'麦积山'。这两处都表示出佛的光荣以及佛家的传统,他们都有保存的必要。"

1957年6月16日苏联专家 B·阿尔曼德·罗卓诺夫、H·卡班诺夫、凯司·彼得洛夫:"我们参观了如此伟大而美好的古迹——麦积山石窟,感到极其高兴。这里我们谨向在研究和整修这座可列入世界文化宝库的著名古迹做了巨大工作的中国人民政府及中国历史学家和艺术家们致以感谢,并对许多世纪以来一直保持着这些古代文化(艺术)作品的中国人民表示深深的敬意。"

法国记者 朱哥博士:"我在这里度过了非常愉快的旅程,时间太仓促。雕刻与美丽的景色相结合。"

9月5日印度学生西阿德里:"麦积山石窟座落在青山绿水间的悬崖峭壁之上,里面有古老朝代的雕塑。所有这些石窟都很好,同时也为参观准备了良好的条件。"

1958年6月9日波兰伏洛落瓦夫农学院:"我们赞美这山谷中的古老的宗教文化的极妙的雕刻和绘画艺术。美妙的和带有神秘的境地给了我们许多深刻的印象。这里表示出伟大而聪明的中华民族知道怎样尊重和保护自己祖先的遗产。"

6月28日苏联雕刻家尼·克林杜霍夫:"中华民族的卓越古迹——麦积山留给我不可磨灭的印象。全部丰富多彩的塑像代表着艺术的各个不同发展阶段。北魏和宋的雕塑在我看来是最引人入胜的,他们具有惊人的内心世界,极富表现力的构图和雄伟的形体。"

9月27日苏联专家阿·列兹尼科夫:"我怀着十分景仰的心情,参观了这气象万千的麦积山石窟。这是我在山西大同参观了云冈石窟以后看到的最壮观的古迹。麦积山周围风景秀丽,更使人们感到先人遗留的劳绩伟大壮观。"

1960年春,中共甘肃省委书记处书记、甘肃省副省长王秉祥等:"巍巍麦积山,美名天下闻。六朝奇秀峰,今生更多彩。"

10月18日中央美术学院雕塑研究班全体同志:"麦积山石窟是我国古代的艺术宝库之一,也是古代劳动人民辛勤劳动和智慧的结晶。特色之一在于它力图突破佛教教仪束缚，并以卓越技巧和高超艺术才能，创造出充满生活气息、情感内在、处理简练、形象优美、造型完整的作品……."

1961 年 4 月 16 日中共中央监察委员会副书记钱瑛等："麦积山峰险又高，劳动人民智更超。工精艺巧描当代，千秋万世永不凋。"

1965 年 8 月 18 日甘肃省规划工作组："麦积石窟是祖国的文化艺术宝库，是我国古代劳动人民智慧的结晶。我们深信，随着祖国社会主义建设事业的蓬勃发展，麦积山将更加异彩迸发。"

1983 年 8 月 26 日中共中央书记处书记邓力群："风景优美，文物精华，景艺兼备，妥善保护。"

1984 年 5 月 9 日美籍华裔学者李政道："渭水天上来，麦丰积成山。雕塑甲古今，造物传万世。"

8 月 9 日意大利布·马尔凯蒂："自然环境和人类天才创造了麦积山这一中国和世界奇迹。敦煌以其绘画著名，这里却有全部的雕塑历史！"

1985 年 4 月 14 日甘肃省省长陈光毅："麦积奇观，独树一帜。"

9 月英籍华裔作家韩素音："这里展示了中国最伟大的过去。佛教是当今之世最为人所需的一种哲学的传播工具。它沿着世人所说的'丝绸之路'而来。这条'丝绸之路'也是条进行思想、艺术、贸易以及哲学交流之路。我们在此看到中国接受着、适应着、改造着佛教，将它同中国的文化融为一体。它成了中国文化的一部分，成了中国艺术、中国创造动力的一部分。今天，正值西方世界再次感觉到佛教伟大的价值之际，在此佛教圣地做长久的逗留是必不可少的。

"人怎么能在了解自己的同时也了解他人呢？人怎样才能创造出一个大同的世界呢？人们只有通过了解历史才能做到这些。

"我在此地不仅学到艺术，也学到了艺术的原动力，这便是生活本身。中国政府耗资三百万元人民币用于保护、修复这一世界奇观，使我反思不已。"

1987 年 8 月 23 日中共中央顾问委员会委员、中共广东省委原书记任仲夷："麦积山今古奇观。"

9 月 20 日最高人民法院院长郑天翔："保护民族文化，研究民族文化，发展民族文化。"

9 月 28 日著名雕塑家、1953 年文化部麦积山考察团成员王朝闻："重来麦积山参观石窟艺术，后悔没有多来研究所。同志们热情保护了一二三窟供养人和其它石窟中的珍贵文物。一二三窟的供养人才在三十四年后仍然保持着她们的稚气、憨气、天真气，仍然笑得那么自尊、虔诚、自然和令我感到亲切，毫无故作高兴以讨好游人的苦相。泥塑是人们创造出来的创造成果，显示了人的品格。透过泥塑形象所显示的高尚品格，不仅是人们的审美对象，也是如何建设社会主义文化所必须。”

1988年□月25日英国美术史家约翰·弗莱明、休·奥纳：“这里毫无疑问是世界上最伟大的艺术遗址之一。但这里不仅是艺术遗址，也是一处伟大的宗教遗址，有着美丽的自然风光。这是我们在中国所看到的最美丽的地方。那些著名的雕塑依然是那样楚楚动人，保存完好，构成了世界杰出的雕塑宝藏。”

1989年5月4日日本日中友好协会理事长、松山芭蕾舞团团长清水正夫等：“来到我心目中的故乡麦积山，把我的心永远留在这里。”

9月22日全国人大常委会副委员长费孝通：“积麦竟成山，贫困何谓哉？富裕在人为，佛自民间来。”

1993年9月陕西师范大学教授霍松林：“山水麦积秀，雕塑海外夸。”

1996年5月31日兰州军区政委温宗仁：“麦积石窟，闻名遐迩。”

2000年7月23日美国政府国际贸易部对华港投资专员本·巴：“在美丽的地方和友好的人相聚是我永久的回忆。”

7月29日沙特阿拉伯王国穆斯德尔·舍姆拉里：“我和我的同事游览了麦积山，看到了中国古代的文明和艺术。这是中国古典文化的结晶。”

2002年11月9日国际古迹遗址理事会世界遗产协调员亨利·克利尔：“这是一次真正的让我难以忘怀的参观。该石窟是非常有意思的，我衷心希望每个人都来参与该遗产的保护和研究工作。”

2003年4月19日全国妇联副主席李宝光：“佛家艺术至宝，世上绝美奇珍。”

2004年8月6日外交部部长李肇星：“积麦积香，和而谐之。”

11月26日英国皇家雕塑协会主席安东尼·司顿斯：“麦积山是中国雕塑最完美的历史遗存，是全世界人都值得学习和欣赏的宝库。我希望在西方有更多的人了解麦积山，它是一座真正神奇的山。”

2005年8月13日铁道部原部长韩抒滨：“麦积石窟，凌空穿云，神形兼备，世间罕见。”

第三节 名人游历

姓名	身份	时间	说明
元戊(戌)	西魏武都王、秦州刺史	大统年间(535–551年)	魏文帝元宝炬、乙弗氏次子
乙弗氏	西魏文帝元宝炬皇后	大统六年(540年)	随子居秦州、奉诏自尽后葬麦积山
李允信	北周大都督	周武帝宇文邕时(561–578年)	在麦积山为王父造七佛龛
杜甫	唐代著名诗人	乾元二年(759年)	有《山寺》诗
王仁裕	五代文学家、诗人	后梁乾化元年(911年)	有《麦积山》诗
李师中	北宋河东都转运使	熙宁三年(1070年)	有刻石题记
蒋子奇	北宋陕西转运副使	元丰四年(1081年)	有刻石题记
游师雄	北宋提点秦凤等路刑狱公事	元祐六年(1091年)	有刻石题记
胡缵宗	明文学家、诗人、曾任至巡抚	正德十五年(1520年)	有《与麦积山上人》诗
甄敬	明巡按陕西御史	嘉靖三十八年(1559年)	留有《登麦积岩三首》和《麦积山遇雪》诗，并刻成诗碑
韩君恩	明巡按陕西御史	嘉靖四十二年(1563年)	与分巡陇右道甘茹同游,有石刻题记
毕沅	清巩秦阶道，后任至湖广总督	乾隆三十二年(1767年)	有《麦积山》诗
任其昌	清末诗人、陇南书院山长	光绪七年(1881年)	留有诗、文

续表

姓　名	身　　份	时　间	说　明
冯国瑞	著名学者、考古专家	民国30年(1941年)	著有《麦积山石窟志》,后多次上山筹划保护事宜
张大千	国画大师	民国32年(1943年)	作《观音图》留瑞应寺
罗家伦	中央大学校长	民国33年(1944年)	留有对联、条幅
斯蒂文斯·阿克陶(女)	法国考古学家	1956年10月	
邓宝珊	甘肃省省长	1958年4月13日	
李约瑟	英国英中友好协会会长	1958年7月22日	
李雪峰	中共中央书记处书记	1960年10月7日	1984年复游1次(时任全国政协常委)
钱瑛(女)	中共中央监察委员会副书记	1961年4月16日	
汪　峰	中共甘肃省委第一书记	1962年5月	
肖　克	解放军上将,农垦部副部长	1962年7月	
王冶秋	国家文物事业管理局局长	1963年	考察
杨·米尔达	瑞典瑞中友好协会名誉主席	1976年6月27–28日	
肖　华	兰州军区第一政委	1977年10月30日	1981年8月中旬、1983年7月19日复游,留有《登麦积山》诗
韩先楚	兰州军区司令员	1977年10月30日	与肖华一起到麦积山指导工作
冯纪新	中共甘肃省委第一书记	1981年8月中旬	
杜义德	兰州军区司令员	1981年8月中旬	
陈慕华(女)	国务院副总理	1981年9月5日	
方　毅	国务院副总理	1981年10月2日	
胡耀邦	中共中央总书记	1983年7月19日	
杨静仁	全国政协副主席	1983年7月19日	与胡耀邦一同到麦积山,肖华陪同
李子奇	中共甘肃省委第一书记	1983年7月19日	陪同胡耀邦到山。1991年8月复游1次
邓力群	中共中央书记处书记	1983年8月26日	

续表

姓　名	身　　　份	时　间	说　明
李政道	美籍华裔著名物理学家	1984 年 5 月 9 日	
河合代悟	日本静冈市市长	1984 年 6 月	
陈光毅	甘肃省省长	1985 年 4 月 14 日	
贾志杰	中共甘肃省委副书记，后任甘肃省省长	1985 年 4 月 14 日	
韩素音(女)	英籍华裔著名作家	1985 年 9 月	
杨植霖	甘肃省政协原主席	1986 年 5 月	
任仲夷	中顾委委员，中共广东省委原书记	1987 年 8 月 23 日	
郑天翔	最高人民法院院长	1987 年 9 月 20 日	
朱穆之	中顾委委员，文化部原部长	1988 年 5 月 24 日	
哈米什海	新西兰克赖斯特彻奇市市长	1989 年 4 月	
清水正夫	日本日中友好协会理事长	1989 年 5 月 4 日	
费孝通	全国人大常委会副委员长	1989 年 9 月 22 日	
贺敬之	文化部代部长	1990 年 9 月 2 日	
顾金池	中共甘肃省委书记	1991 年 4 月 10 日	
张　震	中顾委委员，上将，后为中央军委副主席	1991 年 5 月 4 日	
碧　福	加拿大驻华大使	1991 年 5 月 13 日	
钱伟长	全国政协副主席，著名物理学家	1991 年 8 月 6 日	
葛士英	甘肃省政协主席	1991 年 8 月 7 日	
袁宝华	中顾委委员，国家经济委员会原主任	1992 年 6 月 6 日	
江泽民	中共中央总书记，中央军委主席	1992 年 8 月 13 日	
尹克升	中共青海省委书记	1992 年 9 月 12 日	
朱　良	中共中央对外联络部部长	1992 年 9 月 12 日	
孙　英	中共甘肃省委副书记，后任省长、省委书记	1994 年 7 月 15 日	

续表

姓　名	身　　份	时　间	说　明
张太恒	济南军区司令员	1994 年 8 月 10 日	
巴忠倓	武装警察部队司令员	1994 年 8 月 19 日	
王丙乾	全国人大常委会副委员长	1994 年 8 月 26 日	
温宗仁	兰州军区政委	1996 年 5 月 31 日	
朱镕基	中共中央政治局常委,国务院副总理	1996 年 6 月 30 日	甘肃省委书记阎海旺、省长孙英陪同
乔　石	全国人大常委会委员长	1996 年 8 月 22 日	阎海旺、孙英等陪同
邹家华	国务院副总理	1997 年 6 月 11 日	
宋照肃	甘肃省省长	1998 年 10 月	
李铁映	中共中央政治局委员,中国社会科学院院长	1999 年 8 月 18 日	留有长篇题记《访麦积山记》
杨汝岱	全国政协副主席	1999 年 8 月 28 日	
任建新	全国政协副主席	2000 年 9 月 1 日	
王光英	全国人大常委会副委员长	2000 年 9 月 12 日	
于永波	解放军总政治部主任	2002 年 5 月 17 日	
张思卿	全国政协副主席	2002 年 8 月 24 日	率全国政协文化考察团视察
单霁翔	国家文物事业管理局局长	2003 年 1 月 20 日	考察
刘永治	兰州军区政委	2003 年 3 月 9 日	
谢旭人	国家税务总局局长	2003 年 6 月 21 日	
许嘉璐	全国人大常委会副委员长	2003 年 9 月 16 日	此前 1991 年首次至麦积山，后 2005 年 7 月 3 日三至,均留有诗作
李肇星	外交部部长	2004 年 8 月 6 日	
李　蒙	全国政协副主席	2004 年 8 月 22 日	
安东尼·司顿斯	英国皇家雕塑协会主席	2004 年 11 月 26 日	
韩抒滨	铁道部原部长	2005 年 8 月 13 日	
周铁农	全国政协副主席	2006 年 7 月 2 日	
顾秀莲(女)	全国人大常委会副委员长	2006 年 7 月 15 日	
郝建秀(女)	全国政协副主席	2007 年 6 月	
何振梁	中国奥委会主席，国际奥委会副主席	2007 年 8 月 26 日	

第七章 保护 修复 研究

第一节 保护 勘察

一、保护

麦积山在历史上一直由僧人自行管理。僧人少则10余人,多则达百人。历代均有高僧住锡,主持佛事,并管理龛院。其可考着,后秦有度杯,西秦有玄高、昙弘、玄绍,唐有智龙、迥觉,宋有圆通、明觉、师众、智诩、重遇,明有宝鉴、寂空、泰能、能信。清乾隆五年(1740年),临济正宗由西安雁塔寺移锡住入。寺僧供奉牌位有:理泰、宝印、圆慧、湛然、景峰、应峰、果然、了意。僧徒生活靠寺院常住香火田及化缘、布施等收入维持。直至民国时,豆积山豆积寺、香积山香积寺,以及李子园普华寺、街子口崇福寺、柳家坪朝阳寺、朱家后川净土寺,均尊麦积山瑞应寺为佛家上院。民国后期,成立天水麦积山建修保管委员会,仍由僧人组成,并建麦积山山馆。中华人民共和国成立后,10多名僧人在土地改革前还俗,仅留1人看管寺院。

机构　中华人民共和国成立后不久,为加强对文物古迹的保护,决定由政府直接管理。1953年9月,成立天水麦积山文物保管所,上隶天水县文教局,职工3人。1961年3月国务院公布麦积山石窟为全国重点文物保护单位后,次年改属甘肃省文化局,其后管理人员增多,在文物管理、保护研究、基本建设诸方面渐次规范、有序。"文化大革命"运动前期,又改由天水县代管。沿至1973年,再属省文化局。1975年成立麦积山加固工程办公室后,由办公室统筹负责保护、加固事宜，其时管理人员增至数十人。负责筹备并进行石窟维修加固工程。1986年6月，文物保管所改名天水麦积山石窟艺术研究所，成为县级事业单位（原为科级),由原来的单纯保护管理增加研究职能。额定编制70人,设7个科室:保护研究室、美术研究室、资料室、接待室、保卫科、政工科、办公室。保护研究室负责文物保护及研究,美术研究室负责美术临摹、研究和创新,资料室负责图书管理、资料收集,接待室负责接待服务,保卫科负责安全保卫,政工科负责对所内职工的组织管理,办公室负责综合行政事务。

范围　麦积山石窟历来划有保护范围。至清代,东至天池坪,南至老庵大梁,西至庙沟梁,北至前湾石堡。此外还有数百亩香火田。1952年土地改革时,香火田分配给农民。1962 年 2 月,甘肃省人民委员会经文化部同意,重新划定麦积山石窟保护范围。分内圈和外圈,其内圈东至后崖沟(约 500 米),西至上河沟(约 500 米),南至小沟门(约 700 米),北至小献山(约 500 米);外圈东至天池坪—三扇崖(约 2500 米),西至四坡梁—豆积山—油笼山(约 2500)米,南至香积山(约 2500 米),北至四沟河—天河桥(约 2500 米)。规定内圈为重点保护范围,为绝对安全区域,外圈为一般保护区。1999 年 3 月,省人民政府重新公布所属全国重点文物单位保护范围时,对以上范围重新予以确认。

措施 麦积山石窟,历来未采取防护设施,任其风雨侵蚀、飞鸟筑巢以及人为损坏。文物保管所成立后最初近 10 年,由于人员少,职责仅是看管石窟、寺院。1961 年国家明令重点保护后,始加强保护,并采取一系列保护措施。1962-1966 年,陆续清除洞窟内积存的鸟粪、垃圾,安装 130 余个洞窟的铁纱窗,搭设 70 米防护遮檐,并对濒危塑像、壁画和残破碑刻采取应急保护措施。同时,还清理和修缮瑞应寺及其周围环境。20 世纪 80 年代,社会上盗窃文物之风泛起,1984 年加固工程完成并对外开放后,文物管理所即设专职人员加强保护。1986 年,研究所保卫科又成立经济民警警卫队,设警卫 10 余人,并配备警犬昼夜值班守卫。1994 年,在开放的 20 多个洞窟上安装防盗钢门,还在一些特级洞窟内安装玻璃防护屏风以及报警器和电视监控系统。后又普遍配置防火器材及避雷设施。2006 年,对已安装的安全防范报警监控系统采用新技术,全面升级换代。

二、勘察

民国 30 年(1941 年),应邀从四川往兰州就任西北师范学院教授的著名学者冯国瑞途经故乡天水,在整理家乡文献时,搜集到一些有关麦积山石窟的史料,遂于农历四月到麦积山勘察,通过抄录碑文、为洞窟编号、勘察地理等取得石窟第一手资料。勘察后,撰成《麦积山石窟志》。

民国 32 年(1943 年),奉省政府命,天水中学校长范沁勘察麦积山,绘制方位等图,并提出保护规划。次年,冯国瑞与学者刘文炳再次考察麦积山,又一次对石窟编号,并提出调查报告,呈省政府。

民国 34 年(1945 年),北京大学阎文儒到麦积山调查,撰写调查报告及考释计 3 篇。民国 36 年(1947 年),冯国瑞再次考察时,请得当地木工文得权,攀上西崖峭壁高处,发现了万佛洞,始知洞中有 18 块造像碑,冯国瑞作《天水麦积山西窟万佛洞铭并序》记其事。同年,敦煌艺术研究所李浴到麦积山调查,亦提出调查报告。

1952年11月，西北军政委员会文化部麦积山石窟勘查小组在敦煌文物研究所所长常书鸿带领下，由美术、考古、测绘等专业人员经过30天的考证、摄影、测绘和重点临摹，对石窟进行首次较为详细的勘察。

1953年，中央人民政府文化部为详尽、全面勘察麦积山石窟，组织由中央美术学院教授吴作人率领的勘察团，于7月末抵达麦积山勘察。勘察团由考古、美术、艺术理论、测绘、摄影等方面专家学者及专业人士组成，其中有王朝闻、常任侠、李瑞年、罗工柳、邓白等，时任省政府文化教育委员会委员、省文物管理委员会主任的冯国瑞也参加勘察。勘察团进行临摹、测绘、摄影、翻模及研究工作，至8月底结束。《文物参考资料》1953年第8期作专题报道。次年，勘察团在《文物参考资料》第2期发表《麦积山勘察团工作报告》《麦积山石窟内容总录》《麦积山石窟大事年表》《麦积山勘察团工作日记》等。

60年代初，以北京大学阎文儒为首，中国佛教协会、甘肃省博物馆和敦煌文物研究所参与，对所有洞窟进行全面考察。1963年甘肃省博物馆文物工作队与甘肃省图书馆部分专业人员，又进行一次考察，对重点洞窟进行测绘、摄影、文字记录。麦积山文物保管所张学荣等人，完成洞窟的初步分期断代。

第二节 加固修复

一、山体加固 麦积山崖体由第三纪砂砾岩构成，结构较疏松，加之崖壁高峻，洞窟密集，在历次大地震中均有不同程度的坍塌。倘遇强烈地震，会有再度坍塌的危险。1953年文化部勘察团的《勘察报告》中，即“建议政府能考虑以现代工程上应用的科学方法（横穿崖石裂缝，贯以钢筋和灰浆）来巩固这个危崖，以保存我们民族一千四五百年以前所创造的，在艺术上有惊人造诣的人类文化的奇迹”。1972年，国家文物事业管理局党组书记刘仰乔带领专家到麦积山，经现场勘测分析，认为应该加固，并提出三种方案。第一方案是只加固东崖，措施是粘、锚、顶、罩，西崖文物搬迁；第二方案是东西崖同时加固；第三方案是对东西崖裂缝危岩进行临时性抢救加固。次年，国家文物局批准按第一种方案加固。同年下半年，甘肃省建筑勘察设计院承担设计任务后，认为西崖也能加固，并提出“锚杆档墙、大柱支顶、化学灌浆粘结”的加固方案。1974年，组织有关人员到敦煌、云冈参观，学习石窟维修加固经验。1975年，省建筑科研所进行喷锚锚杆试验，并获得成功。1976年,加固工程正式开始。承建施工的省建筑工程第五公司,一面施工,一面继续完善加固技术。此后,有关专家又相继提出非预应力锚杆和在两崖中下部开挖大梁洞,以便作悬挑梁柱支顶上部危石的意见。1978年,国家文物事业管理局批复同意改用非预应力锚杆配合钢筋挂网喷射混凝土的"喷锚支护"加固方案,但不得开挖大梁洞。后来在加固东崖的实践过程中,又补充粘、托等措施。故后来称"喷、锚、粘、托"加固方案。施工过程中,1977–1981年完成西崖的施工,1982–1984年完成东崖施工。并随着工程的进展,还架设东西崖钢混栈道1000多米,搭建雨棚70余米,对70多个洞窟的420米延长裂缝灌浆粘结,重新安装洞窟铁纱木门200个。1984年5月竣工,总投资300万元。

二、文物修复　文物修复包括塑像修复和壁画修复。由于年深日久,麦积山石窟塑像和壁画许多遭到损坏,有的塑像倾斜,或者残损,壁画或脱破,以至局部剥落。1970年前后,文物保管所工作人员采用传统工艺和现代技术相结合的方法,对100余身塑像和100多平方米壁画作初步加固维修。石窟艺术研究所成立后,对部分壁画和塑像开始抢救性修复。至2007年,计修复塑像68身,修复壁画124平方米。

第三节　临摹研究

一、临摹　石窟文物临摹,始于20世纪50年代初。1952年西北军政委员会文化部和1953年中华人民共和国文化部勘察时,一些专业人员即做过临摹。文化部勘察组成员王朝闻等人临摹的4幅壁画还发表于1954年出版的《麦积山石窟》图册上。20世纪60年代,所内工作人员曾临摹塑像100多身。麦积山石窟艺术研究所成立后,成立美术研究室,组织专业人员对洞窟壁画和塑像进行临摹。至2007年,累计完成临摹品70余件,有佛、菩萨、弟子、力士、飞天及供养人造像;完成壁画临摹品40余平方米,包括17平方米的大型长卷本生故事画。主要临摹品有:第26窟正壁斜坡壁画《涅槃经变图》,面积6.46平方米,为北周原作,画面精致,属北周壁画中精品;第4窟第一龛上部"薄肉塑"飞天壁画;第27窟正壁斜坡《法华经变》及右披残余部分,面积5.7平方米,为北周原作,人物众多,山石树木密布;第123窟阿难、迦叶雕塑;第62窟两身北周弟子雕塑;第127窟《西方净土变》壁画,作于北魏,保存较完整,全图长4.7米,高2.1米,总面积近10平方米,画面内容极为丰富,属国内现存的同期规模最大、水平最高的一副鸿篇巨制。

临摹品1986年在所内文物陈列室展出。1990年起,又遴选部分临摹精品参加陕西省博物馆举办的“汉唐丝绸之路文物展”和在日本举办的“中国麦积山石窟展”等展览。

二、研究 近代对麦积山石窟的研究,始于民国30年(1941年)冯国瑞对麦积山石窟的勘察。是年冯国瑞勘察后,又在考证大量史料的基础上,撰成《麦积山石窟志》,刊印发行。其志为第一部全面介绍麦积山石窟历史和当时状况的书籍。志书出版后,《大公报》《益世报》《燕京学报》等先后作过专题报道,引起世人注目。之后,有北京大学阎文儒、敦煌艺术研究所李浴等先后至麦积山,做考察研究,均提出考察报告,对麦积山的历史沿革、文物修建都有深入研究(其中阎文儒的研究后汇集于1984年出版的《麦积山石窟》一书中)。

20世纪50年代的研究,由于文物保管所尚无专业研究人员,主要是所外工作的专家学者发表的论文或出版的专著。其中有冯国瑞1951年在《文物参考资料》上发表的《天水麦积山石窟介绍》,日本考古学者福田敏男1953年在《美术史》发表的《麦积山石窟寺》,文化部勘察组成员王朝闻1954年在《人民画报》上发表的《麦积山石窟艺术》,冯国瑞同年在《文物参考资料》上发表的《麦积山石窟大事年表》。文化部社会文化事业管理局1954年还编辑出版《麦积山石窟》图册,收入黑白图版161幅。日本学者名取洋之助1957年也出版《麦积山石窟》一书,并在《世界》杂志上发表《走访麦积山石窟》一文。

20世纪60年代中后期,由于“文化大革命”运动的开展,研究中止。20世纪70年代,研究者仍很少,外界无人参与,仅有文物保管所所长张学荣(甘肃酒泉人)在《甘肃画报》《文物》上发表过介绍性文章。

为推动石窟艺术研究,一些专业人士1979年成立麦积山艺术研究会。研究会不仅有所内专业研究人员,还有省内一些研究机构人员参加。此后,研究文章渐多。随着国家对文物事业管理的重视,所内开始编印介绍石窟艺术的专著或研究论文汇集。

1980年,由麦积山文物保管所和麦积山艺术研究会共同编印《麦积山石窟资料汇编》(初集),收集国内外已公开发表的有关专论、报道、书摘、简介、诗歌等30多篇,重要碑刻文录5篇,历史资料摘录9篇,日本学者论文4篇。1981年麦积山文物保管所编辑并公开出版《麦积山石窟》普及图册。内容分两部分:第一部分为《麦积山石窟简述》,第二部分为图版,收入彩色图版8幅,黑白图版37幅。

1984年,阎文儒主编的《麦积山石窟》公开出版。其书为《中国石窟艺术丛书》之一,内有阎文儒勘察麦积山后撰写的《麦积山石窟》《麦积山石窟的历史、分期及其题材》《麦积山石刻跋识》等。1987年,由麦积山石窟艺术研究所主编的《中国石窟·麦积山石窟》大型精装图册由日本平凡社出版。是为首次全面系统向国外介绍麦积山石窟艺术的图书,内容分三部分,一为文论,二为图版,三为说明。文论中有王朝闻《忆麦积山艺术——代序》一篇;图版均为彩色,收录历代泥塑、石雕及壁画代表作品298件(幅)。后在1998年,图册又由文物出版社出版中文版,书名改为《中国石窟·天水麦积山》。1987年和1988年,由中国美术全集编辑委员会编辑的《中国美术全集·绘画编17·麦积山石窟壁画》和《中国美术全集·雕塑编8·麦积山石窟雕塑》,分别由人民美术出版社出版,均为大型精装图册。其中收录有《麦积山石窟雕塑艺术》和《麦积山石窟史略及雕塑源流》两篇专论。

1992年麦积山石窟艺术部分作品在日本展出后,由日本经济新闻社将展出作品的图片编印出版,取名《中国麦积山石窟展》,其中收入《麦积山石窟佛教艺术史概论》和《麦积山石窟初创佛像的源流》2篇论文。图版主要收入参展作品的彩色图版91幅,还有外景等图版7幅。

进入21世纪,石窟研究进入新的阶段。2002年,成立研究所学术委员会,并制定学术研究奖励办法,以调动研究人员的积极性。还实行课题申报制度,对专业人员申报的课题通过评审列入研究项目,给以经费资助。同年,由麦积山石窟志编纂委员会编著的《麦积山石窟志》出版(张锦秀编撰)。较之冯国瑞所编石窟志,内容更为丰富。2003年,《敦煌研究》刊物出版麦积山石窟专号,收录近20人(主要为麦积山石窟艺术研究所研究人员)的论文17篇。

2004年,中国台湾佛光山文教基金会、中国艺术研究院宗教艺术中心及佛光人文社会学院与中国台湾高雄佛光山寺举行"麦积山石窟艺术与人间佛教"学术研讨会,次年出版《2004年佛学研究论文集——麦积山石窟艺术与人间佛教》,收集论文14篇,从不同的角度论述麦积山石窟艺术。

2006年,由石窟艺术研究所编的《麦积山石窟研究论文集》正式出版,收录从1951年到2002年公开发表的论文66篇,基本代表至本世纪初半个世纪里各个阶段的研究水平,反映出麦积山石窟研究的广度和深度。

第八篇　教科文卫体

第一章　教　育

第一节　幼儿教育

一、幼儿园

(一)公办　1985年县改区后,全区有20所公办幼儿园。其中教育部门办的有北道镇第一幼儿园和马跑泉、社棠、二十里铺、渭南、利桥、党川学区办7所幼儿园。驻区企、事业单位办幼儿园有天水铁路工委幼儿园、区人民医院幼儿园 、肉类联合加工厂幼儿园、锻压机床厂幼儿园、地区石油公司幼儿园、风动工具厂幼儿园、纤维板厂幼儿园、造纸厂幼儿园、供电局幼儿园、医疗器械厂幼儿园、地质一队幼儿园、地质二队幼儿园和航空工业天飞公司幼儿园等13所。

1986年,北道镇第一幼儿园改名劳动路幼儿园。同年,滨河路幼儿园成立,园址在渭滨北路。西山坪、新阳和东岔3个学区也成立幼儿园,或在小学附设学前班。甘肃棉纺织厂、甘肃绒线厂、星火机床厂、天水拖拉机厂和西北工业学校等企、事业单位亦相继办起幼儿园。1987年,甘泉幼儿园成立,园址在甘泉村,由甘泉乡妇联和甘泉村委会筹资创办。至1990年,企、事业单位办幼儿园增至20所。

1991年开始,城区家长对孩子学前教育越来越重视,各幼儿园按在园幼儿情况设学前班,并完善设施和管理,建立和家长联系制度,提高保教质量,发展趋于正规。1992年,建新路幼儿园成立。1993年,劳动路幼儿园由半托制改为全托制。职业中学成立附设幼儿园。1996 年,桥南厂矿联办中学附设幼儿园。1999 年,建新路幼儿园与民办中天学校协商,利用中天学校校舍,联办建中幼儿园,为建新路幼儿园分园。

同一时期,城区规模较大的幼儿园修建花坛,栽种花草树木,使环境绿化、美化,并建立幼儿活动室、寝室和医务室。活动室配有风琴、保温桶、玩具柜、口杯柜及电视机等设备,保健室配有幼儿体重计、儿童视力表和常备药品。劳动路幼儿园大型玩具有滑梯、转椅、弹跳床、鲤鱼钻洞和秋千等,中型玩具有幼儿三轮车 30 两,木马 10 个,桌面玩具每班 30 套,各种动物头饰 80 多套。建新路幼儿园有双面滑梯、转椅、摇船、沙水池、唐老鸭小滑梯、跷跷板、豪华钻洞和气垫跳床等大型室外玩具。保育方面,注重对幼儿的安全教育和卫生保健,每学期对幼儿进行体检。滨河路幼儿园还配有儿科医生做专职保健员,每周排一次食谱,重视幼儿饮食营养结构。农村幼儿园条件简陋,大部分只有幼儿活动室,实行半托制。

1996 年后,因企业改制、小学附设学前班等原因,厂办幼儿园大部停办,数年后仅剩 7 所。2000 年,城区有幼儿园 11 所,教育部门办的有建新路幼儿园、滨河路幼儿园、劳动路幼儿园和建中幼儿园 4 所,其中建中幼儿园为建新路幼儿园的分园。其他单位办的有甘肃棉纺织厂幼儿园、甘肃绒线厂幼儿园、风动工具厂幼儿园、星火机床厂幼儿园、地质一队幼儿园、西北工校幼儿园和锻压机床厂幼儿园 7 所。农村幼儿园增至 15 所(包括民办幼儿园),城区幼儿入学率 80%。

2001 年,天水铁路幼儿园成立,为全日制幼儿园,由兰州铁路分局职工生活管理段筹办,在道北设总园(简称铁北幼儿园),道南设分园(简称铁南幼儿园)。同时,小陇山林业实验局在桥南陇林路成立全托制幼儿园。2002 年,部分学区(次年改称中心学校)开始用布局调整后闲置校舍办简托幼儿园。旋有由甘泉学区管理的甘泉中心幼儿园成立。2004 年,伯阳中心学校成立伯阳幼儿园。2005 年,铁北和铁南幼儿园移交地方,由教育局管理。2006 年,劳动路幼儿园派教师在原张家村小学设点办班。同年,新阳中心学校成立幼儿园,设原周家湾小学旧址。年内,除小陇山幼儿园外,其余企、事业单位幼儿园一律停办。2007 年,全区有 11 所公办幼儿园,其中教育部门办 10 所,企事业单位办 1 所。入园幼儿 3781 名。

此外,2002–2007 年间,全区小学逐步由 5 年制改为 6 年制,有条件的农村中心学校在创办中心幼儿园的同时,在所属小学设 1 年制学前班。学前班幼儿不再计入小学在校生人数。全区幼儿 1 年教育基本普及。

2007年城区公办幼儿园概况

单位:人

幼儿园名称	园址	成立年份	主管单位	2007年儿童数			保教人员		
				合计	男	女	合计	男	女
建新路幼儿园	桥南建新路	1992	区教育局	420	220	200	49	2	47
滨河路幼儿园	渭滨路西	1987	区教育局	68	38	30	14	2	12
劳动路幼儿园	为民路	1979	区教育局	198	102	96	15	1	14
道北幼儿园	北山路中段	1982	区教育局	315	166	149	27	4	23
道南幼儿园	陇昌路	1999	区教育局	293	158	135	32	2	30
小陇山幼儿园	桥南分路口	1985	小陇山林业实验局	31	18	13	4	1	3

1985–2007年幼儿园和在园幼儿统计

单位:所、人

年份	园数			在园人数						合计	女幼儿
				教育部门办		其他部门办		民办			
	教育部门	其他部门	民办	幼儿园	学前班	幼儿园	学前班	幼儿园	学前班		
1985	7	13	—	295	264	1024	40	—	—	1623	987
1990	4	20	—	437	1639	2060	—	—	—	4136	2794
1995	5	14	3	5293	5895	1009	815	180	—	13192	7519
2000	4	7	6	5858	5066	1263	530	310	—	13027	7763
2005	4	7	18	3780	3061	794	586	549	38	8808	4038
2007	10	1	23	3644	2559	137	73	1256	184	7853	3629

(二)民办　1995年改革办学体制,幼儿教育实行办园社会化。全区相继建立一些民办即私立幼儿园。是年,即有二十里铺乡赵崖幼儿园、张家河幼儿园和社棠镇民蕻幼儿园成立。2000年又有桥南天使幼儿园、街子乡吴家寺育才幼儿园和中滩乡张白幼儿园成立。2001年,二十里铺乡渭峡村成立幼儿园。至此,全区有民办幼儿园7个。

民办幼儿园的创办遵循一定的程序,其基础设施建成后,法人代表向教育局呈交申请,教育局组织人员进行综合评估,认为具备办园条件后,再批复成立。尽管如此,一些农村民办幼儿园不达标现象较为普遍,大多租赁校舍,房屋狭小,光线暗,户外活动场地小,有些甚至没有活动室。2004年暑假,区教育局举办幼儿园保教人员培训班，督促各民办幼儿园改进设施。同年，成立小黄莺艺术幼儿园，设桥南商场，为全托制民办幼儿园，由教育局管理。同期成立的民办幼儿园还有甘泉镇玉兰幼儿园、渭南镇育苗幼儿园、马跑泉镇供销社幼儿园、崖湾幼儿园、官泉幼儿园、分路口金太阳幼儿园和黑王村阳光幼儿园。其中供销社幼儿园和金太阳幼儿园为全托，其余为简托。至此，全区有 15 所民办幼儿园。

2005 年，在桥南预备役炮团军旅招待所设慈爱幼儿园，伯阳镇复兴村设育才幼儿园，渭南镇杨王村亦成立幼儿园，均为简托制。

2006 年，在中滩镇雷王村成立北京德慧智教育科技中心天水实验幼儿园、甘泉镇吴河村成立红苹果幼儿园、渭南镇缑家庄成立星星幼儿园，还在城区道南外贸局家属院成立启蒙益智幼儿园。4 所均为简托制。除启蒙益智幼儿园由教育局管理外，其余由各自所在地中心学校管理。

2007 年，甘泉镇屈家坪村成立幼儿园。至此，全区共有 23 所民办幼儿园，其中位于城区的小黄莺、慈爱、启蒙益智 3 个属教育局管理，其余由各中心学校管理。总数中，实行全托的 3 个，简托的 20 个。同年 8 月，对各中心学校管理的 20 所民办幼儿园年检，结果 15 个合格，5 个不合格。不合格的幼儿园除教室狭窄、班额过大、活动场地小外，有的所聘教师中无资格证、无合同，流动性大，没有和家长签订安全责任书，幼儿健康档案不完善。

二、学制、课程

学制　幼儿园按幼儿年龄分成小班、中班和大班，小班幼儿 3.5 ~ 4.5 岁，中班 4.5 ~ 5.5 岁，大班 5.5 ~ 6.5 岁。1990 年前后，各幼儿园设学前班。

课程　幼儿园设置的课程有语言、计算、自然、体育、音乐和美术等。主要通过游戏，用直观教具进行常规训练，培养幼儿的学习兴趣和良好的行为习惯，从德、智、体、美等方面对幼儿进行启蒙性、基础性教育。体育方面，保证幼儿每天 2 小时的户外活动，组织、引导幼儿开展创造性的游戏，体育课教幼儿一些走、跑、跳、钻、攀、爬的基本动作和投掷、简单球类运动基本技巧，锻炼幼儿身体的协调性、灵活性和独立生活的能力。智育方面，小班用实物和直观的教具进行生动、形象的教育，激发幼儿的学习兴趣；在中班和大班根据年龄特点，教幼儿正确发音，学习普通话，通过看图、识图和讲故事等形式，培养幼儿观察、计算、思考、想象和口语表达能力。德育方面，利用谈话和游戏的机会，结合课堂教学，培养幼儿形成良好思想行为习惯和集体意识。美育方面，组织幼儿欣赏自然景物、儿童美术作品和音乐的节奏感，通过绘画、手工制作陶冶幼儿的性情和品格。2001 年，推行素质教育，按《幼儿园教育指导纲要》，全区幼儿园设置的课程有健康、社会、科学、语言、艺术等5个方面，学前班使用幼儿园大班课程。健康课原称为体育，培养幼儿健康生活的态度和良好行为习惯，增强幼儿体质和心理健康；科学包括原自然和计算课的内容，培养幼儿初步理解事物的数量关系，用比较、分类、测量等简单方法探究事物，喜爱动植物，亲近大自然，关心周围生活环境的兴趣，激发幼儿的好奇心和探究欲望，发展认知能力；社会课培养幼儿乐群、友好的态度和行为，增强幼儿自信；语言课提高幼儿运用语言交往的积极性，发展语言能力；艺术课包括原音乐和美术，培养幼儿初步感受美、表现美的情趣和能力，丰富幼儿的情感。

同时，为提高幼儿园保教质量，城区几所规模较大的幼儿园还先后派人到外地学习幼儿管理和教育经验，引进先进的教育教学方法。建新路幼儿园开办两个蒙特梭利①实验班，以及快速阅读、英语和珠脑速算实验班。2003年，滨河路幼儿园亦开办蒙特梭利实验班。

第二节　小学教育

一、公办学校

1985年县改区后，全区共有小学574所，学生6.63万名，其中女学生2.8万名。其中城区小学3所，即北道镇第一小学、北道镇第二小学和是年成立的桥南小学。驻区企、事业单位办小学5所，即天水铁路第一职工子弟小学、天水铁路第三职工子弟小学、地质一队职工子弟小学、南河川铁路职工子弟小学和锻压厂职工子弟小学。另外，第五建筑公司职工子弟学校、甘肃绒线厂职工子弟学校、甘肃有色金属地质勘查局二队职工子弟学校、地质五队职工子弟学校、天水拖拉机厂职工子弟学校、中车集团天水七四五二工厂职工子弟学校、航空工业天飞公司职工子弟学校、星火机床厂职工子弟学校、桥南企业联办职工子弟学校、风动工具厂职工子弟学校和甘肃棉纺织厂职工子弟学校计11所9年制或12年制学校都

①蒙特梭利是意大利著名的幼教专家，是现代幼儿教育创立者之一。蒙氏教学法主要以儿童为中心，尊重儿童，承认每一个儿童都是独特的个体，对儿童教育因人而异，教师扮演协助者的角色，教会儿童进行自我教育。同时，把握儿童的敏感期，完善儿童人格的培养，尊重儿童成长步调，丰富教材与教具，摒除奖罚制度。

设小学部。农村完全小学和3年或4年制村学计555所(包括国家财政支付的公办学校和由农村集体经济组织供给的民办学校)。

1986年,北道镇第一小学改名道北小学,第二小学改名道南小学。1987年,小陇山子弟学校成立,设有小学部。1990年,全区小学575所,其中完全小学(包括企、事业办小学和设有中学、小学的一贯制学校)419所,3年或4年制村学156所。1991年,锻压厂职工子弟小学改名红旗小学。1995年,地质一队职工子弟小学改名水文一队职工子弟小学,因单位搬迁,校址迁到马跑泉镇大柳树村。

2001年,开始教育资源整合,撤并一些师资力量弱、学生人数少的学校和办学点,当年撤并61所,连同先前撤并的31所,全区小学减为483所,城区完全小学有桥南小学、道南小学、道北小学、天水铁路第一职工子弟小学、天水铁路第三职工子弟小学、红旗小学6所。驻区企、事业单位办11所一贯制学校仍设小学。不久,甘肃省核地质二一九大队子弟学校、地质二队职工子弟学校和中车集团天水七四五二工厂职工子弟学校撤销初中部,成为完全小学。2003年开始,为整合教育资源,提高教学质量,加快对农村教学点的撤并。2004年,天水铁路第一职工子弟小学、天水铁路第三职工子弟小学移交地方。次年,两校分别改名区府路小学和实验小学。2007年,红旗小学并入区府路小学。经过调整和撤并,2007年全区小学377所,其中城区教育局直属5所,驻区事业单位办2所,农村370所。

(一)城区小学简介

道北小学 在道北街道育才路,隶区教育局管理。民国13年(1924年)由寨子等村在何氏家庙创办,称北道埠初级小学校。1949年后称北道埠中心小学,1955年迁今址,20世纪60年代,改名东方红小学,1984年更名北道镇第一小学,1986年改现名。2005年,道北片学校布局调整后,将寨子中心学校和吕家村小学并入。学校占地23.9亩,建筑面积3468平方米,有教学楼1座,图书室、仪器室、微机室和多媒体教室各1个。2007年在校学生901名,教职工69名。

区府路小学 在道北街道红旗路(今称区府路)中段,隶区教育局。1950年由兰州铁路局创办,称北道埠铁路职工子弟小学,1953年更名天水铁路职工子弟第一小学,由兰州铁路局管理。2004年移交区教育局管理,2005年更名区府路小学,并将张家村小学并入。2007年,又将锻压厂职工子弟小学和红旗小学并入。学校占地28.83亩,建筑面积5087平方米,操场1.09万平方米,图书2万余册,有双向闭路教学系统、远程教育设备各1套,多媒体教室、语音教室、自然实验室、美术教室、舞蹈教室、仪器室、保健室各1个,计算机教室、音乐教室、体育器材室各2个。2007年在校学生1435名,教学班30个,教职工87名。

道南小学　在道南街道渭滨北路东,隶属区教育局。1956年创办,原名天水县东风小学,1986年改现名。占地13.3亩,建筑面积5530平方米。2007年在校学生2035名,30个教学班,教职工88名。

实验小学　在道北街道红旗路东段,隶属区教育局。1964年创办,原名天水车辆段职工子弟学校,1966年改名天水铁路职工子弟第三小学,2004年移交地方,2005年改名实验小学,并将何家村小学并入。占地24亩,建筑面积2400平方米。2007年,在校学生900余名,分16个教学班,教职工42名,其中专任教师39名。

桥南小学　在桥南新建巷,隶属区教育局。建于1985年,占地10亩,建筑面积4862平方米。2007年在校学生2385名,教学班37个,教职工118名,其中小学高级教师40人。

此外,还有甘肃省核地质二一九大队子弟学校和地质二队职工子弟学校两所驻区事业单位办小学。

(二)农村中心学校及所属小学

马跑泉中心学校　在马跑泉东街,前身是民国2年(1913年)成立的东泉高等小学校,2003年,改名马跑泉中心学校。2007年,中心学校占地10.3亩,建筑面积6520平方米。中心学校管理26所小学(含附中):潘集寨学校、大柳树附中、龙槐附中、甸子小学、胡王小学、团庄小学、什字坪小学、慕滩小学、黑王小学、余刘小学、吴家崖小学、崖湾小学、东山小学、阮家山小学、闫家庄小学、李家湾小学、大沟小学、沽沱小学、余家山小学、傲子坡小学、孟家山小学、李家坪小学、黄家庄小学、大穆湾小学,南崖小学和颍川小学。全部在校学生3672名,教职工312名。

变化:1985年,撤销胡王、团庄和什字坪附中,均成完全小学。1991年,撤销东泉附中。1998年,刘家堡小学3~5年级并入大沟小学。2002年,刘家堡1~2年级村学并大沟小学。2003年,潘集寨小学和潘集寨附中合并,成为区教育局直管九年一贯制学校。2006年7月,中车集团天水七四五二工厂职工子弟学校移交地方,隶属马跑泉中心学校,并改名颍川小学,红花咀小学并慕滩小学,莫家寺小学并韩家庄小学。2007年,漫湾小学与李家湾小学合并。

社棠中心学校　在社棠镇东路,前身为风动工具厂职工子弟学校,移交地方后,改为社棠中心学校。2007年,中心学校占地11亩,建筑面积4410平方米。辖属小学16所：社棠第二小学，社棠第三小学、俊林小学、绵诸小学、步沟小学、下曲小学、柏林小学、渠里小学、石岭小学、东郭小学、税湾小学、半山小学、咀头小学、水泉村学、东咀梁村学、白草洼村学。全部在校学生1550名，教职工148名。

变化：1999年，东郭小学建成，东山小学、郭坪小学和水泉村学并入东郭小学。2003年，刘窑小学和槐荫小学并入向荣学校，柳沟村学并入税湾小学，张合湾村学并入东咀梁村学。2006年，向阳小学并入绵诸小学。2007年，甘肃棉纺织厂、星火机床厂和风动工具厂子弟学校移交地方后，撤销初中部，成为完全小学。甘肃棉纺织厂子弟学校改名社棠第二小学，星火机床厂子弟学校改名社棠第三小学。风动工具厂子弟学校设为社棠中心小学，原中心小学改为俊林小学。

花牛中心学校　在二十里铺村。1971年，成立二十里铺村学，2003年更名花牛中心学校。中心学校占地12.6亩，建有四层教学楼2栋，建筑面积1872平方米。2007年，辖属小学31所：渭峡附中、杨家河附中、航空工业天飞公司子弟学校、水眼小学、沽沱小学、赵崖小学、花牛明德小学、九峪小学、高家湾明德小学、张家河小学、董家塬小学、师白小学、白家河小学、沈家河小学、巧河小学、郭家河小学、元柳树小学、上湾小学、高集寨村学、赵集寨村学、杨集寨村学、毛集寨村学、翟家山村学、田家窑村学、安家坪村学、兴旺山村学、孙家山村学、崔家山村学、巷口村学、水泉村学、河湾村学。全部在校学生5059名，教职工258名。

变化：1992年，纸碾村学并入郭家河小学。1996年，卜王寨村学并入郭家河小学。2002年，水眼小学易地重建，安坪小学和毛集寨小学三、四、五年级分别并入赵崖小学和郭家河小学。之后，安坪小学和毛集寨小学均变为村学。2003年，曹家埂小学和肖家庄小学均并入高家湾小学，油坊小学和阳坡小学并入中心小学，罗家沟小学并入张家河小学。2004年，郭家窑小学并入九峪小学，药泉村学并入上湾小学。因南河川乡撤销，原南河川中心学校所属杨家河附中、师白小学、白家河小学、沈家河小学、巧河小学、河湾村学并入花牛中心学校。2006年，航空工业天飞公司职工子弟学校移交地方，隶属花牛中心小学，兴旺山小学和翟家山小学三、四、五年级分别并入中心小学、郭家河小学，兴旺山小学和翟家山小学均变为村学。2007年，白崖小学和董家沟小学并入航空工业天飞公司职工子弟学校，张咀村学因无生源而停办。

甘泉中心学校　在甘泉街，前身是民国14年（1925年）成立的甘泉寺初级小学校，2003年改名甘泉中心学校。中心学校占地11.5亩，建筑面积4708平方米。2007年，辖属小学25所：谢崖附中、文泰华光彩小学（在廖家庄西）、阳湾小学、包文小学、归凤小学、邓家河小学、白石小学、花羊小学、庙沟小学、屈家坪小学、甘江小学、安家庄小学、云雾小学、中庄小学、峡门小学、胡沟小学、架岭小学、子美小学(在八槐村)、朝阳小学、毛集小学、金胡小学、吴家寺小学、窑庄小学、西枝村学、胡家庄村学。全部在校学生 3327 名,教职工 153 名。

变化:1989 年,西枝附中改为独立初中,另设西枝小学。2001 年,梁山村学并入包文小学。2002 年,吴家河小学并入白石小学。2003 年,撤销阳湾附中,桦林小学并入峡门小学。2003 年,撤销高家庄小学、石家沟小学和廖家庄小学,在廖家庄新建文泰华光彩小学。保留西枝教学点。2004 年,西湾小学并入邓家河小学。同年原街子中心学校所属子美小学、吴家寺小学、窑庄小学、金胡小学、毛集小学和朝阳小学并入甘泉中心学校。2005 年,梁家山小学并入包文小学。2006 年,胡家庄小学三、四、五年级并入云雾小学,保留胡家庄教学点,黄家庄小学并入中庄小学。

麦积中心学校 1987 年,贾河小学设为中心小学。1982 年成立麦积学区,分离初中部。2003 年,改名麦积中心学校。此前因交龙寺景点游客增多,中心小学教学秩序受到影响,在贾河村易地重建。中心学校占地 13.3 亩,建筑面积 2047 平方米。2007 年,下属小学 14 所:育红小学、草滩小学、红崖小学、卧虎小学、后川小学、陈山小学、刘坪小学、街亭小学、宏罗小学、滩子小学、冯王小学、董湾小学、永庆小学、杨何小学。在校学生 2181 名,教职工 142 名。

变化:2003 年,康崖小学并入后川小学。2004 年,原街子中心学校属街亭小学、宏罗小学、滩子小学、冯王小学、董湾小学、永庆小学和杨何小学 7 所小学并入中心学校。2005 年,孟山小学并入中心小学。2007 年,陈山小学和刘坪小学五年级均并入中心小学,董湾小学与杨何小学合并,董湾小学办一、二年级,杨何小学办三、四、五年级。

渭南中心学校 前身为民国 11 年(1922 年)成立的熊集寨小学。1980 年设渭南学区。2003 年改名渭南中心学校。中心学校占地 10.5 亩,建筑面积 3609 平方米。 2007 年,下辖小学 33 所:张石小学、吴村小学、霍卢小学、渭东小学、王旗小学、毛旗小学、刘沟小学、黄坪小学、程村小学、左李小学、汝季小学、张元小学、苏景小学、于元小学、马王小学、崔范小学、杨王小学、曹村小学、雷尹小学、鳌岘小学、蒲湾小学、石山小学、雷下小学、左窑小学、沈村小学、毛村小学、能干小学、窦家峡小学、麻家坪小学、吕家山小学、西湖湾小学、渭红小学、刘家庄小学。在校学生 3895 名,教职工 266 名。

变化:1993年,雷咀小学更名为雷尹小学。同年,尹山小学并入雷尹小学。1997年,张石附中、吴村附中、霍卢附中、渭西附中、王旗附中、毛旗附中撤销中学,变为小学。2001年,中心小学更名为渭东小学,原渭西小学设为中心小学。2003年,苏山小学并入王旗小学,王新小学并入壑岘小学,王新庄小学并入杨王小学。2004年,原南河川中心学校属能干小学、窦家峡小学、麻家坪小学、吕家山小学、西湖湾小学、渭红小学、刘家庄小学7所学校并入中心学校。2005年,团庄小学和马咀小学均并入崔范小学。2006年,青宁小学和沈村小学四、五年级均并入渭西小学。

中滩中心学校　前身为民国2年(1913年)成立的雷王集小学校。1972年更名中滩附中,1980年设中滩学区,2003年改名中滩中心学校。中心学校占地13.5亩,建筑面积2916平方米。2007年,辖属小学23所:张白小学、缑杨小学、渠刘小学、后川小学、四合小学、毛家小学、陈大小学、陈那小学、蒲甸小学、牛家小学、杨岘小学、赵崖小学、谢坪小学、丁坪小学、霍坪小学、漆坪小学、李坪小学、刘寨小学、文沟小学、文岔小学、种田小学、赵湾小学、杨成小学。在校学生4218名,教职工182名。

变化:2000年,撤销高磨小学,学生并入熊家小学。2001年,雷王村学并入中心小学,樊枣村学并入蒲甸小学。2002年,张沟村学并入渠刘小学,熊家小学并入缑杨小学。2003年,汪李小学和背湾村学均并入中心小学。2004年,并入原西山坪中心学校属杨岘小学、赵崖小学、谢坪小学、丁坪小学、霍坪小学、漆坪小学、李坪小学、刘寨小学、文沟小学、文岔小学、种田小学、赵湾小学和杨成小学13所小学。

新阳中心学校　前身为民国2年(1913年)成立的新阳镇两等小学校。1970年改设为新阳附中。1985年,以中心小学校址建温集初中,中心小学迁温家集小学,设新阳学区。2003年改为新阳中心学校。中心学校占地30亩,建筑面积3120平方米。2007年下属小学21所:胡大小学、王庄小学、赵庄小学、张坪小学、石坡小学、兴进(王坡)小学、郭王小学、胡家湾小学、凌窑小学、裴峡小学、蚰咀小学、新池小学、席西附中、郭寨小学、温缑小学、坚山小学、姚沟小学、硬洼小学、席东小学、杨岘小学、赵胡村学。在校学生3120名,教职工186名。

变化:1992年,胡大附中、王庄附中、赵庄附中初中部均并入温集初中,成为小学。2000年,王坡小学校舍重建,更名兴进小学。2001年,谢家窑村学并入下池小学,何家山村学并入凌窑小学,霍家坪村学并入胡大小学,周家湾村学并入中心小学。2002年,下池附中并入温集初中,保留小学。2003年,下曲小学并入胡家湾小学。2004年,原凤凰中心学校属席西附中、郭寨小学、温缑小学、坚山小学、姚沟小学、阳洼小学、硬洼小学、席东小学、赵胡村学、肖王村学和廖岘村学 11 所小学并入中心学校，霍坪小学和周湾小学也并入中心学校。2006 年，田家坡小学并入王家坡小学，下池小学并入新池小学，小川子小学并入胡家湾小学，阳洼村学和廖岘村学均并入杨岘村学。

伯阳中心学校　在伯阳村，1985 年设伯阳学区，2003 年改名伯阳中心学校。中心学校占地 18 亩，建筑面积 2557 平方米。2007 年下属小学 21 所：虎头小学、兴仁小学、南集小学、半坡小学、下河小学、西坪小学、下坪小学、花南小学、韩河小学、王坪小学、马岘小学、曹石小学、穆湾小学、南河小学、范河小学、石门小学、梁子树小学、高坪小学、巩坪小学、九亩园村学、张湾村学。在校学生 3128 名，教职工 166 名，专任教师 163 名。

变化：1986 年南崖小学并入中心小学。2003 年，复兴小学并入中心小学。2004 年，湾岘小学并入西坪小学，刘沟小学并入南河小学。2006 年，保安小学并入中心小学。2007 年，莫家村学并入马岘小学。

元龙中心学校　前身为 1965 年成立的元龙小学，80 年代设元龙学区，2003 年改元龙中心学校。中心学校占地 18.7 亩，建筑面积 5225 平方米。2007 年下属小学 14 所：葡萄园附中、石门小学、底川小学、码头小学、和平小学、园子小学、桑渠小学、向东小学、石谷川小学、白家庄小学、青崖小学、关峡村学、腰崖村学、石咀教学点。在校学生 2430 名，教职工 137 名，有中学高级教师 4 名，小学高级教师 25 名。

变化：1994 年，撤销石门附中初中部，成为小学。2000 年，窑下村学并入青崖小学。2001 年，窠老村学并入石咀小学。2002 年，关峡小学、腰崖小学分别并入中心小学、石谷川小学，原小学变为村学。2004 年，李家沟小学并入杜家坪小学，石家湾小学并入石门小学，渭滩小学并入青崖小学。2006 年，兴坪村学并入石门小学，杜家坪小学并入中心小学，石咀小学高年级并入园子小学，原小学变为教学点。

东岔中心学校　在码头村，1984 年设东岔学区，2003 年改名东岔中心学校。中心学校占地 23.3 亩，建筑面积 4450 平方米。2007 年，与东岔初级中学合并，成为九年一贯制学校。下属小学 13 所：德食小学、桃花小学、土桥小学、曹坪小学、牛背小学、乍林小学、月林小学、东岔小学、立远小学、龙凤小学、腰庄小学、大沟小学和交川附中。在校学生 1100 名，其中初中生 298 名，小学生 802 名；教职工 95 名。

变化：1990 年，瓦泉村学并入曹坪小学。1994 年，胡子坪村学并入东岔小学，银杏、苟家庄村学并入月林小学。1996年,坪沟村学并入土桥小学。1997年,南方沟村学并入土桥小学。1999年秋,牛背沟村学并入牛背小学,西沟村学并入月林小学。2001年,沙川、家川山村学并入月林小学,南山村学并入乍林小学。2003年,后裕沟村学并入中心小学,酒坊村学并入乍林小学。2004年,原立远中心学校属交川小学、立远小学、龙凤小学、腰庄小学、大沟小学和盘龙小学并入中心学校。2006年,割漆小学并入东岔小学,盘龙小学并入交川小学。2007年8月,中心小学和东岔初级中学合并,交川小学和立远初级中学合并,均成为九年一贯制学校。

石佛中心学校　前身为民国2年(1913年)成立的石佛镇小学校。1964年设为石佛附中,1982年设石佛学区,2003年改名石佛中心学校。中心学校占地10亩,建筑面积3400平方米。2007年下属小学31所:张坪附中、峪口附中、夏家小学、陶新小学、咀王小学、严山小学、张湾小学、三阳小学、长青希望(西石)小学、黄庄小学、杨庄小学、裴滩小学、涧沟小学、刘庄小学、团庄小学、黄新小学、于堡小学、康庄小学、窝驮小学、陶崖小学、王尧小学、洩山小学、赵沟小学、大坪小学、龙池小学、黄堡小学、周半小学、西坡村学、董家河小学、樊湾小学、马山小学。在校学生4600名,教职工328名。

变化:2001年,西石小学更名长青希望小学。2002年,杨坪小学和杨半小学并入大坪小学,半坡小学并入团庄小学,陶老小学和石崖小学两所学校并入夏家小学。2003年,东石小学并入中心小学,郭寺小学并入杨庄小学,腰庄小学并入康庄小学,朱河小学和陶小小学均并入张坪附中。2004年,原南河川中心学校属董家河小学、樊湾小学和马山小学并入中心学校。

琥珀中心学校　1964年成立罗家村小学。1982年设琥珀学区,2003年改名琥珀中心学校。中心学校占地9.8亩,建筑面积3206平方米。2007年下属学校13所:张家寺小学、霍家川小学、马家坡小学、高方小学、西山小学、唐温小学、郭家窑小学、关家咀发成小学、康李小学、霍家沟小学、新军沟小学、杨家湾小学、庆胡小学。在校学生1320名,教职工65名。

变化:1997年,北京发成电子公司经理贾明捐资重修关家咀小学,由此更名关家咀发成小学。2001年,张家寺附中并入琥珀初中,保留张家寺小学。2003年,文家山小学并入郭家窑小学。2004年,原凤凰中心学校属新军沟小学、杨家湾小学和庆胡小学并入中心学校。2006年,高家村小学和方家村小学合并为高方小学。

五龙中心学校　前身为民国16年(1927年)成立的五龙山小学校,1982年设为五龙学区,2003年改为五龙中心学校。中心学校占地12.7亩，建筑面积1381.8平方米。2007年下属学校32所:陈家山附中、安家山小学、大窑小学、小窑小学、温家坪小学、刘家湾小学、凌温小学、石洞沟小学、岳家湾小学、舍鞍子小学、上石小学、柏树王小学、谢家咀小学、常渠小学、中庄小学、汪山小学、陈湾小学、张沟小学、王窑小学、雷上村学、雷下村学、新庄村学、蒲李村学、中石村学、杨王村学、山王村学、岳家咀村学、梁家庄村学、周家山村学、王咀村学、小李村学、雷窑村学。在校学生3372名,教职工140名。

变化:1987年,雷上小学、雷下小学、杨王小学、山王小学、岳家咀小学和梁家庄小学四、五年级并入中心小学后成为3年制村学。1997年,安家山附中初中部撤并入五龙中学。2001年,安家坪村学并入安家山小学。2002年,温家湾小学四、五年级并入谢家咀小学。2003年,石门沟村学、老湾村学、孟家沟村学分别并入安家山小学、小窑小学和张湾村学。2004年,贾沟村学并入温家坪小学,原西山坪中心学校属常渠小学、中庄小学、汪山小学、陈湾小学、王咀村学、小李村学、雷窑村学、张沟小学和王窑小学9所小学并入中心学校。2005年,张家湾村学三年级并入凌温小学,温家湾小学三年级并入谢家咀小学。2006年,雷下村学、雷上村学、杨王村学、山王村学、岳家咀村学和梁家庄村学所属三年级均并入中心小学。2007年,刘窑村学并入上石小学,中石村学三年级并入中心小学,巩家沟村学一、二年级和石洞沟小学四、五年级均并入陈家山附中。

三岔中心学校　在吴砦村,始建于民国17年(1928年),原名天水县第六区三岔小学校。2004年改为三岔中心学校。中心学校占地6.9亩,建筑面积1144平方米。2007年下属学校22所:前进小学、秦岭小学、王山小学、阎西小学、太碌小学、北峪小学、佘家门小学、黄龙小学、水关小学、葡萄小学、野岔小学、集村小学、咀头小学、关庄小学、桑家门村学、大地坪教学点、沟二教学点、岭西教学点、虎朝湾教学点、小坪教学点、墁坪教学点、史家窝教学点。在校学生1555名,教职工102名。

变化:2004年,原立远中心学校属集村小学、咀头小学和关庄小学并入中心学校;沟一教学点、巨寺教学点、缑家崖教学点分别并入沟二教学点、前进小学和中心小学。2005年,松木台教学点并入太碌小学,小坪小学三、四、五年级并入中心小学,桑家门小学三、四、五年级并入黄龙小学。

利桥中心学校　在利桥村,始建于民国18年(1929年)。1984年设利桥学区,2003年改为利桥中心学校。中心学校占地13.9亩,建筑面积3193平方米。2007年下属学校7所:吴河小学、姚坝小学、杨河小学、阳山小学、秦岭小学、百花小学、东门小学。在校学生430名,教职工51名。

变化:1985年,周沟村学并入吴河小学,寨子岭村学并入杨河小学。1986年,八坪村学、新坪村学、苗家村学分别并入吴河小学、杨河小学、秦岭小学,代沟小学并入百花小学。1990年,西沟村学并入吴河小学。1991年,高庄村学并入椒园村学。1997年,西岔村学并入东门小学。2000年,吕集村学并入吴河小学。2001年,散岔村学并入东门小学。2003年,墁坪村学并入阳山小学,磨轮村学并入秦岭小学。2004年,蔚民村学并入姚坝小学。2005年,椒园村学、南沟村学分别并入姚坝小学、中心小学。2006年,仙坪村学并入阳山小学。2007年,阴崖村学并入百花小学。

党川中心学校 在党川村,1985年设党川学区,2003年改为党川中心学校。中心学校占地16.5亩,建筑面积2660平方米。2007年下属学校11所:花庙小学、石咀小学、夏坪小学、火鸡小学、马坪小学、刘坪小学、观音小学、新庄小学、冷水河小学、庙川村学、马场村学。在校学生618名,教职工46名。

变化:2000年,撤销八角坪村学和夏坪村学,分别并入花庙小学和夏坪小学。2001年,阎家川村学并入石咀小学,八角坪村学并入花庙小学,旧庄村学并入夏坪小学,龙王沟村学并入中心小学。2003年,麻松头村学并入刘坪小学,董坪村学并入夏坪小学,沙湾村学并入马场村学。

街子中心学校 在街亭村,2004年撤销时有下属小学12所:朝阳小学、吴家寺小学、窑庄小学、金胡小学、毛集小学、子美小学、宏罗小学、滩子小学、冯王小学、永庆小学、杨何小学、董湾小学。

变化:2001年,焦家山村学并入宏罗小学。2003年,柳坟村学、赵窑村学、树林子小学分别并入中心小学、滩子小学、冯王小学。2004年撤乡时,街子中心学校撤销。中心学校改称街亭小学,与宏罗小学、滩子小学、永庆小学、冯王小学、董湾小学、杨何小学一起划归麦积中心学校。子美小学、吴家寺小学、窑庄小学、金胡小学、毛集小学、朝阳小学划归甘泉中心学校。

立远中心学校 在关庄村,后迁交川。2004年撤销时有下属学校8所:集村小学、关庄小学、咀头小学、龙凤小学、盘龙小学、腰庄小学、大沟小学、立远小学。

变化:1993年,蟠桃山村学并入盘龙小学,瓦舍沟村学和下窑村学并入立远小学。1996年,三达岭小学并入大沟小学。1997年,橡子山村学并入集村小学。1998年,白清村学并入交川小学。1999年秋,河坪村学并入腰庄小学。2001年,因修宝兰铁路二线,中心小学异地重建。同年,底川村学并入龙凤小学,庙沟滩村学并入咀头小学。2003年,史家坪村学并入龙凤小学。2004年撤乡时,立远中心学校撤销。中心学校改为交川小学,并和大沟小学、腰庄小学、立远小学、龙凤小学、盘龙小学划归东岔中心学校。集村小学、关庄小学、咀头小学划归三岔中心学校。

凤凰中心学校　在席家寨。2004年撤销时有下属小学13所:郭寨小学、温缑小学、坚山小学、姚沟小学、阳洼小学、硬洼小学、席东小学(后为村学)、赵胡村学、肖王村学、廖岘村学、新军沟小学、杨家湾小学和庆胡小学。

变化:2001年,能干村学并入郭寨小学,王家窑村学并入庆胡小学。2004年中心学校撤销。中心学校设为附中,更名席西附中,并和郭寨小学、温缑小学、坚山小学、姚沟小学、阳洼小学、硬洼小学、席东小学(后为村学)、赵胡村学、肖王村学、廖岘村学划归新阳中心学校。新军沟小学、杨家湾小学和庆胡小学划归琥珀中心学校。

西山坪中心学校　原在赵崖村,1992年迁杨岘村。2004年撤销时下辖小学21所:赵崖小学、谢坪小学、丁坪小学、霍坪小学、漆坪小学、李坪小学、刘寨小学、文沟小学、文岔小学、种田小学、赵湾小学、杨成小学、常渠小学、中庄小学、汪山小学、陈湾小学、王咀村学、小李村学、雷窑村学、张沟小学和王窑小学(后为村学)。

变化:1992年,撤去强庄村学和泉坡村学,并入汪山小学。2004年撤乡时,中心学校被撤销。中心学校改名杨岘小学,并和赵崖小学、谢坪小学、丁坪小学、霍坪小学、漆坪小学、李坪小学、刘寨小学、文沟小学、文岔小学、种田小学、赵湾小学、杨成小学划归中滩中心学校。常渠小学、中庄小学、汪山小学、陈湾小学、王咀村学、小李村学、雷窑村学、张沟小学和王窑小学(后为村学)划归五龙中心学校。

南河川中心小学　在董家河村,2000年所属学校25所。2001年,马坑村学并入河湾村学,何家山村学并入刘家庄小学。2002,缑家窑村学和东湖湾村学均并入东缑小学。2003年,董家河附中并入南河川初中,保留小学,营房村学并入能干小学。2004年撤乡时,中心学校撤销。董家河小学、樊湾小学和马山小学划归石佛中心学校,能干小学、窦家峡小学、麻家坪小学、吕家山小学、西湖湾小学、渭红小学和刘家庄小学划归渭南中心学校,杨家河附中、师白小学、白家河小学、沈家河小学、巧河小学(后为村学)、河湾村学划归花牛中心学校。

寨子中心学校　在道北街道寨子村。1985年设寨子学区,后改中心学校,有中心(寨子)小学、张家村小学、吕家村小学、何家村小学。2004年中心学校撤销,4所小学分别并入区府路小学、实验小学和道北小学。

二、民办学校

1995年开始，鼓励社会力量集资办学，由个人或私营经济实体投资兴建的学校，或称民办学校，但与原由农村集体经济组织兴办的民办学校性质不同，实即私立学校。1998年，民办中天学校（在原天水拖拉机厂）成立，为全日制小学，并附设幼儿园，后增办初中。其校属天水市首家涉及义务教育的民办学校，既有义务教育性质，又有民办学校的特色，在校学生109名。2001年，民办启升学校（在马跑泉镇崖湾村新庄）成立，设小学部。2001年，民办天水市海贝儿童英语学校在城区道南成立，开展小学儿童业余英语培训。2004年，民办永华英语文化艺术培训学校和小星星英语辅导学校分别在桥南成立。前者利用节假日、双休日、寒暑假时间，招收在校小学生和学龄前儿童进行文化、艺术类考试辅导培训；后者招收4～13岁儿童，利用双休日、寒暑假辅导英语，均隶属区教育局管理。至2007年，除民办设全日制小学课程的2所外，还有3所少儿业余辅导学校。

三、学生

1985年，全区小学在校生6.63万名，其中女生2.8万名。城区北道镇第一小学（道北小学）943名，第二小学（道南小学）1222名；天水铁路职工子弟第一小学727名。1986–1997年，小学在校生基本保持在6万～7万名左右。1998年增至74805名，其中女生31651名。2000年达到81154名，其中女生31756名。2001年起因适龄入学儿童减少，在校生开始下降，2005年67128名，2007年64338名，其中女生28182名。

1985–2007年小学在校生分类统计

单位：人

年份	学生总计	其中						总数中	
		一年级	二年级	三年级	四年级	五年级	六年级	女生	其他单位办学人数
1985	66275	18372	12933	12767	11698	10228	277	28042	3939
1990	61914	17896	12845	11527	10124	8902	620	28438	4244
1995	67040	15366	15469	13363	11970	10277	595	30872	4864
2000	81154	14053	16210	14792	13185	11758	11156	31756	4940
2005	67128	10762	11291	12146	12569	12767	7593	29550	4004
2007	64338	9726	10729	11122	12027	12928	7806	28182	1895

四 、学制、课程

学制　1985 年,区内少数完全小学实行 6 年制,大部分实行 5 年制,企业办学校(包括 9 年制、12 年制学校)小学部多实行 6 年制。全区农村小学(包括中学)在学年内放农忙假一周,学校自行安排放假时间。城区部分小学周六取消放假,每周星期六下午第一节课安排课程,第二节改为周会,用以开辟第二课堂,开展少先队活动。边远农村学校采取早班、晚班、半日制、隔日巡回、包教包学办学方式普及初等教育。1987 年,为普及小学教育,全区除个别企业办学校外,其余小学学制一律由 6 年制改为 5 年制。1996 年,为普及九年义务教育,城区和企业办职工子弟学校以及部分中心小学由 5 年制改为 6 年制。2002 年开始,为规范义务教育,全区所有小学由 5 年制向 6 年制过渡。除边远山区乡以外,是年从秋季招生的一年级新生开始,即实行 6 年制。至 2007 年,全区小学统一实行 6 年制。

课程　1985 年小学开设的课程,有思想品德、语文、数学、自然、地理、历史、体育、音乐、美术、劳动和农业常识。条件较好的企业办学校,在三年级以上开设英语,条件差的村学只设思想品德、语文、数学和常识 4 门。1990 年,为减轻学生课业负担,各小学按要求保证小学生在校学习时间(包括自习、课外活动)每天不超过 6 小时,一年级学生不留课外作业,二、三年级每天课外作业量不超过半小时,四、五年级不超过 1 小时。1991 年,加强中国近代史、中国现代史和国情教育

1990 年小学课程和课时安排

单位:课时

	品德	语文	写字	说话	作文	数学	历史	地理	自然	劳作	体育	音乐	美术	合计
一年级	1	9	1	1	—	7	—	—	2	—	2	2	2	27
二年级	1	9	1	1	—	7	—	—	2	—	2	2	2	27
三年级	1	6	1	—	2	7	—	—	2	1	2	2	2	26
四年级	1	6	1	—	2	7	—	2	2	1	2	2	2	28
五年级	1	6	1	—	2	7	2	—	2	1	2	2	2	28

（简称“两史一情”），小学5年制历史课由每周2节增加到3节。同时，在思想品德、地理和语文等科目教学中，渗透“两史一情”教育内容。1992年，开设健康教育课，按规定每学期不少于4课时，并将《小学生卫生知识应知应会三十题及答题要点》列入教材。同年，小学语文课分为基本篇目和阅读篇目，语文教学中加强思想政治教育。1993年，为全区小学生配发省教委编印的《小学生爱国主义教育读本》和《智力算术》。1995年，进一步在小学开展健康教育，加强健康教育课的落实。小学阶段健康教育包括人体主要解剖知识、个人卫生习惯、合理营养、环境卫生、体育运动、常见疾病的预防、安全与意外事故伤害的预防和心理健康等内容。1996年，为迎接香港回归，小学按《小学德育纲要》规定，集中用适量课时班会进行爱国主义教育。同时，三年级以上班级征订《中国香港1997小学生十知道》读本。1997年，全区各学校对学生开展禁毒预防教育活动，配发《禁毒教育读本》（包括宣传挂图）。同年，为实施素质教育，在保证小学课程与方案严格实施的基础上，加强体育、劳动及艺术教育。1999年，道北小学、道南小学、桥南小学、红旗小学和寨子中心小学被列入天水市小学“未来工程”七年实施规划1999–2000年第一步装备学校，次年又增加甘泉中心小学，开设计算机教育和英语课。以计算机常识、操作技能和益智性教学软件为重点，每周安排1课时。2000年，各学校以控制学生在校时间、学生用书、学生作业总量等“三控”为重点，减轻学生课业负担；取消小学一、二年级课外练习册，并停止使用由市教委统一征订的教辅材料；取消小学五、六年级教辅读物，包括选定书目中所列的《小学生爱国教育读本》以及《阅读作文》等。2001年，小学有语文、数学、思想品德、音乐、美术、体育、社会和自然等8门课程。2002年，张家村小学、吕家村小学、何家村小学、铁路职工子弟第一小学、铁路职工子弟第三小学和小陇山林业实验局职工子弟学校小学部被列入“未来工程”规划第二步2001–2002年装备学校，开设英语和计算机课程。同年，为实施基础教育新课程改革，义务教育阶段小学选用《品德与生活》和《品德与社会》课程标准与教材。2003年秋季开始，全区小学、初中起始年级全面开展新课程改革，启用新课程，采用由甘肃省教育厅审定通过的正式教材。同时，因小学学制还在改革中，已改为6年制的小学使用义务教育阶段6年制教材，还未完成改制的小学使用5年制教材。2007年秋季，统一使用6年制教材。

义务教育课程设置及比例

<table>
<tr><td>年级</td><td>一</td><td>二</td><td>三</td><td>四</td><td>五</td><td>六</td></tr>
<tr><td rowspan="10">课程门类</td><td>品德与生活</td><td>品德与生活</td><td>品德与社会</td><td>品德与社会</td><td>品德与社会</td><td>品德与社会</td></tr>
<tr><td>—</td><td>—</td><td>—</td><td>—</td><td>—</td><td>—</td></tr>
<tr><td>—</td><td>—</td><td>科学</td><td>科学</td><td>科学</td><td>科学</td></tr>
<tr><td>语文</td><td>语文</td><td>语文</td><td>语文</td><td>语文</td><td>语文</td></tr>
<tr><td>数学</td><td>数学</td><td>数学</td><td>数学</td><td>数学</td><td>数学</td></tr>
<tr><td>—</td><td>—</td><td>外语</td><td>外语</td><td>外语</td><td>外语</td></tr>
<tr><td>体育</td><td>体育</td><td>体育</td><td>体育</td><td>体育</td><td>体育</td></tr>
<tr><td colspan="6">艺术(或选择音乐、美术)</td></tr>
<tr><td colspan="2">—</td><td colspan="2">综合实践活动</td><td colspan="2" rowspan="2">占总课程比例16~20%</td></tr>
<tr><td colspan="4">地方、学校课程</td></tr>
<tr><td>周课数</td><td>26</td><td>26</td><td>30</td><td>30</td><td>30</td><td>30</td></tr>
<tr><td>年总时</td><td>910</td><td>910</td><td>1050</td><td>1050</td><td>1050</td><td>1050</td></tr>
</table>

第三节　初中教育

一、公办学校

1985年,全区有初级中学16所。其中,区办独立初中有赵崖(在今花牛镇)、街子(在今麦积镇)、正阳(在今渭南镇)、温家集(在今新阳镇)、南河川(今属石佛乡)、伯阳、西山坪(今属中滩镇)、五龙、琥珀、吴砦(在今三岔乡)、东岔、立远12所。驻区企、事业单位办九年制学校(即小学、初中课共设者)有甘肃有色金属地质勘查局二队职工子弟学校、天水拖拉机厂职工子弟学校、省第五建筑公司职工子弟学校、中车集团天水七四五二工厂职工子弟学校、甘肃棉纺织厂职工子弟学校和地质五队职工子弟学校6所。另外,市第二中学、市第七中学、市第八中学、市第九中学(在社棠)、天水铁路职工子弟第一中学(简称铁一中)和马跑泉、二十里铺、甘泉、中滩、石佛、新阳、元龙中学,渭南农业中学等完全中学以及驻区企、事业单位办航空工业天飞公司职工子弟学校、星火机床厂职工子弟学校、桥南企业联办职工子弟学校(简称"桥南联中")、风动工具厂职工子弟学校、甘肃绒线厂职工子弟学校等十二年制(即小学、初中、高中课程共设者)学校都设有初中部。

1987年,为实施九年制义务教育,恢复杨庄(在石佛乡)、麦积2所独立初级中学。还成立9年制的小陇山林业实验局职工子弟学校。1989年,甘泉学区西枝附中改为初级中学。1991年后，因高中布局调整，石佛、马跑泉和二十里铺3所中学撤销高中，成为初中；市第九中学高中部转为职业教育，保留初中部。1994年后，企、事业单位办12年制学校撤销高中班，成为9年制学校。1996年，中滩中学高中部并入新设的天水市第十中学，成为初级中学。1997年，渭南农业中学初中部改名渭南初级中学。2000年，全区设初中课程的学校增至31所，其中独立初中20所，企、事业单位办小学、中学共设者11所。

2002年，二十里铺中学改名花牛中学。2003年，在城区桥南成立龙园中学，市第二中学初中部并入龙园中学。同年，为规范学校名称，乡镇初级中学名称中有“乡、镇”字样的取消“乡、镇”字样，直接以驻地称名。2005年，新阳席家寨附中初中部和小学部分设，成立凤凰初级中学。同年，市第七中学撤销高中部，成为独立初中。2007年，对社棠镇境内学校布局进行调整，将甘肃绒线厂、甘肃棉纺织厂、星火机床厂、风动工具厂4所职工子弟学校初中部合并，成立向荣初级中学。同年8月，东岔初中和东岔中心小学合并，立远初中和交川小学合并，均改为九年制学校。至2007年底，全区独立初中22所，即天水市第七中学、龙园、向荣、花牛、马跑泉、中滩、石佛、赵崖、南河川、渭南、正阳、西山坪、五龙、琥珀、伯阳、吴砦、街子、温家集、杨庄、麦积、西枝、凤凰初中。此外，还有设初中部的完全中学4所，即市第八中学、新阳中学、甘泉中学、元龙中学。初中、小学课程共设的九年制学校19所，即潘集寨学校、峪口附中、张坪附中、渭峡附中、龙槐附中、甸子附中、陈山附中、谢崖附中、杨家河附中、葡萄园附中、大柳树附中、立远附中、党川中心学校、东岔中心学校，利桥中心学校、桥南企业联办职工子弟学校、小陇山林业实验局职工子弟学校、天成学校、蓝天学校。

（一）独立初级中学简介

天水市第七中学　在城区道北街道育才路。1970年由天水锻压机床厂出资创办，名为道北中学，1973年改称天水县第四中学，为完全中学。1986年改名天水市第七中学。2005年，将高中部并入天水市第九中学，同时将市第九中学初中部并入，从此成为初级中学。学校占地34.5亩，建筑面积8800平方米。2007年在校学生1568名，教职工120名。

龙园中学　在城区桥南街道伯阳路中段。前身为1985年创办的区职业学校。2000年，职业学校附设初中班。2002年，职业中学并入职业卫生技术学校后，成立区职教中心。2003年，改设为龙园中学，将市第二中学初中部并入，为独立初中。占地12.4亩，建筑面积3000平方米。2007年在校学生1373名，教职工88

名,其中专任教师85名。

向荣学校 原为甘肃绒线厂子弟学校,在社棠镇东,成立于1988年,2004年移交地方后,改名向荣学校。2007年,撤销小学部,合并风动工具厂、甘肃棉纺织厂、星火机床厂子弟学校初中部,成为独立初中。占地17.1亩,建筑面积1.37万平方米。2007年在校学生725名,教职工56名。

马跑泉中学 1968年成立,在马跑泉镇什字坪村,1991年调整为初级中学。占地27亩,建筑面积5929平方米。2007年在校学生862名,教职工89名。

花牛中学 在花牛镇二十里铺村。1965年与二0七厂合办,原名二十里铺中心小学。1968年改为附中。1978年,设高中。1991年,撤销高中,成为初级中学。2002年,随乡改名,称花牛中学。占地22亩,建筑面积3500平方米。2007年在校学生1230名,教职工74名。

西枝初中 在甘泉镇西枝村。民国31年(1942年)创办西枝小学,1962年为完全小学,1969年扩为附中。1989年,将小学分出,成为初中。占地15亩,建筑面积1190平方米。2007年在校学生428名,教职工31名。

麦积初中 在麦积镇贾家河。民国35年(1946年)成立,1968年附设初中,1987年改为独立初中。占地5.6亩,建筑面积2230平方米。2007年在校学生348名,教职工23名。

街子初中 在麦积镇街亭村。民国14年(1925年)成立,原为街子小学,1975年设初中。占地34亩,建筑面积6886平方米。2007年在校学生919名,教职工84名。

渭南初中 1964年成立,原名天水县渭南农业中学。1997年,高中部改为区第二职业高级中学,初中部改为独立初中。占地33亩,建筑面积7343平方米。2007年在校学生1747名,教职工118名。

正阳初中 在渭南镇崔家集村。成立于1976年。占地17.8亩,建筑面积3143平方米。2007年在校学生588名,教职工42名。

中滩中学 在中滩镇雷王集,1958年创办,时称天水县第二中学,1968年设高中部,成为完全中学。1996年,高中部并到市第十中学,成为初级中学。2000年后,学校规模逐渐扩大,2004年在校学生曾达2225名,分30个班。2007年,在校学生1166名,教职工115名。

赵崖初中 在花牛镇赵崖村。原为附中,1985年改为独立初中。占地13亩,建筑面积2872平方米。2007年在校学生487名,教职工37名。

西山坪初中 在中滩镇杨岘村。1968年成立,原名五七中学,属小学初中一贯制学校。1971年,改名西山坪中学,属完全中学。占地12.5亩,建筑面积1967平方米。2007年在校学生923名,教职工39名。

石佛中学 在石佛乡石佛村,民国2年(1913年)成立,原名石佛高级小学校。1972年设高中。1991年调整为初级中学。占地20.9亩,建筑面积6670平方米。2007年在校学生1162名,教职工72名。

杨家庄初中 在石佛乡杨庄村。1971年成立,1977年改为附中,1987年成为独立初中。占地15亩,建筑面积1767平方米。2007年在校学生548名,教职工38名。

南河川初中 在渭南镇刘家庄。1976年成立。学校占地21.9亩,建筑面积4442平方米,其中教室1385平方米。2007年在校学生596名,其中寄宿生275名。

温家集初中 在新阳镇温集村,创建于民国2年(1913年),时为新阳两等小学校。学校占地20亩,建筑面积6326平方米,其中已近百年的古建筑有726平方米。学校有电教室、实验室、阅览室、音体美教室各1个。70年代末设附中,1985年成为独立初中。2007年,在校学生851名,教职工74名。

凤凰初中 在新阳镇席家寨西。原为附中,2005年成立初级中学。占地20亩,建筑面积1875平方米。2007年在校学生550名,教职工35名。

伯阳初中 在伯阳镇。最早设于民国2年(1913年)。原为伯阳中心小学,1970年调整为伯阳中学,1980年改名伯阳初级中学。占地10.9亩,建筑面积5725平方米。2007年在校学生850名,教职工80名。

吴砦初中 1968年成立,原为吴砦附中。1972年,中小学分设,改名吴砦中学。1979年,撤销高中部,成为初级中学。占地10.6亩,建筑面积2400平方米。2007年在校学生609名,教职工38名。

东岔中学 1971年成立,原址在东岔镇东岔村,为高中、初中、小学九年一贯制学校,1977年随乡政府搬迁至码头村付家滩,只设高中、初中部,1979年高中部撤销并入元龙中学,仅设初中,为完全初级中学。2007年东岔初中并入东岔中心学校。

立远中学 1971年成立,原址在今三岔镇关庄村,后随立远乡政府迁至交川村,设有高中、初中、小学。1979年高中部撤并元龙中学,保留初中部。2006年初中部与东岔镇交川小学合并,为九年一贯制学校。

琥珀初中 在琥珀乡罗家村。民国8年(1919年)成立,原名琥珀小学。1970

年设初中。占地13.6亩，建筑面积2359平方米。2007年在校学生735名，教职工44名。

五龙初中　在五龙乡凌温村。民国16年（1927年）成立，原为五龙小学。80年代初，调整为初级中学。占地15.8亩，建筑面积2076平方米。2007年在校学生576名，教职工58名。

（二）附中（九年一贯制学校）简介

1985年，小学附设初中课程的有马跑泉学区甸子附中、胡王附中、团庄附中、什字坪附中、东泉附中、大柳树附中、龙槐附中、潘集寨附中和慕滩附中，二十里铺学区渭峡附中，社棠学区下曲附中，甘泉学区谢家崖附中、西枝附中和阳湾附中，元龙学区葡萄园附中和石门附中，五龙学区陈家山附中和安家山附中，新阳学区胡家大庄附中、王家庄附中、赵家庄附中和下池附中，琥珀学区张家寺附中，石佛学区张坪附中和峪口附中，渭南学区张石附中、吴家庄附中、霍卢附中、渭西附中、王集附中和毛集附中，中滩学区张白附中和缑杨附中，西山坪学区中庄附中和谢家坪附中，南河川学区杨家河附中和中心小学附中（董家河附中），总计37所。1990年，对不具备设置初级中学条件的凤凰、党川和利桥3乡在中心小学兴办寄宿制附中。1992年开始，调整附中学校布局。是年撤销王集附中和霍卢附中，1993年撤销毛集附中，1994年撤销石门附中、下曲附中、东泉附中和安家山附中，1995年撤销渭西附中，1997年撤销张石附中、吴家庄附中、王家庄附中、赵家庄附中，1999年撤销董家河附中。2002年后，小学陆续变为6年制，附中改为九年一贯制学校。2003年，潘集寨小学和潘集寨附中合并，成立潘集寨学校，为九年一贯制学校。时驻区企、事业单位所办九年或十二年一贯制学校有11所，包括桥南企业联办职工子弟学校、二一九职工子弟学校、小陇山子弟学校、地质二队职工子弟学校、兰州手扶拖拉机厂天水分厂职工子弟学校（天拖厂被兼并后学校名称，原称天水拖拉机厂职工子弟学校）、星火机床厂职工子弟学校、航空工业天飞公司职工子弟学校、风动工具厂职工子弟学校、天水红梅绒线有限公司子弟学校（甘绒厂改制后学校名称，原称甘肃绒线厂职工子弟学校）、中车集团天水七四五二工厂职工子弟学校和甘肃棉纺织厂职工子弟学校。后二一九职工子弟学校、地质二队职工子弟学校和中车集团天水七四五二工厂职工子弟学校撤销初中部，成为完全小学。2003年，绒线有限公司子弟学校移交地方，改名向荣学校。2006年，中车集团天水七四五二工厂职工子弟学校和拖拉机厂天水分厂职工子弟学校移交地方。2007年，风动工具厂职工子弟学校、甘肃棉纺织厂职工子弟学校和星火机床厂职工子弟学校亦移交地方,3所学校初中部均并入向荣学校。向荣学校后撤销小学部,成为独立初中。同时,东岔初中和东岔中心小学合并,立远初中和交川小学合并,成为九年一贯制学校。是年,全区九年一贯制学校有19所(名单见788页)。不在中心学校所属附中如下:

潘集寨学校　最早为清光绪二十九年（1903年）创办的潘集寨养正学堂。1984后附设初中。2003年,潘集寨小学和潘集寨初中合并,成立潘集寨学校,为九年一贯制学校。占地50亩,建筑面积8654平方米。2007年在校学生1151名,教职工88名。

桥南企业联办职工子弟学校　在羲皇大道中路南侧（三十甸子村东北）。1973年由20多个厂矿企事业单位联合创办，原为12年制学校,1994年撤销高中部,成为九年一贯制学校。占地16.5亩,建筑面积6000平方米。2007年在校学生2000名,教职工107名。

小陇山子弟学校　在桥南分路口西南。1987年成立,为九年一贯制学校。占地20.3亩,建筑面积6100平方米。2007年在校学生830名,教职工77名。

天成学校　1978年成立,原为拖拉机厂天水分厂职工子弟学校。2006年移交地方。2007年改名天成学校,为九年一贯制学校。占地34.5亩,建筑面积6602平方米。2007年在校学生1324名,教职工91名。

蓝天学校　1978年成立,原为解放军第五七二二工厂子弟学校, 2006年移交地方,2007年改名蓝天学校,为九年一贯制学校。占地15.2亩,建筑面积3268平方米。2007年在校学生463名,有教职工39名。

二、民办学校

1998年,利用原天水拖拉机厂子弟学校空余教室,成立民办中天学校,设初中部。2000年,在校初中学生113名。2001年,民办启升学校成立,包括高中、初中和小学。2004年,民办梅兰中学成立,为全日制初、高级中学。

三、学生

1985年,全区初中在校生22143名。此后10年,一直保持在22000~23000名上下。1995年后,随着城乡居民对教育的重视,入学人数逐年增长。1997年23983名,1998年27667名,2000年28701名,2001年28878名,2002年30677名,2003年34070名。一时间规模较大且教学质量较高的中学学生数猛增,班额过大,管理和教育教学工作压力大。2004年,中滩中学在校学生2225名,全校30个班,平均每班75名学生,最大班达80名。城区桥南片人口密集,只有龙园中学一所公办初中，学校招生压力大，校舍紧张。后建起2号教学楼，扩大招生规模，学校压力始缓解。2005年以后，由于人口控制后续作用使适学人口减少，初中生考试稳定，并略有下降。2007年，全部初中生30945名，其中新招一年级生8430名，比上年减少4079名。

1985—2007初级中学在校学生分类统计

单位：人

年份	学生总计	教育部门及集体办学校			其他部门及民办学校			总数中	
		一年级	二年级	三年级	一年级	二年级	三年级	女生	一贯制学校
1985	22143	7062	6209	6284	721	805	1062	8755	7236
1990	22760	7471	6625	6598	685	733	648	9243	7240
1995	22101	7402	6562	6173	636	683	645	11015	5561
2000	28701	9295	8533	8558	828	847	640	14318	…
2005	33355	11403	9914	9273	1106	834	825	16016	7496
2007	30945	7806	11413	9864	624	617	621	13812	5684

订购校服　1999年，城区部分学校(主要是中学，包括高中)作出学生穿学生装(校服)的规定，并到市教育委员会确定的天水兴教服装厂(区第一职业中学院内)统一订购校服。2004年，对学生校服实行统一管理。其后统一在市教育局指定的天水心诚服装厂订购，不硬性摊派。特困家庭、革命烈士子女和孤儿的校服，由学校和供货厂家协商，实行全免费或半免费。2005年，各校停止统一订购校服。

四、学制、课程

1985年，全区初级中学、完全中学初中部和小学附设初中一律由2年改为3年制。1999年，为完成普及九年义务教育，针对全区大部分小学实行5年制，在向6年制过渡中存在校舍和教师短缺的问题，在市第八中学、市第九中学、南河川初中、街子初中和元龙中学等5所学校进行初中4年制试点。2000年，新增党川附中、利桥附中、东岔初中、立远初中、麦积初中、甘泉中学、西枝初中、琥珀初中、西山坪初中和甸子附中等14所学校4年制试点。同时，在市第八中学初中部增加两个4年制班。从2001年秋季初中新招学生开始，仍全部实行3年制。

课程 1990年,按教育部义务教育初中教学计划,初中开设的课程有政治、语文、数学、外语、物理、化学、历史、地理、生物、生理卫生、体育、音乐和美术13门,使用人民教育出版社出版的义务教育3年制教材。1991年,在初中学生中开展绿化知识普及宣传,并在思想政治、地理、历史和语文等科目中渗透近现代史及国情教育。1992年,中学语文分基本篇目和阅读篇目。在教学过程中,根据语文课的特点,在正确处理加强思想政治教育与语文知识传授、能力培养关系的前提下,进行思想政治教育,阅读和写作加强思想性,作文评分在思想内容方面划分等级。1993年,试用甘肃和辽宁省教育委员会合编的体育课本。1995年,按《学校卫生工作条例》和《学校体育工作条例》,初中学校开展健康教育,落实健康教育课。初中阶段健康教育内容包括人体的解剖生理特点、青春期生理卫生、个人卫生习惯与健康、合理营养与健康、学校生活卫生、常见疾病的预防、心理健康、体育锻炼与健康等8部分内容。同年秋季,实行新课时制,初中语文调整为5课时,历史和地理调整为2课时。1996年,为增进学生学习英语的兴趣,培养和发展学生的听说能力,各初中学校征订甘肃省声像教材出版社制作、修订的九年义务教育初级中学《英语讲读》录音教材。同年,征订《中国香港1997》初中读本,并用6课时的思想政治课时间, 集中开展以我国政府恢复对香港行使主权为主题的爱国主义教育。2001年,有5所初中开设信息技术教育课。2003年春季开学起,在初中开设预防艾滋病、毒品预防和环境教育3项专题教育课。同年秋,初中一年级新生用新课程,分思想品德、历史与社会、科学、基础文化课、艺术和综合实践6类,共开设思想品德、历史、地理、生物、化学、物理、语文、数学、外语、体育与健康、音乐和美术等12门课。2003年,在初中思想政治课中学习中共第十六次

1990年初中课程和课时安排

单位:课时

	政治	语文	数学	外语	物理	化学	历史	地理	生物	生理卫生	体育	音乐	美术	合计
一年级	2	6	5	5	—	—	3	3	2	—	2	1	1	30
二年级	2	6	6	5	2	—	2	2	2	—	2	1	1	31
三年级	2	6	6	5	3	3	—	—	—	2	2	1	1	31

2007年初中课程和课时安排

单位:课时

	思想品德	语文	数学	外语	物理	化学	历史	地理	生物	生理卫生	体育	信息技术	音乐	美术	合计
一年级	2	6	5	5	—	—	3	3	2	—	2	2	1	1	32
二年级	2	6	6	5	2	—	2	2	2	—	2	2	1	1	33
三年级	2	6	6	5	3	3	—	—	—	2	2	2	1	1	33

全国代表大会精神。2004年秋季开学起,在各初中开展防震减灾宣传教育,并纳入教学计划。2005年,按教育部要求,初中体育课每周增加到3课时。同年,全区所有初中都开设信息技术教育课。

第四节　高中教育

一、公办学校

1985年,全区设高中课程的学校有原天水县第一中学、第二中学、第三中学(在社棠)、第四中学、马跑泉中学、二十里铺中学、甘泉中学、石佛中学、中滩中学、新阳中学、元龙中学等11所完全中学。另外,渭南农业职业中学高中部设有普通班。驻区企、事业单位办天水铁路职工子弟第一中学、航空工业天飞公司职工子弟学校、星火机床厂职工子弟学校、桥南企业联办职工子弟学校、风动工具厂职工子弟学校和甘肃绒线厂职工子弟学校等12年制学校都设有高中部。1986年,原天水县第一中学改名天水市第二中学,第二中学改名天水市第八中学,第三中学改名天水市第九中学,第四中学改名天水市第七中学。1990年,针对全区高中师资力量不足及教学设施不配套等问题,按照国家教育委员会(简称教委)“控制高中、加强初中、普及小学、发展幼教特教”的方针,对全区高中学校进行调整。1991年,撤销市第九中学、马跑泉中学、二十里铺中学、石佛中学的高中部,区办完全中学由11所调整为7所。同时,中滩中学扩大招生范围,在中滩、渭南、石佛、西山坪和南河川5乡招生。1994年,企、事业单位办12年制学校全部撤销高中班。1995年,核工业二一九职工子弟学校从礼县迁到二十里铺乡高家湾村,暂时保留高中部。同年,市人民政府将原天水第二师范渭南旧校址划拨北道区,次年在原址新建全日制普通高级中学,称天水市第十中学,为全区第一所独立高中。同时,将中滩中学高中部和渭南农业职业中学高中部普通班并入第十中学。1998 年后,核工业二一九职工子弟学校撤销高中部。至此,全区完全中学有市第二中学、市第七中学、市第八中学、新阳中学、甘泉中学、元龙中学和天水铁路职工子弟第一中学 7 所,独立高中有市第十中学 1 所。2002 年,为争创省级示范高中,市第二中学停招初中生,次年将初中部学生全部并入龙园中学,始成独立高中。同年,市第二中学、市第七中学、市第八中学和新阳中学扩大办学规模,相继建起档次较高的教学楼和实验楼。其中市第二中学、市第八中学被列为全区中学示范实验室建设学校。2004 年,天水铁路职工子弟第一中学移交地方,划归区管,次年改名天水市第九中学,并将初中部并入市第七中学,成为区内第三所独立高中。2006 年,全区普通高中教育确立"加强管理、扩大规模、树立品牌、注重效益、兼顾均衡、提升质量"的发展思路,市第二中学和市第九中学两所省级示范性高中逐步提高办学实力,发挥辐射带动作用。同年,从招生、师资配备、基础设施建设等方面扶持农村高中,对择校生实行"三限"政策,限定民办补习学校招收补习生的最低分数线和人数,各学校实行目标责任制,重点抓学科薄弱环节,加强校际间学习交流和课程管理,创新课堂教学模式,教育教学质量稳步提升。2007 年,全区有公办完全高级中学 3 所(市第二中学、市第九中学、市第十中学),高中、初中课程合设的完全中学 4 所(市第八中学、甘泉中学、新阳中学、元龙中学)。

天水市第二中学　在桥南街道羲皇大道东路南侧马跑泉镇西。1953 年由甘肃省教育厅创办,时称天水第二初级中学。校址初设马跑泉慕家滩村经圣寺,次年迁今址。1957 年,改为天水县中学。1958 年,设高中班,始为完全中学。县、市合并后,更名天水市第四中学。县、市分设后称天水县第一中学。1986 年改现名。2003 年,初中部并入龙园中学,成为独立高中。学校占地 73 亩,建筑面积 2.7 万平方米,有教学楼 2 座,科技楼 1 座,学生公寓楼 2 座,图书馆藏书 3 万多册,并配有各类电子读物。2007 年在校学生 2548 名,36 个教学班;教职工 177 名,其中专任教师 162 名,包括高级教师 16 名。2006 年,被省教育厅命名为"甘肃省示范性普通高中"。

天水市第八中学　在城区滨河北路西。始建于 1980 年,时称天水县第二中学，属完全中学，1986 年改名天水市第八中学。学校占地 58 亩，建筑面积 1.18 万平方米，有教学楼 2 座，科技实验楼、学生公寓楼各 1 座，教师住宅楼 2 座，有多功能厅、多媒体教室、计算机教室、物理实验室、生化实验室及校园闭路电视教学评估系统。2007 年在校学生 2238 名，设 39 个教学班，教职工 185 名。

天水市第九中学　在城区道北街道前进北路。前身为民国 35 年(1946 年)创办的交通部天水扶轮中学，校址在今秦州区城区西，1949 年改名为天水铁路职工子弟中学。1950 年设高中，成为完全中学。1970 年，学校迁北道埠今址，改名天水二七铁路中学。1972 年，再改天水铁路职工子弟第一中学(简称铁一中)。2002 年，省教育厅命名为“甘肃省示范性普通高中”。2004 年移交地方。2005 年，撤销初中部，将市第七中学高中部并入，成为独立高中，并改名天水市第九中学。现有教学楼 2 座，以及实验楼、图书楼、学生公寓楼和学生食堂各 1 座。高标准配置理化生实验室、双向闭路电视教学和电脑网络教学系统教学设施，有图书室、阅览室、电子备课室和多媒体语音教室。2007 年在校学生 1968 名，教学班 42 个；教职员工 156 名，其中中学高级教师 26 名，省级骨干教师 3 名，市级教学骨干 26 名。

天水市第十中学　在渭南镇渭西村。1973 年，天水地区在渭南镇创办渭南师范学校，1982 年改称天水第二师范学校。1995 年因学校迁今秦州区，其址划归北道区(今麦积区)。1996 年以中滩中学高中部为基础，在其址创办全日制普通高级中学——天水市第十中学。占地 50 亩，建筑面积 1.71 万平方米。有教学楼、办公实验楼、学生公寓楼各 1 座，多功能厅、微机室、实验室和阅览室等配套设施齐全。2007 年在校学生 1560 名，有教学班 29 个；教职工 128 名，其中专任教师 118 名。

新阳中学　在新阳镇温家集。1958 年由天水县创办初中，1968 年招收高中生，成为完全中学。学校占地 35 亩，建筑面积 7640 平方米。有微机室、电教室、实验室、图书室等。2007 年在校学生 1609 名，设 28 个教学班；教职工 113 名，其中高级职称 8 名。

甘泉中学　1959 年成立，时称天水市第十二中学。1961 年改名天水县第六中学，1969 年设高中班，1979 年改现名。占地 28 亩，建筑面积 6155 平方米，有 2 座教学楼、1 座教师宿舍楼。2007 年在校学生 1370 名，教职工 65 名。

元龙中学　在元龙镇后庄村，1958 年由天水县创建，原名元龙附中，1959 年正式成为中学，相继称名天水市第七中学、天水县第五中学、天水县元龙中学。占地 21 亩，建筑面积 6088 平方米。2007 年在校学生 1477 名，教职工 103 名。

二、民办学校

1996年,民革天水市中山业余学校在小陇山林业实验局职工子弟学校利用空余教室设北道分部,开文、理科两个补习班。2000年,启升补习学校成立。同年为规范办学,教育局决定撤销市第二中学、市第七中学、市第八中学和铁一中的高三补习班,由中山业余学校和启升补习学校承担高考补习。两校均为民办学校。2001年,启升补习学校改为正规的小学、中学一贯制学校,仍为民办。2004年,梅兰中学和成功补习学校成立,均属民办。成功补习学校由天水春光工贸有限公司兴办,公司成立校委会负责学校管理,进行高三毕业生复读教育,由教育局主管。2007年,又有民办文正中学成立。

天水市启升学校 在马跑泉镇崖湾村新庄。2001年由私营企业天水政和商贸有限公司出资创办。办学层次是先办普通高中和高考补习班,后逐渐开办普通初中和小学。学校实行董事长领导下的校长负责制,由区教育局指导和管理。2004年,高考成绩名列全市民办学校之首。2005年荣获全国“陈香梅教科文奖”。2006年,托管大柳树附中,为大柳树附中援助短缺教师5人。2007年,又相继在分路口、清水开办两所高考补习学校。2007年总校在校学生1413名,分校在校学生500多名。

天水市梅兰中学 2004年,江苏籍人张松涛等5人联合,租赁中车集团天水七四五二工厂职工子弟学校闲置校舍创办。为全日制初、高级中学。后又托管中车集团天水七四五二工厂职工子弟学校和幼儿园。学校设施齐全,可满足800名学生学习住宿的需求。

天水文正中学 2007年由天水天桥建筑工程有限责任公司在石佛乡创办,以教普通高中课程为主,兼办职业班,业务受教育局指导。2007年秋正式招生。

三、学生

1985年,普通高中在校生6211名,其中女生2265名。此后至2000年,均在5000~7000名之间。2002年,各公立中学扩大招生范围,加之启升中学的创办,是年在校生增至9054名。此后逐年扩增,2005年达到12483名,使初中毕业生升入普通高中比例由2002年前的25%提高到46%。2007年高中在校人数12354名。

四、学制、课程

学制 1985–2007年,完全中学高中部、独立高中全部实行3年学制。

部分年份高中在校学生分类统计

单位:人

年份	学生总数	教育部门办学校			企事业单位及民办学校			总数中女生
		一年级	二年级	三年级	一年级	二年级	三年级	
1985	6211	1758	1840	1666	373	315	259	2265
1990	6782	1961	1997	2220	195	172	237	2023
1995	5253	1653	1411	1753	168	134	134	1836
2000	5517	1798	1639	1587	176	167	150	2422
2005	12483	3614	3711	4011	537	262	348	4590
2007	12354	3976	3451	3370	589	610	358	5200

课程　1985 年,高中开设的课程有政治、语文、数学、外语、物理、化学、历史、地理、生物(包括生理卫生)和体育。高中二年级开始文理分科,理科课程有政治、语文、数学、物理、化学、生物和英语,文科课程有政治、语文、数学、地理、历史和英语。同年,高中政治课中《政治经济学常识》停止,改为社会主义教育和时事政策教育。1991 年秋季开始,高中思想政治课由每周 2 课时改为每周 3 课时,其中 1 课时设为时事政策教育。同年,为纠正学生文理偏科和知识结构不合理现象,调整普通高中教学计划,同时实行会考制。1992 年,中学各年级思想政治教材不再分列课名,一律称思想政治课。同年秋季入学的高中一年级开设世界史,高中二年级开设中国近代史和中国现代史,每周 2 课时。同时,人口教育设为高一必修内容,总授课时数为 8 ~ 12 课时。为发展学生的兴趣、特长,为学生高中毕业后升学或就业打好基础,全区各高中除开设指定选修课之外,还开设技术与职业类选修课,指定选修课(必选课)在课程结束时进行必要的考核。1993 年,试用甘肃和辽宁省教育委员会合编的体育课本。1994 年,开设艺术欣赏课。1996 年秋,开始使用新编高中一年级英语教材。同年,按《中学德育大纲》统一征订《中国香港 1997》高中读本,集中开展以我国政府恢复对香港行使主权为主题的爱国主义教育。1997 年,全区中学开设国防教育课,城区完全中学同驻军和区人民武装部结合,在高中一年级开展军训。2000 年,利用思想政治课,在高中学生中开展党的基本知识和邓小平理论基本知识教育。2001 年,按省教育厅颁发的普通高中新课程方案,高中开设的课程有语文、数学、英语、政治、物理、化学、生物、历

高中课程和课时安排

单位:课时

	政治	语文	数学	外语	物理	化学	历史	地理	生物	体育	选修	合计
一年级	2	5	5	5	4	3	3	—	—	2	—	29
二年级	2	4	5	5	3	3	—	2	—	2	4	30
三年级	2	4	5	4	4	3	—	—	2	2	4	30

史、地理、信息技术、体育和劳动技术等12门。其中前10门为考试科目,物理、化学和生物的实验操作及体育、劳动技术为考查科目。各年级开设的课程是,高一开设思想政治、语文、数学、英语、物理、化学、中国近现代史、地理、劳动技术、体育与健康、音乐、美术和信息技术,高二开设思想政治、语文、数学、英语、物理、化学、世界近现代史、地理、生物、劳动技术、体育与健康和信息技术,高三开设思想政治、语文、数学、英语、物理、化学、中国古代史、地理、生物、劳动技术和体育与健康。2002年,军事训练成为各中学高中一年级新生入学后的必修课,时间7~14天,由驻军或武警官兵为教官。同年,为适应2003年开始全国高考提前一个月进行的改革,对涉及和高考有关的科目内容进行调整。高中思想政治课删减有关“繁难偏旧”的教学内容,减少容量,高一《经济常识》、高二《哲学常识》和高三《政治常识》中部分内容被删除。2003年,在中学开设预防艾滋病、毒品预防和环境教育3项专题教育课。同年,高中政治课中增加学习中共第十六次全国代表大会内容,并开设国防教育课程。2007年,增加法制教育课。

第五节 职业教育

一、公办学校

1985年,区内公办职业学校有区职业技术中学和渭南农业职业中学两所。渭南农业职业中学原为普通中学,1983年改为职业中学。1986年,甘肃棉纺织厂和甘肃绒线厂分别成立职业高中班,面向社会招生,后两厂都开办技术学校,高中班取消。1987年,天水市卫生学校转为职业教育,更名天水市卫生职业技术学校,招收全市初、高中毕业生,为全市农村培养卫生技术人员。1991年,市第九中学(在社棠)高中部开办农业职业班。1993年,市第九中学高中部普通班停止招生,变为职业高中,面向社棠、元龙等东部6乡、镇招生。同年,区职业技术中学被省教委批准备案,毕业生使用省教委统一印发的毕业证书,其余未备案的职业学校,毕业生由区教育局统一验印发证。至1993年,全区职业学校增加到4所,包括区职业技术中学、市卫生职业技术学校、渭南农业职业中学和市第九中学。1995年,职业中学开办中专班。1997年,区职业技术中学改名区第一职业高级中学,渭南农业职业中学改名区第二职业高级中学,市第九中学改名区第三职业高级中学。第二和第三职业高级中学保留初中部。2001年,区内有第一、第二、第三职业高级中学、农民中等专业学校和市卫生职业技术学校5所。但各校设备陈旧,试验实习设备不全,部分专业老化,毕业生就业困难,加之普通高等院校扩大招生,初中毕业生倾向上普通高中,职业教育入学率逐渐下降。2003年,调整职业学校布局,将第一职业高级中学和市卫生职业技术学校合并,成立区职业技术教育中心(简称职教中心),同时以原市卫生职业技术学校设为校部,原第一职高校址改办为龙园中学。农民中等专业学校先为培训农村干部和技术人员学校,后转为职业教育,开办正规班,再后生源不足,校舍均为危房,2003年撤销,并入职教中心,成为职教中心分校。至此,全区职业学校有职教中心、第二和第三职业高级中学3所。此后,职业教育以职教中心为主,改变办学模式,调整专业结构,发展骨干专业,拓宽毕业生就业渠道,加大下岗失业和再就业人员的培训。2007年,区农业机械技术学校纳入全区职业教育序列。机械技术学校始建于1980年,为培训农机驾驶员和机械维修工为主的成人技术学校。

麦积区职业技术教育中心　在桥南花牛路,隶属区教育局。2003年,将第一职业高级中学和市卫生职业技术学校合并,在卫生职业学校校址成立。有22个教学班(含农民中专4个班,清水卫校4个班),教师86名,在校学生1174名。学校占地10.6亩,有教学楼2座,实验室6个,多媒体教室1个,微机教室1个。2005年,实行“零学费入学制度”和“国家助学金制度”,开展“订单式培养”“工学结合、顶岗实习”活动。2007年在校学生1743名,教职工136名,专任教师115名。开设机械制造与控制、电子应用技术、数控技术应用、模具设计与制造、汽车运用与维修、电焊技术、计算机应用与维修及畜牧兽医等专业,属市级重点职业学校。

麦积区第二职业高级中学　亦称渭南农业职业中学、渭南初级中学,建于1963年,原名天水农技校,为中等专业学校。1983年经天水县人民政府批准改渭南中学为农业中学,并在石佛、二十里铺、马跑泉中学设农业专业班。2005年更名为麦积区第二职业高级中学、渭南初级中学。学校占地 33 亩，建筑面积 7031 平方米，学生 719 名，设 16 个教学班，有教职工 68 人。

麦积区第三职业高级中学　1968 年成立，在社棠东路，原名天水县第三中学。1986 年，更名天水市第九中学。1997 年，高中部改名区第三职业高级中学。2005 年，取消天水市第九中学名称(其名移原铁一中)。

初中“三加一”职业班　20 世纪 80 年代后期，为适应经济发展需要，补充职业教育发展的不足，部分初级中学开办“三加一”职业班，鼓励未能上普通高中的初中毕业生分流，再学一年农业技术知识。1987 年，首先在街子初级中学试行“三加一”职业班。1988 年，市第二中学初中部开设电器修理专业。1991 年，立远、南河川、伯阳等地初中亦办“三加一”职业班。到 1997 年，全区办“三加一”职业班的学校达到 10 所。2000 年后，扩大职业中学办学规模，各初中开办的“三加一”职业班逐步取消。

二、民办学校

天水岭南职业高级中学　2006 年成立，在花牛镇，属民办职业高中，全日制教学，隶属区教育局。招生对象为初、高中应届毕业生及同等学历社会青年，开设钳焊、机电一体化、计算机应用和电脑文秘等 4 个专业，学制 3 年。2007 年有学生 343 名。

三、学生

1985 年，渭南农业职业中学职业班招生 108 名，区职业技术中学招生 60 名，总计在校学生 770 名。1988 年起扩大招生，1990 年达到 1221 名，1993 年达到 1446 名，职校学生和普高学生的比例由 1989 年的 0.41:1 上升到 0.72:1。

1996 年后，职业学校招生实行优惠政策，与全省初中毕业生会考结合进行，录取由教育局组织，职业学校根据考试成绩择优录取，对报农、林、牧专业的考生降分录取。1998 年，职业学校在校学生达 2815 名，其中初级中学“三加一”班 1431 名，职业高中 1384 名。2000 年后，因毕业后就业难，职校学生锐减。2001-2002 年，全区职业学校在校学生不足 500 名。2004 年，制定职校招生计划和相关优惠政策，并与用人单位签订协议，解决职校毕业生就业难的问题。同年，全区职业高中招生 624 名。2005 年，职教中心开始实行春、秋两季招生，职教中心招 500 名，第二职业高级中学招 200 名，第三职业高级中学招 110 名。2006 年，职业学校在校生接近 2000 名。2007 年，全区职业学校招生 1887 名，其中春季招

396名，秋季1491名（其中职教中心752名，第二职业高级中学190名，第三职业高级中学111名，岭南职业高级中学343名），在校学生2707名。

四、专业、课程、学制

1985年，渭南农业职业中学开设种植专业，职业技术中学开设工商企业、财会专业，学制均为3年。1986年，职业技术中学增设工艺美术专业。同年，甘肃棉纺织厂职业高中班开设棉纺织专业，甘肃绒线厂职业高中班开设毛织专业，学制均为2年。各职业学校开设课程分政治、文化、专业、实习4类，使用人民教育出版社教材。其中文化课包括语文、数学和体育，物理、化学、生物、外语、历史、地理、音乐和美术等课程根据专业需要设置，专业课按专业性质而定。种植专业开设农业基础、畜牧兽医、卫生常识、植物与植物生理和土壤肥料等，教材实行选用和自编相结合的方法。1991年后，统一改为植物、土壤肥料、作物栽培和果树栽培等；工商财会专业开设会计原理、工业管理、工业会计、商业管理与会计统计、计算技术和财会应用等；工艺美术专业开设素描、色彩、色粉、油画、书法和美术史等。

1987年，天水市卫生职业技术学校开设护士、中医士、西医士、社区医学和高级护理等专业，学制3年。1992年，职业技术中学开设会计函授班。1997年职业学校调整后，第一职业高级中学开设财务会计、装潢美术、电算会计、服装设计与缝纫和家电维修等专业，第二职业高级中学开设种植和养殖专业，第三职业高级中学开设种植、养殖和计算机应用专业，市卫生职业技术学校开设中医士、西医士和妇幼医士专业，学制除服装设计为1年外，其余均为3年。

2003年职教中心成立后，开设的专业有卫生类专科、卫生类中专和其他类别专业。卫生类专科开设临床医学和高级护理专业，其中高级护理专业面向全市招生。卫生类中专开设中医、卫生保健、护理、中西医结合和乡村医生等专业。其他类别的专业有工艺美术、家电维修和电算会计等。第二、第三职业高级中学仍以农业职业教育为主，并开设信息技术教育等专业。2004年，职教中心又开设畜牧兽医、数控机床、护理等11个专科、中专层次的专业。2005年后，高等职业教育招生考试实行“3＋专业课综合”模式，其中“3”是指3门文化课（语文、数学、英语）。全区“三职生”（技工学校、职业高中和职业中专学生）根据所学专业，按照专业对口原则，于每年5月份参加市教育局组织的专业课综合考试。文化课统考的报名和考试由省招办统一组织实施，考试时间与全省普通高校招生考试时间相同。

五、实习就业

实习　1985年后，农业职业中学和初中“三加一”职业班每年组织学生到果园和农田实习，提高实践能力，学生毕业后大部分到农业生产一线，成为当地种植、养殖骨干技术人才和农村发家致富带头人。1995年，区职业中学建成两个实习工厂、两个实习门市部，开辟601亩果树和蔬菜园地，向“教学—实习—生产—经营”相结合发展。家电维修、工艺美术专业的学生到实习工厂和实习门市部参加实习。2001年市卫生职业技术学校联系市内各县区医院、市二院、小陇山医院和解放军第二十九医院为学生实习基地，学校建有2所门诊，供学生见习。职教中心成立后，办学规模扩大，开设专业门类较多，除传统的工艺美术、电算会计、家电维修和医学类专业外，因实习场地有限，设备不完善，其他专业的学生实习机会不多。2006年，职教中心针对多数学生家庭经济困难的实际，为提高学生应用专业技术的能力，以工学结合、半工半读的方式在全市职业学校中率先试行顶岗带薪实习。2007年，组织第一批235名机电类专业的学生，到厦门多威电子等5家企业，进行为期3个月的顶岗实习，实习学生最高月工资1800元，最低1000元。

就业　1985年，按国家教委和劳动人事部门有关规定，在乡镇和企事业单位聘用干部时，择优聘用农村职业中学毕业生。职业中学的毕业生不包分配，一般由劳动部门推荐，经用人单位考核后，按专业对口的原则择优录用。全区职业中学毕业生大多数自主创业，部分到商业、服务业等部门工作。市卫生职业技术学校中医士、西医士和妇幼医士专业的学生毕业后部分到农村基层卫生院工作，部分自己开办诊所。从2003年开始，为拓宽就业渠道，在全区职业学校毕业生中开展创业、就业教育，引导学生转变择业观念，鼓励毕业生到外地大中型企业就业。同时，依托南方人才市场天水工作站，与广州、上海等地劳动部门、企业用人单位联系，建立职校毕业生就业信息网，多渠道增加职校毕业生就业信息量，帮助学生择业就业。2006年，职教中心数控技术应用、模具设计与制造专业的毕业生由联办学校天津轻工职校安置在天津就业，机械制造与控制、电子技术应用、数控技术应用和模具设计专业的毕业生，经职教中心和省机械工业学校联系到苏州工业园区、上海、北京和天津等地就业。

第六节　招生　考试　升学

一、招生

小学　20世纪80年代中,全区逐步普及初等教育,区教育局每年都向各学校和学区下达招生计划,督促乡、镇动员学龄儿童按期入学,小学适龄儿童普遍能就近入学。城区小学招生按照就近入学的原则,不进行考试或变相考试,实行划片招生。1985年,小学招生11847名,其中城市2635名、农村9212名,毕业10442名,其中城市2093名、农村8349名。此后,小学招生每年在1万名左右。全区初等教育基本普及后,1991年起不再按学校下达招生计划,各小学、学区按照"适龄儿童全部入学"的原则招生。1997年起,小学适龄儿童入学实行通知书制度,农村由乡、镇人民政府或授权学校负责颁发,城区由招生片学校颁发。当年招生12850名,毕业10084名。此后,全区每年小学招生在1.2万~1.3万名之间。2001年起,除坚持适龄儿童就近划片入学的原则外,按照《义务教育法实施细则》规定,由乡、镇、街道、学校组织年满7周岁的儿童,不分性别、民族,在开学前5~10天将入学通知书发给其父母或监护人,保证适龄儿童按时入学。学校为入学儿童建立学籍,填写《学生登记卡》《毕业生登记表》和学生档案袋,配发《中小学生手册》。是年全区小学招生13118名。2005年起,因适学儿童总数减少,小学招生人数逐年下降。是年招生11291名,2007年招生9726名。

初中　20世纪80年代中,开始统一组织小学毕业升学考试。初中教育尚未普及的乡镇,小学毕业考试和初中招生考试分别进行,以小学毕业考试成绩为依据,划片就近入学,招收初中新生。1985年,初中招生6937名,其中城市1264名、农村5673名;毕业5643名,其中城市1212名、农村4431名。1986年《义务教育法》颁布后,小学毕业生免试升入初中就读。为督促入学,区人民政府制定普及九年义务教育规划,实行"三定"(定名、定村、定对象)、"三包"(包入学、包巩固、包提高)办法。当年招生7007名,因城市招生条件放宽,农村进城务工人员子女入学人数增加,故城市招生猛增至2294名、农村减为4713名;毕业6712名。此后逐年递增,至1988年招生7600名,毕业8411名。其后至1995年,每年招初中生7000~8000名,其中城区2200名左右。1996年后,由于人们对教育的重视,加之教育部门、学校的督促,初中招生人数逐年增加。是年招生8585名,毕业6808名。1997年招8701名,毕业6818名。是年开始,按划片招生的原则,市第二中学招收桥南小学毕业生以及马跑泉学区黑王小学和胡王小学部分毕业生，市第七中学招收道北小学、寨子学区4所小学以及社棠学区税湾、柳沟、半坡、咀头小学毕业生，市第八中学招收道南小学、红旗小学和下曲小学毕业生。亦有不少别处农村小学毕业生为追求教学质量，进入上述3所城区学校读初中。农村初中招生由乡、镇政府或授权学校发入学通知书，并督促学生入学就读。入学人数均达到小学毕业生的95%以上。厂办学校自行组织招生，除完成本校招生任务外，还招收临近地方学生。1998年普及九年义务教育完成后，小学毕业生除极个别自己放弃学业者外，全部升入初中就读。是年招生增至9640名，毕业6818名。2000年，招生再增至10123名，毕业8894名。2005年后，因生源减少，全区年初中招生人数逐渐下降。至2007年，仅招7806名。

高中 20世纪80年代，初中毕业考试和高中招生考试分别进行。因高中学校容量有限，招生实行择优录取。20世纪90年代，高中招生由区教育局统一组织，分解招生指标到各学校，区内重点中学的招生范围逐渐扩大。1991年，全区实行初三毕业会考，区教育局成立高中招生办公室，负责高中招生的录取。此后，高中招生实行统一考试、统一招生、统一录取。实行高中会考制度后，每年招收的新生由省教育委员会统一编排学号。1996年，为制止各中学自主超额招生现象，限制各校超指标招生。1997年又实行高一新生的录取通知书由区教育局统一发放的办法。当年被录取的高一新生除文化课达到录取线外，要求体育会考成绩达到20分以上。并对获得市、区级三好学生、优秀班干部的学生在同等条件下优先录取。1998年，高中招生坚持划片招生原则，由区教育局统一划定录取分数线。2000年，为推动素质教育，招生名额分配由区教育局根据初中学校规模、教育教学质量、推行素质教育成效，以及对音、体、美特长生的培养等因素统一分解。市

历年全区高中招生人数

单位:人

年度	招生	年度	招生	年度	招生	年度	招生	年度	招生
1985	2115	1990	2136	1995	1501	2000	1974	2005	4169
1986	2185	1991	1967	1996	1821	2001	2194	2006	4021
1987	2197	1992	1962	1997	1601	2002	3667	2007	4667
1988	1680	1993	1881	1998	1550	2003	4200		
1989	2212	1994	1714	1999	1800	2004	4223		

第二中学招生与各初中教育质量挂钩。2001年，对获得市级三好学生、优秀学生干部称号的学生在同等条件下优先录取。市第二中学按招生总指标的80%招收片内学校毕业生，招收的片外独立初中和附中毕业生占20%。片内外学校招生名额分配，由区教育局统一分解。2002年开始，高中扩大招生，到城区高中就读学生名数大幅度增加。招考时，初中毕业生体育考试成绩按50%计入毕业会考总分，农村独生子女领证户和二女结扎户的子女录取时加10分。全区是年高中招生3667名，是上年招生数的1.7倍。2003年，按省教育厅规定，高中招生执行“三限”政策，并招收“择校生”，其比例不超过招生计划的20%。区教育局根据各校招生计划和录取分数线，逐校下达“择校生”指标，划定最低录取分数线。是年各校招生指标为：市第二中学720名、市第七中学540名、市第八中学500名、市第十中学720名、新阳中学400名、甘泉中学200名、元龙中学240名、铁一中480名、启升学校60名，计3860名。市第二中学高一招生指标分为片内、片外和奖励指标3部分，分别占招生指标的80%、15%、5%。奖励指标由区教育局根据学校规模、教育教学质量、推行素质教育成效，对音体美特长生的培养等因素统一分解到学校。高中招生首次实行微机录取，并给新生建立电子档案。全区是年招生4200名。2004年，高中招生由区教育局统一按考生志愿录取，先按第一志愿从高到低录取，同时参考考生第二志愿，录满为止。之后，高中学校向社会公布录取分数线和新生名单。是年出现个别学校突破计划招生、入口成绩不实、扩大“择校生”比例、擅自跨区招收外县（区）学生等违反招生规定的现象，区教育局按有关规定协调处理，并采取措施加强招生管理。2005年，高中招生由教育局统一组织，兼顾数量与质量，控制城市寄宿生与走读生的比例，缩小城区学校与农村学校间的生源质量差距，以促进城乡教育均衡发展。原则上将全区初中毕业会考前4500名的学生，作为高中招生对象，并将高中录取的新生，按照成绩由高到底逐校排序，作为3年后给学校下达高考指标的重要依据。2006年，禁招复读生，严禁各学校降分招生，公办学校不准办高考复读班。毕业生填报升学志愿后，教育局依据考生综合素质评价等级、中考成绩、考生志愿、学校最低录取分数线择优录取。对初中阶段获得体育、艺术一级证书者，录取时加20分；获得体育、艺术二级证书者，加10分；农村独生子女和两女结扎户加20分；因公牺牲的人民警察子女，一级至四级残疾人民警察子女加10分。2007年，城区、城郊考生报名与填报志愿同步进行，城区考生限报市第二中学、市第八中学和市第九中学其中一所学校，并在报考学校参加考试。农村学校考生参加所属片区的报名考试和录取，不填报志愿。城区3所中学在农村学校实行配额制招生，招生指标按照农村初中办学条件进行分配，考生所属学校负责配额生的选拔。启升中学、梅兰中学原则上面向全区招生，按统一划定的最低分数线录取。招生依据仍为考生综合素质评价等级（综合素质D等学生，普通高中不予录取）、中考成绩、考生志愿、最低录取分数线等，另参考配额情况。其中参加过中专考试的考生报考高中的，凭文化课成绩参加所在片区的高中录取。是年共下达招生计划4200名，其中市第二中学840名、市第九中学660名、市第八中学600名、市第十中学660名、新阳中学480名、甘泉中学240名、元龙中学260名、启升学校400名、梅兰中学60名，实际招生4667名。

二、考试

小学　20世纪80年代，全区小学除期中、期末考试外，统一组织毕业考试、升学考试、学科抽考及毕业检测考试。毕业考试时间安排在6月，升学考试安排在7月初。1989年，按照省教育委员会要求，实行小学毕业和升学统一命题考试。考试科目为语文、数学。1991年，小学统考统一采用全省5年制试卷。1995年，区教育局统一组织小学毕业统考阅卷、登分、录取及建档。考试统一采用全市语文和数学两科试卷，农村考点设在当地中学或条件较好的中心小学。城区考点安排在3所中学。1997年，为督促学校按教学计划完成教学任务，区教育局对小学一、三、五年级数学，二、四、五年级语文进行抽考。1999年，因小学教材调整，为加强教学质量监测，对小学部分班级语文和数学进行抽考。2000年，小学考试取消百分制实行等级分评定制。等级分类按A（90分以上）、B（80～89分）、C（60～79分）、D（59分以下）4个等级划分，换算等级的考试成绩只限于阅卷和校内统计使用，不向学生及其家长公布，只公布等级分。11月，对小学二年级语文、三年级数学、五年级语文进行调研考试。2001年，为对小学起始年级的学科教学加强跟踪调查，对全区小学一、二年级语文、数学进行检测。对小学毕业生进行统一检测考试，考试统一采用5年制语文、数学试卷。全区共设42个考点，城区在3所中学统一设考点，农村在各乡镇初、高中设考点，厂矿子弟学校在本校设置考点。全区小学毕业检测考试“双合率”（语文、数学两科考试合格率）为64%。

2002年,小学毕业“双合率”为81%。2003年,取消全区小学毕业统考,由各小学自行组织毕业考试,小学毕业考试成绩实行等级分制。10月,为加强对小学教学质量的监测,为实施新课程改革形成正确的评估导向,由区教研室组织,统一命题,对小学一、三年级语文、数学进行检测考试。2005年,初中招生实行免试就近入学,为检测小学教学质量,恢复小学毕业检测和期末统考。全区设38个考点,考试统一采用语文、数学、综合3科试卷。当年5年制三科合格率39%,6年制78%。之后,沿用其制度,2006年三科合格率75%。

初中　1985年后,全区初中统一组织的考试主要有统考、会考、学科抽考、检测考试和调研考试等。其中升学考试的科目为语文、政治、数学、物理、化学和英语。统考既是初中毕业考试,也是高中招生考试。报考中等师范及专业技术学校的毕业生则另参加每年夏季全市统考。1991年,开始实行初中毕业会考,考试时间安排在7月高考后。毕业会考由省教育委员会统一命题,区教育局按高中招生区域划片组织考试、评卷、统计、登分。会考科目为政治、语文、数学、物理、化学和外语6科,考试成绩作为升入普通高中和职业高中的依据。实行毕业会考后,各高中不再另外举行招生考试。1993年开始,初中毕业会考实行“三考合一、一卷多用”方式,即初中毕业考试、高中招生考试、初中毕业升中专的预选考试一次进行,考试时间在6月初。1995年,体育考试成绩计入升学考试总分。考试项目为50米跑、立定跳远及推铅球(3000克)。1996年,报考中等专业学校的考生均参加预选(实践生除外)。其中报考音乐、美术和幼师专业的考生,参加区招生办公室组织的专业课预选。1997年,初中毕业生升学考试中体育成绩按40%计入总分。1998年,对初中部分学科进行抽考。2001年,为加强教学质量监测,对初中一年级代数、英语,二年级语文、代数、英语,三年级代数、几何、英语、物理进行检测考试。检测科目由区教育局确定,并统一命题、审定、制卷。2002年,初中毕业暨升学考试(中考)中,增加英语听力考试。凡报名参加小中专、师范类考试的学生不再参加毕业会考报名,其考试成绩在高中录取时等同于毕业会考成绩。2005年,初中毕业考试与普通高中、职业高中、普通中专、技工学校招生考试一次进行,即“三考合一”,开考科目仍为6科,总分为750分,语文、数学、英语3科分为A、B卷,其中A卷100分,B卷50分,满分为150分,毕业成绩以A卷成绩统计。其余科目为单一卷,满分100分。当年初中“六合率”为35.04%。2006年,会

考科目增设八年级(初二)地理、生物两科合卷,满分为100分。九年级(初三)会考科目为语文、数学、英语、物理、化学和综合(思想品德、历史、生物、地理)。体育考试不再作为升学考试,仅作为初中学校的考查课,由学校自己组织测试,不计入高中录取总分。2007年,初中毕业及升学考试范围、试卷结构、考试方式均有变化。会考科目中,语文、数学、英语仍分为A、B卷,其中A卷以初中毕业考试为目的,侧重基础知识。语文考试时间150分钟,数学、英语120分钟;物理、化学为单一卷,考试时间为120分钟,满分100分;九年级综合为政治、历史合卷,考试时间120分钟,满分100分,两科各50分,4月份组织考试;八年级综合为地理、生物合卷,考试时间120分钟,满分100分,各50分,成绩计入毕业会考总分。农村学校配额生分别到报考志愿的城区3所中学参加考试。

高中 1985年后,全区高中统一组织的考试主要有统考、会考、学科抽考、检测考试和调研考试等。其中升学考试的科目分文科、理科。文科生考语文、政治、数学、英语、历史和地理;理科生考语文、政治、数学、英语、物理、化学和生物。1991年,开始在普通高中实行会考制,在校高中学生按规定开始参加高中会考,会考成绩作为高中毕业证发放和参加全国统一高考的依据。1993年,会考科目分为考试科目和考查科目,考试科目为高一地理,高二历史、物理、化学和生物;考查科目为物理、化学和生物实验操作,以及劳动技术课的学期、学年考察。高一、高二会考补考在秋季开学两周后进行。1994年,分别在高一地理和高三政治时事政治部分会考中增加5%的人口教育内容。高三毕业会考补考安排在次年3月进行。2002年,高中会考按规定改为春、夏、冬三季进行。3月进行春季会考,开考所有科目,包括地理、化学、英语、生物、物理、语文、数学、历史、政治,主要面向高二、高三年级需要补考的学生和社会类考生。6月进行夏季会考,主要面向高一、高二年级考生,允许社会类考生和高二、高三年级补考学生跨年级参加考试,考试科目为高一级地理、历史,高二级物理、化学、历史。12月进行冬季会考,面向高三级学生,会考科目为数学、英语、政治、语文。其中政治为开卷,其余科目为闭卷,英语包括听力考试。2004年的冬季会考,开考政治、英语、语文,参加考试的学生为高三应届学生,参考3367名。英语及格率31%、合格率53%、平均分50;语文及格率34%、合格率73%、平均分54;政治及格率78%、合格率81%、平均分66。

三、升学

1977年恢复高考制度后，全县参加高考和被大中专院校录取的人数逐年增多。1985年，全区3215人参加高考，大学录取311人，中专录取263人。1986年，2724人参加高考，大学录取293人，中专录取286人。由于参考人数多，录取比例低，为减轻阅卷压力，1988年开始实行预选制，即在正式高考前先行预选，按一定比例通过的考生参加正式高考。1988年，参考者3594人，通过预选，进入正式考试的2226人，占报考人数的60%，最后334人被高等院校录取。初中生考取中等专业学校的招生，按照市招生办公室下达的指标，扩大5倍分配到各中学，由学区组织预选。正式考试结合高中招生、初中毕业会考同时进行。1991年，3473人报考普通高校，2064人获得统考资格，其中理工类1540人、文史类400人、外语33人、体育47人、音乐8人、美术11人、农职师资班8人、小陇山林业实践生17人。407人被大专院校录取，其中理工类276人、文史类52人、外语17人、体育9人、音乐3人、美术1人、农职师资班3人、林业实践生12人、另有西北师大保送生1人，委培、定向和自费生33人。高中中专录取105人，其中理工类56人、文史类16人，还有委培、定向自费生33人。报考初中中专的420人，其中民办教师60人。216人被录取，其中普通中专录取108人（含定向、委培34人），师范类108人（含幼师1人、民办教师23人）。当年共728人被省内外大中专院校录取，为历年录取人数最多的年份。1992年，普通中等专业学校招生考试与初中毕业会考使用同一试卷，录取由市招办组织。其中1984年底以前在册，并取得全省小学教材教法合格证书或已取得中师文凭的年龄在40岁以内的民办教师也参加考试。1993年，因招生政策调整，报考高等院校的高中生不再参加预选考试，直接参加全国高等院校统一考试。当年，全区报考3235人，其中理工类2316人，文史类700人，外语88人，体育70人，音乐10人，美术32人，家电6人，小陇山实践生13人。581人被录取。高中中专录取116人，初中中专录取210人。是年因受视力影响限报部分专业的考生2530人，另有3名考生因患其他病症不能参加录取。1994年，高考招生实行“并轨”（开展高等学校招生和就业制度改革）试点，并在会考基础上实行“3+2”科目设置。2311人参加高考，563人被录取。高中中专录取63人，初中中专录取266人，其中小中专145人。此后，每年参考人数在2300～2500人之间，大专以上录取比例在20%～25%之间。1999年，2527人参加高考，大专以上录取857人。由于院校扩大招生，录取比例增至34%。2001年，参加高考的应、往届高中毕业生2900人，大学上线1132人，上线

1985-2007年升入大中专院校学生统计

单位:人

年份	大学	中专	合计	年份	大学	中专	合计	年份	大学	中专	合计
1985	311	263	574	1993	581	326	907	2001	1132	72	1204
1986	293	286	579	1994	563	329	892	2002	1400	159	1559
1987	291	267	558	1995	483	329	812	2003	1546	1191	2737
1988	334	254	588	1996	575	317	892	2004	1519	1618	3137
1989	341	272	613	1997	383	…	…	2005	2032	1350	3382
1990	355	308	663	1998	618	…	…	2006	3528	1465	4993
1991	407	321	728	1999	857	…	…	2007	2504	1372	3876
1992	453	340	793	2000	845	…	…				

率再增至39%。2002年后,由于各中学扩招高中生,参加高考的人数逐年增加。是年3298人,2003年再增至3944人,上线2737人,占参考人数的69%,其中本科645人、专科901人、高职1191人,录取2368人,占参考人数的60%。2004年,参考人数再达4587人,上线3137人。2005年,高考参考人数5481人,上线3382人,上线率62%。2007年,高考参考者6272人,创历年最高,上线3876人,上线率62%。

第七节 成人教育

一、文化教育

1985年,区教育局设工农教育办公室,随之各乡、镇均设教育委员会,负责农村扫盲和农民、职工文化教育。城区和农村部分学校利用校舍和师资优势,开办职工和农民夜校,提高农民和职工的文化素质。20世纪90年代,企业学习现代管理,提倡企业文化,职工文化教育职责遂由企业自己承担。在农村,各小学继续承担扫除青壮年文盲和农民文化教育的任务。1991年,区教育局成立职业成人教育办公室,负责成人职业技术教育、实用技术培训和学历教育,各乡、镇成立的农民文化技术学校,在开展技术培训的同时,对农民进行文化教育。

成人自学考试从2001年全区6870人参加考试,报考专业70个,毕业123

人。此后至2004年,每年有4000~5000人参加自学考试。2005年开始,参加自学考试人数逐年减少。2007年,全区1445人参加自学考试,参考1985科次,报考专业91个,毕业118人。

二、职业技术教育

北道区农民中等专业技术学校　在甘泉镇西枝村元店。原为天水县“五七”干校,始成立于1970年,1972年改为天水县委党校,1980年改为天水县农业干部学校,1985年又改北道区农业技术学校,隶属区农牧局管理。1986年,改名北道区农民中等专业技术学校(简称农民中专)。招生纳入全省成人中专统一考试,毕业学生具有中专文凭。农民中专成立后,面向全区农村青年,开办长短结合的培训班。1994年划归区教育局管理,后设正规班,转为职业教育。1998年开办3年制中医、畜牧兽医、园艺和食品科学专业,2年制财会和市场营销专业,6个专业各招收40名学员。从1987年到2000年,共培养各类农民技术人才3000多人。

成人培训学校　1995年,北道区三发计算机培训中心成立。1996年,天正电脑技术培训中心成立。两中心均属社会性质的非学历资格培训学校,面向企业职工、社会青年招收学员,开展计算机实用技术培训,具体业务由区教育局指导和管理,学员培训期满后由区教育局审核后发结业证书。2001年后,成人培训学校(机构)归口区人事局管理。2001年,北道区行知中级电脑职业技能培训学校成立。2002年,天水黄河中级电脑职业技能培训中心成立。两所培训学校均属社会培训机构,面向社会招收学员,进行计算机初级和中级操作培训,学员培训期满后,经考核成绩合格,由人事劳动局统一颁发《培训证书》。

农村文化技术学校　1989年,中滩乡成立农民文化技术学校,为全区农村第一所农民文化技术学校。1991年,实施省“燎原计划”(一项旨在推进农村教育改革发展,促进农村经济发展和社会进步的计划),按农科教结合的方针,区职业技术中学挂牌成立培训中心,利用师资、校舍、教育管理和教研等方面的优势,结合劳动就业局就业培训中心、农科教培训中心开展城市职工和农村技术人员的短期培训。同年,渭南、街子、甘泉、新阳、马跑泉和二十里铺等乡、镇先后成立农民文化技术学校,开设种植、养殖、农产品加工等23个专业。此后至1994年,各乡、镇均成立农民文化技术学校,针对农村青壮年脱盲后的继续教育,推广培训、从业、致富一体化,开展多种形式的培训。1995年,全区开办乡村农技校130所。乡村农技校均按规定配备专、兼职干部和教师,拥有基本的教学设施,形成以乡、镇农技校为主体,农村技校为辐射点的实用技术培训网络。全年共举办各类培训班 1000 多期,参加培训的农民 7 万多人次。2004 年,为落实区人民政府农村劳动力转移“阳光培训工程”,各职业学校和农民文化技术学校开展农村劳动力转移培训。全区共开办 148 个实用技术培训班,培训学员 8000 多人次,培训内容包括专业技术、安全法规、文明道德规范、权益保护及城市生活常识等。2007 年,利用中小学教学设施、图书及信息技术教育资源,配合其他部门,开展农村基层党员干部培训,培训内容包括社会主义新农村建设、产业发展、实用技术开发、党员教育管理等。全年共开办农村党员干部教育培训点和实用技术培训班 140 个,培训人员 7500 人次。

教师进修学校　1984 年成立, 在桥南新建巷,1986 年成为中等专业学校。1997 年,成立电大教学点。学校成立之初无固定校址,在现天水市第二中学、第七中学、渭南农业职业中学办班,培训对象为在任教师,培训内容以初中、小学课程为主,培训时间有 10 天、1 月、2 月、1 年,最长为 2 年。从教学业务培训发展到学历培训,新校址 1986 年建成,有 3 层楼、10 个教室、1230 平方米建筑面积。

第八节 教 师

一、队伍

(一)分配　20 世纪 80 年代,师范类大、中专毕业生分配坚持“面向农村、兼顾城市”的原则。时师范毕业学生不多,难满足需用,为弥补不足,招聘录用非在职“五大”(电大、函大、刊大、夜大、成人自考)毕业生,适当安置复转军人并录用退职教师后代作顶班人员到教育系统工作。1987 年,分配师范院校大中专毕业生 70 人,其中本科 11 人、专科 20 人、中师 39 人。20 世纪 90 年代,全区的师范毕业生人数增多,区教育局每年制订毕业生分配方案,确定分配办法。1991 年,采取考试和考核的办法,择优录用师范类非在职“五大”毕业生 9 人到农村中学任教。确定后,与录用人员签订任教合同,其中户口在农村的转为非农业户口。1992 年,师范院校毕业生分配原则调整为面向农村,充实教学一线。是年共分配大学(本科、大专)毕业生 90 人,中专生 81 人。按城区中学专业需求,分配本科生 10 人,专科生 3 人,其余 158 人全部分配到农村任教。

1993 年,按照“保证重点、照顾全面、面向基层、面向农村、面向贫困山区”的原则。本科毕业生分配采用先试讲、后分配的方法，城区学校除补充个别科目教师外，不再分配应届本科毕业生，城郊两镇（马跑泉、社棠）一乡（二十里铺）也不再分配本科毕业生。专科毕业生一般分配到边远9乡（党川、利桥、东岔、立远、吴砦、五龙、琥珀、凤凰、西山坪）独立初中或学区附中任教，中师毕业生主要分配到农村小学，特别是边远9乡的小学。在录用毕业生的同时，适当辞退部分民办教师。是年共分配师范类大中专毕业生204人。1995年起，受编制限制，不再录用外地专科生、中师生。

1997年，鼓励毕业生自愿到边远农村学校任教。1998年，师范类大中专毕业生分配向边远地方学校倾斜。后每年从“五大”毕业生中招聘教师到边远农村初中任教，农村学校教师结构明显得到改善。2001年，全区分配师范类大中专毕业生206人，非师范类毕业生5人。2002年，本科毕业生按专业需求，由教育局推荐，经过试教、学校认可后，到完全中学或独立高中任教；专科毕业生按专业需求，分配到农村初中任教，体育、美术等长余专业的专科毕业生分配到农村小学任教，城区和城郊不直接分配大专毕业生。家住城区和城郊，自愿到五龙、琥珀、党川、利桥等边远贫困4乡任教的大专以上毕业生，由教育局与毕业生本人签订协议，满3年后，经考核工作表现良好的，可调回原籍工作。同时，继续实行师范类毕业生任教服务期制度，以及边远艰苦地区学校任教定期轮换制度，服务期一般5年。2003年，分配师范类毕业生259人，2004年分配315人，2005年分配299人。

（二）招聘、安置　2001年，推行教育人事制度改革，选择市第七中学、道南小学为试点，进行教师聘任制和教职工全员聘用制。2003年全面推行，至2004年完成。全区5032名教职工参加竞聘，40人落聘。对落聘者，使其参加学岗培训，后在第二轮聘任时被重新聘任，未参加学岗培训或培训不合格的5人转为待岗。乡、镇中心学校按编制定岗定员，通过竞聘将中心小学及川区学校超编教师向边远学校分流。2005年，辞退长期脱岗教师8人，解除其与原单位的任用关系，并按程序办理辞退手续。次年，再辞退长期脱岗教师16人。

2006年，区人民政府决定学校接收录用普通大中专院校毕业生时，一律面向社会公开招聘，教育系统内不再分配大中专毕业生，新入教师按程序进行考试选聘。当年选聘安置大中专毕业生314人，其中本科毕业生70人。2007年，首次采用公开选拔毕业生面试，用当场打分、当场公布面试成绩办法，选拔15名急缺专业本科生，推荐到城区高中试聘任教。同年，配合市教育局组织的“全省选拔普通高校毕业生到农村中小学任教”人员的资格审查、报名、面试,公开选拔聘任85名师范类高校毕业生到农村中、小学任教。

(三)人数 1985年,全区幼儿园教职工386人,其中城市288人,农村98人;园长19人,教师297人,保健员70人。小学教职工2765人,其中城区299人,农村2466人;专任教师2627人,行政人员79人,工勤人员59人。中学教职工1475人,其中城区401人,农村1074人;专任教师1245人(其中初中970人,高中275人),行政人员146人,工勤人员84人。中小学专任教师中,学历未达标(大专以下)的1727人,占教师总数的40.7%。

20世纪80年代后期,有较多师范类毕业生分配到各类学校,教师结构得以改善。1990年,幼儿园教职工341人,其中城市318人,农村23人;园长22人,教师184人,保健员135人。小学教职工2980人,其中城区935人,农村2045人;专任教师2809人,行政人员99人,工勤人员72人。中学教职工1825人,其中城区896人,农村929人;专任教师1538人(其中初中1148人,高中390人),行政人员199人,工勤人员88人。1994年,高中教师学历合格率35.3%,初中教师55.7%,小学教师76.6%。1995年,小学教职工3215人,其中城区1084人,农村2131人;专任教师3054人,行政人员77人,工勤人员84人。中学教职工1972人,其中城区879人,农村1093人;专任教师1681人(初中1307人,高中374人);行政人员217人,工勤人员74人。1996年,高中、初中、小学教师学历合格率分别为46%、63%、77%。90年代末,城区教师已经饱和,农村教师缺额较大。

2000年,幼儿园教职工373人,其中城市347人,农村26人;园长12人,教师330人,保健员31人。小学教职工3300人,其中城区603人,农村2697人;专任教师3155人,行政人员58人,工勤人员87人。中学教职工2128人,其中城区728人,农村1400人;专任教师1895人(初中1522人,高中373人);行政人员120人,工勤人员113人。小学、初中、高中教师合格率分别为89%、84%、50%。

2004年,以教育教学工作正常运转为原则,按需定编,因事设岗,核定下达教职工编制为5560人,其中高中755人,初中1738人,小学3067人。是年实有教职工5309人,缺编251人。小学、初中和高中教师合格率分别增至97%、92%和63%。2007年,全区教职工增至6272人,其中专任教师5853人(小学3664人,初中1758人,高中431人)。

2007 年小学专任教师学历统计

单位：人

分类	合计	思想品德	语文	数学	外语	自然	地理	历史	体育	音乐	美术	劳动	计算机	其他课	不任课
总计	3664	294	927	913	354	233	194	142	217	110	97	31	26	58	68
本科及以上学历	18	1	9	5	—	—	—	—	—	2	—	—	1	—	—
大学专科毕业	581	47	224	199	26	13	12	4	13	18	16	—	5	4	—
中专毕业	2442	161	654	623	256	176	133	95	116	68	64	17	20	26	33
高中毕业	623	85	40	86	72	44	49	43	88	22	17	14	—	28	35

2007 年普通中学专任教师学历统计

单位：人

分类		合计	政治	语文	数学	物理	化学	生物	地理	历史	英语	体育	生理卫生	音乐	美术	计算机	职业劳动	其他课	不任课
总计		2189	154	407	392	212	138	102	97	100	330	122	8	43	45	18	4	11	6
初中教师	小计	1758	127	335	321	159	93	83	81	80	269	100	8	38	41	8	4	9	2
	本科及以上学历	164	21	26	38	16	6	12	10	3	16	13	—	1	1	—	—	1	—
	大学专科	1331	81	256	245	126	79	60	53	53	226	78	6	21	30	8	—	7	2
	中专毕业	228	22	52	35	15	7	8	14	19	24	8	2	15	6	—	—	1	—
	高中及以下学历	35	3	1	3	2	1	3	4	5	3	1	—	1	4	—	4	—	—
高中教师	小计	431	27	72	71	53	45	19	16	20	61	22	—	5	4	10	—	2	4
	本科及以上学历	223	14	35	46	31	22	12	10	11	25	13	—	—	—	4	—	—	—
	大学专科	208	13	37	25	22	23	7	6	9	36	9	—	5	4	6	—	2	4

二、管理

（一）考试、考核　1986年，1467人参加中小学教师教材教法过关考试，770人考试合格。1988年，全区800多名教师参加全省第一次中小学教师《专业合格证书》考试，12人成绩优异，受到省、市教委表彰奖励。小学教师教材教法过关考试合格率达到94.4%。1989年，中小学教师《专业合格证》和卫星电视中师教育自学考试合并，统一由省高等教育自学考试指导委员会办公室组织。至1991年，参加教材教法考试的教师有2495人，其中小学1559人，合格1472人；中学936人，合格915人。教师中非师范类毕业生开始按要求参加教育学、心理学培训考试。1992年，具有高中毕业学历的小学、幼儿园教师按省教育委员会规定参加教育学、心理学考试。1993年，320人在职教师参加小学教师《专业合格证》考试，合格率95%。

（二）资格认定、编制　1992年，按《教师资格条例》《教师资格认定过渡办法》要求和规定组织教师资格认定，1997年完成。资格认定对象为1993年12月31日前在编的各级各类学校及其他教育机构中从事教育教学的教师，包括1984年底以前在册的民办教师及承担教育教学任务的其他专业技术人员、教育职员。2001年，全区再次进行教师资格认定，认定对象为1994年1月1日后补充到教师队伍的非师范教育类专业毕业人员，以及在编从事教育教学工作，需进行资格认定，且教育学、心理学考试合格的正式教师。中学教师由市教育局组织测试，小学教师由区教育局组织测试。共有120人报名参加小学教师资格认定，其中47人属非师范或师范类无教育实习环节的，有45人教育教学能力测试过关。全区面向社会认定教师资格175人，其中小学127人，中学48人。

（三）工作调转、停薪留职　1985年，普通教育实行分级管理，教育局按工作调转制度决定，根据学科需求、本人工作能力、表现等调配教师。因当时农村师资缺乏，鼓励动员教师到边远山林地区任教，新参加工作的教师一般要在一地一校任教3–5年，后根据本人表现和要求考虑调动。20世纪90年代初，一些教师与单位签订“停薪留职”协议，暂时脱离工作岗位“下海”经商，对教育教学工作产生不良影响。为此，1992年严禁教师停薪留职。20世纪90年代中后期，为稳定教师队伍，对当时以搞勤工俭学为由从事其他职业或兼职从事第二职业的教师，无论是否与学校签订协议，一律限期归校。1996年规定，教育系统送出培训进修的教师，毕业后须按要求回原单位从事教学工作，服务期5年，对服务期不满5年即申请调出或改行的教师，向教育局缴纳培训费，标准为本科生5000元，专科生

3000元,中专生2000元。

2001年,城乡学校之间调配112名教师。2005年春季,为解决在边远山区长期教学的大龄青年教师和夫妻两地工作教师生活困难,调整部分乡、镇学校69名教师。另外,根据学科需求,在城乡校际间调配教师52人。同年,针对骨干教师严重外流的现象,规定区内骨干教师调往外地区学校任教,需向教育部门交付一定数量的培养费,其中高级教师3万元,中级教师2万元,初级教师1万元,否则不予办理调动手续。

(四)支教　1996年,推行城区教师轮换下乡支教制度。支教期限1年,期间不转关系,在原单位享受福利待遇不变,适当享受支教学校福利待遇。在同等条件下,优先晋升职称,工作成绩突出的优先评选先进。

2001年,按照对口支援的办法,确定城区3所中学和3所小学(道北、道南、桥南小学)选派教师到新阳中学、元龙中学、市第十中学和立远、渭南、吴砦3所中心小学支教。其后轮流选派,一直延续。

2007年,城乡学校建立校际间教师交流学习制度。城区各中学按学科教师需求情况,选派无农村工作经历及本校长余教师7人到元龙中学、伯阳初中、麦积初中、温家集初中、琥珀初中和街子初中等农村学校任教,期限1年。城区各中、小学校还选派区级以上骨干教师(或学科带头人)23名,短期下乡送教。同时,农村规模较大中学和中心学校也不定期选派教师和管理人员到城区学校进行学习或挂职锻炼。

三、专业技术职称评聘

(一)职称评定　1987年,成立教育系统教师职称改革领导小组,继而成立学科评审小组,先在马跑泉中学和道北小学试点后,各学校全面展开,1988年结束。经各级评审组织审定,获得教师职称的计2041人。其中中学高级51人,中学一级294人,中学二级398人,中学三级334人;小学高级253人,小学一级434人,小学二级266人,小学三级11人。

1990年,按市教育委员会《关于开展新的教师职务评聘工作的通知》要求,全区教师职称评聘采取“迈小步,条件从严”的方式开展。高级职称只在首次评聘结余的限额和自然减员的缺额内进行,初级职称按规定控制。至1993年,10人获高级职称,57人获中级职称(中学一级教师或小学高级教师),110人获初级职称(中学二、三级教师,小学一、二、三级教师)。此后,凡具备任职资格的教师每年

2007年中小学教师职称、年龄结构统计

单位：人

		合计	25岁以下	26～30岁	31～35岁	36～40岁	41～45岁	46～50岁	51～55岁	56～60岁	其中女教师
小学	中教高级	4	—	—	—	—	1	—	2	1	1
	小教高级	505	—	—	3	17	72	134	194	85	84
	小教一级	1203	39	220	173	132	189	177	188	85	351
	小教二级	148	70	76	1	1	—	—	—	—	82
	未评职称	274	151	116	5	1	—	—	—	1	115
	合计	2134	260	412	182	151	262	311	384	172	633
初中	中学高级	36	—	—	—	1	16	8	6	5	6
	中学一级	523	1	2	85	163	134	56	60	22	143
	中学二级	915	25	326	360	134	37	15	12	6	377
	中学三级	58	9	45	2	—	1	1	—	—	23
	未评职称	399	181	216	1	1	—	—	—	—	166
	合计	1931	216	589	448	299	188	80	78	33	715
高中	中学高级	50	—	—	—	8	18	12	9	3	8
	中学一级	202	—	21	31	61	68	12	6	3	52
	中学二级	301	26	85	113	62	11	4	—	—	101
	中学三级	36	10	23	2	—	1	—	—	—	16
	未评职称	94	56	36	2	—	—	—	—	—	52
	合计	683	92	165	148	131	98	28	15	6	229

进行评定。1995年，25人获中学高级职称，140人获中级职称（中学一级82人，小学高级58人），219人获初级职称（中学二级92人，小学一级127人）。1996年，157人获得高、中级职称（中学高级14人，中学一级38人，小学高级105人）。1998年，108人获中学一级职称，148人获中学二级职称，119人获小学高级职称，332人获小学一级职称。

2000年规定，城镇学校年龄在45岁以下的教师，晋升高一级职称时，要有

农村学校任教 2 年以上的经历。分配职称评审推荐指标时，适度向农村教师倾斜。2001 年开始，城区中学教师申报高、中级职称必须达到规定的计算机应用能力。计算机应用能力考试由区职称改革办公室统一组织，定点培训、考试。考试合格后，由省职称改革办公室发给计算机应用能力考试合格证，不及格人员发分数通知单，作为评聘职称的依据。同年规定，中专教师评审高级职称需参加论文答辩，评审高、中级职称推行公示制度。至 2007 年，中学教师评定职称的 2022 人，其中中教高级 86 人，中教一级 725 人，中教二级 1117 人，中教三级 94 人；小学教师评定职称的 1860 人，其中中教高级 4 人，小教高级 505 人，小教一级 1203 人，小教二级 148 人。总计中、小学评定职称的 3882 人。

（二）聘任　1988 年首次职称评定结束后，根据学校编制和岗位设置，以及教师任职资格情况，又进行各级教师职称的聘任，聘期 3 年。1990 年，第一次聘任期满，开始续聘。高级职称者由区教育局报区职称改革办公室（简称职改办）审查后由区人民政府聘任，初级和中级职称者由区教育局聘任。其后，聘任期满续聘制度一直延续，具备或晋升各级职称的教师一般在当年被聘任相应的教师职务，聘期均为 3 年。

2004 年，随着教育人事制度改革和职称改革工作的推进，为解决城区学校教师职称评聘难问题，城区中、小学校和幼儿园被确定为教师专业技术职称评聘分离试点学校。

（三）考核　1991 年，首次对教育系统有职称并被聘用的人员进行年度考核。考核对象还包括未评聘专业技术职称的教师，考核结果作为评聘专业职称的依据。1994 年，教师职称考核每学年进行 1 次.考核内容涉及教师的政治思想、工作态度、业务水平及工作实绩等方面。考核时，教师个人填写《专业技术人员考核表》，学校考核小组量化考核，考核结果报区教育局备案，作为评聘高一级职称和续聘的主要依据。2001 年后，每年 7 月进行年度考核，包括德、能、勤、绩 4 个方面，重点考核工作实绩。结果分优秀、良好、合格、不合格 4 个等次，其中优秀、良好人员比例控制在同职务人员总数的 10%和 20%以内。考核结果作为专业技术人员续聘、解聘、晋升、奖励及调资的重要依据。考核程序改为，单位设立考核小组，被考核者写出个人工作总结或述职报告，并进行述职。考核小组按照考核办法或计分标准，对被考核人进行综合评价或定量计分，并给被考核人写出评语，提出考核等级意见。单位考核结果报主管部门审核后，报区职改办审核确认，并在《专业技术人员考核登记表》上加注意见，将考核结果书面通知被考核人。区职改办在确认考核结果后向被考核人发出《专业技术人员年底考核结果通知单》，作为评聘、晋升专业技术职务及调薪的凭据。被考核人对考核结果有异议，可在接到《专业技术人员年底考核结果通知单》之日起10日内，向本单位考核小组提出书面申请复核，考核小组提出最终复核意见，并书面通知被考核人，考核结果存入专业技术人员档案。

四、福利待遇

（一）工资制度　1985年，全区改革机关、事业单位工资制度，将等级工资改为以职务工资为主的结构工资。教师工资分为基础工资、职务工资、工龄津贴和奖励工资4部分。另外，还享受教龄津贴、知老补助、书报费和取暖补贴等，农村教师附加享受浮动工资（满5年固定一级）及地区补贴。1987年，中小学教师工资增加基本工资的10%。转正民办教师的工资，按同期同职务人员的工资水平确定。1988年，教师专业技术职称评聘结束后，实行工资套改，教师工资开始与专业技术职称挂钩。此后，凡每逢事业单位工资制度改革或正常晋级，教职工均随其改革或晋级增加工资。另外还有针对教育事业的特殊津贴。

1989年，实施新的中小学教师超课时酬金制度，酬金根据所超课时节数核算。同年，还实施新的中小学班主任津贴标准，班额在36～50人间的班主任每月12元，51人以上每月14元。1993年，特级教师津贴（包括离休、退休、病休）提高到每人每月80元，退休后继续享受，数额不减，中小学民办教师中评为特级教师的也享受同样待遇。2001年，省特级教师每人每月享受80元的特级教师津贴。2002年，针对农村教师工资由乡、镇财政拨付屡屡出现拖欠的现象，区人民政府决定首先在农村中小学实行工资财政统一发放，将编制内教职工工资和离退休人员离退休费的管理上收到区，由区财政在工资资金专户内设立教师工资分户，委托代发工资银行将财政预算安排的工资资金直接拨付到教职工及离退休人员个人工资账户中。随后，城区中小学也实行教师工资财政统一发放。实行工资财政统一发放后，拖欠现象得到彻底解决。2003年，在完成教职工全员聘用后，学校推行基本工资与职能工资相结合的校内结构工资制。各学校制定与聘任制相适应的校内结构工资分配办法，将工资中的职务（等级）工资和保留部分作为基础工资，把津贴和学校自筹补贴作为机动部分，即职能工资。职能工资和教职工的岗位职责、工作数量和工作绩效挂钩，合理拉开差距，体现多劳多得，优劳优酬的分配原则。2006年，5687名在农村工作的教职工享受乡、镇工作人员岗位津贴。是年进行工资套改,教师工资主要由职务工资和薪级工资构成。

(二)住房　1985 年时,全区教职工尤其是城镇教职工住房困难。全区城区从业人口中,教育系统 1204 户, 4414 人,住宅总面积 2.06 万平方米,户均 17.12 平方米,人均 4.6 平方米。带眷教职工中无住房的 375 户,其中校内居住的 150 户,等房结婚的年轻教师 100 人,已婚无房的 73 户,租房和借居的 52 户,住房拥挤的 459 户,人均住房面积 4 平方米以下的 139 户,无房户和住房拥挤户占带眷教职工户总数的 69%。住房问题成为教职工的后顾之忧。

1985–1986 年,采取集资方式筹措资金,解决城区部分教师的住房问题。两年内为城区中小学建住宅楼 2 幢, 面积 5100 平方米; 平房 20 套,847 平方米,100 多名教职工住房条件得到改善。同时,市财政拨款 15 万元,区财政投资 30 万元,厂矿企业单位集资 15 万元,为市第二中学修建四层住宅楼 1 座,建筑面积 2800 平方米,水暖设备齐全,40 位中老年教职工的住房问题得到解决;区财政另投资 30 万元,厂矿单位集资 8 万元,为市第七中学修建住宅楼 1 座,建筑面积 2300 平方米,40 名教职工于 1987 年初搬进新居;天水锻压机床厂投资 10 万元,为市第八中学修建教师住宅平房 10 套,总面积 487 平方米。1988 年,筹集 258 万元用于教职工住宅建设,解决 190 多户教职工住房。

1990 年后,区委、区人民政府把建设教师“康居工程”作为解决教师后顾之忧的重点,期间住房分配大多带有福利性质。1993 年,教育系统住房制度改革办公室成立,开始建立和完善住房公积金制度,住宅建设资金由财政、单位、个人集资解决。1994 年,区人民政府从统建住宅楼中拨出 10 套,用于解决农村老教师的住房困难。同年,由区财政、教育局和教师三方筹资,在道南小学、市第七中学兴建 3 座住宅楼,解决 102 户教师的住房问题。1995 年,教师“康居工程”建设采取个人、单位集资,国家补助的办法,筹集资金 384 万元(其中教师集资 169 万元,学校自筹 50 万元,区财政安排 85 万元,省补助 70 万元,其他方面筹集 10 万元),完成 4 座住宅楼建设,建筑面积 7560 平方米。1996 年,职业中学在校园北侧修建 1 座 6 层 5 个单元砖混结构教师住宅楼,解决 60 户教师住房问题。1997 年,启动 5 座教师“康居工程”住宅楼建设。至 1998 年,全区共完成教师“康居工程”项目 9 个。到 2000 年,共建成教师住宅楼房 797 套,建筑面积 6.86 万平方米,教师住房条件明显改善。2000 年后,教师福利分房逐步取消,教师主要依靠购买商品房解决住宿。

(三)特殊待遇　20 世纪 80 年代,“尊师重教”风尚兴起,教师待遇和地位不断提高。1985年的第一个教师节期间,全区开展“尊师周”活动,区、乡领导到学校和教师家中慰问,并给满30年教龄的教师颁发荣誉证。粮食部门为每名教师(包括民办教师)特供大米20斤、清油1斤,卫生部门报销老弱病残教师的超支医疗费,劳动人事和公安部门在同等条件下,优先报批80户教师城镇户口,还安排10名集体工招工招标,解决个别教师子女就业难问题。之后,区委、区人民政府每年都在教师节举行庆祝,表彰优秀教师和优秀教育工作者,并解决教师“农转非”户口、住房、医疗费、子女就业等生活问题。

1993年,给81名教师办理“农转非”户口。区人民政府还作出《尊师重教为教师办实事的意见》。是年教师节期间,为中级以上职称的教师和离退休教师计780人进行身体检查。在工作分配中对中学高级教师、中小学特级教师的子女优先照顾。2000年春节前,市、区领导慰问长期在偏僻山区学校任教、生活困难的教师20人,每人发慰问金200元。2003年教师节,市、区领导又走访慰问长期工作在基层的13名特困教师。

五、民办教师

队伍 20世纪70年代,农村大办教育,小学师资匮乏,各地从回乡务农知识青年中选拔部分人担任教学工作,由当时生产队记工参加集体分配作为报酬,被称民办学校和民办教师,是农村小学教育教学的主要力量。1985年,全区有民办教师1642人,其中小学1531人,占小学教职工总数的62.9%,中学111人。时虽有经考核将民办教师转为公办教师的规定,但每年指标极为有限。1985–1987年,每年只80多人。1988年开始,对1984年以后增加的民办教师,分期分批逐步辞退;对1984年以前注册的民办教师,采取“关、招、转、辞、退”等措施进行整顿。至1990年,由于边远山区继续有招聘为民办教师者,全区民办教师仍达1625人。1991年,对1984年以前在册的民办教师中获得全国教育系统劳动模范、全国优秀教师、全国优秀教育工作者、全国优秀少先队辅导员、全国千名农村优秀体育教师和省劳动模范、省“园丁奖”称号者均直接录用为公办教师。1993年,裁减民办教师24人,其中党川乡6人,导致其乡6所村学因师资力量不足面临关闭,不得不重新启用被裁减的民办教师。1995年,因历年转正为公办教师,以及个别地方的辞退,民办教师减为1270人,其中1984年前在册1127人,1984年后新增加143人,另有队请教师200多人,临时工116人。是年起,民办教师转正名额每年增至130多人。1996年转正165人,其中通过考试考核录用146人,照顾录用老教师16人,直接录用省“园丁奖”获得者2人。1998年,217

人转为公办教师，其中边转边退118人。1999年起，加快民办教师转正步伐，是年有370人转为公办教师。至2000年，除辞退的1984年以后民办教师378人、校请教师580人外，其余1689人全部转为公办教师。

待遇 1985年，民办教师的工资主要分为国家补助和农村补助两部分。国家补助由财政支付，农村补助由乡村自筹。国家补助部分，小学教师每人每月40元，中学45元。乡村自筹部分则各地不一，有的付钱，有的付粮。1986年，区人民政府规定，补钱的每月不低于20元，补粮的每年不低于1000市斤小麦。1988年，马跑泉学区有民办教师137人，最高村每人每月补贴50元，加国家财政补助40元，月工资90元，与当时公办教师工资相当，是民办教师中工资落实情况最好的。石佛乡由乡政府统一筹措民办教师民助经费，年终一次性发放，当年共筹集民助经费2.74万元，全乡农业人口人均负担0.75元。在同一乡、镇内，因经济情况不同，民办教师补助也有差距。社棠镇下曲、社棠和柏林等村每月补助50元，而咀头村只14元。凤凰乡村队补助最高9元，杨洼村学只4元，也无地、粮等报酬。1989年统计，全区民办教师中，每人每月补助40~50元的87人，30~40元的55人，20~30元的484人，10~20元的438人，10元以下的384人，300~400斤小麦的45人，划0.5~2亩耕地的132人。全区有14个乡程度不同地存在拖欠民办教师补助的情况，计拖欠现金6.1万元，粮食7528斤。是年，区人民政府为解决民办教师待遇拖欠问题，决定乡村自筹部分主要由乡、镇筹集，部分从农村教育费附加、乡镇企业教育费附加和勤工俭学的收入中解决，并规定民办教师工资原则上不低于公办教师的最低工资，其中民助部分中学不低于30元，小学不低于25元。1993年，由国家财政给1984年以前在册的民办教师每人每月增发奖金10元。1994年，提高民办教师国家补助，1984年前在册小学民办教师从40元提高到70元，中学民办教师从45元提高到80元。1995年，再分别提高为90元和95元。至2000年，1984年以前在册的民办教师全部转为公办教师，工资待遇与公办教师相同。

六、代课教师

代课教师早期称为社请教师或队请教师，是20世纪80年代根据农村边远山区教育需要，在教师紧缺情况下，由公社（乡镇）、村队和学校聘请的临时教学人员，故又称代理教师。大多在农村偏僻山林地区小学任教，被视同为民办教师，但与1984年以前在册的民办教师不同。1995年，有中学代课教师29人，小学13人。民办教师转正工作结束后，未转正的部分民办教师和队请教师、代理教师被区、乡镇、村队和学校聘为代课教师。2000 年，小学代课教师 338 人。是年代课教师被纳入面向社会认定教师资格的范围。

代课教师的工资报酬由任用单位支付，不同地方、层次的代课教师工资待遇也不相同，区聘代课教师的报酬一般高于乡镇、村队和校聘代课教师。2004 年，农村边远地区小学师资短缺，区教育局聘未转正的民办教师 190 多人为代课教师。不久，根据上级精神，逐步辞退临时代课教师。辞退时，按教龄发给一次性辞退费，满 1 年发 150 元。

2005 年，马跑泉镇仍有 48 名临时代课教师，主要分布在龙槐和东柯片的山区学校，每人年薪 1500 元，由村镇自筹解决。三岔中心学校有区聘代课教师 10 人。

七、教师培训

专业提高培训　1986 年，区教师进修学校（1984 年成立）建成 3 层教学楼 1 座，同年又经省政府批准，成为中等专业学校，主要承担全区教师的学历教育，同时面向全区教师开展各类培训。从成立至 2000 年，在学校参加学历补偿教育的教师计 731 人，参加小学通用基本功培训的 3668 人，政治、音乐和英语等专业培训 890 人，小学教师中文大专培训 358 人，小学专任教师岗位培训 239 人。

学历教育　1987–2000 年，区教师进修学校办 2 年制中师班 12 届，学员 437 人，均为区内小学教师，教材按《大纲》要求，有小学语文教材教法、代数、几何、文选和写作等课程，学员通过参加校考及省上组织的抽考，全部毕业。1990 年，全区设 9 个卫电中师班，参学教师 70 人。1991 年，全区 49 名教师报考省教育学院、天水电大分校和天水师专，进行教育管理、英语、数学、物理等学科 2 年制专科进修，中专、卫电中师报名 438 人。同年，全区参加成人自学考试人数大幅上升，大专、本科段报名考试 1264 人。1993 年，区教师进修学校开展教师学历补偿教育。开设汉语言文学、政教、数学、物理、体育、美术等 12 个专业，学制 3 年。至 1996 年共毕业大专学员 167 人。1997–2000 年，电大北道教学点办注册视听形式的小学师资教育大专班 4 届，计毕业 253 人，注册视听小学师资教育分文、理两科，实行完全学分制。1999 年，教师进修学校招收 210 名学员进行学历达标培训。同年，开考高等教育自学考试小学教育专业专科段，全区部分从事小学教育两年以上的公办在职教师报名参加考试。2000 年，区教师进修学校开办 3 年制中师函授班。至 2000 年，全区 563 名学历不合格的教师通过离职进修、函授、自学考试等形式完成学历补偿培训和学历教育。

教师基本功培训　1997 年，区教师进修学校由学历补偿教育转入教师基本功培训，面向全区小学教师，组织开展基本功培训。基本功训练分为一般基本功和专业基本功两部分。一般基本功包括“三字”（钢笔字、粉笔字、毛笔字），“一话”（普通话）和“一画”（简笔画）。专业基本功是不同学科教师应具备的教授本学科的基本功。小学教师基本功培训先后办 6 期，参训 520 人。同年，在教师进修学校还举办小学骨干教师培训班。教师基本功培训至 2000 年完成，计有 3280 小学教师参加。

教师继续教育　2000 年，区教育局开始组织中小学教师继续教育。到 2004 年，用 5 年时间对全区 5000 多名中小学、幼儿园教师进行培训。教师继续教育按内容分为学历培训和非学历培训，学历培训是加强中小学教师学历补偿教育和提高学历层次的教育，主要对未取得《教师法》规定合格学历的教师，进行学历达标培训。非学历培训包括新教师培训、岗位培训、骨干教师培训和计算机培训。新教师培训是对非师范毕业生分配到中小学任教前，培训心理学、教育学和教材教法等知识，考试及格取得教师资格证后方可上岗任教。岗位培训是对初级、中级和高级职务教师确定的不同层次的专业培训，计算机培训包括计算机基础知识和应用技术培训。

岗位培训　2001 年，对全区 2022 名小学教师、314 名中学教师进行专业必修课培训。2002 年，在教师进修学校对全区小学和幼儿园音乐、体育、美术教师进行岗位培训。同期，对小学语文和数学专任教师，中学语文、物理、数学、英语和化学五学科的初级和未评职称的教师进行岗位培训。在教师进修学校进行全区初中中级和高级职称教师岗位培训，同时组织政治、生物、历史和地理学科初级职称教师岗位培训。2005 年，对新上岗教师进行岗前培训，由教育局领导和教师进修学校骨干教师授课，共培训新上岗教师 1006 人。还对新安置到中小学和幼儿园的 290 名新上岗教师进行集中培训，培训内容主要包括教师职业道德规范、教育法律法规和新课程理念 3 个方面。2006 年和 2007 年，在区教师进修学校组织新安置的教师、上年未参加培训或培训考查不合格的新上岗教师参加培训，两年共培训 645 名。

新课程培训　2001 年，对 152 名高中一年级学科教师分别在市第一中学、市电大和天水师范学校参加普通高中新课程方案培训。培训内容包括各学科新大纲介绍、新教材介绍、教学指导和研究性学习指导等。2003 年，全区初中和小学进行第一轮基础教育新课程改革，同时由区教师进修学校开始基础教育新课程师资培训,至2005年完成。培训内容包括新课程知识培训、标准培训和新教材培训3部分。2007年,又专门组织小学三至五年级语文、数学、英语科目任课教师,在区教师进修学校参加新课程培训。培训内容包括新课程、新理念、新技术以及中小学教师职业道德,简称"三新一德"培训。还在各中心学校培训点进行小学四、五年级语文、数学、英语课程培训,培训内容包括上好一堂课的22个关键要素、参与研究性教学模式的设计与操作等。

班主任培训 2007年,利用双休日和暑假,组织全区中小学班主任培训。培训内容包括新时期班主任工作的任务、特点及策略,班、团、队活动设计与组织,学生心理健康指导,青少年身心发展规律及特征等,计有745人参加。

第九节 大中专院校

一、甘肃林业职业技术学院 在马跑泉镇崖湾村南,是西北地区唯一一所独立设置的林业类高等职业院校。创办于1956年。最初在兰州,1982年迁境内,2001年由原国家级重点中专甘肃省林业学校改建为高职学院。2007年,被教育部、财政部确定为国家示范性高等职业院校。

学院占地4150亩(其中实验林场3700亩),建筑面积16.8万平方米,建有各类专业实验室及实训基地62个,多媒体教室8个,教学用计算机1080台,图书馆藏书36万册。荒漠化防治实验室已建成省级重点实验室,遥感技术实训基地、环境监测实验室、地理信息技术实训基地等重点实验室已达到省内领先水平。2000年加入英国皇家邱园植物园网络系统。校区综合实训基地占地55亩,能够完成园林技术等相关专业的300多项实训任务及相关科研工作;麦积山风景区的实验林场3700亩,已建成集教学、科研、生产为一体的教学实训基地,能够完成林业技术等相关专业的40多项实训任务及相关科研工作。在北京、陕西、江苏、广东及省内各地建有各专业所需的校外实训基地190多个 。

学院设林业、园林、环境、测绘、建筑、信息等工程及经济管理7个教学系,开设30个专业。学院以甘肃为主,面向全国招生。2007年有全日制在校生6600名,成人本、专科函授学员800名。有教职工428名,其中专任教师306名(包括教授7名,副教授90名)。

二、甘肃工业职业技术学院 在花牛镇二十里铺西。前身是原第二机械工业部(后改核工业部)于1980年创办的中等专业学校——天水地质学校，1984年改名核工业部地质学校，1988年再改核工业地质学校，1993年又改名西北工业学校，同年进入省部级重点中专行列。2001年，改为甘肃工业职业技术学院。设有资源勘查、测绘工程、建筑工程、化学与环境工程、电气工程、信息工程、旅游、经济管理、工程管理、艺术设计、基础学科部等11个教学系部，开设有区域地质调查及矿产普查、水文地质与工程地质、地球物理勘探技术、采矿工程、测绘工程、基础工程、建筑工程、电气自动化、电子信息工程技术、应用电子技术、计算机应用技术、电子商务、工业分析、环境监测与评价、旅游管理、酒店管理、旅游英语、商务英语、航空服务、广告设计与制作、建筑装饰技术、文秘、营销与策划、会计电算化等31个高职专业，面向全国招生。2007年，有全日制在校学生9000余名，教职工542名，其中专任教师423名(包括教授、副教授等高级职称人员113名)。

学院占地397亩，建筑面积16.36万平方米，建有多媒体报告厅、校园网、闭路电视教学系统、校园英语电台、语音室、电教室、电子阅览室及400米标准跑道和室内体育馆、标准化学生餐厅，有54个实验实训室和一个国防科技工业高等职业教育实训基地，校外实习实训基地50多个，图书馆藏书32.6万册。

三、天水市第二师范学校 原名渭南师范学校，在渭南镇渭西村西，1973年天水地区革命委员会创办，占地50亩，1986年称天水市第二师范学校。1990年，有学生938名，分19个教学班，其中普通班12个，民族班4个，民办教师班3个；教职工121名，其中专任教师72名。建筑面积1.1万平方米，教学楼1座，学校有图书3万余册。1993年迁往今秦州区七里墩。

第十节　机构与管理

一、区教育局

区教育局是区人民政府所属的区内教育工作的行政主管机关。1985年有干部18名，局机关1986年从政府大院迁至北道镇第二小学(今陇昌西路，原一马路东北大院附近)，2005年又迁桥南林水巷新建教育大厦。教育督导室、区招考中心、教研室、电教馆、勤工俭学办公室及区教师进修学校等单位一并集中迁入教育大厦。设有办公室和人事、教育、计财、审计4股以及教育教学研究室、成人教育办公室、职业技术教育办公室、勤工俭学办公室、电化教育馆、普通高校中专招生办公室。2007年,机关职工增至40名,其中公务员9名,借调专业技术人员29名,工人2名。

二、管理体制

1988年,推行教育管理体制改革,对各级各类学校实行分级管理、分级办学的体制。完全中学、职业中学和教师进修学校实行区管区办,独立初中、中心小学由区乡共管共办,以乡、镇为主,五年制小学、附设初中、村学、幼儿园由乡管乡办。具体管理中,农村初级中学和中心学校的领导任免、聘任、调配由区教育行政部门及区委干部管理部门负责,学校经费由乡、镇财政支付转变为区财政支付,区教育局负责教职工聘任,中心学校负责乡、镇内教职工的调配。乡、镇人民政府和村委会动员学龄儿童入学,为校园校舍建设提供支持,保障学校师生安全,治理校园周边环境,为学生提供社区教育场所和机会。1990年,改革中学、中心小学领导机构,并建立"三级办学、两级管理"(农村实行县、乡、村三级办学,县、乡两级管理)办学体制。中心小学统一管理乡、镇辖区内小学和村学的教学、教职人员搭配、教育经费的使用。

三、学校管理

领导体制　1986年,因普及初等教育需要,学区设扫盲专干,属股级级别。1987年,改革小学管理体制,确定学区(中心小学)行政管理岗位,设正副校长、教导主任及会计各1人,学区校长为副科级别,中心小学校长由学区副校长兼任;改革农村中学管理体制,初级中学设教导处、教研组、年级组,领导岗位设校长1人,副校长1人,教导主任1人。不设政教处、总务处、办公室,相关职能指定人员直接对校长负责。1988年,完善学校内部管理机构,小学设中共党支部、教导处、工会、团支部、教研组、年级组、年级备课组及少先大队部等。不设总务处,仅设会计、出纳、保管岗位。后又增设勤工俭学专干1人,为股级行政级别。学区所属学校校长由乡、镇人民政府与学区商定任命;完全中学设中共党支部,由校长兼任支部书记。后分教导处为教务处和政教处,增设总务处。市第二中学还设办公室等中层机构,并配备相应学校中层领导。

校长、园长聘任　2002年,区教育局对城区学校校长实行聘任制。2003年,在全部中学和中心学校全面推行。其程序是:应聘者报名,发表竞聘演讲,对应聘者民主测评,公布聘任者名单。竞聘结果,在全部56所竞聘学校中,原任校长中

28人落聘。之后，又对副校长、教务主任、政教主任、总务主任、局直幼儿园园长、幼儿园保教主任等岗位公开竞聘。

管理体制 1987年，改革学校内部管理体制，各学校改变党支部领导全面工作的机制，试行校长负责制，党政明确分工，党支部只管党的工作、师生思想政治工作，对校行政工作进行监督协助。校长管理人、钱、物及教学业务。同时实行校长任期制，废除终身制，按"四化"（革命化、年轻化、知识化、专业化）标准提拔校领导。改制后，学校领导平均年龄下降，高学历比例增高。同年，还在市第二中学试行"四位一体"（上级领导，校长负责，支部监督，民主管理）校长负责制，年底在全区各校推行。1994年，在市第八中学试行"三制"（校长聘任制，教师聘任制，经费包干制）改革试点，因多种因素影响，未取得预期效果。1998年，在市第七中学和道南小学进行"校长聘任制，教职工聘任制，结构奖金制"试点，试点后，全区实行竞聘制。

四、对学生的补贴政策

2001年开始，对部分边远山区农村小学生提供免费教科书。2006年，又开始对农村义务教育阶段所有学生实施"两免一补"（免收杂费、免收课本费、补助寄宿生生活费）。寄宿生生活费按小学生每人每天2元，初中生每人每天3元，每年在校250天计算，发给学生。并对城市低保户和残疾儿童在义务教育阶段免除杂费负担。

第二章 科学技术

第一节 科技活动

为普及群众，尤其是农民的科技知识，区科学技术委员会（以下简称区科委）、区科学技术协会（以下简称区科协）等科技部门从20世纪80年代起，即采用各种形式，加强科技知识宣传，使群众科技知识水平不断提高。

一、科普宣传

科普小报 1985年，区科协创办《科普知识》，根据农事季节和群众生产、生活需要，发布科技信息，推广普及农作物栽培、病虫害防治、农副产品加工、畜禽养殖实用技术。至1988年，计编印12.3万份。1989年，区科协主办《科技小报》，至1994年编印13种、27期、3280份。2002–2007年，印发科技宣传单24类、7万多份，科技实用技术手册4类、2万余册。其中2004年印发《科技信息集锦》24

期、1200份。

科普广播 1985年开始，区科技部门联合区和各乡、镇广播站，联办《科学与生活》节目，星期一、三、五早晚各播出1次，每次播出时间15分钟，用稿5~8篇。当年播送科技节目250余次，稿件1100余篇。1988年起，各乡、镇广播站在自办节目中开辟科技节目，结合当地生产、生活实际进行科普宣传，形成科技广播宣传网。1999–2000年，在全区进行大范围的科普宣传，内容涉及科学种田、种子农药真假识别等方面录音讲座293期。

科教电影电视 1985年，区科教电影放映队为配合农村推广应用地膜覆盖新技术，先后在8乡、镇和区直相关单位放映《地膜覆盖》科教片43场，观众3万余人次。还结合放映《植林造林》《细胞》《瘦肉猪》等科教录像片及故事片，进行多方面科普宣传。1987年，在农村放映《农村养猪成套技术》等影片和录像片，放映科教电影、录像28场，观众1.5万人次。还放映《家庭养鸡》《施好钾肥》等40余部农业技术推广应用科教片3865场，观众25万人次。1994–1996年，开展"金桥工程"活动，放映科教电影、录像156场次,观众12万人次。1998年，开展农村实用技术电影巡展，全年播放14期，观众4万人次。1999–2002年，科技下乡播放科技光盘230余期。2003年，在花牛、社棠等8乡、镇148个村配备彩电、VCD、录像机、功放机、音响和科技光盘等电教设备，开展现代科技知识宣传。2005–2007年，科技部门下乡播放《农业科技富民工程》及高效种植养殖、花牛苹果栽培实用技术系列光盘158期，观众2万人次。

科普展览 1985年，科技部门组织320人在兰州市工人文化宫参观《甘肃省科学致富展览》。1986年，配合区文化馆举办科技艺术摄影橱窗展览2次，展出科技图片80余幅。1987年，制作实用技术展板40块，并开展科普赶集活动，以宣传科技知识，传递科技信息。1988年，在各乡、镇科技赶集12次，咨询和参观农民7500人次。1993年，配合元龙首届花椒节物资交流会和伯阳第二届桃花会，展出展板52块，宣传"金桥工程"，为科技致富架金桥。1989–2007年，区科协累计展出展板1200余块，受益群众68万余人次。

科普报告和讲座 1987年，举办科技法规讲座，邀请中国科协农函大教授讲授《生态学》，听众250多人，其中区直单位领导和科技干部80余人。1999年，区科协邀请市果树所专家、区园艺局园艺师举办15期果树栽培管理培训班，培训680人。2006年，邀请西北农林科技大学博士生导师作题为《当今果品产业的发展走向及对策》报告会。2007年，在全区中小学举办反邪教科普报告会17场次，听众5000余人。

“科技周”活动　2001年始，每年举办1次“科技周”活动。活动周期间，会同有关部门组织开展学术交流、科普宣传、科技咨询、科技成果交流和人才交流等活动，并结合实际，在城乡开展实践活动。还邀请技术专家在社棠东山村举办美国黑红提葡萄栽培专题技术培训，培训农民2450人。至2007年，举办各种科技报告、科普讲座180余次。活动期间，各乡、镇办科技专栏109处，组织宣传车辆宣讲《科普法》《甘肃省科学技术条例》，组织农、林、牧等单位科技人员1000余人上街下乡，开展农业种植、种子、秋冬播生产、高效农业、医疗卫生等项目的科技咨询，展出交易新产品样品313种，发放科技图书3150多册，印发科普资料2.2万余份，累计参观群众15万余人，开展360余次科技咨询会，咨询1.6万余人，散发7万余份宣传资料。

二、科技培训

1985年，举办苹果矮化栽培和修剪、长毛兔饲养等3个技术培训班20期，培训会员、农民技术员、科技示范户、联系户等农村科技骨干3500人。1986年，在区农村干部工作会议上，安排1天时间专题讲授地膜覆盖种植技术和配方施肥技术。会后，组织有关部门科技人员在区内分片技术培训，现场传授技术27场次，听众1万余人次，印发资料1.5万余份。是年开展“培养一个能人，教会一门技术，选准一个项目，带动一片富起来”的“四个一”燎原活动。至1988年，开展科学种植、养殖技术培训班500期，培训农民1.5万人次。1989年，开展苹果、生猪、蔬菜、板栗等的短期技术培训50余期，培训5000多人。1993年后，连续开展“科普之春”活动，利用农闲时节开展农村实用技术专题培训，至2007年共举办686期，培训9.2万人次。1994年，区委组织部、区科协联合举办以建设有中国特色的社会主义理论、村基层党组织建设和农村实用技术为主要内容的“村干部系统培训”班，参训村主任、党支部书记84人。1994–1996年“金桥工程”活动期间，举办各类培训班320期，培训7893人次，其中骨干培训81期。同时，还为682名农民评定技术职称。1997年，中国农村致富技术函授大学天水中心分校北道区分校成立。学校开设综合种植、综合养殖、乡镇财会、作物种植等专业。区内各乡镇成立辅导站，每乡镇设1～2个班，每班设1～2个专业。首届招生450名，以后陆续招生，至2007年共毕业学员1500多人。1999年开始，坚持农科教结合，平均每年举办各类技术培训410余期，培训农民3.48万余人次。2001年，开展星火科技培训492期，培训各类人员4.98万人次，发放各种书籍、资料、科技手册7970份

(册),赠送农业科技富民工程光盘24盘。2002年10月,由中央精神文明建设办公室、铁道部、中国科协主办的“科普列车西部行”活动,在北道区开展为期3天的科普宣传培训活动,并为区科协捐赠总价值15万元的书籍1.1万册、计算机2台、光盘200套。2003年,举办WTO及现代科技知识培训班20期,参训2000多人。同时,针对农村青壮年劳动力外出务工多,妇女成为农业生产主力军的情况,为提高妇女劳动技能,区科协会同区妇联,对全区乡镇、村妇联主任分期分批进行蔬菜、果树栽培和畜禽饲养技术培训,培训合格后,颁发技术项目培训结业证书,使各级妇联主任成为农村妇女科技致富带头人。至2007年,培养专业提高型人才3.2万人;举办骨干示范型培训6000多期,培训7.8万人次;举办普及型培训8100多期,培训8.9万人次,其中有1336名农民通过专业考核评定了技术职称;建成科技示范乡、镇13个,科技示范村174个,科技示范户9492户。同时,开展岗前培训、继续教育和人才培养,完成职业技术培训1830人次,培养4名省级中青年学术带头人、10名市级学术带头人、53名区级学术带头人。

三、科技服务

1985年,为解决农民“缺生产技术,缺科技知识,缺植保药械”和“学技术难,买农药难,买化肥难”的问题,由区科技部门牵头协调农业、农资、农机等相关部门,建立农技、农药、农机三结合的“三农”服务部,向农民提供科技咨询服务3500人次,印发农作物栽培、病虫害防治情报和林业、畜牧多种经济作物方面技术资料11期、1000份,散发各种农技手册600套,经营农药、微量元素肥料28个品种,出租喷雾器1200部次,防治农作物病虫害6000余亩。同年还成立区科技咨询公司,各乡、镇陆续成立科技咨询服务部。服务部在不同农事季节,采用广播、墙报等形式开展技术咨询服务,传递科技信息,共办墙报800多期,黑板报500余期,小报800余期、3万份,接受咨询人数1万人次,实用技术培训会90次、1.5万人次。1990年,区科协组织农口各学会会员,在全区落实41项农业承包项目,主要涉及农作物病虫害等方面。1991年,区科协针对农民在植保方面缺乏现代施药技能的状况,协助农业、农资部门,选出文化素质高、事业心强的年轻技术人员下基层讲课,既方便群众,又满足生产需要。1995年,根据省、市科协安排,实施“1230工程”(即每户有一个科技明白人当家,家家户户都能掌握使用两门实用技术,全区每年推广30项先进实用技术),围绕全区支柱产业的建设,推广一批先进实用的农业技术项目,培养能带领农民脱贫致富奔小康的带头人和农村科技明白人。至1999年,全区推广实用技术项目130项,举办培训班1227期,培训农民10万人次。其中培训农村党员和基层干部5230人,占全区农村党员和基层干部的53%;全区培训能掌握两门实用技术的农民7.5万人,占全区总农户的95%。2003年,为解决全区1万余亩果树长期不挂果的技术难题,区科协邀请区内果树专家和组织乡土技术骨干对果农进行技术培训,现场指导修剪、护花保果和病虫害综合防治技术,使多年不挂果苹果当年开花挂果。区科协还邀请省科协大蓬车,市、区两级科技专家深入全区各乡、镇进行30场次的科普宣传和科技培训。另外,区科协多次组织全区乡、镇农技协会理事长、种植专业户和科协业务人员,前往山东寿光,陕西杨凌、白水、周至、礼泉、洛川、凤翔和商州等地实地考察,参观日光温棚、高效优质示范园,学习外地县、区苹果、核桃栽培与管理技术,学习高新农业示范园建设、标准化科普示范基地发展、农技协会规范运作等方面的先进经验、做法。2007年,区级有农牧、林果、种子、植保等服务机构45个,共有720人;乡级建有各类科技推广服务机构198个,人员845人。全区476个行政村全部建立了农民自我技术服务组织,形成区有中心、乡有站、村有服务队(组)和示范户的农技推广网络。

四、科技信息

为加快科技信息的传播,区科技部门建有科技信息服务中心和科技市场,各乡、镇成立科技信息、技术市场分部,加上企业和民办科技信息服务机构,2007年全区共有各类科技信息、技术中介服务组织45个,从业200余人。各信息机构,都配有电脑等现代化办公设备,可开展网上信息查寻、了解科技信息,跟踪最新科技动态,进行与外界交流,提供技术信息服务。区科技信息服务中心共编发《科技信息集锦》48期、5400余份,发布科技信息130条,中介引进专利或新技术5项。

第二节　引进推广

2004–2007年,共引进新品种41个,推广新技术、新产品102项。组织实施26项农业实用技术推广项目,推广二代节能日光温室、农作物优良品种、种子包衣技术、鲜果反季节栽培、果品套袋技术、果品贮藏保鲜技术等20多项农业先进技术,农业实用技术覆盖率88.6%。2007年,地膜覆盖种植玉米18.1万亩,地膜小麦1.18万亩,鲜果栽培面积11.8万亩,建成“双千田”(亩产粮千斤以上,亩纯收入千元以上的田)7.1万亩,“双五百田”(旧制每亩作物合计产量达到250公斤、产值达到500元)10.8万亩,“吨粮田”(周年亩总产超过一吨,即1000公斤)

2.3 万亩,“两棚”(日光大棚、塑料大棚)蔬菜 1.9 万亩,建成各类养殖户 10175 户,发展专业村 40 个。

一、经费投入

科技经费　科技费用每年列入区财政预算, 2002 年年初预算安排科技经费及科普经费 88 万元, 后调整为 125 万元, 2005 年落实科技经费 139 万元,2006 年 153 万元,2007 年 163.5 万元,均占当年财政总支出的 1%以上。在财政科技资金落实基础上,加大招商引资和项目争取工作,在招商引资中注重科技含量,对高新技术项目开发给予更宽松的优惠政策。支持引导企业、农户加大科技投入,探索利用民间资本和社会闲散资金进行科技投入,为科技进步和支柱产业发展提供资金保障。花牛果品公司吸纳民间资本和社会闲散资金 870 万元建成的 1000 吨气调果库项目,每年实现产值 260 万元,创利税 78 万元。

民间投资　1987 年,为吸引民间资本投入科技事业,成立科技市场。1992 年,成立矿业开发公司等 6 家民营科技企业。至 2007 年,全区有各类民营科技企业 23 家,从业 464 人,科技人员 48 人。其中区管 5 家,市管 18 家,涵盖科研、机械、电子、医药、化工、矿产、种养殖、数控技术、农技服务和微机应用等。建成矿业开发、科学研究、电子技术等一批科技含量较高的民营高科技企业,年产值近 2 亿元,年上缴利税 400 多万元。

二、推广应用

果树　1990 年后,推广苹果矮密早丰优栽培、苹果“两高一优”(高产、优质、高效)栽培、简化树形四季修剪、以花定果以株定产、果实套袋、果园免耕覆膜覆草、节水灌溉、果园绿肥、测土配方穴施水肥、果形剂施用、综合防虫治病、无公害生产等果品生产先进技术, 盛果期苹果亩均产量达到 1500 公斤, 葡萄亩均产量 2000 公斤,优质果品率达到 60%。全区先后建立以“花牛”苹果为主的南山万亩优质苹果基地,以“下曲”葡萄为主的中山流域万亩无公害山地鲜食葡萄生产基地。经国家有关部门检测认证,示范园果品质量均达国家规定的无公害卫生指标要求。

苗木　以良种苗木繁育为手段,扩大无公害果品生产规模。以码头、甘泉、三阳和元龙苗圃作为良种苗木繁育基地,计 1680 亩,实行组培、快繁、脱毒容器育苗等技术,年培育出圃各类新优合格苗木 300 多万株。引进、繁育、推广水果新品种 90 多个,干果新品种 18 个。其中苹果有首红、超红、早亮、瓦里短枝、栽培 1 号、天汪 2 号等元帅系新优早熟品种和岩富、长富、福富等系列富士晚熟品种。葡萄有巨峰、秋黑、黑提、红提等鲜食品种及赤霞珠等加工型品种。2005年,在区内举办中日鲜食葡萄生产技术研讨交流会,将麦积区誉为中国最大的山地鲜食葡萄基地。

畜牧　畜牧产业中,引进推广养殖、沼气、果树循环利用技术。优化产业结构,运用现代集成养殖技术,发展猪、牛、鸡为主的规模养殖业,全区建成规模养殖小区10个,家庭养殖场166个,专业养殖村76个,规模养殖户13674户,畜牧龙头企业10个,万余农户建成"一池三改"(在建造沼气池的同时,同步建设或改建畜禽舍、卫生厕所和厨房)式沼气池,实现综合利用。

蔬菜　发展设施农业,推广高效模式化栽培技术。在发展塑料大棚的同时,探索发展日光温室,1996年后,日光温室渐成规模,从最初的蔬菜用日光温室发展到瓜果等。2007年,已建成蔬菜、瓜果日光温室1200座,面积3000亩,塑料棚1.7万座,面积2万亩。其中马跑泉无公害大白菜、蒜薹,众兴菌业双孢菇、金针菇,花牛大葱、胡萝卜等农产品通过省级无公害蔬菜产品认证,无公害蔬菜栽培面积7000亩,产值2800万元,创出果树复合种植、设施栽培、综合开发、高效优质模式。

药材　依托区域特点,推广培育中药材等新兴产业。在五龙、新阳、琥珀、党川、利桥、麦积、东岔、三岔、甘泉等9个乡、镇建立以柴胡、党参、板蓝根、冬花、黄芪、防风、生地、黄精、天麻、猪苓等为主的中药材生产基地1.3万亩,年产量1260吨,产值1600万元。推广林药、果药间作模式5万亩(次),间接增加土地产出4700余万元。

第三节　科学研究

1991–2007年,组织实施星火计划、攻关计划及示范推广各类科技项目354项,其中部、省、市列44项,区列310项。取得科技成果310项,有53项达到国内领先或先进水平,106项达到省内领先或先进水平,141项达到市内领先或先进水平。

一、类别

部列项目　承担科技部、林业部、农业部等部《国家科技支撑计划课题苹果优质安全生产及加工关键技术研究》《中荷合作能源利用项目》《测土配方施肥项目》《农村沼气国债项目》《农业有害生物预警与控制区域站建设》等5项。

省列项目　有《苹果"三虫一病"防治试验示范》《20万亩花椒优质高效栽培技术示范推广》《山地优质无公害葡萄丰产栽培技术示范推广》《3000亩美国大樱桃丰产栽培示范》《航天育种技术创新及蔬菜新品种选育与产业化》《天水市农村沼气生

态农业技术集成推广》《渭北干旱地区8.5万亩紫花苜蓿基地建设工程及配套技术研究》《浓缩果汁加工技术提升与“花牛”苹果采后处理技术集成示范》《工厂化食用菌生产及菌渣再利用技术示范》《农村劳动力转移培训阳光工程》等14项。

市列项目 有《“花牛”苹果标准化技术集成及试验推广》《“花牛”苹果基地建设与优质高效栽培技术研究》《吸附技术及超高温瞬时灭菌技术在浓缩果汁加工中的应用研究》《配方施肥专家系统的研发及应用》《玉米病虫害发生规律及综合防治研究》等25项。

区列项目 有《五万亩元帅系3–5代苹果果形指数提高技术示范推广》《美人指葡萄引种栽培示范》《黑红提葡萄引种栽培技术示范》《优质葡萄生产基地建设》《南山万亩“花牛”苹果基地建设》《草莓引育栽培试验示范》《香椿嫩芽山野菜示范园建设》等310项。

二、范围

(一)农业

农作物地膜栽培技术 地膜覆盖栽培，是将地膜紧密地贴盖在畦或垄的表面，并按照不同作物要求的行、株距，在膜面打孔或扎苗眼后进行播种或栽植秧苗的方法。通过地膜覆盖，土壤具有增温、保温、集雨、防旱、除草、抑盐的作用，而且能加速微生物繁殖和提前活动，促进土壤养分分解和矿化过程，提高土壤水分及肥料的利用率，直接或间接促进农作物地下部根系和地上部植株生长发育。因此优于一般露地栽培。境内地膜覆盖农作物主要有蔬菜、马铃薯和玉米3种。1982年起，境内开始引进农作物地膜覆盖栽培技术。1984年在玉米作物上进行试验示范，并在社棠、西山坪获得成功。1985年，开展大量试验示范，首先在蔬菜和瓜类生产上取得成功。1986–1990年开始大面积示范推广。在农技人员努力和政府的行政督促双重推动下，示范效果逐年凸显，粮食产量成倍增加。覆盖面积从1991年的3000亩，发展到1995年的18万亩。1997–2007年的10年间，玉米地膜覆盖栽培面积一直保持在20万亩左右，约占全区玉米种植总面积的8/10。地膜玉米增湿保墒，特别适合高寒干旱山区推广。地膜玉米与露地玉米相比，平均亩增产124.6公斤，增产幅度53%左右。若遇干旱年份，如果玉米不覆盖地膜，可能出现绝收。2004年，从省农业技术总站引进玉米全膜双垄沟播技术，在石佛乡张湾村试验取得成功。2005年示范推广面积500亩，2007年达到5000亩，平均亩产506.8公斤，较半膜覆盖玉米424.3公斤增产82.5公斤，部分乡镇(麦积镇、中滩镇)增幅达30%以上。地膜覆盖技术相继在蔬菜、瓜类、玉米上获得成功后,从1995年开始,小麦、马铃薯、高粱、谷子等作物上试验也获得成功,并在1997年大面积推广。地膜小麦在二阴山区及林缘区得到较大面积的发展,面积从1997年的600亩,发展到2000年的1.8万亩,亩增产40~60公斤。2002年后因投入太大,效益不显著,不再种植。地膜高粱和谷子进行小面积示范推广,虽有增产,但种植费时费工,效益不显著,面积最终只达到2000亩左右,2000年后逐年减少,2002年后不再种植。地膜马铃薯在川道地区种植获得成功,特别在花牛镇的赵崖、董沟、二十里铺、峡口一带,及马跑泉镇和社棠镇川区种植面积较大,后又发展到三阳川地区种植,渭南镇川区面积较大,能够提早上市,经济效益显著,平均亩产可达1500公斤,还可套种玉米、蔬菜等,面积从1997年的600亩,发展到2007年的2万亩。

测土配方施肥技术　1986年开始，区农业部门数次在土壤普查基础上,综合几年试验，得出冬小麦合理氮磷配合施用比单施氮肥的一般单株次生根增加3~6条,根长增加43~50厘米,叶色加深,分叶增多1~3个,旗叶加长0.6~3.7厘米,加宽0~1.3厘米,穗粒增加1.4~4.6粒,千粒重增加2.3~4.5克,各个生育期提早3~5天,抗锈、白粉病能力,抗旱能力增强,产量增加43.7~75公斤。由此根据土壤生物气候区划和土壤分布及养分状况,把全区划分为河谷川区、干旱半干旱山区和二阴地区3个区域，并在每个区域按土壤肥力水平划分为上、中、下3个等级,以多年冬小麦肥料试验数据为依据,参照外地有关参数,应用地力分区和地力分级,以地定产,以产定肥的原则制定出配方施肥方案如下:

<table>
<tr><th colspan="2" rowspan="2">项目</th><th colspan="3">河谷川区(以流土为主)</th><th colspan="3">干旱、半干旱山区(以黄绵土、鸡粪土为主)</th><th colspan="3">二阴山区(以红黄土、青杂土、红板土为主)</th></tr>
<tr><th>上等</th><th>中等</th><th>下等</th><th>上等</th><th>中等</th><th>下等</th><th>上等</th><th>中等</th><th>下等</th></tr>
<tr><td colspan="2">定产(斤)</td><td>800</td><td>600</td><td>500</td><td>500</td><td>400</td><td>300</td><td>450</td><td>340</td><td>250</td></tr>
<tr><td colspan="2">基础产量(斤)</td><td>550</td><td>400</td><td>350</td><td>320</td><td>250</td><td>170</td><td>300</td><td>220</td><td>150</td></tr>
<tr><td rowspan="2">亩施(斤)</td><td>氮</td><td>18</td><td>15</td><td>12</td><td>14</td><td>11</td><td>10</td><td>11</td><td>9</td><td>7</td></tr>
<tr><td>磷</td><td>9</td><td>7.5</td><td>6</td><td>10</td><td>8</td><td>7</td><td>8</td><td>7</td><td>5</td></tr>
</table>

说明:①基础产量指施用农家肥、不施用化肥产量。

②亩施化肥指纯肥量,使用时需按含量折计。

具体计算：补充养分纯量＝增产部分÷化肥利用率（氮肥40%、磷肥20%）；化肥用量＝补养分纯量÷化肥含量。施用方法是氮肥用1/2或2/3作底肥，1/3或1/2做追肥，磷肥一次做底肥。据试验表明，单施氮肥其利用率为35.3%，配合施用磷肥后，氮肥利用率提高到51.7%，单施氮肥每公斤标氮增产小麦1.09～1.67公斤，单施磷肥每公斤过磷酸钙增产小麦3～3.07公斤，氮磷配合施用后每公斤标氮增产小麦0.77～3.33公斤，每公斤过磷酸钙增产小麦2.57～6.33公斤，分别比单施的增产数提高48.6%和46.6%。全区施用化肥氮磷比例由1986年以前的1:0.22改变为1:0.458，从而改变氮磷化肥施用比例严重失调的局面。1986–1990年五年累计全区推广冬小麦初级配方施用62.83万亩，平均每亩项目田比对照田（未施磷肥）增产小麦32公斤，增长幅度在11.8%～16.9%之间，总增粮2000万公斤。1991年，区农技部门开始试验研制配方专用肥料。此后，学习外地经验，结合本地实际，研制生产出营养比较全面的小麦、玉米、马铃薯、瓜果蔬专用配方肥料。小麦专用配方肥料氮、磷、钾比例为1:075:0.4，玉米专用配方肥料氮、磷、钾、微量元素（锌硼钙镁）比例为1:1.09:0.38:0.2；果树专用配方肥料氮、磷、钾、微量元素比例为1:1.42:0.46:0.2；西瓜专用配方肥料氮、磷、钾、微量元素比例为1:1.42:0.5:0.23。其制做技术，首先将备好的优质磷肥粉碎为粉状，然后按量过秤，每100公斤加碳酸氢铵5公斤，搅拌均匀，堆闷24小时进行铵化，再为氮、钾所需的微量元素搅拌均匀，开始上造粒机，喷洒适量水进行造粒，成颗粒后晾干，筛取3～4毫米大小的粒状肥料。2000–2002年在全区小麦、玉米、果树、西瓜上推广施用3.5万亩。据试验观察小麦施用比习惯施肥的单株分叶增加1～1.5个，穗粒数增加2～3粒，千粒重增加1～2克，提前5～7天成熟。小麦亩节约肥料投资3.75元，加上亩增产值49.5元，净增产值为53.25元。玉米亩节省肥料投资24.5元，加上亩增产值40.02元，净增产值为64.52元，果树、西瓜增值更高。2005年，国家农业部下达我区实施的测土配方施肥财政补贴资金试点项目，由农业部、省土肥站直接培训、指导。在全区现有主要耕地土壤的黄绵土、黑垆土、流土、红青搓土、褐色土上分地块片定位取耕层土样3968个（平均106亩采一个土样），挖土壤剖面约250个。通过化验分析，全区耕地土壤肥总体为氮不足，磷中等，钾够用状况，与二次土壤普查相比有机质增加30.08个百点，碱解氮每千克土壤增加14.08毫克，有效磷每千克土壤增加6.78毫克，有效钾每千克土壤减少5.6毫克。是次测土配方施肥主要围绕“测土、配方、配肥、供肥、施肥指导”5个环节，以冬小麦、春玉米的测土配方施肥为主，兼顾葡萄的配方施肥开展。根据不同地区土壤养分情况，将河谷川区氮、磷、钾比例调整为1:0.65:0.2，二阴山区氮、磷、钾比例为1:0.55:0。试验表明，川区小麦配方区亩产378.8公斤，较习惯施肥区亩产336.3公斤增产42.5公斤。

（二）工业

被誉为天水装备制造业领军企业的星火、风动、锻压3公司，通过坚持不懈地全方位创新，成为区内高新技术企业，为区内工业企业研发项目最多的单位。

1、天水星火机床有限责任公司

TX-007A卧式车床　1989年研发成功并批量生产。是在同规格普通卧式车床的基础上，采用加宽床身，增大轴颈尺寸、增强主轴刚性的办法，满足用户特殊要求而研发的。车床尾座主轴采用内置式顶尖结构，尾座既可手动，也可机动。具有刚性好、床身直线度保持性好，输出扭矩大，两顶尖设计承重等于、大于8吨等特点，是加工大型零件的理想设备。自投产后，累计生产400余台，实现产值1.5亿元。1996年被机械工业部评为优质产品。

CW-61100E卧式车床　1990年以CW61100A机床为基础，研发并生产。对床身导轨采用中频淬火，增强其刚性和耐磨性；对主轴箱主要零件从材质、工艺等方面有突破性改进，使车床具有较强的可靠性；床身采用拼接工艺磨削，直线性好，同时可组装成各种长度规格，能满足各类用户的需要。主要用于各种大型零件的外圆、内孔、端面和锥度车削，进行公制、英制、模数和径节螺纹的车削加工，满足锥孔、套料、镗孔加工。特别适用于各加工行业的粗精加工和强力车削。在国内同类产品中的市场占有率达50%，已累计生产2000余台。1995年被甘肃省名牌战略推进委员会评为首批甘肃省名牌产品，后经复审、评定，已连续14年保持甘肃省名牌产品称号。

CKW系列全功能数控车床　1998年研发，是具有国际先进水平的机电一体化高新技术产品。主要配套件均从发达国家进口，数控系统采用德国西门子公司产品，主轴轴承采用日本高技术产品，牙条采用瑞士进口产品，主丝杠和横向丝杆采用德国产品。主要件生产工艺工序控制严格，保证其精度完全满足设计标准。产品具有可利用主轴的C轴功能与刀架上动力刀具的插补控制，加工键槽、特形面等独特的功能，同时也适用于硬质合金刀具进行强力车削，加工各种黑色金属和有色金属，是航空、冶金、汽车、船舶、军工行业的理想加工设备。销售量逐年递增，并出口日本、韩国等一些发达国家。已累计生产120台，实现产值2.5亿元。2001年被国家科学技术部、国家税务总局、对外贸易合作部、国家质监总局、国家环境保护局等 5 部局评为国家重点新产品，2007 年被国家名牌战略推进委员会评为中国名牌产品。

《SPARK》牌 CK64150 数控端面车　因国外飞机制造业和国内机床的迅速发展，对铝合金盘、环类零件的加工数量越来越大，其精度要求越来越高，加工设备和加工手段是实现高、精、尖产品的主要手段。国内目前航空航天、造纸业、模具制造等行业，在盘、环类零件的加工中，主要依赖进口专机或立式车床，其加工成本高，效率较低。2000 年研制成功，通过省级科技成果及新产品鉴定，技术水平达到国际先进，不仅国内畅销，还返销美国 S&S 公司。2002–2004 年，由于不断深入研发，完成系列化设计，到目前为止产品最大回转直径 φ1500 ~ φ2500 毫米，最大工件加工长度 0.5 ~ 1 米。数控系统选用世界享有盛名的名牌产品，具有动态模拟、人机对话、多种补偿功能，参数存储及调用、故障自动诊断、CRT 显示。填补亚洲空白，替代进口。2001 年被国家科技部列入国家火炬计划项目，2002 年被中国机械工业科学技术奖励办公室授予中国机械工业科学技术奖。

MK84100 数控轧辊磨床　2003 年研发，适于磨削各种轧辊、支承辊、压辊、烘缸等各类加工，广泛应用于造纸、轧钢、冶金、铝箔、塑料、橡胶等行业，是行业的必备设备。公司自开发成功累计销售 21 台，实现产值 6365 万元，具有很强的市场竞争优势。数控轧辊磨床产品填补分体式产品的国内空白，技术水平达到国内领先水平，产品为企业自主知识产权，2005 年被国家 5 部委列入国家重点新产品。

CKJ6185/18 米超长型数控卧式车床　2004 年研制成功，适应于石油、机械、冶金、军工、航空、轻工等行业。其产品具有精度高、功率大、刚性强、精度保持性好、工艺范围广、造型美观、宜人性好、价格性能比优良等许多特点。同时，还具有独特特性，即既可满足高精度加工，又可适应强力切削。自开发成功累计有 12 台投放市场，实现产值 846 万元，国内机床市场占有率明显提高。2005 年被中国机械工业科学技术奖励办公室授予中国机械工业科学技术奖。

《SPARK》牌车铣复合加工中心　2006 年研制出，属机电一体化产品，是可替代进口的数控、精密、高效、节能机床。其应用遍及航空、汽车、机床、仪表、模具、机械制造等领域。受各机床制造商青睐，使订货量大幅增长，实现产值 5213 万元。2004 年被国家科技部列入国家重点新产品计划，2004 年被甘肃省人民政府授予甘肃省科技进步二等奖，2007 年被中国机械工业联合会、中国机械工程学会授予中国机械工业科学技术奖。

《SPARK》牌 LJCK3300 大型数控超精密菲涅尔透镜加工设备　2004 年申报

列入国家863计划,2007年完成研发制造,通过国家科学技术部验收。技术水平达国际先进,产品为企业自主知识产权。设备集数控技术、光电技术、在线测量技术于一体，属国内最大回转直径 ф3300毫米的超精密菲涅尔透镜加工设备,可加工任意曲面。用于国防、航空、航天、军工、核技术行业。可替代进口,出口创汇,为制造业可持续发展提供先进的装备，采用天然大理石支撑件为企业开发与法国合作的四轴联动数控车床起到前期研究作用，采用油马达驱动主轴为研发曲轴车床、多轴车床、磨床的主轴驱动恒功率变扭矩、闭环控制提供技术支撑,采用微位移技术开发轧辊磨床、数控车床。

2、天水风动机械有限公司

TC308 履带式高风压潜孔钻车　2006年,研制成功,技术领先于国内同类产品。2007年,技术升级的TC308A、TC318履带式高风压潜孔钻车推向市场,形成规模化生产。其产品适合深孔接杆凿岩与露天潜孔凿岩,冲击力大、扭距大、适应性强。适用于矿山、交通、水电基建等矿石工程中大范围深孔凿岩,年产量13台,实现产值355万元。2006年获中国工程机械年度产品最高奖——TOP50奖。

3、天水锻压机床有限公司

QA28Y-4×200A 可变角液压切口机　1988年研制成功，为剪切厚度4毫米、长度200毫米的可变角度(30°～135°)剪切机床。适宜各类企业进行金属板材加工,填补国内空白。销往全国各大中型机械、电子、航空、航天、造船、汽车等企业。累计生产400多台,实现产值2000多万元,生产技术已达到国际先进水平。

Y45-315/2500×4000 龙门移动式压力机　1990年研制成功，为压头压力3150千牛顿,工作台面2500毫米×4000毫米的龙门框架结构压力机,适合各类企业进行金属板材校平,销往全国各大中型机械、电子、航空、航天、造船、汽车等企业,累计生产100多台,实现产值5000多万元。

WZ67K-800/10000 数控板料折弯机　1996年研制成功,为折弯压力8000千牛顿,工作台长度10000毫米的液压板料压力机。2个液压缸应用电液比例伺服进行同步工作。适合各类企业进行金属板材加工,填补国内空白。销往全国各大中型机械、电子、航空、航天、造船、汽车等企业。累计生产20多台,实现产值9000多万元,为1997年度国家重点新产品。

2-TDW66Y-1250/3000 端头弯曲机　1997年研制成功，为折弯压力12500千牛顿、工作台长度3000毫米的钢板板边预弯机。是用2个弯曲机分别从两边对钢板进行同时预弯。适合各类制管企业进行钢板加工,填补国内空白,销往全国各制管企业，累计生产 20 多台，实现产值 5600 多万元，1998 年获甘肃机械工业科技进步三等奖。

TDY37−2000/880×14000 制管液压机　1997 年研制成功，为折弯压力 20000 千牛顿、工作台 880×14000 毫米的液压板料压力机。2 个液压缸应用电液比例伺服进行同步工作。适合各类制管企业，对工件进行筒状物的折制。产品填补国内空白，销往全国各大中型制管企业，累计生产 10 多台，实现产值 8600 多万元。曾获 1997 年国家机械工业局科技进步二等奖。

QC11Y−8×8000 液压闸式剪板机　2001 年研制成功，为剪切厚度 8 毫米、剪切宽度 8000 毫米的液压闸式剪板机，其间隙小、直线度深受用户好评。适合各类企业进行金属板材加工，填补国内空白。销往全国各大中型机械、电子、航空、航天、造船、汽车等企业。累计生产 40 多台，实现产值 720 万元，属 2002 年度国家重点新产品。

PCT−4000×12200 平板超声波探伤机　2001 年研制成功，对板宽小于 4000 毫米、长度小于 12200 毫米的钢板进行探伤，对气泡、疤痕等缺陷进行探伤，防止不合适钢板的应用。适合制管厂对钢板等材料进行探伤监视，填补国内空白，累计生产 40 多台，实现产值 6800 多万元，获 2003 年度甘肃省科技进步三等奖，2005 年度国家重点新产品。

KJ−20/1220(1420)×12500 钢管端头扩径机组　2002 年研制成功，可对管壁小于 20 毫米，管径小于 1420 毫米（外径）的钢管的端头进行扩径，消除其成型过程中的应力和焊接应力，达到油气输送钢管焊接的要求。适用于油汽输送管制造企业，填补国内空白，销往全国各大型制管企业，累计生产 50 多台，实现产值 8000 多万元，属 2002 年度国家重点新产品。

Y93−2000 钢管水压试验机　2002 年研制成功，对钢管两端进行灌水打压，打压压力小于 20000 千牛顿，使其合乎使用要求。适合油汽输送管制造企业对钢管打压，填补国内空白，累计生产 5 台，实现产值 1 亿多元，获 2003 年度甘肃省科技进步三等奖。

RD−QC11K−14×12000 数控剪切中心　2004 年研制成功，为剪切厚度 14 毫米、剪切宽度 12000 毫米的液压闸式剪板机，侧剪板机剪切厚度为 14 毫米，剪切宽度为 2500 毫米，可从进钢板、到剪切再到处理钢板，一次性完成，其剪切精度和数控化程度为国际先进水平。适合各类企业进行金属板材加工，填补国内空白。销往全国各大中型机械、电子、航空、航天、造船、汽车等企业。累计生产 10 多台，实现产值 6000 多万元，属 2006 年度国家重点新产品。

ZS-TDT90-25.4×1220/12000 钢管扩径机　2006 年研制成功，可对管壁小于 25.4 毫米、管径小于 1220 毫米、钢管全长小于 12000 毫米的钢管进行全长扩径，消除其成型过程中的应力和焊接应力，达到油气输送钢管焊接的要求。适合油汽输送管制造企业。产品填补国内空白，累计生产 4 台，实现产值 1.7 亿多元，属 2007 年度国家重点新产品，获 2007 年度甘肃省科技进步一等奖。

XB-4600 高速钢板铣边机　2007 年研制成功，可对板宽小于 4600 毫米的钢板从两边进行铣削，使其达到所需要的坡度和角度。适合各类制管行业进行钢板加工。产品填补国内空白，累计生产 30 多台，实现产值 1.2 亿多元。

BGPT-40/1422×18500 钢管平头机　2007 年研制成功，可对钢管管壁小于 40 毫米、管径小于 422 毫米、钢管长度小于 18500 毫米两端进行铣削加工，符合油气输送钢管焊接的要求。适合各类制管企业。产品填补国内空白，累计生产 10 多台，实现产值上亿元。

此外，区内高新技术产业发展近年新崛起的二十里铺工业示范区的电子电器、生物医药及制药机械等，亦为区域内高新技术产业。华圆制药设备科技有限公司是一家生产中药制药设备的民营高科技企业，主要从事中药制丸机系列、微波提取设备系列、微波干燥灭菌机系列、中药包装机系列、医用灭菌柜系列等 5 大系列 300 多个规格品种设备的研发、生产经营活动，目前企业自主研发并拥有自主知识产权的国家专利授权 13 项，产品总体技术水平处于国内领先，部分产品填补国内外空白。天水天森药业有限公司是一家从事生物、中西医药产品及原料研发的高科技医药企业，公司研发生产的复方肝水解物片、胆龙止喘片、盈血胶囊、濞嗯通溶菌霉含片等主导产品在国内占有较大市场份额，有的填补国内空白。

第四节　研究成果

一、农业科技

1985-2007 年，区农牧局先后获天水市农业科技成果奖 16 项，其中一等奖 3 项，二等奖 8 项，三等奖 5 项；麦积区农业科技成果奖 18 项，其中一等奖 3 项，二等奖 8 项，三等奖 7 项。

1995 年全区以星火密集区建设为龙头，先后建立二代日光温室栽培为主的社棠高新农业科技示范基地，以规模养殖猪、鸡的甘泉畜牧产业化示范小区，以

获天水市农业科技成果奖励项目一览

年份	项目名称	主持单位	受奖等级
1992	千亩高粱地膜覆盖栽培示范	区农技中心	二等
	35 万亩玉米实施硫酸锌技术推广	区农技中心	二等
1994	10 万亩低产农田综合技术改造	区农技中心	二等
	5.1 万亩旱地粮食作物丰产栽培	区农技中心	三等
	向日葵霜霉病发生规律及防治研究	区植保站	二等
1995	系列配方专用肥料试验示范	区农技中心	三等
1998	大蒜白腐病及综合防治技术的研究	区农技中心	二等
2000	菜篮子丰收高效综合工程示范推广	区农技中心	三等
	地膜小麦穴播机的研制与示范推广	区农机管理站	二等
2001	200 万亩粮食作物优化模式丰产栽培示范推广	区农技中心	三等
2002	平菇菌种简易制作技术	区农技中心	一等
2004	渗水地膜引进试验示范推广	区农技中心	一等
	旱地小麦覆膜沟穴播集雨增产技术试验研究示范	区农技中心	二等
	全量配方复混肥料研制、生产、推广	区农技中心	三等
2005	天水市贫困地区马铃薯加工专用品种示范推广	区农技中心	一等
2007	塑料大棚春提前秋延迟后精细菜栽培技术体系研究	区农技中心	二等

大蒜套玉米为主的马跑泉高优农业示范小区，以膜盖技术和集雨节灌为主的渭北旱作农业示范区，美国黑红提葡萄栽培示范园和天水农业高新技术示范园等科技推广示范园区建设，当年完成 4000 亩建园美国黑红提葡萄示范园计划，推广电热温床保护地容器育苗、单篱壁架扇形整枝和葡萄霜霉病防治等关键技术；位于中滩镇的天水农业高新技术示范园启动建设面积 912 亩，建成的 140 栋西北型节能日光温室已有 60 栋投入生产，主要栽培瓜果、蔬菜、花卉等，示范推广

获麦积区农业科技成果奖励项目一览

年份	项目名称	主持单位	受奖等级
1991	玉米地膜覆盖技术推广	区农技中心	一等
	马铃薯脱毒种薯繁殖示范推广	区农技中心	二等
	3万亩中低产田改造	区农技中心	二等
	冬小麦氮、磷化肥初级配方施肥技术推广	区农技中心	二等
	万亩玉米根系联合固氮菌示范	区农技中心	三等
	大白菜病毒防治及丰产栽培试验示范	区农技中心	三等
	旱地覆盖保墒技术	区农技中心	一等
2003	万亩地膜小麦套种玉米技术示范推广	区农技中心	二等
	200万亩粮食作物优化模式丰产栽培示范推广	区农技中心	二等
	10万亩迦姆高效有机复合液肥示范	区农技中心	三等
	万亩山旱地U型垄作膜盖化优质丰产栽培示范	区农技中心	二等
2005	浅山地区日光温室蔬菜栽培试验示范	区农技中心	三等
	酵素生物有机肥试验示范推广	区农技中心	三等
2006	测土配方施肥技术研究及示范推广	区农技中心	一等
2007	酵素生物有机肥试验示范推广	区农技中心	二等
	沼液、沼渣综合利用技术试验示范	区农技中心	二等
	优化大棚无公害蔬菜栽培示范推广	区农技中心	三等
	无公害蔬菜生产示范推广	区农技中心	三等

优良品种、无土栽培、组织培养、节水灌溉、容器育苗等新技术；省级星火技术密集区建设二期建设任务中，至2007年密集区共实施科技项目20项，其中结转14项，新上6项，已有16项完成计划。其中，冬小麦、玉米新品种引进示范，美国大樱桃丰产栽培示范，银杏良种引育栽培示范，航天蔬菜日光温室栽培，美国肉鸽良种繁殖场建设等项目科技含量高、效果十分显著。在密集区和示范园区的带动下，全区每乡、镇至少建立了1个科技示范场。全区以苹果、葡萄、花椒为主的林果基地，反季节日光温室建设为主的蔬菜基地，引进农业新技术、农作物新品种15项，推广适用技术成果6项，全区农作物优良品种覆盖率达到98%以上。

二、工业科技

为增强市场竞争能力，全区开展以企业为主体的技术创新体系和社会化服务体系建设。45个区属工业企业和骨干乡镇企业中，已建立技术开发机构的有43个，有30家企业和省内外科研单位、大专院校、大中型企业建立可靠的技术合作及依托关系。同时，区成立科技顾问团、人才交流中心、人才培训中心、科技信息服务中心和项目办公室，在各主要经济部门都建立有技术股室和开发服务机构。全区工业企业先后开发出YU-MC2000型新一代锻压机械剪折设备计算机数控系统、高效可调温气化节柴炉、太阳能热水器及自动上水装置、秸秆气化炉、葛藤纤维、水煮鬃、净水炭、浓缩果汁、脱水山野菜等新产品10项，新产品销售收入占到工业销售收入的15%。

天水星火机床有限责任公司、天水风动机械有限公司、天水锻压机床有限公司等，是天水装备制造业的领军企业。天水星火机床有限责任公司"SPARK"牌数控车床获全国名牌产品称号、国家级企业技术中心，甘肃省首批10户制造业信息化示范企业、技术创新示范企业、甘肃省"高新技术企业"。天水风动机械有限公司先后开发20多种新产品，完成10余项四新技术应用成果。2001年后，企业投资130万元建成CAD/CAM/CAPP项目，使研制产品的速度同比提高60%。随着甘肃省凿岩机械工程技术中心落户企业，有13项新产品通过鉴定，1项获国家专利，2项填补国内空白，多项新产品获省、市科技进步奖，5种产品通过煤矿安全标志认证，部分新产品进入研发设计程序。天水锻压机床有限公司在大口径直缝埋弧焊管和螺旋焊管成套设备的开发研制上加大科研力度，取得非凡成果，相继研制成功探伤机、铣边机、预弯机、成型机、合缝机、内外焊机、钢管扩径机、水压试验机和螺旋焊端头扩径机等高新技术产品。

第五节 科技队伍

一、专业技术人员队伍

2007年，全区仅区属部门取得任职资格的专业技术人员7278人，其中高级职称189人，中级职称1926人，初级职称5163人。总人数中除去教育和卫生系统人员外，其余服务于科技界的943人，其中农业系统252人，林业系统115人，水利系统108人，文化系统69人，建设系统68人，其他331人。另外还有1336

名农民技术员在通过专业考核后,评定了技术职称。

二、科技管理

区人民政府每年与区直相关部门和各乡、镇、街道签订科教兴区目标责任书,建立和落实科技进步责任制,实行定性定量考核。区委、区人民政府先后制定《关于科教兴区的决定》《关于加快实施科教兴区战略的有关规定》《关于大力开展企业技术创新的实施意见》《关于科技特派员若干优惠政策的暂行规定》《关于鼓励科技人员承包租赁企业和科技推广项目的规定》《关于加强农业技术干部管理的暂行规定》《建立领导干部联系专家制度和提高高层次人才工作生活待遇及奖励意见》《“十一五”科技发展规划》等,推动科技进步和加强人才队伍建设。2004–2007年,先后聘任三批共346人(次)科技特派员,分别被选派到全区18个乡、镇和街道的145个村、42个龙头企业和示范点开展科技服务。2000年后,先后两次荣获“全国科技进步先进县区”称号。

第三章　文　化

第一节　文艺活动

一、戏曲

戏曲是境内传统艺术之一,表演形式载歌载舞,有说有唱,有文有武,集“唱、念、做、打”于一体。1985年,在今伯阳镇南集村出土的北宋墓葬彩绘戏曲雕砖,展示出传统戏曲演出的繁华场面,具有重要的历史、戏曲研究价值。境内现今戏曲以流行于西北的秦腔为主。秦腔称西路秦腔(又叫西府秦腔、西路梆子)。农闲时节,几件简单的锣鼓板胡乐器铿锵响起,秦腔爱好者一展声嗓,高亢的唱腔响遏行云,尽显秦腔的魅力。

1985年,境内专业秦腔演出单位有区秦剧团。至1990年,全团47人,其中演员29人。业余剧团主要有中滩镇张白村、石佛乡中石村、渭南镇刘家庄、伯阳镇虎头村和兴仁村、社棠镇下曲村、麦积镇红崖村、甘泉镇屈坪村、马跑泉镇大柳树村、三岔乡关庄村和东岔镇交川村等剧团,均为区文化局确认可进行营业演出的半职业性剧团。2001年,区文化馆为丰富群众文化活动,筹办秦腔自乐班,每周六晚演出1场,全年共演出20场,参加演唱者395人次。同年,区文化馆还举办“建秦杯”业余秦腔大奖赛，参赛选手多数来自区内各乡、镇，部分来自秦安、秦州、张家川等县区。大奖赛历时5天，比赛3轮，最后李银海(时84岁)获特别奖，李秀英、胡保全、刘爱丽、阮庆红等5人获一等奖，总共37人获得各种奖项。2001年，区文化馆成立业余秦腔演唱团，吸收演员37名，演奏员10名，聘请9名秦腔老艺人担任辅导员，每周日晚进行辅导。

二、社火

社火是境内传统文化的一部分，起源于上古祭祀活动，是民间庆祝春节的主要娱乐形式。社火崇尚民风民情，舞、扭、唱、说、做一起，顺从自然，不刻意编排，不强求文雅，通俗地表情达意，自由地唱念做打。表演追求大众化、平民化，老少皆宜，雅俗共赏，内涵丰富而意趣简洁。每年正月，在乡村集镇和一些人口集中的地方，都举办大型社火会演，且有固定活动日期，以街亭村（正月初九日）、卦台山（正月十五日）、甘泉镇（正月十五日）、马跑泉镇（正月十五日）、演营寺（正月十六日）等集镇及甘泉镇谢家崖（正月十三日）、甘泉镇屈坪村（正月十六日）等乡村规模最大。大多村镇有正月十五闹元宵的习俗，家家门前挂红灯。社火按表演时间，可分为白社火和夜社火（俗称“夜烟歌”）。白天表演者称白社火，节目有马社火（又称马秧歌）、踩高跷、高抬、平抬、转台、“石山”、杠老爷、划旱船、舞龙、舞狮、大脑壳、秧歌、舞蹈、彩车等。马秧歌多取材于古典神话传说、古典戏剧等，按故事情节将演员化妆并穿上戏剧服装扮演戏剧人物形象，骑在骡马身上，一人一骑，手持特定人物器具或兵器，做出一种固定的姿势，依序排列饰演一个或多个故事。人们从表演者的脸谱和手持器物上便可分辨出节目内容。晚上表演者为夜社火，节目有划旱船、耍狮子、舞龙灯，尽情欢乐到深夜。

1985年设区后，区人民政府每年正月十五日元宵节，在城区组织大型社火表演，驻区部、省、市、区属单位及部队和来自甘泉、马跑泉、社棠、花牛镇、伯阳等镇的社火表演队参加，年演出人数三四千人，观众每年10万以上，盛况空前。20世纪90年代，城区北道埠社火会演日渐固定为正月十三日，每年春节正月十三日在天水火车站南一马路一带举行演出。在各乡镇社火中，尤以甘泉镇石家沟、屈坪、西枝、峡门、谢家崖、甘泉等村的制作技艺最受观众赏识。石家沟村制作的《化蝶》、屈坪村制作的《盗仙草》等高抬惊险悬妙，令人叹为观止。20世纪90年代后，由于农村大牲畜减少和装饰方式的改进，社火表演中传统的人力高抬、马社火渐淘汰，代之以拖拉机、三轮车、汽车作为运输工具。大都是先用铁芯子在车上搭成亭台、楼阁架子，然后用彩纸、花布、花束、丝穗等精心装饰高抬、平抬、转抬及“石山”。高抬、转抬、平抬演员可多可少。内容均以传统历史剧为主，也有现代剧情节。花车前后，各街道以及临近乡村的社火表演队、高跷、舞龙、舞狮等伴随演出。1990 年，还举办“骏马迎春”灯会，展出花灯 500 余盏，观众 3 万多人次，成为春节文化活动的特色节目。2000 年后，出现一些反映地方特色文化、民俗和社会新风尚为题材的社火节目。2006 年 6 月，包括麦积社火在内的天水民间社火被列入天水市第一批市级文化遗产名录。

三、歌舞

夜秧歌　每年春节演出，为乡村春节社火的主要表演形式。演出多在晚上，由数名男、女演员和 1 名“妖婆”、1 名引伞人组成，穿简单演出服装。演出时主要是旋场舞步，由引伞人前导，表演旋蜗牛、绕八字、四角、剪子扣、拧麻花、开四门、太子游四门、二龙戏珠等形式。其舞步男演员一般随意走动，女演员左手执灯笼，右手挥扇子，踏十字步。引伞人手执纸制宝盖伞（伞柄下挂一小灯笼）旋场，引导变换队形。旋场舞步时，伴有鼓、钹、锣等乐器，并边舞边唱。均用本地方言，道白中俗话俚语较多。唱时可由场外人帮腔，形成大合唱场面。由于简便易行，舞步随意，大多数人一学即会，故成为境内农村，特别是中、东部很普及的春节娱乐活动。目前，夜秧歌演出基本在农村，城区很少。

狮子舞　俗称要狮子，是春节社火的重要组成部分，在城乡颇普及。狮头用竹棍缚成骨架，再用纸糊成，狮身用麻袋之类，上缀彩染的麻丝为狮毛。表演时 1 人顶狮头，1 人撑狮股，另有人扮武生相，手执绣球前导（俗叫引狮子），时而戏打狮子，与狮争斗。狮子表演形式和动作颇多，最普通的有跳、跑、越障碍、翻桌子、滚绣球，以至上杆。要狮子在农村除娱乐外，老一代人还认为有“驱逐邪恶，祈保吉祥”之意，故要至庭堂时要“烧香化马”。

龙舞　俗称要龙灯。一般在春节、元宵节演出，是仅限于集镇和少数大村流行的娱乐形式。龙头用竹和纸扎成，龙身用布做成，长 10 ~ 20 米，上饰鳞甲图案，每隔二三米做一有木棍状长柄，作为操持者支撑拖手。起舞时，由 10 余人持撑，随鼓乐伴奏，按事先练好的舞步，做龙腾动作，上下起伏，左右盘旋，来回翻转，通过人体的运动和姿势的变化完成“龙”的游、穿、腾、跃、翻、滚、戏、缠、组图造型等动作和套路，充分展示龙的精、气、神、韵，往往由此形成社火高潮。

师公舞　俗称跳神，是一种祭祀性舞蹈活动。流行于乡村，常见于取雨、祭神、祭庄等迷信活动。参与人数七八人至 10 余人不等。活动形式有迎喜神、跳神

等,以迎喜神为舞蹈活动的主要场面。其时师公手执用铁圈做框的圆形羊皮鼓,或双腿屈膝,或双脚跳跃,或1人舞蹈,或双人同舞,或分两组集体舞蹈。迎喜神过程,还有1~2人扮花脸,头戴五佛冠,身穿道衣,手执麻鞭(称"武道"),参与舞蹈。其余参加者服饰不限,一般为平时穿着,或仅着蓝衫。

四、灯谜

境内灯谜是写在彩灯上面的谜语,来源于中国民间口谜,后经文人加工成为谜语。1999年正月十三日,区文化馆举办全区第一次灯谜晚会,以后每年正月十三至十五日连续举办。年制作千条左右谜面,城乡群众踊跃参与。谜底涉及历史地理俗语、体育项目、书刊名称、电视剧名、文学常识等多方面内容,融知识性、趣味性、艺术性为一体,让人们在启迪智慧、丰富知识的同时,赏心悦目地度过一节日。

2003年,东风农机厂捐资举办"天盼杯"灯谜晚会,出谜面800余条,参加观众1万余人。2004年2月2日,举办"羲里之光"迎春灯谜晚会,制作谜面1000多条,参加观众1.5万人。2005年1月21–23日,举办"金鸡迎春"灯谜晚会,制作谜面600多条,参加观众1万余人。2007年3月2–4日,举办"迎新春灯谜晚会",制作谜面1300条,活动3天,参与群众1.4万人次。

五、庙会

庙会,又称"庙市"或"节场",是古老的传统民俗文化活动,一般在春节、元宵节、寺庙的节日或其他规定的日期举行。庙会的形成与发展和宗教活动有关,多设在庙内或附近,主要内容有祭神、娱乐和购物。随着时代的发展,2000年后的庙会,已成为集旅游观光、休闲娱乐、购物餐饮为一体的活动。区内寺庙众多,主要有农历正月初九日崇福寺"上九"会、正月十五日卦台山庙会、三月初三日导流山和云雾山庙会、三月十六日金龙山庙会、三月二十八日凤凰山和泰山庙庙会、四月一日石门山庙会、四月八日麦积山庙会等。

第二节 广播影视

一、广播 1985年县改区后,原天水县广播站改名为北道区广播站。是年,在广播电视楼建成2座50瓦调频广播转播台,全区乡、镇均使用无线电广播信号。1990年,全区有广播放大站22个,广播线路600多公里,安装各类喇叭2.69万只。驻区中央、省、市企业单位有广播室20个,能接收中央、省、市转播节目,部分农村建有广播室,为群众播放节目。1995年,成立区新闻工作站。

广播宣传分中央、省台必转节目和自办节目两部分。转播节目有中央人民广播电台的《新闻报摘》《新闻联播》，甘肃人民广播电台的《甘肃新闻》《金色田野》《音乐星空》《健康伴你行》等，均为有线广播每天必转节目。转播每天3小时25分钟，星期日1小时。自办节目有新闻、文艺、知识、教育和服务等节目。其中新闻节目每天播出30分钟，“对农村广播” 每天播出30分钟，“法制园地”“人口与计划生育”“卫生与健康”“理论学习”每天分别播出20分钟，“为您服务”每天播出30分钟，“本站文艺”60分钟。全天播音3次，共播出时间5小时50分钟。至2007年，区广播站已发展成设备齐全，拥有专业采编、播放队伍的规范化广播转播制作播出机构，设有编辑部、记者部、节目制作部、播控部、经济部、办公室6个部门，站长1名，副站长2名，记者9名，播音员6名，编辑2名，广播节目制作6名，文艺编辑2名，机房值班人员4名，办公室值班人员2名，共开办8个栏目。

二、电影　1985年，城区有电影院1个，影剧院2个，元龙、新阳两乡将政府礼堂改设为电影院。1990年，全区农村有放映队76个，放映员158名。其后，随着电视的全面覆盖，农村电影放映走向低谷，主要在春节或庙会时放映，平时很少。

1996年，天水市电影发行放映公司北道区电影管理站划归区管。2003年，城区唯一的电影院——东方红电影院因拓宽道路被拆除。位于陇昌路西的人民影剧院因安全问题停止营业，建于桥南分路口东的马跑泉影剧院则因入不敷出而停止，后被拆除。

2007年，区图书馆利用馆藏100部爱国主义影片，选定公众喜欢的专题，公益播放，全年播放36场次，观众1800多人次。每周末及节假日还免费播放视频讲座，全年公益播放51场次，观众2060人。

三、电视　境内电视兴起于20世纪70年代后期。1977年，由驻北道的中央、省、地20多个单位集资3.5万元，在马跑泉镇何家山建成电视差转台，接受市发7频道，发射12频道，转播中央电视台节目，覆盖城区和马跑泉、二十里铺等地。1999年，国家为解决农村部分边远贫困地区无法收视中央和省广播电视节目的困难，实施“村村通”工程。其后两三年间，区内共建成98个点，其中“2+1”设备68套（直播设备2套），“8+1”有线小前端30套。共耗资97.9万元，其中省补助、市补助、区财政配套资金、乡镇筹集各17.8万元，村筹集26.7万元。解决全区农村129个盲点村3.57万户、16.11万人多年听不到广播、看不上电视的问题，全区广播电视综合覆盖率由此前的73%提高到96%以上。2005年，区内又实施自然村“村村通”广播电视工程,建设方式均属光纤延伸,完成甘泉镇的陈家河、阳湾村、桂家庄、彭家庄4个自然村建设任务,共设光纤8千米,覆盖农户320户、1478人,均能够收到包括中央16套节目在内的49套电视节目,与城区所收节目套数相同。

2007年,何家山插转台列入农村中央广播电视节目无线覆盖工程项目,广播信号共覆盖城区及13乡、镇48万人,电视信号覆盖5乡、镇25万人。

四、录像 1985年,全区有15家批准的营业性录像放映单位,10家个体放映场所,45家机关、企业单位内部放映点,1家发行录像带经营店。1986年,录像带由省广播电视厅、区文化局音像管理科核准放卡。1990年,全区有录像放映点7家,内部教育录像放映点32家。2000年,由于电子产品的快速发展,VCD逐步代替录像,境内录像放映逐步减少。2007年,网络及模拟数字电子产品的普及,境内录像放映消失。

第三节 文化创作

一、著作 1985年后,文化创作由专业队伍向业余队伍发展,创作内容由诗歌等文学作品向医疗、教育、农业、工业等各个领域扩展,内容日渐丰富。

二、书画 境内书画底蕴深厚,书画家人才辈出,城乡书画协会众多,文化活动开展丰富多彩。1991年始,区文化馆多次举办国内书画名家邀请展、当地名家个人书画展、特色民间艺术展等。至2007年,共举办50多次,展出作品题材多样,风格迥异,艺术创作成果斐然。2003年11月22–28日,在上海浦东新区第二图书馆举办北道区“麦积情韵”赴沪书画展。展出书画作品120幅,摄影作品65幅,观众1.1万人次,展览赢得上海诸多领导、专家和市民的好评。2004年10月22日,在北京举办“羲皇故里”风情艺术展,展出书画作品80多幅,香柏根雕40多件,陶艺、雕塑90多件,摄影50多幅,皮影150件。整个展览反映境内书画家、艺术家的精湛技艺和聪慧天赋。《中国文化报》《中国书画报》《北京日报》《北京晚报》《美术》和中国美术家协会网、人民网、中国西部文化网等多家报刊、杂志、网站作了相关报道。

文化馆历年举办书画展览:1991年举办4次,展出作品313余幅,展期34天,观众5500余人次。1994年举办4次,展出作品480余幅,展期30天,观众

1985–2007年麦积区出版著作一览

书名	作者	出版社	出版年份
《麦积山石窟雕塑》	麦积山艺术研究会	人民美术出版社	1988
《秦州八景诗录》	田润	内部铅印	1988
《二十四史名人传记精粹》	王炳元	中国和平出版社	1989
《历史人物廉政传记》	王炳元	中国社会出版社	1990
《石窟艺术》	麦积山石窟艺术研究所	陕西人民出版社	1990
《诗经译注(国风部分)》	李子伟	兰州大学出版社	1992
《坎途》	马正荣	新疆青少年出版社	1993
《陇上画师张维垣》	李子伟、刘志伟	兰州大学出版社	1994
《医林之星》	李文通等	中国国际广播出版社	1994
《中西医结合治疗腰腿痛》	余元泰等	中国科技出版社	1995
《正史百案》	王炳元	甘肃文化出版社	1996
《中国石窟天水麦积山》	麦积山石窟艺术研究所	文物出版社	1998
《陇右文化》	李子伟	辽宁教育出版社	1998
《实用心向量图图谱》	蒲朝晖(副主编)	甘肃民族出版社	1999
《伤逝集》	毛晓春	中国戏剧出版社	2000
《秦州风情》	李子伟	甘肃人民出版社	2000
《守望者》	唐宏	兰州大学出版社	2000
《北道景点简介》	石胜利、石廷秀等	内部铅印	2000
《龙园》	天水经济技术开发区管委会	内部铅印	2000
《天水石门山》	朱乃莹	内部铅印	2002
《天水民俗录》	李子伟	香港飞天文化出版社	2003
《论古吟今》	马汉江	天马图书有限公司	2003
《陇山小草》	石廷秀	天马图书有限公司	2003
《卦台山诗词楹联选》	卢浩若	内部铅印	2003
《清平斋吟稿》	王柄	作家出版社	2004
《麦积情——羲皇故里麦积区风情艺术精品集》	田德海	中国文联出版社	2004
《屈德洲书画集》	屈德洲	天马图书有限公司	2004
《走进纯洁》	董春娥	中国文联出版社	2004
《小陇山人吟稿》	奚沛	作家出版社	2005
《麦积山石窟研究论文集》	麦积山石窟艺术研究所	甘肃人民出版社	2006
《埂边草》	安文涛	甘肃文化出版社	2006

5000余人次。1995年举办4次,展品308幅,展期32天,观众5400余人次。其中春节举办书画展销, 8月配合天水铁路修制厂、道北街道办事处举办爱国主义教育书画展, 12月举办1996年元旦书画展。1996年举办5期,展品450幅,展期35天,观众5000人次。1999年举办6次,展品400余幅,展期累计30天,观众4000多人次。其中4月举办田自强个人书画展,6月在天水市群艺馆举办伏羲文化节北道区书画调展,7月举办赵连顺、王海成、侯岩3人油画展,9月举办北道区人民政府迎接建国五十周年书画展,10月举办北道区庆祝建国五十周年书画展,12月举办省书协会员霍仲吉个人画展。2000年举办8期, 展品617件, 展期累计60天,接待观众1.34万人次。其中元月先后举办霍仲吉、武山县政协主席宋晖个人书法作品展;同月举办石万龄等3人迎春书画展。5月举办庆五一北道书画展。9月协助区教育局举办庆祝教师节区教育系统书画展。10月主办郑荣祖、杨义仁书画作品联展。同月,举办北道区庆国庆画展。12月举办天水市书画精品巡回展。2003年举办10次,展出作品1100余幅(件),展期66天,观众6万多人次。2004年共办7次,展期34天,展品1477件(幅),参展作者1300人次,观众1.83万人次。2007年共办6次,展期23天,展品424件(幅),观众4.08万人次。

三、摄影 20世纪80年代,随着社会的发展,境内开始拍摄彩色照片。1986年,西北地矿局二一三大队在商贸市场文化街开设天水彩色扩印部,购进法国扩印机,从事摄影、扩印、销售及修理业务。1987年,马跑泉三十甸子村购进日本扩印机,在一马路(今陇昌路)开设北道区彩色扩印部。20世纪90年代,城乡摄影爱好者人数较多,配有专业照相机,参加省市区各级展览,并有部分好作品获奖。数字技术的进步使得数码成像的效果和质量日臻完善, 电子数码产品因其便捷和低成本的优势日益挤占传统胶片市场。2000年后,境内传统胶片使用减少,逐渐普及数码相机,摄影进入电子时代。

四、根雕 境内根雕是利用从山林深处搜集来的树根、竹棍、藤条、枯木等,经选材、构思、定位、刮垢、磨光等10多道工序雕制出造型各异的艺术品。20世纪80年代,根雕爱好者渐多,此后根雕艺术得到较快发展。制作时,多依材质的自然形状、天然纹理与天然本色创作,以展现根木自身的艺术魅力。在众多材质的根雕作品中,尤以香柏为佳。香柏又名香扁柏,油性较大,耐腐性较强,木质坚硬,叩之铿锵有声,色泽红润,愈枯愈红,香气清远,弥久不散,且虬枝盘旋曲屈,纹理气韵贯通,形貌高古离奇。

境内所创根雕作品，风格独特，类别丰富多样，既有实用型的落地盆景架、桌面盆景架及台灯、笔筒、笔挂之类工艺用品，又有形态各异的观赏艺术品，如人物、禽兽等的抽象、具体造型。许多根雕作品曾在全国性的艺术博览会上获奖或被《花木盆景》等许多国家级及省、市级报刊予以介绍评价。

五、雕塑 境内雕塑艺术历史悠久，古代无数能工巧匠和民间艺人在寺观庙宇中留下了大量雕塑造像作品。

1985年后，一些专业雕塑人员和民间雕塑艺术家传承、弘扬雕塑艺术，研究、开发、创作出一大批雕塑作品，主要有麦积山植物园的《神农尝百草》《天女散花》雕塑，放马滩森林公园的《八骏神游》雕塑、汉白玉石雕马，龙园的铜龙马、艾叶青石雕龙兽、龙头石牌坊、汉白玉华表、汉白玉龙柱及19尊天水籍历代名人铜像、仿古一条街的汉白玉三阳开泰石雕，青牛园的铁铸青牛、甘泉镇的杜甫雕像及卦台山和区内各道观、寺庙、石窟的人物雕像等。所作形神兼备，技艺娴熟，成为本地一道靓丽风景。

天水汉唐麦积山艺术陶瓷有限公司，是专门开发生产雕塑工艺美术品的企业。起初复制麦积山石窟雕塑精品，其后衍生成为专门从事麦积山、大地湾等泥塑、彩陶复制品的专业公司，开发生产出17种麦积山石窟雕塑系列陶制品（简称陶塑）。陶塑产品与麦积山石窟原塑像气韵如一，再现麦积山石窟雕塑精品的神韵，深受游客青睐。2001年在第四届北京国际艺术博览会上，公司生产的《东方微笑》《小沙弥》陶塑产品荣获三等奖，其中《小沙弥》被组委会收藏。2006年，公司被文化部命名为全国第二批国家文化产业示范基地 。

六、风筝 境内放风筝流行已久，过去是爱好者或小孩在清明节前后施放。多为自制，用竹棍扎架，以纸糊面，形状有飞鸟形、八卦形、人物形等。1989–1990年，区人民政府连续举办风筝大奖赛，参赛作品300多件。1990年还组队参加在江苏南通举办的“紫琅杯”全国风筝邀请赛，天水拖拉机厂退休职工余白银（今中滩镇余家峡人）所制风筝多次参加国际、国内各项比赛，多次获奖。本人获得甘肃省农村实用文化人才副高级职称，成为麦积风筝制作技艺的传承人。现今风筝比较普及，每年春天，到处都能看到高空飘扬的风筝，有一些老人在天气晴好的日子，全年都放风筝。

第四节　文化辑存

一、图书

区图书馆　1985年,区图书馆属国家二级图书馆。2007年馆舍面积1500平方米,有藏书11.6万册(件),其中图书9.01万册,古籍2452册,视听文献821件,地方文献816册。藏书基本能满足区内群众阅读需求。藏书中《明实录》《永乐大典》《佩文韵府》《册府元龟》《太平御览》《甘肃通志》等均为镇馆文籍。

区图书馆主要藏书一览

类　名	藏书概况
马克思列宁主义、毛泽东思想、邓小平理论	马克思、恩格斯全集、选集基本齐全,列宁、毛泽东著作有一部分。《毛泽东墨迹大字典》《资本论》《毛泽东著作大辞典》《毛泽东诗词大辞典》《毛泽东大辞典》《资本论辞典》《毛泽东思想辞典》《邓小平理论研究文库》等。
政　治	孙中山、周恩来、邓小平、陈云等党和国家领导人选集、文集有一部分。《人民日报社论选辑(1945年至1949年、1958年、1974年)》《中华人民共和国行政区划简册(1957年至1979年)》《中国国情大辞典》《中国精神文明建设年鉴》等。
语言文字	《钜宋广韵》《集韵》《经典释文》《中华大字典》《康熙字典》《骈字类编》《辞源》等,《甲骨文选读》《甲骨文合集》《中国书法大字典》《实用名言大辞典》《语言大典》《汉语大词典》《蒙学全书》等。
文　学	文学类以1976年后出版、重印的小说为主,并对鲁迅、矛盾、巴金、郭沫若、老舍等名作家著作收藏较多,另有《全唐文》《全唐诗》《全宋诗》《全宋词》《金元散曲》《元曲鉴赏辞典》《唐宋词鉴赏辞典》《中国古代山水鉴赏词典》《词律》《中国古代小说艺术鉴赏词典》《古代散文鉴赏辞典》《现代散文鉴赏词典》《红楼梦辞典》《寓言鉴赏辞典》《鲁迅名作鉴赏辞典》《老舍文集》《郭沫若全集》《诗词名词辞典》《中国历代诗歌名篇鉴赏辞典》《盛明杂剧》等。

续表

类 名	藏 书 概 况
历 史	《二十四史》《二十五史》《明实录》《资治通鉴》《续资治通鉴》《资治通鉴长编》《续资治通鉴长编》《通志》《续通志》《元典章》《清朝文献通考》《清实录藏族史料》《光绪顺天府志》《水经注校》《中国古代货币通考》《中国历史地图集》《世界地名录》《全国乡镇地名录》《康熙起居注》《光绪朝东华录》《三朝北盟会编》《清代碑传全集》《中国革命人物大辞典》《中国古明器陶俑图录》《甲骨文简明词典》《中国近现代词典》《中华人民共和国史辞典》《中华人民共和国大典》《共和国历程》《中华人民共和国实录》《中华人民共和国大事典》等
类 书	《永乐大典》《艺文类聚》《佩文韵府》《渊鉴类函》《初学记》《玉海》《册府元龟》《太平御览》等。
百科全书	《中国大百科全书(第一版)》《中国大百科全书(第二版)》《简明不列颠百科全书》《中国百科年鉴》《企业管理百科全书》《百子全书》《四库全书》《威尼斯之最大全》《简明中国百科全书》等。
百科词典	《辞海》《全国总书目》《中国善本书提要》《十三经索引》《世界大事典》《春秋经传引得》《礼记引得》《中国丛书综录》《格致镜原》《百科用语分类大辞典》《实用交际大全》《中国百科大辞典》《简明中国古籍辞典》《中国辞书辞典》《中国县镇年鉴》《天中记》《中国国家书目》《英汉辞海》《古籍目录》等。

乡、镇图书室　1989年,各乡、镇均建起文化站(中心)图书室,开展借书阅览活动。计有藏书1.73万册,图书室面积780平方米,图书管理员24人(兼职)。2005年,省、市在区内开展农家书屋工程建设试点,在花牛镇高家湾村首先建起第一家农村书屋并投入使用。至2007年,又先后在中滩镇后川村、花牛镇安坪村、新阳镇胡大村、中滩镇张白村建起4个农家书屋,建筑面积170平方米。图书室及农家书屋已成为当地群众科技致富的帮手,农闲时"充电"、娱乐的场所。

机关单位图书室　学校图书室(馆)起始较早,1985年后陆续扩大。至2007年,区内有中、小学图书室(馆)108个,书库、阅览室7217平方米,藏书114.7万册,电子文献9410件,图书管理员130人。藏书万册以上的学校有市第二中学图书馆、甘泉中心学校图书室、渭南中心学校图书室、道南小学图书室、新阳中学图书室、区委党校图书资料室、区职教中心图书馆等;工会图书馆(室)22个,藏书以文学类、历史地理类为主,兼有文化、教育、工业技术等类,计9.2万册,书库、阅览室1.55万平方米,座位1265个。其中天水锻压机床厂工会图书室、天水星火机床厂图书室藏书量达万册以上;机关团体图书馆(室)8个,书库、阅览室291

平方米,藏书3.9万册,座位150个,固定读者730人,图书管理员8人。主要有麦积山石窟艺术研究所资料室、区公安分局图书室、区委宣传部资料室等。

二、档案

1985年,原县档案馆改名区档案馆,与档案局合署办公。1990年档案楼建成,档案库房由旧楼移入新楼。时档案馆馆藏档案有77个卷宗、3.76万卷,其中民国天水县档案1457卷,共和国成立后档案2.9万卷,各类专业档案7217卷,各类资料653种、3976卷(册),总计收藏档案、资料4.16万卷(册)。另有录音、录像档案56盒,照片资料196张。

2007年,区档案馆利用现行文件阅览中心向社会全面开放所有馆藏档案。先后接待查阅者300多人(次),查阅利用现行文件500多份。

三、地方文献

区内地方文献包括地方史料、地方志、地方出版物3个方面。作为"地情书",具有资政、教化、存史等作用。1988年,区图书馆开始地方文献的收藏。至2007年,区图书馆地方文献室收藏地方图书280种、816册,地方政府简报及地方文化出版物期刊7种、11册,地方报纸3种、17册。

1985–2007年地方文献一览

书名	作者	出版、印刷	年份
《陇原星火》	天水县委党史资料征集办公室	内部铅印	1985
《天水县中学乡土教材》上、下册	天水县教育局教研室	内部油印	1985
《天水县综合农业规划》	天水县农业区划办公室	内部油印	1985
《甘肃省天水市北道区广播电视志》	天水市北道区广播电视局	内部油印	1986
《天水市北道区民间故事》上、下集	区民间文学三套集成编辑部	内部油印	1989
《天水市北道区民间谚语集》	区民间文学三套集成编辑部	内部油印	1989
《天水市北道区民间歌谣集》	区民间文学三套集成编辑部	内部油印	1989
《中国共产党甘肃省天水市北道区组织史资料(1927.2–1987.10)》	区委组织部、党史资料征集办公室、档案局	内部铅印	1989
《北道年鉴(1990)》	天水市北道区地方志办公室	内部铅印	1990

续表

书名	作者	出版、印刷	年份
《天水县图书馆志》	田德海	内部铅印	1990
《天水市北道区卫生志》	天水市北道区卫生局	甘肃省科学技术出版社	1994
《天水机务段志(1945–1995)》	赵长让、马汉江、张福平	内部铅印	1996
《北道区志》	天水市北道区地方志编纂委员会	甘肃文化出版社	1997
《卦台山》	天水市地方志办公室	内部铅印	2001
《麦积山石窟志》(新编)	张锦秀	甘肃人民出版社	2002
《小陇山林业志》	甘肃省小陇山林业局	内部铅印	2002
《天水民俗录》	李子伟、白永泉	香港飞天文化出版社	2003
《五十年光辉历程》	天水市北道区史志办公室	甘肃文化出版社	2003
《天水卷烟厂志》	天水卷烟厂	甘肃文化出版社	2003
《天水火车站志(1991–2001)》	王玉海、王振辉	内部铅印	2003
《龙山下的村庄》	刘长清	内部铅印	2004
《天水地方史略记》	潘守正	中国文史出版社	2005
《天水历代战事记》	潘守正	中国文史出版社	2005
《王氏族谱》	王启珍	内部铅印	2005
《天水社会史札记》	潘守正	中国文史出版社	2006
《天水史地考辨记》	潘守正	中国文史出版社	2007
《点注<天水县志>》	潘守正	内部铅印	2007
《麦积史话》	天水市麦积区史志办公室	甘肃文化出版社	2007
《神农山与神农文化》	王钰	中国文史出版社	2007
《中国共产党甘肃省天水市麦积区组织史资料(1987.11–2007.5)》	麦积区委组织部、史志办公室、档案局	内部铅印	2007

第五节 文物

境内文化遗产丰富，文化底蕴深厚，古文化遗址星罗棋布，出土文物数量众多。现有政府公布的各级各类文物保护单位 86 处，其中国家级 2 处，省级 5 处，区级 79 处。

区内主要文物保护单位一览

级别	名称	公布年份	类别	地址
国家级	麦积山石窟	1961	石窟寺及石刻	麦积镇麦积村
	仙人崖石窟	2006	石窟寺及石刻	麦积镇仙人崖
省级	卦台山遗址	2003	古遗址	渭南镇吴庄村
	柴家坪遗址	1981	古遗址	伯阳镇下坪村
	樊家城遗址	1981	古遗址	中滩镇雷王村
	马跑泉遗址	1981	古遗址	马跑泉镇什字坪村
	张罗遗址	1981	古遗址	花牛镇罗家沟村
区级	庙山遗址	1963	古遗址	社棠镇社棠村
	董家坪遗址	1963	古遗址	石佛乡董家河村
	蔡科顶遗址	1963	古遗址	元龙镇元龙村吴家崖自然村
	黄家咀遗址	1963	古遗址	社棠镇槐荫村黄家咀自然村
	汝季遗址	1963	古遗址	渭南镇汝季村
	二十里铺遗址	1963	古遗址	花牛镇二十里铺村
	张家村遗址	1963	古遗址	道北街道张家村
	放马滩墓群	1989	古墓葬	党川乡放马滩
	绵诸城址	1989	古遗址	社棠镇绵诸村
	罗家村遗址	1989	古遗址	琥珀乡罗家村
	窑上遗址	1989	古遗址	琥珀乡罗家村窑上自然村
	赵家崖遗址	1989	古遗址	中滩镇赵崖村
	西枝遗址	1989	古遗址	甘泉镇西枝村
	周家湾遗址	1989	古遗址	新阳镇周家湾村
	东柯草堂遗址	1989	古遗址	甘泉镇八槐村
	吴砦城遗址	1989	古遗址	三岔乡吴砦村
	石门山古建筑群	1982	古建筑	伯阳镇石门村
	双玉兰堂	1982	古建筑	甘泉镇玉兰村

续表

级别	名称	公布年份	类别	地址
区级	渗金寺	1982	古建筑	马跑泉镇东街
	石门山五阳观	1982	古建筑	伯阳镇石门村
	凤凰山东岳庙	1982	古建筑	新阳镇席寨村
	卦台山伏羲庙	1982	古建筑	渭南镇吴庄村
	庆寿寺文昌阁	1982	古建筑	新阳镇王家庄村
	观音山菩萨殿	1982	古建筑	东岔镇土桥村
	刘氏祠堂	1989	古建筑	伯阳镇兴仁村
	圆觉寺	1989	古建筑	伯阳镇巩坪村
	圣湫山慈恩寺	1989	古建筑	伯阳镇南河村刘沟自然村
	演营寺	1989	古建筑	中滩镇四合村
	崇福寺	1989	古建筑	麦积镇街亭村
	刚刹寺	1989	古建筑	马跑泉镇李家坪村
	蛟龙寺	1989	古建筑	马跑泉镇新胜村
	经圣寺	1989	古建筑	马跑泉镇慕滩村
	柏林寺	1989	古建筑	三岔乡太碌村
	兴国寺	1989	古建筑	元龙镇井儿村
	清池观	1989	古建筑	新阳镇胡大村
	五山庙	1989	古建筑	伯阳镇复兴村
	利桥城隍庙	1989	古建筑	利桥乡利桥村
	吴砦城隍庙	1989	古建筑	三岔乡吴砦村
	金龙山玉皇殿	1989	古建筑	东岔镇立远村
	风都庙	1997	古建筑	渭南镇王李村
	兴复寺	1997	古建筑	伯阳镇复兴村
	圣境寺	1997	古建筑	琥珀乡霍家川村
	碱峪寺	1997	古建筑	花牛镇董沟村
	龙槐寺	1997	古建筑	马跑泉镇龙槐村
	柳林寺	1997	古建筑	马跑泉镇大柳树村
	朝阳寺	1997	古建筑	甘泉镇朝阳村
	白衣庵	1997	古建筑	马跑泉镇石咀村
	柏林观	1997	古建筑	伯阳镇兴仁村
	七真观	1997	古建筑	伯阳镇韩河村

续表

级别	名称	公布年份	类别	地址
区级	宝池观	1997	古建筑	琥珀乡霍家沟村
	二郎庙	1997	古建筑	伯阳镇下河村
	田祖庙	1997	古建筑	伯阳镇西坪村
	九龙山龙王庙	1997	古建筑	中滩镇渠刘村
	碧莲洞石窟	1989	石窟寺及石刻	五龙乡石洞村
	石旗杆	1989	石窟寺及石刻	党川乡党川村
	罗汉崖摩崖造像	1989	石窟寺及石刻	麦积镇草滩村
	净土寺	1997	近现代重要史迹及代表性建筑	麦积镇后川村
	天柱山祖师殿	1997	近现代重要史迹及代表性建筑	元龙镇井儿村
	云雾山祖师殿	1997	近现代重要史迹及代表性建筑	甘泉镇云雾村
	北极观	1997	近现代重要史迹及代表性建筑	甘泉镇渭西村
	报恩寺	1989	近现代重要史迹及代表性建筑	石佛乡黄庄村
	茅庵寺	1989	近现代重要史迹及代表性建筑	石佛乡朱家河村东坡自然村
	石佛寺	1989	近现代重要史迹及代表性建筑	石佛乡石佛村
	保全寺	1989	近现代重要史迹及代表性建筑	石佛乡黄新村李家庙自然村
	早阳寺	1989	近现代重要史迹及代表性建筑	渭南镇青宁村
	凤山寺	1989	近现代重要史迹及代表性建筑	元龙镇关峡村
	槐荫寺	1989	近现代重要史迹及代表性建筑	社棠镇槐荫村
	导流山真武观	1989	近现代重要史迹及代表性建筑	石佛乡马家山村
	广应山元君庙	1989	近现代重要史迹及代表性建筑	渭南镇景湾村
	风静寺	1997	近现代重要史迹及代表性建筑	伯阳镇南集村
	护济寺	1997	近现代重要史迹及代表性建筑	石佛乡咀王村
	晚阳寺	1997	近现代重要史迹及代表性建筑	石佛乡陶家村张家寨自然村
	祗园寺	1997	近现代重要史迹及代表性建筑	元龙镇桑渠村
	永寿寺	1997	近现代重要史迹及代表性建筑	元龙镇底川村
	安怡寺	1997	近现代重要史迹及代表性建筑	元龙镇杜家坪村
	华藏寺	1997	近现代重要史迹及代表性建筑	社棠镇下曲村
	法云寺	1997	近现代重要史迹及代表性建筑	道北街道何家村
	弘法寺	1997	近现代重要史迹及代表性建筑	道北街道寨子村
	龙神寺	1997	近现代重要史迹及代表性建筑	道北街道吕家村

一、遗址

境内古代人类生产、生活等各种活动遗留下来的遗迹，包括居址、村址、宫殿址、城堡废墟、寺庙基址。渭河、葫芦河、耤河等流域已发现众多古文化遗址，其中仅已确定为省级文物保护的遗址就有5处。

樊家城遗址　省级文物保护单位，新石器时代仰韶、马家窑文化类型。樊家城又名番家城，在中滩镇雷王集、背湾两村以西，渭河与葫芦河交汇地带的二、三级台地上。保护范围东临断崖（崖下为雷王集村），西至山根约60米，南为张沟村，北至背湾村边断崖，保护面积1.2万平方米。遗址高出河床40米左右，文化层厚度0.5~2米，是一处很典型的原始公墓地和村落遗址。地表暴露文物丰富，断崖露有灰层、灰坑、红烧土等。曾采集到石斧、石刀、骨锥等生产工具和红陶片、彩陶片、夹砂陶片等，喇叭口尖底瓶、弧三角圆圈纹彩陶壶、网格漩涡纹彩陶壶是出土的最具代表性陶器。遗址内有遗存的城址断墙，高约3米、长约20米，夯土层厚度15厘米左右。遗址现为耕地，保护较好，唯东北两面因建设取土，毁坏较重。

柴家坪遗址　省级文物保护单位，新石器时代仰韶、马家窑、齐家文化类型。在伯阳镇下坪村东渭河沿第一台地上，渭河经其北转向东南而流，南部310国道通过，西为下坪村。保护范围东起渭河畔，西至山脚，南至断崖，北到渭河冲击断崖。遗址内地势平坦开阔，背风向阳，依山临水。南北长约650米，东西长约250米，总面积16万平方米。遗址高出河床约120米，古文化堆积厚度1~2.8米，为新石器时代原始公墓和村落遗址。遗址保护良好，遗迹遗物相当丰富，断崖和沟渠可见灰层、灰坑、白灰地面和红、灰陶片。从所获标本总观遗址的文化内涵，北部多属仰韶文化、马家窑文化遗物，南部除仰韶文化遗物外，多属齐家文化遗存。遗址出土代表性遗物有石刀、石斧、泥质橙黄陶罐、陶壶、夹砂红陶、灰陶片等。遗址出土的马家窑文化石岭下类型红陶人面像，距今约5700年，是罕见的原始雕塑艺术珍品。

马跑泉遗址　省级文物保护单位，新石器时代仰韶、齐家、周代文化类型，在马跑泉镇团庄村和什字坪村间第一台地上。保护范围东起永川河，西南至山脚，南到什字坪村，北到马跑泉街道。遗址背山临水，东西长约300米，南北宽约250米，总面积7.5万平方米。遗址高出河床约25米，文化层厚达0.5~3米。遗址地表遗物暴露极为丰富，采集到有石斧、石刀、石凿等，彩陶片泥质呈橙黄色，素陶片多为夹砂灰陶。彩陶纹饰有宽带纹、弧线三角纹、旋涡纹等，素陶片为绳纹、篮纹。从陶片可辨认的器形有泥质红陶罐、彩陶壶、盆、杯、高领折腹罐、单耳罐、碗等，出土的完整器物有周代夹砂灰陶鬲。

张罗遗址　省级文物保护单位，新石器时代仰韶、马家窑、齐家文化类型，在花牛镇罗家沟村北1000米的第二台地上。保护范围南依山麓，北傍水泥厂，东临罗家沟村道路，西为省建五公司家属区。遗址依山临水，地势开阔，东西长100米，南北宽150米，总面积1.5万平方米。遗址高出河床约22米，文化层厚达0.5～1米。遗址地表古文化遗存丰富，采集到有石斧、石刀等，农田中裸露大量彩陶片、灰陶片、夹砂陶片、地埂沟渠可见灰层、红烧土等。1964年曾试掘，出土有彩陶片，饰勾叶圆点纹、弧线三角纹、变体动物纹，从残陶片可认器形有彩陶壶、尖底瓶、盆、罐，多属仰韶文化庙底沟类型，出土石岭下类型彩陶罐1件。另外还有泥质和夹砂红陶片，饰绳纹、锥刺纹、附加堆纹，器形有高领双耳罐、鬲，属齐家文化遗存。

卦台山遗址　省级文物保护单位，新石器时代仰韶、马家窑、齐家文化类型。在渭南镇吴庄村西渭河高台地，渭水环流山下。出土遗物主要分布在渭河南岸的河边台地上，总面积约1万平方米，文化层厚20～50厘米。暴露有灰层、火烧土、白灰居住面、半地穴房址等。采集有仰韶文化红陶片和马家窑文化彩陶片，彩陶纹样为网格纹、旋涡纹等，器形有碗、瓶、盆，并有石斧、石刀、镞等。另有齐家文化夹砂、泥质红陶片，饰绳纹、附加堆纹，器形有碗、罐、鬲等。

汝季村遗址　县级文物保护单位，齐家、周代文化类型。在渭南镇汝季村东，分布于渭河南岸二层台地上，面积约4.5万平方米，文化层厚0.5～1米。遗址地表暴露有彩陶、灰陶、夹砂陶片，有灰坑、红烧土白灰面居址。采集有齐家文化泥质夹砂红陶片、饰绳纹、篮纹、刻画纹、附加堆纹，器形为罐、碗、杯、豆等。周代陶片多为夹砂、泥质灰、红陶，饰绳纹、弦纹，器形有矮裆鬲、豆、罐等。

董家坪遗址　县级文物保护单位，仰韶、齐家、周代文化类型。在石佛乡董家河村西，分布于渭河北岸第一台地上，面积约1.5万平方米，文化层厚0.5～1米。地表农田中裸露大量彩陶、灰陶、夹砂陶片，地埂沟渠暴露有灰坑、白灰面居址。采集的彩陶片纹饰有勾叶纹、弧形三角纹、圆点纹、带纹，属仰韶文化庙底沟类型，器形为盆、杯、罐等。另有齐家文化泥质红陶片和夹砂红褐陶片，饰绳纹、篮纹，器形有双大耳罐。周代陶片为夹砂、泥质灰陶，饰绳纹、弦纹，器形有鬲、罐等。

蔡科顶遗址　县级文物保护单位，仰韶、马家窑、齐家文化类型。在元龙镇元龙村吴家崖西，分布于渭河北岸第一台地上，面积约2.25万平方米，文化层厚0.1～0.5米。遗址地表文化遗存暴露丰富，有灰坑、红烧土、白灰面居址。采集有仰韶文化半坡类型陶片，多以泥质素面红陶为主，彩陶纹饰有宽带纹、平行条纹、三角纹、变体鱼纹，可辨器形有钵、深腹盆等。庙底沟类型陶片饰绳纹、带纹、附加堆纹，彩陶纹饰有圆点纹、平行条纹、弧边三角纹、变体鸟纹、勾叶纹、网纹等，器形有卷唇盆、罐、瓮等。代表性器物为石岭下类型夹砂红陶罐，完整，平唇、曲腹、平底，饰凹弦纹、锥刺纹。齐家文化陶片有泥质红、灰陶，饰绳纹、附加堆纹，器形有侈口双耳罐、碗、杯等。

二、墓葬

境内古墓葬较多，其中最有价值者当属放马滩秦汉墓、南集墓、什字坪墓、兴旺山墓、徐家湾墓等。

放马滩秦汉墓　在党川乡北部花庙河上源党川河源头放马滩，为战国晚期秦人墓葬遗址。1986年发现并挖掘。在编为1号的秦墓中，发现中国乃至世界上目前所知最早的木板地图。其墓坑长5米，宽、深各3米，墓口距地表1米。坑内填白膏泥，将棺椁封闭其中，并经夯实。随葬品33件，除毛笔、竹简置于棺内外，大部分器物置于棺与椁之间。

南集墓　1985年在伯阳镇南集村发现。从所出土墓券砖可知，其墓为北宋元符三年（1100年）建造。墓室为仿木结构拱形砖室墓，由于墓葬原貌已被破坏，仅征集到部分墓砖，砖质均为青灰色，其中有7块为彩绘戏曲雕砖。砖上刻有器乐伴奏、人物演唱、舞蹈等戏曲表演的图像内容，色彩艳丽，造型生动，展现北宋器乐舞蹈演出的繁华场面，具有重要的历史、艺术研究价值。

什字坪墓　在马跑泉镇什字坪村。1988年群众扫墓取土时发现。为北周墓，出土五铢钱、壁画等。

徐家湾墓　在甘泉镇朝阳村徐家湾。1987年农民耕地时发现，为宋代墓，保存完好，出土砖刻、铁钉、陶罐、瓷碗等。

兴旺山墓　在花牛镇兴旺山村。1972年修梯田时发现。碑文载为大观四年（1110年）。出土画像砖10块，有推磨、担水、堆米等图像。

三、古建筑

境内民居和寺院宫观中遗存有较多古建筑，既有北方建筑的宏伟气势，又有南方建筑的细腻秀丽，整体尽显独特的地方风格，是古代建筑中不可缺少的一部分。20世纪六七十年代大破“四旧”时，部分被拆毁，如卦台山伏羲庙等均毁于一旦，现存者多为八十年代后重建。但也有一些古建筑被保存下来，以麦积山瑞应寺、仙人崖、石门山、凤凰山东岳庙、庆寿寺文昌阁最著。

（一）瑞应寺　位于麦积山石窟南，寺院坐北面南，四合院形式。现存建筑为清嘉庆二十五年（1820年）重修。中轴线上前为山门，次为天王殿，后为大雄宝殿,左右为东西配殿。天王殿左右两侧隔偏门分别为钟鼓楼。寺内藏有碑刻、僧人墓塔及木刻造像、明代所铸铁钟等。山门为牌楼式单檐悬山顶,通面阔三间,进深两间。前后檐雕有斗拱18攒,灰板瓦覆面。天王殿在山门内北侧,坐北面南,单檐悬山顶,前出廊,面阔三间,进深两间。正面辟门,前后贯通,各有4扇格扇门。裙板上刻云纹、莲叶、龙纹等图案。廊前列檐柱4根,上置额枋,枋承坐斗,有柱头科斗拱4攒,平身科斗拱3攒。大雄宝殿在寺院中轴线北侧,坐北向南,单檐悬山顶,顶覆灰筒板瓦,正脊饰以花卉、龙形图案,两端及垂脊置有吻兽。面阔五间,进深三间,副阶廊,明间与两次间开门。檐柱上承斗拱7攒,两侧转角科斗拱2攒,中间柱头科斗拱4攒和平身科斗拱5攒,山墙内壁彩绘十佛八菩萨及诸罗汉壁画。

(二)仙人崖　全国重点文物保护单位,在麦积镇后川村。其地现存有大型石窟11个,摩崖小龛近千,佛、道、儒共同修建的殿宇27座,造像197尊。其石窟由南崖华严寺,东崖莲花寺,西崖灵应寺及玉皇峰、宝盖山、献珠山组成。南崖山形高耸,是最早开窟的地方。山崖顶端现存残龛内塑像与千佛龛均为北魏造像,故有千佛崖之称。崖壁正中有北周至隋之际造像,宋代重塑接引大佛及弟子像,造像神情肃穆慈祥,同时开凿的佛龛塑有佛及菩萨像。右侧崖壁长方形浅龛内彩绘密宗题材三世佛、度母、护法等,为元代所作,表明仙人崖此时已有密宗的信仰。山下为华严寺,依崖建有华严殿,硬山顶结构,内塑释迦牟尼佛、普贤菩萨、文殊菩萨等。千手千眼观音殿,硬山顶结构,内塑千手千眼观音、十八臂观音、六臂观音等。东崖莲花寺现有殿宇1座,洞窟4座。罗汉堂为东崖最重要的殿堂,建于明代,歇山顶殿堂式建筑。殿内正壁塑释迦牟尼佛、文殊、普贤及胁侍菩萨,左右两壁塑有十八罗汉像,为仙人崖明代造像佳品。

西崖灵应寺为石窟的精华所在,其山形为一天然石穴"有石如箕覆面前,梵宇皆在其下"之奇观景象。现有佛窟1个,殿宇12座,自西向东排列依次有三官殿、三教殿(三圣殿)、喇嘛佛殿(慈航殿)、地藏王菩萨殿、财神殿、老君殿(三清殿)、观音殿、文殊殿、大雄宝殿(释迦牟尼殿)、毗卢殿等。三官殿明代建筑,依山筑屋,悬山顶结构,内塑天、地、水三官及供养人。喇嘛佛殿为宋代建筑,单檐悬山顶楼阁式结构,内塑泗州大圣(僧伽大师,被称为观音大士化身)及弟子慧俨与木叉像,为北方石窟中现今仅见者。观音殿建于清代,单斗悬山顶式结构,内塑观音菩萨、骨魂大师等。大雄宝殿为西崖规模最大的佛殿,位居寺殿中央,据传唐代始建,现存建筑为明代重建,单檐悬山顶结构,庄重雄伟,内塑释迦、药师和弥陀三世佛,坐有文殊、普贤、胁侍菩萨,造像神态逼真。殿外两侧墙内有明永乐十四年

(1416年)《大明敕赐灵应寺记碑》和隆庆四年(1570年)《钦赐韩府官地碑》,体现明皇室对仙人崖佛事的重视。毗卢殿建于明代,依山筑建,为单檐悬山顶结构,内塑法身、应身、损身三佛,为明代塑像上乘之作。现保存的献珠山、宝盖山、卧佛洞、梯子洞、石莲洞、玉皇殿、无量殿、燃灯殿、磨针殿等佛道儒建筑,大都保存完整,风格典雅,是石窟古建筑群中的重要组成部分。

(三)石门山　县级文物保护单位,在伯阳镇与党川乡交界西秦岭的群山峻岭中。建筑群主要分布在南、北两主峰及山坳处,现存古建筑28座,大小道教造像62尊。清康熙二十七年(1688年)铁钟1口,明、清及民国时期碑刻4通。其建筑均为土木结构,多系明清时期创建,后代重新修缮或彩绘,大多保存完好。

南峰(玉灵峰)玉皇殿,明代始建,后代重修,平面近方形,土木结构硬山顶,殿前檐建有四柱式人字坡顶卷棚。殿内造像手法概括简练,衣纹明快,各具特色,富有个性。三官殿在南峰半山腰,明代始建,后代重修,平面长方形,硬山顶。殿内造像保存完整,神态生动。

聚仙桥飞架于南北两峰间,建于明代,原为木质过桥,后加固维修。桥基用石条砌成,呈拱形,上建卷棚顶式走廊1座,三开间。斗姆峰灵官殿,始建于明代,清代重修,平面近方形,四角挑檐八柱廊亭式结构,殿内造像雄健刚毅,神情和善。兴隆峰顶祖师殿,平面方形,重檐歇山顶,内八卦悬顶,外副阶周匝。殿内造像形态各异,每尊造像都具有鲜明的个性特征,为石门山明代造像的代表作。三仙庵,明代始建,清代重修,平面近方形,悬山顶。麒麟峰王母宫,明代始建,后代重修,八角重檐攒尖顶,造形得体,精巧优美,虽经多次维修,其原始风貌依存。此外还有斗姆峰财神殿、文昌宫、钟楼,兴隆峰赵公殿、三清殿,麒麟峰圣母殿、桃花庵,均为明、清建筑。

(四)凤凰山东岳庙　县级文物保护单位,在新阳镇南凤凰山山巅。自北魏以后,历代建有庙宇。元代建岱岳庙。明万历三十九年(1611年)重修东岳庙大殿时,又建玄月宫、广嗣宫。清末,庙毁于兵燹。20世纪40年代,在新阳镇人胡汝翼等倡导下,地方群众集资重建殿宇,自南向北依次建有戏楼、山门、配殿、大殿及厢房等。大殿坐北向南,硬山顶,抬梁式结构,五架梁前出廊,面阔三间,前接卷棚抱厦。配殿为硬山顶,三开间。

(五)庆寿寺文昌阁　县级文物保护单位,在新阳镇王家庄村北安林山城堡内。庆寿寺古建筑多已拆毁,唯存文昌阁。其阁始建于清乾隆初年,光绪二十三年(1897)毁于兵燹,光绪三十三年(1907年)乡人集资依样重建。为歇山顶三重檐楼阁式木构建筑,上覆灰瓦,四面各有明柱12根,通楹回廊,游人可登临远眺。建成后的文昌阁高瓴脊兽,牙檐高筑,造型玲珑精美,为境内楼阁中精品。

（六）崇福寺　县级文物保护单位,在麦积镇街亭村东观龙山(又称改龙山)。据寺内曾出土的建庙砖刻“大唐弘道元年秋七月吉日始建”可知,其寺建于唐代。清代重建后,规模宏大。上为杏林观,中为崇福寺,下为纪信祠(城隍庙)。20世纪70年代,主要建筑大部分拆除,用于修建学校,仅存纪信祠为清代建筑。其祠坐北向南,正殿五檩悬山顶,面阔三间,进深二间。前接五檩卷棚抱厦,面阔三间。

（七）街亭古镇　在麦积镇北,即今街亭村。古镇处西秦岭北麓观龙山下,东柯河上游南北支流交汇的三角洲上。清嘉庆十六年《重修崇福寺碑记》称:“街子镇者,秦汉之襟喉也。东界关陇,南连巴蜀,北抵上邽,西通羌氐。虽属我州偏隅,允推诸路要口。”出古镇沿渭水秦岭道向东可达宝鸡陈仓,南至汉中及四川。四通八达的地理条件和繁荣的商贸要道,奠定了其镇的基础。

街亭在唐代就有集镇形成,诗人杜甫流寓东柯谷时,曾在街亭集镇上不时来往。现存格局形成于明清,以观龙山下东城门为中轴线,用“十”字形主街将镇内分割,巷道林立,互相交错,风格典雅独特,布局错落有致。现主要保存有东西城门、“十”字形大街、商铺、民居、文庙、武庙、山陕会馆等。

东城门为二层悬山顶土木结构,两侧各建有单檐配殿1间。因门位居观龙山下,门前接有影壁,故呈一出二进形式,门楣上书“瞻麓门”三字。下层明间为通道,上层阁内祀有文昌帝君。后檐斗拱昂嘴为凤头,凤首与龙山形成呼应,极具情趣。门洞所砌条形青砖为明代遗物,可知城门始建于明代,有清康熙、乾隆、道光维修梁记。西城门亦为二层悬山顶土木结构,明间门洞在20世纪70年代封闭,用作生产队贮藏仓库,前墙面嵌有清乾隆三十七年(1772年)“公建仁明博焦太老爷裁止木税德政碑”。二层内龛有观音塑像,外龛为唐代诗人杜甫塑像,故西城门又称“观音阁”和“子美阁”。街面原铺有青石板,街道两侧建有土木结构的商栈店铺、民居,有许多小巷道通向纵深的居民院落。街面上保存有百年的国槐、杨柳,树干古老粗大,枝繁叶茂。沿街商铺大多为硬山顶重檐二层建筑,三开间或五开间,下层为铺面,上层可存放货物。商铺在建筑装饰方面较为简单,以朱色涂染或为木质本色,无精致的雕刻纹饰和艳丽的彩绘。商铺后套有居住院落,为商户家属生活区。

民居是街亭古镇保存最多的古建筑,较完整的有10余处,大部分位于深巷之中。一般为单进四合院形制,个别有一进二院或三院。单进四合院大门内有影壁、正房、厢房等,房屋多为三开间,硬山顶建筑。明清两代建筑规制等级森严,清代大体沿袭明制,一进二院或三院是高规制的建筑形式,房主人一般为官宦人家。民居中现存一过厅，为五开间七架前后出廊建筑，据此可知其院落为一进三院，本地俗称“一门望三堂”。此外，又有一进二院的虎座垂花门、饰有夔龙纹的金钱艾叶隔扇门等高规格单体建筑，其斗拱、拱垫板、雀替、垂莲柱等木雕纹饰考究，图案精美丰富，砖雕人物、花卉、瑞兽等雕工精细，形态栩栩如生，具有鲜明的艺术特色。山陕会馆在西门外，由于民间奉关羽为财神，故与关帝庙建在一起。据现存碑记，始建自清康熙四十三年（1704年），乾隆三十四年（1769年）由山陕商人重修。关帝大殿前建有卷棚，钟、鼓、戏楼，廊房6间。道光十三年（1833年）山陕商人又出资重修会馆，格局为两院。前院建有山门戏楼、钟鼓2楼，正殿硬山顶，抬梁式结构，五架梁前出廊，面阔三间。殿内梁架整体结构制作古朴典雅，挂椽上通铺青砖望板，梁架构件、檐下斗拱等彩绘图案华丽，两侧山墙绘山水人物壁画。殿内正壁有关帝、周仓、关平塑像。

文庙位于东街，今仅存大殿1间，硬山顶土木结构，三开间。其五级踏步，显示出建筑等级之分。殿内梁架结构完整，但门窗毁坏严重。

（八）石旗杆　县级文物保护单位，在党川乡党川村下街和花庙村。现有二对四根，残断者四根。下街村石旗杆上刻“大清咸丰岁次壬子冬十月”字样，可知建于清咸丰二年（1852年）。遗存吊斗上刻有“天地同流”“射光文斗”“永保山川”等赞颂之语。石旗杆均为石质构成，高约6米，由基座、杆身、吊斗3部分组成。基座呈束腰状，在一方形巨石上由榫卯套接六面体柱，上又结一大圆盘，中心通体为圆形卯孔，用于嵌插杆身。杆身由上、下二截构成，呈上小下大的圆柱形。吊斗呈倒梯形状，中有上小下大的圆孔，用于相接上下杆身。三部分经圆形榫卯相互套结后竖立。

（九）胡氏民居　在马跑泉镇胡王村。现存明清及民国时期完整院落有胡廷琇、胡鹏翎、胡文炜、胡廷壁、胡文斗等宅院。各院落紧挨相连，形成一处古民居群。

胡廷琇（清道光间国子监生员）宅院建于明末，坐南向北，四合院形式，占地990平方米，建筑面积550平方米。现存垂花门、南正厅房，东西厢房，倒座。大门向北临巷，内有影壁。垂花门保存完整，拱垫板、面枋雕饰精细，彩绘艳丽，有“花大门”之称。南正厅房为硬山屋顶，面阔三间，抬梁式结构，五架梁前出廊。梁架用材硕大，椽上通铺青砖望板，檐下拱垫板雕有精美的牡丹花卉纹饰。东西厢房、倒座保存基本完好，拱垫板上雕花叶纹饰，古朴美观。

胡鹏翎（清代国子监生员，曾任东乡总绅）宅院建于清代，现存院落为一进二院形式，坐南向北，占地约600平方米，建筑面积约250平方米。大门坐西向东，内有砖雕影壁，脊饰吻兽，檐下雕有斗拱、麻叶抱头梁，拱垫板雕有夔龙、花卉纹饰,砖饰刻制精美。垂花门坐南向北,悬山顶,面枋雕牡丹花叶图案。前院现存二层木楼和倒座。木楼为单檐硬山顶土木结构,走道铺设木板,边有木制手扶围栏。后院建于高台基上,现存南正厅房和东、西厢房。南正厅房为单檐硬山顶土木结构,面阔三间。檐柱上置斗拱,斗口饰麻叶抱头梁,垫板雕有《文王访贤》《张良拜师》等历史故事和花卉纹饰,隔扇门条环板浮雕《二十四孝》人物图案。

胡文炜(清光绪二十九年举人,曾任广西天保、天河知县)宅院建于清代,原为四合院,现仅存有大门、北厅房。大门砖雕上有楷书“大夫第”3 字。厅房面南坐北,硬山顶单檐土木结构,面阔三间,室内陈设有清代、民国时期家具,布置原始古朴。

胡廷壁(清道光间国子监生员)宅院建于明末,坐南向北,占地约 420 平方米,建筑面积约 230 平方米。现存建筑有大门、南正厅房,东西厢房。大门坐南向北,内有栅栏式门栏。南正厅房为悬山顶,抬梁式结构,四架椽,面阔五间,保存较好,走廊踏步上石条长约 3 米,在本地罕见。东西厢房为硬山顶单檐土木结构,三开间。

胡文斗(民国前期任国民军第六军代军长)宅院建于民国时期,占地 403 平方米,建筑面积 203 平方米,现存大门、南主房、东西厢房、倒座。南主房为硬山顶抬梁式结构,五架椽房屋建筑均为硬山顶土木结构。其院精巧别致,整体保存完好。

四、古树名木

境内古树甚多,主要分布在寺观庙宇等文物古迹处,其次是大街小巷、居民院落。有的在拆庙毁寺时被砍伐。今麦积镇街亭村“九股松”(高数十米,合围 17 米,有 9 个大分枝)、伯阳镇兴仁村柏林观松柏树等,20 世纪 60–70 年代均遭砍伐。现全区被列入文物保护范围的古树有 60 余株。著名者有甘泉镇 2 株唐代玉兰树、甘泉镇花羊村周武则天时期紫玉兰,滲金寺唐代柏树、中滩镇演营寺唐代柏树、石门山岩上 5 株唐代松树、麦积镇孟家山 1 株唐代松树、元龙镇青龙村的 1 株唐代松树, 甘泉镇八槐村、石佛乡黄家庄和夏家村及刚刹寺各 1 株唐代槐树,甘泉镇吴家寺村 3 株唐代槐树,甘泉谢家崖村娘娘庙 1 株宋代灰楸树、1 株宋代槐树,卦台山 13 株明代柏树、马跑泉镇柳林寺 3 株明代柳树、麦积镇宏罗村 1 株明代龙柏树等。

甘泉镇双玉兰堂两株玉兰树,相距 3.5 米,称“双玉兰”,分别高 16 米和 17 米,合围 2 米多,在国内玉兰树中也属罕见。经北京古树专家测定,树龄 1200 年。虽年深日久,仍苍劲挺拔,枝繁叶茂,树杈交错,蔚为壮观。每逢春分前后,蓓蕾绽放,花开满枝,高洁雅丽,鲜艳夺目,花期 20 天左右。一株白色,另一株粉红色,满院缤纷,清香四溢,有“玉兰花开隔岸香”之誉。甘肃省前省长邓宝珊有诗云:“万丈光芒笔有神，盛唐一老歌万民。幸逢此日非当日，不薄今人厚古人。南郭东柯记流寓，麻鞋草笠誊写真。林泉绚丽新歌颂，双玉兰开到处春。”已故国画大师齐白石所题“双玉兰堂”匾额挂于殿门楣。

甘泉镇花羊村紫玉兰，在甘泉镇花羊村西北山麓，树冠高大，树干基部分出4主枝，靠北部最大一主枝又分出4枝，虬枝苍劲。相传植于周武则天时期，树龄约1303~1317年，比甘泉镇双玉兰还早。每年春分日后开花，花朵紫红花瓣，呈钟形向上直立，花色艳丽，如冰似玉，莹洁夺人，香气浓郁。此外，距花羊村不远的庙沟门，亦有2株玉兰树，规模仅次于花羊紫玉兰。

甘泉镇八槐村古槐，因树基部长出3大主枝，主枝上又长出8个分枝，人称“八股槐”。呈南北方向并列生长，间距不足1米。南枝高20米，合围5米左右；中枝高22米，合围4.8米；北枝高33米，合围5.4米。传说杜甫当年曾在八槐古树下盘腿作诗，由此当地人称其为“子美树”。邓之诚著《骨董琐记》云：“杜子美旧居，在秦州东柯谷，今为寿山，下有大木，至今呼为子美树。”

甘泉镇吴家寺村的3株国槐，树龄约1200年。北边1株高24米，合围5.24米，基围6.2米，树冠南北24米、东西30米，树干高4米处分3大主枝；西边1株高22米，合围4.65米，基围5.74米，树冠南北26米、东西22米，树干高2米处分4大主枝；东边1株高21米，合围3.4米，基围3.8米，树冠南北15米、东西17米。3树相依而立，均生长良好，树冠相连，夏天遮天蔽日，覆盖地面近3亩。北面还长有一株古榆，树围达3.1米，高约19米。

仙人崖宝盖峰生长1株铁杉树，高约23米，胸围2.3米，长势旺盛，形似宝塔，称“宝塔树”。

石门山聚仙桥畔1株高约30米、胸围2.5米的松树，与皇天峰等高，故名“等山松”。辽东栎(俗称铁刨子)在石门山满山遍布，生长在三仙庵旁的1株高约14米，胸围1.7米。山下五阳观原有松树两株，现存1株，高约20米，胸围2.4米。戏楼前有古槐，胸围3.9米，枝繁叶茂，生长良好。

神农山半山腰还生长着一株珍稀古树花豹榆（光叶榉），树高约20米。甘泉镇庙沟门冯家坪村还有1株“古槐孕椿”奇树，树围约3米，高度约20米。

五、馆藏文物

区博物馆现有馆藏文物5001件，其中国家一级文物18件，二级49件，三级89件。藏品涉及化石、石器、瓷器、陶器、砖刻、货币、泥塑、杂项等15类。

蚌化石　新生代第四纪更新世(距今约300万年)。长3厘米，高2.5厘米。

1972年出土于今伯阳镇兴仁村。呈圆底三角半圆形,壳体膨凸,壳壁较厚。壳面有粗糙的不甚规则的同心圈,背边较平直,有一宽圆的后壳顶脊。保存完整。

鸟卵化石 新生代第四纪更新世(距今约300万年)。长4.5厘米,横径3.8厘米。1972年发现于麦积山石窟西崖砂砾中。完整。椭圆形棕褐色,表面平滑,细小蛋孔清晰可辨,石化度好。

石斧 新石器时代。长22厘米,宽12厘米,厚2.2厘米。1981年出土于今元龙镇花石崖村。黑细石质,扁平形状,弧刃,尾部穿孔双面属漏斗状。磨制精良,器形规整。

石镰 新石器时代。长37厘米,中宽10.5厘米,厚1厘米。1974年出土于今渭南镇张园村。完整。灰色,石质坚硬,呈半月形,磨制较为精致,弧刃凹背,刃部锋利。一端方直并有孔,双面相凿呈双漏斗状,另一端收缩成尖角,磨制平整,刃面略有使用痕迹。

葫芦口尖底瓶(仰韶文化) 高31.5厘米,口径4.2厘米。今三岔乡吴砦村出土。完整。泥质红陶,葫芦形口,唇微侈,溜肩、鼓腹,中部置环形器耳1对,腹以下收成乳状尖底,肩下全饰斜向绳纹。属仰韶文化早期最具特色的代表性陶器。

弧三角圆圈纹短颈壶 仰韶文化。高18厘米,口径12.5厘米。今中滩镇樊家城遗址出土。口沿微残。泥质红陶,侈口微卷,短颈、圆鼓腹、平底。施黑彩,颈至中腹部在二道平行带纹区内,饰简单弧线,弧三角相互穿插,构成相向对称的大圆圈纹,竖线将圆分割,整体纹饰节奏鲜明,简约古朴。

土色玉璧(齐家文化) 直径23.5厘米,孔径4.8厘米,厚2厘米。完整。土白色玉质,无透明度,边缘有白色侵蚀。扁平圆片状,周缘制作不甚规正,薄厚不均匀,全璧呈斜坡状,有解石的台式痕迹。璧中心孔为单面钻成,两面孔径大小不一。器形较大,素面无纹,制作简朴,体现齐家文化玉器的简约素雅之美。

兽面纹铜簋(西周) 高18厘米,口径23厘米,圈足直径19.5厘米。1967年甘泉供销社征集。完整。侈口翻唇,弧壁浅腹,高圈足,足底外撇。兽首长舌形双耳,耳下垂长方珥。腹饰直棱纹,口沿、圈足饰弦纹和目纹,口沿前后各饰1兽面首。无铭文,属西周早期器,铸作精良,是三代以来典型礼器。

铜蒜头壶 秦。高34厘米,口径3.3厘米,足径13.8厘米。1974年出土于今甘泉镇八槐村。完整。浅直唇,唇下分六瓣蒜头形。细长颈,广斜肩,球形腹,圈足。通体素面,颈中部饰有凸纹一周。

铜灶釜 汉。灶长44厘米,高23厘米;釜高11厘米,口径9厘米。1983年出土于今麦积镇街亭村。完整。其灶火门呈方形,台壁高耸。前高后低,面小底大,向后略呈椭圆状,内空无封底。灶面火眼上置铜釜,灶身后端有向后倾斜的圆柱形烟囱。釜，直唇，小口，广肩，扁圆腹，圆底。肩上饰有双铺首兽面纹，其环已失。底有圆小残孔，补有铆片。出土时釜置于铜灶之上。

章武夔龙铭文铜镜　蜀汉。直径 14.7 厘米，厚 0.3 厘米，重 450 克。1970 年出土。完整。镜色黑漆光亮，青铜质地，背饰精美图案，其中心为突起的大圆形钮，边缘为外高内低的斜廓。主体纹饰为狭纽同向配置 1 对夔龙变异兽，双目圆睁，目以红铜镶嵌，口吐长卷舌，做回首盼顾状。外环绕一周隶体铭文："章武元年，二月作竟(镜)，德扬宇宙，威镇八荒，除凶辟兵，昭民万方"。为铭文铜镜中上乘之作。

石雕观世音菩萨立像　北周。通高 63 厘米(其中座高 10 厘米)，背宽 16 厘米。沙石质，圆雕，通体鎏金(多半已脱落)。神态肃穆，刻画精细，高髻，低宝冠，面圆，慈眉善目，大耳垂肩，嘴角微收，臂胛较肥，左臂上举(残)，右臂下垂，手持净水瓶(瓶口残)。上衣和长裙相连，衣纹细密流畅，双肩浑圆，帔巾下垂胸腹。饰连珠纹项圈，胸前璎珞结成环状下垂与飘带相齐，腹部有环形饰物，璎珞通过环形垂至膝下。足踏仰复莲花座，像与座用子母榫套接，坐上两角刻 2 只蹲踞形雄狮，全身筋骨呈现，形象威猛。座下有楷书题记："观世音菩萨。弟子刘长寿，为合家大小、法界众生普得佛道。建德二年四月廿日敬造。"

磁州窑白釉黑彩缠枝牡丹纹梅瓶　宋。高 38.5 厘米，口径 6 厘米，腹径 17.5，底径 9.4 厘米。1970 年出土于今石佛乡田家庄。完整。瓶体细高秀长，小口，短颈，溜肩，鼓腹，圈足。通体施白釉，肩饰 6 组花苞纹，下施弦纹 2 圈。腹绘有对称的黑色折枝花卉纹，最下两组 2 圈弦纹间饰 4 组折枝花卉叶纹。釉面光润，纹饰构图严谨，白釉黑花对比强烈，为磁州窑白釉黑彩瓷器中少见精品。

冰裂纹瓷盂盆　明。高 16.5 厘米，口径 10 厘米，底径 8.2 厘米。完整。侈口，折肩，鼓腹，圈足。通体开小冰裂纹，口沿施 1 圈褐色釉，肩饰对称的深褐色兽面铺首，内壁施白釉。足底露胎，胎质细腻。制作规整，釉面光洁。

粉彩五花瓷瓶　清。高 57 厘米，口径 20 厘米，底径 19 厘米。完整。盘口喇叭形，长颈，丰肩，直腹，圈足。粉彩瓷瓶，唇施黄釉，内壁呈月白色，外壁将颈、肩、腹分为 3 个区间。颈上部饰 1 圈花苞、竹叶纹及如意纹，两侧饰双狮立耳。肩饰连续回纹、锯齿纹、菱形十字纹，其间缀以 4 组对称带叶寿桃图，底饰连续布状带纹。颈上施有宝瓶、花卉、果实等。腹施花瓶、牡丹、梅花、鲜果等物，又有桌椅、乐器、书籍、花架等各种博古布置器具。

六、金石

境内金石遗存，主要有碑刻、摩崖刻石、金属铭文，蕴含详实历史资料。不计历代已毁损者，仅现存数近 160 通(件)。

区内金石一览

朝代	名称	年代	质地	备注
秦汉	半两铭	秦始皇三十七年(前210)	铜	存
	契刀五百	西汉居摄二年(7)	铜	存
	昭明铜镜铭	汉	铜	存
	章武夔龙纹铜镜铭	蜀汉章武元年(221)	铜	存
北朝	沙弥法生造像碑	北魏景明(500)至熙平年(518)	石	存
	石佛镇权氏造像题记	西魏恭帝三年(556)	石	存
	追远寺造像碑	北周天和元年(566)	石	佚
	观世音菩萨石造像题记	北周建德二年(573)	石	存
隋唐	吕瑞墓志铭	隋开皇八年(588)	石	佚
	伏生墓志铭	隋大业六年(610)	石	佚
	团团宝镜铭	唐	铜	存
宋金	宋故秦州陇城县保甲指挥使张君墓铭并序	北宋元丰六年(1083)	石	佚
	元符地券砖铭	北宋元符三年(1100)	砖	存
	秦凤闵雨碑	北宋大观三年(1109)	石	存
	秦州雄武军陇城县第六保瑞应寺再葬佛舍利记碑	北宋靖康元年(1126)	石	存
	隆兴地券砖铭	南宋隆兴二年(1164)	砖	存
	承安铜镜铭	金承安四年(1199)	铜	存
	宋宁宗皇帝敕赠碑	南宋嘉定五年(1212)	石	存
	四川制置使司给田公据碑	南宋嘉定十五年(1222)	石	存
	凤凰山安抚使残碑	宋	石	存
	凤凰山宋绍(兴)残碑	宋	石	存
元	朝元观记碑	蒙古中统三年(1262)	石	存
	大德铜权铭	元大德九年(1305年)	铜	存
	伏羲画卦台记碑	元至正七年(1347)	石	佚
	秦州成纪县伏羲庙记	元	石	存
	凤凰山岳庙碑	元	石	存
	重修东岳庙宇碑	元	石	存
明	大明敕赐灵应寺记碑	明永乐十四年(1416)	石	存
	朱汝四墓志铭	明弘治十一年(1498)	石	存
	朱宗泰墓志铭	明正德九年(1514)	石	存
	海藏和尚砖铭	明正德九年(1514)	石	存
	开山残碑	明嘉靖八年(1529)	石	存

续表

朝代	名称	年代	质地	备注
明	秦州画卦台新建伏羲庙记	嘉靖十年(1531)	石	存
	增修太昊庙记碑	嘉靖十二年(1533)	石	佚
	寂空大禅师塔铭	嘉靖三十八年(1559)	石	存
	宝鉴大禅师塔铭	嘉靖三十八年(1559)	石	存
	甄敬诗碑	嘉靖三十八年(1559)	石	存
	冯惟讷诗碑	嘉靖三十九年(1560)	石	存
	甘茹诗碑	嘉靖四十三年(1564)	石	存
	秦州天水郡麦积崖佛龛铭并序碑	嘉靖四十三年(1564)	石	存
	小有洞天摩崖刻石	嘉靖四十三年(1564)	石	存
	胡安诗碑	嘉靖四十三年(1564)	石	存
	李筵诗碑	明隆庆元年(1567)	石	存
	钦赐韩府官地碑	明隆庆四年(1570)	石	存
	君赏诗碑	明万历七年(1579)	石	存
	麦积奇观摩崖刻石	万历十年(1582)	石	存
	太白山玉皇池铁瓦铭	万历十一年(1583)	铁	存
	马应梦诗碑	万历十八年(1590)	石	存
	观龙山崇福寺钟铭	万历二十三年(1595)	铁	存
	重修凤凰山庙宇记碑	万历四十年(1612)	石	存
	新建石门兴龙山碑	明崇祯元年(1628)	石	存
	贴完佛像碑记	崇祯四年(1631)	石	存
	麦积山开除常住地粮碑	崇祯十五年(1642)	石	存
	麦积山摩崖刻石	明	石	存
清	地藏王菩萨门碑	清顺治五年(1648)	砖	存
	观世音菩萨殿门碑	顺治八年(1651)	砖	存
	郭镇都重建伏羲庙碑	顺治十三年(1656)	石	存
	石门山建钟记铭	康熙二十七年(1688)	铁	存
	胡济吴氏合葬墓碑	康熙五十五年(1716)	石	存
	胡来缙神道碑	康熙五十五年(1716)	石	存
	胡来缙王氏合葬墓碑	康熙五十五年(1716)	铁	存
	胡忻神道碑	康熙五十五年(1716)	石	存
	祇圆寺铁云板题记	雍正二年(1724)	砖	存
	武德将军吴应泉神道碑	雍正七年(1729)	铁	存
	麦积崖大佛寺主持砖塔铭	约乾隆十一年(1746)	石	存

续表

朝代	名称	年代	质地	备注
清	钟铭□修□序	乾隆十三年(1748)	石	存
	武德将军吴德光墓碑	乾隆十五年(1750)	石	存
	草坡碑记	乾隆二十七年(1762)	石	存
	创修兴阳庵碑记	乾隆二十七年(1762)	石	存
	麦积山瑞应寺常住香火田地四至碑记	乾隆二十九年(1764)	石	存
	乡饮宾待封周公墓志碑	乾隆三十年(1765)	石	存
	朝阳寺斋田碑记	乾隆三十一年(1766)	石	存
	重修会馆山西碑	乾隆三十四年(1769)	石	存
	仁明博焦太老爷裁止木税德政碑	乾隆三十七年(1772)	石	存
	崇福寺三官庙碑记	乾隆四十三年(1778)	石	存
	增修石门山祖师洞献殿山门神道碑铭	乾隆五十年(1785)	石	存
	重修方神庙碑记	乾隆五十九年(1794)	石	存
	施树碑	乾隆五十九年(1794)	石	存
	重修石门山记碑	乾隆六十年(1795)	石	存
	功修是道碑	乾隆六十年(1795)	石	存
	青涟寺重修残碑	乾隆	铁	存
	立桥三土题记	嘉庆三年(1798)	石	存
	观音仙山铁钟铭	嘉庆八年(1803)	石	存
	安置盐市事残碑	嘉庆十三年(1808)	石	存
	重修碑序	嘉庆十五年(1810)	石	存
	甘泉寺建修布施碑	嘉庆十五年(1810)	石	存
	重修崇福寺碑记	嘉庆十六年(1811)	石	存
	重修崇福寺助银碑	嘉庆十六年(1811)	石	存
	登仕郎田翁何老先生碑记	嘉庆十六年(1811)	石	存
	重修太伯庙碑记	嘉庆十八年(1813)	铁	存
	永垂万古碑	嘉庆十九年(1814)	石	存
	太学生李府君之墓碑	嘉庆二十二年(1817)	石	存
	公修堡寨碑记	嘉庆二十三年(1818)	石	存
	重建龙王宫碑记	嘉庆二十三年(1818)	石	存
	张翀翮撰塔铭	嘉庆	石	存
	麦积崖图铭诗碑	道光元年(1821)	石	存
	张氏施地碑记	道光二年(1822)	石	存
	创修三元宫碑记	道光三年(1823)	石	存

续表

朝代	名 称	年 代	质地	备注
清	通禁条款碑	道光九年(1829)	石	存
	当思赌博为耗财之源碑	道光十年(1830)	石	存
	重修柏林观老君殿序文碑	道光十年(1830)	石	存
	重建观音阁记碑	道光十一年(1831)	石	存
	重建渗金寺碑记	道光十二年(1832)	石	存
	重修会馆韩城县碑记	道光十三年(1833)	石	存
	草场诉讼碑记	道光十七年(1837)	石	存
	众修碑记	道光十八年(1838)	石	存
	重建佛洞沟朝阳洞募化小引布施碑	道光十八年(1838)	石	存
	仙人岩现珠山斋田并重建碑记	道光十九年(1839)	石	存
	重建太白庙创修乐楼序碑	道光二十一年(1841)	石	存
	仁明淡邵太老爷断依旧草场德政碑	道光二十一年(1841)	石	存
	秦州东乡街子镇六社人等同众公议粮碑	道光二十三年(1843)	石	存
	刘大老爷德政碑记	道光二十三年(1843)	石	存
	关圣帝君会碑记	道光二十四年(1844)	石	存
	创修铁锁桥序碑	道光二十四年(1844)	石	存
	利桥城隍庙施银碑	道光二十四年(1844)	石	存
	秦州正堂亲勘断案碑记	道光二十五年(1845)	石	存
	重建泰山庙碑记	道光二十五年(1845)	石	存
	太学生温大先生碑记	道光二十六年(1846)	石	存
	三岔厅晓谕查拿贼匪碑	道光二十八年(1848)	石	存
	石旗杆题记	咸丰二年(1852)	石	存
	重修柏林观雷祖殿山门戏楼碑记	咸丰三年(1853)	石	存
	立出偿助地土疏引碑记	咸丰三年(1853)	石	存
	王母曾氏慈君大人墓志	咸丰四年(1854)	石	存
	皇清例授武德骑尉壬戌科进士对廷李公墓表	咸丰四年(1854)	石	存
	太学生王正福待赠府君大人墓志碑	咸丰六年(1856)	石	存
	杨显柏功德碑	咸丰七年(1857)	石	存
	槐荫寺荒地示谕碑	咸丰九年(1859)	石	存
	重修北极祖师庙并演戏楼与补缉众神殿□□兼序碑	咸丰九年(1859)	石	存
	桑渠庄禁伐祖茔树木碑	咸丰十年(1860)	石	存

续表

朝代	名称	年代	质地	备注
清	刘兴得墓志碑	咸丰十年(1860)	石	存
	白音寺石香炉题记	咸丰十年(1860)	石	存
	金龙山主持道主刘复海墓碑	咸丰十年(1860)	石	存
	彭敬轩批示採买驿草定规碑文	同治十一年(1872)	石	存
	陈公遗爱碑	光绪元年(1875)	石	存
	重修永庆寺碑	光绪元年(1875)	石	存
	重建甘泉寺募化施银碑	光绪二年(1876)	石	存
	鱼藏寺石香炉题记	光绪三年(1877)	石	存
	佩翁仙公神道碑	光绪四年(1878)	石	存
	佛洞沟朝阳洞施银碑	光绪十年(1884)	石	存
	石岩沟神仙洞钟铭	光绪十四年(1888)	铁	存
	苟老真人道教墓碑	光绪十五年(1889)	石	存
	仙人岩祖师碑	光绪十九年(1893)	石	存
	重建九龙山碑记	光绪二十一年(1895)	石	存
	建立兑换合通碑记	光绪二十七年(1901)	石	存
	重建槐荫寺碑记	光绪二十七年(1901)	石	存
	潘集寨白衣庵碑	光绪三十三年(1907)	石	存
	正阳堡碑	宣统四年(1912)	石	存
	陕西客商重修会馆碑记	清	石	存
	莅任三岔残碑	清	石	存
	重修会馆山西碑记	清	石	存
	开垦种田讼碑	清	石	存
	柏林观重修残碑	清	石	存
	泰山石敢当碑	清	石	存
	石敢当刻石	清	石	存
民国	重刊七真碑序	四年(1915)	石	存
	武颂扬墓志铭	六年(1917)	石	存
	天水县东乡劝募渭河船费序碑	七年(1918)	石	存
	圣母碑记	八年(1919)	石	存
	圣母碑志	十一年(1922)	石	存
	明开清竣碑	十一年(1922)	石	存
	甘肃天水县三岔公安局局长杨公政绩碑	二十一年(1932)	石	存
	天水麦积山西窟万佛洞铭并序碑	三十六年(1947)	石	存

第六节　非物质文化遗产

境内非物质文化遗产有与群众生活密切相关、世代相承的传统文化表现形式,包括口头传统、传统表演艺术、民俗活动和礼仪与节庆、有关自然界和宇宙的民间传统知识和实践、传统手工艺技能等。

2004年,区文化馆对非物质文化遗产和民间文化艺术人才进行摸底,并申报各个级别的非物质文化遗产保护名录项目,同时为区内农村文化艺术人才申报非物质文化遗产传承人专业技术职称。2005年,按照"保护为主、抢救第一、合理利用、传承发展"的工作方针,成立全区非物质文化遗产保护小组。2006年,遴选伏羲民间祭典、天水皮影戏、天水风筝制作技艺等3个项目申报为第一批市级非物质文化遗产代表作名录项目。2007年,凤凰山民间祭祀、麦积高抬、石佛挂面制作技艺、安家棍术等被公布为区级非物质文化遗产名录项目和第二批市级非物质文化遗产名录项目。

区内已公布省、市、区级非物质文化遗产名录

省级名录2项:天水皮影戏、麦积高抬。

市级名录14项(含省级两项在内):卦台山伏羲民间祭祀、凤凰山民间祭祀、安家棍术、麦积潘氏家族拳、麦积觋(xí)公(又称"师公")鼓舞、天水风筝制作技艺、石佛挂面制作技艺、石佛饴(yí)糖制作技艺、麦积石磨豆腐制作技艺、新阳婚嫁礼仪、麦积木偶戏、麦积小曲。

区级名录35项(含省级2项、市级12项在内):导流山民间祭祀、天水伏羲八卦拳、石佛甜醅制作技艺、新阳凉粉制作技艺、麦积润龙木雕技艺、麦积根雕制作技艺、石佛鸟笼制作技艺、新阳天灯制作技艺、麦积戏剧帽盔制作技艺、新阳丧葬礼仪、麦积酒歌、新阳吹响、麦积年画、麦积剪纸、麦积彩绘壁画、麦积窗花、麦积刺绣技艺、麦积竹编制作技艺、麦积陶艺制作技艺、麦积烤酒制作技艺、麦积园林雕塑技艺。

第七节　机构与管理

一、行政机构

区文化体育局　1985年,原天水县文化局改为区文化局,主管秦剧团、文化

馆、电影管理站、电影院等事业单位。1990年,区文化局机关有干部职工11人,下属机构增加石门山文物管理所、仙人崖文物管理所、区秦剧团及各乡、镇文化站,共有干部职工180多人。2002年,东方红电影院、人民影剧院划归区广播电影电视局管理。2005年,区文化局与区体育运动委员会合并,成立区文化体育局,承担全区文化体育事业和文化产业规划,城乡公共文化服务网络建设,群众文化体育活动的组织、协调以及群众文艺社团和群众文艺工作的业务指导,文化市场综合行政执法、“扫黄打非”及日常监管,全区文物和非物质文化遗产的挖掘、整理和保护、开发等职责。下辖区文化馆、区图书馆、区博物馆、区体育发展中心、区秦剧团、仙人崖文物管理所、石门文物管理所、文化市场稽查队8个单位。

二、事业机构

文化馆　1985年,天水县文化馆改为北道区文化馆,工作人员17人,设有美工组、摄影组、文艺组、戏剧组、文物组、文艺指导中心、书画交流中心、办公室。2002年,在原文物组的基础上成立区博物馆,文化馆机构开始成为三馆合一,一套行政管理,挂文化馆、图书馆、博物馆3个牌子。2005年,改名麦积区文化馆,图书馆、博物馆相应更名为麦积区图书馆、麦积区博物馆。文化馆负责组织开展各类展览、艺术辅导培训、文艺创作、非物质文化遗产保护、免费公共文化服务等。2005年,入选国家二级文化馆行列。

图书馆　1985年,原天水县图书馆改为区图书馆,属国家二级图书馆,与区文化馆一套班子管理。1990年,建成区文化中心,一楼设书库、借书处,二楼为成人阅览室和儿童阅览室。至2007年,馆舍面积5100平方米,藏书11.6万册(件),其中图书9.01万册,古籍2542册,视听文献821件,地方文献816册。有阅览坐席223个。设有采编室、业务辅导部、《信息简报》编辑室、借书处、成人报纸阅览室、成人期刊阅览室、电子阅览室、未成年人阅览室、古籍阅览室等10个服务部门。2005年后,先后被评为全国读者喜爱的图书馆、国家二级图书馆。

博物馆　2002年成立,属综合性历史文物收藏单位,与区文化馆一套班子管理,主要开展馆藏文物的管理、研究、展示及不可移动文物的保护。2007年,建立文物陈列展览室,供人们参观,同时对青少年进行爱国主义教育。

乡、镇文化站(中心)　境内乡、镇文化站(中心)始建于1979年。1985年,东岔、南河川、麦积、西山坪、立远等5乡设文化站。1986年,五龙、凤凰、吴砦3乡设文化站。至此,境内各乡、镇均建起文化站。文化站作为农村文化机构,每逢重大节日,开展农村文体活动,利用多种形式宣传党的路线和方针政策,担负用社会主义思想占领农村文化阵地的职责。

三、文化市场管理

20世纪80年代末,文化市场迅速崛起,形成以文化娱乐业、网络传媒出版业、图书报刊业、印刷复制业、工艺美术品业、文艺演出业为代表的文化产业。为加强管理,1996年成立区文化市场稽查队,核定编制9人,负责文化市场的日常监管及行政审批等事项。2007年,全区有各类社会文化产业机构251个,从业1300多人。其中国有文化机构25个,从业251人;网络文化经营单位32家,歌舞娱乐场所38家,图书报刊15家,音像制品18家,印刷企业17家,打字复印18家,工艺美术品业(包括陶艺、根雕、刺绣、剪纸、装裱等)23家,经营性演出单位(包括业余秦剧团、皮影剧团)20家,各类艺术培训机构27家。

第八节 地方志编修

一、《天水县志(1912–1935)》 民国17年(1928年),甘肃省政府通令全省编修新县志。天水县政府聘前清进士哈锐为总纂,哈即在天水县城南水月寺设局修志,初进展顺利。民国19年马廷贤攻陷天水后,被迫停顿。民国21年,马被川军驱逐,修志再提上议事日程,时哈病重旋又去世,遂由正在编纂《秦州直隶州新志续编》的另一前清进士任承允兼任县志总纂。次年,《续编》脱稿,即全面整理县志,历约一年,完成大半,忽任亦卒逝,遂又中止。民国24年,庄以绥接任天水县县长,倡议加紧完成县志,以致仕名绅贾缵绪为总纂。贾即组织人力纂辑。次年,历时8年的县志终于完成。民国28年,由兰州国民印刷局铅印出版。由于当时物价飞涨,经费紧张,只印200部。全志分14卷,依次为地舆、建置、民族、民政、财赋、教育、军政、交通、职官、选举、人物、艺文(两卷)、灾异,采用条目体,标题新颖,充分运用当时所认知的科学知识,大量应用图表,扩展志书记述容量,对新事物给予足够重视,为旧地方志中唯一一部专门记述天水县史事的志书。

二、《麦积山石窟志》 民国30年(1941年),天水学者冯国瑞(今秦州区人)回家乡小住,考察麦积山石窟,撰成《麦积山石窟志》,共2.4万字,陇南丛书编印社1941年印行(石印),为第一部记述麦积山石窟历史的专业志书。石印发行后,引起学术界的普遍关注,麦积山石窟由此声名远播。天水报社1989年重印,台北天水冯同庆堂1992年出版。

三、《天水县文物志(远古-1984)》 1982年初开始组织编写,同年完成初稿,参加编写人员有马克定、安宏图、刘尚儒、田自强、郭自敬、于自立、蒲光华、毛惠民、张晞,总校阅马霄石、安宏图。1984年7月完成修正稿,12月付印,内部出版,共印2000册。全志包括历史沿革、名胜古迹、古城址、文化遗址、红军长征途径天水路线记、历代名人简表、古碑碣、艺文、馆藏文物、后记等部分,文字6.25万字,专题条目计270条,摄制图片109幅,绘制平面图19幅,绘制地图30幅,拓片83幅。上限起自事物起始发端,下限1984年。为第一部全面、系统地记载天水县名胜古迹、馆藏文物的专业志。

四、《天水县图书馆志》 北道区文化馆、图书馆合编,主编田德海,1990年8月天水市图书馆印刷部承印,原甘肃省图书馆馆长潘寅生作序。全书共分6章,记述了北道区图书馆的历史沿革和发展现状及所辖各级图书馆(室)的发展情况。

五、《天水火车站志(1944-1990)》 为记载天水火车站历史的第一部专业志书。上限起自民国33年(1944年)建站初,下限1990年。该志内部出版。由《天水火车站志》编撰委员会编纂。

六、《天水市北道区卫生志 (远古-1990)》 北道区卫生局编纂,主编文金仓,编委余元泰、武永才、裴万胜、雷存海、辛广顺,甘肃科学技术出版社出版,印数1500册。1988年开始编写,1991年完成初稿,1994年12月出版。志书设机构、医疗、药物、卫生防疫、妇幼保健、爱国卫生、医学教育、卫生经济、人物、杂记10章,共49节,约20万字。志前设序、编辑说明、彩图、概述、大事记,志后有编后记。附有彩照35张,黑白照13张。上限起自各事物起始发端,下限1990年。全面、系统记述自三皇时期至1990年北道区医疗卫生机构、制度、规模、设备、技术水平、疾病防治的历史与现状,为北道区第一部卫生专业志。

七、《天水机务段志(1945-1995)》 《天水机务段志》编委会编纂,主编赵长让,副主编马汉江、张福平,1996年内部出版,印数1000册。全志设概述、大事记、党团工作、行政工作与企业管理、运输生产、基本建设、工会工作、架修生产、安全生产、集体企业与多种经营工作等10章,志前设序、彩图、凡例,志后设有附录、后记。上限始自1945年宝天机务段形成时,下限1995年底,是记述天水机务段历史发展与现状的第一部志书。

八、《北道区志(远古 -1990)》 天水市北道区地方志编纂委员会编纂,主编王世华,副主编郭明卿、裴守业、潘守正,总纂潘守正,甘肃文化出版社1997年

10月第一版,2002年11月第一次印刷,印数2000本。1991年开始编纂,1995年完成总纂初稿。1996年6月,北道区人民政府召开审稿会议,12月市地方志编纂委员会又在北道埠召开评审会议,提出了修改意见。其后根据意见对志稿进行全面修订。2002年出版。全志设建置区划,自然地理,人口,中国共产党,政权,政协、党派、群团,经济综述,城乡建设,麦积山风景名胜区,工业,农业,商业,林业,交通邮电,财政税务,金融保险,人民生活,经济管理,公安司法,军事,民政,劳动人事,教育,科技,文化,文物,医疗卫生,体育,宗教民俗方言,人物等30篇,154章,477节。前有序、凡例、彩图、概述、大事记,后有附录、编纂始末、索引。上限追溯至事物起始发端,下限1990年(个别事物延伸至2000年),为系统地记载地方政治、经济和社会事业发展的通志。

九、《麦积山石窟志》(新编)　1988年,麦积山石窟艺术研究所组建新编《麦积山石窟志》编写班子,副研究员张锦秀执笔撰稿。1993年完成初稿, 2002年4月由甘肃人民出版社出版。全志分上、下两编,上编设洞窟建筑、雕塑、壁画、题记四章,下编设塔寺及现代建筑群、碑碣·铭文·匾额、藏品、周围风景名胜、管理与研究5章,共9章35节,前有彩图、序、凡例、概述,后设有附录。上限起自事物发端,下限2000年。

十、《小陇山林业志(1993–2001)》　甘肃省小陇山林业局编纂,主编刘振亚,副主编安定国、张瑛春、李健, 2002年8月内部出版。其志设林业行政区划、机构与人事,森林的变迁,森林资源,林业调查设计,次生林经营,人工林培育与经营,资源林政管理,护林防火,森林病虫害防治,林业产业,林业科技,教育、卫生与文化体育,林区基本建设,计划与财务,党群工作,天然林保护工程,人物,艺文等18章,前设有序言、凡例、彩图、概述、大事记,后有附件、后记,是一部记载小陇山林区开发、建设、保护、发展的专业志书。

十一、《天水火车站志(1991–2001)》　《天水火车站志》编委会编纂,主编王玉海,副主编王振辉。2003年印刷,内部出版。为第一部《天水火车站志》的续志,上限起自1991年,下限2001年。全志设9篇,共26章、121节,志前设序言、彩图、车站概述,志后有附录、编后记,共35万多字。

十二、《天水卷烟厂志(1970–2000)》　全称《甘肃省烟草行业志第二卷·天水卷烟厂志》,由甘肃省烟草行业志编纂委员会、《天水卷烟厂志》编纂委员会编纂,主编蒲蔚仲、姚文海,副主编姚秀珍、凌恒善、任松年、岳彦虎、黄天泉。甘肃文化出版社2003年8月出版,印数1500册。其志是记述天水卷烟厂历史与现状的专业志书,设建置，生产，基建、技改，技术进步，质量、计量管理，能源、设备，供销、财务，综合管理，生活福利，三产企业，党群工作，人物等12章，志前设序、彩图、凡例、概述、大事记，志后设附录、总跋、跋。志书上限起自1970年工厂筹建时开始，下限2000年底。

十三、《点注〈天水县志〉》 潘守正点注，麦积旅游文化研究特刊，2007年内部出版发行。其书依哈锐、任承允、贾缵绪编纂《天水县志》，对原志文分段、断句、补脱、改讹、删衍，将繁体字改为简化字，异体字改为常用字，并对有误之处进行了考证，加增注释文字以作说明。志前设点注凡例，志后设点注后记。其中，为纠正原志史实失误加注近200条，解释疑难古字、词加注300多条，对过于简略内容加注500多条，为换算年份近100处，纠正原志校误、补充漏字、剔除衍文200余处。《点注〈天水县志〉》是第一部民国《天水县志》点注本，为研究天水县史事的重要著述。

第四章 医疗卫生

第一节 医疗机构

1985年县改区时，全区有乡、镇以上医疗机构41个。其中区属医疗单位28个，包括区人民医院、区防疫站、区妇幼保健所、区中医医院、北道卫生院、区牙病防治所和马跑泉、二十里铺、甘泉、中滩、南河川、新阳、党川、利桥、元龙9所乡级中心卫生院，石佛、渭南、西山坪、五龙、琥珀、凤凰、麦积、街子、社棠、伯阳、吴砦、立远、东岔13个乡级卫生院；市属医院1个，即位于社棠镇的市第二人民医院；驻区企事业单位、部队医疗机构12个，包括兰州铁路局天水医院、兰州铁路局天水防疫站、小陇山林业实验局职工医院、天水星火机床厂职工医院、天水风动工具厂职工医院、天水锻压机床厂职工医院、天水拖拉机厂职工医院、核工业部地质学校医院、二一九职工医院、兰化疗养院 、航空工业天飞公司医院、解放军第29医院。另外还有434个村卫生所。

设在农村的中心卫生院、卫生院原由卫生局直管。1990年将人财物权下放乡、镇管理，卫生局重点负责业务管理，从而形成农村卫生院的双管模式。1992年，区人民医院与市第二人民医院合并，沿用天水市第二人民医院称谓，院址仍设城区渭滨北路（成纪大道东路）原区人民医院址（社棠址设为分院），为县级事业单位。1999年,民营医院天水广业中医正骨医院成立。2003年撤并乡镇中,被撤销的乡镇原设卫生院改设为乡镇卫生院分院,其中原西山坪乡卫生院设为中滩中心卫生院杨岘分院,原街子乡卫生院设为麦积镇卫生院街亭分院,原凤凰乡卫生院设为新阳中心卫生院席西分院,原南河川中心卫生院设为石佛卫生院樊家湾分院,原立远乡卫生院改为东岔镇卫生院立远分院。2004年,在市第二人民医院社棠分院成立天水市传染病医院,后加挂天水市第五人民医院的牌子。同年,兰州铁路局将天水医院移交天水市,次年改称天水市第四人民医院。与此同时,兰州铁路局天水防疫站撤销。此外航空工业天飞公司医院改为天水蓝天医院。2006年,解放军第29医院撤销,在原址成立甘肃省慈善总会天水广济医院。同年成立的私营医院有天水麦积同仁医院、天水麦积康宁医院、天水协和医院。是年,调整农村医院管理体制,中心卫生院、卫生院及其分院仍划归卫生局管理。2007年,成立天水祥麟烧伤医院。

此外,1985年后陆续成立一些个体村卫生所。1998年,开展"无医无药村所建设",8个无医药边远山区村均建成有专职或兼职人员的卫生所。至此,全区476个建制村均设卫生所。2005年撤并建制村时,全区按照一村一所的要求,撤并的97个村卫生所改称分所,隶属各自乡、镇卫生院或分院,2007年改称村卫生室。

2007年,全区有乡镇以上医疗机构44个。其中区属医疗单位27个,包括区中医医院、区防疫站、区妇幼保健所、北道卫生院、区牙病防治所和马跑泉、中滩、新阳、花牛、甘泉、元龙镇6所中心卫生院,社棠、麦积、渭南、党川、利桥、东岔、三岔、伯阳、五龙、石佛、琥珀11所卫生院,麦积街亭、中滩杨岘、新阳席西、东岔立远、石佛樊家湾5所卫生院分院;市属医院3个,即天水市第二人民医院(原区人民医院),天水市第四人民医院(原天水铁路医院),天水市第五人民医院(即天水市传染病医院);驻区企事业单位医院8个,即小陇山林业实验局职工医院(又称天水市骨科医院)、天水星火机床厂职工医院、天水风动工具厂职工医院、天水锻压机床厂职工医院、甘肃工业职业技术学院职工医院、二一九职工医院、天水蓝天医院、兰化疗养院;民营医院6个,即天水广济医院、天水祥麟烧伤医院、天水麦积同仁医院、天水麦积康宁医院、天水广业中医正骨医院、天水协和医院。另有379个农村卫生所、97个卫生分所,5个城区社区卫生服务中心(正筹办中)。

一、市级医院

天水市第二人民医院　在城区成纪大道东路西与前进路南端交汇处。最早为

1951 年成立的天水县人民卫生院,1956 年迁今址, 为县人民医院,1985 年改区人民医院,1992 年与市第二人民医院合并,称今名,隶属市卫生局,县级事业单位。占地 36.2 亩,建筑面积 3.48 万平方米。为集医疗、急救、预防、保健、康复、科研、教学为一体的综合医院。2007 年,有病床 580 张,职工 876 人,其中正高职称 10 人,副高 67 人,中级 207 人,硕士研究生 11 人。设 60 个科室,其中临床科室 32 个,医技科室 12 个,职能科室 16 个,两个门诊部,有设施齐全的 120 急救站、桥南社区急救站和麦积山风景名胜区仙人崖景区急救站。2007 年门诊 25 万多人,出院病人 1 万余人次,各种手术 2700 多台次。新建住院大楼投资 5000 万元,主体 15 层,设病床 480 张,建筑面积 2.28 万平方米。内设床边急救呼叫系统、负压吸引系统、中心供氧系统、手术室层流净化系统、计算机网络系统、闭路电视手术监控系统、火灾自动报警及联动控制系统等现代设施。先后引进国内外先进的直线加速器、磁共振成像系统、DR、美国惠普 4500 型彩色超声诊断系统、德国西门子双排螺旋 CT、800 毫安数字化 X 线胃肠机、西门子亚当牌黑白 B 超、美国 GE 电动移动式 C 型臂 X 线诊断系统、美国贝克曼全自动生化分析仪、电脑酶标仪、冰冻切片机及病历工作站、1161B 型脑电图仪、12 人高压氧舱、泌尿体外碎石系统、德国蔡司眼科手术显微镜、电子胃镜、日本奥林巴斯腹腔镜、宫腔镜、关节镜、前列腺汽化电切镜、纤维胃镜、支气管镜、肠镜、膀胱镜、鼻窦内窥镜等设备 220 余台件。医院近年先后获得部、省、市科技成果进步奖 66 项、在省级以上刊物发表论文 500 多篇。

天水市第四人民医院　是一所集医疗、预防、保健、康复、教学为一体的综合性国家二级甲等医院,始建于 1951 年,在城区区府路西。其前身为兰州铁路局天水铁路医院,2004 年移交天水市, 隶属市卫生局,2005 年改名为天水市第四人民医院。占地 25 亩,建筑面积 1.52 万平方米。2007 年,开设床位 300 张,职工 299 人,卫生技术人员 264 人,高级职称 13 人,中级 88 人,门诊诊次 8 万人次,出院病人 7000 人次。医院设门诊部、住院部、急诊科、医技科室、放疗科、体检中心以及妇产科、儿科、血液透析中心、检验科、放疗中心等重点科室和普外科、骨科、泌尿外科、肾病内科、消化内科等专业科室。拥有 X 线电子计算机断层扫描机(螺旋 CT)、全自动悬吊臂 800 毫安 X 光机、C 型臂 X 光机、数字胃肠机、彩色超声诊断仪、医用直线加速器、模拟定位机、血液透析系统、电子胃镜、全自动生化分析仪、病理图文分析系统等设备 100 余台(件)。

天水市第五人民医院　又称天水传染病医院, 县级事业单位, 隶属市卫生局。在社棠镇。前身为北京第一人民医院,1970 年迁甘肃后分两院,分建永昌县和永登县。1972 年将永登县医院再迁天水，1973 年在社棠兴建新址，1975 年开业。2004 年设为天水市传染病医院。2006 年 8 月改名甘肃天水传染病医院，加挂天水市第五人民医院牌子。医院占地 30.5 亩，建筑面积 1.3 万平方米，总投资 1824 万元。是一所既能应对突发公共卫生事件、救治各类传染病，又集医疗、预防、临床、康复、科研为一体的现代专科医院。2007 年，职工 81 人，其中卫生专业技术人员 54 人(具有副高以上职称 4 人)。设科室 23 个，其中职能科室 10 个，临床科室 8 个，医技科室 5 个，设备有 500 毫安双管双床遥控 X 线机、300 毫安移动式 X 线机、自动洗片机、生物安全柜、自动生化分析仪、全自动血球计数仪等 50 多台件大型医疗设备。

二、区级城区医院

麦积区中医医院　1983 年成立，在城区桥南天麦高速公路口。占地 8.5 亩，建筑面积 3392 平方米。2007 年，有床位 78 张，职工 152 人，其中副高职称 6 人，中级 45 人。医院设科室 42 个，其中临床科室 20 个，医技科室 10 个，职能科室 12 个，1 个门诊部。设备有飞利浦全数字化彩色超声诊断仪、麦迪逊—5000、迈瑞—9900 黑白 B 型超声诊断仪、德国利霸—600 全自动化分析仪、北京万东东方 500 型程控 500mA 医用诊断 X 线电视系统、迈瑞 3000 全自动血球分析仪、日本富士能—2200 电子胃镜、德国爱尔博高频电凝电刀、日本 AM—4290 尿十项分析仪、日本血凝仪、酶标仪、北京宜安麻醉呼吸机、北京美高 ECGLAB 型心电综合分析系统、24 小时动态心电分析仪、多参数除颤监护仪、心电监护仪、微波治疗仪等。

麦积区疾病控制中心　原称天水县卫生防疫站，1956 年成立，1962 迁北道埠，1985 年改名区卫生防疫站，2004 年再改名区疾病控制中心。2007 年，有职工 80 人。内设疾控科、结核病科、性艾地病科、慢性病科、检验科、疫苗注射室。负责传染病管理。已建立传染病网络报告制度，全区 23 个农村卫生院、分院对诊断的甲、乙、丙类传染病均实行计算机网络报告。

麦积区妇幼保健所　在城区社棠路，占地 10 亩，建筑面积 2666 平方米，有门诊、住院部及办公楼。主要开展住院分娩、计划生育手术、剖宫产手术、妇科常见病手术。2007 年，有床位 65 张，职工 95 人，其中专业技术人员 82 人，内有正高级职称 1 人，中级 41 人。设备有自动洗片机、半自动生化分析仪、血球计数仪、新生儿辐射台、蓝光治疗仪、婴儿暖箱等。已建立妇幼保健三级网，农村各卫生院、分院有专职妇幼专干，村卫生所有防保员 475 人。

麦积区牙病防治所　前身是天水县北道牙病防治所,1958年由4名牙科技术人员联合入股成立,隶北道镇。1985年改名区牙病防治所,隶区卫生局。原设址一马路,1994年街道拆迁中,迁二马路(今商埠路),现有职工9人,年诊疗3万多人次。

北道卫生院　在城区道北街道。始建于1956年,为北道联合诊所,1959年改称北道镇卫生院,1985年由区卫生局直属,改名北道卫生院。是一所集中西医治疗、预防保健、计划生育等为一体的非盈利集体医疗机构。设内、外、妇、儿、医技科、针灸理疗、公共卫生等科室。病床25张,职工52人,其中副高职称1人,中级17人。有B超及心电图机、500毫安X光机配置Cr、电子胃镜、全自动生化分析仪、血球计数仪、麻醉机、心电监护仪等设备,年门诊3万人次。

三、驻区及私立医院

天水市骨科医院　原名甘肃省小陇山林业实验局职工医院,2006年正式挂牌为天水市骨科医院。在桥南分路口西北,为陇东南地区唯一的一家骨科专科医院。始建于1970年,占地9亩。2007年,有职工117人,其中卫生专业人员100人,内有高级职称13人,中级32人。临床科室设有骨科、内科、儿科、妇产科、中医科、口腔科、皮肤科、麻醉科,医技科室包括超声科、放射科、检验科、药械科。主要设备有妇科微波治疗仪、多参数监护仪、6参数监护仪、九参数母胎监护仪、尿八项分析仪、半自动生化分析仪、全自动血流变仪、血球计数分析仪、全自动生化分析仪、多参数监护仪、红外线乳腺诊断仪、新生儿抢救台、阿洛卡620B超机、海鹰便携B超机、小狮王增强型B超机、动态心电图机等。治疗中,对四肢创伤追求无创、微创技术,能够开展脊柱各部位手术,对陈旧性骨折、骨不连、复合型损伤等难治愈疾病,效果良好。

甘肃省慈善总会天水广济医院　2006年,经甘肃省卫生厅批准,在解放军陆军原第二十九医院原址成立,属综合性民营二级甲等医院,上隶甘肃省慈善总会。其位置在马跑泉镇胡王村西,占地130亩,建筑面积2.45万平方米,有床位200张,设有临床科室16个,医技科室6个,特色专业有烧伤整形外科、骨科、手足显微外科、神经外科、普外科、健康体检中心等。2007年在册职工320人,其中专业技术人员280人,内高级职称者30余人、中级职称40余人。医院常年聘请第四军医大学西京医院、唐都医院等医院的著名专家定期莅院会诊、临床教学,与北京301医院等医院建立远程会诊中心。医院投资8000余万元,配置先进的医疗设备和急救专用设备,有开放式核磁共振、16排螺旋CT、全数字化X光机—DR、海扶刀、奥林巴斯电子腹腔镜、数字胃肠机、乳腺钼靶X光机、全自动生化仪、电子胃肠镜、鼻胃镜、瑞士金宝连续血液滤过仪、彩超、笔记本彩超、进口麻醉机、呼吸机等，有洁净层流手术室和洁净层流重症监护病房（ICU）等。

天水祥麟烧伤专科医院　2007年成立，在羲皇大道飞机场东，是陇东南唯一一所以烧伤整形为主的专科医院。占地3.7亩。设有烧伤科、整形科、康复科、创伤科、手术室、皮肤美容科、检验科、放射科等。职工25人，其中主任医师1名、副主任医师1人。

天水同仁医院　2006年创办，在城区交通路，是一所综合性民营医院。建筑面积3800平方米，设骨科、普外科、内科、放射科、妇产科、中西医结合科、碎石科、康复理疗科等科室，有医务人员40名（其中高职医师5名），床位30张。

四、农村卫生院

马跑泉中心卫生院　在什字坪，占地6亩，业务用房4800平方米。1952年2月始建，称第二区卫生所（北道门诊部），1959年改名东泉公社卫生院，1962年称东泉地区卫生院，1974年6月更名东泉公社中心卫生院，1983年更名马跑泉中心卫生院。2007年，职工75人，其中副主任医师1人，中级职称21人。病床65张，万元以上设备20余台（件），配备救护车2辆。2007年门诊5.5万人次，住院1762人次。

花牛中心卫生院　在二十里铺村，占地4.5亩，建筑面积2735平方米。始建于1956年，时称天水县第一区联合诊所。1962年改为公社卫生院，1974年成为中心卫生院。2007年，职工43人，其中副高职称2人，中级职称3人，病床22张。年门诊诊疗2万多人次，住院病人500多人次。主要设备有B超、X光机、麻醉机、血细胞分析仪、半自动生化仪、综合手术床等。

甘泉中心卫生院　位于甘泉寺上街，占地8.8亩，建筑面积2700平方米，在镇中街另设门诊部。始建于1952年，初为天水县第三区卫生所，1959年改为麦积公社卫生院，1962年更名甘泉地区卫生院。1974年又改甘泉中心卫生院。2007年，有职工59人，其中医技人员40人，内中级职称以上12人。病床24张，主要设备有B超、200毫安X光机、麻醉机、综合手术床、电刀、血细胞分析仪、半自动生化仪、综合手术床等。2007年门诊诊疗2.8万人次，住院1011人次。

中滩中心卫生院　在雷王集，占地7.2亩，有业务用房3679平方米。1951年创办，称天水县卫生分院，次年改称天水县第八区卫生所，1956年改称三阳川农村医院，1959年改为三阳川公社卫生院，1962年称三阳川地区卫生院，1974年更名中滩公社中心卫生院。现有医护人员 49 人,内中级职称 7 人,病床 50 张。主要设备有口腔综合治疗仪、双管双床 X 光机、B 超、三导心电图、全自动生化分析仪、心电监护仪、新生儿保温箱、蓝光治疗仪等。

新阳中心卫生院　在温家集,占地 6 亩,建筑面积 1392 平方米。1952 年成立天水县第九区卫生所,1959 年改称公社卫生院,1962 年改称地区卫生院,1974 年改为中心卫生院。2007 年,有职工 18 人,内有副高职称 1 人,中级 3 人。主要设备有 B 超、X 光机、麻醉机、血细胞分析仪、半自动生化仪等,床位 20 张,救护车 1 辆。

元龙中心卫生院　在上崖村。前身为 1954 年成立的天水县第四区卫生所,1958 年改称葡萄公社卫生院,1962 年称元龙地区卫生院,1974 年称中心卫生院。占地 7.4 亩,建筑面积 1270 平方米。2007 年,职工 23 人,其中副主任医师 1 人、主治医师 1 人。门诊 8000 人次,住院 150 人次。有全自动血细胞分析仪、双目显微镜、200 毫安 X 线机、三导心电图机、多普勒胎儿听诊器、医用电冰箱、恒温培养箱、监护仪、离心机、双联观片灯、口腔综合治疗台、高压蒸汽灭菌器、呼吸机等设备 40 台(件),救护车 1 辆。

社棠镇卫生院　在社棠镇,占地 5.4 亩,建筑面积 1300 平方米。前身为 1955 年成立的社棠联合诊所,1958 年称卫生所,1962 年称公社卫生所,1974 年改卫生院。2007 年,职工 27 人,其中执业医师 7 人。设备有 X 线机、B 超、心电图机、万能手术床、电动治疗仪、12 孔无影灯、电动吸引器、电动洗胃机等。病床 20 张,年诊疗 2.5 万人次。

麦积镇卫生院　在贾河村,占地 4 亩,建筑面积 1476 平方米。原为始建于 1958 年的麦积乡农村医院,1960 年改称麦积管理区卫生所,1962 年称麦积公社卫生所,1974 年改为麦积公社卫生院。设备有 X 光机、B 超、全自动血细胞分析仪、半自动生化分析仪、三导心电图机、全自动洗胃机、双目显微镜等,病床 10 张。2007 年,职工 16 人。年诊疗 8000 人次。

渭南镇卫生院　在渭西村,占地 4.7 亩,建筑面积 1442 平方米。原为 1958 年成立的公办卫生所,1962 年改称公社卫生所,1974 年改为卫生院。设备有全自动洗胃机、双目显微镜、200 毫安双床双管 X 线机、B 超机、三导心电图机、自动化生化分析仪、全自动血细胞分析仪、医用制氧机等,配救护车 1 辆。2007 年,职工 27 人,其中执业医师 11 人,床位 11 张,年门诊 1.5 万人次,住院 337 人次,手术 132 例。

伯阳镇卫生院　在复兴村,占地 5 亩,建筑面积 960 平方米。前身为 1955 年成立的联合诊所,1958 年改称农村医院,1962 年称公社卫生所,1974 年称公社卫生院。设备有X线机、B超诊断仪、HS综合型急救箱、LK-4005多参监护仪等，病床7张。2007年，医务人员21人，其中执业医师4人。

东岔镇卫生院　在码头村，占地2.5亩，建筑面积1200平方米。1958年设乡卫生所，1959年改称管理区卫生所，1962年改称公社卫生所，1974年改名卫生院。2007年，有医务人员15人，病床15张。设备有X线、半自动生化分析仪、B超、血细胞分析仪、心电图机，能开展外伤急救、胆囊切除术、剖宫产术、高危妊娠监护分娩等手术。年诊疗5000人次。

石佛乡卫生院　在石佛镇，占地4.5亩，建筑面积2540平方米。前身为1953年成立的石佛联合诊所，1956年改为乡卫生所，1974年改卫生院。2007年，职工37人，其中副高职称1人、中级2人，床位40张。年诊疗3.29万人次，住院971人次，手术124例。

琥珀乡卫生院　在罗家村，占地3.8亩，建筑面积1040平方米。原为1955年成立于霍家川的中西医联合诊所，1958年改为农村医院，1962年改为公社卫生所，1974年改为公社卫生院，1983年更名为乡卫生院。2007年，职工10人，床位30张。设备有B超、X光机、麻醉机、血细胞分析仪、半自动生化仪等。

五龙乡卫生院　在凌温村，占地约1.5亩，建筑面积980平方米。1956年成立石洞乡卫生所，1958年称石洞公社卫生所，1962年改为五龙公社卫生所，1974年改为五龙公社卫生院。2007年，有职工5人，设备有B超、X光机等，病床5张。

三岔乡卫生院　在吴砦村，占地面积1.3亩，建筑面积630平方米。前身为三岔区卫生所门诊部，1959年改称吴砦管理区卫生所，1962年称吴砦公社卫生所，1974年改为吴砦卫生院，2004年改称三岔乡卫生院。1975年迁太碌村，1994年仍迁吴砦。2007年，职工14人，其中副高职称1人，病床10张，有X光机，心电图、显微镜、尿十项分析仪、放射、B超、心电图等设备。当年诊疗2.5万人次，住院236人次。

利桥乡卫生院　在利桥村，占地1.6亩，建筑面积560平方米，1952年设天水县第五区卫生所，1959年称公社卫生院，1962年改为地区卫生院，1974年定名中心卫生院。2003年，仍为乡卫生院。2007年，有职工14人，床位9张。有放射机、B超机、心电图机、半自动生化分析仪、全自动尿液分析仪等设备，有1辆急救车。

党川乡卫生院　在党川村，占地3.2亩，建筑面积1523平方米。前身为建于1958年花庙公社卫生院，1962年改为党川地区卫生院，1974年又为中心卫生院，后为乡卫生院。可开展计划生育手术、下腹手术等。有双目显微镜、洗胃机、心电图机、半自动生化仪、制氧机、离心机、呼吸机、全自动血气分析仪、透视机等设备,救护车1辆,病床15张。职工10人。

麦积镇卫生院街亭分院 在麦积镇街亭村,占地3亩,建筑面积1244平方米。初为1956年成立的街亭中西联合诊所,1958年改为街子农村医院,1962年成为街子公社卫生所,1974年改为街子卫生院,2003年因撤乡并镇改现名。设备有B超、尿八项机、X光机、血细胞分析仪等。2007年,有职工22人。

中滩中心卫生院杨岘分院 在中滩镇杨岘村,占地1.5亩,建筑面积350平方米。原为1956年成立中坪保健站,1958年改为西坪乡农村医院,1962年后改为西坪公社卫生所,1974年称西坪卫生院,2003年撤乡并镇后改现名。2007年,职工8人,门诊2000人次,住院50例。

新阳中心卫生院席西分院 在新阳镇席寨村,占地1.5亩,建筑面积500平方米。起初为1956年始建的凤凰乡卫生所,1959年改称管理区卫生所,1962年改为凤凰公社卫生院,1968年因公社合并被撤销,1980年因重新成立凤凰乡而重建,2003年因乡撤并改现名。2007年,有职工3人,设备有B超、X光机等,病床6张。

东岔镇卫生院立远分院 在东岔镇交川村,占地7亩,建筑面积898平方米。1956年成立立远乡卫生所,1962年改称立远公社卫生所,1974年改名立远卫生院,2003年改现名。2007年,职工12人,其中执业医师3人,设备有B超、心电图机、双目显微镜等。病床11张。年门诊治疗1.18万人次,住院122人次。能完成胆结石胆囊摘除、子宫切除、阑尾炎切除、脂肪瘤摘除等手术。

石佛乡卫生院樊家湾分院 在石佛乡樊家湾村,占地6.5亩,建筑面积860平方米。1958年成立南河川卫生所,1962年改称公社卫生所,1963年更为罗玉地区卫生院门诊部,1966年称三阳川卫生院门诊部,1968年改称南河川公社卫生院,1974年称南河川中心卫生院,1985年名为南河川卫生院,2003年因撤乡并镇改现名。2007年,职工9人,门诊1.18万人次,住院146人次,手术11例,辅助检查482人次。

第二节 医疗队伍

1985年,全区乡、镇以上卫生系统职工1027人,其中卫生技术人员933人;城区医疗单位513人,农村卫生院514人。另外,村卫生所、诊所有乡村医生及保健员510人。

1990年，全区乡、镇以上卫生系统职工1090人，城区医疗单位665人，农村卫生院425人；正式工836人，集体工92人，临时工162人。共有卫生技术人员945人，城区医疗单位539人，农村卫生院406人。有医疗职称人员794人，其中高级职称22人、中级职称119人、医药护技检验师305人、医药护技检验士348人。村卫生所、诊所有乡村医生及保健员585人。

2000年，全区卫乡、镇以上卫生系统职工1388人，其中正式工1132人，集体工109人，临时工147人。城区医疗单位1000人，农村卫生院388人。有职称人员1016人，其中高级27人（正高2人，副高25人），中级312人，初级677人。村卫生所、诊所有乡村医生及保健员500多人。

2007年，全区乡、镇以上医疗机构职工1862人，其中卫生技术人员1539人（内执业医师527人，执业助理医师129人，注册护士467人，药剂人员122人，检验人员83人，其他211人），其他技术人员38人，管理人员98人，工勤人员187人。总人数中，公立医疗机构人员1726人，其中城区1227人，农村卫生院及分院499人；正式职工1245人，集体工47人，临时工434人。另外村卫生所、诊所有乡村医生及保健员476人。

第三节　疾病治疗

一、医疗设备

1985年，全区各医疗机构利用世界银行贷款增添设备31种，计60台（件），价值84万元。加上自购共计310种，668台（件）。其中上级配设的有角膜显微镜、手术显微镜、激光治疗机、心脏除颤起搏器、超声多普勒仪等。1990年，购置200元以上仪器设备326台（件）。至此，世界银行贷款装备医疗器械结束。1993年，市第二人民医院代表新医学和具有独特疗效的高压氧舱投入使用。同年新增的检验设备有体外血栓血小板粘附仪、微量红细胞压积仪、血液粘度测定仪、红细胞分析仪、100型比色仪（美制）、血流变电脑分析仪、超微量生化分析仪、r放射免疫分析仪、尿八项测定仪。1995年，购置多功能心电监护仪、24小时动态心电监护仪、300毫安X光萤光增强电视透视机、六孔智能溶出仪、光量子血疗机、氦氖激光血管内照射机、大型输液软包装生产线。1996年，市第二人民医院筹集资金178万元，引进美国GE9800型全身CT机1台，属省内当时最为先进的机型。1999年，以特价优惠购进黑白B超2台，购激光疼痛治疗仪1台。2000年，新增单导自动心电图机、临时起搏器、血细胞计数仪、动态血压监护仪、动态心电监护仪等。2001年，购置全市最先进的视频脑电图仪。同年还争取到美国政府优惠贷款21.5万美元，引进美国惠普4500型彩超。2002年采购西门子“亚当”牌黑白B超机1台、心电工作站一套及百胜、艾克逊B超各1套。2003年购进250毫安移动式X光机，投资近百万元购进日本奥林巴斯腹腔镜和前列腺汽化电切镜，开展微创手术。2004年，争取到德国政府优惠贷款75万欧元，购置陇东南地区唯一的西门子双排螺旋CT和全市最先进的800毫安全数字化X线胃肠机；接受香港盲人辅导会无偿捐赠的77.98万港币的眼科设备，向省卫生厅争取到价值34万元的酶标仪和电脑洗板机。2005年，新增C型臂、宫腔镜、体外碎石机、关节镜手术器械以及病理工作站、超声工作站和动态心电图系统。2006年，购进电子胃镜、多导电生理仪、多参数监护仪等。

二、医疗技术

市第二人民医院 1985年，蔡绍佗“抗高近丸”科研成果通过鉴定。1987年，开展头发微量元素分析。1988年，外二科成功完成一例8岁癫痫患儿首次施行脑立体定向手术及脑室造影术。1989年，朱锋为甘谷县新兴乡62岁男性患者首次切除肾脏巨大肿瘤，周光前施行首例带真皮下血管网腹部皮瓣游离移植修复足背皮肤缺损手术。1990年，检验科成立免疫室，开展乙肝三系统、免疫球蛋白γ测定。1991年，购进血流变检查仪，开展超微量检查，手术室使用心电监护仪设备，B超室启用热敏图像仪，外二科与放射科配合施行经股动脉穿刺全脑血管造影。1995年，口腔科完成人工牙种植术，外三科颈、胸、腹三切口治疗食道中段癌。1996年，内一科使用价抗肉毒血清，抢救一家4人内毒素中毒；外三科开展外伤性喉、食管完全横断一次吻合。1998年，外二科施行右前臂离断12小时再植，并开展胎儿同种异体骨移植术的临床应用。1999年，眼科外伤性泪小管断裂在手术显微镜下成功吻合，外二科缝合血管最小直径达1.5毫米。2000年，内二科安装永久型心脏起搏器2人次，临时型心脏起搏器3人次。2002年，外三科开展膀胱粘膜一期尿道成形术，是治疗尿道下裂的一种新术式；外四科开展脑干血肿脑立体定向抽吸术，打破脑干手术禁区。2003年，开展胆囊、卵巢囊肿切除以及前列腺汽化电切新技术，内一科电视内窥镜（胃镜、支气管镜、肠镜）的安装调试应用于临床，内二科开展心内膜心脏临时起搏和永久型单腔及双腔心脏起搏器植入，外一科开展微创手术。2006年，利用引进美国GE9800型C臂机成功开展

1例颈椎间盘置换手术、5例心脏介入治疗手术，神经外科利用右正中神经电刺激昏迷催醒技术使4例昏迷患者苏醒。2007年，普外科完成1例腹腔镜下直肠癌根治术，神经内科与介入中心共同完成1例脑动脉瘤介入栓塞术。

第四人民医院 开展新技术108项，其中乳腺癌根治术后X线视野放射治疗、食管癌晚期根治性放射治疗、腹腔镜下肾囊肿开窗引流术、根治性全膀胱切除术并乙状结肠代膀胱术、胎儿产前超生系统检查及胎儿畸形筛查、网球肘络刺循经治疗6项填补市内空白。

区中医医院 1998年完成第一例开颅术。利用中西医结合诊疗优势，在改善肝脏功能、逆转慢性乙型肝炎和丙型肝炎病毒复制和肝纤维化，改善肝炎干硬化的生存质量及对急慢性胆囊炎、胰腺炎的治疗上积极探索，提高临床疗效。

妇幼保健所 1987年，开展巴氏涂片、宫颈电烙术、人流术、通液术、放环术、取环术、碘油造影术、息肉摘除术。1988年，开展心电图胎心监护、红外线乳腺检查。1989年，开展CO2激光治疗术。1990年，开展肝功、精液常规、尿HCG、配血等化验。1991年，开展肾功、电解质、大便潜血试验、血糖检查。1995年，开展三系统、RPR、血沉检查。1999年，开展丙肝、艾滋病检测。2000年，开展快速荧光读片。2006年，开展新生儿复苏治疗。2007年，开展免疫五项检查和阴道镜检查，开展腰麻硬膜外联合麻醉和椎管内连续阵痛手术。

部分乡、镇卫生院及分院能完成胆结石胆囊摘除、子宫切除、阑尾炎切除、脂肪瘤摘除、剖腹产、甲状腺瘤摘除等手术，以及疝气、腰椎压缩性骨折钢板取出及外伤处理等手术。

第四节 卫生防疫

一、计划免疫

1985年，区内平均接种率17.1%，“四苗”（百日咳、白喉、破伤风三联疫苗，麻疹疫苗）接种率48%，传染病漏报率57%。年内共领发各种疫苗52万人份，实际接种48.6万人份。1986年前，区内两级无储存疫苗的冷链设备，村级无冷藏背包和高压消毒锅。是年通过世界银行贷款，配备冷链运转储存疫苗所必需的运输车辆、冰箱、冰柜、冷藏包，从而使疫苗由常温存放转变为低温存放。是年发生传染病903例，出血热基本得到控制。1988年，投放疫苗33.1万人份，“四苗”接种率达到

89.29%,覆盖率70.48%。全区共发生传染病1179例。1989年秋中滩、石佛等乡小儿麻痹流行后,区卫生局、防疫站迅速组织防疫查漏补种,控制疫情蔓延。1990年,“四苗”合格接种率88.57%,儿童计划免疫入保率59.13%。1991年,集中培训防疫专干3期、167人次,举办流行病学习班3期、107人次,性病防治班3期、135人次。1992年,输送生物制品51.87万人份,脊灰糖丸普服分2月、5月两次投服,两次强制免疫共输送糖丸11.79万人份。年内共报告发生乙、丙类传染病11种、1035例,重点疫情流调700人,采血化验61人,查出甲肝17例、乙肝3例。立远乡发生麻疹55例,街子乡毛集村、二十里铺乡峡口村发生腮腺炎105例,均及时治疗。1993年,全区设498个脊灰糖丸投服点,972名乡村干部担任宣传组织员,1100名医务人员登记投服,4.1万名0~4岁儿童接受第一轮强制免疫。

1995年,施行贷款结核病项目共检出活动性病人201例。1996年,7492名初生儿童全部按程序接种疫苗,发生乙类传染病9种、2027例。1997年,区防疫站对伯阳、石佛、二十里铺、马跑泉、社棠、中滩6乡3.54万人次普查化验肝功,检出甲、乙肝病人748例,预防性甲、乙肝疫苗接种3.46万人份。1999年,对发现2例麻风病人进行联合化疗,给151个村卫生所接种点发放高压锅和系列注射器151套,给18个乡、镇配发低温冰箱(柜)18台。2000年,区防疫站抽出专业人员,包乡包村对1999年以来计免漏卡、漏种儿童进行查漏和补种两轮脊灰。对0~4岁龄儿童投服糖丸。

2001年,分期分批培训乡、镇和村级计划免疫人员456人。2002年,开展两轮脊灰强化免疫活动,为0~3岁儿童投服脊灰糖丸。第一轮摸底应种2.47万人,实际接种2.46万名;第二轮摸底应种2.6万人,实际接种2.59万名。此后,每年在儿童计划免疫活动中,对新生婴儿建卡、建证,及时使用卡介苗、脊灰糖丸、麻疹疫苗“三联”疫苗,“四苗”等接种,还注射乙肝疫苗。

2006年,在实施GAVI(全球疫苗免疫联盟)项目宣传中,培训区、乡、村工作人员1032人,发放资料册700余本,培训区级人员两期、80人次,村级952人次。

2007年冷链系统运转6次,输送基础免疫疫苗1.06万人份,卡介苗接种率99.49%,三价糖丸全程接种99.08%。百白破三联全程接种率98.93%,麻疹疫苗接种率97.83%,乙肝疫苗接种率98.78%。儿童出生建卡建证率均为100%。

二、传染病防治

性病　1985年,开展性病调查,共调查2005人(男1354人,女651人),检出性病183例(其中男97例,女86例)。其中特殊人群检查1519人(男1134人,女

385人),检出性病155例(其中男83例,女72例)。发病年龄集中在20~40岁之间。1999年,报告淋病44例。2000年,报告性病83例,其中淋病12例、软下疳1例、尖锐湿疣29例、生殖器疱疹3例、非淋菌性尿道炎36例、性病肉芽肿1例。2005年,报告性病40例,其中淋病18例、梅毒22例。

艾滋病　1999年,境内发现首例感染者。至2004年底,共发现7例,其中3例死亡。感染者中农民3例,工人2例,干部2例。感染途径主要由血液和性接触传播。2007年,全区网络监测共报告性病21例,为预防,发放安全套4万余只;VCT咨询、检测各459人,未发现HIV阳性感染者。

病毒性肝炎　1986年报告148例,1990年86例,1991年269例,1992年395例,1999年690例,2002年1122例(甲型115例、乙型857例、丙型141例,未分型9例),2005年1212例,2007年1135例(甲肝28例、乙肝945例、丙肝153例、戊肝1例,未分型8例)。

伤寒　1992年发生2例,1999年3例,2002年1例,2003年1例,2005年2例。

猩红热　1986年发生1例,1990年2例, 1991年1例,1992年20例,1999年3例, 2002年3例,2005年2例,2007年3例。

出血热　1986年发生3例,病死1例。1999年3例。2004年检测中,布鼠夹2400余次,捕鼠124只,采集鼠肺123份,送市疾控中心化验。

结核病　1989年涂阳130例,1991年101例。1992年,对101例病人的服药效果进行拍片及临床观察78例,总有效率94.87%。1995年201例。1997年接诊1000例,确诊247例。1999年215例。2001年8例。2002年,接诊疑似病人370例,确诊31例。2004年接诊可疑病例470例,确诊175例。2006年确诊391例,2007年438例。

麻疹　1986年发生184例,病死3例,其中南河川乡麻家坪村56天内发生44例,波及24户。1990年116例, 1992年96例,1999年42例,2002年14例,2003年14例,2005年3例,2007年4例。

百日咳　1986年发现19例,1990年52例,1999年1例。

痢疾　1986年发生512例,病死1例。1990年403例,1991年169例,1992年487例,1999年589例,2002年673例,2003年673例,2005年358例,2006年254例。

梅毒　1992年发现2例,1999年报告3例,2005年报告22例,2006年报告34例,2007年39例。

流行性脑脊髓膜炎　1986年报告28例,死亡3例。1990年66例,1999年1例。

乙型脑炎　1986年报告7例,死亡1例。1990年2例,1991年2例,1992年18例,1999年8例,2002年7例,2004年6例。

风疹　2005年报告22例,2004年13例,2006年50例。

流行性腮腺炎　2005年报告161例,2004年13例,2006年342例。

感染性腹泻　2005年报告69例,2004年68例,2006年111例。

流行性感冒　多发于冬春季节,1990年报告20例。

此外,2003年4月非典型肺炎(简称"非典")在国内部分地区流行时,作为预防,区人民政府成立"防非典"领导小组,启动应急预案,实行日报和零报告制度。在其后4个多月中,区疾病控制中心共组织开展"防非典"知识讲座36次,举办学习班10期,培训各类人员8600余人次,编制印发各种宣传材料3.2万份,出动流调人员6500人次,出动疫情处理车辆1500余台次。最终未发现染病者。

2004年,高致病禽流感在国内一些地方流行。作为预防,区人民政府成立由卫生局牵头的指挥部。组织880名在职乡村医务人员参加重点传染病防治、疫区现场消毒、急诊救护培训班,439名村级卫生人员参加预防接种、安全注射、医疗卫生、妇幼保健、法律法规等应急处理知识讲座。

三、地方病防治

地方性氟中毒　地方性氟中毒分氟斑牙、氟骨症两种。1985年对发病区25万人调查,查出氟斑牙患者6.39万例,氟骨症患者516例。病区涉及25个乡、镇、街道的260个村,其中在南河川乡开展的氟碘中毒科研课题中,共调查30户,拍片108人,尿氟测定106份,发现氟斑牙患者763人,氟骨症患者19人。是年下发氟宁片20瓶,就地治疗;降氟改水工程10处,投资29.1万元,受益人口1.58万人。1986年,对已拍片确诊的21例氟骨症病人对症治疗,投服氟宁片3400片,效果良好。1989年,经卫生防疫部门对全区各村人畜饮用水调查和反复摸底核实,全区有氟中毒病区村153个,氟斑牙患者6.39万例,氟骨症病人5057例。2001年,氟中毒改水和雨水集流工程中,开挖深井30眼,降氟改水18处。

麻风病　1993年,对12例治愈病人及家属跟踪健康检查,未发现阳性体征。2001年,吴砦乡前进村新发麻风病1例,在家联合化疗。并对东岔、伯阳、元龙3乡麻风病存活者及密切接触者进行调查、随访,仍未发现阳性体征。

碘缺乏病　包括地方性甲状腺肿(简称地甲病)和克汀病。1985年统计,全区有地甲病2794例,分布在229村;克汀病536例,分布在81村。当年向病区下发碘油胶丸6万粒治疗。为预防,1986年全区食盐供应中均使用加碘小包装盐,并对购进、出售无碘盐者严肃查处。下发碘油注射针剂1550支,碘油胶丸3.88万粒治疗。至1990年,全区尚有地甲病2429例,克汀病539例。1994年,盐务稽查机关在碘缺乏病区发现不合格碘盐3000余公斤，当即封存，责令其全部返工加入碘,待检验合格后再投放市场。1998年,采用容量比例概率开展抽样调查,30所小学1248名8～10岁学生中,甲状腺肿大者202名,患病率16.2%,其中凤凰乡最高为38.1%。其结果表明区内8～10岁在校学生甲状腺肿大率与国家控制标准相差甚远(3倍以上)。2007年,市地方病防治办公室和市疾控中心组织的实现消除碘缺乏病阶段复查评估中,在麦积、甘泉2镇各检查8～10岁学生50人,患甲状腺肿者分别为8例和9例;盐碘定性检测各10份,有碘率分别为100%和90%。

克山病　1985年,对元龙、石佛等乡调查,确认石佛乡属病区,分布在8个村。1986年,全区97例慢潜型除1例发作外,其余病情稳定。同年下发50%葡萄糖2400支、0.5维生素C2000支、亚硒酸钠片1500片治疗。1994年,对新阳、石佛、琥珀3乡183例潜慢性克山病复查,已正常死亡31人,外迁73人,治愈好转28人。1994年全区有潜慢性克山病人87例。

布鲁氏杆菌病　1985年,疫情监测未发现新病例。1986年对密切接触人员开展"布氏菌病活菌"免疫,应免疫1016人,实免疫1002人。畜牧部门对牛、羊血检302头,对两例阳性作切断传染源处理。2001年,共调查高危人群301人,未发现阳性感染者。

大骨节病　1985年,全区有大骨节病2535例,分布在14乡、127村。当年给病区下发亚硒酸钠片14.2万片防治。1986年,又向病区病人和15岁以下儿童发放亚硒酸钠片63.2万片,供1.26万人投服1年。1995年,在石佛乡溲山村调查成人687人,查出患者29例;7～13岁儿童临床检查129人,查出患者25例。

寄生虫病　1988年,区防疫站在甘泉、社棠、中滩等地首次开展寄生虫流行病学抽样调查。结果被调查人群蛔虫感染率58.6%,鞭虫5.3%,蛲虫4%,姜片虫2.88%,肝血吸虫2.73%,还有少见的枝腹腔吸虫、溶组织阿米巴、结肠内阿米巴、蓝氏贾弟虫、结肠小鞭毛虫等。1989年,3次在社棠、甘泉、中滩进行寄生虫病调查,在被调查的1500人中,查出阳性患者21人。

四、事故

2001年6月19日，元龙乡卫生院组织医生在葡萄园附中集体接种乙型脑炎疫苗,个别学生出现头晕、恶心、呕吐、乏软、四肢无力等症状,继而心慌气短、抽搐。后患者不断增多，次日有150学生分别被送往解放军第二十九医院、市第一人民医院、市第二人民医院救治观察。至7月7日，150名住院学生康复出院。经省、市有关专家3次会诊，确认为注射疫苗后个别学生发生反应，诱发为“群体性癔症”。区财政为此支付各种费用13.6万元。

第五节　妇幼保健

一、妇女保健 1986年，开展妇女保健状况调查，共调查已婚育龄妇女14071人，其中计划生育节育率72.6%，怀孕12周前受检率34.8%，产前检查3次以上者77.2%，5次以上者48.6%，新法接生率96%，产后感染率2%，围产儿死亡率1.97%。同年对企业单位女工妇科病普查，共检查861例，查出子宫脱垂者62例，患尿漏者1例。1987年，为提高孕产妇保健质量，降低高危妊娠发生及孕产妇死亡率，区人民政府发布《孕产妇保健有偿服务合同制实施办法》。规定凡居住本区的已婚育龄妇女均可签订参加孕产妇保健有偿服务合同。保偿费标准10元，服务内容包括从怀孕起至分娩后6个月的时间内，做4～6次产前免费检查，免收接生费，产后访视4次。并对因高危妊娠等致残或死亡者，给予10～300元补偿费。同年区妇幼保健所为14例子宫脱垂患者做根治手术。1991年，妇幼保健所举办乡卫生院妇幼专干培训班1期，23人参加，为乡卫生院复训接生员460人。1993年，妇幼保健所办妇幼专干培训班1期，23人参加，培训乡村接生员22期、516人次。是年，仅妇幼保健所婚前检查3315对，妇女病普查8935人。1994，开始实施三网监测项目，检测0～5岁儿童死亡、孕产妇死亡和出生缺陷。1999年，妇幼保健所组织妇保、儿保人员配合乡、镇卫生院对街子、元龙、凤凰、新阳等12个乡、镇的育龄妇女进行以阴道细胞学涂片为主的妇女病普查，共体检485人，检出阴道炎患病率为54.71%、宫颈糜烂患病率22.79%。还对37个企、事业单位746名女工进行体检，阴道细胞学涂片434人，B超检查异常者16.62%。2000年，全区的新法接生率100%，新婚夫妇领证入保率95.9%，产前检查率96.14%，产后访视率88.07%，孕产妇死亡率156.57/10万，母乳喂养率96.50%。妇女病普查3420人，患病率31.84%，均予以指导性治疗。2001年，免费培训乡村接生员12名，使全区乡村接生员共达381名。并为二十里铺、利桥、五龙等乡、镇的1025名妇女做妇女病普查，查出患者960多人。2003年，妇科病普查1.02万人，查出妇科病患者4935例，患病率为48.32%。2004年，全区开展“降消”(降低孕产妇死亡率，消除新生儿破伤风，救助住院分娩)项目，为住院分娩的农村孕产妇提供贫困救助。2005年，区人民政府下发《关于集中开展打击非法鉴定胎儿性别和选择性别人工终止妊娠行为专项整治活动实施方案》的通知。

2007年，开展中国初级卫生保健基金会资助的全区妇女病普查普治项目，共普查适龄妇女3.61万人，治疗8406人。同年，中国卫生保健基金会健康工程组委会提供方案、仪器设备、技术、海极星超声波聚焦治疗仪，开展出生缺陷防治项目。通过检测，动态观察妇女儿童健康状况，对育龄妇女免费发放服用叶酸，以减少出生缺陷与残疾。

二、幼儿保健　1988年，区妇幼保健所调查，全区围产儿死亡率23‰，比1985年下降4.8‰，新生儿死亡率由1987年的14.8‰下降到13.1‰，婴儿死亡率从1987年的24.4‰下降到19.3‰。1991年，新生儿死亡率降为15.3‰，婴幼儿死亡率降为10.3‰。1993年，使用统一的《出生医学证明》，作为婴儿出生的医学证明，证明由省卫生厅统一印制。1994年起，区内开始实施三网监测项目，检测0～5岁儿童死亡和出生缺陷。1998年，区妇幼保健所开展儿童脑瘫的流行病学与病因学研究，完成全区3万名1～6岁儿童的调查，查明全区儿童脑瘫患病率、分布特征，并进行病因学研究。1999年，国家“脑瘫项目”专家分别抽取马跑泉、社棠、二十里铺为调查点，调查924名儿童，结果脑瘫儿童患病率2.8‰。2000年，妇幼保健所组织街子、元龙、凤凰、新阳等12个乡、镇7岁以下儿童进行健康普查，体检7岁以下儿童1295人，对查出的危害儿童健康的“四病”(维生素D缺乏性佝偻病、小儿营养性缺铁性贫血、肺炎、婴幼儿腹泻)提出治疗建议和预防措施。还对城区幼儿园86名保育员和568名入托儿童健康体检，体检合格率分别为100%和95%。

第六节　公共卫生

一、爱国卫生

1985年起，城区和农村环境卫生越来越被社会所重视。1989年始，每年3月开展“爱国卫生宣传月”活动，区、乡两级医疗卫生机构组织队伍，出动宣传车，利用新闻媒体开展爱国卫生宣传，组织广大群众开展大规模的环境卫生清扫活动。1991年起，加强城市环境卫生的综合治理，城区各街道推行门前“三包”(包卫生、包绿化、包治安)。1995年,开展“卫生城市”的创建。区人民政府为进一步明确清扫保洁界线,下发文件,规定各街道、环卫处清扫地段,明确其具体职责。1996年,区内入选省级卫生城市,区爱卫会加强“除四害”工作力度,每年开展两次全区统一组织的以灭鼠为主的“除四害”活动,投放大量的消杀药品。2001年和2006年,又两次制定“除四害”的“十五规划”和“十一五规划”。2001–2005年共投放灭鼠药2万公斤,灭蝇、灭蚊药6000包(瓶),灭蟑药3000袋,每年开展鼠密度监测4次。单位食堂和重点宾馆、餐饮业基本实现门底铁皮化,门窗、管道铁网化。2007年,城区环境卫生坚持每日“一扫两保”制度,中心城区重点路段实行全天保洁,总道路清扫保洁面积135万平方米;日产日清垃圾155吨,日清运率100%,年清运生活垃圾5.5万吨、建筑垃圾4万吨,对垃圾的无公害处理率达65%。

二、水质监测

1985年,区防疫站对城区和马跑泉水源地生活饮用水源选点采样监测4次、32份,企、事业单位自用井水15份,得出数据814个,理化指标合格率82%,细菌指标合格率76%。时城区共有饮用水源42个,大小水塔39座,平均容积139立方米,每个水源平均供水量943吨,经对采集42份水样化验,理化指标合格33份;集中式供水系统季度监测9个点,采样18份,合格16份,细菌指标合格15份。同年对10所医院污水排放情况进行卫生监测建档管理。1998年水源监测中,全区571个水源中采样96份,经检测合格74份。2001年,城乡饮用水采样76份,其中城区33份,按一级标准评价,合格27份;农村43份,按二级标准评价,合格38份。2006年,成立区农村饮水安全项目领导小组和区涉及饮用水源突发环境事件应急指挥部,组织协调、指导重特大涉及饮用水源突发应急事件,指导医疗卫生救助,并制定饮用水源突发性环境事件应急预案。

三、改厕

自90年代开展农村改厕起,至2005年全区共建成农村卫生厕所6万座,卫生厕所普及率55.7%。2006年,再实施中央补助地方专项资金农村改厕项目,全区农村又建成双瓮改良型、三联沼气式等无害化卫生厕所5820座,农村无害化卫生厕所普及率达到24.12%。

四、卫生应急

东岔“6.15”危险品事件　2005年6月15日,辽宁省锦州市黑山县金燕经贸有限公司1辆重型挂罐车,从兰州装载33.4吨碳5(危险易燃易爆化学品)行至国道310公路东岔镇牛背村东侧时,因传送带断裂使车体滑至公路南侧下。区人民政府接到报告后,立即启动《危险化学品应急救援预案》,成立由主要领导、主管领导任正、副总指挥的事故救险援助工作组,东岔镇人民政府为防止车内装载物爆炸,立即组织附近村民紧急疏散,维持现场秩序。旋调集2台50吨吊车,最终牵引事故车到路面,19日上午顺利完成事故处理。

甘泉镇吴河村村民血铅超标事件　2006年3月,甘泉镇吴河村部分村民反映当地所建一家冶炼厂污染周围环境,致部分村民铅中毒严重。区疾控中心即组织专业人员对其村村民采血化验,共采血177人份,结果发现血铅超标者146人。接着,区人民政府立即成立事件处置工作领导小组和医疗救治小组,于3月31日抽调专人全力配合甘泉镇人民政府和区环保部门,邀请西安中心医院专家再次对村民采集血样化验,并紧急开展诊断和治疗。其后,两次共治疗血样铅超标村民249人。

第七节　食品药品监督

一、食品监督　1985年,区委、区人民政府组织对食品行业卫生大检查,共检查267个单位,处罚185家,销毁变质食品689公斤。同年,开始实行《食品卫生许可证》制度。1986年,监测食品8种,采集583份样品,检验合格者379份。对生产经营不合格食品单位罚款157户、警告61户、限期改进38户、停业整顿24户,销毁霉变过期食品8种、价值21.5万元。还举办学习食品卫生法培训班6期、180人参加。是年,全区共有食品生产经营单位809户,从业3457人,其中食品生产加工户19家,各级各类餐馆、食堂75个,调味品生产单位51户,冷饮生产单位27户,总人数中冰棍推销员1552人;农村集贸市场有食品经营单位和个体户637户,从业1397人。

1987年,区人民政府成立食品卫生领导小组,较大的食品生产加工厂、车间班组设卫生检查员,食品卫生监督员由原4人增至6人,检验人员由5人增至7人。此后3年中,共责令限期改进24个单位,停业整顿56个单位,罚款222家,销毁变质食品27种,包括肉类467公斤、饮料2500公斤、面粉1300公斤、花生833公斤、葡萄干720公斤、红葡萄酒1.5万瓶;监督销毁糖业烟酒公司批发部变质食品11种,价值6600元。1989年,对食品从业者体检3765人,换发健康证

3300 本，检查出乙肝表抗阳性、皮肤病等 41 人，全部调离工作岗位。

1993 年开始，区防疫站对城区食堂、学校、旅店、理发店、影剧院、录像厅等场所卫生情况开展经常性的监督检查，是年仅食品行业监督检查 4676 户，85%设有“三防”（防蝇、防鼠、防尘）设备，90%从业人员能做到“三勤”（勤洗手、勤洗头、勤剪指甲），95%食品存放做到冷藏和生熟分开，各类食品检验合格率为72%。是年还举办《食品卫生法》学习班 4 期，确定每月 28 日为例会日，城区各食品公共场所从业单位和个体户负责人参加。其活动作为制度，此后每年坚持。

2001 年，开展“食品卫生质量信得过单位”创建活动。是年，城区有食品生产经营单位 1030 户，从业 3615 人；健康体检 3555 人，查出传染病或传染病毒携带者 40 人，全部调离工作单位；办健康证 3462 人，审查、验收、办理食品行业新开户证件 355 户。年内检查中，处罚 98 户，其中警告 22 户、责令限期改正 19 户、停止生产经营 7 户、罚款 18 户，没收销毁过期、伪劣、变质、“三无”、掺假等食品 25 种、1.34 万公斤，价值 4.04 万元；抽查食品 2139 份，合格者 1578 份。2003 年检查中，没收销毁过期、变质、伪劣、掺假及“三无”食品 38 种、1374 公斤，价值 9233 元，分别在 5 月 10 日、11 月 8 日焚烧处理并召开现场会。2006 年，区人民政府成立食品安全委员会。区卫生监督分所在“中秋节”“国庆节”前夕开展食品安全整顿，没收不合格食品 266 公斤，处罚 26 户。

二、药品监督管理　2001 年天水市药品监督管理局北道区分局（2005 年改名麦积区食品药品监督管理局）成立后，对涉及药品的生产单位、经营单位和医疗机构开展检查监督，查处假、冒、伪、劣药品。2003 年，销毁假、劣中西药品 1048 种、94.1 万瓶(盒)，中药材饮片 76 公斤，标值 16.3 元。2004 年，建立区农村基层药品监督管理协查组织及办公室，任命乡、镇主管卫生的副乡镇长或副书记担任协查组组长，聘请乡、镇卫生院院长或副院长担任协查员，聘请村支部书记、村主任、防保员等担任信息员，对区内药品生产、经营、医疗机构按“一企一档，一家一档”的要求建立诚信档案，对在日常监督检查中发现的不良行为，按规定详细记录在案，鼓励涉药单位加强自律。同年开展药品、中药材、特殊药品、疫苗、诊断试剂等的专项整治工作，共检查涉药单位 906 家（次），查处药品医疗器械违法案件 86 起，查处违法涉案的药品 179 种、2.26 万盒（瓶、具、付），标值 2.11 万元，全部予以没收，罚款 3.2 万元。2005 年，开展“3.15”假劣药品销毁活动，销毁假劣药品 419 种、2450 瓶（盒、支），标值 3.2 万元。全年共出动执法人员 1371 人次，其中农村协查人员 1052 人次，查处各类违法案件 162 起，没收假劣药品 743 种、6032 瓶(盒、支)，标值1.75万元，中药饮片380公斤，罚没款5.59万元；监督销毁麻醉药品空安瓿2.67支，没收一类精神药品品种787支、611片，罚款2219元，没收二类精神药品44盒，标值176元。2006年，与乡、镇签订《食品药品“三网”建设暨新型农村合作医疗药品管理目标责任书》。在对药品、医疗器械市场清理整顿中，查处各种违法案件123起，没收假劣药品3.06万瓶(盒、支)、中药饮片554公斤，标值8.18万元。抽验药品51批次，其中中药饮片36批次、西成药15批次，合格25批，不合格26批。12月，销毁假劣药品440种、32万瓶(盒、支)，中药饮片177公斤，标值33万元；不合格医疗器械11种、826具(盒)，标值4122元。2007年，建立假劣药品信息通报和农村药品市场协查报告制度，乡、镇协查上报不合格药品协查情况13份，上报药品协查记录479份。年内查处各种违法案件125起，没收假劣药品4438瓶(盒、支)，案件标值1.44万元，罚没5.17万元。日常监管中，共抽验药品66批，其中合格24批，不合格42批。药品经营企业跟踪上报药物不良反应137例。

2007年，全区有涉药、涉械单位1178家，其中药品生产企业5家、医疗器械生产经营企业25家、药品批发企业8家、零售企业133家(城区41家，农村92家)、医疗机构1007家(含村卫生所476个，个体医疗诊所453个)。

三、食品药品事件　2000年3月29日，五龙乡温家坪5名儿童误食剧毒灭鼠药“毒鼠强”(又名“424”)污染食物，致3人死亡。

2003年6月11日，区职教中心因加工豆角方法不当引发13名学生中毒，经医院救治痊愈。

6月16日，麦积镇贾河村夏姓农家因滥用“毒鼠强”污染食物，致全家4人中毒，2人死亡。

7月19日，城区商埠路“川味串串香”麻辣烫店6名食客中毒(头晕、呕吐、腹泻)，急送医院救治痊愈。经区防疫站采样化验，为“毒鼠强”污染食品引发中毒所致。

2007年6月27日，中滩镇漆家坪村4名小学生购买雪糕、杏子带回学校与另4名学生总共8人食用。食后出现异常反应。学校发现后，及时送医院抢救，途中1名死亡。至7月8日，其余7名学生抢救治愈出院。经医院确诊，所食雪糕、杏子系“毒鼠强”污染食品。

第八节 医学教学与培训

一、学校 1985年,设在桥南分路口西的原天水县卫生学校改为北道区卫生学校。学校占地7.5亩,设教室3个,综合实验室1个,实习门诊2个,可容纳学员200名。1987年,改为天水市卫生职业技术学校,开设护士、中医士、西医士、社区医学和高级护理等专业,学制3年,招收全市初、高中毕业生,培养农村卫生技术人员。2003年调整职业学校布局中,市卫生职业技术学校与第一职业高中合并,成立区职业技术教育中心(简称“职教中心”)。职教中心成立后,卫生类专科开设临床医学和高级护理专业,其中高级护理专业面向全市招生;卫生类中专开设中医、卫生保健、护理、中西医结合和乡村医生等专业。2007年,职教中心学员752人,其中卫生类120余名。

二、医务人员进修 1986年,区人民医院制定职工外出进修学习签订合同的规定,陆续选送37人到外地进修,重点培养科主任、主治医师、护士长和高年资住院医师,其中主治医师以上人员中的85%分别在北京、上海、武汉、西安、兰州、南京等地进修。所进修科目主要填补医院专业空白。改为市第二人民医院后,继续采用派出方法让专业人员进修。2001年,对青年骨干人才进行培养,有11名临床医师外出进修深造。2002–2007年,又有内科、外科、妇产科、B超、心电图、麻醉等专业的51名医师外出学习。第四人民医院仅划归地方后,就有47人参加3个月以上进修学习。

第九节 管理机构

一、区卫生局 1985年设区后,即有区卫生局,为区人民政府所设主管全区卫生工作的行政职能部门。局内时设办公室、政工股、医政股、公卫股、计财股。1988年,区卫生局由政府大院迁二马路(今商埠路)西综合大楼。2002年,划出药品监管及公费医疗职能,增加职业卫生监管、食品卫生许可等职能。2004年,成立卫生应急办公室(挂靠在公卫股)。2005年,成立新型农村合作医疗管理委员会办公室。2007年,区卫生局在编职工11人,借调19人,内设党政综合办公室、政工股、医政股、公卫股、计财股、社区卫生办公室、卫生应急办公室,还有爱国卫生运动委员会办公室、红十字会办公室、新型农村合作医疗管理委员会办公室,均设在卫生局办公。管理的医疗机构有区疾控中心、区妇幼保健所、区中医医院、北道卫生院、区牙病防治所等区直单位和6个农村中心卫生院、11个乡镇卫生院、5个乡镇卫生院分院，以及5个城市街道社区卫生服务中心。

区卫生局职责是贯彻落实卫生工作的方针、政策、法律、法规和规范性文件，研究制订与实施区内卫生工作规划和措施，管理医疗机构，制定组织实施全区卫生人才发展规划、学科建设及卫生专业技术职务评聘，制定爱国卫生规划并组织实施，开展全民健康教育，对重大突发公共卫生事件、疫情病情实施紧急处置。

二、区新型农村合作医疗管理委员会办公室　简称“区新合办”，是为适应新型农村合作医疗而成立的管理监督机构，2006年成立，全额拨款事业单位，编制7人，主任由卫生局局长兼任，设专职副主任。主要承担全区新型农村合作医疗工作的日常管理事务，负责全区新农合基金的筹集、管理和参合农民医药费用审核、审批、报销，审查、确定新农合定点医疗机构。各乡、镇和道北街道相应成立新农合管理委员会，负责本乡、镇新农合的组织领导与协调管理以及参合农民的基金筹集缴存、门诊及住院医药费的审查报销，新农合各种报表填写、上报和相关档案资料的收集、管理。各村成立由村委会、村卫生所负责人参合农民代表等参加的新农合管理小组。区内新农合定点医疗机构已确定427家，其中市级3家、区级13家、乡镇级24家、村级387家。各定点医疗机构设农村合作医疗科，负责办理参合人员住院过程中的身份核实确认、医疗质量监控、诊疗项目和用药监控、落实一日清单制度、住院费用审核结算垫付和报账等业务。

三、区爱国卫生运动委员会　1985年设区后，有区爱国卫生运动委员会（简称爱卫会）。爱卫会主任由区长或副区长兼任，成员由宣传、卫生、城建、教育等部门主要领导组成，设有办公室，与卫生局合署办公，由卫生局局长或副局长兼任办公室主任。1992年正式列入全额事业单位编制，设副科级专职副主任1名，编制5名。职责为动员全社会参加爱国卫生运动，组织开展创建卫生城镇、卫生单位活动和各项卫生检查评比并制定检查评比标准、办法，负责农村改水、改厕和环境卫生治理业务指导、检查督促及除害灭病工作，协调有关部门制定疾病防治、重大疫情、中毒事故、突发事件防范措施和应急对策，组织开展全民健康教育活动。1993年，成立区健康教育所，隶属爱卫会，为事业单位，编制3名。

四、区食品药品监督管理局　成立于2001年。初为药品监督管理局，为省市垂直管理单位，后划归区政府管理，下划后增加了食品安全管理职能。负责食品、药品安全的综合监管,组织开展对食品、药品重大安全事故和案件的查处,监督实施国家和省有关食品药品监督管理的法律、法规和规章,监督实施食品药品流通的管理制度、办法及规则,监督实施药品生产、经营质量及医疗机构制剂质量管理,依法查处制售假、劣药品的行为及非法药品集贸市场,负责医疗机构麻醉、精神、毒性、放射性药品的监督管理。

第五章 体 育

第一节 活 动

一、城区群众体育

20 世纪 80 年代,城区群众体育以元旦、春节为主要活动时段。初主要举办"迎新春"篮球赛,后增象棋、围棋、桥牌、足球赛等。1985–1990 年,连续 6 次举办元旦万人越野赛跑、万人拔河、健步行活动。参加者主要是教师、学生、职工、干部。1990 年后,每年元旦均举办万人长跑活动。2000 年后,随着生活质量的提高,群众更加注重身体健康,参与健身人数不断增多,购买体育用品支出的比例有很大提高。全民健身由分散到集中,由业余到专业化,由单一到多样化。健身地点也由原来的体育场(馆)向小区广场、街道广场等一些小型广场分散发展。2003 年起,邀请全市武艺高超的拳师、武术爱好者连续 5 年举办"羲皇故里、卦台论剑"武术赛。2003 年,城区成立全民健身辅导站,并成立由专人负责的管理机构。现有全民健身点 34 个, 长期参加健身活动者 2000 多人。有三级社会体育指导员 147 人、二级 28 人、一级 21 人,国家级 2 人。各健身点积极参加城区统一开展的各项体育活动,大型活动参与人数常在千人以上。经常参加健身的以退休人员和中年人为主,主要有门球、羽毛球、象棋、围棋、乒乓球、田径、太极拳、健美操、迪斯科、韵律操。每年三八妇女节进行迪斯科、健美舞表演。由区体育中心、老干部工作局、妇女联合会举办的门球赛达 60 多次,"全民健身展示"活动 20 多次,还先后举办第七套、第八套广播操比赛。

二、农村群众体育

区内农民向来喜欢传统的打秋千、转轮秋、打牌、打篮球等活动。20 世纪 80 年代,农民生活得到改善,青少年可在简易篮球、乒乓球场地活动。学武术、练气功、下棋的人渐多。城郊一些乡、镇还组建秧歌队,每逢春节、庙会、农闲时组织表演,习武之风在农村盛行,很多武术爱好者在自家庭院、打麦场传授技艺、互相切磋。

各乡、镇以至部分村,都有自己的篮球队,自行组织各种形式的篮球比赛。借助各种农闲、庙会,或在春节期间开展武术交流表演赛。还在五龙、社棠、马跑泉、新阳、渭南等乡、镇设立常年性的武术辅导站,推荐名师收徒授艺。卦台山举办的武术表演赛,在全市以至全省影响较大。一些乡、镇不时举办农民运动会,农民体育活动形成规模。最具影响力的如“胡立东”运动会。“胡立东”运动会是立远乡、东岔镇及陕西省宝鸡县(今陈仓区)胡店乡联合举办的较大规模的农民运动会,内容包括篮球、兵乒球、象棋等,分年度在3个乡、镇轮流举办。农民群众体育活动中涌现出一批农民体育人才,如潘绍祖(社棠镇人)、安国琪(新阳镇人)等武术界高手曾代表天水参加省级、国家级农民运动会比赛,获优异成绩。2007年,区内17个乡、镇均完成一乡一站建设,中心场地安装部分健身器材;全区140个村完成一村一场工程建设,即建一个硬化篮球场、两个兵乒球台和一套组合健身体育器材。

三、学校体育

幼儿体育　1985年起,区教育局统一管理的幼儿园陆续兴办。各园组织幼儿参加文体活动,活动项目由只做游戏、跳舞发展到鲤鱼钻圈、跳绳、接力赛、家庭三人跑、迎面接力等一系列活动。同年,区妇女联合会、区体育运动委员会(以下简称区体委)联合举办北道埠暨郊区春季幼儿运动会,北道埠、社棠、二十里铺、马跑泉等地的幼儿园(包括驻地部、省、市企业幼儿园)派队参赛。此后,各园举办一年一次的春季或秋季幼儿运动会。1987年,区妇女联合会、区体委举办春季幼儿运动会。1991年六一儿童节,区体委及区妇女联合会又联合举办幼儿趣味系列运动会,18所幼儿园、230名运动员参加。

小学体育　1985年开始,区内各小学加强体育课,有条件的学校设体育专职教师,学校体育设施也逐年增多,有篮球杆、乒乓球台、单杠、双杠。从一度出现的体育课被文化课代替,发展到各小学普遍都重视体育课。学生多能打篮球、做游戏、跳高、跳远、徒手操和野外中短跑。课内活动除游戏、跳舞外,还有短跑、跳高、跳远、跳绳、拔河、篮球、乒乓球、羽毛球等。大部分小学体育场地(操场),体育设施有标准篮球场、篮球杆和乒乓球台、单杆、双杆,能按照教学大纲授课,坚持“两操”(课间操、眼保健操)。城区小学的专职体育教师增多,农村重点中心小学也都有专职体育教师。全区小学生达到国家儿童锻炼标准的“达标”人数,1985年时1000余人,1990年8000人。2007年,全区7万多名小学生,达标率达到90%以上。高年级个别学生还达到国家少年级运动员标准。除区上组织举办的一年一届城区小学生田径运动会外，各学区也举办小学生田径运动会。各小学以校为单位，组织代表队参加学区举办的田径运动会。

中学体育 1985年，区内各中学配有专职体育教师，城区中学体育设施基本完善，体育器材基本齐全。农村中学在原有基础上并逐年改变。学校体育活动走上正常化，“两课、两操、两活动”正常开展。7所完全中学有校田径队，由体育骨干带队，坚持每天两小时的专业训练。各中学按照自己的实际情况，陆续添置购买一些基本的运动器械。在此基础上，学生的体育活动也逐渐丰富多彩，学生体质逐年提高，90%以上学生“达标”。部分学生的运动成绩达到国家等级运动员标准。除每年一届区上举办的田径运动会外，大部分学校都能举办校内田径运动会，有些中学每年分别举办春季、秋季两次运动会。为检验中学生体育锻炼成绩，不时举办全区性比赛。1997年，区教育局和文化体育局联合举行中学生篮球比赛，初中组第一阶段分5个片进行，第二阶段在道北体育场进行。同年，在桥南体育场举行全区中小学生运动会，全区30个学校（包括厂办学校）参加田径赛、四项全能等15个项目的比赛。2000年，再在桥南体育场举行全区中小学生田径运动会。2003年、2004年，又先后两次在桥南体育场举行全区中学生田径运动会。2004年参赛学校45所，运动员498人。2005年，在桥南体育场举办城区中小学生田径运动会。2006年，在桥南体育场举办城区、城郊中小学生田径运动会。

第二节 体育设施

一、体育场

1985年，城区有桥南体育场、道北体育场两处大型体育运动场地。

桥南体育场 始建于1972年，在桥南街道麦积至秦州高速公路麦积区入口南，占地5.18公顷，建有1个标准跑道，内套1个足球场。1993年，在场内东面建成区体育馆，占地1000平方米。2005年改建成羽毛球馆，塑胶场地。2007年，再提升改造为陇东南地区最高档次羽毛球馆。

道北体育场 1973年，县财政拨款9万元，在道北区府西路南建设1处占地面积7200平方米、设有3000个坐席的露天封闭灯光篮球场。1975年，又建成2个开放型灯光篮球场，后又建1个旱冰场，占地1.36公顷。至此，道北体育场有3个灯光篮球场和1个旱冰场，是区内举办体育赛事和道北、道南片区居民健身、休闲娱乐的重要场所。2005年,区委、区人民政府根据“城乡一体化”建设总体规划，将道北体育广场建设和民政部门避难场所项目整合，列入全区重点建设项目,分别建成3000平方米室内带看台的篮球馆1个;室外篮球场2个、羽毛球场4个、乒乓球台8个、老年门球场1个、健身路径2条及健身娱乐区1个。改扩建后,能满足全区20万城区人口的体育健身需求,同时可承办大型比赛和少儿体校各项目后备人才的训练培养。

二、其他设施

2004年普查,全区共建有全民健身场地24处,其中15处为驻区厂矿企事业家属区、厂区单位自筹建设;有篮球场460多处,乒乓球台700多个,小运动场17个。

2006年,在各乡、镇开展一站一室一场(即一个乡镇文体站、一个活动室、一块室外活动场所)建设,每乡、镇建成1~2个篮球场、羽毛球场,两个乒乓球台和一套组合式健身器材。2007年,全区有大小运动场地1150个。

第三节　运动会

一、承办国家、省、市级运动会

全国　1987年8月,承办第十七届全国“翔宇杯”暨“工商杯”篮球赛天水赛区竞赛,有江苏、四川、新疆、浙江、陕西及兰州的12个男、女代表队参加。2004年8月,承办“金都商城杯”中国大学生超级篮球精英邀请赛。

省　1991年6月,承办甘肃省第八届运动会成年和少年篮球比赛北道赛区竞赛,历时12天。前者接待赛前实习7场次,接待比赛16场次;后者接待比赛13场次。同月,还承办甘肃省第八届运动会自行车项目比赛。1995年4月,承办甘肃省武术比赛暨观摩交流大会，13个代表队、82名运动员参加。区代表队获得道德风尚奖和少年集体基本功第一名，兰州市体校代表队获少年男子组单项第一名和少年男子规定拳第一名。

市　1990年6月,承办天水地区少年田径运动会,市属县、区及市体育运动学校共298名运动员参加,北道区获总分第二。1999年12月,承办天水市“喜迎澳门回归”门球赛。参赛代表队64支,其中本区27支。区老年人门球协会队获第一名,航空工业天飞代表队获第二名,火车站代表队获第三名。2000年2月,承办天水市迎新春两区围棋对抗赛,区代表队获第二名。2005年2月,在渭南镇卦台山承办天水市“羲皇武术，卦台论剑”武术表演，省内外天水籍武术爱好者 100 人参加比赛。

二、区内运动会

1991 年 1 月 1 日，举办城区“迎八运”（即第八届全省运动会）元旦万人长跑活动，18 个单位 1 万多人参加。此后，历年沿袭举办。2 月，举办“迎八运”庆新春群众体育系列比赛。项目有门球、象棋、围棋、桥牌、足球。3 月，举办“迎八运”、庆“三八妇女节”系列运动会。项目有拔河、迎面接力、自行车慢骑、钓鱼、三代人趣味接力、迪斯科，共 37 个代表队、678 人参加。4 月，举办 “迎八运”城区中小学生田径运动会。项目有小学组四项全能，中学组 74 年男子组（12 项）、74 年女子组（11 项）、76 年男子组（11 项）、76 年女子组（10 项），共有 22 所学校、615 人参加。5 月，举办“迎八运”第二届“交流杯”足球邀请赛，共 12 队参赛。9 月，举办第三届中学师生篮球赛，16 支代表队、180 人参加。

1992 年 1 月，举办城区武术、迪斯科比赛。项目有武术（刀术、枪术、剑术、棍术、拳术）；迪斯科（中老年），243 人参加。2 月，举办春节期间象棋、桥牌及围棋擂台赛等活动，5 支代表队、80 人参加。3 月，举办老年人门球赛，18 个代表队、180 人参加。5 月，举办中学生田径运动会，共有 17 所学校、820 人参加。同月举办小学生田径运动会，17 所学校、618 人参加。6 月，举办第三届“交流杯”足球邀请赛。7 月，举办首届城市居民运动会，4 街道、250 人参加。项目有团体（老年人健美操、青年迪斯科、拔河），个人（赶猪、寻亲人、武术、呼啦圈、三代人接力、踏踏板、武术表演）。9 月，举办职工篮球赛，9 支代表队、120 人参加。10 月，举办首届老年人节运动会，16 支代表队、230 人参加。项目有掷球、象棋、麻将、牛九、扑克、乒乓球、门球。10 月，举办中小学生篮球比赛，24 支代表队、288 人参加。

1993 年 1–2 月，举办争奥运迎七运全民健身春节老年人门球、象棋、围棋比赛，15 支代表队、150 人参加。4 月，举办迎七运申办奥运中学生田径运动会，12 所学校代表队、1000 人参加。9 月，举办第四届“交流杯”足球赛，11 个代表队、253 人参加。9 月，举办职工篮球赛，15 支代表队、247 人参赛。10 月，举办庆国庆、欢度老年节老年门球邀请赛，20 支代表队、200 人参加。

1994 年 2 月，举办春节老年人门球赛，21 支代表队、210 人参加。4 月，举办小学生田径运动会，13 支代表队、210 人参加。同月还举办中学生田径运动会。5 月，举办信鸽 500 公里竞赛。6 月，举办象围棋比赛，参赛 55 人。8 月，举办第五届“交流杯”足球赛，12 支代表队、240 人参加。9 月，举办第十届保险“麦积杯”篮球赛，18 支代表队、210人参加。10月，举办重阳节老年人门球赛，24支代表队、240人参加。

1995年2月，举办春节老年人门球赛，20个单位、240人参加。3–4月，举办全区农民“丰收杯”运动会，24个乡镇、1230人参加。项目有篮球、乒乓球、拔河、军事3项、中国象棋、武术。5月，举办“五·一杯”老年人门球赛，24支代表队、240人参赛。同月，举办中小学生田径运动会，190人参赛。还举办庆六·一幼儿运动会，5个幼儿园、170人参赛。7月，举办“保险杯”老年人门球赛。11月，举办首届“金轮杯”中学生足球赛，5个学校队、82人参赛。

1996年2月，举办春节农民篮球运动会，8个单位、104人参赛。5月，“五·一杯”老年门球赛在桥南体育场举行，16个队、240人参赛。同月，举办职工象棋比赛，40人参赛。5–6月，举办中小学生田径运动会，29个代表队、430人参赛。6月，“全民健身周”活动全面展开，城区及城郊各机关、企事业单位职工运动会相继举办，区委机关职工运动会有14个代表队、近300人参加。8月，举办第七届“交流杯”足球赛，4支代表队、95人参赛。10月，邮电系统举办“麦积杯”篮球赛，9个代表队、128人参赛。10月1日，举办第七套广播操比赛，23个单位、7.35万人参赛。同月，举办老年人重阳节运动会。项目有门球、登山、象棋、迪斯科，21个代表队、680人参赛。11月，举办城区中学生篮球赛。

1997年1月，举办春节篮球比赛，5支代表队、60人参赛。3月，举办卦台山武术比赛。4月，举办全区中小学生田径运动会，39所学校参赛。5月，举办健身操、健美舞比赛。10月，举办重阳节老年人门球赛、老年人象棋比赛。11月，举办中学生篮球赛，17所学校18支代表队、350人参赛。

1998年2月，举办“庆元旦、迎新春”大型文体活动，22个单位、260多人参加比赛。项目有老年人门球赛、象棋赛和农民篮球赛。3月，举办三八健身操、健美舞比赛，6个单位、150人参加。4月，举办中小学生田径运动会。10月，举办“麦积杯”职工篮球赛，3个单位、72名运动员参赛。11月，举办“康乐友谊”门球赛，8支代表队、64名运动员参赛。

1999年2月，举办象棋、围棋比赛，30人参赛。3月，举办“庆新春”农民篮球、拔河赛，4个单位、48人参赛。4月，举办城区中小学生田径运动会，17个单位、350人参加。9月，举办“庆国庆，迎回归”职工广播操比赛，400多人参加。同月，举办“麦积杯”职工篮球赛，6个单位、72人参加。10月，在马跑泉水上公园举办武警部队、学生参加的“庆国庆、迎回归”划船比赛。

2000年2月，举办“庆新春”门球赛。同月，举办“庆新春”象棋赛和卦台山元宵节武术表演赛。4 月，举办中小学生田径运动会。5 月，举办 500 公里信鸽大赛。10 月，举办“重阳杯”门球邀请赛，24 个队参赛。

2001 年 1–2 月，举办“庆新春”体育竞赛活动。项目有门球、象棋，篮球以及卦台山武术表演赛，历时 5 天，200 多人参加。5 月，举办“五一杯”门球赛、中小学生田径运动会。6 月，举办中学生第八套广播体操比赛，800 人参加。同月，举办社区职工拔河比赛，900 人参加。9 月，举办“天工杯”西部明星企业篮球邀请赛。10 月，举办全区首届武术大赛，510 名武术爱好者参加。同月还在龙园举办健美操表演赛，15 个健身队、340 人参加。

2002 年 5 月，举办全区离休干部运动会，126 人参加；同月，举办第一届“兰马杯”四人制足球比赛，22 个队、240 人参赛。7–8 月，又举办“维他尊杯”四人制足球比赛，12 个队、150 人参赛。9 月，城区各中学举办教育系统职工篮球赛，280 人参赛。10 月，举行“庆国庆”武术观摩大会，396 人参加。11 月，在火车站广场举办庆祝中共十六大大型广场文体活动表演，城区各健身点 1465 人参加。

2003 年 1 月 1 日，在桥南体育场举行全民健身百队拔河比赛，近 2000 人参加。2 月，举办“新春全民健身大拜年”活动。比赛项目有象棋、围棋比赛，三人制篮球赛，老年人门球赛，青少年足球赛，火车站广场武术表演赛，健身舞比赛，卦台山武术表演赛，历时 8 天。3 月，举办三八妇女运动会。4 月，举办“五一杯”门球赛，24 个队、240 人参加。7 月，举办“五泉”新兰州啤酒三人制篮球争霸赛，20 个队参加。10 月，举办重阳节健身舞表演赛，20 个代表队、650 人参加。同月，举办全区农民运动会，21 个乡、镇和 1 个街道近 700 人参加。

2004 年 1 月，举办庆元旦中学生足球比赛、三人制篮球比赛，118 人参加。4 月，举办首届全区中学生田径运动会，498 名运动员参加。6 月，举办全区职工乒乓球赛，22 个代表队、138 人参加。10 月，举办全区武术运动会，城乡 227 名武术爱好者参加。同月还举办庆祝老年节老年人运动会。

2005 年 4 月，举办城区中小学生田径运动会，24 个单位、400 多人参加。8 月，举办“重阳杯”门球选拔赛，6 支代表队、48 名运动员参加。10 月，举办老年人健身运动会，12 个健身点的 300 多名老人参加。同月，举办“麦积杯”篮球邀请赛。

2006 年 2 月，举办第二届“茗德源杯”象棋、围棋比赛。4 月，举办农口部门首届运动会，5 个单位、317 人参加。同月，举办第二届职工体操比赛，500 人参加。同月，举办“启升杯”中小学生田径运动会，城区 320 人参赛。5 月，举办离休干部运动会，63 人参加。7 月，举办“飞利浦手机”五人制足球邀请赛，10 个代表队、

120 人参加。9 月，举办“天河酒业、麦积杯”篮球邀请赛，96 人参加。同月，举办区政府机关干部职工体育运动会，28 个部门、170 人参加。10 月，举办“泸洲老窖杯”乒乓球邀请赛。

2007 年 1 月，举办“贺岁杯”足球赛，70 人参加。2 月，举办春节象棋、围棋比赛，75 人参加。2 月，举办“春节大拜年”少儿武术对抗赛，80 人参加。3 月，举办羲皇故里“卦台论剑武术”表演，80 人参加。6 月，举办伏羲文化旅游节卦台山武术表演，80 人参加。10 月，举办重阳节老年人运动会，120 人参加。11 月，在桥南建材市场举办“建材杯”门球赛，80 人参加。

第四节　参赛成绩

1985 年，在参加上级比赛中，区代表队获天水市职工篮球赛女队冠军，田径运动会团体总分第一，天水市少年田径运动会总分第一，罗武堂、贺志胜、吉永平、梁军分获 100 米、200 米、800 米 1500 米和跳远个人第一，并分别破地区记录。在天水地区武术赛中，裴胜瑜、蔡志忠、安吉万、安国琪分获散打、长枪、大刀、单刀第一名。在甘肃省少年柔道比赛中，王春梅（女）获女子 60 公斤级金牌、郭丽萍（女）获女子 52 公斤级银牌，于文忠、暴万忠、齐兵分获男子 70、75、100 公斤级银牌。

1986 年，获全市少年足球赛冠军，田径运动会团体总分第二，杨玺金获铅球第一，并破全市纪录。在全省信鸽大奖赛中，获 500 公里第一名。

1987 年，获市老年人运动会门球赛冠军。在市青少年射击赛中，杨宏志获气步枪 50 米 30 发卧、立、跪射 3 项第一。在参加全省信鸽大奖赛中，获 300 公里第一；参加西北五省、区信鸽竞翔赛中，获 300 公里单鸽第一名。

1988 年，获市老年人运动会门球赛冠军。在青少年田径运动会（分龄赛）上，获团体总分第一。个人获第一名的有:1976 年组关雪梅（女子 100 米、200 米跑，破省纪录）、杨宏学（赛跑和跳远）、王斌（赛跑）、张凌飞（赛跑）、董玲（女，跳远）、胡祎（跳远），1974 年组周晓利（女子 200 米）、赵文霞（女子 800 米和 1500 米）、王斌（1000 米）、张飞鹏（400 米）、严春生（100 米跨栏）、刘晓东（三项全能），1972 年组高月兰（女子铁饼）、丁义（100 米、200 米）、张继善（3000 米）、王树建（三项全能）。在市“保险杯”棋王赛中，鲁普圭获围棋第一名。在全省第一届农民运动会上，安国琪获棍术金牌、安吉万获刀术银牌。

1989 年，在天水市青少年田径运动会上，获第一名的有 1977 年组张若云

（女子200米）、潘新龙（投掷），1976年组陈丽霞（女子1500米）、严春生（100米、跳远），1975年组刘丽霞（女子200米）、吕建芳（女子短跑）、胡瑞峰（铅球）、杨文会（短跑），1974年组徐晓东（跳远、三级跳远及跳远总分）。

1990年，天水市青少年田径运动会团体总分第二名。分龄赛上，获第一名的有1976年组肖丽君（女子100米和400米）、倪文莲（女子200米）、石云（跳远）、李军（100米）、胡晓军（铅球），1974年组安海燕（女子3000米）、张亚宁（女子5000米）、徐晓东（跳远和三级跳远）、缑治强（铅球）。在天水市象棋、围棋赛上，鲁普圭获围棋金牌，何爱文获象棋银牌。在全省象棋比赛中何爱文获第二名。在全省残疾人运动会上，陈彦林（盲人）获100米跑和铅球2块铜牌、赵洪生获伤残A组铅球和铁饼2块银牌。在全省迎接亚洲运动会信鸽竞翔赛上，获300公里第一名。

1991年，在全省第八届运动会上，区代表队获3枚金牌、4枚银牌，破1项省纪录，1人获国家一级运动员，有2名运动员评为“天水十佳”。二十里铺中学的张亚宁代表甘肃省参加全国无线电测向锦标赛，获得1个第三名、1个第四名。在全省小学生田径比赛中，获赛区总分第一名。老年人门球队代表甘肃省参加在西安举行的十一省（市）“协作杯”赛中，获第一名。

1992年，在参加天水市“三八杯”妇女门球赛中，获第一名。在天水市少年教学训练大纲达标赛中，获团体总分第一名。在参加四省十二地（市）协作区门球赛中，获得第二名。社棠镇农民潘绍祖代表天水市参加全省老年人运动会比赛中，获武术（罗汉拳）表演一等奖。在参加全省农民运动会时，王明军获5公里越野、射击、投弹总分第一名，张奇峰获第二名，并代表全省参加全国第二届农民运动会。在丝路节“民百杯”全省男子公路自行车赛中，雷仓恩获30公里个人第一名。

1995年，在参加天水市三八妇女门球赛中，天水铁路一队获得第一名。在参加天水市建市十周年篮球赛（男、女队）中，男、女队均获第一名。参加天水市青少年田径运动会时，获团体总分第二名。

1996年，区业余体校运动员潘励品参加省第九届运动会，获无线电测向项目80米波段第一名，识图越野第二名。在天水市“公交保险杯”风筝放飞表演赛中，获团体第一名。在靖远二中举办的全省传统项目中学比赛中，铁一中获团体总分第二名。

1997年8月，在天水市第一届运动会上，老年人门球队获第一名，健身操获第一名，武术比赛获团体总分第一名、拳术第二名。

1998年在参加兰州铁路分局第十四届老年人运动会时，天水铁路机务段门球队获第一名。

1999年,在天水市老年人门球锦标赛中,区老龄委队获第一名。在“秦州杯”职工篮球赛中,小陇山队获第一名,区体工联队获第二名。在天水市青少年篮球赛中,获女子队第二名。在天水市田径传统项目学校比赛中,中学组市第二中学获第二名,小学组潘集寨学校获第一名,道南小学获第二名。

2000年,在天水市迎新春围棋对抗赛中,区代表队获第二名。在天水市门球选拔赛中,天水铁路车辆段队获第一名。在天水市中小学生足球赛中,小学组获第一名。在甘肃小学生足球赛中,区代表队获第一名。在天水少年儿童田径运动会上,获团体第一名。

2001年,天水铁路车辆一队代表甘肃省参加全国门球赛,获第二名。在甘肃省第四届兰州电信“足协杯”小学生足球赛中,获第二名。

2002年,在兰州铁路分局“帼英杯”门球赛中,兰州铁路分局二队(天水队)夺得奖杯。区老干部一队获天水市“重阳杯”门球赛第一名。

2003年,在天水市三八妇女门球赛上,天水航空工业天飞代表队获第一名。在天水市首届“会员杯”门球赛上,天水航空工业天飞队再获第一名。

2004年,在省门球协会举办的甘肃省大型企业邀请赛中,天水火车站队获第一名。在全市“希望杯”门球赛中,区代表队获冠军。在铁道部西北片平凉门球赛中,天水火车站代表队获第一名。

2005年,在天水市“重阳杯”门球选拔赛中,获第一名,并代表天水市参加2005年全国门球赛甘肃分赛的比赛,获小组第二名。在天水市第一届中学生运动会上,获团体总分第一名,金牌总数亦第一。

2006年,胡永峰获甘肃省“武术杯”武术套路散打比赛第一名。在全国“门球冠军”赛暨甘肃省“重阳杯”门球赛上,获小组第一名。

2007年,在甘肃省农民运动会上,获女子健身团体第二名。在天水市“重阳杯”门球赛上,获第一名。

第五节 机 构

一 、区体育发展中心　1985年,天水县体育运动委员会更名为北道区体育运动委员会(简称区体委)。设专职领导,工作人员15名,主持全区各项体育竞赛活动。1994 年工作人员增至 25 名。1996 年与文化局合并,成立区文化体育局。2003 年,成立区体育发展中心,领导成员有党支部书记 1 人,主任 1 人,下设办公室、业务股、竞训股、场地股、财务股,工作人员增至 42 名,其中专业技术人员 25 名,工人 18 名。

二、区体育协会　1979 年,篮球协会成立,为区内成立的第一个体育协会。1981 年,成立信鸽协会、老年人体育协会、足球协会、武术协会、气功协会。协会常年开展活动,组织学习,定期交流。2004 年,申报成立国家级麦积区青少年体育俱乐部,包括田径、足球、武术、乒乓球、篮球 5 个分项俱乐部,由国家、省、市下拨经费、器材。体育协会吸收城区青少年体育爱好者参加,开展体育活动。

三、区业余体校　区业余体校创办于 1970 年,从城区各中小学校招生,利用假期和课余时间训练,教练员由各校专业体育教师担任。1973 年,确定专门负责人和固定的兼职教练员。至 1976 年,体校训练科目主要设田径和篮球,辅设射击、乒乓球、排球、柔道等。队员入学考试,训练分"三集中"(将一部分具有体育天赋的苗子集中到一起进行学习、训练、生活的统一管理)训练和下到学校训练两种。1990 年,区业余体校面向全区招生。主要以"三集中"训练为主,形成对口输送,主要向省、市体校输送学员。2004 年,开设天水市体校预科班,招收队员除本区内学员外,还包含甘谷、秦安、清水籍学员。2005 年后,因为运动员毕业不分配等体制原因,参加人员减少。

第九篇　社　会

第一章　人口与计划生育

第一节　规模与分布

一、人口总量

自20世纪70年代开始推行计划生育后,人口增长速度转缓。1985年,全区86207户,463668人。至1990年增至106362户,501376人,比1985年增加37708人,5年中年均增加7542人,自然增长率在7‰~9‰之间。1991–1998年间,严格执行计划生育政策,为确保完成计划生育指标,区、乡计划生育工作力度加大,人口过快增长的势头得到有效遏制。但由于20世纪70年代高出生率时期出生的女性大都进入生育峰值年龄,加之医疗卫生事业的进一步发展和改善,仍以较快速度增长。1998年,全区131823户,555418人,比1990年增长54042人,8年中年均增加6755人,出生率由1991年的13.6‰增为1998年的16.5‰,自然增长率由1991年的8.75‰增为1998年的10.64‰。1999年开始,出生率和自然增长率持续下降,增长幅度回落。2007年,全区155701户,592600人。9年中总计增加37182人,年均增加4131人,出生率稳定在10‰~16‰之间,自然增长率在5‰~10‰之间。

1985–2007年全区户口统计

单位:户、人

年份	户数		人口			总人口中:		
	合计	其中:农业户	合计	男	女	非农业人口	农业人口	未落常住户口人数
1985	86207	70818	463668	241052	222616	78506	382764	2398
1986	96014	71902	467776	243317	224459	81379	385370	1027
1987	103845	74734	477751	247556	230195	86821	391132	…
1988	100866	76593	483818	250257	233561	88126	395428	…
1989	103862	80009	491261	251872	239389	89986	399971	1304
1990	106362	80989	501376	258670	242706	91282	409730	364
1991	108219	82266	506797	261235	245562	93471	412446	880
1992	111329	83258	512236	262936	249300	95655	416159	422
1993	114792	85098	516525	265756	250769	97711	418274	540
1994	118632	86060	523368	269328	254040	101635	421628	105
1995	120217	87113	530623	272769	257854	104751	423859	2013
1996	124516	88439	540830	278526	262304	106635	433049	1146
1997	128946	89914	550775	283917	266858	109767	441008	1377
1998	131823	…	555418	286985	268433	111569	443849	1078
1999	134926	…	560650	290341	270309	113701	446600	349
2000	138205	94199	564746	294011	270735	116122	447277	1347
2001	140517	94331	569085	295770	273315	120456	448629	1344
2002	145159	95178	575200	290388	284812	190218	384982	70
2003	149895	95848	578343	299954	278389	257993	320350	1297
2004	153000	96434	581600	301642	279958	261216	316719	47
2005	156923	97394	584900	303354	281546	277535	302127	555
2006	156322	97779	588500	306129	282371	280249	308251	1453
2007	155701	98200	592600	308120	284480	287771	304002	827

注:上表数据1985–2006年引自《麦积(北道)统计年鉴》,其中1987年、1988年总人口与非农业人口和农业人口之和不相等;2007年数据引自天水市统计局编《天水经济年鉴》。

二、人口分布

(一)地域分布　区内人口西部稠密,东部稀疏。以元龙与清水县接壤的喇嘛山至麦积镇南部妖魔山为分界线，西部面积占 30%，人口占 87%；东部面积占 70%,人口占 13%。全区 60%以上人口集居在面积有限的川区和河谷地带。渭河和耤河干流两旁的人口占全区总人口的 40%。

20 世纪 80 年代改革开放后,由于务工、经商、就业、升学、工作调动等原因,经济条件较差的山区、林区居民开始向经济条件较好的城镇迁移、流动,使得居住川坝河谷区的人口呈上升趋势。1990 年人口普查时统计,全区户口中,居住川坝河谷区的 6.75 万户,31.52 万人，人口占 62.24%；居住梁峁沟壑区的 2.93 万户,15.01 万人,人口占 29.64%;居住林区的 7737 户,4.11 万人,人口占 8.12%。90 年代开始,一些偏远山区未婚大龄男子增多,人口增长迟缓;而经济条件较好的村镇人口增速呈逐年上升趋势。

2000 年全区户口中，居住川坝河谷区的 10.98 万户,44.35 万人，人口占 28.5%;居住梁峁沟壑区的 2.11 万户,8.79 万人,人口占 15.6%;居住林区的 7333 户,3.33 万人,人口占 5.9%。2000 年与 1990 年比对,居住在川坝河谷区的人口在增加,居住在梁峁沟壑区和林区的人口在减少,比重在下降,人口分布向川区迁移。2000 年后,由于铁路、公路的建设推进新农村建设,一些经济条件较差的山区农村实施移民搬迁,由山区搬往川坝河谷区,使人口区域分布发生明显变化。

(二)城乡分布

1.城区　20 世纪 80 年代改革开放起,由于务工、经商、就业、升学、工作调动等原因,加之机关和企事业单位增多,城区人口呈逐年递增趋势。北道埠(含寨子农业管理区)1985 年共计 10088 户,4.79 万人，其中北道埠 8811 户,4.02 万人,非农业人口 39640 人,未落常住户口 581 人;寨子农业管理区 1277 户,其中农业户 1177 户,农业人口 6786 人。1986 年城区道北、寨子、桥南、道南 4 个街道增至 15901 户,5.84 万人。

20 世纪 90 年代,机关事业单位进一步增多,大量农民进城务工、经商,使得城区人口进一步增加。据 1990 年 7 月统计,城区 4 街道 1.73 万户,6.46 万人,占当时普查总人口 50.64 万人的 12.75%。其中农业户 2652 户,1.25 万人(含进入城镇谋生的农业人口)。1993 年,城区 4 街道 2.2 万户,6.95 万人,占总人口 51.65 万人的 13.46%,其中农业户 1627 户,农业人口 7937 人。90 年代后期,公房分配逐步取消,住房商品化,本地及外地人在北道城区购买商品房者开始增多,城区人口大幅增加。1996 年,城区 4 街道 2.62 万户,7.67 万人,占总人口 54.08 万人的 14.18%,其中农业户 1817 户,农业人口 8041 人。

2000 年 11 月人口普查，城区 4 街道 2.75 万户,8.51 万人，占全区总人口 15.68%。2000 年与 1990 年比较,城区人口比重由 1990 年的 12.75%上升为 2000 年的 15.68%。2003 年,城区 4 街道 3.6 万户,9.43 万人,占总人口 57.83 万人的 16.31%。2005 年,全区总人口 58.49 万人,其中城镇人口 13.23 万人,占总人口的 22.62%。2007 年,全区总人口 59.26 万人,其中城镇人口 14.06 万人,占总人口的 23.73%。

2. 乡村　1985 年底,全区乡村(含寨子农业管理区)77396 户,42.34 万人。1986 年,境内乡村 7.19 万户,38.54 万人,为城镇人口的 5 倍。

1990 年乡村人口 8.72 万户,44.19 万人,为城区人口的 6.8 倍,占普查总人口 50.64 万人的 87.26%。乡村人口中,集镇人口增至 1.25 万户,6.08 万人。其中:马跑泉 2001 户,9601 人(指马跑泉村和居委会人口,如加入居住区与街道连在一起的团庄、什字坪、胡王村,总计 3994 户,1.87 万人);社棠镇 2458 户,1.02 万人;渭南镇 1098 户,6353 人;甘泉镇(甘泉寺)1151 户,5696 人;石佛镇 2458 户,1.02 万人;新阳镇(温家集)708 户,3864 人;街亭镇 643 户,3284 人;伯阳镇 538 户,2696 人;中滩镇(雷王集)448 户,2418 人;元龙镇 312 户,1679 人;吴砦镇 196 户,930 人。纯乡村人口 7.47 万户,38.11 万人。1997 年,全区乡村 89914 户,人口 438422 人。1998 年,全区总人口 555418 人,其中乡村人口 443849 人,占总人口的 79.91%。

2000 年 11 月人口普查,22 个乡、镇 10.41 万户,45.78 万人,占总人口 54.29 万人的 84.32%。2000 年与 1990 年比较,乡村人口比重由 1990 年的 87.26%下降为 2000 年的 84.32%。2005 年,全区总人口 58.49 万人,其中农村人口 45.26 万人,占总人口的 77.38%。2007 年,全区总人口 59.26 万人,其中农村人口 45.2 万人,占总人口的 76.27%。

三、人口密度

境内北部中滩、渭南、石佛、新阳、琥珀、五龙和中部马跑泉、社棠、花牛、甘泉、伯阳 11 乡、镇人口稠密,尤以中滩、马跑泉、社棠、渭南 4 镇最为密集。东部元龙、吴砦、立远、东岔人口相对较少,南部麦积、党川、利桥 3 乡、镇地处林区及林缘区人口稀少。全区每平方公里居住人口,1985 年 133 人,1990 年 144 人,2000 年 162 人,2007 年 170 人。2007 年的密度,高于全国 140 人的密度,是全省人口密度(62人)的2.7倍。

人口密度地区间差距大。1990年,城区18.3平方公里居住6.46万人,每平方公里3530人。除去寨子街道所辖农业村面积和人口,非农业人口所占的5.66平方公里(不计水域占地)居住5.21万人,每平方公里高达9200人。马跑泉、社棠两镇150.4平方公里,居住8.31万人,每平方公里554人。20个乡3313.3平方公里,居住35.88万人,每平方公里108人。农村以渭河、葫芦河、耤河两岸密度较高。中滩乡每平方公里达1150人。从马跑泉东永川河两岸至二十里铺乡(今花牛镇)与秦州区交界处8公里长的渭河、耤河两岸,10余个村庄和数十个企、事业单位,居住4万多人,密度每平方公里高达1500人。地处林区的党川、利桥两乡,每平方公里分别仅为8人和11人。2007年,城市人口增至10.2万人,人口密度为5570人(除去所辖农村,城区人口密度达15000人);马跑泉等11镇面积1664平方公里,人口37.99万,人口密度228人;石佛等乡面积1800.7平方公里,人口11.07万,人口密度62人。党川、利桥两乡人口密度分别减为7人和10人。

各乡、镇、街道人口密度

乡镇街道名	总面积(平方公里)	2007年		乡镇街道名	总面积(平方公里)	2007年	
		总人口(人)	密度(每平方公里人)			总人口(人)	密度(每平方公里人)
马跑泉	101.0	58608	580	东岔	396.7	11452	29
社棠	49.4	30881	625	石佛	102.1	44264	434
花牛	119.0	59244	498	琥珀	46.8	13723	293
甘泉	213.0	42739	201	五龙	76.0	25804	340
麦积	193.0	19508	101	三岔	302.1	15898	53
渭南	98.8	43618	441	利桥	546.5	5641	10
中滩	49.4	37841	766	党川	727.1	5381	7
新阳	98.6	32907	334	北道埠	2.3	28070	12204
伯阳	141.7	23912	169	道北	13.8	34143	2474
元龙	203.4	21761	107	桥南	2.2	39804	18092

第二节　人口结构

一、性别　20世纪80年代改革开放后,男女平等观念渐入人心,妇女社会地位提高,城乡一些家庭渐由妇女当家作主。城市生育一个孩子成为自觉行动,但农村受传统道德观念影响,重男轻女思想依然浓厚。1985年,境内人口中男241052人,女222616人,总人口性别比(每100位女性所对应的男性数目)为108。1989年,境内人口中男251872人,女239389人,总人口性别比为105。

20世纪90年代,加大计划生育工作力度,性别比有所上升。1990年人口中,男258670人,女242706人,总人口性别比107。1991–2004年出生的10.78万人中,男5.72万人,女5.06万人,出生人口性别比113。

2000年,全区总人口564746人,其中男294011人,女270735人,总人口性别比108.6。2004年,全区人口581600人,其中男301642人,女279958人,总人口性别比108。2007年,全区人口592600人,其中男308120人,女284480人,总人口性别比108。

二、年龄　20世纪80年代,由于推行计划生育政策和医疗卫生事业的发展,境内人口转为高出生、低死亡、高增长阶段,少年儿童所占比例大幅增加。

20世纪90年代,人口过快增长势头初步得到遏制,少年儿童比例有所下降,中青年人口比例上升。1990年普查人口中,15岁以下少年儿童146347人,占28.89%;15～64岁人口337226人,占66.58%;65岁及以上老年人22922人,占4.53%。

1999年起,境内人口进入稳定低增长阶段,少年儿童比重进一步下降,中青年人口比重渐次增加,65岁以上比例逐年上升,呈现出劳动年龄人口增多,人口老龄化加速推进的趋势,人口类型由成年型向老年型加快转变的趋势。2000年普查人口中,15岁以下少年儿童141610人,占26.08%;15～64岁人口370879人,占68.31%;65岁及以上老年人口30427人,占5.6%。

三、民族　境内历史上形成以汉族为主体的民族结构。20世纪80年代,境内曾居住的土族、白族、京族、裕固族等少数民族人口,随工作调动迁出区境。1986年,除汉族外,有回、藏、土、蒙古、朝鲜、维吾尔族等15个少数民族,共734户,2786人,占总人口的0.59%。

1990年人口普查时共21个民族,其中:汉族502098人,回族3268人,满族

2000 年人口普查全区人口年龄统计

年龄段(岁)	人口(人)			占总人口比例(%)
	人口数	男	女	
0	6538	3529	3009	1.20
1～4	25698	14192	11506	4.73
5～9	51333	27105	24228	9.46
10～14	58041	29842	28199	10.69
15～19	49181	25655	23526	9.06
20～24	35443	18318	17125	6.53
25～29	53261	27209	26052	9.81
30～34	58268	29892	28376	10.73
35～39	45789	23285	22504	8.43
40～44	30847	16136	14711	5.68
45～49	33905	17533	16372	6.24
50～54	25955	13477	12478	4.78
55～59	20081	10245	9836	3.70
60～64	18149	9546	8603	3.34
65～69	13627	7134	6493	2.51
70～74	8273	4477	3796	1.52
75～79	5291	2748	2543	0.97
80～84	2423	1129	1294	0.45
85～89	677	301	376	0.12
90～94	111	45	66	0.02
95～99	25	11	14	0.005
100 岁及 100 岁以上	—	—	—	—
合计	542916	281809	261107	100

782 人，藏族 79 人，蒙古族 60 人，锡伯族 43 人，土家族 39 人，朝鲜族 29 人，壮族 25 人，布依族 13 人，苗族 12 人，瑶族 11 人，达斡尔族 6 人，东乡族 3 人，维吾尔族 3 人，保安族 2 人，黎族、佤族、畲族、仫佬族、傈僳族各 1 人，还有未识别清楚民族的 2 人。除汉族外的少数民族人口 4382 人，占总人口的 0.87%。1990 年少数民族人口的分布：城区 1434 人，其中回族 1011 人、满族 330 人、蒙古族 28 人、土家族 16 人、朝鲜族 12 人、壮族 7 人、锡伯族 7 人、瑶族 5 人、藏族 4 人、苗族 4 人、布依族 4 人；马跑泉镇 1068 人，其中回族 973 人、藏族 58 人、满族 21 人；社棠镇 492 人，其中满族 219 人、回族 185 人、锡伯族 34 人、蒙古族 11 人、土家族

11 人；二十里铺乡 494 人，其中回族 246 人、满族 204 人、朝鲜族 12 人、壮族 10 人、土家族 9 人、蒙古族 8 人。其他乡少数民族人口较多的有：渭南 193 人、党川 260 人，利桥 213 人，吴砦 84 人，元龙 54 人，甘泉 25 人，大都为回族人口。

2000 年人口普查时共 34 个民族，其中：汉族 538161 人，回族 3450 人，满族 651 人，蒙古族 176 人，藏族 126 人，维吾尔族 17 人，土家族 37 人，苗族 33 人，彝族 38 人，壮族 23 人，布依族 24 人，朝鲜族 29 人，锡伯族 31 人，东乡族 22 人，土族 29 人，瑶族 13 人，白族 9 人，侗族 4 人，黎族 4 人，傈僳族 2 人，佤族 4 人，达尔族 5 人，仫佬族 2 人，羌族 4 人，撒拉族 7 人，保安族 3 人，裕固族 4 人，独龙族 2 人，哈萨克族、俄罗斯族、傣族、畲族、毛南族、水族各 1 人。除汉族外的少数民族人口 4755 人，占总人口 542916 人的 0.88%。全区家庭户中，单一民族户 130960 户，二个民族混合户 783 户，三个民族混合户 7 户，四个及四个以上民族混合户 2 户。

四、婚姻　由于总人口中男性多于女性，未婚人口中女性较少而男性居多，人口性别比一直处于不平衡状态，在经济条件较差的偏远农村大龄未婚男子较多。20 世纪 80 年代，倡导自由恋爱，国家提倡晚婚晚育，年轻人初婚年龄推迟，但在一些农村早婚、私婚现象较为多见，包办婚姻依然存在。1985 年以后，20 岁以下早婚比例持续下降，23 岁及以上结婚比例持续上升。1990 年统计，23 ~ 25 周岁男青年未婚的 6484 人，占同龄段男性总人口的 38.8%；21 ~ 23 周岁女青年未婚的 7135 人，占同龄段女性总人口的 40.5%。90 年代，因等待购买住房等原因，城镇非农业青年初婚年龄进一步推迟。2006 年后，20 岁以下早婚比例在 4%以下，23 岁及以上结婚比例在 60%以上。

1990 年 15 岁及以上人口婚姻状况统计表

年龄	总人口		未婚		有配偶		丧偶		离婚	
	男	女	男	女	男	女	男	女	男	女
15	5173	4919	5169	4905	3	10	—	2	1	2
16	6552	6203	6543	6153	9	50	—	—	—	—
17	6928	6532	6904	6421	23	111	1	—	—	—
18	6785	6523	6704	6202	80	319	1	2	—	—
19	7226	6641	6968	5808	254	831	—	—	4	2
20	6522	6499	5921	4618	597	1874	3	1	1	6
21	6684	6237	5316	3384	1360	2844	1	1	7	8
22	5924	5876	3912	2403	2002	3458	2	3	8	12

续表

年龄	总人口		未婚		有配偶		丧偶		离婚	
	男	女	男	女	男	女	男	女	男	女
23	5436	5442	2760	1348	2656	4081	5	2	15	11
24	5828	5804	2265	957	3527	4821	10	6	26	20
25～29	23061	22467	3409	1100	19443	21253	58	39	151	75
30～39	35533	32618	1153	104	33696	32186	286	231	398	97
40～49	26021	23737	581	32	24366	22760	705	877	369	68
50～59	20263	17783	388	18	17894	15034	1686	2696	295	35
60 岁以上	18814	16117	286	18	12750	7293	5598	8771	180	35
合计	186750	173398	58279	43471	118660	116925	8356	12631	1455	371

第三节　人口变动

一、自然变动　20 世纪 80 年代，境内计划生育工作进一步加强，但由于 20 世纪 60 年代人口出生高峰期出生人口陆续进入婚龄期，出现育龄妇女生育高峰，加之医疗卫生事业的进一步发展和完善，实行新法接生，人口死亡率和不满 1 岁婴儿死亡率进一步下降，出生率比 20 世纪 70 年代后期略有上升，每年在 12‰～14‰之间，同期死亡率在 4‰～6‰之间，净增长率在 7‰～9‰之间。1985-1990 年，全区出生 37084 人，死亡 14036 人，死亡人口占出生人口的 37.8%。

20 世纪 90 年代，虽然计划生育工作力度进一步加大，但由于育龄期妇女基数大，人口出生率呈上升之势。1991-2000 年，全区出生 81497 人，年均出生人口比 80 年代增 1970 人；死亡 29364 人，死亡人口占出生人口的 36%。

2000 年后，国家《人口与计划生育法》开始实施，加之新成长并进入生育期的年轻人生育观念的改变，再不认同“多子多福”等旧观念，相当部分人开始赞同“少生优生”的计划生育政策。全区人口出生率始终控制在 13‰以内，人口自然增长率稳定在 7‰以下，基本形成低出生、低死亡、低增长的模式。2001-2007 年，全区出生 46132 人，年均出生 6590 人，较 90 年代年均出生减少 1560 人；死亡 21931 人，死亡人口是出生人口的 47.5%。

1985-2007 年人口变动一览

单位：人

年份	年末人口	年平均人口	自然增长		出生		死亡	
			人数	自增率‰	人数	出生率‰	人数	死亡率‰
1985	463668	461017	3839	8.3	6305	13.7	2466	5.3
1986	467776	465722	3782	8.12	6274	13.47	2492	5.35
1987	477751	472764	3790	8.02	6012	12.72	2222	4.70
1988	483818	480785	3553	7.39	5865	12.2	2312	4.81
1989	491261	487540	3994	8.18	6180	12.65	2186	4.47
1990	501376	496318	4090	8.24	6448	12.99	2358	4.75
1991	506797	504086	4409	8.75	6854	13.60	2445	4.85
1992	512236	509516	4428	8.69	6972	13.68	2544	4.99
1993	516525	514381	5213	10.13	7749	15.06	2536	4.93
1994	523368	519947	5084	9.78	7708	14.82	2624	5.05
1995	530623	526996	5609	10.64	8751	16.61	3142	5.96
1996	540830	535727	5668	10.58	8909	16.63	3241	6.05
1997	550775	545803	6059	10.95	9089	16.43	3030	5.48
1998	555418	553097	5909	10.64	9164	16.5	3255	5.86
1999	560650	558034	5232	9.42	8448	15.21	3216	5.79
2000	564746	564090	4522	8.02	7853	13.92	3331	5.9
2001	569085	568308	4120	7.25	6564	11.55	2444	4.3
2002	575200	572143	3913	6.84	6145	10.74	2232	3.9
2003	578343	576772	3100	6.35	6391	11.1	4221	7.3
2004	581600	579972	3300	6.01	6107	10.85	2807	4.84
2005	584900	583200	3281	5.61	6644	11.39	3363	5.77
2006	588500	586700	3579	6.1	6929	11.81	3350	5.71
2007	592609	590555	3839	6.5	7352	12.45	3514	5.95

二、迁移　20 世纪 80 年代，由国家包分配的大中专毕业生落户、工作调动、因婚迁移人口大幅增加，每年迁入、迁出 2000 人左右，主要是城区和城郊（马跑泉镇、社棠镇、二十里铺乡）非农业人口迁移。1990 年普查时统计，1985 年 7 月至 1990 年 6 月，全区共迁入 11368 人，其中本省迁入 7643 人，外省迁入 3725 人；迁入城区 4669 人，迁入城郊 4795 人，迁入农村 1904 人（其中包括驻渭南乡的天

水市第二师范学校招收的学生 709 人)。迁入原因:学习培训 2448 人(主要是市第二师范学校、省林业学校、核工业部地质学校招收的学生),调入职工和随迁家属 3637 人(其中家属 2130 人),经商办厂 1439 人,分配录用 1178 人,婚姻 928 人(男 148 人,女 780 人),投亲靠友 611 人,退职、退休 143 人,其他 948 人。

20 世纪 90 年代起,随着境外人口在城区购房者增加并定居落户,境外迁入人口渐增,同时本区部分富裕户在外地购置房产,由境内迁往境外人口亦增。部分经济条件较差的偏远山区人口渐次向经济条件较好的农村迁移。同时,因考入大中专院校升学迁出人口也逐年增多。据人口普查统计,2000 年全区全户暂住人口 1035 人,全户迁出人口 10331 人。2000 年后,随着招商引资的兴起,一些外地人在境内投资办厂兴业,务工经商随迁人口增加。同时,因工作调动、分配录用、学习培训、拆迁搬家、婚姻迁移、投靠亲友、随迁家属等方式迁入、迁出人口增多。2003 年起,区人民政府对居住在林区、交通不便、自然灾害多发地段的农民,整体搬迁到城镇、川区或交通便利的地段,部分偏远山村人口迁入其他经济条件较好的村。

三、流动　20 世纪 80 年代,随着改革、开放、搞活政策的贯彻,人口流动渐趋频繁,每年有 2 万余人外出做生意或打工挣钱。同时,又有许多外籍人到境内经商、办厂。外出人口大都年底回乡,或者农忙时回家,农闲时外出。外地来境内的,多集中在城区及马跑泉、社棠镇等地。1986 年,全区农村外出务工人员 4293 人,其中外出临时工 4190 人,建勤民工 103 人。1990 年人口普查时统计,不计短期流动的,仅常住半年以上的外来人口 4843 人。

20 世纪 90 年代, 外出务工人员逐年递增, 同时境外人口来区境内投资办厂、经商、旅游的人口亦逐年递增。1999 年,全区农村外出务工人员增至 9851 人。2000 年人口普查时统计,全区常住本地人口 527298 人,流动人口 43541 人,其中外来人口 13994 人(本区 1569 人,本市 6754 人,本省其他县、市 2830 人,省外 2841 人),外出人口 29547 人(其中外出半年以上人口 27923 人)。2000 年后,人口流动愈加频繁,因拆迁搬家、户口寄挂等引起的城镇之间人口流动增多,外出务工、学习培训、旅游人员大幅度增加。外流人口的流向多集中在大中城市和农村集镇、尤以经济发达的东部沿海地区和城市最多。同时,因经商、务工、就业、旅游、培训等从境外地区流入人口也呈增长趋势。2005 年,全区共流出人口 3.2 万人,流入人口 1800 人。

第四节 人口素质

一、文化程度

20 世纪 80 年代,教育事业发展较快,有文化的人口增多,但农村文盲、半文盲人口仍旧存在。1990 年,6 岁以上人口 44.2 万人,有文化人口 33.13 万人,其中大学文化 4303 人,中专文化 8694 人,高中程度 3.97 万人,初中程度 9.5 万人,小学程度 18.36 万人; 文盲 11.07 万人。与 1982 年相比, 有文化的人口比例由 58.1%增加到 75%;文盲、半文盲人口由 41.9%下降到 25%。1995 年,全区乡村劳动力计 165440 人,有文化的 130588 人,占乡村劳动力总数的 78.93%,其中小学程度 73174 人,初中程度 37998 人,高中以上 19416 人;文盲、半文盲 34852 人,占乡村劳动力总数的 21.07%。

2000 年人口普查中,6 岁以上人口 500475 人,有文化的 438713 人,其中研究生 45 人,大学文化 11129 人,中专文化 15268 人,高中程度 49119 人,初中程度 156210 人,小学程度 206942 人;文盲 61762 人。与 1990 年相比,有文化的人口比例由 75%增加到 87.7%;文盲、半文盲人口由 25%下降到 12.3%。全区乡村劳动力 174572 人,其中高中以上文化程度 24435 人,初中程度 52189 人,小学程度 75823 人,合计 152447 人,占乡村劳动力总数的 87.3%;文盲、半文盲 22125 人,占乡村劳动力总数的 12.7%。

2007 年,全区乡村劳动力 229438 人,有文化的 214628 人,占乡村劳动力总数的 93.6%, 其中高中以上文化程度 35922 人, 初中程度 88353 人, 小学程度 90353 人;文盲、半文盲 14810 人,占乡村劳动力总数 6.5%。

二、身体素质

身高　20 世纪 80 年代居民身高,中老年男子大多为 165 ~ 175 厘米,女子为 155 ~ 170 厘米。20 世纪 90 年代后,随着劳动强度的降低和生活条件的改善,尤其新一代年轻人比中老年人身高均有所增加。

体形　境内大骨节、克汀、甲状腺等地方性疾病在利桥、党川、麦积、东岔等山林地区曾长期发生,部分人的健康受到严重损害,甚至造成体形变形。1985 年统计,尚有大骨节病患者 2561 人,克汀病患者 536 人,甲状腺疾病患者 2794 人,分别占所在乡人口总数的 0.8%、0.2%、0.6%。1987 年对中滩、利桥、甘泉、马跑泉、道南等 5 乡、镇、街道抽查,因疾病、外伤等原因造成肢体残疾者 74 人,占被抽查总人数的 1.7%。20 世纪 90 年代,由于生活条件的改善和劳动强度的降低,

1990 年各乡、镇及城区人口文化状况

单位：人

乡、镇名称	6 岁以上人口	有文化人口							文盲人口
		大学	中专	高中	初中	小学	合计	占 %	
马跑泉镇	44086	333	1489	3021	9175	19868	33886	76.9	10200
社棠镇	28681	719	684	4458	8129	10699	24689	86.1	3992
二十里铺乡	34346	466	909	3046	6726	14465	25612	74.6	8734
甘泉乡	24312	56	138	1034	4304	11831	17363	71.4	6949
麦积乡	6491	11	44	142	751	2463	3411	52.5	3080
街子乡	15874	4	53	702	2231	10181	13171	83	2703
伯阳乡	17985	14	65	618	2305	7545	10547	58.6	7438
元龙乡	16626	45	89	1011	2874	6700	10719	64.5	5907
南河川乡	11745	17	56	575	2602	5857	9107	77.5	2638
渭南乡	31468	111	1056	2525	7282	16064	27038	85.9	4430
中滩乡	21382	58	146	2116	6380	9697	18397	86	2985
石佛乡	32184	39	152	2449	6488	13854	22982	71.4	9202
西山坪乡	13439	10	45	873	2374	5957	9259	68.9	4180
五龙乡	14074	5	54	539	2448	5800	8846	62.9	5228
新阳乡	20271	47	139	1561	4724	9403	15874	78.3	4397
凤凰乡	7888	4	16	303	840	2726	3889	49.3	3999
琥珀乡	9463	6	38	526	1695	3983	6248	66.0	3215
吴砦乡	10082	1	31	318	1159	3832	5341	53.0	4741
立远乡	6370	4	33	171	757	2579	3544	55.6	2826
东岔乡	5809	9	50	176	846	2286	3367	58.0	2442
利桥乡	5408	7	53	137	791	1860	2848	52.7	2560
党川乡	5005	10	57	150	672	1698	2587	51.7	2418
城区	59013	2327	3297	13293	19397	14225	52539	89.0	6474
合计	442002	4303	8694	39744	94950	183573	331264	74.9	110738

2000 年各乡、镇及城区人口文化状况

单位:人

乡、镇名称	6岁以上人口	有文化人口							
		研究生	大学	中专	高中	初中	小学	合计	占%
马跑泉镇	50714	2	572	2703	3505	16655	20332	43769	86.3
社棠镇	28090	2	786	1140	4005	9503	9378	24814	88.3
二十里铺乡	43445	3	1208	1221	3586	13718	17606	37342	86.0
甘泉乡	26936	5	158	436	1141	7183	14316	23239	86.3
麦积乡	7287	2	52	86	134	1719	3881	5874	80.6
街子乡	17878	—	112	206	669	5255	9962	16204	90.6
伯阳乡	19703	—	99	195	597	4877	10841	16609	84.3
元龙乡	18230	4	126	186	1110	4729	9469	15624	85.7
南河川乡	12574	—	101	130	533	4233	6117	11114	88.4
渭南乡	34357	1	267	249	3861	12416	14669	31463	91.6
中滩乡	23043	2	141	249	2226	9979	9274	21871	95.0
石佛乡	32893	3	128	203	2008	11105	14867	28314	86.1
西山坪乡	13527	—	42	109	635	3860	6375	11021	81.5
五龙乡	15951	—	35	69	484	3836	9485	13909	87.2
新阳乡	21857	—	230	269	2428	8234	8632	19793	90.6
凤凰乡	8828	—	40	68	333	1752	4347	6540	74.1
琥珀乡	10883	1	51	67	629	3968	4525	9241	85.0
吴砦乡	10954	—	53	117	341	2196	5651	8358	76.3
立远乡	6674	—	42	115	168	1314	3947	5586	83.7
东岔乡	6093	1	27	127	174	1632	2651	4612	75.7
利桥乡	5522	—	36	143	166	1204	2505	4054	73.4
党川乡	5282	—	49	145	199	1167	2288	3848	72.9
城区	79754	19	6774	7035	20187	25675	15824	75514	94.7
合计	500475	45	11129	15268	49119	156210	206942	438713	87.7

部分居民膳食营养过剩，运动量减少，导致身体发胖，患高血压、冠心病、糖尿病等疾病的人群增加，儿童也出现变胖现象。而一些爱美妇女为保持体形，采取节食、运动等方式减肥，反致体形瘦弱。2000年后，肥胖人数愈加增多。

体重　20世纪80年代，成年男子一般55~65公斤，成年女子45~55公斤。20世纪90年代，由于物质生活水平的进一步提高，体重又有增加。不论城乡，身体发胖的人逐渐增多。同时注重身体保健养生的居民渐增，一些人开始有意识地控制饮食以减轻体重。2000年后，注重养生保健的居民更多。

体质　1985年，配合天水市学生体质调研队对北道11所中、小学8700名学生进行体质健康调查，7~18岁龋齿患病22.88%、牙龈炎41.17%、牙结石19.56%，浅牙周袋2.9%、深牙周袋0.47%、氟牙症22.44%、四环素中毒牙2.99%。1988年，对城乡幼儿园儿童体检1300人，查出佝偻病400例，缺铁性贫血153例。1989年，调查城区中学在校学生体质情况，274名学生中，贫血病患者占51.25%，其中轻度45%，中度6.25%。20世纪90年代起，随着体力劳动强度的下降和体育锻炼的减少，境内青少年、中年人体力均有不同程度的下降。2000年后，随着人民生活水平的提高和医疗卫生条件的改善，加之坚持体育锻炼、健身的人增多，城乡多数居民体质有所增强。但一些学生营养过剩，缺乏行之有效的锻炼，体育活动严重不足，体质反而有所下降。

视力　就学时间越长，视力减退者比例越高，而且减退程度越深。20世纪80年代调查，小学生视力减退者占学生总数的11%，初中生占19.9%，高中生占34%；城镇学生中视力减退者占学生总数的20.1%，农村学生中占7.9%。1987年对残疾人抽查中，查出视力残疾者118人（单纯视力残疾82人，伴有其他疾病36人），占被调查总人口的2.6%。其中一级盲人17人，二级23人，低视力78人。20世纪90年代，高考学生视力下降问题日益突出。1993年，对5所中学5689名学生体检，视力低下（小于1.0）者40.38%，沙眼患病10.99%。1996年区卫生防疫站监测发现，城区中学生视力下降者占42%，小学生占18%，沙眼患病占17.5%。1999年高考体检中，因视力不良等报考专业受限者达63%（含中专考生），甚至有相当一部分农村考生不会认“视力表”、色盲本。此后，全区各学校开展近视眼防治宣传，及时采取措施测试学生视力，保证学生做眼保健操的质量。

三、寿命

20世纪80年代起，随着人民生活的改善和医疗卫生事业的发展，婴儿死亡率逐渐降低，老年人寿命延长，死亡人口的平均寿命渐次提高。1989年死亡人口中，65岁以上人口占52.7%，死亡人口平均年龄60.8岁，比1949年前提高20～25岁。

1990年人口普查时，有2名百岁老人，均住城区。90岁以上长寿老人，1990年普查时46人，2000年普查时136人。70岁以上老人，1990年普查时1.24万人，占总人口的2.44%；2000年普查时1.68万人，占总人口的3.09%。

妇女寿命比男子长。1990年普查中，70岁以下各年龄段均为男性多于女性，70岁以上大部分年龄段女性多于男性。1781名80岁以上老人中，男791人，女990人。2000年人口普查中，全区80～89岁3100人，其中男1430人，女1670人；90岁以上136人，其中男56人，女80人。

第五节 人口普查

一、第四次人口普查 1990年7月全国统一开展的人口普查，按其序次，称第四次人口普查（以前1953年、1964年、1982年开展过第一、二、三次）。普查目的是查清人口现状和1989年人口增长情况，为制定人口、经济和社会发展计划提供资料。共调查23个项目，包括姓名、性别、年龄、民族、文化程度、婚姻、妇女生育、职业、户口登记、户口迁移、流动人口等，截止时间为7月1日零时。普查前成立区人口普查领导小组，下设办公室，抽调38名工作人员；乡、镇、街道则成立普查办公室；村、居民委员会成立普查小组，划分2231个调查小区，共4800余名普查工作人员参与调查。登记后，手工汇总一些基本数据，再将普查表送天水市统计局用计算机汇总。普查结果：全区20乡、2镇、4街道，共10.46万户，50.65万人，男26.25万人，女24.4万人。

二、第五次人口普查 2000年11月进行第五次全国人口普查。普查目的是进一步摸清全区的人口底数，完善统计、公安和计划生育部门的人口统计工作，全面检查全区“九五”人口计划执行情况，为实施“十五”计划和制定2010年全区国民经济和社会发展远景规划目标，统筹安排人民物质和文化生活提供依据。普查前，成立区人口普查领导小组，下设办公室，乡、村亦设领导小组，共抽调工作人员和普查员3033名，其中区级52名，乡、镇、街道2981名。登记前，划分普查小区、绘制地图、入户登记。经普查，2000年末，全区19乡、3镇、4街道共135316户，567530人（《北道统计年鉴》年末统计数据为564746人），其中男294605人，女272925人。普查前（截至2000年10月底），全区共清理流动人口27966人，其中外来 8280 人，外出 19686 人，清理历年出生未报户口者 2810 人，历年死亡未注销户口者 1130 人。

第六节 计划生育

一、政策法规

1985 年设区后，继续执行此前天水县计划生育委员会作出的《关于计划生育工作中奖惩问题的暂行规定》，对计划外生育者进行一次性罚款。同时，乡、村也分别制定出对做绝育手术的妇女和独生子女的优待规定。

1990 年，开始执行省人大常委会通过的《甘肃省计划生育条例》。《条例》对生育二胎、生育计划管理、优待和奖励、处罚等作出具体规定：提倡晚婚晚育，少生优生。公民依法办理结婚登记后始得生育。禁止非婚生育；一对夫妻只生育一个子女，严格控制生育第二个子女，不允许生育第三个子女；准予生育第二个子女的，生育间隔期必须在 5 年以上；婚后 5 年以上不育、女方年满 30 周岁以上，依法收养 1 个子女后又怀孕者，不受生育间隔期限制；对计划外生育第二个子女的，每年按不低于夫妻双方年总收入的 30%，合计征收 7 年的超生子女社会抚养费；对计划外生育第三个子女的，每年按不低于夫妻双方年总收入的 40%，合计征收 14 年的超生子女社会抚养费；继续计划外超生的，按照每超生一胎加 10%，合计 7 年的累进比率，加重征收超生子女社会抚养费。

1997 年，省人大常委会对《甘肃省计划生育条例》部分条款作出修正，明确要求推行计划生育要坚持宣传教育为主、避孕为主、经常工作为主的方针，同时采取必要的行政措施。将准予生育第二个子女的间隔期改为 4 年以上。1997 年，区委下发《加强流动人口计划生育管理的通知》，开始对流动人口计划生育进行清理整顿。1998 年，区委、区人民政府制定《1998 年计划生育工作管理办法》。1999 年，区委制定《确保全区计划生育工作基本实现“三为主”的奖惩办法》。

2006 年，开始贯彻省人大常委会《关于修改〈甘肃省人口与计划生育条例〉的决定》，新《条例》不再对生育间隔作具体规定，放宽再婚未育一方生育条件。

二、工作措施

领导体制　20 世纪 90 年代，区委、区人民政府面对人口出生率上升，计划生育工作难度加大的形势，按照党政一把手亲自抓，负总责，分管领导具体抓的工作要求，实行区领导包乡、镇，区直单位联系乡、镇，乡、镇领导包片，乡、镇干部包村,村、组干部包对象的全员参与、全员管理的工作格局,形成区、乡、镇、村三级领导责任制。

目标管理 1986年起,区委、区人民政府每年都要与各乡、镇、街道、区直有关部门签订计划生育工作目标管理责任书,并实行计划生育工作“一票否决”制,工作任务和工资奖金挂钩,责任到人,奖罚兑现。各乡、镇、街道把人口计划生育工作纳入本地经济社会发展总体规划,逐级签订责任书,层层落实包干责任。

集中整治 20世纪80年代,继续坚持行政手段和政策法规相结合的方法,在城乡推行计划生育。计划生育中采取的技术措施城乡不同。城镇职工、干部以使用避孕药、避孕套或放置节育环为主;农村采取一胎放环,二胎结扎,超怀补救的政策。20世纪90年代,全区每年都组织开展两次以上的计划生育集中整治活动,重点落实各项节育措施,征收社会抚养费,遏制计划外出生,清理历年积累的节育对象,落实一孩放环,二孩、多孩结扎和计划外怀孕补救措施。自1990年起每年从区、乡抽调近千人,分成工作组,分赴各乡、镇开展计划生育突击活动。坚持突击与经常工作相结合,狠抓各项节育措施的落实。1996年,北道区在省上组织的人口计划与计划生育责任指标执行情况抽查考核中,因未完成1995年上级下达的人口计划,被省委、省人民政府通报批评并给予黄牌警告。为限期扭转后进局面,市、区下派工作队员600余人,对全区249个重点村的计划生育工作实行乡、镇科级干部和区直包乡单位包村责任制,开展大规模、持续性的计划生育集中活动。1997年,区委、区人民政府从区直各部门抽派200人组成23个工作队,开展秋季计划生育集中活动,队员实行包村责任制。每位工作队员包一个重点村,责任到人,一包到底,其全年考核直接与所包村的计划生育工作挂钩,实行“一票否决”。此后,全区计划生育由以集中活动为主逐步转入经常性工作为主。2004年后,计划生育工作由单纯抓计划生育向政策推动、综合治理转变,由以处罚多生为主向奖励少生与处罚多生并重转变,由单纯依靠管理向管理与服务并重转变,全区计划生育工作发生根本性变化。全区人口出生率控制在12‰以内,农村计划生育率控制在85%以上。2006年,组织开展以农村二女户结扎为核心的专项治理活动。

违纪查处 1999年,对党员、干部、职工超计划生育问题进行查处。全区共清理出1990–1999年超生违纪223人。清出后,均给以经济处罚,还对其中21名党员、干部、职工分别给予党纪或政纪处分,对1名农村党员干部开除党籍、撤销村党支部书记。2001年,全区又开展出生漏报、二女户结扎、党员干部超生三类计划生育专项治理活动。

三、综合措施

宣传教育　20 世纪 80 年代起，全区把计划生育宣传教育作为促进工作的一项重要手段，各乡、镇在集镇、交通要道书写永久性宣传标语，乡村办宣传栏，修建“国策门”“国策壁”。区人口计生局每年印制入户宣传单发放给群众。与此同时，乡村计划生育专干进村入户，面对面对群众进行政策宣传。1994 年，在区广播电视局成立区人口基础知识教育广播学校，各乡、镇设分校。还在区计划生育委员会成立区婚育学校，在各乡、镇设分校，定期组织群众宣讲人口政策和婚育知识。至 2000 年，全区每个村至少书写有 3～5 条永久性计划生育标语，各村都建起“国策壁”，各乡、镇建起“国策门”，每个农户至少都有 3 种以上的计划生育宣传资料。2000 年后，各乡、镇、街道结合各自实际，制作围裙、口杯、门帘、烟灰缸等计划生育实物宣传品，免费发放给群众。

优惠政策　2001 年，区人民政府首次开始为全区农村二女结扎户办理养老保险，每户 600 元，当年办理 200 户。2003 年，将全区农村二女结扎户养老保险改为一次性养老储蓄，夫妻每人不低于 600 元。至 2004 年，全区当年享受扶助者 297 人。还为农村独女领证户每年落实保健费 120 元。又规定：农村二女结扎户和独女领证户需要宅基地时，优先安排并免收其征地费；夫妇终身免除乡、村两级义务工；全额免收女儿小学、初中期间的学杂费，在初中升高中、初中升中专、高中升职业学校考试中总分加 10 分；孩子考入全国重点大学时，由区上一次性奖励 1000 元。2005 年开始，对当年结扎的农村二女户实施一次性 3000 元奖励制度，当年有 98 户受到奖励。2006 年，全区开始建立农村计划生育奖励扶助目标人群数据库，向实行计划生育的农村独生子女领证户、二女结扎户和城镇独生子女领证户贫困家庭优先提供劳务信息，优先安排培训和劳务输出。至 2007 年，农村计划生育“两户”享受 600 元养老储蓄金者计 691 户。各乡、镇、街道还自筹资金落实 370 户农村独生子女领证户每月 10 元奖励费。

婚育新风进万家活动　1999 年，在街子乡开展以“倡导婚育新风，树立科学、文明、健康的婚育观念”为主的婚育新风进万家活动试点。2000 年，全区推广街子乡经验，开展婚育新风进机关、进军营、进社区、进家庭、进学校、进课堂、进工厂、进车间、进乡村、进农户等“十进”活动，以育龄人群为重点，提倡婚事新办，男到女家落户，革除旧的婚姻陋习，宣传晚婚晚育、优生优育、生男生女一样好、女儿也是传后人、男女平等、计划生育丈夫有责和少生快富奔小康等婚育新风，并把“婚育新风进万家”活动列入计划生育管理目标责任制中进行年度考核。

关爱女孩行动　2004年，区境被国家人口与计划生育委员会确定为第二批“关爱女孩行动”试点区，遂成立由区委、区人民政府主要领导任总指挥的“关爱女孩行动”试点工程指挥部，区计划生育局和各乡、镇共同组建区、乡、村三级“关爱女孩行动”宣传服务队伍，以婚育新风进万家活动为载体，树立社会主义新型生育观念，旨在解决因婚育观念落后，人为造成的出生人口性别比失调问题。2005年，区委、区人民政府制定《麦积区综合治理出生人口性别比升高问题问责制度》，并下发《关于集中开展打击非法鉴定胎儿性别和选择性别的人工终止妊娠行为专项整治活动实施方案》《关于进一步加强孕情监测举报“两非”行为的通知》，将“关爱女孩行动”工作纳入人口计生工作目标管理责任书，整顿规范B超市场、药品市场、医疗市场，加强孕情监测。

“三结合”工作　1996年，根据国家计生委关于在农村推广计划生育“三结合”（即计划生育与发展农村经济相结合，与帮助群众勤劳致富奔小康相结合，与建设文明幸福家庭相结合）的精神，区内开展“生产、生育、生活”一体化服务，着重帮助群众脱贫致富，少生快富。1997年，区委又下发《计划生育“三结合”工作实施意见》，各级党委、政府实行帮扶目标责任制，在扶贫资金、技术项目上向计划生育贫困户倾斜，帮助独女户、二女户和落实计划生育措施的贫困户解决生产、生活方面的具体困难。

信息与统计　1985年，全区各乡、镇、街道开始建立《已婚育龄妇女生育节育登记卡册》和《未婚育龄妇女花名册》，根据已婚育龄妇女生育节育变动情况及时运转卡册，进行动态化管理。1995年，区、乡分别建立计划生育统计台账，即户有《计划生育服务证》，一、二孩生育卡片，补救及节育措施证明，环、孕、情服务证明，计划外生育费征收票据，计划生育宣传品和计划生育资料袋等；村有《已婚育龄妇女生育节育登记卡》《人口登记册》《生育节育管理册》《环孕情服务和补救措施登记册》《村级月报告单》；乡、镇有各村《已婚育龄妇女生育节育登记卡》《人口登记册》《生育节育管理册》。每月初由村计划生育专干填报《计划生育月报告单》上报乡、镇计划生育站，乡、镇根据各村《计划生育村级月报告单》填报乡、镇《计划生育统计报表》上报区计划生育局。2003年起，乡、镇月统计报表由纸质版改为电子版，并逐步建立起“育龄妇女信息系统”。2003年起，全区统一启用《生育保健服务证》。至2006年，区人口计划生育局配备计算机15台、服务器2台，开通区人口计划生育局门户网站，并建成机关区域网；区和乡、镇分别建成计算机专用机房。20个乡、镇、街道共配备计算机40台，全部接通互联网，实现信息互通。

四、效果

计划生育效果显著,全区人口自然增长率、出生率、多孩率明显下降。在城区干部、职工中,除个别人超生2胎外,绝大多数已婚育龄妇女只生1个孩子,并已成为自觉行动。在农村,一般一对夫妇生育2个孩子。但因受传统思想和“养儿防老”观念影响,加之农村养老事业发展迟缓,惟一些偏僻山区和部分未生男孩的两女户,生育意愿强烈,千方百计躲避落实节育措施,抢生、超生二胎、多胎的现象时有发生。还有一些流动人口,由于来去无定,计划生育管理部门难以控制,形成多胎生育。1986年统计,全区已婚育龄妇女73353人,其中生一孩的占已婚育龄妇女总数的17.9%,二孩占24.9%,多孩占50.4%。至1991年,全区一孩比例升高到63.59%,多胎率下降到4.15%。2000年人口普查中对15188名已婚妇女的调查,活产子女23097人,其中生育1孩3423人,生育2孩4103人,生育3孩2437人,生育4孩721人,生育5孩及以上238人。1985–2007年的22年间,若以20世纪六七十年代平均人口出生率35‰计,全区将生育约40万人,而通过计划生育,将人口出生率控制在14‰以内,只生育16.47万人,如是则22年中少生23.5万人。

五、机构

行政机构　1985年,区人民政府设区计划生育委员会(简称区计生委)。区计生委在乡、镇设计划生育专干。1990年,各乡、镇计划生育专干交由乡、镇政府管理。1992年,在各乡、镇、街道设计划生育工作站,实行区计划生育委员会和乡、镇政府双重领导,并配备计划生育专干,时全区共配备121人。1996年,区计划生育委员会改为区计划生育局,同时恢复区计划生育领导小组及办公室,由区计划生育局局长担任办公室主任。1997年,各乡、镇、街道计划生育工作站配备站长。2005年,区计划生育局改称区人口和计划生育局。2006年,撤销各乡、镇计划生育工作站。2007年,再撤销各街道计划生育工作站。

技术机构　1985年,原天水县计划生育宣传技术指导站改为北道区计划生育宣传技术指导站,隶属区计划生育委员会。1989年,区计划生育宣传技术指导站改为区计划生育服务站。1991年,各乡、镇亦成立计划生育服务站,附设在各乡、镇卫生院。1996年起,各乡、镇计划生育工作站均配备技术服务人员。1997年后,各乡、镇改设计划生育服务所。2002年机构改革中,乡、镇、街道计划生育服务所归并为计划生育服务中心,后又称计划生育服务所,各配备2~5名技术服务人员,每年对环情服务对象和孕情随访服务等分类造册登记,开展技术服务。2005年,乡、镇计划生育工作站合并到乡、镇计划生育服务所。

群团组织 1990年,成立区计划生育协会。1991年,各乡、镇、街道亦成立计划生育协会。2002年,区计划生育协会核定事业编制3名。2004年,全区有区协会1个,乡、镇、街道协会20个,流动人口协会3个,共有会员5.92万人,其中农村会员5.19万人,城市会员7319人。

第二章 劳动力

第一节 总量与分布

1985年区统计局统计,农村16岁以上劳动力人口14.02万,其中男8.38万、女5.64万。全民所有制单位职工10083人,其中女3120人;城镇集体所有制单位职工5561人,其中女性3162人。城乡劳动力资源总数15.59万。

1990年人口普查统计,全区总人口中15岁以上36.01万(男18.67万,女17.34万),除61岁以上男性老人和56岁以上女性老人及丧失劳动能力者外,有劳动能力(男15~60岁,女15~55周岁)的31.87万。15岁以上人口中,在业26.85万(男15.66万,女11.19万)。在业人口中,男性61岁以上、女性56岁以上仍从事劳动的1.3万。不在业人口中,在校学生2.72万,待升学1368人,料理家务4.05万(其中60岁以上男性708人,55岁以上女性1.22万人),非农业人口中待业3099人,离休、退休职工5547人,丧失劳动力的1.31万(其中60岁以上男性5716人,55岁以上女性6184人),其他793人。

1995年区统计局统计,全区农村16岁以上劳动力人口16.54万,其中男9.52万、女7.02万(高中及以上1.94万、初中3.8万、小学7.32万、文盲半文盲3.49万)。全民所有制单位职工19555人,其中女6331人。总人数中,中央单位2886人(女882人),省级单位1476人(女396人),区属单位14568人(女4764人)。区属集体所有制单位职工4693人,其中女性2251人。城乡16岁以上劳动力资源总数24.56万(城镇4.79万,农村19.77万),其中不计入劳动力资源人数3.46万(城镇4000人,农村3.06万)。经济活动人口20.38万中,从业20.18万,失业2000人。非经济活动人口4.18万,其中16岁以上在校学生1.39万(城镇3100人,农村1.08万),家务劳动者2.63万。

2000年,全区农村16岁以上劳动力人口17.45万,其中男9.83万、女7.62

万(全部劳动力人口中,高中及以上 2.44 万、初中 5.22 万、小学 7.58 万、文盲半文盲 2.21 万)。全民所有制单位职工 21170 人,其中女 6986 人。总人数中,国有控股单位 3024 人,国有单位 17091 人。其中,中央单位 2354 人(女 719 人),省、市级单位 1255 人(女 336 人),区属单位 13482 人(女 4403 人)。区属集体所有制单位职工 3201 人,其中女性 2251 人。城乡 16 岁以上劳动力资源总数为 31.9 万(城镇 3.3 万,农村 28.6 万),其中不计入劳动力资源人数 2.6 万(城镇 5000 人,农村 2.1 万)。非经济活动人口 4.5 万,其中 16 岁以上在校学生 1.4 万(城镇 3000 人,农村 1.1 万),家务劳动者 3.1 万(城镇 9000 人,农村 2.2 万)。

2005 年区统计局统计,全区农村 16 岁以上劳动力人口 22.99 万,其中男 12.34 万、女 10.65 万(全部劳动力人口中,高中及以上 3.4 万、初中 8.59 万、小学 9.28 万、文盲半文盲 1.72 万)。国有单位从业 43526 人,其中女 13185 人。总人数中,国有控股单位从业 11324 人。国有单位从业 32202 人,女 9114 人。其中,中央单位 5647 人(女 1384 人),省、市级单位 9883 人(女 1814 人),区属单位及以下 16384 人(女 5799 人),其他 288 人(女 117 人)。城乡 16 岁以上劳动力资源总数 39.8 万(城镇 9.4 万,农村 30.4 万),其中不计入劳动力资源人数 2.8 万(城镇 4000 人,农村 2.4 万)。非经济活动人口 6.5 万(城镇 3.1 万,农村 3.4 万)中,16 岁以上在校学生 3.6 万(城镇 2.3 万,农村 1.3 万),家务劳动者 2.9 万(城镇 8000 人,农村 2.1 万)。

2007 年区统计局统计,全区农村 16 岁以上劳动力人口 22.94 万,其中男 12.32 万、女 10.62 万。按文化程度分,高中及以上 3.59 万、初中 8.84 万、小学 9.04 万、文盲半文盲 1.48 万。全区国有单位从业 4.4 万,其中女 1.46 万。

第二节　职业构成

1985 年,全区农村 14.02 万劳动力中,从事农副业 11.21 万(其中农业 10.3 万,副业 8100 人),工业 4200 人,建筑业 3000 人,运输业 1000 人,商饮服务业 1100 人,文教卫生 2100 人,乡务管理 216 人,其他 269 人,在乡外从业 1132 人,其他劳力 1.49 万(其中家务劳动 1.33 万)。另外 16 岁以上在校学生 1.03 万。全民所有制单位职工 10983 人,其中从事农林水利 630 人,工业 1293 人,交通运输 270 人,商业物流 3260 人,房地产管理 201 人,卫生体育 913 人,教育、文化艺术、广播电视 2283 人,国家机关 2133 人。城镇集体所有制单位职工 5561 人,其中从事工业 1253 人，建筑 500 人，交通运输 288 人，商业饮食、物资供销仓储 3486 人，国家机关(区供销社)34 人。

1995 年，全区农村 16.54 万劳动力中，从事农林牧渔业 12.21 万，工业 1.18 万，建筑业 9700 人，交通运输业 4300 人，商饮服务业 6300 人，文教卫生 2300 人，乡务管理 132 人，其他 8800 人(其中外出劳动力 5800 人)。全民所有制单位职工 19555 人，其中从事农林牧渔业 567 人，工业(制造业)1835 人，地质水利 2634 人，交通运输 385 人，商业贸易 2588 人，金融保险 658 人，房地产管理 137 人，社会服务 442 人，卫生、体育、社会福利 1375 人，教育、文化艺术、广播电视 6003 人，科学研究 65 人，国家机关 2721 人，其他行业 145 人。区属集体所有制单位职工 4693 人，其中从事工业 1117 人，建筑 725 人，交通运输 256 人，批零贸易餐饮 1711 人，房地产 18 人，社会服务 542 人，卫生 296 人，国家机关(区供销社)28 人。区属其他经济类型(联营、股份和其他经济类型企业)职工 577 人，其中从事建筑 265 人，制造 164 人，贸易餐饮 148 人。

2000 年，全区农村 17.45 万劳动力中，其中从事农林牧渔业 12.14 万，工业 1.22 万，建筑 1.07 万，交通运输 4200 人，商饮服务 8500 人，文教卫生 2300 人，乡镇经济管理及科研 103 人，金融保险 34 人，其他 1.51 万(其中外出劳动力 1.2 万)。全民所有制单位职工 20170 人，其中从事农林牧渔业 794 人，工业(制造业)1880 人，地质水利 2433 人，交通运输 544 人，商业贸易 2430 人，金融保险 753 人，房地产管理 119 人，社会服务 587 人，卫生、体育、社会福利 1183 人，教育、文化艺术、广播电视 6240 人，科研、综合技术服务 109 人，党政机关及社团 3041 人，其他行业 57 人。区属集体所有制单位职工 3451 人，其中从事制造业 339 人，建筑 912 人，交通运输 256 人，批零贸易餐饮 1210 人，金融保险 222 人，房地产 17 人，社会服务 202 人，卫生和社会福利 244 人，国家机关(区供销社)26 人，其他行业 23 人。区属其他经济类型(联营、股份合作和股份有限公司等经济类型企业)职工 878 人，其中从事建筑 301 人，制造 482 人，贸易 44 人，房地产 36 人，社会服务 15 人。

2005 年，全区农村 22.99 万劳动力中，从事农林牧渔业 14.42 万，工业 1.54 万，建筑 1.58 万，交通运输 5300 万，商饮服务 1.4 万，文教卫生 2300 人，乡镇经济管理及科研 148 人，信息软件 91 人，金融保险 58 人，其他 3.26 万(其中外出劳动力 3.17 万)。国有单位从业 32202 人，其中从事农林牧渔 6582 人(林业 6015 人，农林牧渔业服务 567 人)，工业(制造业)6548 人，电力、煤气及水的生产和供应345人，交通运输242人，信息传输、计算机服务和软件669人，批发零售1299人，住宿餐饮233人，金融保险399人，房地产125人，租赁和商务服务1189人，科研、技术服务和地质勘察250人，水利、环境和公共设施管理795人，居民服务和其他74人，卫生、社会保障社会福利1404人，教育6450人，文化体育和娱乐58人，公共管理和社会组织(党政机关及社团)3249人。

2007年，全区农村22.94万劳动力中，从事农林牧渔业13.73万，工业1.41万，建筑1.42万，交通运输5300人，商饮住宿1.26万，文教卫生5300人，乡镇经济管理及科研266人，信息软件241人，金融保险103人，其他4万人(其中外出劳动力3.27万)。国有单位从业44010人，其中国有控股单位人员14297人，国有单位29713人，其分布为农林牧渔业4459人，工业(制造业)3086人，电力、煤气及水的生产和供应389人，交通运输388人，信息传输、计算机服务和软件115人，批发零售1090人，住宿餐饮482人，金融364人，房地产92人，租赁和商务服务1389人，科研、技术服务和地质勘察1389人，水利、环境和公共设施管理513人，卫生、社会保障社会福利1404人，教育8074人，文化体育和娱乐261人，公共管理和社会组织(党政机关及社团)3760人，其他行业57人。

第三节 就业与培训

一、就业 1987年开始，为城区待业青年发放《待业证》，持《待业证》者等待国家招工。其时由区劳动服务公司承担全区就业工作，公司的工作职责与工作内容有技校招生分配、集体工招转、党政机关实体管理、待业青年档案管理及培训、就业服务管理等。1990年公司改设为区就业服务局。1995年，将《待业证》改为《失业证》，按照政策规定为符合的人员发放《失业证》。

1998年撤销区就业服务局，业务并入区人事劳动局，下设就业股承担相应工作。2002年区人事劳动局改设为区劳动和社会保障局后，设就业股和就业中心，承担全区就业相关工作，主要职责是落实就业、再就业优惠政策，制定年度就业计划，发放管理《失业证》《再就业优惠证》，开发公益性岗位，认定失业人员小额担保贷款资格，负责城乡公共就业服务体系和服务网络的完善，负责街道社区、乡、镇劳动保障事务所(站)的管理与业务指导。同年，对因国有企业资产整合后一些企业的转并而出现的下岗职工，制定一系列就业、再就业优惠政策，并对下岗职工发放《再就业优惠证》,使其享受再就业的优惠政策。

2003 年,在城区街道和 4 个城郊镇成立劳动保障事务所,社区成立劳动保障事务站,以促进就业。是年,开始开发公益性岗位,在区交通局、执法局、园林处、环卫局等单位开发公益性岗位 776 个,安排下岗失业人员及零就业家庭(家庭中无就业人员者)人员。2004 年,与农业银行合作,办理发放下岗失业人员小额担保贷款。由区劳动就业中心作为担保机构,就业股认证贷款人资格。至 2007 年,享受下岗失业人员小额担保贷款者 255 人,共贷出 510 万元,使 700 余人就业。

2006 年,为摸清城镇无人就业家庭的状况,就业中心开展入户调查,以确定城镇零就业家庭,并为符合条件的零就业家庭成员办理《再就业优惠证》,安排家庭中至少 1 名有劳动能力的人员上岗,以解决其基本生活费用问题。至 2007 年,入户近 500 户,确定零就业家庭 200 余户,每户至少安排 1 名家庭成员在公益性岗位就业。

二、培训 1986–1990 年,对劳务人员开展技能培训,共培训 96 人次,其中缝纫工 30 人,电脑操作 36 人,美容美发 30 人。1991–1995 年培训 128 人次,其中宾馆服务 65 人,保安 36 人,缝纫 27 人。1996–2000 年培训 224 人次,其中餐厅服务 126 人,家政保姆 50 人,电脑 48 人。2001–2007 年培训 2288 人次,其中商品营业员 624 人,瓦工 532 人,木工 522 人,砼工 610 人。此外,还对劳务人员开展法律法规、务工常识、职业道德、安全教育等培训,1986–2007 年累计培训 3 万人次。

第四节 劳务输转

20 世纪 80 年代,农村 20 世纪 60–70 年代生育高峰期出生的人口陆续进入劳动年龄,农业劳动力迅速增加。加之实行家庭承包经营后,随着劳动效率的提高,农业投工量减少,农村出现较多剩余劳动力。许多年轻人转向非农行业就业,外出打工的人员不断增多。

1987 年,全区共输转农村劳动力 2.8 万人次,赚回劳务收入 1000 多万元,其中分两批组织 1200 人赴新疆为农场摘棉花 50 多天,人均收入百元左右。

1988–1990 年,每年外出 3 万多人次,其足迹远至广州、深圳等地,主要从事建筑业、工业制造业、服务业等,年劳务收入近 2000 万元。1991–1995 年,每年向外输出 4 万余人次,分布东南沿海发达地区和兰州、北京、西安、天津等地,从事餐饮、宾馆服务、缝纫、制作、家庭服务等行业，年劳务收入5000万元以上。1996–2000年，随着市场经济的不断发展，务工者素质的逐渐提高，每年输转劳动力7万人次，年劳务收入1亿多元，年人均劳务收入由原来的百元增加到千元。收入增加提高了农民生活水平，许多劳务收入较多的家庭开始改善居住条件，购置农业机械。2005年后，区委、区人民政府将劳务输出列入全区年终绩效考核，按照“政府推动、市场运作”的方式，主动加强与发达地区政府、有关部门和用工企业的劳务协作、信息沟通、政策协调，坚持点对点输出，不断扩展新的劳务地区。同时强化服务意识，鼓励引导各类劳务中介组织与发达地区用工企业签订劳动合作协议，组织富余劳动力向经济发达地区输转，在用工量集中的企业建立劳务基地；创新合作形式，大力推行校企合作、校校合作、校地合作、企地合作，建立稳固的劳务输转和培训基地；注重依托在外务工能人、驻外劳务工作站，适时组织人员到发达地区进行对接考察，了解企业用工情况，走访慰问务工人员，帮助用人单位和务工人员排忧解难，在东部发达地区企业建立劳务基地。到2007年，年输转劳务人员10万余人次，劳务收入2亿多元，劳务收入占农民人均纯收入的1/3以上；在全国各地建立劳务基地189个，分布在新疆、北京、天津、上海、广州、山东和西安、兰州等大中城市，涉及建筑建材、电子装配、机械加工、宾馆餐饮、家政服务等行业。还成功注册“渭水技工”“麦积山家政”“三阳川拉面师”“羲里电工”“渭水采棉工”等在西北地区乃至全国具有一定影响力的优秀劳务品牌。

第五节　劳动保护

1989年，成立区劳动争议仲裁委员会，负责区属企事业单位劳动争议调处裁决和劳动合同施行监证。此后，陆续检查用人单位370户，常规及举报检查25户，配合工商行政管理、劳务、税务等部门检查中介服务机构25户，关闭2户。1999年，成立区劳动监察中队，对全区用工单位进行劳动保障年审，对用人单位的劳动合同鉴定、工资发放、规章制度、工作时间等与劳动者利益相关的内容进行检查。是年检查350户，下发整改指令书11份，补签劳动合同421人，清退童工2人，清退企业收取风险抵押金11人、1.5万元。2000年，检查用人单位502户，涉及职工1.78万人，补签劳动合同360人，清退童工4人，补办临时用工审批手续10家、192人，补办流动就业证卡102人，下发整改指令书12份，取缔非法职业中介3家，接到劳动争议报案3起，劳动仲裁开庭1起。

2003年，专项检查农民工工资支付情况，检查建筑企业5户，餐饮服务业30余户，清理拖欠工资133万元，涉及农民工1000多人。2004年，开展最低工资保障、民工维权、成纪大道劳动用工专项治理等检查，执法监察用人单位432户，纠正最低工资标准40人次，签订劳动保障责任书332户，补签劳动合同344人，责令拖欠劳动者工资的用人单位对清欠情况实行每半月报告制度，并制定支付计划，春节前全部付清。

2005年，农民工工资拖欠现象比较突出，区劳动监察中队再次开展专项监察，监控4家重点建筑企业，涉及农民工687人，拖欠工资255.6万元，处理后，年底前全部支付。2007年，检查用人单位126户，监察用人单位239户；受理劳动举报案件24起，结案18起。其中涉及农民工的14起，追讨拖欠工资200万元。在整治非法用工打击违法犯罪专项行动中，追讨一矿业公司拖欠的农民工工资110万元，涉及农民工150余人。

第三章 人 事

第一节 职工队伍

1985年，全区全民所有制单位职工10983人，其中女3120人。城镇集体单位职工5561人，其中女性3162人。总计非农业人口从业16544人，其中女6282人。

1995年，全区全民所有制单位职工19555人，其中女6331人。总人数中，中央单位2886人(女882人)，省级单位1476人(女396人)，市级单位607人(女326人)，区属单位14568人(女4764人)。区属单位中企业4096人，事业7775人，机关2639人。区属城镇集体单位职工4693人，其中女2251人。总计非农业人口从业24248人，其中女8582人。

2000年，全区全民所有制单位全部职工20170人，其中女6986人，总人数中，中央单位2354人(女719人)，省、市级单位1255人(女336人)，区属单位16561人(女5931人)。区属集体单位职工3451人，其中女2251人。区属其他经济类型(联营、股份合作和股份有限公司等经济类型)职工878人。全区职工总计24499人。

2005年，全区及国有单位职工42895人，其中女13185人。总人数中，国有控股单位10693人,国有单位32202人。国有单位中,中央单位5647人(女1384人),省、市级单位9883人(女1814人),区属单位及以下16384人(女5799人),其他288人(女117人)。其中企业9602人,事业19148人,机关3452人。

2007年,全区及国有单位职工44010人,其中女14647人。其中国有控股单位14297人,国有单位29713人。国有单位中,中央单位2776人(女907人),省、市级单位8742人(女2217人),区属单位及以下18169人(女6656人),其他26人(女24人)。其中企业6180人,事业19995人,机关3538人。

第二节　专业技术职务评聘

1986年,国务院发布《关于实行专业技术职务聘任制度的规定》,决定对专业技术人员重新评定专业技术职务。1987年,全区在企、事业单位工作的专业人员计3583名,其中大学本科239人、专科405人、中专1585人、高中及以下学历1354人 (主要是农村小学教师)。最后为3048人确定了技术职务, 其中高级61人,中级762人,初级2225人。评定初,强调以各人德、能、勤、绩考察后评定,实施中因较难操作,最后大都按文凭高低及参加工作时间长短来确定。1989年,为所有取得任职资格者颁发《任职资格证书》,其中高级技术职务由区人民政府颁发,中、初级由主管部门颁发。之后对所聘人员从德、能、勤、绩等方面进行年度考核,优良及合格者续聘,不合格者辞聘。

1990年,全区在区属企、事业单位取得任职资格的专业技术人员3101人。其中:工程技术人员125人(高级工程师3人,工程师38人,助理工程师、技术员84人),农业技术人员93人(高级农艺师3人,农艺师19人,助理农艺师、技术员71人),医护人员660人(副主任医师15人,主治医师100人,医师232人,医士、护士等313人),教师1957人(高级讲师2人,讲师13人,助理讲师7人;中学高级教师56人,中学一级教师297人,中学二、三级教师660人;小学高级教师241人,小学一、二、三级教师681人),经济管理126人(经济师30人,助理经济师、经济员96人),会计69人(高级会计师1人,会计师11人,助理会计师、会计员57人),统计人员11人(统计师3人,助理统计师、统计员8人),翻译1人(助理翻译),图书、档案人员11人(副研究馆员1人,馆员7人,助理馆员、管理员3人),新闻出版人员7人(副编审1人,编辑2人,助理编辑4人),律师、公证10人(三级律师、公证员5人,四级律师、公证员、助理律师、公证员5人),播音3人(三级播音员),工艺美术师1人,体育人员3人(教练1人,助理教练2人),艺术人员24人(二级演员2人,三级演员14人,四级演员8人)。

1991年,成立区职称改革工作小组办公室(简称职改办),定期组织开展职称评审工作。全区设农业、教育、卫生、工程、经济等5个系列初级评审委员会,对各层次专业技术职务人数实行限额审批。高级和中级技术职务限额由市职称改革领导小组审批下达,初级技术职务人数由区职称领导小组下达。1995年,改革事业单位人事制度,对各层次专业技术职务人员设置岗位进行管理。第一轮职称设岗共设置5个系列的7个专业技术岗位。1999年,撤销卫生、工程、经济3个系列初级评审委员会,保留教育、农业两个系列初级评审委员会。此后,区教育、农林系列初级职称的评审权限在区职改办,其他系列初级职称和中级职称的评审权上收市职改办,高级职称的审批权限在省职改办。2004年,开始在教育和卫生系统开展评聘分开试点工作。打破原有的岗位限制,在卫生系统推行以考代评,对符合条件的人员推荐上报,参加全国统一组织的职称考试,给通过考试取得合格成绩的人员办理相应的《专业技术人员任职资格证书》,然后再通过年度业绩考核后竞争上岗。2006年,为教育系列的学区及幼儿园增设副高级职称岗位。

2007年,全区在区属事业单位取得任职资格的专业技术人员共7278人。其中高级职称189人,中级1926人,初级5163人。按系统分:教育系统5532人,卫生系统803人,农业系统252人,林业系统115人,水利系统108人,文化系统69人,建设系统68人,其他331人。其年龄结构为:35岁以下3443人,36~40岁1262人,41~45岁1038人,46~50岁799人,51~55岁420人,56岁以上316人。

第三节　待　遇

1994年,根据国家统一规定,对机关和事业单位工作人员工资制度进行改革。改革后,机关工作人员实行职级工资制,工资由职务工资、级别工资、基础工资和工龄工资四部分构成。其中基础工资每人每月230元,作为基本生活费;职务工资和级别工资依据职务高低、工作年限、任职年限长短确定,工龄工资按参加工作时间计算,每满1年发1元。机关技术工人实行岗位技术等级(职务)工资制,工资由岗位工资、技术等级(职务)工资和奖金三部分构成。事业单位工资分为专业技术人员工资、管理人员工资和工人工资,由职务(等级)工资和津贴两部分构成,并根据经费来源分为全额拨款、差额拨款和自收自支三类。套改后工资自 1993 年 10 月起施行。这次改革,全区人均月增资 175 元,比改革前增 42%。此后,每两年晋升一级职务工资,5 年晋升一级级别工资,工龄工资按年增加。

1995 年,机关、事业单位大部分职工通过正常晋升、级别跨档、知识分子和老干部补助等增加工资,并为部分人员因职务晋升、取得技术职称、取得较高学历及新调入人员和新参加工作人员增加工资,人均月增资 26 元。1997 年,调整机关、事业单位工作人员工资标准,调整后人均月增资 20 元,还为所有职工增加粮食补贴,每人每月 20 元。当年开始,为机关年度考核中连续 3 年被评为优秀等次的人员,在本职务对应的级别内晋升一级级别工资。

1999 年,按国家规定,调整机关、事业单位工作人员工资标准,人均月增资 114 元。2001 年,再次提高机关、事业单位工作人员工资标准,人均月增资 80 元。2001 年,又一次提高机关、事业单位工作人员工资标准,人均月增资 65 元,并增发艰苦边远地区津贴。

2006 年,根据国家规定,又一次对机关、事业单位工作人员工资进行改革。将 1994 年改革后推行的机关公务员由职务、级别、基础、工龄四项工资构成改为职务工资和级别工资两项。职务工资按所任职务对应不同标准,级别工资由原 15 个级别调整为 27 个级别,每一个级别设若干个工资档次;机关工人工资由原来的三项调整为岗位工资和技术等级(职务)工资两项,一个技术等级(职务)对应一个工资标准。事业单位实行岗位绩效工资制,由岗位工资、薪级工资、绩效工资和津贴补贴四部分组成,其中岗位工资、薪级工资为基本工资;事业单位岗位分为专业技术岗位、管理岗位和工勤技能岗位,专业技术岗位设 13 个等级,管理岗位设 10 个等级,工勤技能岗位的技术工岗位设 5 个等级,不同等级的岗位对应不同的工资标准。薪级工资主要体现工作人员的工作表现和资历,对专业技术人员和管理人员设置 65 个薪级,对工人设置 40 个薪级,每个薪级对应一个工资标准。原来实行的浮动工资改为乡、镇岗位津贴,根据不同职务及任职年限对应不同标准。这次工资改革,为全区机关、事业单位 11990 名在职职工增加了工资,人均月增资 235 元,增长率 26%。

2007 年,对原发的物价补贴、岗位津贴、生活补贴及知识分子、老干部补助予以冲销,人均冲销 200～231 元不等。冲销后,对津贴补贴实行分级标准,月人均正县级 457 元,副县级 420 元,正科级 370 元,副科级 330 元,科员、办事员 295 元。

公务员职务工资标准

单位:元/月

职务	职务类别		对应级别	职务	职务类别		对应级别
	领导职务	非领导职务			领导职务	非领导职务	
县处级正职	830	760	12～18	乡科级副职	430	410	17～24
县处级副职	640	590	14～20	科员		380	18～26
乡科级正职	510	480	16～22	办事员		340	19～27

(上表为2006年标准,下同。)

公务员级别工资标准

单位:元/月

级别	档次												
	1	2	3	4	5	6	7	8	9	10	11	12	13
12	1117	1196	1275	1354	1433	1512	1591	1670	1749	1828	1907	1986	2065
13	1024	1098	1172	1246	1320	1394	1468	1542	1616	1690	1764	1838	1912
14	983	1007	1076	1145	1214	1283	1352	1421	1490	1559	1628	1697	1766
15	859	924	989	1054	1119	1184	1249	1314	1379	1444	1509	1574	1639
16	786	847	908	969	1030	1091	1152	1213	1274	1335	1396	1457	1518
17	719	776	833	890	947	1004	1061	1118	1175	1232	1289	1346	1403
18	658	711	764	817	870	923	976	1029	1082	1135	1188	1241	1294
19	602	651	700	749	798	847	896	945	994	1043	1092	1141	
20	551	596	641	686	731	776	821	866	911	856	1001		
21	504	545	586	627	668	709	750	791	832	873			
22	461	498	535	572	609	646	683	720	757				
23	422	455	488	521	554	587	562	653					
24	386	416	446	476	506	536	566	596					
25	352	380	408	436	464	492	520						
26	320	347	374	401	428	455							
27	290	316	342	368	349	420							

机关技术工人岗位技术等级工资标准

单位:元/月

标准	技术等级				
	高级技师	技师	高级工	中级工	初级工
技术等级工资	410	270	195	155	125
1	895	670	650	570	500
2	936	795	681	598	526
3	977	830	712	626	552
4	1024	865	743	654	578
5	1071	905	777	685	606
6	1118	945	811	716	634
7	1171	985	845	747	662
8	1224	1031	882	781	693
9	1277	1077	919	815	724
10	1336	1123	956	849	755
11	1395	1175	998	886	788
12	1454	1227	1040	923	821
13	1519	1279	1082	960	845
14	1584	1338	1129	1001	897
15	1649	1397	1176	1042	924
16			1228	1087	965
17			1280	1123	1006
18				1177	1047

机关普通工人岗位工资标准

单位:元/月

档次	1	2	3	4	5	6	7	8	9	10
标准	610	634	658	684	710	738	766	797	828	862
档次	11	12	13	14	15	16	17	18	19	
标准	896	934	972	1031	1054	1098	1142	1186	1230	

事业单位管理人员工资标准

单位:元/月

岗位工资		薪级工资									
岗位	工资标准	薪级	工资标准	薪级	工资标准	薪级	工资标准	薪级	工资标准	薪级	工资标准
		1	80	14	273	27	613	40	1064	53	1720
		2	91	15	295	28	643	41	1109	54	1785
一级	2750	3	102	16	317	29	673	42	1154	55	1850
二级	2195	4	113	17	341	30	703	43	1199	56	1920
三级	1640	5	125	18	365	31	735	44	1244	57	1990
四级	1305	6	137	19	391	32	767	45	1289	58	2060
五级	1045	7	151	20	417	33	799	46	1334	59	2130
六级	850	8	165	21	443	34	834	47	1384	60	2200
七级	720	9	181	22	471	35	869	48	1438	61	2280
八级	640	10	197	23	499	36	904	49	1484	62	2360
九级	590	11	215	24	527	37	944	50	1534	63	2440
十级	550	12	233	25	555	38	984	51	1590	64	2520
		13	253	26	583	39	1024	52	1655	65	2600

注:各管理岗位的起点薪级分别为:一级岗位 46 级,二级岗位 39 级,三级岗位 31 级,四级岗位 26 级,五级岗位 21 级,六级岗位 17 级,七级岗位 12 级,八级岗位 8 级,九级岗位 4 级,十级岗位 1 级。

专业技术人员基本工资标准

单位:元/月

岗位工资		薪级工资									
岗位		薪级	工资标准	薪级	工资标准	薪级	工资标准	薪级	工资标准	薪级	工资标准
一级	2800	1	80	14	273	27	613	40	1064	53	1720
二级	1900	2	91	15	295	28	643	41	1109	54	1785
三级	1630	3	102	16	317	29	673	42	1154	55	1850
四级	1420	4	113	17	341	30	703	43	1199	56	1920
五级	1180	5	125	18	365	31	735	44	1244	57	1990
六级	1040	6	137	19	391	32	767	45	1289	58	2060
七级	930	7	151	20	417	33	799	46	1334	59	2130
八级	780	8	165	21	443	34	834	47	1384	60	2200

续表

岗位工资		薪级工资									
岗位		薪级	工资标准	薪级	工资标准	薪级	工资标准	薪级	工资标准	薪级	工资标准
九级	730	9	181	22	471	35	869	48	1434	61	2280
十级	680	10	197	23	199	36	904	49	1484	62	2360
十一级	620	11	215	24	527	37	944	50	1534	63	2440
十二级	590	12	233	25	555	38	984	51	1590	64	2520
十三级	550	13	253	26	583	39	1024	52	1655	65	2600

注：各专业技术岗位的起点薪级分别为：一级岗位39级，二至四级岗位25级，五至七级岗位16级，八至十级岗位9级，十一至十二级岗位5级，十三级岗位1级。

事业单位工人基本工资标准

单位：元/月

岗位工资		薪级工资							
岗位	工资标准	薪级	工资标准	薪级	工资标准	薪级	工资标准	薪级	工资标准
技术工一级	830	1	70	11	188	21	363	31	614
		2	80	12	202	22	386	32	643
技术工二级	690	3	90	13	217	23	409	33	675
		4	101	14	232	24	432	34	707
技术工三级	625	5	112	15	248	25	455	35	739
		6	124	16	264	26	478	36	774
技术工四级	575	7	136	17	284	27	504	37	809
		8	148	18	300	28	530	38	844
技术工五级	545	9	161	19	320	29	556	39	879
普通工工资	540	10	174	20	340	30	585	40	915

注：各技术工岗位的起点薪级分别为：一级岗位26级，二级岗位20级，三级岗位14级，四级岗位8级，五级岗位2级，普通工的岗位起点薪级为1级。

第四节 离休退休退职

一、离休

离休是对中华人民共和国成立前参加革命工作的老干部，在达到离职休养年龄后，实行的休养制度。干部离休后，基本政治待遇不变，生活待遇略为从优。

1994 年工资制度改革时，对离休人员按照同类职务在职人员的平均增资额增加离休费，其离休费按基本工资全额计发。离休前无职务或职务不明确的，是次增加离休生活费时，凡 1937 年 7 月 6 日前参加工作的与副厅级相对应，1937 年 7 月 7 日至 1945 年 9 月 2 日参加工作的与正县级相对应，1945 年 9 月 3 日至 1949 年 9 月 30 日参加工作的与副县级相对应，分别增加离休费。以后机关、事业单位工作人员每两年正常晋升职务工资时，离休人员按同级职务在职人员同时增加离休费，每月低于 25 元的按 25 元增加。1994 年起，对离休干部每月发放 15～60 元不等的交通费。1997 年起，每人每月增加 20 元离休生活费。2002 年，离休人员的特需经费标准，由原来每人每年 150 元增为 500 元。2006 年工资制度改革时，对离休干部采取增加生活费的办法，标准为县处级正职每月 670 元，副职 490 元，科级及以下 350 元；教授及相当职务 990 元，副教授及相当职务 540 元，讲师及以下职务 350 元。2007 年 9 月，对离休人员参照在职公务员规范津贴补贴，按对应职级标准全额发放，每月标准为，正县级 475 元，副县级 420 元，正科级 370 元，副科级 330 元，科员、办事员及其他人员 295 元。年末，全区有离休干部 102 人，比 1990 年减少 138 人。

二、退休

干部　机关、事业单位的干部，凡男性年满 60 周岁、女性 55 周岁，或男性年满 50 周岁、女性 45 周岁，工作满 10 年，经县以上医院证明完全丧失工作能力的，以及因公致残，经县以上医院证明完全丧失工作能力的，均可退休。1994 年工资制度改革中，对已退休干部增加退休费。凡退休前有职务者，1952 年以前参加工作、工作年满 30 年的，按同级职务在职人员平均增资额增加退休费；1953 年 1 月 1 日以后参加工作、工作满 30 年的，按同级职务在职人员平均增资额的 95%增加退休费；工作满 20 年、不满 30 年的，按同级职务在职人员平均增资额的 90%增加退休费。退休前无职务或职务不明确的，退休时工作年限 30 年以上的对应正科级，20～29 年的对应副科级，19 年以下的对应科员级，以相应标准增加退休费。对因公致残完全丧失工作能力人员的退休费按高于其他退休人员退休费计发标准的10%或5%计发，但最高不超过本人原工资。此后，凡机关、事业单位工作人员每两年正常晋升职务工资档次时，退休干部按每月20元增加退休费。2006年工资制度改革中，对已退休人员增加退休费。其标准为：厅局级750元，县处级450元，乡科级275元，科员及办事员180元；教授及相当职务700元，副教授及相当职务400元，讲师及相当职务275元，助教及以下职务180元。2007年，机关、事业单位退休人员规范津贴补贴时，县级、副高职称每月445元，科级、中级职称350元，科员、办事员、初级职称、高级工及以下295元，退休人员按退休费比例发放。年末，全区机关、事业单位共有退休人员387人。

工人　机关、事业单位的工人，凡男性年满60周岁、女性年满50周岁，连续工龄满10年的，或男性年满50周岁、女性年满45周岁，经县以上医院证明完全丧失劳动能力的，以及因公致残经县以上医院证明完全丧失劳动能力的，均可退休。1994年工资制度改革中，对共和国成立前参加工作的退休工人，按技师的平均增资额增加退休费；对已取得技术等级证书的，按技术等级增加退休费。其余退休工人退休费依工作年限按比例发放。以后机关、事业单位工作人员每两年正常晋升职务工资时，退休工人按每月20元增发退休费。2006年工资制度改革中，对退休工人月增加退休费标准为，高级技师和技师275元，高级工以下及普工180元。2007年规范津贴补贴时，高级技师和技师每月350元，高级工及以下295元。当年末全区机关、事业单位共有退休工人318人。

三、退职

经县以上医院证明完全丧失工作能力、又不具备退休条件的干部和工人，按退职处理。1994年工资制度改革时，对退职前有职务的按同级职务在职人员平均增资额的60%增加退职生活费，无职务的干部按科员级对应，工人均按初级工对应。1995年起，每两年月增加15元。2006年工资制度改革时，退职人员增加160元退职生活费。2007年9月规范津贴补贴时，退职人员按科员、办事员级标准的60%增发。

第四章 民 政

第一节 救 济

一、灾情救济

境内作为一个防灾减灾能力差，农业人口占大多数的区，几乎年年发生自然灾害，只是程度不同。每遇灾情，区人民政府和区民政局均及时调查核实灾情，向灾民发放救灾款物，组织群众生产自救。

1985 年 8 月 5 日，区内普降暴雨，11.49 万人、5.01 万亩农田受灾，发放救灾款 19.8 万元。1990 年 7–8 月，连降暴雨，洪水成灾，区人民政府拨款 77 万元(其中口粮款 66 万元)，发救灾粮 1150 吨、籽种 500 吨、化肥 501 吨、衣物 1798 件，为房屋受损灾民发放搬迁费 9.3 万元、建房款 4.9 万元。1991 年 6 月 7–8 日，全区连降暴雨，致渭河沿岸的新阳、琥珀、渭南、中滩、伯阳、元龙 6 乡，38 个村、1263 户、6454 人受灾，发放救灾款 28 万元。1993 年 6 月，琥珀、凤凰、伯阳、立远、吴砦、东岔 6 乡遭受雹灾，67 个村不同程度受灾，发放救灾款 18 万元。1994 年 8 月 5 日东岔乡发生冰雹、暴雨灾害，发放救灾款 35.2 万元。1995 年，伯阳、街子、马跑泉、凤凰 4 乡镇、23 个村、2501 户、1.2 万人遭受暴雨灾害，东部东岔、立远、吴砦、元龙、麦积、党川、利桥 7 乡、26 村在小麦返青生长季节遭遇寒流，1.5 万亩小麦受灾，全年发放救灾款 48.8 万元。1996 年 7 月，马跑泉、社棠、二十里铺、伯阳 4 乡、镇及城区发生冰雹灾害，发放救灾款 39.9 万元。1997 年遭受罕见干旱，夏粮大幅度减产，秋粮部分绝收，发放救灾款 44.8 万元。1999 年 5 月，吴砦、元龙、党川、利桥、渭南 5 乡遭受特大冰雹灾害袭击，发放救灾款 57.6 万元。

2000 年，因部分地方特大干旱，先后下拨救灾款 139 万元。2001 年，全区向灾区群众安排发放救济款 122.16 万元。2002 年 6 月 2 日，吴砦、元龙、东岔、党川 4 乡、镇遭受冰雹袭击，发放救灾款 113 万元。2003 年 8–10 月，连续阴雨，导致多处山体出现滑坡险情，多处农路被毁，倒塌房屋 857 间，千余间房屋成为危房，发放救灾款 120.1 万元。2004 年 5 月 1–5 日，发生强霜冻，并伴有大风，社棠、甘泉、党川、利桥 4 乡、镇大部分作物减产 3～5 成，有的甚至绝收，发放救灾款 185.9 万元。2005 年 6–8 月，连续强降雨导致洪水、泥石流、山体滑坡频发，麦积、渭南、社棠、元龙、马跑泉、琥珀 6 乡、镇多处山体出现滑坡险情，包括 11 个乡、镇和 1

个街道在内的43个村、576户农民受灾，发放救灾款107.3万元。2007年上半年遭受干旱，8月又连续暴雨，倒塌房屋301间，受灾农田7.5万亩，全年发放救灾款268.7万元。

全区历年下拨农村救灾救济款统计

单位：万元

年份	救灾款	救济款	年份	救灾款	救济款	年份	救灾款	救济款
1985	19.8	15.9	1993	18.0	27.6	2001	58.2	122.1
1986	22.8	13.0	1994	35.2	62.8	2002	113.0	206.0
1987	34.0	11.0	1995	48.8	168.7	2003	120.1	123.0
1988	49.8	15.0	1996	39.9	130.8	2004	185.9	156.0
1989	33.0	12.4	1997	44.8	153.2	2005	107.3	249.0
1990	58.9	12.9	1998	42.6	133.3	2006	257.5	127.0
1991	28.0	33.9	1999	57.6	186.0	2007	268.7	110.0
1992	41.6	46.5	2000	139.0	193.2			

二、农村贫困救济

1985年后，随农村经济发展，社会救济对象相对减少，区财政每年拨救济款10万～20万元。每年还定做一部分棉衣，冬季分发给五保户和特困户。1989年，全区为五保户发放过冬毛衣150件。1995年统计，区内党川、利桥、东岔、立远、吴砦、元龙、伯阳、麦积8乡边远山区有374户农民仍住茅草屋，计977间。区人民政府专门划出25万元，市财政补贴40万元，作为茅草房改造资金，当年改造220户、660间，次年全区再次下拨25万元，完成茅草房的改造。2002年，给农村困难群众发放救灾救济款206万元。2003年，全区救济农村贫困户3万人(次)，下拨农村救济款120多万元。2006年，在全区实行农村大病医疗救助体系，救助对象为2005年10月1日后患病入院的农村五保户、特困户、三等甲级以下残疾军人、革命烈士家属、因公牺牲军人家属、老复员军人中的贫困户以及独生子女中的领证户、二女结扎户中的贫困户、因重大疾病造成家庭生活特别困难的户，救助标准最高3000元。从2006年起，为保证新农村合作医疗体系在全区顺利实施，每年从农村大病医疗救助金中专门列支部分资金用于补助因家庭贫困而交不起农村合作医疗费用的人员，人均补助10元。

农村大病医疗救助人数及拨付资金统计

年份	救助人数	拨付资金(万元)	其中:用于补助特困群众缴纳新合款(万元)
2006	540	77.87	25.00
2007	821	101.59	14.00

三、城市贫困救济

退职职工救济　从20世纪80年代起，凡生活困难的精减退职老职工均给予定期定量救济，计405人，其中居住城镇15人，每人每月救济18元；居住农村390人，每人每月10元，全区年发放5万元。1990年，享受原工资40%救济的共72人，救济2.2万元，人均305元；享受定期定量救济的96人，救济2.4万元，人均250元。

贫民定量救济　1985–1988年，对城区非农业人口中孤寡、幼残、生活无来源的困难户，给予定期定量现金救济，共救济139人，2.52万元。1989年，救济标准提高为每人每月35元。1990年救济21人，8820元。2003年起，全区开始建立城镇困难群体救助体系，是年给660多名下岗职工按时足额发放基本生活费。此外，对生活无来源或遭遇不幸的非农业居民还发放临时救济，1985–1990年，全区每年救济10余户，累计发放1.5万元。2007年，城区居民大病医疗实行救助制度，年内共救助58人，6.99万元。

四、外地流浪人员救济

2003年，区民政局依据《城市生活无着的流浪乞讨人员救助管理办法》，救助流入城区外地生活无着的流浪乞讨人员。至2007年底，共救济578人，其中社会弃婴、孤残儿童108人。

历年救助外地流浪人员统计

单位:人

年份	救助类别			流出地	救助方式				自返	死亡
	青壮年	中老年	孤残儿童		大病救助	明天计划	涉外收养	安排敬老院		
2003	56	87	32	河南、山东	5	–	–	2	61	7
2004	49	89	23	四川、青海	7	–	–	1	52	12
2005	61	92	15	岷县、陇南	3	9	–	3	36	3
2006	21	56	8	湖北、湖南	4	7	1	–	38	6
2007	18	27	12	青海、新疆	6	10	2	–	19	5

第二节 拥军优属

一、拥军

1985年起，每年凡逢重大节日，区内均开展拥军优属、走访慰问活动。区领导率慰问团、带慰问品对驻军、伤病员、军队离退休干部、老红军进行慰问。各乡、镇、街道还召开烈军属、退伍军人、西路红军、残废军人、复退军人座谈会。是年“八一”建军节慰问时，区财政下拨慰问专款，为老山、者阴山（均在中越边境）战士家属每户发放慰问费20元，抗日战争时期的烈属每人慰问费10元。1986年，给620名中越边境参战军人家属每户发30元补助金，全区共发放1.86万元。1987年，为参战凯旋部队赠送各种慰问品4400件，价值3.16万元。1990年，为纪念抗美援朝40周年，下拨专项经费2600元，各乡、镇、街道召开赴朝志愿军座谈会。

1991年，开展创建“双拥模范城”活动，解决驻军某部队打靶场地、永川河建桥、马跑泉镇胡王砖瓦厂在解放军第二十九医院周围乱倒废砖毁坏围墙、预备役炮团团部地皮和部队家属调动及子女上学入托等问题。1992年，区民政局协助驻军某部队建成长79米、宽9.5米的“拥军桥”1座，征地24亩用于修建训练靶场；开展为子弟兵献爱心活动，为驻军部队制做鞋垫4600双；设置军人优先服务窗口1786处、军人服务台72处。同年，被省委、省人民政府、省军区授予“双拥模范区”称号。1993年，为支援驻军某部队赴西部军事演习活动，区委成立支前领导小组，由区委书记任组长，负总责。区武装部抽调民兵应急分队组成装卸队，各街道组建腰鼓队、花束队、花环队、锣鼓队及万人欢送队伍，区四大组织及人武部领导在分路口设欢送站为部队首长敬壮行酒。

1994年，全区开展军民共建活动，建立军民共建单位145个。1995年，为区武装部解决以劳养武经费3万元，为区消防中队解决平整场地资金5000元，为区武警中队改善生活条件解决5000元，并划拨0.5亩土地作为菜地；配合驻军某部队铺通地下光缆线路6251米；为驻军某部队拓宽靶场进出道路征用土地1.2亩；解决区武装部、预备役炮团、解放军第二十九医院职工家属子女的农转非问题。1996年，商业、供销等单位建立军人优先服务窗口800个。

1997年，邀请驻军官兵到机关、工厂、学校讲述解放军的光辉历史和英雄事迹，作报告6场，听众6800人（次）。区民政局会同人事劳动部门摸清驻军子女入学、入托和要求工作调动的底子。1998年，解决随军家属再就业24人。

1999 年，区委制定《双拥工作暂行规定》，成立空军天水场站警务区，负责保护场站军事设施；全区拨专款 11.5 万元，其中用于解决区中队拖欠电费 1 万元、营房维修费 1 万元，为消防中队解决器材经费 5000 元，区武装部士兵应急装备费 2 万元，国防教育馆设备费 2 万元，汽车维修费 3 万元，为驻军某部队减免水费 2 万元；落实家属院拆迁交换用地 3.4 亩；给驻军部队赠送洗衣机 5 台、高档热水器 12 个，理发工具 24 套，电风扇 30 台，鸡蛋 2000 多市斤；优先解决随军家属招工 21 人，调动家属 21 人。川鲁大酒店还为部队培养技术人才 26 人，东风汽修厂为部队培训汽修人才 80 多人。

2002 年，开展双拥进社区活动，各社区制定《双拥公约》《双拥工作规划》《军地互办实事细则》等制度，建立社区服务中心、社区双拥专职服务队伍和社区双拥服务志愿者队伍；协调解决部队征地 434 亩，解决资金 19.7 万元，解决驻军部队子女入学 62 人、入托 34 人，筹集 90 万元解决部队行路难及菜市场问题。

2003 年，区人民政府组织革命烈属、革命伤残军人、军队离退休干部、复员退伍军人及现役军人家属等 1560 多名优抚对象参观区内城市建设，发放慰问金 7.8 万元；安排驻军部队子女入学、入托 205 人，解决其随军家属住房 6 套。2004 年，解决驻军部队子女入学 67 人、入托 52 人，安排其家属就业 8 人；为天水预备役炮团征用军事训练建设土地 51.2 亩，减免土地征用补偿费 110 多万元，在军事基地内退耕还林 690 亩。2005 年，建成区消防中队营房，投入近 120 多万元解决部队建设、军供站设施建设资金不足问题；请老红军、老八路、老干部和部队官兵作革命传统报告 6 场次，听众 3.8 万人（次），还对 3 万多名中、小学生进行军事训练及国防知识和革命传统教育。

2006 年，为驻区部队一次性解决各项经费 41.7 万元，其中武警中队就地医疗费、生活补贴费和营房建设工程款 8.7 万元，区武装部正规化建设经费、城市民兵训练费 20 万元，预备役炮团营房改扩建经费、连队正规化建设经费 13 万元；筹资 160 多万元改造区军供站，增强对过往部队生活供应的保障服务能力；为驻军某部队征用三岔乡黄草坪土地，协调涉及 13 户农户搬迁；解决驻军某部队提出的九峪沟排洪渠危及机场安全的问题。2007 年，为驻区部队一次性解决各项经费 72 万元，其中武警中队 4.8 万元，区武装部 13 万元（其中民兵训练经费 11 万元，专项经费 2 万元），消防队 8 万元，天水预备役炮团 37.2 万元（其中工作经费 5 万元，基层建设训练经费 10 万元，综合楼改造整修经费 10 万元，购买战备物资经费 12.2 万元）。

二、军用饮食供应与服务

天水军供站是地方人民政府支援过往部队的组织机构和战备设施，成立于1953年,主要负责成批过往部队、入伍新兵和退伍老兵、支前民兵、民工运输途中的饮食供应。2002年,对原有基础设施拆除,建成全框架结构餐饮楼,建筑总面积9460平方米。2007年,天水军供站在编干部、职工26人,有机械设备多功能蒸饭机2台,烧水器2台,绞肉机1台,17座依维柯车1辆。

天水军供站历年接待情况统计

年　份	接待次数	接待人数	年　份	接待次数	接待人数
1985	112	28492	1996	49	11597
1986	54	16216	1997	53	16234
1987	179	32161	1998	37	9671
1988	70	32161	1999	45	10241
1989	46	13624	2000	28	12768
1990	23	10118	2001	33	5012
1991	44	9786	2002	33	6437
1992	102	9234	2005	31	8306
1993	79	5495	2006	26	7008
1994	29	13791	2007	39	7861
1995	43	11426			

说明:2003—2004年,因改建停供。

三、优抚

(一)优属　1986年起,全区对农村军人家属(简称军属)由原来优抚粮食或现金(以各村经济情况而定)改为统一实行优待现金。其费用由群众负担,在向承包户收缴统筹费时收缴后归乡、镇管理,由乡、镇统一发给军属户。是年,全区每户优待100元,共为1485户军属发放14.85万元。此后,对优待对象全部实行以乡镇统筹、现金优待的方式。1987年,新增复员军人优抚对象240人,共发1.88万元。1988年,按照省人民政府每户优待180元的统一规定,为全区1030户现役军人家属，采取年终一次兑现的办法全部发放，其中东岔、党川、麦积、二十里铺、甘泉、马跑泉、寨子7乡、镇、街道每户以200元标准发放。1991年，下拨优抚款10.75万元，对3400户生活确有困难的优抚对象给以临时救济。现役军人优待户均以200元发放。1992年，为897户现役军人家属发放优待款46.55万元，户均519元，优待标准达到本乡上年人均纯收入水平。此后，现役军人家属优待均以上年人均纯收入为标准发放。

1994年，各乡、镇普遍减免现役军人家属义务工任务，并建立代耕代种、帮工服务小组470个，为现役军人家属举办果树栽培、饲养、编织等培训班23期，参加人员4821人(次)，扶持640户栽培经济果树，720户饲养家畜家禽。二十里铺乡还对现役军人家属实行“三优先”(子女入学优先，供应籽种、化肥优先，划宅基地优先)。

至1999年，全区有义务兵505人，优待款每户826元。2002年，区民政局慰问全区48户烈属、2位老红军、771位在乡老复员军人时，为每户发放10市斤清油。是年，驻区各单位捐助现金17.8万元、衣物2.3万件，解决536户“三老”(老红军、老复员军人、老烈属)的生活、医疗、住房困难，提高1308名优抚对象的优待标准，民政局拨专款2.1万元，给4户老复员军人修建砖木结构住房。

2003年，改革义务兵家属优待金征集办法，由原来乡、镇向农民征集改为全部由财政负担，年内共兑现义务兵家属优待金57万元。为切实帮助老复员军人解决“三难”(生活难、住房难、医疗难)问题，区民政局印发《关于进一步开展“爱心献功臣行动”的通知》。全区120多个行政、企事业单位，先后与122名重点优抚对象结成帮扶对子，给每名老复员军人帮助现金或物品价值不低于500元。各帮扶单位及干部职工、社会各界人士捐款4.1万元，捐赠衣物600多件、面粉180多袋、化肥60袋，减免医疗费1.45万元，补助建房资金0.8万元；市第二人民医院为5名老复员军人免收医疗费1500多元；乡、镇筹集9200元，解决81名老复员军人的生活困难。次年，再为优抚对象捐款2.2万元，捐赠衣物3100多件、面粉170袋、化肥120多袋。73户优抚对象开始享受最低生活保障，给200多名革命伤残军人换发新伤残证，给全区308名城镇退役士兵发放待安置期间的生活补助费。

2005年，兑现农村义务兵家属优待款58万元；对上年接收的156名城镇退役士兵，按月每人发放待安置期间的生活补助费143元；协调解决二等乙级以上

26名革命伤残军人的医疗费4.5万元。城区无房或居住困难的优抚对象和军人家属，采取单位在分房、调房和集资建房时分别给予优先照顾的办法，解决住房6套。继续开展“爱心献功臣行动”，辖区内160多个行政、企事业单位与160多名重点优抚对象及老复员军人结成帮扶对子，为老复员军人捐款1.2万元，捐赠衣物3170多件、面粉87袋、化肥90袋；医院、卫生院为12名老复员军人免收医疗费1380多元，为790多名老复员军人免费体检。

2006年，建立全区优抚对象数据库，兑现农村义务兵家属优待款57万元；对上年接收的城镇退役士兵，按月每人发放待安置期间的生活补助费157元；协调解决六级以上62名革命伤残军人的医疗费5.3万元；为118名退伍军人进行体检，为残疾军人发放轮椅8辆。在“爱心献功臣行动”中，为老复员军人捐款8500元，捐赠衣物2630件、面粉120袋、化肥70袋；乡、镇筹款2.3万元，解决132名老复员军人的生活困难。

2007年，区内重点优抚对象中，革命伤残军人225人，“三属”（烈士家属，因公牺牲军人家属，病故军人家属）57人，在乡西路红军老战士1人，在乡老复员军人664人，带病回乡退伍军人53人，参战人员301人。

（二）补助　1986年，调整提高优抚对象定期定量补助标准，农村每人每月不足10元的提为10元，住在城区的每人每月不足15元的提为15元，全区有70名复员退伍军人的补助标准提高，新增享受定期定量补助的优抚对象25名。还对立远等10个乡、镇的24户严重缺房而无力建房的优抚对象给予建房补助费5650元。至1991年，全区共有在乡复员军人1040人，其中享受定期定量补助的258人。

1992年，根据市人民政府《关于扩大在乡复员军人定补面的通知》精神，区民政局分两次共为629名在乡复员军人给予定期定量补助。至此，全区享受定期定量补助的复员军人883名，占实有复员军人总数的94.2%。还给10名带病回乡退伍军人给予定期定量补助，补助烈军属76户，临时救济确有生活困难的退伍军人420名。又认定渭南镇吴奠福为在乡西路红军老战士，每月定补60元。1994年，又为53名在乡复员军人给以定期定量补助，补助总人数达到936名，人均每月补助25元。对城乡“三属”的定补，按农村25元、城市35元的标准发放。并对71户特别困难者，又拨款2万元给予补助。对90户老复员军人补助建房费3640元。对西路红军老战士的补助，是年提高为每月120元（此后屡次提高，1996年200元，2000年370元，2002年495元，2003年600元）。

1995年，为97户住房有困难的在乡老复员军人拨付建房补助款3.7万元，对因患病而造成家庭生活困难的烈士遗属、复员军人、现役军人家属80户，给予补助2.2万元。1996年，提高169名在乡老复员军人的定补标准，由每人每月20元，提高到25元；新定补64人，标准亦25元；临时补助退伍军人生活困难者20人，补助6000元。1997年，911名复员军人每月定期定量补助统一提高为25元。1999年，再提高到30元，全部复员军人均享受补助。又拨专款7.4万元，解决183户复员军人的住房困难；拨2.8万元，解决140户优抚对象的生活困难。2000年，将37名在乡特别困难的复员军人定补标准提高为每月60元。

2003年，提高910名在乡复员军人、260名残废军人、69户“三属”的补助标准，其中复员军人每人每月90元，对125名生活困难的优抚对象办理最低生活保障，为“三老”人员发放医疗补助资金1.3万元，解决16户老复员军人的住房困难；对城区无住房或住房困难的的补助对象，由所在单位在分房、调房和集资建房时分别给予优先照顾。是年，全区有重点补助对象1296人，其中:革命伤残军人230人，烈士家属15人，因公牺牲军人家属33人，病故军人家属20人，在乡西路红军老战士2人，在乡老复员军人910人（其中参加抗美援朝战士394人），带病回乡退伍军人74人。

2004年，在乡西路红军老战士的生活补助标准改为年发8640元（后于2006年增为10200元，2007年增为12240元）。2005年，791名在乡复员军人的定补标准提高为165元，对87名优抚对象办理最低生活保障；对伤残军人和家庭经济困难的复员军人临时补助医疗费，共发放4.6万元。2006年，对伤残军人和家庭经济困难的复员军人临时补助医疗费，共补助5.7万元。2007年，在乡复员军人月定补标准提高为215元，带病回乡退伍军人月定补由原70元增至100元。

四、抚恤

“三属”　1985年，全区23户革命烈士家属、7户因公牺牲军人家属、17户病故军人家属（简称“三属”）的定期定量补助一律改为定期抚恤金，其标准为：革命烈士家属、因公牺牲军人家属居住农村的每人每月25元，居住城区的30元；病故军人家属居住农村的20元，居住城区的25元。1986年规定，对病故的享受定期抚恤者，下一个月起停止抚恤，并一次性发给其家属相当于死者半年定期抚恤金总额的丧葬补助费。此后，多次提高抚恤金标准。至2006年，享受抚恤的“三属”77户。

“三属”定期每月抚恤标准

单位:元/人

年份	烈属、因公牺牲军人家属		病故军人家属		备注
	城区	农村	城区	农村	
1985	30	25	25	20	
1993	40	35	35	30	
1994	60	50	55	45	
1995	65	55	60	50	
1996	70~75	60~65	65~70	55~60	
2001	145~150	135~140	140~145	130~135	
2002	185~190	160~165	180~185	155~160	
2003	250~255	190~195	245	185	

“三属”年抚恤标准

单位:元/人

年份	烈士家属		因公牺牲军人家属		病故军人家属	
	城区	农村	城区	农村	城区	农村
2004	4200	2600	3900	2520	3600	2340
2006	4980	3120	4620	2940	4260	2760
2007	6000	3600	5400	3420	5100	3300

革命伤残者　1985年7月起,为在乡革命伤残人员发放生活补贴费,标准为特一等每人每月12元,二等6元,三等4元。1988年,提高革命伤残人员抚恤标准,在乡因战者以残废等级为272~1200元,因公240~1100元;在职因战90~240元,因公82~216元。均以原确认残废等级发放。至1996年,全区享受伤残人员抚恤金者358人。此后,又多次提高抚恤标准。2004年,将伤残等级划分由原特等、一等、二等、三等改为10级,并重新确定各级年抚恤标准。至2007年,人抚恤标准提高到因战2100~18900元,因公1800~18300元。

1988 年革命伤残人员年抚恤金标准

单位:元 / 人

抚恤类别	残废等级	残废性质	现行残废待遇				新抚恤标准
			抚恤标准	副食品价格补贴	生活补贴	合计	
在乡残废抚恤金	特等	因战	570	60	144	774	1200
		因公	518			722	1100
	一等	因战	498	60	144	702	1020
		因公	464			668	950
		因病	464			668	860
	二等甲级	因战	390	36	72	498	740
		因公	350			458	660
		因病	350			458	600
	二等乙级	因战	296	36	72	404	538
		因公	268			376	480
		因病	268			376	450
	三等甲级	因战	180	24	48	252	336
		因公	180			252	322
	三等乙级	因战	140	24	48	212	272
		因公	140			132	240
在职残废金	特等	因战	132	—	—	132	240
		因公	120	—	—	120	216
	一等	因战	118	—	—	118	204
		因公	108	—	—	108	184
	二等甲级	因战	96	—	—	96	156
		因公	86	—	—	86	140
	二等乙级	因战	84	—	—	84	135
		因公	76	—	—	76	122
	三等甲级	因战	70	—	—	70	108
		因公	64	—	—	64	98
	三等乙级	因战	60	—	—	60	90
		因公	56	—	—	56	82

2007 年革命伤残人员年抚恤金标准

单位:元/年

残疾等级		因战	因公	因病
旧等级	新等级			
特等	一级	18900	18300	17700
	二级	17100	16200	15600
一等	三级	15000	14100	13200
	四级	12300	11100	10200
二等甲级	五级	9600	8400	7800
二等乙级	六级	7500	7080	6000
三级甲等	七级	5700	5100	—
三级乙等	八级	3600	3300	—
	九级	3000	2400	—
	十级	2100	1800	—

优抚对象普查　2001 年,全区开展重点优抚对象和优抚安置事业单位的普查。普查范围包括优抚对象,移交地方政府安置的军队离退休干部,军队无军籍退休、退职职工,退休志愿兵,当年退出现役复员干部和 2000 年安置的退役士兵及优抚安置事业单位。最终普查出,全区有革命伤残人员 230 人,革命烈士家属 15 人,因公牺牲军人家属 33 人,病故军人家属 20 人,在乡西路红军老战士 2 人,在乡复员军人 840 人,带病回乡退伍军人 74 人,军队离退休干部 10 人,军队无军籍退休、退职职工 8 人,退役义务兵 241 人,转业志愿兵 13 人,2000 年安置城镇退役士兵 132 人。

第三节 安　置

一、军人安置

退伍军人　20 世纪 80 年代,接收安置退伍军人为民政部门一项经常性工作。安置工作遵循“妥善安置,各得其所”“从哪里来,回到哪里去”的原则。1985–1990 年,主要接收安置退伍义务兵,城市入伍的全部安排在国有企业、事业单位或国家机关工作,农村入伍的一般仍回农村,参加农业生产。1985 年,对 1984 年 10 月后退伍到农村的二、三等残废军人安排城镇就业,1984 年 10 月前退

历年安置退伍军人统计

年份	城市	农村	合计	年份	城市	农村	合计
1985	229	399	628	1996	218	85	303
1986	351	226	577	1997	151	94	245
1987	286	249	535	1998	156	77	233
1988	419	158	577	1999	216	91	307
1989	356	202	558	2000	165	111	276
1990	371	61	432	2001	169	128	297
1991	328	77	405	2002	144	124	268
1992	353	80	433	2003	156	173	329
1993	462	54	516	2004	161	149	310
1994	272	92	364	2005	169	109	278
1995	210	50	260				

伍到农村、年龄在30周岁以下的46人,也安排了职业。20世纪80年代后期,由于城镇非农业户口青年参军人数逐年增加,城镇就业安置任务增大。1989年,全区接收558人,对其中来自城镇非农业户口的356人全部安排就业,回农村的202人。后又对50名在参加中越边界自卫反击战中荣立二、三等功的农村退伍军人作出安置。1990年,共接收432人,城镇就业371人,回农村61人。1991–1996年,由农村入伍在服役期间"农转非"在城市安置的退伍军人191人。1985–2005年,全区共安置退伍军人8131人,其中城市5342人,农村2789人。

志愿兵　国家改单一的义务兵役制为义务兵与志愿兵相结合的兵役制度后,20世纪80年代开始接收安置转业的志愿兵。1985–2007年共接收安置295人。

复员干部　1993年起,军队退出现役的干部安置,采取复员的方式就业,人民政府不负责安置,由本人自行就业。1996–2005年共复员11人。至2007年,除2人转外地外,2人办理退休手续,7人办理养老保险和医疗保险。

荣誉退伍军人　20世纪80年代开始,对农村入伍,在服役期间因战、因公负伤致残的三等伤残退伍军人,在城镇安排工作。1985–2005年共安置97人。

军队离退休干部　1985年,开始接收安置军队离退休干部。是年接收10人,其中离休6人(副师职1人,正团职4人,副团职1人),退休4人(正团1人,副团1人,正营1人,正连1人)。1989年,区民政局成立区军队离退休干部服务站(简称军休站),负责落实军队离退休老干部政治待遇和生活待遇。2000年,接收退休副师职干部2人。2006年接收退休干部7人(正师1人,副师3人,正团职1人,副团1人,四级士官1人)。2007年接收退休干部9人(副军级1人,正师2人,副师5人,正团1人)。至2007年,军休站共接收军队离退休干部28人,除1人病逝外,其余都在安度晚年。军休站位于桥南林水巷,占地3.17亩。1994年投资70万元兴建住宅楼1栋,建筑面积1156平方米,住宅18套。2004年更名为区离退休干部服务站。

无军籍职工接收　1994年开始，由部队移交区内无军籍退休职工8人，2000年移交18人,2007年移交2人，由民政部门接收后交军休站供养管理,无军籍退休职工的住房由原部队解决。

军地两用人才开发使用　20世纪80年代,成立军地两用人才服务部,向企事业单位、乡镇企业、个体户和联营经济实体通报人才信息,推荐两用人才。是年,向有关单位推荐安排75名有专业技术的复员军人。1985-1999年接收的农村退伍军人中,有一定技术专长的共690人。至1999年,已介绍就业544人,其中区属企事业单位129人,乡、镇企事业单位187人,个体户或联营经济单位228人。

二、社会福利企业安置

城市　1985年,天水市民政局投资2万元,租用北道军供站房屋,建成北道区玉器厂,后转产毛衣裤,1987年更名为区福利厂。1989年,区民政局筹资25万元,建立北道综合厂。1990年,区民政局发动个人投资11万元,建立天水蓄电池厂。是年,桥南商贸市场管委会成立区商贸市场福利生产经营部。1992年,道南街道经委筹办区道南综合厂。1993年,区人民政府办公室设区天马汽车修配公司,区残联建立区川鲁大酒店。1994年,天水罐头食品厂成立区兴利实业公司。至此,全区创办福利企业21个,安排残疾人就业200余人。

农村　1985年,甘泉乡建成综合加工厂,为境内首家安置残疾人就业的福利企业。1988年,区民政局投资9万元和甘泉乡联办针织厂,马跑泉镇兴办淀粉厂,寨子街道联办塑料厂,均为福利企业。区残联兴办区福利冶化厂。1992年,先后建立天水市北道福利冶炼厂、天水医疗器械厂、天水市北道二十里铺分冶炼厂、天水甘泉粗锌冶炼福利厂、天水市北道矿用安全网编制福利厂等福利企业。至1995年,全区共有福利企业22个,其中全民所有制1个,集体所有制21个;区民政局直属8个,街道、厂矿办2个,乡村办8个,其他4个。职工总数527人,其中安置残疾人238人,帮扶贫困户68户,优抚对象24人。后因经营不善,产品滞销,至2002年仅剩4个。2007年各福利企业皆自认不能达到认定标准,均自行退消。

第四节 社会事务

一、婚姻登记管理

登记机关　20世纪80年代，婚姻登记由各乡、镇、街道管理，设民政干事负责。1993年，成立区婚姻登记管理中心，负责指导基层婚姻登记工作。2004年，改革婚姻登记制度，成立婚姻登记处。首先设区民政局婚姻登记处负责城区婚姻登记，接着各乡、镇亦成立婚姻登记处。至2005年，以乡、镇为范围，共成立17个婚姻登记处。此后，全区婚姻登记均由区民政局和17个乡、镇的婚姻登记处办理。

登记情况　20世纪80年代，实行婚姻登记证明制度。申请结婚的男女双方所在村、街道或工作单位出具户口和出生年月、民族、婚姻状况证明，男女双方持证明书亲自到婚姻登记机关申请登记结婚。经婚姻登记机关审查，符合《中华人民共和国婚姻法》规定条件的，准予结婚，并发给结婚证，一式两份，男女各执一份。时《婚姻法》规定最低婚龄为男22周岁，女20周岁。1985年，又实行婚前医学检查制度，防止麻风病患者和其他医学上认为不适宜结婚的疾病者结婚，减少生育缺陷。1998年，确定城区婚检由妇幼保健所承担，农村由各乡、镇卫生院承担，计划生育机构不再开展婚检业务。从1999年起，使用全国统一式样的婚姻状况证明、结婚登记申请书和离婚登记申请书，旧式的婚姻登记申请书和婚姻状况证明同时作废。

全区历年婚姻登记统计

单位：对

年份	结婚登记数	离婚登记数	补办夫妻关系证明书或结婚证	年份	结婚登记数	离婚登记数	补办夫妻关系证明书或结婚证
1986	964	4	—	1997	1662	30	11
1987	1071	5	—	1998	1704	21	12
1988	1026	7	—	1999	1731	15	11
1989	1131	7	—	2000	1871	31	10
1990	1197	11	—	2001	1985	32	13
1991	1253	18	—	2002	2069	83	13
1992	1202	23	—	2003	2079	101	18
1993	1213	33	—	2004	2586	196	24
1994	1460	28	3	2005	2606	274	27
1995	1544	26	4	2006	2858	253	34
1996	1580	34	6	2007	3034	359	50

检查纠正违法婚姻　20世纪80年代，婚姻管理一度松散，乡村尤其边远山区不经登记的私婚和不到最低结婚年龄的早婚较多。1989年，区民政局在全区宣传《婚姻法》，规范婚姻登记工作，培训婚姻登记员，完善各种婚姻登记制度，并协同区妇女联合会在凤凰乡进行为期20天的查处违法婚姻试点。结果得出，凤凰乡自1981–1988年共申请结婚357对，登记354对；申请离婚7对，因包办婚姻和换头亲而批准离婚的3对；清理出早婚、私婚154对，占同期结婚总人数的30%。

二、殡葬服务与管理

1987年，区人民政府颁布《殡葬管理细则》，改革土葬，推行火葬，把改革土葬引入《居民公约》，作为评选文明单位条件之一。规定区内4街道和马跑泉镇、社棠镇、二十里铺乡为火化区。火化区内禁止出售墓穴和棺木，职工死亡不火化的不发给丧葬费和遗属生活困难补助费，火化区外川区提倡平地深埋，不留坟头，山区建立公墓。

1993年，寨子街道筹办北山公墓，为经营性骨灰安葬公墓，划分火化区域，不安葬遗体或遗骸。1996年，区民政局协同市民政局、工商行政管理局、公安局，在城区收缴火化一批出售的带有封建色彩的殡葬用品。1997年，再次清理整顿殡葬市场，检查出售殡葬用品的店铺、摊位，收缴殡葬迷信用品。

1999年，区民政局投资5万元，租用远离城区8公里的社棠镇半山村荒坡48.6亩，成立半山公墓管理所，职责是宣传《殡葬管理条例》及殡葬管理方针、政策，落实市人民政府有关殡葬管理的规定，监督检查区直各部门、各乡镇、驻区各单位及公民执行殡葬法规的情况，对生产、销售丧葬用品的单位和个人实行行业管理。同年，将15名烈士遗骨迁入墓内。2000年，又成立区殡葬管理服务中心，负责全区殡葬管理。

三、禁毒

1989年，成立区戒烟所，由区民政局管理，负责接收管理吸毒人员（简称烟民），强制戒毒。戒烟所立足帮教，使吸毒人员彻底戒除毒瘾。是年，戒毒所强制收容41人，还收纳戒毒烟民57人。1990年，区委、区人民政府决定在全区范围内开展禁毒斗争，是年收戒烟民188人。1991年收戒240人，1992年收戒206人。1993年，全区开展严厉打击毒品犯罪专项斗争，收戒烟民329人，1995年收戒213人。2001年起，区财政每年拨付戒毒专项经费2万元。

四、收容遣送

收容遣送为民政部门一项救济性的工作。区收容站对流入城市、食无着落的外流灾民和城市中流落街头、生活无着的流浪乞讨人员进行救助、教育、安置和遣返。收容对象主要是因灾难外出行乞者,受家庭暴力或虐待而出走者,精神病患者和痴、呆、傻者,劳改释放倒流城市无法落户者,以行乞为谋生手段者。

20世纪80年代中,随着改革开放后城乡经济社会发展,人民生活日益安定,因灾、因生活困难外出行乞者越来越少,但好逸恶劳者,被遗弃的呆、痴、傻人员,顽劣儿童及以行乞为生者仍有出现,混杂在乞讨行业的违法犯罪者相对增加。1985年收容3507人,遣送1980人,自返1005人,安置5人,公安处理17人。此后,收容遣送人员数量逐年下降。1989年,收容遣送人员大幅度增加。是年收容4457人,遣送人员2302人,自返1109人,安置29人,公安处理25人。

1992年初,根据国务院规定,收容对象扩大到"三无人员"("三无"即无合法证件、无固定住所、无稳定收入),及无身份证、暂住证和务工证的流动人员。规定凡在区内居住3天以上的非本地户口公民须办理暂住证,否则视为非法居留,列入收容遣送对象。是年收容512人,遣送212人,自返118人。

2001年,成立区收容遣送站,并在区民政局内部设收容遣送股。2003年,根据国务院颁布的《城市生活无着的流浪乞讨人员救助管理办法》,开始救助城市生活无着落的流浪乞讨人员,保障其基本生活。至2007年,共救济流浪乞讨人员578人,社会弃婴、孤残儿童108人。

历年收容遣送人员统计

单位:人

年 份	收容	遣送	自返	安置	公安处理
1985	3507	1980	1005	5	17
1986	2607	1625	708	3	3
1987	2388	1516	809	8	1
1988	1897	609	327	–	–
1989	4457	2302	1109	29	25
1990	1028	156	567	–	–
1991	602	301	109	–	–

续表

年份	收容	遣送	自返	安置	公安处理
1992	512	212	118	–	–
1993	409	87	210	–	–
1994	307	50	101	–	–
1995	102	32	59	–	–
1996	80	12	60	–	–
1997	59	15	32	–	–
1998	327	62	208	–	–
1999	37	7	30	–	–
2000	56	38	12	–	–
2001	27	5	22	–	–
2002	45	26	18	–	–
2003	89	40	32	–	–

第五章　宗　教

第一节　组　织

一、佛教协会　1986年成立，会址设在仙人崖灵应寺，会长沈好学，有僧尼32人，信教居士583人。1996年，会址迁马跑泉柳林寺。2004年，释悟空任会长，同年会址重迁灵应寺。至2007年，全区批准登记的寺院有灵应寺（在麦积镇）、渗金寺（在马跑泉镇）、柳林寺（在马跑泉镇）、经圣寺（在马跑泉镇）、太平寺（在甘泉镇）、朝阳寺（在甘泉镇）、云光寺（在甘泉镇）、净土寺（在麦积镇）、清平寺（在花牛镇）、圆觉寺（在伯阳镇）、慈恩寺（在伯阳镇）、兴国寺（在元龙镇）、槐荫寺（在社棠镇）、庆寿寺（在新阳镇）、报恩寺（在石佛乡）、石佛寺（在石佛乡）、茅庵寺（在石佛乡）、早阳寺（在渭南镇）、演营寺（在中滩镇）、陈大念佛堂（在中滩镇）、弘法寺（在道北街道）、朝阳寺（在花牛镇）等22处，有教职人员102名，其中比丘（和尚）65名，比丘尼（尼姑）37名，信教群众1万余名。

二、道教协会　1986年成立，会址设在石门山五阳观，会长李明星，时有道士68人。1999年张兴平为会长，2004年杨恩子为会长。至2007年，全区开放的宫观有柏林观、五阳观(在伯阳镇)、圣母宫(又名娘娘庙,在甘泉镇)、净乐宫(在甘泉镇)、泰山庙(在甘泉镇)、真武观(在石佛乡)、金龙山(在东岔镇)、观音山(在东岔镇)、杏林观(在麦积镇)、泰山庙(在新阳镇)、南武台(在花牛镇)、玉皇观(又名玉皇庙,在花牛镇)、五龙山(在三岔乡)、柏林观(在三岔乡)、城隍庙(在三岔乡)等15处,有教职人员87名,其中全真派9人(乾道6人,坤道3人),正一派78人,信教群众1万余人。

三、伊斯兰教协会 1986年成立,会址设在北道清真寺,何其昌为会长。1990年马兆吉为会长,1999年马福堂为会长。至2007年,全区开放的清真寺有北道埠清真寺、高家湾清真寺(在花牛镇)、马跑泉清真寺、崖湾清真寺(在马跑泉镇)、利桥清真寺、党川清真寺、元龙清真寺、吴砦清真寺8处,有教职人员19名,其中阿訇8名,满拉11名,信教群众4000余人。

四、基督教"三自"爱国运动委员会 1986年成立,会址设在北道基督教堂,李玉珍为主席。2007年,全区开放的教堂有北道教堂(在北道埠)、甘泉教堂、渭南教堂、吴家庄教堂(在渭南镇)、霍卢村教堂(在渭南镇)、马咀村教堂(在渭南镇)、张石村教堂(在渭南镇)、复兴教堂(在伯阳镇)、杨家山教堂(在伯阳镇)、街亭教堂(在麦积镇)、杨河村教堂(在麦积镇)、何家山教堂(在麦积镇)、党川教堂(在党川乡)、马跑泉教堂(在马跑泉镇)、背湾村教堂(在中滩镇)、峪口村教堂(在石佛乡)、石佛聚会点(在石佛乡)、麻家坪聚会点(在渭南镇)、温家集教堂(在新阳镇)、花牛村聚会点(在花牛镇)、中庄村聚会点(在五龙乡)、社棠村临时聚会点(在社棠镇)等22处,有教职人员40名,其中牧师2名,长老37人,传道员1人,信教群众7000余人。

五、天主教爱国委员会 1986年成立,会址设在渭南镇教堂,主任刘文凯。1990年刘银甫为主任。至2007年,全区开放的教堂有渭南镇教堂、甘泉镇教堂、街亭村教堂、马跑泉镇教堂、北道教堂(待建)、社棠镇大湾聚会点、石佛乡陶夏村聚会点、中滩镇杨岘村聚会点、新阳镇温家集村聚会点、花牛镇峡口村聚会点等10处,有神甫2名,信教群众4000多人。

第二节 管 理

1985年区人民政府成立后,设民族宗教事务局,作为管理民族、宗教事务的行政机关。同年,区人民政府决定恢复6处清真寺,计有房屋65间,又在回民聚居地方落实坟地7处。1989年,区人民政府决定开放天主教、基督教和伊斯兰教的38处宗教活动场所。同年,又督促各活动场所成立民主管理委员会。1990年,区人民政府拨出3.5万元专项经费为天主教、基督教落实政策,修建教堂。还将位于城区道南秦州商场西南侧300平方米土地划归北道清真寺,省、市、区拨款15万元资助建寺。4月26日,石门山王母宫发生特大火灾,古殿宇全毁,决定撤销住山道士张××的区道教协会副会长职务;7月17日,仙人崖发生僧人游泳伤亡事故,2名僧人溺毙,决定撤销当家僧人张××区佛教协会副会长职务。

1997年,成立区乱建庙宇和露天佛像专项工作领导小组,区委开始对乱建庙宇和露天佛像进行专项治理,依法加强对修建寺观事务的管理。2001年,处置失业人员李××利用宗教行骗事件,在全区伊斯兰教界开展政策法制教育活动。2002年,对全区70余名正一派道士进行政策法规培训。

2005年,《宗教事务条例》颁布实施,对全区宗教团体和宗教职人员进行培训,学习《条例》。2006年10月,社棠镇300余名天主教信教群众在市主教副教职人员带领下,打砸社棠畜牧站财产,抢占社棠畜牧站,并非法举行宗教活动,市、区启动应急预案,研究解决社棠天主教教产遗留问题。是年,区佛教协会会长释悟空、区道教协会会长杨恩子、区伊斯兰教协会会长马福堂、北道清真寺阿訇何其昌、区基督教"三自"爱国运动委员会主席李玉珍被推荐为市政协委员。

第六章　社会组织

第一节　民间组织

20世纪80年代改革开放后,境内民间组织蓬勃发展。1999年,区民政局对各乡、镇、街道的民间组织调查摸底,全区共有社会团体29个;民办非企业单位537个,其中民办诊所532个,民间艺术团体1所,幼儿园2所,学校1所,培训班1个。

2000年后,民间组织迅猛发展。2003年92个,其中社会团体30个,民办非企业单位62个(不含民办诊所)。2007年,全区民间组织150个,其中社会团体63个,民办非企业单位87个。

2007年区内部分社会团体一览

社团名称	成立年份(年)	业务主管部门	负责人	2007年有会员(人)
区农机学会	1980	区农牧局	窦顺良	14
区农学会	1982	区农牧局	方全贵	98
区新农民协会	1995	区农牧局	李建奎	51
琥珀乡高方村能源管理专业协会	2006	区农牧局	方泰安	200
区植保协会	2007	区农牧局	常瑞奇	109
区足球协会	1981	区体育运动委员会	高天明	24
区武术协会	1981	区体育运动委员会	肖其兰	58
区信鸽协会	1981	区体育运动委员会	姚晓辉	64
区气象学会	1982	区气象局	王全福	11
区计划生育协会	1990	区计划生育局	李恒代	80
下曲葡萄专业技术协会	1999	区科学技术协会	汪双恩	540
区药学会	2004	区药品监督管理局	刘晓峰	128
区质量技术监督协会	2004	技术监督局	吴 烨	50
天水羲皇书画院	2004	区文化体育局	屈光健	48
北五庄书画协会	2004	区文化体育局	肖天恩	42
三阳书画协会	2005	区文化体育局	雷 浩	50
金盾法律与社会学术研究会	2006	区文化体育局	李继新	54
道北果业协会	2005	道北街道办事处	何玉峰	81
元龙花椒协会	2005	元龙乡人民政府	南堆仓	2013
区经济组织联合会	2005	区供销联社	尹润强	50
马跑泉镇农村经济联合会	2006	区供销联社	杜养科	149
伯阳镇果业协会	2006	伯阳镇人民政府	段福元	72
甘泉镇包家沟村果业协会	2006	甘泉镇	杜建明	416
麦积镇卧虎村绿色养殖协会	2006	麦积镇人民政府	谢晓驰	42
区市场商场协会	2006	区工商行政管理局	李玉进	34
麦积旅游文化研究会	2007	区文化体育局	张 钰	50
老子文化研究会	2007	区文化体育局	刘世明	53
区商标协会	2007	区工商行政管理局	赵 潮	53
马跑泉镇团庄蔬菜果品运销协会	2007	马跑泉镇人民政府	梁秉权	52
花牛镇南山苹果协会	2007	花牛镇人民政府	武正权	172
马跑泉镇南山果业协会	2007	马跑泉镇人民政府	刘荣生	210

一、社会团体 1985年设区时，已有19个社会团体，包括篮球协会（1979年成立）、农机学会、畜牧兽医学会（1980年成立）、信鸽协会、老年人体育协会、足球协会、武术协会、气功协会（上均为1981年成立）、农学会、林学会、气象学会、电影协会、企业管理学会（上均为1982年成立）、中医学分会、养鸡协会（1983年成立）、医学会（1984年成立）、中医学会、园艺学会、会计学会（1985年成立）。

1986年，成立区公路学会。1989年，成立区农村卫生工作者协会（简称卫协会），首期注册会员1232人。1990年，成立区计划生育协会、区残疾人联合会、区食用菌学会。1991年，成立区红十字会。1992年，成立区人体科学研究会、区伏羲卦台山古文化研究协会、区花卉协会。1993年，成立卦台山伏羲文化基金会。

1994年，成立区中国练功协会、区民间商会、区蔬菜学会。1995年，成立区书画家协会、区新农民协会、街子乡卫生协会。1999年，成立社棠镇下曲葡萄专业技术协会。同年，民政局决定撤销北道区气功协会。

2000年，成立区卦台山伏羲文化研究会。2003年，成立区中小企业协会、区私营企业协会、区南部书画艺术研究院。是年，全区社会团体发展到30个，其中专业学会19个。2004年，成立天水羲皇书画院、区北五庄书画协会、区渭峡果农协会、区果品蔬菜协会、区质量技术监督协会、区药学会及西安果友协会天水分会。

2005年，成立区道北果业协会、区驾驶员协会、区三阳书画协会、区经济组织联合会、区元龙花椒协会、区健康论坛协会。2006年，大力扶持发展农村专业协会，先后成立区花牛苹果协会、伯阳镇果业协会、伯阳镇曹石村农协会、甘泉镇包家沟村果业协会、花牛镇二十里铺村南山坪提灌工程用水者协会、麦积镇卧虎村绿色养殖业协会、马跑泉镇农村专业经济组织联合会、琥珀乡高方村能源管理专业协会。是年，还成立区市场商场协会、区金盾法律与社会学术研究会、区消费者协会、区个体劳动者协会。2007年，成立麦积区旅游文化研究会、区老子文化研究会、区植保协会、区商标协会、区羽毛球协会以及花牛镇南山苹果协会、马跑泉镇南山果业协会、马跑泉镇团庄蔬菜果品运销协会、渭南镇于园村养猪产业协会、伯阳镇花南养殖协会等17个民间组织。至此，社会团体发展到63个。

二、民办非企业单位 1999年，区民间组织管理局新增民办非企业单位登记管理业务，开始对民办非企业单位登记管理。是年，对各乡、镇、街道的民间组织调查，全区共有民办非企业单位537个，其中民办诊所532个，民间艺术团体1所，幼儿园2所，学校1所，培训班1个。2000年，按照单位自查和申请登记、业务主管单位审查、登记管理机关核准的步骤复查，全区537个单位中，由业务主管单位批准成立的93个。当年,注册成立区獭兔养殖研究所、区桥南天使幼儿园、街子乡吴家寺私立育才幼儿园、中滩乡幼儿园、启升补习学校、天水市中山业余学校北道分部及区迪安牙科诊所等7家诊所共13个民办非企业单位。2001年,登记成立区爱心家政服务中心和区工友信息服务中心。2002年,成立区成邦信息服务部、区天桥信息服务中心、区婚姻介绍所、区行知中级电脑职业技能培训学校、区知音信息服务中心、天水夕阳红服务中心及区南河川乡樊家湾等14个村卫生所,共登记民办非企业单位20个。2003年,登记成立区心联婚姻服务中心、区红心信息服务中心及利桥乡吴河村卫生所等37家民办非企业单位。2004年,成立区金桥婚姻服务中心。2005年,成立区花牛镇曹埂村卫生所、区马跑泉镇官泉幼儿园、区金桥信息服务中心、区青少年体育俱乐部、区慈爱幼儿园、区马跑泉镇崖湾幼儿园、区马跑泉镇金太阳幼儿园、区天力劳务服务中心。2006年,成立区精诚信息服务中心、区联桥信息服务中心、区心联信息服务中心、区小黄莺艺术幼儿园、区伯阳育才幼儿园、区渭南镇渭西村育苗幼儿园。2007年,成立区憩园生态山庄老年公寓、区桥南街道陇林社区卫生服务站、区桥南街道龙园社区卫生服务站、区劳务派遣中心、区赵崖幼儿园、区扶贫职业技能培训学校、区环球劳务信息服务中心。至此,全区共有民办非企业单位87个。

2007年区内部分民办非企业单位一览

民非名称	成立年份(年)	业务主管部门	负责人
区獭兔养殖研究所	2000	区农牧局	师金铭
区桥南天使幼儿园	2000	区教育局	夏小娟
区甘泉镇吴家寺私立幼儿园	2000	区教育局	吴金兰
区马跑泉镇官泉幼儿园	2005	区教育局	陈霞
区慈爱幼儿园	2005	区教育局	于淑芳
区马跑泉镇崖湾幼儿园	2005	区教育局	王桂兰
区马跑泉镇金太阳幼儿园	2005	区教育局	夏福有
区小黄莺艺术幼儿园	2006	区教育局	黄云云
区伯阳育才幼儿园	2006	区教育局	张保平
区渭南镇渭西村育苗幼儿园	2006	区教育局	于小爱
区花牛镇赵崖幼儿园	2007	区教育局	王秀梅
区青少年体育俱乐部	2005	区体育发展中心	李永明
区南河川乡樊家湾卫生所	2002	区卫生局	王维西
区利桥乡吴河村卫生所	2003	区卫生局	马文成

续表

民 非 名 称	成立年份(年)	业务主管部门	负责人
区花牛镇曹埂村卫生所	2005	区卫生局	曹永红
区桥南街道陇林社区卫生服务站	2007	区卫生局	张天厚
区桥南街道龙园社区卫生服务站	2007	区卫生局	王江南
区婚姻介绍所	2002	区民政局	陈真仓
天水夕阳红服务中心	2002	区民政局	霍建军
区心联婚姻服务中心	2003	区民政局	鲁雪平
区金桥婚姻服务中心	2004	区民政局	蒲永林
区憩园生态山庄老年公寓	2007	区民政局	熊作忠
区行知中级电脑技能培训学校	2002	区人事局	胡平义
区成邦信息服务部	2002	区人事局	陈　波
区天桥信息服务中心	2002	区社保局	贾枫林
区红心信息服务中心	2003	区社保局	轩　敏
区金桥信息服务中心	2005	区社保局	蒲永林
区精诚信息服务中心	2006	区社保局	史淑云
区联桥信息服务中心	2006	区社保局	曹红红
区心联信息服务中心	2006	区社保局	鲁雪平
区劳务派遣中心	2007	区社保局	雷　楠
区环球劳务信息中心	2007	区社保局	宋金龙
区扶贫职业技能培训学校	2007	区社保局	卢晓东

第二节 管 理

1990 年,成立区社会团体和民办非企业单位管理办公室,调配 1 名干部专门从事民间组织登记管理,业务隶属区民政局。管理范围包括社会团体、民办非企业单位和基金会 3 类社会组织。旋即开展社会团体调查,全区计有社会团体组织 48 个,其中学术性的 17 个,专业性的 23 个,行业性的 6 个,联合性的 2 个。1991 年,对各类社会团体进行审查,按照政策规定登记注册 34 个,其中协会 19 个,学会 15 个;注销 1 个,延缓登记 3 个。1993 年,清理整顿乡级社团,通过逐乡镇调查摸底和清理整顿,对 18 个符合条件的乡级社会团体登记注册,发给登记证。1996 年,再次对区、乡两级社团进行全面清理整顿,对依法注销的社团提出取缔意见,对 35 家予以保留的社团全部换发新证。

1999 年,区社会团体和民办非企业单位管理办公室更名为区民间组织管理局，为副科级事业单位，仍隶区民政局，编制3人，局长由民政局副局长兼任。2000年，区民政局对全区民办非企业单位复查登记，全区共有民办非企业单位537个，由各业务主管单位批准成立的93个，已办理复查登记的12个。2002年，坚持培育发展和监督管理并重方针，全面开展民间组织清理整顿，合并一些业务相同或相近的组织，全区民间组织由46个（不计民办诊所）减至26个。2005年，区民政局对全区社会团体和民办非企业单位进行年检，年检合格的民间组织共96个，其中：社会团体36个，民办非企业单位60个。区科协对全区16个自然科学类社会团体进行清理整顿，整顿后保留9个，有会员805人。2006年，根据省、市大力发展农村专业经济协会的精神，区民政局成立农村专业经济协会领导小组，全面调查各乡镇农村专业经济协会的发展及运行情况，区分情况、分类造册，采取不同的扶持培育和发展措施。

第七章 家庭婚姻

第一节 家 庭

20世纪80年代，对居住城镇的干部、职工实行一对夫妇终生只生一个孩子的计划生育政策，家庭一般多由父母和子女构成，人口3～4人，只是20世纪70年代前在城镇组成的家庭达5人以上。由于男性大都忙于工作，许多城镇非农业家庭渐由女性理家。为照料孩子，或接送孩子上学，有的将住在农村的父母接到城镇共同生活，有的女性将娘家母亲或其他嫡亲带至城镇，有些家庭将无人赡养的女方家中长辈也带入城镇赡养，形成与农村传统习俗不同的家庭组合形式。农村实行家庭承包经营后，20世纪60–70年代人口出生高峰期出生的人口进入成年期，弟兄多的成年男子结婚成家后大多另立门户，与兄弟或父母分家而过，家庭向小型、直系形式过渡。由父母与未婚子女组成的家庭和由两代或者两代以上组成的家庭在境内占主体，兄弟姐妹结婚后不分家的家庭或父母和两对以上已婚子女组成的联合型大家庭极少。占比例最大的两代户家庭中，一对夫妇城镇抚养1个孩子、农村抚养1～2个孩子的户渐多。独生子女家庭往往以孩子为中心安排生活，溺爱子女现象渐趋严重。与此同时，不赡养老人、虐待老人现象城乡时有发生。一些老人到垂暮之年被迫与子女分居。1985年，全区86207户，总人口463668人，户均5.38人。以城乡分，城区（含寨子农业管理区）家庭10088户，

47874人，户均4.75人；乡村家庭户76119户，415794人，户均5.46人。以农业非农业分，非农业家庭户15389户，78506人，户均5.1人；农业户70818户，382764人，户均5.4人；另外还有未落常住户口2398人。

1990年人口普查时，境内10.46万户，50.65万人，户均4.8人。以家庭人口规模分，4~6人户最多，占56.6%；其次是3人及3人以下户，占27.2%；7人及以上户16.2%。以家庭户人口类别分，父子两代户最多，占65.6%；其次是父、子、孙三代户，占25.9%；一对夫妇户4.1%，单身户2.5%，四代户1.9%。90年代，随着“家长权威”的弱化和男女平等的夫妻关系逐渐形成，一些青年因学习、工作、经济、买房等原因，婚育年龄普遍推迟，大多由父母和两对以上已婚子女组成的联合型传统大家庭逐步解体，家庭规模不断缩小。城乡人口流动性增强，大量农村青壮年劳动力外出到城市打工，或者由于子女上学、工作、参军、做生意等原因外出留在城市，而没有打工优势、不适合进城的老年人和儿童留在农村。留在农村的儿童，多由祖辈老人抚养，逐渐出现由单身老人或老年夫妻组成的一代户空巢型家庭和隔代型家庭。以夫妻为核心的夫妻型家庭和由父母与未婚子女构成的二代家庭户较为普遍，其次是由夫妻、父母和子女组成的三代家庭，四代家庭、五代家庭较少。农村家庭老人大多与长子或最小的儿子一家共同生活，也有一些老人选择跟脾气好、愿意奉养老人的子女一家共同生活，一些老人则与子女分户单独另过。一些城区家庭将父母接到城市一起生活。新落户城市的非农业家庭若弟兄子女多，老人仍多留在农村，由生活在农村的子女赡养。

据2000年第五次人口普查，全区有135316户，567530人，户均人口4.19人，每户较1985年减少1.19人。以城乡分，城镇家庭户均2.63人，农村家庭4.75人。在全部131752户家庭户中，一代户17181户，占13.04%；两代户81096户，占61.55%；三代户32151户，占24.4%；四代户1320户，占1%；五代及五代以上4户。家庭户按规模分，其中一人户6894户，占5.23%；两人户14884户，占11.3%；三人户30521户，占23.17%；四人户33109户，占25.13%；五人户24768户，占18.8%；六人户12877户，占9.77%；七人户5487户，占4.16%；八人户1944户，占1.48%；九人户738户，占0.56%；十人及十人以上户530户，占0.4%。

2000年后，随着社会转型、人口老龄化趋势的加快和农村富余劳动力的快速转移，一切向钱看、以自身利益为最高标准等价值观念盛行。一些年轻人的家庭责任感日益淡化，敬老、养老意识淡薄，孝道丧失，把对老人的赡养当作生活的累赘，城乡虐待老人、弃老现象屡见不鲜。加之老人与子女们在生活方式、价值观念、教育理念等方面都存在差异，城乡老人独居家庭的比例大幅增加。绝大部分农村留守老人的经济来源主要靠种地,辛苦劳作一年,来自土地的收益扣除成本后收入甚微,而且还承担着照料留住农村孙辈的任务,经济负担很重。由于收入低,有的人连基本生活都难以维持,有病得不到及时治疗,日常生活无人照料。特别是其中的高龄老人、患病老人、失能老人,常常无人照顾,孤独无助。农村青壮年大多外出,将子女留给老人后,因大多数老人识字不多,无法辅导其学习,又是隔代教育,致家庭教育断档或缺失,造成一些孩子性格孤僻等问题。

与此同时,由于社会经济发展、价值观念变化及影响婚姻的变量增加,城市离婚率增加,因离婚形成的单亲型家庭和一方或双方再婚组成的重组型家庭逐渐增多。城镇一些已经成年并有谋生能力的年轻人因就业挑剔而找不到满意工作或好逸恶劳而主动离岗离职,赋闲在家,靠父母供养,被人称为“啃老族”。

2007年,全区155701户,总人口592609人,户均3.8人,每户较1985年减少1.58人。与2000年相较,家庭户中两代户结构家庭占主要地位,一代户家庭的比重大幅增长,三代及四代共居家庭比重逐步下降,独居或无子女照顾的空巢老人家庭进一步增加,人口老龄化社会问题日益突出。

第二节 婚 姻

20世纪80年代,执行1980年国家新颁布的《婚姻法》,规定最低婚龄男22周岁,女20周岁,倡导自由恋爱,提倡晚婚晚育。城镇青年普遍形成自由恋爱婚姻,实现婚姻自主和男女平等,而且结婚年龄大多在《婚姻法》规定最低婚龄以上。农村经济文化较发达的地方基本实现婚姻自主和男女平等,偏僻山区部分青年婚姻仍由父母和媒妁作主。由于旧习惯的影响和部分人法制观念淡薄,加之农村婚姻管理较为松弛,早婚、不经登记私自结婚的事实婚姻较多,包办买卖婚姻仍然流行。由于地区条件差异及部分女子择偶对地域的选择,形成山区姑娘嫁川区,川区姑娘进集镇的趋势,以致偏远山区步入婚龄的男子找不到对象者增多。农村习俗,男女谈婚论嫁时要经过见面、请媒人提亲、订婚、通话、婚宴等程序,每一步都要付给女家一定数量的礼品和现金。农村不同区域婚嫁费用支出数额因川区、浅山区、偏僻山区而不同,经济越落后费用越高。由于长期形成的女嫁男家婚俗,女子出嫁前男方要给女家付彩礼。彩礼多少,在一个地区同一时期,有约定俗成的标准。不同地域,标准也不同。随着经济的发展和生活水平的提高,订婚索要的彩礼渐次增长。以地域分,城镇和经济条件较好的地方,彩礼相对较少,而一些偏远山区和经济条件较差的地方,索要彩礼数额较多。1987年对境内7乡、18村调查,20世纪80年代出嫁的182名女子中,不要彩礼的1人,索礼500元以下的41人,500~1000元的75人,1000~1500元的45人,1500~2000元的14人,2000元以上的6人。城镇女子大多也索要彩礼,订婚、结婚时还向男方索要家具、电器及高级衣料等,一般花费3000~5000元,甚至万元以上。农村一些人为避免彩礼负担,利用亲戚关系搞近亲婚姻、两换亲或转亲。女方陪嫁物品由被子、对枕、柜、箱、木制家具渐向电视、洗衣机等家用电器发展。1989年,区妇女联合会、区民政局在凤凰乡调查,全乡1981–1988年早婚、不经登记结婚的154对,占申请登记结婚人数的34.5%。

20世纪90年代,妇女就业机会增加,一些农民外出务工或背井离乡到经济发达城市打工,市场经济使城乡流动性增强,打工潮使农村的婚姻圈扩大。年轻人之间的婚恋交流范围不再囿于学校、集市、庙会等为数不多的公共场所。因工作忙、住房未解决等原因,年轻人特别是城镇男青年初婚年龄大都比以前推迟,30岁左右结婚者较常见,但一些偏远乡村青年初婚年龄有变小的趋势,早婚者以农村居多,包办买卖婚姻在偏远农村仍然存在。由于人口出生性别比失调,总人口中男性多于女性,未婚人口中女性较少而男性居多,以致在经济条件较差的偏远农村大龄男子找不上对象而成为光棍者渐次增多。20世纪90年代中后期开始,婚恋观日趋多元化,一些人的择偶重心逐渐向经济条件倾斜,甚至有的父母把出嫁女儿作为摆脱贫困、发家致富的手段。结婚彩礼逐年上涨,女家向男方索要彩礼从几千元到上万元不等。部分已婚有配偶者价值观念扭曲,重婚、包养情妇等婚外情与婚外性现象增多。

2000年后,随着信息技术的发展、互联网的出现及聊天室、QQ等网上虚拟交流平台的渐次普及应用,一些青年人开始用QQ等网上虚拟交流平台聊天、交友、网恋,使城乡婚姻圈范围扩大,跨市、跨省谈对象结婚者渐增。城镇男子结婚前购置婚房者增多,房子装修后购置家具、家用电器,还要给女子购买金项链、金戒指、金耳环等金银首饰、高档衣物及其他贵重物品,结婚费用支出大幅增长。彩礼进一步上涨,少者万元以下,多者2万~3万元。女方陪嫁物品逐渐趋于多样化,因地区及家庭财力而异,小到被子、枕头等床上用品,大到彩电、冰箱、洗衣机等电器。一些家庭为使大龄男青年娶上媳妇,不得不支付女方索要的巨额费用,家里倾其所有,并向亲戚朋友四处告借或举债筹集彩礼,婚后债台高筑,因婚致贫者不少。婚后年轻夫妻为偿还欠债,外出务工,留下老人在家种地和照料孩子。

有的家庭因为举债，只得过紧日子，加剧家庭、夫妻之间纠纷和矛盾，并波及下一代的教育和成长。有的因高额彩礼弄得家庭不和、恋人不和甚至反目，离婚时又往往牵扯上彩礼的纠纷。

另一方面，由于价值观念变化，影响到婚姻的变量增加，城乡离婚者逐年增加。农村女性离婚后大都外出另嫁，而农村男性离婚后找对象相对困难。2003年，全区登记离婚75对，法院调解离婚237对，法院判决离婚126对。

第八章　风俗习惯

第一节　食衣住行

一、饮食

20世纪80年代，随着改革开放后经济的发展，绝大多数农民家庭已解决温饱，小麦粉成为制作面食的主料。三餐中，早、晚白面馍，中午面条(臊子面或浆水面)，老年人习惯熬“罐罐茶”吃馍。除极个别边远山区仍以玉米等杂粮面食为主外，绝大部分地方粗粮渐次退居为尝新改顿食品，20世纪80年代前终年常吃的杂粮馓饭、搅团、锅鲫反成改换口味食品。较富足的农家还隔些日子到集市上采购蔬菜、肉、豆腐等。乡村“过事情”待客宴席，普遍流行“四盘子”“八大碗”。城镇居民生活习惯，随着经济收入的增加也大有改变。面条、馒头、花卷等成为常用的主食。早晨大都到饮食摊点买白面馒头、油饼、油条、火烧为早餐；中午以面条为主；晚上用蔬菜或肉、蛋炒菜，主食为大米或馒头，一些喜食面条者晚餐面条或汤。有的先富裕起来的居民还隔三差五到餐馆就餐，或摆设宴席。

20世纪90年代，春夏季节各种时令蔬菜供应充足，秋冬季节集市上韭菜、芹菜、黄瓜、西红柿等塑料棚栽植的反季节蔬菜比比皆是，鸡、鸭、鱼、肉、豆制品及奶制品等多种副食品进入普通城区居民的餐桌，专门用以儿童消费的食品悄然兴起。由于居民饮食由吃饱向吃好转变，主食消费量下降，副食品消费比重扩大。城镇居民更多追求食品口味的多样、方便和营养成份，各类现成的加工食品如速冻食品、方便食品、饮料、快速食品、消闲食品、儿童食品迅速发展，市面上饼干、蛋糕、巧克力、薯条、冰激凌和各种小吃应有尽有。农村居民生活主食消费与城镇居民相当，但蔬菜和肉类及副食品食用量较城镇居民偏少，乡村经济条件好者,待客宴席流行“十全”“十三件”。

2000年后,食物品种更多,花样翻新,各种面食、南北各式菜系、火锅、烧烤等种类繁多的餐饮方式,丰富着城乡居民的家庭食谱。随着生活水平的提高和节奏加快,城乡就餐方式发生改变,亲友或同学聚会多在餐馆进行,城乡居民在外就餐者大幅度增加。解决温饱后的人们在饮食观念上发生转变,由于肉类、油脂等高热量食物的大量食用和过分精细的食物结构导致人体营养失衡,糖尿病、高血压、肥胖等各种现代富贵病症状相继出现,人们开始推崇新鲜、绿色、有机环保和少油低热、多炖少煎的烹饪食品。主食讲究粗细搭配,副食荤素适量,减少油腻食品摄取。食用有机食品、绿色食品渐成时尚,儿童及中老年人每天饮用鲜牛奶和豆浆补钙。区内自产马铃薯、蒜薹、黄瓜、西红柿、蘑菇、木耳等蔬菜热销,乌龙头、香椿、苦苣、蕹蒿、灰灰菜、荠荠菜等野菜受到城乡居民的青睐。

二、衣着

衣　20世纪80年代前,境内农民穿衣是“新三年、旧三年、缝缝补补又三年”。城市职工、居民较农村为上,但衣着色彩和样式单调,大家都穿千篇一律的灰色中山装或蓝色解放装。20世纪80年代开始,不同颜色、式样的衣着渐次兴起。到20世纪80年代中、后期,随着生活水平的提高,居民衣着也发生很大变化,各种时髦服饰流行境内,多数农民四季衣服齐全,换季困难和补丁衣服已很少见。20世纪70年代还老少盛穿的棉袄、棉裤、棉大衣除少数上了年纪的人外,在中、青年人中基本淘汰,代之以毛衣、毛裤或绒衣、绒裤。一些走南闯北的农民,普遍有时尚衣服,和城里人没有区别。衣着中的阶层概念已消除。无论城乡,男子穿西装服、饰领带的占相当比例,一些青年人开始追求牛仔裤、喇叭裤等西方格调的服式。城区妇女下身多穿健美裤,夏季穿长筒袜、新式短裤,上衣有西装、茄克衫、羊毛衫、毛外套、牛仔服、滑雪衫、裘衣等,脚穿高跟鞋。皮鞋、手表成职工和农村部分青年的平常穿戴品,耳垂再成妇女的装饰品。城区妇女还流行戴金戒指、金项链等饰品。惟偏僻山区部分老人仍穿大襟上衣、宽腰裤,一些中、老年职工仍着中山服。20世纪90年代,随着时代发展,人们更注重仪表,服饰追求时尚,突出个性,注重品牌。即使农民的衣着,也由自购布料制作向成衣消费转变,由单一化向多样化、时尚化转变。城镇居民和部分先富起来的农民,衣服款式逐步出现西装、夹克、运动服等多种新潮流式样,面料由较单一的棉、麻、纶向呢料、毛料等中高档次和多花样转变。农村妇女也时兴首饰,戴各式各样的戒指、耳环、簪子、手镯、项链。1995年后,一些具有防水透气、免烫、防污染等性能,穿着舒适、健康的服饰受到青睐,皮夹克、茄克衫、休闲服、T恤衫及时尚运动系列服饰成为年青人追求的主流。2000年后,商贸和社会服务业空前发展,很多国内外著名品牌的衣服可在区内外商场购买,其颜色、式样及面料等也几与大城市同步流行。购中高档服装的人渐多,居民衣着向时装化、高档化方向发展,求新潮、求特色、求雅致、求时髦已成为年轻一代衣着消费的趋势。先前较流行的以化纤尼纶为面料的服装基本退出市场,取而代之的是以毛、麻、丝、棉为主的质地较高档的服装。城乡居民尤其中青年人,讲究服装与鞋、帽、包、发型发饰、首饰、领带、腰带等的搭配组合。夏秋季节,女性多穿各式裙子、无袖短上衣、T恤、短裤等,面料采用透明尼龙、浆棉府绸、丝质混纺、涤纶、棉、麻等面料,棉麻等天然面料重新受到青睐;男性服装以T恤、背心、休闲裤为主,追求舒适、清爽。冬季女性多穿牛仔衣、羊毛衫、毛裙、羽绒服和配套高筒皮靴,男子多以休闲服、运动服、茄克衫为主,搭配旅游鞋、运动鞋、休闲鞋。公务人员日常工作、参加会议、出席重要集会等庄重场所,服饰均西装革履。公安、司法等执法部门和金融、电信等专业单位工作人员,以行业服为主。

帽子、发式　20世纪80年代,城乡无论职工、农民,流行戴蓝色遮沿帽,青年男子留“分头”(以寸发梳向两边),较少戴帽,妇女留齐脖短发,中、青年妇女开始烫发,围红、蓝、绿等各色围巾或纱巾。农村男子冬季戴能捂耳朵的暖帽(俗称“火车头”),少数年老者戴毛线圆顶帽。农村未婚女子扎辫子(双辫或单辫),辫梢扎丝绸蝴蝶结。婚后始剪齐肩短发,中年以上妇女梳发髻。少数青年男子也有留长发、烫发者,与妇女发型无异,“前边看是男人,后边看似女人”,加之其中一些人有参与扰乱社会秩序等不端行为,为世人所不齿。惟农村老年男性仍习惯剃光头,老妪仍有绾纂者。20世纪90年代后期,多数中青年男子已养成不戴帽子的习惯。青年女子凉帽、围巾花色品种层出不穷,新潮不断。一些男女青年追逐时尚,染发者渐增。2000年后,男子多留平头或“分头”,一些头发稀少者甚至剃成光头。年轻女孩多留长发,中年妇女留长发、齐耳短发或烫发,中老年妇女或头发花白者多染发。惟一些追求时尚、张扬个性的青年男女将头发烫卷或拉直、染色,并一度流行“离子烫”(一种用新技术使头发复苏,变得平顺、光滑的烫发技术)。

鞋袜　20世纪80年代,城乡中青年人春秋多穿全胶鞋或胶底鞋,夏天穿凉鞋或塑料底布鞋,冬天穿棉鞋,雨天穿雨鞋(俗称“泥鞋”),穿皮鞋者尚少。农民大多一年四季穿手工制作的布鞋,青年男子穿解放鞋(俗称绿军鞋),夏天穿麻鞋。20世纪80年代中后期,旅游鞋、球鞋一度风靡城乡。城镇还流行长统靴、旅游鞋、防滑鞋、健身鞋，女青年时兴高跟鞋。20 世纪 90 年代，城乡购买皮鞋者增多，农村自制布鞋者减少。2000 年后，皮鞋、运动鞋、拖鞋应有尽有，柔软舒适、透气吸湿的休闲鞋受到中青年男女的青睐，布鞋、麻鞋因热天穿着凉快，重新受到城乡人们的喜爱。除农村少数老年人尚穿手工制作的布鞋外，城乡绝大多数人家已结束手工做鞋的历史。穿袜方面，20 世纪 80 年代城乡男女多穿布袜、线袜，冷天穿毛袜，袜子穿破后缝补再穿。20 世纪 80 年代中后期，尼龙袜、腈纶袜、丝袜等取代布袜、线袜和毛袜。20 世纪 90 年代，化纤品退潮，城乡一度崇尚纯棉袜、丝袜。2000 年后，棉袜、尼龙袜、腈纶袜、丝袜、锦纶丝弹力袜、羊毛袜及各种交织混纺袜品种繁多，应有尽有。城乡男女穿袜注重与服装的搭配，追求穿着舒适、透气、柔软、耐磨、吸汗、保暖的袜子，年轻女性多着长筒袜或连裤袜，再配以短裙，为时尚装。

三、住宅

境内农村习惯村落群居，村民多以宗族、家族同族聚居或多姓杂居于同一村，住房各为院落。除林区外，一般是几十户或数百户聚居一处。村落的选址、方位、朝向、建设一般遵循“枕山、环水、面屏”的理念，多建在地质坚固、接近水源、背风向阳的坡地、山腰和山坳，或坐落于依山傍水、易于排洪的川区、河谷。乡间新辟院址，讲究风水，要请阴阳先生观风水，勘地舆，择“风水宝地”，兴建时择吉日良辰，动土开工，架梁时亦择吉日。盖房除瓦工、木工等匠工要支付报酬外，其余人员多为本村自发聚集帮工（俗称“搭帮”）者，一般主人只管饭，不付报酬。新宅落成后，择“吉日”迁居，同村邻居、亲朋好友前去恭贺乔迁之喜，称入庵(读 y ā n)。儿孙长大成婚后，大多分家另居。

20 世纪 80 年代中，农村庭院仍旧以四合院为主要形式，建筑配置主房、偏房、厨房、畜舍、大门、厕所等，主房位置依主山，一般坐北朝南，冬暖夏凉，其余房屋建筑位置依主房排列，其尺寸规格小于主房。形式中部和东部多两坡水马鞍架房，西北部多一坡水挑檐房。各种房屋均用石头砌基，土坯砌墙，上用檩子（厦房）、栿（鞍架房）为骨架，以椽盖顶(一坡水房平挂椽，马鞍架房立挂椽)，上覆青瓦。房中卧室均用土坯泥成火炕。西北部习惯筑院墙，讲究大门建筑，贫者土坯建成，富者青砖砌筑。门楣（俗称“门头”）3 个门窝，通常用上好的木板刻 3 个大字，书“耕读第”“勤俭居”等字，中东部林区或林缘区很少建围墙。

城区居民大多住公房，为砖木结构或土木结构瓦房，住房拥挤户、无住房者甚多，一些城镇居民三代同室或与大龄子女同住一室，一些无住房户租赁私房或投亲靠友借居。党政机关和企、事业单位工作人员多依资历获得单位福利性住房，面积在 30～60 平方米之间，空间狭小。

20 世纪 80 年代后期，城区由个人集资、单位筹资方式筹集资金修建职工住宅楼的单位渐多，建筑结构开始由平房向砖混结构楼房发展。在农村，部分农民在解决温饱之后，亦开始改善居住条件，修缮或将旧房拆除改建成新房，土坯墙改建成砖墙，郊区一些富裕农民建起楼房，或在新划的宅基地修建新房。门窗有的改用活页门和细花齿窗，安装玻璃。

20 世纪 90 年代，随着生活水平的不断提高，城乡居民都把兴建住得舒适、美观耐用的新居室作为新的追求。农村大部分人建造砖木结构瓦房或将旧土坯墙拆除，改建成砖木结构瓦房，兴建两层楼房的户增多。砖木、砖混结构住宅大量增加，人均居住面积逐年提高。1992 年后，城区始有商品房，城区居民住房开始步入市场化、商品化。1998 年，改革住房制度，对区直管公房、自管公房等公产住宅分别按成本价、标准价出售给住户。此后，城区居民大多住自购商品房或由个人出资为主、单位资助为辅建成的住宅楼，住公房的户逐年减少。

2000 年后，经济条件较好的村镇开始筹划小城镇建设，农村建房者继续逐年增多，并追求新式样，住房外墙由过去砖块外漏勾缝改为用水泥粉面，或用釉面砖贴面，或高级涂料粉刷，室内地面由红砖铺地改为水泥以至地板砖、水磨石铺装，室内装璜逐渐兴起。2004 年，人民政府开始对居住在林区、交通不便、自然灾害多发地段的农民，进行整体移民搬迁，麦积镇康崖村等一些偏远的、生态条件较差的村庄搬迁到环境较好的地方，住房统一规划，砖混结构，结实耐用。至 2007 年，城乡居民住宅条件已得到很大改善，相当部分农民住进宽敞美观、独门独院砖混或钢筋混凝土结构鞍架房、平房或二层小楼，自来水、太阳能等附属设施齐全。惟偏远山区农村，仍有一些贫困户住在土木结构旧瓦房里。

四、行路

境内山脉纵横，河流阻隔，20 世纪 80 年代前，农民出行或赶集均步行，部分老年人或妇女外出或走亲戚，骑骡马或驴，个别贫困农民甚至最远的地方只到过本乡集市。渭河、耤河沿岸，成年男子习惯涉水过河，或由小木船摆渡过河。20 世纪 80 年代起，陆续修建成通达各村的简易公路，东部一些乡、镇在渭河上增设吊桥，拖拉机、小四轮、自行车等运输工具在农村较多地使用。城市居民短途多步行，骑自行车或乘坐公交车（俗称“班车”）。20 世纪 90 年代，农用三轮车、电三轮等运输工具开始在农村使用，传统的交通工具逐渐淘汰。公路沿线村民出行到城区或区外，多乘坐公共汽车,或骑自行车、摩托车、三轮车,短途出行则步行。城区居民大多骑自行车或乘坐公交车。

2000年后,农村中三轮车、电三轮、摩托车、电动车渐次向普及化方向发展。农村居民外出主要依靠摩托车、公共汽车或其他农用车。城区居民大多骑自行车、摩托车、电动车上下班,外出办事多乘坐公交车或出租车。2003年后,乡镇农路改造项目增多,一些通村土路改建成水泥路或柏油路,部分经济条件好的乡镇实现村村通水泥路。2005年后,城市居民始有购买小轿车者,自驾车出行渐成时尚,户外徒步运动在中青年一族悄然兴起。2006年起,农村开始实施新农村建设,部分村多方筹集建设资金,采取政府补贴、群众投工投劳、农户适当集资的方式,在土路上铺设沙子,加宽路面,个别经济条件较好的村将通村土路改建成水泥路或柏油路。2007年,党川、五龙、琥珀等乡主街道硬化工程竣工,有62个村硬化农村主巷道97.8公里。交通工具中,自行车渐次减少,摩托车、电三轮几乎普及,各乡、镇及部分村均通行公共汽车,进城、赶集步行之人大为减少。

第二节　节　日

1999年,国务院制定新的《全国年节及纪念日放假办法》,将春节、“五一”、国庆节的休息时间与前后双休日拼接,法定节日加上倒休,从而形成7天的长假,给人们以假期旅游消费的机会,由此兴起旅游过年新风俗。2007年,国务院修改《全国年节及纪念日放假办法》,将春节的放假起始时间由农历年正月初一调整为除夕;“五一”由3天调整为1天,减少2天;清明、端午、中秋三大传统节日增设为法定节假日,各放假1天。至此,共有7大全民法定公休节日,分别为元旦、春节、清明、端午、劳动节、中秋和国庆节。

根据国务院新发布的规定,法定节假日包括三类。第一类是全体公民放假的节日,包括:新年(1月1日放假1天)、春节(农历除夕、正月初一日、初二日放假3天)、清明节(放假1天)、劳动节(5月1日放假1天)、端午节(农历五月初五日放假1天)、中秋节(农历八月十五日,放假1天)、国庆节(10月1－3日放假3天)。第二类是部分公民放假的节日及纪念日,包括:妇女节(3月8日妇女放假半天)、青年节(5月4日14周岁以上的青年放假半天)、儿童节(6月1日不满14周岁的少年儿童放假1天)、中国人民解放军建军纪念日(8月1日现役军人放假半天)。第三类是少数民族的节日。

一、传统节日

20世纪80年代，境内传统节日大都恢复，但随着社会的变革，一些节日风俗萎缩，一些风俗正在消亡或消失，有的节日风俗发生变异。民俗农历三月三踏青、七月七乞巧、八月十五拜月神、腊月初八吃腊八粥、腊月二十三和大年三十的送灶神、接灶神等传统节日习俗逐渐淡化。春节期间，牵着牲口迎喜神的习俗已不大见。端午节家家有吃粽子的习惯，但门上插艾草、挂柳条的习俗在一些农村已被淡忘。中秋节人们还喜欢团圆、吃月饼，但晚上姑娘们在月下供祭月神娘娘神像，许愿并拜请其保佑自己嫁个如意郎君的活动已消失。

春节 旧称“元日”，又叫阴历(或农历)年，俗称“过年”，是民间最隆重、最热闹的一个传统节日。20世纪80年代前，由于搞“革命化”、破“四旧”(旧思想、旧文化、旧风俗、旧习惯)，传统习俗被禁止，春节期间活动较少，节日氛围淡漠。改革开放后，传统节日恢复，春节再度成为人们喜庆的最大节日。其节从农历除夕开始，正月初三日结束。农村往往延续到正月十五日前后各种娱乐活动、走亲访友结束才渐次停息，节日喜庆气氛通常要持续一个月。春节前，一般在腊月二十日后停止生产和工作活动，开始准备过年，家家户户大扫除，采办年货，杀猪宰羊，蒸馍，做菜，做豆腐，赶制新衣。其程序，一般是腊月二十四日为扫房日，二十六日煮黄酒，二十八日发面，二十九日蒸馒头，三十日煎油饼。腊月为小月时，均推前一天。除夕，为腊月最后一天，俗称“大年三十”。是日外出的人都要想方设法赶回家，一家人团圆。上午赶最后一个集，仅半天集，补充年货之不足。下午家家户户门上贴春联(俗称“对子”，一般用红纸书写，唯当年有丧事的人家贴白纸对联，有亲人去世未满3年者则用黄纸对联)，门扇上贴门神，窗户上贴窗花，墙壁贴或挂年画，厨房则煎炸酥肉丸子、麻花、油饼等，做各种节令食品。有的人家还依传统习俗，在院中栽长杆，上绑松柏树枝，或栽(立)一株松柏树并用彩纸条装饰，称“天爷树”，前设香案(称“天爷桌”)，供神牌位，上书“天地君亲师之神位”，在牌位前焚香燃烛，行跪拜礼。上房堂屋给故去的先远祖先坐(即供奉)先人纸，一般用黄纸(亲人去世3年以上的人家)或白纸(当年有丧事的人家或亲人去世未满3年者)包成信封状，内装冥票、纸钱，右上角写“谨具冥资乙封”“今逢春节”字样，中间附上先人名讳称谓，左下落款写后世子孙名称，并写“公元×年正月初三日叩送”字样，背面大写“封”字，俗称“包纸”。黄昏前，由长辈携子女带上所包纸钱到祖坟前或在村口祖坟方向，焚香、点蜡、跪拜、燃放鞭炮后再将所包纸接回家里，称“接纸”“接先人”。再恭恭敬敬地按辈分次序供在上房堂屋桌上，称“坐纸”，摆上献饭和干果、水果之类的供品，点燃 3 支香，磕头跪拜。然后在灶房灶神及大门土地神前烧香、燃烛、化马（即烧黄表纸）、献饭，磕头跪拜，同时燃放爆竹。除夕夜，全家人围坐在一起吃过年饭，一般是扁食，或臊子面。家长给孩子压岁钱（俗称“给盘缠”“散盘缠”）。是夜，天爷树杆、大门顶挂红灯笼，户户烛火通明，全家人一起守护先人，饮酒品茗，闲谈叙旧，总结一年生计等，直至子夜时分，称“守岁”。每至香、蜡燃尽或快燃尽时，点燃新的香、蜡接续，香火不断，称“续香”。待到正月初一日午夜凌晨零点新年来临，家家户户燃放爆竹鞭炮。正月初一日黎明，先到寺庙烧香磕头，人们以抢烧“头炉香”（第一个上香者）为幸事。然后，再带上纸钱、香、蜡，到村里凡有上年去世过亲属的乡亲（或亲戚朋友）家中逐一祭拜，俗称“烧新灵”。早晨，给先人献饭，烧香磕头。接着晚辈给家中长辈磕头拜年，随后到家族近亲长辈家一一拜到。磕头后，长辈给孩子散糖果，给压岁钱。吃过早饭，感受新年的新气息，家里养牛、骡、马等的农户在其头上挂彩布（或披红布），扎上黄纸，牵到外面蹓跶，或赶其奔跑，称“迎喜神”。从初一日开始，带上油饼等礼品走亲戚，拜亲访友，称“转亲亲”。初三日不过，因为家家坐着先人纸的缘故，妇女不能随便串门访友。初三日傍晚，及早备好晚饭，献过先人后，带上香蜡、纸钱，将供在堂屋的先人纸送到坟头（坟地远者也送村外）焚化，称“送纸”“送先人”。正月初四日起，妇女开始转娘家。过年普遍耍社火，俗称“烟歌”“秧歌”。最早者从正月初二日开始，迟者也要初三、四开始。分为白社火和夜烟歌、马秧歌。先在本村演出，然后到邻村互演。白社火即社火会演（也作会演），一般在约定俗成的固定日子演出，如甘泉寺和马跑泉在正月十五日。会演期间，多同时唱秦腔戏（俗称“大戏”），或灯戏（即皮影戏）。直到正月十五日元宵节过后，春节才算结束。从 20 世纪 90 年代开始，春节习俗随社会生活和年轻人观念的变化，有所更易。磕头拜年、“迎喜神”等习俗许多地方渐废，坐先人纸、拜祭祖先仪式渐次简化。“守岁”的话题，由过去的谈家常演变为全家人坐在一起观看电视台播放的春节联欢晚会。年前赶制新衣者渐少，多购买新成衣。随生活水平的提高，大多家庭不再蒸馍，一般按照各自消费量煎油饼和炸麻花，也不再煮菜，而代之以应时爆炒。20 世纪 90 年代中后期，随着固定电话的普及，除夕夜向亲戚朋友打电话拜年成为时尚。2000 年后，用手机发短信拜年的人渐多，身处异地的人还通过 QQ 视频、网络电话等互致祝福。

元宵节　在农历正月十五日，又称“上元节”“灯节”，是春节一系列活动中最后一个节日。境内有吃元宵、闹元宵、赏花灯、猜灯谜、看焰火的习俗。吃元宵，是取“团团如月”之意。白天挂灯笼，下午祭献天爷（为“除夕”日在院中所设）后，将其连同天爷树拆除。是日夜，农村各家门口挂灯笼，小孩子挑灯笼成群结队在村庄转悠俗称游灯笼。城区结彩灯，入夜人们云集街头，观灯展，看焰火。农村还有“捣灯”之俗，各家孩子端着用谷面、糜子面、荞面捏成在蒸笼里蒸熟的十二生肖灯，点上油捻在屋内各个角落寻找蜈蚣、壁虱、跳蚤等，直到捻子燃尽，次日将点过的面灯切片炒食，意为家里不再遭受虫害。其俗20世纪90年代在大部分地方已失传。20世纪80年代，元宵节成为城镇文艺活动的高潮日子。甘泉、马跑泉等地均举行大型社火会演，晚上区人民政府在渭河大桥下举行焰火晚会。20世纪90年代开始，区文化馆每年还举行猜灯谜活动。

龙头节　农历二月初二日为龙头节，又名“青龙节”。是日，家家爆炒黄豆、大豌豆、玉米或爆米花、玉米花吃。有些地方还有打灰簸箕之俗，在簸箕中盛以柴灰用棍棒在底部敲打，撒于墙角四周、巷道等处，且边打边念“二月二，龙抬头，蛇蚤壁虱都抬头，一棒打到灰里头”。20世纪90年代，习俗简化为只炒豆吃，打灰簸箕之俗渐废。

清明节　即二十四节气中的清明节，在公历每年的4月5日前后，为扫墓祭祖之日，俗称“上坟”，显示慎终追远之意。是日或节前几日，境内无论城乡，人们用黄纸剪成长条状纸钱，扎绑在竹棍（或细木杆）上，俗称“黄钱”。带上香蜡、冥票到祖坟前，先从附近地块取新土培于坟头，然后将黄钱插在坟顶，坟头四周新土中插入纸钱。再摆上献品，点燃香蜡，焚化纸钱，磕头跪拜。新逝者3年内则在春分日上坟，只挂白纸剪成的纸钱，不培新土。在城市，因逝者大多集中安葬在公墓内，人们只在坟前焚化纸钱，不覆土。2000年后，城区一些人追求外来时尚，多买鲜花、花篮祭奠。旧时大姓人家有清明会，由族长主持，在祠堂或坟墓举行隆重祭祀仪礼，甚至请戏班唱戏，犹如庙会。八九十年代，一些宗族曾恢复其仪。

浴佛节　相传农历四月初八日是释迦牟尼诞辰日，为众生朝佛的日子，称“浴佛节”，又称“佛诞节”。是日，各佛教寺院举行盛大的浴佛仪式和庆祝活动，所有僧侣以甘草茶煮成“香汤”，对释迦牟尼佛像匀水淋佛，为佛祖洗浴。“浴佛节”时除纪念佛祖诞辰外，还有醍醐灌顶、洁净众生灵魂、洗涤人心、除却污秽黑暗之寓意。民间香客、信徒和游人亦到寺庙，祈祷神佛保佑人们五谷丰登。到麦积山石窟朝拜者，俗称“朝山”。2000年后，一些寺院在举办“浴佛”活动的同时，还开展各种文化娱乐活动，举办旅游商品和书画展等。

端午节　农历五月初五日称端午节，又称“端阳节”“重午节”，还有“盂兰节”“蒲节”之说。最初为古人祛病防灾的节日，人们将五月视为“恶月”，所以端午驱除恶秽在民间盛行，境内流传至今。是日清晨，家家折柳枝插于门楣、窗户，去田野采艾蒿（艾草）插于门窗之上，有的人还去田间、野外踏青，称“踏百草、摆露水”，均意在驱除邪气，祈求吉祥。节日清晨，大人在孩子手腕、脚腕、脖子上拴五色（青、赤、黄、白、黑）线合成的花手宽，在额头、鼻子、耳旁抹上雄黄、丹砂。拴花手宽时，忌儿童开口说话，拴上后不可随意弄断或丢弃，一直要到六月初六日才可以取下，或掷于房顶，或抛于河内。节前妇女和姑娘要精心绣制香包或香囊，内装芳香浓郁之药用植物如白芷、丁香等，称“荷包”，至节日时配戴在衣裙上，意在清洁避邪。家家户户还包粽子吃，选用上好的糯米，偶尔添加一两枚枣子，用新鲜的苇叶包裹成四角型，拦腰用马莲草捆扎，煮熟后剥开，盛在碗中，浇上蜂蜜食用。酿甜醅（又称酒醅）、调凉粉、烙花馍、喝雄黄酒为境内端午节传统食俗。妇女还用小麦粉制作形态各异的小面点，面点上涂有红红绿绿的颜色，大多以佛手、石榴形状为主，称“烙花馍”。凉粉和甜醅，乡民尤其看重，是端午节馈赠亲友的主要礼品。民间多于端午节前一天，给至亲好友馈赠凉粉、甜醅。乡间多在节日或节前“追节”，女婿给岳父母追节，学生给老师追节，晚辈给至亲长辈追节，徒弟给师傅追节等。馈赠的礼物有粽子、凉粉、甜醅、酒肉、粉条以及蔬菜。已经订婚的青年男女，是日男方家要挑上粽子、肉、蔬菜、豆腐等礼品去岳父母家“上贡”。城镇居民有的人则上街购买艾草，其他习俗同农村。20世纪90年代后，“踏百草、摆露水”、拴花手宽、烙花馍、喝雄黄酒等节俗逐渐淡化。

天贶节　农历六月初六日名天贶节，农村俗呼为“六月六”。因农村每逢六月六，家家都要请已出嫁的老少姑姑回娘家小住，于是又叫“姑姑节”。是日黎明，凡亲人新逝3年未满者，均用纸粘成单层的衣服，带上香蜡等，送墓前焚化，称送“单衣”，并“泼汤”，即向坟头泼洒绿豆汤。“烙麦蝉”则是所有人家通俗，将小麦面饼做成麦蝉状烙熟，让全家人尤其孩子分食，据传可驱蝗辟虫。旧俗还要祭拜虫王神，今已不兴。由于正值太阳光照强烈时期，家家户户翻箱倒柜，将所存衣服被褥、字画、书籍等拿出曝晒，以防腐防蛀。有些地方农家主妇还将未完全成熟的小麦收割少许，脱粒后趁青炒熟，在石磨上磨成面索，叫“麦索”，佐以葱、蒜、细肉等臊子汤头，请亲戚邻居食用，称为“尝新”。其仪式是先以其祭天地、祖先，然后再按年龄、辈分依次尝食。20世纪90年代后，烙食麦蝉、泼绿豆汤等风俗渐淡，祈丰尝新已无存。

七夕节　农历七月初七日，相传为牛郎织女鹊桥相会的日子。由于其节活动的主要参与者是少女，而节日活动的内容又是以乞巧为主，故又称“乞巧节”或“少女节”“女儿节”。是日晚上，姑娘穿针引线，摆上时令瓜果，朝天祭拜，向织女求艺，求赐美满姻缘。20 世纪 90 年代后，一些年轻人把七夕节当做“中国情人节”，是日恋人相会，以庆节日。

中秋节　农历八月十五日为“中秋节”，又称“秋夕”“八月节”，且因月亮满圆，象征团圆，在外亲属都要回家团聚，故又称“团圆节”。民间有祭月、拜月、赏月的风俗。旧时节前到集市上置办过节物品，至当日夜晚月亮出来后，家家献月亮，在正堂设香案，或在院子中央置方桌，献以月饼、苹果、石榴、西瓜、核桃、红枣、葡萄等供品，点燃香烛，家人相聚拜月。20 世纪 80 年代，农家多自己烙制月饼，用小麦粉擀成薄饼，用核桃仁、花生米、红(白)糖等包馅，放进锅中烙熟。20 世纪 80 年代后，拜月、献月之俗渐淡，但吃月饼之俗仍存。20 世纪 90 年代，随着经济条件的好转，节前出售各种馅心月饼的食品店增多，上集市购买机制月饼的人渐多。所购月饼除自食外，还作为礼品馈赠亲友。一些机关和群众团体常于是日举行茶话会、联欢会，文化人士常借赏月之机聚会，吟诗、写字、作画。

重阳节　在农历九月初九日。《易经》中以“九”为阳数，九月初九，两九相重，故而称“重阳节”，也叫“重九”。民间风俗，过重阳节必须登高望远，以避灾消祸，益寿延年。而九月初九日所酿的菊花酒在古代被视为延年益寿的长命酒。1989 年，国家将九月初九日定为“老人节”“敬老节”，倡导全社会树立尊老、敬老、爱老、助老的风气。是日，区老龄委员会、老干部局等单位举行座谈会、茶话会、文艺晚会等敬老爱老活动。20 世纪 90 年代后，乡间对其节渐次淡化。

寒衣节　在农历十月初一日，谓之“十月朝”“十月朔”，又称“祭祖节”“衣节”，为民间祭祀亡灵的节日。是日，为死者烧纸钱、送冥衣，其亲属用纸和棉花做成“棉衣”，附上先人名讳，下午送到坟头连同纸钱等焚化，称为“送寒衣”。20 世纪 90 年代开始，由于人口流动速度快，一些人离开原籍到外地谋生或迁居外地，无法到坟前烧寒衣，便在自家院落、朝向亲人坟头方向的路上或马路的十字路口烧纸送寒衣。

腊八节　农历腊月初八日，称“腊八节”，俗称“腊月八”。农村有喝腊八粥、打腊疙瘩的习俗。是日清晨，人们早早起床，奔向山泉、池塘处挖冰块，俗称“打腊疙瘩”。腊疙瘩打回后，一部分放置在正堂供桌下，一部分埋在厕所的干灰里。再察看冰纹冻结图案，相传在挖来的腊疙瘩上可以预测来年庄稼的丰歉。腊八粥俗称“糊心饭”或“迷心饭”，说是吃后可以迷(糊)住心，不再考虑任何事情，而一门心思地办年过年。20 世纪 80 年代农民做腊八粥，有的用小米加水熬制，有的用玉米碾成糁子或用玉米面馓饭代替。腊八粥熬好后，先敬神祭祖，然后全家人食用。20 世纪 80 年代后期，随生活改善和市场大米增多，大都用大米加赤豆、花生、红枣、桂圆、核桃仁、葡萄干、肉丁、蔬菜等熬粥。20世纪90年代，打腊疙瘩习俗渐趋消亡。

送灶节　农历腊月二十三日为“送灶节”，相传为人们送灶王爷上天的日子。由于从腊月二十三日起，人们进入准备过年阶段，故又称是日为“小年”。民间有吃搅团、烙灶饼、献灶糖等习俗。是日下午，农村人多半吃“搅团”饭，是为粘住灶王神的嘴不向玉帝告知家人的所作所为以及辱没神灵骂人等不良言行。傍晚，家庭主妇用烙成的灶饼与灶糖在厨房敬献灶神（灶神为贴在灶台上方的灶神图像，有的用一张黄纸折成三角形代替）。灶饼数量以月数定，平年12个，闰年13个。烙好后置献灶头，并以灶糖涂灶神，再点蜡焚香，磕头祭祀。祭献毕，剥下代表灶神的图像或纸焚化，即示“送灶”。至“除夕”晚，再贴新灶神。20世纪80年代后，吃搅团习俗淡化，以至平时食用搅团饭者也甚少。

二、新节日

中华人民共和国成立后，国家先后确定元旦、三八妇女节、植树节、五一国际劳动节、五四青年节、六一儿童节、七一建党节、八一建军节、教师节、国庆节等一批新节日和纪念日，同时对有影响的国际节日在中国也加以明确。节日中，各级领导机关、相关单位和人民群众举办集会联欢、文艺演出等活动庆祝节日。重要节日党政机关和企事业单位挂横幅、贴标语、插彩旗、张灯结彩，营造节日氛围。

元旦节　公历1月1日是一年开始的第一天，故称元旦节，又称新年。20世纪80年代，机关、企事业单位多在节前一日于大门贴对联，挂横幅，举行元旦联欢会、年终集体庆祝活动等，但农村活动很少。20世纪90年代起，由于机关单位常将一天法定假日与双休日调整在一起，趁假日外出购物、旅游、聚会等活动者渐多。

妇女节　3月8日称国际妇女节或称三八妇女节，是世界各国妇女争取和平、平等、发展的节日。20世纪80年代，一些单位在节前召开妇女座谈会，表彰妇女先进人物。是日，机关、企事业单位为女性放假半天，妇女一般在家休息，或逛街购物。20世纪90年代后，一些单位节前或节日还给妇女发纪念品、日用品、购物券等，组织妇女聚餐、旅游。2000年后，卫生单位还为女干部、女职工开展妇科、乳腺疾病普查活动。

植树节　1979年2月，全国人大常委会决定每年3月12日为中国的植树节。从20世纪80年代起，每年是日前后，机关、学校组织城乡居民、学生参加义务植树活动。

劳动节　5月1日称五一国际劳动节。从20世纪80年代起，机关、企事业单

位多在节前表彰劳动模范和先进工作者,举办文艺演出活动;节日时,贴对联,插彩旗,以示庆贺。1999 年国务院决定将每年五一法定假日由 1 天增为 3 天,加上前后两个双休日的调整,计放假 7 天。由此从 2000 年起,假期外出旅游的人群逐年递增,形成五一旅游潮。一些父母住乡村,子女在城区者,平时难有闲暇团聚,长假则子女回乡看望父母,小住数日,或由子女接父母进城过节,陪老人游公园、逛商场,领略城市的繁华。还有久违的亲朋、同学、战友,亦相邀在节日团聚。

青年节　5 月 4 日称青年节,是为纪念 1919 年 5 月 4 日爆发的"五四"运动而设。是日,学校多举行庆祝和纪念活动,一些单位还在节日期间举办文艺演出、联谊活动以及青年社会志愿和社会实践活动,或召开会议,表彰青年人中突出优异者。

儿童节　又称国际儿童节,在每年 6 月 1 日。是日,各小学、幼儿园敲锣打鼓,举行文艺演出等庆祝活动。部分党政机关、企业、团体及家长带礼品到学校、幼儿园祝贺。

建党节　中国共产党成立纪念日,在每年 7 月 1 日。是日,各级党委召开纪念大会、座谈会,或举行新党员宣誓仪式,表彰先进基层党组织和优秀共产党员,组织干部职工学习报刊社论。文化部门大多举办庆七一文艺演出活动、书画展览或主题文化活动,党史部门有时举办党史知识竞赛活动。

建军节　8 月 1 日是中国人民解放军建军纪念日,又称"八一"建军节。是日,凡有驻军的地方,都开展拥军优属活动。地方党政领导人到部队驻地慰问,或组织文艺节目演出,以示庆贺。

教师节　1985 年 1 月,全国人大常委会决定每年 9 月 10 日为教师节。此后,每年节日期间举行慰问教师、表彰先进教师等活动,党政领导或至学校向老师致贺。20 世纪 90 年代后,一些学生还向老师送贺卡、明信片等。

国庆节　又称十一、国庆日,在每年 10 月 1 日,为中华人民共和国成立纪念日。每逢节日,园林绿化部门在城区主街道两旁摆放盆景花卉,树枝上悬挂大红灯笼,电杆上悬挂五星红旗。各党政机关、企事业单位张灯结彩,张贴"欢度国庆"等标语,悬挂大红灯笼或横幅,举行文艺演出、联欢晚会、书画展览、诗歌朗诵等不同形式的庆祝活动或主题文化活动。1999 年,国务院决定将每年"十一"法定假日由 1 天增为 3 天,加上前后两个双休日的调整,计放假 7 天,形成国庆小长假"旅游黄金周",人们多外出旅游或亲友结伴外出娱乐休闲。一些职工则回乡看望父母,走亲访友。

三、其他节日

情人节　为国外传入节日，在公历 2 月 14 日。20 世纪 90 年代开始，境内一些年轻男女开始庆祝情人节。一般是青年男子送女孩礼物，以鲜花为多，或写情书送给心仪的女孩，或邀女孩看电影、共进晚餐。对于正在追求女孩的男子来说，如果女孩接受礼物或者表示接受邀请，就意味着恋爱关系的确定。2000 年后，随着互联网的发展和普及，一些年轻人开始用电子邮件、QQ、视频等方式表达爱慕之情。在城区，是日大小饭店、茶楼爆满，不光有未婚年轻人双双对对到饭店、茶楼约会，也有已婚的年轻夫妇带着孩子重温旧情的，甚至还有中老年人来体验其氛围的。

母亲节　在每年 5 月的第二个星期日，是一个感谢母亲、敬重母亲、弘扬母爱的节日。20 世纪 90 年代始由外地传入境内，先由学生中开始。是日，一些中、小学生出于感恩，给母亲送鲜花,或尝试着为母亲做饭、洗脚或演奏音乐、绘制图画、送贺卡，向母亲祝贺节日。一些单位还组织母亲们旅游、开展评选优秀母亲等活动。

父亲节　以每年 6 月的第三个星期日作为父亲节，是从国外传入的为感谢父亲的节日。境内在 20 世纪 90 年代后城区始有当作节日的。是日，儿女们一般都会回家看望父亲，与父亲团聚，给父亲送上礼物，全家人一起聚餐。身在异地的儿女则给父亲打电话、发短信问候，向父亲表示崇敬、挚爱、感恩和祝福。

圣诞节　译名为基督弥撒，又名耶诞节，在每年 12 月 25 日，是基督徒庆祝耶稣基督诞生的日子。由于《圣经》记载耶稣生于夜间，故称 12 月 24 日夜为圣诞夜或平安夜。在圣诞节，天主教教堂都会在 12 月 25 日凌晨举行子夜弥撒，白天举行纪念活动，唱诗、祝圣、祈祷，或还搞一些猜谜、唱歌、演小节目等文娱活动。有的商家为了促销，是日以圣诞树作装潢，在店内布置雪景，增加银色圣诞的气氛。

第三节　生辰婚葬

一、过百岁　过百岁，即婴儿出生后第 100 天的庆贺仪式。是日，亲朋好友携带衣物、鞋帽、饰物、玩具等礼物前往庆贺，还给婴儿送红包(礼钱)。特别是婴儿姥姥家，除送衣物外，特地还送长命锁。有的地方姥姥家还要订做寿桃，连同寿面等送到外孙(女)家。婴儿还要穿“百岁衣”（又称“百家衣”“百衲衣”），是用各种颜色的碎布块缝制而成的，形状很像僧衲。有的地方还要举行抓周（又名“试儿”）仪式，将笔、墨、算盘、书本、银钱、食品、剪刀等物品置放在孩子面前，看先抓什么，以此预测其未来的才智贤庸和长大后的职业、贵贱等，多带有取乐性质。20世纪80年代后期，送长命锁、穿“百岁衣”等民俗渐废。20世纪90年代，大都买衣物等送孩子，只是在偏僻山区，自制衣物等送给孩子的民俗仍存。

二、过生日 旧时一般仅年长者和儿童才过生日，且多重视老人的生日。年60岁（称“花甲”）过生日，称为祝寿。富裕人家摆酒席或在酒店订做酒席庆贺。若大家族中德高望重的家长过生日，还会有相应的庆祝活动。一般人家，只是全家人聚在一起，吃顿醋搅团或长寿面，或给小孩烧1个小麦面做的圈圈馍。20世纪90年代，中青年人也开始过生日。受国外文化影响，青年人多以蛋糕和蜡烛庆祝。在生日聚会上，捧出生日蛋糕，点燃插着蜡烛的生日蛋糕，唱祝生日快乐歌。过生日者对着点燃的蜡烛默默许愿，然后吹灭蜡烛，分吃蛋糕。2000年后，过生日渐次变成亲朋好友聚会、休闲娱乐的方式，中西结合，多有吃寿面、切蛋糕、喝酒等活动。

三、婚娶 境内婚娶，旧时多属“父母之命，媒妁之言”的包办婚姻，一般民众沿袭一夫一妻制，富家多有一夫多妻、纳妾娶小者。婚姻讲究近亲不婚，同性不婚，恶疾不婚，仇家不婚，但与母亲一方血缘关系的禁限则不严格，姑舅表亲、两姨表亲现象较多。大户人家讲究门当户对。早婚现象极多。20世纪80年代，由于推行计划生育中提倡晚婚，结婚年龄推迟。乡村男女到法定年龄，大多自愿找对象或由媒人（介绍人）说合，包办婚姻减少。嫁娶程序大部分地方尤其农村仍沿旧俗，包括提亲（也称问名、换帖）、订婚（又称订亲）、会亲、迎亲、闹洞房、回门等。问名，也称换贴，男家相中某家姑娘后，托媒人带上礼品到女家提亲，若女家父母或本人同意，即索姑娘庚帖（上写属相和生辰八字的帖子），同时将儿子的庚帖也送女家。然后各自请阴阳合“八字”（又称合婚），若相属不合，各自将庚帖退还。如相属相合，即算初步确定；订亲，即“八字”合成后，媒人率男家父亲及儿子到女家看亲；会亲，即青年男女长到临近结婚年龄时，男家送上肉、菜及衣服礼品（称“彩礼”或“水礼”）至女家，女家亦通知亲族、亲戚在家设席，双方相会，故称会亲；迎亲，也称娶媳妇，即男女正式成婚。成婚当晚还要闹新房，场面诙谐、热闹。次日（或第3日），新郎到岳父家拜谢。同日（有的地方在第3日），新娘下厨做试手面。3日后新娘偕同新郎首次回娘家探望父母，称“回门”（又称“回三”“转三”）。旧时婚礼中，坐轿、磕头、拜堂、结发、顶盖头等习俗在大部地方已废止。农村男家多自办“四盘子”“六君子”“五碗四盘子”“八大碗”等传统酒席招待来宾，个别富家置办“十全”“十三件”高档酒席。随着经济发展和生活改善，城区职工在机关举办婚礼的已不多见，兴起以轿车接送新娘、在酒店宴请宾客之风，女方陪嫁彩电、洗衣机、缝纫机、组合柜等者渐多。男方答谢媒人，多送皮鞋、烟酒等。20世纪90年代，换帖、合八字（又称合婚）习俗渐废，乡村亦兴起以汽车、拖拉机等迎娶新娘风俗，但闹洞房时出现"闹公婆"等有悖情理的习俗。2000年后，嫁娶的城乡差别逐渐缩小，均以汽车迎娶新娘，有的人家在城市订酒席宴请宾客。城乡女家索要彩礼数渐涨，由几千元到万元，多者数万元。部分男家为此背负债务。

四、丧葬　20世纪80年代，境内农村沿用传统葬俗，穿寿衣、烧倒头纸、落草、哭灵、报丧、吊丧、坐夜、戴孝、收钉、出殡、下葬、服三、烧七七纸、烧百日纸、烧新灵等。均请阴阳择坟地、选吉日实行土葬，一些富家还请道士或和尚诵经来超度。从人去世直至下葬，均以饭食、酒菜招待来宾。贫家臊子面或"四盘子"，富家多置办"八大碗"等传统酒席。城区人去世，一般开追悼会，将逝者火化，安葬于公墓，但本籍职工去世后大都还乡土葬。20世纪90年代，随着经济条件的改善，大多家庭置办传统酒席招待来客，购置松柏木制作棺材安葬逝者。部分家庭还在三周年祭期置办酒席，招待亲友、来宾和村民，俗称"过三年"。2000年后，囿于习俗，丧葬置办酒席相互攀比之风益盛。

第四节　生产　生活习俗

一、生产

二人抬杠　境内耕作，历来使用耕牛犁地、播种，但在缺乏牲畜的地方，均用二人抬杠方式耕种。其法是准备一副木犁，一根约3米长，粗如茶杯的硬木抬杠（两端凿眼装上斜杆），以及绳索。犁地时，将木犁用绳子拴于抬杠中部稍前端，然后由两名壮劳动力一前一后抬起抬杠，将斜杆置肩膀前面，前边一人主要用力拉杆，后边一人除抬杠使用推力外，还要手扶木犁。如此依地形顺犁沟前进，便可耕地或播种。20世纪80年代实行家庭承包经营后，一时畜力紧缺，尤其西北部三阳川一带，地块小，许多农户因缺乏饲草，或因饲养牲畜麻烦，包产到户时已是几户人才1头牛，所以将耕畜卖掉，耕种全用二人抬杠。2000年后，随着小型耕耘机、播种机的使用，二人抬杠渐减少。

求雨　每年夏秋间，境内常出现较长时期的干旱，影响及庄稼，造成减产。每遇到旱情严重时，农村常举行求雨活动。求雨通常是以村或"方"（几个村组成一个片区，称"方"）为单位组织。届时人们向庙宇里的方神乞求。方神都有自己的

“湫”泉或“湫”洞，均在山间有水源的地方。求雨仪式通常由蓄坛、安湫、取湫、还湫、结坛等环节组成。20世纪80年代，部分山区地方还举行其仪式，但大部地方简化为只到神庙看香火，即祭献活动。20世纪90年代后，其俗渐废。

二、生活习俗

赶集　境内农民有赶集的风俗，为农村普遍存在的一种商品交易活动形式。集市均设在位置适中、交通便利的中心村镇、寺庙胜地和城镇边缘地区。集市的周期主要受人口密度的影响，至集日(逢单、双日或逢三、六、九日)在固定地点进行商品交易活动。交易的商品一般为日常用品和易耗物品等。每逢集日，村民从四面八方聚拢到集贸市场，购买家中需要的生活用品。尤其进入农历腊月春节临近时，四邻八乡的群众包括大人小孩，甚而部分城区居民均赶到集市上置办年货，选择自己需要的商品，马跑泉、甘泉、渭南、石佛、新阳、伯阳、元龙等集市街道往往摩肩接踵，挤得水泄不通。

赶庙会　因寺观庙宇形成的具有一定仪式的聚会，人们称“庙会”。境内庙会众多，寺庙供奉神祇儒、释、道三教人物俱全。其会多在春、秋两季，有些与传统节日相重。大型庙会一般3~5天，规模宏大，游人云集，均请秦腔戏班演出酬神，交易商品主要是本地土特产，亦有境外物资。小型庙会一般2~3天，上演皮影戏或木偶戏，商品交易或仅有小吃摊点。凡有庙会的地方，皆有“香火会”，由会头主持。庙会经费多由村民自筹，以游人香火钱补贴，也有富家解囊赞助的。民间庙会都是自发的，所以不论职工群众、男女老幼，全都主动参会。信众大都到寺庙朝拜神佛。20世纪90年代开始，庙会中商品贸易规模扩大，有的还举办物资交流会、商品展销。逛庙会已成城乡群众旅游观光、休闲娱乐的一种方式。境内主要庙会日期为，正月初九日的街子崇福寺“上九”会，正月十五日和二月十五日卦台山庙会，正月十六日甘泉马王庙、麦积佛窑、中滩演营寺庙会，二月十五日伯阳柏林观庙会，三月初三日甘泉云雾山、石佛导流山、三岔五龙山庙会，三月初十日马跑泉柳林寺庙会，三月十六日三岔金龙山庙会，三月二十日麦积仙人崖、豆积山西应寺、新阳安林山庆寿寺庙会，三月二十日和四月初一日石门山庙会，三月二十八日甘泉泰山庙、新阳凤凰山庙会，四月初四日甘泉龟凤山云光寺庙会，四月初八日麦积山瑞应寺庙会。

三、祭祀

(一)卦台山伏羲庙祭祀　卦台山又称画卦台，在渭南镇西北。史载伏羲在卦台山创画八卦，为华夏文明作出不朽贡献，故当地人们对伏羲的祭祀历久不衰。

1966年因庙宇拆除,又破"四旧",祭祀中断。1981年,当地群众自发恢复祭祀活动。1988年新建伏羲大殿竣工后,将农历正月十五日(正月十六日伏羲诞辰的前一日)、二月十五日、五月十三日(龙的诞辰日)确定为祭祀日,每年举行祭祀活动。每凡祭祀日,群众扶老携幼,给伏羲敬香,歌颂伏羲圣德、祈求平安,并举行隆重的祭祀仪式。由于古代礼器不存,均用普通的盘、碗、碟等代替;旧时乐舞失传,便以戏曲中与祭祀场面相合的音乐代替,主要的乐器有鼓、钟、唢呐、钹、锣等。祭品为:三牲即牛头、羊头、猪头各1个,八样馔即四荤(猪、鸭、鱼、鸡肉)各1碗,四素(四样蔬菜)各1盘,两样羹粥各1碗(随时节),四样时果各1盘(随季节),1篮鲜花,3杯茶,3杯酒。

仪程:1、司仪人穿戴礼服,在神案前主持。2、执事者各执其事,主祭人、陪祭人就位。3、跪,鸣钟8响、击鼓3咚、鸣炮奏乐。4、发蜡、焚香、转香、插香。5、捧茶递杯,三举三献,一奠茶、二奠茶、三奠茶,酌茶收杯。6、捧酒递杯,三举三献,一奠酒、二奠酒、三奠酒,酌酒收杯。7、主祭人合羹粥、合盐酱、合醋水。8、厨师冒汤。9、主祭人宣读祭文。10、递表、化表。11、鸣炮、奏乐。12、一叩首、二叩首、三叩首,起立。一鞠躬、二鞠躬、三鞠躬,礼齐。

(二)导流山真武观祭祀　真武观在石佛乡东南导流山山巅,相传夏禹(俗称"大禹")率领民众在此劈山开渠、疏导治理渭河洪水,后人为纪念大禹的功绩,将渭河称为"禹河",山上建禹王庙。祖师庙创建于东汉永平三年(60年),供奉无量祖师。每年农历三月初三日举行民间祭祀活动。因地交邻清水,其活动由石佛乡夏家村、石崖村、马家山村和清水县郭川乡的郭川村、高寨村、解湾村、韩坪村共同举办。

导流山民间祭祀仪式有18项程序,具体由宾爷主持:1、各就各位,执事者各执其事。2、各村会首神前跪。3、发蜡。4、鸣钟3响,击鼓3响,鸣炮。5、厨工冒汤。6、合饭,破根粥,破盐姜,敬膳。7、转香:一转香,二转香,三转香。8、转壶杯,奠茶。9、一告奠,二告奠,三告奠。10、歇壶杯。11、化表。12、叩首:一叩首,二叩首,三叩首。13、鸣炮,告退。14、主祭人宣榜,鸣炮。15、出榜。16、诵经。17、宣读祭文。18、火化祭文。献饭称"十三花",共11项43件,其中干果5件:黑瓜子、白瓜子、六红丝子、核桃仁、葡萄干;水果2件:苹果、梨或桔子、香蕉;糖果1件;凉菜8件:豆腐干、粉丝、豆腐皮、蜜枣、虾片、木耳、油炸花生、油炸马铃薯片(或豆芽、油菜);热菜13件:酥肉(2件)、凉粉(2件)、粉条(2件)、豆腐(2件)、八宝米饭,木耳、黄花、银耳、菠菜、糖酥里脊、油炸豆腐、辣椒在其中点4件;献馍2件,根粥4件,盐酱4件,酒水3件(主要是黄酒),茶1件,素水碟(空碟置勺)1件。

(三)酬神　境内一些建有戏台的村,一年至少要唱春台和秋台两场会戏。唱戏时都酬神，由戏班演员和乡间会长、耆老打着旌旗，敲锣打鼓，吹上唢呐，燃放鞭炮，并由年轻人抬上“献饭”到寺庙里敬献。唱戏时，家家户户要请亲戚看戏。凡看戏者，大都要到寺庙里烧香磕头。一些老人则重在敬神，看戏为次。

第五节 交际礼仪

境内自古注重礼尚往来。20 世纪 80 年代，农村人际交往圈小，农民多以同村邻居相互串门，聚众巷道闲聊、打扑克、下棋、下方（一种民间游艺），到城镇赶集，过庙会集会，给盖房者、家有红白事情者帮忙，过年或闲暇时间走亲戚等方式建立人际交往关系，一些偏远山区农民交际圈只囿于同村乡亲、朋友和亲戚之间。在城镇，人们在所在部门、工厂等工作单位与他人交往、协作，建立上下级关系或同事关系等社会关系。其后部分农民开始外出到城市打工，城镇、乡村人际交往圈扩大，交际活动和交往几率增多。20 世纪 90 年代后，外出务工农民到经济发达的大城市打工者增多，农村交际范围不再囿于街头巷道、集市、庙会等公共场所及私人家庭。部分公职人员辞职下海经商，办个体私营企业者增多，城乡流动性增强，人际交往圈进一步扩大。2000 年后，随着互联网的渐次普及和腾讯 QQ 等即时通信软件的广泛应用，一些青年人开始用 QQ 等网上虚拟交流平台聊天、交友、网恋，极大地改变了人们的生活方式和交际交往方式，交往圈扩大到天南地北。

由于城乡形成的二元结构，城镇与乡村人际交往不同。乡村人朴实厚道，同村人居住即使再远，绝大部分人相互之间通过红白事情多有往来。城市人际交往多通过工作、商务等方式建立人际关系。但城市小区人际关系冷淡，同一个小区住户除亲朋或关系好者相互之间有往来外，同一个单元甚至门对着门的住户大都互不来往。

一、见面问候礼仪 境内民风淳朴，热情好客，逢亲遇友主动问候。宗族成员中论辈不论岁，均以辈分高低称谓。在社会上对陌生人则按年龄或职位称谓对方。乡村街坊邻居、村民或熟人相见，问候打招呼多问：“哪达（啊里）弃（去）家”“饭吃过了吗”“好着哩吗”。城镇同事、同学、朋友或熟人见面，多说“你好”“好着哩吗”“最近忙啥”等。

20 世纪 80 年代，握手为社交场合最常用的礼节。同事、同学、朋友等熟人见面问候，分别、祝贺、致谢、安慰时握手相互致意。见面时握手，说“您好”“好久不见”等，表示欢迎、问候、友好；分别时握手，说“再见”等，表示依依惜别、亲切；祝贺时握手，说声“祝贺您”“恭喜您”等，表示诚恳；慰问时握手，说声“辛苦”“受累”“早日康复”等，表示对遭遇不幸的慰问；致谢时握手，说声“非常感谢”“劳您费心”等，表示深深的谢意。握手时，通常年长(尊)者先伸手后，另一方及时呼应。来访时，主人先伸手以表示欢迎。告辞时，待客人先伸手后，主人再相握。

在公共场合或在路上行走遇到相识的朋友、同事，若双方距离较远，在不便打招呼的情况下，一些人点头致意或举手示意打招呼。官方、民间的迎送宾客或祝贺致谢等社交场合，关系密切的朋友见面或分别时还相互拥抱表达情意。朋友初次相识，求职应聘，交流考察结束或临别之际，为便于日后联系，往往互呈或递上自己的名片。

二、走亲戚　走亲戚，境内俗称“转亲亲”，是亲戚间联络感情、互相慰问的活动，是传承下来的古老习俗。亲戚朋友素来注重相互走动来往，特别是嫡亲关系的姑舅、岳丈等近亲及关系密切的友人，更是常来常往。每年春节期间，所有亲戚朋友都要逐一走到。拜亲访友从正月初一日开始，一般先走当年有“新灵”(即当年有丧事者)的亲戚朋友家拜祭，再走舅父、岳父等嫡亲家(一般正月初二走舅父家或女婿转岳父母家)，然后由远及近，先走路程远、辈分高的亲戚，本村或街坊邻居类的亲友在晚上前往拜访。各远房亲戚依次走到，亲朋多者往往延到正月初十日左右，甚至持继到正月十六日前后。

走亲戚所带礼品，20 世纪 80 年代农村依旧习以油饼为主，家境好者，或走主要亲戚，也带罐头、饼干之类；城镇居民多带糕点、烟酒等。20 世纪 90 年代，农村以蛋糕、点心等为主，也有带烟酒、猪肉等者。2000 年后，所带礼品呈现多样化。城镇乡村多带蛋糕、点心、面包、水果、奶制品、茶、饮料等。

在农村，初一日至初三日厅堂供有先人纸，凡到亲戚家，晚辈要焚香磕头，向长辈拜年问好。主家将客人迎进屋里坐炕上，由家长作陪，递烟、敬茶。城镇则用水果、瓜子之类招待。小孩给糖果、面点等，还要给压岁钱。然后张罗饭食招待客人。虽然家庭经济条件不同，待客饭菜不一，但均以全家最好食品招待。一般中午多以手工面条、扁食为主，晚餐以炒菜、烩菜加馒头、油饼为主。吃饭时，主人请客人上坐，吃饭的座次也有序，祖辈安排在上席，孙辈居中，父辈居下。要先向老人斟酒，并请老人先开饮，佳肴让老人先吃。宴席一般是男人先吃，客人吃完后女人才吃。吃完饭后，男人们再接着喝茶、抽烟。20 世纪 80 年代后期开始，随着生活水平的提高，农村一些人待客亦动辄酒菜、暖锅等，城镇更加丰盛。

三、称谓 境内人民在长期生产、生活和交际过程中,形成约定俗成的称谓。20 世纪 80 年代,仍沿袭多年风俗习惯,在以血缘关系为纽带的熟人社会,近亲属称谓遵从辈分习惯,对陌生人的称呼则是按年龄或职位,通过把亲属间的称呼扩大化来实现,长幼辈分,秩序井然。

称谓亲疏分里外,称自己为"各(读ɡuǒ)家或各東",称别人为"臬"或"旁人"。近亲属晚辈一般称呼长辈为:大(大大)、妈(妈妈)、爷、婆、太爷(曾祖父)、太太(曾祖母)、祖爷(高祖父)、祖阿婆(高祖母)、爹爹(伯父)、二大或二爸(父亲的兄弟)、爸爸(叔叔的方言称谓)、大妈或二妈(父辈的妻子)、舅舅、妗子(舅母)、姑父、姑姑、姨夫、娅娅(姨母)等。给别人介绍自己的长辈,称"敖的大汉"或"敖的囊家"。长辈称呼小辈多用小名昵称。小孩一般称"娃",或在"娃"前加小孩名字相称,一些父母即便孩子成人也昵称孩子为"娃"。女儿称"女孩",儿子称"后人"。年长者昵称小孩子为"狗狗""狗瓜""差火"。夫妻间,城乡男女互称"掌柜的"。在农村,男人对外人称妻子时称"婀婆""敖屋里""敖家里""屋里人""家里人",有孩子者称"(娃)他妈";女人对外人称丈夫时称"老爷""敖老爷""老的"。在城镇,丈夫称妻子为"老婆"或"媳妇""夫人""女人",妻子称丈夫为"老公"或"老爷"。农村称丈夫父母为"阿公""阿家",城镇则称为"公公""婆婆"。岳父称"丈(读 chànɡ)人""丈母大",岳母称"丈母娘(读 niā)"。丈夫的哥哥称"阿伯子"或"大伯子",弟弟称"小叔子",姐姐称"大姑子",妹妹称"小姑子";称弟弟的妻子为"弟妇子",弟兄的妻子即妯娌称"邂逅",连襟称"挑担",朋友称"连手"。外祖父称"外(读 wèi)爷",外祖母称"外婆"。女儿的子女称"外甥""外孙"。亲房或同村人彼此相见,按辈分相互称谓,辈分高的人,即便年龄小,也被辈分低但年长的人尊称为"爸爸""叔叔""爷爷""婆婆"等。对德高望重者或花甲之年的老人农村尊称"囊家""老人家",城镇加上姓氏尊称"某老"。农村外人称已婚女人多在其丈夫姓后加上"家的"2 字,称为"某家的",中、青年一代相互直呼其名。

无辈分的,以年龄论称呼。比自己稍长者,称哥、嫂、姐等。非亲属与父母年龄相仿者,农村一般称爸爸、娅娅,城镇称伯伯(大伯)、叔叔、姨姨(或阿姨)。与祖父母年龄相仿者,农村称爷、婆,城镇称爷爷、奶奶。有时在公众场合,为了区别,前边加上姓,称"某(指姓氏)爷""某爸""某家哥""某家嫂"等。年轻女性农村称"女子娃""姑娘娃",城镇称"小姐"。对教师、医生当面不冠姓,只称"老师""先生",否则视为不敬(背后称时可冠姓)。机关党政部门,凡大小有点职位者,皆以职务相称,无职位者一般互称姓名,但对年长者或岁数较大者在姓氏前加"老",称"老某"。民间木匠、瓦工等工匠一般称“匠人”。工人、理发师、司机及民间手工艺人称“师傅”，民众对寺院僧人、出家人也尊称为“师父”或“师傅”。军队高级领导人、总编辑、总工程师尊称“老总”。党政机关在公开场合，特别是比较庄严的会场，“同志”的称谓还是使用比较多的，但后来渐以官衔相称者增多。随着个体私营经济的发展，开始将所有私营工商业者、零售店业主等做买卖的商人、企业主统称为“老板”。“师傅”一词开始流行，社会上凡有技能者，改称“师傅”或“老师”的增多。人们走在街上，看见陌生人，仍习惯于以“同志”为称呼。农民离乡外出到城市谋生或打工者渐次增多，社会上将其初称为“打工仔”“打工妹”，后统称“农民工”。

20 世纪 90 年代后，对教师、医生冠姓称呼，称“某老师”“某大夫”。对文化艺术界人士、某一行业有所成就者、有学识或一技之长者称“老师”者渐多。对年轻女子敬称的“小姐”，演绎成“卖身女”而出现贬义。20 世纪 90 年代末，“师傅”一词广泛流行，按身份职业将蓝领阶层统称为“师傅”，“同志”一词逐渐淡化。“先生”渐次成为“男士”的统称。

2000 年后，“老板”“老总”渐成为民营企业家、个体工商户、私营企业主的代称。一些服务行业泛称客人为“老板”，一些朋友之间相互恭维也称“老板”，“老板”的称谓被泛化。随着互联网的普及和应用，年轻人称“帅哥”“靓妹”“美女”“美眉”者渐增，还出现“月光族”“啃老族”“房奴”“宅男”“宅女”“富二代”“官二代”等年轻人之间颇为新潮的称谓。

第六节　移风易俗

20 世纪 80 年代，随着经济社会的发展和时代的变迁，提倡移风易俗。1987 年，区委作出《关于移风易俗简办婚嫁丧葬的决定》，要求党员、干部、职工自觉抵制旧的风俗习惯，破旧俗，树新风，引导青年继承和发扬艰苦奋斗的优良传统，争做勤俭办婚事的模范，并要求成立红白事简办理事会，移风易俗。不久，有关单位组织 13 对青年举办文明简朴婚礼，并向全区青年发出简办婚事的倡议书。次年 1–10 月，城区 4 街道领证结婚的 350 对青年中，响应倡议，以集体婚礼、旅游、音乐舞会、烟茶糖果座谈会等形式举办婚礼者 263 对，操办酒席者仅 87 对。至年末，全区成立起 46 个红白事简办理事会，有 37 名领导干部简办儿女婚事和父母丧事，32 对青年参加集体婚礼。1989 年，在全区开展提倡艰苦奋斗，反对铺张浪费；提倡婚事新办，丧事简办，反对索要彩礼，大操大办；提倡科学文明，反对封建迷信；提倡健康文明娱乐，反对聚众赌博恶习；提倡敬重老人，尊重妇女，爱护儿童，反对虐待老人，歧视妇女，残害儿童为主要内容的“五提倡、五反对”宣传教育活动，继续提倡婚事新办、丧事简办、尊老爱幼等活动，是年再成立 41 个红白事简办理事会，有 280 对青年新办简办婚事。

1993 年，区妇女联合会与精神文明办公室、团区委、区民政局等部门联合举办元旦大型集体婚礼，区党政领导应邀参加，并为 14 对新人颁发结婚证书及纪念品。2000 年后，随着人们生活水平的提高，节俗消费排场日渐隆重，一些地方大办婚丧，讲排场、相互攀比，铺张浪费现象严重，一度提倡的节俭之风不再。

第七节 忌 讳

一、讳语

在小辈面前忌呼祖辈名，否则视为骂人。

老人发胖，说“发福”，忌说“肥”。

与老年人议其后事，说“你百年之后”，忌说“你死后”。

妇女怀孕，说“身子不空(或闲)”，或说“有喜”“有身子”，忌说“怀娃”。

妇女经期，说“身上的来着哩”“来例假了”，忌说“有月经”或“来月经”。

小孩生下满百天，说“百岁”，忌说“百天”。

小孩胖，说“憨”“胖”或“富态”，忌说“肥”。

小孩瘦，说“癯”(读 què)，忌说“瘦”。

小孩夭折，说“糟蹋了”，或说“殁了”，忌说“死了”“完了”。

小孩病重，说“秋实”，忌说“危险”或“病重”。

与聋人交谈，说“耳朵背”或“耳背”，忌说“聋子”“聋了”。

春节期间，忌说“死”等不吉利的话。

说数字时，忌说“二百五”(因二百五是半吊，“半吊子”是骂人的话)。

帮助病人翻身，忌说“重得很”。

亲人亡故，忌说“死”，一般称“殁了”“过(去)世了”“仙逝”“逝世”“作古”等。

老人去世，说“过世了”“下场了”，忌说“死了”。

人亡于战事，说“折了”或“折耗了”，忌说“死了”。

对自尽的人，说“寻了无常”，忌说“自尽了”“自杀了”“死了”。

生意人购货，说“拾货”，忌说“购货”“办货”。

生意人忌说“关门”，应说“上门”“扣门”。

担油担、酒担、粮担进店时说“快进店了”，忌说“快到了”。

木匠干活砍烂手，说“见红了”，忌说“砍烂了”。

在铁匠打铁处谈炉事，说“嫩得很”，忌说“红得很”。

瓦匠谈及窑火，说“亮得很”“俊得很”，忌说“红得很”。

石匠打磨开凿，说“不端”，忌说“斜”，因斜谐削。

二、讳俗

同族内，忌通婚。

男女婚配喜属相相合，忌属相不合，生肖相克，忌狐臭病。

给晚辈起名，忌讳与长辈名重字重音或谐音相同。

春节期间，忌踢门槛，扫地，倒垃圾，泼水，恐扫去福气或财气外流。

正月忌剃头，有“真(正)秃子”之说。

早上出门，喜听喜鹊叫，忌听见乌鸦叫。

用油灯或蜡烛照明时，若灯芯上结出灯花，认为是喜兆。

母鸡叫鸣、狗夜哭叫、乌鸦落在屋顶、夜鸽子(猫头鹰)晚间在庄子附近叫，均认为不祥。

在野外忌早晨见兔，傍晚见鸡，认为不吉利。

农家宅院见到蛇，忌捕捉伤害。认为蛇是家神，要祈祷敬送。

家人出家远行，忌家里马上扫地。

忌讳在农历初四、初七日出门，初八日入门(即“七不出，八不入”)。

忌人踏门槛、倚门框。

忌隔门接东西和隔门泼水。

忌直言或取笑他人的生理缺陷。

忌随意问姑娘、中青年妇女年龄。

不轻易发誓、赌咒，或说一些刻薄、过头的话。民谣有“宁吃十个亏，不赌一个咒”的说法。

到别人家作客，忌坐门坎。

客人尚在家里忌扫地，否则有逐客之意。

招待客人吃饭，菜肴宜双不宜单，尤其忌3个(有“三献毛鬼神”的说法)。

送客饯行忌说不吉利的话。

上、下炕，应从长辈或客人身后绕过，忌从正面上、下，否则视为失教。

中、青年男性骑牲口路过村庄,须下牲口步行,否则为失礼。

一般人戴上眼镜(卡腿镜),见了长者要摘下,否则为不礼貌。

与人握手前,要先摘下帽子,脱下手套,否则为失礼。

少年人忌食鸡头、鸡爪。

生人或远客忌入婴儿房。

晚间忌小孩外出。

忌小孩骑狗,否则成人后婚娶时天会下雨。

小孩吃饭忌敲碗,否则要挨饿。

女性忌从长辈和客人面前穿行,否则视为失教。

庄间路头,妇女见男性长者,必从身后绕过,忌从当面过,否则为失礼。

妇女衣服,特别是内衣不得在当院晾晒。

端午节忌妇女上地(认为会惹瞎瞎)。

有太阳时,妇女忌从炕中出灰(认为出了灰会生白头发孩子)。

过年时,忌讳妇女做针线。

出嫁姑娘过春节3天内忌回娘家,也忌住宿娘家过年(指正月初一至初三日)。

妇女月经来潮时,不能串门,更不能去寺庙,认为会冲犯人与神灵。

妇女怀孕期间忌见丧事和婚事,迷信说见了要小产。

妇女孕期,忌吃兔肉(认为吃了会生豁豁口),忌入产房(认为会采奶),忌见丧事(认为会"冲"别人或"冲"自己)。

已嫁之女忌讳在娘家分娩生孩子,认为会使娘家破败。

产妇坐月子期间,房间忌外人入内;产妇未满月,忌出大门。

妇女服孝期间,忌穿花、红色衣服。

未生男孩的已婚少妇及未成年男女死后不得进坟茔。

农民出卖骡、马、驴等牲口时,忌讳卖笼头和缰绳。

屠宰忌七日,有七日逢刀占之说。

"土旺"期间,忌在宅院和祖先坟上动土,忌出圈粪、出炕或灶灰。

孩子发麻疹,忌生人进入(认为会采疹子)。

家人有病经巫神一类禳解(亦称禳斩)后,大门挂筛儿,忌生人进入。

祭宅之后要作禁忌标志,在大门上贴符、挂红布条和箩儿、筛子,3日内忌客人入宅。

人死后忌纽扣、铁针等物入棺。

父母或亲人亡故，服三前孝子忌去别人家（认为会“冲”别人家门）。

父母去世百日内，儿子忌理发、洗头、洗衣服，忌往院里泼脏水。

父母亡故3年内忌贴红色对联。

人死在外不得入村。

20世纪80年代后，有些禁忌在城镇和工薪人员中逐渐消失，但在一些农村老人中依然信奉坚持。

第八节　陋习与整治

一、迷信　过去长时期里，由于科学技术不发达，对各种自然现象无法作出科学解释而心生畏惧心理，加之缺医少药，群众一旦有病或逢其他灾难，往往求签问神、烧香祈祷，或占卜算卦。在社会变革时期，人们由于不了解社会发展的趋势，心存神秘和不安定感，感到不能掌握自身的命运，缺少精神支柱，便以宗教信仰或迷信活动来寻求心理安慰，故迷信活动长期存在。其活动多在局部地区或家庭范围内。

20世纪80年代，抽签、卜卦、算命、看相、测字、请神、驱鬼、看风水、符水治病等迷信活动在农村又有所抬头。部分农民有病不医，到寺庙求签取药（签簿上多附有中药方剂），或者请阴阳、“法官”、道人“作法”擦“冲气”禳解。一些人有事请巫婆、神汉卜卦算命、看面相或手相，生产生活活动迷信黄道吉日、吉祥数字，找对象迷信属相相克，以保平安顺利。有些人在家里挂神像设香案，早晚烧香跪拜，祈求神灵保佑钱财、命运和健康。有的人舍不得吃穿，却把节省下来的钱拿去买香火。部分别有用心者借耍社火、办庙会之名，大肆收取“人头费”，欺骗愚弄群众。

1989年，在全区范围内开展以打击包括迷信活动在内的除“六害”严打斗争（另外5害为种植、贩卖吸食毒品，拐卖妇女儿童，赌博，传播、制作淫秽录像、书刊，卖淫、嫖娼），查禁利用迷信骗财害人的卜卦、算命人员15人，没收算命工具27件。1990年，查获利用迷信骗钱害人者23人。90年代，一些农村封建迷信活动沉渣泛起。1996年，北道公安分局依法打击2起群众性封建迷信活动。

2000年后，迷信主体由农村转向城市，一些有知识、高学历人群，甚至少数领导人也崇信迷信。一些搞迷信和伪科学的人把神学、玄学当科学，把卜卦、算命、阴阳、星相、血型学、特异功能、心灵感应等迷信当科学，不择手段地骗取钱财，并通过互联网络以讹传讹。部分人对互联网算命、星相等迷信深信不疑，一些人对“伪大师”不加质疑地追捧、盲从，相当一部分人是受过高等教育，甚至一些官员、企业家等社会公众人物也参与其中。

二、色情 20世纪80年代改革开放后，淫秽色情活动在境内有所抬头。1986年北道公安分局对全区录音录像及文化市场清理整顿中，收缴黄色书刊2000余册，淫秽录像74盒。1989年，在除“六害”严打斗争中，抓获从事色情人员25人，查封内容不健康的书刊1450册，缴获黄色书刊757册，录像带24盘。

20世纪90年代，公安机关加大对淫秽色情活动的打击。1995年，北道公安分局开展查禁取缔卖淫嫖娼、色情活动，加强公共娱乐、服务场所的专项治理，查处卖淫嫖娼案件16起、28人，查获卖淫妇女10人，嫖娼人员18人，查处介绍、容留妇女卖淫案件1起。1996年又查破卖淫嫖娼案件32起，涉及违法人员76名。捣毁社棠哂金台酒店卖淫嫖娼窝点，当场抓获组织容留介绍卖淫嫖娼的犯罪嫌疑人1名，抓获卖淫妇女2名。1999年，清理印刷业、音响制品及出租网点300余家，改造按摩服务场所封闭式包厢57家，取缔洗脚房4家，查缴淫秽光盘238盘、淫秽书刊380册。

2000年后，开始依法对互联网营业场所进行监督管理。2001年查处传播淫秽物品案件9起，卖淫嫖娼案件15起，清查美容美发厅、桑拿浴室76家。2002年，开始打击网上色情活动，及时发现和阻断互联网上的有害信息。全区清理整顿“网吧”互联网营业场所等23家、940余台，删除有害信息170余条，取缔“黑吧”3家。2003年，清理整顿互联网营业场所31家，取缔1家。2006年，进一步加强对辖区旅店、娱乐等场所的管理，检查歌厅、网吧、饭店、旅店等场所312家，落实防范措施，使其规范、合法经营。

三、赌博 20世纪80年代，部分城镇居民利用打麻将、掀牌九、下象棋、打台球等形式进行赌博，甚至一些干部职工也参与其间。公安部门虽不时查处和打击，但暗中仍有活动。1987年，北道公安分局发布《关于严禁赌博活动的通告》。1989年，在全区范围内广泛开展以打击赌博、卖淫、吸毒、禁止城市养狗为主的除“四害”专项斗争，抓获参赌人员34人。1989–1990年，在除“六害”严打斗争中，查禁赌博15案、132人，收审3案、3人，判刑1案、9人，罚款2.82万元；查获参与赌博人员438名。1994年9月，公安机关统一行动，清查旅店80家，电子游戏室、卡拉OK歌舞厅等复杂场所45处，抓获审查各类违法人员101名，缴获赌资2277元。1998年，公安机关开展“扫黄打非”专项治理活动，共捣毁利用电子游戏机赌博窝点8处,收缴麻将机、跑马机机芯58块,查封“开心天地”电脑游戏机125台,“钻石舞台”电子游戏机12台。次年,公安机关再次开展集中突击清理行动,收缴麻将机130台。

2000年后,赌博歪风再度泛滥。城乡一些人借婚嫁、丧葬、搬迁新居、孩子过满月等机会,进行赌博。一些村镇开设棋牌室、娱乐室等,常在夜间聚众赌博。因赌博还引起偷盗、抢劫、诈骗、家庭不和等现象。2001年,全区共查处赌博案件16起、110人,没收赌资2.17万元,检查电子游戏厅25家,强行关闭22家。2005年,公安机关查处赌博案件28起,捣毁赌博团伙8个、38人,收缴赌博机27台,罚没赌资3万余元。

四、吸毒 20世纪80年代,种植、贩卖、吸食毒品在一些地方泛起。1989年,公安机关查出吸毒、贩毒违法犯罪分子204人,查获毒品2800克。在除“六害”严打斗争中,缴获鸦片2250克、海洛因220.5克,强制收容送戒毒所41人。次年再查获贩、制、种、运毒品分子576名,破获毒品案件71起,毒品犯罪分子62人,摧毁贩毒团伙7人,缴获毒品3033克,铲除罂粟1.42万株,毒贩杨××等6人被依法判刑。1991年,抓获吸、贩毒人员82名,收审42名。其中5名重大案犯和云南贩毒分子相勾结,多次从大理等地贩回制毒烟坯,在区境制造加工贩卖品,缴获毒品海洛因883克,毒资8万元。1992年,公安机关组建缉毒队,专门打击涉毒人员。同年,天水市中级人民法院和区人民法院等单位联合在天水火车站广场召开公判大会,依法对贩毒分子雷××等4案、4人分别判处死缓和无期徒刑。1993年9月,在区粮食局何家村家属院建筑工地发生因争吸毒品而引发的杀人案,案犯刘××被抓获归案(后判处死刑)。同年,缉毒队从云南大理抓获区内最大的负案在逃毒品犯申××、黄××(二人为夫妻),缴获毒品黄皮1018克、海洛因5.1克。1994年,公安机关排摸出境内社会上残留的吸毒人员计330名(男309名,女21名)。同年,在原寨子街道辖区张家村、吕家村、何家村、寨子村抓获吸毒人员61名,均送戒毒所强制戒毒,全区计查破贩毒案件87起,抓获贩毒者91名,查获海洛因152克,缴获毒资5万余元,捣毁吸贩毒窝点11处,劳教复吸毒品人员38名。

1995年,区禁毒工作领导小组改为区禁毒委员会,下设办公室。之后,北道公安分局又成立缉毒大队和强制戒毒所,建立健全禁毒工作机制和禁毒工作队伍,开展禁毒活动。1997年,开展禁毒专项斗争,破获毒品案件55起,其中重特大案件41起,抓获贩毒犯罪嫌疑人55名,包括王×特大贩毒案和胡××、刘××重大贩毒案。是年全区486名在册吸毒人员中,戒毒223名,对23名复吸人员报送劳教。次年,强戒吸毒人员增至330人(次),对13名复吸人员呈报劳教。至1999年,共强戒吸毒人员344名,对11名复吸人员报送劳教。

2000年后,吸毒人员有增加趋势,贩毒人员手段更加隐蔽。公安机关继续加大力度,进行打击。2001年,全区破获毒品案件58起,抓获贩毒犯罪嫌疑人60人,缴获毒品海洛因1025克,强戒吸毒人员182人,对吸毒人员尿检555人(次),对复吸人员呈报劳教40人。2002年,破获毒品案件55起,抓获贩毒犯罪嫌疑人55人,缴获毒品海洛因697克,鸦片63.8克,破获的颜××特大贩毒案件,缴获毒品615克。2003年,破获毒品案件10起,抓获贩毒犯罪嫌疑人10人,缴获毒品海洛因595克,大麻2000克,罂粟壳2000克,罂粟籽1000克。此后,每年都有破获贩毒案件,2004年14起,2005年7起。

2006年,把吸毒人员社会帮教作为创建无毒社区和无毒村的重点,对城镇吸毒人员和戒毒出所人员落实由单位负责人、社区负责人、派出所民警、吸毒人员家属、公安禁毒民警组成的“五位一体”帮教小组;在农村落实由村社干部、党员、派出所民警、吸毒人员家属组成的“四帮一”帮教小组,共落实帮教小组353个,投入帮教人员1412人。

2007年,对全区581名吸毒人员逐一建档,逐人建立帮教小组,定期进行尿检、帮教,尤其对出狱、出所复吸毒人员,逐人落实接茬帮教措施。

第九章 社会风尚

第一节 概 况

境内民风淳朴,热情好客。民间历来重视血缘、亲缘、地缘的联系与交往,居民素有孝老爱亲、敦亲睦邻、亲邻相助、团结互爱等优良传统。亲戚、宗亲、乡亲之间,衣食住行、婚丧喜庆,习惯互相支持,素有喜庆大家相助、治丧亲邻出力的风俗。凡属宗姓之亲,遇有急难之事,则所亲者必先援助,由亲及疏,由近及远,或出力,或出财,绝无吝惜。邻里之间,和睦相处,互相帮助,一家有事,邻里各家都热心相助。“远亲不如近邻”,被视为邻里交际的信条。社会交际中,诚实守信、重义轻利、见义勇为、助人为乐等始终占主导地位。

20世纪80年代,外来文化还未完全进入,人们依旧保持着淳朴的乡土气息。

乡村邻里互帮互助、亲朋有事相帮蔚然成风。改革开放后，整个社会上下锐意进取，教育受到社会普遍重视，知识分子最受社会尊敬，尊师重教、崇尚科学成为社会风尚。但封建迷信、淫秽色情活动在一些地方有所抬头。

20世纪90年代，随着外来文化，尤其西方文化的进入，社会风俗有所变化，然社会上仍不时涌现出义务服务、拾金不昧、舍己为人等新人新事。但随着商品经济的发展，群体利益产生分化，一些人盲目追求金钱和享受，精神空虚，甚至不惜触碰道德和法律底线。一些人将权力私有化、商品化，利用手中权力谋取私利，出现办事托关系、走后门等不正之风，凡事找熟人帮忙、关照，成为公开的规则。

2000年后，随着社会经济的发展，生活节奏加快，社会利益分化和矛盾加剧，贫富差距显现，城镇人际关系渐次淡漠，人与人之间情感疏远。加之随着互联网的普及，网络人口渐趋低龄化，互联网潜移默化地影响着青少年的价值观、道德观、法制观念及身心健康，人们的价值观念更加趋于多元化。分配不公、贫富分化等问题凸显，社会物质生活虽比以前更为丰富，但人的道德水准却普遍下降甚至良知缺失。一些人传统道德观念淡薄，社会责任意识弱化甚至缺失，金钱至上、权力至上成为一些人信奉的价值准则。唯农村在主流上尚能保持淳朴风气，只是赌博、迷信等陋习有再度泛滥之势。

第二节　思想道德教育

一、公民教育　1987年，区委、区人民政府为加强思想道德教育，在全区广泛开展以爱祖国、爱人民、爱劳动、爱科学、爱社会主义（简称“五爱”）为基本内容的社会主义道德教育。其中，在干部、职工中重点开展坚持四项基本原则（坚持社会主义道路，坚持无产阶级专政，坚持共产党的领导，坚持马列主义、毛泽东思想）的教育，在党员中主要进行党性、党风、党纪教育，各行各业开展职业道德教育，对职工群众和青少年进行纪律和法制教育。1989年，区委印发《社会主义精神文明建设任务及要求》，提出深入开展“两德”（职业道德和社会公德）教育。1990年，开展坚持社会主义道路，坚持爱国主义、集体主义，坚持党的路线、方针、政策，坚持遵纪守法、勤俭持家和健康文明生活的教育。1993年，区委、区人民政府在全区农村开展以推进村级工作规范化管理为重点的农村思想教育工作，旋在1994年1月，市、区、乡抽调700多名干部开展农村思想教育。1996年，为争创省级文明区，全区开展思想道德教育和社会公德活动。为此，兴办各类文明市民学校58个,开展培训168期、1万人(次)。1998年,全区中学团组织开展以“迎接21世纪挑战,争做跨世纪合格公民”为主题的18岁成人宣誓仪式,并举行演讲比赛和美化环境、帮孤助残等形式的志愿活动。2003年,全区开展公民道德、社会公德、职业道德、家庭美德教育,主要内容为爱国守法、明理诚信、团结友善、勤俭自强、敬业奉献。2007年,全区开展“知荣辱、树新风、再塑陇人品格”和“公民道德宣传日”“公民道德主题实践月”等宣传教育活动,在全社会大力倡导爱国守法、明礼诚信、团结友善、敬业奉献等基本道德规范。

二、未成年人教育 1988年,《小学德育大纲》颁发。1990年,成立区违法青少年帮教领导小组,帮教违法青少年,挽救失足者。1991年,区委发出《关于进一步加强中小学德育工作的实施意见》,开始把德育工作放在教学首位,开展思想品德教育。同年,为配合“两史一情”(中国近代史、现代史及国情)教育,在全区学校放映《南征百战》和《闪闪的红星》等革命题材电影58部,240多所学校的5万余名中小学生观看。1994年,全区各学校贯彻落实《爱国主义实施教育纲要》和《中共中央关于进一步加强和改进学校德育工作的若干意见》,充分利用课堂教学的主渠道作用,进行爱国主义教育,开展以“五爱”为主要内容的“四五”教育活动。“四五”包括:“五爱”(爱祖国、爱人民、爱劳动、爱科学、爱社会主义),“五讲”(讲文明、讲礼貌、讲卫生、讲秩序、讲道德),“五心”(忠心献祖国、热心献社会、孝心献父母、诚心献同学、信心留自己),“五旗”(党旗、国旗、军旗、团旗、队旗)。组织学生观看爱国主义影片,读百部爱国主义图书,举行以爱国主义为内容的主题班会。1997年,全区各学校开展爱国主义教育、德育教育,制定和完善校训、校歌、校旗,设立德育教育宣传橱窗,开办文明市民学校,加强校园文化,健全各种有益的课外活动兴趣小组、艺术社团等特色教育,完善德育工作管理体制。1998年,区关心下一代工作委员会组织老红军“革命传统”报告会6场,请交通警察到学校做交通安全教育5场,还组织城区中小学生5000人在火车站参加“反毒品、爱生命、不吸毒”万人签名活动,观看禁毒展览。1999年5月,各学校对小学三年级以上的中小学生进行以“共和国50年”为主题的宣传教育活动。

2001年,学校开展“学校拒绝邪教”宣传教育活动。2002年,成立“中国小公民道德建设计划”领导小组,先后开展“小公民道德建设”及“八荣八耻”荣辱观教育等。2003年起,团区委先后在全区开展以《未成年人保护法》《预防未成年人犯罪法》为主的青少年法制宣传教育活动和“青年文明社区反邪教”“校园拒绝邪教”“珍爱生命,拒绝毒品”等宣传教育活动。

2004 年《中共中央、国务院关于进一步加强和改进未成年人思想道德建设的若干意见》发布后，学生思想道德建设逐渐渗透到学生日常行为习惯的培养、校风校纪建设、教书育人等各个环节，形成以政治教育、思想教育、品德教育、行为习惯教育、民主法制教育和心理健康教育为主体，养德、启智、健体、审美为主要手段的思想道德内容体系。小学生重点进行讲文明、讲礼貌、爱劳动、爱集体的教育，中学生重点进行遵守校规校纪、法律法规教育，培养学生自觉遵守法律法规、社会公德和社会秩序的意识和习惯。职业中学学生重点进行爱岗敬业、诚实守信、精益求精、服务社会的职业道德教育。同年，由教育部新修订的《中小学生守则》《小学生日常行为规范》和《中学生日常行为规范》开始执行。

2005 年暑假，学校安排学生开展"四个一"暑假实践活动，内容包括参观一次爱国主义教育基地、参加一次社区志愿活动、为回报父母长辈做一件实事和学习一项生活技能。2006 年，各学校举办以"感恩父母、孝亲敬老"为主题的专题报告会 58 场(次)，还在各中小学开展未成年人思想道德建设巡回演讲、"悔之声"警示教育报告会、"八荣八耻"报告会、团中央《知心姐姐》杂志心理健康教育巡回演讲等活动。

三、家长教育　1986 年，区妇女联合会(简称区妇联)联合桥南街道办事处举办短期家长培训班 3 期，参加学习者 121 人。1987 年，市第七中学成立全区第一所家长学校，利用晚上时间传授家庭教育方法，研究学生的学习和思想状况。1989 年，区妇联又与寨子街道办事处、道南小学、寨子小学共同举办一年级小学生家长学校，两校参加家长 295 人。1991 年，成立区家庭教育委员会，并成立婚姻学校、婴儿家长学校、童年家长学校、青少年家长学校等家庭教育系列学校。至 1995 年，区妇联建立家长学校 7 所，举办家长培训班 18 期，计培训 7200 人(次)。1997 年，区妇联和教育局联合制定《1997–2000 年家庭教育工作规划》，目标是让全区 0～14 岁儿童家长不同程度地掌握科学抚育、培养、教育儿童的知识，引导家长树立正确的家庭教育观念，使学校、家庭和社会协调配合，促进儿童健康成长。此后，几乎每年都举办家长培训班。2005 年，举办以"争做合格父母、培养合格人才"为主题的家庭教育报告会。2006 年，区妇联邀请市家庭教育巡回报告团到区桥南小学作报告，1000 多名家长到场聆听。至 2007 年，全区成立家长学校 30 所，培训、辅导家长 8 万人(次)。

四、健康教育　1992 年开始，全区中小学开设健康教育课。1993 年，成立区健康教育所。此后，每年逢"结核病防治宣传日""计划免疫宣传日""世界卫生日""世界无烟日”“世界戒毒日”以及“脊灰”强化免疫日、“爱滋病宣传周”等日期，均组织开展健康宣传教育活动。1995年起，进一步加强中小学健康教育，教育内容包括人体生理解剖、青春期生理卫生、个人卫生习惯与健康、合理营养与健康、学校生活卫生、常见疾病的预防、心理健康及体育锻炼与健康、环境卫生与健康、安全与意外事故伤害等。2002年，城镇普通中学和职业中学还开展预防艾滋病健康教育。

五、安全教育 1997年3月25日为全国第一个“中小学安全教育日”，其时区教育局联合公安交警大队，在位于公路交通干线的马跑泉、麦积、二十里铺、甘泉和伯阳等乡、镇以及城区部分中小学召开座谈会、报告会和讲座会，开展交通安全教育。1999年，区教育局与各学校签订《安全工作目标管理责任书》，各学校普遍利用课外活动时间对学生进行安全教育，在春游和外出参观等活动中强化安全责任。同年为搞好“安全教育日”活动，在小学三年级以上班级和全体初中生中开展安全知识竞赛。2004年“中小学安全教育日”时，学校开展主题为“预防校园侵害、提高青少年儿童自我保护能力”教育活动。在“道路交通安全法宣传月”活动中，组织学生参加市教育局等6个单位联合举办的全市中小学生安全知识竞赛，以及“我与交通安全”有奖征文活动。各学校还组织学生观看《法佑平安》电视专题片，收看区广播电视站开办的“全国安全生产月”专题栏目，开展以“安全伴我在校园，我把安全带回家”为主题的班会，并用学校宣传专栏、班级黑板报进行校园安全宣传教育。2005年，教育局制订《“平安校园”创建活动实施方案》，内容包括规范学校内部管理、完善安全防范体系、维护教育稳定、校园周边治安秩序以及提高依法治校水平等。2006年，区社会治安综合治理办公室制定《学校及周边治安综合治理工作实施方案》，规定学校以创建“平安麦积”和“平安校园”为目标，配合有关部门集中整治学校周边的治安秩序、交通秩序和市场秩序，排查校园各种安全隐患，开展“青春自护”“少年儿童平安回家”等活动。2007年，全区2/3的学校达到平安校园标准。

第三节 精神文明建设活动

一、文明家庭创建 1985年，全区开展创建“五好家庭”（五好即：爱党、爱国、坚持四项基本原则好，遵纪守法、社会公德好，团结和睦、文明礼貌好，晚婚晚育、移风易俗好，关心集体，劳动工作好）活动。是年，各乡、镇表彰“五好家庭”68户，“五好个人”392人。此后，每年开展评选“五好家庭”以及“双文明”“好媳妇”活动。至1991年,全区共评出“五好家庭”2326户,“双文明户”376个,“好婆媳”58对。1993年,全区评选出“十星级文明农户”8893户,“遵纪守法光荣户”1.56万户,“致富模范户”275户。

1996年,创建“五好家庭”活动更名为“五好文明家庭”活动,并对“五好”条件做出新的规定:爱国守法、热心公益好,学习进取、爱岗敬业好,男女平等、尊老爱幼好,移风易俗、少生优育好,勤俭持家、保护环境好。同时区及以下层层成立创建“五好文明家庭”活动协调小组。区妇女联合会以提高家庭成员的整体素质和培养“四自”“四有”(“四自”是自尊、自信、自立、自强;“四有”是有理想、有道德、有文化、有纪律)新女性为活动重点,教育引导妇女参与社会公德、职业道德和家庭美德建设,组织妇女参加“好媳妇”“好婆婆”“孝顺好儿女”“优秀家庭成员”及“五好文明家庭”评选活动,弘扬敬老养老、勤俭持家的传统美德,倡导男女平等、夫妻和睦、邻里团结、遵纪守法的文明新风,倡导文明、健康、科学的生活方式,引导妇女用自身的良好行为去影响家庭、子女和社会。是年,全区评选出“五好文明家庭”808户。1997年起,利用家长学校、妇女之家、婚育学校等,向家庭成员传授家庭教育、卫生保健、新《婚姻法》和《未成年人保护法》等知识。

2000年起,全区开展“美德在农家”“学习型家庭”“绿色家庭”“廉洁家庭”“平安家庭”等争创活动,开展尊老爱幼活动月、家庭志愿者、家庭奉献活动,为老人、孩子、残疾人、困难家庭送温暖、献爱心、办好事、做实事。2002年,区妇联举办“家庭伦理道德”知识大奖赛,树立家庭成员正确的世界观、人生观、价值观,宣传表彰“廉内助”,倡导家庭成员,特别是领导干部的家庭成员把好家庭廉政关,支持亲人廉洁从政。2003–2004年开展的“美德在农家”活动中,围绕“家家学”“家家议”“家家做”“家家乐”“家家评”5个环节,倡导健康、文明、科学的现代生活方式。伯阳镇下坪村被全国妇女联合会命名为“美德在农家”活动示范点。2005年,区妇女联合会制定《实施家庭维权行动工作方案》,动员和引导群众参与禁毒、禁赌、抵制邪教、预防艾滋病、预防和制止家庭暴力等宣传教育活动。2006年,开展以家庭书法、绘画、手工艺品展览等为内容的家庭艺术交流活动以及包括居室布置、菜肴烹饪、服装制作、着装打扮在内的科学理家活动,格言治家、读书活动,楼道文化活动。至2007年,全区创建“全国平安家庭先进示范社区”1个,省级“平安家庭”示范社区1个,区级“平安家庭”示范村3个,“平安家庭”示范户8户,“和谐家庭”36户,“学习型家庭”200户,“五好文明家庭”320户,“绿色家庭”80户,“美德在农家”示范户17户,示范村3个,“好妻子”80名,“好媳妇”1名,“好婆婆”100名。

获省级“五好文明家庭”“好媳妇”一览

姓名	受奖年份	颁奖机关	授予称号	授奖时职务
吴佩珍	1999年	甘肃省妇联	“五好文明家庭”	甘泉乡医疗站医生
郅建敏	1999年	甘肃省妇联	“好媳妇”	城区老房居委会居民
徐敬学	2003年	甘肃省妇联	“五好文明家庭”	兰铁分局天水机务段党委书记

二、公益捐助活动 1985年，马跑泉余刘湾村汽车运输专业户刘换保为驻军某部队捐赠人民币1000元。1989年，中滩乡蒲店村建筑队队长蒲守义为中滩卫生院捐款5000元，资助卫生院基础设施建设。1992年，甘肃省体改委科教文卫体处副处长、本区人何文元向市卫生职业学校捐赠医学书籍杂志1074册。1993年，城区“春意斋”经理师金铭捐资5.18万元，为15所学校购置讲桌270张；台胞毛君强为家乡中滩毛家庄捐资10万元，用以兴办村学。1994年，区内各界为希望工程捐款6.5万元，为贫困乡村捐赠衣物325件。1996年，桥南街道辖区各单位和个人为桥南小学捐资36万元修建教学楼，解决适龄儿童入学难的问题。1998年，香港影视总公司董事长邵逸夫为道北小学教学楼建设捐赠50万港元。1998-2000年，市春光厂厂长曹天琳为马跑泉镇沽沱村小学捐赠20万元，日本东芝医疗公司西北公司外企经理常青为石佛乡西石村小学捐助16.6万元，天水天祥水泥厂厂长范天通为二十里铺乡张河村小学捐助15.5万元，市永生建筑公司总经理张以诺为渭南农业中学等4所学校捐10万元，天水市水芙蓉有限公司总经理马兴进为新阳乡王家坡小学捐5万元，邵逸夫又为中滩缑杨“逸夫教学楼”捐赠15万元。2002年，张以诺又为市第二中学捐款15万元，用于2号教学楼的建设；区第一建筑工程公司杨功文给西山坪初中捐款10万元，用于学校教学楼修建。2003年，潘诗麟、潘石屹父子为市第二中学捐赠70万元，用于修建校门、围墙，还为潘集寨学校教学楼建设捐赠20万元；香港善源基金会捐款18万元，用于街子冯王小学、子美小学建设；张以诺给新阳中学捐款6万元，给渭南张石小学捐款7万元，用于教学楼的建设或教师办公室、学校围墙的修建。2004年，江苏工商联给甘泉文泰华光彩小学教学楼建设捐赠资金20万元；中华文学基金会为甘泉镇西枝中学捐助价值20多万元的1.3万册图书和20台电脑。同年，区妇女联合会、区教育局在火车站广场举行以“捐献一日零花钱，救助失学小伙伴”为主题的庆“六一”暨小公民道德建设实践大型募捐和文艺活动，现场向利桥、党川等7所贫困山区学校捐款

1.42 万元，衣物 3500 件，学习用品 4005 件。2005 年，台湾企业家、台塑集团董事长王永庆为花牛镇花牛小学捐款 40 万元，用于修建教学楼；区铁路第三小学为中滩中心学校捐助价值 1 万多元的课桌凳、书架、军鼓队服等物品；区地税局为三岔中心学校捐赠价值 6300 元的课桌凳，并为学校“地税春蕾女童班”捐资 3200 元。2006 年，“希望工程”项目援助 50 万元，用于修建甘泉镇白石小学。2007 年，上海市普陀区人民政府捐资 30 万元，援建甘泉镇阳湾小学校舍。

三、遵纪守法“三光荣”活动　1987 年区委发出《开展遵纪守法“三光荣”活动的通知》，决定结合精神文明建设，在全区特别是在农村推广泾川县经验，开展评选遵纪守法光荣户、光荣院、光荣村的“三光荣”活动。次年，全区广泛开展遵纪守法“三光荣”活动。活动中，通过普及法律常识，促进社会治安秩序的好转。

四、学习竞赛活动　1987 年，区工会组织职工参加“全国职工法律知识竞赛”活动。1987 年起，团区委先后举办“演讲赛”“知识竞赛”“百灵鸟歌舞大赛”等活动。1988 年，举办青年演讲会和学习十三大文件有奖知识竞赛。

1990 年，区妇女联合会在全区农村妇女中开展“学文化、学技术，比成绩、比贡献”（简称“双学双比”）竞赛活动。1991 年，在城镇妇女中开展“八五”巾帼建功竞赛活动，先后开展七大行业迎“九五”巾帼建功竞赛活动、十大窗口行业巾帼优质服务竞赛活动、巾帼市场建功竞赛等活动。1995 年，区工会组织全区 2000 多名职工参加全省“莫高杯”知识竞赛活动。1996 年，全区 12 个系统、85 个企事业单位、万余名职工参与钳工、车工、电焊工等 10 个工种岗位练兵和技术比武活动，评选出市级 25 名技术标兵（业务能手）。2001 年，全区举办“党旗颂”演讲比赛活动。2002 年，区教育局与司法局、依法治区领导小组办公室联合举办全区“四五”普法首届青少年法律知识竞赛。是年还举办旅游、餐饮、住宿服务行业技能大赛。2006 年，各校举办纪念红军长征胜利 70 周年暨庆祝教师节“金秋放歌”歌咏比赛、关爱女孩作文竞赛和演讲比赛，区计划生育局举办以“关爱女孩”为主题的普通话演讲比赛。

五、奉献活动　1990 年，全区开展学雷锋、学铁人（即全国石油工人标兵王进喜）、学李润虎（兰州军分区某部机械修理所战士，1990 年被评为“全国学雷锋先进个人”、首届“中国十大杰出青年”）等先进人物事迹活动，5000 余人上街为群众义务理发、修自行车并打扫街道卫生。1991 年，先后开展“迎八运、比奉献”活动，学雷锋、学先进模范人物活动，“学雷锋、比贡献，为八运增光，为北道添彩”活动，“我为党建做贡献”“我为党旗添光彩”活动等。其间，800 多名机关党员参加义务劳动，做好事450件,科技、法律知识咨询数百条,上街义务看病260例。1993年,乡村开展党团员和干部群众扶贫帮困,为五保户、纯女户、烈军属送温暖活动,做好人好事682件。1996年,为争创省级文明区,全区开展“学雷锋、献爱心”活动。1999年,区妇女联合会组织开展“五好文明奉献月”活动。2001年,全区组建社区志愿者队伍60多个,开展“进万家门,知万家情,暖万家心”活动。2003年3月5日,区妇女联合会组织开展“弘扬雷锋精神,参与志愿服务”活动,800多名妇女参与活动。

六、军民共建活动 1991年,驻军某部队官兵和二十里铺高家湾村共同建造1处爱民林,计580亩。1994年,城区4街道和马跑泉镇、二十里铺乡居民、厂矿职工带上慰问品,以各种形式对驻军部队进行慰问走访活动,并组织街道居民为部队拆洗被褥30多次,赠送礼品1000多件,亚太购物中心、天水火车站等单位组织文艺宣传队深入驻区部队举行文艺演出。1996年的军民共建活动中,区交警大队参与共建一马路(今陇昌路),驻军某部队参与共建二马路(今商埠路),驻军某部队参与共建三马路(今成纪大道东路)。

1997年,继续开展军民共建街道活动,驻军空军某部队与五金站、天水风动厂共建陇昌路,驻军某部队与区工商行政管理局、区粮食局、百货站等单位共建商埠路,驻军某部队和道南街道共建红军爱民路。2002年,驻军某部队与区城建局、区工商行政管理局、道南街道共建“兰鹰爱民街”(陇昌路),驻军某部队与区城管局、市第二人民医院共建“拥政爱民街”(商埠路),驻军某部队与区城管局共建“红军爱民街”(成纪大道东路),武警三中队、区中队与道北街道共建“军警爱民街”;解放军第29医院与市第二中学、伯阳乡石门小学,天水预备役师炮兵团与甘泉镇花羊小学,区人民武装部与市第七中学,驻军某部队与伯阳学区,驻军某部队与吴砦学区,各联手创办军民共建学校1所。

七、送温暖、慰问活动 1994年起,区妇女联合会每年都牵头庆祝“六一”节,并筹措资金慰问城区小学和幼儿园,为儿童送去节日的祝福。1999年,发动全区干部职工开展“献爱心,送温暖”活动,捐助现金12.2万元,衣物1.9万件,为灾民送水300吨。2003年教师节期间,省、市、区领导走访慰问16名特困教师。同年,区工会筹措13.8万元,为全区75家企业、933户特困职工发放送温暖慰问金。2004年春节前,区妇女联合会筹资1200元,慰问38户下岗女职工。2006年,区人民政府筹集资金3万元,慰问全区11所高中高三毕业班教师。2007年春节,区工会筹措70.6万元,对全区87家企事业单位、3980户困难职工人均发放200元慰问金。此外,每年春节,区委、区人民政府领导组织慰问农村贫困户、城市低保户、下岗职工、退休人员和老干部活动。20 世纪 80–90 年代,以精神慰藉为主。2000 年后慰问时,对贫困户、低保户、下岗职工、多施以米面、食油以至现金资助。

八、讲文明、树新风活动 1997 年,区委、区人民政府制定《在全区开展"讲文明、树新风"活动的安排意见》,从 8 月至 1998 年春,在城区 4 街道,马跑泉、社棠、二十里铺、甘泉、街子、麦积及城建、交通、邮电、税务等地区和行业开展"讲文明、树新风"和"争当行业模范"、创建文明小区活动。

九、科技、文化、卫生"三下乡"活动 1997 年开始,贯彻中央宣传部、国家科委、农业部、文化部等 10 部委联合下发的《关于开展文化科技卫生"三下乡"活动的通知》,每年组织文化、科技、卫生界专家、知名人士下乡开展活动,其具体内容文化方面包括图书、报刊、戏曲、电影、电视,科技方面包括科技咨询、科技信息、科技图书,卫生方面包括专家义务诊疗、咨询、扶持乡村卫生组织、培训农村卫生人员等。2002 年 12 月,国家农业部组织 2002 科技下乡活动时莅临区境,为区内赠送价值 40 余万元的农业技术资料和培训设备, 其中科技图书 2.8 万册、VCD 光盘 2630 盒和两套技术培训用投影仪、VCD 机,以及农药、兽药等物品。农业部还针对区内种植业、养殖业的特点,专门组织中国农科院、中国农业大学、西北农林科技大学、甘肃农业大学、甘肃省农科院、全国畜牧兽医总站、全国农技推广中心、中国农业出版社、中央农业广播学校等单位的养猪、养鸡、苹果、葡萄和大棚蔬菜种植等方面的 50 名技术专家,分 4 个专家小分队,分赴到全区农户、猪场、鸡场、菜棚和果园进行具体的技术指导。2004 年,全国卫生"三下乡"北京协和等大医院专家至区,在市第二人民医院等处开展为期 10 天的义诊活动。2005 年,区内召开首批科技特派员聘任大会暨科技特派员下基层启动仪式, 首批 103 名科技特派员赴 18 个乡、镇的 69 个村、22 个企业和示范点开展科技帮扶。同年,千名医师支援农村卫生工程项目启动仪式举行,来自省医科院等处的 38 名医卫人员赴马跑泉等 11 个乡、镇卫生院进行为期 1 年的卫生支农工作。

十、先进典型选介

(一)伯阳镇曹石村精神文明建设简介

曹石村位于伯阳镇西部,地处海拔 1200 ~ 1400 米的干旱山区。全村 113 户、516 人,有中共党员 26 人,其中女党员 4 人。从 1991 年开始,村党支部、村委会立足村情,围绕新农村建设 "生产发展、生活宽裕、乡风文明、村容整洁、管理民主"的目标,与大自然抗争,努力发展经济,发扬"无私无畏、团结奉献、自强不息、立志苦干、不甘落后、奋勇争先、崇尚文明、科学发展"的精神,把提高农民素质作为根本,注重实效。通过10多年的努力,实现物质文明与精神文明建设的同步发展,达到全村经济社会的全面进步。

农村经济方面,多年来调整产业结构,压粮增果,发展优质果园2050亩,并运用树面覆膜、树干套袋等先进技术,对果园进行现代化管理,使其成为全村支柱产业,年收入100万元以上,户均1万余元,最高的户年收入在3万元以上。除此而外,还大力发展养殖业,建起苏波尔山羊养殖场和养猪场,每年出栏生猪200余头,养殖业为村民年增收15万多元。与此同时,大抓农业基础建设,积极实施集雨节灌工程,兴修梯田1600亩,打水窖203眼,使跑土、跑肥、跑水的"三跑田"变成"三保田"。新修9条长27公里的农路,使田间道路实现网络化。村委会还组织群众开展植树造林,消灭荒山秃岭,已建成一条长5公里、总面积1600亩的人造林带,全村林木覆盖率达到61%,80%的树木已长成可用材料。2007年,全村人均纯收入3800元,集体经济固定资产100多万元,年收入15万元。

"物质文明和精神文明一起抓,脑袋口袋一起富",是曹石人在新农村建设中提出的口号。村党支部充分发挥村委会、妇女联合会、共青团等组织的作用,在精神文明建设中取得丰硕成果。一是以"讲文明、讲科学、讲卫生、树新风"为主要内容,以乡风文明为目标,把文明村镇建设与新农村建设、平安创建、生态建设保护、卫生村镇创建、计划生育工作有机结合起来,进一步深化拓展文明户、文明村的创建。二是从建立健全村规民约入手,把社会主义荣辱观贯穿于"村规民约"中,引导广大群众崇尚科学、抵制迷信、诚信守法、移风易俗,教育村民以德治家、文明立家、平安保家、勤俭持家、和谐兴家。成立红白理事会,大力倡导婚事新办,丧事简办以及尊老爱幼的文明新风。如今在曹石,讲文明话、办文明事、做文明人已成为群众的口头禅,争当"好孝子""好媳妇""好家庭"更是群众争相追赶的时髦。在开展的"好孝子""好媳妇"和"好家庭"评选活动中,全村已累计评选出"好孝子"35名、"好媳妇"25名、"好家庭"30户。全村还有"全国绿色小康示范户"1户、科技示范户38户,农村技术员134人,"十星级文明农户"8户,"致富带头人"21人。

文化阵地建设,是活跃农村文化生活的基础。已建成农家书屋、群众健身场、文艺演出舞台、农民科技培训中心(配备电脑8台)各1处。围绕广大群众求知、求富、求健康、求和谐的需求,深化文化大院管理和服务功能,努力把文化大院创建成"四新"(倡导新风尚、培育新农民、争创新农家、建设新农村)活动基地,建成造福于群众的精神文化乐园。

为改变村容村貌,曹石村多方争取资金50万元,自筹640多万元,统一规划、统一设计、统一施工，建成71户小康民居。在全村开展“三清五改”（清垃圾、清路障、清污泥，改路、改水、改厨、改栏、改厕）活动，硬化通村公路和村内巷道4.5公里，全村通上自来水，用上沼气，安装太阳能路灯23盏，建起文化广场，安装健身器材，办起农业科技网络室，建成千吨果品储藏气调库和果品营销市场。筹资124万元，硬化310国道至村内长4.1公里的通村道路，在道路两侧栽植月季花3万株，同时开展爱国卫生运动和以村庄“绿化、净化、美化、亮化”为主要内容的村容村貌综合整治工作。投入10多万元，对村庄道路、庭院、校园、文化大院及闲散地进行绿化。加强环境卫生整治，彻底改变农村的卫生状况，大大改善了村民的居住条件和生活环境。

如今，曹石村初步实现“居住园林化、农民专业化、农业产业化、环境生态化、通讯信息化、服务社会化、管理民主化、村风文明化”的目标。2006年，被省委、省政府授予“文明村”称号。还先后被部、省、市授予“全国精神文明建设先进村镇”“绿色小康示范村”“全省新农村建设试点先进单位”“全省农村党的建设示范点”等称号。村党支部也先后被省、市、区命名为“先进基层党组织”“五个好村党支部”等。支部书记刘田家还被授予全国“优秀党务工作者”称号。电教片《曹石村纪事》，被中央组织部选入《向党的十七大献礼——保持共产党员先进性教育百部电视教材》，在全国播放。

（二）道北街道红旗路社区精神文明建设简介

道北街道红旗路社区位于城区区府路西端，有居民3034户、4074人，有35个行政事业单位。

红旗路社区立足社情，围绕改革、发展和稳定的大局，坚持以人为本，以提高居民素质、社区文明程度和群众生活质量为目标，以贴近实际、贴近群众、贴近生活为原则，以注重建设、注重实效、多办实事为突破口，以群众满意为根本目的，推进社区精神文明建设。

社区按照“社区为主，政府协调，全民参与，双向服务”的原则，建立包含党务、居务、社保劳务、社区卫生计划生育、综合受理、民政双拥、老龄残联、综治禁毒等在内的一站式服务大厅，开展社区服务工作，推进社区管理规范化。社区低保工作实现应保尽保和动态管理，现有低保户277户，廉租住房补贴171户，廉租住房1户；给40多户困难户办理大病医疗救助，55户困难零就业家庭实现再就业。

为丰富群众文化生活，社区建立起图书室和党员活动室以及社区市民学校、青少年活动中心。坚持开展日常的精神文明教育活动，组织居民开展多种形式的文化体育活动。每年元旦、春节、五一劳动节、伏羲文化旅游节、国庆节等重大节日,均组织文艺活动。社区还有一支常年活动的老年秧歌队。

社区重视对居民的思想教育。以贯彻落实《公民建设道德纲要》为主,广泛开展社会主义荣辱观教育,倡导爱国主义、集体主义、社会主义,大力宣传崇尚科学、反对邪教的教育,在全社区形成自觉反对愚昧无知、崇尚科学的良好氛围。积极探索未成年人思想道德建设的有效途径,邀请老干部、老劳模给未成年人做报告,确定网吧义务监督员,定期检查网吧接纳网民的情况,并采取有效措施加以整治。发挥社区联系学校和家庭的桥梁作用,利用区校联建的方式,依托甘肃林业职业技术学院的资源优势,将科技、文化、管理等知识引入社区。经常性地开展法制教育和道路交通安全教育,加强防火、防盗、防事故及学法、懂法、守法、用法的宣传教育活动。为加强社区内秩序管理,建立警务室,成立义务巡逻队,实现发案少、秩序好的和谐社区建设目标。坚持高标准、严要求,开展文明幸福家庭、平安和谐家庭的评选活动,评选出"文明楼院"2 个、"文明家庭"12 个、"平安和谐家庭"16 人,初步建成管理有序、服务完善、文明和谐的社区。2003 年荣获市级"文明社区"称号。

第十章 地方语言

境内长期形成的地方语言属北方方言区、西北次方言的秦陇语,与秦语(今陕西省中部渭河流域地方语)关系密切。词汇中有较多方言词语,语音中有一些异读字,语法构成基本与普通话一致,仅在个别地方表现出地方特点。方言词语大多是古音演变或吸收少数民族语音形成。

共和国成立后提倡普通话时,由于惯用方言词汇较多,几乎与人民生活、生产相关的词都有方言与普通话的区别,农村干部、群众仍听不惯普通话,并把讲普通话者戏称"扁言子"。后随着广播事业的发展和学校逐渐使用普通话教学,农村始有较多的人能听懂普通话。许多方言词汇,在一些农民,特别是川区河谷的年轻一代中渐被废弃,改用普通话词汇。因此,农村新、老两代农民中,语言上已形成一定差异,五六十岁以上老一代农民仍使用方言旧词汇,三四十岁,特别是 20 岁左右的年轻人,使用较多的普通话新词汇。但语音仍带很浓天水音,所以还属方言范畴。机关和企、事业单位中,除 20 世纪 80 年代毕业的学生外,大部分人仍袭用方言语音。目前仅是方言中推广了普通话词汇。

城区在宝天铁路修建前，仍使用地方语言。修建铁路开始后迁入较多外省籍民工，尤以河南、河北、山东较多。民工使用本籍方言，形成城区方言多类化。20世纪60–70年代，特别是20世纪80年代，城区各中、小学校用标准语教学，促进了普通话推广。现城区人口中，除50岁以上老一代人还用原籍方言外，40岁以下的人绝大部分使用普通话，但仍较多地夹杂方言。同乡人交流或在农村场合、非正式场合大多仍习惯于使用方言。

由于本籍方言使用的人口比例大（约占总人口80%），本章只记境内长期形成的方言，不含迁入人口使用的外籍方言。

第一节　地方语汇

一、名词

（一）称呼类

辈礼　班辈、辈分。

班辈　辈分

祖爷　高祖父

祖阿婆　高祖母

太爷　曾祖父

太太　曾祖母

姑阿婆　姑祖母（祖父的姐妹）

娅娅婆　姨祖母（祖母的姐妹）

爷（爷爷）　祖父

婆（婆婆）　祖母

大（大大，读dá）　父亲

妈，娘（读niā，山区老人称法）　母亲

爹爹　伯父

大妈　伯母

二大（二爸）　二叔父

二妈（二娘）　二叔母

爸爸　叔父（部分地方把父亲也称爸）

娅娅　叔母；姨姨（母亲的姊妹）

姑姑　姑母

干大（拜大）　义父

干妈（拜妈）　义母

外（读wèi）爷　外祖父

外（读wèi）婆　外祖母

舅舅　舅父

妗（读qìn）子　舅母

丈（读chàng）人（当面称大或爸）

丈母大　岳父

丈母娘（当面称妈）　岳母

挑担　连襟

阿公　公爹

阿家　公婆

阿伯子　夫兄（丈夫的哥哥）

小叔子　丈夫的弟弟

大（小）姑子　丈夫的姐妹

弟（读tì）妇子　弟妻

媳妇子　儿媳妇

女孙 外孙

邂逅(“先后”转音) 妯娌

男人(男人家) 丈夫

女人(女人家) 妻子

两口子 夫妻

先家房 前任丈夫或妻子

先人 祖先

后人 儿子

后大 继父

后妈 继母

诧人 陌生人;也可作动词用,指怕陌生人

旁人 外人,别的人

囊(读 náng)家 老人家

大汉 父母,或泛指大人

老爷(老的) 丈夫;妻子对丈夫的称谓

妠(读 là)婆 丈夫对妻子的称谓

碎娃 小孩

侄(读 chí)子 侄儿

月里娃 婴儿

儿子娃 男孩

女子娃 女孩

姑娘娃 未婚的女子

念书娃 学生

女孩(女子) 女儿

亲亲 亲戚,或指女婴

娘舅 母亲的娘家人

重(读 chóng)位 祖母的娘家人

爷父 父子

娘母 母女

双生 双胞胎

老生胎 夫妇最后生的一个孩子

掌柜的 商铺老板。今年轻一代夫妻常用于互称

隔山弟兄(姊妹) 同父异母或同母异父的兄弟(姊妹)

先生(读 sēn) 医生;教师

总管 红白事的总负责人

大师 厨师

匠人 掌握某种技术或手艺的人

阴阳 念经祭神兼看风水、择吉日辰的人

风水 看风水地理的人

司公 跳神的人,即巫师

做活的(人手) 伙计

连手 常在一起干事的伙伴

庄农户 农民,农村人

富汉 富户

货郎 游方的个体小百货商

瓜子 傻子,亦指年幼不懂事

跛子 瘸子

结子 口吃

背(读 bēi)锅 驼背,也称驼背的人

窠(读 kuó)子 婊子

愣(读 lěng)虫(愣三) 办事荒唐的人

逛鬼 终日游手好闲的人

财徒 既贪财又吝啬的人

败赖 品行恶劣的人

匪器 行为不端的年轻人

死狗 常耍无赖的人

坏气　背后使坏、打小报告说人坏话的人

坏㞞(sóng)　人品不好的人;关系密切的同龄人间有时的一种低俗称呼

瞎㞞(sóng)　坏人

洋板　反应迟钝、不灵活

浑头　骂人的话,脑子不清醒的人

阴背(冷阴阳)　说话办事不按常理、糊涂的人

撂大爷　专爱吹牛皮、说大话的人

捏处脓　窝囊、没本事的人

懵(读 mèng)倒(读 dāo)虫　智商不高的人

愣失客　办事没把握的人

嘴儿客　话说得好听而无实际行动的人

冒失鬼　办事鲁莽、无见识的人

浪闲鬼　生活散漫乱花钱的人

二百五　不知高低轻重的人

单膀子　家中只一个主要劳力,再无帮扶之人

月婆子　生孩子后坐月子的女人

麦客子　夏收时节外出帮他人收割小麦赚取劳务收入的人

贼(绺)娃子　小偷

估掳子　赌徒

二流子　好吃懒做的人

二杆子　办事粗鲁的人

二心子　办事鲁莽、思维不太清楚的人

二尾(读 yǐ)子　两性人,特指女性化的男性

半吊子　办事不庄重的人

愣(读 lèng)憎子　行为冒失的人

穰惛子　辨不清是非的人

洋惛子　头脑不清的人

烧炮子　极不稳重的人

死家子　非常吝啬的人

沓歌(读guó)子　说话啰嗦的人

黑背子　乞丐

要吃的(读 dái)　乞丐

懒干手　懒汉

溜溜逛　好吃懒做、不务正业的人

忤牛贼　不孝敬父母的人

朽麦衣　喜欢制造是非、怂恿别人争闹、自己在一旁看笑话的人

甩手掌柜　大事不管,悠闲自得的负责人

大屁脸羊　专指办事马虎、丢三落四的人

奸懒㞞(sóng)徒　好吃懒做、干活不出力气之人

破家务鬼　败家子

(二)人体类

旋　头顶发旋,有“单旋”“双旋”

浑身　全身

朵(读 duō)脑(读 láo)　头颅

额(读 āi)露　额

鬓间　额部两旁

眼(读 niǎn)仁　眼睛

耳瓜　耳朵

豁豁　裂唇

胛骨　肩膀
肌甲　指甲
腔(读 kǎng)子　胸部
腰子　睾丸
脬子　阴囊
黡子　痣
肋扇(肋巴)　肋间
肋肢　肋骨,也称“肋巴骨”
捏捏　女性乳房,也称乳汁
脊背　背部
窠拉　裆部
拐核(读 hú)　脚髁骨
汉子(专指身材高低)　个子
咽咽　咽喉
背腰　肾脏
捶(头)　拳头;用拳头击打
怀娃　怀孕
害娃　妊娠反应
拾娃　接生
腰干　妇女绝经
脑瓜盖(脑壳)　头顶骨
后脑室　后脑勺
眼眨毛　眼睫毛
眼眉眉(眉均读 mí)　眉毛
帽根子　发辫
上壳子　上颚
下(读 hā)巴子　下颌
干拐梁　小腿前部
干腿子(干腿梁)　小腿骨,小腿前部
胳肘(读 zōu)子　胳膊肘,肘关节
眼(读 niàn)窝子　眼眶
心口子　胃部
屎肚(读 tù)子　腹部
气胞(读 páo)子　疝气
屁巴骨　屁股
气通骨　气管,喉结处
牙叉骨　上下颌骨
胭脂骨　颧骨
腰节骨　腰椎
耳窗门　耳朵眼口
鼻梁凹　鼻梁骨,鼻根处
酷腮蛋(读 tàn)　脸颊,腮部
胳肘(读 zōu)凹　腋窝
大扌门指头　拇指
二扌门指头　食指
小拇嘎　小指
重(读 chóng)茬眼　未洗的眼
鸡暮眼　夜盲
羊瓷眼　斜眼及斗鸡眼
脯脐眼　肚脐眼
精屁眼　光屁股,多指小孩或大人赤身无衣
眼(读 niàn)角屎　眼屎
屁眼门　肛门
壳膝盖　膝盖
腿诸娃　小腿肚
脚后跟　脚跟
瘿瓜瓜　甲状腺肿
绞肠痧(读 sā)　干霍乱
颔水　涎水,口水

膻耳　耳屎

纂纂　妇女梳在头后的发髻

歇顶　成年人头顶的头发逐渐脱落

跑肚　拉肚子,泻痢

害眼　眼睛发炎

挖人　胃里发酸

咬(读 niǎo)人　痒

身不空　(妇女)怀有身孕

圈脸(读 niǎn)胡子　络腮胡,满脸胡须

油星点点　雀斑

打摆子　疟疾

心口子疼　胃疼

(三)动物类

牲口　牲畜

脬(读 pāo)牛　种公牛

犍牛　被阉割去势只供役使的公牛

草驴　母驴

叫驴　公驴

猪婆　母猪

伢(读 niá)猪　公猪

猪脚子　种公猪

居里羊　山羊

羝羊　公羊

骚胡　种公羊

伢狗　公狗

瞎(读 hā)熊　狗熊

野狐　狐狸

水狼子　黄鼠狼

聚狸猫　松鼠

瞎瞎(均读 hǎ)　中华鼢鼠

檐蝙蝠　蝙蝠

鸡公　公鸡

鸡婆　母鸡

罩窝鸡　抱窝的母鸡,也比喻人生气面红耳赤的样子

老落鸨(老老鸨)　鸢

咕噜雁　大雁

哼吼(夜鸽子)　猫头鹰

野鸡　山鸡

野雀(读 qiǎo)　喜鹊

嘎鸭(读 yá)子　灰喜鹊

嘎哪鸡(过哪鸡)　山鸡

鸹老哇　乌鸦

斑斑　斑鸠

扑鸽　鸽子

沙(读 sā)燕(燕儿)　燕子

洋司公　戴胜

撴木虫(穿树嘣嘣)　啄木鸟

种谷虫　布谷鸟

金子黄挂卢　黄莺

麻雀(读 qiǎo)　麻雀(读 què)

旋黄旋割　杜鹃

长(读 cháng)虫　蛇

蛇太虎子　壁虎

盖乎麻(赖呼麻)　癞哈蟆

青急子　青蛙

瓜瓜牛　蜗牛

屎爬牛　屎壳螂

蚍蜉蚂　蚂蚁

蛐蟮 蚯蚓
钻子 水蛭,蚂蝗
缴缴(读 zōu) 蜘蛛
黑羊 蟋蟀
哇唔(子) 蝉
麦蝉(读 shán) 蝉
马蜂 黄蜂
麻子蜂 细腰野蜂,蜇人很疼
打灯蛾 面蛾
旱虫 蚜虫
暴君 蝗虫的一种
壁虱 臭虫
麻鞋底 潮虫
蛇蚤 跳蚤
马尾(读 yǐ) 马尾巴上长毛

(四)植物类
田禾 庄稼,也称"庄农"
庄农 庄稼
先麦(读 měi) 玉米
秫秫 高粱
红苕 红薯
洋芋 马铃薯
刀豆 豆角
大豌豆 蚕豆
向热(日)红 向日葵
洋柿(读 sì)子 西红柿
黄萝卜 胡萝卜
包包菜 番白菜
麦李子(郁黄) 李子
毛栗子 栗子
神仙果 松子
壳(读 ké)头 核桃
地软 地耳
苦苣 又名"败浆草",一种能食用、可制作酸菜的野菜
断(读 tuàn)须 即节节草,一种结节状野草,扎根很深,不易根除
果老甘 蒲公英
大烟 罂粟
骨蒌(骨朵) 花苞
核核(均读 hú) 果核
藨(读 piǎo) 野生草莓
蕈(读 shèn) 野蘑菇

(五)饮食类
饭 小麦粉擀的长面条
醋饭 调入味醋后食用的面食,与"浆水面"相对
扯面 小麦粉手工扯拉的长面条
浆水面 以酸菜炝锅做汤汁的面条
馒头 小麦粉蒸的馍
蒸馍 馒头
焌(读 qùn)馍 一种常用玉米面和洋芋或其它菜蒸拌出的面食
糊糊 甜汤
米汤 大米熬成的稀饭或粥
干炕 玉米面焙成的饼
锅盔 小麦粉烙制的大饼
火烧 小麦粉烙制的周边厚、中间薄

状小饼
麻腐馍　麻籽磨细做馅，再用面饼做包皮制成的饼
猪油盒　以猪油配成佐料制作的面点
馓饭　将玉米面边撒边搅入开水锅内做的稠粥，分为“甜馓饭”和“调和馓饭”
拌（读 pàn）汤（疙瘩）　玉米面或小麦粉做的汤饭
搅团　玉米面馓饭加汤吃的饭食
锅鲰（面鱼）　玉米面馓饭用锅鲰马勺滴出的蝌蚪状饭食
削（读 xué）筋　一种用刀削制的面食
面片子　小麦粉做的较短面条
扁食　小麦粉擀面切成小块梯形状、内包菜馅制成的类似饺子的食品
秫秫面根根　高粱面做的面条
先麦面片片　玉米面做的面条
四盘子　4 个凉菜 4 个热菜的传统酒席
五碗四盘子　5 个行菜、再套四盘子的传统酒席
六君子　6 个凉菜 6 个热菜的传统酒席
八大碗　8 个凉菜 8 个热菜的传统酒席
十全　8 个凉菜 10 个热菜、另有主食和汤的传统酒席
十三件　5 个行菜、8 个坐菜的高档传统酒席，分为“软十三件”和“硬十三件”
暖锅子　一种陶土和沙烧成的呈喇叭状用于制作火锅的器具，中空置火，四周煮菜；地方一种传统火锅菜肴
罐罐茶　用曲曲罐或小砂罐熬煮的茶水
干粮　早饭
晌（读 shānɡ）馐（读 wǔ）　晚饭
浆水（酸菜）　蔬菜焯水后放入缸或坛子内加水经自然发酵制成的调味食品
菜碟　下酒菜
瓜瓜　锅巴
呱呱　荞麦、豌豆等制成的小吃
面皮　又称“酿皮”，小麦粉制成的小吃
凉粉　荞麦、豌豆等制成的小吃
喝的　当地对汤类食物的称谓
残饭　剩饭
饥饱　代指饭量
夹生　饭、馍不熟
丝气　食物变质有了馊味
咬不入　嚼不动（食物）
生食气　因过量饮食导致消化不良而产生不好闻的饱嗝、胀气
清油　植物油
烧酒　白酒
纸烟　卷烟
恶（读 ě）水　洗过锅的水

（六）用具衣服类

杠（读gǎng）　木犁
楦（读 xuàn）　制鞋帽的模子；用楦子填紧或撑大鞋帽的中空部分
靿（读 yào）　靴或袜子的筒
篅　装粮食的竹制盛具

镢(读 jué)头 挖地用的铁制农具
铁锨 翻地用的铁制农具
枹(读 pāo)子 用于打碎土块的木制长柄农具
背篼 用竹做成背上运送东西的器具
粪斗 给种子覆施土肥用的长方体状农具
席垫(读 tiǎn) 炕席,竹篾编成
纣(读 chòu)棍 系在驴或马等尾巴下连接鞍子的横木
电奔子 摩托车
脚(读 jué)踏车 自行车
推耙 翻搅晾晒的粮食或烧土炕用的一种工具
扫除 扫帚
笤除 笤帚
笼床 蒸笼
箸笼罐 装筷子的竹器
砂(读 sā)铫 煎药或烧饭用的器具,外口敞开,旁边有柄,用沙土烧制而成
马勺(读 shuō) 日常用来舀水的器具
下井 水桶
勾担 水担
案子 做饭用的案板
杵(读 chǔ)子 农村一种石头制成的用于夯打制作盖房砌墙土坯墼子的工具,一端安装有木制手柄
电壶 热水瓶
洋碗 搪瓷碗
盅盅(茶盅) 杯子
曲曲罐 煮茶罐
洋火 火柴
擦窝 一种用于捣去米粮皮壳或捣碎干辣椒、蒜等食物或中药材的臼
橛(读 qué) 桩
门槺 门槛
泥鞋 雨鞋,下雨天穿的不透水的鞋
烟筒(读 tóng)眼 烟囱
山花眼 山墙上的气眼
面面土 细如面的土,旧时小孩常刨或和面面土玩耍
面黏(读 rán) 用白面熬制的浆糊
洋碱 肥皂
胰(读 yì)子 香皂
手巾(羊肚子手巾) 毛巾
围脖(读 pó) 围巾
火车头 棉帽的一种
夹(读 jià)夹(读 jiā) 布制背心或无袖薄袄
汗祖 上身衬衣或外衣
大氅 大衣
制服 中山装
褯(读 qiè)子 尿布
衩衩(均读 cā) 衣兜
踢肚(胎肚) 腹兜

(七)时间类
老来 自古以来,过去
夜过 昨天
夜里 昨天或昨晚
今过 今天
明早 明天

后早　后天
外后早　大后天(即第四天)
夜晚　昨天晚上
明晚些　明天晚上
干粮时(读 sī)候　早上八九点
饭时候　中午
翌天(翌天家)　白天
早起(早起家)　早晨
擦黑　黄昏
黑恰(黑些)　天快黑时
黑了　晚上
麻明　早晨天蒙蒙亮时
麻乎子　傍晚
才黑子　天刚黑时
年时(年时过)　去年
年务面　年前,过春节之前;去年
前年过　前年
基年　今年
过年　明年
奘(读 zǎng)　现在
才将(将将过)　刚才
见天　每天
打春　立春
热月天　夏天,气温高、天气热的时日
冷月天　冬天,气温低、天气冷的时日
五月五　端午节
正月伙　正月里
上正时(读 sī)月　正月
五黄六月　夏天小麦成熟季节
十冬腊月　冬天
早已　以前
多咋(读 zá)　何时
几时　啥时候
一向　一段时间
一早起　一上午,一早上
这(读 zī)会子(这时节)　现在,目前
务会子(务时节,务早)　以前的时候,那时候

(八)方位类
前头　前边
左面　左边
右面　右边
当中里　中间
上坡里　主房迎门正面墙处
上席　一桌酒席中让尊贵者坐的席位(通常由长者、长辈或贵宾来坐)
高头(高里)　上边
后头　后边
外前　外边
豁(读 huǒ)里　里边
底下(读 hā)　下边
半陔　旁边
跟前　附近
窠窠　地方,位置、座位
这一坨　这一块

(九)其他类
星宿(读 xiù)　星星
响雷　打雷

火闪子　闪电

生雨(冷子)　冰雹

霈雨　暴雨

条雨　中雨

山水　指洪水

旋风　龙卷风

阴恨恨的　阴天

地(读 tī)动(读 tónɡ)　地震

蹚土　尘土

盖塄(埂塄)　塍,稍微低一点的崖

胡曲(胡圾)　地里土块

墼子　将土夯打而成的用于盖房砌墙、砌土炕的长方体状土坯

炕面子　火炕上平铺的土坯

麦摞子　麦捆码成的圆锥状麦垛

瓦渣子　碎瓦片

马路　公路

巷道(读 tào)　村庄里的巷道

蒿柴　柴草

记心　记忆力

圪捞(nǎo)　背后和两侧有屏障的地方

窟圈　水冲的窟窿

阳沟　村巷的水渠

趔(读 luě)石　河中用来踏脚过河的石头

庵房　修建在地边、用来看管庄稼的简易民房

鞍架房(马鞍架)　人字梁(似马鞍),有前后檐、两坡水的农家住房

上房屋　主房里

班车　公共汽车

班房　监狱

爷庙　供奉神佛或历史文化名人的处所

乡随　风俗

庄里　村里,多指农村老家里

茅子　厕所

坛场　大场面

物(读 wō)件　东西

故(读ɡ ǔ)经　故事

老衣　寿衣

闹药　泛指毒药;农药

年成　年景

岁数　年龄

滴檐水　下雨时屋瓦上流下来的水滴(流)

倒头饭　人初死时,家属为亡人供祭的食物

酵(孝)子盆　人去世出殡时长子顶在头顶的烧纸瓦盆

毛鬼神　迷信中的一种能保护本族惩治外人的家神

枋　棺材

炷(zhù)　烧着的香

劲　力气

垢痂　污垢

冲气　邪秽之气

行发　流行感冒

开箱针线钱　结婚当天女方开箱展示陪送嫁妆时男方给女方所给的一种礼金

二、动词

跐　脚下滑动；用脚踩、踏或滑动

挫(读 cuò)　坐

咥(读 dié)(饱)　猛吃(饱)

蹾　重重地往下放

逛(浪)　游玩

哈(读 hǎ)　拿

缓(歇缓)　休息片刻

蹴(读 jiú)　蹲下

掬　两手捧住(东西)

摞　整齐地堆放

噙　嘴里含着

挈(读 qiē)　扛

叨　夺；抢

扽(读 dèn)　牵，或两头同时用力拉紧

扚(读 cóu)　搀扶；从器物的一端或一侧用力使它翻倒

佴(读 èr)　丢，遗漏

夯(读 hāng)　用力碰

镲(读 cà)　深翻地

港　铲

砸(读 zǎ)　砍、劈；吃(贬意)

绞　剪

缭　手工缝衣服

捩(读 liè)　扭转身躲闪。也指怕出力或看见难办的事而躲避

蒙(读 māo)　猜

煾(读 ě)　烧火时柴草等没有充分燃烧而产生大量的烟

劁　阉割

擩(读 rǔ)　插，塞

搡(读 sǎng)　猛推

苫(读 shàn)　用席、布等遮盖

绱(读 shàng)　把鞋底与鞋帮缝在一起

嗍(读 suō)　吮吸

透　用尖物体钻孔

熥(读 tuó)　凉了的熟食再蒸或烤热

坨(读 tuó)　面食煮(蒸)熟后粘在一起

挦(读 xián)　撕，扯，拔

擤(读 xǐng)　捏住鼻孔用气使鼻涕排出

蛰(读 shí)　蜂或蝎子等用毒刺刺人

诌(读 zhōu)　编造(言辞)；诳

搊(读 cóu)　从背后怂恿、挑拨人

志(读 zì)　通过观察他人的为人处事来测验其人、其心的好坏

浞(读 chuó)　淋，使湿

黏(读 rán)　粘

把(读 bà)　贴

馇(读 cá)　煮酸菜

焙(读 bèi)　用微火烘

孔　啃

别(读 pié)　扎

弯(读 wàn)　绕道

弄　想办法搞

照　看(多指远处)

绕(读 rào)　看(多指近处)

眯　闭上眼睛

吼(多指小孩)　哭

撵　追，赶

捫(读 wó)(捫断,捫弯,捫树枝)
折(折断,折弯,折树枝)

饶　市场购物时附送部分

拃　张开拇指和食指量距离

弃(读 qì)　去

下(读 hà)　下

下(读 hà)来　下来

上弃(读 qí)　上去

下(读 hà)弃(读 qí)　下来

拔草　人工拔除小麦等农田中的杂草

扳挡　不是真心实意地表达对别人的邀请或推辞别人的邀请

绊跤　跌跤,摔倒;两人摔跤比赛

帮嘴　亲嘴,接吻

给帮　亲嘴,亲脸

保媒　做媒,说媒,说亲事

辨来　明白,懂得

拨调　出主意,指导;怂恿,撺掇

岔(读 cà)脸　因生气而沉着或拉长着脸

穿换　换掉,倒换

持划　谋划,计划

吃(上)益　得到实际利益

斗凑　往一块儿凑集,集中收到一起

跌绊,磕(读 kān)绊　自残,不听解劝

撴搭(撴下)　过分地做下麻烦事,结果无法收拾

丢丑　丢脸,丢人,搞笑

打量　谋划,谋取

打整　收拾,拾掇

打捶　打架

打药(读 yuě)　用喷雾器给农作物、蔬菜或果树喷施农药

骂仗　吵架

佴脱(读 tuǒ)　撒手,放开

言传　说

搞闲(搞话)　聊天

逛闲　闲谈

谝传　漫无边际地在一块说闲话

抬扛　用诡辩方式争论

漫搭　用谀词讨好人

当人　对亲属或长辈的衣食起居等生活极其关心、照顾

当哩　有目的、没把握地试探,碰运气

倒醋　买醋

动土　盖房时按择定吉日时辰开始破土动工

翻乱　修理、整理;小孩胡乱倒腾

放炕　农村天气冷时烧火炕

盘炕　用墼子垒砌土炕

泥墙　用墼子或砖砌墙

服三　人亡故出殡埋葬后第三天子夜孝子到坟头培土烧纸

起丧　人去世入殓后出殡送葬

膏油　给轴承或机器转动摩擦的地方加润滑油

该下　欠下,欠账

贵器　疼爱

鬼捣　胡弄,凑合

害人　小孩调皮捣蛋,弄坏东西

喤唐(喤人)　故意借机起哄嘲弄欺蒙别人

回门(回三)　结婚后第三天新娘回娘家

上头　结婚时为出嫁的女子梳头的一种仪式

漾床　结婚新人闹洞房之后所举行的一种祝福仪式

看酒　敬酒

炕干　把东西放在热炕上或放进热锅里烘干

控净　使容器口朝下,或将湿东西架空,让里面的液体流干

亏人　比喻做有损别人利益的事,使别人吃亏;指责人行为不当或做事不对

经由　抚养(养育)孩子

拉扯　抚养孩子,多指在困苦中抚育孩子

拉账　借债

离(读 lì)然　脱开,脱离关系

撩程(撩联)　开始动身准备走,起身开始行动

撩乱　下手,开始做活

拵办(读 pàn)　寻机适时置办(物)

磨曳　磨蹭

泡雨　淋雨

禳灾(读 zān)(安当)　迷信的人向鬼神祈祷消灾避祸

惹孽　(家里)互相生气、闹矛盾;也指做事不得法、不会搞

日撅　狠狠地骂人

撒挖　平时收拾、积累物件、东西

刹懒　懒得动弹

晒(读 sāi)摆　把东西乱七八糟地摊摆堆放;吞咽吃食物

拾掇　收拾,整理,归拢;修理;惩治

闪下(读 hà)　耽误,耽搁,丢下

刷茬　说话故意找茬,指桑骂槐,刺激别人

耍怪　搞笑取乐

耍人　借助一定事物表现、夸耀或充大方

耍戏(人)　夸耀自己所有来要笑别人所无

甩(读 séi)扇　把事做坏了或人出了问题

碾场　把麦子等铺在场上,役使牲畜或用拖拉机拉动碌碡碾轧使麦子等谷物脱粒

塌场　打碾农作物遇雨,农作物被雨泡在水中

挑(寻)菜　挖野菜

问当　质问,追问

维和　通过人情交往以建立良好关系

显摆　显示并夸耀

嫌弹(捡嫌)　嫌弃;挑剔,挑毛病

寻病　挑毛病,找麻烦

寻柴　到林区、林缘区砍木柴或割柴禾

学说　背后对别人评头论足,传播流言或妄加议论

眼(读 niǎn)喜　羡慕

央及(央起)　求人、请人

要签(摇签)　在神灵前求签问卜吉凶

隐心 疑心
站下(读 hà) 住下
站店 住店
糟动(倒动) 糟蹋得一片狼藉
胀气 生气;人与人之间发生矛盾、产生摩擦;也指闹家庭矛盾
折叠(读 tié) 弄死;完了,死了
指望 依靠;一心期待,盼望
追节 在节令时给尊长或亲戚送礼。现主要指节日新女婿给岳父母家送礼
生(读 sēng)黄 诬赖,找茬,生事
例故 故意
争竞 争取
搭帮 帮忙
搭场 农民工外出找活、打工
搭捞 抢救快完结或濒临灭绝的东西
搭情 为结婚的新人送礼
顶门 过继给别人顶门立户
顶帮 两支队伍(或两个人)在狭窄的路上迎面相遇,难以相让
让帮 在狭窄的路上迎面相遇,互相让路而行
下办(读 pàn) 用功;努力
下方 下七杠方,两人在地面上画的方格交叉线中对弈的一种民间游艺
下(读 xià)话 求情,道歉
下帖 送请柬、庚帖等
下(读 hà)场 去世,逝世
落草 为逝者举行的停尸仪式
挂幛 为逝者送挽幛
坐夜 为亡人守夜(灵)
坐纸 为祖先及已逝亲属封纸(冥币)供献活动
送纸(送先人) 将供在堂屋的先人纸送到坟头或村外焚化
打发 送
扎咐 叮咛,嘱咐
发落 送人,或专指嫁女
刁空 抽时间
各着(读 chuó) 觉得
拾勘 动身干
观掂 检查,或指看病
关顾 照料,帮助
理识 理睬
聋搭 因与某人发生矛盾而不再理睬对方
教调 教唆,指使
念书 读书;上学
捻弄 修理,或作安治意
调(读 tiáo)成 治病
调(读 tiào)搭(调虑) 安排,也指想办法
相端 想办法
安顿 安排
上心 思考
花排 在背后揭别人短处
卖排 说大话
编谎 说谎
编排 编造事实

数落　批评，也指骂人
攘踏　打搅人
作造（读 cāo）　整治（人）
装误（阴治）　捉弄
日诡（识诡）　捣诡，捉弄人
解手　大小便
搅骚（搅扰）　故意干扰
挼（读 ruá）搓　折磨，纠缠
邀哨（读 sào）　唆使人
讹䀠（gǔ）　无来由地讹诈、欺侮、威胁
欺搅（读 jiāo）　欺负
和搅　挑唆事非
喝撩（蒿撩）　不要
笼火　生火
曳水　（从井里）打水
串掇　串联
显能　逞能
丢盹　打盹
耍子　玩耍
游世　闲逛串门
坐席　赴宴
煨茶　用微火慢慢煮茶
瀽（读 jiǎn）水（瀽酒）　倒水（倒酒）
添箱　为出嫁姑娘送嫁妆
连赶　快
动（读 tònɡ）踏　动身
上粮　农民到国家粮站缴纳公购粮任务
跟集（读 qí）　赶集
打麦　用工具或脱粒机使麦子脱粒
办（读 pàn）出月　婴儿满月置办喜酒庆贺
奔不着　够不着
出死力　只知干重活、出大力
跑光阴　挣家业
跑（搞）副业　对农民外出务工的俗称
过事情　婚丧置办酒席招待宾客
跟事情　宾客参加婚礼、赴宴
转亲亲　走亲戚
烧新灵　春节到去世了亲属的乡亲或亲戚朋友家中祭奠
隔空子　抽空，瞅时间
打浇水　游泳
打木猴　儿童玩的一种类似于陀螺的游戏
打气憋　赌气
打平伙　大家合伙做事，平均分配所得；或在一起吃饭
顶冷碰　找准话茬顶撞、发问
抖（读 tǒu）亏欠（淘冤枉）　说委屈，摆功劳
跌天年　遭受自然灾害，没有收获
干活计（读 jiē）　从事体力劳动
干挼手　白出力，没有获得利益
搁（读ɡuó）肋凹　胳肢窝处挠痒痒
跪草铺　孝子跪在草铺上守灵
换豆腐　以黄豆交换豆腐或用钱买豆腐
看脸式　求人，看人脸色。也指求人不成，看了人家不好的脸色
看笑谈　在旁边看人笑话
看牲（读 sēnɡ）口　买牲畜
块大话　说大话
拉鼾睡　睡觉打呼噜

揽粮食 把晾晒的粮食用簸箕等农具装入袋中或堆放进屋子
磨洋工 干活时故意拖磨
梦睡梦 做梦
捏得紧 精打细算;严密不透风
攀女人 娶媳妇
掐媳妇 闹洞房
扫衣子 清扫地上落叶以备烧土炕之用
搔(读 záo)咬人 挠痒痒
受(气)不得 嫉妒,不服气别人
没(读 mǒ)的了 (东西)丢了;找不见了
爽(读 sàng)桩了 指人遇到紧要关头失去前进或干下去的勇气,退缩了
水下了 比喻食言了,承诺或计划没有兑现
天打了 农作物遭到严重自然灾害
汤漾了 事情搞坏了,把底露了
噎眼了 事情刚启动就停止,半途而废,没有结果
睁眼仁 对人无端发火
不搭整 不理睬
舔尻子 拍马屁
嚼(读 cuó)舌根 拨弄事非
擦冲气 请迷信职业者驱邪
做道场 请和尚、道士念经
晒暖暖 冬天晒太阳
胡日诡 支差应付
寻无常 自杀
两耽了 事情没做成,两头都耽搁了

三、形容词

心疼 女子长得漂亮,小孩可爱
赏(赏欣,赏读 shāng) 可爱
乖 安份,乖爽
蛮 泼辣,有力气
孬(读guǎi) 不好
瞎(读 hā) 坏
坦 慢
碎 小
诡 伶俐,亦指大人奸滑
懵 反应迟钝
犟(读 qiāng) 固执,不服劝导
简 形容人的嗅觉特别灵敏,或指烹饪饭菜的味道鲜美
然(读 ràn) 罗嗦
惹 传染(指病),有意挑逗事非
哕(读 yuě) 脏
顽(顽的) 不好
豪 爱打扮,耍风骚
憨 小孩胖
癯(读 què) 小孩瘦
瓷 实心(形容没空隙)
悬 危险
老好 老实
老成 稳重老练
精干 有精神,或指长相好
精灵 (手)灵巧(多用于形容妇女)
勤顾 勤快,殷勤
调(读 tiáo)皮 顽皮
喜拉 高兴;待人热情

撑眼　好看(多用于形容儿童);少儿过分调皮
秀气　俊秀
灵活　机灵
察(读 cǎ)利　干脆果断
麻利　动作快
窝耶　完成;(事情)妥帖,没问题
彻耶　妥贴,合适
合窍(合尺)(吃窍)　合适
攒劲　有本事,会办事;人长相好
干数(干散)　整洁卫生
净暄　干净
细相　节俭
帮肩　比肩,差不多
瓷实　结实,坚固
出脱　比喻出息、成长变化;形容小儿生长快、健康,变化大
撺活　做事、干活麻利;动作、反应灵敏、利索
差火　不通情理,行为冒失
差窍　做事尚缺少关键技术或最重要的办法。也指人经验不足、不成熟
诧(读 cà)生　对陌生的人或环境怯生、害怕
冲心　不好,不漂亮
到家　干事考虑周到,做得到位;用作讽刺时指周到过分
倒下(身子)　倾尽全力(去帮忙)
叨牙　麻烦,难缠,不好惹
玷缺　缺点,缺陷
恶卧　睡觉不老实
富态　恭维人有富贵相,丰满,发胖
发獠　恶心,心里不舒服
瞎(读 hā)胀　不劳而获的食物、享受
机抓　(年轻人)机灵、精干
健撺　麻利,反应快
交干　干净利落
交紧　形势紧张
劲大　(事态)程度严重
劲张　指动作响声很大,很有力度
快当　行动迅速;爽快
宽展　所处地方宽阔,空间大;形容人经济状况宽裕,手头富余
利朗　利索,通畅
亮清　清楚,明白;明亮
了然　释然,安心
流丢　干事失败、落魄,不顺心,尽触霉头
落联　邋遢;落魄
命大　运气好;也指子女双全的人
妙巧　精干、灵活
轻巧　行动轻松灵巧;东西小巧分量不重
馕眼　过分地多吃多占的行为
皮实,耐甩(读 suǐ)踏　结实,耐用
扑气　食物因潮湿发霉的气味
癯(读 qué)气　小气,不大方;也指长得瘦小
土气　穿着打扮不时髦
气夯　呼吸困难,气喘吁吁
欠连　形容事物还不是很满,尚缺一点

瓤干 指人体质弱或本事不强
受看 好看,漂亮
顺当(顺渠) 顺利
烧人 因得意而表现轻狂的样子
辱人 丢人
赢人 人争气;也指事情办得好,挣足了面子
手简 出手很快
耍斜(读 xué) 蛮不讲理
失调 缺少调教而变现不好
势重(读 cèng) 有靠山,有依仗
塞皮 小气
生头 人生分不讲理
森气 比喻给人带来坏运的、不吉利的气运
投到 等到
塌茬(读 cá) 栽赃诬赖
挖嘴 形容嘴馋好吃
像稳 面无表情,傲慢无礼
削茬 单薄、脆弱,不结实
心屈 心胸狭窄,气量狭小,嫉妒心强,见不得别人比自己强
眼(读 niǎn)脑 令人反感、不快的样子
硬棒 (老人)身体健康;表现坚强
硬气 婴幼儿身体健壮;形容人底气足,态度强硬;也指人刚强,有骨气
演着(演得紧) 因做事过头,即将吃亏或遭到报应
扎霸 硬气又霸道
躁扎 性情急躁,表现能干
展脱 平整、大气;形容人大方、帅气
展样 说话、表现大方过分
粘(读 rān)板 形容两人合作非常融洽,也指事物发展适合、适当
张结 费劲,费事
嘴乖 嘴甜,见人就问候
嘴硬 说话语气硬;形容小孩见人不打招呼
走手 行走的姿态、样子
浑全 完整
满利(满共) 全部
吃力 费劲;难过,伤心
松活 不费劲
轻省(读 sěng) 轻松,或指病好一些
挣人 干活太费力气的感觉
活道 处事灵活
横顺 反正
红火 生意或家业兴旺
欢伙 热闹
光趟(光烫) 光滑
受活(受因) 舒服
没向 没指望,不行
麻达 麻烦,厉害
险忽 几乎,差一点儿
得时 遇到机会
背时 错过机会
逍停 逍遥,空闲
神遣 现成
把稳 有把握
齐茬 整齐,一致

倒糟 倒霉，失败

麻缠 事情难办，复杂

没（读 mó）治 没办法

淘神（黏牙） 难办

烂场 不整齐

烂茬 家事不顺，多危难事

狼藉（读 xī） 脏

污酥 因不卫生产生不快心理

洋板 反应迟钝

栽孬（读guǎi） 不成器

处迷 笨拙，或意为糊涂

瞎（读 hā）茬（瞎板） 坏了

瞎（读 hā）障 笨拙，不会办事

孽揣（读 chuǎi） 本事不佳，办事不得法

孽障 没本事，常形容人做事能力太差，什么都干不好或做不成

软浆 小孩体弱

顽货 没本事不成器

呻唤 呻吟

颠钝 老年人反应迟钝

麻暮（暮囊） 烦恼

泼烦 不耐烦

骚情（读 qīng） 向异性讨好的轻浮行为

障眼 讨厌

日脸（读 niǎn） 调皮，捣蛋；难缠，难对付，令人讨厌

伤脸 羞愧

脸式 面部表情

腼腆 害羞，怕见人

臊脸（臊兴） 因举止不正而伤众人的面子

恨食（恶馕） 贪吃

眼小 爱占便宜

小气 吝啬

洋气 时髦

偺（读 zōu）梗（偺人） 装腔作势

喇忽 不细心

发争 盲目逞能

刁顽 顽皮不训

牛皮 傲慢；瞧不起人

罗然 厉害

迁反 好说是非话

不乖 病了（多指小孩）

冻了（凉了） 感冒了

松了 病轻了

完了 坏了

些微 稍微

展直 简直

沉重（读 chòng） 病势转重

生（读 sēng）份 感情疏远

难得的 扭妮之态

怪刺刺 衣着打扮或言行举止与众不同，让人感到怪异

呱呱叫 能干，有本事

急挖人 着急

巴不得 等不得

难搭整（难搞消） 害羞

倒截子 颠倒

撇撇子 干活手脚不顺

拧先子 不端正

死夹子 小气，吝啬

老八成 少而老成

翻翻子　正好相反或相对
趔孤调(读 diào)　做事和别人截然不同
胡邋遢　办事不认真,马马虎虎
落把尾(读 yǐ)　最后,落尾
歪得很　不讲理,待人凶狠
瞎得很　很坏
奸得很　狡猾,私心重
不中用　无能
不欠和　不舒服,有病
不住点　形容做事干活不停止
不如人　觉得比不上他人
不行乎(了)　人或动物将要死了
鳖屎蛋(读 tān)　身材矮小或短
吃岔子　事物的两方面对不上,岔开了
吃冷亏　形容意想不到地吃亏
扯不展　吝啬、小气,舍不得
杵得瓷　没眼色、缺心眼,总是让他人出力办事而不知体谅
嚓皮脸(嚓皮见)　看不起,小视
饿皮脸　神态上不顾体面的馋相
打错茬　弄错,犯错误
大下(读 hā)了　指人遇到难堪,下不来台了
嗲咧咧　短着舌头说话,嗲声嗲气
踮踮脚　脚尖着地、脚后跟抬起的样子
精脚片　赤脚未穿鞋
恪(读 kuó)恪地　轻轻地,小心翼翼地
馕装食　吃饭无节制
忘昏(读 hōng)大　记忆力差
怕出胎　形容小孩胆小怕人;也比喻在家胆大顽皮而出门胆小怕事的人
齐绷绷　齐刷刷
翘扇子　本指门或窗扇不合适、合不严。引申为人与人之间关系不和谐,意见相左
软朵脑　软骨头
臊着哩　运气不好
要得大　做派大,做事没礼节
傻达拉　傻乎乎、满不在乎的样子
一奔子　一口气奔走
一世街(读gāi)　到处
一奏扎(一坚撑各)　不停歇地做某事
一和(读 huò)汤　一塌糊涂
一把连　全部,总共
原背纲　(做过后)和原来一样毫无变化
曰咧咧　形容放肆地吆喝喊叫或大声说话
叶子麻　心狠手辣,歹毒;也指贪心很重
占地方　指说话办事都很霸道、欺人
占鸡头　比喻喜欢托大,有理无理都要强占上风、争高下
转身大　脑筋反应快,主意多;也指人能耐强、办法大、门路宽
争得很　管得宽,爱责备他人
戳草杆子　形容人个子瘦高

四、代　词

敖　我们,我
牛　你们,你
臬　人家
敖哈(读 hā)　我家

牛哈　你家

崴(读 wǎi)　他,或泛指那些人

载　这

咋　怎么

啥(读 sā)　什么

谁该　谁

各柬(各家)　自己

旁人　别人

你喃我　你和我

兹达　这里(具体指)

兹里　这里(泛指)

务达　那里(具体指)

务里　那里(泛指)

阿达(阿里)　什么地方

兹该的(读 dǎi)　这样的

务该的　那样的

做啥家(做啥恰)　干什么

达期了　哪儿去了

几时　什么时候

多么少　多少

哈把(读 bà)　可能

一向　一段时间

五、其他词

拦　和,象

晬(读 zuì)　婴儿周岁;也指年、岁(用于读年龄)

该(读gǎi)　个(量词)

净　尽

俺(读 ān)　见于追问时复加词

咋哩　干啥哩

闲的(读 dǎi)　没关系

没(mǒ)的　(人)不在

连欠　专门

牵扯　原来是,原因是

约谋(读 mǔ)　大约

中用　行

窝误　形容大材小用

下(读 hà)数　规矩,主意

真格(真格的)　真的

晓得(读 dí)　知道

晓不得　不知道

见不得　不喜欢;厌恶

辨(读 piàn)不来　不懂得

得知它　不清楚,说不定,不一定

跟住　沿着

优了　对了,或够了

合适(读 chì)的　没问题,刚好。引申为答应别人,许诺;应当的

没眉眼　没头绪,没结果

没麻达　没问题

没防住　道歉用语,没注意(冲撞了他人),对不起

没处准究　所说的话可信度较差而没法听信,或指事情多变而无法照办

搅然　生活中的花销

要是家　假如

一达里　在一起,在一块

六、词　组

鼻泡眼肿　面部肿胀
鼻塌嘴歪　形容过度劳累,极度疲劳
冰锅冷灶　形容家里锅灶无火,冷冷清清
冰人枯叉　形容物体冰凉的感觉
缠三过四　没完没了地重复纠缠或叙述,要求对方干什么
吃心连命　视为像生命一样贵重挂在心上
撑爹巴脑　咋咋呼呼,好管闲事,惹人讨厌
重沓四海　重重叠叠胡乱摆放,乱七八糟的样子
跌脚绊手　表示非常焦急或悔恨的跺脚击掌的举动
丢底卖海　丢人现眼
丢盹拉梦　精神萎靡不振,呵欠连连
丢人嘛夸　指责人丢人、失了面子不光彩的模样
抖抖撒撒　形容战战兢兢恭维人的样子
肚子落(读 lào)地　形容胆子太大,什么事都能干出来
二哩吧性　行为放浪
随方凑圆　按现成条件办事
手忙脚乱　忙乱过度
柯利麻插　办事快速敏捷
干散麻利　办事既快又好
挣死巴活　拼命干
正儿八经　很认真又正经的样子
立前站后　拘谨过度而不知所措
曳出曳进　不停顿地出出进进
打扎合严(读 nián)　在一起策划对付人
哐里哐闯　无休止地唠叨
低里突(胡)睩　眼神不定,多认为是举止轻浮
低眉瞌睡　困倦,精神不振
高度山升　形容固体的东西满到极限,堆得很高
疙里疙捣　说话表述不清

圪捞(nǎo)卡(读 qiǎ)拉　角落或缝隙
圪捞(nǎo)堜膛　指各个角落,到处,所有地方
疙瘩连垂　凹凸不平、疙里疙瘩,形容(人)所带物体数量多且大小不一
怪眉式眼　怪模怪样;也用来指责人说话办事不当
能眉式眼　小孩做高难度、惊险的动作
剜眉攥眼　苦苦思索想办法
燃眉燃眼　说话、办事不利索
死眉羊眼(死眉瞪眼)　面部憔悴,无精打采
瞎眉翘眼　不辨方向地乱闯
挤眉弄眼　用眼神相互串通
古眉怪眼　面部表情和平时不一样
失眉浪眼　惊慌的样子
山眉式眼　穿着、举止不随大流,显得落后
贼眉式眼　面部表情显出行为不端
狗扽生筋　比喻舍不得拿出来,非常吝啬
鬼担担担　做事胡凑合,后果非常危险
胡吹冒撂　吹牛皮,说大话
胡拉八扯　说话没中心,无伦次
胡丝麻达　糊里糊涂,不论如何,不分好坏类别,一股脑儿
急了拾挖　急急忙忙、慌慌张张的样子
加行(读 héng)带走　随随便便,非常容易就能做到
加窝带恨　对人非常憎恨的眼部表情动作
脚踢连毛　手足并用,加踢带打
接辈传辈　一辈接一辈;从古到今
满山满洼　漫山遍野
没分各窍　没有把握住分寸
没意各丝　没有意思,无聊的样子
七断八截　不完整,七零八落;也指说话结巴,前言不搭后语,表意不清
清汤寡水　比喻饭菜中汤多菜少
秋风过耳　把别人说的话当作耳旁吹过的秋风一样,毫不在意
日昏倒浪　忙得办事没了头绪

日毛窟处 慌慌张张，毛手毛脚
日亲倒娘 指骂人时脏话连连
惹孽咯叽 人与人关系处得不好，经常闹别扭的状态
颠三倒四 前言不搭后语
吊儿浪荡(耍达溜式) 办事不认真
疯涨魔式 办事慌慌张张，不细心
麻糜不分 办事时不分场合、不讲方式地乱闯
失(日)几慌忙 忙乱的样子
洋里三惛 神志不清楚
豪颜莫势 举止不庄重，轻佻
没皮没臊 不知羞耻
浑头浑脑 理智不清
佯答不睬 对别人不礼貌，不搭理
瓜不愣瞪 痴呆、不懂事
蔫皮大像 对别人摆架子，不礼貌
蔫不楚楚 萎靡不振，不精神；性格迟缓，少言寡语
寻死觅活 以死威胁
妖里妖气 打扮、行动超乎寻常，显得不稳重
信马游缰 放纵无拘束
三讹二䀹 讹诈威胁
三棱暴翘 形容物件不周正、不平整；指责人仪表、行为不端
上跳失架 形容少儿过分顽皮
烧人杠火 火烧火燎的样子
烧人咯叽 做事不稳重，急急慌慌
生淘熟挖 半生不熟
神神道道 说话做事神秘兮兮、疑神疑鬼的样子
丝丝粘(读 rān)粘 形容人办事不干散利落；也指人与人之间的关系藕断丝连
撕和打搅 常在一起，纠缠不清，关系紧密
死皮赖眼 不顾脸面地纠缠
死囚装幌 装模作样，强装内行
死眼窝根 无论如何，到底

搜儿各道　搜肠刮肚，想方设法
碎各蚤蚤　形容个子小
索里挎拉　形容物体丝丝索索，吊挂不整齐
土扑浪仓　灰头土脸、风尘仆仆的样子
忤牛不孝　忤逆不孝
瞎（读 hā）老奉实　老老实实，不闻不问，只知低头苦干
斜（读 xué）立夯霸　横行霸道
眼泪咯叽　泪眼婆娑的样子
样样数数　形容东西种类多，一样一样的
阴阳反背　指做事违反正确的规律或方法
扎人害挖　物体表面毛毛糙糙，又刺手又不干净
战各兢兢　因胆小害怕而小心翼翼的样子
指屁吹灯　让力量弱小者勉强去干难为的事
嘴尖毛长　过于挑食；比喻好吃懒做怕动弹的举动
左差右违　左右为难的样子

方言语句举例(括号内为普通话)

喝（蒿）撩胡害了。　（不要乱闹了。）
你做啥弃家？（你干什么去呢？）
咋还不言传沙？（怎么还不说话？）
晓不得达期了。　（不知道哪儿去了。）
敖真格晓不得。　（我们真的不知道。）
才将是热头，转眼霈雨来了。　（刚才还晒太阳，转眼间暴雨来了。）
快饭时候了，还有多么少了？　（快中午了，还剩多少？）
还是请该大汉家调搭一哈。　（还是请个大人想个办法。）
几年不见，出脱得都认不得了。　（几年没见面，人长得快，变得都不认识了。）
臬的后人、媳妇子人老成，都把大汉当人得很。　（人家的儿子、儿媳为人稳重老练，对父母的衣食起居都很关心、照顾。）
他是该跛子，走路坦得很。　（他是个瘸子，走路慢得很。）
各柬（家）碾弄完了，还给臬生黄哩。　（自己修理坏了，还诬赖人家哩。）
从麻明弄到干粮时候，总算弄窝耶了。　（从天刚亮干到吃早饭时，总算完成了。）

两口子夜过一天没拾掇好。（夫妻俩昨天一整天都没收拾完。）
载该物件你看好么孬？（这个东西你看好不好？）
牛的娃长得真心疼。（你家的孩子长得真好看。）
不中用就算了,还骂啥哩沙。（不行就算了,还骂什么。）
啊里有不透风的墙哩沙？（哪里有不透风的墙哩？）
到用人时才维和人哩。（平时不与人交往,到用着他人时才与人结交哩）

第二节 谚语俗语

一、谚语

(一)气象类

正月南风多,一年雨水多。
二、八月,乱穿衣。
三月西南风,秋雨落不穷。
五月大,龙王爷抬一坝。(谓主干旱)[1]
不怕五月小,就怕逢三卯。(谓暴雨多)
五月南风五月旱,六月连阴吃饱饭。
八月十五阴一阴,正月十五雪打灯。
八月十五下一阵,有雨直(读 chí)到来年五月净(尽)。
九月霜不降,三月多阴寒。
九月把雷发,倒旱一百八。
下了重阳,冻死牛羊。
重阳无雨看十三,十三不下一冬干。
十月三场雾,晒死来年兔。
阴雨下到七月七,断断续续十月一。
前月下初三,后月阴八天。
早上起大雾,只管晒衣裤。
早上雾一雾,中午晒死兔。
早看东南,晚看西北。(指所看方向有乌云时,预示有雨;晴朗时,预示晴。)

---

[1]民谚和俗语只加注地域性特别浓,较难理解的。

早韶(读 shào)不出门,晚韶千里行。(韶指云霞)

早阴阴,午阴晴,半夜里阴了迟(读 c í)不到明。(后者谓有雨)

早温晚寒,离下不远。

早起蛐蟮跟集,午后大雨不息。

早雾日头,晚雾雨。

夜晴没好天,晴不到鸡叫唤。(指久雨天)

日出生红云,劝君莫远行。

日晕三更雨,月晕午时风。

日出见红,无雨也风。

日落胭脂红,无雨必有风。

日落云窝里,有雨不在明日就在后日里。

太阳颜色黄,明日大风狂。

月亮带银圈,定然天气变。

月牙仰,雨水广;月牙北头高,晒死墙头蒿。

天河顺,雨水广;天河斜,晒死鳖。

天旱发旱云,雨涝了夜夜晴。

天旱非霈雨不下,雨涝非霈雨不晴。

天上水生云,地下把伞撑。

春寒四十九,冻得穷人大张口。

春寒不算寒,惊蛰寒了冷半年。

春到中,一冬温;春到头,冻死牛。

春甲子冻死牛羊,夏甲子椽头生火,秋甲子遍地行船,冬甲子雪落万丈。(谓逢甲子日下了雨)

春雾狂风夏雾热,秋雾连阴冬雾雪。

惊蛰滴一点,九九倒回转。(谓天返寒)

惊蛰不动风,旱到五月中。

清明对立夏,牛羊不上洼。(谓干旱草少,牛羊易掉膘)

立夏不下,无雨洗耙。

小满不下,干断(读 tuàn)塘坝。

大暑小暑,泡死老鼠。(谓暑天多雨)

雷打立春节,惊蛰雨不歇。

立秋响雷,一冬干旱。

秋雨少,立春早。

下了白露路不白。

冬至在月头,冻死老犍牛。

头伏下一阵,有雨直(读 chí)到三伏净(尽)。

头伏雨,伏伏雨,头伏无雨干到底。

头九温,二九暖,三九四九冻破脸,五九、六九,沿河看柳,七九、八九,河边洗手,九尽了,种混了。

冷在三九,热在中伏。

入伏入冷哩,入九入暖哩。

大旱不过二十五。

昼暖夜寒,东海也干。

四六不开天,开天将一天。(谓多雨季节放晴征兆)

七阴八下九不晴,初十下到大天明。

前月二十五,后月没干土。

一场春雨一场暖,一场秋雨一场寒,十场秋雨要穿棉。

一点一个泡,三天不抹(读 mā)帽。

一黑一暗,石头泡软;一明一亮,石头泡胀。

雨洒土旺头,一十八天不驾牛。

丙不晴,丁光明;丙不漏水丁漏水。

久旱有久雨。

久旱逢庚雨,久雨逢庚晴。

久旱看庚申,庚中不下半月空。

云朝南,水翻船;云朝东,一场空。

阴雨下到清明节,断断续续三个月。

炊烟低,等不到天黑。

炊烟溱地跑,天气不会好。

雾总绕山头,下雨满山流。

烟雾罩上门,热头晒死人。

东虹(读 jiàng)热头西虹雨,南虹过来发霈雨。

黑云黄云上下翻,恶风暴雨在眼前。

黑云黄边子，响声拉磨子，不走下冷子（冰雹）。
黑云翻滚起黄韶（读 shào），后下大雨先冰雹。
黄云翻滚出头恶，雨少冷子（冰雹）多。
瓦子云，晒死人；扫帚云，扫天晴。
不怕炸雷响破天，就怕闪电拉磨碾。（谓不止的闷雷）
云彩扯开峡，有雨喝不哈（下）一顿茶。
旋顶晴，挣不到明。
大风不过午，过午如擂鼓。
岗穿裙子山戴帽，燕子低飞蛤蟆叫。（谓将雨）
青蛙突不叫，明天有雨到。
牛打喷嚏蛇过套（道），斑斑蹭天立见效。（谓将雨）
蚂蚁搬家蛇过套（道），不过三天有雨到。
燕子低飞蛇过道，大雨不久就来到。
猪拉草，老鹰叫，鸡拍翅膀有雨到。
久雨闻鸟声，天气已转晴。
先下毛雨下不哈（下），后下毛雨晴不起。
星宿（读 xiù）挤眼，离下不远。
壬辰、癸巳两条龙，不是下雨就刮怪风。
乌猪毁天河，大雨定滂沱。

（二）农业类
三十六行，庄稼人为王。
七十二行，庄农为王。
一年庄农两年务。
一年失了农，十年不如人。
一年两头春，黄米贵似金。
一九一芽生，九九遍地生。
一九一场，狗娃吃上麦瓤。（指“九”天下雪）
三九不冷夏不收，三伏不热秋不收。
九九加一九，耕牛遍地走。
正月二十五，黄风刮起土，荞麦压折（读 shé）股。

初一初二黄金旦，初三初四磨白面。（指四月初一、二下雨小麦会发生锈病）
四月半，麦穗乱。
五月小，河边涝死稻；五月大，河边夸大话。（谓五月小了雨水多）
六月黄，绣花姑娘请下床。
腊月八晴，万物成；腊月八下，棉花搭成架；腊月八阴恨恨（沉沉），棉花光棍棍。
惊蛰明一明，万物定然成。
雨水有雨庄稼成。
泡春分，晒清明，今年的庄稼样样成。
清明（或说谷雨）前后，栽瓜点豆。
立夏当日叫，糜谷连糠粜；立夏三日叫，糜谷没人要。（指布谷鸟叫）
白露高山麦，寒露种到河坝里。
白露早，寒露迟，秋分种麦正当时。
伏耕过三遍，麦子收一石（读 dàn）。
伏耕深一寸，如上一层粪。
伏里的草，乱棍搅。
伏里的雨，瓮里的米。
伏里戳一椽，赛如秋里耕（读ɡēi）半年。
头伏萝卜中伏菜，三伏末了种花芥（读ɡài）。
夏旱不算旱，秋旱少一半。
冬干湿年，憋破麦篇。
今冬麦盖三层被，来年枕着馒头睡。
荞倒一石（读 dàn），麦倒没面。
麦倒无瓢，糜倒斗量。
麦黄一时，龙口夺食。
麦子上场，壳头（核桃）满瓢。
麦出三月雨，麦出三月火。
麦怕杏黄，荞怕种上。（指有暴雨）
麦收八、十、三场雨。（指八月、十月、三月有 3 场透雨小麦才丰收）
黄金旦，减一半。（指感染锈病）
早麦，迟荞，稀谷穗。（早麦、迟荞指播种时间）
雷打惊蛰前，雨广好种田。

庄农要好,连茬要倒。
庄农假不得,生意真不得。
庄稼一朵花,全靠粪当家。
宁种一个窝窝,不种三个坡坡。
要吃白面馍,一脚一个泥窝窝。
干种糜谷湿种麦。
土旺种胡麻,七股八柯杈。
针扎的胡麻卧牛的茬,秫秫(高粱)地里驴打滚。(指栽植密度)
秋耕深,春耕浅,旱涝不用管。
深翻一寸,顶上一茬粪。
深耕浅种,薄地里上粪;若要不信,粪底子是干证。
深谷子,浅糜子,荞麦种在浮皮子。
收秋不收秋,全看五月二十六;二十六滴一点,耀州城里买大碗。
地是刮金板,人勤地不懒。
人哄地皮,地哄肚皮。
人误地一时,地误人一年。
挖地挖得深,黄土变成金。
要吃来年麦,先看当年槐。
要吃胡麻油,伏里晒热头。
榆钱繁且饱,当年扁豆收成好。
山高一丈,土凉八尺。
山上开块荒,山下冲个光。
麦草烧灰挽得紧,来年麦子好收成;麦草烧灰松又散,来年麦子减一半。
月儿躺,粮价涨;月儿立,粮价低。(每月初八观察)

(三)人生哲理类

不怕慢,就怕站。
拆东墙,补西墙。(谓办事只顾眼前,不从长远打算)
多一事,多一累。
多一事,不如少一事。(谓多一件事多惹一件麻烦)
打黑牛,惊黄牛。

打没好手,骂没好口。

挂羊头,卖狗肉。

若要怕,大话诈。

美不美,泉中水;亲不亲,故乡人。

娘想儿,长江水;儿想娘,扁担长。

子不教,父之过;女不教,母之错。

树挪死,人挪活。(谓换一个环境,可以更好地发挥人的才智)

人挪窠窠,狗占窝窝。

人心要实,火心要虚。

人抬人高,土抬城高。

人前教子,枕上教妻。

人怕伤心,树怕伤根。

人过留名,雁过留声。

人靠衣妆,马凭料妆。

人为财死,鸟为食亡。

人无远虑,必有近忧。

人是人,鳖是鳖,喇叭是铜锅是铁。

八仙过海,各显神通。

不怕穷极,就怕穷迷。

菜老筋多,人老事多。

秤砣虽小,力压千斤。

当面教子,背后教妻。

儿要自养,谷要自种。

跟着铁匠,学不成木匠。

跟着好人学好艺,跟上贼娃子挨捶背。

寒不择衣,饥不择食。

红花虽好,还要绿叶扶持。

家有一老,如有一宝。

嫁鸡随鸡,嫁狗随狗。

嫁出去的女孩,泼出去的水。

见怪不怪,其怪自败。

借钱要忍，还钱要狠。

来者不善，善者不来。

锣鼓听声，听话听音。

麻雀虽小，五脏俱全。

穷家难舍，故土难离。

日日防火，夜夜防贼。

三人同心，黄土变金。

三个阴阳，定不了一个拴驴的橛。

三个臭皮匠，赛过诸葛亮。

三天不练门外汉，四天不练瞪眼看。

山外有山，人外有人。

善有善报，恶有恶报。不是不报，时候未到。

树高千尺，叶落归根。

树老根多，人老话多。

树老半身空，人老万事通。

心比天高，命比纸薄。

有父尊父，无父尊兄。

与人方便，自己方便。

因人事小，误人事大。

种瓜得瓜，种豆得豆。

嘴上没毛，办事不牢。

一人在家，十人不安。

若要公道，打该(个)颠倒。

不到高山，不显平地。

有了一顿，没了挈(扛)棍。

大河有水小河满，大河没水小河干。

大难不死，必有后福。

小时不补，大了尺五。

功莫枉费，善莫错行。

间借间还，再借不难。

墙内说话，墙外有人。

说漏的嘴,泼出的水。

话说不尽,路走不完。

货离乡贵,人离乡贱。

穷不搬家,富不迁坟。

穷不拉账,和富人一样。

不吃苦中苦,难为人上人。

吃尽苦中苦,方为人上人。

撑死胆大的,饿死胆小的。

打虎亲兄弟,上阵父子兵。

灯不拨不亮,理不讲不明。

富汉惯骡马,穷汉惯娃娃。

狗狂挨砖头,人狂事出来。

家有万贯银,不如艺在身。

金钱如粪土,人格值千金。

鸡儿不尿尿,各有各窍道。

救急不救穷,帮急不帮懒。

口善心不善,枉把弥陀念。

老乡见老乡,两眼泪汪汪。

路遥知马力,日久见人心。

米面的夫妻,酒肉的朋友。

女大不中留,留下结冤仇。

女大十八变,越变越好看。

鸟美在羽毛,人美在心灵。

你有千条计,我有老主意。

你走你的阳关道,我过我的独木桥。

朋友若要好,钱财少打搅。

千里送鹅毛,礼轻人意重。

亲不过父母,近不过夫妻。

人敬我一尺,我敬人一丈。

人往高处走,水往低处流。

人是一堆肉,真假识不透。

人是疙瘩肉，神仙识不透。
人怕老来黄，麦怕胎里旱。
人穷志气短，马瘦脊梁高。
人善被人欺，马善被人骑。
人无千年寿，花无百日红。
人心换人心，四两换半斤。
人争一口气，佛争一炷香。
人生的道路虽然漫长，但紧要处常常只有几步。
软的怕硬的，硬的怕愣的，愣的怕不要命的。
山不言自高，水不言自深。
师傅领进门，修行靠个人。
世上无难事，只怕有心人。
听君一席话，胜读十年书。
天上掉腊肉，还要人张嘴哩。
天上下雨路上滑，跌倒了自己爬。
天上下雨地上流，两口子骂仗不记仇。
天行的正道，气死的糊涂虫。
一次说了谎，到老人不信。
一朝被蛇咬，十年怕井绳。
一瓶水不响，半瓶水咣当。
要打当面鼓，不敲背后锣。
有麝自来香，何必迎风扬。
有智的吃智，无智的吃力。
有志走天涯，无志蹲低檐。
有志不在年高，无志空活百岁。
在家敬父母，何必烧远香。
在家不理人，出门人不理。
真人不露相，露相非真人。
嘴是无底洞，千座金山能吃空。
三人向你好，三人向我好。
夫妻同床睡，人心隔肚皮。

要知父母恩,怀里抱儿孙。
打大的孝子,惯大的忤牛贼。
兔儿沿山跑,到晚归旧窝。
儿不嫌娘丑,狗不嫌家贫。
有把城门的,没把嘴门的。
打人不打脸,骂人不揭短。
前头扯开渠,后头不沾泥。
隔手的金子,不如在(到)手的铜。
出门观天色,进门观声色。
软处好取土,硬处好打墙。(谓欺软怕硬)
一锨动土哩,两锨动土哩。(动均读 tōng)(谓不干则已,一干则干到底)
不怕十人劝,就怕一人谏。
不听老人言,吃亏在眼前。
不当家不知柴米贵,不养儿不知父母恩。
好话不出门,坏话千里行。
舌头是软的,嘴是扁的。(谓说话不负责任)
三个会说的,不如一个得说的。
口里吃馒头,心里有数。(谓虽未说话,但心里清楚)
三十年河东,三十年河西。
躲得了初一,躲不了十五。(谓干了坏事迟早会暴露)
胶多了不黏(读 rán,粘),蜜多了不甜。
一瓶水不淹,半瓶水淹哩。(谓有本事者谦虚,而平庸者骄傲)
阎王爷好见,小鬼难缠。
铁棒磨扣(绣)针,功到自然成。
若要试人心,害病落难跌年馑(读 chénɡ)。
三年不吃烟,俭省该(个)老驴钱。
没有金刚钻,不要揽人家的瓷器活。(喻办事要量力而行)
眼里过千遍,不如手里过一遍。
好了蜜和油,不好了打破头。
朋友若要好,早晚把账找。
浇树浇根,交人交心。

话越捎越多,物件越捎越少。

吃了人家的饭,跟上人家转。

肚子里没冷病,不害怕吃西瓜。

有理走遍天下,无理寸步难行。

人无横财不富,马无夜草不肥。

天晴修水路,无(遇)事早维人。

天有不测风云,人有旦夕祸福。

人比人没活了,驴比骡子没驮了。

马武遇冯彦,英雄访好汉,愣憎子访的二里半。

师傅不高,教哈的徒弟趔腰。

放羊娃咒羊羔,越咒越旺。(谓漫骂不会起什么作用)

老鼠不咬空篇,众人不讲虚言。

过日子要细哩,待客要丰盛哩。

会看的看门道,不会看的看热闹。

镜子不擦不明,脑子不用不灵。

强迫不成买卖,捆绑不成夫妻。

忍得一时之气,免得百日之忧。

十单不如一棉,一棉不如腰里一缠。

水大漫不过船,手大遮不住天。

兵不在多而在精,将不在勇而在谋。

出门走路看风向,吃饭穿衣量家当。

房是招牌地是累,有了银子催命鬼。

光棍门前闲人多,寡妇门前是非多。

好钢用在刀刃上,钱要花到点子上。

好话一句三冬暖,恶语一句六月寒。

画龙画虎难画骨,知人知面不知心。

害人之心不可有,防人之心不可无。

火车不是人推的,牛皮不是人吹的。

将军额上能跑马,宰相肚里能撑船。

路是人走出来的,办法是人想出来的。

牛没劲了斜拉哩,人没理了胡扯哩。

贫贱之交不可忘，糟糠之妻不下堂。
日行不怕路途远，常学不怕知识浅。
若要知道父母心，除非怀中抱儿孙。
三十亩地一头牛，老婆娃娃热炕头。
上了皇粮不怕官，孝敬父母不怕天。
无志之人常立志，有志之人立志长。
雪中送炭君子少，锦上添花小人多。
雪堆里埋不住死人，纸包里包不住火炭。
一个篱笆一个桩，一个好汉三个帮。
一个和尚一个磬，一个将军一道令。
一个和尚担水吃，两个和尚抬水吃，三个和尚没水吃。
一根筷子易折断，一把筷子折断难。
一时强弱在于力，千秋胜负在于理。
一天不练手脚慢，两天不练丢一半。
一树之果有酸有甜，一母之儿有愚有贤。
雨不大淋湿衣裳，话不多恼人心肠。
儿孙自有儿孙福，莫给儿孙当马牛。
有吃没吃在脸上，有穿没穿在身上。
没大汉（老人）的夸孝顺，没儿女的夸干净。
娘的心在儿身上，儿的心在石头上。
有壳头（核桃）处一竿子，没壳头处一竿子。（谓无目的地乱干）
为人不做亏心事，半夜叫门心不惊。
有话说在面子上，有饭切在案子上。（谓开诚布公，不要隐瞒）
吃了人家的嘴软，拿了人家的手短。
三十晚些（上）没月亮，一年连一年不一样。（谓时过境迁，不可能雷同）
有锅盔的没牙板，有牙板的没锅盔。（谓有条件的没能力，有能力的没条件）
八十老人门前站，一日不死还得吃一日的饭。
三勤加一懒，想懒不得懒；三懒加一勤，想勤不得勤。
新三年，旧三年，缝缝补补又三年。
吃不穷，喝不穷，算计不到一世穷。
天塌下来，有汉（个）子大的顶着哩。

黄牛角(读guō),黑牛角,霈雨来了各顾各。
务不好庄农一季子,娶不着好女人一辈子。
云里的热头门洞的风,蝎子的尾巴后娘的心。
挣光阴不如养个好子弟,养个好子弟不如积德。

(四)卫生保健
吃五谷,生百病。
吃得慌,脾胃伤。
吃药不忌嘴,跑断大夫腿。
人是铁,饭是钢,一顿不吃饿得慌。
笑一笑,十年少;愁一愁,白了头。
春捂秋冻,不生杂病。
忧多伤神,气大伤身。
早睡早起,眼皮欢喜。
早起一时,松活一日。
贪吃贪睡,添病减岁。
病从口入,祸从口出。
要活九十九,每餐少一口。
饭后百步走,能活九十九。
大蒜是个宝,常吃身体好。
鱼生火,肉生痰,先麦(玉米)馍馍保安然。
桃饱杏伤,麦李子树底哈(下)送丧。
小儿若要安,常带三分饥与寒。
女人若要安,常服逍遥丸。
冬吃萝卜夏吃姜,不劳医生开药方。

二、俗语

(一)以人类活动比喻
礼多人不怪。
明人不做暗事。
丑妻薄地家中宝。
打铁先要自身硬。

久病床前无孝子。

浪子回头金不换。

清官难断家务事。

众人拾柴火焰高。

吃米不忘种谷人。

吃饭穿衣量家当。

富日子当穷日子过。

穷活志气富活德。

人活嘴脸树活皮,城墙活哈(下)一锨泥。

人怕出名猪怕壮。

人望幸福树望春。

身正不怕影子斜。

无事不登三宝殿。

一家有女百家求。

先过河了先脚干。

有钱难买回头看。

有钱难买子孙贤。

有理不打上门客。

向人向不过理。(喻帮人说话也得讲道理)

打开窗子说亮话。

人快不如家伙快。(指干活时必须要家具快)

远亲不如近邻,近邻不如对门。

好出门不如薄家里坐。

磨镰不误砍柴工。

一个巴掌拍不响。

三句话不离本行。

爷爷孙子无大小。

睁着眼睛说瞎话。

事后诸葛亮。

连擤鼻(涕)的功夫都(读 dóu)没。(喻过分地忙)

拔一个萝卜留一个坑。

不吃凉粉了腾板凳。（喻不办事了就不要占位子）
心急吃不了热豆腐。（喻过急办不成好事）
冷手抓了个热馒头。（喻无意中办成了好事）
不管三七二十一。（喻蛮干不计后果）
给神说弃（去）鬼都不信。（喻谎话无人相信）
没养过娃晓不得肚子痛。（喻没有经过了不知道难处）
只晓得蒸馍过年吃。（喻知识少）
瞌睡碰着（读 chúo）了枕头。（喻正合需要，又很凑巧）
吃饭不管事。（喻只知享受）
站着说话腰不痛。
不从拳路上来。（喻违背一定程序地乱办事）
抱一根弦弹哩。（喻抱住一件事，再不顾及其余）
抱的不哭的娃。（指干轻松事）
认红不认烂。
旁人的娃娃离心远。（喻对与己无关的事不去关心）
舍不得娃娃套（拿）不住狼。
贼走了才关门哩。
屎憋了才寻茅子哩。（喻事到紧急时才寻求解决办法）
卖米的见不得粜面的。
卖面的还怕吃八碗。
卖瓜的不说瓜苦。
尿哈（读 hā，意为下）尿尿哈（读 hǎ，意为用）罗过哩。（喻过于细致）
想上天还尿垂着（读 zháo）哩。（喻不顾条件地胡乱设想）
说人话不干人事。
好吃羊肉又怕落膻气味。（喻又想贪占，还怕别人议论）
把踏着（读 chúo）当摸着（读 chúo）着（读 zháo）哩。（喻办事时不知进退地一再重复）
把事当瞌睡着（读 zháo）哩。（喻对应办的事不当一回事）
要吃的还嫌秫秫（高粱）面哩。
灌迷魂汤。（喻说拉拢话）
跟背集。（喻错过了时间）

有钱能买鬼推磨。

进了磨门,那有不粘面的。

填不满的坑。(喻欲壑难平)

没烧香的,净(尽)拔胡子的。(喻到事急时,没人帮忙,反倒来干扰)

提上猪头还怕找不着(读 chúo)庙门。(喻自己可以办好,用不着别人)

三天不打,上房揭瓦。

一天里游四方,天黑了才借油补裤裆。

打是情,骂是爱,不打不骂除在外。

把力量哈(用)戥子称哩。(喻人使奸而惜力)

好记性不如烂笔头。

君子不夺他人之爱。

舍不得金弹子,打不住金丝鸟。

没有过不去的火焰山。

远处来的和尚好念经。

家家都有一本难念的经。

看不出的亲亲提油饼哩。

做一天和尚撞一天钟。

做下(读 hà)的事不要叫别人指脊背。

(二)以人体比喻

给了个撅尻子。(喻当面使人难堪)

胳膊扭不过大腿。

人心不足蛇吞象。

活人眼里别(读 piē)柴哩。(喻当面欺辱或诬陷人)

活人还能叫尿憋死。(喻难不住人)

把人当(读 dàng)水湿哈(下)的着(读 zháo)哩。(喻瞧不起人)

把人当(读 dàng)软面捏哈(下)的着(读 zháo)哩。(喻以为好欺负)

娃娃家嘴里讨实话。

头割了才是该(个)碗大的疤。

脸皮拦(和)城墙一样厚。(喻不知羞耻)

鼻子大着把嘴压住了。

嘴干得拦(像)烂羊皮一样。(喻非常渴)

嘴撅得拦(像)栓驴橛(指桩)一样。(指生气时神态)

瞎子也有该(个)跛朋友。

眉毛胡子一把抓。

打断的胳膊往里弯。(喻总是向着自家说话)

缺胳膊少腿子的。(喻残破不全)

十个指头有长短。(喻事物中总有差别)

前腔(读 kǎng)子(胸)贴到脊背上。(喻饥饿状)

好心当成了驴肝肺。(喻把好心当恶意)

肝不炸,肺炸哩。(喻当事者尚冷静,而局外人不平)

一该(个)巴掌拍不响。

有钱难买老来瘦。

汗要从病人身上出。(喻谁造成的问题要由谁来解决)

舌头和牙子(齿)好得很,也有咬的时候哩。

肠子咬(痒)人搔(读 zāo)不得。

割得脬子献爷(敬神)哩,人疼死了,神得罪了。

(三)以动物比喻

好虎不敌群狼。

老虎不下狼儿子。

瘦死的骆驼比马大。

骆驼脖子再长,隔山吃不了草。

鞍子大过马价钱。

牛头不对马嘴。(喻对不上号)

牛过弃(去)看不着,虱(读 sē)过弃(去)扽一条腿。(喻办事抓不住重点)

拦(像)牛抵哈(下)的一样。(喻表情很冷淡)

驴不行了怨纣(读 chòu)棍。(喻因没本事办不好事,只抱怨客观条件)

骑的驴,还寻驴哩。

苍蝇不叮无缝的蛋。

狗嘴里吐不出象牙。
狗改不了吃屎的性。(喻本性改不了)
狗肚子装不住三钱油。(指藏不住事的人)
狗撵下坡狼。(喻欺辱失意的人)
好狗不咬上门客。
好狗不挡路。(喻办事没眼色,反妨碍别人)
死鸡儿挡(读 cóu)不上架。(喻强扶也扶不上去)
死猪不怕开水烫。
瞎猫拿住了死老鼠。(喻办事时不看对象地瞎撞)
猴头戴不住乌纱帽。
猴儿再诡,还(读 hán)有丢盹的时候。
兔儿不急不咬人。
兔儿不吃窝边草。
没蛇要了。(喻没办法了)
死蜂瞎占巢哩。(喻不办事者占据着岗位)
狗头蜂做不了蜜。(喻没本事,干不了大事)
一个老鼠害了一锅汤。(喻因一个人的失误,连累了众人)
干叫唤的雀儿没肉吃。(喻只会说嘴,没真本事)
天下老哇(乌鸦)一般黑。
老哇(乌鸦)喝撩(不要)笑猪黑。

(四)以植物比喻

大树底哈(下)好乘凉。(喻借别人的条件自己落清闲)
根正不怕梢歪。
树大招风,汉大腰松。
白杨树叶叶两面光。
萝卜快了不洗泥。(喻销路好时不注意质量)
花园里挑花,挑得眼花。
马莲荽(读 yào)从细处断了。(喻在最薄弱的地方出现问题)
宁吃鲜桃一口,不吃烂杏一筐。

(五)以静物比喻

高灯低亮。

隔山不远隔河远。

上梁不正下梁歪。

这山看着(读 zhuó)那山高。(喻好高骛远)

一碗水要端平。(喻公平待人)

到处都有走长安的路。

石头大了弯(读 wàn)着走。(喻避开仗势欺人者)

馍馍不吃在笼(盆)豁放着哩。

饭碗里养仇(读 shóu)人。

锁子锁君子不锁小人。

一块骨头哄不了两条狗。

狗肉上不了台板。(喻不配抬举)

油缸倒了脚步不乱。(喻行动迟缓)

油费了灯不亮。

抹(读 mā)布捏得水淌里。(喻没有多大的本事)

麻绳从细处断(读 tuàn)了。(喻从薄弱处发生问题)

空口袋立不起来。

鞍价大过了马价钱。

出檐的椽头先烂哩。

爽(缩)头子椽耐朽。(喻躲在后边的安全)

枪打出头鸟。

槽里没马了驴支差(读 cāi)。(喻没有能干的,只好让一般的去应付)

一个模(读 mǔ)子倒出的。(喻一模一样)

离了狗粪一样种莅荞。(喻没有你,照样能办成事)

没有不透风的墙。

塌房遇上连夜雨。

塌房怕的连夜雨。

（六）以自然景象比喻

天塌哈（下）来有汉子大的顶着（读 zháo）。

天上下腊肉还（读 hán）要各柬（自己）张口哩。（喻再好办的事还要自己动手）

天打了，喇嘛的差不哈（下）。（喻不论发生什么变故，应缴的都不能少）

风吹倒了赖天爷哩。

井水不犯河水。

雷声大，雨点小。（喻喊得凶，实际效果少）

前院的水不往后院里流。

夜长睡梦多。

滴檐水滴的旧窝窝。（房檐水始终滴在原处，喻一个人怎样对待父母，子孙后代将会以同样的方式对待他自己）

（七）其他类比喻

鬼怕的恶神，人怕的恶人。

便宜（读 yīn）没好货。

八九不离十。

隔行（读 háng）如隔山。

隔行不取利。

失火带邻居。

天王爷大都不行。（喻谁也不允许）

连一该（个）响屁都不敢放。（喻不敢说话）

走了和尚走不了庙（寺）。

第三节 普通话过渡和推广

共和国成立后，国家推广以北京语音为标准音、北方话为基础的普通话。但至 20 世纪 80 年代，境内还没有说普通话的氛围，人们普遍不会说普通话，并讥笑说普通话的外籍职工或大中专毕业生为“扁言子”。境内即使偶有说者，也夹杂着大量方言，极不规范。连学校绝大多数教师都不会说普通话。时唯厂办学校教师用普通话教学，农村学校几乎都用纯方言教学。20 世纪 80 年代后期，随着广播、电视等媒体的普及传播，和新一代师范毕业生进入学校教学，人们对普通话的态度开始转变，学校开始重视用普通话教学，许多原来使用方言的教师尝试在教学中使用普通话，农村能听懂普通话的人也渐次增多。

20 世纪 90 年代，人们逐渐接受、认同普通话，越来越多的人在工作、生活中运用普通话，但不规范，常夹杂方言，被人戏称为“茬麦面”。1994 年，在小学全面推广普通话。1997 年，区教育局制定的《北道区小学教师基本功训练工作的安排意见》中，讲普通话作为小学教师基本功之一，纳入培训范围。至 1998 年底，举办基本功培训班 6 期，培训教师 520 人。1998 年 9 月，首次开展“推广普通话宣传周”活动。1999 年，区教师进修学校组织人员，利用双休日下乡，对 14 个乡、镇 1690 名农村小学进行基本功培训。

1999-2006 年，每年举办一次“推广普通话宣传周”活动。各学校把普及普通话的要求纳入学校的教学目标，渗透到学校日常管理、师生评优等教育教学活动之中。还开展以“三个一”(即一口流利的普通话，一手规范的粉笔字、钢笔字，一副形象的简笔画)为基础的教师教学基本功比赛。至 2007 年，全区教师以及学校其他行政人员在从事教育教学活动时均使用普通话，教师的普通话水平绝大部分达到国家规定的等级标准，学生也能讲比较标准的普通话。普通话已成为校园语言。除学校外，社会上亦兴起讲普通话风气。2007 年，全区开展“雅言经典·中华诗文诵读比赛”活动，还在商埠路步行街组织“第十届推普周走进麦积文艺演出活动暨万人签名活动”，以在全社会形成“说普通话，写规范字，诵读中华经典美文”的风气。至此，城区社会生活中，基本把普通话作为相互交流用语。城区人口中，除 50 岁以上老一代人还夹杂较多方言外，40 岁以下的人绝大部分使用普通话。农村人中，唯中、小学生和教师之间交流讲普通话；在人们日常生活中，仍普遍使用方言，只是个别陈俗的词句在逐渐被淘汰(如将头称“朵脑”，将母亲称“娘”〔读 niā〕)，有些字的读音开始使用标准读音(如“国”，由读ɡuī 改为ɡuó)。

第十一章　社会问题

第一节 城乡共有

一、城乡差别 城市和乡村在经济、文化、生活水平和社会经济关系等方面的差异古已有之。中华人民共和国成立后计划经济体制时期，在制度和管理上把城市与农村截然分开，形成社会经济“城乡二元结构”分治格局。由于国家户籍政策将城市人口与农村人口分开，划分为农业户口与非农业户口，以及由此衍生的“农转非”(即农业户口转为非农业户口)计划指标管理政策，使城乡采取两种不同的管理体制，城乡居民享受的待遇不同。拥有城市户口的非农业人口，即使参加中、高考落榜，也可通过招工、参军及“内部顶替”“落实政策”等途径与方式就业，在招工、就业等方面享受附着在城市户口上的各种福利；而农村户口者只能通过考入大、中专院校，企业招工等方式就业，实现“农转非”。即使参军(志愿军除外)，复员后大多回乡务农。

由于城乡二元结构的长期存在，导致城乡公共资源配置不均衡、基本公共服务不均等。农村教育、医疗卫生、科技和文化艺术等领域发展缓慢，文盲和半文盲占总人口比重大，科教文卫人员比重小。城市基础建设由国家全包，农村则基本上是由农民自筹解决，农村生产与生活急缺的中小型基础设施投资，实际上主要依靠农民自己集资投劳举办，而国家财政用于农业的支出与农业在国民经济中的地位不相对称，在一定程度上致使 2002 年后农村基层干部进行大量集资集劳，开展修路、造桥、建校、改水等工程。在义务教育和公共服务方面也存在城乡不同的待遇。农村初中和小学义务教育经费只有 60%~70%由财政预算内解决，其余 30%~40%由社会团体、个人办学、社会捐资、公民集资办学、学费杂费和其他来源解决。此外，城市居民和职工一般享受公费医疗与养老保障等待遇，而农村居民医疗则基本上属于自理和传统的家庭养老形式。另外，在商品供销方面，过去城市居民吃、穿、用都是计划定量供应，而农村居民是生产者，留下种子与自用的和交够统购任务后才可以上市出售，不足时还要吃返销粮。

改革开放后，农村经济快速发展，农民收入水平显著提高，生活得到普遍改善，在生活水平上与城市的差别逐步缩小。一些通过包工、经商、生产经营等方式先富起来的农民，经济收入与消费支出等与城市差别缩小。但农村经济社会发展整体上仍然滞后于城市，绝大多数农村人在经济、文化等方面与城市相较仍有较大差距。20 世纪 90 年代开始，农村剩余劳动力向城市转移，城市居民特别是金融保险、房地产、电力、电信等垄断性行业职工年收入增长较快，与农村居民收入差距拉大。2000 年后，由于过去忽略不计的农业生产成本及人工费用增加，而农产品价格却不能同步上涨，农民增产不增收。农村青壮年认为种粮不划算而普遍外出务工,农村经济增长相对缓慢,城乡收入差距进一步扩大。而进城务工的农民工,由于户籍限制无法在城市安家落户,难以与城镇职工同工同酬,不能真正融入城市,长期游离在城乡之间,合法权益不能得到充分保护。2003 年起,农村实施整村推进项目,实行农村税费改革,后又全面取消农业税,落实强农惠农政策,对农业生产环节实行直接补贴(包括种粮直补、良种补贴和农机补贴),但农村经济增长仍然较慢,农民经济水平、生活水平仍低于城镇。农村义务教育生均经费、人均医保支出、千人平均卫生技术人员数量、低保标准、合作医疗补助标准、社会养老保险补助水平等都明显低于城镇。据统计,2007 年农民人均纯收入 1830 元,只相当于城镇居民人均可支配收入 7274 元的 25%。

二、贫富差别 20 世纪 80 年代改革开放后,区内城乡居民收入普遍提高,越来越多的家庭摆脱贫穷,实现生活富裕。少数个体工商户从最初的百货摊点逐步发展成有产业、有住房、有积蓄的富裕阶层。20 世纪 90 年代开始,多次实行工资制度改革,增加工资,机关和事业单位职工收入大幅增长,生活水平步步提高。

2000 年后,区内国有和集体工、商企业相继改制,相当部分职工下岗,其中少数较年轻的人顺应市场形势,重新就业,收入也较前大幅度增加。但大多数年龄在四五十岁、适应市场经济能力差的人无法再就业,依靠政府救济或享受国家最低生活保障金维持生活,较为拮据。其家庭收入与富裕商户、公务人员之间出现明显差距。进城务工或带子女进城上学的农民,大多依靠打工为生,从事劳动强度大、收入偏低的体力劳动,租住房屋等消费开支较大,生活亦处于贫困状态。由此,随着城区越来越繁荣,富裕人群的消费档次越来越高,购楼房,买小轿车,逐步转向休闲娱乐,与城内低收入或无收入阶层生活的差距越来越大。

农村农民间的贫富差距亦显而易见。20 世纪 80 年代初实行承包经营前,农村在一个集体经济组织内,大致都处在同一个水平,较少差别。实行家庭承包经营后,又搞活农村经济,允许一部分人先富起来。一些善于经营,或有一技之长的农民不几年通过多种经营,成为当时的“万元户”。后经多年积累,至 21 世纪初成为农村富裕户。家业大者,资产已达数十万以至数百万元。还有部分村干部,在实行承包经营过程中,利用职权,承包集体资产,也成为首先富裕起来的人。农村贫困者,主要是两类人,一是懒惰或智力迟钝,缺乏经营能力的人;二是由于各种原因经济开支大的人,如生大病、为儿子娶媳妇、供给子女上学等。婚嫁彩礼的上涨,使一些人家挪借外债,沦为贫困之家。以全部农户计,农村拥有 10 万以上资产的富裕户约占10%,5万元以上的约占20%,贫困户约占20%,其余50%为除去费用略有结余的自给自足家庭。

三、人口老龄化 随着城乡居民生活水平、平均寿命的提高和人口生育率、死亡率的下降,境内60岁及以上人口占总人口的比例逐年增大,老年人口总量不断增长。1990年人口普查时,全区65岁及以上老人22922人,占全区总人口506495的4.53%。2000年人口普查时,全区有65岁及以上老人30427人,占全区总人口542916的5.6%。若以60岁及以上人口计,至2000年10月全区有60岁以上人口的家庭户35979户,占家庭户总数的27.3%,其中有1个60岁及以上人口的户23779户(内有单身老人户1929户),2个60岁及以上人口的户11999户,其他201户。总计60岁及以上人口48576人,占全区总人口的8.95%。

老龄化引发社会结构和家庭结构的变化,老年人的衣食住行、医疗保健、业余生活等直接影响着社会生产、消费、分配、投资、社会保障及福利、城乡规划等的调整,"四、二、一"的家庭模式(即由于计划生育中推行一孩政策形成的夫妻俩供给4位老人和1个子女的状况)的出现,少子的老龄化社会,使一些家庭无力承担照顾老人的责任。而现有的居家养老方式,又难以满足老年人在物质供养、生活照料以及精神安慰等方面的需要。家庭养老功能的弱化,使社会抚养负担不断加重。

四、人口出生性别比失调 由于受传统的"重男轻女""多子多福""养儿防老"和由男性"传宗接代""祭祖送终"等观念的影响,人们形成偏好男性的生育观。尤其在农村,由于生产和生活主要还是靠体力劳动,很多重体力农活需要男性承担,人们把发家致富的希望也寄托于男性,生育偏好男性的观念更为浓厚。20世纪80年代,B超、染色体技术用于胎儿性别检测后,为生育性别选择提供了技术条件。此后,出生人口性别比的失调伴随计划生育政策的严格执行而迅速攀升。据2000年人口普查,全区男性294605人,女性272925人,总人口性别比107.94,大致处在多年形成的常态中。但1991–2004年间总计出生的10.78万人中,男性5.72万人,女性5.06万人,出生人口性别比113。

2005年,区委、区人民政府制定《综合治理出生人口性别比升高问题问责制度》,区人民政府又下发《关于集中开展打击非法鉴定胎儿性别和选择性别的人工终止妊娠行为专项整治活动实施方案》,区计划生育局还成立打击"两非"(非法进行胎儿性别鉴别,非法终止妊娠)专项整治活动办公室,整顿规范B超市场、药品市场、医疗市场,加强孕情监测,开始采取措施遏制人口出生性别比失调的问题。尽管如此,2007 年全区总人口性别比仍为 113.53。

第二节 城 镇

一、环境保护 随着城镇化进程的加快和社会经济的全面发展,城市环境保护矛盾日益突出。城区居民生产、生活产生的污水、垃圾污染,汽车尾气及垃圾焚烧造成的大气污染,规模化养殖及带来的环境污染,一些企业设备相对落后,产品技术层次不高,排污产生的水污染等,使城区环境问题日见严重。1986 年调查,全区工业废水排放量每年 1000 万吨,处理率仅 6.3%,达标率仅 60%;工业废气排放量每年约 13 亿标立方米,净化处理率仅 55%。1995 年,全区年产生活垃圾 3 万多吨。2001 年,工业废气排放总量增至 58.79 亿标立方米。2002 年全区各类污染物排放总量为:烟尘排放量 1503 吨,工业粉尘排放量 1154 吨,二氧化硫(SO_2)排放量 1102 吨,化学需氧量(COD)排放量 8026 吨,重金属排放量 0.18 吨,工业固体废物排放量 724 吨。2007 年全区工业污染源 195 户(包括重点污染源 147 家,一般污染源 48 家),生活污染源 437 户(其中餐饮住宿服务业 259 户,医院 16 户,居民服务和其他服务业 109 户,独立燃烧设施 41 户,城镇居民生活污染源 12 户),全区工业固体废物产生量增加到 8.68 万吨。

二、社会治安 20 世纪 80 年代,城区流动人口较少,常住人口中亲缘关系、家族关系和邻里关系的比例较高,个人的行为规范依靠道德与感情双重约束,人们基本都能遵守习俗民约。1990 年后,流动人口逐年增多。尤其 2000 年后,城区人群构成逐渐复杂,人群之间的亲缘关系、家族关系和邻里关系意识淡化,社会秩序的维持单纯依靠法制和强制性管理手段。另外,社会发展带来住房、就业、群体歧视、邻里关系淡漠以及青少年心理健康等新问题的出现,对城市社会稳定、长治久安带来新的挑战。

三、精神卫生 2000 年后,绝大多数居民物质生活基本无忧,精神需求不断提高,但物价上涨、食品安全、子女教育、房价过高等问题困扰着部分人的精神生活,对理想生活的过高期望和对现实满意的缺失使一些人觉得生活并不如意,精神生活较为贫乏。此外,由于生活节奏快,工作压力大,来自生存压力、亲情沟通和社会满意度等因素的影响,一些人不同程度地受到抑郁、焦虑、愤怒等不良心理情绪的袭扰，一些居民精神健康状态不好，不同程度地存在抑郁症倾向，“亚健康”已成为人们身心健康的不良征象。

第三节 农 村

一、土地撂荒问题 境内是一个以农村人口为主的区，土地是农民生产、生活的根本保障。20 世纪 80 年代实行家庭承包经营后，土地使用权归农民，极大地调动起农民的生产经营积极性。20 世纪 90 年代后期，随着市场经济的发展，外出务工收入明显高于农业生产所得收益，致使一些农民认为在家务农不如外出挣钱，土地不再是农民谋生、发家致富的唯一手段。2000 年后，农业生产资料价格不断上涨，过去忽略不计的人工成本因青壮年劳动力大量外出务工而逐年提高。与此同时，农产品价格却不能同步上涨，导致农业比较效益不断下降，以致出现弃耕撂荒现象，许多山坡贫瘠地或不便于作务的边远零星地被弃耕，甚至平坦川地也有弃耕者。

二、青年人厌农 由于农村青壮年普遍外出务工，许多地方留乡务农的大都是妇女和五六十岁的中、老年人，以致农业劳动力明显不足。二三十岁左右的新一代农民工普遍不愿务农、不会种地。除去考入大、中专院校者外，凡落考者或中途辍学者，一旦停学，即往外地打工。其中一些收入较好的，还可养家糊口。有些人外出后找不到稳定活路，即使反从家里要钱，也要到外头混时间，农忙时也叫不回家。即使在家，也懒得参与田间农活，被人誉为“脱产农民”。是种现象，在山区尤其偏僻农村相当严重。

三、留守老人问题 境内农村养老方式一直以家庭为主，子女供养是老年人晚年生活的重要保障。1995 年后，大量劳力尤其青壮年劳动力外出后，长期两地分离使得外出子女无法为留守父母提供经常性照料和关怀，家庭养老基础动摇，影响到留守老人的经济供养、生活照料和精神慰藉。2004 年后，年轻妇女也大量外出务工，部分地区呈现种田没壮劳力、抗灾缺人手、农业“副业化”、村庄“空心化”态势。大多数老年人承担起种田、监护孙辈、看家护院等责任，依靠土地和劳动自养。尤其在生病时，只能依靠自我或配偶照料，不能及时就医，无子女看护现象普遍。部分老人在丧失劳动能力后被子女轮流供养，有的相互推诿，少数老人被子女视为“包袱”和“累赘”，赡养纠纷在农村各类纠纷中最为突出。

四、留守儿童问题 2000 年后，常年在外打工并能携带子女进行随身教育者为数不多,留在家中的孩子大多由隔代亲人爷爷、奶奶照顾,有的甚至与父母的亲戚、朋友生活,形成大量留守儿童。绝大多数留守儿童想和外出打工的父母在城市生活,但由于条件限制,主要是进入城市学校难,成为空想。由于农村老人受教育的程度不高,不懂教育方法,只看重孩子的人身安全和吃饱穿暖问题,容易纵容和溺爱孩子,使孩子产生不良的学习和行为习惯,或多或少地出现自卑、自闭、冷漠等心理现象,有些甚至好吃懒做,弃学厌学。

五、流动人口子女教育　20 世纪 90 年代,始有外出打工者携带子女在外地上学。2000 年后,打工者携带子女在外地上学者逐渐增多。一些人通过托熟人、送礼等形式,千方百计把孩子转入城区上学。由于经济条件限制,流动人口在城区买房者极少,绝大多数租房居住,空间很小。所租房多位于城乡结合部,人员混杂,治安较差,孩子缺乏活动场所,很少有健康的娱乐生活,精神生活贫乏,在鱼目混珠的环境中容易沾染不良习气。流动人口本人或配偶大多数只有小学文化水平,对孩子的学业指导和帮助程度低,间接影响孩子的学习。有的甚至是只养不教,很少检查孩子的作业,对孩子的学习放任自流,甚至认为孩子上了学,就把孩子托付给了学校。

六、有病就医难　农民抗疾病风险的能力较差,因病致贫、返贫的问题长期存在。作为三级医疗网最底层的农村医生除接诊病人外,还承担着疫苗接种、疫情登记上报、新生儿登记、疾病普查等及乡、镇卫生院下达的任务,但待遇一直未得到解决,且诊治疾病仅有听诊器、血压表、体温计等简陋设备,重医轻防、以药养医的情况没有改变。2006 年新型农村合作医疗实施后,农民看病难、看病贵的问题得到部分解决,但由于医疗保障水平及报销办理程序的限制,乡村医生诊疗费无法报销。农民患病后不愿就近就医,无法得到快速便捷的医治,一些农民生点小病也到乡、镇或以上医院住院,形成农村卫生室生意萧条、城镇医院看病拥挤的局面。

第四节　家庭问题

一、家庭暴力　由于受传统观念影响,随着生存压力的增加,发生在家庭成员之间的殴打、捆绑、残害、强行限制人身自由或冷暴力等家庭暴力行为在区内时有发生。但家庭暴力向来被视为家庭私事,邻居不劝,社区居委会不告不问,司法机关认为家庭纠纷无从插手,即使被打得鼻青脸肿,如不构成伤害罪,对施暴者也无法处罚,社会对施暴者的宽容直接导致对暴力的默许和纵容。2000 年前后,区内发生多起基于血缘、婚姻关系内的血性案件,都是由于长期的家庭暴力积聚未能及时得以疏导,一时冲动激情暴发所致。同时,隐蔽于家庭内部的冷暴力,更以时间的持续性和伤害的不可直观性摧残着受害者的身心健康,影响婚姻和家庭生活质量,并成为女性犯罪的诱因之一。

二、夫妻关系 由于社会的发展,人们都在凸显独立性、自我性、个性,由此引起的夫妻间矛盾无处不在。夫妻关系和谐已成为影响现代家庭和婚姻质量的主要问题。好多家庭存在婚姻问题和矛盾,一些家庭处于濒临破碎的边缘或已经离婚。20 世纪 90 年代后期,随着婚外恋、精神出轨、平淡婚姻、性格缺陷、人格障碍、婆媳关系、文化差异、家庭暴力等婚姻问题的出现,离婚率逐年升高。2007 年,全区离婚 359 对,是 1986 年 4 对的 90 倍。现代社会,一对夫妻可选择的征婚、试婚、结婚、离婚、复婚、再婚、重婚、逃婚、不婚等项目越来越多,情况也越来越复杂,直接影响着家庭健康发展和社会和谐稳定。

三、子女教育 随着实行计划生育后新一代人口的成长,独生子女不断增加,孩子教育成为一个备受关注和热议的社会问题。家长希望子女成龙,关注孩子的学习成绩;学校一味追求升学率,以致孩子不堪重负,既要完成课堂、家庭、家教三大作业,又要应付各类考试,还有钢琴、书法、绘画、舞蹈等各种名目的业余培训,严重违背孩子身心发展的自然规律。此外,生活上过度照顾和包办,学习上过高要求和期望,行为上过多限制和干涉,需求上过多满足和给予,使多数孩子成长在金钱和宠爱的温床上,独立能力差,自身免疫力低,养成自私、骄横、任性、孤僻、自卑、懒惰、依从、懦弱、唯我独尊等不良心理品质和行为习惯。培养出来的孩子不知做人,不会生活,不想干事创业。在生活中偶遇逆境,极易做出极端决定,给家庭和社会带来危害。

第十篇　人民生活

1985-2007年的20多年间，是境内人民生活由过去贫困型向温饱型，再向小康型过渡的时期。20世纪80年代中后期，农村由于普遍实行家庭承包经营，绝大多数农民口粮自给有余，接着又发展种植、养殖、加工、运输等专业户、重点户，兴办乡镇企业，提倡发展农村商品经济，一些农民开始外出务工搞副业，大多农民解决温饱。城镇则由于普遍提高职工工资，发放各类津贴和补助，随着经济发展，就业率提高，也彻底摆脱困难状态。20世纪90年代，随着改革开放的深化，农村居民生活水平稳步提高，乡村一些先富起来的农户盖起宽敞明亮的砖木结构住宅，有的甚至盖起小楼房。城市住房实行商品化后，城区低矮的居民住宅逐渐被一栋栋家属楼建筑群所取代。2000年后，随着经济社会的快速发展，城乡居民生活进一步改善，人民生活水平和生活质量得到显著提高。消费由以吃、用为主的生存型逐步向娱乐旅游等享受型过渡，居民消费结构中，医疗保健、交通通讯、文教娱乐等消费支出不断增长。居民无论城乡，尤其年轻一代，饮食注重美味营养，穿用追求品牌时尚，居室讲究装潢宽敞。

第一章　经济收支

改革开放后，随着经济的发展，城乡居民经济收支水平均有大幅度增长。以收入为例，改革前1978年，城镇居民年人均可支配收入310元，农民人均纯收入75元。至2007年，城镇居民年人均可支配收入增至7274元，农民人均纯收入增为1830元，分别增长23倍和24倍。扣除物价上涨因素，亦增长4～5倍。但由于经济结构的差别和收入来源的不同，城乡居民收入水平一直有较大差距，相互间之比大致为4:1左右。

第一节 城镇居民

一、收入

20世纪80年代,随着经济的发展,城镇居民人均可支配收入逐年增长。1985年工资改革后,职工工资普遍比过去增幅较大。1990年,全区职工年均工资2230元,其中全民所有制单位职工人均年工资2401元,集体所有制单位职工人均年工资1590元。与此同时,城镇就业面不断扩大,在业人口负担逐渐减轻,居民定期存款储蓄、国库券、债券利息收入、经营性收入和临时劳务收入不断增多,城镇居民可支配收入平稳增长。随着私营、个体经济的发展和企业承包、租赁制的推行,城镇居民家庭收入差距逐渐拉大。1989年区委政策研究室对1988年城市居民收入调查,职工人均年收入1371元,其中工资1022元,奖金等349元;2户私营企业主人均年纯收入2.8万元,为职工平均收入的17倍;26户个体工商户人均纯收入6627元,为职工人均收入的4倍。9个承包、租赁企业中,承包者人均年收入3505元,其中工资1682元,奖金及利润分成1823元,为职工人均收入的2倍。20世纪90年代,城镇居民收入水平持续高速增长,一部分善于经营者迅速致富,与普通城镇居民收入进一步拉大。1994年机关和事业单位再次进行工资改革,职工工资大幅提高。1998年,区内首次实施城镇居民最低生活保障制度,政府将城镇居民中低收入家庭纳入社会保障体系。同时,国有企业下岗职工实行职工基本生活保障政策。是年,城镇居民年人均可支配收入3542元。2000年后,随着改革的不断深入,个体私营经济迅速发展,就业渠道不断拓宽,城镇居民工资性收入增幅较大,转移性收入增长较快,经营性收入平稳增长,收入整体水平稳步提高。与此同时,收入差距迅速增大。民营企业主、部分个体工商户、包工头收入增长较快,成为收入水平较高的阶层。另一方面,国有、集体企业相继改制、破产,有的工厂职工集体下岗,其中有一技之长的,很快实现再就业,获得较高收入;无技术专长的,下岗后找不到工作的,成为待业人员。特别是部分家庭其成员在同一个企业工作的,失业后整个家庭陷入困顿,主要靠国家发放基本生活费和低保政策解决,生活水平相对较低。机关、事业单位职工因其收入稳定,成为社会瞩目的群体。2001年,城镇居民年人均可支配年收入4270元。2003年后,随着社会保障体系和救助制度逐渐完善,城市低收入群体享受国家低保政策,收入渐增。2004年,城镇居民可支配收入5938元。2005年后,城镇居民收入增长较快,由单一的工薪收入向经营性收入、财产性收入和转移性收入发展,收入格局呈现多元化。

至 2007 年，全区城镇居民年人均可支配收入 7274 元，是 1978 年数 310 元的 23.5 倍。

1998–2007 年城镇居民年人均可支配收入

年份	城镇居民年人均可支配收入(元)	年份	城镇居民年人均可支配收入(元)
1998	3542	2003	5350
1999	4380	2004	5938
2000	3988	2005	6536
2001	4270	2006	6928
2002	5050	2007	7274

工薪收入　1985 年,机关和事业单位进行工资改革,标准工资制改为以职务工资为主的结构工资制，工资普遍增加；企业则实行工资总额与经济效益挂钩,其工资增长速度由企业依据经济效益高低自主确定,企业职工收入亦普遍增加。是年,区内国有制单位职工 10083 人,年人均收入 1063 元,其中计时工资 355.49 元,计件工资 55.95 元,奖金 59.2 元,津贴 93.05 元,加班工资 15.36 元;城镇集体所有制单位职工 5561 人,年人均收入 823 元,其中津贴 17.64 元,奖金 35.62 元,计件超额工资 60.06 元。1986 年,国有制单位职工年平均收入再增为 1161 元,其中固定职工 1261 元,合同制职工 753 元,其他职工 807 元。此后,职工工资每年均有一定幅度的增长。至 1993 年,省、市属国有制单位职工年平均工资增至 2643 元,区属全民所有制单位职工年平均工资 2428 元,集体所有制单位职工 1795 元。1993 年后,国有制单位职工工资每年以 20%左右速度递增,但集体所有制企业由于经济效益差,增长缓慢。至 1997 年,区内国有经济单位职工人均年工资增至 4792 元，城镇集体单位职工 3071 元，其他经济类型单位职工 4142 元。2000 年,国有企事业单位(含国家机关)在岗职工年平均工资 6600 元,其中企业在岗职工 5113 元,事业单位在岗职工 7559 元,机关在岗职工 7564 元;城镇集体单位在岗职工年平均工资 3852 元,其中企业在岗职工 3697 元,事业单位在岗职工 5341 元，机关在岗职工 5192 元；其他单位在岗职工年平均工资 5082 元。2000 年后,经济快速增长,拉动居民收入增长。2003 年,全区机关事业单位调整工资，机关、事业单位职工工资再次提高。全区在岗职工年平均工资 10377 元。2006 年,机关、事业单位进行工资套改,企业也普遍增加工资,城镇居民工资性收入增长幅度较大。至 2007 年,全区城镇居民人均工薪收入 7035 元,

比 1978 年的 310 元增长 22.6 倍。

家庭经营性收入 随着产业结构的调整和国有企业改革的推进，居民就业观念的改变，城镇居民家庭中个体劳动者逐年增加，可支配收入中经营收入也逐年增加。2007 年，区内城镇居民人均经营性收入 268.72 元。

财产性收入 20 世纪 80 年代，大多城镇居民将为数不多的余钱存于银行以获取利息收益，或者购买国库券。20 世纪 90 年代，城镇居民收入增长较快，加之金融市场的快速发展，将余钱投资于股票、债券、有价证券的城镇居民渐增。1994 年全区居民债券投资仅 5.2 万元，1999 年增至 1257 万元。2000 年后，城镇居民收入快速增长，投资渠道拓宽，理财意识增强，除储蓄外，一些居民还购买股票、债券、有价证券、基金、黄金等金融资产和银行、保险公司推出的理财产品及其他资产（古玩、字画、工艺品等），以期增加收益。2005 年，全区金融债券计 1.57 亿元。2007 年，城镇居民家庭人均财产性收入 69.33 元。

低收入群体转移性收入 对城镇无依靠、无生活来源的孤、老、残、幼群体，20 世纪 80 年代城区主要采取社会福利院收养和定期定量救济的办法。20 世纪 90 年代，各级党委、人民政府开始重视提高城镇低收入群体的收入水平和生活水平。为减少物价上涨给低收入家庭带来的影响，从 1998 年开始实行最低生活保障制度，同时，还提高最低工资标准、失业金标准和离退休人员的离退休金标准，使低收入家庭从各级财政获得的转移性收入迅速增长。2007 年，区内城镇居民人均转移性收入 1377.26 元。城镇领取失业保险金人数 588 人，发放保险金 125 万元。

二、支出

1978 年，境内城镇居民年人均消费性支出 207 元。20 世纪 80 年代，城镇居民收入稳步增长，消费水平亦逐步提高，消费观念也在调整和转变。1998 年，城镇居民人均实际年支出 3761 元，其中生活费人均支出 2984 元。1999 年，城镇居民人均生活费支出增至 3459 元。

2000 年后，城镇居民衣食住行等消费支出成倍增长，消费结构日趋呈现多样化。2001 年，城镇居民年人均消费支出 3874.6 元。2005 年 5180 元，2006 年 5358 元。2007 年，再增至 6527 元，是 1978 年的 31.5 倍。

三、结存

20 世纪 80 年代，随着经济的发展和人民收入的增加，城镇居民结存增加较快。1985 年，城镇居民人均储蓄 380 元，结存现金 66 元。1990 年，人均储蓄余额 1010 元，持有各种债券 48 元，结存现金 30 元。其中结存万元以上的户占 10%以上，无结存的户不到5%。20世纪90年代，城镇居民大都将消费后结余又较长一段时期不用的现金以定期储蓄方式存入银行，作为货币保本增值的一种手段。1994年，全区城镇储蓄5.98亿元，人均4600元。2000年后，随着经济的迅速发展，就业渠道的拓宽，城镇居民收入稳定增长，消费结余性结存稳步提高，个人存款大幅度增长。

1995-2007年城乡居民储蓄存款

年份	城乡居民储蓄存款总额(万元)			城乡居民人均储蓄(元)
	合计	活期	定期	
1995	80757	16040	64717	1522
1996	101129	21365	79764	1870
1997	120666	26791	93875	2191
1998	140265	44754	95511	2525
1999	130135	32134	98001	2321
2000	135715	38792	96923	2403
2001	164705	50051	114654	2894
2002	210149	64737	145412	3653
2003	251055	82648	168407	4341
2004	291185	94248	196937	5007
2005	339470	110262	229208	5804
2006	389692	151905	237787	6622
2007	400893	155504	245389	6765

第二节　农　民

一、收入　20世纪80年代农村实行家庭承包经营后，农业生产效率大幅度提高，农民始有空闲在生产之余搞副业，部分农民开始外出务工，农民节余货币增多，个人储蓄每年都有较大幅度增长。一些商品经济较发达的乡村，部分农民由自给自足经济向商品经济过渡，在产业结构调整过程中涌现出一些种植、养殖、工业、运输等专业户、重点户。由此，境内农民人均纯收入逐年增加，农民生活有一定改善，部分农民率先脱贫致富。1985年区农业调查队在新阳、元龙选择4个村、20户，共131人调查，年总收入4.24万元。在年总收入中，家庭经营收入3.62万元，其中种植业2.5万元，林业550元，牧业4296元，手工业1123元，采集 703 元,建筑业 3378 元,运输业 66 元,商业、饮食业、服务业 637 元,生产性劳务等 482 元;从集体经营中分配收入 2764 元,其中统一核算分配 794 元,乡村企业 1385 元,公益金中得 585 元;在外务工者寄回收入 3455 元。减去生产性费用等,纯收入 3.36 万元,人均 257 元。扣除物价上涨因素,比 1978 年(1978 年统一分配、自留地、家庭副业收入合计人均 75 元)增 1.3 倍。又据 1986 年区农业调查队对南河川、石佛、新阳、元龙、麦积、马跑泉 6 乡镇 12 个村 60 户农民定点调查,年人均纯收入 266 元。之后,由于农村工副业、专业户的发展,外出打工者增多,以及农业增产、粮食提价等因素,农民收入迅速增加。1990 年,所调查 60 户农民,年人均纯收入增至 474 元[①],扣除物价上涨因素,比 1986 年增 50%。在调查户中,人均纯收入 200 ~ 300 元的 4 户,301 ~ 400 元的 10 户,401 ~ 500 元的 24 户,501 ~ 600 元的 13 户,601 ~ 800 元的 7 户,800 元以上的 2 户。

20 世纪 90 年代,普遍调整农业种植结构,农产品价格不断上涨,砖瓦、养殖、加工等工副业及乡镇企业逐步兴起并成为农民收入新的增长点。农民经济收入结构发生较大变化,从事服务、建筑以及服装加工等二、三产业的人员迅速增多,外出劳务人数不断增加,劳务收入比重增加,逐渐成为农民增收的主要途径之一。1993 年,全区农民人均纯收入 647 元,其中现金收入 385.92 元,转移性收入 3.66 元,储蓄借贷收入 29.98 元。1995 年,再增至 1011 元。是年农村住户调查得出年人均收入 1282.96 元,其中劳动者报酬 145.48 元,家庭经营 1102.11 元,转移性收入 24.69 元,财产性收入 10.68 元。1996 年,农民人均纯收入达到 1161 元。1997 年由于发生严重大旱,农民收入有所下降。

2000 年,农村住户调查得出,年人均收入 1456.75 元,其中劳动报酬 327.26 元(其中在企业劳动报酬 68.85 元),家庭经营 1031.14 元(农业 762.51 元,工业 0.04 元,建筑业 8.67 元,运输邮电业 26.16 元,商业、饮食服务业 77.01 元,其他 156.74 元)。农民年人均纯收入 1255.34 元,可支配收入 893.72 元。2001 年,农村住户人均全年收入 1537.03 元,其中劳动者报酬 496.49 元,家庭经营 1019.69 元,转移性收入 20.84 元,人均纯收入 1298.51 元。

其后,农村实施参与式整村推进扶贫项目,一批贫困户走上区域经济开发之路,依托国家扶持脱贫致富,经济收入有所增加。同时实行农村税费改革,取消乡村统筹提留,农民经济负担减轻。2003 年,区内农村住户全年人均总收入

---

①其数为调查数据,区统计局《天水市北道区国民经济统计资料》1990 年农民人均纯收入统计为 407 元。

1652.31 元，其中劳动报酬 483.82 元（在本乡地域内劳动收入 70.19 元，外地务工收入 365.18 元），家庭经营 1119.7 元（农业 995.75 元，工业、建筑业 35.47 元，运输邮电业 24.64 元，商业、饮食服务业 45 元），财产性收入 28.83 元（主要来自租金），转移性收入 24.94 元（其中退耕还林还草补贴 14.75 元）。全年人均纯收入 1457.97 元，其中现金 796.76 元，实物折价 661.21 元。2004 年起，外出务工农民不断增多，收入大幅度增长，同时国家取消农业类税收，又实施一系列支持和保护农业的强农惠农政策，对农业生产环节实行直接补贴，转移性收入在农民人均纯收入中的比重上升。2007 年，全区农民人均总收入 2096.96 元，其中工资性收入 583.48 元，经营收入 1319.86 元，财产性收入 88.74 元，转移性收入 104.88 元。农民人均纯收入达 1830 元，是 1985 年的 7.1 倍。在发展过程中，一些善于经营的农民，通过调整产业结构，改种粮为栽植苹果，发展蔬菜，从事养殖，年收入数万元的户不少，更有从事建筑、商业、运输业的农民，年收入在 10 万以上者也不鲜见，成为农村中率先富起来的户。

1987–2007 年农民年人均纯收入

年份	年人均纯收入（元）	年份	年人均纯收入（元）	年份	年人均纯收入（元）
1987	297.06	1994	750.00	2001	1298.51
1988	334.59	1995	926.00	2002	1362.23
1989	376.90	1996	1161.00	2003	1457.97
1990	407.00	1997	826.00	2004	1566.00
1991	433.00	1998	1169.38	2005	1670.00
1992	564.00	1999	1194.65	2006	1737.00
1993	647.00	2000	1255.34	2007	1830.00

二、支出　农村实行家庭承包经营后，生产经营费用、购置固定资产、上缴农业税及村、组提留费用成为农民支出项目，加之随生活水平的提高、消费增加以及物价上涨，农民支出逐年增加。1985 年对新阳、元龙 2 乡 4 个村抽查，人均年支出 258.72 元，其中家庭经营费用 54.65 元，购置固定资产 2.76 元，缴税 3 元，上缴集体承包费 2.81 元，生活费 195.5 元。生活费支出中，食品占 67.6%，衣着 7.8%，住房、电费 10.7%，燃料 4.4%，日用品及其他 9.5%。1986 年后，由于物价上涨，特别是农用化肥、农药、农具价格的大幅度提高，以及农民物质生活的提高，人均支出增长幅度较快。1990 年对南河川、石佛、新阳、元龙、麦积、马跑泉 6 乡

2002–2007 农民人均支出抽样调查

单位:元

年份		2002	2003	2004	2005	2006	2007
全年总支出		1270.37	1417.53	1706.83	1772.44	1801.48	1686.34
家庭经营费用支出		204.93	130.90	302.18	262.18	244.16	227.85
购置固定资产支出		8.24	13.62	—	13.59	4.68	15.86
缴纳税款		51.41	40.69	25.58	2.53	2.65	—
生活消费支出	合计	979.86	1214.95	1358.86	1467.76	1392.17	1403.71
	食品	320.52	625.42	757.35	745.62	749.58	785.65
	衣着	76.71	68.09	77.62	103.01	112.39	120.44
	居住	136.47	314.71	194.96	187.62	113.90	114.92
	家庭设备、用品及服务	36.55	39.31	37.79	61.37	53.34	71.59
	交通通讯	21.49	34.19	51.38	128.75	130.70	125.58
	文教娱乐用品及服务	149.36	25.25	138.03	139.45	120.62	81.78
	医疗保健	40.82	32.29	64.13	90.09	105.24	95.09
	其他商品和服务	39.20	4.51	4.82	11.85	6.39	8.65
财产性支出		—	3.31	—	—	107.14	—
转移性支出		25.92	14.07	20.21	26.38	50.68	38.93

镇 12 村 60 户农民调查,人均年支出 498.68 元,其中家庭经营费用 107.33 元,购置固定资产 17.86 元,缴税 6.05 元,上缴集体承包费 3.37 元,生活消费 358.43 元,其他非生产性支出 5.64 元。1996 年,农村住户年人均总支出 1328.09 元,其中家庭经营费用 225.05 元,购置固定资产 42.94 元,缴纳税款 26.58 元,上交集体承包费 32.48 元,集体提留与摊派 14.83 元,生活消费支出 979.31 元,其他非

生产性支出 6.9 元。1999 年调查，农民人均生活消费支出 833.45 元，其中食品 477.2 元，衣着 42.15 元，居住 148.87 元，家庭设备用品及服务 21.53 元，医疗保健 16.54 元，交通通讯 12.77 元，文教娱乐用品及服务 105.49 元，其他商品和服务 8.9 元。

2000 年后，农民消费支出稳定增长。食品消费仍占最大比例，衣着消费、交通通讯消费、医疗保健消费和文教娱乐支出增幅较大。2003 年，农村住户全年人均总支出 1417.53 元，其中家庭经营费用 130.90 元，购置固定资产 13.62 元，缴纳税款 40.69 元，生活消费 1214.95 元，财产性支出(宅基地有偿使用费)3.31 元，转移性支出 14.07 元。2007 年，农村住户人均全年总支出 1686.34 元，其中人均生活消费支出 1403.71 元，家庭经营费用支出 227.85 元，人均转移性支出 38.93 元，购置固定资产支出 15.86 元。在全部生活消费支出中，食品消费 785.65 元，交通和通讯消费 125.58 元，衣着消费 120.44 元，居住消费 114.92 元，家庭设备购置 71.59 元，文化教育娱乐 81.78 元，医疗保健 95.09 元，其他 8.65 元。

三、结存　20 世纪 80 年代，农民挣钱的门路渐多，粮食、现金结存亦渐多。1985 年，农民人均储蓄余额 60 元。其后，通过产业结构调整从事二、三产业的农民增多，经济收入快速增加，农民结存渐次增加。20 世纪 90 年代，随着农村剩余劳动力向城市和非农产业大量转移，农民经济收入增幅较大，现金结存普遍增加。1993 年，全区农村存款 2.89 亿元，其中农户储蓄存款 6500 万元，农村人均手持现金 232.54 元，粮食结存 360.9 公斤。同年在马跑泉镇三十甸子村调查，存款百万元的 3 户，万元以上的 54 户，千元以上收入的户占总农户的 80%。1998 年调查，农村人均粮食结存 474.84 公斤，人均手持现金 521.68 元，人均存款 67.24 元。2000 年，农村人均粮食结存 793.05 公斤，农民人均手持现金 527.74 元，人均储蓄存款 68.88 元。农业贷款 1.34 亿元，人均储蓄借贷现金支出 37.29 元。之后，由于相当部分耕地改种粮为栽植果树，加之卖粮难，种粮面积大幅度减少，人们已不再积存过多粮食。2001 年，农村人均粮食结存减为 357 公斤，人均存款 57.98 元。2003 年，农村人均粮食结存 340 公斤，人均金融资产余额 288.01 元。2003 年后，农民工资性收入持续增长，大多农民现金结存持续增加。一些搞工程承包的包工头、善于经营的商户和种植苹果、蔬菜等经济作物的大户，结存大幅增加，储蓄存款在数万甚至十数万元者也不鲜见。2007 年，农村人均粮食结存 237 公斤，人均金融资产余额668.42 元。

1993–2002 农村住户调查人均粮款结存

年份	调查户数(户)	常住人口(人)	年末粮食结存(公斤)	年内粮食收入(元)	资金结存(元)	
					期末手存现金	期末存款余额
1993	60	314	487.98	411.59	232.54	15.03
1994	60	295	604.07	427.64	…	…
1995	60	299	486.04	252.32	456.81	39.53
1996	60	296	253.19	369.71	229.38	11.66
1997	60	288	284.41	238.82	321.68	21.18
1998	60	290	474.84	428.21	521.68	67.24
1999	60	284	607.30	391.60	897.14	94.37
2000	60	305	793.05	449.45	527.74	68.88
2001	60	263	357.19	432.77	…	57.98
2002	60	229	302.58	391.03	…	…

2003–2007 农村住户调查人均粮食结存、金融资产余额

年份	调查户数(户)	常住人口(人)	年末粮食结存(公斤)	年内粮食收入(元)	期末金融资产余额(元)	期末债务余额(元)
2003	60	257	339.78	310.52	288.01	…
2004	60	262	251.73	539.47	419.53	261.45
2005	60	277	244.21	410.95	409.67	60.44
2006	60	280	249.95	298.13	559.54	…
2007	60	285	236.76	289.01	668.42	…

第三节 医疗费用

一、职工和城市居民 20世纪80年代，职工(干部、工人)实行公费医疗，住院费用全部以财政拨款实报实销，无业居民药费自负。1988年，改革公费医疗管理办法，门诊费按年龄分档次包干，住院费报销90%，自负10%。1992年，成立区公费医疗管理办公室，统一管理全区干部职工公费医疗。2001年，推行机关事业单位职工基本医疗保险，由用人单位和职工共同缴纳保险费，其中用人单位缴费率为在职职工工资总额的6%，职工缴费率为本人工资收入的2%；职工治疗医药费和住院费按比例报销。2007年，全区参加城镇职工基本医疗保险者1.61万

人，征缴医疗保险费794万元，支付医疗费323万元。

二、农民　2006年前，农民医疗费用除五保户享受医疗补贴、个别困难户可从民政救济款中补助部分外，均为自己负担。一些人因家庭困难无钱治病以致迁延病情者时有出现。2006年，国家在农村开始实行新型合作医疗（简称“新农合”）制度。新农合统筹基金由各级财政和农户按比例共同筹集，初除中央、省、市、区4级财政补助外，凡参加者每人每年缴费10元。个人所缴部分，五保户、优抚对象由区民政局支付，二女结扎户、独生子女领证户由区计划生育局支付，特困户由区扶贫办公室从扶贫资金中支付，90周岁以上高龄老人由乡、镇人民政府支付。自愿参加新农合的农民，在缴纳个人应缴数额后，凡治疗或住院均按比例报销。所住医院级别越低，报销起点越低，且报销比例越高。初规定，在乡级医院住院治疗的，费用100元以下的由自己承担，100元以上部分按50%比例报销；在区级医院住院治疗的，费用300元以下由自己承担，300元以上部分按45%比例报销。2007年，降低报销起点，提高报销比例，改为在乡级医院住院治疗的，费用在30元以下由自己承担，30元以上部分按70%的比例报销；在区级医院住院治疗的，费用在100元以下的自己承担，100元以上部分按65%的比例报销。对儿科患者医药费还给予优待。并规定，报销数额最高为2万元。

2006年实施“新农合”后，当年全区整体参合8.65万户、40万人，参合率为89.36%。实行“新农合”后，由于住院治疗费用大都可以报销，农民开始改变过去患疾病抗、推、拖的态度，有病均能积极治疗，以致一些久病未治患者的疾病也得到治疗。

2006–2007年全区新农合报销情况统计

年度	总补偿			其中								
				家庭账户			大病统筹(住院)					
	人(次)	补偿费用(万元)	收益率(%)	人(次)	补偿费用(万元)	收益率(%)	人(次)	收益率(%)	总费用(万元)	例均费用(元)	补偿费用(万元)	补偿比例(%)
2006	262083	846.71	65.5	256018	204.81	64	6065	1.5	1931.85	3185.24	641.89	32.23
2007	213065	1468.36	51.6	201926	196.36	49	11139	2.7	3159.28	2836.23	1272.00	40.26

第二章 生活水平

20 世纪 80 年代开始,城乡居民生活水平逐步提高。先是由过去的低水平实现温饱,继之从 20 世纪 90 年代开始,尤其进入 21 世纪后,又向小康型发展。尽管城乡差别依然存在,但总的都在同步提高,且其变化幅度为亘古未有。

第一节 城镇居民

20 世纪 80 年代中,城镇居民消费仍是温饱型的基本生活消费。20 世纪 80 年代后期,进入追求家用电器普及为主的生活必需品购置阶段,出现家电消费热。20 世纪 90 年代,在普遍提高职工工资的同时,改革医疗、住房、养老、教育等制度,取消住房分配制度,实行个人购房,医疗费用亦由过去全额报销改为由个人负担一定比例,教育支出基本由家庭负担,城镇居民自理型消费的范围扩大。居民消费结构发生明显变化,由过去的吃、穿、用为主的消费转向以改善居住条件和通讯、交通为主的住行消费,从简单的商品性消费转向餐饮、医疗保健、教育、娱乐、旅游、家政服务等包括各种服务在内的多元化消费。

2000 年后,城镇居民普遍从生活必需品转向注重选择、追求时尚的个性化消费,商品质量、品牌意识日趋增强,消费结构由雷同化向多元化方向发展。食品消费比重降低,衣着打扮追求形式多样、成衣和高档化;普通家电普及化,电脑、微波炉、热水器、电动车、小轿车等新型耐用消费品开始进入部分居民家庭。相当部分的家庭经过多年资金积累,逐步向以住房、医疗保健、通讯、旅游等为主要内容的享受型消费过渡。同时,随着社会服务业等第三产业的发展,居民生活观念从生存型的方式中完全摆脱出来,家庭服务性消费已不只是日常生活必须的水电费、学杂费、交通等基本服务性消费支出,出现花钱请保姆、雇钟点工等新型服务性消费。

一、饮食 20 世纪 80 年代中,城镇居民大多以小麦面粉(俗称“白面”)制作的面食为主食,辅以玉米面等杂粮,肉、蛋、菜副食品较少。时境内城镇居民恩格尔系数(食品支出总额占个人消费支出总额的比重)在 50%以上。20 世纪 80 年代后期,随着经济形势好转和社会的发展,大多城镇居民饮食状况得到改善,食品消费支出占个人消费支出的比重下降。饮食结构发生变化,主食的比例逐渐下降，副食品和果品的比例增加。大多居民主食以面粉和大米等细粮为主，吃玉米面等粗粮的人减少，仅成为尝新改顿食品。

20世纪90年代，粮食供求走向市场，各种时令蔬菜供应充足，反季节蔬菜比比皆是，肉类食品、各种新鲜的水产品、新鲜蔬菜、饮料到处都能买到，鸡、鸭、鱼、肉、豆制品及奶制品等多种副食品进入普通城区居民的餐桌。居民饮食由吃饱向吃好转变，主食消费量进一步下降，副食品消费比重扩大，人们从注重能量向讲究粗细搭配、注重营养均衡转变。至1999年，城镇居民恩格尔系数下降到40%左右。

2000年后，随着城镇居民生活水平的提高和节奏加快，诱引就餐方式发生改变，食物品种和花样的翻新增多，城镇居民在外就餐者大幅度增加，食物趋于多样化，膳食质量明显提高。人们更加注重食品安全和健康，开始推崇新鲜、绿色、有机环保和少油低热、多炖少煎的烹饪食品。主食讲究粗细搭配，副食荤素适量，减少油腻食品摄取。儿童及中老年人每天饮用鲜牛奶和豆浆补钙者增加，食用有机食品、绿色食品渐成时尚，以前因粮食不足用来充饥的野菜、粗粮，反倒成为餐桌上的健康食品，受到城镇居民的青睐。2007年，城镇居民恩格尔系数降为38.1%。

二、衣着 20世纪80年代，居民购买服装大都以价格便宜者为主，大多居民家庭备有缝纫机，购买布料自做衣服。1985年，城镇居民人均购买成衣消费32.7元。20世纪90年代，由于城区居民收入水平的提高，加上成衣挑选性增强，一般服装价格也适中，购买成衣的居民渐多，买布料加工衣服者逐年减少。2000年后，随着人们追求时尚的趋势，衣着消费支出不断增加。购买低档便宜衣着的人渐少，消费模式向成衣化、时装化、高档化发展，求新潮、求特色、求雅致、求时髦成为年轻一代衣着消费的追求。穿的观念也发生很大变化，不但年轻人爱打扮，中老年人和儿童对服装的要求也十分讲究，衣着的更新周期大大缩短。服装消费已不再是单纯的物质消费，更是时代精神和社会文明的体现，反映出城区居民对美的向往和追求。2007年，市民人均购买成衣支出758.73元，购买成衣在衣着支出的比重占94.2%。

三、住房 20世纪80年代中，几乎所有的城镇居民都住租赁公房。其结构或砖木结构，或土木瓦房。住房拥挤户、无房者甚多。一些居民三代同室，或与大龄子女同住一室，有的无住房户甚至租赁私房或投亲靠友借居。20世纪80年代后期，由个人集资、单位筹资方式筹集资金修建职工住宅楼的单位渐多，城镇住房建筑结构开始由平房向砖混结构楼房发展。

1992–1993年，先后成立启星房地产综合开发公司和区房地产公司，开始在城区建设商品楼房，向居民出售。由此，出现机关集资建房和直接购买住宅两种形式。1993年，城镇新建住宅1.68万平方米，市第二人民医院、北道保险公司、工商银行北道支行、区石油公司、区新华书店等单位集资建成职工住宅楼。1994年，新成立的振兴、宏达两房地产公司及区城建开发公司亦开始兴建商品楼。是年商品楼房施工面积3.46万平方米，其中新开工1.2万平方米，当年建成销售1.48万平方米。另外，各机关单位集资建成职工住宅1.32万平方米。1995年，竣工3.42万平方米，其中住宅3.1万平方米，售给个人用作住宅的1.29万平方米。1996年，区卫生局、区教育局、区一建公司、区农机厂、北道公路管理段、甘肃省地质矿产局一队、甘肃有色地质勘查局二队等单位集资建成职工住宅楼。1997年，市第二中学、市第八中学、区中医医院、桥南商场、省林校等单位亦开始集资兴建职工住宅楼。

1998年，改革住房制度，对区直管公房、自管公房分别按成本价、标准价出售给住户。年内，商品房建设投资1290万元，居民购买住房消费574万元。1999年，竣工房屋14.22万平方米，其中住宅11.68万平方米，商品房建设投资847万元，竣工房屋249套。

2000年后，福利性公房分配逐步取消，单位不再集资兴建住宅，城镇职工、居民均依靠个人购买商品房解决住宿。2002年，开工建设桥南新建巷住宅小区和渭滨东路经济适用住宅小区，是为首次建设经济适用住房，面向城镇中低收入家庭出售。2003年，建成下曲经济适用房住宅小区。是年商品房销售中，职工、居民个人购买住宅比重已占到96.1%。但由于商品房价格逐年上涨，中低收入家庭因无力购买商品房，住房困难人群仍大量存在。2005年后，自购商品房、经济适用房的家庭逐年增多，住大房、靓房的家庭增加，部分富裕者开始购买高档住宅。居住类消费成为部分家庭的主要消费。有些人为购房，倾其一生储蓄，并向亲友借款举债，甚而向银行贷款；一些新参加工作或工龄不长的人，自己无积蓄，便由父母或亲属资助，甚至动用父母的养老钱。年轻一代观念也开始改变，不屑于租住别人房屋，宁肯倾家之力，也要有一套属于自己的住房。随着住房制度改革，过去那种住房靠机关单位的观念已不再存在。2007年，城镇居民人均居住面积17.46平方米，是1985年人均居住面积的3.5倍。拥有单元配套住房的城镇居民家庭占98%，住普通平房及其他住房者2%。大多家庭拥有两居室以上的住房，有近85%的城镇居民家庭拥有房改私房产权，11%的居民拥有商品房产权。

四、生活耐用品 20世纪80年代，城镇居民家庭基本普及手表、自行车、缝纫机和收音机(统称“老四件”,俗称“三转一响”),以木板、三合板、五合板、纤维板等制作的高低柜、大立柜、衣柜、书柜、床头柜、写字台、梳妆台、沙发等新式家具陆续进入居民家庭,旧式家具渐次淘汰。照相机也开始进入居民家庭。一些富裕家庭开始购置黑白电视机、洗衣机、录音机等家用电器。20 世纪 80 年代后期,出现以“新三大件”(洗衣机、电冰箱、黑白电视机)为主要消费对象的家电消费热,购置彩色电视机、电冰箱、电风扇等电器的居民家庭大幅增加,数年内基本普及。组合家具、空调、录像机、钢琴、地毯等开始进入少数富裕家庭。1995 年后,购买组合音响、淋浴器、抽油烟机、VCD 机、家庭影院者渐多,居民消费观念从注重实用向娱乐、享受型发展。2001 年麦积桥南建材综合批发市场建成营业后,实木、板式、铁艺、环保材料等各种材质的家具供应齐全,风格上中式、美式、欧式应有尽有。其中实木定制家具(分全实木家具、实木复合家具)因材料环保,用胶量少,技术工艺含量较高,符合现代人绿色生活需求而倍受青睐,成为家具中的高端化产品。一些材质较好、价位适中的高密度板材质家具,因其款式新颖、经久耐用,在家具销售市场中占较高份额。2005 年后,家用电脑、摄像机、微波炉、健身器材、数码产品等新兴的家用电器也渐次进入城市居民家庭。耐用消费品数量增加,档次逐年提高,彩色电视机、电脑、手机需求向高清晰液晶大屏幕、多画面、多声道、多功能方向发展。洗衣机也由原来的单双杠发展到电脑控制、滚筒带烘干等智能型洗衣机。至 2007 年,全区每百户城镇居民家庭中洗衣机、彩色电视机、电冰箱的拥有量分别为 95 台、106 台、87 台。

五、烧、用水、用电　20 世纪 80 年代,城区大多住户做饭、取暖用煤,照明用电,渭河北居民使用自来水。1986 年,北道水电管理所在渭河南打成机井,安装深井泵、离心泵,建容量 50 吨水塔。投入使用后,桥南居民始使用自来水。20 世纪 90 年代,城区部分居民开始使用液化气,大部分人家燃料仍以煤为主。2000 年后,使用液化气的居民大幅度增长,仅少部分居民仍使用煤。2001 年,前进路住宅小区供热工程建成交付使用,次年又建成桥北集中供热工程。2003 年,电磁炉作为效率较高的新型炉具,进入城镇居民厨房,由于使用方便,且安全环保节能,很快为大部分居民所使用。2006 年,随着天水中油管道燃气项目的建成,城区部分居民开始用上清洁能源天然气。2007 年,桥南集中供热工程竣工并投入使用,供热面积 82 万平方米,从而城区大部分居民家庭冬季取暖使用暖气。

六、出行　20 世纪 80 年代,城市居民短途多骑自行车或乘坐公交车,也有步行者。20 世纪 90 年代,仍大多骑自行车或乘坐公交车,部分富裕户开始购买私家车,节假日外出旅游者逐年增加。2000 年后,外出骑自行车者渐少,人们在市内出行大都乘公交车，亦有骑摩托车或电动车者，节假日外出旅游者大幅度增加。2005年，城市道路面积243.9万平方米，城市每万人拥有公交车辆5辆。2005年后，城市居民购买私家车者剧增，户外徒步运动在中青年一族悄然兴起。2007年，城市道路面积283万平方米，城市人均拥有道路面积21平方米，城市每万人拥有公交车辆6辆。

七、通信和通讯 1985年调查，区内城镇居民人均通讯类支出仅0.73元，且都是信件邮寄费，时居民家庭无固定电话。20世纪90年代初，始有极少数富裕者使用手持移动电话“大哥大”。至1993年，城区安装自动电话4320部，“二哥大”、无线寻呼机（又称传呼机）开始使用。20世纪90年代后期，移动电话（通称手机）大幅降价，使用手机的人渐次增加。至1998年，区内城市住宅电话达到1.6万部。

1999年后，进入信息产业飞速发展时期，居民信息消费快速增长，固定电话、手机、无线寻呼机等通讯工具的拥有量和信息消费大幅度增加。2000年，新建4个交换点、12处数字移动基站和4处直放站，相继开通“陇原通”和无线市话手机小灵通业务，城市住宅电话达2.4万部，移动电话1.06万部，无线寻呼1.67万部。2001年，随着中国移动通信集团公司完全关闭模拟移动电话网，大哥大、二哥大退出消费市场。是年，建成宽带接入网工程，通讯信号基本覆盖城区及城郊，城市住宅电话增至3.17万部，互联网上网用户2308户。2002年，移动信号覆盖率扩大，使用手机的人大幅度增加，城市住宅固定电话减至2.56万部，互联网上网用户增至2500户。2003年起，随着互联网的发展，城镇上网人数渐增，家庭信息化程度提高，居民足不出户便可知天下事。2004年，全区城市住宅电话2.34万部，无线市话2.5万部，移动通讯用户4.2万部，联通通讯用户3万部，互联网用户9725户。2005年后，手机逐渐向普及化发展。2007年，区内城镇居民家庭每百户拥有固定电话73部，移动电话156部，拥有家庭电脑21台，年人均通讯费支出526.18元。

八、医疗保健 区内城镇居民历来重视疾病的治疗，不像农民有病多采用“扛”的办法，即使轻微感冒，也大都找医生诊治，甚至以输液方法治疗。20世纪80年代，公职人员实行公费医疗，住院费用由财政拨款报销，其他居民药费自负。1988年，改革公费医疗管理办法，门诊费按年龄分档次包干，住院费报销90%，个人自负10%。1992年，成立区公费医疗管理办公室，统一管理全区干部职工公费医疗。1998年，区内城镇居民医疗保健支出2373万元，公费医疗消费260万元。2003年，进行职工公费医疗制度改革，开始实施新的机关事业单位职工基本医疗保险，其基本医疗费由单位和个人按比例缴纳，医药费按比例报销，干部职工住院医药费与公费医疗同期相比下降 22%。与此同时，机关事业单位职工医疗费由卫生局交区社保局医保中心管理。是年，全区 1.3 万职工参加医疗保险。2005 年，区内参加基本医疗保险的城镇居民 1.45 万人，征缴医疗保险费 494 万元，登记住院病人 639 人，支付医疗费 199 万元。2007 年，城区各街道及社棠、马跑泉等乡镇以社区为单位，成立城市社区卫生服务中心或城市社区卫生服务站，负责一个社区辖域内居民一般疾病的治疗，使城镇居民就医更为方便。是年，全区参加城镇职工基本医疗保险者 1.61 万人，征缴医疗保险费 794.61 万元，支付医疗费 323.85 万元。

九、精神文化生活　20 世纪 80 年代，城镇居民开始注重精神生活和文化素养的提高，闲暇之时听收音机、看电视、看电影、看戏成为潮流，读书、看报者增多。20 世纪 90 年代，唱卡拉 OK、跳交谊舞一度风靡城区。20 世纪 90 年代后，城镇居民在追求物质享受的同时，更加注重精神生活，旅游、健身保健、美容美体等享受型消费渐次增长。部分居民早晚到体育场、公园等公共场所跑步锻炼、打太极拳，一些居民茶余饭后唱歌、客串传统秦腔剧。2000 年后，科学、健康、文明的理念、行为和生活方式逐步在人们的思想中扎根，城镇居民闲暇之余散步、聚会、喝茶、聊天，旅游、健身保健、美容美体等享受型消费大幅增长。2003 年后，随着网络的发展，通过互联网获取信息、上网看电影、打游戏等的人群渐增。2007 年，区内城镇居民人均文化娱乐消费支出 275.79 元，其中团体旅游 126.62 元，参观游览 25 元，购美容化妆品 54.84 元。

第二节　农　民

20 世纪 80 年代，随着农村家庭承包经营的实行，农村经济发展较快，农民生活水平渐次增长，衣、食、住、行等方面均有较大改善。其消费除生产类外，主要以食品类、衣着类为主。20 世纪 80 年代后期，农村出现以洗衣机、电冰箱、黑白电视机“新三大件”为主要消费对象的家电消费热，农民购买电器和制作新式家具的渐多，缝纫机、自行车、手表、收音机向普及化发展。1990 年后，农民生活由温饱型向小康型转变，生活状况发生翻天覆地的变化。粮食、食用油、鲜蛋等温饱型生活必须消费品随农业生产水平提高而变为自足，缝纫机、自行车、手表、收音机、录音机、黑白电视机等短缺消费品渐成农民家庭消费的主流。20 世纪 90 年代末,彩色电视机、音响、VCD等文化娱乐设备渐次进入农民家庭,住房、文化教育、医疗保健等生活消费逐年增加。

2000年后,农民生活向享受型转变,饮食开始讲究营养味美,着装追求个性和时尚;手机、固定电话、摩托车、彩色电视机等家庭耐用消费品渐多,通讯、文化娱乐、教育等消费增加;厨房设备从土灶头变为沼气、煤气、电磁炉等清洁设施,热水器、电饭煲、电饼铛(读chēng)等逐渐进入农民家庭。2005年后,连小轿车也进入部分农村富裕之家。

一、饮食 20世纪80年代农村实行包产到户后,农民普遍扩大小麦种植面积,产量大幅度上升,主食中小麦粉比例逐年增多。不几年,农民一日三餐均以食用小麦粉为主。早餐吃白面馍,中午吃面条,晚餐面条或汤兼馍,成为农民家庭基本饮食形式,杂粮(包括玉米面)渐次退居尝新改顿。与此同时,扩大油菜、胡麻、荏子等油料作物种植面积,食用油消费量猛增。农户普遍养猪、养鸡、种菜,副食品消费逐渐增加。除春节外,许多人平时如逢节令或想改变口味时,也到集市上采购肉菜之类食品。川区一些经济条件好的地方,部分农民消费水平已与城镇居民相差无几。据马跑泉、石佛、新阳、元龙、麦积、南河川6乡镇、12村、60户、329人调查,1990年食品支出7.44万元,人均226元。其中主食支出4.6万元,副食品支出2.1万元,其他食品及在外饮食7338元。全年食用粮食8.1万公斤,人均246公斤,其中小麦6.94万公斤,稻谷50公斤,杂粮比例只占14%。年末结存口粮12.7万公斤,人均386公斤,可食1年半。

2000年,据区统计局对农村住户人均主要食物消费量调查,人均消费粮食201.17公斤,豆类1.2公斤,豆制品1.9公斤,鲜菜23.11公斤,干菜0.05公斤,植物油2.81公斤,动物油1.13公斤,猪肉1.39公斤,牛羊肉0.02公斤,家禽0.05公斤,食糖0.55公斤,糖果0.18公斤,白酒0.24公斤,啤酒0.16公斤,茶叶0.38公斤,糕点0.59公斤,水果5.35公斤,奶和奶制品0.31公斤,坚果和果仁0.21公斤;人均在外饮食3.15元。总之,农民仍处在主食充裕、副食品不足的状态,尤其肉、蛋消费量很少。

2000年后,农民的食品消费结构开始发生变化,经济条件好的农民讲究食品的营养、美味和方便,由“吃饱”转到追求“吃好”,副食比重增加,同时由于人口流动频繁,在外饮食消费大幅增加。2007年,农村居民食品消费年人均支出785.65元,占人均生活消费支出的55.97%。年人均主要食品消费量为:粮食208.68公斤(其中小麦占90%以上),油脂5.04公斤,豆制品0.27公斤,蔬菜及菜制品39.95公斤，瓜类4.12公斤，水果类8.72公斤，坚果0.28公斤，肉禽及其制品10.21公斤，蛋类及蛋制品3.65公斤，奶和奶制品2.59公斤，水产品0.34公斤，食糖1.48公斤，茶叶6.83公斤，酒3.01公斤，烟叶0.09公斤。

二、衣着 20世纪80年代中后期，随着收入水平的提高，大多农民开始注重衣着，四季衣服齐全，陈旧式样衣服或有补丁衣服已很少见。大部分农民被褥充足，床上用品齐全，再不似改革开放前，农村穿衣"新三年、旧三年、缝缝补补又三年"。一些走南闯北的农民，普遍有时尚衣服，和城镇居民无多大区别。1990年，人均年消费化纤布1.36米，棉布0.49米，呢绒0.1米，绸缎0.02米，皮鞋0.02双，胶鞋、球鞋0.65双，人均年消费增至33.6元，占全部生活消费的9.3%。20世纪90年代，随着生活水平的提高，人们更注重自己的仪表、服饰，尤其青年男女的消费观念向追求时尚、突出个性、注重品牌方向发展。由布料裁衣为主向成衣消费为主转变，手工缝制衣服者极少，几近淘汰。即使有缝纫机的家庭，也渐闲置不用。1993年，农村住户人均衣着支出45.98元，1997年增至59.35元。2000年后，农民衣着与城镇居民的差距已很微小，农村一般居民家庭都有四季服装，穿着时尚的农村姑娘、小伙子与城市人已无二致。2007年，农村居民衣着消费人均支出120.44元，占人均生活消费支出的8.58%。过去"四色三装"(绿、灰、蓝、黑的中山装、列宁装、军便装)逐渐被新颖、美观、个性化、品种齐全、绚丽多彩的西装、休闲装、夹克、套装、长短裙所取代。

三、住房 20世纪80年代，农村多为独户独院，住房土木结构，青瓦椽檩屋顶，院四周筑土墙。建筑形式或"马鞍架"（也叫"两坡水"），或"挑檐房"（即"一坡水"）。个别贫困户住平房、草房，以至窑洞。20世纪80年代后期，随着温饱问题的解决，农民开始改善居住条件，修缮或将旧房拆除改建成新房，有些收入宽裕的人，将土木结构房改建成砖木结构房，城郊个别富裕农民将土房改建为两层的混凝土结构楼房。据1990年对15村、1.5万人（占当时农村总人口的3.6%）调查，计有住房1.73万间，其中土坯瓦房1.7万间，砖木瓦房183间，楼房27间，水泥平房等61间，人均1.14间。又据同年对南河川、马跑泉等6乡、镇12村农村经济调查点抽查，被调查的60户共有房屋451间，人均1.4间，总建筑面积3836平方米，其中砖木结构134平方米、土木结构3702平方米，房屋总价值11.96万元，户均1993元。全区农民房屋建筑面积473.68万平方米，人均11.3平方米。20世纪90年代，农村普遍建造砖木结构瓦房或拆除旧房改建砖木结构瓦房，水泥、钢材、预制板等新型建筑材料开始在农村使用，混凝土开始普遍使用。川区经济发展快的地区，砖木结构房屋开始取代土木结构建筑。据1993年统计，马跑泉镇三十甸子村80%农户住上新砖瓦房。全村500余户中，有264户盖起砖木结构房屋1800余间，有6户盖起两层的小楼房。1996年，区财政投入资金98.77万元，为374户、1554人改造仍在居住的茅草屋。1999年，全区村镇总计房屋建筑面积635.6万平方米，其中居民住房550.53万平方米，内有钢混结构房58.69万平方米，砖木结构房125.85万平方米。

2000年后，随着农民收入的增加，经济条件较好的村镇开始小城镇建设，农民建房者逐年增多，而且大多都新建或改建旧房为砖混结构瓦房，花费在建筑、维修上的支出大幅度增加。旧房大都被翻修改造，草房、窑洞淘汰。2002年统计，全区农村居民人均住房面积增至17.91平方米。2003年起，人民政府对居住在林区、交通不变、自然灾害多发地段的农民，进行整体移民搬迁，迁到城镇、川区或交通便利的地段。麦积镇康家崖等村实施生态移民、易地搬迁，住上统一规划建设的小康住宅安置新区。2004年，伯阳镇曹石村率先对农户住房实行“一池六改”（一个沼气池，改厕、改圈、改灶、改水、旧房改造）。后又有伯阳镇保安村、元龙镇佃儿村实施易地搬迁。2006年起，农村开始推进新农村建设，一些经商、办企业富裕起来的农民，通过购买城市商品房，搬迁到城区，以至外地大城市。2007年，全区农村住户年末人均使用房屋面积22.94平方米。通过多年兴建，农村大部分住房已焕然一新。

四、生活耐用品 20世纪80年代中，境内农村居民家庭耐用消费品较少，一般家庭仅有长桌、方桌、炕柜、面柜、碗柜等老式木工家具，较富裕家庭才有手表、自行车、缝纫机和收音机（统称“老四件”，俗称“三转一响”），拥有写字台、电风扇、电视机的家庭很少。20世纪80年代末，部分先富起来的农民转向购买洗衣机、电冰箱、黑白电视机（称“新三大件”），个别户还购进彩色电视机、放（录）像机、摩托车。1990年区统计局统计，年末全区农村有电视机2.06万台（其中黑白1.9万台，彩色1619台）、录音机1.49万台、电冰箱53台、洗衣机1270台、放（录）像机58台、自行车4.38万辆、摩托车266辆。电视机最多的乡、镇依次是：马跑泉3722台，二十里铺2628台，中滩1791台，石佛1680台，社棠1528台，渭南1465台，甘泉1158台。寨子街道所属4村1652户农民，有电视机1005台。最少的党川乡和利桥乡分别为49台和79台。

20世纪90年代，缝纫机、自行车、手表、收音机、黑白电视机等新式电器拥有量大幅增加，逐渐在农村普及，购买彩色电视机的农民渐多。据1993年统计，马跑泉镇三十甸子村电视普及率84%，全村有录放像机14台，电冰箱12台，摩托车 8 辆。1995 年统计,全区农村有洗衣机 3737 台,电视机 4.3 万台(其中彩电 7040 台),录音机 2.42 万台,录像机 309 台,电冰箱 514 台,摩托车 893 辆,自行车 6.13 万辆。1995 年后,洗衣机、电冰箱、彩色电视机等电器逐渐在农村普及。组合音响、淋浴器、抽油烟机、VCD 机、家庭影院等相继进入农村家庭。一些经济条件较好的农民开始使用液化气炉具。20 世纪 90 年代后期,组合柜在境内流行,无论是结婚还是住新房,都会定制一套功能多、占地小的板式家具组合柜。

2000 年统计,区内农村住户每百人主要耐用品拥有量为:黑白电视机 10 台,彩色电视机 7 台,收音机 8 台,收录机 6 台,录放机、VCD 机 0.3 台,自行车 20 辆,摩托车 1 辆,缝纫机 13 架,钟 19 只,手表 40 只,电风扇 5 台,洗衣机 2 台,照相机 0.4 台,大型家具 49 件,沙发 8 个,大衣柜 14 个,写字台 13 张,电话 0.3 部。2000 年后,洗衣机、彩色电视机等家用电器在农村迅速增多,一些富裕农民开始安装固定电话,使用传呼机、手机。至 2004 年,农村住户每百人拥有洗衣机增至 12 台,彩色电视机增至 21 台,组合音响 4 台,电话机增至 11 部,移动电话 3 部。2005 年后,家用电脑、摄像机、微波炉、抽油烟机、热水器、健身器材、数码产品等新兴的家用电器开始进入普通农民家庭,固定电话、移动电话(即手机)在农村逐渐向普及化发展,小轿车为少数富裕青年农民消费新趋势。彩色电视机、电脑、手机需求向高清晰液晶大屏幕、多画面、多声道、多功能方向发展。洗衣机也由原来的单双杠发展到电脑控制、滚筒带烘干等智能型洗衣机。至 2007 年,农村住户每百人拥有自行车 22 辆,电风扇 19 台,摩托车 6 辆,热水器 2 台,影碟机 16 台,彩色电视机 26 台,照相机 1 台,组合音响 10 台,电话机 16 部,手机 12 部,大型家具 57 件。是年农村住户家庭设备、用品及服务人均支出 71.59 元,占人均生活消费支出的 5.1%。

五、烧、用水、用电 农村人畜饮水长期多用井水,无井水的地方用河水、溪水或泉水,渭北干旱山区一些地方用窖水。遇到干旱年份,人们往往要走好多路去挑水,一些地方缺水甚至断水。20 世纪 80 年代,大部分村庄已用电力照明和动力加工,城郊川区一些村有自来水设施,使部分农户用上自来水。燃料除城郊川区部分农户用煤外,大部分农民烧麦草、玉米秸秆,林区或林缘区农民烧木柴。做饭一直用旧式炉灶,膛大费柴草,且通风不良,出烟不畅。西北部和中部一些干旱缺水的村庄建有人畜饮水工程,在特别干旱的五龙乡和西山坪乡则打蓄水窖储水使用,居住河谷地区的农户在自家院子安装手压井。为解决燃料短缺问题,20 世纪 80 年代中,区人民政府成立农村能源建设领导小组,培训技术人员,组织农户改节柴灶。至1987年,全区90%以上旧式灶改为通风、通烟良好、节柴省煤新式灶。部分农民在技术人员的指导下,建沼气池,利用沼气做饭、照明,但普及率低。20世纪80年代后期,区人民政府投资在区内高氟区建19处改水工程,使石佛、渭南、中滩等乡42村、4万居民用上卫生水。

20世纪90年代,因封山育林,禁伐林木,农村烧煤者逐年增加。1993年,新建人饮病改工程6处,解决6村、3826人、420头牲畜用水困难;利用世界银行贷款,建成管网系统水厂1处,水源井3眼,水窖13口, 5194人受益;在边远山区新架农电线路11条、26公里,解决11村、1340户用电困难。1994年,新修人畜饮水工程9处。1996年,投资157万元,解决8乡、10村、1679户、8350人的饮水困难。1997年,全区实现村村通电,通电的户8.6万户;人畜饮水受益村105个,受益人口12.72万人;新建人饮工程14处,建成集雨节灌水窖6885眼。1998年,全区新建和维修配套机井、人工井138眼,集雨节灌工程410处,新建水窖3136眼,人畜饮水受益村数132个,13.11万人受益。1999年,打水窖139眼,完成人饮工程3处,全区人畜饮水受益村达到143个。

2001年,区水利局投资建成抗旱应急人饮工程。2002年,全区建成人饮解困和氟砷病改水窖5687眼,集雨水窖280眼,人饮解困工程48处。2003年,建成中石、麦积、凤凰水厂,新增水窖1132眼,全区农村人畜饮水受益村增至180个,人畜饮水受益19.38万人。2003年后,农村使用电磁炉、电饼铛等电器者逐年增多。2004年,全区新建水窖3135眼,建成9处集中供水工程和16处人饮工程,解决渭南、石佛、花牛等13个乡镇18个村、3.6万人的饮水问题;新建10立方米自动循环沼气池2200个,配套改厨、改厕2200户。2005年,新建集中供水工程65处、人饮水窖9035眼,完成"一池三改"工程项目惠及4450户。实施农村电网改造项目, 全区农村用电量增至6421万千瓦时, 是1993年909万千瓦时的7倍。2007年,新建农村能源"一池三改"2000户,实施农村饮水安全和小水利工程8处,解决15村、4698户、1.99万人的饮水困难。至年末,全区拥有水窖1.4万个,农村人畜饮水受益村224个, 26.78万人受益。是年农村住户人均生活用燃料支出52.54元,人均生活用水支出3.8元,人均照明电费支出23.37元。

六、出行 境内山脉纵横,河流阻隔,长时期里,农民出行或赶集均步行,部分老年人及妇女外出或走亲戚时,骑骡马或驴,个别贫困农民甚至最远的地方只到过本乡集市。渭河、耤河沿岸,成年男子习惯涉水过河,或由小木船摆渡过河。

20世纪80年代起,陆续修建通达农村的简易公路,拖拉机、小四轮等运输工具在农村有较多使用,部分农民出行骑自行车,一些人外出搭乘公共汽车(俗称“班车”)。20 世纪 90 年代,农用三轮车、电三轮等运输工具开始在农村使用。

2000 年,全区新修扩建农机路 105 条、511 公里,农村公路总里程达到 911 公里,全区乡、镇全部通行汽车,476 个建制村全部通农机路,其中通公路的 353 个。2000 年后,农用三轮车、电三轮、摩托车、电动车向普及化方向发展。2003 年后,乡、镇农路改造项目增多,通村土路开始改建水泥路或柏油路。小轿车开始进入富裕农家。2006 年起,农村开始实施新农村建设,部分村采取政府补贴、群众投工投劳、农户适当集资的方式,在土路上铺设沙子,加宽路面;个别经济条件较好的村将通向自然村的土路改建成水泥路或柏油路。2007 年,全区有 62 个村硬化主巷道 97.8 公里,还硬化道路 32 条、38 公里。至年末,全区 17 个乡、镇全部通达班车,通班车的村 363 个,未通的 16 个。

七、通信和通讯 20 世纪 80 年代,农民通讯方式近便处由熟人捎话传口信,边远之地者写信到邮局投递发送。遇有重大急事,一般到邮局发电报。到电信局打固定电话尚属奢侈消费。20 世纪 90 年代后期,一些经济条件较好的农户开始安装固定电话,个别富裕农民开始使用移动传呼机。至 1998 年,全区通电话村 90 个,农村有住宅电话的农户 3815 户。

1999 年,电信局开通数字机和本地通,次年架通 92 个村电话杆线,相继开通“陇原通”和无线市话手机“小灵通”,农村电话突破 1.2 万部,全区通电话的村增至 246 个,通电话的户数 4551 户,每百人拥有电话 0.3 部。2000 年后,移动电话取代寻呼机,农村安装固定电话的家庭增多。2001 年,又有 87 个村架设杆线,通信信号覆盖城郊及河谷川道大部区域。2002 年,在花牛、社棠等地开通宽带网,启动连接全区基站和邻县光纤传输网。全区农村住宅电话增至 2 万户,基本实现村村通广播电视。2003 年,移动通信基本实现信号全覆盖。2005 年,全区农村本地电话用户 3.6 万户,其中农村住宅电话 3.2 万户。2005 年后,随着进城务工人员的增多和农民收入的快速增长,购买移动电话(俗称“手机”)等通信工具的人数增多,通信费用逐年增加。一些富裕农民开始安装、使用“互联网”。农民上网获取各种农业生产经营信息,通过网络进行视频通话、收发电子邮件等。2007 年,全区通电话村 378 个,通电话户 5.43 万户,其中农话用户 4.8 万户。是年农村住户人均交通通讯费支出 125.58 元,仅次于食品消费和居住消费。

八、医疗保健 20 世纪 80 年代,农民生病多到村卫生所、个体诊所就诊,大病才到乡、镇卫生院或城区医院治疗。“小病不在意,大病看不起”,是农村普遍存在的现象,因病致贫者屡见不鲜。贫困农民因无钱看病,常将小病拖成大病。20世纪90年代农民解决温饱后,开始注重医疗保健。1993年,农村住户人均医疗保健支出10.81元。1999年,立远乡盘龙村在境内首次实行合作医疗保障制度,市卫生局下拨启动资金3000元,村内筹集资金6500元。2000年后,随着农民生活水平的提高,农民对自身的健康日益重视,医疗保健费用支出明显增加。2004年,农村人均医疗保健支出64.13元。

2005年12月,新型农村合作医疗在全区开始实施,采取群众自筹、财政资助的办法,解决农村医疗基金。凡参加合作医疗者,以户为单位每人每年交合作医疗费10元,中央财政补助20元,省级财政补助20元,作为合作医疗基金。农民参加新型合作医疗后,凡门诊、住院费用均按规定比例报销。2006年,又开始实行农村大病医疗救助制度,用于困难户中患重大疾病人员,救助标准最高3000元。2007年,新型农村合作医疗基本实现全覆盖,全区农民参加者41.29万人,占农村全部人口的91.23%。是年住院者,各医院综合报销比例40.23%。不计报销部分,是年农民人均医疗保健消费支出95.09元,占人均生活消费支出的6.77%,是1993年人均支出的9倍。实行合作医疗后,农民的保健意识增强,有病均能主动积极治疗,连过去多年未曾治疗的旧病、顽疾也住院治疗。

九、精神文化生活　20世纪80年代后期,个别农家始有电视机,在家观看电视节目。其时大多农民仍较少有时间和条件享受精神文化生活。成年人大多在劳动之余聊天,哼唱一段秦腔或流行歌曲,或在家通过收音机收听新闻、评书,或农闲时在村内巷道旁下象棋、打扑克(俗称"打牌")、下方(民间一种游艺),小孩阅读连环画。村上统一放映电影时看场电影,庙会或春节时观看戏曲表演,自编自导耍社火或观看社火表演,看电影或戏曲是当时农民最主要的精神文化生活。20世纪90年代,随电视机的增多,农民文化生活渐趋活跃。城郊一些农村,人们仿效城市人生活,开始唱卡拉OK、跳交谊舞,一度风靡乡村各地。

2000年后,一些农村建起棋牌活动室等休闲娱乐场所,而绝大多数农民则随电视的基本普及,在家看电视剧或电影。2003年后,部分青年农民开始用手机看电影、玩游戏等,或热衷于在网吧上网看电影、听音乐、聊天、玩游戏等。2007年,农村除极个别贫困户外,家家有电视机,农村集镇有网吧,一些富裕农民家里有电脑。追求知识的年轻农民,喜欢读书、看报,关心党的农村政策和本地的新农村建设情况。亦有人热衷于打麻将甚至聚众赌博,为乡人所不齿。是年,全区农民文化教育娱乐消费人均支出81.78元,占生活消费总支出的4.5%。

第三章　农村扶贫

区境自然条件差,农村人口多,生产力水平低,贫困面积大,是典型的以农业为主的雨养(靠天吃饭)农业市辖区。1985 年设区后,即开展扶贫工作。2002 年,区内被确定为国家扶贫工作重点县,此前还被列为西部扶贫世界银行贷款调整项目区。

第一节　扶贫工作

1986 年起,区委、区人民政府把扶贫纳入国民经济和社会发展"七五"计划,开始把扶贫作为农村工作的重要内容,实行区、乡、村逐级包干责任制。工作中,坚持以农业为基础,以种养业为重点,在西山坪、五龙、南河川、琥珀、凤凰、麦积、吴砦、立远 8 乡开展有组织、有计划、大规模区域扶贫开发。是年,有 33 个部门、66 名干部参加扶贫。1987 年,区人大常委会作出《关于进一步搞好扶贫工作的决议》后,全区各乡、镇相继成立扶贫领导小组,各村委会成立扶贫管理小组。同时,实行定点扶贫和结对扶贫,把贫困乡、村、户具体确定到各级帮乡、帮村单位,帮扶人与受扶户结对子,定对象、定任务、定时间、定效果,把扶贫工作纳入绩效考核,作为考核扶贫干部政绩和单位工作的内容。驻区部、省、市属 68 个单位也都参与包村扶贫,同时多渠道增加扶贫投入,发动社会各界广泛参与扶贫济困。其时,全区有人均纯收入 200 元以下、人均产粮 200 公斤以下的贫困户 2.77 万户、15.23 万人,均占农业总户数和总人口的 38%。至 1990 年,各帮扶单位帮助贫困村发展果树 1400 公顷,购良种 7.5 吨、农药 10 吨、水泥 200 多吨、钢材 110 多吨,解决平价柴油、汽油、煤油 131 吨,机械 58 台(件);修建校舍 161 间,为缺水地区建饮水工程 8 处,架设农电线路 36.8 公里,修农路、公路 9 条;帮助兴办经济实体 26 个,组织劳务输出 7000 人(次);捐赠现金 63.8 万元,衣物 3.4 万件,粮票 1.7 万公斤,争取低息贷款 200 多万元。累计扶持 2.33 万户,有 2.07 万户解决温饱。按当时确定的贫困标准,全区贫困户减少到 7000 户,贫困面下降到 8.6%。

1994 年,按照《国家"八七"扶贫攻坚计划》《全省"四七"扶贫攻坚计划》和《全市"五七"扶贫攻坚计划》关于扶贫工作的要求,区委、区人民政府制定《全区"六七"扶贫攻坚计划》,决定从 1994 年起到 2000 年末用 7 年左右时间,基本解决全区 6.87 万贫困人口的温饱问题。计划实现扶贫攻坚的 3 个目标是：第一，到 2000 年，80%以上的贫困户人均纯收入达到 600 元以上，人均产粮 350 公斤。户均有一个稳定的经济收入来源（如劳务输出、种植业、养殖业或乡镇企业等），形成稳定解决温饱、减少返贫的基础条件；第二，贫困乡村基础设施建设落实，解决人畜饮水困难，全区所有村全部通电、通车；第三，教育、文化、卫生落后状况改变，普及初等教育，贫困村文盲率下降到 30%以下。通过成人职业技术教育和技术培训，使大多数青壮年劳动力掌握一两门农业新技术，改善医疗卫生条件，防治和减少地方病。1994 年开始，区委、区人民政府采取县级领导包乡、干部包村的形式，层层强化扶贫工作责任制和扶贫攻坚措施。确定了全区各个党政机关、企事业单位定点帮扶的贫困村，一定 3 年，不脱贫不脱钩；动员社会力量参与扶贫济困，驻区企事业单位全都参与扶贫；扶贫投入重点向贫困村基础设施建设、种养业倾斜，集中力量扶贫攻坚。到 2000 年底，全区农村贫困人口减少到 3.2 万人，贫困发生率由 16.4%下降到 7.1%。

2001 年，依照国家、省、市分别制定的《中国农村扶贫开发纲要》（2001–2010 年），开展新一轮扶贫工作，重点转向国家确定的扶贫开发工作重点县、重点乡、重点村，扶贫开发对象是尚未解决温饱的绝对贫困人口和初步解决温饱的低收入人口。2002 年，北道区被国家列入新一轮扶贫开发工作重点县区。按照 1997–2000 年农民人均纯收入 4 年加权平均在 1300 元以下、1100 元以下和 865 元以下的重点贫困乡、贫困村界定标准，以及 4 年平均加权农民人均纯收入在 625 元以下、625～865 元之间的绝对贫困人口和低收入人口界定标准，列入扶贫开发工作重点乡、镇、街道 23 个（撤乡并镇后为 17 个），重点贫困村 248 个（撤乡并村后为 206 个），界定绝对贫困人口 2.44 万人，低收入人口 8.08 万人，分别占全区农业人口的 5.6%和 18.2%。是年，借鉴多年世界银行贷款项目成功实施经验，率先在西山坪乡赵崖、凤凰乡席东、元龙镇红星、甘泉镇邓家河 4 村实施集改善基本生产生活条件、调整产业结构、增加农民收入于一体的参与式扶贫整村推进项目建设，探索出符合发展实际的参与式扶贫开发新路，开创整村推进扶贫模式。全区组织实施整村推进项目村 16 个，投资 1519 万元，累计实施 3 大类、103 个项目。2002–2004 年，在 16 个整村推进项目村中，以种草养畜为主要建设内容的 5 个，以林果、食用菌、药材为主要内容的 8 个，以基础设施建设为主要内容的 3 个；有 942 户、4239 人解决温饱，人均纯收入由项目实施前的 640 元增加到 1276 元，人均产粮 368 公斤，净增 104 公斤。至 2007 年，全区共实施整村推进项目村 47 个，计新修梯田 9320 亩，新修农机路 179.5 公里，治理河沟 0.4 平方公里，实施水利工程 20 处，拦水工程 1 处，新增灌溉面积 3600 亩；打水窖 1545 眼，解决 20 村、8470 人、4900 头大家畜的饮水困难；解决 18 村群众交通运输难问题，架设农电线路 4 公里；新修、维修村级小学 15 所，建成文化卫生设施 42 处，解决 26 村群众就医难和上学难问题；新建冬暖棚 218 座，栽植经济林果 1.32 万亩，种植中药材 3750 亩；建沼气池 65 座，养殖圈舍 1416 座，发展规模养殖户 3408 户。全部 206 个贫困村累计新建日光温室 720 座，栽植经济林果 2.65 万亩，种植中药材 1.57 万亩，种草 2.1 万亩，扶持发展规模养殖村 38 个，发展规模养殖户 1.27 万户，改造圈舍 2480 座，养殖家畜 12.4 万头（只）；实施旧房改造 520 户，生态移民搬迁 328 户；改造维修村级校舍 47 所，新建村级文化卫生及培训设施 47 处，培训贫困农民 3.8 万人（次）。贫困村适龄儿童入学率从 2001 年的 92.9% 提高到 97.2%，农村劳动力文盲率由原来的 29% 下降为 8.9%。全区有 4.35 万贫困群众基本解决温饱，贫困人口由 2001 年的 10.52 万人减为 6.17 万人，其中绝对贫困人口由 2001 年的 2.44 万人减为 1.64 万人，低收入人口由 8.08 万人减为 4.53 万人，贫困村由 248 个减为 174 个；贫困村农民人均纯收入由 2001 年的 973 元增加到 1393 元，人均占有粮食由 133 公斤提高到 247 公斤。

2004 年村组撤并后重点贫困村名单

乡镇名称	原村数	现村数	村　　名
马跑泉镇	15	14	石咀（原孟家山）、大沟（原刘家堡）、傲子坡、余家山、大穆湾、杨湾、东山、余刘湾、沽沱、龙槐（李家湾、漫湾）、慕滩村（原红花咀）、李家坪、阮家山、新胜
社棠镇	4	4	咀头、半山、税柳（原税家湾）、东家山
花牛镇	15	12	翟山、上湾、高集（原赵集寨、高集寨）、崔山（原崔家山、陈家湾）、纸碾（原杨集寨）、兴旺山、九峪（原郭家窑、九峪）、罗集、董塬、东缑、师白、河湾
甘泉镇	11	8	归凤山（原西湾里、邓家河、归凤）、庙沟（原花羊、庙沟）、峡门（原桦林）、包沟（原梁家山）、胡沟（原架岭山）、黄庄、石沟、金胡
麦积镇	12	9	陈山、红崖、后川、贾河（原文家村、贾家河、孟家山）、麦积、滩子、冯王、杨何（原杨何、董家湾）、北湾
渭南镇	13	11	黄坪、马王、刘沟、王李（原王新、鋆岘）、雷下、蒲石（原石山、蒲家湾）、王集（原苏家山）、左窑、汝季（原刘家山）、营房、能干

续表

乡镇名称	原村数	现村数	村 名
中滩镇	19	15	后川(原陈家窑)、蒲甸(原樊枣)、渠刘(原渠刘、张家沟)、汪李(原陈那、汪李)、余峡、丁赵(原丁家坪、赵家湾)、种田、谢坪、刘阳(原刘阳、刘阴)、漆李(原漆家坪、李家坪)、杨成、赵崖、文沟、文岔、霍坪
新阳镇	27	21	蚰蜒咀、蒲池(上蒲池、下蒲池)、张家阳洼、郭王、赵家庄、凌窑、裴家峡、石家坡、胡大(原霍家坪)、王田(原王家坡、田家坡)、王家庄、张家坪、姚沟、桥沟、杨岘(原杜家阳洼、廖家岘)、坚家山、赵胡、温缑、席寨(原席东)、新寨(郭家寨子、仲家塄干)、肖王(原肖王、阴洼里)
伯阳镇	8	7	红崖(原梁子树、红崖)、石门、范河、穆湾、曹石、马岘、下坪
元龙镇	22	17	后庄(原后庄、王家沟)、井儿(原兴坪)、上崖、青龙、关峡、桑渠(原涝池、堡坪)、红星、杜家坪(原刘家坪、杜家坪)、李家沟、青崖、冯川、花石崖(原腰崖、格牙)、园子(原石咀、园子)、和平、白家庄、石湾、元龙
东岔镇	12	12	月林、桃花坪、乍岭、曹坪、土桥、东岔、大沟里、立远、腰庄、盘龙、交川、龙凤
石佛乡	25	23	团半(原赵家团庄、李家半坡)、洩山、康庄、刘庄、黄新(原西坡、黄家新庄)、王窑、陶小、陶崖、大坪、于堡、张坪、严山、窝驮、涧沟、腰庄、朱家河、张湾、龙池、周半、三阳、赵沟、黄堡、董家河
五龙乡	32	24	石洞(原蒲李家)、温家坪、刘家湾、安家山(原安家坪、安家山、安家湾)、中石沟(原中石沟、孟家沟)、岳王(原岳家咀、山王)、小窑(原小窑、裴家老湾)、柏树王、雷家湾(原雷上、雷下)、杨王、陈山、凌温、梁家庄、舍鞍子、周家山、谢家咀、大窑、张湾、张强(原张家沟、强家庄)、汪山(原泉坡)、中庄、陈家湾(原陈家湾、陈家山)、雷窑、王家咀
琥珀乡	10	9	西山、唐温、高方(原方家那面)、霍家沟、霍家川、郭文关(原郭家窑、文家山)、马家坡、杨家湾、庆胡
三岔乡	15	12	太碌(原松木台、太碌)、秦岭、王山、小坪、阎西、佘家门、前进、吴砦(原鹤峰、吴砦)、水关、黄龙、北峪、集村
利桥乡	3	3	秦岭、墁坪、杨河
党川乡	5	5	冷水河、花庙、新庄、党川、马坪

第二节 扶贫投入

一、西部扶贫世界银行贷款项目　2001年,北道区争取到西部扶贫世界银行贷款项目。项目覆盖全区9乡、镇75个村(撤乡并村前为11个乡、镇84村),受益农户6831户、3.28万人。建设内容涉及土地与农户开发、农村基础设施建设、灌溉与梯田、机构建设与项目管理4个分项目17个子项目。项目实施5年,围绕扶贫、还贷、可持续发展三大目标,完善世界银行回补资金管理使用,落实配套资金,落实项目。至2006年6月,累计完成总投资5184.8万元(含配套资金),在琥珀、新阳、中滩、五龙、麦积、伯阳、元龙、三岔、东岔等9个乡、镇75个项目村新修梯田1.2万亩,新建集雨节灌2300眼、农村公路61公里,完成电力提灌工程1处,实施小流域治理25.5平方公里;种植马铃薯4500亩、中药材3000亩,完成经济林苗圃180亩,栽植花椒1.9万亩、晚熟桃1950亩、晚熟葡萄1355亩;养殖母牛2400头、母猪1650头、肉牛800头,育肥猪27000头,培训村技术员882人,培训项目农户7969人。计完成世界银行提款报账11次,报回世界银行回补资金2611万元。

二、社会帮扶　在扶贫过程中,上下各级确定帮扶单位,实行对口支援。全区有各级帮扶单位150个,其中中央帮扶单位1个、省级4个、市级26个、区级119个。各帮扶单位利用本单位在资金、技术、信息等方面优势,采取多种形式帮助贫困乡村理清发展思路,寻找致富门路,解决生产生活实际困难。至2007年,各帮扶单位共为贫困村无偿投入帮扶资金(含物资折价)765.25万元(不含北车集团826.93万元),送水泥140吨、化肥4.8吨,捐赠衣物1.1万件;帮助新修、整修农村公路120公里,帮建水利工程13处,打水窖800多眼,帮建村级公用设施110所,捐赠办公和教学设备400多台(套)、图书6000册;帮助发展养殖户520户,栽植经济林(果)3400余亩;资助贫困学生500名,资助农函大学学员244名;组织贫困村剩余劳动力外出务工635人次,举办各类技术培训班38期,培训农民8300余人(次);走访慰问贫困户1154户,送面粉2172袋、植物油660斤、挂面750斤。

三、定点帮扶　2002年,中国北方车辆集团公司(简称北车集团)开始定点帮扶麦积区。至2007年,公司累计投入资金826.93万元(其中物资价值85万元),在花牛、马跑泉和寨子建成黑、红提葡萄基地5406亩,完成提灌工程2处,新增灌溉面积4300亩;在元龙、花牛、马跑泉等镇帮建微型果品气调库155座;建成城郊南山花牛苹果基地2200亩,栽植优质花牛苹果苗木12.32万株,实施建园整地 2052 亩,配套新修农机路 39 公里;慰问贫困户 400 户,救助贫困学生 149 名。

四、财政扶贫资金 1987-2007 年,累计投入财政扶贫资金 5902 万元,其中扶贫专项资金 5487 万元,世界银行贷款项目配套资金 415 万元。1987-2001 年,财政扶贫资金主要来源于省、市级财政扶贫资金,计 730 万元;2002 年后主要来源于中央财政扶贫资金。

1987-2007 年各类扶贫资金统计

单位:万元

年份	财政扶贫资金			扶贫信贷	世界银行贷款	社会帮扶		总计
	小计	扶贫财专	世界银行配套资金			总计	其中北车帮扶	
1987-2001	730.00	730.00	-	-	-	-	-	730.00
2002	542.80	447.90	94.90	4300.00	-	212.65	153.50	5055.45
2003	754.80	602.20	152.60	3500.00	50.00	374.55	156.20	4679.35
2004	810.82	671.00	139.82	6735.90	1276.05	207.61	191.23（含 85 万元物资）	9030.38
2005	824.07	796.00	28.07	2960.00	1230.95	260.26	110.00	5275.28
2006	1313.70	1313.70	-	2530.00	54.13	307.18	103.00	4205.01
2007	925.75	925.75	-	2480.00	-	229.93	113.00	3635.68
合 计	5901.94	5486.55	415.39	22505.90	2611.13	1592.18	826.93	32611.15

第三节 效 果

1987-2007 年,全区总计投入各类扶贫资金 3.26 亿元,其中累计投入财政扶贫资金 5901.94 万元,世界银行贷款累计 2611.13 万元,扶贫信贷 2.25 亿元,社会帮扶 1592.18 万元。共组织实施整村推进项目村 47 个,种养业基地项目 93 个,基础设施及其他项目 132 个,科技扶贫项目 54 个,西部世界银行贷款 4 大类、17 个项目。通过扶贫项目的实施,全区农村贫困面由 1987 年的 42.3%下降到 2007 年 13.64%,农村绝对贫困人口由 1985 年的 16.28 万人减少到 2007 年 1.64 万人。

第四章　困难户低保

改革开放后，政府认识到过去对特殊困难群体以临时救济为主要手段的方式已不能满足社会发展的要求，有必要建立规范、完善、新型的社会保障制度。1998年，首先将城市低收入家庭纳入社会保障体系，定期发放最低生活保障金。2007年，又开始对农村困难群众实行低保制度。

第一节　城市低保

1998年1月，区人民政府首次在城区建立居民最低生活保障制度，为城镇非农业人口中困难户发放最低生活保障金（简称“低保金”）。保障对象为家庭月人均收入低于当地最低生活保障标准的城市常住户，由财政给以补贴，保障标准为每人每月100元。凡家庭实际收入不足100元的部分，由政府给以补贴。资金来源为中央、省、市拨款。其办法是年初户主个人通过户籍所在地的社区居委会向街道办事处或乡镇人民政府提出书面申请，街道办事处、乡镇人民政府调查核实，确定当年每月发放标准，经民政局核定，再由区财政拨款于街道办事处、乡镇人民政府，发放给各户。由于各户困难程度不同，故发放标准有高有低。是年，全区首批将749户、2360人纳入城市低保，占非农业人口总数的2.12%，全年发放低保金56.43万元，人均月补差28.5元。1999年，城市居民最低生活保障标准提高为每人每月130元，全年发放85.38万元。2000年发放136.2万元。2001年扩大发放面，低保对象增至1789户、3748人。2002年6月，为实现应保尽保，城市低保范围再次扩大，并将中央、省属企业符合条件的贫困职工（含驻马跑泉、社棠、花牛等地非农业人口）家庭纳入城市低保。至年末，全区共有城市低保对象5939户、14985人。按家庭成员分：在职职工3786人，下岗职工5946人，离退休人员210人，失业人员304人，“三无”人员194人，优抚人员309人，其他人员4236人。按所在单位分：中央直属企业职工193人，省属企业4101人，市属企业2949人，区属企业2699人，无业居民5043人。全年发放626万元。此后，每年有新纳入资助对象的低保户。至2004年，全区共有保障对象6842户、16878人，人均月补差80.54元，全年发放1273.7万元，其中区财政配套列支30万元，其余均

1998–2007 年城市居民最低生活保障统计

年份	保障户数(户)	保障人数(人)	占非农业人口比例(%)	人均月补差(元)	年发放资金(万元)	其中区财政列支(万元)
1998	749	2360	2.12	28.50	56.43	—
1999	735	1911	1.68	46.90	85.38	—
2000	805	2008	1.73	44.10	136.2	—
2001	1789	3748	3.11	41.40	150.87	10
2002	5939	14985	5.88	51.15	626.00	10
2003	6495	16100	6.24	51.05	969.60	20
2004	6842	16878	6.46	80.54	1273.70	30
2005	7508	18375	6.62	88.45	1904.70	30
2006	7497	18279	6.52	88.35	2123.50	130
2007	9383	22709	7.86	93.59	2720.83	318.6

为上级财政转移支付。2005 年 4 月，城市居民最低生活保障标准由原每人每月 130 元提高为 143 元，并对保障对象中的“三无”人员、患大病重病、严重残疾、高龄老人及父母均为下岗职工的学生本人等特殊困难者 3664 人在原补差的基础上再增加 10%~20%。是年，全区新增保障对象 3691 人，停发不符合条件的低保对象 1977 人。2006 年、2007 年，又连续两年提高保障标准，至 2007 年提高为每人每月 173 元。是年，全区共有城市保障对象 9383 户、22709 人，占全区非农业人口的 7.86%。全年发放保障资金 2720.83 万元，人均月补差 93.59 元，其中区财政配套列支 318.6 万元。

第二节　农村低保

1998 年，为探索对农村困难户实行救助的新路，借鉴外地经验，区人民政府制定《农村村民最低生活保障试行办法》，决定从 1999 年起开始试行农村低保制度。《办法》规定乡、镇人民政府和村委会各负担一部分资金，带有临时救济和农村集体互助的性质。因资金有限，保障金额低，保障面窄。2001 年，全区农村低保人数4413人,2002年4501人。之后,因资金筹集困难中止。

2007年,根据国家统一部署,区人民政府再次启动农村居民最低生活保障制度,资金由国家、省、市、区财政分别承担,乡镇、村不再承担资金。首先将农村无人赡养的鳏、寡、孤、独人员(即“五保户”)纳入第一批农村低保对象,全区计5900人,平均每人每月救助15元,时间从2006年10月起。2007年7月,发放标准增至每人每月20元,保障对象扩大至因残、因病而致的特殊困难户和复员、退伍军人中困难户等,人数增至1.87万人。是年,共发放低保金277.5万元(不计上年度3个月发放的26.6万元)。

第五章 惠民补助

随着改革开放后经济社会的高速发展和财政收入的逐年增加,2000年后,国家逐渐把较多资金转移到关注民生上,制定一系列惠民补助政策,以改善农村、农民和城市贫困家庭生活状况,改善生产条件。其项目之多、数量之大,均为前所未有。

第一节 农业补助

一、种粮直接补贴 2004年开始,实行以直接补贴为主要形式的粮食补贴政策。目的是保护种粮农民利益,调动种粮农民的积极性,提高粮食产量和促进农民增收。补贴标准按粮食播种面积、前3年平均产量、粮食商品量3项指标各占一定比例确定,补贴款直接发给种粮农户。是年,全区补贴面积73.7万亩,亩均补贴2.1元,共补贴155万元。2007年补贴74.3万亩、156万元。

二、农资综合补贴 是国家对农民购买农业生产资料(化肥、柴油、农药、农膜等)实行的一项直接补贴。补贴遵循“价补统筹、动态调整、只增不减”原则,合理弥补种粮农民增加的农业生产资料成本,新增部分重点支持种粮大户。2004年开始,是年补贴25.5万亩,全区发放补贴资金398.7万元。至2007年,累计发放1568.4万元。

三、农作物良种补贴 是国家对农民选用优质农作物种子而给予的补贴,目的是支持农民积极使用优良作物种子,提高良种覆盖率。2005年开始,播种小麦者每亩每年发放10元补贴。

四、奶牛良种补贴 2006年开始,每头奶牛补贴2支冻精价款(每支15元)。

五、能繁母猪补贴 2007年生猪市场价格大幅波动,国务院决定实施扶持生猪生产政策,当年按每头能繁母猪50元补贴。

六、退耕还林粮食生活补助 是国家按照核定的退耕还林面积,向土地承包经营人给予的粮食和生活补助。2000年开始实施,每年每亩补助粮食150公斤,另发20元生活补助。补助期限为还生态林者8年,还经济林者5年,还草者2年。2004年,将补助的粮食改为现金,每公斤以1.4元计算。连同20元生活补助,每亩补助标准为每年230元。2007年第一轮补助期满后,国务院又决定对退耕还林者再延长一个补助周期。区内续补标准为每亩每年125元,其中生活补助105元,现金补助20元。2007年,全区共退耕还生态林16994亩,经济林4288亩。

七、农业建设补助 2007年,区委、区人民政府为把三阳、新阳地区建成高效农业主产区和畜禽养殖示范基地,决定对符合扶持条件建设的高效农田,由区财政给予补助。补助标准为,栽植花椒每亩50元,苹果120元,葡萄600元,建造1个日光温室2000元、1个优化大棚1500元、1个普通塑料大棚800元,露地蔬菜每亩100元。对符合扶持条件的标准化养殖示范户也给予补助,每个单舍补助1万元,养殖小区5~10个单元的每个单舍1.5万元,10个以上单元的每个单舍2万元。符合扶持条件的养殖小区,第一年土地租金由区财政支付;符合扶持条件的畜禽规模养殖建设支农贷款资金,第一年利息由区财政支付。

第二节 生产资料和农村公益补助

一、农机具购置补贴 是国家对农民个人、农机专业户和直接从事农业生产的农机服务组织在购置和更新农业生产所需的农机具时给予的补贴, 目的是促进提高农业机械化水平和农业生产效率。2006年,区内首次争取到省上农机购置补贴资金25万元,当年受益农户159户,补贴农机具159台套。2007年补贴资金40万元,受益农户290户,补贴农机具290台套。

二、农民健身工程补助 2006年,开始实施"千乡万村农民健身工程",乡、镇级建设标准是建设1个硬化的标准篮球场、1块300平方米以上健身场地, 配置

1副篮球架、2个乒乓球台和1套健身器材,国家和省财政补助5万元;村级建设标准是建设1个硬化的标准篮球场、1块200平方米以上健身场地,配置1副篮球架、2个乒乓球台,补助1万元。

第三节 居民家庭补助

一、计划生育家庭奖励扶助 1990年,省人大常委会通过的《甘肃省计划生育条例》规定:生育一个孩子并领取《独生子女父母光荣证》的,自领证之月起至独生子女16周岁止,每月给予不低于10元的奖励费。1997年11月,区委下发《计划生育"三结合"工作实施意见》,计划生育"三结合"开始实施,各级党委、政府在扶贫资金、技术项目上向计生贫困户倾斜,帮助独女户、二女结扎户和落实计划生育措施的贫困户解决生产、生活方面的具体困难。1999年7月,区委制定《确保全区计划生育工作基本实现"三为主"的奖惩办法》。

2001年,区人民政府首次开始为全区农村二女结扎户办理养老保险,每户600元,当年办理200户。2003年,将全区农村二女结扎户养老保险改为一次性养老储蓄,夫妻每人不低于600元。还为农村独女领证户每年落实保健费120元。又规定:农村二女结扎户和独女领证户需要宅基地时,优先安排并免收其征地费;夫妇终身免除乡、村两级义务工;全额免收女儿小学、初中期间的学杂费,在初中升高中、初中升中专、高中升职业学校考试中总分加10分;孩子考入全国重点大学时,由区上一次性奖励1000元。2004年起,对农村只有一个子女或两个女孩或子女死亡现无子女的计划生育家庭,在夫妻年满60岁后,每人每年发放不低于600元的奖励扶助金。2005年开始,对当年结扎的农村二女户实施一次性3000元奖励制度,当年有98户受到奖励。同年颁布的《甘肃省计划生育特殊困难家庭救助办法》规定:独生子女户和农村两女户家庭或子女死亡、伤残、患特殊疾病的给予1000~4000元的一次性救助;父母双亡的子女每年给予不低于2000元的救助,直至18岁为止。2006年,全区开始建立农村计划生育奖励扶助目标人群数据库,向实行计划生育的农村独生子女领证户、二女结扎户和城镇独生子女领证户贫困家庭优先提供劳务信息,优先安排培训和劳务输出。至2007年,农村计划生育"两户"享受600元养老储蓄金者计691户。各乡、镇、街道还自筹资金落实370户农村独生子女领证户每月10元奖励费。

二、学生“两免一补” 即对农村义务教育阶段贫困家庭学生免费提供教科书，免除杂费，补助寄宿生生活费，其中中央财政负责提供免费教科书，地方财政负责免除杂费和补助寄宿生生活费，是政府对农村义务教育阶段贫困家庭学生就学实施的一项资助政策。2001 年 9 月，对全区农村贫困家庭中小学生及特教班的学生提供免费教科书。2004 年秋，开始对农村学生实施“两免一补”，资助对象是持有农村特困户救助证的贫困家庭学生；因天灾人祸造成家庭重大经济损失的贫困家庭学生；父母患严重疾病丧失劳动能力的贫困家庭学生；丧父、丧母或父母离异等原因造成经济困难的贫困家庭学生；革命烈士子女，农村独生子女和二女结扎户子女等。受助生每年评定一次，根据其家庭脱贫、返贫情况进行调整。所免杂费以全区义务教育阶段学校“一费制”的杂费标准确定，农村学校小学每生每学期 80 元，初中每生每学期 130 元。区教育局统一拨付资金，学校向学生开具免收杂费证明；免费教科书由政府统一采购，直接发给学生，标准为小学生每生每学期 35 元，初中生 70 元，特殊教育生 35 元；寄宿制学生生活费每年补助时间以 239 天计算，按省定参考标准每生每天 1 元给予补助，区财政局统一拨付补助资金，学校扣除住宿费后将补助资金直接发放给本人。全区共涉及 17 所中心学校、24 所初中、4 所完全中学初中部、3 所九年一贯制学校，有 33964 名小学生、16452 名初中生及 115 名特教生享受免费教科书专项补助资金 175.841 万元。2005 年，区教育局制定《天水市麦积区农村义务教育阶段贫困家庭学生两免一补工作实施细则》，为救助的小学每生拨付 35 元／学期、初中每生 70 元／学期的教科书费，按“一费制”杂费标准拨付杂费，补助寄宿生每年按 239 天计算，1 元／生／天拨付补助。

2006 年，实行义务教育经费保障机制，资助范围扩大，开始对农村义务教育阶段所有学生实行“两免一补”。学杂费资金中央财政承担 80%，省级财政承担 20%；寄宿生生活费补助资金由市、区财政共同承担。同时，纳入城市低保家庭的义务教育阶段中小学生也享受“两免一补”政策，对城市义务教育阶段低保残疾儿童也实行免杂费补助政策，其他学生仍执行“一费制”收费政策。学杂费资助标准提高，县镇小学和初中每生每年分别为 180 元和 230 元；农村小学和初中每生每年分别为 150 元和 200 元。寄宿生补助标准未变。春秋两季提供小学免费教科书 84311 套、初中 41364 套。全区对 75726 名中小学生及特教生免杂费 659 万元，6300 名寄宿生获得补助 75.6 万元，15117 名农村义务教育阶段贫困生享受秋季生活补助金 181.4 万元。2007 年 4 月，对未成年人返回原籍安置的及时接收入学，纳入“两免一补”范围。同年 12 月，提高农村学校义务教育阶段学校家庭经济困难寄宿生生活补助标准，家庭经济困难寄宿生的生活费按小学每生每天2元，初中每生每天3元，学生每年在校天数均按250天计算。全年共免除71502名农村中小学学生的学杂费，贫困寄宿生得到生活补助费260.06万元；提供小学免费教科书89845套、初中35535套。

三、国家义务教育助学金 2002年9月，开始对城乡因家庭经济困难未入学、可能辍学、已经辍学的学生资助国家义务教育助学金，共16.1万元。学校提出受助学生名单，报区教育局核准。助学金集中分配到学校后，抵减受助学生杂费、课本费及贫困寄宿生生活费，不直接发给学生本人。当年1610名学生获得助学金，每人100元。2004年2月，给全区500名贫困学生资助2003年义务教育助学金5万元。2005年3月，给全区400名贫困学生资助2004年义务教育助学金4万元，每人仍为100元。

四、中等职业学校学生补助 2002年5月，开始对农村偏远地区和城镇下岗困难职工家庭中的职高学生补助中央职教专项经费。各职业中学公开评选资助对象，上报区教育局审核后发放。当年区第一、二、三职业中学计15名学生受助，每生500元。

2006年起，开始对全区中等职业学校(包括普通中专、职业中专、成人中专、职业高中和技工学校等)全日制在校学生中家庭经济困难的学生给予资助，每生每学年资助500元。各中等职业学校建立受助学生档案，将受助学生和班主任签字的助学金发放凭证分年度登记造册。2007年，受助学生每生每学年提高为1500元，资助两年，三年级学生实行工学结合、顶岗实习获取合理报酬的方式接受资助。各学校统一办理助学金储蓄卡，直接发放给受助学生。

五、西部开发助学工程 2002年8月，由中央宣传部、中央文明办、教育部旨在帮助西部地区品学兼优、家庭经济困难学生顺利完成学业的西部开发助学工程开始实施。资助标准为每人2万元，按4个学期分期支付。各中学经学生本人申请、学校审核，上报受助学生9人。区委宣传部、文明办、教育局抽调专人对上报学生进行调查，确定安建科、何海龙、胡文婕、赵伟峰、张俊5名学生为西部开发助学工程首批受助对象。2003年8月，各中学上报西部开发助学工程受助学生12名，区教育局审查后确定雷亚龙、王剑锋、张瑞锋、方君丽、梁斌君5人为受助对象。2005年，资助大学生标准未变；资助“宏志班”学生标准从2005年起由每人每学年资助2000元增至3000元。全区受助大学生和高中生各1人。2007年8月，上报王林敏、刘萌、谢小龙为西部开发助学工程受助学生。

第六章 社会保险

第一节 养老保险

1987年,区人民政府成立区劳动保险局,管理区属单位劳动合同制工人养老保险基金的征收和使用。1989年,又统一管理固定职工退休费。至1990年,全区有82个单位的702名合同制工人参加养老社会统筹,累计收缴养老金23.86万元;有25个单位的2912名固定职工和485名离休、退休职工参加退休费社会统筹,累计收缴统筹金168.8万元,发放退休费151.92万元。

2002年,启动并建立养老保险信息数据库。次年系统开始试运行,全区参加城镇基本养老保险职工5746人。2005年增至8281人,是年发放养老保险金1474万元。另外,全区参加城镇失业保险者1.21万人,征缴失业保险费58万元,领取失业保险金者514人,发放失业保险金56万元。

2006年,省人民政府办公厅制定《完善企业职工基本养老保险制度实施办法》,调整基本养老保险个人账户比例,决定从2006年起,个人账户的规模统一由本人缴纳工资的11%调整为8%,全部由个人缴费,单位缴费不再划入个人账户;制定正常退休、特殊工种退休、因病或因公致残退休、国家批准的政策性关闭破产企业职工提前退休、退职等企业职工基本养老金计发办法。是年全区参加城镇基本养老保险职工6580人,发放养老金1805万元,发放率88%。

2007年1月,国家劳动和社会保障部、财政部下发《关于推进企业职工基本养老保险省级统筹有关问题的通知》,加快实现省级统筹的步伐,明确基本养老保险制度政策、缴费比例、待遇计发办法、基金使用、基金预算、业务流程等“六统一”的标准,其核心是统一基金使用。12月,区人民政府制定《被征地农民基本养老保险实施细则》,首次将区内被征地农民纳入社会保险范围。征地农民参加社会保险后,根据其参加社会保险缴费时所选的档次,到达法定退休年龄后享受不同档次的养老保险待遇。当年全区参加城镇基本养老保险职工6804人,发放养老金2283万元。全区参加城镇失业保险者1.24万人,征缴失业保险费110.9万元,领取失业保险金者588人,发放保险金125.05万元。

第二节　医疗保险

2001 年 8 月，区人民政府制定《城镇职工基本医疗保险实施细则（试行）》，开始在城镇职工中实施新的医疗保险制度。基本医疗保险费由用人单位和在职职工共同缴纳，用人单位按上年度在职职工工资总额的 6%缴纳，在职职工按工资总额的 2%缴纳，实行“统账结合”的基本医疗保险制度。当年参加保险者 2461 人，次年增至 4404 人。2003 年，在区、乡（镇）两级机关、事业单位、社会团体中全面实施新制定的《机关事业单位基本医疗保险实施办法》，改为 3+2 的缴费比例，单位按在职职工工资总额的 3%缴纳，个人按工资总额的 2%缴纳。个人账户实行社会化管理。是年城镇职工参保者 1.34 万人，征缴医疗保险费 438 万元，基金支出 487.28 万元，其中支付 559 人住院费 138.28 万元，划拨个人账户 349 万元。2004 年，确定城区 14 家零售药店为城镇职工基本医疗保险定点零售药店，确定 31 家医院为城镇职工基本医疗保险定点医疗机构。同年区人民政府还根据市政府制定的城镇企业职工大额医疗保险办法，提倡职工参加大额医疗保险。大额医疗费的标准本着“以支定收、略有结余”的原则，按每人每年 60 元筹集，其中个人（含退休人员）缴 30 元，单位补助 30 元。大额医疗保险费以企业为单位核算和收缴。

2006 年 8 月，区人民政府制定《城镇灵活就业人员基本医疗保险实施细则（试行）》，规定凡居住在城区范围内的所有灵活就业人员，包括失业人员、进城务工人员、未安置的城镇复转军人、大中专院校毕业生、机关事业单位机构改革分流人员等，均可参加灵活就业人员基本医疗保险。参加城镇灵活就业基本医疗保险人员，男性年龄不超过 60 周岁、女性不超过 55 周岁。灵活就业人员按照全市上年度社会平均工资的 5%缴纳基本医疗保险费，住院统筹基金的最高支付限额为 2 万元。同年 12 月，又制定《城市低保人员医疗保险实施细则（试行）》，规定凡在区民政部门领取最低生活保障金的城市低保人员均可参加。参保人员每年缴费 10 元。是年，全区参加城镇职工基本医疗保险者 1.52 万人，征缴医疗保险费 786 万元，支付医疗费 696 万元。

2007 年 8 月，区人民政府决定对原实施的《城镇职工基本医疗保险实施细则（试行）》和《机关事业单位基本医疗保险实施办法（试行）》中部分内容进行调整，增加划入个人账户比例和住院报销比例。机关事业单位划入个人账户比例由原在职人员 0.8%、退休人员 1.2%调整为 45 岁以下在职人员 0.9%、46 岁以上在职人员1.3%、退休人员1.6%;企业单位(含自收自支)划入个人账户比例由原45岁以下在职人员0.9%、46岁以上在职人员1.2%分别调整为1.3%和1.6%，退休人员划入个人账户比例不变;机关企事业单位职工住院医疗费分段由原5000元以下、5000~10000元、10000元以上，调整为1万元以下、1万~3万元、3万元以上;在职职工报销比例由原80%、85%、90%调整为85%、90%、95%;退休人员报销比例由原82%、87%、92%调整为87%、92%、97%。转院报销比例在调整后的基础上降低10个百分点;机关企事业单位职工在一个年度内最高报销金额由原2万元提高到5万元。

同月,对未纳入城镇职工基本医疗保险制度和城市低保人员医疗保险覆盖范围的学生、少年儿童和其他非从业城镇居民,均让其参加城镇居民基本医疗保险。城镇居民基本医疗保险费由财政和个人双方共负，统筹标准为学生每人每年80元,其他城镇居民每人每年120元,其中学生个人缴费30元,其他城镇居民个人缴费50元。所有参保人员基本医疗保险费按年度收缴,城镇居民基本医疗保险最高支付限额为1.5万元。城镇居民实行大病医疗补助制度,对参保人员患大病其住院医疗费超过最高支付限额的医疗费用,实行医疗补助,具体补助标准为:超封顶线以上的医疗费用按40%补助,在一个年度内补助最高金额为1万元。

2007年,全区参加医疗保险的职工1.61万人,其中城镇职工1.59万人,灵活就业人员28人,农民工173人,征缴医疗保险费794.61万元,其中机关事业单位726.88万元(财政380万元,代扣个人缴费265.36万元,地税收缴81.52万元),企业单位67.73万元;基金支出739.85万元,其中医疗费323.85万元,个人账户416万元。

第十一篇 镇乡街道

第一章 镇

马跑泉镇

名称来历 因镇内街道马跑泉水得名。马跑泉水来由甚远，传说兴唐大将尉迟敬德战马跑得其泉，至今已有将近1400年历史。清顺治版《秦州志》载："（州东）三十有四里为马跑泉，云尉迟敬德与蕃将金牙战，士卒罢，敬德马忽跑得此泉，三军饮足。"

位置面积 马跑泉镇位于区境中心位置，处北纬34°28′42″～34°33′03″之间，东经105°49′51″～106°01′41″。东邻伯阳镇，西接花牛镇，南连甘泉镇，东南端与麦积镇交邻，北与城区接壤。1960年前，北部以渭河为界，河南全为马跑泉耕地。20世纪60年代中开始，陆续在渭河南兴建一批工商企业和事业单位。1973年，正式将企业、事业单位占地划属城区。20世纪80年代后占地进一步扩大，从而形成镇北渭河南与城区犬牙交错的界域。

全境犹如一片倒垂的荷叶，东西最大距离23公里，南北最大15公里。总面积101平方公里（2007年完成第二次土地调查得出面积，以下乡、镇同），占全区总面积的2.9%。

地形地貌 境内半山半川。马跑泉川居渭河河谷，渭河南均为川原耕地，永川河、东柯河谷亦有川原地。但大部地方属山区。地势西南部高，向北递减。稠泥河两岸有海拔1500米以上高山，以龙槐村闫家咀以西山梁海拔1567米为最高，河谷川区海拔在1100米左右，以东部与伯阳镇交界处渭河出境口1065米为最低。

气候 属温带半湿润气候，特点是四季分明，温和不燥，冬冷但无严寒，夏热而无酷暑。雨热同季，光照充足。多年平均气温在11℃左右，最冷的1月为-2℃左右，极端最低气温-14.7℃（1991年12月28日）；最热的7月为25.3℃，极端最高气温39.1℃（1969年6月18日）。植物生长期年平均255天，无霜期年平均193天，年平均日照时数2100小时。太阳年总辐射每平方厘米138.4千卡。0℃以上温度持续期281天（一般为2月28日-12月3日）。年平均降水量558毫米，极端最大年降水量1011.6毫米（1988年），极端最少年降水量315.2毫米（1982年）。

山脉河流 境内山脉以镇南盘龙山（旧志又称楚阳山）绵延最长，系秦岭北延支脉，从甘泉镇西南的卧牛山北延入境，由西南向东北，抵镇南，境内长近20公里。中部永川河与东柯河间山脉，旧志称马房山（或秦亭山），亦为秦岭北延支脉，北延至慕家滩南，长约6公里。河流主要有永川河与东柯河，均从甘泉镇流入，由南向北，汇入渭河，属渭河一级支流，境内流长分别为8公里和4.5公里。镇西南有稠泥河，又称小江峪，发源于新胜村南，东北向汇入永川河，长5公里。渭河则从镇北通过，长12公里。

历史沿革 《甘肃通志·山川》和《直隶秦州新志》中均有镇东南秦亭山下秦谷为"非子所封邑"的记载。秦汉以后，境内东柯谷长时期设为上邽县治。北魏初，上邽城改为上邽镇，仍属秦州。据麦积山石窟洞内题记，直至北魏景明三年（502年），还有上邽镇司在麦积山奉佛的纪事。五代后唐长兴三年（932年），秦州于今三十甸子北设陇城县，辖今马跑泉及渭河流域。其县一直延续到南宋中始撤销。明初州直属地划分为里后，今马跑泉境分属九峪（西部）、秦亭（东部）、永川（南部）、东柯（东南部）4里。清末民初，马跑泉属第二区。民国24年（1935年），天水县在马跑泉设渭南乡，辖及今甘泉、街子、麦积等地；民国26年（1937年）划小建置，设马跑泉镇，辖域大致相当今马跑泉镇和花牛镇；民国29年（1940年）再划小乡镇建置，马跑泉镇撤销，其地分设为东泉镇、东柯乡（东部）、马连乡（南部）以及仁寿、玉皇、花牛乡（上3乡现为花牛镇。花牛乡后撤并），沿至民国末。

1949年8月，天水县在马跑泉设东泉区（后改为第二区），辖境内东泉镇、东柯乡、龙槐乡（在境内西南部，从原马连乡分设）以及渭河北的北道埠乡、社棠乡（2乡1953年划出）。1950年，从东泉镇分置柳林乡，从东柯乡分置花南乡。1951年，东泉改镇为乡。1954年，再从东泉乡分置慕滩乡。至此，今镇境设6乡，由第二区统辖（1956年区撤）。1955年，撤销柳林、花南、慕滩3乡，仍设东泉、东柯、龙槐3乡。1956年，东柯并入东泉。1958年8月，东泉、龙槐2乡改设为人民公社。

不久，连同伯阳、花牛，合并为马跑泉公社。1961年划小公社体制时，境内设马跑泉、东柯、花南、柳林4公社，并设马跑泉区。不久，又从柳林分出龙槐公社。1966年，撤销东柯、花南、龙槐，设为马跑泉、柳林2公社。1968年，2公社再合并，改名东泉公社。1983年复名马跑泉公社，旋改公社为乡，1986年再改为镇，沿续至今。镇治设马跑泉，距城区中心3公里。

区划　1985年，马跑泉乡划分为32个建制村，下设167个村民小组。2005年，撤并5村，红花咀村并入慕滩村，刘家堡村并入大沟村，孟家山村并入石咀村，莫家寺村与韩家庄村合并，称东柯村，漫湾村与李家湾村合并，称龙槐村。撤并后，全镇设27村，即：马跑泉、胡王、黑王、甸子、团庄、什字坪、慕滩、大沟、潘集寨、石咀、南崖、杨湾、李家坪、大穆湾、傲子坡、东柯、沽沱、余家山、阮家山、东山、崖湾、大柳树、吴家崖、余刘湾、闫家庄、新胜、龙槐。下设167个村民小组，有79个自然村，1个自然镇(马跑泉镇)。另外还有马跑泉、柳林2个由纯非农业人口组成的社区。

人口　2007年全镇总户数14705户，58608人，其中男29964人，女28644人。总人口中农业人口49735人，非农业人口8873人。另有未落常住户口人口2000多人。人口密度每平方公里580人，是全区平均数170人的3.4倍。约有2/3的人口居住在渭河南岸河谷地区，为全区人口最稠密的地方之一。总人口中有回族1142人，其他少数民族159人，其中以藏族和哈萨克族人口较多，均为迁入非农业人口。

农业经济　长时期里，马跑泉是天水重要农业区之一。渭河南岸川原，有川地万余亩，土质肥沃，收获量高，广大山区，更以农业为主。后随城区面积扩大，大量川地被征用，农业用地减少。2007年，全镇耕地面积60188亩。种植粮食作物49700亩(不含复种面积，以下各乡同)，亩产225公斤，总产11193吨。其中小麦22700亩，亩产117公斤，总产2665吨；玉米19200亩，亩产347公斤，总产6663吨，其余为马铃薯和豆类。油料作物以油菜子、胡麻为主。蔬菜种植历史悠久，从集体经济时代，就有商品蔬菜队，2007年种植8060亩，是全区乡、镇中种植面积最多的地方，总产15800吨，还有西瓜等瓜类1680亩，总产3430吨。

工业商贸　马跑泉集市活动由来已远，最早可追溯到乡人传说的唐代兴建渗金寺时。明、清时，马跑泉成为秦州农村最大集市，逢双日集。每凡逢集，东乡数十里范围内居民汇集。过去长时期为东西向一字型街道，长约1公里。20世纪80年代，位于原街北的东利公路旁店铺渐多，形成第二条街道。羲皇大道建成后，又形成第三条东西向街道。小手工业发展较早，街市许多商户前店后厂，有染坊、酒坊、醋坊、糖坊等。城乡棉纺业民国时发达，凡勤劳之家，妇女纺线成为主要家务活，有的还有织布机。20世纪60–70年代，境内兴办和迁入一批较大的国营企业，兴办起啤酒、造纸、纤维板、汽车修理等工厂，产品销往境内外。川区农村大队还普遍兴办机制砖瓦厂、石灰厂等。外销农产品主要有蒜薹、苹果。

交通邮电 马跑泉自古为东来西往通衢之地，由关中向西通达秦州的关陇大道，从马跑泉经过，潘集寨北渭河上有官渡口，为来往官差所经之处。民国32年（1943年）修通的天水城至马跑泉公路，是境内第一条公路。20世纪50年代后期修通马跑泉分路口到利桥的公路，20世纪70年代修通马跑泉到东岔公路。此后，初步形成公路网。加上遍及农村的镇村公路，使马跑泉成为公路通达率最高的地方。邮电早在民国35年（1946年）马跑泉就设有三等邮局，1953年又改为邮电所，1980年再升为支局。邮路通达各村。

教育文化 清初，马跑泉胡氏家族在祠堂创办东泉书院。光绪二十九年（1903年），潘集寨创办私立养正学堂，为当时秦州境内办起的第一所新型小学堂。民国2年（1913年），在渗金寺办起东乡第一所小学——东泉高等小学校。1968年，在什字坪兴办东泉中学（后改称马跑泉中学）。2007年，镇内有初级中学1所（不计马跑泉西的天水市第二中学），小学27所（其中附设初中课程的3所），在校中学生（初中）1200人，小学生3672人；幼儿园9所，入园幼儿410名。

马跑泉是乡村文化发达地区，农历正月耍社火由来已久，尤其元宵节在马跑泉街市上的社火会演，为东乡最大盛会。马跑泉高抬，驰名陇上。镇有文化站1处，还有村文化活动中心6个，各类图书室27个，藏书4万册。

医疗卫生 1952年设第二区卫生所于马跑泉，1959年改为公社卫生院，后随业务扩大，1974年设为中心卫生院。2007年，有中心卫生院1处，村卫生所27个，个体诊所、药房近20家，共有医务人员近100名，病床42张，年诊疗近10万人（次）。

人民生活 2007年，全镇农业总产值8736万元，人均产粮235公斤，农民人均纯收入2087元。有农村敬老院5个，床位26张，收养农村五保人员80户。

名胜古迹 位于团庄和什字坪村间的马跑泉古文化遗址，属新石器时代仰韶文化和齐家文化遗址，为省级文物保护遗址。东柯谷有上邽县城遗址，《秦州志》称：“（州东）四十有五里曰邽山。其上有城，上邽县治也；其外犹有敌台，若削壁；然有子城，城内外多瓦砾，时或掘得金银器。”三十甸子北陇城县古城，上世纪城垣犹存，1958年被夷为平地。寺庙有马跑泉镇东街渗金寺、大柳树村柳林寺、新胜村刘家窑蛟龙寺、龙槐村闫家咀龙槐寺、慕家滩村经圣寺、李家坪村西绣锦山刚刹寺、东柯村(莫家寺)紫金庵、石咀村白衣庵等。其中以渗金寺规模最大,历史最久,传说兴建于唐代,依山就势而建,分上、下院,中为三重楼阁。下院两株古柏,胸围在5米以上,树龄约千年。

历史人物　马跑泉自古为重教厚文之地，人才辈出，仅清代就出过1名进士、6名举人、10多名贡生。民国时出过11名大学生、1名留学生。胡王村胡来缙,明嘉靖年间举人,任至山西按察司副使,赠中宪大夫。其子胡忻,明万历年间进士,任至太常寺少卿。其后父子俱入秦州乡贤祠。潘集寨人潘尊贤,清道光年间举人,任过知县,晚年工书法,有“秦州第一书法家”之誉。潘世俊,清末至民国前期,倾力从事地方公益事业,曾主持创办秦州第一所新式小学——潘集寨私立养正学堂。民国大总统黎元洪为其赠书“乡国垂型”匾额表彰。胡王村人胡文炜,清光绪年间举人,曾在广西任知县。辞归后,倡教兴学,于民国2年(1913年)拆除渗金寺上院神像,创办当时天水县东乡第一所高等小学校。其弟胡文斗,民国前期曾留学日本,后任至国民军第六军第十九师师长、代军长。胡家庄人徐国珍,1931年宁都起义后加入红军,共和国成立后历任第二兵团副司令员、兰州军区副司令员、甘肃省革命委员会副主任,授少将军衔。

社棠镇

名称来历　元、明时,农村有称“社”的民间自治组织,由于当地的“社”曾组织民众在镇后空旷处广植树木,因称其地为“社树坪”。《秦州志》载:“(州东)五十里曰龟山……其麓为社树坪。”时基层建置中也称其地为社树坪里。据少陵草堂遗碑中“召伯布文王仁政,尝舍甘棠下”的记载可知,后来当地人们引用西周时召伯姬奭巡行乡里为不扰民,在甘棠树下处理政务、休息的典故,将甘棠与社树合起来改其地名为社棠。清乾隆年间编成的《直隶秦州新志》中已称社棠镇,可证改名约在清代前期。

位置面积　社棠镇位于区境北部，处北纬34°32′17″～34°36′58″，东经105°51′59″～106°00′46″之间。东接伯阳镇,西邻花牛镇,东南隔渭河与马跑泉镇为邻,西北与城区道北街道接壤,北与清水县毗连。1984年前,社棠乡辖及今道北街道所属4村,当年4村从社棠划归北道镇,从而西部辖域减少。

全境犹如一峰向西俯卧的骆驼。东西最大距离13公里,南北最大距离5公里。总面积49.4平方公里,占全区总面积的1.4%,是全区面积最小的乡镇之一

（另一为中滩镇）。

地形地貌 境内半山半川。社棠川居渭河和支流牛头河河谷，渭河北均为川原。但占总面积3/4左右的北部山区均为山梁沟壑地貌。地势西北高，东南低。最高点半山村羊圈门海拔1664米，河谷川区海拔1100米左右，以东部与伯阳镇交界的渭河出境口1060米为最低。

气候 属温带半湿润气候，特点是四季分明，日照充足，冬无严寒，夏无酷暑，春季升温快，秋季多连阴雨。多年平均气温为11.5℃，最冷的1月平均-1.5℃，极端最低气温-18℃（1989年1月3日）；最热的7月平均26.5℃，极端最高气温39.5℃（1969年6月18日）。年平均日照时数2100小时。年平均降雨量500毫米左右，极端最大年降雨量750毫米（1976年），极端最少年降雨量270毫米（1995年）。北部山区易发干旱。

山脉河流 镇内山脉因牛头河分为东、西两部，东北部属陇山支脉，从清水县南部绵延向西，直至牛头河东；西北部为北道埠山，向东延至牛头河西。北道埠山由清水县之金集梁延伸而来。渭河从镇西和镇南由西向东通过，流长约12公里。牛头河由北向南汇入渭河，其河发源于清水县东南，流经清水县城，再南流入镇境，总长85公里，其中镇境8公里。镇东还有别川河，亦发源于清水县，南流入境，约流3公里（总长约15公里），从刘窑村东南汇入渭河。

历史沿革 社棠古为戎人居住地。秦武公伐戎设县后，地属邽县。北魏时设绵诸县，上隶秦州略阳郡（郡治安戎县，在今清水、秦安界）。绵诸县治据《水经注》，在东亭水（今牛头河）西，即今沙湾村一带。但位于牛头河东的社棠镇龟山（亦称邽山，俗称庙山）脚下有古城遗址，乡人以为即绵诸县城，不知孰是？约在北魏末，因在伯阳镇置伯阳县，绵诸县撤销。其地归属伯阳，后伯阳改秦岭，又属秦岭县。唐贞观年间秦岭废，县地并清水，从此又属清水。五代后唐时置陇城县，地又属秦州陇城县。明代为社树坪里，清代更名社棠里。清末民初，属第二区。民国24年（1935年）设渭北乡；民国26年（1937年），设社棠镇，辖及北道埠和今清水县丰望、草川铺乡；民国29年（1940年），今北道埠从社棠镇分出，设为北安乡。

1951年，社棠镇改为乡。1954年，北部丰望、草川铺一带划归清水县，余地分属社棠、石岭2乡。1955年，2乡合并，仍称社棠乡。1958年3月，社棠乡并入北道埠镇，后属北道埠公社。1961年划小公社体制时，境内设社棠、石岭2公社。1966年2月，石岭并入社棠。1968年“文化大革命”中，兴起用革命词藻改名风潮，社棠公社改称东方红公社，1971年复原名。1983年改公社为乡，1986年再改为镇,沿续至今。镇治设社棠,距城区中心7公里(直径)。

区划 1985年,社棠乡划分为20个建制村,下设71个村民小组。2005年撤并3村,新堡村并入槐荫村,石咀村并入柏林村,柳沟村并入税湾村。撤并后,全镇设17村,即:社棠、俊林、绵诸、柏林、下曲、槐荫、白家庄、刘窑、步沟、向阳、李家渠、石岭、郭坪、东家山、税柳、半山、咀头。下设70个村民小组,有29个自然村,1个自然镇(社棠镇)。另外还有社棠、槐荫、向阳3个由纯非农业人口组成的社区。

人口 2007年全镇总户数9529户,30881人,其中男15923人,女14958人。总人口中非农业人口12700人,农业人口18181人。另外还有未落常住户口人员500多人。人口密度每平方公里625人,为全区平均数的3.7倍,是全区人口最为稠密的地方之一。有4/5的人口居住在渭河河谷地区,山区仅占6000多人。总人口中有少数民族152人,其中以回族、满族人口居多,主要是企业、事业单位原先迁入的外籍人员。

农业经济 社棠是天水主要农业区之一,渭河北部川原,有川地5000余亩,土层深厚,产出量高。北部山区,长时期以农为主,但易遭旱灾,产量低而不稳。2007年全镇耕地面积22693亩,其中种植粮食作物19604亩,亩产191公斤,总产3758吨。粮食作物中,小麦9485亩,亩产118公斤,总产1119吨;玉米7825亩,亩产293公斤,总产2293吨。另外种植豆类1389亩,马铃薯815亩。油料作物有油菜951亩,亩产103公斤,总产98.5吨。还有蔬菜1831亩,总产3585吨;瓜类638亩,总产1438吨。果树中,以下曲葡萄最为著名。

工业商贸 在20世纪60年代前,社棠仅有供农村居民生产、生活消费的小手工业,从业人数有限,最大工业单位为“元兴涌”酒坊。清至民国,以至共和国成立初,农村纺织户较多,社棠街有染坊。20世纪60年代国家调整工业布局时,在境内社棠镇兴建甘肃棉纺织厂、甘肃绒线厂,并将风动工具厂、星火机床厂迁建于李家渠和刘家窑,从而使社棠成为今麦积区境内最主要的工业区。2001年起,又在镇西南川原辟地近千亩,兴建天水高新技术工业园,引入工业项目,使其成为天水市境内最大工业园区。社棠镇集市原为南北向一字形街道,南起今铁道口,北至今区职业中专南,长约900米,店铺林立,商市活跃,逢单日集。20世纪80年代后,随着经济的开放搞活,个体、私营商业兴起,集市从原街北端沿公路向东延伸,处处是店铺,随着人流的增多,也不再有逢集日,天天有商市活动。外销产品农业有苹果、葡萄等,工业产品以精密机械为主。

交通邮电 民国34年(1945年)宝天铁路修通后,沿渭河北通过境内,并设有社棠火车站，以及材料厂、货运站等。1965年，修通北道埠至社棠镇公路，长9公里，后由驻镇企业出资加宽改造，成为车流量较大的公路。而历史上，社棠是官驿道必经之地，从秦州往关中，由潘集寨进入社棠，再经丁华岭、草川铺（旧属社棠，今属清水）向东而去。邮电，1954年兴办邮电所，1980年升为支局。

教育文化 民国以前，仅有私塾、社学，就读者很少。民国15年（1926年），设社棠镇初级小学校，为境内第一座现代小学。其后又陆续设槐荫寺、李家渠、石岭寺小学校。20世纪40年代，农村普遍办起初级小学。1968年，设社棠初级中学，后扩办为完全中学，称天水市第九中学（后又改为麦积区第三职业高级中学）。与此同时，境内所设各大工厂亦各自兴办子弟学校，使境内教育单位迅速增加，成为教育最发达的地方。2007年，镇内有中学1所，小学17所。在校中学生725人，小学生1550名；幼儿园5所，入园幼儿170名。有镇文化站1处，村级文化活动中心17处，各类图书室15个，藏书3余万册。1996年建成有线电视站。

医疗卫生 1955年，创办社棠联合诊所，后改称公社卫生所，1974年改称公社卫生院。此前后，还成立风动工具厂和星火机床厂两家职工医院，甘肃绒线厂和甘肃棉纺织厂两个卫生所。均有较先进仪器设备和较强医疗技术人员。2007年，不计厂办医院，仅镇属的，有医院1个，村卫生所17个，个体诊所、药房10多家，总计医技人员80多人，病床154张，年诊疗8万人（次）。

人民生活 2007年，全镇农业总产值4049万元，人均产粮209公斤，农民人均纯收入2200元。农村安全饮用水普及率95%，农村卫生厕所普及率98%。

名胜古迹 社棠镇西有庙山坪遗址，据出土文物和灰层断定，为仰韶时期文化遗址，现为县级文物保护遗址。镇中街原有建于明末的“明卫国烈士刘綎将军旌表坊”，俗称“刘家牌坊”，20世纪60年代大破“四旧”时拆除。《明史》中有刘綎，南昌人，任至总兵，因抗金（即后金，后改清）亡于阵。牌坊或为后代迁入后修建。牛头河旁有绵诸县遗址。寺庙有位于镇南的草堂寺、槐荫村的槐荫寺、镇北庙山上的崇祯观、下曲村的华藏寺等。

历史人物 明秦州刘邦域，天启年间武进士，任至漕运总兵，控扼南北国诸要道。《天水县志》载，其墓在县城东四十里下渠石渠门。下渠即今下曲。清嘉庆年间武进士李殿魁，石岭村人，任守备（正五品武职）。其子李凤翔，则中武举。李绍基，民国时任社棠镇初级小学校长，1941年创办高级小学，为镇内第一所新型完全小学，1946–1948年又辟地建设新校。期间任过县参议会参议员。

花牛镇

名称来历　旧称二十里铺乡，以乡治所在地二十里铺称名。二十里铺因地处古秦州城东二十华里、又设有驿道急递铺而得名。2001 年乡改镇时，又以誉满国内外市场的“花牛”苹果而改称花牛镇。

位置面积　花牛镇位于区境西部，在麦积区与秦州区中间结合部，处北纬 34°28′29″～34°37′56″，东经 105°45′15″～105°52′27″之间。东北部与麦积城区和社棠镇隔渭河相望，东南部与马跑泉镇交邻，西部与秦州区玉泉镇和皂郊镇相连，南部与甘泉镇接壤，北部与清水县的金集镇为邻，西北部与渭南镇和石佛乡毗连。原二十里铺乡区划形成于 1968 年。2004 年南河川乡撤销时，将东南部师白、董家河湾、八土河、杨家河、沈家河、巧儿河、白家河、东缑 8 村划归花牛镇，形成现区域。

全境犹如一个反“S”形，东西窄，南北长。东西最宽 14 公里，南北最长 22 公里。总面积 119 平方公里，占全区总面积 3.4%。

地形地貌　境内半山半川，川区面积不大，多为山地，地形复杂，沟壑纵横。中部耤河流经地带为全镇最大川原，长 9 公里，宽 1.5～2 公里，总面积 10 余平方公里，属天水川东部川原。北部渭河通过处仅有葫芦状小盆地，面积不大。渭河与耤河中部山地，两岸抬升急，但顶部较平坦，称“百顷塬”。南部山地，多高山，向北逐渐降低。以与秦州区皂郊镇交界的立石子西南鸡木塄干梁为最高，海拔 1940 米，最低处耤河入渭处，海拔 1090 米。川区海拔在 1100～1200 米间，百顷塬则高 1400～1500 米。

气候　属温带半湿润气候，特点是温和不燥，四季分明，冬虽冷但并不严寒，夏虽热但无酷暑。雨热同季，光照充足。多年平均气温在 10.5℃～11.5℃之间，1 月平均 -2.6℃，极端最低气温 -15.8℃（1983 年 12 月 17 日）；7 月平均气温 25.3℃，极端最高气温 38.1℃（1969 年 6 月 18 日）。平均气温年较差 28.9℃。植物生长期年平均 238 天，无霜期年平均 190 天，最长 218 天，最短 179 天。年平均日照时数 2010 小时。0℃以上温度持续期 280 天。年平均降水量 558 毫米，极端最大年降水量 1010 毫米（1988 年），极端最少年降水量 350 多毫米（1970 年）。

山脉河流　境内山脉除渭河以北数村属陇山余脉外，皆为秦岭支脉。其中耤河南部山脉皆为由太阳山（在甘泉镇与皂郊镇交界）向北绵延部分。横峪河东，系盘龙山向西分支，称兴旺山，止于耤河南；横峪河西，为太阳山西北分支。耤河与渭河中部百顷塬，为甘谷县南秦岭主脉分支，先向北，再向东，经凤凰山（在新阳镇南),境内为其山东端终止处。河流有渭河从北部由西北向东南在峡谷中通过,长约20公里。耤河从中部由西向东通过,长8公里,在镇东端汇入渭河。南部有两条由南向北汇入耤河的支流,西部者称横峪河,发源于太阳山北麓(地属皂郊镇),总长约15公里;东部者称九峪沟,属短程沟谷,雨季才有水流。

历史沿革 古为邽戎地,后为邽县、上邽县地,直沿至唐。五代时属陇城县地,沿至南宋。元代属成纪县,明、清属秦州,设九峪里。民国初属第二区,民国24年(1935年)属渭南乡,两年后又属马跑泉镇。民国29年(1940年),划小乡镇区划,从马跑泉镇分置玉皇乡、花牛乡、马连乡、仁寿乡。从此,今镇境中、东部设花牛乡,西南部属玉皇乡,东南部属马连乡,耤河以北属仁寿乡,渭河以北少部地方还分属新化镇和丰盛乡。民国33年(1944年),花牛乡撤销,其地分并于东泉镇、玉皇乡和马连乡。

1949–1950年,农村重设建置,先后设花牛乡(辖东部河谷及南山地区)、碱峪乡(辖西部河谷地区)、渭峡乡(辖耤河北至百顷塬)。此外,西南部属十里乡(治设今秦州区十里铺),北部渭河河谷属青龙乡。1952年,从花牛乡析设九峪乡。1954年,从碱峪乡析设白崖乡,西南部从十里乡析出,设为玉皇乡,北部从青龙乡析出,设为沿河乡。至此,境内共设7乡,分由第一区和第二区统辖(1956年区撤)。1955年,除沿河乡以外6乡合并为花牛乡和十里乡(治仍设今秦州区十里铺),沿河则与青龙合并,设为南河川乡。1956年,十里乡再并入花牛乡。1958年9月,花牛并入马跑泉公社,南河川则并入吕二沟公社(治今秦州区)。

1961年,从马跑泉公社析设花牛、玉皇、碱峪(不久改名廿铺)3公社,并归天水市所辖。渭河河谷则设南河川公社(驻今石佛所辖樊家湾)。1964年,花牛、玉皇、廿铺3公社仍划归天水县。1966年,花牛并入廿铺,玉皇公社改名崔家山。1968年,崔家山并入廿铺。1983年,廿铺规范称为二十里铺,并改为乡。2001年,二十里铺乡改为花牛镇。2004年,南河川乡撤销,其东部8村划归花牛镇,现区划始形成。镇治设二十里铺,距城区中心8公里(直径)。

区划 1985年,二十里铺乡设36个建制村。2004年原南河川乡8个村划入。2005年,赵集寨村并入高集寨村,八土河村并入杨家河村,巧儿河村并入白家河村,陈家湾村并入崔家山村,杨集寨村并入纸碾村,郭家窑村并入九峪村。撤并后,全镇设38村,即二十里铺、高湾、曹埂、董沟、白崖、赵崖、花牛、安坪、九峪、兴旺山、田窑、翟山、毛集、纸碾、卜王、张河、罗沟、巷口、元柳、罗集、崔山、上湾(以上俱在耤河南)、峡口、吴庄、靳庄、阳坡、邓庄、肖庄、水眼、沽沱、高集、董塬、东缑、白家河、河湾、师白、杨家河、沈家河(上俱在耤河北至渭河两岸)。下设164个村民小组,计82个自然村。另外还有地质队、地质学院、二一九3个社区。

人口　2007年全镇总户数13506户,59244人,其中男31388人,女27856人,总人口中非农业人口10900人,农业人口48344人。另有未落常住户口人员1000多人。人口密度每平方公里498人,是全区平均数的2.9倍,一半以上人口居住在耤河两岸谷地,为全区人口最稠密的地方之一。总人口中有少数民族468人,其中回族311人,高家湾为回民聚居村。其他民族以满族119人为最多。

农业经济　花牛镇长时期里是天水农业主要产区之一。1994年设二十里铺工业示范区后,引入工商单位征购大量川区土地,使耤河川区农业用地大幅度减少。2007年,全镇有耕地77935亩,其中川地4000余亩。种植小麦37961亩,亩产111公斤,总产4214吨;玉米20600亩,亩产316公斤,总产6509吨。此外,还有大豆等豆类和马铃薯各3000余亩。经济作物主要有油菜4712亩,蔬菜7460亩。

苹果　花牛镇是如今享誉国内外果品市场的"花牛"苹果的故乡。20世纪50年代中,花牛寨村从河北昌黎果树研究所引进"红元帅"苹果,栽植150亩,从辽宁引进"红冠""红星""黄元帅"等品种,栽植210亩。1960年开始挂果,果形高桩,色泽鲜艳,肉质清脆,香甜可口。1964年在全国果品评比会上一举夺魁,1965年在香港市场试销,与美国所产"蛇果"和日本产"富士"苹果相媲美。因当时出口包装箱上标有"花牛"2字,从此,"花牛"苹果进入国际市场,带动周邻乡村广泛种植,每年有相当数量出口。2007年,花牛镇苹果种植面积19006亩,约占全区栽植面积的1/5,产果13969吨,收入6500万元。

工商经济　清末至民国,农村手工纺织业户较多,尤其手工纺线,常为农家妇女主要家务活。较大工厂,民国时唯有二十里铺军需被服厂。1970年在高家湾东兴建的天水市水泥厂,1976年解放军在白家崖西建成的第五七二二工厂(俗称航修厂),是最早建立的较大工业单位。二十里铺工业示范区成立后,征购沿川土地近3000亩,已陆续开办10余家大、中型工业单位,使其成为麦积区境内又一个工业基地。商业,过去二十里铺仅有小型消费性店铺,未形成集市。1990年以后,随着商品经济的发展,羲皇大道两侧已建成百余家商用店铺,成为镇内经济活动中心。

交通邮电　民国27年,驻天水国民军在二十里铺川征用土地1400多亩,建成天水飞机场。2002年,中央军委、国务院批准空军天水机场改为军民两用机场,2007年12月开工建设,欲开辟至西安、兰州等地航线。民国32年(1943年)

建成的天水城至马跑泉公路,从中部河谷区通过。其路 2001 年又改建成高等级的羲皇大道。但农村交通,因山岭阻隔,发展不快。较好乡村公路,唯横峪河谷 1 条,已铺为水泥路面。1955 年,二十里铺设邮电所,1985 年升为支局,又有邮政代办点 10 处。

教育文化 境内教育起步较迟。至民国前期,尚无正规小学。20 世纪 40 年代中,农村各保始办起学校。1976 年,成立二十里铺中学。2007 年,镇内有初级中学 2 所,在校学生 1717 名;小学 32 所,在校学生 5059 名;幼儿园 2 所,入园幼儿 100 名。有镇文化站 1 处,村文化活动中心 14 处,各类图书室 38 个,藏书万余册。

医疗卫生 1956 年, 在二十里铺设第一区联合诊所,1962 年改为公社卫生所。20 世纪 60 年代后期,扩大为地区卫生院,1974 年改称中心卫生院。2007 年,有中心卫生院 1 个,村卫生所 30 个,机关单位卫生所 10 多个,还有个体诊所,总计从业人员 92 名,病床 102 张,诊疗人次 3 万余人(次)。

人民生活 2007 年,全镇农业总产值 9179 万元,农民人均纯收入 1900 元,人均产粮 296 公斤。自来水入户率 80%以上。

名胜古迹 位于罗家沟村西北的张罗遗址,为新石器时代仰韶、马家窑等类文化,属省级保护遗址。二十里铺村亦有新石器时代遗址。《秦州志》(顺治版)载,州东"二十五里为进马台。汉成帝西巡,有人于此献千里马,故名焉"。其地在今二十里铺以东。寺庙有碱峪寺(在董家沟)、南武观(在曹家埂南)、玉皇庙(在罗集寨)、朝阳寺(在毛集寨)等。

历史人物 吴德光,吴家庄人,清康熙年间任至守备(正五品),因战功授武德将军。罗元章,罗家沟人,清咸丰年间武举,任至守备。邓宝珊,邓家庄为其祖籍,民国初参加反清起义,民国后期任至华北"剿总"副总司令,曾促成北平和平解放。1949 年后任甘肃省人民政府主席、甘肃省省长、国防委员会委员、中国国民党革命委员会副主席等职。

甘泉镇

名称来历 因镇内泉水称为"甘泉"而得名。《直隶秦州新志·山川》载:"甘泉:(州城)东南六十里,平地涌泉,东流入永川,其水极盛,旱不竭,冬不冻,土人引以溉田,作寺覆其上,号'甘泉寺'。"早在 1200 多年前的唐乾元二年(759 年),诗圣杜甫到甘泉时即留有《太平寺泉眼》诗,赞称其地"山头到山下,凿井不尽土。取供十方僧,香美胜牛乳"。

位置面积　甘泉镇位于区境中南部，处北纬34°21′20″～34°30′8″，东经105°47′12″～105°57′52″之间。东部和东南部接邻麦积镇，西与秦州区皂郊镇毗连，南部与娘娘坝镇交界，西南则与齐寿乡相接，北部和马跑泉镇为邻，西北端还与花牛镇相连。原甘泉镇区划形成于1968年，时东北部与街子乡为邻。2004年街子乡撤销，其西北部八槐、朝阳、毛集、金胡、吴家寺、窑庄6村划归甘泉镇，形成现区域。

全境犹如一片展布的荷叶，东西最大距离19.5公里，南北最宽处18公里。总面积213平方公里，占全区总面积的6.1%。

地形地貌　境内半山半川，山多川少。永川河、东柯河两河流域谷地，包括两岸二级阶地，面积约20平方公里，约占境内总面积的9%。南部为秦岭山地北延支脉，山势高峻，有海拔2000米以上山峰，以西南部龙咀山2164米为最高点。由于人类活动频繁，植被破坏严重。近10年退耕还林、林区禁伐，森林有所增加。在林区与河谷区间，广布由梁峁、沟壑构成的山地，垦植率高，分布有较大山塬。海拔最低处为吴家寺村北东柯河流入马跑泉境内处，为1111米。

气候　属大陆性半湿润气候，四季分明。春季气温回升周期长，降水不足，夏季光照强，雨水多，秋季冷暖气团交替，多阴雨天，冬季雨雪少，虽冷但无严寒。年平均日照时数2000多小时。多年平均气温为10.4℃。以7月最高，为22.2℃，1月最低，为-2.7℃；极端最高温度曾达37℃左右，极端最低温度-19℃。全年无霜日180天左右。年均降水量河谷和浅山区580毫米左右，林区、林缘区可达600～700毫米。

山脉河流　境内均属秦岭山系。秦岭主脉从镇境南端通过，有云雾山、龙咀山、三皇咀、光坡梁等高峰。9条秦岭北延支脉展布整个永川河以南。位于西南部的龟凤山、卧牛山，虽为秦岭支脉北延中始拔起的山峰，但均为古籍有载的名山。永川河、东柯河间的分水岭，称秦亭山（俗称东山，今人改称翠山），明胡缵宗纂修《秦州志·地理志》谓周孝王封秦嬴非子为附庸之领地，并在秦（即秦亭）建邑，秦亭山亘四十里，其上有秦亭，其下为秦谷。非子所封邑，盖附庸也，所谓'邑之秦'也"，为从麦积镇东南秦岭主脉天子坪山分出的支脉，山势较缓，海拔1400米左右。河流有永川河、东柯河两条渭河一级支流，均从麦积镇流入，西北向又分别流入马跑泉镇。境内流长分别为12公里和8公里。永川河西南，有8条分支发源于秦岭北麓，东北向或北向汇入永川河。其中以谢家河和大江峪河流程最长，分别为15公里和14公里。

历史沿革　夏、商时，为戎人居地。秦武公十年（前688年）伐邽戎、设邽县后，属邽县，西汉以后属上邽县。北魏因上邽改名，属上封县，隋代仍复称上邽。五代后唐起，属陇城县。南宋中期陇城县废后，属天水县，元代属成纪县。明、清属秦州，设有永川里、东柯里，分别统辖境内居民。民国初属第二区。民国24年(1935年)起属渭南乡(乡治设马跑泉)。民国26年(1937年)设甘泉寺镇，而东柯谷流域则属当年所置街子镇(沿至民国末)；民国29年(1940年)，甘泉寺镇改称甘泉镇，并析设新军乡(驻元店村)；民国33年(1944年)新军撤销，其西南部并入甘泉镇。

1950年，从甘泉镇析设西枝乡，东柯河流域设朝庆乡，西部设归凤乡。1951年甘泉镇改为乡。1952年从甘泉再析设甘江乡。1953年，从朝庆析设朝阳乡，从归凤析设云阳乡。至此，境内共设7乡，由第三区统辖(1956年区撤)。1955年云阳乡复并入归凤，甘江、西枝并入甘泉，朝阳并入朝庆。1956年，归凤乡再并入甘泉，朝庆则并入街子(治今麦积镇街亭)。1958年，甘泉乡改为公社，旋将街子、麦积2乡并入，设为麦积山公社(驻甘泉寺)。

1961年划小公社体制，麦积山公社撤销，复设甘泉公社，旋又从甘泉公社析设归凤公社，并以原朝庆乡地设朝阳公社。1966年，朝阳并入街子公社(此后直到2004年街子乡撤销，其地一直属街子)。1968年，归凤公社并入甘泉。1983年，公社改称乡，为甘泉乡，1999年再改为甘泉镇。2004年划入原街子乡朝阳、八槐、毛集、金胡、吴家寺、窑庄6村后，现区划始形成。镇治设甘泉寺，距城区中心14公里。

区划 1985年，甘泉乡设30个建制村。2004年原街子乡6个村划入。2005年，白石村并入吴家河村，梁家山村并入包家沟村，赵家河村、文家庄村并入阳湾村，邓家河村、西湾村并入归凤山村，花羊村并入庙沟门村，安家庄村并入甘江村，胡家庄村并入云雾村，中庄村并入黄家庄村，架岭村并入胡家沟村，桦林村并入峡门村，共减少12村。撤并后，全镇设24村，即甘泉、玉兰、屈坪、甘江、吴河、包沟、阳湾、归凤山、谢崖、庙沟、云雾、黄庄、石沟、高庄、廖庄、胡沟、西枝、峡门、朝阳、八槐、毛集、金胡、吴寺、窑庄(撤并后，村名皆使用简称)。下设163个村民小组，1个自然镇(甘泉寺)，115个自然村。

人口 2007年，全镇12309户，42739人，其中男22090人，女20649人。总人口中农业人口41489人，非农业人口1250人。另有未落常住户口人员100多人。人口密度每平方公里201人，略高于全区平均数。河川地区村庄人口居住密度高，甘泉寺两个村(甘泉、玉兰)居住4400多人，占全镇总人口的1/10强。少数民族唯回族27人。

农业经济 甘泉是天水粮食主要产区，旧有“要吃先麦(玉米)，甘泉川里”的俗语。由于南山气候较阴，耐干旱，加之土层深厚，故粮食产出量高。农业集体经济时代，甘泉一直承担着全天水县近 1/7 的公购粮任务。2007 年，全镇耕地面积 80280 亩，其中川地 6100 亩，山地 74180 亩。粮食种植中，以小麦、玉米为主。2007 年种小麦 41500 亩，亩产 119 公斤，总产 4926 吨；玉米 26810 亩，亩产 318 公斤，总产 8526 吨，此外还种植少量马铃薯和豆类。油料总计 7480 亩，其中油菜 5280 亩，亩产 87 公斤，总产 460 吨。近年适应市场需要，大力发展果树。至 2007 年，全镇栽植苹果 12700 亩，总产 9775 吨，成为河谷地区农民收入的支柱。

工商经济　甘泉寺集市交易由来已远，是著名的农副产品和山货交易大集。《直隶秦州新志》将甘泉列为州境 10 大镇之一，并以农历单日为逢集日。至民国时，“一”字形南北向长街，有店铺 200 余家。随市场交易量的扩大，街市也不断延伸，除向两端延伸外，还新辟东西向街道，并建新型大型综合交易市场。年交易额在 2000 万元以上。工业在民国以前，仅有小手工业，民国时办有烧锅坊（酒坊），天水炳兴火柴公司设有分厂。农村妇女则多从事纺织业，尤以手工纺线最为普遍。1971 年天水县在中庄兴办的水泥厂，后发展为较有规模的国有企业。20 世纪 80 年代，私营小加工厂、作坊增多。甘泉川兴办化工厂、耐火材料厂、卫生陶瓷厂等，甘泉街有面粉厂，规模均不大。另外还有私营砖厂 5 家。

交通邮电　境内古为天水通往陕西、汉中以及陇南的要道，有数条径行大道。民国后期，修成通达麦积山的简易公路，连接境内河谷各村。中华人民共和国成立后，其道经数次扩建，现称麦贾公路，达到国家二级公路标准，每日车辆川流不息。20 世纪 60 年代，还建成南达娘娘坝的董甘公路，东达街亭的元街公路，以及沿东柯谷南行的石街公路。加上遍及各村的通村公路，构成联结内外的交通网络。1955 年，成立甘泉邮电所，1980 年升为支局。邮路通达各村，有邮政代办点 15 处。

教育文化　明、清时，乡间仅有 6 家私塾，入学者寥寥。民国 14 年（1925 年），甘泉寺兴办第一个初级小学校。两年后，今朝阳村尹家店子亦办起初级小学。20 世纪 40 年代，各保普遍办学，学校增多。1959 年，创办甘泉中学。2007 年，全镇有完全中学 1 所，初级中学 1 所（西枝初中），在校学生 1798 人；中心小学 1 所，农村小学 25 所（包括谢家崖附中），总计在校学生 3327 人；幼儿园 9 所，入园幼儿 800 名。甘泉是农村民俗文化活动最为活跃的地方，每年春节，社火、马秧歌、高抬、狮子舞、龙灯、旱船等轮番演出。尤其正月十五日甘泉街社火会演，场面盛大，常有周邻数万人观看。甘泉高抬，制作精巧，新颖离奇，早在民国时就获得过陇南文艺会演奖项。20 世纪 80 年代开始参加全县、全区春节会演，常被评为最精美节目。2007 年，有镇文化站1处,村级文化活动中心14个,图书室24处,有图书8000册。

医疗卫生 民国及以前,街道和乡间仅有个体诊所。1952年,甘泉寺成立第三区卫生所,为第一个公办医疗单位。1959年,改为公社卫生院,1962年再改为地区卫生院,1974年又改称甘泉中心卫生院。2007年,有中心卫生院1个,村卫生所24个,个体诊所40余家,有专业医疗人员96人,病床37张。年诊疗3万人(次)。

人民生活 2007年,全镇农业总产值7440万元,人均产粮369公斤,农民人均纯收入1739元。农村安全饮水普及率65%,建有甘泉自来水厂。农村卫生厕所普及率为100%。

名胜古迹 唐乾元二年(759年),诗圣杜甫一度寓居境内八槐村柳家河。其地至今有杜甫草堂,附近还有白水涧、砚洼台、先人场、笔水崖等遗迹,西枝村有杜甫与僧人赞公约会的赞公土室。为纪念杜甫,甘泉寺下街末端三角地现置有杜甫像。甘泉寺下街两株玉兰树,高16~17米,胸围2米以上,为国内所罕见。八槐村八股槐,传为杜甫所植。寺观有位于玉兰村的太平寺、聂家庄的真武观、西枝村元君庙、朝阳村柳家坪朝阳寺、吴家寺村崇庆寺、云雾山净乐宫、吴河村三官庙、谢家崖村娘娘庙(伏龙寺)、庙沟村象墩寺、阳湾村泰山庙、屈坪村马王庙、归凤山村云光寺、云阳寺,其中以太平寺历史最久,杜甫诗作中即载其寺"招提凭高冈,疏散连草莽",可证在唐代规模已很大。云光寺则是镇内寺观新建过程中规模最大的寺院,其建筑鳞次栉比,富丽堂皇。境内依山带水,风光怡人,有春晓泉、双玉兰堂、太平寺(又称甘泉寺)、东柯杜甫草堂、龟凤山、云雾山、秦亭山等旅游景点。

历史人物 屈坪村人尤爰,清道光间秀才,擅长书法,书兼米赵,圆精流美,以挥毫而闻名天水,天水汉忠烈纪将军祠、市区博物馆及甘泉、马跑泉、伯阳、新阳等地民间至今多有遗存。玉兰村人张自振,解放后甘泉乡人民政府第一任乡长,曾多次协助冯国瑞考察麦积山石窟,负责维修麦积山瑞应寺,筹建麦积山文物管理所,并走村串户征集到多件文物,为弘扬麦积山石窟文化倾心竭力。文家庄人周琴花(女),1973年任文家庄大队党支部书记,1978年主动协调解决甘泉大江峪一道沟村庄中4个大队通电及粮油加工问题,带领群众拓宽了麦贾公路西进入包家沟村的瓶颈路段,同年被选为甘肃省人大代表,1979年又被全国妇联授予全国"三八红旗手"称号。

麦积镇

名称来历 因境内有著名的麦积山石窟而得名。麦积一名起源甚早。麦积山石窟现排序第 115 号窟正中佛座前的墨书题记，其中有“唯大代景明三年九月十五日，台遣上邽镇司□张元伯……在此麦积……为菩萨造石室一躯（区）”等语，是为至今发现最早记载麦积之名的物证。北魏景明三年即 502 年，距今已 1500 余年。史籍中出现“麦积”一词也在此后不久。《魏书》卷 36《李顺传》所附李焕传记中，有“会秦州民吕苟儿反，(李)焕仍令(石)长乐等由麦积崖赴援”的记事。吕苟儿起事在北魏正始三年（506 年）。由此推知，早在麦积山开凿龛窟之前，人们已形象地将其山称为麦积崖（山）了。

位置面积　麦积镇位于区境中南部，处北纬 34° 16′ 45″ ~ 34° 30′ 08″，东经 105° 55′ 32″ ~ 106° 06′ 01″ 之间。东南部与党川乡接壤，西北部与甘泉镇毗连，西南与秦州区娘娘坝镇交邻，东北与伯阳镇接界，北端少部还与马跑泉镇接连。原麦积乡区划形成于 1961 年。2004 年街子乡撤销时，将街亭、北湾、宏罗、滩子、冯王、永庆、杨河、董家湾 8 村划归麦积镇，形成现区域。

全境近似一个侧置的长方形，南北长，东西窄。东西最宽 10 公里，南北最长 22 公里。总面积 193 平方公里，占全区总面积的 5.5%。

地形地貌　境内绝大部分为山地，地形复杂，山峦起伏，沟壑纵横。唯街亭村附近有较多川原，总面积不到 3 平方公里。其余永川河、东柯河上游河谷，多狭窄山沟，仅有小块川地。地势东南高，向西北逐渐降低。秦岭通过处，多有海拔 2000 米以上高峰。最高点为位于西南部的妖魔山和东南部的天子坪山，海拔分别为 2191 米和 2197 米；最低点为街亭村西北东柯河入甘泉镇处 1160 米。

气候　属暖温带半湿润气候，特点是四季分明，温和湿润，冬虽冷却无严寒，夏虽热但无酷暑。境内麦积山风景区是夏日避暑纳凉圣地。因处林区，且地势稍高，多年平均气温 9℃左右，较区境中部地区低约 2℃。最低 1 月气温平均 -3.5℃，最高 7 月份 21.2℃。植物生长期年平均 238 天，年平均日照时数 1780 小时。年平均降水量 689.2 毫米，林区可高达 800 毫米，极端最多年降水量 1030 毫米（1976 年），极端最少年降水量 543.6 毫米（1970 年）。故少干旱，多阴雨。

山脉河流　境内属秦岭山系。秦岭主脉从最东端杨家坪附近进入境内，西南向绵延 10 余公里，为与党川乡界山，至麦积山石窟南香积山又转向西，从镇境南部穿过，向西至与甘泉镇和秦州区娘娘坝镇交界处出境，总长 20 多公里。秦岭向北延伸支脉主要有秦亭山，西北向入甘泉镇。著名山峰有麦积山、香积山、豆积山、神农山（在永庆村东南）、黄龙山（又称大龙王山，在杨何村东）、改龙山（在街亭镇东南）等。河流有永川河、东柯河，且为两河发源地，支流甚多，主要有发源于康家崖以南秦岭北麓的南河,从街亭村西北汇入东柯河。其水《水经注》中称“轩辕溪”。

历史沿革　古代为戎人散居地,因属林区,居人不多。秦、汉时,先后属邽县、上邽,北魏时属上封,隋、唐时仍属上邽。五代后唐设陇城县后,属陇城县,沿至南宋中陇城县废,改属天水县(治今秦州区天水镇)。元代属成纪县,明、清属秦州,设有永川、东柯2里分别统辖两河流域。民国初属第二区,民国24年(1935年)属渭南乡;民国26年(1937年)撤销渭南乡,析设甘泉寺镇和街子镇,境内分属2镇;民国29年(1940年),从甘泉寺镇析设新军乡,治今甘泉元店,辖境内大部(唯街亭等地仍属街子镇);民国33年(1944年)新军乡撤销,其地西南部即永川河流域仍属甘泉镇,东北部今后川一带划隶党川乡。

1949年冬,设麦积乡,北部仍为街子镇(1951年改为乡)。1952年,从麦积乡析置仙仁乡,辖东部后川一带。1953年,从街子乡析设宏罗乡,辖东北部东柯河上游。1954年,再从麦积析设红崖乡。至此,境内计设5乡,由第三区统辖。1955年并乡,仙仁、红崖仍并入麦积,宏罗并入街子。1958年秋,麦积、街子2乡改为公社,旋与甘泉合并,称麦积山公社(治甘泉寺)。

1961年划小公社体制,仍设麦积、街子2公社。街子公社设街亭村,1966年朝阳公社并入后,辖及今属甘泉镇的八槐、毛集、朝阳、吴家寺等村。1983年,麦积、街子公社皆改为乡。2003年,麦积乡改为镇。2004年,街子乡撤销,其中东部8村划归麦积镇,现区划始形成。镇治设贾家河村,距城区中心22公里(直径)。

区划　1985年,麦积乡设10个建制村。2004年,原街子乡的8个村划入。1988年,从贾河村析设文何村。2005年,文何、孟家山2村并入贾河村,康家崖村并入后川村,董家湾村并入杨何村。撤并后,全镇设15村,即:贾河、麦积、草滩、红崖、卧虎、刘坪、陈山、后川、杨何、永庆、街亭、北湾、宏罗、滩子、冯王。下设88个村民小组,1个自然镇(街亭镇)、75个自然村。

人口　2007年,全镇5307户,19508人,其中男10212人,女9296人。总人口中农业人口18948人,非农业人口560人。人口密度每平方公里101人,远低于全区平均密度。人口分布不均,以街亭村及周邻永庆、宏罗一带最为稠密。街亭村人口近4000人,占全镇总人口的1/5,在全区也数人口密集的大村。

农业经济　境内为农业经济占绝对优势的地区。除街亭和麦积镇(自然镇)有从事工商经营活动者外,其余乡村都以农为业。全镇耕地面积47026亩,其中川地3000亩,分布在街亭一带川原,土层厚,肥力高,出产量多。而分布于半林区的耕地,多为地势较平坦的山地,有机质含量高,亦产出多,只是鸟兽害严重,难以守护。2007年，种植粮食43626亩，亩产210公斤，总产9159吨。其中小麦19800亩，亩产130公斤，总产2574吨；玉米19050亩，亩产284公斤，总产5410吨。另外还有马铃薯2200亩，豆类2000亩。种植油料1800亩，主要是胡麻和油菜。还种蔬菜2720亩，瓜类500亩。

工商经济　街亭镇（俗称街子口）作为农村集贸市场，由来已远，清代已相当繁盛，有"十"字形街道，各长数百米。每凡农历逢单日集日，附近数十村居民聚集，商市活跃。2004年撤乡后，集贸市场仍延续不衰。麦积镇所在地贾河村，原本无集市。1990年后随着经济、旅游业发展，公路两旁渐店铺林立，服务业活跃，俨然一小城镇。工业过去以手工业为主，集中在街亭镇，多前店后场小作坊。20世纪80年代，出现木材等小型加工厂，食品作坊亦较多。

交通邮电　街亭村古为商旅来往集散之地，有古大道相通，西至秦州，南经永庆、后川，再去党川，可达汉中、陇南。民国后期，曾修通从甘泉抵达麦积山的简易公路。1956年，重修马跑泉至贾家河公路。1957–1958年，又分段修通贾家河至利桥公路（全路修通后称东利公路），同时还修筑贾家河至麦积山公路。由此形成境内干线公路框架。后多次改造，成为区境内连接林区乡村的通道，一度还作为国道"310"公路加以改造。1965年，又建成由甘泉元店通达街亭村的公路。通村公路，初建于20世纪70年代。2000年后，大都加宽整修，使各建制村均通有公路。1973年，设麦积邮电所；1976年，设街子邮电所。1987年降街子所为代办点。

旅游　境内树木阴翳，松涛飒飒，自古被誉为秦地林泉之冠，山水风景甚佳。麦积山石窟、仙人崖等著名古迹坐落其间，街亭古镇是天水保存最完整的明清风貌古镇街区，更有可以疗疾的街子温泉，故成为天水旅游圣地。一年四季，海内外游客纷至沓来，带动当地服务业、饮食业的发展。近年又在景区附近和沿途兴办起"农家乐"，供旅游者歇息、餐饮。

教育文化　境内街亭镇，自古为文化发达地区，明、清时办有私塾多家。民国14年（1925年），创办街子镇初级小学校。5年后，又办起东社初级小学校。民国32年（1943年），县参议员仙润森自筹经费，创办街子镇联立女子国民学校，为当时天水县境东乡第一所女子学校。此前后，大部分农村以保设国民小学。20世纪70年代前期，创办街子中学。1987年又设麦积中学。2007年，全镇有初级中学2所，在校学生1267人；小学15所，在校学生2181人。有镇文化站1处，村文化活动中心15个，藏书50000册。

医疗卫生　1956年，成立街子乡中西医联合诊所。1958年，与麦积诊所均改为农村医院,20世纪60年代仍各自设为卫生所,1970年又扩建为麦积公社卫生院和街子公社卫生院。2007年,有卫生院2个,农村卫生所15个,个体诊所10家。总计有医技人员35名,病床64张。

人民生活 2007年,全镇农业总产值5131万元,按农业人口计,人均2700元,人均产粮462公斤,农民人均纯收入1858元。有敬老院1家,床位20张,收养农村五保人员6名。

名胜古迹 境内永庆村东柯河南支——南河河谷,为黄帝出生地。《水经注》载:“黄帝生于天水,在上邽城东七十里轩辕谷。”上邽城即今天水市秦州区城区,古称东七十里即街子镇一带。神农山传说为神农氏炎帝活动过的地方。麦积山石窟为国内四大石窟之一,属国家级文物保护单位,距今已有1600多年的历史。仙人崖灵应寺,始建于北魏后期,亦为重点文化古迹。街亭村崇福寺,始建于唐弘道年间(683年),有1300多年历史。此外,还有永庆村永庆寺、宏罗村宏罗寺、滩子村杨家坪千佛洞、后川村净土寺、贾家河村交龙寺、卧虎村竹林寺、草滩村豆积山罗汉崖石窟和西应寺,以净土寺和交龙寺规模最大。

历史人物 陈家山村杨明海,年轻时参加中国工农红军,后任至新四军团政委。1949年后曾任安徽巢湖军分区干部部部长,后以师职待遇退休,直至逝世。文家村人文得权,20世纪40–70年代,曾多次率木工,指挥整修、架设麦积山石窟栈道,成为具有颇高声誉的民间建筑艺人。

渭南镇

名称来历 因地处渭河南岸而得名。其名最早使用于民国26年(1937年)所设渭南镇。

位置面积 渭南镇位于区境西北部、三阳川南部,处北纬34°35′54″～34°42′46″,东经105°34′22″～105°46′37″之间。东接花牛镇,西邻新阳镇,南与秦州区玉泉镇和中梁乡接壤,北和东北与中滩镇、石佛乡隔渭河为邻。原区划形成于1968年。2004年南河川乡撤销时,将西南部窦家峡、营房、庞家塄干、刘家庄、缑家庄、渭红、麻家坪、西胡湾8村划归渭南镇,同时将处于渭河北的余家峡村由渭南划归中滩镇,形成现区域。

全境犹如一只卧蚕,东西长,南北窄。东西最宽21公里,南北最大距离9公里。总面积98.8平方公里,占全区总面积的2.8%。

地形地貌 境内山川相兼。渭河沿岸是天水境内著名川原三阳川的南部,从窦家峡西北至张石村,长14公里,宽1～2.5公里,总面积约25平方公里,渭河从川北通过。窦家峡东南,亦有小块川原,称南河川。川原南部,是与川原处同一走向的高山,抬升急,多荒草地。尤其中部,有海拔 1700 米的山峰,少有人居。唯西南部山脉展布远,稍平坦,多有村庄分布。海拔最高点在蒲石村石山下西南,为 1781 米;最低点为渭河流入花牛镇境处(在渭红村东),为 1119 米。

气候　属温带半湿润气候,夏无酷暑,冬无严寒,日照充足,四季分明,降水较少。全年平均气温 10.9℃,最冷月 1 月平均气温 -2.6℃,极端最低温度 -18.9℃(1986 年 12 月 11 日);最热月 7 月平均气温 23.1℃,极端最高气温 40.7℃(1998 年 7 月 11 日)。最低月均气温 -3.9℃(1963 年 1 月),最高月均气温 25.0℃(1971 年 7 月)。平均气温年较差为 15.1℃。植物生长期年均 260 天,无霜期年平均 185 天,最长 208 天,最短 148 天。年平均日照时数 1932 小时。0℃以上温度持续期 283 天,一般为 2 月 1 日至 11 月 30 日。年平均降水量 400 ~ 550 毫米。年均降雨日数 60 天。极端最大年降雨量 734.9 毫米 (1960 年),最少年降雨量 293 毫米(1978 年)。降雨集中在 5–9 月,以 7 月最多。

山脉河流　南部山脉,系秦岭支脉,由甘谷县南部瘦驴岭而来,由南向北,再折向东,至凤凰山为最高处。凤凰山以东,其山进入境内,直向东南,旧志称古寺坡山,为与秦州区中梁乡的分界线,再向东延,有营房梁、仁寿山,为与秦州区玉泉镇分界线,再向东,进入花牛镇界百顷塬。整个山脉境内从石山下以南起,至仁寿山,总长 20 余公里,为镇南屏障。河流主要是渭河,从北部通过,由西北向东南,长 20 余公里,古寺坡山北麓有数条支流,以从张石村北汇入渭河的磨沟河和从程家村东北汇入的马家峪沟流程较长,分别为 7 公里和 6 公里。其余均为雨季才见水流的沟谷。

历史沿革　夏、商时,为戎人居地,秦为邽县、上邽县地。两汉时,属望垣县(东汉或称望恒)。三国和两晋,属新阳县。北魏属上封,沿至隋,仍复名上邽。至唐末,上邽县废,地属成纪县,沿至元末。明、清属秦州,下设有三阳里。民国初属第五区,民国 24 年(1935 年)属三阳乡。民国 26 年(1937 年),境内析设为渭南镇。

1950 年从渭南镇西部析设临渭乡,东部析设正阳乡。1951 年,渭南镇改称渭南乡。1954 年,再析设卦台乡和苏景乡。至此,境内共设 5 乡,设第八区统辖(1956 年区撤)。1955 年,临渭并入卦台,正阳、苏景并入渭南。1956 年,卦台亦并入渭南。1958 年 9 月,渭南并入三阳川公社。

1961 年划小公社体制时,设渭南、正阳、卦台 3 公社。1966 年,卦台并入渭南。1968 年,正阳亦并入渭南。1983 年,公社改为乡。2001 年再改为渭南镇。

2004年，南河川乡撤销，其西部8村划归渭南镇，同时将余峡村划隶中滩镇，现区划始形成。镇治设渭南镇，距城区中心26公里（直径）。

区划 1985年，渭南乡设40个建制村。2004年，原南河川乡属8个村划入。同年，余家峡村划归中滩镇。2005年，刘家山村并入汝季村，苏家山村并入王集村，柳滩、马营2村合并为张石村，崔家集、范家湾2村合并为崔范村，王家新庄、李家鳌岘、刘家窑、大湾里4村合并为王李村，蒲家湾、石山2村合并为蒲石村，计减少7村。至此，全镇设40村，即：渭东、渭西、张石、张新、吴庄、霍卢、程家、左李、青宁、沈家、张园、于园、景湾、杨赵、苏景、汝季、马咀、团庄（崔家团庄）、崔范、曹家、王新、杨王、毛家、窦峡、刘家庄、渭红、麻家坪、西胡湾、缑家庄、能干（庞家能干）、营房、马王、雷尹、雷下、王李、黄坪、刘沟、左窑、王集、蒲石。下设179个村民小组，1个自然镇（熊集寨，分渭东、渭西2村），63个自然村。

人口 2007年，全镇共有居民10827户，43618人，其中男22398人，女21220人。总人口中农业人口42708人，非农业人口910人。另有未落常住户口人员100多人。人口密度每平方公里442人，是全区平均密度的2.5倍，为农村中除中滩镇外人口最为密集的地区。85%左右的人口居住在渭河川原。山区只西南部和南河川南山住有较多人口。

农业经济 境内川原面积广，土层深厚，质地肥沃，为区内主要农业耕作区。早在明万历年间，今吴家庄就开始修建引渭灌渠。其后，各村仿建，至民国24年（1935年）已有12条灌渠，可灌地3000亩。中华人民共和国成立后，作整体规划，建成贯通镇境的渭惠渠，使川区万余亩耕地大都可以灌溉。随着水利设施建成，其耕作制度也普遍改为一年两季，产出量高。唯山区尚无灌溉条件，产出低且不稳。2007年，境内总耕地面积53472亩，其中川地12200亩。种植粮食作物49320亩，亩产192公斤，总产9478吨。其中小麦29500亩，亩产90公斤，总产2655吨；玉米12470亩，亩产320公斤，总产3990吨。复种马铃薯、豆类等11600亩。还有蔬菜6500亩，瓜类390亩。

工业商贸 境内过去为土纺土织业的繁盛地区，约兴起于明代，盛于清代，尤其民国时期，随着市场需求量的增加，几乎家家妇女织布纺线。川区大村还有染坊。设有熊集寨（今渭南镇）、正阳（在崔家集）两个集贸市场。每凡逢集日（熊集寨为农历双日，正阳为农历单日），境内外布匹经营者汇集，布匹、棉线、棉花成为交易主要物资，仅布匹每集成交量在千匹以上。中华人民共和国成立后，棉布市场转衰。20世纪80年代市场开放后，渭南镇街市不断扩大，除原街道延伸外，又在旧街南公路旁形成新的市场,2004 年建成丁字型商贸街, 成为三阳川主要物资集散地之一。正阳集上 2001 年亦新建一处占地 9 亩多的交易市场。

交通邮电 1952 年建成的天兰铁路,从境内沿渭河南通过,长 20 公里,设有渭南镇、三阳川(在崔家集)2 个火车站。公路始建于民国 11 年(1922 年)陇南镇守使孔繁锦创修的北大道,从境内东南部南河川通过。其道民国 30 年代改建为华双公路。20 世纪 50 年代初, 修通由见河梁接华双公路至杨王村的见杨公路。1973 年,修通由南河川(接华双公路)至渭南镇公路。1978 年,修通渭南镇至中滩公路(中有大桥相接)。后又修通渭南至新阳公路。2001 年建成的天巉公路(天水市至定西巉口),南北向通过境内。连同西南部通村公路,使境内成为区内公路网最密的地方。

教育文化 境内教育,历史上较发达。明、清时,河谷川区大村多有私塾或社学。民国 2 年(1913 年),成立崔家石滩初级小学校,为境内第一所现代小学;民国 16 年(1927 年),又成立卦台山初级小学校;民国 19 年(1930 年),再成立程家庄(村)初级小学校和熊集寨初级小学校(各 1 所)。20 世纪 40 年代,各保普遍办起初级小学。1957 年,渭南镇小学开始附设初中班。1964 年,创办渭南农业中学(后改普通中学)。1976 年,又兴办正阳中学。2007 年,境内有初级中学 3 所,在校学生 2931 人;高级中学 1 所,在校学生 1560 人;小学 34 所,在校学生 3895 人;幼儿园 3 所,入园幼儿 320 人。境内文化活动活跃,民国时就有秦腔戏班,常年在外演出。现有镇文化站 1 处,村文化活动中心 40 处,各类图书室 40 个,藏书 16 万余册,各类文化专业户 100 多户,文艺创作、演出人员 300 多人。

医疗卫生 民国时,集镇和部分大村设有中医诊所。1958 年,成立公办渭南卫生所,1974 年改为公社卫生院。2007 年,镇卫生院 1 个,村卫生所 40 个,私人诊所 10 余家,有病床 129 张,专业医卫人员 98 人,年诊疗人(次)2 万以上。

人民生活 2007 年,全镇农业总产值 5955 万元,以农业人口计,人均 1400 元。农民人均纯收入 1806 元,人均产粮 220 公斤。农民现金收入相当部分依赖外出打工。

名胜古迹 境内西北渭河南岸卦台山,平地兀立,相对高度 170 米,为人文始祖伏羲创画八卦之地。山巅建有伏羲庙,早在元代,就是官祭之地,现为省级文物保护单位。卦台山还是一处具新石器时代仰韶、齐家文化类型的古文化遗址。汝季村东,亦有古文化遗址,属县级文物保护单位。寺庙除伏羲庙外,还有位于崔范村的正阳寺、青宁村的早阳寺、渭红村的回龙寺、吕家山的普金寺、渭南镇西的北极观、王李村五龙山风都庙、景湾村广应山元君庙、杨王村八海庙、张园村雨师庙、刘家沟村财神庙等。此外,渭南镇西还有民国中期兴建规模颇大的天主教堂。

历史名人 宋三阳寨弓箭手张俊(今张石村人),早年从军,曾常年督军抵抗金兵,任至太尉、太师、枢密使,封清河郡王(卒后改封循王)。张俊侄张子盖,亦早年投军,终生为抵御金兵南进而战,任至节度使、淮东招抚使,卒后追赠太尉。吴家庄人吴廷扬,清嘉庆年间举人,在广东任过知县,后升同知。同村吴西川,清同治年间进士,任翰林院编修。曹家湾人曹凌汉,清咸丰年间中武举,任至守备,晚年回乡后,自造舟船7只,济渡乡民。吴家庄人吴岳,20世纪40年代初参加共产党,曾在徽县组织游击队,开展革命斗争。1950年任中共天水县委书记,后任至武威地委副书记。

中滩镇

名称来历 因最初所设建置的地域全在三阳川中部渭河、葫芦河两河冲积形成的滩地上,故民国29年(1940年)雷王集乡改名时称为中滩镇。

位置面积 中滩镇位于区境西北部、三阳川中西部,处北纬34°40′02″~34°45′46″,东经105°34′27″~105°42′30″之间。东部和东南部隔渭河与石佛乡为邻,西部与五龙乡毗连,南部隔渭河与渭南镇相望,西北部与秦安县交界。原区域形成于1966年。2004年,西山坪乡撤销,东部杨家岘(原西山坪乡治所在)、赵家崖、种田湾、谢家坪、霍家坪、李家坪、漆家坪、赵家湾、丁家坪、刘阳、刘阴、文家岔、文家沟、杨成家14村划归中滩镇,同时将渭南镇所属余峡村划入,形成现区域。

全境犹如一把倾斜放置的玉如意,由东南向西北长13公里,南北最宽处7公里。总面积49.4平方公里,占全区总面积的1.4%。

地形地貌 境内山川相兼,分为截然不同的两类地形。以后川村至渠刘村为界,东部和东南部皆为渭河、葫芦河冲积形成的川原,地势平坦,一派平原景色。以西皆为山地,且因渭河河谷切割深,河北岸抬升急,形成比河谷高出200多米的陡坡。而陡坡以上,地势较为平坦,有谢家坪、李家坪、霍家坪、漆家坪等较大山塬,海拔在1400~1600米之间。最高点位于杨成村北,海拔1600米;最低点为渭河与葫芦河交汇处(在张白村东南),为1144米。

气候 属温带半湿润气候,冬无严寒,夏无酷暑,气候温和,四季分明,日照充足,降水不足。全年无霜期190天,最多210天,最少160天。年均气温10.9℃,最冷的1月平均气温-2.6℃,极端最低气温为-21.3℃(1982年12月23日);最热月 7 月平均气温 23.5℃，极端最高气温 38.1℃(1976 年 7 月 22 日)。0℃以上温度持续期 285 天，一般为 2 月 1 日至 11 月 30 日。多年平均降水量 497 毫米，极端最少年降雨量 248.6 毫米(1976 年)，极端最多年降雨量 552 毫米(1998 年)。西部山区常因降水不足，蒸发量大，而发生严重干旱。

山脉河流　西部山脉系由秦安向南延伸而来。其山属陇山支系。山势平缓，无显著高峰。河流，西南部为渭河，境内流长 13 公里。东北部为葫芦河，曲折宛转，流程 12 公里。西部有支流谢家沟向南汇入渭河，蒿柴沟向东汇入葫芦河，均属短程沟谷。

历史沿革　古为戎人居地，秦为邽县、上邽县地。两汉时，属望垣县(东汉或称望恒)。三国和两晋，属新阳县(治今新阳镇)。北魏时，属上封。隋开皇年间，仍复名上邽。唐末上邽县废，地属成纪县。宋、金、元时，仍属成纪县。明、清两代，直属秦州，而西部则属秦安县辖。民国初，其东部属第五区，民国 24 年(1935 年)属三阳乡。民国 26 年(1937 年)，析设为雷王集乡，民国 29 年(1940 年)改称中滩镇。其西部民国时仍属秦安县，设有谢家坪乡。

1950 年，从中滩镇析设演营乡。1951 年，中滩镇改为乡。1954 年，又从东部析设东滩乡。同年，谢家坪乡由秦安划归天水县，并从其乡析设西坪、扁坡 2 乡(扁坡辖地在今五龙乡)。至此，境内计设 5 乡(不计扁坡)，归第八区(驻中滩镇)统辖(1956 年区撤)。1955 年，演营、东滩并入中滩乡，谢坪、扁坡并入西坪乡。1958 年 3 月，西坪又并入中滩。同年 9 月，中滩与石佛、渭南合并，组成三阳川公社(驻中滩)。

1961 年划小公社体制时，境内置中滩、演营、西坪 3 公社。1966 年，演营并入中滩。1983 年，公社改为乡，原西坪公社改名西山坪乡(因与甘谷县西坪乡重名)。中滩名依旧，只是改为乡，2003 年再改为镇。2004 年西山坪乡撤销，其东部 14 村划隶中滩(西部 12 村划归五龙)，现区划始形成。镇治设雷王集(中滩镇)，距城区中心 28 公里(直径)。

区划　1985 年，中滩乡设 18 个建制村。2004 年原西山坪乡属 13 个村划入。1990 年，从汪家山村析设泉坡村。2004 年，从渭南镇划入余峡村。2005 年，漆家坪、李家坪 2 村合并为漆李村，高家磨、熊家 2 村合并为演营村，丁家坪、赵家湾 2 村合并为丁赵村，杨岘、刘阴 2 村并入刘阳村，陈家窑村并入后川村，张家沟村并入渠刘村，樊枣村并入蒲甸村，牛家村并入毛家村，陈家那面村并入汪李村。并合后，境内设 23 村，即：雷王、四合、陈大、毛家、演营、缑杨、蒲甸、张白、渠刘、背湾、汪李、后川、丁赵、霍坪、漆李、谢坪、余峡、种田、赵崖、刘阳、文岔、文沟、杨成。下设136个村民小组，1个自然镇（雷王集），42个自然村。

人口 2007年，全镇居民9456户，37841人，其中男19134人，女18707人。总人口中农业人口36803人，非农业人口1038人。人口密度每平方公里766人，为区内农村人口居住密度最高的地区。东部川原人口更密，约22平方公里面积内，居住2.9万人，密度达1300多人。西部人口稍疏，密度也达300余人。居民在2000人以上的建制村，比比皆是。

农业经济 境内东部川原，灌溉条件好，为区内农业高产区。早在清乾隆年间，人们就从九龙山脚开渠引渭灌地。后又建成多条引葫芦河水的灌渠。民国中期，设有水利委员会。20世纪50年代，全川自流渠纳入统一管理。后经20世纪70年代重新修建，统称中惠渠，可灌地万余亩，从而保证了农业高产增收，一年两季，产出量丰。唯西部山区易受旱灾，产量较低且不稳。2007年，全镇耕地面积27573亩，其中川地11300亩，按农业人口计，人均仅7分地。种植粮食作物17400亩（不计复种面积），亩产383公斤，总产6666吨。其中小麦12000亩，亩产120公斤，总产1440吨；玉米14000亩（以复种居多），亩产351公斤，总产4914吨。另外还有油菜6500亩，蔬菜7500亩。2002年，在雷王集西南渭河北岸成立天水农业科技示范园区，用高科技发展农业，已建成花牛苹果标准化示范园、蔬菜种苗繁育中心、鲜食葡萄生产基地以及养殖场等，是农业产业和加工业一体的示范区。

工业商贸 约在明代后期，境内农村兴起土纺土织业。沿至清末，尤其民国时期，商品化程度不断提高，所产布匹除少量自用外，大部分销往陇南以至周邻省区。民国后期成立三阳川纺织合作社，定其布为“三羊”牌标准国布，帮助农民生产和销售。雷王集市场，长时期成为棉布销售大集，每集日交易量在2000匹以上，使人多地少的中滩镇，纺织业收入成为家庭主要经济支柱。随机器生产棉布逐渐占领市场，土布生产转衰。20世纪80年代开始，农村兴办起一些加工厂和工业作坊以及村办砖厂，但均规模不大，在整个经济中所占比例较小。雷王集为逢单日集，过去只东西向一条街道，20世纪80年代开始逐渐扩大，已在旧街东南辟建新的农贸市场，形成一条南北向新街。

交通邮电 境内处两河中间，长时期里行人来往、物资进出均赖舟船渡济，唯在冬春水位下降时，可搭便桥通过。1972年，建成渠刘村通至杨家岘的简易公路，只供农用车辆来往。1979年，渠刘村西南渭河上建成公路桥梁后，始有通向外界的第一条公路——中渭公路。此后，连同通达川区各村的农村大道，形成公路网。邮电，1956 年成立中滩邮电所，1985 年升为支局。此外，现设农村代办点 8 处，乡村通邮率 100 %。

教育文化　远在明、清时，中滩就是三阳川教育最为兴盛的地区，较大村庄遍设私塾，或者社学，入学读书者较多，儒风颇盛，被选入州学读书者不少。民国 2 年（1913 年），创办雷王集小学校，为当时天水县农村创办的为数不多几所完全小学之一。其后，初级小学校在川区陆续成立，其中以渠刘村初级小学校民国 4 年（1915 年）成立为最早。至 20 世纪 30 年代中期，全川兴办起 8 所小学（包括民国 11 年雷王集又兴办的初级小学），在全县属学校最密集的地区。1958 年，在雷王集创办天水县第二中学（后改称中滩中学）。1968 年，又在杨家岘设西山坪中学。2007 年，境内有中学 2 所，在校学生 2089 人；小学 24 所，在校学生 4218 人。幼儿园 2 所，入园幼儿 90 名。文化设施有镇综合文化站 1 处，有村文化活动中心 23 处，各类文化专业户 46 户，各类图书室农家书屋 30 处，藏书 12 万册。

医疗卫生　清代至民国前期，有个体中医诊所 10 多家，其中不乏医技高超者。雷王集雷氏，系中医世家，从清初起，直延至今，世代不衰，其中著名者有雷攀桂（字林一）、雷蓬仙等。民国 33 年(1944 年)，天水县卫生院（设今秦州区城区）在中滩背湾村成立三阳川卫生所，为当时县内农村第一个公办医疗单位。1951 年，县人民医院设三阳川分院，次年改称第八区卫生所，1956 年改为农村医院，后又改设为中滩中心卫生院至今。2007 年，境内有中心卫生院 1 处，村卫生所 23 个，私人医院和诊所近 10 家，总计有专业卫生人员 60 人，病床 90 张，年诊疗人（次）1.8 万。

人民生活　2007 年，农业总产值 5158 万元，人均 1400 元。人均产粮 179 公斤，农民人均纯收入 1990 元。农民经济收入主要依赖建筑业和外出打工的劳务收入。

名胜古迹　位于雷王集西北的樊家城遗址，属新石器时代仰韶、马家窑类型古文化遗址，已出土有尖底瓶、长颈壶等器具，为省级保护遗址。余家峡村以东渭河北有龙马洞，传有龙马负图而出，伏羲依其图始画八卦。《元丰九域志》载，北宋初开宝年间置三阳寨，在秦州城北四十里，为当时防御吐蕃南侵的主要堡寨。樊家城（旧志又称番家城）有古城垣残存，高 3 米，长约 20 米，其地距秦州城 40 华里，当即古三阳寨城。位于四合村西演营寺，历史较久，有 9 座殿宇，寺外有圆形土堡，堡内有 3 米高砖塔，称“羲皇注定太极塔”。其寺为三阳川除伏羲庙外最大寺宇。此外还有缑杨村青涟寺、张白村宝泉寺、蒲甸村三圣寺、李家坪村陇阳寺、渠刘村二圣祠等。

历史人物 王家庄(今属四合村)人王尚概,自幼入私塾,研究古典经文,清道光年间中副榜,著有《十三经管见草》等,被誉为“陇上名儒”。其孙王汝翼,一生追求进步,反对封建陋俗,曾支持黄钺发动秦州举义,后任至国民政府参事(后称参议),一度当选为甘肃省第一届议会议员。中华人民共和国成立后,任兰州市政协副主席。缑杨村人缑连魁,清道光年间武举,入清营,任至游击(从三品),同治年间曾率部坚守宁远(今武山)城。雷王村人李文会,一生从事公益事业,曾力主创办今中滩第一家现代小学——雷王集高等小学堂,后又当选孙中山成立的非常国会议员。

新阳镇

名称来历 因三国、两晋时设过新阳县而得名。时县名因何曰“新阳”,已无从考。至北魏,仍称其地为新阳川。明代以后,一直称古新阳城为沿河城。民国29年(1940年)设镇时,取古新阳之名称新阳镇,沿用至今。

位置面积 新阳镇位于区境西北部,处北纬34°36′21″~34°42′50″,东经105°28′07″~105°34′37″之间。东与渭南镇接壤,西和西南与琥珀乡交界,南和东南与秦州区中梁乡、耤口镇相连,北与五龙乡毗邻。原区划形成于1980年析置凤凰公社时。2004年凤凰乡撤销,将除新军沟、杨家湾、庆胡3村以外的其余14村仍划隶新阳镇,现区域形成。

全境犹如一块制成的龟甲,东西窄,南北宽。东西最宽9公里,南北最长12.5公里。总面积98.6平方公里,占全区总面积的2.8%。

地形地貌 境内山川相兼。北部有渭河冲积形成的川原,河北岸多新冲积滩地,河南多为二级阶地,年代较久。整个川原呈弓形,长7公里,宽1~2公里,总面积9平方公里。川原南部,山势渐陡,后急剧抬升,形成高峰凤凰山。凤凰山南,为较平坦的山塬,多村庄分布。渭河以北山体陡峻,地形复杂,多沟壑。全境海拔最高点凤凰山1895米,为区境内西北部最高点;最低点为渭河流入渭南镇处,海拔1185米。川原区海拔1200米左右,南部山塬大部在1500~1600米间。

气候 属温带半湿润气候,川区温暖,山区阴凉。年平均气温河谷区11℃左右,南部山塬为8℃左右。最低月1月平均气温河谷为-2℃,山塬达-5℃,极端最低温度-19℃(1991年12月17日);最高月7月平均气温河谷区24℃,山塬区不到20℃,极端最高温度37℃(1997年7月25日)。降水适中,年平均降雨量

500～600 毫米，以南部山塬区雨水较多。极端最大年降水量 700.6 毫米(1976 年),极端最少年降水量 247.6 毫米(1994 年),降雨集中在 7–9 月,7 月最多。雨热同季,适宜农作物生长。

山脉河流　南部山脉，为秦岭支脉，由甘谷县南部与礼县交界之瘦驴岭而来,由南向北,再折东,进入秦州区关子镇,再向东,经琥珀乡南部,进入境内。分两支,一支从最南端向东延伸,俗名"钟梁",进入秦州区境;一支东北向至凤凰山,再向东,进入渭南镇境。凤凰山附近向北分 3 支,抵渭河南。北部山脉属五龙山南延山脉,落于渭河北。河流主要为渭河,从北部通过,曲折迂回,在川原形成"U"形大弯,总流长约 13 公里。支流主要有关门沟和细尾子沟,均发源于凤凰山北麓,属短程沟谷,雨季才有水流。凤凰山南为罗玉河发源地,东流进入秦州区境,后经秦州区城区汇入耤河。

历史沿革　古代为戎人居地。秦属冀县,两汉属望垣县(东汉或称望恒)。三国魏在境内设新阳县,沿及两晋。其后北魏,地并上封县,隋代改称上邽,沿及于唐。五代至宋,属成纪县。北宋为防御吐蕃,设定西寨于境内。金据秦州,仍属成纪,直沿于元。明、清属秦州。民国初属第五区,民国 24 年(1935 年)属三阳乡。民国 26 年(1937 年),在境内设沿河城乡;民国 29 年(1940 年),改称新阳镇。而凤凰山南部地区初属沿河城乡,民国 29 年改属琥珀乡。

1949 年 10 月,从琥珀乡析置凤凰乡,辖境内南部山区。1951 年,新阳镇改称新阳乡,并从北部分置安林乡。1952 年,从凤凰乡分置新军乡。1954 年,再从新阳分置新民乡,从凤凰乡分置魏台乡。至此,境内共设 6 乡,隶属第九区(治设温家集,1955 年撤区)。1955 年,安林、新民仍并入新阳,魏台并凤凰,新军并入琥珀。1956 年,凤凰乡再并入新阳。1958 年 9 月,新阳与琥珀、石洞(今五龙)合并,设为新阳人民公社。

1961 年划小公社区划,境内分设新阳、安林、凤凰 3 公社。1968 年,安林、凤凰并入新阳公社(安林公社北部村庄则划归五龙公社)。1980 年,再析设凤凰公社。1983 年,新阳、凤凰 2 公社均改为乡。2003 年,新阳乡改为镇。2004 年,凤凰乡撤销,所属绝大部分地方并入新阳镇,现区划始形成。镇治设温家集(新阳镇),距城区 38 公里(直径)。

区划　1985 年，新阳乡设 19 个建制村。2004 年原凤凰乡属 14 个村划入。2005 年调整村级区划,下曲、胡家湾 2 村合并为沿河村,王家坡、田家坡 2 村合并为王田村,下蒲池、上蒲池 2 村合并为蒲池村,郭家寨子、仲家塄干、蒋家坡 3

村合并为新寨村,霍家坪村并入胡大村,阴洼里村并入肖王村,杜家阳洼、廖家岘2村合并为杨岘村,席家寨东、席家寨西2村合并为席寨村。撤并后,境内共设24村,即:温家集、胡大、裴家峡、王家庄、赵家庄、沿河、周家湾、张家坪、石家坡、王田、新寨、温缑、赵胡、席寨、肖王、杨岘、桥沟、姚沟、坚山、张家阳洼、蒲池、凌窑、郭王、蚰蜒咀。下设155个村民小组,1个自然镇(新阳镇,或称温家集),42个自然村。

人口　2007年,全境共有居民8180户,32907人,其中男16952人,女15955人。总人口中,农业人口31893人,非农业人口1014人。人口密度每平方公里334人,是全区平均人口密度的近2倍,属人口居住较密地区。境内人口分布不均,约一半人口挤住在渭河河谷。温家集人口在4500人以上,王家庄在3500人以上,胡家大庄亦在3000人以上,均可称人口密度高的"大庄"。南部山区,村庄分布均匀,各村人口在500~1000人之间。

农业经济　境内渭河盆地为著名农业耕作区,土层深厚,质地肥沃,加之有引渭灌渠,一年两季,很早就成为区内西北部粮仓。南部山区,地气高寒,耐干旱,适宜种植马铃薯、玉米、糜谷等大秋作物。20世纪90年代,大力推广地膜覆盖技术种植玉米后,使亩产量成倍增长。2007年,全镇耕地面积47075亩,其中川地4600亩。以农业人口计,人均耕地1.5亩。种植粮食作物43520亩,亩产225公斤,总产9783吨。其中小麦23100亩,亩产105公斤,总产2426吨;玉米13800亩(含复种),亩产307公斤,总产4237吨。此外还有豆类3020亩,马铃薯2100亩。种植油菜5820亩,亩产141公斤,总产821吨。种植蔬菜2935亩,瓜类300亩。果类以红杏最为著名,已栽植数千亩,其果大形圆,酸甜可口,销往国内许多市场。

工业商贸　境内是过去土纺土织业兴盛的又一地区。民国时,通过机械改革,开始使用新梭织布机和多头纺线车,使土纺土织业效率大为提高,产量成倍增长。民国中期,土布市场需求量大,几乎家家从事纺织业,使新阳土纺土织一时达到极盛。温家集集贸市场成为方圆几十里农家从事土布、棉线、棉花交易大集,外地客商常驻集市收购土布。最繁盛时,每集土布交易量在1000~1500匹左右。20世纪50年代中,土纺土织业衰退,后来市场亦转萧条。20世纪80年代市场重新开放后,农村工商业再次兴起。温家集市场,由过去露天交易改建为店铺林立、综合大棚市场俱全的新型市场。每至农历三、六、九逢集日,包括远至甘谷、秦安的客商均参加交易。工业20世纪80年代有乡办水泥厂以及木材加工等厂,近年食品业和加工坊逐渐增多。

交通邮电　1952年建成的天兰铁路，从渭南镇西进入境内，沿渭河西行，先在渭河南，至蚰蜒咀村西南渡渭河改沿河北行。王家庄设有新阳火车站，后又在境内西北建马家磨车站。境内修建公路，始于民国后期的定天路，为天水至定西干线公路，从镇境南部廖家岘、席家寨、肖王等村通过。1951年，初建凤凰（接定天路）至新阳公路，后一度放弃，1963年重修。20世纪70年代前期，又先后修建新阳通琥珀，赵家庄通五龙公路，分别称新琥路和新五路。因渭河阻隔，新五路只修至赵家庄。后于2001年建成渭河公路桥后，始通达温家集，与其他公路相接。公路建成前，渭河两岸均由舟船渡济，1965年建成吊桥后，可供人畜和小型车辆通过。邮政，民国15年（1926年）设邮政代办所，1953年设新阳邮电所，1985年改升支局。

教育文化　境内教育，自古较为发达。明、清时，有多家社学和私塾。清末，乡人即倡办新学。至民国2年（1913年），建成新阳镇小学校，为新阳川第一所完全小学。此后，民国7年（1918年）设王家庄初级小学，民国21年（1932年）设胡家大庄初级小学；次年，设裴家峡初级小学；两年后，又分别设石家坡、郭家山初级小学。20世纪40年代，农村各保遍设小学。民国32年（1943年），还创办天水私立新阳农业学校，为当时天水县境内设在农村的第一所初级中学。1957年，新阳镇小学附设初中班。1958年，又兴办新阳中学，后改称天水县第三中学。1985年，又设温家集初级中学。2007年，境内有高中1所，在校学生1609人；初中2所，在校学生1402人；小学22所，在校学生3120人。幼儿园1所，入园幼儿120名。境内文化活动内容丰富，凤凰山庙会盛大。现有镇文化站1处，村文化活动中心10处。有书、画、文艺等创作人员50多名。

医疗卫生　民国时期，温家集和部分农村有中医诊所，其中不乏医技高明者，如周家湾村周汝楫等，均为当时名医。1952年，在温家集成立第九区卫生所，1959年改称公社卫生院，1974年又称中心卫生院。2007年，境内有中心卫生院1处，村卫生所24个，私人诊所10余家。共有医技人员60多人，有病床20张，年诊疗人（次）3万。

人民生活　2007年，全镇农业总产值4589万元，以农业人口计，人均1430元。农民人均产粮292公斤，农民人均纯收入1903元。农民现金收入主要依赖外出打工收入。

名胜古迹　境内周家湾遗址，为新石器时代仰韶文化类遗址，属县级文物保护遗址。三国时，魏于境内设新阳县，《水经注》称新阳下城，在渭水岸边。《直隶秦州新志》载“其城已淹”。北宋所置定西寨，史载在三阳寨（在今中滩镇）西 13 里，即指境内。寺庙有王家庄北庆寿寺、凤凰山东岳庙、温家集格子庙、胡家大庄清池观（又称祖师庙）、赵家庄竹林寺、姚家沟村宝泉寺、下曲村龙泽观、石家坡村三官殿等。庆寿寺有文昌阁，高 10 米，为三重檐歇山顶式砖木结构阁楼，玲珑精美，为当地建筑一绝。

历史人物　胡家湾人胡汝翼，清末秀才，民国时任过省教育厅处长、国会议员，后回乡倡办农业中学，为地方颇多贡献。王家庄人王承舜，20 世纪 20 年代中在北京读书时即加入中国共产党，后回乡倡议成立国民党天水县党部（时国共合作），发动新阳农民运动，多有革命活动之举。同村人王治岐，曾参加国民党黄埔军校第一期学习，后任至国民军师长、军长、兵团副司令、甘肃省政府代主席。赵家庄人岳跻山，20 世纪 20 年代在北京大学时加入共产党，从事革命活动。后脱党，任过国民党甘宁青监察行署科长。

伯阳镇

名称来历　相传春秋时期，老子李耳流寓于此，见渭水常发洪灾，率民开渠引水。人们为纪念老子，便以其字“伯阳”取为地名，称伯阳渠。后简化为伯阳。《水经注·渭水》载：“伯阳城南，谓之伯阳川，盖李耳西入往经所由，故山原畎谷，往往播其名焉。”《秦州志》亦载，州城东七十里，“曰柏林山，其山多柏，其上有柏林观，有老子留乐庵”。

位置面积　伯阳镇位于区境中东部，处北纬 34°26′18″～34°36′01″，东经 105°59′43″～106°10′31″之间。东与东南接邻元龙镇，西依马跑泉镇，南以秦岭主脉为界与党川乡相接，西北与社棠镇隔渭河相望，北部与清水县接壤。现区划形成于 1968 年。

全境呈弓形，犹如一艘侧立的舟船，东西最大距离 17.5 公里，南北最宽处 15 公里，若以其形，从东南到西北最长处达 25 公里。总面积 141.7 平方公里，占全区总面积的 4.1%。

地形地貌　境内为两山夹一川的地形。北部渭河过境处有由渭河冲积成的盆地，呈半月形，东西长 3.5 公里，南北宽 3 公里，总面积 8 平方公里。两岸皆为山区，尤以南部面积最广，梁、峁、坪相间，至最南部接近秦岭主脉处，山势高峻，巍峨挺拔，有 2000 米以上高峰。北部山区则沟壑纵横，地形复杂。境内最高点为东南端与党川乡交界处的进家山，海拔 2234 米；最低点为渭河流入元龙镇处，海拔1040米。伯阳盆地海拔在1050～1100米之间。

气候　属温带大陆性半湿润气候，特点是四季分明，光照充足，雨热同季，适宜农作物生长。多年平均气温12℃左右，最冷的1月平均-1.8℃，极端最低气温-18℃；最热月7月平均24℃，极端最高温度38℃。平均气温年较差26℃，最大日较差20℃。植物生长期260天，无霜期年平均200天。年平均日照2050小时，太阳辐射量每平方厘米133.8千卡。年平均降水量600毫米左右，年均降雨日数91天，最多达110天(2003年)，最少82天(2005年)。极端最大年降雨量768.2毫米(2003年)，最少年降雨量315.2毫米(1982年)。降雨以南部居多，渭北则少，常发生干旱。

山脉河流　境内南部为秦岭主脉，在与党川乡交界处通过，其间有进家山、石门山、五子山等高峰。秦岭向北展布支脉较远，分两支。东支从进家山附近分出，沿与元龙交界处展布，长20多公里，直抵渭河南，其山南部称保安山，北部称蔡阳山；西支从石门山分出，直向西北，依次称圣湫山、恶雨山、大坪岭，亦延至渭河南。北部则为陇山支脉，由清水县境而来，落于渭河北。渭河从北部通过，屈曲弯转，境内长12公里。渭河支流主要是集境内南部诸水汇入的毛峪河，发源于石门山至进家山一带北麓，长23公里。此外，东部还有下区河，流程不长，亦汇入渭河。

历史沿革　古为戎人居地，秦武公伐邽戎、设邽县后，属邽县，西汉以后属上邽县。北魏时，改属绵诸县(治今社棠镇)，沿至北魏末绵诸废，又设伯阳县，治今伯阳镇。至隋开皇中，伯阳又改名秦岭县。唐贞观十七年(643年)秦岭县废，地并清水。此后，境内属清水县。五代后唐起属陇城县(治马跑泉西)。南宋中陇城县废，改属天水县(治今秦州区天水镇)。元属成纪县，明、清属秦州。民国初属第二区，后又属渭南乡(治马跑泉)。民国26年(1937年)，设伯阳南乡；民国29年(1940年)，伯阳南乡分设为伯阳镇和柏林镇；民国33年(1944年)，柏林并入伯阳，仍为镇，辖域扩至今清水县草川铺乡南部。

1950年，境内分置伯阳镇、柏林乡、东坪乡，同年东坪复并入伯阳镇。1951年伯阳镇改为乡，并从南部分设石门乡。1954年，再分设东坪乡和巩坪乡。至此，境内计设5乡，由第四区统辖。1955年，并为伯阳、东坪、石门3乡，其中石门乡设今元龙镇西。1956年，东坪并入伯阳，石门并入元龙。1958年，伯阳并入马跑泉公社，1960年又改属葡萄园公社。1961年划小公社体制时，设伯阳、石门2公社。1968年，石门公社撤销，其北部划归元龙，南部并入伯阳，形成现区划。1983年，改公社为乡，称伯阳乡。2003年又改称伯阳镇。镇治设伯阳镇(自然镇)，距城区中心15公里(直径)。

区划 1985年,伯阳乡划为26个建制村。2005年撤并5个村,其中南阳村并入伯阳村,下河村并入下坪村,湾岘村并入西坪村,刘家河沟村并入南河村,梁子树村并入红崖村。撤并后,全镇设21村,即:伯阳、复兴、虎头、保安、兴仁、半坡、南集、西坪、下坪、花南、曹石、马岘、韩河、高坪、巩坪、王坪、范河、南河、红崖、石门、穆湾。下设85个村民小组,1个自然镇(伯阳镇),54个自然村。

人口 2007年,全镇居民5510户,23912人,其中男12346人,女11566人。总人口中,农业人口23473人,非农业人口439人。人口密度每平方公里169人,与全区平均密度持平。有1/3人口居住在伯阳盆地,其中伯阳镇(自然镇)居住3500人。山区除靠近秦岭主脉的林区外,其余地方均有居民居住,分布较为均匀。

农业经济 伯阳是区内主要农业区之一。渭河盆地有川地5000余亩,土层深厚,肥力较高,产出量高,是境内主要农作区。南部山区,耐干旱,多山塬,亦为主要耕作区。唯北部山大沟深,降雨量少,不耐旱。2007年,全镇土地面积51193亩,播种粮食作物41540亩,亩产188公斤,总产7836吨。其中小麦16620亩,亩产110公斤,总产1845吨;玉米19320亩,亩产247公斤,总产4774吨。还种植豆类3780亩,马铃薯1000亩。另外,种植油菜1950亩,亩产115公斤,总产225吨,种蔬菜2376亩,瓜类977亩。

果品业 伯阳果树栽植史很久,早在清代和民国时,伯阳桃就很出名,品种以齐桃最优。20世纪70年代中期,河谷地区普遍引进苹果栽植。至80年代,又成为区境内苹果主要产地之一。2007年,全镇果树面积21346亩,其中苹果16645亩,桃3726亩。水果总产量16561吨,其中苹果12565吨,桃2245吨。

商贸工业 大约在清代中、后期,伯阳镇形成集贸市场,有南北向"一"字形街道,后又以农历逢双日为集日,主要交易产品有粮食、果品、布匹和山货。20世纪90年代初,随市场开放,经营户猛增,遂扩大集市,延伸街道,并设农贸综合市场,年交易额3000万元以上。其后,果业兴起,又建有专门果品批发市场和储藏库,年交易量达万余吨。工业仅有城镇小手工业和食品加工坊,总产值不多。

交通邮电 民国34年(1945年)宝天铁路修通后,沿渭河北通过境内,并在南集村设有伯阳火车站。1971年,修通由马跑泉东行,越大坪岭至伯阳镇公路。次年,又修通伯阳至元龙公路。其路沿毛峪河南行,至老碾下又折向北,出五龙沟至元龙。1978年,将伯阳至元龙段改道为经下渠、越蔡阳坡直通元龙。20世纪80年代后期,全路加宽改造提升等。20世纪90年代,又改造为国道"310"公路。农村公路，经多次整修，基本达到村村有公路，只是易遭水毁，需每年整修。1956年，成立伯阳镇邮电所，现设投递点21个。

教育文化　明、清时，仅河谷区有为数不多几处私塾。民国2年(1913年)，成立伯阳渠初级小学校，为区境东部地区最早成立的学校。其后，民国15年(1926年)，又成立花南埠初级小学校。20世纪40年代中，农村各保普遍成立小学校。20世纪70年代前期，成立伯阳中学。2007年，全镇有初级中学1所，在校学生850人；小学22所，在校学生3128人；幼儿园2所，入园幼儿140名。文化设施，有镇文化站1处，村级文化活动中心7处，各类图书室23个，藏书3.7万册，有较多的美术、书法、摄影爱好者和文学创作人员。

医疗卫生　民国时，伯阳镇和部分农村有私人诊所。20世纪50年代中，一些私人诊所联合，成立伯阳镇中西医联合诊所，1958年改称农村医院，1962年又改卫生所，1974年再改为卫生院，为集体所有制医疗机构。20世纪80年代，又设一批私人诊所。2007年，全镇有卫生院1个，村级卫生所21个，私人诊所10余家，共有专业卫生人员72名，病床22张，年诊疗3.4万人(次)。

人民生活　2007年，全镇农业总产值5740万元，以农业人口计，人均2440元，人均产粮334公斤，农民人均纯收入1760元。

名胜古迹　位于下坪(旧称柴家坪)村西的柴家坪遗址，已确证为新石器时代仰韶、齐家文化混合型遗址，出土有人面形器盖、陶器、石器，被确定为省级文物保护遗址。北魏时，伯阳城为秦州主要防御城垣之一。其城据《水经注》，在今渭河南伯阳镇。北魏末，其城为伯阳县治，至隋代改秦岭县，治皆在今伯阳镇。沿至唐代前期县废。南集村北宋墓，为1984年农民耕地时发现，出土有7块画像砖，上皆为伎乐图，反映北宋时期农村文化活动现象。

境内著名风景名胜有石门山，在与党川乡交界处。群峰林立，如劈如削，雄、险、秀、幽、奇兼备，被誉为“小黄山”，现划属麦积山风景名胜区。寺观有石门山西北五阳观，兴仁村北柏林观，石门村仙人观(又称“留老庵”)，伯阳村三官殿、崇慧寺，复兴村五山庙，巩坪村圆觉寺，虎头村普渡寺，南河村刘家沟圣湫山慈恩寺，南集村风静寺，保安村保安寺，下坪村保元寺、二郎庙，韩河村七真观等，以五阳观、柏林观规模较大。

历史人物　柴家坪(今下坪村)人夏景和，明成化年间中进士，以其刚直，任至监察御史、山西按察司副使。花南埠人贾世兴，清同治年间举人，曾在广东任知县，后升潮嘉汀赣盐局总办。其子贾缵绪，光绪年间副贡生，民国初当选国会众议院议员,后任泾原道尹等职。晚年回乡,热心公益,并主持编成《天水县志》。

元龙镇

名称来历 五代后唐长兴三年(932 年)设陇城县时,其中辖有五龙镇。其镇即在今元龙西部渭河南。沿至清代,仍称五龙镇。《直隶秦州新志·山川》中载,州城东南八十里五龙峰下有五龙镇,即指此。可证至清代前期,其镇设在渭河南,今称其地为红星(乃破旧立新时改名)。百余年后的清光绪年间编成的《秦州直隶州新志·地域》中,则载"由五龙北渡渭五里为圆嘴镇",可证此前其镇已迁今镇址。《天水县志》中仍称"圆嘴镇"。不久于民国 26 年(1937 年)设建置镇时,称名元龙镇,乃因使用"圆"字音义,又与古五龙镇名结合,遂成"元龙"。当地居民有因大园子称名之说,或为误传。

位置面积 元龙镇位于区境东部,处北纬 34°24′26″~34°35′38″,东经 106°04′10″~106°16′31″之间,东与三岔乡交界,西与西南和伯阳镇为邻,南以秦岭主脉为界与党川乡毗连,北与清水县接壤。

全境近似倒置的三角形,北部东西最大距离 18 公里,中部南北最长 17 公里。总面积 203.4 平方公里,占全区总面积的 5.8%。

地形地貌 境内山川相兼,山多于川。渭河从北部流过,沿岸有成块川原和二级阶地,从青崖村起至石谷川村,东西长 9 公里,宽 1 公里左右,面积约 8 平方公里,土层深厚,肥力较高。连同东部的底川村,为镇内主要耕作区。渭河南山区,除秦岭主脉附近山势陡峻外,居民区山势则大都较为平缓。北部沟壑纵横,支离破碎,故较少人居。境内最高点为东南端与伯阳镇交界处,海拔 2206 米(在石门山东);最低点为渭河进入三岔乡处,为 1023 米。渭河川原和阶地海拔在 1030~1200 米之间。北部以喇嘛山 1800 米为最高。

气候 属温带半湿润气候,四季分明,日照充足。河谷区年均气温 12℃左右,山区较低,林区则在 10℃以下。极端最低温度 -18.2℃(1991 年 12 月 28 日),极端最高温度 37.3℃(1997 年 7 月 21 日)。植物生长期年平均 266 天,无霜期年均 190 天。年平均降水量,河谷地区 500 多毫米,林区则在 600 毫米以上。极端最大年降雨量 714.7 毫米(2003 年),极端最少年降雨量 297.8 毫米(1982 年)。北部山区气候干燥,降雨少,易发旱灾。

山脉河流 境内山脉以渭河为界,南部属秦岭山系,北部为陇山山系。秦岭主脉从南端与党川乡交界处通过,向北分布支脉多条,其中以东部与三岔乡交界一条延伸最长,达 20 公里。南部和平村西沟附近,多海拔 1700 ~ 1800 米高山。渭河河谷南部屏障山脉,最高的大高咀海拔 1732 米。北部皆为陇山余脉,因河流切割,分多条由北向南延伸,直抵渭河北岸。渭河从北部通过,曲折迂回,流程 24 公里。主要支流有码头河,发源于秦岭北麓,北流中汇入支流众多,从码头口汇入渭河,长 20 公里。又有五龙河(沟),流程较短。

历史沿革　夏、商时为戎人居地,秦、汉时先后属邽县、上邽。北魏为绵诸县地,后绵诸县废,又隶属伯阳。伯阳改秦岭后,又属秦岭县。唐贞观十七年(643 年)秦岭县撤销,地并清水。此后终唐一代,归属清水。五代时,设为五龙镇,由镇将屯驻。后唐长兴三年(932 年),五龙镇并入新置陇城县(治马跑泉西)。南宋中叶陇城废,划归天水县(县治今秦州区天水镇)。元属成纪县,明、清属秦州。民国初属第二区,民国 24 年(1935 年)分属渭南乡和渭北乡(以渭河为界,2 乡分别统辖县境东乡渭河南、北)。民国 26 年(1937 年),始在境内设元龙镇,辖域向北伸展至今清水县南部的陇东乡;民国 29 年(1940 年)以元龙镇东部析设冯北乡。

1949–1950 年,原元龙、冯北乡地析设为元龙镇、五龙乡、渭滩乡、冯北乡、葡萄乡、陇东乡(1954 年划归清水)。1951 年,元龙镇改为乡。1954 年,再分设桑渠乡。因陇东划归清水,至此境内设 6 乡,由第四区统辖(1956 年区撤)。1955 年,合并为元龙、葡萄、冯北 3 乡。1956 年,冯北乡撤销,其地分并入元龙和葡萄。1958 年 9 月,元龙、葡萄连同吴砦、立远、东岔合并,成立葡萄园公社(驻元龙镇)。

1961 年划小公社区划,境内设元龙、葡萄 2 公社。1968 年,葡萄公社西部和石门公社北部并入元龙(葡萄公社东部并入吴砦,石门公社南部并入伯阳),改名卫东公社,现区划形成。1971 年,废卫东名,仍称元龙公社。1983 年,改公社为乡,2003 年再改为镇。镇治设元龙镇(自然镇),距城区中心 22 公里(直径)。

区划　1985 年,元龙乡下设 28 个建制村。2005 年,腰崖、格牙 2 村合并为花石崖村,涝池、堡坪 2 村合并为桑渠村,并将下石咀村并入园子村,兴坪村并入井儿村,刘家坪村并入杜家坪村,王家沟村并入后庄村。撤并后,全镇设 22 个村,即:元龙、青崖、渭滩、白家庄、后庄、上崖、李家沟、杜家坪、石谷川、花石崖、冯川、佃儿下、园子、底川、码头口、桑渠、关峡、石家湾、井儿、红星、青龙、和平。下设 91 个村民小组,1 个自然镇(元龙镇),56 个自然村。

人口　2007 年,全镇居民 5313 户,21761 人,其中男 11280 人,女 10481 人。总人口中,农业人口 20945 人,非农业人口 816 人。人口密度每平方公里 107 人,为全区平均密度的 63 %。其中 4 /5 人口居住在河谷地区,山区人口稀少。南部约占 1 /4 的地区属林区和林缘区，几无居民。少数民族有回族 49 人。

农业经济 境内河谷地区延伸长，故南北虽窄，但川原面积较广。有川地 6000 余亩，是境内农业主要产区。南部山区，则耐干旱，多山坪地。唯北部山高谷深，土地较瘠薄，且因干旱，产量不高。2007 年，全镇耕地面积 36161 亩，种植粮食作物 29385 亩，亩产 165 公斤，总产 4860 吨。其中小麦 15150 亩，亩产 75 公斤，总产 1136 吨；玉米 8200 亩，亩产 275 公斤，总产 2255 吨。种植马铃薯 2600 亩，豆类 4150 亩。此外，还有油料 1340 亩，蔬菜 2885 亩，瓜类 155 亩。元龙柿子过去为地方特产，现柿树存有量已大为减少。20 世纪 80 年代兴起种植花椒，成为农业新型产业，发展成天水乃至西北地区最主要的花椒生产基地和甘肃省最大的花椒交易市场。元龙花椒以色红、粒大、肉厚、味浓、质优而著称，故素有“中国花椒之乡”的美誉。2007 年产量达 168 吨。

商贸工业 元龙过去虽称为镇，亦为区境东部重要物资集散地，但一直未形成较有规模的街道。除少量店铺交易外，农民交易多集中在渭河北岸滩地。20 世纪 80 年代市场开放后，经营者逐年增多，现已在铁路南、北形成两条街道，以铁路南东西向街道较长，金融、邮电等单位均居集中，杜家坪村西北则有较大农贸市场。连同分布农村的经营网点，年交易额 1500 万元。工业仅有小型加工厂和手工作坊，产品销售于境内居民。

交通邮电 民国后期修成的宝天铁路，沿渭河北岸从境内通过，长约 22 公里，设有葡萄园、元龙、渭滩 3 个火车站。公路始修于 1972 年，当年修通元龙至伯阳公路。1973 年，又开始修建元龙通东岔公路，1976 年建成，称元东公路。此前 1972 年，林业部门还修建从码头口村起，沿码头河向南，达党川乡石咀村的林业专用公路，长 35 公里。连同途经五龙沟至伯阳公路，使境内南部大部分村通有公路。邮电，1955 年设邮电所，1985 年升为支局，现设投递点 20 个。

教育文化 明、清时河谷地区办有为数不多几家私塾，兴废不定。现代教育起步较晚，民国 23 年（1934 年）始设圆嘴头初级小学校。20 世纪 40 年代，部分农村以保兴办小学。1958 年，兴办元龙中学，时为天水县东部第一所中学，后一度称天水县第五中学。2007 年，境内有中学 1 所，在校学生 1477 人；小学 15 所（包括葡萄园附中），在校学生 2430 人。文化设施，有镇文化站 1 处，村文化活动中心 3 处，藏书 10000 册。

医疗卫生 民国时，元龙镇有私人诊所。1954 年，在元龙镇成立天水县第四区卫生所。1958 年成立人民公社后，改为葡萄园卫生院，1962 年称元龙地区卫生院,1974 年设为中心卫生院。2007 年,境内有中心卫生院 1 处,村卫生所 22 个,病床 50 张,共有专业卫生人员 66 人。另外还有私人诊所 10 余家。总计年诊疗 1.2 万人(次)。

人民生活　2007 年,全镇农业总产值 3729 万元,以农业人口计,人均 1780 元,农民人均产粮 232 公斤,农民人均纯收入 1740 元。农村安全饮用水普及率 97 %,农村卫生厕所普及率 98 %。

名胜古迹　位于镇西南元龙村吴家坪的蔡科顶遗址,为新石器时代仰韶、齐家文化类型遗址,属县级文物保护遗址。镇西南今红星村,旧称五龙,为古五龙镇所在。《秦州直隶州新志·地域》载:“五龙坪,有汉将王平之墓。道光戊申,土人耕田得古墓,中有石碣云”。所述王平,即三国蜀汉镇北大将军王平。寺庙有位于井儿村的兴国寺、位于码头口村的清凉寺、青龙村宝莲寺、桑渠村祇园寺、关峡村凤山寺、上崖村双龙寺、底川村永寿寺、杜家坪村安怡寺、天柱山祖师殿等。兴国寺规模较大,相传始建于唐,一进 3 院,10 余座殿宇,计 40 余间。景点有井儿村天柱山(因形似“擎天柱”而得名)、和平村麦垛山(俗称麦摞山,有“小麦积山”之称)等,均为新兴景点。

东岔镇

名称来历　初为村名,因地处东岔河与割漆沟河之交汇口东而得名。最早起用于何时,已无从考。1950 年在东岔村设乡时,以“东岔”称名。1975 年,东岔公社治地虽迁渭河南付家滩,仍用其名。

位置面积　东岔镇位于区境最东部甘肃与陕西交界处,处北纬 34° 16′ 04″ ~ 34° 29′ 42″,东经 106° 25′ 33″ ~ 106° 43′ 00″ 之间。东部、东北部、南部 3 面皆为陕西省包围,其中东北部以渭河为界;西部与利桥乡毗连,西北和三岔乡接壤。原区划形成于 1961 年。2004 年立远乡撤销,其东南部交川、立远、大沟里、龙凤、腰庄、盘龙 6 村划归东岔镇,形成现区划。

全境犹如侧立的半边荷叶,东西最长处 30 公里,南北最宽处 24 公里。总面积 396.7 平方公里,占全区总面积的 11.4 %,在 17 个乡、镇中,仅次于党川和利桥。

地形地貌　境内地形复杂,高度悬殊。东北部渭河河谷,由于历史上长时期的河水切割,地势较低,大部为峡谷,两岸高峰林立,在屈曲宛转的峡谷中,分布有小块谷地,海拔在 760 ~ 910 米之间,最低处牛背村北渭河进入陕西处 748 米,亦为区境内海拔最低处。河谷以西、以南,高峻山峰与深谷相间,森林密布。海拔

1700～2000米间山峰,随处可见,最高点为与利桥、三岔乡交界处的秦岭大堡,海拔2498米。唯南部东岔河流域有稍为宽阔的山塬,为镇内居民分布较多的地区。

气候 总体上属暖温带半湿润气候,但由于地区之间差异明显,河谷区春季升温较快,夏季高温炎热,秋季多雨,冬季较少寒潮;高山林区则夏秋凉爽,潮湿多雨,冬春干冷少雪,地气阴冷。年平均气温,渭河河谷区在12℃以上,一般山区9.5℃,高峻处在6℃左右。极端最高气温38.5℃(1990年7月15日),极端最低气温-24.6℃(1965年12月30日)。植物生长期190天(山区)至270天(河谷),无霜期年平均180天。年平均日照时数2000小时以上。0℃以上持续日数305天。年平均降水量754.4毫米。极端最大年降雨量908.7毫米(2010年),极端最小年降雨量478.4毫米(1969年)。降雨集中在7－9月,以7月最多。

山脉河流 境内山脉,均属秦岭山系。秦岭主脉从镇境东南与陕西凤县交界的人洞子梁入境,沿镇南端西延,至与利桥乡交界处,又转向西北延伸,最后从与三岔、利桥交界的秦岭大堡出境,长30公里,为与陕西凤县和利桥乡的分界线。秦岭北部和西部,支脉密布,或落于东岔河南岸,或落于渭河南岸。渭河从东北部通过,长21公里,河道弯转,在峡谷中穿行。有渭河一级支流6条,最长东岔河,发源于境内西南部,横贯境内南部,长24公里,从码头村汇入渭河。此外,还有交川河、牛背沟等,均流程不长。

历史沿革 从秦、汉,历三国至晋,皆属陈仓县地。北魏属南田县。《水经注》载:“渭水又东南,出石门(即今金龙山附近),度小陇山,经南田。”隋属秦岭县(治设伯阳)。至唐贞观年间秦岭撤销,地并清水县。五代后唐至宋,属陇城县。元属成纪,明属秦州。清乾隆二十六年(1761年)置三岔厅后,改属三岔厅。民国初属天水县,设三岔警察分所统辖。民国10年(1921年)属第六区,民国24年(1935年)属利川乡,民国26年(1937年)属三岔镇(治吴砦)。

1950年,从三岔镇析设东岔乡,治东岔村。1951年,从东岔析设立远、交川2乡;1954年,又析置码头乡。1955年,码头并入东岔,交川并入立远。1958年9月,东岔、立远皆并入葡萄园公社。1961年划小公社体制时,设东岔、立远2公社。1983年,两公社皆改称乡。2001年,东岔乡改为镇。2004年立远乡撤销,东南部6村(占原乡境大部)划归东岔,形成现区域。镇治设码头村付家滩(自然村),距城区71公里(直径)。

区划 1985年,东岔镇设9个建制村。2004年原立远乡属6个村划入。2005年,割漆村并入东岔村。此后,全镇设14个村,即:码头、牛背、东岔、曹坪、土桥、桃花坪、乍岭、月林、龙凤、交川、立远、腰庄、盘龙、大沟里。下设88个村民小组，共有91个自然村，另外还有一些分布零星住户的居民点。

人口　2007年，全镇居民3002户，11452人，其中男6148人，女5304人。总人口中，农业人口10995人，非农业人口457人。人口密度每平方公里29人，属人口稀少地区。主要居住在渭河南岸河谷和东岔河流域谷地，占境内大部的林区则无人口居住。

农业经济　境内农业，长时期以农业经营和林副产品生产为主，属农业多种经营地区。渭河河谷，多河流冲积成的小块淤地，土层较厚，适宜农作物生长。林间谷地和山塬地，多黑垆沙壤土，有机质含量高，亦适宜农作物生长。林区产品有木耳、山果、药材及各种野菜，均可采集出售。在国家森林禁伐令颁布前，一些地方农民赖出售原木、板材换取收入。2007年，全镇耕地面积16727亩，人均1.5亩，其中川地2400亩。种植粮食作物15520亩，亩产190公斤，总产2942吨。其中小麦9120亩，亩产96公斤，总产874吨；玉米6000亩，亩产262公斤，总产1572吨。此外还有油菜656亩，蔬菜1100亩，瓜类20亩。20世纪90年代开始，有较多板栗、花椒栽植，成为部分农户主要收入来源。

工业商贸　20世纪80年代前，工业商贸均不发达。20世纪80年代提倡发展乡镇企业，始兴办白云石厂、综合加工厂、东岔水电站等乡办工厂。乡人民政府所在付家滩，亦出现商业店铺，形成街市。

交通邮电　境内渭河峡谷许多地段是岩壁直立于河岸，来往交通甚为不便。北渡渭河，皆赖舟船与陕西互通往来，且因河流湍急，甚为危险。1969年，林业部门建成从付家滩起，沿东岔河西行通利桥的林业专用公路，长30公里，主要运输国营林场林木产品。1973年，开始兴建东岔通元龙公路，因工程艰巨，至1976年始建成。悬崖绝壁处，多凿隧洞通过。其道后来加宽整修，成为国道310公路。1957年，设东岔邮电所。现有投递点14个。

教育文化　民国以前，教育落后，没有私塾等教育设施。民国末，一些村始办起初级小学，但不甚完善。1949年后，始渐有较多识字人，学校质量亦有提高。20世纪70年代前期，始设初级中学。2007年，全镇有九年一贯制学校2所(东岔、立远)，小学12所，总计在校学生1100人。幼儿园1所，入园幼儿80名。有镇综合文化站1个，农家书屋14个，藏书15000万册。有群众娱乐广场3个。

医疗卫生　民国时，无医疗诊所。1958年，始设卫生所。1974年设公社卫生院，各大队先后设保健站。2007年，境内有镇卫生院1个，村卫生所10个，个体医疗诊所3家，总计医务人员18名，病床20张，年诊疗6000人（次）。

人民生活 2007年，全镇农业总产值1695万元，农民人均1540元。人均产粮268公斤，农民人均纯收入1594元。农户经济收入主要赖出售林副产品和多种经营收入。

名胜古迹 境内有桃花沟景区和金龙山景区两处。桃花沟景区位于东南部桃花坪村南，长10余里，沟内山岩险峻，奇石屹立，溪流枯藤，相映成趣，为秦岭山脉北麓又一处自然奇观。金龙山景区包括莲花池景区、石崖沟景区和金龙山景区3个景区，自然景观主要有秦岭大堡、骆驼峰、五女踏月、卧虎崖、弥勒峰、瓦屋梁、金龙山、望龙山等，景区内山峰巍峨，石林耸立，清泉涧溪，飞瀑流湍，风景优美。寺宇有码头村铁佛寺、立远村白音寺、交川村交龙寺、桃花坪村松柏寺、龙凤村鱼藏寺、土桥村观音山菩萨殿、立远村金龙山玉皇殿、东岔村关圣庙以及大沟里村神仙洞等。

第二章 乡

石佛乡

名称来历 因境内石佛寺有一尊西魏时期石雕佛像而得名。佛像至今存石佛寺。据当地流传说法，很早时，某年葫芦河发大水，及水落后，在河滩中发现了石佛雕像，人们便在葫芦河北岸修建寺宇，供奉石佛，其寺称石佛寺。后来将其地亦称石佛。清顺治版《秦州志·建置志》有关急递铺记述中，称北30公里有石佛，“接秦安县”，可证最迟明代已称名“石佛”。

位置面积 石佛乡位于区境西北部、三阳川东北部，处北纬34°37′33″~34°46′43″，东经105°38′33″~105°46′56″之间。东部与清水县相连，东南端与花牛镇接壤，西部和西南部隔渭河与中滩镇和渭南镇相望，北部和东北部与秦安县交界。原区域形成于1968年。2004年南河川乡撤销，将西部渭河北樊家湾（原乡治）、董家河、马家山3村划归石佛乡，形成现区域。

全境犹如一把不规则的直角三角尺，北部东西最长处13.8公里，东部南北最宽处14公里。总面积102.1平方公里，占全区总面积的2.9%。

地形地貌 境内山川相兼，河谷区和北部山区截然不同。渭河、葫芦河东北岸，是宽1~2公里、长约12公里（从石崖村至郭家寺村）的河谷川原，总面积约20平方公里。地势平坦，类于平原。川原以北、以东皆为山地，向北延伸，由于沟谷切割，形成梁、峁、沟、谷相间之状，地形复杂，东部张家坪、西部杨家坪等地有少量山塬。垦殖率高，植被覆盖差。最高点位于西北端上龙池村以东山梁，海拔1718米，最低点渭河流入花牛镇境处（在董家河东南），海拔1119米。川原区海拔1150～1200米。

气候　属暖温带半湿润气候，四季分明，雨热同季，光照充足，无霜期长。春季干旱多风，夏季雨量集中，秋季温和凉爽，冬季干冷少雪。多年平均气温11℃，1月平均气温－2.5℃，极端最低气温为－22.3℃（1982年12月23日）；7月平均气温25℃左右，极端最高气温38℃（1981年7月21日）。植物生长期260天左右，无霜期年平均185天，最长218天，最短167天。年平均日照时数2047小时，年总辐射每平方厘米127.4千卡。年均降水量500毫米左右，极端最大年降雨量581毫米（1998年），最小年降雨量247.6毫米（1973年）。北部山区蒸发量大，常发生严重干旱。

山脉河流　境内北部和东部均为陇山南延支系余脉，至河谷而止。其山来自秦安、清水交界陇山支脉高峰科梁，在境内北部与秦安县交界形成东西向山梁——革家堡梁，又向南分4支展布于境内。以最东部与清水县交界的、旧志所称乱孤堆山延伸最长，直至南端导流山，再突然下降，落于渭河北。葫芦河从与秦安县交界处南流入境，弯转流向东南，至峪口村西南汇入渭河，长18公里。渭河从与葫芦河相汇处进入境内，东南流入南河川，再从董家河村东南出境，长10公里。北部有3条河沟，南流汇入葫芦河，从东向西依次为九峪沟、保峪沟、涧沟，均为季节性河沟。

历史沿革　夏、商时为戎人居地，秦属邽县、上邽。两汉时，为望垣县地。三国属新阳县。西晋时，在与秦安县交界置临渭县。北魏初，临渭撤销，地大部属绵诸县。后属伯阳（《天水县志》所录《吕瑞墓志铭》中，有隋代吕瑞葬“伯阳县界兰渠乡三阳里”之载），再改属秦岭，至唐贞观年间，秦岭废。五代后唐长兴三年（932年）置陇城县后，东部属陇城，西部属成纪县。至南宋中陇城废，尽属成纪，明、清属秦州。唯北部部分村属秦安，形成犬牙交界之界域。民国初属第五区，民国24年（1935年）属三阳乡。民国26年（1937年）设石佛镇，沿至民国末。

1950年，从石佛镇分设旱阳乡、晚阳乡；1951年，石佛改镇为乡；1952年，增设保峪乡；1954年，析设峪峰乡。至此，境内设5乡，隶第八区（设治中滩）统辖。1955年，5乡并为石佛、晚阳2乡；1956年，晚阳再并入石佛。1958年9月，石佛乡并入三阳川公社（治中滩）。1961年划小公社体制时，设石佛、旱阳、晚阳3公社。1966 年,早阳并入石佛,1967 年,石佛改名向阳,1968 年再将晚阳并入。1971 年,复名石佛公社。1983 年,公社改称乡。2004 年将原南河川乡 3 村划入后,形成现区划。乡治设石佛镇,距城区 24 公里(直径)。

区划　1985 年,石佛乡设 39 个建制村。2004 年,原南河川乡 3 个村划入。2005 年,中石、西石、东石、田家庄 4 村合并为石佛村,赵家团庄、李家半坡 2 村合并为团半村,陶家新庄、陶家老庄 2 村合并为陶家村,郭家寺村并入杨庄村,西坡村并入黄新(黄家新庄)村,郭家老庄村并入三阳村。并合后境内设 34 村,即:石佛、杨庄、裴家滩、黄庄、三阳、峪口、咀王、陶家、夏家、石崖、樊家湾、董家河、马家山、张湾、严山、赵沟、陶小、洩山、陶崖、张坪、窝驮、王窑、康庄、团半、刘庄、腰庄、朱家河、黄新、涧沟、于堡、周半、大坪、龙池、黄堡。下设 203 个村民小组。1 个自然镇(石佛镇,分东石、中石、西石),66 个自然村。

人口　2007 年,全乡居民 10684 户,44264 人,其中男 22731 人,女 21533 人。总人口中,农业人口 43374 人,非农业人口 890 人。人口密度每平方公里 433 人,为区内农村人口居住密度较高的地区之一。河谷村庄人口密度更高,均在千人以上,石佛村更在 6000 人以上,为全区农村中人口最多的村。即使北部山区,亦遍布村庄,动辄数百人集居。

农业经济　境内河谷地区,已建有引葫芦河可灌地近万亩的自流渠——泽民渠,故川区农业条件好,加之土质肥沃,一年收两季,产出量高。山区则属干旱地区,易发旱灾,农业收获不稳定。2007 年,全乡耕地面积 72683 亩,人均耕地 1.7 亩,其中川地 8700 亩。种植粮食作物 60200 亩,亩产 211 公斤,总产 12728 吨。其中小麦 35200 亩,亩产 100 公斤,总产 3520 吨;玉米 23000 亩,亩产 308 公斤,总产 7084 吨。还有复种豆类 3900 亩,马铃薯 5000 亩。油料作物中,油菜 3900 亩,亩产 95 公斤,总产 370 吨。又有蔬菜 5000 亩,瓜类 350 亩。

工业商贸　约在明代后期,境内农村兴起土纺土织业。至清代,已有较多商品土布对外销售。民国时因市场需求量增,纺织业兴盛一时。川区农家几乎家家织布,山区妇女或纺或织。石佛镇集贸市场曾为三阳川土布、棉花、棉线的最大交易市场,外地客商络绎不绝,逢集日上市量常在 2000 匹以上,成为农民家庭收入的支柱。20 世纪 50 年代,随着机织布逐渐占领市场,土纺土织转衰。20 世纪 60 年代,虽一度再次兴起,但不久又彻底匿迹。20 世纪 80 年代市场重新开放后,原有街道重新扩建,门店铺面焕然一新,随着市场交易量的扩大,又在秦南公路旁辟建新市场,已成为三阳川北部商贸交易中心。

交通邮电 民国11年(1922年)所修县境北大道,从南河川南北向通过。20世纪30年代改建后,成为华双公路,为省内交通要道。只是其道只从石佛东樊家湾与清水界短暂通过,对境内农村几无利益。1952年修通的天水到兰州铁路,从南河川东西向通过,旋即在樊家湾西进入渭南镇,设有南河川火车站。其站由于距今秦州城区近,客、货运输量大,为区境农村所设车站中最为繁忙的车站。1972年,修通石佛镇通南河川接华双路的公路。1974年,再向西通至杨家庄村,统称南石公路,长17公里。与此同时,各村又修建通村大道。1990年,再修通杨家庄村北达秦安县的公路。建成后,全路改称秦南路。1957年,兴办石佛邮电所。2007年,除邮电所外,有邮政代办所5处,投递点34处。

教育文化 明、清时,河谷地区村庄设有私塾,是区境内教育比较发达的地区之一。民国2年(1913年),成立石佛镇小学校,为境内第一所完全小学。同年,郭家川(郭家寺)还成立初级小学校。20世纪30年代,杨家庄村等地亦成立初级小学。至20世纪40年代中,无论山川,均以保成立学校。1968年,成立石佛中学。20世纪80年代,再在杨家庄村设初级中学。2007年,境内有初中2所,在校学生1710人;小学32所(包括张坪和峪口附中),在校学生4600人。有乡文化站1处,村文化活动中心6处,各类图书室34人,藏书48000万册,书法、美术、摄影及文学创作人员30多人。

医疗卫生 民国时,石佛镇和河谷川区村庄有私人诊所,且不乏医技高明者。1953年,成立石佛联合诊所,后改称卫生所,为境内首家公办医疗单位。1974年,改为公社卫生院。2007年,有乡卫生院1个,村卫生所34个,个体诊所10余家。总计有医卫人员60人,病床20张。年诊疗人(次)3万。

人民生活 2007年,农业总产值7370万元,以农业人口计,人均1680元。人均产粮298公斤,农民人均纯收入1850元。农民经济收入主要依赖外出打工的劳务收入。

名胜古迹 位于董家河村西的董家坪遗址,属新石器时代仰韶、齐家类型文化遗址,为县级保护遗址。此外,还有位于黄家庄村的黄家咀遗址,位于三阳村郭老庄的郭老遗址,均为新石器时代遗址。石佛寺现存石雕佛像,高1.9米。据佛像后背题记,为西魏恭帝三年(556年)所造,至今已有近1500年历史。寺观有石佛镇西石佛寺、陶家村张家寨晚阳寺、黄家庄村报恩寺,朱家河村东坡茅庵寺、黄新村李家庙保全寺、杨庄村郭家寺村水涟寺、咀王村护济寺、赵沟村灵应寺、张坪村玉鸣寺、杨庄村北槐荫观、导流山真武观、龙池村金龙庙、峪口村雷氏祠等。其中以导流山真武观和晚阳寺规模较大。

历史人物 《直隶秦州新志·古迹》载:“渭流氏迹,在上邽西,成纪东南,渭水之阴。蒲氏世居其地,至蒲洪应签更姓为苻。”所述渭流氏迹,在今石佛乡境,与西晋所设临渭县吻合。所称蒲氏,即东晋时创立前秦国的蒲(苻)洪,永和六年(350年)自称大都督、大将军、大单于、三秦王。苻洪卒后,其子苻健攻入关中,旋又称帝,其后又有苻坚,称大秦天王,发展至统一整个北方。苻健、苻坚俱有治绩,使关陇出现振兴之象。石佛镇人杨润身,清光绪年间进士,任刑部(法部)主事,民国初当选国会众议院议员。其子杨集瀛,民国前期大学毕业,先任教职,后从事国民党党务,任省党部书记长,后被选为立法院立法委员。峪口村朱家庄人朱青选,留学日本博士,回国后任至国民党宁夏省党部指导员。

五龙乡

名称来历 因五龙山而得名。其山位于境内中西部,有 5 条分支向四周放射,犹如五龙聚首,故称“五龙山”。乡治即设五龙山下。

位置面积 五龙乡位于区境西北端,为 3 县(区)交邻之地,地处北纬 34° 42′ 50″ ~ 34° 48′ 00″,东经 105° 27′ 23″ ~ 105° 37′ 10″ 之间。东部和东南部与中滩镇毗连,西与甘谷县为邻,南与新阳镇接壤,西南端隔渭河与琥珀乡相望,北部与秦安县交界。原区划形成于 1968 年。2004 年,西山坪乡撤销,其西部中庄、泉坡、王家窑、汪家山、张家沟、小李家、常家渠、强家庄、王家咀、陈家湾、陈家山、雷家窑 12 村划归五龙乡,形成现区域。

全境犹如一只正在伸腿嬉戏的幼狮,东西最长处 12 公里,南北最大距离 9.2 公里。总面积 76 平方公里,占全区总面积的 2.2 %。

地形地貌 境内全为山地,梁、峁、沟、壑交错纵横,以中西部高,东南渐低。最高点五龙山,海拔 1886 米,是麦积区渭河北部最高处;最低点中庄村西南步路沟出境处 1400 米。山地海拔一般在 1500 ~ 1700 米之间。

气候 属温带半湿润半干燥气候。全境由于处在北部向阳之地,且植被差,无森林,故除秋季外,大部时间属干燥气候。年均气温 9.5℃左右。最低 1 月平均气温 -4℃,极端最低气温 -18.8℃(1991 年 12 月 28 日);最高 7 月平均气温 20℃,极端最高气温 37.5℃(1997 年 7 月 21 日)。植物生长期 240 天左右,无霜期年平均 170 天,最长 195 天,最短 129 天。0℃以上持续期 270 天(一般为 2 月中旬至 11 月中旬)。年均降水量 400 毫米。极端最多年雨量 700 毫米(1976 年),极端最少年雨量 200 毫米(1977 年)。降雨集中在 7–9 月,以 7 月最多。由于降雨偏少,加之光照强,蒸发量大,是典型的北部干旱山区,常发生旱灾,致农作物严重减产。

山脉河流　境内均属渭北陇山支脉。其山由秦安县南延而来。以西北部从秦安、甘谷县交界进入的一支伸展最远,纵贯境内西部。延伸中,至中部突起,即五龙山,为其山最高点,然后再向南延,出境入新阳镇,落于渭河北,全长 12 公里。东部山脉,以步路沟为界,分两支南伸,分别进入中滩和新阳界,亦落于渭河北。河流有步路沟、石洞沟、石门沟,均属季节性短程沟谷,以石洞沟较长,约 10 公里。均汇入渭河。

历史沿革　古代为戎人居地。秦属冀县,两汉属望垣县(东汉或称望恒)。三国魏属新阳县,沿至两晋。其后北魏,属上封县。隋改县名上邽,沿至唐末。五代至宋,属成纪县。金据秦州,分属成纪、秦安,沿至元。明、清时,分属秦州、秦安。民国时,仍分属天水、秦安。属天水县部分,民国初属第五区,民国 24 年(1935 年)属三阳乡,民国 26 年(1937 年)属沿河城乡,民国 29 年(1940 年)属新阳镇。属秦安县部分,初属第五区,后属千户镇。

1950 年,从新阳镇分置石洞乡和五龙乡(不久,五龙并入石洞),秦安县则从千户镇分置扁坡乡,辖境内东部。1954 年,扁坡乡划归天水县,天水县又从石洞乡南部分设丰农乡。石洞、丰农隶第九区,扁坡隶第八区(1956 年区均撤)。1955 年,扁坡乡并入西坪乡,丰农乡并入石洞乡。1958 年 9 月石洞并入新阳人民公社。

1961 年划小公社体制时,西部设石洞公社,中部设五龙公社,东部则属西坪(后改西山坪)公社。1966 年,石洞公社并入五龙。1968 年,又将安林公社北部划归五龙。同年,改五龙为五星,1971 年复原名。1983 年,五龙、西山坪均改为乡。2004 年,西山坪撤销,其西部划归五龙乡,现区划形成。乡治设凌温村,距麦积城区 41 公里(直径)。

区划　1985 年,五龙乡设 31 个建制村。2004 年,原西山坪乡辖 12 个村划入。1989 年,雷家湾村并入雷上村。2005 年,雷上、雷下 2 村合并为雷家湾村,山王家、岳家咀 2 村合并为岳王村,安家湾里、安家山下、安家坪 3 村合并为安家山村,强家沟、张家沟 2 村合并为张强村,泉坡、王家窑 2 村并入汪山村,陈家山村并入陈湾村,小李家村并入常渠村,裴家老湾村并入小窑村,孟家沟村并入中石村,巩家沟、刘家窑 2 村并入上石村,蒲李家村并入石洞村。撤并后,设 28 村,即:凌温、雷家湾、刘家湾、温家坪、安家山、小窑、大窑、杨王、梁家庄、岳王、岳家湾、舍鞍子、上石、陈山、石洞、张湾、中石沟、柏树王、周家山、温家湾、谢家咀、中庄、汪山、张强、常渠、王家咀、雷窑、陈湾。下设127个村民小组,有67个自然村。

人口 2007年,全乡居民5880户,25804人,其中男13120人,女12684人。总人口中,农业人口25411人,非农业人口393人。人口密度每平方公里339人,是全区人均密度的2倍。虽自然条件差,但人口密度高,且分布均匀,稍有居住条件的地方,即有村庄。

农业经济 境内均为山地,且因沟壑纵横,坡度较陡,极少有山塬地,大都为坡度在20～30度间的山地。又因人口稠密,垦殖率高,稍能耕作之处即辟为耕地。耕地有机质含量低,肥力差,收获效益低。以种植耐旱农作物为主。2007年,全乡耕地面积46974亩,人均耕地1.8亩。种植粮食作物40800亩,亩产208公斤,总产8548吨。其中小麦19800亩,亩产108公斤,总产2138吨;玉米14100亩,亩产298公斤,总产4202吨;马铃薯6900亩,亩产320公斤(折合粮食数),总产2208吨。还有油菜5800亩,亩产101公斤,总产586吨。

工业商贸 清末至民国初,境内农村兴起土纺土织业,大部分农户妇女主要是纺线,部分户拥有织布机。至民国中、后期,一度颇为兴盛,成为农民家庭收入主要来源。20世纪50年代,随机织布占领市场,逐渐衰落。20世纪70年代中,提倡兴办乡镇企业,曾有社办磷肥厂等小工业,但产量不多。20世纪80年代后,主要是小型家庭食品作坊,但产量亦微。境内无农村集市,农副产品须到新阳镇或秦安县千户镇交易。

交通邮电 1952年建成的天兰铁路,从西南端渭河北岸过境,无车站。1972–1973年,公社组织群众修建南通新阳赵家庄,北接秦安—甘谷公路的新五公路,供农用车辆使用。2001年新阳渭河上建成公路桥,始通达新阳镇连接外地公路。20世纪60年代,始设邮电所,现有农村投递点28个。

教育文化 民国以前,境内无学校,读书者须到新阳镇就读。民国16年(1927年),首次设五龙山小学校。20世纪40年代中、后期,农村学校渐多。20世纪80年代初,成立五龙中学,先初中,后又为高中,20世纪80年代后期仍设为初中。2007年,有初中1所,在校学生576人;小学33所,在校学生3372人。文化有乡文化站1处,村文化活动中心28处,各类图书室28个,藏书14万册。

医疗卫生 民国时期,仅有几家中医诊所。1956年,成立石洞乡卫生所。1958年,改称公社卫生所,1974年再改为公社卫生院。2007年,有卫生院1个,村卫生所28个,各类医务人员60名,病床25张,年诊疗1.7万人(次)。

人民生活　2007年，全乡农业总产值4503万元，人均1770元。农民人均产粮336公斤，农民人均纯收入1790元。农民现金收入主要依赖外出打工收入。

名胜古迹　石洞沟有碧莲洞石窟，规模小，清代多次重修。20世纪八九十年代再次重修后，俨然一处景观。寺庙有五龙山五龙寺、汪家山村湫池寺、中石沟村龙林观等。

琥珀乡

名称来历　传说很早时候，在境内东部山沟曾发现有琥珀，人们便将其沟称琥珀沟。民国29年(1940年)设乡时，取名琥珀乡。

位置面积　琥珀乡位于区境西北边缘地带，为3县(区)交邻之地，处北纬34°36′21″～34°42′56″，东经105°25′23″～105°29′40″之间。东与新阳镇接壤，西与甘谷县交邻，南部与西南部与秦州区毗连，北部隔渭河与五龙山相望。原区划形成于1961年。2004年凤凰乡撤销时，将西南部新军沟、杨家湾、庆胡3村划归琥珀乡，现区划始形成。

全境犹如一片下垂的芭蕉叶，南北长而东西窄。东西间最大距离5.5公里，南北间最长12公里。总面积46.8平方公里，占全区总面积的1.3%，是麦积区农村中面积最小的乡、镇。

地形地貌　全境以山地为主。北部渭河南岸有渭河冲积形成的小块盆地，长约2公里，宽0.5～1公里，总面积约1.5平方公里。除此而外的南部，皆为山地，且沟壑纵横，梁峁相间，地貌复杂。最高点为庆胡村南与秦州区交界处，海拔1773米，最低点马家坡东渭河入新阳镇处1216米。山区海拔大都在1400～1600米之间。乡人民政府所在地罗家村为1257米。

气候　属暖温带半湿润气候，特点是四季分明，雨热同季，光照充足；春季干旱多风，夏季雨水较多，秋季温和凉爽，冬季干冷少雪。年平均气温，河谷地区10.5℃左右，南部山区8℃～9℃。最低月1月平均气温-3℃，极端最低气温-17.8℃(1991年12月28日)；最热月7月平均气温22.3℃，极端最高气温36.5℃(1997年7月21日)。植物生长期年平均240天，无霜期年平均173天，最长197天，最短147天。年平均降水量500～600毫米，极端最多年降水量700.6毫米(1976年)，极端最少年降水量247.6毫米(1994年)。降水多集中在7–9月。

山脉河流　境内山脉属秦岭山系，由甘谷县南部与礼县交界之瘦驴岭而来，由南迤北，再迤东，进入秦州区关子镇北部，向北分出支脉，进入境内。最西一支，为与甘谷县界山，中间一支，称西山，东部一支，又为与新阳镇界山。3 支皆落于渭河南。渭河从北部通过，长约 6 公里。南部山间，东有琥珀沟，西为霍家沟，分别长 12 公里和 11 公里，向北汇入渭河。

历史沿革 古为戎人居地。秦属冀县，两汉属望垣县(东汉或称望恒)。三国魏至两晋，属新阳县。北魏地并上封，隋代称上邽，沿至唐末。五代至宋，以及金、元，皆属成纪县。明、清属秦州。民国属第五区，民国 24 年(1935 年)属三阳乡，民国 26 年(1937 年)属沿河城乡。民国 29 年(1940 年)首次设琥珀乡，辖及今新阳镇南部原凤凰乡地。

1949 年 10 月，从琥珀乡析置凤凰乡。1952 年，从凤凰乡西南部析设新军乡。1954 年，从琥珀乡西南部析置霍李乡。1955 年，新军、霍李均并入琥珀。1958 年 9 月，琥珀并入新阳公社。1961 年，从新阳析置琥珀公社。1968 年改名红光，1971 年复名，1983 年公社改为乡。2004 年，原凤凰乡 3 村并入琥珀乡，现区划始形成。乡治设罗家村，距城区 44 公里(直径)。

区划 1985 年，琥珀乡设 13 个建制村。2004 年，原凤凰乡属 3 个村划入。2005 年，郭家窑、文家山、关家咀 3 村合并为郭文关村，高家庄村和方家村(方家那面)合并为高方村。并合后，全镇设 13 村，即：罗家、霍家川、马家坡、高方、霍家沟、康李、西山、郭文关、张家寺、唐温、新军沟、杨家湾、庆胡。下设 74 个村民小组，有 43 个自然村。

人口 2007 年，全乡居民 3304 户，13723 人，其中男 7186 人，女 6537 人。总人口中，农业人口 13496 人，非农业人口 227 人。人口密度每平方公里 293 人，是全区平均密度的 1.7 倍，属人口居住较密地区。分布较为均匀。

农业经济 境内北部河谷川原，土质肥沃，产出量高，只是面积很小。而绝大多数为山地，坡度在 20~30 度之间。因人口密度较高，能耕种之处几乎全垦殖为耕地。2007 年，全乡有耕地 22172 亩，人均 1.6 亩，其中川地 1500 亩。种植粮食作物 18300 亩，亩产 217 公斤，总产 3978 吨。其中小麦 8000 亩，亩产 118 公斤，总产 944 吨；玉米 5000 亩，亩产 295 公斤，总产 1475 吨；马铃薯 4600 吨，亩产 300 公斤(折合为粮食数)，总产 1380 吨。另外还有豆类 700 亩。油料作物均为油菜，种植 4800 亩，亩产 40 公斤，总产 192 吨。

工业商贸 约在清代，境内出现土纺土织业。民国中期，因市场需求转旺，一度达到极盛。凡有劳动能力的妇女，大都从事纺织。为便利土布和棉花、棉线交易，曾在霍家川形成交易集市，称琥珀镇，设有固定集日(农历三、六、九日)，还设有染坊、骡马店。20世纪50年代中，随土纺土织业衰退，集镇消失。20世纪80年代改革开放后，罗家村建成许多经营店铺，商市活动频繁。

交通邮电　古代至民国，北部河谷区有东通新阳、西通甘谷的交通大道，供行人和脚户通行。1972年，琥珀、新阳两公社农民修建新阳至罗家村公路，称新琥公路，长6公里。有邮电所1处，代办所5个。

教育文化　清代，霍家川等川区大村设有私塾，但入学者无多。民国8年（1919年），成立琥珀沟初级小学校。20世纪40年代中，农村大部分地方以保成立小学。20世纪70年代初，设琥珀初级中学，后一度设为高中，20世纪80年代仍降为初中。2007年，全乡有初中1所，在校学生735人；小学14所，在校学生1320人。幼儿园1所，入园幼儿70名。有乡文化站1处，村文化活动中心13处，各类文化专业户21户，图书室13个，藏书30000余册。

医疗卫生　清代至民国，农村有中医诊所。其中不乏医术高明者，如霍家川村人霍众特、庆家湾（今属庆胡村）人胡彩堂，民国中后期驰名于新阳镇一带及天水县北乡。1955年，成立琥珀乡中西医联合诊所，1958年改为农村医院，属首家公办医疗单位。后改为公社卫生所，1974年设为公社卫生院。2007年，境内有乡卫生院1个，村卫生所13处，年诊疗8500人（次）。

人民生活　2007年，全乡农业总产值2954万元，以农业人口计，人均2190元。农民人均产粮306公斤，农民人均纯收入1357元，在全区尚属贫困地方。农民现金收入主要依赖外出打工收入。部分农户利用马铃薯出产多的优势，加工粉条出售，为现金收入又一来源。

名胜古迹　位于罗家村的新石器时期仰韶、齐家文化遗址，为县级文物保护遗址。此外还有窑上文化遗址，位于罗家村西北窑上村，亦为县级保护遗址。寺观主要有圣境寺，有两处，一在罗家村，一在霍家川村。以罗家村圣境寺建筑较宏伟，几座建筑皆为重檐式或歇山顶式建筑。两寺中皆有孔子殿。此外还有位于霍家沟村的宝池观等。韩家沟（属康李村）南琥珀通往秦州区的峡谷，有“一线天”奇观。谷深数十米，左右皆壁立如削，最窄处不到1米。

历史人物　霍家川村人霍达三，民国时参加过黄埔军校培训，抗日战争时期，任过国民军营长、团长、第四战区工兵指挥部参谋长，后因病归乡。

三岔乡

名称来历　因今乡治所在清代设过三岔厅而得名。初设厅时，以今利桥乡北部东岔门为治地，其地有东岔、西岔两条沟，加上北来之大道，形成三岔口，便以其地命为厅名。不久，厅治北迁吴砦，厅名不变，又以吴砦称名“三岔”。

位置面积 三岔乡位于区境东部，处北纬 34° 24′ 06″ ～34° 33′ 44″，东经 106° 13′ 31″ ～106° 34′ 37″之间，是区内东西跨度最长的乡镇之一。东部及东南部与东岔镇为邻，西部与元龙镇接壤，南部与利桥乡毗连，西南部与党川乡相接，北部隔渭河与陕西省相望，西北端与清水县交界。原区划形成于 1968 年。2004 年，立远乡撤销，西北部集村、关庄、咀头川 3 村划归三岔乡，形成现区划。

全境犹如一束平置的火炬，东西长，南北则西部宽、东部窄，东西最长处约 25 公里，南北最宽处 20 公里。总面积 302.1 平方公里，占全区总面积的 8.7%。

地形地貌 境内地形复杂，高低悬殊。最高点为西南部与党川乡交界的火炎山，海拔 2559.7 米，而最低点咀头川村渭河进入东岔镇处，仅 887 米，相差 1670 多米。南部山区，海拔多在 1600～2000 米之间，约占境内总面积的一半，属林区。林区以北，山峰、沟谷密布，有村落，林、农相兼。唯渭河峡谷间有少量川塬地。东部即使河谷区，也是高峰林立，壁立如削，往往同一地方高差达七八百米。

气候 属暖温带半湿润气候，但地区之间差异明显，往往河谷低处已是春暖花开的时候，高山处仍然是冰冷彻骨。夏季差别尤大。当河川区高热如炽时，山林地区阴凉如秋，几乎不见夏季。年平均气温，渭河河谷 12℃左右，一般山区 9℃左右，高峻处 6℃左右。最冷月 1 月平均气温在 -2.2℃～-4℃之间，最热月 7 月平均气温 18℃～25℃之间。极端最低气温 -19.5℃（1983 年 12 月 17 日），极端最高气温 38.3℃（1969 年 6 月 18 日）。植物生长期年平均 259 天，无霜期年均河谷区 205 天，高山地区 180 天。0℃以上持续期 290 天。年均降水量 500～700 毫米，极端最大年降水量 1015.6 毫米（1988 年），最少年降水量 543.9 毫米（1970 年）。降雨集中在 5-9 月，以 8 月最多。

山脉河流 秦岭主脉从境内南部通过，为与利桥、党川 2 乡界山。主脉多高峰，东部秦岭大堡（在与利桥乡、东岔镇交界处），海拔 2498 米；西部火炎山（在与党川乡交界处），2559.7 米；中为秦岭梁稍低，亦达 1876 米。渭河以南，均为秦岭支脉，主要有 5 支，由东向西，旧志分别称往来山（为与东岔镇界山）、王家山（前进沟与秦岭沟分水岭）、老鹤山(秦岭沟与太碌小沟分水岭)、大路山（太碌小沟与太碌大沟分水岭）、骆驼山（与元龙镇界山），均延至渭河南岸。以骆驼山展布最远，长近 20 公里。支脉展布中，又有小支。东部金龙山、望龙山，虽距渭河不远，海拔均在 1700 米以上，巍然屹立，亦为风景胜地。西北部渭河以北山脉，属陇山支系，由清水县南延，止于渭河北。渭河从北部通过，除西北部一段外，为与陕西省界河，曲折东流，长约40公里。其支流皆发源于秦岭北，较长支流有太碌村大沟水和小沟水、秦岭沟水、前进沟水。以太碌大沟水流程最长，达20余公里。此外还有阎西沟、西岔沟、关庄沟、咀头沟等，流程不长。诸水均向北汇入渭河。

历史沿革 从秦、汉、三国至晋，皆属邽县、上邽县地。北魏属绵诸县。至北魏末，又属伯阳县，隋属秦岭县（治伯阳）。至唐贞观年间秦岭撤销，地并清水县。五代后唐至宋，属陇城县。宋、金争夺陇右时，南宋抗金名将吴璘曾令在渭水南岸筑寨，派军驻守，防御金兵南侵，由此其地后称“吴砦”。元属成纪，明属秦州。清代前期，仍属秦州，设第五堡里统辖。乾隆二十六年（1761年）起，改属三岔厅，旋为厅治。民国初属天水县，设三岔警察分所统辖。民国10年（1921年）属第六区，民国24年（1935年）属利川乡，民国26年（1937年）设三岔镇。

1951年，三岔镇改名吴砦乡。1952年，从西部析设太碌乡；1954年再从东部析置巨寺乡。3乡俱属第十三区统辖（后区撤）。1955年，太碌、巨寺2乡并入吴砦。1958年9月，吴砦并入葡萄园公社。1961年划小公社体制时，设吴砦公社。1968年葡萄园公社撤销时，东部并入吴砦。1983年，吴砦公社改为乡。2003年，吴砦乡改名三岔乡。2004年，原立远乡西北部3村并入，形成现区域。1975年前，乡、公社治均设吴砦村，当年因佘家门沟口修建起渭河吊桥，遂迁太碌村。后随吴砦渭河桥建成，1994年又迁吴砦村。吴砦村距城区45公里（直径）。

区划 1985年，吴砦乡设18个建制村。2004年，原立远乡3个村划入。2005年，吴砦、鹤峰2村合并为吴砦村，桑家门村并入黄龙村，松木台、史家窝2村并入太碌村，并将野岔村更名新岔村。撤并后，全乡设17村，即：吴砦、阎西、太碌、北峪、新岔、水关、葡萄、黄龙、佘家门、墁坪、秦岭、小坪、王山、前进、集村、关庄、咀头。下设88个村民小组，1个自然镇（吴砦），62个自然村，还有居住人口很少的居民点。

人口 2007年，全乡居民3712户，15898人，其中男8355人，女7543人。总人口中，农业人口15669人，非农业人口229人。人口密度每平方公里53人，只及全区平均密度的30%。总人口中一半以上人口居住在渭河河谷区，山林地区以东部分布较多，且居住零散，多百人左右小村庄，以至三五户的居民点。少数民族唯有回族69人。

农业经济 境内农业，以种植业和林副产品生产为主，属农业多种经营地区。耕地大部集中在渭河南岸谷地，土层厚，肥力较高，适宜农作物生长。山地多为沟谷间塬地或坡地。坡地以中部前进、王山 2 村面积较广。西北部渭河以北，亦多山地，坡度陡，瘠薄且不耐旱。2007 年，全乡耕地面积 26393 亩，人均 1.7 亩，其中川地 3300 亩。种植粮食作物 24980 亩，亩产 202 公斤，总产 5062 吨。其中小麦 10940 亩，亩产 110 公斤，总产 1209 吨；玉米 13580 亩，亩产 267 公斤，总产 3626 吨；马铃薯 460 亩。另外还有油菜、蔬菜各数百亩。花椒栽植历史较久，2007 年产量 115 吨，换取收入 700 多万元，为相当部分农户经济收入支柱。

工业商贸 吴砦镇（自然镇）曾是秦州、天水县东部最大商贸货物过境之地和商品交易场所。镇内店铺林立，尤其客旅店、骡马店，曾经比比皆是。远近数十里农民加工或采集的林副产品，均到吴砦交易。每逢农历单日逢集日，热闹非凡。后随车路开通，远路客商稀少，交易萧条。20 世纪 80 年代后，又复往日繁盛之象。工业仅有小型个体加工厂、食品作坊等，20 世纪 80 年代曾有乡办综合加工厂。

交通邮电 古为交通大道，以三岔厅治吴砦为中心，南越秦岭至利桥可往汉中、陇南，北沿通关河直上至清水、平凉。既是官差通行之道，又是商贸货运通途。1945 年建成的宝天铁路，从境内西北部渭河北通过。新建成的复线铁路，穿行于峡谷，时从渭河南通过。1976 年建成的元龙至东岔公路，从境内通过，境内始有沿渭河南通行的第一条公路。其路后改建为国道 310 公路。此后，又修建通村公路，使境内各村基本都通达公路。20 世纪 50 年代中，吴砦设邮电所。现有邮电所 1 处，村投递点 17 处。

教育文化 清代前无教育设施。清乾隆四十二年（1777 年），厅署创办鹤峰学馆，招官绅子弟入学。至民国初，仅设私塾。民国 17 年（1928 年）创办三岔小学校，初为初级小学，不久成为完全小学。20 世纪 40 年代中，大部分保均办起初级小学。1972 年，设吴砦中学。初为初中，后发展为高中，20 世纪 80 年代仍改为初中。2007 年，全乡有初中 1 所，在校学生 609 人；小学 23 所，在校学生 1555 人。文化有乡文化站 1 处，村文化活动中心 10 个，农家书屋 10 处，藏书 30000 余册。

医疗卫生 清代，吴砦有中医诊所。1959 年，设吴砦管理区（公社下属机构）卫生所，为境内第一家集体性质医疗单位。20 世纪 60 年代初，改为公社卫生所，1974 年再改为公社卫生院。2007 年，全乡有卫生院 1 个，村卫生所 10 个，私医诊所数家。共有医务人员 30 名，病床 15 张，年诊疗 7000 人（次）。

人民生活 2007 年，全乡农业总产值 2344 万元，以农业人口计，人均产值 1490 元。人均产粮 323 公斤，农民人均纯收入 1366 元，属全区比较贫困的乡。农民收入主要依赖出售花椒和林副产品收入。

名胜古迹　吴砦村有古城垣。据《天水县志·建置志》，为“宋吴璘屯兵时所筑”。清乾隆年间吴砦设为厅治后，重新修筑，呈“⏢”型，东、西、南3面各长104丈，北面长50丈。现仍存南边部分城墙和东北部城门楼。城内有三岔厅署，民国18年（1929年）被土匪焚毁。现存乾隆五十五年（1790年）所建书有“三岔镇”的牌坊。秦岭沟大家坪南石碑子，有碑碣一通，上书“吴璘将军之墓”，或为纪念吴璘所设衣冠冢。寺庙有吴砦村城隍庙、水陆寺、药王洞、春台观，以及前进村贵裕寺、太碌村铁瓦寺、新岔村五龙山等。自然景观有碧峪沟，在太碌大沟佘家门村南。其地山水俱佳，风光秀丽，是游览胜境。

历史人物　薛佩兰，清直隶永平人，以举人大挑知县，借补秦州州判，移驻三岔。三岔山深地阻，人不知读书。薛佩兰于乾隆四十二年（1777年）捐出俸银，创办鹤峰学馆，其地始有入州学、赴省试者。前进村人赵贵，师范毕业后，致力于地方兴教办学，先于民国17年（1928年）创办三岔小学校，任校长。其后，又多方奔走，陆续办起党川、利桥、东岔、集村、桑渠、北峪、水关等初级小学，为当时三岔地区现代教育的开拓者。

利桥乡

名称来历　利桥之名，沿称已久，不过以前称“丽桥”或“利乔”。北魏人著《水经注》中，有“利乔山”之名，称其广香川水（今红崖河）出自利乔山。《秦州志·山水》中，则称“丽桥镇”。民国29年（1940年）设镇时，综合旧名，取桥梁通达之义，称利桥镇。

位置面积　利桥乡位于区境东南部，为与外地省、县交邻之地，处北纬34°06′02″～34°26′42″，东经106°14′31″～106°30′09″之间。东部和东北部与东岔镇和陕西省凤县接壤，西与党川乡相邻，南与两当县接界（其界似一个“U”形包围状），北与三岔乡毗连。现区划形成于1966年。

全境犹如一片直立的树叶，东西窄，南北长。东西最宽21公里，南北最长40公里。总面积546.5平方公里，占全区总面积的15.7%，是仅次于党川乡的全区面积最大的乡镇。

地形地貌　境内地形，高差悬殊，山谷纵横，峰峦叠嶂，前拥后叠。海拔2000米以上山地，不只北部靠近秦岭主脉有分布，即使最南端之东、西两侧，亦有分布。全境最高点为位于东北边界上的秦岭大堡，海拔2498米；西北部边界上的无名山，2439米。中部河谷处，海拔多在1200～1600米之间。最低点红崖河流入两当县处，为 1152 米。由于河谷切割浅，故山峰虽海拔高但不显高峻。除耕地、村庄外，均为林地，植被良好，是小陇山林业实验局经营主要林地之一。

气候 属暖温带半湿润气候，地区之间差异较大，河谷与高山往往出现两种不同的气象。常年平均气温，河谷区从 11℃～12℃不等，半山区 9℃～10℃，高峻处 6℃左右。极端最低气温 -15℃(2008 年 1 月 8 日)，极端最高气温 36.3℃。植物生长期年均 240 天。无霜期年平均 192 天，最长 218 天，最短 167 天。年太阳总辐射量每平方厘米 127.4 千卡。0℃以上持续期 276 天(一般为 2 月 28 日 -12 月 3 日)。年平均降水量 600～800 毫米，极端最大年降雨量 1030 毫米(1976 年)，极端最少年降雨量 460 毫米(1969 年)，降雨集中在 7–9 月，以 7 月最多。

山脉河流 秦岭主脉从乡境东北部和北部通过。先由与东岔、陕西省凤县交界处入境，西北向延伸；至秦岭梁以西处又转向西南，从与三岔乡、党川乡交界处出境，长 36 公里。形成一个“︿”形半包围圈。秦岭分支，由北向南展布境内。东支称寨子岭，为境内与陕西省凤县、陇南市两当县的分界岭，长约 20 公里，多海拔 2000 米以上山峰；西支从与党川乡交界处向南延伸，称阴崖山，大致为与党川乡分界线，总长 35 公里，直下两当县，亦多海拔 2000 米以上高峰；中支先称墁坪梁，后称五龙山，向南直延至各河口附近，长 25 公里。三主支，又有许多分支，以从阴崖山向东南分出一支称大雄山者较长，直展至利桥村西北。境内河流称红崖河，发源于秦岭主脉南麓，有东、西两源。东源起于秦岭大堡南麓，西源起于秦岭梁南麓，皆南流，各自沿途汇入众多支流后，在境南各河口合流，再曲折南流，从南端徐家坪东进入两当县。境内长 44 公里。之后又历两当县东北、东南向流入凤县，再汇入嘉陵江。

历史沿革 远古时为戎、氐人杂居之地。西汉、东汉、三国至晋，为武都郡故道县属地。北魏属南田县。隋设秦岭县，地属秦岭。唐贞观十七年(643 年)秦岭废，地并清水。五代后唐至宋，属陇城县(治马跑泉)。南宋后期，属天水县(治今秦州区天水镇)。元属成纪县，明属秦州。清乾隆二十六年(1761 年)从秦州析置三岔厅后，改属三岔，沿至清末。民国初，属天水县，由三岔警察分所管理。民国 10 年(1921 年)起，属天水县第六区；民国 24 年(1935 年)又属利川乡；民国 26 年(1937 年)，设利桥镇。

1950 年，从利桥镇析设百花乡。1951 年，利桥改镇为乡，又分设龙门乡。1954 年，再分置仙坪乡。至此，境内共设 4 乡，由第五区统辖(1958 年，由第五区改设的利桥区撤销)。1956 年，仙坪乡并入利桥。1958 年 9 月，利桥、百花、龙门合并，组成利桥公社。1961年划小公社体制时,原利桥公社分为利桥、西岔(不久改称百花)、吴家河(不久改名龙门)3社;1962年,又分置仙坪公社。至此,境内又设4公社,由利桥区统辖。1966年撤区,4社合并为利桥公社,后一直沿袭未变。2003年,改公社为乡。乡治设利桥村,距城区57公里(直径)。

区划　1985年,境内设8个建制村,此后沿袭未变。8村即:利桥、杨河、吴河、蔚民、百花、三岔、秦岭、墁坪。下设51个村民小组。有49个自然村,还有一些仅居三五户人家的居民点。

人口　2007年,全乡居民1497户,5641人,其中男3057人,女2584人。总人口中,农业人口5294人,非农业人口347人。人口密度每平方公里10.3人,为区内人口分布最稀少的地区,仅稍高于党川乡。人口主要居住在河谷和浅山地区,广大林区则无人口居住。少数民族唯回族144人。

农业经济　境内属农业多种经营地区,除农作物种植外,还有林副产品生产和畜牧业。耕地均分布在河谷较平坦的地区,多沙壤土,但有机质含量较高,肥力较好,产出量多。只是常遭鸟兽之害,难以管理。2007年,全乡耕地面积12210亩,以农业人口计,人均2.3亩。总面积中,河谷川原地4500亩,山坡地7710亩。种植粮食作物9400亩,亩产201公斤,总产1886吨。其中小麦3500亩,亩产120公斤,总产420吨;玉米3300亩,亩产278公斤,总产917吨。还有马铃薯1500亩,豆类1100亩。油料作物种植775亩,其中油菜320亩。经济作物以种植药材最多,计2000亩,亩产219公斤,总产438吨,主要有党参、当归、天麻、生地等。

工业商贸　工业过去几乎没有。20世纪80年代,利桥村始有食品作坊和私营小型加工厂,其余农村唯电磨坊。利桥村过去称为镇,有街市活动,但交易量较小。20世纪90年代后随着农副产品商品量的增加,交易渐多,且店铺林立,形成街市。

交通邮电　民国及以前,利桥是南北通行大道,由三岔南下商旅,均经利桥再往汉中、两当、徽县,以至四川。而西来之道,亦在利桥交汇。后随铁路、公路运输的发展,驮运减少,渐至萧条。1959年,修建利桥通党川公路,始可通达今城区,总称东利公路。1966年,林业部门修通境内从散岔村起(接东利公路),经墁坪村、杨河村,向东南通往两当县的公路,称散张公路。1969年,林业部门又修建墁坪村(接散张公路)通往东岔镇的公路。至此,主要林区均有公路通达。且除蔚民村外,农村各村也都可借以通向外界。

教育文化　民国以前,境内教育落后,无教育设施。20世纪30年代前后,始在利桥村、百花村设初级小学校。20世纪40年代,大部分地方以保成立学校。

1979年，成立利桥中学。初有高中班，不久改为初级中学。2007年，境内有九年一贯制学校1所，小学7所，总计在校学生430人。文化设施有乡文化站1处，村文化活动中心8处，图书室8个，藏书2.4万册。

医疗卫生　民国及以前，几无医疗设施，偏僻山区群众患病后，有不知就医者。1952年，在利桥成立第五区卫生所，为境内第一个医疗单位。1958年改为公社卫生院，后改为中心卫生院。2007年，有中心卫生院1处，村卫生所8处，个体医疗诊所数家。有医务人员40多名，病床14张，年诊疗人(次)1.52万。

人民生活　2007年，全乡农业生产总值1511万元，农民人均2860元。人均产粮356公斤，农民人均纯收入1288元。农民现金收入主要依赖林副产品和畜禽出售。

名胜古迹　清嘉庆年间在利桥设利桥营，建城垣，至今营署大堂、城垣仍存。城垣为清同治七年(1868年)重修，大致呈方形，四边各200米左右，高8米，上宽2米。利桥村北4公里佛洞沟有朝阳洞，深不可测，旧有塑像，又有碑碣记载。寺宇有利桥村西北大雄山碧云寺、城隍庙等。生态旅游有百花景区、龙门景区。

历史人物　利桥村人王维，少年时从道，云游四方，武术精湛，人称“王剑仙”，以116岁高龄而终，可谓修道长寿者。

党川乡

名称来历　以最早所居党氏和自然地理实体位置而得名。

位置面积　党川乡位于区境东南部，处北纬34°06′30″～34°26′35″，东经105°57′31″～106°18′15″之间。东邻利桥乡，东南部与两当县相接，西南部与秦州区娘娘坝镇毗连，西北与麦积镇交邻，南与徽县接界，北部与伯阳镇、元龙镇相伴，东北与三岔乡相连。现区划形成于1966年。

全境东西宽度不及南北之长。东西最宽处28公里，南北最长处36公里。总面积727.1平方公里，占全区总面积的20.9%，是全区乡镇中面积最大者。

地形地貌　境内地形，高低差度较大，山谷纵横，峰峦密布。海拔2000米以上山地，境内多有分布，以北部秦岭主脉一带最多。越到南部，地理差距越大，常常是深沟大涧间，两旁竖立着七八百米以上的高峰。唯北部因河流切割不太深，山峰不显其高峻。河谷区溪流交错，密如蛛网。全境除村庄、耕地所占外，全为林地，植被良好，是小陇山林业实验局经营主要林区之一。全境最高点为东北边境上的火炎山，海拔2559.7米，最低点为花庙河出境流入徽县处，海拔1075米。河谷区海拔大都在1200～1600米之间。

气候　因处秦岭之南，气候与岭北不同，属暖温带半湿润气候，特点是降水较多，且湿度大，因海拔较高，夏季无酷暑，凉爽如秋。唯河谷海拔低处气候类似岭北。年平均气温 10.5℃。最冷月 1 月平均气温 –3℃，极端最低气温 –20.8℃（1992 年 2 月 18 日）；最热月 7 月平均气温 21.6℃，极端最高气温 34.5℃（2006 年 7 月 21 日）。植物生长期年平均 235 天，无霜期年平均 180 天。0℃以上温度持续期 268 天（一般为 2 月 27 日 –11 月 24 日）。年平均降水量 600 ~ 800 毫米。极端最大年降雨量 1350 毫米（2010 年），极端最少年降雨量 500 毫米（1981 年）。降雨集中在每年 5– 9 月，以 8 月最多。

山脉河流　秦岭主脉从乡境北端通过。从火炎山以东处入境，向西北延伸，直至石门山，又转向西南，至与麦积镇交界的香子山出境，全长约 30 公里，为与三岔、元龙、伯阳、麦积 4 乡、镇的界山。其间有火炎山、锦鸡岭、进家山、石门山、五子山、天子坪山、香子山等海拔 2000 米以上高峰。秦岭分支，向南展布境内。其中中支旧志称麻葛蔓山，为花庙河与白家河及其分支的分水岭，向南直通徽县境，长约 30 公里，中有松坪梁，海拔 2334 米。东南端岔岔石、西南端天子山，海拔分别为 2273 米和 2330 米。河流有花庙河和白家河两条主干。花庙河发源于石门山南麓，稍东向一路南下，曲折宛转，至南端火鸡村张家山以西流入徽县，境内长 46 公里。白家河发源于秦州区娘娘坝镇，从境内西南部冷水河村入境，东南向流，从马家坪村东南流入徽县，境内长 23 公里。两河支流甚多，以花庙河的石咀头河、寺沟河、红庙子河，白家河的冷水河、麻松头河为较长。

历史沿革　远古时为戎、氐人杂居之地。秦属邽县，后属上邽，直沿至北魏，随县改名而属上封。至隋，又属上邽，沿至唐末。五代至宋，属陇城县，南宋属天水县。元属成纪县，明属秦州。清乾隆二十六年（1761 年）从秦州析置三岔厅后，改属三岔，沿至清末。民国初属天水县，归三岔警察分所管理。民国 10 年（1921 年），属天水县第六区；民国 24 年（1935 年）属利川乡；民国 26 年（1937 年）属利桥镇。民国 29 年（1940 年），始设党川乡。而西南部白家河流域则一直属高桥镇。

1949 年 8 月后，仍设党川乡。1951 年，分置花庙乡。1954 年，西南部始析设观音乡。1958 年 9 月，党川、花庙、观音合并，设花庙公社。1961 年划小公社体制时，又以原乡区域设为 3 个公社，归党川区统辖。1966 年党川区撤销，花庙、观音 2 公社并入党川，沿袭至今未变。乡治设党家川村，距城区 33 公里（直径）。

区划　1985 年，境内设 10 个建制村，此后沿袭未变。10 村即：党川、石咀、花庙、夏坪、马坪、火鸡、观音、刘坪、新庄、冷水河。下设54个村民小组，有53个自然村，还有一些住户很少的居民点。

人口 2007年，全乡居民1353户，5381人，其中男2952人，女2429人。总人口中，农业人口5051人，非农业人口330人。人口密度每平方公里7.4人，只及全区平均数的4.4%，是全区人口密度最小的地区。人口均居住在河谷，以南部尤其白家河流域人口稍多。总人口中，有少数民族255人，均为回族。

农业经济 境内耕地主要分布在河谷较平坦的地区和河谷两岸山塬，坡度不太大，多沙壤土，有机质含量高，肥力好，产量较高，只是多遭鸟兽侵害，故虽产量高而实际收获小。除耕作外，农民多经营林副产品和畜牧业。2007年，全乡耕地11769亩，人均2.3亩，其中川地3400亩。种植粮食作物11134亩，亩产225公斤，总产2504吨。其中小麦4850亩，亩产114公斤，总产551吨；玉米5900亩，亩产275公斤，总产1623吨。油料作物有油菜515亩。

工业商贸 民国时，天水炳兴火柴股份有限公司和建国火柴厂先后在境内设山厂，砍伐木料制作原料坯。此外，南部花庙、观音等地还兴办过小型造纸厂，制作麻纸、烧纸。1949后均歇业。20世纪80年代，又兴起木材加工厂、个体食品坊等私营小工厂。境内过去亦为商旅通行之地，党川以及位于南部的寺沟村均有街道，设骡马店，供行旅住宿，并向外输送货物。

交通邮电 境内民国及以前为商旅货物过境之道。其道由今麦积镇东北进入境内，至党川，再南往陇南，或东往利桥，再达汉中。1958年，修通麦积贾家河至党川公路，1959年又修通党川至利桥公路。其路通达今麦积城区，称东利公路。此后，旧时商旅道废。1972年，林业部门兴建石咀头（接东利公路）向北越秦岭通元龙镇码头口村的林区公路。1979年，林业部门又兴建龙王沟（接东利公路）向西南通往白家河的公路。其后又修通向南通达火鸡村的简易公路，使各建制村均通达公路。

教育文化 民国以前，几无教育设施。20世纪30年代，始兴办党川初级小学校。20世纪40年代，又兴办几处，但入学者甚少。1979年，创设党川中学，初设高中，后因质量难达，且生源无多，1980年仍降为初中，后改为九年一贯制学校。2007年，小学12所，在校学生618人。文化设施有乡文化站1处，村文化活动中心10处，农家书屋10处，藏书约30000册。

医疗卫生 民国及以前，无医疗设施，群众患病，无处就医，唯赖迷信方式禳解，故人口死亡率甚高。1958年，始设花庙公社卫生院。20世纪60年代改为卫生所，1974年仍改为公社卫生院。2007年，有卫生院1处，村卫生所10个，病床15

张，年诊疗 6000 人（次）。

人民生活　2007 年，全乡农业总产值 996 万元，人均 1970 元。人均产粮 495 公斤，农民人均纯收入 1628 元。农民经济收入全赖出售林副产品和采集野生药材收入。

名胜古迹　境内北部放马滩 1986 年发现秦汉墓，经挖掘，出土有战国木板图、竹简和西汉早期纸等。党川村有两通石旗杆，各高 6 米，清咸丰二年（1852 年）建造。两处均属县级文物保护遗址（物）。放马滩已辟为牧马滩森林公园，是石门景区又一旅游胜地。寺庙有花庙村华佗寺、瓜流沟中和寺、石咀头村龙珠寺、观音村观音殿等。境内西南白水河流域，山水形胜俱佳，已辟为曲溪风景区。

第三章　街　道

北道埠街道

名称来历　明代称北稻务，即为码头之地，后民间因其地为人背畜驮为主的商埠，将北稻转音为“背驮”，称“背驮埠”。1950 年设乡时，因“背驮”2 字太俗，遂依其音称“北道”。1953 年设镇时，称“北道埠镇”。此后，均规范称“北道埠”，简称“北道”。

位置面积　北道埠街道位于城区中心，处北纬 34°33′17″～34°34′20″，东经 105°52′47″～105°55′30″之间。南临渭河，与桥南街道相望，北以陇海铁路为界与道北街道相邻，东接社棠镇，西亦接道北街道辖地。

全境为横长条形，东西距离 4 公里（从最东部渭水家园至最西部天水市第八中学），南北最大 0.8 公里（从渭河北河堤至陇海铁路）。总面积 2.3 平方公里（2007 年第二次土地调查面积，以下各街道同），只及城区总面积的 1/8。

地形地貌　境内全为川原，属天水川东部北道埠川，海拔平均 1086 米。

气候　属北温带半湿润气候，特点是四季分明，温和不燥，冬无严寒，夏无酷暑，光照充足，雨热同季。多年平均气温 11℃左右，最冷月 1 月，多年平均 -2.3℃，极端最低气温 -15℃（1991 年 12 月 28 日）；最热在 7 月，多年平均 25.6℃，极端最高气温 39.5℃（1969 年 6 月 18 日）。无霜期平均 193 天，年日照时数 2100 小时。年平均降水 550 毫米，最多年降水近 1000 毫米，最少 320 毫米。

河流　渭河自西向东从南部通过，为与桥南街道之界河。河床宽 300 米，河床面与街道辖域高度几乎一致，故发大水时易引起河水漫溢。从1955年起，多次加修北岸河堤，始避免辖区洪水之灾。东闸口有排洪渠由北向南入渭河。

历史沿革 春秋时秦武公十年（前688年）设邽县，据放马滩出土战国时木板地图，县治邽丘就在相邻的道北街道，其后沿至东晋十六国时期，一直隶属邽县（后称上邽）。北魏《水经注》中，称其地为桥亭，时属绵诸县辖。绵诸县为北魏前期析上邽县地置。其后绵诸改伯阳，伯阳改秦岭，皆辖境内，唐代属上邽县，五代时又属陇城县，沿至南宋陇城废。元代属成纪县。至明初撤县，直统于秦州，设有北稻务，成为商埠码头之地。清代属社棠里。清末民国初，属第二区。民国24年（1935年）属渭北乡，民国26年（1937年）属社棠镇。民国29年（1940年）从社棠镇分出，境内设北安乡，辖及今清水县所属徐家里、陈家湾、陈科下等村（1954年徐家里等地划归清水）。1950年，北安乡改称北道乡。1951年划归天水市，次年仍归天水县。1953年，天水县在北道埠设第十七区（后改北道区），辖北道、社棠2乡。1954年从北道析设寨子乡，从社棠析石岭乡，区辖4乡。1955年11月，以北道、寨子2乡地设北道埠镇，辖8个居委会、12村。1958年将社棠乡并入，旋又改设为北道埠公社。1961年7月，公社划小，复设北道区，辖北道埠、寨子、社棠、石岭4公社。同年市、县分治时，北道区留天水市，1962年仍划归天水县。至次年，天水县设北道镇。1985年撤镇，其地分为道南、道北2街道，次年1月，将渭河南分出，设为桥南街道，形成现区域。2006年，道南街道改称北道埠街道。街道机关驻渭滨社区陇昌路与前进南路交会处以西。

区划 1985年撤镇初设街道时，下设9个居民委员会（简称居委会）。不久作调整，增为17个居委会。1986年1月，将渭河南9个居委会划归新设的桥南街道，使所属居委会减为8个。后经数次调整，至2002年辖13个居委会。同年居委会改设社区，并精简合并，设为铁路、渭滨、羲皇、商埠、大桥、下曲、工业园7个社区。

人口 2007年，全街道总户数12314户，28070人，其中男14446人，女13624人。全为非农业人口。另有暂住人口1000余人。人口密度每平方公里12200人，为全区人口密度最高的地方之一。总人口中，汉族27780人，回族231人，满族52人，蒙古族4人，藏族3人。

工业商贸 辖区内工业企业以天水风动机械责任有限公司为最大，有职工1500多人，年实现工业增加值1.8亿多元，所产凿岩机、气动工具等远销欧美、东南亚地区，为全国同类行业中产品品种最全的工厂。商业企业计有30多家，较大的有天水百货批发采购供应站、天水五金交化采购供应站、天水市对外贸易总公司、甘肃省土畜产品进出口公司天水分公司、甘肃省纺织品进出口公司天水分公司等。主要商场有金都商城、景园大厦、秦州商场、供销大厦、百货公司大楼等。个体私营门店1400多个,从业4000余人。是城区商市活动最为繁盛的地方。

交通邮电 北道埠街道为城区交通业最发达的地区。民国34年(1945年)宝天铁路修通后,即成为交通枢纽,整个陇东南地区交通人流,均汇集于北道埠。20世纪50年代,兴建市区街道和渭河公路大桥。后经历年加宽改造,现形成3条东西向横街和3条南北向纵街。即陇昌路(旧称一马路)、商埠路(旧称二马路)、成纪大道东路(旧称三马路)、埠北路(旧称解放北路)、天河北路、前进路(南端)。渭河上有2座公路桥和1座人行桥与桥南街道相通。设有天水火车站、长途汽车运输公司和市郊车客运站。

电信有中国电信股份有限公司天水麦积区分公司、中国移动通信集团甘肃省有限公司麦积区公司以及区邮政支局。其业务扩及千家万户。

教育文化 辖域内现有天水市第八中学和道南小学。第八中学为1980年由天水县创办,时称天水县第二中学,1986年改称天水市第八中学,为初中、高中兼招的完全中学。道南小学1956年由驻在机关、企事业单位集资创办,时称东风小学,1986年改现名。还有幼儿园6所。文化单位有区文化馆、图书馆、博物馆和新华书店。图书馆藏书10余万册,还有机关、企业单位图书室50多个,藏书5万余册,社区文化活动中心7个。

医疗卫生 有天水市第二人民医院、区妇幼保健所、区疾病预防控制中心、铁路卫生防疫站和3个社区卫生服务所。其中天水市第二人民医院原为1955年兴办的县人民卫生院门诊部,1965年县人民医院住院部迁入。另外还有私营同仁医院和个体诊所10多个。总计专业卫生人员500多名,2007年诊疗2万多人(次)。

道北街道

名称来历 因位于北道埠北部且处铁路线以北而得名。

位置面积 道北街道位于城区北部,处北纬34°34′10″～34°36′35″,东经105°52′40″～105°55′3″之间。东与社棠镇连接,西隔渭河与花牛镇相望,南为北道埠街道,北与社棠镇和清水县金集镇接壤。

全境近似三角形,东西最宽4.5公里(从下曲村西至渭河东岸),南北最长5公里(从铁路线至与清水县接壤处)。总面积13.8平方公里,其中寨子等4村所属山地面积占绝大部分。

地形地貌 辖域内除南部居民区和机关单位所在约3平方公里属北道埠川原平坦地外,其余均为山梁沟壑地貌,地势由南向北渐高,海拔从1100米渐抬升至1600米。

气候 同于北道埠街道。唯北部山区因处北山之阳,日照强烈,蒸发量大,降雨少,易发旱灾。

山脉河流 北道山梁,称北道埠山,为从清水县境绵延而来的陇山支脉,向东直延至社棠镇牛头河西。河流为渭河,由北向南出峡后,傍道北街道西而下,至锻压机床厂附近又折而向东,经街道西南区域进入北道埠街道辖域。因北山易发洪水,修有排洪渠,向南汇入渭河。

历史沿革 1954年以前,同于北道埠街道。当年,从北道乡析设寨子乡,辖寨子村、张家村、吕家村、何家村及北部山区村庄。1955年11月,寨子乡撤销,其地并入北道埠镇。1961年7月划小公社体制时,设寨子公社,辖原寨子乡区域。1968年,寨子公社并入社棠。1984年6月,寨子村、张家村、吕家村、何家村4个处于北道埠川区、与北道非农业区接壤的村从社棠乡(原为公社,时已改为乡)析出,设为寨子农业管理区,隶属北道镇。1985年撤县设区时,北道镇撤销,设道北街道,与寨子农业管理区均直属于区。1986年1月,从道北街道北部析出部分非农业人口区,与寨子农业管理区合设为寨子街道。从此,今辖域内设道北、寨子两街道。2004年,寨子街道撤销,辖域并入道北街道,形成现区域。街道机关驻寨子社区为民路。

区划 1985年撤镇初设街道时,下设11个居委会,同年9月增设6个,使居委会总数达17个。1986年将4个析出, 设为寨子街道, 道北街道辖其余13个,后又增设2个。2002年设社区时,15个居委会合并为6个社区。2004年寨子并入后,增为8个社区。现辖8社区、4村,即滨河路、红旗路、北山路、前进、道北、铁西园、育才、寨子8个社区和寨子、张家村、吕家村、何家村4村。

人口 2007年, 全街道总户数12836户,34143人, 其中男17477人,女16666人。总户数中,非农业户10980户,农业户1856户。另有暂住人口1300多人。人口密度每平方公里2474人,但非农业人口居住区仅稍低于北道埠街道。总人口中,汉族33927人,回族215人,满族1人。

农业经济 寨子等4村居民,历来以农业为主。在川原地区耕地陆续被征用为公共建筑设施和机关单位用地后，唯存北部山地。2007 年，4 村全部耕地 5714 亩，人均 0.7 亩。其中种植粮食作物 3040 亩，亩产 168 公斤，总产 511 吨。粮食作物中，播种小麦 1800 亩，玉米 940 亩，马铃薯 200 亩，豆类 100 亩。另有油料作物 360 亩，其余耕地，主要栽植果树。由于耕地收获无多(人均产粮仅 62 公斤)，故 4 村居民主要依赖兼营工业、商业和服务业，或者劳务收入。

工业商贸 辖区内工业企业 20 余家，以天水锻压机床有限公司为最大，有职工 1000 余人，年产值 3 亿多元，所产大型液压剪板机、折弯机等出口美国、德国、俄罗斯等国，属国内大、中型锻压机械设备生产的骨干企业。商业单位以天水医药采购供应站和甘肃省粮油储备库天水公司为最大。小型商品经营网店遍布各个社区，计 200 多家，从业人员 800 多人。

交通邮电 辖区内街道，以区府路为主干，东西向贯通，又有前进北路、北山路两条南北向纵道，还有环城北路通连东北，同乐路通连西北。西南部即铁道以南，有成纪大道与北道埠街道相通，铁西园、滨河路两社区间，有南北向大道使区府路与成纪大道相通。邮电设有邮电所以及诸多电信营业厅，业务扩及社区所有居民。

教育文化 民国 13 年(1924 年)，于境内何家村何氏家祠创办北道埠初级小学，1986 年改称道北小学。2007 年，计有小学 3 所，即道北小学、区府路小学、实验小学，均为颇具规模的重点小学，各有学生千人左右。中学有天水市第七中学和天水市第九中学。其中第九中学原为铁路职工子弟第一中学，移交地方后改为天水市第九中学，与天水市第二中学均为专设高中、规模较大的学校，常有学生近 2000 人，设 40 多个教学班。第七中学现为初级中学，常有学生 1500 名左右。此外，还有幼儿园 3 所。文化有社区、村文化活动中心 12 处，各类图书室 12 个，藏书 10 余万册，体育场 1 个，有书画、音乐、摄影和文学创作人员 200 多人。

医疗卫生 以天水市第四人民医院规模最大，原为铁路系统所属医院，2004 年移交地方后改现名，拥有床位 300 张，医技人员 260 人。还有北道卫生院，为成立较早的区属医院。村卫生所 4 个，个体诊所 20 多家。总计医技人员近 400 人。

名胜古迹 张家村西北鸡家咀古文化遗址，属新石器时代遗址，为县级保护遗址。据 1986 年党川乡放马滩出土的战国木板地图，秦伐邽戎后所置邽县治地邽丘，在境内北山山麓。北山山麓还有新建北山公园。寺庙有张家村法云寺、寨子村弘法寺、吕家村龙神寺等。

桥南街道

名称来历 因位于城区渭河桥以南得名。

位置面积 位于城区渭河南，处北纬34°32′30″～34°33′50″，东经105°52′30″～105°55′00″之间,北临渭河与北道埠街道相望,东部和南部与马跑泉镇接壤,西部与花牛镇相连。

全境近似“工”字形,东西距离北部为2.5公里(从东部区司法局至省建八公司第二分公司),南部2.2公里(从东部广济医院至天水电力培训中心);南北距离2公里(从北部渭河桥至陇林路南端)。总面积2.2平方公里。

地形地貌 境内全为川原,属天水川东部马跑泉川,海拔平均1086米。

气候 与马跑泉镇和北道埠街道类似。

河流 渭河由西向东从北部通过,为与北道埠街道之界河。由于川原与河床高度相近,历史上以至20世纪50–60年代,渭河多次越过砂埂漫溢马跑泉川原。20世纪70年代开始,屡次加修渭河南岸河堤,始避免洪水灾害。

历史沿革 民国以前,同马跑泉镇。民国后期,驻马跑泉中央陆军骑兵军官学校征购胡王村耕地为公用地(今广济医院地),境内始有公用土地。其后修建天北公路、兴建天水第二初级中学(今天水市第二中学),征地增多。20世纪60年代中,又增加小陇山林业实验局等单位。1973年,将桥南机关和企事业单位用地划入北道镇管辖。20世纪80年代,又陆续征购建设用地,新建一批工业、交通、商业、教育、文化机构及居民住宅,使镇属地域不断扩大。至1985年,桥南地域内设有9个居委会。旋撤销北道镇,各居委会改属新设的道南街道。1986年1月,鉴于桥南区域内居民众多,处地分散,新设桥南街道统辖。此后,桥南街道建置沿至2007年未变。街道机关驻埠南路中段西。

区划 1986年街道初设，下辖9个居委会,1.17万人。其后由于建设速度快,辖域不断扩大,人口增多。至1997年,下辖13个居委会。2002年,将居委会合并为社区,设龙园、天河、埠南、陇林、花牛5个社区。

人口 2007年，全街道总户数15592户,39804人，其中男20735人,女19069人。全为非农业人口。人口密度每平方公里18090人,高于北道埠街道,为全区人口密度最高的地方。总人口中,汉族39402人,回族329人,满族50人,苗族6人,壮族5人,黎族5人,蒙古族4人,藏族3人。

工业商贸 境内工业单位数十家,以天水卷烟厂规模最大,职工800余人,年生产卷烟30万箱左右,年上缴税金20多亿元。商业单位有天水糖酒副食采购供应站、甘肃省盐业股份有限公司天水分公司、天水市大众农机有限公司等 10 余家，主要商品经销市场有桥南商贸市场、桥南建材家居市场、桥南仿古商业一条街。其中以桥南建材家居市场规模最大，占地 300 亩，设 16 个专业分区市场，年销售额约亿元，有“中国百强建材市场”称誉。

交通邮电　辖区现有街路干道 10 余条，其中东西向以南部的羲皇大道（直通天水市秦州区市区）和北部的兴陇路（西部接天北高速公路，亦直通秦州区市区）为主道，还有伯阳路、林水路；南北向则有 3 条干道，即埠南路、天河南路、马跑泉路。在东北部开发区内，南北向街路又有琥珀路、甘泉路、五龙路、石佛路、凤凰路、新阳路。对外公路，则四通八达。邮电有区邮政局以及分布于社区的邮政所。电信业务覆盖所有居民区。

教育文化　辖域内有中学 3 所，小学 1 所，小陇山子弟学校 1 所。其中天水市第二中学创办最早，现为独立高中，有 2500 多名学生，设教学班 36 个。龙园中学为新办独立初中，学生千余名。桥南厂矿联办中学和小陇山子弟学校均为企业事业单位集资创办，现均为小学、初中俱招的九年一贯制学校。小学唯桥南小学，有学生 2300 余名。有大型体育场 1 个，各类文化活动中心 20 余处，图书室 60 多个，藏书 30 余万册。有音乐、美术、书画、文学创作人员 80 多人。

医疗卫生　主要医疗机构有甘肃省慈善总会天水广济医院、区中医医院、天水市骨科医院（原小陇山林业实验局职工医院）。广济医院是在原解放军第二十九医院原址上成立的综合性医院，有床位 200 张，医技人员 280 多人。连同个体诊所 20 多处，总计从业 600 多人，病床近 400 张，是医疗资源最为集中的地方之一。

名胜古迹　龙园和马跑泉公园，是辖域内两处名胜景观。龙园建成于 2000 年，内有成纪殿，为重檐歇山顶九开间殿堂，高大雄伟，内有包括伏羲在内的天水境内 19 名历代名人铜像，供人瞻仰。院内还有双环厅、牌坊、汉白玉华表。园北有仿古一条街，两端牌楼，高大华丽。马跑泉公园位于辖域东部，占地 7.47 公顷，内有人工湖、怡仙桥、惠泉亭等，为城区居民节假日休闲游乐之处。

第十二篇 人 物

第一章 传 记

王治岐

王治岐，字凤山，清光绪二十六年（1900年）生于今新阳镇王家庄村。民国8年（1919年）天水省立第三中学毕业后，考入上海矿业（一说工业）专门学校，后因病失学。民国13年6月到广州，参加黄埔军官学校第一期学习。毕业后历任国民军总司令部特务营营长、浙江保安第二团团长、独立第四十五旅旅长、第一六六师师长。抗日战争开始后，原驻岷县的新编陆军第十四师改编为陆军第一六五师，以王治岐为师长。民国28年，第一六五师驻防陇东，曾多次与驻其地的八路军发生摩擦。不久，第一六五师在陕西整训后被调往抗日前线，于陕晋接壤的合阳县执行防务。次年又进驻晋南，在茅津渡一带布防。民国30年，日本军队在中条山地区发动大规模进攻，王治岐率部与日军浴血奋战，伤亡惨重，后因全线溃退而后撤。次年，任第八十军副军长。民国33年调任甘肃省保安处处长。

解放战争后期，蒋介石图谋守住西北，继续扩充军队，先将新编第二十六旅扩编为第二四四师，以王治岐为师长，不久又将其师扩编为第一一九军，王治岐升任军长，并以蒋云台（甘肃省定西县人）为副军长，下辖2个师，驻防天水。民国38年（1949年）5月，蒋介石为保住西安，调第一一九军进驻陕西扶风、武功一带。当进至武功时，西安已被解放军占领。王治岐尚不死心，欲配合其他部队收复西安，从武功急驰东进，行至马嵬坡与解放军接触后，始感力单不支，又匆匆撤回武功。7 月解放军发动扶眉战役时，王治岐任陇南兵团指挥官。战斗中，陇南兵团被解放军包围，被迫向西突围，经宝鸡至今麦积区境内三岔乡对岸的拓石火车站时，仅余 800 多人，7 月 23 日回到天水。时解放军已向甘肃挺进，驻天水的国民党党政官员均已逃走，王治岐率残部经甘谷、武山、漳县、陇西、渭源又折向南撤至武都。蒋介石与胡宗南（时任川陕甘边区绥靖公署主任）又委王治岐为第五兵团副司令兼第一一九军军长，令率部入川。时蒋云台已欲起义，为了不使部下入川作无谓牺牲，乃联络地方官员，通电荐举，蒋介石遂任命王治岐为甘肃省政府主席。1949 年 12 月上旬，解放军进至武都，蒋云台一面令所属部下停止战斗，迎接解放军进驻县城，一面劝王治岐起义。王治岐见大势已去，遂于 12 月 9 日宣布起义。起义后，第一一九军改编为解放军独立第三军，蒋云台任军长。其后，王治岐一直在兰州，先后担任省政协委员、常委，甘肃省民革（国民党革命委员会）副主任，曾当选省第一届人民代表。1985 年 8 月逝世，终年 86 岁[①]。

史超峰

史超峰，清宣统元年（1909 年）生于石佛乡。民国 24 年（1935 年）毕业于西安绥靖公署军训团，初任陕西警备旅第二团见习官，积极拥护抗日救国。民国 26 年（1937 年）8 月，参加松沪抗战，任国民军第七十四军第五十一师第三〇六团排长，在嘉定前线死守罗店时，曾泅渡长江从对岸日军阵地拖回营口籍同胞志义，其举赢得师长王耀武嘉奖，称“甘省炒面客，勇敢且能吃苦耐劳”。从此，史超峰在军中知名。同年 12 月南京陷落，史超峰带领 10 多名士兵循京芜路前进，收集散兵，与敌大小战斗数十次，边打边招，壮大部队实力。经无数险阻，终在次年 2 月带着近 200 名不同部队的士兵从安徽到湖北荆门，回归本部队，被提拔为团直属特务连长。民国 27 年（1938 年）5 月兰封大战时，在攻大蘑菇砦前，史超峰率连队深夜潜入敌后，控扼进入三义砦之路，毙敌援兵甚多，为大部队攻克三义砦创造了条件。战后，被提拔为第三〇五团第二营营长。7 月，部队在南浔线马回岭乌石门阻遏日寇，史超峰奉命率部向东牯岭推进。适逢守卫东牯岭的别部军溃退，冲击所有守军向后撤退。面对严峻形势，史超峰挺身向前，逼近溃军，枪毙当头军官，严命全力抗敌。溃军遂返身向前，冲向敌阵，当即扭转了战局。史超峰命令各

①本志中人物年龄，均按中国传统的计龄方式“虚岁”计算。

连分头进击,驱敌20余里,缴敌炮2门,转败为胜。师长称赞说:“抗战需要更多像‘炒面客’这样敢打敢拼的英杰之士。”10月,史超峰在增援长岭战斗中,身先士卒,击退顽敌,夺回首先率部攻岭战死于阵的副团长于清祥的尸体。民国28年6月,国民军攻克被日军陷据的江西省高安县城,史超峰带病率部追击逃向祥符观之敌。民国29年3月上高会战中,史超峰受伤,次年伤愈归队。民国32年(1943年)11月,日军第一一六师团进犯湖南常德,从位于洞庭湖东的岳阳驾汽艇进犯常德外围的牛鼻滩等地。史超峰夜间乘小船袭敌,用手榴弹炸沉1敌艇,但船亦被击沉,伤亡惨重,史超峰本人有幸安然返回部队。

史超峰爱护士兵,自己所配乘马,行军中多给伤病员骑坐。因为痛恨日寇暴行,每给士兵讲话,总以岳飞杀敌立功志向为话题,激励战士收复失土的壮志。

徐国珍

徐国珍,民国元年(1912年)8月生于马跑泉镇胡王村一个贫苦农民家庭。父母亲常年给富裕人家打工,徐国珍自幼也给人家打柴、放羊。民国17年(1928年)冯玉祥部国民军在天水征集兵员时,徐国珍因家境拮据而投孙连仲部当营部传令兵。民国19年蒋介石与冯玉祥、阎锡山在中原大战时,随孙连仲部到河南前线参战。不久,孙连仲弃冯投蒋,被改编为第二十六路军,调往江西围剿共产党领导的中国工农红军。徐国珍随军至江西。民国20年12月14日,二十六路军参谋长赵博生、旅长董振堂、季振同在江西宁都起义,参加中国工农红军,被编为红五军团。起义前,徐国珍任班长,因积极支持起义,拥护共产党的主张,起义后升任红军排长。同年加入中国共产主义青年团,次年转为中国共产党党员,不久任连长兼指导员。在其后的赣州、漳州等地反围剿战中,徐国珍勇敢顽强,多次受到表扬。广东南雄、水口反围剿战中,敌人一个营凭借猛烈炮火死命冲击,战斗异常激烈。徐国珍率全连战士,坚守阵地,在弹尽无援的情况下,又与战士挥刀冲入敌群,直到击溃敌人的进攻,不久被提升为营长。民国23年(1934年)10月红军长征时,徐国珍所在的第十三师三十九团第二营担任掩护主力部队的任务,在抢渡湘江、突破乌江等战斗中,徐国珍率部始终在第一线与敌人浴血奋战。攻据贵州遵义后,被调到红一军团,在直属教导营任连长,后又改任红一军团警卫连连长。民国24年9月,红军到达甘肃省南部,徐国珍向红一军团领导人介绍了甘肃情况,并奉命专做民运工作,随前卫团一起行动,主要为部队筹粮。在宕昌县哈达铺,徐国珍深入群众,宣传党的政策,取得了群众对党的政策的理解和对红军部队的支持,并发展积极分子加入共产党。同年10月,徐国珍随长征部队到达陕西省北部(简称陕北)。不久,被选派到红军大学学习。结业后,先后担任红军营长,宜、韩、洪三县军事部长兼独立营政委,红军第二十九军第一科科长,红军团长。

抗日战争时期,徐国珍留守陕北根据地,先后任陕甘宁边区警备第二团营长、副团长兼参谋长,警备第五团副团长、团长,指挥所属部队多次击退进犯边区的国民军和盘踞在环县甜水堡的土匪。在边区开展的大生产运动中,被评为模范工作者。解放战争时,先后任陇东军分区副司令员、司令员,为保卫陇东解放区,率部队同马继援(国民党西北军政长官公署副长官马步芳的儿子,骑兵第八十二师师长)等部国民军斗争。1949年7月,为配合中国人民解放军解放甘肃,中共中央军委成立甘肃军区,徐国珍任第一副司令员,参与指挥人民解放军解放甘肃的战斗。

共和国成立后,徐国珍长期在甘肃从事军队和地方领导工作。1949年底,兼任甘肃省人民政府委员。1950年3月,甘肃军区并入解放军第二兵团,徐国珍任兵团副司令员。同年又恢复甘肃军区,仍任副司令员。1954年,回家乡视察工作,当发现东泉区个别干部存在官僚主义、不关心群众疾苦等问题后,徐国珍在天水县召开的四级干部会议上严厉地进行了批评,使地方工作走上了正轨。1955年,兰州军区(领导西北各省、自治区军务)成立,徐国珍任副司令员。同年,国务院授少将军衔。

"文化大革命"运动中,由兰州军区领导甘肃省运动,徐国珍又兼地方领导职务,1967年11月成立甘肃省革命委员会筹备小组时,任副组长。1968年1月成立甘肃省革命委员会时,任首席副主任,直至1977年。后调解放军总部机关,任工程兵顾问。1985年离职休养,仍回兰州。1988年,中央军委授以中国人民解放军一级红星功勋荣誉章。1993年2月22日在兰州逝世,终年82岁。

杨明海

杨明海,今麦积镇陈山村人,民国3年(1914年)5月出生于一个贫苦农民家中。小名杨拐子,排行老二,因家中贫寒未上学,自小在家务农、打柴,帮父亲养家。出于对贫富两极分化的社会现实不满,少年时就具有强烈的反抗精神。民国17年(1928年),结识在天水活动的陕南特委共产党员秦启祥,并将其留在家中养伤。期间受到革命思想的熏陶,萌发参加革命的念头。次年与地方民团团丁发生冲突后,随秦启祥一起往陕西凤县隐蔽。民国19年3月,被陕南地下党组织送河南商城县参加商南中国工农红军。民国20年，杨明海所在红军被编入鄂豫皖苏区红四方面军，杨明海被分配联络处任侦查员。民国22年3月加入中国共产党。第二次国内革命战争时期，初任红二十五军教导团通讯员，后历任侦查员、班长、排长、副连长、连长。民国24年随军长程子华、副军长徐海东、政委吴焕先率领的中国工农红军第二十五军长征向陕北进军途中，杨明海为向导，从两当县进入利桥，经天水县所辖党川、麦积、甘泉、马跑泉、凤凰、新阳等地，北过渭河去秦安县，占领秦安县城，过清水、平凉，经庆阳地区，最先与陕北红军刘志丹所部会师。民国25年(1936年)10月红军三大主力会师后，杨明海调入八路军徐向前部第一一五师，开赴抗日前线。次年在山西壶关县任县干部大队大队长。杨明海参加战斗时，三天三夜可以不吃不喝连续战斗不下战场，被徐向前亲切地称为“天水铁牛”。后入抗日军政大学，在第一分校任大队长。民国27年不幸中弹，咽喉部被日军子弹打穿，多亏白求恩大夫救治保住生命，但留下后遗症，从此说话声音沙哑。民国28年(1939年)调入新四军，历任副营长、营长、副团长、团政委，洪泽湖总队副总队长，鄂豫皖苏军区后方医院政委。解放战争时期，任阜阳军分区第一团政委。1949年解放后，在安徽军分区工作，任安徽巢湖军分区干部部副部长、部长等职。1966年，以师职待遇离职休养。1989年最后一次回老家时，帮助地方为麦积镇小学申请了建校款。1998年因病去世，终年85岁。

文得权

文得权，又书德全，民间建筑艺人，民国3年(1914年)生于今麦积镇贾河村。小时家境贫困，随父亲学木工，因心灵手巧，很快掌握木工技术，能做精巧家具。民国36年(1947年)，冯国瑞勘察麦积山石窟，时西崖栈道早毁，无法实地考察，请得当地许多能人相商，均无计可施，后经人推荐请到了文得权。文得权胁夹一根长木板，攀上最低一根残桩，将木板架残桩上，依次而上。至无桩处，引索攀援，直达万佛堂，始勘得数丈宽的洞窟中，有数十尊佛像、石碑及千佛浮雕。冯国瑞等人惊叹称奇。1952–1953年，为给文化部勘察团勘察麦积山作准备，文得权率木工，除整修东崖栈道外，在西崖凿眼打桩，新修800多米栈道，使勘察工作得以顺利进行。

1953年麦积山石窟文物保管所成立后，多次请文得权率木工整修和新修栈道。60年代，文得权又带木工重架东、西崖间栈道。在距地面80多米高的悬崖峭壁上，文得权和木工们凭赖几块木板，用逐段递进办法，凿眼安桩，架梁置板，终架通东崖牛儿堂通西崖天堂洞的46.8米凌空栈道，使长期以来因崖面崩落隔断的东、西崖又连接起来。1988年6月病逝，终年75岁。

吴岳

吴岳，渭南镇吴庄村人，民国4年(1915年)10月生于一个贫苦农民家庭。民国23年（1934年）天水简易师范学校毕业后，考入兰州师范学校，民国25年毕业，到关子小学(在今天水市秦州区)当教员。民国27年，通过八路军驻西安办事处介绍参加革命，先到国民军孙连仲部第二十七师战地服务团从事抗日宣传活动。次年，到延安抗日军政大学第三分校学习。民国29年结业后，留延安在八路军留守兵团宣传队工作。民国30年，加入中国共产党。后历任八路军第三五九旅政治部宣传科干事、团政治宣教股副股长。曾随三五九旅组成的“南下支队”南下开展抗日斗争。民国36年（1947年）2月，化名康万德，到徽县协助中共徽县工委工作，在榆树坝发展党员。一年后，组织起一支以伐木工人为主的游击武装，开展反对国民党统治的斗争。民国38年4月，赴陇西策反国民党军队。

1949年8月天水县人民政府成立时，被任命为县长，但因正在徽县领导迎接解放的武装斗争，10月始到职。此后还担任县各界人民代表会议主席。1950年3月，任中共天水县委书记，在至10月主持天水县委工作期间，领导了全县减租反霸、救灾度荒、恢复生产及发展党的组织、基层政权建设等工作。此后，调中共天水地委，先任组织部副部长，1951年任地委委员、组织部长，直至1954年。其间，在1951–1952年还兼任地委纪律检查委员会书记。

1955年2月，调任中共武威地委副书记。同年武威、酒泉合并为张掖专区后，任中共张掖地委副书记(后改称书记处书记)，1962年专区分开后仍任武威地委副书记。“文化大革命”运动中，受“造反派”冲击，一度中止工作。1980年，由地委副书记改任武威行政公署顾问。1983年离职休养。1990年12月2日在兰州病逝，终年76岁。

胡居敬

胡居敬，民国5年（1916年）生于今新阳镇胡大村的一个农民家庭。因家境贫寒，10岁才上村学。民国23年（1934年）转入新阳小学。3年后考入天水师范。

民国 27 年，再考入黄埔军校第十五期学习。因身体较好，被选拔到骑兵队。次年毕业，分配到国民军第七十一军第八十八师补充团任少尉排长，在河南偃师整训。民国 29 年(1940 年)春，补充团北渡黄河，进入山西阳城宋家岭阵地，构筑工事，与对面的日寇坂垣师团对峙，不时发生小的战斗。同年 7 月，坂垣师团的牛顿大队春田支队先遣队向国民军阵地连续发起猛攻。补充团因孤军深入，被日军包围。团长易瑾令胡居敬排掩护部队突围。全排利用有利地形，集中火力阻击敌人。由于当时通讯设施差，胡居敬排在全团突围后没有接到撤退命令，仍坚守在阵地。时全排只剩下 7 个人，经过一昼夜的战斗，精疲力竭，被日军冲上阵地，在敌众我寡的情况下当了俘虏。胡居敬等 7 人被日军拘留 11 天后，押到一个山岗上执行枪决。胡居敬趁敌不注意，跑到附近的一个悬崖边，纵身跳下悬崖，结果只脚受轻伤，便钻入树林隐蔽起来。日寇以为被摔死，再没理会。等日军走后，胡居敬仗着年轻力壮和抗日的倔强意志，又赶上部队。接下来，又参加筱南山战役，与全军将士一举攻克日军占领的唐王庙、黑虎庙、塞谷堆，杀敌无数。激战中，胡居敬腹部受伤，小肠被子弹射穿，遂送医院做了缝合手术。伤口愈合不久，即出院归队，继续参加打击日本侵略者的战斗。

民国 30 年(1941 年)太平洋战争爆发后，胡居敬所在部队作为远征军被编入国民军第十一集团军，胡居敬被任命为第二六三团第三营副营长兼机枪连连长，奉命进入缅甸截击企图封锁滇缅公路的日寇。次年 2 月，胡居敬所在部队先期到达云南腾冲东南，恰遇日军运送军火物资的车辆，即向日军发起攻击，很快全歼押车日军，缴获大批武器弹药等给养物资。之后，按照师部命令，继续向云南畹町、缅甸的八莫一带推进。全体将士在粮食缺乏、补给困难甚至断炊的情况下，忍饥而行，穿越竹林密布、气候阴湿、毒虫出没的热带密林。5 月 12 日到达目的地后，即投入协同英军对日的作战，第十一集团军任务是截断日军的退路。双方炮火相当激烈，战斗非常残酷。在激战中，第三营营长牺牲。次日，胡居敬被任命为代理营长指挥作战。日寇陆空配合，凭借实力疯狂反扑。及英军在西线被击溃后，日军集中兵力向第十一集团军防线进攻，把十一集团军包围在腊戍、八莫一线。激战一直持续到 5 月下旬，胡居敬被敌机枪击中左腕，颈部亦中敌弹。由于流血过多，不省人事，被送进兵站医院，不久转云南楚雄救治，后又到贵阳红十字医院。经多方治疗，虽伤口愈合，但未能痊愈，被定为一等残废，转大后方疗养。数年后，因生活无着，一度回家，旋被王治岐召为部属。

1949 年 12 月 9 日，胡居敬随驻扎在甘肃武都的国民军第一一九军军长王治岐、副军长蒋云台起义。时胡居敬任辎重营营长，营部驻扎在石马台，奉令跟踪监视向四川溃退的国民党赵文龙部，保护甘、川要道口的铁索桥不被破坏，让中国人民解放军第六十二军顺利通过，入川追缴国民军残部。起义军改编为解放军独立第三军后，胡居敬仍任辎重营营长。不久，主动申请离职学习，先在独立第三军教导队学习，后转入西安西北军政大学。1951 年分配工作时，因身体有残疾，转由地方安排。1956–1984 年，连续当选天水县第一至第四届政协委员。后因年老体残，生活困难，政府每月发给补助，维持生活。1998 年 9 月因病去世，终年 83 岁。

胡联甲

胡联甲，字犀千，民国 11 年（1922 年）生于今马跑泉镇团庄村。父胡延绪为教师，工于诗文、美术、雕塑。胡联甲民国 28 年（1939 年）考入国立五中（在今天水市秦州区）初中部，3 个月后因兄长去世辍学回家。旋被聘为小学教师，历任天水县东泉镇第二中心学校、潘集寨小学、马跑泉小学等校校长直至 1949 年。天水县成立后，调县工商科工作。1957 年因患胃病主动退职，回乡务农。其后任过团庄大队文书、生产队会计等职。

胡联甲性诚忠厚，淡泊名利，甘守清贫，不吝钱财，乐于助人，在马跑泉镇周围具有很高威望。且爱好地方文史，勤于钻研，终生笔耕不辍。早年任校长时，曾在当时的《陇南日报》上发表《小草》《影子》等多篇诗歌和散文。1978 年完成科幻小说《梦游记》，1979 年撰成《上半生回忆录》。《上半生回忆录》共 5 册、50 回，以章回小说形式描写了天水 20 世纪 20 年代初至 1949 年 8 月近 30 年的历史变迁和风土人情。1992 年，又独自撰成《马跑泉镇志》，记述了马跑泉的历史变迁、行政沿革、交通发展、文教卫生、文物古迹、宗教寺庙等历史与现状，极具史料价值。后又陆续完成《学佛入门》《佛教辞语解释集录》《近代名人行迹拾鳞》《格言录集》《颖川农集》《鹿角山集》《拾玉集》《遗后集》，以及哲学集《三界集》，诗词《鹦鹉集》《晚照迎爽集》等著作。晚年研读《周易》，隐居于甘泉白石峪鹿角山，花费 5 年心血撰成《周易新解》，在《周易》研究领域独树一帜。期间经常独自上山采药，为鹿角山远近村庄百姓义务治病，受到当地群众敬仰和赞誉。2000 年因病去世，终年 79 岁。

石秀珠

石秀珠，一名云峰，民国14年（1925年）生于今新阳镇石家坡村。1949年后参加工作。1958年6月，任天水县检察院副检察长。1962年7月，从天水县检察院副检察长任上调为牡丹区草川公社党委书记。草川是一个山大沟深、人少地多、经济条件落后的地方。到任之初，发现部分生产队为调动农民生产积极性，在春播时已将洋芋种植实行责任制管理。夏收前，又为防止夏收混乱，将夏田估产后分包到户收割。及夏收后，许多队干脆将播种冬小麦的地块全部划分到户，分户留种子，分户播种，结果效果较好，农民生产积极性很高，便总结其经验，在全公社推广，并完善其办法为："四固定到组，责任到人，从种到收，负责到底。人有责任地，牛有责任田，按产记工，按劳分配。"同年9月，中共八届十中全会召开，会后全国大抓巩固集体经济工作，中共天水县委认为草川推行的责任制管理办法是"单干"，令其纠正。但石秀珠认为，草川推行的办法是社会主义的农业管理责任制，并非"单干"，并说："全中国这么大，政策不能千篇一律，农业生产应当多种多样。"坚持不予纠正。而且及秋收结束，实行责任到人的地方普遍获得较好收成，农民生活实现自给有余，且如数完成公购粮任务。延至1963年5月，在农村进行社会主义教育运动的文件《中共中央关于目前农村工作中若干问题的决定（草案）》（即"前十条"）下达，天水县委认为石秀珠已走上一条右倾道路，草川的"单干风"已酿成严重的政治事件，影响波及天水地区，应彻底纠正，即组成20多人的工作组进驻草川，令其结束所推行的责任制，恢复集体劳动制。7月，天水县委停止石秀珠的书记职务，使其接受批判，继续反省。1964年9月，接受一年多批判的石秀珠不但未承认错误，反而认为批"单干风"肯定"会影响基层干部和群众情绪，妨碍生产"，群众要再度"挨饿受困"。有鉴于此，甘肃省委监委驻天水地区监察组批准天水县委撤销石秀珠党内一切职务的报告。此后，作为一般干部一直在基层工作。1979年恢复科级待遇，先后任天水县人民法院经济庭庭长、法律公证处主任等职，1988年退休。1999年9月因病去世，终年75岁。

蔡绍佗

蔡绍佗，原名慕华，河北省丰润县人，民国15年(1926年)3月生于一个贫困家庭。小学毕业后，时值抗日战争爆发，被迫辍学。民国28年到河北胥各庄华西医院当学徒，民国32年到绥靖军医所当护理兵，民国34年又入华西医院学医。民国35年加入基督教，经教会推荐，到北京神学院学习，后转华北神学院高级班。1951年毕业到天水，拜天水市著名眼科医生张开光为师，专攻眼疾治疗。1957年到天水市联合医院任眼科主治医生。

1963年，调天水县人民医院。从此，在北道埠从医达25年。60年代中期，带领县医院巡回医疗队，多次到天水县汪川、天水、牡丹、关子等地(今均属天水市秦州区)为群众治病，在极其简陋的条件下，为患者作眼疾手术1000余例，被群众誉为最信得过的眼科医生。1970年，首次采用低温麻醉方法施行白内障摘除术。1980年后，在临床服务的同时，又致力治疗高度近视眼的研究，常常白天奔波病室，夜间查阅资料、撰写论文，先后在《中华眼科杂志》等刊物和全国学术会议上发表20多篇专门研究眼科疾病的文章。1985年，研制成"抗高近丸"，获天水市科技进步奖。1986年，在天水市"眼屈光治疗学习班"担任主讲。同年与他人合作，译成近20万字的《眼免疫学》。

蔡绍佗曾6次出席全国眼科学术会议、1次国际眼科学术会议，3次获优秀论文奖，1987年晋升副主任医师。1988年1月，因患脑肿瘤逝世于北道埠，年63岁。

郭秉湉

郭秉湉，民国16年(1927年)生于今石佛乡三阳村郭家老庄。民国37年(1948年)天水中学毕业，1949年被任命为石佛镇中心小学校长。时学校百废待兴，举步维艰，郭秉湉将全部心血和精力投入到学校工作中，使学校面貌焕然一新。后又历任中滩镇中心小学、道北中心小学教导主任。1955年，调入天水第二初级中学(今天水市第二中学)任教。1956年，一批支援大西北建设的上海、天津知识青年来到天水，被天水县政府确定为小学教师，并在天水二中举办为期1年的师资培训。郭秉湉被选派为培训班主任，讲授两个班的数学课程，尽心尽力，全面完成培训任务，使参训者全都达到小学教师的水平，分配到天水县各基层小学，成为天水县教育界的一支新生力量。1958年，郭秉湉参与创建天水县元龙中学，担任教导主任。1960年，调任甘泉中学教导主任。1962年，被选派筹建由天水郡迁北道埠的天水县教研室。此后，经常到基层学校调研，解决教师在教学中存在的各种问题，帮助和引导青年教师提高教育教学水平，并负责天水县高中及中专招生工作。1966年"文化大革命"爆发，正常教学秩序被打破，1968年又将教研室撤销，遂被下放到“五七干部学校”。次年重返学校，先后在天水市七中、石佛中学任教。1982 年，当选北道区民盟副主席、区政协委员。1983 年曾获中国少工委颁发的“园丁荣誉纪念章”。1987 年退休后，又受学校邀请义务任教 2 年。1988 年，被任命为天水市中考（高中组）命题组成员。同年被评为中教一级职称。

郭秉湉一生任教，历 40 年。在其影响下，兄弟妹妹、子女、孙子女三代有 39 人从事教师职业，其中 9 对夫妻教师。受教之人相当普遍，学生大多事业有成，其中教授级的有漆永兴（曾为国家冶金工业部信息中心主任）、裴元德（中科院研究员）等 11 人，担任天水市、麦积区各中小学校长的有 15 人。由于在教师岗位上恪尽职守，先后有 45 人次获得省、市、县（区）奖励，此外在全国各类学术刊物和报纸上发表论文 100 余篇，深受当地群众称赞和尊敬，人们亲切地称其为陇上“教育世家”。2001 年郭秉湉因病去世，终年 75 岁。

潘锦堂

潘锦堂，民国 22 年（1933 年）生于今马跑泉镇潘集寨村一个农民家庭。幼时家贫，小学毕业后为到省城读书，独自穿梭于山间，靠挖草药换钱，硬是挣足了学费。1956 年在天水市参加高考时，富裕人家的孩子大都住在旅社，而潘锦堂却求老师以打扫考场卫生为条件，拼桌子睡在考场。

1961 年，潘锦堂以优异成绩从兰州大学生物系毕业，主动申请留在西北。同年 9 月参加工作，先后在青海农牧学院、西宁市实验学校任教师。1963 年，调中国科学院西北高原生物研究所植物研究室工作，先后任助理研究员、副研究员、研究员，植物研究室副主任。数十年如一日，在青藏高原上度过艰辛岁月。1983 年荣获国家民族事务委员会、劳动人事部、中国科协颁发的“在少数民族地区长期从事科技工作”荣誉证书。曾任青海省植物学会第一、第二和第三届理事会理事。1983 年，被聘为中国植物学会植物分类学专业委员会委员。

潘锦堂多次参加青藏高原的草场植被、藏药的考察和植物采集工作，长期从事虎耳草科的分类学研究，足迹遍布青藏高原。发表多篇有关虎耳草科的重要学术论文，是《中国植物志》和《Flora of China》中虎耳草科的编著者。同时在青藏高原的景天科、伞形科分类学研究方面也取得丰硕成果。著有《中国植物志》（34 卷 2 分册）、《青海经济植物志》（与他人合著），并参与编著出版《青藏高原植物图鉴》1 ~ 2 册、《中国高等植物科属检索表》《中国高等植物图鉴》补编 2、《西藏植物志》2 卷等,发表论文10多篇。曾荣获中国科学院"自然科学奖学术特等奖",从而成为享受政府津贴的专业领域带头人。潘锦堂热爱祖国,一心想着为国家多做贡献。小女儿曾在美国加利福尼亚州留学,毕业后欲留在国外。潘锦堂说:"国内需要人才,学到了东西,就要回国做贡献。"硬是打电话把女儿叫了回来。1993年退休后,随子女定居广州,仍从事着虎耳草科的研究。2004年因病去世,终年72岁。

杨经文

杨经文,民国27年(1938年)生于石佛乡石佛村。自小喜好体育,1956年被国家体育运动委员会授予二级田径运动裁判员称号,1958年又被国家体育运动委员会授予跳远三级运动员称号。1961年西北师范大学音乐系毕业后,分配到兰州市歌舞团。1962年到新疆石河子农八师慰问演出后,调到新成立的农八师文工团,从事作曲、乐队工作。1976年,又调奎屯师范学院音乐系,教授声乐、手风琴、钢琴和合唱课程,并参与兵团建设。期间,曾与全国著名歌唱家李双江做过短期同事和演出。1979年调回天水,在县第一中学(今天水市二中)教授全校各年级音乐课,并辅导音乐专业学生。多次组织校内文艺活动,在县、区组织的新年文艺会演和教育系统文艺会演中多次获奖,所教学生有多名考入西安音乐学院、西北师大音乐系和兰州师专音乐系等高等院校。1991年,取得中学一级教师职称。同年,在甘肃省教委学校艺术教育指导委员会出版的《校园之声》上发表歌曲《抓一把黄土攥成泥》,被评为优秀奖,同时被评为天水市级创作奖。1993年,在《人民之声报》上发表歌曲《老家》;在甘南藏族自治州40年大庆时创作歌曲《甘南好》,发表于甘肃日报、甘南报和甘肃经济报。同年,被甘南师专聘为兼职教授。杨经文一生创作歌曲、小歌剧、舞剧、民族管弦乐和交响序曲等音乐作品600多首,其中获省级奖的10余首。著有《识谱速学法》《简谱、五线谱对照试唱》教材。主要事迹被《经济日报》出版的《中学教育名师大典》和中国人事出版社出版的《中国专家大辞典》收录。1993年退休,2007年因病去世,终年70岁。

姚仓福

姚仓福,今三岔乡小坪村人。民国36年(1947年)生于一个有兄弟姐妹9人的大家庭,排行老三。因家境贫寒,自幼就开始帮助父母分担家务,造就了遇到困难不妥协、不放弃的坚强品格。初中毕业后，回家种地。1969 年 12 月应征入伍，参加中国人民解放军，1970 年在部队加入中国共产党。1977 年转业，回乡务农。姚仓福憨厚老实，为人公道正派，平日团结邻里，孝顺长辈。由于思想品德好，被当时的吴砦公社（今三岔乡）招聘为农机干部。工作中，姚仓福先人后己，是非分明，无论干什么都任劳任怨，勤勤恳恳。1982 年，被推选为吴砦乡党代表。1984 年，又被推选为乡人大代表。还多次被吴砦乡党委授予“优秀共产党员”称号。

2005 年 7 月 16 日中午 2 时 30 分许，一场大暴雨袭向小坪村，导致山洪暴发，山河猛涨，大水冲进了村民李向阳家的小卖部。正在自家院子干活的姚仓福，听到李向阳急促的呼救声后，急忙跑出院门，看见水情严重，一面转身回家寻找铁锹、麻袋等救灾工具，一面呼叫、组织村子里的其他村民迅速赶到水灾现场。此时水势越来越猛，如不及时阻挡，大水将蔓延到村内巷道，后果不堪设想。但由于村里大部分青壮年劳力都出外打工，参加救灾的十几个人中有四五个是妇女和少年。在此危难关头，姚仓福率先跳进波涛汹涌的山河，用铁锹铲起沙子装起沙袋来阻隔大水。在其带领下，村民们积极投身于抢险之中。无奈，大水还是冲到村内，冲进群众的院落房屋，村民冯根生家房屋山墙被大水冲毁。姚仓福眼看一股大水浪通过一个低洼处很可能就要蔓延到其他村民的院落时，便不顾个人安危，独自跳入低洼处，挥舞着铁锹欲培土阻水，不幸被猛窜过洼地的水浪冲走，时年 59 岁。

胡筱龙

胡筱龙，马跑泉镇胡王村人，陆军中校军衔。1969 年出生在一个知识分子家庭，从小喜欢文学，9 岁开始写诗，12 岁着手创作小说《忠国灭寇传》。又受父亲的影响，喜欢练武术，擅长刀、剑、棍术。1983 年上初中时，写下了慷慨激昂的“倚长剑，拭泪奋舞引高歌，博文树志强。烈骥奋蹄驰雾去，壮士踏云赴沙场”诗句。1987 年国家军校首次从高中生中招收学生，胡筱龙以优异成绩考入西安陆军学院军事指挥本科专业，1990 年在校加入中国共产党。

1991 年毕业后，胡筱龙被分配到新疆军区某师，任排长。刚到部队时，身体素质不好，然胡筱龙每天坚持训练，毫不懈怠。半年后，各项军事技能都达到了优秀，使战士们心服口服。一年多后，被调到师教导队当教员。随后，又先后担任作训科参谋、师教导队队长、侦察科科长、作训科科长等职。1994 年，胡筱龙提出的采取电子对抗战术来摧毁对方指挥系统的意见，被部队采纳，使原军事演习方案作了重大调整。1996 年，胡筱龙首次把电子作战地图引入微机，在网上演示战术标图，1997 年又开发出“部队军事训练考核题库管理系统”软件。2002 年，胡筱龙被调到一个连续 3 年军事训练落后的团当参谋长。

2004 年，升任新疆军区某步兵团团长。为把所带的担负应急机动作战任务的部队锻造成适应现代战争的部队，胡筱龙对士兵进行以强化实战能力、打赢为目的的 5 公里越野训练。5 公里越野是军体项目，到胡筱龙的部队却成为官兵的战术训练课目。同年夏，胡筱龙率全团实装实弹横穿塔克拉玛干沙漠，开展野战机动演练，开创中国人民解放军整团建制穿越塔克拉玛干沙漠的先河，并创下全军整团全装摩托化穿越塔克拉玛干沙漠日行军 532 公里的全军纪录。不久，胡筱龙受命参与指挥多兵种联合演习。演习中，指挥本团和配属的陆航、导弹、装甲等 7 个兵种，进行“红蓝”实兵实弹对抗演习，令在场观摩的近百位将军和军事专家情不自禁地拍手叫绝。

2005 年夏，胡筱龙率部奔袭喀喇昆仑山，把部队拉到海拔 4000 米以上的雪山，开展野战生存训练，进行装备效能测试。9 月，又担任多兵种联合演习主攻方向总指挥。11 月初，兰州军区对胡筱龙团进行作战能力动态评估考核。4 日，胡筱龙率兵在塔克拉玛干沙漠腹地指挥战斗演习。当演习结束时，因带病参演，劳累过度，胡筱龙栽倒在演习场上，被紧急送到医院医治，结果确诊为十二指肠乳头癌。医院为其做切除手术，当腹腔被打开时，发现癌细胞已转移到肝部，十二指肠与胆管接口端早已溃烂，手术根本无法进行。延至 2006 年 4 月 26 日病逝，年仅 38 岁。

胡筱龙入伍 19 年，始终把带兵打仗作为自己的神圣职责，常年奔波在训练场，以忘我的精神抓军事训练，填补中国人民解放军高原寒区作战 20 多项空白，荣立二等功 1 次、三等功 4 次。在全军刊物发表《关于沙漠戈壁地域作战兵力快速投送应把握的几个问题》等军事论文几十篇。所带团队连续两年被评为“军事训练一级单位”，2005 年被军区表彰为“基层建设标兵团”。去世后，胡筱龙以高票被新疆维吾尔自治区评选为“感动新疆十大人物”。此后，新疆军区、兰州军区党委先后作出《关于开展向胡筱龙同志学习的决定》。2007 年 6 月，中央军委主席胡锦涛签发命令，授予胡筱龙“一心练打赢的模范团长”荣誉称号。2007 年 7 月，中央军委追授胡筱龙“献身使命的模范团长”荣誉称号，并向胡筱龙的妻子颁发了授予胡筱龙的一级英模奖章和证书。

何亮

何亮，1982年10月生于社棠镇税柳村，天水市第八中学（驻北道埠）初中一年级学生。1994年5月14日下午3时多，何亮与所在初一四班学生赵鑫、李贝、康旋、周华一起在天水焦化厂对面的渭河浅水区游玩。4时许，桥南联中小学部六年级学生郭凯由渭河北岸下水，从浅水区由东向西逆流过河，不慎滑入深水区。在浅水区玩耍的何亮等听到叫喊声，转眼看见有人在水里沉浮挣扎，便拼命向出事地点跑去。不会游泳的何亮奋不顾身，跃身跳入深水区，伸手救助郭凯，用尽全力将郭凯向浅水区推移。赵鑫等其他4位同学依次下水手拉手救出郭凯，但何亮却沉入河底。岸上的4位同学一边救护郭凯，一边大声呼救。铁路职工高昌义、地质一队职工刘春迎、在市第二人民医院实习的兰州医学院学生邹世仁见状，迅速赶到河边，立即跳入水中，奋力将何亮救出，送市第二人民医院抢救，但终因溺水时间过久，抢救无效，不满13岁的何亮献出了宝贵的生命。

何亮等救人的事迹在社会上产生了强烈震动。5月15日，天水市第八中学党支部作出《关于向舍己救人的小英雄何亮同学学习的决定》。17日，中共北道区委、区人民政府作出《关于开展向英雄少年何亮及“5·14”英雄群体学习的决定》。20日，区委、区人民政府又作出《关于表彰英雄少年何亮及“5·14”英雄群体的决定》，授予舍己救人的何亮同学“英雄少年”称号，授予“5·14”救人群体“5·14”英雄群体称号。6月16日，中共天水市委、市人民政府又作出《关于向舍己救人英雄少年何亮及“5·14”英雄群体学习的决定》，追授何亮“舍己救人英雄少年”称号。

《北道区志》补遗

伏羲

伏羲，或作伏牺、伏戏、宓羲、庖羲、皇羲、庖牺、包牺，又称羲皇、戏皇、牺皇、太昊，上古三皇之首，古史传说中的第一代帝王，龙图腾团族始祖。天水人尊称“人宗”。风姓，诞生于古成纪（今甘肃天水），所处时代约为旧石器时代晚期。被拥为部落首领，发展壮大后，沿渭河谷地进入关中，设治陈仓（今陕西宝鸡），后又出潼关，折向东南，建都陈（今河南淮阳）。

伏羲是一位具有超常智慧的人。成长后，传说相当长时期居住在今境内三阳川卦台山，通过观测天象和大地万物生长规律，依据三阳川地形，创画了八卦。用符号“—”代表阳，用“– –”代表阴，按照大自然阴阳变化的不同方式，组成8种不同形式，代表8种物质：乾（☰）代表天，坤（☷）代表地，坎（☵）代表水，离（☲）代表火，艮（☶）代表山，巽（☴）代表风，震（☳）代表雷，兑（☱）代表泽，总称八卦（伏羲八卦后人称为先天八卦）。每一卦形代表一定的事物，表示事物自身的变化，并以其相互影响说明自然界万物的关系。八卦互相搭配，又可发展为六十四卦，用来象征各种自然现象和人事现象，形成了最早的朴素唯物思想。八卦既是《周易》学说的源泉和基础，亦为中华传统文化的核心。

伏羲发明网罟，教民渔猎，并造书契，制琴瑟，创历法，制九针，封姓氏，制嫁娶之礼；又立九部，设九佐，以龙纪官，号曰龙师，发明创造甚多，肇启中华文明，有着“继天立极”的功绩，故而被誉为“人文始祖”。相传伏羲在人类遇到洪水、人烟断绝之际，与妹女娲结为夫妻，繁衍人类。其族本以蛇为图腾，在与其他氏族通婚、融合的过程中，博采各部图腾之特长，以蛇身为主体，附加上驼头、马脸、兔眼、鹿角、牛耳、鱼鳞、虎掌、鹰爪等其他氏族部落的图腾特征，逐渐演变为龙图腾。由此，龙成为中华民族的共同象征，中华民族称为“龙的传人”。

伏羲作为中华民族的始祖，受到人们的崇敬，历代祭祀不衰，并形成了内涵丰富、形制独特的伏羲祭祀文化。在历经20世纪六七十年代一段大破“四旧”后，当地群众于1981年自发恢复卦台山伏羲庙祭祀，一年一度举行民间祭祀活动，吸引海内外华人到卦台山寻根问祖。1988年，天水市恢复伏羲公祭大典。次年，天水市人民政府将农历五月十三日的公祭大典活动确定为伏羲文化节，每年在秦州区伏羲庙举办。1992年8月，中共中央总书记、中央军委主席江泽民到天水视察，题词“羲皇故里”。2005年，公祭大典升格由甘肃省人民政府主办。2006年5月，伏羲祭典被列为首批国家级非物质文化遗产名录。同年，将卦台山确定为公祭大典分会场，民祭活动改由政府主办。2007年起，公祭大典的日子固定在每年公历6月22日。

蒲洪

蒲洪，字广世，氐族，《晋书·载记》载为略阳临渭人。《直隶秦州新志》称：“渭流氐迹，在上邽西，成纪东南，渭水之阴，蒲氏世居其地。”乡人传说蒲氏居地在今石佛乡西北。两说均在三阳川。祖上因家中池塘生有大量蒲草，遂以蒲为姓。蒲洪出生时，正遇陇右大雨，百姓受苦甚重，时有民谣曰“雨若不止，洪水必起”，于是起名为洪。父蒲怀归，部落小帅。蒲洪自小喜好读书、骑马射箭，且善于团结族人，仗义疏财，机变多谋。西晋惠帝时，晋室内讧，天下大乱，族人蒲光、蒲突等部公推蒲洪为盟主。不久又自称护氐校尉、秦州刺史、略阳公，以所居临渭一带为属地。东晋大(太)兴二年(319 年)，已在长安称帝的匈奴人刘曜向陇右进兵，蒲洪自感实力不足，归附前赵，被刘曜封为率义侯。咸和四年(329 年)正月，前赵主刘曜被后赵主石勒擒杀，太子刘熙带领部众逃奔上邽。九月，后赵将石虎在上邽灭前赵。蒲洪见石虎军锋甚劲，遂率部又投降后赵，被石虎荐封为冠军将军，管理西部事务。咸和八年(333 年)，蒲洪劝说石虎迁陇右居民充实关东。石虎依其议，遂迁秦、雍 2 州民众及氐、羌族人计 10 余万于关东，次年又迁秦州 3 万余户于青(今山东青州)、并(今山西太原)州。后赵以蒲洪为龙骧将军、流人都督，据守枋头(今河南浚县西南)。居枋头后，蒲洪多次率部为后赵征战，累有战功。咸康四年(338 年)，被加封为西平郡公、关内领侯将，其部下有两千多人获赐关内侯爵位。永和五年(349 年)，助石虎镇压梁犊起义，将起义军击败于荥阳。战后，蒲洪升任车骑大将军、开府仪同三司、都督雍秦州诸军事、雍州刺史，进封略阳郡公。石虎死后，继立为后赵主的石遵听信谗言，罢免蒲洪都督之职，蒲洪愤而遣使归附东晋。时后赵因诸子争位内乱，原先被迁到关东的秦雍流民自行西归，在枋头共推蒲洪为首领，蒲洪的部众增至 10 多万人。东晋永和六年(350 年)，蒲洪被东晋朝廷封为征北大将军、都督河北诸军事、冀州刺史、广川郡公。蒲洪则决心逐鹿中原，兴霸立基，遂因应谶文“草付应王”语，改姓为苻，并自称大都督、大将军、大单于、三秦王。前秦立国，由此为始。不久，被后赵降将麻秋毒死，终年 66 岁。其子苻健称帝后追谥为惠武皇帝，庙号太祖。

苻健

苻健，字建业，蒲洪第三子。东晋十六国时前秦皇帝，在位 5 年。苻健自小喜好读书和练习弓马，且乐善好施，常救助他人，为此得族人称誉。东晋永和五年(349 年)，在枋头(今河南浚县西南)与父蒲洪一起被自行西归的关陇百姓推举为流民领袖。永和六年(350 年)蒲洪被害，苻健继父统领部众。时人心浮动，局势难测，苻健审时度势，决定取消秦王称号，对晋称臣，又伪降后赵，以分散其注意力，暗中则按其父临终遗言，积极准备西进关中。为麻痹占据关中的杜洪，一面修缮枋头宫室，一面令军队屯田种麦。及时机成熟，公开与后赵决裂，自称晋征西大将军、都督关中诸军事、雍州刺史，率部从枋头挥师西进，攻破长安（今陕西西安），占有关中。又进兵陇右，攻取上邽。于是，秦、雍郡县，大都归附。永和七年（351年），苻健自称天王、大单于，建国号大秦，年号皇始。大封官爵，并在五丈原（在今陕西眉县西南）击败东晋梁州刺史司马勋。又下令改革政治，废除后赵苛政，并分派使者访问民苦，除宫中奢靡之风，关陇百姓顿感一新。次年，苻健即皇帝位。永和十年（354年），东晋权将桓温率4万军北伐，进入关中。苻健用坚壁清野战术击退桓温。在境内安定之后，苻健更加垂心政事，优待老人，崇尚儒学，使长期被战乱严重摧残的关中地区开始复苏。永和十一年（355年），苻健病重，侄苻菁阴谋刺杀太子苻生，发动宫廷兵变。苻健带病出坐端门，指挥平乱，杀苻菁，数日后病卒长安宫中，终年39岁。谥号明皇帝，庙号世宗，后改高祖。

苻坚

苻坚，一名文玉，字永固。苻洪季子苻雄之子、苻健侄。东晋十六国时前秦王，357—385年在位。父苻雄佐苻健平定关陇，苻健称天王后，任丞相、都督中外诸军事。苻坚多才多艺，深通谋略，广交豪杰。苻健取关中，时苻坚12岁，即拜为龙骧将军。前秦皇始四年（354年）苻雄卒，苻坚承袭父爵为东海王。继其父苻健称帝的苻生，滥杀无辜大臣，残忍暴虐，激起朝内外反对。前秦寿光三年（357年），苻坚在梁平老、强汪、吕婆楼等氐族勋贵支持下，与其兄苻法等人率军发动政变，攻入王宫，诛杀苻生，群臣共推苻坚继立。苻坚去皇帝之号，自称大秦天王，改元永兴。之后，励精图治，摒弃平庸的宗室外戚子弟，任用吕婆楼、权翼、薛瓒、梁平老、强汪等文武英才，尤其对王猛视为肱股，军国大事一任处置。还为被苻生无辜惨杀的人平反昭雪，对其子孙量才录用。同时实行一系列改革措施，提倡儒学，兴办学校，劝农耕桑，兴修水利，振兴经济，抑制豪强，赈恤贫弱，减轻赋役，移风易俗，国力日渐强盛。

苻坚整饬国政，但苻生诸弟心怀不满，不时起衅反叛，均被苻坚一一平息。前秦甘露六年（364年），诛杀阴谋造反的苻生弟、汝南公苻腾。建元元年（365年），派卫将军李威平定苻生弟、淮南公苻幼的反叛。建元三年（367年），晋公苻柳、赵公苻双、魏公苻庾、燕公苻武在蒲坂、上邽、陕城、安定同时起兵，发动“诸公之乱”。次年，苻坚分遣辅国将军王猛、后将军杨成世、前将军杨安、左将军毛嵩等分兵4路进击，平定叛乱，至此彻底剪除苻生家族余党。

平定诸公叛乱后，苻坚开始了统一北方的行动。建元六年(370年)攻灭前燕(都邺，在今河北临漳县)，次年攻灭前仇池国(治今甘肃西和县南)，将仇池故地置为南秦州。建元九年(373年)，攻取东晋梁(治今陕西汉中)、益(治今四川成都)2州。建元十二年(376年)，攻灭前凉(治姑臧，即今甘肃武威)和代国(治盛乐，在今内蒙古和林格尔)，实现了北方的统一，成为十六国时期版图最大、国力最强盛的政权。建元十九年(383年)，派大将吕光进兵西域。

苻坚认为统一全国的时机已经成熟，不顾其弟苻融，大臣权翼、石越及太子等人的劝阻，于建元十九年(383年)征调87万军队，倾国力水陆并进攻打东晋，结果在淝水大败。各族首领趁机自立，其中鲜卑族首领慕容垂、羌族首领姚苌分别建立后燕和后秦，与前秦对峙。建元二十一年(385年)，苻坚为姚苌所杀，终年48岁。其子苻丕继立后，追谥"宣昭皇帝"，庙号"世祖"。

苻融

苻融，字博休，苻坚弟。身材魁梧，相貌英俊，聪颖练达，博学多才，过目成诵，满腹经纶，且骑射击刺无一不精，勇力超人。

苻健在位时，封为安乐王，苻融以自己尚幼，上疏再三辞让，终作罢。成长后声名更高，朝野瞩目。前秦寿光三年(357年)，苻坚即位，苻融成为重臣，封阳平公，被命为侍中，不久又为中军将军。建元十一年(375年)，镇守冀州等河北6州的王猛卒，苻坚命苻融为镇东大将军、冀州牧，继镇其地。苻融奉母极孝，到冀州后，不时派人到京都询问母亲的情况，有时甚至一天两三次。后上疏请求回京侍养母亲，苻坚不许。过了许久，苻坚调苻融入朝，累迁中书监、都督中外诸军事、车骑大将军、司隶校尉、太子太傅，领宗正、录尚书事，权倾一时，朝廷大事无不由苻融参与定夺。不久，又被加封为司徒。苻融擅长决狱讼，以明察善断著称，如有疑难案件，必请为裁决，无不如意。京兆人董丰外出游学，3年后回家途中路过岳父家，适逢其妻也回娘家。半夜里，妻子被人杀害，妻兄认为是董丰所为，告到官府，即将定罪，遇苻融出任司隶校尉，始辨明其冤。建元十八年(382年)，苻坚欲亲征东晋，召群臣讨论，苻融分析北方形势，权衡双方力量对比和人心向背，认为北方形势复杂，前秦所灭各国都企图复国，虎视眈眈，如倾国南征，必然借机反秦，切谏不能伐晋。但苻坚决意南伐，不听。次年南伐前夕，苻融又切谏："陛下听信慕容垂、姚苌等人谄谀之言，采纳良家少年利口之说，臣恐非但无成，亦大事去矣。"苻坚一意孤行，不仅不听，反命苻融为征南大将军，作为前锋伐晋。苻融率 25 万军，攻陷寿阳（今安徽寿县），俘获晋平虏将军徐元喜等，隔淝水（今安徽淝河）与晋兵对阵。但接下来的淝水大战中，前秦军大败。危机中，苻融驰马掠阵，欲止前秦军的败退，忽马被绊倒，为乱军所杀，时年 45 岁。苻坚追授其为大司马，谥号哀公。著有《浮图赋》，文辞壮丽清新，为时人珍爱。

苻登

苻登，字文高，苻坚族孙，少而雄勇，有壮气，长而折节谨厚，颇览书传。初次授官，即为殿上将军，后升羽林监、扬武将军、长安令，再因事被贬为狄道（今临洮）长。前秦建元十九年（383 年）淝水大战后，前秦分崩离析，关中大乱。苻登弃县职投奔河州（治今临夏）刺史毛兴，任司马。太安二年（386 年），毛兴参与陇右争夺，被厌苦兵事的民众所杀，继任者卫平无能，枹罕（今临夏，时为河州治）诸氐推举苻登为使持节、都督陇右诸军事、抚军大将军、雍河二州牧、略阳公，代统其众。旋苻登率众 5 万东下，攻据南安（治今陇西县东南），夷、夏归之者 3 万余户。继苻坚而立为皇帝的苻丕闻讯，以苻登为征西大将军、开府仪同三司、南安王。同年十月，苻登率兵攻后秦秦州刺史姚硕德，后秦主姚苌率兵救援。苻登在上邽西胡奴阜大败姚苌，斩首两万余人。姚苌中箭，退守上邽。十一月，苻丕被东晋军所杀，苻登在南安即皇帝位，改元太初，即在军中设苻坚牌位，立誓诛姚苌以报杀害苻坚之仇。此后，与后秦连年在陇右和关中西部攻战，屡有斩获。其间曾进据胡空堡（在今陕西彬县），攻占朝那（在今宁夏）、安定(在今甘肃泾川)、平凉。太初四年（389 年），姚苌出奇兵夜袭大界（在今陕、甘界），诛杀苻登妻毛皇后及其二子，并擒获数十名前秦军将，掳掠 5 万多人。此后，苻登势衰。太初九年（394 年），在与后秦军大战中溃败，被杀，时年 52 岁。其子苻崇西奔湟中即位，改元延初，谥苻登为高皇帝，庙号太宗。不久苻崇亦被杀，前秦灭亡。

释端甫

释端甫，俗姓赵，唐秦州天水人。额高目深，下颌丰满，宽腮方口，声似洪钟。

自小向往佛门,10 岁时即到崇福寺(今麦积镇街亭村有崇福寺,创修于唐中)当沙弥,拜道悟禅师为师。17 岁成比丘,再入安国寺诵经。虔诚礼佛学经,先后受安国寺素法师传授的《唯识大义》,福林寺崟法师传授的《涅槃经大旨》等佛教经典。此后,端甫凡集会讲经辩论,滔滔不绝,很少有人能胜过,当时佛界对端甫的评价是"佛经律论无敌于天下"。在五台山清凉寺举办佛事活动时,引得众高师皆至;在太原宣讲大经时,又引来全城人聆听,声名大振。

唐德宗李适闻听后,召端甫入宫,见其貌不凡,谈吐超众,赐袍褒奖。之后经常出入皇宫,与儒家、道家高人辩论。李适还下诏让其在东宫教授太子。唐顺宗李诵即位后,对端甫非常敬仰,亲如兄弟,两人甚至同床而眠,恩宠礼遇特别隆重。唐宪宗李纯当朝时,多次到端甫主持的寺庙里去拜佛,视其如宾客好友,还经常请教佛法,赏赐也很优厚。时刚刚平息各地节度军将的叛乱,朝政清静,李纯就下诏让端甫率僧众从灵鹫山迎回佛骨,在宫殿里开设法场,举办盛大佛事活动,皇帝手捧香灯亲为祈福。接着,李纯以端甫为左街僧录,主掌内殿法仪。期间,开法场讲述《涅槃》《唯识》经论,开启修行者并引导世俗,计 160 多场次。每场听众极多,以至"贵臣盛族皆所依慕,豪侠工贾莫不瞻向"。

文宗开成元年(836 年)六月,端甫在福林寺圆寂,终年 67 岁。皇帝赐号"大达法师",敕令建造存放灵骨的"玄秘塔"。唐武宗会昌元年(841 年),由御史中丞裴休撰文、大书法家柳公权书丹,立石纪念,遂成著名的书法名帖《玄秘塔碑》。原碑存西安碑林,街亭崇福寺有复制碑文。端甫一生有弟子比丘和比丘尼 1000 余人,其中有成就者 50 多人。

张俊

张俊,字伯英,北宋秦州成纪三阳寨人(三阳寨在今三阳川,当地人言系今渭南镇张石村人)。自小爱好骑射,弓马娴熟,16 岁即投身行伍,充为三阳寨弓箭手。宋徽宗政和七年(1117 年),因参与讨伐南蛮有功,升为都指挥使。宣和初年(1119 年),参加进攻西夏的仁多泉之役,升承信郎。之后,又参加镇压山东、河北民众起事,升武德郎,再后又以功进武功大夫。

宋钦宗靖康元年(1126 年)金军进攻太原之役中,张俊随河北、河东路制置副使种师中守卫榆次(今山西晋中市榆次区),种师中阵亡,张俊率所部数百人屡破强敌,且战且退,突出重围,斩杀追兵 500 余人,缴获战马千余匹,由此声名大震。康王赵构称兵马大元帅进至大名时，即率部往从。赵构见张俊仪表堂堂，留为元帅府统制。

靖康二年（1127 年）正月，张俊率部镇压起义军李昱、张遇部于任城（今山东济宁），升拱卫大夫。同年金军劫走徽宗、钦宗 2 帝北宋灭亡后，张俊极力劝进赵构继立。五月，赵构在部分大臣拥立下于南京应天府（今河南商丘）即皇帝位，改元建炎。张俊因功授御营司前军统制，总领皇帝侍卫亲军，受命迎回隆祐太后孟氏。从此，张俊深得高宗赵构信任，仕途多受优待庇护。建炎元年（1127 年）七月起，张俊率部多次讨平起义军、叛军，升观察使。建炎二年五月，又率部镇压秀州（今浙江嘉兴）徐明起义，升承宣使。

建炎三年（1129 年），与张浚、韩世忠等人联合挫败御营司统制苗傅、威州刺史刘正彦等人发动的废除高宗、扶立幼主事变，升镇西节度使、御前右军都统制，再升浙东制置使。同年十月，金将完颜宗弼（兀术）统兵大举南侵，张俊随高宗左右护驾御敌，至次年春大败金兵，毙敌数千人，取得明州大捷。绍兴元年（1131 年），出任江淮路招讨使，与岳飞、杨沂中等部会兵，讨伐据有江、淮、湖、湘 10 余州的李成集团，击败李成等。其余各处武装，闻张俊军至，皆逃散，江淮间悉平。同年又沿江布防，阻止伪齐刘豫的南侵，以功拜太尉。绍兴四年，金兵分道入侵，张俊坐镇健康，遣将潜师背击金兵，大获全胜。绍兴六年，伪齐刘豫派儿子刘麟、侄刘猊率兵 10 万进犯濠寿（今安徽中北部）。张俊督军击败刘猊，降敌万余。此后数年，张俊与韩世忠分守江防，使金人不敢窥江而渡，高宗特赐张俊“安民靖难功臣”称号，加少傅。

绍兴十年（1140 年），金人背盟，又举兵南犯，张俊率兵渡江策应刘锜，与大将岳飞、韩世忠所率各路宋军共同杀敌，大败金兵，并派部将王德收复宿州（今安徽宿州）、亳州（今安徽亳州），以功进少师，封济（齐）国公。次年，金兵再进攻淮南，张俊带病指挥所部渡江迎敌，获得大捷。张俊知高宗无恢复中原之意，便不再北进追击，径自退还江南。旋迎合朝廷对金议和方略，自请解除兵权，改任枢密使。此后，张俊独保其身，闲居府第，和秦桧勾结，打击主战将领。绍兴十一年，助秦桧诬陷岳飞，终致岳飞含冤而死。后罢枢密使，进封清河郡王。

张俊晚年贪婪好财，嗜钱如命，大肆兼并土地，占有良田 100 多万亩，年收租米 60 万斛。其家银子堆积如山，为了防盗，命人将银铸成 1000 两一个的大银球，称为“没奈何”。朝野多有怨愤，但赵构却亲临其家，拜为太师，为其子弟 10 余人授以官职。绍兴二十四年（1154 年）卒于家，终年 69 岁。赵构亲临祭奠，追封为循王。

张俊不论在抗金还是在平定地方武装集团中,在南宋诸将中功绩最著。然为人善揣摩上意,投其所好,故在南宋四大将中虽居于首,但与韩世忠的正直、刘锜的诚实、岳飞的忠勇尽皆不同。后又生妒忌之心,排挤刘锜、陷害岳飞,历代为史家所诟。

张子盖

张子盖,字德高,北宋秦州成纪三阳寨人,张俊侄。其父张宏,年轻时应募,入张俊军中。金兵侵开德府(今河南濮阳),张宏战死。张子盖初投抗金名将韩世忠军。南宋建炎三年(1129 年),张子盖随韩入京平定苗傅、刘正彦废黜高宗赵构之变,以功授承信郎。后累立战功,升至武功郎。绍兴六年(1136 年),伪齐将刘猊大举南侵,进逼宣化,窥伺两淮。朝廷下诏命张俊会同刘光世部抵拒。张子盖随张俊部进军,与刘猊部战于藕塘镇(在今安徽定远县东南),大败伪齐军,以功升阎门宣赞舍人。次年,授昌州刺史,升任江南东路马步军都总管。绍兴十年(1140 年),金兵再次南侵,张子盖率部抵拒。战毕,以参加收复宿、亳 2 州(均在今安徽)功,擢升登州防御使,任宣抚司副统制。次年二月,金都元帅宗弼(兀术)率部南侵至历阳(今安徽和县),张子盖与淮西宣抚司都统制王德率部迅速进至和州(亦在今安徽和县),金军被迫退屯昭关(在和州含山县北)。适时任淮北宣抚判官的刘锜督军出清溪邀击金兵,张子盖、王德即与刘锜会军,在柘皋(在今安徽凤阳)大败宗弼。宗弼又攻濠州(今安徽凤阳),张子盖率部又于州梁桥击败金兵。战后,张子盖升为兴宁军承宣使。同年宋、金议和后,任御前诸军都统制,率部屯驻建康府(今江苏南京),守卫长江天险。绍兴十三年(1143 年),再升任龙神卫四厢都指挥使、两浙西路马步军都总管,后再为安德军节度使。

绍兴三十二年(1162 年),金兵又一次南侵,进至海州(在今江苏连云港市)。高宗赵构急命张子盖为镇江都统赴援。张子盖率部迅即北上,直抵石湫堰(在今连云港南),见万余金骑正列阵于河东岸,便督所部数千将士,杀入金兵阵中,顽强搏斗,金兵终支持不住,大败,死尸拥塞石湫河。金兵不甘失败,稍事休整后再战,仍被张子盖督军击败,损失车马、辎重以万计,遂北退,海州围解。时孝宗赵眘(读 sh è n)初继立,即召见张子盖,赐鞍马、铠甲、束带以嘉奖,并命其招集勇士,待机收复失土。张子盖受命,回驻泗州(今安徽泗县)。不久,招降金将萧鹧巴、耶律造哩等部。隆兴元年(1163 年),因病回镇江(今江苏镇江),授检校少保,命为淮东招抚使。未几病逝,终年 51 岁,追赠太尉,谥“恭壮”。

张镃

张镃，原字时可，因仰慕郭功甫（北宋诗人），遂改字为功甫，号约斋。张俊曾孙，南宋著名诗人。父张宗元任司农少卿，在艺文方面颇有修养。张镃自幼受文墨书香熏陶，藉父祖遗荫，加官奉议郎。南宋隆兴二年（1164 年），任大理寺司直。淳熙五年（1178 年），以直秘阁通判婺州（今浙江金华），3 年后改任临安（今浙江杭州）通判。不久，张镃在南湖（在今杭州城北）北滨购地百亩，置南湖园林（时称“赛西湖”），重建宅居。从此，卜居南湖，会聚名士大夫，举办牡丹会与登驾霄亭之类活动，在当时上流文人社会中名噪一时。后以疾辞去临安通判，捐南湖东旧宅为禅寺，继续营建南湖园区，终扩建成东寺、西宅、南湖、北园、亦庵、约斋、妙峰山等园区。

宁宗庆元初（1195 年），出任司农寺主簿，再迁司农寺丞。开禧二年（1206 年），平章军国事（宰相）韩侂（读 tuō）胄执意伐金，结果全线溃败。次年，礼部侍郎史弥远与杨皇后合谋，欲诛杀韩侂胄，惧其势力，犹豫不决。时张镃任右司郎中，表示愿助一臂之力，史弥远始坚定除韩决心。举事前，张镃利用过去与韩侂胄相识关系，往韩府与韩饮宴，以稳其心。史弥远得以诛杀韩侂胄与其党。嘉定元年（1208 年）史弥远升任右丞相兼枢密使后，亦专功擅权，排斥异己。张镃为史弥远所忌，一再贬窜。至嘉定四年(1211 年)，被除名，遣象州（在今广西）编管。端平二年（1235 年），卒于贬所。

张镃性豪纵，喜交游，能诗擅词，享誉于时。尝学诗于陆游，与尤袤、杨万里、范成大、辛弃疾、姜夔、周必大等名家均有交游，常约集文人聚会吟咏，并多唱和酬答。词多为宴赏登临酬答之作，以歌咏湖山胜景、写赏心乐事为主，也有贴近现实、触及时事的豪放词，风格清婉。著有《南湖集》25 卷（原著已佚，清四库馆臣据《永乐大典》辑为 10 卷）、《仕学规范》40 卷、《玉照堂词》（又名《南湖诗馀》）1 卷、《玉照堂梅品》1 卷、《四并集》（一名《赏心乐事》）1 卷、《桂隐百课》1 卷等。《全宋词》中存词 80 多首。张镃还善画竹石古木，对音乐也有研究。

张炎

张炎，字叔夏，号玉田，又号乐笑翁，生于南宋淳祐八年（1248 年）。张俊六代孙，居临安（今浙江杭州）。祖父张濡为宋将，领兵驻守建康通往临安的要隘独松关（在今浙江安吉县），南宋末与元兵交战时兵败被杀。父张枢，精音律，著有《寄闲词》。张炎前半生生活优裕，富贵无忧。

临安被元兵攻陷后，张家家财被抄没，从此家道中落，以至贫难自给，生活潦倒。元至元二十七年（1290 年），被元世祖忽必烈召至大都（今北京），命缮写金泥字藏经。因不愿仕元，不久仍南归。此后漫游于吴、越之间，四处漂泊，凭吊山川风物，哀感国运家世。晚年归隐杭州，靠在四明书肆卖卜维持生计，落魄而终。

张炎善词，并热衷于词学研究，是宋词的最后一位重要作者。著有《词源》，为历史上最早的词论专著，提出“词要清空，不要质实；清空则古雅峭拔，质实则凝涩晦昧”，在历代词论中占有一席之地。有词集《山中白云词》传世，存词约 300 首。主要代表作有《南浦》《高阳台》《月下笛》《解连环》《甘州》等。其词作多写身世盛衰之感，擅长咏物，刻画精微，寄情深远，格调婉丽清疏，凄怆缠绵，因赋春水、咏孤雁词绝妙而被人称作“张春水”“张孤雁”。与宋末著名词人蒋捷、王沂孙、周密并称“宋末四大家”。文学史上又与另一著名词人姜夔并称为“姜张”。

尤爱

尤爱，字莲峰，又字莲亭，书法家。清乾隆五十二年（1787 年）生于秦州东乡东荫村（今甘泉镇屈家坪村），后徙居州城（今天水市秦州城区）。因家道中落，道光十三年（1833 年），携眷重归故里。道光二十二年（1842 年）妻子病故后，受一乡绅邀请，移居今伯阳镇兴仁村。同治四年（1865 年）逝世于兴仁，终年 79 岁。

尤爱自幼聪颖好学，对书法尤为钟爱。及长入州学，屡试不第，遂钻研书法。后潜心临习北宋书画家米芾、元代书画家赵孟頫碑帖，终成一代名家。中年后曾游历陕甘许多名山大川，足迹踏遍天水名胜古迹，一旦心意灵动，便挥毫泼墨，今天水市城隍庙（汉忠烈纪将军祠）、南郭寺等寺观均有其所书楹联、条幅和匾额。乡人知其善书，慕名求字者络绎不绝，故其作在甘泉、马跑泉、伯阳、新阳等地民间至今多有遗存。所书匾额现存有“德洋恩溥”“庇荫边陲”（上 2 幅在天水市纪信祠匾廊）、“清时祥凤”（在伯阳镇兴仁村刘祧成家）等，门额榜书有“宁远居”（在甘泉镇屈家坪村尤双喜家）、“耕读第”（在伯阳镇兴仁村尤红年家）等。楹联有“清流激湍，映带左右；朝晖夕阴，气象万千”和“以忠肥国，以孝肥家；与德为际，与道为邻”等，另有条幅、四条屏等遗墨。天水市秦州区天水镇庙坪村灵源侯高皇庙还存有尤爱书于咸丰六年（1856 年）诉讼石碑一块。其书体有赵孟頫之骨，又兼有米芾之风，圆精流美，骨力竞秀，书风大气，有“凤仪冲霄，祥云捧月”之韵味。

王维

王维，字显斋，清秦州东乡利桥人。16岁时拜利桥大雄山道士为师，学气功，练武术，诵道家经书。23岁云游四方，往峨眉山等地学艺。后去上海。清光绪末年，流寓北平，出入于各寺观中，常居仓颉祠，悬壶济世，尤长伤科，最后隐居万寿山一古寺。抗战期间，日寇胁迫其参加伪组织，王维大笑说："真心修道者，素来不问政治，况余为中国人，尤不应参加反对中国政府之组织！"日本人欲以武力相挟，王维用手向院内一株大树画一圆周，然后发功，霎时满树枝叶立剪为圆形，整齐得像新理的头发。日本人惊得翘起舌头，鞠躬谢罪，并护送其归山。

王维博古通今，天资优异，百工杂技之流，过目无不通者。而尤精于数术，上溯天文地理，下稽诸子百家，莫不了如指掌。且对"五行""八卦"深有研究，登门求教及问事者络绎不绝，被人们看成是绝尘遁世的"侠客"。因其所学玄奥，视为"半仙"。在武术上有精湛的造诣，武术界尊为泰斗。由于剑术高超，人称"王剑仙"。《中华武术汇宗》有传，武术大师万籁声曾以师事之。平日喜欢购置一些粗糙的铁石，琢磨制作器皿，称"要以金石之心磨砺自己"，常吭声言："大丈夫得志则行于天下，不得志则独善其身。"1965年病逝，终年116岁。

刘思明

刘思明，民国时天水县伯阳渠兴仁村农民，性豪爽。民国7年(1918年)九月往天水县城(今天水市秦州区)探亲时，正值叶荃率援陕靖国军(滇军)攻县城，秦州镇总兵胡立成率军出御，缺掌旗之人，刘思明毅然举旗出阵，胡立成以刘思明力壮勇为，许为前驱，出城夺取城北皇城山顶。当时枪炮猛烈，战斗自早晨持续到中午，叶荃军终败退。刘思明奋勇穷追不舍，不幸阵亡。

成九龄

成九龄，字子炯，号鹤峰，今三岔乡吴砦村人。幼攻经史，后受业于陇南书院，学识渊博。清末授徒于私塾，善于诱导，不惮劳苦。曾受州判委派，主持三岔厅官学多年。后为首批公立三岔镇高级小学校教师。民国年间，协助三岔镇小学校长赵贵(成九龄之徒)在三岔乡间创办初小12处，经营10余年，使三岔境内学校教育颇盛一时。三岔镇小学校初创间,成九龄常参与兴建工程,与学生共同劳动。并注重环境卫生,亲手栽植红梅、牡丹、蔷薇、绿竹于校园内,来校参观者赞叹不已。成九龄工诗善书,其书法初习欧柳,后攻王(王羲之)、董(董其昌),用笔遒劲秀润,结体修长开张,字体流畅,现存其墨迹散见于吴砦城乡。民国 27 年(1938 年)病逝,终年 74 岁。

贾缵绪

贾缵绪,字宇清(又书禹卿),号兰林山人,秦州东乡花南埠(今属伯阳镇)人。民国时移居天水县城。父贾世兴,清光绪年间任过合浦(在今广东)等县知县。贾缵绪为光绪二十六年(1900 年)副贡生,署任四川西充知县,整顿治安,清结积案,颇有政绩。民国元年(1912 年),参加黄钺发动的秦州举义,任临时军政府民政司副司长。军政府解散后,任天水教育会会长和天水师范、天水中学学监,致力于地方教育事业,倡教兴学。民国 2 年,被选为第一届国会众议院议员。民国 6 年国会解散后,任甘肃烟酒事务总办。并两度代理省教育厅厅长,后改任安肃道尹,又转泾原道尹。

民国 15 年(1926 年)辞官归里,此后热心于地方公益事业,仗义疏财,扶危济困。民国 18 年天水大灾荒时,设义仓,办义赈,救助贫困,甚得乡人称誉。民国 19 年,军阀马廷贤攻陷天水,烧杀抢掠,无所不为。贾缵绪只身见马,谏其立即下令止杀,马摄于贾在地方的威望和与其父的旧情,令停止杀掠,暴行始敛。其后马廷贤又与部下韩进禄内讧,贾尽力调解,舌敝膝屈,韩进禄始答应撤兵清水,战祸始免。民国 20 年,一度任省政府委员。民国 24 年,继哈锐、任承允之后,出任《天水县志》总纂,在其组织之下,于次年完成久拖不能成书的《天水县志》。贾缵绪富于收藏,有晋魏六朝、隋唐五代写经多卷。晚年,除筑"亦园"自娱、与天水文化人酬唱往还外,还开设义仓,举办义冢,扶危济贫,为桑梓百姓做过不少好事,其义举佳话至今流传。民国 27 年(1938 年)卒于家,终年 69 岁。

李文会

李文会,字友卿,清光绪元年(1875 年)出生于今中滩镇雷王村一个商人家庭。其父于清同治年间从河南孟县逃荒来到三阳川落户，从小本生意做起，后开办一染坊，由于生意日兴，家道宽裕，遂请一教书先生设私塾，供自家孩童读书。李文会自幼聪颖惠敏，好学上进，学业优良，后考入陇南书院，受恩师任其昌的高启，志节高远。

光绪二十四年(1898 年)，德宗载湉颁布《明定国是诏》，宣布变法，推行新政，李文会拥护、支持维新变法。不久维新失败，李文会遭到地方官府通缉，被迫逃到陕西三原县避难。清末回到家乡，宣传革新思想，请力倡地方自治的甘肃自治巡道张世英到雷王集宣讲富民强国新政，内容涉及兴学校、办水利、妇女放足、男人剪辫等，并率先剪除发辫、剃光头给大家作示范。张世英临别书写条幅“大鱼纵海一向无前，高爵排天数行直上”，赠李文会。

科举制度废止后，三阳川一直没有正规学堂。民国 2 年(1913 年)，李文会决定在雷王集创办高等小学堂，校址初选在与樊家城相连的中镇山堡子内，欲利用堡内闲置房屋作为校舍，却遭到守旧乡绅的阻挠，并散布迷信邪说，谤言办新学堂会把“小儿煞”带到主山上，有损风水龙脉。李文会多方奔走，几经周折，得到中滩镇有识之士王汝翼等人的支持，大家慨然解囊，李文会租赁中镇山下当街一处赵家宅院作为校舍(今中滩卫生院所在地)，成立三阳川高等小学堂，邀请名人高士做教员，招四乡私塾学子入学读书，李文会任校长，是为三阳川创办的第一所新式学校。

民国 6 年(1917 年)，孙中山发起护法运动，成立非常国会，李文会以其声望当选为非常国会议员，准备赴广州参加会议。当 150 多名议员在上海集结时，李文会突然病逝，年仅 43 岁。时在上海的甘肃籍议员王庚山及汪剑平按乡俗将李文会遗体入殓，护送回归故里安葬。其子李健侯成年后，继承父亲遗志，为家乡兴学校，修水利，亦成三阳川一代名流。

周汝楫

周汝楫，字子飒，又名子帆、紫蕃，乳名三宝。清光绪二十六年(1900 年)生于今新阳镇周家湾村，后居今天水市秦州区古风巷。民国 3 年(1914 年)，师从天水名医刘祖武学中医，虚心求教，质疑问难。在全面掌握中医基本理论的基础上，又精读《黄帝内经》《伤寒杂病论》《金匮要略方论》《神农本草经》等经典医著，奠定了扎实的中医理论功底。民国 9 年出师后，又投名医吴鉴三处实习深造。民国 13

年，独立开诊所行医，同年由当时政府卫生部门考核，授予“鉴定国医”资格，其后又获内妇科鉴定国医证书。因其医术高、医德好，享誉天水城乡，在陇东南地区声名鹊起。

1950年，加入天水市医学研究会，并被选为市中医学会委员。1953年，联合刘霭堂等人一道组建天水市第一个联合诊所——建设路联合诊所，任所长。1954年，到兰州参与筹备甘肃中医代表会议，并代表天水地区参加会议。会后，留在省中医门诊部(省中医医院前身)工作，不久被任命为门诊部主任。1965年，被授予中医主任医师职称，成为甘肃省第一批4名中医主任医师之一。晚年，带徒授业，培养中青年医师多人。1970年因患肺心病，在兰州去世，终年71岁。

周汝楫擅长中医内、妇、儿科，尤其精于仲景伤寒和中医妇科。医理精通，医术精湛，论治严密，投药屡效，求治者多。处方特点是药味精炼，量少价低而有奇效，被医界传为佳话。60年代初，兰州有一幼儿园儿童传播猩红热，多方医治无效，后请其诊治，每患儿只服几分钱的草药即得痊愈。省水利厅高级工程师陈某之妻患习惯性流产，服用仅值一角八分钱的两剂药，便保住胎儿，直至顺产。

周汝楫待人豁达厚道，一生行医近50年，从不计较诊费，贫困农民慕名就诊，常免费诊疗，从不以自己的医术谋取私利，所以行医一生而家道清贫。行医时，无论是上层人士，还是贫苦百姓，皆一视同仁，绝不厚此薄彼。病人赠旗送匾，均谢绝不收。在省中医医院工作时，每天诊治百余人，均精心诊治，认真负责，始终如一。最后一年重病住院时，仍有许多人赶到病房找其治病，或有疑难疾病求治，从不拒绝。去世前3天，还为患者诊病。

著有《周子驯中医妇科》。医案收录于甘肃省《中医医案医话集锦》，主要事迹载入《中医人物辞典》。其部分医疗经验，被省中医学院和中医学校采用为教材，亦有被后人整理发表于医刊者。

朱健选

朱健选，字象天，民国元年(1912年)生于今石佛乡峪口村朱家庄。自幼秉性聪慧，机敏灵活，勤于学业，胸怀报国之志。民国15年(1926年)未得家人许可，离家出走，投奔途径天水的冯玉祥部队，参加北伐战争。后投考黄埔军校，为第七期学员。抗日战争爆发后，面对山河残破、生灵涂炭的惨状，毅然请命奔赴前线。日寇对南京实施大屠杀时，朱健选与蒋春和(蒋介石侄子)等人乔装成道士，潜伏在南京三藏殿，九死一生，在异常困难的情况下，与日寇坚持地下斗争。后被任命为国民军第八十军第一六五师王治岐师军械主任。在中条山战役中浴血奋战，头部负重伤，几乎殉国。抗战胜利初，被任命为接收日寇战犯投降的联络官，在南京接收日本战犯的投降。事后，参加国民军将校队整训，被授予少将军衔。后改文职，任南京市义务劳动委员会专员。全国解放后回乡，1969 年病故，终年 58 岁。

第二章　简　介

张叔宝

张叔宝，名汝钰，清光绪二十九年（1903 年）生于今新阳镇赵家庄村一个农民家庭。民国 9 年（1920 年）毕业于新阳小学。两年后考入陇东讲武堂。其人擅长武术，练就一身本领。民国 15 年（1926 年），张叔宝在冯玉祥的国民军第五混成旅卫队营任中尉排长，驻防北京一带的西山碧云寺和卧佛寺等地。孙中山的灵柩存放在碧云寺，张叔宝排担任护卫。时值军阀混战时期，吴佩孚与张作霖联合攻打冯玉祥，北京局势混乱，散兵游勇随处可见。一日，有十几名不明真相的持枪者到碧云寺骚扰，张叔宝不顾个人安危，当机立断，收缴了入侵者的枪械，保住了孙中山的灵柩。

民国 26 年（1937 年），张叔宝在国民军第一六七师第二团第一营任营长，驻防江苏仪征县大河口，守卫国防设施。日本侵略者的飞机成天从上海飞往南京轰炸，途中必经大河口上空。张叔宝挺身以机枪对空射击，击中猪野纯正驾驶的 1 架战斗机，致其坠落江边水潭中，人死机毁。从此，日机再也不敢轻易飞过大河口上空。民国 27 年 7 月，日寇军舰沿长江而上，进攻大河口，国民军第一六七师和第五十三师奉命守卫。参战前，连队挑选出精于武术、勇敢善战的青壮年战士 50 多名，编成敢死队，每人带一把盒子枪、一把大刀，由张叔宝任队长。日寇陆海空联合进攻，国民军守备部队静待日军逼近时，跳出战壕，挥起大刀，端起步枪，与日寇展开厮杀。旋日军出动主力援助，占领香山制高点，国民军陷于日军包围。在危急情况下，张叔宝率敢死队果断出击，盒子枪齐发，挥舞大刀，以迅雷不及掩耳之势，杀出一条血路，救出战友 400 多人，团长郑涤瑕幸免于难。民国 28 年，张叔宝调任第一六五师第四九五团团长。次年 11 月，奉命渡过黄河进驻中条山抗日前线，防守张茅大道以东一带（茅津渡至张店公路以东）。接防后，与日军不断发生小规模战斗，相持半年之久。民国 30 年 5 月，日寇坂垣师团突然向中条山发起全面进攻，国民军由于指挥失当，整个防线奔溃，且战且退，直退至白浪渡口。第一战区司令长官卫立煌下令调集船只，送部队到河南渑池整训。时大部队被日军追击，白天日机轰炸，不敢渡河，只得隐蔽在河崖下，于夜间偷渡。时张叔宝调为师部上校副官处长，率副官处官兵冒着日军炮火，沿河寻找船只，组织部队渡河。在较短时间内，除第四九五团从前线没有退下来外，其余各部计 7000 多人连同军长孔令恂、师长王治岐全部安全渡过，抵达渑池整训并接管河防。

1949 年 8 月，张叔宝所在的国民军王治岐部第一一九军撤退至武都。张叔宝看到国民党大势已去，到甘谷时自行脱离部队，回天水向人民解放军投诚。其后，从事农业生产，先后以特邀代表身份参加过天水市（县级市）第一、第二、第三届人民代表大会。1956 年，加入中国国民党革命委员会。1982 年，被特邀为天水市第二届政协委员。1994 年，张叔宝将省吃俭用积攒的 500 元捐给新阳乡赵家村小学，用于购买图书。

霍松林

霍松林，民国 10 年（1921 年）生于今琥珀乡霍家川村。中共党员、民盟盟员，著名中国古典文学家、文艺理论家、诗人、书法家。父为清末秀才，曾设私塾授徒。霍松林幼承家学，熟背《三字经》《百家姓》《千字文》等。接着从《论语》开始，遍读群经诸子和历代诗文名篇，习作对联、诗、词、散文。民国 22 年（1933 年），入天水县新阳小学四年级接受现代教育，后考入省立天水中学。入学后的第一篇作文，即被老师送《陇南日报》发表。在上初、高中时，以抗日救亡为主题，撰写、发表大量杂文、新旧体诗词、散文宣传抗战，最早发表的一首旧体诗为《卢沟桥战歌》，时年仅 17 岁。国民政府监察院院长于右任闻知，誉其为“我们西北少见的青年”。民国 34 年（1945 年），以优异成绩考入重庆国立中央大学（民国 35 年迁南京）中文系，攻读中国文学专业，从此刻苦钻研文字、音韵、训诂、诗、词等学以及文学理论批评史等，后得于右任资助，始完成学业。民国 37 年（1948 年），南京《和平日报》开辟的《敏求斋随笔》专栏上，曾发表霍松林作品专刊。次年毕业后，先随国民政府监察院到广州，后到重庆南林学院中文系任教。1950 年回天水，在天水师范学校任语文教师。1951 年，调西北大学师范学院（后改称陕西师范大学），任中文系讲师。

霍松林自调西北大学师范学院后，任教至今，先后讲授过古代文学、现代文学史、现代诗歌及古文论选。因学识渊博，讲论精辟，受到学校与师生敬重。教学中，注重研究，教什么研究什么，使教学、研究互相促进。由于在教学与研究方面成就卓著，从20世纪80年代起陆续担任校内和校外一系列职务。在校内，是教授、博士生导师、中文系名誉主任、文学研究所所长、文学院名誉院长。在外兼任国务院学位委员会第二届学科评议组成员，全国哲学社会科学“七五”规划委员会委员，教育部高等教育自学考试委员会委员；还兼任青岛大学、西安联合大学教授，日本明治大学客座教授，香港学术评审局专家顾问，中国杜甫研究会名誉会长，中国唐代文学学会副会长、秘书长和会刊主编，中华诗词学会名誉会长，陕西诗词学会会长，世界汉诗协会名誉会长，英国剑桥国际名人传记中心顾问、美国国际名人传记中心指导委员会副主席等职，并一度担任陕西省政协常委。

霍松林著述甚丰。1957年即出版《文艺学概论》，为中国最早出版的新时代文艺理论著作。此后数十年中，又陆续出版《文艺学简论》《文艺散论》《〈西厢记〉简说》《西厢述评》《唐诗精选评注》《唐宋诗文鉴赏举隅》《唐宋名篇品鉴》《宋诗三百首评注》《诗的形象及其他》《历代诗精品评注》《历代好诗诠评》《李白诗歌鉴赏》《白居易诗译析》《白居易诗选译》《孔颖达诗歌初探》《〈滹南诗话〉校注》《〈瓯北诗话〉校点》《学者自选散文精华》《唐音阁诗词集》《唐音阁随笔集》《唐音阁论文集》《唐音阁吟稿》《唐音阁杂文集》《唐音阁鉴赏集》《唐音阁译诗集》《唐音阁杂俎》等30多部。还主编和领衔参编《历代诗词曲论专著摘要》《唐诗探胜》《中国古典文学》《中国古典文学声情掇萃》《中国古典小说六大名著鉴赏辞典》《万首唐人绝句校注集评》《辞赋大辞典》《唐诗精品》《中国古代文论名篇详注》《中国近代文论名篇详注》《元曲精华》《全国唐诗讨论论文选》等50多部。发表《试论形象思维》《典型问题商榷》《诗的形象与诗人》等学术论文和各种文章500多篇，创作诗词曲赋1000余首。

霍松林的治学经历和学术成就，被载入国内各种社会科学家传略、文学家辞典、《中国当代名人录》和英国剑桥国际传记中心《大洋洲及远东地区名人录》、美国国际传记中心《世界杰出领先人物名人录》。主要事迹被载入英国剑桥《世界名人录》、美国《世界杰出领先人物名录》等。

董晴野

董晴野，原名董青海，祖籍马跑泉镇沽沱村，民国13年（1924年）生于甘泉镇甘泉村。天资聪颖，悟性过人，幼时即被乡人誉为“神童”。稍长即入私塾学习，喜好诗书经史，特别痴迷唐诗宋词、《庄子》及汉赋，12岁起开始学作古体诗。在甘泉石家沟读私塾时，一次村里乡绅石钧为亡父石瀛洲过三周年，命其书写对联，董晴野欣然应允，挥笔而就。当时在场的两当县县长丁剑秋见对联书体不凡，问是何人所写，乡绅便把董领去相见。丁见董是个十岁左右的孩子，非常惊讶，一把抱起来，左看右看，连称“奇才”。

读完私塾，又在街子镇读完小学，再考入天水中学。民国32年（1943年）春，还在天水中学读书的董晴野闻日寇欲进逼西安，愤而放弃学业，投笔从戎，参加抗日军队。抗战胜利后，考入西北大学。民国35年，再考入国立杭州艺术专科学校（今中国美术学院），以优异成绩成为公费生，师从林风眠学油画，从黄宾虹学国画，从潘天寿学书法，从周轻鼎学雕塑。经过专业学习和名师亲授，董晴野具备了相当的艺术素养。

1949年毕业后，初在部队从事战地服务，1952年转业到天水，先为甘谷中学英语教师。1953年，参与由中央文化部组织的麦积山石窟勘察团，受团长吴作人委托，绘制洞窟分布图纸，编成至今沿用的石窟编号，并在考察研究的基础上撰写了《麦积山佛教艺术的美学基础》一文。考察结束后，留在麦积山文物保管所工作。1957年，调天水市文化馆。1978年，恢复公职，安排到天水市群艺馆，仍从事艺术工作。此后，历任中国汉唐诗书画研究院董事长、天水诗书画研究院院长以及国际书法家协会会员、国际美术家协会会员、世界中文作家学会会员、世界美术联合会中韩文化艺术专家委员会委员、中国艺术研究院创作委员、文史研究员、中华诗词学会会员、中国楹联学会会员等。

董晴野博学多才，擅长书法、国画、雕塑、声律，擅操古琴。其书法创作从对古人的借鉴中脱胎换骨，自成一体。作品朴茂俊逸，儒雅潇洒，有大趣天成之神气。绘画作品以诗入画，以画涵诗，用笔细腻，雅致高洁，构图清新自然，色彩丰富，以神韵取胜。尤其山水画，气势雄奇，把鲜艳的色彩与传统的“墨分五彩”结合起来，融汇在一个画面上，使整幅山水画既真实又美观。雕塑作品，更是神韵奇特。1981年，修复麦积山东崖巨身摩崖造像3尊，并制作大型历史人物苏蕙、尉迟敬德雕像两尊，分别竖立在天水市人民公园和马跑泉文化广场，还创作麦积山临摹造像

6件。其临摹作品，由省、市博物馆及麦积山石窟艺术研究所收藏。1991年又在日本展出，并刊入日本版《中国麦积山石窟》一书。同年，受西北师范大学音乐系邀请演奏古琴，深得师生赞羡，视为神秘音乐。

董晴野善属文，工属对，文言短章和联语出口成章。往往铺纸濡翰，摇笔即来，文不加点，隽雅有致。诗作源于自然，发乎天籁，出于灵性，重音律而蕴意趣，重情真而不尚词华，平实中见空灵，自然中见曲折。因其遭遇坎坷，多沉郁高迈、伤时感事之作。国画大家黄宾虹评其诗“其宏阔浩渺，情思起伏之概，有如悲风过海，回荡洪波之势”。2006年委托青年诗人艾叶整理成《董晴野诗稿》内部出版，收录500余首诗作。著名诗词大家霍松林在给其诗稿作序中，誉其为“真诗”。

鉴于董晴野在诗、书、画各方面的成就，随着其影响力扩大，获得了一系列荣誉。1987年，在北京展出《杜诗秋兴》四屏书法，被书法界评为当代“书法精品”。时任国防部部长的张爱萍将军观看后，赞不绝口，在四屏前照相留影，当场提笔书写了“天水书艺灿京华”，予以高度评价。1989年，诗词作品在国际诗词大赛中获特级佳作奖。1997年，在纽约世界第一届书画大赛中获特优证书。1999年，世界科学院授予荣誉博士金质奖章及证书。2006年，被国际中华专家人才协会、中国文艺家创作协会评为“中国当代文化名人”。此外，其作品及传略刊入《世界美术作品选集》《世界当代著名书画家真迹博览大典》《当代中国书法家辞典》《当代中国诗词精选》《中华诗词学会人名辞典》《中国当代诗词家辞典》《中华诗粹》《中华诗词五百家》和《华夏吟友》等，黄河碑林刻有其诗碑，兰州九州台刻有其所撰《罗九公路序》碑，孔子碑林有其《论语》节录碑。

郭克

郭克，原名克宽，字渭川，民国14年（1925年）生于今新阳镇赵家庄村。西南师范大学美术学院教授、花鸟画教研室主任，著名美术家。小学毕业后，郭克先后就读甘肃省立天水师范和省立兰州师范。民国36年（1947年），被甘肃省教育厅保送进入重庆西南美术专科学校攻读中国画专业，1950年毕业。次年起，执教于西南师范学院（1985年更名为西南师范大学），任美术系助教。1956年升讲师，1979年为副教授，1986年再为教授。此前任西南师范学院校务委员。1986年起，任中国花鸟画技法硕士研究生导师，开设中国花鸟画技法研究生课程、中国绘画书法研究生课程。同时还担任四川省教委高等院校教授、副教授职称评审委员会美术学科评审组成员，艺术学科评审组副组长。1989年起，又担任重庆国画院常务副院长，重庆缙云书画院常务副院长、院长。1995年，任重庆美术家协会荣誉理事、重庆文史馆顾问、重庆中华民族文化促进会顾问。

郭克擅长中国画，尤其花鸟画有着独特风格，设色鲜亮，形象生动，在中国现代美术史中有着重要的地位。1988年，《郭克花鸟画集》由西南师范大学出版社出版。2001年，重庆中华民族文化促进会举办郭克等4人书画展，出版《水墨丹青》画集第2册。其创作的国画作品多次被《美术》《中国书画报》、香港《大公报》等报刊发表，其中《迎春曲》《铁骨傲风雪》《红梅赞》《蜀香秋色》《日出山花红烂漫》《山丹花》《硕果图》等分别被中国美术馆、毛主席纪念堂等单位收藏或珍藏，《秋实垂丹》《硕果满藤》《日出山花红烂漫》等被编入《重庆国画院作品选集》《华夏千家书画集》《毛主席纪念堂珍藏画集》等多部书画集。部分作品除在内地及中国香港、台湾地区展出外，还选送美国、日本、朝鲜、泰国、圭亚那等国家展出，其中《花垂明珠滴香露》1982年赴非洲、美洲巡回展出，《鸟语花香》1986年参加现代中国画赴美国展出，《菊花》等1989年参加中日友好书画展赴日本展出，《葡萄》1994年参加中国当代著名画家作品展赴泰国展出。1998年，应邀创作国画《牵牛图》，被中华人民共和国驻德国大使馆收藏并陈列于接待厅。

郭克艺术业绩先后编入《美术辞林·中国现代美术家卷》《中国现代美术家名人大辞典》《中国当代国画家辞典》《中国当代美术家名人录》《中国文艺家传集》《中国美术年鉴》《中国当代书画名家大辞典》《华夏师魂》《中国当代教育名人传略》《中国当代书画名家润格大全》《甘肃古今书画名人考录辞典》《中国翰墨名家作品博览》《世界名人录》等多部书籍。

牧歌

牧歌，原名穆锡九，字墨也，民国18年（1929年）生于麦积镇街亭村。国家一级美术师，中国美术家协会会员，新疆山水画的开拓者、奠基人。父为小学教师，牧歌幼承家教，从小酷爱绘画书法、音乐、舞蹈等艺术，勤奋临摹古今名人画谱。1949年参加天水地区文工团。1950年考入西北美术学院，得石鲁、赵望云等名师指导，画技迅速提高。1953年毕业后，自愿要求到新疆工作，先后在乌鲁木齐市总工会、文化馆、新疆画院从事美术工作。1979年，先后参加全国第四届文学艺术界联合会代表大会、全国第三届美术家协会代表大会。1980年，调新疆画院，任中国画创作研究室主任。同年，出席中国版画家协会成立大会，当选为理事。1995年，新疆文联、新疆维吾尔自治区美术家协会授予“有突出贡献的美术家”称号，颁发“金驼奖”。1996年，中国版画家协会授予中国优秀版画家“鲁迅版画奖”。2006年，荣获首届“中国文艺杰出成就奖”、书画艺术金奖，同时被授予“中国文艺终身成就艺术家”荣誉称号。2007年，被中国国学研究会世界汉诗协会授予“国学家”荣誉称号。还先后担任新疆山水画研究会会长、新疆维吾尔族自治区第六届政协委员、新疆国画院高级顾问和人民日报神州画院特约画师、中国西域画派著名书画家委员会常务理事以及中国美术家协会新疆分会理事、顾问等职。

牧歌尤长版画、国画、金石等，在绘画领域里达到很深的造诣。其创作初以版画见长，师承中国著名画家彦涵，作品刀法爽利，挥洒自如，线条老辣，刚柔相济。单色画黑白对比强烈，墨色苍浑，套色画设色明快，纤尘不染。后以国画为主，着意于西部山水画的创作探索，多以西陲风俗民情为题材，所作笔墨浑朴，较多地渗入版画技法，画面含蓄和谐，清新奇峻。作品多次参加国内大展并获奖，并被选送俄罗斯、法国、日本、泰国、新加坡、澳大利亚等30多个国家和地区展出。版画《千军万马运肥忙》《工人新屯》《葡萄园里育新人》《草原欢歌》《踏破冰峰千里雪》，国画《五月天山分外娇》《太古洪荒——巨峰》等作品分别由故宫博物馆、中国美术馆、天安门城楼、毛主席纪念堂、天津艺术博物馆等单位收藏，部分作品入编《中国新兴版画五十年选集》《中国版画百年》《毛主席纪念堂珍藏书画集》《天安门世纪珍藏》等书画集。代表作为《阿山奇石图》《天山情》《雨后天山美如画》《鸿雁长鸣》《风吹草地见牛羊》《五月天山分外娇》《云涌天山浮》《秋韵图》《魂系天山》等。出版有《牧歌画集》。生平传略载入《世界华人艺术家成就博览大典》《中国艺术家辞典》《中国美术家名人辞典》《中国当代国画家辞典》《中国当代文艺家辞典》《中国当代名人录》等30余部辞典。

牧歌成名后，不忘家乡。1987年，在北道埠举办“回娘家”画展。2004年，再次回天水，在秦州区金龙大厦举办画作义卖活动，用义卖募集资金为母校街亭小学捐赠21台电脑及桌椅，价值8万多元。

岳维宗

岳维宗，字渭岑，民国19年（1930年）生，新阳镇赵家庄村。其家为世代书香家庭，祖上多有功名出身者。岳维宗幼受庭训，背书、习字自小便成每日必修之课。民国34年(1945年)从王家庄小学毕业后即考入天水中学,1952年再考入西北大学历史系。1956年毕业后,即分配到兰州市第四中学,此后直至退休,长达34年之久,一直在兰州四中任教。1987年,被评为甘肃省中学高级教师职称。曾长期担任高三历史课高考复习指导教师,并多年担任学校历史教研组组长和工会主席,多次参加省、市级教学研讨活动,并发表自己的独到见解。早在1959年,其探讨教学的论文《中学历史教学中的历史唯物主义观》,就在《历史教学与研究》上发表,引起轰动。

岳维宗任教之余,长期钻研西北史地及陇右掌故,为陇上公认的史学研究大家。一生作品较丰,其代表作有《氐杨仇池国简考》《秦国的发祥地》《古上邽考辨》《天水郡治变迁考》《清水李虎墓志考辨》等,先后在《甘肃日报》《天水日报》《西北师大学报》《甘肃社会科学》《读书》《史地论丛》等报刊杂志上发表。其中《氐杨仇池国简考》,是用力最勤、付出心血最多的长文,1980年在全省第一次社科会上交流,后又在《历史教学与研究》上发表,引起仇池国所在的西和县学人高度重视,1986年作为《西和文史资料》专刊印刷发行。其作品后经整理,结集成《渭岑文集》出版。90年代,岳维宗把精力贡献给了天水地方志事业。先是1992年被北道区地方志办公室聘为《北道区志》特邀编辑,在校正初稿、补充资料中出力尤多。后又被《秦城区志》编委会聘为顾问,同样付出了诸多辛劳。岳维宗擅长书法,早期练馆阁体,以后学南帖北碑,所书潇洒飘逸,圆润开阔。尤其榜书楹联,苍劲有力,功夫深厚,赫然有神。岳维宗还精通韵律,以七绝、七律见长,所作注重平仄格律,读起来朗朗上口。

任法融

任法融,俗名任志刚,民国25年(1936年)生于今新阳镇席寨村。现为中国道教协会会长,全国政协民族和宗教委员会副主任。任法融外祖父为清末秀才,其父亦通儒家经史,并常阅读佛、道家经典书籍。任法融幼年受家庭影响,深谙儒、释、道思想。1950年因家庭生计困难辍学后出家,入道于陕西陇县道观药王洞,拜全真龙门正宗廿八代玄裔王嗣琳道长为师,后又到陇县龙门洞修道。1955年,到道教祖源地——陕西周至县楼观台挂单,任知客、账房等职。1966年“文化大革命”运动爆发,楼观台受到冲击,任法融仍坚持在楼观台与道众垦荒种地谋生。

中共十一届三中全会后,党的宗教政策重新恢复,道教重新活动。从 1980 年始,任法融积极参与募筹资金,招工维修楼观台。1984 年,被道众推举为楼观台监院。1985 年,被选为陕西省周至县政协常委。1986 年,被推选为第四届中国道教协会常务理事。同年,又任新成立的陕西省道教协会会长。1988 年,任陕西省政协常委。1989 年,受聘担任中国道教学院副院长。1990 年,被选为周至县政协副主席。1993 年,任第八届全国政协委员。1999 年在中国道教协会第六届全国代表大会上,被选为副会长。2003 年,当选为全国政协民族和宗教委员会委员。2005 年又任全国政协民族和宗教委员会副主任。同年在中国道教协会第七届全国代表会议上,被选为中国道教协会会长。

任法融信仰虔诚,一心为道。历数十年修研,道学造诣高深。早在 1980 年,即以楼观台古遗石刻《道德经》为正本,研究并注释《道德经》。1986 年,在《中国道教》创刊号上发表《太上老君养生十四字诀》。1988 年,所著《老子道德经释义》出版。其后,又著有《〈黄帝阴符经〉·〈黄石公素书〉释义》《〈周易参同契〉释义》《阴符经素书讲义》等,且在日本、韩国、新加坡、马来西亚等国有多种译本出版。曾出访新加坡,讲论经典,广受推崇。还主持举办过道教知识、经韵、养生等培训班多期,培训 300 多人(次),为道教培养后备人才。

任法融仗义疏财,捐助地方兴办不少公益事业。1994 年,先后捐资为周至县楼观镇塔峪村、东明村兴建学校、桥梁以及农村饮水工程,解决楼观镇儿童上学、农民行路难和群众吃水难问题。1996 年开始,捐款先后在家乡建成席家寨、姚家沟等人饮工程,并整修新阳至凤凰公路,硬化路面,新修赵胡通村公路,还建成国道 316 公路至凤凰山的高等级公路,完成席家寨西村文化教育基地建设等工程,使得新阳凤凰一带上万群众受益。2002 年,为解决凤凰乡山区 10 个村的饮水困难,又捐资 150 万元开工建设“凤凰泉”饮水工程。次年工程竣工,使凤凰山周围坚家山、廖家岘、温缑等村用上自来水。其间,还捐资兴建甘谷县西坪乡燕珍小学,解决附近 6 个村 200 多名孩子上学难问题。2004 年,捐资修建武山县吴庄小学,并配备课桌凳、电脑、电视、体育教学设施,给 20 名贫困生每人资助 300 元学杂费。2006 年,出资 220 万元在琥珀乡建成人饮解困工程“上善泉”,出资 180 万元在中梁建成“广德泉”,各解决上万群众的吃水困难。至 2007 年,任法融已累计为家乡天水各地捐资 800 多万元。

雷达

雷达，原名达学，新阳镇王家庄村，民国32年(1943年)生。当代文学评论家代表人物，国家突出贡献专家，鲁迅文学奖获得者。父雷轰，字子烈，毕业于北京大学农学院，在北大创办过《木铎》杂志。民国21年(1932年)日军侵占东三省后，曾率北大南下请愿团学生到南京请愿，后在南京中央研究院就职。民国32年(1943年)，参与创办天水最早的农业学校——天水新阳农校，任校长。雷达4岁时父亲去世，由母亲抚养成人。其母张瑞英毕业于甘肃省立第一女子师范学校，曾长期在兰州小学、中学任教。其间，还被甘肃省高等法院录为书记官，是甘肃省第一任女法官。受母亲熏陶，雷达自幼好学上进。1954年起，先后在兰州西北中学、兰石附中、兰州艺术学院读书。1961年，考入兰州大学中文系汉语言文学专业。1962年在读时，即开始文学创作，在《甘肃日报》上发表散文作品，并以“樵夫”为笔名，在甘肃人民广播电台开办唐诗讲座。1963年创作的《洮河纪事》，为存留最早的创作手稿。1965年毕业后，被分配到中国文联，安排在为其下属的中国摄影学会。再后，在全国文联、新华社、《文艺报》社任编辑。1978年初，因毛遂自荐，被调到《文艺报》评论组。1980年加入中国作家协会，旋任《中国作家》杂志副主编。1990年起，调到中国作家协会，任创作研究部主任、研究员。并先后担任中国作家协会第六、第七届全委会委员，中国当代文学研究会副会长，中国小说学会常务副会长，中华伏羲文化研究会副会长，中国文字著作权协会会员，第四、第五、第六、第八届茅盾文学奖评委，第一、第二、第三届鲁迅文学奖评委，国家舞台艺术精品工程评委，中央组织部、中央宣传部、人事部人才工程评审小组成员等职。还兼任兰州大学博士生导师。

数十年里，雷达在报刊上发表大量论文和评论，达数百万字，并陆续结集出版。1982年出版论文集《小说艺术探胜》，1985年出版《文学的青春》，1986年出版《蜕变与新潮》，1992年出版《民族灵魂的重铸》和《传统的创化》，1994年出版《文学活着》，2002年出版《思潮与文体——20世纪末小说观察》，2003年出版《思潮与文体》。此外，1997年还出版散文集《缩略时代》，1999年出版《雷达散文》，2006年出版《路遥研究资料》《陈忠实研究资料》以及《雷达自选集》(分散文卷和文论卷)；独立主编或参与主编《中国现当代文学通史》《现代中国文学精品文库》《中国新时期文学研究资料汇编》等大型图书。雷达的文学评论直接影响了新时期以来中国文学的发展和中国化批评诗学建构，成为国内外研究新时期以来当代文学创作发展史最重要的文献依据。雷达散文因风格独特，自成一格而被称为“追问人心”的散文。

胡爱祖

胡爱祖，民国 34 年（1945 年）生，新阳镇胡大村。国防大学国防研究系原主任、中国人民解放军少将，书法家。1964 年，在天水县五龙小学任教员。同年报名参加中国人民解放军，被分配到位于西藏雅鲁藏布江南的山南公安大队直属中队任文书。因工作踏实认真，不久即被任命为班长。1966 年，被调到山南军分区当测绘员。1967 年升排长，悉心钻研连排战术思想和战术技术，学习时事政治和民族边界政策，由于政治、军事素质良好，不久被调到军分区司令部任作战参谋。1974 年，破格提拔为西藏山南军分区司令部作战训练处处长，成为当时军内为数不多的年纪最轻的团职干部之一。次年，在成都军区军政干部学校作战指挥专业学习 1 年。1976 年，中国人民解放军军政大学向全国各大军区选调高能教学人才，经成都军区推荐，调北京进入军政大学，任战役战术教员，从此跨入高等军事院校的教学队伍。胡爱祖一边搞教学，一边搞课题研究，先后主编《陆军师坚固阵地防御战斗》《摩托化师进攻战斗》等军事教材，成为一名既有丰富基层经验又具有雄厚理论功底的战役战术教学人员。次年，在军政大学军事系基础上组建解放军军事学院，胡爱祖任学院战术教员。1985 年从军事学院军事理论研究班毕业后，升任军事学院战术教研室副主任（副师职），从此走上教学领导岗位。1986 年军事学院撤并成立国防大学后，任国防大学战役教研室副主任（正师职）。此后，又历任国防大学电化教学中心主任、副教育长、国防研究系主任，并被推选为全军军事系统工程学会副主任。1995 年主持创建全军战役指挥训练模拟系统，使军事教学和战役指挥训练均迈向现代化。还曾主持或参加编写战术理论教材，其中两本获军事学院学术三等奖。1997 年，被授予少将军衔。2001 年起，为提高军队高级干部的战略思维、决策能力、世界眼光以及研究解决现实问题的能力，中央军委决定对考核选拔的军队高级干部中的精英进行培训，由胡爱祖主讲，共举办 3 期。经过培训的学员，大部走上更高的领导岗位，成为军内的中流砥柱。

退休后，胡爱祖热衷于书法创作，任中国榜书艺术研究会顾问、中华伏羲文化研究会顾问、中国将军书画院理事、中国将军书画研究院艺术委员会副主任、北京四季御园书画院签约书画家。先后参加“全国第二届榜书大展”“纪念抗日战争胜利60周年——海峡两岸将军书画国际巡展”“全国36位少将书画艺术展”“共和国将军书《孙子兵法》艺术展”等数十次全国和省市级书画展；部分作品入编《共和国将军书画选集》，一些作品被博物馆、纪念馆收藏，有“将军书法家”之誉。

范天通

范天通，残疾人实业家，天水天祥水泥(集团)有限责任公司董事长，天水市、麦积区两级政协委员，市工商联常委、市光彩事业促进会常务理事，市残联肢残协会主席。范天通1953年出生于北道埠一个普通工人家庭，幼年时家庭困难，一家6口仅靠父亲每月40多元的工资维持。5岁时突患佝偻病，从此落下终生残疾。不满10岁时，双腿又并发骨髓炎，肌肉萎缩，腿伸不直，卧床不起。但范天通从小身残志坚，每天咬牙忍疼，在病床上千百次地进行伸直两腿锻炼，终于奇迹般地能独自爬下病床，拄着木棍站起来。之后，范天通艰难地完成从小学到高中的学业。1973年高中毕业后，被安排到北道钟表社就业。为提高自己的技能，范天通跟着师傅值夜班学修理技术，不久便熟练掌握配眼镜、修钟表等技艺，并小有名气。1988年，由于钟表社效益连年下滑，范天通主动申请下岗。之后，筹集1万元购进各式眼镜、手表，自办“范氏眼镜摊”，修配眼镜和钟表。

1993年，范天通自筹60万元，从银行贷款200多万元，在二十里铺乡(今花牛镇)张家河村创办私营天水天祥水泥厂，吸收100多名农民工、40多名残疾人和10名下岗职工就业。次年投产，所产“羲皇”牌水泥除满足当地需求外，还销往周边地区。1997年，由于水泥行业整体上供大于求，天祥水泥厂经营一度跌入低谷，欠款700多万，濒临破产。后范天通在山东争取到一个帮扶贫困地区企业的项目，获得山东大厂提供的技术和管理支持，并对企业实行现代股份制改革。2000年，天水天祥水泥厂改制为天水天祥水泥(集团)有限责任公司，范天通任董事长。从此，企业进入新的发展阶段。至2005年，公司拥有一条年产20万吨普通硅酸盐水泥的生产线，有员工80余人，固定资产2000多万元，年产值逾4000万元，进入天水市“10强50户”企业之列。

范天通热心公益事业，始终不忘回报社会。1998年，出资23.4万元为张家河村小学建成700多平方米的新教学楼，后又捐资2.2万元为小学增加体育、绿化设施，解决张家河村周围6村、300多个孩子的上学难问题。还出资2.2万元为张家河村安装电视接收系统和电视差转台。2007年，捐资57.2万元，将横峪河从罗家沟到毛集村农路筑成混凝土路面，解决横峪河数以万计村民和沿途企业行路难问题。范天通的社会回报，还惠及市内其他许多地方。2001年，为贫困村资助水泥155吨（合4.5万元），为贫困学生、孤儿捐款1.5万元；2004年，为市、区残联盖办公楼捐钱捐物7万余元；2006年，为石佛镇刘庄村捐修农路1条，给新阳镇裴家峡小学捐赠2万元，为天水市秦州区"救助失学女童"计划捐款2万元。

范天通的自强不息精神和捐助社会的品德，先后获得多项奖誉。2000年，被天水市人民政府授予"自强模范"称号。次年，被评为"甘肃省首届十大杰出残疾人"。2002年，被甘肃省委、省人民政府授予"公益之星"。2007年，再次被评为"甘肃省十大杰出残疾人"。

羊正宁

羊正宁，男，汉族，中国民主促进会会员，甘肃省渭源县新寨镇人，生于1960年4月，1980年毕业于天水师范学院，大学学历，在天水市第二中学任教10年，中学高级教师。1992年辞职经商，创建天水市政和商贸有限责任公司，任法人代表、总经理。2001年创建麦积区第一所民办高级中学——天水市启升学校，并担任董事长。

羊正宁曾任政协甘肃省第九、十届委员，政协天水市第四、五、六届委员，政协天水市第五届常委，政协麦积区第五、六、七届委员，民进天水市委员会副主委，天水市人民政府督学，天水市党外知识分子联谊会副会长，天水市民办教育协会会长，天水市慈善总会副会长等职。

2001年3月，在市、区教育行政主管部门的大力支持下，羊正宁个人投资500多万元，创办天水市启升学校。后又投资1.8亿元，修建占地50亩，建筑面积近4万平方米的启升新校区，有在校学生2600多名，45个教学班，教职工185人，艺术类高考全省名列前茅，学校已发展为甘肃省有较大影响的民办高级中学，办学成绩突出，特色鲜明，被甘肃省教育厅评为"甘肃省普通高中特色实验学校"。

启升学校先后获得全国"陈香梅教科文奖"、甘肃省"民办教育先进单位"、天水市“高中教育质量进步奖”、麦积区“高考优胜学校奖”等多项表彰奖励。同时，羊正宁还被中共天水市委、市人民政府授予“优秀教育工作者”“园丁奖”称号，被政协天水市委员会授予“优秀政协委员”，被天水市委组织部推荐为“优秀人才”，被天水市委宣传部、天水市教育局等部门评为“天水市十大创新人物”等殊荣。

赵满堂

赵满堂，渭南镇张园村人，1960 年生。现任甘肃盛达集团股份有限公司董事长、总裁，天水市政协常委，第八届甘肃省政协常委，第十届全国政协委员，中华全国工商联常委，甘肃省工商联副会长，省光彩事业促进会副会长，全国光彩事业促进会常务理事。

赵满堂原在北道区科委工作，1992 年辞职，创办天水市北道区矿业开发公司，任总经理，从事矿产品贸易。之后，公司逐渐发展成一个集采选、冶炼和贸易为一体的专业矿业企业。1998 年，在矿业开发公司的基础上，注册成立甘肃盛达集团股份有限公司，任董事长。公司坚持“以诚为本，以诚经营，以诚取信，以信取胜”的经营宗旨，建立健全现代企业制度，综合实力大增。同年底，又在今麦积区泉湖路成立天水金都房地产有限公司。2002 年，公司出巨资收购当时经营陷入困境的兰州金城宾馆，次年将其改为兰州金城旅游宾馆有限公司。2004 年，投资 1000 万元，在内蒙古呼伦贝尔市投资兴建采选配套日处理原矿石 2000 吨的内蒙古金山矿业有限公司。同年还成立天水市金都商城有限公司，投资 1.2 亿元，在麦积区城区商埠路建成总面积 4 万平方米的金都商城。2005 年，在陕西凤县成立金都矿业开发有限公司。次年，又在内蒙古赤峰市建成采选配套日处理原矿石 2000 吨的赤峰金都矿业有限公司。至 2006 年，公司在甘肃、陕西、青海、内蒙古、四川、贵州等省拥有矿山企业 13 家，主营矿产开发、商业、房地产、宾馆旅游等，资产超过 10 亿元，员工 2500 多名，公司所属的省内外支公司上缴税金达 1.8 亿元。此前在 2001 年，公司已进入“中国民营企业 500 强”。赵满堂积极参与慈善、公益、光彩事业，吸纳安排高校毕业生和下岗工人就业，为贫困地区修桥、铺路、通水，为希望工程、教育等公益事业捐款，累计捐资近 500 万元。公司及其下属公司先后被授予 “重合同守信用单位”“甘肃省安置就业先进单位”“先进纳税企业”“甘肃省明星企业”等称号。

赵满堂个人先后获得多项奖誉。1997 年,荣获甘肃省“五四青年奖章”,并先后被评为“甘肃省十大杰出青年”“中国十大杰出青年”。1998 年,荣获全国“五一”劳动奖章、“全国光彩事业奖章”和甘肃省光彩事业先进个人称号。2000 年,被评为全国劳动模范。2006 年,被中央统战部、全国工商联等单位评为“第二届全国优秀中国特色社会主义事业建设者”。2007 年,又以思维创新、贡献突出、影响巨大,被评选为“十大中华经济英才”。

潘石屹

潘石屹,1963 年生于今马跑泉镇石咀村。现为 SOHO 中国有限公司董事长兼联席总裁。1979 年,到兰州培黎学校(中专)学习。1981 年毕业后,考入河北石油管道学院(大专)。1984 年毕业,被分配到河北廊坊中国石油部管道局经济改革研究室。1987 年辞职,到广东深圳福田区正泰贸易公司任业务经理。次年又到海南省海口市,任海口市东英镇一砖厂厂长。1990 年,与人在海南省合伙成立海南农业高科技联合开发总公司(简称“农高投”,万通公司的前身)。1991 年,成立万通公司,高息借得千余万元购买 8 栋别墅,开始炒房地产,赚取 1000 多万元。1992 年,潘石屹到北京,与人合作共同创建北京万通实业股份有限公司,开始在北京开发房地产,先后开发出北京万通新世纪广场、中国国际航空公司大厦、北京万通理想世界(后改名为新城国际)等一系列房地产项目。1995 年,与妻子张欣共同创办北京红石实业有限公司(2002 年更名为 SOHO 中国有限公司),次年又创办北京中鸿天房地产有限公司。1998 年起,开发和收购一系列主要位于北京和上海黄金地段的商业房地产项目,陆续开发建设“SOHO 现代城”“长城脚下的公社”“海南博鳌蓝色海岸”“建外 SOHO”“SOHO 尚都”“朝外 SOHO”“光华路 SOHO”“三里屯 SOHO”以及前门大街、北京公馆等项目。其中“SOHO 现代城”拥有 10 幢 30 层高的大厦,计 2200 套公寓和商铺,50 万平米;“长城脚下的公社” 是由 12 位亚洲建筑师设计完成的一个当代私人住宅建筑艺术收藏馆;“海南博鳌蓝色海岸”有 115 栋豪华别墅,为唯一一个不在北京和上海开发的 SOHO 项目;“建外 SOHO”计 70 万平米,为北京心脏地带规模最大的房地产开发项目之一,是北京引领创建一个时尚现代化的商业社区。从而,潘石屹成为北京最大的房地产开发商和中国最大的甲级写字楼开发商。2001 年,被深圳住交会评选为“中国地产十大风云人物”。自 2002 年起,潘石屹连续多年担任“博鳌亚洲论坛”主讲人和“房地产分会”主持人，两度被“世界经济论坛”邀为主讲人，并被亚洲领袖论坛邀为演讲者。2006年，成为“亚洲企业领袖协会”会员，公司入选《财富》杂志中文版评选出的“最受赞赏的中国公司”全明星榜。2007年，当选为北京市人大代表，被北京市地税局授予“荣誉纳税人”称号。

潘石屹对地方公益建设捐助甚为慷慨。至2007年，先后为潘集寨学校1号、2号教学楼工程建设等捐资555万元；在中央电视台国际新闻频道主办的2007“慈善1+1”使者招募活动网络新闻发布会上，捐赠人民币100万元，用于资助贫困失聪儿童；为青海黄南藏族自治州捐赠1000万元，作为“SOHO中国助学基金”。2005年还出资设立“SOHO中国基金会”，旨在通过资助教育而改变贫困地区面貌。

赵跟明

赵跟明，笔名艾叶，1966年1月生，麦积区甘泉镇高庄村人。中华诗词学会会员、中国楹联学会会员；甘肃省诗词学会理事，甘肃楹联学会理事，天水市诗词学会副会长、天水市楹联学会副会长。

自1990年起，在《诗刊》《飞天》《甘肃日报》《中国人口报》《中国农民报》《中国财经报》《诗歌报》等刊物上发表诗词、散文、小说作品1000余首（篇、副）。诗词、楹联作品入选多种典籍，部分诗联和碑文在省内外景点刻石立碑或木刻（砖刻）悬挂。1997年发起成立麦积山诗社，2006年在《天水日报·教育周刊》上连载《天水古今百位名人》诗、文；2007年在《天水日报·教育周刊》上开《百联巧对》栏目，并在《天水晚报》上连载《天水名胜百景》诗、文、联。为《天水·伏羲文化肇始之源》执笔、徽县“尹家老宅楹联征集”活动评审组组长。长期编辑《渭滨吟草》《麦积诗苑》《天水楹联》《麦积旅游文化》等诗联会刊，编辑《天水市首届“美丽乡村书画摄影作品大赛”获奖作品集》，参与编辑《冯国瑞纪念集》《天水古巷》《天水名山》《天水石窟》等文史资料。著有《天水名人百传》《天水名胜百景》《麦积人物春秋》《七步斋诗文选》等，受天水书画家董晴野委托整理《董晴野诗稿》。诗作获“贵宾宴”杯诗词大奖赛二等奖、“屈吴禅杯”全国诗词楹联大赛一等奖。楹联获“首届世界风筝都潍坊楹联大赛”优秀奖、甘肃省楹联学会“玫瑰之乡”楹联大赛二等奖、“黄文中杯”全国楹联大赛优秀奖；所撰318字长联在由中华诗词学会等单位举办的“黄河之都”诗词楹联大赛中获优秀奖。参加“一带一路”中国楹联文化翠峰山高峰论坛，并有论文入选，被甘肃省楹联学会授予甘肃省首届“刘尔忻楹联奖·提名奖”和“宏扬楹联文化先进个人”荣誉称号。

赵金凤

赵金凤，男，汉族，大专文化，民建会员，1966年出生于福建省莆田市秀屿区忠门镇秀前村。1983年，年仅19岁的赵金凤初到天水创业，他克服生活及工作上的重重困难，最初干起竹器加工、销售蒸笼、竹架板、雨席盖，足迹踏遍天水市两区五县、陇东南地区。1993年创办天水星海陶瓷石材有限责任公司，主营竹器加工、陶瓷制品，仅三年累计营业收入300余万元，上缴税金6万元。1997年创建天水南海陶瓷石材有限责任公司。1998年赵金凤将户籍迁入天水市北道区。2001年北道区实施旧城改造，赵金凤抢抓机遇创建桥南建材综合批发市场，2002年建成桥南建材综合批发市场二期工程，2004年桥南家居建材综合批发市场三期工程建成并投入使用，市场由初建时占地300亩发展到3000亩，主要经营家居、建材、百货、五金交电、矿产品、电子产品等上千种与家居建材相关的产品，有10大卖场、16大专营区、1个物流配送中心和钢材、木材2个大型专卖场，是集商流、人流、信息流、资金流、技术流为一体的大型物流中心，带动麦积区及周边运输业、商贸业、金融业、信息业及旅游业等产业的发展。如今，桥南家居建材城每日平均有600余辆大中型货运车辆出入，服务辐射天水市五县二区及陇东南、陇中部分地区20多个县区。市场先后解决零就业家庭上岗100多人，安排下岗失业人员和农村富余劳动力6000多人。赵金凤先后为天水市部分县区学校、幼儿园、失学儿童、在校大学生、旅游景点等捐物捐款849万元，为光彩事业献爱心100余万元，是麦积区“光彩事业之星”。

桥南家居建材城先后获得国家、省、市“重合同守信用单位”，中国建材市场协会、中国建筑材料流通协会“百强建材家居市场”，甘肃省消费者协会“诚信单位”，中共天水市委、天水市人民政府“文明市场”，甘肃省工商行政管理局“诚信示范市场”，天水市首届民营企业50强，甘肃省农村信用社“AAA级信用企业”。赵金凤先后被中共天水市委、天水市人民政府授予“天水市第一届非公有制经济人士优秀中国特色社会主义事业建设者”、天水市劳动模范、甘肃商业联合会“优秀创业企业家”、中国建筑材料流通协会“全国建材流通行业劳动模范”等称号。

陶军

陶军,1974年生,中滩镇张白村人。父母早逝,家庭贫困,初中未毕业便辍学在家,后去天水新华印刷厂上班。印刷厂后山有个防空洞,被外地人承包种平菇。陶军看到一篮子平菇能卖30多元钱,对种平菇产生了兴趣。

1994年,陶军从印刷厂辞职,开始专心种植平菇等食用菌。1998年,创办窝驼食用菌服务中心。2003年,选择种植双孢菇,借3万元钱,建起38个大棚。由于双孢菇是当时世界销量最大、种植量最大的食用菌,第一年就赚得100多万元。2005年,在天水国家农业科技园区创办天水众兴菌业有限责任公司,任董事长、总经理。2006年参加全国食用菌会议时,了解到工厂化生产金针菇前景良好的信息,便从银行贷款400万,自筹资金2600余万元,从台湾引进技术和设备,建成西北地区第一家日产3吨食用菌生产示范基地,生产全程实现机械化作业。产品上市后,不仅在天水当地热销,还发往兰州、西安、广州等地,并通过昆明经销商出口到越南。2005年,陶军被省委、省政府授予“甘肃省劳动模范”称号。

第三章　名　录

一、因战牺牲烈士

姓名	性别	籍贯	政治身份	牺牲年份	牺牲地点	牺牲原因	牺牲时年龄	牺牲时身份
吴升明	男	马跑泉镇石咀村		1986	云南	因战	19	解放军战士
武喜全	男	马跑泉镇新胜村	中共党员	1987	云南	因战	18	解放军战士

二、区内省部级以上劳动模范、先进人物

（一）国家级

姓名	性别	出生年月	籍贯	工作单位	职务、职称、身份	获奖年份	机关颁奖	授予称号
姚腾龙	男	1940	河南省清丰县	区气象局	局长	1989	国务院	全国先进工作者
刘蕴玉	女	1952.4	湖南省常德市	区检察院审查批捕科	副科长	2000	国务院	全国先进工作者
赵满堂	男	1960.11	渭南镇张园村	甘肃盛达集团	董事长	2000	国务院	全国劳动模范
谢务喜	男	1954	甘泉镇毛集村	区人民检察院	干部	1990	最高人民检察院	全国反贪污先进工作者

(二)部级

姓名	性别	出生年月	籍贯	工作单位	职务、职称、身份	获奖年份	颁奖机关	授予称号
徐　润	男	1942.10	秦州区中梁乡	区工会办事处	干部	1985	国家体育运动委员会	全国职工体育先进工作者
杨永吉	男		秦州区铁炉乡	区法律顾问处	干部	1985	司法部	全国司法系统先进工作者
惠耀良	男		江苏省无锡市	核工业西北地质勘探局二一三大队	找矿员	1985	核工业部	部劳动模范
王济民	男		河南省济源市	航空工业天飞公司(原航修厂)	检验员	1986	解放军总后勤部	全军劳动模范
夏树茂	男		辽宁省沈阳市	天水星火机床厂	科长	1986	机械工业部	优秀检查科长
潘守正	男	1945.3	甘泉镇归凤村	区统计局	副局长	1987	国务院工业普查办公室	全国先进工作者
孟利民	男	1958.11	五龙乡中石沟村	天水锻压机床厂	工程师	1987	共青团中央	全国青年新长征突击手
李燕萍	女	1963.7	甘泉镇甘泉村	区桥南小学	校长	1988	教育部	全国模范教师
马启明	男		秦州区杨家寺乡	区教育局	局长	1989	国家教育委员会	全国优秀教育工作者
李念儿	男	1946.12	元龙镇底川村	元龙乡底川小学	校长	1989	国家教育委员会	全国教育系统劳动模范
董　义	男	1944.10	秦州区天水镇	天水市第八中学	教师	1989	国家教育委员会、人事部等	全国优秀教师
王仲三	男		秦州区华岐乡	麦积学区	教师	1989	国家教育委员会、人事部等	全国优秀教师

续表

姓名	性别	出生年月	籍贯	工作单位	职务、职称、身份	获奖年份	颁奖机关	授予称号
胡明福	男	1940.11	新阳镇沿河村	新阳中心学校	校长	1989	国家教育委员会、人事部等	全国优秀教师
张秀荣	男	1933	中滩镇渠刘村	天水市第二中学	教师	1989	国家教育委员会	全国优秀教师
安九花	女	1947.1	甘泉镇屈坪村	甘泉乡屈家坪村	农民	1989	中国老龄问题全国委员会	敬老好儿女金榜奖
唐万盛	男	1939		区计划生育委员会	主任	1989	国家计划生育委员会	全国生育节育抽样调查先进工作者
谢玉福	男		甘肃省甘谷县	区计划生育委员会	干部	1989	国家计划生育委员会	优秀调查指导员
肖其兰	女		湖北省荆门市	区体育运动委员会	主任	1989	国家体育运动委员会	优秀裁判员
刘丽坤	女		吉林省	甘肃棉纺织厂	工人	1989	纺织工业部	全国纺织系统劳动模范
张凤菊	女	1938.10	花牛镇白家崖村	北道人民旅社	经理	1989	商业部	全国商业系统劳动模范
王仓生	男		石佛乡石佛村	石佛乡张坪林场	场长	1989	林业部	全国乡村林场先进工作者
肖自强	男		社棠镇下曲村	社棠镇下曲村	农民	1989	中国科协第八次全国农村科普工作会	“四一”燎原活动先进个人
夏　永	男	1950	伯阳镇	伯阳乡信用社	主任	1989	中国农业银行	全国优秀信贷员
周永烽	男	1961	马跑泉镇闫家庄村	中国银行北道办事处渭北分理处	主任	1989	中国银行	全国优秀储蓄员

续表

姓名	性别	出生年月	籍贯	工作单位	职务、职称、身份	获奖年份	颁奖机关	授予称号
胡尚志	男	1937.2	秦州区天水乡	区审计局	局长	1990	国家审计署、人事部	全国审计机关劳动模范
黄兴仁	男		石佛乡黄庄村	区能源办公室	副主任	1990	农牧渔业部	全国农村能源建设先进工作者
杨世发	男		甘肃省临洮县	天水市植保植检站	站长	1990	农牧渔业部	科技推广年活动先进个人
张继良	男	1951.4	甘肃省静宁县	甘肃省地质矿产局水文一队	钻机机长	1990	全国总工会	全国优秀生产能手
袁　中	男	1939.3	江苏省沛县	小陇山林业实验局		1990	林业部	全国先进财务工作者
王万忠	男	1936.7	甘肃省甘谷县	小陇山林业实验局	局长、党委书记	1991	林业部	三北防护林建设先进工作者
马克宽	男	1935.7	江苏省松江县	小陇山林业实验局	高级工程师	1991	林业部	三北防护林体系二期工程建设先进工作者
石兰英	女			二十铺乡“三利“服装厂	厂长	1991	全国妇联	全国“双学双比”竞赛活动先进标兵
赵长稳	女	1959	河北省阜城县	天水铁路乘务公寓	工人	1991	国务院残疾人工作委员会	全国自强模范
朱云霄	男	1954.12	江苏省南通市	北道公安分局	技术股股长	1992	公安部	全国公安战线二级英雄模范
张　翀	男	1934.9	马跑泉镇团庄村	天水市第二中学	校长	1993	教育部	全国优秀教育工作者
白玺珍	男	1951.4	利桥乡	利桥学区	教师	1993	教育部	全国优秀教师

续表

姓名	性别	出生年月	籍贯	工作单位	职务、职称、身份	获奖年份	颁奖机关	授予称号
宇凤山	男	1937.3	吉林省和龙县	小陇山林业实验局子弟学校	高级工程师	1993	林业部	全国林业系统优秀教师
王守奎	男	1935.11	马跑泉镇	甘泉粮管所	主任	1994	国内贸易部、人事部	全国内贸系统劳动模范
王建英	男	1948.7	甘肃省礼县	小陇山林业实验局	副局长、高级政工师	1994	林业部	全国思想政治工作先进个人
马永建	女	1956.11	社棠镇向阳村	道南小学	教导副主任、教师	1995	国家教育委员会、人事部等	全国优秀教师
朱俊东	男	1956.9	甘肃省秦安县	天水星火机床厂	工人	1995	全国总工会	全国劳动模范
宋文忠	男	1956.6	甘肃省清水县	天水星火机床厂	钻工	1995	机械工业部	全国机械工业劳动模范
陈三国	男	1942.9	湖南省	天水锻压机床厂		1995	机械工业部	全国机械工业劳动模范
刘安然	男	1946.4	辽宁省沈阳市	天水锻压机床厂		1995	第一机械工业部	一机部先进生产者
袁士云	男	1965.1	甘肃省古浪县	小陇山林业实验局	造林处处长	1995	林业部	全国森林病虫害防治先进工作者
甄瑞卿	男	1955.11	河南省尉氏县	小陇山林业实验局	公安局局长	1995	林业部	全国三五普法先进个人
胡金凤	女	1946.11	甘肃省秦安县	小陇山林业实验局子弟学校	中学高级教师	1996	林业部	全国林业系统优秀教师

续表

姓名	性别	出生年月	籍贯	工作单位	职务、职称、身份	获奖年份	颁奖机关	授予称号
何桂花	女	1954.10	河南省许昌市	区聋儿语训班	聋儿语训教师	1996	国务院残疾人工作委员会	全国助残先进个人
裴可仁	男	1966.11	石佛乡裴家滩村	天水市第二中学	高级教师、总务主任	1997	国家教育委员会、人事部等	全国优秀教师
王乐平	男	1965.5	渭南镇青宁村	天水卷烟厂	党办副主任	1997	国家烟草专卖局	职业道德建设先进个人
闫山林	男	1944.1	河南省郑州市	小陇山林业实验局纤维板厂	厂长、党委书记	1997	国家经贸委、中国科协	全国讲理想、比贡献先进个人
邵　宁	男	1962.1	江苏省常州市	小陇山林业实验局	副处长	1997	林业部	全国林业财务优秀工作者
高红红	女	1968	元龙镇底川村	元龙乡底川村林场	场长	1999	全国妇联	全国"巾帼科技致富工程"先进个人
董建明	男	1970.2	花牛镇师白村	区教师进修学校	校长	1999	教育部	全国绿色学校创建活动优秀教师
马　勇	男	1944.8	甘肃省秦安县	小陇山林业实验局	局长	2000	国家林业局	全国森林防火先进个人
蔡继增	男	1962.11	甘肃省秦安县	小陇山林业实验局林检站	站长、高级工程师	2000	国家林业局	全国营造林先进个人
赵关聪	男	1953.1	陕西省西乡县	小陇山林业实验局纤维板厂	车间主任	2000	国家林业局	林业合理化建议和技术革新先进个人
杨双余	男	1953.1	甘肃省张家川县	小陇山林业实验局百花林场	工人	2001	全国绿化委员会、人事部、国家林业局	全国绿化劳动模范
王春英	女	1946.2	河南省偃师市	北道公安分局	民警	2001	公安部	全国优秀人民警察
张进尚	男	1962	中滩镇张白村	区审计局	局长	2001	国家审计署	全国审计机关廉政勤政工作先进个人

续表

姓名	性别	出生年月	籍贯	工作单位	职务、职称、身份	获奖年份	颁奖机关	授予称号
赵美荣	男	1943.12	秦州区杨家寺乡	小陇山林业实验局	纪委副书记	2001	中纪委、监察部	全国纪检监察先进个人
唐复勋	男	1956.1	四川省绵阳市	天水华龙建筑工程有限责任公司	总经理	2002	建设部	全国建筑安全生产先进个人
郭建宁	男	1953.8	陕西省子长县	麦积山风景名胜区管委会	局长	2003	住房和城乡建设部	全国国家级重点风景名胜区综合整治先进个人
徐景智	男	1960.4	吉林省舒化市	麦积山风景名胜区管委会	仙人崖管理所所长	2003	住房和城乡建设部	全国国家级重点风景名胜区综合整治先进个人
刘天泉	男	1960.3	马跑泉镇慕滩村	天水永盛五交化有限公司	董事长	2003	共青团中央、农业部	全国农村青年创业致富带头人
余金环	女	1965	河南省南阳市	甘泉镇计划生育服务所	所长	2003	国家人口和计划生育委员会	全国人口与计划生育科技工作先进个人
孙建中	男	1955.10	陕西省白水县	小陇山林业实验局	副局长、高级工程师	2003	国家林业局	全国天然林资源保护先进个人
潘德乾	男	1964.7	甘肃省秦安县	小陇山林业实验局	高级工程师	2004	国家林业局	全国林业法制工作先进个人
张以诺	男	1947.10	渭南镇张石村	天水市永生建筑公司	总经理	2004	农业部	全国第五届乡镇企业家

续表

姓名	性别	出生年月	籍贯	工作单位	职务、职称、身份	获奖年份	颁奖机关	授予称号
喻国新	男	1958	湖北省	天水达宝建筑有限责任公司	董事长兼总经理	2004	农业部	全国第五届乡镇企业家
刘田家	男	1959.7	伯阳镇曹石村	伯阳镇曹石村	伯阳镇党委副书记兼曹石村党支部书记	2006	中央组织部	全国优秀党务工作者
张秀丽	女		马跑泉镇	区妇联	主席	2006	全国妇联	全国“巾帼建功”先进标兵
缑西保	男	1962.5	河南省滑县	天水市公安局交通警察支队麦积大队	大队长	2007	公安部	全国优秀人民警察
沈占江	男	1961.10	河南省正阳县	小陇山林业实验局	副局长	2007	国家林业局	全国森林防火先进个人
俞菊娥	女			甘肃绒线厂毛条车间	工人	1977	全国工业学大庆会议	全国先进生产者
卫美娣	女	1941.8	上海市	天水县人民医院	血站护士长	1984	卫生部	全国卫生系统先进工作者

(三)省级

姓名	性别	出生年月	籍贯	工作单位	职务职称	获奖年份	颁奖机关	授予称号
刘国瑞	男		渭南镇刘家庄村	区纪律检查委员会	干部	1986	省委	甘肃省整顿党风工作先进工作者
王凤保	男	1953.2	马跑泉镇胡王村	中共甘泉乡党委	书记	1986	省政府	甘肃省计划生育先进个人
刘兴顺	男		甘肃省张掖市	区交通局	副局长	1987	省政府	全省双文明建设先进个人
李存安	男		东岔镇曹坪村	东岔综合厂	厂长	1987	省委	全省勤劳致富先进个人
王保杰	男	1944.6	社棠镇下曲村	社棠镇下曲村	党支部书记	1987	省委	全省勤劳致富先进个人
刘金钊	男	1932.9	天津市沧县	小陇山林业实验局东岔林场	职工	1988	省政府	全省护林防火先进个人
张国珍	男	1939.2	秦州区平南乡	区林业局	局长	1989	省委、省政府	全省劳动模范
朱秀珍	女		上海市	甘肃棉纺织厂	工人	1989	省委、省政府	全省劳动模范
张善增	男		甘肃省秦安县	天水造纸厂	副厂长	1989	省委、省政府	全省劳动模范
侯成德	男	1938.4	河南省镇平县	小陇山林业实验局东岔林场	场长、工程师	1989	省委、省政府	全省劳动模范
钱梦惕	男		江苏省常州市	天水市北道面粉厂	厂长	1989	省委、省政府	全省劳动模范
姚　锐	男			兰州铁路局天水车辆段	工人	1989	省委、省政府	全省劳动模范
温德夫	男			兰州铁路局天水车站	站长	1989	省委、省政府	全省劳动模范
曹念民	男			航空工业天飞公司	厂长	1989	省委、省政府	全省劳动模范
张德显	男	1935	北京市	区纪律检查委员会	副书记	1989	省委	全省优秀党务工作者

续表

姓名	性别	出生年月	籍贯	工作单位	职务职称	获奖年份	颁奖机关	授予称号
鲁福昌	男			天水土特产品公司	党委书记	1989	省委	全省优秀党务工作者
刘春胜	男	1950.4		天水锻压机床厂	工人	1989	省委	全省优秀共产党员
陈秉川	男		渭南镇张园村	街子乡政府	乡长	1989	省委、省政府	全省优秀乡镇长
马永玺	男		党川乡马坪村	利桥乡政府	乡长	1989	省委、省政府	全省优秀乡镇长
杨汉璋	男		甘肃省陇西县	区宗教事务局	局长	1989	省政府	全省民族团结进步先进个人
马玉莲	女	1962.11		农行北道区办事处	计划股股长	1989	省政府	全省民族团结进步先进个人
张俊林	男		花牛镇二十里铺村	中共麦积乡党委	书记	1990	省政府	全省扫除文盲先进个人
巩　文	男	1955.7	甘肃省定西县	甘肃省林业学校	讲师	1990	省委、省政府	全省优秀德育工作者
张殿阁	男	1952.5	辽宁省营口市	北道公安分局道北派出所	所长	1990	省委、省政府	全省政法系统先进工作者
赵文杰	男			区人民检察院	检察员	1990	省委、省政府	全省政法系统先进工作者
张　圭	男		秦州区杨家寺乡	区人民法院	院长	1990	省委、省政府	全省政法系统先进工作者
王继先	男			区司法局	局长	1990	省委、省政府	全省政法系统先进工作者
常世仓	男	1944.7	五龙乡常渠村	区委党校	副校长	1990	省委、省政府	全省农村形势教育、基层建设先进个人
甄宗鸿	男	1936.5	秦州区关子镇	小陇山林业实验局子弟学校	干部	1990	省委、省政府	全省农村形势教育、基层建设先进个人
刘克进	男			马跑泉镇		1991	省委、省政府	甘肃省计划生育先进工作者
唐根堂	男	1946.5	花牛镇上湾村	甘泉乡	党委书记	1991	省委、省政府	甘肃省计划生育先进工作者

续表

姓名	性别	出生年月	籍贯	工作单位	职务职称	获奖年份	颁奖机关	授予称号
徐正孝	男	1942.4	甘肃省庆阳县	区人民武装部	部长、区委常委	1991	省委、省政府、省军区	甘肃省优秀人武干部
杨应生	男			区第一建筑工程公司	党支部书记	1991	省委、省政府	甘肃省军队转业干部先进个人
赵志福	男	1947.9	渭南镇渭西村	天水公路总段北道公路段	段长	1991	省委、省政府	甘肃省军队转业干部先进个人
赵凤翔	男	1955.10	宁夏自治区固原市	解放军驻区某部队	政治处副主任	1991	省委、省政府、省军区	甘肃省双拥工作先进个人
于德和	男	1952.4	渭南镇于园村	渭南乡于园村	党支部书记	1991	省委	甘肃省优秀共产党员
韩　刚	男	1950.12	山西省朔州市山阳县	天水风动工具厂	锻压车间副主任	1991	省委	甘肃省优秀共产党员
刘忠新	男			马跑泉镇余刘湾村	党支部书记	1991	省委、省政府	全省造林绿化先进个人
周占恒	男			道南治安联防队	队长	1991	省委、省政府	甘肃省社会治安综合治理先进工作者
李瑞林	男			区渭滨市场劳协分会	副会长	1992	省委、省政府	甘肃省见义勇为积极分子
冯存正	男	1940.6	琥珀乡康李村	琥珀学区	教师	1993	省政府	甘肃省优秀班主任
杨录生	男	1953.6	渭南镇雷下村	渭南学区	教师	1993	省政府	甘肃省教改先进个人
董春霞	女	1963.5	陕西省西安市	天水市第七中学	教师	1993	省政府	甘肃省教学新秀
屈跃林	男	1959.2	辽宁省沈阳市	天水风动工具厂小件车间	工人	1994	省委、省政府	甘肃省劳动模范
宋甫静	男	1955.2	河南省卫辉市	区工艺厂	厂长	1994	省委、省政府	甘肃省劳动模范
翟武德	男	1962.2	甘肃省武山县	天水市第二中学	中学高级教师	1994	省委、省政府	“省园丁”优秀教师

续表

姓名	性别	出生年月	籍贯	工作单位	职务职称	获奖年份	颁奖机关	授予称号
李宝生	男	1945.1	山东省济南市	天水锻压机床厂		1994	省政府	甘肃省劳动模范
何武魁	男	1941.8	石佛乡康庄村	区人民法院	院长	1996	省委、省政府	全省政法系统先进工作者
闫玉海	男	1953.12	天水市秦州区	北道公安分局	局长	1996	省委、省政府	全省政法系统先进工作者
罗仁模	男	1945.5	四川省都江堰市	小陇山林业实验局	总工程师、高级工程师	1997	省政府	省林业科技先进个人
蒲彦明	男	1946.8	中滩镇蒲甸村	中滩中心卫生院	院长	1999	省委、省政府	先进工作者
吕仓中	男	1938.9	道北街道吕家村	区东风机械厂	厂长	1999	省委、省政府	甘肃省劳动模范
王小平	男	1963.3	甘肃省甘谷县	小陇山林业实验局	副局长、高级政工师	2000	省政府	全省“三五”普法先进个人
何丙银	男	1954.9	花牛镇花牛村	花牛镇花牛村	花牛镇党委副书记、花牛村支部书记	2001	省委	全省优秀党务工作者
董惠莲	女	1958.10	花牛镇杨家河村	花牛镇杨家河村	花牛镇党委副书记兼杨家河村支部书记	2001	省委	全省优秀共产党员
耿志君	男	1950.1	河南省滑县	天水风动工具厂	厂长、高级工程师	2001	省政府	甘肃省优秀企业经营者
范天通	男	1953	河南省巩义市	天水天祥水泥(集团)有限公司	董事长、总经理	2002	省委、省政府	甘肃省“公益之星”
曹天琳	男	1966.9	花牛镇曹家埂村	天水市春光厂	厂长	2002	省政府	全省捐资助学先进个人
马兴进				天水市水芙蓉有限公司	总经理	2002	省政府	全省捐资助学先进个人

续表

姓名	性别	出生年月	籍贯	工作单位	职务职称	获奖年份	颁奖机关	授予称号
杨侑仓	男		甘肃省清水县	北道宏达建筑工程公司	经理	2002	省政府	全省捐资助学先进个人
张永芳				天水东方造纸有限公司	经理	2003	省政府	甘肃省第六届乡镇企业家
李维谦	男	1957.1	浙江省宁波市	天水星火机床厂	厂长	2003	省政府	甘肃省优秀企业家
李小平	男	1966.9	甘肃省秦安县	小陇山林业实验局规划院	院长、高级工程师	2003	省政府	全省森林分类区划界定先进个人
王昭平	男	1966.2	江苏省沛县	天水市第二中学	中教一级	2004	省委、省政府	“省园丁”优秀教师
陶　军	男	1974.4	中滩镇张白村	天水众兴菌业公司	董事长	2005	省委、省政府	甘肃省劳动模范
赵存权	男	1962.5		天水风动机械有限公司办公室	总工程师	2005	省委、省政府	甘肃省劳动模范
吕玉峰	男	1971.9	道北街道吕家村	区东风机械厂	厂长	2005	省政府	甘肃省第七届乡镇企业家
赵金凤	男	1966.9	福建省莆田市	麦积桥南建材综合批发市场	总经理	2006	省政府	甘肃省第三届返乡创业带头人
刘昌明	男	1960.1	甘肃省甘谷县	小陇山林业实验局	副局长、政工师	2006	省政府	甘肃省第三批先进性教育活动驻村指导工作先进个人

三、区内获省部级以上奖励者

(一)部级

姓名	性别	出生年月	籍贯	工作单位	职务职称	获奖年份	颁奖机关	颁发奖项名称
蒲成生	男	1936.9	中滩镇蒲甸村	麦积山石窟艺术研究所	高工	1985	国家科学技术进步奖评审委员会	麦积山石窟“喷、锚、粘、托”加固技术研究与运用
金士珠	男	1935	湖北省钟祥县	甘肃绒线厂	厂长	1987	全国总工会	全国“五一”劳动奖章
赵长稳	女	1959	河北省阜城县	天水铁路浴池	工人	1987	全国总工会	全国“五一”劳动奖章
马建东	男			天水啤酒厂	厂长	1988	全国总工会	全国“五一”劳动奖章
张继良	男	1951.4	甘肃省静宁县	甘肃省地矿局一勘院	助理政工师	1990	全国总工会	全国“五一”劳动奖章
朱俊东	男	1956.9	甘肃省秦安县	天水星火机床厂	工人	1990	全国总工会	全国“五一”劳动奖章
杨世琮	男	1945.10	天水市秦州区	区林业局	局长	1994	国家绿化委员会	全国绿化奖章
张亚妹	女			甘肃省棉纺厂织布车间	挡车工	1996	全国总工会	全国“五一”劳动奖章
赵满堂	男	1960.11	渭南镇张园村	甘肃盛达集团	董事长	1998	全国总工会	全国“五一”劳动奖章
杨双余	男	1953.1	甘肃省张家川县	小陇山林业实验局百花林场	工人	1999	国家绿化委员会	全国绿化奖章
马　勇	男	1944.8	甘肃省秦安县	小陇山林业实验局	局长	2001	国家绿化委员会	全国绿化奖章
樊　辉	男		甘肃省徽县	甘肃省林业职业技术学院	院长	2002	国家绿化委员会	全国绿化奖章
郭永祥	男	1957.3		区林业局	高级工程师	2004	国家绿化委员会	全国绿化奖章
高红红	女	1968	元龙镇底川村	元龙镇底川村林场	场长	2006	国家绿化委员会	全国绿化奖章
蒋文凯	男	1968.7		天水锻压机床厂		2006	全国总工会	全国“五一”劳动奖章

（二）省级

姓名	性别	出生年月	籍贯	工作单位	职务职称	获奖年份	颁奖机关	颁发奖项名称
赵馨梓	女	1975.4	中滩镇丁赵村	赵家湾小学	学生	1985	省政府	为甘肃省争光奖
刘竹坪	男	1927.8	江苏省滨海县	天水县第一中学	教师	1985–1986	省政府	省园丁奖
刘德生	男	1956.1	东岔镇月林村	东岔附中	教师	1986	省政府	省园丁奖
郭秉洪	男	1935.12	石佛乡三阳村	中滩中学	教师	1986	省政府	省园丁奖
毛守仁	男	1932.9	中滩镇毛家村	中滩学区	教师	1986	省政府	省园丁奖
王积花	女	1950.1	马跑泉镇马跑泉村	马跑泉学区	教师	1986	省政府	省园丁奖
吴恒泰	男		渭南镇吴庄村	天水市第二师范学校	讲师	1988	省政府	省园丁奖
王高平	男	1937.2	甘肃省陇南市	区教师进修学校	书记	1988	省政府	省园丁奖
罗力生	男	1945.4	广东省广州市	天水市第二中学	教师	1989	省政府	省园丁奖
葛慧珊	女		江苏省常州市	天水市第七中学	教师	1989	省政府	省园丁奖
王纯玉	男	1945.4	秦州区玉泉乡	天水市第八中学	教导副主任	1989	省政府	省园丁奖
汤建华	男		上海市嘉定县	甘肃省林业学校	讲师	1989	省政府	省园丁奖
胡　琦	男		新阳镇胡大村	桥南厂矿联办中学	教师	1989	省政府	省园丁奖
肇恒英	女	1939.8	辽宁省沈阳市	天水风动工具厂子弟中学	教师	1989	省政府	省园丁奖
缑振民	男	1928.1	中滩镇缑杨村	中滩中学	党支部书记	1989	省政府	省园丁奖
张培恩	男	1946.3	中滩镇张白村	石佛中学	教师	1989	省政府	省园丁奖
张天西	男	1947.3	中滩镇张白村	吴砦初级中学	校长	1989	省政府	省园丁奖

续表

姓名	性别	出生年月	籍贯	工作单位	职务职称	获奖年份	颁奖机关	颁发奖项名称
张怀珍	男	1941.8	花牛镇靳庄村	道南小学	校长	1989	省政府	省园丁奖
黄彩英	女	1942.5	秦州区关子乡	道北小学	副校长	1989	省政府	省园丁奖
杨述先	男	1943.3	甘泉镇归凤村	甘泉学区	教师	1989	省政府	省园丁奖
蒲海恩	男	1953.1	中滩镇蒲甸村	中滩学区	教师	1989	省政府	省园丁奖
吴安泰	男	1944.3	花牛镇吴庄村	二十里铺学区	教师	1989	省政府	省园丁奖
王顺良	男	1962.5	渭南镇苏景村	五龙学区	教师	1989	省政府	省园丁奖
吴自林	男		渭南镇吴庄村	渭南学区	教师	1989	省政府	省园丁奖
王　煜	男	1930.5	石佛乡咀王村	区教育督导室	主任	1989	省政府	省园丁奖
刘永林	男		甘肃省清水县	区成人教育办公室	主任	1989	省政府	省园丁奖
杨录生	男	1953.6	渭南镇雷下村	渭南中心学校	教师	1993	省政府	省园丁奖
王小兰	女	1951.8	新阳镇沿河村	新阳中心学校	教师	1994	省政府	省园丁奖
裴敏维	男	1940.12	石佛乡腰庄村	石佛中心学校	教师	1995	省政府	省园丁奖
康恩有	男	1953.9	石佛乡康庄村	石佛中心学校	教师	1996	省政府	省园丁奖
王儒义	男	1948.3	渭南镇杨王村	渭南中心学校	教师	1996	省政府	省园丁奖
熊登峰	男	1962.11	中滩镇演营村	吴砦学区	教师	1997	省政府	省园丁奖
赵　辉	男	1948.11	三岔乡	吴砦学区	教师	1997	省政府	省园丁奖
杜成明	男	1941.9	元龙镇杜家坪村	元龙学区	教师	1997	省政府	省园丁奖
刘　星				南河川学区	教师	1997	省政府	省园丁奖

续表

姓名	性别	出生年月	籍贯	工作单位	职务职称	获奖年份	颁奖机关	颁发奖项名称
周全唐	男	1956.1	花牛镇峡口村	花牛中心学校	教师	1998	省政府	省园丁奖
陈宝林	男	1966.3	石佛乡黄新村	区教育局	教师	1998	省政府	省园丁奖
王中仓	男	1960.9	中滩镇	西坪学区	教师	1998	省政府	省园丁奖
董自林	男	1961.10	党川乡观音村	党川中心学校	教师	1998	省政府	省园丁奖
余乐歌	男	1963.7	秦州区华岐乡	天水市第九中学	教师	1998	省政府	省园丁奖
孙建新	男	1949	甘泉镇玉兰村	甘泉中心小学	教师		省政府	省园丁奖
董卫东	男	1968.1	甘泉镇屈坪村	利桥中心学校	教导主任	2002	省委、省政府	省园丁奖
李仰红	男	1953.5	甘肃省通渭县	天水市第七中学	教师	2002	省委、省政府	省园丁奖
何建平	男	1969.11	甘肃省甘谷县	小陇山林业实验局龙门林场	场长	2002	省政府	甘肃省绿化奖章
李维谦	男	1957.1	浙江省宁波市	天水星火机床公司	董事长兼总经理	2005-2006	省委、省政府	甘肃省科技功臣奖
张建国	男	1967.6	甘肃省甘谷县	小陇山林业实验局麦积林场	场长	2006	省政府	甘肃省绿化奖章

四、区内副高级以上专业技术人员

(一)综合界

姓名	性别	出生年月	籍贯	学历	工作单位	政治面貌	职务	技术职称	备注
刘尚志	男	1936.3	伯阳镇兴仁村	本科	区农技中心	中共党员	主任	高级农艺师	
丁恒德	男	1936.6	河南省	本科	区农技中心			高级农艺师	
李粉西	女	1953.8	元龙镇石家湾村	本科	区农技中心			高级农艺师	
何恩光	男	1956.10	甘泉镇吴家寺村	本科	区农技中心	中共党员		高级农艺师	
曹金石	男	1966.9	元龙镇上崖村	本科	区农技中心	中共党员	副主任	2002.1 高级农艺师	
张保田	男	1968.4	甘泉镇甘江村	本科	区农技中心	中共党员		2004.3 高级农艺师	
王录学	男	1936.5	新阳镇	本科	区植保站			高级农艺师	
张瑞英	女	1963.10	道北街道张家村	本科	区植保站	中共党员		2003.12 高级农艺师	
马生烈	男	1939.2	甘肃省庄浪县	中专	区园艺站	中共党员	副总工程师	高级农艺师	
李巧文	女	1966.12	东岔镇乍岭村	本科	区农业广播电视学校	农工党党员		高级农艺师	区政协委员
方全贵	男	1936.7	琥珀乡	本科	区畜牧中心			高级畜牧师	
张繁珍	女	1939.8	马跑泉镇	本科	区畜牧中心	中共党员		高级畜牧师	
王积寿	男	1945.11	甘肃省兰州市	本科	区畜牧中心			高级畜牧师	
刘建峰	男	1962.2	甘肃省兰州市	本科	区畜牧中心	中共党员		2002.12 高级畜牧师	
霍称芳	男	1963.4	琥珀乡	本科	区畜牧中心	中共党员	主任	高级畜牧师	
熊德明	男	1965.8	中滩镇	大专	区畜牧中心	中共党员		2006.12 高级畜牧师	
雷利华	女	1966.9	中滩镇	本科	区畜牧中心			2007.12 高级畜牧师	

续表

姓名	性别	出生年月	籍贯	学历	工作单位	政治面貌	职务	技术职称	备注
余成蛟	男	1969.1	中滩镇余峡村	硕士研究生	区畜牧中心	中共党员	副主任	2005.12 高级畜牧师	
杨仲儒	男	1962.9	中滩镇陈大村	本科	区农村能源办公室	中共党员		2003.12 高级兽医师	
裴宏州	男	1964.8	石佛乡裴家滩村	大专	区农村能源办公室	中共党员		高级农艺师	
王　华	男	1964.3	甘肃省秦安县	本科	区畜牧中心	中共党员		2001.4 高级兽医师	
吴进义	男	1964.12	渭南镇	本科	区畜牧中心	中共党员		2002.12 高级兽医师	
杨世明	男	1970.8	元龙镇	本科	区畜牧中心	中共党员		2007.12 高级兽医师	
周调平	女	1966.2	新阳镇周家湾村	本科	区农村经济管理站	中共党员		2006.2 高级农业经济师	
周明顺	男	1936	新阳镇周家湾村		区建设局	中共党员		高级工程师	
马安详	男	1954.4	秦州区中梁镇	大专	区水务局	中共党员		高级工程师	2004.12 退休
文　晖	男	1969.10	中滩镇文岔村	本科	区水务局			2006.12 高级工程师	
温五玉	男	1970.9	新阳镇温缑村	本科	区水务局	中共党员	抗旱服务队副队长	2006.12 高级工程师	
周　植	男	1967.4	河南省	本科	甘泉物流园区管理委员会	中共党员		2004.12 高级工程师	原区建设局总工程师
师文翰	男	1936.11		高中	区中医医院	中共党员	院长	副主任医师	
王绪保	男	1946.1	马跑泉镇崖湾村	大专	区中医医院	中共党员	院长	副主任医师	
尤忠孝	男	1949.10	甘泉镇屈坪村	大专	区中医医院	中共党员	医生	内科副主任医师	
孙恒青	男	1962.6	秦州区耤口镇	研究生	区中医医院	中共党员	副院长	2007.9 中医儿科主治医师	
王春明	男	1965.8	石佛乡咀王村	本科	区中医医院	中共党员	副院长	2003.12 中医内科副主任医师	

续表

姓名	性别	出生年月	籍贯	学历	工作单位	政治面貌	职务	技术职称	备注
李桂梅	女	1965.9	甘肃省庄浪县	本科	区中医医院	中共党员	副院长	中医内科副主任医师	
温廷轶	男	1966.3	新阳镇温家集村	本科	区中医医院	中共党员	医生	2005.9 中医内科副主任医师	
余懋宗	男	1945.5	中滩镇余峡村	大专	区职业中专		教师	2001.12 中医内科副主任医师	
李　辉	男	1946.4	马跑泉镇胡王村	大专	区职业中专	中共党员	教师	1996.11 中医内科副主任医师	
屈德洲	男	1946.2	甘泉镇屈坪村	中师	区文化馆	中共党员	馆长	1997.2 副研究馆员	
杜廷楹	男	1941.6	天水市秦州区	本科	区文化馆			1988.8 副研究馆员	
周祖昌	男	1943.8	浙江省宁波市	本科	区文化馆			2002.5 副研究馆员	
熊进元	男	1953.12	渭南镇渭西村	本科	区图书馆	中共党员		2005.12 副研究馆员	
杜小义	男	1957.10		大专	区文化馆			2005.12 副研究馆员	
田德海	男	1958.6	石佛乡石佛村	本科	区文化馆	中共党员	馆长	副研究馆员	
周改珠	女	1969.9	新阳镇周家湾村	本科	区图书馆	中共党员	馆长	2007.1 副研究馆员	
刘炳正	男	1952.1	中滩镇缑杨村	本科	区体育发展中心	中共党员	教练	2005.12 甘肃省高级教练员	
马生忠	男	1972.2	甘肃省靖远县	本科	区体育发展中心	中共党员	教练	2007.12 甘肃省高级教练员	
温子安	男	1930	新阳镇温家集村	中师	新阳镇文化站		站长	2006 年甘肃农村实用副高级书画艺术师	
余白银	男	1937	中滩镇余峡村		天水拖拉机厂		职工	2005 年甘肃省民间艺术家	

(二)高级、特级教师

姓名	性别	出生年月	籍贯	学历	工作单位	政治面貌	职务	技术职称	备注
林运钦	男	1933.9	四川省成都市金堂县	本科	天水市第二中学			1988.1 中学高级教师	1989 年甘肃省特级教师
张　翀	男	1934.9	马跑泉镇团庄村	本科	天水市第二中学	中共党员	校长	1990.9 中学高级教师	1993 年甘肃省特级教师
陈善良	男	1938.1	陕西省西安市临潼区	本科	天水市第二中学	中共党员		1988.1 中学高级教师	1996 年甘肃省特级教师
雷光华	男	1943.3	秦州区共和巷	本科	天水市第二中学	中共党员		1990.12 中学高级教师	2000 年甘肃省特级教师
胡平义	男	1944.9	新阳镇沿河村	本科	天水市第七中学、第二中学	中共党员	校长	1995.1 中小学高级教师	1998 年中学特级教师
屈光平	男	1962.2	甘泉镇屈坪村	本科	天水市第二中学	民进会员	区政协副主席、市二中副校长	2000.3 中学高级教师	
曹建文	男	1940.7	伯阳镇伯阳村	本科	天水市第二中学	九三社员	副校长	1988.5 中小学高级教师	
陈申方	男	1938.5	河北省武清县	大专	天水市第二中学	中共党员		1988.5 中小学高级教师	
葛宝喜	女	1942.5	山西省稷山市	本科	天水市第二中学	中共党员		1993.1 中小学高级教师	
郭　让	男	1948.1	三岔乡北峪村	大专	天水市第二中学			2003.12 中小学高级教师	
韩永华	女	1946.4	河南省柘城县	本科	天水市第二中学	民进会员		1996.3 中小学高级教师	
何景云	男	1936.2	秦安县莲花镇	大专	天水市第二中学	中共党员		1995.1 中小学高级教师	
胡好敬	男	1943.2	新阳镇胡大村	本科	天水市第二中学	民进会员		1996.3 中小学高级教师	
李　璟	女	1943.3	兰州市城关区	本科	天水市第二中学	中共党员		1988.5 中小学高级教师	
李祥保	男	1950.8	马跑泉镇崖湾村	大专	天水市第二中学	中共党员	工会主席	2001.12 中小学高级教师	
李正义	男	1936.8	秦州区共和巷 9 号	本科	天水市第二中学	中共党员		1988.1 中小学高级教师	

续表

姓名	性别	出生年月	籍贯	学历	工作单位	政治面貌	职务	技术职称	备注
李周镇	男	1935.6	河南省伊川县	本科	天水市第二中学			1988.1 中小学高级教师	
蒲积录	男	1939.5	中滩镇蒲甸村	大专	天水市第二中学	九三社员		1995.1 中小学高级教师	
孙致美	男	1953.1	秦州区华岐乡	本科	天水市第二中学	九三社员		1998.12 中小学高级教师	
索继昌	男	1938.1	陕西省宝鸡市	大专	天水市第二中学	中共党员		1990.12 中小学高级教师	
汪俊文	男	1944.8	甘谷县大庄乡	本科	天水市第二中学	九三社员		1993.1 中小学高级教师	
吴玉录	男	1951.3	麦积区伯阳路	本科	天水市第二中学	中共党员	书记	2003.12 中小学高级教师	
严广德	男	1938.7	江苏省泰兴市	高中	天水市第二中学	九三社员		1998.5 中小学高级教师	
张业正	男	1938.2	秦州区解放路折桂巷	大专	天水市第二中学	民盟盟员		1990.9 中小学高级教师	
董　敩	男	1937.10	秦州区关子镇	本科	天水市第二中学	民盟盟员	区人大常委会副主任	1988.5 中小学高级教师	民盟北道区主委
王德才	男	1953.4	新阳镇王家庄村	本科	天水市第二中学			2004.12 中学高级教师	
赵映云	男	1954.8	中滩镇背湾村	大专	天水市第二中学	中共党员	书记	2004.12 中学高级教师	
赵会贤	男	1954.8	新阳镇蒲池村	大专	天水市第二中学	中共党员	副校长	2001.12 中学高级教师	
李绥平	男	1954.9	道北街道吕家村	大专	天水市第二中学	中共党员	区督导室副主任	2006.1 中学高级教师	
尹伟巍	男	1954.3	马跑泉镇什字坪村	本科	天水市第二中学	中共党员		2006.1 中学高级教师	
成社会	男	1955.11	秦州区汪川镇	大专	天水市第二中学	民进会员		2007.11 中学高级教师	
罗世芳	男	1957.2	琥珀乡罗家村	本科	天水市第二中学	九三社员		1998.12 中学高级教师	
高建忠	男	1959.11	陕西省西安市	本科	天水市第二中学			2007.11 中学高级教师	
文应中	男	1961.1	中滩镇文沟村	本科	天水市第二中学			2007.11 中学高级教师	

续表

姓名	性别	出生年月	籍贯	学历	工作单位	政治面貌	职务	技术职称	备注
翟武德	男	1962.2	甘肃省武山县	本科	天水市第二中学	民进会员		中学高级教师	
毛仕贤	男	1962.3	中滩镇毛家村	本科	天水市第二中学	中共党员		2001.5 中学高级教师	2004.3 甘肃省骨干教师
霍金胜	男	1962.6	琥珀乡霍家川村	本科	天水市第二中学			2001.12 中学高级教师	
蔺来生	男	1962.12	陕西省户县	本科	天水市第二中学			中学高级教师	
陈海生	男	1963.4	道北街道吕家村	本科	天水市第二中学	中共党员		2004.12 中学高级教师	
裴定胜	男	1963.11	新阳镇裴家峡村	本科	天水市第二中学	中共党员		2004.12 中学高级教师	
李崇巍	男	1963.12	甘肃省平凉市灵台县	本科	天水市第二中学	中共党员		2004.12 中学高级教师	2001 年甘肃省中小学省级骨干教师
王红利	男	1966.3	秦州区太京镇	本科	天水市第二中学	中共党员		2007.11 中学高级教师	
汪钰林	男	1967.2	秦州区汪川乡	本科	天水市第二中学	民盟盟员		2007.11 中学高级教师	
缑建强	男	1968.6	渭南镇缑家庄村	本科	天水市第二中学	中共党员		2007.11 中学高级教师	
李新晓	男	1962.11	中滩镇四合村	本科	天水市第二中学			2001.5 中小学高级教师	
刘晓刚	男	1963.4	花牛镇峡口村	本科	天水市第二中学	中共党员		2000.4 中小学高级教师	
孙亚中	男	1968.9	麦积镇后川村	本科	天水市第二中学	农工党		2005.1 中小学高级教师	
赵　越	男	1968.11	甘肃省礼县	本科	天水市第二中学			2005.1 中小学高级教师	
唐林燕	女	1962.11	河南省淅川县	本科	天水市第二中学	九三社员		2002.2 中学高级教师	
孙静萍	女	1963.5	江苏省南京市	本科	天水市第二中学	九三社员		2002.2 中学高级教师	
张　蓉	女	1963.6	琥珀乡张家寺村	本科	天水市第二中学	中共党员		2007.11 中学高级教师	

续表

姓名	性别	出生年月	籍贯	学历	工作单位	政治面貌	职务	技术职称	备注
强　莹	女	1964.12	陕西省宝鸡市陈仓区	本科	天水市第二中学			2007.11 中学高级教师	
杨喜贵	女	1966.9	甘肃省秦安县	本科	天水市第二中学			中学高级教师	
周世民	男	1943.1	甘肃省徽县	本科	天水市第七中学	中共党员		中学高级教师	1996 年甘肃省特级教师
李仰红	男	1953.5	甘肃省通渭县	专科	天水市第七中学	中共党员	总务主任	中学高级教师	
巴　莉	女	1966.9	河南省巩义市	本科	天水市第七中学			2003.12 中学高级教师	市、区政协委员
郭凤琴	女	1964.9	江苏省丰县	专科	天水市第七中学			2000.12 中学高级教师	
刘蓓佳	女	1966.7	中滩镇渠刘村	本科	天水市第七中学	中共党员		2007.11 中学高级教师	
刘海冰	男	1959.5	渭南镇渭东村	本科	天水市第七中学	中共党员		2007.12 中学高级教师	
吴俊杰	男	1972.2	甘肃省平凉市	本科	天水市第七中学	中共党员	教务主任	2007.8 中学高级教师	
吴彦祥	男	1963.3	河南省漯河市	本科	天水市第七中学	中共党员		1996.12 中学高级教师	
杨玉金	男	1962.9	辽宁省大连市沙河口区	本科	天水市第七中学	中共党员		1998.12 中学高级教师	
朱振荣	女	1937.11	河南省尉氏县	本科	天水市第八中学			1988.1 中学高级教师	
黄稳贞	女	1942.11	甘谷县城关镇	本科	天水市第八中学	民盟盟员		1988.1 中学高级教师	
闫克伦	男	1937.9	秦州区西关街道	本科	天水市第八中学	中共党员	教务主任	1988.1 中学高级教师	
南觉龙	男	1939.12	陕西省西安市雁塔区	本科	天水市第八中学	中共党员		1988.1 中学高级教师	
张明柱	男	1939.2	陕西省汉中市城固县	本科	天水市第八中学	中共党员	书记	1988.5 中学高级教师	
高群生	男	1943.2	陕西省西安市临潼区	本科	天水市第八中学	民盟盟员		1990.12 中学高级教师	1998 年甘肃省特级教师
董　义	男	1944.10	秦州区天水镇	本科	天水市第八中学	中共党员		1993.1 中学高级教师	1998 年甘肃省特级教师

续表

姓名	性别	出生年月	籍贯	学历	工作单位	政治面貌	职务	技术职称	备注
潘幼基	男	1943.2	马跑泉镇潘集寨村	本科	天水市第八中学			1995.1 中学高级教师	
余桂兰	女	1941.5	陕西省汉中市城固县	大专	天水市第八中学			1996.2 中学高级教师	
王纯玉	男	1945.4	秦州区玉泉镇	中专	天水市第八中学	中共党员	副校长	1998.11 中学高级教师	
兰金堂	男	1956.6	秦州区汪川镇	本科	天水市第八中学	中共党员		1998.12 中学高级教师	
霍新民	男	1949.1	琥珀乡霍家沟村	本科	天水市第八中学	中共党员	副校长	2001.12 中学高级教师	
郭保全	男	1957.5	河南省新乡市辉县	本科	天水市第八中学			2001.3 中学高级教师	
郭步奇	男	1963.7	石佛乡三阳村	本科	天水市第八中学	中共党员		2001.3 中学高级教师	
张国科	男	1960.4	陕西省西安市灞桥区	本科	天水市第八中学			2003.12 中学高级教师	
尹力黎	男	1955.12	马跑泉镇团庄村	大专	天水市第八中学	中共党员		2003.12 中学高级教师	2004.3 甘肃省骨干教师
刘彩兰	女	1961.1	社棠镇社棠村	本科	天水市第八中学	民盟盟员		2004.12 中学高级教师	
张如昭	女	1961.8	甘肃省定西市临洮县	大专	天水市第八中学	民盟盟员		2004.12 中学高级教师	
李向东	男	1964.9	秦州区秦岭乡	本科	天水市第八中学	民盟盟员		2006.1 中学高级教师	
曹兆兴	男	1962.5	元龙镇上崖村	本科	天水市第八中学			2007.11 中学高级教师	
张　翀	男	1964.2	石佛乡陶家村	大专	天水市第八中学	中共党员		2007.11 中学高级教师	
王存斗	男	1968.4	元龙镇红星村	本科	天水市第八中学			2007.11 中学高级教师	
董　赟	女	1966.7	元龙镇桑渠村	本科	天水市第八中学			2007.11 中学高级教师	
毛有为	男	1955.10	中滩镇毛家村	本科	天水市第八中学	中共党员	副书记	2007.11 中学高级教师	

续表

姓名	性别	出生年月	籍贯	学历	工作单位	政治面貌	职务	技术职称	备注
白顺安	男	1965.1	中滩镇张白村	本科	天水市第八中学	中共党员		2006.2 中小学高级教师	2000 年省级骨干教师
郭小舟	男	1971.2	麦积区	本科	天水市第八中学	民盟盟员		2006.1 中小学高级教师	
贾世铎	男	1955.2	甘肃省庆阳市环县	本科	天水铁路第一中学	中共党员		中学高级教师	
薛天钧	男	1937.4	河南省南阳市唐河县	本科	天水铁路第一中学	中共党员	校长	1988.6 中学高级教师	
裴浩杰	男	1964.10	新阳镇裴家峡村	研究生	天水市第九中学	中共党员	校长	2004.12 高级教师	
刘慧琴	女	1969.6	清水县金集镇	本科	天水市第九中学	中共党员	副校长	2002.12 高级教师	
俸万强	男	1936.8	广西省恭城瑶族自治县	本科	天水市第九中学	中共党员		1988.6 高级教师	
程桂芳	女	1933.10	山东省济南市	本科	天水市第九中学			1988.6 高级教师	
孙济占	男	1938.8	河南省鹤壁市	本科	天水市第九中学			1988.6 高级教师	
郑书奇	男	1933.2	山东省济南市	本科	天水市第九中学			1989.12 高级教师	
张　健	女	1939.6	河南省开封市	本科	天水市第九中学			1990.12 高级教师	
张洪涛	男	1943.11	河南省林州市	本科	天水市第九中学	中共党员		1991.12 高级教师	
王寿岳	男	1947.1	甘肃省敦煌县	本科	天水市第九中学	中共党员		1991.12 高级教师	
平守光	男	1943.7	河北省宁河县	本科	天水市第九中学			1995.12 高级教师	
闫金海	男	1938.3	河南省郑州市	本科	天水市第九中学			1995.12 高级教师	
张连产	男	1947.1	河北省唐山市丰南县	大普	天水市第九中学			1995.12 高级教师	
车志善	男	1940.7	陕西省合阳县	大专	天水市第九中学			1996.12 高级教师	

续表

姓名	性别	出生年月	籍贯	学历	工作单位	政治面貌	职务	技术职称	备注
阚春光	男	1962.9	安徽省砀山县	本科	天水市第九中学			1997.12 高级教师	
魏毛霞	男	1939.8	甘肃省渭源县	大专	天水市第九中学			1997.12 高级教师	
张留轩	男	1940.11	山东省济南市	本科	天水市第九中学	中共党员		1998.6 高级教师	
刘云喜	男	1961.4	河南省荥阳市	大专	天水市第九中学			1998.12 高级教师	
宋建修	男	1957.1	山东省莱芜市	本科	天水市第九中学	中共党员		1998.12 高级教师	
董秀峰	女	1950.7	河北省徐水县	大专	天水市第九中学	中共党员		1998.12 高级教师	
王亚伟	男	1964.6	河南省伊川县	大专	天水市第九中学			1999.12 高级教师	
吕少林	男	1947.11		大专	天水市第九中学	中共党员		1999.12 高级教师	
周　炳	男	1964.1	河南省新野县	研究生	天水市第九中学	中共党员	副校长	2000.12 高级教师	
刘忠仁	男	1961.8	甘肃省甘谷县	本科	天水市第九中学	中共党员		2000.12 高级教师	
秦为民	女	1957.10		大专	天水市第九中学			2000.12 高级教师	
鲁明耀	男	1961.2	河南省荥阳市	本科	天水市第九中学	中共党员		2001.12 高级教师	2000 年省级骨干教师
杜建勋	男	1965.3	陕西省富平县	本科	天水市第九中学			2001.12 高级教师	
李文栋	男	1964.9	天水市秦州区	研究生	天水市第九中学	中共党员		2001.12 高级教师	
魏　巍	男	1968.5	甘肃省陇西县	本科	天水市第九中学	中共党员		2001.12 高级教师	
杨　鹤	男	1961.7	河北省宁河县	大专	天水市第九中学	中共党员		2001.12 高级教师	
安昌明	男	1968.4	秦安县魏店乡	本科	天水市第九中学			2003.9 高级教师	

续表

姓名	性别	出生年月	籍贯	学历	工作单位	政治面貌	职务	技术职称	备注
关　生	男	1963.2	甘肃省礼县	本科	天水市第九中学	中共党员		2003.9 高级教师	
雒玲玲	女	1966.9	秦安县西川乡	大专	天水市第九中学			2003.9 高级教师	
魏　争	女	1968.11	辽宁省黑山县	本科	天水市第九中学			2003.9 高级教师	
柳玉宝	男	1956.9		本科	天水市第九中学			2004.10 高级教师	
董春霞	女	1963.5	陕西省西安市	本科	天水市第九中学	民主党派		2004.12 高级教师	
杨其明	男	1955.3	石佛乡	本科	天水市第九中学			2006.1 高级教师	
潘格非	男	1947.11	麦积区	大专	天水市第九中学			2006.1 高级教师	
秦富杰	男	1963.4	河南省临颖县	本科	天水市第九中学	中共党员		2007.11 高级教师	
白陶仿	男	1957.2	石佛乡峪口村		天水市第十中学			1998.12 中学高级教师	
张正居	男	1947.1	中滩镇张白村		天水市第十中学			2004.6 中学高级教师	
张仲阳	男	1965.11	中滩镇张白村	本科	天水市第十中学	中共党员		2004.6 中小学高级教师	
王新香	女	1965.9	秦安县西川乡	大专	天水市第十中学			2005.2 中小学高级教师	
牛念祖	男	1950.8	中滩镇毛家村		天水市第十中学	中共党员		2006.2 中学高级教师	
李凤录	男	1954.9	中滩镇漆李村		天水市第十中学	中共党员		2006.2 中学高级教师	
王虎胤	男	1963.8	中滩镇四合村	本科	天水市第十中学			2007.11 中小学高级教师	
裴文魁	男	1964.3	石佛乡朱家河村	本科	天水市第十中学			2007.11 中小学高级教师	
张怀福	男	1958.3	石佛乡石佛村	本科	区委党校	中共党员		1997.4 高级讲师	

续表

姓名	性别	出生年月	籍贯	学历	工作单位	政治面貌	职务	技术职称	备注
罗怀玉	男	1962.6	琥珀乡罗家村	本科	区委党校	中共党员		2007.2 高级讲师	
柳怀英	男	1960.2	甘泉镇朝阳村	本科	区委党校	中共党员		2003.11 高级讲师	
李存保	男	1961.9	花牛镇崔山村	本科	区委党校	中共党员		2003.11 高级讲师	
李迎仓	男	1950.1	秦州区平南镇	本科	区委党校	中共党员		2001.10 高级讲师	
郭仲仓	男	1961.1	石佛乡石佛村	本科	区教体局	党员		2006.1 中学高级教师	
黄建荣	男	1938	秦州区耤口镇	本科	区教育局教研室	中共党员	主任	1986.12 中学高级教师	1994 年甘肃省特级教师
郭子钰	男	1963.5	石佛乡三阳村	本科	区教学研究室	中共党员		2005.10 中小学高级教师	
刘晓刚	男	1958.8	中滩镇渠刘村	本科	区教学研究室	中共党员	主任	2005 中小学高级教师	
雷兆中	男	1956.3	渭南镇张园村	本科	区教学研究室	中共党员	书记	2005.10 中小学高级教师	
奚虎银	男	1962.12	花牛镇二十里铺村	本科	区教学研究室	民革党员	教研员	2005.10 中小学高级教师	
谢国跃	男	1965.7	四川省遂宁市南强区	本科	区教学研究室	中共党员		1999.1 中小学高级教师	
林　岚	女	1964.2	上海市	本科	区教学研究室	民盟盟员		2007.10 中小学高级教师	
刘国辉	男	1949	河南省确山县	大专	区教育体育局电教馆	中共党员	电教馆馆长	1999.3 中学高级专业技术职务	
万录明	男	1957.6	秦州区汪川镇	专科	区招考中心	中共党员	副主任	2003.12 中学高级教师	
朱毓麒	男	1959.12	石佛乡峪口村	本科	区教师进修学校	中共党员	语文教研组组长	1999.12 中学高级教师	2006 甘肃省特级教师,2000 年省级骨干教师
安宏图	男	1925.9	甘肃省通渭县	本科	区教师进修学校	中共党员	校长	1987.5 中学高级教师	

续表

姓名	性别	出生年月	籍贯	学历	工作单位	政治面貌	职务	技术职称	备注
孙维忠	男	1936.12	陕西省三原县	大专	区教师进修学校	中共党员	副校长	1988.5 中专高级讲师	
师光华	男	1939.11	秦州区北关官渠震 1 号	本科	区教师进修学校			1994.7 中专高级讲师	
李子伟	男	1946.4	甘肃省甘谷县	本科	区教师进修学校	中共党员		1994.7 中专高级讲师	
马健行	男	1955.2	甘肃省礼 县	本科	区教师进修学校	中共党员	校长	1998.12 中学高级教师	
黄永恒	男	1953.12	石佛乡黄庄村	本科	区教师进修学校	中共党员	副校长	1998.12 中学高级教师	
夏根有	男	1951.11	石佛乡夏家村	大专	区教师进修学校	中共党员	书记	2001.12 中学高级教师	
左双才	男	1966.8	秦州区秦岭乡	本科	区教师进修学校	中共党员	教务处副主任	2002.12 中专高级讲师	
宋迎喜	男	1963.2	河南省沁阳市	本科	区教师进修学校			2007.1 中专高级讲师	
刘永红	男	1962.5	石佛乡黄新村	本科	区教师进修学校	民革党员		2001.12 中学高级教师	
毛治安	男	1947.10	中滩镇毛家村	大专	区第一职业高级中学	中共党员	党支部书记	2001.2 中学高级教师	
刘延生	男	1941	河北省平山县	本科	区第一职业高级中学	中共党员	副校长	1988.5 中学高级教师	1998 年甘肃省特级教师
郭士义	男	1936	新阳镇赵家庄村	高中	区职业技术学校	中共党员		1986.9 高级教师	
周生祥	男	1963.1	山东省济宁市	大专	区职业中等专业学校			2003.12 中小学高级教师	
王　升	男	1964.9	渭南镇王新村	本科	区职业中等专业学校	中共党员		2007.11 中小学高级教师	
张东周	男	1964.6	麦积镇街亭村	本科	区职业中等专业学校	中共党员	教务主任	2007.11 中小学高级教师	2004 年甘肃省骨干教师
巩秋站	女	1940.8	河北省河间市	本科	区职业中等专业学校			1988.5 中小学高级教师	

续表

姓名	性别	出生年月	籍贯	学历	工作单位	政治面貌	职务	技术职称	备注
刘保康	男	1947.2	渭南镇渭东村	本科	区职业中等专业学校	中共党员		2000.3 中小学高级教师	
殷仲鑫	男	1935.1	河南省洛阳市	本科	区职业中等专业学校			1988.5 中小学高级教师	
吴湘江	男	1932.11	甘肃省通渭县	本科	龙园中学	中共党员	校长	1989.10 高级教师	
任茂文	男	1941.5	山西省孝义县	本科	龙园中学	中共党员		1992.7 高级教师	
陈仰岐	男	1941.10	马跑泉镇三十甸子村	本科	龙园中学			1993.1 高级教师	
程进仓	男	1945.8	渭南镇程家村	本科	龙园中学	中共党员		1996.2 高级教师	
张子峰	男	1953.10	中滩镇张白村	专科	龙园中学			2006.1 高级教师	
周天霞	女	1955.10	甘肃省兰州市	专科	龙园中学			2007.11 高级教师	
文红彦	男	1962.8	中滩镇渠刘村	本科	龙园中学	中共党员	校长	2007.11 高级教师	
王全瑞	男	1963.5	中滩镇四合村	专科	龙园中学	中共党员	校长	2007.11 高级教师	
田方学	男	1943.8	甘泉镇甘泉村	本科	甘泉中学	中共党员		1985.4 中小学高级教师	
张复汉	男	1936.5	甘泉镇甘泉村	本科	甘泉中学	中共党员		1995.1 中小学高级教师	
安应全	男	1960.5	马跑泉镇新胜村	本科	甘泉中学	中共党员		2000.3 中小学高级教师	2004.1 甘肃省骨干教师
张兴亚	男	1962.11	甘泉镇玉兰村	本科	甘泉中学	中共党员	教导主任	2003.12 中小学高级教师	
陈存保	男	1960.7	马跑泉镇大柳树村	本科	甘泉中学	中共党员	校长	2004.12 中小学高级教师	
裴建全	男	1965.8	甘泉镇谢崖村	本科	甘泉中学	中共党员	副校长兼书记	2004.12 中小学高级教师	
黄金仓	男	1966.5	渭南镇黄坪村	本科	甘泉中学	中共党员	校长	2007.11 中小学高级教师	

续表

姓名	性别	出生年月	籍贯	学历	工作单位	政治面貌	职务	技术职称	备注
刘自成	男	1961.1	五龙乡刘家湾村	本科	甘泉中学	中共党员	校长	2007.11 中小学高级教师	
吴兴全	男	1968.8	甘泉镇吴河村	本科	甘泉中学	中共党员	副校长	2007.11 中小学高级教师	
雷进义	男	1963.8	石佛乡周半村	本科	西枝初级中学	中共党员	校长、党支部书记	2004.10 中学高级教师	
裴志明	男	1958.2	新阳镇裴家峡村	本科	新阳中学		副校长	2004.12 中学高级教师	
裴广杰	男	1966.1	新阳镇裴家峡村	本科	新阳中学			2007.11 中学高级教师	
王仰平	男	1963.4	新阳镇王家庄村	本科	新阳中学		副校长	2007.11 中学高级教师	
张兆东	男	1964.7	新阳镇张家坪村	本科	新阳中学			2007.11 中学高级教师	
周志学	男	1964.8	新阳镇周家湾村	本科	新阳中学			2007.11 中学高级教师	
高明生	男	1948.1	琥珀乡高方村	本科	新阳中学	中共党员	书记	2000.6 中学高级教师	
郭万录	男	1942.10	琥珀乡高方村	本科	新阳中学		校长	1987.1 中学高级教师	
王国正	男	1934.8	新阳镇王家庄村	本科	新阳中学		校长	1993.1 中学高级教师	
王秉全	男	1943.6	新阳镇王家庄村	本科	新阳中学			1996.1 中学高级教师	
师好学	男	1937.3	元龙镇红星村	大专	元龙中学			1995.4 中学高级教师	
李清荣	男	1939.1	元龙镇李家沟村	大专	元龙中学			1995.4 中学高级教师	
郭列珠	男	1964.1	元龙镇花石崖村	本科	元龙中学			2004.5 中学高级教师	
李升忠	男	1959.6	东岔镇月林村	大专	元龙中学	中共党员	书记	2007.1 中学高级教师	
杜会强	男	1967.10	元龙镇杜家坪村	本科	元龙中学	中共党员	副校长	2006.1 中学高级教师	

续表

姓名	性别	出生年月	籍贯	学历	工作单位	政治面貌	职务	技术职称	备注
唐时青	男	1934.3	马跑泉镇什字坪村	中师	马跑泉中学			1991.3 中学高级教师	
吴继锋	男	1958.8	马跑泉镇吴家崖村	大专	马跑泉中学			2007.11 中学高级教师	
张会安	男	1961.11	马跑泉镇团庄村	本科	马跑泉中学	中共党员	校长	2001.3 中学高级教师	
潘　梁	男	1962.2	马跑泉镇团庄村	本科	马跑泉中学			2000.6 中学高级教师	
陈永明	男	1967.11	马跑泉镇大柳树村	本科	马跑泉中学			2001.3 中学高级教师	
董进奎	男	1962.10	花牛镇师白村	专科	马跑泉中学			2001.3 中学高级教师	
陈怀亮	男	1956.2	马跑泉镇慕滩村	大专	潘集寨学校	中共党员	校长	2007.11 中学高级教师	
蔺永忠	男	1961.8	甘泉镇高庄村	大专	花牛中学	中共党员	校长	2001.12 中学高级教师	
何　义	男	1953.6	元龙镇杜家坪村	大专	花牛中学			2001.4 中小学高级教师	
郭万学	男	1963.3	石佛乡杨庄村	本科	花牛中学	中共党员		2007.11 中小学高级教师	
王虎林	男	1962.7	石佛乡石佛村	本科	花牛中学	中共党员	校长	2007.11 中小学高级教师	
尤文斌	男	1966.8	甘泉镇屈坪村	本科	石佛中学	中共党员	校长	中学高级教师	
缑贵仓	男	1963.6	中滩镇汪李村	大专	石佛中学	中共党员	副校长	2006.1 中学高级教师	
高爱明	男	1971.12		本科	中滩中学			2007.11 中小学高级教师	
董卫东	男	1968.1	甘泉镇屈坪村	本科	街子初级中学	中共党员	副校长	中学高级教师	
张利民	男	1968.7	甘泉镇玉兰村	本科	街子初级中学	中共党员		2007.11 中学高级教师	
王务本	男	1963.3	新阳镇王家庄村	本科	温家集初级中学	中共党员	书记	2004.6 中小学高级教师	

续表

姓名	性别	出生年月	籍贯	学历	工作单位	政治面貌	职务	技术职称	备注
温东茂	男	1966.11	新阳镇温家集村	本科	温家集初级中学			2001.5 中小学高级教师	
王忠林	男	1966.10	新阳镇石家坡村	本科	温家集初级中学	中共党员	总务主任	2002.4 中小学高级教师	
石熠璘	男	1968.7	新阳镇石家坡村	本科	温家集初级中学	中共党员	副校长	2005.1 中小学高级教师	
朱国才	男	1962.7	石佛乡峪口村	本科	渭南初级中学		副校长	2006.1 中学高级教师	
刘诗钢	男	1962.7	湖南省邵阳县	大专	渭南初级中学			2007.11 高级教师	
王映祥	男	1956.2	渭南镇崔范村	大专	渭南初级中学	中共党员	总务主任	2007.11 高级教师	2001.7 甘肃省骨干教师
卢具祥	男	1951.8	渭南镇霍卢村	大专	渭南初级中学	中共党员		2006.1 高级教师	
刘海祥	男	1955.11	渭南镇渭东村	本科	渭南初级中学	中共党员		2003.12 高级教师	
台应仓	男	1947.12	渭南镇杨王村	大专	渭南初级中学	中共党员		2003.12 高级教师	
冯田地	男	1958.5	伯阳镇复兴村	大专	伯阳初级中学	中共党员		2007.11 中学高级教师	
夏时亭	男	1956.10	伯阳镇伯阳村	大专	伯阳初级中学	中共党员	书记	2003.7 中学高级教师	
刘福生	男	1958.8	伯阳镇兴仁村	大专	伯阳初级中学	中共党员		2006.1 中学高级教师	
王金铭	男	1962.10	伯阳镇复兴村	大专	伯阳初级中学			2007.11 中学高级教师	
高海祥	男	1968.9	伯阳镇高坪村	大专	伯阳初级中学	中共党员	副校长	2007.11 中学高级教师	
杨公祐	男	1947.4	三岔乡太碌村	大专	吴砦初级中学	中共党员	校长	2001.4 中小学高级教师	
张怀来	男	1949.5	五龙乡	大专	五龙初级中学			2005.1 中学高级教师	
郭美英	女	1953.10	甘肃省徽县	大专	道南小学	中共党员	副校长	中学高级教师	2003 年甘肃省特级教师
毛智君	女	1958.4	中滩镇毛家村	大专	道南小学	中共党员		中学高级教师	2004 年甘肃省骨干教师、2006.12 省特级教师

续表

姓名	性别	出生年月	籍贯	学历	工作单位	政治面貌	职务	技术职称	备注
高世民	男	1962.4	中滩镇演营村	大专	实验小学	中共党员	副校长	中学高级教师	2002.9 甘肃省骨干教师
闫喜平	男	1964.6	马跑泉镇闫家庄村	本科	马跑泉中心学校	中共党员	校长	2007.12 中学高级教师	
陈根祥	男	1961.11	马跑泉镇慕滩村	大专	马跑泉中心学校	中共党员	副校长	2007.1 中小学高级教师	
张怀玉	男	1969.10	渭南镇张石村	本科	马跑泉中心学校	中共党员		2007.1 中小学高级教师	
刘玉田	男	1958.1	社棠镇社棠村	中专	花牛中心学校	中共党员	校长	2007 年中学高级教师	2005.9 甘肃省特级教师
李明生	男	1963.3	社棠镇步沟村	大专	花牛中心学校	中共党员	副校长	2007 年中学高级教师	2004.9 甘肃省骨干教师
逯守增	男	1956.7	甘肃省秦安县	本科	花牛中心学校	中共党员	书记	2001 年中学高级教师	
徐永禄	男	1936.8	四川省仁寿县	本科	花牛中心学校	中共党员	校长	1981 年中学高级教师	
胡文清	男	1939.12	天水市秦州区	本科	花牛中心学校	中共党员		1988 年中学高级教师	
程皖	男	1938.1	江苏省常州市武进县	本科	花牛中心学校		校长	1988 年中学高级教师	
上官翠华	女	1935.6	黑龙江省巴彦县	大专	花牛中心学校	中共党员	教务主任	1988 年中学高级教师	
赵宪忠	男	1939.7	陕西省扶风县	本科	花牛中心学校	中共党员	副校长	1992 年中学高级教师	
王昌启	男	1940.9	江苏省南京市	本科	花牛中心学校			1995 年中学高级教师	
张喆生	男	1937.5	天水市秦州区	本科	花牛中心学校			1995 年中学高级教师	
陈　栋	男	1940.8	河北省石家庄市	本科	花牛中心学校	中共党员	书记、副校长	1996 年中学高级教师	
张怀义	男	1953.2	石佛乡浊山村	大专	石佛中心学校			2006.2 中学高级教师	
黄景明	男	1962.12	石佛乡黄庄村	大专	石佛中心学校	中共党员	总务主任	2007.11 中学高级教师	

五、区内享受政府特殊津贴者

姓名	性别	出生年月	籍贯	学历	工作单位	从事专业	政治面貌	职务	技术职称	备注
郑克强	男	1939.10	河北省安国县	本科	小陇山林业实验局	林业	中共党员	副局长	高级工程师	1992年享受政府特殊津贴
安定国	男	1932.10	甘肃省甘谷县	本科	小陇山林业实验局	植物生理化学、林业	中共党员	植物园副主任	正高级工程师	1992年享受政府特殊津贴
张俐清	女	1944		本科	天水市植保站	农技推广			研究员	
李文通	男	1940.3	四川省南充市	本科	天水市第二人民医院	骨科	中共党员	主任	副主任医师	
张洪涛	男	1943.11	河南省林州市	本科	天水铁路职工子弟第一中学	中学教学	中共党员	校长	中学高级教师	
刘尚志	男	1936	伯阳镇兴仁村	本科	区农技中心	农技推广	中共党员		高级农艺师	
王录学	男	1936	新阳镇沿河村	本科	区植保推广站	植物保护		站长	高级农艺师	
马生烈	男	1939	甘肃省庄浪县	中专	区园艺站	果树栽培	中共党员	副总工程师	高级农艺师	
王先儒	男	1941		大专	甘肃省绒线厂	毛纺染色	中共党员	总工程师	高级工程师	
康聚廷	男	1940.10	河南省伊川县	本科	天水风动工具厂	机制、经营管理	中共党员	厂长（1988–1996）	高级工程师	
刘东生	男	1934.7	天津市	本科	天水风动工具厂	机制、设计管理	中共党员	厂长（1981–1988）、总工程师（1988–）	高级工程师	
杨敷祈	男	1937	江苏省太仓市	本科	天水风动工具厂	机制、产品设计			高级工程师	
朱仲荣	男	1936.2	上海市	本科	天水风动工具厂	机制、产品设计	中共党员		高级工程师	

续表

姓名	性别	出生年月	籍贯	学历	工作单位	从事专业	政治面貌	职务	技术职称	备注
肖崇昆	男	1936.6	四川省乐山市	本科	天水风动工具厂	机制、技术管理	中共党员	副总工程师	高级工程师	
张玉成	男	1941	吉林省东辽县	本科	天水风动工具厂	机制	中共党员	所长	高级工程师	
赵宝玉	男	1938.9	辽宁省沈阳市	本科	天水风动工具厂	机制、技术标准化			高级工程师	
陈炎锐	男	1935.12	广东省潮安县	本科	天水风动工具厂	热处理工艺	中共党员		高级工程师	
卢宗清	男	1938.2	江西省上饶市	本科	天水风动工具厂	锻压、产品工艺	中共党员	科长	高级工程师	
孙敬彬	男	1941.12	山东省	本科	天水风动工具厂	锻压热加工、产品工艺	中共党员		高级工程师	
马恩然	男	1944.6	陕西省米脂县	本科	天水风动工具厂	产品设计		副主任	高级工程师	
耿志君	男	1950	河南省滑县	本科	天水风动机械有限公司	经营管理	中共党员	董事长、总经理、党委书记	高级工程师	
李维谦	男	1957.1	浙江省宁波市	研究生	天水星火机床公司	企业管理与技术	中共党员	董事长兼总经理	正高级工程师	甘肃省科技功臣
杨祥瑞	男	1953. 5	河南省虞城县	中技	天水星火机床公司	木型与铸石零件		工人	高级技师	全国机械技能大师
史蜀骥	男	1942.10	浙江省东阳市	本科	天水锻压机床厂				高级工程师	
段家训	男	1935	云南省大理白族自治州	本科	天水矿产勘查院	地质化探	中共党员	总工程师	化探高级工程师	国务院津贴

六、区籍在外人员

(一)本籍在外担任机关和企事业单位正县级以上领导职务人员

姓名	性别	出生年月	籍贯	学历	政治面貌	工作单位	职务	任职起止时间	备注
李升堂	男	1934	中滩镇四合村	中专	中共党员	中央办公厅毛主席纪念堂管理局	局长		
任法融	男	1936.6	新阳镇席寨村	小学		全国政协民族宗教事务委员会、中国道教协会	全国政协常委、民族宗教事务委员会副主任,中国道教协会会长	2005–2007	
王宗礼	男		五龙乡中庄村			农业部畜牧业司	副司长		
杨长喜	男	1948.11	石佛乡石佛村	本科	中共党员	国务院办公厅机要室	副部级机要员	2007	退休
杜元文	男	1957.5	党川乡观音村	本科	中共党员	中华全国铁路总工会	组织部部长	2007.1–	
高旺盛	男	1963.8	琥珀乡高方村	博士研究生	中共党员	中国农业大学农学院	发展规划处处长	2006–	教授(2000)、博士生导师
潘石屹	男	1963.11	马跑泉镇石咀村	大专		SOHO中国有限公司	董事长兼总经理		
安德明	男	1968.10	麦积镇街亭村	博士研究生		中国社会科学院文学研究所	民间文学研究室副主任	2005.8–	
谢积强	男	1965.4	中滩镇谢坪村	本科	中共党员	国家审计署驻兰州特派员办事处	行政事业审计处处长	2007.3–	
潘自力	男	1964.5	马跑泉镇石咀村	硕士研究生	中共党员	国家林业部驻兰州专员办综合处	处长	2005.12–	
刘天明	男	1955.9	麦积区	本科	中共党员	甘肃省煤炭安全生产监督管理局	局长、党组书记	2005.5–	
李克庆	男	1966.11	渭南镇王李村	博士研究生	中共党员	北京科技大学资源工程系	书记	2003–	教授
白启家	男	1936.10	中滩镇张白村	高中	中共党员	中央办公厅机要局研究所	所长		退休

续表

姓名	性别	出生年月	籍贯	学历	政治面貌	工作单位	职务	任职起止时间	备注
邓成城	男	1937	花牛镇邓庄村	本科	中共党员，民革成员	甘肃省政协	全国政协常委、甘肃省政协副主席，民革甘肃省主委	1996–2007	
毛敌非	男	1931	渭南镇毛家村	大专	中共党员	甘肃省人民政府	秘书长		
赵养廷	男	1932	中滩镇丁赵村	本科	中共党员	甘肃省政协科教文卫委员会	主任		
李生林	男	1943.10	中滩镇四合村	本科	中共党员	甘肃省人大常委会民族侨务委员会	主任		退休
何文元	男	1949.12	甘泉镇吴家寺村	本科	中共党员	甘肃省政协社会和法制委员会	副主任、省人民政府参事	2007.1–	
王致祥	男	1931	马跑泉镇崖湾村	大专	中共党员	甘肃省对外经济贸易委员会	副主任		
裴双伍	男	1944	新阳镇裴家峡村		中共党员	甘肃省残疾人联合会	宣传部部长		
赵志福	男	1947.9	渭南镇渭西村	本科	中共党员	甘肃省公路局	局长、党委书记	1998–2007	
张文学	男	1962.6	渭南镇张石村	本科	中共党员	甘肃省委统战部	副部长		
赵少智	男	1963.4	三岔乡	研究生	中共党员	甘肃省委台湾工作办公室	主任	2004.9–	
刘雁云	女	1941.11	渭南镇刘家庄村	本科	中共党员	省劳动和社会保障学会	会长	2002–2007	
缑维藩	男	1960.10	中滩镇缑杨村	本科	中共党员	甘肃省人力资源和社会保障厅	副巡视员、省外国专家局局长、副厅长	2006.11–	
温隆家	男	1954.5	新阳镇温家集村	本科	中共党员	甘肃省工业和信息化委员会	副主任	2006–	
董建平	男	1956.10	花牛镇	本科	中共党员	甘肃省地税局	副局长		
张世恩	男	1958.12	石佛乡洩山村	本科	中共党员	甘肃省投资贸易促进局	局长		

续表

姓名	性别	出生年月	籍贯	学历	政治面貌	工作单位	职务	任职起止时间	备注
王韶珊	男	1954.7	新阳镇王家庄村	研究生	中共党员	兰州市人大常委会	副主任	2006.2–	
赵长泰	男	1949.7	中滩镇丁赵村	大专	中共党员	甘肃省委老干部工作局	副巡视员	2003–	
毛志祥	男	1958.9	中滩镇毛家村	本科	中共党员	甘肃省委组织部举报中心	主任		
谢维真	男	1956.1	中滩镇谢坪村	大专	中共党员	甘肃省委办公厅印刷厂	党组书记	2005.5–	
杜振华	男		新阳镇杨岘村			甘肃省扶贫办	副主任		
裴双武	男		石佛乡			甘肃省残联	副理事长		
严志坚	男	1963.3	石佛乡严山村	本科	中共党员	兰州市安宁区政府，兰州经济技术开发区	区委副书记、区长，开发区管委会主任		
王作谊	男	1965.11	石佛乡咀王村	研究生	中共党员	甘肃省林业厅	办公室主任、省绿化办副主任		
缑进学	男	1958.11	中滩镇缑杨村	大专	中共党员	甘肃省委办公厅机要交通处	处长		
董明有	男	1957.11	渭南镇渭红村	本科	中共党员	甘肃省委办公厅秘书一处	正处级秘书	2006–	
李福胜	男	1964.2	马跑泉镇闫家庄村	硕士研究生	中共党员	甘肃省委巡视工作办公室	处长	2004.3–	
尚　天	男	1950.8	花牛镇赵崖村	本科	中共党员	甘肃省社保厅劳动监察处	处长	2002–	
王保定	男	1954.7	中滩镇渠刘村	大专	中共党员	甘肃省建设厅建设市场管理办公室	主任	2000–	
安启业	男	1953.2	花牛镇安坪村	大专	中共党员	甘肃省物价局成本处	处长	1984–	
李玉仓	男	1952.3	中滩镇漆李村	本科	中共党员	甘肃省物资局	办公室主任兼机关党委副书记	1993.4–2001.1	

续表

姓名	性别	出生年月	籍贯	学历	政治面貌	工作单位	职务	任职起止时间	备注
杨玉成	男	1955.4	社棠镇柏林村	本科	中共党员	西北区域气候中心甘肃省气象局	书记	2007–	高级工程师
余晓东	男	1963.2	中滩镇余峡村	本科	中共党员	甘肃省计生委流动人口管理处	处长	2004–2007	
曹粉翠	女	1958.8	渭南镇渭西村	研究生	中共党员	甘肃省财政厅企业处	调研员	2007.4–	
赵天恩	男		渭南镇团庄村			甘肃省水利厅对外公司	总经理		
景天孝	男		渭南镇			甘肃省地震局应急救援处	处长		
吴佩杰	男		渭南镇			甘肃省委档案室机要室	主任		
王仰信	男	1956.4	新阳镇沿河村	研究生	中共党员	甘肃省农行资产负债处	处长	2007.3–	
温贵生			新阳镇温糇村			甘肃省农垦局	办公室主任		
周建明	男		社棠镇			甘肃省直机关工委	纪委书记		
李让绪	男	1968.7	东岔镇乍岭村	本科	中共党员	甘肃省乡镇企业局人事处	调研员	2005.11–	
王华洲	男		五龙乡小窑村		中共党员	甘肃省盐务管理局天水分局、天水盐业分公司	局长兼经理		
刘荣芳	男	1964.10	元龙镇关峡村	本科	中共党员	甘肃省检察院反贪局	副局长	2005–	
赵长才	男	1944	中滩镇赵崖村		中共党员	甘肃日报社	总编		
张泽远	男	1974.5	马跑泉镇团庄村	本科	中共党员	新华社甘肃分社	副总编	2007.4–	
冯来定	男	1955.11	元龙镇冯川村	本科	中共党员	甘肃长源建筑设计院	院长	2003–	
王德全	男	1939	渭南镇苏景村		中共党员	甘肃省税务学校	校长		
县　昂	男	1948.9	麦积镇	本科	中共党员	小陇山林业实验局	副局长、副书记	1995.9–	

续表

姓名	性别	出生年月	籍贯	学历	政治面貌	工作单位	职务	任职起止时间	备注
马太祥	男	1955.9	党川乡马坪村	本科	中共党员	小陇山林业实验局	纪委书记	2004.10–	
王文杰	男	1930.11	三岔乡黄龙村	初师	中共党员	小陇山林业实验局	党委书记	1983.12–1992.7	
廖仲元	男	1952	甘泉镇廖庄村		中共党员	甘肃省建九公司	总经理		
周德有	男	1932	甘泉镇玉兰村		中共党员	兰州铁路局总工会	主席		
县文才	男	1935	花牛镇毛集村		中共党员	兰州市体育训练基地	主任		
张维谟	男	1925	甘泉镇屈坪村		中共党员	酒泉地区工业局	局长		
陈有海	男	1942	渭南镇渭红村		中共党员	兰州化学工业公司	党委办公室主任		
张起文	男	1947	渭南镇青宁村		中共党员	金川有色金属公司动力厂	党委书记		
黄永怀	男	1950	石佛乡黄庄村		中共党员	兰州化学工业公司西固分厂	党委书记、厂长		
杨广增	男		石佛乡石佛村			兰州市建委	主任		
王秉玺	男		石佛乡石佛村			兰州铁路银行计算中心	总经理		
黄高保	男	1965.11	石佛乡黄庄村	研究生	中共党员	甘肃农业大学	校长		教授,博士研究生导师
张和平	男	1964.5	中滩镇张白村	博士研究生	九三学社社员	兰州大学数学与统计学院	院长	2006–	教授(1999),博士研究生导师
陈　春	男	1961.12	马跑泉镇龙槐村	研究生	中共党员	西北师大统战部	部长	2004–	
张建忠	男	1963.2	甘泉镇峡门村	本科	中共党员	西北师大教育科学院	书记	1999–	

续表

姓名	性别	出生年月	籍贯	学历	政治面貌	工作单位	职务	任职起止时间	备注
阮虎生	男		琥珀乡			中国科学院兰州化学物理研究所	所长		
卢晓全	男	1966.1	新阳镇温家集村	博士研究生	中共党员	西北师大学位办公室	主任，兼研究生学院副院长	2000.12–	
王小宇	男	1960.7	新阳镇王家庄村	本科	中共党员	甘肃省政府国有资产监督管理委员会	处长	2006–	
田宝忠	男	1954	石佛乡石佛村	研究生	中共党员	张掖市	市委书记、人大常委会主任	2004.7–	
安想忠	男	1956.10	五龙乡安家山村	本科	中共党员	张掖市发展和改革委员会	主任	2005.5–	退休
王大睿	男	1963.2	新阳镇王家庄村	本科	中共党员	中共陇南市徽县	县委书记，陇南市市长助理	2002–2006，2006–	高级政工师
李天成	男	1935	社棠镇步沟村		中共党员	两当县人大常委会	主任		
毛文翰	男	1933	甘泉镇玉兰村		中共党员	庆阳师范学院	书记		
卢振奎	男		渭南镇			长庆油田石油管理处	处长		
王三虎	男		三岔乡			玉门石油管理局驻京办	主任		
赵文华	男	1939.8	三岔乡前进村	初中	中共党员	天水市委统战部、政协天水市委员会	部长、副主席	1995.12–2000.3	
于仲德	男	1953.2	甘泉镇高庄村	研究生	中共党员	天水市委	副秘书长，办公室副主任	2003–	退休
何天成	男	1956.2	甘泉镇窑庄村	本科	中共党员	天水市机构编制委员会办公室	主任，兼市委组织部副部长	2006–	
仙松涛	男	1964.6	麦积镇永庆村	研究生	中共党员	天水市委政策研究室	主任、市委副秘书长	2007	
师平安	男	1962.11	花牛镇师白村	本科	中共党员	天水市委办公室	市委副秘书长、办公室主任		
裴建军	男	1962.3	新阳镇裴家峡村	研究生	中共党员	天水市委研究室	副主任、调研员	2004–	
王全忠	男	1937.7	马跑泉镇胡王村	本科	中共党员	天水市人大常委会	副主任	1991.4–1996.3	
田兴齐	男	1941	石佛乡石佛村	本科	中共党员	天水市人大常委会	副主任		退休

续表

姓名	性别	出生年月	籍贯	学历	政治面貌	工作单位	职务	任职起止时间	备注
白志家	男	1949.2	中滩镇张白村	本科	中共党员	天水市人大常委会	副主任	2001.4–	退休
廖文甫	男	1933	甘泉镇廖庄村		中共党员	天水市人大教科文卫委员会	主任		
冯　超	男	1931	元龙镇冯川村		中共党员	天水市人大农委	主任		退休
雷升杰	男	1945.4	新阳镇凌尧村	本科	中共党员	天水市政府	副秘书长、办公室主任	1996–	退休
雷天录	男	1961.12	石佛乡峪口村	大专	中共党员	天水市政府	副秘书长（正县级）	2002.4–	
丁长胜	男	1935.12	新阳镇沿河村	本科	中共党员	政协天水市委员会	副主席		退休
白朝德	男	1952.6	元龙镇白家庄村	本科	中共党员	政协天水市委员会	副主席	2004.4–	
陶元德	男	1949.12	石佛乡陶家村	大专	中共党员	政协天水市委员会	副主席	2005.12–	
杨发元	男	1958.3	石佛乡杨庄村	本科	民建会员	政协天水市委员会	副主席，民建天水市委主委	2007.2–	
王庆元	男	1941.10	新阳镇温家集村	本科	中共党员	政协天水市委员会	副主席	1996–2001	退休
王　一	男	1944.11	新阳镇王家庄村	本科	中共党员	政协天水市委员会	副主席	2001–2005	退休
丁万昌	男	1933.3	新阳镇沿河村	高中	中共党员	政协天水市委员会	秘书长	1985–1990	退休
刘少荣	男	1944.3	渭南镇渭东村	本科	中共党员	天水市政协文史委员会	主任	2000–2007	2007年退休
王想明	男	1960.12	新阳镇王家庄村	本科	中共党员	天水市纪委	审理室主任	2005–	
胡继忠	男		新阳镇温家集村		中共党员	天水市纪委	秘书长		
赵德明	男	1929	渭南镇张园村		中共党员	天水市检察院	检察长		退休
刘天红	男	1954	甘泉镇谢崖村		中共党员	天水市检察院	副检察长		

续表

姓名	性别	出生年月	籍贯	学历	政治面貌	工作单位	职务	任职起止时间	备注
周　全	男	1963.12	元龙镇红星村	本科	中共党员	天水市检察院	副检察长	2005.8–	
张存录	男	1954.3	五龙乡张强村	本科	中共党员	天水市法院	副院长	2005–	
陶志安	男		石佛乡陶家村		中共党员	天水市水利局	局长		退休
窦正安	男	1954.2	渭南镇窦峡村	本科	中共党员	天水市交通局	局长、党组书记	2006.4–	
李景林	男	1930.12	琥珀乡西山村		中共党员	天水市农牧局	局长	1983–1986	
刘来生	男	1957.6	中滩镇渠刘村	本科	中共党员	天水市扶贫开发办公室	党组书记、主任	2007.2–	
蒲效仁	男	1935	中滩镇蒲甸村		中共党员	天水市委党史资料征集办公室	主任	1987.1–1991.4	
朱毓中	男	1954.3	石佛乡峪口村	大专	中共党员	麦积山石窟艺术研究所	书记、副所长	2001.7–	退休
朱庆彰	男	1933.9	石佛乡峪口村	本科	中共党员	天水市广播电视局	局长	1984.12–1985.6	高级教师
董保国	男	1959.9	麦积镇	本科	中共党员	天水市森林公安局	局长		
王宝玉	男		中滩镇后川村			天水市供电局	局长		
蒲朝晖	男	1959.8	中滩镇蒲甸村	本科	中共党员	天水市卫生局	局长		
董银喜	男	1956.10	麦积镇街亭村	本科	中共党员	天水市公安局	副局长（正县级）	2000.8–	
范具福	男	1959.6	渭南镇渭西村	研究生	中共党员	天水市教育局	副局长，兼甘肃电大天水分校党委书记	2005–	
霍卫平	男	1962.11	琥珀乡	研究生	民革党员	民革天水市委，天水市水利局	主委，副局长	2006.12–	
李骥云	男	1954.3	花牛镇高湾村	本科	中共党员	天水市交通局	副局长，兼天水市国防动员委员会交通占地办公室主任（正县级）	1994–	

续表

姓名	性别	出生年月	籍贯	学历	政治面貌	工作单位	职务	任职起止时间	备注
温晓东	男	1954.7	花牛镇卜王村	大专	中共党员	天水市残联	理事长		
黄国宗	男	1949.11	石佛乡黄庄村	本科	中共党员	天水市公安局交警支队	副支队长（正县级）	1995–	退休
赵文强	男	1956.5	渭南镇张园村	研究生	中共党员	天水市发改委	常务副主任（正县级）	2002–	
张召泰	男	1941	渭南镇张石村		中共党员	天水公路总段	段长、党委书记		
杨英杰	男	1954.5	元龙镇青龙村	本科	中共党员	天水师范学院电化教育中心	联合党支部书记	2007	
吴江峰	男	1969.10	渭南镇	本科	中共党员	天水师范学院招标办	主任		助理研究员
刘志林	男	1963.4	渭南镇	本科	中共党员	天水师范学院政法学院	书记		助理研究员
霍存福	男	1966.4	琥珀乡霍家川村	本科	中共党员	天水师范学院数学与统计学院	党总支书记		助理研究员
张志仁	男	1943.10	社棠镇下曲村	本科	中共党员	天水市委党校	副校长	1991–2004	副教授
杨虎林	男	1953.4	渭南镇杨赵村	本科	中共党员	秦州区人大常委会	主任、党组书记	2007.1–	
霍秀清	女	1955.10	琥珀乡霍家川村	本科	中共党员	秦州区政协	主席、党组书记	2007.1–	退休
王保仓	男	1945.5	中滩镇后川村	大专	中共党员	天水市公安局	副局长		
王全社	男	1963.9	三岔乡黄龙村	研究生	中共党员	天水市检察院	党组成员、正县级检察员	2007.1–	
雷　鸣	男	1962.3	新阳镇王家庄村	研究生	中共党员	中共清水县委	县委书记	2004.11–	
王振宇	男	1962.9	石佛乡咀王村	本科	中共党员	甘谷县政府	县委副书记、县长	2006.4–	
阮珠有	男	1955.11	甘泉镇八槐村	本科	中共党员	清水县人大常委会	主任	2007.1–	

续表

姓名	性别	出生年月	籍贯	学历	政治面貌	工作单位	职务	任职起止时间	备注
李光忠	男		社棠镇			中共甘谷县委	县委书记		退休
李英瑞	男	1932	马跑泉镇潘集寨村		中共党员	新疆阿克苏地区医院	院长		
毛治宗	男	1946	中滩镇毛家村	本科	中共党员	新疆财经学院	党委常委、副院长	2007.3–	
张克源	男	1933.10	花牛镇峡口村	研究生	中共党员	内蒙古自治区党委宣传部新闻出版处	处长	1972–1984	主任编辑(1999)
王宗仁	男	1941.3	三岔乡新岔村	高中	中共党员	内蒙古自治区党委机要局	局长(正厅级)	1997–2001	
王邱文	男	1962.2	元龙镇后庄村	本科	中共党员	南京森林公安高等专科学校	副书记	2002–	高级工程师
缑玉玺	男		中滩镇缑杨村			宁夏自治区乡镇企业局	局长		
何世全	男	1958.2	甘泉镇廖庄村	本科	中共党员	陕西省委办公厅行政处	调研员	2005–	
黄思光	男	1964.11	石佛乡黄庄村	博士研究生	中共党员	共青团陕西省委、陕西青年职业学院	共青团陕西省委党组成员、陕西青年职业学院党委书记	2006.5–	
宋全义	男	1953.3	三岔乡北峪村	研究生	中共党员	广东省深圳市安全局	副局长(正厅级)	2002–	退休
李志义	男	1959.3	中滩镇汪李村	博士研究生	中共党员	大连理工大学	副校长、党委常委	2006.8–	
王　卓	男	1957.2	新阳镇王家庄村	研究生	中共党员	海南省人事劳动保障厅公务员管理处	处长		

(二)本籍在外担任中国人民解放军正团级以上军职人员

姓名	性别	出生年月	籍贯	学历	政治面貌	工作单位	职务	任职起止时间	备注
胡爱祖	男	1945	新阳镇胡大村	大专	中共党员	中国国防大学国防研究系	主任		少将（退休）
董保全	男		渭南镇麻家坪村			西安军分区	司令员		
张继杰	男		中滩镇张白村			陕西省宝鸡军分区	司令员		
马炯锦	男	1940.4	琥珀乡马家坡村	大专	中共党员	甘肃省军区武威军分区	副司令员	1990–1995	
王三有	男		石佛乡			中国人民解放军总医院	副院长		退休
王焕杰	男	1932	新阳镇王家庄村		中共党员		师长,对越自卫反击战中一度任副军长		
何元成	男		甘泉镇吴家寺村			新疆军区	师长		
白月友	男	1941	中滩镇张白村	大专	中共党员	北京“八一”军体大队	队长、政委(正师级)		高级教练
张向阳	男	1952	三岔乡前进村	本科	中共党员	北京军区空军研究所	政委（正师职）		大校军衔
崔立德	男	1934	渭南镇团庄村		中共党员	解放军总政治部	师政委		大校军衔
何全堂	男		甘泉镇吴家寺村			济南军区	师政委		
胡国玺	男	1931	新阳镇蒲池村		中共党员	广东大亚湾海洋调查大队	政委		
尚拜喜	男	1961	甘泉镇金胡村		中共党员	解放军总装备部工程设计研究总院	政委		
胡禄林	男		新阳镇胡大村			咸阳市预备役师	政委		
魏克勤	男		社棠镇			第二炮兵司令部			大校军衔

续表

姓名	性别	出生年月	籍贯	学历	政治面貌	工作单位	职务	任职起止时间	备注
张　赛	男	1956.7	马跑泉镇团庄村	博士研究生	中共党员	武警部队后勤学院附属医院	副院长(副师职)兼武警脑科医院(天津)院长	2007–	少将(副部级)、主任医师、教授、博士研究生导师、博士后工作站指导教师
李方成	男	1931	甘泉镇甘泉村		中共党员	广州军区高炮师	副师长		
岳　辉	男	1938	五龙乡岳家湾村		中共党员	新疆武警总医院	副政委		
王希科	男	1956.5	麦积区	研究生	中共党员	新疆生产建设兵团农八师	副政委、石河子市党委常委	2001.2–	
程重阳	男		渭南镇程家村			国防大学战略教研部	政治教官		教授
缑维藩	男	1960.10	中滩镇缑杨村	本科	中共党员	酒泉卫星发射中心试验技术部	副主任（副师职）	2004.6–2006.11	
宋全义	男	1953.3	三岔乡北峪村	研究生	中共党员	兰州空军政治部	保卫部部长	1996–2000	退休
缑保安	男		中滩镇缑杨村			武警新疆总队后勤部	部长		退休
高宇锋	男	1963.12	党川乡冷水河村	本科	中共党员	酒泉卫星发射中心落区测量试验部	副参谋长（正团级）	2003.1–2007.11	
黄国琮	男	1949	石佛乡黄庄村		中共党员	新疆步兵第八师炮兵团	团长		

续表

姓名	性别	出生年月	籍贯	学历	政治面貌	工作单位	职务	任职起止时间	备注
胡筱龙	男	1969	马跑泉镇胡王村		中共党员	解放军某部队	团长	2004–2006	
王积恩	男	1967.7	渭南镇王集村	本科	中共党员	解放军某部队	团长	2004.6–	
淮林虎	男		东岔镇			酒泉卫星发射基地	团长		
尤永辉	男	1973.1	甘泉镇屈坪村	本科	中共党员	空军某部队	团参谋（正团职）		工程师
文竑烜	男	1969.5	中滩镇文岔村	硕士研究生	中共党员	海军政治部办公室	秘书处处长（正团职）	2005.6–	
张晓龙	男	1964.2	社棠镇下曲村	本科	中共党员	公安边防部队广州指挥学校	政治部副主任（正团职）	2007–	
李玉仓	男	1952.3	中滩镇漆李村	本科	中共党员	西安陆军学院	正团职政治教官	1990.8–1992.10	
陈万生	男	1949	麦积区	大专	中共党员	新疆军区总医院政治部	主任		
王建邦	男	1947	石佛乡杨庄村		中共党员	新疆军区后勤部三十分部	财务处长		
马宗仓	男		中滩镇			甘肃省军区测绘大队	大队长		
杨荣奎	男	1933	石佛乡杨庄村		中共党员	甘肃省军区干部休养所	政委		
张　斌	男		社棠镇			兰州陆军总院	科主任		
董银生	男	1950.6	麦积镇街亭村	大专	中共党员	兰州军区总医院营养科	主任	1996–2007	副主任医师
李双成	男		社棠镇			天水预备役旅	副政委		
胡智忠	男	1943	马跑泉镇胡王村		中共党员	甘肃省临潭县人民武装部	政委		

(三)本籍在外副高职以上专业技术人员

姓名	性别	出生年月	籍贯	学历	政治面貌	工作单位	职务	技术职称	备注
霍松林	男	1921.9	琥珀乡霍家川村	本科	中共党员、民盟盟员	陕西师范大学文学院	名誉院长、博士生导师	教授	著名学者
漆永新	男	1941.12	石佛乡石佛村	本科	中共党员	冶金工业部信息中心	主任（副司厅级）（1992–2001）	教授(1993)、高级工程师	享受国务院政府特殊津贴（1993），2001年退休
郭　克	男	1925.11	新阳镇赵家庄村	大专	中共党员	西南师范大学美术学院	花鸟画教研室主任、硕士研究生导师	教授	著名画家
高旺盛	男	1963.8	琥珀乡高方村	博士研究生	中共党员	中国农业大学农学院	发展规划处处长(2006–)、博士生导师	教授(2000)	
李克庆	男	1966.11	渭南镇王李村	博士研究生	中共党员	北京科技大学资源工程系	书记(2003–)	教授	
王进军	男	1970	中滩镇后川村	博士研究生		西南农大植物保护学院	校长助理、农学部部长、昆虫学及害虫控制工程重庆市重点实验室主任、博士生导师	教授	
王　琦	男	1939	新阳镇王家庄村		中共党员	重庆青年干部学院		教授	
胡惠民	男	1934.8	马跑泉镇胡王村	本科		四川农业大学	有机化学教研室	教授	
霍小平	男	1964.2	新阳镇胡大村	研究生		长安大学城市规划研究院	院长	教授	
田霄鸿	男	1967.12	甘泉镇朝阳村	博士研究生	中共党员	西北农林科技大学资源环境学院	副院长（2007.3–）	教授（2005年）	
赵国瑞	男	1925	渭南镇杨赵村		中共党员、民盟盟员	兰州医学院	教研室主任	教授	

续表

姓名	性别	出生年月	籍贯	学历	政治面貌	工作单位	职务	技术职称	备注
胡留元	男	1936	新阳镇胡大村	本科	中共党员	西北政法学院		教授	享受政府特殊津贴
陈纪常	男	1941	石佛乡张湾村		中共党员	中共甘肃省委党校	研究室主任	教授	
马建泰	男	1962.1	琥珀乡霍家川村	博士研究生	中共党员	兰州大学化学化工学院	副院长、精细化工研究所所长、甘肃省化工催化工程实验室主任、博士生导师	教授	享受国务院特殊津贴
张瑞生	男	1962.5	石佛乡洩山村	博士研究生	中共党员	兰州大学信息科学与工程学院	研究所所长、博士生导师	教授	
夏亚一	男	1966.3	石佛乡夏家村	博士研究生	中共党员	兰州大学第二医院骨科研究所	所长（2004–）、博士生导师	教授（2005）、主任医师（2004）	
毛铭德	男	1935	中滩镇毛家村			兰州大学现代物理系		教授	
缑正春	男	1931	中滩镇缑杨村			兰州大学		教授	退休
胡双世	男		新阳镇			兰州大学		教授	
贾应生	男	1961.8	甘泉镇朝阳村	博士研究生	中共党员	西北师范大学政法学院	社会学系主任（2000–2006）、硕士生导师	教授（2000.7）	
卢小泉	男	1966.1	新阳镇温家集村	博士研究生		西北师范大学化学化工学院	科技处处长、博士生导师	教授	
马如云	男	1964.8	琥珀乡马家坡村	博士研究生		西北师范大学数学与信息科学学院	院长（2006–）、博士生导师	教授（1997）	
张贵仓	男	1964.3	中滩镇渠刘村	博士研究生		西北师范大学数学与信息科学学院	副院长（2006–）、硕士生导师	教授（2004）	
陈祥恩	男		麦积区	硕士研究生		西北师范大学	硕士研究生导师	教授	
夏亚峰	男	1963.2	石佛乡夏家村	硕士研究生		兰州理工大学理学院	副院长（2001–）、硕士研究生导师	教授（2005）	

续表

姓名	性别	出生年月	籍贯	学历	政治面貌	工作单位	职务	技术职称	备注
缑新科	男	1966.10	新阳镇温缑村	硕士研究生	民盟盟员	兰州理工大学电气工程与信息工程学院	电子信息工程系主任	教授(2006)	
赵桂琴	女	1970.9	新阳镇赵家庄村	博士后	中共党员	甘肃农业大学	硕士研究生导师	教授	
徐卫军	男	1963	甘泉镇甘泉村			兰州交通大学机电工程学院	硕士研究生导师	教授	
胡绪祖	男		新阳镇胡大村			武汉大学		教授	
李介福	男		社棠镇			合肥大学		教授	
淮虎银	男	1966.8	东岔镇			江苏扬州大学	江苏省植物学会理事、硕士研究生导师	教授	
王兴泰	男	1951	麦积区		中共党员	新疆呼图壁军医学院		教授	
李建成	男	1943	麦积镇街亭村		中共党员	天水师范学院	马列教学部主任	教授	退休
王廷贤	男	1944	甘泉镇玉兰村			天水师范学院		教授	退休
温宝麟	男	1953.4	新阳镇	本科	民盟盟员	天水师范学院文史学院	政协天水市文史资料委员会副主任、民盟天水市委员会副主委	教授	
王德泰	男	1954.10	中滩镇	本科	中共党员	天水师范学院历史学院		教授	
裴建文	男	1957.9	新阳镇裴家峡村	本科	民革会员	天水师范学院生化学院		教授	
安　涛	男	1962.1	五龙乡安家山村	硕士研究生	中共党员	天水师范学院	党委委员、组织部长(2003–)	教授	
王宏波	男	1968.1	新阳镇	本科	中共党员	天水师范学院政法学院	院长	教授	
雷　达	男	1943.3	新阳镇王家庄村	本科	中共党员	中国作家协会、中国当代文学研究会、中国作家协会创作研究部、中国小说协会	委员、研究会副会长、创作研究部主任、小说协会常务副会长、兰州大学博士生导师	研究员	

续表

姓名	性别	出生年月	籍贯	学历	政治面貌	工作单位	职务	技术职称	备注
罗克勇	男		麦积区			江苏农科院原子能和平利用研究所		研究员	
张俐清	女	1944	麦积区	本科		天水市植保站		研究员	
李志宏	男	1946.8	元龙镇底川村	本科	中共党员	天水市图书馆	馆长（2001–2004）	研究馆员（2003.12）	2006 年退休
牧　歌	男	1929	麦积镇街亭村		民盟盟员	新疆画院	院长	国家一级美术师	著名画家
曹平中	男	1944.1	中滩镇谢坪村	本科	中共党员	甘肃日报社社会新闻部	主任（1993–2004）	高级编辑	2004 年退休
王若冰	男	1962.9	甘泉镇金胡村	大专		天水日报社、天水市作家协会	主任编辑、副主席（2003–）	高级编辑	副县级
张文敏	女		马跑泉镇	本科		西安华商报社会新闻部	首席记者	高级记者	
杨荫清	男	1934	渭南镇杨赵村		中共党员	西安医科大学		主任医师	
刘福生	男	1932	渭南镇崔范村			新疆库尔勒铁路医院		主任医师	
刘敏行	男	1924	渭南镇		中共党员	解放军兰州第一医院		主任医师	
卢振兴	男	1928	渭南镇霍卢村		中共党员	兰州七里河人民医院	院长	主任医师	退休
胡启和	男	1932	琥珀乡庆胡村			兰州客车厂医院		主任医师	
王克长	男	1941	新阳镇王家庄村		九三学社社员	天水市第一人民医院		主任医师	
李玉田	男	1945	社棠镇石岭村			甘肃省肿瘤医院	副院长	主任医师	
裴世澄	男	1942	新阳镇裴家峡村	本科	中共党员	兰州医学院第二附属医院	神经内科主任	主任医师	
毛　澍	男	1927	中滩镇毛家村		中共党员	空军西安通讯工程学院		副教授	离休
温福泰	男	1932	新阳镇温家集村		中共党员	西安师范专科学校	教研室主任	副教授	

续表

姓名	性别	出生年月	籍贯	学历	政治面貌	工作单位	职务	技术职称	备注
余润康	男	1938	中滩镇余峡村		民盟盟员	西安教育学院		副教授	
胡慧民	男	1934	马跑泉镇马跑泉村			四川农业大学	系主任	副教授	
王弘振	男	1929	新阳镇王家庄村			青海师范大学		副教授	
马立国	男	1933	琥珀乡马家坡村		中共党员	青海总工会干部学校	教研室主任	副教授	
马施民	男	1962.1	麦积区	博士研究生		中国矿业大学(北京)资源与安全工程学院	硕士生导师	副教授	理学博士
陈　钊	男	1970.7	花牛镇上湾村	博士研究生	中共党员	北京林业大学信息学院	信息系系主任、党委委员	副教授	
夏亚穆	男	1974.8	石佛乡夏家村	博士研究生		青岛科技大学		副教授（2007）	
王　亮	女	1971	麦积区		中共党员	广州大学法学院		副教授	
骆永忠	男	1969	甘泉镇屈坪村		中共党员	浙江嘉兴学院	艺术系主任	副教授	
张亚峰	男	1969	甘泉镇甘泉村			保定司法学院		副教授	
潘锦堂	男	1933	马跑泉镇潘集寨村		中共党员	西北高原生物研究所		副教授	
毛世昌	男		麦积区	博士研究生		兰州大学外国语学院		副教授	
毛凤翥	男	1927	渭南镇毛家村	研究生	民盟盟员	西北师范大学	数学系	副教授	
蒲生森	男	1934	中滩镇蒲甸村		中共党员	西北师范大学教育科学院		副教授	
温应洲	男		新阳镇温家集村	研究生	中共党员	西北师范大学政法学院		副教授	
张润君	男	1970.10	新阳镇张家坪村	博士研究生	中共党员	西北师范大学政法学院	副院长(2004.10–)、硕士研究生导师	副教授（2003）	
侯映安	男	1937	渭南镇程家村		中共党员	甘肃农业大学	系主任	副教授	

续表

姓名	性别	出生年月	籍贯	学历	政治面貌	工作单位	职务	技术职称	备注
温随良	男		新阳镇温家集村			甘肃农业大学		副教授	
卢振中	女	1930	渭南镇霍卢村			西北民族学院		副教授	
丁物华	女	1928	马跑泉镇什字坪村		民盟盟员	甘肃教育学院		副教授	
张怀珠	女	1969	甘泉镇玉兰村			甘肃农业职业技术学院	系主任	副教授	
温至孝	男	1933	新阳镇温家集村			天水师范专科学校		副教授	
汪咏国	男	1966.10	甘泉镇朝阳村	本科	中共党员	天水师范学院学生处	处长(2003–)	副教授	
李旭明	男	1966.1	社棠镇	本科	中共党员	天水师范学院外语学院	副院长	副教授	
温志贤	男	1970.2	新阳镇	本科	中共党员	天水师范学院信息中心	主任	副教授	
霍志军	男	1969.1	新阳镇	博士研究生	中共党员	天水师范学院文学院	陇右文化研究中心副主任	副教授	
刘　勍	男	1970.8	渭南镇	博士研究生	中共党员	天水师范学院科研处	副处长	副教授	
雷　湃	男	1977.6	五龙乡	硕士研究生	中共党员	天水师范学院保卫处	副处长	副教授	
刘开生	男	1965.11	渭南镇	本科	中共党员	天水师范学院数学与统计学院		副教授	
樊卫宾	男	1966.2	石佛乡	本科	中共党员	天水师范学院经管学院		副教授	
何建华	女	1967.8	道北街道	本科	中共党员	天水师范学院商学院		副教授	
罗燕子	女	1967.6	琥珀乡	本科		天水师范学院外语学院		副教授	
张悦红	女	1970.4	中滩镇	本科	中共党员	天水师范学院教育学院		副教授	
徐瑞仙	女	1971.12	花牛镇	硕士研究生	中共党员	天水师范学院政法学院		副教授	
王弋博	女	1973.1	石佛乡	博士研究生	中共党员	天水师范学院生化学院		副教授	

续表

姓名	性别	出生年月	籍贯	学历	政治面貌	工作单位	职务	技术职称	备注
肖雪萍	女	1979.11	马跑泉镇	本科	中共党员	天水师范学院商学院		副教授	
余明远	男	1970.5	中滩镇余峡村	本科	中共党员	天水师范学院政法学院		副教授	
王贵军	男	1972.3	渭南镇	本科		天水师范学院数学与统计学院		副教授	
徐富平	男	1973.9	花牛镇	硕士研究生	中共党员	天水师范学院教育学院		副教授	
崔兆顺	男	1973.11	渭南镇	硕士研究生	中共党员	天水师范学院物理与信息科学学院		副教授	
刘仁憨	男	1975.6	渭南镇	硕士研究生	民盟盟员	天水师范学院体育学院		副教授	
张彦林	男	1963.4	党川乡新庄村	博士研究生	中共党员	甘肃林业职业技术学院	组织部部长（副县级）	副教授（2000）	
张文彧	男	1963.6	石佛乡洩山村	本科	中共党员	甘肃林业职业技术学院	教务处长（2004.9–	副教授（2001）	
李会峰	男	1965.11	马跑泉镇石咀村	本科	中共党员	甘肃林业职业技术学院	招生就业处处长（2004–）	副教授（2002.12）	
马治国	男	1939	琥珀乡马家坡村	本科	中共党员	天水市第一师范学校	教务副主任	副教授	
杨巨仓	男	1938	石佛乡杨庄村		中共党员	天水市委党校	教务主任	副教授	
温钦虎	男	1962.8	新阳镇温缑村	本科	中共党员	天水市委党校	常务副校长（2007–）	副教授（2002）	
王培尧	男	1963.10	新阳镇王家庄村	本科	中共党员	天水市委党校法学教研室	主任（2007–）	副教授（2002 年）	
蒲晓光	男		中滩镇蒲甸村			天水市委党校党史党建教研室	主任	副教授（2003 年）	
巩志成	男	1970.2	五龙乡上石村	本科	中共党员	天水市委党校哲学与科社教研室	副主任（2007–）	副教授（2007）	
缑琳芳	女	1966.8	中滩镇缑杨村	本科	中共党员	天水市委党校工商与公共管理教研室		副教授（2007–）	

续表

姓名	性别	出生年月	籍贯	学历	政治面貌	工作单位	职务	技术职称	备注
刘万仓	男	1947.10	中滩镇渠刘村	本科	中共党员	天水市委党校函授处	主任（1989–2000）、副县级组织员（1997–2007）	副教授（2000）	2007年退休
赵秀峰	男	1925	新阳镇赵家庄村		中共党员	武汉测绘科技大学	副馆长	副研究员	退休
郭文秀	男	1925	石佛乡三阳村			青海省农业科学院		副研究员	退休
董晴野	男	1924	甘泉镇甘泉村			中国汉唐诗书画研究院、天水诗书画研究院	董事长、院长	副研究员	
裴思恩	男	1940	石佛乡腰庄村			甘肃省农业科学院		副研究员	
王　荣	女	1967.3	新阳镇	本科	九三学社社员	天水师范学院离退休处	处长	副研究员（高教管理）	
雷希文	男	1948	新阳镇王家庄村			天水画院	画师、中国国画协会理事	副高级国画艺术师	
王　族	男	1972.10	党川乡花庙村	大专	中共党员	新疆美术摄影出版社	编辑部主任（2003–）	副编审	
宜秀萍	女	1971.6	道北街道	本科	中共党员	甘肃日报社文教部	记者	主任记者（2005–）	
姚　祎	男	1966.10	新阳镇席寨村	本科	中共党员	甘肃电视台天水记者站	站长（副县级）	主任记者（2007）	
裴天德	男	1936	石佛乡石佛村		中共党员	核工业部第一研究设计院	研究室主任	高级工程师	
刘晓勇	男		马跑泉镇			水利部		高级工程师	
高建强	男	1970	甘泉镇玉兰村			北京万达工程管理有限公司		高级工程师	
廖丽霞	女	1980.9	麦积区	研究生	中共党员	中国软件与技术服务股份有限公司	税务事业部职员	高级工程师	
胡赞鼎	男	1938	新阳镇沿河村		中共党员	航天部八〇一厂		高级工程师	

续表

姓名	性别	出生年月	籍贯	学历	政治面貌	工作单位	职务	技术职称	备注
王鹏飞	男	1971.3	新阳镇王家庄村	本科		中铁一局集团第一工程有限公司	项目部经理	高级工程师	
温衍峤	男	1930	新阳镇温家集村		中共党员	陕西五七〇二工厂	设计所所长	高级工程师	
田自均	男	1930	石佛乡石佛村			陕西五七〇二工厂		高级工程师	
周中第	男	1931.10	新阳镇温家集村	中专	中共党员	陕西咸阳西北国棉二厂	技术改造办公室直支书记	高级工程师	1993.9退休
岳志宗	男	1933	新阳镇赵家庄村		中共党员	陕西省森林工业管理局		高级工程师	
张安荣	男	1965.8	石佛乡	本科	中共党员	陕西省汉中市质量技术监督局	总工程师	高级工程师（2000.9）	
胡耀荣	男	1944.10	马跑泉镇胡王村	研究生	中共党员	西安航空发动机公司		高级工程师	大校，2004年退休
石旺有	男	1941	新阳镇石家坡村			西北地质勘探局		高级工程师	
温德福	男	1942	新阳镇温家集村	本科		银川火车站、兰州铁路局运输处	站长、总调度	高级工程师	
潘矩林	男	1938	马跑泉镇潘集寨村		中共党员	吉林榆树川发电厂	厂长	高级工程师	
岳望宗	男	1933	新阳镇赵家庄村			河北经济管理干部学院	科长	高级工程师	
王保仓	男	1935	新阳镇王家庄村		中共党员	河北邯郸第四棉纺厂	技术开发处长	高级工程师	
李国藩	男	1936	社棠镇			山西八七四厂	副处长	高级工程师	
杨作栋	男	1925	石佛乡杨庄村			甘肃连城电厂	总工程师	高级工程师	退休
王　玑	男	1933	新阳镇王家庄村		中共党员	甘肃省计划委员会	处长	高级工程师	退休
韩友续	男		马跑泉镇	研究生		甘肃省交通厅规划勘察设计院	副总经理、总工程师	高级工程师	
毛昇秀	男	1932	渭南镇毛家村		中共党员	甘肃省建筑勘察设计院		高级工程师	
熊力强	男	1938	渭南镇		中共党员	甘肃省电力试验研究所	所长	高级工程师	

续表

姓名	性别	出生年月	籍贯	学历	政治面貌	工作单位	职务	技术职称	备注
杨宏中	男	1963.9	石佛乡杨庄村	研究生	中共党员	甘肃省气象局政策法规处	副处长(2004-)	高级工程师	
王 琈	男	1931	新阳镇王家庄村			兰州市建筑规划设计研究所		高级工程师	
雷 杰	男	1930	石佛乡峪口村		中共党员	兰州窑街矿务局	副处长	高级工程师	
裴子安	男	1933	石佛乡裴家滩村		中共党员	兰州煤矿设计院	党委书记	高级工程师	
胡尚斌	男		新阳镇胡大村			兰州大学化工学院	总工程师	高级工程师	
杨易平	男		麦积区			兰州近代物理研究所		高级工程师	
温景良	男	1928	新阳镇温家集村	本科		白银供电局	总工程师	高级工程师	
范友仁	男	1928	渭南镇崔范村		中共党员	玉门石油管理局		高级工程师	
孟利民	男	1958.11	五龙乡中石沟村	本科	中共党员	天水市委党校科技与文化教研室	主任(2007-)	高级工程师(1994)、副教授(2006)	
雷玉麟	男	1957.10	五龙乡雷家湾村	本科	中共党员	天水电视调频转播台	台长(2004-)	高级工程师(1999)	
刘换生	男		伯阳镇			天水市水利局		高级工程师	
王 珂	男	1936	新阳镇王家庄村		中共党员	天水客车厂	党委书记	高级工程师	
王宗绪	男	1926	石佛乡大坪村	本科	中共党员、民盟盟员	陕西省西安市计划委员会	处长	高级经济师	
田平志	男	1929	石佛乡石佛村		中共党员	宁夏广播电视大学	副校长	高级农经师	
高天喜	男	1942	三岔乡吴砦村		中共党员	甘肃饲料厂		高级畜牧师	
霍称芳	男	1963.4	琥珀乡霍家沟村	本科	中共党员	天水市畜牧局		高级畜牧师(2001)	
裴继度	男	1924	新阳镇裴家峡村		民盟盟员	兰州农业学校		高级讲师	退休

续表

姓名	性别	出生年月	籍贯	学历	政治面貌	工作单位	职务	技术职称	备注
季尚仁	男	1928	渭南镇汝季村		中共党员	甘肃省畜牧学校		高级讲师	退休
熊顺保	男	1939	渭南镇			甘肃省税务学校		高级讲师	
吴鼎文	男	1938	渭南镇吴庄村		中共党员	天水市第一师范学校		高级讲师	
王治强	男	1941	石佛乡樊家湾村			天水市第一师范学校		高级讲师	
曹光熙	男	1933	渭南镇曹家村		中共党员	天水市卫生学校	外科主治医师	高级讲师	
王乾刚	男	1939	石佛乡石佛村		中共党员	天水市卫生学校		高级讲师	
周　道	男	1937	新阳镇周家湾村		中共党员	平凉师范学校		高级讲师	
王继武	男	1928	中滩镇雷王村		民盟盟员	武汉市第十九中学		高级教师	
石国生	男	1942	新阳镇石家坡村		中共党员	新疆一建公司中学	副校长	高级教师	
尤义芳	男	1960.4	甘泉镇屈坪村	本科	中共党员	江苏省梁丰高级中学		高级教师	物理组教研组长
王　哲	男	1969	甘泉镇吴河村	本科		深圳市红岭中学		高级教师	
郭耀宗	男	1921	中滩镇雷王村		民盟盟员	兰州市第七中学		高级教师	离休
张效贤	男	1933	甘泉镇玉兰村			兰州市第十中学		高级教师	退休
岳维宗	男	1930	新阳镇赵家庄村	本科		兰州市第四中学	工会主席	高级教师	历史教研组组长
岳正宗	男	1937	新阳镇赵家庄村		中共党员	甘肃省教育科研所	副所长	高级教师	
潘充基	男	1937	马跑泉镇潘集寨村		中共党员	兰州市兰飞总厂中学	校长	高级教师	
岳建国	男	1942	新阳镇赵家庄村		中共党员	兰州市第二十九中学	校长	高级教师	
王正道	男	1935	中滩镇		中共党员	天水岷山厂子弟学校		高级教师	

续表

姓名	性别	出生年月	籍贯	学历	政治面貌	工作单位	职务	技术职称	备注
胡立业	男	1936	新阳镇胡大村		中共党员	天水市第六中学	校长	高级教师	
刘嘉陵	男	1940	中滩镇渠刘村		中共党员	天水市第三中学	副校长	高级教师	
夏秀芬	女	1941	石佛乡夏家村			天水市卫生学校		高级教师	
吕去病	男	1941	三岔乡吴砦村			清水县第一中学		高级教师	
曹为民	男	1933	渭南镇曹家村		中共党员	礼县师范学校	党委副书记	高级教师	
杨继文	男	1933	石佛乡石佛村			张掖中学		高级教师	
张　喆	男	1963.4	马跑泉镇三十甸子村	本科	中共党员	陇南市一中	校长	中学高级教师(2006.1–)	
尹会昌	男	1924	马跑泉镇什字坪村		中共党员	新疆建工医院		副主任医师	
雷嘉启	男	1942	中滩镇雷王村			北京中医研究院广安门医院		副主任医师	
张怀宝	男	1970	甘泉镇玉兰村			温州医学院附属医院		副主任医师	
萧兆祥	男	1940	花牛镇花牛村		中共党员	兰州军区总医院		副主任医师	
李玉田	男	1945	社棠镇石岭村			甘肃省肿瘤医院	副院长	副主任医师	
吴敦智	男	1941	渭南镇吴庄村		中共党员	天水市第一人民医院		副主任医师	
刘秉仁	男	1942	渭南镇刘家庄村		中共党员	天水市第一人民医院		副主任医师	
郭温润	男	1929	石佛乡三阳村		中共党员	秦州区中医院		副主任医师	
王玺昌	男	1940	石佛乡夏家村			秦州区环城卫生院		副主任医师	
周之才	男	1929	甘泉镇高庄村		中共党员	秦州区防疫站		副主任医师	
麻　赪	男	1965	甘泉镇谢崖村		中共党员	天水市妇幼保健医院	书记	副主任医师	

七、驻区机关、企事业单位人员

(一)正县级以上领导职务人员

姓名	性别	出生年月	籍贯	学历	工作单位	政治面貌	职务	任职起止时间	备注
王文杰	男	1930.11	三岔乡黄龙村	初师	小陇山林业实验局	中共党员	党委书记	1983.12–1992.7	
王万忠	男	1936.7	甘肃省甘谷县	中师	小陇山林业实验局	中共党员	局长、党委书记	1982.8–1996.12	
徐　彬	男	1944.10	河北省怀来县	本科	小陇山林业实验局	中共党员	党委书记	1997.10–2004.6	
马　勇	男	1944.8	甘肃省秦安县	本科	小陇山林业实验局	中共党员	局长	1995.10–2004.6	
王小平	男	1963.3	甘肃省甘谷县	本科	小陇山林业实验局	中共党员	党委书记	2004.6–	
段昌盛	男	1964.9	甘肃省秦安县	硕士研究生	小陇山林业实验局	中共党员	局长	2004.6–	
王长来	男	1945.12	山东省长青县	中专	小陇山林业实验局	中共党员	副书记	1983.12–1997.10	
刘　玉	男	1937.11	吉林省扶余县	本科	小陇山林业实验局	中共党员	副局长、调研员	1983.12–1997.11	
郑克强	男	1939.10	河北省安定县	本科	小陇山林业实验局	中共党员	副局长、总工程师	1983.12–2000.10	1992年享受政府特殊津贴
孙克斌	男	1932.8	山西省闻喜县	高中	小陇山林业实验局	中共党员	总会计师	1985.1–1992.8	
杨载荣	男	1937.11	江苏省南京市	中专	小陇山林业实验局	中共党员	副局长、调研员	1985.10–1997.11	
李强国	男	1933.12	甘肃省武威市	初中	小陇山林业实验局	中共党员	纪委书记	1985.10–1994.3	
张世铭	男	1933.3	甘肃省陇西县	初中	小陇山林业实验局	中共党员	工会主席	1985.10–1993.2	
王正文	男	1937.10	甘肃省甘谷县	本科	小陇山林业实验局	中共党员	副局长、调研员	1988.11–1997.10	
县　昂	男	1948.9	麦积镇	本科	小陇山林业实验局	中共党员	副局长、副书记	1995.9–	
王建英	男	1948.7	甘肃省礼县	中专	小陇山林业实验局	中共党员	副局长、总工程师	1995.9–	
刘海源	男	1942.2	甘肃省甘谷县	中专	小陇山林业实验局	中共党员	纪委书记	1995.9–1998.4	

续表

姓名	性别	出生年月	籍贯	学历	工作单位	政治面貌	职务	任职起止时间	备注
罗仁模	男	1945.5	四川省都江堰市	中专	小陇山林业实验局	中共党员	副局长、总工程师、调研员	1995.9–2005	
杨家润	男	1946	江苏省武进县	高中	小陇山林业实验局	中共党员	工会主席、调研员	1995.12–2006	
闫山林	男	1944.1	河南省郑州市	高中	小陇山林业实验局	中共党员	纪委书记、调研员	1998.4–2004.1	
孙建中	男	1955.10	陕西省白水县	本科	小陇山林业实验局	中共党员	副局长	1998.12–	
王彦祺	男	1954.12	甘肃省甘谷县	本科	小陇山林业实验局	中共党员	副局长	2002.3–	
沈占江	男	1961.10	河南省正阳县	本科	小陇山林业实验局	中共党员	纪委书记、副局长	2002.3–	
李忠虎	男	1960.9	甘肃省秦安县	本科	小陇山林业实验局	中共党员	副局长	2004.10–	
何建平	男	1969.11	甘肃省甘谷县	硕士研究生	小陇山林业实验局	中共党员	副局长	2004.10–	
刘昌明	男	1960.1	甘肃省甘谷县	硕士研究生	小陇山林业实验局	中共党员	副局长	2004.10–	
马太祥	男	1955.9	党川乡马坪村	本科	小陇山林业实验局	中共党员	纪委书记	2004.10–	
靳三有	男	1954.4	甘肃省秦安县	大专	小陇山林业实验局	中共党员	工会主席	2004.10–	
黄景河	男	1934.10	河南省安阳县	中专	小陇山林业实验局纤维板厂	中共党员	厂长、党委书记	1983.10–1993.2	
李忠义	男	1952.1	陕西省宝鸡市	大专	小陇山林业实验局纤维板厂	中共党员	厂长、党委书记	1993.2–1994	
王培琪	男	1951.5	秦州区齐寿乡	大专	小陇山林业实验局子弟学校	中共党员	调研员	1999.2–2005.5	高级政工师
杨学清	男	1960.2	山西省高平县	本科	小陇山林业实验局纤维板厂	中共党员	厂长、党总支书记、董事会董事长	2004.3–	
窦荣国	男	1963.3	甘肃省秦安县	中专	小陇山林业实验局纤维板厂	中共党员	党委书记	2005.5–	
王克文	男	1952.6	甘肃省甘谷县	高中	甘肃省小陇山国家级自然保护局	中共党员	党委书记	2006.8–	
徐泽良	男	1930	河南省遂平县		麦积山石窟艺术研究所	中共党员	书记	1986–1990.12	
胡承祖	男	1941.2	天水市秦州区	本科	麦积山石窟艺术研究所	中共党员	书记	1992–	

续表

姓名	性别	出生年月	籍贯	学历	工作单位	政治面貌	职务	任职起止时间	备注
朱毓中	男	1954.3	石佛乡峪口村	大专	麦积山石窟艺术研究所	中共党员	书记	2001.7–	
孙纪元	男	1932	江苏省无锡市	本科	麦积山石窟艺术研究所	九三学社	所长	1986–1990	
花平宁	男	1957.2	河南省孟县	本科	麦积山石窟艺术研究所		副所长、所长	1992	
王庆田	男	1938.8	四川省宜宾市	中专	麦积山风景名胜区管理局	中共党员	局长	1984.8–1999.12	
赵天义	男	1942.12	河南省方城县	中专	麦积山风景名胜区管理局	中共党员	局长	1987.11–2000.7	
曹耀文	男	1935.7		初中	麦积山风景名胜区管理局	中共党员	副局长	1990.3–1995.7	
王德惠	男	1940.3	甘肃省靖远县	高中	麦积山风景名胜区管理局	中共党员	调研员	1999.9–2000.8	
张凤仙	男	1951.2	麦积区	本科	麦积山风景名胜区管理局	中共党员	调研员	1999.11–2005.3	
杨远长	男	1951.10	湖南省醴陵市	中专	麦积山风景名胜区管理局	中共党员	副局长	1999.11–	
赵文强	男	1956.5	渭南镇张园村	研究生	麦积山风景名胜区管理局	中共党员	局长	2000.7–2002.3	
郭建宁	男	1953.8	陕西省子长县	大专	麦积山风景名胜区管理局	中共党员	局长	2002.3–	
曹培坡	男	1954.10	山东省茌平县	大专	麦积山风景名胜区管理局	中共党员	副局长	2001.10–	
肖玉斌	男	1963.7	甘肃省永靖县	大专	省地矿局第一地质矿产勘查院	中共党员	党委书记	2007.9–	
张双悦	男	1966.4	河北省献县	大专	省地矿局第一地质矿产勘查院	中共党员	副院长	2003.5–	
胡晓隆	男	1965.12	甘肃省会宁县	本科	省地矿局第一地质矿产勘查院		副院长、总工程师	2006.4–	
王春凯	男	1963.10	河北省宽城县	本科	省地矿局第一地质矿产勘查院	中共党员	总会计师	2006.5–	
徐文鸿	男	1958.3	甘肃省镇原县	大专	省地矿局第一地质矿产勘查院	中共党员	纪委书记兼政治处主任	2007.9–	
冯　诠	男	1938.8	山西省绛县	本科	天水市北道商贸旅游开发区管委会	中共党员	主任	1992.7–2000.9	
索鸿宾	男	1964.3	陕西省宝鸡市	研究生	天水经济技术开发区管理委员会	中共党员	主任、工委书记	2000.9–2005.12	

(二)副高职以上专业技术人员

姓名	性别	出生年月	籍贯	学历	工作单位	政治面貌	职务	技术职称	备注
龚得福	男	1920.3	甘肃省兰州市	本科	小陇山林业实验局	中共党员		正高级工程师	
袁士钾	男	1924.4	甘肃省武威市	大专	小陇山林业实验局	中共党员	总工程师	正高级工程师	
杨家佐	男	1931.2	天水市秦州区	大专	小陇山林业实验局子弟学校			高级讲师	
毛华明	男	1931.5	四川省忠县	本科	小陇山林业实验局观音林场			高级工程师	
马耀华	男	1931.7	甘肃省华亭县	本科	小陇山林业实验局子弟学校			高级工程师	
孙克斌	男	1932.8	山西省闻喜县	高中	小陇山林业实验局	中共党员	总会计师	高级会计师	
安定国	男	1932.10	甘肃省甘谷县	本科	小陇山林业实验局麦积植物园	中共党员	副主任	正高级工程师	
李维汉	男	1933.7	甘肃省临洮县	本科	小陇山林业实验局林勘队			高级工程师	
李强国	男	1933.12	甘肃省武威县	初中	小陇山林业实验局	中共党员	纪委书记	高级政工师	
何才清	男	1934.6	浙江省江山市	大专	小陇山林业实验局林科所			高级工程师	退休
黄景河	男	1934.10	河南省安阳县	中专	小陇山林业实验局纤维板厂	中共党员	厂长、党委书记	高级工程师	
马克宽	男	1935.7	江苏省松江县	本科	小陇山林业实验局	中共党员		高级工程师	
王万忠	男	1936.7	甘肃省甘谷县	中师	小陇山林业实验局	中共党员	局长、党委书记	高级政工师	
宇凤山	男	1937.3	吉林省和龙县	本科	小陇山林业实验局子弟学校	中共党员		高级工程师	
杨载荣	男	1937.11	江苏省南京市	中专	小陇山林业实验局	中共党员	副局长、调研员	高级工程师	
刘　玉	男	1937.11	吉林省扶余县	本科	小陇山林业实验局	中共党员	副局长、调研员	高级工程师	
张　贵	男	1937.10	甘肃省镇远县	本科	小陇山林业实验局林科所			高级工程师	退休
马　霖	男	1938.1	甘肃省临夏市	中专	小陇山林业实验局林科所			高级工程师	退休

续表

姓名	性别	出生年月	籍贯	学历	工作单位	政治面貌	职务	技术职称	备注
邢长威	男	1938.7	江苏省无锡市	中专	小陇山林业实验局		资源处副处长	高级工程师	
袁　中	男	1939.3	江苏省沛县	中专	小陇山林业实验局	中共党员	副总会计师	高级会计师	
张冀睿	男	1939.5	天水市秦州区	本科	小陇山林业实验局	中共党员	科协主席	高级工程师	
郑克强	男	1939.10	河北省安国县	本科	小陇山林业实验局	中共党员	副局长、总工程师	高级工程师	
张伯仲	男	1939.10	山东省青州市	本科	小陇山林业实验局	中共党员		高级会计师	
刘海源	男	1942.2	甘肃省甘谷县	中专	小陇山林业实验局	中共党员	纪委书记	高级政工师	
刘振亚	男	1942.8	秦州区中梁乡	本科	小陇山林业实验局	中共党员	副总工程师	高级工程师	
刘怀烈	男	1943.1	辽宁省营口市	本科	小陇山林业实验局林勘队	中共党员	队长	高级工程师	
王洪文	男	1943.11	山东省潍坊市	本科	小陇山林业实验局林勘队			高级工程师	
刘　广	男	1944.6	天津市河西区	本科	小陇山林业实验局子弟学校	中共党员	工会主席	高级工程师	
马　勇	男	1944.8	甘肃省秦安县	本科	小陇山林业实验局	中共党员	局长	高级政工师	
罗仁模	男	1945.5	四川省都江堰市	中专	小陇山林业实验局	中共党员	副局长	高级政工师	
姜甘棣	男	1945.10	河北省监利县	大专	小陇山林业实验局	中共党员	造林处处长	高级工程师	
王长来	男	1945.12	山东省长青县	中专	小陇山林业实验局	中共党员	副书记	高级政工师	
杨家润	男	1946	江苏省武进县	高中	小陇山林业实验局	中共党员	工会主席	高级政工师	
袁建华	男	1944.1	浙江省龙游县	本科	小陇山林业实验局子弟学校	中共党员	副校长	中学高级教师	
曹雪凡	女	1946.3	江苏省南通市	本科	小陇山林业实验局子弟学校			中学高级教师	
杨继时	男	1946.5	湖北省武汉市	大专	小陇山林业实验局子弟学校			中学高级教师	

续表

姓名	性别	出生年月	籍贯	学历	工作单位	政治面貌	职务	技术职称	备注
胡金凤	女	1946.11	甘肃省秦安县	本科	小陇山林业实验局子弟学校			中学高级教师	
魏宝珍	女	1947.3	甘肃省礼县	本科	小陇山林业实验局子弟学校			中学高级教师	
张林轩	女	1952.8	渭南镇	大专	小陇山林业实验局子弟学校			中学高级教师	
张晋平	男	1962.11	山西省襄垣县	本科	小陇山林业实验局子弟学校	中共党员		中学高级教师	
张雪萍	女	1964.5		本科	小陇山林业实验局子弟学校			中学高级教师	
韩　涛	男	1947.4	甘肃省礼县	中专	小陇山林业实验局林科所	中共党员	所长	高级工程师	
王建英	男	1948.7	甘肃省礼县	中专	小陇山林业实验局	中共党员	副局长	高级政工师	
王培琪	男	1951.5	秦州区齐寿乡	大专	小陇山林业实验局子弟学校	中共党员	调研员	高级政工师	
李忠义	男	1952.1	陕西省宝鸡市	大专	小陇山林业实验局纤维板厂	中共党员	厂长、党委书记	高级工程师	
靳三有	男	1954.4	甘肃省秦安县	大专	小陇山林业实验局	中共党员	工会主席	高级政工师	
王彦祺	男	1954.12	甘肃省甘谷县	大专	小陇山林业实验局	中共党员	副局长、副书记	高级政工师	
孙建中	男	1955.10	陕西省白水县	大专	小陇山林业实验局	中共党员	副局长	高级工程师	
张瑛春	男	1956.2	秦州区汪川乡	本科	小陇山林业实验局	中共党员	科教处处长	高级工程师	
张宋智	男	1957.11	陕西省扶风县	本科	小陇山林业实验局林科所	中共党员	所长	正高级工程师	
杜维忠	男	1957.8	天水市秦州区	中专	小陇山林业实验局规划院			高级工程师	
刘昌明	男	1960.1	甘肃省甘谷县	研究室	小陇山林业实验局	中共党员	副局长	高级政工师	
张万才	男	1962.3	甘肃省秦安县	本科	小陇山林业实验局计财处	中共党员		高级工程师	
杨双保	男	1962.6	花牛镇	本科	小陇山林业实验局规划院	中共党员	规划院副院长	高级工程师	

续表

姓名	性别	出生年月	籍贯	学历	工作单位	政治面貌	职务	技术职称	备注
马建伟	男	1962.8	甘肃省镇原县	本科	小陇山林业实验局林科所	中共党员	副所长	高级工程师	
蔡继增	男	1962.11	甘肃省秦安县	本科	小陇山林业实验局林检站	中共党员	站长	高级工程师	
张小平	男	1963.10	甘肃省礼县	本科	小陇山林业实验局	中共党员	人事处处长	高级政工师	
王小平	男	1963.3	甘肃省甘谷县	本科	小陇山林业实验局	中共党员	党委书记	高级政工师	
张建华	男	1963.5	甘肃省武威市	本科	小陇山林业实验局林科所	中共党员		高级工程师	
杜　坤	男	1963.9	马跑泉镇兴胜村	中专	小陇山林业实验局林科所	中共党员		高级工程师	
赵文杰	男	1964.10	甘肃省庆城县	大专	小陇山林业实验局	中共党员	造林处副处长	高级工程师	
潘德乾	男	1963.7	甘肃省秦安县	硕士研究生	小陇山林业实验局	中共党员	资源处处长	高级工程师	
段昌盛	男	1964.9	甘肃省秦安县	硕士研究生	小陇山林业实验局	中共党员	局长	高级工程师	
袁士云	男	1965.1	甘肃省古浪县	博士研究生	小陇山林业实验局	中共党员	造林处处长	正高级工程师	
高三祥	男	1965.3	甘肃省秦安县	本科	小陇山林业实验局	中共党员	组织部副部长	高级政工师	
李小平	男	1966.9	甘肃省秦安县	本科	小陇山林业实验局规划院	中共党员	院长	高级工程师	
吕　寻	男	1967.10	天水市秦州区	本科	小陇山林业实验局林科所	中共党员	总工程师	高级工程师	
张永晖	男	1968.5	甘肃省秦安县	本科	小陇山林业实验局林检站	中共党员	副站长	高级工程师	
郑应选	男	1968.12	甘肃省秦安县	本科	小陇山林业实验局规划院	中共党员	副院长	高级工程师	
刘文桢	男	1969.3	利桥乡利桥村	本科	小陇山林业实验局林科所	中共党员		高级工程师	
沈亚洲	男	1969.10	马跑泉镇东山村	本科	小陇山林业实验局林科所	中共党员		高级工程师	
何建平	男	1969.11	甘肃省甘谷县	硕士研究生	小陇山林业实验局	中共党员	副局长	高级政工师	

续表

姓名	性别	出生年月	籍贯	学历	工作单位	政治面貌	职务	技术职称	备注
包卫东	男	1970.11	甘肃省武山县	本科	小陇山林业实验局产业处	中共党员	副处长	高级工程师	
白心平	男	1929.6	四川省彭县	本科	小陇山林业实验局职工医院			主任医师	
郑宝巨	男	1931.5	辽宁省沈阳市	本科	小陇山林业实验局职工医院	中共党员	医院院长	主任医师	
刘金梅	女	1936.2	河北省献县	本科	小陇山林业实验局职工医院			副主任医师	
何广祎	男	1964.1	甘肃省秦安县	本科	小陇山林业实验局职工医院	中共党员	院长	骨科副主任医师(2004.9)	
张重文	男	1965.5	甘肃省武山县	本科	小陇山林业实验局职工医院	中共党员	支部书记	骨科副主任医师(2004.8)	
杨小明	男	1962.4	甘肃省秦安县	本科	小陇山林业实验局职工医院	中共党员		骨科副主任医(1998.11)	
靳焕生	男	1963.9	甘肃省秦安县	本科	小陇山林业实验局职工医院	中共党员		内儿科副主任医师(2003.12)	
张菊平	女	1963.10	甘肃省甘谷县	本科	小陇山林业实验局职工医院			内科副主任医师(2003.12)	
王作朋	男	1963.1	石佛乡咀王村	本科	小陇山林业实验局职工医院	民革党员	副院长	副主任医师(2004.3)	
安进军	女	1956.7	甘肃省通渭县	本科	小陇山林业实验局职工医院	中共党员	院长	内儿科主任医师	退休
何满仓	男	1958.7	甘肃省甘谷县	本科	小陇山林业实验局职工医院	中共党员		内儿科副主任医师	退休
马瑞尧	男	1935.7	广东省兴宁市	本科	小陇山林业实验局职工医院	中共党员		副主任医师	退休
秦家璋	男	1938.2	甘肃省临洮县	本科	小陇山林业实验局职工医院	中共党员		副主任医师	退休
王心田	男	1941.1	马跑泉镇马跑泉村	本科	小陇山林业实验局职工医院	中共党员		副主任医师	退休
杨洪海	男	1936.4	甘肃省临洮县	本科	小陇山林业实验局职工医院	中共党员		副主任医师	退休
别民安	男	1938.7	陕西省西安市	本科	小陇山林业实验局职工医院	中共党员		副主任医师	退休

续表

姓名	性别	出生年月	籍贯	学历	工作单位	政治面貌	职务	技术职称	备注
何宏玲	男	1952.9	山东省莒南县	本科	小陇山林业实验局职工医院	中共党员		副主任医师	退休
刘凤鸣	女	1952.9	甘肃省秦安县	本科	小陇山林业实验局职工医院	中共党员		副主任医师	退休
杨孝义	男	1957.2	琥珀乡杨家湾村	本科	小陇山林业实验局职工医院	中共党员	院长	副主任医师	退休
刘岁元	男	1966.11	甘肃省武山县	本科	小陇山林业实验局职工医院	中共党员		副主任医师	
李西民	男	1938.2	陕西省户县	本科	麦积山石窟艺术研究所	中共党员	美术室主任	副研究员	
张锦秀	男	1940.11	甘肃省西和县	专科	麦积山石窟艺术研究所		保护室主任	副研究员	
胡承祖	男	1941.7	秦州区南宅子	本科	麦积山石窟艺术研究所	中共党员	书记	研究员	
刘俊琪	男	1951.2	甘肃省秦安县	大专	麦积山石窟艺术研究所		美术室主任	副研究员	
花平宁	男	1957.2	河南省孟县	本科	麦积山石窟艺术研究所		所长	副研究员	
魏文斌	男	1965.4	甘肃省通渭县	博士研究生	麦积山石窟艺术研究所	中共党员	副所长	研究员	
夏朗云	男	1965.3	安徽省宿州市	本科	麦积山石窟艺术研究所		考古研究室主任	研究员	
孙晓峰	男	1969.5	辽宁省清原县	博士研究生	麦积山石窟艺术研究所	中共党员		副研究员	
唐　冲	男	1972.4	甘肃省徽县	硕士研究生	麦积山石窟艺术研究所	中共党员	美术室副主任	副研究员	
袁振国	男	1954.11	甘肃省徽县	研究生	麦积山风景名胜区管理局	中共党员		专业技术七级	
陈逸平	男	1963.9		本科	甘肃林业职业技术学院	中共党员	院长	教授(2006.9)	
姚德生	男	1957.10	甘肃省秦安县	本科	甘肃林业职业技术学院	中共党员	副院长	教授(2002.9)	
巩　文	男	1955.7	甘肃省定西市	本科	甘肃林业职业技术学院	中共党员	副院长	教授(2004.2)	
芦维忠	男	1962.12	甘肃省永登县	硕士研究生	甘肃林业职业技术学院	中共党员	院长	教授(2005.10)	

续表

姓名	性别	出生年月	籍贯	学历	工作单位	政治面貌	职务	技术职称	备注
罗 镪	男	1954.12	甘肃省景泰县	本科	甘肃林业职业技术学院		园林工程系主任	教授(2007.10)	
曹金石	男	1966.9	元龙镇上崖村	本科	天水农业高新科技示范园管委会	中共党员	技术开发部部长	高级农艺师(2002.1)	
霍建泰	男		琥珀乡	本科	天水农业高新科技示范园航育所		科技特派员专家组长	研究员（2007 年）	
刘长清	男	1947.7	伯阳镇兴仁村		天水火车站			高级工程师	工艺美术师
余元泰	男	1940.7	中滩镇余峡村	本科	天水市第二人民医院	中共党员		主任医师（1997.11）	院首席专家、甘肃省名中医
常保旺	男	1945.4	渭南镇刘沟村	本科	天水市第二人民医院	中共党员	副院长	主任医师（1998.9）	院首席专家
刘述涛	男	1943.12	四川省德阳市	本科	天水市第二人民医院	农工党党员		主任医师（2000.11）	农工党天水市委员会副主委，院首席专家
张玉峰	男	1964.1	河北省保定市	本科	天水市第二人民医院	中共党员	老年病科主任	主任医师（2006）	
张和顺	男	1963.1	渭南镇	本科	天水市第二人民医院	中共党员	内科主任兼消化呼吸内科主任	主任医师（2007.9）	
欧棣华	男	1936.7	湖南省常宁市	本科	天水市第二人民医院	中共党员		主任医师（1994.12）	
雷鹏举	男	1964.7	中滩镇雷王村	本科	天水市第二人民医院	中共党员	党委委员、副院长	主任医师（2005.9）	
曹明祥	男	1957.7	陕西省合阳县	本科	天水市第二人民医院	中共党员	副院长	主任医师（2007.9）	
毛莲香	女	1963.7	中滩镇毛家村	本科	天水市第二人民医院	农工党党员	功能科主任	副主任医师（2000）	区政协副主席、农工党麦积区主委
史文孝	男	1936.11	陕西省渭南市	大专	天水市第二人民医院	中共党员	院长	副主任医师（1987）	
张正海	男	1945.6	麦积区	本科	天水市第二人民医院	中共党员	门诊部主任	副主任医师（1994）	院首席专家

续表

姓名	性别	出生年月	籍贯	学历	工作单位	政治面貌	职务	技术职称	备注
贺先有	男	1939.11	河南省巩义市	本科	天水市第二人民医院	中共党员		副主任医师	
雷建珍	女	1955.12	天水市秦州区	大专	天水市第二人民医院	中共党员	五官科、眼科副主任	副主任医师（1997.11）	
周光前	男	1951.10	甘泉镇高庄村	大专	天水市第二人民医院	中共党员	骨科副主任	副主任医师（1996.10）	
李文通	男	1940.3	四川省南充市	本科	天水市第二人民医院	中共党员	外科主任	副主任医师（1989）	
何兴兴	男	1959.10	甘肃省徽县	本科	天水市第二人民医院			副主任医师（1998.10）	
王健康	男	1963.2	河北省曲阳县	本科	天水市第二人民医院		五官科、耳鼻喉科副主任	副主任医师（2001.12）	
巫天明	男	1964.5	广东省丰顺县	本科	天水市第二人民医院	中共党员	心血管内科主任	副主任医师（2003.12）	
李虎元	男	1962.10	河南省偃师市	本科	天水市第二人民医院	农工党党员	二门诊部主任	副主任医师（2004.12）	
安晓平	女	1965.4	麦积区	本科	天水市第二人民医院			副主任医师（2005.12）	
马晓明	男	1965.2	麦积区	本科	天水市第二人民医院	九三学社社员		副主任医师（2005.12）	
胡运洲	男	1967.5	新阳镇	本科	天水市第二人民医院	中共党员	胸外肿瘤科主任	副主任医师（2007.12）	
徐晓军	男	1967.10	甘肃省西和县	本科	天水市第二人民医院			副主任医师（2007.12）	
李　宏	男	1963.3	渭南镇	本科	天水市第二人民医院			副主任医师（2007.3）	
马志恒	男	1964.1	甘肃省甘谷县	本科	天水市第二人民医院			副主任医师（2005.12）	
陈具堂	男	1966.2	渭南镇	本科	天水市第二人民医院	中共党员	康复科副主任	副主任医师（2007.9）	
陈鸣科	男	1934.10	湖南省湘乡市	本科	天水市第二人民医院			副主任医师（1989）	

续表

姓名	性别	出生年月	籍贯	学历	工作单位	政治面貌	职务	技术职称	备注
窦文生	男	1944.3	甘肃省张家川县	本科	天水市第二人民医院			副主任医师（1997.10）	
关宪常	男	1930.8	吉林省永吉县		天水市第二人民医院	中共党员		副主任医师（1988）	
颉全太	男	1938.1	甘肃省甘谷县	本科	天水市第二人民医院	中共党员		副主任医师（1989）	
敬燕生	男	1935.4	四川省阆中市	本科	天水市第二人民医院	中共党员		副主任医师（1989）	
赖政发	男	1939.5	四川省成都市	本科	天水市第二人民医院	九三学社社员		副主任医师（1989）	
雷具成	男	1945.11	甘肃省清水县	大专	天水市第二人民医院	中共党员		副主任医师（1999.10）	
李文阁	男	1955.2	甘肃省张家川县	大专	天水市第二人民医院	九三学社社员		副主任医师（2005）	
李新平	男	1950.5	山西省冀城县	大专	天水市第二人民医院	中共党员		副主任医师（2002）	
李学政	男	1948.9	麦积区	大专	天水市第二人民医院	中共党员		副主任医师（1997.10）	
李艳红	女	1955.10	河南省安阳市	大专	天水市第二人民医院			副主任医师（2003）	
刘 奭	男	1938.11	河南省沈丘县	本科	天水市第二人民医院	九三学社社员		副主任医师（1989）	
刘佩琴	女	1943.3	甘肃省兰州市	本科	天水市第二人民医院	中共党员		副主任医师（1989）	
刘韵宇	女	1955.10	陕西省蒲城县	大专	天水市第二人民医院	中共党员		副主任医师（2000.12）	
马桂珍	女	1951.12	甘肃省岷县	大专	天水市第二人民医院	农工党党员		副主任医师（2001）	
马祥生	男	1950.8	石佛乡马家山村	大专	天水市第二人民医院	中共党员		副主任医师（2003）	
蒲朝晖	男	1959.8	中滩镇蒲甸村	本科	天水市第二人民医院	中共党员	院长	副主任医师（2004.9）	

续表

姓名	性别	出生年月	籍贯	学历	工作单位	政治面貌	职务	技术职称	备注
邵桂莲	女	1953.9	天水市秦州区	大专	天水市第二人民医院	中共党员		副主任医师（2000.12）	
孙绪福	男	1938.6	甘肃省甘谷县	大专	天水市第二人民医院	中共党员		副主任医师（1998）	
唐蕴珍	女	1940.10	河北省献县	本科	天水市第二人民医院			副主任医师（1989）	
王　琮	男	1951.11	天水市秦州区	大专	天水市第二人民医院	中共党员		副主任医师（1996.10）	
王国强	男	1966.6	甘肃省秦安县	本科	天水市第二人民医院	中共党员		副主任医师（2003）	
王永泰	男	1944.5	麦积区	本科	天水市第二人民医院	中共党员		副主任医师（1996.10）	
王直立	男	1941.7	新阳镇王家庄村	本科	天水市第二人民医院			副主任医师（1989）	
温攀平	男	1949.6	麦积区	大专	天水市第二人民医院	中共党员		副主任医师（2000）	
吴继忠	男	1952.12	甘肃省通渭县	大专	天水市第二人民医院	中共党员		副主任医师（1999.10）	
谢世荣	男	1936.10	甘肃省甘谷县	本科	天水市第二人民医院			副主任医师（1988）	
杨兰生	男	1954.8	麦积区	本科	天水市第二人民医院	中共党员		副主任医师（1997.10）	
杨小燕	女	1965.11	重庆市	本科	天水市第二人民医院			副主任医师（2007）	
姚珂玲	女	1932.3	浙江省宁海县	本科	天水市第二人民医院	中共党员		副主任医师	
于淑男	男	1940.3	北京市	本科	天水市第二人民医院	中共党员		副主任医师（1989）	
张而伟	女	1945.10	甘肃省庄浪县	本科	天水市第二人民医院			副主任医师（1989）	
张致兰	男	1934.12	渭南镇张石村	本科	天水市第二人民医院	中共党员		副主任医师（1987）	
张子渭	男	1952.6	麦积区	大专	天水市第二人民医院	中共党员		副主任医师（1997.10）	
赵　铭	男	1931.9	秦州区稍口镇	本科	天水市第二人民医院	中共党员		副主任医师（1981）	

续表

姓名	性别	出生年月	籍贯	学历	工作单位	政治面貌	职务	技术职称	备注
周佩华	女	1937.10	秦州区五里铺乡	本科	天水市第二人民医院	中共党员		副主任医师	
安　琳	女	1966.5	甘肃省甘谷县	本科	天水市第二人民医院			副主任医师（2007.3）	
王亚平	男	1957.3	麦积区	本科	天水市第二人民医院	中共党员	党委委员、医务科(科教科)科长	副主任医师（1997.10）	
王一伟	男	1955.11	甘肃省秦安县	大专	天水市第二人民医院		耳鼻喉科主任	副主任医师（2006.9）	
陈明录	男	1962.4	甘肃省甘谷县	本科	天水市第二人民医院	农工党党员	骨科主任	副主任医师（2003.12）	
陈铁峰	男	1965.6	河南省郑州市	本科	天水市第二人民医院		泌尿外科副主任	副主任医师（2003.12）	
高小平	男	1963.10	麦积区	本科	天水市第二人民医院	农工党党员	口腔科主任	副主任医师（2004.12）	
葛近峰	男	1965.7	湖北省通城县	本科	天水市第二人民医院	中共党员	神经内科主任	副主任医师（2003.12）	
郝　毅	男	1960.8	天水市秦州区	本科	天水市第二人民医院	中共党员	儿科主任	副主任医师（2000.12）	
贾　瑜	女	1963.12	甘肃省甘谷县	本科	天水市第二人民医院	中共党员	呼吸消化内科副主任	副主任医师（2004.12）	
靳兰玉	女	1963.11	河北省蠡县	本科	天水市第二人民医院	农工党党员	医务科(科教科)副科长	副主任医师（2001.12）	
李林生	男	1965.7	甘肃省甘谷县	本科	天水市第二人民医院			副主任医师（2007.3）	
李志安	男	1962.12	河北省顺平县	本科	天水市第二人民医院	中共党员	眼科主任	副主任医师（2001.12）	
屈红梅	女	1966.5	陕西省蓝田县	本科	天水市第二人民医院		妇产科副主任	副主任医师（2005.12）	
王定新	男	1967.5	甘肃省景泰县	本科	天水市第二人民医院	中共党员	外科兼普外科主任	副主任医师（2003.12）	
吴林海	男	1962.10	渭南镇吴庄村	本科	天水市第二人民医院	农工党党员	普外科副主任	副主任医师（2001.12）	

续表

姓名	性别	出生年月	籍贯	学历	工作单位	政治面貌	职务	技术职称	备注
谢粉兰	女	1961.1	麦积区	本科	天水市第二人民医院	农工党党员	眼科副主任	副主任医师（2001.12）	
闫引生	男	1963.3	麦积区	本科	天水市第二人民医院	中共党员	120急救站主任兼胸外肿瘤科副主任	副主任医师（2004.12）	
杨国栋	男	1959.10	石佛乡陶家村	本科	天水市第二人民医院	中共党员	党委委员、副院长	副主任医师（2005.9）	
张昕宇	男	1964.11	麦积区	本科	天水市第二人民医院			副主任医师（2004.12）	
周志明	男	1965.4	麦积区	本科	天水市第二人民医院			副主任医师（2004.12）	
赵珍琪	女	1935.12	辽宁省大连市	本科	天水市第二人民医院			副主任药师（1987）	
洪素端	女	1935.5	浙江省台州市	本科	天水市第二人民医院			副主任药师（1988）	
雷廷槐	男	1951.2	麦积区	大专	天水市第二人民医院			副主任药师（1997.10）	
马玉泉	男	1964.9	天水市秦州区	本科	天水市第二人民医院	中共党员	院长办公室主任	副主任药师（2005.12）	
赵　莉	女	1947.11	乌鲁木齐市	中专	天水市第二人民医院	中共党员		副主任护师（1995.12）	
马秀荣	女	1947.10	河南省巩义市	中专	天水市第二人民医院	中共党员		副主任护师（1997.9）	
文凤琴	女	1957.2	麦积区	中专	天水市第二人民医院			副主任护师（2006.9）	
缑丽霞	女	1966.9	中滩镇缑杨村	本科	天水市第二人民医院		高压氧舱室护士长	副主任护师（2007.9）	
白云峰	男	1963.8	陕西省米脂县	本科	天水市第四人民医院	中共党员	副院长	外科副主任医师	
徐　健	男	1963.10	甘肃省秦安县	本科	天水市第四人民医院	中共党员	副院长	内科副主任医师	
霍世卿	男	1964.6	新阳镇胡大村	本科	天水市第四人民医院		主任	外科副主任医师	

续表

姓名	性别	出生年月	籍贯	学历	工作单位	政治面貌	职务	技术职称	备注
蒋德胜	男	1964.4	甘肃省甘谷县	本科	天水市第四人民医院	中共党员	主任	内科副主任医师	
李　红	女	1962.10	湖南省汨罗市	本科	天水市第四人民医院	中共党员	主任	副主任药剂师	
常龙琴	女	1965.8	河南省沈丘市	本科	天水市第四人民医院	中共党员	主任	副主任医师	
蒲　勤	男	1966.7	中滩镇蒲甸村	本科	天水市第四人民医院	中共党员		副主任医师	省领军人才
黄延昌	男	1964.6	河南省新郑市	本科	天水市第四人民医院			副主任医师	
甄天治	男	1931.10	秦州区关子镇	大专	天水市第四人民医院	中共党员		副主任医师	
刘林昭	男	1936.6	河南省济宁市	本科	天水市第四人民医院			副主任医师	
夏日畏	男	1929.4	湖南省安化市	本科	天水市第四人民医院			副主任医师	
余致荣	女	1938.4	四川省简阳市	本科	天水市第四人民医院	中共党员		副主任医师	
任学明	男	1939.3	甘肃省静宁县	本科	天水市第四人民医院	中共党员		副主任医师	
车同安	男	1945.4	山东省青岛市	本科	天水市第四人民医院	中共党员		副主任医师	
陈觉元	男	1944.10	江苏省启东市	本科	天水市第四人民医院	中共党员		副主任医师	
李祚琏	男	1946.8	河南省罗山市	本科	天水市第四人民医院	中共党员		副主任医师	
邹锦模	男	1945.4	辽宁省盖县	本科	天水市第四人民医院	中共党员		副主任医师	
曹梓铭	女	1946.4	上海市静安区	本科	天水市第四人民医院			副主任医师	
李立曼	女	1947.1		本科	天水市第四人民医院			副主任医师	
杨关铭	男	1945. 8	浙江省宁波市	本科	天水市第四人民医院			副主任医师	
张新国	女	1949.3	安徽省金寨县	本科	天水市第四人民医院			副主任医师	

续表

姓名	性别	出生年月	籍贯	学历	工作单位	政治面貌	职务	技术职称	备注
王惺惺	男	1958.12	秦州区共和巷	大专	天水市第五人民医院	中共党员	正县级干部	中西医结合外科副主任医师（1999.11）	
王　琮	男	1951.11	北道埠街道	本科	天水市第五人民医院	中共党员	办公室主任	内科副主任医师(1996.7)	
马祥生	男	1952.8	北道埠街道	本科	天水市第五人民医院	中共党员		传染科副主任医师（2003.12）	
张宝生	男	1970.9	甘肃省宁县	本科	天水星火机床公司			高级工程师	
于　红	女	1966.3	江苏省泰兴市	本科	天水星火机床公司			高级工程师	
杨祥瑞	男	1953.5	河南省虞城县	中技	天水星火机床公司		工人	高级技师	全国机械技能大师
周祥谦	男	1953.10	河南省孟津县	初中	天水星火机床公司			高级技师	全国突出贡献技师
宋文忠	男	1956.6	甘肃省清水县	初中	天水星火机床公司	中共党员		高级技师	部级劳模
朱俊东	男	1956.9	甘肃省秦安县	高中	天水星火机床公司	中共党员	工人	高级技师	部级劳模
白惠杰	男	1963.3	秦州区牡丹镇	本科	天水锻压机床有限公司	中共党员	主管设计师	高级工程师	
陈立康	男	1945.8	江苏省无锡市	本科	天水锻压机床有限公司	中共党员		高级工程师	
陈三国	男	1942.9	湖南省	本科	天水锻压机床有限公司	中共党员	经理兼法人代表	高级工程师	
陈申生	男	1944.12	山西省运城市	本科	天水锻压机床有限公司	中共党员	副处长	高级工程师	
陈顺福	男	1946.2	重庆市	本科	天水锻压机床有限公司	中共党员		高级工程师	
陈维霞	女	1946.3	江苏省南京市	本科	天水锻压机床有限公司	中共党员		高级工程师	
戴立新	男	1961.5	湖南省益阳市	本科	天水锻压机床有限公司	中共党员	热处理副主任	高级工程师	
冯克兰	女	1954.2	河南省平舆县	本科	天水锻压机床有限公司	中共党员		高级政工师	

续表

姓名	性别	出生年月	籍贯	学历	工作单位	政治面貌	职务	技术职称	备注
葛宗泽	男	1946.3	北京市	本科	天水锻压机床有限公司	中共党员		高级工程师	
胡水泉	男	1949.2		本科	天水锻压机床有限公司	中共党员		高级政工师	
黄耀华	男	1945.3	安徽省巢湖市	本科	天水锻压机床有限公司	中共党员		高级工程师	
靖雨师	男	1944.10	辽宁省锦州市	本科	天水锻压机床有限公司	中共党员		高级工程师	
李彩亮	男	1935.7	云南省昆明市	本科	天水锻压机床有限公司	中共党员		高级工程师	
李鸿义	男	1944.2	山西省	本科	天水锻压机床有限公司	中共党员	副主任	高级工程师	
李新民	男	1934.4	辽宁省	本科	天水锻压机床有限公司	中共党员		高级工程师	
李新民	男	1944.10	河北省	本科	天水锻压机床有限公司	中共党员		高级工程师	
梁宝国	男	1944.12	北京市	本科	天水锻压机床有限公司	中共党员		高级经济师	
廖德明	男	1945.12	四川省	本科	天水锻压机床有限公司	中共党员	科长	高级工程师	
廖世安	男	1946.9	湖南省衡山县	本科	天水锻压机床有限公司	中共党员	研究所所长	正高级工程师	
刘传文	男	1944.12	山东省	本科	天水锻压机床有限公司	中共党员	教育科长、技校校长	高级工程师	
刘金元	男	1944.8	安徽省六安市	本科	天水锻压机床有限公司	中共党员		高级工程师	
刘　文	男	1940.3	黑龙江省佳木斯市	本科	天水锻压机床有限公司	中共党员		高级工程师	
刘晓国	男	1954.10	甘肃省秦安县	本科	天水锻压机床有限公司	中共党员	综合管理部长	高级政工师	
柳根平	男	1969.3	陕西省合阳县	本科	天水锻压机床有限公司		市场开发部部长、副总工程师	高级工程师	
鲁普圭	男	1946.8	湖北省咸宁市	本科	天水锻压机床有限公司	中共党员	处长经理	高级工程师	

续表

姓名	性别	出生年月	籍贯	学历	工作单位	政治面貌	职务	技术职称	备注
路聪敏	女	1944.8		本科	天水锻压机床有限公司	中共党员		高级工程师	
马嘉友	男	1933.3		本科	天水锻压机床有限公司	中共党员		高级政工师	
马晓美	女	1946.9	河南省开封市	本科	天水锻压机床有限公司	中共党员		高级工程师	
马玉明	男	1953.6	安徽省亳州市	本科	天水锻压机床有限公司	中共党员	综合管理部副部长	高级政工师	
石国荣	男	1943.8	安徽省涂县	本科	天水锻压机床有限公司	中共党员	主任	高级工程师	
史蜀骥	男	1942.10	浙江省东阳市	本科	天水锻压机床有限公司	中共党员		高级工程师	
孙奎远	男	1949.10	辽宁省	本科	天水锻压机床有限公司	中共党员	董事长、党委书记	高级政工师	
孙自新	男	1944.7	河南省	本科	天水锻压机床有限公司	中共党员		高级工程师	
谭孟瑞	男	1944.1	山东省	本科	天水锻压机床有限公司	中共党员	教育科长、技校校长	高级经济师	
唐文浩	男	1944.12	湖南省道县	本科	天水锻压机床有限公司	中共党员		高级工程师	
仝天永	男	1946.11	河南省偃师市	本科	天水锻压机床有限公司	中共党员		正高级工程师	
万益全	男	1944.5		本科	天水锻压机床有限公司	中共党员		高级工程师	
王　琦	男	1941.2	吉林省长春市	本科	天水锻压机床有限公司	中共党员		副主任医师	
王晓荣	男	1946.6	河南省	本科	天水锻压机床有限公司	中共党员		高级工程师	
王亦东	男	1977.8	吉林省长春市	本科	天水锻压机床有限公司	中共党员	技术中心副主任	高级工程师	
王云波	男	1946.8	河南省永城市	本科	天水锻压机床有限公司	中共党员		高级工程师	
吴晓明	男	1939.1	北京市	本科	天水锻压机床有限公司	中共党员		副主任医师	
闫龙岗	男	1969.9	山西省	本科	天水锻压机床有限公司	中共党员	副科长	高级工程师	

续表

姓名	性别	出生年月	籍贯	学历	工作单位	政治面貌	职务	技术职称	备注
尹　鹏	男	1953.1	天津市宝坻区	本科	天水锻压机床有限公司	中共党员	保卫处处长	高级政工师	
张仰东	男	1944.12	山西省	本科	天水锻压机床有限公司	中共党员		高级工程师	
赵树森	男	1943.10	吉林省长春市	本科	天水锻压机床有限公司	中共党员		高级工程师	
赵永祥	男	1942.2	吉林省长春市	本科	天水锻压机床有限公司	中共党员		技校高级讲师	
赵韵诗	男	1942.2	辽宁省沈阳市	本科	天水锻压机床有限公司	中共党员		外科副主任医师	
周国良	男	1945.4	辽宁省沈阳市	本科	天水锻压机床有限公司	中共党员		高级工程师	
祝为民	男	1944.4	浙江省嘉兴市	本科	天水锻压机床有限公司	中共党员	副处长	高级工程师	
卓风勤	男	1946.2	河南省	本科	天水锻压机床有限公司	中共党员	综合计划科长	高级工程师	
邹建国	男	1951.7	江苏省金湖县	本科	天水锻压机床有限公司	中共党员	综合库主任	高级政工师	
康聚廷	男	1940.10	河南省伊川县	本科	天水风动工具厂	中共党员	厂长（1988–1996）	高级工程师	
刘东生	男	1934.7	天津市	本科	天水风动工具厂	中共党员	厂长（1981–1988）、总工程师（1988–）	高级工程师	
杨敷祈	男	1937	江苏省太仓市	本科	天水风动工具厂			高级工程师	
朱仲荣	男	1936	上海市	本科	天水风动工具厂	中共党员		高级工程师	
肖崇昆	男	1936	四川省乐山市	本科	天水风动工具厂	中共党员	副总工程师	高级工程师	
张玉成	男	1941		本科	天水风动工具厂	中共党员		高级工程师	
赵宝玉	男	1938	辽宁省沈阳市	本科	天水风动工具厂			高级工程师	

续表

姓名	性别	出生年月	籍贯	学历	工作单位	政治面貌	职务	技术职称	备注
陈炎锐	男	1935	广东省潮州市	本科	天水风动工具厂	中共党员		高级工程师	
卢宗清	男	1938	江西省上饶县	本科	天水风动工具厂	中共党员	副处长	高级工程师	
孙敬彬	男	1941	河南省范县	本科	天水风动工具厂	中共党员		高级工程师	
马恩然	男	1944		本科	天水风动工具厂			高级工程师	
高占奋	男	1967.9	甘肃省文县	本科	天水风动机械有限公司	中共党员	副总工程师、技术中心副主任	高级工程师	甘肃省领军人才
赵存权	男	1962.5		研究生	天水风动机械有限公司	中共党员	副总经理兼技术中心主任(2007–)	高级工程师	天水市领军人才
耿志君	男	1950.1	河南省滑县	本科	天水风动机械有限公司	中共党员	厂长(2000–2006)董事长(2002–),总经理、党委书记(2001–2007)	高级工程师	
韩宝成	男	1953.4	陕西省蓝田县	大专	天水风动机械有限公司	中共党员	技术室主任	高级工程师	
李衍斌	男	1971.12	辽宁省大连市	本科	天水风动机械有限公司	中共党员	技术室主任	高级工程师	
李文辉	男	1955.4	甘肃省张家川县	本科	天水风动机械有限公司	中共党员	技术室主任	高级工程师	
王建祖	男	1969.10		本科	天水风动机械有限公司	中共党员	检查处长	高级工程师	
李　昕	男	1969.11	甘肃省清水县	本科	天水风动机械有限公司	中共党员	质量副处长	高级工程师	
郭宝林	男	1969.8	甘肃省武山县	本科	天水风动机械有限公司			高级工程师	
高学经	男	1965.1	山东省青州市	本科	天水风动机械有限公司		副所长	高级工程师	
张亚非	男	1955.5	甘肃省通渭县	本科	天水风动机械有限公司	中共党员	副总经理、党委副书记(2001–)	高级政工师	

续表

姓名	性别	出生年月	籍贯	学历	工作单位	政治面貌	职务	技术职称	备注
王子林	男	1933.12	辽宁省沈阳市	大专	天水风动机械有限公司	中共党员	党委书记（1984–1993）	高级政工师	
史保和	男	1953.4	河南省济源市	大专	天水风动机械有限公司	中共党员	工会主席（2000–）	高级政工师	
杨福才	男	1967.7	甘肃省秦安县	本科	天水风动机械有限公司	中共党员	副总经理、董事会秘书	高级政工师	
郭　玺	男	1969.1		研究生	天水风动机械有限公司党委工作部	中共党员	纪委副书记、部长	高级政工师	
薛宏荣	男	1968.12	甘肃省泾川县	本科	天水风动机械有限公司技术中心			高级工程师	
张志莲	女	1962.1	辽宁省沈阳市	大专	天水风动机械有限公司技术中心			高级工程师	
王玉奎	男	1963.1		大专	天水风动机械有限公司技术中心	中共党员	理化室主任	高级工程师	
米军芳	女	1983.2	甘肃省陇西县	本科	天水风动机械有限公司科技质量部			高级工程师	
李红梅	女	1963.1	辽宁省沈阳市	大专	天水风动机械有限公司	中共党员	科技质量部部长	高级工程师	
侯志恩	男	1964.12		本科	天水风动机械有限公司研究所			高级工程师	
李文刚	男	1959.11	辽宁省	本科	天水风动机械有限公司	中共党员	市场开发部部长	高级政工师	
王先儒	男	1941		大专	甘肃省绒线厂	中共党员	总工程师	高级工程师	
蔡世勤	男	1964.11	甘肃省秦安县	本科	省有色地勘局天水总队			探工高级工程师	
隋风春	男	1963.8	辽宁省庄河市	中专	省有色地勘局天水总队			地矿高级工程师	
刘菊琴	女	1965.12	甘肃省灵台县	本科	省有色地勘局天水总队	中共党员		地质实验高级工程师	
张咏青	男	1964.5	甘肃省秦安县	大专	省有色地勘局天水总队			地质实验高级工程师	

续表

姓名	性别	出生年月	籍贯	学历	工作单位	政治面貌	职务	技术职称	备注
金杰明	男	1965.7	甘肃省榆中县	本科	省有色地勘局天水总队	中共党员		探工高级工程师	
杨建喜	男	1962.2	山西省屯留县	本科	省有色地勘局天水总队			地矿高级工程师	
赵生贵	男	1965.9	甘肃省华亭县	本科	省有色地勘局天水总队	中共党员		地矿高级工程师	
徐　岩	男	1963.7	山东省商河县	本科	省有色地勘局天水总队	中共党员		化探高级工程师	
王国仁	男	1966.5	甘肃省秦安县	本科	省有色地勘局天水总队	中共党员		地质实验高级工程师	
魏彦珺	男	1964.4	甘肃省会宁县	本科	省有色地勘局天水总队	中共党员		物探遥感高级工程师	
王克军	男	1967.9	甘肃省陇西县	本科	省有色地勘局天水总队			化探高级工程师	
展惠萍	女	1968.3	甘肃省靖远县	本科	省有色地勘局天水总队	中共党员		地矿高级工程师	
韩旺珍	男	1969.9	甘肃省会宁县	本科	省有色地勘局天水总队			地矿高级工程师	
卢　哲	男	1968.10	湖北省钟祥市	本科	省有色地勘局天水总队			地矿高级工程师	
梁亚忠	男	1962.11	陕西省城固县	中专	省有色地勘局天水总队			地矿高级工程师	
武　兵	男	1963.9	陕西省南郑县	中专	省有色地勘局天水总队	中共党员		地矿高级工程师	
陈　林	男	1971.9	陕西省乾县	本科	省有色地勘局天水总队			测绘工程高级工程师	
罗建祥	男	1970.10	甘肃省秦安县	本科	省有色地勘局天水总队			地矿高级工程师	
马玉明	男	1966.10	河北省邯郸市	本科	省有色地勘局天水总队			地矿高级工程师	
李一航	男	1971.9	甘肃省会宁县	本科	省有色地勘局天水总队	中共党员		地矿高级工程师	
李雨落	男	1963.1	甘肃省西和县	本科	省有色地勘局天水总队			地矿高级工程师	
张万军	男	1967.1	甘肃省高台县	本科	省有色地勘局天水总队			水工环高级工程师	

续表

姓名	性别	出生年月	籍贯	学历	工作单位	政治面貌	职务	技术职称	备注
党宽太	男	1965.12	陕西省富平县	本科	省有色地勘局天水总队	中共党员		化探高级工程师	
张　辉	男	1963.9	辽宁省鞍山市	大专	省有色地勘局天水总队			测绘工程高级工程师	
徐　岩	男	1963.6	辽宁省铁岭市	大专	省有色地勘局天水总队			测绘工程高级工程师	
金安详	男	1965.4	安徽省萧县	本科	省有色地勘局天水总队	中共党员		地矿高级工程师	
王爱军	男	1966.7	甘肃省庄浪县	本科	省有色地勘局天水总队			地矿高级工程师	
李公正	男	1962.9	山西省稷山县	本科	省有色地勘局天水总队	中共党员		物探遥感高级工程师	
苏堆田	男	1965.5	甘肃省秦安县	本科	省有色地勘局天水总队	中共党员		采矿高级工程师	
何建设	男	1963.6	陕西省富平县	本科	省有色地勘局天水总队	中共党员		测绘工程高级工程师	
王祥文	男	1963.3	甘肃省西和县	本科	省有色地勘局天水总队	中共党员		地矿高级工程师	
史建军	男	1963.6	甘肃省甘谷县	本科	省有色地勘局天水总队	中共党员		地矿高级工程师	
高增黉	男	1936.9	陕西省	本科	省有色地勘局地质五队			高级工程师	
段家训	男	1935.1	云南省大理州	本科	省有色地勘局地质五队			高级工程师	
吴世忠	男	1943.6	吉林省扶余县	本科	省有色地勘局地质五队			高级工程师	
徐　滨	女	1955.3	黑龙江省	大专	省有色地勘局地质五队			高级工程师	
李树立	男	1954.1	甘肃省两当县	大专	省有色地勘局地质五队			高级工程师	
郭卫东	男	1953.12	陕西省勉县	大专	省有色地勘局地质五队			高级工程师	
吴俊谋	男	1952.2	湖南省花垣县	大专	省有色地勘局地质五队			高级工程师	
许凤仪	男	1937.1	甘肃省泾川县	本科	省有色地勘局地质二队			高级工程师	

续表

姓名	性别	出生年月	籍贯	学历	工作单位	政治面貌	职务	技术职称	备注
王新民	男	1937	湖南省常德市	本科	省有色地勘局地质二队	中共党员		高级工程师	
吴玉玺	男	1937.9	湖南省东安县	本科	省有色地勘局地质二队			高级工程师	
周琰修	男	1939.5	四川省	本科	省有色地勘局地质二队			高级工程师	
丁延年	男	1936.9	湖南省	本科	省有色地勘局地质二队	中共党员		高级工程师	
李钧洲	男	1943.2		本科	省有色地勘局地质二队			高级工程师	
蒲克信	男	1951.2	甘肃省通渭县	大专	省有色地勘局天水总队			高级工程师	
王福田	男	1955.4	辽宁省	大专	省有色地勘局地质二队	中共党员		高级工程师	
王志平	男	1956.12	辽宁省	大专	省有色地勘局地质二队	中共党员		高级工程师	
满守波	男	1957.9	辽宁省鞍山市	大专	省有色地勘局地质二队			高级工程师	
申安清	男	1959.2	河南省信阳市	本科	省有色地勘局地质二队			高级工程师	
李家祥	男	1934.1	贵州省瓮安县	本科	省有色地勘局地质二队			高级工程师	
石美行	男	1945.8	四川省	本科	省有色地勘局地质二队	中共党员		高级工程师	
杨大敏	男	1937.4	重庆市	本科	省有色地勘局地质二队	中共党员		高级工程师	
刘柏刚	男	1943.12		大专	省有色地勘局地质二队			高级工程师	
高明生	男	1939.4	湖北省	本科	省有色地勘局地质二队			高级工程师	
倪公权	男	1942.8	江苏省	本科	省有色地勘局地质二队			高级工程师	
高良骙	男	1937.4	浙江省	本科	省有色地勘局地质二队			高级工程师	
杨建喜	男	1962.2	山东省商河县	本科	省有色地勘局地质二队			高级工程师	

续表

姓名	性别	出生年月	籍贯	学历	工作单位	政治面貌	职务	技术职称	备注
胡晓隆	男	1965.12	甘肃省会宁县	本科	省地矿局第一地质矿产勘查院		副院长、总工程师	正高级工程师	
王春凯	男	1963.10	河北省宽城县	本科	省地矿局第一地质矿产勘查院	中共党员	总会计师	高级会计师	
牛海平	男	1962.5	甘肃省平凉市	本科	省地矿局第一地质矿产勘查院	中共党员	副总工程师	地矿高级工程师	
赵利利	男	1964.1		本科	省地矿局第一地质矿产勘查院		副总工程师	地矿高级工程师	
魏永顺	男	1963.6	甘肃省皋兰县	中专	省地矿局第一地质矿产勘查院		副总工程师	水工环高级工程师	
马佩文	男	1963.12		本科	省地矿局第一地质矿产勘查院		总工办主任	地矿高级工程师	
黄金博	男	1964.12	重庆市	本科	省地矿局第一地质矿产勘查院	中共党员	桥南联中校长	中学高级教师	
杨安全	男	1966.6	甘泉镇	本科	省地矿局第一地质矿产勘查院	中共党员	联中党支部书记	中学高级教师	
马　彪	男	1965.2	甘肃省陇西县	本科	省地矿局第一地质矿产勘查院	中共党员	水文工程公司副经理	水工环高级工程师	
程建祥	男	1964.3	甘肃省秦安县	本科	省地矿局第一地质矿产勘查院			水工环高级工程师	
朱志强	男	1967.2	甘肃省会宁县	本科	省地矿局第一地质矿产勘查院	中共党员		水工环高级工程师	
王强国	男	1964.1	甘肃省临洮县	本科	省地矿局第一地质矿产勘查院			高级工程师	
鲍世才	男	1963.9	甘肃省定西市	本科	省地矿局第一地质矿产勘查院			物探高级工程师	
王玉峰	男	1958.8	陕西省富平县	本科	省核地质二一三大队	中共党员	总工程师	正研级高工	

附　录

一、文献辑录

国务院关于甘肃省撤销天水地区、实行市管县的批复

1985 年 7 月 8 日

1.撤销天水地区，实行市管县体制。

2.天水市升为地级市。撤销天水县，将其行政区域并入天水市。天水市设立秦城区、北道区。以原天水市和天水县的中梁等 17 个乡的行政区域为秦城区的行政区域；以原天水县的渭南等 22 个乡和北道镇的行政区域为北道区的行政区域，天水市人民政府驻秦城区。

3.将原天水地区的秦安、武山、甘谷、清水县和张家川回族自治县 5 县划归天水市管辖。

4.将原天水地区的徽县、两当 2 县划归陇南地区管辖。

中共天水市北道区委　天水市北道区人民政府
经济体制综合改革试行方案

1985 年 11 月 12 日

北道区辖 22 个乡，1 个管理区，3 个办事处，归天水市领导。全区人口 45.8 万人，其中城镇人口 7.6 万人。总面积 3453.8 平方公里，耕地面积 789934 亩。现

有区办国营工交企业10个,集体企业18个,商业企业43个,乡办企业79个。

为了建立新型的经济体制,促进生产力的发展,实现到本世纪末工农业年总产值翻番的战略目标,和把天水市建成陇东南经济繁荣,文化、科技发达,文明富裕,景色秀丽的现代化城市的要求,结合本区实际,拟定以下改革方案。

一、指导思想和奋斗目标

指导思想是:全面贯彻中共体改决定,坚决实行开放、搞活,充分利用现有基础,挖掘资源优势,敞开大门,外引内联,走城乡结合的途径。以乡镇企业和城镇集体企业为突破口,带动农副业和第三产业,建立具有天水特色的、充满生机和活力的社会主义经济体制。通过改革,逐步形成以建材、轻纺、采矿、化工、塑料、机械制造为骨干,以乡镇企业为基础,布局合理,经济效益显著的地方工业经济;形成多种流通渠道,多种经济成分,多种经营形式和少环节,国营、集体、个人一起上,城乡交流集散结合的商供经济;形成种、养、加比例协调,农工商有机结合,大、中、小合理配套的农业经济,不断增强城市的辐射力、吸引力和综合服务能力,努力实现"三年初变、五年大变、搞活经济、收入翻番"的奋斗目标。

初步设想:在提高经济效益的前提下,全区工农业总产值在1980年6116万元的基础上,力争1988年达到11822万元,增长5706万元,到2000年工农业总产值达到3.7亿元,比1980年翻两番。

发展速度:工农业总产值前10年年递增9.2%。其中工业产值前10年递增11.57%;农业产值前10年递增7.67%。乡镇企业到1988年产值达到5300万元,占工农业总产值的45%,到2000年产值达到2.31亿元,比1980年翻四番,占工农业总产值的54%。财政收入在1980年741.3万元的基础上,1988年达到1465.8万元,2000年达到2970万元,比1980年翻两番。

二、改革经济管理体制

经济管理体制的改革,主要是简政放政,转变职能,做到政企分开,职责分明,减少层次,增强活力,加强宏观,搞活微观。成立工业经济委员会,统一管理国营工业企业、集体企业和交通企业等工业经济;成立商业经济委员会,统一管理国营商业企业、集体商业企业、粮油企业、供销企业和社会商业经济;成立农业经济委员会,与农工部合署办公,两块牌子,一套班子,统一管理农业经济。在此基础上,继续探索,使经济管理体制逐步得以完善。

三、以增强企业活力为中心,全面改革城市经济

经济体制改革的重点是城市,中心环节是扩大企业自主权,增加企业活力。

所有企业都必须处理好国家与企业的关系，扩大企业自主权；处理好职工与企业的关系，保证劳动者在企业中的主人翁地位。按照简政放政、政企分开，用经济法规管理经济的精神，政府部门对企业只保留“四权”：即主要领导干部的任免权；控制工资、奖金总额的审批权；发展生产、实行改造、扩建计划的审批权；监督保证权。充分发挥统筹、规划、协调、监督等方面的职能作用。在国家计划指导下，企业有微观经营决策的权力；企业有权拥有和支配自有资金；有权自行决定用工方法和工资奖励方式；有权在国家允许的范围内确定本企业产品的价格，确定企业内部的机构设置。

（一）改革企业的领导体制，实行厂长（经理）负责制。厂长（经理）代表国家对企业的产、供、销、人、财、物及其他行政生产事务行使统一指挥权；国家对企业的各项考核内容，就是厂长（经理）对国家应承担的责任。

（二）改革企业管理体制。对小型国营企业逐步实行转、改、租。分别采取：全民所有，集体经营，照章纳税，自负盈亏；由全民转为集体性质，按照集体企业的政策进行生产经营；全民所有、个人承包经营；并积极试行转让、租赁等形式。全面建立以承包为主要形式的经济责任制，进一步调动生产经营者的积极性，发展社会生产力。

（三）改革企业的分配制度。打破平均主义，坚持多劳多得，奖优罚劣。在不突破工资总额的前提下，企业内部分配形式由企业自选。并有计划、有重点地试办股份制，增强企业新的动力。

（四）改革企业用工用人制度。实行管理干部招聘制、用工合同制，唯贤是举，是才必用。企业有权招聘所急需的技术人才，对应聘人员有权确定除享受省上规定待遇外的优惠待遇，有关部门应按政策规定办理调入或落户手续。企业在计划单位产品成本、工资含量不增高的前提下，可自行招用临时工、季节工。

（五）除实行上述改革外，各企业应根据行业特点，积极实行改革。

1、工业企业 （1）围绕经营战略制定分层承包责任制，做到经济指标、质量指标、经营指标三明确。经济指标承包落实到个人，节约有奖，超耗受罚。其中能源、主要原材料节约奖可计入成本，免征奖金税所罚之款，主要用于各项节约措施。形成纵向承包、横向互保、纵横连锁的经营型、开拓型经济责任制。（2）积极稳妥地推行厂长民主选举制度。厂长、副厂长在任职期间，每年由职代会评议一次，三年由上级主管部门综合考核一次。对有开拓精神、成绩卓著的，分别情况给予嘉奖、晋级或提职；对不称职的予以罢免或降职。职工代表大会可以向上级推荐厂长、副厂长候选人，也可以向上级政府或主管部门提出罢免厂长或副厂长的建议。(3)在保证国家下达的产值、利润、税金等年度计划的前提下，企业可以自行安排适销对路的产品，实行一业为主，多种经营。(4)企业对超计划产品、计划外产品和省级以上优质产品，在国家允许的范围内，实行浮动价格。(5)为发展生产必须进行厂房、设备、工艺改造项目，在有自有资金或有偿还能力的条件下，小型企业在10万元以下，中型企业在20万元以下，大型企业在30万元以下，企业有权自定，可以用自有资金或申请银行贷款进行，不再经上级综合平衡。(6)根据需要，在不改变所有制形式、隶属关系、财政制度的情况下，企业有权参加或退出跨地区、跨部门的经济联合体，有权参加对外谈判、成交和考察。(7)调节企业组织结构，对工业企业进行改组联合。按照社会化大生产的内在经济联系，围绕天水市工业改组联合，发展优势行业和优势产品，组织和参加各种形式、多层次的经济联合，建立开放式的纵横工业经济网络。(8)集体所有制企业，积极贯彻"自愿组合，自负盈亏，民主管理，按劳分配，职工集资，适当分红，集体积累，自由支配"的原则，进一步恢复群众性、民主性和灵活性，真正实行自主经营。职工人数和工资形式一律由企业自定，积极推行统筹社会保险基金，鼓励职工投资入股，股金分红。

2、交通业 (1)全面开放，实行竞争。按照"货畅其流，人便于行"的宗旨，交通运输业要打破国营独家经营的状况，不管客运、货运，不分市、县界线，国家、集体、个人一齐上，全面放开，实行竞争。(2)扩大业务，加强管理。随着运输专业户的大量涌现，交通运输管理的任务日趋增大。为根除弊端，理顺关系，统一管理，方便运输，运管、监理、路政等部门实行一体化的组织管理形式。(3)公路交通管理机构内部组织实行财务一体化、统计和资料管理一体化、外勤路查和各项管理一体化。(4)养路员要统一组织，分片包干，集中使用，养好公路。

3、商业 (1)以自然门、点为核算单位，年利润在15万元以下的企业，都实行开放，形式有三种：一是国家所有，集体经营，照章纳税，自负盈亏。对企业原有资产和资金，按规定提取折旧基金；二是直接转为集体所有制企业，现有固定资金和流动资金实行有偿转让，分期归还；三是用招标方式，把小店铺租赁给个人经营，对固定资产收租金，无论哪种形式，都实行经理(或租赁者个人)负责制，自主经营，国家再不下达指令性计划，按八级累进税纳税后，工资形式和奖惩办法完全由企业或租赁者个人自行决定。(2)对年利润在15万元以上的大中型商业企业，实行经营承包责任制。(3)供销社要从发展农村商品生产出发，改全民为集体，改"官办"为"民办"，还权于农民，放手让农民入股；实行"独立核算，自负盈亏,基金调剂,向国家纳税,不负担政策性亏损”的财务制度;在税收纳足、基金留够的前提下,由企业自行决定分配办法;进一步扩大经营范围和服务领域,积极向生产领域延伸,大力兴办社办企业,搞好农副产品批发、交易,把供销社办成农村经济综合服务中心。(4)大力发展城市集体和个体商业,敞开城门,欢迎农民进城办店经商、摆摊设点及中转经营,利用北道人口集中、交通便利的条件,规划办好综合贸易市场,建立商业一条街。(5)开放粮食市场,开展各种粮食加工和代加工,发展各种方便食品,便利群众生活。

4.服务业 对现有的国营食堂、旅店、理发社、澡塘按政策实行开放外,积极发展以集体、个人经营为主,为旅游事业服务的网点。积极规划和筹集资金,在北道建一座以接待外宾为主的具有一定现代化设备的高级服务楼;在道南建成商业一条街,开辟夜市。

四、改革城市管理体制,加快城市改造和建设步伐

1、按照天水市城市规划的总要求,制定北道区建设总体规划,在方便生产、方便生活的原则指导下,合理布局,逐步建设传统风格和时代风貌相结合的建筑群体和经济区。

2、成立城市建设综合开发公司,开展统建、统管业务,逐步承包全区各项城建工程和旧城成片改造工作。

3、全面推行建设项目投资包干责任制,大力推行工程招标。

4、建筑企业内部推行百元产值工资含量包干。

5、改水管所为自来水公司,变事业单位为企业单位,实行独立核算,自负盈亏。

6、搞好环境保护和公用设施建设,重点抓好“三废”和环境污染治理,加强污水化验处理和大气监测工作。市政管理和环境卫生管理要分工负责,分段管理,责任到人,实行有奖有罚的经济责任制。

7、园林绿化按点、片、园实行经营承包,并积极创造条件,逐步向商品生产转化。

8、加快住宅建设,逐步改城市住宅分配制为出售制。

五、围绕经济改革,改进计划、财政、税收、信贷、工商、物价管理工作。

1、计划体制改革,要围绕一个关键,三个重点。一个关键是“宏观控制,微观搞活”;三个重点是:①从分钱、分物中解脱出来,适当简化年度计划,逐步转到国民经济发展战略的研究和制订,搞好中期和长期计划上来;②搞好重大经济决策方案的拟定,有步骤地适当缩小指令性计划,扩大指导性计划和市场调节范围。对关系国计民生的重要产品,关系全局的重大经济活动,实行指令性计划;对其它大量产品和经济活动，根据情况分别实行指导性计划或完全由市场调节；③认真搞好综合调节手段的运用，充分重视经济信息和预测，搞好计划的科学性。

2、财政体制改革，本着筹集资金、扶持生产、扩大财源、增加收入的精神，着重抓好“划分税种、核定收支、分级包干”的体制，进一步完善利改税。今年在总结元龙乡财政试点经验的基础上，明年建立13个乡财政，1987年在全区全部建立乡财政。

3、信贷方面，在加强信贷监督、控制信贷投放的同时，多方筹集资金，搞活金融市场，适当开展民间信贷，把更多的消费资金变为生产资金，支持生产发展。

4、物价工作，根据生产发展和市场变化，制定、修订价格分级管理范围、目录，在保持市场物价基本稳定的前提下，对不影响国计民生的部分产品，进行有升有降的调整。三类小商品价格全部放开，可以根据市场情况，灵活协商定价。下放饮食服务业(包括食品、蔬菜)的价格管理权限，允许经营单位按照市场供求，自行调整各自的价格或收费标准。

5、工商管理部门，要贯彻落实《关于改革当前工商行政管理工作的几条意见》，积极支持经济区域间的门户开放。积极支持各种经济性质企业的发展，积极扶持发展个体工商户，为他们提供方便，简化审批手续。特别要为农民进城经营建筑业和商业、服务业提供方便。新办乡镇企业除特种行业外，均由区工商局审批发照，不再上报。

6、加强计量管理，从1986年起使用法定计量单位，实行计量标准化。

六、改革文化、教育、卫生、科技工作，为经济建设服务。

在抓好经济体制改革、搞好物质文明建设的同时，必须重视科技、文化、教育、卫生方面的改革，搞好精神文明建设。

1、文化工作：对电影、广播、电视、剧团都实行经济承包责任制，责、权、利结合，搞好文化普及和宣传。

2、教育体制改革坚持“三个面向”。狠抓基础教育，办好各类职业学校，分步实施九年义务教育。

①各类学校实行分类、分级管理。区管完全中学、农职业中学、教师进修学校和重点小学；乡管中心小学、独立初中、附中和五年(六年)制小学；村管村学。区、乡、村成立教育委员会；乡成立学区，划片设辅导区。教育委员会的职责是：督促检查教育工作；搞好集资办学；组织农民成人教育；动员学龄儿童入学。学区的职责是：加强学校教育管理；负责人事调配，公、民办教师的考核和民办教师的选

用;管好经费,抓好教育改革;组织教研和师资培训工作。乡教育委员会在乡政府领导下和学区互相配合,协调行动,各负其责。条件具备的学校实行校长负责制。

②为了发展我区农村商品生产,培养初级技术人才,除办好渭南农中、园店农技校外,在北道建一所职业学校,并逐步改石佛中学、廿里铺中学、社棠中学、马跑泉中学为农职业中学,使农职业中学数和在校学生数占到总数的50%。

③分步实现九年义务教育。第一步在1990年前,在北道、中滩、新阳实现普及;第二步在1995年年前渭南、马跑泉、二十里铺、社棠、石佛5乡实现普及;第三步1998年甘泉、街子、伯阳、元龙、西山坪、琥珀、五龙、南河川8乡实现普及;第四步2000年前党川、利桥、麦积、东岔、立远、吴砦、凤凰7乡实现普及。为了完成普及初中教育的任务,除将原有12所完全中学、9所独立初中、48所附中进行维修扩建外,计划在1989年新建中滩张白、北道下曲两所初中。1990年新建石佛峪口初中,1995年建成东泉潘集寨初中,以适应实行九年义务教育发展的需要。

④建立区、乡、校三级培训网。区办教师进修学校,乡办中心辅导站,校办自学小组。1987年使全体教师过好教材教法关,1990年前重点放在学历达标的进修上,使85%的中小学教师达到教育部规定的学历标准。

3、卫生工作:要坚持全心全意为人民服务的宗旨,提高医疗质量,改进服务态度,调动职工积极性,方便群众就医就药的原则,打破“独家办、大锅饭、一刀切、不核算”的弊端。区直卫生单位实行“三定、三包和百分计奖”岗位责任制;农村卫生院逐步推行浮动工资制;村卫生站实行自负盈亏,多种形式办医。

4、科技工作:坚决贯彻《关于科技体制改革的决定》,坚持经济建设要依靠科学技术进步,科学技术要面向经济建设的方针,本着有利于科技为经济建设服务,有利于调动科技人员的积极性,多出成果,快出人才的原则,把工作重点始终放在试验、示范和推广应用上,并创造条件,逐步改事业费为有偿合同制,使工作任务与经费支出直接挂钩;普遍推行科研课题和技术项目承包制,实行科技成果商品化,开放科技市场。

为了加强科技工作,区直各经济部门设立科技股;各乡设立科技专干,并建立科技服务站。从现有科技人员中选配必要的工作人员,统一管理科技工作,以形成科技咨询、服务和技术推广网络。为促进科技发展,每年可从地方财政收入中提取1%额度作为区科技发展基金,作为科技事业费、科学基金、信贷基金和机动资金列入专项开支。

七、大力发展乡镇企业和第三产业

1、对现有乡镇企业，通过改革，一律实行厂长(经理)承包制。改厂长(经理)委派制为招聘制、选举制；用工实行合同制和轮换制；工资实行浮动制。

2、新办乡镇企业要立足于发挥当地优势，大力发展开发性事业和加工业、服务业。要坚持让利于农村，让利于农民，大搞民办、村办、联户办，凡是群众能办到的都让群众去办。要在发展食品加工、饲料加工和劳务性为主的服务业上突破，要改变过去单纯依靠国家投资的办法，采取多层次、多渠道，动员农民集资，积极推行入股分红、以资代劳等办法集资办企业。

3、放手发展专业户、重点户。既要注意发展种植、养殖、加工等生产专业户，又要特别注意发展经销、运输、科技等服务业专业户、重点户，尊重两户的自主权，保护两户的合法权益和经济利益。允许自由选择生产方式，自由决定生产规模，自由出售完成承包任务后的各种产品。

4、对新办乡镇企业、城市集体企业和服务业优先贷款，并酌情免征三至五年所得税。

5、今后城镇临街建筑底层都要提供出来，发展第三产业。本单位或私人无力办的可与其他单位联营，也可以交给区上安排使用，允许收租和分利。

八、加快引进步伐，开展经济协作

我区发展经济的主要问题是资金不足，信息不灵，科学管理水平落后。必须贯彻省政府关于对外开放优惠政策的十二条规定，坚持对外开放，积极引进资金和技术，广泛开展经济技术协作。

1、按自愿互利的原则，引进技术、人才、资金、设备，开展联营、联办，扩大一些企业的生产和销售。争取在兰州、上海、北京、西安等地设点布哨，加强经济信息的搜集和交流，把引进的重点放在乡镇企业上。

2、和省内外大专院校、科研单位挂钩联系，建立协作关系，转让成果，聘请顾问，邀请他们来我区进行技术咨询和指导，传授新技术，开发新产品。

3、与天水籍在外地工作的科技人员、经济管理人员、供销人员及各类有专长的人取得联系，请他们为家乡建设献计献策，提供技术，提供信息。

4、组织厂乡协作，对口支援，以大企业为依托，扶持乡镇工业和商品经济的发展。

九、以调整产业结构为中心，深入进行农业经济改革

在全面推行联产承包责任制、实现农业经济第一步改革的基础上，从社会主义大农业的观点出发，调整农业产业结构，促进农业向专业化、商品化、现代化发展。

1、建立健全乡一级经济委员会，发挥职能作用，担负起乡的全面经济工作，负责协调各经济组织之间的关系。乡政府则着重抓制定规划、政策指导、组织协调、技术服务、智力开发、监督检查等工作。

2、健全生产合作社组织，把生产合作社的工作重点，放在为农户服务上，真正担负起土地管理、承包合同管理、搞好生产服务等任务，达到稳定和完善生产责任制的目的。

3、在抓紧粮食生产的同时，积极发展多种经营。在保证粮食供求基本平衡的前提下，逐步调整农业产业结构。一是在种植业内部把粮食和经济作物的比例搞合理，在提高粮食单产、增加总产的同时，有计划地压缩粮食作物面积，扩大经济作物面积；二是建立大农业结构，调整农、林、牧、副、渔各业的比例关系，大力“种草种树，发展畜牧”，把25度以上陡坡地逐步退耕还林还草，把可利用的荒坡、荒山、荒沟以及草坡、森林、水面都开发利用起来，把林业、牧业、水产养殖业搞上去；三是实行农工商运综合经营，积极发展农村工业、商业、服务业，加快商品生产基地的规划和建设。通过调整农业产业结构，使各部类生产达到新的平衡，取得最佳经济效益。

十、尊重知识，尊重人才

1、全面落实知识分子政策，不断改善知识分子的工作和生活条件。在现在正在筹建的三栋知识分子楼的基础上，在财政情况允许的情况下，继续建造知识分子楼。在城市住宅分配中，每年要有一定数量专门解决知识分子住房问题。对夫妇长期分居两地的，尽量由组织联系解决。配偶是国家职工的，可调入我区安排适当工作；配偶是农村户口的，按政策逐步办理农转非。

2、重视和发挥知识分子的作用。对学有专长、用非所学和使用不当的，要把他们安排和调整到能够发挥一技之长的合适岗位。并大胆选拔中青年优秀知识分子到各级领导岗位，改变领导层的知识结构。鼓励科技人员到集体企业和乡镇企业任职，各种待遇从优，实行工作在基层、编制在机关。

3、大力培养各类专业技术人才。通过夜大、函大、电大和选送代培等形式培养急需的技术和管理人才。办好电大班、区党校中专班、教师进修学校、卫生学校和农业技术学校，有计划地培训专门人才。并积极争取大专院校毕业生多来我区参加建设。

4、控制知识分子外流。对专业技术干部在稳定现有科技人员，充分发挥作用的基础上，对急需的专业技术人才，在一定时间内可以不受编制的限制，采用借调、招聘、邀请多种渠道从外地引进。科技干部一般控制外流。因专业不对口，本地又无法解决或因其他原因本人坚决要求调出的，中级以上技术职称报市委组织部审批；大专毕业的报市劳动人事局审批。

十一、改革劳动人事制度，为经济改革起组织保证作用

1、适当下放干部管理权限，实行下管一级。行政企事业单位的正副科级干部均由区委审批，分别由区人大和区政府任免；行政事业单位的股级机构设置由区政府审批，股级领导干部征得组织部门的同意后由主管局审批，报组织部备案；股级公司、厂、站、所的领导干部由主管局审批。企业内部机构设置和工作人员由厂长直接决定和任命。基层供销社主任、副主任实行选举制。

各级领导干部，不论哪一级任命的，都必须服从组织的统一调配。

2、试行领导干部任期制、交流制和缺额人员选聘合同制。区委、区政府机关和企事业单位的负责干部一律实行任期制，任职期限一般为4～5年。任职期间，组织人事部门应坚持每年一次的综合考核和群众评议制度。工作确不称职，群众不拥护的，可就地免职或调离，好的可连任或提升（连任最多不超过两届）。凡在一个单位工作时间较长或连续任职期满的干部，可以进行交流。

3、严格编制管理，精减机构多余人员。定编定员，各单位实行编内编外，应聘待聘人员浮动。对定编和选聘后的剩余人员，由所在单位另辟新的生产工作门路妥善安置。符合和接近离休年龄的办理离休手续；不经批准，超过退休年龄继续工作的时间，不计工龄，停发工资，改发退休费；家庭拖累大的女同志，可经本人申请，与本单位签订合同（一般2年）回家料理家务，单位根据情况发给一定比例的工资；对组织已安置适当工作不服从分配的，从第四个月起发75%的工资，从第七个月起停发工资，改发基本生活费，一年后按离职处理。

4、进一步健全和完善干部岗位责任制，克服官僚主义，提高办事效率。

对所有工作人员要逐人明确岗位、职责和权限，并切实搞好考核评比，兑现奖惩。

深入进行经济体制改革，工作量大，涉及面广，任务艰巨。要实现改革的目标，要从我区的实际出发，积极稳妥，统一规划，因地制宜，分步实施。各行各业、各部门都要积极进取，勇于创新，同心协力，开拓前进。

天水市人民政府关于对建立北道商贸旅游开发区的批复

1992年7月9日

北道区人民政府：

你区"关于建立天水市北道商贸旅游开发区的报告"收悉。经研究，同意建立"天水市北道商贸旅游开发区"。

一、开发区范围：渭河南岸西起商贸市场，向东延伸三公里，北以渭河南岸堤为界向南推400公尺，外加马跑泉公园和麦积山风景管理局，面积为1.2平方公里，约1800亩土地。渭河北岸西起社棠镇下曲村向东延伸至刘尧村，面积为2.5平方公里，土地3000亩。开发区视今后发展需要，可逐步扩大。

二、授权开发区由北道区人民政府直接领导。开发区享受市一级审批立项权。开发区成立管理委员会。在服从城市总体规划的前提下，开发区的规划、开发、建设、管理及对外谈判签约等均由管理委员会统一负责。开发区内各单位必须服从管委会的管理，积极支持管委会的工作，共同搞好开发区的建设。

三、开发区除享受已出台的省级开发区的各项优惠政策外，可在国家法规、政策允许的范围内，制定适合开发区的具体政策、规定。

四、旧城改造区可享受新开发区的优惠政策。

天水市城市居民最低生活保障暂行办法

1998年1月22日

第一章　总则

第一条　为建立完善全市社会保障体系，依法保障城市居民的基本生活权益，妥善解决城市贫困人口的生活困难问题，维护社会稳定，促进全市经济社会全面发展，根据《国务院关于在全国建立城市居民最低生活保障制度的通知》，特制定本办法。

第二条　城市居民最低生活保障，是指各级人民政府为帮助城市居民解决维持生存所必需的最低需求而采取的救助性行为。凡低于最低生活保障线的城市居民，不论其身份地位，有无职业，应一视同仁，予以救济。

第三条　城市居民最低生活保障水平要与社会生产力水平、城市居民最低生活所需费用、政府财力相适应。城市居民最低生活保障标准由市民政部门会同财政、统计、物价等部门根据全市上年物价指数和维持居民最低生活所需费用及职工最低工资和财政收入状况等综合因素和实际情况确定。经市政府批准，确定秦城、北道两区城市居民最低生活保障标准为100元，其余五县保障标准由县人民政府确定，并依据综合因素变化和我市经济发展实力情况适时调整。

第四条 城市居民最低生活保障制度的实施工作，在各级人民政府领导下进行。政府各有关部门应支持、配合民政部门做好日常管理工作，基层民政部门和街道办事处、居委会及各有关单位负责做好具体实施和落实工作。

第二章　保障对象的确定

第五条 凡持有天水市两区五县非农业户口的城市居民，家庭月人均收入低于最低生活保障标准的下列人员为保障对象：

1、无生活来源、无劳动能力、无法定赡养人或抚养人（以下简称“三无”人员）的居民；

2、领取失业救济金期间或期满仍未重新就业，全家月人均收入低于最低生活保障标准的居民；

3、在职人员和下岗人员在领取工资或最低工资、基本生活费后以及退休人员领取退休金后，其家庭月人均收入仍低于最低生活保障标准的居民；

保障对象赡养、抚养关系按我国《婚姻法》、《继承法》有关规定确认。

第六条 有下列情形之一者不得列为保障对象；

1、待业人员在领取保障金期间，凡两次无故不接受劳动就业服务机构介绍就业的；

2、辞退、辞职、离职或与单位终止劳动合同的人员，一次性领取了生活补助费、补偿费、离职费，可维持一段时间家庭基本生活的；

3、保障对象因出市不归在3个月以上的；

4、因吸毒、赌博等原因造成家庭贫困者；

5、虽无固定收入，但实际生活水平明显高于一般居民的。

第七条 保障对象收入以家庭为单位进行核定，项目包括：

1、在职职工的各类工资、奖金、津贴、物价补贴及养老、失业、医疗保险金和救助金；

2、各种劳动收入、遗产继承或正常的赠予收入、股票、债券、储蓄收入；

3、接受亲属赡养抚养性收入；

4、家庭成员在大中专院校就读的，其奖学金、生活津贴、勤工俭学等收入；

5、接受困难捐助收入；

6、有劳动能力的无固定收入人员，难以核实其实际收入数额的，视为已取得本市最低工资收入。

优抚对象享受的优待、定补、抚恤补助等费用，不计算在家庭收入之内。

第八条 保障对象的申请和审批程序：

1、申请人由户主持户口本及家庭成员收入证明向所在居委会提出书面申请，居委会对其家庭收入调查评议、张榜公布、核实认定后，填写最低生活保障申请审批表；

2、居委会签署审核意见后报所在街道办事处或镇政府审核；

3、街道或镇政府审核后报所在县区民政局审批，并报市民政局备案。

家庭成员收入证明包括：在职人员所在单位的劳资、财务、人事部门会同工会组织对其收入的认定证明，个体经营者的收入，由工商部门提供证明，失、无业人员领取的救济金由就业局或有关部门证明。

除“三无”人员外，享受最低生活保障金的其他人员应每半年重新申请一次。

第三章 保障金的负担和发放

第九条 保障金按下列办法发放：

1、经批准领取最低生活保障金的保障对象，发给《天水市城市居民最低生活保障金领取证》；

2、最低生活保障金由街道办事处或镇政府逐月审核发放；

3、对“三无”人员要按最低生活保障标准全额发放。如其原来享受的生活救济标准高于最低生活保障标准的，则按原标准发放；

4、其他保障对象最低生活保障金的实发数额为：“最低生活保障标准乘以家庭人口数减去家庭月总收入”。

5、领取最低生活保障金的各类保障对象，月人均收入达到最低生活保障标准的，应停发保障金，并收回“天水市城市居民最低生活保障金领取证”。

第十条 最低生活保障金由地方各级人民政府分级列入财政预算，纳入社会救济专项资金支出科目解决。

市、县(区)民政部门要在每年年底前提出下一年度保障金用款计划,报同级财政部门审核后列入预算,定期拨付。市、县(区)财政部门按保障标准及时足额核拨保障金,年底前将预算差额按时补齐,决算后结余资金结转下年使用。

第四章　管理与监督

第十一条 民政部门、街道办事处和镇政府都要建立社会保障档案,对保障对象造册登记,分类管理。居委会按月、街道办事处或镇政府按季度、县区民政局每半年要对保障对象详细调查审核一次,对遗漏或高出保障标准的要及时调整。市民政局要做好指导、监督和检查落实工作。

第十二条 各级财政部门要加强最低生活保障金的管理和监督,保证专款专用,不得挤占挪用。

第十三条 管理发放保障金的部门和单位要自觉接受审计部门、纪检部门的监督,坚持定期向政府回报和接受群众监督的制度。

第十四条 发放最低生活保障金要坚持政策公开、保障标准公开、保障对象公开、保障资金公开的原则,接受群众监督。

第十五条 本市城镇居民认为符合申领保障金条件未得到批准的,或者保障机构不予答复的,可向市、县(区)民政局等主管部门申请复议。

第十六条 申请领取保障金的居民,必须如实反映家庭成员情况及家庭所有经济收入,自觉接受有关部门的监督检查。已经批准领取保障金的人员,若家庭月人均收入已高于最低生活保障线标准时,应主动向街道办事处(镇政府)提出取消最低生活保障。

第十七条 保障对象采取虚报、隐瞒经济收入状况等手段冒领保障金的,由民政部门取消保障资格,追回已领的保障金;违反治安管理条例的,由公安机关给予治安管理处罚。对虚报、克扣、贪污、挪用最低生活保障金的,一经查出,视情节轻重依法追究责任。

第五章　附　则

第十八条 本办法由市民政局负责解释。

第十九条 本办法自 1998 年 1 月 1 日起实施。

中共天水市北道区委　天水市北道区人民政府关于大力发展个体私营经济的决定

1998 年 6 月 10 日

为认真贯彻党的十五大精神，全面落实省、市关于进一步加快发展个体私营经济的政策规定，调整和完善所有制结构，使个体私营经济尽快成为我区新的经济增长点，促进全区经济更快更好地发展，区委、区人民政府特作如下决定，望遵照执行。

一、解放思想，统一认识

1、要充分认识发展个体私营经济的重要性。党的十五大明确指出："非公有制经济是我国社会主义市场经济的重要组成部分。对个体私营等非公有制经济，要继续鼓励、引导，使之健康发展。"没有个体私营经济的发展，社会主义市场经济就不完善，社会各方面的积极性就难以发挥，许多矛盾和问题就无法解决。它的发展对于促进社会生产力，发展国民经济、加速市场经济的培育，创造更多的就业岗位，满足人民群众多样化的生活需求，增加地方财力，以及参与国有企业的改革等方面，都有着不可替代的重要作用。

2、要增强加快发展个体私营经济的紧迫感。近年来，我区个体私营经济发展较快，但总体上规模小、水平低，结构和组织形式单一的问题较为突出。全区非公有制经济从业人员占人口总数的比率虽略高于全省平均水平，但却远远低于全国平均水平，低于周边兄弟县区。我区周边兄弟县区都十分重视发展个体私营等非公有制经济，采取了一系列灵活的政策措施，加大了扶持力度和发展速度，大有后来者居上之势，我们必须奋起直追，迎头赶上。

3、发展个体私营经济，关键在于解放思想。各级党政机关、人民团体和广大干部职工，必须要以十五大精神为指针，解放思想，转变观念，破除姓"社"姓"资"的思想困挠，破除歧视、限制个体私营经济的传统思想和偏见。树立以"三个有利于"为标准来衡量评价个体私营经济地位的新观念，破除"个体私营冲击国有集体"的狭隘利益观念；树立"发展才是硬道理"、公平竞争才能搞活经济的新观念；树立各种经济成份平等竞争、共同发展的新观念。抓住机遇，放开手脚，鼓励和大力支持、引导个体私营经济更快更好地发展。

二、从实际出发,明确个体私营经济发展的方向和目标

4、本《决定》所指个体私营经济,主要包括城乡个体工商户、私营企业、私人控股的混合所有制经济,以及由私人出资设立的股份合作制企业。

5、根据国家产业政策和全区社会发展战略,今后一个时期,全区个体私营经济发展的总体方向是:按照放手、放开、放宽的总原则,以市场为导向,进一步拓宽个体私营经济的经营领域,在商贸、饮食、服务等第三产业继续扩大规模的同时,加快向第一、第二产业拓展,积极兴办科技型、外向型、规模型企业,引导非公有制企业通过股份合作等形式,组建跨地区、跨行业、跨所有制的企业集团,实现规模经营,使个体私营经济持续、快速、健康发展。

6、全区个体私营经济发展的重点是:因地制宜,以区域资源优势为依托,在城区以对一般性中小国有企业兼并收购、参股控股,发展运输商贸业为主;在林区林缘区以种养、加工、贩运业为主;在山区以发展劳务输出、采掘、建筑等劳动密集型企业及家庭手工作坊为主。全区上下必须把发展个体私营经济当作主要任务来抓。

7、全区个体私营经济的发展目标是:不限比例、不限速度、不限规模,力争到本世纪末,全区个体私营经济在工农业生产总值中的比例占到40%,工商税收由24.5 %上升到40 %,从业人数由4.88%上升到7.5%以上。

三、放宽市场准入条件,简化注册手续

8、开办非公有制企业,取消审批制,实行注册制。除消防、医药、建筑、食品卫生等法律规定必须提供专项审批手续外,其余行业均可直接注册,然后办理其他相关许可手续。非公有制企业经营范围由开办者自主选择,凡是社会和市场需要的行业都鼓励发展,凡是国家放开经营的商品都允许经营,凡是符合开业条件的都允许登记注册。

9、简化注册手续,减少有关收费。企事业单位下岗人员和党政机关分流人员,从事个体经营和创办私营企业,可凭单位介绍信和本人身份证直接到工商行政管理机关登记注册,证照费减半收取。农村家庭经营户办照时不必提供照片,农村歌舞厅由当地公安、文化、卫生派出机构或部门出具手续,农村饮食业由当地医疗机构出具证明,即可申办营业执照,贫困人员可减免注册费、管理费,只收工本费。

10、异地来北道开办个体私营企业的,凭本人身份证和暂住证及计划生育证明直接到当地工商行政管理机构注册。工商等部门要提高办事效率,凡手续齐全的个体工商户在3日内注册完毕，要公开注册程序和收费项目、收费标准，搞好服务。

四、解决影响发展的有关因素，大力扶持发展

11、鼓励支持个体私营企业通过参股、控股、租赁、兼并、收购等形式，积极参与国有企业资产重组。兼并国有中小型企业的个体私营企业，享受冲销银行呆坏账准备金政策；组建企业集团的，可享受给予国有大中型企业集团同样的优惠政策。

12、营造公平竞争环境。个体私营企业享受国有、集体企业的同等待遇。在项目审批、土地征用、发放贷款、进出口审批等方面一视同仁，原有的各种限制性措施一律取消。

13、吸纳资金，充实发展基础。每年从全区个体私营经济上缴的地方税中提取5%作为“个体私营经济发展基金”。鼓励引进外地资金，聚集社会闲散资金；支持鼓励除法律法规政策禁止的人员外的各类人员，以资金、技术等生产要素向个体私营经济投资入股，参与收益分配；鼓励有能力的个体企业主吸引外资来我区投资经商办企业；凡引资数额较大的，可比照我区招商引资奖励办法，给予奖励。

14、解决场地。个体私营经济发展用地，可结合旧城改造，由工商、城建、土地等部门合理规划，统筹安排；租用城市房屋的，只收取出租方租金，免收承租方土地使用费。

15、施行新税制，涵养税源

(1)凡年产值在30万元以上、营业额在50万元以上的个体私营企业，实行建账纳税。国税部门应认定为临时一般纳税人，允许使用增值税专用发票。增值税发票保证金按全省统一标准收取。对定额征税的，税务、工商、个协等部门应协调一致，合理定税。

(2)所有完成税收任务的个体私营企业，其所得税由当地财政返还50%，用于扩大再生产。

(3)对从事第三产业和中介服务的个体私营企业，自开业之日起，由地税部门免征所得税两年；对从事交通运输业的，自开业之日起第一年免征所得税，第二年减半征收所得税。

(4)对残疾人从事个体经营的，免征营业税，减半征收所得税；对军烈属从事个体经营的，全年应税所得额超过1万元的，减半征收所得税；对下岗职工从事个体经营的，前两年免收营业税、所得税，从第三年起征收50%所得税。

(5)对当年安置残疾人就业达到从业人员50%的，免征营业税、所得税，新办私营企业安置下岗职工超过从业人员60%的,3年内免征所得税。

(6)企业利用《资源综合利用目录》内所列资源作为主要原料生产产品的收入，自投产之日起免征所得税5年。民营科技企业经省科委认定后技改项目优先,经省经贸委批准的项目,执行固定资产方向调节税零税率。

(7)个体私营企业兼并其他企业,被兼并企业房地产使用权转让到兼并企业的,免征土地增值税。

16、坚决制止损害个体私营企业权益的行为,依法保护个体私营企业的自主经营权、知识产权、投资权、劳动用工权。个体私营企业有权拒绝各种名目的乱收费、乱罚款、乱摊派及“吃、拿、卡、要”。凡与省经贸委等四厅局发放的《收费监督卡》不符的各项收费,订阅报刊及其他摊派一律禁止执行;凡影响非公有制经济正常生产经营的检查,要坚决杜绝,必要的监督检查实行定期、联合检查,避免重复检查,检查出的问题以教育为主。违反规定的,从严处理。

17、个体私营经济从业人员子女入托入学,无论异地本地,不受户籍限制,一律统一收费标准,禁止额外收费,强行收费。违反规定的,追究有关领导及当事人责任。

18、个体私营经济行政主管部门要经常调查了解,倾听群众的意见、建议和呼声,及时协调解决有关困难和问题,对解决不了的,报请区委、区政府监督解决。

五、以点带面,抓好“小区”建设

19、二十里铺工业小区、三阳工业小区、桥南商场确定为个体私营经济建设小区。

20、小区内个体私营经济同时享受与公有制经济同等优惠政策。小区实行全封闭式管理,由有关执法监管部门派驻人员,成立监管小组,协助管委会做好管理工作。其他部门及其工作人员不得随意入内检查。

六、加强教育和培训,造就一支高水平的个体私营企业家队伍

21、鼓励大中专毕业生、科研单位、企事业单位科技人员和管理人员停薪留职,创办或领办个体私营企业。

22、对个体私营企业经营者和从业人员,要经常进行思想政治教育、方针政策教育、法制教育和职业道德教育,引导他们树立良好的经营思想和经营作风,以诚为本,公平竞争,依法经营,照章纳税,自觉抵制制售假冒伪劣商品和欺行霸市、哄抬物价等不法行为,维护消费者利益。

23、个体私营企业必须坚决执行《劳动法》及其他安全生产的法律法规和标准,建立劳动保护制度,配备必要的劳保设施和用品,保障安全生产和职工身心健康。

七、加强领导、强化服务

24、个体私营经济的发展要列入全区国民经济和社会发展总体规划,统筹安排。区上成立全区个体私营经济协调领导小组,定期召开会议,研究解决有关问题,加强宏观指导、综合协调、宣传教育与监督检查。

25、各级党委、政府、区直各部门、各驻区有关单位要认真贯彻《决定》精神,切实转变职能,努力改进作风,加强协作,密切配合,搞好服务。宣传部门要强化舆论宣传,弘扬先进典型,营造良好氛围;工商、文化、卫生、税务等部门要提高办事效率,实现承诺,对有意刁难、设卡的人和事要及时曝光,追究责任。

26、要加强私营企业中党群组织的建设。对人员集中的,可以建立党、团支部;妇女较多的,建立妇联组织;从业人员超过20人的,要建立工会组织。今后推荐人大代表、政协委员人选时,要适当增加个体私营经济代表名额。

27、充分发挥个协、私协作用。由其协调承办个体私营企业的产品鉴定、出外考察、职称评定、信息服务、业务培训等工作,充分发挥自我教育、自我管理、自我服务的作用。

八、奖励措施

28、凡年纳税在5万元以上的非公有制企业主,奖励"农转非"户口指标1个。

29、凡外地来我区连续经营5年、年均纳税在3万元以上的非公有制企业主,奖励"农转非"户口指标1个。

30、凡发展速度年均增长5%,产值、税金年均增长10%的乡镇、部门,由区委、政府给予一定的物质奖励。

31、为激励个体私营经济稳定发展,对其缴纳的管理规费,按年度总额的5%返还非公有制经济行政主管部门,由其奖励有关人员或作为发展基金。规费按系统上解后不足部分,由区财政拨付补足。

九、凡以前我区有关政策规定与本《决定》有抵触的,以本《决定》为准。

天水市北道区人民政府
农村村民最低生活保障试行办法

1998 年 6 月 30 日

第一条 为了建立完善全区农村社会保障体系,依法保障农村“三无户”的基本生活权益,维护社会稳定,促进全区社会经济的全面发展,根据《国务院关于在全国建立农村最低生活保障制度的通知》精神以及省、市政府的具体要求,并结合我区实际,特制定本办法。

第二条 农村村民最低生活保障,是指各级人民政府为帮助农村“三无户”解决维持生存所必需的最低需求而采取的救助性行为。

第三条 农村村民最低生活保障标准由民政部门会同区财政、统计、物价等部门根据农户平均收入状况、基本生活实际需要、本地零售商品价格指数等综合因素确定,经区政府批准后向社会公布并依据综合因素变化适时调整。

第四条 根据我区实际, 确定 1998 年我区农村村民年最低生活保障标准为 400 元,村民最低生活保障标准按正常年推算,特大自然灾害除外。其中:粮食 360 斤,每斤 0.75 元,计 270 元;清油 6 ~ 7 斤,30 元;穿衣 50 元;医药费 20 元;日用品 10 元;水电费 10 元;其他 10 元,合计 400 元。

第五条 农村村民最低生活保障制度的实施工作,必须在区委、区政府的统一领导下,由民政部门牵头;财政、物价、统计、粮食等部门协助,各乡镇党委、政府和办事处负责做好具体实施和落实工作。

第六条 农村最低生活保障对象是农村村民中低于保障线的贫困户,实施保障的对象主要有下列人员:1、无劳动能力或家庭主要劳动力病残或弱智,无生活来源,无法定赡养或抚养人但又没得到“五保”供养的农村贫困户;2、无劳动能力有子女亲人可依靠,但子女亲人的赡养能力不足以维持其基本生活的;3、有劳动能力,但因赡养、抚养系数高,劳动收入不足以维持最低生活标准的;4、因天灾、疾病等原因导致收入中断或减少,生活水平低于最低生活保障标准的;5、城镇退休职工回农村原籍居住,因原单位经济效益差,未发工资及生活费,农村又没有承包地,造成生活困难的。

第七条 有下列情形之一者,不得列为保障对象:1、不自觉执行计划生育政策,计划外生育或超生等违犯计划生育政策的;2、主要劳动力因违法犯罪,司法机关收审判刑造成生活困难的；3、有劳不劳，好吃懒做，不务正业，造成责任田荒废或粮食减产的；4、参与吸毒、贩毒、赌博、偷盗等犯罪活动的；5、不履行国家规定的农业税、特产税、农村义务工等各项任务的；6、因自然灾害造成当年或临时生活困难的户，不列入保障对象，应从社会救济中补助解决；7、因其他意外事故，滑坡搬迁，造成当年或临时生活困难的户，不列入保障对象，应从社会救济中补助解决。

第八条 保障对象的家庭收入按下列规定确定：1、农户作务责任田、承包地获得的粮食、蔬菜、经济作物、果树等产量收入，除去化肥、农药、籽种等农本费用以外的纯收入；2、饲养畜禽除去饲料外的实际收入；3、通过劳务输出、长途贩运、饮食服务、工副业生产、个体经营等各种合法方式获得的收入；4、接受亲属及友人的赡养抚养及馈赠性收入；5、现役军人家属优待款和优抚对象定量补助款；6、家庭成员中有在外工作和部队志愿兵、军官等有固定收入的。

第九条 在建立农村社会保障制度的过程中，要深入细致调查摸底，区分类型，准确掌握，按政策办事，严格把关，坚持实事求是、客观公正的原则。

第十条 凡符合本办法第六条规定的保障对象，应按下列程序申请领取保障金：1、申请人由户主持户口本向所在村委会提出书面申请，村委会召开村民大会或村民代表会议对申请农户评议，对评议合格的填写最低生活保障金审批表；2、村委会经群众民主评议核实后，报所在乡镇政府或街道办事处审定；3、乡镇或办事处审核后报区民政局核实审批。享受最低生活保障金的人员，由乡镇政府和办事处每年审定一次。

第十一条 保障金的发放：1、最低生活保障金由乡镇政府、办事处确定专人、专账管理，直接发给保障对象。领取最低生活保障金的对象，持《北道区农村村民最低生活保障金领取证》到乡镇、办事处直接领取；一年发放2次（12月、4月）。2、保障对象年人均收入达到最低生活标准，应停发保障金，并收回《北道区农村村民最低生活保障金领取证》。

第十二条 最低生活保障金资金来源，要列入区、乡财政预算，实行区、乡、村分级负担。

第十三条 民政部门、乡镇政府、街道办事处都要建立农村社会保障档案，完善制度，健全手续，严格管理。乡镇政府或街道办事处每年要对保障对象详细调查审核一次，对遗漏或高出标准的要及时调整。

第十四条 发放最低生活保障金，要坚持政策公开、补助对象公开、补助资金公开的原则,接收群众监督。

第十五条 各乡镇、办事处发放保障金要接受财政、民政、审计等部门的监督,并由审计部门一年一审计。对克扣、贪污、挤占、挪用最低生活保障金的,要严肃处理。

第十六条 本办法于1998年7月1日起实施。

第十七条 本办法由区民政局负责解释。

天水市麦积区新型农村合作医疗实施方案(试行)

2005年11月30日

为了建立我区新型农村合作医疗制度,做好农村居民基本医疗保障工作,提高农村居民健康水平,促进农村经济发展和社会稳定,加快实现全面建设小康社会、和谐社会的奋斗目标,根据中共中央、国务院《关于进一步加强农村卫生工作的决定》,国务院办公厅《关于建立新型农村合作医疗制度的意见》及卫生部等11部委《关于进一步做好新型农村合作医疗试点工作指导意见》和甘肃省人民政府《关于进一步做好新型农村合作医疗试点工作的指导意见》精神,结合我区实际,特制定本实施方案。

一、目标和原则

建立新型农村合作医疗制度的目标是:按照全省新一轮新型农村合作医疗试点的要求,从2006年开始,在我区建立起政府组织、引导、支持,农民自愿参加,个人、集体和政府多方筹资,以大病统筹为主的互助合作医疗制度,减轻农民群众因重大疾病而带来的经济负担,稳步提高农村居民的健康水平。

建立新型农村合作医疗制度遵循的原则是:

(一)自愿参加,多方筹资。在中央、省、市、区各级政府的组织、引导、资助下,农民自愿参加,遵循有关的规章制度,以家庭为单位,按时足额缴存合作医疗资金。各乡镇人民政府、村民委员会负责新型农村合作医疗制度的宣传动员,资金收缴和组织实施等工作,全区新型农村合作医疗的参合率应达到90%以上。区财政在每年财政预算中按参加新型农村合作医疗的人数足额安排应由区级财政配套的补助资金及必要的办公经费。

(二)以收定支,保障适度。新型农村合作医疗统筹基金的使用坚持"以收定支，收支平衡，略有节余，滚动发展”的原则，确定科学合理的起付标准、支付比例和最高支付限额(封顶线)。按照“谁参与、谁补助、谁享受”的办法，既要保证新型农村合作医疗有足够的资金进行持续有效地运转，又要保证参加合作医疗的农民能够享受基本的医疗服务。

(三)大病统筹，兼顾小病。新型农村合作医疗的基本运行机制是：中央、省、市、区、农户五级筹资，区级统管，乡镇为单位，户为基础，补住院又补门诊，将人均42元的基金用于住院病人医药费，由区上统筹支付，人均8元的基金建立家庭账户，用于农户门诊医药费由农户按照规定支付。

二、实施范围

新型农村合作医疗实施的范围是：全区具有农业户口的所有农村居民(包括长期外出务工经商，但仍具有我区农业户口的居民)。

乡、村两级合作医疗管理机构对辖区内纳入合作医疗范围，自愿参加新型农村合作医疗的居民，以户为单位进行农村合作医疗登记注册，并按规定缴存合作医疗资金，报区合管办审批后发给《新型农村合作医疗证》，凭证享受相关政策。

三、管理方式

新型农村合作医疗工作由区政府统一组织实施，成立由区人民政府区长任主任，四大组织分管领导任副主任，区委办、政府办、宣传部、卫生局、财政局、民政局、农牧局、审计局、计生局、药监分局、扶贫办、广电局、农办、妇联、团委、农行、信用联社等部门主要负责人及农民代表为成员的麦积区新型农村合作医疗管理委员会，负责组织、协调、管理和指导全区新型农村合作医疗工作。区新型农村合作医疗管理委员会下设办公室(简称区新合办)，办公地点设在区卫生局，负责制定新型农村合作医疗实施方案、督促检查落实情况、收集资料、统计数据、审核报销医药费等工作，并调配专人负责日常工作。

各乡镇相应成立新型农村合作医疗管理委员会，要有2~3名参合农民代表参加。下设办公室，办公地点设在乡镇政府，配备专人办理日常业务。主要职责是：(1)负责本乡镇新型农村合作医疗的组织领导、协调管理工作；(2)负责本乡镇新型农村合作医疗的宣传动员、组织实施工作；(3)负责本乡镇新型农村合作医疗相关表、册的印制和发放工作；(4)负责本乡镇参加新型农村合作医疗农民的基金筹集、《个人健康储蓄卡》的收存、门诊医药费的审核报销工作；(5)负责本乡镇新型农村合作医疗各种报表填写、上报和相关档案资料的收集、管理工作。

各行政村成立由村委会、村卫生所负责人、农民代表等参加的新型农村合作医疗管理小组，负责本村宣传动员、组织农民参加合作医疗，协助做好农民参合资金的收缴和合作医疗基金筹集、使用情况的公示工作。

新型农村合作医疗管理机构的办公经费分级纳入区、乡财政预算，严禁从合作医疗基金中提取。

四、资金筹集

新型农村合作医疗制度实行个人缴费与政府资助相结合的筹资原则。同时，允许向社会团体和个人募捐，接受慈善机构捐助资金。中央、省、市、区四级财政对参加新型农村合作医疗的农民按每人20元、15元、2元、3元的标准分别给予资助。农民以每户为单位，自愿参加合作医疗，主动缴纳每年每人10元的合作医疗资金，其中将8元列为家庭账户基金，以《个人健康储蓄卡》的形式发给农户；将2元列入统筹基金，用于大病统筹。家庭账户的本金和利息归农民自己所有，当年结算，门诊费用结余可以结转下年门诊就诊使用，但不能提取现金。

经区上有关部门审批注册的农村五保户由民政局在民政救济款中为其缴存合作医疗资金；办理了养老保险的两女结扎户由区计生局在社会抚养费中为其缴存合作医疗资金；农村特困户由扶贫办在扶贫资金中为其缴存合作医疗资金；90周岁以上高龄老人由所在乡镇政府为其缴存合作医疗资金，使他们享受合作医疗同等待遇。

区直各部门、单位可为结对扶贫点村民资助缴存合作医疗资金，但必须明确到户及人员。

鼓励从第二年开始参合农民在结算医药费时，本着知情自愿的原则，用报销所得的费用向所在乡镇合管办预缴该户次年参合资金，实行滚动式筹资。

五、基金管理与使用

农村合作医疗基金是由农民自愿缴纳、集体扶持、政府资助的民办公助社会性资金，要严格按照“以收定支、收支平衡和公开、公平、公正”的原则进行管理，专款专用，专户储存，单独核算，专项结报，不得挤占和挪用。

(一)基金管理

合作医疗基金按照用途可分家庭账户基金、住院账户(统筹)基金和风险基金三部分。家庭账户主要用于支付家庭成员门诊医药费用和住院所发生的医药费用的自付部分，如果该家庭成员当年没有使用或家庭账户基金有结余，可结转下年度使用。住院账户基金主要用于农民因大病住院发生的医药费用的补助。风险基金主要用于弥补住院账户统筹基金超支部分和因住院发生的特大额医药费用的补助。区新型农村合作医疗管理委员会在区上确定的金融机构建立合作医疗基金专用账户,由新合办进行管理。确定的金融机构必须确保基金安全和完整,严格财务管理制度,按规定合理筹措存储资金,及时审核支付农民住院发生的医药费用补助资金,保证及时兑现,坚决禁止拖延支付。各乡镇新型农村合作医疗基金家庭储蓄账户,用于门诊医药费的报销。

各乡镇新合办建立农民个人合作医疗缴费明细账户;按季度将农民个人账户存储基金数据真实汇总后上报到区新合办。

区新合办于每年 12 月 20 日前将农民个人存储费、参加合作医疗人数等数据资料以及有关金融机构验资证明报市财政、市卫生部门落实合作医疗配套补助资金。区财政于每年 12 月 25 日前将区补助资金划拨到基金专用账户。

(二)基金使用

合作医疗基金的使用坚持“以收定支、收支平衡”的原则,重点对大病住院费用进行补助。

1、补助诊疗项目:包括治疗费、化验费、影像诊断费、治疗必须的药品费、手术费。

2、不予补助的费用:(1)未参加新型农村合作医疗人员发生的医药费用;(2)斗殴致伤、酗酒、自残、自杀、交通事故、工伤等发生的医疗费用;(3)自购药品、材料费、病床费、伙食费、取暖费、救护车费以及与疾病无关的检查费、治疗费,与诊断不符的药品费用等;(4)器官移植、安装假肢、换瓣膜及起搏器的费用;(5)经鉴定属于医疗事故或已经产生医疗纠纷尚未经过鉴定的;(6)公伤、计划生育发生的医疗费用;(7)使用《新型农村合作医疗基本药目录》之外的费用;(8)未在定点医疗机构就诊的医药费用;(9)无有效转诊、转院手续在市级以上(含市级)医疗机构和在省外自行住院发生的费用;(10)其他不予报销的费用。

3、住院医药费的补偿标准:

根据我区经济发展水平和群众实际支付能力,采用补住院又补门诊的以大病统筹为主的互助合作医疗制度。参合农民住院医药费用补偿采取分级按比例补偿的方法,按医院级别设立起报点,每人每年最高补偿 10000 元封顶,补偿时需提供相关凭证和材料。

(1)参加合作医疗的农民在乡级定点医疗机构住院治疗,医药费在 100 元以下(含 100 元)的自己承担,100 元以上超出部分按 50%比例报销。

(2)参加合作医疗的农民在区级定点医疗机构住院治疗,医药费在 300 元以下(含300元)的自己承担,300元以上超出部分按45%比例报销。

(3)参加合作医疗的农民在市级定点医疗机构住院治疗,医药费在800元以下(含800元)的自己承担,800元以上超出部分按35%比例报销。

考虑到天水第二人民医院承担我区医院的部分功能等综合因素，起付线为600元,报销比例为40%。

(4)参加合作医疗的农民在省级定点医疗机构住院治疗,医药费在1200元以下(含1200元)的自己承担,1200元以上超出部分按35%比例报销。

(5)参加合作医疗的农民(未违反计划生育政策),在定点医疗机构正常住院分娩的,每人补助医药费100元,高危妊娠及有其他合并症的异常分娩,按照各级定点医疗机构住院报销标准报销。

(6)参加合作医疗的农民在各级定点医疗机构住院,住院医药费每人每年最高报销限额10000元。

(7)参加合作医疗的农民年度内因患同一种疾病多次住院或因患多种疾病一次、多次住院的,按发生费用最高的一次报销。

(8)参加合作医疗的晚期癌症患者凭乡镇、村委会证明、县以上医学证明及定点医疗机构发票,每年还可报销麻醉药品医药费用,最高不超过1000元。

(9)参合者药品费用补偿范围一般限定在甘肃省新型农村合作医疗常用和急救药品参考目录以内。

(10)在两个参合年度内没有住院报销的参合农民在定点医疗机构进行一次健康体检,体检费定额5元/人次,由定点医疗机构垫付,汇总报新合办审批从统筹基金中拨付。

4、建立医疗机构救助制度。

与新型农村合作医疗制度相配套,建立并完善医疗救助制度,医疗救助制度由区民政局实施。对经合作医疗补助后仍承担不起自付部分住院医药费用的特困农民进行救助。具体救助办法由区民政局实施。

六、医疗费用结算与支付

参加合作医疗的农民发生医疗费用后,按住院费和门诊医药费分别核报。在区内定点医疗机构住院的,经医疗机构审核,参合农民结清个人应承担部分医药费,余额由医疗机构负责垫支,并在每月底前报区合管办审核报销。参加合作医疗的农民确因病情严重,需外转到市级以上(含市级)定点医疗机构(不含市二院)住院治疗的,由主治医师按转诊要求填写转诊、转院审批表,报区新合办批准后,方可转院治疗，病愈出院后凭住院发票和住院结算单到区新合办按规定标准予以审核报销。

参加合作医疗的农民直接在市级以上(含市级)定点医疗机构(不含市二院)住院治疗，须经区新合办批准，病愈出院后，凭住院发票和结算单到区新合办按规定标准予以审核报销。

参加合作医疗的农民凭《新型农村合作医疗证》、身份证、《个人健康储蓄卡》到区内定点医疗机构就医，其门诊医药费由参合农民凭医药费票据，在代理银行进行核报。

区新合办汇审全区范围内定点医疗机构申报的住院垫支经费后，报送区财政局审核，审核无误后通知区上确定的代理金融机构，将资金从“新型农村合作医疗基金住院账户基金”专户分别划转到各定点医疗机构。

参加合作医疗的农民外出务工，探亲在外地患病发生的住院医药费，返回后在30日内可凭异地乡镇以上公立医疗机构的出(转)证明、住院发票和住院结算单、《新型合作医疗证》及用人单位证明等资料，先由村、乡合管机构初审后，报区新合办审核报销，其支付限额在本实施方案同级医疗机构报销标准的基础上降低20%。

七、定点医疗机构管理

进一步加强医疗服务市场管理，合理利用卫生资源，提高医疗服务质量，保证新型农村合作医疗基金运行平稳，保证新型农村合作医疗制度持续运行。按照“方便就诊、功能合理、机构平等”的原则确定定点医疗机构，并对定点医疗机构实行动态管理。

八、监督机制

区上成立由区人大、区政协、区纪委主要领导分任正副主任，监察、审计等有关部门主要负责人及区人大代表、政协委员和参合农民代表为成员的新型农村合作医疗监督委员会，负责对合作医疗制度的落实、基金筹集、使用、管理、医疗服务提供情况进行定期不定期的监督、检查。区新型农村合作医疗管理委员会要定期向监督委员会汇报工作，主动接受监督。各乡镇、村也要成立相应的监督机构，吸收参合农民代表参加，加强对合作医疗的监督。

区新合办、定点机构要公布举报电话，设立投诉箱，公布补偿标准及报销程序、收费价格；要按月结算账目，定期张榜公布合作医疗基金的收支、使用情况；制定管理规章制度和考核评价标准，通过检查、考核规章制度的落实情况，加强对合作医疗基金筹集使用、管理和医疗服务提供的监督。

实行合作医疗专项资金定期审计制度。区审计部门每年对乡镇合作医疗有关办事机构的专项资金、收支管理情况审计一次,坚决杜绝挪用合作医疗基金。同时,主动接受上级审计部门的专项审计。

九、组织实施

建立新型农村合作医疗制度,是新形势下解决农业、农村、农民问题,统筹城乡、区域经济社会协调发展的重大举措,对于提高农民健康水平,减轻医疗负担,解决因病致贫、因病返贫问题具有重要作用。各乡镇、各部门一定要从践行"三个代表"重要思想的高度,从维护广大农民根本利益出发,在区委、区政府的统一领导下,加强协调,密切配合,确保新型农村合作医疗试点工作正常有序进行。卫生部门负责新型农村合作医疗试点工作的组织、协调,并指导搞好相关工作;乡、村两级卫生组织要全力配合当地乡镇政府搞好宣传发动、基线调查、造册登记、证件发放、上下衔接、医药费报销的审查、结算等工作;财政部门要加强对合作医疗基金的监督管理,并按时拨付配套补助资金和办公经费;纪检、监察、审计部门要加强对资金管理使用情况的监督和审计; 各乡镇政府负责本乡镇合作医疗的组织实施、宣传发动、筹资及监管工作,并会同民政、计生、扶贫等部门负责做好五保户、二女结扎户、特困户、90 岁以上高龄老人合作医疗资金的缴存工作;区民政部门负责建立健全医疗救助制度并实施;区乡有关金融机构要加强财务管理,确保合作医疗基金安全;宣传、广播电视部门要全力宣传、报道合作医疗制度的意义及开展情况。

二、国民经济与社会发展公报

1997 年北道区国民经济与社会发展简述

1997 年,全区人民高举邓小平理论的伟大旗帜,在党的十四届五、六中全会和"十五"大精神的指引下,不断解放思想,更新观念,积极推进"两个根本性转变",国民经济稳步增长,人民生活继续改善,各项社会事业进一步发展。全区实现国内生产总值 15.19 亿元, 其中第一产业增加值 1.13 亿元, 第二产业增加值 8.23 亿元,第三产业增加值 5.83 亿元。

一、农村经济

1997年,全区以抗旱减灾为中心,全面落实科技兴农战略,实施"六个百万工程"和集雨节灌工程,加大农业投入,加快农业内部结构调整,优化农业格局,发展支柱产业,狠抓地膜种植、条播沟播、高效套种等抗旱措施的落实,走农业产业化和综合开发的路子,大力发展"两高一优"农业,增强了抵御自然灾害的能力。全区新口径农村社会总产值达到59668.67万元,旧口径农村社会总产值达到261867.67万元,较1996年增长19.0%;完成农业总产值18819.2万元,较1996年减少24.7%。

种植业因受4年连续干旱的影响,产品产量大幅度减产。主要农产品产量如下:

指　标	1997年	1996年	+、-%
粮食总产量(吨)	58018.58	103978.37	-44.2
小　麦(吨)	36137.60	43355.63	-16.6
玉　米(吨)	15143.16	40414.41	-62.5
豆　类(吨)	2287.90	5632.70	-59.4
薯　类(吨)	1545.22	6723.00	-77.0
油　料(吨)	2652.66	4872.44	-45.6
蔬　菜(吨)	32482.53	51415.10	-36.8

林果业以工程造林为主,大抓速生用材林和经济林建设,兴办家庭小林场,加速新果园建设和老果园改造,使之成为全区的支柱产业。1997年完成造林面积4.14万亩,兴办家庭小林场282个,农村集体小林场64个,果园面积达到9.89万亩。主要林果产品产量如下:

指　标	数　量	指　标	数　量
核　桃	424.69吨	苹　果	1.16万吨
板　栗	1.2吨	梨	0.05万吨
毛　粟	29.8吨	葡　萄	0.07万吨
花　椒	250.02吨	桃	0.21万吨
木　耳	8.72吨	杏	0.04万吨
水果总产量	1.61万吨		

畜牧业稳定增长。1997年底大牲畜存栏6.1万头，猪存栏7.86万头，羊存栏1.82万头，鸡存栏74.09万头。渔业生产大幅增长。1997年底养殖面积达到600亩，水产品产量150.2吨。

乡镇企业以强化管理，外引内联，开发优势项目，提高经济效益为重点，保持了较快的发展速度。1997年底，全区乡镇企业总产值达到233105万元，比1996年增长37.67%。

二、工业

工业经济在困境中保持了平稳发展的态势。通过深化企业改革，建立现代企业制度，优化资本结构，全面放开搞活。对区罐头食品厂依法实施了破产，申报国家核销呆、坏账近3500万元。完成了农机厂、橡胶厂、标准件厂等7户企业的股份合作制改造。1997年全区工业总产值达到10.2亿元，比1996年增长28.33%，完成乡及乡以上工业增加值0.68亿元，比1996年增长0.54%。主要产品产量如下：

指标	数量	指标	数量
水泥	5.35万吨	毛线	210吨
砖	1106万块	小麦粉	450万吨
塑料制品	204吨	铝锌矿	4699吨
包装纸板	5097吨	输送带	8000平方米
服装	5.01万件		

三、固定资产投资

1997年，全区固定资产投资项目26个，当年新开工19个，年内投产项目10个。累计完成投资6993万元，本年完成投资4714万元。按工程用途分，工业建筑业用450万元，商业、运邮业用877万元，住宅1850万元，其他1537万元；按经济类型分，国有3957万元，集体877万元，其他240万元；按隶属关系分，中央972万元，省823万元，市1138万元，区1781万元；按国民经济行业分，制造业29万元，地质勘查、水利管理业710万元，交运、仓储及邮电业261万元，贸易、餐饮业893万元，金融保险业92万元，房地产业270万元，社会服务业541万元，卫生、体育和社会福利业347万元，教育、文化和广播业1053万元，国家政党机关和社会团体518万元。本年新增固定资产3815万元。本年施工房屋面积104475平方米，其中：住宅58941平方米；本年竣工房屋面积45229平方米，其中：住宅22012平方米。

四、批发零售贸易餐饮业

1997年,全区商贸市场供应充足,物价上涨势头得到了有效控制。全区实现社会消费品零售总额60006万元, 比1996年下降4.48%, 集市贸易成交额39866万元,比1996年下降2.9%。商品零售物价总指数为102.3%,居民消费品价格总指数为101.7%。

五、财政、金融

财政收入持续增长,金融形势较好。1997年,全区财政总收入(大口径)完成1.21亿元,比1996年增长25.42%。到年底,银行各类存款余额达到165336万元,比1996年底增长16.9%,其中城乡居民储蓄存款余额达到120666万元,增长16.1%;银行各类贷款余额达到142053万元,比1996年底增长12.3%。

六、教育、文化、卫生

教育事业协调稳步发展。1997年底,全区有普通中学36所,在校学生33518人,任职教师1771人;职业中学3所,在校学生1994人;小学551所,在校学生69409人,任职教师3173人。幼儿园11所,在园幼儿数1318人,任职教师104人。

文化事业进一步发展。到1997年底,有电影发行管理机构1所,有电影院1座,有艺术表演团体1个,有艺术表演场所1处,有公共图书馆1所,有文化馆1个,有文化站26个。有藏书73183册,外借4.8万人次,阅览4.1万人次,外借26597册,阅览2.1万册次,本年新购藏书1305册。

科技工作坚持"科技兴区"的战略思想,科技成果得到进一步推广。全区共开展实验、示范科技项目40项,有6项通过省、市、区级鉴定验收。达到国内领先水平的1项,省内先进水平的2项,获市级科技进步奖的6项,科技对经济增长的贡献率达到43%,科技成果推广、转化率达到80%。

卫生工作始终坚持把重点放在农村,突出抓了计划免疫、妇幼保健、初级卫生保健以及农村卫生院建设,不断加强医德医风教育,努力提高医疗技术水平和改善医疗卫生条件,农村计划免疫工作网络初步形成。1997年底,全区有卫生机构40个,其中:医院8所,卫生院23所,疗养院2所,专科防治所、站1个,卫生防疫机构2个,妇幼保健机构1个,药品监督检验机构1个,中等医药教育机构1个,其他卫生事业机构1个;共有床位数1439张,有各类从业人员1945人。有农村村级医疗点584个,有乡村医生和卫生员942个。

七、劳动工资

1997年,全区国有经济单位370个,年末职工18596人,工资总额8911.6万元;城镇集体单位 101 个,职工 8500 人,工资总额 2610.1 万元;其他经济类型单位 5 个,职工 437 人,工资总额 181 万元。

八、人民生活

1997 年,物价涨幅的回落,使人民生活得到进一步改善。全区国有经济单位职工人均年工资 4792 元,增长 6.1%;城镇集体单位职工人均年工资 3071 元,减少 1.8%;其他经济类型单位职工人均年工资 4142 元,增长 28.9%。据区农调队对 60 户农村住户收支调查,农民人均纯收入为 826 元,比 1996 年减少 335 元,减少 28.9%,农村贫困面由 1996 年的 9.2%降到 7.5%。

九、人口与计划生育

据天水市统汁局反馈的全市人口变动抽样调查推算结果,北道区 1997 年底总人口为 549509 人,出生人口 9089 人,死亡人口 3030 人,净增 6059 人,人口出生率、死亡率、自增率分别为 16.43‰、5.48‰、l0.95‰。

计划生育工作取得一定成效,计划生育率提高,出生率和自增率降低。1997 年实施节育手术 9767 例,其中:女扎 2852 例,放环 5054 例,皮埋 4 例,人流 872 例,引产 985 例。

2007 年麦积区国民经济和社会发展统计公报

2007 年,我区经济社会发展取得了新成就。一年来,我们在市委、市政府和区委、区政府的正确领导下,紧紧围绕年初确定的奋斗目标和工作重点,以构建和谐麦积为总体目标,抢抓机遇,把握大局,开拓创新,扎实工作,实现了六届区政府工作的良好开局,为麦积新一轮提速发展奠定了坚实基础。全区农业和农村工作发展良好,工业经济稳步推进,全社会固定资产继续高位运行,消费品市场繁荣活跃,旅游业发展势头良好,劳务收入再创新高,人民生活水平进一步提高,为全面落实“十一五”发展规划打下了坚实的基础。

综合

综合实力迈上新台阶。2007 年全区实现生产总值[注]52.61 亿元,按可比价格计算,增长 12.8%。其中:第一产业实现增加值 5.28 亿元,增长 7.8%;第二产业实现增加值 24.23 亿元,增长 12.5%;第三产业实现增加值 23.09 亿元,增长 14.2%。三次产业结构为 10:46:44。实现大口径财政收入 3.02 亿元,增长14.9%;

全区工业增加值达到20.54亿元,增长12.0%;完成全社会固定资产投资35.59亿元,增长13.51%;实现社会消费品零售总额24.49亿元,增长17.2%;城镇居民人均可支配收入7274元,增长5.0%;农民人均纯收入1830元,增长5.35%。

市场价格持续上涨。全年居民消费品价格总水平上涨4.9%。从八大类消费价格情况来看,食品类、医疗保健和个人用品、居住、交通和通讯价格仍是推动我区居民消费价格上涨的主要力量,分别上涨13.6%、8.7%、2.2%、0.7%;烟酒类价格持平;衣着类、家庭设备用品及维修服务、娱乐教育文化用品及服务价格均呈下降态势,分别下降0.9%、1.6%、4.0%。

2007年,在以猪肉等主要食品价格的带动下,居民消费价格总指数全面上涨,沉寂多年的市场物价又成为人们关注的热点。一是居民消费价格涨幅呈逐月攀升态势。全区居民消费价格逐月上涨, 分别增长2.3%、2.8%、4.5%、3.6%、3.6%、3.4%、5.6%、7.2%、6.4%、5.9%、6.6%,八月份涨幅最高,创近两年月度新高。二是猪肉价格领涨食品价格。猪肉价格上涨65.1%,牛肉价格上涨35.1%,家禽价格上涨21.2%,油脂价格上涨36.9%,蛋类价格上涨23.3%,水产品价格上涨14.7%。

农 业

农村经济持续快速发展。2007年全区扎实推进社会主义新农村建设,全面落实各项富农、惠农、支农政策,努力提升农业产业化经营水平,加快改善农业基础设施条件,农村经济持续快速发展。实现农业增加值4.88亿元,增长6.28%,粮食总产量达到12.94万吨,增长3.94%。实现农业总产值8.19亿元,增长22.97%。

主要农产品产量如下(单位:万吨)

	产量	较上年±%
粮食	12.94	3.94
其中:小麦	3.50	–22.0
玉米	6.1	17.76
蔬菜	11.03	–1.25
油料	0.49	–5.77
水果	11.43	25.33

粮食生产夏减秋增,总产稳中有增。今年粮食生产总体上呈现夏粮面积、产量双下降,秋粮面积、产量双增长。在夏粮受灾减产的情况下,扩大秋粮面积,以秋补夏,全年粮食总产达到12.94万吨,比上年增长3.94%,确保了粮食生产安全。

造林面积、林产品产量快速增加。全年完成造林面积 2.5 万亩，增长 38.89%。随着退耕还林效益的显现，以及经济林区域特色产业的较快发展，以核桃、花椒为代表的主要林产品产量大幅增长，全年核桃和花椒产量分别达 512 吨和 655 吨，分别比上年增长 12.78%和 19.96%。

养殖业生产出现波动。生猪存出栏下降，肉类总产量达到 9506 吨，比上年减少 0.17%；畜禽出栏继续提高，肉蛋奶产量继续增加。禽蛋产量 2626 吨，比上年增长 0.69%；牛奶产量 520 吨，比上年增长 2.33 倍。

农村基础设施建设取得重大进展。加大对农业的投资扶持力度，加快农田水利、安全饮水、农村道路等基础设施建设步伐，使农业生产基本条件得到进一步改善。全区拥有水窖 1.4 万个。水平梯田达 42.94 万亩，占全区耕地面积的 59.79%。机电井达到 594 台，其中已配套机电井达到 548 台，较去年增长 5.38%，灌溉设施得到改善。化肥施用折纯量 11.46 万吨。农业机械总动力达到 17.88 万千瓦，农业机械化水平的提高，机收和机耕面积不断扩大，粮食生产能力得到了提高。

乡镇企业快速发展。2007 年全区实现乡镇企业总产值 20.10 亿元；实现乡镇企业增加值 82136 万元，利润 12357 万元，上交税金 3697 万元，劳动者报酬 11406 万元。

劳务经济取得显著成效。充分发挥劳动力资源优势，千方百计创造劳务输出条件，使我区农民人均劳务收入有了大幅度提高。2007 年，全区共输转劳动力 11.45 万人次，创劳务收入 3.03 亿元，增长 1.58%，人均劳务收入 2644 元。

工业和建筑业

工业经济总体平稳运行。2007 年完成工业增加值 20.54 亿元，同比增长 12.0%，其中国有及规模以上非国有工业企业实现工业增加值 14.6 亿元，增长 10.6%。实现利税 3.13 亿元，增长 54.1%；实现销售收入 18.02 亿元，增长 22.6%（不含卷烟厂）。主要工业产品产量完成情况如下：

	产量	较上年 ± %
卷烟	143.45 亿支	–10.7
人造板	6349 立方米	31.3
金属切削机床	1809 台	42.7
锻压机床	304 台	16.9
布	288 万米	–69.6

焦炭	29924 吨	144.3
水泥	26.4 万吨	20.77
啤酒	31512 千升	1.0
纸制品	26079 吨	35.3

建筑业稳步增长。全年建筑业全行业实现增加值 3.69 亿元,增长 15.1%。其中土建 2.92 亿元,增长 14.1%;安装 0.64 亿元,增长 19.5%;装饰 0.13 亿元,增长 15.8%。

固定资产投资

投资持续高位增长。2007 年全区全社会固定资产投资完成 35.59 亿元,增长 13.51%。其中城镇投资完成 31.29 亿元,增长 10.53%;房地产开发完成投资 1.52 亿元,增长 62.42%;农村投资完成 4.30 亿元,增长 40.65%。

投资总量跃上新台阶。2007 年,全区全社会投资完成 35.59 亿元,总量达到同期历史最高水平,有力地带动了全区经济的持续增长。

基础设施建设仍为投资主体。2007 年宝天高速公路建设完成投资 20 亿元,占全区全社会投资的 56.2%,该比重较上年下降 7.58 个百分点,这说明除去宝天投资后的全区全社会固定资产投资规模进一步加大。

工业尤其是制造业投资增势强劲。2007 年,全区工业投资完成 4.08 亿元,增长 47.04%, 增幅较上年同期上涨近 40 个百分点。本年在建的工业投资项目达 32 个,其中本年新开工项目 16 个。

房地产开发投资持续增长。2007 年,全区房地产开发投资完成 1.52 亿元,增长 62.42%;其中商品住宅开发完成 1.14 亿元,占总额的 64.64%。

非公经济单位投资稳步增长。2007 年,全区非公经济单位投资完成 5.92 亿元,占全社会投资总额的 16.77%,较上年同期上涨 4.06 个百分点,有力地拉动了区属非公经济的增长。

交通运输和邮电通信业

交通运输业、邮电通讯业迅速发展。2007 年交通运输、仓储及邮政业实现增加值 5.35 亿元,增长 20%。全区邮电业务总量达到 7289 万元,增长 6.9%。其中:邮政业务总量 2403 万元,下降 2.4%;电信业务量 4886 万元,增长 12.2%。年末市话数 3.1 万户,增长 18.3%;年末农话数 4.8 万户,增长 12.7%;互联网上网用户12000户,增长50%。移动业务量6900万元,增长32.7%,联通业务量1900万元,下降5.0%。

商贸流通、旅游

消费品市场日趋活跃。2007年,实现社会消费品零售总额24.49亿元,增长17.2%。其中批发零售贸易业零售额19.66亿元,增长17%;餐饮业零售额4.31亿元,增长24.9%。

旅游业经济发展良好。旅游资源开发步伐不断加快,区域旅游基础条件进一步改善,旅游综合服务能力显著增强,旅游业对地区经济发展的带动作用日益突出。2007年,全区实现旅游综合收入5.06亿元,增长15.9%,接待游客164.38万人次,增长14.3%。

金融和保险

金融机构存款规模继续扩大。年末金融机构各项存款余额58.25亿元,增长7.6%,其中城乡居民储蓄存款40.09亿元,增长2.9%。金融机构贷款为18.08亿元,增长7.6%,其中短期贷款12.79亿元,农业贷款3.35亿元,中长期贷款5.25亿元。

非公有制经济

非公经济快速发展。大力实施民营主体战略,搭建发展平台,营造发展环境,拓展发展空间,壮大发展规模,推动了非公经济的快速发展。2007年,全区实现非公有制增加值21.57亿元,增长30.3%。占全区生产总值的41.0%,较上年末提高了2.4个百分点。

科学技术和教育

科技事业取得新成就。2007年,全区共组织实施了科技试验、示范、推广项目42项,其中省市列项目17项,区列项目64项。实施项目中工业项目8项,农业项目58项,医疗卫生项目9项,其他社会事业6项。取得科技成果11项,其中4项达到国内先进水平,7项达到省内领先或先进水平。荣获市科技进步奖6项,评审颁发区科技进步奖27项。科技对国民经济增长的贡献率由2006年45%增长到2007年的46%。

教育事业稳步发展。大力推进科教兴区战略,继续实施教育教学改革,合理调整教育布局,巩固"两基"成果,积极推广现代远程教育普及,加大农村学校危房改造力度,高中教育规模扩大,教育投资逐年增加,教育教学质量明显提高。

文化、卫生和体育

文化事业健康发展。全面组织实施了《麦积区小康文化建设规划》,加快文化基础设施建设,加大历史文化名城保护工作力度,全面启动了麦积山等一批重点文物的保护维修工作,新建了一批以弘扬伏羲文化和休闲揽胜为一体的文化旅游设施。

卫生和体育事业持续发展。全面加强公共卫生体系建设,社区卫生服务体系逐步健全,突发性公共卫生事件应急处理能力得到提高,新型农村医疗合作试点工作稳步推进。2007年全区参合农民41.29万人,参合率91.23%,较上年提高了1.87个百分点。卫生综合改革深入开展,全年共聘任院长、副院长49人。

广播、电视事业快速发展。全区共编发广播新闻147组990条,电视新闻147组1134条,电视专题片7部,专栏9个共114期。城区及郊区新增有线电视用户1372户,完成农村电影放映5762场次,极大地丰富了城乡居民的文化生活。

人口和人民生活

年末总人口59.26万人,农村人口为45.2万人,城镇人口14.06万人。全年出生率12.45‰,死亡率5.95‰,人口自然增长率6.5‰。

城乡居民生活水平不断提高。2007年,全区城乡居民的收入水平不断提高。城镇居民人均可支配收入达到7274元,较2006年净增346元,增长5.0%;农民人均纯收入达1830元,较2006年净增93元,增长5.35%。农村居民食品、衣着、文化教育娱乐、医疗保健消费人均分别达785.65元、120.44元、81.78元和95.09元,比2006年分别增长4.81%、7.16%和减少32.2%、9.65%。

社会保障不断完善。全区全年参加城镇基本养老保险职工6804人,发放养老保险金2283万元。全区参加城镇失业保险人数12368人,征缴失业保险费110.9万元,领取失业保险金人数588人,发放失业金125.05万元。全区参加城镇职工基本医疗保险人数16074人,征缴医疗保险费794.61万元,支付医疗费323.85万元。

再就业工作取得新进展。2007年,全区城镇新增就业人员9028人,6442名下岗失业人员实现了再就业,其中:困难人员再就业1548人。城镇登记失业率为3.0%,超额完成了全年目标任务。就业再就业培训5862人,开展职业技能鉴定8次,涉及各类工种4278人;为符合条件的105名下岗失业人员办理了小额担保贷款,发放总额达到210万元。

注:生产总值及一、二、三产业增加值,工、农业总产值,乡镇企业总产值等价值量指标均按现价计算,增长速度按可比价格计算,农业增加值增长速度按价格指数缩减法计算。

三、艺文选辑

(一)诗

霍松林(琥珀乡人,陕西师范大学教授,中华诗词学会副会长,中国杜甫研究会会长)4首

仙人崖道中

山径纡回傍水行,山围水绕彩云生。
欲将花草志归路,琪草瑶花不识名。

石门

隐隐双峰接帝阍,无云犹自气氤氲。
山花绚烂中秋夜,便有金波涌石门。

怀乡诗

(一)

莺啼燕语报春忙,梦里迷离觅故乡。
谁道陇南山水恶,新山新水看新阳。

(二)

寂寞千年金凤凰,而今展翅正飞翔。
好凭十万精灵手,换得全身锦绣妆。

董晴野(甘泉镇人,天水诗书画研究院院长)2首

麦积山万佛洞远眺

绝栈连云倚半空,凭栏浑入乱峰中。
冰心寂映月轮冷,醉眼闲睨晚照红。
浪海仙槎难济我,青山佛宇信埋踪。
旷怀荡荡窥天地,世事波涛万古同。

石门

荒径通幽渐入微,石门深锁树为扉。
嵯峨山向月边起,缥缈人从烟外归。

佛宇凌空残照冷，仙桥架险乱云飞。
绝怜高处秋先老，风卷落黄露湿衣。

郭克（新阳镇人，西南师范大学美术学院教授）2首

怀乡

（一）

家住新阳渭水边，长堤垂柳锁青烟。
阳春三月纷纷雨，飞絮落花胜江南。

（二）

西望秦州是故乡，山遥水远路茫茫。
老身多病思归切，夜夜梦醒意偏伤。

袁第锐（重庆市永川区人，甘肃省诗词学会会长）2首

秦州二十咏（选二）

我爱东柯谷，居民已万家。
草堂兴学校，稚子戏浮沙。
大地弥春色，穹膜育早瓜。
诗魂如有格，相伴赏琼花。

携侣寻芳迹，秦州好洞天。
玉兰长馥郁，清句永流传。
二妙夸双绝，三贤乐一泉。
千秋枝叶茂，幽绪落吟边。

张克复(河南省伊川县人,甘肃省地方史志办公室巡视员,中华诗词学会副会长)1 首

再登麦积山

再上散花楼,红飞翠欲流。
凌空登石壁,攀险站云头。
造像叹精妙,风光赏清幽。
南无阿弥佛,只向善中求。

石廷秀(甘泉镇人,原区文化局党委书记,麦积山诗社副社长)2 首

游曲溪

柳隐曲溪蝶伴蜂,花红两岸草茸茸。
碧空晴野旋银燕,峭壁悬崖立古松。
万派争流峰绕水,千山积翠水环峰。
层林时有歌声荡,峡口前边景更浓。

游街子千佛洞

小径盘山柳绕堤,访僧越岭见虹霓。
千身佛地无人拜,百仞岩崖有鸟啼。
峭壁浮雕三洞雅,精工绝技十方迷。
丝绸古道多名胜,文化秦州几比齐?

赵跟明(笔名艾叶,甘泉镇人,甘肃省诗词学会理事,天水市诗词学会副会长、天水市楹联学会副会长)2 首

仙人湖忆旧

水面涟漪映碧螺,轻舟荡桨浪相摩。
雨余山色浮天远,别后诗情入梦多。
短笛横吹声杳杳,危峰笑指影峨峨。
如何旧事萦心上,不负当年曾蹈波。

凤凰山

久欲登临今始成,凌云颇觉费诗情。
看低眼底诸峰色,听惯耳边群鸟声。
野菊傍人先我醉,暮烟笼树渺鸿惊。
此生遗恨吞江海,视得浮名草芥轻。

廖凤岗(甘泉镇人,退休干部,麦积山诗社社员)1 首

游麦积山植物园(新韵)

嘉树葱茏芳草青,擎天松柏系长藤。
宽平油路轻车过,陡峭悬崖瀑布汹。
鱼泳蝶飞溪水涌,莺歌燕舞鸟欢鸣。
风和日丽花光艳,潇洒游人兴致浓。

李光琦(社棠镇人,区人民法院高级法官,麦积山诗社社员)1 首

桃花沟

群山绿染艳阳天,卧石如牛溪水潺。
古树缠藤千尺绕,玉峰立柱百峦延。
桃花深处农家乐,普渡峡中游客穿。
倘若此间留半宿,何须世外作神仙!

潘守正(甘泉镇人,区政协副秘书长,天水地方史志学者)2 首

东柯谷黄家峡寻轩辕圣迹

峰岭巍峨有纵横,轩辕谷涧淏流清。
展籍恭览《水经注》,始祖原为此地生。

有感于放马滩出土木板地图将古邽县邑标示在北道埠(新韵)

秦公恃武败邽戎,设县置官辖庶氓。

史乘略陈乏细论，方家考辨却纷呈。
旧籍皆载东柯谷，新志则言天水城。
战国木图今面世，千年疑虑始分明。

马汉江（秦州区秦岭乡人，退休干部，麦积山诗社理事）1 首

进桃花沟（词韵）

沟深峰峻挂云天，水出群溪润故园。
板栗银丝苞欲放，猕桃绿叶果将悬。
无墙作院民风古，有树成林金蛋绵。
东岔如门看陇上，新村创建定争先。

吴恒泰（渭南镇人，天水市第二师范学校高级讲师）1 首

石门夜月（词韵）

碧流银布挂岩前，景在清溪幽谷间。
众鸟开怀鸣古寺，百花放胆竞新颜。
松青壑碧林风爽，竹翠石奇岚气寒。
福地洞天钟紫瑞，石门夜月照仙山。

胡国靖（新阳镇人，退休职工，麦积山诗社社员）1 首

街亭温泉道中

驰车取道赴温泉，沿路风光如画妍。
万里情怀萦此际，一川烟雨感斯年。
农村气象映丰稔，社会乐章奏凯旋。
绿水青山相映地，和谐景致出空前。

奚沛(花牛镇人,退休干部,麦积山诗社理事)1 首

首届花牛苹果节

风清气爽陇山秋,万类争荣竞自由。
天水文明垂古史,花牛苹果誉瀛洲。
云连碧树迷仙客,文灿丰碑映日头。
盛会空前真韵事,红星元帅遍全球。

刘长清(伯阳镇人,天水火车站退休职工)1 首

仙人湖

绿树阴浓夏日长,青山影倒入池塘。
碧妆波动微风里,满地蔷薇扑岸香。

高财庭(甘肃靖远县人,甘肃省诗词学会副会长,甘肃省楹联学会副会长,白银市文联副主席)1 首

花牛苹果咏

闻名三陇说花牛,曾贡中南海里头。
信用经营佳品味,远销海外竞风流。

周鹏(甘肃成县人,成县文体局退休干部,甘肃省诗词学会理事)1 首

麦积山

遥望麦积欲齐天,盼得人间大有年。
翠巘千秋承瑞气,红尘九域锁轻烟。
风云过眼不循道,世事萦心竞问禅。
今古登临无限意,幡然一揖是因缘。

胡喜成(甘肃省秦安县人,秦安县志办公室副主任,副编审)1首

石门夜月

一夜松涛阙岫闻,高悬月镜素秋分。
溶溶波荡仙桥静,处处山高宫观群。
论剑犹能奇字铸,沉潜切莫故笺焚。
人间万户同瞻夕,无际天香熏野云。

穆明祥(甘肃省秦安县人,兰州供电公司职工,兰州市作家协会理事)1首

兴登麦积山

兴登麦积骋双眸,历历秦州一望收。
水草阜丰呈好景,山花烂漫见清幽。
人间仙境富饶地,陇坂江南粮米州。
回目欣观惊世宝,东方雕塑数风流。

马飞骧(琥珀乡人,甘肃省诗词学会理事)1首

画卦台

八荒空过往,万象此登临。
一画开天地,三阳照古今。
烟云穷变化,世事极浮沉。
悠邈羲皇业,周乎品类心。

周静(新阳镇人,区统计局干部,麦积山诗社社员)2首

净土松涛

秀水青山天外来,红香绿翠胜蓬莱。

雕楼飞燕穿晨雾，亭榭栖鳞涤暮埃。
幽谷连绵牵雅韵，松涛起伏响惊雷。
游人如织叹奇妙，惹得神仙下玉台。

石门夜月(新韵)

魂牵夜半赴石门，千古传奇疑幻真。
桥渡南峰飞两岸，星移北斗沐一身。
浮云掩月月无际，诗意随风风有痕。
美景如歌人自醉，轻拈妙句啸龙吟。

张晓刚(道北街道人，区府路小学教师，麦积山诗社理事)2 首

题元龙花椒

海内已行销，农家趁热潮。
退耕千百亩，再种大红袍①。

登卦台山(词韵)

梦绕魂牵到卦台，十年何故再徘徊。
清风犹送浮云去，秋色还随眼界开。
渭水涛声勾远梦，长川烟树动幽怀。
重临千古人文地，几许奇情款款来？

尤九成(甘泉镇人，区地方志办公室干部，《麦积区志》《麦积年鉴》编辑)2 首

永川河流域综合开发区即景

丰田果树满青山，引蝶春风绿垄湾。
迎客平川香柏绕，通村畅路劲松环。
涵馨宅院流新韵，致富千家展笑颜。
竞秀娥眉逢盛世，舒心老伯乐清闲。

甘泉云雾山

矗立群峰近九天，栖岩瑞寺傍山川。

①大红袍，较丰产的一个引进花椒品种。

藏幽漫雾掩流水，隐翠青云荡紫烟。
拜谒灵山知铁史，身临圣境话因缘。
心存真善怀先祖，体养刚正自坦然。

王静（女，甘肃省甘谷县人，《天水诗词》副主编）2 首

净土寺

世外莲开处，清风过梵林。
佛从崖上坐，松向壑前吟。
法界十方净，卿云千载深。
人寰多苦难，普度待慈心。

仙人湖

苔石通幽径，故人招饮茶。
谷空湖作镜，峰峭雾迷纱。
野鹤舒双翼，轻舟荡晚霞。
抱琴三五客，相与到仙家。

何莉（笔名秦砚，女，天水市人，天水楹联学会副会长）1 首

麦积山（词韵）

滫尘龛上落，崖角半过云。
栖鹤时惊月，禅钟肯系曛。
佛光千障里，因果无那垠。
海上曾传说，烟岚自此闻。

闫永峰（秦州区天水镇人，区工商局办公室高级工）

游净土寺（新韵）

曼殊胜境沁凡心，钟罄悠悠诵梵音。
妙语解开方内事，法言警醒梦中人。
还从极乐寻三宝，且向弥陀净六根。

四大不须先后有，醍醐灌顶好修身。

三阳秋吟(新韵)

鸽哨一声透晓窗，蒸腾云雾隐三阳。
才愁苦雨连天暗，又喜秋山满眼黄。
雁阵匆匆风飒飒，荻花瑟瑟水茫茫。
喧嚣远去身心静，乐与邻翁话短长。

张玉明(秦州区太京镇人，秦州区太京中学高级教师)1首

仙人崖

百丈悬崖掩殿堂，青山坐对梵音长。
仙凡总有难通处，故挑萤灯照渡航。

杨永锋(渭南镇人，天水卷烟厂职工，麦积山诗社会员)1首

凤凰山岱岳庙

翩翩立凤头，渺渺眺清流。
镇岳山川壮，沿河桃杏稠。
雷公思念在，霍老妙书留。
道法谐三教，祥云护九州。

(二)词

张钰(秦州区齐寿乡人，区委组织部原部长，麦积旅游文化研究会会长)1首

沁园春·天水

路绾虹霓，画里村屯，烟柳人家。更髻峰耸秀，层林叠翠；北屏河朔，南控秦巴。芳草迷畛，飞英拂面，个个天生白娃娃。春不走，曰人间去处，舍此谁佳？

山川如锦似霞，先辈爱、悉皆捐与她。况神州蒙昧，羲皇始启；列国一统，秦祖风发。飞将诗仙，名空万古，折戟隗苻一步差。今陇坂，喜天河注水，绿树红花。

胡筱岩(马跑泉镇人,天水市一中正高级教师)1首

江城子·清明游利桥古镇

梨花杏蕊草舒萌,恰逢晴,踏郊青。黄畴绿野,百啭乱啼莺。路入溪山春更好,烟柳淡,水波明。

竹篱茅舍犬鸡声,顺流行,隘关横。豁然阡陌,古镇一川平。人在桃源非晋客,渔已去,剩牛耕。

尤九成1首

浪淘沙·吴砦怀古

从众访东乡,川谷梳妆,江山如画好风光。渭水抚村青绿染,鸟语花香。

宋寨筑高冈,士气飞扬,抗金御敌几忠良。追梦农家逢盛世,再写华章。

王文婧(女,甘肃省甘谷县人,甘谷县康庄中学教师)1首

西江月·马跑泉公园信步

红叶随风坠梦,清波倒影涵楼。小桥曲径旧时幽,携手两三好友。

往事依然历历,闲情许共悠悠。雕栏侧畔记重游,宿愿今生不负!

刘红亮(甘肃省秦安县人,职业书画家、诗人)1首

临江仙·麦积山

翠盖浑然如麦垛,秦州第一名山。诗情壮志赋豪篇。栈云连古树,寒日照飞泉。

石窟千年浮世绘,佛光满壁皆禅。尘心冷梦愧三餐。飘飘风拂袖,飒飒雨来天。

(三)现代诗

王若冰(甘泉镇人,天水日报社副总编,天水市作家协会副主席)2首

渭河

最本质的流水是在秋天
它从土坡与沟壑间流过之际
玉米和高粱已将我淹没
在高悬的白云下面
我能看见麻雀飞过树梢
一盏油灯在路上熄灭

繁殖的根须
走向古老的伤口上
陶片。箭簇。谷粒
《诗经》传唱下来的歌谣
从立春的桃木上响起
穿过雷电和风雨
把婚嫁的锣鼓
一路送到了关中

在渭河上游
在陇西、通渭以北
适度的欢乐
总是那么短暂
我看见六月的月光下
疲惫的麦子
怀抱暗淡的涛声
如怀抱油灯下的爱情

麦积山石窟

让我在佛的呼吸上面
练习飞翔
让我在比石头还要沉重的夜晚
摆放一盏黄铜精制的油灯
让西秦岭飘满浮尘的天空
也飘起云朵和赞美的风声

麦积山！积雪融化
山谷如一部菩提掩映的经卷
阳光高高捧起的飞鸟
是你朴素而庄严的内心
让心怀幻想的众生
在向阳的坡地撒下了麦种
也让我在可能的睡眠之后
还能够接近适当的黎明

时间,从早晨的叶片上
轻轻移动。麦积山
我的手掌是一片漂移的大海
一路之上,我留下幸福
带上苦难中奔走的心情
你向着光明敞开的洞窟
给天地之间带来的
是清亮的风,和飘着馨香的雨水

王元中(甘肃省甘谷县人,天水师范学院文史学院教授)2首

卦台山

两小时的颠沛和一柱香的虔敬,
无助于伟大创造最小的细节呈现。
很久的很久是多么空茫的表述啊!
寺庙正午的寂静里,
我们只能驻足于一个老人质朴的表情。
在民间的传说中,
想象始祖可能有的举动——

那应该是一个早晨,
昼和夜缠抱着像两条黑白的鱼。
隐隐约约的渭河的喧响,
一一点化出:
雾中的事物,睡梦中的事物
——不动的山,动的水,
远远近近大大小小的人。
一只小蜥蜴背着太阳七彩的光芒走过眼前的时候,
伏羲爷说出了那个惊心动魄的字:易。

一根实线代表天,一根虚线代表地。
实实虚虚的世间的事。
虚虚实实的人的生。
卦台山上的一截草木棍,
远取诸物,近取诸身,
不小心就画出了天地的古今。

麦积山

一粒麦子俨然是大地的一只肚脐眼。
带来麦子的麦草堆积成山之时,
众神降临。
丰收的光芒神圣的光芒,
劳动者六月的仰望一片金黄。

可是远道而来的向往,
只合聆听——
突然掉落的鸟鸣,
溅出苍翠的烟雨满山弥漫:
奇妙,庄严,寺庙向晚愈来愈宏阔的钟声,
覆盖了近处,也覆盖了远处。

一粒粒的麦子被高处的声音相继召唤。
一捆捆的麦草攀缘信仰的绳索。
天上人间,人间天上,
一尊尊的佛,法相亲切,
恍若这一方人平和秀美的脸面。
麦积——山,谁的一声喊?
这一片山水便成为印象中的家园。

丁念保(甘肃省通渭县人,天水师范学院文学和文化传播学院副教授)1首

再题麦积山

西魏的皇后和出家的女尼
一只农家麦垛
将你俩揽在怀里

就像一条河水的上游和下游
那样平常
——或许你俩本来就并肩坐在一起
只是无人看得见而已

李三祥(笔名嶓冢山人,秦州区平南镇人,天水市育生中学教师)1 首

麦积烟雨

千年不变的翘首
以一朵莲的姿态
把禅思和顿悟
寄存在麦垛之巅
在空空了了间
弘扬菩提树下的秘密

孕育一场缠绵的雨
飘逸山头渺渺的雾
来来往往间
把佛龛存放在东方
雕凿无上正觉的佛

筑麦垛造修心灵的巢
以造像放牧心中的愿
俯瞰中拈花的微笑
冻结千年不朽的缘
化云梦洒袅袅的露
沐浴千年沉睡的莲香

薛世昌(笔名雪潇,甘肃省秦安县人,天水师范学院文史学院教授)1 首

曲溪过河

秋深时
水却浅了
就像你来时我却走了

一行过河时的踩石浮出了水面
整整一个夏天,这条河
把这些石头深深地揣在怀里
像一个女人把她的鞋样儿深深地压在箱子里

她在等候什么?
她在等水落石出的时候树叶落了我来了

尤九成 1 首

净土松涛

山风,一个个弓起身子
贴近十八罗汉峰
掠着青山的心边袅过
直灌满整个山谷
醉了无数的光影和绿荫

一泓情韵,从松林中涌动
翠色被铺展成细密的波纹
骨骼的褶皱
跌在绿野的臂弯里

发出有节奏的乐曲
如同大海的涛声

邢娟娟(笔名颜如月、涓子,秦州区平南镇人,秦州区文化广播影视局干部)1首

去一个叫净土寺的地方

任何时候
去一个叫净土寺的地方
做青莲池中最洁白的一朵
临风沐佛光,禅的空寂
超度尘世空茫

任何时候
去一个叫净土寺的地方
十八莲花峰下,轻轻俯身
做一把净土,生长飞翔的绿
那花叫雪莲,开过千年妖娆

如今只凝素清
那土叫净土,漫过百年浮华
而今只生平静
那草不可携带,轻盈地长满单纯
那草莓的点点血红,
静待谁人入唇

半山的天然佛
凝视尘世繁复如我
草间舞散禅光的蝶,
请告诉
疼着的,梦着的,流落的我
为何独独难解
灵犀一点,
紫气拂过的殇

周培烈(笔名周舟,陕西省富平县人,天水第一师范学校高级讲师,天水市职业技术学校校长)1首

身体里的渭河

我一直在寻找一条同我的身体里
感觉一致的渭河
在一首歌的背后我寻找过
在一片方言的背后我寻找过
那时在渭南镇
我给学生编过一首校歌
走过周围十几个村落
我在旷野里唱着
但我感觉真正的渭河
不在舌头上
当我沉默
沿着河岸而上
视觉中的渭河很慢地走着
方向与我相反
却像背负着沉重的行囊
而就在那时
渭河开始在我的身体里生长
但我不相信"说出"的渭河
也不相信"看见"的渭河
就这样的我身体里的渭河
已经流淌了多年

（四）联

龙园（在麦积区城区东南）1 副

成纪三阳毓秀：看石门吐月，麦积摩云；仙人叠翠，赤谷流丹；玉泉飞殿，清渭萦村；蜗台布卦，南郭镌碑；至今美景纷呈，更联旧景添新景；

伏羲一画开天：赞作蜀兴儒，纪信扶汉；充国屯田，李广御侮；德舆相唐，刘锜保宋；世甫敦诗，其昌育士；自古名贤辈出，还望时贤继昔贤。

霍松林 2000 年撰书

卦台山（在渭南镇西，为伏羲画卦处）4 副

纳皮兴嫁娶，结网教畋渔，渭河犹奏立基乐；

设象契神明，布爻穷变化，陇坂长留画卦台。

霍松林撰书（挂先天殿门）

弥纶天地而不过；

曲成万物莫能遗。

任法融 2006 年撰书（挂午门）

葫渭环太极，龙马负图呈献五方数理；

乾坤垂大象，羲皇画卦启开万古文明。

权云鹏（天水市人）撰，田兴齐（市人大副主任）2002 年书

八千尺危峰，侵碧凌云，御风但觉星河动；

十二亿后裔，寻源问祖，追思尽仰玉墀来。

艾叶撰，牧歌书（挂午门）

凤凰山（在新阳镇南）2 副

忠臣不贰贰忠臣；

国仕无双双国仕。

任法融 2007 年撰书

邽山雄伟，人杰地灵，辉耀陇上；
渭水长流，物华天宝，孕秀秦州。

郭克撰书

甘泉寺街牌坊（在甘泉镇）2 副

玉兰白石羡花艳，春浓两树香飘佛刹外；
海眼少陵夸泉甘，景美群山绿到镇门前。

霍松林撰书

诗波泛东柯，映竹穿沙，渺千秋少陵吟履，土室草堂，溪月还似昔时。古镇玉兰重开，富裕人民，争夸盛世；

商衢重陇右，通川连陕，饶五湖陆海物品，旅游经贸，产业已如旭日。新纪步伐初迈，和谐社会，更展宏图。

艾叶撰，董晴野书

演营寺（在中滩镇）1 副

二水中分，渡头宝筏开时，慈航有路；
四山攒聚，古堡祥云护处，梵宇重新。

张举鹏（甘谷人，天水市诗词学会会长）撰书

庆寿寺（在新阳镇）2 副

参佛悟禅，养性明心臻盛世；
建功立德，修身乐道铸前程。

郭克 1998 年撰书

稗官彰其史，一代英豪出巾帼；
慈言贯乎德，八方信士沐春风。

岳维宗 1989 年撰书

附：现存旧名联

麦积镇仙人崖

在何所在，试参来，青莲叶底谁拜月；
音实无音，聊说起，碧海潮头作甚观。

(清)王了望(著名书法家)撰书

马跑泉镇潘集寨潘氏祠堂

子姓聚一堂，虽分族析支，宜序左昭右穆；
祖灵追百世，当展诚抒敬，勿忘春露秋霜。

(清)潘尊贤(举人，著名书法家)撰书

琥珀乡霍家川霍氏祠堂

家教同遵，孝友慈严醇秩序；
神诚不掩，聪明正直主阴骘。

(清)霍众特(光绪间庠生)撰书

新阳镇庆寿寺

临渭此高楼，幸千载一时培同地脉；
戴筐惟斗近，合三台四铺蔚起人文。

(清)安维峻(秦安人，清末名御史)撰书(下联)

注：上联原遗失，幸原词在，2001年由乡人温子安补书。

石佛乡石佛寺

汉家城阙逆天上；
秦地山川似镜中。

(民国)杨润身(清末进士)1915年撰书

新阳镇温家集学校大门

乡校树宏规,与绅董醵金鸠工几经岁月;
英才欣得育,愿师生敬教劝学毋废艰难。

(民国)佚名,时约在民国初建校时

讲诵弦歌,教宏闾里;
儒流学海,源溯昆仑。

(民国)胡汝翼(国会众议院议员)1921 年撰书

甘泉镇吴家寺小学大门

此为蒙养始基求进步;
务望髫年志学惜分阴。

(民国)佚名

新阳镇霍家坪戏楼砖门

流水激弦仰与古会;
清风在户快若天游。

(民国)赵登科(新阳小学校长)1939 年撰书

麦积山石窟

艺并莫高窟;
文传庾子山。

(民国)于右任(国民党元老)1942 年撰书

行经千折水;
来看六朝山。

(民国)罗家伦(著名教育家)1944 年撰书

（五）匾额

龙园（在城区渭河南）

羲皇故里　江泽民（中共中央总书记）1992 年书

成纪殿　孙英（中共甘肃省委书记）2000 年书

卦台山（在渭南镇）

人文初祖　赵朴初（全国政协副主席）书

一画开天　启功（全国政协常委）1995 年书

混沌始判　任法融 2006 年书

开天明道　舒同（著名书法家）书

中华之源　黄罗斌（甘肃省政协主席）1994 年书

启迪智慧　许飞青（甘肃省人大常委会主任）1994 年书

画卦结绳　霍松林 1993 年书

玉蕴灵山　张津梁（中共天水市委书记）2004 年书

先天下觉　杜廷楹（秦州区人，书法家）1988 年书

凤凰山（在新阳镇）

陇右名山　李子奇（中共甘肃省委原书记）1995 年书

德泽四维　任法融 2007 年书

目极秦陇　霍松林 1992 年书

钟灵泰岱　穆永吉（甘肃省副省长）1994 年书

云霞掩映　温子安（新阳镇书法家）1992 年书

庆寿寺（在新阳镇）

高步清溪　郭克 1998 年书

仁慈圣母　康务学（武山籍书法家）1990 年书

圣境寺（在琥珀乡）

紫云洞天　霍想有（天水市政协副主席）1995 年书

蛟龙腾飞　霍荫梓（兰州市委党校教授）1994 年书

道气长存　马立国(青海师范大学教授)书

仙人崖(在麦积镇)

灵应寺　屈德洲(甘泉镇人,天水市书法家协会副主席)书

一气三清　缑建明(天水市书画院画师)1994年书

净土寺(在麦积镇)

曼殊寺　段成桂(著名书法家)1999年书

附:现存旧名匾

三岔乡吴砦村

三岔镇　纵司爆(秦州州判)清乾隆五十五年书

和风甘雨　纵司爆书

中滩镇蒲甸村

水石清华　党亭华(秦州人,民间称"阁老")雍正元年书

伯阳镇兴仁村

清时祥凤　尤爱(清代书法家,秦州东乡甘泉人)书

新阳镇庆寿寺

文运天昌　安维峻(秦安县人,清末名御史)书

社棠镇槐荫寺

妙湛总持　佚名,为清代书

威镇秦邦　佚名,为清代书

石佛乡石佛村

惠心有孚　杨润身(清末进士)民国6年为王子英书

甘泉镇玉兰村

双玉兰堂　齐白石(中国美术家协会主席)1955 年书

新阳镇胡家大庄

绛帐清风　王治岐(原国民军军长)1962 年为胡协甫书

(六)歌 谣

伯阳民谣

柏林山,柏林观,八柏一石九座殿。太上老君出函关,修渠倒流伯阳川。炼丹讲道在仙山,教化农桑果满园。逢三老君不出庵,二月十五把道传。

月亮光光

月亮光光,满院烧香。前爹爹,后妖婆,打着山里拾柴火。柴也没,粪也没,拾了一把野鸡毛,拿到河坝摆去了。一摆摆了三四年,吹倒檀子砍倒椽。

编老虎

古今古,古今湾里拴老虎。老虎扎的红头绳,羝羊担的酒壶瓶。你一盅,我一盅,两人喝了个醉醺醺。走呀走到鸡架旁,叫了一声鸡大娘。鸡大娘穿的云云鞋,扑啦啦到锦鸡台。锦鸡台,女儿多,上槐树,掏鸟儿,鸟儿窝里一条蛇。大家齐心打蛇来,剥了蛇皮鞔花鼓,咚咚咚咚打起来。

咕噜雁

咕噜雁,摆铧尖,一摆摆着三阳川。三阳川的娃娃没鞋穿,打了一双铁鞋穿。铁鞋烂了,咕噜雁散了;铁鞋浑全了,咕噜雁上了棱坎了,棱坎陡,绊得咕噜雁大张口。

三阳川

三阳川,两头尖,中滩就在两道河中间。熊烂杏,毛大蒜,一个毛驴驮下一个半。

打花花手

打花花手,高家走,你弹弦子我喝酒,赵家的姑娘好打扮,青丝帘子绾鬏鬏,梅花袍子红点点。

烟筒眼

烟筒眼，冒冒烟；牛耕罡，种夏田；夏田黄，拉上场；连枷打，簸箕扬，一扬扬到万家梁。万家梁上开红花，两个媳妇转娘家，一转转到门背后，两个猴娃编背篼；一编编到山背后，山背后，有狼哩，吓得猴娃胡藏哩；一藏藏到瓦窑里，两个猴娃拔毛哩。

小桃红

正月里来是新年，我娘请我戏秋千，手把秋千风摆柳。天上一盏灯，满脸笑盈盈。
二月里来龙抬头，各沟水儿往东流，二龙戏珠江边流。天上一盏灯，满脸笑盈盈。
三月里来三月三，桃花未开杏花红，蜜蜂采花花心动。天上一盏灯，满脸笑盈盈。
四月里来四月八，娘娘庙里把香插，人家插花为男女。天上一盏灯，满脸笑盈盈。
五月里来五端阳，雄黄药酒加艾香，人人爱的奴不爱。天上一盏灯，满脸笑盈盈。
六月里来热难当，叫上丫环采莲忙，珍珠盘在重重梁。天上一盏灯，满脸笑盈盈。
七月里来七月七，牛郎织女配夫妻，老天爷有报团圆后。天上一盏灯，满脸笑盈盈。
八月里来月儿圆，叫上丫环采桂香，桂花虽好无心戴。天上一盏灯，满脸笑盈盈。
九月里来九重阳，黄菊花开在两路旁，有心摘花无心戴。天上一盏灯，满脸笑盈盈。
十月里来十月一，家家户户送寒衣，寒衣送在坟园里。天上一盏灯，满脸笑盈盈。

心里有话口难开

这山高，那山高，那山一枝好樱桃。樱桃好吃树难栽，心里有话口难开。

地下的人儿惟你好

大豌豆开花麦出穗，羊羔咂奶双膝跪。天上的云彩如马跑，地下的人儿惟你好。

闪担歌

闪，闪，闪担哩，亲家来了做饭哩。做白面，舍不得；做谷面，有人哩；杀公鸡，叫鸣哩；杀母鸡，下蛋哩；杀鸭子，鸭子跳着后院哩，打得核桃枣儿乱溅哩。拾了一撩裙，没处装，缝了个衩衩（衣兜）装着豁；没处挂，挂着爷爷的胡子上。爷爷跟集去，没处挂，挂着婆婆的捏捏（乳房）上。婆婆丢了盹，老鼠拉上满院滚。

（七）文

丙戌(2006)年中国天水伏羲文化旅游节首届卦台山民祭太昊伏羲祭文

维公元2006年7月2日，岁在丙戌六月初七日，为追念人文始祖太昊伏羲氏丰功伟绩，弘扬民族根文化，振兴天水经济，羲皇子孙，济济一堂，虔诚致祭于太昊伏羲氏，祝曰：

羲皇故里　龙祖之乡　盛世祭祖　思缉大光
三皇之首　百王之先　大哉羲皇　文明之源
一画开天　混沌初辟　以龙纪官　分部治理
初作网罟　佃渔大起　伏牛乘马　牧业开启
间推历度　创立节气　刀耕火种　农业起始
建屋化布　寒冷有避　钻木取火　冶金成器
首演八卦　奠基哲理　发明书契　符号记忆
始创嫁娶　俪皮为礼　琴瑟九针　万民之喜
东进中原　苗裔四布　道贯九州　德泽万里
域外俯仰　异国鉴取　伏羲文化　万代承袭
祈福羲皇　风调雨顺　国泰民安　海宴河清
平安中国　百业俱兴　社会和谐　经济繁荣
值此吉日　祀典告成　陈浆献豆　礼隆情殷
赫赫祖灵　佑我乡邦　不腆之仪　伏维尚飨

崇福寺、大达法师与《玄秘塔碑》

安志宏（秦州区华岐乡人，市政协副主席）

街亭古镇（历史上也称东柯谷）位于今天水市东南的麦积区境内，地处天堑渭河南岸，为渭水南古陈仓渭水道重要驿站，被称为“秦汉之襟喉”。古代延续至民国时，“会馆”“驿店”林立，商贾云集，历史上经贸活跃，它是陕甘川商贸交汇地，因为经济的原因，迁客骚人多汇于此，文化一时也很繁荣。著名诗人杜甫描写街亭古镇风光的诗就有8首之多。如“东柯好崖谷，不与众峰群”；“满谷山云起，侵篱涧水悬”“瘦地翻宜粟，阳坡可种瓜”“仰面贪看鸟，回头错应人”“檐雨乱淋幔，山云低度墙”等等。这里历史上寺庙众多，但最著名的寺庙要算崇福寺了。

崇福寺

崇福寺地处街亭之南观龙山西端山坳，山下开阔处为街亭古镇，整个古镇被南北东柯河相抱。崇福寺被雄伟的高山与街亭古镇夹拥着，庙宇巍峨，古树葱郁，整个寺庙、道观融为一体，依山势拾级而建，大有深山藏古寺之趣。这所寺庙与全国其他寺庙一样，上千年的古柏因为人为破坏，现今仅在城隍庙院中存活一株古柏和一株古槐，但庙内尤为珍贵的白骨松尤存。从前些年重修崇福寺时发掘出的奠基砖、综合寺庙的建筑风格看：崇福寺作为多神共奉一庙的“众神”庙，应该是通过多代建筑才形成今天这种格局。城隍庙即纪信祠（因为纪信为天水人，迄今除天水市内的纪信祠外，天水三岔等多处庙内供奉其神位像）有可能最早建于汉代。唐高宗李治弘道元年秋月，即公元683年，崇福寺有过一次大的修建。今天的崇福寺由三部分组成。由上即下依次为：杏林观、崇福寺和纪信祠。杏林观由老母宫、灵霄殿、真武殿、三官殿、灵官殿和南天门组成。崇福寺由大佛殿、娘娘殿、财神殿、韦驮殿、天王殿、碑亭等建筑组成。纪信祠俗称城隍庙，由卷棚、大殿两部分组成，旁建有华佗庙。祠前为山门、照壁，山门外有366级蜿蜒的石阶直通街亭古镇。崇福寺因为唐朝高僧大达法师端甫早年在此出家修行，唐朝时其誉满京城——长安，当时游人香客络绎不绝。

大达法师

大达法师——端甫，他是继玄奘法师（唐僧）后中国又一位有名的高僧，他于公元769年出生于古城天水，父亲赵氏，生母张夫人。大达法师一生历经唐朝德宗、顺宗、宪宗、穆宗、敬宗、文宗6朝。端甫10岁在街亭崇福寺做沙弥，17岁升任为比丘，入安国寺诵经。因对佛学虔诚，经师傅推荐，在西明寺受戒于照律师，后又学毗丘尼于崇福寺，并升为律师，同时，传《唯识》于安国寺法师，通《涅槃》于福林寺监法师。随后，他“谒文殊于清凉，众圣皆现；演大经于太原，倾都毕会”。唐宪宗时，因为端甫在佛学界的造诣和声名，得到宪宗的宠遇，宪宗诏端甫率缁属迎真骨于灵山，开法场于秘殿，端甫继玄奘后又一次在长安震动朝野。端甫在朝中掌内殿法仪，标表净众长达10年，尤以主讲《涅槃》《唯识》等著称于世。据史书记载：“贵臣盛族皆所慕，豪侠工贾莫不瞻向，荐金宝以致诚仰端严而礼足，日有千数，不可殚书。”由此可见端甫在当时的社会地位远非普通僧人可比。据史书记载:唐文宗开成元年六月,端甫面向西,朝自己的家乡——天水圆寂了,享年68岁,葬于长安长乐原之南。皇帝赐谥号“大达”法师。今天传于世的柳公权字贴,就是拓于纪念天水这位高僧的《玄秘塔碑》的内容,可见其声望有多么深远!

《玄秘塔碑》

今天藏于西安碑林的《玄秘塔》碑文,其用意就是将大达法师的事迹告示后人,让其精神永存。《玄秘塔碑》于唐会昌元年(841)刻立。颂功德碑文由唐朝宰相裴休撰,著名大书法家柳公权书。从撰文、书丹到镌刻,世称“三绝”。宋代人著的《高僧传》,对天水高僧端甫骨灰塔《玄秘塔》碑文也有记述。《玄秘塔碑》全称《唐故左街僧内供奉三教谈论引驾大德安国寺上座赐紫大达法师玄秘塔碑铭并序》,又称《唐大达法师玄秘塔碑》,共1200余言。《玄秘塔碑》除它的精神作用外,它的艺术价值也很高,它是我国唐代著名书法家柳公权书法顶峰之作。《玄秘塔碑》因其“体势劲眉”,被历代拓印,在国内外传世1000多年,直到今天,仍然是临习和研究中国书法必备的碑帖。《玄秘塔》碑文内容是:“大法师端甫灵骨之所归也……在家则张仁、义、礼、乐,辅天子以扶世导俗,出家则运慈定慧,佐如来以阐教利生……背此无以为达道也,和尚其出家之雄乎。(端甫)天水赵氏,世为秦人。初母张夫人梦梵僧……始十岁依崇福寺道悟禅师为沙弥,十七正度为比丘……德宗皇帝闻其名,征之一见,大悦。常出入禁中,与儒道议论,赐紫方袍,岁时锡施,异于他等。复诏侍皇太子于东朝。顺宗皇帝深仰其风,亲之若昆弟,相与卧起,恩礼特隆。宪宗皇帝数幸其寺,待之若宾友,常承顾问,注纳偏厚。而和尚符彩超迈,词理响捷,迎合上旨……”从抄录的碑文内容看:大达法师,无论在家还是出家,都是身体力行“儒教”和弘扬“佛教”,辅天子“扶世导俗”“阐教利生”,真是“和尚其出家之雄乎”!

改革开放后,街亭古镇焕发了往日的活力,崇福寺按历史上原有的样子进行了全部恢复。街亭文化热心人李新彦、曹阿宝于世纪初,到西安请回《玄秘塔碑》拓片,聘请巧匠复立碑于崇福寺。一碑、一人如今重归古镇——街亭。或许有人要问,大达法师怎么会归来呢?我们将会回答:大达法师的肉身永远不会回归故里了,但他的精神永存!大达法师的事迹,将永远与家乡、街亭、天水永存!

怀念天水

霍松林

怀念天水,经常想起四山环抱、渭水萦绕的霍家川。在这里,我在慈母的爱抚和严父的教育下度过了童年。

怀念天水,经常想起省立天水中学和国立第五中学。烽火连天的抗战时期,我在这里读完初中和高中,奠定了做人和做学问的基础。

父亲上过陇南书院,是老山长任士言先生的高材生和崇拜者,多次用“老山长”的人品、学问教育我,在我幼小的心灵里留下了深刻印象。考入天水中学,校址就是当年的陇南书院,“陇右楷模”依旧高悬在那里。父亲说,这是董文焕献给老任山长的。我由此领悟到做人做学问要有“楷模”,要有高标准。

等到浏览了伏羲庙、纪信祠、李广墓,阅读了《秦州州志》《天水县志》,更惊喜地认识到天水的人杰地灵,英才辈出,为中华民族的发展做出了巨大贡献,便立志要做一个无愧于历代乡贤的天水人。

怀念天水,经常想起天水的名胜古迹,想起诗圣杜甫吟咏过的许多地方。国立五中的校址,便是天水城北天靖山麓的玉泉观。楼殿宏开,亭台巧构,曲径通幽,古柏参天,我和另一位同窗好友的宿舍,就是雕梁画栋的无量殿。每当皓月临空,萧萧的秋意洋溢于心田的时候,我徜徉于竹楼婆娑的殿阶之前,俯视万家灯火的古城,总会哼起杜甫的诗句:“莽莽万重山,孤城山谷间。无风云出塞,不夜月临关……”

当时交通不便,只凭两条腿走路。然而不仅附近的南郭寺,举凡杜甫行吟之处,都留下了我的足迹。给我留下美好回忆的,无过于麦积山。暮春时节,我与两位好友骑自行车到街子口,住了一夜。第二天,天一亮便徒步出发。一路走来,溪水潺潺,鸟声啁啾,古树苍藤,遮天蔽日,幽花芳草,铺遍了山巅水涯。峰回路转,忽然于苍翠的群峰掩映中一峰突起,傲然独立,与飘浮而过的白云相接。哦,终于看见梦寐以求的麦积山了!

此山上丰下缩,悬崖峭壁上,石窟密如蜂房。窟前的木结构建筑物高悬空际,令人赞叹古代天水人真是巧夺天工!又想到杜甫用“悬崖置屋牢”五个字描状它,也不愧“诗圣”的符号。由于西边的栈道早在明朝就已被焚毁,我们只看了散花楼以东的几十个石窟,却已经像走进了雕塑艺术博物馆。千姿百态的塑像一个个栩栩欲活——男性的,庄严中见英俊;女性的,端庄中见灵秀。而不论男性或女性,又都那么宽厚、慈祥。我当时的感受是:这不是佛、不是菩萨,而是善化、美化了的古代天水人。

时光流逝了近60年,而这一切,至今仍然历历在目。每想到麦积山石窟中的佛、菩萨,就不禁怀念父母,怀念师友,怀念天水。

故乡山川永在游子心中(节录)

雷达(新阳镇人,著名文学评论家)

近年来,我一直在思索天水在中国文化长廊中的地位,逐渐形成如下归纳:天水者,伏羲文化之都,秦汉文化之源,石窟文化之秀。陕人尝以秦人自居,全世界几乎都认为陕西是秦人的发祥地。事实上,最早的秦人,或秦人之祖先,只能到天水一带寻找。天水作为古秦州、伏羲城,首先是因其在上古和中古的历史地位而跻身于名城之列的。伏羲诞生于渭河之滨,画卦于三新阳之卦台山,已是尽人皆知,遂有"羲皇故里"之称;大地湾的发现,在考古学上的意义不言自明;秦始皇的上祖"非子"封地在礼县境内,也即秦代四大陵之首西垂陵所在地,说秦始皇是天水人,并不为过;李广墓前蒋介石的题词经住了风雨,人们还会想起李广的孙子汉将李陵,以及赵充国、姜维、赵壹、苻坚、苻洪、李渊、李白……真个是星汉灿烂,若出其里呀。麦积山石窟在中国乃至世界石窟艺术中的地位,也是屈指可数的。

而我们的家乡新阳镇,即隶属于天水市麦积区(原天水县),和上面所说的人物事件发生在同一块土地上。自古以来,既是商贾云集、贸易发达的天水西部之重镇,史称"沿河城";同时它文风兴盛,有深厚的历史积淀,人才辈出,俊彦相继。就近现代而言,在书法上,"四大写家"胡协甫、胡少璞、胡岫云、赵子甲闻名一时;绘画上,"郭虎孟鸡周烂磨"各领风骚。有烈士岳景宗、王承舜慷慨赴死,为国捐躯;也有王治岐将军审时度势,率部举义。就当代而言,有唐宋文学泰斗霍松林,享誉全国的画家郭克,全国道教协会会长任法融,还有戎马一生的少将胡爱祖等等。他们都是家乡的脊梁,家乡的自豪。

对家乡我总有一种挥之不去的恋情。我的童年、少年时代有很多时候是在王家庄度过的,在渭河边消磨的。虽然久居京城,但忘不了家乡的一山一水,一草一木,忘不了那密密的高粱地,日夜喧哗的水磨房,忘不了"拜黑爷",闹社火,吼秦腔,"压牲口",忘不了乡亲们熟稔的笑容。

想起历史,想起家乡,我有一种说不出的感恩和激动,我觉得我更深地爱着家乡这片古老的土地,我也无时无刻不在关注着家乡的变化和发展。让我深情地祝愿:家乡的未来更美好!

(2007 年 3 月为《古镇风雅——新阳书画集》序)

家乡的社火(节录)

岳维宗(新阳镇人,中学高级教师)

天水人的老风俗,在正月间,三天年过罢,于初三下午“送走先人”,到坟里给亡故祖宗烧几张冥钱纸,就算年关已过。从正月初四开始各村庄搞各种娱乐活动,形式不一,大小不同,无非是社火、秧歌或故事,直到十五元宵节的晚上,有的村庄可玩到二月二始收场,因春耕开始了。

先谈社火。社火也叫社伙,天水农村大多叫“社户”,伙和户其意相似,其音接近。这里必须解释“社”的产生和发展。社,土地之神。《左传》记:“共工氏有子曰句龙,为后土。后土为社。”祭土神也曰社。《左传》又曰:“伐鼓于社。”即祭土神之所在地,伐是敲打之意,敲鼓以祭神。这个祭地称“社宫、社庙”。古代社也是地方行政区域之名,大约25家为一社,如同后来之“里”。这一个地区的农民集中在一个地方祭土神,即称社,大概都在春天“寒食节”前后举行,故叫“社日”。《宋诗钞》中有“过社纷纷燕,新晴淡淡霞”之句。唐人张演在《社日》一诗中写:“桑柘影斜春社散,家家扶得醉人归。”可见古人的社日活动是很普遍的,在野外社宴喝酒或歌舞,直到日暮时才散归。“燕”,即是宴会。在社日既祭土神,又搞其他娱乐活动。鲁迅先生记的“社戏”就是这类活动的发展,我们天水人不叫“社戏”,都称“春台会戏”,也是祭神活动。

天水社火是由社日活动所演变而来。《辞源》在“社火”条下说:“社火是节日祭神迎神赛会时所扮演的杂戏、杂要。”宋人范成大有诗云:“颠狂社舞呈。”注曰:“民间鼓乐,谓之社火。”可见社火是专指农民在节日时的各种杂剧、歌舞之类的玩要,其风格比较粗放、纯朴、浑厚活泼,逗人开心,只是取乐而已,所以内容比较简单,大概就是“下里巴人”吧。我们天水社火的活动项目与其他地方的差不多,不外乎狮子、旱船、高跷(天水人叫长腿子)、高抬、龙灯,或夹杂些歌舞、大头娃娃,打腰鼓则是近几十年才有的。腰鼓本为陕北安塞的农民社火表演,随着1949年的解放传到了天水。社火表演大多都在春节期间,平时除非大型庆典集会,不进行活动。因农忙时间,农民不会耽误农时来玩要。玩时,狮子在前边开路,紧接着是旱船、高跷,走街串巷,或找一块空地表演,狮子可翻桌子、越障碍、滚绣球;旱船由艄公引船,满场转,再夹杂唱几段小曲,就成了秧歌类型。过去天水地区的社火比较简单,技艺不高。如要狮子,河南人的狮子可上杆,杆高如马戏团的,狮子是两个人顶着,动作要协调,否则会出危险的,可我们天水的狮子要法就无此技。社火必须要有音响配合，乐器很简单，抬上一台或几台大皮鼓，铜器有锣，直径约一尺五寸左右，另有钹，天水人叫“夹司”，两扇，它的特点是比较厚，圆形，中心有个半圆球形的碗子，比我们吃饭的碗要大得多，中心有个眼穿上绳子，可以手抓，两扇合拍，其声粗犷高昂，与人鼓相配合，显得格外豪放。把这种乐器我们叫“土货”，以示与“苏货”相别。“苏货”是唱戏用的，其音清亮，因产于苏州，故称“苏货”。天水的社火大致如此。

现在谈秧歌。秧歌本为农民在田里插秧时唱的民歌，以后扩大，凡农村农民演唱的各种曲子、舞蹈都统称秧歌。这种秧歌开始于什么时候，现在无从稽考。近半个世纪以来，天水农村皆唱秦腔戏，过去的小曲再也不唱了，人们把农民自演的戏都叫秧歌，把正式剧团唱的秦腔叫大戏或简呼“戏”。秧歌从晚清以来都唱的是“小曲子”，打地摊表演，不上舞台，内容形式都很简单，有的四五人清唱，有的简单化装，衣服是临时借的，有简单的剧情。看的人围个圈，演者在中间表演，放一个桌子，几条板凳即可。但从小曲演变成秦腔大戏，这个复杂而漫长的过程，过去因无人研究和记载，现在已无法说清。据我所见和所听老人的讲说，大概情况是：从清朝至民国22年前后，天水地区的秧歌都唱小曲，如《采花调》《割韭菜》《长亭送别》《绣荷包》……等，都是唱段，调子各不相同，又因地域方言发音的不同，韵味也不一样。有时一人唱，有时几人合唱，唱的人坐在板凳上，有人装扮上在场中表演，也唱；有的跑旱船，跑几圈，再唱小调。今天在东家，明天在西家，图个热闹。这和我们现在听到的秦安、礼县小曲不同。发展到以后才有了简单的故事情节，有点戏的味道，人们仍然叫秧歌或社户。如《割韭菜》唱段：“正月十五娃娃舅舅家来呀!打发女娃子割韭菜哩么点点花儿红呀!嗳哟点点花儿红呀。”伴奏的音乐也很简单，起初配合动作，敲的是皮鼓(台鼓)、夹司、锣，都是“土货”，唱一段，敲一段。唱的时候，伴奏的有板胡(天水人叫“胡胡子”)、三弦、四片瓦、摔子，但没有梆子(天水叫“桄桄子”)。按理这种秦州小曲子，也应当属秦腔的范围，据研究戏曲的人考证，北方的各种剧种都是秦腔的发展，这种秦腔的演唱以梆子为节拍，故叫“梆子戏”，如山西梆子、河北梆子、河南梆子等等，特别是上党梆子，它的唱腔音乐、弦索，基本是早期的秦腔(不是小曲子)，陕甘人的秦腔爱好者一听即明白，这个已经就不是秧歌了，而是上舞台的大戏了。还有一类秧歌剧专门是逗人笑的，一人或二人表演，说的多，唱的少，夹说带唱，用当地的农民土话表达，变个怪脸，有时使看的人捧腹大笑，如《赶车》《洗缠子》《骂鸡》等等，属丑戏类型。这是所谓的“乡人乐”也，非“阳春白雪”可比。

我们天水有些农村是“跑秧歌”，表演者化装成老婆子，手拿旱烟袋；年轻媳妇，戴上花，穿着裙子，手拿手帕或扇子，还有小生和丑角，都手拿道具，跟上狮子，敲着“土货”锣鼓到村子里转，或围个场子，演者一边扭，带小跑满场唱道：“咿幺啊咿幺嗷!拿把扇儿摇，唉海幺！”(反复唱)，念白：“刺枚花儿拶手哩，涳娃脚碎咋走哩!”边跑边演边唱边转，我们叫“跑秧歌”，夹着唱小曲，藉以取乐，这和陕北的“扭秧歌”是一样的。

在民国初期，随着小曲子流行的同时，有一种叫平腔的曲调开始在天水地区流行。平腔的伴奏乐器，已很复杂了，基本是秦腔的一套。先说打击乐器(武场面)，有皮鼓、板鼓(也叫抱鼓，与锣、钹配合，伴奏表演动作)、窝子(唱的时候与梆子、牙板配合，伴奏板胡)、牙板(敲鼓者左手敲窝子，左手摇牙板)、梆子敲节拍(所谓的板眼)；铜器有大锣(直径2尺多，其声洪厚)、钹(即夹司，两扇直径1尺多，片薄，手抓的半球碗子小，直径2寸许)，其声清亮，与锣配合，按板鼓的点子敲；另有一小锣，也叫钩锣，其声清脆，配合锣和钹，跟动作敲打。这种打击乐器，我们称为“苏货”。文场面仍然是板胡为主，带头走板，其次是三弦，还有一种叫二弦子的，杆子较短，下边的壳子是长形的，如同京胡，以牛筋(牛皮)做弦，很硬，拉的人手指必须带上铁爪，否则指头会刺破的，其音高昂宽厚，调子不像板胡那样婉转花哨，但听起来很有秦腔味，激越高扬。过去的秦腔大戏、灯戏必须要有二弦子伴奏。西安易俗社一直保留到60年代，《火焰驹》电影中就有。上党梆子一直作为主要乐器来伴奏，充分显示了秦声古韵的特点，戏报上常写正统的秦腔梆子。平腔的唱法和乐器演奏大致如此。随着秦腔大戏的舞台演出，小曲、平腔皆退出了秧歌范围。各个村庄皆修盖了戏台，唱起秦腔，但因是农民自演，所以仍叫秧歌不叫大戏。

红崖游记

李子伟(甘谷县人，民俗学者)

麦积山之西，有红崖村焉，为余昔日未曾到处。此地四围绿屏，林壑幽美，清溪漫流，潺湲低语，有红崖一道，斩削天成，其上草木莽蓁，状若伏龙。距村不远，豆积山翠，如篓峰起。山之半曰罗汉崖，石窟遗痕累累，尚存宋代佛像三尊，默向虚空，冷阅世态。惜其孤居荒野，衰败零落矣。

过草滩、虎头，向南，则见香积山秀。登其峰，山花牵襟，蛱蝶绕目，鹧鸪声乱，精神为之一振。山之后有香积洞，转折而下，苔湿径滑，杂草蔓道，树木阴翳，在昼犹昏。近石阶，缘阶而上，蹬险曲回，几近垂直，兢兢焉。仰视奇洞，若垂天之翼，森然搏人。近洞，巨石悬阻，其下仅余小洞，才可通人。岩上飞珠溅玉，叮咚吟喧，若铮铮七弦，泠泠动人。岩面蜂房水涡，密不知其万千亿兆。初疑为人工凿痕，细审之，则见水珠击落石窍，始信水滴石穿之功，于人生实多启发。亦一奇观也。

屈身进洞，脚下细流无声，凉气逼人。初尚阔，愈入愈狭，愈狭愈暗，相从者亦不复相见，神秘氤氲而生，遂不敢问津矣。洞上侧有一小洞，为昔年乡民求湫之处，曰“云洞”，攀援乏径，望而兴叹。香积洞为一发育尚不成熟之溶岩洞，洞壁间依稀可见溶岩形成之物象。粟米之距，殆需万年可成，天造之功，尚且不易，何况人力哉!

出洞循向路，北眺麦积，一峰独秀，众山皆伏，团团焉，囷囷焉，为余平日所未见之雄姿。胡孝思诗云：“南有香积寺，北有麦积山。仙人拾瑶草，白云相与还。”闭目凝思，确是白云神仙一等境界，惜余为一俗人也。

香积、豆积二山旧有寺，与麦积同。后因社会变迁，兵火相侵，寺毁垣圮，庙观不复存矣。今考其名，三山冠以“香”“豆”“麦”者，皆与禾稼有关，且“积”者，禾之聚也。显而易见，佛教传入中土，深深打上农业文明之烙印，且日益世俗化。而香积者，佛厨也，豆积亦然。由是想见当日三寺鼎峙，香火炽盛之况。今不知何人，具通天手段，削香积秀峰，伐古木奇草，裸巉岩峻石，立庙建寺，植被遭毁，实可椎心。神州大地，此风为最，亦中国特色也。

古堡

王若冰

在天水境内众多古代遗址中，多少年来一直让我心怀敬畏，只是远远地揣摸，长久地凝视，却不敢贸然进入或接近的，是遍布村落附近山梁之巅、高山顶上的那一座座阴森森、冷冰冰，既无神灵居住，也无辉煌的历史可以彪炳后人的土堡——一种过去年代老百姓为躲避匪患，以土夯筑的防御工事。

如果是冬天，山野里景色凋尽，雪又没有落下来，天地间只有黄土裸露的苍黄。这时，你如果驱车在天水境内的山梁上或山谷间绕行，车窗外慵怠寂寥的大地上唯一让人触目心动的景致，就是一座又一座雄踞于灰蒙蒙的村庄附近山顶上的这种土堡。空荡荡、沾满尘埃与雾霭的天空下，一座座或颓废坍塌得只剩一堆森严的黄土残骸，或四四方方，高墙深筑，四壁虽然沾满苍黛的青苔，却城垛高耸、堡门洞开的城堡，突然朝你昏昏欲睡的视野扑来——那将是何等惊心动魄，令人惊骇、恐怖的一瞬啊!

我的老家在公元759年杜甫寓居秦州，投奔侄子杜佐时居住过的东柯谷北面的山梁上。那是一个至今让我觉得满世界风景最雅致、最充满乡土温情的小山村，只是村子旁边山顶上那座古老的土堡使我从幼年时代就意识到，这世界除了让人享受并从中获得美感的风景外，还有一种让人感到压抑、头皮发麻却又躲避不及的恐怖的风景!

那就是我幼年记忆中充满了血腥的杀戮、绝望的呼叫与无奈奔逃的古堡。

老家附近的古堡叫金家堡子，筑在绕村环行的山梁极尽处。淡淡的山梁本来平静如一钩弯月，到了金家堡子雄踞的地方，竟陡然高耸起来，形成一方险要。土堡一面是陡峭的山坡，另外三面都是刀削壁立的悬崖。一层一层厚土夯筑的城墙从我记事以来就是那么古旧、苍老，却坚固得至今都不曾留下多少风雨侵蚀的痕迹。二三十亩地宽大的四方土城四角，早先建有四座瞭望塔。土堡的门开在朝南的斜坡正面，黑洞洞的，一年四季都给人一种莫测高深的阴森与恐惧。

对于村里上了年纪的人来说，每一个白天和夜晚都巍然雄踞在面前的古堡，仿佛一种不祥的禁忌，一块深埋在心底的伤疤，不到万不得已，谁也不肯谈论它的身世。“文化大革命”期间，祖上供奉的先祖牌位被毁了，古柏森严的山神庙被拆了，唯独土墙高垒，遍地荒草，从来就没有人焚香跪拜，也不曾有过神灵故事传说的金家堡子，却一块砖石都不曾被人动过。

老人对土堡和它的身世长期保持的缄默，反而使我对整道山梁上这唯一一座规模宏大、气势逼人的人造景观充满了好奇。特别是每当月色朦胧的夜晚和雾霭未尽的黎明，只身从雄狮巨兽般蹲坐在头顶的古堡附近经过之际，古堡在淡淡天光下投下的巨大阴影，以及自土堡上空传来的一两声令人毛骨悚然的鸱号，使我一遍又一遍地追问，人们对这座泥土筑成的庞然建筑的敬谢不敏，到底意味着什么?

终于在一天放学后，我们几个不谙世事的孩子壮着胆子，满怀惶恐地爬上了遍地荒草的土堡。登上高耸的城墙，却发现这里竟是一个天宽地阔的好去处。孤丘高隆的土堡四周，极目可望的是如波似浪涌向天边的山梁，起伏的田野和聚拢于古堡周围的村庄尽在视野，只是呼啸的山风在古堡上显得愈加高远、凶猛。

这是我平生惟一一次登上那座近在咫尺的土堡。回到家里，我终于从大人的怒目责怪与喝斥中，感觉到了隐藏在人们对古堡复杂感情深处的阵阵隐痛。

据老人讲，金家堡子在他们生下来时就是这个样子。只不过那个时候堡门上笨重的木门还在，城墙上经常备有擂木石块，而且日夜都有人在城垛了望塔上值班，无论白天黑夜，只要远远望见土匪强人袭来，土堡上顿时锣声骤响，附近几座庄子的人便备足干粮，扶老携幼，拼上命朝堡子里逃命。我的曾祖母就是发现土匪进村，催喊乡亲们往堡子里逃命时被土匪一枪打死的——阴森、恐怖的土堡，原来是人们面临死亡之际赖以求生的诺亚方舟！

一个又一个月黑风高的沉沉黑夜，一个又一个霜雪凝地的黎明，倾村倾庄的人们在强人的追杀中爬上裸露于晦暗天空下的城堡之后，男人们冒死登上城墙，以擂木滚石与土匪的火枪弓箭作战；女人们用奶子塞住惊叫的孩子嘴巴，于颤栗的惊恐中跪在地上，向上苍祈祷，苦苦等待强人撤退……这样的情景，在金家堡子持续了近百年。

静静地裸露在蓝天白云下，沉重地矗立在风雨雷电中的古堡，在过去的岁月中以它健壮的躯体抵挡了无数度枪弹飞矢的袭击，古堡冰冷的泥土里也浸透了捍卫城堡的男人的鲜血和怀抱婴儿的女人的泪水。民国年间，金家堡子曾发生过这样一件事，一天深夜，山坳里骤然响起"跑土匪"的锣声。一位年轻母亲抓起酣睡的婴儿，朝沉沉夜空下如一块巨石般高垒在山梁之巅的金家堡子逃去。慌乱的惊叫声中，这位母亲终于爬进了挤满邻近三四个村庄逃难百姓的土堡。生死关头，沉寂得喘息可闻的人群中，她怀中的孩子突然"哇"地发出一声尖叫。这叫声在空阔的堡子里是那么响亮，以至于在黑压压的人群中引起一阵低沉的骚乱。为了堵住孩子的哭声，这位母亲把奶子塞进孩子嘴里，自己也被城堡外愈来愈紧的喊杀声吓得缩成一团。漫长恐怖的等待中，土匪终于退去，而那孩子，竟被母亲活活捂死在怀里！在已经远逝的岁月里，谁也说不清金家堡子的墙里墙外到底死过多少善良的百姓和作恶的强人，但对于祖祖辈辈生活在古堡周围的人们来说，堡子既是他们灵魂和身体的受难之地，也是他们面临死亡威胁之际惟一怀有一线求生希望的圣坛。多少年来，人们对古堡的敬畏，原来正是对生命的尊敬。古堡给他们心灵和精神的压迫，也同样来自于对那些苦难岁月沉重阴影的隐痛与恐惧。

金家堡子在日渐干涸、荒凉的山梁上站立了不知多少个岁月。在阳光朗照的和平年代，虽然生产队已开始在堡子里开荒种地，童年时代土堡那神秘、神圣、阴森的气氛也越来越被淡忘。然而，对于老家里那些深信土堡下面至今还有死者的灵魂于夜深人静之际厉声哭诉的人们来说，那高大雄伟的金家堡子，就是一座随时准备接纳被逼上穷途末路的生命的坟墓，是一个至今让人心碎的不祥之地。有人说，每当夜深人静之际，金家堡子里还会传来死在那里的冤魂的哭声。小时候，我也亲眼目睹过当病人求医无望之际，人们抓一把堡子东南西北四个角的泥土，用以驱邪治病的祭祀仪式。

以经历征服并与死亡直接对抗过的东西反击死亡，这大抵就是人们对这座古老土堡多少年来充满敬畏的神秘心理罢?

孤傲挺拔、阴森恐怖的古堡在天水境内的大山小丘，关隘险阻上星散蔓延，既承天接地，又与山坡下沉默的村庄相互守望。每当烈日照射的午后，望见高隆的山顶上那一座座孤零零的，倔强无比、冷峻无比的古堡，我的内心就会被老家近旁金家堡子曾经有过的一个又一个恐怖、血腥、绝望的夜晚倏然震醒......

我家的土炕

毛晓春(新阳镇人，记者)

我的童年是睡在土炕上长大的。因此，我心中就永远还保留着家乡那张土制的温暖“大床”。我曾躺在土炕上注视着老屋瓦缝中透进的光线而发呆，也曾躺在土炕上听妈妈讲一个一个的鬼怪故事，可以和弟弟钻到土炕的被窝中嬉闹，可以爬在土炕的窗子上，拿了绳子，伸在外面，院子撒了秕谷，用短棒支了竹箩捕鸟……因此，我心中就永远还保留着家乡那张土制的温暖“大床”。

土炕就是我童年永远的梦。西北农村家乡的土炕是用土坯做的。我们将做土炕的土坯叫墼子，将泥炕叫盘炕。盘炕首先要先打墼子，有一个专门打墼子的木制的长方形框。长大约半尺左右，宽有一尺左右，墼子厚度大约有一片砖的厚度，木框后面有一个木栓的机关，往里填土时套上机关，然后用下面有石碰的杵子使劲往下杵，到平整夯实后，用双脚抹去木框楞上的浮土，然后用后脚跟轻轻往后一碰，木框栓的机关便打开，一片土坯便制成了。轻轻将土墼子搬起，然后放到旁边早已平整好的地上一层一层砖似的摞起来，风干后用。会摞墼子的人，不但能摞得整齐，而且摞得一层一层很高，不会摞的人，摞不了几层就垮塌下来了。

父亲被打成右派下放到农村，一切农活都得从头学起，打墼子盘炕就更不会，得从头来。第一次打墼子，父亲要顶儿叔教他。父亲一上午就用水泼好土，安好打墼子的木框，将土铲到木框内，等顶儿叔来教他，但是到中午也没有来。直到吃中午饭时，顶儿叔才踱着方步进来，不但不动手，嘴里还不停地谩骂：“你不是有本事反对毛主席吗?你不是善于和咱穷人作对吗?你还打什么墼子，盘什么炕，老婆娃娃睡炕洞得了……”骂骂咧咧地竟扬长而去。

在我的家乡“睡炕洞”就是对无能男人的蔑视。这下激怒了父亲和母亲，一个铲土，一个杵，一下午，一面墙似的土墼子便摞起来了。

晚上，顶儿叔又踱着方步来看动静，一看父亲打成的土墼子，竟惊奇地说：“咦!右派分子竟然也会打土墼子盘炕了!”“从此以后，家里打墼子盘炕，都是父亲亲自动手弄。”母亲常这样说。

在村里，泥炕是一门专门的手艺，会泥炕的，泥出土炕不但不会塌，而且烧热后满炕热；不会泥炕的，泥的土炕不但四处冒烟点不着，怎么烧也烧不热，只费柴禾。泥炕时，炕面的泥要加入比平时泥墙更多的柴草，粘性才会更大，才不至于塌陷，刚泥好的土炕，先是用温火烧，后才是大火，如果开始用大火烧，就会像瓷器似的烧炸裂，土炕便会四处冒烟。土炕烘干后，还不能立即就睡人，还要放柴草在上面，说是让土炕发汗，发完汗后，土炕铺上席垫，才能睡人。那时看农村人的穷富，就看炕上的铺盖。富裕的，有铺有盖的被褥整整齐齐放在炕角；贫穷的，除了一条破被褥外，就一张光竹席，晚上就睡在炕席上。母亲一提起以前常常会感慨：“那时候穷得光巴怜系的，一家人就倦在一条被窝里。晚上常常半个身子在外面，被冻醒来。”母亲所说的“这光巴怜系”，就是穷得什么也没有的意思，竟成了母亲想起旧事的口头语。当我和弟弟高兴地满炕跳着闹腾时，母亲会赶紧大声地制止：“闹什么闹，跳塌炕，晚上睡炕洞去……”我和弟弟便一吐舌头，赶紧安静下来。

因此，土炕在我心底即是坚实、给我温暖的，又是脆弱、不堪一击的。

烧炕就更有学问。这是女人的事。母亲烧的炕浑炕都热，睡到上面，热乎乎的直能热到天亮。而姐姐她们烧的炕不但只热炕眼门，也就是土炕烧柴禾的入口处一片。脚伸下去，似乎伸到了烧红的铁锅上，烫得肉皮都发红，赶紧缩回来。一会，又冷得在被窝缩成一团。一晚上睡觉都睡不踏实。

每当在做完晚饭时，便是村里家家烧炕的时候，将灶火中的热灰铲到炕洞，放上小麦粒皮退下的稃皮，乡下人叫“衣子”，赶紧填到炕洞烧，到快睡觉时炕也就热起来了。每到晚上吃饭和早晨天麻麻亮，都能听见炕洞里咣当咣当的声音，那一定是母亲用专门烧炕的推耙在平整炕洞里的积灰了。烧炕用的推耙前面是厚厚一个方木墩，中间凿了眼，钉上木把，便成了推耙。常常成了姐姐之间打架争夺的“武器”。

在村里判定那个女人勤快，那个女人懒惰，也从这烧炕可看出。勤快的女人，炕洞常常推得平平整整，从不会堵塞，烧的炕满炕热；不勤快的女人，土炕中的灰从不出，炕洞的积灰堆得山似的，只烧炕洞口的一处，土炕也就只热一处，清理积灰只要清理一次，也是一次连炕洞垫底的积灰也倒掉，烧的土炕几天也热不起来，冰凉冰凉，人钻到被窝直打哆嗦。那时，每到早晨，女人们聚在一处最爱说的就是谁家的死鬼男人昨晚骂土炕没烧热呀，谁家土炕上的铺盖烧了一个大窟窿，谁家的孩子又尿炕了……

我那时小，睡觉常常也尿炕，也常常在梦中迷迷糊糊地被父亲抱着挪地方，有时一晚上能挪两三处，常常是在早晨，母亲还在为父亲暖我尿湿的衣服。

再到后来，有了煤，村里有钱的人家，买来一担面煤，烧土炕时卷在柴禾里，也不再担心早晨土炕会冰凉，每天天麻麻亮会冻得缩成一团。没有钱的，照样能听见母亲天麻麻亮用推耙捣腾炕洞烧炕的声音，我和弟弟渐渐地在一股暖烘烘热流中又睡去。

进了城，和城里的孩子在一起，他们不但鄙夷我们的衣服粗糙破旧，他们更躲着和我们在一起，据说就躲我们身上的那种“土炕气”，但我老怀念那种土炕的味道，怀念在我生活的记忆中渐渐远去的土炕。怀念父亲蹲在土炕角叭哒叭哒抽烟的身影，怀念我的童年，怀念我的故乡。

（八）碑

党中央复信碑记

花牛村在北道之南，耤河之湄，民贫地僻，原不出名，其出名也，自产销优质苹果。始六十年代初，周总理号召选育佳果，占领香港市场，农艺师乃作科学考察，知此地之气温、雨量、土壤宜种苹果，于是引进良种，进行优化。仅数年而硕果盈枝，色美香浓。村民豪情满怀，选最佳者敬献中央，向毛主席报喜。不旋踵而复信飞来，其自力更生，奋发图强之语，使花牛人深受鼓舞，勇攀高峰。花牛苹果遂于国际评比中以形、色、香味之总分超越美国蛇果，而跃居世界第一，为国争光。乃知善政之功无穷，科学之力殊巨，二者结合，而相得益彰，此花牛人之所以脱贫致富，开创宏业也。

一村领先，千村竞追。时至今日，天水各地千园献果，万树摇钱，每年外销数千万公斤，商标俱用“花牛”。而花牛村之名，亦随之香飘四海矣。饮甘泉而思其源，村党支部何炳银书记乃倡议刻复信而树丰碑，既绍往烈，复励后贤。因思改革开放以来，善政迭兴，物阜民安，科技扶贫，收效尤速。苹果创汇，特其一端。推而广之，行见人尽其才，地尽其利，财源大开，文明蔚起。入小康而奔大同，自可拭目以待也。

公元一九九二年二月天水霍松林撰并书

卦台山伏羲庙记

天水三阳川之西北隅，有山突起如龙首，北瞰渭河，相传为伏羲画卦之处，故名卦台。朝阳启明，其台光荧；太阳中天，其台宣朗；夕阳返照，其台腾射，故曰“三阳开泰”。而此台东南之沃野平川，亦以“三阳”命名焉。

崇德报功，承前启后，乃吾民族之优秀传统。故近代以前，凡有大功德于世者，多立庙奉祀，上古亦然。据此推想，卦台山之有伏羲庙，由来远矣。然文献不足，未能详考。就可考者而言，明嘉靖十年巡按御史方远宜建伏羲庙于卦台，既载《天水县志》卷二，庙内亦存碑石，胡缵宗之《卦台记》及《龙马洞说》诸文，尤足参证。清顺治八年，秦州游击郭镇（都）游卦台，见旧庙圮废，乃捐资重建，壮丽逾前。《直隶秦州新志》卷九纪其事，以资表彰，良有以也。

抗战初期，余就学天水中学，尝与同学王无怠、刘尚儒徒步来游，自吴家庄攀沿曲径，以至山巅，古木参天，河声盈耳。斯时外患方殷，民苦百役，兹山人迹罕至，满目萧条，而午门、牌楼、钟楼、鼓楼、戏楼、朝房、太昊宫等巍然犹存。仰望“先天下觉”“与天地准”“则古称先”诸匾，而继往开来之念油然以生，低徊留连者久之。

慨夫“文化大革命”祸起，神州大地之文物古迹惨遭破坏，卦台亦未幸免。拨乱反正以来，乡人集资修复，渐具规模。海内外寻根访古者络绎而至，参卦象之哲理，追现代之科技，绍羲皇之伟业，振华夏之雄风，其意义之深远，岂浅见者所能窥其万一哉？主事者嘱为记，因粗述所知，以备参考云尔。

公元一九九九年三月一日邑人霍松林撰文并书 时年七十有八

兴建龙园记

晋绛冯诠撰文，长安雷珍民书丹，太原姚奠中篆额

天水古称成纪，或曰秦州，乃羲皇故里。而羲皇者，三皇之首伏羲也。元圣伏羲，象天法地，仰观俯察，画八卦、结网罟、造书契、兴嫁娶，奠定中华文明之根基，乃华夏人文始祖也。传说其为人首龙身，龙之图腾，自此而兴。华夏子孙，亦被誉为龙之传人，伏羲亦即华夏之龙宗。龙宗遗泽，沾溉后世，在天水这方山川秀美之土地上，文韬武略、硕学鸿才之士代有辈出，其安邦定国，阐教化人之业绩，已昭垂青史，炳耀千秋，堪为后世效法之楷模。

余籍晋绛，然从政天水数十载，熟悉且眷恋天水之山水人文，受其历代伟人杰士激励，遂生造一处胜景，蔚百代人文之念，此乃建园之初衷也。时逾数载，适

逢盛世,余得以主持天水开发区,并筹得巨资,考察策划,募工兴建,历时两载,夙愿得以实现,名之“龙园”者,意谓龙栖之园也。

新建之龙园,位于渭水之滨,文山之阴,坐西面东,占地一十三亩。主体成纪殿,乃歇山重檐,九开间,明清式建筑,长四十五米,高二十七米,进深一十三米六,蟠龙玉柱,擎千木之负,琉璃碧瓦,映三光之辉;九踩斗拱出挑,五脊龙吻高翘,雕梁画栋,金碧辉煌,高大雄伟,气势磅礴。肃穆庄严之大殿内,奉先祠祖,陈列铜质天水历代圣杰肖像一十九尊。气宇轩昂之羲皇端坐正中,形神兼备之历代英贤侍立两旁,依次为:春秋孔门名贤石作蜀,楚汉名将、忠烈侯纪信,西汉名将、飞将军李广,营平侯赵充国,西域都护段会宗,蜀汉名将、镇西大将军姜维,前秦皇帝苻坚,唐初名贤、秦州刺史姜谟,唐太宗李世民,中唐名相、文学家权德舆,唐末五代文学家、诗人王仁裕,宋抗金名将刘锜,明成化监察御史夏景和,正德巡抚、学者胡缵宗,万历太常寺正卿胡忻,晚清教育家、天水书院山长任其昌,天水教育会会长张世英,晚清监察御史、学者安维峻等。

游人至此,面对栩栩如生、蔚为大观之百代圣杰,仰慕之情当油然而生,效法步辙,继往开来,尤应励精图治,报效国家,为我中华繁荣昌盛而竭尽才智焉。步御道、登月台、凭玉栏,园之胜景尽收眼底。汉白玉精雕华表分立台前左右,铜龙马、石龙兽雄踞园门内外;庭前重檐双环亭挺拔俊秀,庭中龙头石牌坊古朴凝重;地植茵草,道铺青石。游人至此,或品茗对弈于环亭,游戏小憩于草坪,或凭栏赏景于月台,弄拳舞剑于前庭,心旷神怡,此乐何及。余已花甲,兴建龙园,或为从政终举,倘能增色天水,启迪后人,则心愿足矣。工竣之时,适逢千禧,爰忘其拙,缀词述其崖略,以寄后之鉴者。

时在公元一九九九年十二月谷旦

崇福寺重建碑记

圣道之于人也,其所以控其心也,抑其性,发其向善之心,泯其贪私之欲。故能互爱涵仁,互济涵义。是以唐之兴,实缘圣道之兴,人心平而国事宁焉。而崇福寺者,亦依其国运之兴衰而废举,是其宜也。寺虽古而不详其始,名虽在而寺宇无存。然于戊午间,佛宇毁之于火,捡其残砖破瓦之属,见有“弘道”二字,故知唐建无疑。自弘道以来至今已千三百岁。后世历经兴衰丧乱之变,其文物古迹恒遭毁而复之,复而毁之者,以其世道兴衰之故也。以碑碣考之,明之万历,清之康熙,均有修葺,及至乾隆、嘉庆间亦有建造。然终为异代陈迹,亦不屑多论也。

唯近世以来，圣道日衰，世途多变，诸多寺宇，或为兵役所据，或为风雨所毁，后经抗日之役，以及十年动乱之际，人心狂悖，背道逆德，彻指天以咒之，指地以掘之，似不可一世。其为善良者，日惕惕于是非之间，其言也违心，行亦无所适从。而崇福寺以及古镇风物亦在劫难逃，佛像倾颓而寺宇劫毁。曾是古树参天，浓荫蔽日，山花满地，钟闻于天之佛家洞天福地，清凉境界，不意于辛亥间，环山古松，横遭斧斤，昔年之寺宇栉比、花木深郁之概已杳然矣。每忆及此，惟多怅慨而已。

盖古镇街亭者，亦余之故里也。幼年就读于此，每于松林之间驻足游，目见其四山环抱，远岱涵碧，平畴十里，禾稼葱茏，来龙高耸气秀，去水澄澈晶莹，北岭逶迤峻极，南陌绿树荫浓，家家篱落种竹，处处深柳闻莺。村前有古松一株，拔地而起者，翠盖凌空，干分九枝，树影婆娑，状若金鼎，古人名之曰“九股松”。其巍峨雄伟之概，发人幽思，其豪健如龙之势，震人心魂，仰之不见其巅，连臂不测其围，是吾邑文史之实迹。可壮古镇景观，可长方人志气，可增历史价值，可鉴古国精魄。悠悠千余载，人皆爱而仰之，其茂密傲岸之姿，国无其二。然不幸于文化大革命后期，因其无识鄙吏，以其乞官媚上之私欲，悍然砍之，解之为椁，作为肋肩之贡，竟不顾国有保护文物之策，民有钟爱灵柯之愿。而此辈之肆意反国策，逆民愿，其有负于古镇之历史文物风貌者，人皆愤而憾之！唯惜其方人，竟无一人出而阻之以救古柯者。由此观之，树人重于树木。树人杰，可以庇乡里，护古松；树君子，可以正风俗，崇教化。里有仁者，乡人可仗；里有词客，可启文风；寺有高僧，可以宏道；里有信徒，可继香火。此斯文之要义也。

今逢盛世，百废渐举，立德宏道，扬善毓美，宜其时也。是以地方贤哲，深有人文巨识，遂能召其善男信女，敛资鸠工。先后兴建老母宫，重建灵霄殿、圣母殿，继而重建大雄宝殿，其雕梁画栋，流金溢彩，飞檐斗拱，圣像庄严，是其辉煌气势，有胜于古，再树花木以增其灵山蔚气。继立碣石，以彰其古镇文彩，此之谓树人有胜于树木者也，有其人必欲为世立言立德，以宏其大道也。斯人有功于世而无损于己。回观其袖手而呆坐者，其清也酸，其高也寒，终其生而无所一为，何羡之有？邑之士君子百十九人，嘱余为记，余乃赞之曰：

千载古宇，遭时毁之。千岁古松，鄙吏殛之。古镇风貌，为之失色。有识人士，有鉴于斯。发心奋起，振兴乡邑。立德宏道，文史永垂。

邑人董晴野撰文并书，陇县张真管镌刻

公元二零零二年岁次壬午阴历四月初八日

凤凰乡供水工程竣工碑记

凤凰乡地处北道西北隅，因其境内有凤凰山而得名。气候阴湿高寒，素乏富饶物产；村庄偏远零散，实多不便交通。更兼奇缺水源，人畜以窖水赖命。国计民生，备受水困，亦严重制约经济发展。

有夫全国政协委员，中国道教协会副会长、陕西道教协会会长，陕西楼观台监院任法融先生者，籍隶凤凰，自幼即就丹砂；身在三秦，时刻挂念桑梓。道法宏而望众，神情达而气清。数十年来，每为家乡公益事业慷慨解囊。一九八六年、一九九九年两次为凤凰乡打井、截流工程捐资二十四万八千元。二零零一年初，复谋捐资兴建凤凰乡供水工程，其宏愿得到市、区领导高度重视，凤凰乡人民闻之，群情振奋。乡党委、政府抓紧时机，邀请工程技术单位多方勘察设计，反复预算论证，终定方案。二零零二年三月十七日，甘肃省人民政府副省长贠小苏亲为工程奠基，陕西省捐资商界名流、企业人士，甘肃省水利厅、扶贫办负责同志及市、区领导数十人参加了奠基仪式。政府倡导于前，群众响应于后。施工单位昼夜施工，乡政府、乡属单位干部职工及受益群众，踊跃投资投劳。工程于四月启动，仅五阅月，已完成容量一千三百二十立方集水截流坝等一期工程。计此工程，总投资达二百八十五万元，其主体工程“凤凰泉”建设，由任法融先生及陕西工商企业界人士捐资一百五十万元完成；到村入户水管及其他配套设施，由国家投建。此前，本乡籍人甘肃省扶贫办公室副主任杜振华同志，亦为工程前期之启动，协调解决资金二十万元。工程建成之后，可解决全乡十村、两厂、一校及乡属单位近万人饮水之需。

凤凰乡供水工程，诚可谓事具体而其意良深。掘地出水，汇涓成流；入千家、泽万代。堪为彪炳史册、造福社会之民心民望工程，亦为市、区、乡各级政府之功德政德工程。饮水思源，为使任法融先生及三秦捐资者功垂千秋，誉满陇上，工程即将告竣之际，凤凰乡党委、政府恐其年代久远，海变桑田，致此一项公德事业，湮没而不为后人所知，故受万民之托，欲立碑以彰之。前事略述，后特列捐资者名姓，俾其流芳百世。

天水市诗词学会副会长艾叶撰文 二零零二年十二月立碑

(九)考

天水放马滩秦墓出土地图初探(节录)

何双全(甘泉镇人,省文物考古研究所研究员)

天水放马滩一号秦墓出土的7幅地图,均绘在松木板上。根据同出竹简的纪年和随葬品的特征,这些地图的年代定为秦始皇八年(公元前239年),是目前所见时代最早的古地图。这一批地图保存较好,实属难得。从图中所标级别较高的“邽丘”一名和诸图的编缀全面考察,他们是战国晚期秦国所属邽县(今天水市北道区、秦城区、秦安县、清水县)的行政区域、地形和经济概况图。这些地图对研究当时称之为“犬丘”“西戎”“犬戎”的邽县的政区范围、行政建置、自然资源、地理历史等有重大价值,同时也是研究我国地图绘制技术史的珍贵资料。

地图整理及内容综述

地图出土于一号秦墓椁内头端,出土时沉没在椁底泥浆之中。因木板较厚,虽浸水达2000余年,但完好未朽。出土后采取了避光、避高温、避风裂和逐渐减少水分的保护措施,历经两年,现已完全脱水,木质坚硬,字迹、线条较清晰。7幅地图均用墨线绘在4块大小基本相同的木板上,其中3块两面(下称A、B面)绘制,1块一面绘制,有1幅图为半成品。现按出土编号顺序分述于下:

第一块(M 1:7、8、11),出土时裂为3块,所以有3个编号,整理时依裂茬拼接复原成1块。木板长26.7、宽18.1、厚1.1厘米。表面经刨平,两面绘图,基本画满版面。

A面 绘有山、水系、沟溪等地形。注明地名10处:邽丘、略、中田、广堂、南田、鄢、㵪、杨里、真里、邪。用方框为图标,“邽丘”最大,其余均小,表示不同的级别。此图以地名为主,依其性质当可称为《政区图》。

B面 绘有山、水系、沟溪。注明地名7处:广堂、中田、炎成、山格、明溪、故西山、故东谷。还特别用图例标出关隘的位置,注名为“闭”。图中有一亭形建筑标记,但无名称,可能表示该地是一处重要驻地。图下方写有“上”字,提示本图的正读方向。从有关带方向性的地名来看,此图方位是上北下南,左西右东,与现在地图方位相同。从“广堂”“中田”二名和地形看,本图与A面图可拼为一图。

第二块(M1:9),长26.6、宽15、厚1.1厘米。一面绘制,另一面无图。绘有山、水系、沟溪、关隘。注明地名10处:上临、苦谷、燔史谷、燔史关、大松、大柽、松利、大松利、杨谷、相谷。并标出大小关口5处,以及各地之间的相距里程和木材分布情况。依其性质可称为《经济图》,从方位看是邽县东北区地图。从里数和图段选点推算,相当于现今三十万分之一的地图。

第三块(M 1:12),长26.5、宽18.1、厚1.1厘米。两面绘制。

A面 绘有山、水系、沟溪、关隘、道路、地形等。注明地名12处:北谷、苦谷、九员、炎谷、上辟磨、下辟磨、虎谷、上临、下临、上杨谷、下杨谷、兴溪。标出木材种类5种:劆木、灌木、杨木、榆木、大楠木。部分地段标有里程。图中从东至西有两条线:一条弯曲迂回,表示水流形状;另一条则直通至界,表示道路走向。图上、右方有一条曲线,为北、东边界线。有些地名与图四相同,但范围稍大,补充了图四的内容。

B面 是一幅未绘成的地形图,仅绘出部分山及河流,无文字。

第四块(M 1:21),长26.8、宽l6.9、厚1厘米。两面绘制。

A面 绘有山、水系、沟溪、关隘。注明地名18处:东庐、韭圆、兴溪、下杨、上杨、下临、上临、虎溪、檠溪、丹溪、西庐、下获思、上获思、下辟磨、上辟磨、九员、苦谷、仑溪。“上获思”“下获思”旁都标明“有劆木”、。此图地形及多数地名与图五同,有些地名图五中没有,两图可相拼对。

B面 绘有山及水系。注明地名9处:苦史、夹比、盂溪、广堂史、夹比铺溪、大祭樅、大祭相铺溪、中秋 、小秋 。此图有些地名与图一同,并可与它相接,为邽丘西南地形图。

地理历史考

一、地理与地望

(一)地名

地图中共见地名28、山名2、溪名8、谷名4、关隘6处。除山和关隘外,溪谷名也兼有地名的性质。据图例所示,地名分为三等。其一,带大方框的,如“邽丘”;其二,带小方框的,如“杨里”“真里”“略”等;其三,不带标记的,如“东庐”“九员”“上临”“上杨谷”等。这些地名除“邽丘”外,余皆史无记载。

其一,邽丘。邽,邑名,春秋的邽县。丘,小土山。邽丘意即邽县在小土山上,是依其所在地势而言。邽丘当即邽县。邽县一名,最早见于《史记·秦本纪》:“(秦)武公十年(公元前688年)伐邽、冀戎,初县之。”此后历代史书及诸家注解凡提及邽县,每每称上邽,属陇西郡。这种说法并不错,但要从时间上区分秦始皇统一前和统一后，邽县的性质是有所不同的。统一前，邽县地最早称为犬丘、犬戎、西戎之地，自秦武公建县后始称邽县。统一后，分天下36郡，实行郡县制，置陇西郡，改邽县为上邽，隶属于陇西郡。所以邽县是秦始皇统一前的称呼，其行政级别高于后来的县。《左传》："上大夫受县，下大夫受郡。"放马滩一号秦墓出土的竹简的记载也反映了这一点。《墓主记》第1枚简曰："八年八月己巳，邽丞赤敢谒御史，九㝬人王里樊野曰丹[于]邽守……"从简文看，邽县的长官是邽守，次为邽丞。简文证明邽县在秦始皇统一后置郡守以前，早已设守一职，这与《左传》《战国策》所述周制相符。邽丞可直接给朝廷御史呈文，也显示出了邽县的级别。

其二，略、鄺、灊、杨里、真里、邔、中田、炎成、广堂、南田。这些地名与邽丘同注于一图，用小方框表示。除"杨里""真里"外，其他地名虽都不带"里"，但应与"杨里""真里"同属于"里"一级。里是民间的一级行政单位，西周铜器铭文中早有这种建置的记载。所以这些地名是邽县下属的基层行政单位，级别与后来的县相等。如"略"，地图所标位置与西汉武帝置天水郡及属县略阳县的位置大体相符，应是"略阳"的简称，战国时邽县的略阳里相当于汉代的略阳县。当然这只是级别上的相等，汉代略阳县以至魏时的略阳郡所辖地域要远远超出战国时邽县略阳里的范围。

其三，除上述二级地名外，其他地名均不带标记，是乡间的小地名，无行政级别可言。

(二)山、溪谷与水系

全幅地图以一条东西向主河流为中心轴，南北两翼展开许多支流。但全图未注明河流名称。其中所标地名、溪谷和山名，都是乡间小地，史书上找不出任何记载。这对确定这条河流域的地理位置和名称造成了一定困难。从"邽丘"一地和推算出的范围看，东界"相谷"处已接近今陕西宝鸡固川，北界包括今甘肃清水县，西北达甘肃秦安，西至天水市秦城区天水乡一带，南到天水市北道区党川乡即墓地所在地放马滩一带。那么全图中的主河流即是渭水，西边支流即耤河。这条主河流始于全图西部的"故东谷""故西山"之间，流经中部的邽县，出东部的"丹溪"。它相当于从今天水市北道区新阳始，经北道，东出利桥乡(应为东岔乡——本志编者注)，入陕西以东近宝鸡市。这与《水经注·渭水》条中渭水东过冀县北，东出岑峡，入新阳川，过上邽县，入大散关，又东南，合南山五溪水，夹涧流注，东过陈仓县西的记载基本相吻合。对比《水经注·渭水》的记载，全图中的亭形建筑标记及地名、水名的地望推测如下：

亭形建筑标记,在今秦安县葫芦河郑川一带,与《水经注》中“瓦亭”及“瓦亭川”一带相当。

“略”,今清水县贾川一带,即《水经注》中的“略阳川”或“东亭川”。其东边的河流即今牛头河,《水经注》称“清水口”。

“邽丘”,今北道埠,《水经注》称“上邽县”。其西即耤河。

“丣”(即柯)、“东庐 ",今北道区街子乡和东柯河,《水经注》中为“杨谷”或“宕谷水”。

“鄜”,今北道区东泉乡,《水经注》称“邽县”,旧天水郡治。

“灊”以东至“九员”,相当于今社棠至元龙段,即《水经注》所说“伯阳谷水”。

“虎谷”“燔史关”“苦谷”,今陕西凤阁岭一带,即《水经注》所说“轩辕谷”。(《水经注》中轩辕谷,在泾谷水[东柯河]流域——本志编者注)

“丹溪”“仑溪”“欆溪”处渭水东南流,是邽县的东界,即今陕西胡店一带。《水经注·渭水》所载“渭水又东南出石门,度小陇山,径南由县南,东与楚水合,世所谓长蛇水。水出汧县之数历山也……渭水东入散关”,大概就是对这一带河流的描述。

以上所述是地图中水系的分布和古今大概对应位置。全图南部无界线,盖以河流的始发点为限。考其原因,乃在这一地带处秦岭中部山区,多崇山峻岭,海拔较高,是渭水和江水的分水岭,即《水经注》所载嶓冢山山脉地带。以此为脊,南面众河聚而南流,汇西汉水入嘉陵江,北面诸溪均北汇入渭水,这里自然形成分水岭。所以地图的绘制者以此为图的南界不无道理。近南界地段即今放马滩地区,其地理概况多见于《水经注·漾水》:“嶓冢山,西汉水所导也……西流与马池水合,水出上邽西南六十余里,谓之龙渊水,言神马出水……《开山图》曰:‘陇西神马山有渊池,龙马所生,即是水也’。”这大概是指以今放马滩为中心的党川、利桥、东岔、麦积以及徽县、两当县北部边缘这片地域。

综前分析,我们基本上可以认定,这些地图是战国秦邽县的区域图。其范围东至今陕西宝鸡市以西约 20 公里处,北至今甘肃天水市秦安、清水县,西至天水市秦城区天水乡,南至两当、徽县北部。从历史上看,包括了春秋时的犬丘、西戎的地域。

二、犬丘、西垂、邽县的地理位置

据《史记·秦本纪》记载,自公元前 897 年周孝王封非子为附庸,居犬丘、赐秦嬴始,至始皇统一六国,置陇西郡止,共 670 余年。秦在天水的辖地曾数易其名,有犬丘、西戎、西、西垂、西垂宫、邽县,加上地图中的“邽丘”,先后有7种称谓,实际上指3处治所,即犬丘、西垂宫、邽县。他们分别为3个历史时期所建,不是一处地方。

犬丘,是西周时期(公元前897—前845年)周孝王封非子为附庸,赐秦嬴后所建立的城邑,即早期驻地。其位置据《史记》集解徐广注,在“今天水陇西县秦亭”。正义引《括地志》曰:“秦州清水县本名秦,嬴姓邑。”《十三州志》云:“秦亭,秦谷是也。”

西垂宫,是西周末春秋初期(公元前845—前703年)所建。最早为秦仲所居,庄公未住此地,改居故西犬丘,即非子住地。公元前765年,文公住西垂,前762年正式修筑了城邑,史称西垂宫。其位置,《括地志》曰:“秦州上邽县西南九十里,汉陇西西县是也。”《读史方舆纪要》曰:“西城在秦州西南百二十里。非子始居此,后庄公复居焉。”《清一统志》曰:“故城在秦州西南。”《十三州志》曰:“在西南一百二十里。秦州即今天水县。”

邽县,是春秋中期,公元前688年秦武公伐邽戎后所建。此后一直居此,未见有迁徙的记载。其位置,《史记》集解引《地理志》曰:“陇西有上邽县。”应劭曰:“即邽戎邑也。”《读史方舆纪要》曰:“上邽城在秦州西南六十里。”

这3处治所,在3个不同地点,是毫无疑问的,但究竟相当于现在的什么地方,历代学者有不同的说法。放马滩一号秦墓出土的邽县地图,对我们确定其位置帮助很大。据地图所绘水系、界线和地名中的略、邴(柯)等位置,与现在天水市地图相比较,地图中的“邽丘”,正好位于现在的北道埠;水系西端止处恰好与现在秦城区西南距离基本相等,西北部亭形建筑标记位于现在秦安郑川一带。这些地图是战国晚期所绘,具有相当高的准确性。所以我们认为,战国秦的邽县治所不是诸家所说的在“秦州西南”,而在东南,即今北道区。秦武公所建邽县和始皇所置上邽,实为一地。

结论

通过对放马滩秦墓出土地图的初步研究,我们对邽县有了以下认识:

1.西周末至春秋中叶,天水一地几百年来经常处于秦与西戎的争夺战斗中,没有正规的行政建置,名称多异,或犬丘,或西戎,或西垂。秦武公大举进攻,逼走戎人,始置邽县,治所在今北道埠,为后来常居之地。战国后期形成了以邽县为中心的行政区域圈,“犬丘”“西垂”名渐废。

2.其范围东西 312 里,南北 204 里,总面积 63648 平方里,包括现在天水市秦城区、北道区、清水县、秦安县。东部超出了北道区地域,已进入陕西,近宝鸡市。南到两当、徽县北缘。

3.行政建置上,邽县级别大于后来的县,上直隶于秦国君,下辖秦亭、西垂部分地和南田、广堂、中田、略、潸、郿、杨、真、邪等 10 余个亭里。县置守、丞,守掌一县之事;丞主图书秘籍,可与朝廷御史相联系,位当守之副。

4.治所位于渭河第二台地上。南靠小陇山,北临渭水,东西是狭长的河谷平地。县境主要河流有渭河、耤河、葫芦河、牛头河、永川河、东柯河及嘉陵江上游支流党川河、永宁河等。土地肥沃,植被发达,宜于农牧。

5.中心区域地形平坦,四周多崇山峻岭。西北的明关、东部的燔史关,形成了东西两大门。交通路线有 3 条:东路沿渭河出燔史关可直达中国腹地;西路沿耤河可抵武都郡;南路入东柯、永川河,经现在的甘泉、街子、麦积、党川、利桥乡于嶓冢山下东去直入咸阳,又南可达汉中郡。过去很少注意南路,今放马滩墓群的发现,证实这条路线也是一条重要通道。竹简《墓主记》载,墓地的死者中有陕西咸阳九窭人,这些人当时很可能是沿这条南路入邽县的。

(载《文物》1989 年第 2 期)

上邽县治地诸说辨正(节录)

雍际春(清水县人,天水师范学院教授)

关于上邽县治地,最早见于记载的是郦道元《水经注》:"(渭水)又东过上邽县……渭水又东南出桥亭西;又南,得耤水口。水出西山……耤水又东得毛泉谷水,又东迳上邽城南……耤水即洋水也。北有濛水注焉,水出县西北邽山,翼带众流,积以成溪,东流南屈,迳上邽县故城西,侧城南出。上邽,故邽戎国也。秦武公十年伐邽,县之,旧天水郡治,五城相接。北城中有湖水,有白龙出是湖,风雨随之,故汉武帝元鼎三年改为天水郡。"

耤河支流毛泉谷水即今天水市城区南的豹子沟水。濛水即今罗峪河,是耤河支流之一。它自西北向东南穿过天水市城区,南注耤河。北魏时,今天水城区即有"上邽城"和"上邽故城"。按《水经注》记载,上邽城在豹子沟水注入耤河处的耤河北岸,罗峪河西边,而上邽故城则在罗峪河东岸。无疑《水经注》时代的上邽城就在今天水市城区位置上,"上邽故城"在上邽城之东,亦在今天水市城区,只是上邽城在今城区西部,"上邽故城"位居东部而已。

但是，在此后的地志资料中，上邽县治地除了今天水市之外，尚有另外3处：

一是(秦)州东40里说。《甘肃通志》："上邽故城在州东四十里，秦武公十年伐邽戎置县，汉曰上邽县。"

《甘肃新通志》："上邽故城，在州东四十里，秦武公十年伐邽戎置县，汉曰上邽，属陇西郡。"

康熙版《秦州志》："(秦州)城东四十五里曰邽山，即古上邽县治也，上邽南十五里为街口。"

乾隆版《直隶秦州新志》："上邽故城，东四十里，其上有邽山，其外犹有敌台，若削壁然，有子城，城内外多瓦砾，时或掘得金银器。"

上述地志均为清代所编，清代秦州治今天水市，上邽故城在秦州东40里，即今天水市北道区治地。

二是(秦)州西南60里说。顾祖禹《读史方舆纪要》："上邽城，在州西六十里，古邽戎邑，秦武公十年伐邽戎置县，即此。汉曰上邽县，属陇西郡。"

《大清一统志》："上邽故城，在州西南，《史记》：秦武公十年，伐邽冀戎，初县之。汉曰上邽县，属陇西郡。"

此说一在州西，一在州西南，顾祖禹记载可能有误，当为州西南，容后再论。

三是清水县说。《旧唐书·地理志》："武德四年，置邽州于清水，六年废邽州，以清水来属(秦州)。"《新唐书·地理志》所载与此同。

《巩昌府志》："秦武公伐邽戎，置上邽县，汉武帝更名清水，属天水郡。隗嚣窃据，筑东西二城，东曰上邽，西曰西城，三国仍上邽。"

《甘肃新通志》："清水县东南三十里亦有邽山，唐武德四年暂立邽州于清水，盖因此山为名。"

康熙《清水县志》："前汉仍上邽，属天水郡，武帝更名清水。"

乾隆《清水县志》："上邽故城，封非子时所筑，在北二里原上，汉文帝时名上邽县。"

上述三说，除第一说外，均为误记。先讨论天水西南说。顾祖禹以为上邽城在秦州西60里，其所谓"州西"当为"州西南"之误。这与唐宋时始设天水县有关。今天水市西南70里即为天水县故地，这里为今天水市天水镇所在地，人们习惯称"小天水"。由于天水县系由唐时上邽县析出，唐之后上邽县建置不复存在，上邽故城亦不以"上邽"相称，故天水城易为人们误当上邽故城，顾祖禹所记当属此例。

至于上邽城治清水一说，纯属误记。

上邽城治秦州西南说与"清水说"均不可信，那么其余两说即今天水市说和州东40里说是否可信呢？如前所论，上邽城自北魏至唐末治今天水市城区当属无疑；而且，在北魏之前，还有一段时间上邽城仍治今天水市城区。因为《水经注》除记有"上邽城"外，又有"上邽故城"一说，无疑为北魏以前即已存在的上邽城。此"故城"始建于何时，史无明文记载，但三国时代的上邽城却与此"故城"不在一位置，亦即此"故城"当为三国以后的上邽城。三国时代及以前的上邽城就是"州东四十里说"所指的上邽城，其位置就是今天水市北道区治地。为了便于区别，我们姑且将治地北道区的上邽城称为"上邽古城"，而将治地在今天水市城区的上邽城称为"上邽城"。

"州东四十里"之上邽古城，应是自秦武公始设邽县，至秦汉时县改称上邽县的城治所在。这一最早的上邽古城，史籍中虽然没有留下其治地何在的明确记载，但在《三国志》《晋书》等正史中，却留下了一条至今没有引起人们注意的有关魏蜀争夺上邽古城的间接史料。虽然这仅是一条间接史料，但据魏蜀双方争夺上邽时的攻守形势、进军路线和据守地点分析，即可清楚地确定上邽古城的具体位置在今天水市之东40里的北道区所在地。

三国时期，魏蜀曾长期在陇右天水一带交战争锋，三国末年蜀汉延熙十八年(255年)，姜维与曹魏雍州刺史王经激战于今洮河之西，魏军大败。洮西之役后，姜维欲乘胜东袭祁山，得知邓艾已有防备，且坚守不出，无机可乘。遂又从董亭至南安，在武城山双方形成对峙。姜维又夜渡渭河，向东奔袭上邽城，被邓艾大破于段谷。据载："(姜维)闻(邓)艾已有备，乃回，从董亭趋南安，艾据武城山以相持。维与艾争险不克，其夜渡渭东行，缘山趋上邽，艾与战于段谷，大破之。"

董亭位于今甘肃武山县南部，武城山亦在今武山县西南。董亭与武城山前者偏东南，后者偏西北，俱在今渭河以南甘肃武山县南部。这条史料对蜀军的出兵地点、行军路线和方向都有明确交代，可知这次姜维奔袭上邽的进军路线是双方先在董亭、武城山南北间对峙争险，相持不下。然后姜维遂绕过魏军，北上偷渡渭河，沿渭北山地径向东进上邽，与邓艾在段谷相遇，姜维大败。蜀军是东行攻上邽，魏军自然只能出上邽西向阻击，双方激战于段谷。按魏军据守上邽和蜀兵东攻上邽的各自位置与行军方向分析，上邽城在段谷之东，故蜀军未及上邽城，即在段谷为邓艾所败。据此，只要找到段谷的位置所在，上邽古城的方位与治地也就可以落实。

据《水经注》记载,耤水流经上邽城,“濛水”即罗峪河汇入耤水后,又东“得阳谷水,又东得宕谷水,并自南山北入于耤。耤水又东,合段谷水,水出西南马门溪,东北流,合耤水。耤水又东入于渭”。阳谷、宕谷二水,即是今龙王沟、沙垅水 2 小河,均在今天水市城区以东,耤水再东流,段谷水自南入耤,它是耤水水系中注入耤水的最后一条支流。可知,段谷水位于北魏上邽城以东不远。

《元和郡县图志·陇右道》:“上邽县……段谷水,源出县东南山下。蜀将姜维为邓艾破于段谷,星散流离,即此谷也。”由此可知,段谷水出自段谷,段谷即姜维与邓艾交战处,其位置在晋唐间上邽城东南。唐代段谷水又称“段谷泉”,至清代,段谷水又名“段溪”,俗称“淮河峪水”,且 3 名混用。乾隆《直隶秦州新志·山水》:“耤水又东,淮河峪水自南入焉,疑即古段溪也”。《读史方舆纪要》《大清一统志》前者称该水为段谷水,后者则称段溪水。其所载内容与州志一致。

段谷水明清时称淮河峪水,今称罗家沟河,它源于天水市秦城区东南太阳山北麓,北流北道区二十里铺之西,然后入耤水。耤水再东流约 10 余华里即注入渭水。淮河峪水即罗家沟水,为耤水下游最后 1 条支流,其流向与方位均与《水经注》所载段谷位置吻合。罗家沟河入耤水处,正在今天水市与北道区治地的正中,两城分别相距 20 里处即是罗家沟河。

段谷水即今罗家沟河,与北道区治地相距 20 华里,则古上邽城与段谷相距不远,且段谷在西,古上邽城居东。这与姜维在今天水市武山县夜行渡渭,自渭北山地东进攻上邽,未及上邽城即被邓艾所败的方位均相符。如果《水经注》所载之上邽城,即晋唐间上邽城与三国时的上邽城治地相同,则姜维由西向东行军,就会先至上邽,再至其东的段谷,这显然与《三国志》所载段谷与上邽的位置和方位不符。且今天水市在渭河以南耤河谷地,而北道区位于渭河北岸阶地。姜维攻上邽,其进攻路线不是直接由渭河之南的董亭沿近道径向东行,而是渡渭自渭河北岸东行,不惜绕道行军,也证明当时的古上邽城不在天水市而在北道区。至此,我们可以肯定,上邽县自设县至唐末县废,其城治前后有迁移,迁移时间当在魏晋之间。从秦武公设邽县,至秦汉时的上邽县,其城治在天水市北道区所在地,前后历时约长达近千年之久;而自晋至唐之上邽城,治今天水市,历时亦有 700 余年。

上邽城由今北道区迁往天水市,既不见于《晋书》等史乘,亦不为唐宋以来地志资料见载,可能与漏记有关。从情理上讲,西晋泰始、太康年间设立秦州,并将秦州与天水郡治所均由冀城搬往上邽,上邽新城即治于今天水市,很可能就是在州郡治所改置时,重新选址而兴建的。史料、地志中所说的上邽城,大都是晋唐间的上邽城，而此前治今北道区的上邽故城治地，几乎无所记载，然其故城总有遗迹可寻，甚或其名在民间闾巷口碑相传，故在明清地方志中反而保存了对这一古城的记载，才不致使这一千年故城湮没无闻。而1986年发现的放马滩地图资料中，“邽丘”一名的重现和城治方位的标示，又为我们复原其准确位置提供了第一手资料。《三国志》间接史料与放马滩地图中“邽丘”的位置，可以互证古上邽城的存在及其准确位置。

至此，邽丘、邽县、上邽县之渊源、演变及其治地均已清楚，总结如下：

“丘”在先秦时代不仅指自然形成的小土山，而且也是经人工加筑的一种适于人类居住的“居丘”或台地，它的进一步发展就产生了中国最早的“城”。邽县设立之后，在邽戎居地上兴起的县城，自然也就遵从东方地名命名的传统，以“丘”相称。邽县约在秦统一后改称上邽县，直至唐末，上邽作为县名和城名的历史被成纪、天水所取代。这期间，上邽县城治曾有迁移。秦自创设邽县至三国时代，邽县、上邽县治地不在今天水市，而在其东40里的今天水市北道区所在地，我们称其为古上邽城。三国以后至唐末，上邽城治地在今天水市。上邽城西迁至今天水市，可能与西晋将秦州、天水郡治迁至上邽有关。

《水经注》中黄帝生地天水轩辕谷考

潘守正

黄帝生于天水说历来被古史研究者所重视，缘于它在史籍中从早有着明确载述。北魏史地学家郦道元在《水经注》中，肯定姚瞻的“黄帝生于天水”之说后，又指出了天水黄帝生地的具体所在，即“在上邽城东七十里轩辕谷”。郦氏之说，是迄今所见古籍中最早对黄帝生地有确切所指的记述。其后，历代史地学者多沿其说，如南宋罗苹为《路史》作注称，黄帝生于上邽；清《巩昌府志》中，称“轩辕谷，在上邽城东七十里，轩帝生处也”；顺治版《秦州志·皇纪考》亦承郦道元氏之说。以至当今诸家考证黄帝生地者，皆以《水经注》中所载“上邽城东七十里”作为最权威依据。

“上邽城东七十里”在何处?《水经注》卷第十七《渭水上》所载水系已界定出了确切位置。其文在记述渭水纳入耤水，又东流再纳东亭水后接着载：“渭水又东南，合泾谷水。水出西南泾谷之山，东北流，与横水合。水出东南横谷，西北经横水圹，入西北泾谷水。乱流西北，出泾谷峡；又西北，轩辕谷水注之。水出南山轩辕溪。南安姚瞻以为黄帝生于天水，在上邽城东七十里轩辕谷。皇甫谧云‘生寿丘’。

丘在鲁东门北，未知孰是也?其水北流注泾……(泾谷水)东北流，注于渭。”

接下来所载，为“渭水又东，伯阳谷水入焉”。以上所述耤水，今称耤河，发源于甘谷县南部，流经天水市秦州区，又东流，在麦积区市区西汇入渭水；东亭水今称牛头河，发源于清水县东南，西流经清水县城，后转南流，从今麦积区市区东社棠镇西汇入渭水；伯阳谷水今称毛峪河，发源于麦积区伯阳镇南石门山东，由其镇北流，汇入渭水。耤河、牛头河、毛峪河均为从今麦积区中部汇入渭河的支流。

按其地水系，在牛头河以下、毛峪河以上由南向北汇入渭水的支流，唯有今东柯河，故《水经注》上文所述泾谷水无疑即今东柯河。《水经注》中泾谷水的记述，其流向支脉汇合与现今东柯河完全一致。所称其水发源处的泾谷之山，按其流向及与诸溪流汇合方位，为今麦积镇东北角七盘崖以西一带秦岭支脉。其地有东、西二源，《水经注》所指则为西源，位于滩子头村张家沟门西南约3公里处。源出山涧，东北流，在张家沟门汇合东来溪水后，转为西北流，至滩子头再纳今石门河，即《水经注》中所称横水。其水发源于石门山西麓，现因其源头比七盘崖西发源的南支稍远，被视为东柯河源头。泾谷水(东柯河)在滩子头以下，西北向流，入泾谷峡，即今温家峡。出峡西流，达今街亭古镇(又称街子镇，旧置乡，2004年撤销，其地现隶麦积镇)，于镇西北纳轩辕谷水。轩辕谷水今称南河，被视为东柯河南源。其源头亦有东、西二支，分别出自今麦积镇东部秦岭北麓绒草滩等地和中部贾家河村东北扁坡沟。出自绒草滩者源头最远，流经仙人崖、石莲谷等风景区，出黄家峡，在王家磙村西北与西支汇合后，继续北流数里，抵街亭古镇西北汇入泾谷水(东柯河)。之后，泾谷水先西北流，再转北流，在今马跑泉镇属潘集寨东汇入渭河。

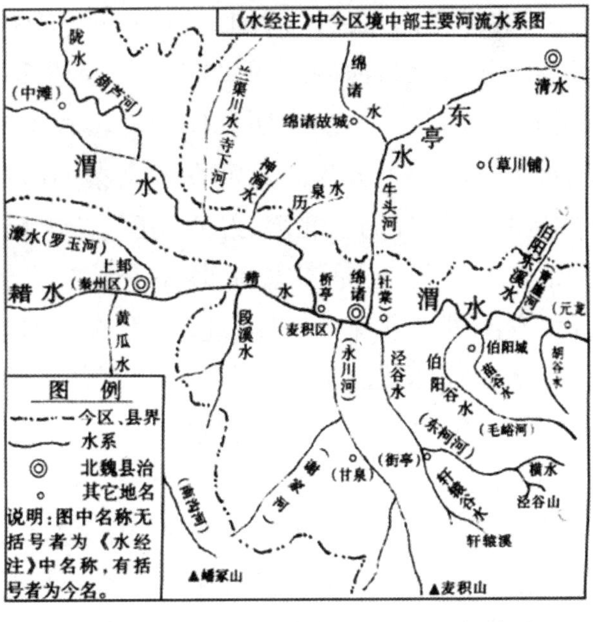

《水经注》中今区境中部主要河流水系图

郦道元为北魏人，北魏时天水郡治设上邽(时因避道武帝拓跋珪讳，称上封，至隋复上邽名，但《注》中仍以上邽为称)。上邽城在今秦州区市区。《水经注》载轩辕谷在上邽城东70里，旧州志所载街子镇距州城 (今秦州区市区)亦为70里，故可确证，《水经注》引姚瞻所述黄帝诞生地即今街亭古镇附近的东柯河南源河谷。其地有神龙山、黄龙山，有炎、黄二帝祠庙。早在清顺治版《秦州志》卷六仪制中即载："轩帝庙，相传古建于州东郭及轩辕谷。"

史籍中寿丘，考证者认为即寿山。近代史学家邓之诚(江苏江宁人，曾为燕京大学教授)在他的《骨董琐记全编》中说："子美旧居，在秦州东柯谷，今为寿山。"子美旧居指唐诗人杜甫流寓秦州时所居之地，其遗址在八槐村柳家河，距街亭古镇仅二三里远。由此可见，寿丘亦在街亭附近。

郦道元提到的"(寿)丘在鲁东门北"，可能是当时流传的对黄帝生地的另一种说法，故作为存疑，仍载入《水经注》中。但"鲁东门北"在何处，并未详指。所谓鲁，当即鲁国，意为寿丘在鲁国东门以北。对于鲁国，人们熟知的是西周初武王姬发分封给周公姬旦的鲁国，在今山东，治曲阜。但湖南省社会科学院历史研究所所长何光岳考证诸史后认为，此鲁国并非在今山东的周代所封鲁国，而是位于陇山以西的另一个鲁国。何氏在《中原古国源流史》(1995年广西教育出版社出版)中说："鲁是一个很古老的方国，早在夏代时已在今甘肃天水境内形成。乃为姞姓之鲁，为黄帝之裔十二姓之一，约于夏初东迁于今河南之鲁山……到商末，周文王征服鲁的同姓密须及阮，鲁地约于这时落入周人之手。"

泾谷水流域作为轩辕黄帝诞生地，近年来颇受人们重视，也引出诸多异议。《旷古逸史》(范三畏著，1999年甘肃教育出版社出版) 载："泾谷水即今从麦积山流出，北经马跑泉而入渭的永川河。而轩辕谷水则为从庙沟门、花羊峪经过，在甘泉乡以北入永川河的那条水道。"作者虽称其观点引自《水经注》，实与《注》文原意相悖。《旷古逸史》中所称作为轩辕谷水的"那条水道"，今称谢家河，是渭水支流永川河的一条分支。其河发源于秦州区齐寿乡孙家河村南，东北流，进入麦积区甘泉镇境内，仍东北流，经庙沟门、花羊峪、谢家崖，从白石里北汇入永川河。但无论是永川河，还是谢家河，均不合《注》中泾谷水和轩辕谷水的记述。《注》称泾谷水发源处东北流，又转西北流，而永川河从发源处一开始，即一直为西北流；轩辕谷水《注》称北流汇入泾谷水，而谢家河是东北向汇入永川河。更重要的，则是永川河入渭口与《注》载泾谷水不一。渭水出刘家峡进入马跑泉川后，在社棠镇不到10公里的流程内，依次纳耤河、永川河、牛头河(《注》称东亭水)、东柯河(《注》称泾谷水)4条较大支流。其中永川河是渭水纳耤河后不远，即从南部纳入的，以下才是牛头河和东柯河依次汇入。而《注》中泾谷水，则是纳入东亭水(牛头河)后始从南部汇入渭水的。所以，各支流的汇入口，决定了泾谷水非永川河。遗憾的是,《水经注》对与东柯河流程相当的永川河则无载。或因于此,出现了对泾谷水的误解,但河流汇入口是明晰的,即泾谷水汇入口在东亭水以下,而不是以上。释解古籍中河流,只依其流向来确定并不一定准确,因为不同河流的流向往往有相似之处,而更应重视与主河道汇入口的方位。

《清水县——第一代轩辕黄帝的出生地》(见新出《清水县志》附录)一文,更将泾谷水称为通关河(今宝鸡市西与张家川、清水界之水)的支流。其文称:“今(清水县)山门乡三皇沟村有轩辕谷,轩辕溪水……的流向由南向北,轩辕水又注入泾谷水,此水又注入通关河,在宝鸡以北(应为西)入渭”。虽自称其说与《水经注》“记载相符”,实则与《注》文南辕北辙,因为《注》中泾谷水是直接汇入渭水的,且汇入处在渭水纳东亭水(今牛头河)后不远,但通关河的入渭口在东亭水以东近50公里处。称轩辕谷的地方或有多处,但与泾谷水联系在一起的唯今麦积区麦积镇内轩辕谷。

四、传说故事

伏羲与葫芦河

上古时候,天上的神仙常来到下界游玩。有位雷神,从天上下来,住在横湖上。这雷神脾气暴躁,常常酗酒闹事,把神鼓乱击。神鼓一击,天上顿时就会阴云密布,雷电交加,大雨倾盆。为此不时引起山洪暴发,红河泛滥,冲倒房屋,淹没庄稼,许多人因此丧命,尤其下游华胥部落受害最大。

华胥部落有位姑娘,年方十八,生得眉清目秀。她看到百姓受灾,毅然辞别父母,逆河而上,找雷神讲理。她爬了九十九座山,过了九十九条河,历尽艰辛,终于找到了住在湖上的雷神。见到雷神, 姑娘理直气壮地质问:“为什么不回到天上去?为什么要乱击神鼓伤害百姓?”雷神看了看姑娘,说:“你肯答应我一件事,我马上就回到天上去。”姑娘说:“什么事?”雷神说:“你能做我的妻子,我就不乱击神鼓了。”她答应了雷神,做了雷神的妻子,一同到天上去了。从此再不下暴雨了,红河不再泛滥了。

雷神与姑娘来到天上。过了不久,姑娘便怀孕了,生了一个男孩。她怕雷神凶暴,对孩子不好,就背着雷神把孩子装在一个大葫芦里,悄悄放到下界的河里,顺红河流下。正巧姑娘的父母从地里回家,见河里有个大葫芦,就捞上岸,一看葫芦里有个男孩,十分高兴,便把孩子抱回家,好生养大。孩子就是后来的伏羲,为人们做了很多好事。人们为了纪念伏羲,就把红河改名为“葫芦河”,一直沿用至今。

伏羲画卦

远古时候，伏羲常常盘坐在渭河岸边卦台山的山巅，仰观日月星辰的变化，俯察山川风物的法则，不断地反省自己，追年逐月，风雨无阻。

有一天，伏羲的眼前出现了一派美妙的幻境：一声炸响之后，渭河对岸古木掩映的龙马山火星飞溅，豁然中开，但见龙马振翼飞出，悠悠然顺河而下，落在河心分心石上，通体卦爻分明，闪闪发光。而这时的分心石亦幻化成立体太极，阴阳缠绕，光芒四射。此情此景骤然震撼了伏羲的心灵，太极神图深深映入他的意识之中，顿时彻底洞穿了天人合一的密码：原来天地万物竟是如此简单明了——唯阴阳而已。

为让人们世世代代享受大自然的恩泽，伏羲便将深邃的思想化作最为简单的符号，以“一”表示阳，“--”表示阴，按四面八方排列成八卦。伏羲一画开天，打开了人们理性思维的闸门，从而博得了人们永生永世的怀念和尊崇。

女娲补天

伏羲与女娲始创羲国，在凤凰山旁筑凤城为都。

有一年的正月二十日，遇到了日全食、月全食同时发生，天昏地暗，人民皆惧。女娲立即登上凤凰山峰巅，设坛祭天。采山顶石洞中五彩石，布于东南西北中成阵，中宫堆柴燃烧，以祭火神太阳，表达诚意。烈火熊熊，光焰万丈，彩石爆裂，惊天动地，八方飞腾，天地通明。其势辉煌壮观，撼岳震海。等日、月食全部消除，天光重现，民众欢腾。旋颁布岁末五日补天历，于三百六十日（当时每年十个月，每月三十六天）后留置五天为春节日。每日一色，合五行之数，于是日月合序，女娲补天成功。

麦积烟雨

相传有一天，西王母过生日，天宫神仙都去拜寿。在寿宴结束返回途中，众仙忽然看到下界有一座修建精美、胜似天宫的奇山，便落下云头观看，只见山上千座洞窟、万尊佛像，洞外栈道凌空曲折，洞内壁画金碧辉煌，殿宇楼阁都被青山环抱。再加上其地树木成荫，环境清幽，都称赞是个修炼的好地方。众仙一高兴，谁也不想再回到那个毫无生气的天宫了，只想享受这深山的清净。第二天，玉皇大帝上早朝，登上大殿一看，居然冷冷清清，没有一个神仙来早朝，心里疑惑，难道众仙都睡过头了？便招来传旨小神，派小仙去打听到底是怎么回事。结果小仙很快来复旨:“是因为下界有一个修建得十分精美的麦积山,众仙昨日打那儿经过,一看到那么漂亮的地方,都住在那里修炼去了。”玉皇大帝听后,十分生气,下令将众仙速速召回,并传下口谕:违令者将重重处罚。众仙正在麦积山逍遥自得,听到来使宣读的圣旨后,都怏怏不快地返回了天上。玉皇大帝害怕众仙再看见麦积山,便下令主管云雨之神施法,让云雾终年弥漫麦积山,从而使天上再看不清那美丽的景致。谁知道,有了云雾的萦绕,麦积山越发妩媚动人,天上的神仙是看不清楚了,下界的老百姓却大饱了眼福。于是,千百年来,“麦积烟雨”一直被冠为“秦州八景”之首。

九墩莲花池

相传在宋神宗熙宁年间的一个中秋节晚上,麦积山瑞应寺的和尚聚集一起,为了每年一度的九月十九日涅槃日道场,由住持方丈圆通法师给大家讲经说法,不知不觉已到了“月出于东山之上,徘徊于牛斗之间”,山高月夜寒,弟子们做完功课后纷纷都回禅房歇息。惟圆通法师披了件僧衣,决计在中秋夜月的清辉下走走,便手持盘龙拐杖,独自漫步出了山门。

圆通法师举头仰望明月,但见“风高浪快,万里骑蟾背,曾识姮娥真体态,素面原无粉黛,身游云积镂空,俯见积气蒙蒙。醉里偶摇桂树,人间唤作凉风”。而正值月半,蝉鸣夜愈静,回头看,整个麦积山都沉浸在秋夜的清辉中,细碎的月光如同筛子筛过一般,静静地泻在山巅,月宫中桂树的清香沿着桂树枝头弥漫开来,乘着朵朵云彩飘下来,弥漫了整个麦积山。法师被桂花的馨香所陶醉,仿佛感觉到整个麦积山都醉了,三座大佛都醉了。踏着细碎的波光,思绪万千,不能自已,仿佛进入了涅槃前的一种澄明彻悟状态,由如来佛祖想到菩提树,由中秋佳节想到九月十九日的涅槃日,他“有见无见,有对无对,有为无为,相应不相应,有所依无所依,有所缘无所缘,有行相无行相”,恍恍惚惚穿过一片松树林,直向林边的一方水池走去。

法师来到水池旁边,只见“嘉木立,美竹露,奇石显。由其中以望,则山之高,云之浮,溪之流。鸟兽之遨游,举熙熙然回巧献技,以效兹丘之下。枕席而卧,则清冷之状与目谋,瀯瀯之声与耳谋,悠然而虚者与神谋,渊然而静者与心谋”。法师更觉犹如醍醐灌顶,神清气爽,便找了块大石块,坐下来,凝思默想,领悟禅机。猛然间,上方穹宇中,金光闪闪,祥云朵朵,一道彩虹自天而降,紧接着仙乐齐鸣,彩带飘动,迷离恍惚。法师大吃一惊,急忙躲在潭上凉亭背后,悄悄往前看。就在仙乐的鸣奏中,只见一群仙女衣袂飘摇,踏着彩虹,款款而下。第一位“佼人僚兮,舒窈纠兮,劳心悄兮”;第二位“顾盼遗光彩,长啸气若兰”;第三位冰清玉洁,月貌花容;第四位“云想衣裳花想容,春风拂槛露花浓”;第五位、第六位……走下来九位仙女,个个玉肌雪肤,美貌超俗,尤其最小的那位,更是出众。但见其“荣曜秋菊,华茂春松。仿佛兮若轻云之蔽月,飘飘兮若流风之回雪。远而望之,皎若太阳升朝霞。近而察之,灼若芙蓉出绿波。纤得衷,修短合度。肩若削成,腰如约素。延颈秀项,皓质呈露,芳泽无加,铅华弗御。云髻峨峨,修眉联娟。丹唇外朗,皓齿内鲜。明眸善睐,辅靥承权。环姿体逸,仪静体闲”。圆通法师看着看着,不由得魂飞天外,神志恍惚,不知不觉地发出了“啧啧”的赞叹声。

圆通法师的轻微赞叹声,惊动仙女,瞬息间,月光黯然失色,天空云雾飘缈,一股寒气逼向法师,只见潭水激起泓波,那沐浴后身披轻纱的仙女们,在淡淡的月光中,时隐时现,很快消失在九天上空。

圆通法师定了定神,在迷茫中回到禅房,当夜辗转未寝,思前想后,回忆着刚才发生过的如幻似梦的奇迹。

第二天拂晓,圆通法师心头仍然被昨晚的奇遇所纠结,一个人又向水池那里走去。当走到离水池不远的地方,向池中望去,竟长出了九墩大莲花,其大如盘,周围莲叶衬托,那花瓣叶子上豆大的露珠,被风吹得来回流动,十分好看。法师站在那里一动也不动,不知过了多少时候,才闭目合掌,口念了一声“阿弥陀佛”,恍然大悟,明白是九天仙女昨夜喜降麦积山。

从那以后,麦积山瑞应寺就把这个水池叫九墩莲花池。此后每年夏天莲花盛开,一直延续了许多年。

散花楼

麦积山石窟有一处非常迷人的景点,叫散花楼。只要登上散花楼,站在长廊前把花瓣或纸片向空中散去,上升的气流就会轻轻地托着花瓣或纸屑,飘飘荡荡,犹如天花乱坠,好看极了。更奇异的是,当刚刚发现有一花瓣或纸屑要落到地面,人们还没来得及回神,那花瓣纸片却又如同有云托风吹,飘扬开来,向天空飞去,没有一瓣落地,是为天下一大奇迹——天女散花。

相传有一天,释迦牟尼佛来到麦积山七佛阁现身说法,霎时来听经的佛门弟子,从四面八方云集山下,个个虔诚叩拜,随后盘腿静坐,恭听佛法。其事引起七佛阁内七组二十八位飞天仙女的兴趣。大家窃窃私语,怀疑这么多的弟子,难道都是一片诚心，难道就没有一个抱有尘世间的私心杂念吗?便想设法试探试探。仙女们决定，往下撒花瓣，如果听法弟子虔诚，那花瓣儿就落不到身上，如果还存私心杂念，花瓣儿就会落到身上，也就说明信仰不真，凡心未断。议定后，二十八位飞天仙女们，一个个踏上彩云，手提各色花篮，飘出七佛阁，在高空中翩翩起舞，满天飞动，天衣飘忽。一瞬间，又撒出五彩缤纷的花瓣来，沸沸扬扬，美妙极了。仙女们边撒边看，只见花瓣飘扬在半空中，浮上浮下，没有一片儿落到众弟子身上，始知众弟子都是一片丹心，一心向佛，个个虔诚。

如今，天女散花已经成为美妙的传说，烙印在了麦积山的灵魂深处，而散花楼也成为麦积山景区一处最为迷人的亮点。

凤凰山

远古时候，今新阳镇南凤凰山一带，大旱无雨，山泉枯干了，渭河河底变成了一片沙滩，山上的庄稼被太阳晒得焦黄，树木被晒枯。眼看一年的辛苦将颗粒无收，所有能走动的人都外出逃荒去了。死守在家里的老弱病残者，抱着一线希望，纷纷去泰山庙乞雨，全村不分老幼，能上山的都去了，泰山庙里里外外跪了一大片人，向神像磕头烧香，虔诚祷告。从早跪到晚，从晚跪到天亮，一直跪了三天三夜。说来也怪，也许是乡民们的诚意感动了玉皇大帝，跪到第四天，忽然从西边天上远远地飞来了两只凤凰，在泰山庙的上空旋了三圈，落在了附近的一处高坡上，过了一会，又起身叫着朝东边飞走了。凤凰飞走之后，又从天上飘来了两朵云彩，在泰山庙顶的上空飘来飘去。最后，两朵云彩合在一块，遮住了烤死人的太阳，顿时热气下降，微风吹拂，一会大雨倾盆，整整下了两天两夜。

雨过天晴，庄稼苗很快缓过气来，长起来了，泉水旺得直冒泡，渭水哗哗流淌，满山遍野一片翠绿。外出逃荒的人们得知降了透雨，纷纷返回故乡。

从此，凤凰山一带连年风调雨顺，庄稼年年收成很好。为了纪念仙人赐福降雨、保祐生灵的功德，后人就把泰山庙所在的山叫“凤凰山”。

五山真君成仙

相传古时，在今伯阳地面一农户家生了一个小女孩。女孩自小心存善念。时值兵荒马乱的年代，小小年纪，便知道劝百姓开展自救，以度饥荒。同时，还利用医术为村民治病，被人称为“仙妹医王”。大约在十六岁时，一天中午，姑娘提着瓦罐给远在山对面地里干活的家人送午饭，半路遇到一位白胡子老人，希望姑娘能给一口汤解渴。姑娘没有多想,便将手中瓦罐送给老人,本想老人喝一口后仍还给她,谁料到这老人竟一口把罐中的饭菜和汤全部吞没。正当她急得流泪时,老人说:“我把吃的饭全吐出来可以吧!”没想到,老人真的吐出了全部饭菜,而且如同刚刚出锅。当姑娘犹豫要不要回家再盛饭时,一阵轻风把她吹到地头。看着烈日当空、正在等待吃饭的家人,只好把罐中的午饭给地里干活的家人吃。没想到,家人吃过饭后,不一会便徐徐飘向天空。眼见地里干活的人顷刻间升向天空,姑娘没有急于自己吃去剩下的饭以便一同升天,而是急忙把罐内剩余的饭菜提着回家,要让母亲吃,以便让母亲也升天。

匆匆忙忙回家后,把刚才地里发生的事告诉母亲。母亲也不大相信,便试着品尝一口,果然立即飞升。此时姑娘更相信神奇老人吃饭的魔力,但善良的她还是先让家里的仆人吃一口,好一同得道。果然,仆人吃完最后一口后也飘向天空。这时罐中之饭已颗粒无剩,她没想到自己,只是心满意足地看着天空中的家人。就在这时忽然罐内异香扑鼻,姑娘一闻到香味,也在流连忘返中向空中的云朵飘去。于是,姑娘与全家连同仆人一道成了神仙,向天宫飞去。

原来路上遇到的老人便是上天派来的大仙,在考验了姑娘的善良后,本准备接引姑娘一人去天宫,没想到大仙也被其尊敬老人、先人后己的善良行为所感动,便度全家人成了仙。到天宫后,姑娘的事迹感动了玉皇大帝,遂封为五山真君,还命为伯阳镇一带四村八庄的方神,让其永享人间供奉。

红土湾和青土湾

从新阳石家坡到温缑村之间,有一座山叫林野山,山路就从山腰处盘绕而过。这里山高、坡陡、沟深,地势险要。山间有两处大湾,一处是红色的,一处是青色的。两种不同的颜色,给这座山增添了一层神秘色彩,有着一段悲壮的传说。

相传大明年间,山间很偏僻,土匪看准了这个地方,便结成团伙,占山为寇,拦路抢劫,山上便成了土匪窝。

山上有三个土匪头子,按年龄排为大帅、中帅和三帅。大帅好武,二帅贪财,三帅好色。大帅负责抢粮、抢钱、抢牲畜,二帅专门做后应,三帅领一伙人看守匪窝。俗话说“山高皇帝远”,老百姓告状,官府不管,土匪接二连三烧、杀、抢、掠,胆子越来越大。

土匪横行乡里,搞得鸡飞狗上墙,人心惶惶。百姓自发组织二百多个武艺高强的青年去剿匪。这些人对土匪早已恨之入骨,决心为民除害。人们拿着大刀、长矛,直向匪窝逼近。有一巡山土匪被剿匪勇士抓住后,吓得面如土色,双腿跪地磕头如捣蒜,口口声声呼喊爷爷饶命。勇士们割去了土匪的鼻子,让回去报信。一会儿,山上响起敲锣打鼓的声音,接着,土匪大声吆喊着冲出山寨,拥下山来。在第一道湾处展开了一场惊天动地的厮杀。这时,只见双方交战的地方尘土飞扬,喊声冲天,刀矛碰撞,火星直冒,白刀子进,红刀子出,血流遍地,惨叫声、呐喊声交织在一起,震得地动山摇。经过一场血杀后,土匪渐渐撑不住了,向第二道湾退去。勇士们杀到第二道湾,把土匪给杀光了,血染红了第二道湾的半个山。激战中,剿匪勇士也死伤大半,剩下的几十名精疲力竭地挣扎着返回。当到第一道湾处,一个个都身不由己地昏倒在地,头碰在石头上,鲜血一股一股地流淌,血染红了第一道湾。说也怪,第二道湾的血变成了青颜色,第一道湾的血却一直是红色的。

后来,人们把第二道湾就叫"青土湾",因为土匪的心是黑的;把第一道湾叫作"红土湾",因为勇士的心是红的。

五、天水市麦积区历史大事记

远 古

约旧、新石器时代交替时期,人类始祖伏羲在境内今卦台山创画八卦。现存有画卦台遗址。

约距今 5000 年,轩辕黄帝诞生于轩辕谷。据《水经注》,轩辕谷在今麦积镇属东柯河上游南河流域。

约距今 5000–4000 年,境内广有居民分布。已出土数十处新石器时代仰韶、齐家等类文化遗址。

距今 3000 年前后(西周初),境内为戎人(又称西戎)活动之地。《史记·匈奴列传》载,戎人"各分散居溪谷,自有君长,往往而聚者,百有余戎"。

秦

前 891– 前 886 年(周孝王时),非子为周王室养马有功,被周孝王封为附庸,以"秦"为邑。秦邑,史又称秦亭。《甘肃通志·古迹》载:"秦亭,在州东南五十里,即秦始封地。”诸部秦州志亦有载。“州东南五十里”，即今马跑泉镇东柯谷。

前716年（秦文公五十年），秦文公卒，葬西山。《大清一统志》和诸部秦州志皆载，其墓在麦积山下。

前688年（秦武公十年），秦武公伐邽戎，置邽县。是为历史上设县之始。邽县治邽丘，据天水放马滩（在党川乡）出土战国木板地图，在今麦积区北道埠北。

前221年（嬴政二十六年），秦统一六国，推行郡县制。约在此前后，邽县改称上邽，上隶陇西郡（治狄道，即今临洮县）。

前207年（嬴子婴元年）十月，刘邦攻入关中，灭秦。次年春，西楚霸王项羽复行诸侯分封制，以秦降将章邯为雍王，境内属之。

西汉

前206年12月（汉王二年十一月[①]），汉王刘邦派将军周勃攻上邽。雍王守将败，境内属汉。

前193年（惠帝二年）正月，陇西郡地震，境内波及，压没居民。

前114年（元鼎三年），从陇西郡分置天水郡，治平襄（在今通渭县）。境内西北部属新置望垣县，上隶天水郡。上邽县（治今马跑泉镇东柯谷）仍属陇西郡。

新

9年（始建国元年），西汉外戚王莽即天子位，改国号为“新”，境内归新朝。

23年（地皇四年），隗嚣起兵据陇，称上将军，改元“汉复”。境内归其所辖。

东汉

32年（建武八年），光武帝刘秀派建威大将军耿弇、虎牙大将军盖延攻上邽。公孙述（在成都称帝）遣将军田弇、李育率军援助，致汉军攻围数月，终不胜而退。

33年（建武九年）春，隗嚣卒，众扶其子隗纯于冀县（今甘谷）继立。

---

①秦以十月为岁首，故前206年农历十一月已为汉王二年。

34年(建武十年),隗纯于落门(今武山洛门)降汉。上邽遂归汉。其后,上邽由陇西改隶天水郡(治平襄)。

74年(永平十七年),天水郡改称汉阳郡,治迁冀县(今甘谷县)。上邽、望垣隶汉阳郡。

109年(永初三年),陇右大饥,人相食。

111年(永初五年),汉阳郡人杜琦、杜季贡、王信联合羌人攻占上邽。杜琦称安汉将军。同年,杜琦被人暗杀,余部次年失败。

143年(汉安二年)九月,汉阳郡地震,延至次年正月,共震180次,压死民众。

185年(中平二年),汉将董卓讨先零羌,被围望垣北,后渡渭而退。

211年(建安十六年)冬,汉偏将军马超在关中起兵反对曹操失败,进入陇右,上邽民任养等率众迎其入城。守上邽令阎温不能止,往走冀城。

219年(建安二十四年),曹操迁武都(郡治下辨,今成县)氐人于天水等郡。境内西北部始有氐族人与汉民杂居。

三 国

220年(魏黄初元年),曹操子曹丕废汉称帝,建国魏。境内属魏。魏分陇右置秦州,治上邽(在马跑泉东柯谷),统陇右诸郡。汉阳郡复名天水。设新阳县(治今新阳镇),与上邽皆属天水郡(仍治冀县)。不久秦州撤销,属郡改隶雍州。

228年(魏太和二年),蜀汉丞相诸葛亮率军伐魏,天水郡叛魏归蜀汉。魏雍州刺史郭淮据守上邽。同年,魏明帝曹睿遣左将军(一说为右将军)张郃带步骑5万在街亭大败蜀汉将马谡,蜀汉军南退。

231年(魏太和五年),诸葛亮再次伐魏,在上邽与魏军前部将费曜、戴陵战,旋魏大将军司马懿统大军至上邽东,双方对峙。不久,蜀汉军南退卤城(在今礼县),后因缺粮退兵。同年,司马懿奏请魏明帝,迁冀州(在今河北省南部)农夫佃上邽。

256年(魏甘露元年),蜀汉大将军姜维攻南安(在今陇西县)受阻,转而东进欲取上邽,行至段谷(在今花牛镇二十里铺一带)被魏安西将军邓艾击败,死者甚众。姜维率残部南撤。

西 晋

265年(泰始元年),司马炎废魏称帝,建国晋(史称西晋)。境内归隶西晋。

269年(泰始五年),重置秦州(治冀县),天水郡归其所辖。

282年(太康三年),撤秦州,其地仍并入雍州。

286年(太康七年),复置秦州。州治连同天水郡治均迁上邽县。此后百余年,上邽成为州、郡、县共治之地。

297年(元康七年),秦州大旱,饥疫,米价涨至每斛1万钱。汉、氐各族流亡关中。

298年(元康八年),天水等6郡饥民10万余人流落汉川(今陕西汉中平原),再南徙蜀境。

310年(永嘉四年),秦州飞蝗成灾,所过处庄稼、草木以至牛马畜毛皆尽。

311年(永嘉五年),晋南阳王司马模荐其子司马保以西中郎将职守上邽。秦州刺史裴苞拒而不纳。司马模遣帐下都尉陈安攻裴苞。裴苞败,司马保入据上邽。同年秋,因司马模被汉将刘粲所杀,陈安亦往上邽投附司马保。

东晋十六国

319年[东晋大(太)兴二年],司马保在上邽称晋王,改元"建康"。同年因上邽大饥迁祁山(一说南安)。先前已叛司马保的陈安拥兵据上邽,自称秦州刺史。凉州刺史张寔派兵攻陈安。陈安败走,司马保再入上邽。

320年[大(太)兴三年],前赵王刘曜遣军攻司马保。军至安定(在今平凉市),司马保惧,西迁桑城(在今临洮)。陈安乘机入据上邽,上书依附刘曜。境内归属前赵。

322年(永昌元年),陈安叛赵,在上邽称凉王、大都督、大将军、雍凉秦凉四州牧。陇上氐、羌族纷纷依附。

323年(太宁元年),前赵主刘曜派征西将军刘贡讨陈安。陈安兵败,往走陇城(今张家川镇),旋被杀。其将宋亭以上邽降前赵。

329年(咸和四年)正月,前赵太子刘熙、南阳王刘胤率众奔上邽。九月,后赵中山公石虎追至上邽,熙、胤等被擒,前赵亡。境内归后赵。

333年(咸和八年),后赵河东王石生在关中讨伐丞相石虎,结果失败被杀,部将郭权西走据上邽,上表降附东晋。

是年起连续两年,后赵迁关陇居民充实关东,境内亦被涉及,迁出人口不少。

334年(咸和九年),东晋以郭权为镇西将军。后赵遣将伐郭权。军未至陇右,上邽豪族起而杀郭权,降后赵。

350年(永和六年),入据关中的氐人首领苻健遣其弟苻雄攻伐占据上邽的后赵凉州刺史石宁。石宁被杀。

351年(永和七年),攻据关陇的苻健在长安称天王、大单于(次年又称帝),建国大秦(史称前秦),境内属前秦。

353年(永和九年),前凉以王擢为征东大将军伐上邽,败。同年再伐,前秦兵败。境内属前凉。

354年(永和十年),王擢叛凉,上邽复归前秦。

367年(太和二年),前秦秦州刺史苻双据上邽反。

368年(太和三年),前秦王苻坚遣武卫将军王鉴、宁朔将军吕光讨苻双,陷上邽。苻双被杀。

385年(太元十年),仇池公杨定北上攻秦州,占据天水郡(治上邽),旋为前秦秦州刺史王统击败,仍南退。

386年(太元十一年),后秦主姚苌与弟姚硕德会攻王统,王统降。后秦以姚硕德为秦州刺史镇上邽。

387年(太元十二年),后秦迁秦州3万户于安定。仇池杨定再次北上,姚硕德率后秦军退往安定。上邽为仇池所有。

394年(太元十九年),杨定率军攻西秦(据陇右西部),在陇西被西秦军所杀。上邽人姜乳据上邽,称秦州刺史。

395年(太元二十年),姜乳在县西大寒岭击败西秦兵。

396年(太元二十一年),后秦陇西王姚硕德攻上邽,姜乳降。显亲(在今秦安)休官权干成聚众攻上邽,被姚硕德督军击败。上邽再归后秦。

约405年(义熙元年)左右,麦积山开始开窟造像。

416年(义熙十二年)四月,西秦襄武侯乞伏昙达、平东将军王松寿攻上邽,与后秦秦州刺史姚艾战于蒲水(在上邽西)。姚艾败,退守上邽。西秦挟迁5000余户上邽居民于枹(读fú)罕(今临夏)。六月,夏主赫连勃勃率众4万突袭上邽,后秦守将姚军都连同5000将士被杀。夏兵大肆劫掠后，毁城北去。

是年，秦州地震，前后32次，其中8次有地声，山崩地裂，毁坏民居。

417年(义熙十三年)，西秦王乞伏炽磐遣左丞相乞伏昙达、右丞相元基率军攻上邽，后秦将姚艾降。上邽属西秦。

418年(义熙十四年)，西秦再迁上邽民5000余户于枹罕。

是年前后，关中名僧释玄高"杖策西秦"，至麦积山讲经，弟子达百余人。

419年(元熙元年，或说420年)，夏主赫连勃勃遣将攻陇右。境内再属于夏。

北 魏

421年(泰常六年)，西秦征北将军木弈干、辅国将军元基率军攻上邽，因雨而退。

427年(始光四年)，北魏军败夏，占夏都统万(在今陕北与内蒙古交界)。夏主赫连昌等奔上邽。

428年(神麍元年)，北魏平北将军尉眷率军攻上邽，赫连昌退屯平凉。

430年(神麍三年)，北魏再败夏，夏主赫连定(其兄赫连昌先前已为北魏军俘)率部从平凉驱民仍奔上邽。

431年(神麍四年)，赫连定惧魏，挟上邽百姓西迁。自称武都王、秦州刺史的仇池氐首领杨难当北上据上邽。至此，境内复为仇池国据。

436年(太延二年)三月，杨难当在上邽自称大秦王，设年号，置百官，如天子之制。北魏太武帝拓跋焘怒，遣军讨伐。军至略阳(在今秦安东北)，杨难当惧，上表降附，并撤兵还仇池。境内归北魏。其后，上邽城因战乱破坏，废县为镇。新置上封县(治今秦州区城区)。又设绵诸县(治今社棠镇)。两县分别上隶天水郡和略阳郡。两郡皆上统秦州(治今秦州城区)。

439年(太延五年)，北魏以归附的杨保宗(杨难当侄)为秦州牧、武都王，镇上邽。

445年(太平真君六年)，北魏以封敕文为使持节、镇西将军、秦益二州刺史，赐爵天水公，镇上邽。同年，封敕文等西击吐谷浑，收复枹罕，并徙千余户居民还上邽。

446年(太平真君七年)，北魏太武帝拓跋焘下令灭佛，麦积山石窟建造中止。

459年(太安五年)，秦州郡、县遍遭旱灾，年谷不收。诏令开仓赈济，并谕流徙者还乡。

487年(太和十一年)，春至六月，秦州大旱，民饥。诏令开仓救济。

502年(景明三年)二月,秦州黄雾,遮天覆地。

524年(正光五年),秦州城民莫折大提在上封起事,称秦王。同年莫折大提卒,子莫折念生继,称天子,改元“天建”。境内属莫折氏。

527年(孝昌三年),莫折念生败。境内复归北魏。其后约在北魏末,境内置伯阳县(治今伯阳镇)。

西魏

535年(大统元年),北魏分裂,境内属西魏。是年,麦积山再修崖阁。

540年(大统六年),文帝元宝炬诏令先前被废、随子元戊(任秦州刺史)居秦州的皇后乙弗氏自尽,遂寄葬麦积崖石龛,号“寂陵”。

北周

557年(宇文觉元年),西魏权将宇文觉废魏称帝。境内属北周。

约566–572年(天和年间),大都督李允(充)信在麦积山东崖造七佛龛。著名文学家庾信撰《秦州天水郡麦积崖佛龛铭并序》。其龛为麦积山最大龛窟。

隋

581年(开皇元年),北周相国杨坚代周为帝,建国隋。境内属隋。

590年(开皇十年)左右,伯阳县更名秦岭,隶秦州。境内东南部属之。

596年(开皇十六年),秦州各县奉令置社仓,以备灾赈。

600(开皇二十年)十一月,秦陇大地震,压死人众。

601年(仁寿元年),秦州奉诏在麦积山巅兴建舍利塔,安葬佛舍利。隋文帝杨坚又赐名“净念寺”。

约605年(大业元年),上封县复名上邽,仍治今秦州市区。境内西北部属之。

617年(大业十三年),金城校尉薛举在金城(今兰州)起兵,称秦帝。同年其子薛仁杲(果)攻据天水后,以上邽为都。境内属之。

唐

618年(武德元年)十一月，秦王李世民率军攻略陇上，薛仁杲(时薛举已卒)降。境内属唐。

624年(武德七年)，诏令重新均田，男丁给田1顷(100亩)，并颁布租庸调法，确定农民应缴纳租帛数额和应役日数。

643年(贞观十七年)，秦岭县撤销，地并清水。从此境内东部属清水。

734年(开元二十二年)二月，秦州大地震，西北方隐隐有声，经时不止，地坼而复合，房舍几毁殆尽。

759年(乾元二年)，诗人杜甫流寓东柯谷及秦州城等地，创作《秦州杂诗》和各类题材诗歌约百首。

762年(宝应元年)，境内被吐蕃占领。此后，境内长时期遭吐蕃部落头领蹂躏，原设建置被废。

785年(贞元元年)夏，陇右蝗虫遮天蔽日，所过处庄稼、树叶以至畜毛皆尽。民大饥，食蝗虫。

849年(大中三年)二月，吐蕃戍守原秦州属地官兵归唐。七月，唐凤翔军节度使李玭接收。境内重归于唐。

五代

907年(后梁开平元年)，朱全忠废唐称帝，建立后梁，唐岐王李茂贞据陇山两翼自立。境内归岐。

915年(后梁乾化五年)，前蜀主王建派北路行营都制置使王宗绾、王宗翰攻秦州。岐秦州节度使李继崇降。境内归前蜀。

925年(后唐同光三年)，后唐庄宗李存勖(923年灭后梁称帝)遣军攻前蜀。蜀天雄军节度副使安重霸以秦州降后唐。境内归后唐。

932年(后唐长兴三年)，后唐于境内中部置陇城县(治今马跑泉西三十甸子)，上隶秦州。

936年(后晋天福元年)，后唐将石敬瑭灭后唐称帝，建国晋(史称后晋)。境内归后晋。

943年(后晋天福八年)，旱、蝗灾害并发，大饥，百姓流亡，死者甚多。

947年(后蜀广政十年),后晋雄武军节度使何重建拒不接受契丹节制(此时契丹已侵占汴京,后晋灭亡),献秦、成、阶3州投附后蜀。境内归后蜀。

955年(后周显德二年),后周凤翔军节度使王景等攻后蜀。后蜀雄武军节度使韩继勋弃秦州还成都,观察判官赵玭降周。境内归后周。

北 宋

960年(建隆元年),后周殿前都点检赵匡胤发动兵变称帝,建国宋(史称北宋)。后周雄武军节度使王景归附于宋。境内属宋。

961年(建隆二年),秦州置定西寨(在今新阳镇)。

962年(建隆三年),吐蕃尚波千(一作尚波于)部争夺秦州采造务(在境内新阳至甘谷交界一带),被秦州知州高防督军击败。朝廷恐引起边界纠纷,派吴廷(延)祚接任秦州职,奉诏释放吐蕃俘虏,撤销采造务。

966年(乾德四年),麦积山向宋廷进献灵芝。

968年(乾德六年),秦州置三阳寨(在今三阳川西部)。

977年(太平兴国二年),宋严禁陇右官民在与周边少数民族贸易中使用铜钱。

978年(太平兴国三年),秦州以西沿边吐蕃部落聚集,袭击三阳寨等地,被宋军击败。

990年(淳化元年)六月,陇城县大雨,庐舍损坏殆尽,溺死137人。

993年(淳化四年)六月,陇城县大雨,牛头河涨,冲走居民庐舍。

1000年(咸平三年)三月,三阳寨和大泽(潭)大雨,崖摧,死62人(大潭县在今礼县南)。

1030年(天圣八年),宋廷撤销秦州等军州盐禁,听任商人贩卖。

1047年(庆历七年),四川交子流入秦州,境内始用纸币。

1107年(大观元年),因麦积崖顶阿育王塔旁所产灵芝进献于朝,是年徽宗赵佶赐名“瑞应寺”。

南宋·金

1127年(宋建炎元年、金天会五年),金人掳去宋帝赵佶、赵桓父子并灭北宋后,康王赵构继立为帝,国号仍为宋(史称南宋)。境内属南宋。

1130年(宋建炎四年、金天会八年),金兵略陇右,占秦州。境内西北部属金,中东部仍属宋。

1134年(宋绍兴四年、金天会十二年)八月,金兵攻占陇城县,宋利州路制置使兼宣抚司都统制吴玠派统领姚仲收复。

1139年(宋绍兴九年、金天眷二年),在金方主和派力主下,宋、金和议,金还关陇地于宋。宋以吴璘为秦凤路经略安抚使兼知秦州。大约在此后,吴璘在今三岔乡吴砦筑寨拒金。

1141年(宋绍兴十一年、金皇统元年),金兵又犯陇右,秦州失陷。同年,吴璘率军收复秦州城。不久吴璘受诏退军,秦州又被金占有。此后,境内西北部属金,中东部陇城县地属宋。

1162年(宋绍兴三十二年、金大定二年),金兵攻陇城县,宋军抵拒。不久,因宋军全线南退,金人进逼,陇城县撤销,其地大部并入天水县(治设今秦州区天水镇)。

1206年(宋开禧二年、金泰和六年),南宋派兵攻金,入东柯谷(在今境内中部),欲渡渭北进,被金将刘铎击败。

1208年(宋嘉定元年),宋忠义军首领李实、强德、张钧等入据麦积山瑞应寺,遣散僧众,收缴寺院粮畜以及钟、锅等,后又将寺田收为屯田。其后寺僧重遇多次上诉,始判还田、产。

1218年(宋嘉定十一年),因多年遭劫兵难,南宋免除天水军徭役赋税(时境内中东部皆属天水军所辖天水县)。

元

1236年(蒙古太宗八年),蒙古招降原金属陇右州、县,境内归蒙古。此前,宋属天水县已为蒙古军攻据。

1270年(至元七年),天水县撤销。境内原天水县属地改属成纪县(治今秦州区城区)。至此,境内地隶属成纪县。成纪上隶秦州(治成纪)。

1317年(延祐四年)七月,秦州成纪县滑坡,毁坏民居,压死多人。

1318年(延祐五年),成纪县暴雨山崩,压没畜产。元廷令免除受灾户是年差税。

1324年(泰定元年)八月,成纪县暴雨、滑坡。山坡推进至来谷河,壅成小土山。此后多年,仍不时山崩地裂。

1330年(至顺元年)闰七月,陇右陨霜,秋禾伤。

约1342年(至正二年)左右,卦台山(在今渭南镇西)重建伏羲庙。继而县尉韩彧申报都部,获准设为官祭之地。1344年(至正四年),又确定庙田145亩。

1352年(至正十二年)闰三月,地震,移山湮谷,压没房舍。余震延续百余日。

明

1369年(洪武二年),明将徐达克成纪,境内归明。明废成纪县,以秦州直辖其地。从此境内隶属秦州直辖。

1380年(洪武十三年),秦州卫大部军人奉令屯田,渭、耤河谷许多土地被征或垦为屯田。

1381年(洪武十四年),奉令编造《赋役黄册》,重定基层里、甲组织,以110户为1里,10户为1甲。

1438年(正统三年),秦州夏秋暴雨、冰雹,饥荒。

1482–1484年(成化十八年至二十年),秦州连年大旱,饥荒甚,人相食。

1485–1487年(成化二十一年至二十三年),秦州仍连年旱,饥荒。

1516年(正德十一年),明廷批复巡按甘肃御史冯时雍奏议,准许在秦州卦台山建立伏羲庙,作为官祭之地。5年后又因巡按甘肃御史许翔凤奏,改在州城立庙。从此卦台山官祭中止。

约在嘉靖年间(1522–1566年),境内三阳、新阳地区兴起手工纺织业。

1529年(嘉靖八年)夏,秦州飞蝗蔽天,人食草茹木。此后诸灾不断,延至明末。

1531年(嘉靖十年),卦台山重建伏羲庙。

1542年(嘉靖二十一年)十一月,秦州地震,山崖崩坠,尘飞蔽野。

约在万历年间(1573–1620年),境内三阳川吴家庄始修灌田水渠。

1578年(万历六年)七月,秦州暴风,禾苗全部枯死。

1586–1588年(万历十四至十六年),秦州连年旱,饥,疫。

1588年(万历十六年)七月,秦州大风拔木,杀鸟禽无数。

1596年(万历二十四年),皇帝朱翊钧派宦官督州、县开矿。秦州被令开采金、银,向朝中贡纳。后又强迫百姓包纳,民负大增。

1628–1629年(崇祯元年至二年),陇右诸州饥荒,民相聚为盗,死者甚众。

1635年(崇祯八年)二月,李自成军一部至三阳川,被明军击败后东退。

1636年（崇祯九年）秋，李自成率部从陕西抵陇南（含境内东南部利桥一带）。不久，从利桥等地北上，去陕西汧陇。

1636–1638年（崇祯九年至十一年），秦州连年旱，民饥。

1639年（崇祯十二年），秦州飞蝗成灾，分巡陇右道乔迁高令地方官动员民众捕杀。

1641年（崇祯十四年），因连年干旱，秦州大饥，人相食，粮价涨至每斗白银1.5两。

1644年(崇祯十七年)，李自成部高有功率众攻秦州城不克，转三阳川攻掠村堡，旋撤走。

清

1646年(顺治三年)四月，清肃王豪格派参将王元取陇右。秦州城吏民出郭迎入。境内归清。

1650年（顺治七年），清理田租，豁免荒地负担，民负比明末大为减轻。

1654年（顺治十一年）六月，秦州大地震，年余不息，城垣、官署、寺宇、民屋毁坏几尽，压死人甚多。

1655年(顺治十二年)四月初四日，降大雪，次日严霜，草木萎死。

是年，秦州营游击郭镇都捐资重建卦台山伏羲庙。

1662年（康熙元年）五月，普降大雨，绵延至十月，田禾尽伤。

1712年（康熙五十一年），奉诏编核人丁，以上年丁口为准征收丁税银，以后续增人丁再不加赋。

1718年(康熙五十七年)五月，秦州地震，山崩地裂，压伤人畜，数十天不止。

1720年（康熙五十九年），秦州大旱，次年五月始雨，引发大饥。朝令发银、粮赈济。

1724年（雍正二年）八月，秦州降冰雹，经日不止，击死牛、羊、鸟雀无数，庄稼尽伤。

1727年（雍正五年），秦州推行“摊丁入亩”税制。沿征已久的人口税从此取消。

1729年（雍正七年），升秦州为直隶州，上隶甘肃布政使司。境内仍归其直辖。

1745年(乾隆十年)，渠刘村人刘康出资，刘际适、刘兴仁领工，村民投劳，三阳川中滩引渭灌渠——古石渠动工兴建。

1761年(乾隆二十六年),以秦州辖域东南部置三岔厅,辖境内吴砦、东岔、利桥、党川等地。

1762年(乾隆二十七年),吴砦建成三岔厅署,此后吴砦称名"三岔"。

1770年(乾隆三十五年),秦州发生疾疫,死者甚多。

1779–1780年(乾隆四十四年至四十五年),秦州连续大旱,民饥。

1799年(嘉庆四年),白莲教军从陇南进入秦州,攻略利桥百花川、三阳川等地。不久撤走。

1809年(嘉庆十四年),河州镇总兵在利桥设军营,负责三岔、两当、徽县防务。不久,利桥营改属固原提督。

1826年(道光六年),秦州知州应曙霞捐俸创设义仓,以备灾赈。

1862年(同治元年)七月,秦州蝗灾,庄稼受损严重。

1863年(同治二年)十月,太平天国遵王赖文光率部从两当北上,攻占三岔城,州判杨城等战死。十一月,巩秦阶道林之望率招募地方武装抵三岔。太平军战不利,东走陕西。

1864年(同治三年)十月,西和县盐官镇(今属礼县)起事回民军2000人突入甘泉寺,被清总兵曹克忠派军围剿。回民军被尽杀。

1867年(同治六年)七月,秦州大雨,至八月中止,秋禾减产。次年大饥,斗麦钱涨至5000余,一些地方人相食。

1868年(同治七年),陕西起事回民军至三阳川。陶家堡(在今石佛乡)民团恃勇抵拒,激怒回民军,全力攻堡。及堡破,全村被杀、自杀男女计600余人。

1877年(光绪三年),夏秋大旱,秋禾尽枯,麦难下种。次年知州陶模劝商民捐助救济,饥民得度过荒年。

1878年(光绪四年),始用疫苗预防天花。

1879年(光绪五年)五月,秦州地大震,余震绵延不止。城垣、房屋倾倒。

1885年(光绪十一年),三阳川普济渠建成,可灌地700亩。

1898年(光绪二十四年),三阳川惠济渠建成,可灌地2000亩。

1903年(光绪二十九年),潘集寨(今属马跑泉镇)私立养正学堂创建,为境内第一所现代小学。

1905年(光绪三十一年)冬,降大雪,前后70余天。

1909年(宣统元年),葫芦河暴涨,三阳川数十村庄被淹。

1910年(宣统二年),秦州试办自治,创区、社、村、甲体制。

中华民国

1912年(民国元年)

3月,黄钺在秦州响应共和,宣布独立。境内归属民国。

4月,罗家沟(今属花牛镇)河水暴发,漂流109人,淹死3人,毁民房500余间。

1913年(民国2年)

2月,秦州改置为天水县(治仍在今秦州区城区),三岔厅并入。境内从此隶属天水县。

当年,倡导兴教办学,境内办起7所小学。

△天水县天足会成立,提倡妇女放足。

1914年(民国3年)

9月,三阳川中滩瘟疫流行,死亡200余人。

1915年(民国4年)

3月,奉省令地丁银每两外加7钱增征。其后各种附征迭出,原额正银1两折征银币增至4元,民负猛增。

当年,奉令禁种罂粟,天水县成立禁烟局,派员赴乡查禁。

1918年(民国7年)

当年,天水县疾疫流行,全县死2017人。

1919年(民国8年)

5月,驻马跑泉的新建左军炮兵营哗变,乘夜抢劫后窜入林区。境内林区从此匪患不断。

6月,渭水倒浸中滩各村,淹毙人畜甚多,倒房500余间。

1920年(民国9年)

12月16日,宁夏海原大地震波及天水,山崩屋倒,全县死1183人,倒房6794间。余震两月有余。

当年,天水至凤翔有线电报线路架通,境内始有电线线路。

△ 陇南镇守使孔繁锦下令销毁制钱,重铸掺砂铜元,强行流通,致境内市场混乱。

1921年(民国10年)

春,孔繁锦为筹措军费,下令农民种植罂粟,征收烟亩款。为督促种植,派人收集种子,向农民发放。从此,一度减少的烟毒再次泛滥。

1922年(民国11年)

当年,孔繁锦在县城(今秦州区城区)兴办工厂,令四乡民众出力、出物,累民殊甚。

△天水至兰州和天水至陕西大道修通,通过境内南河川,至云山镇(属秦安)分别入秦安和清水(南河川段后成华双公路)。为修大道,曾调集乡间大批丁壮。

1923年(民国12年)

当年,孔繁锦的小汽车从关中到达天水,境内首次通行汽车。

1924年(民国13年)

3月,孔繁锦废止砂版铜元及此前发行的各种钱票,代之以陇南粮饷局发行的一千、两千、五千的钱票,致使银价猛涨,一月数易。

1926年(民国15年)

8月,冯玉祥部国民军旅长张维玺率众至天水,驱走孔繁锦。孔繁锦部出逃中,部分人经马跑泉、甘泉寺抢劫后,至党川北部一带据险为匪。

1927年(民国16年)

夏,由中共党员王承舜(新阳人)主持的国民党天水县党部在北乡新阳镇等地发动农民运动,成立基层农民协会。不久,清党事起,活动中止。

9月,天水县奉省令倡导新风,强迫男子剪除发辫,妇女放足。

1928年(民国17年)

11月,清水县张家川人马顺率起事部众攻入三岔城(今吴砦),大肆抢掠后退走。

12月,韩进禄率一支回军从秦安进入三阳川,骚扰后又转攻县城。因未克,又从南河川、三阳川西走,沿途劫掠骡马,杀伤群众30余人。

是年,从春至夏大旱,庄稼几乎绝收。

1929年(民国18年)

春、夏,因上年大旱,饥荒严重,市场粮价飞涨,每斗麦价13银洋,天水县饿死15570人。

秋,瘟疫流行,全县四乡死2171人。

是年，国民军第三十师师长吉鸿昌派所部到境内东南部林区剿除土匪。此后,林区土匪一度有所减少。

1930年(民国19年)

5月,马廷贤部进据天水后,由韩进禄派一旅驻马跑泉。境内被掠夺和骚扰甚剧。

1932年(民国21年)

1月,进军天水驱走马廷贤的川军与进入陇右的陕军互误为马廷贤部,在马跑泉至二十里铺一带发生激战。

夏,霍乱流行,全县死230余人。

1933年(民国22年)

6月10日,暴雨,声如波涛,历1时许。而三阳、新阳则降冰雹,受灾极重。

7月10日,境内中部遭雹灾,击毁庄稼8100余亩。

8月7日,渭河猛涨,沿途普遍被淹,死50人,倒房8000余间,淹地4.64万亩。

9月21日,石佛遭雹灾,历3时方止。

是年,新阳镇引进日本大田株式织布机,开境内纺织机械改革先河。

1934年(民国23年)

8月11日,渭河、葫芦河同时暴涨,淹新阳、三阳地1.45万亩。

1935年(民国24年)

6月,奉令禁烟,县政府督促乡、村铲除罂粟,此后种烟者减少。

8月,中国工农红军第二十五军从陕南向陕北转移途中,经过利桥、党川、麦积、甘泉、马跑泉、新阳等地。在利桥,曾击溃天水县保卫团常备大队的阻击。

是年,天水县改区为乡、镇,境内设渭南、渭北、三阳、利桥4乡。农村在保以上设联保。

△ 国民政府通令发行纸币(法币),禁止银元和其他货币流通。此后,货币形式统一。

1936年(民国25年)

8月1日,天水地震,全县倒房4459间,压毙115人,伤31人。

1937年(民国26年)

当年,改乡、镇体制为区、乡(镇)体制,全县设6区、28乡(镇),其中境内3区、12乡(镇)。

△ 南河川渭河上建起首座可通行汽车的牛皮筏浮桥。

1938年(民国27年)

9月30日(农历八月初七日),县东乡吴家寺村(今属甘泉镇)发生山体滑坡,壅至村内,压死23人(一说12人),埋没民房21间、学校1所。

是年,中央陆军骑兵教育班由兰州迁马跑泉,班部驻马跑泉渗金寺。

△ 二十里铺东建成军用飞机场,占地95公顷。

△ 马跑泉首次放映无声电影。

1939年(民国28年)

当年,宝鸡至天水(北道埠)铁路动工兴建。

△ 由哈锐、任承允、贾缵绪先后编纂的《天水县志》出版。是为首部《天水县志》。

1940年(民国29年)

当年,撤销区级建置,乡、镇直隶于县。天水县设16乡、29镇。其中境内设23乡、镇,今城区始设北安乡。

△ 驻马跑泉骑兵教育班改称中央陆军骑兵军官学校,蒋介石兼任校长。

△ 开始清理田赋,清丈耕地,按亩征收赋粮。

△ 农民银行天水办事处设三阳川农贷小组,为境内设金融机构之始。

1941年(民国30年)

5月,著名学者冯国瑞(天水县城人)考察麦积山,并于其后著成《麦积山石窟志》。

同月,南河川建成石墩钢梁木面桥,为境内渭河上首座固定性公路桥。

是年,日本飞机轰炸二十里铺飞机场,12架飞机被毁。

△ 实行县级财政自治,人民负担逐渐加重。

△ 三阳川纺织联合供销处成立。境内三阳、新阳等地棉布纺织业大兴,并广泛使用拉梭式织布机。

△ 国民军兰州被服总厂在二十里铺(今花牛镇)建成军需被服厂。

1942年(民国31年)

5月,降黑霜,麦田枯死过半。

10月,县政府发布《实施妇女放足办法》,令以3个月为限。

是年,县政府发布禁除鸦片烟纲要,定是年为"烟毒断禁年",令乡镇和保铲除烟苗。

△ 因物资紧缺且货币贬值,市场物价大幅度上涨,大部分商品较上年涨3倍左右,小麦粉每市斤由上年0.36元涨至1.3元,食盐每市斤由上年0.7元涨为

3元，人民生活艰难。

1943年（民国32年）

7月，永川河暴涨，下游淹至两山脚。

当年，县政府成立中滩水利委员会，督修灌渠。

△ 开始推广“泾阳302”小麦新品种。是为近代小麦新品种改良之始。

△ 天水私立新阳初级农业学校创建，为境内第一所中学。

△ 街子镇联立女子国民学校成立，为境内第一所专门招收女生的学校。

△ 县北乡中滩、石佛等地天花、白喉流行，死亡数百人。此前后数年，天花、白喉、伤寒、脑膜炎等传染病不时在境内流行。

1944年（民国33年）

5月 天水县成立临时参议会(次年正式成立)。是为近代县级民意机构成立之始。

6月13日，新阳镇五龙山一带降冰雹，历20分钟，大者如鸡蛋，农田受损极重。

7月，宝天铁路征工处成立，其后半年内，两次从各县调集民工3万余人协修宝天铁路天水段路基。

9月 葡萄园（今属元龙镇）发生翻船事故，30多名修建宝天铁路民工遇难。

是年，调整区划，撤并5乡、镇。全县辖12乡、28镇，其中境内设10乡、11镇。

△ 各乡、镇奉令成立乡、镇民代表大会，作为民意机构。不久流于形式。

△ 马跑泉至县城南(今秦州区天水郡)公路建成。

△ 中滩成立三阳川卫生所，为境内首家公办医疗单位。

△ 奉令查禁民间不良习俗，内容包括崇拜神权迷信、妇女缠足、使用婢女、童养媳、堕胎溺婴等。

1945年（民国34年）

7月，国民政府主席、军事委员会委员长蒋介石到马跑泉视察骑兵军官学校。

12月，宝天铁路及天水火车站（在北道埠）建成。

是年，陇南农林试验场在天水县三阳川、东泉推广施用硫酸亚铵化肥。是为境内使用化肥之始。

△ 市场物价继续轮番上涨，小麦粉每市斤涨至27元，猪肉每斤120元，均比10年前上涨500倍。

△ 小陇山天然林管理处在甘泉寺成立。

△ 春、夏连旱,夏田减产,渭北山区特旱处秋田难播。

1946年(民国35年)

1月,宝天铁路正式通车,终点站为北道埠。

5月,天水至兰州铁路开工。

7月,全县开始成立国民兵,并组织培训。乡、镇和保各自均设队长、队副,并佩发官兵符号。

8月,原八路军南下支队北返陕北途中,由徽县、两当进入境内,经党川、麦积、甘泉、社棠等地北去。

当年,北道埠始设汽车运输站。是为北道埠设汽车站之始。

△ 马跑泉开办邮局,北道埠设邮亭。是为境内最早所设邮政机构。

1947年(民国36年)

1月,县政府令警察局会同宪兵队,在春节期间查禁烟毒以及赌博、迎神活动。旋又令制止婚娶中重聘纳礼之风。

是年,考古学家裴文中在三阳川等地发现古文化遗址。

△ 北道埠渭河上建成木架钢梁木面桥,可单行汽车。是为今城区(北道埠)渭河上首次架设可通行汽车的桥梁。

1948年(民国37年)

6–7月,县政府严令实施清乡,并推行乡镇保甲长纵横连坐法,彻底清查户口,登记民间枪支,均意在防止共产党的活动。

8月,社棠镇数千农民为抗议铁路方面毁坏农田,到工务段相殴。

8月中旬,渭河暴涨,沿岸农田被淹。

10月,琥珀乡罗家村、霍家沟分别成立中国共产党(简称中共)支部。是为境内成立最早的中共组织。

当年,由于物价上涨之势难扼,法币形同废纸,国民政府废止法币,发行金元券。但不久,金元券仍失去信用。

1949年(民国38年,1949年9月30日止)

7月26日,中共中央西北局在西安组建中共天水县委员会(简称天水县委)。

7月,骑兵军官学校撤离马跑泉西去。国民军第一一九军王治岐部"援陕"失败,沿渭河入境向西撤退。

8月2日,中国人民解放军第一兵团第七军第二十师进驻北道埠。境内陆续解放。

8月8日，天水县人民政府在县城成立。

8月9日，国民党飞机袭击天水火车站。

8月20日，天水市人民政府成立，辖县城及城郊。至此，原天水县分为天水县、天水市(县级市)。

8月30日，中共天水县委在天水市成立。

8月，天水县在境内设东泉、元龙、渭南等区。区设中共区委和区人民政府(后改区公署、区公所)，领导乡、镇。

9月，开始登记国民党党、政、军、警人员。

秋，连绵降雨数十天，秋田减产3～4成。

中华人民共和国

1949年(1949年10月1日)

10月1日，中华人民共和国成立。同日，中共天水县党员代表会议在天水市开始举行。

10月11日，活动在境内东南部林区的梅树成匪帮一部袭击三岔城(吴砦)。

10月21日，县人民政府通令改民国纪年为公元纪年。

10月29日，天水县各界人民代表会议首届会议在天水市开始举行。

11月23日，县人民政府决定缩小民国时乡、镇区划，废除原乡、镇公所，成立乡、镇人民政府。

11月，开展支军、支前活动，县政府动员组织民工，出动牲畜、车辆和担架支援解放军西进或南下；动员妇女做军鞋10万双。县大队配合解放军部队，到境内东南部林区剿匪。

12月，县人民政府决定废除农村保甲体制，新设行政村、自然村两级，并成立村农民协会。

1950年

1月，天水县农民代表会议召开，成立县农民协会。

△ 北安乡改称北道乡，隶东泉区。

2月，宝天铁路修复通车，天水飞机场整修完工。

△ 中共天水县委、县人民政府从天水市迁治天水郡(在今秦州区城区西南，其地时为县辖)。

3 月,县人民政府发布禁毒布告,境内开展禁毒铲烟活动。

△ 旨在减轻贫困农户负担的农村减租减息运动开始, 至次年 8 月全县完成。历年欠租,一律免除。

4 月,《中华人民共和国婚姻法》颁布,县、乡即组织学习、宣传活动,提倡婚姻自主,实行一夫一妻,反对包办、买卖婚姻。旧的家庭、婚姻观念开始受到冲击。

5 月,县人民政府发布通令,禁止妇女缠足。

冬,农村遍设文化夜校,开展扫盲运动。

当年,全县 1 万民工协修天水至兰州铁路。

△ 开始按累进制新税法征收农业税。其制以农户收益多少确定税负。征收量虽增,但贫困农户负担减轻。

△ 中国人民解放军第十一陆军医院在马跑泉成立 (后改称第三疗养院,1958 年迁出)。

△ 东泉区属丰川乡划归清水县,甘泉区属高桥镇划归徽县。

1951 年

1 月,天水县和宝鸡地区在天水县东南林区联合剿灭梅树成匪帮。

2 月,县人民政府发布禁赌文告。

3 月,开展镇压反革命运动。至年末,全县捕获反革命、特务、惯匪、恶霸 500 余人。

△ 农村开始建立互助组(又称变工队)。至 1952 年发展到近万个,参加农户占总农户 6 成。

4 月,县委召开“抗美援朝,保家卫国”大会,动员青年报名参军;8 月发动捐献运动。

△ 县人民卫生院在天水郡成立。

5 月,撤销镇的建制,统改为乡。全县设 93 乡,其中境内 48 乡。

7 月,天水县在社棠乡进行土地改革试点。9 月至次年 6 月,全县分 3 期全面开展,计没收地主成份家庭土地 19.4 万亩,连同征收的其他公田等共 19.8 万亩,无偿分配给无地或少地农户。

8 月,成立天水县人民武装部。

10 月,县人民卫生院在渭南区成立分院(次年改第八区卫生所)。后各区先后均成立卫生所。

11 月,天水县属北道、东泉、花牛、渭峡、碱峪、十里、天凌、天靖、甸东 9 乡

(其中前 5 乡在今麦积区境)划归天水市。

12 月,天水县供销合作社总社成立,日用工业品开始由国家统一经营。

当年,开始组织信用合作组织,在开展储蓄的同时,为农户发放生产、生活贷款。

△ 中国人民银行天水中心支行(设天水市)在北道埠、新阳镇首建营业所。此后数年,主要农村集镇均成立起营业所。

△ 铁路系统在北道埠建立医院(今天水市第四人民医院),为北道埠首家正规医院。

△ 铁路系统在北道乡吕家村建起小型火力发电厂。

△ 北道埠铁路系统单位建成自来水设施,今城区始有自来水。

1952 年

1 月,县、区机关"三反"(反贪污,反浪费,反官僚主义)运动开始(7 月结束)。

夏,城乡普遍开展群众性爱国卫生运动。

8 月,北道等 9 乡复划归天水县。

秋,第八区渭南、临渭、正阳 3 乡组织劳力修建黄渠。

10 月 1 日,天水至兰州铁路通车。

11 月,开展"中苏友好月"宣传活动。

11–12 月,西北军政委员会文化部派勘察组到麦积山石窟勘察。

当年,在私营工、商业中开展"五反"(反行贿,反偷税漏税,反盗骗财产,反偷工减料,反盗窃国家经济情报)运动。

△ 北道埠至天水市架设电报、电话同用单铁线(次年改架双线),境内始有电话。

△ 第八区(三阳川)成立黑热病防治站。第二区(东泉)二十里铺设第一个新法接生站。

1953 年

3 月,县广播站在天水郡成立(1962 年迁北道埠)。

4 月,县委发出取缔一贯道的指示。

△ 天水县面粉厂在马跑泉建立(1956 年迁北道埠)。是为境内第一个使用现代机械生产的公私合营工厂(不久改国营)。

5 月,天水县在北道埠设第十七区,辖北道、社棠 2 乡。

7 月,开展第一次人口普查。天水县 17 区、114 乡计 8.91 万户,40.89 万人,其中境内 5.3 万户,24.3 万人。

△ 天水第二初级中学(不久改称天水县中学)在第二区东泉乡慕家滩创办。

次年迁今马跑泉西(即今天水市第二中学址)。是为境内第一所正规初级中学。

7–8月,国家文化部派勘察团考察麦积山石窟。此前,政府拨款1.5万元,整修栈道800米,使各洞窟均能通达。

9月,县妇幼保健站成立。

冬,贯彻政务院关于实行粮食统购统销的命令,粮食开始由国家统一收购。次年,再禁止私商经营粮食。

当年,西北转运站在北道埠成立分站,负责陇南、陇东物资转运。

△ 甘肃省供销合作联社天水购销站 (后改天水土特产品公司) 在北道埠成立。以上两家为境内最早兴办的省属企业。

△ 新华书店天水支店在北道埠设门市部(1956年改支店)。

△ 中国人民保险公司北道埠营业所成立。

1954年

春,甘泉、东泉等乡开始组建初级农业生产合作社。是为境内推行农业集体化之始。

3月,天水县召开第一次互助组组长暨劳动模范代表会议。

△ 天水县东北部2区、20乡分别划归清水、秦安两县;秦安县谢坪、扁坡乡划归天水县。调整后,全县设15区、141乡。

4月,基层举行选举,农村以行政村为单位选举乡人民代表。其后,又在乡人民代表会议上选举县人民代表。

6月,天水县第一届人民代表大会第一次会议在天水郡举行。会议听取县人民政府工作报告,选举县长、副县长和省人民代表大会代表。

8月16日,由于上游普降暴雨,渭河猛涨。沿途受灾严重,4.5万人受灾,死20人,冲毁农田3.6万亩、房屋2000多间。北道埠淹至火车站,冲毁10单位房屋134间,总计损失443亿元(合443万元)。人民政府先后发放救济款12亿元(折现币12万元),供应粮613万市斤。

9月,棉布实行统购统销,为群众发放布票。商店开始凭票售布。之后其制延续30年,至80年代中废止。

当年,县人民政府设党川森林经营所,管理东南部国有森林。

△ 北道埠成立木器生产合作社,为首家工业生产合作社。

△ 始用含碘食盐片防治甲状腺肿和克汀病。

1955年

1–2月，中共天水县第一次代表大会在天水郡举行。会议听取县委工作报告，选举县委委员。接着，在县委委员会议上选举县委书记、副书记。

3月1日，新发行的人民币开始在境内流通，1元兑旧币1万元。

春夏间，农村开展粮食“三定”（定产、定购、定销），对当年应上缴的收购量一次确定到户。是为对农户确定粮食征购任务之始。

6月，县人民政府改为县人民委员会。此前乡人民政府均已改为乡人民委员会（人民委员会简称“人委”）。

△ 县人民法院、县人民检察院从政府序列中分出，独立行使司法职能。

7月，农村首次发动全民性的以培地埂为主的水土保持运动。

9月，城镇非农业人口口粮开始以人分等定量销售。其后延续推行30余年，至90年代始废止。

10月，北道埠渭河公路桥建成。是为北道埠渭河上首座钢筋水泥结构桥梁。

△ 党政机关单位实行工资制度改革，供给加津贴制改为工资制（次年企、事业单位亦改行工资制）。

11月，北道乡改建为北道埠镇，直隶于县。

△ 调整区、乡体制。天水县设7区、1镇、65乡，其中境内5区、1镇、38乡。

冬，农村掀起学习中共中央主席毛泽东《关于农业合作化问题》的报告、建立农业生产合作社高潮。至年末，境内建起初级农业生产合作社700多个，入社农户占总农户90%以上。

△ 首次修筑北道埠渭河北堤。

是年，天水县在北道埠成立各商业公司。中国百货公司甘肃省公司在北道埠成立天水批发站。

△ 北道埠成立综合修配厂、缝纫生产合作社等城镇集体工业生产单位。

△ 花牛乡花牛寨农业社（今属花牛镇）从河北引进“红元帅”等苹果新品种。

△ 北道埠主要街道架设电力照明路灯。

△ 北道埠、马跑泉开展私营工、商业社会主义改造。

△ 县人民医院在北道埠二马路设第二门诊部。

1956年

2月29日，元龙区冯北乡桑渠农业社在修建水渠中发生塌方事故，10人死亡。

2–3月，农村开展大规模的兴建井、塘、窖、坝运动。花牛乡花牛寨打成7眼深7～10米的灌溉用井，其中3眼安装解放式水车，人推马拉，每部日灌地1亩。

3月，天水县机关“肃反”（肃清反革命）运动开始（次年5月结束）。

△ 有限度地开放粮食市场，允许农民将完成公购粮任务后的余粮在农贸市场议价出售。

春，在玉米播种中推广三角窝种法（两年后因不切合实际中止），并从外省引进“金皇后”等玉米新品种。

6月，撤销区级建置，调整乡级区划。全县设43乡、1镇，其中境内28乡、1镇。乡、镇直隶于县。

7月，《天水县报》创刊(1958年停刊)。

7–11月，万余名河北、河南、安徽灾民流入北道埠。

夏，农村出现并社、转社高潮，部分初级农业生产合作社并、转为高级农业生产合作社。

8月，秦安县岳家新庄等8村划归天水县（现属五龙乡）。

10月2日，天水火车站发生爆炸事故，死11人，伤93人。

11月1日，流入北道埠的500余名流民在市场哄抢食品。

12月，中国人民政治协商会议天水县委员会在天水郡成立。

当年，县文化馆在马跑泉成立（1958年迁北道埠）。

△ 成立县气象站，开始发布天气预报。

△ 中滩乡张白、石佛乡峪口农业社率先成立农村保健站。

△ 县卫生防疫站成立。

△ 县搬运公司(后改运输公司)在北道埠成立。

△ 甘肃省考古调查队确证柴家坪（在今伯阳镇）、樊家城（在今中滩镇）、马跑泉等10处新石器时期文化遗址。

1957年

1–2月，农村全部并、转为高级农业生产合作社，实现农村经济集体化。境内共设262个高级农业生产合作社，平均每社170多户。

3月，撤销农村行政村、自然村建制，由农业生产合作社代行职权。

△ 突发流行性感冒，三阳川及中部川区1.7万人染病，部分工厂停产、农村停工。

春，花牛乡董家沟(今属花牛镇)农业社建成首座安装水泵、用电力（由十里铺电厂供电）提灌的机井。

7月，甘肃省天水副食站(后改天水糖酒副食采购供应站)和甘肃省天水生产资料民用器材批发站(后改天水五金交电化工采购供应站)在北道埠成立。

△ 天水专署在北道埠举办天水商业区物资交流大会。除天水供货区外,甘肃省和其他7省(区)120多家客商参加交流,总成交额100多万元。

8月,县级机关"整风"开始,县委发动群众向党组织提意见。

△ 天水县成立电影放映队。

9月,为巩固农村集体经济,在农民中开展以粮食问题为中心的社会主义和资本主义两条道路斗争的大辩论。

10月,县委决定,"整风"运动转入反右派斗争。

10–11月,在粮食收购过程中,农村普遍开展"挖陈粮"运动,让农民把储存余粮全部交售国营粮站。

12月,县委从各乡调集4万劳动力,修建钟梁渠(在今秦州区中梁乡)引水工程。

冬,掀起全民性农田水利、水土保持运动,到处盲目兴建大型灌渠。

是年,北道埠开拓解放路、一马路、二马路、前进南路。今城区道路骨架形成。

△ 实现乡乡和大部分农业社通电话。

1958年

1月,开展禁毒、禁赌运动。

3月6日,中共天水县第三次代表大会开始。会议期间,工作中较注重实际的县委副书记黄振中等被打为"反党集团"(后平反)。

4月,东泉乡慕家滩农业社建起首座小型水力发电站。

△ 县委召开地方工业跃进会议,盲目兴建工厂开始。

6月,天水县太京乡和平农业社(今属秦州区)办起第一个农村集体食堂,县委在全县推广。至9月,农村实现食堂化,全部农民均在集体食堂用餐。

△ 天水县始用农用拖拉机耕地。

8月初,县委在甘泉乡开展建立人民公社试点。不到1个月,各乡均建起人民公社,全县共45个,其中境内26个。

△ 县委从各公社调集10万劳力再修钟梁渠(后几经续建,终无效益而废弃)。

△ 天水县支援引洮工程委员会成立。此后,全县近2万农民陆续赴陇西、岷县等地参加引洮河水上山工程。后延续数年,至1961年最后停工,民工返回。

△ 大炼钢铁群众运动开始。至10月,全县建土炼铁炉2600多座,后不久全部废弃。

△ 天水县中学(现天水市第二中学)设高中班,境内始有完全中学。

9月,全县再合并为15个人民公社,其中境内8个。撤销乡、镇建置和农业合作社组织。乡人民委员会改称公社管理委员会。公社以下设营、连、排,实行军事化管理。同时推行公社统一经济核算,实行供给制加工资制分配制度。

10月,县委制定亩产2000市斤的《天水县1959年农业生产计划纲要》,浮夸风、高指标达顶峰。

△ 县人民医院从天水郡迁境内。住院部设马跑泉(1965年迁北道埠),门诊部与原设北道埠第二门诊部合并,称县人民医院门诊部。

11月,东南部山区利用飞机播种造林。

12月,天水县与天水市合并,设新的天水市。市委和市人民委员会驻天水市(今秦州区城区)。

当年,天水县搬运站(后改县运输公司)购进第1辆崭新货运汽车。

1959年

1月7日,宝天铁路社棠镇附近山体崩塌,25名职工遇难,中断行车94小时。

1月,改变农村军事化体制,公社以下设管理区、生产队、生产小队3级。

春,市委抽调近万名劳动力,在北道埠西北何家村附近兴建北道埠铁厂。

4月,公社统一核算权下放生产队(即原高级农业社)。

6月,清理公社平调的资产,给生产队退赔。

7月,普降暴雨,渭河水越过北道埠公路桥桥面,马跑泉川被淹。

10月,天水市委召开四级干部会议,开始反右倾运动。市委书记处书记刘书银、王天一被打为“反党分子”(后平反)。

11月,市委抽调13万农村劳动力先后在河川地区和钟梁渠沿线开展“园田化”“梯田化”运动。

△ 市委在马跑泉公社三十甸子生产队开展斗争“冒尖人”“代言人”的试点。此后,农村普遍开展,土改中划为上中农成份的社员和部分干部被批斗。

12月,市委召开以反瞒产斗争为主要内容的五级干部大会。会后层层反瞒产。全市交售公购粮占到实际产量的1/3,致农民口粮严重不足。

当年,天水县调集8600名劳力兴修党川至利桥公路。至此,马跑泉到利桥公路(东利公路)建成,全长94.6公里。

1960年

1月,石门水库动工修建,2000余人参加。此后1年多投入10万个劳动日,基本建成水坝。1961 年停工报废。

2 月，全国水能综合利用现场会议在天水召开，到麦积山公社参观。

4 月，省民航局出动飞机，在境内喷撒农药，防治小麦锈病。

5 月，位于马跑泉公社三十甸子的天水火电厂分厂建成发电。

11 月，市委为解决粮荒，提出“低标准，瓜菜代”等度荒办法，发动群众大搞代食品。

12 月中旬，贯彻中央发出的《关于农村人民公社当前政策问题的紧急指示信》（又称“十二条”），市委召开市、社两级干部会议，检查和揭露市委工作中的严重错误。

12 月，开始为 1958–1959 年反右派斗争中错整的干部平反。

△ 为解决农村饥荒，决定立即停止粮食入库，并返销部分已入库的粮食，以抢救人命。

△ 中共中央监察委员会副书记钱瑛 (女) 率中央工作组到麦积山等公社调查，帮助解决农民生活困难。

当年，天水专署商业局北道肉类联合加工厂在下曲湾建成。

1961 年

1 月，农村开始整风整社，纠正延续 3 年的“共产风”。农村饥荒形势开始好转。

3 月 4 日，麦积山石窟被国务院确定为全国重点文物保护单位。

春，由于商品紧缺，农贸市场开放后物价暴涨，粮价比国家供应价高 10 ~ 20 倍，至秋冬渐降。

5–7 月，调整农村管理体制，生产队改称大队，生产小队称生产队。

7 月，农村集体食堂正式宣布解散（此前已实行打面到户，恢复以户为炊）。

△ 缩小公社规模，天水市划为 84 社，其中境内 43 社。在市、社间设 17 个中共区工作委员会（简称区工委），领导公社。

△ 农村集体组织口粮分配开始实行包五保户，照顾困难户，其余全部按劳动工分分配的办法（此前为以人定量分配）。

10 月 18 日，新阳渭河上发生翻船事故，24 人遇难。

10 月，为加强农业和减轻国家负担，开始精简职工，并动员城镇居民回乡。

12 月，复设天水县，原天水县的北道、马跑泉、社棠等 10 公社及原天水市辖区 2 公社划归天水市，其余 72 公社组成天水县。中共天水县委、天水县人民委员会暂驻天水市（今秦州区城区）。

1962年

3月，农村集体经济由大队核算改为以生产队核算，规模相当原初级农业社。

春，境内西坪、五龙等贫困公社一些生产队在经营管理中自发实行“包产到户”“划口粮田”等办法。

6月，小陇山林业局(次年改称林业实验局)成立，隶省林业局。东南部森林归其经营。

7月23日，渭河流域普降暴雨，1.3万多亩农田被淹，死3人。

7月，天水县党、政机关迁北道埠，驻原北道埠铁厂址（北道埠铁厂1961年停产，1962年初正式关闭）。

△ 北道埠、马跑泉、社棠、寨子、石岭、东柯、花南7公社划回天水县。至此，天水县设15区、84个公社，其中境内40公社（不含时属天水市的廿铺、玉皇、花牛3公社）。

10月，县委贯彻中央关于巩固人民公社集体经济的决定，开始纠正“包产到户”“划口粮田”等作法。

当年，解放军第一三三野战医院(后改称第二十九医院)从青海迁驻今羲皇大道东路。

1963年

2月，党川、利桥、甘泉、元龙等区开始开展梅毒病防治(1964年7月结束)。

2–3月，农村开展以巩固集体经济为中心内容的社会主义教育运动，彻底纠正包产到户、划分口粮田、多划自留地、乱开荒地等“单干”行为。

4月，北道建筑合作社（后改建筑工程公司）成立。是为县属首家建筑单位。

5月22–24日，甘泉区麦积、甘泉、朝阳公社降暴雨，冲淹庄稼5185亩，刮没土地224亩。

5月，北道埠公社改置为北道镇。

6月3日，麦积公社及街子公社的冯王大队、甘泉公社的桦林沟、金家山大队降冰雹，大者如鸡蛋，积雹最深30厘米，万余亩庄稼被打毁。

6月，县级机关和企、事业单位开展“五反”（反对贪污盗窃，反对投机倒把，反对铺张浪费，反对官僚主义，反对分散主义）运动。

△ 开展以打击投机倒把、取缔私商长途贩运为主要内容的农贸市场整顿。

9月，县委抽调干部，在五龙、石洞公社进行社会主义教育运动试点。主要内容是开展对敌斗争，巩固集体经济，清理农村干部四不清（粮食、工分、现金、物资方面不清)。

△ 举办天水县首届美术作品展览。

△ 北道埠与天水市间建成载波电话线路。

1964年

2月,县委集中干部在三阳、新阳两区部分公社开展社会主义教育运动。

6月,甘铺、玉皇、花牛3公社(今均属花牛镇)从天水市划归天水县。至此,全县设15区、1镇,区辖86公社,其中境内7区、1镇、46公社。

△ 农村集体组织口粮分配改为按人劳比例分配,即总分配量中,劳动工分占6~7成,人口占3~4成。

7月初,进行第二次人口普查。天水县计10.6万户,48.3万人。其中境内5.84万户,27.73万人。

7月20–21日,境内普降大雨,造成山洪暴发,河水猛涨,元龙、三阳、甘泉、东泉、新阳等区和北道镇1.6万亩农作物受灾,部分水利工程、民房和公路被淹没。

7月,城乡普遍大抓阶级斗争,查处投机倒把、农副业单干等。

8月9日,渭河流域新阳、安林、卦台、中滩、正阳、演营、晚阳7公社遭受水灾,淹没农作物1434亩,冲毁土地210亩。

秋,开始大面积种植矮秆、抗锈、高产的阿勃、阿夫、阿桑小麦,后多年成为境内主要栽培品种。

10月,成立县贫农、下中农协会(简称"贫协")委员会。

冬,农村掀起大兴革命化、大破迷信高潮。寺庙神像大部被打毁,并禁演历史剧,提倡演出反映现实生活的现代戏。

当年,农村社会主义教育运动(次年又称"四清"运动)中提出民主革命不彻底的问题,开始补划地主、富农成份(至运动结束全县补划1200余户)。

△ 天水县国营砖瓦厂在北道埠筹建,次年投产。

△ 天水县渭南农业中学成立。

1965年

1月,县贫农、下中农第一次代表会议召开,选举县贫协机构和参加省贫农、下中农会议的代表。会后,公社、大队、生产队均成立贫协组织。

2月,县委召开县、区、社三级干部会议,贯彻中央关于"四清"运动的"二十三条"规定,组织干部主动"洗手洗澡",放下"包袱"(即交待问题)。

7月7日,境内普降大雨,山洪冲毁农田9万亩。渭河同时暴涨,淹毙11人。

8月,天水地委抽调7000余名干部、学生和积极分子,组成社教工作团(又称“四清”工作团),在天水县9个区(包括境内东泉、甘泉、元龙、党川、利桥5区)及部分县属单位开展“四清”运动(次年1月结束)。

9月,新阳公社在渭河上建成钢索吊桥。是为境内渭河上首座吊桥。

△ 中共中央总书记邓小平,副总理李富春、薄一波等从西安赴兰州途中在天水火车站停留,接见天水地委和天水县、天水市委领导。

10月,花牛大队(今花牛镇花牛村)苹果在香港试销成功,获良好声誉。是为天水苹果对外出口之始。

冬,全县开展学五十里铺(今属秦州区)高潮,大搞以兴修水平梯田为主的农田基本建设。

△ 北道埠渭河北岸下游修筑混凝土桩、块石基础河堤。

△ 农村普遍兴办耕读小学,实行半日授课制,让因家庭拖累不能在全日制学校读书的儿童学习。两年后废止。

1966年

2月,天水县调整区、社体制,并为10区、1镇,区辖63公社。其中境内4区、1镇,33公社。

3月,天水地委组织的“四清”工作团在天水县其余6个区(包括境内三阳、新阳2区)和县属单位开展第二期运动,至10月结束。两期运动,共确认有1443个单位(包括854个生产队)领导权被“敌人”篡夺,查出有问题干部2.6万人,总计清出贪污盗窃、多吃多占折合现金319.8万元,粮食1253.7万市斤。

5月19日,县委召开批判“三家村”(即北京市委书记处书记邓拓、副市长吴晗、统战部部长廖沫沙3人)广播大会。“文化大革命”运动在境内开始。

5月,天水县农具厂(后改天水农业机械制造厂)在北道埠建成投产。

△ 北道埠电影院(后改称东方红电影院)建成开业。

7月21-22日,渭河暴涨,流量每秒达4920立方米。河水越过南岸堤堰,淹没马跑泉川农田。花南公社副书记王毓贵在抢险中牺牲。

当年,原沈阳风动工具厂迁社棠公社李家渠,改名天水燎原风动工具厂(后又改天水风动工具厂),为境内第一个大型国营工厂。

△ 今渭南乡境内渭惠渠(原称黄渠)重建工程竣工,可灌地万亩。

△ 天水造纸厂在马跑泉永川河东建成投产。

1967 年

2–3 月，县委、县人委机关遍遭“造反派”冲击，工作陷瘫痪状态。

3 月，天水县“抓革命、促生产”第一线指挥部成立，负责处理全县日常工作。县委、县人委工作中止。

5 月，县第一线指挥部推行大寨大队“标兵工分、自报公议”的劳动管理办法。

8 月 4 日，县第一线指挥部发出通知，关闭粮油市场，严禁粮油上市。

8 月 15 日，纷传两派“造反”组织将到县机关大院武斗，县级机关大部分干部离开岗位。

1968 年

3 月 25 日，北道埠举行万人大会，宣布天水县革命委员会(简称“县革委会”)成立，实行党、政一元化领导。

5 月，县革委会大抓阶级斗争，大刮横扫“走资派”、打击阶级敌人的“十二级台风”。城乡掀起大批大斗新高潮。

6 月，三阳区革命委员会成立。至 8 月，县属各区均成立起革委会。各公社革委会亦陆续成立。

△ 县革委会组织工人和解放军“毛泽东思想宣传队”，进驻天水县中学、东风小学等县属学校。

10 月，县直属单位 138 名干部到南河川、皂郊(今属秦州区)“五七”干校劳动“锻炼”。 天水专区“五七”干校在境内利桥公社墁坪成立。

△ 天水县调整区划，撤销区级建置，63 个公社并为 40 个，其中境内 21 个。公社直隶于县。

11 月，县革委会成立整党领导小组。

12 月，县革委会决定掀起“农业学大寨”运动，开展以兴修梯田为主的冬季农田基本建设(延至 1978 年)。

当年，社棠、元龙、五龙、琥珀公社分别改名“东方红”“卫东”“五星”“红光”公社(此前石佛已改称“向阳”)。后于 1971 年均复原名。

△ 部分地方扩大大队规模，少数大队改变生产队核算体制，实行大队统一核算。

1969 年

2–4 月，掀起城镇知识青年“上山下乡”热潮，北道埠 1200 余名中学毕业生到农村落户。

8 月 29 日，五星(五龙)公社发生严重雹灾，积雹厚处达 30 多厘米。

10月,中滩公社第一个恢复公社党委(至1971年,各公社均成立党委)。

是年,天水县印刷厂在北道埠建成。

△ 天水地区氮肥厂在马跑泉永川河东建成投产(1979年停产)。

△ 向阳(石佛)公社引灌工程泽民渠建成。

△ 小陇山变电站在东泉公社黑王寨建成,甘谷电厂电力输入。天水电厂三十甸子分厂停产。

△ 连接甘泉寺至娘娘坝(今属秦州区)的董甘公路竣工。

1970年

1月,开展战备教育,组织基干民兵团。其后,北道埠大搞备战工程,挖防空地道。

2月,县革委会作出加强集市管理,任何单位不准到农村集贸市场和农村社队自行采购物品的规定。

4月21日,县面粉厂发生火灾,设备、厂房几乎全毁。

5月,著名地质学家李四光来天水考察,在甘泉作地震学术报告两场。

8月,甘肃绒线厂在社棠镇建成投产。

△ 南河川双曲拱型渭河公路新桥建成。

11–12月,全县农村14万劳力投入冬季农田基本建设。

12月,中共天水县委员会重新成立。县委实行一元化领导,县委书记兼任革委会主任。

当年,天水星火机床厂在东方红(社棠)公社刘家窑村建成。天水铸锻厂(后称天水锻压机床厂)、天水焦化厂分别在北道埠建成投产。天水卷烟厂在东泉公社三十甸子村建成。兰州市西固区仪表厂迁北道埠,改称天水县仪表厂。

△ 农村推行合作医疗制度(不久因资金困难中止)。

1971年

春,渭河川区普遍修建电力提灌机井。

2–9月,县人民武装部组织3次民兵长途拉练活动。

6月,县委、县革委会召开三级干部会议,掀起“农业学大寨”高潮。

9月,马跑泉川治理渭河工程开始(次年5月完工)。

12月,店镇、中梁、耤口、铁炉、关子、秦岭、牡丹、杨家寺、太京、皂郊10公社划归天水市。

当年,天水县水泥厂在甘泉公社中庄村建成。

△ 甘肃棉纺织厂、天水县针织厂分别在社棠公社建成。

1972年

1月,批修整风运动开始。

4月,成立天水县计划生育领导小组,计划生育开始纳入党、政中心工作。

夏,因春、夏连旱,境内渭河一度断流。

10月,刘家峡水电站电力输入境内。省电力工业局在东泉公社三十甸子村成立天水供电局。

当年,甘肃省医疗器械厂从兰州迁东泉公社三十甸子村附近。“六二六”医院从兰州永登迁驻社棠镇。

△ 天水县食品厂和天水县橡胶制品厂(后改称天水橡胶化工厂)分别在北道埠建成。

△ 麦积山发现距今300万年的鸟卵化石。

△ 由于原考试招生制度废除,开始推荐工、农学员上高等院校。

1973年

春,为抵御旱灾,县革委会提倡扩大高粱面积,压缩玉米面积。

3月,县人民法院恢复。

5月27日,甘泉、东泉公社等地发生特大雹灾,积雹最厚处67厘米。甘泉公社即将成熟的小麦尽毁,死亡5人,洪水冲走牲畜5头、羊200多只。

5月,全省武术比赛在北道埠举行。

10月,北道埠举行全民防空袭疏散演习。

当年,天水地区渭南师范学校(今天水市第二师范学校)在渭南镇成立。

△ 大旱,境内渭北山区严重减产。

△ 境内首次出现粮食供应不足状况,开始从外地调进口粮。

△ 新阳公社发生群众因食用三棱豆(山黎豆)严重中毒事件。

1974年

春,川区推广小麦、玉米带状种植(两年后中止)。

5月,第一座农村变电所——渭南变电所在渭南公社建成。

夏,人民日报头版发表题为《天水县东风小学》的文章,提出让青少年儿童从小学点马列主义,引来外地不少参观者。

7月,北道地区工人民兵指挥部成立(1977年撤销)。

10月,因花牛苹果在国内外市场上享有盛名,国务院将整个天水地区列为全国外销苹果生产基地。

当年，天水县化肥厂投产（1979年关停）。

△ 伯阳公社柴家坪提灌工程竣工。

1975年

1月，县委、县革委会召开两级干部会议，落实1975年农业上“纲要”（即全县粮食亩产达到400市斤）措施。

4月，全国青年篮球分区赛在北道埠举行。

春，县委在农村推广玉米宽窄行密植、“四围墙”套种、大秋作物移栽等新的栽培方法（后因不适宜中止）。

8–9月，县人民武装部集中民兵以拉练形式抢修元龙至东岔公路。

10月，位于二十里铺公社的天水飞机场修复工程开始(1980年竣工)。

是年，再次掀起城镇知识青年“上山下乡”高潮。

△ 天水地区第二人民医院在社棠镇建成开业。

△ 开展对妇女病的普查(1980年结束)。

△ 首次使用流感(流行性感冒)疫苗。

1976年

1月，元龙至东岔公路（时称元东公路）竣工通车。路长84公里，沿渭河南岸通过，从悬崖峭壁间凿隧道6孔，施工中有14人遇难。

△ 农村政治思想路线教育(简称路线教育)运动开始。

春，部分农村发生春荒，出现人口外流。

5月，县委、县革委会决定实行“社会主义大集”，每公社限开1集，10天1逢，其余时间禁止赶集。

8月，连降大雨10余天，秋粮严重歉收，棉花绝收（此后境内极少种植棉花）。

△ 县人民剧院在北道埠建成。

9月16日，县委、县革委会在北道埠召开万人追悼中共中央主席毛泽东逝世大会。各社、队均在同日召开追悼会。

10月，成立天水县抗灾、救灾领导小组，号召农民节约用粮，储备代食品，以度粮荒。

△ 麦积山石窟维修加固工程动工，采用喷、锚、粘、托的综合加固技术，至1984年竣工，历时7年，耗资300万元。

1977 年

1 月 10 日，吴砦公社吴砦大队 1 辆手扶拖拉机翻入山沟，死 5 人，伤 3 人。

10 月，县委、县革委会成立农田基建指挥部，组织全民会战。

△ 天水县召开首次科学技术大会。

冬，高等院校恢复招生考试，全县中学有 93 人考入大学，131 人考入中专。是为 1966 年高考中止后首次统考招生。

当年，小陇山林业实验局纤维板厂在马跑泉永川河东建成投产。

△ 社棠良种繁殖场杨公奇培育的社棠系小麦优良品种通过鉴定。后在境内广泛种植，获得较高亩产。

1978 年

1 月，何家山电视差转台建成，开始转播中央电视台第一套节目。

2 月，县委成立清理办公室，开始复查“文化大革命”运动中冤、假、错案。

3 月，打击阶级敌人破坏，打击贪污盗窃、投机倒把的“双打”运动开始。

△ 沿渭河南岸修筑的滨河公路竣工。是为境内第一条高标准公路。

4 月，天水县卫生学校在马跑泉成立。

6 月，店镇、中梁、耤口、铁炉、关子、秦岭、牡丹、杨家寺 8 公社复划天水县。全县设 38 公社、1 镇。

△ 开始复查“四清”运动中补划的地主、富农成份，并恢复土改时成份。

△ 天水拖拉机厂从天水市七里墩迁社棠公社下曲湾新址。

7 月 19 日，陇海铁路伯阳站(位于南集村)附近发生滑坡，火车停运 25 天。

7 月，贯彻中央关于农村经济政策的指示，允许社员经营家庭副业，并有限度地开放粮油市场。

11 月 6 日，天水县人民代表大会在北道埠举行。是为 1965 年后首次召开的人民代表大会。

11 月，右派分子全部被摘掉帽子。不久，又陆续恢复工作。

12 月，县委和省委政策研究室在东泉公社崖湾大队试办联产到组生产责任制。

当年，东泉公社胡王村办起农村幼儿园。是区内农村兴办的首家幼儿园。

△ 北道埠自来水厂建成投产，绝大部分居民用上自来水。

1979 年

1 月，县及以下各级领导机关学习中共十一届三中全会精神，重点强调解放思想，把工作着重点从以阶级斗争为纲转移到经济建设中。

△ 境内新设3所完全中学,实现每个公社均有高中。

2月,为绝大部分地主分子、富农分子、反革命分子、坏分子(统称“四类分子”)摘掉帽子,给以公社社员待遇。

4月,县人民检察院恢复后,正式办公。

△ 恢复和开放全部农贸市场(次年又恢复传统集日)。

5月,渭南至中滩间渭河公路桥竣工,总长219米。

6月,中国人民政治协商会议天水县委员会恢复。

11月,社棠、二十里铺等公社脊髓灰质炎流行,55人发病。

冬,铁路沿线及城镇社会秩序混乱,抢劫、盗窃案件倍增。

当年,农村普遍实行包产到组的生产责任制,山区少数偏僻村庄开始实行包产到户;普遍给社员划分饲料地、山荒地,并增划自留地。

△ 川区推广地膜覆盖栽培蔬菜技术。

△ 春、夏连旱,小麦严重减产。人均口粮300市斤以下的困难队被免缴农业税和购粮任务。

△ “上山下乡”到农村的城镇知识青年大量返回城市,北道埠待业人口剧增。

△ 兰州化学工业公司在甘泉寺建成职工疗养院。

1980年

3月,设凤凰公社。至此,全县共39公社、1镇,其中境内22公社、1镇。

春,琥珀公社在公社党委主持下,自发实行“大包干”到户(即包产到户)的农业生产责任制。是为自50年代实行合作化后首次将土地承包到户经营。

8月,县委制定《关于实行包产到户责任制具体问题的处理办法》,境内普遍推行包产到户。至年底,全县2277个生产队中,有2095个实行了家庭承包经营。

10月,举行首次县级人民代表直接选举。全县设220个选区,选出县人民代表399名。

12月,天水县人民代表大会常务委员会(简称县人大常委会)、天水县人民政府分别成立,县革委会撤销。在是月召开的天水县第八届人民代表大会上,选举了县人大常委会主任、副主任、委员和县长、副县长。

当年,城镇居民开始实行一对夫妇终生只生一个孩子的计划生育政策。

△ 宝鸡至天水段铁路电气化工程竣工。

△ 东泉公社一农民首次购置私营货运汽车。

1981年

1月，公社革委会改为管理委员会，北道镇革委会改为镇人民政府。

3月，北道埠前进路铁路、公路立交桥竣工。

8月21日，中共中央副主席、中央军委主席邓小平到驻区解放军某部队营地视察。

8–9月，连降暴雨，铁路沿线多处塌方，交通阻塞。

11月29日，吴砦公社黄龙大队山体滑坡，压毁铁路、民房，中断行车14天。由于提前预防，人员安全转移。

是年，春、夏连旱100天，粮食严重减产。

△ 县商业部门开始推行以扩大企业经营自主权，实行经理负责制为主的体制改革。

△ 允许农民从事鲜活商品和计划外农副产品长途贩运。

△ 天水县首次成立环境保护组织。

1982年

2月，天水星火机床厂与法国公司合作生产出达到国际技术标准的车床。

3月，开展“文明礼貌月”活动。

春，社棠公社下曲湾大队首次用塑料薄膜覆盖方法种植玉米，其后在高寒山区普遍推广。是为玉米栽培方式的历史性创举，使玉米亩产量成倍增加。

7月，进行第三次人口普查。全天水县13.42万户，71.97万人。其中境内8.3万户，44.6万人。

12月，麦积山风景区被国务院确定为国家重点风景名胜区。

△ 县委改组其主要成员违法占地、兴建私房的中共东泉公社委员会。

当年，天水锻压机床厂制成新型液压摆式剪板机，填补国内空白。

△ 甘肃省蜂乳厂在北道埠建成投产。天水果脯厂在社棠公社下曲湾建成投产(1987年并入罐头食品厂)。天水县仪表厂改建为天水县塑料厂。

△ 甘肃省林业学校迁东泉公社崖湾村。

1983年

2月27日(农历正月十五日)，北道埠举行首次大型元宵节社火会演。此后历年沿袭举办，成为境内春节活动中最具规模的会演。

3月，开展“法制宣传周”和“维护公共秩序活动月”活动。

4月，地名普查完成，次年出版《甘肃省天水县地名资料汇编》。

5月，组建天水陆军预备役师炮兵团。

△ 东泉、西坪公社分别改名马跑泉、西山坪公社。

7月19日，中共中央总书记胡耀邦视察驻区解放军某部队并参观麦积山石窟。

8月，开始严厉打击危害社会治安的犯罪分子。

12月，撤销人民公社建制，县以下设乡。公社管理委员会改称乡人民政府。

当年，进一步放宽农村经济政策，强调发展各类经济个体专业户、重点户和联合型经济体。此后，农村工业、商业、服务业、饲养业等专业户、重点户迅速发展。农村经济打破单一务农格局，开始全面发展。

1984年

5月，天水至兰州段铁路电气化工程竣工。

6月，社棠乡所属张家村、吕家村、何家村、寨子村划归北道镇统辖。划入后，设寨子农业管理区管理。

7月，吴砦乡桑家门两跨渭河的大型铁路桥建成。

8月，县人民政府决定开放渭南、甘泉等乡境内的天主教堂。

9月，从天水县划出马跑泉、社棠、二十里铺、甘泉、麦积5乡及北道镇组成北道区(县级)，其余乡仍组成天水县。县、区机关共驻北道埠。

当年，小麦大丰收，农贸市场每公斤交易价降至0.3元，为30年来最低价。

△ 县属国营工厂进一步扩大自主权，推行利润包干、自负盈亏等改革措施。

△ 调整农村基层体制，大队改为村，生产队改村民小组。村成立村民委员会，行使农村自治和行政管理职责。

△ 麦积山风景名胜区管理局在马跑泉泉湖路成立。

△ 天水啤酒厂在马跑泉永川河东建成投产。

1985年

3月，县委在中滩乡开展文明村、文明单位创建试点。

4月，新设不久的北道区撤销，5乡、1镇仍并入天水县。

5月13日，元龙乡冯川村因暴雨导致山体滑坡。

7月8日，国务院批准撤销天水县，设北道区(县级)，上隶天水市，辖原天水县中部、东部和西北部，其西部和南部划归由原天水市(县级)和天水县的中梁等乡改设的秦城区。

六、《北道区志》勘误

扉页左下“编篡委员会”,应为“编纂委员会”。

图片名“石门雾岗”,应为“石门岗雾”。

图片名“杜廷盈”,应为“杜廷楹”。

图片名“潘尊英”,应为“潘尊贤”。

2页倒5行中“蒜苔”,应为“蒜薹”。

6页12行中“从天水郡分置广魏郡”,应为“永阳郡(东汉末置)改名广魏郡”。

6页12行后和13行“(治今社棠镇)”,应为“(治今秦安县东南)”。

7页2行“后赵上邽镇将郭权降东晋”,应为“后赵河东王石生部将郭权入据上邽,降东晋”。

7页倒4行中“北魏出兵上邽”,应为“北魏出兵陇右,进逼上邽”。

8页7行后“上封县复名上邽”,改为“大业初,上封县复名上邽”。

9页4行前“960年(建隆元年)”,应为“太平兴国后”。

9页6行中“北部羌族等”,应为“西北部吐蕃部落”。

9页8行前“二年”,应为“三年”。

9页倒3行“蒙古灭金,招降金地”,应为“蒙古招降陇右”。

10页11行前“1645年(顺治二年)”,应为“1646年(顺治三年)”。

10页倒12行前“1760年(乾隆二十五年)”,应为“1761年(乾隆二十六年)”。

10页倒9行中“甘肃提督”,应为“河州镇总兵”。

19页18行中“1500”,应为“500”。

29页倒4行前“7月”,应为“冬”。

36页倒3行后“延河”,应为“沿河”。

41页10行中“使用仪”,应为“使用权”。

45页倒8~倒7行“关子区杨家寺乡”,应为“牡丹区宝峰乡”。

47页3行后段“(治今秦城)”,应为“(治今北道埠北)”。

47页5行中“置绵诸道”,应为“西汉置绵诸道”。

47页6行“今区境东部”,应为“今区境东北部”。

47页9行中“从陇西、安定二郡”,应为“从陇西郡”。

47页10行中“其中望垣县(治今三阳川)”句,应删去。

47 页倒 9 ~ 倒 8 行“从天水郡分置广魏郡”，应为“永阳郡（东汉末置）改名广魏郡”。

47 页倒 8 行“（治今社棠镇），辖境内东南部”，应为“（治今秦安县东南），辖境内西北部”。

47 页倒 3 行前“（今秦城）”，应为“（今境内东柯谷）”。

47 页倒 2 行中“上邽改称上封”，应为“上邽废县为镇，另置上封（治今秦城）”。

48 页 2 行前“开皇三年（583 年）”，应为“开皇中”。

48 页 13 行后“（治今渭南乡东）”，应为“（治今三阳川西）”。

48 页 17 行“天水军（治今秦城区天水乡），辖今区境南麦积山一带（包括陇城）”，应为“成州（治今成县），辖今区境中南部”。

48 页 19 ~ 20 行“元至元七年（1270 年）陇城县撤销，辖域并入秦州成纪”，应为“旧陇城县辖域并入秦州成纪”。

48 页 25 行中“乾隆二十五年（1760 年）”，应为“乾隆二十六年（1761 年）”。

48 页 28 ~ 29 行“三岔厅建置保留，撤州判署，设警察分厅”，改为“三岔厅并入”。

48 页 30 行后“民国 24 年”，应为“民国 25 年”。

51 页表倒 2 行第 2 栏“1645 ~ 1912”，应为“1646 ~ 1912”。

52 页 8 行后“赤裕”，应为“赤峪”。

60 页 9 行开始“马路泉镇”，应为“马跑泉镇”。

69 页表中东岔乡驻地应是“付家滩”，书“符”误。

75 页 5 行中“八堳坪”，应为“八垧坪”。

79 页倒 7 行后“呈砦”，应为“吴砦”。

90 页 8 行后“3370”，应为“3.39”。

109 页倒 1 行“蟑螂（俗称麻鞋底）”，应为“蟑螂、潮虫（俗称麻鞋底）”。

111 页 14 行后“复盆子”，应为“覆盆子”。

121 页 4 行中“咸和七年”，应为“咸和五年”。

209 页倒 4 行前“诉论”，应为“诉讼”。

260 页 4 行后“贴面的”后逗号，应删去。

266 页 5 行末“工程公司”后补逗号。

273 页 5 行后“山面”，应为“三面”。

279 页 1 行后“文昌官”，应为“文昌宫”。

280 页 14 行中“两崖”，应为“两岸”。

281 页 5 行中“场里”,应为“杨里”。

282 页 14 行后“相距 5 米”,应为“相距 3.5 米”。

282 页 15 行前“各高约 25 米”,应为“高 16 ~ 17 米”。

284 页 6 行中“通迅”,应为“通讯”。

286 页下表 4 行第 4 栏中“亡父”,应为“王父”。

306 页 4 行前“1969 年”,应为“1970 年”。

306 页 5 行后“1970 年投产”,应为“1971 年投产”。

327 页 15 行中“螺纹纲”,应为“螺纹钢”。

335 页表倒 4 行第 5 栏“1969”,应为“1970”。

372 页倒 1 行前“灌地 3 亩”后逗号,应为句号。

411 页 4 行中“后改天水采供站”后逗号,应为顿号。

425 页 11 行中“埫”,应为“垧”。

448 页 6 行后“复盆子”,应为“覆盆子”。

448 页 7 行后“毛匍萄”,应为“毛葡萄”。

455 页倒 5 行前“授于”,应为“授予”。

479 页倒 9 行中“猛涨时”后顿号,应为逗号;倒 8 行中“沉没”后顿号,亦应为逗号。

484 页倒 11 ~ 倒 10 行“次年”,应为“民国 33 年”;倒 10 行后“仅民国 33 年”删去。

501 页下表第 6 栏表目“本年地方收入”,应为“本年地方支出”。

511 页 10 行前“锐银”,应为“税银”;16 行中“纳锐人”,应为“纳税人”。

543 页倒 1 行后“投名者”,应为“投保者”。

561 页 12 行前段“倘有”,应为“尚有”。

593 页 16 行前“投机倒肥”,应为“投机倒把”。

613 页倒 5 行中“扳锉”,应为“板锉”。

637 页倒 7 行后“巡山扩林”,应为“巡山护林”。

640 页倒 6 行后“擂石”,应为“礌石”。

642 页倒 12 行后“守将雍王章邯败”,应为“雍王章邯守将败”。

642 页倒 10 行中“隗嚣将田弇、李育”,应为“公孙述所遣援将田弇、李育”。

642 页倒 1 行后“蜀军乘间抢收上邽小麦充军粮”,应为“蜀军乘间大刈上邽小麦”。

643 页 10 行后“平西中郎将”,应为“西中郎将”。

643 页 18 行后“讨杀”,应为“讨伐”。

643页22行中“(今秦安县境)”,应为“(今张家川县城)”。

645页7行中“羌人”,应为“吐蕃人”;后段“属羌人”,应为“属吐蕃部落”。

645页9行中“羌族等”,应为“吐蕃部”。

645页21行前“4月”,应为“四月”。

645页23行前“甘州提督”,应为“甘肃提督”。

645页25行前“10月”,应为“十月”。

645页28行后至29行“驰三岔。太平军退出三岔南返。十一月,复由白花川(今利桥百花村)入三岔城,被林之望、张华败”,应为“驰三岔,太平军败”。

646页3行后至4行“提督(一说总兵)”,应为“河州镇总兵”。

681页表倒3行第3栏“江办”,应为“江苏”。

696页8行前、后两处“教学”,应为“数学”。

702页倒14行中“小学”后逗号,应为顿号。

706页倒13行后增句号。

711页倒2行中“村委全主任”,应为“村委会主任”。

714页倒7行后段“2各”,应为“2名”。

720页13行前段“担头拥”,应为“担头佣”。

721页倒12首字“埫”,应为“垧”。

732页3行前“申请”后逗号,应为顿号。

736页倒14行前“沙家滨”,应为“沙家浜”。

738页倒8行中“暴满”,应为“爆满”。

745页倒6行中“刘兆赢”,应为“刘兆瀛”。

746页倒14行中、倒12行后“屈德州”应为“屈德洲”。

747页11行中“研究文史”,应为“研究经史”。

749页表倒10行第2栏“中国社会科学院”,应为“中国社会科学出版社”。

749页表倒2行第1栏“《传统与创化》”,应为“《传统的创化》”。

754页10行中“戎政、”后加“附录、”;11行前“5卷”改“4卷”。

754页倒15行前“民国18年(1929年)”,应为“民国17年(1928年)”。

757页13行前“场场暴满”,应为“场场爆满”。

765页4行后段“科枝”,应为“科技”。

766页20行后“亡父”,应为“王父”。

767页9行前段“1961年”,应为“1969年”。

769 页 9 行前“网珞”,应为“网络”。

776 页倒 4 行中“红星村”,应为“井儿村”。

777 页倒 11～倒 10 行“禅家寺”,应为“早阳寺”。倒 9 行前“早阳寺(在郭家寺)”删去。

778 页倒 14 行前“座南朝北”,应为“坐南朝北”。

783 页表倒 4 行第 6 栏“元龙乡红星村”应为“元龙乡井儿村”。

792 页表第 5 栏“己评定职称人员”,应为“已评定职称人员”。

814 页第 4 行中“都分村”,应为“部分村”。

822 页倒 4 行前“休校”,应为“体校”。

829 页倒 8 行后段“深秘”,应为“神秘”。

840 页倒 6 行后“马铃署”,应为“马铃薯”。

845 页 10 行中“粗珍”,应为“粗糁”。

864 页右栏倒 11 行“粗陋”,应为“粗鲁”。

865 页右栏倒 3 行“檐蝙蜂”,应为“檐蝙蝠”。

866 页左栏倒 7 行“蟑螂”,应为“潮虫”。

866 页右栏倒 13 行“撒饭”,应为“馓饭”。

873 页倒 13 行“不辩方向的乱闯”,应为“不辨方向地乱闯”。

874 页倒 3 行后“长的”,应为“长得”。

879 页 15 行后“更好的”,应为“更好地”。

883 页 13 行后“程序的”,应为“程序地”。

883 页倒 8 行后“条件的”,应为“条件地”。

886 页 2 行“桃花”,应为“挑花”。

891 页倒 2 行“牛添门扇,应为“牛舔门扇”。

901 页 2 行中“期间”,应为“其间”。

914 页 6 行前“而和”后逗号,应为句号。

920 页 12 行中“清光绪二十二年(1896 年)”,应为“清光绪二十三年(1897 年)”。

933 页下表中第 4 行王致祥籍贯,应为“甘泉乡玉兰村”。

937 页表第 4 行“李健成”,应为“李建成”。

938 页表倒 2 行周中第出生年份,应为“1931”。

940 页表倒 8 行“王效贤”,应为“张效贤”。

960 页 10 行前段“393 埫”,应为“393 垧”。

961 页 11 行后“(单位:埫)”,应为“(单位:垧)”。

998 页正文倒 1 行中“其台光茔”,应为“其台光莹”。

999 页 3 行前“若犄”,应为“若倚”。

1000 页正文倒 5 行前“刀假驭风”,应为“乃假驭风”。

1000 页正文倒 4 行后“亡父”,应为“王父”。

1001 页 2 行前“阳鸟”,应为“阳乌”。

1001 页 6 行中“方域”,应为“方城”。

1001 页倒 12 行中“诸邑”,应为“诸色”。

1001 页倒 8 行后“险翊”,应为“阴翊”。

1001 页倒 6 行中“诸邑”,应为“诸色”。

1002 页 7 行中“多食”,应为“多拾”。

1002 页 12 行后“之差也”,应为“之羞也”。

1002 页 18 行后“禀官重治,法不贷”,应为“禀官,重治不贷”。

1003 页 5 行中“岂徒懔”,应为“宁徒凛”。

1006 页 7 行后句“道影”,应为“倒影”;8 行前句“相笑”,应为“相顾”。

1008 页 10 行后句“扶策”,应为“杖策”。

1008 页 16 行后句“云笼”,应为“云龛”。

1009 页 5 行前句“上画”,应为“上尽”。

1010 页 7 行后句“瞑色”,应为“瞑目”。

1011 页正文倒 3 行后句“杂还”,应为“杂遝”。

1014 页 9 行前“诗人光芒”,应为“万丈光芒”。

1014 页 10 行后“胜写真”,应为“誊写真”。并将 10 行两句移 11 行句后。

1014 页 12 行后句“玉兰花开”,应为“双玉兰开”。其诗改正后,应为

万丈光芒笔有神,盛唐一老歌万民。
幸逢此日非当日,不薄今人厚古人。
南郭东柯记流寓,麻鞋草笠誊写真。
林泉绚丽新歌颂,双玉兰开到处春。

1014 页 18 行后“斗其姿”,应为“斗奇姿”。

1014 页 22 行前“已稀有”,应为“亦稀有”。

1015 页 15 行“隔河想娘谣 清代”,应为“隔河想娘谣 石廷秀”,并移“伏羲卦台”后。

1021 页倒 3 行“民国 35 年”,应为“民国 36 年”。

后记

盛世修志，志载盛世。2002年天水市麦积区首部社会主义新方志《北道区志》出版发行。

2007年11月，天水市麦积区开始启动第二轮地方志编修工作。区史志办公室成立《天水市麦积区志》编辑部，向各乡镇、街道办事处、区直各部门、驻区各单位印发《关于征求对〈天水市麦积区志〉编纂工作规划和麦积区二轮修志任务分解表等会议材料意见的通知》《〈天水市麦积区志〉编纂工作规划》《〈天水市麦积区志〉编纂方案》《麦积区二轮修志任务分解表》等第二轮修志的规范性文件。12月，区委、区政府成立区委书记蒋晓强任名誉主任，区委副书记、区长张克强任主任的麦积区地方志编纂委员会。区委办公室、区政府办公室下发《关于印发麦积区第二轮地方志编修工作实施意见的通知》。区史志办公室拟定《天水市麦积区志（1985—2007）》篇目初稿，向承编单位及编撰人员分解工作任务，第二轮地方志编纂工作正式启动。

2008年1月23日，在区政府九楼会议室召开全区第二轮修志工作业务培训会，对参会的160多家单位分管领导、业务主办人员进行业务培训，并下发《〈天水市麦积区志（1985—2007）〉行文规范（试行）》等修志文件。此后，各单位相继成立第二轮修志工作机构，安排专人负责修志工作，陆续开展资料收集和资料长编的编写。为加强修志力量，当年10月从乡镇、教育系统借调温耀文、闫朝杰、宋迎喜、蒲平、蔡雪竹等5名同志到区史志办公室参与第二轮修志工作，同时调配专门办公室1间，添置电脑5台、打印机1台、传真1台，保证修志工作的正常开展。

2009年，根据地方志篇目设置原则，结合麦积区实际，区地方志办公室组织人员对《天水市麦积区志（1985—2007）》篇目初稿进行了3次修改，形成《天水市麦积区志（1985—2007）》篇目第四稿。2010年，按照区委、区政府的安排部署，区委办公室、区政府办公室下发《关于进一步加强麦积区志编纂工作的通知》，以附件形式印发《天水市麦积区志（1985-2007）》篇目大纲，督促各单位上报区志编纂所需要的资料。6月，区史志办公室召开《天水市麦积区志（1985—2007）》篇目讨论会，根据与会人员提出的修改意见，对篇目多处设置不当地方进行修改，为突出麦积区地域特色、资源优势和时代特色，将“麦积山石窟”和“花牛苹果”作升格处理，专门设置篇和章。

2011 年 3 月，区史志办公室分设为麦积区委党史办公室和麦积区地方志编纂委员会办公室。分设后，由熟悉地方文史工作的李峰担任区地方志办公室主任，主持对《天水市麦积区志（1985—2007）》篇目设置归属不当、缺项漏项、交叉重复等问题进行修改，形成《天水市麦积区志（1985—2007）》篇目第五稿。由于原单位分设后人员变动，故按照新设定的篇目大纲，重新分解了第二轮修志分编工作任务。区地方志办公室编撰人员通过找各单位主要领导协调、打电话、发电子函件、走访知情人士等多种方式征集资料，系统查阅区四大组织和各部门历年档案，对资料进行细致筛选。先后查阅历年档案 3200 多卷，查阅统计年鉴 23 册，翻阅报纸、期刊、文史书籍等地方文献 200 多卷，走访知情人士 160 多人次，共搜集文字资料 250 多万字。2013 年，为推动全区修志编鉴工作，区委、区政府将第二轮修志工作列入全区年度绩效工作目标考核责任体系，与各乡镇、各单位签订目标责任书。

2014 年 6 月，为提高编纂质量、加快编纂进度，区地方志办公室聘请熟悉地方文史的张钰、李耀辉、李子伟、潘守正、石廷秀、刘长清、张兰斌、尹旭恩、陶守庆、魏启业、马汉江、李修德、杨公祐等 13 人为《天水市麦积区志（1985-2007）》特邀审稿人员，确定志稿初审分工，对已编撰成的部分初稿进行初审。2015 年 11 月，经区政府主要领导同意，区地方志办公室聘请地方史志专家潘守正担任《天水市麦积区志（1985—2007）》总纂，借调田玲玲作为总纂助手，对潘守正修改的总纂稿进行电子文档的修改和录入，全面启动《天水市麦积区志（1985-2007）》总纂工作。2016 年 1 月，潘守正对《天水市麦积区志（1985—2007）》篇目大纲再次进行大幅度修改，由原中篇目改为大篇目，仍按篇、章、节的体例设置，全志设为建置区划、自然环境、政治、基础设施建设、经济、风景旅游、麦积山石窟、教科文卫体、社会、人民生活、镇乡街道、人物、附录等 12 篇，共 86 章 366 节 165 万多字。在前期收集资料的基础上，尤九成承编自然环境、社会、人民生活、人物、附录篇，温耀文承编政治、教科文卫体篇，蒲平承编建置区划、基础设施建设、风景旅游篇，季会东承编经济篇，潘守正在总纂统稿的同时，完成麦积山石窟、镇乡街道两篇志稿的编撰。针对个别承编单位对地方志工作不配合、编撰人员更换频繁、工作严重滞后等问题，区委办公室、区政府办公室印发《关于加快二轮修志工作的通知》，有力促进了地方志工作，加快了区志编纂进度。

2017年1月，区地方志办公室领导调整，刘世清任主任，在抓好年鉴编撰的同时，全力抓第二轮修志工作。为加快区志编纂工作进度，减轻部分编撰人员工作压力，动员和依靠社会力量修志，聘请黄永强、汪明承编农业、林果业、金融、建筑业、运输业、惠民补助、文化等章。在全体编撰人员的辛勤努力下，2017年12月完成170多万字的《天水市麦积区志(1985—2007)》初稿。初稿形成后，区地方志办公室召集特邀审稿人和相关人员对其进行评议，形成评议稿。总纂、编撰人员继续进行统稿和修改完善，区地方志办公室按章、节复印分发给各相关单位进行审阅，之后区政府副区长成红梅主持召开各单位负责人参加的初审会，对志稿进行初审，在修改的基础上形成复审稿。2018年9月19至20日，在天水地质宾馆召开《天水市麦积区志(1985—2007)》复审会议。会议由区委常委、宣传部长阎小鹏主持，省地方史志办公室市县志指导处处长陈谦、副处长孔令奇、主任科员王旭，市政府副秘书长、外事侨务办公室主任张有信，市地方志办公室主任李宽余、副主任周新民、市志编纂科科长高赞娃，区政府副区长成红梅、区政协副主席胡桂琳，秦州区地方志办公室主任王淑兰、秦安县地方志办公室主任王广林、甘谷县地方志办公室主任王赟博、武山县地方志办公室主任丁维忠、清水县地方志办公室主任石瑜、张家川县地方志办公室主任马嵘，区人大常委会原副主任张钰、区政协原副主席李耀辉以及地方史专家潘守正、李子伟、石廷秀、张兰斌、杨公祐，区地方志编纂委员会部分成员单位负责同志共计60多人参会。省、市地方志办公室领导、专家、学者及区地方志编纂委员会成员，在肯定志稿“观点正确、体例完备、结构严谨、史料翔实、语言规范、文风端正、特色突出”的同时，提出208条修改意见和建议。2018年10月始，区地方志办公室组织人员修改打磨，完成终审稿。2018年11月，区人民政府将终审稿送市地方志编纂委员会审查。2018年12月26日，在市委常委会议室召开《天水市麦积区志(1985—2007)》终审会议，市人大常委会主任、市委秘书长、市地方志编纂委员会常务副主任蒋晓强，副市长、市地方志编纂委员会常务副主任逯克宗，市地方志编纂委员会办公室主任李宽余及市地方志编纂委员会、市地方志审稿委员会部分成员共60多人参加终审会议。各位领导、专家、学者在广泛评审的基础上，蒋晓强主任作总结讲话并宣布《天水市麦积区志(1985—2007)》通过终审。2019年，区地方志办公室组织人员对区志终审稿逐字逐句再次校对、修改和打磨，方志出版社再次审核。2019年10月出版发行。

修志是一项业务性强、时间跨度长、涉及面广的庞大而系统的文化工程。编撰《天水市麦积区志（1985—2007）》历经数载，六定篇目，数易文稿。区志承编人员不计名利，不辞辛劳，潜心编撰，笔耕不辍，始成巨著，其中艰难辛苦、坎坷历程凡亲历者方有深切体味。修志历来有“众手成志”之说，《天水市麦积区志（1985—2007）》的编纂完成，与各方的配合支持密不可分。修志期间，区委、区政府主要领导和分管领导重视、支持修志工作，多次解决经费及遇到的困难和问题。各乡镇、街道、区直部门、驻区单位紧密配合，小陇山林业实验局、麦积山石窟艺术研究所、区财政局、区民政局、区教育体育局、区卫生和计划生育局、麦积国土资源分局等单位高度重视，及时提供入志资料；区档案局、区统计局等单位为区志史料的查阅工作提供极大方便。社会各界人士十分关心《天水市麦积区志（1985—2007）》的编修，他们或发函寄来书面资料，或发电子邮件报送资料，对《天水市麦积区志（1985—2007）》的编纂给予了支持和帮助。天水地方史志专家潘守正老当益壮，精益求精地对全志进行总纂把关，细致审校。区志编委会人员、特邀审稿人员及各位专家、学者多次审阅志稿，对志稿的进一步完善、提高，提出了宝贵的指导性意见。汪成保、汪明、尤九成、陈治平、李锋、刘俊等同志为志书提供了部分图片资料。值此志书出版之际，谨向他们和所有关心支持《天水市麦积区志（1985—2007）》编修工作的单位和个人表示衷心的感谢!

《天水市麦积区志（1985—2007）》是中华人民共和国成立以来我区第二部社会主义新方志，所记载的时限范围是我区经济、社会发展发生翻天覆地变化的23年，记述内容纷繁，资料浩瀚，涉及政治、经济、历史、地理、人文等各个方面。由于编者水平有限，疏漏和舛误在所难免，恳请各级领导、方志专家和读者批评指正。

天水市麦积区地方志编纂委员会办公室

2019年9月

天水市地方志编纂委员会文件

天志委发〔2019〕3 号

天水市地方志编纂委员会关于《天水市麦积区志 1985—2007》终审报告的批复

麦积区人民政府:

2018 年 12 月 26 日，天水市地方志编纂委员会召开终审会议对《天水市麦积区志 1985—2007》进行了评审。2019 年 8 月，按照国务院《地方志工作条例》有关规定，市地方志编纂委员会责成市地方志办公室组织人员对终审稿的修改稿进行审查验收。认为该志观点正确，体例完备；篇目结构比较合理，领属得当，比较全面客观地记述了 1985 年至 2007 年麦积区自然、政治、经济、文化、社会的历史与现状，时代特色、地方特色突出，基本符合《地方志书质量规定》

《天水市地方志审稿验收实施方案》的要求，原则同意按照公开出版印刷的相关规定出版。请你们按照审核验收意见，进一步把好政治关、史实关、保密关，确保政治上不出问题，史实上不出差错。按期做好出版发行工作。

特此批复

附件：《天水市麦积区志 1985—2007》终审修改稿审查验收意见

天水市地方志编纂委员会

2019 年 9 月 9 日